Fred Wagner (Hrsg.)

Gabler Versicherungslexikon

Fred Wagner (Hrsg.)

Gabler Versicherungslexikon

Bibliografische Information der Deutschen Nationalbibliothek
Die Deutsche Nationalbibliothek verzeichnet diese Publikation in der
Deutschen Nationalbibliografie; detaillierte bibliografische Daten sind im Internet über
<http://dnb.d-nb.de> abrufbar.

Prof. Dr. Fred Wagner ist Inhaber des Lehrstuhls für Versicherungsbetriebslehre an der Universität Leipzig als auch Vorstand des dortigen Instituts für Versicherungswissenschaften. Prof. Wagner ist Mitglied im Fachbeirat der Bundesanstalt für Finanzdienstleistungsaufsicht (BaFin) und Mitglied der Arbeitsgemeinschaft Versicherungen im Deutschen Rechnungs-legungs-Standards-Committee. Seine Forschungsschwerpunkte sind insbesondere Rechnungswesen im Versicherungsunternehmen (incl. IAS/IFRS), Versicherungscontrolling, Risk Management und Wertorientierte Steuerung im Versicherungsunternehmen

1. Auflage 2011

Alle Rechte vorbehalten
© Gabler Verlag | Springer Fachmedien Wiesbaden GmbH 2011

Lektorat: Dr. Riccardo Mosena | Laura Roberts

Gabler Verlag ist eine Marke von Springer Fachmedien.
Springer Fachmedien ist Teil der Fachverlagsgruppe Springer Science+Business Media.
www.gabler.de

Das Werk einschließlich aller seiner Teile ist urheberrechtlich geschützt. Jede Verwertung außerhalb der engen Grenzen des Urheberrechtsgesetzes ist ohne Zustimmung des Verlags unzulässig und strafbar. Das gilt insbesondere für Vervielfältigungen, Übersetzungen, Mikroverfilmungen und die Einspeicherung und Verarbeitung in elektronischen Systemen.

Die Wiedergabe von Gebrauchsnamen, Handelsnamen, Warenbezeichnungen usw. in diesem Werk berechtigt auch ohne besondere Kennzeichnung nicht zu der Annahme, dass solche Namen im Sinne der Warenzeichen- und Markenschutz-Gesetzgebung als frei zu betrachten wären und daher von jedermann benutzt werden dürften.

Umschlaggestaltung: KünkelLopka Medienentwicklung, Heidelberg
Druck und buchbinderische Verarbeitung: STRAUSS GMBH, Mörlenbach
Gedruckt auf säurefreiem und chlorfrei gebleichtem Papier
Printed in Germany

ISBN 978-3-8349-0192-7

Geleitwort

Das vorliegende Versicherungslexikon dokumentiert in einzigartiger Weise die relevante Fachsprache der gesamten Versicherungswirtschaft. Herausgeber und Autoren beweisen in Auswahl und Tiefe der ca. 3.000 Fachbegriffe auf knapp 800 Seiten gleichermaßen großes Geschick. Der Leser darf sich freuen: Er findet nicht nur alles Relevante; das Lexikon ist zudem überaus verständlich geschrieben.

Behandelt werden Begriffe aus der Sozialversicherung, den verschiedenen Zweigen der Privatversicherung einschließlich der Rückversicherung, aus Versicherungsmanagement und Versicherungsbetrieb, Versicherungsrecht, Versicherungsmathematik und aus benachbarten Wissenschaftsgebieten. Eine breite und renommierte Autorenschaft aus Wissenschaft und Praxis hat dafür ihre Expertise eingebracht. Das Werk besticht gleichermaßen durch seine Aktualität sowie wissenschaftliche und praktische Relevanz.

Der Band ist aber mehr als ein bloßes Lexikon. Anhand seines zusätzlich online gebotenen Sachgruppenregisters mit den zugehörigen Begriffslisten hilft es auch bei der sachlichen Einordnung fachlicher Termini. Das ist ein Vorzug, der zusammen mit dem eingelösten Anspruch einer ganzheitlichen Branchendarstellung eine hervorragende Eignung für den Einsatz in der Aus- und Weiterbildung mitbringt. Die Verweisstruktur lenkt den Leser, um sich das Notwendige und Wesentliche zu erschließen. Zusätzlich bieten Schwerpunktbeiträge einen vertiefenden und einordnenden Kontext zu besonders bedeutsamen fachlichen Termini.

Dem Herausgeber Prof. Dr. Fred Wagner ist es gelungen, aus der Vielzahl und Verschiedenheit der behandelten Sachgebiete ein einheitliches Gesamtwerk zu schaffen, das ungeachtet der Zahl der Autoren inhaltlich und sprachlich wie aus einem Guss wirkt. Gerade diese homogene Gestaltung des Lexikons verschafft dem Leser einen effizienten Einstieg in jedes der behandelten Wissensgebiete.

Ein solches Werk konnte nur dank des großen Engagements seines Herausgebers und seines Teams sowie der qualitätsvollen Beiträge aller Autoren gelingen. Sämtlichen Beteiligten gebührt großer Dank für ihre Initiative und die konstruktive Arbeit, die einen Markstein der Versicherungspublizistik darstellt. So ist dem Gabler Versicherungslexikon die Etablierung als wissenschaftliches und praxisnahes Standardwerk der Assekuranz nur zu wünschen.

Leipzig, im September 2010

Dr. Bernhard Schareck
(Mitglied im Präsidium des GDV –
Gesamtverband der Deutschen Versicherungswirtschaft)

Vorwort des Herausgebers

Das vorliegende „Gabler Versicherungslexikon" präsentiert in umfassender Form die relevanten Begriffe der Versicherungswirtschaft. Ziel des Werks ist es, dem Leser und Nutzer ein Lexikon an die Hand zu geben, das ihm alles Wissenswerte zum Thema Versicherungswirtschaft und ihren arrondierenden Begleitthemen klar, verständlich und in ausreichendem Umfang erklärt. Dem lexikalischen Vorhaben lag der Anspruch zugrunde, nichts geringeres als ein Standardwerk für die Versicherungsbranche zu schaffen und dem Nutzer — sei er nun Versicherungspraktiker, Studierender oder ein Interessent aus angrenzenden Branchen, wie z.B. Banken, Bausparkassen, Wirtschaftsprüfung oder Unternehmensberatung — ein Werk zur Verfügung zu stellen, auf dessen Begriffsauswahl und Begriffserklärungen er sich verlassen kann. Die Erläuterungen der mehr als 3.000 Begriffe sind so konzipiert, dass sie dem schnell Antwort Suchenden ebenso gerecht werden, wie demjenigen, der darüber hinaus auch den Zusammenhang zu verstehen sucht. So wurde den knapp 800 Seiten des Lexikons eigens noch ein Sachgruppenregister mit 55 Sachgruppen sowie ein eigenes Verzeichnis für die 36 Schwerpunktbeiträge angefügt. Das Sachgruppenregister ist unter www.gabler.de beim Titel als kostenloses OnlinePLUS untergebracht. Im elektronischen Dokument kann der Leser hilfreich die Suchfunktion verwenden, was seine Nutzung komfortabel macht.

Dem Anspruch eines branchenumfassenden Lexikons kann eine einzelne Person allein nicht gerecht werden. Dieser Anspruch kann nur im Rahmen eines groß angelegten Projekts eingelöst werden, das die verschiedenen Experten aller zu behandelnden Themen an einen Tisch bringt und jeden Einzelnen das Relevante seines Sachgebiets beitragen lässt. Wie die Vielzahl der Beteiligten Fachleute für die Qualität der Auswahl und ihre Expertise für die Qualität der Inhalte sorgt, war und ist es meine Aufgabe als Herausgeber, außer der Verfassung meiner eigenen Beiträge die Texte des Autorenkollegiums inhaltlich, redaktionell sowie hinsichtlich ihrer Interdependenzen aufeinander abzustimmen, die einzelnen Einheiten also zu einem einheitlichen Ganzen zusammenzufügen, die sprachlichen Differenzen untereinander auszugleichen und somit für eine durchgehende Lesbarkeit der einzelnen Texte zu sorgen.

Autoren und Herausgeber oblag bei der Erstellung des Werks die Beachtung folgender Zielpunkte:

1. Das Lexikon repräsentiert im Zusammenspiel zwischen Theorie und Praxis „beide Welten", seine Autorenschaft besteht aus Wissenschaftlern und Praktikern.

2. Behandelt werden alle Themen der Versicherungswirtschaft, die sowohl dem Studierenden als auch dem Praktiker unterkommen können und auf die er unbedingt eine Antwort finden muss. So umfasst das Werk Begriffe aus der Sozialversicherung, der Privatversicherung (mit Fokus auf die einzelnen bedeutsamen Versicherungszweige einschließlich der Rückversicherung), dem Versicherungsmanagement einschließlich dem Versicherungsbetrieb und -vertrieb, dem Versicherungsrecht, der Versicherungsmathematik und aus angrenzenden Wissenschaften.

3. Die Auswahl der relevanten Fachbegriffe eines Sachgebiets und die dazugehörenden Begriffserläuterungen bringen die Autoren auf der Grundlage ihrer Expertise ein, in Feinabstimmung mit dem Herausgeber. Die Erläuterungen spiegeln dem Leser die aktuellen Themen und Verhältnisse in der Versicherungswirtschaft realitätsnah wieder – und dies unter Einbezug der theoretischen Erklärungsansätze.

4. Zugunsten eines ganzheitlichen Ansatzes werden bei der Aufarbeitung der Begriffe aus der gesamten Versicherungswirtschaft und angrenzenden Branchen auch die vielfältigen Querverbindungen berücksichtigt.

Bei vielen Themengebieten und Begrifflichkeiten sind Überschneidungen aufgetreten. Um die Verknüpfungen und die vielen Facetten bestmöglich darzustellen, habe ich mich dazu entschieden, unterschiedliche Perspektiven zu integrieren und teilweise auch auf unterschiedliche Auffassungen, Interpretationen und Handhabungen von Sachverhalten explizit hinzuweisen, die hinter ein und demselben Begriff stehen. Darüber hinaus hielt ich die Erstellung eines zusätzlichen, online verfügbaren Sachgruppenregisters für vorteilhaft, da es dem tiefer interessierten Leser einen zusammenhängenden Überblick über die jeweilige Thematik zu verschaffen vermag. Soweit ein Begriff in mehreren Sachgruppenregistern erscheint, haben entsprechend auch mehrere Autoren zu dessen Definition im Lexikon beigetragen.

Der Sachgruppenbezug hat es allerdings erforderlich gemacht, Begriffspaare, die teils synonym, teils aber auch nicht synonym verwendet werden, nebeneinander stehen zu lassen und die Begriffsverwendungen gerade nicht vollständig zu harmonisieren. Ich bin davon überzeugt, dass unterschiedliche Begriffsverwendungen bspw. aus rechtlicher und ökonomischer Sicht auf diese Weise bestens zum Tragen kommen. So wurden z.B. die Begriffe „Prämien" und „Beiträge" sowie „Absatz" und „Vertrieb" nicht durchweg vereinheitlicht.

Den Autoren und dem Herausgeber war es ein besonderes Anliegen, die Erklärungen in der für ein Lexikon gebotenen Kürze, aber dennoch mit der wünschenswerten Substanz darzustellen. Für umfangreichere oder besonders aktuelle Themen entschied ich mich dazu, neben den Stichwörtern zusätzlich auch Schwerpunktbeiträge zu vergeben, die im Lexikon explizit unter den Namen der jeweiligen Autoren erscheinen.

Alle Autoren und ich selbst als Herausgeber wünschen den geneigten Lesern nun eine gewinnbringende Lektüre und viel Nutzen bei der Verwendung des Gabler Versicherungslexikons.

Leipzig, im September 2010
Fred Wagner

Danksagung

Ein Lexikon mit dem zuvor definierten Anspruch und in dem vorliegenden Umfang ist nicht ohne vielseitige Hilfe zu verfassen und herzustellen.

Namentlich und in erster Linie danke ich meinen beiden wissenschaftlichen Mitarbeiterinnen am Institut für Versicherungswissenschaften e.V. an der Universität Leipzig, Frau Dipl.-Kffr. Anja Schwinghoff und Frau Dipl.-Kffr. Sabine Schmidt, die über Jahre hinweg die konzeptionellen und inhaltlichen Arbeiten begleitet und vorangetrieben haben – zuletzt fast „Tag und Nacht" und auch am Wochenende. Beide hatten zudem die organisatorische Federführung des gesamten Projekts inne. Ohne die Unterstützung von Frau Schwinghoff und Frau Schmidt wäre das Lexikon in dieser Form nicht erschienen.

Weiterhin gilt ein großes Dankeschön an das gesamte Team meiner wissenschaftlichen Mitarbeiter. Viele einzelne Begriffe, die sich nicht den großen Sachgruppen zuordnen ließen, und auch die Co-Autorenschaft einzelner Schwerpunktbeiträge wurden von ihnen übernommen. Ich danke dafür herzlich Herrn Dipl.-Kfm. David Klimmek, Frau Dipl.-Kffr. Renata Klein, Frau Dipl.-Kffr. Jana Novak-Lange, Herrn Dipl.-Kfm. Lars Riebow und abermals Frau Dipl.-Kffr. Sabine Schmidt sowie Frau Dipl.-Kffr. Anja Schwinghoff.

Ferner sind unsere ehemaligen und aktuellen studentischen Mitarbeiter zu nennen (in alphabetischer Reihenfolge): Frau cand. rer. pol. Franziska Bolle, Herr Dipl.-Kfm. Andreas Falken, Herr cand. math. oec. Michael Fehlau, Frau Dipl.-Kffr. Cornelia Gernhardt, Frau Dipl.-Kffr. Marie Rike Grothkopf, Frau cand. rer. pol. Beate Hohlfeld, Frau cand. rer. pol. Susan Richter, Herr cand. rer. pol. Marco Ritter, Frau Tanja Sidorenko (B.Sc.), Frau Julia Tänzler (B.Sc.), Frau Katharina Vollmer (B.Sc.) sowie Herr Oliver Weisbecker (B.A.). Ihnen allen danke ich für Ihr Engagement und die Übernahme vieler Arbeiten im Hintergrund.

Ein ganz besonderes Dankeschön gilt natürlich den eigentlichen Autoren des Lexikons. Ihnen sind die inhaltliche Substanz, die vielfältigen Sichtweisen und auch die Aktualität des Werks zu verdanken. Mein besonderer Dank gilt dabei auch der angenehmen und konstruktiven Zusammenarbeit, dem Rat und der Tatkraft aller Beteiligten, die bei den vielfältigen Aufgaben und Herausforderungen im verantwortlichen Tagesgeschäft nicht selbstverständlich sind.

Für die besonders gute Zusammenarbeit mit dem Verlag danke ich zuvorderst Herrn Dr. Riccardo Mosena, dem Cheflektor, dessen wertvolle Hinweise und Ratschläge sowie unermüdliche Unterstützung für unser Lexikon mehr als förderlich waren.

Ganz besonders danke ich meiner Frau, Dipl-Kffr. Andrea Wagner, MBA, die mich mit Geduld begleitete, inhaltlich unterstützte und mit vielen konstruktiven Hinweisen zum Gelingen des Werks beigetragen hat.

Leipzig, im September 2010   Fred Wagner

Autorenverzeichnis

Professor Dr. Peter Albrecht,
Inhaber des Lehrstuhls für Allgemeine Betriebswirtschaftslehre, Risikotheorie, Portfolio Management und Versicherungswirtschaft sowie Geschäftsführender Direktor des Instituts für Versicherungswissenschaft, Universität Mannheim, Mannheim

Sachgebiet: Risikotheorie der Versicherung

Professor Dr. Jörg Althammer,
Inhaber des Lehrstuhls für Wirtschafts- und Unternehmensethik, Katholische Universität Eichstätt-Ingolstadt, Ingolstadt

Sachgebiet: Altersvorsorgesystem und -politik

Schwerpunktbeitrag: Kapitaldeckungs- versus Umlageverfahren in der Rentenversicherung

---

Stefan Andersch,
Vorstandsmitglied, Continentale Sachversicherung AG, Dortmund

Sachgebiet: Elementargefahren-, Extended Coverage-, Feuer-, Technische-, Landwirtschaftliche- und Verbundene Hausratsversicherung

---

Dr. rer. pol. Ludger Arnoldussen,
Vorstandsmitglied, Münchener Rückversicherungs-Gesellschaft, München

Sachgebiet: Moderne Formen der Rückversicherung

Schwerpunktbeitrag: Insurance Linked Securities

Dieter Beck,
Vorstandsmitglied, HUK-Coburg-Allgemeine Versicherung AG, Coburg

Sachgebiet: (Nicht-industrielle) Haftpflichtversicherung

Dr. h.c. Josef Beutelmann,
Vorstandsvorsitzender, Barmenia Versicherungen, Wuppertal

Sachgebiet: Vermittlerregulierung und Vermittlerrecht

Schwerpunktbeitrag: Gesetz zur Neuregelung des Versicherungsvermittlerrechts

---

Walter Bockshecker,
Vorstand Personal und Sozialwesen, Materialwirtschaft, Nürnberger Versicherungsgruppe, Nürnberg

Sachgebiet: Personal

Robert Buchberger,
Geschäftsführung, ROLAND Assistance GmbH, Köln

Sachgebiet: Praxisfelder Assistance

Rüdiger R. Burchardi,
Vorstandsvorsitzender, Dialog-Lebensversicherungs-AG, Augsburg

Sachgebiet: Berufsunfähigkeitsversicherung

Dr. Hans-Jürgen Danzmann, Presse- und Öffentlichkeitsarbeit, Dialog-Lebensversicherungs-AG, Augsburg

Sachgebiet: Berufsunfähigkeitsversicherung

Wolfgang Dobner, Direktionsbevollmächtigter, Führungskräfteentwicklung und -training, Nürnberger Versicherungsgruppe, Nürnberg

Sachgebiet: Personal

Dr. Ulrich Eberhardt, Mitglied des Vorstands, HUK-COBURG-Rechtsschutzversicherung AG

Sachgebiet: KfZ-Versicherung

Schwerpunktbeitrag: VVG-Reform

Professor (em.) Dr. Dr. h.c. Roland Eisen

Sachgebiet: Volkswirtschaft und Versicherung

Schwerpunktbeitrag: Versicherungsmarkt

Dr. Frank Ellenbürger, Vorstandsmitglied, KPMG AG Wirtschaftsprüfungsgesellschaft, München

Sachgebiet: Rechnungslegung

Schwerpunktbeiträge: Abschlussprüfung von Versicherungsunternehmen; Rechnungslegung von Versicherungsunternehmen; Unternehmensbewertung

Jürgen Engel, Mitglied des Vorstands, Hamburg-Mannheimer Rechtsschutzversicherungs-AG, Hamburg

Sachgebiet: Private Unfallversicherung

Professor Dr. med. Eckart Fiedler, Institut für Gesundheitsökonomie und Klinische Epidemiologie der Universität zu Köln, Köln

Sachgebiet: Gesundheitsökonomie

Schwerpunktbeitrag: Rationierung im Gesundheitswesen

Karla Gärtner, Oberregierungsrätin, Bundesinstitut für Bevölkerungsforschung, Wiesbaden

Sachgebiet: Bevölkerungswissenschaft/Demografie

Dr. Werner Görg, Vorstandsvorsitzender, Gothaer Versicherungsbank VVaG, Köln

Schwerpunktbeitrag: Versicherungsverein auf Gegenseitigkeit (VVaG)

Autorenverzeichnis

Professor Dr. Helmut Gründl, Dr. Wolfgang Schieren-Lehrstuhl für Versicherungs- und Risikomanagement, Humboldt-Universität zu Berlin, Berlin

Sachgebiet: Wertorientierte Steuerung

Dr. Christian Hagist, Wissenschaftlicher Mitarbeiter, Institut für Volkswirtschaftslehre und Finanzwissenschaft I an der Albert-Ludwigs-Universität Freiburg, Freiburg

Sachgebiet: Volkswirtschaftslehre und Sozialstaatsprinzipien

Schwerpunktbeitrag: Fiskalische Nachhaltigkeit

Wolfgang Hanssmann, Vorstandsmitglied, AXA Konzern Aktiengesellschaft, Köln

Schwerpunktbeitrag: Multikanal-Vertrieb

Peter Heesen, Bundesvorsitzender, dbb Beamtenbund und Tarifunion, Berlin

Sachgebiet: Beamtenversorgung

Schwerpunktbeitrag: Beamtenversorgung

Norbert Heinen, Vorstandvorsitzender, Württembergische Lebensversicherung AG, Stuttgart

Sachgebiet: Lebensversicherungsmathematik

Rolf-Peter Hoenen, Präsident, Gesamtverband der Deutschen Versicherungswirtschaft e.V. GDV, Berlin

Sachgebiet: KfZ-Versicherung

Schwerpunktbeitrag: VVG-Reform

Dr. Christian Hofer, Aufsichtsratsvorsitzender, msgsystemsag, Ismaning/München

Sachgebiet: Versicherungs-IT

Schwerpunktbeitrag: Versicherungs-Anwendungs-Architektur (VAA)

Rainer Husch, Partner, KPMG AG Wirtschaftsprüfungsgesellschaft, Köln

Schwerpunktbeitrag: Abschlussprüfung von Versicherungsunternehmen

Rainer M. Jacobus, Vorstandsvorsitzender, IDEAL Versicherung AG, Berlin

Sachgebiet: Private Pflegeversicherung

Schwerpunktbeitrag: Private Pflegeversicherung

Renata Klein, Wissenschaftliche Mitarbeiterin, Institut für Versicherungswissenschaften e.V. an der Universität Leipzig, Leipzig

Sachgebiete: Marktakteure, Institutionen und Rechtsformen; Versicherungstechnik

Schwerpunktbeitrag: Risikomanagement im Versicherungsunternehmen

David Klimmek, Wissenschaftlicher Mitarbeiter, Institut für Versicherungswissenschaften e.V. an der Universität Leipzig, Leipzig

Sachgebiete: Marktakteure, Institutionen und Rechtsformen; Sonstige Versicherungsbegriffe

Schwerpunktbeitrag: Assistance

Professor Dr. Thomas Köhne, Fachleiter Versicherung im Fachbereich Berufsakademie, Fachhochschule für Wirtschaft Berlin, Berlin

Sachgebiet: Produktpolitik

Schwerpunktbeiträge: Industrialisierung (in) der Versicherungsbranche; Produktpolitik vor und nach der Deregulierung

---

Dr. Joachim Kölschbach, Partner, KPMG AG Wirtschaftsprüfungsgesellschaft, Köln

Sachgebiet: Rechnungslegung

Schwerpunktbeitrag: Rechnungslegung von Versicherungsunternehmen

---

Thomas Korte, Senior Manager, KPMG AG Wirtschaftsprüfungsgesellschaft, Köln

Schwerpunktbeitrag: Unternehmensbewertung

Dr. Andreas Kranig, Leiter der Abteilung Versicherung und Leistungen, Deutsche Gesetzliche Unfallversicherung (DGUV), Berlin

Sachgebiet: Gesetzliche Unfallversicherung

Schwerpunktbeitrag: Gesetzliche Unfallversicherung

Steffen Krohn, Deutsche Gesetzliche Unfallversicherung (DGUV), Berlin

Sachgebiet: Gesetzliche Unfallversicherung

Dr. Jürgen Kurth, Chief Executive Officer, AXA Corporate Solutions, Niederlassung Deutschland, Köln

Sachgebiet: Gewerbliche und industrielle Haftpflichtversicherung

---

Thomas Markert, Abteilungsdirektor Sach-Industrie, AXA Versicherung AG, Düsseldorf, Lehrbeauftragter an der Fachhochschule zu Köln "Vertragstechnik der Betriebsunterbrechungsversicherung"

Sachgebiet: Betriebsunterbrechungsversicherung

Jürgen Meisch, Vorstandsmitglied, Gothaer Versicherungsbank VVaG, Köln

Sachgebiet: Kapitalanlagen und Asset Management

Frank Micheel, Wissenschaftlicher Rat, Bundesinstitut für Bevölkerungsforschung, Wiesbaden

Sachgebiet: Bevölkerungswissenschaft/Demografie

Dr. Helmut Müller, Ombudsmann für die private Kranken- und Pflegeversicherung

Sachgebiet: Aufsicht und Aufsichtsrecht

Jana Novak-Lange, Wissenschaftliche Mitarbeiterin, Institut für Versicherungswissenschaften e.V. an der Universität Leipzig, Leipzig

Sachgebiete: Marktakteure, Institutionen und Rechtsformen; Sonstige Versicherungsbegriffe

---

Dr. Torsten Oletzky, Vorstandsvorsitzender, ERGO Versicherungsgruppe AG, Düsseldorf

Sachgebiet: Betrieb und Organisation

Schwerpunktbeitrag: Betriebsmodell

Dr. Peter Ott, Partner, KPMG AG Wirtschaftsprüfungsgesellschaft, München

Schwerpunktbeitrag: Mindestanforderungen an das Risikomanagement von Versicherungsunternehmen (MaRisk VA)

Dr. Michael Pickel, Vorstandsmitglied, Hannover Rückversicherung AG, Hannover

Sachgebiet: Grundlegende Begriffe der Rückversicherung und klassische Rückversicherungsformen

---

Dr. Thomas Post, Assistant Professor of Finance, Maastricht University, Niederlande

Sachgebiet: Risk Management

Professor Dr. Karl-Heinz Puschmann, Dekan, Fakultät Financial Advisory and Management der West Pomeranian Business School, Berlin

Sachgebiet: Versicherungsmarketing

Schwerpunktbeitrag: Versicherungsmarketing – Ansätze eines nachfrage-, angebots- und vermittlerorientierten Marktoptimierungsprozesses

---

Professor Dr. Bernd Raffelhüschen, Direktor, Institut für Volkswirtschaftslehre und Finanzwissenschaft I an der Albert-Ludwigs-Universität Freiburg, Freiburg

Sachgebiet: Volkswirtschaftslehre und Sozialstaatsprinzipien

Schwerpunktbeitrag: Fiskalische Nachhaltigkeit

Professor Dr. h.c. Herbert Rebscher, Vorstandsvorsitzender, DAK Deutsche Angestellten-Krankenkasse, Hamburg

Sachgebiet: Gesetzliche Krankenversicherung und gesetzliche Pflegeversicherung

Schwerpunktbeitrag: Gesundheitsfonds

Stefan Recktenwald, Geschäftsführer, Towers Watson Deutschland GmbH, Wiesbaden

Sachgebiet: Betriebliche Altersversorgung

Dr. Achim Regenauer, Vorstandsvorsitzender der Abteilung Versicherungsmedizin und Chefarzt, Münchener Rückversicherung-Gesellschaft, München

Sachgebiet: Versicherungsmedizin

Professor Dr. Lutz Reimers-Rawcliffe, Institut für Versicherungswesen, Fachhochschule Köln, Köln

Sachgebiet: Transportversicherung und Luftfahrtversicherung

Lars Riebow, Wissenschaftlicher Mitarbeiter, Institut für Versicherungswissenschaften e.V. an der Universität Leipzig, Leipzig

Sachgebiete: Marktakteure, Institutionen und Rechtsformen; Sonstige Versicherungsbegriffe; Versicherungstechnik

Wolfgang Rief, Director – Ratings Analytical, Standard &Poor's, Frankfurt am Main

Schwerpunktbeitrag: Ratings im Kontext von Solvency II

Kerstin Ruckdeschel, Wissenschaftliche Rätin, Bundesinstitut für Bevölkerungsforschung, Wiesbaden

Sachgebiet: Bevölkerungswissenschaft/Demografie

Dr. Lenore Sauer, Wissenschaftliche Rätin, Bundesinstitut für Bevölkerungsforschung, Wiesbaden

Sachgebiet: Bevölkerungswissenschaft/ Demografie

Dr. Bernhard Schareck, Vorstandsvorsitzender des Hochschulrates, Fachhochschule Köln, Köln

Schwerpunktbeitrag: Gesamtverband der Deutschen Versicherungswirtschaft e.V.

Dr. Manfred Scharein, Wissenschaftlicher Rat, Bundesinstitut für Bevölkerungsforschung, Wiesbaden

Sachgebiet: Bevölkerungswissenschaft/ Demografie

Professor Dr. Hato Schmeiser, Lehrstuhlinhaber und Geschäftsführender Direktor des Instituts für Versicherungswirtschaft, Universität St. Gallen, St. Gallen

Sachgebiet: Ziele, Strategien und Corporate Governance

Schwerpunktbeitrag: Corporate Governance

Dr. Rainer Schick († 16. November 2009), Partner, KPMG AG Wirtschaftsprüfungsgesellschaft, Köln

Schwerpunktbeitrag: Besteuerung von Versicherungsunternehmen

Professor Dr. Helmut Schirmer, Fachbereich Rechtswissenschaft, Freie Universität Berlin, Berlin

Sachgebiet: Versicherungsvertragsrecht

Professor Dr. Klaus D. Schmidt, Inhaber des Lehrstuhls für Versicherungsmathematik, Technische Universität Dresden, Dresden

Sachgebiet: Versicherungsmathematik

Schwerpunktbeitrag: Schadenreservierung

Sabine Schmidt, Projektleiterin Studien, Institut für Versicherungswissenschaften e.V. an der Universität Leipzig, Leipzig

Sachgebiet: Marktakteure, Institutionen und Rechtsformen

Jörg Schoder, M.A. Geographie, Wissenschaftlicher Mitarbeiter, Institut für Volkswirtschaftslehre und Finanzwissenschaft I an der Albert-Ludwigs-Universität Freiburg, Freiburg

Sachgebiet: Volkswirtschaftslehre und Sozialstaatsprinzipien

Schwerpunktbeitrag: Fiskalische Nachhaltigkeit

Professor Dr. Heinrich R. Schradin, Geschäftsführender Direktor des Instituts für Versicherungswissenschaft und Direktor des Seminars für ABWL, Risikomanagement und Versicherungslehre an der Universität zu Köln, Köln

Sachgebiet: Finanzierung und Solvabilität

Anja Schwinghoff, Geschäftsführerin, Institut für Versicherungswissenschaften e. V. an der Universität Leipzig, Leipzig

Sachgebiete: Controlling und Internes Rechnungswesen; Marktakteure, Institutionen und Rechtsformen; Sonstige Versicherungsbegriffe; Versicherungstechnik

Schwerpunktbeitrag: Controlling im Versicherungsunternehmen

Dr. Monika Sebold-Bender, Vorstandsmitglied, Westfälische Provinzial Versicherung AG, Münster

Sachgebiet: Verbundene Wohngebäudeversicherung

Dr. Jochen Tenbieg, Mitglied des Vorstandes, ADLER Versicherung AG, Dortmund

Sachgebiet: Schadenbearbeitung, -regulierung, -management (und Schadenverhütung)

Schwerpunktbeitrag: Schadenmanagement

Dr. Michael Thiemermann, Dozent, FHDW - Fachhochschule für die Wirtschaft, Bergisch Gladbach

Schwerpunktbeitrag: Personalmanagement

Rainer Tögel, Sprecher des Vorstands, D.A.S. Deutscher Automobil Schutz, Allgemeine Rechtsschutz-Versicherungs-AG, München

Sachgebiet: Rechtsschutzversicherung

Professor Dr. Fred Wagner, Vorstand, Institut für Versicherungswissenschaften e. V. an der Universität Leipzig, Leipzig

Sachgebiete: Assistance – Grundbegriffe; Controlling und Internes Rechnungswesen; Marktakteure, Institutionen und Rechtsformen; Rating (unter freundlicher Unterstützung von Wolfgang Rief, Director – Ratings Analytical bei Standard &Poor's); Sonstige Versicherungsbegriffe; Versicherungssparten, -zweige und –formen; Versicherungstechnik

Schwerpunktbeiträge: Assistance; Controlling im Versicherungsunternehmen; Risikomanagement im Versicherungsunternehmen

Professor Dr. Jürgen Wasem, Inhaber des Lehrstuhls für Medizinmanagement an der Fakultät für Wirtschaftswissenschaften der Universität Duisburg-Essen, Duisburg/Essen

Sachgebiet: Gesundheitssystem

Schwerpunktbeitrag: Risikostrukturausgleich

Christian Weber, Abteilungsleiter für Grundsatzfragen, Bundesministerium für Gesundheit, Berlin

Sachgebiet: Private Krankenversicherung

Schwerpunktbeitrag: Beitragsstabilität im Alter; Private Krankenversicherung (PKV)

Clemens Freiherr von Weichs, Vorstandsvorsitzender, Allianz SE Reinsurance, München

Sachgebiet: Kredit-, Kautions-, Vertrauensschadenversicherung

Professor Dr. Kurt Wolfsdorf, Partner, Deloitte&Touche GmbH Wirtschaftsprüfungsgesellschaft, München

Sachgebiet: Lebens- und Rentenversicherung

Professor Dr. Peter M. Wiedemann, Wissenschaftlicher Mitarbeiter, Institut für Technikfolgenabschätzung und Systemanalyse des Karlsruher Instituts für Technologie (KIT), Karlsruhe

Sachgebiet: Risikokommunikation

Schwerpunktbeitrag: Risikowahrnehmung

Marion Wittwer, Deutsche Gesetzliche Unfallversicherung (DGUV), Berlin

Sachgebiet: Gesetzliche Unfallversicherung

Professor Dr. Hans-Wilhelm Zeidler, Mitglied des Vorstands, Zurich Deutscher Herold Lebensversicherung AG, Bonn, Honorarprofessor der Georg-August-Universität Göttingen

Sachgebiet: Vertrieb

Verzeichnis Schwerpunktbeiträge

Abschlussprüfung von Versicherungsunternehmen (Dr. Frank Ellenbürger, Vorstandsmitglied, KPMG AG Wirtschaftsprüfungsgesellschaft; Rainer Husch, Partner, KPMG AG Wirtschaftsprüfungsgesellschaft, Köln)

Assistance (Professor Dr. Fred Wagner, Vorstand; David Klimmek, Wissenschaftlicher Mitarbeiter, beide Institut für Versicherungswissenschaften e.V. an der Universität Leipzig, Leipzig)

Beamtenversorgung (Peter Heesen, Bundesvorsitzender, dbb Beamtenbund und Tarifunion, Berlin)

Beitragsstabilität im Alter (Christian Weber, Abteilungsleiter für Grundsatzfragen, Bundesministerium für Gesundheit, Berlin)

Besteuerung von Versicherungsunternehmen (Dr. Rainer Schick († 16. November 2009), Partner, KPMG AG Wirtschaftsprüfungsgesellschaft, Köln)

Betriebsmodell (Dr. Torsten Oletzky, Vorstandsvorsitzender, ERGO Versicherungsgruppe AG, Düsseldorf)

Controlling im Versicherungsunternehmen (Prof. Dr. Fred Wagner, Vorstand, Institut für Versicherungswissenschaften e. V. an der Universität Leipzig, Leipzig; Anja Schwinghoff, Geschäftsführerin, Institut für Versicherungswissenschaften e. V. an der Universität Leipzig, Leipzig)

Corporate Governance (Professor Dr. Hato Schmeiser, Lehrstuhlinhaber und Geschäftsführender Direktor des Instituts für Versicherungswirtschaft, Universität St. Gallen, St. Gallen)

Fiskalische Nachhaltigkeit (Professor Dr. Bernd Raffelhüschen, Direktor; Jörg Schoder, M.A. Geographie, Wissenschaftlicher Mitarbeiter; Dr. Christian Hagist, Wissenschaftlicher Mitarbeiter, alle Institut für Volkswirtschaftslehre und Finanzwissenschaft I an der Albert-Ludwigs-Universität Freiburg, Freiburg)

Gesamtverband der Deutschen Versicherungswirtschaft e.V. (Dr. Bernhard Schareck, Vorstandsvorsitzender des Hochschulrates, Fachhochschule Köln, Köln)

Gesetz zur Neuregelung des Versicherungsvermittlerrechts (Dr. h. c. Josef Beutelmann, Vorstandsvorsitzender, Barmenia Versicherungen, Wuppertal)

Gesetzliche Unfallversicherung (Dr. Andreas Kranig, Leiter der Abteilung Versicherung und Leistungen, Deutsche Gesetzliche Unfallversicherung (DGUV), Berlin)

Gesundheitsfonds (Professor Dr. h.c. Herbert Rebscher, Vorstandsvorsitzender, DAK Deutsche Angestellten-Krankenkasse, Hamburg)

Industrialisierung (in) der Versicherungsbranche (Professor Dr. Thomas Köhne, Fachleiter Versicherung im Fachbereich Berufsakademie, Fachhochschule für Wirtschaft Berlin, Berlin)

Insurance Linked Securities (Dr. rer. pol. Ludger Arnoldussen, Vorstandsmitglied, Münchener Rückversicherungs-Gesellschaft, München)

Kapitaldeckungs- versus Umlageverfahren in der Rentenversicherung (Professor Dr. Jörg Althammer, Inhaber des Lehrstuhls für Wirtschafts- und Unternehmensethik, Katholische Universität Eichstätt-Ingolstadt, Ingolstadt)

Mindestanforderungen an das Risikomanagement von Versicherungsunternehmen (MaRisk VA) (Dr. Peter Ott, Partner, KPMG AG Wirtschaftsprüfungsgesellschaft, München)

Multikanal-Vertrieb (Wolfgang Hanssmann, Vorstandsmitglied, AXA Konzern Aktiengesellschaft, Köln)

Personalmanagement (Dr. Michael Thiemermann, Dozent, FHDW - Fachhochschule für die Wirtschaft, Bergisch Gladbach)

Private Krankenversicherung (PKV) (Christian Weber, Abteilungsleiter für Grundsatzfragen, Bundesministerium für Gesundheit, Berlin)

Private Pflegeversicherung (Rainer M. Jacobus, Vorstandsvorsitzender, IDEAL Versicherung AG, Berlin)

Produktpolitik vor und nach der Deregulierung (Professor Dr. Thomas Köhne, Fachleiter Versicherung im Fachbereich Berufsakademie, Fachhochschule für Wirtschaft Berlin, Berlin)

Ratings im Kontext von Solvency II (Wolfgang Rief, Director – Ratings Analytical, Standard &Poor's, Frankfurt am Main)

Rationierung im Gesundheitswesen (Professor Dr. med. Eckart Fiedler, Institut für Gesundheitsökonomie und Klinische Epidemiologie der Universität zu Köln, Köln)

Rechnungslegung von Versicherungsunternehmen (Dr. Frank Ellenbürger, Vorstandsmitglied, KPMG AG Wirtschaftsprüfungsgesellschaft, München und Dr. Joachim Kölschbach, Partner, KPMG AG Wirtschaftsprüfungsgesellschaft, Köln)

Risikomanagement im Versicherungsunternehmen (Professor Dr. Fred Wagner, Vorstand; Renata Klein, Wissenschaftliche Mitarbeiterin, beide Institut für Versicherungswissenschaften e.V. an der Universität Leipzig, Leipzig)

Risikostrukturausgleich (Professor Dr. Jürgen Wasem, Inhaber des Lehrstuhls für Medizinmanagement an der Fakultät für Wirtschaftswissenschaften der Universität Duisburg-Essen, Duisburg/Essen)

Risikowahrnehmung (Professor Dr. Peter M. Wiedemann, Wissenschaftlicher Mitarbeiter, Institut für Technikfolgenabschätzung und Systemanalyse des Karlsruher Instituts für Technologie (KIT), Karlsruhe)

Schadenmanagement (Dr. Jochen Tenbieg, Mitglied des Vorstandes, ADLER Versicherung AG, Dortmund)

Schadenreservierung (Professor Dr. Klaus D. Schmidt, Inhaber des Lehrstuhls für Versicherungsmathematik, Technische Universität Dresden, Dresden)

Unternehmensbewertung (Dr. Frank Ellenbürger, Vorstandsmitglied, KPMG AG Wirtschaftsprüfungsgesellschaft; Thomas Korte, Senior Manager, KPMG AG Wirtschaftsprüfungsgesellschaft, Köln)

Versicherungs-Anwendungs-Architektur (VAA) (Dr. Christian Hofer, Aufsichtsratsvorsitzender, msgsystemsag, Ismaning/München)

Versicherungsmarketing – Ansätze eines nachfrage-, angebots- und vermittlerorientierten Marktoptimierungsprozesses (Professor Dr. Karl-Heinz Puschmann, Dekan, Fakultät Financial Advisory and Management der West Pomeranian Business School, Berlin)

Versicherungsmarkt (Professor (em.) Dr. Dr. h.c. Roland Eisen)

Versicherungsverein auf Gegenseitigkeit (VVaG) (Dr. Werner Görg, Vorstandsvorsitzender, Gothaer Versicherungsbank VVaG, Köln)

VVG-Reform (Rolf-Peter Hoenen, Präsident, Gesamtverband der Deutschen Versicherungswirtschaft e.V. (GDV), Berlin; Dr. Ulrich Eberhardt, Mitglied des Vorstands, HUK-COBURG-Rechtsschutzversicherung AG)

Abkürzungsverzeichnis

AAG	Aufwendungsausgleichsgesetz
ABl	Amtsblatt
ABS	Asset Backed Securities
ACD	Automatic Call Distribution
AdA	Ausbildung der Ausbilder
ADL	Activities of Daily Living
ADR	American Depositary Receipt
AEDL	Aktivitäten und Existenzielle Erfahrungen des Lebens
AEVO	Ausbildereignungsverordnung
AG	Aktiengesellschaft
AGBG	Gesetz zur Regelung des Rechts der Allgemeinen Geschäftsbedingungen
AGG	Allgemeines Gleichbehandlungsgesetz
AGlB	Allgemeine Versicherungsbedingungen für die Glasversicherung
AGV	Arbeitgeberverband der Versicherungsunternehmen in Deutschland e.V.
AIDS	Acquired Immune Deficiency Syndrome
AIS	Ausbildungsintegriertes Studium
AKB	Allgemeine Bedingungen für die Kraftfahrversicherung
AktG	Aktiengesetz
ALM	Asset Liability Management
AltTZG	Altersteilzeitgesetz
AltZertG	Altersvorsorgeverträge-Zertifizierungsgesetz
AMB	Allgemeine Bedingungen für die Maschinenversicherung
AMBUB	Allgemeinen Bedingungen für die Maschinen-Betriebsunterbrechungsversicherung
AMG	Arzneimittelgesetz
ANA	American Nurses Association
AnlV	Anlageverordnung
AOK	Allgemeine Ortskrankenkasse
APV	Adjusted Present Value
AR	Aktueller Rentenwert
ARB	Allgemeinen Bedingungen für die Rechtsschutzversicherung
Art.	Artikel
ASMI	American Strategic Management Institute
AtG	Atomgesetz
AusbEignV	Ausbilder-Eignungsverordnung
AuslPflVG	Ausländer-Pflichtversicherungsgesetz
AV	Appraisal Value
AVA	Altersvorsorgeanteil
AVB BS	Allgemeine Versicherungsbedingungen für die Betriebsschließungsversicherung
AVB	Allgemeinen Versicherungsbedingungen
AVmG	Altersvermögensgesetz
AVWG	Arzneimittelversorgungs-Wirtschaftlichkeitsgesetz
AWMF	Arbeitsgemeinschaft der Wissenschaftlichen Medizinischen Fachgesellschaften
B.A.	Bachelor of Arts
B.A.F.	Bachelor of Fine Arts
B.Ed.	Bachelor of Education

B.Eng.	Bachelor of Engineering
B.Mus.	Bachelor of Music
B.Sc.	Bachelor of Science
BA	Berufsakademie
BaFin	Bundesanstalt für Finanzdienstleistungsaufsicht
BAG	Bundesarbeitsgericht
BAT	Block-Assumption-Transaktionen
bAV	betriebliche Altersversorgung
BBG	Bundesbeamtengesetz
BBiG	Berufsbildungsgesetz
BBR	Besondere Bedingungen und Risikobeschreibungen
BDA	Bundesvereinigung der Arbeitgeberverbände
BDSG	Bundesdatenschutzgesetz
BE	Bruttoentgelte
BeamtVG	Beamtenversorgungsgesetz
BerVersV	Versicherungsberichterstattungs-Verordnung
BetrAVG	Gesetz zur Verbesserung der betrieblichen Altersversorgung; Betriebsrentengesetz
BetrVG	Betriebsverfassungsgesetz
BEZ	Bundesergänzungszuweisungen
BfArM	Bundesinstitut für Arzneimittel und Medizinprodukte
BGB	Bürgerliches Gesetzbuch
BGBl	Bundesgesetzblatt
BiB	Bundesinstitut für Bevölkerungsforschung
BIBB	Bundesinstitut für Berufsbildung
BinSchG	Binnenschifffahrtsgesetz
BIP	Bruttoinlandsprodukt
BjagdG	Bundesjagdgesetz
BKK	Betriebskrankenkasse
BKV	Berufskrankheiten-Verordnung
BMF	Bundesministerium der Finanzen
BMG	Bundesministerium für Gesundheit
BMJ	Bundesministerium der Justiz
BMWi	Bundesministerium für Wirtschaft und Technologie
BNE	Bruttonationaleinkommen
BPflV	Bundespflegesatzversordnung
BSE	Bovine spongiforme Enzephalopathie
BSG	Bundessozialgericht
BSHG	Bundessozialhilfegesetz
BSI	Bundesamt für Sicherheit in der Informationstechnologie
bspw.	beispielsweise
BU	Berner Union
Buchst.	Buchstabe
BUV	Betriebsunterbrechungsversicherung
BVA	Bundesverwaltungsamt
BVerfG	Bundesverfassungsgericht
BVerwG	Bundesverwaltungsgericht
BVI	Bundesverband Investment und Asset Management e.V.
BVK	Bundesverband Deutscher Versicherungskaufleute e.V.
BvR	Aktenzeichen einer Verfassungsbeschwerde zum Bundesverfassungsgericht
BWV	Berufsbildungswerk der deutschen Versicherungswirtschaft e.V.
BZgA	Bundeszentrale für gesundheitliche Aufklärung
bzgl.	bezüglich
bzw.	beziehungsweise

c.p.	ceteris paribus
ca.	circa
cand. math. oec.	candidatus mathematicensis oeconomiae
cand. rer. pol.	candidatus rerum politicarum
CAPM	Capital Asset Pricing Model
CBO	Collateralised Bond Obligations
CBOT	Chicago Board of Trade
CBT	Computer-Based-Training
CDO	Collateralized Debt Obligations
CD-ROM	Compact Disc Read-Only Memory
CDU	Christlich Demokratische Union
CEA	Comité Européen des Assurances
CEE-Staaten	Central and Eastern Europe- Staaten
CEIOPS	Committee of European Insurance and Occupational Pensions Supervisors
CEO	Chief Executive Officer
CES	Constant Elasticity of Substitution
CFO	Chief Financial Officer
CI	Corporate Identity
CIF	cost, insurance and freight
CIM	Convention international concernant le transport des merchandises par chemin de fer
CIP	carriage and insurance paid
CLO	Collateralised (Collateralized) Loan Obligations
CME	Chicago Mercantile Exchange
CMNI	Convention de Budapest relative au contract de transport de marchandises en navigation interieure)
CMR	Convention relative au contrat de transport international de marchandises par route
CoB	Council of Bureaux
CoC	Cost of Capital
COPD	chronisch obstruktive Lungenerkrankungen
CRM	Customer Relationship Management
CRNHR	Cost of Residual Non Hedgeable Risk
CRO	Chief Risk Officer
CRP	Computergestützte Rechnungsprüfung
CSL	Combined Single Limit-Deckungen
CSL	Combined Single Limit-Deckungen
CSU	Christlich-Soziale Union
CVA	Cash Value Added
CVaR	Conditional Value at Risk
D&O	Directors-and-Officers
d.h.	das heißt
DAK	Deutsche Angestellten Krankenkasse
DAV	Deutsche Aktuarsvereinigung
DAX	Deutscher Aktienindex
DDP	delivered, duty paid
DDR	Deutsche Demokratische Republik
DeckRV	Deckungsrückstellungsverordnung
DGVFM	Deutschen Gesellschaft für Versicherungs- und Finanzmathematik
DIC	Difference in Conditions
DIHK	Deutschen Industrie- und Handelskammer
DIL	Difference in Limits
DIMDI	Deutsche Institut für Medizinische Dokumentation und Information
DIN	Deutsches Institut für Normung e. V.
Dipl.-Kffr.	Diplom-Kauffrau

Dipl.-Kfm	Diplom-Kaufmann
DKVG	Deutsche Kernreaktor-Versicherungsgemeinschaft
DMA	Deutsche Makler Akademie
DMAIC	Define-Measure-Analyse-Improve-Control
DNA	Deoxyribonucleic Acid
DNeuG	Dienstrechtsneuordnungsgesetzes
DRG	Diagnosis Related Groups
DrittelbG	Drittelbeteiligungsgesetz
DRS	Deutsches Rechnungslegungs Standard Committee e.V.
DVA	Deutsche Versicherungsakademie GmbH
DVD	Digital Versatile Disc
DVS	Deutscher Versicherungs-Schutzverband e.V.
EBM	Einheitlicher Bewertungsmaßstab
EC	Extended Cover
ECA	Export Credit Agency
ECBUB	Bedingungen für die Versicherung zusätzlicher Gefahren zur Feuer-Betriebsunterbrechungsversicherung für Industrie- und Handelsbetriebe
ECGI	European Corporate Governance Institute
ECU	European Currency Unit
EDV	Elektronische Datenverarbeitung
EEV	European Embedded Value
EFQM	European Foundation of Quality Management
EFZG	Entgeltfortzahlungsgesetz
EGVVG	Einführungsgesetz zum Versicherungsvertragsgesetz
EIOPC	Eurpean Insurance and Occupational Pensions Committee
EK	Ersatzkassen
EKG	Elektrokardiogramm
EMEA	European Medicines Agency
EPA	Europäisches Praxisassessment
ERD	Expected Reinsurer Deficit
EStG	Einkommensteuergesetz
etc.	et cetera
EU	Europäische Union
EuGH	Europäischer Gerichtshof
EUR	Euro
EUREX	European Exchange
EURIBOR	European Interbank Offered Rate
Eurostat	Statische Amt der Europäischen Gemeinschaft
Eurostoxx 50	Aktienindex, der 50 große börsennotierte Unternehmen beinhaltet
EUWAX	European Warrant Exchange
EV	Embedded Value
EVA	Economic Value Added
evtl.	eventuell
EWR	Europäischer Wirtschaftsraum
EXW	ex works
EZB	Europäische Zentralbank
f.e.R	für eigene Rechung
FAP	Funktions- und Anforderungsprofil
FATF	Financial Action Task Force on Money Laundering
FBUB	Allgemeinen Feuer-Betriebsunterbrechungsversicherungsbedingungen
FCC	Frictional Cost of Capital
FD&D	Freight, Demurrage and Defence Risks
FDP	Freie Demokratische Partei
Fed	US-amerikanische Federal Reserve Bank

FernUSG	Fernunterrichtsschutzgesetz
ff.	fortfolgende
FinDAG	Gesetz über die Bundesanstalt für Finanzdienstleistungsaufsicht
FinRRV	Verordnung über Finanzrückversicherungsverträge und Verträge ohne hinreichenden Risikotransfer
FkSolV	Finanzkonglomerate-Solvabilitäts-Verordnung
FKVO	Fusionskontrollverordnung
FOB	free on board
FOS	freedom of service
FS	Free Surplus
FSA	Financial Services Authority
FTE	Flow to Equity
GbR	Gesellschaft bürgerlichen Rechts
GCGF	Global Corporate Governance Forum
GDV	Gesamtverband der Deutschen Versicherungswirtschaft e.V.
gem.	gemäß
GenG	Gesetz betreffend die Erwerbs- und Wirtschaftsgenossenschaften; Genossenschaftsgesetz
GenTG	Gentechnikgesetz
GewO	Gewerbeordnung
GewStDV	Gewerbesteuer-Durchführungsverordnung
GewStG	Gewerbesteuergesetz
GG	Grundgesetz
ggf.	gegebenenfalls
GKV	Gesetzliche Krankenversicherung
GKV-Modernisierungsgesetz	Gesetz zur Modernisierung der gesetzlichen Krankenversicherung
GKV-WSG	Gesetz zu Stärkung des Wettbewerbs in der gesetzlichen Krankenversicherung
GMAB	Guaranteed Minimum Accumulation Benefit
GmbH	Gesellschaft mit beschränkter Haftung
GMDB	Guaranteed Minimum Death Benefit
GMG	Gesundheitsmodernisierungsgesetz
GMIB	Guaranteed Minimum Income Benefit
GMWB	Guaranteed Minimum Withdrawal Benefit
GOÄ/GOZ	Gebührenordnungen für Ärzte und Zahnärzte
GPM	Geschäftsprozessmanagement
GPV	Gesetzliche Pflegeversicherung
griech.	griechisch
GRV	Gesetzliche Rentenversicherung
GSG	Gesundheitsstrukturgesetz
GüKG	Güterkraftverkehrsgesetz
GUV	Gesetzliche Unfallversicherung
GuV	Gewinn- und Verlustrechnung
GVG	Gesellschaft für Versicherungswissenschaft und -gestaltung
GVO	Gruppenfreistellungsverordnung
GWB	Gesetz gegen Wettbewerbsbeschränkungen
GwG	Geldwäschegesetz
HaftPflG	Haftpflichtgesetz
HBA	Heilberufeausweis
HGB	Handelsgesetzbuch
HIS	Hinweis- und Informationssystem
HIV	Human Immunodeficiency Virus
Hrsg.	Herausgeber

Hs.	Halbsatz
HTA	Health Technology Assessment
HWK	Handwerkskammer
i.Allg.	im Allgemeinen
i.d.R.	in der Regel
i.e.S.	im engeren Sinn
i.S.d.	im Sinne der/ des
i.V.m.	in Verbindung mit
i.w.S.	im weiteren Sinn
IAIS	International Association of Insurance Supervisors
IAS	International Accounting Standards
IASB	International Accounting Standards Board
IASC	International Accounting Standards Committee
IATA	International Air Transport Association
IBNER	Incurred But Not Enough Reported
IBNR	Incurred But Not Reported
ICC	Institute Cargo Clauses
ICD	International Statistical Classification of Diseases
ICGN	International Corporate Governance Network
ICH	International Hull Clauses
ICISA	International Credit Insurance & Surety Association
IDW	Institut der Wirtschaftsprüfer
IFAC	International Federation of Accountants
IFRIC	International Financial Reporting Interpretations Committee
IFRS	International Financial Reporting Standards
IHC	International Hull Clauses
IHK	Industrie- und Handelskammer
IKK	Innungskrankenkasse
InEK	Institut für das Entgeltsystem im Krankenhaus
inkl.	inklusive
InsO	Insolvenzverordnung
InvG	Investmentgesetz
IQWiG	Institut für Qualität und Wirtschaftlichkeit im Gesundheitswesen
ISA	International Standards on Auditing
ISDA	International Swaps and Derivatives Association
ISO	International Organization for Standardization
IT	Informationstechnologie
ITC	Institute Times Clauses
ITIL	Information Technology Infrastructure Library
ITSCM	IT Services Continuity Management
IUA	International Underwriting Association
IVR	Internationalen Vereinigung des Rheinschifffahrtsregisters
IVS	Institut der Versicherungsmathematischen Sachverständigen
JAV	Jahresarbeitsverdienst
Jg.	Jahrgang
KalV	Kalkulationsverordnung
KapitalausstattungsVO	Kapitalausstattungsverordnung
KBS	Deutsche Rentenversicherung Knappschaft-Bahn-See
KBV	Kassenärztliche Bundesvereinigung
Kfz	Kraftfahrzeug
KfzPflVV	Kraftfahrzeug-Pflichtversicherungsverordnung
KG	Kommanditgesellschaft

Abkürzungsverzeichnis XXIX

KHEntgG	Krankenhausentgeltgesetz
KHK	koronare Herzerkrankung
KonTraG	Gesetz zur Kontrolle und Transparenz im Unternehmensbereich
KraftStG	Kraftfahrzeugsteuergesetz
KSchG	Kündigungsschutzgesetz
KStG	Körperschaftsteuergesetz
KSVG	Künstlersozialversicherungsgesetz
KTQ	Kooperation für Transparenz und Qualität
KVKG	Krankenversicherungs-Kostendämpfungsgesetz
KVLG	Zweites Gesetz über die Krankenversicherung der Landwirte
KWG	Gesetz über das Kreditwesen
lat.	lateinisch
LIBOR	London Inter Bank Offered Rate
LKW	Lastkraftwagen
LL.B.	Bachelor of Laws
LL.M.	Master of Laws
LOC	Letter of Credit
LuftVG	Luftverkehrsgesetz
LuftVZO	Luftverkehrs-Zulassungs-Ordnung
M.A.	Master of Arts
M.Ed.	Master of Education
M.Eng.	Master of Engineering
M.F.A.	Master of Fine Arts
M.Mus.	Master of Music
M.Sc.	Master of Science
Mamma CA	Brustkrebs
MaRisk	Mindestanforderungen an das Risikomanagement von Versicherungsunternehmen
max.	maximal
MB/KK	Musterbedingungen für die Krankheitskosten- und Krankenhaustagegeldversicherung
MBA	Master of Business Administration
MbO	Management by Objectives
MBS	Mortgage Backed Securities
MCEV	Market Consistent Embedded Value
MCR	Minimum Capital Requirement
MDA	Model Driven Architecture
MdE	Grad der Minderung der Erwerbsfähigkeit
MDK	Medizinischer Dienst der Krankenversicherung
MFBU	Sonderbedingungen für die Mittlere Feuer-Betriebsunterbrechungsversicherung
MGAs	Managing General Agents
min.	minimal
MindZV	Mindestbeitragsrückerstattung in der Lebensversicherung
Mio.	Million
MIS	Marketing-Informationssystem
MitbestG	Mitbestimmungsgesetz
MLMY	Multi-Line-Multi-Year
mm	Millimeter
mmHg	Millimeter Quecksilbersäule
mmol/l	Millimol pro Liter
Morbi-RSA	Morbiditätsorientierter Risikostrukturausgleich
Mrd.	Milliarde
MVZ	Medizinischen Versorgungszentren

NachwG	Nachweisgesetz
NBV	New Business Value
NOG	Neuordnungsgesetz
Nr.	Nummer
NYBOT	New York Board of Trade
NYMEX	New York Mercantile Exchange
o.a.	oben angegeben
o.ä.	oder ähnlichem
o.g.	oben genannt
OECD	Organisation for Economic Co-operation and Development
OEM	Original-Equipment-Manufacturer
OHG	Offene Handelsgesellschaft
OTC	Over-the-counter
P&I	Protection & Indemnity
p.a.	per anno
PAF	Preis-Absatz-Funktion
PCAOB	Public Company Accounting Oversight Board
PCS-Indizes	Property Claims Services Indizes
PE	Personalentwicklung
PFKapAV	Verordnung über die Anlage des gebundenen Vermögens von Pensionsfonds
PFKAustV	Verordnung über die Kapitalausstattung von Pensionsfonds
PflVersG	Pflichtversicherungsgesetz
PflVG	Pflegeversicherungsgesetz
PIMS	Profit Impact of Marketing Strategies
PIN	Persönliche Identifikationsnummer
PIS	Personalinformationssystem
PK	Privatkundenklauseln
PKV	Private Krankenversicherung
PKW	Personenkraftwagen
PPV	Private Pflegeversicherung
ProdHaftG	Produkthaftungsgesetz
PrüfV	Verordnung über den Inhalt der Prüfungsberichte zu den Jahresabschlüssen von Versicherungsunternehmen; Prüfungsberichteverordnung
PRV	Private Rentenversicherung
PS	Prüfungsstandard
PSVaG	Pensions-Sicherungs-Verein auf Gegenseitigkeit
PUV	Private Unfallversicherung
PVFP	Present Value of Future Profits
QALYs	Quality Adjusted Life Years
QEP	Qualität und Entwicklung in Praxen
QIS	Quantitative Impact Study
RAPM	Risk Adjusted Performance Measurement
RAROC	Risk Adjusted Return on Capital
RBC	Risk Based-Capital
RBerG	Rechtsberatungsgesetz
RC	Required Capital
RDG	Rechtsdienstleistungsgesetz
RDG	Rechtsdienstleistungsgesetzes
RechPensV	Verordnung über die Rechnungslegung von Pensionsfonds
RechVersV	Verordnung über die Rechnungslegung von Versicherungsunternehmen

REIT	Real Estate Investment Trust
RfB	Rückstellung für Beitragsrückerstattung
RGBl	Notverordnung des Reichspräsidenten und der Reichregierung
RIC	Rechnungslegungs Interpretations Committee
RNA	Ribonucleic Acid
ROI	Return on Investment
RORAC	Return on Risk Adjusted Capital
RQ	Rentnerquotienten
RSA	Risikostrukturausgleich
RVB	Rentenversicherungsbeitrag
RVG	Rechtsanwaltsvergütungsgesetz
RVO	Reichsversicherungsordnung
s.	siehe
SCR	Solvency Capital Requirement
SE	Societas Europaea
SEC	Securities and Exchange Commission
SFAS	Statement of Financial Accounting Standard
SFG	Solidarpaktfortführungsgesetz
SGB	Sozialgesetzbuch
SIC	Standing Interpretations Committee
SK	Sachklauseln
SOA	Serviceorientierte Architektur
SOKI	Serviceorientierte Komponenten-Infrastruktur
SolBerV	Solvabilitätsbereinigungs-Verordnung
SOX, SOA	Sarbanes Oxley Act
SPD	Sozialdemokratische Partei Deutschlands
SPV	Special Purpose Vehicle; Soziale Pflegeversicherung
StabG	Gesetz zur Förderung der Stabilität und des Wachstums der Wirtschaft; Stabilitätsgesetz
StGB	Strafgesetzbuch
STIKO	Ständige Impfkommission des Robert-Koch-Instituts
stud. rer. pol.	Studiosus rerum politicarum
StVG	Straßenverkehrsgesetz
SWOT-Analyse	Strengths-Weaknesses-Opportunities-Threats-Analyse
SZR	Sonderziehungerechte
t	Tonne(n)
TBU	Allgemeine Bedingungen für die Transport-Betriebsunterbrechungsversicherung
TCF	Total Cash Flow
TEV	Traditional Embedded Value
TFR	Total Fertility Rate
TIA	transiente ischämischen Attacke
TK	Klauseln in den technischen Versicherungen
TOP	Therapie-Optimierungs-Prüfungen
TQM	Total Quality Management
TSBU	Allgemeinen Bedingungen für die Tierseuchen-Betriebsunterbrechungsversicherung
TVFOG	Time Value of Financial Options and Guarantees
TVG	Tarifvertragsgesetz
u.ä.	und ähnlichem
u.a.	unter anderem
u.a.m.	und anderes mehr
u.U.	unter Umständen

UBR	Unfallversicherung mit garantierter Beitragsrückzahlung
UmweltHG	Umwelthaftungsgesetz
UN	United Nations
UNO	United Nations Organization
URL	Uniform Resource Locator
USA	United States of America
US-GAAP	United States – Generally Accepted Accounting Principles
USP	Unique Selling Proposition
UStG	Umsatzsteuergesetz
usw.	und so weiter
UVMG	Unfallversicherungs-Modernisierungsgesetz
UWG	Gesetz gegen den unlauteren Wettbewerb
v.a.	vor allem
v.H.	vom Hundert
VAA	Versicherungs-Anwendungs-Architektur
VAG	Versicherungsaufsichtsgesetz
VaR	Value at Risk
VDS	Verband der Sachversicherer
VDVM	Verband Deutscher Versicherungsmakler e.V.
VersR	Zeitschrift für Versicherungsrecht
VersStG	Versicherungsteuergesetz
VersVermV	Versicherungsvermittlerverordnung
VFA	Versicherungsfachausschuss
VGB	Allgemeine Wohngebäude-Versicherungsbedingungen
Vgl.	Vergleich
VGR	Volkswirtschaftliche Gesamtrechnung
VGV	Verbundene Wohngebäudeversicherung
VHB	Allgemeine Versicherungsbedingungen für Hausratversicherungen
VHV	Verbundene Hausratversicherung
VIF	Value of Inforce
VNB	Value of New Business
VOF	Verdingungsordnung für freiberufliche Leistungen
VOL/A	Verdingungsordnung für Leistungen
VOL/B	Allgemeine Vertragsbedingungen für die
VorstAG	Gesetz zur Angemessenheit von Vorstandsvergütungen
VöV	Verband öffentlicher Versicherer
vs.	versus
VVaG	Versicherungsverein auf Gegenseitigkeit
VVG	Versicherungsvertragsgesetz
VVG-InfoV	Verordnung über Informationspflichten bei Versicherungsverträgen
VWB	Versicherungswechselbescheinigung
VwfG	Verwaltungsverfahrensgesetz
VWL	Vermögenswirksame Leistungen
VZ	Veranlagungszeitraum
WACC	Weighted Average Cost of Capital
WBT	Web-Based-Training
WHG	Wasserhaushaltsgesetz
WHO	Weltgesundheitsorganisation
WpHG	Wertpapierhandelsgesetz
WSG	Wettbewerbsstärkungsgesetz
WTP	willingness-to-pay
z.B.	zum Beispiel
z.T.	zum Teil

ZFBUB	Zusatzbedingungen zu den Allgemeinen Feuer-Betriebsunterbrechungsversicherungsbedingungen
ZFU	Staatliche Zentralstelle für Fernunterricht
ZKBU	Zusatzbedingungen für die einfache Betriebsunterbrechungsversicherung
ZÜRS	Zonierungssystem für Überschwemmung, Rückstau und Starkregen

Benutzungshinweise des Herausgebers

Die zahlreichen Sachgebiete des Gabler Versicherungslexikon sind nach Art eines Konversationslexikon in mehr als 3.000 Stichwörter gegliedert. Unter einem Stichwort ist die Erklärung zu finden, die dem Benutzer sofort erforderliches Wissen ohne mehrmaliges Nachschlagen vermittelt. Die zahlreichen Verweiszeichen (→) zielen auf Begriffe, die dem Leser zusätzliche Informationen bieten und eine Einordnung in größere Zusammenhänge ermöglichen.

Bei vielen Themengebieten und Begrifflichkeiten sind in den Sachgruppen, die von den einzelnen Autoren bearbeitet wurden, Überschneidungen aufgetreten – bedingt durch das Zusammenspiel aller behandelten Versicherungszweige und Geschäftsfelder in der Assekuranz und angrenzenden Branchen, den betriebswirtschaftlichen Funktionen und den Sichten aus den verschiedenen Wissenschaftsdisziplinen. Um die Verknüpfungen und die vielen Facetten bestmöglich darstellen zu können, habe ich mich entschieden, unterschiedliche Perspektiven zu integrieren und teilweise auch auf unterschiedlichen Auffassungen, Interpretationen und Handhabungen von Sachverhalten hinzuweisen, die oftmals hinter ein und demselben Begriff stehen.

Um erkennen zu können, aus welchen Perspektiven heraus die Begriffe im vorliegenden Versicherungslexikon erklärt wurden, habe ich Sachgruppenregister eingerichtet. Diese werden auf der Online-Seite zum Buch unter www.gabler.de kostenfrei zur Verfügung gestellt. Denn für eine nähere Recherche kann es sehr hilfreich sein, die Sachgruppenregister zu Rate zu ziehen, die einen zusammenhängenden Überblick über das jeweilige Themengebiet verschaffen. Soweit ein Begriff in mehreren Sachgruppenregistern erscheint, haben entsprechend auch mehrere Autoren zu dessen Definition im Lexikon beigetragen.

Die Querverweisstrukturen innerhalb der Begriffsdefinitionen gehen allerdings weit über die Grenzen einzelner Sachgruppen hinaus. Auf diese Weise soll die ganzheitliche Sicht im vorliegenden Werk gefördert werden.

Allerdings hat es der Sachgruppenbezug erforderlich gemacht, Begriffspaare, die teils synonym, teils aber auch nicht synonym verwendet werden, nebeneinander stehen zu lassen und die Begriffsverwendungen gerade nicht vollständig zu harmonisieren. Die Eigenheiten der Sachgruppen und teils z.B. auch unterschiedliche Begriffsverwendungen aus rechtlicher und ökonomischer Sicht kommen auf diese Weise bestens zum Tragen. Beispiele betreffen die Begriffe „Prämien" und „Beiträge" sowie „Absatz" und „Vertrieb", die nicht durchweg vereinheitlicht wurden.

Die alphabetische Reihenfolge ist – auch bei zusammengesetzten Stichwörtern – strikt eingehalten. Dies gilt für Begriffe, die durch Bindestrich verbunden sind, als auch für Begriffe, die aus mehreren durch Leerzeichen oder Kommata getrennten Wörtern bestehen. In beiden Fällen erfolgt die Sortierung als sei der Bindestrich bzw. das Leerzeichen oder das Komma nicht vorhanden. Die Umlaute ä, ö und ü wurden bei der Einordnung in das Alphabet wie die Grundlaute a, o und u behandelt, ß ist wie ss anzusehen. Geläufige Synonyme und angloamerikanische Termini werden jeweils am Anfang eines Stichworts mit aufgeführt.

Zur korrekten Zitation lexikalischer Aussagen schlage ich die Verwendung folgender - wissenschaftlich korrekter - Zitationsweisen vor:

1. *für die Monographie insgesamt:*
   Wagner, Fred (Hrsg.), Gabler Versicherungslexikon, Wiesbaden 2011

2. *für Stichwörter:*
   Wagner, Fred (Hrsg.), Gabler Versicherungslexikon, Stichwort: Abandon, Wiesbaden 2011, S. 1

3. *für Schwerpunktbeiträge:*
   Wagner, Fred/ Klimmek, David: Assistance, in: Wagner, Fred (Hrsg.), Gabler Versicherungslexikon, Wiesbaden 2011, S. 49 - 51

A

Abandon. *1. Begriff:* Aufgabe eines Rechts oder einer Sache mit der Absicht, dadurch von einer Verpflichtung (meistens zur Zahlung) entbunden zu sein. – *2. Transportversicherung:* Berechtigung des Versicherers, sich nach dem Eintritt eines Versicherungsfalls durch Zahlung der Versicherungssumme von allen weiteren Verpflichtungen (z.B. Bergungskosten) zu befreien. – *3. Seeversicherung:* Dem Versicherungsnehmer steht das Recht zum Abandonieren bei Verschollenheit des Schiffs, Verfügungen von hoher Hand und Seeraub zu. Mit der Abandonerklärung gehen die Rechte am versicherten Gegenstand auf den Versicherer über, sofern dieser nicht ablehnt; der Versicherungsnehmer erhält dafür die Versicherungssumme.

Abbruchkosten. Begriff aus der Gebäudeversicherung. Neben dem eigentlichen Schaden entstehen Kosten am Schadenort für den Abbruch von nicht mehr verwertbaren Resten. Diese Kosten werden meistens in der → verbundenen Wohngebäudeversicherung zu einem bestimmten Anteil bis zu maximal 100 % der → Versicherungssumme mitversichert.

Abfindung. Ersatz eines laufenden Anspruchs durch eine Kapitalzahlung. Eine A. setzt zum einen eine schuldrechtliche Vereinbarung über die Änderung der Rechtslage voraus, zum anderen eine Verfügung in Gestalt eines Verzichts über ein Recht. In der → betrieblichen Altersversorgung (bAV) bedeutet eine A. regelmäßig, dass eine Rente durch eine Kapitalzahlung ersetzt wird. Siehe auch → Abfindungsverbot.

Abfindungsverbot. § 3 BetrAVG enthält ein grundsätzliches Verbot der → Abfindung a) → unverfallbarer Anwartschaften bei Beendigung des Arbeitsverhältnisses und – b) laufender → Betriebsrenten.

Abhängigkeitsmaß. → Zusammenhangsmaß.

Ablauforganisation. Abfolgeordnung und räumliche Ordnung der → Geschäftsprozesse in einem Unternehmen. Versicherungsspezifische Bestandteile der Ablauforganisation sind u.a. die Hauptprozesse Antrag, Vertrag und Leistung. Siehe auch → Aufbauorganisation.

Ableitungsrohre. *1. Begriff:* Rohre, die Abwasser aus einem → Gebäude ableiten. In der → verbundenen Wohngebäudeversicherung besteht Schutz gegen Bruchschäden im Rahmen der versicherten Gefahr → Leitungswasser i.d.R. nur für A. innerhalb des Gebäudes. Teilweise werden Deckungserweiterungen auf A. unterhalb des Gebäudes, auf dem Versicherungsgrundstück und außerhalb des Versicherungsgrundstücks eingeschlossen oder als zusätzliche Bausteine angeboten. – *2. Probleme:* Außerhalb des Gebäudes und unterhalb der Fundamente werden A. kaum gewartet. Lecks fallen nicht auf. Deshalb gehen Kommunen davon aus, dass ca. 90 % der A. auf und außerhalb von Versicherungsgrundstücken marode sind. Neben dem originären Bruchschaden sind viele A. durch Muffenversatz und Wurzeleinwuchs geschädigt. Im Zuge des Gewässerschutzes sehen die meisten Bundesländer verpflichtend bis zum Jahr 2015 eine Prüfung der A. auf Dichtigkeit vor. – *3. Folgerungen:* Versicherungsschutz für A. außerhalb der Gebäude wird zunehmend defensiv oder stark eingeschränkt angeboten. – *4. Aktuelle Entwicklungen:* Die Rechtsprechung bestätigt die Auffassung der Versicherungswirtschaft, dass Muffenversatz und Wurzeleinwuchs keine Bruchschäden sind.

Ablösung. *1. Begriff:* Transaktion, bei der ein → Erstversicherer gegen einen entsprechenden Ausgleich auf alle Rechte aus einem

Rückversicherungsvertrag verzichtet und von allen Verpflichtungen entbunden wird. – *2. Merkmale:* Die Transaktion kann darin bestehen, dass gegen Zahlung eines einmaligen Betrags alle Rechte und Verbindlichkeiten aufgelöst werden (sog. Commutation) oder regelmäßig unter Gewährung eines Abschlags auf die Forderungen aus dem Rückversicherungsverhältnis der Vertrag weitergeführt und abgewickelt wird (sog. Settlement).

Abrechnungsverband. *1. Begriff:* Menge gleichartiger Lebensversicherungsverträge, die im Geschäftsplan eines → Lebensversicherungsunternehmens zum Zweck der verursachungsgerechten → Überschussverteilung zusammengefasst werden. – *2. Merkmale:* Für jeden A. muss intern eine eigene → Gewinn- und Verlustrechnung (GuV) erstellt werden. A. werden nur für den → Altbestand und den → Zwischenbestand gebildet. Für Verträge des → Neubestands sind → Bestandsgruppen zu bilden.

ABS. Abk. für → Asset Backed Securities.

Absatz. → Vertrieb.

Abschlussaufwendungen, *Acquisition Costs.* – *1. Begriff:* → Aufwendungen, die im Versicherungsunternehmen unmittelbar und mittelbar durch den Abschluss von → Versicherungsverträgen verursacht werden. Position in der → Gewinn- und Verlustrechnung (GuV) von Versicherungsunternehmen, d.h. Größe aus der → Rechnungslegung, die nach handelsrechtlichen Regeln abgegrenzt ist. Anders: → Abschlusskosten. – *2. Merkmale:* a) Verursachung im Außen- oder Innendienst. (1) Außendienst: → Abschlussprovisionen, → Bestandsprovisionen, → Courtagen und → Superprovisionen. (2) Innendienst: Aufwendungen für die Antrags- und → Risikoprüfung, Antragsbearbeitung sowie Ausfertigung des → Versicherungsscheins. – b) Zurechenbarkeit zum einzelnen Vertragsabschluss. (1) Unmittelbar bzw. direkt zurechenbar: Abschlussprovisionen, Aufwendungen für die Anlegung der Versicherungsakte oder die Aufnahme des Versicherungsvertrags in den Versicherungsbestand. (2) Mittelbar bzw. indirekt zurechenbar: Allgemeine Werbeaufwendungen, Agenturbüroaufwendungen, die im Zusammenhang mit der Antragsbearbeitung und Policierung stehen, Aufwendungen für den Auf- und Ausbau sowie die Verwaltung der Außendienstorganisation, Aufwendungen für die Schulung bzw. Fortbildung der Vertriebsmitarbeiter. – *3. Behandlung in der Rechnungslegung:* a) Handelsrechtlicher Ausweis als Aufwendungen gem. § 43 II RechVersV. Verbot zur Aktivierung von A. gem. § 248 HGB. Allerdings werden über das → Zillmern und die Abgrenzung nur der übertragsfähigen Beitragsteile bei der Ermittlung der → Beitragsüberträge Effekte erzielt, die der Aktivierung entsprechen. Bei Lebensversicherungsunternehmen sowie → Pensions- und Sterbekassen werden rechnungsmäßig gedeckte und überrechnungsmäßig gedeckte A. unterschieden. – b) Rechnungslegung nach → IAS/ → IFRS: → Deferred Acquisition Costs. – *4. Kennzahlen:* A. werden in Relation zu den gebuchten oder verdienten (Brutto-) → Beiträgen, der Versicherungssumme des Neugeschäfts oder der Beitragssumme des Neugeschäfts gesetzt. – *5. Probleme:* Die Begriffe A. und Abschlusskosten werden in der betriebswirtschaftlichen Literatur, in Gesetzen und in der Praxis teilweise synonym verwendet, obwohl den Begriffen → Kosten und → Aufwendungen in der Betriebswirtschaftslehre und im Bilanzrecht (genauer: in den rechtlichen Regelungen zum → Jahresabschluss) unterschiedliche Bedeutungen zukommen.

Abschlusskosten. *1. Begriff:* → Kosten, die im Versicherungsunternehmen unmittelbar und mittelbar durch den Abschluss von Versicherungsverträgen verursacht werden. Position in der → Kostenrechnung von Versicherungsunternehmen, d.h. Größe aus dem → internen Rechnungswesen, die nach den Regeln der betriebswirtschaftlichen Zweckmäßigkeit abgegrenzt ist. Anders: → Abschlussaufwendungen. – *2. Elemente:* Die A. sind der Teil der → Betriebskosten eines Versicherungsunternehmens, die einmalig durch Platzierung eines Versicherungsvertrags bei einem Kunden entstehen. Als A. werden häufig → Abschlussprovisionen, → Bestandsprovisionen, → Courtagen und → Superprovisionen, Vergütungen des betreuenden Außendienstes und Kosten für die Werbung als äußere A. sowie Kosten der Antrags- oder → Risikoprüfung, der Antragsbearbeitung und der Ausfertigung des → Versicherungsscheins als innere Abschlusskosten erfasst. Abzugrenzen von den Abschlussaufwendungen. – *3. Merkmale:* I.d.R.

werden A. den Versicherungsverträgen zu Beginn ihrer Versicherungslaufzeit zugerechnet und belastet. In einigen Versicherungssparten bzw. -zweigen gelten spezielle gesetzliche Vorschriften zur Erhebung und Verrechnung der A. gegenüber den Kunden sowie besondere Transparenzvorschriften nach der Verordnung über Informationspflichten bei Versicherungsverträgen (VVG-Informationspflichtenverordnung - VVG-InfoV). – *4. Aktuelle Entwicklungen in der Lebensversicherung:* In der Lebensversicherung sind die rechnungsmäßigen A. in bestimmten Höhen kalkuliert und i.d.R. über die Laufzeit verteilt, ggf. auch über das Verfahren des → Zillmerns z.B. auf den Abschlusszeitpunkt diskontiert. Seit 2008 – im Zuge der VVG-Reform – müssen dem Kunden vor Vertragsabschluss Angaben zur Höhe der in die Prämie einkalkulierten Betriebskosten gemacht werden. Das betrifft die einkalkulierten A. als einheitlichen Gesamtbetrag und die übrigen einkalkulierten Betriebskosten als Anteil der Jahresprämie unter Angabe der jeweiligen Laufzeit. Die A. müssen auf mindestens fünf Jahre verteilt werden.

Abschlusskostenfinanzierung, *Aufbaufinanzierung, Neugeschäftsfinanzierung.* Bei jungen und/ oder stark wachsenden Unternehmen kann ein erheblicher Finanzierungsbedarf ihrer anfangs überdurchschnittlich hohen und sowohl erfolgs- als auch liquiditätswirksamen Betriebs- und Verwaltungsaufwendungen (z.B. durch hohe Abschlussprovisionen) entstehen. Speziell ausgestaltete traditionelle Rückversicherungsverträge (sog. Aufbauquoten), aber auch Konzepte der → Finanzrückversicherung (z.B. → Finite Quota Share) können hier liquiditäts- und ergebnisentlastend für den Erstversicherer wirken.

Abschlussprovision, *Abschlusscourtage.* – *1. Begriff:* Teil der → Abschlusskosten. Die A. stellt die leistungsbezogene Vergütung des → Versicherungsvermittlers für das Zustandekommen eines Versicherungsvertrags dar. – *2. Merkmale:* Die A. ist eine einmalige Leistung des Versicherungsunternehmens gegenüber dem Versicherungsvermittler, wenngleich diese auch in Teilbeträgen ausbezahlt werden kann und i.d.R. erst nach einer festgelegten Mindestlaufzeit des Vertrags als verdient gilt. Wird die festgelegte Mindestlaufzeit des Vertrags nicht erreicht (z.B. durch Stornierung), ist der nicht verdiente Anteil der A. i.d.R. pro rata temporis an den Versicherer zurückzuerstatten. Die Berechnung der A. differenziert sich v.a. zwischen den unterschiedlichen Versicherungssparten und -zweigen. Grundsätzlich wird zwischen Versicherungsvermittler und Versicherungsunternehmen in Courtagezusagen oder Vermittlungsverträgen ein Provisionssatz in Prozent für die einzelnen Sparten bzw. Zweige vereinbart, der dann auf den abgeschlossenen Vertrag angewendet wird und sich z.B. auf die Summe der zukünftigen Versicherungsprämien oder auf die vereinbarte → Versicherungssumme bezieht. – *3. Geschäftsgrundlage:* Grundlage von Provisionszahlungen ist das in Deutschland übliche Vermittlungsgeschäft von → Versicherungsvertretern, → Versicherungsmaklern oder z.B. Banken. Im Gegensatz dazu stehen sog. Honorarberater, die ihre Vermittlungsleistung gegen Vergütung durch Honorar des Endkunden anbieten und im Gegenzug Produkte anbieten, die keine A. beinhalten, sog. Netto-Tarife (→ Honorarberatung). Siehe auch → Provisionssysteme.

Abschlussprüfung von Versicherungsunternehmen

von Dr. Frank Ellenbürger und Rainer Husch

1. Grundlagen: Prüfungspflicht und -befreiung, Abschlussprüfer, Auftragserteilung

Versicherungsunternehmen haben gem. § 341k I S. 1 HGB unabhängig von ihrer Größe ihren Jahresabschluss und Lagebericht sowie ihren Konzernabschluss und Konzernlagebericht durch einen Abschlussprüfer prüfen zu lassen (= *Abschlussprüfung*). Die Vorschriften des HGB über die Prüfung (§§ 316 bis 324a HGB) sind entsprechend anzuwenden; daneben sind auch aufsichtsrechtliche Bestimmungen zu beachten (§ 57 bis 64 VAG). Hat keine vorgeschriebene Jahresabschlussprüfung stattgefunden, kann ein Jahresabschluss nicht festgestellt werden (§

341k I S. 3 i.V.m. § 316 I S. 2 HGB); hat keine Konzernabschlussprüfung stattgefunden, kann ein Konzernabschluss nicht gebilligt werden (§ 316 II S. 2 HGB).

Die *Befreiung* von der Prüfungspflicht – und damit von der Anwendung des § 341k HGB sowie der §§ 316 bis 324a HGB – gilt nur für bestimmte in § 61 RechVersV beschriebene Versicherungsunternehmen. Befreiungen von den aufsichtsrechtlichen Vorgaben nach §§ 58 und 59 VAG können sich für öffentlich-rechtliche Versicherungsunternehmen, die der Landesaufsicht unterliegen, sowie für kleinere VVaG ergeben (§§ 60 bzw. 64 VAG).

Aus § 341k I S. 2 HGB ergibt sich, dass *Abschlussprüfer* bei Versicherungsunternehmen ausschließlich Wirtschaftsprüfer oder Wirtschaftsprüfungsgesellschaften sein können (keine vereidigten Buchprüfer oder Buchprüfungsgesellschaften). Ausschlussgründe für die Bestellung eines Abschlussprüfers ergeben sich aus der Verletzung der Unabhängigkeit bspw. wegen geschäftlicher, finanzieller oder persönlicher Beziehungen (§ 319 HGB); weitere strengere Ausschlussgründe (z.B. Rotationspflicht) gibt es nach § 319a HGB für kapitalmarktorientierte Unternehmen.

Der Abschlussprüfer wird gem. § 341k II HGB – abweichend von § 318 I S. 1 und S. 4 HGB – durch den Aufsichtsrat bestimmt; die *Auftragserteilung* für die Abschlussprüfung erfolgt nach § 111 II S. 3 AktG i.V.m. § 35 III S. 1 VAG durch den Aufsichtsrat und nicht durch den Vorstand. Der Abschlussprüfer ist der Aufsichtsbehörde gem. § 58 II S. 1 VAG unverzüglich durch den Vorstand anzuzeigen. Bei Bedenken kann diese die Bestellung eines anderen Abschlussprüfers verlangen bzw. selbst bestimmen (§ 58 II S. 2 bzw. S. 3 VAG). Unberührt von den aufsichtsrechtlichen Bestimmungen bleiben die gesellschaftsrechtlichen Möglichkeiten der Ablehnung des Abschlussprüfers nach § 318 III HGB.

2. Gegenstände der Abschlussprüfung

Die Gegenstände der Abschlussprüfung sind für Versicherungsunternehmen sowohl handelsrechtlich als auch aufsichtsrechtlich zu definieren:

- Nach § 317 I HGB hat sich die Prüfung des Jahresabschlusses und des Konzernabschlusses daraufhin zu erstrecken, ob die gesetzlichen Vorschriften und die ergänzenden Bestimmungen des Gesellschaftsvertrags oder der Satzung beachtet worden sind. Die Prüfung ist so anzulegen, dass Unrichtigkeiten und Verstöße gegen diese Bestimmungen, die sich auf die Darstellung des sich nach § 264 II HGB ergebenden Bilds der Vermögens-, Finanz- und Ertragslage des Unternehmens wesentlich auswirken, bei gewissenhafter Berufsausübung erkannt werden. In die Prüfung ist auch die Buchführung einzubeziehen.

- Der Lagebericht und der Konzernlagebericht sind nach § 317 II HGB daraufhin zu prüfen, ob Einklang mit dem Jahresabschluss bzw. Konzernabschluss besteht und ob der (Konzern-)Lagebericht insgesamt eine zutreffende Vorstellung von der Lage des Unternehmens (Konzerns) vermittelt (einschließlich der Chancen und Risiken der zukünftigen Entwicklung).

- Gem. § 57 I VAG hat der Abschlussprüfer die Erfüllung der in das VAG aufgenommenen Anzeigepflichten und Verpflichtungen nach dem Geldwäschegesetz sowie die Erfüllung bestimmter Anforderungen, die sich aus den Vorschriften zur zusätzlichen Beaufsichtigung von Versicherungsgruppen und von Versicherungsunternehmen, die Finanzkonglomeraten angehören, zu prüfen.

- Nach § 57 I S. 3 VAG i.V.m. § 317 IV HGB hat der Abschlussprüfer das Risikofrüherkennungssystem (§ 91 II AktG) bei sämtlichen Versicherungsunternehmen zu prüfen, auf die der aktienrechtliche Paragraph anzuwenden ist. Während dies für AG unmittelbar gilt, ergibt sich die Anwendung bei VVaG (§ 34 I S. 2 VAG) und öffentlich-rechtlichen Versicherungsunternehmen (§ 156 II S. 1 VAG) dagegen mittelbar. Demgegenüber sind die über das Risikofrüherkennungssystem hinausgehenden Bestandteile des Risikomanagementsystems nicht Gegenstand der gesetzlichen Abschlussprüfung.

- Die Aufsichtsbehörde kann nach § 59 S. 2 VAG Ergänzungen der Prüfung veranlassen (Nachtragsprüfung).
- Die im Konzernabschluss zusammengefassten Jahresabschlüsse, insbesondere die konsolidierungsbedingten Anpassungen, sind vom Konzernabschlussprüfer zu prüfen, wenn die betreffenden Jahresabschlüsse nicht bereits geprüft wurden (§ 317 III HGB).

3. Ziele und Funktionen der Abschlussprüfung

Durch die Abschlussprüfung sollen die Verlässlichkeit der in Jahresabschluss und Lagebericht enthaltenen Informationen bestätigt (Prüfungsaussage) und insoweit deren Glaubhaftigkeit erhöht werden. Die Verlässlichkeit dieser Informationen schließt auch deren Ordnungsmäßigkeit ein, da diese von den Adressaten bei ihrer Interpretation mit herangezogen wird. Die Adressaten des Bestätigungsvermerks sowie die Adressaten des Prüfungsberichts, insbesondere die Aufsichtsorgane, können die Ergebnisse der Abschlussprüfung bei ihren Entscheidungen berücksichtigen, wobei sie sich der Grenzen der Aussagefähigkeit eines Jahresabschlusses und Lageberichts sowie der Erkenntnismöglichkeiten einer Abschlussprüfung bewusst sein müssen (vgl. IDW PS 200).

Hauptfunktionen der Abschlussprüfung sind a) die Garantenfunktion gegenüber der Öffentlichkeit (Gewährleistung der Vertrauenswürdigkeit der Jahresabschlussinformationen gegenüber der Öffentlichkeit); – b) die Unterstützungsfunktion gegenüber dem Aufsichtsrat (Unterstützung des Aufsichtsrats bei der Überwachung der Geschäftsführung und Abschlussprüfung als Teil der Corporate Governance); – c) die Beratungsfunktion für das Management (Beratung des Managements in Fragen der Rechnungslegung und Risikoüberwachung) unter Berücksichtigung der Trennung von Prüfung und Beratung.

Eine Abschlussprüfung ist darauf auszurichten, dass die Prüfungsaussagen mit hinreichender Sicherheit getroffen werden können. Zu diesem Zweck muss das Risiko der Abgabe eines positiven Prüfungsurteils trotz vorhandener Fehler in der Rechnungslegung (sog. Prüfungsrisiko) auf ein akzeptables Maß reduziert werden. Das Prüfungsrisiko setzt sich nach dem IDW PS 261 aus dem Fehlerrisiko und dem Entdeckungsrisiko zusammen. Fehlerrisiken beinhalten dabei inhärente Risiken und Kontrollrisiken.

Systematik des Prüfungsrisikos

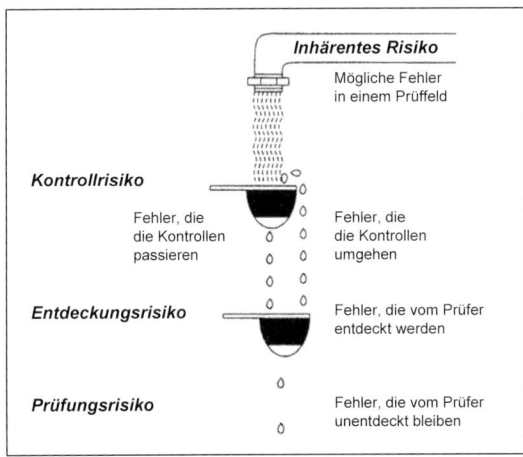

Abschlussprüfung von Versicherungsunternehmen 6

4. Berufsübliche Standards für die Abschlussprüfung

Bei der Durchführung der Prüfung hat der Abschlussprüfer die allgemeinen und insbesondere branchenspezifischen berufsüblichen Standards zu beachten. Hierzu zählen die Veröffentlichungen des Versicherungsfachausschuss (VFA) des IDW, die Fragen der Rechnungslegung und Prüfung von Versicherungsunternehmen behandeln. Daneben besitzen die International Standards on Auditing (ISA) der International Federation of Accountants (IFAC) eine Ausstrahlungswirkung auf die deutsche Abschlussprüfung. Vorgesehen ist die Übernahme der ISA durch das IDW.

5. Berichtspflichten des Abschlussprüfers und Vorlagepflichten

Der Abschlussprüfer hat im Rahmen seiner Prüfung ausdrückliche gesetzliche Berichtspflichten:

- Die sog. Redepflicht des Abschlussprüfers nach § 321 I S. 3 HGB (Berichterstattung über Unrichtigkeiten und Verstöße gegen gesetzliche Vorschriften, entwicklungsbeeinträchtigende oder bestandsgefährdende Tatsachen oder schwerwiegende Verstöße der gesetzlichen Vertreter gegen Gesetz, Gesellschaftervertrag oder Satzung) besteht dabei auch gegenüber der Aufsichtsbehörde (§ 341k III HGB).

- Ein Prüfer, der sowohl ein Unternehmen, das mit einem Erstversicherungsunternehmen eine sich aus dem Kontrollverhältnis ergebende enge Verbindung nach § 8 I S. 4 Nr. 2 VAG unterhält, als auch zugleich dieses Erstversicherungsunternehmen prüft, hat nach § 57 I S. 4 VAG die Aufsichtsbehörde zu unterrichten, sobald er Feststellungen im Rahmen seiner Redepflicht bei dem verbundenen Unternehmen macht, wenn und soweit die festgestellten Tatsachen die Ausübung der Tätigkeit des Versicherungsunternehmens wesentlich beeinträchtigen.

- Gem. § 57 I S. 5 VAG hat der Prüfer auf Verlangen der Aufsichtsbehörde auch sonstige bei der Prüfung bekannt gewordene Tatsachen mitzuteilen, die gegen eine ordnungsgemäße Durchführung der Geschäfte des Versicherungsunternehmens sprechen.

Nach § 321 HGB hat der Abschlussprüfer in einem schriftlichen Prüfungsbericht über die Art und den Umfang sowie über das Ergebnis der Prüfung mit der gebotenen Klarheit Stellung zu nehmen. Um den grundsätzlichen Informationsbedürfnissen gerecht zu werden, kommen dem Prüfungsbericht drei wesentliche Funktion zu: Mitteilung der Feststellungen und des Prüfungsergebnisses, Begründung des Prüfungsergebnisses sowie Nachweis der Erfüllung des Prüfungsauftrags. Auf der Grundlage des § 55a I S. 1 Nr. 3 VAG hat die Aufsichtsbehörde die „Verordnung über den Inhalt der Prüfungsberichte zu den Jahresabschlüssen von Versicherungsunternehmen (Prüfungsberichteverordnung – PrüfV)" erlassen, die ergänzende Vorschriften über Art, Umfang und Inhalt der Berichterstattung im Prüfungsbericht von Versicherungsunternehmen und -konzernen enthält. Die PrüfV stellt eine für aufsichtsrechtliche Belange notwendige Ergänzung der Vorschriften des HGB und der berufsüblichen Grundsätze (IDW PS 450) dar. Obwohl die PrüfV ausschließlich Vorschriften zum Inhalt der Prüfungsberichte enthält, können sich diese auch auf die Prüfungsdurchführung auswirken.

Der Vorstand eines Versicherungsunternehmens hat nach § 59 VAG den Prüfungsbericht mit seinen Bemerkungen und denen des Aufsichtsrats unverzüglich nach der Feststellung der Aufsichtsbehörde vorzulegen. Die Aufsichtsbehörde kann den Bericht mit dem Abschlussprüfer erörtern und bei Bedarf Ergänzungen der Prüfung und des Berichts auf Kosten des Versicherungsunternehmens veranlassen.

6. Bestätigungsvermerk

Formales Ergebnis der Prüfung ist der Bestätigungsvermerk nach § 322 HGB. Der Bestätigungsvermerk enthält ein klar und schriftlich zu formulierendes Gesamturteil über das Ergebnis der nach geltenden Berufsgrundsätzen pflichtgemäß durchgeführten Prüfung (IDW PS 400). Er hat Gegenstand, Art und Umfang der Prüfung zu beschreiben und dabei die angewandten Rechnungslegungs- und Prüfungsgrundsätze anzugeben (§ 322 I S. 2 HGB). Unter bestimmten Voraussetzungen ist der Bestätigungsvermerk zu ergänzen, einzuschränken oder zu versagen. Es bestehen keine formalen versicherungsspezifischen Anforderungen. Auch der Bestätigungsvermerk von Versicherungsunternehmen beruht auf den allgemeinen Vorschriften des § 322 HGB sowie dem IDW PS 400 „Grundsätze für die ordnungsmäßige Erteilung von Bestätigungsvermerken bei Abschlussprüfungen". Bei Versicherungsunternehmen, die Verträge mit Überschussbeteiligung anbieten, ergibt sich eine Besonderheit im Zusammenhang mit der Überschussbeteiligung. Da die Entscheidung des Vorstands über die Zuführung von Beträgen zur Rückstellung für Beitragsrückerstattungen erst mit dem Zustimmungsbeschluss des Aufsichtsrats Wirksamkeit erlangt, ist es für die Erteilung des Bestätigungsvermerks von Bedeutung, ob der Aufsichtsrat dem Vorschlag des Vorstands zum Zeitpunkt der Testatserteilung bereits zugestimmt hat. Ist dies nicht der Fall, wird eine Testatserteilung unter aufschiebender Bedingung erforderlich, da der Jahresabschluss einen Sachverhalt berücksichtigt, der noch zustimmungsbedürftig ist.

Literatur: Geib, G., Erläuterungen zu den für Versicherungsunternehmen geltenden ergänzenden Vorschriften zur Rechnungslegung und Prüfung/ Abschnitt K, in: Institut der Wirtschaftsprüfer (Hrsg.), WP-Handbuch 2006 – Band 1, Düsseldorf 2006, S. 911-1104; IDW Prüfungsstandard 200: Ziele und allgemeine Grundsätze der Durchführung von Abschlussprüfungen (IDW PS 200), Stand: 28.06.2000; IDW Prüfungsstandard 261: Feststellung und Beurteilung von Fehlerrisiken und Reaktionen des Abschlussprüfers auf die beurteilten Fehlerrisiken (IDW PS 261), Stand: 06.09.2006; IDW Prüfungsstandard 400: Grundsätze für die ordnungsmäßige Erteilung von Bestätigungsvermerken bei Abschlussprüfungen (IDW PS 400), Stand: 28.10.2005; IDW Prüfungsstandard 450: Grundsätze ordnungsmäßiger Berichterstattung bei Abschlussprüfungen (IDW PS 450), Stand: 08.12.2005; IDW Prüfungsstandard 560: Prüfung der Schadenrückstellung im Rahmen der Jahresabschlussprüfung von Schaden-/ Unfallversicherungsunternehmen (IDW PS 560), Stand 09.12.2004; IDW Prüfungshinweis 9.302.2: Bestätigungen Dritter bei Versicherungsunternehmen (IDW PH 9.302.2), Stand: 12.05.2006; IDW Stellungnahme zur Rechnungslegung des Versicherungsfachausschusses 1: Bewertung und Ausweis von Wertpapieren und Namensschuldverschreibungen im Jahresabschluss der Versicherungsunternehmen (IDW RS VFA 1), Stand: 17.12.1999; IDW Stellungnahme zur Rechnungslegung des Versicherungsfachausschusses 2: Auslegung des § 341b HGB (neu) (IDW RS VFA 2), Stand: 08.04.2002; IDW Stellungnahme zur Rechnungslegung des Versicherungsfachausschusses 3: Die Bewertung der Schadenrückstellung von Schaden-/ Unfallversicherungsunternehmen (IDW RS VFA 3), Stand: 06.10.2004; IDW Rechnungslegungshinweise des Versicherungsfachausschusses 1.001: Angabe von Zeitwerten gem. §§ 54 ff. RechVersV bei sogenannten „Zero-Schuldscheindarlehen" oder „Zero-Namensschuldverschreibungen" (IDW RH VFA 1.001), Stand: 24.03.2000.

Abschlussvertreter. → Versicherungsvertreter, der nicht nur berechtigt ist, Erklärungen und Anzeigen des Versicherungsnehmers entgegenzunehmen (→ Vermittlungsvertreter, vgl. § 69 I Nr. 1 und 2 VVG), sondern darüber hinaus auch → Versicherungsverträge abschließen, ändern und beenden darf (§ 71 VVG). Siehe auch → Vertretungsmacht des Versicherungsvertreters.

Abschlussvollmacht. *1. Begriff:* Vollmacht des → Versicherungsvertreters, Anträge, die auf den Abschluss eines Versicherungsvertrags gerichtet sind, und deren Widerrufe sowie die vor Vertragsschluss abzugebenden Anzeigen und sonstigen Erklärungen vom → Versicherungsnehmer entgegenzunehmen und diese im Namen des Versicherungsnehmers an das → Versicherungsunternehmen weiterzuleiten. – *2. Merkmale:* Neben der Vollmacht zur reinen Antragsaufnahme beim Kunden kann dem Vertreter gleichzeitig die Vollmacht erteilt werden, Versicherungsverträge auszufertigen und/ oder → vorläufige Deckungszusagen zu erteilen. Die permanente Technisierung führt dazu, dass der Versicherungsvertreter v.a. in einfachen Geschäftsvorfällen bereits im Kundengespräch den → Versicherungsschein oder vorläufige Deckungszusagen ausdrucken kann. Rechte und Pflichten des Versicherungsvertreters sind in den §§ 69 ff. VVG geregelt.

Abschreibungsfinanzierung. → Finanzierung aus Abschreibungen.

Absicherung von Kapitalanlagen. → Hedging.

Absolute Abzugsfranchise. → Franchise.

Absterbeordnung. Gesetzmäßigkeit über die Abhängigkeit zwischen dem Alter und der Anzahl der Todesfälle. Die A. ist damit auch eine Regel, nach der sich die Anzahl der Todesfälle je Altersgruppe einer → Personengesamtheit bestimmen lässt. Siehe auch → Sterbegesetz.

Abstrakte Verweisung. *1. Begriff:* Klausel in der → Berufsunfähigkeitsversicherung. Im Fall einer → Berufsunfähigkeit ermöglicht diese Klausel dem Versicherer, seinen Versicherungsnehmer auf eine andere zumutbare Tätigkeit zu verweisen. – *2. Merkmale:* Bei Berufsunfähigkeitsprodukten mit einer in den Bedingungen festgelegten Möglichkeit zur A. hat der Versicherer das Recht, den Versicherungsnehmer im Fall des Eintretens der Berufsunfähigkeit auf eine berufliche Tätigkeit zu verweisen, die in zumutbarer Weise ausgeübt werden könnte, aber konkret nicht ausgeübt wird. Nach höchstrichterlicher Rechtsprechung muss diese Tätigkeit für den Versicherten zumutbar sein, d.h. sie muss den „Kenntnissen und Fähigkeiten" und/ oder der „Erfahrung und Ausbildung" des Versicherten entsprechen. Die bisherige Lebensstellung muss gewahrt bleiben, der Einkommensverlust darf nicht so hoch sein, dass er spürbar ins Gewicht fällt. Ob der Versicherte in seinem „Verweisungsberuf" eine neue Anstellung findet, ist grundsätzlich unerheblich; das Arbeitsplatzrisiko trägt der Versicherte selbst. – *3. Probleme:* Die A. findet sich hauptsächlich in älteren Bedingungswerken wieder. Auch aktuell verzichten aber nicht alle Gesellschaften auf die Möglichkeit der abstrakten Verweisung. Besonders in den sog. Basis-Produkten, bei den → Berufsgruppen 3 und 4 und bei Schülern und Studenten findet die A. noch Anwendung.

Absturz unbemannter Flugkörper. → Aufprall eines Luftfahrzeugs.

Abwehr unberechtigter Ansprüche. *1. Begriff:* Rechtsschutzfunktion der → Haftpflichtversicherung. Verpflichtung des Versicherers, gegen den Versicherungsnehmer erhobene unberechtigte (unbegründete) Ansprüche des Anspruchstellers abzuwehren. Mit der A. erfüllt der Haftpflichtversicherer eine seiner beiden vertraglichen Hauptleistungspflichten. Die andere ist die Befriedigung begründeter Ansprüche. – *2. Merkmale und Vorgehensweise:* Zur Prüfung der Haftpflichtfrage und möglicherweise zur A. hat der Versicherer den anfallenden Schriftwechsel zu führen und ggf. Zeugenberichte, Arztberichte und Sachverständigengutachten einzuholen. Diese sog. „Regieaufwendungen" hat der Versicherer zu tragen. Wird gegen den Versicherungsnehmer Klage erhoben, so steht dem Versicherer die Prozessführung zu. Damit geht auch die Pflicht des Versicherers einher, für den Versicherungsnehmer einen Anwalt zu beauftragen und im Unterliegensfall die Prozesskosten zu tragen. Die Erfüllung der Pflicht zur A. kann auch darin bestehen, einen Aktivprozess zu führen. Die A. ist oft nicht die vom Versicherungsnehmer bevorzugte Erscheinungsform der Versicherungsleistung.

Abwicklungsdreieck. *1. Begriff:* Tabellarische Darstellung der Schadenaufwendungen oder Schadenzahlungen eines Versicherungsunternehmens in der Vergangenheit, i.d.R. in einer bestimmten Sparte. Der Begriff weist bereits auf die Dreiecksform der Darstellung hin. – *2. Merkmale:* Die Grundform des A. wird in der folgenden Tabelle dargestellt:

Anfalljahr	Abwicklungsjahr								
	0	*1*	...	*K*	...	*n-i*	...	*n-1*	*n*
0	$S_{0,0}$	$S_{0,1}$	...	$S_{0,k}$	...	$S_{0,n-i}$	...	$S_{0,n-1}$	$S_{0,n}$
1	$S_{1,0}$	$S_{1,1}$	...	$S_{1,k}$	...	$S_{1,n-i}$	...	$S_{1,n-1}$	
.	.	.		.		.			
i	$S_{i,0}$	$S_{i,1}$	...	$S_{i,k}$	...	$S_{i,n-i}$			
.	.	.		.					
n-k	$S_{n-k,0}$	$S_{n-k,1}$	...	$S_{n-k,k}$					
.	.	.							
n-1	$S_{n-1,0}$	$S_{n-1,1}$							
n	$S_{n,0}$								

(Quelle: Schmidt, K. D., Versicherungsmathematik, 2. Aufl., Berlin Heidelberg 2006, S. 273)

$S_{i,k}$ bezeichnet den gesamten Schadenstand des Abwicklungsjahrs k für im Anfalljahr i eingetretene Schäden. Diese Grundform berücksichtigt insgesamt $n+1$ Anfalljahre und nimmt an, dass alle Schäden entweder im Anfangsjahr oder in einem der n folgenden Kalenderjahre abgewickelt werden. – *3. Ziele:* A. dienen der Bestimmung versicherungstechnischer Rückstellungen (insbesondere der → Spätschadenreserve) oder der Schätzung von Schadenverteilungen. Mit Hilfe von A. werden die erwarteten zukünftigen Schadenstände oder ihre Zuwächse geschätzt. Die wichtigsten Ansätze hierzu sind a) das Chain-Ladder-Verfahren, – b) das Grossing-up-Verfahren, – c) das multiplikative Modell, – d) das Multinomial-Modell. Siehe auch → Schadenreservierung.

Abwicklungsergebnis. *1. Begriff:* Differenz aus in Vorjahren gebildeten → Schadenrückstellungen und den daraus zu deckenden Schadenzahlungen. – *2. Ausprägungen:* Abwicklungsgewinne (Auflösungsbedarf bei den Schadenrückstellungen bzw. niedrigere Schadenzahlungen, als in den Schadenrückstellungen reserviert) sind periodenfremde Erträge. Abwicklungsverluste (weiterer Zuführungsbedarf zu den Schadenrückstellungen bzw. höhere Schadenzahlungen, als in den Schadenrückstellungen reserviert) sind periodenfremde Aufwendungen. – *3. Ursachen:* Aufgrund der Unsicherheit in den zukünftig zu leistenden Schadenzahlungen und den damit verbundenen Bewertungsspielräumen weichen die zu schätzenden Schadenrückstellungen zwangsläufig von den tatsächlich realisierten Schadenzahlungen ab. Eine Bewertung der Schadenrückstellungen gemäß dem → Vorsichtsprinzip spiegelt sich entsprechend in einem positiven A. wider. – *4. Berechnung:* A. = Schadenrückstellungen zu Beginn des Geschäftsjahrs abzgl. Zahlungen im Geschäftsjahr für Vorjahres-Versicherungsfälle abzgl. Schadenrückstellungen für Vorjahres-Versicherungsfälle am Ende des Geschäftsjahrs. – *5. Behandlung in der Rechnungslegung:* a) Die Abwicklungsgewinne bzw. -verluste sind in den → Aufwendungen für Versicherungsfälle enthalten. Der Ausweis erfolgt nicht offen. Da sowohl die Zahlungen als auch die Veränderungen der Schadenrückstellungen Vorjahres- und → Geschäftsjahresschäden betreffen, ist anhand des Postens „Aufwendungen für Versicherungsfälle" in der → Gewinn- und Verlustrechnung (GuV) nicht ersichtlich, welches A. sich für die Vorjahresrückstellung ergibt. – b) Art und Höhe des A. sind im → Anhang zu erläutern, falls das A. erheblich ist (§ 41 V RechVersV). Abwicklungsdreiecke, wie sie nach den → IAS/ → IFRS im Anhang anzugeben sind (IFRS 4.39), können Aufschlüsse über das A. geben. – *6. Folgerungen und Ergebnisse:* Das nach Schadenanfalljahren und Versicherungszweigen differenzierte A. ist grundsätzlich ein wichtiger Ausgangspunkt für die Beurteilung der Angemessenheit von Schadenrückstellungen. Hohe A. über mehrere Jahre hinweg sollten Anlass dazu geben, u.a. auch die Reservierungspolitik der Versicherungsunternehmen kritisch zu hinterfragen. A. können in einzelnen Geschäftsjahren aber gerade auch aus Änderungen in der Reservierungspolitik resultieren.

Abwicklungsgeschäft. *1. Begriff:* Sämtliche Aktivitäten im Versicherungsunternehmen, die den Risikoschutzprodukten (→ Risikogeschäft) und den Spar- bzw. Entsparprodukten (→ Spargeschäft, → Entspargeschäft) anhängen, damit sie auf den Märkten verwertet werden können. Das A. bringt demnach im Regelfall keine eigene Marktleistung hervor, sondern wird mit den Betriebskostenzuschlägen innerhalb der Versicherungsprämien mitfinanziert. – *2. Ziele:* Mit dem A. sollen die Gegenstände des Risikogeschäfts und des Spar-/ Entspargeschäfts zwischen dem Versicherungsunternehmen und den Kunden zu austauschbaren Gütern werden. – *3. Inhalte:* Das A. umfasst sowohl kundenbezogene, als auch → innerbetriebliche Leistungen. Zu den kundenbezogenen Leistungen zählen z.B. die Kundenberatung und die Vertrags- und Schadenbearbeitung. Die innerbetrieblichen Leistungen dienen der Herstellung der kundenbezogenen Leistungen und sind diesen somit vorgelagert. Zu den innerbetrieblichen Leistungen zählen z.B. sämtliche Arten der internen Informationsbeschaffung, -speicherung und -verarbeitung, die bspw. für die Zwecke der Marktforschung, Produktgestaltung, Prämienkalkulation und -tarifierung etc. notwendig sind. – *4. Weitere Merkmale:* Das A. ist stark von Kommunikationsaktivitäten bzw. dem Informationsaustausch zwischen Versicherer und Kunde geprägt.

Abwicklungsgeschwindigkeit. Zeitspanne zwischen dem Eingang einer → Schadenmeldung beim Versicherer bzw. der Anlage des Schadens in dessen Schadensystem und dem Abschluss der Bearbeitung bzw. der sog. Schlussmeldung im Schadensystem des Versicherers. Meistens wird auf die Schadenanlage und die Schlussmeldung im Schadensystem abgestellt, da diese Daten maschinell auswertbar sind. Die A. dient als Qualitätskennziffer für eine schnelle Schadenabwicklung. Eine hohe A. bei einem niedrigen Schadendurchschnitt sowie geringer → Wiederanfallquote ist Ausdruck für eine gute Qualität der → Schadenregulierung eines Versicherers.

Abwicklungsmuster. → Schadenreservierung.

Abzinsung, *Diskontierung.* – *1. Begriff:* Rechenvorgang zur Ermittlung des Geldbetrags, der zu Beginn einer bestimmten Periode erforderlich ist, um unter Berücksichtigung eines vorgegebenen Zinssatzes zum Ende der Periode einen vorgegebenen Betrag zu erhalten. Methode zur Ermittlung des auf einen bestimmten Bewertungszeitpunkt bezogenen Gegenwartswerts einer Reihe von zukünftigen Zahlungen. – *2. Merkmale:* a) Durch die A. zum risikofreien Zinssatz wird dem Zeitwert des Geldes Rechnung getragen. – b) Durch risikoadäquate Zinssatzaufschläge (Spreads) im Rahmen der A. wird ein Vergleich mit Zahlungsreihen sowohl gleicher als auch unterschiedlicher Risikostruktur ermöglicht. – c) Bei der A. kann auch eine → Risikomarge in den Zahlungsreihen berücksichtigt werden, indem der Bewertung ein niedrigerer Zinssatz als der ansonsten übliche Zinssatz zugrunde gelegt wird. – *3. Bedeutung in der Rechnungslegung:* a) Handelsrecht: → Rückstellungen dürfen nach § 253 I HGB nur abgezinst werden, wenn die ihnen zugrundeliegende Verpflichtung einen Zinsanteil hat. Bei → versicherungstechnischen Rückstellungen haben lediglich die → Deckungsrückstellung, die Renten-Deckungsrückstellung und die → Drohverlustrückstellung einen solchen Zinsanteil. – b) Steuerrecht: Abzinsungspflicht für Rückstellungen zu einem im Steuerrecht vorgegebenen Zinssatz. Dies führt zu einem Auseinanderfallen von Handels- und Steuerbilanz. – c) Rechnungslegung nach → IAS/ → IFRS und → US-GAAP: Während die US-GAAP eine A. von → Schadenrückstellungen grundsätzlich nicht zulassen, schreiben die IAS/ IFRS eine A. grundsätzlich vor. – *4. Ausblick:* Nach dem → Bilanzrechtsmodernisierungsgesetz (BilMoG) wird eine Verpflichtung zur A. von Rückstellungen mit einer Laufzeit von mehr als einem Jahr vorgegeben. Versicherungstechnische Rückstellungen sind jedoch von dieser Verpflichtung ausgenommen.

Abzugsfranchise. → Franchise.

Additives Verfahren. → Schadenreservierung.

Adjustierung, *Anpassung.* U.a. in der → Rückversicherung: *1. Begriff:* Der Rückversicherungsvertrag sieht an vielen Stellen variable Komponenten vor, die es ermöglichen, den Vertragsverlauf dem tatsächlichen Geschäftsverlauf anzugleichen. – *2. Merkmale:* a) In der nicht-proportionalen Rückversicherung: Die A. kann beim → nichtproportionalen Rückversicherungsvertrag in der Gestalt erfolgen, dass eine variable → Prämie vereinbart wurde, die es dem → Rückversicherer erlaubt, im Falle eines schlechteren Verlaufes eine in Grenzen höhere Prämie zu erzielen (sog. Loading). Daneben können die Vertragskonditionen durch eine sog. → Indexklausel angepasst werden. – b) In der proportionalen Rückversicherung: Im → proportionalen Rückversicherungsvertrag kann mit der Vereinbarung einer → Staffelprovision bei entsprechend gutem bzw. schlechtem Schadenverlauf eine erhöhte bzw. niedrigere Provision an den Zedenten erstattet werden. Je nach Vereinbarung erfolgt die A. entweder definitiv einmal am Ende der Vertragszeit oder fortwährend, solange es eine Abwicklungsbewegung gibt.

ADL-Punktesystem. 1. Begriff: Abk. für „Activities of Daily Living" ("Tätigkeiten des täglichen Lebens"). – 2. Merkmale: Bei Anwendung des A. wird zur Beurteilung der Pflegebedürftigkeit ärztlich untersucht und festgestellt, inwiefern die pflegebedürftige Person bestimmte Grundfertigkeiten eigenständig ausführen kann. Hierbei spielt es keine Rolle, wie viel Zeit die aufgrund der Pflegebedürftigkeit erforderlichen Hilfestellungen bei der Ausführung von „Tätigkeiten des täglichen Lebens" in Anspruch nehmen. Entscheidend ist allein der körperliche

Zustand der pflegebedürftigen Person. Kranken- oder Lebensversicherer, die das A. anwenden, staffeln die Leistungen in ihren Produkten nach der Anzahl der erreichten ADL-Punkte, wobei je ein Punkt für eine nicht selbstständig ausführbare Grundfertigkeit vergeben wird. Zumeist wird in Deutschland mit einem 6-Punktesystem gearbeitet. – 3. *A. in den Musterbedingungen des → Gesamtverband der Deutschen Versicherungswirtschaft e.V. (GDV)*: a) An- und Auskleiden, – b) Einnehmen von Mahlzeiten und Getränken, – c) Waschen, – d) Fortbewegen im Zimmer, – e) Aufstehen und Zu-Bett-Gehen, – f) Verrichten der Notdurft.

Adressbeschaffung. Generieren geeigneter Adressen und sonstiger Daten potenzieller → Kunden als eine der Hauptaufgaben der Versicherungsvertriebe. Je nach Geschäftsmodell liegen die Schwerpunkte in der Nutzung des vorhandenen Kundenstamms und/ oder der Gewinnung neuer Anbahnungsadressen. Für Letzteres bieten sich insbesondere folgende Quellen: Kundenempfehlungen, Werbebriefe, Postwurfsendungen, Anzeigen mit Rücklaufcoupons, Beilagen in Zeitungen und Zeitschriften, Gewinnspiele, Informationsstände auf Messen, systematisches Auswerten von Medien und Ankauf (oder Anmietung) bei Adressverlagen, wobei die Preise von Qualität und zieladäquater Vorselektion des Adressmaterials abhängig sind. Die Nutzung der vorhandenen Geschäftsverbindungen wird erheblich unterstützt, wenn sich der Vermittler auf ein effizientes → Marketing-Informationssystem bzw. ein daraus abgeleitetes Agentursystem stützen kann.

Adressenausfallrisiko. → Kreditrisiko.

ADSp. → Allgemeine Deutsche Spediteurbedingungen.

Adverse Development Cover. *1. Begriff*: Der A. bietet als → Retrospektive Deckungsform Schutz gegen Abwicklungsrisiken für beendete bzw. auslaufende Versicherungsbestände, die sich aus einer unvorhergesehenen Erhöhung der notwendigen Reserven für eingetretene, aber noch nicht gemeldete Schäden (IBNR) und/ oder aus einer Schlechterabwicklung wegen unzureichender Reservierung für Schäden (IBNER) ergeben können. Der Rückversicherer übernimmt das Risiko unzureichender Schadenreserven, d.h. er haftet für die kumulierten Schadenzahlungen eines Portefeuilles, die einen bestimmten Betrag (Einsatzpunkt) übersteigen, ggf. auch bis zu 100 % (vgl. → Loss Portfolio Transfer). – *2. Methodik*: Strukturell ähnelt dieses Konzept einer (traditionellen) Gesamtschadenexzedentendeckung (Stop Loss). Der Einsatzpunkt entspricht i.d.R. dem erwarteten Schadenendbetrag oder liegt darüber. Einsatzpunkt und Haftung werden als nominale Beträge ausgedrückt. Die Kalkulation der Rückversicherungsprämie beruht maßgeblich auf dem Barwert der ab dem Deckungsbeginn erwarteten Schadenzahlungen und wird einmalig zu Beginn des Vertrags entrichtet. – *3. Abgrenzung*: Im Gegensatz zu einem Loss Portfolio Transfer erfolgt kein Transfer von ganzen Schaden-Portefeuilles. Je nach Wahl des Einsatzpunkts (oberhalb oder unterhalb der erwarteten Schadenreserven) können die Übergänge von einem (reinen) A. zu einem A. mit Loss Portfolio Transfer-Funktion fließend sein. – *4. Ziele*: a) Ergebnissicherheit durch Vermeidung von Reserveschwankungen wegen unvorhergesehener Erhöhung eingetretener, aber noch nicht gemeldeter Schäden (IBNR) oder Schäden, die unzureichend reserviert sind (IBNER), – b) Freisetzung von Risikokapital durch Reduzierung des Reserverisikos, – c) Erhöhung der Planungssicherheit durch Transfer bzw. Begrenzung von Nachreservierungsrisiken (IBNR bzw. IBNER), – d) Erleichterung von Akquisitionen und Fusionen durch höhere Planungssicherheit sowie beim Rückzug aus bestimmten Geschäftsfeldern. – *5. Darstellung des Modells*:

Adverse Selektion

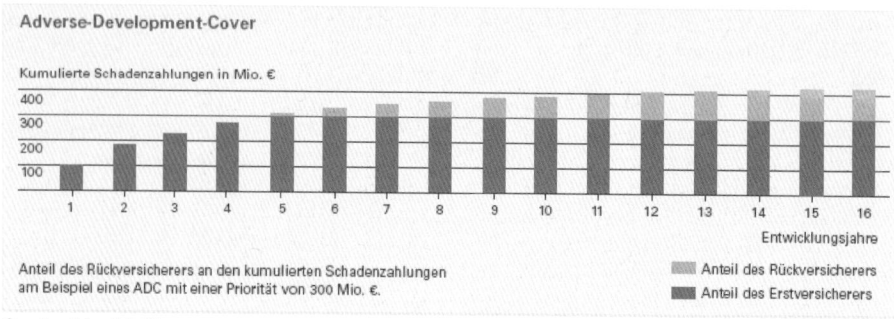

Quelle: Munich Re

Adverse Selektion, *adverse selection.* – *1. Begriff:* A. bezeichnet eine auf Märkten vorkommende Risikoauslese aufgrund von Informationsasymmetrien, welche bereits vor Abschluss eines Vertrags bestehen. – *2. Geschichte des Begriffs:* Der Begriff der A. geht auf einen Aufsatz von Akerlof (1970) mit dem Titel „Market for Lemons" zurück. In dieser Arbeit wird anhand des Markts für gehobene Gebrauchtwagen das Prinzip der A. erläutert. Ohne hohe Informationskosten ist es einem normalen Käufer von Gebrauchtwagen nicht möglich, die Qualität eines solchen Fahrzeugs eindeutig zu bestimmen. Er geht somit von einer durchschnittlichen Qualität aus und ist folglich bereit, einen Durchschnittspreis zu bezahlen. Die Anbieter von gehobenen Gebrauchtwagen müssen aber, um ihre Kosten zu decken, einen Preis über dem durchschnittlichen Niveau verlangen. Die Anbieter von Gebrauchtwagen mit niedriger Qualität wiederum können aufgrund der Informationsasymmetrie ebenfalls einen Preis über dem Durchschnitt verlangen, indem sie vorgeben, Ware gehobener Qualität zu verkaufen. Der Käufer eines Fahrzeugs wird aber nicht bereit sein, einen Preis über dem Durchschnittspreis zu akzeptieren, weswegen es zu Marktaustritten der Anbieter gehobener Gebrauchtwagen kommt bzw. diese auf dem Markt gar nicht erst anbieten. Dieses Problem kann auch auf Versicherungs- sowie Arbeitsmärkten auftreten, wobei beim Ersteren häufig der Informationsvorteil beim Käufer einer Versicherungspolice liegt. – *3. Merkmale:* Die Problematik der A. kann auch die Existenz einiger Informationsinstrumente erklären. Prinzipiell gibt es neben Staatseingriffen zwei mögliche Strategien auf Märkten mit A., um → Marktversagen zu verhindern:

Signalling, welches von der besser informierten Marktseite ausgeht, bzw. Screening, welches von der schlechter informierten Seite betrieben wird. So signalisieren Arbeitsplatzsuchende mit entsprechenden Bildungszertifikaten ihre Qualität, während Unternehmen spezielle Verfahren zur Talentsuche wie etwa → Assessment Center organisieren.

Affinity Group. Soziale Bezugsgruppe, die durch gemeinsame Interessenlagen gekennzeichnet ist und sich für Marketingaktivitäten eignet, indem die Gruppenzugehörigkeit betont und genutzt wird. Im Versicherungsvertrieb bieten sich hier Ansätze für gruppenzugehörige, evtl. nebenberuflich tätige Vermittler. Vgl. auch → Kundengruppe, → Zielgruppenmarketing.

Agentur. I.Allg. die Bezeichnung für eine Einheit zur Vertretung von Interessen. In der Versicherungswirtschaft wird die A. auch als Versicherungsvertretung verstanden, bei der der Agent (→ Versicherungsvertreter) als freier Handelsvertreter für → Versicherungsunternehmen → Versicherungsverträge gegen Provision vermittelt. Dabei können der A. seitens des Versicherers weitergehende Vollmachten übertragen werden, wie bspw. → Regulierungsvollmachten. Der Agenturvertrieb wird häufig auch als Ausschließlichkeitsvertrieb beschrieben (→ Ausschließlichkeit). Bestimmte Titel, wie Haupt- oder Generalagentur (siehe auch → Generalagent), bezeichnen verschiedene Hierarchiestufen der Agenturen.

Aggregate, *Anhäufung, Summierung.* – *1. Begriff:* Dieser Begriff wird hauptsächlich verwendet, um die Summe an → Exponierungen eines Risikoträgers unter gewissen Gefahren, wie z.B. Sturm, Erdbeben, Flut etc., zu berechnen und dem Rückversicherungsverhältnis zugrunde zu legen. – *2. Merkmale:* Bei der → Schadenrückversicherung wird von A. gesprochen, wenn die Summierung mehrerer Einzelschäden unter einer Deckung angestrebt ist (→ Serienschadenklausel). Weiterhin ist die Summierung der Einzelschäden bedeutend, um die → Priorität bzw. → Haftstrecke einer Stop-Loss-Deckung zu beschreiben.

Agio, *Aufgeld, Ausgabeaufschlag.* – *1. Begriff:* Differenz zwischen dem (höheren) Preis einer Anlageposition und ihrem Nennwert. (Analog: Differenz zwischen dem höheren Auszahlungsbetrag einer Schuldposition und ihrem Nennwert). Das A. wird in Geld oder in Prozent vom Nennwert ausgedrückt. Es kann vorausbezahlte Gebühren (z.B. Emissionskosten) und Provisionen (z.B. die Vertriebsprovision) enthalten. – *2. Fallbeispiele und deren Behandlung im Jahresabschluss:* Entsteht bei der Ausgabe neuer → Aktien ein A., wird dieses in die → Kapitalrücklage des Emittenten eingestellt und damit Bestandteil des bilanziellen → Eigenkapitals. Ein A. aus der Emission von → Schuldverschreibungen wird in der Bilanz des Emittenten als passiver → Rechnungsabgrenzungsposten ausgewiesen. In der Bilanz des Erwerbers wird ein beim Erwerb eines Wertpapiers gezahltes A. als aktiver Rechnungsabgrenzungsposten ausgewiesen. Die Rechnungsabgrenzungsposten werden sodann über die Laufzeit verteilt aufgelöst und pro rata in den Gewinn- und Verlustrechnungen des Emittenten und des Erwerbers erfasst. Siehe auch → Disagio.

AHB. Abk. für Allgemeine Versicherungsbedingungen für die Haftpflichtversicherung.

AKB. Abk. für → Allgemeine Bedingungen für die Kfz-Versicherung.

Akquisition. *1. Begriff:* Aktive Durchführung der Absatzfunktion. In der Versicherungswirtschaft geht es dabei zuvorderst um den → Absatz des Versicherungsprodukts und somit um die Verwertung der durch das Versicherungsunternehmen erstellten Leistung – des Versicherungsschutzes – am Absatzmarkt durch den Vertragsabschluss mit dem Kunden (→ Versicherungsnehmer). In einer weiteren Begriffsauffassung werden unter der A. alle Funktionen verstanden, die für die Gewinnung eines Kunden durch den Vermittler benötigt werden, wie z.B. auch die Kontaktaufnahme und Beratung. – *2. Besondere Merkmale:* In der Versicherungswirtschaft findet die A. bereits vor der abschließenden Fertigstellung des Produkts Versicherungsschutz statt. Der Versicherungsschutz kann erst nach erfolgter A. unter Einbeziehung von Informationen (Personendaten und ggf. Risikodaten) und eines bereits vorhandenen Versicherungsbestands, der einen → Risikoausgleich im Kollektiv und in der Zeit erlaubt, produziert werden.

Aktien. *1. Begriff:* Von Unternehmen in der Rechtsform einer Aktiengesellschaft zur Beschaffung von → Eigenkapital emittierte Wertpapiere. A. verbriefen dem Inhaber (Aktionär) einen Anteil am Grundkapital des Unternehmens sowie eine Vielzahl von Rechten, die im Aktiengesetz näher erläutert werden. – *2. Rechte des Aktionärs:* Die wesentlichen Rechte des Aktionärs sind: a) Verwaltungsrechte: (1) Teilnahme an der Hauptversammlung, (2) Rede- und Stimmrecht auf der Hauptversammlung, (3) Recht auf Auskunftserteilung durch den Vorstand in der Hauptversammlung, (4) Recht auf Antragstellung in der Hauptversammlung, (5) Recht auf Anfechtung der Hauptversammlungsbeschlüsse; – b) Vermögensrechte: (1) Recht auf einen Anteil am Bilanzgewinn in Form der Dividende, (2) Recht auf einen Anteil am Liquidationserlös; – c) Bezugsrechte: (1) Recht auf den Bezug neuer A., (2) Recht auf Berichtigungsaktien. – *3. Weitere Merkmale:* Die Verbriefung der A. erfolgt entweder in Form einer Urkunde, die dem Aktionär ausgehändigt wird (effektives Stück), oder in Form einer Globalurkunde. In diesem Fall erhält der Aktionär keine Urkunde, sondern es erfolgt lediglich eine Gutschrift der A. im Depot. Wesentliche Gestaltungsmerkmale sind die Übertragbarkeit (→ Inhaberpapier, → Namenspapier, vinkuliertes Namenspapier) und der Emissionszeitpunkt (alte A., junge A.). Das Stimmrecht einer A. kann unterschiedlich ausgestaltet sein. So stehen dem Besitzer einer Stammaktie alle im Aktienrecht festgelegten Rechte zu, während der Besitzer einer Vorzugsaktie zugunsten einer bevorzugten, höheren Dividende auf das Stimmrecht in der Hauptversammlung verzichtet. Des Weiteren werden Nennwertaktien und Stückaktien unterschieden, wobei erstere auf einen festen Geldbetrag lauten und damit die Höhe des Anteils am Grundkapital der Gesellschaft bezeichnen. Stückaktien hingegen beurkunden den Besitz einer bestimmten Stückzahl an Anteilen. Die Beteiligungsquote ergibt sich also aus der Relation der Zahl der gehaltenen A. zur Gesamtzahl der emittierten Aktien. A. können unter bestimmten Umständen vom ausgebenden Unternehmen, dem Emittenten, zum Börsenhandel angemeldet werden. Da Aktienkapital zum Eigenkapital gehört, partizipiert es in vollem Umfang an der Unternehmensentwicklung, was im Fall einer Insolvenz auch zu einem Totalverlust des eingesetzten Kapitals führen kann.

Aktienfinanzierung. *1. Begriff:* Form der → Eigenfinanzierung. Die Versicherungsaktiengesellschaft gibt Aktien aus, im Gegenzug werden ihr von den Aktionären Bar- oder Sacheinlagen zur Verfügung gestellt. Inhaltliche und formale Regelungen sind im Aktiengesetz (AktG) zu finden. Unterschieden werden Inhaberaktien, Namensaktien und vinkulierte Namensaktien. – *2. Abgrenzung:* Die A. ist nur eine von verschiedenen Finanzierungsformen. Neben allen anderen Arten der → Innenfinanzierung ist sie von sämtlichen Formen der externen → Fremdfinanzierung abzugrenzen. – *3. Formen und Anlässe:* Gründung und Kapitalerhöhung, wobei hier zwischen der ordentlichen Kapitalerhöhung (§§ 182-191 AktG), der bedingten Kapitalerhöhung (§§ 192-201 AktG) und dem genehmigten Kapital (§§ 202-206 AktG) unterschieden wird.

Aktiengesellschaft (AG). *1. Begriff:* Kapitalgesellschaft, deren Träger und Eigentümer die Aktionäre sind und die ausschließlich mit dem Gesellschaftsvermögen gegenüber ihren Gläubigern haftet. – *2. Organe:* → Hauptversammlung, → Aufsichtsrat, → Vorstand. – *3. Wichtigste Rechtsgrundlagen:* → Handelsgesetzbuch, Aktiengesetz und (für eine Versicherungs-AG) → Versicherungsaufsichtsgesetz (VAG). – *4. Geschäftserlaubnis für eine Versicherungs-AG:* Die Versicherungs-AG muss die allgemeinen aktienrechtlichen Vorschriften erfüllen sowie nach § 9 VAG in der → Satzung den Unternehmensgegenstand durch Benennung der zu betreibenden → Versicherungszweige sowie die Anlagepolitik konkretisieren, um seitens der → Aufsichtsbehörde die → Erlaubnis zum Geschäftsbetrieb zu erhalten (§ 5 VAG). – *5. Marktzahlen (Stand Geschäftsjahr 2008):* Im deutschen Versicherungsmarkt sind 318 Versicherungsunternehmen (Lebens-, Kranken-, Schaden-/ Unfall- und Rückversicherungsunternehmen sowie Pensions- und Sterbekassen) in der Rechtsform einer A. tätig. Die Versicherungs-AG halten mit verdienten Bruttoprämien i.H.v. 178 Mrd. Euro einen Marktanteil von ca. 83 %. Allerdings sind darin auch die Tochtergesellschaften von → Versicherungsvereinen auf Gegenseitigkeit (VVaG) und → öffentlich-rechtlichen Versicherungsunternehmen einbezogen, die in der Rechtsform einer Versicherungs-AG betrieben werden.

Aktionärskontrolle. → Anteilseignerkontrolle.

Aktivenversicherung. Versicherung von Sachen und Forderungen (= Aktiva). Sammelbegriff für → Versicherungszweige der → Sachversicherung (mit Ausnahme der Versicherung von Kostenpositionen) und die Kreditversicherung (Forderungsausfall). Abzugrenzen von → aktiver Rückversicherung. Gegensatz: → Passivenversicherung.

Aktive Rückversicherung. Anbieten von Rückversicherungskapazität und Zeichnung von → Rückversicherungsdeckungen. Gegenteil: → passive Rückversicherung.

Aktuar. *1. Begriff:* Bezeichnung für einen von der Deutschen Aktuarvereinigung (DAV) geprüften und innerhalb der Europäischen Union anerkannten Wirtschafts-/ Versicherungsmathematiker. Der A. ist damit ein mathematisch ausgebildeter Experte, der unter Berücksichtigung rechtlicher und wirtschaftlicher Rahmenbedingungen unterschiedliche Risiken, z.B. Versicherungs-, Kapitalanlage- und Liquiditätsrisiken, mit Methoden der Wahrscheinlichkeitsrechnung und Statistik u.a. in der Versicherungswirtschaft, im Bausparwesen und in der Altersvorsorge analysiert. In der Versicherungswirtschaft nimmt der A. insbesondere in der Lebens- und Krankenversicherung (Tarifierung, Berechnung der versicherungstechnischen Rückstellungen) seit jeher eine bedeutende Rolle ein. – *2. Weitere Merkmale:* Um die Tätigkeit als A. ausüben zu können, werden üblicherweise ein mathematisches Studium und eine aktuarwissenschaftliche Zusatzausbildung gefordert. A. können sowohl freiberuflich als auch angestellt für Versicherer, Bauparkassen, Beratungsgesellschaften, Behörden, Verbände, Wirtschaftsunternehmen und als Gutachter bei Gericht arbeiten. In Deutschland müssen nach dem Versicherungsaufsichtsgesetz (VAG) Personenversicherungsunternehmen sowie Schaden-/ Unfallversicherungsunternehmen, die → Deckungsrückstellungen aus der Haftpflicht- und Unfallversicherung zu bilden haben, einen → verantwortlichen Aktuar bestellen. – *3. Verbände und Einrichtungen:* Die A. haben einen eigenen Berufsverband, das ist die Deutsche Aktuarsvereinigung (DAV); diese hat zusammen mit der Deutschen Gesellschaft für Versicherungs- und Finanzmathematik (DGVFM) und dem Institut der Versicherungsmathematischen Sachverständigen (IVS) die Deutsche Aktuarakademie gegründet, die u.a die Ausbildung zum A. und dessen Weiterbildung zur Aufgabe hat. Mitteilungsblatt der DAV ist „Der Aktuar".

Aktueller Rentenwert. *1. Begriff:* Monetärer Betrag, der der monatlichen Rente für einen → Entgeltpunkt, d.h. für ein Kalenderjahr Einkommen in Höhe des Durchschnittsverdiensts, entspricht. Der A. ist wesentlicher Bestandteil der → Rentenformel. – *2. Merkmale:* Derzeit liegt der A. bei 26,56 Euro in Westdeutschland und 23,34 Euro in Ostdeutschland. Der Betrag wird jährlich angepasst (→ Dynamisierung der Rente, → Rentenanpassung).

ALG II. → Arbeitslosengeld II.

Alimentationsprinzip. *1. Begriff:* Hergebrachter Grundsatz des Berufsbeamtentums. Das A. verpflichtet jeden Dienstherrn, den → Beamten und seine Familie lebenslang angemessen zu alimentieren, indem ihm nach dem Dienstrang, nach der mit seinem Amt verbundenen Verantwortung und nach Maßgabe der Bedeutung des Berufsbeamtentums für die Allgemeinheit entsprechend der Entwicklung der allgemeinen wirtschaftlichen und finanziellen Verhältnisse und des allgemeinen Lebensstandards ein angemessener Lebensunterhalt – auch im Alter – gewährt wird. Zur Absicherung dieses Verfassungsgebots besteht die → Beamtenversorgung (→ Beamtenversorgungsgesetz). Diese eigenständige Alterssicherung aller Beamten, Soldaten und Richter des Bundes, der Länder, der Gemeinden, der Gemeindeverbände sowie der sonstigen der Aufsicht des Bundes oder eines Landes unterstehenden Körperschaften, Anstalten und Stiftungen des öffentlichen Rechts ist durch das A. i.S.d. Grundgesetzes gewährleistet und geschützt. Art. 33 V GG bestimmt dazu in der seit September 2006 geltenden Fassung: „Das Recht des öffentlichen Dienstes ist unter Berücksichtigung der hergebrachten Grundsätze des Berufsbeamtentums zu regeln und fortzuentwickeln". – *2. Merkmale der „hergebrachten Grundsätze":* Unter den „hergebrachten Grundsätzen" des Art. 33 V GG wird mit der ständigen Rechtsprechung des Bundesverfassungsgerichts der Kernbestand von Strukturprinzipien verstanden, die allgemein oder doch ganz überwiegend während eines längeren, traditionsbildenden Zeitraums, mindestens unter der Geltung der Reichsverfassung von Weimar, als verbindlich anerkannt und gewahrt worden sind. Die „hergebrachten Grundsätze" begründen ein grundrechtsgleiches Recht für jeden Beamten, soweit ein hergebrachter Grundsatz die persönliche Rechtstellung des Beamten betrifft; es ist das Spezialrecht für die Beamten und geht anderen Verfassungsbestimmungen, z.B. Art. 3 GG (Gleichheit vor dem Gesetz), vor. Daneben beinhalten die „hergebrachten Grundsätze" einen Regelungsauftrag an den Gesetzgeber und eine institutionelle Garantie des Berufsbeamtentums. – *3. Konkretisierung des A.:* Jeder Beamte muss immer über ein Nettoeinkommen verfügen, das seine rechtliche und wirtschaftliche Sicherheit und Unabhängigkeit gewährleistet und ihm über die Befriedigung des Grundbedürfnisses hinaus ein Minimum an Lebenskomfort ermöglicht. Hierbei hat der Besoldungs- und Versorgungsgesetzgeber die Attraktivität des Beamtenverhältnisses für überdurchschnittlich qualifizierte Kräfte, das Ansehen des Amts in der Gesellschaft, die vom Amtsinhaber geforderte Ausbildung sowie seine berufliche Leistung, die sich im verliehenen Amt ausdrückt, zu berücksichtigen. Bei der Konkretisierung der aus Art. 33 V GG resultierenden Pflicht zur amtsangemessenen Alimentation hat der Gesetzgeber einen weiten Gestaltungsspielraum. Die Alimentation ist ein Maßstabsbegriff, der nicht statisch, sondern entsprechend den jeweiligen Zeitverhältnissen zu konkretisieren ist. So hat der Beamte grundsätzlich keinen Anspruch darauf, dass ihm die für die Bemessung der Bezüge maßgeblichen Regelungen, unter denen er in das Beamtenverhältnis eingetreten ist, unverändert erhalten bleiben. Auch garantiert Art. 33 V GG nicht die unverminderte Höhe der Bezüge als solche oder die Höhe des Alterssicherungsniveaus; der Gesetzgeber darf vielmehr die Besoldung und Versorgung auch kürzen, wenn dies aus sachlichen Gründen gerechtfertigt und notwendig ist. Nicht zu den „hergebrachten Grundsätzen" des Berufsbeamtentums gehört ferner, dass die ruhegehaltfähigen Dienstbezüge im Höchstsatz einen Betrag von 75 % der zuletzt zustehenden Besoldungsbezüge betragen müssen. Dennoch verdeutlicht die verfassungsgerichtliche Rechtsprechung unmissverständlich, dass Versorgungsbezüge keine dem Umfang nach beliebig variable Größe sind, die sich allein nach den wirtschaftlichen Möglichkeiten der öffentlichen Hand bemessen lassen.

Alimentierung. Zuweisung von versicherten Risiken in einem → obligatorischen Rückversicherungsvertrag.

Alleinstellungsmerkmal, *Unique Selling Proposition, Einzigartiges Verkaufsargument.* In der Gleichförmigkeit der Versicherungsbedingungen und der damit verbundenen „unsichtbaren Ware" liegt eine besondere Herausforderung für das → Marketing in der Versicherungswirtschaft, die Versicherungsprodukte mit solchen Komponenten auszustatten, die sie von denen der Mitbewerber abheben. Somit lassen sich Marktpräferenzen sichern. Als A. bietet sich neben der Kernleistung (Versicherungsschutz) auch Zusatznutzen an, etwa durch → Assistance. Ebenso wird im Rahmen der formalen Produktgestaltung durch Namensfindung und Markenprofilierung (vgl. → Marke) zunehmend Unverwechselbares angestrebt.

Alles-oder-Nichts-Prinzip. *1. Begriff:* Vollständige Gültigkeit oder vollständiger Verlust des Versicherungsanspruchs (→ Leistungsfreiheit des Versicherungsunternehmens) bei Erfüllung der gesetzlichen Voraussetzungen. Das alte → Versicherungsvertragsgesetz (VVG) ließ für den vollständigen Verlust des Versicherungsanspruchs weitgehend jegliches Verschulden des Versicherungsnehmers, also auch nur → leichte Fahrlässigkeit, genügen. Ausnahmen: §§ 6 III, 62 II VVG a.F. bei → Obliegenheitsverletzungen, § 61 VVG a.f. bei Herbeiführung des Versicherungsfalls. Ferner wurde in einzelnen Fällen sogar auf das Kausalitätsprinzip verzichtet: So galt die Leistungsfreiheit des Versicherungsunternehmens ohne Rücksicht auf nachteilige Folgen einer Obliegenheitsverletzung zu Lasten des Versicherungsunternehmens (§ 6 I VVG a.F. bei „nur" vertragsgefahrrelevanten → Obliegenheiten vor dem Versicherungsfall; § 6 III S. 1 VVG a. F. bei vorsätzlichen Obliegenheitsverletzungen nach dem Versicherungsfall; § 71 I S. 2 VVG a.F. bei Nichtanzeige der Veräußerung). Die Rechtsprechung hatte in diesen Fällen fehlender Kausalität unter Rückgriff auf den Grundsatz von Treu und Glauben (mit der sog. Relevanzrechtsprechung) zusätzliche Schranken aufgerichtet. Bei der Herbeiführung des Versicherungsfalls blieb der Versicherungsschutz bei leichter Fahrlässigkeit zwar in vollem Umfang bestehen; im Fall → grober Fahrlässigkeit trat jedoch übergangslos die volle Leistungsfreiheit des Versicherungsunternehmens ein. Genau darin manifestierte sich das „Alles oder nichts-Prinzip". – *2. Reform:* Das neue VVG hat diese starre Alternativität aufgelöst; die bisherigen Sanktionen wurden nicht mehr als sachgerecht angesehen. a) Kausalität: Als Voraussetzung für die Leistungsfreiheit des Versicherungsunternehmens wird nunmehr durchgehend Kausalität gefordert, d.h. das Verschulden des Versicherungsnehmers muss zur Herbeiführung des Versicherungsfalls grundsätzlich beigetragen haben (z.B. §§ 21 II S. 1, 26 III Nr. 1, 28 III S. 1, 82 IV S. 1 VVG). Die Beweislast für fehlende Kausalität trifft den Versicherungsnehmer – wie bisher (Kausalitätsgegenbeweis). Lediglich bei Arglist (die Beweislast liegt beim Versicherungsunternehmen) spielt Kausalität keine Rolle. – b) Verschulden und leichte Fahrlässigkeit: Bei leichter Fahrlässigkeit im Zusammenhang mit Obliegenheitsverletzungen ist Leistungsfreiheit grundsätzlich nicht mehr vorgesehen; Ausnahme: § 58 I VVG für die → laufende Versicherung. Dagegen kann das Versicherungsunternehmen bei leichter Fahrlässigkeit des Versicherungsnehmers kündigen (§§ 19 III S. 2, 24 I S. 2 VVG). – c) Verschulden und grobe Fahrlässigkeit: Grobe Fahrlässigkeit führt bei Obliegenheitsverletzungen und Herbeiführung des Versicherungsfalls nicht mehr zur vollständigen Leistungsfreiheit. Dies ist als eine grundlegende Neuerung zu verzeichnen. Das Versicherungsunternehmen darf seine Leistungspflicht allerdings nur in einem der Schwere des Verschuldens entsprechenden Verhältnis kürzen (Quotierung). Die praktische Anwendung scheint sich entgegen der anfänglichen Kritik zu bewähren. Die Rechtsprechung wird Maßstäbe entwickeln – oder gutheißen – wie etwa zu § 254 BGB bei Mitverschulden des Geschädigten. Ausnahme: Bei grob fahrlässiger Verletzung der → vorvertraglichen Anzeigepflicht darf das Versicherungsunternehmen zurücktreten, eine Quotierung ist in § 21 II S. 1 VVG für den bereits eingetretenen Versicherungsfall nicht vorgesehen.

Allfinanz. *1. Begriff:* Ausdruck für die umfassende Verbindung von Finanzdienstleistungen und/ oder Finanzintermediären. – *2. Perspektiven:* A. kann aus der Perspektive des Anbieters, Vermittlers oder Nachfragers betrachtet werden. Die Verbindung kann sich funktionell auf die Beschaffung, die Herstellung, den Vertrieb, das Sortiment und/ oder die Verwendung durch den Kunden beziehen. Sodann ist zu unterscheiden, ob die Verbindung produktseitig ist und sich auf die → Finanzdienstleistungen bezieht, oder ob sie institutionell ist und sich auf die Finanzintermediäre bezieht. a) Ein Finanzintermediär i.e.S. ist ein Unternehmen, das einerseits Zahlungsmittel von den originären Geldgebern gegen das Versprechen späterer Rückzahlung entgegen nimmt (Anlageleistung) und andererseits den originären Geldnehmern die benötigten Zahlungsmittel ebenfalls gegen das Versprechen späterer Rückzahlung zur Verfügung stellt (Finanzierungsleistung). Unter diese Kategorie fallen bspw. Banken, Versicherungs- und Kreditkartenunternehmen, Kapitalanlage-, Fonds- und Leasinggesellschaften sowie Bausparkassen. – b) Ein Finanzintermediär i.w.S. ist ein Unternehmen, dessen Geschäftstätigkeit darauf gerichtet ist, den unmittelbaren Abschluss von Finanzkontrakten zwischen originären und/ oder intermediären Geldgebern und -nehmern einfacher und kostengünstiger herbeizuführen oder überhaupt erst zu ermöglichen. Unter diese Kategorie fallen bspw. → Versicherungsvertreter, → Versicherungsmakler und → Versicherungsberater, aber auch → Ratingagenturen und Börsendienste. – *3. Unterformen:* a) → Bancassurance: Vertrieb von → Versicherungsprodukten durch Banken und Sparkassen. Betrifft somit nur einen Ausschnitt aus dem Allfinanzspektrum: funktionell den Vertrieb, produktseitig Versicherungen, institutionell nur Versicherungsunternehmen und Banken/ Sparkassen. – b) Assurbanking: Vertrieb von Bankprodukten über Versicherungsunternehmen. Assurbanking betrifft somit ebenfalls nur einen Ausschnitt aus dem Allfinanzspektrum: funktionell den Vertrieb, produktseitig Bankprodukte, institutionell nur Banken/ Sparkassen und Versicherungsunternehmen. – c) → Financial Planning: Ganzheitliche Finanzplanung bzw. -beratung. Systematischer Prozess, in dem die finanziellen Verhältnisse eines Privatkunden ganzheitlich analysiert, optimiert und geplant werden und somit Vermögen, Liquidität und Risikoabsicherung dieser Privatperson und ihres Umfelds unter Beachtung des Zielsystems des Kunden strukturiert, gestaltet, gesichert und verwaltet werden. Financial Planning betrifft somit abermals nur einen Ausschnitt aus dem Allfinanzspektrum: funktionell die Beratung, produktseitig alle Finanzdienstleistungsprodukte, institutionell nur den Berater bzw. Financial Planner. – *4. Ziele:* A. kann zu Wachstum und Gewinn beitragen, indem es Kundengewinnung und/ oder Kundenbindung erzeugt. Dafür ist es notwendig, Preis/ Leistungs-Vorteile zu erzielen, die Produkte durch Verbindung unterschiedlicher Finanzdienstleistungen bedarfsgerechter zu gestalten und dabei eine bequeme Handhabung des Produktbündels zu gewährleisten und/ oder eine finanzwirtschaftliche Optimierung im Hinblick auf das ständige Gleichgewicht von Einnahmen und Ausgaben sowie auf die Absicherung gegen risikobedingte Störungen im Gesamtlebenszyklus des Kunden zu erreichen. – *5. Probleme:* Die Kernkompetenzen von Finanzdienstleistern sind traditionell verschieden: Bspw. sind Versicherer auf die Risikotransformation und Banken auf die Anlage- und Finanzierungsfunktion ausgerichtet. Auch die Verhaltensweisen der Kunden sind bspw. bei Versicherungs- und Bankgeschäften verschieden. Bei Allfinanzgeschäften ist sodann immer das Datenschutzrecht zu beachten – nicht alle Informationsnutzungen, die sich anbieten, sind auch erlaubt. Ferner sind mögliche, durch die Verbindung entstehende Risikokumule zu kontrollieren. Die vielleicht bedeutendste

Herausforderung in der Umsetzung von A. ist der Umgang mit etablierten und divergierenden Unternehmens- und Branchenkulturen.

Allfinanzaufsicht. *1. Begriff:* Einheitliche Aufsicht über Finanzdienstleitungsunternehmen (v.a. Banken und Versicherungsunternehmen). Die Einheitlichkeit betrifft sowohl den Inhalt als auch die Organisation der Aufsicht. – *2. Hintergründe:* Die A. beruht auf der (umstrittenen) Vorstellung, dass Bank- und Versicherungsgeschäfte im Wesentlichen gleiche Produkte und damit gleiche Risiken beinhalten, weil sie von gleichen Personen nachgesucht und zunehmend von gleichen Anbietern in der Form von → Finanzkonglomeraten angeboten werden. Vor diesem Hintergrund entstand die Auffassung, dass diese Geschäfte auch in gleicher Weise beaufsichtigt werden müssen. Vorreiter dieser Aufsichtsphilosophie war das Vereinigte Königreich. Hier wurde mit der Financial Services Authority (FSA) eine Allfinanzaufsichtsbehörde geschaffen, in der zunächst der einzelne Mitarbeiter jeweils die ganze Palette des Finanzdienstleistungsgeschäfts einer Unternehmensgruppe beaufsichtigen sollte. Diese Aufgabenzuordnung schlug nach kurzer Zeit fehl, weil sich zeigte, dass Banken und Versicherungsunternehmen völlig unterschiedliche Risiken tragen, die unterschiedlichen Regeln folgen und an die Aufsicht unterschiedliche Anforderungen stellen. Später kehrte das Vereinigte Königreich zur Spezialaufsicht betreffend Banken und Versicherungsunternehmen zurück, allerdings unter einheitlichem organisatorischem Dach. Die Zusammenführung der Einzelaufsichten unter einheitlichem Dach wurde auch in anderen Ländern eingeführt, darunter in Deutschland. Siehe → Bundesanstalt für Finanzdienstleistungsaufsicht.

Allgefahrenversicherung. → All Risks-Deckung.

Allgemeine Bedingungen für die Kraftfahrtversicherung (AKB). *1. Begriff:* Allgemeine Geschäftsbedingungen i.S.d. §§ 305 ff. BGB. Die AKB unterliegen daher der Inhaltskontrolle der §§ 307-309 BGB. – *2. Merkmale:* Die AKB enthalten grundlegende vertragliche Vereinbarungen für die → Kfz-Haftpflichtversicherung und ggf. auch für die anderen Kfz-Versicherungszweige (z.B. → Kfz-Kaskoversicherung, → Kfz-Schutzbriefversicherung). Trotz Wegfalls der Vorabgenehmigung von Allgemeinen Versicherungsbedingungen durch die Aufsichtsbehörde, müssen die Allgemeinen Versicherungsbedingungen für Pflichtversicherungen (z.B. für die Kfz-Haftpflichtversicherung) gem. § 5 V Nr. 1 VAG stets vor der geplanten Verwendung eingereicht werden. – *3. Aktuelle Entwicklungen:* Verbraucherfreundlich formulierte unverbindliche Musterbedingungen lösen seit Januar 2008 die traditionellen Versicherungsbedingungen aus den 30er Jahren des 20. Jahrhunderts ab. Die bisherige Aufteilung in AKB einerseits und → Tarifbestimmungen andererseits wird aufgegeben.

Allgemeine Bedingungen für die Rechtsschutz-Versicherung (ARB). *1. Begriff:* ARB sind als → allgemeine Versicherungsbedingungen Grundlage des Rechtsschutzversicherungsvertrags. – *2. Merkmale:* Bis 1994 mussten Versicherungsbedingungen vom damaligen Bundesaufsichtsamt für das Versicherungswesen genehmigt werden. Es gab markteinheitlich die Bedingungsgenerationen ARB 1954, 1969, 1975 und 1994. Seither können die Versicherer individuelle Bedingungen vereinbaren, was zu einer immer stärkeren Diversifizierung des Rechtsschutzmarktes führt. Der → Gesamtverband der Deutschen Versicherungswirtschaft e.V. (GDV) gibt jedoch Musterbedingungen heraus, an denen sich die Unternehmen orientieren.

Allgemeine Deutsche Spediteurbedingungen (ADSp). *1. Begriff:* Im Verkehrsgewerbe weit verbreitete Allgemeine Geschäftsbedingungen. – *2. Inhalte:* Die ADSp behandeln Rechte und Pflichten von → Spediteur (auch in seiner Eigenschaft als → Frachtführer oder → Lagerhalter) und Auftraggeber, insbesondere in der → Güterschadenversicherung. Der Spediteur besorgt nach den ADSp auf Verlangen (in bestimmten Fällen auch ohne ausdrücklichen Auftrag) eine → Warenversicherung für Rechnung des Auftraggebers zu marktüblichen Bedingungen. – *3. Haftung und Haftpflichtversicherung:* Der Spediteur haftet im Rahmen der gesetzlichen Bestimmungen (HGB). Die Höhe seiner Haftung ist, auch wenn mehrere Auftraggeber betroffen sind, auf 2 Mio. Euro je Schadenereignis begrenzt. Bei qualifiziertem Verschulden (Vorsatz oder bewusste

Leichtfertigkeit des Spediteurs oder seiner leitenden Angestellten) entfällt die Haftungsgrenze. Zur Deckung seines Haftpflichtrisikos hat der Spediteur eine Haftpflichtversicherung zu marktüblichen Bedingungen zu unterhalten, die die gesetzlichen und die in den ADSp vereinbarten Haftungen abdeckt (→ Verkehrshaftungsversicherung).

Allgemeine Ortskrankenkasse (AOK). *1. Begriff:* Kassenart im System der → Krankenkassen. Bis Ende 1995 war die AOK die „Basiskasse" des Systems der → gesetzlichen Krankenversicherung (GKV), die für alle versicherungspflichtig Beschäftigten zuständig war, für die nicht die Zuständigkeit bei einer anderen Krankenkasse bestand. So war für Arbeiter i.d.R. die AOK die Pflichtkasse. Deshalb gibt es grundsätzlich in jeder Region eine eigenständige AOK, deren Abgrenzung die Landesregierungen durch Rechtsverordnung vornehmen (§ 143 SGB V). Die AOK sind rechtlich selbstständige Körperschaften des öffentlichen Rechts mit → Selbstverwaltung und Teil der mittelbaren Staatsverwaltung, d.h. der Staat „beaufsichtigt" das rechtmäßige Handeln der Krankenkassen (§ 87 SGB IV). Aufgrund ihres regionalen Zuständigkeitsbereichs wird eine AOK auch als landesunmittelbare Krankenkasse (Gegensatz: bundesunmittelbare → Ersatzkasse) bezeichnet. Sie unterliegt somit der Aufsicht der für die Sozialversicherung zuständigen obersten Verwaltungsbehörden der Länder oder der von den Landesregierungen bestimmten Behörden (§ 90 SGB IV). Organe der AOK sind – wie bei allen Krankenkassen – ein hauptamtlicher Vorstand (§ 35a SGB IV) sowie als Selbstverwaltungsorgan ein ehrenamtlicher Verwaltungsrat (§ 33 SGB IV). Die Verwaltungsräte der AOK sind je zur Hälfe mit Arbeitgeber- und Arbeitnehmervertretern besetzt. Dies unterscheidet sie von den Verwaltungsräten der Ersatzkassen, in denen nur gewählte Vertreter der Versicherten sitzen. Als Kassenart sind die AOK Marktführer im System der GKV. Sie betreuen rund 18 Mio. Mitglieder und sieben Mio. Versicherte. Da es sich bei den einzelnen AOK um selbstständige Krankenkassen handelt, ist es falsch, von der AOK als solche zu sprechen. Aufgrund ihrer rechtlichen Selbstständigkeit und der unterschiedlichen wirtschaftlichen Leistungsfähigkeit der einzelnen Regionen erhoben die AOK in der Vergangenheit regional unterschiedlich hohe Beitragssätze. Mit Einführung des → Gesundheitsfonds ab dem 1.1.2009 durch das Gesetz zur Stärkung des Wettbewerbs in der gesetzlichen Krankenversicherung wurde ein einheitlicher Beitragssatz für alle Krankenkassen eingeführt. Beitragsunterschiede gibt es jetzt nur noch in Höhe eines evtl. Zusatzbeitrags. – *2. Geschichte:* In den 1880er Jahren wurde die GKV in Deutschland eingeführt. Sie wurde zunächst durch drei Kassenarten getragen: die Allgemeinen Ortskrankenkassen, die → Betriebskrankenkassen und die → Innungskrankenkassen. Erst in den folgenden Jahrzehnten wurden die Ersatzkassen in das System der GKV mit einbezogen. Mit der Einführung der freien Kassenwahl ab 1996 waren die AOK aufgrund ihrer kleinteiligen Struktur nicht mehr wettbewerbsfähig. Sie schlossen sich deshalb auf Landesebene zusammen. 1970 gab es noch 399 AOK, 2006 nur noch 16. Nur in Nordrhein-Westfalen gibt es noch zwei AOK, die AOK Westfalen-Lippe und die AOK Rheinland. Seit 1996 für alle Krankenversicherten die freie Kassenwahl (Wahlrecht) eingeführt wurde, sind die AOK keine Basis- bzw. Pflichtkassen mehr. – *3. Entwicklungen:* Zwischenzeitlich kam es zu den ersten länderübergreifenden Zusammenschlüssen im AOK-System. So sind die AOK Rheinland und Hamburg sowie die AOK Sachsen und Thüringen fusioniert. Somit gibt es seit dem 1.1.2008 noch 15 AOK als regionale Kassen. Ihr Dachverband ist der AOK-Bundesverband. Mit dem Gesetz zur Stärkung des Wettbewerbs in der gesetzlichen Krankenversicherung (GKV-WSG) wurde der AOK-Bundesverband (wie auch die Bundesverbände der Betriebs- und Innungskrankenkassen) zum 1.1.2009 in eine Gesellschaft bürgerlichen Rechts umgewandelt. Die hoheitlichen Aufgaben, die der AOK-Bundesverband bislang wahrgenommen hat, wurden dann von dem neugegründeten → Spitzenverband Bund der Krankenkassen übernommen.

Allgemeines Gleichbehandlungsgesetz (AGG). *1 Begriff:* Gesetz zur Beseitigung von Benachteiligungen aus Gründen der Rasse, der ethnischen Herkunft, des Geschlechts, der Religion oder Weltanschauung, einer Behinderung, des Alters oder der sexuellen Identität (§ 1 AGG). – *2. Ziel:* Ziel des Gesetzes ist es, Benachteiligungen aus den o.a. Diskriminierungsgründen zu verhindern oder zu beseitigen. Der Schwerpunkt liegt im Bereich von Beschäftigung und Beruf; die Bestimmungen gelten gleichermaßen für Arbeitnehmer, Auszubildende und für den öffentlichen Dienst. Betroffen ist aber auch das Zivilrecht mit den Rechtsbeziehungen zwischen Privatpersonen – insbesondere hinsichtlich von Verträgen mit Lieferanten, Dienstleistern oder Vermietern. – *3. Gültigkeitsbereich:* Das A. findet nicht in allen gesellschaftlichen und rechtlichen Bereichen Anwendung, und es verbietet auch nicht jede Form der Diskriminierung. Vielmehr verbietet es Diskriminierungen nur dann, wenn diese auf den o.g. personenbezogenen Merkmalen beruhen sowie in Bezug zu den u.g. Anwendungsbereichen stehen. Benachteiligungen aus einem in § 1 AGG genannten Grund sind zudem nur unzulässig, wenn sie sich auf folgende sachliche Anwendungsbereiche beziehen: a) Bedingungen für den Zugang zu unselbstständiger und selbstständiger Erwerbstätigkeit (einschließlich Auswahlkriterien und Einstellungsbedingungen) sowie für den beruflichen Aufstieg, unabhängig von Tätigkeitsfeld und beruflicher Position, – b) Beschäftigungs- und Arbeitsbedingungen einschließlich Arbeitsentgelt und Entlassungsbedingungen, insbesondere in individual- und kollektivrechtlichen Vereinbarungen, und Maßnahmen bei der Durchführung und Beendigung eines Beschäftigungsverhältnisses, – c) Zugang zu allen Formen und Ebenen der Berufsberatung, der Berufsbildung einschließlich der Berufsausbildung, der beruflichen Weiterbildung und der Umschulung sowie der praktischen Berufserfahrung, – d) Mitgliedschaft und Mitwirkung in einer Beschäftigten- oder Arbeitgebervereinigung oder einer Vereinigung, deren Mitglieder einer bestimmten Berufsgruppe angehören, einschließlich der Inanspruchnahme der Leistungen solcher Vereinigungen, – e) Sozialschutz, einschließlich der sozialen Sicherheit und der Gesundheitsdienste, – f) soziale Vergünstigungen, – g) Bildung, – h) Versorgung mit Gütern und Dienstleistungen, die der Öffentlichkeit zur Verfügung stehen, einschließlich von Wohnraum. – *4. Folgen:* Die durch das Gesetz geschützten Personen erhalten Rechtsansprüche gegen Arbeitgeber und Privatpersonen, wenn diese ihnen gegenüber gegen die gesetzlichen Diskriminierungsverbote verstoßen. Insbesondere Arbeitgeber stehen neuen Pflichten, Phänomenen, Haftungsrisiken und Entschädigungsansprüchen gegenüber, z.B. a) Schutz-, Organisations- und Maßnahmenpflichten; – b) Neuregelungen für Stellenausschreibungen, Einstellungs- und → Auswahlverfahren sowie Absagen, – c) neuen Maßstäben für Arbeitsverträge, Kündigungen, Arbeitszeugnissen, die Sozialauswahl, – d) einstweiligen Verfügungsverfahren, – e) einem eigenständigen Klagerecht des → Betriebsrats, – f) Beseitigungs- und Unterlassungsansprüchen, – g) Beschwerde- und Leistungsverweigerungsrechten der Arbeitnehmer, – h) materiellen und immateriellen Schadenersatzansprüchen, – i) in bestimmten Fällen einer Beweislastumkehr zu Lasten des Arbeitgebers. Die Versicherungsunternehmen betreffen die Vorschriften des A. mehrfach: a) als Arbeitgeber, wie oben ausgeführt, – b) als Vertragspartner durch § 20 AGG, der sich u.a. auf die Benachteiligung bei der Begründung, Durchführung und Aufhebung von Verträgen bezieht (Abschluss von privatrechtlichen Versicherungsverträgen) und – c) als Anbieter von Versicherungsschutz durch das Angebot spezieller Policen (sog. Liability Employment Practices), die das Haftungsrisiko des Arbeitgebers aufgrund von Verletzungen des A. versichern. – *5. A. in der → betrieblichen Altersversorgung (bAV):* Das A. gilt trotz § 2 II S. 2 BetrAVG auch für die bAV. Im Kollisionsfall, etwa dem Mindestalter für Unverfallbarkeit gem. § 1b I BetrAVG (siehe → unverfallbare Anwartschaft) oder der Altersgrenze gem. § 2 I BetrAVG, gilt aber das BetrAVG. Gem. § 10 AGG sind bestimmte Differenzierungen des Alters wegen zulässig, etwa auch Alterskriterien für versicherungsmathematische Berechnungen. Nach der Rechtsprechung von EuGH und BVerfG ist der Ausschluss von Lebenspartnern bei der → Hinterbliebenenversorgung unzulässig. Offen ist, ob Altersdifferenzierungsklauseln, Spätehenklauseln, eine altersabhängige Begrenzung der Dienstzeit oder auch geschlechtsdifferenzierende Berechnungsformeln weiterhin erlaubt sind.

Allgemeine Versicherungsbedingungen (AVB). *1. Begriff:* Allgemeine Geschäftsbedingungen (AGB) für das Versicherungsgeschäft. Die im Bürgerlichen Gesetzbuch (BGB) formulierte Definition (§ 305 I S. 1 BGB) und die im Weiteren geregelten Bedingungen für die Gültigkeit von AGB gelten sinngemäß auch für AVB. Damit sind A. eine an Gesetzen und der Rechtsprechung orientierte branchenspezifische Variante der AGB. Sie bilden einen Teil der vertraglichen Grundlagen des Versicherungsgeschäfts. – 2. *Weitere Merkmale:* Bei den A. handelt es sich um Bestimmungen, die Versicherer ihren Kunden bei Abschluss von Versicherungsverträgen auferlegen und die keine individuellen Gegebenheiten berücksichtigen. Vielmehr sind die A. Rahmenvereinbarungen, die vom Versicherungsunternehmen als Rechtsgrundlage der Versicherungsverträge auf der Basis von Gesetz und Rechtsprechung formuliert werden. A. gibt es in abgewandelter Form für jede Versicherungssparte und für jeden Versicherungszweig. Sie regeln die generellen Vereinbarungen über die einzelnen Versicherungsverträge hinweg, wie z.B. die Prämienzahlung, die Leistungserbringung, die vorvertraglichen Pflichten, Ausschlüsse etc. Rechtstechnisch handelt es sich zwar um AGB; da die A. in standardisierter Form die Rechte und Pflichten der Vertragsparteien und v.a. den Umfang des Versicherungsschutzes (Produktbeschreibung) enthalten, bestimmen sie jedoch die Hauptleistung des → Versicherungsprodukts und gehen daher inhaltlich und wirtschaftlich über AGB hinaus. Soll der konkrete Versicherungsvertrag von den Regelungen der A. abweichen, wird dies separat in sog. → Besonderen Versicherungsbedingungen (BVB) vereinbart, die dem → Versicherungsvertrag beigefügt werden. Sonderbedingungen, Zusatzbedingungen, BVB und → Klauseln sind allerdings ebenfalls A., wenn sie einer Vielzahl von Versicherungsverträgen zugrunde gelegt werden. Die A. gehören seit der → Deregulierung im Jahr 1994 nicht mehr zum → Geschäftsplan und sind daher auch nicht mehr genehmigungspflichtig. Vgl. auch → Bedingungskontrolle. – 3. *Mindestinhalte der A.:* Der Gesetzgeber schreibt in § 10 VAG Mindestinhalte für A. vor; die Versicherer können darüber hinaus weitere Tatbestände in die A. aufnehmen. Vereinfacht ausgedrückt, müssen die A. mindestens enthalten: die versicherten Ereignisse, Art, Umfang und Fälligkeit der Versicherungsleistungen, Fälligkeit der Prämien und Rechtsfolgen des Verzugs, Gestaltungsrechte des Versicherungsnehmers und des Versicherers, Obliegenheiten und → Anzeigepflichten des Versicherungsnehmers, Angaben über den Verlust des Anspruchs aus dem Versicherungsvertrag, wenn Fristen versäumt werden,

die inländischen Gerichtsstände und die Grundsätze und Maßstäbe der → Überschussbeteiligung (§ 10 I VAG). Bei Versicherungsvereinen auf Gegenseitigkeit (VVaG) und → öffentlich-rechtlichen Versicherungsunternehmen können die A. auch in die → Satzungen aufgenommen werden, ohne ihren Charakter zu verlieren (es liegt also auch dann keine Genehmigungspflicht vor). Für Rückversicherer (§ 121a VAG) und Versicherungsverträge über Großrisiken (siehe Art. 10 I S. 2 EGVVG) findet § 10 VAG keine Anwendung. – 4. *Weitere rechtliche Vorschriften:* Bis zur Deregulierung mussten die A. dem Aufsichtsamt zum Zweck einer aufsichtsbehördlichen Bedingungsgenehmigung vorgelegt werden. Sie waren dadurch fast ausschließlich sparten- bzw. zweigbezogen formuliert. Die A. unterlagen zwar auch danach und bis heute immer noch einer Rechtskontrolle durch die → Bundesanstalt für Finanzdienstleistungsaufsicht (BaFin) im Rahmen ihrer Rechtsaufsicht und der gerichtlichen Kontrolle insbesondere nach dem Gesetz zur Regelung des Rechts der Allgemeinen Geschäftsbedingungen (AGBG). Aber eine Vorabgenehmigung und Vereinheitlichung findet seit 1994 nicht mehr statt. A. mit gleichem Wortlaut sind nur im Rahmen enger kartellrechtlicher Grenzen (→ Gruppenfreistellungsverordnung) erlaubt. Bspw. kann ein Verband sog. → Musterbedingungen aufstellen; diese dürfen jedoch weder → Versicherungssummen noch → Selbstbehalte nennen und zudem keine Risiken ausschließen, die einer → Versicherungssparte bzw. einem → Versicherungszweig i.d.R. zuzuordnen sind, und auch keine Kopplungen mit anderen Versicherungsgeschäften enthalten. Seit Inkrafttreten des Gesetzes zur Reform des Versicherungsvertragsrechts (→ VVG-Reform) zum 1.1.2008 und der mit ihm eingeführten Verordnung über Informationspflichten bei Versicherungsverträgen (→ Informationspflichtenverordnung, VVG-InfoV) sind wesentliche sparten-/zweigübergreifende sowie sparten-/zweigbezogene Vorschriften verändert worden oder neu hinzugekommen, die eine Anpassung der A. nach sich ziehen. Dies gilt für alle Neuverträge. Bei Altverträgen konnte der Versicherer die A. zum 1.1.2009 ändern und an das neue Recht anpassen, soweit eine Anpassung nach der VVG-Reform erforderlich war. Zudem wurden in § 7 I VVG das → Antragsmodell sowie in § 4 VVG-InfoV das sog. Produktinformationsblatt verankert. – 5. *Würdigungen:* Einerseits fand vor der Deregulierung aufgrund der Vorabgenehmigungspflicht und Vereinheitlichung durch die Aufsichtspraxis nahezu kein „Bedingungswettbewerb" statt; andererseits führte diese Vereinheitlichung zu Markttransparenz auf der Kundenseite, da die Einheitlichkeit auch eine einfache Vergleichbarkeit nach sich zog. In den Jahren danach hat sich das stark verändert. Zahlreiche unterschiedliche, nebeneinander stehende Bedingungswerke wurden im Markt eingeführt, die für Versicherungsnehmer kaum mehr vergleichbar und zu beurteilen sind. Die nunmehr fehlende Transparenz hat dazu geführt, mit dem neuen VVG zahlreiche Informationspflichten einzuführen, was einer Reregulierung entspricht – im Übrigen nicht nur auf der Produktgestaltungs- und AVB-Seite, sondern auch im Vertrieb mit dem neuen Vermittlerrecht. Die Meinungen gehen auseinander, ob die mit der Deregulierung gewonnene Wettbewerbsfreiheit im Zusammenspiel mit der nunmehr erfolgten teilweisen Reregulierung im Saldo das Preis/ Leistungs-Verhältnis für die Versicherungsnehmer verbessert oder nicht.

Allmählichkeitsschaden. Sachschaden, der durch allmähliche, d.h. länger andauernde Einwirkung von äußeren Umständen (z.B. Temperatur, Gasen und Dämpfen, Rauch, Niederschlägen oder Feuchtigkeit) entsteht. Die Folgen dieser (negativen) Einwirkungen sind allmählich entstehende Schäden durch Korrosion oder sonstige Materialveränderungen, auch als Folge fehlender regelmäßiger Wartung und Pflege von Geräten und Anlagen. Begriff aus der → Haftpflichtversicherung.

All Risks-Deckung, *Allgefahrenversicherung.* – *1. Begriff und Merkmale:* → Versicherungsdeckung nach dem Prinzip der Universalität der Gefahren. Umfasst prinzipiell alle Ereignisse (→ versicherte Gefahren), die [direkt,] unvorhergesehen [und plötzlich] [von außen] auf die → versicherten Sachen [die → versicherten Personen, das versicherte Vermögen] einwirken und deren Zerstörung, Beschädigung oder Abhandenkommen zur Folge haben (Generalklausel), sofern sie nicht ausdrücklich ausgeschlossen sind (Ausschlussklausel). Die Klammern ([ ]) stehen dabei für dispositive Zusätze, deren Verwendung den Deckungsumfang weiter eingrenzt und letztlich von der Risikoneigung und Risikopolitik des Versicherers abhängt. – Anders: → Multi Risks-Deckung. – Gegensatz: → Named Perils-Deckung (Deckung benannter Gefahren). Aus Sicht des Versicherungsnehmers sind bei der A. im Unterschied zur Named Perils-Deckung auch die sog. „unbenannten Gefahren" mit gedeckt; zudem trägt der Versicherer die Beweislast für das Vorliegen eines Ausschlussgrunds. – *2. Anwendungsgebiete:* A. finden sich in einigen → Versicherungszweigen der → Schadenversicherung, konkret insbesondere in der → Glasversicherung, der → verbundenen Hausratversicherung, der Kunstversicherung, den → technischen Versicherungen, in Teilen der Transportversicherung sowie in der → Betriebsunterbrechungsversicherung. In der Sachversicherung existiert die A. zudem als eigener Zweig in Form der Allgefahrenversicherung auf Basis unterschiedlicher Bedingungswerke verschiedener Versicherer und Versicherungsmakler. – *3. Probleme:* Der Versicherer muss bei einer A. vorsichtig kalkulieren; dies ist für den Baustein „unbenannte Gefahren" besonders schwierig. Ferner erfordert die A. eine besonders sorgfältige Risikoprüfung und Risikozeichnung (siehe → Underwriting).

Altbestand. Bestand an Lebensversicherungsverträgen, die vor dem 29.7.1994 abgeschlossenen wurden. Für diese Verträge gelten weiterhin zahlreiche Bestimmungen des → Versicherungsaufsichtsgesetzes (VAG) aus der Zeit vor der → Deregulierung, wie etwa die Genehmigung der Tarifkalkulation und der Bedingungen durch die → Aufsichtsbehörde. Abzugrenzen vom A. sind der → Zwischenbestand und der → Neubestand.

Alternative Medizin, *Alternative Behandlungsmethoden, Alternative Heilmethoden, Komplementärmedizin, Arznei- und Heilmittel der besonderen Therapierichtungen.* – *1. Begriff:* Sammelbezeichnung für unterschiedliche Heilweisen oder diagnostische Konzepte, die eine Alternative oder eine Ergänzung zur wissenschaftlich begründeten Medizin darstellen. Letztere wird oft abgrenzend als wissenschafts- und evidenzbasierte → „Schulmedizin" bezeichnet. Als Beispiele von A. lassen sich u.a. die Homöopathie oder Phytotherapie aufführen. A. kann von Ärzten, Angehörigen anderer Heilberufe, z.B. dem Heilpraktiker, aber auch von Laien angeboten werden. – *2. A. in der → gesetzlichen Krankenversicherung (GKV):* Nach § 2 I Satz 2 SGB V sind Behandlungsmethoden, → Arznei- und → Heilmittel der besonderen Therapierichtungen als Leistungen der GKV nicht ausgeschlossen. Dabei ist das Gebot der Wirtschaftlichkeit (§12 SGB V) zu berücksichtigen, nach dem die Leistungen der GKV ausreichend, zweckmäßig und wirtschaftlich sein müssen sowie das Maß des Notwendigen nicht überschreiten dürfen. Allerdings hat das Bundesverfassungsgericht in Karlsruhe in einem Urteil vom 6.12.2005 (AktZ.: 1 BvR 347/98) entschieden, dass die GKV bei schwer Kranken – sofern die Schulmedizin keine Therapiemöglichkeit mehr sieht – auch alternative Heilmethoden außerhalb ihres Leistungskatalogs bezahlen muss, wenn diese eine „nicht ganz entfernt liegende Aussicht" auf Heilung oder Besserung bieten. Das Bundessozialgericht (BSG) in Kassel hat darauf in mehreren Urteilen entschieden, dass Schwerstkranke unter bestimmten Voraussetzungen von ihrer → Krankenkasse die Kostenerstattung auch für in Deutschland nicht anerkannte Heilmethoden verlangen können (Az: B 1 KR 7/05 R, 12/04 R und 12/05 R). – *3. A. in der → privaten Krankenversicherung (PKV):* In der PKV sind nach den Musterbedingungen 2009 für die → Krankheitskosten- und → Krankenhaustagegeldversicherung (§ 4 MB/KK 2009) – soweit nicht schon die Tarifbedingungen erweiterte Leistungen vorsehen – sowohl in der Voll- als auch in der Zusatzversicherung Kosten alternativer Behandlungsmethoden in jedem Krankheitsfall dann erstattungsfähig, wenn sie sich in der Praxis als ebenso Erfolg versprechend bewährt haben wie schulmedizinische Verfahren und wenn die Alternativmethoden keine höheren Kosten verursachen. Darüber hinaus werden die Kosten alternativer Behandlungsmethoden dann erstattet, wenn es sich um unheilbare Erkrankungen handelt, für die keine schulmedizinischen Methoden oder Arzneimittel zur Verfügung stehen. Die → Heilbehandlung nach alternativen Methoden muss dabei auf einem nach medizinischen Erkenntnissen nachvollziehbaren Ansatz beruhen, der die prognostizierte Wirkungsweise auf das Behandlungsziel erklären kann. Dabei genügt es, wenn das Behandlungsziel mit einer nicht nur ganz geringen Erfolgsaussicht erreichbar ist (PKV-Stellungnahme beim Bundesverfassungsgericht, AktZ 1 BvR 347/98 A III. Absatz 4.).

Alternativer Risikotransfer (ART). *1. Begriff:* Übertragung (Transfer) von (versicherungswirtschaftlichen) Risiken an den Kapitalmarkt zur Finanzierung über nichttraditionelle (alternative) Risikoträger und/ oder Instrumentarien. Neben Erst- und Rückversicherern sowie → Captive (Re)Insurance zählen zu den Risikoträgern (Investoren) auch Banken und institutionelle Anleger. Einsatzbereiche für ART finden sich z.B. bei Katastrophenrisiken, Terrorrisiken, Haftpflichtrisiken, in der Personenversicherung auch beim Sterberisiko (Risikolebensversicherung) und beim Langlebigkeitsrisiko (Renten- und Krankenversicherung) – *2. Merkmale:* Konzepte des ART decken ein breites Spektrum zwischen Risikotransfer und Risikofinanzierung ab. Meist maßgeschneidert, sind diese Konzepte häufig mehrdimensional in Form von → Multi-Year- und/ oder → Mullti-Line- bzw. → Multiple-Trigger-Deckungen ausgestaltet. – *3. Instrumente:* a) Mit Schwerpunkt des Risikotransfers auf den Kapitalmarkt: → Insurance Linked Securities (z.B. → Cat Bonds) oder → Versicherungsderivate (z.B. → Wetterivate), – b) mit Schwerpunkt eigener Risikofinanzierung: Captive-(Re)Insurance-Lösungen oder Möglichkeiten der Kapitalaufnahmen über Contingent-Capital-Programme. – *4. Ziele:* Unterstützung des Risiko- und Kapitalmanagement, u.a. durch a) Überwindung von Kapazitätsgrenzen bzw. -engpässen für Katastrophenrisiken (z.B. Naturgefahren, wie Erdbeben oder Sturm): Diese liegen aufgrund ihrer hohen Kumulgefahr bzw. Wertekonzentration an der Versicherbarkeitsgrenze, d.h. ihr geschätztes Schadenpotenzial könnte die gesamte Kapazität des traditionellen Rückversicherungsmarkts übersteigen. – b) Diversifikationsmöglichkeit innerhalb bestehender Rückversicherungsprogramme, – c) Sicherung von Kapazitäten und Preisniveaus über mehrere Jahre (Abkopplung von Preis- bzw. Kapazitätszyklen im Rückversicherungsmarkt), – d) Deckungsmöglichkeiten für neuartige Risiken, – e) Vermeidung des Kreditrisikos, – f) Reduzierung von Kapitalkosten, – g) Erhöhung der Liquidität. – *5. Synonyme und Abgrenzung:* ART findet häufig als Oberbegriff für alle nichttraditionellen Rückversicherungsformen Verwendung, damit auch für Konzepte der → Finanzrückversicherung. Siehe auch → Alternative Rückversicherung, → Synthetische Rückversicherung.

Alternative Rückversicherung, → *Synthetische Rückversicherung, nichttraditionelle Rückversicherung.* Oberbegriff für eine „alternative" Ausgestaltung von Rückversicherungsmarktprodukten bezüglich ihrer Zielsetzung und/ oder der Art des Ausgleichsmechanismus (Risikofinanzierung) bzw. der Risikotransfermechanismen. Hierunter fallen sowohl Konzepte der → Finanzrückversicherung als auch des → Alternativen Risikotransfers.

Alterseinkünftegesetz. Gesetz zur Neuregelung der steuerrechtlichen Rahmenbedingungen und einiger betriebsrentenrechtlicher Vorschriften zu den Alterseinkünften. Wurde durch ein Urteil des BVerfG angeregt und trat am 1.1.2005 in Kraft. Im Vorfeld wurde von der Bundesregierung die sog. Rürup-Kommission zur Erarbeitung eines Entwurfs eingesetzt. Kernpunkte der Reform waren u.a. das → Drei-Schichten-Modell, die → nachgelagerte Besteuerung und die Reduzierung des steuerlichen Vorteils für → Kapitallebensversicherungen. Im BetrAVG wurden Änderungen in den Bereichen → Portabilität, Auskunftsanspruch, → Abfindungsverbot und Beitragsfortzahlung verankert.

Altersgrenzen. I. → Gesetzliche Rentenversicherung (GRV): *1. Begriff:* Allgemeine oder besondere Schwellen für das Lebensalter, deren Überschreiten (neben weiteren Bedingungen) die Voraussetzungen für den Anspruch auf eine Rente aus der GRV bilden. – *2. Varianten:* Je nach Rentenart kommen unterschiedliche A. zur Anwendung. Während Regelaltersrenten derzeit (bis 2012) ab einer → Regelaltersgrenze von 65 Jahren bezogen werden können, liegt die A. bspw. für Frauen bei 60 Lebensjahren und für Renten für schwerbehinderte Menschen bei 63 Lebensjahren. – *3. Aktuelle Entwicklung:* Im Zuge der Reformen der GRV wurde eine sukzessive Anhebung der A. für die unterschiedlichen Rentenarten (mit Wirkung ab 2012) auf den Weg gebracht. – II. → Beamtenversorgung: *1. Begriff:* Allgemeine oder besondere Schwellen für das Lebensalter, deren Überschreiten die Voraussetzungen für den Anspruch auf ein beamtenrechtliches → Ruhegehalt bilden. Der Anspruch auf ein beamtenrechtliches Ruhegehalt entsteht (auf Antrag des → Beamten) bei Erreichen der gesetzlich definierten allgemeinen oder besonderen A. mit dem Eintritt des Beamten in den → Ruhestand oder durch Versetzung des Beamten in den Ruhestand wegen → Dienstunfähigkeit. – *2. Regel- und Antragsaltersgrenze:* Nach geltendem Recht in Bund, Ländern und Gemeinden ist als allgemein gültige Regelaltersgrenze zurzeit die Vollendung des 65. Lebensjahrs maßgeblich. Für Lehrer sehen einige Landesbeamtengesetze zur Herstellung von Unterrichtskontinuität vor, dass diese entweder am Ende des Schuljahrs oder Schulhalbjahrs, in dem sie das 64. bzw. 65. Lebensjahr vollendet haben, in den Ruhestand treten. Neben der allgemeinen Regelaltersgrenze ist die sog. Antragsaltersgrenze mit Vollendung des 63. Lebensjahrs (Bayern: 64. Lebensjahr) von Bedeutung. – *3. Besondere A.:* Sog. besondere A. finden sich für Polizisten, Justizvollzugsbeamte, Lehrkräfte und Hochschullehrer in den entsprechenden Landesbeamtengesetzen. Dabei ist die weitaus größte Anzahl der Beamten mit besonderen A. im Bereich der sog. Vollzugsdienste von Polizei, Justiz und Feuerwehr zu finden. Hier liegt das Erreichen der besonderen A. bei Vollendung des 60. Lebensjahrs. Darunter liegende A. finden sich in speziellen Berufsgruppen der Soldaten, z.B. Flugzeugführern der Bundeswehr, die wegen der extremen physischen und psychischen Belastung bereits vor Vollendung des 50. Lebensjahrs die maßgebliche A. erreichen. – *4. Entwicklungen:* Nach der sog. Föderalisierung der Besoldung und Versorgung in Bund und Ländern ist absehbar, dass die A. generell angehoben werden. Dies gilt für den Bereich der allgemeinen und der besonderen Altersgrenzen. Dabei ist die Tendenz eindeutig, die besondere A., die für die sog. Vollzugsbeamten beim 60. Lebensjahr liegt, schrittweise zu verlängern. So gilt z.B. in Nordrhein-Westfalen als gesetzliche A. für Polizeibeamte der Jahrgänge vor 1947 der Ablauf des Monats, in dem das 60. Lebensjahr vollendet wird, als Zeitpunkt des Eintritts in den Ruhestand. Für jüngere Polizeibeamte wird die A. schrittweise bis auf 62 Jahre angehoben. In Berlin sind Vollzugsbeamte zwischenzeitlich verpflichtet, bis zum 61. Lebensjahr Dienst zu leisten, während bei der Polizei in Rheinland-Pfalz eine Staffelung nach Laufbahngruppen erfolgt (zwischen 60. - 65. Lebensjahr). Mit dem Entwurf eines Dienstrechtsneuordnungsgesetzes (DNeuG) des Bundes sollen die A. für das Pensions(/Ruhestands-)eintrittsalter für Beamte des Bundes – analog zu den Regelungen in der → gesetzlichen Rentenversicherung (GRV) – vom 65. Lebensjahr auf das vollendete 67. Lebensjahr angehoben werden. Dabei ist nach Jahrgängen gestaffelt für die Geburtsjahrgänge 1947 bis 1964 eine stufenweise Anhebung der Regelaltersgrenze vorgesehen, wobei zunächst eine Verlängerung der Lebensarbeitszeit in Einmonatsschritten und dann in Zweimonatsschritten erfolgen soll. Seitens der Länder gibt es gegenwärtig noch keine Gesetzgebungsvorhaben für eine Erhöhung der Regelaltersgrenze für Beamte. Einige Länder haben jedoch zu erkennen gegeben, dass sie entsprechend der Regelungen in der GRV und der bundesbeamtenrechtlichen Regelungen auch eine Anhebung der Regelaltersgrenze auf das vollendete 67. Lebensjahr vorsehen wollen. Werden die Bundesländer nicht tätig, gilt nach Art. 125 a GG das alte → Beamtenversorgungsgesetz so lange weiter, bis es durch ein eigenes neues Recht für die Landesbeamten ersetzt wurde. Einzelne Bundesländer, so z.B. Bayern, haben erklärt, dass sie sich im Rahmen der gesamtgesellschaftlichen Festlegungen bewegen und im selben zeitlichen Kontext auch eine Regelaltersgrenze mit vollendetem 67. Lebensjahr erreichen wollen. Demgegenüber wurde z.B. aus dem Land Baden-Württemberg geäußert, dass die Anhebung der gesetzlichen Regelaltersgrenze auf das 67. Lebensjahr schneller erfolgen solle und früher beginnen müsse. Diesbezüglich muss die weitere Entwicklung abgewartet werden.

Alterspyramide, *Bevölkerungspyramide.* – *1. Begriff:* Graphische Darstellung der Anzahl (oder der Anteile) der Mitglieder einer Population nach Alter bzw. Altersgruppen und Geschlecht. Siehe auch → Altersstruktur. Auf der Ordinate werden die Altersstufen (bzw. -gruppen) und auf der Abszisse die Personenbestände (oder -anteile) der jeweiligen Altersstufen als Balken abgetragen. Der Begriff der A. ist aus historischen Beobachtungen zu erklären. Die sprichwörtliche Pyramide beschreibt eine Population, die von hohen Anteilen an Kindern und Jugendlichen gekennzeichnet ist („junge Bevölkerung"). Die natürliche Bevölkerungsdynamik wird von hohen Geburten- und gleichzeitig hohen Sterbezahlen bestimmt, wobei die Anzahl der Geburten die der Sterbefälle übersteigt. Der Altersaufbau der Bevölkerung in Deutschland zeigte um das Jahr 1910 eine solche Form. Der Anteil der Kinder und Jugendlichen unter 15 Jahren betrug zu diesem Zeitpunkt etwa ein Drittel der Gesamtbevölkerung, der Anteil der über 65-Jährigen dagegen rund 5 %. Heutzutage weisen in erster Linie weniger entwickelte Staaten diesen Altersaufbau vor.

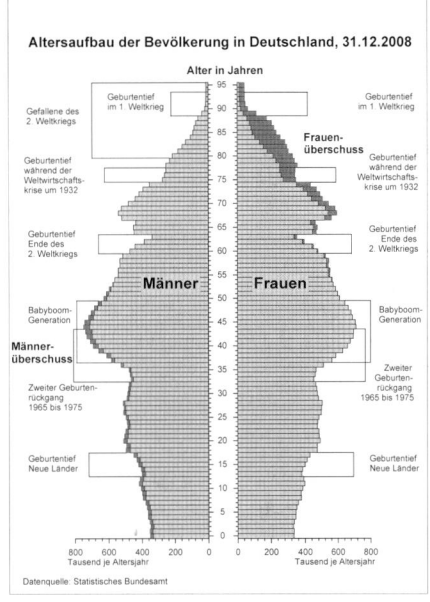

– *2. Entwicklungen in Deutschland:* Die A. spiegelt historische und demographische Ereignisse i.d.R der letzten 100 Jahre wider. Die nachstehende Abbildung zeigt den Einfluss gesamtgesellschaftlicher Krisen auf die → Fertilität (Erster und Zweiter Weltkrieg sowie die Weltwirtschaftskrise Ende der 1920er/ Anfang der 1930er Jahre) und auf die → Mortalität (stark dezimierte Männerjahrgänge der Geburtsjahre vor 1930 infolge der beiden Weltkriege). Aber auch gesellschaftliche Veränderungen oder Umbruchphasen, wie der Beitritt der Deutschen Demokratischen Republik zum Bundesgebiet, üben einen Einfluss auf das Geburtenverhalten aus. Die Folgen dieser Phasen sind an den relativ starken Geburtenrückgängen Ende der 1960er und Anfang der 1990er Jahre zu erkennen.

Altersrenten, *Altersruhegeld.* – *1. Begriff*: Rentenarten, die auf die Kompensation ausgefallener Arbeitseinkommen nach Überschreiten bestimmter → Altersgrenzen zielen. Gesetzlich Rentenversicherte haben Anspruch auf A., wenn sie die hierfür erforderliche Wartezeit und die weiteren Voraussetzungen erfüllen. – *2. Merkmale*: Die → gesetzliche Rentenversicherung (GRV) unterscheidet acht Renten wegen Alters: Regelaltersrente, A. für langjährig Versicherte, für Schwerbehinderte, für Frauen, wegen Arbeitslosigkeit, nach Altersteilzeitarbeit sowie für langjährig unter Tage beschäftigte Bergleute und Knappschaftsausgleichsleistungen. – *3. Abgrenzung*: A. sind abzugrenzen von → Erwerbsminderungsrenten. In Deutschland ist die gesetzliche A. der Sozialversicherung auch von der Pension abzugrenzen. Als Pensionäre werden im Ruhestand befindliche Beamte bezeichnet.

Alterssicherungssysteme. *1. Begriff*: Versicherungen, die ihre Mitglieder gegen das Risiko des Alters, der Erwerbsunfähigkeit und des Todes absichern. – *2. Elemente*: Das zahlenmäßig bedeutendste A. ist in Deutschland die → gesetzliche Rentenversicherung (GRV), die gegen Arbeitsentgelt oder zur Berufsausbildung beschäftigte Personen versichert (vormals: Arbeiter und Angestellte). Zu den weiteren A. gehören die → Beamtenversorgung, die knappschaftliche Rentenversicherung, die Rentenversicherung der Landwirte sowie die Alterssicherung der kammerfähigen freien Berufe (z.B. Ärzte, Apotheker, Anwälte).

Altersstruktur, → *Alterspyramide.* Verteilung der Mitglieder einer Population nach Altersstufen oder Altersgruppen und Geschlecht. Die Verteilung der Bevölkerung kann sowohl in absoluten Zahlen als auch in Prozentwerten in Bezug auf die gesamte Population ausgedrückt werden. Siehe auch Alterspyramide.

Altersteilzeit. Teilzeitbeschäftigung älterer Arbeitnehmer. Die staatlich geförderte Form der A. ist durch eine Reduzierung der Arbeitszeit und damit einhergehend die Gewährung einer finanziellen Zulage (mind. 20 % des Entgelts, § 3 I Nr. 1a AltTZG) sowie eine Aufstockung der Rentenversicherungsbeiträge auf mindestens 80 % gekennzeichnet (§ 3 I Nr. 1b AltTZG). Tarifverträge enthalten häufig weitere Regelungen. Zulage und Aufstockung können bei Neubesetzung der Stelle von der Arbeitsagentur ersetzt werden, wenn die Arbeitszeit spätestens Ende 2009 reduziert wurde. Ziel der Förderung ist die Bekämpfung der Arbeitslosigkeit durch Neubesetzung. Allerdings wurde die A. in der Realität auch zum Stellenabbau genutzt. In Deutschland gibt es für die A. zwei unterschiedliche Modelle: a) Gleichverteilungsmodell, d.h. gleichmäßig reduzierte Arbeitszeit, und – b) Blockmodell (überwiegend genutzt), d.h. in der ersten Phase volle Arbeitszeit, in der zweiten Phase Freistellung.

Altersvermögensgesetz. *1. Begriff*: Durch das „Gesetz zur Reform der → Gesetzlichen Rentenversicherung und zur Förderung eines kapitalgedeckten Altersvorsorgevermögens", kurz A. (AVmG), wurde die staatliche Förderung kapitalgedeckter zusätzlicher privater oder betrieblicher → Altervorsorge beschlossen, durch die die Senkungen des Rentenniveaus kompensiert werden sollen. – *2. Merkmale*: Das A. ist seit dem 1.1.2002 in Kraft. Durch das Gesetz wurde ein teilweiser Einstieg in das → Kapitaldeckungsverfahren eingeleitet (→ Riester-Rente).

Altersvorsorge. *1. Begriff*: Oberbegriff für alle Maßnahmen, die der Absicherung gegen das Risiko Alter dienen, insbesondere der Absicherung des Lebensstandards im Alter. Die A. umfasst daneben häufig auch Leistungen bei → Invalidität und Tod (→ Hinterbliebenenversorgung). – *2. Formen*: Nach dem überkommenen → Drei-Säulen-Modell beruhte die A. in Deutschland auf a) der gesetzlichen Rentenversicherung (GRV), – b) der → betrieblichen Altersversorgung (bAV) bzw. der → Zusatzversorgung im öffentlichen Dienst) und – c) der privaten Vorsorge (u.a. private → Riester-Rente, → Rürup-Rente, private Lebensversicherungen). Nach dem aktuellen → Drei-Schichten-Modell werden – nun etwas anders abgegrenzt – unterschieden: a) die gesetzliche Rentenversicherung (GRV), – b) die staatlich geförderte, kapitalgedeckte betriebliche oder private A. (z.B. Riester-Rente und Rürup-Rente) und – c) die rein private Altersvorsorge.

Alterung. → Demographische Alterung.

Alterungsrückstellung. *1. Begriff:* Versicherungsunternehmen in der → privaten Krankenversicherung (PKV) gehen gegenüber den Versicherten eine rechtliche Verpflichtung ein, dass die Beiträge nicht allein altersbedingt, d.h. wegen der im Alter zunehmenden Inanspruchnahme von Gesundheitsleistungen steigen. Um dieser rechtlichen Verpflichtung genüge zu tun, muss das Versicherungsunternehmen für die Versichertengemeinschaft eine entsprechende Rückstellung bilden. Diese Rückstellung wird A. genannt. Die A. ist dem entsprechend ein elementarer Bestandteil der Beitragskalkulation in der PKV. – *2. Merkmale:* Der Tarifbeitrag in der PKV setzt sich aus dem Nettobeitrag (→ Nettoprämie) und einem Beitrag zur Deckung der Betriebskosten des Versicherers zusammen. Der Nettobeitrag wiederum besteht aus dem Risikobeitrag (→ Risikoprämie) und dem Sparbeitrag (→ Sparprämie). Der Risikobeitrag stellt genau den Beitrag dar, der zur Deckung der Versicherungsleistungen durchschnittlich gebraucht wird – er steigt mit zunehmendem Alter. Bei Eintritt in einen Tarif liegt der Nettobeitrag über dem eigentlich erforderlichen Risikobeitrag. Die Differenz stellt den sog. Sparbeitrag zur Bildung der A. dar, wobei die A. nicht nur aus dem Sparbeitrag gebildet wird, sondern wesentliche Quellen auch die rechnungsmäßige Verzinsung der A. sowie die Vererbung (Storno) sind. Wenn mit zunehmendem Alter der Risikobeitrag zur Deckung der Versicherungsleistungen nicht mehr reicht, werden die fehlenden Beitragsteile der A. entnommen. Damit ist sichergestellt, dass der Nettobeitrag auf Dauer konstant sein kann – gleich bleibende Rechnungsgrundlagen vorausgesetzt –, obwohl der Risikobeitrag mit zunehmendem Alter steigt. – *3. Rechtliche Grundlagen:* Die privaten Krankenversicherer haben eine A. nach § 12 I Nr. 2 VAG und § 341 f HGB zu bilden. Darüber hinaus legen die Musterbedingungen 2009 für die Krankheitskostenversicherung (§ 8a MB/KK 2009) fest, dass – soweit eine A. zu bilden ist – eine Erhöhung der Versicherungsbeiträge wegen des Älterwerdens der versicherten Person während der Dauer des Versicherungsverhältnisses ausgeschlossen bleibt. Die weitergehenden Einzelheiten zur Rechnungsgrundlage und Kalkulation von A. sind in der Verordnung über die versicherungsmathematischen Methoden zur Prämienkalkulation und zur Berechnung der Alterungsrückstellung in der PKV (Kalkulationsverordnung – KalV, §§ 2-8 sowie §§ 10, 11, 13 und 16) und im → Versicherungsaufsichtsgesetz (VAG), §§ 12 und 12a, geregelt.

Ambulante Gesundheitsversorgung. *1. Begriff:* Krankenbehandlung, die keine zeitweise Unterbringung in einem Krankenhaus oder in einer Rehabilitationseinrichtung erfordert. Gegensatz: → stationäre Versorgung. Der überwiegende Teil der A. erfolgt durch niedergelassene Haus- und Fachärzte. Auch die ambulante zahnärztliche Behandlung zählt dazu. Insgesamt kommt diesen Ärzten eine zentrale Bedeutung zu, weil sie i.d.R. den Erstkontakt des Patienten mit dem Versorgungssystem herstellen. Der niedergelassene Arzt erbringt zum einen selbst beratende, diagnostische und therapeutische Leistungen und entscheidet über den weiteren Behandlungsverlauf. Zum anderen entscheidet er über eine Krankschreibung und verordnet Leistungen in den Bereichen Arznei-, Heil- und Hilfsmittel. – *2. Angebotskapazitäten:* Die ambulante Versorgung liegt in Deutschland – auch im internationalen Vergleich – auf einem Spitzenniveau. Haus- und Fachärzte sowie Zahnärzte stellen flächendeckend eine gute Versorgung sicher. Für die ambulante ärztliche Versorgung haben die → Krankenkassen 2008 rund 24,3 Mrd. Euro ausgegeben. 2007 waren es insgesamt 23 Mrd. Euro. Die Zahl der berufstätigen Ärzte steigt seit Jahren kontinuierlich an. Zum Jahresende 2008 verzeichnete die Bundesärztekammer 319.697 berufstätige Mediziner in Deutschland. 138.330 Ärzte waren im ambulanten Bereich tätig. Als niedergelassene Ärzte waren zum Stichtag 31.12.2008 125.754 Mediziner bei den Ärztekammern gemeldet. – *3. Probleme:* Die strikte Trennung von ambulanter und stationärer Versorgung ist ein zentraler Kritikpunkt an der Struktur des deutschen Gesundheitssystems. Es gestaltet sich in der Praxis jedoch schwierig, die historisch gewachsene und gesetzlich fixierte Abgrenzung zu durchbrechen. Dies liegt zum einen an den getrennten Finanzierungstöpfen und zum anderen an den Versorgungs- und Informationsbrüchen im Bereich der Schnittstellen. – *4. Ausblick:* Die vom Gesetzgeber eröffneten „neuen Versorgungsformen", wie z.B. integrierte Versorgungsverträge, medizinische Versorgungszentren sowie Disease-Management-Programme, bieten u.a. die

Möglichkeit, Budgetanteile sowohl aus der ambulanten als auch der stationären Versorgung herauszulösen und erlauben es damit, die Sektorengrenzen zu überwinden. Ziel dieser Versorgungsformen ist es, die Koordination der Patientenversorgung sowie die Zusammenarbeit der Versorgungs-Sektoren zu verbessern.

Ambulante Pflege, *Häusliche Pflege.* – *1. Begriff:* → Pflege und Betreuung eines Pflegebedürftigen in der häuslichen Umgebung. Dies kann der eigene Haushalt, der Haushalt der Pflegeperson oder ein Haushalt sein, in den der Pflegebedürftige aufgenommen wurde. Als häusliche Umgebung gilt auch, wenn der Pflegebedürftige in einem Altenwohnheim oder einer Altenwohnung lebt. – *2. Leistungserbringer und Vergütung/ Finanzierung:* Die A. kann sowohl durch Personen aus dem sozialen Umfeld der zu pflegenden Person (Angehörige oder sonstige Personen) als auch, teilweise oder vollständig, durch Pflegefachpersonal (ambulante Pflegedienste, Sozialstationen) ausgeführt werden. Wird die A. von Personen aus dem sozialen Umfeld geleistet, so erhält die zu pflegende Person als Leistung der → gesetzlichen Pflegeversicherung (GPV) ein in Abhängigkeit von der zuerkannten → Pflegestufe variierendes pauschales Pflegegeld zur freien Verfügung. Bei Inanspruchnahme professioneller Dienste wird die teilweise oder vollständige Kostenübernahme direkt zwischen dem Pflegedienstleister und der Pflegekasse bzw. dem privaten Krankenversicherer geregelt. Die entsprechend der Pflegestufe variierende pauschale Zahlung an den Pflegedienstleister setzt voraus, dass zwischen ihm und der Pflegekasse bzw. dem privaten Krankenversicherer ein Versorgungsvertrag besteht. Die A. stellt in diesem Fall eine Pflegesachleistung dar. – *3. Bedeutung:* Die Förderung der A. ist ein besonderes Anliegen der GPV. Deshalb regelt § 3 SGB XI, dass die GPV mit ihren Leistungen vorrangig die häusliche Pflege und die Pflegebereitschaft der Angehörigen und Nachbarn unterstützen soll, damit die Pflegebedürftigen möglichst lange in ihrer häuslichen Umgebung bleiben können.

Ambulanzservice. *1. Begriff:* Einleitung und Durchführung von medizinisch notwendigen Hilfsmaßnahmen im Fall einer medizinischen Notsituation. Siehe auch → Assistance. – *2. Merkmale:* Der A. wird meist durch → Assisteure im Rahmen eines → Case Management als Leistung von → Auslandsreisekrankenversicherungen erbracht. Medizinisches Fachpersonal des Assisteurs entscheidet über die einzuleitenden Maßnahmen, z.B. Erteilen von Kostenübernahmegarantien an Leistungserbringer, Auslandsrückholung (Repatriierung), Verlegung, Leichenrücktransport u.a. Diese werden dann individuell organisiert und durchgeführt. Hierzu werden lizenzierte Partner- oder → Dienstleisternetzwerke (z.B. Ärzte, spezialisierte Transportunternehmen, Fluggesellschaften, Krankenhäuser und Bestattungsunternehmen) hinzugezogen. – *3. Ausblick:* Durch den zunehmenden Individualtourismus auch in ferne Länder und immer günstigere Flugpreise wird die Bedeutung des professionellen A. zunehmen.

American Depositary Receipt (ADR). *1. Begriff:* Von US-Banken ausgestellte handelbare Aktienzertifikate über dort hinterlegte ausländische Aktien. – *2. Merkmale:* Anstelle der Aktien werden an den amerikanischen Börsen die A. gehandelt.

Anbauten. Ergänzungen bzw. Erweiterungen eines an sich vollständigen Gebäudes, die meist den Wert der Immobilie erhöhen. A. müssen dem Versicherer deshalb zwecks Ergänzung der Wertermittlung gemeldet werden. Zudem sind A. grundsätzlich durch Baubehörden genehmigungspflichtig.

Anbietungsgrenze. → Antragsgrenze.

Andere Rückstellungen. → Nichtversicherungstechnische Rückstellungen.

Änderungsrisiko, *Prognoserisiko.* – *1. Begriff:* Komponente des → Irrtumsrisikos, das seinerseits eine Komponente des → versicherungstechnischen Risikos ist. Aufgrund von Änderungen in den schadenbestimmenden Gesetzmäßigkeiten kann eine Fehleinschätzung der Zufallsgesetzmäßigkeit der Versicherungsleistungen erfolgen, was zu einem Ansatz falscher Kalkulationsgrundlagen führt. Die Folge ist eine falsche Abschätzung der Wahrscheinlichkeit eines technischen Ruins (→ Ruintheorie), d.h. des Eintritts des Ereignisses, dass der periodische → Gesamtschaden des versicherten Kollektivs die vorhandenen Finanzmittel in Form der Summe aus der vereinnahmten kollektiven Prämie für die Risikodeckung (→ Risikoprämie) und dem vorhandenen Sicherheitskapital übersteigt. – *2. Beispiele:* Änderungen in der Rechtssprechung sowie im soziologischen oder technologischen Umfeld, die zum Zeitpunkt der → Risikokalkulation noch nicht erkennbar waren. Die zu beobachtende systematische Erhöhung der mittleren Lebensdauer (longevity risk) bietet ein weiteres aktuelles Beispiel.

Anerkenntnis- und Befriedigungsverbot. *1. Begriff:* Prinzipien in der → Haftpflichtversicherung nach altem Recht. Der Versicherungsnehmer war nach altem VVG nicht berechtigt, ohne vorherige Zustimmung des Versicherers einen → Haftpflichtanspruch ganz oder zum Teil oder vergleichsweise anzuerkennen oder zu befriedigen. Damit sollte zum einen verhindert werden, dass sich der Versicherungsnehmer mit dem Geschädigten zu Lasten des Versicherers einigt. Zum anderen sollte dem Versicherer nicht sein Recht und seine Pflicht genommen werden, die Frage zu entscheiden, ob die vom Geschädigten erhobenen Haftpflichtansprüche berechtigt oder unberechtigt sind. – *2. Rechtsfolgen bei Zuwiderhandlung:* Der Versicherer war bei Zuwiderhandlung von der Leistungspflicht frei, es sei denn, dass der Versicherungsnehmer nach den Umständen die Befriedigung oder Anerkennung nicht ohne offenbare Unbilligkeit verweigern konnte. – *3. Rechtslage nach neuem VVG:* Nach § 105 VVG ist ein A. in den Allgemeinen Versicherungsbedingungen für die Haftpflichtversicherung (AHB) unwirksam. Das heißt aber nicht, dass der Haftpflichtversicherer in jedem Fall leistungspflichtig ist, wenn der Versicherungsnehmer eine Haftpflichtforderung anerkennt bzw. befriedigt. Bei Anerkennung oder Befriedigung einer unbegründeten Haftpflichtforderung entsteht keine Leistungspflicht des Versicherers.

Anfalljahr. *1. Begriff:* Beschreibung der Haftungszeit des Rückversicherungsvertrags. Die Schäden nur eines Jahres – des A. – werden für dieses betreffende Jahr gesammelt, über die weitere Zeitdauer erfasst, d.h. über die Jahresgrenze hinaus jeweils mit dem aktuellen Stand fortgeschrieben, und den jeweiligen → Prämien gegenübergestellt. – *2. Merkmale:* Die Abwicklung der Schäden eines A. erstreckt sich über mehrere Jahre und wird zumeist in einem → Abwicklungsdreieck abgebildet. Das Verfahren ist besonders im → Longtail-Geschäft wichtig. – *3. Zielsetzung:* Die Schadenentwicklung wird transparent über die Abwicklungsdauer aufgezeichnet. – *4. Abgrenzung:* → Zeichnungsjahr.

Anfangs-/ Eingangsreserve. *1. Begriff:* Betrag, der für einen Neuschaden als erste Reserve im Schadensystem eines Versicherers gebildet wird. – *2. Merkmale:* Idealerweise entspricht die A. exakt dem Schadenaufwand für den konkreten Schadenfall, wie er sich nach vollständiger Abwicklung ergibt. In der Praxis wird der anzusetzende Betrag häufig entweder vom Schadensystem automatisch oder auf Basis der Arbeitsanweisungen für die Schadensachbearbeiter manuell durch diese gesetzt. Der angesetzte Betrag ist ein Erfahrungswert, der oft dem Schadendurchschnitt aller Schadenfälle der entsprechenden → Schadenart des letzten Jahres oder eines anderen Zeitraums (z.B. Durchschnitt der letzten zwei oder drei Jahre) zuzüglich eines Sicherheitszuschlags entspricht. Zur Vermeidung unzutreffender Reservebildungen sehen die Arbeitsanweisungen für die Sachbearbeiter regelmäßig vor, die A. anhand der konkreten Gegebenheiten des Schadenfalls anzupassen, wenn sie sich nach oben oder unten als offensichtlich unpassend erweisen sollte, und sie in regelmäßigen Abständen erneut zu prüfen.

Anforderungsprofil. → Funktions- und Anforderungsprofil.

Angebotsinduzierte Nachfrage, u.a. im Gesundheitswesen: *1. Begriff:* Die Informationsasymmetrie zwischen Arzt und Patient gibt dem Arzt die Möglichkeit, auf den Umfang der „Nachfrage" nach seinen Leistungen zu seinem ökonomischen Vorteil Einfluss zu nehmen. Bei entsprechender Information über Diagnose- und Therapiemöglichkeiten hätte der Patient diese Leistungen nicht nachgefragt. – *2. Probleme:* Die fehlende Konsumentensouveränität des Patienten verleitet den Arzt, mehr Leistungen zu erbringen und abzurechnen, als medizinisch notwendig gewesen wären. – *3. Abgrenzung:* Die Angebotsinduzierung wird häufig im Zusammenhang diskutiert mit a) der Arztdichte je mehr Ärzte, je mehr Leistungen werden pro Patient erbracht; sowie – b) dem medizinischen Fortschritt – Amortisationsdruck bei hohen Geräteinvestitionen zwingt dazu, nicht indizierte Leistungen zu erbringen.

Angehörigenklausel, *Verwandtenklausel.* – *1. Begriff:* Vertragsklausel in der → Haftpflichtversicherung. → Haftpflichtansprüche aus Schadenfällen von Angehörigen des Versicherungsnehmers, die mit ihm in häuslicher Gemeinschaft leben oder zu den im Versicherungsvertrag → mitversicherten Personen gehören, sind ausgeschlossen. Der Begriff des Angehörigen ist in den Allgemeinen Versicherungsbedingungen für die Haftpflichtversicherung (AHB) besonders beschrieben. – *2. Zweck:* Der Zweck der A. und der damit verbundenen Ausschlusstatbestände liegt darin, der Gefahr eines missbräuchlichen Zusammenwirkens zwischen dem Versicherungsnehmer und den mitversicherten Personen einerseits und dem Geschädigten andererseits beim Bestehen enger familiärer Beziehungen vorzubeugen. Eine Manipulation bzw. ein Missbrauch zu Lasten des Versicherers soll verhindert werden.

Angestellter Vermittler. *1. Begriff:* Arbeitnehmer eines Versicherungsunternehmens oder eines selbstständigen Vermittlers – im Gegensatz zu den gewerblichen oder selbstständigen Vermittlern. Arbeitsrechtlich unterliegt der A., anders als der selbstständige → Versicherungsvertreter, dem Direktionsrecht des Arbeitgebers hinsichtlich Tätigkeitsgestaltung, Arbeitszeit und Arbeitsort. – *2. Rechtsgrundlagen:* Zudem gelten für die A. die „Bestimmungen für die Angestellten des Werbeaußendienstes" im Manteltarifvertrag und im Gehaltstarifvertrag für die private Versicherungswirtschaft sowie besondere arbeitsrechtliche Vorschriften, wie etwa das Betriebsverfassungsgesetz, das Kündigungsschutzgesetz, das Entgeltfortzahlungsgesetz und das Bundesurlaubsgesetz. Die A. sind als abhängig Beschäftigte sozialversicherungspflichtig und unterliegen der Lohnsteuerpflicht. Gewerberechtlich trifft sie keine Erlaubnispflicht nach § 34d GewO. Auch werden sie mangels gewerbsmäßigen Handelns nicht von den §§ 59 ff. VVG erfasst, haben also gegenüber dem Versicherungsnehmer keine eigene → Beratungs- und Dokumentationspflicht. Daher besteht bei einer Falschberatung grundsätzlich auch keine unmittelbare Haftung des A. auf Schadenersatz. Allerdings sind die A. gegenüber dem Versicherer aus dem Anstellungsvertrag zur Einhaltung der dem Versicherer nach § 6 VVG obliegenden Beratungs- und Dokumentationspflicht verpflichtet. Andernfalls haftet der Versicherer dem geschädigten Versicherungsnehmer für die schuldhafte Falschberatung seines A. (dieser ist sein Erfüllungsgehilfe nach § 278 BGB) auf Schadenersatz.

Anhang, *Notes.* – *1. Begriff:* Element der externen Rechnungslegung. Der A. enthält insbesondere Informationen zu den angewandten Bilanzierungs- und Bewertungsmethoden sowie Erläuterungen und Ergänzungen zu einzelnen Posten der → Bilanz und → Gewinn- und Verlustrechnung (GuV). Zusammen mit der Bilanz und der GuV bildet der A. den → Jahresabschluss von Kapitalgesellschaften (§ 264 I HGB). – *2. Merkmale:* Der A. besitzt neben den Erläuterungs- und Ergänzungsfunktionen des weiteren Korrektur- und Entlastungsfunktionen für die Informationen aus der Bilanz und der GuV. – *3. Gesetzliche Grundlagen:* a) Allgemeine handelsrechtliche Regelungen nach den §§ 284-288 HGB. – b) Versicherungsunternehmen haben zudem nach § 341a I HGB grundsätzlich die für große Kapitalgesellschaften vorgeschriebenen Regelungen zum A. zu beachten. – c) Vorschriften bzgl. des A. im → Konzernabschluss ergeben sich analog zum Jahresabschluss (§ 341j HGB i.V.m. § 313 f. HGB). – *4. Inhalte:* a) Neben den handelsrechtlichen Vorgaben zum Inhalt (§§ 284 f. HGB) bestehen auch aktienrechtliche Bestimmungen (§ 160 AktG). – b) Für Versicherungsunternehmen werden Einschränkungen der handelsrechtlichen Vorgaben durch § 341a II HGB geregelt; zusätzlich verlangen die §§ 51-56 RechVersV branchenspezifische Anhangangaben im Wesentlichen zur versicherungstechnischen Rechnung und der Aufgliederung nach → Versicherungszweigen sowie zum → Zeitwert (siehe auch → Fair Value) von → Kapitalanlagen. – *5. Rechnungslegung nach IAS/ IFRS und US-GAAP:* a) A. nach → IAS/ → IFRS. Nach IAS 1.8 ist der A. ein Pflichtbestandteil des Abschlusses mit der Aufgabe der Informationsvermittlung im Sinne der Erläuterungs-, Ergänzungs- und Entlastungsfunktion. Versicherungsspezifische Anhangangaben sind in IFRS 4 geregelt, der zwischen Angaben über Werte aus der Bilanz und GuV und Angaben über zukünftige Zahlungsströme und diesbezügliche Risiken unterscheidet. – b) A. nach → US-GAAP. Der A. eines Abschlusses nach US-GAAP entspricht weitestgehend dem eines IFRS-Abschlusses. Versicherungsspezifische Vorgaben für den A. gibt es auch nach US-GAAP. Diese umfassen die → Rückstellungen, → Abschlussaufwendungen und Gewinnbeteiligungen (SFAS 60.60), sowie die → Rückversicherung (SFAS 113.27-28).

Anlagegrundsätze. *1. Begriff:* Für das sog. → gebundene Vermögen hat der Gesetzgeber vorgeschrieben, wie das Vermögen angelegt werden muss. Das gebundene Vermögen besteht aus dem → Sicherungsvermögen (§ 66 VAG) und dem sonstigen gebundenen Vermögen (§ 54 V VAG). – *2. Ziele und Inhalt:* Die A. besagen ganz generell, dass das Vermögen unter Berücksichtigung der Art des betriebenen Geschäfts sowie der Unternehmensstruktur so anzulegen ist, dass möglichst große Sicherheit und Rentabilität bei gleichzeitiger Liquidität des Versicherers unter Wahrung angemessener → Mischung und Streuung erreicht wird. Festgelegt wird ferner, in welchen Vermögensgegenständen angelegt werden darf (Schuldverschreibungen, Aktien, Grundstücken etc., vgl. § 54 II VAG). In einer auf der Grundlage des Gesetzes ergangenen Rechtsverordnung (Anlageverordnung) werden die A. im Einzelnen konkretisiert.

Anlagestock. *1. Begriff:* Selbstständige Abteilung des → Sicherungsvermögens (§§ 54b, 66 VAG) für die fondsgebundenen und indexgebundenen Lebensversicherungen. Dem A. werden die Kapitalanlagen zugeführt, die der Bedeckung der für diese Arten der Lebensversicherung gebildeten Rückstellungen dienen. Es gelten die besonderen → Anlagegrundsätze des § 54b VAG. – *2. Ziele:* Die Vorschrift trägt den Besonderheiten von fondsgebundenen und indexgebundenen Lebensversicherungen Rechnung. Obwohl diese für den Versicherer ein geringeres Risiko als konventionelle Lebensversicherungen beinhalten – das Kapitalanlagerisiko trägt der Versicherte – wurde die fondsgebundene Lebensversicherung bei ihrer Einführung vor über 30 Jahren als relativ gefährlich angesehen. Deshalb wurden die Kapitalanlagen einer gesonderten Abteilung des Deckungsstocks (heute: Sicherungsvermögen) zugeführt.

Anlagevehikel, → *Special Purpose Vehicle (SPV), Zweckgesellschaft; Conduit-Gesellschaft.* – *1. Begriff:* Sammelbezeichnung für alle Arten von Kollektivanlagen (→ Investmentfonds, Investmentgesellschaften mit fixem oder variablem Kapital, Anlagekommanditgesellschaften, Limited Partnerships etc.) in offener oder geschlossener Form. – *2. Zwecke und Aufgaben:* A. dienen als rechtlicher Rahmen für eine Vielzahl von Einzelinvestments zum Zweck der Erzielung rechtlicher, steuerlicher und/ oder bilanzieller Vorteile für die Investoren. Dazu zwei Beispiele: a) Ausländische Zweckgesellschaften unterliegen anderen, für die Muttergesellschaft u.U. vorteilhaften Steuergesetzen. – b) Die Chancen und Risiken eines außerbilanziellen Conduits gehen aus dem Jahresabschluss des investierenden Unternehmens nicht hervor. Alleinige Aufgabe des A. ist der Ankauf von Vermögenspositionen (assets), der durch die Emission von Wertpapieren finanziert wird. Die Wertpapiere werden wiederum durch die angekauften Vermögenspositionen besichert. A. werden damit im Wesentlichen zur Verbriefung von Vermögenspositionen genutzt. In den vergangenen Jahren emittierten sie insbesondere eine Vielzahl sog. → Asset Backed Securities (ABS) zur Verbriefung von Kreditforderungen.

Anlagevermögen. *1. Begriff:* Handelsrechtliche Kategorie von Vermögensgegenständen mit Konsequenzen für deren Bilanzierung (§ 266 HGB) und Bewertung (§ 253 HGB). Unter dem A. sind nur die Vermögensgegenstände auszuweisen, die dazu bestimmt sind, dauernd dem Geschäftsbetrieb zu dienen. – *2. Abgrenzungen:* Grundsätzlich sind die Posten der Aktivseite der → Bilanz in A., → Umlaufvermögen und → Rechnungsabgrenzungsposten zu untergliedern (§ 266 HGB). Dagegen gilt für die Bilanz von Versicherungsunternehmen (Formblatt 1 RechVersV) keine entsprechende Unterteilung. Für Versicherungsunternehmen erfolgt die Klassifizierung in A. und Umlaufvermögen allein für Zwecke der Bewertung. – *3. Bewertung:* Vermögensgegenstände sind grundsätzlich höchstens mit den Anschaffungs- oder Herstellungskosten, vermindert um planmäßige bzw. außerplanmäßige Abschreibungen, anzusetzen (§ 253 I HGB). Das A. wird dabei nach dem gemilderten → Niederstwertprinzip bewertet. – *4. Kategorisierung bei Versicherungsunternehmen:* Die Unterscheidung in A. und Umlaufvermögen bestimmt sich nach § 341b HGB und hat einen maßgeblichen Einfluss auf die Bewertung der Vermögensgegenstände. Vgl. auch → Kapitalanlagen.

Anlageverordnung (AnlV). Über die allgemeinen Anlagevorschriften des Versicherungsaufsichtsgesetzes (VAG) hinaus, sieht die Bundesanstalt für Finanzdienstleistungsaufsicht (BaFin) besondere Anlagevorschriften für das → gebundene Vermögen vor, die in der Verordnung über die Anlage des gebundenen Vermögens von Versicherungsunternehmen (AnlV) vom 20.12.2001, zuletzt geändert durch die Verordnung vom 21.12.2007 BGBl. I S. 3278, festgelegt sind. Die Grundlage für die A. bildet § 54 VAG. Die A. listet u.a. die zulässigen Anlageformen auf (§ 2 AnlV), fordert die Beachtung spezieller Mischungsquoten (§ 3 AnlV), enthält Streuungsvorschriften (§ 4 AnlV) und verlangt die Einhaltung der → Kongruenzregeln (§ 5 AnlV).

Annahmepflicht. → Kontrahierungszwang.

Annexvertrieb. Vertriebsverbund, bei dem die Nachfrage nach dem Versicherungsprodukt mit dem Erwerb anderer Produkte (z.B. Kfz, Immobilien) oder mit der Nutzung anderer Dienstleistungen (z.B. Urlaubsreisen, Vermietungen) verbunden ist. Die Vertriebsform steht auch im Zusammenhang mit dem sog. → One-stop-Shopping.

Annuität. Folge von Geldleistungen, die über eine feste Laufzeit oder bis zu einem im Voraus beschriebenen Ereignis in gleichen Abständen und gleicher Höhe zu erbringen sind. Wird für einen Kredit eine laufende Zinszahlung mit gleichzeitiger ratenweiser Tilgung in der Weise vereinbart, dass bis zur vollständigen Tilgung des Kredits die jeweiligen Summen aus Zinszahlung und Tilgung gleich groß sind, dann wird von Tilgung durch A. gesprochen.

Anomalie, *objektives Risiko.* U.a. In der → Versicherungsmedizin: – *1. Begriff:* Risikomerkmale, die für eine langzeitprognostische Einschätzung der → Lebenserwartung oder des Gesundheitszustands wesentlich sind werden als A. bezeichnet. – *2. Merkmale:* Dabei ist es unerheblich, ob sich das Risikomerkmal auf eine Krankheit (z.B. Herzinfarkt), eine Behinderung (z.B. Querschnittslähmung), einen zu Erkrankungen prädisponierenden Risikofaktor (z.B. Rauchen) oder einen Befund einer medizinischen Untersuchung (z.B. Herzrhythmusstörungen in einem EKG) bezieht. Bedeutsam ist allein die Tatsache, dass bei Vorliegen einer A. mit einer erhöhten Mortalität oder Morbidität gerechnet werden muss.

Anpassungsklausel. *1. Begriff:* Klausel, die es dem Versicherer ermöglicht, die Prämie für einen bestehenden Versicherungsvertrag zu erhöhen, ohne gleichzeitig die Leistungen heraufzusetzen, oder die Leistungen zu vermindern, ohne die Prämie entsprechend zu reduzieren. – *2. Weitere Rechte und Pflichten der Vertragspartner:* Der Versicherer hat den Versicherungsnehmer über eine entsprechende Vertragsänderung spätestens einen Monat vor Wirksamwerden zu informieren. Der Versicherungsnehmer hat seinerseits das Recht, den Vertrag zum Wirksamwerden der Änderung zu kündigen (vgl. § 40 VVG).

Anpassungsprüfung. Nach § 16 I BetrAVG hat der Arbeitgeber bei → Betriebsrenten alle drei Jahre eine Entscheidung über eine Anpassung zu treffen. Dabei hat er die Belange des Betriebsrentners (Kaufkraftverlust) mit seiner eigenen wirtschaftlichen Lage abzuwägen. Siehe auch → betriebliche Altersversorgung (bAV), → Rentenanpassung.

Anprall unbemannter Flugkörper. → Aufprall eines Luftfahrzeugs.

Anrechnungszeiten. Zahl der Monate, in denen ein Versicherter an der Beitragszahlung in die → gesetzliche Rentenversicherung (GRV) gehindert war, die aber dennoch rentenrechtlich bei der Rentenberechnung und der Feststellung von → Wartezeiten berücksichtigt werden. Als A. gelten z.B. Zeiten der schulischen Ausbildung, der Arbeitslosigkeit, der temporären Arbeitsunfähigkeit und die Schutzfristen bei Mutterschaft.

Anreizsystem. *1. Begriff:* Gesamtheit aller vom Unternehmen bewusst geschaffenen und ausgestalteten materiellen und immateriellen Anreize. Zu den materiellen Anreizen zählen v.a. das Entgeltsystem (einschl. der freiwilligen Sozialleistungen), das praktizierte Arbeitszeitsystem sowie die Ausstattung der Arbeitsplätze. Immaterielle Anreize ergeben sich insbesondere über Fortbildungs- und Karrierechancen, das Betriebsklima, die positiv empfundene Führungskultur und die Arbeitsplatzsicherheit. – *2. Funktionen:* Ein A. erfüllt i.d.R. drei wesentliche Funktionen: a) Mitarbeitergewinnung. Über Beitrittsanreize sollen genügend potenzielle Bewerber angesprochen und zum Eintritt in das Unternehmen bewegt werden. – b) Mitarbeiterbindung. Über Bleibeanreize sollen die benötigten Mitarbeiter gehalten werden. – c) Leistungsmotivation. Über Leistungsanreize sollen die Fach- und Führungskräfte für die Erfüllung ihrer Ziele begeistert werden. – *3. Probleme:* Die mitarbeiter-, aufgaben- und unternehmensgerechte Gestaltung von Struktur und Elementen des betrieblichen A. gehört zu den schwierigsten Aufgaben der → Personalpolitik. Neben gesetzlichen und tarifvertraglichen Bestimmungen engen unterschiedliche Mitarbeiterbedürfnisse i.V.m. dem Gleichbehandlungsgrundsatz sowie begrenzte Budgets die Ausgestaltung des A. stark ein. Neben den gestaltbaren Anreizen existieren auch unmittelbar oder mittelbar wirksame Faktoren (z.B. Wertewandel, gruppendynamische Prozesse), die sich nicht beeinflussen lassen und die auf das Arbeitsverhalten der Mitarbeiter sowie auf die Attraktivität des Unternehmens wirken.

Anschlussversicherung. *1. Begriff:* Versicherungsvertrag, der an einen bestehenden Vertrag anschließt und entweder die Versicherungsdauer verlängert oder zusätzliche Risiken aufnimmt (Nachversicherung). – *2. Anwendungsgebiet:* In der → Kapitallebensversicherung kann dem Versicherungsnehmer das Recht eingeräumt werden, bei Ablauf des Vertrags eine A. ohne erneute → Gesundheitsprüfung abzuschließen.

Anspruchserhebungsprinzip. → Claims made-Prinzip.

Ansteckungsrisiko. Risiko im → Versicherungsgeschäft, genauer im → Risikogeschäft von Versicherungsunternehmen, dass durch den Eintritt ein und desselben zufälligen Ereignisses nacheinander bei mehreren oder vielen versicherten Einheiten Schäden ausgelöst. Ein A. liegt vor, wenn der Schadenfall beim ersten Risiko zu einer erhöhten Wahrscheinlichkeit des Schadenfalls bei weiteren Risiken führt, die quasi „angesteckt" werden können. In der Folge werden die individuellen Schadenerwartungen der weiteren Risiken erhöht. Typische Beispiele für A. sind ansteckende Krankheiten, das Übergreifen von → Bränden auf benachbarte Einheiten und Vireninfektionen von Softwareprogrammen. Das A. ist eine besondere Ausprägung des → Zufallsrisikos. Abzugrenzen vom → Kumulrisiko. Siehe auch → versicherungstechnisches Risiko.

Anteilseignerkontrolle, *Aktionärskontrolle.* – *1. Begriff:* Einbeziehung der Inhaber bedeutender Beteiligungen von Versicherungsunternehmen in den Aufsichtsrahmen. Was unter bedeutenden Beteiligungen zu verstehen ist, wird in § 7a II VAG festgelegt. – *2. Ziele:* Die A. zielt in erster Linie auf die Bekämpfung der organisierten Kriminalität (Geldwäsche, Terrorismusfinanzierung) ab. Sie dient damit zugleich der guten Funktionsfähigkeit der Versicherungswirtschaft und den Interessen der Versicherten. – *3. Inhalt:* Der Anteilseigner muss nach dem Gesetz den im Interesse einer soliden und umsichtigen Führung des Versicherers zu stellenden Ansprüchen genügen, insbesondere muss er zuverlässig sein. Sowohl im Zulassungsverfahren (§ 7 II VAG) als auch im laufenden Betrieb (§ 104 VAG) sieht das → Aufsichtsrecht eine Vielzahl von Vorlage- und Anzeigeverpflichtungen der Versicherer und Anteilseigner vor, die die → Aufsichtsbehörde durch Rundschreiben präzisiert hat.

Antiselektion. *1. Begriff:* Missverhältnis zwischen Risiko und Prämie, u.U. im Zusammenspiel mit Informationsvorsprüngen von Versicherungsnehmern absichtsvoll zur Übervorteilung von Versicherungsunternehmen herbeigeführt. – *2. Merkmale:* In vielen Märkten sind die Informationen über die zu handelnden Güter zwischen Anbietern und Nachfragern asymmetrisch verteilt. Für Versicherungsmärkte besteht eine solche Informationssymmetrie u.a. in der Personenversicherung bzgl. der Kenntnis über die Krankheiten und Risikofaktoren der zu versichernden Person, die i.Allg. dem Antragsteller besser bekannt sind als dem Versicherungsunternehmen. Dies begünstigt eine A. im Sinne einer Negativauslese. – *3. Zusammenhang zu ähnlichen Begriffen:* Negativauslese, die entsteht, wenn Antragsteller, die glauben, ein überdurchschnittliches Erkrankungs- oder Sterberisiko aufzuweisen, sich in einem stärkeren Maße um Versicherungsschutz bemühen als diejenigen, die ein normales Risiko darstellen. Diese Antragsteller können sich gezielt besonders hoch versichern und trotzdem nur dem einen normalen Risiko zugrunde gelegte Prämie zahlen. – *4. Folgerungen und Ergebnisse:* Eine solche Negativauslese kann letztlich bei erheblichem Umfang die Wirtschaftlichkeit und somit die Funktionsfähigkeit einer privaten Versicherung infrage stellen, weil diese mit Leistungsansprüchen konfrontiert sein wird, die nicht durch das vereinbarte Prämienaufkommen gedeckt sind. Es liegt im Interesse der Versicherungsunternehmen, aber auch im Interesse der Mehrheit der Versicherungsnehmer, dass eine weitgehende Informationsgleichheit bzgl. risikorelevanter Informationen zwischen Antragsteller und dem Versicherungsunternehmen besteht. Dieses Informationsgleichgewicht herzustellen und beizuhalten ist das Ziel der → Risikoprüfung.

Antrag. → Versicherungsantrag.

Antragsgrenze, *Anbietungsgrenze, Selbstprüfungsgrenze.* In der → Kreditversicherung bei → revolvierenden Deckungen im Versicherungsschein genannte Obergrenze, bis zu der der Versicherungsnehmer seine Kunden ohne deren Benennung unter Versicherungsschutz beliefern kann, soweit eine → Pauschaldeckung vereinbart ist. Oberhalb der Grenze hat der Versicherungsnehmer ausreichende Versicherungssummen für alle Forderungen gegen seine gegenwärtigen und zukünftigen Kunden in den versicherten Ländern zu beantragen. Siehe auch → benannte Versicherung.

Antragsmodell. Verfahrensvariante beim Abschluss eines → Versicherungsvertrags, die im Zuge der → VVG-Reform gesetzlich prädestiniert wurde. Gem. § 7 VVG ist das Versicherungsunternehmen nunmehr verpflichtet, dem Versicherungskunden rechtzeitig vor der Abgabe seiner auf den Abschluss eines Versicherungsvertrags gerichteten Willenserklärung die Vertragsbestimmungen einschl. der → Allgemeinen Versicherungsbedingungen (AVB) sowie die wesentlichen Informationen, die nach der VVG-Informationspflichtenverordnung verlangt sind, in Textform zu übermitteln. Anders: → Invitatiomodell, → Policenmodell.

Antragspflicht, *Anbietungspflicht.* In der → Kreditversicherung ist der Versicherungsnehmer oberhalb der → Antragsgrenze verpflichtet, aus Gründen der Risikostreuung für sämtliche Forderungen gegen gegenwärtige und zukünftige Kunden in den versicherten Ländern ausreichende Versicherungssummen zu beantragen.

Anwaltswahl. → freie Anwaltswahl.

Anwartschaft. Recht auf eine in der Zukunft fällige einmalige oder wiederkehrende Geldleistung, die auch vom Eintritt gewisser Ereignisse abhängen kann. In der → gesetzlichen Rentenversicherung (GRV) und in der → betrieblichen Altersversorgung (bAV) werden die jeweils erworbenen Rentenansprüche als A. bezeichnet. Siehe auch → unverfallbare Anwartschaft.

Anwartschaftsdeckungsverfahren. Das A. wird v.a. im Bereich der → Lebensversicherungen, aber auch im Bereich der privaten Pensions- und Krankenversicherungen (→ private Krankenversicherung, PKV) angewendet. Es stellt eine besondere Form der Kapitaldeckung (→ Kapitaldeckungsverfahren) dar, in welcher jeweils die individuellen Ansprüche abgedeckt werden. Allgemein werden die zur späteren Leistungserfüllung benötigten Beiträge (im Falle der Krankenversicherung zumindest zu einem Teil) vor dem Eintritt des Versicherungsfalls (im Falle der Krankenversicherung vor dem Eintritt einer höheren Schadenswahrscheinlichkeit im Alter) nach versicherungsmathematischen Grundsätzen eingezogen. Es gilt dabei, dass in jedem Zeitpunkt der Barwert der zu erwartenden Leistungen durch die Summe aus zukünftigen Beiträgen und bereits angesammeltem Deckungskapital gedeckt sein muss.

Anwartschaftsversicherung. *1. Begriff:* Recht von Versicherungsnehmern oder versicherten Personen, gegen Zahlung eines Beitrags ein bestehendes, gekündigtes oder beantragtes privates Krankenversicherungsverhältnis in Form einer A. unter Anrechnung der aus dem Vertrag erworbenen Rechte und der → Alterungsrückstellung ruhen zu lassen, um es zu einem späteren Zeitpunkt fortzuführen. Rechtsgrundlage: § 204 VVG. Die A. kann dabei auch rückwirkend (§ 2 I VVG) abgeschlossen werden. Das Recht auf Abschluss einer A. ist nicht an bestimmte Voraussetzungen geknüpft. – 2. *Hintergrund:* U.U. kann oder darf der Versicherungsnehmer eine → private Krankenversicherung (PKV) nicht weiterführen. Mögliche Ursachen: a) Der Versicherungsnehmer wird wieder in der → gesetzlichen Krankenversicherung (GKV) versicherungspflichtig; – b) Der Versicherungsnehmer geht für eine längere Zeit ins Ausland; – c) Der Versicherungsnehmer erhält Anspruch auf die sog. freie Heilfürsorge (z.B. kostenfreie medizinische Versorgung als Berufssoldat); – d) Der Versicherungsnehmer ist im Wehr- oder Zivildienst. Ist absehbar, dass die genannten Ursachen für einen Wechsel aus der PKV lediglich vorübergehend sind, kann die A. sicherstellen, dass das frühere Krankenversicherungsverhältnis wieder hergestellt wird, wenn die Voraussetzungen für einen PKV-Schutz wieder vorliegen. – 3. *Arten:* a) Die „kleine" A. "konserviert" während der Anwartschaftsdauer den Gesundheitszustand der versicherten Person. Soll später wieder auf einen privaten Krankenversicherungsschutz umgestellt werden, erfolgt die Umstellung zum damaligen Gesundheitszustand unter Berücksichtigung des neuen → Eintrittsalters. Alle zwischenzeitlich eingetretenen Krankheiten sind im Versicherungsschutz eingeschlossen. Eine erneute → Risikoprüfung erfolgt nicht. – b) Die „große" A. "konserviert" neben dem Gesundheitszustand zusätzlich das Eintrittsalter. Die spätere Umstellung auf den privaten Krankenversicherungsschutz erfolgt nicht nur ohne Risikoprüfung, sondern auch unter Berücksichtigung des ursprünglichen Eintrittsalters.

Anwendungen. Computerprogramme (→ Software), die für den Anwender (Benutzer) nützliche Funktionen ausführen und ihn bei der Arbeit unterstützen.

Anwendungsarchitektur. Begriff aus der → Informationstechnik. Ausgehend von definierten Anforderungen und Eigenschaften beschreiben A. die grundlegenden Strukturen von Anwendungssystemen. Eine A. besteht mindestens aus zwei Komponenten, der → fachlichen Architektur und der → technischen Architektur.

Anwendungsentwicklung, *Systementwicklung, Projektentwicklung.* Begriff aus der → Informationstechnik. Bezeichnet den Prozess, der die Entwicklung einer Anwendung oder eines Anwendungssystems zum Ziel hat.

Anzeigepflichten. I. Gemäß den Versicherungsbedingungen: *1. Begriff:* → Obliegenheit des Versicherungsnehmers, dem Versicherer selbstständig Informationen über risikorelevante Umstände zur Verfügung zu stellen. – *2. Merkmale:* Innerhalb seiner Versicherungsbedingungen kann der Versicherer bestimmte A. fordern, denen zufolge der Antragsteller vor dem Abschluss eines Versicherungsvertrags (→ vorvertragliche A.), bei Änderung der Gefahrumstände oder bei einer Wiederinkraftsetzung seines Versicherungsvertrags derzeitige und vergangene Risikoumstände wahrheitsgemäß angeben muss. Verschweigt der Antragsteller im Rahmen eines → Versicherungsantrags risikoerhebliche Umstände, wird von einer Verletzung der A. gesprochen. In diesem Fall kann das Versicherungsunternehmen bei Verschulden des Versicherungsnehmers vom Vertrag zurücktreten oder, wenn Kausalität zwischen den nicht angezeigten Risikoumständen und dem Eintritt des → Versicherungsfalls vorliegt, die → Versicherungsleistung kürzen oder entfallen lassen. – II. Gemäß dem Aufsichtsrecht: *1. Begriff:* Pflichten der Versicherer und Nichtversicherer (z.B. Inhaber einer bedeutenden Beteiligung an einem Versicherungsunternehmen oder → Versicherungs-Holdinggesellschaften) zur Information der → Aufsichtsbehörde. Die A. der Versicherer sind eines der wichtigsten → Aufsichtsmittel. Die große Bedeutung der A. hat der Gesetzgeber durch die Sanktionsnorm des § 144 Ia Nr. 2 VAG unterstrichen. – *2. Fälle:* Das Gesetz schreibt für eine Vielzahl von Fällen vor, welche Informationen die Versicherer unverzüglich zu liefern haben. Beispiele: a) Bestellung und Ausscheiden eines → Geschäftsleiters, eines → verantwortlichen Aktuars oder des Abschlussprüfers, – b) Wechsel des Inhabers einer bedeutenden Beteiligung, – c) Errichtung einer → Niederlassung oder Aufnahme des Dienstleistungsverkehrs in Mitgliedsländern des Europäischen Wirtschaftsraums, – d) Grundsätze für die Berechnung der Prämien und Deckungsrückstellungen einschließlich der verwendeten Rechnungsgrundlagen in der Lebens- und Unfallversicherung mit Prämienrückgewähr, – e) in der substitutiven Krankenversicherung die beabsichtigte Verwendung neuer oder geänderter Grundsätze für die Berechnung der Prämien und mathematischen Rückstellungen einschließlich der verwendeten Rechnungsgrundlagen, – f) die für → Pflichtversicherungen und die substitutive Krankenversicherung beabsichtigte Verwendung allgemeiner Versicherungsbedingungen, – g) der Erwerb bestimmter Vermögensanlagen, wie Beteiligungen oder Anlagen in verbundenen Unternehmen.

Apotheken. *1. Begriff:* Abgabestellen von → Arzneimitteln und weiteren Artikeln mit gesundheitlichem Bezug. A. obliegt die im öffentlichen Interesse gebotene Sicherstellung einer ordnungsgemäßen Arzneimittelversorgung der Bevölkerung (§ 1 Apothekengesetz). – *2. Regulierung:* Aus Gründen der Risikominimierung dürfen Arzneimittel – von einer Ausnahmeliste (z.B. Heilwässer) abgesehen – nur in A. an Patienten abgegeben werden (§§ 43-47a Arzneimittelgesetz, kurz: AMG). Eine A. bedarf der Leitung eines approbierten Apothekers; seit dem GKV-Modernisierungsgesetz vom 14.11.2003 (BGBl. I S. 2190) ist einem Apotheker der Betrieb von bis zu drei Filialapotheken, in denen ebenfalls approbierte Apotheker verantwortlich tätig sein müssen, gestattet (§ 1 II i.V.m. § 2 V Apothekengesetz). Anforderungen an die A. sind in der Apothekenbetriebsordnung geregelt. – *3. Diskussionspunkte:* Umstritten sind das Fremdbesitzverbot (Nicht-Apotheker dürfen keine A. erwerben) und das Mehrbesitzverbot (jenseits der drei Filialapotheken). Der EuGH hat im Mai 2009 entschieden, dass diese Regelungen mit dem EU-Recht vereinbar sind; der nationale Gesetzgeber könnte sie allerdings – wie in einigen EU-Ländern geschehen (z.B. Großbritannien, Norwegen) – abschaffen. – *4. Abgrenzungen:* Neben den öffentlichen A. („Offizinapotheken") sind an den → Krankenhäusern Krankenhausapotheken angesiedelt, die die Arzneimittelversorgung der Patienten während des Krankenhausaufenthalts – und in beschränktem Umfang in der daran anschließenden Behandlung – übernehmen. Bundeswehrapotheken stellen die Arzneimittelversorgung in den Streitkräften sicher. Versandapotheken erfüllen die regulären Voraussetzungen einer Offizinapotheke und haben darüber hinaus eine Genehmigung der zuständigen Behörde (i.d.R. Apothekerkammer) für den Versandhandel. Internetapotheken spezialisieren sich auf den Versand von über das Internet bestellten Arzneimitteln.

Appraisal Value (AV). *1. Begriff:* Theoretisches Konzept der Bewertung eines Personenversicherungsunternehmens aus Sicht der Eigentümer unter Berücksichtigung von dessen Erfolgskraft aus der Abwicklung des vorhandenen Versicherungsbestands (→ Embedded Value) und der Zeichnung künftigen Neugeschäfts mit der vorhandenen Infrastruktur (Goodwill). – *2. Modell:* Der AV will den über den Embedded Value hinausgehenden Wert eines Versicherungsgeschäfts erfassen, der z.B. durch die Nutzung bereits getätigter Investitionen in die Infrastruktur, etwa in eine vorhandene Vertriebsorganisation, ermöglicht wird. Es wäre also naheliegend, die für die Ermittlung des Embedded Value eingesetzten Projektionen um zukünftige Neuzugänge zu erweitern. Abgesehen vom rechentechnischen Aufwand ist jedoch zu berücksichtigen, dass die so ermittelten Werte im Regelfall starke Sensitivitäten gegenüber Annahmen zu Wachstumsraten und der Zusammensetzung des künftigen Neugeschäfts haben und damit hochgradig von subjektiven Einschätzungen geprägt sind. Daher wird sich häufig darauf beschränkt, im Rahmen der Ermittlung des Embedded Value (EV) separat den Neugeschäftswert (New Business Value, NBV) der letzten Neugeschäftsgeneration anzugeben. Hieraus wird der Appraisal Value (AV) nach der Formel AV = EV + m*NBV bestimmt, wobei (m) ein die Wachstumsperspektiven des Unternehmens und die Unsicherheiten künftiger Entwicklungen reflektierender Multiplikator ist. Hält bspw. ein Analyst ein Neugeschäftswachstum von 5 % für die nächsten 10 Jahre und einen die Risiken der Geschäftsentwicklung reflektierenden Risikodiskontsatz von 15 % für angemessen, so wird er zu einem Multiplikator von etwa 6,5 kommen. – *3. Ziele:* Mit der Ermittlung eines AV wird die analytische Basis für die Beurteilung des Werts eines Lebensversicherungsunternehmens geschaffen. Bei börsennotierten Gesellschaften liefern Abweichungen zu einer aktuellen Marktkapitalisierung Hinweise für mögliche Investitionsempfehlungen. Im Kontext von Unternehmensverkäufen erlaubt das Konzept des AV die Einschätzung von Kaufpreisvorstellungen auf der Grundlage von Wachstums- und Erfolgsperspektiven. – *4. Probleme:* Der AV ist eine analytische Approximation des → Unternehmenswerts aus Eigentümerperspektive. Er könnte daher in der Personenversicherung auch für nicht börsennotierte Gesellschaften die Grundlage eines wertorientierten Steuerungssystems bilden. Allerdings ist der AV sehr sensitiv gegenüber externen, vom Kapitalmarkt induzierten Rahmenbedingungen. Seine Wertänderungen sind damit nicht ohne weiteres mit operativem Erfolg oder Misserfolg des Managements gleich zu setzen.

Äquivalenzprinzip, versicherungstechnisches. → Versicherungstechnisches Äquivalenzprinzip.

ARB. Abk. für → Allgemeine Bedingungen für die Rechtsschutz-Versicherung.

Arbeitgeberanteil. *1. Begriff:* Teil des Beitrags zur → Sozialversicherung pflichtversicherter Arbeitnehmer, den die Arbeitgeber tragen. – *2. Höhe:* Der Arbeitgeberbeitrag beträgt in der → gesetzlichen Rentenversicherung (GRV) und zur Arbeitsförderung die Hälfte des auf das Arbeitsentgelt anfallenden Beitrags (§ 168 I Nr. 1 SGB VI; § 346 I SGB III). In der → gesetzlichen Krankenversicherung (GKV) wird der allgemeine → Beitragssatz zunächst um 0,9 vom Hundert vermindert; von dem daraus resultierenden Beitrag trägt der Arbeitgeber die Hälfte (§ 249 I SGB V). Soweit Beiträge auf Kurzarbeitergeld zu entrichten sind, trägt der Arbeitgeber die Beiträge allein. Die Finanzierung der Zusatzbeiträge zum → Gesundheitsfonds (§ 242 SGB V) erfolgt allein durch die Versicherten, ohne Arbeitgeberanteil. – *3. Steuerliche Wirkungen:* Der A. ist nicht Bestandteil des steuerpflichtigen Arbeitsentgelts des Beschäftigten; für den Arbeitgeber ist er steuerlich relevanter Aufwand. – *4. Diskussionspunkte:* Da die Lohnzusatzkosten insbesondere durch die steigenden Sozialversicherungsbeiträge kontinuierlich gestiegen sind, ist eine Begrenzung der Belastung der Arbeitgeber wiederholt gefordert worden. Im Konzept der → Gesundheitspauschale würden die Arbeitgeber keinen Beitragsanteil zur Krankenversicherung mehr tragen. – *5. Abgrenzungen:* Vom A. ist der → Arbeitgeberzuschuss zu unterscheiden, den die Arbeitgeber bei freiwillig in der GKV oder in der → privaten Krankenversicherung (PKV) versicherten Arbeitnehmern erhalten. Der Arbeitgeberzuschuss ist der Höhe nach durch den Betrag begrenzt, der als A. bei einer → Pflichtversicherung in der GKV zu tragen wäre.

Arbeitgeberverband der Versicherungsunternehmen in Deutschland e.V. (AGV). *1. Begriff:* Zusammenschluss der Versicherungsunternehmen in Deutschland in ihrer Eigenschaft als Arbeitgeber. – *2. Aufgaben:* Wahrnehmung der Aufgaben als Tarifpartner der Organisationen der Arbeitnehmer (wie z.B. Gewerkschaften) nach dem Tarifgesetz, dabei v.a. Durchführungen von Verhandlungen und Abschluss von Vereinbarungen (z.B. von Tarifverträgen). Der A. vertritt die Interessen der deutschen Versicherungsgesellschaften auf Bundesebene und im internationalen Bereich. Weiterhin ist der A. dafür zuständig, seine Mitglieder in allen sozialpolitischen Angelegenheiten zu informieren und deren Interessen gegenüber Staat, Verbänden und Öffentlichkeit zu vertreten. Zudem nimmt der A. zu Fragen der Gesetzgebung im Rahmen des Arbeits- und Sozialrechts Stellung, er benennt Vertreter der Versicherungswirtschaft vor den Arbeits- und Sozialgerichten sowie im Rahmen der Selbstverwaltung in der → Sozialversicherung. – *3. Weitere Merkmale:* Gem. Art. 9 III GG ist eine Mitwirkung im A. nur denjenigen Personen gestattet, die von einer Einflussnahme der Arbeitnehmer und ihrer Vereinigungen frei sind. Nach aktuellem Stand (22.2.2010) besteht der A. aus 236 Versicherungsunternehmen (Vollmitglieder) mit rd. 203.600 angestellten aktiven Mitarbeitern (Innendienstangestellte, angestellter Außendienst, Auszubildende und gewerbliche Arbeitnehmer) und 31 Gastmitgliedern.

Arbeitgeberzuschuss. *1. Begriff und Abgrenzung:* Während bei Pflichtversicherten in der → gesetzlichen Krankenversicherung (GKV) die Arbeitgeber einen Teil des Krankenversicherungsbeitrags übernehmen, erhalten freiwillig GKV-Versicherte und

Versicherte in der → privaten Krankenversicherung (PKV) einen Zuschuss ihres Arbeitgebers zum Krankenversicherungsbeitrag. Der Zuschuss umfasst den Krankenversicherungsschutz für den Arbeitnehmer und seine Angehörigen. Die Rechtsgrundlage für den A. ist § 257 SGB V. – *2. Voraussetzungen:* Die Beschäftigten müssen freiwillig in der GKV oder in einer PKV, die nach Art der Lebensversicherung kalkuliert ist, versichert sein, um einen A. zu erhalten. Dazu ist es erforderlich, dass die privat versicherten Mitarbeiter für sich und ihre Angehörigen, die bei → Versicherungspflicht des Beschäftigten als Familienangehörige nach § 10 SGB V versichert wären, Leistungen aus einer PKV beanspruchen können, die der Art nach den Leistungen der GKV entsprechen. Zu diesen zählen alle in § 11 SGB V aufgezählten Leistungen der → Krankenkasse. Für den A. zur PKV kommt es nicht darauf an, dass die in der PKV versicherten Leistungen vollständig den Leistungen der GKV entsprechen. Eine Absicherung des gesamten Leistungskatalogs der GKV ist nicht erforderlich. Umgekehrt ist es auch möglich, dass mehr Leistungen versichert werden, als in der GKV vorgesehen sind (z.B. → Wahlleistungen im Krankenhaus, Krankenhaustagegeld). Auch der gesetzliche Beitragszuschlag, der zur Entlastung der Prämie ab dem 65. Lebensjahr verwendet wird, ist zuschussfähig. – *3. Höhe:* Die Höhe des A. beträgt für Personen, die privat versichert sind, ab dem 1.1. eines jeden Kalenderjahrs die Hälfte des Betrags, der sich bei Anwendung des allgemeinen Beitragssatzes in der GKV vom 1.1. des Vorjahres (§ 245 SGB V) und der nach § 226 I S. 1 Nr. 1 SGB V bei Versicherungspflicht zugrunde zu legenden beitragspflichtigen Einnahmen ergibt, höchstens jedoch die Hälfte des Betrags, den der Beschäftigte für die Krankenversicherung tatsächlich aufzuwenden hat (GKV-Höchstbeitrag).

Arbeitslosengeld II (ALG II). *1. Begriff:* Eine nach dem → Fürsorgeprinzip gewährte steuerfinanzierte (→ Steuerfinanzierung) Leistung des Staats. Dabei handelt es sich um ein im Zuge der Hartz-IV-Reformen 2005 zur Zusammenlegung von Arbeitslosen- und Sozialhilfe neu geschaffenes Instrument, das die bis einschließl. 2004 gewährte Arbeitslosenhilfe ersetzt und als Grundsicherung für Arbeitsuchende dient. Zentrale Änderungen sind neben dem Kreis der Leistungsberechtigten v.a. verbesserte Hinzuverdienstmöglichkeiten sowie die Orientierung der Leistungshöhe an der Bedürftigkeit, während bei der Arbeitslosenhilfe eine Orientierung am ehemaligen Arbeitsentgelt erfolgte. Dies sollte im Zusammenspiel mit der Verkürzung der Bezugsdauer des Arbeitslosengeldes I (→ gesetzliche Arbeitslosenversicherung) zu einer rascheren Wiederaufnahme der Beschäftigung beitragen und die Langzeitarbeitslosigkeit reduzieren. – *2. Rechtsgrundlage und Leistungsberechtigte:* Gem. SGB II sind leistungsberechtigt: Personen, die a) das 15. Lebensjahr vollendet und das 65. Lebensjahr noch nicht vollendet haben, – b) erwerbsfähig sind (mehr als drei Stunden täglich arbeiten können, vgl. SGB II, §8), – c) hilfebedürftig sind und – d) ihren gewöhnlichen Aufenthalt in der Bundesrepublik Deutschland haben. Nicht Erwerbsfähige, die in einer → Bedarfsgemeinschaft mit erwerbsfähigen Hilfebedürftigen leben, erhalten das sog. Sozialgeld. – *3. Leistungen:* a) Leistungen zur Eingliederung in Arbeit: (1) An den individuellen Bedarf angepasst (Fallmanager, Eingliederungsvereinbarung), (2) Zeitlich befristeter Zuschlag nach dem Bezug von ALG I zur Abfederung von Einkommenseinbußen, (3) Einstiegsgeld bei Aufnahme von Arbeit möglich. – b) Leistungen zur Sicherung des Lebensunterhalts: (1) ALG II für erwerbsfähige Hilfebedürftige, (2) Sozialgeld für erwerbslose Familienangehörige des ALG II-Beziehers, die mit ihm in einer Bedarfsgemeinschaft zusammenleben, (3) Weit gehende Pauschalierung der Regelleistungen nach ALG II: Die Höhe der sog. Regelsätze orientiert sich an empirischen Daten zum Konsum der Haushalte im unteren Quantil der Einkommensverteilung (Die Verfassungsmäßigkeit dieser Regelung ist zum Redaktionsschluss noch umstritten, Stand Dezember 2009). Sozialgeld: prozentual zur jeweiligen Regelleistung, (4) Zusätzliche Gelder für Mehrbedarfe (bspw. Alleinerziehende), (5) Vollständige Übernahme der angemessenen Wohnkosten. – *4. Träger und Finanzierung:* Gem. SGB II sollen die neuen Leistungen gemeinsam von der Bundesagentur für Arbeit und den Kommunen in sog. Arbeitsgemeinschaften erbracht werden. Davon abweichend haben sog. „Optionskommunen" und Landkreise die Möglichkeit, Langzeitarbeitslose eigenverantwortlich zu betreuen. In wenigen Fällen nehmen Arbeitsagenturen und Kommunen ihre Aufgaben getrennt wahr, weil eine Arbeitsgemeinschaft nicht möglich oder gewünscht war. Der Bund finanziert die Leistungen für das ALG II, die Personal- und Verwaltungskosten der Bundesagentur für Arbeit und anteilig die Kosten für Unterkunft und Heizung. Die Kommunen tragen die Kosten für Unterkunft und Heizung abzüglich des Bundesanteils für spezielle Eingliederungsleistungen und einmalige Leistungen sowie für Personal und Sachmittel im Bereich der Wohnungsfürsorge.

Arbeitslosenversicherung, gesetzliche. → Gesetzliche Arbeitslosenversicherung.

Arbeitsrecht. *1. Begriff:* Rechtsbereich, der die Rechtsbeziehungen zwischen Arbeitnehmern und Arbeitgebern, zwischen gewählten Arbeitnehmervertretern und Arbeitgebern sowie das Verhältnis der Tarifparteien zueinander und die Auswirkungen für die betroffenen Mitglieder regelt. – *2. Regelungsbereiche und Rechtsquellen:* Das individuelle A. regelt die Beziehungen eines Arbeitnehmers zu seinem Arbeitgeber. Das kollektive A. regelt die Beziehungen zwischen Arbeitgebern oder Arbeitgeberverbänden und den Gewerkschaften oder Betriebsräten durch Tarifvertragsrecht, Betriebsverfassungs- und Sprecherausschussrecht. Ein Arbeitsgesetzbuch gibt es nicht, vielmehr sind die einzelnen Quellen des A. im Europarecht, in der Verfassung, in Bundes- und Landesgesetzen, in → Tarifverträgen, in → Betriebsvereinbarungen und in Arbeitsverträgen bis hin zur betrieblichen Übung verteilt. Die o.g. Reihenfolge stellt auch die Rangfolge der Rechtsquellen dar. Es gelten drei Prinzipien bezogen auf das A.: a) Das Rangprinzip besagt, dass bei sich widersprechenden rechtlichen Regelungen das höherrangige Recht das nachrangige Recht verdrängt. – b) Nach dem Grundsatz der Spezialität ist bei mehreren Regelungen zum gleichen Sachverhalt die speziellere Regelung der allgemeinen vorzuziehen. – c) Aufgrund des Günstigkeitsprinzips gilt, dass zu Gunsten eines einzelnen Arbeitnehmers oder einer Gruppe von Arbeitnehmern von einzelnen o.g. Regelungen abgewichen werden kann. – *3. Problem:* Mangels umfassender einheitlicher gesetzlicher Regelungen spielt das Richterrecht im A. eine erhebliche Rolle.

Arbeits-Rechtsschutz. *1. Begriff:* Leistungsart der → Rechtsschutzversicherung, die die gerichtliche und außergerichtliche Wahrnehmung rechtlicher Interessen aus Arbeitsverhältnissen und aus öffentlich-rechtlichen Dienstverhältnissen umfasst. – *2. Merkmale:* Anknüpfungspunkt für rechtliche Auseinandersetzungen sind häufig Kündigung, Abmahnung, Zeugniserteilung, Urlaubsanspruch, Betriebsrente etc. Nicht versichert sind regelmäßig Streitigkeiten aus Anstellungsverhältnissen gesetzlicher Vertreter juristischer Personen (z.B. GmbH-Geschäftsführer) und aus kollektivem Arbeits- und Dienstrecht (z.B. Auseinandersetzungen zwischen dem Arbeitgeber und einem Betriebsratsmitglied in dessen Funktion als Betriebsrat). – *3. Folgerungen:* Im Arbeitsrecht besteht v.a. deshalb ein hoher Versicherungsbedarf, weil entgegen den grundsätzlichen Kostenerstattungsregeln des Zivilprozesses im Arbeitsgerichtsprozess I. Instanz auch im Falle des Obsiegens keine Kostenerstattungspflicht des Gegners besteht.

Arbeitsschutz, *Arbeitssicherheit.* – *1. Begriff:* Rechtspflicht des Arbeitgebers zur Vermeidung und Verringerung schädigender Einwirkungen anlässlich der Berufstätigkeit seiner Arbeitnehmer. Der A. ergibt sich aus der Fürsorgepflicht des Arbeitgebers gegenüber seinen Arbeitnehmern. – *2. Ziele:* Der A. hat nicht nur rechtliche und humanitäre Gründe, sondern entspringt auch einer betriebswirtschaftlichen Motivation. Vermiedene Unfälle und Berufskrankheiten reduzieren zugleich die Fehlzeiten im Betrieb und leisten einen Beitrag zur Kosteneffizienz. – *3. Merkmale:* Die Bemühungen um den A. sind Aufgaben der Unternehmensleitung, Führungskräfte und Mitarbeiter. Unternehmensleitung und Führungskräfte müssen die Rahmenbedingungen für den A. schaffen. Hierzu gehören angemessene technische Ausstattungen der Produktionsmittel und Betriebsräume, Schutzvorrichtungen, eine sachgerechte Organisation (z.B. Sicherheitsbeauftragte) sowie eine regelmäßige Belehrung über Arbeitsschutzmaßnahmen sowie deren Kontrolle. Jeder Mitarbeiter ist zur Einhaltung arbeitssicherheitsrechtlicher Vorschriften verpflichtet. – *4. Rechtsquellen:* Rechtsquellen des A. sind staatliche Rechtsnormen und berufsgenossenschaftliche Unfallverhütungsvorschriften. Sie lassen sich

Arbeitsteilung 40

inhaltlich in Vorschriften für den Betriebs- oder Gefahrenschutz und den Arbeitszeitschutz gliedern. Darüber hinaus existieren für besondere Zielgruppen (z.B. Frauen, Mütter, Jugendliche, Behinderte und Heimarbeiter) spezielle Schutzvorschriften. Für die Einhaltung der Vorschriften sind auf öffentlicher Seite die Gewerbeaufsichtsämter und Berufsgenossenschaften zuständig. Innerbetrieblich ist der → Betriebsrat in allen Belangen des A. hinzuzuziehen (§ 89 BetrVG). Er hat auf die Einhaltung arbeitsschutzrechtlicher Vorgaben mit zu achten (§ 80 BetrVG).

Arbeitsteilung. Unterteilung eines → Geschäftsprozesses in einzelne Teilprozesse (→ Geschäftsvorfall) und deren jeweilige Bearbeitung durch unterschiedliche, nach der Qualifikation auf den einen Arbeitsschritt abgestimmte Mitarbeiter oder Mitarbeitergruppen. Als einer der Pioniere bei der Umsetzung der A. gilt Henry Ford, der die Fließbandfertigung in der Automobilproduktion einführte. Durch die Teilung der Produktion in einzelne Arbeitsschritte konnten sowohl die Qualität als auch die Produktivität erhöht werden. In der Versicherungswirtschaft werden die Prozesse v.a. zur Optimierung der Kosten und des Services in einzelne Teilfunktionen zerlegt und in spezialisierten Bereichen über alle Sparten hinweg zusammengezogen. Beispiele: → Kundenservice und → Service-Center, → Indizierung.

Arbeitsunfähigkeit. *1. Begriff:* Bezeichnung für den Zustand, dass ein Arbeitnehmer aufgrund von Krankheit nicht mehr in der Lage ist, seine zuletzt ausgeübte Tätigkeit weiter auszuüben (§ 2 I Arbeitsunfähigkeits-Richtlinien des Gemeinsamen Bundesausschusses). Abzugrenzen von einer → Berufsunfähigkeit und einer → Erwerbsunfähigkeit. – *2. Wirkungen:* Der arbeitsunfähige Arbeitnehmer hat in aller Regel für bis zu sechs Wochen Anspruch auf Fortzahlung des Arbeitsentgelts (§ 3 Entgeltfortzahlungsgesetz, kurz: EFZG). Der Anspruch auf → Entgeltfortzahlung im Krankheitsfall geht einem Anspruch auf → Krankengeld seitens der → Krankenkasse (§ 44 SGB V) vor. Die Entgeltfortzahlung wird in Höhe des bisherigen Entgelts gezahlt (§ 4 EFZG); das Krankengeld beträgt 70 % des zuletzt erzielten Bruttoarbeitsentgelts, maximal 90 % des zuletzt erzielten Nettoarbeitsentgelts (§ 47 SGB V). Eine fortlaufend bestehende krankheitsbedingte A. bewirkt nur einmal einen Anspruch auf Entgeltfortzahlung für die Dauer von sechs Wochen. Ein neuer fortzahlungspflichtiger Zeitraum beginnt grundsätzlich erst dann, wenn der Arbeitnehmer zwischen zwei krankheitsbedingten Arbeitsunfähigkeitszeiten arbeitsfähig gewesen ist, da dann nach Beendigung des einen Verhinderungsfalls ein zweiter eintritt und einen neuen Entgeltfortzahlungsanspruch auslöst. Dies ist nicht der Fall, wenn zwei Erkrankungen nahtlos aneinander anschließen. – *4. Diskussionspunkte:* Die Entgeltfortzahlung bei A. in voller Höhe des Arbeitsentgelts war immer wieder Gegenstand von Kontroversen. Der Gesetzgeber des Arbeitsrechtlichen Beschäftigungsförderungsgesetzes vom 25.9.1996 (BGBl. I S. 1476) hatte die Entgeltfortzahlung auf 80 % des vorherigen Arbeitsentgelts festgesetzt. Diese Regelung hat die rot-grüne Bundesregierung mit dem Gesetz zu Korrekturen in der Sozialversicherung und zur Sicherung der Arbeitnehmerrechte vom 19.12.1998 (BGBl. I S. 3843) wieder rückgängig gemacht.

Arbeitsunfall, *Betriebsunfall, Berufsunfall.* – *1. Begriff:* Versicherungsfall in der → gesetzlichen Unfallversicherung (GUV) (§ 8 SGB VII). Unfall, den Versicherte, insbesondere Arbeitnehmer, aber auch bestimmte andere Personengruppen, wie z.B. selbstständige Landwirte, Kinder in Tageseinrichtungen, Schüler, Studierende, bürgerschaftlich Engagierte, ehrenamtlich tätige Personen, Mitarbeiter in Hilfsorganisationen, Lebensretter, Blut- und Organspender, Zeugen, Schöffen und nicht gewerbsmäßig in der häuslichen Pflege tätige Pflegepersonen (§§ 2, 3, 6 SGB VII), infolge ihrer Arbeit bzw. versicherten Tätigkeit erleiden. – *2. Merkmale und Voraussetzungen:* Das Unfallereignis ist ein zeitlich begrenztes (innerhalb einer Arbeitsschicht), von außen auf den Körper einwirkendes Ereignis, das zu einem Gesundheitsschaden oder zum Tod führt. Sofern ein Hilfsmittel (z.B. Brille) bei seinem bestimmungsgemäßen Gebrauch beschädigt wurde, entspricht dies einem Körperschaden. Als A. gilt auch ein Unfall auf dem unmittelbaren Weg zur oder von der Arbeitsstelle bzw. zum oder vom Ort der versicherten Tätigkeit (→ Wegeunfall). Eigenverschulden der Versicherten schließt den Versicherungsfall nicht aus. Sind jedoch

Gründe aus dem privaten Bereich, bspw. Alkoholgenuss, die einzig maßgebliche Ursache, so entfällt der Versicherungsschutz. Kein Versicherungsschutz besteht auch für Schäden, die zwar während der versicherten Tätigkeit auftreten, aber wesentlich allein auf gesundheitliche Vorschädigungen zurückzuführen sind. Eine formale Begründung des Versicherungsverhältnisses (bzw. die Erfassung des Arbeit gebenden Unternehmens) ist – abgesehen von freiwillig Versicherten, insbesondere Unternehmern – nicht erforderlich. Für den Versicherungsschutz kommt es also im Regelfall nur auf die tatsächliche Zugehörigkeit zu den unter 1. genannten versicherten Personen an. – *3. Entschädigung:* Die Entschädigung erfolgt nach dem Schadenersatzprinzip.

Arbeitszeitkonten. Instrument der Arbeitszeiterfassung und ggfs. -ansammlung. A. dienen dazu, Abweichungen der tatsächlichen Arbeitszeit von der vertraglich vereinbarten festzuhalten. Sie können als Kurzzeit-, Langzeit- oder Lebensarbeitszeitkonten gestaltet sein. Kurzzeitkonten dienen primär der Flexibilisierung der Arbeitszeit. Demgegenüber haben A. bei langfristiger Ausgestaltung das Ziel, ein Wertguthaben für eine spätere bezahlte Freistellung von der Arbeit – wie bspw. aufgrund von Sabbaticals, Weiterbildungsmaßnahmen oder der Verlängerung der Elternzeit – aufzubauen. Lebensarbeitszeitkonten dienen hauptsächlich der Möglichkeit eines gleitenden Übergangs in den Ruhestand. Der Aufbau von Wertguthaben im Rahmen von A. unterliegt, wenn er nicht, wie i.d.R. bei Kurzzeitkonten, lediglich der Flexibilisierung der Arbeitszeit dient, den engen sozialversicherungsrechtlichen Regelungen in §§ 7b ff, 23b SGB IV, die u.a. eine zwingende Insolvenzsicherung und die Möglichkeit der Übertragung auf einen neuen Arbeitgeber bzw. die → Deutsche Rentenversicherung Bund vorsehen.

Architektur. Begriff aus der → Informationstechnik. Charakteristische Struktur eines Systems, Rechners, Netzwerks oder eines Computers. Die A. sichert das Zusammenwirken der Hard- und → Software und stellt das funktionale Konzept dar. Sie umfasst alle Funktions- und Leistungsmerkmale hinsichtlich deren Funktionalität und Nutzbarkeit und schließt periphere Komponenten ebenso mit ein wie Ressourcen. Siehe auch → Anwendungsarchitektur, → fachliche A., → technische Architektur.

Arzneimittel, *Medikamente, Pharmaka.* – *1. Begriff:* Zubereitungen aus Stoffen, die dazu bestimmt sind, durch Anwendung am oder im menschlichen oder tierischen Körper Krankheiten, Leiden, Körperschäden oder krankhafte Beschwerden zu heilen, zu lindern, zu verhüten oder zu erkennen (§ 2 I Arzneimittelgesetz, AMG). Vorbeugung, Diagnostik und Therapie sind mit dieser Definition erfasst. Zu unterscheiden sind Fertigarzneimittel und vom Apotheker gefertigte Zubereitungen. Auch Impfstoffe, Sera und Allergene sind A. (§ 4 AMG – Gesetz über den Verkehr mit Arzneimitteln (Arzneimittelgesetz)). – *2. Inhaltsstoffe:* Als Stoffe, die zur Herstellung von A. herangezogen werden dürfen, gelten nach § 3 AMG: a) chemische Elemente und Verbindungen und deren natürlich vorkommende Gemische und Lösungen, – b) Pflanzen und Pflanzenbestandteile in unbearbeitetem oder bearbeitetem Zustand, – c) Tiere, Körperbestandteile und Stoffwechselprodukte von Mensch und Tier in unbearbeitetem oder bearbeitetem Zustand und – d) Mikroorganismen und Viren sowie deren Bestandteile und Stoffwechselprodukte. – *3. Gruppen von A.:* Bezüglich der Abgabe von A. unterscheidet der Gesetzgeber vier Gruppen: a) OTC-Arzneimittel (außerhalb von Apotheken frei verkäuflich), – b) apothekenpflichtige Arzneimittel, die nur in Apotheken, aber ohne ärztliche Verordnung erhältlich sind, – c) verschreibungspflichtige Arzneimittel, die in den Apotheken nur auf ärztliche Verordnung abgegeben werden – d) Betäubungsmittel, die eine besondere Verordnung benötigen und nur in einer Apotheke erhältlich sind. – *4. Regulierung:* In Deutschland bedarf die Herstellung von A. der Erlaubnis der jeweils zuständigen Landesbehörde (§ 14 IV AMG). Fertigarzneimittel dürfen nur in den Verkehr gebracht werden, wenn sie durch die deutsche Zulassungsbehörde (Bundesinstitut für Arzneimittel und Medizinprodukte; BfArM) für Deutschland oder durch die EU-Kommission auf Vorschlag der europäischen Arzneimittelagentur (European Medicines Agency; EMEA) für die EU zugelassen worden sind (§ 21 AMG). Welche A. nur auf ärztliche Verordnung abgegeben werden dürfen, ist in der Arzneimittelverschreibungsverordnung des → Bundesministeriums für Gesundheit, (BMG) geregelt. – *5. Arzneimittelleistungen der → Gesetzlichen Krankenversicherung (GKV):* Verschreibungspflichtige A. werden in den meisten Fällen von der GKV erstattet; über Ausnahmen von der Erstattung entscheidet auf gesetzlicher Grundlage der Gemeinsame Bundesausschuss (→ Selbstverwaltung). Nach § 31 SGB V haben die Versicherten in der GKV Anspruch auf verschreibungspflichtige A., sofern diese nicht A. nach § 34 SGB V oder durch Richtlinien nach § 92 I S. 2 Nr. 6 SGB V ausgeschlossen sind. Für A. mit einer Festbetragsregelung nach § 35 SGB V wird eine Erstattung bis zur Höhe dieses Festbetrags geleistet. Nach dem GKV-Wettbewerbsstärkungsgesetz gelten für A., die keiner Festbetragsregelung unterliegen, Höchstbeträge, bis zu dem die Kassen die Kosten tragen (vgl. § 31 IIa SGB V). – *6. Arzneimittelleistungen der → Privaten Krankenversicherung (PKV):* In der PKV leistet der Versicherer nach § 4 II, III und VI der Musterbedingungen 2009 für die Krankheitskostenversicherung (MB/KK 2009) für zugelassene A. im vertraglichen Umfang. Er leistet darüber hinaus für A., die sich in der Praxis als ebenso Erfolg versprechend bewährt haben oder die angewandt werden, weil keine schulmedizinischen A. zur Verfügung stehen. Der Versicherer kann dabei seine Leistungen auf den Betrag herabsetzen, der bei der Anwendung vorhandener schulmedizinischer A. angefallen wäre. Voraussetzung für eine Leistung ist stets, dass die A. von approbierten Ärzten verordnet und aus der Apotheke bezogen werden. – *7. Abgrenzungen:* Von A. abzugrenzen sind → Medizinprodukte und → Hilfsmittel.

Arzneimittelgesetz (AMG). *1. Begriff:* Gesetz über den Verkehr mit Arzneimitteln (AMG). Regelt insbesondere Anforderungen an die → Arzneimittel und ihre Herstellung (§§ 5-20c AMG), die Zulassung und Registrierung von Arzneimitteln (§§ 21-39d AMG), den Schutz der Teilnehmer an klinischen Prüfungen (§§ 40-42a AMG), die Abgabe von Arzneimitteln (§§ 43-53 AMG), die Qualitätssicherung der Produktion und des Vertriebs von Arzneimitteln (§§ 54-55a AMG), die Beobachtung, Sammlung und Auswertung von Arzneimittelrisiken (§§ 62-63c AMG), die Überwachung der produzierenden, vertreibenden und abgebenden Stellen (§§ 64-69b AMG), Zuständigkeitsregelungen (§§ 77-83 AMG), die Haftung für Arzneimittelschäden (§§ 84-94a AMG). – *2. Entwicklungen:* Das A. von 1961 wurde nach dem Contergan-Skandal, folgend internationalem Standard, mit der Neufassung von 1976 (in Kraft getreten zum 1.1.1978) wesentlich verschärft. – *3. Abgeleitetes Recht:* Ausführungsbestimmungen sind insbesondere in der Arzneimittel- und Wirkstoffherstellungsverordnung, der Arzneimittelverschreibungsverordnung, der Arzneimittelwarnhinweisverordnung, der Dopingmittel-Mengen-Verordnung und der Gute-Klinische-Praxis-Verordnung enthalten, die das Bundesgesundheitsministerium (→ Bundesministerium für Gesundheit, kurz: BMG) erlässt, sowie in der Arzneimittelpreisverordnung, die das Bundeswirtschaftsministerium erlässt. – *4. Abgrenzung:* Regelungen zu → Medizinprodukten trifft das Medizinproduktegesetz.

Arzneimittelhaftpflichtversicherung. *1. Begriff:* → Pflichtversicherung nach dem Arzneimittelgesetz (AMG) zur Deckung der → Gefährdungshaftung der Hersteller von Arzneimitteln gem. § 84 AMG im Fall von Personenschäden (Tötung bzw. Gesundheitsschädigung) infolge der Anwendung von in den Verkehr gebrachten Arzneimitteln. – *2. Rückdeckung:* → Rückversicherung besteht über die → Pharma-Rückversicherungs-Gemeinschaft (Pharmapool). – *3. Abgrenzungen:* Der Anwendungsbereich nach § 84 AMG ist nur für zulassungspflichtige Arzneimittel eröffnet. Hiervon ausgenommen sind Arzneimittel in der klinischen Prüfung am Menschen (vgl. → Probandenversicherung). – *4. Geschichte:* Insbesondere die Contergan-Vorfälle, die im Jahr 1961 bekannt wurden, führten zur Novellierung der Arzneimittelsicherheit und der gesetzlichen Gefährdungshaftung der Hersteller.

Arzneimittelversorgung. *1. Begriff:* Versorgung von Mensch und Tier mit Arzneimitteln, um Krankheiten, Leiden, Körperschäden oder krankhafte Beschwerden zu heilen, zu lindern, zu verhüten oder zu erkennen. – *2. Rechtliche Grundlage:* Arzneimittelgesetz. Zweck dieses Gesetzes ist, im Interesse einer ordnungsgemäßen Arzneimittelversorgung von Mensch und Tier für die Sicherheit im Verkehr mit Arzneimitteln, insbesondere für die Qualität, Wirksamkeit und Unbedenklichkeit der Arzneimittel zu sorgen. Das Arzneimittelgesetz setzt EU-einheitliche Vorgaben um und enthält strikte Vorgaben für die Herstellung, Prüfung, Zulassung, Verschreibung und den Handel mit Arzneimitteln. In der → gesetzlichen Krankenversicherung (GKV) hat jeder Versicherte Anspruch auf eine Versorgung mit Arzneimitteln, sofern sie in Deutschland eine Zulassung haben und apothekenpflichtig sind. Maßgebliche Rechtsvorschrift hierfür ist das Sozialgesetzbuch (SGB V), in dem die Versorgung mit apothekenpflichtigen Arzneimitteln und deren Erstattung durch die → Krankenkassen (§§ 31, 34, 35 bis 35b SGB V), die → Zuzahlung und Belastungsgrenzen (§§ 61, 62, SGB V) festgelegt sind. – *3. Ausnahmen:* Apothekenpflichtige, nicht verschreibungspflichtige Arzneimittel sind von der Versorgung nach § 31 SGB V ausgeschlossen. Die Verordnung dieser Arzneimittel ist nach § 34 I S. 2 SGB V ausnahmsweise zulässig, wenn die Arzneimittel bei der Behandlung schwerwiegender Erkrankungen als Therapiestandard gelten. Diese Regelung gilt nicht für versicherte Kinder bis zum vollendeten 12. Lebensjahr und für versicherte Jugendliche mit Entwicklungsstörungen bis zum vollendeten 18. Lebensjahr. Ebenso sind Arzneimittel der Negativliste und Arzneimittel, bei denen eine Erhöhung der Lebensqualität im Vordergrund steht (Lifestyle-Arzneimittel), von der Leistungspflicht der GKV ausgenommen. – *4. Praxis:* Die A. in Deutschland erfolgt überwiegend durch industriell hergestellte Fertigarzneimittel. In der ambulanten Versorgung stellt der Arzt ein Kassenrezept aus, wenn das Arzneimittel zur Behandlung medizinisch notwendig, zweckmäßig und wirtschaftlich ist und wenn das Mittel nicht durch gesetzliche Bestimmungen ausgeschlossen ist. In der stationären Versorgung erhalten die Patienten Arzneimittel im Rahmen der Krankenhausbehandlung; hierfür werden keine Rezepte ausgestellt.

Arzt. *1. Begriff:* Beruf zur Ausübung der Heilkunde am Menschen. Wer in Deutschland den ärztlichen Beruf ausüben will, bedarf der Approbation als A. (§ 2 I Bundesärzteordnung, kurz: BÄO). Die Approbation setzt ein abgeschlossenes Medizinstudium voraus. – *2. Spezialisierungen:* a) Fachärzte sind Ä., die sich nach der Approbation einer Weiterbildung in einer der 32 Fachrichtungen der Medizin unterzogen und diese mit einer Prüfung abgeschlossen haben. Allgemeinmediziner sind ebenfalls Fachärzte, auch wenn das Vertragsrecht der → gesetzlichen Krankenversicherung (GKV) die Allgemeinmediziner zur „hausärztlichen Versorgung" rechnet und diese der „fachärztlichen Versorgung" gegenüber stellt (§ 73 SGB V). – b) Zahnärzte üben die Zahnheilkunde nach entsprechender Approbation und abgeschlossenem Zahnmedizin-Studium aus (§ 1 Gesetz über die Ausübung der Zahnheilkunde). – c) Tierärzte üben die Heilkunde am Tier aus (§ 1 Bundestierärzteordnung). – *3. Ausübungsformen:* In Deutschland wird die ärztliche Tätigkeit i.d.R. als angestellter Krankenhausarzt (überwiegend in der stationären Versorgung von Patienten), als freiberuflich tätiger niedergelassener A. (in der ambulanten Versorgung) oder als angestellter oder verbeamteter A. des Öffentlichen Gesundheitsdienstes ausgeübt. In jüngerer Zeit ist auch die angestellte Tätigkeit in der ambulanten Versorgung in Medizinischen Versorgungszentren (MVZ) möglich. Ä. sind auch in der Forschung tätig, z.B. an Hochschulen oder in der Arzneimittelindustrie. – *4. Regulierung:* Die Ärztekammern, in denen berufstätige Ä. nach Landesrecht Pflichtmitglieder sind, regeln in ihren Berufsordnungen (auf Basis einer Muster-Berufsordnung der Bundesärztekammer) Rechte und Pflichten der Ärzte. Die Regulierung der Tätigkeit als → Vertragsarzt der GKV ergibt sich aus dem SGB V und seinen Ausführungsregelungen. – *5. Vergütung:* Angestellte Krankenhausärzte werden aufgrund ihres Arbeitsvertrags mit dem Krankenhausträger vergütet, oftmals auf Basis von Tarifverträgen. Für die privatärztliche Tätigkeit (von dazu berechtigten Krankenhausärzten und von niedergelassenen Ä.) findet die → Gebührenordnung für Ärzte (GOÄ) des → Bundesministeriums für Gesundheit (BMG) Anwendung. Die Vergütung der Tätigkeit als Vertragsarzt der GKV erfolgt auf Basis des Einheitlichen Bewertungsmaßstabs (EBM), den die Kassenärztliche Bundesvereinigung (KBV, vgl. → Kassenärztliche Vereinigungen) mit dem Spitzenverband Bund der Krankenkassen vereinbart.

Arztanordnungsklausel. *1. Begriff:* Klausel in der → Berufsunfähigkeitsversicherung, die den Versicherungsnehmer verpflichtet, ärztlichen Anordnungen nachzukommen, um die eigene Gesundheit zu verbessern und dadurch den Grad der →

Berufsunfähigkeit zu mindern. – 2. *Rechtsfolgen:* Werden die Anordnungen des Arztes nicht befolgt, hat der Versicherer das Recht, die Berufsunfähigkeitsleistung zu kürzen oder zu verweigern. – *3. Aktueller Stand:* Die A. war umstritten; deshalb hat die Rechtsprechung mehr und mehr zugunsten der Versicherten entschieden. In der Folge ist die A. seit einigen Jahren in fast keinem Bedingungswerk mehr zu finden. In den neueren Bedingungen wurde sie durch die medizinischen → Mitwirkungspflichten ersetzt.

Arzthonorar. *1. Begriff:* Entgelt des Arztes für die ärztliche Behandlung. – *2. Abrechnungsverfahren:* a) Erbringt der Arzt die Behandlung als → Sachleistung, rechnet er die erbrachten Leistungen mit der zuständigen → Kassenärztlichen Vereinigung ab. Diese erhält von den → Krankenkassen eine Gesamtvergütung für die Ärzte. Grundlage für die Abrechnung ist die zum 1.1.2008 eingeführte regional geltende Euro-Gebührenordnung. Dort sind alle bei der → gesetzlichen Krankenversicherung abrechenbaren Leistungen mit festen Euro-Beträgen versehen. – b) Beim → Kostenerstattungsprinzip rechnet der Arzt die erbrachten Leistungen direkt mit den Patienten ab. Abrechnungsgrundlage für die privatärztliche Behandlung ist die → Gebührenordnung für Ärzte.

Ärztliche Prognose. *1. Begriff:* Vorgang in der → Berufsunfähigkeitsversicherung. Feststellung der → Berufsunfähigkeit und Einschätzung ihrer Dauer durch den Arzt. – *2. Merkmale:* Der untersuchende Arzt, der das Vorliegen einer Berufsunfähigkeit feststellen soll, muss bestätigen, dass es sich um einen „voraussichtlich dauernden Zustand" handelt. Hieraus resultieren Schwierigkeiten, da das begriffliche Verständnis von Arzt und Versicherer in diesem Punkt unterschiedlich sein kann. In älteren Bedingungswerken war eine „voraussichtlich dauernd" anhaltende Berufsunfähigkeit Voraussetzung für eine Leistungspflicht. Die Rechtsprechung gab hier einen Zeitraum von drei Jahren vor. Eine Ä. über einen Zeitraum abzugeben, die dem Begriff „voraussichtlich dauernd" genügt, kann im Einzelfall sehr schwierig sein. Aus diesem Grund wurde in der Vergangenheit bei der Mehrzahl der Tarife der Prognosezeitraum verkürzt. In den meisten Fällen von Berufsunfähigkeit kann der Leistungsantrag allerdings nicht über die Ä. gestellt werden, sondern wird erst nach der bedingungsseitig festgelegten „Wartezeit" anerkannt. Sie beträgt überwiegend sechs Monate. D.h., wenn eine Berufsunfähigkeit bereits sechs Monate bestanden hat und noch weiter andauert, wird die Prognosevoraussetzung als erfüllt angesehen. Versicherer mit guten Angeboten leisten ab Beginn rückwirkend.

Ärztlicher Bericht. *1. Begriff:* Der Ä. soll dem Versicherungsmediziner ein Bild über den aktuellen Gesundheitszustand des Antragstellers geben. – *2. Merkmale:* Der Ä. hat die Form eines vorstrukturierten Fragebogens. – *3. Darstellung:* Auch Fragen über die Krankheitsgeschichte (Anamnese) sind hierin enthalten. Der Ä. wird vom betreuenden Hausarzt bzw. von einem über den Versicherten informierten Arzt ausgestellt. Durch eine entsprechende Unterschrift im Antragsformular des Antragstellers wird der Arzt zur Herausgabe der Gesundheitsinformation ausdrücklich ermächtigt.

Ärztliches Zeugnis. *1. Begriff:* Vorstrukturiertes kleineres Gutachten, bestehend aus einer körperlichen Untersuchung und Fragen nach Vorerkrankungen und auffälligen Gesundheitsbefunden. – *2. Merkmale:* Für besonders hohe Versicherungssummen behält sich das Versicherungsunternehmen vor, den Antragsteller zur Erhebung der Anamnese und zur Durchführung einer aktuellen Untersuchung zu einem Arzt zu schicken. Dabei umfasst die Untersuchung u.a. einen Routinebluttest (unter Einschluss von Untersuchen von Stoffwechselparametern, Transaminasen, Nierenwerten und eines HIV-Tests) sowie ein EKG inkl. eines Belastungs-EKG. Der Antragsteller kann den Arzt selbst bestimmen. – *3. Folgerungen und Ergebnisse:* Diese relativ aufwändige Untersuchung wird in der → Versicherungsmedizin als „ärztliches Zeugnis" bezeichnet. Die meisten Versicherungsunternehmen verlangen eine solche umfassende Untersuchung für Versicherungssummen ab 125.000 bis 500.000 Euro. Allerdings stellen so hohe Versicherungssummen nur einen sehr geringen Anteil (weniger als 1 %) der Versicherungsanträge in der deutschen Personenversicherung dar.

Assekuradeur. *1. Begriff:* Ursprünglich Bezeichnung für einen Mehrfachagenten, der schwerpunktmäßig in der Transportversicherung tätig war und dort spezialisierte Risiken zeichnete. – *2. Merkmale:* Teilweise tritt er selbst als Risikoträger auf. In der neueren Zeit wird unter einem A. ein Mehrfachagent mit weit reichender Zeichnungsvollmacht verstanden, der für die von ihm vertretenen Versicherungsunternehmen Spezialversicherungen zeichnet und damit nicht mehr ausschließlich auf das Transportgeschäft, sondern auch auf die Sachversicherungszweige ausgerichtet ist. – *3. Folgerung:* Damit geht einher, dass der A. regelmäßig das Recht hat, im Namen der jeweiligen Gesellschaft → Prämien zu vereinnahmen, Risiken zu zeichnen und Schäden selbst zu regulieren.

Assekuranz. → Versicherungswirtschaft.

Assessment Center (AC). *1. Begriff:* Verfahren zur Ermittlung von Eignungen oder Eignungspotenzialen von Mitarbeitern und Führungskräften mit unterschiedlichen Zielsetzungen. – *2. Ziele:* a) Im Auswahl-AC wird die spezifische Eignung eines Bewerbers in Bezug auf eine vakante Stelle überprüft. – b) Ein Entwicklungs- oder Potenzial-AC testet die generellen Eignungspotenziale auf zukünftige Tätigkeiten bzw. Anforderungen. – c) In einem Standortbestimmungs-AC werden Entwicklungsbedarfe bezogen auf die momentane Stelle festgestellt, um geeignete Entwicklungsmaßnahmen abzuleiten. – *3. Merkmale:* Der methodische Ansatz lässt viele unternehmensspezifische Ausgestaltungen zu. Das AC besteht aus einer Vielzahl von Übungen (z.B. Rollenspiel, Test, Präsentation, Postkorbübung, Interview, Fallstudie), die momentane und/ oder zukünftige typisch kritische Situationen abbilden sollen. Typisch kritisch sind Situationen, wenn sie besonders herausfordernd und trotzdem typisch für die berufliche Tätigkeit sind (z.B. für eine Führungskraft das Mitarbeiter-Kritikgespräch). Je besser das Anforderungsprofil (vgl. → Funktions- und Anforderungsprofil) der Stelle durch die Übungen abgebildet wird, desto genauer kann das Eignungs- oder Qualifikationsprofil des Kandidaten für die Stelle überprüft werden. Dazu wird das Verfahren ein- oder mehrtägig mit einem Moderator, mit Übungspartnern und mit mehreren geschulten internen Beobachtern (meist Führungskräften und/ oder Fachpsychologen sowie evtl. externen Spezialisten) durchgeführt. Je nach Teilnehmerzahl wird zwischen Einzel- und Gruppen-AC unterschieden. Gruppenverfahren beinhalten zusätzlich Gruppenübungen (z.B. Diskussionen). Die Auswertung des Verfahrens erfolgt in mehreren Schritten: (1) die Beobachter protokollieren ihre Beobachtungen im Beobachtungsbogen, (2) die Beobachter bewerten ihre Beobachtungen hinsichtlich vorgegebener Bewertungskriterien im Bewertungsbogen, (3) in der Beobachterkonferenz werden die Einzelbewertungen zusammengefasst und in einem Gesamtergebnisbogen beschrieben, (4) der Gesamtergebnisbogen stellt Stärken und Lernbedarfe des Kandidaten dar und enthält eine Eignungsaussage mit Entwicklungsempfehlungen. – *4. Vorteile des AC:* a) Standardisierung mit einheitlichen Übungen und Beobachtungskriterien, – b) Mehraugenprinzip durch mehrere Beobachter, die Kandidaten über einen längeren Zeitraum in unterschiedlichen Übungen beobachten und bewerten, – c) Praxisnähe durch Übungen, die aus typisch kritischen beruflichen Situationen abgeleitet werden, und handlungsorientierte Aufgaben, – d) gute Vergleichbarkeit der Kandidaten. – *5. Nachteile des AC:* a) hoher Konzeptionsaufwand für ein aussagefähiges Verfahren, – b) hoher Ressourceneinsatz sowie hohe Zeit- und Kostenintensität, – c) die klinische Testsituation wirkt der Praxisnähe entgegen, – d) Beobachtungsfehler schlecht ausgebildeter Beobachter gefährden das Ergebnis.

Asset. → Vermögenswert.

Asset Allocation. *1. Begriff:* Strategische Aufteilung der → Kapitalanlagen auf verschiedene → Anlageklassen, Regionen und Währungen. – *2. Bedeutung:* Durch die A. und deren Veränderung (Umschichtung der Geldmittel zwischen den Assetklassen) werden die → Rendite und das Risiko eines Portfolios gesteuert. Da die Wertentwicklung einzelner Assetklassen unterschiedlich verläuft, kann auch bei negativer Entwicklung einiger Wertpapiere oder Assetklassen eine positive Gesamtperformance erreicht werden. Es kann also durch → Diversifikation das Risiko bei gegebener erwarteter Rendite minimiert bzw. die Rendite bei gegebenem Risiko maximiert werden. – *3.*

Asset Backed Securities (ABS)

Strategische vs. taktische A.: Zu unterscheiden sind die „strategische" und die „taktische" Asset Allocation. In der strategischen A. wird die grundsätzliche und langfristige Aufteilung der Kapitalanlagen auf die einzelnen Assetklassen festgelegt. Dabei dienen die zuvor definierten Anlageziele, der Anlagehorizont sowie die Risikotragfähigkeit und die Risikoneigung als begrenzende Parameter. Des Weiteren müssen in Versicherungsunternehmen gesetzliche und aufsichtsrechtliche Beschränkungen (→ Aufsichtsrecht) beachtet werden. Nach der Auswahl der Assetklassen erfolgen deren Gewichtung und regionale Aufteilung sowie die Festlegung der durchschnittlichen Laufzeiten der Wertpapiere in den einzelnen Assetklassen. Das Ergebnis der strategischen A. ist ein auf die Ziele, den Zeithorizont und die Risikoneigung des Investors ausgerichtetes Portfolio. Die strategische A. wird jährlich überprüft und bei Veränderungen der Ziele oder Rahmenbedingungen des Investors angepasst. Die taktische A. dient der Bewahrung der Flexibilität im → Asset Management. Sie nutzt aktiv kurzfristige Chancen innerhalb der vorgegebenen strategischen Asset Allocation. Dazu werden bestimmte Märkte oder Papiere über- oder untergewichtet. Die evtl. zeitweilige Abweichung von der strategischen A. wird zugunsten der Erhöhung der Gesamtrendite über die Benchmark des Portfolios hinaus in Kauf genommen. I.d.R. werden die zulässigen taktischen Abweichungen von der strategischen A. im Rahmen von intern definierten Kapitalanlagerichtlinien begrenzt. – *4. Optimierung der A.:* In der Praxis gibt es eine Vielzahl von Ansätzen und Verfahren zur Optimierung der Asset Allocation. Sie basieren alle auf den Überlegungen zur Portfolio-Theorie von Harry M. Markowitz (→ effizientes Kapitalanlageportfolio).

Asset Backed Securities (ABS), *forderungsbesicherte Wertpapiere, forderungsbesicherte Anleihen.* – *1. Begriff:* Von einer → Zweckgesellschaft (→ Anlagevehikel, → Special Purpose Vehicle) emittierte → Wertpapiere. Der Emissionserlös wird zum Ankauf der zur Besicherung der Wertpapiere genutzten Forderungen verwendet. Die am häufigsten zugrundeliegenden Forderungen sind Kreditkartenforderungen, Autokredite und Forderungen aus Leasingverträgen. – *2. Merkmale:* Die von der Zweckgesellschaft gekauften Forderungen werden nicht über ein einzelnes Wertpapier, sondern über eine komplexe Struktur von einer Reihenfolge (Subordination) unterliegenden Tranchen finanziert. Die emittierten Tranchen (siehe nachfolgend beispielhafte Abbildung: A-Tranche, B-Tranche, C-Tranche) partizipieren in unterschiedlichem Maße an den Erträgen und Verlusten des zugrunde liegenden Forderungsportfolios (siehe beispielhafte Abbildung: Darstellung der Erträge (Tilgung) und des Verlusts auf der rechten Seite). Sie werden nach dem Wasserfall-Prinzip verteilt. So erhält die vorrangige Tranche (die A-Tranche) zunächst die anteiligen Zins- und Tilgungszahlungen der Schuldner. Die darüber hinausgehenden Ausschüttungen werden der zweitrangigen Tranche (der B-Tranche) zugeschrieben. Die nachrangige Tranche (die C-Tranche) kompensiert folglich zunächst die Verluste. Daher wird sie auch als „first loss piece" bezeichnet. Erst nach der vollständigen Aufzehrung (maximal bis zum Nominalbetrag) dieser Tranche partizipiert die nächstbessere Tranche an den Verlusten des zugrunde liegenden Portfolios. Aufgrund des unterschiedlichen Risikos erhalten die Tranchen eine unterschiedliche Verzinsung, wobei die nachrangige Tranche (die C-Tranche) die höchste und die vorrangige Tranche (die A-Tranche) die geringste Verzinsung erhält.

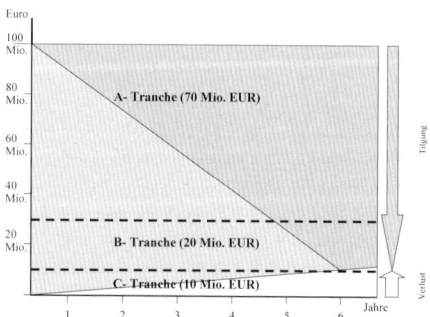

Tranchierung von ABS mit Wasserfallstruktur – Tilgungs- und Verlustallokation

Durch die Tranchierung erfolgt ein differenzierter Risikotransfer auf die Käufer der ABS-Tranchen, was den Zugang zu breiten Investorengruppen mit ihren individuellen Risikopräferenzen ermöglicht. Zu den wichtigsten Verkäufern von Forderungen an die Zweckgesellschaft zählen Banken, die dadurch eigene Risiken und die Belastung des Eigenkapitals reduzieren. Die Rangfolge der Tranchen, die Qualität des zugrunde liegenden Kreditportfolios und die Strukturierung der ABS-Transaktion sind die Grundlagen für das → Rating des Wertpapiers. – *3. Sonderformen:* Sonderformen sind sog. Mortgage Backed Securities (MBS) und Collateralized Debt Obligations (CDO). Die Art der Verbriefung bestimmt sich dabei nach dem zugrunde liegenden Portfolio von Krediten. Während einer MBS hypothekarisch besicherte Forderungen zugrunde liegen, ist eine CDO durch einen Pool diversifizierter Vermögensgegenstände besichert. Dieser kann Anleihen (Collateralized Bond Obligations, kurz: CBO), Kredite (Collateralized Loan Obligations, kurz: CLO), → Credit Default Swaps oder eine Mischung daraus umfassen.

Assetklasse, *Anlageklasse.* Bspw. können Aktien, Rentenwerte und Immobilien als jeweils eigene A. angesehen werden.

Asset/ Liability-Management (ALM). *1. Begriff:* Managementansatz, bei dem die Risiken aus dem leistungswirtschaftlichen und dem finanzwirtschaftlichen Bereich unternehmenszielbezogen aufeinander abgestimmt werden. ALM beinhaltet im Kern die zielgerichtete Koordination der Steuerung der Aktiva und Passiva, der Abstimmung der Anlageportfolios (Assets) mit den durch die Versicherungsprodukte induzierten versicherungstechnischen Verpflichtungen (Liabilities). – *2. Basisziele:* Ein ALM verfolgt zwei wesentliche Ziele: a) Management der finanziellen Stabilität durch Kontrolle der eingegangenen Risikopositionen; – b) auf das erste Ziel aufbauend, das Management der Profitabilität, ggf. in Form eines Abgleichs bzw. einer Optimierung von eingegangenem → Risiko und resultierender → Rendite. Die evaluierten und gesteuerten Rendite/ Risiko-Positionen betreffen dabei die Produkt- bzw. Investmentebene sowie die Ebene des Gesamtunternehmens. – *3. Interdependenzen zwischen Assets und Liabilities:* Interdependenzen bestehen auf der Produktebene. Im Bereich der → Lebensversicherung impliziert insbesondere die Produktgestaltung (z.B. Art und Umfang des Garantiezinses, Höhe und Form der Überschussbeteiligung) entsprechende Anforderungen an das Rendite/ Risiko-Profil der zu tätigenden Kapitalanlagen. Auf der anderen Seite haben Rendite/ Risiko-Verhältnisse auf den Kapitalmärkten, die einzuhaltenden Kapitalanlagerestriktionen sowie die Kapitalanlagestrategie Rückwirkungen auf die Finanzierbarkeit und Profitabilität der Produkte. Im Bereich der Schadenversicherung generieren die Produkte in unterschiedlichem Ausmaß Anlagekapital, das als Zinsträger zur Kapitalanlage zur Verfügung steht. Auch in der Schadenversicherung haben die Verhältnisse auf den Kapitalmärkten und die Investmentstrategie Rückwirkungen auf die Profitabilität der Produkte, daneben treten weitere Interdependenzen durch die Preispolitik (→ Cash flow Underwriting) oder gesetzliche Vorschriften (z.B. Abzinsungsgebot für Rückstellungen). – *4. Determinanten:* Für das ALM existieren drei Hauptdeterminanten, die für die sich in praxi ergebende Ausgestaltung wesentlich sind: a) Spartenabhängigkeit des ALM, – b) Produktabhängigkeit des ALM und – c) Länderabhängigkeit des ALM. – *5. Steuerungsgrößen:* Steuerungsgrößen eines ALM-Modells sind regelmäßig zentrale finanzielle Kenngrößen (Performancekennzahlen) des Versicherungsunternehmens entweder als Relativgrößen (Renditegrößen), wie z.B. → Return on Equity und → Return on Risk Adjusted Capital) oder als absolute Größen (Gewinn- bzw. Erfolgsgrößen oder Bar- bzw. Endwerte). – *6. Analyseoptionen:* Hinsichtlich der Analyseoptionen einer ALM-Untersuchung können unterschieden werden: a) Szenario-Testing (inklusive Stress-Testing), – b) Evaluation von → Rendite/ Risiko-Profilen und – c) Optimierung.

Asset/ Liability-Modelling. *1. Begriff:* Konstruktion von Modellen, die als Grundlagen eines → Asset/ Liability-Management dienen. – *2. Komponenten:* Typische Komponenten eines Asset/ Liability-Modells sind der Asset Scenario Generator, der Liability Scenario Generator sowie ein Managementmodell und gegebenenfalls auch ein Marktmodell. Der Asset Scenario Generator dient der Projektion der Wertentwicklung der Kapitalanlagen und reicht modellmäßig von einer einfachen Extrapolation von Kapitalmarktszenarien bis hin zu komplexen stochastischen Investmentmodellen, die aus den Bereichen Investment- und Kapitalmarkttheorie sowie Ökonometrie und Zeitreihenanalyse stammen. Der Liability Scenario Generator dient der Projektion der versicherungstechnischen Verpflichtungen; die Modelle entstammen dabei der Versicherungsmathematik, insbesondere der → Risikotheorie. Das Managementmodell umfasst Entscheidungsregeln, die auf die Assets und/ oder Liabilities einwirken (Beispiele: Festlegungen zur Reinvestitionspolitik, Realisierung von Bewertungsreserven, Politik der Überschussbeteiligung, Preispolitik, Dividendenpolitik, Bilanzsteuerung). Im Rahmen eines Marktmodells können zudem Preiszyklen modellmäßig erfasst werden.

Asset Management, *Vermögensverwaltung, Kapitalanlagen-Verwaltung.* – *1. Begriff:* Durchführung der → Kapitalanlage, d.h. die Verwaltung und operative Anlage des Kapitals. Das A. umfasst je nach Ausgestaltung neben der Verwaltung der Wertpapiere eines Unternehmens (einschließlich von Schuldscheindarlehen und anderen Kapitalanlagen, die nicht in Wertpapierform, sondern als Beweisurkunden oder in Form von Rektapapiere vorliegen) auch die Verwaltung von → Immobilien und/ oder → Beteiligungen. – *2. Prozess:* Der Prozess des A. umfasst die folgenden Schritte:

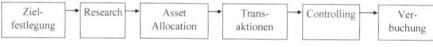

Ziel des A. ist die Zusammenstellung und Umsetzung eines optimalen Portfolios, das sich dem → effizienten Kapitalanlageportfolio möglichst annähert. Dabei kommen beim aktiven A. im Rahmen des Research für einen mittel- bis langfristigen Zeithorizont fundamental-qualitative und für einen kurzfristigen Zeithorizont technisch-quantitative Modelle und Analysen zum Einsatz. Im Rahmen der → Asset Allocation werden Portfolios zusammengestellt, die den Zielanforderungen an a) Rentabilität, – b) Liquidität und – c) Sicherheit genügen. Das A. von Versicherungsunternehmen muss zusätzlich die gesetzlichen (z.B. Versicherungsaufsichtsgesetz, VAG) und sonstigen aufsichtsrechtlichen (z.B. Anlageverordnung, AnlV) Anforderungen an die Mischung und Streuung der Kapitalanlagen beachten. – *3. Entwicklungen in Versicherungsunternehmen:* Bis vor wenigen Jahren verfolgten die Asset Manager in Versicherungsunternehmen eine relativ konservative Anlagepolitik, die vornehmlich durch „Kaufen und Halten" von Kapitalanlagen geprägt war. Mit der Deregulierung des Versicherungsmarkts und der Zunahme des Wettbewerbs wuchs aber die Bedeutung des → Kapitalanlageergebnisses sowohl für die Personenversicherer (Darstellung einer wettbewerbsfähigen Überschussbeteiligung) als auch für die Schaden-/ Unfallversicherer (Kompensation negativer versicherungstechnischer Ergebnisse). Dies führte vermehrt zu einem aktiven A., das sich auch durch einen verstärkten Handel auszeichnet. Das A. von Versicherungsunternehmen steht aktuell durch → Solvency II und die Mindestanforderungen an das Risikomanagement von Versicherungsunternehmen (→ MaRisk) vor neuen Herausforderungen. Die Risikokomponente der Kapitalanlagen rückt stärker in den Vordergrund, und sowohl die von der Aufsicht als auch von Ratingagenturen geforderten Analysen und Modelle werden immer umfangreicher, komplexer und quantitativer. Eine risikoadäquate Kapitalausstattung und Kapitalanlage wird zum bedeutenden Wettbewerbsfaktor für die Versicherungsunternehmen.

Assistance

von Professor Dr. Fred Wagner und Dipl.-Kfm. David Klimmek

1. Begriff und Merkmale

Der Begriff Assistance stammt aus dem Französischen und bedeutet soviel wie Beistand, Hilfe oder Unterstützung. Eine einheitliche Definition des Begriffs existiert derzeit weder in der Theorie noch in der Praxis. Nach Farny umfasst Assistance „Hilfe-, Beistands-, Notfall-, Problemlösungs-, Service- und ähnliche Leistungen in bestimmten Situationen". Im vorliegenden Beitrag soll Assistance wie folgt verstanden werden: „Leistungen in Notfall- und Alltagssi-

---

[*] Farny, D., Versicherungsbetriebslehre, 4. Auflage, Karlsruhe 2006, S. 365.

tuationen gegenüber Privat- und Firmenkunden innerhalb und außerhalb der Versicherungsbranche. Wenn es sich um Leistungen gegenüber Firmenkunden handelt, dürfen diese nicht Bestandteil der herkömmlichen Wertschöpfungskette des betreffenden Unternehmens sein, sondern müssen Zusatzleistungen (Value added-Charakter) betreffen."[*] Telefonie stellt hierbei die einzige Ausnahme dar. Diese Begriffsauffassung ist u.a. aus dem (Selbst-)Verständnis abgeleitet, wie führende Unternehmen aus dem Umfeld der Versicherungswirtschaft, die sich selbst als Assisteure bezeichnen, ihre Leistungen charakterisieren.

Weitere konstitutive Merkmale von Assistanceleistungen – und notwendige Kernkompetenzen von Assisteuren – sind eine durchgehende 24-stündige Erreichbarkeit an 365 Tagen im Jahr, die Verfügbarkeit eines flächendeckenden Dienstleisternetzwerks, das zumindest vom Assisteur gesteuert wird (wenn es nicht von ihm selbst betrieben wird), und die Bereitstellung von Naturalleistungen für die Problemlösungen, die je nach der Wertschöpfungstiefe der Leistungen des Assisteurs durch ihn selbst oder durch von ihm beauftragte Dienstleister erbracht werden. Als Leistungsstufen des Assisteurs können von daher die Information und Beratung, ferner Organisationsleistungen, um die tätige Hilfe für den Leistungsempfänger verfügbar zu machen, (Stufe 1) und zudem ggf. die tätige Hilfe als solche, wenn sie vom Assisteur in Eigenregie erbracht wird (Stufe 2), differenziert werden. Bei den Assistanceleistungen steht jedenfalls für den Kunden nicht der für Versicherungsleistungen typische Schadenersatz durch Geldleistungen im Vordergrund, sondern die unmittelbare und unbürokratische tätige Hilfe in einer individuellen (Notfall-)Situation. Zu den Kernkompetenzen der Assisteure gehört zudem eine hoch professionelle Prozessstruktur.

2. Historische Entwicklungen

Ursächlich für die Entwicklung des Assistance-Gedankens ist v.a. die zunehmende Mobilisierung der Menschen in der zweiten Hälfte des 20. Jahrhunderts. Die Sicherheitsbedürfnisse Einzelner konnten, speziell auf Reisen, nicht mehr vollständig durch den Staat und andere soziale Einrichtungen erfüllt werden.[†] Bei Unfällen oder sonstigen Notfallsituationen, besonders im Ausland, hatten die Reisenden neben sprachlichen Barrieren auch mit organisatorischen Problemen zu kämpfen. 1963 wurde daher in Frankreich der erste Assisteur, die Europ Assistance, gegründet. In Deutschland wurde der erste Assisteur im Jahr 1988 durch die ROLAND Rechtsschutz-Versicherungs-AG als Tochtergesellschaft unter dem Namen ROLAND-Verkehrs-Dienstleistungs-GmbH eingerichtet.[‡] Inzwischen werden Assistanceleistungen für immer weitere Bereiche des Lebens angeboten und dabei, soweit sie aus dem Umfeld der Versicherungswirtschaft stammen, oft mit Versicherungsprodukten (z.B. Schutzbriefen) kombiniert. Grundsätzlich erfordern Assistanceleistungen aber keine solche Produktanbündelung.

3. Marktteilnehmer

Grundsätzlich sind auf dem Assistancemarkt drei verschiedene Marktparteien präsent: Nachfrager, Anbieter und Erbringer der eigentlichen Hilfsleistungen.

a) Nachfrager sind meist private Haushalte und gewerbliche Unternehmen, die bereits über ein Vertragsverhältnis, meist einen Versicherungsvertrag, mit dem Anbieter von Assistanceleistungen verbunden sind. – b) Anbieter sind in erster Linie private Versicherungsunternehmen, Sozialversicherungsträger, insbesondere Krankenkassen, Kreditkartenunternehmen, Automobilhersteller, Automobilclubs, Flottenbetreiber, Mietwagen- und Leasinggesellschaften, Reiseveranstalter, Banken, Clubs und Vereine. Teilweise erbringen die Anbieter von Assistanceleistungen die tätige Hilfe selbst, das gilt insbesondere für die Automobilclubs.[§] – c) Ansonsten

---

[*] Wagner, F., Assistance, in: Gabler Wirtschaftslexikon, 17. Aufl., Wiesbaden 2010, S. 215.
[†] Vgl. Esser/M.; Helmberger, N./Hertel, A., Assistance: Neue Serviceleistung der Assekuranz, München 1999, S. 26.
[‡] Später wurde die Gesellschaft in ROLAND Assistance GmbH umfirmiert.
[§] Vgl. Esser, M., Assistance in der Versicherungswirtschaft – Ein marketingorientierter Ansatz zur Unternehmenswertsteigerung, Karlsruhe 2004, S. 110.

werden Dienstleistungen, die über die reinen Informations-, Beratungs- und Organisationsleistungen (Stufe 1, s.o.) hinausgehen, i.d.r. durch Partner- oder Dienstleisternetzwerke erbracht. Auf diese Netzwerke kann der Assisteur in den Leistungsfällen mittels sog. Partnerdatenbanken zurückgreifen. Den Netzwerken können u.a. Werkstätten, Pannenhilfsdienste, Kliniken, Pflegedienste und Ärzte angehören. Zu den Dienstleistern in den Netzwerken stehen die Assisteure ebenfalls in einem Vertragsverhältnis. I.d.R. erhält der Dienstleister für die Leistungserbringung von Seiten des Assisteurs eine Kostenübernahmegarantie.

4. Geschäftsfelder

Die Geschäftsfelder, die derzeit mit unterschiedlichen Leistungskomponenten am deutschen Assistancemarkt insbesondere anzutreffen sind, werden im Folgenden skizziert.

a) Fahrzeugassistance: Leistungen zur Erhaltung und/ oder Wiederherstellung der Mobilität sowie alle mit einer Mobilitätsbeschränkung in Zusammenhang stehenden Leistungen, – b) Gesundheitsassistance: Leistungen zur Erhaltung und/ oder Wiederherstellung des Gesundheitszustands, – c) Haus- und Wohnungsassistance: Leistungen rund um Haus und Wohnung zur Schadenprävention, Schadenbegrenzung und Schadenbehebung, sowie weitere, schadenfallunabhängige haus- und wohnungsbezogene Leistungen (z.B. hauswirtschaftliche Leistungen), – d) Juristische Assistance: Leistungen im Zusammenhang mit rechtlichen Fragestellungen und Auseinandersetzungen, – e) Pflegeassistance: Leistungen im Zusammenhang mit der Betreuung von Pflegebedürftigen, – f) Reiseassistance: Leistungen im Zusammenhang mit der Vorbereitung und/ oder Durchführung einer Reise sowie zur Handhabung unvorhergesehener Ereignisse während einer Reise. – g) Die Freizeit-Assistance mit Leistungen, die die Freizeitgestaltung betreffen (z.B. Ticketservices), ist ein neu aufkommendes Geschäftsfeld. – h) Telefonie bildet eine Mindestvoraussetzung für die Erbringung von Assistanceleistungen, wird teilweise aber auch ergänzend als eigenes Geschäftsfeld des Assisteurs betrieben (Call Center-Tätigkeiten für Dritte, z.B. zur Sicherstellung der Kundenerreichbarkeit außerhalb der Geschäftszeiten des Auftraggebers oder im Überlauffall).

Die o.a. Geschäftsfelder sind in der Praxis nicht immer trennscharf abgrenzbar. Innerhalb der einzelnen Geschäftsfelder kann nach verschiedenen Leistungsstufen, die der Assisteur selbst erbringt, in reine Beratungs- und Organisationsleistungen (Assistance i.e.S.) und in Assistanceleistungen, die zudem die tätige Hilfe umfassen (Assistance i.w.S.), unterschieden werden.

Literatur: Esser, M./ Helmberger, N./ Hertel, A., Assistance: Neue Serviceleistung der Assekuranz, München 1999; Esser, M., Assistance in der Versicherungswirtschaft – Ein marketingorientierter Ansatz zur Unternehmenswertsteigerung, Karlsruhe 2004; Farny, D., Versicherungsbetriebslehre, 4. Auflage, Karlsruhe 2006; Wagner, F., Assistance, in: Gabler Wirtschaftslexikon, 17. Aufl., Wiesbaden 2010.

Assisteur, *Assistanceunternehmen.* – *1. Begriff:* Dienstleistungsunternehmen, das Assistanceleistungen für Drittunternehmen abwickelt (siehe → Assistance). Dabei handelt es sich in Deutschland regelmäßig um Tochterunternehmen von Versicherungskonzernen oder -gruppen. Teilweise werden von solchen A. aber auch Versicherungsgeschäfte betrieben. – *2. Merkmale:* A. bieten einen telefonischen → 24h-Service an 365 Tagen im Jahr und verfügen über ein globales → Dienstleisternetzwerk, um die Assistanceleistungen weltweit erbringen zu können. Sie arbeiten primär im Auftrag anderer Unternehmen und erhalten je nach Vertragsumfang eine bestimmte Servicegebühr bzw. Risikoprämien. A. werden häufig für Organisationsleistungen eingesetzt, die ein Versicherungsunternehmen im Schadenfall nicht selbst erbringen kann oder will, z.B. die Organisation einer → Pannenhilfe im Rahmen einer → Schutzbriefversicherung, oder eines Krankenrücktransports bei einer → Auslandsreisekrankenversicherung. Außerdem übernehmen A. oftmals das telefonische → Schadenmanagement für Versicherungsunternehmen ganz oder teilweise außerhalb der üblichen Geschäftszeiten und gewährleisten so einen 24h-Schadenservice. Ein Beispiel dafür ist der

Krankenversicherungsnotruf einschl. von Beratungs- und Organisationsleistungen im Namen des Krankenversicherers.

Assurbanking. → Allfinanz.

At Fair Value through Profit or Loss. *1. Begriff:* Bilanzierungs- und Bewertungskategorie für → Finanzinstrumente nach IAS 39 (→ IAS/ → IFRS). – *2. Merkmale:* a) Unter A. werden diejenigen Finanzinstrumente aktiviert, die zu Handelszwecken gehalten werden, sowie → derivative Finanzinstrumente. Zusätzlich besteht die Möglichkeit, auch andere Finanzinstrumente dieser Kategorie zuzuordnen, siehe → Fair Value-Option. – b) Die erfolgswirksam zum beizulegenden → Zeitwert (→ beizulegender Wert) bewerteten Finanzinstrumente werden zum → Fair Value bilanziert; sämtliche Änderungen im beizulegenden Zeitwert werden unmittelbar in der → Gewinn- und Verlustrechnung (GuV) erfasst. – *3. Abgrenzungen:* Nach IAS 39 werden Finanzinstrumente in die Kategorien A., → Held to Maturity, → Loans and Receivables und → Available for Sale, eingeordnet. – *4. Anwendung auf Versicherungsunternehmen:* Die Nutzung der Kategorie A. beschränkt sich in der Realität (bislang) im Wesentlichen auf derivative Finanzinstrumente und Kapitalanlagen auf Rechnung und Risiko der Versicherungsnehmer.

Atomhaftpflichtversicherung. *1. Begriff:* → Pflichtversicherung nach dem Atomgesetz (AtG) zur Deckung der → Gefährdungshaftung der Inhaber von Kernenergieanlagen gem. § 25 AtG i.V.m. dem Übereinkommen vom 29.7.1960 über die Haftung gegenüber Dritten auf dem Gebiet der Kernenergie (Pariser Atomhaftungsübereinkommen). – *2. Merkmale:* Die Höchstgrenze für die Deckungsvorsorge beträgt 2,5 Mrd. Euro, es besteht aber eine unbegrenzte Haftung des Anlageninhabers. → Rückversicherung erfolgt über die → Deutsche Kernreaktor-Versicherungsgemeinschaft (DKVG) als Rückversicherungspool.

Atompool. → Deutsche Kernreaktor-Versicherungsgemeinschaft.

Attachment Point. → Priorität.

Audit. *1. Begriff:* Revision der Geschäftsprozesse eines → Erstversicherers durch einen → Rückversicherer. – *2. Merkmale:* Bei der Revision wird das reine a) Schaden-Audit von einem b) Underwriting-Audit unterschieden. Zu a) Beim Schaden-Audit steht im Vordergrund, zu prüfen, ob die unter dem Rückversicherungsvertrag gedeckten Schäden ausreichend reserviert und ordnungsgemäß reguliert wurden. Zu b) Beim Underwriting-Audit wird analysiert, ob und inwieweit die Underwriting-Richtlinien des Erstversicherers eingehalten wurden. – *3. Aktuelle Entwicklungen:* In jüngster Zeit werden, ausgehend vom amerikanischen Markt, A. oft vor Aufnahme einer Geschäftsbeziehung durchgeführt, um die Solidität der Geschäftsprozesse eines zukünftigen Kunden zu prüfen.

Aufbauorganisation. Leistungs- und Leitungsstruktur eines Unternehmens in Form von zentralen (→ Zentralisierung) oder dezentralen (→ Dezentralisierung) Funktionsbereichen mit unterschiedlichem Grad an Spezialisierung. In der Versicherungswirtschaft ist die Spartenorganisation als eine der möglichen Formen der Strukturierung anzutreffen. Aus der klassischen Spartenorganisation werden allerdings verstärkt Querschnittsfunktionen (z.B. Personal, Controlling, → Kundenservice) in Form von eigenständigen Funktionsbereichen herausgebildet. Ferner findet sich eine regionale Strukturierung insbesondere von vertriebssteuernden und vertragsverwaltenden Aufgaben.

Aufbauprovision. Zusätzliche → Provision, bei der der → Rückversicherer dem → Erstversicherer eine Verwaltungskosten-Überdeckung zum Aufbau seines Geschäftsbetriebs leistet.

Aufgeschobene Leibrente. → Leibrente.

Aufprall eines Luftfahrzeugs. *1. Begriff:* Versicherte Gefahr in verschiedenen Versicherungszweigen, u.a. in der → verbundenen Wohngebäudeversicherung. Zum A. gehören auch der Aufprall von Teilen des Luftfahrzeugs oder seiner Ladung. Luftfahrzeuge sind über § 1 Luftfahrtgesetz definiert. – *2. Entwicklung bzw. Geschichte:* Die versicherte

Gefahr A. ersetzt in modernen Bedingungen den Absturz bzw. Anprall (un-)bemannter Flugkörper. Die Aufnahme der Schäden durch A. entwickelte sich aus der Abgrenzungsproblematik zwischen Trümmerschäden, die ursprünglich nicht versichert waren, und Explosions- bzw. Brandschäden, die über die Gefahr → Feuer gedeckt waren. – *3. Abgrenzung:* Feuerwerkskörper sind keine unbemannten Flugkörper oder Luftfahrzeuge.

Aufräumungskosten. *1. Begriff:* Begriff aus der (verbundenen Wohn-)Gebäudeversicherung. Neben dem eigentlichen Schaden entstehen Kosten am Schadenort, wenn Schutt und nicht mehr verwertbare Reste aufgeräumt und entsorgt werden müssen. Diese Kosten werden meistens in der → verbundenen Wohngebäudeversicherung zu einem bestimmten Anteil bis zu maximal 100 % der → Versicherungssumme mitversichert. – *2. Probleme:* Bei kontaminiertem Brandschutt entstehen hohe Entsorgungskosten. A. unterliegen aufgrund des steigenden Umweltbewusstseins einem hohen → Änderungsrisiko.

Aufruhr, *riot.* Den → inneren Unruhen verwandte politische Gefahr, bei der sich Bevölkerungsteile gegen die Staatsgewalt erheben.

Aufsichtsadressaten. *1. Begriff:* Der Aufsicht nach dem Versicherungsaufsichtsgesetz (VAG) unterliegen Unternehmen, die den Betrieb von Versicherungsgeschäften zum Gegenstand haben und nicht Träger der Sozialversicherung sind. Ferner fallen → Pensionsfonds und Versicherungs-Zweckgesellschaften unter diese Aufsicht (§ 1 I VAG). – *2. Ausnahmen:* Nicht der Aufsicht unterliegen → Unterstützungskassen (§ 1 III Nr. 1 VAG), Innungskassen (§ 1 III Nr. 1a VAG), rechtsfähige Zusammenschlüsse von Industrie- und Handelskammern mit Wirtschaftsverbänden (IHK-Kassen, § 1 III Nr. 2 VAG), kommunale Schadenausgleiche (§ 1 III Nr. 3 VAG), berufsständige Versorgungswerke (§ 1 III Nr. 4 VAG), öffentlich-rechtliche Krankenversorgungseinrichtungen des Bundeseisenbahnvermögens und die Postbeamtenkrankenkasse (§ 1 III Nr. 4a VAG), die Versorgungsanstalt des Bundes und der Länder, die Deutsche Rentenversicherung Knappschaft-Bahn-See und die Versorgungsanstalt der Deutschen Bundespost (§ 1 III Nr. 4b VAG) sowie Unternehmen mit örtlich begrenztem Wirkungsbereich, die gegen Pauschalentgelt Leistungen erbringen, sofern es sich nicht um Geldleistungen, Kostenübernahmen oder Haftungsfreistellungen handelt (§ 1 III Nr. 5 VAG). Gemeint sind hier z.B. Schlüsselreparaturdienste u.ä. Die → Aufsichtsbehörde kann darüber hinaus kleinere → Versicherungsvereine auf Gegenseitigkeit (VVaG) freistellen oder ihnen Erleichterungen gewähren (§§ 157 und 157a VAG). – *3. Eingeschränkte Aufsicht:* Eine eingeschränkte Aufsicht sieht das Gesetz für → öffentlich-rechtliche Versicherungsunternehmen des öffentlichen Dienstes und der Kirchen vor, soweit diese ausschließlich die Alters-, Invaliden- oder Hinterbliebenenversorgung zum Gegenstand haben (§ 1a I VAG). Eine besonders eigenwillige Konstruktion sieht § 1a II VAG vor: Hier wird ein Teil des Geschäfts, nämlich die freiwillige → Versicherung von Leistungen der Altersvorsorge durch unselbstständige Zusatzversorgungskassen, der Aufsicht nach dem VAG unterworfen. – *4. Versicherungs-Holdinggesellschaften:* Nach § 1b II VAG unterliegen → Versicherungs-Holdinggesellschaften einer eingeschränkten Aufsicht (§1b Abs. 2 VAG). Maßnahmen bei unzureichender Solvabilität kann die Aufsichtsbehörde auch Holding-Gesellschaften gegenüber ergreifen (§§ 1b III, 104h VAG). Sie kann auch die Befugnisse der Organe der Holding einem Sonderbeauftragten übertragen und die Abberufung der → Geschäftsleiter verlangen oder ihnen die Tätigkeit untersagen (§ 1b III-V VAG).

Aufsichtsbehörde. *1. Begriff:* Aus dem Begriff „Behörde" geht bereits hervor, dass es sich um eine staatliche Einrichtung handelt. Aufsicht muss indessen nicht unbedingt von staatlichen Einrichtungen wahrgenommen werden. Auch eine Aufsicht durch → Selbstregulierung ist vorstellbar. So ist eine der ältesten Versicherungsmärkte, → Lloyd's of London, erst vor relativ kurzer Zeit der im Vereinigten Königreich bestehenden üblichen Aufsicht unterworfen worden, weil die Selbstregulierungsmechanismen bei Lloyd's versagt hatten. Denkbar wäre es auch, einer privaten juristischen Person die Aufgaben der Aufsicht zu übertragen. Bspw. ist im Vereinigten Königreich die Financial Supervisory Authority (FSA) ein Verein, dem die Aufgaben der → Finanzaufsicht gegeben wurden. – *2. Bundes- und Landesaufsicht:* In Deutschland teilen sich der Bund und die Länder die Aufsicht (§§ 146 ff. VAG). Der Bund ist grundsätzlich für die Aufsicht über alle privaten Versicherungsunternehmen und → Pensionsfonds zuständig, die im Bundesgebiet ihren Sitz, eine → Niederlassung oder eine Geschäftsstelle haben oder auf andere Weise das Versicherungsgeschäft betreiben. Der Bund ist ferner für die öffentlich-rechtlichen Wettbewerbsunternehmen zuständig, die über den Bereich eines Landes hinaus tätig sind. Die Länder beaufsichtigen dagegen originär die öffentlich-rechtlichen Unternehmen, die nur auf ihrem Gebiet tätig sind; diese Regelung hat viel von ihrer ursprünglichen Bedeutung verloren, da die meisten früher → öffentlich-rechtlichen Versicherungsunternehmen heute privatrechtlich organisiert sind. Der Bund kann aber die Aufsicht über private Versicherungsunternehmen von geringerer wirtschaftlicher Bedeutung sowie über Pensionsfonds oder öffentlich-rechtliche Wettbewerbsunternehmen auf die zuständigen Landesbehörden mit Zustimmung der Landesregierungen übertragen. Das ist in der Vergangenheit, insbesondere in Bezug auf die kleinen → Versicherungsvereine auf Gegenseitigkeit (VVaG), häufig geschehen. Dadurch ist die Anzahl der unter Landesaufsicht stehenden Versicherer wesentlich größer als die der unter Bundesaufsicht stehenden. Die wirtschaftliche Bedeutung der unter Bundesaufsicht stehenden Versicherer ist jedoch ungleich höher; deren Prämienaufkommen liegt bei weit über 90 % des Gesamtprämienvolumens. Die Bundesaufsicht wird durch die → Bundesanstalt für Finanzdienstleistungsaufsicht wahrgenommen, die Landesaufsicht durch die jeweils zuständigen Landesministerien.

Aufsichtsmittel. *1. Begriff:* Mittel der → Aufsichtsbehörde zur Erfüllung der → Aufsichtsziele. – *2. Systematik:* Die A. werden den Haupt- und Unterzielen zugeordnet. Das gilt im Zulassungsverfahren (→ Erlaubnis zum Geschäftsbetrieb) wie im Rahmen der → laufenden Aufsicht. Bei den A. im Rahmen der laufenden Aufsicht wird auf drei Phasen abgestellt. Phase 1: Informationsgewinnung; Phase 2: Informationsauswertung; Phase 3: Eingriffe der Aufsichtsbehörde i.S.v. Korrekturen, Sanktionen, Zwangsmitteln. – *3. Mittel der laufenden Aufsicht:* a) Informationsgewinnung: Als A. zur Informationsgewinnung sind ein allgemeines Auskunftsrecht der Aufsichtsbehörde (vgl. § 83 VAG) sowie spezielle Auskunftsmittel (→ interne Rechnungslegung, → örtliche Prüfungen, Berichte des → verantwortlichen Aktuars und Abschlussprüfers, Beschwerden der Versicherten u.a.m.) zu unterscheiden. – b) Informationsauswertung: Für die Auswertung der erhaltenen Informationen gibt es keine bestimmten Regeln. Sie hängt sehr vom Einzelfall ab. – c) Eingriffe der Aufsichtsbehörde: Die Aufsichtsbehörde muss weit reichende, korrigierende Eingriffsmöglichkeiten für den Fall haben, dass die Interessen der Versicherten gefährdet oder gar verletzt sind. Zu unterscheiden ist zwischen einem allgemeinen Eingriffsrecht und speziellen Interventionsrechten. Das allgemeine Eingriffsrecht ist in der Generalklausel des § 81 II VAG geregelt. Diese Vorschrift ermächtigt die Aufsichtsbehörde, „alle Anordnungen zu treffen, die geeignet und erforderlich sind, um Missstände zu vermeiden oder zu beseitigen." Unter Missständen versteht der Gesetzgeber jedes Verhalten eines Versicherungsunternehmens, das den Aufsichtszielen widerspricht. Die Generalklausel ist eine Auffangvorschrift für die Fälle, die von den Spezialvorschriften nicht erfasst werden. Spezielle Interventionsrechte finden sich an vielen Stellen des Gesetzes. Zur Illustration seien nur genannt: Abberufungsverlangen von Vorständen, Abschlussprüfern, verantwortlichen Aktuaren, Einsetzung eines Sonderbeauftragten, Änderung des → Geschäftsplans, Verlangen eines Solvabilitäts- oder Finanzierungsplans, Untersagung einer Beteiligung, Einschränkung oder Untersagung der freien Verfügbarkeit über die Vermögensgegenstände des Versicherungsunternehmens, Zahlungsverbot oder Herabsetzung der Leistungen in der Lebensversicherung, Verfolgung unerlaubter Versicherungsgeschäfte, Widerruf der Erlaubnis. In der Praxis macht die Aufsichtsbehörde von diesen Interventionsrechten nur dann Gebrauch, wenn andere, weniger einschneidende Mittel erfolglos waren. I.d.R. erreicht die Aufsicht ihre Ziele im Weg der sog. schlicht-verwaltenden Tätigkeit (Erteilung von Hinweisen auf gesetzliche oder sonstige Bestimmungen, Ratschläge, Mahnungen etc.). Formelle Interventionen, also Verwaltungsakte, kann die Aufsichtsbehörde im Wege des Verwaltungszwangs nach den

Aufsichtsrat 54

Bestimmungen des Verwaltungs-Vollstreckungsgesetzes durchsetzen. Sanktionen sind u.a. in den Straf- und Bußgeldtatbeständen des VAG enthalten. – 4. *Beispiele für Straftatbestände:* Falschangaben gegenüber der Aufsichtsbehörde (§ 134 VAG), Falschbericht eines Abschlussprüfers (§ 137 VAG), Verletzung der Geheimhaltungspflicht (§ 138 VAG), falsche Erklärungen des verantwortlichen Aktuars und des → Treuhänders für das → Sicherungsvermögen (§ 139 VAG), unbefugter Betrieb des Versicherungsgeschäfts (§ 140 VAG). – 5. *Beispiele für Bußgeldtatbestände:* Verteilung eines Gewinns entgegen Gesetz oder Geschäftsplan, Verstoß gegen bestimmte Rechtsverordnungen, Verstoß gegen bestimmte vollziehbare Anordnungen der Aufsichtsbehörde, unbefugte Versicherungsvermittlung. Die zuständige Verwaltungsbehörde für das Bußgeldverfahren ist die Versicherungsaufsichtsbehörde.

Aufsichtsrat. *1. Begriff:* Überwachungsorgan einer → Aktiengesellschaft (AG), einer Genossenschaft oder eines → Versicherungsvereins auf Gegenseitigkeit (VVaG). Bei einer → Societas Europeae (SE) und einem → öffentlich-rechtlichen Versicherungsunternehmen wird analog ein → Verwaltungsrat eingerichtet. Rechtsgrundlagen sind §§ 95-116 AktG, §§ 9, 36-41 GenG, und § 35 VAG. – 2. *Hauptaufgaben:* a) Bestellung und Abberufung der Vorstandsmitglieder (§ 84 I AktG). – b) Überwachung der Geschäftsführung des → Vorstands (§ 111 I AktG). – c) Feststellung des Jahresabschlusses und Unterbreitung eines Vorschlags an die → Hauptversammlung zur Verwendung des Jahresüberschusses (beides zusammen mit dem Vorstand). – d) Genehmigung zustimmungspflichtiger Geschäfte. Welche Geschäfte von der Zustimmung des A. abhängig sind, wird durch die Satzung festgelegt. Jedoch ist zu beachten, dass Maßnahmen der Geschäftsführung nicht dem A. übertragen werden können (§ 111 IV AktG). – *3. Größe und Zusammensetzung:* Der A. einer AG muss nach § 95 AktG mindestens aus drei Mitgliedern bestehen. In Abhängigkeit von der Höhe des Grundkapitals setzt sich der A. aus bis zu 21 Mitgliedern zusammen. Die Zahl muss durch drei teilbar sein. Die Größe und die Zusammensetzung des A., das Wahlverfahren und die innere Ordnung des A. hängen auch davon ab, ob die AG den Vorschriften des Drittelbeteiligungsgesetzes (gilt nach § 1 DrittelbG für AG mit mehr als 500 und bis zu 2.000 Arbeitnehmern) oder dem Mitbestimmungsgesetz (gilt nach § 1 MitbestG für AG mit mehr als 2.000 Arbeitnehmern) unterliegt. Wenn die AG weniger als 500 Arbeitnehmer beschäftigt, ist eine Beteiligung der Arbeitnehmer im A. nicht zwingend notwendig (§ 1 I Nr. 1 S. 1 DrittelbG). Nach § 95 AktG i.V.m. § 4 DrittelbG muss ein Drittel der Aufsichtsratsmitglieder Vertreter der Arbeitnehmer (keine leitenden Angestellten) sein, und zwei Drittel der Mitglieder werden von den Aktionären gewählt. Bei AG mit mehr als 2.000 Arbeitnehmern wird der A. nach § 95 AktG i.V.m. § 7 MitbestG paritätisch aus Vertretern der Aktionäre und der Arbeitnehmer zusammengesetzt. Bei einer Genossenschaft besteht der A. grundsätzlich aus drei Mitgliedern, es sei denn, die Satzung legt eine höhere Zahl der Mitglieder fest (§ 36 I S. 1 GenG). Der A. wird (mit Ausnahme der Arbeitnehmervertreter) von der → Hauptversammlung (Genossenschaft: Generalversammlung) gewählt. Für den A. eines VVaG gelten die gleichen Vorschriften wie für AG (ausgenommen das Mitbestimmungsgesetz). Bei einer Arbeitnehmerzahl von unter 500 Personen werden hier alle Aufsichtsratsmitglieder vom → Obersten Organ (entspricht im Wesentlichen der Hauptversammlung einer AG) gewählt. Der A. wählt aus seiner Mitte einen Vorsitzenden und mindestens einen stellvertretenden Vorsitzenden. I.d.R. ist der Vorsitzende ein Aktionärsvertreter, und mindestens ein stellvertretender Vorsitzender ist ein Arbeitnehmervertreter. Falls diese Konstellation durch die Wahlen nicht zustande kommt, wählen die Aktionärsvertreter den Vorsitzenden, die Arbeitnehmer den stellvertretenden Vorsitzenden jeweils mit einfacher Mehrheit. – *4. Voraussetzungen für Aufsichtsratsmitglieder:* Aufsichtsratsmitglieder können nur natürliche, unbeschränkt geschäftsfähige Personen sein. Aufsichtsratsmitglied darf nicht werden, wer bereits in zehn Handelsgesellschaften, die gesetzlich einen A. zu bilden haben, Aufsichtsratsmitglied ist. – *5. Haftung:* Falls ein Mitglied des A. seine Obliegenheiten nicht mit der Sorgfalt eines ordentlichen Kaufmanns wahrnimmt, kann es für Schäden von den Aktionären haftbar gemacht werden (§ 116 AktG). – *6. Weitere gesetzliche Vorgaben:* a) Der A. muss mindestens einmal, bei börsennotierten

Gesellschaften zweimal pro Halbjahr einberufen werden (§ 110 III AktG). Die Einberufung des A. kann durch einen einzelnen Vorstand oder durch ein einzelnes Aufsichtsratsmitglied erfolgen. – b) Die Beschlussfähigkeit des A. kann durch die Satzung geregelt werden, wenn keine weiteren gesetzlichen Vorgaben vorliegen. Soweit in Gesetz und Satzung nichts anderes geregelt ist, ist der A. erst dann beschlussfähig, wenn mindestens die Hälfte der Mitglieder teilnimmt bzw. mindestens drei Mitglieder anwesend sind (§ 108 II AktG). Gehört dem A. die zur Beschlussfähigkeit nötige Zahl von Mitgliedern nicht an (z.B. bei Abberufung oder Niederlegung des Amts), kann das Amtsgericht den A. auf Antrag um die notwendige Zahl von Mitgliedern ergänzen (§ 104 AktG). Der A. beschließt mit Mehrheit der Stimmen. – c) Ein Mitgliederwechsel im A. ist in den Gesellschaftsblättern zu veröffentlichen sowie dem Handelsregister zu melden. – 7. *Besonderheiten bei Versicherungsunternehmen:* Für den A. einer Versicherungs-AG und eines VVaG gelten weitgehend die gleichen Rechtsverhältnisse wie bei einer AG im Allgemeinen, und er übt weitgehend die gleichen Aufgaben und Funktionen. Besonderheiten werden durch einige Vorschriften des VAG begründet (wie z.B. durch den § 83 I VAG). Ein öffentliches-rechtliches Versicherungsunternehmen hat statt eines A. einen Verwaltungsrat.

Aufsichtsrecht. → Versicherungsaufsicht.

Aufsichtssystem. Das deutsche Versicherungsaufsichtsgesetz beruht seit seiner Entstehung im Jahr 1901 auf dem System der materiellen Staatsaufsicht. In diesem System erschöpft sich die Aufgabe der Aufsicht nicht in der Sorge um eine ausreichende Veröffentlichung der für das Publikum wichtigen wirtschaftlichen Daten des jeweiligen Versicherers (Publizitätssystem) und auch nicht in der formalen Kontrolle der Einhaltung gesetzlicher Vorschriften (System der Normativbestimmungen). Die → Aufsichtsbehörde hat vielmehr durch Überwachung des gesamten Geschäftsbetriebs dafür zu sorgen, dass die Interessen der Versicherten jederzeit gewahrt werden, gleichgültig, ob eine Gefährdung durch Verletzung von Normen, Nichteinhaltung des → Geschäftsplans oder in sonstiger Weise durch das Versicherungsunternehmen verursacht wird.

Dabei ist die Aufsicht präventiv auszuüben, d.h. die Aufsichtsbehörde hat darauf zu achten, dass es zu einer Beeinträchtigung der Versicherteninteressen gar nicht erst kommt. Tritt dieser Fall dennoch ein, hat die Aufsichtsbehörde für die Beseitigung der Beeinträchtigung zu sorgen. Die erwähnten anderen Systeme a) Publizitätsaufsicht (früher im Vereinigten Königreich angewandt: "Freedom with publicity") und – b) Normativaufsicht werden heute nicht mehr angewandt. Nachdem sowohl die europäischen Richtlinien als auch die Insurance Core Principles der International Association of Insurance Supervisors (IAIS), dem internationalen Standardsetzer, ihren Arbeiten das System der materiellen Staatsaufsicht zugrundegelegt haben, ist dieses System heute in fast allen Staaten der Welt eingeführt.

Aufsichtsziele. *1. Begriff:* Ziele des Versicherungsaufsichtsrechts und der → Aufsichtsbehörde. – *2. Hauptziele:* Hauptziele der → Versicherungsaufsicht sind kraft Gesetzes die Sicherstellung der dauernden Erfüllbarkeit der Verträge (sog. → Finanzaufsicht) und die ausreichende Wahrung der Belange der Versicherten (sog. sonstige Aufsicht). Der Gesetzgeber erwähnt auch noch die Aufgabe, auf die Einhaltung der Gesetze zu achten, die für den Betrieb des Versicherungsgeschäfts gelten. Das ist aber eine Selbstverständlichkeit, die in den beiden anderen Zielen schon enthalten ist, und bedarf daher keiner besonderen Untersuchung. – *3. Unterziele:* Die Hauptziele können nur erreicht werden, wenn eine Vielzahl von Unterzielen zufriedenstellend erfüllt wird. Um die „Erfüllung der Verträge" zu fördern, gelten als Unterziele z.B. ausreichende versicherungstechnische Rückstellungen, ausreichend sichere, rentable, liquide, gemischte und gestreute sowie währungskongruente Kapitalanlagen zur Bedeckung der technischen Rückstellungen, eine den gezeichneten Risiken angemessene Rückversicherung mit der notwendigen sog. „security", ausreichende Eigenmittel, ein zuverlässiges Risikomanagementsystem und geeignete → Geschäftsleiter, → Aktuare, Wirtschaftsprüfer, → Treuhänder und Unternehmensinhaber. Durch Herunterbrechen des zweiten Hauptziels „ausreichende Wahrung der Belange der Versicherten" ergeben sich wiederum Unterziele, die von der Gesetzeseinhaltung über die gerechte → Überschussbeteiligung der Versicherten in der Lebens-, Kranken- und Unfallversicherung mit Prämienrückgewähr und korrekte Schadenregulierung bis zur Einhaltung der Beratungs- und → Informationspflichten gegenüber den Versicherten vor, bei und nach Vertragsschluss reichen. – *4. Aufsichtsfremde Aufgaben:* Neben den eigentlichen Zielen der Versicherungsaufsicht bekommt die Versicherungsaufsicht zunehmend aufsichtsfremde Aufgaben auferlegt, wie z.B. die Bekämpfung der Geldwäsche, die Bekämpfung der Terrorismusfinanzierung und die Zertifizierung von Altersvorsorgeverträgen.

Aufwendungen. *1. Begriff:* Nach den Regeln des Handelsrechts für die Zwecke des Jahresabschlusses (→ Rechnungslegung) in Geld bewerteter Verzehr von Gütern bzw. Produktionsfaktoren innerhalb einer Rechnungsperiode. Die A. werden neben den → Erträgen als Stromgrößen in der handelsrechtlichen Erfolgsrechnung (→ Gewinn- und Verlustrechnung, kurz: GuV) erfasst – *2. Weitere Merkmale und Aufgaben:* Die Rechengröße der A. dient der zeitlichen Abgrenzung, d.h. der Zuordnung von → Auszahlungen bzw. → Ausgaben auf eine Rechnungsperiode, um den Periodenerfolg zu ermitteln (Ausschüttungs- bzw. Zahlungsbemessungsfunktion) und unternehmensexterne Adressaten zu informieren (Informationsfunktion). Die Periodenzuordnung und damit die Bewertung von A. erfolgen nach dem → Vorsichtsprinzip, konkretisiert durch das sog. → Imparitätsprinzip. Demnach sind A. schon dann zu erfassen, wenn der Werteverzehr wahrscheinlich wird. Auf diese Weise werden auch übermäßige Ausschüttungen verhindert; denn insgesamt wird nur ein Gewinn ermittelt, der einem Unternehmen auch entzogen werden kann, ohne die dauerhafte Erfüllbarkeit seiner Verpflichtungen zu gefährden – das ist jedenfalls das Ziel des Vorsichtsprinzips. – *3. Klassifizierungsmöglichkeiten:* a) I.Allg. sind ordentliche, periodenfremde und sonstige außerordentliche A. zu unterscheiden. – b) Nach der → Verordnung über die Rechnungslegung von Versicherungsunternehmen (RechVersV) sind im Wesentlichen folgende Aufwandsarten zu klassifizieren: → Aufwendungen für Versicherungsfälle, → Aufwendungen für den Versicherungsbetrieb, Aufwendungen für Kapitalanlagen; sonstige Aufwendungen. – *4.*

Abgrenzung von anderen, ähnlichen Begriffen: Wie → Kosten stellen A. erfolgswirtschaftliche, d.h. zeitlich abgegrenzte Rechengrößen dar. Somit besteht zwischen beiden Größen eine weitgehende Übereinstimmung. Die Wertansätze für A. sind jedoch als Größen der Rechnungslegung dem Grunde, der Höhe und der zeitlichen Abgrenzung nach im Rahmen der handelsrechtlichen Vorschriften festgelegt und standardisiert. Auf die Sachzielbezogenheit (die bei den Kosten als ein Definitionsmerkmal gilt) kommt es hierbei nicht an. Dem gegenüber sind die Kosten als Größen des → internen Rechnungswesens – insbesondere als Maßgrößen für die Zwecke der Preiskalkulation (→ Prämienkalkulation), der Wirtschaftlichkeitskontrolle und der internen Erfolgsermittlung – nach den Regeln der betriebswirtschaftlichen Zweckmäßigkeit teilweise dem Grunde, der Höhe und der zeitlichen Abgrenzung nach anders abgegrenzt, als die korrespondierenden Aufwendungen.

Aufwendungen für den Versicherungsbetrieb, *Betriebsaufwendungen.* – *1. Begriff:* Aufwendungen, die im Versicherungsunternehmen im Zusammenhang mit dem Betrieb des Versicherungsgeschäfts entstehen. Position in der → Gewinn- und Verlustrechnung (GuV) von Versicherungsunternehmen, d.h. Größe aus der Rechnungslegung, die nach handelsrechtlichen Regeln abgegrenzt ist. Anders: → Betriebskosten. – *2. Merkmale:* Grundsätzlich beziehen sich die ausgewiesenen Aufwendungen entweder auf den Abschluss (→ Abschlussaufwendungen) oder auf die Verwaltung (Verwaltungsaufwendungen) des Versicherungsgeschäfts. Die A. umfassen die Aufwendungen für Arbeitsleistungen der angestellten Mitarbeiter im Innen- und Außendienst, Dienstleistungen der Vermittler und anderer Betriebe sowie Betriebsmittel, Hilfs- und Betriebsstoffe. – *3. Abgrenzungen:* Neben den A. entstehen aus der Gewährung des Versicherungsschutzes Schadenaufwendungen durch die zu erbringenden Versicherungsleistungen einschl. der Regulierung (→ Aufwendungen für Versicherungsfälle) sowie Rückversicherungsaufwendungen durch den Einsatz von Rückversicherungsschutz. – *4. Behandlung in der Rechnungslegung:* a) Rechtliche Grundlage bildet § 43 RechVersV. – b) Abgrenzungen: Die im Rahmen der externen Rechnungslegung darzustellenden

A. (Abschluss- und Verwaltungsaufwendungen) umfassen lediglich aufwandsgleiche Kosten (keine kalkulatorischen Zusatz- oder Anderskosten). Eine Ausnahme von diesem Grundsatz bilden nach § 43 I RechVersV die kalkulatorischen Mietaufwendungen für die eigengenutzten Grundstücke und Bauten. – c) Inhalte: Unter den A. werden die Aufwendungen erfasst, die den Funktionsbereichen Abschluss von Versicherungsverträgen und Verwaltung von Versicherungsverträgen zugeordnet werden. Alle anderen Personal- und Sachaufwendungen werden auf Regulierungsaufwendungen (Aufwendungen für Versicherungsfälle), Verwaltungsaufwendungen für → Kapitalanlagen und sonstige Aufwendungen verteilt. Von den Bruttoaufwendungen für den Versicherungsbetrieb sind die erhaltenen Provisionen und Gewinnbeteiligungen aus dem in Rückdeckung gegebenen Versicherungsgeschäft abzuziehen. – d) Postenspezifische Anhangangaben in Abhängigkeit von der Art des betriebenen Versicherungsgeschäfts ergeben sich aus den §§ 43 und 51 RechVersV. – 5. *Probleme:* a) Schwierigkeiten bei der verursachungsgerechten Zuordnung der entstandenen Aufwendungen. – b) Die Begriffe Aufwendungen und Kosten werden in der betriebswirtschaftlichen Literatur, in Gesetzen und in der Praxis teilweise synonym verwendet, obwohl diesen Begriffen in der Betriebswirtschaftslehre und im Bilanzrecht (genauer: in den rechtlichen Regelungen zum → Jahresabschluss) unterschiedliche Bedeutungen zukommen.

Aufwendungen für Versicherungsfälle, *Schadenaufwendungen.* – *1. Begriff:* Versicherungstechnischer Aufwandsposten in der → Gewinn- und Verlustrechnung (GuV) von Versicherungsunternehmen. – *2. Merkmale:* Die A. enthalten entsprechend Formblatt 2 RechVersV die Zahlungen für Versicherungsfälle und die Veränderung der → Rückstellung für noch nicht abgewickelte Versicherungsfälle (Schadenrückstellungen). Vom jeweiligen Bruttobetrag ist der Anteil der Rückversicherer offen in der Vorspalte abzuziehen (modifiziertes Nettoprinzip). – *3. Inhalt:* Die inhaltliche Spezifizierung des GuV-Postens erfolgt nach § 41 RechVersV. Neben den geleisteten Schadenzahlungen und den zurückgestellten Schadenaufwendungen werden auch externe und interne Regulierungsaufwendungen unter den A. erfasst. Davon abzuziehen sind die erhaltenen Zahlungen aufgrund von Regressen, Provenues und Teilungsabkommen. Postenspezifische Anhangangaben in Abhängigkeit von der Art des betriebenen Versicherungsgeschäfts ergeben sich aus § 51 RechVersV. – *4. Probleme:* Die Aufgliederung der A. ermöglicht weder bei den Zahlungen noch bei den Rückstellungsveränderungen eine Unterscheidung zwischen Vorjahres- und Geschäftsjahresschäden (siehe hierzu auch → Abwicklungsergebnis).

Aufzinsung. Rechenvorgang zur Ermittlung des Geldbetrags, der am Ende einer bestimmten Periode vorhanden ist, wenn ein Anfangsbetrag mit einem vorgegebenen Zinssatz bis zum Periodenende verzinst wird. Mit der A. wird der auf einen bestimmten Bewertungszeitpunkt bezogene Endwert eines Anfangsbetrags oder auch einer künftigen Zahlungsreihe ermittelt.

Ausbildereignung. *1. Begriff:* Voraussetzung für die Berufsausbildung von Auszubildenden. Erfordert nach §§ 29, 30 BBiG die persönliche und fachliche Eignung des Ausbilders. – *2. Merkmale:* Ein Ausbilder ist persönlich nicht geeignet, wenn er Kinder und Jugendliche nicht beschäftigen darf oder wiederholt oder schwer gegen das Berufsbildungsgesetz bzw. entsprechende Schutzvorschriften verstoßen hat. Die fachliche Eignung besitzt, wer die beruflichen (abgeschlossene Berufsausbildung) sowie die berufs- und arbeitspädagogischen Kenntnisse, Fertigkeiten und Fähigkeiten besitzt (Ausbildung der Ausbilder-Schein, kurz: AdA-Schein), die für die Vermittlung der Ausbildungsinhalte erforderlich sind. Die AdA-Prüfung vor der → Industrie- und Handelskammer (IHK) oder Handwerkskammer (HWK) ist bundesweit die einheitliche und einzig anerkannte Qualifikation zum Nachweis der berufs- und arbeitspädagogischen Kenntnisse. Allerdings existiert eine Reihe von Bildungsträgern, die auf die AdA-Prüfung vorbereiten (z.B. Volkshochschulen oder Akademien). In der Meisterprüfung handwerklicher Berufe und in einige kaufmännische Ausbildungen ist die AdA-Prüfung integriert. Die Ausbildungsberater der IHK oder HWK beraten bei Fragen, wer in welchem Ausbildungsberuf ausbildungsberechtigt ist. Der → Betriebsrat kann nach § 98 II BetrVG der Bestellung eines Ausbilders widersprechen, wenn dieser die persönliche oder fachliche Eignung nicht besitzt oder seine Aufgabe vernachlässigt. – *3. Ausbildungsinhalte gem. Ausbildereignungsverordnung (AEVO oder AusbEignV):* a) Allgemeine Grundlagen (z.B. rechtliche Rahmenbedingungen der Ausbildung), – b) Planung der Ausbildung (z.B. Ausbildungsplan), – c) Mitwirkung bei der Einstellung von Auszubildenden (z.B. Ausbildungsvertrag), – d) Ausbildung am Arbeitsplatz (z.B. praktische Anleitung), – e) Förderung des Lernprozesses (z.B. Kooperation mit externen Stellen), – f) Ausbildung in der Gruppe (z.B. Kurzvorträge), – g) Abschluss der Ausbildung (z.B. Erstellen von Zeugnissen).

Ausbildung der Ausbilder (AdA). → Ausbildereignung.

Ausbildungsintegriertes Studium (AIS), *dualer Studiengang.* – *1. Begriff:* Studium, in dem innerhalb von drei bis fünf Jahren zwei Abschlüsse erworben werden: ein Berufsabschluss und ein Hochschulabschluss (→ Bachelor). Neben den fachwissenschaftlichen Kenntnissen werden → Schlüsselqualifikationen in der Praxis trainiert. – *2. Anbieter:* Das AIS wird an verschiedenen → Berufsakademien, Verwaltungsakademien, Wirtschaftsakademien, Fachhochschulen und Universitäten angeboten. In allen Ausbildungsangeboten ist der ständige Wechsel zwischen theoretischer Qualifikation an der Hochschule oder Akademie und praktischer Qualifikation im Ausbildungsbetrieb vorgesehen. – *3. Vorteile:* Die Doppelbelastung lohnt sich für die Studierenden, denn sie erhalten eine Ausbildungsvergütung und haben gute Karrierechancen. Aber auch die Ausbildungsbetriebe profitieren von den praxisnah ausgebildeten Nachwuchsakademikern, die zusätzlich über wichtige Unternehmenskenntnisse verfügen und ohne lange Einarbeitungsverfahren voll einsatzfähig sind. – *4. Probleme:* Da die Ausbildung für die Unternehmen kostenintensiv ist, werden oft Bindungsklauseln oder Rückzahlungsvereinbarungen für den Fall abgeschlossen, dass die Auszubildenden nach Ende des Studiums den Ausbildungsbetrieb verlassen wollen.

Ausbildungsversicherung. → Termfixversicherung.

Ausfalldeckung. → Kreditversicherung, die dem Versicherungsnehmer den → Forderungsausfall ersetzt, der infolge der → Zahlungsunfähigkeit eines Käufers entsteht. Der Versicherungsfall tritt ein bei a) der Eröffnung des Konkursverfahrens oder dessen gerichtlicher Ablehnung mangels Massen, – b) einem gerichtlichen oder außergerichtlichen Vergleichsverfahren, – c) einer Zwangsvollstreckung in das Vermögen des Abnehmers, die aber die Ansprüche des Gläubigers nicht in vollem Umfang befriedigt. Erstattet wird der Nettoausfall. Das ist der Betrag, der nach etwaigen Erlösen aus Vergleichs- oder Konkursquoten oder Sicherheiten – unter Abzug der Selbstbeteiligung – noch offensteht. Der Schadenersatz bewegt sich im Rahmen der festgelegten Versicherungssummen.

Ausfallrisiko. I. Kapitalanlagegeschäft: Risiko des Ausfalls von Zins- und/ oder Tilgungsleistungen des Kapitalnehmers. – II. Derivative Finanzgeschäfte: Risiko des Ausfalls der Gegenpartei. – III. → Kreditversicherung: Versichertes Risiko. Das A. von versicherten Forderungen aus Warenlieferungen sowie Dienst- und Werkleistungen besteht i.d.R. in der → Zahlungsunfähigkeit des Kunden. Einige → Allgemeine Versicherungsbedingungen (AVB) stellen dagegen auf die Uneinbringlichkeit einer versicherten Forderung ab. Die Tatbestände der Zahlungsunfähigkeit bzw. Uneinbringlichkeit werden in den einbezogenen AVB definiert. Üblicherweise enthalten die AVB als eine besondere Form der Zahlungsunfähigkeit bzw. Uneinbringlichkeit den Tatbestand der Nichtzahlung (vgl. → Protracted Default). In der → Ausfuhrkreditversicherung kann zusätzlich das politische Risiko der Uneinbringlichkeit versicherter Forderungen aus Lieferungen und Leistungen infolge hoheitlicher Ursachen abgesichert werden.

Ausfallziffer. *1. Begriff:* Bei Vertragsabschluss festgelegter Bewertungsschlüssel, der im Rahmen der → Maschinen-Betriebsunterbrechungsversicherung zur Berechnung des → Unterbrechungsschadens zur Anwendung kommt und für jede technische Anlage im Maschinenverzeichnis zu dokumentieren ist. – *2. Merkmale:* Die A. ist ein individueller Bewertungsmaßstab einer technischen Anlage, der den prozentualen Anteil an der Versicherungssumme ausdrückt, der nicht erwirtschaftet werden kann, wenn die betroffene Sache während des gesamten → Bewertungszeitraums ausfällt. Ist die im Versicherungsvertrag genannte A. der Sache niedriger als die im Schadenfall berechnete, wird der Unterbrechungsschaden analog den Proportionalitätsregeln der → Unterversicherung ersetzt. Als Alternative zur A. kann die Klausel „Versicherung von Festbeträgen je Produktionseinheit" (TK 4712) vereinbart werden, die der vereinfachten Ermittlung des Versicherungswerts sowie des Unterbrechungsschadens dient, indem der Preisfaktor der Produktionseinheiten bei Vertragsabschluss festgelegt wird.

Ausfuhrkreditversicherung, *Exportkreditversicherung.* Versicherung gegen Verluste aus Ausfuhrgeschäften bei Kreditverkäufen. Typischerweise mit Selbstbeteiligung des Versicherten im Schadenfall. Sichert das → Ausfallrisiko von Forderungen aus Warenlieferungen sowie Dienst- und Werkleistungen mit kurzen Laufzeiten gegenüber ausländischen gewerblichen Kunden ab. Die Kreditversicherer bieten Versicherungsschutz für Exportgeschäfte überwiegend in Länder der OECD an. Zunehmend wird auch Versicherungsschutz gegen politische Risiken angeboten. Die A. ist vertraglich als → revolvierende Deckung mit → Pauschaldeckung und → benannter Versicherung ausgestaltet und ist als laufende Versicherung i.S.d. §§ 53 ff. VVG einzuordnen. Sie wird teilweise als separate Police, teilweise als Bestandteil der → Warenkreditversicherung angeboten.

Ausgaben. *1. Begriff:* Negative Veränderungen (Minderungen) des Bestands an "Liquiden Mitteln plus Forderungen minus Verbindlichkeiten" eines Unternehmens. A. sind damit ein in Geld bemessener Werteverzehr eines Unternehmens, der (noch) nicht zeitlich abgegrenzt, d.h. (noch) nicht nach handelsrechtlichen Regeln (→ Aufwendungen, → Rechnungslegung) oder nach den Regeln der betriebswirtschaftlichen Zweckmäßigkeit (→ Kosten, → internes Rechnungswesen) einer Rechnungsperiode verursachungsbezogen zugerechnet wurde. Das Gegenteil von A. sind → Einnahmen. – *2. Unterscheidung von anderen, ähnlichen Begriffen:* → Auszahlungen, Aufwendungen und Kosten. – *3. Anwendungsbereiche:* a) Steuerliche Gewinnermittlung: Hierbei wird zunächst von den Einnahmen ausgegangen. Gem. § 8 I EStG sind Einnahmen alle Güter, die in Geld oder Geldeswert bestehen und dem Steuerpflichtigen im Rahmen einer der Einkunftsarten gem. § 2 I S. 1 Nr. 1 - 7 EStG zufließen. Diesen Einnahmen werden die steuerlich anerkannten A. zur Gewinnermittlung gegenübergestellt. Präzisiert werden die steuerlichen Betriebsausgaben in § 4 IV EStG „Betriebsausgaben sind die Aufwendungen, die durch den Betrieb veranlasst sind." Diese besondere Form der A. muss deutlich von den handelsrechtlichen Aufwendungen abgegrenzt werden. Einzelne steuerliche Bestimmungen (vgl. bspw. §§ 4 V EStG; 12 EStG) stufen betrieblich veranlasste Aufwendungen als nicht oder teilweise abzugsfähige Betriebsausgaben ein. – b) Finanzplanung: Innerhalb der unternehmerischen Finanzplanung werden Einnahmen und A. eines bestimmten Zeitraums systematisch erfasst, gegenübergestellt und zielorientiert aufeinander abgestimmt.

Ausgabensteuerung. *1. Begriff:* Prinzip in der → gesetzlichen Krankenversicherung (GKV). Der Gesetzgeber schreibt den → Krankenkassen (und Leistungserbringern) in § 71 SGB V → Beitragssatzstabilität vor. Um dieses gesetzlich normierte Ziel zu erreichen, ist eine A. der Krankenkassen notwendig. Der Grundsatz der Beitragssatzstabilität lässt Beitragssatzsteigerungen durchaus zu, sofern die notwendige medizinische Versorgung auch unter Ausschöpfung von Wirtschaftlichkeitsreserven ansonsten nicht zu gewährleisten ist. Damit wird den medizinischen Entwicklungen und den Veränderungen der Morbiditätsstruktur der Versicherten Rechnung getragen. – *2. Probleme:* Die Möglichkeiten der Krankenkassen zur aktiven A. sind eingeschränkt, da es eine Vielzahl von Einflussfaktoren für Ausgabensteigerungen gibt: a) Nachfrageseitige Einflüsse (Krankenstand, demographische Faktoren, gesundheitliches Fehlverhalten, fehlendes Kostenbewusstsein), – b) Angebotsseitige Einflüsse (medizinisch-technischer Fortschritt, angebotsinduzierte Nachfrage, mangelnder Wettbewerb auf Leistungsanbieterseite, doppelte Facharztstrukturen), – c) Gesetzgeberische Einflüsse (Leistungskatalog der Krankenkassen, arbeits- und versicherungsrechtliche Bestimmungen, Verschiebebahnhöfe, System der Krankenversicherung), – d) Gesamtwirtschaftliche Einflüsse (Einkommen, Preisentwicklung). – *3. Ausblick:* Der Gesetzgeber hat den Krankenkassen in den letzten Jahren Möglichkeiten zur A. an die Hand gegeben. So können sie z.B. Rabattverträge im Arzneimittelbereich abschließen. Im Rahmen der integrierten Versorgung haben die Krankenkassen durch die Definition von Qualitätskriterien Einfluss auf die wirtschaftliche Leistungserbringung. Insgesamt sind die Möglichkeiten der Krankenkassen, auf eine wirtschaftliche Leistungserbringung Einfluss zu nehmen, aber nach wie vor gering.

Ausgleichsanspruch. *1. Begriff*: Der in § 89b HGB geregelte A. soll dem → Versicherungsvertreter im Fall der Beendigung des → Vertretervertrags einen finanziellen Ausgleich gewähren. – *2. Wirkungen*: Der Ausgleich erfolgt nach der am 5.8.2009 in Kraft getretenen Änderung des § 89b I HGB, wenn und soweit a) der Versicherer aus den vom Vertreter neu vermittelten Versicherungsverträgen auch nach Beendigung des Vertretervertrags noch Vorteile hat und – b) die Zahlung eines Ausgleichsbetrags unter Berücksichtigung aller Umstände, insbesondere der dem Vertreter aus den Geschäften mit den Kunden entgehenden Provisionen, der Billigkeit entspricht. Während bis zur Gesetzesänderung die dem Vertreter infolge der Vertragsbeendigung entstehenden Provisionsverluste den maßgebenden Ausgangspunkt für die Ausgleichsberechnung darstellten, stehen nach der Neufassung die dem Unternehmer aus den Versicherungsverträgen verbleibenden Vorteile im Vordergrund. Die Provisionsverluste sind nur noch ein Kriterium im Rahmen der Billigkeitsabwägung. Dies könnte nach einer juristischen Literaturmeinung zur Folge haben, dass der Ausgleich bei Vorliegen besonderer Umstände ggf. auch höher ausfallen kann, als der Verlustbetrag des Vertreters aufgrund der entgehenden Provisionen. Allerdings erscheint im Anschluss an die bisherige Rechtsprechung als Ausgangspunkt auch weiterhin die Schätzung nach § 287 ZPO zulässig, dass die dem Unternehmer aus den vermittelten Verträgen verbleibenden Vorteile der Höhe nach mit den Provisionsverlusten des Vertreters identisch sind. Der Verlust der Provisionsansprüche beruht auf der in Vertreterverträgen üblichen sog. Provisionsverzichtsklausel, kraft derer mit der Beendigung des Vertretervertrags sämtliche Provisionsansprüche des Vertreters erlöschen. Soweit der Vertreter die Vermittlungsprovision nicht als Einmalzahlung, sondern ratierlich über einen längeren Zeitraum erhält, oder soweit Vertragsänderungen (z.B. Beitragssteigerungen auf Grund von Dynamikregelungen), die auf seiner Vermittlungstätigkeit beruhen, erst nach seinem Ausscheiden eintreten, kann es infolge des Provisionsverzichts zu Verlusten von – eigentlich verdienten – Provisionen kommen. – *3. Merkmale*: Der Anspruch steht unter dem Postulat der Billigkeit, das heißt, er besteht nur in dem Umfang, wie es nach Abwägung aller Umstände der Vertragsbeziehung der Gerechtigkeit entspricht. Bspw. kann eine vom Versicherungsunternehmen finanzierte Altersvorsorge u.U. zur Minderung oder gar zum Wegfall des A. führen. Maximal kann sich der Ausgleich auf drei nach dem Durchschnitt der letzten fünf Jahre berechnete Jahresprovisionen bzw. Jahresvergütungen belaufen. – *4. Ausnahmen*: Der Anspruch ist im Falle einer nicht durch Alter oder Krankheit bedingten und auch nicht vom Versicherungsunternehmen veranlassten Eigenkündigung des Vertreters ausgeschlossen. Dies gilt ebenso bei einer Kündigung des Versicherers aus wichtigem, vom Vertreter schuldhaft herbeigeführten Grund oder wenn auf Grund einer Vereinbarung zwischen dem Versicherer und dem Vertreter ein Dritter an Stelle des Vertreters in den Vertrag eintritt. Der A. entfällt ferner, wenn der Vertreter ihn nicht innerhalb eines Jahres nach Vertragsbeendigung geltend macht. → Vertretern im Nebenberuf steht ein A. ebenso wenig zu wie → Versicherungsmaklern. – *5. Diskussion:* In der Versicherungswirtschaft haben sich der → Gesamtverband der Deutschen Versicherungswirtschaft e.V. (GDV) und verschiedene Interessenverbände von Vertretern auf die "Grundsätze zur Errechnung der Höhe des Ausgleichsanspruchs (§ 89b HGB)" für die Sach/ HUK-Versicherung, die Lebensversicherung und die Krankenversicherung verständigt. Nach diesen "Grundsätzen" werden in der Versicherungsbranche üblicherweise die A. berechnet und abgewickelt.

Aushaftung. Prinzip, dass nach Ablauf des Versicherungsvertrags der Versicherungsschutz für bestehende Forderungen erhalten bleibt. Dies ist in der → Investitionsgüterkreditversicherung der Fall. In der →

Warenkreditversicherung gilt i.Allg. keine A., da der Versicherungsfall während der Vertragslaufzeit eingetreten sein muss. In der → Ausfuhrkreditversicherung ist eine A. für einen Zeitraum von sechs Monaten oder unbegrenzt dagegen üblich.

Auskunftspflicht. *1. Begriff:* Obliegenheit des Versicherungsnehmers, auf Anfrage Informationen an das Versicherungsunternehmen zu geben. – *2. Merkmale:* Die A. dient zur ordentlichen Regulierung von Schäden. Es muss jede Auskunft erteilt werden, die zur Regulierung durch das Versicherungsunternehmen als notwendig erachtet wird (vgl. § 31 VVG). – *3. Umgekehrt:* → Informationspflichten des Versicherungsunternehmens.

Auskunftsstelle über Versicherungs-/Bausparkassenaußendienst und Versicherungsmakler in Deutschland e.V. (AVAD). *1. Begriff*: Selbsthilfeeinrichtung der deutschen Versicherungswirtschaft und der privaten und öffentlichen Bausparkassen. – *2. Ziel*: Dient der Fernhaltung unlauterer Personen vom Versicherungs- und Bausparkassen-Außendienst. Die Unternehmen sind verpflichtet, bei Beginn der Zusammenarbeit mit → gebundenen Vermittlern sowie → Maklern und → Mehrfirmenvertretern eine Auskunft bei der AVAD einzuholen. Von den Unternehmen werden der AVAD die Aufnahme und die Beendigung eines Dienst-/Agenturverhältnisses bzw. einer Courtagevereinbarung u.a. mit Informationen über die Art der Vertragsbeendigung, den Grund des Ausscheidens und eventuell noch offene Provisionsrückforderungen gemeldet.

Ausländer-Pflichtversicherung. *1. Begriff:* Pflichtgemäße → Kfz-Haftpflichtversicherung für Halter von Kraftfahrzeugen und Kraftfahrzeuganhängern, die im Inland keinen regelmäßigen Standort haben. Geregelt im Gesetz über die Haftpflichtversicherung für ausländische Kraftfahrzeuge und Kraftfahrzeuganhänger vom 24.7.1956, kurz Ausländer-Pflichtversicherungsgesetz (Ausl PflVG). In Kraft seit dem 1.1.1957. – *2. Merkmale:* In Ergänzung zu § 1 PflVG ordnet § 1 I AuslPflVG die Erforderlichkeit einer Haftpflichtversicherung nach Maßgabe der §§ 2 bis 6 AuslPflVG an. Das Bestehen des Versicherungsschutzes muss bei Grenzübertritt vom betroffenen Fahrzeugführer nachgewiesen werden. Dies wird meist durch Vorlage einer → Grünen Karte oder eines Grenzversicherungsscheins gewährleistet. Regelmäßig wird der Nachweis allein durch das amtliche Kennzeichen des Fahrzeugs geführt; so z.B. bei Fahrzeugen der Mitgliedsstaaten der Europäischen Union bzw. solchen Staaten, mit denen entsprechende Abkommen bestehen.

Auslandsreisekrankenversicherung, *Reisekrankenversicherung.* – *1. Begriff:* Private Versicherung gegen das Krankheitsrisiko während eines Auslandsaufenthalts insbesondere außerhalb des Geltungsbereichs des Vertrags zur Gründung der Europäischen Gemeinschaft und des Abkommens über den Europäischen Wirtschaftsraum (vgl. § 18 SGB V). – *2. Leistungen:* Im unvorhersehbaren Krankheitsfall und bei Unfällen erstattet die A. alle Kosten (im Rahmen der → Allgemeinen Versicherungsbedingungen) für ärztliche Behandlungen, → Arznei- und Verbandmittel, → Heilmittel, Röntgendiagnostik, stationäre Behandlungen (einschl. Unterkunft und Verpflegung und einschl. dem notwendigen Transport zum nächstgelegenen anerkannten Krankenhaus), Operationen sowie schmerzstillende Zahnbehandlungen und Zahnfüllungen (nicht aber Zahnersatz und Zahnkronen). Macht der Stand der medizinischen Versorgung im Ausland einen Rücktransport notwendig, werden die Kosten des Rücktransports des Versicherten und zum Teil auch einer Begleitperson von der Versicherung übernommen. Für Überführungen im Todesfall und für Bestattungen im Ausland werden Höchstbeträge von z.B. 5.000 Euro oder 10.000 Euro übernommen. – *3. Arten:* a) Kurzzeittarif: Wird einmalig und nur für die Zeit abgeschlossen, die tatsächlich im Ausland verbracht wird. I.d.R. erfolgt die Abrechnung tageweise, in wenigen Fällen aber auch für bestimmte Zeitrahmen (z.B. je Woche). – b) Jahrestarif: Abschluss einer laufenden A., die sich bei Nichtkündigung jährlich verlängert. Der Versicherungsschutz gilt für alle Urlaubsreisen, die in einem Jahr unternommen werden und eine im Vertrag festgelegte Dauer von i.d.R. sechs Wochen nicht überschreiten. Der Beitrag liegt üblicherweise zwischen etwa 10 und 15 Euro im Jahr. – c) Versicherung für langfristige Auslandsaufenthalte: A. für mehrmonatige oder mehrjährige, zeitlich zusammenhängende Auslandsaufenthalte. Da das Angebot der

Ausräumungsschaden

Unternehmen gerade hinsichtlich der längstmöglichen Versicherungsdauer stark variiert, kann üblicherweise nur zwischen Versicherungen für Auslandsaufenthalte von bis zu einem Jahr und von über einem Jahr unterschieden werden. – d) A. in Deutschland: Krankenversicherung für Gäste aus dem Ausland in Deutschland oder für im Ausland lebende Deutsche, die vorübergehend in Deutschland zu Besuch sind. Beide Versicherungsarten gelten nur für einen vorübergehenden Aufenthalt in Deutschland, wobei die maximale Versicherungsdauer je nach Unternehmen variiert.

Ausräumungsschaden. *1. Begriff:* Schaden an versicherten Sachen durch Ausräumen eines durch eine → versicherte Gefahr bedrohten Raums. Begriff aus der → Sachversicherung. – *2. Anwendungsgebiete:* a) In der → Feuerversicherung regeln gesetzliche Bestimmungen den Einschluss von Ausräumungsschäden. – b) In den übrigen → Versicherungszweigen der Sachversicherung sind nach den → Allgemeinen Versicherungsbedingungen (AVB) Sachen, die in zeitlichem und örtlichem Zusammenhang mit einem bereits eingetretenen oder unmittelbar bevorstehenden → Versicherungsfall vom Versicherungsort entfernt werden, grundsätzlich gedeckt.

Ausreißer. → Großschaden, → Schadenreservierung.

Ausscheidewahrscheinlichkeit. *1. Begriff:* In der Personenversicherung ganz allgemein die Bezeichnung für die Wahrscheinlichkeit, innerhalb einer bestimmten Zeitspanne die Zugehörigkeit zu einer bestimmten Personengruppe zu verlieren. – *2. Merkmale:* Als Personengruppen, für die A. ermittelt werden, kommen v.a. versicherte Kollektive in der Lebens- und Krankenversicherung und der gesetzlichen bzw. → betrieblichen Altersversorgung (bAV) in Betracht. A. werden üblicherweise in Abhängigkeit von bestimmten personenbezogenen Kriterien, wie Alter bzw. Geburtsjahr, Geschlecht, Personenstand, oder von vertragsbezogenen Kriterien, wie Ausprägungen eines Versicherungs- oder Arbeitsvertrags, oder auch von verhaltensbezogenen Kriterien, wie z.B. dem Rauchverhalten, abhängig gemacht. Die tabellarische Auflistung der A. in Abhängigkeit von den genannten Kriterien wird als Ausscheideordnung bezeichnet. – *3. Modell:* Sei $K = \{k_1,\ldots,k_m\}$ eine Menge von Kriterien, wie Alter bzw. Geburtsjahr, Geschlecht etc., und $G(K)$ eine Gruppe von n Personen, auf die die Kriterien K sämtlich zutreffen. Das Ausscheiden einer bestimmten Person i aus $G(K)$ in einer vorgegebenen Zeitspanne wird als eine Bernoulli-verteilte Zufallsvariable $X_i(K)$ mit dem Ergebnisraum $\{0,1\}$ aufgefasst, wobei $X_i(K) = 1$, falls die betreffende Person das Kollektiv verlässt oder $X_i(K) = 0$, falls die betreffende Person im Kollektiv verbleibt. Unterstellt wird nun, dass die $X_i(K)$ unabhängig und identisch verteilt sind. Bezeichnet $a(K)$ die Wahrscheinlichkeit, dass eine bestimmte Person i in der vorgegebenen Zeitspanne das Kollektiv verlässt, so gilt für den Erwartungswert von $X_i(K)$ folgendes: $E[X_i(K)] = a(K)$. Für das arithmetische Mittel

$$\overline{X}(K) = \frac{1}{n}\sum_{i=1}^{n} X_i(K)$$

gilt dann nach dem → Gesetz der großen Zahl für jedes beliebig kleine ε folgendes:

$$\lim_{n\to\infty} P(|\overline{X}_n(K) - a(K)| < \varepsilon) = 1$$

Die Zufallsvariable $\overline{X}_n(K)$ beschreibt die relative Häufigkeit, mit der Personen innerhalb einer vorgegebenen Zeitspanne aus dem Grundkollektiv $G(K)$ ausscheiden.

Im Gegensatz zu $a(K)$ kann $\overline{X}_n(K)$ empirisch beobachtet werden. Das Gesetz der großen Zahl besagt, dass für eine beliebig kleine Abweichungstoleranz ε bei genügend großer Personenzahl n die relative Häufigkeit des Ausscheidens aus (K) mit Wahrscheinlichkeit 1 innerhalb der Abweichungstoleranz liegt. Aus diesem Grund wird in der Versicherungspraxis selten zwischen den in einem Kollektiv beobachteten relativen Häufigkeiten des Ausscheidens und der A. unterschieden. – *4. Ausprägungen:* Bekanntestes Beispiel einer A. ist die → Sterbewahrscheinlichkeit. Die entsprechende Ausscheideordnung wird auch als → Sterbetafel bezeichnet. Daneben spielt die → Invalidisierungswahrscheinlichkeit als Basis für die Quantifizierung von Invaliditätsrisiken in der privaten Versicherungswirtschaft wie in der gesetzlichen und betrieblichen Altersversorgung eine herausragende Rolle. – *5. Anwendungszwecke:* A. bzw. Verbleibswahrscheinlichkeiten messen die Eintrittswahrscheinlichkeiten von Ereignissen, die in einem Lebensversicherungsvertrag oder einem anderen Altersversorgungssystem Leistungsverpflichtungen auslösen bzw. beenden oder Beitragszahlungsverpflichtungen verändern können. Sie bilden daher die statistische Basis für die Beitragskalkulation und die Bewertung von Leistungsverpflichtungen in der Personenversicherung (→ Nettoprämie, → Deckungsrückstellung). – *6. Probleme:* A. werden aus Beobachtungen für bestimmte Risikoklassen erhoben. Ihre Anwendung für Zwecke der Versicherungskalkulation setzt voraus, dass diese Risikoklassen möglichst homogen sind und einzelne Personen ihnen eindeutig zugeordnet werden können. Die Homogenitätsbedingung bedeutet, dass es zu einem Kriterienset K={k1,...,kn} möglichst keine Obermenge $\overline{K} \supset K$ gibt, so dass sich die A. $a(\overline{K})$ signifikant von $a(K)$ unterscheidet. Ist dies nämlich der Fall, so gibt es in einer Gruppe von Personen G(K), die die Kriterien in K erfüllen, eine Teilgruppe, für die ein bestimmter Versicherungsabschluss entweder signifikant attraktiver oder weniger attraktiv ist. Abgesehen von Pflichtversicherungen können Selektions- oder Antiselektionseffekte im Versicherungsbestand mit u.U. ruinösen Auswirkungen die Folge sein. Beispiel: Ein Unternehmen, das im Gegensatz zur Marktpraxis bei → Todesfallversicherungen nicht die Tarifkriterien Alter, Geschlecht, Rauchverhalten anwendet, sondern bei der Ermittlung der zugrundeliegenden A. nur nach dem Kriterium Alter differenziert, wird überdurchschnittlich viele männliche Raucher und so gut wie keine weiblichen Nichtraucher anziehen, so dass sich die Kalkulation wahrscheinlich als unzureichend erweisen wird. – *7. Ähnliche Begriffe:* A. werden häufig Ereignissen zugeordnet, die innerhalb einer größeren Personengesamtheit den Wechsel zwischen zwei Teilkollektiven beschreiben. Bspw. beschreibt die Invalidisierungswahrscheinlichkeit das Risiko eines Übergangs aus dem Kreis aktiver Personen mit Anspruch auf Altersvorsorge in das Kollektiv der Invalidenrentner, die jedoch im Regelfall ebenfalls eine Altersvorsorge erwarten können, so dass dieser Wechsel nicht zwingend mit einem Ausscheiden aus der Gesamtgruppe der Versorgungsberechtigten gleichzusetzen ist. Um zu verdeutlichen, dass eine bestimmte Ausscheideursache für ein Teilkollektiv nicht zwingend zum Ausscheiden aus einem größeren Gesamtkollektiv führt, wird in diesen Fällen auch von Übergangswahrscheinlichkeiten gesprochen. Bezeichnet a(t) die Wahrscheinlichkeit, innerhalb einer vorgegebenen Zeitspanne [t, t+1] aus einem Kollektiv auszuscheiden, so ist

$$v(t) = \prod_{j=0}^{t-1}(1 - a(j))$$

die Wahrscheinlichkeit, vom Zeitpunkt 0 bis zum Zeitpunkt t im Kollektiv zu verbleiben, die sog. „Verbleibswahrscheinlichkeit".

Ausschließlichkeit. *1. Begriff*: Im Bereich der Versicherungsvermittlung wird der Begriff der A. in einem weiteren und einem engeren Sinn gebraucht und verstanden. Die umfassende A. oder Ausschließlichkeitsbindung i.w.S. kennzeichnet den Umstand, dass ein → Versicherungsvertreter exklusiv an einen Versicherer bzw. an die Versicherungsunternehmen eines Versicherungskonzerns gebunden ist und daneben für keinerlei andere Unternehmen – also auch nicht für solche außerhalb der Versicherungsbranche – als Vertreter tätig sein darf. Diese A. i.w.S. wird auch als "Exklusivität" bezeichnet. Im engeren und überwiegend gebrauchten Sinn wird unter A. verstanden, dass ein Versicherungsvertreter an einen Versicherer bzw. an die Versicherer eines Konzerns gebunden ist und nur für diese Versicherungsprodukte vertreiben darf. Es handelt sich hierbei um → Einfirmenvertreter bzw. Einkonzernvertreter, denen es vertraglich nur untersagt ist, Versicherungsprodukte (und ggf. auch Finanzprodukte, die von kooperierenden Bausparkassen oder Fondsgesellschaften angeboten werden) für andere Versicherer (und ggf. andere Finanzdienstleister) zu vermitteln. Im Gegensatz zur umfassenden Ausschließlichkeitsbindung ist den Ausschließlichkeitsvertretern i.e.S. eine Vermittlungstätigkeit außerhalb der Versicherungsbranche nicht generell verboten. – *2. Zweck*: Durch den Aufbau einer Ausschließlichkeitsorganisation versuchen die Versicherungsunternehmen, den Vertrieb ihrer Produkte über alle Versicherungssparten und -zweige (sog. → Cross Selling) zu fördern sowie über das Angebot "Alles aus einer Hand" und die Betreuung der Kunden durch unternehmensnahe Vertreter eine starke Kundenbindung zu erreichen. – *3. Berufsrecht*: Gewerberechtlich ist die A. für ein Versicherungsunternehmen oder für mehrere Versicherungsunternehmen, deren Produkte nicht in Konkurrenz stehen, eine Voraussetzung für die Ausübung der Vermittlertätigkeit auch ohne Gewerbeerlaubnis (als sog. → gebundener Vermittler). Die Erlaubnisfreiheit setzt allerdings ferner voraus, dass von dem oder den Versicherungsunternehmen die uneingeschränkte Haftung für die Vermittlungstätigkeit übernommen wird (vgl. § 34d IV GewO).

Ausschlüsse. *1. Begriff:* Objektive Einschränkungen des Versicherungsschutzes. Durch A. wird der Versicherungsschutz für bestimmte Sachverhalte (z.B. Gefahren, Sachen, Schadenarten) ausgenommen. Mittel der Risikobegrenzung. Die Beweislast für die A. trägt der Versicherer. – *2. Abgrenzung von Obliegenheiten:* Während A. objektive Begrenzungen darstellen, handelt es sich bei → Obliegenheiten um Verhaltensgebote oder -verbote, die im subjektiven Bereich, d.h. im Verhaltensbereich des Versicherungsnehmers liegen.

Ausschlussklausel. *1. Begriff:* In den Versicherungsbedingungen sind i.Allg. bestimmte Risikofälle von der Versicherung ausgeschlossen. A. umfassen nicht kalkulierbare Risiken, z.B. die Kriegsgefahr und → subjektive Risiken, z.B. Selbstmord. – *2. Merkmale:* Im individuellen Versicherungsvertrag kann eine oder können u.U. auch mehrere A. vereinbart werden. In der privaten Kranken- und Berufsunfähigkeitsversicherung erfolgt dies i.d.R. bei sehr hohen medizinischen Risiken, die nicht mehr über einen Prämienzuschlag kompensiert werden können. – *3. Folgerungen und Ergebnisse:* Wenn später ein Versicherungsschaden angezeigt wird, der in einer A. aufgelistet ist, so werden bei der Bemessung der Schadenhöhe der in der A. bezeichnete Sachverhalt und dessen Folgen nicht berücksichtigt.

Ausschnittsversicherung. Versicherung, die nur einen Teil des in der entsprechenden Vertragsform üblichen Risikos (Ausschnitt) deckt. Eine A. gibt es bspw. in der → Kreditversicherung, wenn Ausschnitte für bestimmte Produktbereiche, Branchen, Kunden oder Länder bzw. Regionen versichert werden.

Ausschreibungspflicht. *1. Begriff:* Grundsatz, dass öffentliche Aufträge auszuschreiben sind. Wenn die öffentliche Hand bei privaten Vertragspartnern Waren einkauft oder Werk- und Dienstleistungen in Auftrag gibt, kann sie nicht wie ein Privatunternehmer völlig frei agieren, sondern sie ist an die Vorschriften des Vergaberechts gebunden. Diese sind historisch aus dem Haushaltsrecht entstanden, das vom Grundsatz der Wirtschaftlichkeit und Sparsamkeit der Aufgabenerfüllung beherrscht wird. Nur im Ausnahmefall dürfen Aufträge von der öffentlichen Hand freihändig vergeben werden. Nicht zuletzt dient das Vergaberecht dem Ziel, durch transparente Verfahren der Korruption in der öffentlichen Verwaltung vorzubeugen. Konkret wird die Auftragsvergabe in den Verdingungsordnungen (VOL/A, VOB/A und VOF) geregelt, die über die Vorschriften der §§ 97 ff. GWB und der Vergabeverordnung Anwendung finden. – *2. Öffentliche Auftraggeber:* Zu den öffentlichen Auftraggebern, die das Vergaberecht anzuwenden haben, gehören zunächst Bund, Länder und Gemeinden sowie sonstige Körperschaften, Anstalten und Stiftungen des öffentlichen Rechts. Im Bereich des Gesundheitswesens gehören die kommunalen und kirchlichen Krankenhäuser sowie die Universitätskliniken dazu, ebenso Sozialversicherungsträger, wie die → Krankenkassen und Berufsgenossenschaften. – *3. Öffentliche Aufträge:* Öffentliche Aufträge, die dem Vergaberecht unterfallen, sind vom Gesetz als entgeltliche Verträge zwischen öffentlichen Auftraggebern und Unternehmen definiert, die Liefer-, Bau- oder Dienstleistungen zum Gegenstand haben. Lieferaufträge wiederum sind Verträge zur Beschaffung von Waren durch Kauf, Leasing, Miete oder Pacht. Damit sind die Bedarfe des öffentlichen Dienstes etwa an Büromöbeln, Hard- und Software im IT-Bereich, Dienstfahrzeugen sowie externen Dienst- und Beratungsleistungen auszuschreiben. Nicht dem Vergaberecht unterfallen der Abschluss von Mietverträgen über Büroräume und Arbeitsverträge. – *4. Schwellenwerte:* Die Vorschriften über die Auftragsvergabe greifen allerdings erst dann, wenn bestimmte Auftragswerte, die sog. Schwellenwerte, erreicht sind. Diese betragen im Regelfall 206.000 Euro für Liefer- und Dienstleistungsaufträge sowie 5.150.000 Euro für Bauaufträge. Für Auftragsvergaben unterhalb dieser Schwellenwerte, also bei rund 90 % der Beschaffungsmaßnahmen, greifen die Vorschriften des Gesetz gegen Wettbewerbsbeschränkungen

(GWB) und der Vergabeverordnung nicht ein. Damit wurden Vorgaben aus EU-Richtlinien umgesetzt, wonach A. nur für größere Auftragsvolumina gelten. Wegen des → Wirtschaftlichkeitsgebots, das die gesamte öffentliche Verwaltung beherrscht, findet aber die Verdingungsordnung für Leistungen (VOL/A) und Vergabe- und Vertragsordnung für Bauleistungen (VOB/A) auch unterhalb der Schwellenwerte Anwendung, so dass eine generelle A. besteht. Nur die für die Vergabe von freiberuflichen Leistungen geltende Verdingungsordnung (VOF) greift bei Aufträgen unterhalb 206.000 Euro nicht ein. – 5. *Ausschreibung von medizinischen Leistungen:* Über die A. von Krankenkassen und kommunalen und kirchlichen Krankenhäusern bei der Deckung ihres eigenen Verwaltungsbedarfs hinaus stellt sich die Frage, ob das Vergaberecht auch dann Anwendung findet, wenn die Krankenkassen für ihre Versicherten medizinische Leistungen „einkaufen". Das ist z.B. der Fall, wenn sie Verträge zur Integrationsversorgung abschließen, an denen auf Seiten der Leistungserbringer private Krankenhäuser, niedergelassene Ärzte und Rehabilitationseinrichtungen beteiligt sind. Würde diese Frage bejaht, müssten die Krankenkassen eine förmliche Ausschreibung nach der VOL/A durchführen, bevor sie einen Vertrag mit Leistungserbringern abschließen, obwohl die sozialrechtlichen Vorschriften des SGB V eine Anwendung des Vergaberechts nicht vorsehen. In diesem Zusammenhang ist ebenfalls umstritten, welcher Rechtsweg beschritten werden kann, wenn z.B. ein Krankenhaus an einem Projekt der Integrationsversorgung nicht beteiligt worden ist und gegen diese Ablehnung gerichtlich vorgehen will. Hier bleibt eine höchstrichterliche Klärung abzuwarten.

Außendienst. *1. Begriff:* Gesamtheit an Personen (und deren Einrichtungen), die für ein Versicherungsunternehmen in unmittelbarem Kundenkontakt stehen und außerhalb der Direktion die Aufgaben der Kundenberatung und -betreuung sowie weitere betriebswirtschaftliche Funktionen für das Versicherungsunternehmen wahrnehmen. Abzugrenzen vom Innendienst. – *2. Spezifizierung der Aufgaben:* Zu den wesentlichen Aufgaben des A. gehören a) die Neukundengewinnung, d.h. die Erstberatung und der Abschluss von Versicherungsverträgen von/ mit Neukunden, damit verbunden ggf. auch Aufgaben der Risikobeurteilung, – b) die Bestandskundenbetreuung, damit verbunden die Folgeberatung, die Verlängerung und/ oder der Neuabschluss von Versicherungsverträgen, ggf. auch Aufgaben der Schadenregulierung sowie – c) die Weitergabe von Informationen über die Versicherungsnehmer und deren Risiken an das Versicherungsunternehmen. – *3. Klassifizierung des A.:* a) Der unternehmenseigene A. ist rechtlich und faktisch ein Teil des Versicherungsunternehmens. Zu den betreffenden Absatzorganen gehören die → angestellten Vermittler. – b) Der unternehmensgebundene A. umfasst rechtlich selbstständige Wirtschaftssubjekte, die allerdings vertraglich und/ oder faktisch an das Versicherungsunternehmen gebunden sind. Dazu gehören die → Versicherungsvertreter in den Erscheinungsformen des → Einfirmenvertreters und des → Konzernvertreters. Zum unternehmenseigenen- und -gebundenen A. siehe auch unter → Ausschließlichkeit. – c) Der unternehmensfremde A. umfasst rechtlich und faktisch selbstständige Wirtschaftssubjekte, die weder vertraglich noch tatsächlich an das Versicherungsunternehmen gebunden sind. Das sind namentlich die → Versicherungsmakler.

Außenfinanzierung. *1. Begriff:* Form der Finanzierung, die dem Unternehmen Mittel von außen zuführt, um den Kapitalbedarf zu decken bzw. die → Liquidität zu gewährleisten. Die Kapitalüberlassung setzt den Abschluss eines Vertrags voraus, der die Rechte und Pflichten sowohl des finanzierenden Unternehmens als auch des Investors regelt. – *2. Finanzierungsquellen:* Die A. lässt sich nach den Quellen gliedern, die zur Aufbringung der Finanzierungsmittel herangezogen werden. Im Versicherungsunternehmen erfolgt die A. durch vorausgezahlte Versicherungsprämien von Seiten des Absatzmarkts (→ versicherungstechnisches Fremdkapital) oder in Form von → Eigenkapital oder → Fremdkapital, das auf dem Kapitalmarkt aufgenommen wird. Neben der Mittelherkunft ist somit auch nach der rechtlichen Zuordnung des Kapitals zu unterscheiden. – *3. Arten:* a) → Beteiligungsfinanzierung: A. von Eigenkapital, bei der die Kapitalgeber Beteiligungstitel am Unternehmen erhalten, z.B. durch die Emission junger Aktien im Rahmen einer Kapitalerhöhung. – b) → Kreditfinanzierung: A. von Fremdkapital, bei der die Kapitalgeber Forderungstitel erhalten und somit Gläubiger des finanzierenden Unternehmens werden.

Außenregulierer, *Schadenregulierer.* – *1. Begriff:* Im Bereich der Sachversicherungssparten tätige Mitarbeiter, die im Gegensatz zu den Sachbearbeitern im Innendienst vor Ort die → Schadenregulierung vornehmen. – *2. Merkmale:* A. besitzen regelmäßig eine → Schadenregulierungsvollmacht, die es ihnen (in bestimmten, vom Versicherer definierten Grenzen) erlaubt, alleine abschließende Entscheidungen z.B. hinsichtlich der Entschädigungsleistung zu treffen und mit dem Versicherungsnehmer zu vereinbaren. – *3. Anforderungen:* A. verfügen i.d.R. neben dem reinen Versicherungswissen über zusätzliche Sachkenntnis zur Begutachtung der Schäden (Plausibilität, Schadenumfang und Kosten der Schadenbehebung). Daneben übernehmen sie insbesondere bei gewerblichen Schäden oftmals die Rolle eines Initiators und Koordinators für die Schadenbehebung, indem sie bspw. Spezialunternehmen (z.B. für chemische Analysen oder für die Rußdekontamination) empfehlen und einsetzen. – *4. Abgrenzung zu anderen Begriffen:* Im Unterschied zu → Gutachtern, Sachverständigen oder → Havariekommissaren sind A. häufig Mitarbeiter des Versicherungsunternehmens.

Außenversicherung. Versicherung → beweglicher Sachen außerhalb des im Versicherungsvertrag benannten → Versicherungsorts Betrifft die Sachversicherung.

Außenwanderung, *internationale* → *Migration.* – *1. Begriff:* Sämtliche Wohnsitzwechsel über eine Ländergrenze. – *2. Entwicklungen in Deutschland:* Deutschland gehört zwar nicht zu den klassischen Einwanderungsländern, ist aber bereits seit 50 Jahren ein Land mit sehr hohen Zuwanderungszahlen. Gleichzeitig wandert aber auch eine hohe Anzahl an Personen deutscher und ausländischer Nationalität wieder ab. Sowohl die Zuzugs- als auch die Fortzugszahlen von Personen ausländischer Nationalität sind in den vergangenen 15 Jahren abgesunken, wobei noch immer die Zahl der Zuzüge die der Fortzüge übersteigt. Bei Deutschen ist die Zahl der Fortzüge im gleichen Zeitraum dagegen angestiegen, während die Zahl der Zuzüge rückläufig ist. Vgl. auch → Binnenwanderung.

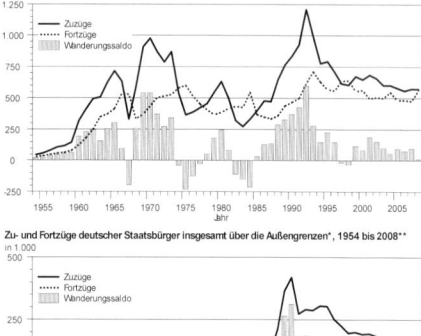

* Bis einschl. 1990 Gebietsstand Früheres Bundesgebiet
** Für das Jahr 2008 vorläufiges Ergebnis. Den Wanderungsdaten zugrunde liegenden Meldungen der Meldebehörden enthalten zahlreiche Melderegisterbereinigungen, die infolge der Einführung der persönlichen Steuer-Identifikationsnummer durchgeführt worden sind. Die Ergebnisse sind daher nur eingeschränkt aussagekräftig.
Datenquelle: Statistisches Bundesamt. Graphische Darstellung: BiB

Aussperrung. Mittel des Arbeitgebers zum Arbeitskampf (Gegenstück zum Streik als Mittel der Arbeitnehmer). Gefahr, die in der → Extended Coverage-Versicherung unter der Gruppe der politischen Risiken abgedeckt wird.

Ausstellungsversicherung, *Messeversicherung.* – *1. Begriff:* Versicherung von Ausstellungsgütern einschl. von Standeinrichtungen und Verbrauchsgütern während des Hin- und Rücktransports, des Auf- und Abbaus und der Ausstellung selbst. – *2. Merkmale:* Die A. kann durch den Aussteller in Form eines selbstständigen Vertrags oder als Ergänzung einer bereits bestehenden laufenden → Warenversicherung abgeschlossen werden. Häufig wir die A. durch die Messeleitung besorgt (→ Versicherung für fremde Rechnung). Für Kunstausstellungen werden Sonderbedingungen vereinbart. Falls eine → laufende Versicherung abgeschlossen wird, unterliegt die A. nach § 210 VVG nicht den Beschränkungen der Vertragsfreiheit. – *3. Deckungsumfang:* Die A. ist normalerweise eine → Allgefahrenversicherung; zu den üblichen Ausschlüssen der Warenversicherung kommt u.a. ein Ausschluss von Schäden, die durch Bearbeitung, Montage und Vorführung entstehen. Das Abhandenkommen kleiner Wertgegenstände und zum

Verbrauch bestimmter Güter ist nur infolge → Einbruchdiebstahls und → Raubs versichert.

Aussteuerversicherung, *Heiratsversicherung. – 1. Begriff:* Spezielle Erscheinungsform der → Kapitallebensversicherung zur Vorsorge für eine Hochzeit, ein Studium o.ä. – *2. Merkmale:* Bei der A. wird die versicherte Summe zum Hochzeitszeitpunkt ausgezahlt, spätestens jedoch i.d.R. zum 25. Lebensjahr. Sollte der versicherte Versorger (Beitragszahler) während der → Versicherungsdauer versterben, werden die → Folgeprämien bis zum Ende der Versicherungsdauer durch das Versicherungsunternehmen getragen. – *3. Aktuelle Entwicklungen:* Die A. hat auf Grund der Neuregelung der steuerlichen Behandlung von Kapitallebensversicherungen seit dem Jahr 2005 im Neugeschäft kaum noch Relevanz. Die gesamte Kapitalleistung abzgl. der eingezahlten Prämien muss seitdem als Einkommen mit dem persönlichen Steuersatz versteuert werden.

Auswahlverfahren. *1. Begriff:* Verfahren zur Auswahl eines geeigneten Kandidaten unter den Bewerbern für die Besetzung einer Stelle. – *2. Merkmale:* Das A. durchläuft ein mehrstufiges Verfahren von der Bewerbungsanalyse, über das Vorstellungsgespräch, unterschiedliche Testverfahren (z.B. → Assessment Center, → Management-Audit) bis zur Abgabe eines Einstellungsangebots bzw. zur Absage des Bewerbers. Einstellungskriterium ist eine möglichst genaue Deckung von → Funktions- und Anforderungsprofil der Stelle und Qualifikationsprofil der Bewerbers. Zu einem fairen A. gehören: a) Transparenz des Verfahrens für den Bewerber, – b) offene Kommunikation und – c) schnelle Prozesse, insbesondere bei der Entscheidung.

Auszahlung. Abfluss an Zahlungsmitteln. Der Gegensatz zur A. ist die → Einzahlung. A. und Einzahlungen werden zum gesamten → Zahlungsstrom verdichtet. Die A. sind weiterhin abzugrenzen von Ausgaben, Aufwendungen und Kosten.

Auszahlungsplan, *Entnahmeplan.* Geplante, regelmäßige Auszahlung aus einem (Investment-)Vermögen. Zu unterscheiden ist grundsätzlich zwischen A. mit und ohne Kapitalverzehr. Der A. ist i.V.m. einer Restkapitalverrentung ab dem 85. Lebensjahr nach dem AltZertG eine der zulässigen Auszahlungsformen für die private → Riester-Rente und nach § 112 VAG für den → Pensionsfonds. Ein → Abfindungsverbot für laufende Leistungen i.S.d. § 3 BetrAVG besteht auch bei einem A., allerdings gem. § 16 VI BetrAVG keine Verpflichtung zur → Rentenanpassung.

Auszehrungsverbot. Verbot einer Herabsetzung der erstmalig festgesetzten betrieblichen Versorgungsleistungen infolge der Berücksichtigung von Erhöhungen anderweitiger Versorgungsbezüge (§ 5 I BetrAVG).

Autonotruf. → Notruf der Autoversicherer.

AVAD. Abk. für → Auskunftsstelle über Versicherungs-/ Bausparkassenaußendienst und Versicherungsmakler in Deutschland e.V.

Available for Sale. *1. Begriff:* Bilanzierungs- und Bewertungskategorie für → Finanzinstrumente nach IAS 39 (→ IAS/ → IFRS). – *2. Merkmale:* a) Unter A. werden diejenigen Finanzinstrumente aktiviert, die zur Veräußerung verfügbar sind und keiner anderen Bewertungskategorie zugeordnet werden (Auffangkategorie/ Residualgröße). – b) Die Bewertung erfolgt zum → Fair Value. Änderungen im beizulegenden → Zeitwert (→ beizulegender Wert) werden grundsätzlich erfolgsneutral im → Eigenkapital erfasst. Erst bei Realisation oder dauerhafter Wertminderung (→ Impairmenttest) erfolgt eine Erfassung in der → Gewinn- und Verlustrechnung (GuV). – *3. Abgrenzungen:* Nach IAS 39 werden Finanzinstrumente in die Kategorien → At Fair Value through Profit or Loss, → Held to Maturity, → Loans and Receivables und A. eingeordnet. – *4. Anwendung auf Versicherungsunternehmen:* Die Kategorie A. enthält den größten Teil der von Versicherungsunternehmen gehaltenen „Aktien, Investmentanteile und andere nicht festverzinsliche Wertpapiere" sowie „Inhaberschuldverschreibungen und andere festverzinsliche Wertpapiere".

Available Solvency Margin. *1. Begriff:* Die im Rahmen von → Solvency II aufsichtsrechtlich anerkannten Solvabilitätsmittel eines Versicherungsunternehmens, die als Risikopuffer dienen und ggf. Verluste auffangen können. – *2. Merkmale:* Die im Juli 2007 veröffentlichte Rahmenrichtlinie der EU zu Solvency II sieht zur Bestimmung der A. ein dreistufiges Verfahren vor. Auf der ersten Stufe werden die verfügbaren → Solvabilitätsmittel als Summe von Basiseigenmitteln (ökonomisches → Eigenkapital) und ergänzenden → Eigenmitteln (offbalance) bestimmt. In einem zweiten Schritt werden die Solvabilitätsmittel in drei Klassen (Tiers) entsprechend ihrer Ausgestaltung nach den Kriterien Nachrangigkeit, Verlustausgleichsfähigkeit, Permanenz, keine festgelegte Laufzeit und kein Bedienungsaufwand unterteilt. Die dritte Stufe regelt die Anerkennung der Solvabilitätsmittel entsprechend ihrer Zuordnung in die Klassen (Tiers). – *3. Beurteilung:* Der oben beschriebene Ansatz der Rahmenrichtlinie wird in der Versicherungswirtschaft stark kritisiert, da dieses Vorgehen im Widerspruch zum ökonomischen Ansatz von Solvency II steht. Aus ökonomischer Perspektive ergeben sich die risikotragenden Solvabilitätsmittel als Differenz der Vermögenswerte und Verbindlichkeiten zu Marktwerten (economic capital). In einem solchen Ansatz würden alle Risikopuffer, die zur Abdeckung von Verlusten herangezogen werden können und den Versicherungsnehmern nicht unwiderruflich zustehen, als A. anrechenbar sein.

Avalkredite. *1. Begriff:* Aufgrund des Versicherungsvertrags eingegangene Verpflichtung des Kautionsversicherers, Avale (Bürgschaften, Garantien oder sonstige Haftungserklärungen) zur Absicherung von Ansprüchen wegen Nicht- oder Schlechterfüllung von vertraglichen Verpflichtungen, die der Versicherungsnehmer gegenüber seinem Gläubiger erbringen muss, herauszulegen. Siehe auch → Kautionsversicherung. – *2. Arten:* a) Anzahlungsavale dienen als Sicherheit für die Rückzahlung von Voraus- oder Abschlagszahlungen durch den Versicherungsnehmer. – b) Bietungsavale werden regelmäßig im Zusammenhang mit Ausschreibungen öffentlicher Auftraggeber gestellt. Sie dienen zur Sicherstellung einer Vertragsstrafe für den Fall der Zurückziehung des Angebots oder der Nichtannahme nach Zuschlagserteilung durch den Versicherungsnehmer. – c) Gewährleistungsavale dienen als Sicherheit dafür, dass der Versicherungsnehmer während der Gewährleistungszeit aufgetretene Mängel beseitigt. Weiterhin dienen sie zur Ablösung von Gewährleistungseinbehalten des Auftraggebers. – d) Lieferungs-/ Leistungsavale dienen als Sicherheit dafür, dass der Versicherungsnehmer die eingegangene Verpflichtung zur Erbringung von Lieferungen und Leistungen bis zum Zeitpunkt der Übernahme/ Abnahme erfüllt. – e) Vertragserfüllungsavale dienen als Sicherheit für die ordnungsgemäße Ausführung der vertraglich zu erbringenden Leistung.

B

Bachelor, *Bakkalaureus-Grad.* – *1. Begriff:* Erster (niedrigster) akademischer Grad, der von Hochschulen im Rahmen eines mehrstufigen Studienmodells vergeben werden kann. – *2. Ziele:* Der B. wurde im Zuge des Bologna-Prozesses zur Vereinheitlichung der akademischen Ausbildung innerhalb der EU, zur Verkürzung der Studiendauer und für einen stärkeren Praxisbezug eingeführt. – *3. Merkmale und Arten:* Die Regelstudienzeit umfasst meist sechs bis maximal acht Semester. Die Kultusministerkonferenz hat für Deutschland folgende Abschlussbezeichnungen festgelegt: a) Bachelor of Arts (B.A.), – b) Bachelor of Science (B.Sc.), – c) Bachelor of Engineering (B.Eng.), – d) Bachelor of Laws (LL.B.), – e) Bachelor of Fine Arts (B.A.F.), – f) Bachelor of Music (B.Mus.), – g) Bachelor of Education (B.Ed.). Einen Bachelor-Abschluss für den Bereich Versicherungslehre o.ä. gibt es nicht. Möglich ist nur die Wahl eines Versicherungsschwerpunkts. Hierzu muss eine Hochschule ausgewählt werden, die diesen Schwerpunkt im Rahmen des Bachelor of Arts anbietet. In Deutschland kann der Abschluss auch an → Berufsakademien erworben werden. Dieser gilt jedoch nicht als akademischer Abschluss, sondern wird durch einen staatlichen Abschluss ersetzt. Für den Fall des Weiterstudierens muss die Zulassung zu einem Masterstudiengang (→ Master) durch die betreffende Hochschule geprüft werden. Mit dem Bachelor-Abschluss an einer Hochschule kann der Studierende auf jeden Fall ein Masterstudium anschließen.

Back-End-System. Teil eines IT-Systems, der sich fern vom Benutzer befindet, z.B. Server, Platten- und Bandspeicher und zentrale Netzwerkkomponenten. B. werden benutzt, um Daten dauerhaft und sicher zu speichern sowie Aufgaben durchzuführen, die große Datenmengen verarbeiten. Dies geschieht i.d.R. im sog. Batchbetrieb. Siehe auch → Front-End-System.

Bagatellschaden, *Kleinschaden.* – *1. Begriff:* Der B. kann von einem Rechtsunkundigen eindeutig als solcher erkannt werden. Sofern kein → Ausschluss von B. vereinbart ist, ist der B. grundsätzlich versichert und unterfällt somit der Leistungspflicht des Versicherungsunternehmens. – *2. Bedeutung:* Häufig ist der Versicherungsnehmer daran interessiert, einen B. nicht zu melden. Gründe hierfür sind, dass der Versicherungsnehmer bei einem schadenfreien Versicherungsverlauf seinen → Schadenfreiheitsrabatt behält oder eine Beitragsrückerstattung erhält.

Balanced Scorecard (BSC). *1. Begriff:* Umfassend strukturiertes Kennzahlen- und Messsystem (→ Performance-Messung), das der vorwiegend strategischen Zielsetzung und Steuerung eines Unternehmens dient. Die BSC berücksichtigt sowohl finanzielle als auch nicht-finanzielle Kenngrößen und bewertet die Unternehmensleistung aus verschiedenen Perspektiven heraus, z.B. Finanzen, Kunden, interne Geschäftsprozesse und Mitarbeiter. Auf diese Weise wird eine ganzheitliche Darstellung von Unternehmenszusammenhängen ermöglicht, aus denen sich Maßnahmen zur Ausrichtung des Unternehmens an den vorgegebenen Zielen ableiten lassen. – *2. Vorgehensweise:* Für jede Perspektive werden Ziele und Kennzahlen definiert, die über Ursachen-Wirkungs-Beziehungen miteinander verknüpft und analysiert werden. Dabei werden diejenigen Erfolgsfaktoren identifiziert, die den größten Beitrag im Hinblick auf die Strategieumsetzung leisten. – *3. Kennzahlen:* Neben den „harten" finanziellen Kennzahlen, wie Return on Investment (ROI) und Umsatz, werden auch „weiche" nicht-finanzielle Kennzahlen, wie Kundenzufriedenheit, pünktliche Lieferung, Prozessqualität und -durchlaufzeit, Mitarbeiterfluktuation oder durchschnittliche Anzahl von Krankheitstagen berücksichtigt.

Bancassurance. → Vertrieb von Versicherungsprodukten durch Banken und Sparkassen – neben klassischen Bankprodukten, wie z.B. Sparplänen oder Krediten – oder durch Vertriebsmitarbeiter von Versicherungsunternehmen in den Räumen der Banken bzw. Sparkassen. – *2. Merkmale:* I.d.R. liegt dem Konzept eine Vertriebskooperation zwischen Bank bzw. Sparkasse und Versicherer zugrunde. Immer häufiger gehen zudem auch Versicherungsmakler Kooperationen mit Banken bzw. Sparkassen ein, um dort Produkte zu vertreiben. Teilweise besitzen Versicherungskonzerne auch eigene Banktochtergesellschaften, oder Banken bzw. die Sparkassen haben eigene Versicherungstöchter. – *3. Bedeutung:* Der Vertrieb von Versicherungsprodukten über Banken bzw. Sparkassen ist weit verbreitet und besonders erfolgreich im Lebensversicherungsgeschäft. Dem Gegenstück, d.h. der Vermittlung von Bankprodukten durch Versicherungsvertriebe (auch Assekuranzbanking oder Assurbanking genannt), fehlt dagegen noch der nachhaltige Erfolgsbeweis. Siehe auch → Allfinanz.

Bankenvertrieb. → Bancassurance.

Barwert. *1. Begriff:* Betrag, der bereitgehalten werden muss, um bei einer bestimmten Annahme hinsichtlich der Verzinsung zusammen mit allen künftigen Einzahlungen alle künftigen Auszahlungen exakt zu decken. Kann außer für Cash flows, d.h. für Einzahlungen und Auszahlungen, auch für Einnahmen und Ausgaben sowie für abgegrenzte Erfolgsgrößen (Erträge und Aufwendungen, Leistungen und Kosten) errechnet werden. – *2. Merkmale:* Der B. drückt den Wert eines künftigen Zahlungsstroms in der Gegenwart aus. Seine Höhe hängt jedoch nicht nur vom Überschuss der Einzahlungen über die Auszahlungen, sondern auch vom Profil der Zahlungen im Zeitablauf und dem verwendeten Zinssatz ab. Der B. einer einfachen Zahlung zu einem späteren Zeitpunkt ist umso niedriger, je weiter dieser Zeitpunkt in der Zukunft liegt und je höher der verwendete Zinssatz ist. – *3. Modell:* Entsprechend der Definition ist der B. die Summe der auf den gegenwärtigen Zeitpunkt diskontierten künftigen Zahlungen, formal: Ist C_k $1 \leq k \leq N$ eine Reihe von N positiven oder negativen Zahlungen zu den Zeitpunkten $t_1 \leq t_k \leq t_N$ und ist i_t die für den Zeitraum [t_1, t] anzuwendende jährliche Verzinsung, so ist der B. des Cash flows zum Zeitpunkt t_l

$$B = \sum_{k=1}^{N} C_k \cdot \left(\frac{1}{1+i_{t_k}} \right)^{t_k - t_l}$$

– *4. Ausprägungen:* Im Zusammenhang mit Sparvorgängen treten v.a. B. einmaliger künftiger Zahlungen (z.B. der Ablaufleistung aus einem Sparvertrag) oder regelmäßig wiederkehrender Leistungen in gleichbleibender Höhe (z.B. künftiger regelmäßiger Sparraten oder auf einen bestimmten Zeitraum vereinbarter Zeitrenten) auf. Lebens- und Rentenversicherungsverträge weisen vergleichbare Merkmale auf: Der Kunde erhält z.B. eine einmalige Kapitalzahlung im Alter 65, wenn er den Versicherungsvertrag jährlich mit einer vereinbarten Einzahlung bedient. Allerdings erfolgen Einzahlungen und Auszahlungen im Regelfall nicht unbedingt, sondern sind an das Leben des Kunden gebunden. Die Beitragszahlungspflicht endet mit dem Tod, eine Leistung wird bei Tod u.U. früher als zum vereinbarten Vertragsablauf gezahlt. Dementsprechend muss das Versicherungsunternehmen in seiner Kalkulation von im Zeitablauf veränderlichen Ein- und Auszahlungen ausgehen, die die im betrachteten Personenkollektiv gegebenen → Ausscheidewahrscheinlichkeiten reflektiert. Bei den mit den jeweiligen Ausscheidewahrscheinlichkeiten gewichteten B. wird deswegen auch von Beitrags- bzw. Leistungsbarwerten gesprochen. In der Versicherungspraxis kommt bei der Kalkulation von Beitrags- und Leistungsbarwerten v.a. auch den verwendeten Zinsannahmen ein großes Gewicht zu. Bei der Verwendung von Zinssätzen, die sich an der aktuellen Kapitalmarkterwartung orientieren, i.V.m. realitätsnahen Ausscheidewahrscheinlichkeiten wird von Barwerten 2. Ordnung gesprochen. Im Gegensatz dazu werden unter Barwerten 1. Ordnung solche verstanden, die mit vorsichtigeren Annahmen hinsichtlich der Ausscheidehäufigkeiten und des realisierbaren Kapitalanlageerfolgs ermittelt sind. – *5. Anwendungszwecke:* Die Barwertmessung verfolgt den Zweck, Zahlungen zu unterschiedlichen Zeitpunkten vergleichbar zu machen. Die Diskontierung (→ Abzinsung) reflektiert dabei die Tatsache, dass der Nutzen einer Zahlung für den Empfänger umso geringer ist, je später sie erfolgt. – *6. Ähnliche Begriffe:* Die Lebensversicherungskalkulation beruht im Kern darauf, dass bei Vertragsabschluss nach dem sog. Äquivalenzprinzip der B. der vertraglich vereinbarten Leistungen (einschl. der Betriebskosten) dem B. der Beitragsleistung des Kunden entsprechen muss. Die ermittelten Beiträge sind umso höher, je niedriger der bei der Kalkulation verwendete Zinssatz und je höher die Leistungswahrscheinlichkeiten angesetzt werden. Siehe auch → Endwert.

Basel II. *1. Begriff:* Gesamtheit von Regulierungsmaßnahmen für Kreditinstitute, die zur Sicherung eines stabilen Finanzsystems beitragen sollen. – *2. Merkmale:* Die vom Basler Ausschuss für Bankenaufsicht entwickelten Regelungen sind seit dem 1.1.2007 für alle Kreditinstitute anzuwenden. Das Basel II-Konzept gliedert sich in drei Säulen: a) Säule 1 definiert Mindesteigenkapitalanforderungen, die auf Basis einer Kapitalunterlegung für → Kreditrisiken, Marktpreisrisiken und → operationelle Risiken eines Kreditinstituts abgeleitet werden. – b) Säule 2 enthält Vorschriften für die → internen Modelle und Prozesse für das → Risikomanagement von Kreditinstituten und legt den Überprüfungsprozess seitens der → Aufsichtsbehörde fest. – c) Säule 3 widmet sich spezifischen Offenlegungspflichten seitens der Kreditinstitute, die disziplinierende Kräfte innerhalb des Bankenmarkts entfalten sollen. – *3. Abgrenzung:* In Analogie zum 3-Säulen-Konzept nach B. werden unter dem Begriff → Solvency II zur Zeit neue Regulierungskonzepte für Versicherungsunternehmen entwickelt, mit deren EU-weiten Implementierung im Jahr 2012 zu rechnen ist.

Basisrisiko. Beschreibt die Möglichkeit einer negativen Abweichung zwischen der Kompensationshöhe aus einer Rückversicherungsdeckung und der tatsächlichen Schadenhöhe im zu deckenden Erst- oder Rückversicherungsportfolio. Im Rahmen einer nicht-schadensbasierten Risikoverbriefung korrelieren z.B. die vereinbarten bedingten Kompensationszahlungen nicht vollständig mit dem abzusichernden Risiko, wenn im → Trigger risikorelevante Zufallsvariablen nicht berücksichtigt werden. Beispiel: Bei indexbasierten Triggern kann die Schadenhöhe beim → Originator von der durch den Index ermittelten Schadenhöhe abweichen.

Basistarif. *1. Begriff:* Standardisierter Krankenversicherungsschutz in der → privaten Krankenversicherung (PKV), der in Art, Umfang und Höhe mit dem Krankenversicherungsschutz in der → gesetzlichen Krankenversicherung (GKV) vergleichbar ist und seit dem 1.1.2009 von allen Versicherungsunternehmen mit Sitz in Deutschland auch als beihilfekonforme Variante angeboten werden muss, die die private → Krankheitskostenvollversicherung anbieten (§ 12 SGB V Ia-Ic). Der B. muss von den Versicherungsunternehmen auch mit vier Selbstbehaltstufen (300, 600, 900 und 1.200 Euro) angeboten werden. Die genaue Ausgestaltung des Versicherungsschutzes wird vom → Verband der privaten Krankenversicherung e.V. festgelegt, wobei die Fachaufsicht das Bundesministerium der Finanzen ausübt. – *2. Versicherungsberechtigter Personenkreis im B. laut GKV-Wettbewerbsstärkungsgesetz:* a) Personen, die zum Zeitpunkt der Einführung des B. am 1.1.2009 freiwillig gesetzlich versichert sind, sofern sie die Aufnahme in den B. bis zum 30.6.2009 beanspruchen. – b) Personen, die erst nach dem 31.12.2008 freiwilliges Mitglied einer → Krankenkasse wurden, innerhalb von sechs Monaten nach Begründung ihrer freiwilligen Mitgliedschaft. – c) Alle Personen mit Wohnsitz in Deutschland, die weder in der GKV versicherungspflichtig sind, noch Leistungen nach dem Asylbewerberleistungsgesetz beanspruchen können, noch Sozialhilfe erlangen; – d) Beihilfeberechtigte, die einen die → Beihilfe ergänzenden Versicherungsschutz benötigen. – e) Privat Versicherte mit Wohnsitz in Deutschland, die ihren Versicherungsvertrag ab dem 1.1.2009 abgeschlossen haben. – f) Bestandsversicherte in der PKV, die ihren Versicherungsvertrag vor dem 1.1.2009 abgeschlossen haben, können zeitlich eingeschränkt vom 1.1. bis zum 30.6.2009 unter Anrechnung von → Alterungsrückstellungen in den B. des eigenen oder eines anderen Unternehmens wechseln. Nach dem 30.6.2009 können Bestandsversicherte nur noch in den B. ihres eigenen Unternehmens wechseln, wenn sie das 55. Lebensjahr vollendet haben oder eine Rente der → gesetzlichen Rentenversicherung (GRV) oder ein Ruhegehalt nach beamtenrechtlichen oder vergleichbaren Vorschriften beziehen oder hilfebedürftig i.S.d. Sozialrechts sind. –

3. Beitragsgestaltung: Ausschlaggebend für die Beitragshöhe sind das → Eintrittsalter und das Geschlecht, nicht der Gesundheitsstatus des Versicherungsnehmers. Es existiert ein Verbot von → Risikozuschlägen. Der Antrag eines Versicherungsberechtigten auf Versicherung im B. darf nicht abgelehnt werden (→ Kontrahierungszwang). Der Beitrag zum B. ist nach § 12 Ic SGB V mehrstufig limitiert. a) 1. Stufe: Der pro versicherte Person zu zahlende Höchstbeitrag entspricht dem jeweils gültigen Höchstbeitrag in der GKV (2009: 569,63 Euro). Letzterer wird ab 2009 per Verordnung anhand des durch die Bundesregierung festgelegten, einheitlichen Beitragssatzes und der → Beitragsbemessungsgrenze in der GKV festgesetzt. – b) 2. Stufe: Wenn durch die Zahlung des Höchstbeitrags Hilfebedürftigkeit entsteht, reduziert sich der Höchstbeitrag um die Hälfte. – c) 3. Stufe: Entsteht auch durch die Zahlung des reduzierten Beitrags Hilfebedürftigkeit, beteiligt sich der nach dem Sozialgesetzbuch zuständige Träger (Bundesagentur für Arbeit oder Sozialamt) im erforderlichen Umfang an dem Beitrag, soweit dadurch Hilfebedürftigkeit vermieden wird. – d) 4. Stufe: Besteht unabhängig von der Höhe des zu zahlenden Beitrags Hilfebedürftigkeit, wird der Beitrag auf die Hälfte des Höchstbeitrags (2009: 284,82 Euro) reduziert. Der Versicherte erhält in diesem Fall vom zuständigen Träger einen Betrag als Zuschuss, der auch für einen Bezieher von → Arbeitslosengeld II in der GKV zu tragen ist (2009: 129,54 Euro). – *4. Konsequenzen und Bewertung:* Weil es im B. → Beitragslimitierungen gibt und es den Unternehmen der PKV nicht erlaubt ist, im B. Risikozuschläge zu erheben oder Leistungsausschlüsse zu vereinbaren, reichen die Beiträge kalkulatorisch nicht aus, um die Krankheitskostenrisiken zu decken. Im B. entstehen Defizite, die auch von den Bestandsversicherten anderer PKV-Tarife mitzutragen sind (Quersubventionierung). Diese Regelungen führen zu Belastungen der PKV und ihrer Versicherungsnehmer.

Basisversorgung. *1. Begriff:* Erste Schicht der Altersvorsorge im Rahmen des → Alterseinkünftegesetzes (siehe auch → Altersvorsorge). Umfasst spezielle Rentenvorsorgeprodukte, die von anderen Vorsorgeprodukten abgegrenzt sind. – *2. Bestandteile:* Zur B. zählen die → gesetzliche Rentenversicherung (GRV), die Altersvorsorge der berufsständischen Versorgungswerke, die Alterssicherung der Landwirte sowie die sog. private Rürup- oder Basis-Rente. Alle aus der B. erworbenen Ansprüche sind in Form einer lebenslangen Rente zu beziehen. Der Bezug von Kapitalleistungen ist ausgeschlossen. Die durch Beitragszahlungen erworbenen Ansprüche können i.d.R. nicht vererbt, beliehen, veräußert oder übertragen werden. Der Staat fördert die B. über einen steuerlichen Freibetrag: In der Ansparphase/ Rentenaufbauphase können die → Versicherungsnehmer ihre Beiträge zur B. derzeit teilweise (68 % im Jahr 2009), bis zum Jahr 2025 jährlich um zwei Prozentpunkte ansteigend und ab 2025 zu 100 % steuermindernd als Sonderausgaben geltend machen (§ 10 III EStG), soweit die Beiträge 20.000 Euro pro Person nicht überschreiten. Während der Bezugsphase der Rente wirkt eine → nachgelagerte Besteuerung, bei der der Rentenbezieher die aus der B. bezogene Rente wie folgt zur Versteuerung bringen muss (§ 22 Nr. 1 EStG):

Steuerliche Regelung des Rentenbezugs

Jahr des Rentenbeginns	Besteuerungsanteil in %
bis 2005	50
ab 2006	52
2007	54
2008	56
2009	58
2010	60
2011	62
2012	64
2013	66
2014	68
2015	70
2016	72
2017	74
2018	76
2019	78
2020	80
2021	81
2022	82
2023	83
2024	84
2025	85
2026	86
2027	87

Steuerliche Regelung des Rentenbezugs

2028	88
2029	89
2030	90
2031	91
2032	92
2033	93
2034	94
2035	95
2036	96
2037	97
2038	98
2039	99
ab 2040	100

Bauart. Der Aufbau der Außen- und Innenwände (z.b. Fertigbauweise) und die Bedachung (z.B. Reetdach) eines → Wohngebäudes definieren dessen Bauart.

Bauartklasse. → Gebäude mit ähnlicher → Bauart werden zur B. zusammengefasst. Die B. spiegelt insbesondere das Risiko bzgl. der Gefahr → Feuer wider. Sie dient als Annahmekriterium und als Tarifierungsmerkmal. In der höchsten B. werden üblicherweise besondere Sicherheitsauflagen und Brandschutzmaßnahmen als → Obliegenheiten vereinbart.

Bauherrenhaftpflichtversicherung. Versicherungsart in der allgemeinen → Haftpflichtversicherung, die Haftpflichtrisiken des Versicherungsnehmers als Bauherr und/ oder Besitzer des zu bebauenden Grundstücks deckt. Versichert sind Ansprüche aus der Verletzung von Pflichten, die dem Versicherungsnehmer obliegen. Zusätzlich kann die gesetzliche Haftpflicht des Versicherungsnehmers aus der Ausführung der Bauarbeiten oder eines Teils dieser Arbeiten in eigener Regie versichert werden.

Bauleistungs-Betriebsunterbrechungsversicherung. *1. Begriff:* Art der → Betriebsunterbrechungsversicherung, deren Versicherungsschutz auf den Ausgleich des → Unterbrechungsschadens ausgerichtet ist, der infolge einer nicht termingerechten Nutzung des im Versicherungsvertrag dokumentierten Bauvorhabens entsteht. Gehört zur Gruppe der → technischen Betriebsunterbrechungsversicherung. Die Ersatzpflicht bedingt, dass die beeinträchtigte oder verspätete Nutzungsmöglichkeit durch einen am Versicherungsort eingetretenen Sachschaden i.S.d. → Bauleistungsversicherung entstanden ist. – *2. Merkmale:* Für die B. liegt kein eigenständiges Bedingungswerk vor. Rechtsgrundlage bilden die Allgemeinen Bedingungen für die → Maschinen-Betriebsunterbrechungsversicherung (AMBUB 2008), die mittels einer zusätzlichen Klausel (TK 4950) hinsichtlich der risikospezifischen Merkmale der B. modifiziert und vervollständigt werden. So beginnt der → Bewertungszeitraum mit dem Ende des ersatzpflichtigen Unterbrechungsschadens bzw. dem Ablauf der → Haftzeit, deren Anfang durch den Zeitpunkt bestimmt wird, an dem das Bauvorhaben ohne Eintritt des Sachschadens fristgerecht hätte genutzt werden sollen.

Bauleistungsversicherung. Versicherung von Baumaterialien gegen Beschädigung, Zerstörung und optional gegen → Diebstahl während der Bauphase. Die B. wird oft in Kombination mit der → Rohbauversicherung als Paket für die Bauphase angeboten.

Baupreisindex. Spiegelt die Entwicklung der Preise für den → Neubau und die Instandhaltung von Bauwerken wider. Der B. wird vom statistischen Bundesamt herausgegeben. In der Versicherungswirtschaft wird der B. zur Beitragsberechnung für die Versicherung von → Wohngebäuden in der → gleitenden Neuwertversicherung herangezogen.

Bausteinprinzip. *1. Begriff:* Gestaltung von Versicherungsschutz über möglichst kleine, standardisierte Bausteine, der somit zuvor in seine Bestandteile zerlegt wird, so dass aus verschiedenen Bausteinkombinationen eine weitgehend individualisierte Deckung gestaltet werden kann. – *2. Merkmale:* Das B. ist ein kundenorientierter Ansatz, der Standardisierung und Individualisierung miteinander verbindet. Das Ergebnis sind sog. Bausteinprodukte. Im Fall des Angebots kleinstmöglicher Bausteine bzw. Teilleistungen – und nicht nur der Bündelung ganzer Produkte (→ gebündelte Versicherung) – bieten Bausteinprodukte eine hohe Deckungsflexibilität. Sie kombinieren standardisierte Bausteine (Kostenaspekt) mit individuellen, aus diesen zusammengesetzten → Versicherungsprodukten (Bedarfsgerechtigkeit). Unter der Voraussetzung der Kalkulierbarkeit bzw. der Tarifzuordnung möglichst parzellierter Einzeldeckungen hätte jeder Kunde die Möglichkeit, für ihn relevante Bausteine und damit einen insgesamt passenden Versicherungsschutz wunschgemäß zusammenzustellen. – *3. Probleme:* Die Konzipierung der Bausteine erfordert eine entsprechende Kalkulation, die Abbildung im gesamten Prozesssystem der Versicherer sowie die dazu notwendige IT-Unterstützung – die Umsetzung dieser Vorgaben bedeutet für die Praxis eine große Herausforderung.

Beamtenanwärter. *1. Begriff:* → Beamte auf Widerruf im Vorbereitungsdienst, die Anwärterbezüge erhalten. Die Anwärterzeiten sind grundsätzlich als → ruhegehaltfähige Dienstzeiten i.S.d. Beamtenversorgungsgesetzes erfasst. – *2. Versorgung der B.:* Ein eigenständiger Anspruch auf → Beamtenversorgung als Alterssicherung wird dem B. nur gewährt, wenn er eine Dienstzeit von mindestens fünf Jahren abgeleistet hat oder in Folge von Krankheit, Verwundung oder sonstiger Beschädigung, die er sich ohne grobes Verschulden bei Ausübung oder Veranlassung des Dienstes zugezogen hat, dienstunfähig geworden ist. Wird die Wartezeit von fünf Jahren nicht erfüllt – und liegt auch kein Fall der → Dienstunfähigkeit vor – besteht kein Anspruch auf → Ruhegehalt nach dem → Beamtenversorgungsgesetz. Für B. liegt damit in der beruflichen Anfangsphase ein Alterssicherungsrisiko vor, da bis zum Erreichen von fünf ruhegehaltfähigen Dienstjahren keine Absicherung über die eigenständige Beamtenversorgung existiert. Zu beachten ist jedoch, dass für Beamte auf Probe, die vor Erreichen einer Dienstzeit von mindestens fünf Jahren aus dem Beamtenverhältnis entlassen werden, eine Nachversicherung in der → gesetzlichen Rentenversicherung (GRV) nach § 8 II SGB VI erfolgt. Dabei werden die im Beamtenverhältnis zurückgelegten Dienstzeiten so behandelt, als wären sie sozialversicherungspflichtige Zeiten. Bei der Nachversicherung übernimmt der Dienstherr den vollen Sozialbeitrag, d.h. den Arbeitgeberanteil und den Arbeitnehmeranteil, jedoch nur bis zur jeweiligen → Beitragsbemessungsgrenze. Eine besondere Lage ist gegeben, wenn der B. infolge von Krankheit, Verwundung oder sonstiger Beschädigung, die er sich ohne grobes Verschulden bei Ausübung oder aus Veranlassung des Dienstes zugezogen hat, dienstunfähig wird und deshalb in den → Ruhestand versetzt wird. In diesem Fall erhält der B. eine Beamtenversorgung nach den Regelungen der sog. Dienstunfallversorgung (siehe → Unfallfürsorge).

Beamtenversorgung

von Peter Heesen

1. Begriff
Eigenständiges Versorgungssystem für Beamte. Grundlegend im Gesetz über die Versorgung der Beamten und Richter in Bund und Ländern geregelt. Die Beamtenversorgung ist eine „Vollversorgung", die nach Wesen, Sinn und Zweck sowohl die Grund- als auch die Zusatzversorgung umfasst, wie sie im Rahmen einer betrieblichen Altersversorgung gewährt wird.

2. Leistungsarten
Die wesentlichen Leistungsarten der Beamtenversorgung sind: a) v.a. das Ruhegehalt, sowie im Weiteren in der Reihenfolge der alphabetischen Bezeichnungen – b) die Beihilfe, – c) die Heilfürsorge, – d) die Hinterbliebenenversorgung, – e) das Sterbegeld, – f) das Übergangsgeld, – g) die Unfallfürsorge, – h) das Waisengeld, – i) das Witwen-/ Witwergeld, – j) die Witwen-/ Witwerabfindung.

3. Abgrenzung und Unterscheidungsmerkmale von anderen Versorgungssystemen
Von den anderen Versorgungssystemen unterscheidet sich die eigenständige Beamtenversorgung nach den verfassungsrechtlichen und einfach-gesetzlichen Grundlagen, den Berechnungsgrundlagen und -strukturen sowie hinsichtlich der Finanzierungsgrundlagen, des Sicherungsniveaus sowie des Umfangs der jeweiligen Ansprüche. Wegen der wesentlichen strukturellen

Beamtenversorgungsgesetz (BeamtVG)

Unterschiede zwischen den prägenden Alterssicherungssystemen in Deutschland, das sind die gesetzliche Rentenversicherung, die eigenständige Beamtenversorgung sowie die jeweiligen berufsständischen Versorgungssysteme, siehe die nachstehende tabellarische Übersicht:

Strukturelemente der Alterssicherungssysteme			
	Gesetzliche Rentenversicherung	Beamtenversorgung	Berufsständische Versorgungssysteme
Finanzierung	• Beiträge von Arbeitgeber und Arbeitnehmer zu gleichen Teilen • Beschränkung durch Beitragsbemessungsgrenze • Beitragssatz: 19,9% • Steuermittel des Bundes (Bundeszuschuss) → ca. 1/3 der Ausgaben der RV	• Steuermittel aus den laufenden Haushalten • Besoldung ist im Hinblick auf die spätere Altersversorgung moderat ausgestaltet • Kapitalgedeckte Versorgungsfonds im Aufbau und geplant	• Vom Einkommen abhängige Beiträge • An GRV angelehnte Beitragsbemessungsgrenzen
Ansprüche	• Entsprechend den Einzahlungen • (Subsidiär: Soziale Grundsicherung im Alter) • Erwerbsminderungsrenten • Hinterbliebenenrenten • Beschränkung durch Beitragsbemessungsgrenze	• Entsprechend dem Amt und der ruhegehaltfähigen Dienstzeit • Mindestversorgung • Unfallfürsorge und Hinterbliebenenversorgung	• Entsprechend den Einzahlungen • Berufsunfähigkeit • Hinterbliebenenversorgung
Kapitaldeckung	• Keine • Umlageverfahren	Im geringen Umfang durch Versorgungsrücklagen / -fonds	• Ja

4. Bedeutung

Die relative Bedeutung der verschiedenen Alterssicherungssysteme geht aus folgender schematischer Darstellung hervor, die eine Betrachtung des Gewichts der einzelnen Alterssicherungssysteme.

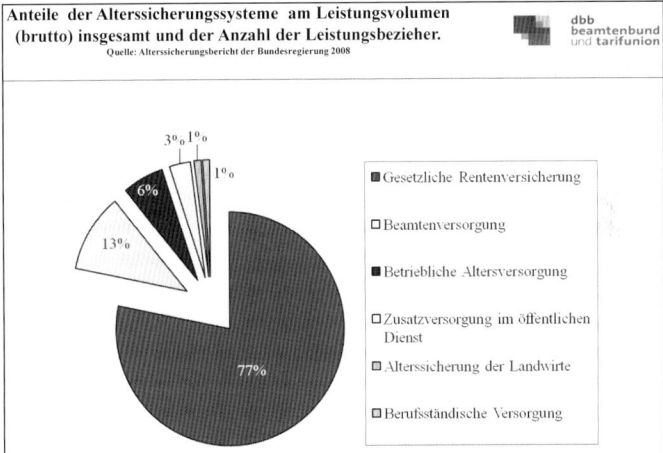

Die Gesamtzahl der Versorgungsempfänger inkl. den Hinterbliebenen bei Bund, Ländern und Gemeinden lag zum 1.1.2009 bei rund 700.000 (Quelle: Statistisches Bundesamt).

Beamtenversorgungsgesetz (BeamtVG). *1. Begriff:* Gesetz über die Versorgung der → Beamten und Richter in Bund und Ländern. Regelt die Versorgung der Bundesbeamten und der Beamten der Länder, der Gemeinden sowie der sonstigen der Aufsicht eines Landes unterstehenden Körperschaften, Anstalten und Stiftungen. – *2. Historie und Entwicklungen:* Die einheitliche Regelung der Versorgung für alle Beamte in allen Gebietskörperschaften durch Bundesgesetz mit Zustimmung des Bundesrats erfolgte nach einer Verfassungsänderung vom 18.3.1971 (BGBl. I S. 206). Damals wurde die einheitliche Regelungskompetenz für die Versorgung geschaffen, um eine Zersplitterung des Alterssicherungsrechts in den verschiedenen Gebietskörperschaften zu verhindern. Mit der „Förderalismusreform I" wurde allerdings im Jahr 2006 die Regelung der Alterssicherung der Landes- und Kommunalbeamten auf die Länder übertragen. Mit dem Gesetz zur Änderung des Grundgesetzes, das am 31.8.2006 im Bundesgesetzblatt (BGBl. I S. 2034 ff.) veröffentlicht wurde und am 1.9.2006 in Kraft getreten ist, steht dem Bund nicht mehr das Recht zu, die → Beamtenversorgung bundeseinheitlich für alle Beamte der Länder, Gemeinden sowie der sonstigen der Aufsicht eines Landes unterstehenden Körperschaften, Anstalten und Stiftungen zu regeln. Mit der Einführung des Art. 74 I Nr. 27 GG haben seit September 2006 der Bund und die Länder die Gesetzgebungskompetenz für das Beamtenversorgungsrecht jeweils eigenständig. Beachtlich ist jedoch, dass nach Art. 125a GG das als Bundesrecht erlassene Recht – also das BeamtVG – solange weiter gilt, wie es nicht durch Neurecht, z.B. durch ein neues Versorgungsrecht für Landesbeamte, ersetzt wird. In der Praxis bedeutet dies, dass das bisherige BeamtVG i.d.F. von Ende August 2006 eingefroren wurde – also in seinem Inhalt nicht mehr mit Wirkung für alle Beamte in Deutschland veränderlich ist. – *3. Zahl der Versorgungsempfänger nach dem BeamtVG:* Am 1. Januar 2008 erhielten insgesamt 1,439 Mio. Ruhegehaltsempfänger, Witwen/ Witwer und Waisen Versorgungsbezüge auf der Grundlage des BeamtVG (Stand: Februar 2009).

Beamter. *1. Begriff:* Im staatsrechtlichen Sinn derjenige, der in einem öffentlich-rechtlichen Dienst- und Treueverhältnis zu einer dienstherrnfähigen juristischen Person des öffentlichen Rechts steht und durch Aushändigung einer Ernennungsurkunde mit den Worten „Unter Berufung in das Beamtenverhältnis…" ernannt worden ist. Dieser Beamtenbegriff wird in Art. 33 IV und V GG zugrunde gelegt und im Beamtenversorgungsrecht verwendet. Siehe auch → Politischer Beamter. – *2. Abgrenzungen:* Nach Art. 33 IV GG soll die Ausübung hoheitlicher Befugnisse als ständige Aufgabe i.d.R. Angehörigen des öffentlichen Dienstes übertragen werden, die in einem öffentlich-rechtlichen Dienst- und Treueverhältnis stehen. Das sind Soldaten, Richter und Beamte. Demgegenüber werden diejenigen Angehörigen des öffentlichen Dienstes, die in einem privatrechtlichen Arbeitsverhältnis zu einem öffentlich-rechtlichen Arbeitgeber stehen, als Beschäftigte des öffentlichen Dienstes bezeichnet. Im Rahmen des Art. 33 IV GG ist mithin eine zweigleisige Ausgestaltung vorgesehen. – *3. Besondere Rechtsverhältnisse:* Zentrale Elemente des besonderen Beamtenrechts als „hergebrachte Grundsätze" sind das → Alimentationsprinzip, das Streikverbot (und diesbezüglich die Nichteinbeziehung der B. in Art. 9 GG), der Rechtsweg in beamtenrechtlichen Streitigkeiten über die Verwaltungsgerichte, die Ernennung durch formbedürftigen Verwaltungsakt, die Regelung der Besoldung und Versorgung durch Gesetz, die umfassende Dienstleistungs- und Treuepflicht, die Amtsverschwiegenheit, das Leistungsprinzip, das Laufbahnprinzip sowie der Grundsatz der Entlassung nur durch ein Gesetz bzw. aufgrund eines Gesetzes. – *4. Aktuelle Zahlen:* Zum 30.06.2008 lag die Zahl der B. im unmittelbaren öffentlichen Dienst bei 1.710.483 (ohne Personal in Ausbildung). Zur Verteilung auf verschiedene Beamtengruppen siehe die nachfolgende Tabelle:

Beamtengruppe	*Anzahl*	*Anteil*
höherer Dienst	*337.283*	*19,72 %*
gehobener Dienst	*829.357*	*48,49 %*
mittlerer Dienst	*478.153*	*27,95 %*
einfacher Dienst	*43.748*	*2,56 %*
Richter/ -innen	*21.942*	*1,28 %*
Frauen	*675.186*	*39,47 %*
Männer	*1.035.297*	*60,53 %*

Quelle: dbb, Zahlen, Daten, Fakten Januar 2009

Bearbeitungsschaden. I. → Haftpflichtversicherung: *Tätigkeitsschaden.* – *1. Begriff:* Schaden an fremden Sachen, der durch eine gewerbliche oder berufliche Tätigkeit an oder mit diesen Sachen entstanden ist. – *2. Behandlung:* B. sind in der Haftpflichtversicherung grundsätzlich ausgeschlossen, weil der Versicherer von dem hohen objektiven und subjektiven Risiko befreit werden soll, das sich aus der gewerblichen oder beruflichen Tätigkeit des Versicherungsnehmers ergibt. Das unternehmerische Risiko soll der Versicherungsnehmer selbst tragen. B. können in den Versicherungsschutz allerdings durch besondere Vereinbarungen einbezogen werden. Für die B. werden dann regelmäßig eine niedrigere → Versicherungssumme und zudem Franchisen vereinbart. – II. → Feuerversicherung: → Betriebsschaden.

Bedarfsanalyse. Erforschung des Kundenbedarfs (vgl. → Versicherungsbedarf) als Bestandteil der → Marketingforschung. Im Einzelfall auch dem Vertragsabschluss vorausgehende, individuelle Bedarfsermittlung. Beides beschreibt wichtige Marketingleistungen als Grundlage für die Bedarfsdeckung. Für die B. sind praktische Hilfsmittel zu schaffen, so insbesondere Checklisten mit IT-Unterstützung. Diese sollten u.a. die Komplexe Arbeitskraft, Vermögen und Einkommen, Alters- und Hinterbliebenenversorgung berücksichtigen, den notwendigen Versicherungsschutz ausweisen, die bereits (auch bei Mitbewerbern oder in anderen Branchen) bestehenden Verträge erfassen und die sich daraus ergebende Versorgungslücke aufzeigen. Eine individuelle B. ist auch Merkmal eines effizienten → Kundendiensts.

Bedarfsdeckung. Begriff aus dem Sozialrecht. Als Bedarf wird ein gewisses sozioökonomisches Existenzminimum angesetzt, welches in Deutschland durch die → Sozialhilfe bzw. durch das → Arbeitslosengeld II oder die → Grundsicherung gewährleistet wird. Kann diese B. bspw. in einer gemeinsam wirtschaftenden Haushaltsgemeinschaft (→ Bedarfsgemeinschaft) durch deren Mitglieder für alle geleistet werden, so besteht kein Anspruch auf die oben genannten Sozialleistungen, unabhängig davon wie die Einkommen innerhalb der gemeinsam wirtschaftenden Haushaltsgemeinschaft verteilt sind.

Bedarfsgemeinschaft. Im SGB II (§ 7, 3) definierter Begriff, der in seiner Grundidee dem → Subsidiaritätsprinzip entspricht. Angenommen wird, dass Menschen, die in persönlicher oder verwandtschaftlicher Beziehung zueinander stehen, füreinander einstehen und sich in Notlagen gegenseitig materiell unterstützen. Das Vorliegen einer B. führt dazu, dass bei der Bedürftigkeitsprüfung nicht nur das Einkommen und Vermögen des Hilfesuchenden, sondern auch das Einkommen und Vermögen der mit ihm in der B. lebenden Personen berücksichtigt wird, wobei jedoch verschiedene Ausnahmeregelungen (bspw. Wohneigentum) zum Tragen kommen.

Bedarfsplanung. *1. Begriff:* Im Gesundheitswesen die Regulierung der Zulassung zur ambulanten Tätigkeit als → Vertragsarzt in der → gesetzlichen Krankenversicherung (GKV). Für Vertragszahnärzte hat der Gesetzgeber die B. mit Wirkung ab dem 1.1.2009 im Wesentlichen aufgehoben. – *2. Einzelheiten:* Der Gemeinsame Bundesausschuss legt – basierend auf den Ist-Arztzahlen von 1991 – in einer Bedarfsplanungsrichtlinie Verhältniszahlen für die Arzt-Versicherten-Relation fest; Regionen mit deutlich mehr Ärzten je Versicherte gelten als überversorgt, Regionen mit unterdurchschnittlichen Arztzahlen gelten als unterversorgt. Die Landesausschüsse der → Ärzte und → Krankenkassen legen für überversorgte Gebiete Zulassungssperren fest. – *3. Entwicklungen:* Die bis dahin bestehenden Zulassungssperren in Regionen mit hoher Arztdichte hatte das BVerfG mit Urteil vom 23.3.1960 (BVerfGE 11, 30) für verfassungswidrig erklärt. Mit dem Gesetz zur Verbesserung der kassenärztlichen Bedarfsplanung vom 19.12.1986 (BGBl. I S. 2593) wurde die Möglichkeit für Zulassungssperren in vergleichsweise überversorgten Gebieten wieder eingeführt und mit dem Gesundheitsstrukturgesetz (GSG) vom 21.12.1992 (BGBl. I S. 2266) verschärft. Das BVerfG hat die den Neuregelungen zugrunde liegende Einschätzung des Gesetzgebers, dass ohne B. mit Zulassungssperren das Ziel einer finanziellen Stabilisierung der GKV gefährdet sei, akzeptiert (Urteil vom 20.3.2001, 1 BvR 491/96). – *4. Wirkungen:* Die Einführung von Zulassungssperren durch das GSG bewirkte zunächst entgegen der Absicht eine deutliche Erhöhung der Zahl niedergelassener Ärzte, da mehrere Tausend Krankenhausärzte die zeitliche Lücke zwischen der Verabschiedung des Gesetzes und dem Inkrafttreten der B. zur Niederlassung nutzten. Heute sind in vielen Bundesländern zahlreiche Regionen für die Neuniederlassung von Fachärzten in bestimmten Fachrichtungen gesperrt. In der hausärztlichen Versorgung tritt inzwischen in ersten Regionen Unterversorgung auf. – *5. Abgrenzung:* Die Krankenhausplanung der Bundesländer regelt die Versorgungsaufträge und Bettenkapazitäten der → Krankenhäuser für die stationäre Krankenhausbehandlung.

Bedingungsanpassung. *1. Begriff:* Anpassung von → Versicherungsbedingungen. Verträge können ohne Zustimmung der Parteien während der Laufzeit grundsätzlich nicht geändert werden. Bei Versicherungsverträgen, insbesondere bei solchen mit langer Laufzeit, muss indessen ausnahmsweise das Bedürfnis anerkannt werden, die Bedingungen oder die Beiträge (→ Beitragsanpassung) an veränderte Umstände anpassen zu können. Dies kann auf Grundlage von vereinbarten Anpassungsklauseln oder direkt auf Grundlage gesetzlicher Bestimmungen erfolgen. Die Anpassung von Allgemeinen Versicherungsbedingungen (AVB) ist für die private Krankenversicherung und die Lebensversicherung im Versicherungsvertragsgesetz (VVG), für andere → Versicherungszweige in den AVB selbst geregelt. – *2. Krankenversicherung:* In der Krankenversicherung, die nach Art der Lebensversicherung betrieben wird, ist das ordentliche Kündigungsrecht des Versicherers gesetzlich oder vertraglich ausgeschlossen. Bei einer nicht nur als vorübergehend anzusehenden Veränderung der Verhältnisse im Gesundheitswesen darf der Versicherer aber die AVB und die Tarifbestimmungen den veränderten Verhältnissen anpassen, wenn die Änderungen zur Wahrung der Belange der Versicherten notwendig sind und ein unabhängiger → Treuhänder die Voraussetzungen für die Änderungen überprüft und ihre Angemessenheit bestätigt hat (§ 203 III VVG). Ist eine Bestimmung durch höchstrichterliche Rechtsprechung oder bestandskräftigen Verwaltungsakt für unwirksam erklärt worden, kann sie der Versicherer durch eine neue Regelung ersetzen, wenn dies zur Fortführung des Vertrags notwendig ist oder das Festhalten an dem Vertrag eine unbillige Härte für eine der Parteien darstellen würde. In jedem Fall müssen die Belange der Versicherten angemessen berücksichtigt werden (§ 203 IV i.V.m. § 164 VVG). Eine Prüfung und Bestätigung des Treuhänders sind in diesem Fall nicht mehr vorgesehen. – *3. Lebensversicherung:* In der Lebensversicherung kann ebenso wie in der Krankenversicherung nach Art der Lebensversicherung eine für unwirksam erklärte Bestimmung in den AVB durch eine neue ersetzt werden, und zwar unter denselben Voraussetzungen wie in der Krankenversicherung (§ 164 VVG). Die Mitwirkung eines Treuhänders entfällt. – *4. Berufsunfähigkeitsversicherung:* Die Regelung für die Lebensversicherung gilt entsprechend auch für die Berufsunfähigkeitsversicherung (§ 176 i.V.m. § 164 VVG). – *5. Übrige Versicherungszweige:* Für die übrigen Versicherungszweige gilt, dass das Risiko der Unwirksamkeit einer vom Versicherer verwendeten Anpassungsklausel allein ihm auferlegt ist; es gelten die allgemeinen Vorschriften des Zivilrechts.

Bedingungskontrolle. *1. Begriff:* Bis zur → Deregulierung bedurften die Allgemeinen Versicherungsbedingungen (AVB) für die meisten → Versicherungszweige der vorherigen aufsichtsbehördlichen Genehmigung. An die Stelle der Genehmigung ist nunmehr die Möglichkeit einer nachträglichen Ad-hoc-Kontrolle im Einzelfall im Zuge der Missstandsaufsicht getreten. – *2. Ausnahmen:* Wegen der besonderen sozialpolitische Bedeutung müssen die AVB für die Krankenversicherung und die AVB für die → Pflichtversicherungen der → Aufsichtsbehörde systematisch vorgelegt werden, und zwar sowohl zusammen mit dem Antrag auf → Erlaubnis zum Geschäftsbetrieb als auch im Rahmen der → laufenden Aufsicht bei Verwendung neuer oder Änderung alter AVB.

Befreiungsanspruch. → Freistellungsanspruch.

Befriedigungsverbot. → Anerkenntnis- und Befriedigungsverbot.

Befristete Renten. Rentenarten, deren Leistungen nur über einen bestimmten Zeitraum gewährt werden. Zu den B. zählen in der → gesetzlichen Rentenversicherung (GRV) die Rente wegen teilweiser → Erwerbsminderung, die → Erziehungsrente, die → Waisenrente sowie u.U. auch die → Witwen- und Witwerrente.

Begünstigter. → Bezugsberechtigter.

Begünstigungsverträge. *1. Begriff:* Vertragliche Rechtsgrundlage, der zu Folge der begünstigte Versicherungsnehmer gewissermaßen einen „besseren" Versicherungsvertrag als der normale Versicherungsnehmer erhält (z.b. bessere Konditionen, niedrigere Prämien u.ä.). – *2. Eingriffsrechte der Aufsicht:* Das Gesetz ermächtigt die → Aufsichtsbehörde in § 81 II S. 4 VAG, im Interesse der Versicherten dann berichtigend einzugreifen, wenn einzelne Versicherte oder einzelne Gruppen von Versicherten gemessen am Normalbestand des Versicherers bevorzugt werden. Auf dieser Rechtsgrundlage kann sie den Abschluss von B. (und die Gewährung von → Sondervergütungen) durch Verordnung verbieten. Das ist in der Vergangenheit auch geschehen (vgl. z.b. die Verordnung über das Verbot von Sondervergütungen und Begünstigungsverträgen in der Lebensversicherung v. 8.3.1934, Nr. 129 des Deutschen Reichsanzeigers v. 6.6.1934 und die Verordnung betreffend die Schadenversicherung v. 17.8.1982, BGBl. I., S.1243). – *3. Ausnahmen:* Nicht als B. hat die → Versicherungsaufsicht die sog. Gruppenversicherungsverträge und Verträge mit Sammelinkasso angesehen, weil hier die eingeräumten Vorteile (Prämiennachlass, ermäßigte Ratenzuschläge u.a.) versicherungstechnisch bedingt sind (Ersparnis von Verwaltungskosten, bessere Risikoauslese etc.).

Behandlungsleitlinien, *Guidelines.* – *1. Begriff:* Krankheits- oder symptombezogene Entscheidungshilfen für Ärzte (klinische Leitlinien) und Patienten (Patientenleitlinien), die im Einzelfall die beste medizinische Versorgung ermöglichen sollen. – *2. Merkmale:* B. beschreiben unterschiedliche Formen und Verläufe der Krankheit sowie angemessene Verfahren der Diagnostik. Sie stellen die wissenschaftlich am besten abgesicherten (evidenz-basierten) Therapiemöglichkeiten dar. – *3. Abgrenzung:* Patientenleitlinien setzen die medizinischen Informationen klinischer Leitlinien laienverständlich um. Sie sollen dem Patienten helfen, Krankheitsverläufe, Untersuchungs- und Behandlungsmethoden besser zu verstehen. Letztlich sollen die Patienten annähernd gleiche Informationen im Entscheidungsprozess über diagnostische und therapeutische Möglichkeiten besitzen. – *4. Ziele:* Nach Auffassung von Bundesärztekammer und Kassenärztlicher Bundesvereinigung geben B. Orientierungshilfen im Sinne von „Handlungs- und Entscheidungs-Korridoren", von denen in begründeten Fällen abgewichen werden kann. – *5. Methodik:* Die Arbeitsgemeinschaft der Wissenschaftlichen Medizinischen Fachgesellschaften (AWMF) hat für die Entwicklung von B. einen dreistufigen Prozess (Expertengruppe, Konsensusverfahren, wissenschaftliche Bewertung) erarbeitet. Derzeit werden von der AWMF über tausend medizinische B. bearbeitet. – *6. Aktuelle Entwicklungen und Ausblick:* In der gesundheitspolitischen Diskussion wird die Forderung nach Beachtung evidenzbasierter Leitlinien in der täglichen Praxis immer nachdrücklicher erhoben. Ziel ist es, die → Qualität der medizinischen Versorgung und die Transparenz über das Leistungsgeschehen zu verbessern. So sieht der Gesetzgeber bei der Entwicklung von Disease-Management-Programmen (siehe auch → Disease Management) die Berücksichtigung evidenzbasierter Leitlinien vor (§ 137 f. SGB V).

Behandlungspfade, *Critical Pathways.* – *1. Begriff:* Zwecks Optimierung der Versorgungsabläufe im Krankenhaus werden für häufige, standardisierbare Behandlungen die Prozesse transparent gemacht. – *2. Methodik und Ziel:* Die optimale Abfolge sowie Terminierung der wichtigen Interventionen werden interdisziplinär festgelegt. Ziel ist eine Optimierung des Ressourcen- und Zeitverbrauchs durch Straffung des Behandlungsprozesses bei gleichzeitiger Gewährleistung der Versorgungsqualität.

Behandlungsvertrag. *1. Begriff:* Bei medizinischer Behandlung (auch bei telefonischer Beratung oder schriftlicher Anfrage) entsteht zwischen den Privatpatienten und dem Arzt bzw. zwischen dem Privatpatienten und dem Rechtsträger eines Krankenhauses ein (meist unausgesprochener, nicht in Schriftform gefasster) Behandlungsvertrag. Dabei handelt es sich nach § 611 BGB um einen sog. Dienstvertrag, bei dem eine medizinische Behandlung, nicht aber ein medizinischer Behandlungserfolg zugesichert wird. – *2. Pflichten und Rechte aus dem B.:* a) Leistungspflicht des Arztes: Krankheitsfrüherkennung, Befunderhebung, Diagnosestellung, Ermittlung und Durchführung der indizierten Therapie. – b) Informations- und Aufklärungspflicht des Arztes gegenüber dem Patienten. Dazu gehören u.a. Informationen, welche medizinische Behandlung unter Anwendung welcher Mittel, mit welchen Risiken und Folgen geplant ist. – c) Sorgfaltspflicht des Arztes, das heißt, die Diagnose- und Therapieleistungen richten sich i.Allg. nach dem anerkannten Stand der Wissenschaft, in dem Bestreben, Krankheiten zu heilen oder Leiden zu mindern. Nach einem Gespräch mit dem Patienten über die konkreten Inhalte der Behandlung ist der Arzt in der Wahl seiner Behandlungsmethode frei. – d) Dokumentationspflicht der Behandlung durch den Arzt, – e) Ärztliche Schweigepflicht und Persönlichkeitsschutz des Patienten, – f) Pflicht des Arztes zur hinreichenden Versicherung gegen Haftpflichtansprüche im Rahmen der beruflichen medizinischen Tätigkeit. – g) Einsichtsrecht des Patienten: Recht auf Einsicht in die Behandlungsunterlagen (Krankenblatt, Befund, OP-Bericht, Arztbrief, Röntgenaufnahmen etc.). Dabei dienen die Behandlungsunterlagen nicht nur der Therapie, sondern auch als Rechenschaftsbericht. – h) Patienteneinwilligung und Mitverantwortung: Der Patient sollte, um eine erfolgreiche Behandlung zu ermöglichen, in die medizinisch notwendigen Behandlungsschritte einwilligen und dabei auch im mitverantwortlichen Eigeninteresse alle entsprechenden Auskünfte erteilen. – 3. *Honorar des Arztes:* Der B. bildet die Rechtsgrundlage für den ärztlichen Honoraranspruch. Die Abrechnungsgrundlage ist bei Privatpatienten die → Gebührenordnung für Ärzte und Zahnärzte (GOÄ/GOZ). Der Patient ist verpflichtet, für eine Abdeckung des Honoraranspruchs zu sorgen.

Beihilfe. *1. Begriff:* Eigenständiges Krankensicherungssystem der → Beamten, Soldaten und Richter. – *2. Merkmale:* Der Dienstherr erfüllt seine Fürsorgeverpflichtung gegenüber dem Beamten durch eine finanzielle Hilfeleistung, die zu der Eigenvorsorge des Beamten hinzutritt, um dessen wirtschaftliche Lage in Fällen besonderer Belastung durch Zuschüsse zu den Krankheitskosten zu erleichtern. Aufgrund der Fürsorgepflicht muss der Dienstherr Vorsorge dafür treffen, dass der amtsangemessene Lebensunterhalt des Beamten und seiner Familie auch bei Eintritt besonderer finanzieller Belastungen durch Krankheit-, Pflege-, Geburts- oder Todesfälle nicht gefährdet wird. Im Gegensatz zur → gesetzlichen Krankenversicherung (GKV), der das Sachleistungsprinzip zugrunde liegt, gestaltet sich die B. nach dem → Kostenerstattungsprinzip. Diese Art der Gewährung von Fürsorge stellt keinen „hergebrachten Grundsatz" des Berufsbeamtentums i.S.d. Art. 33 V GG dar. Ob der Dienstherr über eine entsprechende Bemessung der Dienstbezüge, über Sachleistungen, Zuschüsse oder in sonstiger geeigneter Weise seine Fürsorge erfüllt, bleibt nach der Verfassung seiner Entscheidung überlassen. Der Dienstherr muss einzig gewährleisten, dass der Beamte nicht mit erheblichen Kosten belastet bleibt, die er auch über die Fürsorge hinaus nicht zumutbar selbst absichern kann. Aus der Fürsorgepflicht folgt nicht, dass die durch Krankheit-, Pflege-, Geburts- oder Todesfälle entstandenen Kosten lückenlos erstattet werden müssen (ständige Rechtsprechung des Bundesverfassungsgerichts). – *3. B. und Alimentation:* Die Systeme der Beihilfeleistung einerseits und der Alimentation (→ Alimentationsprinzip) andererseits stehen in einem wechselseitig aufeinander bezogenen Ergänzungsverhältnis und sind in Bund und Ländern nicht einheitlich ausgestaltet. Deshalb gibt es eine Vielzahl von teilweise unterschiedlichen Einzelausgestaltungen. Die als ergänzend konzipierten Hilfeleistungen ersetzen dabei immer nur einen Teil der aus Anlass von Krankheits-, Pflege- und Geburtsfällen entstandenen Kosten des Beamten. Sie setzen aber voraus, dass der Besoldungs- und Versorgungsgesetzgeber dem Beamten einen Alimentationsanteil zur Verfügung stellt, mit dem er den von der B. nicht abgedeckten Teil der im Krankheitsfall zu erwartenden Kosten abdecken kann. – *4. Höhe der B.:* Grundsätzlich gewährt der Dienstherr für Beamte im aktiven Dienst 50 % der jeweiligen Kosten in Krankheits-, Pflege-, Geburts- und Todesfällen. Für Versorgungsempfänger wird ein Beihilfebemessungssatz in Höhe von 70 % gewährt. – *5. Versicherungspflicht:* Auch für Beamte besteht heute die Pflicht, sich für den von der B. nicht abgedeckten Teil des Krankheitsrisikos privat abzusichern – auf freiwilliger Basis ist auch eine Mitgliedschaft in der GKV möglich, jedoch erhält der Beamte in diesem Fall keinen Arbeitgeberanteil der

Beiträge und muss so den vollen Beitrag selbst entrichten. Überwiegend decken die Beamten und Versorgungsempfänger den verbleibenden Teil der Kosten über den Abschluss einer sog. restkostendeckenden → privaten Krankenversicherung (PKV) ab. D.h. z.B. für einen Beamten im aktiven Dienst, dass er über einen privatrechtlichen Versicherungsanbieter 50 % der Krankheits-, Pflege- und Geburtskosten abwickelt. Der Versorgungsempfänger schließt einen sog. 30%igen restkostendeckenden Vertrag ab. Im Gegensatz zu den Rentnern bleiben Beamte im → Ruhestand mit den Kosten der PKV in dem Umfang belastet, in dem der Dienstherr keine Beihilfeleistungen gewährt. – *6. Dauernde Öffnungsaktion der PKV:* Die PKV bietet Beamtenanfängern, die noch in der GKV versichert sind, sowie deren Angehörigen während der ersten sechs Monate seit der Begründung des Dienstverhältnisses einen die B. ergänzenden Tarif an, der nicht aus Risikogründen abgelehnt werden kann, keine Leistungsausschlüsse vorsieht und maximal einen → Risikozuschlag von 30 % zulässt.

Beistandsleistungen. → Assistance.

Beiträge. I. → Privatversicherung: → Prämien. – II. Sozialversicherung: *1. Begriff:* Geldbeträge, die von Arbeitnehmern (Arbeitnehmeranteil), deren Arbeitgebern (Arbeitgeberanteil) und sonstigen dazu verpflichteten Personengruppen an die Träger der → Sozialversicherung gezahlt werden. – *2. Beitragszahler:* B. werden von sozialversicherungspflichtig Beschäftigten, freiwillig Versicherten sowie Arbeitgebern geleistet, wobei die Entrichtung (Quellenabzug) i.Allg. dem Arbeitgeber unterliegt. – *3. Beitragshöhe:* Die Bemessung der Beiträge erfolgt im Fall der → gesetzlichen Arbeitslosenversicherung, der → gesetzlichen Rentenversicherung, der → gesetzlichen Krankenversicherung und der → gesetzlichen Pflegeversicherung gemäß dem allgemeinen Beitragssatz multipliziert mit dem individuellen sozialversicherungspflichtigen Einkommen bis hin zu einer bestimmten Beitragsbemessungsgrenze. Die Berechnung der Höhe des Beitragssatzes erfolgt dabei entweder nach dem Umlageverfahren (→ Umlagefinanzierung) oder alternativ nach dem → Anwartschaftsdeckungsverfahren. Im Fall der gesetzlichen Unfallversicherung bezahlt allein der Arbeitgeber i.d.R. nach seiner Lohnsumme und Gefahrenklasse. – *4. Bedeutung:* B. sind die Hauptform der Finanzierung der Sozialversicherung.

Beitragsanpassung. *1. Begriff:* Anpassung von → Beiträgen i.S.v. Preisen für Versicherungsschutz. Verträge können ohne Zustimmung der Parteien während der Laufzeit grundsätzlich nicht geändert werden. Bei Versicherungsverträgen, insbesondere bei solchen mit langer Laufzeit, muss indessen ausnahmsweise das Bedürfnis anerkannt werden, die Bedingungen (→ Bedingungsanpassung) oder die Beiträge an veränderte Umstände anpassen zu können. Dies kann auf der Grundlage von vereinbarten Anpassungsklauseln oder direkt auf Grundlage gesetzlicher Bestimmungen erfolgen. Besonderheiten gelten für die → private Krankenversicherung (PKV), die → Lebensversicherung, die → Berufsunfähigkeitsversicherung und die → Unfallversicherung mit garantierter Beitragrückzahlung; das Versicherungsvertragsgesetz (VVG) sieht hier das Recht des Versicherers zur Neufestsetzung der Beiträge vor, ohne eine entsprechende vertragliche Anpassungsklausel vorauszusetzen. – *2. Private Krankenversicherung (PKV):* In der PKV nach Art der Lebensversicherung ist der Versicherer bei einer nicht nur als vorübergehend anzusehenden Veränderung der Rechnungsgrundlagen für die Beitragskalkulation berechtigt, diese Grundlagen auch für bestehende Versicherungen zu berichtigen und die Beiträge den berichtigten Rechnungsgrundlagen entsprechend anzupassen. Auch der Selbstbehalt und der → Risikozuschlag können bei entsprechender Vereinbarung geändert werden. Hintergründe: Im Rahmen der vertraglichen Zusagen können sich die Leistungen des Versicherers u.a. wegen steigender Heilbehandlungskosten im Zuge des medizinischen Fortschritts, durch eine häufigere Inspruchnahme medizinischer Leistungen oder aufgrund steigender Lebenserwartung ändern. Versicherungsmathematisch entspricht z.B. der medizinische Fortschritt einer Ausweitung des Versicherungsschutzes. Verbesserte und teurere Leistungen, die früher noch nicht existierten und daher nicht im Versicherungsschutz enthalten waren, sind jetzt zusätzlich aufgenommen worden. Entsprechend seiner Leistungsänderungen vergleicht der Versicherer zumindest jährlich für jeden Tarif die erforderlichen mit den in den technischen Berechnungsgrundlagen kalkulierten Versicherungsleistungen und Sterbewahrscheinlichkeiten. Ergibt diese Gegenüberstellung für eine Beobachtungseinheit eines Tarifs eine Abweichung von mehr als der gesetzlich oder tariflich festgelegten Abweichung in Prozent (auslösender Faktor), werden alle Beiträge dieser Beobachtungseinheit vom Versicherer überprüft und, soweit erforderlich, angepasst (Beitragsanpassung nach § 12 b VAG). Voraussetzung für die B. ist, dass es sich um Versicherungen handelt, bei denen das Kündigungsrecht des Versicherers gesetzlich oder vertraglich ausgeschlossen ist. Ferner muss ein unabhängiger → Treuhänder die technischen Rechnungsgrundlagen überprüft und der B. zugestimmt haben. Die anpassungsfähigen Rechnungsgrundlagen erfassen die Versicherungsleistungen und die Sterbewahrscheinlichkeiten; andere Rechnungsgrundlagen, wie insbesondere der → Rechnungszins, sollen für sich allein nicht als Auslöser von B. berücksichtigt werden. Eine Anpassungsmöglichkeit entfällt insoweit, als die Versicherungsleistungen zum Zeitpunkt der Erst- oder einer Neukalkulation unzureichend kalkuliert waren und ein ordentlicher und gewissenhafter → Aktuar dies insbesondere anhand der zu diesem Zeitpunkt verfügbaren statistischen Kalkulationsgrundlagen hätte erkennen müssen. Zu den Einzelheiten siehe § 203 II VVG, §§ 12b und 12c VAG, § 8b der Musterbedingungen für die Krankheitskosten- und Krankenhaustagegeldversicherung (MB/KK), § 8a der Allgemeinen Versicherungsbedingungen (AVB) für den → Standardtarif, §§ 11, 14 Kalkulationsverordnung (KalV). – *3. Lebensversicherung:* In der Lebensversicherung ist der Versicherer zu einer Neufestsetzung der Beiträge nur berechtigt, wenn sich der Leistungsbedarf nicht nur vorübergehend und nicht voraussehbar gegenüber den ursprünglichen Rechnungsgrundlagen bei der Beitragsvereinbarung verändert hat, die neu festgesetzten Beiträge angemessen und erforderlich sind, um die dauernde Erfüllbarkeit der eingegangenen Verpflichtungen zu gewährleisten, und ein unabhängiger Treuhänder die genannten Voraussetzungen überprüft und bestätigt hat. Wie in der Krankenversicherung ist eine Anpassung der Beiträge nach geltender Auffassung ausgeschlossen, wenn die ungünstige Risikoentwicklung schon bei der Erst- oder Neukalkulation erkennbar war, vom Versicherer aber nur unzureichend oder überhaupt nicht berücksichtigt wurde. Dem entsprechend sind B. also umgekehrt nur zulässig, wenn Veränderungen im Leistungsbedarf eintreten, die zum Zeitpunkt der → Prämienkalkulation nicht erkennbar waren (z.B. Pandemien) und im Übrigen andere Mittel zur Abdeckung der Anpassung nicht vorhanden sind. Der Versicherungsnehmer kann zudem verlangen, dass statt der Beitragserhöhung die Versicherungssumme entsprechend herabgesetzt wird. Zu den Einzelheiten siehe § 163 VVG, § 11b VAG. – *4. Übrige Versicherungszweige:* Die Regelung für die Lebensversicherung gilt entsprechend auch für die Berufsunfähigkeitsversicherung (§ 176 i.V.m. § 163 VVG) und für die Unfallversicherung mit garantierter Beitragsrückzahlung (§ 11d i.V.m. § 11b VAG). Für Prämienanpassungen in den übrigen → Versicherungszweigen aufgrund einer vertraglichen Anpassungsklausel gelten die allgemeinen Regeln des BGB, insbesondere §§ 305 ff. In der Berufsunfähigkeitsversicherung bieten von allen am Markt angebotenen Tarifen rd. 20 % einen bedingungsgemäßen Verzicht auf die Anwendung des § 163 VVG. Die übrigen 80 % teilen sich in Tarife auf, die in ihren Bedingungen keine entsprechenden Regelungen enthalten, und solche, die eine Treuhänderklausel beinhalten. Gemäß der Treuhänderklausel überprüft ein unabhängiger Treuhänder die Rechtmäßigkeit der Anwendung des § 163 VVG im Einzelfall, bedarfsweise, z.B. im Fall einer Pandemie, auch den Rechnungsgrundlagen. – *5. Weitere Reglungen:* Erhöht der Versicherer die Beiträge, ohne dass sich der Leistungsumfang ändert, oder vermindert er statt der Prämienerhöhung seine Leistung, steht dem Versicherungsnehmer ein außerordentliches Kündigungsrecht zu (§ 40 VVG). Nach dem Wortlaut des Gesetzes soll dies nur dann gelten, wenn die einseitige Vertragsänderung auf einer vertraglichen Anpassungsklausel beruht. Diese Bedingung ergibt keinen Sinn, weil die Vertragsänderung, die ohne entsprechende AVB unmittelbar nach den Vorschriften des Gesetzes vorgenommen wird, in gleich schwerer Weise in das Vertragsverhältnis eingreift. Von daher ist von einem Redaktionsversehen auszugehen.

Beitragsbemessungsgrenze. *1. Begriff:* Obergrenze, bis zu der in der → Sozialversicherung (→ gesetzliche Rentenversicherung (GRV), → gesetzliche Krankenversicherung (GKV), → gesetzliche Pflegeversicherung (GPV), → gesetzliche Arbeitslosenversicherung) das Bruttoarbeitsentgelt eines sozialversicherungspflichtig Beschäftigten zur Beitragsberechnung herangezogen wird. Rechtsgrundlagen sind § 223 III SGB V und § 55 II SGB XI. Für Sonderzahlungen, wie Weihnachts- oder Urlaubsgeld, gelten andere Vorschriften. Durch die B., zusammen mit dem jeweiligen → Beitragssatz, wird der → Höchstbeitrag definiert, der an die GRV, GKV, GPV und gesetzliche Arbeitslosenversicherung entrichtet werden muss. – *2. Höhe:* Bis zum 31.12.2002 betrug die B. in der GKV 75 % der B. in der GRV. Seit dem 1.1.2003 ist die B. in der GKV und GPV an die (besondere) → Jahresarbeitsentgeltgrenze angebunden und wird entsprechend der Bruttolohnentwicklung jährlich per Rechtsverordnung dynamisiert. Im Jahr 2010 beträgt die B. hier bundeseinheitlich 45.000 Euro p.a. (3.750 Euro pro Monat). In der GRV und in der gesetzlichen Arbeitslosenversicherung gelten in den alten und neuen Bundesländern unterschiedliche Werte (2010 alte Bundesländer: 66.000 Euro p.a. bzw. 5.500 Euro pro Monat, neue Bundesländer: 55.800 Euro p.a. bzw. 4.650 Euro pro Monat). – *3. Problem:* Die Festlegung einer B. bedingt eine degressive Beitragsstruktur: Je höher die Einnahmen über der Grenze liegen, desto niedriger wird der Anteil des Beitrags an den Einnahmen. Dies gilt in allen Zweigen der Sozialversicherung. – *4. Bedeutung für die → private Krankenversicherung (PKV):* Die B. ist in der PKV im Zusammenhang mit dem → Arbeitgeberzuschuss von Bedeutung. Aus der B. und dem von der Bundesregierung verkündeten allgemeinen Beitragssatz der GKV errechnet sich der Höchstbeitrag zur GKV. Der maximale Arbeitgeberzuschuss für Privatversicherte beträgt die Hälfte dieses Werts.

Beitragsbemessungsgrundlage. Wert, auf dessen Grundlage der Beitrag berechnet wird. In der → gesetzlichen Rentenversicherung (GRV) in §§ 161-167 SGB VI festgelegt. Für die Krankenversicherung gelten die §§ 226-240 SGB V. Für die Beiträge an den → Pensions-Sicherungs-Verein auf Gegenseitigkeit (PSVaG) im Rahmen einer → betrieblichen Altersversorgung (bAV) gilt § 10 BetrAVG.

Beitragsdepot. *1. Begriff:* Konto bei einem → Lebensversicherungsunternehmen, von dem → laufende Beiträge gebucht werden. – *2. Hintergründe und Merkmale:* Lebensversicherungsverträge werden gegen Zahlung laufender Beiträge oder eines → Einmalbeitrags abgeschlossen. Bis zum Jahr 2004 wurden Verträge gegen Zahlung laufender Beiträge steuerlich besser gefördert als Verträge gegen Zahlung eines Einmalbeitrags. Mit der Einrichtung eines B. konnte aber ein vorhandenes Vermögen zur Finanzierung eines Lebensversicherungsvertrags gegen laufende Beiträge verwendet werden, ohne die steuerliche Förderung des Lebensversicherungsvertrags zu gefährden. Auch während der Laufzeit eines Vertrags kann ein B. zur Finanzierung künftig fälliger Beiträge eingerichtet werden. Der Geldbetrag kann auch direkt der → Deckungsrückstellung zugewiesen werden. Diese Möglichkeit sehen allerdings die Versicherungsbedingungen nicht zwingend vor, und in vielen Fällen führt eine solche Zuzahlung zur Deckungsrückstellung zum Verlust der steuerlichen Förderung des Lebensversicherungsvertrags.

Beitragsdynamik. *1. Begriff:* Automatische Dynamisierung von Versicherungsbeträgen, um auch den Versicherungsschutz bzw. die Versicherungsleistungen laufend an die sich verändernden Lebensumstände anzupassen und einen Inflationsausgleich zu schaffen. – *2. B. in der → Berufsunfähigkeitsversicherung:* Um einen bedarfsgerechten Berufsunfähigkeitsschutz langfristig sicherzustellen, empfiehlt sich die Vereinbarung einer Beitragsdynamik. Dabei steigt der Beitrag jährlich um den vereinbarten Prozentsatz zwischen 2 % und 5 %. Aus den gestiegenen Beiträgen errechnet sich die dem aktuellen Lebensalter entsprechende neue Rente. Eine B. muss nicht jedes Jahr angenommen werden. Allerdings erlischt das Recht auf Dynamik, wenn die Erhöhungsangebote drei Jahre hintereinander nicht wahrgenommen werden. Das gleiche gilt für die dynamische → Lebensversicherung.

Beitragseinzug. *1. Begriff:* Die → gesetzliche Krankenversicherung (GKV) ist als Einzugsstelle (§ 28h I SGB IV) für den B. des Gesamtsozialversicherungsbeitrags (§ 28d SGB IV) zuständig. – *2. Merkmale:* Der Gesamtsozialversicherungsbeitrag umfasst die Beiträge der versicherungspflichtigen

Beschäftigten zur Kranken-, Pflege- und Rentenversicherung sowie zur Bundesagentur für Arbeit. Der Arbeitgeber erstellt monatlich einen Beitragsnachweis, in dem er der Einzugsstelle die Höhe der Beiträge zu den einzelnen Sozialversicherungszweigen aufgibt (§ 28f SGB IV). Der Arbeitgeber behält von den Arbeitnehmern die Arbeitnehmeranteile zur Sozialversicherung vom monatlichen Arbeitsentgelt (§ 14 I SGB IV) ein und zahlt den Gesamtsozialversicherungsbeitrag an die jeweilige Einzugsstelle. Die Einzugsstelle leitet dem zuständigen Träger (Pflegeversicherung, Rentenversicherung und der Bundesagentur für Arbeit) die Beiträge arbeitstäglich weiter (§ 28k SGB IV). Wird der Gesamtsozialversicherungsbeitrag nicht bis zum Fälligkeitstag (§ 23 SGB IV) an die zuständige Einzugsstelle gezahlt, sind von der Einzugsstelle Säumniszuschläge zu erheben (§ 24 SGB IV). Der Rentenversicherungsträger prüft bei den Arbeitgebern, ob diese die Sozialversicherungsbeiträge ordnungsgemäß abrechnen und abführen (§ 28p SGB IV). Bei der Einzugsstelle wird der ordnungsgemäße B. von dem Träger der Rentenversicherung sowie der Bundesagentur für Arbeit geprüft (§ 28q SGB IV). – *3. Aktuelle Entwicklungen:* Nach Einführung des → Gesundheitsfonds wird auch weiterhin die GKV den Gesamtsozialversicherungsbeitrag einziehen. Die Beiträge zur GKV sind allerdings von der Einzugsstelle arbeitstäglich an den Gesundheitsfonds weiterzuleiten.

Beitragsfreie Zeiten. → Beitragszeiten.

Beitragsfreistellung. Einstellung der Zahlung → laufender Beiträge für einen Versicherungsvertrag aufgrund einer Vereinbarung zwischen Versicherungsnehmer und Versicherer. Das Recht zur B. kommt v.a. in der → Lebensversicherung vor. Die B. kann planmäßig erfolgen. In diesem Fall wird der Vertrag ohne Kürzung der Versicherungsleistungen fortgeführt. Sofern der Versicherungsnehmer von seinem gesetzlichen oder vertraglichen Recht der außerplanmäßigen B. Gebrauch macht, wird die Versicherungsleistung um die künftig nicht mehr entrichteten Beiträge (und darauf ansonsten auflaufende Zinsen) reduziert, d.h. in der Lebensversicherung wird die ursprüngliche Versicherungssumme auf die beitragsfreie Versicherungssumme herabgesetzt. Soll der Versicherungsschutz später wieder aufleben, ist meist eine erneute → Gesundheitsprüfung erforderlich. Optimal ist ein Versicherungsschutz, der unter bestimmten Voraussetzungen (z.B. bei vorübergehender Arbeitslosigkeit oder akutem Finanzbedarf) eine B. ermöglicht, bei dem der Versicherungsnehmer aber später den Versicherungsschutz ohne erneute Gesundheitsprüfung wieder aufleben lassen kann.

Beitragsindex. Maßzahl zur Ermittlung der → Solvabilitätsspanne bei Nicht-Lebensversicherungsunternehmen (neben dem → Schadenindex), ausgedrückt in einem Prozentsatz der Bruttobeiträge des letzten Geschäftsjahrs unter partieller Berücksichtigung der Rückversicherung. Siehe auch Solvabilitätsspanne.

Beitragslimitierung, *Beitragskappung.* – *1. Begriff:* Verfahren in der → privaten Krankenversicherung (PKV) zur Vermeidung bzw. Abmilderung von → Beitragsanpassungen durch eine entsprechende Verwendung von Überschüssen. – *2. Finanzierung:* Die Überschussmittel für B. können u.a. aus → Überzinsen gem. § 12a VAG stammen, oder sie werden als Einmalbeiträge der → Rückstellung für Beitragsrückerstattungen (RfB) entnommen. Im letzteren Fall handelt es sich um eine besondere Form der → Beitragsrückerstattung, der der mathematische Treuhänder nach § 12b Ia VAG bei einer erfolgsunabhängigen Beitragsrückerstattung hinsichtlich Zeitpunkt, Höhe und Verwendung und bei einer erfolgsabhängigen Beitragsrückerstattung nur hinsichtlich der Verwendung zustimmen muss.

Beitragsorientierte Leistungszusage. Zusage des Arbeitgebers auf eine Leistung im Rahmen der → betrieblichen Altersversorgung (bAV), die sich aus bestimmten Beiträgen errechnet, etwa durch versicherungsmathematische Umrechnung oder durch Einzahlung in eine Versicherung. Die B. gem. § 1 II Nr. 1 BetrAVG ist im Gegensatz zur → Beitragszusage mit Mindestleistung in allen → Durchführungswegen der bAV möglich.

Beitragspflichtige Einnahmen. *1. Begriff:* Grundlage für die Berechnung des Beitrags in der → gesetzlichen Krankenversicherung (GKV). Der Krankenversicherungsbeitrag wird prozentual aus den B.

errechnet. Die → Beitragsbemessungsgrenze bildet die Obergrenze, bis zu der das Einkommen zur Beitragsberechnung herangezogen wird. – *2. Merkmale:* Nicht alle Einkommensarten fließen in die Berechnung des Krankenversicherungsbeitrags ein. Bei versicherungspflichtig Beschäftigten stellt das Brutto-Arbeitsentgelt aus der abhängigen Beschäftigung die B. dar. Bei versicherungspflichtigen Rentenbeziehern gehören zu den B. neben dem Zahlbetrag der Rente aus der gesetzlichen Rentenversicherung (GRV) auch die Versorgungsbezüge sowie das Arbeitseinkommen. Für freiwillige Mitglieder wird die Beitragsbemessung durch die Satzung der → Krankenkasse geregelt. Dabei ist sicherzustellen, dass die Beitragsbelastung die gesamte wirtschaftliche Leistungsfähigkeit des freiwilligen Mitglieds berücksichtigt. Es werden alle Einnahmen herangezogen, die zur Bestreitung des Lebensunterhalts bestimmt sind. – *3. Hintergründe:* Der Beitrag zur GKV wird unabhängig vom individuellen Krankheitsrisiko, vom Geschlecht und von der Anzahl der mitversicherten Angehörigen entsprechend der wirtschaftlichen Leistungsfähigkeit des Versicherten erhoben. Dieser Grundsatz schützt die Versicherten, auch wenn aufgrund des Gesundheitszustands oder der Familiensituation hohe Leistungen beansprucht werden.

Beitragsrückerstattung, *Beitragsrückzahlung, in der Privatversicherung auch Beitragsrückgewähr, Prämienrückgewähr.* – I. → *Privatversicherung: 1. Begriff:* Form der Beitragsermäßigung, bei der Versicherte einen Rückzahlungsbetrag erhalten, wenn sie (in der vergangenen Versicherungsperiode) keine Leistungen in Anspruch genommen haben. Unterschieden wird i.d.R. zwischen erfolgsabhängiger und erfolgsunabhängiger Beitragsrückerstattung. – *2. Erfolgsabhängige B.:* Eine vom Geschäftsergebnis des Versicherungsunternehmens abhängige Leistung. Als Arten der erfolgsabhängigen B. werden üblicherweise praktiziert: a) Barausschüttung an diejenigen Versicherten, die in einem Jahr keine Rechnung zur Erstattung eingereicht haben. Die Höhe der einzelnen Rückerstattung bewegt sich i.d.R. zwischen einem und sechs Monatsbeiträgen. – b) Einmalbeiträge zur dauerhaften Beitragssenkung oder zur Abwendung bzw. Minderung von notwendigen → Beitragsanpassungen unabhängig von der Leistungsinanspruchnahme (→ Beitragslimitierung), namentlich in der → privaten Krankenversicherung (PKV). Dabei werden entweder → Alterungsrückstellungen aufgefüllt oder die Mittel werden mit Beitragsforderungen verrechnet. – *3. Erfolgsunabhängige B.:* Direkter, in den → allgemeinen Versicherungsbedingungen (AVB) festgeschriebener Anspruch des Versicherten auf B. bei Nichtinanspruchnahme von Versicherungsleistungen, und zwar unabhängig vom jeweiligen Geschäftsergebnis des Versicherungsunternehmens. In der PKV stammen erfolgsunabhängige B. a) aus Zuführungen aufgrund vertraglicher Verpflichtungen; – b) aus Überschussmitteln aus der → Pflegepflichtversicherung (soweit poolrelevant) und – c) aus Zuführungen nach § 12a III VAG, wonach die Zinserträge der Unternehmen, die über den jeweils geltenden Rechnungszins hinausgehen, zu 90 % den Versicherten zu Gute kommen müssen. – II. → *Sozialversicherung: 1. Begriff:* In der → gesetzlichen Krankenversicherung (GKV) die Zahlung einer Prämie von der → Krankenkasse an den Versicherten, wenn in einem Kalenderjahr keine Leistungen in Anspruch genommen wurden. Ausgenommen sind Vorsorgeaufwendungen und Leistungen an Mitversicherte unter einem Alter von 18 Jahren. – *2. Merkmale:* Die Krankenkasse kann eine Prämienzahlung bis zu einem Zwölftel des Jahresbeitrags vorsehen. Versicherte sind an diesen → Wahltarif mindestens drei Jahre gebunden. Finanziert werden müssen die B. aus Einsparungen und Effizienzsteigerungen im Leistungsbereich. Aus diesem Grund handelt es sich streng genommen nicht um eine echte B., sondern um eine Prämie aus der Leistungsersparnis der Krankenkasse.

Beitragsrückgewähr. → Prämienrückgewähr.

Beitragssatz. I. → Gesetzliche Rentenversicherung (GRV): Prozentsatz, der vom monatlichen Bruttoentgelt eines sozialversicherungspflichtig Beschäftigten bis zur → Beitragsmessungsgrenze an die GRV als → Rentenbeitrag zu entrichten ist. Seit Anfang 2007 liegt der B. bei 19,9 %. Aufgrund der Finanzierungsprobleme der GRV musste der B. in der Vergangenheit wiederholt angehoben werden. – II. → Gesetzliche Krankenversicherung (GKV): *1. Begriff:* Quotient aus der Summe der Ausgaben (Leistungsausgaben der → Krankenkasse, Verwaltungsausgaben, Ausgaben für freiwillige Satzungs- und Mehrleistungen) zuzüglich des Saldos zwischen sonstigen Einnahmen und Ausgaben (= Dividend) und der Summe der → beitragspflichtigen Einnahmen der Mitglieder der jeweiligen Krankenkasse (= Divisor). Der B. gibt also Auskunft darüber, welcher Prozentsatz des für die Beitragsbemessung relevanten Einkommens der Versicherten von den zur Zahlung Verpflichteten (Arbeitgeber, Versicherte bzw. Mitglieder, Sozialleistungsträger) als Versicherungsbeitrag zur Deckung der Ausgaben zu leisten ist. – *2. Merkmale:* Das GKV-Recht kennt mehrere Beitragssätze. Für den weit überwiegenden Teil der in der GKV versicherten Mitglieder gilt der allgemeine Beitragssatz. Dazu zählen die Mitglieder, die bei Arbeitsunfähigkeit für mindestens sechs Wochen Anspruch auf Fortzahlung ihres Arbeitsentgelts (→ Lohnfortzahlung) oder auf Zahlung einer die Versicherungspflicht begründenden Sozialleistung haben, sowie die Rentner. Einen ermäßigten B. zahlen Mitglieder, die keinen Anspruch auf → Krankengeld haben. Gesonderte Regelungen gelten für Wehr- und Zivildienstleistende, Studierende und Praktikanten, Bezieher von Arbeitslosengeld II sowie für Versorgungsbezüge. Außer für Bezieher von Arbeitslosengeld II gilt für die Mitglieder ein zusätzlicher B. in Höhe von 0,9 %, wodurch sich die übrigen Beitragssätze im selben Umfang vermindern. – *3. Regulierung:* Bis zum 31.12.2008 legte jede Krankenkasse ihren B. individuell fest. Seit Einführung des → Gesundheitsfonds zum 1.1.2009 gilt für alle Krankenkassen ein einheitlicher allgemeiner B., der von der Bundesregierung durch Rechtsverordnung ohne Zustimmung des Bundesrats zum 1.11. eines jeden Jahres mit Wirkung ab dem 1.1. des Folgejahres festgelegt wird. Analog wird ein ermäßigter B. für Mitglieder festgelegt, die keinen Anspruch auf Krankengeld haben. Soweit eine Krankenkasse ihre Ausgaben nicht durch Zuweisungen aus dem Gesundheitsfonds decken kann, muss sie von ihren Mitgliedern einen Zusatzbeitrag erheben. – *4. Entwicklungen:* Die B. sind in den vergangenen Jahrzehnten kontinuierlich gestiegen (vgl. Abb. 1). Dies ist sowohl das Ergebnis der Ausgabendynamik im Gesundheitswesen als auch einer strukturellen Einnahmenschwäche der GKV. Prognosen sagen angesichts der bevorstehenden demographischen Entwicklung (→ Demographie) einen weiteren kräftigen Anstieg der B. voraus.

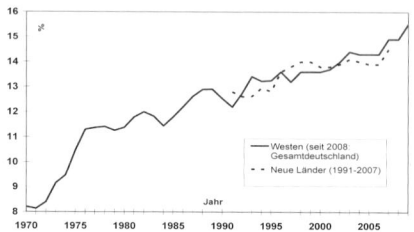

Abbildung 1: Steigerung des Beitragssatzes

– III. Soziale Pflegeversicherung (SPV): *1. Begriff:* Quotient aus der Summe der Ausgaben der SPV (Leistungsausgaben der → Pflegekasse und Verwaltungsausgaben) zuzüglich des Saldos zwischen sonstigen Einnahmen und Ausgaben und der Summe der beitragspflichtigen Einnahmen der Mitglieder der SPV. Der B. gibt also Auskunft darüber, welcher Prozentsatz des für die Beitragsbemessung relevanten Einkommens zur Deckung der Ausgaben erforderlich ist. – *2. Merkmale:* Der B. wird durch Gesetz festgelegt und beträgt seit dem 1.7.1996 1,7 %. Seit dem 1.1.2005 müssen Kinderlose nach Vollendung ihres 23. Lebensjahres einen Beitragszuschlag in Höhe von 0,25 Beitragssatzpunkten entrichten (Kinder-Berücksichtigungsgesetz vom 1.10.2004). Diese Regelung gilt nicht für Mitglieder, die vor dem 1.1.1940 geboren wurden, für Wehr- und Zivildienstleistende sowie für Bezieher von Arbeitslosengeld II. – *3. Ausblick:* Zum 1.7.2008 ist das Pflege-Weiterentwicklungsgesetz in Kraft getreten, das u.a. eine Erhöhung des B. um 0,25 Prozentpunkte beinhaltet.

Beitragssatzstabilität. *1. Begriff:* Da sich der → Beitragssatz in der Sozialversicherung als rechnerischer Prozentsatz ergibt, indem die Summe der Ausgaben durch die Summe der → beitragspflichtigen Einnahmen dividiert wird, ist B. gegeben, wenn die Ausgaben nicht mit einer größeren Rate als die beitragspflichtigen Einnahmen steigen. – *2. Besonderheit in der → gesetzlichen Krankenversicherung (GKV):* Nach der Definition in der GKV wird der Grundsatz der B. nicht verletzt, wenn Ausgabensteigerungen auf Grund von gesetzlich vorgeschriebenen Vorsorge- und Früherkennungsmaßnahmen oder durch zusätzliche Leistungen im Rahmen zugelassener Disease-

Management-Programme (siehe auch → Disease Management) entstehen oder wenn die notwendige medizinische Versorgung auch nach der Ausschöpfung von Wirtschaftlichkeitsreserven nicht zu gewährleisten ist (§ 71 I SGB V), und wenn deshalb eine Erhöhung der Beitragssätze notwendig wird.

Beitragsstabilität im Alter

von Christian Weber

1. Problem

a) Krankheitskosten steigen mit dem Alter an. Ohne Kalkulation von Alterungsrückstellungen würden die Beiträge der privaten Krankenversicherung (PKV) bei gegebenem Leistungsumfang und gegebener Lebenserwartung allein durch das Älterwerden steigen. Die Beiträge im Alter wären nicht stabil. – b) Im Rahmen der vertraglichen Leistungszusage zwischen Versicherungsnehmer und Versicherungsgeber können sich die Leistungen des Versicherers u.a. wegen steigender Heilbehandlungskosten im Zuge des medizinischen Fortschritts, durch eine häufigere Inanspruchnahme medizinischer Leistungen oder aufgrund steigender Lebenserwartung ändern. Das entspricht einer Ausweitung des Versicherungsschutzes. Beitragsanpassungen sind erforderlich. Diese fallen i.d.R. für ältere Versicherte höher aus, weil älteren Menschen im Durchschnitt weniger Zeit bleibt, Alterungsrückstellungen, die für zusätzliche Leistungen zusätzlich nachkalkuliert werden müssen, über ihren Beitrag aufzubauen. Die Beitragsstabilität im Alter ist gefährdet.

2. Vorsorge

Drei Säulen der Altersvorsorge sollen für Beitragsstabilität im Alter sorgen: a) Alterungsrückstellungen, die als Ausgleich dafür gebildet werden, dass mit dem steigenden Lebensalter auch die Inanspruchnahme von Gesundheitsleistungen zunimmt – b) Zinserträge aus den Alterungsrückstellungen, die in Höhe des Rechnungszinses (i.d.R. 3,5 %) vollständig und bei einer über 3,5 % hinausgehenden Verzinsung zu 90 % der Altersvorsorge zur Verfügung stehen. – c) 10-prozentiger Zuschlag (verpflichtend für Neuversicherte seit dem 1.1.2000), der zusätzlich den Alterungsrückstellungen zugeführt und zwischen dem 21. und dem 60. Lebensjahr mit dem Ziel erhoben wird, den Beitrag bei entsprechend langer Vorversicherungszeit ab dem 65. Lebensjahr konstant zu halten.

3. Individuelle Beitragssenkung im Alter

Versicherte, die über den drei Säulen der Beitragsstabilität hinaus insbesondere im Alter die finanzielle Belastung durch den Krankenversicherungsbeitrag reduzieren wollen, haben folgende Möglichkeiten: a) Anpassungen im individuellen Versicherungsschutz, – b) Wechsel innerhalb eines Unternehmens von einem Tarif zu einem anderen, – c) Erhöhung des vereinbarten Selbstbehalts oder – d) Absenkung des Versicherungsschutzes z.B. im Krankenhaus vom Einbettzimmer auf das Zweibettzimmer. Darüber hinaus gibt es i.d.R. für jeden älteren PKV-Versicherten die Möglichkeit, ab den 1.1.2009 in den sog. Basistarif zu wechseln [§ 12 SGB V Abs. 1a bis 1c (in der ab 1.1.2009 geltenden Fassung)]. Der Beitrag für den Basistarif ist dabei mehrstufig, u.a. auf die Höhe des durchschnittlichen Höchstbeitrags der gesetzlichen Krankenversicherung (GKV), limitiert.

4. Beitragsanpassung

Verbesserte und teurere Leistungen (z.B. medizinischer Fortschritt), die früher noch nicht existierten und daher nicht im Versicherungsschutz enthalten waren, führen trotz Altersvorsorge in jedem privaten Krankenversicherungsschutz, der an diesen Verbesserungen des Versicherungsschutzes teilnimmt, zwangsläufig zu Beitragsanpassungen. Eine Beitragsanpassung setzt allerdings die Zustimmung eines unabhängigen und fachlich qualifizierten Treuhänders voraus.*

Beitragsstundung. Recht, die fälligen → Beiträge für einen Lebensversicherungsvertrag zu einem späteren Zeitpunkt zu entrichten. Die B. kann mit zusätzlichen Zinszahlungen für die verspätete Beitragszahlung oder mit Leistungskürzungen verbunden sein.

Beitragsüberträge. *1. Begriff:* Versicherungstechnischer Rückstellungsposten auf der Passivseite der → Bilanz von Versicherungsunternehmen. – *2. Inhalt und Merkmale:* Die B. umfassen den Teil der → Beiträge, der als Ertrag für eine bestimmte Zeit nach dem Abschlussstichtag dem folgenden Geschäftsjahr oder den folgenden Geschäftsjahren zuzurechnen ist (§ 341e II Nr. 1 HGB i.V.m. § 24 RechVersV). Durch die B. werden die fälligen Beiträge über den Risikotragungszeitraum erfolgswirksam verteilt. Sie haben den Charakter eines transitorischen passiven → Rechnungsabgrenzungspostens. – *3. Berechnung:* Die Ermittlung des Abgrenzungsbedarfs erfolgt gem. § 24 RechVersV grundsätzlich zeitanteilig (pro rata temporis) oder dem Risikoverlauf (z.B. in der Baurisiko- oder → Montageversicherung) entsprechend. Bei der Ermittlung sind Näherungsverfahren (Bruchteilsverfahren bzw. Pauschalmethode) unter bestimmten Voraussetzungen möglich (§ 27 RechVersV). Dabei erfolgt eine Abgrenzung nur für die übertragungsfähigen Beitragsteile (Spezifizierung durch koordinierten Ländererlass der Finanzverwaltung). Nicht übertragungsfähig sind z.B. Deckungsbeiträge zur Finanzierung von gewissen → Abschlussaufwendungen (Abschlussprovisionen), die sofort mit Eingang der Beiträge fällig sind und zur Auszahlung gelangen. Im → Anhang sind die angewandte Methode zur Berechnung der B. anzugeben und wesentliche Änderungen der angewandten Methode zu erläutern (§ 52 Nr. 1c RechVersV).

Beitragszeiten. *1. Begriff:* Zahl der Monate, während der Beiträge zur → gesetzlichen Rentenversicherung (GRV) gezahlt wurden oder als gezahlt gelten. Die B. bestimmen die Summe der erreichbaren → Entgeltpunkte. – *2. Merkmale:* Wurden über einen gesamten Monat Beiträge entrichtet, gilt dieser als vollwertige B. Unter bestimmten Bedingungen werden jedoch auch Zeiten der Kindererziehung, Pflege- und Berufsausbildungszeiten sowie Zeiten des Wehr- und Zivildienstes als B. angerechnet, obwohl in diesen kein oder nur ein geminderter Beitrag geleistet wurde. In diesem Fall wird von beitragsfreien oder beitragsgeminderten Zeiten gesprochen.

Beitragszusage. Versorgungszusage, bei der sich die Verpflichtung des Arbeitgebers auf die Zahlung von Beiträgen beschränkt (→ Defined Contribution). Ein etwaiges Kapitalanlagerisiko trägt der Arbeitnehmer. Eine reine B. ist nach deutschem Recht keine → betriebliche Altersversorgung (bAV).

Beitragszusage mit Mindestleistung. Versorgungsform der → betriebliche Altersversorgung (bAV). Nach § 1 II Nr. 2 BetrAVG garantiert der Arbeitgeber neben der Beitragszahlung, dass im → Versorgungsfall mindestens die Summe der zugesagten Beiträge für die Leistungen zur Verfügung steht, soweit sie nicht für einen biometrischen Risikoausgleich verwendet wurden. Die B. ist nur bei den externen → Durchführungswegen → Direktversicherung, → Pensionskasse und → Pensionsfonds zulässig.

Beizulegender Wert. Bilanzieller Wertmaßstab. Beschreibt den Wert, der einem Vermögensgegenstand oder einer Schuld zu einem bestimmten Bewertungszeitpunkt beizulegen ist. Beispiele: Beizulegender Zeitwert (→ Fair Value), fortgeführte Anschaffungskosten. Die Definition des B. variiert in Abhängigkeit vom Rechnungslegungssystem und Rechnungslegungszweck. Wertmaßstäbe für die Ermittlung sind bspw. der → Wiederbeschaffungswert, der Einzelveräußerungswert oder der Ertragswert. Handelsrechtlich wird der B. insbesondere im Rahmen der Folgebewertung für das →

---

* Vgl. § 12 b VAG (Versicherungsaufsichtsgesetz).

Anlagevermögen und das → Umlaufvermögen verwendet (§ 253 HGB).

Bekanntheitsgrad. (Prozentuales) Maß für den Anteil, mit dem das Unternehmen von der jeweiligen Zielgruppe oder in der betroffenen Region erkannt wird. Zu unterscheiden sind zwei Methoden der Messung: gestützte Befragungen, bei denen den Probanden Übersichten mit einschlägigen Unternehmensnamen vorgelegt werden, und ungestützte Befragungen, um spontane Antworten zu generieren. Der B. des Unternehmens ist ein rein quantitativer Aspekt, der häufig um qualitative Imagefaktoren ergänzt wird, die eine → Corporate Identity unterstützen. Interessant sind Vergleiche des B. mit dem Marktanteil des Unternehmens oder vor und nach Kampagnen, um die Wirkung der → Werbung zu messen. Auch Rückschlüsse auf die Qualität der → Vertriebsgestaltung und des → Kundenbeziehungsmanagement des Versicherers sind naheliegend.

Belegenheit. Ortsbezug einer Kapitalanlage. Im Versicherungsunternehmen gibt es dafür nach dem sog. → Belegenheitsprinzip Restriktionen.

Belegenheitsprinzip. Prinzip, nach dem die Anlage des versicherungstechnischen Fremdkapitals in dem Staat bzw. in der Wirtschaftszone (z.B. Europäische Union) erfolgen soll, in dem auch die zugrunde liegenden Versicherungsgeschäfte getätigt wurden.

Beleihung einer Lebensversicherung. → Policendarlehen.

Below-the-line-Kommunikation, *Below-the-line-Werbung.* – *1. Begriff:* Neuartiger Werbeansatz, der den (potenziellen) → Kunden verstärkt dort erreichen will, wo er seinen Interessen und Aktivitäten nachgeht. – *2. Merkmale:* B. nutzt multimediale Konzepte, die herkömmliche → Werbung und klassische → Verkaufsförderung integrativ verknüpft. Bietet sich auch für Versicherungsunternehmen an. – *3. Erscheinungsformen:* a) → Sponsoring, – b) → Event Marketing, – c) Produktplatzierung (→ Product Placement).

Benannte Gefahren-Versicherung. → Named Perils-Deckung.

Benannte Versicherung. Begriff aus der → Kreditversicherung. Soweit ein Versicherungsnehmer oberhalb der → Antragsgrenze einer → Pauschaldeckung mit Versicherungsschutz liefern will, hat er den Kunden und die Höhe seiner Forderung zu benennen. Der Versicherungsschutz beginnt oberhalb der im Versicherungsschein genannten Antragsgrenze erst mit der Festsetzung einer Versicherungssumme (vgl. → Kreditlimit) durch den Kreditversicherer für den jeweiligen Kunden mittels → Kreditmitteilung.

Benchmarking, *engl. Maßstäbe setzen.* Ermittlung von Optimierungsmöglichkeiten hinsichtlich von Effektivität und Effizienz durch Vergleichen von Wertschöpfungsketten. Verglichen werden sowohl Prozesse innerhalb eines Konzerns als auch zwischen Wettbewerbern und branchenfremden Unternehmen. Als „Best Practice" wird der Prozess oder Teilprozess bezeichnet, der die optimalen Eigenschaften in Bezug auf Effektivität und Effizienz besitzt. Populär wurde das B. in den 1970er Jahren durch den erfolgreichen Einsatz bei der Firma Xerox Corporation.

Benzinklausel, *Kraftfahrzeugklausel.* – *1. Begriff:* Ausschlussbestimmung zur Abgrenzung des Versicherungsschutzes in der → Privathaftpflichtversicherung (kleine B.) bzw. in der → Betriebshaftpflichtversicherung (große B.) von der → Kfz-Haftpflichtversicherung bzw. Luftfahrthaftpflichtversicherung. – *2. Merkmale und Voraussetzungen:* Durch die B. wird der Gebrauch eines Fahrzeugs vom Versicherungsschutz in der Privat- bzw. Betriebshaftpflichtversicherung ausgeschlossen. Problematisch ist dabei fallweise die trennscharfe Abgrenzung, ob in einem Schadenfall ein „Gebrauch" vorgelegen hat, d.h. ob der Gebrauch des Fahrzeugs schon begonnen hatte oder beendet war. Bei dem Fahrzeug muss es sich um ein Kraftfahrzeug, ein Luftfahrzeug oder ein Wasserfahrzeug handeln. Der durch den Gebrauch dieses Fahrzeugs verursachte Schaden muss die gesetzliche Haftpflicht des Eigentümers, Besitzers, Halters oder Führers dieses Fahrzeugs betreffen. Das Fahrzeug muss an der Schadenverursachung aktuell und unmittelbar, zeitnah und ortsnah beteiligt sein. – *3. Kleine B. in der Privathaftpflichtversicherung:* Nach der kleinen B. ist die

Haftpflicht des Eigentümers, Besitzers, Halters oder Führers eines Kraft-, Luft- oder Wasserfahrzeugs oder Kraftfahrzeuganhängers wegen Schäden, die durch den Gebrauch des Fahrzeugs verursacht werden, nicht versichert.

Beratungshonorar. *1. Begriff:* Gebühr eines Versicherungskunden zur Bezahlung der Leistungen eines → Versicherungsberaters für dessen Unterstützung bei der Versicherungs- und Versichererauswahl (siehe auch → Honorarberatung). – *2. Abgrenzungen und Merkmale:* In aller Regel werden Versicherungen an den Endkunden durch die unterschiedlichen Absatzkanäle, wie → Versicherungsvertreter oder → Versicherungsmakler gegen Provisionszahlung seitens des Versicherungsunternehmens vermittelt. Anders agieren → Versicherungsberater, die den Kunden gegen ein B. beraten und ihm provisionsfreie Tarife (→ Nettotarifierung) zum Abschluss anbieten. Das B. wird zwischen dem Berater und dem Kunden frei verhandelt. Der Berater darf keine weiteren Leistungen des Versicherers annehmen. – *3. Aktuelle Entwicklungen:* Der Honorarberatung und dem B. kommt eine höhere Bedeutung zu, seitdem die → Abschlusskosten dem Kunden offen gelegt werden müssen.

Beratungs- und Dokumentationspflicht. *1. Begriff*: Die gewerbsmäßigen → Versicherungsvermittler (→ Versicherungsmakler und → Versicherungsvertreter) haben den potenziellen Versicherungsnehmer – soweit die Person und dessen Situation hierfür Anlass geben – nach seinen Wünschen zu befragen und je nach der Schwierigkeit, die angebotene Versicherung beurteilen zu können, zu beraten (sog. anlassbezogene Beratungspflicht, § 61 VVG). Dabei ist ein angemessenes Verhältnis zwischen dem Beratungsaufwand und der vom Versicherungsnehmer zu zahlenden Prämie zu berücksichtigen. Ferner hat der Versicherungsvermittler dem Versicherungsnehmer die Gründe für seine Empfehlung bzw. seinen Rat mitzuteilen. Zur Erfüllung der Dokumentationspflicht müssen die Vermittler die ihnen erteilten Informationen sowie die Gründe für ihre Empfehlungen unter Berücksichtigung der Komplexität des angebotenen Vertrags niederlegen und dem Versicherungsnehmer vor Abschluss des Vertrags in Textform übermitteln (Dokumentationspflicht, § 61 VVG). – *2. Umfang der Beratungspflicht*: Der Umfang der Beratungspflicht orientiert sich demnach sowohl am Versicherungsprodukt als auch an den persönlichen Kenntnissen und Verhältnissen des Versicherungsnehmers. Während der Versicherungsmakler seiner Beratung eine hinreichende Zahl von auf dem Markt angebotenen Versicherungsverträgen zu Grunde legen und auf dieser Basis eine bedarfsgerechte Empfehlung abgeben muss, ist der Vertreter nur gehalten, ein bedarfsgerechtes Versicherungsprodukt des vertretenen Versicherungsunternehmens bzw. aus der Angebotspalette mehrerer von ihm vertretener Versicherer anzubieten (§ 60 VVG). – *3. Ausnahme von der Dokumentationspflicht*: Ausnahmsweise genügt bei entsprechendem Wunsch des Versicherungsnehmers oder bei Verträgen über eine vorläufige Deckung (außer bei Pflichtversicherungen) zunächst die mündliche Information und Beratung; die Dokumentation in Textform muss in derartigen Fällen unverzüglich nach Vertragsschluss übermittelt werden. – *4. Haftung*: Bei schuldhafter, schadenverursachender Verletzung der Beratungs- und/ oder Dokumentationspflicht haftet der Vermittler dem Versicherungsnehmer auf Schadenersatz (§ 63 VVG, → Vermittlerhaftung). Allerdings kann der Versicherungsnehmer auf Beratung und/ oder Dokumentation durch gesonderte schriftliche Erklärung verzichten, wenn er zuvor auf die Gefährdung eines eventuellen Schadenersatzanspruchs aus § 63 VVG hingewiesen worden ist. Nach § 6 VVG treffen auch den Versicherer entsprechende schadenersatzbewehrte B. (außer bei Großrisiken, bei der Vermittlung durch Makler und beim Fernabsatz), weshalb auch → angestellte Vermittler als Erfüllungsgehilfen des Versicherers diese Pflichten zu beachten haben.

Bereicherungsverbot. Grundsatz in der → Schadenversicherung, nach dem gemäß § 200 VVG die Entschädigung nicht höher als der Schaden sein darf. Gilt nicht bei der → gleitenden Neuwertversicherung, oder wenn eine → Taxe vereinbart ist.

Bereichsausnahme. Für bestimmte Bereiche des Versicherungswesens vorgesehene Ausnahmen vom Kartellverbot. Siehe auch → Versicherungskartellrecht.

Bergungskosten. I. → Private Unfallversicherung (PUV): *1. Begriff:* Leistungsart, der zufolge die nach einem Unfall anfallenden Kosten für die Suche, Rettung oder Bergung einer verletzten Person versichert werden. Ebenso werden Kosten für den Transport der verletzten Person in das nächste Krankenhaus, für deren Heimtransport oder für eine Überführung eines Unfalltoten zum letzten ständigen Wohnsitz übernommen. – *2. Merkmale:* Die Such-, Rettungs- oder Bergungseinsätze müssen von öffentlich-rechtlichen oder privatrechtlich organisierten Rettungsdiensten erfolgen. Es kann eine bestimmte Höchstversicherungssumme pro versicherte Person vereinbart werden. – II. → Warenversicherung: Die → DTV stellen Musterklauseln für → Güterfolgeschäden (hier: fortlaufende Kosten im Betrieb des Versicherungsnehmers, wenn die Verwendung der Güter beeinträchtigt oder unmöglich ist), Bergungs- und Beseitigungskosten sowie Bewegungs- und Schutzkosten (→ Bewegungskosten, → Schutzkosten) zur Verfügung.

Berichterstattung an die Aufsichtsbehörde. → Interne Rechnungslegung.

Bermudaversicherer. *1. Begriff:* Risikoträger, die ihren Hauptsitz in Bermuda unterhalten. Meist sind damit in der → Rückversicherung Risikoträger gemeint, die schwerpunktmäßig auf das weltweite Natur-Katastrophengeschäft ausgerichtet sind. – *2. Bedeutung:* Bermuda ist einer der größten Versicherungsstandorte weltweit. Als → Offshore (Re)Insurance-Standort fördern in Bermuda günstige Rahmenbedingungen, z.B. Steuererleichterungen und -gesetzgebung bzw. vorteilhafte Solvabilitätsvorschriften, die Gründung von Rück- bzw. Erstversicherungsgesellschaften. – *3. Entwicklungen:* Nach Gründung diverser Captives in den 1960er-Jahren führten steigende Rückversicherungspreise insbesondere nach dem schadenintensiven Katastrophenereignis des „Hurrikan Andrew" in 1992 („Class of '93") zu einer ersten Gründungswelle von Bermuda-Rückversicherern. Mit der zweiten Welle nach den Anschlägen auf das World Trade Center in New York am 11.9.2001 („Class of 2001") kamen diejenigen Bermuda-Rückversicherer auf den Markt, die die Kapazitätsverengungen im weltweiten Rückversicherungsmarkt ausnutzten. Gleiches war nach dem Hurrikanjahr 2005 in einer dritten Welle zu beobachten. Inzwischen haben die in Bermuda ansässigen Rückversicherer einen Anteil von 10 % am weltweiten Rückversicherungsmarkt.

Berner Union (BU). 1934 gegründeter internationaler Zusammenschluss privater und staatlicher bzw. im staatlichen Auftrag handelnder Exportkredit- und Investitionsversicherer mit inzwischen mehr als 70 Mitgliedern (vgl. → Ausfuhrkreditversicherung, → Export Credit Agency, kurz: ECA). Wesentliche Zielsetzung der BU ist es, eine breite Akzeptanz von international anerkannten Grundsätzen für die Exportkreditversicherung und die Versicherung von Auslandsinvestitionen herbeizuführen, um dadurch den internationalen Handel zu fördern. Die BU dient ihren Mitgliedern als wichtiges Austausch- und Informationsforum und unterstützt neue ECA bei der Gründung.

Berücksichtigungszeiten. Zeiten für Kindererziehung oder Pflege, die sich in der → gesetzlichen Rentenversicherung (GRV) zwar nicht rentenbegründend, aber rentensteigernd auswirken können. Als B. wegen Kindererziehung zählen die ersten zehn Jahre nach der Geburt des Kindes. Zeiten der häuslichen und nicht erwerbsmäßigen Pflege, die zwischen dem 1.1.1992 und dem 31.3.1995 liegen, werden als B. anerkannt. B. können auf die → Wartezeiten angerechnet und bei der Bewertung der beitragsfreien Zeiten geltend gemacht werden.

Beruf. Kernbegriff in der → Berufsunfähigkeitsversicherung. Die Definition des B. des Versicherungsnehmers ist Voraussetzung für die Beurteilung, ob eine → Berufsunfähigkeit nach den Bedingungen des Versicherers vorliegt. Dabei halten sich die neueren Bedingungswerke an die allgemeine Rechtsprechung, nach im Leistungsfall der B. geprüft wird, der zuletzt im Zustand der Gesundheit ausgeübt wurde. Nicht versicherbare B. sind berufliche Tätigkeiten, für die aufgrund des objektiven und/ oder subjektiven Risikos kein Berufsunfähigkeitsschutz angeboten wird. Beispiele sind Profisportler, Artisten, Sprengstoffexperten, Bodyguards, Schriftsteller, Künstler, Schausteller u.a.m.

Berufsakademie (BA). *1. Begriff:* Einrichtung des tertiären Bildungssektors mit meist staatlicher Trägerschaft. – *2. Ziel:* Die BA hat das Ziel, auf wissenschaftlicher Grundlage eine stark praxisorientierte und unmittelbar berufsqualifizierende Ausbildung zu vermitteln. – *3. Merkmale:* Die Ausbildung an der BA setzt die Fachhochschulreife und einen Ausbildungsvertrag mit einem diese Ausbildung unterstützenden Unternehmen voraus. Dabei können Diplom- und Bachelor-Abschlüsse (→ Bachelor) in einem drei- bis vierjährigen Studium erworben werden. Typisch ist die Verzahnung von beruflicher und wissenschaftlich-theoretischer Orientierung (vgl. → ausbildungsintegriertes Studium).

Berufsbildungswerk der deutschen Versicherungswirtschaft e.V. (BWV). *1. Begriff:* Berufsverband der deutschen Versicherungswirtschaft und Ansprechpartner für die branchenspezifische Aus- und Weiterbildung in der Versicherungswirtschaft. – *2. Merkmale:* Das BWV a) entwickelt Aus- und Fortbildungsgänge für die Versicherungswirtschaft und deren Partner, – b) entwickelt Qualifizierungsmaßnahmen für Vermittler und sichert deren Durchführung und Qualität, – c) verleiht Qualifikationsbezeichnungen, – d) sichert die Qualität der beruflichen Bildung auf Bundesebene, – e) vertritt die Interessen des Wirtschaftszweigs in Bildungsfragen, – f) koordiniert die überbetrieblichen Bildungsaktivitäten im Bildungsnetz Versicherungswirtschaft. Das Bildungsnetz Versicherungswirtschaft besteht aus dem BWV, den regionalen Berufsbildungswerken und der → Deutschen Versicherungsakademie GmbH (DVA).

Berufsfahrerversicherung. *1. Begriff:* Spezielle Form der Kfz-Unfallversicherung für beim Versicherungsnehmer angestellte Kraft- und Beifahrer. – *2. Merkmale:* Die B. bezieht sich auf den jeweiligen Kraft- oder Beifahrer des im Versicherungsvertrag genannten Fahrzeugs, und dabei entweder auf namentlich bezeichnete (namentliche Versicherung) oder auf sämtliche beim Versicherungsnehmer angestellte Kraft- oder Beifahrer (Gruppenversicherung). Einer B. bedarf es insbesondere, wenn Berufsfahrer von der regulären → Insassenunfallversicherung ausgeschlossen sind. Der zu versichernde „Berufsfahrer" muss beim Versicherungsnehmer als Kraftfahrer angestellt sein und seinen Beruf „im Fahren" ausüben.

Berufsgenossenschaft. *1. Begriff:* Träger der → gesetzlichen Unfallversicherung (GUV) für die gewerbliche Wirtschaft sowie für den Bereich der Landwirtschaft. – *2. Merkmale:* Die gewerblichen B. sind für bestimmte Branchen und Gewerbezweige zuständig. Die landwirtschaftlichen B. sind, mit Ausnahme der Gartenbau-Berufsgenossenschaft, nach regionalen Gesichtspunkten abgegrenzt. Durch einen Namenszusatz wird der jeweilige Zuständigkeitsbereich gekennzeichnet (z.B. Berufsgenossenschaft der Bauwirtschaft). Alle Träger sind als Körperschaften des öffentlichen Rechts organisiert. Ihre Selbstverwaltungsorgane (Vertreterversammlung und Vorstand) weisen eine paritätische Selbstverwaltung von Arbeitgebern und Arbeitnehmern auf. Ausnahme sind die regionalen landwirtschaftlichen B., deren Selbstverwaltungsorgane zu je einem Drittel aus Vertretern der versicherten Arbeitnehmer, der Selbstständigen ohne fremde Arbeitskräfte und der Arbeitgeber gebildet werden. – *3. Entwicklungen:* Die Zahl der aktuell (1.1.2010) noch existierenden 13 von früher 35 gewerblichen B. soll durch weitere Fusionen auf neun sinken (§ 222 SGB VII). Die Zahl der landwirtschaftlichen B. beträgt – nach vorerst abgeschlossenem Fusionsprozess – noch acht regionale B., hinzu kommt die bundesweit zuständige Gartenbau-Berufsgenossenschaft.

Berufsgruppen. *1. Begriff:* Gruppen von → Berufen zur Klassifizierung des Versicherungsrisikos und zur Prämienberechnung. Die Einteilung der Berufe in B. ist in vielen Personenversicherungszweigen gängige Praxis, ganz besonders in der → Berufsunfähigkeitsversicherung. – *2. B. in der Berufsunfähigkeitsversicherung:* Akademisch ausgebildete Personen mit überwiegender Bürotätigkeit finden sich aufgrund ihres niedrigen Risikos in den unteren B. wieder, weniger qualifiziert ausgebildete Personen mit überwiegend körperlicher Tätigkeit aufgrund ihres höheren Risikos in den oberen Berufsgruppen. Die Anzahl der verwendeten B. ist bei den verschiedenen Anbietern unterschiedlich. Ein gängiges Beispiel mit fünf B. nimmt folgende Einteilung vor: a) Berufsgruppe 1 – Akademiker mit ausschließlicher Tätigkeit in Büro, Praxis oder Kanzlei; – b) Berufsgruppe 2 – kaufmännische oder vergleichbare Berufe mit überwiegend sitzender oder aufsichtsführender Tätigkeit; – c) Berufsgruppe 3 – Berufe mit leichten körperlichen oder Außendiensttätigkeiten einschl. von Berufen mit kombinierter sitzender/ stehender Tätigkeit und geringer körperlicher Komponente und handwerklichen Berufen mit einem geringen Grad an körperlicher Tätigkeit; – d) Berufsgruppe 4 – handwerkliche oder vergleichbare Berufe mit überwiegend körperlicher Tätigkeit, die das Heben/ Tragen oder eine Zwangshaltung beinhalten; – e) Berufsgruppe 5 – Berufe mit sehr starker körperlicher Beanspruchung und/ oder mit erhöhter Unfallgefährdung und/ oder mit Arbeiten in körperlicher Zwangshaltung. Die meisten Anbieter kalkulieren ihre Beiträge auf Grundlage dieser B., so dass spezielle Berufszuschläge kaum noch am Markt zu finden sind. Anders verhält es sich mit den Bedingungen. Einige Versicherer schränken für wenig qualifizierte Berufe oder Berufe mit körperlicher Tätigkeit i.d.R. ihr Leistungsangebot ein. Am häufigsten entfällt für diese B. der Verzicht auf die → abstrakte Verweisung. Andere Versicherer bieten exklusiv für hoch qualifizierte Berufe Bedingungsverbesserungen an. Speziell für diesen (fest definierten) Personenkreis verzichten Versicherer in ihren Tarifen auf die abstrakte Verweisung und teilweise auch auf die → konkrete Verweisung.

Berufshaftpflichtversicherung. *1. Begriff:* Versicherungsdeckung für spezielle Berufe (z.B. Ärzte, Architekten, Ingenieure, Makler, Notare, Rechtsanwälte, Sachverständige etc.), die das berufsspezifische Schadenpotenzial aus Haftpflichtrisiken besonders berücksichtigt und umfasst. – *2. Merkmale:* Für bestimmte Berufe (z.B. Makler, Rechtsanwälte) besteht eine gesetzliche Verpflichtung zum Abschluss einer Berufshaftpflichtversicherung. – *3. Abgrenzung:* Ansprüche, die nicht im beruflichen Umfeld, sondern im privaten Bereich entstehen, sind nicht durch die B., aber ggf. durch eine → Privathaftpflichtversicherung abgedeckt. Siehe auch → Berufshaftpflichtversicherung des Versicherungsvermittlers.

Berufshaftpflichtversicherung des Versicherungsvermittlers. *1. Begriff:* Pflicht-Haftpflichtversicherung für → Versicherungsvermittler. Nach § 34d GewO bedürfen gewerbliche Versicherungsvermittler zur Erlangung der → Gewerbeerlaubnis grundsätzlich einer → Berufshaftpflichtversicherung. – *2. Ziel:* Dadurch sollen Vermögensschäden, die einem Versicherungsnehmer infolge fehlerhafter Beratung entstehen, abgedeckt werden. – *3. Merkmale:* Die Haftpflichtversicherung ist bei einem in Deutschland zum Geschäftsbetrieb zugelassenen Versicherer zu nehmen. Sie muss für das gesamte Gebiet der Mitgliedsstaaten der EU und der anderen Vertragsstaaten des Abkommens über den Europäischen Wirtschaftsraum gelten und eine Mindestversicherungssumme von – derzeit – 1,13 Mio. Euro je Versicherungsfall und von 1,7 Mio. Euro für alle Versicherungsfälle eines Jahres aufweisen. Die genannten Mindestversicherungssummen erhöhen oder vermindern sich ab dem 15.1.2013 und danach regelmäßig alle fünf Jahre prozentual entsprechend des Europäischen Verbraucherpreisindexes. – *4. Ausnahmen:* Vom Abschluss einer B. befreit sind → gebundene Vermittler, soweit das vertretene Unternehmen für diese die uneingeschränkte Haftung übernimmt. Die Haftungsübernahme erfolgt durch die Anmeldung des → Versicherungsvertreters zum → Vermittlerregister von Seiten des Versicherers (§ 34d VII S. 3 GewO). Ebenfalls keine B. benötigen gewerbliche Vermittler, die die Vermittlungstätigkeit nur nebenberuflich ausüben und zudem die weiteren Voraussetzungen des § 34d IX Nr. 1 GewO erfüllen. Auch Bausparkassenvertreter, die nur Risiko-Lebensversicherungen im Rahmen von Bausparverträgen anbieten, und Gewerbetreibende, die zu einer Warenlieferung oder Dienstleistung im Zusammenhang mit einem Darlehens- oder Leasingvertrag Restschuldversicherungen mit einer Jahresprämie von max. 500 Euro vermitteln, müssen nicht über eine B. verfügen.

Berufsklauseln. *1. Begriff:* Regelung der Versicherbarkeit bzw. → Verweisbarkeit für bestimmte → Berufsgruppen in der → Berufsunfähigkeitsversicherung. – *2. Beispiele:* Ärzteklausel für Ärzte, Zahnärzte und Tierärzte; Anwaltsklausel für Rechtsanwälte, Notare, Steuerberater und Wirtschaftsprüfer; Fluguntätigkeitsklausel (Loss-of-licence-Klausel) für Piloten und Cockpit-Personal bei krankheitsbedingtem Lizenzverlust; Seeuntauglichkeitsklausel für Kapitäne und See-

Berufskrankheit 94

offiziere, wenn diese wegen Seeuntauglichkeit von ihrem Patent keinen Gebrauch mehr machen können.

Berufskrankheit. *1. Begriff:* Versicherungsfall in der → gesetzlichen Unfallversicherung (GUV) (§ 9 SGB VII). B. sind Krankheiten, die sich ein Versicherter durch die Arbeit oder sonstige versicherte Tätigkeit zuzieht und die in der Berufskrankheiten-Verordnung (BKV) bezeichnet ist. Erkrankungen sind darüber hinaus wie B. zu entschädigen, wenn sie nach neuen medizinischen Erkenntnissen durch den Beruf verursacht sind. – *2. Anerkennung:* Als B. kommen nur solche Erkrankungen in Frage, die nach den Erkenntnissen der medizinischen Wissenschaft durch besondere Einwirkungen verursacht sind, denen bestimmte Personengruppen durch ihre Arbeit in erheblich höherem Grade als die übrige Bevölkerung ausgesetzt sind. Im konkreten Fall entscheidet der Rechtsausschuss der Berufsgenossenschaft unter Einschaltung eines medizinischen Sachverständigen über das Vorliegen einer Berufskrankheit. Die sog. Volkskrankheiten, wie z.b. Herz-Kreislauf-Erkrankungen, können deshalb i.d.R. keine B. sein. Der Verdacht auf eine B. muss dem Unfallversicherungsträger gemeldet werden. Hierzu sind → Ärzte, → Krankenkassen und Unternehmen verpflichtet. – *3. Wichtige Beispiele:* Häufigste B. in Deutschland sind Hautkrankheiten, die Lärmschwerhörigkeit und Erkrankungen durch anorganische Stäube.

Berufs-Rechtsschutz. *1. Begriff:* Risikobereich in der → Rechtsschutzversicherung. B. umfasst die Wahrnehmung rechtlicher Interessen des Versicherungsnehmers im beruflichen Bereich. – *2. Merkmale:* Als eigenständige Vertragsart wird B. regelmäßig Gewerbetreibenden und Freiberuflern unter der Bezeichnung „B. für Selbstständige, Rechtsschutz für Firmen" angeboten. Versichert sind dann Rechtsschutzfälle, die in sachlichem Zusammenhang mit der im Versicherungsantrag/ -schein bezeichneten selbstständigen beruflichen Tätigkeit des Versicherungsnehmers stehen. Mitversichert sind alle vom Versicherungsnehmer beschäftigten Personen in Ausübung ihrer beruflichen Tätigkeit für den Versicherungsnehmer. Nicht vom B. umfasst ist die Wahrnehmung rechtlicher Interessen als Eigentümer, Halter, Erwerber, Mieter, Leasingnehmer oder Fahrer von Kraftfahrzeugen (→ Verkehrs-Rechtsschutz) sowie als Eigentümer, (Ver-)Mieter, (Ver-)Pächter oder Nutzungsberechtigter von Immobilien. Für diese Risikobereiche ist eine gesonderte Absicherung – auch im Rahmen von Rechtsschutz-Paketlösungen – möglich. Der B. umfasst meist folgende Leistungsarten: Schadenersatz-, → Arbeits-, Steuer-, Sozialgerichts-, Disziplinar- und Standes-, → Straf- und Ordnungswidrigkeiten-Rechtsschutz. Arbeitnehmer erhalten B. i.d.R. nur im Rahmen von Rechtsschutzpaketen, → Privat-Rechtsschutz.

Berufsunfähigkeit. I. → Privatversicherung: *1. Begriff:* Voraussichtlich mindestens sechs Monate infolge von Krankheit, Körperverletzung oder „Kräfteverfalls" ununterbrochen andauernde Unfähigkeit des Versicherten, seinen → Beruf oder eine andere Tätigkeit auszuüben, die er aufgrund seiner Ausbildung und Erfahrung ausüben könnte und die seiner bisherigen Lebensstellung entspricht (Definition nach den Versicherungsbedingungen in der privaten Versicherungswirtschaft). Versicherte Gefahr in der → Lebensversicherung (Berufsunfähigkeits-Zusatzversicherung) und in der selbstständigen → Berufsunfähigkeitsversicherung. Bei den meisten Versicherern liegt der Versicherungsfall bei mindestens 50 % B. vor. Der Eintritt der B. wird i.d.R. durch ein ärztliches Gutachten festgestellt. – *2. B. aufgrund Pflegebedürftigkeit:* Ist ein Versicherter pflegebedürftig, erfüllt er aber nicht die Voraussetzungen einer B., leisten die Versicherer nach einem Punktesystem, in dem festgelegt ist, ab welcher Punktzahl die → Berufsunfähigkeitsrente bei → Pflegebedürftigkeit einsetzt und ggf. in welcher Höhe geleistet wird. Die Pflegebedürftigkeit kann auch an den Kriterien der Pflegepflichtversicherung gemessen werden. – *3. Deckungsangebote:* Die am Markt tätigen Versicherungsunternehmen bieten unterschiedliche Deckungen. Auch innerhalb einer Gesellschaft werden teilweise verschiedene Tarife mit verschiedenen Leistungen angeboten. Die Produkte reichen von einer „Basis-Absicherung" bis zu einem sehr umfangreichen Versicherungsschutz. Das breite Angebots- und Bedingungsspektrum erschwert die Markttransparenz. – *4. Abgrenzung:* Die B. ist von der → Erwerbsunfähigkeit abzugrenzen. – II. → Sozialversicherung: Berufsunfähig sind nach § 240 II SGB VI gesetzlich Versicherte, deren Erwerbsfähigkeit wegen Krankheit oder Behinderung im Vergleich zu gesunden Versicherten einer vergleichbaren Gruppe auf weniger als sechs Stunden gesunken ist. Inzwischen abgelöst durch die (teilweise) → Erwerbsminderung. – III. Beamtenversorgung: → Dienstunfähigkeit.

Berufsunfähigkeitsrente, *Invalidenrente*. → Rente, die gegenüber einer versicherten Person aufgrund einer eingetretenen → Berufsunfähigkeit geleistet wird. Siehe auch → Berufsunfähigkeitsversicherung. Die B. wird maximal bis zum gesetzlichen Renteneintrittsalter geleistet. Ausnahmen gibt es für bestimmte Berufsgruppen, wie etwa die Kammerberufe (Ärzte, Notare, Rechtsanwälte, Veterinäre, Wirtschaftsprüfer, Zahnärzte etc.), für die auch höhere Endalter einer B. vorgesehen sind.

Berufsunfähigkeitsversicherung. *1. Begriff:* Versicherung gegen das Risiko einer → Berufsunfähigkeit. Bei der B. handelt es sich um einen selbstständigen Versicherungszweig und nicht um eine Zusatzversicherung. Im Versicherungsfall zahlt die B. dem Versicherten eine vereinbarte → Berufsunfähigkeitsrente. – *2. Leistungsvoraussetzungen:* Nach der klassischen Berufsunfähigkeitsregelung liegt der Versicherungsfall vor, wenn eine mindestens 50%ige Berufsunfähigkeit besteht. Ist dies der Fall, werden 100 % der vereinbarten Versicherungsleistungen erbracht. Staffelregelungen sehen eine Berufsunfähigkeitsleistung ab einem Grad der Berufsunfähigkeit von 25 % oder 33 % vor. Die Berufsunfähigkeitsrente wird dann erst ab 75 % bzw. 67 % Berufsunfähigkeit in der vereinbarten Höhe gezahlt. Die Staffelregelungen führen nicht zu einer Reduzierung des Beitrags. Gilt die sog. 75-%-Klausel, liegt eine Berufsunfähigkeit erst ab einem Berufsunfähigkeitsgrad von 75 % vor. In dieser Variante ist der Beitrag geringer als in den anderen Fällen. Allerdings sind auch die Leistungsvoraussetzungen entsprechend hoch. – *3. Schüler, Auszubildende und Studierende:* Auch Schüler, Auszubildende und Studierende können sich bereits gegen Berufsunfähigkeit versichern. Dieser Personenkreis hat im Fall einer Berufs- oder → Erwerbsunfähigkeit noch gar keinen oder allenfalls einen nur minimalen gesetzlichen Versicherungsschutz.

Da von Schülern, Auszubildenden und Studierenden noch kein → Beruf ausgeübt wird, gelten für die Einstufung spezifische Bedingungen. Einige Versicherer bieten für die Dauer der Ausbildung nur eine Absicherung gegen Erwerbsunfähigkeit an, andere bieten einen Berufsunfähigkeitsschutz an, machen aber die Entscheidung, auf welchen Beruf geprüft wird, von der restlichen Ausbildungszeit abhängig. Das heißt, je näher der Versicherungsnehmer an das Ende seiner Ausbildungszeit gelangt ist, desto eher wird auf den angestrebten Beruf geprüft. Die Regelungen sind allerdings von Versicherer zu Versicherer unterschiedlich. Da das Risiko für Schüler, Auszubildende und Studenten, berufsunfähig zu werden, niedrig ist, sind die Beiträge entsprechend günstig. Die Höhe der versicherbaren Berufsunfähigkeits- bzw. Erwerbsunfähigkeitsrente wird von Versicherer zu Versicherer unterschiedlich festgelegt. – *4. Risikoprüfung:* Anträge auf eine B. bedürfen einer besonderen Prüfung hinsichtlich der Versicherbarkeit des Risikos. a) Medizinische Risikoprüfung: Bei Antragsaufnahme wird zunächst anhand der Gesundheitsfragen geprüft (→ Gesundheitsprüfung), ob der Antrag zu normalen Bedingungen und zum beantragten Tarifbeitrag angenommen werden kann. Im Fall von Vorerkrankungen sind medizinische Zusatzerklärungen für eine rasche Risikobeurteilung hilfreich. Ergibt die Risikoprüfung, dass ein Antrag nicht zu den angebotenen Bedingungen angenommen werden kann, wird in erster Linie geprüft, ob durch einen medizinischen → Risikozuschlag ein Ausgleich für das erhöhte Risiko geschaffen werden kann. Ist dies nicht der Fall, wird versucht, über einen sinnvollen Leistungsausschluss, eine Begrenzung der Leistungsdauer u.ä. einen Weg zu finden, dem Antragsteller einen Versicherungsschutz anzubieten. U.U. wird der Vertrag für eine bestimmte Zeit zurückgestellt oder die Übernahme des Versicherungsschutzes ganz abgelehnt. Überschreitet die beantragte Berufsunfähigkeitsrente eine vom Versicherer festgelegte Obergrenze in Abhängigkeit vom Alter des Antragstellers (→ Untersuchungsgrenzen), wird zusätzlich eine ärztliche Untersuchung notwendig. Für das Versichertenkollektiv ist es von wesentlicher Bedeutung, dass bei der Antragsannahme eine gründliche Risikoprüfung vorgenommen wird. Eine andere Annahmepolitik führt infolge sinkender Überschüsse zwangsläufig zu höheren Prämien. – b) Wirtschaftliche Risikoprüfung: Die empirischen Verhältnisse zeigen, dass das subjektive Risiko, berufsunfähig zu werden, überproportional mit der Höhe der versicherten Rente steigt. Bei der wirtschaftlichen Risikoprüfung prüft der Versicherer deshalb, ob die beantragte Rente in einem vernünftigen Verhältnis zum Einkommen des Versicherten steht. Als Obergrenze setzen viele Versicherer 60 % des persönlichen Bruttojahreseinkommens unter Berücksichtigung aller privaten Berufsunfähigkeitsversorgungen – einschl. der beantragten Berufsunfähigkeitsrente – als Jahresrente an. Siehe auch → Höchstgrenzen, → Invaliditätsversicherung.

Berufsunfähigkeitszusatzversicherung. *1. Begriff:* Zusatzversicherung gegen das Risiko der → Berufsunfähigkeit, die in Kombination mit verschiedenen Hauptversicherungen, z.B. Risikolebens-, Renten-, fondsgebundene Lebens-/ Rentenversicherung, abgeschlossen werden kann. Der Vertrag kann nur i.V.m. der Hauptversicherung bestehen. – *2. Leistungen:* Die B. zahlt dem Versicherten eine vereinbarte → Berufsunfähigkeitsrente und/ oder stellt ihn in der Hauptversicherung beitragsfrei, wenn er den zuletzt ausgeübten → Beruf nicht mehr dauerhaft ausüben kann.

Berufswechsel. In der → Berufsunfähigkeitsversicherung kommt es häufig vor, dass Versicherte während der Vertragslaufzeit den → Beruf bzw. die berufliche Tätigkeit wechseln. Die aktuelle Tätigkeit weist dann u.U. ein völlig anderes Anforderungs- und Risikoprofil auf als die vorhergehende. Für den Versicherten ist es von Vorteil, wenn der B. nicht angezeigt werden muss und sich für ihn dadurch keine negativen Konsequenzen hinsichtlich Prämie und Leistungsumfang ergeben.

Beschaffenheitsschaden. Begriff aus der → Transportversicherung. Schaden, der aus der natürlichen Eigenschaft von Gütern a) von allein ohne ein von außen her auf die Güter unvorhergesehen einwirkendes Ereignis (z.B. im Zeitablauf durch Verderb) oder – b) durch die normalen, im Verlauf des Transports einwirkenden Umstände entsteht. In der Seewarenversicherung sind B. grundsätzlich ausgeschlossen.

Beschwerdebearbeitung. Die Versicherungsaufsichtbehörde nimmt seit jeher Beschwerden der Versicherten i.w.S. entgegen. Sie geht diesen Beschwerden nach, hört dazu die betreffenden Versicherer und teilt dem Beschwerdeführer mit, welche Meinung sie zu dem Vorbringen vertritt. Die → Aufsichtsbehörde sieht die Beschwerden als Petitionen i.S. des Art. 17 GG an. Bis 2001 war die Aufsichtsbehörde die einzige Beschwerdestelle für die Versicherten. Seitdem sind die außergerichtlichen Schlichtungsstellen → Versicherungsombudsmann e.V. und → Ombudsmann Private Kranken- und Pflegeversicherung weitere wichtige Foren für die Beschwerden der Versicherten (vgl. auch § 214 VVG).

Beschwerdemanagement. *1. Begriff:* Alle Aktivitäten und Maßnahmen eines Versicherungsunternehmens, mit denen auf Unzufriedenheitsäußerungen der Kunden reagiert wird, um deren Zufriedenheit wieder herzustellen und die möglicherweise gefährdeten Kundenbeziehungen zu sichern. – *2. Abgrenzungen:* Neben den a) BaFin-Beschwerden, also solchen, bei denen sich der Versicherungskunde mit seiner Beschwerde an die → Bundesanstalt für Finanzdienstleistungsaufsicht (BaFin) wendet, wird im Versicherungsbereich weiterunterschieden zwischen – b) Ombudsmannbeschwerden, – c) Vorstandsbeschwerden und d) sonstigen Beschwerden. Bei a) und b), den beiden ersten Beschwerdearten, erfolgt die Bearbeitung in einem formalisierten Verfahren bei der BaFin bzw. dem → Ombudsmann nach entsprechenden Stellungnahmen des Versicherungsunternehmens. Dem gegenüber werden c) und d), die anderen Beschwerdearten, durch die Versicherungsunternehmen direkt beantwortet. Hierzu existieren unterschiedliche Organisationsgrade und Abläufe. – *3. Merkmale:* Die Anzahl der Beschwerden im Bereich der → Kompositversicherung ist gemessen an der Gesamtbeschwerdeanzahl der Branche (also inkl. Lebens- und Krankenversicherung) eher gering, die der berechtigten Beschwerden liegt nochmals deutlich darunter. Die BaFin veröffentlicht ebenso wie der Ombudsmann jährlich eine Beschwerdestatistik, die Anzahl, Grund und Erfolg der Beschwerden in den einzelnen Versicherungssparten und -zweigen ausweisen.

Beschwerde- und Schlichtungsstelle.
→ Ombudsmann.

Besitzklausel. Ausschlussklausel in der → Haftpflichtversicherung. Schließt → Haftpflichtansprüche wegen Schäden an gemieteten, geleasten, gepachteten, geliehenen oder durch Eigenmacht erlangten Sachen oder an Sachen, die Gegenstand eines besonderen Verwahrungsvertrags sind, vom Versicherungsschutz aus. Vielfach gibt es wieder Einschlüsse, wie z.b. bei der → Mietsachschadenklausel oder bei mobilen Einrichtungsgegenständen in gemieteten Hotelzimmern.

Besitzstandsschutz. Eine gefestigte Rechtsposition, die den Schutz des Art. 14 GG (Eigentumsfreiheit) genießt. In der → betrieblichen Altersversorgung (bAV) erarbeitet sich der Arbeitnehmer im Lauf seiner Tätigkeit unter einer Versorgungszusage eine → Anwartschaft mit Besitzstandsschutz. Eine Änderung einer Versorgungszusage kann unwirksam sein, wenn der B. nicht beachtet wird.

Besondere Versicherungsbedingungen (BVB). *1. Begriff:* Versicherungsbedingungen, die sich auf einen einzelnen Vertrag oder auf einen bestimmten Teilbestand von Versicherungsverträgen beziehen und individuelle Gegebenheiten berücksichtigen. – Anders: → Allgemeine Versicherungsbedingungen (AVB). – *2. Rechtliche Merkmale:* BVB haben Vorrang vor den AVB nach dem Grundsatz, dass die spezielle Norm der generellen vorgeht. Sie unterliegen nicht dem AGBG. BVB sind rechtlich allerdings ebenfalls AVB, wenn sie einer Vielzahl von Versicherungsverträgen zugrunde gelegt werden.

Best Advice. Verhaltensgebot für → Versicherungsmakler, den Kunden bei der Vermittlung von Versicherungsverträgen den „besten Rat" zu erteilen, praktisch eine bedarfsgerechte Versicherungslösung mit einer adäquaten Preis/ Leistungs-Relation von einem adäquaten → Versicherungsunternehmen anzubieten. Betrifft also sowohl das → Versicherungsprodukt als auch das Versicherungsunternehmen und dessen Leistungsfähigkeit (siehe auch → Rating). Der B. ist eine nicht ausdrücklich festgesetzte Norm für Versicherungsmakler. Die Ausübung und Anwendung der Norm und die Unterstreichung der Pflichten des Maklers werden jedoch durch die Sorgfaltspflichten der §§ 276 BGB und 347 HGB unterlegt.

Bestandsgruppen. Zusammenfassung gleichartiger Verträge des → Neugeschäfts. Siehe auch → Abrechnungsverband.

Bestandspflege. *1. Begriff:* Aktive Beratung und Betreuung von Versicherungsnehmern im Bestand des → Versicherungsvermittlers bzw. → Versicherungsunternehmens. – *2. Aufgaben:* Im Rahmen der B. werden dem Versicherungsvermittler neben der → Akquisition weitere wichtige Aufgaben bei der permanenten Kundenbetreuung zuteil. Dazu zählen Vertragsanpassungen an aktuelle Begebenheiten der → versicherten Personen und/ oder der versicherten Risiken incl. des Einschlusses von Zusatzrisiken, Vertragsverlängerungen, Anpassungen an aktuelle → Allgemeine Versicherungsbedingungen (AVB) etc. – *3. Vergütung:* Für die B. erhält der Vermittler eine → Bestandsprovision.

Bestandsprovision, *Folgeprovision.* Vergütung des → Versicherungsvermittlers für die → Bestandspflege, insbesondere für die Betreuungsleistungen gegenüber den Kunden. Wird vom Versicherungsunternehmen geleistet. Die B. wird jährlich wiederholt gezahlt, solange der Versicherungsvertrag besteht. Siehe auch → Provisionssysteme.

Bestandsübertragung. *1. Begriff:* Ein Versicherungsbestand ist die Gesamtheit aller Versicherungsverträge eines Versicherers. Dieser Bestand kann von dem Versicherer ganz oder teilweise auf ein anderes Versicherungsunternehmen übertragen werden. Entgegen der allgemeinen Vorschrift des § 415 BGB (Schuldübernahme nur mit Genehmigung des Gläubigers) besteht hier kein Mitspracherecht des Versicherungsnehmers. Für ihn handelt die → Aufsichtsbehörde. Jeder Bestandsübertragungsvertrag bedarf der Genehmigung der Aufsichtsbehörden, die für die beteiligten Unternehmen zuständig sind. – *2. Voraussetzungen für die Genehmigung:* Die Genehmigung ist zu erteilen, wenn die Versicherteninteressen gewahrt und die dauernde Erfüllbarkeit der Verpflichtungen dargetan ist. Mit dieser allgemein gehaltenen Voraussetzung wird auch die früher in der Norm expressis verbis genannte Forderung, dass die Solvabilität des Zessionars sichergestellt sein muss, erfasst. Außerdem sind die Spartentrennungsgebote zu berücksichtigen. – *3. Folgen der B.:* Mit der B. gehen die Rechte und Pflichten des übertragenden Unternehmens aus den Versicherungsverträgen auch im Verhältnis zu den Versicherungsnehmern auf das übernehmende Unternehmen über. Die Versicherungsnehmer haben kein außerordentliches Kündigungsrecht. Die weitgehende Entmachtung der Versicherungsnehmer ist darauf zurückzuführen, dass die B. häufig dem Schutz aller Versicherten eines in Not geratenen Versicherers dient. Die Aufsichtsbehörde soll versuchen, die Interessen der Versicherten dadurch zu schützen, dass sie einen gesunden Versicherer ausfindig macht, der bereit ist, den Not leidenden Bestand zu übernehmen. Dieses Unterfangen wäre unmöglich, wenn die guten Risiken vorzeitig durch Kündigung den Versicherer verlassen könnten. – *4. Besonderheiten:* a) Verlieren durch die B. Mitglieder eines → Versicherungsvereins auf Gegenseitigkeit (VVaG) ganz oder zum Teil ihre Rechte als Vereinsmitglied, darf die Genehmigung nur erteilt werden, wenn der Übertragungsvertrag ein angemessenes Entgelt vorsieht. Hierbei handelt es sich um das insgesamt an die Gemeinschaft der Mitglieder zu zahlende Entgelt, dessen Bemessung Gegenstand der Genehmigung ist und nur mit dieser Entgeltbemessung zusammen im Verwaltungsrechtsweg angefochten werden kann. Davon zu unterscheiden ist der individuelle Anteil des Mitglieds an dem insgesamt gezahlten Entgelt, der durch Beschluss der obersten Vertretung festgelegt wird und im Zivilrechtsweg überprüft werden kann. Ist der übernehmende Versicherer ebenfalls ein VVaG und werden die betroffenen Mitglieder des übertragenden Vereins Mitglieder des übernehmenden Vereins, entfällt die Anforderung auf Zahlung eines Entgelts. – b) Sind Vertragsverhältnisse mit → Überschussbeteiligung betroffen (Lebensversicherungen, Krankenversicherungen, Unfallversicherungen), darf die Genehmigung nur erteilt werden, wenn die Werte der Überschussbeteiligung der Versicherten des übertragenden und des übernehmenden Versicherers nach der Übertragung nicht geringer als vorher sind. Es muss also gewährleistet sein, dass kein Versicherter durch die B. schlechter dasteht als vorher. – c) Die Regelungen gehen auf das Urteil des BVerfG v. 26.7.2005 zurück, das die Rechtsposition der Versicherten gestärkt wissen wollte. V.a. bei den sog. strategischen Umstrukturierungen innerhalb von Unternehmensgruppen war die B. ein wichtiges Vehikel, bei dem die Interessen der Versicherten nicht immer genügend gewahrt werden konnten, weil es an klaren Regeln fehlte. – *5. Verfahren:* Der Bestandübertragungsvertrag bedarf der Schriftform. Die Genehmigung der B. ist im Bundesanzeiger zu veröffentlichen. Der übernehmende Versicherer hat die Versicherungsnehmer über Anlass, Ausgestaltung und Folgen der B. zu unterrichten. Wegen der Einzelheiten der Zusammenarbeit der Aufsichtsbehörden bei grenzüberschreitender B. vgl. § 14 II VAG. – *6. Rechtsgrundlagen:* §§ 14, 44, 44a VAG.

Besteuerung von Versicherungsunternehmen

von Dr. Rainer Schick (†)

Versicherungsunternehmen werden in Deutschland steuerrechtlich grundsätzlich wie andere Kapitalgesellschaften behandelt. Sie sind als Aktiengesellschaften (§ 1 I Nr. 1 Körperschaftsteuergesetz (KStG)) und Versicherungsvereine auf Gegenseitigkeit (§ 1 I Nr. 3 KStG) mit sämtlichen Einkünften körperschaftsteuerpflichtig, wenn sie ihre Geschäftsleitung oder ihren Sitz im Inland haben. Auch die Anstalten und Körperschaften des öffentlichen Rechts unterliegen mit den Einkünften aus ihren Betrieben gewerblicher Art der Körperschaftsteuer (§§ 1 I Nr. 6, 4 KStG). Ab dem Veranlagungszeitraum (VZ) 2008 beträgt die Körperschaftsteuer 15 % des zu versteuernden Einkommens des Versicherungsunternehmens (bis VZ 2007: 25 %).

Obwohl die Besteuerung der Versicherungsunternehmen den allgemeinen Regeln folgt, finden sich im KStG einige spezielle Vorschriften. So sind etwa kleinere Versicherungsvereine auf Gegenseitigkeit im Sinne des § 53 Versicherungsaufsichtsgesetz (VAG) unter bestimmten Voraussetzungen von der Körperschaftsteuer befreit (§ 5 I Nr. 4 KStG).

Den besonderen Risiken, denen Versicherungsunternehmen regelmäßig unterliegen, tragen §§ 20, 21 und 21a KStG Rechnung. § 20 KStG erlaubt die Bildung von Schwankungs- und Schadenrückstellungen in der Steuerbilanz. Schwankungsrückstellungen dienen dem Ausgleich verschiedener Schadenhöhen zwischen verschiedenen Perioden. Die Bildung einer Schwankungsrückstellung ist zulässig, wenn nach den Erfahrungen in dem betreffenden Versicherungszweig mit erheblichen Schwankungen des Jahresbedarfs zu rechnen ist und die Schwankungen nicht durch Prämien ausgeglichen werden bzw. durch Rückversicherungen gedeckt sind. Auf Träger der Sozialversicherung ist die Vorschrift nicht anwendbar. Schadenrückstellungen sind für Verpflichtungen, die aus Versicherungsfällen bis zum Bilanzstichtag entstanden, aber noch nicht abgewickelt sind, zu bilden. Die Höhe der Schadenrückstellung ist nach einem pauschalierten Verfahren zu ermitteln. Schwankungs- und Schadenrückstellungen führen zur Verschiebung von Gewinnen bzw. Verlusten in andere Besteuerungszeiträume. Für Zwecke der steuerlichen Gewinnermittlung nicht gebildet werden dürfen hingegen Rückstellungen für drohende Verluste (§ 5 IVa Einkommensteuergesetz (EStG)). § 21 KStG enthält Sondervorschriften für die steuerliche Behandlung von Beitragsrückerstattungen. Zum einen begrenzt die Vorschrift die steuerliche Abzugsfähigkeit der Beitragsrückerstattungen. Diese sind in der Lebens- und Krankenversicherung bis zum nach handelsrechtlichen Vorschriften ermittelten Jahresergebnis (korrigiert um weitere Posten) abziehbar. In der Schaden- und Unfallversicherung sind Beitragsrückerstattungen bis zur Höhe des Überschusses, der sich aus der Beitragseinnahme nach Abzug aller anteiligen abziehbaren und nichtabziehbaren Betriebsausgaben ergibt, steuerlich zu berücksichtigen. Die Vorschrift gilt nur für erfolgsabhängige Beitragsrückerstattungen. Zum anderen regelt § 21 II KStG die Voraussetzungen für die Zuführung bzw. Auflösung der Rückstellung für Beitragsrückerstattung für steuerliche Zwecke. Die Vorschrift bezieht sich auf die Rückstellung für erfolgsabhängige Beitragsrückerstattungen, die nicht sofort ausgezahlt werden. Nach § 21 III KStG sind die Vorschriften des § 6 I Nr. 3a EStG nicht anzuwenden. Eine weitere körperschaftsteuerliche Besonderheit für Versicherungsunternehmen findet sich in § 21a KStG: In Abweichung von § 6 I Nr. 3a Buchst. e EStG stellt § 21a KStG besondere Anforderungen an die Bewertung bzw. Abzinsung von versicherungsrechtlichen Deckungsrückstellungen auf.

Lebens- oder Krankenversicherungsunternehmen konnten gem. § 14 II KStG bis zu dessen Aufhebung durch Gesetz vom 19.12.2008 (BGBl. I, S. 2794) keine Organgesellschaften sein. § 14 II KStG ist gem. § 34 IX Nr. 6 KStG letztmalig anzuwenden, wenn das Wirtschaftsjahr der Organgesellschaft vor dem 1.1.2009 endet. Auf gemeinsamen Antrag von Organträger und Organgesellschaft kann eine Organschaft bereits für den Veranlagungszeitraum 2008 begründet werden.
Neben der Körperschaftsteuer unterliegen die Versicherungsunternehmen der Gewerbesteuer. Für Erhebungszeiträume, die nach dem 31.12.2007 enden, darf die Gewerbesteuer bei der Ermittlung der körperschaftsteuerlichen Bemessungsgrundlage nicht mehr als Betriebsausgabe abgezogen werden. Eine Besonderheit für Versicherungen ergibt sich aus § 12a Gewerbesteuer-Durchführungsverordnung (GewStDV), wonach kleinere VVaG von der Gewerbesteuer befreit sind. Bei Lebens- und Krankenversicherungen ist die Anwendung des sog. Schachtelprivilegs erheblich eingeschränkt (§ 9 Nr. 2a S. 5, Nr. 7 S. 8 Gewerbesteuergesetz (GewStG)).

Im Rahmen der Umsatzsteuer gleicht die steuerrechtliche Behandlung der Leistungen der Versicherungsunternehmen denen anderer Unternehmer. Die Versicherer sind Unternehmer im umsatzsteuerrechtlichen Sinne. Das Umsatzsteuerrecht trägt allerdings dem Umstand Rechnung, dass die Leistungen der Versicherungsunternehmen vielfach bereits mit Versicherungsteuer belastet sind. Es befreit deshalb in § 4 Nr. 10 Umsatzsteuergesetz (UStG) die Leistungen auf Grund eines Versicherungsverhältnisses i.S.d. Versicherungsteuergesetzes (VersStG). Da die Steuerbefreiung zum Ausschluss des Vorsteuerabzuges führt, werden die Umsätze nicht vollständig von der Umsatzsteuer entlastet, sondern lediglich begünstigt. Wie hoch die Steuerentlastung für die Versicherungsunternehmen im Einzelfall ausfällt, hängt damit von der Höhe der nicht abzugsfähigen Vorsteuer aus Eingangsleistungen ab.

Der Versicherungsteuer unterliegt die Zahlung des Versicherungsentgeltes auf Grund eines Versicherungsverhältnisses (§ 1 I VersStG). Die Versicherungsunternehmen sind, obwohl sie nicht Schuldner der Versicherungsteuer sind, gesetzlich zu ihrer Entrichtung verpflichtet (§ 7 I VersStG). Das VersStG sieht in § 4 eine Reihe von Steuerbefreiungen vor, wobei insbesondere Entgeltzahlungen im Bereich der Personenversicherungen (z.b. Lebens-, Renten- und Krankenversicherung, § 4 Nr. 5 VersStG) aus der Steuerpflicht ausgenommen werden. Der Steuersatz der Versicherungsteuer beträgt zur Zeit, abgesehen von den in § 6 II VersStG aufgezählten Ausnahmen, 19 % (§ 6 I VersStG). Der Regelsteuersatz ist in den letzten beiden Jahrzehnten von 5 % im Jahre 1988 fortlaufend angehoben worden und entspricht seit dem 1.1.1995 (mit einer kurzen Unterbrechung) dem Regelsteuersatz der Umsatzsteuer.

Beta-Faktor, *β-Faktor.* Maßgröße für die stochastische Abhängigkeit zwischen der Rendite eines Wertpapiers und der Rendite des Marktportfolios im Rahmen des → Capital Asset Pricing Model (CAPM). Der Wert $β$ ist definiert als die Kovarianz zwischen der Rendite eines Wertpapiers und der Rendite des Marktportfolios, geteilt durch die Varianz der Rendite des Marktportfolios. Das Marktportfolio, also das (gedankliche) Portfolio aller am Kapitalmarkt gehandelter Finanztitel, besitzt von daher ein $β$ von 1. Die erwartete Risikoprämie eines Wertpapiers (d.h. erwartete Rendite des Wertpapiers minus risikoloser Zins) errechnet sich als erwartete Risikoprämie des Marktportfolios (d.h. erwartete Rendite des Marktportfolios minus risikoloser Zins), multipliziert mit $β$. Bei einem Wertpapier mit einem $β$ größer (kleiner) als 1 ist demnach die erwartete Risikoprämie größer (kleiner) als die des Marktportfolios. $β$ ist eine Kennzahl des → systematischen Risikos eines Wertpapiers bzw. Investments.

Beteiligung, *Kapitalbeteiligung, Unternehmensbeteiligung.* – *1. Begriff:* Besitz von Anteilen an Kapital- oder Personengesellschaften. Dabei erwirbt der Investor durch Geld-, Sach- oder Dienstleistungseinlagen einen Anteil am Grundkapital der Gesellschaft. Ziel ist eine dauerhafte, für beide Seiten vorteilhafte Verbindung. Eine Sonderform ist die stille B., bei der die Vermögenseinlage weder nach außen ersichtlich noch in das Handelsregister eingetragen ist. – *2.*

Formen und Merkmale: Die Einflussmöglichkeiten des Investors hängen von der Höhe der Beteiligungsquote ab. Geringe Einflussmöglichkeiten bestehen bei einer Minderheitsbeteiligung (Beteiligungsquote bis unter 25 %). Eine Sperrminorität mit Beteiligungsquoten von über 25 % bis zu 50 % ermöglicht die Verhinderung von wesentlichen Beschlüssen, die mit einer Dreiviertelmehrheit gefasst werden müssen. Bei einer Beteiligungsquote von über 50 % bis unter 75 % liegt eine Mehrheitsbeteiligung vor, die i.d.R. mit einer Beherrschung der Gesellschaft einhergeht. Darüber liegende Beteiligungsquoten von bis zu 95 % werden als Dreiviertelmehrheitsbeteiligungen bezeichnet. Beteiligungsquoten von über 95 % erlauben dem Investor die Eingliederung des Unternehmens in die Muttergesellschaft. Nach dem Grad der Verbindung zum operativen Kerngeschäft des beteiligten Unternehmens wird zwischen → strategischen Beteiligungen, → Finanzbeteiligungen und → Private Equity unterschieden. Handelsrechtlich besteht ab einer Anteilsquote von 20 % eine (widerlegbare) Beteiligungsvermutung (§ 271 I HGB). Im Steuerrecht wird bei Vorliegen einer (mittelbaren oder unmittelbaren) Mehrheitsbeteiligung an einem rechtlich selbstständigen, aber wirtschaftlich unselbstständigen Unternehmen, das zumindest einen Gewinnabführungsvertrag mit der Muttergesellschaft abgeschlossen hat, von einer sog. Organschaft ausgegangen. Grundsätzlich kann der Investor mit einer B. Einfluss auf die Unternehmenspolitik nehmen, und er hat einen anteiligen Anspruch auf die erwirtschafteten Gewinne. Er trägt jedoch auch das Risiko des Kapitalverlusts bzw. der Kapitalminderung. Im Fall einer Insolvenz wird er – nach Befriedigung der Gläubiger – anteilig am Liquidationserlös beteiligt. B. müssen in einem Verzeichnis inventarisiert und im Rahmen des Jahresabschlusses veröffentlicht werden (§§ 285, 313 HGB) werden. – *3. Behandlung im Jahresabschluss:* In der handelsrechtlichen Bilanz sind B. grundsätzlich in Höhe der Anschaffungskosten als Anlagevermögen unter den Finanzbeteiligungen aufzuführen. In Abhängigkeit von der Beteiligungsquote werden sie als „Beteiligungen" (20 % bis 50 %) oder als „Anteile an verbundenen Unternehmen" (über 50 %) klassifiziert. „Verbundene Unternehmen" sind außerdem in den Konzernabschluss einzubeziehen. Sollte jedoch keine dauerhafte Besitzabsicht bestehen, werden B. in das Umlaufvermögen gebucht. Die internationalen Rechnungslegungsvorschriften (IAS/IFRS) verlangen eine Bilanzierung, bei der der Wertansatz für die B. entsprechend dem Anteil des Bilanzierenden am Reinvermögen des Beteiligungsunternehmens bereinigt wird („at equity"). Lediglich bei B. von untergeordneter Bedeutung (Beteiligungsquote unter 20 %) kann eine Bewertung entsprechend des Marktwerts (Fair Value) vorgenommen werden.

Beteiligungscontrolling. *1. Begriff:* Betriebswirtschaftliche Funktion zur Entscheidungsunterstützung der Unternehmensführung bei der Steuerung von Tochtergesellschaften und strategischen Beteiligungen mit dem Ziel, einen Beitrag zur Unternehmenswertsteigerung zu leisten. In institutioneller Sicht ist das B. die Gesamtheit aller damit betrauten Bereiche, Abteilungen und Stellen im Unternehmen. – *2. Abgrenzung von anderen, ähnlichen Begriffen:* Das B. ist abzugrenzen a) vom → Konzerncontrolling als das Controlling des Versicherungskonzerns bzw. ggf. des (All-)Finanzkonzerns als Ganzes und – b) vom → Kapitalanlagecontrolling als das Controlling von reinen Finanzanlagen.

Beteiligungsfinanzierung. *1. Begriff:* Externe → Eigenfinanzierung, bei der Mittel durch „neue" Kapitalgeber zugeführt werden. Siehe auch → Außenfinanzierung. – *2. Merkmale und Abgrenzung:* Auf Kapitalgeberseite kann die B. der Verfolgung von unternehmerischen Zielen dienen, die über die Erzielung von Dividendenerträgen hinaus gehen. Nach § 271 I HGB liegt eine Beteiligung bei einem Eigentum von mehr als 5 % des Nennkapitals vor. Bei Versicherungsaktiengesellschaften hat die B. die Form der → Aktienfinanzierung. – *3. Rechtsformspezifische Probleme:* Da es die B. bei → Versicherungsvereinen auf Gegenseitigkeit (VVaG) und → öffentlich-rechtlichen Versicherungsunternehmen i.Allg. nur in der Gründungsphase (→ Gründungsfinanzierung) oder bei besonderen Anlässen gibt, sind diese Rechtsformen bei der Eigenkapitalbildung im Wesentlichen auf die → Selbstfinanzierung aus einbehaltenen Gewinnen angewiesen (vgl. auch → versicherungstechnische Umsatzfinanzierung).

BetrAVG. Gesetz zur Verbesserung der betrieblichen Altersversorgung – Betriebsrentengesetz, Gesetz vom 19.12.1974, zwischenzeitlich mehrfach geändert, zuletzt durch Gesetz vom 21.12.2008.

Betrieb. I. In der Allgemeinen Betriebswirtschaftslehre: Kombination von Produktionsfaktoren. – II. In der Versicherungswirtschaft: Fachabteilungen, die sich mit der Verwaltung der Versicherungsverträge befassen. Nicht unter diesen engen versicherungsspezifischen Betriebsbegriff fallen die Funktionen → Kundenservice, Leistungs- und Schadenbearbeitung.

Betriebliche Altersversorgung (bAV). Werden einem Arbeitnehmer Leistungen der Alters-, Invaliditäts- oder → Hinterbliebenenversorgung aus Anlass seines Arbeitsverhältnisses vom Arbeitgeber zugesagt, handelt es sich um eine bAV (§ 1 BetrAVG). Für die bAV stehen fünf → Durchführungswege zur Verfügung: → Direktzusage, → Unterstützungskasse, → Pensionsfonds, → Pensionskasse und → Direktversicherung. Hinsichtlich der Leistungsplangestaltung werden → Leistungszusagen, → beitragsorientierte Leistungszusagen und → Beitragszusagen mit Mindestleistung unterschieden. Grundsätzlich freiwillige Sozialleistung des Arbeitgebers, kann aber auch arbeitnehmerfinanziert sein (siehe → Entgeltumwandlung). Die bAV zählt im Rahmen der Schichten der → Altersvorsorge zur → Basisversorgung.

Betriebsart. Betriebe in einem gemischt genutzten → Gebäude werden über ein sog. Betriebsartenverzeichnis klassifiziert und einer B. zugeordnet. Die B. beschreibt das Risiko, das der Betrieb in der Gebäudeversicherung darstellt. Sie wird bei der Tarifierung und Annahmeentscheidung von gemischt genutzten → Gebäuden in der → verbundenen Wohngebäudeversicherung verwendet (siehe auch → Wohngebäude).

Betriebsaufwendungen. → Aufwendungen für den Versicherungsbetrieb.

Betriebshaftpflichtversicherung. *1. Begriff:* Versicherungsdeckung von gesetzlichen Haftpflichtansprüchen Dritter, verursacht durch die betriebliche Tätigkeit eines Unternehmens. – *2. Merkmale:* Versicherungsnehmer sind Gewerbetreibende, Industrieunternehmen, Freiberufler und Handwerker. Die B. umfasst die Freistellung des Unternehmens von berechtigten Ansprüchen Dritter sowie die Prüfung der Anspruchsgrundlage bzw. die Abwehr unbegründeter Ansprüche. Versichert sind neben dem Unternehmen und dessen gesetzlichen Vertretern alle Betriebsangehörigen in Ausübung ihrer dienstlichen Tätigkeit. – *3. Abgrenzung:* Ansprüche, die nicht im betrieblichen Umfeld, sondern im privaten Bereich entstehen, sind nicht durch die B., aber ggf. durch eine → Privathaftpflichtversicherung abgedeckt.

Betriebsklima. → Mitarbeiterzufriedenheit.

Betriebskosten. *1. Begriff:* Sämtliche → Kosten, die für das → Abwicklungsgeschäft im Versicherungsunternehmen entstehen. Die B. umfassen neben den Verwaltungskosten (B. i.e.S.) in einem weiteren Sinne auch die Vertriebskosten. – *2. Kostenarten:* a) Persönliche Kosten: Arbeits- und Dienstleistungskosten (Personal- und Vermittlerkosten), die insbesondere bei der Akquisition, Beratung, Erst- und Folgebearbeitung der Verträge, Schaden- und der Schlussbearbeitung entstehen; – b) Sachkosten: Betriebsmittelkosten und Kosten für den Verbrauch von Hilfs- und Betriebsstoffen; – c) Kapitalkosten: Kosten der Verzinsung des in realen (materiellen und immateriellen) Produktionsfaktoren investierten Kapitals. – *3.Unterscheidung von anderen, ähnlichen Begriffen:* Die B. gehören neben den → Risikokosten zu den beiden (Haupt-) → Kostenarten im Versicherungsunternehmen.

Betriebskostenquote. *1. Begriff:* Versicherungstechnische Rentabilitätskennzahl von Schaden-/ Unfallversicherungsunternehmen. Wird in der Praxis sowohl mit intern abgegrenzten Rechnungsgrößen (Betriebskosten) als auch mit Größen aus der externen Rechnungslegung (→ Aufwendungen für den Versicherungsbetrieb, siehe auch → Rechnungslegung) ermittelt. Ohne nähere Darlegung bleibt es deshalb im Sprachgebrauch häufig unklar, welche Größen in die Kennzahl tatsächlich eingeflossen sind. – *2. Varianten:* a) Brutto-Betriebskosten in Relation zu den verdienten Brutto-Beiträgen (= Betriebskostenquote brutto) bzw. Netto-Betriebskosten in Relation zu den verdienten Netto-Beiträgen (= Betriebskostenquote netto). – b) Brutto-Betriebsaufwendungen in Relation zu den verdienten Brutto-Beiträgen (= Betriebs"kosten"quote brutto) bzw. Netto-Betriebsaufwendungen (= Brutto-Betriebsaufwendungen abzüglich erhaltene Provisionen und Gewinnbeteiligungen aus dem Rückversicherungsgeschäft) in Relation zu den verdienten Netto-Beiträgen (= Betriebs"kosten"quote netto). – *3. Ziele und Probleme:* Die B. gibt über die „Kosten"intensität des betriebenen Versicherungsgeschäfts Aufschluss und ermöglicht somit auch Wettbewerbsvergleiche. Bei der Verwendung von Größen aus der → Gewinn- und Verlustrechnung (GuV) werden aber nicht sämtliche → Betriebskosten in der Kennzahl erfasst. So fehlen die Zusatz- bzw. Anderskosten und die Betriebskosten, die in der Rechnungslegung unter den Verwaltungsaufwendungen für → Kapitalanlagen bzw. unter den sonstigen Aufwendungen gebucht werden. Siehe auch → Beiträge.

Betriebskrankenkasse (BKK). *1. Begriff:* Kassenart im System der → Krankenkassen. Eine BKK kann für einen oder mehrere Betriebe desselben Arbeitgebers errichtet werden, wenn in diesen Betrieben regelmäßig mindestens 1.000 Versicherungspflichtige beschäftigt sind und die Leistungsfähigkeit der Krankenkasse auf Dauer gesichert ist

(§ 147 SGB V). Bis zur Einführung der Kassenwahlfreiheit im Jahr 1996 waren alle versicherungspflichtigen Arbeiter und Angestellten eines Arbeitgebers Mitglieder der BKK, wenn eine solche für den Betrieb bestand. – 2. *Merkmale:* Die BKK sind rechtlich selbstständige Körperschaften des öffentlichen Rechts mit → Selbstverwaltung und Teil der mittelbaren Staatsverwaltung, d.h. der Staat „beaufsichtigt" das rechtmäßige Handeln der Krankenkassen (§ 87 SGB IV). Organe der BKK sind – wie bei allen Krankenkassen – ein hauptamtlicher Vorstand (§ 35a SGB IV) sowie als Selbstverwaltungsorgan ein ehrenamtlicher Verwaltungsrat (§ 33 SGB IV). Die Verwaltungsräte der BKK sind je zur Hälfte mit Arbeitgeber- und Arbeitnehmervertretern besetzt. Dies unterscheidet sie von den Verwaltungsräten der → Ersatzkassen, in denen grundsätzlich nur gewählte Vertreter der Versicherten sitzen. Als Kassenart betreuen die BKK im System der → gesetzlichen Krankenversicherung (GKV) rund zehn Mio. Mitglieder sowie rund 4,5 Mio. Versicherte. – 3. *Geschichte:* In den 1880er Jahren wurde die GKV in Deutschland eingeführt. Sie wurde zunächst durch drei Kassenarten getragen: die → Allgemeinen Ortskrankenkassen, die Betriebskrankenkassen und die → Innungskrankenkassen. Erst in den folgenden Jahrzehnten wurden die Ersatzkassen in das System der GKV mit einbezogen. – 4. *Entwicklungen:* Seit 1996 für alle Krankenversicherten die freie Kassenwahl (Wahlrecht) eingeführt wurde, sind die BKK keine Basis- bzw. Pflichtkassen mehr. Inzwischen kann die Satzung der BKK vorsehen, dass der Mitgliederkreis über die Beschäftigten des betreffenden Betriebs hinaus auf alle GKV-Versicherte erstreckt werden kann (sog. Öffnung). Weiter können sich BKK verschiedener Arbeitgeber freiwillig zusammenschließen und als geöffnete Kassen unabhängig vom Betrieb nach dessen Schließung selbstständig weiter bestehen (virtuelle BKK). Ein gesetzliches „Öffnungsmoratorium" sieht vor, dass sich nach dem 9.9.2003 errichtete BKK bis zum 1.1.2009 nicht für betriebsfremde Mitglieder öffnen dürfen. Dies hängt mit der Einführung des → morbiditätsorientierten Risikostrukturausgleichs zusammen, der zum 1.1.2009 eingeführt wurde. Bis 1970 gab es noch 1.119 BKK, Anfang 2009 noch 155 – Tendenz abnehmend.

Betriebsmodell

von Dr. Torsten Oletzky

1. Definition

Das Betriebsmodell, auch „Operations-Modell" oder (engl.) „Operations Model" genannt, beschreibt in groben Strukturen die für den Prozess der Leistungserstellung gewählte Aufbau- und Ablauforganisation. Es kann sich entweder auf Kernprozesse des Betriebs beschränken (engere Definition), z.B. im Versicherungsunternehmen auf die klassischen Prozesse Antrag, Vertrag und Schaden/ Leistung, oder alle Geschäftsprozesse eines Unternehmens inkl. den Vertrieb und die Querschnittsfunktionen umfassen (weitere Definition).

Betriebsmodell

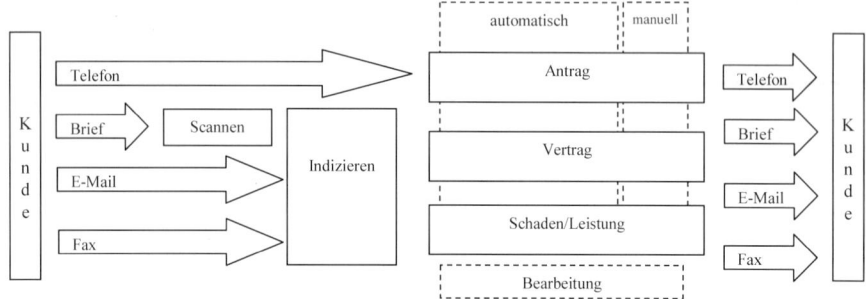

Abbildung: Schematische Darstellung der Ablauforganisation eines Betriebsmodells, Fokus: Kommunikationswege zum Kunden.

2. Merkmale

Bestandteile des Betriebsmodells sind die Geschäftsprozesse bzw. die Ablauforganisation, die wesentlichen Organisationseinheiten, die eingesetzten Ressourcen und die Beziehungen zwischen den einzelnen Elementen untereinander.

Die Darstellung eines Betriebsmodells kann um zusätzliche Aspekte erweitert werden, z.B. die Standorte der Leistungserbringung (zentrales Betriebsmodell vs. dezentrales Betriebsmodell), die den Prozessen zugeordnete IT-Unterstützung (z.B. elektronisches Dokumentenmanagement) und die verwendeten Kommunikationsmedien (Telefon, Brief, Fax, Mail).

Zentrales Merkmal des Betriebsmodells ist i.d.R. die Betrachtung der Geschäftsprozesse vom Eingang eines Kundenanliegens bis zur Rückmeldung des Prozessergebnisses an den Kunden.

Implizit verfügt jedes Unternehmen über ein Betriebsmodell. Die explizite Darstellung und Analyse des Betriebsmodells dient der Optimierung von Abläufen, der Verbesserung der Qualität von Prozessergebnissen und der Reduzierung von Kosten der Leistungserbringung.

3. Abgrenzung vom Geschäftsmodell

Zu unterscheiden ist das Betriebsmodell vom Geschäftsmodell. Während sich das Betriebsmodell auf die Darstellung und Analyse der organisatorischen Beziehungen im Betrieb konzentriert, beschreibt das Geschäftsmodell die gesamte Wertschöpfung des Unternehmens oder eines Teilbereichs, also insbesondere auch die Gestaltung des Vertriebswegemix oder die Produktstrategie.

4. Vorgehen zur Darstellung und Analyse eines Betriebsmodells

Grundlage für die Darstellung eines Betriebsmodells ist die Erhebung der Ist-Prozesse, Organisationseinheiten und Ressourcen sowie deren Beziehungen untereinander. Die Detailtiefe der Erhebung orientiert sich an den mit der Darstellung des Betriebsmodells verfolgten Zielen (Beispiele: siehe unter Punkt 5).

Auf der Grundlage der Ist-Beschreibung kann eine Optimierung der Organisation z.B. unter Zuhilfenahme interner oder externer Benchmarks vorgenommen werden. Daraus folgt die Darstellung eines Ziel-Betriebsmodells. Die Veränderung der Organisation vom Ist- zum Ziel-Betriebsmodell kann je nach Umfang und den hierfür erforderlichen Vorbereitungen (Bereitstellung IT-Unterstützung, Schulung der beteiligten Mitarbeiter, Verhandlungen von Betriebsänderungen mit dem Betriebsrat) zwischen wenigen Monaten und mehreren Jahren in Anspruch nehmen.

5. Aktuelle Entwicklungen in den Betriebsmodellen der Versicherungswirtschaft

Mit der Deregulierung der Versicherungsmärkte im Jahr 1994 hat die Wettbewerbsintensität in der Versicherungswirtschaft deutlich zugenommen. Dies birgt für die Versicherungsunternehmen eine Reihe von Zielen und Herausforderungen, denen sie u.a. durch die Optimierung ihres Betriebsmodells nachkommen:

- Erhöhung der Kundenzufriedenheit
  - Verbesserung der Beratungsqualität
  - Reduzierung von Fehlern bei der Bearbeitung von Kundenanliegen
  - Fallabschließende Bearbeitung von Kundenanliegen durch den ersten Bearbeiter
  - Verbesserung der telefonischen Erreichbarkeit des Kundenservice/ der Verwaltung für Kunden und Vertriebspartner
  - Reduzierung von Durchlauf- und Bearbeitungszeiten
- Senkung der Verwaltungskosten
  - Eliminierung unnötiger Prozessschritte
  - Automatisierung von Prozessen (Dunkelverarbeitung)
  - Standardisierung von Prozessen als Teil der Komplexitätsreduzierung
  - Vereinfachung von Prozessen (Prozessoptimierung) zur Verkürzung von Bearbeitungszeiten und zur Reduzierung des Schulungsbedarfs
- Optimierung der Prozesssteuerung
  - Transparenz und Auskunftsfähigkeit über den aktuellen Bearbeitungsort eines Kundenanliegens
  - Detaillierte Erhebung von Kennzahlen zu Prozessqualität und Kosten
  - Internes und/ oder externes Benchmarking von Prozesskennzahlen

Gleichzeitig haben sich durch die Weiterentwicklung der Technik z.B. im elektronischen Dokumentenmanagement oder in der Telefonie neue Optimierungsmöglichkeiten ergeben. Viele Versicherungsunternehmen haben diese zum Anlass genommen, nicht mehr nur einzelne (Teil-)Prozesse isoliert zu optimieren (Prozessoptimierung), sondern ihr gesamtes Betriebsmodell auf den Prüfstand zu stellen. Als Trends sind hierbei zu beobachten:

- die vollständige Ablösung papierbasierter Prozesse durch elektronisches Dokumentenmanagement,
- die Zentralisierung von Aufgaben, die in der Vergangenheit in dezentralen Geschäftsstellen bearbeitet wurden, an einem oder wenigen Standorten,
- die Flexibilisierung der Verteilung von Arbeitsgut auf verschiedene Bearbeitungseinheiten je nach Arbeitsmenge und verfügbarer Kapazität (statt aufgrund fest vorgegebener Bearbeitungsgebiete) mittels Work-Flow-Management,
- die Reduzierung der – in der Vergangenheit meist spartenorientierten – Spezialisierung in der Sachbearbeitung zugunsten spartenübergreifend arbeitender Kundenservice-Einheiten (spartenübergreifende Bearbeitung),
- die konsequente Trennung der Bearbeitung standardisierbarer Massenvorgänge mit Fokus auf die Produktivitätssteigerung einerseits von individuell zu bearbeitenden komplexen Vorgängen, bei denen es auf die Optimierung des versicherungstechnischen Ergebnisses im Underwriting oder der Schaden-/ Leistungsbearbeitung ankommt, andererseits.

Betriebsorganisation, *Unternehmensorganisation.* Sammelbegriff für die → Aufbauorganisation und → Ablauforganisation eines Unternehmens. Häufig auch Bezeichnung für die mit der Ausgestaltung von Aufbau- und Ablauforganisation betrauten und dafür verantwortlichen Unternehmenseinheiten. Diese unterstützen und beraten bei Fragestellungen zur Aufbau- und Ablauforganisation in den Unternehmenseinheiten und können auch Standards und Prozesse verantworten, die im Zusammenhang mit der

Organisationsgestaltung stehen (z.B. Projektmanagement, Prozessdokumentation).

Betriebsrat. *1. Begriff:* Interessenvertretung der Arbeitnehmer. Demokratisch von den Arbeitnehmern gewähltes Organ, das die Arbeitnehmer bei Fragen der betrieblichen Ordnung und bei der Unternehmensmitbestimmung in wirtschaftlichen Angelegenheiten vertritt. – *2. Merkmale:* Ein B. kann ab fünf wahlberechtigten Arbeitnehmern gewählt werden. Als besondere Interessenvertretung bestehen neben dem B. die Auszubildenden- und Jugendvertretung sowie die Schwerbehindertenvertretung. Das → Betriebsverfassungsgesetz (BetrVG) räumt dem B. im Wesentlichen zwei Beteilungsrechte ein: a) Mitwirkungsrechte, wie Unterrichtung, Vorschlagswesen, Anhörung und Beratung, sowie – b) Mitbestimmungsrechte i.w.S., wie Widerspruch und Zustimmungsverweigerung und Mitbestimmungsrechte i.e.S. (auch zwingende Mitbestimmungsrechte genannt). Siehe auch → Betriebsvereinbarung.

Betriebsrente. → Betriebliche Altersversorgung (bAV) in Form einer → Alters-, Invaliden- oder → Hinterbliebenenrente.

Betriebsschaden. Begriff aus der → Feuerversicherung. Nutzfeuerschaden bzw. Nutzwärmeschaden, der an versicherten Sachen dadurch entsteht, dass diese einem Nutzfeuer oder der Wärme zur Bearbeitung ausgesetzt werden. – Anders: → Blitzschaden. – *2. Anwendung:* B. sind in der Feuerversicherung (außer in der → verbundenen Hausratversicherung nach VHB 1992 f.) grundsätzlich ausgeschlossen. In der → verbundenen Wohngebäudeversicherung sind Nutzwärmeschäden nach Klausel 7161 versicherbar (VGB 88 f.).

Betriebsschließungsversicherung. *1. Begriff:* Versicherung von → Vermögensschäden, die dem versicherten Betrieb dadurch entstehen, dass die zuständige Behörde infolge des Auftretens einer nach dem Infektionsschutzgesetz meldepflichtigen Krankheit oder eines Krankheitserregers am → Versicherungsort die Betriebsschließung oder weitere entsprechende Maßnahmen anordnet. – *2. Merkmale:* Die B. ist der → Betriebsunterbrechungsversicherung verwandt und wird insbesondere für Krankenhäuser sowie bestimmte Segmente der Lebensmittelbranche angeboten. Mit der Ablösung des Bundes-Seuchengesetzes durch das Infektionsschutzgesetz erfolgte eine entsprechende Anpassung ihrer Allgemeinen Versicherungsbedingungen (AVB BS). Das Leistungsversprechen umschließt in den Fällen der Betriebsschließung oder dem vollständigen Tätigkeitsverbot aller Mitarbeiter eine vereinbarte Tagesentschädigung zum Ausgleich des entstandenen → Unterbrechungsschadens für einen festgelegten Zeitraum (→ Haftzeit) sowie die zeitlich befristete Zahlung der Brutto-Lohn- und Gehaltsaufwendungen sowohl bei einem Tätigkeitsverbot einzelner Mitarbeiter als auch für eine Ersatzkraft bei einem Tätigkeitsverbot des Betriebsinhabers. Schon auf Grund der schriftlichen Empfehlung der zuständigen Behörde kann eine Entschädigung für die notwendigen Desinfektionsaufwendungen des Betriebs und der Warenvorräte einschl. deren Brauchbarmachung oder Vernichtung geleistet werden. Kosten, die unter Hinweis auf das Infektionsschutzgesetz entweder infolge von Ermittlungsmaßnahmen über Art, Ursache, Ansteckungsquelle und Ausbreitung der Krankheit oder durch behördlich angeordnete Beobachtungsmaßnahmen für bestimmte Mitarbeiter entstehen, sind ebenfalls versicherbar.

Betriebstechnik. I. Grundlagen, Methoden, Prozesse und Produktionsfaktoren im Rahmen der Wertschöpfungskette in einem → Betrieb. – II. Bezeichnung für die verantwortliche Organisationseinheit. Vgl. auch → Betriebsorganisation.

Betriebsübergang. Beim B. tritt der Betriebserwerber in die Rechte und Pflichten aus den übernommenen Arbeitsverhältnissen ein (§ 613a BGB). Dies gilt auch für die Verpflichtungen aus → betrieblicher Altersversorgung (bAV) gegenüber den aktiven Arbeitnehmern, nicht jedoch gegenüber Betriebsrentnern sowie Arbeitnehmern, die vor dem B. mit einer → unverfallbaren Anwartschaft ausgeschieden waren.

Betriebsunterbrechungsversicherung. *1. Begriff:* Sammelbezeichnung für diejenigen → Versicherungsarten der → Schadenversicherung, die Versicherungsschutz für den Ausgleich planwidrig entgehender Erträge infolge einer Unterbrechung oder

Beeinträchtigung im leistungswirtschaftlichen Bereich des versicherten Betriebs gewähren. Die B. gehört zur Gruppe der → Ertragsausfallversicherungen. – *2. Merkmale:* a) Versichertes Interesse: Objekt des Risikos ist der versicherte Betrieb. Das → versicherte Interesse ist jedoch nicht auf den Substanzwert seiner Produktionsfaktoren, sondern auf deren Nutzungspotential bzw. Erlöskraft für den betrieblichen Leistungsprozess ausgerichtet. – b) Inhalt des Versicherungsschutzes: Unter der Bezeichnung B. ist eine Ansammlung vielfältiger spartenübergreifender Erscheinungsformen anzutreffen, deren mehrstufige Risikobeschreibungen üblicherweise einen Sachschaden voraussetzen. Anders: z.B. → Betriebsschließungsversicherung, → Betriebsunterbrechungsversicherung infolge des Ausfalls der öffentlichen Versorgung mit Gas, Strom, Wärme oder Wasser. Die Arten der B. differenzieren hinsichtlich der versicherten Ereignisse, die den Tatbestand der Betriebsunterbrechung auslösen, sowie der Ausgestaltung des versicherten → Unterbrechungsschadens, der sich über einen mehr oder minder langen Zeitraum erstreckt (→ gedehnter Versicherungsfall) und dessen ersatzpflichtige Dauer durch die vereinbarte → Haftzeit begrenzt wird. – c) Risiko: Aus betriebswirtschaftlicher Sicht ist das Risiko der Betriebsunterbrechung als die möglichen negativen Auswirkungen einer Betriebsstörung auf den Prozess der betrieblichen Leistungserstellung und/ oder der Leistungsverwertung zu beschreiben, dessen Tragweite sich durch geminderte Erlösströme und gesondert entstandene Kostenströme in Form von zusätzlichem Werteverzehr unmittelbar im Rechnungswesen widerspiegelt. Die Störungsursache kann sowohl in der innerbetrieblichen als auch in der außerbetrieblichen Sphäre liegen und alle Tätigkeiten unternehmerischer Beschaffungs-, Produktions- und Absatzprozesse beeinträchtigen. – *3. Arten:* Zur B. gehören hauptsächlich die → Einfache Betriebsunterbrechungsversicherung, → Feuer-Betriebsunterbrechungsversicherung (ergänzt um die → Extended Coverage-Betriebsunterbrechungsversicherung), → Mittlere Feuer-Betriebsunterbrechungsversicherung, → Maschinen-Betriebsunterbrechungsversicherung, → technische Betriebsunterbrechungsversicherung, → Tierseuchen-Betriebsunterbrechungsversicherung, → Transport-Betriebsunterbrechungsversicherung und All Risks-Betriebsunterbrechungsversicherung. Sonderformen sind u.a. die Filmausfallversicherung (→ Filmversicherung), → Mehrkostenversicherung, → Mietverlustversicherung und → Veranstaltungsausfallversicherung.

Betriebsunterbrechungsversicherung infolge des Ausfalls der öffentlichen Versorgung mit Gas, Strom, Wärme oder Wasser. *1. Begriff:* Erscheinungsform der → technischen Betriebsunterbrechungsversicherung, die den → Unterbrechungsschaden im versicherten Betrieb infolge des Ausfalls der öffentlichen Versorgung mit Strom, Gas, Wärme oder Wasser ersetzt und deren Versicherungsschutz durch besondere Vereinbarung auf den Ersatz von Kosten für die Wiederherstellung von Rohstoffen, Halb- oder Fertigfabrikaten, Hilfs- oder Betriebsstoffen sowie auf den Ersatz von Sachschäden an technischen Einrichtungen erweitert werden kann. Versichert ist die Einstellung der öffentlichen Energieversorgung, die auf eine Ursache vor der Grenzstelle (Schnittstelle zwischen den Netzen der Versorger und dem versicherten Betrieb, ab der gemäß Netzanschlussvertrag die Gefahrtragung auf den Versicherungsnehmer übergeht; die Grenzstelle ist im Versicherungsvertrag zu bezeichnen) im Bereich der öffentlichen Versorgung zurückzuführen ist. – *2. Vertragliche Rechtsgrundlage:* Für die B. liegt kein eigenständiges Bedingungswerk vor. Rechtsgrundlage bilden die Allgemeinen Bedingungen für die → Maschinen-Betriebsunterbrechungsversicherung (AMBUB 2008), die mittels einer zusätzlichen Klausel (TK 4980) hinsichtlich der risikospezifischen Merkmale der B. modifiziert und vervollständigt werden. – *3. Weitere Merkmale:* Mit der B. wird das Rückwirkungsrisiko (→ Rückwirkungsschaden) versichert, das sich in den leistungsbedingten Abhängigkeiten des versicherten Betriebs von der öffentlichen Energieversorgung ausdrückt. Der Versicherungsfall bedingt zwar keinen Sachschaden, das auslösende Schadenereignis muss aber im öffentlichen Versorgungsnetz außerhalb des Betriebs- bzw. Gefahrtragungsbereichs des Versicherungsnehmers entstanden sein. Öffentliche Versorgung ist die Bereitstellung und/ oder das Betreiben von Netzen für die allgemeine Versorgung im Zusammenhang mit der Erzeugung, dem Transport und/ oder der Verteilung von Strom, Gas, Wärme oder Wasser. Der ersatzpflichtige Unterbrechungsschaden setzt eine vereinbarte Mindestzeit für den Ausfall der öffentlichen Energieversorgung voraus und wird durch die Dauer der dokumentierten → Haftzeit, die i.d.R. eine Dauer von sieben Tagen vorsieht, begrenzt. – 4. *Leistungsausschlüsse:* Der Versicherer leistet keine Entschädigung für den Unterbrechungsschaden, wenn die Dauer des Ausfalls der öffentlichen Versorgung die vereinbarte Mindestzeit nicht überschritten hat. Der Versicherer leistet zudem keine Entschädigung, soweit der Ausfall der öffentlichen Versorgung durch a) geplante Abschaltungen; – b) → Streik, → Aussperrung; – c) Krieg, kriegsähnliche Ereignisse, Bürgerkrieg, Revolution, Rebellion, Aufstand (→ Kriegsklausel); – d) → Innere Unruhen; – e) Kernenergie, nukleare Strahlung oder radioaktive Substanzen (→ Kernenergieklausel) verursacht wurde. – 5. *Sonderform:* Versicherung des Leistungspreises für die Inanspruchnahme elektrischer Leistung oder von Netzkapazität (Klausel TK 4941). – 6. *Aktuelle Bedeutung:* Aufgrund des flächendeckenden Stromausfalls Ende November 2005 im Münsterland rückt die B. wieder neu in den Fokus, da die Haftung deutscher Energieversorger begrenzt ist. Die deutsche Versicherungswirtschaft hatte bereits in den 1950iger Jahren eine → Betriebsunterbrechungsversicherung bei Ausfall der öffentlichen Versorgung entwickelt. Diese Versicherung ist für Unternehmen, die von den Energieversorgern weitgehend abhängig sind und über keine schnellen Kompensationsmöglichkeiten verfügen, von großer Bedeutung.

Betriebsvereinbarung. *1. Begriff:* Vereinbarung zwischen Arbeitgeber und → Betriebsrat mit unmittelbarer und zwingender Wirkung auch für das Arbeitsverhältnis (§ 77 BetrVG), sofern Regelungen des Arbeitsvertrags nicht günstiger sind. Instrument zur Ausübung der Mitbestimmung des Betriebsrats neben der Regelungsabrede. Im Bereich des öffentlichen Dienstes entspricht der B. die Dienstvereinbarung zwischen Dienststelle und Personalrat. – *2. Arten:* Zu unterscheiden ist zwischen B. aus zwingenden Mitbestimmungsrechten des Betriebsrats (§§ 87 I und II, 94 I S. 1, 95 I S. 1, 98 I und 112 IV BetrVG) und freiwilligen B. für ergänzende Maßnahmen (§ 88 BetrVG). – *3. Merkmale:* Kommt in Fällen eines zwingenden Mitbestimmungsrechts keine Einigung zustande, ersetzt der Spruch der → Einigungsstelle diese Einigung und wirkt wie eine Betriebsvereinbarung. Abschließende Regelungen im → Tarifvertrag stehen B. entgegen, d.h. für dieselbe Materie kann keine B. geschlossen werden. B. wirken unmittelbar und zwingend auf die einzelnen Arbeitsverträge ein, auch wenn der betroffene Arbeitnehmer nicht zustimmt (§ 77 IV BetrVG). Auf Rechte aus B. kann der Arbeitnehmer nur mit Zustimmung des Betriebsrats verzichten (§ 77 IV S. 2 BetrVG). B. können, soweit nicht anders vereinbart, mit einer Frist von drei Monaten gekündigt werden (§ 77 V BetrVG). In Fällen der zwingenden Mitbestimmung oder bei einem Spruch der Einigungsstelle gilt die B. weiter, bis sie durch eine andere Regelung ersetzt wird. Die Nachwirkung ist derjenigen des § 4 V TVG für Tarifverträge vergleichbar.

Betriebsverfassungsgesetz (BetrVG). Gesetz zur Regelung der Zusammenarbeit von Arbeitgeber und Arbeitnehmer auf betrieblicher Ebene. Es bildet die rechtliche Grundlage für die innerbetriebliche Mitbestimmung. Grundsätzlich wird der einzelne Arbeitnehmer nur an Entscheidungen beteiligt, die ihn unmittelbar betreffen. Bei Fragen der betrieblichen Ordnung und bei der Unternehmensmitbestimmung in wirtschaftlichen Angelegenheiten vertritt der → Betriebsrat als demokratisch von den Arbeitnehmern gewähltes Organ den einzelnen Arbeitnehmer.

Betriebszugehörigkeit. Entspricht regelmäßig der Dauer des Bestands des Arbeitsverhältnisses, daher eher als Unternehmenszugehörigkeit zu verstehen. Die Bindung an den juristischen Arbeitgeber, nicht nur an den konkreten Betrieb, ist entscheidend. Die B. ist regelmäßig Anknüpfungspunkt für Regelungen in Versorgungszusagen, wie etwa → Wartezeiten oder die Formel, die über die Höhe einer Arbeitgeberleistung entscheidet. Auch bei der Berechnung einer → unverfallbaren Anwartschaft nach dem → ratierlichen Berechnungsverfahren ist die B. relevant.

Betrugsabwehr. *1. Begriff:* Maßnahmen des Versicherers zur Abwehr von → Versicherungsbetrug durch Anspruchsteller in nicht versicherten Fällen oder in Form von überhöhten Leistungsanforderungen. – *2. Merkmale:* Die B. gehört seit langem zu den Aufgaben der Schadensachbearbeitung in einem Versicherungsunternehmen. Mit zunehmender Verschlankung (Automatisierung, Telefonzentrierung der Services, Verzicht auf Nachweise) der Abwicklungsprozesse, die die Servicequalität des Versicherers steigern und den Erhalt der vertraglich geschuldeten Erstattungsleistung erleichtern soll, erhält die B. jedoch eine neue Wertigkeit. Konnte früher der finanzielle Verlust durch Versicherungsbetrug (der in weiten Teilen der Bevölkerung immer noch als Kavaliersdelikt angesehen wird) einfach über Prämienerhöhungen auf die Versichertengemeinschaft verteilt werden, ist dies in Zeiten intensiven Preiswettbewerbs nicht mehr möglich. Außerdem dient die B. der Sicherung der vereinfachten –und damit grundsätzlich für Manipulationen anfälligeren – Schadenregulierungsprozesse. B. spielt sich im Spannungsfeld von vertrieblichen Interessen (Kundenbeziehung nicht durch Nachforschungen belasten) und wirtschaftlichen Interessen (Verhinderung unberechtigter Zahlungen und Sicherung der schlanken Service- und Regulierungsprozesse) ab. Die → Betrugserkennung wird heute durch Instrumente wie das → Hinweis- und Informationssystem (HIS), → intelligente Schadenprüfungen (ISP) oder andere IT-Systeme unterstützt (Selektion möglicherweise prüfrelevanter Vorgänge). In größeren Versicherungsunternehmen findet die eigentliche Betrugsbearbeitung meist durch spezialisierte Mitarbeiter und nicht selten auch in eigens dafür geschaffenen Organisationseinheiten statt.

Betrugserkennung. Die B. war früher ausschließlich eine Sache des Gespürs und der Erfahrung eines Schadensachbearbeiters. Heute werden in technisch fortschrittlichen Unternehmen automatisiert Datenbankabfragen im → Hinweis- und Informationssystem (HIS) vorgenommen und spezielle Betrugserkennungsprogramme wie → intelligente Schadenprüfungen (ISP) oder Eigenentwicklungen der einzelnen Versicherungsunternehmen eingesetzt. V.a. Letztere versuchen durch Abbildung von multivarianten Betrugsmustern verdächtige von unverdächtigen Schadenfällen möglichst trennscharf zu selektieren, um sie anschließend einer intensiveren Prüfung durch Betrugsabwehrspezialisten zuzuführen. Trotz der Fortschritte einer solchen automatisierten B. ist das Gespür des einzelnen Schadensachbearbeiters weiterhin für die B. von hoher Relevanz.

Bevölkerungsbilanz. *1. Begriff:* Demographisches Instrument zur Beschreibung der → Bevölkerungsentwicklung. Fortschreibung einer gegebenen Bevölkerungszahl durch die natürlichen (Geborene und Gestorbene) und räumlichen (zugezogene und fortgezogene Personen) Komponenten der demographischen Entwicklung innerhalb einer bestimmten Gebietseinheit und eines bestimmten Zeitraums (bspw. Monate, Jahre oder Jahrzehnte). – *2. Methode:* Der Bevölkerungsbestand zum Zeitpunkt t_1 ist gleich dem Bevölkerungsbestand zum Zeitpunkt t_0 zuzüglich der Anzahl der Geborenen zwischen t_0 und t_1 abzüglich der Zahl der Gestorbenen zwischen t_0 und t_1 zuzüglich der Anzahl der zugewanderten Personen zwischen t_0 und t_1 abzüglich der Anzahl der abgewanderten Personen zwischen t_0 und t_1. Über den stichtagsbezogenen Bevölkerungsbestand hinaus wird in der amtlichen Statistik die jahresdurchschnittliche bzw. mittlere Bevölkerung ausgewiesen. Diese ist das arithmetische Mittel der monatlichen Durchschnittszahlen, die wiederum die arithmetischen Mittel der jeweiligen Bevölkerungsbestände zum Monatsanfang und -ende darstellen. – *3. Problematik bei der Erfassung:* I.Allg. wird der Bevölkerungsstand nicht mit Hilfe einer jährlich stattfindenden Vollerhebung (→ Volkszählung), sondern nach der Methode der Bevölkerungsfortschreibung ermittelt. Der Bevölkerungsstand aus dem jeweiligen Vorjahr wird mit den amtlich gemeldeten Zahlen zu den natürlichen demographischen Ereignissen (Geborene und Gestorbene) und zu den Wanderungen (Zuzüge und Fortzüge, vgl. auch → Migration) in der laufenden Periode fortgeschrieben (vgl. auch Bevölkerungsentwicklung). Die Aussagekraft der Daten hängt von der Qualität (Vollständigkeit, Genauigkeit) der Datenlieferung der Meldeämter und von dem Meldeverhalten der Bürgerinnen und Bürger ab. Ursachen für Fortschreibungsfehler oder nicht erfassbare Änderungen können auch in Melderegisterbereinigungen (bspw. infolge der Einführung der persönlichen Steuer-Identifikationsnummer in Deutschland) liegen. Mit größerem zeitlichem Abstand zur letzten Volkszählung entstehen Ungenauigkeiten, da einige Teilbereiche der Bevölkerung über- oder untererfasst werden können.

Bevölkerungsentwicklung

Bevölkerungsbilanz in Deutschland für das Jahr 2008:

Bevölkerungsstand zum 1.1.2008:	82.217.837
Geborene im Jahr 2008	+ 682.514
Gestorbene im Jahr 2008	- 844.439
Zuzüge im Jahr 2008	+ 682.146
Fortzüge im Jahr 2008	- 737.889
Fortschreibungsfehler oder andere, nicht erfassbare Änderungen	+ 2.187
Bevölkerungsstand zum 31.12.2008:	82.002.356

Datenquelle: Statistisches Bundesamt

Bevölkerungsentwicklung. *1. Begriff:* Ausgangspunkt ist eine bestimmte Population, deren Zahl und Struktur durch die natürlichen (Geburten und Sterbefälle) und geographischen (→ Migration) Komponenten verändert wird. Die Summen und Salden der einzelnen Komponenten werden in der → Bevölkerungsbilanz dokumentiert. Eine Bevölkerung kann in ihrem Bestand zu- oder abnehmen (→ Bevölkerungswachstum, → Bevölkerungsschrumpfung). Sie kann sich darüber hinaus in ihren Sexualproportionen (Anzahl der Männer je 100 Frauen) oder in ihren → Altersstrukturen ändern. Dabei sind die Bevölkerungsschrumpfung und die → demographische Alterung die in den Industrienationen vorherrschenden Trends. – *2. Kennziffern zur Messung der B.:* a) Absolute Veränderung: Differenz zwischen dem Anfangs- und Endbestand der Population. – b) Prozentuale Veränderung: Differenz zwischen dem Anfangs- und Endbestand der Population in Relation zur Anfangspopulation. – c) Durchschnittliche jährliche Veränderung: Absolute Veränderung in Relation zur Anzahl der Intervalle des Betrachtungszeitraums. – d) Arithmetische Veränderungsrate: Durchschnittliche jährliche Veränderung, basierend auf dem arithmetischen Mittel. – e) Geometrische Veränderungsrate: Durchschnittliche jährliche Veränderung, basierend auf dem geometrischen Mittel. – *Definitionen:* P_0 = Bevölkerungsstand am Anfang des Betrachtungszeitraums, P_n = Bevölkerungsstand am Ende des Betrachtungszeitraums, z.B. nach n Intervallen, n = Anzahl der Intervalle zwischen P_0 und P_n (z.B. Monate oder Jahre)

a) Absolute Veränderung: $P_n - P_0$

b) Prozentuale Veränderung:

$$\frac{P_n - P_0}{P_0} \times 100 \quad \text{(in \%)}$$

c) Durchschnittliche jährliche Veränderung:

$$\frac{P_n - P_0}{n} \quad \text{(in \%)}$$

d) Arithmetische Wachstumsrate:

$$\left(\frac{P_n - P_0}{n}\right) / P_0 \times 100 \quad \text{(in \%)}$$

e) Geometrische Wachstumsrate:

$$\left(\sqrt[n]{\frac{P_n}{P_0}} - 1\right) \times 100 \quad \text{(in \%)}$$

Beispiel: Bevölkerungsstand in Deutschland, 1990 und 2008 (Datenquelle: Statistisches Bundesamt)

P_0 = 79.753.227 (Bevölkerungsstand 31.12.1990)

P_n = 82.002.356 (Bevölkerungsstand 31.12.2008)

n = 18

a) $P_n - P_0 = 82.002.356 - 79.753.227 = 2.249.129$

$\frac{P_n - P_0}{P_0} \times 100 = 2.249.129 / 79.753.227 \times 100 = 2,8\%$

b) $\frac{P_n - P_0}{n} = 2.249.129 / 18 = 124.952$

c) $\left(\frac{P_n - P_0}{n}\right) / P_0 \times 100 = 124.952 / 79.753.227 \times 100$
$= 0,1567\%$

d) $\left(\sqrt[n]{\frac{P_n}{P_0}} - 1\right) \times 100 = \left(\sqrt[18]{\frac{82.002.356}{79.753.227}} - 1\right) \times 100 = 0,1546\%$

– *3. Abgrenzung zwischen arithmetischer und geometrischer Veränderungsrate:* Der Unterschied zwischen der arithmetischen und der geometrischen Veränderungsrate besteht in der Annahme, dass bei arithmetischer B. eine konstante jährliche Bevölkerungsveränderung in absoluten Zahlen unterstellt wird. Bei geometrischer B. wird dagegen von einer konstanten jährlichen Veränderungsrate ausgegangen. Basierend auf dem geometrischen Mittel wird sichergestellt, dass ein Anfangswert, der sich mit dieser konstanten Rate verändert, exakt mit dem tatsächlich realisierten Endwert übereinstimmt. Grundsätzlich ist die geometrische Veränderungsrate der arithmetischen Veränderungsrate vorzuziehen. Bei der arithmetischen Veränderungsrate wird die Tatsache ignoriert, dass Bevölkerungsveränderungen selbstverstärkend sind.

Bevölkerungspyramide. → Alterspyramide.

Bevölkerungsschrumpfung. Gegenteil von → Bevölkerungswachstum.

Bevölkerungsstruktur. Aufteilung einer Bevölkerung in Klassen oder Kategorien nach bestimmten Merkmalen zur Beschreibung der Bevölkerung. Häufig werden die Begriffe Struktur, Aufbau, Zusammensetzung und Gliederung synonym verwendet. Typische Aufteilungsmerkmale sind bspw. das Alter (→ Altersstruktur, → Alterspyramide), das Geschlecht, die Staatszugehörigkeit, der Familienstand oder der Beruf.

Bevölkerungsvorausberechnung. *1. Begriff:* Zeigt unter Vorgabe bestimmter Annahmen über die zukünftige Entwicklung der demographischen Komponenten (z.b. → Fertilität, → Mortalität, → Migration), wie sich eine Bevölkerung in Zahl und Struktur von einem Startzeitpunkt hin zu einem Endzeitpunkt verändert. – *2. Merkmale:* B. haben den Charakter von Modellrechnungen: Der Begriff der Projektion kann synonym mit dem der Modellrechnung verwendet werden. Wenn sich die demographischen Komponenten einer Ausgangsbevölkerung in Zahl und Struktur gemäß den unterstellten Hypothesen entwickeln, ergibt sich die zukünftige Bevölkerung in Zahl und Struktur. – *3. Ziele:* B. dienen der Information von Politik und Öffentlichkeit über die Veränderung von Bevölkerungszahl und -struktur, wenn sich die Ausgangspopulation gemäß den unterstellten demographischen Eigenschaften bzgl. der Fertilität, Mortalität und Migration verhält. – *4. Methoden:* Die am häufigsten verwendete Methode zur B. ist die Kohorten-Komponenten-Methode, die von den nach Alter und Geschlecht gegliederten Bevölkerungszahlen eines Basisjahres ausgeht und anschließend Jahr für Jahr bis zum Zieljahr die Bevölkerungskohorten unter Berücksichtigung der Komponenten Fertilität, Mortalität und Migration sich verändern lässt. Mit Hilfe der altersspezifischen → Geburtenziffern und der Anzahl Frauen nach Alter ergibt sich dabei im Modell für jedes Jahr die Anzahl neuer Geburten, wobei diese über eine Konstante der Sexualproportionen nach Geschlecht – die Sexualproportion der Lebendgeborenen betrug für das Jahr 2008 ca. 0,5126, d.h. von 10.000 Lebendgeborenen waren 5.126 männlich und 4.874 weiblich – differenziert wird. Da die zukünftigen Entwicklungen der demographischen Komponenten a priori unbekannt sind, werden diese über Annahmen festgelegt und darüber in der B. berücksichtigt. Liegen die demographischen Daten in aggregierter Form vor, werden für die Fortschreibung der Gesamtpopulation oder von Teilpopulationen (stochastische) lineare oder logistische Trendfortschreibungsmodelle oder auch stochastische Modelle aus der Zeitreihenanalyse verwendet. – *5. Probleme:* Eine Festlegung der Annahmen für die zukünftige Entwicklung der demographischen Komponenten ist schon auf Grund ihres Hypothesencharakters mit deutlichen Unwägbarkeiten behaftet. Um diesen Unwägbarkeiten gerecht zu werden und gleichzeitig den Charakter der B. als Modellrechnung zu betonen, werden oftmals verschiedene Szenarien mit unterschiedlichen Annahmen berechnet. – *6. Ergebnisse:* Die letzte amtliche B. für Deutschland wurde koordiniert vom Statistischen Bundesamt im Jahr 2009 durchgeführt, und deren Ergebnisse wurden am 18.11.2009 als 12. koordinierte B. des Bundes und der Länder veröffentlicht. Diese projizierte bis zum Jahr 2060 insgesamt eine → Bevölkerungsschrumpfung von derzeit gut 82 Mio. auf 70 bis 65 Mio. Menschen. – *7. Ausblick:* I.d.R. werden die koordinierten B. des Bundes und der Länder alle drei Jahre berechnet und veröffentlicht, weshalb die nächste B. für das Jahr 2012 anstehen würde. – *8. Unterscheidung von ähnlichen Begriffen:* a) Prognosen beruhen auf statistischen Modellen und erlauben eine Wahrscheinlichkeitsaussage über ihre Genauigkeit. – b) Prophezeiungen basieren auf keinen mathematischen Methoden, bestenfalls auf dem grundlegenden Wissen von Experten.

Bevölkerungswachstum. *1. Begriff:* Größer werdender Bevölkerungsstand. Gegenteil: Bevölkerungsschrumpfung. Bestimmungsgrößen für den Bevölkerungsstand sind die → Fertilität, die → Mortalität und die → Migration (vgl. → Außenwanderung und → Binnenwanderung). Der natürliche Saldo ergibt sich aus der Differenz zwischen der Anzahl der Geborenen und der Gestorbenen. Überwiegen die Geborenenzahlen, wird von einem Geborenenüberschuss gesprochen. Sterbeüberschüsse bzw. Geburtendefizite entstehen, wenn die Zahl der Gestorbenen die der Geborenen übersteigt. – *2. Entwicklungen in Deutschland nach dem Zweiten Weltkrieg:* Im Zeitraum von 1950 bis 2008 ist im früheren Bundesgebiet bzw. in Deutschland die Bevölkerung insgesamt um rund 12,4 Mio. Personen gewachsen. Allerdings gab es auch Phasen der Bevölkerungsschrumpfung (1974-1978 mit -880 Tsd., 1982-1985 mit -810 Tsd. und 2003-2008 mit -542 Tsd. Personen). Die Zusammensetzung des B. war durch verschiedene Kombinationen der Komponenten der → Bevölkerungsentwicklung geprägt. In den 1950er Jahren wurde der negative → Wanderungssaldo durch einen Geburtenüberschuss kompensiert. Geburtenüberschuss und Wanderungsgewinne trugen zu einem hohen Bevölkerungszuwachs in den 1960er Jahren bei. Seit den 1970er Jahren ist ein Geburtendefizit zu beobachten, das durch Zuwanderung kompensiert wurde. Allerdings reichen für den Zeitraum von 2003 bis 2008 die Wanderungszahlen nicht mehr aus, das Geburtendefizit auszugleichen.

Komponenten der Bevölkerungsentwicklung im früheren Bundesgebiet (1950-1990) bzw. in Deutschland (ab 1991)

Zeitraum	Dynamik	Ursache	Überschuss der Geborenen (+) bzw. der Gestorbenen (-)	Zu- (+) bzw. Fortzüge (-)	Gesamtsaldo
1950-1959	Wachstum	Geborenenüberschuss > Wanderungsverlust	2.693.094	-4.533	2.688.561
1960-1969	Wachstum	Geborenenüberschuss + Wanderungsgewinn	3.344.596	2.017.727	5.362.323
1970-1979	Wachstum	Wanderungsgewinn > Geburtendefizit	-780.875	1.562.815	781.940
1980-1990	Wachstum	Wanderungsgewinn > Geburtendefizit	-773.963	2.141.057	1.367.094
1991-1999	Wachstum	Wanderungsgewinn > Geburtendefizit	-768.783	3.184.557	2.415.774
2000-2008	Schrumpfung	Wanderungsgewinn < Geburtendefizit	-1.145.727	974.231	-171.496
Gesamt			2.568.342	9.875.854	12.444.196

Datenquelle: Statistisches Bundesamt

Bevölkerungswissenschaft. *1. Begriff:* Sammelbezeichnung für Bevölkerungsmathematik, -statistik und -forschung (letztere auch B. i.w.S.). – *2. Merkmale:* Die Bevölkerungsmathematik konstruiert formale Modelle demographischer Prozesse. Trotz der durch die Annahmen in diesen Modellen entstehende Vereinfachung der Prozesse ist etwa die Theorie der stabilen Bevölkerungen von zentraler Bedeutung in der → Demographie. Im Rahmen der Bevölkerungsstatistik werden Bevölkerungsbestände und demographische Ereignisse (Geburten, Sterbefälle, Wanderungen, Eheschließungen etc.) gezählt und zeitliche Abstände derartiger Ereignisse gemessen. Somit sammelt die Bevölkerungsstatistik solche Daten, bereitet sie auf, wertet sie aus, komprimiert sie zu statistischen Maßzahlen und schätzt interessierende Sachverhalte. Moderne statistische Verfahren ermöglichen auch aus Stichprobenerhebungen eine auf der → Wahrscheinlichkeitstheorie beruhende Schätzung von Bevölkerungsbeständen, demographischen Ereignissen und ihren zeitlichen Abständen. Die Bevölkerungsforschung dient über die Einbeziehung von ökonomischen, soziologischen und anderen Sachverhalten der Erklärung der Entwicklungen der demographischen Tatbestände, deren Vorhersage und der Offenlegung von deren Folgen. Daraus können sich Maßnahmen ableiten lassen, die die demographiebedingten Veränderungen in der Bevölkerung beeinflussen können.

Bewachungskosten. Kosten für die Bewachung der versicherten Wohnung, wenn diese aufgrund eines Versicherungsfalls nicht bewohnbar ist und Schließvorrichtungen keinen ausreichenden Schutz bieten. B. sind als → Schadenminderungskosten in der → verbundenen Hausratversicherung mit gedeckt.

Bewegliche Sachen. Eine Sache bezeichnet im rechtlichen Sinn ein abgrenzbares körperliches Objekt, über das eine einzelne Person oder eine Personenmehrheit die Beherrschung erlangen und das deshalb Gegenstand von Rechten sein kann. Als → unbewegliche Sachen oder Immobilien werden Grundstücke mit ihren wesentlichen Bestandteilen, speziell Gebäude, bezeichnet. Alle anderen Sachen zählen zu den B. bzw. Mobilien. Das Sachenrecht als Teil des Zivilrechts baut auf der Unterscheidung zwischen beweglichen und unbeweglichen Sachen auf. Auch im Versicherungsbereich ist die Unterscheidung mit Blick auf die versicherten Sachen von Bedeutung.

Bewegungskosten. Begriff aus der → Sachversicherung. Kosten, die anfallen, weil zur Wiederherstellung oder Wiederbeschaffung beschädigter versicherter Sachen andere (auch unversicherte) Sachen bewegt, verändert oder geschützt werden müssen. – Beispiele: (De-)Montage von Maschinen; Schutz benachbarter Maschinen; Maueraufbrüche zum Aufstellen neuer Maschinen. Anwendungsgebiete: a) Industrielle → Feuerversicherung; – b) Geschäftsversicherung; – c) → verbundene Hausratversicherung; – d) → verbundene Wohngebäudeversicherung. Abzugrenzen von → Schutzkosten.

Bewertungseinheiten. *1. Begriff:* Zusammenfassung eines Grundgeschäfts und eines Sicherungsinstruments zu einer bilanziellen Einheit, die gesamthaft bewertet wird. – *2. Merkmale:* Bilanzierung- und Bewertungsmethodik der externen Rechnungslegung (→ Rechnungslegung). Es kommt zu einer Durchbrechung des Prinzips der → Einzelbewertung sowie des → Imparitätsprinzips und des → Realisationsprinzips (vgl. auch → Grundsätze ordnungsmäßiger Buchführung, GoB). – *3. Ziele:* Durch die Bildung von B. sollen die Wertänderungen des Grundgeschäfts und des Sicherungsinstruments einander (weitgehend) kompensieren (Hedge Accounting). – *4. Maßnahmen bzw. Instrumente:* a) Sicherungsgeschäfte können als Mikro-, Makro- oder Portfoliohedge gebildet werden. – b) Handelsrechtliche Regelung über § 254 HGB; hierdurch wurden die GoB modifiziert. Nach dem → Bilanzrechtsmodernisierungsgesetz (BilMoG) dürfen Grundgeschäfte mit Finanzinstrumenten zur Absicherung von → Zinsrisiken, → Währungsrisiken, → Ausfallrisiken oder gleichartiger Risiken (auch Marktpreisrisiken) zusammengefasst werden. – c) Nach → IAS/ → IFRS (IAS 39) sind grundsätzlich ein Fair Value-Hedge (Absicherung gegen Änderungen des beizulegenden Zeitwerts, vgl. → Fair Value), ein Cash flow-Hedge (Absicherung gegen das Risiko schwankender Zahlungsströme) und ein Hedge of a Net Investment (Absicherung des Währungsrisikos einer Nettoinvestition in einen ausländischen Geschäftsbetrieb) möglich. – d) Aufsichtsrechtlich sind für Versicherungsunternehmen Absicherungsgeschäfte nach § 7 II VAG zulässig (losgelöst von der bilanziellen Behandlung als B.). – *5. Voraussetzungen und Wirkungen:* Voraussetzung für die Bildung einer B. nach IAS/ IFRS ist die Wirksamkeit der Sicherungsbeziehung (bei Vorgabe einer Bandbreite von 80 % - 125 %). Liegt keine vollständige Wirksamkeit (100 %) vor, unterscheiden sich der Gewinn oder der Verlust aus dem Sicherungsinstrument von dem aus dem Grundgeschäft.

Bewertungsreserven. *1. Begriff:* Differenzen zwischen → Zeitwerten von Vermögens- und Schuldpositionen und ihren → Buchwerten nach den lokalen Rechnungslegungsvorschriften mit der Folge eines zu niedrigen Eigenkapitalausweises in der → Bilanz. – *2. Merkmale:* B. entstehen durch eine Unterbewertung des Vermögens (aktivische B.: Zeitwerte > Buchwerte) oder durch eine Überbewertung der Schulden (passivische B.: Zeitwerte < Buchwerte). Die Zeitwerte können prinzipiell marktbasiert (mark to market) oder modellbasiert (mark to model) ermittelt werden. Soweit insbesondere → Kapitalanlagen an liquiden Märkten gehandelt werden, ergeben sich ihre Zeitwerte und damit deren B. aus den notierten Handelspreisen (Marktwertreserven). – *2. Bedeutung:* Die B. sind ein Indikator für das Potenzial eines Unternehmens, außerordentliche Erträge zum Ausgleich von Verlusten aus verschiedenen möglichen Quellen zu realisieren. – *3. Rechtsgrundlagen:* a) Bilanzierungsverbote gem. § 248 HGB, – b) → Niederstwertprinzip, – c) → Realisationsprinzip und → Imparitätsprinzip. – *4. Ziele:* Versicherungsunternehmen bauen B. insbesondere über die → Rückstellungen systematisch als Risikopuffer auf und ab, um Schwankungen der auszuweisenden Ergebnisse entgegenzuwirken. Sie stellen ein Äquivalent zu den → Kapitalanlagerisiken und den → versicherungstechnischen Risiken dar. – *5. Behandlung in der Rechnungslegung:* In der Rechnungslegung nach HGB sind die Zeitwerte der Kapitalanlagen im Anhang anzugeben. In der → internationalen Rechnungslegung werden nach dem Grundsatz der Bewertung zum → Fair Value die B. im Zuge von Neubewertungen i.d.R. aufgedeckt. – *6. Probleme:* Durch die Ermessensspielräume bei der Bewertung im Jahresabschluss kann es zu einer willkürlichen Bildung von B. kommen. Bei den Kapitalanlagen besteht im Rahmen einer modellbasierten Bewertung zudem die Gefahr, das Illiquiditätsrisiko zu unterschätzen. Außerdem kann der eingeschränkte Blick auf B. in den Kapitalanlagen (Aktiva), der vielfach vorherrscht, die Sicht auf die ebenso bedeutsamen Differenzen zwischen Buch- und Zeitwerten bei der Bewertung der Versicherungsverpflichtungen verstellen, die eine meist weitaus größere Zinssensitivität aufweisen und in Hochzinsphasen ebenfalls erhebliche B. (Buchwerte > Zeitwerte), allerdings (gerade in Niedrigzinsphasen) auch in großem Umfang → stille Lasten (Zeitwerte > Buchwerte) bergen können. – *7. Abgrenzung von stillen Reserven:* In dem Umfang, wie die B. aus dem → Jahresabschluss, namentlich aus dem → Anhang, nicht ersichtlich sind, handelt es sich um sog. „stille Reserven". Im reinen Wortsinn sind „stille Reserven" also nur jene Teile der B., die nicht durch die Angabe von Zeitwertdifferenzen der Buchwerte im Jahresabschluss aufgedeckt werden. In der Praxis werden die „stillen Reserven" demgegenüber häufig mit den B. gleichgestellt. Dies ist irreführend.

Bewertungszeitraum. *1. Begriff:* Faktor innerhalb der → Betriebsunterbrechungsversicherung, der die zeitlichen Grenzen für die Ermittlung des → Versicherungswerts im Fall eines → Unterbrechungsschadens bestimmt. – *2. Merkmale:* Der B. umfasst auch bei unterjährigen → Haftzeiten stets eine Zeitspanne von zwölf Monaten und wird vom Ende des Unterbrechungsschadens, spätestens vom Ende der Haftzeit an zeitlich retrograd ermittelt. Anders: → Montage-Betriebsunterbrechungsversicherung und → Bauleistungs-Betriebsunterbrechungsversicherung. Sein Anfang wird somit von der Dauer des Unterbrechungsschadens bzw. dem Ablauf der Haftzeit bestimmt. Sofern eine Haftzeit von mehr als zwölf (24) Monaten, längstens jedoch von 24 (36) Monaten vereinbart wurde, beträgt der B. 24 (36) Monate. – *3. Probleme:* Im Schadenfall ist die Berücksichtigung mehrerer Bewertungszeiträume erforderlich, sofern für die versicherten Positionen (Gruppen) Löhne, Gehälter und Provisionen unterschiedliche Haftzeiten vereinbart wurden. Die Allgemeinen Versicherungsbedingungen der Betriebsunterbrechungsversicherung sehen oftmals keine Regelungen für die Fälle zur Bestimmung des B. vor, in denen die Aufnahme der Geschäftstätigkeit des versicherten Betriebs nicht mindestens der Dauer des B. entsprechend zurückliegt. Anders: → Maschinen-Betriebsunterbrechungsversicherung und → Elektronik-Betriebsunterbrechungsversicherungen.

Bezugsberechtigter. Person, die ein → Bezugsrecht besitzt.

Bezugsrecht. Recht zum Bezug von Versicherungsleistungen aus einem → Versicherungsvertrag. Dabei müssen der → Bezugsberechtigte und der → Versicherungsnehmer nicht zwingend identisch sein. Insbesondere in der → betrieblichen Altersversorgung (bAV) werden Lebens- und Rentenversicherungen vom Arbeitgeber zu Gunsten der Arbeitnehmer abgeschlossen. Zwar ist der Arbeitgeber Vertragspartner des Versicherungsunternehmens, der Arbeitnehmer hat aber das B. aus dem Vertrag. Unterschieden wird zwischen einem widerruflichen B. und einem unwiderruflichen Bezugsrecht. Handelt es sich in der bAV um eine freiwillige Leistung des Arbeitgebers und sehen gesetzliche oder vertragliche Regelungen keine Einschränkungen des Arbeitgebers bezüglich der Verfügbarkeit der Versicherungsleistungen vor, ist das B. widerruflich. Andernfalls handelt es sich um ein unwiderrufliches Bezugsrecht. Ein unwiderrufliches B. ist zwingend dann vorgesehen, wenn die Prämien für die Lebens- oder Rentenversicherung im Rahmen der bAV direkt oder indirekt vom Arbeitnehmer erbracht werden (Umwandlung von Lohnbestandteilen in Lebens- oder Rentenversicherungsleistungen). Auch in der → Lebensversicherung mit → Privatkunden kommen B. zugunsten Dritter vor.

Bilanz, *Handelsbilanz*. – *1. Begriff:* Stichtagsbezogene (Bilanzstichtag) Darstellung von Vermögen und Schulden als Bestandsgrößen eines Unternehmens. Element der externen Rechnungslegung (→ Rechnungslegung). Die B. bildet zusammen mit der → Gewinn- und Verlustrechnung (GuV) sowie dem → Anhang den → Jahresabschluss von Kapitalgesellschaften (§ 264 I HGB). – *2. Merkmale:* Das bilanzielle Vermögen (Aktiva, Mittelverwendung) umfasst allgemein die Gesamtheit der angesetzten und bewerteten Vermögensgegenstände, die mittels des bilanziellen Kapitals beschafft worden sind. Das bilanzielle Kapital (Passiva, Mittelherkunft) beschreibt die Höhe der dem Unternehmen in der Vergangenheit überlassenen Mittel und deren Herkunft. Die Passiva stehen einerseits als → Fremdkapital (Schulden) und andererseits als → Eigenkapital (Reinvermögen) zur Verfügung. Das Eigenkapital kann als Residualgröße (Saldo aus Vermögensgegenständen und Schulden) gesehen werden. – *3. Abgrenzung:* In Abhängigkeit vom Zweck der Rechnungslegung (Handelsbilanz, Steuerbilanz, IAS-/ IFRS-Bilanz, vgl. → IAS/ → IFRS) können unterschiedliche Gliederungen der B. sowie unterschiedliche Ansatz- und Bewertungsmethoden anzuwenden sein. – *4. Gesetzliche Grundlagen:* a) § 242 I HGB begründet eine prinzipielle Pflicht zur Darstellung des Verhältnisses von Vermögen und Schulden. – b) Die allgemeine handelsrechtliche Bilanzgliederung für Aktiva und Passiva ergibt sich aus § 266 HGB. – c) Versicherungsunternehmen haben aufgrund der Besonderheiten des Versicherungsgeschäfts eine arteigene Bilanzstruktur, die durch → Kapitalanlagen und → versicherungstechnische Rückstellungen geprägt ist. Deshalb existiert für Versicherungsunternehmen ein eigenes Formblatt für die B. (vgl. die → Verordnung über die Rechnungslegung von Versicherungsunternehmen, RechVersV), das dieser besonderen Bilanzstruktur Rechnung trägt und anstelle des allgemeinen Gliederungsmusters der B. (§ 266 HGB) anzuwenden ist. – d) Der Ansatz und die Bewertung der sich in der B. wiederfindenden Posten werden sowohl allgemein und versicherungsspezifisch im HGB (→ Niederstwertprinzip, → Anlagevermögen und → Umlaufvermögen) als auch bilanzpostenspezifisch für Versicherungsunternehmen in der RechVersV geregelt (Vorschriften zu einzelnen Posten der B. finden sich in §§ 6-35 RechVersV).

Bilanzanalyse. → Jahresabschlussanalyse.

Bilanzrechtsmodernisierungsgesetz (BilMoG). *1. Begriff:* Gesetz, mit dem auf Initiative der deutschen Bundesregierung im Jahr 2007/ 2008 eine „Modernisierung" des Bilanzrechts bewirkt werden soll. Gilt erstmals für die → Jahresabschlüsse des Geschäftsjahrs 2010, wahlweise auch schon für 2009. – *2. Historie und Merkmale:* a) Die

Modernisierung des Bilanzrechts wurde vor dem Hintergrund des Maßnahmenkatalogs der Bundesregierung im Rahmen des sog. 10-Punkte-Programms von 2003 zur Stärkung der Unternehmensintegrität und Verbesserung des Anlegerschutzes entwickelt. – b) Neben den weitreichenden Änderungen im handelsrechtlichen → Einzelabschluss und → Konzernabschluss beinhaltet das Gesetz auch neue Regelungen, die die → Corporate Governance und die Abschlussprüfung von Unternehmen (siehe auch → Abschlussprüfung von Versicherungsunternehmen) betreffen. – *3. Ziele:* Weiterentwicklung des HGB zu einer im Verhältnis zu den internationalen Rechnungslegungsstandards (vgl. → IAS/ → IFRS) vollwertigen, aber einfacheren und kostengünstigeren Alternative und Verbesserung der Aussagekraft des handelsrechtlichen Jahresabschlusses. – *4. Maßnahmen:* a) Abschaffung von Wahlrechten, um bilanzpolitische Gestaltungsmöglichkeiten einzuschränken. – b) Abschaffung der umgekehrten Maßgeblichkeit, um Informationsverzerrungen zu vermeiden. – c) Hinwendung zur Rechnungslegung nach IAS/ IFRS bei wichtigen Ansatz- und Bewertungsregeln. – d) Erweiterung der Ausweis- und Angabepflichten in der → Bilanz und im → Anhang zur Erhöhung der Transparenz.

Bildungscontrolling. *1. Begriff:* Regelmäßiger Prozess der Steuerung und Kontrolle von Bildungsmaßnahmen und deren Anbieter. Dazu werden kontinuierlich Informationen über Bildungskosten und -erfolg erfasst, analysiert und ausgewertet. – *2. Ziele:* Das B. soll die Effektivität (Zielwirksamkeit) und Effizienz (Kostenwirksamkeit) von Maßnahmen der beruflichen Aus- und Weiterbildung steuern und kontrollieren. – *3. Merkmale:* Die Zielwirksamkeit wird über die Erfolgskontrolle geprüft. Hierzu zählen die Lernerfolgskontrolle und die Anwendungserfolgskontrolle. Die Kostenwirksamkeit wird über die ökonomische Kontrolle geprüft. Hierzu zählen die Kostenkontrolle nach dem Wirtschaftlichkeitsprinzip (Soll-Ist-Vergleich) und die Rentabilitätskontrolle. – *4. Modelle:* Für die → Evaluierung des Qualifizierungserfolgs gibt es unterschiedliche Modelle. Ein häufig verwendetes Modell ist das Modell von Kirkpatrick. Es unterscheidet fünf Stufen des Erfolgs, die zu messen sind: a) Zufriedenheitserfolg (z.B. durch Teilnehmer-Feedback-Bögen), – b) Lernerfolg (z.B. durch vorher und nachher durchgeführte Wissenstests), – c) Transfererfolg (z.B. durch Beobachtung der Kompetenzen am Arbeitsplatz), – d) Geschäftserfolg (z.B. durch Erfassung von Kennzahlen, die durch die Bildungsmaßnahme beeinflusst wurden), – e) Investitionserfolg (z.B. durch Berechnung des → Return on Investment). – *5. Probleme:* Kosten von Bildungsmaßnahmen lassen sich i.d.R. exakt feststellen. Für die Erfolgsmessung gibt es aber in der Praxis meist keine geeigneten Kennziffern bzw. Verfahren, da sich der Zusammenhang zwischen Ursache (Bildungsmaßnahme) und Wirkung (z.B. Umsatzsteigerung) nicht eindeutig herstellen lässt.

Billiges Ermessen. Entscheidungsmaßstab (vgl. § 315 BGB). Was B. entspricht, ist unter Berücksichtigung der Interessen beider Parteien und des in vergleichbaren Fällen Üblichen im Zeitpunkt der Ausübung des Bestimmungsrechts festzustellen. Bspw. setzt § 16 BetrAVG einen Rahmen für die Ermessensentscheidung des Arbeitgebers bei der → Anpassungsprüfung. Eine unbillige Bestimmung kann durch gerichtliches Urteil ersetzt werden.

Billigkeitshaftung. Haftung abweichend vom Verschuldensgrundsatz. Obwohl eine Verantwortlichkeit wegen §§ 827, 828 BGB nicht gegeben ist, besteht eine Ersatzpflicht, wenn dies unter Berücksichtigung der Billigkeit nach den Umständen, insbesondere nach den Verhältnissen der Beteiligten, erforderlich ist (§ 829 BGB). Was unter „Billigkeit" zu verstehen ist, kann hier nicht eindeutig geklärt werden, da es sich um einen unbestimmten Rechtsbegriff handelt. Eine Präzisierung erfolgt in den Einzelfällen durch Gerichte. So muss z.B. abgewogen werden, ob ein wirtschaftliches Gefälle zwischen dem Schädiger und dem Geschädigten vorliegt. Allein das Bestehen einer → Privathaftpflichtversicherung löst den Anspruch auf Grundlage der B. nicht aus.

BilMoG. Abk. für → Bilanzrechtsmodernisierungsgesetz.

Bindungsfrist. *1. Begriff:* Zeitraum, innerhalb dessen ein → Versicherungsantrag eines Versicherungskunden bindend bleibt und durch den Versicherer angenommen werden kann. – *2. Merkmale:* Da Anträge auf Gewährung von Versicherungsschutz vor der Annahme durch das Versicherungsunternehmen in aller Regel einer → Risikoprüfung bedürfen, kann der → Versicherungsvertrag nicht unmittelbar beim Kunden ausgefertigt werden. Daher sind Versicherungskunden, nachdem sie den Versicherungsantrag gestellt haben, an diesen eine gewisse Zeit gebunden. Während dieser B. führt der Versicherer die Antrags- einschl. der Risikoprüfung durch. Sobald der Antrag während der B. durch den Versicherer angenommen wird, gilt dieser als geschlossen. Die B. unterscheiden sich nach → Versicherungssparten und → Versicherungszweigen. In der Schaden-/ Unfallversicherung sind die B. zwischen zwei und vier Wochen lang, in der Lebens- und Krankenversicherung bis zu sechs Wochen.

Bindungswirkung. Feststellungen des → Haftpflichtprozesses sind für den nachfolgenden → Deckungsprozess bindend, wenn sie identitätsgleich sind. Damit wird vermieden, dass solche Feststellungen in den aufeinanderfolgenden Gerichtsprozessen zweimal getroffen werden müssen.

Binnenkaskoversicherung. → Flusskaskoversicherung.

Binnenwanderung, *Binnenmigration.* – *1. Begriff:* Sämtliche Wohnsitzwechsel über eine Gemeindegrenze, aber innerhalb der Grenzen eines Landes. – *2. Abgrenzung:* Wohnsitzwechsel innerhalb einer Stadt werden dagegen als Umzüge bezeichnet. – *3. Entwicklungen:* Räumliche Binnenwanderungsmuster sind vielfältig, weil innerhalb eines Staats jeder Binnenzuzug auch ein Binnenfortzug ist und so zwangsläufig Zuzugs- und Fortzugsregionen entstehen. In Deutschland sind großräumig die Ost-West-Abwanderung sowie kleinräumig die Suburbanisierung von den Städten ins Umland die dominierenden Trends. – *4. Probleme:* Das Überschreiten der Gemeindegrenze stellt ein willkürliches Abgrenzungskriterium für die B. dar, weil dadurch ganz ähnlich strukturierte und motivierte Wohnsitzverlagerungen, wie z.B. die Umzüge aus der Innenstadt an die Peripherie diesseits und jenseits der administrativen Stadtgrenze, in einem Fall zu den Wanderungen gerechnet werden, während sie im anderen Fall von vornherein ausgeklammert bleiben. Vgl. auch → Außenwanderung.

Binomialverteilung. Eine Zufallsvariable N besitzt die B. mit den Parametern $n \in \mathbb{N}$ und $\vartheta \in (0,1)$, wenn für alle $k \in \{0,1,\ldots,n\}$
$$P[N=k] = \binom{n}{k} \vartheta^k (1-\vartheta)^{n-k} \text{ gilt.}$$
In diesem Fall hat N den → Erwartungswert $E[N] = n\vartheta$ und die → Varianz $\text{var}[N] = n\vartheta(1-\vartheta)$. Die B. ist ein Spezialfall der → Multinomialverteilung und der → Panjer-Verteilung.

Biometrisches Risiko. *1. Begriff:* Ereignisse, die mit grundlegenden Veränderungen der biologisch bedingten Lebensverhältnisse einhergehen, also z.B. Tod, → Invalidität, Geburt eines Kindes, Auftreten einer (bestimmten) Erkrankung, Eintritt von → Pflegebedürftigkeit. – *2. Merkmale:* In der Versicherungswissenschaft steht der Begriff Biometrie nicht für die möglichst eindeutige Vermessung und Charakterisierung eines Individuums durch eine Gruppe körperlicher Merkmale (Fingerabdruck, Iris, DANN etc.), sondern ist der Oberbegriff für eine Gruppe von Risiken, die eng mit dem Lebensablauf zusammenhängen und über deren Eintrittswahrscheinlichkeiten in Abhängigkeit von verschiedenen Kriterien umfangreiches statistisches Material vorliegt. – *3. Anwendungszwecke:* In der Personenversicherung sind Leistungsverpflichtungen i.d.R. an den Eintritt von B. gebunden. Die Analyse ihrer Eintrittswahrscheinlichkeiten, ihrer Veränderungen im Zeitablauf (Trends) und der sie bestimmenden Risikokriterien ist daher fundamentale Voraussetzung für die Beitragskalkulation und die Reservebewertung. – *4. Ähnliche Begriffe:* Häufig werden dem Begriff auch das Nicht-Eintreten oder der Wegfall eines originären B. zugeordnet. Beispielhaft seien genannt: das Erlebensfallrisiko (Nicht-Eintreten des Todes in einem bestimmten Zeitpunkt), das Langlebigkeitsrisiko (Überschreiten eines bestimmten Lebensalters) oder das Re-Aktivierungsrisiko (Beendigung einer Invalidität oder Pflegebedürftigkeit).

Blended Cover. Bezeichnung für Rückversicherungsprogramme, die je nach Risikoprofil und Bedarf des Erstversicherers traditionelle Rückversicherung mit Elementen der → Finanzrückversicherung kombinieren.

Blended Learning

Diese meist mehrjährigen Konzepte (→ Multi-Year-Deckungen) können neben mehreren Sparten oder Zweigen (→ Multi-Line-Deckungen) auch verschiedene Risikokategorien (nicht-versicherungstechnische Risiken, Naturkatastrophen, politische Risiken) umfassen. Die Kombination aus Selbsttragung (z.B. von hochfrequenten, gut prognostizierbaren Kleinschäden), Risikotransfer (z.b. von unvorhersehbaren Katastrophenschäden) und Risikofinanzierung erlaubt dem Erstversicherer mittelfristig stabile Geschäftsergebnisse und eine effiziente Absicherung seiner Bilanz.

Blended Learning. *1. Begriff:* Lernansatz, der die Vorteile von Präsenzveranstaltungen und → E-(Based)-Learning kombiniert. Das Konzept verbindet die Effektivität und Flexibilität von elektronischen (Selbst-)Lernformen mit dem sozialen und vernetzten Lernen durch ganzheitliche Kommunikation. – *2. Merkmale:* In guten Blended Learning-Programmen gelingt es, die Präsenzphasen und die Online-Phasen optimal aufeinander abzustimmen, so dass die jeweiligen Vorteile der Lernform zur Geltung kommen und die Nachteile kompensiert werden. Eine Begründung für B. resultiert allerdings nach wie vor aus dem pragmatischen Zwang, praktische Fertigkeiten technisch nicht ausreichend simulieren zu können. So ist eine Verkäuferausbildung trotz aufwändiger Simulationstechniken ohne Präsenzschulungen, in denen Verkaufsgespräche mit Übungspartnern trainiert und gemeinsam besprochen werden, nicht vollständig. Die Qualität eines Blended Learning-Angebots zeichnet sich durch ein durchgängiges Curriculum aus, in dem die einzelnen Lernphasen und Lernformen so aufeinander abgestimmt sind, dass der Lerninhalt möglichst verständlich dargestellt und vermittelt wird, den Lernenden möglichst viel Freiraum bzgl. Lerntempo, Lernzeit und Lernform eingeräumt ist und Spaß am Lernen erzeugt wird. – *3. Probleme:* Kritisiert wird die oft schlichte Kombination (blend) von Elementen, die nicht die erhofften Erfolge mit sich bringen, wenn sie die o.g. Qualitätskriterien nicht erfüllen. Ein weiterer wesentlicher Erfolgsfaktor für Blended Learning-Programme ist der Trainer, der sowohl die Methode des Online-Tutoring als auch des Präsenztrainings beherrschen muss, d.h. an ihn werden hohe Anforderungen an → Fachkompetenz, → Methodenkompetenz und → Sozialkompetenz gestellt. Vgl. auch → Computer-Based-Training, → Web-Based-Training.

Blitzschaden. Schaden an elektrischen Einrichtungen durch einen → Blitzschlag. In der → Feuerversicherung besteht für einen B. Versicherungsschutz, wenn der Blitz unmittelbar auf die versicherte Sache aufgetroffen ist. Schäden durch bloße Wirkung des elektrischen Stroms – z.b. durch Induktion (→ Induktionsschaden), Überstrom, → Überspannung, Kurzschluss, Isolationsfehler – sind nicht versichert.

Blitzschlag. *1. Begriff:* Während eines Gewitters stattfindende elektrische Entladung atmosphärischen Ursprungs. Der B. ist eine versicherte Gefahr in der → Feuerversicherung. – *2. Merkmale:* Unterschieden werden zündende und nicht zündende (kalte) Blitzschläge. Der Einschluss in der Feuerversicherung bezieht sich im Wesentlichen auf Schäden durch nicht zündende Blitze, die z.B. Sengschäden oder (durch Verdampfung von Wasser) Mauerwerksrisse bis hin zur Absprengung von Gebäudeteilen verursachen. Schäden infolge eines zündenden Blitzes sind alleine wegen des resultierenden → Brands in der Feuerversicherung gedeckt.

Block-Assumption-Transaktionen (BAT). → Proportionaler Rückversicherungsvertrag auf das Lebens- oder Krankenversicherungsportefeuille eines → Zedenten, mit dem dieser zukünftige Gewinne bereits vorzeitig realisieren kann, um damit auf effiziente Weise finanz- oder solvenzpolitische Zielvorstellungen zu erfüllen.

Bonifikation, *Sondervergütung.* – *1. Begriff:* Geldbetrag zur Incentivierung, der bei Erreichen bestimmter Zielgrößen zur Ausschüttung kommt. – *2. Merkmale:* Eine B. wird vornehmlich in der Versicherungsvermittlung als Anreizmechanismus für → Versicherungsvertreter und → Versicherungsmakler verwendet, denen bei Erreichen bestimmter Ziele neben der → Abschlussprovision und der → Bestandsprovision mit der B. zusätzliche Leistungen vergütet werden. – *3. Abgrenzung:* Neben der B. für → Versicherungsvermittler gibt es in der Lebensversicherung auch B. des Kunden. So erhält z.B. ein Kunde, nachdem er die volle → Versicherungsdauer in der kapitalbildenden Lebensversicherung erreicht hat, eine Schluss-Bonifikation in Form eines Sonderzinses ausgeschüttet (→ Schlussüberschussanteil).

Bonitätsprüfung. → Kreditprüfung.

Bonitätsrisiko. → Kreditrisiko.

Bonus-Malus-System. I. Versicherungswesen: System zur Einordnung von Risiken in Tarifklassen in Abhängigkeit von der vorausgegangenen Schadenerfahrung. Bei einem B. wandert ein Risiko in Abhängigkeit von seinem individuellen Schadenverlauf von einem Versicherungsjahr zum anderen durch eine endliche Menge von Tarifklassen; und für jedes Versicherungsjahr wird die → Prämie in Abhängigkeit von der aktuellen Tarifklasse festgelegt. Ein B. besteht daher aus einer Menge von Tarifklassen $T = \{-b,...,-1,0,1,...,m\}$, einem monoton wachsenden Tarif $\Pi : T \to \mathbb{R}$ und einer vom Schadenverlauf abhängigen Übergangsregel $T \to T$. Ein Risiko ohne Schadenerfahrung wird in die neutrale Klasse 0 eingeordnet; dagegen wird einem Risiko mit Schadenerfahrung im Fall der Schadenfreiheit ein Bonus eingeräumt (Veränderung der Tarifklasse in Richtung der besten Bonus-Klasse $-b$) und im Fall von Schäden ein Malus auferlegt (Veränderung der Tarifklasse in Richtung der schlechtesten Malus-Klasse m), wobei üblicherweise nur die Anzahl der Schäden, nicht aber die Schadenhöhen berücksichtigt werden. B. sind damit ein Teilgebiet der → Erfahrungstarifierung. – II. Gesundheitswesen: *1. Begriff:* Durch positive Anreize, z.B. eine finanzielle Belohnung, sollen Ärzte ein vereinbartes Budget-Soll (Arzneimittel-Richtgröße) möglichst unterschreiten. Bei Überschreitung droht ein Malus in Form eines finanziellen Regresses. – *2. Entwicklung:* Mit dem Arzneimittelversorgungs-Wirtschaftlichkeitsgesetz (AVWG) wurden Bonus-Malus-gekoppelte Zielvereinbarungen für Ärzte bei der Arzneimittel-Verordnung eingeführt (SGB V § 84 VIIa). – *3. Methodik:* Bei Überschreitung der Richtgröße, die zwischen → Krankenkassen und Kassenärztlicher Vereinigung vereinbart wird, muss der einzelne Arzt einen nach Höhe der Überschreitung gestaffelten Ausgleich (Malus) zahlen. Verordnen die Ärzte insgesamt preisgünstiger, erfolgt die Ausschüttung eines Bonus seitens der Krankenkassen an die Kassenärztliche Vereinigung. – *4. Ziel:* Durch B. sollen die Ärzte angehalten werden, wirtschaftlicher zu verordnen. – *5. Abgrenzung:* Daneben gibt es reine Bonus-Lösungen für Versicherte der → gesetzlichen Krankenversicherung (GKV), die regelmäßig Früherkennungs- und Vorsorgeuntersuchungen in Anspruch nehmen (SGB V § 65a). Diese gelten auch für die Teilnahme an besonderen Versorgungsformen (wie Strukturverträgen, Hausarzt zentrierter Versorgung, Integrationsverträgen nach SGB V §53 III), die von den Krankenkassen für ihre Versicherten angeboten werden. Für diese Wahltarife können die Krankenkassen Prämienzahlungen oder Zuzahlungsermäßigungen (Bonus) vorsehen.

Bonussystem. Art der → Überschussverwendung in der → Lebensversicherung und in der → privaten Rentenversicherung. Das B. nimmt den zugewiesenen Überschuss als → Einmalbeitrag für eine Versicherung, die dem Leistungsspektrum der Lebens- bzw. Rentenversicherung möglichst gleicht und deren Laufzeit identisch mit der Restlaufzeit der Lebens- bzw. Rentenversicherung ist.

Borderaux, *Aufgabendienst.* In einem B. wird ein Verzeichnis geführt, in dem → Prämien und/ oder Schäden vom → Erstversicherer zusammengestellt und an den → Rückversicherer übermittelt werden.

Bornhuetter-Ferguson-Prinzip. → Schadenreservierung.

Böswillige Beschädigung. Gefahr, die in der → Extended Coverage-Versicherung unter der Gruppe der politischen Risiken abgedeckt wird.

Branchennetz. → GDV-Branchennetz.

Brand. → Feuer, das ohne einen bestimmungsgemäßen Herd entstanden ist oder ihn verlassen hat und sich aus eigener Kraft auszubreiten vermag. Wesentliche versicherte Gefahr in der → Feuerversicherung.

Bruchteilversicherung. *1. Begriff:* → Versicherungsform in der → Schadensversicherung, die nur einen vereinbarten Prozentsatz („Bruchteil") der → Versicherungssumme deckt, auf den folglich die → Entschädigung begrenzt ist. – Alternativen: → Unbegrenzte Interessenversicherung, → Erstrisikoversicherung, → Vollwertversicherung. – Anders: → Summenversicherung. – 2. *Merkmale:* Die B. ist eine spezielle Versicherungsform der → Sachversicherung und im Grunde eine Sonderform der Vollwertversicherung. Wie in dieser wird zur Feststellung einer möglichen → Unterversicherung das Verhältnis zwischen der gesamten Versicherungssumme und dem gesamten → Versicherungswert herangezogen. Je kleiner der versicherte Bruchteil ist, desto günstiger wird die Prämie. – 3. *Anwendung:* Die B. wird in der gewerblichen Sachversicherung bei Versicherungszweigen und Versicherungssummen genutzt, bei denen ein Totalschaden oder Teilschaden über dem Bruchteil unwahrscheinlich erscheint. Üblich sind Bruchteilvereinbarungen zwischen 5 % und 25 % der Vollwertsumme. – *Beispiele:* → Einbruchdiebstahl- und Raubversicherung, → Leitungswasserversicherung.

Brutto. Gesamtgeschäft des → Erstversicherers oder → Rückversicherers vor Rückversicherungsnahme bzw. → Retrozession.

Bruttoinlandsprodukt. → Sozialprodukt.

Bruttoprämie. I. *Allgemein:* Die um die Zuschläge zur Deckung der Kosten erhöhte → Nettoprämie. – II. *Im Zusammenhang mit der* → *passiven Rückversicherung:* Versicherungsprämie, die der → Erstversicherer vom Versicherungsnehmer erhält, ungekürzt um die daraus zum Kauf von Rückversicherungsschutz an den → Rückversicherer abgeführte → Rückversicherungsprämie. Gegenteil: Nettoprämie oder Prämie für eigene Rechnung (Prämie feR).

Bruttosozialprodukt. → Sozialprodukt.

Buchwert. *1. Begriff:* Bilanzielle Ansatzgröße. Der B. beschreibt den Wert, mit dem ein bestimmter Posten in der → Bilanz angesetzt wird. – *2. Bewertung:* Der dem B. → beizulegende Wert variiert in Abhängigkeit vom Rechnungslegungssystem und Rechnungslegungszweck.

Budgetierung, u.a. im Gesundheitswesen: *1. Begriff:* Planwirtschaftliches Instrument zur prospektiven Begrenzung von Ausgaben im Gesundheitswesen durch Festlegung des verfügbaren Finanzvolumens. Dabei wird zwischen Globalbudget (Begrenzung der gesamten Leistungsausgaben) und sektoralen Budgets (Begrenzung einzelner Leistungssektoren, wie Krankenhaus, Arzneimittel, Ärzte und Zahnärzte) unterschieden. – 2. *Entwicklung:* Im Gesundheitswesen hat der Gesetzgeber zur wirksamen Eindämmung der Kostenentwicklung seit 1993 ein Globalbudget durch die Einführung des Grundsatzes der Beitragssatz-Stabilität (SGB V § 71) vorgegeben. – *3. Methodik:* Danach haben → Krankenkassen und Leistungserbringer (Krankenhäuser, Ärzte, Zahnärzte) in ihren Vergütungsvereinbarungen die durchschnittliche Veränderungsrate der beitragspflichtigen Einnahmen aller Mitglieder der Krankenkassen als Obergrenze für ein sektorales Budget einzuhalten. Die Veränderungsrate wird bis zum 15. September eines jeden Jahres durch das Bundesministerium für Gesundheit für das jeweils folgende Kalenderjahr bekannt gegeben. – *4. Auswirkungen:* Die ausgehandelten sektoralen Budgets wurden nur teilweise eingehalten. Insbesondere das Arzneimittelbudget wurde immer wieder überschritten. Dagegen konnten im ärztlichen Bereich die Budgets (Gesamtvergütung) eingehalten werden, da sie mittels eines nachträglich errechneten Punktwerts verteilt werden. In Abhängigkeit von den erbrachten Leistungen und deren Punktzahlen steigt oder sinkt der Verteilungspunktwert bei fest vorgegebenem Budget. Da die Punktzahlen (Mengenentwicklung) in den letzten Jahren kontinuierlich stiegen, sind die Punktwerte zwangsläufig erheblich gesunken; teilweise unter die Entstehungskosten einzelner Leistungsgruppen. Der Gesetzgeber hat daher eine Reform der ärztlichen Vergütung beschlossen. Danach ist ab 2009 bei der Errechnung der ärztlichen Gesamtvergütung, die von der Krankenkasse an die Kassenärztliche Vereinigung zu entrichten ist, die Morbiditätsstruktur der Versicherten und der damit verbundene Behandlungsbedarf zu berücksichtigen. Entsprechend wird das Morbiditätsrisiko auf die Krankenkasse rückverlagert. – *5. Probleme:* Grundsätzlich bergen Budgets die Gefahr der → Rationierung in sich. So verschieben Krankenhäuser gegen Ende eines Jahres planbare Operationen in das Folgejahr, um einer Überschreitung des eigenen Budgets vorzubeugen. Budgets können insoweit zur Ausgabenbegrenzung durchaus erfolgreich sein, zugleich aber zur Verschlechterung der medizinischen Versorgung beitragen.

Bund der Versicherten e.V. Verein mit über 50.000 Mitgliedern (Stand 2010), der vorrangig die Interessen der Verbraucher, insbesondere der Versicherten vertritt. Gegründet 1982. Zu den Hauptaufgaben zählen die Aufklärung durch umfangreiche Beratung und Öffentlichkeitsarbeit sowie die Durchführung von Fachtagungen. Des Weiteren werden Musterprozesse geführt, um die Verbraucherinteressen gegenüber den Versicherungsunternehmen zu vertreten. Der wissenschaftliche Beirat des B. veröffentlicht eine eigene wissenschaftliche Schriftenreihe und veranstaltet eine jährliche Wissenschaftstagung.

Bündelversicherung. → Gebündelte Versicherung.

Bundesanstalt für Finanzdienstleistungsaufsicht (BaFin). *1. Begriff:* Die BaFin ist die für die Bundesaufsicht über Finanzdienstleistungsunternehmen, darunter auch die Versicherungsunternehmen und → Pensionsfonds, zuständige → Aufsichtsbehörde. Sie wurde 2002 durch Zusammenlegung des Bundesaufsichtsamts für das Kreditwesen, des Bundesaufsichtsamts für das Versicherungswesen (BAV) und des Bundesaufsichtsamts für den Wertpapierhandel eingerichtet. Damit sollte der immer wichtiger werdenden → Allfinanzaufsicht Rechnung getragen werden. Die BaFin ist eine bundesunmittelbare Anstalt des öffentlichen Rechts mit Sitz in Bonn und Frankfurt am Main. Sie untersteht der Rechts- und Fachaufsicht des Bundesministeriums der Finanzen. – *2. Aufgaben:* Das deutsche → Aufsichtssystem und die BaFin haben insbesondere zum Ziel, „die dauernde Erfüllbarkeit der Versicherungsverträge durch die Versicherungsunternehmen sicherzustellen". Zudem sollen faire und transparente Verhältnisse auf den Finanzdienstleistungsmärkten gewährleistet werden. Weitere wichtige Aufgaben liegen im → Verbraucherschutz sowie in der Bekämpfung der Geldwäsche und der Terrorismusfinanzierung. – *3. Organisation:* Organe der BaFin sind das Direktorium, der Präsident und der Verwaltungsrat. Die Anstalt wird durch das Direktorium gesamtverantwortlich geleitet und verwaltet. Es besteht aus dem Präsidenten und vier Exekutivdirektoren (das sind die Leiter der Geschäftsbereiche Bankenaufsicht, → Versicherungsaufsicht, Wertpapieraufsicht und Querschnittsaufgaben/ Innere Verwaltung). Die Beschlüsse werden mit einfacher Mehrheit der abgegebenen Stimmen gefasst; bei Stimmengleichheit gibt die Stimme des Präsidenten den Ausschlag. Der Verwaltungsrat überwacht die Geschäftsführung der Anstalt. Er besteht aus 21 Mitgliedern, darunter sechs Vertreter diverser Ministerien, fünf Bundestagsabgeordnete sowie zehn Vertreter der beaufsichtigten Unternehmen, darunter vier Vertreter der Versicherungsunternehmen. – *4. Fachbeirat der BaFin:* Die BaFin wird von einem Fachbeirat unterstützt, der aus 24 Mitgliedern besteht. Die Mitglieder werden vom Bundesfinanzminister bestellt. Die Finanzwissenschaft, die Kredit- und Versicherungswirtschaft, die Deutsche Bundesbank und die Verbraucherschutzvereinigungen sollen in diesem Gremium angemessen vertreten sein. – *5. Gesetzesgrundlage und weitere Einzelheiten:* Gesetz über die Bundesanstalt für Finanzdienstleistungsaufsicht (Finanzdienstleistungsaufsichtsgesetz, FinDAG) vom 22.4.2002 (BGBl. I. S.1310), zuletzt geändert durch Art. 1 d. Gesetzes v. 28.3.2008 (BGBl. I S.493).

Bundesdatenschutzgesetz (BDSG). *1. Begriff:* Gesetz zur Regelung des allgemeinen, nicht nur auf die Arbeitswelt bezogenen Umgangs mit personenbezogenen Daten, die sowohl manuell als auch über IT-Systeme verarbeitet werden. – *2. Ziel:* Schutz des Einzelnen vor einer Beeinträchtigung seines Persönlichkeitsrechts durch den Umgang mit seinen personenbezogenen Daten (§ 1 BDSG). – *3. Merkmale:* Das Gesetz verbietet grundsätzlich die Erhebung, Verarbeitung und Nutzung von personenbezogenen Daten und erlaubt diese nur, wenn entweder eine klare Rechtsgrundlage gegeben ist oder wenn die betroffene Person ausdrücklich (meist schriftlich) ihre Zustimmung dazu gegeben hat (§ 13 II ff. BDSG). Zudem gilt der Grundsatz der Datenvermeidung und Datensparsamkeit (§ 3a BDSG), wonach sich alle Datenverarbeitungssysteme an dem Ziel ausrichten sollen, keine oder so wenig personenbezogene Daten wie möglich zu verwenden und insbesondere von den Möglichkeiten der Anonymisierung und Pseudonymisierung Gebrauch zu machen. Im betrieblichen Kontext spielt die Datenverarbeitung z.B. mittels einer → Personaldatenbank oder mittels → Personalinformationssystemen eine wichtige Rolle. Die schnelle und sichere Verarbeitung von hoch sensiblen Daten ist für die Leistungsfähigkeit eines Versicherungsunternehmens wesentlich, deshalb spielen hier Maßnahmen zum Datenschutz und der Informationssicherheit eine besondere Rolle. Zu unterscheiden sind in diesem Zusammenhang a) Personengruppen, deren Daten verarbeitet werden (Kunden, Mitarbeiter, Vermittler), – b) Personengruppen, die Daten erheben, verarbeiten und nutzen (Innendienst und Außendienst), sowie – c) die Anlässe der Datenerhebung (z.B. Vertragsabschluss, Betreuung, Werbemaßnahmen, Wirtschaftsauskunft, Prüfung); diesbezüglich lassen sich jeweils besondere Datenschutzbestimmungen ableiten. Die Einhaltung des BDSG und datenschutzrelevanter Vorschriften prüft der behördliche oder betriebliche Datenschutzbeauftragte. Der betriebliche Datenschutzbeauftragte ist schriftlich zu bestellen, weisungsfrei und nur der Geschäftsleitung untergeordnet. Er ist zur Verschwiegenheit verpflichtet und muss ein Initiativ-, Einspruchs- und Kontrollrecht in sämtlichen datenschutzrelevanten Bereichen des Unternehmens besitzen.

Bundesinstitut für Berufsbildung (BIBB). *1. Begriff:* Bildungsinstitut auf der Rechtsgrundlage des Berufsbildungsgesetzes (BBiG). Wird aus Haushaltsmitteln des Bundes finanziert und unterliegt der Rechtsaufsicht des Bundesministeriums für Bildung und Forschung. – *2. Aufgaben:* Die Aufgaben des BIBB sind nach dem BBiG a) die Erforschung und Weiterentwicklung der beruflichen Aus- und Weiterbildung (die Ergebnisse werden im Jahresbericht veröffentlicht), – b) die Identifizierung von Zukunftsaufgaben der Berufsbildung (z.B. Internationalisierung der Berufsbildung), – c) die Förderung von Innovationen in der nationalen und internationalen Berufsbildung (z.B. durch den Weiterbildungs-Innovationspreis), – d) die Beratung von und mit Wissenschaft, Politik und Wirtschaft (z.B. durch Fachtagungen und Messen) sowie – e) die Entwicklung neuer praxisorientierter Lösungsvorschläge für die berufliche Aus- und Weiterbildung (z.B. die Entwicklung neuer Berufsbilder). – *3. Ziele:* Ziele der Arbeit des BIBB sind die Erhaltung der Wettbewerbsfähigkeit des Standorts Deutschland und die Sicherung der wirtschaftlichen und beruflichen Zukunft der Menschen in Deutschland durch zukunftsfähige Qualifikationen.

Bundesknappschaft. → Deutsche Rentenversicherung Knappschaft-Bahn-See.

Bundesministerium für Gesundheit (BMG). *1. Begriff:* Innerhalb der Bundesregierung zuständiges Ministerium für das Gesundheitswesen, die → gesetzliche Krankenversicherung (GKV) und die → soziale Pflegeversicherung. – *2. Aufgaben und Organisation:* Unter dem/ der Minister/in und den Staatssekretären sind sechs Abteilungen angesiedelt: die Leitungsabteilung L (einschließlich Pressereferat und Grundsatzreferat), die Zentralabteilung Z, die Abteilung E für Europäische und internationale → Gesundheitspolitik, die Abteilung I für → Arzneimittel, → Medizinprodukte und Biotechnologie, die Abteilung II für Gesundheitsversorgung, Krankenversicherung, → Pflegeversicherung sowie die Abteilung III für → Prävention, Gesundheitsschutz, Krankheitsbekämpfung. – *3. Entwicklungen:* Ein BMG wurde 1961 das erste Mal eingerichtet. In der Folgezeit wurden darauf auch Zuständigkeiten für Familie, Frauen und Jugend übertragen. 1990 wurde das BMG in ein Ministerium für Gesundheit und ein Ministerium für Familie, Frauen und Senioren aufgespalten; in das BMG kam dabei erstmals die Kompetenz für die Krankenversicherung, die bis dahin beim Bundesministerium für Arbeit und Sozialordnung (BMA) angesiedelt war. 2002 wurde die Zuständigkeit für die Pflegeversicherung in das BMG verlagert, die ebenfalls bis dahin beim BMA gelegen hatte. – *4. Abgrenzungen:* Zuständigkeiten für Teilbereiche des Gesundheitswesens liegen auch beim Bundesministerium des Inneren (u.a. die Beihilfe in Krankheitsfällen für Beamte), beim Bundesministerium für Wirtschaft (u.a. die Arzneimittelpreisverordnung), beim Bundesministerium für Ernährung, Landwirtschaft und Verbraucherschutz (u.a. gesundheitsrelevante Aspekte des Verbraucherschutzes) und beim Bundesministerium für Finanzen (u.a. die → private Krankenversicherung). Das Gesundheitswesen ist grundsätzlich Länderaufgabe, daher liegen auch Zuständigkeiten (z.B. für den Öffentlichen

Gesundheitsdienst, die Krankenhausfinanzierung) bei den in den Ländern jeweils zuständigen Ministerien.

Bundesverband Deutscher Versicherungskaufleute e.V. (BVK). *1. Begriff:* Berufsvertretung und Unternehmerverband der selbstständigen Versicherungs- und Bausparkaufleute in Deutschland. Gegründet 1901. – *2. Aufgaben:* Zu den Aufgaben gehören die Aufklärungsarbeit gegenüber der Öffentlichkeit, die Unterstützung der Mitglieder bei Anträgen oder Verfahren gegenüber den Versicherungsunternehmen sowie eine Informations- und Beratungsfunktion gegenüber politischen Entscheidungsträgern auf nationaler und europäischer Ebene. – *3. Mitglieder:* Der B. zählt ca. 13.000 Direktmitglieder und ca. 30.000 Organmitglieder, die hauptberuflich und selbstständig auf dem Gebiet der Versicherungs- und Bausparvermittlung tätig sind und die Berufsregeln des B. anerkennen. Die Direktmitglieder sind Bausparkassenvertreter, → Versicherungsvertreter oder → Versicherungsmakler. Die meisten Vertretervereinigungen und deren Mitglieder sind als Organmitglieder im B. vertreten; dadurch werden auch deren Interessen durch den B. vertreten.

Bundesverbände der Krankenkassen. *1. Begriff:* (Freiwilliger) Zusammenschluss von → Krankenkassen, um ihre Interessen zu bündeln. – *2. Aktuelle Entwicklungen:* Bis zum 31.12.2008 waren die Bundesverbände der → gesetzlichen Krankenversicherung (GKV) gleichzeitig Spitzenverbände nach § 213 SGB V, denen besondere Aufgaben zugewiesen waren. Dazu gehörten die Bundesverbände der → Allgemeinen Orts-, → Betriebs- und → Innungskrankenkassen sowie der → Landwirtschaftlichen Krankenkassen, die Verbände der → Ersatzkassen sowie die → Knappschaft. Durch das Gesetz zur Stärkung des Wettbewerbs in der gesetzlichen Krankenversicherung (GKV-WSG) wurde festgelegt, dass die Krankenkassen nur noch einen → Spitzenverband Bund der Krankenkassen (als Körperschaft des öffentlichen Rechts) zu bilden haben. Dieser „GKV-Spitzenverband" übernimmt seit dem 1.7.2008 die gesetzlichen (wettbewerbsneutralen) Aufgaben der heutigen Spitzenverbände. Die heutigen Verbände der Krankenkassen werden Kraft Gesetz (§ 212 SGB V - Fassung ab 1.1.2009) zu Gesellschaften bürgerlichen Rechts erklärt. Sie müssen sich nun auf Dienstleistungen für die Mitglieder konzentrieren, die zum 1.1.2009 Gesellschafter der einzelnen Gesellschaften bürgerlichen Rechts werden können.

Bundesverband Investment und Asset Management e.V. (BVI). *1. Begriff:* Zentrale Interessenvertretung der Investmentbranche mit Sitz in Frankfurt am Main und Berlin. Gegründet 1970. – *2. Aufgaben:* Zu den zentralen Aufgaben gehören die Informationsversorgung der Mitglieder sowie die Vertretung der Interessen gegenüber verschiedenen nationalen und internationalen Institutionen. – *3. Mitglieder:* 84 Unternehmen sind sog. Vollmitglieder im B. (Stand 2010). Vollmitglieder können Investmentgesellschaften (nach dem InvG), Vermögensverwaltungsgesellschaften mit satzungsmäßigem Sitz in Deutschland, die Finanzdienstleistungen in Form der Finanzportfolioverwaltung erbringen, sowie → Holdinggesellschaften mit Sitz in Deutschland sein. Seit 2004 dürfen dem B. auch sog. Informationsmitglieder angehören, die nicht die Kriterien einer Vollmitgliedschaft erfüllen.

Bundeszuschuss. Jährlich aus Mitteln des Bundes gezahlter Zuschuss zur Finanzierung der → gesetzlichen Rentenversicherung (GRV). Mittlerweile gibt es vergleichbare Zuschüsse auch zur → gesetzlichen Arbeitslosenversicherung (GAV) und zur → gesetzlichen Krankenversicherung (GKV). Generell sollen damit sog. versicherungsfremde Leistungen der einzelnen Sozialversicherungszweige abgedeckt werden, bspw. im Fall der GRV die Anrechnung von Ausbildungszeiten oder Fremdrenten und im Fall der GKV Leistungen für Schwangere und Sterbegeld. Die Höhe der Zuschüsse regeln die einzelnen Sozialgesetzbücher.

Bürgerliches Gesetzbuch (BGB). *1. Begriff:* Teil des Privatrechts, der die Beziehungen zwischen rechtlich gleichgestellten Rechtsteilnehmern (Bürgern, Unternehmen) regelt. Das B. umfasst somit die für alle Bürger geltenden privatrechtlichen Regelungen. – *2. Inhalte:* Das B. ist in fünf Bücher unterteilt: a) Allgemeine Vorschriften, die für das gesamte Privatrecht gelten (z.B. Vorschriften über die Rechts- und Geschäftsfähigkeit, Rechtsgeschäfte, Fristen und Verjährung), – b) Recht der Schuldverhältnisse (z.B. Regelungen für verpflichtende Verträge, wie Kaufverträge oder Mietverträge), – c) Sachenrecht (Regelungen über Eigentum und Besitz), – d) Familienrecht (Regelungen über Ehe und Familie) und – e) das Erbrecht (Regelungen zum Testament, zur Erbfolge und zu Erben). – *3. Besonderheiten für Versicherungsunternehmen:* Das B. enthält keine speziellen Vorschriften für das Versicherungsgeschäft und für Versicherungsunternehmen. Es gelten die allgemeinen Rechtsvorschriften. – *4. Abgrenzungen:* Neben dem bürgerlichen Recht existieren noch Sonderprivatrechte, die für einzelne Berufsgruppen oder Sachgebiete spezielle Regeln enthalten. Unter Sonderprivatrecht fallen das Recht für Kaufleute und Unternehmen (→ Handelsgesetzbuch, kurz: HGB; Aktiengesetz, kurz: AktG; → Versicherungsvertragsgesetz, kurz: VVG usw.), das Arbeitsrecht, das Urheberrecht und die gewerbliche Schutzregelungen sowie das Bergrecht und das landwirtschaftliche Höferecht. Im Sonderprivatrecht finden sich auch besondere Vorschriften für Versicherungsunternehmen.

Bürgerversicherung. *1. Begriff:* Modell zur Reform der → gesetzlichen Krankenversicherung (GKV) mit dem Ziel einer nachhaltigen Sicherung der Finanzierbarkeit. 2002 von der sog. Rürup-Kommission erarbeitet. In der politischen Auseinandersetzung ein insbesondere von der SPD und Bündnis 90/ Die Grünen sowie den Gewerkschaften in unterschiedlichen Varianten favorisiertes Konzept. Das Gegenmodell ist die → Kopfpauschale (Gesundheitsprämie), die gleichfalls von der sog. Rürup-Kommission vorgeschlagen und von der CDU/ CSU bevorzugt wurde. – *2. Konzept:* Bei der B. soll die gesamte Bevölkerung, also sollen auch Beamte und Selbstständige, in der GKV versicherungspflichtig sein. Gleichzeitig sollen Beiträge von allen Einkommensarten (Löhne und Gehälter, Kapitalerträge, Mieteinnahmen) bis zu einer → Beitragsbemessungsgrenze einkommensproportional, also solidarisch erhoben werden. – *3. Auswirkungen:* Mit der B. würde der Arbeitgeberanteil sinken, der ggf. festgeschrieben werden sollte. Die Mehreinnahmen durch die Erweiterung des Personenkreises und der Bemessungsgrundlage um alle Einkommensarten wurden auf bis zu zwei Beitragssatzpunkte geschätzt. – *4. Probleme:* Unklar bleibt bei dem Modell der B. die Rolle der → privaten Krankenversicherung (PKV). Mittelfristig müsste sie sich den Strukturen der GKV annähern oder sich auf das Zusatzversicherungsgeschäft beschränken. Offen blieb bei diesem Modell auch der Beitragseinzug. Durch die Einbeziehung aller Einkommensarten in die Beitragsschöpfung wären Krankenversicherungsbeitrag und Einkommensteuer strukturell gleich konzipiert; insoweit wurde ein Einzug des Krankenversicherungsbeitrags auch durch das Finanzamt diskutiert. Wegen einer fehlenden Kapitaldeckungskomponente wird eine nachhaltige Sicherung der Finanzierbarkeit der GKV durch die B. bezweifelt. – *5. Abgrenzungen:* a) Ein einheitliches Versicherungssystem für alle Bürger, bei dem die Versicherten allerdings keine einkommensabhängigen Beiträge, sondern Pauschalbeiträge zahlen sollen, hatte der Sachverständigenrat zur Begutachtung der gesamtwirtschaftlichen Entwicklung in seinem Jahresgutachten 2004 unter dem Begriff „Bürgerpauschale" vorgeschlagen. – b) Eine Privatisierung der GKV bei einer → Pflichtversicherung aller Bürger in der PKV hatte Johannes Eeckhoff („Botschafter" der Initiative Neue Soziale Marktwirtschaft) unter der Bezeichnung „Bürgerprivatversicherung" vorgeschlagen.

Burning Cost-Verfahren. Verfahren zur Prämienkalkulation in der → Rückversicherung auf Basis der Schäden eines → Portefeuilles in der Vergangenheit (→ Erfahrungstarifierung).

Büro Grüne Karte e.V. *1. Begriff:* Staatliche anerkannte Organisation, die auf der Grundlage der Genfer Empfehlungen von 1949 von den europäischen Kfz-Versicherern und den Kfz-Versicherern in einigen Mittelmeeranrainerstaaten eingerichtet wurde. – *2. Funktion:* Die Funktion des B. ist eine doppelte. Zum einen gibt es die Internationalen Versicherungsbestätigungen (→ Grüne Karte) an die inländischen Versicherer aus und garantiert gegenüber dem B. in den anderen teilnehmenden Ländern für die Rückerstattung der von diesen verauslagten Aufwendungen aus der Regulierung der bearbeiteten Schadenfälle. Zum anderen übernimmt das B. bei Verkehrsunfällen, an denen ein im Ausland zugelassenes Fahrzeug beteiligt war, für den inländischen Geschädigten die Funktion des ausländischen Haftpflichtversicherers. Es ist für den ausländischen Haftpflichtversicherer passivlegitimiert, d.h. Klagen sind im Inland gegen das B. zu richten. Der inländische Geschädigte kann folglich seine Ansprüche direkt gegenüber dem B. in seinem Land geltend machen und ist nicht gezwungen, seine Ansprüche im Ausland gegenüber dem Haftpflichtversicherer des Schädigers zu verfolgen. Das B. im Inland reguliert und zahlt namens und für Rechnung des B. des Landes, in welchem der ausländische Haftpflichtversicherer seinen Sitz hat. Dieses wiederum hält sich anschließend bei dem zuständigen Haftpflichtversicherer des Schädigers schadlos und inkassiert den verauslagten Betrag. – *3. Organisation:* Dem System Grüne Karte gehören gegenwärtig 44 Länder an. Die 44 B. sind in einer Dachorganisation, dem → Council of Bureaus (CoB) mit Sitz in London, zusammengeschlossen. Das System Grüne Karte basiert auf verschiedenen Abkommen (Londoner Abkommen, Multilaterales Garantieabkommen, UNO-Empfehlung Nr. 5, Abkommen von Barcelona, etc.), die alle zum Ziel haben, die Abwicklung von Kfz-Unfällen mit Beteiligung eines ausländischen Fahrzeugs zu verbessern und zu vereinfachen und den grenzüberschreitenden Straßenverkehr zu erleichtern.

Business Reengineering, *Business Process Reengineering, Prozessorganisation, Prozessmanagement.* – *1. Begriff:* Grundlegende Veränderung der bestehenden → Geschäftsprozesse und → Aufbauorganisation in einem Unternehmen mit Blick auf die Effektivität, Effizienz und Serviceorientierung. Vorausgehend bzw. Bestandteil der anfänglichen Prozessanalyse ist ein → Benchmarking der bestehenden Unternehmensprozesse. Darauf folgt eine umfangreiche → Prozessoptimierung. – *2. Modelle:* Beim Prozessmanagement werden drei grundlegende Modelle unterschieden: a) Bereichsübergreifende, nicht die auf die → Arbeitsteilung aufbauende, sondern prozessorientierte Ausrichtung der Unternehmensorganisation (Prozessoptimierung). – b) Auf EDV-Unterstützung aufbauende, und damit Kosten- und Bearbeitungszeit verkürzende Ausrichtung der Geschäftsprozesse und Unternehmensorganisation. – c) Kunden- und serviceorientierte Ausrichtung der Geschäftsprozesse und Unternehmensorganisation.

BUV. Abk. für → Betriebsunterbrechungsversicherung.

C

Call-Center. *1. Begriff:* Einheit eines Versicherungsunternehmens, die in aller Regel jegliche Kundenwünsche telefonisch entgegennimmt und bei einfachen Geschäftsvorfällen diese auch telefonisch beantworten bzw. abschließend bearbeiten kann. – *2. Ziel und Aufgaben:* Das Ziel eines C. ist die Schaffung einer einheitlichen, meist zentral organisierten Infrastruktur zur Aufnahme aller Kundenanrufe unter einer einheitlichen Telefonnummer. Ein C. bearbeitet dabei meist nur einfache Kundenanliegen, während kompliziertere Geschäftsvorfälle von dort in die Fachabteilungen zur Bearbeitung weiter gegeben werden.

Cape-Cod-Verfahren. → Schadenreservierung.

Capital Asset Pricing Model (CAPM). *1. Begriff:* Von William F. Sharpe, John Lintner und Jan Mossin in der Mitte der 1960er Jahre entwickelte Kapitalmarkttheorie, die auf der Portfoliotheorie aufbaut und mit der nachgewiesen werden kann, dass rational handelnde Anleger einen Teil des Gesamtrisikos eines Investitionsobjekts durch → Diversifikation beseitigen können, sofern die Renditen nicht vollständig positiv korreliert sind. Das CAPM erklärt auch, wie risikobehaftete Anlagemöglichkeiten am → Kapitalmarkt bewertet werden. Hiernach ergibt sich das Risiko einer → Investition unter Berücksichtigung von Risikostreuungseffekten durch ihren Risikobeitrag zum Portfoliorisiko insgesamt. Das CAPM fasst alle verfügbaren risikobehafteten Finanzierungstitel im Marktportfolio zusammen, und die Bewertung des Risikos einzelner Investitionen erfolgt ausschließlich anhand des jeweiligen Risikobeitrags. – *2. Annahmen:* In den Modellannahmen wird unterstellt, dass alle Marktteilnehmer homogene Zukunftserwartungen haben, dass alle riskanten Kapitalanlagen am Kapitalmarkt gehandelt werden und dass die Marktstruktur atomistisch ist. Siehe auch → Kalkulationsverfahren.

Captive Broker, *Firmengebundener Versicherungsvermittler.* – *1. Begriff:* Vermittler, der überwiegend oder gar ausschließlich Versicherungsschutz für das Unternehmen oder den Unternehmensverbund außerhalb der Assekuranz beschafft, in dessen Eigentum er sich befindet. Meist weiten C. ihre Geschäftstätigkeit auch auf die Belegschaften dieser Unternehmen aus. – *2. Merkmale:* Rechtlich handelt es sich beim C. in aller Regel um einen Makler, so dass die entsprechenden Maklerpflichten zu beachten sind.

Captive (Re)Insurance, *Captive (Kurzform für „Captive Insurance Company"), Deductible Funding Programs, Mutual Insurance Groups.* – *1. Begriff:* Versicherungsgesellschaft, die von einem nicht in der Versicherungswirtschaft tätigen Unternehmen (oder von einer Unternehmensgruppe) gegründet wurde. Form des → Alternativen Risikotransfers zur (externen) → Selbstversicherung. Eine Erstversicherungs-Captive (Direct Insurance Captive) übernimmt direkt die Risiken des Unternehmens bzw. Konzerns. Eine Rückversicherungs-Captive (Reinsurance Captive) übernimmt die Risiken des Unternehmens bzw. Konzerns über einen zugelassenen Erstversicherer im Rahmen eines → Fronting. Eine Pure Captive deckt ausschließlich die Risiken des eigenen Unternehmens. Werden auch Risiken fremder Unternehmen versichert, so wird von einer Broad Captive bzw. Open-Market Captive gesprochen. – *2. Methodik:* Je nach Art der Risiken handelt es sich um eine Selbsttragung (z.B. der Frequenzrisiken) oder eine Risikofinanzierung. Geschäftsführung, Administration, Verwaltung und Rückversicherungseinkauf übernimmt teilweise eine spezialisierte Captive-Management-Gesellschaft. – *3. Ziele:* Neben der Gewinnung von (zusätzlicher) Deckungskapazität für neuartige Risiken und eines Zugangs zum internationalen bzw. globalen Rückversicherungsmarkt als Versicherungsgesellschaft ist es vorrangiges Ziel, das Kapitalmanagement zu optimieren. Hierzu zählen Effizienzgewinne, indem das Unternehmen bestimmte Risiken selbst trägt und damit durch Preisvorteile bei der Selbstversicherung von Konzernrisiken Kosten einspart. Einbehaltende Versicherungsprämien bzw. ausgeschüttete Dividenden führen zu einer Cash flow-Steigerung. Die Nutzung vorteilhafter steuer- bzw. aufsichtsrechtlicher Rahmenbedingungen ist durch die Sitzlandwahl beeinflussbar. Beliebte Hauptsitze für sog. → Offshore (Re)Insurances sind Bermuda (→ Bermudaversicherer) und andere als „Offshore" bezeichnete Standorte (z.B. Cayman Islands, Barbados, Irland). – *3. Arten:* Je nach Gestaltung und Zielsetzung lassen sich verschiedene Grundformen unterscheiden und können die Bezeichnungen variieren: a) Single-Parent Captive: C. mit einem Gesellschafter/ Eigentümer/ Konzern, – b) Multi-Parent Captive/ Mutual Captive: C. im Eigentum mehrerer Gesellschafter bzw. Konzerne, – c) Group/ Association Captive: Zeichnung von Risiken durch Mitglieder eines bestimmten Wirtschafts- bzw. Branchenverbands (z.B. Ärzte), – d) Rent-a-Captive: Captive (Re)Insurance-Konzept, das einem Unternehmen ohne eigene C. gegen Gebühr den Zugang zu den Funktionen einer Erst- bzw. Rückversicherungs-Captive (Re)-Insurance im Rahmen eines Vertrags bietet, – e) Protected-Cell/ Segregated-Cell Captive (PCC): alternative Gesellschaftsform für die Rent-a-Captive, bestehend aus einem Kern und einer Anzahl eigenständiger Zellen, deren jeweils zugeordnete Vermögenswerte isoliert und gesetzlich vor Ansprüchen Dritter voneinander geschützt sind. Die isolierte Behandlung des Risikokapitals ermöglicht mehreren, voneinander unabhängigen Kunden, eine Captive einzurichten. – f) Onshore/ Domestic Captive: wenn die Gründung der Captive im Sitzland des Unternehmens (Eigentümers) erfolgt. – g) Offshore Captive (Offshore (Re)Insurance): wenn die Gründung außerhalb des eigenen Sitzlands erfolgt. Siehe auch → Risk Retention Groups.

Case Management, *Fallmanagement.* – *1. Begriff:* Interdisziplinärer Prozess zur optimalen und lückenlosen Versorgung insbesondere chronisch Kranker. Bezieht sich auf den einzelnen Krankheits- bzw. Patientenfall. Anders: → Disease Management. Siehe auch → Managed Care. – *2. Umsetzung:* Die für den einzelnen Patienten bedarfsgerechten medizinischen Leistungen werden zeitnah und von den beteiligten Leistungserbringern der einzelnen Sektoren (ambulant, stationär, Rehabilitation) abgestimmt erbracht, um so gemeinsam vereinbarte Ziele und Wirkungen effizient zu erreichen. Das C. liegt in den Händen qualifizierter Case Manager, die neben der allgemeinen Patientenbegleitung folgende Aufgaben haben: Terminierungen aller Art, Steuerung und Koordination von Diagnostik und Therapie nach ärztlicher Anordnung, Erfassung des zu erwartenden Pflegebedarfs sowie Entlassungssteuerung aus dem Krankenhaus. Der Case Manager übernimmt die Steuerungs- und Koordinationsaufgabe insbesondere zwischen behandelnden Ärzten, Krankenhaus und Rehabilitationsklinik, aber auch mit den ggf. zu beteiligenden weiteren (öffentlichen) Stellen, wie der Agentur für Arbeit usw. – *3. Ziele und Auswirkungen:* Ziel des C. ist es, den Heilbehandlungs- und/ oder Rehabilitations- und Wiedereingliederungsprozess sowohl im Ergebnisses für den Geschädigten als auch wirtschaftlich für den Kostenträger (privater Krankenversicherer oder Sozialversicherungsträger) optimal zu gestalten. Dadurch wird ein Versorgungszusammenhang hergestellt, der die Wirksamkeit, → Qualität und Effizienz der medizinischen Behandlung steigert und mittelfristig die Kosten senkt.

Cash Call, *Cash Loss.* → Kassaschaden.

Cash flow, *Einzahlungsüberschuss.* – *1. Begriff:* Erfolgswirksam erwirtschafteter Zahlungsüberschuss einer Periode. Der C. wird aus der Differenz zwischen den selbst erwirtschafteten Einzahlungen und den Auszahlungen aus der laufenden Geschäftstätigkeit abgeleitet. Abzugrenzen vom → freien Cash flow. – *2. Ziele und Zwecke:* Der C. ist eine wichtige Kennzahl für die Beurteilung der Finanzlage und damit des Innenfinanzierungspotentials eines Unternehmens. Häufig wird der C. als ein zuverlässigerer Indikator für die Beurteilung der Erfolgslage eines Unternehmens als der Periodengewinn angesehen, da er jahresabschlusspolitisch weniger zu beeinflussen sei.

Cash flow Underwriting. *1. Begriff:* Zeichnungspolitik von Versicherungsunternehmen, die sich auf einen positiven Cash flow ausrichtet und außer den vorausgezahlten Versicherungsprämien (→ Prämienvorauszahlung) auch die daraus resultierenden Kapitalanlageerfolge in der Kalkulation berücksichtigt. – *2. Merkmale:* Versicherungstechnische Verluste werden, um Marktanteile zu gewinnen, in Kauf genommen und sollen durch Gewinne aus dem nichtversicherungstechnischen Geschäft ausgeglichen werden. Siehe auch → Kapitalanlagegeschäft.

Catastrophe Excess of Loss (Cat XL).
→ Kumulschadenexzedenten-Rückversicherung für sog. (Natur-)Katastrophengeschäft.

Cat Bonds, *Catastrophe Bonds, Act-of-God-Bonds, Katastrophenanleihen, Katastrophenbonds.* – *1. Begriff:* Häufigste bzw. am weitesten verbreitete Form von → Insurance Linked Securities zur Verbriefung von Risiken (→ Securitization) aus i.d.R. Naturkatastrophenexponierungen (z.B. Sturm oder Erdbeben) in der Sachversicherung. C. werden auch in anderen Bereichen eingesetzt, wie z.B. in der Lebensversicherung zur Verbriefung von Risiken aus Extremmortalität. – *2. Methodik:* C. werden von Unternehmen, Erst- oder Rückversicherern (→ Originatoren) über ein → Special Purpose Vehicle (SPV) emittiert. Das der Transaktion zugrundeliegende Risiko wird auf den Zeichner der Anleihe (Investor) übertragen. Der Investor kauft ein Wertpapier, dessen Verzinsung und Rückzahlung an das Eintreten eines im Anleihevertrag definierten Ereignisses (oder mehrerer Ereignisse) geknüpft sind (z.B. Sturm in Deutschland, Erdbeben in Japan). Durch die Vorabeinzahlung der potenziellen Haftung durch den Investor handelt es sich bei C. um eine voll kollateralisierte Deckungsform. Für das investierte Kapital erhält der Investor einen Basiszins (meist LIBOR). Für die Übernahme des Verlustrisikos bei Eintritt eines definierten Ereignisses, das den C. triggert (→ Trigger), erhält er zudem eine Risikoprämie. Der Emissionserlös bzw. das bei der Emission erzielte Kapital wird durch einen vom SPV beauftragten Treuhänder (Geschäftsbank) verwaltet und zur Besicherung des in der Anleihe verbrieften Risikos in Anleihen mit hoher Bonität (bspw. Staatsanleihen) investiert. Die mögliche Verlusthöhe des Investors ist von der individuellen Strukturierung des C. abhängig. Üblicherweise reduziert sich das Kapital der Investoren entsprechend der vom SPV an den Originator geleisteten Zahlungen. Nach einem Teilschaden werden der Basiszins und der Risikoaufschlag (nur) auf das verbleibende Kapital bezahlt. – *3. Arten:* Unterschieden werden sog. a) Indemnity Cat Bonds: knüpfen an den individuellen Schaden bzw. das verbleibende Nettorisiko des Originators an. Das auslösende Ereignis ist ein → Schadentrigger bzw. ein → Indemnity Trigger. – b) Non-Indemnity Cat Bonds: die Zahlungen basieren auf objektivierbaren, nicht spezifisch auf den Originator bezogenen Schadenquantifizierungen. Diese Schadenquantifizierungen können unterschiedliche Ausprägungen haben. Häufig werden geologische oder meteorologische Parameter als Schadenzahlung auslösendes Ereignis (→ parametrische Trigger) für den C. definiert (sog. parametrische Cat Bonds). Bei sog. indexbasierten C. können auch bestimmte branchenweite Schadenindizes (Index- bzw. → Marktschaden Trigger) den Einsatzpunkt des C. determinieren. Bei einem sog. Modelled Loss Cat Bond werden die Entschädigungszahlungen durch die Modellierung eines Ereignisschadens (sog. → Modelled Loss Trigger) für ein vorab festgelegtes Referenzportfolio bestimmt. – *4. Merkmale:* Neben einem SPV zur Abwicklung der Transaktion ist die Definition des auslösenden Ereignisses (Trigger) als Bezugsgröße ein wichtiges Element bei der Strukturierung eines Cat Bonds. Je näher sich die Bezugsgröße (Trigger) am tatsächlichen Portefeuille des Originators orientiert, desto geringer ist das → Basisrisiko. Einer Individualisierung der Deckung und damit einer Reduzierung des Basisrisikos stehen die Erfordernisse von Standardisierung und Transparenz zur Reduzierung des Strukturierungsaufwands auf Seiten der Investoren gegenüber. – *5. Ziele:* Die Nutzung von C. ermöglicht den Aufbau neuer Kapazitäten außerhalb des traditionellen Rückversicherungsmarkts insbesondere für Spitzenrisiken. Aufgrund der Tatsache, dass die Investoren das (Risikodeckungs-)Kapital sofort bei Emission und Zeichnung der C. zur Verfügung stellen, kann das Kreditrisiko für die Emittenten (Originatoren) erheblich gesenkt werden. Die individuelle Strukturierung ermöglicht es, die Deckung flexibel zu gestalten (z.B. mehrjährig). Die geringe oder nicht bestehende Korrelation zu anderen Finanzmarktrisiken ermöglicht den Investoren einen positiven Beitrag zum Risiko-/ Renditeprofil ihres Portfolios.

Cat XL. → Catastrophe Excess of Loss.

Causa Proxima, *proximate cause.* In der → Seeversicherung angewandtes Kausalitätsprinzip, wonach bei Vorliegen mehrerer adäquat mitwirkender Schadenursachen für die Frage des Versicherungsschutzes nur die wirksamste zu berücksichtigen ist. In der → Warenversicherung wird dieses Prinzip bei Vereinbarung der „DTV Güter 2000" (→ DTV) auch auf andere Transportwege ausgedehnt.

CDO. Abk. für → Collateralized Debt Obligations.

CDS. Abk. für → Credit Default Swap.

CEIOPS. Abk. für → Committee of European Insurance and Occupational Pensions Supervisors.

CFO-Forum. Informeller Zusammenschluss der Chief Financial Officers (CFO) großer europäischer Versicherungsgruppen.

Chain-Ladder-Verfahren. → Schadenreservierung.

Change Management, *Veränderungsmanagement.* – *1. Begriff:* Gestalten von umfassenden, bereichsübergreifenden und unternehmensrelevanten Veränderungen zur Initiierung und Umsetzung von neuen Strategien, Strukturen, Systemen und Verhaltensweisen. Die Veränderungsmaßnahmen werden meist von der Geschäftsleitung autorisiert. Die Auslöser für Veränderungen in Unternehmen können vielfältig sein. Neue Produkte, Verfahren und rechtliche Vorschriften, Innovationssprünge (z.B. in der Informatik), Ressourcenknappheit (z.B. Zeit, Geld), interkulturelle Zusammenarbeit und Steigerung der Komplexität durch Globalisierung sind nur einige Anlässe für weit reichende Veränderungen in Unternehmen. – *2. Ziele:* C. soll den Veränderungsprozess aktiv und zielgerichtet steuern und entsprechend auf die Unternehmensprozesse, Ressourcen und Mitarbeiter einwirken. – *3. Merkmale:* Zu unterscheiden ist zwischen einem reaktivem C., das auf die kurzfristige Bewältigung von extern ausgelösten Veränderungsproblemen abzielt, und einem proaktivem C., das langfristig und geplant eine Veränderungsfähigkeit und -bereitschaft aufbaut. Kurt Lewin hat drei Phasen beschrieben, die ein erfolgreicher Veränderungsprozess durchläuft: 1) Unfreeze - Auftauen. Diese Phase beschreibt den Abbau von Widerständen und den Aufbau von Veränderungsbereitschaft. – 2) Move - Bewegung. In dieser Phase erfolgt die eigentliche Veränderung. – 3) Freeze - Einfrieren. In dieser Phase stabilisieren sich die Neuerungen. Wie Mitarbeiter auf Veränderungen reagieren, hat Richard K. Streich in seinem 7-Phasenmodell dargestellt: 1) Schock - Zwischen Erwartung und Realität wird ein großer Unterschied empfunden. – 2) Verneinung - Die Realität wird negiert oder ignoriert. – 3) Einsicht - Die Notwendigkeit von Veränderungen wird erkannt. – 4) Akzeptanz - Der emotionale Abschied von alten Verfahrens- und Verhaltensweisen erfolgt „im Tal der Tränen". – 5) Ausprobieren - Ein kontinuierliches Suchen und Einüben von Handlungsalternativen wird praktiziert. – 6) Erkenntnis - Eine höhere Handlungsflexibilität und -sicherheit wird erreicht. – 7) Integration - In das aktive Handlungsrepertoire werden erfolgreiche Verfahrens- und Verhaltensweisen übernommen. Als Instrumente des C. gelten: a) Projektmanagement/ -organisation, – b) Controlling, – c) Information/ Marketing, – d) Diagnose, – e) → Motivation, – f) Qualifizierung, – g) Beteiligung, – h) Change-Coaching. Den Wandel zu gestalten war früher speziell ausgebildeten Change-Agents in besonderen Projekten vorbehalten. Allerdings wird dies immer mehr zu einer laufenden Aufgabe der Führungskräfte. C. ist keine Modeerscheinung, sondern ergibt sich aus Konzepten wie → Lean Management, → Business Reengineering, Kaizen, Lernende Organisation, Total Qualitiy Management. – *4. Probleme:* Dem stetigen Wandel stehen zwei wesentliche Eigenschaften von lebendigen Systemen, wie es ein Unternehmen darstellt, entgegen: a) Streben nach Gleichgewicht - Jedes System versucht bei einer Störung in den Ursprungszustand zurückzukehren. – b) Streben nach Sicherheit –Veränderung bedeutet Unsicherheit und erzeugt Angst, deshalb wird Veränderung nicht aktiv angestrebt. Neben der Fähigkeit, Veränderungen zu gestalten, ist die Veränderungsbereitschaft ein wesentlicher Erfolgsfaktor. Deshalb ist es so wichtig, die Betroffenen (Mitarbeiter) auch zu Beteiligten zu machen. Dies geschieht meist zu spät und nicht im nötigen Umfang.

Chicago Board of Trade (CBOT). Älteste und größte Terminbörse der Welt für den Handel mit Rohstoffen, Futures und Optionen. Gegründet 1848. Seit 1992 werden auch → Versicherungsderviate, sog. (Cat-)Futures, und seit 1996 Optionen auf Schadenindizes, den sog. Property Claims Services Indizes (PCS-Indizes), von Katastrophenrisiken in den USA gehandelt.

Chief Risk Officer (CRO). → Risikomanager.

Claims Cooperation Clause. *1. Begriff:* Regelt die Verpflichtung des → Erstversicherers, den → Rückversicherer entweder regelmäßig über die Schadenentwicklung zu informieren oder umfassend in Form der Abstimmung bestimmter Maßnahmen oder bei der Benennung von Schadenregulierern in die Schadenbearbeitung einzubinden. – *2. Merkmale:* Die Klausel ist eher im → nichtproportionalen Rückversicherungsvertrag zu finden. Sie kann in abgeschwächter Form als Claims Notification oder in verschärfter Form als Claims Control Clause ausgestaltet sein und legt üblicherweise auch fest, dass ein Schaden vom → Zedenten an den → Rückversicherer gemeldet werden muss, wenn zu vermuten steht, dass er die Schadenmeldegrenze übersteigt. Hierfür ist teilweise eine Schwelle definiert, wie bspw. 50 % oder 75 % der → Priorität oder ansonsten ein fester monetärer Betrag. Die Klausel steht im Spannungsverhältnis zum Prinzip der → Schicksalsteilung und der → Folgepflicht.

Claims made-Prinzip, *Anspruchserhebungsprinzip.* – *1. Begriff:* Prinzip, das regelt, zu welchem Zeitpunkt der → Versicherungsfall als eingetreten gilt. Nach dem C. gilt der Versicherungsfall zu dem Zeitpunkt als eingetreten, zu dem der Geschädigte Schadenersatzansprüche gegen den Versicherungsnehmer erhebt. Versicherungsschutz besteht also nur, wenn die Anspruchserhebung während der materiellen → Versicherungsdauer erfolgt. – Anders: → Ereignisprinzip, → Manifestationsprinzip, → Verstoßprinzip. – *2. Anwendungsgebiet:* Das C. wird in der allgemeinen → Haftpflichtversicherung vorwiegend im anglo-amerikanischen Versicherungsmarkt eingesetzt. Es begrenzt → Spätschäden, erfordert jedoch vom Versicherungsnehmer ggf. die Vereinbarung einer zusätzlichen → Rückwärtsversicherung und Nachhaftung des Versicherers.

Claims Paying Ability Rating. Frühere Bezeichnung für → Insurer Financial Strength Rating.

CLN. Abk. für → Credit Linked Notes.

Coaching. *1. Begriff:* Methode der zeitlich begrenzten individuellen Unterstützung einer Person (Coachee) bei aufgabenbedingten oder persönlichen Problemen durch einen Coach. – *2. Anwendungsbereiche und Formen:* In der Arbeitswelt wird ein C. aufgrund der Kosten überwiegend nur Führungskräften oder bei besonderen Problemen angeboten. Zu unterscheiden sind grundsätzlich zwei Formen des C.: a) In der Expertenberatung hilft der Coach bei der Bewältigung von aufgabenbedingten Problemen u.a. durch seinen fachlichen Rat. Das C. durch die Führungskraft kann hier angesiedelt werden. – b) In der Prozessberatung unterstützt der psychologisch ausgebildete Coach bei persönlichen Problemen (z.B. Work-Life-Balance, Burn-Out, schwierige Karriereentscheidungen, Outplacement usw.). Hier gibt der Coach keine Lösung vor, sondern unterstützt den Coachee bei der eigenen Lösungsfindung. – *3. Merkmale:* Der Coachingprozess durchläuft i.d.R. drei Phasen: a) Auftragsklärung; – b) Inhaltliche Arbeit am vom Coachee eingebrachten Thema (Situation darstellen, unterschiedliche Betrachtungsfoki erarbeiten, Ursachen analysieren, Lösungsalternativen suchen, für eine Lösung entscheiden, Umsetzungsvorhaben formulieren); – c) Abschluss der Coachingmaßnahme. Das C. basiert auf den Prinzipien der Eigenverantwortlichkeit und Autonomie des Coachees. – *4. Probleme:* Der Begriff C. wird immer diffuser verwendet. Im Zusammenhang mit dem Begriff „Führungskraft als Coach" werden häufig Führungsaufgaben und die Beratung im Rahmen der → Personalentwicklung als C. verkauft. Die Führungskraft ist als Coach in einem

Rollenkonflikt. Sie muss als Führungskraft eine Richtung vorgeben, als Coach allerdings die Richtung dem Coachee überlassen.

Cobweb-Modell, *Spinnweb-Modell.* – *1. Begriff:* Dynamisches Modell der Preisbildung. Beschreibt den Zusammenhang zwischen dem den Markt räumenden Preis (Gleichgewichtspreis), der häufig langen Produktionsperiode und den Erwartungen der Marktteilnehmer über den zukünftigen (den Markt räumenden) Preis. – *2. Geschichtlicher Hintergrund und Beispiel:* Klassisches Beispiel ist der sog. Schweinezyklus, den A. Hanau in den Jahren 1924 - 1934 beobachtet hat: Die Entscheidungen der Bauern zur Ferkelaufzucht beruhen auf dem gegenwärtigen Fleischpreis und sie erwarten, dass dann, wenn die Ferkel groß sind, ein ähnlicher Preis vorliegt. Das ist aber kaum der Fall, da Angebot und Nachfrage auf dem → Markt künftig anders sein werden. – *3. Darstellung des Modells:* Mit Hilfe von vier Bausteinen lässt sich ein dynamisches Marktmodell konstruieren: (1) Die in Periode t nachgefragte Menge $x_N(t)$ hänge vom Marktpreis $p(t)$ dieser Periode ab. (2) Die in Periode t angebotene Menge $x_A(t)$ hänge aber vom Marktpreis der Vorperiode $p(t-1)$ ab. (3) Ein Gleichgewicht (*) liegt dann vor, wenn die zu einem bestimmten Preis angebotene und nachgefragte Menge übereinstimmen. (4) Aufgrund einer Einkommens- oder einer Präferenzänderung (vgl. die steigende Präferenz der Nachfrager für Hühnerfleisch nach Ausbruch der BSE-Krise) verschiebt sich die Nachfrage nach dem betreffenden Gut (im BSE-Beispiel: die Nachfrage steigt von N_1 auf N_2). Das neue Gleichgewicht (x^*_2, p^*_2) wird jedoch nicht sofort erreicht, da wegen der Annahme (2) noch immer dieselbe Menge angeboten wird. Die größere Nachfrage bewirkt aber nun, dass der Preis steigen wird. Dieser Preis führt in der nächsten Periode dazu, dass eine höhere Menge des Gutes angeboten wird. Die größere Angebotsmenge führt wiederum – bei gleich bleibender Nachfrage – zu einem neuen, nun geringeren Preis. Daraufhin reduzieren die Anbieter ihr Angebot in der darauf folgenden Periode usw. Wegen des sich ergebenden Musters der Preis/ Mengen-Bewegungen wird von Cobweb-(Spinnweb-)Prozessen gesprochen, die drei verschiedene Formen annehmen können: Sind die Preis/ Mengen-Kurven von Angebot und Nachfrage gleich steil, sind die Schwingungen konstant um den neuen Gleichgewichtspreis. Verläuft die Angebotskurve flacher als die Nachfragekurve (sie ist elastischer, vgl. → Elastizität), nehmen die Schwankungen zu (vgl. Abb. 1). Verläuft die Nachfragekurve flacher als die Angebotskurve, nehmen die Schwingungen ab (vgl. Abb. 2).

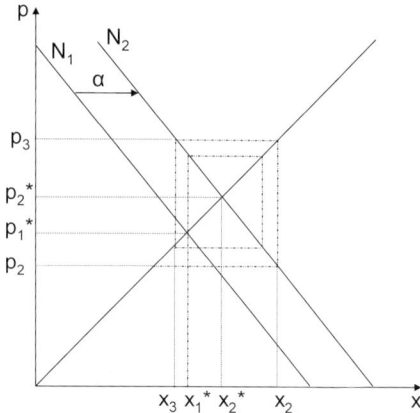

Abb. 1: Cobweb-Prozess mit zunehmenden Schwankungen

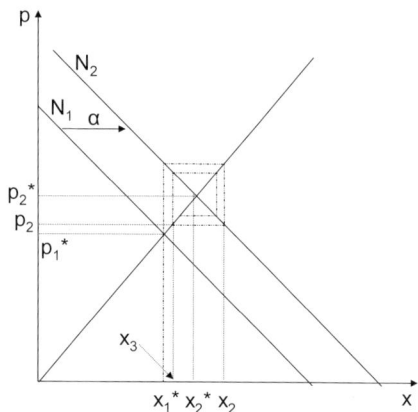

Abb. 2: Cobweb-Prozess mit abnehmenden Schwankungen

Coded-Excess-Deckung. Rahmenvertrag über eine → Schadenexzedenten-Rückversicherung auf Einzelrisikobasis, nach dem der → Erstversicherer das Recht hat, gewisse Risiken oder Risikoklassen bei Bedarf gegen eine vorab festgelegte → Prämie abzugeben.

Coinsurance-Funds-Withheld-Vertrag.
1. Begriff: Meist in der Lebensrückversicherung gebräuchliche Vertragskonstruktion, nach der der → Erstversicherer einen Anteil

der Originalprämie zumindest in gleicher Höhe mit dem Anteil der zedierten Reserven behält. – *2. Merkmale:* Analog zur → Modified Coinsurance basiert die Zinszahlung an den → Rückversicherer auf dem Zinsgewinn eines unterliegenden Anlageportefeuilles.

Collateralized Debt Obligations (CDO).
→ Asset Backed Securities.

Collateralized Loan Obligations (CLO).
→ Asset Backed Securities.

Combined Ratio, *Schaden-/ Kostenquote.* – *1. Begriff:* Versicherungstechnische Rentabilitätskennzahl von Schaden-/ Unfallversicherungsunternehmen. Summe aus → Schadenquote und → Betriebskostenquote (richtiger: Betriebsaufwandsquote, wenn tatsächlich die → Betriebsaufwendungen aus dem → Jahresabschluss und nicht die → Betriebskosten in Relation zu den Prämien gesetzt werden). – *2. Ziele:* Die C. gibt Aufschluss über die Schaden- und „Kosten"intensität des betriebenen Versicherungsgeschäfts und ermöglicht somit Wettbewerbsvergleiche. Solange die C. unter 100 % liegt, erzielt das Versicherungsunternehmen einen auf das entsprechende Versicherungsgeschäft bezogenen Gewinn. – *3. Probleme:* Über die → Schadenreservierung ist eine Einflussnahme auf die C. möglich. Zudem hängt die Profitabilität eines Versicherungsgeschäfts auch vom Kapitalanlageergebnis ab, das in der C. nicht berücksichtigt wird. Falsche Rückschlüsse auf die Nicht-Profitabilität eines Versicherungsgeschäfts können die Folge sein.

Comité Européen Des Assurances (CEA). Dachverband der nationalen europäischen Verbände der Versicherungsunternehmen. Gegründet 1953, Sitz in Paris.

Committee of European Insurance and Occupational Pensions Supervisors (CEIOPS). *1. Begriff:* Ausschuss der europäischen Aufsichtsbehörden für das Versicherungswesen und die → betriebliche Altersversorgung (bAV). Sitz in Frankfurt am Main. Gegründet am 5.11.2003. C. setzt sich aus den Versicherungs- und Pensionsfondsaufsehern (sowie im Fall Deutschland auch aus den Aufsehern über Pensions- und Sterbekassen, siehe → Bundesanstalt für Finanzdienstleistungsaufsicht, kurz: BaFin) innerhalb der Europäischen Union sowie weiteren staatlichen Aufsichtsbehörden des Europäischen Wirtschaftsraums (z.B. Norwegen, Island und Liechtenstein) zusammen. – *2. Aufgaben:* Zu den wesentlichen Aufgaben von C. zählen die Umstrukturierung und Harmonisierung des bestehenden Solvabilitätssystems in Europa (sog. Solvency II-Projekt, siehe → Solvency II, → Quantitative Impact Studies, kurz: QIS) sowie die Gewährleistung eines permanenten Austauschs zwischen den nationalen Aufsichtsbehörden.

Commodities. *1. Begriff:* Physische oder rein finanzielle Rohstoffinvestments. C. haben sich in den letzten Jahren zu einer aufstrebenden, vielbeachteten Anlageklasse entwickelt. Grundsätzlich werden Rohstoffe in Edelmetalle, Industriemetalle, Energie, Nahrungsmittel, Agrarrohstoffe und Vieh eingeteilt. – *2. Entwicklung als Anlageklasse:* Während in der Vergangenheit i.d.R. lediglich Gold als → Kapitalanlage in Rohstoffe Berücksichtigung fand, hat sich das Interesse der Anleger inzwischen auf nahezu alle Arten von Rohstoffen ausgedehnt. Als Argument für die gestiegene Beliebtheit der Rohstoffe bei den Investoren ist v.a. der Diversifikationseffekt zu nennen (→ Diversifikation). Darüber hinaus hat sich in der Vergangenheit ein Investment in Rohstoffe oft als Inflationsschutz erwiesen. Der Inflationsschutzmechanismus lässt sich dadurch erklären, dass steigende Rohstoffpreise häufig Auslöser einer erhöhten Inflation sind. – *3. Terminkontrakte über C.:* Da eine physische Lieferung der Rohstoffe nach der Anlageverordnung nicht zulässig ist und um damit verbundene Nachteile, wie z.B. Lagerung, Transport und Verderblichkeit der Waren, auszuschließen, investieren Anleger nicht über den Kassamarkt, sondern nutzen überwiegend die Rohstoff-Terminmärkte. Da ein Terminkontrakt (→ Futures) eine begrenzte Laufzeit hat und eine physische Lieferung der Ware in den meisten Fällen nicht gewünscht ist, wird er in regelmäßigen Abständen (im Normalfall zum Ende der Laufzeit) in den nächsten Terminkontrakt verkauft und so durch einen neuen Kontrakt ersetzt. Dieser Vorgang wird als „rollen" bezeichnet. Da sich die Preise der verschiedenen Terminkontrakte unterscheiden, entsteht für den Anleger entweder ein Rollgewinn („Cotango") oder ein Rollverlust („Backwardation"). Aufgrund der sehr individuellen Märkte und verschiedener Saisonalitäten der Rohstoffe weisen die Terminmarktkurven für Rohstoffe eine sehr hohe Volatilität auf.

Commutation. → Ablösung.

Compliance. *1. Begriff:* Einhaltung von Regeln und Vorschriften durch ein Unternehmen, seine Organisation und seine Mitarbeiter. Dazu zählen die Erfüllung von gesetzlichen und regulatorischen Anforderungen, die Konformität mit Standards und Konventionen sowie die Berücksichtigung von ethischen und moralischen Grundsätzen. C. beschreibt auch Maßnahmen zur Überwachung und Gewährleistung regelkonformen Verhaltens im Hinblick auf sämtliche externe und interne Vorgaben. Häufig sind im Unternehmen eigene Abteilungen für die C. verantwortlich. – *2. Ziele:* Vermeidung von rechtlichen Sanktionen und Reputationsschäden durch Befolgung von gesetzlichen Bestimmungen und durch die Übereinstimmung unternehmerischen Handelns mit gesellschaftlichen Richtlinien und Wertvorstellungen, um das Ansehen des Unternehmens in der Öffentlichkeit und seine finanzielle Situation zu verbessern.

Computer-Based-Training (CBT). *1. Begriff:* Lernform mittels elektronischer Lernprogramme (Lernsoftware), die der Lernende von einer CD-ROM oder DVD auf seinen Computer speichert. Diese Lernform ist die meistgenutzte Form des → E-(Based)-Learning. – *2. Formen:* CBT sind nach den Interaktionsmöglichkeiten, die sie bieten, zu unterscheiden: a) Präsentationssysteme führen den Lernenden durch ein modular aufgebautes Lernprogramm. – b) In tutoriellen Systemen reagiert das Programm auf die Eingaben des Lernenden und greift unterstützend ein. – c) Die komplexeste Lernform bieten Simulationssysteme (z.B. Versicherungsplanspiele), in denen z.B. Wirtschaftsprozesse oder Wettbewerbssituationen spielerisch durch die Lernenden aus unterschiedlichen Rollen heraus (z.B. Erst-Versicherer Nr. 1, Erst-Versicherer Nr. 2, Rückversicherer etc.) auch in Teamarbeit trainiert werden können. – *3. Vorteile:* Mit Hilfe von CBT können auch aufwändige, große Programme, die komplexe Sachverhalte multimedial in Form von Text, Bild, Ton, Video und Animation anschaulich darstellen, eingesetzt werden. –

4. Nachteile: Isolation der Lernenden, die zum Teil aufwändige Verteilung durch Datenträger sowie die dadurch eingeschränkte Aktualität. – *5. Entwicklung:* Der Durchbruch kam mit der Verbreitung des Inter- und Intranet und dem → Web-Based-Training (WBT). Vgl. auch → Blended Learning.

Computergestützte Rechnungsprüfung (CRP). Form der Schadenbearbeitung, bei der Schadenbelege (Rechnungen, Gutachten, Kostenvoranschläge) mittels eines automatisierten Datenbankabgleichs sowie Prüfregelwerke auf inhaltliche Richtigkeit und Plausibilität geprüft werden. CRP wird gegenwärtig im Bereich der Krankenversicherung und der Kfz-Versicherung eingesetzt und in den Versicherungsunternehmen selbst (v.a. in der Krankenversicherung) oder durch Dienstleister vorgenommen. CRP ist eine echte Form der → Industrialisierung der Schadenregulierungsprozesse.

Computer-Missbrauch-Versicherung. Erscheinungsform der → Vertrauensschadenversicherung. Bietet dem Arbeitgeber Versicherungsschutz vor den Folgen eines Vertrauensmissbrauchs seiner Mitarbeiter durch Programm-Manipulation oder durch Unterdrückung, Veränderung oder Einschieben von Datenträgern. Außerdem trägt die C. die Kosten der Wiederherstellung bei einer vorsätzlichen Schädigung des Versicherungsnehmers durch Löschen von Daten, Beschädigen, Zerstören oder Beiseiteschaffen von Datenträgern, Programmen und Datenverarbeitungsanlagen.

Conditional Value at Risk (CVaR), *Tail Value at Risk, Expected Shortfall.* – *1. Begriff:* Spezifisches → Risikomaß mit Anwendungen im Bereich der Finanzrisiken (→ Risiko), insbesondere der versicherungswirtschaftlichen Risiken. Er stellt eine Weiterentwicklung des → Value at Risk (VaR) dar. – *2. Merkmale:* Ausgehend von einem fixierten Zeitintervall und einer vorgegebenen Ausfallwahrscheinlichkeit (Konfidenzniveau) wird für eine Finanzposition zunächst deren VaR im Sinne einer kritischen Verlusthöhe berechnet. Unter Beschränkung auf alle Ereignisse, in denen der Periodenverlust den VaR überschreitet, entspricht der CVaR der mittleren Verlusthöhe (formal: Bildung eines bedingten Erwartungswerts). Der CVaR kann daher als durchschnittlicher

Verlust im Fall eines (durch die Übersteigung des VaR in Abhängigkeit von der vorgegebenen Ausfallwahrscheinlichkeit definierten) Verlustereignisses interpretiert werden. Wie im Stichwort Value at Risk ausgeführt, lässt sich bspw. der 1%-VaR als „100-Jahres-Schaden" interpretieren, d.h. im Durchschnitt wird nur einmal in 100 Jahren der 1%-VaR überschritten. Der 1%-CVaR entspricht dann der mittleren Höhe dieses „100-Jahres-Schadens". Alternativ ergibt sich der CVaR in äquivalenter Weise als Summe des VaR und der mittleren Überschreitung des VaR im Übersteigungsfall (mittlere bedingte Überschreitung). Er ist somit insbesondere stets höher als der VaR. Wird der CVaR als die Höhe des Kapitals interpretiert, mit dem die eingegangenen Risiken zu unterlegen sind, dann kann durch diese Kapitalhöhe auch noch der durchschnittliche Verlust im Fall des zuvor beschriebenen Verlustereignisses aufgefangen werden, d.h. im Beispiel die Höhe eines durchschnittlichen „100-Jahres-Schadens". – *3. Unterscheidung:* Im Gegensatz zum VaR berücksichtigt der CVaR nicht nur die Ausfall- bzw. → Verlustwahrscheinlichkeit, sondern auch die Ausfall- bzw. Verlusthöhe. Ferner ist die Eigenschaft der Subadditivität unter relativ allgemeinen Bedingungen gewährleistet, d.h. das Gesamt-Risikokapital auf Basis des CVaR verringert sich bei einem Zusammenlegen von Risikokollektiven und es können damit Effekte des → Risikoausgleichs im Kollektiv bzw. der Diversifikation erfasst werden.

Configuration-Management. Begriff aus der → Informationstechnik. Im Prozess des C. werden alle Elemente einer IT-Infrastruktur (Configuration Items) eindeutig identifiziert, verwaltet und dokumentiert, einschließlich ihrer Versionen und ihrer Beziehungen zu anderen IT-Komponenten. C. bezieht Hardware, → Software, Systeme, Services und zugehörige Dokumentationen mit ein.

Contingent Capital, *Committed Capital, Bedingtes Kapital.* – *1. Begriff:* Instrument des Kapitalmanagement zur Finanzierung von Versicherungsrisiken. Mittels einer vertraglichen Zusage (Option) wird nach Eintritt eines definierten Ereignisses bzw. Schadens zu einem vorab festgelegten Preis (Kurs) Kapital bereitgestellt (z.B. nachrangiges Fremdkapital, Genussrechtskapital oder Kapital gegen Vorzugsaktien). I.d.R. erfolgt eine Rückzahlung des Kapitals bei Laufzeitende der Transaktion, um eine Verwässerung des Eigenkapitals zu vermeiden. – *2. Ziele:* Eine Contingent Capital-Lösung erlaubt dem versicherten Unternehmen, seine Finanzkraft nach einem schweren Versicherungsereignis zu sichern und seine Kreditkosten zu senken, da eine Kapitalaufnahme zu diesem Zeitpunkt (nach bestimmten Ereignissen) möglicherweise nicht oder nur zu sehr hohen Kosten möglich wäre. Ziel ist somit die Vermeidung der Insolvenz bzw. der Beeinträchtigung von geplanten Investitionen mangels verfügbarer Mittel. – *3. Arten:* a) (Catastrophe-/ Cat-) Equity-Puts: dadurch erwirbt bspw. ein Erstversicherer das Recht, nach/ bei Eintritt eines vorab vereinbarten (Versicherungs-) Ereignisses (Schadenfalls) eine Kapitalerhöhung zu ex ante festgelegten Konditionen durchzuführen. – b) (Contingent) Surplus Notes: verbriefen das Recht, zu im Voraus festgelegten Konditionen Eigenkapital ersetzende Verbindlichkeiten aufzunehmen. – *4. Schematische Darstellung:* siehe Grafik auf der nächsten Seite.

Continuity-Management. Begriff aus der → Informationstechnik. Das IT Services Continuity Management (ITSCM) stellt sicher, dass benötigte IT-Infrastruktur und IT-Services nach einem Katastrophenfall innerhalb festgelegter Zeitgrenzen wieder verfügbar gemacht werden. ITSCM ist Bestandteil des Business-Continuity-Management-Prozesses und unterstützt diesen.

Contractual Trust Arrangement (CTA)

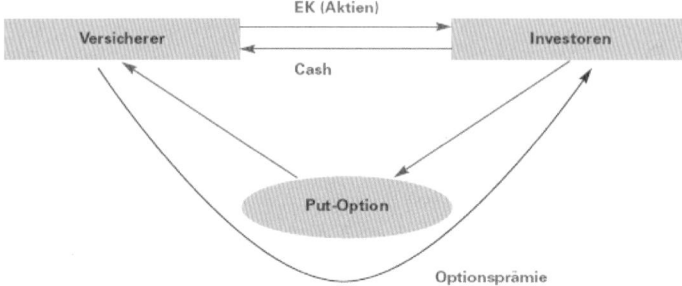

Quelle: Munich Re

Contractual Trust Arrangement (CTA). Treuhandgestaltung, bei der das für die Erfüllung von Verpflichtungen aus der → betrieblichen Altersversorgung (bAV) oder aus → Arbeitszeitkonten reservierte Vermögen auf einen Treuhänder übertragen und somit rechtlich vom Unternehmen separiert und zweckgebunden wird. Die mit einem CTA verbundenen Ziele bestehen zumeist in einer Auslagerung von Versorgungsverpflichtungen im Rahmen der internationalen Rechnungslegung und bewirken eine privatrechtliche → Insolvenzsicherung. CTA haben in den letzten Jahren insbesondere bei größeren Unternehmen eine weite Verbreitung erreicht.

Contre assurance. *1. Begriff:* französisch: gegen Versicherung. Grundprinzip der → Rechtsschutzversicherung aus der Gründungsphase. – *2. Merkmale:* Nach einer Reihe schwerer Unfälle anlässlich der Automobilrennen in Le Mans wurde 1917 die erste Rechtsschutzversicherung in Frankreich mit dem Namen Dèfense Automobile et sportive (D.A.S.) gegründet, die dann 1928 in Deutschland zur Gründung der D.A.S. Rechtsschutzversicherung führte. Ziel war es, den Mitgliedern Beistand bei der Durchsetzung von Ansprüchen aus Kraftfahrzeug-Unfällen gegenüber den Haftpflichtversicherungen zu leisten. Weitere Gründungen erfolgten u.a. 1926 in der Schweiz.

Controlling im Versicherungsunternehmen

von Professor Dr. Fred Wagner und Dipl.-Kffr. Anja Schwinghoff

1. Begriff „Controlling"

Versicherungsunternehmen setzen knappe Ressourcen zur Herstellung des Produkts „Versicherungsschutz" ein. Dabei ist es von entscheidender Bedeutung, sämtliche Aktivitäten, die Ressourcen binden und verbrauchen, zielorientiert zu steuern. Innerhalb der Unternehmensführung müssen also Ziele und Mitteleinsätze geplant, diesbezügliche Entscheidungen getroffen, Umsetzungsmöglichkeiten ergriffen sowie eine Ergebniskontrolle und -analyse durchgeführt werden. In funktioneller Sicht kann Controlling damit in einer weiten Begriffsauffassung mit der Unternehmenssteuerung gleichgesetzt werden (engl.: „to control": lenken, steuern). In einer engeren Begriffsauffassung, der hier gefolgt wird, ist Controlling eine zentrale betriebswirtschaftliche Funktion zur Entscheidungsunterstützung, die unmittelbar der Unternehmensführung dient. Dafür verbindet das Controlling Elemente des Rechnungswesens mit Elementen der Planung, Kontrolle und Analyse auf der Grundlage einschlägiger Daten und Informationen. In institutioneller Sicht ist das Controlling die Gesamtheit der Bereiche, Abteilungen und Stellen im Versicherungsunternehmen (bzw. im Versicherungskonzern), die mit den betreffenden Aufgaben zur Entscheidungsunterstützung betraut sind.

2. Controllingfunktionen und -bereiche

Das Unternehmenscontrolling ist auf die Ziele des Gesamtunternehmens auszurichten. Die traditionellen Zielsetzungen Sicherheit, Gewinn und Wachstum werden dabei in der modernen Zielformulierung „Unternehmenswertsteigerung" zusammengefasst und ganzheitlich optimiert. Aus Operationalisierungsgründen sind die Controllingaufgaben, die im Versicherungsunternehmen aus dem Ziel der Unternehmenswertsteigerung folgen, auf einzelne Controllingfelder herunterzubrechen (siehe Abbildung 1).

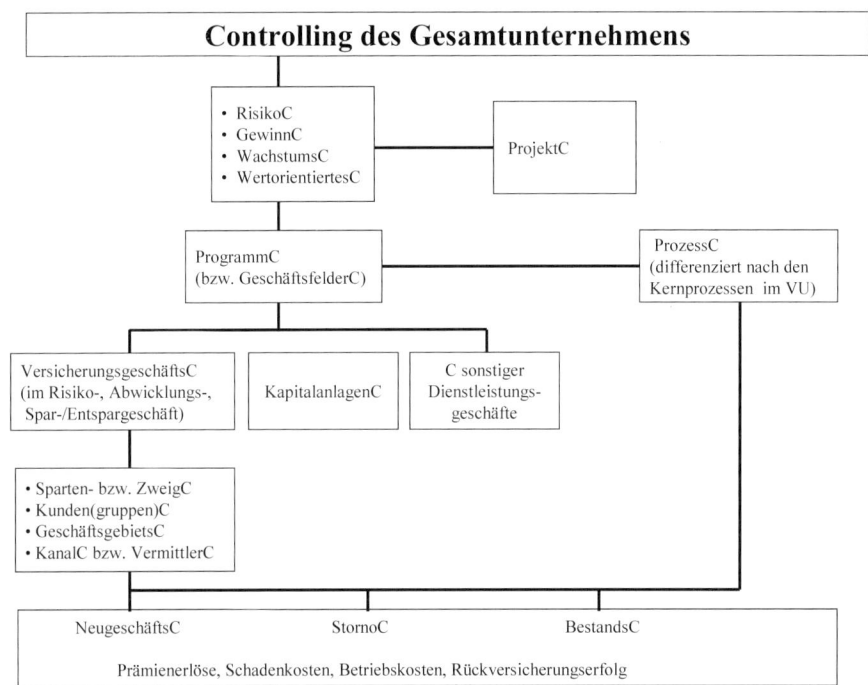

Abbildung 1: Elemente des Controllingsystems für Versicherungsunternehmen

Auf der (obersten) Zielebene lassen sich zunächst das Risikocontrolling (Risikosteuerung; dient der Entscheidungsunterstützung hinsichtlich des Sicherheitsziels), das Gewinncontrolling, das Wachstumscontrolling und wiederum in ganzheitlicher Sicht das wertorientierte Controlling unterscheiden. Auf der Mittelebene sind das Programmcontrolling (bzw. Geschäftsfeldercontrolling) und das Prozesscontrolling zu differenzieren. Zum Programmcontrolling gehören im Versicherungsunternehmen nach der Art der betriebenen Geschäfte das Versicherungsgeschäftscontrolling, das Kapitalanlagencontrolling und das Controlling sonstiger Dienstleistungsgeschäfte, die jeweils weiter bis auf die Ebene einzelner Steuerungs- und Verantwortungsbereiche des Managements (z.B. Versicherungszweige, Assetklassen) heruntergebrochen werden sollten. Ob das Prozesscontrolling losgelöst vom Programmcontrolling oder damit verknüpft zu betrachten ist, hängt letztlich davon ab, ob und inwiefern Abhängigkeiten bestehen. Im Versicherungsunternehmen werden vermutlich vielfach differenzierte Prozesse für das Versicherungsgeschäft, für das Kapitalanlagegeschäft und für das sonstige Dienstleistungsgeschäft eingesetzt; in diesem Fall sind auch differenzierte Controllingaufgaben zu erfüllen, die im Übrigen typischerweise in verschiedenen Unternehmensbereichen angesiedelt sind (z.B.

Vertriebscontrolling, Kapitalanlagencontrolling). Einen Überblick über die Kernfunktionen und -prozesse im Versicherungsunternehmen mit Schwerpunkt auf das Versicherungsgeschäft im engeren Sinne gibt Abbildung 2, die eine generische Wertschöpfungskette darstellt. Die einzelnen Elemente dieser Wertschöpfungskette stellen wiederum differenzierte Aufgaben des (Prozess-)Controlling dar.

Abbildung 2: Wertschöpfungskette im Versicherungsunternehmen

Von den laufenden Controllingaufgaben sind Aufgaben des Projektcontrolling abzugrenzen. So ist es häufig zweckmäßig, für wichtige Unternehmensprojekte (z.B. Einführung von IAS/ IFRS, MaRisk, Solvency II, M&A-Aktivitäten, größere Umstrukturierungen im Versicherungsunternehmen) eigene Controllingstrukturen und -prozesse einzurichten, um den Projekterfolg zu fördern. In einer dynamischen Umwelt kann allerdings das Projektcontrolling für verschiedene, aufeinander folgende Unternehmensprojekte zu einer laufenden Controllingaufgabe werden.

Innerhalb des Unternehmenscontrolling sowie des Bereichscontrolling ist zu unterscheiden, welche Reichweiten der zu treffenden Entscheidungen angestrebt werden. Hierzu wird in strategisches und operatives Controlling gegliedert. Das strategische Controlling ist grundsätzlicher und gesamtunternehmensbezogener Natur sowie langfristig ausgerichtet. Währenddessen bezieht sich das operative Controlling auf die Umsetzung der Ziel- und Mittelentscheidungen in den einzelnen Unternehmensbereichen und ist kurz- bis mittelfristig ausgelegt.

3. Besonderheiten im Versicherungsunternehmen

Besondere Rahmenbedingungen in der Versicherungswirtschaft führen auch zu besonderen Herausforderungen für das Controlling im Versicherungsunternehmen.

Eine erste Besonderheit und zugleich ein wichtiger Einflussfaktor ist die *Zufallsabhängigkeit der Schadenkosten*. Das Versicherungsgeschäft, das durch den Transfer versicherter Risiken von Versicherungsnehmern auf das Versicherungsunternehmen geprägt wird, ist zufalls- und damit schwankungsanfällig. Die Planung und Lenkung der risikobehafteten Schadenkosten wird im Versicherungsunternehmen zu einer Herausforderung, da die Kalkulation von Eintritt, Höhe sowie Zeitpunkt der Schäden nicht treffsicher möglich ist. Erschwerend kommt hinzu, dass die Preise für die angebotenen Versicherungsdeckungen im Voraus festgesetzt werden und regelmäßig keine Möglichkeit der nachträglichen Anpassung zulassen. Auch im Controlling muss deshalb für die Zwecke der Entscheidungsunterstützung mit Wahrscheinlichkeitsverteilungen und deren Parametern gearbeitet werden, und bei den Kontrollaufgaben entstehen besondere Interpretationsbedarfe im Rahmen von Abweichungsanalysen, wenn etwaige Zielverfehlungen auf die Realisation von Zufalls-, Änderungs- oder Irrtumsrisiken zurückgeführt werden sollen.

Eine zweite Herausforderung liegt in dem hohen *Anteil an Gemeinkosten*, die den einzelnen Kostenträgern im Versicherungsunternehmen (Versicherungsprodukte, Kundengruppen, Geschäftsgebiete oder Vertriebskanäle) nicht direkt zugeordnet werden können. Dies führt zu einem komplexen System an Schlüsselungen, um eine Kostenzuordnung möglichst proportional zu den Verursachungsfaktoren vorzunehmen. Nur unter der Voraussetzung einer verursachungsgerechten Zuteilung der Kostenblöcke sind bspw. eine „faire" Preiskalkulation (unter Vermeidung von Quersubventionierungen mit der Gefahr damit verbundener Antiselektionseffekte) und eine akkurate Wirtschaftlichkeitskontrolle möglich. Kostenschlüsselungen sind aber

stets Grenzen gesetzt, was die Verursachungsgerechtigkeit und im Übrigen auch was die Akzeptanz bei den betroffenen Verantwortungsträgern in den Geschäftsfeldern oder für die Unternehmensprozesse angeht – mit allen damit verbundenen Nachteilseffekten.
Als dritte wesentliche Herausforderung für das Controlling im Versicherungsunternehmen sind die zahlreichen *Verbundeffekte* zwischen den Geschäftsfeldern zu erwähnen. So gibt es bspw. erhebliche Verbundeffekte zwischen dem Versicherungsgeschäft und dem Kapitalanlagegeschäft. Des weiteren werden oft Verbundeffekte zwischen verschiedenen Versicherungsprodukten, -zweigen und -sparten unterstellt (Stichwort: „Einstiegsgeschäfte"). Vor diesem Hintergrund ist die separate Steuerung einzelner Geschäftsfelder möglicherweise nicht immer zweckmäßig. Allerdings ist auch sorgfältig zu prüfen, möglichst unter Einbezug geeigneter Messverfahren, ob und inwieweit solche Verbundeffekte auch tatsächlich vorliegen und nicht lediglich behauptet werden, um (vertriebs-)politisch gewünschte (Preis-)Gestaltungen zu untermauern oder in einzelnen Unternehmensbereichen wertvernichtende Ergebnisse zu rechtfertigen.
Viertens ist die *Langfristigkeit* des Versicherungsgeschäfts eine wesentliche Controllingherausforderung. Gerade in der Lebensversicherung gibt es Vertragsbeziehungen über mehrere Jahrzehnte, und innerhalb der Laufzeit der Verträge sind Anpassungen der Preis/ Leistungs-Relationen meist kaum möglich. Jedoch unterliegt die Erfüllbarkeit der Versicherungsverpflichtungen dynamischen Änderungsrisiken und teils auch der Problematik ungenauer Informationen über die möglichen Schadenursachen- und -ausprägungen (Irrtumsrisiko). Da die Bestände an langfristigen Versicherungsgeschäften aber selbst im Fall bereits eingetretener Änderungen und Irrtümer während der Laufzeit nur noch schwerlich beeinflussbar sind, ist einem „Gegensteuern" hier enge Grenzen gesetzt. Umso wichtiger ist die Etablierung eines Controllingsystems im Versicherungsunternehmen, das bereits frühzeitig, d.h. konkret z.B. bei der Rekrutierung von Vertriebspartnern, der Risikoselektion sowie der Prämienkalkulation und -tarifierung, zur Einhaltung der Regeln einer wertorientierten Steuerung beiträgt.

Literatur: Broszat, B., Planung und Kontrolle von Betriebskosten in Versicherungsunternehmen, Frankfurt am Main [u.a.] 2001; Farny, D., Versicherungsbetriebslehre, 4. Aufl., Karlsruhe 2006; Feilmeier, M./ Kunz, R. (Hrsg.), Planung und Controlling, Karlsruhe 1997; Hofbauer, W., Integriertes Controlling in Versicherungsunternehmen: Erfolgssicherung auch in harten Zeiten, Heidelberg 1999; Horváth, P., Controlling, 10. Aufl., München 2006; Jäger, U., Wertbewusstes Controlling: harte und weiche Faktoren integrieren, Wiesbaden 2003; Kraft, M., Kostentransparenz in Versicherungsunternehmen durch Deckungsbeitragsrechnungen; Karlsruhe 2008; Lengerer B. S., Strategisches Controlling in der Versicherungsunternehmung, München 1997; Maser, H./ Wittmer, N., Bibliographie der deutschsprachigen Literatur zur Unternehmensplanung und zum Controlling in Versicherungsunternehmen, 5. Aufl., Lohmar [u.a.] 2004; Oletzky, T., Wertorientierte Steuerung von Versicherungsunternehmen, Karlsruhe 1998; Piontek, J., Controlling, 2. Aufl., München [u.a.] 2003; Schöffski, I., Controlling in divisionalisierten Versicherungsunternehmen: Ansätze zu einer strategischen und operativen Steuerung von Risikomarktsegmenten, Karlsruhe 1996; Schwarz, R., Controlling-Systeme: eine Einführung in Grundlagen, Komponenten und Methoden des Controlling, Wiesbaden 2002; Vollmuth, H. J., Controlling-Instrumente von A – Z, 6. Aufl., Freiburg (Br.) [u.a.] 2003; Wagner, F./ Warmuth, M., Wertorientierte Bepreisung im Versicherungsgeschäft, Karlsruhe 2005; Wallasch, C., Ein Controllingansatz unter besonderer Beachtung der Schnittstellen zum Informationsmanagement: dargest. am Beispiel von Versicherungsunternehmen, Frankfurt am Main [u.a.] 1999; Zietsch, D./ Fürtjes, H.-T., Grundzüge einer wertorientierten Steuerung im Versicherungsunternehmen; Karlsruhe 2005.

Copula. Gemeinsame → Verteilungsfunktion von zwei Zufallsvariablen, von denen jede die → Gleichverteilung mit den Parametern 0 und 1 besitzt. Sind X und Y beliebige Zufallsvariablen mit Verteilungsfunktionen F_X und F_Y und ist C eine C., so ist die Funktion $H : \mathbb{R}^2 \to [0,1]$ mit $H(x,y) := C(F_X(x), F_Y(y))$ eine Verteilungsfunktion und damit ein Kandidat für die gemeinsame Verteilungsfunktion $F_{X,Y}$ von X und Y.

Corporate Design. Teilaspekt der → Corporate Identity (Unternehmensidentität). Befasst sich mit dem äußeren Aspekt der Unternehmensdarstellung. Steht für ein unverwechselbares, einheitliches Erscheinungsbild. Zum C. zählen insbesondere der Firmenname, die Schrift, die Hausfarbe und das Signet, bis hin zur Markenprofilierung (vgl. → Marke). Unter dem Gesichtspunkt des C. sind alle Maßnahmen der Produkt- oder Imagewerbung und alle sonstigen visuellen Auftritte bei → Kunden und in der Öffentlichkeit auszurichten und aufeinander abzustimmen.

Corporate Governance

von Professor Dr. Hato Schmeiser

1. Definition

Der Begriff der Corporate Governance (corporate = körperschaftlich, unternehmerisch; governance = Regierung, Steuerung) besitzt keine einheitliche Definition. Grundsätzlich und im weitesten Sinne wird darunter ein System zur Lenkung und Kontrolle einer Unternehmung bezeichnet.

2. Merkmale

Das Konzept der Corporate Governance beschreibt die Festlegung und Anwendung von Grundsätzen für eine gute Unternehmensführung. Diese Grundsätze können einerseits verpflichtend, d.h. in Form von Gesetzen, Regeln, Standards oder Normen geregelt sein. Sie beinhalten andererseits aber auch unverbindliche Vorgaben, Absichtserklärungen und Weisungen, die freiwillig befolgt werden können. Unternehmen sind dazu angehalten, den Empfehlungen entweder Folge zu leisten oder darzulegen, in welchen Punkten sie aus welchem Grund davon abweichen ("comply and explain").

Corporate Governance umfasst sowohl die Entwicklung und Definition von Regelwerken als auch die Umsetzung und Kontrolle der Einhaltung von Unternehmensleitlinien. Diese dienen der Entscheidungsfindung und Zielbildung sowie der Messung der Zielerreichung und Kontrolle der Performance. Zugehörige Prozesse und Anreizmechanismen sollen dabei eine verantwortungsvolle Unternehmensführung gewährleisten.

In diesem Zusammenhang gilt es, die Interessen verschiedenster Anspruchsgruppen des Unternehmens simultan zu berücksichtigen. In dieser Hinsicht werden zwei grundlegende Definitionen der Corporate Governance unterschieden: Beim sog. Shareholder-Ansatz steht das Verhältnis zwischen der Unternehmung und dem Markt, d.h. die Beziehung zwischen Vorstand, Aufsichtsrat und Aktionären im Vordergrund. Dieses Konzept findet vorrangig im angloamerikanischen Raum Verwendung und war ursprünglich auf börsennotierte Unternehmen bezogen. Der sog. Stakeholder-Ansatz dagegen ist im kontinaleuropäischen Raum weit verbreitet und bezieht sich auf jedwede Art von Unternehmung (unabhängig von ihrer Rechtsform), so z.B. auch auf Unternehmen der öffentlichen Hand. Der Stakeholder-Ansatz konzentriert sich auf die Beziehung zwischen dem Unternehmen und der Gesellschaft und berücksichtigt neben Vorstand, Aufsichtsrat und Aktionären auch Ansprüche weiterer am Unternehmen beteiligter Anspruchsgruppen, wie bspw. Mitarbeiter, Kunden, Geschäftspartner auf den Absatz- und Beschaffungsmärkten. Dabei ist die soziale, gesellschaftliche und kulturelle Verantwortung von Unternehmen von Bedeutung, d.h. das Verhältnis zur Öffentlichkeit, zum Gesetzgeber und zur Umwelt.

3. Prinzipien

Corporate Governance-Prinzipien werden üblicherweise länderspezifisch festgelegt. Ihre Ausgestaltung hängt dabei stark von der Geschichte bzw. Entwicklung eines Landes ab. Allerdings existieren auch Prinzipien, die von den meisten Ländern akzeptiert werden. Darüber hinaus gibt es branchenspezifische Corporate Governance-Prinzipien.

In vielen Unternehmen sind eigene Corporate Governance-Abteilungen für die angemessene Ausgestaltung der Unternehmensleitbilder und die Kontrolle der damit verbundenen Maßnahmen zuständig. Aufbau und Pflege eines funktionierenden Corporate Governance-Systems sind mit großem Aufwand verbunden, insbesondere im Hinblick auf die Kosten der Überwachungsstrukturen und die zeitnahe Bereitstellung von Informationen.

Wichtige Corporate Governance-Prinzipien sind im Einzelnen Transparenz, Verantwortlichkeit, Nachhaltigkeit, Effizienz, die Vermeidung von Interessenskonflikten und Kontrolle. Transparenz ist ein unerlässlicher Faktor für eine funktionierende Unternehmenskommunikation. Eine gute Corporate Governance erfordert die Offenlegung von Entscheidungen und Strukturen der Unternehmensführung sowie der Vermögens-, Ertrags- und Finanzlage des Unternehmens. Für den Fall, dass gewisse Angaben nicht publiziert werden, wird eine substantielle Begründung gefordert. Eine verantwortliche Unternehmensführung setzt einen angemessenen Umgang mit Risiken voraus und dient damit bspw. der Vermeidung von Unternehmenszusammenbrüchen. Die Unternehmensziele sollen auf langfristige Wertschöpfung ausgerichtet sein, um einen nachhaltigen Erfolg zu generieren. Durch die Verbesserung von Prozessen und Arbeitsstrukturen werden eine Effizienzsteigerung im Unternehmen und eine Qualitätsverbesserung im Zusammenwirken zwischen Vorstand, Aufsichtsrat und Aktionären angestrebt. Corporate Governance-Prinzipien beinhalten die Wahrung von Interessen verschiedener Gruppen, wie den Schutz der Rechte und die Gleichbehandlung von Aktionären und den Einbezug von weiteren Anspruchsgruppen in die aktive Zusammenarbeit. Schließlich soll durch unabhängige Kontrollorgane (Aufsichtsrat, Abschlussprüfer) und eine klare Trennung von Verantwortlichkeiten eine gute Unternehmensführung sichergestellt werden. Dabei ist ein Gleichgewicht zwischen Regulierung und Flexibilität angestrebt. Keinesfalls soll Corporate Governance zu einer Überregulierung führen. Die Corporate Governance-Prinzipien werden laufend überprüft und weiterentwickelt.

4. Ziele

Wichtige Ziele der Corporate Governance-Prinzipien liegen darin, durch Transparenz und Verantwortlichkeit das Vertrauen in die Unternehmensführung zu stärken und damit zum Funktionieren des Markts beizutragen. Dies soll die Effizienz und Stabilität der Finanzmärkte fördern, den Zugang zu Kapital erleichtern und die Kapitalkosten reduzieren. Durch einen effizienten Einsatz von Ressourcen und eine zielgerichtete Zusammenarbeit von Unternehmensleitung und -überwachung sollen eine bessere Performance erzielt und Wachstum generiert werden. Finanziell gesunde Unternehmen stellen Arbeitsplätze zur Verfügung und tragen damit zum Wohlstand der Volkswirtschaft bei. Darüber hinaus sind sie wiederum attraktiv für Investoren, deren Interessen durch Corporate Governance-Prinzipien geschützt sind.

5. Institutionen

Nationale und internationale Corporate Governance-Institutionen sind (Auswahl):
- Organisation for Economic Co-Operation and Development (OECD) (www.oecd.org). Die OECD Principles of Corporate Governance wurden erstmals 1999 veröffentlicht. Im Jahr 2004 wurde eine Überarbeitung fertiggestellt; 2005 erschienen Corporate Governance-Prinzipien für öffentliche Institutionen. Die Corporate Governance-Prinzipen der OECD gelten als internationaler Maßstab und wurden von den Regierungen aller 30 Mitgliedsstaaten der OECD akzeptiert.
- European Corporate Governance Forum der Europäischen Kommission (www.ec.europa.eu).
- European Corporate Governance Institute (ECGI) (www.ecgi.org).
- Global Corporate Governance Forum (GCGF) (www.gcgf.org).
- International Corporate Governance Network (ICGN) (www.icgn.org).
- Deutscher Corporate Governance Kodex (www.corporate-governance-code.de).
- Public Corporate Governance Kodex (www.publicgovernance.de).
- Seit 2002 ist der Sarbanes-Oxley Act (SOX) (www.sarbanes-oxley.com) verpflichtend für Unternehmen an U.S.-Börsen.

Literatur: Cadbury, A., Report of the Committee on the Financial Aspects of Corporate Governance, The Committee on the Financial Aspects of Corporate Governance and Gee and Co. Ltd., Burgess Science Press, Grossbritannien 1992; Gillian, S. L./ Starks, L. T., Corporate Governance, Corporate Ownership, and the Role of Institutional Investors: A Global Perspective, in: Journal of Applied Finance, 13, 2003, S. 4–22; Shleifer, A./ Vishny, R., A Survey of Corporate Governance, in: Journal of Finance, 52. Jg., H. 2, 1997, S. 737–783.

Corporate Identity (CI). *1. Begriff:* Selbstbild und Selbstverständnis eines Unternehmens, das unternehmensintern und -extern als Leitlinie für ein einheitliches Handeln und Auftreten (Corporate Behaviour) dienen kann. Symbolisiert durch eine einheitliche (Außen-)Darstellung (Corporate Design). – *2. Merkmale:* Die CI stellt die wichtigen Grundpositionen hinsichtlich der Unternehmensziele, der Marktpositionierung bzw. des Marktverhaltens, der Mitarbeiterführung, des gesellschaftlichen Engagements inkl. des Umweltschutzes oder anderer besonderer Werte dar. – *3. Ziele:* Die CI soll nach innen integrierend und identitätsstiftend, nach außen profilierend und imagefördernd wirken. – *4. Probleme:* CI wird oft in einer Broschüre als → Leitbild beschrieben. Doch nur wenn die Grundpositionen im Unternehmen einem ganzheitlichen, unternehmensinternen Diskussions-, Klärungs- und Entscheidungsprozess entspringen und unternehmensweit von allen Mitarbeitern und Führungskräften mitgetragen werden, haben diese Auswirkungen auf die → Unternehmenskultur. Unterstützend können begleitende Maßnahmen der → Personalentwicklung (Kommunikation und Schulungen) wirken. – *5. Bedeutung:* V.a. für die Versicherungsbranche ist CI ein wichtiger Wettbewerbsfaktor, denn der Produktverkauf beinhaltet ein Leistungsversprechen, bei dem Vertrauen und Zutrauen zum Unternehmen eine wichtige Rolle spielen, die wiederum unmittelbar vom Verkäuferverhalten und Unternehmensimage abhängen.

Council of Bureaux (CoB). Nicht eingetragene Dachorganisation des Systems → Grüne Karte mit Sitz in London, die sich aus den 44 nationalen → Büros Grüne Karte e.V. zusammensetzt und unter der Schirmherrschaft des Unterausschusses für Straßenverkehr des Binnenverkehrsausschusses der Wirtschaftskommission der Vereinten Nationen steht. Der CoB hat die Aufgabe, alle Maßnahmen und Initiativen zu ergreifen, um die erfolgreiche Umsetzung der UNO-Empfehlung Nr. 5 zu gewährleisten. Gleichzeitig wacht er über die Einhaltung der Abkommen.

Courtage. *1. Begriff:* Vergütung, die ein → Versicherungsmakler von Versicherungsunternehmen für die Zuführung und fortlaufende Betreuung eines Versicherungsvertrags erhält. Art und Höhe der C. sind üblicherweise in sog. Courtagevereinbarungen geregelt, die der Makler mit diversen Versicherungsunternehmen trifft. – *2. Formen:* C. kommen in Form von einmaligen Vergütungen für die Zuführung eines Vertrages oder als fortlaufende Vergütungen, die neben der Vermittlung auch die Vertragsbetreuung abgelten, vor. – *3. Rechtsgrundlagen:* Teilweise finden auf Courtagevereinbarungen die Vorschriften des HGB über die Provisionsansprüche der → Versicherungsvertreter und deren Abrechnung entsprechende Anwendung.

Cover Note, *Slip.* Schriftliche Bestätigung des Brokers oder → Erstversicherers, die rudimentär die Bedingungen des Rückversicherungsgeschäfts beschreibt. Die C. wird von den beteiligten Parteien zur Bestätigung der Deckung unterzeichnet.

Credibility-Theorie. Teilgebiet der → Erfahrungstarifierung. In der C. werden für ein Risiko die beobachtbaren Schadenhöhen $X_1, ..., X_n$ der vergangenen n Versicherungsjahre sowie die nicht beobachtbare Schadenhöhe X_0 eines zukünftigen Versicherungsjahres und zulässige → Prämien der Form

$$\delta = a_0 + \sum_{i=1}^{n} a_i X_i$$

mit beliebigen Koeffizienten $a_0, a_1, ..., a_n$ betrachtet. Ziel der C. ist es, für eine gegebene Verlustfunktion $L : \mathbb{R}^2 \to \mathbb{R}_+$ den Verlust $L(\delta, X_0)$ über alle zulässigen Prämien zu minimieren. Besitzt dieses Optimierungsproblem eine eindeutig bestimmte Lösung δ^*, so wird δ^* als Credibility-Prämie bezeichnet; dabei ist zu beachten, dass die Credibility-Prämie u.U. mehrere Darstellungen der Form

$$\delta^* = a_0^* + \sum_{i=1}^{n} a_i^* X_i$$

besitzen kann. Der wichtigste Spezialfall ist der des erwarteten quadratischen Verlustes $L(\delta, X_0) := E[(\delta - X_0)^2]$. In diesem Fall existiert die Credibility-Prämie und ihre Koeffizienten sind durch die → Erwartungswerte, → Varianzen und → Kovarianzen der Schadenhöhen $X_0, X_1, ..., X_n$ vollständig bestimmt. Insbesondere erhält man unter dem erwarteten quadratischen Verlust im Fall $E[X_i] = \mu$, $\text{var}[X_i] = \lambda + \varphi$ und $\text{cov}[X_i, X_j] = \lambda$ für alle $i, j \in \{0, 1, ..., n\}$ mit $i \neq j$ und $\varphi, \lambda > 0$ die klassische Credibility-Formel

$$\delta^* = \frac{1}{\kappa + n} \mu + \frac{n}{\kappa + n} \frac{1}{n} \sum_{i=1}^{n} X_i$$

mit $\kappa := \varphi/\lambda$; hier strebt der Credibility-Faktor $n/(\kappa + n)$, also das Gewicht der individuellen Schadenerfahrung des Risikos, mit wachsender Anzahl der beobachtbaren Schadenhöhen gegen 1. Grundsätzlich besteht in allen Credibility-Modellen das Problem der Schätzung unbekannter Parameter. Ein weiteres Problem besteht in der Empfindlichkeit der Credibility-Prämien auf Ausreißer in den beobachtbaren Schadenhöhen.

Credit Default Swap. Kreditderivat zum Handeln von Ausfallrisiken aus Krediten, Anleihen oder Schuldnernamen. Eine Vertragspartei, der sog. Sicherungsnehmer, bezahlt – normalerweise – eine Gebühr. Dafür erhält er von der anderen Vertragspartei, dem sog. Sicherungsgeber, eine Ausgleichszahlung, sofern der in dem CDS-Vertrag bezeichnete Referenzschuldner ausfällt. Der CDS ähnelt damit einer Kreditversicherung. Allerdings erhält der Sicherungsnehmer die Ausgleichszahlung unabhängig davon, ob ihm durch den Ausfall des Referenzschuldners überhaupt ein Schaden entsteht. Ein CDS ist also ein Instrument, mit dem unabhängig von bestehenden Kreditbeziehungen Kreditrisiken gehandelt werden können und „long" und „short" gegangen werden kann.

Credit Linked Note (CLN). *1. Begriff:* Synthetische Anleihe, deren Ertrags- und Risikoprofil vom Eintritt eines Kreditereignisses abhängt. Daher gehören CLN zu den Kreditderivaten (→ Derivate). Sie ermöglichen den Transfer und die Diversifikation von Kreditrisiken. Durch den Handel der Risiken können völlig neue Portfolios und Risikoexposures entstehen. – *2. Kreditereignisse als Trigger:* Typische Kreditereignisse sind der (teilweise) Ausfall eines Referenzkredits oder einer Referenzanleihe. CLN können sich aber ebenso auf Kredit- oder Anleiheportfolios beziehen. Bspw. fallen CLN auf sog. „First Default Baskets" bereits beim ersten Ausfall eines im Portfolio befindlichen Kredits aus. Eine CLN auf eine Collateralized Loan Obligation (CLO, siehe auch → Asset Backed Securities) hingegen beteiligt den Investor am Verlust des gesamten zugrunde liegenden Kreditportfolios. Tritt während der Laufzeit der Anleihe kein Kreditereignis ein, erhält der Investor den Nennwert der Anleihe und die vereinbarte regelmäßige Zinszahlung. Andernfalls wird die Auszahlung um einen vereinbarten Ausgleichsbetrag gekürzt. – *3. Modell:* Eine CLN wird i.d.R. von einem → Anlagevehikel emittiert. Dazu werden ein → Credit Default Swap (CDS) und ein Wertpapier mit höchster Bonität (AAA-Rating) in eine synthetische Anleihe – die CLN – integriert. Die Finanzierung des Wertpapiers erfolgt durch die Zahlung des für den Erwerb der CLN fälligen Initialbetrags des Investors (Sicherungsgeber). Das Anlagevehikel erhält somit sowohl die Prämie für den CDS als auch die Zinsen aus dem sicheren Investment und leitet beides an den Sicherungsgeber weiter. Dieser vergleichsweise hohe Ertrag erklärt sich aus dem doppelten Ausfallrisiko des Sicherungsgebers: Zum einen trägt er das Ausfallrisiko des Referenzaktivums und zum anderen das Ausfallrisiko des Emittenten der CLN. Abschließend erhält der Investor als Rückzahlungsbetrag das Nominalvolumen des Wertpapiers mit höchster Bonität bzw. – falls entsprechende Kreditereignisse eingetreten sind – den Resterlös.

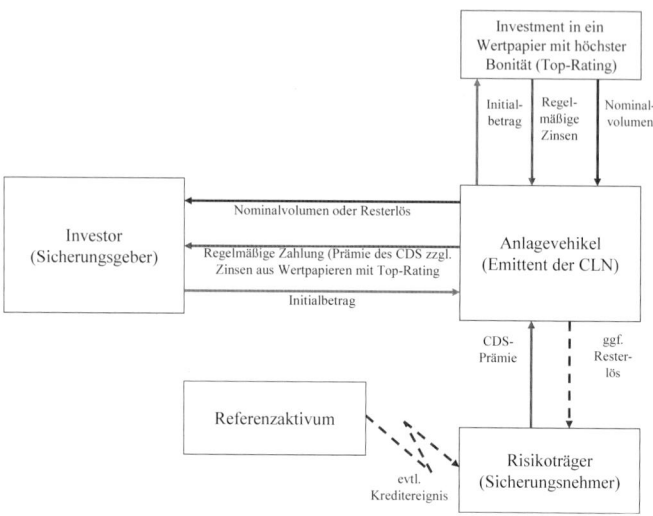

Modell des CLN

– *4. Bilanzierung und Anlegerkreis:* CLN werden aktiviert. Durch die bilanzielle Erfassung ermöglichen CLN auch solchen Investoren die Aufnahme eines synthetischen Kreditrisiko-Exposures, denen die Nutzung außerbilanzieller Instrumente (bspw. Credit Default Swaps) nicht erlaubt ist. Außer privaten Investoren können so auch Versicherungsunternehmen in Kreditderivate investieren.

Credit Rating. → Emittentenrating.

Credits. *1. Begriff:* Sammelbezeichnung für alle festverzinslichen Vermögenstitel, die einen schuldrechtlichen Anspruch auf eine Zinszahlung und die Rückzahlung des Kapitalbetrags beinhalten. Bei dieser Begriffsbestimmung ist der Blickwinkel des Investors eingenommen. Aus der Sicht des emittierenden Unternehmens handelt es sich um Fremdkapitalfinanzierungen. Von Staaten, öffentlichen Körperschaften und supranationalen Institutionen begebene oder garantierte Verbindlichkeiten werden nicht unter der Bezeichnung C. subsumiert. – *2. Merkmale:* C. können verbrieft als Urkunden oder unverbrieft als Schuldbuchforderungen oder Darlehensverträge ausgegeben werden. Der Handel wird über eine Börse oder nichtbörslich (over the counter) abgewickelt. Die Bonität von Credit-Instrumenten wird in den meisten Fällen durch ein → Rating repräsentiert. – *3. Formen:* Beispiele für Credit-Instrumente sind Anleihen von Industrieunternehmen (Fachjargon: Corporates), Versorgungsunternehmen (Utilities), → Finanzanleihen (Financials), → Asset Backed Securities (ABS), → Genussrechte mit festverzinslichem Charakter (Hybrids), Indexanleihen, Gewinnschuldverschreibungen, → Wandelanleihen und Optionsanleihen.

Credit Spread. → Kreditrisiko.

Credit Watch. Phase einer besonderen Beobachtung durch eine → Ratingagentur, wenn signifikante Ereignisse, wie z.B. bedeutsame Unternehmenszusammenschlüsse, dies für die fortlaufende Beurteilung über die Einstufung in eine → Ratingklasse erforderlich machen. Betroffene → Ratings werden durch den Zusatz „CreditWatch" sowie die Angabe der relativ wahrscheinlichsten Richtungsänderung für die Ratingeinstufung kenntlich gemacht (z.B. „A/Credit Watch negative" oder „A/Credit Watch positive", siehe auch → Outlook). Falls die potenziellen Auswirkungen eines Ereignisses nicht klar genug erscheinen, würde dies durch „A/Credit Watch developing" angedeutet. Normalerweise wird ein C. relativ kurzfristig aufgelöst. In allen Fällen können das Rating oder der Outlook geändert werden oder auch bestehen bleiben.

Critical Illness. → Dread Disease.

CRM. Abk. für Customer Relationship Management. Siehe → Kundenbeziehungsmanagement.

Cross Selling, „*Über Kreuz verkaufen*". Ausschöpfung vorhandener Kundenbeziehungen durch zusätzliche Angebote, insbesondere (gegenseitige) Nutzung des Adresspotenzials von vertriebsstrategischen Partnerschaften. Im Sinne der Vertriebseffizienz ist eine hohe Cross-Selling-Quote anzustreben, d.h. es soll eine hohe Produkt- bzw. Vertragszahl pro → Kunde beim jeweiligen Anbieter erreicht werden, evtl. auch unterstützt durch einschlägige → Preisgestaltungen (Rabatte). Siehe auch → Up Selling und → Cross Storno.

Cross Storno. Kündigung weiterer oder aller bestehenden Geschäftsverbindungen durch den → Kunden nach der Kündigung einer einzelnen Geschäftsbeziehung bzw. eines einzelnen Vertrags durch den Anbieter. Kommt etwa als Reaktion des Versicherungsnehmers auf eine sanierungsbedingte Kündigung durch den Versicherer vor. Siehe auch → Cross Selling.

Customer Lifetime Value. *1. Begriff:* Wert des Kunden (→ Kundenwert) über die gesamte Lebenszeit einer Kundenbeziehung aus Sicht des Versicherungsunternehmens. – *2. Merkmale:* Der C. ist der zukunftsbezogene wirtschaftliche → Kapitalwert des „Investitionsobjekts" Kunde. Hierzu werden die voraussichtliche Intensität und Dauer der Kundenbeziehung geschätzt, sämtliche Zu- und Abflüsse von Geld aus der Kundenbeziehung während dieses Zeitraums prognostiziert und mit dem Diskontierungszins auf die Gegenwart projiziert. Mittels der Kundenwertanalyse können bestehende Verbindungen mit Einzelkunden oder Kundengruppen bewertet werden, es können aber auch Gegenwartswerte von zukünftig geplanten Beziehungen zu verschiedenen Kunden(-gruppen) ermittelt werden. Die Methodik des C. kann somit viele Gestaltungsentscheidungen unterstützen, wie z.B. Zeichnungs-, Preis-, Regulierungsentscheidungen (einschließlich Kulanzentscheidungen), ferner Entscheidungen über die Betreuungsintensität bis hin zu Entscheidungen über die Aufnahme oder Beendigung ganzer Geschäftsbeziehungen. – *3. Bedeutung für Versicherungsunternehmen:* Gerade vor dem Hintergrund der Langfristigkeit vieler Versicherungsgeschäfte ist es für Versicherungsunternehmen von besonderer Bedeutung, den C. zu bestimmen und steuern zu können. Größte Anforderungen für die Ermittlung des C. bestehen in der verursachungsgerechten → Kostenverteilung auf die einzelnen Kunden bzw. Kundengruppen sowie in der Schätzung von → Cross Selling, → Up Selling und → Storni über die verschiedenen Produktlinien und über die Zeitachse hinweg.

Customer Relationship Management (CRM). → Kundenbeziehungsmanagement.

Customizing. Individuell angepasste, kundenspezifische Produktlösung bei ansonsten weitgehender Nutzung der kostengünstigen Massenfertigung. C. bietet auch für Versicherungsprodukte eine geeignete Verfeinerung des → Zielgruppenmarketing.

D

Dachfonds. → Investmentfonds, die Anteile an verschiedenen anderen Investmentfonds halten. Ziel ist eine Minimierung des Risikos durch die → Diversifikation der Anlage. Statt direkt in einzelne Titel zu investieren, erwirbt ein D. gem. seinen Fondsbedingungen und Anlageschwerpunkten Anteile an bereits bestehenden Investmentfonds (Subfonds, Zielfonds). Diese dürfen selbst keine D. sein. Dem Vorteil der im Vergleich zur Direktanlage (→ Direktbestand) oder zur Anlage in einen einzelnen Investmentfonds breiteren Streuung des eingesetzten Kapitals und der damit verbundenen höheren Risikodiversifikation stehen deutlich höhere Gebühren gegenüber. Diese ergeben sich aus den sowohl auf den D. als auch auf die gehaltenen Investmentfonds entfallenden Management- und Verwaltungsgebühren. Des Wieteren besteht bei unzureichender Transparenz oder unzureichendem Controlling das Risiko, dass die Subfonds in gleiche Segmente oder Titel investieren und so die erhoffte Risikodiversifikation verringert wird oder gar ein Konzentrationsrisiko entsteht.

Data Warehouse. Datenbasis für die Analyse und Entscheidungsunterstützung im Versicherungsunternehmen. Dient dem Management zur Steuerung und Kontrolle von Geschäftsprozessen, bei denen kundenrelevante Informationen die Basis für eine kundenorientierte Wertschöpfungskette bis hin zur Produktgenerierung bilden. Zu diesem Zweck werden die Kundendaten zu Informationen verarbeitet, aus denen Wissen über den Markt und die Kunden abgeleitet und in Aktionen (z.B. Entwicklung eines Produkts, einer Dienstleistung) umgesetzt werden kann. Das D. ist prozessorientiert definiert, fach- und sachbezogen und somit unabhängig von der Quelle. Es ist dank einer unternehmensweiten Terminologie integrierbar, darüber hinaus reproduzierbar und hat einen zeitlichen Bezug.

Datenschutz. → Bundesdatenschutzgesetz.

Datenschutzbeauftragter. → Bundesdatenschutzgesetz.

Deckung. → Versicherungsdeckung.

Deckungsbeitrag. → Deckungsbeitragsrechnung.

Deckungsbeitragsrechnung, *Direct Costing, Breakeven Analysis.* – *1. Begriff:* Rechnung zur Ermittlung einer Differenz zwischen Teilleistungen und Teilkosten eines Versicherungsunternehmens. In der D. werden nur diejenigen Teile der Gesamtleistung und der Gesamtkosten erfasst, die einer bestimmten Bezugsgröße (z.B. Produkte, Kunden, Geschäftsgebiete, Vertriebskanäle) eindeutig zugeordnet werden können. – *2. Merkmale:* Die D. ist eine besondere Form der Erfolgsrechnung. Dabei werden die → Kosten in direkt bzw. unmittelbar zurechenbare (→ Einzelkosten) und lediglich indirekt bzw. mittelbar zurechenbare (→ Gemeinkosten) Kosten getrennt. Den erzielten (Markt-)Leistungen werden nur die direkt zurechenbaren Kosten gegenübergestellt. Das Ergebnis der Saldierung wird als Deckungsbeitrag bezeichnet. – *3. Ziele:* Vorherrschendes Ziel der D. ist das Aufzeigen von vorteilhaften, d.h. für das Versicherungsunternehmen zumindest in kurzfristiger Perspektive gewinnbringenden Entscheidungen über die betriebenen → Geschäftsfelder. Des Weiteren können aus der D. Informationen zur Preisuntergrenze gewonnen werden. Bei der Festlegung der Preisuntergrenze z.B. für ein Produkt (bzw. für ein Angebot in einem bestimmten Geschäftsfeld) ist die Länge des Betrachtungszeitraums von besonderer Bedeutung. a) *Kurzfristige Preisuntergrenze:* Die direkt zurechenbaren Kosten bilden die kurzfristige Preisuntergrenze; jeder Preis, der oberhalb dieser Grenze durchgesetzt werden kann, ist kurzfristig vorteilhaft und dient zur Abdeckung von Gemeinkosten. – b) **Langfristige Preisuntergrenze:** Langfristig muss gewährleistet sein, dass der Preis sowohl die Einzel- als auch die Gemeinkosten einer angebotenen Leistung finanziert. Wenn die anfallenden Gemeinkosten dauerhaft nicht gedeckt werden, entsteht eine chronische Verlustsituation.

Deckungserweiterungen. Die Versicherungsdeckung als Leistungsversprechen des Versicherers definiert sich in der Sachversicherung im Wesentlichen durch versicherte Sachen, Gefahren, Schäden und Kosten. Dabei bietet der Versicherer häufig eine Grunddeckung und zusätzlich zuwählbare D. an.

Deckungskapital. Begriff aus der Lebensversicherung. Differenz aus dem erwarteten → Barwert künftiger Leistungen und dem erwarteten Barwert künftiger → Beiträge. Das D. ist eine rechnerische Größe und kann positive wie negative Werte annehmen. Das D. ist von der → Deckungsrückstellung zu unterscheiden, die als Bilanzposten nicht negativ sein kann. Bei vorzeitiger Kündigung des Versicherungsvertrags entspricht der → Rückkaufswert i.d.R. dem um einen geringen Kostenabschlag verringerten Deckungskapital.

Deckungsprozess. Klage des Versicherungsnehmers gegen seinen Haftpflichtversicherer mit dem Antrag, dass dieser ihm bzw. einer → mitversicherten Person für ein bestimmtes Ereignis Versicherungsschutz zu gewähren hat.

Deckungsprüfung. *1. Begriff:* Prüfung der formellen und materiellen Voraussetzungen des Versicherungsschutzes eines Versicherungsnehmers in einem Schadenfall. – *2. Merkmale:* Zu den formellen Voraussetzungen gehören die Existenz eines → Versicherungsvertrags für das betroffene Risiko bei dem in Anspruch genommenen Versicherungsunternehmen, die rechtzeitige Zahlung der → Erstprämie oder → Folgeprämie und der Eintritt des → Versicherungsfalls im versicherten Zeitraum. Die materielle D. umfasst die Prüfung der Frage, ob der Versicherungsvertrag inhaltlich Versicherungsschutz für den konkreten Schadenfall bietet und keine Ausschlussgründe oder Leistungsbefreiungstatbestände (z.B. → Obliegenheitsverletzungen) vorliegen.

Deckungsrückstellung. *1. Begriff:* Versicherungstechnischer Rückstellungsposten auf der Passivseite der → Bilanz eines Versicherungsunternehmens. – *2. Merkmale:* Die D. stellt gem. § 341f I S. 1 HGB die Bewertung der Verpflichtungen aus einem Lebensversicherungsvertrag in Höhe des versicherungsmathematischen Werts einschl. der zugeteilten Überschussanteile (mit Ausnahme der verzinslich angesammelten Überschussanteile) vermindert um den versicherungsmathematischen Wert der zukünftigen dafür noch zu zahlenden → Beiträge dar. Der Bilanzposten ist die Summe der D. für die einzelnen Verträge. D. werden auch für Krankenversicherungsverträge gebildet, die dann als Alterungsrückstellungen bezeichnet werden, sowie für andere nach Art der Lebensversicherung gestaltete Versicherungsverträge, bei denen sich die Höhe der Beiträge und die damit zu deckenden Verpflichtungen nicht in jeder Periode ausgleichen, sondern der Ausgleich erst über die gesamte Vertragsdauer entsteht und anfangs gegenüber dem Risikoverlauf „überhöhte" (Durchschnitts-)Beiträge gezahlt werden. Mit Hilfe der Rückstellungsbildung ist in diesen Fällen noch eine risikoadäquate Verteilung der Beiträge über die gesamte Versicherungsdauer erforderlich. Vor diesem Hintergrund spielen D. z.B. auch in der → Unfallversicherung mit garantierter Beitragsrückzahlung eine Rolle. – *3. Berechnung:* Die D. wird einzeln für jeden Vertrag unter Berücksichtigung der geschätzten Wahrscheinlichkeiten als Barwert der zukünftigen Auszahlungen für Versicherungsleistungen und den Versicherungsbetrieb abzgl. des Barwerts der zukünftigen Einzahlungen von Beiträgen berechnet (prospektive Methode). Zur Vereinfachung kann auch eine aufgezinste Bewertung vergangener Zahlungsströme (retrospektive Methode) herangezogen werden, wenn sie durch entsprechende Wahl der → Rechnungsgrundlagen zum gleichen Ergebnis führt. Die allgemeinen Grundsätze der Bewertung, wie etwa das → Vorsichtsprinzip und das → Realisationsprinzip, gelten auch für die D., letzteres unter Berücksichtigung angefallener → Abschlussaufwendungen. Zusätzliche Anforderungen des Aufsichtsrechts an die Vorsicht, wie sie in der

Deckungsrückstellungsverordnung bestimmt werden, sind ebenso zu beachten. Bestimmte Vereinfachungen, wie die implizite Berücksichtigung der Verwaltungsaufwendungen (→ Zillmern) sind zulässig. In der Krankenversicherung werden die D. kollektiv bestimmt, so dass auch rechnerisch negative D. mit positiven saldiert werden können. Die D. jedes einzelnen Vertrags muss mindestens dem zum Bilanzstichtag für den nachfolgenden Kündigungstermin garantierten → Rückkaufswert entsprechen. – *4. Bedeutung:* In der Lebens- und Krankenversicherung ist die D. wegen der enthaltenen Ansparprozesse der mit Abstand größte Bilanzposten.

Deckungsstock. → Sicherungsvermögen.

Deckungssumme. → Versicherungssumme.

Deductible. → Selbstbehalt.

Deferred Acquisition Costs. *1. Begriff:* Aktivischer → Rechnungsabgrenzungsposten in der → Bilanz nach → US-GAAP und einigen anderen Rechnungslegungssystemen, mittels dem durch zukünftige Einnahmen gedeckte anfängliche → Abschlusskosten durch Aktivierung und spätere Abschreibung den Perioden zugeordnet werden, in denen diese Einnahmen entstehen. Eine solche Aktivierung ist nach HGB verboten (§ 248 III HGB). – *2. Berechnung:* Die angefallenen, zukünftig gedeckten Abschlusskosten werden meist unter Berücksichtigung von Zinsen so getilgt, wie planmäßig oder entsprechend der aktuellen Erwartungen die deckenden Einnahmen über die Perioden verteilt anfallen. – *3. Bedeutung:* Durch die Aktivierung von Abschlusskosten wird in solchen Bilanzierungssystemen, die bei der → Deckungsrückstellung ein strenges → Realisationsprinzip ohne Berücksichtigung angefallener Abschlusskosten (d.h. ohne zu → Zillmern) anwenden, eine Beeinträchtigung des Gewinnverlaufs durch die wechselnde Höhe des Neugeschäfts und damit der Abschlusskosten vermieden.

Deferred Compensation. Bezeichnet im Rahmen der → betrieblichen Altersversorgung (bAV) eine betriebliche Versorgungszusage, die durch einen Verzicht des Arbeitnehmers auf Barvergütung finanziert wird. Siehe auch → Entgeltumwandlung.

Defined Benefit. Internationale Bezeichnung für eine Versorgungsregelung in der → betrieblichen Altersversorgung (baV), die Leistungen etwa aufgrund von Dienstzeiten oder Höhe des Gehalts vorsieht und bei der der Arbeitgeber ein etwaiges Investmentrisiko trägt. Antonym: → Defined Contribution.

Defined Contribution. Internationale Bezeichnung für eine Versorgungsregelung in der → betrieblichen Altersversorgung (baV), in der sich der Arbeitgeber verpflichtet, einen definierten Beitrag zu Gunsten einer Versorgung des Arbeitnehmers aufzuwenden. Die Verpflichtung des Arbeitgebers erschöpft sich in der Beitragszahlung (siehe → Beitragszusage). In Deutschland ist dies in der reinen Form keine bAV. Antonym: → Defined Benefit.

Deklaration. *1. Begriff:* Risikorelevante Mitteilung bzw. Anmeldung des Versicherungsnehmers an den bzw. beim Versicherer. – *2. Anwendungsgebiete:* a) → Sachversicherung: Die D. ist Bestandteil des Versicherungsvertrags (→ Versicherungsantrag und → Versicherungsschein), betrifft die versicherten Sachen und Kosten und kann sowohl für jede Position einzeln (z.B. in der industriellen → Feuerversicherung) als auch pauschal (z.B. in der gebündelten Geschäftsversicherung) erfolgen. – b) → Haftpflichtversicherung: Im Rahmen der Deklarationspflicht, muss der Versicherungsnehmer dem Versicherer → Risikoerhöhungen und → Risikoerweiterungen anzeigen. – c) → Transportversicherung: Die D. ist hier die Anmeldung eines versicherten Transports (siehe → Generalpolice). – d) → Rückversicherung: In der → obligatorischen Rückversicherung meint D. die regelmäßige Meldung der rückzuversichernden Risiken durch den Erstversicherer.

Dekontaminationskosten. Infolge eines Versicherungsfalls kann Erdreich auf dem Versicherungsgrundstück oder einem angrenzenden Grundstück kontaminiert werden. Durch behördliche Anordnung wird eine Dekontaminierung des betroffenen Erdreichs erforderlich. Die Kosten dafür sind meist in der → verbundenen Wohngebäudeversicherung in den Versicherungsschutz mit eingeschlossen.

Delikthaftung. Haftung nach den Anspruchsgrundlagen der unerlaubten Handlungen (siehe besonders §§ 823 ff. BGB). Bei der D. werden an die Verletzung allgemeiner Rechtspflichten, die jedermann beachten muss, die Rechtsfolgen der Haftung geknüpft. Daher handelt es sich um → gesetzliche Haftpflichtbestimmungen privatrechtlichen Inhalts.

Delkredereversicherung. → Kreditversicherung.

Demenz. *1. Begriff:* Oberbegriff für Erkrankungen, bei denen ein fortschreitender Verlust der geistigen Leistungsfähigkeit zu beobachten ist. Zu den verschiedenen Demenzformen zählen die Alzheimer-Demenz (häufigste demenzielle Erkrankung), die vaskuläre D. sowie weitere demenzielle Erkrankungen, wie z.B. Morbus Pick oder Lewy-Body-Demenz. – *2. Ursachen*: Primäre (hirnorganische) D. wird durch die Degeneration von Nervenzellen im Gehirn (z.B. Alzheimer-Demenz) oder durch Durchblutungsstörungen (vaskuläre D.) verursacht. Treten demenzielle Krankheitsbilder als Folgeerscheinung anderer Grunderkrankungen (z.B. Gehirntumor) auf, wird von einer nicht-hirnorganischen bzw. sekundären D. gesprochen. – *3. Merkmale*: Demenzielle Erkrankungen treten vorwiegend im Alter auf. Infolge der voranschreitenden Beeinträchtigung des Erinnerungs- und Denkvermögens sowie des Orientierungssinns und der Urteilskraft nimmt die Fähigkeit der Betroffenen, Alltagsaktivitäten eigenständig auszuführen, im Krankheitsverlauf sukzessive ab. Dies führt dazu, dass Demenzkranke mit Fortschritt der Krankheit zunehmend Pflege und Betreuung sowie im späten Stadium eine durchgängige Beaufsichtigung benötigen. – *4. Leistungen der Pflegeversicherung bei D.:* Nach Diagnose einer D. kann die erkrankte Person einen Antrag auf zusätzliche Leistungen aus der → sozialen Pflegeversicherung (SPV) stellen. – *5. Weiterführende Informationen*: www.deutschealzheimer.de.

Demographie. *1. Begriff:* Die v.a. quantitative wissenschaftliche Untersuchung von menschlichen Bevölkerungen bzgl. ihrer Größe, Zusammensetzung, Entwicklung, räumlicher Verteilung und allgemeiner Merkmale. Wird im Deutschen auch mit „Bevölkerungswissenschaft i.e.S." bezeichnet. Im Englischen wird der Begriff „demography" weiter verwendet (vgl. → Bevölkerungswissenschaft). – *2. Merkmale:* Der Bevölkerungsbestand bezeichnet einfach die Anzahl der Personen einer Population. Die Zusammensetzung einer Bevölkerung lässt sich nach Geschlecht, Alter, Familienstand, Nationalität, Konfession und anderen Merkmalen (z.B. Migrationshintergrund) differenzieren. Geburten, Sterbefälle und Wanderungen bewirken Änderungen in der strukturellen Zusammensetzung (z.B. → demographische Alterung) und in der → Bevölkerungsentwicklung. – *3. Abgrenzung von anderen Begriffen:* Die D. befasst sich in ihren Teilgebieten mit den numerischen Aspekten der untersuchten Phänomene. Daher wird sie auch als formale oder quantitative D. bezeichnet. Beim Verlassen der formalen Gebilde, z.B. bei der Untersuchung der Ursachen des Geburtenrückgangs, die nur unter Einbindung psychologischer, sozialer, ökonomischer und/ oder kultureller Merkmale erfolgen kann, überschneidet sich die D. mit anderen Substanzwissenschaften (z.B. der Soziologie, der Geographie, den Wirtschaftswissenschaften, der Biologie). Die Gesamtheit des erweiterten Felds wird Bevölkerungswissenschaft i.w.S. bezeichnet.

Demographische Alterung. *1. Begriff:* Verschiebung der Altersanteile innerhalb einer Population zugunsten der älteren Bevölkerung. Siehe auch → Altersstruktur. – *2. Kennziffern zur Messung der D.:* a) Anteil der Altersgruppen an der Gesamtbevölkerung oder Verhältnis von Älteren (Altenquotient) oder Jugendlichen (Jugendquotient) zu Personen im mittleren Erwachsenenalter. Diese Quotienten können als grobe Annäherung von Abhängigkeitsverhältnissen („Belastungsquotienten") innerhalb einer Population interpretiert werden, sofern das Alter eine relevante Rolle spielt. Übliche Altersgrenzen zur Abgrenzung der Altersgruppen in junge, mittelalte und ältere Personen sind 20 und 60 bzw. 65 Jahre. – b) Medianalter: Das Medianalter ist das Alter, das eine Population in zwei gleichgroße Gruppen aufteilt: 50 % sind jünger und 50 % sind älter als das Medianalter. – *3. Abgrenzung zur individuellen Alterung:* Die individuelle Alterung beschreibt den natürlichen Alterungsprozess einer

Person in Kalenderjahren. Die D. ist ein Veränderungsprozess innerhalb einer Population zugunsten der älteren Menschen. In erster Linie ist die D. auf einen Rückgang der Geburtenzahlen zurückzuführen. Ein Anstieg der durchschnittlichen → Lebenserwartung verstärkt diesen Prozess, ist aber i.d.R. nicht der entscheidende Faktor. – *4. Entwicklungen und Ausblick in Deutschland:* Die D. ist ein Prozess, der bereits seit längerem zu beobachten ist. Das Medianalter betrug bspw. im Jahr 1995 noch 40 Jahre. Bis zum Jahr 2008 ist es um rund drei Jahre angestiegen. Der Jugendquotient (in den Abgrenzungen von 20 und 60 Jahren) lag im Jahr 1995 bei 37,5 und ist bis zum Jahr 2008 auf 34,4 gesunken. Der Altenquotient stieg im gleichen Zeitraum von 36,6 auf 46,1 an. Erstmals war im Jahr 1997 der Anteil der über 60-Jährigen an der Gesamtbevölkerung mit 21,9 % höher als der der unter 20-Jährigen (21,5 %). Bevölkerungsprojektionen deuten auf ein weiteres Voranschreiten der D. hin, insbesondere gilt dies für den Zeitraum zwischen 2020 und 2030, in dem die geburtenstarken Jahrgänge aus den 1950er und 1960er Jahren in das Ruhestandsalter wachsen werden. Der Altenquotient (in den Abgrenzungen von 20 und 60 Jahren) steigt den Berechnungen zufolge von 46,1 (2008) auf einen Wert von 58,8 (2020) bzw. von 79,2 (2030) bei einem angenommenen jährlichen Wanderungsgewinn von 100.000 Personen (ab dem Jahr 2014).

Demographischer Übergang. → Erster demographischer Übergang, → Zweiter demographischer Übergang.

Demutualisierung. Rechtsformwechsel eines Versicherungsunternehmens von einem → Versicherungsverein auf Gegenseitigkeit (VVaG) in eine Versicherungs-Aktiengesellschaft (→ Aktiengesellschaft). Gründe für eine D. können rechtsformbedingte Schwierigkeiten bei der Konzernbildung oder bei der Kapitalbeschaffung sein.

Deponierungspflicht. *1. Begriff:* Durch Gesetz (Aufsichts- oder Handelsrecht) oder Vertrag begründete Pflicht des → Rückversicherers, für Forderungen des → Erstversicherers aus dem Rückversicherungsverhältnis Vermögenswerte beim Erstversicherer oder bei einem Dritten zugunsten des Erstversicherers zu hinterlegen (eine andere Form der Besicherung erfolgt häufig auch durch einen → Letter of Credit). – *2. Merkmale:* Mit der häufig im Auslandsgeschäft angewendeten D. wird das Delkredere-Risiko für den Erstversicherer verringert oder vollständig eliminiert. Daneben werden finanz- und erfolgswirtschaftliche Ziele (Zinsarbitrage) verfolgt. – *3. Aktuelle Entwicklungen:* Mit vollständiger Umsetzung der Richtlinie 2005/68/EG („Rückversicherungsrichtlinie") dürfen von den Mitgliedsstaaten → Depots von in der Gemeinschaft zugelassenen Rückversicherern zur Besicherung noch nicht verdienter → Prämien und noch nicht abgewickelter Schadenfälle nicht mehr verlangt werden (Art. 57 (3) bzw. 60 (6), die spätestens zum 10.12.2008 umzusetzen sind, Art. 63). Diese Vorgabe wurde in Deutschland mit einer Änderung des § 67 Versicherungsaufsichtsgesetz (VAG) bereits im Jahre 2007 berücksichtigt.

Deposit Accounting. *1. Begriff:* Eine aus der US-amerikanischen Rechnungslegung stammende Methode, nach der kurz- und langfristige Versicherungs- und Rückversicherungsverträge, die kein signifikantes versicherungstechnisches Risiko transferieren, im Jahresabschluss auszuweisen sind. – *2. Merkmale:* Die Vorschrift beinhaltet u.a. Regelungen zur Klassifizierung entsprechender Vertragstypen und zum Ansatz und zur Bewertung von → Depotforderungen und → Depotverbindlichkeiten bei Vertragsabschluss.

Depot. Form der Hinterlegung von Sicherheiten. Entweder stellt der → Rückversicherer Geldmittel zur Verfügung (Bardepot) oder er hinterlegt bei einem Geldinstitut Wertpapiere (Wertpapierdepot), die zusätzlich an den Gläubiger verpfändet werden können. Siehe auch → Letter of Credit, → Depotforderungen, → Depotverbindlichkeiten.

Depotforderung. *1. Begriff:* Versicherungstechnischer Forderungsposten auf der Passivseite der → Bilanz eines Versicherungsunternehmens. – *2. Merkmale:* D. entstehen im Zusammenhang mit dem in Rückdeckung übernommenen Versicherungsgeschäft beim Rückversicherer, wenn dem Erstversicherer Sicherheiten gestellt werden (§ 13 RechVersV). In diesem Fall zahlt der Erstversicherer dem Rückversicherer fällige Salden gar nicht oder nicht

Bilanzierung von Depotforderungen und -verbindlichkeiten

Ausgangssituation:
- Proportionaler Quoten-Rückversicherungsvertrag mit einer Quote von 40 %
- Kapitalanlagen in Höhe von 100 (Brutto)
- Deckungsrückstellung in Höhe von 100 (Brutto)

a) Bilanzierung bei Bardepot:

Buchung Erstversicherer: Kapitalanlagen 100 an Deckungsrückstellung 60
                                                    Depotverbindlichkeiten 40

Buchung Rückversicherer: Depotforderungen 40 an Deckungsrückstellung 40

b) Bilanzierung bei Wertpapierdepot:

Buchung Erstversicherer: Kapitalanlagen 60 an Deckungsrückstellung 60

Buchung Rückversicherer: Kapitalanlagen 40 an Deckungsrückstellung 40

(Quelle: Rockel, W., u.a., Versicherungsbilanzen, 2. Auflage, Stuttgart 2007)

vollständig aus (einbehaltene bzw. erhaltene Sicherheiten). Der Rückversicherer kann seine → versicherungstechnischen Rückstellungen folglich nicht mit → Kapitalanlagen bedecken. Er bilanziert deshalb eine D. gegen den Vorversicherer. – *3. Abgrenzung:* a) D. entstehen nur beim sog. Bardepot, bei dem der Erstversicherer Geldmittel einbehält oder vom Rückversicherer überlassen bekommt. Der korrespondierende Ausweis zu den D. beim Rückversicherer sind die → Depotverbindlichkeiten beim Erstversicherer. – b) Demgegenüber hinterlegt der Rückversicherer beim sog. Wertpapierdepot Wertpapiere bei einer Bank, auf die dem Erstversicherer ein Pfändungsrecht eingeräumt wird. Das Wertpapierdepot bleibt aber im Eigentum des Rückversicherers. In diesem Fall entsteht keine Depotforderung. Die einzelnen Wertpapiere werden beim Rückversicherer unter den entsprechenden Kapitalanlageposten ausgewiesen (§ 13 III RechVersV). – *4. Behandlung in der Rechnungslegung:* Den ausgewiesenen D. liegen also sog. Bardepots zugrunde, die der Rückversicherer dem Erstversicherer stellt. Der gesonderte Bilanzausweis erfolgt beim Rückversicherer innerhalb der → Kapitalanlagen mit einer Bewertung zum Nennwert. Die D. dürfen weder mit anderen Forderungen an den Erstversicherer zusammengefasst noch mit Verbindlichkeiten gegenüber dem Erstversicherer verrechnet werden (Saldierungsverbot nach § 13 II RechVersV). – *5. Beispiel:* siehe Grafik oben.

Depotverbindlichkeit. *1. Begriff:* Versicherungstechnischer Verbindlichkeitsposten auf der Passivseite der → Bilanz eines Versicherungsunternehmens. – *2. Merkmale:* D. entstehen beim Erstversicherer im Zusammenhang mit dem in Rückdeckung gegebenen Versicherungsgeschäft (§ 33 RechVersV). Hintergrund ist der Fall, dass der Erstversicherer dem Rückversicherer fällige Salden gar nicht oder nicht vollständig auszahlt (einbehaltene bzw. erhaltene Sicherheiten). Der Rückversicherer kann seine → versicherungstechnischen Rückstellungen folglich nicht mit → Kapitalanlagen bedecken. Er aktiviert deshalb eine → Depotforderung gegen den Vorversicherer. – *3. Behandlung in der Rechnungslegung:* D. entstehen nur beim sog. Bardepot. Die mit der Verbindlichkeit korrespondierenden Forderungen werden beim Rückversicherer als → Depotforderungen gesondert unter den → Kapitalanlagen bilanziert. Die Bewertung der D. erfolgt zum Nennwert. Die D. dürfen weder mit anderen Verbindlichkeiten gegenüber dem Rückversicherer zusammengefasst noch mit Forderungen an den Rückversicherer verrechnet werden (Saldierungsverbot nach § 33 II RechVersV).

Deregulierung. *1. Begriff:* Reduzierung des staatlichen Einflusses auf die Wirtschaft und Bürokratieabbau. – *2. D. im Versicherungswesen:* Entwicklung im Zusammenhang mit der Schaffung des Europäischen Binnenmarkts. Die Vollendung des Europäischen

Binnenmarkts erforderte gleiche Marktbedingungen für alle Marktteilnehmer. Das → Aufsichtsrecht musste koordiniert werden. Dies geschah auf der Grundlage von Kompromissen. Kein Staat konnte sein bisheriges Aufsichtsrecht voll und ganz beibehalten. Auch das deutsche Aufsichtsrecht wurde einschneidend geändert. Das → Aufsichtsmittel der behördlichen Vorabkontrolle der → Versicherungsbedingungen (die Versicherer bedurften einer vorherigen Genehmigung, bevor sie die AVB in den Verkehr bringen konnten) fiel weg. Abgeschafft wurde ferner die Genehmigungsbedürftigkeit der Berechnungsgrundlagen für die Prämien und versicherungstechnischen Rückstellungen in der Lebens- und Krankenversicherung sowie für die Prämien in der Kfz-Haftpflichtversicherung (in den anderen → Versicherungszweigen gab es schon vorher keine solche Vorabkontrolle). Für die deutschen Aufsichtsvertreter war es damals wichtig, zu erreichen, dass im Kern das Aufsichtsrecht und → Aufsichtssystem einschließlich der → Aufsichtsziele und Aufsichtmittel erhalten blieben und darüber hinaus zur Grundlage des koordinierten europäischen Aufsichtsrechts wurden.

Derivat, *lat. derivare = ableiten, derivatives (abgeleitetes) Finanzinstrument. – 1. Begriff:* Finanzinstrument mit begrenzter Laufzeit, dessen Preis von einem Basiswert (Underlying) abgeleitet ist. Basiswerte können a) andere Wertpapiere, wie → Aktien, Anleihen oder andere D., – b) Referenzgrößen, wie Zinssätze, Indices und Währungen, oder – c) andere Handelsgegenstände, wie → Rohstoffe oder Agrarprodukte, sein. – *2. Historie und Entwicklung, besonders bei den Underlyings:* Ein frühes Beispiel für den Handel mit D. – und für deren Risiko – ist der erste dokumentierte Börsencrash, der 1637 in Holland durch Termingeschäfte auf Tulpenzwiebeln ausgelöst wurde. Seit den 1980er Jahren ist ein starkes, bislang ungebrochenes Wachstum des Derivathandels zu verzeichnen. So wurden an der internationalen Terminbörse EUREX (s.u.) im Jahr 2008 ca. 2,17 Mrd. Kontrakte gehandelt. Das Handelsvolumen stieg damit gegenüber dem Vorjahr um rund 14 %. Neben den Basiswerten, die auf dem Finanzmarkt handelbar sind, nimmt die Bedeutung alternativer Underlyings zu. Bspw. haben D. auf Zahlungsausfälle (sog. → Credit Default Swaps) eine rasante Entwicklung erlebt. Ebenso weisen D. auf Wetterereignisse und Energie-Derivate steigende Handelsvolumina auf. – *3. Formen:* D. werden in Termingeschäfte und → Optionen unterschieden. Erstere beinhalten den Verkauf oder den Kauf einer bestimmten Menge eines Basiswerts zu einem festgelegten Preis zu einem bestimmten künftigen Zeitpunkt. Termingeschäfte weisen ausgeglichene Risikostrukturen auf und werden daher als symmetrische D. oder unbedingte Termingeschäfte bezeichnet. Da sie in jedem Fall ausgeübt werden müssen, können sie – abhängig von der Wertentwicklung des Basiswerts – einen negativen Wert aufweisen. Termingeschäfte können standardisiert über eine Terminbörse (→ Future), unabhängig von einer Börse als Individualvertrag (Forward), oder in Form eines regelmäßigen, zeitlich begrenzten Austauschs von Zahlungsströmen (→ Swap) gehandelt werden. Optionen beinhalten das Recht des Käufers (Long Position), innerhalb einer festgelegten Zeit eine bestimmte Menge eines Basiswerts zu einem festgelegten Preis zu erwerben (Call Option) oder zu verkaufen (Put Option). Die Erfüllung der Option ist für den Verkäufer (Short Position) verbindlich. Daher wird dieser auch als Stillhalter bezeichnet. Aufgrund der einseitigen Risikoverteilung werden Optionen auch als asymmetrische D. oder bedingte Termingeschäfte bezeichnet. Optionen können als Optionskontrakte standardisiert über eine Terminbörse (Traded Option), unabhängig von einer Börse als Individualvertrag (OTC = Over The Counter) oder standardisiert und verbrieft über die Effektenbörse (Warrant) gehandelt werden. – *4. Bedingungen:* Da beim Abschluss eines Derivatgeschäfts keine oder nur eine geringe Zahlung zu leisten ist, sind die Transaktionskosten i.d.R. erheblich niedriger als beim Handel mit dem Basiswert. Um die Erfüllung der aus Derivatgeschäften resultierenden Zahlungsverpflichtungen jederzeit sicherzustellen, müssen beide Vertragspartner in Termingeschäften und der Stillhalter in Optionsgeschäften Sicherheiten (Collaterals) stellen. – *5. Ziele und Wirkungen:* Der Erwerb eines D. ermöglicht eine dem Erwerb des Basisinstruments gleichwertige Partizipation an Kursänderungen des Basisinstruments bei wesentlich geringerem Kapitaleinsatz. Dies beruht auf dem Hebeleffekt (Leverage-Effekt) von D., der eine überproportionale Teilnahme an

Derivative Finanzinstrumente 154

Kurssteigerungen, aber auch an Kursverlusten mit sich bringt. Diese Eigenschaft nutzend, wird ein Großteil der D. mit dem Ziel der Absicherung bestehender Geschäfte abgeschlossen. Weitere Ziele könne die Replizierung des Basiswerts oder die Erzielung hoher Renditen bei geringem Kapitaleinsatz (und hohem Risiko) durch Spekulation sein. Der Derivathandel bietet außerdem Gelegenheiten zur Arbitrage (Nutzung von räumlichen oder zeitlichen Preisdifferenzen zur risikolosen bzw. risikoarmen Gewinnerzielung) zwischen den Kassa- und den Terminmärkten, zwischen zwei Staaten aufgrund der unterschiedlichen rechtlichen und steuerlichen Behandlung oder aus komparativen Kostenvorteilen zwischen Marktsegmenten. – *6. Börsen:* Wesentliche Derivatbörsen sind die deutsch-schweizerische Terminbörse European Exchange (EUREX) und die US-amerikanischen Börsen Chicago Mercantile Exchange (CME) und Chicago Board of Trade (CBoT). Große Teile des Warentermingeschäfts werden über die New York Board of Trade (NYBOT) und die New York Mercantile Exchange (NYMEX) abgewickelt. In Deutschland findet der Börsenhandel mit D. v.a. über die European Warrant Exchange (EUWAX) statt.

Derivative Finanzinstrumente, *Derivate.*
I. Allgemein: *1. Begriff:* Konstituierendes Merkmal von D. ist, dass ihr Wert auf dem Wert einer Basisposition (Underlying) beruht und nach einem bestimmten Mechanismus daraus abgeleitet wird. – *2. Einteilungskriterien:* D. können nach verschiedenen Kriterien eingeteilt werden: a) Nach dem Erfüllungszeitpunkt in Kassa- und Termingeschäfte; – b) nach dem Vertragsinhalt in unbedingte und bedingte Geschäfte; – c) nach dem Ort des Vertragsabschlusses in börsliche und außerbörsliche („Over-the-Counter"-)Geschäfte; – d) nach den zugrunde liegenden Basispositionen (z.B. Zinssätzen, Devisen, Aktien und Güterpreise). – *3. Formen:* Die wichtigsten D. in der Praxis sind folgende: a) Optionsgeschäfte, – b) Futures (Termingeschäfte) und – c) Swaps. – *4. D. in der Versicherungspraxis:* Grundprinzip aller derivativen Finanzgeschäfte in der Assekuranz ist, dass ein Versicherungsunternehmen eine eigene Vermögensposition gegen eine Vermögensposition eines Geschäftspartners (z.B. einer Bank) tauscht. Die Vermögenspositionen sind durch → Einzahlungen und → Auszahlungen gekennzeichnet; diese sind bedingt/ unbedingt, liegen in der Gegenwart/ Zukunft, sind deterministisch/ stochastisch. Drei Grundfälle sind bekannt: a) Das Versicherungsunternehmen zahlt einen festen Betrag und erhält als Gegenleistung stochastische Einzahlungen, Erträge oder Vermögenswerte; – b) das Versicherungsunternehmen erhält einen festen Betrag und verspricht als Gegenleistung stochastische Auszahlungen, Aufwendungen oder Vermögenswerte oder – c) das Versicherungsunternehmen tauscht stochastische Zahlungen gegen andere stochastische Zahlungen. – II. Nach → IAS/ → IFRS: Ein D. ist ein Finanzinstrument, dessen Wert sich infolge einer Änderung einer zugrunde liegenden Variable (z.B. Zinssatz, Preis eines anderen Finanzinstruments) ändert, und dessen Anschaffungsauszahlung niedriger ist als für andere Instrumente erforderlich wäre, die auf ähnliche Weise auf Änderungen der zugrunde liegenden Variable reagieren und zu einem späteren Zeitpunkt beglichen werden (IAS 39.9). Eingebettete Derivate sind Bedingungen von Kontrakten oder Instrumenten, die sich wie ein D. verhalten (IAS 39.10). – III. Nach Handelsrecht: D. nach IAS/ IFRS stellen prinzipiell auch D. nach HGB dar. Eine Definition findet sich in § 1 XI KWG. – IV. Nach Aufsichtsrecht: Eine Definition findet sich im Rundschreiben 3/2000 der → Bundesanstalt für Finanzdienstleistungsaufsicht (BaFin). Zu den Geschäften mit D. gehören demnach alle Geschäfte, deren Preis sich von einem zugrundeliegenden Handelsgegenstand (z.B. Aktien), Referenzpreis, Referenzzins oder Referenzindex ableitet; sie bestehen entweder aus zweiseitig bindenden (Termingeschäftsmerkmal) oder aus einseitig bindenden (Optionsmerkmal) Rechtsgeschäften. – V. Rechtliche Grundlagen und Rechnungslegung: *1. IAS/ IFRS:* D. werden → „At Fair Value through Profit or Loss" bewertet. Für ein eingebettetes Derivat besteht grundsätzliche die Prüfungspflicht nach IAS 39.11, ob es vom Basisvertrag zu trennen und separat zu bilanzieren ist (Separierungspflicht, wenn die betreffenden Kriterien erfüllt sind). Eine Ausnahme von der hypothetischen Separierungspflicht bildet die Möglichkeit zur Designation des gesamten strukturierten Finanzinstruments „At Fair Value through Profit or Loss", vgl. die → Fair Value-Option. – *2. Handelsrecht:* Für den Bilanzan-

satz und die Bewertung existieren keine ausdrücklichen Regelungen. D. werden oftmals nicht in der → Bilanz erfasst. Eine Erfassung durch Bildung einer → Rückstellung ist jedoch erforderlich, wenn aus D. Verluste drohen (vgl. → Rückstellung für drohende Verluste aus schwebenden Geschäften), es sei denn, das D. fließt in eine → Bewertungseinheit ein. – *3. Aufsichtsrecht:* Für Versicherungsunternehmen sind D. nach § 7 II VAG im Rahmen von Absicherungs-, Erwerbsvorbereitungs- und Ertragsmehrungsgeschäften zulässig. (Näheres regelt das Rundschreiben 3/2000 der BaFin). – VI. Hedge Accounting: D. werden auch im Rahmen des → Hedge Accounting eingesetzt.

Derivativer Geschäfts- oder Firmenwert, *Goodwill.* – *1. Begriff:* Wertgröße, die im Zusammenhang mit einer Unternehmensübernahme entsteht und bemessen wird. Der D. ist der Unterschiedsbetrag zwischen dem Preis für das übernommene Unternehmen und dem Wert der einzelnen Vermögensgegenstände des Unternehmens abzgl. der Schulden im Zeitpunkt der Übernahme (nach dem → Bilanzrechtsmodernisierungsgesetz, kurz: BilMoG, § 246 I S. 4 HGB). – *2. Merkmale:* Der D. stellt wertbildende Faktoren (z.B. Kundenstamm, Unternehmensimage) dar, die im übernommenen Unternehmen nicht bilanziert wurden, aber im Kaufpreis berücksichtigt worden sind. Dieser Wert gilt nach BilMoG als zeitlich begrenzt nutzbarer Vermögensgegenstand. Ein negativer Geschäfts- oder Firmenwert darf nicht angesetzt werden. – *3. Behandlung in der Rechnungslegung:* Nur ein derivativer (d.h. durch Kauf entstandener und mit dem Marktpreis unterlegter) Geschäfts- oder Firmenwert darf als Aktivposten in der → Bilanz angesetzt werden. Für den originären (d.h. selbst geschaffenen) Geschäfts- oder Firmenwert besteht sowohl nach HGB, als auch nach → IAS/ → IFRS und → US-GAAP ein Aktivierungsverbot. – *4. Gesetzliche Grundlagen:* §§ 246 f. HGB (HGB), IFRS 3 (IAS/ IFRS) und SFAS 142 (US-GAAP). Sowohl nach IAS/ IFRS als auch nach US-GAAP ist anstelle einer turnusgemäßen jährlichen Abschreibung ein jährlicher Werthaltigkeitstest (→ Impairmenttest) und nur bei einer sich daraus ergebenden Minderbewertung eine (außerordentliche) Abschreibung vorgesehen.

Deutsche Kernreaktor Versicherungsgemeinschaft. → Versicherungspool der die Kernreaktor-Haftpflichtversicherung betreibenden Erst- und Rückversicherer mit Sitz in Köln. Gesellschaft bürgerlichen Rechts, 1957 gegründet. Zweck ist gemäß der Satzung i.d.F. vom 9.11.1979 die Gewährung von Versicherungsschutz gegen die mit der Errichtung und dem Betrieb von Kernreaktoren und ähnlichen Anlagen verbundenen Gefahren.

Deutsche Makler Akademie (DMA). *1. Begriff:* Unabhängige Bildungseinrichtung für die speziellen Anforderungen der Vertriebswege Makler (vgl. → Versicherungsmakler) und → Mehrfirmenvertreter. Die DMA wurde im November 2006 von zwölf Versicherungsunternehmen als gleichberechtigte Gesellschafter gegründet. – *2. Bildungsprogramm:* Das Bildungsprogramm wurde aus einer Befragung von 1100 ungebundenen Vermittlern entwickelt und hat folgende Schwerpunkte: a) Basisqualifikation zum/ zur → Versicherungsfachmann/-frau (IHK), – b) Fachtrainings, – c) Managementtrainings und – d) Vertriebstrainings.

Deutsche Pharma-Rückversicherungs-Gemeinschaft. → Pharma-Rückversicherungs-Gemeinschaft.

Deutscher Corporate Governance Kodex. *1. Begriff:* Im Jahr 2002 eingeführtes Regelwerk mit Verhaltensempfehlungen in den Bereichen Unternehmensleitung und -überwachung für deutsche → Aktiengesellschaften. Der D. besitzt über die Entsprechenserklärung des § 161 AktG eine gesetzliche Grundlage. – *2. Ziele:* Erhöhung der Transparenz für Investoren und Stärkung des Vertrauens in die Unternehmensführung deutscher Gesellschaften. – *3. Aufbau:* Nach der Präambel (Teil I.) enthält der D. Regelungen zur Rolle der Aktionäre und der → Hauptversammlung (Teil II.), zum Zusammenwirken von → Vorstand und → Aufsichtsrat (Teil III.), zum Vorstand (Teil IV.), zum Aufsichtsrat (Teil V.), zur Transparenz (Teil VI.) sowie zur → Rechnungslegung und Abschlussprüfung (Teil VII.). – *4. Entwicklungen:* Zur Ausarbeitung des D. wurde eine Regierungskommission eingesetzt, die auch nach Verabschiedung der Regelungen die Entwicklung von → Corporate Governance in Deutschland verfolgt. Mindestens einmal jährlich wird geprüft, ob der D. angepasst werden muss.

Deutsche Rechnungslegungsstandards (DRS). *1. Begriff:* Grundsätze für eine ordnungsmäßige Konzernrechnungslegung. Die DRS wurden vom → Deutschen Standardisierungsrat (DSR) entwickelt und durch das Bundesministerium der Justiz (BMJ) bekannt gemacht. – *2. Ziele:* Die wesentlichen Aufgaben der DRS liegen in der Schließung von Gesetzeslücken, der Konkretisierung und Auslegung von Gesetzesvorschriften sowie der Weiterentwicklung von → Grundsätzen ordnungsmäßiger Buchführung (GoB) im Hinblick auf die Konzernrechnungslegung. – *3. Inhalte:* Durch die DRS werden Einzelregelungen der §§ 290 ff. HGB konkretisiert (bspw. zur → Kapitalflussrechnung, Segment- und Lageberichterstattung). Die DRS können aber auch handelsrechtlich vorgegebene Wahlrechte einschränken. Branchenspezifische Regelungen für Versicherungsunternehmen enthalten der DRS 2-20 (Kapitalflussrechnung), der DRS 3-20 (→ Segmentberichterstattung) und der DRS 5-20 (→ Risikobericht). Die Anwendung von Grundsätzen aus den DRS für die Abbildung der Sachverhalte im → Jahresabschluss ist nur zulässig, wenn die Grundsätze dem Gesetz, der Rechtsprechung oder der herrschenden Meinung folgen. Für andere Fälle fehlt diesbezüglich die GoB-Vermutung, die der Gesetzgeber eindeutig nur für den → Konzernabschluss kodifiziert hat.

Deutsche Rentenversicherung Bund. → Träger der gesetzlichen Rentenversicherung (GRV) auf Bundesebene. Im Jahre 2005 aus dem Zusammenschluss der Bundesversicherungsanstalt für Angestellte und dem Verband Deutscher Rentenversicherungsträger hervorgegangen. Der D. ist nicht nur der Träger der Versicherungsleistungen, sondern vertritt auch die GRV als Gesamtheit.

Deutsche Rentenversicherung Knappschaft-Bahn-See. *1. Begriff:* Rechtsfähige Körperschaft des öffentlichen Rechts mit Selbstverwaltung (§ 29 I SGB IV). Die D. vereinigt die Bundesknappschaft, die Bahnversicherungsanstalt, die Seekasse, die Seemannskasse, die See-Krankenkasse und die See-Pflegekasse zu einem einheitlichen bundesunmittelbaren Sozialversicherungsträger (Art. 82 §§ 4, 5 Gesetz zur Organisationsreform in der gesetzlichen Rentenversicherung). Sie ist Träger der knappschaftlichen und der allgemeinen Rentenversicherung sowie unter dem Namen „Knappschaft" Trägerin der Kranken- und Pflegeversicherung (§§ 4 II SGB V, 46 I SGB XI). – *2. Entwicklungen:* Die D. ist eine → Krankenkasse mit Sitz in Bochum. Bis zum 31.3.2007 war die D. ausschließlich den Beschäftigten knappschaftlicher Betriebe, Rentnern und deren Familienangehörigen vorbehalten. Zum 1.4.2007 hob das GKV-Wettbewerbsstärkungsgesetz die gesetzlich vorgesehene Kassenzuständigkeit für die D. auf. Sie ist seit diesem Zeitpunkt genau wie andere Krankenkassen für die Mitglieder der → gesetzlichen Krankenversicherung (GKV) frei wählbar. Die D. ist Teil der mittelbaren Staatsverwaltung, d.h. der Staat „beaufsichtigt" das rechtmäßige Handeln der Krankenkassen (§ 87 SGB IV). Organe der D. sind eine hauptamtliche Geschäftsführung (Direktoren) sowie als Selbstverwaltungsorgane (§ 31 I Satz 1 SGB IV) ein ehrenamtlicher Vorstand und eine ehrenamtliche Vertreterversammlung, die mit Arbeitgeber- und Arbeitnehmervertretern besetzt sind. Die D. hat rund 1,6 Mio. Versicherte.

Deutscher Standardisierungsrat (DSR). → Deutsches Rechnungslegungs Standards Committee e.V. (DRSC).

Deutscher Versicherungs-Schutzverband e.V. (DVS). Interessenvertretung der versicherungsnehmenden Wirtschaft gegenüber dem Gesetzgeber und dem → Gesamtverband der Deutschen Versicherungswirtschaft e.V. (GDV). Des Weiteren bietet der D. Beratungsdienstleistungen rund um den Versicherungsschutz an. Dazu gehören die Prüfung von bestehenden Verträgen, die Beratung beim geplanten Abschluss sowie Maßnahmen zur Schadenverhütung.

Deutsches Rechnungslegungs Standard Committee e.V. (DRSC). *1. Begriff:* Nationale Standardisierungsorganisation im Bereich der Rechnungslegung. Das DRSC ist ein eingetragener, selbstlos tätiger Verein mit Sitz in Berlin. Es wurde mit Standardisierungsvertrag vom 3.9.1998 durch das Bundesministerium der Justiz (BMJ) als zuständige Standardisierungsorganisation für Deutschland anerkannt. Im Standardisierungsvertrag verpflichtete sich das DRSC, ein unabhängiges Standardisierungsgremium einzurichten, den Deutschen Standardisierungsrat (DSR), auf dieses die Aufgaben nach § 342 I HGB zu übertragen und es zu finanzieren. Das DRSC ist Träger der beiden Gremien DSR und Rechnungslegungs Interpretations Committee (RIC). – *2. Ziele und Aufgaben:* Das übergeordnete Ziel der Arbeit des DRSC sowie der beiden Gremien ist es, im öffentlichen Interesse die Qualität der Rechnungslegung und Finanzberichterstattung zu erhöhen. Zu den Aufgaben zählen deshalb die Beratung des BMJ bei Gesetzgebungsverfahren zu Rechnungslegungsvorschriften und die Vertretung der Bundesrepublik Deutschland in internationalen Standardisierungsgremien. Um die Ziele des DRSC zu erreichen, erarbeitet der DSR (internationale) Stellungnahmen und Diskussionspapiere, v.a. ist seine Aufgabe aber die Ausarbeitung der → Deutschen Rechnungslegungsstandards (DRS). Das RIC hat die Aufgabe, in enger Zusammenarbeit mit dem → International Financial Reporting Interpretations Committee (IFRIC) und dem → International Accounting Standards Board (IASB) sowie den entsprechenden Gremien der anderen Standardsetzer, die internationale Konvergenz von Interpretationen wesentlicher Rechnungslegungsfragen zu fördern und spezifische nationale Sachverhalte im Rahmen der gültigen → IAS/ → IFRS und in Abstimmung mit den DRS zu beurteilen.

Deutsche Versicherungsakademie GmbH (DVA). *1. Begriff:* Einrichtung der Versicherungswirtschaft mit der Aufgabe, überbetriebliche Bildungsangebote zu bündeln und bereitzustellen. Die DVA wurde vom → Gesamtverband der Deutschen Versicherungswirtschaft e.V. (GDV), dem → Arbeitgeberverband der Versicherungsunternehmen in Deutschland e.V. (agv) und dem → Berufsbildungswerk der deutschen Versicherungswirtschaft e.V. (BWV) gegründet. – *2. Bildungsprogramm:* Das Bildungsprogramm der DVA umfasst Angebote in folgenden Themengebieten: a) Branchenfachwissen (z.B. Ausbildung zum/ zur → Versicherungsbetriebswirt/-in (DVA), onlinegestützte Ausbildung zum/ zur → Versicherungsfachmann/-frau (IHK) oder zum/ zur → Versicherungsfachwirt/-in (IHK)), – b) Vertrieb- und Kundenmanagement (z.B. Verkaufs- und Beratungskompetenz), – c) Unternehmensfunktionen und Prozessoptimierung (z.b. Controlling, Marketing), – d) Personal und Führung (z.b. → Arbeitsrecht, Projektmanagement).

Dezentralisierung. Verteilung gleichartiger Aufgaben und Prozesse auf mehrere Standorte eines Unternehmens. Gegensatz: → Zentralisierung.

Diagnoserisiko. Komponente des → Irrtumsrisikos, das seinerseits eine Komponente des → versicherungstechnischen Risikos ist. Das D. liegt in einer fehlerhaften statistischen Diagnose der Zufallsgesetzmäßigkeit der Versicherungsleistungen begründet, was zu einem Ansatz falscher Kalkulationsgrundlagen führt. Die Folge ist eine falsche Abschätzung der Wahrscheinlichkeit eines technischen Ruins (→ Ruintheorie), d.h. des Eintritts des Ereignisses, dass der periodische → Gesamtschaden des versicherten Kollektivs die vorhandenen Finanzmittel in Form der Summe aus der vereinnahmten kollektiven Prämie für die Risikodeckung (→ Risikoprämie) und dem vorhandenen Sicherheitskapital übersteigt. Beispiele für das D. sind das Modellrisiko (Ansatz eines falschen Modells) und das Parameterrisiko (Ermittlung falscher Modellparameter). In Zweigen der Schadenversicherung wird das D. durch das Auftreten von Großschäden (→ Großschadenrisiko) und einer damit einhergehenden Verzerrung der Datenbasis durch die Problematik der Schadenregulierung (Schadenreservegrößen als Datengrundlage) verstärkt. In der Schadenrückversicherung wird das D. durch eine verschmälerte Datenbasis (insbesondere bei hohen Prioritäten) und durch das Phänomen der Schadeninflation verstärkt.

Diagnosis Related Groups (DRG), *Diagnosebezogene Fallgruppen.* – *1. Begriff:* Ökonomisch-medizinisches Klassifikationssystem, bei dem Patienten anhand medizinischer und demographischer Daten in Fallgruppen klassifiziert werden. – *2. Merkmale:* Die Fallgruppen werden jeweils mit einem Kostengewicht bewertet, um zu den repräsentativen Behandlungskosten zu kommen. Maßgeblich für die Einordnung der Behandlungsfälle in die einzelnen DRG sind u.a. die Haupt- und Nebendiagnosen im Krankenhaus, etwaige Komplikationen bei der Behandlung sowie Geschlecht und Alter der

Patienten. – *3. Ziele:* Entlohnung von Behandlungen im Krankenhaus. Der für die Fallpauschale abzurechnende Preis ergibt sich aus dem kalkulierten Kostengewicht multipliziert mit einem sog. Basisfallwert, der in den Jahren 2003 und 2004 noch krankenhausindividuell verhandelt, zwischen 2005 und 2008 jedoch schrittweise an einen für das Bundesland einheitlichen Basisfallwert angeglichen wurde (Konvergenzphase). Ab 2009 sollen die gleichen Leistungen innerhalb eines Bundeslands auch einen gleichen Preis haben, unabhängig davon, in welchem Krankenhaus der Patient behandelt wird.

Dialog-Marketing. → Direktmarketing.

Diebstahl. → Einfacher Diebstahl.

Dienstleisternetzwerk, *Partnernetzwerk.* – *1. Begriff:* Kooperativer Zusammenschluss verschiedener Dienstleister mit dem Ziel, kundenorientierte Lösungen, einheitliche Qualitätsstandards, standardisierte und schlanke Abwicklungsprozesse (z.B. Abrechnungsprozesse), einheitliche Zeitvorgaben und Stundenverrechnungssätze sowie Preis- und Kostenvorteile durch eine Volumenbündelung bei zentralem Einkauf zu generieren. – *2. Merkmale:* D., wie z.B. Handwerkernetze und Schadennetze, zeichnen sich durch ihre gemeinschaftlichen Normen bei der jeweiligen Dienstleistungsausführung aus. Versicherungsunternehmen unterhalten D. für verschiedene Zwecke entweder selbst oder bedienen sich entsprechender professioneller Netzwerkbetreiber. – *3. Einsatzfelder:* → Assistance und → Schadenmanagement im Versicherungsunternehmen. Im Bereich des Schadenmanagements werden D. v.a. bei der Kraftfahrtschadenregulierung (z.B. Reparaturwerkstätten, die auf Basis einheitlicher Service- und Qualitätsstandards sowie ggf. auch Preisvereinbarungen mit einem Versicherungsunternehmen für deren Versicherungsnehmer und Geschädigte Kfz-Reparaturen durchführen, ferner Sachverständige, Mietwagenunternehmen etc.), der Sachschadenregulierung (z.B. Handwerker für Zwecke der Bautrocknung und Bausanierung oder Techniker zur Behebung von Überspannungsschäden), der Abwicklung von Versicherungsfällen in der Rechtsschutzversicherung (z.B. Vertrauensanwälte) und der Privathaftpflichtschadenregulierung (z.B. Brillensachverständige, Sachverständige für Elektrokleinteile) gebildet und genutzt. Siehe auch → GDV-Branchennetz. – *4. Probleme:* Fehlendes Geschäftsvolumen zur Einsteuerung in die D. und mangelhafte Flächendeckung des Dienstleisternetzwerks.

Dienstleistung. Immaterielles Produkt, d.h. Produkt ohne physische Substanz, das eine Veränderung an Menschen, Sachen oder anderen immateriellen Gütern (z.B. Rechten) bewirkt und nicht ohne das (aktive oder passive) Mitwirken des Abnehmers (Kunden) erzeugt werden kann (→ externer Faktor). Damit sind D. auch von reinen Finanzprodukten abgegrenzt, die vorwiegend nominell definiert sind. → Versicherungsprodukte erfüllen hingegen die Definition von D., da sie die konstituierenden Merkmale aufweisen: a) Immaterialität – ein Versicherungsprodukt besitzt keine physische Substanz und hat somit auch keine Werkstoffqualität. Der Kunde muss beim Kauf auf die gewünschte Produktqualität vertrauen (Vertrauensgut). – b) Externer Faktor – ohne die Mitwirkung des → Versicherungsnehmers, insbesondere in Form der Bereitstellung von Informationsgrundlagen (z.B. Bedarfsinformationen, Risikoinformationen), kann das Versicherungsprodukt nicht hergestellt und abgesetzt werden.

Dienstleistungsfreiheit. *1. Begriff:* Grundfreiheit nach dem EG-Vertrag und für das Versicherungswesen ein Basiselement des Europäischen Binnenmarkts. Die D. gibt einem Versicherungsunternehmen mit Sitz oder → Niederlassung in einem Mitgliedsstaat die Möglichkeit, grenzüberschreitend in einem anderen Mitgliedsstaat tätig zu werden, ohne sich dort niederzulassen, und zwar unter denselben Voraussetzungen, wie sie in diesem Staat für dort ansässige Unternehmen gelten. – *2. Anwendungsfälle:* a) Das Versicherungsunternehmen begibt sich in den anderen Mitgliedsstaat, um dort Versicherungsschutz anzubieten. – b) Der Versicherungsnehmer begibt sich in den anderen Mitgliedsstaat, um dort Versicherungsschutz zu suchen. – c) Versicherungsunternehmen und Versicherungsnehmer bleiben zwar in ihren Staaten, schließen aber grenzüberschreitend den Versicherungsvertrag im Wege der Korrespondenz oder der jetzt üblichen modernen Kommunikationsmittel. –

3. Abgrenzung zur Niederlassungsfreiheit: Im zuerst genannten Anwendungsfall kann die Abgrenzung zur → Niederlassungsfreiheit schwierig werden, wenn die Tätigkeit des Versicherers nicht mehr von Fall zu Fall und vorübergehend ausgeübt wird, sondern wenn das Geschäft eine gewisse Bedeutung und Kontinuität erreicht hat, die objektiv eine Niederlassung erfordert, das Unternehmen eine solche formell aber nicht errichtet. Unter Berufung auf die Rechtsprechung des EuGH kann davon ausgegangen werden, dass nicht mehr von der D., sondern von der Niederlassungsfreiheit Gebrauch gemacht wird, wenn das Versicherungsgeschäft durch eine zwar selbstständige, aber ständig damit betraute Person betrieben wird, die von einer Betriebsstätte im Aufnahmestaat aus tätig wird. Wird ein ausländisches Versicherungsunternehmen z.b. über einen inländischen Makler tätig, der – wie es selbstverständlich sein müßte – unabhängig vom Versicherer ist und nur den Interessen des Versicherungsnehmers dient, so liegt Dienstleistungsverkehr vor. Ist der Makler allerdings durch stille Akquisitions- oder Provisionsverträge an das Versicherungsunternehmen gebunden, so liegt eine Niederlassung des Versicherers vor; er wird nicht im Dienstleistungsverkehr tätig.

Dienstunfähigkeit. *1. Begriff:* Dauerhafte Unfähigkeit des → Beamten (auch: Soldaten und Richter) zur Erfüllung der Dienstpflichten. – *2. Eintritt in den Ruhestand wegen D.:* Neben dem regulären Fall des Eintritts in den → Ruhestand wegen Erreichens der allgemeinen oder besonderen gesetzlichen → Altersgrenze kann ein Eintritt in den Ruhestand auch wegen D. und – auf Antrag – wegen Schwerbehinderung erfolgen. Ein Beamter auf Lebenszeit ist in den Ruhestand zu versetzen, wenn er in Folge eines körperlichen Gebrechens oder wegen Schwäche seiner körperlichen und geistigen Kräfte zur Erfüllung der Dienstpflichten dauerhaft unfähig (dienstunfähig) ist. Die Dienstfähigkeit bzw. die D. kann auf Veranlassung des Dienstvorgesetzten oder auf Antrag des Beamten festgestellt werden. Als dienstunfähig kann der Beamte auch dann angesehen werden, wenn er in Folge einer Erkrankung innerhalb eines Zeitraums von sechs Monaten mehr als drei Monate keinen Dienst geleistet hat und keine Aussicht besteht, dass er innerhalb von weiteren sechs Monaten die volle Dienstfähigkeit wieder erwirbt. Die Regelungen zur D. sind damit mit der vollständigen → Erwerbsunfähigkeit bzw. der vollen → Erwerbsminderung vergleichbar. – *3. Exkurs - Eintritt in den Ruhestand wegen Schwerbehinderung:* Beamte mit einem Behinderungsgrad von mindestens 50 % können frühestens mit Vollendung des 60. Lebensjahrs auf Antrag in den Ruhestand treten. Die besondere Antragsaltersgrenze für Schwerbehinderung löst – wie in allen anderen Fällen eines vorzeitigen Eintritts in den Ruhestand – die Regelungsmechanik des Versorgungsabschlags aus: Pro Jahr des vorzeitigen Eintritts in den Ruhestand, d.h. vor Erreichen der maßgeblichen gesetzlich geregelten Altersgrenze, wird ein Versorgungsabschlag von 3,6 % auf das → Ruhegehalt angewendet. Bei einem Eintritt von Schwerbehinderten in den Ruhestand wird ein Versorgungsabschlag nur von dem frühestmöglichen Beginn, der Vollendung des 60. Lebensjahrs, bis zur Vollendung des 63. Lebensjahrs berechnet. Ab dem vollendeten 63. Lebensjahr kann der anerkannte schwerbehinderte Beamte abschlagsfrei in den Ruhestand treten. Der Entwurf eines Dienstrechtsneuordnungsgesetzes des Bundes sieht dazu keine Änderungen vor; auch zukünftig sollen Bundesbeamte – wenn das Gesetz das parlamentarische Verfahren wie vorgesehen durchläuft – mit Vollendung des 63. Lebensjahrs abschlagsfrei in den Ruhestand treten können. – *4. Höhe des Ruhegehalts bei D.:* Hinsichtlich der Höhe des Ruhegehalts gilt bei einem Eintritt in den Ruhestand wegen D. im Wesentlichen Folgendes: Die bis dahin erworbenen ruhegehaltfähigen Dienstjahre werden addiert (vgl. → ruhegehaltsfähige Dienstzeiten). Dazu tritt die sog. Zurechnungszeit, die vom Zeitpunkt des Eintritts in den Ruhestand wegen D. bis zum vollendeten 60. Lebensjahr zu zwei Dritteln angerechnet wird. Diese Zurechnungszeit ergänzt die tatsächlich geleistete Dienstzeit. Beide Zeiten werden addiert und nach den grundlegenden Regelungen für den Ruhegehaltssatz zur Anwendung gebracht. Da der dienstunfähige Beamte vor Erreichen der für ihn maßgeblichen gesetzlichen Altersgrenze in den Ruhestand tritt, werden Versorgungsabschläge nach der allgemeinen Systematik fällig. Dabei gilt ein Satz von 3,6 % p.a., gedeckelt durch einen Höchstversorgungsabschlag in Höhe von 10,8 % (max. drei Jahre). Dieser Versorgungsabschlag wird auf das ermittelte

Ruhegehalt zur Anwendung gebracht. Als Besonderheit ist zu berücksichtigen, dass dienstunfähige Beamte dann keinen Versorgungsabschlag hinzunehmen haben, wenn sie nach Vollendung des 63. Lebensjahrs dienstunfähig werden. Die Regelungen zur D. gelten unabhängig von der jeweiligen gesetzlichen Altersgrenze. – *5. Begrenzte Dienstfähigkeit:* Ein gesondertes Institut ist im Beamtenrecht die begrenzte Dienstfähigkeit. Eine begrenzte Dienstfähigkeit liegt vor, wenn der Beamte unter Beibehaltung seines Amts seine Dienstpflichten noch während mindestens der Hälfte der regelmäßigen Arbeitszeit erfüllen kann. Ist diese Voraussetzung gegeben, wird der Beamte nicht wegen D. in den Ruhestand versetzt. Er bleibt vielmehr im aktiven Dienst und erhält mindestens Dienstbezüge in Höhe des Ruhegehalts, das gewährt worden wäre, wenn er in den Ruhestand versetzt worden wäre. Letztlich ist die Besoldung damit so hoch, wie die „fiktive Versorgung bei Dienstunfähigkeit". Darüber hinaus ist es dem Dienstherrn unbenommen, entsprechende Zuschläge zu gewähren, um die Attraktivität der begrenzten Dienstfähigkeit zu erhöhen. Von dieser Regelung haben bislang die Länder Hessen, Bayern und Baden-Württemberg Gebrauch gemacht. Diese Länder gewähren einen nicht ruhegehaltfähigen Zuschlag von 5 v.H. der Dienstbezüge, die der begrenzt Dienstfähige bei Vollzeitbeschäftigung erhalten würde, jedoch mindestens 220 Euro.

Differenzielle Migration, *differenzielle Wanderung, Selektivität der Migration.* – *1. Begriff:* D. in Bezug auf ein Merkmal liegt vor, wenn der Prozentsatz von Migranten, der in diese Kategorie fällt, sehr viel größer oder kleiner als der entsprechende Wert für die Vergleichsbevölkerung ist. – *2. Merkmale:* Meist bezieht sich die Analyse von Migrationsvorgängen nicht nur auf quantitative Sachverhalte, wie Wanderungshäufigkeit oder Stärke und Richtung von Wanderungsströmen, sondern auch auf demographische und sozial unterschiedliche Gruppierungen der Migranten. Maßzahlen der D. können z.B. für Eigenschaften wie Alter, Geschlecht oder Bildungsstand berechnet werden. Vgl. auch → Außenwanderung, → Binnenwanderung, → Migration, → Migrationsrate, → Wanderungssaldo.

Differenzierung. *1. Begriff:* Generierung einer aus Kundensicht einzigartigen Unternehmenseigenschaft. – *2. Strategische Einordnung:* Neben der → Kostenführerschaft und der → Fokussierung ist die D. eine der drei generischen → Geschäftsfeldstrategien nach Porter (siehe auch → Strategie). – *3. Methoden der D.:* Eine D. kann über den Preis, die Produktqualität, das Produktdesign, den Produktsupport oder Service, das Image (z.B. Markenname) oder den Distributionskanal erfolgen. – *4. Erfolgsfaktoren:* Eine D. kann nur erfolgreich sein, wenn die Kunden bereit sind, für das außerordentliche Leistungsmerkmal einen höheren Preis im Vergleich zu den Wettbewerbern zu zahlen. Die entsprechenden Mehrerlöse müssen mindestens die Kosten der Differenzierungsmaßnahme decken.

Directors-and-Officers-Versicherung. → D&O-Versicherung.

Direktabrechnung. *1. Begriff:* Häufig bei stationärer Behandlung genutzter direkter und unmittelbarer Abrechnungsweg zwischen der → privaten Krankenversicherung (PKV) und den (ärztlichen) Leistungserbringern im Gesundheitswesen – insbesondere zur Vereinfachung von Verwaltungsvorgängen. Dabei wird die D. i.d.R. nicht bei der Liquidation der Wahlleistung „Chefarztbehandlung", sondern nur bei den allgemeinen Krankenhausleistungen und der Wahlleistung „Ein-/ Zweibettzimmer" praktiziert. Das → Kostenerstattungsprinzip sowie der individuelle → Behandlungsvertrag zwischen Privatpatient und Leistungserbringer werden dabei von der D. weder ersetzt noch berührt. – *2. Rechtsgrundlage:* Die PKV kann nach dem neuen → Versicherungsvertragsgesetz (VVG) unmittelbar mit den niedergelassenen Ärzten oder Krankenhäusern abrechnen, wenn deren Privatpatienten dies wünschen (§ 192 III Nr. 5 VVG). Das Versicherungsvertragsgesetz sieht die D. als eine zusätzliche Dienstleistung vor. Bei Abschluss eines Versicherungsvertrags kann die PKV mit dem Versicherten die D. vereinbaren. – *3. D. bei stationärer Behandlung:* Bereits vor Inkrafttreten des neuen Versicherungsvertragsgesetzes zum 1.1.2008 wurde bei stationärer Behandlung die D. praktiziert. Der Versicherungsnehmer legitimiert sich gegenüber dem Krankenhaus mit Hilfe seiner ihm vom Krankenversicherungsunternehmen ausgestellten → Versichertenkarte für Privatversicherte, die einerseits eine Kostenübernahmegarantie enthält und damit den Versicherungsnehmer von den Zahlungsansprüchen des Krankenhauses freistellt, andererseits aber auch die Ermächtigung des Versicherungsunternehmens durch den Versicherungsnehmer dokumentiert, die Versicherungsleistungen unmittelbar an das Krankenhaus zu erbringen.

Direktanlage. → Direktbestand.

Direktanspruch. *1. Begriff:* Unmittelbarer Anspruch auf Schadensersatz, den ein Geschädigter (vom Pflichtversicherungsgesetz als Dritter bezeichnet) gem. § 3 Nr. 1 PflVG gegen das Versicherungsunternehmen – auch im Klagewege – geltend machen kann; auch dann, wenn das Versicherungsunternehmen gegenüber seinem Versicherungsnehmer von der Verpflichtung zur Leistung frei ist, § 3 Nr. 4 PflVG. Das Versicherungsunternehmen kann in diesem Fall seinen Versicherungsnehmer gem. § 3 Nr. 4 PflVG in Regress nehmen. Der D. wurde mit dem reformierten VVG über die → Kfz-Haftpflichtversicherung hinaus auf alle Pflicht-Haftpflichtversicherungen ausgeweitet (§ 115 VVG). – *2. Merkmale:* Unter bestimmten Voraussetzungen, z.B. wenn ein Dritter von dem von der Versicherungspflicht befreiten Fahrzeughalter Ersatz seines Schadens verlangen kann, kann es gem. § 3 Nr. 6 PflVG zur Abweisung des dem Geschädigten bzw. dessen Rechtsnachfolger zustehenden D. kommen. Der Umfang des D. ergibt sich regelmäßig nicht aus den Mindestversicherungssummen, sondern aus den meist höher vertraglich vereinbarten Versicherungssummen. Dem geschädigten Dritten bleibt es unbenommen, auch den Versicherungsnehmer bzw. den mitversicherten Fahrer in Anspruch zu nehmen.

Direktbestand, *Direktanlage.* – *1. Begriff:* Alle Vermögensgegenstände der → Kapitalanlage eines Unternehmens, die das Unternehmen direkt – ohne die Zwischenschaltung eines Fonds oder eines anderen → Anlagevehikels – hält. – *2. Würdigung:* Vorteile der Direktanlage gegenüber der indirekten Kapitalanlage sind u.a. geringere Transaktionskosten und bessere Steuerungsmöglichkeiten. Dem stehen erhöhte Kosten für die Bereithaltung eines → Asset Management einschließlich der konkreten Auswahl der Investitionen gegenüber. Die notwendigen Fachkenntnisse über die jeweiligen Märkte und Anlagealternativen müssen vom Investor, z.B. dem Versicherungsunternehmen, selbst vorgehalten werden.

Direkt gehaltene Immobilien. Liegenschaften, die unmittelbar im Eigentum des jeweiligen Investors, z.B. des Versicherungsunternehmens stehen. Siehe auch → Immobilien. Die → Kapitalanlage in D. erfordert aufgrund der mittel- bis langfristigen Haltedauer eine Liegenschaftsverwaltung, auch Immobilienvermögensverwaltung oder Property Management genannt. Diese Dienstleistung, die neben der Vermietung eines Objekts auch dessen Instandhaltung beinhaltet, wird i.d.R. vom Versicherungsunternehmen selbst erbracht, kann aber auch durch externe Dritte erfolgen. Die Steuerung des internen oder auch eines externen Dienstleisters erfolgt durch das → Asset Management. D. erfordern umfangreiche lokale Marktkenntnisse. Da nur sehr wenige, sehr große Versicherungsunternehmen international agieren, und damit auch in der Lage sind, ausländische Immobilienbestände professionell zu evaluieren, befinden sich D. überwiegend im Inland. Dies birgt die Gefahr fehlender → Diversifikation innerhalb des Portfolios.

Direktgutschrift. Verfahren zur Beteiligung der Versicherungsnehmer an den Überschüssen des → Lebensversicherungsunternehmens. Im Gegensatz zur Verteilung der Überschüsse nach der Feststellung des Geschäftsjahresergebnisses werden mit dem Verfahren der D. Teile des erwarteten Überschusses noch im Geschäftsjahr an die Versicherungsnehmer verteilt. Durch die D. werden die Versicherungsnehmer zeitnäher an den Überschüssen beteiligt, und die ausgewiesenen Jahresüberschüsse bzw. die Zuweisungen an die → Rückstellung für Beitragsrückerstattungen (RfB) werden dadurch reduziert. Die Höhe der D. eines Lebensversicherungsunternehmens lässt sich aus der → Gewinn- und Verlustrechnung (GuV) nicht ablesen, da die Aufwendungen in verschiedenen Posten enthalten sind.

Direktmarketing. *1. Begriff:* Marketingaktivitäten in direkter Interaktion zwischen

Direktregulierung 162

Anbieterunternehmen und → Kunden. – 2. *Erscheinungsformen:* a) → Direktvertrieb. – b) Direktwerbung: → Werbung per Post, Telefon oder Internet, die sich – grundsätzlich personalisiert – unmittelbar an vorhandene oder potenzielle Kunden richtet (vgl. auch → Adressbeschaffung). Für den Empfänger muss die Werbebotschaft eine eindeutige Handlung aufzeigen. – c) Dialog-Marketing: Direkte Ansprache ausgewählter (potenzieller) Kunden mit der Absicht, Antworten und einen Dialog zugunsten möglichst langfristiger Geschäftsverbindungen zu generieren.

Direktregulierung. *1. Begriff:* Regulierungspraxis in verschiedenen Ländern Europas (Belgien, Frankreich, Griechenland, Italien, Mazedonien, Spanien) bei Kfz-Haftpflichtschäden. – *2. Merkmale:* Bei der D. werden von Dritten verursachte Schäden an einem versicherten Fahrzeug nicht vom gegnerischen Haftpflichtversicherer reguliert, sondern zunächst vom eigenen Kfz-Haftpflicht- oder Kfz-Kaskoversicherer des Geschädigten. Der direktregulierende Versicherer nimmt dann das Versicherungsunternehmen des Schädigers pauschal auf der Basis eines entsprechenden Abkommens oder nach Sach- und Rechtslage in → Regress. Die Einführung der D. wurde in Deutschland zwar mehrfach intensiv diskutiert, jedoch mit Blick auf mögliche Wettbewerbsvorteile für die großen Versicherer bislang mehrheitlich von den Versicherungsunternehmen abgelehnt.

Direktversicherung. → Durchführungsweg der → betrieblichen Altersversorgung (bAV). Lebensversicherungsvertrag, den der Arbeitgeber als Versicherungsnehmer auf das Leben des Arbeitnehmers abgeschlossen hat (vgl. § 1b II BetrAVG). Das → Bezugsrecht haben – im Gegensatz zur → Rückdeckungsversicherung – der Arbeitnehmer und ggf. seine Hinterbliebenen.

Direktvertrieb. Methode der → Vertriebsgestaltung, bei der das Anbieterunternehmen die Produkte unmittelbar gegenüber den Endkunden vermarktet und absetzt, v.a. auf schriftlichem, telekommunikativem oder elektronischem Weg. I.Allg. (so im Handel) beschreibt der D. das Gegenstück zum indirekten Vertrieb, wo Zwischenhändler eingeschaltet sind; in der Versicherungswirtschaft wird der D. als Gegenstück zum → persönlichen Vertrieb verstanden. Bei Versicherungsprodukten ist D. nur begrenzt möglich, denn er setzt Produkte voraus, die – nach Preis und Leistung – ausreichend transparent sind und keiner personalunterstützten Bedarfsweckung oder Bedarfsdeckung bedürfen. Der D. ist ein Element des → Direktmarketing.

Direktzusage. → Durchführungswege der → betrieblichen Altersversorgung (bAV). Dabei sagt der Arbeitgeber einem oder mehreren Arbeitnehmern oder der Gesamtheit der Arbeitnehmerschaft Versorgungsleistungen zu und verpflichtet sich, diese Versorgungsleistungen selbst zu erbringen. Die Mittelansammlung erfolgt intern. Die Finanzierung erfolgt durch die handels- und steuerrechtliche Bildung von → Pensionsrückstellungen gem. § 249 HGB bzw. § 6a EStG. D. können mit versorgungsspezifischen Mittelanlagen wie z.B. → Rückdeckungsversicherungen gekoppelt werden.

Disagio, *Damnum, Abgeld, Ausgabeabschlag.* Differenz zwischen dem (niedrigeren) Preis einer Anlageposition und ihrem verbrieften Nennwert. (Analog: Differenz zwischen dem niedrigeren Auszahlungsbetrag bei einer Schuldposition und ihrem Nennwert.) Das D. wird in Geld oder in Prozent vom Nennwert ausgedrückt. Es kann vorausbezahlte Gebühren (z.B. Emissionskosten) und Provisionen (z.B. die Vertriebsprovision) enthalten. Während bei der Emission von Schuldverschreibungen häufig ein D. vereinbart wird, ist die Ausgabe von → Aktien unter dem Nennwert verboten. In der Bilanz des Gläubigers (Schuldners) wird der gesamte Rückzahlungsbetrag, d.h. der Nennwert der Schuldverschreibung, als Forderung (Verbindlichkeit) geführt. Das D. wird als passiver (aktiver) → Rechnungsabgrenzungsposten geführt, über die Laufzeit verteilt aufgelöst und pro rata in den Gewinn- und Verlustrechnungen von Gläubiger und Schuldner erfasst.

Discontinued Business. *1. Begriff:* Nicht mehr fortgesetztes Geschäft (→ Run off). – *2. Merkmale:* Beim D. gibt der → Erst- oder → Rückversicherer entweder einige Zweige seiner Aktivität auf oder stellt den gesamten Geschäftsbetrieb ein. Folglich wird das bislang gezeichnete Geschäft abgewickelt, bis alle Verbindlichkeiten erfüllt sind.

Discounted Cash flow, *diskontierter Zahlungsstrom. – 1. Begriff:* Kernelement unterschiedlicher Bewertungsverfahren, bei denen künftig zu erwartende Zahlungsströme auf den Bewertungsstichtag diskontiert werden. – *2. Merkmale:* Die zu diskontierenden Zahlungsgrößen stellen Nettogrößen dar, die um Kapitaleinlagen und Ertragsteuern bereinigt sind. Der Diskontierungsfaktor basiert i.allg. auf den → Kapitalkosten, die die Unsicherheit der künftigen Zahlungsströme berücksichtigen. – *3. Ziele:* D. dienen dazu, ein Unternehmen als Ganzes oder ein unternehmerisches Projekt zu bewerten. – *4. Verfahren:* a) Das Equity-Verfahren ermittelt den Wert des Eigenkapitals durch Diskontierung der an die Eigenkapitalgeber fließenden Zahlungen (Flow to Equity-Ansatz, kurz: FTE-Ansatz); – b) Das Entity-Verfahren berechnet zunächst den Wert des gesamten Kapitals, von dem der Wert des Fremdkapitals abgezogen wird, um zum Wert des Eigenkapitals zu gelangen. Dafür gibt es verschiedene Ansätze: (1) APV-Ansatz (APV = Adjusted Present Value); (2) WACC-Ansatz (WACC = → Weighted Average Cost of Capital); (3) TCF-Ansatz (TCF = Total Cash Flow).

Disease Management, *Disease-Management-Programm, Chroniker-Programm. – 1. Begriff:* Strukturierte Behandlung zur Verbesserung der medizinischen Versorgung spezieller chronischer Erkrankungen. Abgestimmte medizinische Behandlung eines definierten Krankheitsbilds auf der Grundlage wissenschaftlich abgesicherter Leitlinien. Bezieht sich damit auf die Krankheit als solche, nicht auf den einzelnen Krankheits- bzw. Patientenfall. Anders: → Case Management. Siehe auch → Managed Care. – *2. Merkmale:* D. bietet einen integrativen Ansatz, bei der die Behandlungs- und Betreuungsprozesse von Patienten über den gesamten Verlauf der chronischen Erkrankung und über die Grenzen der einzelnen Leistungserbringer hinweg im Sinne einer systematischen, evidenzbasierten, sektorübergreifenden und kontinuierlichen Versorgung koordiniert werden. Diagnostik und Therapie erfolgen auf der Basis von medizinischen Leitlinien und gesicherten medizinischen Erkenntnissen. Durch die koordinierte Behandlung und Betreuung sollen langfristig die Lebensqualität chronisch Kranker steigen und Folgekrankheiten vermieden werden. – *3. Wirkungsrichtungen:* Einflussnahme auf die a) Leistungserbringer: Abstimmung aller Beteiligten am Behandlungsprozess (z.b. → Hausarzt, → Krankenhaus, Pflegepersonal); – b) Leistungsempfänger: Bewirkung der von den Leistungserbringern empfohlenen Verhaltensänderungen und Behandlungen; Sensibilisierung der Leistungsempfänger für Abweichungen von vereinbarten Zielgrößen (bspw. bei Herzinsuffizienz von einem bestimmten Gewicht). – *4. Entwicklung:* Das D. wurde mit dem Gesetz zur Reform des Risikostrukturausgleichs in der gesetzlichen Krankenversicherung vom 10.12.2001 eingeführt. – *5. Umsetzung:* Dem D. liegt eine Standardisierung des Behandlungsprozesses unter Berücksichtigung der individuellen Patientencharakteristika zu Grunde. Da chronisch Kranke überdurchschnittliche Ausgaben verursachen, werden für Patienten, die in Disease-Management-Programmen eingeschrieben sind, eigene Ausgabenprofile im → Risikostrukturausgleich (RSA) gebildet. Dadurch erhalten die → Krankenkassen für diese Versicherten höhere Zahlungen aus dem RSA. Für die Auswahl geeigneter chronischer Erkrankungen zwecks Bildung von Chroniker-Programmen sind folgende Kriterien nach Gesetz zu berücksichtigen: Krankheitshäufigkeit, Krankheitskosten, sektorübergreifender Behandlungsbedarf, Verfügbarkeit evidenzbasierter Leitlinien sowie Beeinflussbarkeit des Krankheitsverlaufs durch Eigeninitiative des Versicherten. Der Gemeinsame Bundesausschuss hat zwischenzeitlich folgende chronische Erkrankungen zur Zulassung als Chroniker-Programme empfohlen: Diabetes mellitus Typ 1 und 2, Brustkrebs, Koronare Herzkrankheit sowie chronisch obstruktive Atemwegserkrankungen (Asthma bronchiale und chronisch obstruktive Lungenerkrankung, COPD). Will eine Krankenkasse ein Chroniker-Programm seinen Versicherten anbieten, schließt sie Verträge mit einer → Kassenärztlichen Vereinigung. Die Verträge müssen vom Bundesversicherungsamt (BVA) genehmigt werden. Zwischenzeitlich sind über eine Million Versicherte in Chroniker-Programmen der Krankenkassen eingeschrieben. Um die → Qualität der Durchführung der Chroniker-Programme transparent zu machen, müssen die Ärzte regelmäßig

Dokumentationsbögen ausfüllen, die zentral ausgewertet werden. Sie dienen auch der Evaluation der Programme. – *6. Auswirkungen:* Nach ersten Erkenntnissen hat sich die Behandlungsqualität bei eingeschriebenen Patienten verbessert. Die Teilnahme der Versicherten an den Chroniker-Programmen ist freiwillig, wird jedoch i.d.R. durch Bonusgewährung seitens der Krankenkassen gefördert. – *7. Probleme:* Die Verknüpfung der Chroniker-Programme mit dem RSA hat die bürokratischen Anforderungen deutlich erhöht, was zu vielfältiger Kritik insbesondere der Ärzteschaft geführt hat. – *8. Ausblick:* Deshalb hat der Gesetzgeber im GKV-Wettbewerbsstärkungsgesetz beschlossen, den RSA in Richtung eines direkten Morbiditätskostenausgleiches weiter zu entwickeln. Für die Durchführung von Chroniker-Programmen sollen die Krankenkassen dann nur noch eine Management-Pauschale erhalten.

Diskontierte Zahl der Lebenden. Rechengröße zur Bestimmung versicherungsmathematischer Werte. Zu einem gegebenen Diskontierungsfaktor v und einer → Absterbeordnung (l_0, l_1, l_2...) wird zu jedem Alter x und zu jeder Zahl l_x der Überlebenden des Alters x die D. berechnet, mit $D_x = l_x \cdot v^x$. Damit können auch komplexe versicherungsmathematische Werte ohne Anwendung der Potenzrechnung durch Verwendung der vier Grundrechenarten ermittelt werden. Als noch keine Computer mit den heutigen Rechenleistungen zur Verfügung standen, waren die D. unverzichtbare Hilfsgrößen zur Berechnung versicherungsmathematischer Werte für umfangreiche Versicherungsbestände. Siehe auch → diskontierte Zahl der Toten.

Diskontierte Zahl der Toten. Rechengröße zur Bestimmung versicherungsmathematischer Werte. Zu einem gegebenen Diskontierungsfaktor v und einer → Absterbeordnung (l_0, l_1, l_2...) wird zu jedem Alter x und zu jeder Zahl d_x der Verstorbenen des Alters x die D. berechnet, mit $C_x = d_x \cdot v^x$. Damit können auch komplexe versicherungsmathematische Werte ohne Anwendung der Potenzrechnung durch Verwendung der vier Grundrechenarten ermittelt werden. Als noch keine Computer mit den heutigen Rechenleistungen zur Verfügung standen, waren die D. unverzichtbare Hilfsgrößen zur Berechnung versicherungsmathematischer Werte für umfangreiche Versicherungsbestände. Siehe auch → diskontierte Zahl der Lebenden.

Diskontierung. → Abzinsung.

Distribution. Bereitstellung und Abgabe von Produkten. Aspekt und Element der → Vertriebsgestaltung.

Diversifikation. Instrument der → Risikohandhabung. a) Allgemein: Auffächerung des Unternehmensprogramms bzw. der Geschäftsfelder (Produkte bzw. Produktgruppen, Kunden bzw. Kundengruppen, Geschäftsgebiete, Vertriebskanäle). – b) Risikotheoretisch: Effekt, dass die Aufteilung eines Budgets auf mehrere nicht perfekt miteinander korrelierte Einzelpositionen das hieraus resultierende Gesamtrisiko (gemessen an der Standardabweichung) im Vergleich zur Investition in eine einzelne Position gleicher Risikostruktur vermindert. Auch der Vorgang des Aufteilens von Anlagebudgets selbst wird als D. oder Diversifizieren bezeichnet. In der versicherungsspezifischen Fachsprache wird synonym der Begriff des → Risikoausgleichs im Kollektiv verwendet.

Dokumentationspflicht. → Beratungs- und Dokumentationspflicht.

Dokumentenservice. Hilfe bei der Ersatzbeschaffung von persönlichen Dokumenten, wie z.B. Pass, Führerschein oder Kreditkarten, in Fällen von Verlust und Diebstahl. Häufig ist dieser Service mit der Speicherung und/ oder Sicherung von Kopien persönlicher Dokumente in einem Dokumentendepot verbunden. Im Notfall werden die im Vorfeld hinterlegten Kopien an den Betroffenen versandt. Der D. findet sich oft als Bestandteil in → Schutzbriefen oder Mehrwert- und Kreditkartenprogrammen wieder. Siehe auch → Assistance.

Doppelkarte. Veraltete Bezeichnung für → Versicherungsbestätigung.

Doppelversicherung. Der Begriff D. wurde im Zuge der VVG-Reform durch den präziseren Begriff der → Mehrfachversicherung ersetzt und ist nunmehr in §§ 78, 79 VVG geregelt. Sachlich stimmt § 78 VVG mit § 59 VVG a.F. überein.

Dotierungsrahmen. Definiert den gesamten Verpflichtungsumfang des Arbeitgebers in der → betrieblichen Altersversorgung (bAV). Mit dem D. sollen die künftigen Lasten aus dem Versorgungsversprechen gemessen und begrenzt werden. Es gibt verschiedene Berechnungsmethoden. Gebräuchlich ist u.a. die Berechnung über einen versicherungsmathematischen Barwert. Da die arbeitgeberfinanzierte bAV grundsätzlich eine freiwillige Sozialleistung ist, legt der Arbeitgeber den D. einseitig fest.

Double gearing. *1. Begriff:* Finanzwirtschaftlicher Effekt in Versicherungskonzernen, der darin besteht, dass Teile des → Eigenkapitals einer Obergesellschaft über den Erwerb bzw. das Halten von Beteiligungen an Untergesellschaften an diese weitergegeben und dort weitere Male als Eigenkapital und somit als → Eigenmittel genutzt werden. – *2. Probleme:* Im Rahmen der Überwachung der → Konzernsolvabilität übersteigt aufgrund des D. die Summe der Eigenmittel bei den einzelnen Versicherungsunternehmen die Eigenmittel des Gesamtkonzerns. Daher muss auf Konzernebene eine bereinigte → Solvabilität unter Eliminierung des D. ermittelt werden.

Double Trigger-Deckung. *1. Begriff:* Konzept innerhalb der traditionellen Rückversicherung, aber auch der → Finanzrückversicherung bzw. des → Alternativen Risikotransfers. Voraussetzung für eine Entschädigungszahlung ist die gleichzeitige Realisierung von zwei Ereignissen („triggering events"). Je nach Zielsetzung können entweder beide Trigger (→ Schadentrigger bzw. → Indemnity Trigger) aus der Versicherungstechnik stammen (z.B. Höhe der Einzelschadens > 10 Mio. Euro und Höhe der Schäden über die Vertragsperiode > 50 Mio. Euro) oder zumindest ein nichtversicherungstechnisches Ereignis, etwa eine bestimmte Wertveränderung des Kapitalanlageergebnisses, kann als Trigger definiert sein, um eine Leistungspflicht (des Rückversicherers) auszulösen. Im Beispielfall wird der Schutz vor besonderen versicherungstechnischen Risikoereignissen (sog. Shock Losses) mit möglichen Verlusten auf der Aktivseite der Bilanz gekoppelt. – *2. Ziele:* Die Berücksichtigung von Wechselwirkungen zwischen Versicherungstechnik (Passivseite der Bilanz) und Nichtversicherungstechnik (Aktivseite der Bilanz) unterstützt ein integriertes bzw. übergreifendes Risikomanagement. Auch Industrieunternehmen können daran interessiert sein, ihre Versicherungsprogramme z.b. mit Preisänderungsrisiken in ihren Märkten zu kombinieren. Beispiel: Die Deckung aus einer traditionellen Versicherungspolice wird mit einer vorab definierten Entwicklung von Rohstoff- oder Devisenmärkten verknüpft. Durch die Kombination mehrerer Schadeneintrittsvoraussetzungen sinkt die Wahrscheinlichkeit einer Schadenzahlung, was eine Reduzierung der Versicherungsprämie für das Unternehmen ermöglicht. – *3. Problematik:* Komplexe Bestimmung des Risikopreises sowie hohe Anforderungen an die Trigger-Gestaltung und bilanzielle Verbuchung. – *4. Abgrenzung:* Bei sog. Dual-Trigger-Deckungen ist die Leistungspflicht vom Eintritt nur eines Ereignisses aus den zwei vorab definierten Ereignissen abhängig. Werden mehr als zwei Ereignisse definiert, liegen sog. → Multiple-Trigger-Deckungen vor. Siehe auch → Alternativer Risikotransfer.

Downgrade. Herabstufung des → Ratings durch eine → Ratingagentur in eine niedrigere → Ratingstufe, z.B. von A zu A- (→ Ratingskala). Gegenteil: → Upgrade. Die Änderung des immer mit einem Rating verbundenen → Outlook mit den potenziellen Ausprägungen „positive", „stable" oder „negative" gilt nicht als Ratingänderung.

Down-Grade-Clause. *1. Begriff:* Ermöglicht es dem → Erstversicherer, je nach Ausgestaltung der D. gelegentlich auch dem → Rückversicherer, den Rückversicherungsvertrag außerordentlich sofort zu kündigen oder den Anteil des Rückversicherers an dem übernommenen Risiko zu reduzieren. Teilweise kann auch bestimmt werden, dass ab Inanspruchnahme der D. Sicherheiten für die in Kraft befindlichen Risiken bzw. Schadenrückstellungen zu leisten sind – *2. Merkmale:* Dies gilt für den Fall, dass das für eine Gesellschaft vergebene Rating von einer oder mehreren Rating-Agenturen auf einen bestimmten Punkt oder um eine festgelegte Anzahl von Stufen herabgesetzt wurde.

Dread Disease, *Critical Illness.* – *1. Begriff:* Schwere Krankheit, im deutschen Sprachgebrauch i.d.R. im Zusammenhang mit einer gleichnamigen → Lebensversicherung verwendet, deren Versicherungssumme (oder Teile davon) nicht nur im Todesfall der versicherten Person, sondern auch bereits bei der Diagnose einer im Vertrag beschriebenen schweren Erkrankung auf einmal ausgezahlt wird. Die Grundidee der Dread Disease-Versicherung stammt aus dem angelsächsischen Raum und sollte für einen schwer Erkrankten die Möglichkeit schaffen, sich die angemessene ärztliche Behandlung leisten zu können. Die Dread-Disease-Versicherung kann als Haupt- oder Zusatzversicherung abgeschlossen werden. – *2. Versicherungsfall:* Der Versicherer leistet, wenn der Versicherte eine von mehreren definierten Krankheiten erleidet. Welche Krankheiten versichert sind, ist je nach Anbieter und Tarif sehr unterschiedlich. Zu den klassischen Krankheiten zählen insbesondere Erblindung, Herzinfarkt, Krebs, Lähmungen, Multiple Sklerose, Nierenversagen, Organtransplantation und Schlaganfall. Die Anzahl, Arten und versicherungsrelevanten Definitionen der versicherten Risiken variieren demnach und sind von Gesellschaft zu Gesellschaft unterschiedlich. Manche Tarife enthalten bspw. lediglich fünf Krankheitsbilder, andere bis über 40. Im Gegensatz zur → Berufsunfähigkeitsversicherung, bei der ein Anspruch auf Leistung geprüft werden muss, leistet die Dread Disease-Versicherung automatisch bei Vorliegen des ärztlichen Befunds. Dabei ist es nicht relevant, ob der Versicherte nach seiner Genesung wieder voll berufsfähig oder in seiner Arbeitskraft eingeschränkt ist. – *3. Versicherungsleistungen:* Im Gegensatz zu einer Berufsunfähigkeitsversicherung oder einer → Erwerbsunfähigkeitsversicherung wird keine monatliche Rente ausgezahlt, sondern i.d.R. eine fest vereinbarte Versicherungssumme einmalig nach der Diagnosestellung, unabhängig davon, ob die Arbeitskraft der versicherten Person eingeschränkt ist oder nicht. – *4. Marktverhältnisse:* Die Dread Disease-Versicherung ist besonders in angelsächsischen Märkten und generell in Ländern ohne flächendeckende Gesundheitsversorgung verbreitet. Es existieren zahlreiche verschiedene Produkte, die sich primär in der Anzahl der versicherten Krankheitsbilder, in den Leistungen, Beiträgen und in den Versicherungsbedingungen unterscheiden (z.B. Wartezeiten, Karenzzeiten u.a.). – *5. Würdigung:* Da die Diagnose einer der o.a. schweren Erkrankungen oftmals zum Tod führt und erhebliche finanzielle Belastungen zur Folge haben kann, die u.U. nicht von einer Krankenversicherung abgedeckt sind, ist die vorzeitige (Teil-)Leistung aus einem Lebensversicherungsvertrag durchaus sinnvoll. Als alleinige Absicherung wird die Dread Disease-Versicherung allerdings nicht allen Bedarfssituationen gerecht. So sichert sie z.B. nicht alle Ursachen ab, die zu einer → Berufsunfähigkeit führen können. Schädigungen des Bewegungsapparats, allgemeine Herz-Kreislauferkrankungen oder seelische Störungen bleiben unversichert. Ideal ist es deshalb, sie in Kombination mit einer Berufsunfähigkeitsversicherung abzuschließen.

Drei-Säulen-Modell. I. Altersvorsorge: *1. Begriff:* Bezeichnung für das traditionelle Konzept zur Klassifizierung der deutschen → Altersvorsorge. – *2. Struktur:* Das D. teilt einzelne Instrumente der Altersvorsorge nach den Trägern in einzelne Säulen auf. Als erste Säule fungieren alle Instrumente der staatlichen Altersvorsorge, also v.a. die → gesetzliche Rentenversicherung, die → Beamtenversorgung und die berufsständischen Versorgungswerke, während die zweite Säule alle Vorsorgebemühungen im Rahmen der → betrieblichen Altersvorsorge umfasst. Die dritte Säule wird durch alle Formen der privaten, individuellen Altersvorsorge gebildet. So gehört ein Vertrag im Rahmen der → Riester-Rente zur zweiten Säule, wenn er über den Arbeitgeber abgeschlossen wurde, jedoch zur dritten Säule, wenn der Vertragsabschluss persönlich bei einem Finanzdienstleister getätigt wurde. Somit lässt sich das D. auch nach der Trägerschaft ordnen. Die erste Säule wird von staatlichen Organisationen bzw. Körperschaften des öffentlichen Rechts getragen, während die zweite Säule von Arbeitgebern und die dritte Säule von privatwirtschaftlichen Anbietern bzw. den sparenden Individuen selbst gebildet werden. II. Versicherungsaufsicht: → Solvency II.

Drei-Schichten-Modell. *1. Begriff:* Einteilung der → Altersvorsorge nach dem im Jahr 2005 in Kraft getretenen → Alterseinkünftegesetz in drei Schichten: → Basisversorgung, → Zusatzversorgung und → private Altersvorsorge, letztere mit privaten Kapitalanlageprodukten. (Früher: → Drei-Säulen-Modell). Das Alterseinkünftegesetz geht auf ein Urteil des Bundesverfassungsgerichts vom März 2002 zurück, das die unterschiedliche Besteuerung von Renten und Pensionen für verfassungswidrig erklärt hat. Die drei Schichten der Altersvorsorge unterscheiden sich nunmehr hinsichtlich ihrer staatlichen Förderung, insbesondere der steuerrechtlichen Behandlung, sowie ihrer vorzeitigen Liquidierbarkeit. – *2. Struktur:* Die einzelnen Schichten sind wie folgt zusammengesetzt: (1) Die erste Schicht umfasst Produkte der Basisversorgung. Dazu gehören Leistungen aus der → gesetzlichen Rentenversicherung, aus berufsständischen Versorgungswerken, aus landwirtschaftlichen Alterskassen und aus der kapitalgedeckten Basisrente (→ Rürup-Rente), die nicht beleihbar, nicht vererbbar, nicht veräußerbar, nicht übertragbar und nicht kapitalisierbar sind. Diese Produkte unterliegen vollständig der → nachgelagerten Besteuerung. – (2) Die zweite Schicht ist die → kapitalgedeckte Zusatzversorgung. Sie umfasst die → betriebliche Altersversorgung (bAV) und die staatlich geförderte private Zusatzvorsorge (→ Riester-Rente). Auch auf dieser zweiten Schicht greift die nachgelagerte Besteuerung. – (3) Die dritte Schicht ist die private Vorsorge. Dazu gehören weitere, nicht unter die staatliche Förderung fallende private Kapitalanlageprodukte, wie die klassische → private Rentenversicherung, die → Kapitallebensversicherung und Fondssparpläne (vgl. auch → fondsgebundene Lebensversicherung, → fondsgebundene Rentenversicherung). Beiträge zu diesen Produkten werden aus bereits versteuertem Einkommen gezahlt (vgl. auch → vorgelagerter Besteuerung).

360°-Feedback, *360°-Review, 360°-Audit.* – *1. Begriff:* Analysemethode, die auf individuelle Managementfähigkeiten und Entwicklungspotenziale von Führungskräften, bezogen auf die Anforderungen ihres Unternehmens, fokussiert. – *2. Ziele und Methodik:* Beim 360°-F. wird die Kompetenz der Führungskraft einem Selbstbild- und Fremdbildabgleich unterzogen. Neben den Vorgesetzten geben je nach Art des Verfahrens auch Kollegen, Kunden und Mitarbeiter der Führungskraft ein Feedback zu Kriterien, die als → Schlüsselqualifikationen für die relevanten Managementtätigkeiten identifiziert wurden. Entwickeln, Verteilen und Auswerten der Feedback-Bögen erfolgt durch einen neutralen Berater. – *3. Probleme:* Die Anwendung des 360°-F. ist eher „reifen" Organisationen mit offener Kommunikationskultur vorbehalten. Das 360°-F. bedarf einer engen Absprache mit der betroffenen Führungskraft. Um Konflikte zu vermeiden, sollten die Objektivität und eine „unparteiliche" Verfahrensweise gewährleistet sein. – *4. Ergebnis:* Feedback-Gespräch zwischen der betroffenen Führungskraft und dem Berater. Die Führungskräfte erhalten das Feedback in anonymer und zusammengefasster Form.

Drohverlustrückstellung. → Rückstellung für drohende Verluste aus schwebenden Geschäften.

DRS. Abk. für → Deutsche Rechnungslegungsstandards (DRS).

DRSC. Abk. für → Deutsches Rechnungslegungs Standard Committee (DRS).

DSR. Abk. für → Deutscher Standardisierungsrat

DTV, *Deutsche Transport-Versicherer.* 1914 als „Deutscher Transport-Versicherungs-Verein" gegründeter Fachverband. 1995 im Verband der Schadenversicherer und 1996 im → Gesamtverband der Deutschen Versicherungswirtschaft e.V. (GDV) aufgegangen. Seine Aufgaben werden derzeit innerhalb des GDV durch verschiedene Arbeitsgruppen im Fachausschuss Gewerbe/ Industrie wahrgenommen. Wegen der international hohen Bekanntheit des DTV firmieren die vom GDV herausgegebenen und gepflegten Musterbedingungen weiterhin unter der Bezeichnung „DTV-Klauseln".

Dualer Studiengang. → Ausbildungsintegriertes Studium.

Duales Krankenversicherungssystem. *1. Begriff:* Krankenversicherungssystem, das gesetzliche und private Absicherungsmöglichkeiten für den Krankheitsfall erlaubt. – *2. Ausprägungen:* a) D. mit der Möglichkeit, eine → private Krankenversicherung (PKV) in Form einer → Krankheitskostenvollversicherung als Alternative (Substitut) zur → gesetzlichen Krankenversicherung (GKV) abzuschließen (z.B. Deutschland, Niederlande). – b) D. ohne die Möglichkeit, eine PKV in Form einer Krankheitskostenvollversicherung als Alternative (Substitut) zur GKV abzuschließen. Der Abschluss einer PKV ist dann nur als → Zusatzversicherung möglich (z.b. Frankreich, Großbritannien, Luxemburg, Österreich und Portugal). Die zweite Ausprägung liegt z.b. vor, wenn die GKV aus Steuermitteln finanziert wird und sich deshalb einzelne Steuerzahler der Erbringung von Beiträgen nicht entziehen können sollen. Unbenommen bleibt aber auch dann der Abschluss einer zusätzlichen privaten Krankheitskostenvollversicherung.

Due Diligence. *1. Begriff:* Die „gebotene" Sorgfalt. – *2. Merkmale:* Zumeist im Rahmen einer Kapitalmarkttransaktion oder bei Fusionen und Unternehmensakquisitionen durchgeführte Maßnahme der Bestands- und Risikoprüfung einer Gesellschaft, die u.a. die Überprüfung der finanziellen, rechtlichen und steuerlichen Situation beinhaltet.

D&O-Versicherung, *Directors-and-Officers-Versicherung.* – *1. Begriff:* Spezielle Form der → Vermögensschadenhaftpflichtversicherung, durch die ein Unternehmen die Mitglieder seiner Geschäftsleitung und/ oder ggf. seines Aufsichtsrats gegen eine Inanspruchnahme wegen spezifischer Sorgfaltspflichtverletzungen sowohl von innen (Ansprüche des Unternehmens selbst) als auch von außen (Ansprüche Dritter) absichert. – *2. Merkmale:* Es gilt das sog. → Claims made-Prinzip, d.h. Versicherungsfall ist die Anspruchserhebung durch das Unternehmen bzw. durch den Dritten. – *3. Geschichte:* I.Allg. gelten die USA als Ursprungsland für dieses Versicherungskonzept. Auf dem deutschen Markt wurde erstmalig 1986 eine D. angeboten.

Dunkelverarbeitung. Teil eines → Geschäftsprozesses innerhalb des → elektronischen Dokumentenmanagement im Anschluss an das Scannen und Klassifizieren (→ Indizierung) von Dokumenten. Nach der Indizierung mittels automatisierter Prüfmechanismen und Prozessabfolgen fallabschließende Bearbeitung eines → Geschäftsvorfalls durch das Softwaresystem. Durch den fehlenden Eingriff eines Mitarbeiters und für diesen nicht sichtbar (im „Dunkeln") erfolgende Erledigung erhält diese Form der Geschäftsvorfall-Bearbeitung ihren Namen.

Duration. *1. Begriff:* Sensitivitätskennzahl für die durchschnittliche Kapitalbindungsdauer einer festverzinslichen → Kapitalanlage. Die D. bezeichnet den mit den jeweiligen Barwerten gewichteten durchschnittlichen Zeitpunkt der Rückflüsse aus der Kapitalanlage und kann daher auch als mittlere Laufzeit interpretiert werden. Sie wird in Jahren angegeben. – *2. Konzept und Würdigung:* Das Konzept der D. wurde 1938 von Frederic Macaulay entwickelt und oftmals auch als Macaulay-Duration bezeichnet. Soweit die Marktparameter (Zinsannahmen, Credit Spreads etc.) unverändert bleiben, unterliegt der Endwert einer festverzinslichen Kapitalanlage zum Berechnungszeitpunkt keinem → Zinsrisiko. Eine Zinserhöhung führt dem gegenüber letztendlich immer zur Steigerung des Endwerts. Zwar führt die Zinserhöhung einerseits zu sinkenden Kursen und damit zu einem sinkenden Barwert der gegebenen Kapitalanlage. Andererseits erhöhen sich aber gleichzeitig unter der Reinvestitionsannahme die zukünftigen Zahlungen, d.h. die Wiederanlagen der Zinsausschüttungen erfolgen bei den Fälligkeiten zu einem höheren Kupon, was zu einem höheren Endwert führt. Der Diskontzins zur Berechnung des Barwerts entspricht dem Kupon auf die Wiederanlage. Eine Zinssenkung hat gegenläufige Auswirkungen. So gehen mit einem steigenden Barwert des Investments geringere künftige Zinszahlungen aus den Wiederanlagen und damit ein sinkender Endwert der Anlage einher. Die Macauly-Duration nimmt einen linearen Zusammenhang zwischen Zinsänderungen und Änderungen des Marktwerts einer Anlage an. Auf dieser Basis ergibt sich die Marktwertänderung einer Anlage als $\Delta P = -D * \Delta r$ (mit: P = Marktpreis, D = Duration, r = Zinssatz). Die Annahme eines linearen Zusammenhangs zwischen der Zinsänderung und der Wertänderung führt jedoch tendenziell zu einer Unterschätzung der Wertänderung, da beobachtbare Zusammenhänge i.d.R. konvexer Natur sind. Dieser Effekt der Unterschätzung verstärkt sich mit der Vergrößerung der Zinsänderung. – *3. Modifizierte D. (Hicks-Duration):* Um die relative Abhängigkeit eines Kurses vom Marktzinsniveau zu ermitteln, wird die modifizierte D. verwendet. Sie gibt die prozentuale Veränderung des Anleihekurses bei einer Zinsänderung um 1 % an und kann daher als Maß für die Zinselastizität einer Anlage gesehen werden (→ Elastizität). Die modifizierte D. entspricht dem Quotienten aus der Macaulay-Duration und dem Zinssatz, formell: -D *

Δr/r. – *4. Portfolioduration:* Mit Hilfe der Portfolioduration kann die Zinsabhängigkeit eines gesamten Portfolios ermittelt werden. Dazu werden zunächst die D. der im Portfolio enthaltenen Titel bestimmt und diese anschließend mit ihrem Anteil am Portfoliogesamtwert gewichtet.

Durchführungswege. Varianten der → betrieblichen Altersversorgung (bAV).

Durchgriffshaftung. Von der Rechtsprechung in Ausnahmefällen entwickelte Haftung des Gesellschafters für Verbindlichkeiten der Kapitalgesellschaft. In der → betrieblichen Altersversorgung (bAV) in der Variante des Berechnungsdurchgriffs von Belang. In besonderen Situationen kann ein Arbeitgeber trotz schlechter wirtschaftlicher Lage zur → Rentenanpassung (siehe auch → Anpassungsprüfung) nach § 16 I BetrAVG verpflichtet sein, wenn die wirtschaftliche Lage der Konzernmutter gut ist.

Durchschnittsverzinsung. → Laufende Durchschnittsverzinsung.

DV-Design. Legt die technische Lösung des Software-Systems definitiv im Detail fest. Das Hauptaugenmerk im D. richtet sich auf die Umsetzung der (fachlichen) Funktionen in Programmmodule, der Prozesse in Workflow-, Vorgangs- und Dialog-Ablaufsteuerungs-Informationen und des logischen Datenmodells in das (technische) physische Datenmodell.

Dynamic Financial Analysis (DFA), *Dynamische Finanzanalyse.* – *1. Begriff:* Instrument zur ganzheitlichen und zielgerichteten Analyse der Finanz- und Risikolage eines Unternehmens im Zeitablauf. Die DFA ermöglicht im Versicherungsbereich neben der Evaluation des → versicherungstechnischen Risikos und der Rückversicherungsstruktur auch die Analyse des → Kapitalanlagerisikos und der Auswirkungen dieser Risiken auf den → Unternehmenswert und auf die Risikosituation des Versicherungsunternehmens als Ganzes. Im Gegensatz zu traditionellen → Szenarioanalysen basiert die DFA auf stochastischen Modellen, d.h. die Prognose der zukünftigen Finanz- und Risikolage findet mittels → stochastischer Simulationen statt. – *2. Prozessphasen:* 1) Modellierung der Risikofaktoren, 2) stochastische Simulation alternativer Anlage-, Finanzierungs- oder Rückversicherungsentscheidungen (Szenariogenerator), 3) Analyse der Ergebnisse und Optimierung, 4) Entscheidungsfindung.

Dynamische Lebensversicherung. → Lebensversicherung mit dem Recht des Versicherungsnehmers, jährlich die → Beiträge um einen festen Prozentsatz oder gemäß einer anderen objektiven Größe anheben zu dürfen und entsprechend der Restlaufzeit des Vertrags höhere Leistungen zu erhalten, ohne sich einer erneuten → Gesundheitsprüfung unterziehen zu müssen. Häufig werden die Beiträge einer D. entsprechend der Steigerung des Höchstbeitrags zur → gesetzlichen Rentenversicherung (GRV) angehoben. Dadurch sollen der privat finanzierte Teil der → Altersvorsorge mit den Aufwendungen für die GRV Schritt halten und einer wirtschaftlichen Aushöhlung der privaten Altersvorsorge entgegengewirkt werden.

Dynamisierung der Rente. *1. Begriff:* Bezeichnung für die Anpassung des → aktuellen Rentenwerts an die gesamtwirtschaftliche Entwicklung in der → gesetzlichen Rentenversicherung (GRV). – *2. Merkmale:* Primär ist die Fortschreibung des aktuellen Rentenwerts an die Entwicklung der Bruttolohn- und Gehaltssumme, d.h. an die Wachstumsrate der Zahl der Erwerbstätigen und der Bruttolohnhöhe, gekoppelt. Steigt die Gehaltssumme, steigt auch der aktuelle Rentenwert. Korrigierend werden im Rahmen des sog. „Riester-Faktors" auch Änderungen des → Beitragssatzes sowie des Altersvorsorgeanteils berücksichtigt, wodurch der private Aufwand für die staatlich geförderte zusätzliche → Altersvorsorge erfasst wird. Der „Riester-Faktor" liegt ab 2009 bei 4 % des Arbeitseinkommens. Ein steigender Beitragssatz und ein steigender Altersvorsorgeanteil führen dabei zu einer Reduktion des aktuellen Rentenwerts. Zusätzlich wird in Form des → Nachhaltigkeitsfaktors die Änderung des Rentenquotienten bei der → Rentenanpassung einbezogen.

E

Earnings Before Interest and Taxes (EBIT), *Gewinn vor Zinsaufwendungen und Steuern.* – *1. Begriff:* Gewinnkennzahl, die das Jahresergebnis eines Unternehmens vor Zinsaufwendungen, Steuern und dem außerordentlichen Ergebnis darstellt. Basierend auf der Gliederung der handelsrechtlichen Gewinn- und Verlustrechnung lässt sich der EBIT, vom Jahresüberschuss ausgehend, folgendermaßen berechnen:

	Jahresüberschuss
+/-	Außenordentliches Ergebnis
+/-	Ertragsteuern
+	Zinsaufwendungen
=	EBIT

– *2. Merkmale und Anwendungsbereiche:* Der EBIT repräsentiert die operative Erfolgskraft eines Unternehmens unabhängig von dessen Kapitalstruktur. – *3. Anwendung:* Mit Hilfe des EBIT können die Ergebnisse verschiedener Jahre oder Unternehmensbereiche ohne Verzerrung durch den Verschuldungsgrad, schwankende Steuersätze oder außerordentliche Einflussfaktoren verglichen werden.

E-(Based)-Learning, *E-Learning, elektronisch unterstütztes Lernen.* – *1. Begriff:* Sammelbezeichnung für alle Formen von Lernen, bei denen digitale Medien für die Präsentation und Distribution von Lernmaterialien und/ oder zur Unterstützung zwischenmenschlicher Kommunikation zum Einsatz kommen (Definition von Michael Kerres). – *2. Merkmale:* Laut Definition des Fernunterrichtsschutzgesetzes (FernUSG) ist Fernunterricht die Wissensvermittlung in überwiegender räumlicher Trennung von Lehrer und Lernenden. Hierbei ist die Lernmethode, nicht das Lernmedium ausschlaggebend. Sobald E. der beruflichen Fortbildung dient und tutoriell betreut wird, handelt es sich um Fernunterricht, und dann wird in Deutschland eine Zulassung durch die Staatliche Zentralstelle für Fernunterricht (ZFU) benötigt. Die überwiegende Zahl aller Fernschulen unterstützt ihre Fernlehrgänge mittlerweile elektronisch. Damit verwischt die Grenze zwischen klassischem Fernunterricht und E-(Based)-Learning. Die Konzeption und Entwicklung von E.-Angeboten erfordert vielfältige Kompetenzen. E-Learning-Experten müssen in der Lage sein, E-(Based)-Learning-Angebote zu planen, einzuführen und durchzuführen. Sie benötigen neben den relevanten Fachkenntnissen auch Kenntnisse aus den Gebieten der Informatik, Betriebswirtschaftslehre, Mediengestaltung und Mediendidaktik. – *3. Lernformen:* E. tritt u.a. in folgenden Lernformen auf: a) → Computer-Based-Training, – b) → Web-Based-Training, – c) → Blended Learning, – d) Learning Communities, – e) Virtual Classroom (virtuelles Klassenzimmer), – f) Videokonferenz (Teleteaching), – g) Learning-Management-Systeme, – h) Business-TV, – i) 3D-Infrastruktur-Plattformen. – *4. Entwicklungen:* Im Rahmen des E. entwickelten sich inzwischen berufsbegleitende Masterstudiengänge (vgl. → Master), wie "eLearning und Wissensmanagement" oder "Medien und Bildung".

EBIT. Abk. für → Earnings Before Interest and Taxes.

E-Business, *Electronic Business.* Oberbegriff für alle elektronischen Geschäftsaktivitäten. Beim E. können Geschäftsaktivitäten schnell, weltweit und kundenorientiert erfolgen und geschäftsrelevante Daten zwischen Systemen und Unternehmen ausgetauscht werden. Kunden, Lieferanten, Administrationen und Behörden können über speziell eingerichtete Netzwerke kooperieren und Wertschöpfungsketten aufbauen. Die Kommunikation erfolgt über elektronische Netze, die drahtgebunden oder drahtlos arbeiten können. Die typische Plattform für das E. ist das Internet. Siehe auch → E-Commerce.

EC-Betriebsunterbrechungsversicherung. → Extended Coverage-Betriebsunterbrechungsversicherung.

Eckwertzusage. Einem bestimmten Einkommen (Richteinkommen) wird in der → betrieblichen Altersversorgung (bAV) ein definierter Zusagebetrag pro Dienstjahr zugeordnet. Die tatsächliche Versorgungsleistung ist davon abhängig, in welchem Verhältnis das ruhegeldfähige Gehalt des Begünstigten zu diesem Richteinkommen steht. Als Richteinkommen wird häufig eine dynamische Größe (z.B. Gehaltsstufe oder → Beitragsbemessungsgrenze) gewählt.

E-Commerce, *Electronic Commerce.* – *1. Begriff:* → Vertrieb von (Versicherungs-)Produkten unter Verwendung von elektronischen Datennetzen (i.d.R. das Internet). – *2. Merkmale:* Durch E. wird es den Kunden ermöglicht, die angebotenen Produkte ausschließlich unter Nutzung von elektronischen Datennetzen zu beziehen. Rechtlich gelten für den Absatz über das Internet die Regelungen für → Fernabsatzgeschäfte. – *3. Bedeutung:* Für einige Versicherer, namentlich für die Internetversicherer, stellt der E. den zentralen → Vertriebskanal dar. Solcherart Direktversicherer bieten das gesamte Produktportfolio über Internetplattformen zum Abschluss an. Andere Versicherer nutzen diesen Kanal teilweise nur für ein eingeschränktes Produktfeld, das weniger beratungsintensiv ist. Siehe auch → E-Business.

Economic Value Added (EVA$^®$). *1. Begriff:* EVA$^®$ ist ein von der Unternehmensberatung Stern Stewart & Co entwickeltes und in vielen Unternehmen eingesetztes Performance-Maß, das ähnlich dem → Risk Adjusted Return on Capital (RAROC) den Beitrag eines Unternehmensbereichs zur Steigerung des Unternehmensgesamtwerts bzw. die Performance eines gesamten Unternehmens in einer bestimmten Zeitperiode messen will (siehe auch → Performance-Messung). Der EVA$^®$ berechnet sich als Überschuss des (erwarteten oder realisierten) Gewinnbeitrags eines Unternehmensbereichs (bzw. des Gesamtunternehmens) über die diesem Bereich zugeordneten Eigenkapitalkosten (bzw. Eigenkapitalkosten des Gesamtunternehmens). Diese ergeben sich aus dem (ggf. dem Bereich zugeordneten) Eigenkapital multipliziert mit einem Kapitalkostensatz. – *2. Merkmale:* Das EVA$^®$-Konzept ist unter bestimmten Bedingungen mit dem theoretisch fundierten Kapitalwertkalkül vereinbar. Für die konstitutiven Elemente Gewinnbeitrag, Kapitalkostensatz und (zugeordnetes) Eigenkapital gibt es realiter hinsichtlich des Ansatzes Ermessensspielräume. Insbesondere hinsichtlich der Zuordnung des Eigenkapitals auf einzelne Unternehmensbereiche (siehe → Kapitalallokation) wird in der Literatur eine Vielzahl von Verfahren vorgeschlagen. – *3. Ziele und Zwecke:* Das EVA$^®$-Konzept wird zur Planung und Kontrolle von Investitionen, zur Produktkalkulation, zur Beurteilung von Auf- und Abbauentscheidungen in Unternehmensbereichen, zur Beurteilung der risikoadjustierten Wertentwicklung eines Gesamtunternehmens und als Grundlage für die Managementvergütung eingesetzt.

Effektivzinssatz. *1. Begriff:* Durchschnittlicher jährlicher Zinssatz, der auf die durch den Kunden geleisteten Sparbeiträge erzielt werden müsste, um die aus einem Spargeschäft vertraglich erbrachten Leistungen zu finanzieren. – *2. Anwendungszweck:* Dem Konzept des E. liegt der Versuch zu Grunde, den Nutzen eines Sparvertrags für den Kunden in einer einzigen, zwischen verschiedenen Anbietern vergleichbaren Kennzahl zum Ausdruck zu bringen. Prominente Anwendungsfälle sind Altersvorsorgeverträge. – *3. Modell:* Im Modell wird eine Investitionsrechnung für einen Sparvertrag durchgeführt, in der der → Barwert der vom Kunden geleisteten Einzahlungen dem Barwert der empfangenen Auszahlungen (Leistungen) gegenübergestellt wird. Der E. ist dann in dieser Rechnung derjenige Zinssatz, für den die beiden Barwerte gleich sind. – *4. Herkunft:* Das Modell orientiert sich an der Preisverordnung für Hypothekenkredite oder Konsumentenkredite, bei denen der E. den durchschnittlichen Schuldzinssatz bezeichnet, den der Kreditnehmer unter Berücksichtigung aller Kosten und Gebühren für den Kredit zu entrichten hat. – *5. Probleme:* Anders als bei diesen Geschäften ist jedoch die Höhe künftiger Zahlungen bei Altersvorsorgeverträgen teilweise unbestimmt. Zum einen ist den meisten Altersversorgungsverträgen eine dem Grunde, jedoch nicht der Höhe nach festgelegte → Überschussbeteiligung vereinbart, die zu gegenüber der ursprünglich vereinbarten Versicherungsleistung höheren Leistungen führt. Wird der E. nun unter Ausblendung der künftigen Überschussbeteiligung ermittelt, verliert er eine wesentliche Leistungskomponente aus dem Blick und ist damit als Leistungskennzahl ungeeignet. Wird dagegen ein Prognosewert der künftigen Überschussbeteiligung bei der Berücksichtigung des E. berücksichtigt, ist die Qualität dieser Kennzahl unmittelbar mit der Qualität der Überschussprognose verbunden, also ebenfalls für einen Vergleich nur bedingt geeignet. Häufig wird der E. auch als sog. → Erlebensfallrendite ermittelt. Dabei werden die eingezahlten Bruttobeiträge bis zum Vertragsablauf berücksichtigt, ebenso die zum Ablauftermin ausgezahlten Versicherungsleistungen, nicht aber vorzeitige Leistungen bei Eintritt eines Versicherungsfalls, wie Tod oder Invalidität. Im Ergebnis werden also Risikobeiträge wie Kosten behandelt, denen keinerlei Nutzen für den Versicherungsnehmer gegenübersteht. Es ist klar, dass diese Größe vielleicht als Vergleichsmaßstab für ähnliche Vertragsangebote verschiedener Versicherungsunternehmen taugt, aber keinen sinnvollen Vergleich mit anderen Finanzdienstleistern erlaubt, deren Angebote sich auf den reinen Sparvorgang beschränken. In jüngerer Vergangenheit ist das Konzept des E. als Versuch, den notwendig subjektiven Nutzen eines Vertrags aus Kundensicht in einer Kennzahl zusammenzufassen, gegenüber dem Ansatz in den Hintergrund getreten, die mit einem Vertrag verbundenen Kosten als „reduction in yield" auszudrücken. Als „reduction in yield" gilt dabei die kostenbedingte Differenz des aus Kundensicht möglichen Anlageerfolgs aus einem Versicherungs- oder Sparvertrag (selbstverständlich unter Berücksichtigung vorzeitiger Leistungen) gegenüber einer direkten Anlage der Beiträge am Kapitalmarkt.

Effizientes Kapitalanlageportfolio. *1. Begriff:* Ein Kapitalanlageportfolio wird als effizient bezeichnet, wenn kein anderes Portfolio existiert, das bei gleicher Renditeerwartung ein geringeres Risiko bzw. bei gleichem Risiko eine höhere → Rendite aufweist (Risikoaversion des Investors). Die Voraussetzung für die Existenz eines E. sind nicht vollständig positiv korrelierte Anlagepositionen. Dem Konstrukt eines E. liegt die moderne Portfolio-Theorie zugrunde. – *2. Portfolio-Theorie:* Die moderne Portfolio-Theorie wurde durch die Arbeit „Portfolio Selection" von Harry M. Markowitz aus dem Jahr 1952 begründet. Für seine zum Erscheinungszeitpunkt revolutionäre Arbeit wurde er 1990 mit dem Nobelpreis für Wirtschaftswissenschaften ausgezeichnet. Andere Portfolio-Modelle, wie das Single-Index-Modell, das Capital Asset Pricing Model oder die Arbitrage Pricing Theory basieren auf Markowitz' Arbeit. Die mathematische Ermittlung des E. basiert auf der Annahme, dass sich jede Analageposition durch die Parameter Erwartungswert der Rendite (μ, Rendite) und Standardabweichung der Rendite (δ, Risiko) eindeutig charakterisieren lässt. Außerdem werden aufgrund von Korrelationen entstehende Diversifikationseffekte (→ Diversifikation) einbezogen. Die aufgrund der angenommenen Parameter (Zinserwartung, Risikoneigung), nach denen in der Kapitalanlage optimiert wird, und deren Ausprägungen zulässigen Portfolios können graphisch in einem Rendite-/ Risiko-Diagramm dargestellt werden. Dabei liegen die E. am Rand der Verteilung der zulässigen Portfolios. Die von den optimalen Rendite-Risiko-Kombinationen gebildete geometrische Linie wird als Effizienzlinie bezeichnet.

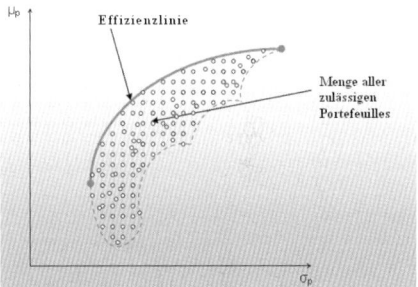

Effiziente Portfolios (Effizienzlinie) und ineffiziente Portfolios

Die Theorie des E. gilt sowohl in der Wissenschaft als auch in der Praxis als gesichert und anerkannt. Trotzdem werden insbesondere die getroffenen Annahmen kritisch bewertet. So sind bspw. die Renditen in der Realität nicht normalverteilt und an den Kapitalmärkten gibt es Informationsasymmetrien. – *3. Annahmen:* Die Portfolio-Theorie trifft u.a. Annahmen zu den Präferenzen des jeweiligen Anlegers hinsichtlich Risiko, Rendite und Liquidität. Der im vollkommenen Kapitalmarkt agierende Investor orientiert sich ausschließlich an den Zahlungsströmen der relevanten Anlagepositionen und den aktuellen Marktgegebenheiten. Es wird ein vollständig rationales Handeln unterstellt, das ausschließlich auf Nutzenmaximierung ausgerichtet ist.

Ehegattenarbeitsvertrag. Dienstvertrag zwischen Ehegatten. Für die steuerliche Anerkennung der Lohnzahlung im Rahmen eines E. als Betriebsausgabe ist es erforderlich, dass er so gestaltet wird, wie es im Verhältnis zu einem Dritten üblich ist. Das Dienstverhältnis muss folglich ernsthaft vereinbart und tatsächlich durchgeführt werden. Das bedeutet v.a., dass dem Ehegatten tatsächlich ein Gehalt zufließen muss.

Eigenbeiträge. Finanzierung der → Altersvorsorge durch Beiträge des Arbeitnehmers aus dessen versteuertem und verbeitragtem Nettoeinkommen. Gilt als → betriebliche Altersversorgung (bAV), wenn die Zusage des Arbeitgebers die Leistung aus diesen Beiträgen umfasst (§ 1 II Nr. 4 BetrAVG). Bei → Entgeltumwandlung hat der Arbeitnehmer das Recht, die bAV mit E. für entgeltfreie Zeiten im fortbestehenden Arbeitsverhältnis fortzusetzen (§ 1a IV BetrAVG).

Eigenfinanzierung, *Eigenkapitalbeschaffung.* – *1. Begriff:* Form der → Finanzierung, bei der Mittel durch Inhaber von Beteiligungstiteln bereitgestellt werden. Sowohl als Maßnahme der → Innenfinanzierung als auch der Außenfinanzierung möglich. – *2. Rechtsformspezifika:* Besondere Herausforderungen bei der E. bestehen für Versicherungsvereine auf Gegenseitigkeit (VVaG). Sie müssen notwendige → Eigenmittel selbst systematisch erwirtschaften (vgl. auch Innenfinanzierung, → Selbstfinanzierung, → versicherungstechnische Umsatzfinanzierung), während Versicherungsaktiengesellschaften diese Mittel bei Bedarf im Rahmen einer Kapitalerhöhung (vgl. auch → Aktienfinanzierung) extern aufnehmen können. – *3. Abgrenzung:* Den Gegensatz zur E. bildet die → Fremdfinanzierung.

Eigengefahr. *1. Begriff:* Gefahr, die von einem versicherten Objekt oder dem Ort, an dem es sich befindet, selbst ausgeht. – Anders: → Nachbarschaftsgefahr. – *2. Bedeutung:* Die E. ist für die Risikobeurteilung und die → Prämienkalkulation entscheidend. – Beispiel: In der → Feuerversicherung wird die E.

durch die Bauartklasse eines Gebäudes oder die Betriebsart bestimmt.

Eigenkapital. *1. Begriff:* Kapital, das einem Unternehmen von seinen Eigentümern (Mittelherkunft) i.d.R. ohne zeitliche Begrenzung entweder durch Zuführung von außen (externe → Eigenfinanzierung) zur Verfügung gestellt oder von innen durch Verzicht auf Gewinnausschüttungen überlassen wurde (interne Eigenfinanzierung). Summe der in Geldwerten ausgedrückten Mittel eines Unternehmens, die den Anteilseignern (→ Versicherungs-Aktiengesellschaft), den Mitgliedern (→ Versicherungsverein auf Gegenseitigkeit, kurz: VVaG) oder den Trägern der → öffentlich-rechtlichen Versicherungsunternehmen zuzurechnen sind. Bilanziell ergibt sich das E. als Residualgröße von Vermögen und Schulden. Das E. selbst wird auf der Passivseite der → Bilanz ausgewiesen. – *2. Funktionen:* Dem E. kommt eine Finanzierungsfunktion und bei Versicherungsunternehmen insbesondere eine Haftungs- bzw. Garantiefunktion zu, indem es Schwankungen der Jahresergebnisse auffängt und als Verlustverrechnungspuffer wirkt. Des Weiteren übernimmt das E. eine Gewinnbeteiligungs- und eine Mitbestimmungsfunktion. – *3. Zusammensetzung und Ausweis in der Rechnungslegung:* Bei Versicherungsunternehmen setzt sich das bilanzielle E. zusammen aus a) dem → gezeichneten Kapital bzw. dem → Grundkapital (bei Aktiengesellschaften), dem → Gründungsstock (bei VVaG) oder entsprechenden Kapitalposten (bei öffentlich-rechtlichen Versicherungsunternehmen); – b) der → Kapitalrücklage; – c) den → Gewinnrücklagen bzw. der Verlustrücklage; – d) dem Gewinn-/ Verlustvortrag und dem Jahresüberschuss/ -fehlbetrag. Wird die Bilanz unter Berücksichtigung der teilweisen Verwendung des Jahresergebnisses aufgestellt, tritt an die Stelle der beiden zuletzt genannten Posten der Bilanzgewinn/ -verlust (§ 268 I HGB). Bei einer betriebswirtschaftlichen Sichtweise wird das bilanzielle E. um die → Bewertungsreserven ergänzt. Die Regelungen zur Bilanzierung des E. finden sich in §§ 266 und 272 HGB sowie §§ 6, 7 und 150 ff. AktG. Für Versicherungsunternehmen erfolgt die bilanzielle Abbildung des E. und der ausstehenden Einlagen auf das gezeichnete Kapital nach Formblatt 1 RechVersV. Im → Anhang ist eine → Eigenkapitalveränderungsrechnung aufzustellen. – *4. Abgrenzungen:* Vom handelsrechtlichen E. sind die aufsichtsrechtlichen Eigenmittel (enthalten unter bestimmten Nebenbedingungen u.a. auch das → Genussrechtskapital und die → nachrangigen Verbindlichkeiten), das ökonomische E. (enthält u.a. auch die Bewertungsreserven) und das E. nach → IAS/ → IFRS (enthält u.a. auch die → Schwankungsrückstellungen) zu unterscheiden.

Eigenkapitalsubstitution. *1. Begriff:* Durch den Kauf von Rückversicherungsschutz entlastet sich der → Erstversicherer von eigenen Verpflichtungen gegenüber dem Versicherungsnehmer, indem er diese – je nach Rückversicherungsform – auf den → Rückversicherer überträgt. – *2. Merkmale:* Folglich entlastet der Erstversicherer insofern seine Eigenkapitalposition, die er für die Unterlegung seiner Risiken benötigt, und tauscht sein versicherungstechnisches Risiko gegen das Delkredererisiko aus dem Rückversicherungsgeschäft ein.

Eigenkapitalveränderungsrechnung, *Eigenkapitalspiegel.* – *1. Begriff:* Aufstellung der Veränderung des → Eigenkapitals bzw. seiner Zusammensetzung zwischen zwei Bilanzstichtagen. Element der externen Rechnungslegung. – *2. Ziele:* Nicht alle Veränderungen des Eigenkapitals lassen sich aus der → Gewinn- und Verlustrechnung (GuV) ableiten. Durch die E. werden bspw. auch Transaktionen mit den Eigentümern bzw. die erfolgsneutrale Erfassung bestimmter Vorfälle im Eigenkapital aufgezeigt. – *3. Rechtliche Grundlagen:* a) Gem. § 297 I HGB ist die E. Teil des → Konzernabschlusses. – b) Die Entwicklung der Posten → Kapitalrücklage und → Gewinnrücklagen ist gem. § 152 AktG in der → Bilanz oder im → Anhang darzustellen. Dies gilt gem. § 341a IV HGB auch für größere → Versicherungsvereine auf Gegenseitigkeit (VVaG) und → öffentlich-rechtliche Versicherungsunternehmen. – c) Nach IAS 1.8(c) ist die E. Pflichtbestandteil des IAS-/ IFRS-Abschlusses (→ IAS/ → IFRS). Die Aufstellung ergibt sich nach IAS 1.96 ff.

Eigenmittel, *Ist-Solvabilität.* – *1. Begriff:* Aufsichtrechtlich nach § 53c VAG anerkannter Betrag zur Sicherstellung der dauernden Erfüllbarkeit der Versicherungsverträge. Die E. müssen stets mindestens in Höhe der geforderten → Solvabilitätsspanne (→ Soll-Solvabilität) zur Verfügung stehen. – *2. Merkmale:* Die E. setzen sich nach § 53c III VAG insbesondere aus den folgenden Positionen zusammen: a) Eingezahltes bilanzielles → Eigenkapital; – b) → Hybridkapital (→ Genussrechtskapital, → nachrangige Verbindlichkeiten); – c) Freie Teile der Rückstellung für Beitragsrückerstattung (bei Lebensversicherungsunternehmen) sowie mit Zustimmung der Aufsichtsbehörde als implizite E. – d) Bewertungsreserven; – e) nicht in der Deckungsrückstellung berücksichtigte Abschlusskosten (bei Lebensversicherungsunternehmen). – *3. Abgrenzungen:* Der Eigenmittelbegriff wird vorwiegend aus aufsichtsrechtlicher Sicht verwendet, während der Begriff Eigenkapital bilanziell geprägt ist und der Begriff Sicherheitskapital eine betriebswirtschaftliche Perspektive einnimmt.

Eigentumsvorbehalt. *1. Begriff:* Vertragliche Vereinbarung zur Kreditsicherung bei einer Lieferung von beweglichen Sachen unter Einräumung eines Zahlungsziels. – *2. Arten:* a) einfacher E.: Das Eigentum an einer beweglichen Sache geht unter der aufschiebenden Bedingung der Kaufpreiszahlung auf den Käufer über. Der Käufer erhält bereits vor der Kaufpreiszahlung den Besitz an der beweglichen Sache. Üblicherweise wird der einfache E. nebst seinen Verlängerungs- und Erweiterungsformen vereinbart. – b) weitergeleiteter E.: Vereinbarung, derzufolge der Verkäufer der Übereignung der gelieferten Ware durch den Erstkäufer an einen Zweitkäufer unter der Bedingung zustimmt, dass er Vorbehaltseigentümer bleibt. – c) verlängerter E.: Vereinbarung, derzufolge der Verkäufer der Übereignung der gelieferten Ware an einen Zweitkäufer unter der Bedingung zustimmt, dass der Erstkäufer den Kaufpreisanspruch gegen den Zweitkäufer an ihn abtritt. – d) erweiterter E. (Sonderform des verlängerten E.): Vereinbarung, derzufolge der Verkäufer der Verarbeitung der gelieferten Ware unter der Bedingung zustimmt, dass der Käufer die Verarbeitung für den Verkäufer vornimmt mit der Wirkung, dass dieser das Allein- oder Miteigentum an der neuen Sache erlangt. Im Fall der Weiterveräußerung der verarbeiteten Ware tritt der Käufer die Forderungen aus dem Weiterverkauf an den Verkäufer ab. – e) Kontokorrentvorbehalt: Vereinbarung, derzufolge der einfache E. an der gelieferten Ware erst erlischt, wenn alle offenen Forderungen aus der bestehenden Geschäftsbeziehung bezahlt sind und Saldoausgleich bewirkt worden ist.

Eigentumswechsel. *1. Begriff und Merkmale*: Wechsel des Inhabers der Rechte an einer Sache. Das kann auch einen → Versicherungsvertrag betreffen, aus dem einem → Versicherungsnehmer die vertraglich vereinbarten Rechte zukommen, oder die → versicherten Sachen. Ein E. kommt in drei Varianten in Betracht: durch rechtsgeschäftlichen Eigentumserwerb, durch Gesamtnachfolge und durch hoheitlichen Erwerb. – *2. Rechtsgeschäftlicher Eigentumserwerb (Veräußerung der versicherten Sache):* Die Übertragung des Eigentums an einer versicherten Sache führt zum Übergang des Sachversicherungsvertrags auf den Erwerber kraft Gesetzes (§ 95 I VVG). Maßgeblicher Zeitpunkt für den Übergang des Versicherungsvertrags ist der formelle Eigentumserwerb durch den Erwerber. Bei Grundstücken ist der maßgebliche Zeitpunkt die Auflassung und Eintragung im Grundbuch (also nicht schon der Zeitpunkt des Abschlusses eines Grundstückskaufvertrags oder des Gefahrübergangs), bei beweglichen Sachen die Einigung und Übergabe. Der Vertragsübergang dient der lückenlosen Fortsetzung des Versicherungsschutzes zugunsten des Erwerbers. Versicherungsunternehmen und Erwerber sind jedoch zur Kündigung berechtigt (§ 96 I und II VVG). Die Verletzung der Pflicht zur Anzeige der Veräußerung führt nicht mehr zur → Leistungsfreiheit des Versicherungsunternehmens – es fehlt an Kausalität zwischen der Anzeigepflichtverletzung und dem Eintritt des Versicherungsfalls (vgl. früher § 71 I S. 2 VVG a.F.: → Alles oder nichts-Prinzip, das aber durch die Rechtsprechung eingeschränkt wurde). Nach § 97 I S. 2 VVG tritt die Leistungsfreiheit nur ein, wenn das Versicherungsunternehmen den mit dem Veräußerer bestehenden Vertrag mit dem Erwerber nicht geschlossen hätte (Vertragskausalität). Versicherungsverträge über die mit der Sache verbundenen Haftpflichtrisiken, z.B. eine Grundstückshaftpflichtversicherung, werden von dem gesetzlichen Übergang nicht erfasst. Nach § 102 II VVG geht die → Betriebshaftpflichtversicherung im Fall der Betriebsveräußerung auf den Erwerber über. Die §§ 95-98 VVG finden entsprechende Anwendung bei Veräußerung einer Sache, für die eine Pflichthaftpflichtversicherung besteht, wie z.B. beim → Kraftfahrzeug (vgl. jedoch § 3b PflVG: Der Beginn des Versicherungsschutzes aus einem eigenen Versicherungsvertrag des Erwerbers gilt als Kündigung) oder bei einem Hund (§ 122 VVG). – *3. Gesamtnachfolge:* Zum E. durch Gesamtnachfolge kommt es in Erbfällen sowie in Umwandlungsfällen nach dem Umwandlungsgesetz. Der Gesamtrechtsnachfolger (z.B. der Erbe) tritt insgesamt in die Rechtsstellung des vorhergehenden Inhabers (z.B. des Erblassers) mit allen Rechten und Pflichten ein, also auch in die Versicherungsverträge; das gilt nicht nur in der → Sachversicherung, sondern auch in der Sachhaftpflichtversicherung. Die einen einzelnen Vertragsübergang regelnden §§ 95-98 VVG sind nicht anwendbar. – *4. Hoheitlicher Erwerb:* Zuschlag im Zwangsversteigerungsverfahren, z.B. über ein Grundstück. §§ 95-98 VVG finden entsprechende Anwendung.

Eigenverantwortung. *1. Begriff:* Leitmotiv der → privaten Krankenversicherung (PKV) und Ausdruck der Verpflichtung des Einzelnen, für die Folgen des eigenen Handelns selbst einzustehen. Grundlagen dieser Auffassung sind die persönliche Freiheit und die Überzeugung, dass der Mensch zur Selbstständigkeit im Denken und Handeln fähig ist. – *2. Ausprägung in der → gesetzlichen Krankenversicherung (GKV):* Nach § 1 SGB V (Solidarität und Eigenverantwortung) ist der Versicherte in der GKV für seine Gesundheit mitverantwortlich. Durch gesundheitsbewusste Lebensführung, frühzeitige Beteiligung an gesundheitlichen Vorsorgemaßnahmen und aktive Mitwirkung an Maßnahmen der Krankenbehandlung und Rehabilitation sollen GKV-Versicherte dazu beitragen, den Eintritt von Krankheit und Behinderung zu vermeiden oder ihre Folgen zu überwinden. – *3. Ausprägung in der PKV:* Der Umfang der E. geht in der PKV weit darüber hinaus, u.a. durch a) Wahlfreiheit der Versicherung: Anders als im standardisierten Leistungskatalog der GKV mit einem einheitlichen Beitragssatz wählt der Versicherte in der PKV dem Prinzip der E. folgend den Versicherungsschutz nach individuellen Bedürfnissen und Präferenzen frei aus. Mit dem frei gewählten Umfang der Absicherung beeinflusst der privat Versicherte direkt die Beitragshöhe. – b) Kostenerstattung: Versicherte in der PKV erhalten eine

Rechnung über die vom Arzt erbrachten Leistungen, müssen diese i.d.R. selbst begleichen und bekommen im tariflichen Umfang von der PKV (unter Berücksichtigung von → Selbstbehalten) eine Kostenerstattung (→ Kostenerstattungsprinzip). – c) → Alterungsrückstellungen im → Kapitaldeckungsverfahren: Versicherte in der PKV bilden Alterungsrückstellungen. Damit ist sichergestellt, dass auch im Alter der Nettobeitrag – gleich bleibende Rechnungsgrundlagen vorausgesetzt – konstant bleibt, obwohl die eigenen Krankheitskosten mit zunehmendem Alter steigen. Dies dient auch dem Prinzip der Generationenverantwortlichkeit. – *4. Stärkung der E.:* Insbesondere in der GKV gewinnt die Stärkung der E. der Versicherten in der gesundheitspolitischen Diskussion an Bedeutung. In diesem Zusammenhang kommen u.a. folgende Maßnahmen in Betracht: a) Erhöhung der Selbstbeteiligung in der GKV, – b) Ausgliederung von Leistungen aus der GKV (z.B. Zahnersatz oder Krankengeld) mit der Möglichkeit zur eigenverantwortlichen Absicherung in der PKV.

Einbruchdiebstahl. Variante des Versicherungsfalls unter der versicherten Gefahr „Einbruchdiebstahl und Raub", z.B. im Rahmen der → verbundenen Hausratversicherung. Konstituierende Merkmale sind das Einbrechen, Einsteigen oder Eindringen mittels falscher Schlüssel oder anderer Werkzeuge in die versicherte Wohnung mit nachfolgendem Diebstahl. Dem Grundtatbestand des E. ist das Öffnen bzw. Aufbrechen eines Behältnisses innerhalb der versicherten Wohnung mittels falscher Schlüssel oder anderer Werkzeuge gleichgestellt. Besondere Regelungen gelten, wenn sich der Täter mittels der richtigen Schlüssel Zutritt zur versicherten Wohnung verschafft oder dort ein Behältnis öffnet. In diesen Fällen muss sich der Täter im Regelfall den richtigen Schlüssel durch E., → Raub oder → einfachen Diebstahl verschafft haben, ohne dass dies durch fahrlässiges Verhalten der berechtigten Schlüsselinhaber begünstigt worden ist.

Einbruchdiebstahl- und Raubversicherung. Spezielle Sachversicherung gegen Schäden durch → Einbruchdiebstahl, durch → Vandalismus nach Einbruch und durch → Raub. Als eigenständiger Versicherungszweig findet die E. insbesondere bei industriellen und gewerblichen Risiken Verwendung. Darüber hinaus ist die Gefahr „Einbruchdiebstahl und Raub" im Rahmen der → verbundenen Hausratversicherung mit gedeckt.

Einfache Betriebsunterbrechungsversicherung, *Klein-Betriebsunterbrechungsversicherung.* – *1. Begriff:* Zusatzversicherung zu einer gewerblichen→ Sachversicherung. Erweitert den Versicherungsschutz um den Ausgleich des eingetretenen → Unterbrechungsschadens, der als Folge eines versicherten Sachschadens entstanden ist. Der Begriff des Unterbrechungsschadens ist inhaltsgleich mit dem nach den Allgemeinen Bedingungen zur → Feuer-Betriebsunterbrechungsversicherung (FBUB 2008). – *2. Merkmale:* Die E. wird für kleinere Gewerbebetriebe angeboten, deren → Versicherungssumme i.d.R. einen Betrag von 500.000 Euro nicht überschreiten soll. Neben der fehlenden rechtlichen Selbstständigkeit besteht der wesentliche Unterschied zur Feuer-Betriebsunterbrechungsversicherung in der Bildung der Versicherungssumme. Die E. sieht hier eine vereinfachte Form vor, indem die vereinbarte Versicherungssumme des Sachversicherungsvertrags für die Positionen → Betriebseinrichtung und die Vorräte auch als Versicherungssumme für die E. dokumentiert wird. Rechtsgrundlagen bilden die Zusatzbedingungen für die E. (ZKBU 2008) sowie die dem Versicherungsvertrag zugrunde gelegten → Allgemeinen Versicherungsbedingungen (AVB) der vereinbarten Sachversicherung, die insbesondere Inhalt und Umfang der versicherten Gefahren bestimmen.

Einfache Fahrlässigkeit, *leichte Fahrlässigkeit.* Grad der → Fahrlässigkeit. E. liegt vor, wenn die besonderen Merkmale der → groben Fahrlässigkeit nicht gegeben sind.

Einfacher Diebstahl. Wegnahme fremder beweglicher Sachen in der Absicht, sich diese rechtswidrig anzueignen oder diese einem dritten anzueignen. Die besonderen Merkmale des → Einbruchdiebstahls sind dabei nicht erfüllt.

Einfirmenvertreter. *1. Begriff:* → Versicherungsvertreter (bzw. → Handelsvertreter), die nach den Regelungen im → Vertreterver-

Eingebettete Garantien

trag die Vermittlungstätigkeit nur für ein Versicherungsunternehmen bzw. nur für die Unternehmen eines Versicherungskonzerns ausüben dürfen. – *2. Merkmale:* Für diese einem Konkurrenzverbot unterliegenden und daher wirtschaftlich von „ihrem" Versicherungsunternehmen/ -konzern stark abhängigen Vertreter kann das Bundesministerium der Justiz bei entsprechendem Bedarf durch Rechtsverordnung Mindesteinkommen festlegen (siehe § 92a HGB). Die bloße Bindung an ein Versicherungsunternehmen bzw. einen Versicherungskonzern führt nicht zu einer arbeitnehmertypischen persönlichen Abhängigkeit des selbstständigen Vertreters und begründet mithin kein Arbeitsverhältnis.

Eingebettete Garantien. *1. Begriff:* Mit einem Lebens- oder Rentenversicherungsvertrag explizit oder implizit untrennbar verbundene Mindestleistungen in bestimmten Situationen, für die bei der Prämienberechnung keine explizite Kostenkomponente berücksichtigt wird. – *2. Ausprägungen:* Bekannteste Beispiele sind die garantierte Ablaufsumme bei einer → Kapitallebensversicherung, die garantierte monatliche Rente bei einer Rentenversicherung, ein garantierter Betrag bei Kündigung eines Lebensversicherungsvertrags zu einem bestimmten Zeitpunkt. Auch die Verpflichtung des Unternehmens, jährlich mindestens einen vorab festgelegten Wert der Deckungsrückstellung in der Handelsbilanz zu passivieren, kommt einer garantierten Mindestverzinsung gleich. Es gibt jedoch auch weniger offensichtliche Garantieelemente, wie z.B. bereits bei Vertragsbeginn festgelegte Verrentungsfaktoren bei fondsgebundenen Versicherungsverträgen, die implizit u.a. eine → Zinsgarantie für weit in der Zukunft liegende Zeiträume enthalten. – *3. Modell:* Wie in der Begriffsdefinition zum Ausdruck gebracht, werden E. nicht explizit bepreist. Dem liegt die modellhafte Annahme zu Grunde, dass ihr (finanzmathematischer) Wert im Vergleich zu den bei der Kalkulation berücksichtigten Sicherheitsmargen klein ist. Explizit bepreiste und optional in einen Vertrag eingeschlossene Garantien, wie sie z.B. bei dem Produkttyp der → Variable Annuities üblich sind, fallen nicht unter die hier verwendete Definition von eingebetteten Garantien. – *4. Ziele:* E. sind für viele Formen von Lebens- und Rentenversicherungsverträgen konstitutiv. Sie geben dem Kunden die Gewissheit, im Versorgungsfall, der i.d.R. mit dem Wegfall regelmäßiger Erwerbseinkünfte verbunden ist, nicht unter ein vorab planbares Einkommensniveau zu fallen. – *5. Probleme und Würdigungen:* Der Wert von E. hängt bei gegebenen Rechnungsgrundlagen der Beitragskalkulation sehr stark vom Kapitalmarktumfeld ab, v.a. von der Höhe und der Form der Zinsstrukturkurve und den impliziten Volatilitäten verschiedener Optionen. Tendenziell werden E. damit für den Kunden umso wertvoller, je stärker die bei der ursprünglichen Kalkulation berücksichtigten Margen aufgezehrt werden. Hintergründe: Die Garantiezusage des Lebensversicherers stellt für den Kunden eine Art Put-Option dar; denn er bekommt bei Vertragsablauf entweder den Gegenwert der seinem Vertrag zugeordneten Vermögenswerte (das entspricht der Gesamtleistung inkl. → Überschussbeteiligung) oder einen Mindestbetrag in Höhe des „Strike" der Option (das entspricht der Garantieleistung) ausgezahlt. Der Wert dieser Garantiezusage verändert sich dementsprechend in Abhängigkeit von Kapitalmarktparametern funktional genauso wie der Wert einer Put-Option: Sie wird umso wertvoller, je höher die Volatilität und je näher der Strike „am Geld ist" (d.h. in die Versicherungssprache übersetzt, je stärker die ursprünglichen Margen aufgezehrt sind). Da der Kunde der Halter der Zinszusage ist, profitiert er natürlich vom Wertzuwachs der Option, während der Wert des Versicherungsunternehmens für dessen Eigentümer sinkt. – *6. Ähnliche Begriffe:* Häufig wird begrifflich nicht zwischen E. und → eingebetteten Optionen der Versicherungsnehmer, also Gestaltungsrechten, die Kunden wahrnehmen können (oder auch nicht), unterschieden. Optionen können mit Garantien verbunden sein (z.B. im Rückkauffall), müssen es aber nicht.

Eingebettete Optionen. *1. Begriff:* Gestaltungsrechte des Versicherungsnehmers, für die bei der Beitragskalkulation des Versicherungsvertrags keine explizite Kostenkomponente berücksichtigt wird. – *2. Ausprägungen und Merkmale:* Zu den bekanntesten Optionen gehören das Recht auf dynamische Erhöhung des Versicherungsschutzes ohne Gesundheitsprüfung, die Möglichkeit der vorzeitigen Vertragskündigung, das Recht auf Kapitalabfindung für eine vereinbarte Rente, das Recht auf

Verrentung. Bei nahezu allen erwähnten Optionen fehlen aussagekräftige Statistiken zur Wahrscheinlichkeit ihrer Ausübung, ggf. in Abhängigkeit von anderen Parametern. Intuitiv ist klar, dass bestimmte das → biometrische Risiko beeinflussende Optionsrechte, wie z.b. Erhöhungen der Versicherungsleistungen ohne Gesundheitsprüfung, Verrentungs- oder Kapitalabfindungsoptionen, Selektions- bzw. Antiselektionswirkungen im Bestand haben. Teilweise (Rückkauf, Verrentung, Kapitalabfindung) hängt die Ausübungswahrscheinlichkeit im Fall eines finanzrationalen Kundenverhaltens von aktuellen Kapitalmarktbedingungen ab. – *3. Modell:* Mangels expliziter Berücksichtigung der E. bei der Beitragskalkulation liegt ihrer Bewertung häufig kein ausgeprägtes statistisches Modell zu Grunde. Allerdings ist es üblich, durch Szenariorechnungen die möglichen Auswirkungen der verschiedenen Optionen auf den Unternehmenserfolg abzuschätzen. – *4. Ziele:* Die Kombination von Lebensversicherungsverträgen mit E. folgt teilweise gesetzlichen Vorgaben (Rückkaufsrecht), teilweise erfüllt sie steuerlich bedingte Produktkriterien (garantierte Verrentungsfaktoren bei fondsgebundenen Rentenpolicen), teilweise dient sie einfach der durch das Wettbewerbsverhalten der Anbieter bedingten Ausdifferenzierung des Produktangebots (z.B. Recht auf Erhöhung des Versicherungsschutzes bei Geburt eines Kindes). – *5. Probleme:* Leider gibt es kaum aussagekräftige empirische Untersuchungen, die den Umfang finanzrationalen Kundenverhaltens und die Selektionswirkungen der verschiedenen Optionen aufzeigen. Viele Kalkulationen und Bewertungen beruhen daher eher auf Spekulation als auf statistisch fundiertem Wissen. – *6. Ähnliche Begriffe:* E. werden oft in einem Zusammenhang mit → eingebetteten Garantien genannt.

Eingefügte Sachen. Sachen, die nachträglich in ein Gebäude eingefügt wurden. E., z.B. Einbaumöbel, sind in der Gebäudeversicherung mitversichert, soweit sie im Versicherungsvertrag besonders bezeichnet sind und Gebäudebestandteil sein könnten.

Einheitsregelung. Individualrechtliche, aber inhaltlich gleich lautende Zusage des Arbeitgebers an die Belegschaft oder Teile davon, etwa durch Verwendung eines einheitlichen Vertragsmusters.

Einigungsstelle. Kommt eine Einigung zwischen Arbeitgeber und Arbeitnehmer über eine Frage, die der erzwingbaren Mitbestimmung unterliegt, nicht zustande, entscheidet die E. (§ 76 BetrVG). Der Spruch der E. hat ersetzende Funktion und wirkt wie eine → Betriebsvereinbarung unmittelbar und zwingend. Die E. wird auf Antrag tätig. Handelt es sich um eine Frage der freiwilligen Mitbestimmung, müssen beide Seiten ein Tätigwerden beantragen. Die E. besteht aus der gleichen Anzahl von Beisitzern der Arbeitnehmer- wie der Arbeitgeberseite. Hinzu kommt ein unparteiischer Vorsitzender. In der → betrieblichen Altersversorgung (bAV) kann die E. über die Verteilungsgrundsätze der Versorgungszusage entscheiden, nicht aber über den → Dotierungsrahmen.

Einkommen. *1. Begriff:* Der den Wirtschaftssubjekten aufgrund ihrer Position im Prozess der volkswirtschaftlichen Wertschöpfung oder aufgrund ihrer gesellschaftlichen Position zufließende Geldbetrag oder die zufließenden Naturalleistungen. Im steuerlichen Sinn ist E. der Unterschied zwischen den einem Wirtschaftssubjekt zufließenden Wertströmen (Geldeinkommen oder Sachwerte) und der zu ihrer Erlangung notwendigen Ausgaben. Eine andere Definition setzt am Unterschied zwischen dem Vermögen am Ende einer Periode und dem am Anfang einer Periode an. Unterschieden wird zwischen Lohn- und Profiteinkommen (Gewinn), zwischen kontraktbestimmtem und Residualeinkommen, zwischen Brutto- und Nettoeinkommen und zwischen Real- und Nominaleinkommen (entweder mit oder ohne Berücksichtigung der Kaufkraftänderung). – *2. Theorie:* Das E. stellt eine wichtige Bestimmungsgröße einzelwirtschaftlicher Entscheidungen dar. Dementsprechend taucht es in der Haushaltstheorie via Budgetbeschränkung oder der Konsumfunktion (→ Konsum), in der Unternehmenstheorie (Gewinnmaximierung) und in der Investitionsfunktion (→ Investition) auf.

Einkommensanrechnung. Bezeichnet die Berücksichtigung eines bestimmten Teils des Einkommens des oder der Hinterbliebenen bei der Berechnung der Höhe der gesetzlichen → Hinterbliebenenrente oder auch der → Altersrente und der → Teilrente vor Vollendung des 65. Lebensjahres. Als bei Überschreiten der Hinzuverdienstgrenzen anrechenbare Einkommensarten gelten Erwerbs-, Erwerbsersatz- sowie Vermögenseinkommen.

Einkommenselastizität (der Nachfrage). Gibt an, um wieviel Prozent (relativ) sich die nachgefragte Menge eines Gutes (x) ändert, wenn das → Einkommen (E) um ein Prozent (relativ) verändert wird. Formal gilt: $\varepsilon_{x,E} = dx/x : dE/E = dx/dE : X/E$. Ist ε positiv, wird von einem superioren Gut gesprochen, ist ε negativ, von einem inferioren Gut. Die E. von Versicherungsschutz ist positiv und in vielen Bereichen größer als 1, d.h. mit steigendem Einkommen steigt die Nachfrage nach Versicherung überproportional. In der Konsumtheorie wird die E. auf ganze Gütergruppen oder sogar die gesamten Konsumausgaben bezogen. Vgl. auch → Elastizität und → Konsum.

Einkommensteuer. *1. Begriff:* Steuer auf das Einkommen natürlicher Personen. – *2. Abgrenzungen:* a) Natürliche Personen: Nach dem Einkommensteuergesetz (EStG) sind natürliche Personen, die ihren Wohnsitz oder gewöhnlichen Aufenthalt im Inland haben, mit ihren in- und ausländischen Einkünften unbeschränkt steuerpflichtig. Dem gegenüber sind gebietsfremde natürliche Personen nur beschränkt mit ihren inländischen Einkünften steuerpflichtig. – b) Juristische Personen: Während bei den Personengesellschaften GbR, OHG, KG der Gewinn versteuert wird, indem die Gesellschafter zur E. herangezogen werden, unterliegen Kapitalgesellschaften, wie etwa die GmbH und die AG, der Körperschaftsteuer. Dasselbe gilt für den → Versicherungsverein auf Gegenseitigkeit (VVaG). – *3. Ermittlung der Steuerlast:* Die E. bemisst sich nach dem Einkommen im Kalenderjahr. Steuerpflichtig sind gemäß § 2 I EStG sieben Einkunftsarten: Einkünfte aus Land- und Forstwirtschaft, Gewerbebetrieb, selbstständiger Arbeit, nichtselbstständiger Arbeit, Kapitalvermögen, Vermietung und Verpachtung sowie sonstige Einkünfte i.S.v. § 22 EStG, z.B. der Ertragsanteil einer Rente und Einkünfte aus privaten Veräußerungsgeschäften. Die Summe aus Gewinnen und Überschüssen nach Abzug der Verluste und des Altersentlastungsbetrags ergibt den Gesamtbetrag der Einkünfte. Aus diesem errechnet sich durch Abzug von Sonderausgaben, außergewöhnlichen Belastungen sowie ggf. Kinderfreibeträgen (Kinderlastenausgleich), Kinderbetreuungsfreibetrag, Kinderbetreuungskosten und Sonderfreibeträgen (Entlastungsbetrag für Alleinerziehende) das zu versteuernde Einkommen als Bemessungsgrundlage für die tarifliche E. entsprechend dem Steuertarif des § 32a EStG. → Provisionen und → Courtagen für gewerblich tätige → Versicherungsvermittler sind Einkünfte aus Gewerbebetrieb.

Einlösungsprinzip. *1. Begriff:* Beginn des Versicherungsschutzes erst ab Zahlung der → Erstprämie mit Wirkung für die Zukunft, also nicht schon ab dem vereinbarten Beginnzeitpunkt. Gesetzliche Formulierung: → Leistungsfreiheit des Versicherungsunternehmens für Versicherungsfälle vor Zahlung der Erstprämie. Nach altem Recht (§ 38 II VVG a.F.) war diese Leistungsfreiheit weder an ein Verschulden („Vertreten müssen") des Versicherungsnehmers noch an eine Belehrung seitens des Versicherungsunternehmens gebunden. Nach der Rechtsprechung wurde in Einzelfällen bereits eine Belehrung nach Treu und Glauben verlangt. Vgl. auch § 9 S. 2 KfzPflVV. § 37 II VVG verlangt nunmehr ein „Vertreten müssen" des Versicherungsnehmers und eine Belehrung seitens des Versicherungsunternehmens über die Rechtsfolgen der Nichtzahlung der Erstprämie. – *2. Ausnahmen:* Die Bedeutung des E. wird durch zahlreiche Ausnahmen erheblich eingeschränkt. a) Deckende Stundung der Erstprämie, z.B. bei → vorläufiger Deckung. – b) Unanwendbarkeit von § 37 II VVG in der → Rückwärtsversicherung (§ 2 IV VVG; abdingbar bei entsprechender Belehrung). – c) Erweiterte Einlösungsklausel in den → Allgemeinen Versicherungsbedingungen (AVB): Rückwirkung der unverzüglichen Zahlung der Erstprämie auf den vereinbarten und im → Versicherungsschein angegebenen → Versicherungsbeginn. – d) Verzicht auf das Einlösungsprinzip. – e) Verrechnungspflicht des Versicherungsunternehmens: Entschädigungsansprüche des Versicherungsnehmers auf Zahlung aus einem bereits eingetretenen Versicherungsfall (vorläufige Deckung, deckende Stundung) muss das Versicherungsunternehmen gegen seinen Erstprämienanspruch verrechnen. In der → Haftpflichtversicherung steht dem Versicherungsnehmer jedoch kein Zahlungsanspruch zu, sondern ein → Befreiungsanspruch, der nicht zur Verrechnung taugt.

Einmalbeitrag. Mit Abschluss eines Versicherungsvertrags – namentlich in der → Lebensversicherung – einmalig entrichteter → Beitrag, der den Preis für den erhaltenen Versicherungsschutz bzw. für die in Aussicht stehenden Versicherungsleistungen darstellt.

Einmalhilfe. *1. Begriff:* Im Rahmen der → Berufsunfähigkeitsversicherung Übergangshilfe zu Beginn der → Berufsunfähigkeit in Form einer Einmalzahlung. – *2. Würdigung:* Eine Berufsunfähigkeit ist häufig mit einer erheblichen Umorganisation des häuslichen Umfelds verbunden. Es können Kosten für die Anschaffung eines Rollstuhls, einen behindertengerechten Umbau der Wohnung etc. anfallen. Manchmal entstehen vor und während der Berufsunfähigkeit Kosten für die medizinische Betreuung, Rehabilitationsmaßnahmen, Kuren etc., die nicht oder nur z.T. von den → Krankenkassen und vom Rentenversicherungsträger erstattet werden. Diese Kosten können mit einer Übergangshilfe zu Beginn der Berufsunfähigkeit gedeckt werden, die allerdings nur von wenigen Gesellschaften angeboten wird.

Einnahmen. *1. Begriff:* Positive Veränderungen (Mehrungen) des Bestands an "Liquiden Mitteln plus Forderungen minus Verbindlichkeiten" eines Unternehmens. E. sind damit ein in Geld bemessener Wertzuwachs eines Unternehmens, der (noch) nicht zeitlich abgegrenzt, d.h. (noch) nicht nach handelsrechtlichen Regeln (→ Erträge, → Rechnungslegung) oder nach den Regeln der betriebswirtschaftlichen Zweckmäßigkeit (→ Leistungen, → internes Rechnungswesen) einer Rechnungsperiode verursachungsbezogen zugerechnet wurde. Das Gegenteil von E. sind → Ausgaben. – *2. Unterscheidung von anderen, ähnlichen Begriffen:* → Einzahlungen, Erträge und Leistungen. – *3. Anwendungsbereiche:* a) Steuerliche Gewinnermittlung: Gem. § 8 I EStG sind E. alle Güter, die in Geld oder Geldeswert bestehen und dem Steuerpflichtigen im Rahmen einer der Einkunftsarten gem. § 2 I S. 1 Nr. 1 - 7 EStG zufließen. Diesen E. werden die steuerlich anerkannten Ausgaben zur Gewinnermittlung gegenübergestellt. – b) Finanzplanung: Innerhalb der unternehmerischen Finanzplanung werden E. und Ausgaben eines bestimmten Zeitraums systematisch erfasst, gegenübergestellt und zielorientiert aufeinander abgestimmt.

Einnahmeorientierte Ausgabenpolitik, u.a. im Gesundheitswesen: *1. Begriff:* Stellt den Grundsatz der Beitragssatzstabilität in den Vordergrund des gesundheitspolitischen Handelns. – *2. Merkmale:* Danach dürfen die Ausgaben für medizinische Leistungen und Verwaltungskosten der gesetzlichen Krankenkassen nicht stärker als die Einnahmen bei stabilen Beiträgen steigen. Es steht also nur so viel für zusätzliche Leistungsausgaben (Preis- und Mengenentwicklung) im Jahr zur Verfügung, wie die Beitragsbemessungsgrenze in Abhängigkeit von der Lohn- und Gehaltsentwicklung steigt. – *3. Entwicklung:* Die E. wurde 1977 mit dem Krankenversicherungs-Kostendämpfungsgesetz (KVKG) eingeführt. Sie war der Ausgangspunkt vielfältiger Kostendämpfungsgesetze, mit denen erreicht wurde, die Ausgabenentwicklung in der → gesetzlichen Krankenversicherung (GKV) seit 1977 im Einklang mit der Entwicklung des Bruttoinlandsproduktes zu halten. – *4. Instrument:* Wichtigstes Kostendämpfungsinstrument zur Realisierung des Grundsatzes der Beitragssatz-Stabilität ist die → Budgetierung.

Einschätzungsbücher, *Manuale.* – *1. Begriff:* Enthalten Grundsätze, die bei der Risikobeurteilung und Tarifierung von medizinisch → erhöhten Risiken in der Lebensversicherung anzuwenden sind. – *2. Merkmale:* Diese Manuale beruhen i.Allg. auf statistischen Auswertungen von Rückversicherern, auf medizinischen Studien von klinischen Einrichtungen, Gesundheitsorganisationen oder epidemiologischen Datenbanken und ermöglichen so eine konsistente und nachvollziehbare Risikoentscheidung. Sie enthalten für die am häufigsten auftretenden → Anomalien entsprechende → Extramortalitäten bzw. → Extramorbiditäten, die in Zusammenschau mit dem Alter der versicherten Person, der beantragten Versicherungsdauer und des Versicherungsprodukts eine eventuell erforderliche Mehrprämie ermitteln.

Einsteigertarife. *1. Begriff:* Im Rahmen der → Berufsunfähigkeitsversicherung spezielle Tarife für Berufseinsteiger und junge Menschen mit anfänglich niedrigem Gehalt. – *2. Würdigung:* Gerade für junge Menschen ist der Schutz gegen → Berufsunfähigkeit außerordentlich wichtig, da aufgrund i.d.R. knappen Einkommens und fehlender finanzieller Reserven keine oder nur eine geringe

Absicherung vorhanden ist. Oft verzichtet diese Personengruppe aus finanziellen Gründen ganz auf eine Berufsunfähigkeitsversicherung, versichert die Berufsunfähigkeit nicht in ausreichender Höhe oder geht sonstige Kompromisslösungen ein. Um eine fehlende Absicherung gegen das existenzielle Risiko der Berufsunfähigkeit zu vermeiden, besteht für junge Menschen die Alternative, einen E. zu wählen, der bei anfänglich niedrigen Prämien einen vollwertigen Versicherungsschutz bietet. Später steigt dann die Prämie an. Ermöglicht wird diese Form der Tarifierung durch die technisch-einjährige Kalkulation (→ technisch-einjährige Tarife), mit der die Prämie risikogerecht dem Alter des Versicherten entsprechend jährlich neu festgelegt wird. Vorteilhaft ist es, wenn später ohne erneute → Gesundheitsprüfung von einem E. in einen Normaltarif gewechselt werden kann. Im Markt werden auch E. mit kurzer Versicherungsdauer und langer Leistungsdauer angeboten. Ihr Nachteil ist das eingebaute „Verfallsdatum" zu einem Zeitpunkt, in dem eine Berufsunfähigkeitsversicherung noch existenziell wichtig ist.

Eintrittsalter. *1. Begriff:* Alter der → versicherten Person, zu dem der Versicherungsschutz beginnt. – *2. Merkmale:* Das E. ist in der Personenversicherung häufig ein Risikomerkmal und Bestandteil des → Versicherungsvertrags. Es gilt auch als Berechnungsgrundlage für die Versicherungsprämie. Relevanz erhält das E. v.a. in Versicherungssparten und -zweigen, in denen → biometrische Risiken versichert werden. Vom E. hängen dann sowohl die individuelle Prämie als auch die grundsätzliche Versicherbarkeit ab. Das versicherungstechnische E. muss nicht immer dem tatsächlichen Alter entsprechen, sondern bemisst sich nach unterschiedlichen Berechnungsmethoden. Bei dem tatsächlichen Versicherungsalter wird das taggenaue Alter der versicherten Person als Kalkulationsgrundlage verwendet. Im Rahmen der kalenderjährlichen Ermittlung werden Geburtsjahr und aktuelles Kalenderjahr in Abzug gebracht.

Einwirkungsschaden. → Allmählichkeitsschaden.

Einzahlung. Zufluss an Zahlungsmitteln. Der Gegensatz zur E. ist die → Auszahlung.

E. und Auszahlungen werden zum gesamten → Zahlungsstrom verdichtet. Die E. sind weiterhin abzugrenzen von Einnahmen, Erträgen und Leistungen.

Einzelabschluss. *1. Begriff:* Rechnungslegung einer einzelnen Rechtseinheit eines Unternehmens bzw. Konzerns. Im Rahmen der Konzernrechnungslegung werden die E. der einzubeziehenden Unternehmen zu einem → Konzernabschluss konsolidiert. – *2. Abgrenzungen:* Zu unterscheiden sind handelsrechtliche E. und E. nach → IAS/ → IFRS. Während der handelsrechtliche E. dem handelsrechtlichen → Jahresabschluss entspricht, gesetzlich vorgeschrieben ist und neben der Informations- und Gläubigerschutzfunktion insbesondere die Ausschüttungsbemessungsfunktion wahrnimmt (Gewinnausschüttung an die Eigentümer, Überschussbeteiligung der Mitglieder eines → Versicherungsvereins auf Gegenseitigkeit, kurz: VVaG, und der Versicherungsnehmer in der Lebens- und Krankenversicherung), kann ein E. nach IAS/ IFRS allein zu Informationszwecken im elektronischen Bundesanzeiger veröffentlicht werden (§ 325 IIa HGB), jedoch nicht mit befreiender Wirkung den handelsrechtlichen Jahresabschluss zu ersetzen.

Einzelbewertung. Ein → Grundsatz ordnungsmäßiger Buchführung (GoB). Nach § 252 I Nr. 3 HGB sind Vermögensgegenstände und Schulden zum Abschlussstichtag einzeln zu bewerten. Grundsätzlich dürfen Posten der Aktivseite nicht mit Posten der Passivseite und Erträge nicht mit Aufwendungen verrechnet werden (§ 246 II HGB). Ausnahmen sind a) die Möglichkeiten zur Fest- und Gruppenbewertung (§§ 240 III und IV sowie 256 HGB) und – b) die Bildung von → Bewertungseinheiten. – c) Die Gruppenbewertung ist auch für → versicherungstechnische Rückstellungen möglich, wenn gleichartige oder annähernd gleichwertige Schulden zu einer Gruppe zusammengefasst werden können. Darüber hinaus dürfen versicherungstechnische Rückstellungen, soweit eine E. oder Gruppenbewertung nicht möglich oder der damit verbunden Aufwand unverhältnismäßig hoch wäre, unter bestimmten Voraussetzungen auf Grund von Näherungsverfahren geschätzt werden (§ 341e III HGB). Gem. § 27 RechVersV fallen unter die Näherungsverfahren die Nullstellungsmethode, das Standardsystem und die zeitversetzte Bilanzierung.

Einzelkosten. → Kosten, die einer Bezugsgröße (Produkt bzw. Produktgruppe, Kunde bzw. Kundengruppe, Geschäftsregion, Vertriebskanal) nach Maßgabe des Verursachungsprinzips direkt und unmittelbar zurechenbar sind, d.h. ohne Verwendung eines Verteilungsschlüssels. Abzugrenzen von → Gemeinkosten.

Einzelleistungsvergütung, u.a. im Gesundheitswesen: *1. Begriff:* Vergütungsform für ambulant erbrachte ärztliche Leistungen. – *2. Umsetzung:* Danach stellt der Arzt auf der Basis einer Gebührenordnung jede einzelne von ihm erbrachte Leistung (Beratung, eingehende Untersuchung, Injektion etc.) in Rechnung. – *3. Probleme:* Das Einkommen des Arztes ist umso höher, je mehr Leistungen er für den Patienten erbringt. Dadurch entsteht der Anreiz, Leistungen zu erbringen, die medizinisch nicht indiziert sind. Eine solche Mengenentwicklung kann durch pauschalierende Vergütungsformen verhindert werden. Bei der → Fallpauschale erhält der Arzt pro Patient für einen vereinbarten Zeitraum, z.B. ein Quartal, einen festen Betrag unabhängig von der erbrachten Leistungsmenge. Bei der → Kopfpauschale zahlt die Krankenkasse einen festen Betrag pro Mitglied und Vierteljahr an die → Kassenärztliche Vereinigung. Letztere verteilt das Geld an die Vertragsärzte. Dabei führt eine steigende Leistungsmenge zur sinkenden Bezahlung der einzelnen Leistung. – *4. Ausblick:* Deshalb soll nach dem GKV-Wettbewerbsstärkungsgesetz ab 2009 eine Vertragsgebührenordnung mit festen Eurowerten eingeführt werden, die allerdings weitgehend Pauschalvergütungen vorsieht. Nur wenige Leistungen, wie Hausbesuche, sollen einzeln mit einem festen Eurowert abrechenbar sein.

Einzelschadenexedent. *1. Begriff:* Durch den E. übernimmt der → Rückversicherer für ein einzelnes Originalrisiko die Haftung ab dem Eintritt einer gewissen Schadenhöhe (Fallpriorität) oder den darüber hinaus gehenden Schaden bis zur Haftungshöchstgrenze (Teilhaftung). – *2. Einordnung:* Übliche Form des → nicht-proportionalen Rückversicherungsvertrags.

Einzelzusage. Individuelle, einzelvertraglich vereinbarte Zusage einer → betrieblichen Altersversorgung (bAV). Die E. kann Bestandteil des Arbeits- oder Dienstvertrags sein.

Elastizität. Wichtiges Maß der (mikro-)ökonomischen Analyse, das auf Alfred Marshall zurückgeht. Die E. (ε) ist das Verhältnis der relativen Veränderung einer (abhängigen) Variablen zur relativen Veränderung einer unabhängigen Variablen. Sie wird meist als Punktelastizität definiert. Ihr Wert ergibt sich dann aus der Steigung der Kurve im betreffenden Punkt. Formal gilt bei Verwendung der funktionalen Beziehung

$$y = f(x)$$

$$\varepsilon_{y,x} = dy/y : dx/x = dy/dx \cdot y/x.$$

Neben dieser (Punkt-)Elastizität gibt es auch die Elastizität einer ganzen Kurve, die durch die Steigung der (meist als linear angenommenen) Kurve gemessen wird. I.Allg. werden Angebots- und Nachfrageelastizitäten unterschieden. Bei der Nachfrageelastizität wiederum werden die (direkte) → Preiselastizität und die indirekte oder Kreuz-Preiselastizität unterschieden Die Kreuz-Preiselastizität misst die prozentuale (relative) Veränderung der Nachfragemenge eines Gutes im Verhältnis zur prozentualen (relativen) Preisänderung eines anderen Gutes. Aus Vorzeichen und Höhe der Kreuz-Preiselastizität kann auf die Beziehung zwischen den Gütern geschlossen werden. Ist sie 0, besteht kein praktisch erkennbarer Zusammenhang, ist sie positiv, sind die Güter substitutiv (rivalisierende Güter), ist sie negativ, liegen komplementäre Güter vor. Vgl. auch → Einkommenselastizität (der Nachfrage), Preiselastizität (der Nachfrage).

E-Learning. → E-(Based)-Learning.

Electronic Marketing. → E-Marketing.

Elektronik-Betriebsunterbrechungsversicherung. *1. Begriff:* Versicherungsart der → technischen Betriebsunterbrechungsversicherung. Die E. deckt den → Unterbrechungsschaden, der durch die unterbrochene oder beeinträchtigte technische Nutzbarkeit der im Versicherungsvertrag bezeichneten betriebsfertigen Sachen i.S.d. → Elektronikversicherung verursacht worden ist. Die Nutzungsbeeinträchtigung muss infolge eines Sachschadens am → Versicherungsort entstanden sein. – 2. *Merkmale:* Rechtsgrundlage bilden die Allgemeinen Bedingungen für die → Maschinen-Betriebsunterbrechungsversicherung (AMBUB 2008) i.V.m. der Klausel TK 4910. Die Ausgestaltung des Versicherungsschutzes ist nahezu identisch mit dem der → Maschinen-Betriebsunterbrechungsversicherung. Die Regelungen zum versicherten Sachschaden knüpfen an die Normen der Allgemeinen Bedingungen für die Elektronikversicherung an, ohne ihnen jedoch vollständig zu entsprechen, da z.B. auch der sog. Garantieschaden als versicherter Sachschaden i.S.d. E. gilt. – 3. *Sonderform:* Elektronik-Mehrkostenversicherung (→ Mehrkostenversicherung).

Elektronikversicherung. *1. Begriff:* Versicherungsart innerhalb der → technischen Versicherungen, die den Versicherungsbedarf für die Elektrotechnik und elektrische Bauelemente abdeckt. – 2. *Merkmale:* Die E. ist a) eine → Allgefahrenversicherung spezifisch benannter Geräte bzw. Anlagen, die entweder zur Elektrotechnik bzw. zur EDV zählen oder die über elektronische Bausteine verfügen und – b) bei der der benötigte Versicherungsschutz an die technischen Veränderungen angepasst und neu hinzukommende Gefahren abgesichert werden. – c) Die E. versichert nur betriebsfertige Anlagen und Geräte, die keine elektrische Energie erzeugen, verteilen oder in mechanische Kraft umwandeln. – 3. *Versicherte Schäden:* Versichert sind u.a. Schäden aufgrund von Bedienungsfehlern, Ungeschicklichkeit, → Fahrlässigkeit oder unsachgemäßer Handhabung, Material-, Konstruktions- und Ausführungsfehler, → Überspannung, Induktion (→Induktionsschaden), Kurzschluss und→ Brand sowie → Blitzschlag, → Explosion, → Überschwemmung, → Diebstahl, Sabotage und → Vandalismus. Nicht versichert sind Betriebsstoffe, Verbrauchsmaterialien und Arbeitsmittel sowie Schäden durch betriebsbedingte Abnutzung, → Erdbeben, Krieg (→ Kriegsklausel) und → innere Unruhen. – 4. *Rechtsgrundlagen:* Allgemeine Bedingungen für die Elektronikversicherung und Allgemeine Versicherungsbedingungen für Fernmelde- und sonstige elektrotechnische Anlagen. – 5. *Abgrenzung:* Die E. ist von der Datenträgerversicherung, der → Mehrkostenversicherung und der → Elektronik-Betriebsunterbrechungsversicherung abzugrenzen.

Elektronische Gesundheitskarte. *1. Begriff:* Personenbezogene Identifikationskarte, die Versicherte zur Inanspruchnahme ärztlicher und zahnärztlicher Behandlung berechtigt. – 2. *Merkmale:* Mit zusätzlichen Merkmalen und Funktionen tritt die E. die Nachfolge der Krankenversichertenkarte an. Optisch unterscheidet sich die E. in erster Linie durch das Foto des Versicherten (verpflichtend ab dem 15. Lebensjahr), dass dem Missbrauch durch Fremde vorbeugen soll. Elektronisch findet in der E. nun nicht mehr nur ein Speicherchip, sondern ein Mikroprozessorchip Verwendung. Die besondere Leistungsfähigkeit dieser Mikroprozessoren liegt in der Identitätsprüfung eines Benutzers als Zugangs- und Rechtekontrolle für Daten auf der Karte und der Verschlüsselung von persönlichen Daten. Geschützte Daten können also nur durch den Besitz der E. und das Wissen über die dazugehörige Persönliche Identifikationsnummer (PIN) gelesen werden. Eine weitere Möglichkeit des Zugriffs stellt der Heilberufeausweis (HBA) dar. Der HBA ist die Identifikationskarte des Arztes. Stecken beide Karten, können Standardprozesse, wie das Lesen und Schreiben von Rezepten, ohne Eingabe der PIN durch den Versicherten erfolgen. – 3. *Unterstützte Anwendungen:* a) Pflichtanwendungen: Sind gesetzlich vorgeschrieben und können vom Versicherten nicht abgelehnt werden. Dazu gehören: (1) Versichertenstammdaten. Unterteilung in ungeschützte und geschützte Daten. Ungeschützte Daten (Name, Anschrift usw.) können ohne besonderen Schutzmechanismus ausgelesen werden. Für das Lesen geschützter Daten (Zuzahlungsstatus, Teilnahme an medizinischen Programmen usw.) ist die Eingabe der PIN oder die Anwesenheit eines HBA erforderlich. (2) Elektronisches Rezept (eRezept). Signierter elektronischer Datensatz des Rezepts, das vom Arzt oder Zahnarzt erstellt und in der Apotheke oder Versandapotheke eingelöst wird. Die Signatur ist die elektronische Unterschrift des Arztes. – b) freiwillige, gesetzliche Anwendungen: Für den Versicherten freiwilliger Einsatzbereich der elektronischen Gesundheitskarte. Nur mit seiner ausdrücklichen

Einwilligung (Eingabe der PIN) können diese Anwendungen genutzt werden. Nur der Versicherte entscheidet also, wer auf die folgenden Daten zugreifen darf: (1) Notfalldaten. Z.B. Grunderkrankungen, Blutgruppe, individuelle Arzneimittelunverträglichkeiten und Allergien. Soweit Patienten das möchten, können diese Daten im Notfall vom zugriffsberechtigten medizinischen Personal im Krankenhaus oder Rettungsdienst gelesen werden. (2) Arzneimitteldokumentation. Dient dazu, Doppelverordnungen und mögliche Wechselwirkungen mit anderen Medikamenten zu vermeiden. (3) Arztbrief. Signierte papiergebundene oder elektronische Dokumentation eines Arztes oder Zahnarztes mit teilweise vertraglich vorgegebenen Informationen zu einem Versicherten und dessen Krankheitsgeschehen. (4) Elektronische Patientenakte. Beinhaltet Daten über Befunde, Diagnosen, Therapiemaßnahmen, Behandlungsberichte sowie Impfungen für eine fall- und einrichtungsübergreifende Dokumentation. (5) Patientenquittung. Sammlung bereits geleisteter → Zuzahlungen. (6) Patientenfach. Bereich auf der E. oder in der Telematikinfrastruktur für die Ablage und Übermittlung von vom Versicherten selbst oder für diesen zur Verfügung gestellten Daten. – c) Mehrwertanwendungen: Können Versicherten von Ihrer → Krankenkasse, einem Leistungserbringer oder anderen Anbietern auf freiwilliger Basis angeboten werden. – d) Europäische Krankenversicherungskarte: Kann sich optional als Sichtausweis auf der Rückseite der E. befinden. – *4. Rechtsgrundlagen:* Mit dem Gesetz zur Modernisierung der gesetzlichen Krankenversicherung, kurz GKV-Modernisierungsgesetz, wurden die Krankenkassen verpflichtet, die bisherige Krankenversichertenkarte zu einer E. zu erweitern. § 291a SGB V hält nicht nur die verpflichtende Einführung der Gesundheitskarte fest, sondern regelt auch deren Funktionsumfang. – *5. Ziele:* Die Einführung der E. soll die Kommunikation verbessern, Kosten senken und die Patientenrechte stärken. Bei allen zur Zielerreichung notwendigen Maßnahmen gilt: Der Versicherte hat die Gewalt über seine Daten. Nur der Versicherte kann mit seiner E. und seiner PIN auf Daten zugreifen oder für Menschen seines Vertrauens (Ärzte, Pflegedienste oder Versorgungsmanager) freischalten. Die Krankenkassen, Arbeitgeber oder andere Organisationen haben grundsätzlich keinen Zugriff auf die in verschlüsselter Form vorliegenden Daten.

Elektronische Patientenakte. *1. Begriff:* Elektronische Sammlung aller den Krankheitsverlauf eines Patienten betreffenden medizinischen Daten. – *2. Ziele:* Verkürzung von Anamnesezeiten, Vermeidung schädlicher Wechselwirkungen von Medikamenten und kostenintensiver Doppeluntersuchungen. – *3. Merkmale:* In einer E. werden alle gespeicherten Diagnosen, Therapien, Medikamente und Befunddaten verwaltet. Damit wird den Leistungserbringern die Möglichkeit geboten, die gesamte Krankengeschichte eines Patienten einzusehen, sofern der Patient einwilligt. Zu unterscheiden sind patientengeführte, arztgeführte, in ärztlichen Primärsystemen geführte und einrichtungsübergreifende elektronische Patientenakten. Siehe auch → Gesundheitsassistance.

Elektronischer Antrag. Direkte elektronische Erfassung der Antragsdaten und Übertragung an das zentrale Verwaltungssystem. Der E. ersetzt zunehmend den Papierantrag, was auch durch die steigende Verwendung von mobilen EDV-Geräten mit Vertriebssoftware gefördert wird. Dadurch entfällt die manuelle Erfassung in den Versicherungsgesellschaften und eine weitestgehend automatisierte Bearbeitung der Anträge einschließlich der Policierung wird ermöglicht. Wegen der Notwendigkeit einer Vertragsunterschrift seitens des Kunden und wegen des Fehlens einer digitalen Signatur kann auf den Papierantrag noch nicht vollständig verzichtet werden.

Elektronisches Dokumentenmanagement. Scannen, → Indizierung, Schrifterkennung (mittels Intelligent Character Recognition und Optical Character Recognition), → Dunkelverarbeitung, Verteilung und Archivierung von Dokumenten. Ersetzt die klassische Registratur und zielt auf eine weitestgehend automatisierte bzw. EDV-unterstütze papierlose Bearbeitung von Dokumenten ab. Ziel des E. ist es, die eingehenden Schriftstücke in Form eines elektronischen Dokuments mit möglichst vielen bereits in die EDV übernommenen Informationen direkt an den fachlich zuständigen Mitarbeiter zu leiten bzw. auf Basis der gelesenen Informationen und eingebundenen Prüfmechanismen automatisch zu bearbeiten (Dunkelverarbeitung).

Elementargefahrenversicherung, *Elementarschadenversicherung.* – *1.Begriff:* Versicherungen gegen Schäden aus → Elementargefahren, d.h. Naturereignissen wie → Sturm, → Hagel, → Blitzschlag, → Überschwemmung, → Erdbeben, Seebeben, Sturmflut, → Erdrutsch, → Erdsenkung, Dürre, Hitze, Kälte, → Frost, → Lawinen und Schneedruck, Vulkanausbruch. – *2. E. in der Praxis:* Zahlreiche Versicherungsarten enthalten entweder durch expliziten Einschluss oder durch die Deckung unbenannter Gefahren einen mehr oder minder umfassenden Versicherungsschutz gegen Elementargefahren. Ergänzend zur → verbundenen Hausratversicherung, → verbundenen Wohngebäudeversicherung und gebündelten Geschäftsversicherung, die standardmäßig die Elementargefahren Sturm, Hagel, Blitzschlag und Frost abdecken, kann zusätzlich eine → erweiterte Elementargefahrenversicherung gegen die Gefahren Überschwemmung, Erdbeben, Erdrutsch, Erdsenkung, Lawinen und Schneedruck, ggf. auch Vulkanausbruch abgeschlossen werden. Bei industriellen Risiken kann die Abdeckung der Elementargefahren über die → Extended Coverage-Versicherung erfolgen.– *3. Probleme:* Die hauptsächlichen versicherungstechnischen Herausforderungen bei der E. liegen in der möglichen Kumulierung von Schäden aus einem Schadenereignis und in der hohen Volatilität des Schadenverlaufs über die Zeit.

E-Marketing, *Electronic Marketing.* – *1. Begriff:* Zusammenfassung aller Marketingaktivitäten, die auf der Nutzung des Internet und sonstiger elektronischer Medien basieren. – *2. Merkmale:* a) ubiquitär: Ein Zugriff ist von überall aus möglich. – b) bidirektional: Interaktionen zwischen Anbieter, Vermittler und → Kunde können in jedweder Richtung erfolgen. – c) hybrid: Die Interaktionen können simultan und sukzessiv an einzelne und an mehrere Kommunikationspartner gesteuert werden. – d) zeitunabhängig: → Kommunikation ist sowohl in Realzeit als auch zeitverzögert möglich.

Embedded Value (EV). *1. Begriff:* Gesamtwert eines Lebens- bzw. Personenversicherungsgeschäfts aus der Sicht der Eigentümer, wobei künftig gezeichnetes Geschäft (Goodwill) unberücksichtigt bleibt, jedoch die Bewertungsannahmen (z.B. die Kostenannahmen) die Fortsetzung des Geschäfts implizieren („going-concern"). Der EV reflektiert den Geschäftswert für die Unternehmenseigner unabhängig davon, inwieweit er im Substanzwert nach den jeweils verwendeten Rechnungslegungsstandards bereits Berücksichtigung findet bzw. zu welchen künftigen Zeitpunkten er seinen Niederschlag in der → Gewinn- und Verlustrechnung (GuV) findet. Typischerweise erfordert die Berechnung des EV damit die Projektion der handelsrechtlichen Bilanzen für Zeiträume von 40 bis 100 Jahren. – *2. Merkmale:* Zu den Charakteristika des Lebens- und Krankenversicherungsgeschäfts gehört die vorsichtige Wahl der Rechnungsgrundlagen für die → Deckungsrückstellung, die mit hoher Wahrscheinlichkeit zu positiven künftigen → Rohüberschüssen führt, an denen wiederum der Eigentümer des Lebensversicherungsunternehmens in Form künftiger Jahresüberschüsse partizipiert. Diese Jahresüberschüsse sind also bereits heute im Bestand als „Bestandswert" oder „Value of Inforce (VIF)" „eingebettet" und werden dementsprechend über das in der lokalen Rechnungslegung ausgewiesene Eigenkapital hinaus als „Substanzwert" des Lebens- oder Krankenversicherers angesehen. Der EV ist in diesem Sinne also eine bestmögliche Schätzung des Substanzwerts eines Lebens- oder Krankenversicherers in einer ökonomischen Bilanz. – *3. Modell:* Das Grundkonzept der Embedded Value-Methodik besteht darin, zunächst den Present Value of Future Profits (PVFP) als → Barwert der Jahresüberschüsse nach Steuern zu schätzen, die sich bei der erwarteten Bestandsabwicklung ergeben. Für die Prognose der erwarteten Bestandsabwicklung müssen v.a. Annahmen zum künftigen Kapitalanlageerfolg, zur Entwicklung des Versichertenkollektivs im Vergleich zu den biometrischen Kalkulationsannahmen, zur Verwendung der Überschüsse hinsichtlich der Aufteilung zwischen Kunden und zur Unternehmen und der Systematik der → Überschussbeteiligung der Kunden getroffen werden. Die Risiken der künftigen Entwicklung der Kapitalmärkte und der Schadenverläufe werden implizit durch die Wahl eines über dem erwarteten Kapitalanlageerfolg i_{Mkt} liegenden Diskontierungszinssatzes i_{Disk} für die Berechnung der

Barwerte berücksichtigt. Hierdurch entsteht bei einem Steuersatz s auf das im Unternehmen in den künftigen Jahren t gebundene Eigenkapital EK(t) alljährlich ein „Zinsverlust" in Höhe von

$(i_{Disk} - i_{Mkt})*(1 - s)*EK(t)$,

dessen Barwert als „Cost of Capital" (CoC) berücksichtigt wird. Es gilt also EV = EK(0) + VIF = EK(0) + PVFP - CoC. Zu beachten ist, dass in dieser Notation die CoC konzeptionell alle mit dem Geschäft verbunden Risiken des Geschäfts abdecken. In späteren Entwicklungsstufen der Embedded Value-Methodik wurde dazu übergegangen, einzelne Risiken, wie den Wert der Garantien und Optionen der Versicherungsnehmer (vgl. → eingebettete Garantien, → eingebettete Optionen) bzw. die Kapitalmarktrisiken abzuspalten und explizit auszuweisen. – 4. *Ausprägungen:* Inzwischen werden verschiedene Ausprägungen der Embeded Value-Methodik unterschieden, die sich aufeinander aufbauend im Lauf der Zeit entwickelt haben: → Traditional Embedded Value (TEV), → European Embedded Value (EEV), → Market Consistent Embedded Value (MCEV). Die verschiedenen Varianten reflektieren die wachsenden Bemühungen, die eingebetteten Garantien und Optionen des Lebensversicherungsgeschäfts sachgerecht abzubilden (Übergang von TEV zu EEV) bzw. die Bewertung der Cash flows und ihrer Risiken nicht mehr auf eine niemals völlig willkürfreie Wahl des Diskontierungszinssatzes zu gründen, sondern an aktuellen Markteinschätzungen zu kalibrieren (Übergang EEV zu MCEV). TEV werden mit herkömmlichen deterministischen Projektionsmodellen berechnet, die für jede künftige Periode vorab festgelegte Annahmen über die Entwicklung des Kapitalmarkts unterstellen. EEV und MCEV setzen dagegen den Einsatz stochastischer Modelle voraus, die eine Vielzahl möglicher Kapitalmarktszenarien für die Zukunft generieren und den EV als mittleren Barwert der Jahresüberschüsse für alle diese Szenarien ermitteln. – 5. *Ziele:* Die handelsrechtliche Rechnungslegung für Versicherungsunternehmen lässt eine verlässliche Einschätzung des Unternehmenserfolgs nur schwer zu. Hohe Neugeschäftsvolumina bedeuten i.d.R. hohe Abschlusskosten, die das Ergebnis der aktuellen Periode belasten, während die positiven Auswirkungen auf den Unternehmenserfolg, obwohl vergleichsweise gut prognostizierbar, nach dem Vorsichtsprinzip erst in späteren Perioden sichtbar werden. Die Embedded Value-Methodik verfolgt also das Ziel, die Auswirkungen vergangener (im Sinn bereits getroffener) Managemententscheidungen (z.B. bzgl. Produktentwicklung, Vertriebsausbau) auf den → Unternehmenswert so schnell wie möglich abzuschätzen und sichtbar zu machen. Als Erfolgsgrößen werden häufig verwendet: a) der Return on Embedded Value – relativer Wertzuwachs des EV in der Berichtsperiode, verglichen mit dem Ausgangswert. – b) die New Business Margin – Value of New Business im Verhältnis zu einer Volumengröße, etwa dem Barwert der künftigen Beitragseinnahmen der letzten Neugeschäftsgeneration. – 6. *Probleme:* Die Kritik am Konzept des EV fokussiert sich auf verschiedene Punkte: a) ungenügende Berücksichtigung von Kosten aus eingebetteten Garantien und Optionen, – b) willkürliche und intransparente Wahl der Bewertungsparameter, die den Vergleich verschiedener Unternehmen erschweren, – c) hohe Volatilität der Ergebnisse im Zeitablauf, die die Eignung als Steuerungsgröße in Frage stellt. Nicht zuletzt durch die Standardisierungsbemühungen des CRO-Forums haben die genannten Kritikpunkte sukzessive zu methodischen Verbesserungen des Ansatzes und zu erweiterten Publikationsanforderungen geführt. – 7. *Ähnliche Begriffe:* Zusammen mit der Berechnung des EV wird i.d.R. separat der Neugeschäftswert („Value of New Business", VNB) bestimmt, um den aktuellen Geschäftserfolg zu messen. Technisch geschieht das meist nach der sog. Marginalmethode, d.h. der VIF wird jeweils mit und ohne Berücksichtigung der jüngsten Neugeschäftsgeneration bestimmt. Hierdurch wird am besten der Tatsache Rechnung getragen, dass es häufig zwischen Neugeschäft und Altbestand keine kanonische Aufteilung des haftenden Eigenkapitals, der Betriebskosten und teilweise auch des künftigen Rohüberschusses gibt.

Emissionsrating. Urteil – im Sinne einer Meinungsäußerung – einer Ratingagentur (→ Rating) über Wertpapiere (z.B. Schuldverschreibungen), die an die Öffentlichkeit emittiert wurden. E. beruhen auf einer spezifischen Methodologie, die ausgehend vom Rating des Emittenten (→ Emittentenrating) berücksichtigen, wie eigenkapitalnah oder -fern der Charakter einer Emission ist. Dabei fließen u.a. Fragen der Nachrangigkeit im Insolvenzfall oder der Aufschiebbarkeit von Couponzahlungen in das Rating ein.

Emittentenrating, *Credit Rating.* Urteil – im Sinne einer Meinungsäußerung – einer Ratingagentur (→ Rating) über die Fähigkeit und Bereitschaft eines Emittenten von Wertpapieren bzw. Schuldtiteln, seinen finanziellen Verpflichtungen gänzlich und zeitgerecht nachzukommen. Siehe allgemein auch Rating und → Unternehmensrating.

Endalter. *1. Begriff:* Alter der → versicherten Person, zu dem der → Versicherungsvertrag planmäßig abläuft. – *2. Merkmale:* Entweder wird zu diesem Zeitpunkt eine → Versicherungsleistung ausbezahlt (z.B. in der → Kapitallebensversicherung), oder der Versicherungsschutz endet. Hebt der Versicherungsnehmer die Versicherung bereits vor dem definierten E. auf, können ggf. Stornierungskosten in Abzug gebracht werden und/oder ein ursprünglich vereinbarter Schlussbonus wird nicht ausgezahlt (siehe auch → Schlussüberschussanteil).

Endkostenstellen. → Kostenstellen.

Endorsement. Zwischen → Erst- und → Rückversicherer vereinbarter Nachtrag zu einem Rückversicherungsvertrag.

Endwert. *1. Begriff:* Betrag, der – ausgehend von einem positiven oder negativen Startwert – zu einem definierten Endtermin bei einer bestimmten Annahme hinsichtlich der Verzinsung zur Verfügung steht. Kann außer für Cash flows im Sinne einer Folge von Ein- und Auszahlungen zu in der Vergangenheit oder in der Zukunft liegenden Zeitpunkten auch für Einnahmen und Ausgaben sowie für abgegrenzte Erfolgsgrößen (Erträge und Aufwendungen, Leistungen und Kosten) errechnet werden. – *2. Merkmale:* Der → Barwert drückt den Wert des Zahlungsstroms von Einzahlungen und Auszahlungen zu einem definierten Zeitpunkt nach der letzten Zahlung aus. Seine Höhe hängt jedoch nicht nur vom Überschuss der Einzahlungen über die Auszahlungen, sondern auch vom Profil der Zahlungen im Zeitablauf und dem verwendeten Zinssatz ab. Der E. einer einfachen Zahlung zu einem späteren Zeitpunkt ist umso höher, je weiter der Zahlungszeitpunkt in der Zukunft ist und je höher der verwendete Zinssatz ist. – *3. Modell:* Entsprechend der Definition ist der E. die Summe der auf den Betrachtungszeitpunkt aufgezinsten Zahlungen, formal: Ist C_k für $1 \leq k \leq N$ eine Reihe von N positiven oder negativen Zahlungen zu den Zeitpunkten $t_1 \leq t_k \leq t_N$ und ist j_t die für Zeitraum $[t, t_N]$ anzuwendende jährliche Verzinsung, so ist der E. des Cash flows zum Zeitpunkt t_N

$$E = \sum_{k=1}^{N} C_k \cdot \left(1 + j_{t_k}\right)^{t_N - t_k}.$$

– *4. Anwendungszweck:* Der E. verfolgt ebenso wie der Barwert den Anwendungszweck, Zahlungen zu unterschiedlichen Zeitpunkten vergleichbar zu machen. Der Bezugszeitpunkt liegt jedoch nicht wie beim Barwert bei (oder vor) der ersten Zahlung, sondern bei (oder nach) der letzten. Die Aufzinsung reflektiert dabei die Tatsache, dass der Nutzen einer Zahlung für den Empfänger umso größer ist, je früher sie erfolgt. – *5. Ähnliche Begriffe:* Der E. eines Zahlungsstroms hängt eng mit seinem Barwert zusammen. Bezeichnet i_t den erzielten Zins im Zeitintervall $[t_1, t]$ und j_t den erzielten Zins im Zeitintervall $[t, t_N]$, so muss für alle t gelten:

$$(1 + i_t)^{t - t_1} \cdot (1 + j_t)^{t_N - t} = (1 + i_{t_N})^{t_N - t_1} = (1 + j_{t_1})^{t_N - t_1}$$

Damit ist

$$E = \sum_{k=1}^{N} C_k \cdot \left(1 + j_{t_k}\right)^{t_N - t_k}$$

$$= (1 + i_{t_N})^{t_N - t_1} \cdot \sum_{k=1}^{N} C_k \cdot \left(\frac{1}{1 + i_{t_k}}\right)^{t_k - t_1} = (1 + i_{t_N})^{t_N - t_1} \cdot B$$

d.h. der E. eines Zahlungsstroms im Zeitintervall $[t_1, t_N]$ zum Zeitpunkt t_N ergibt sich durch Aufzinsung des Barwerts zum Zeitpunkt t_1 über die gesamte Zeitdauer $t_N - t_1$.

Entertainmentversicherungen. *1. Begriff:* Sammelbezeichnung für verschiedene Versicherungen, die der Unterhaltungsindustrie, oft gebündelt, angeboten werden. Nachfolgend werden die wichtigsten Erscheinungsformen der E. genannt und kurz beschrieben. – *2. Veranstaltungsausfallversicherung:* Versicherung zur Deckung der vergeblich entstandenen oder zusätzlich angefallenen Kosten aufgrund des Ausfalls, des Abbruchs oder der Veränderung einer angesetzten Veranstaltung (z.B. Konzert,

Kongress, Sport- oder Werbeveranstaltung). „Form B" versichert gegen den Nichtauftritt namentlich benannter Mitwirkender, „Form A" gegen alle übrigen Ursachen, die außerhalb des Einflussbereichs des Versicherungsnehmers oder der beauftragten Organisatoren liegen. Ausgeschlossen sind u.a. der Ausfall wegen mangelnden Publikumsinteresses oder unzureichender Finanzierung. Entgangene Gewinne sind nicht versichert, können aber begrenzt (z.B. im Umfang zurückzuerstattender Eintrittsgelder oder ausgefallener Sponsorengelder) eingeschlossen werden. – *3. Wetterversicherung:* Sonderform der Veranstaltungsausfallversicherung, bei der Versicherungsschutz nur gegen ungünstige Witterungsverhältnisse besteht. – *4. Veranstalter-Haftpflichtversicherung:* Versicherung der gesetzlichen Haftung des Veranstalters während der Vorbereitung oder Durchführung von Veranstaltungen, insbesondere bei Ansprüchen von Besuchern oder Mitwirkenden. – *5. Filmtheater-Einheitsversicherung, cinema insurance:* Kombination einer → Sachversicherung für die Betriebseinrichtung des Filmtheaters, einer → Haftpflichtversicherung für aus dem Betrieb des Filmtheaters entstehende Drittschäden, einer → Transportversicherung für das Filmmaterial sowie einer → Betriebsunterbrechungsversicherung. – *6. Gewinnspielversicherung:* Versicherung zur Deckung der Kosten eines ausgesetzten Preises oder Gewinns. – 7. → *Filmversicherung.*

Entgangener Gewinn, *entgangener Betriebsgewinn.* – I. Schadenersatzrecht: Gewinn, der nach gewöhnlichen oder nach besonderen Umständen wahrscheinlich erwartet werden konnte. Rechtsgrundlage: § 252 BGB. – II. Betriebsunterbrechungsversicherung: Bestandteil des versicherten → Unterbrechungsschadens. Der E. bzw. der entgangene Betriebsgewinn i.S.d. → Betriebsunterbrechungsversicherung wäre das Betriebsergebnis des versicherten, ungestörten Betriebs.

Entgeltfortzahlung im Krankheitsfall. *1. Begriff:* Fortzahlung des Arbeitsentgelts durch den Arbeitgeber für die Dauer von bis zu sechs Wochen für Arbeitnehmer sowie für die zur Berufsausbildung Beschäftigten, wenn diese unverschuldet infolge von Krankheit, Bewilligung einer Maßnahme der medizinischen Vorsorge oder → Rehabilitation, einer nicht rechtswidrigen Sterilisation oder einem nicht rechtswidrigen bzw. nach dem Beratungskonzept vorgenommenen Abbruch der Schwangerschaft an der Arbeitsleistung verhindert sind. Arbeitsrechtlicher Anspruch, geregelt im Gesetz über die Zahlung des Arbeitsentgelts an Feiertagen und im Krankheitsfall (Entgeltfortzahlungsgesetz, EFZG) vom 26.5.1994 (BGBL I S. 1014, Artikel 53). – *2. Merkmale:* Für den krankheitsbedingten oder aufgrund der Teilnahme an einer medizinischen Vorsorge- oder Rehabilitationsmaßnahme entstehenden Arbeitsausfall hat der Arbeitnehmer Anspruch auf Fortzahlung des ihm bei der für ihn Maß gebenden regelmäßigen Arbeitszeit zustehenden Arbeitsentgelts. Der Arbeitnehmer ist grundsätzlich verpflichtet, seinem Arbeitgeber die Arbeitsunfähigkeit und deren voraussichtliche Dauer unverzüglich anzuzeigen (Anzeigepflicht) und spätestens am ersten Arbeitstag nach Ablauf des dritten Kalendertags nach Beginn der Arbeitsunfähigkeit eine ärztliche Bescheinigung über die Arbeitsunfähigkeit sowie deren voraussichtliche Dauer vorzulegen (Nachweispflicht). Im Fall der Arbeitsverhinderung aufgrund einer Maßnahme der medizinischen Vorsorge und Rehabilitation ist der Arbeitnehmer verpflichtet, dem Arbeitgeber den Zeitpunkt des Antritts der Maßnahme und ihre voraussichtliche Dauer unverzüglich mitzuteilen und eine Bescheinigung des Sozialleistungsträgers über die Bewilligung der Maßnahme unverzüglich vorzulegen. Der Anspruch auf Entgeltfortzahlung entsteht erstmals nach vierwöchiger ununterbrochener Dauer des jeweiligen Arbeitsverhältnisses (Wartezeit) und setzt voraus, dass die Erkrankung oder die Maßnahme der medizinischen Vorsorge oder Rehabilitation die alleinige Ursache für den Arbeitsausfall ist. Der Anspruch ist ausgeschlossen, wenn den Arbeitnehmer ein Verschulden an der Krankheit trifft. Bei wiederholter Arbeitsunfähigkeit wegen verschiedener Krankheiten ist jeweils ein sechswöchiger Entgeltfortzahlungsanspruch gegeben, und zwar ohne Rücksicht auf den Zeitraum, der zwischen den einzelnen Arbeitsunfähigkeitszeiten liegt. Im Fall einer wiederholten Arbeitsunfähigkeit wegen derselben Krankheit besteht ein (neuer) voller sechswöchiger Entgeltfortzahlungsanspruch nur dann, wenn der Arbeitnehmer in den vorherigen sechs Monaten nicht wegen derselben Krankheit arbeitsunfähig war oder seit Beginn der ersten Arbeitsunfähigkeit wegen derselben Krankheit eine Frist von zwölf Monaten abgelaufen ist. Der Entgeltfortzahlungsanspruch endet grundsätzlich mit der Beendigung des Arbeitsverhältnisses. Über das Ende des Arbeitsverhältnisses hinaus besteht jedoch weiterhin Anspruch auf Entgeltfortzahlung, wenn dem Arbeitnehmer wegen der Erkrankung gekündigt wurde, das Arbeitsverhältnis aus Anlass der Erkrankung zwar nicht gekündigt, aber auf Initiative des Arbeitgebers hin einvernehmlich beendet wurde oder wenn der Arbeitnehmer selbst aus einem vom Arbeitgeber zu vertretenden Grund fristlos gekündigt hat. Kleinere Arbeitgeber (bis zu 30 Arbeitnehmer/-innen einschl. der zur Berufsaufbildung Beschäftigten) erhalten die ihnen durch die Entgeltfortzahlung entstehenden Aufwendungen nach dem Gesetz über den Ausgleich der Arbeitgeberaufwendungen für Entgeltfortzahlung (Aufwendungsausgleichsgesetz, AAG) vom 22.12.2005 (BGBL I S. 3686) von den → Krankenkassen erstattet.

Entgeltpunkte. *1. Begriff*: Faktor zur Berücksichtigung der Beitragsleistungen der Versicherten im Rahmen der → Rentenformel bei der Berechnung der Monatsrente in der → gesetzlichen Rentenversicherung (GRV). – *2. Merkmale*: Die Zahl der E. ist dabei im Wesentlichen von den → Beitragszeiten und der Höhe der geleisteten Beiträge abhängig. Die E. für vollwertige Beitragszeiten ergeben sich durch Division des der Beitragsentrichtung zugrundeliegenden Betrags des Arbeitseinkommens (bis zur → Beitragsbemessungsgrenze) durch das Durchschnittsentgelt aller Versicherten. Wird während eines Jahres ein unterdurchschnittliches (überdurchschnittliches) Einkommen erzielt, nehmen die E. einen Wert kleiner (größer) als eins an.

Entgeltumwandlung. Umwandlung von zukünftigen Entgeltansprüchen in eine wertgleiche → Anwartschaft auf Versorgungsleistungen im Rahmen der → betrieblichen Altersversorgung (bAV) (§ 1 II Nr. 3 BetrAVG). Nach § 1a BetrAVG hat der Arbeitnehmer einen Anspruch auf E.; damit wird diese Finanzierungsform neben der traditionellen bAV, die allein durch den Arbeitgeber erfolgt, als freiwillige Sozialleistung bestätigt. Alle → Durchführungswege können zur E. genutzt werden. Kommt keine Einigung über einen Durchführungsweg zustande, kann der Arbeitgeber die Durchführung über einen → Pensionsfonds oder eine → Pensionskasse verlangen, andernfalls der Arbeitnehmer die Durchführung über eine → Direktversicherung. Anwartschaften aus E. sind sofort unverfallbar (siehe → unverfallbare Anwartschaft).

Entschädigung. *1. Begriff:* Schadenabhängige Versicherungsleistung. In der → Schadenversicherung leistet der Versicherer im → Versicherungsfall Ersatz für den → versicherten Schaden gemäß den vertraglich bestimmten Entschädigungsregeln (→ Versicherungsform). Die Ermittlung der E. erfolgt im Zuge der → Schadenregulierung; vgl. → versicherte Leistungen. – *2. Entschädigungsformen:* Die E. wird regelmäßig in Geld geleistet. In einigen → Allgemeinen Versicherungsbedingungen (AVB) ist jedoch auch → Naturalersatz bestimmt (z.B. in der → Glasversicherung, wahlweise auch in der → Elektronikversicherung; Abwehr unbegründeter Ansprüche in der → Haftpflichtversicherung). – *3. Rechtliche Merkmale:* E. des Versicherers sind fällig, wenn die zur Feststellung des Versicherungsfalls und des Umfangs der Leistungspflicht des Versicherers notwendigen Erhebungen beendet sind (§ 14 VVG).

Entschädigungsfonds. Wird durch den Gebrauch eines Kraftfahrzeugs oder eines Anhängers im Geltungsbereich des PflVG ein Personen- oder Sachschaden verursacht, so kann derjenige, dem wegen dieser Schäden Ersatzansprüche gegen den Halter, den Eigentümer oder den Fahrer des Fahrzeugs zustehen, diese Ersatzansprüche unter bestimmten Voraussetzungen auch gegen den „Entschädigungsfonds für Schäden aus Kraftfahrzeugunfällen" geltend machen (§ 12 PflVG). Die Aufgaben des E. werden durch die → Verkehrsopferhilfe wahrgenommen.

Entschädigungsgrenzen. Die Leistung des Versicherers ist häufig auf einen bestimmten Betrag oder auf einen Prozentsatz der → Versicherungssumme begrenzt. Bspw. werden in der → verbundenen Wohngebäudeversicherung oft bei der Mitversicherung von Kosten, wie z.B. → Aufräumungskosten, oder bei Einschluss von versicherten Sachen, wie z.B. → Ableitungsrohren, E. vereinbart.

Entspargeschäft. Einmalige Auszahlung oder Rentenzahlung vom Versicherungsunternehmen an den Versicherungsnehmer, die aus dem dem Versicherungsunternehmen überlassenen Kapital einschließlich Zinseszinsen getätigt wird/ werden. Siehe auch → Spargeschäft.

Entwicklungsarchitektur. Umfasst die Verfahren, Methoden und Werkzeuge, die bei der Entwicklung von → Anwendungen (→ Anwendungsentwicklung) benutzt werden. Die E. muss dabei die Art der zu entwickelnden Anwendungen sowie die bestehende → Anwendungsarchitektur berücksichtigen.

Epidemiologie, von griech.: epi = über, demos = Volk, logos = Lehre. Die Lehre von dem, was über das Volk kommt. – *1. Begriff:* Wissenschaft, die das Vorkommen und die Verteilung von Krankheiten sowie die Einflussfaktoren auf Erkrankungen untersucht. Multidisziplinäres Fach, dessen bevölkerungsbezogene Forschung zu gesundheits- und krankheitsrelevanten Fragestellungen Ansätze bzw. Maßnahmen entwickelt, die im Interesse der Volksgesundheit liegen. – *2. Methodik:* Erforscht Häufigkeit und Verbreitung von Krankheiten in Populationen (Deskriptive E.), Entstehungsursachen von Krankheiten (Analytische E.) sowie wissenschaftlich begründete Handlungs- und Therapiemöglichkeiten (Interventive E.). – *3. Umsetzung:* In epidemiologischen Studien werden a) Ursachen und Risikofaktoren für die Entstehung von Erkrankungen (z.B. Bedeutung des Rauchens für die Entwicklung gewisser Krebsarten, – b) zeitliche Veränderungen in der → Prävalenz oder → Inzidenz von Krankheitsbildern bzw. geographisch unterschiedlichen Verteilungsmustern und über Jahre hinweg der Krankheitsverlauf – c) die Qualität der Versorgung im Hinblick auf das Angebot an bzw. des Einsatzes von medizinischen Leistungen, – d) das Inanspruchnahmeverhalten und die Compliance der Patienten (z.B. Auswirkung von Essgewohnheiten und/ oder Schulungen auf den Behandlungserfolg), – e) Design, Implementierung und Evaluation von Präventionsprogrammen u.a. untersucht. Das alles sind Faktoren, die für die → Versicherungsmedizin wertvolle Grundlagen bei der Erstellung von → Einschätzungsbüchern darstellen. – *4. Ausblick:* Der E. kommt in der modernen Gesundheitsforschung eine immer größer werdende Bedeutung zu.

Epidemiologischer Übergang. Allmählicher Wandel der Krankheitsformen und Sterbeursachen während des → ersten demographischen Übergangs. Der E. wurde konzipiert, als mit dem langfristigen, aber stetigen Absinken der Sterbewerte eine Verschiebung in der Häufigkeit bestimmter → Todesursachen festgestellt werden konnte. Infektionskrankheiten wurden zurückgedrängt, während sog. degenerative und in der modernen Lebensweise begründete Formen der → Morbidität und → Mortalität an Bedeutung gewannen.

Erdbeben. Naturbedingte Erschütterung des Erdbodens, die durch geophysikalische Vorgänge im Erdinneren ausgelöst wird. Gehört damit zu den Elementargefahren. Schäden durch E. sind i.d.R. in der erweiterten → Elementargefahrenversicherung versicherbar. Eine Erdbebenmindeststärke nach der Richterskala wird als Voraussetzung für einen versicherten Schaden üblicherweise nicht gefordert.

Erdbebenzone. Fasst Regionen zusammen, die ein ähnliches Risiko für ein → Erdbeben aufweisen. Die E. dient zur Tarifierung und als Basis für Annahmerichtlinien.

Erdrutsch. *1. Begriff:* Naturbedingtes Abgleiten oder Abstürzen von Gesteins- oder Erdmassen. Gehört damit zu den Elementargefahren. Schäden durch E. sind i.d.R. in der erweiterten → Elementargefahrenversicherung versicherbar. – *2. Probleme:* Die Abgrenzung des Begriffs „naturbedingt" ist wie bei → Erdsenkung schwierig, da Kulturlandschaften von Menschenhand gestaltet sind. Z.B. hat der Mensch im Laufe der Zeit Bergwald abgeholzt, was zu einem erhöhten Erdrutschrisiko führt.

Erdsenkung, *Erdfall.* – *1. Begriff:* Naturbedingte Absenkung des Erdbodens über natürlichen Hohlräumen in der näheren Umgebung des Versicherungsgrundstücks. Gehört damit zu den Elementargefahren. Schäden durch E. sind i.d.R. in der erweiterten → Elementargefahrenversicherung versicherbar. Schäden durch Austrocknung des Bodens, z.B. durch Absenkung des Grundwasserspiegels, sind i.Allg. ausgeschlossen.

– *2. Probleme:* Die Abgrenzung des Begriffs „naturbedingt" ist wie bei → Erdrutsch schwierig.

Ereignisprinzip, *Schadenereignisprinzip.* *1. Begriff:* Prinzip, das regelt, zu welchem Zeitpunkt der → Versicherungsfall als eingetreten gilt. Nach dem E. gilt der → Versicherungsfall zu dem Zeitpunkt als eingetreten, zu dem das Schadenereignis, d.h das Ereignis, das Haftpflichtansprüche gegen den Versicherungsnehmer nach sich ziehen könnte, eingetreten ist. – Anders: → Claims made-Prinzip, → Manifestationsprinzip, → Verstoßprinzip. – *2. Anwendungsgebiet:* Das E. wird in der allgemeinen → Haftpflichtversicherung eingesetzt, in der die Rechtsprechung und die Regulierungspraxis verschiedene Ansätze hervorgebracht haben: Die ältere Rechtsprechung knüpfte an das äußere Ereignis an, das den Schaden unmittelbar auslöst (sog. Folgeereignistheorie). Die jüngere und derzeit überwiegende Rechtsprechung geht statt dessen vom ersten fehlerhaften Verhalten der versicherten Person aus (Kausalereignistheorie). Dies hat in der Vergangenheit zu Unsicherheiten bei der Schadenregulierung in der allgemeinen Haftpflichtversicherung geführt, so dass die Versicherungspraxis weiterhin auf das Folgeereignis abstellt.

Erfahrungstarifierung. Verfahren zur → Tarifierung eines einzelnen Risikos eines inhomogenen Bestands, bei dem neben der Schadenerfahrung des gesamten Bestands auch die individuelle Schadenerfahrung des jeweiligen Risikos berücksichtigt wird. Die E. kann auch auf Teilbestände anstelle einzelner Risiken angewendet werden. Beispiele für die E. sind → Bonus-Malus-Systeme, die → Credibility-Theorie und multiplikative Tarife.

Erfolgsfaktoren. → Werttreiber.

Erfolgsrechnung. I. → Rechnungslegung: → Gewinn- und Verlustrechnung. – II. → Internes Rechnungswesen: *1. Begriff:* Erfassung, Gegenüberstellung und Saldierung der Werte der produzierten Güter (→ Leistungen, → Leistungsrechnung) und der Werte der verzehrten Produktionsfaktoren (→ Kosten, → Kostenrechnung) zur Ermittlung des wirtschaftlichen Erfolgs eines Versicherungsunternehmens in einer Periode (Interne Erfolgsrechnung). Die E. ist neben der Darstellung von Vermögen, Schulden und Eigenkapital ein Hauptbestandteil des internen Rechnungswesens. – *2. Merkmale:* Als Kernstück des internen Rechnungswesens basiert die interne E. nicht auf einer gesetzlichen Grundlage, sondern erlaubt die Erfassung der Kosten und Leistungen nach betriebswirtschaftlichen Zweckmäßigkeiten. Insbesondere können die Bezugsgrößen, die Dauer der Rechnungsperiode und die weiteren Parameter der E. frei gestaltet werden. Werden bspw. die Kosten und Leistungen auf die einzelnen Geschäftsfelder verteilt, können insbesondere bestimmte → Versicherungszweige oder → Versicherungsprodukte erfolgswirtschaftlich analysiert und gesteuert werden. – *3. Elemente:* a) Kostenrechnung: (1) nach den Bezugsgrößen differenziert in → Kostenartenrechnung, → Kostenstellenrechnung und → Kostenträgerrechnung; – (2) nach dem Umfang der Kostenverrechnung differenziert in → Vollkostenrechnung und → Teilkostenrechnungen. – b) → Leistungsrechnung. – *4. Ziele:* Mit der internen E. wird der Gewinn oder Verlust bzw. werden Teilgewinne oder Teilverluste im Versicherungsunternehmen ermittelt. Die daraus abgeleiteten Informationen dienen den Funktionen der Planung, Steuerung sowie der (Erfolgs-)Kontrolle. – *5. Würdigungen:* Im Versicherungsunternehmen sind die Zusammenhänge zwischen den Erfolgsbeiträgen äußerst komplex, so dass die Beziehungen zwischen Kosten und Leistungen häufig nur durch sukzessive Analysen herausgearbeitet werden können. Unterstützend wirkt dabei der stufenförmige Aufbau der internen E. mit der Kostenartenrechnung, der Kostenstellenrechnung und der Kostenträgerrechnung.

Ergänzungsversicherung. *1. Begriff:* Deckung einer → Risikoerhöhung oder → Risikoerweiterung. – Anders: → Zusatzversicherung. – *2. Anwendung:* Die → Haftpflichtversicherung umfasst auch Versicherungsschutz für die gesetzliche Haftpflicht aus Erhöhungen und Erweiterungen des → versicherten Risikos. Erhöhungen des Risikos folgen bspw. aus neuen Produktionsverfahren, Erweiterungen aus der Zunahme der Beschäftigtenzahl. Der Versicherungsnehmer ist allerdings verpflichtet, dem Versicherer die Änderungen auf Anfrage (z.B. im Zusammenhang mit der Prämienrechnung) mitzuteilen.

Erhöhtes Risiko. *1. Begriff:* Wenn die → Risikoprüfung bei einem Antragsteller für eine Lebens- oder private Krankenversicherung ergibt, dass er ein höheres Todesfallrisiko oder eine höhere Erkrankungswahrscheinlichkeit als die Versichertenpopulation aufweist, für die die Normalprämie ermittelt wurde, wird von einem erhöhten Risiko gesprochen. – *2. Merkmale:* Dieses Mehr an zu deckendem Risiko wird i.Allg. durch einen Risikozuschlag oder eine → Ausschlussklausel ausgeglichen.

Erlang-Verteilung. Eine Zufallsvariable X besitzt die E. mit den Parametern $\alpha \in (0, \infty)$ und $n \in \mathbb{N}$, wenn sie die → Gammaverteilung mit den Parametern α und n besitzt. Ein Spezialfall der E. ist die → Exponentialverteilung.

Erlaubnis zum Geschäftsbetrieb. *1. Begriff:* Zulassungsvoraussetzung für Versicherungsunternehmen. Nach koordiniertem Recht darf der Betrieb des Versicherungsgeschäfts erst aufgenommen werden, wenn durch Erlaubnis der → Aufsichtsbehörde die Unbedenklichkeit des Betriebs erklärt worden ist. – *2. Verfahren:* Zuständig für die Zulassung ist die Aufsichtsbehörde des Sitzlands des Unternehmens. Bei Ausweitung der Tätigkeit durch eine → Niederlassung (→ Niederlassungsfreiheit) oder im Dienstleistungsverkehr (→ Dienstleistungsfreiheit) auf andere Staaten des Binnenmarkts ist dort keine E. notwendig. Die E. wird für den gesamten Binnenmarkt erteilt. Sie wird für jeden Zweig gesondert oder aber für Zweiggruppen (z.B. See- und Transportversicherung) ausgesprochen. Die E. wird nur auf Antrag erteilt. → Versicherungsvereine auf Gegenseitigkeit (VVaG) erlangen mit der Erteilung der E. Rechtsfähigkeit. – *3. Ergebnis:* a) Die E. muss erteilt werden, wenn die Voraussetzungen (s.u.) erfüllt sind (Ausnahme: Niederlassungen aus Drittländern; Ermessensentscheidung des BMF; ohne praktische Bedeutung). – b) Die Erlaubnis ist zu versagen, wenn die → Geschäftsleiter nicht die erforderlichen Voraussetzungen erfüllen (s.u.), die Inhaber einer bedeutenden Beteiligung (→ Anteilseignerkontrolle) nicht zuverlässig sind oder aus anderen Gründen nicht den gesetzlichen Anforderungen entsprechen, der Versicherer Tochtergesellschaft einer Holding wird, die von ungeeigneten Personen geleitet wird, der → Geschäftsplan nicht den gesetzlichen Anforderungen entspricht oder Tatsachen vorliegen, die die Annahme rechtfertigen, dass in der Krankenversicherung das Tarifwechselrecht des § 204 VVG durch Konzernzugehörigkeit unterlaufen werden soll (§ 8 I Nr. 4 VAG). – c) Die Erlaubnis kann versagt werden, wenn Tatsachen die Annahme rechtfertigen, dass eine wirksame Aufsicht beeinträchtigt wird (siehe dazu § 8 II VAG) oder der Antrag auf Zulassung nicht die gesetzlich vorgeschriebenen Angaben und Unterlagen enthält. – d) Die Erlaubnis kann auch unter Auflagen erteilt werden. – e) Die Erlaubnis erlischt u.a. dann, wenn von ihr kein Gebrauch gemacht wird (Einzelheiten vgl. § 6 V VAG). – *4. Erlaubnisvoraussetzungen:* a) Es werden nur Unternehmen in der Rechtsform der Aktiengesellschaft (AG), des VVaG, öffentlich-rechtlicher Anstalten oder Körperschaften (→ öffentlich-rechtliche Versicherungsunternehmen) (→ Pensionsfonds nur AG oder VVaG) sowie der Europäischen Aktiengesellschaft (→ Societas Europaea, SE) zugelassen. – b) Es muss ein Geschäftsplan vorgelegt werden, der zu erkennen gibt, dass die Belange der Versicherten gewährleistet und die Verpflichtungen aus den Versicherungsverträgen als dauernd erfüllbar dargelegt sind. – c) Ein Mindestgarantiefonds ist zu stellen, dessen Höhe davon abhängt, welche → Versicherungszweige betrieben werden (Lebensversicherung, Kredit- und Kautionsversicherung, Rückversicherung und Pensionsfonds 3,2 Mio. Euro, sonstige Nichtlebensversicherung i.d.R. 2,2 Mio. Euro). Der Mindestgarantiefonds kann für den VVaG ermäßigt werden. – d) Das Lebensversicherungsgeschäft darf in Deutschland nur solchen Versicherungsunternehmen erlaubt werden, die keine anderen Versicherungszweige betreiben. Ausländische Versicherungsunternehmen dürfen in Deutschland die Lebensversicherung auch zusammen mit der Kranken- und Unfallversicherung betreiben, wenn sie eine entsprechende Zulassung ihrer Heimatbehörde haben. – e) Ähnlich ist die Situation in der Krankenversicherung. Die Erlaubnis zum Betrieb der substitutiven Krankenversicherung und die Erlaubnis zum Betrieb anderer → Versicherungssparten schließen einander aus. Das gilt nur für deutsche Unternehmen ("gewollte Diskriminierung"). – f) Die vorgesehenen Geschäftsleiter müssen zuverlässig und fachlich geeignet sein (§ 7a I VAG, siehe auch → Fit and Proper Test). Die Anteilseigner einer bedeutenden Beteiligung am Unternehmen „müssen den im Interesse einer soliden und umsichtigen Führung des Unternehmens zu stellenden Ansprüchen genügen, insbesondere zuverlässig sein". Eine bedeutende Beteiligung ist bei mindestens 10 % Anteil am Kapital, den Stimmrechten oder dem Gründungsstock eines VVaG gegeben (näheres siehe § 7a II VAG). – g) Lebensversicherer, Krankenversicherer (in der „substitutiven" Krankenversicherung) und Versicherer, die die Unfallversicherung mit garantierter Beitragsrückzahlung (UBR) betreiben wollen, müssen einen → verantwortlichen Aktuar bestellen. Das gleiche gilt für andere Versicherer, die Deckungsrückstellungen von Renten in der Kfz-Haftpflicht-, Kfz-Unfall- und Unfallversicherung zu berechnen haben. – h) Das Gesetz sieht die Bestellung einer Vielzahl von → Treuhändern vor: Treuhänder für die Änderung von Prämien und Bedingungen, Treuhänder für das → Sicherungsvermögen (früher „Treuhänder für den Deckungsstock"), Treuhänder für die Ausübung der Stimmrechte in § 104 VAG und Treuhänder im Rahmen des → Sicherungsfonds (§ 125 VI VAG). – i) Erstversicherer, die das Kfz-Haftpflichtgeschäft betreiben wollen, haben in allen Ländern des Binnenmarkts einen Schadenregulierungsbeauftragten zu benennen, der bei der Regulierung von Schäden behilflich ist, die durch Unfall in einem anderen Staat als dem des Geschädigten verursacht wurden. – j) Allgemeine Versicherungsbedingungen (AVB) sind nicht mehr Gegenstand einer vorherigen systematischen Kontrolle („Genehmigung"). Für → Pflichtversicherungen und die substitutive Krankenversicherung gilt allerdings eine Vorlagepflicht für die AVB. – k) Auch für die Tarife und die technischen Rückstellungen sind die präventiven Befugnisse der Aufsicht weggefallen. Für die substitutive Krankenversicherung haben die Versicherungsunternehmen allerdings die Grundsätze für die Berechnung der Prämien und mathematischen Rückstellungen der Aufsichtsbehörde vor Erteilung der E. vorzulegen. In der Lebensversicherung hat das Unternehmen der Aufsicht nach Erteilung der E. die Grundsätze für die Berechnung der Prämien und Deckungsrückstellungen vorzulegen. Gleiches gilt für die UBR („unmittelbar nach Aufnahme des Betriebs"). – l) Die Unternehmen haben noch weitere Unterlagen vorzulegen (u.a. um das Rückversicherungskonzept, das Vorhandensein eines Organisationsfonds sowie Prognosen für die Entwicklung des künftigen Geschäfts darzulegen), auf die hier aber nicht besonders eingegangen werden soll. – m) → Versicherungsfremde Geschäfte sind verboten. – 5. *Versicherungsunternehmen aus Drittländern:* Unternehmen mit Sitz außerhalb des EWR dürfen nur entweder über eine deutsche Tochtergesellschaft oder über eine Niederlassung im Inland tätig werden (Ausnahme: Ausländische Rückversicherer, die in Deutschland im freien Dienstleistungsverkehr tätig werden, vgl. → Rückversicherungsaufsicht). Erstversicherern ist der Dienstleistungsverkehr nicht erlaubt. Für deutsche Tochtergesellschaften gelten die für deutsche Unternehmen geltenden Vorschriften. Für Niederlassungen von Erstversicherern aus Drittländern gelten im Wesentlichen ähnliche Vorschriften. Hervorzuheben ist, dass für die Niederlassung im Inland ein Hauptbevollmächtigter bestellt werden muss. Die Anforderungen an die Kapitalausstattung von Niederlassungen von Erstversicherern aus Drittländern sind innerhalb der EU von Staat zu Staat unterschiedlich. Die EU-Anforderungen stellen hier nur Mindestanforderungen dar. Der Mitgliedstaat, in dem die Niederlassung um Zulassung nachsucht, kann also höhere Anforderungen als die EU-Richtlinien vorschreiben. – 6. *Widerruf der E.:* Der Entzug der E. ist eines der wichtigsten Berichtigungsmittel der Aufsichtsbehörde, zugleich aber ultima ratio. Die Aufsichtsbehörde wird immer versuchen, zunächst mit den anderen ihr zur Verfügung stehenden Mitteln etwaige Missstände zu beseitigen (z.B. Abberufung von Vorständen oder ihre Ersetzung durch einen → Sonderbeauftragten). Wenn allerdings kein anderes Mittel mehr hilft, muss die Aufsichtsbehörde zum Äußersten greifen und die E. widerrufen. Die Aufsichtsbehörde kann die E. für einzelne Versicherungszweige oder insgesamt widerrufen (§ 87 VAG), wenn das Versicherungsunternehmen die Zulassungsvoraussetzungen nicht mehr erfüllt, geschäftsplanmäßige oder gesetzliche Verpflichtungen in schwerwiegender Weise verletzt werden oder sich so schwere Missstände ergeben, dass die Fortsetzung des Betriebs die Versichertenbelange gefährdet. Widerrufen werden muss die E. auch bei → Insolvenz des Versicherers. Die Folge des Widerrufs ist, dass keine neuen Versicherungen mehr abgeschlossen und abgeschlossene nicht mehr erhöht oder verlängert werden dürfen. – *7. Sanktionen:* Der Betrieb von Versicherungsgeschäften ohne E. ist strafbar (§ 140 VAG); die Vermittlung von Verträgen für eine nicht zugelassene Versicherungsgesellschaft ist eine Ordnungswidrigkeit (§ 144a VAG).

Erlebensfallprämie. *1. Begriff:* Teil der → Nettoprämie, der zur Finanzierung von Versicherungsleistungen benötigt wird, die dann zu erbringen sind, wenn die versicherte Person einen bestimmten Zeitpunkt erlebt. – *2. Merkmale:* Die E. für eine zukünftige Leistung im Erlebensfall hängt außer von der Höhe der Leistung von der Dauer bis zur Leistungsfälligkeit und den für die versicherte Person geschätzten → Sterbewahrscheinlichkeiten bzw. → Erlebenswahrscheinlichkeiten ab. Die E. ist umso niedriger, je höher der Kalkulationszins ist, je weiter der Zahlungszeitpunkt in der Zukunft liegt und je höher das Eintrittsalter (und damit verbunden die Sterblichkeit) des Versicherten ist. – *3. Modell:* Bezeichnet t die vorgesehene Beitragszahlungsdauer einer Versicherung, die nach Ablauf von n Jahren im Erlebensfall des heute x-jährigen Versicherten eine Leistung L erbringen soll, so ist die Erlebensfallprämie P^E gegeben durch:

$$P^E = \frac{p_{x,n} \cdot L \cdot \frac{1}{(1+i)^n}}{\sum_{j=0}^{t-1} p_{x,j} \cdot \frac{1}{(1+i)^j}}$$

Dabei ist i der Kalkulationszins, und $p_{x,j}$ bezeichnet die Wahrscheinlichkeit eines x-jährigen, einen Zeitraum von j Jahren zu überleben. – *4. Ziele:* Die E. spielt weniger bei der Kalkulation eigenständiger → Erlebensfallversicherungen eine Rolle als bei der Gestaltung komplexerer Versicherungsprodukte, die z.B. unterschiedliche Leistungshöhen im Todesfall und bei Vertragsablauf oder mehrere Erlebensfallleistungen zu unterschiedlichen Zeitpunkten vorsehen. – *5. Probleme:* Versicherungsprodukte, bei denen die Leistungspflicht an das Erleben eines einzigen in der Zukunft liegenden Zeitpunkts geknüpft ist, werden am Markt de facto nicht angeboten. Auch reine Leibrenten, die als Folge von Erlebensfallversicherungen aufgefasst werden können, sind sehr selten, da für den Versicherten mit dem Abschluss derartiger Verträge das Risiko verbunden ist, bei vorzeitigem Tod keine Gegenleistung zu erhalten.

Erlebensfallrendite. Variante der → Rendite einer → Lebensversicherung aus Kundensicht, bei der die Beitragsanteile zur Deckung der → biometrischen Risiken nicht zum Abzug gebracht werden. Stattdessen werden die Kapitalleistungen des Versicherers den gesamten → Beiträgen gegenüber gestellt, unabhängig davon, ob Teile für die Absicherung biometrischer Risiken benötigt werden. Die E. eignet sich damit nicht zum Vergleich mit den Renditen reiner Kapitalanlageprodukte, da die Beitragsanteile für die Risikotragung eben nicht als Zinsträger zur Verfügung stehen. Die E. wird deshalb gern von Kritikern der Lebensversicherung als Beleg verwendet, dass die Lebensversicherung ein zu teures Produkt sei.

Erlebensfallversicherung. Versicherung, die nur dann eine Leistung erbringt, wenn die versicherte Person einen vertraglich vereinbarten künftigen Zeitpunkt erlebt. Auch jede Altersrentenversicherung kann als eine Folge von E. zu den jeweiligen Rentenfälligkeiten aufgefasst werden. Stirbt die versicherte Person während der Laufzeit einer E., wird aus dem Vertrag keine Leistung fällig. Abzugrenzen von der → Todesfallversicherung.

Erlebenswahrscheinlichkeit. *1. Begriff:* Wahrscheinlichkeit, mit der eine bestimmte Person einen vorgegebenen Zeitraum überlebt. – *2. Merkmale:* E. sind in der Personenversicherung und in der → Altersvorsorge wichtige Kalkulationsparameter. Die Wahrscheinlichkeit p_x eines x-jährigen, einen Zeitraum von einem Jahr zu überleben, steht mit der einjährigen → Sterbewahrscheinlichkeit q_x in dem Zusammenhang $q_x + p_x = 1$. Für einen mehrjährigen Zeitraum von t Jahren hat dann ein x-jähriger die Erlebenswahrscheinlichkeit:

$$P_{x,t} = \prod_{J=1}^{t-1} p_{x+j}$$

– *3. Modell:* Siehe Sterbewahrscheinlichkeit. E. werden immer durch einfache "Weiterverarbeitung" aus Sterbewahrscheinlichkeiten abgeleitet. Insofern gibt es kein eigenständiges Modell für die Bestimmung von Erlebenswahrscheinlichkeiten. Die im Modell für → Erlebensfallversicherungen verwendeten Sicherheitsmargen bestehen allerdings i.d.R. aus Abschlägen auf die beobachteten Sterbehäufigkeiten, während bei → Todesfallversicherungen mit Zuschlägen gearbeitet wird. – 4. *Ziele:* Die Ermittlung von E. ist im Versicherungsgeschäft eine Voraussetzung für die Kalkulation erwarteter finanzieller Belastungen aus Zahlungen, die an die Voraussetzung geknüpft sind, dass der Versicherte einen bestimmten Zeitpunkt erlebt, wie es bspw. bei Leibrenten der Fall ist. Auch der Wert der künftigen Beiträge hängt entscheidend von den Wahrscheinlichkeiten ab, mit denen der Versicherte die künftigen Fälligkeitszeitpunkte erlebt. – 5. *Probleme:* Bei der Kalkulation von Versicherungstarifen zur Absicherung des Todesfallrisikos werden Sterbewahrscheinlichkeiten 1. Ordnung verwendet, die gegenüber den bestmöglichen Schätzwerten um einen Sicherheitsaufschlag erhöht sind. Damit werden die → Barwerte künftiger Leistungen überschätzt, die Barwerte künftiger Beiträge dagegen unterschätzt, so dass das Versicherungsunternehmen eine positive Erfolgserwartung hat. Bei Versicherungen, bei denen die Leistungspflicht an das Erleben künftiger Zeitpunkte geknüpft ist, würde dementsprechend die Anwendung der für Todesfallabsicherungen konzipierten → Sterbetafeln umgekehrt dazu führen, dass der künftige Leistungsumfang des Versicherers unterschätzt wird. Dementsprechend wird für die Kalkulation und Reservierung von Rentenversicherungstarifen mit Sicherheitsabschlägen von den bestmöglichen Schätzwerten der Sterbewahrscheinlichkeiten gearbeitet. Von einer Versicherung mit Todesfallcharakter wird gesprochen, wenn der Barwert der künftigen Versicherungsleistung mit wachsenden q_x zunimmt. Umgekehrt hat eine Versicherung Erlebensfallcharakter, wenn der Leistungsbarwert mit wachsenden q_x abnimmt. Je nachdem, ob eine Versicherung Todes- oder Erlebensfallcharakter hat, werden für die Kalkulation und Reservierung Sterbewahrscheinlichkeiten 1. Ordnung angewandt, die Sicherheitszuschläge bzw. Sicherheitsabschläge auf die beobachteten Sterbehäufigkeiten enthalten. Eine besondere Schwierigkeit stellt die Kalkulation von Versicherungsprodukten dar, die abhängig von individuellen Parametern der versicherten Personen oder während der Laufzeit ihren Charakter ändern. Dies ist z.B. bei Altersrentenversicherungen mit eingeschlossenem Hinterbliebenenschutz häufig dann der Fall, wenn die versicherte Person männlich und in fortgeschrittenem Alter, die mitversicherte Ehefrau sehr viel jünger und mehrere waisenrentenberechtigte Kinder vorhanden sind. Hintergrund und Beispiel: Eine Versicherung hat Erlebensfallcharakter, wenn im Todesfall der versicherten Person die → Deckungsrückstellung als Ausdruck der Gesamtverpflichtung des Unternehmens sinkt. Dies ist bei starkem Gewicht von Hinterbliebenenleistungen allerdings nicht immer der Fall. Als Beispiel sei ein 35jähriger Versicherter mit einer zehn Jahre jüngeren Ehefrau und drei kleinen Kindern angeführt, der eine aufgeschobene Rentenversicherung auf das Renteneintrittsalter 65 mit Hinterbliebenenschutz abgeschlossen hat: Beim Tod des Versicherten im Alter 35 entfällt eine noch 30 Jahre aufgeschobene Altersrente von im Mittel – angenommen – 20jähriger Laufzeit, an ihre Stelle tritt jedoch eine sofort ausgelöste Witwenrente von 60 % der Altersrente, die voraussichtlich ca. 65 Jahre lang zu zahlen ist und die für die ersten zehn bis 20 Jahre zudem noch um Waisenrenten aufzustocken ist. Es ist plausibel, dass hier mit Eintritt des Todesfalls die Leistungsverpflichtung des Lebensversicherers per Saldo ansteigt, die Versicherung also eher Todesfallcharakter hat. Beim Tod des Versicherten im Alter 70 bleibt dagegen die Verpflichtung, die reduzierte Witwenrente bis zum voraussichtlichen Ableben der dann 60jährigen Ehefrau nach weiteren 30 Jahren zu zahlen, aber der "Mehrbetrag" der Altersrente, der erwartungsgemäß noch für ca. 20 Jahre zu zahlen gewesen wäre, entfällt. Insgesamt ist der erwartete Leistungsumfang des Lebensversicherers mit dem Tod des Versicherten, der Vertrag hat jetzt Erlebenfallcharakter. – 6. *Verwandte Begriffe:* Sterbewahrscheinlichkeit, → Langlebigkeit.

Erlöse. Mit den Absatzpreisen bewertete Mengen abgesetzter Produkte innerhalb einer Rechnungsperiode. Damit entsprechen die E. den nach der Realisierung im Zuge eines Verkaufs von Produkten mit Marktpreisen bewerteten → Leistungen.

Erneuerung. Rückversicherungsverträge sind regelmäßig Verträge mit einer jährlichen Kündigungsmöglichkeit. Für den Fall, dass die Rückversicherungsverträge entweder gekündigt werden oder eine einjährige Festlaufzeit aufweisen, müssen diese durch Vertragsverhandlungen erneuert, d.h. fortgesetzt werden. Die Haupterneuerungsfälligkeit ist im europäischen Geschäft i.d.R. der 1.1. eines Jahres bzw. im US-amerikanischen Geschäft (Renewal) häufig der 1.7. eines Jahres.

Ersatzkasse. *1. Begriff:* Kassenart im System der → Krankenkassen. In den 1880er Jahren wurde die → gesetzliche Krankenversicherung (GKV) in Deutschland eingeführt und zunächst durch drei Kassenarten getragen: den → Allgemeinen Ortskrankenkassen (AOK), den → Betriebskrankenkassen (BKK) und den → Innungskrankenkassen (IKK). Erst in den folgenden Jahrzehnten wurden die E. in das System der GKV einbezogen. Heute wird von einem gegliederten System der Krankenversicherung gesprochen. – *2. Geschichte:* Die E. gehen auf berufsständische Selbsthilfeeinrichtungen zurück. In diesen Unterstützungskassen organisierten sich bspw. Kaufleute oder Handlungsgehilfen (kaufmännische Angestellte). Später wurden E. auch von Angestellten- oder Arbeitergewerkschaften gegründet. Die ursprüngliche Berufsbezogenheit hat dazu geführt, dass es bis heute noch Arbeiter-Ersatzkassen (für Handwerksberufe) und Angestellten-Ersatzkassen (für kaufmännische und technische Berufe) gibt. Vor dem Hintergrund der freien Kassenwahl (Wahlrecht) spielen diese Unterschiede allerdings keine Rolle mehr. Noch heute unterscheidet sich die E. in einem wesentlichen Merkmal von den AOK, den IKK und den BKK: In den Verwaltungsräten der E. sitzen nur gewählte Vertreter der Versicherten. Die Verwaltungsräte der anderen Kassenarten sind dagegen je zur Hälfte mit Arbeitgeber- und Arbeitnehmervertretern besetzt. Die (Ersatzkasse) DAK ist die deutsche Krankenkasse mit den am weitesten zurückgehenden Wurzeln. Handlungsgehilfen gründeten 1774 in Breslau mit 10.000 Thalern das 'Institut für hülfsbedürftige Handlungsdiener', die älteste Vorläuferkasse der DAK. – *3. Aktuelle Entwicklungen:* Heute gibt es noch acht E., die zusammen mehr als 24 Mio. Versicherte betreuen. Durch kassenartenübergreifende Fusionen sitzen nunmehr auch Arbeitgebervertreter in den Verwaltungsräten einiger Ersatzkassen.

Ersatzwert. *1. Begriff:* → Versicherungswert zum Zeitpunkt des Eintritts des → Versicherungsfalls. Begriff aus der → Schadenversicherung. – *2. Varianten:* → Neuwert, → Zeitwert, → gemeiner Wert. – *3. Bedeutung:* Die Höhe des E. bestimmt neben anderen Faktoren (z.B. der → Versicherungssumme) die Höhe der → Entschädigung.

Ersatzzeiten. Faktor zur rentenrechtlichen Berücksichtigung von Zeiten, in denen der Versicherte aus Gründen, die nicht in seiner Person lagen, keine Beiträge in die → gesetzliche Rentenversicherung (GRV) leisten konnte. Als E. gelten z.B. Kriegsgefangenschaft, Flucht oder politische Haft in der DDR.

Erstberatung. Umfasst das erste Beratungsgespräch des Anwalts mit seinem Mandanten. Gebührentatbestand im → Rechtsanwaltsvergütungsgesetz. Ist der Mandant Verbraucher, so kann für das erste Beratungsgespräch höchstens ein Honorar von 190 Euro berechnet werden, wenn der Anwalt nicht eine → Gebührenvereinbarung mit dem Mandanten getroffen hat. Wird von der → Rechtsschutzversicherung übernommen, es sei denn, der Versicherungsschutz ist auf die gerichtliche Interessenwahrnehmung beschränkt.

Erster demographischer Übergang, Erste *demographische Transformation.* – *1. Begriff:* Beschreibung eines Übergangs der natürlichen → Bevölkerungsentwicklung (vgl. auch → Bevölkerungsbilanz) ausgehend von einem Stadium, in dem die Geburten- und Sterbeziffern relativ hoch sind (prätransformatorische Phase). In der Übergangsphase setzt zunächst ein Absinken der → Sterbeziffern ein, dem ein verzögerter Rückgang der Geburtenziffern folgt. Infolgedessen kommt es zu einem starken → Bevölkerungswachstum. In der Nachübergangsphase stabilisieren sich Geburten- und Sterbeziffern auf einem relativ niedrigen Niveau. Der E. fand in den entwickelten Staaten typischerweise in der Zeit der Industrialisierung statt. Siehe auch → Zweiter demographischer Übergang.

Erstprämie, *Erstbeitrag.* → Prämie, deren Zahlung, sofern nicht → vorläufige Deckungszusage erteilt oder → Rückwärtsversicherung vereinbart ist, erst den Versicherungsschutz in Kraft setzt (materieller → Versicherungsbeginn). Wird die E. nicht rechtzeitig gezahlt, ist der Versicherer nach § 37 VVG bei Eintritt eines Versicherungsfalls von der Leistungspflicht frei und berechtigt, vom Vertrag zurückzutreten. Vgl. auch → Folgeprämie.

Erstrating. Erstmalige Erstellung eines → interaktiven Ratings im Auftrag und für Rechnung des beurteilten Unternehmens (→ Unternehmensrating). Siehe auch → Rating, → Ratingprozess, → Folgerating.

Erstrisikoversicherung. → Versicherungsform in der → Schadenversicherung. Versicherung des „ersten Risikos", d.h. des Risikos bis zu einer bestimmten Schadenhöhe. Bei der E. wird die Versicherungsleistung also durch einen bestimmten Betrag (→ Versicherungssumme) begrenzt. Anwendung findet die E. z.B. in der → Haftpflichtversicherung, der → Kfz-Haftpflichtversicherung und der → Rechtsschutzversicherung. Der Versicherer verzichtet auch auf die Anrechnung einer → Unterversicherung bis zu einer vereinbarten Schadenhöhe oder rechnet überhaupt keine Unterversicherung an. – Alternativen: → Unbegrenzte Interessenversicherung, → Vollwertversicherung, → Bruchteilversicherung. – Anders: → Summenversicherung.

Erstversicherer. *1. Begriff:* Der E. schließt ein Versicherungsgeschäft ("direktes Geschäft") mit einem Endkunden (natürliche oder juristische Person) ab. – *2. Merkmale:* Gegenstand der Versicherung ist die Übernahme von Risiken gegen → Prämie. Der E. kann sein resultierendes → versicherungstechnisches Risiko bei einem weiteren Versicherer (→ Rückversicherer) in Rückdeckung geben (→ Zedent, → Zession, → Zessionär).

Erstversicherung. Versicherung eines Endkunden (→ Versicherungsnehmer), der eine natürliche oder juristische Person sein kann. Die E. basiert auf einer versicherungsvertraglichen Beziehung zwischen einem → Erstversicherer (siehe auch → Versicherungsunternehmen) und einem Versicherungsnehmer. Sie wird auch als selbst abgeschlossenes Geschäft oder als direktes Geschäft bezeichnet. Abzugrenzen von der → Rückversicherung.

Erträge. *1. Begriff:* Nach den Regeln des Handelsrechts für die Zwecke des Jahresabschlusses (→ Rechnungslegung) in Geld bewertete Entstehung von Gütern bzw. Produktionsfaktoren innerhalb einer Rechnungsperiode. Die Rechengröße der E. dient der zeitlichen Abgrenzung, d.h. der Zuordnung von → Einzahlungen bzw. → Einnahmen auf eine Rechnungsperiode, um den Periodenerfolg zu ermitteln (Ausschüttungs- bzw. Zahlungsbemessungsfunktion) und unternehmensexterne Adressaten zu informieren (Informationsfunktion). Die Periodenzuordnung und damit die Bewertung von E. erfolgen nach dem → Vorsichtsprinzip, konkretisiert durch das sog. → Realisationsprinzip. Demnach sind E. erst dann zu erfassen, wenn die korrespondierenden Güter bzw. Produktionsfaktoren tatsächlich entstanden sind, d.h. wenn sich deren Werte insofern realisiert haben. Auf diese Weise werden auch übermäßige Ausschüttungen verhindert; denn insgesamt wird nur ein Gewinn ermittelt, der einem Unternehmen auch entzogen werden kann, ohne die dauerhafte Erfüllbarkeit seiner Verpflichtungen zu gefährden – das ist jedenfalls das Ziel des Vorsichtsprinzips. – *2. Klassifizierungsmöglichkeiten:* a) I.Allg. sind ordentliche, periodenfremde und sonstige außerordentliche E. zu unterscheiden. – b) Nach der → Verordnung über die Rechnungslegung von Versicherungsunternehmen (RechVersV) sind im Wesentlichen folgende Ertragsarten zu klassifizieren: → Verdiente Beiträge, Erträge aus Kapitalanlagen, sonstige Erträge. – *3. Unterscheidung von anderen, ähnlichen Begriffen:* Wie → Leistungen bzw. → Erlöse stellen E. erfolgswirtschaftliche, d.h. zeitlich abgegrenzte Rechengrößen dar. Somit besteht zwischen diesen Größen eine weitgehende Übereinstimmung. Die Wertansätze für E. sind jedoch als Größen der Rechnungslegung dem Grunde, der Höhe und der zeitlichen Abgrenzung nach im Rahmen der handelsrechtlichen Vorschriften festgelegt und standardisiert. Dem gegenüber sind die Erlöse und Leistungen als Größen des → internen Rechnungswesens – insbesondere als Maßgrößen für die interne Erfolgsermittlung – teilweise dem Grunde, der Höhe und der zeitlichen Abgrenzung nach anders abgegrenzt, als die korrespondierenden Erträge.

Ertragsausfallschaden. → Unterbrechungsschaden.

Ertragsausfallversicherung. *1. Begriff:* Sammelbegriff für diejenigen → Versicherungsarten der → Schadenversicherung, die die wegfallenden Erlösströme infolge versicherter Ereignisfolgen zum Gegenstand des Versicherungsschutzes haben. – *2. Merkmale:* Unter dem Begriff E. können spartenübergreifend die Versicherungsarten subsumiert werden, deren → versichertes Interesse sich an der Erlöskraft bzw. dem Nutzungspotential nicht nur von Sachen, sondern im Einzelfall auch von Personen bemisst. – *3. Arten:* Die E. kommt insbesondere mit den Formen der → Betriebsunterbrechungsversicherung zum Ausdruck. Andere E. sind bspw. die Veranstaltungsausfallversicherung (→ Entertainmentversicherung) und die → Filmausfallversicherung. – *4. Terminologie:* Der Begriff „Ertragsausfallversicherung" dient nicht mehr nur einer ganzheitlichen spartenübergreifenden Bezeichnung, sondern ersetzt zunehmend auch die speziellen Bezeichnungen der verschiedenen Erscheinungsformen der Betriebsunterbrechungsversicherung.

Erwartungsnutzen. Für eine Zufallsvariable X und eine → Nutzenfunktion u wird der → Erwartungswert $E[u(X)]$ als E. von X bezeichnet.

Erwartungswert. Der E. einer Zufallsvariablen X ist als das Stieltjes-Integral

$$E[X] := \int_{-\infty}^{+\infty} z \, dF_X(z)$$

definiert (→ Verteilungsfunktion).

Im Fall $P[X \in \mathbb{N}_0]$ gilt

$$E[X] = \sum_{k=0}^{\infty} k \, P[X = k]$$

und für jede Funktion h gilt dann

$E[h(X)] = \sum_{k=0}^{\infty} h(k) \, P[X = k]$.

Im Fall $P[X \leq x] = \int_{-\infty}^{x} f(z) \, dz$ mit einer Funktion $f : \mathbb{R} \to \mathbb{R}_+$ gilt

$$E[X] = \int_{-\infty}^{+\infty} z \, f(z) \, dz$$

und für jede stetige Funktion h gilt dann

$E[h(X)] = \int_{-\infty}^{+\infty} h(z) \, f(z) \, dz$.

Allgemein gilt:

$E[a + bX + cY] = a + b \, E[X] + c \, E[Y]$.

Der E. ist ein → Lageparameter

Erwartungswertprinzip. Das E. zum Parameter $\alpha \geq 0$ ist ein → Prämienprinzip, das jedem → zufälligen Risiko X die → Prämie $H[X] := E[X] + \alpha \, E[X]$ zuordnet (→ Erwartungswert); dabei wird die → Nettoprämie um einen → Risikozuschlag proportional zum Erwartungswert erhöht. Es gilt $H[X + Y] = H[X] + H[Y]$ und für alle $c > 0$ gilt $H[cX] = c \, H[X]$.

Erweiterte Elementargefahrenversicherung. *1. Begriff:* Die E. ergänzt die → Elementargefahrenversicherung um die Deckung weiterer Elementargefahren, im einzelnen insbesondere → Überschwemmung, → Erdbeben, → Erdrutsch, → Erdsenkung, → Lawinen und Schneedruck, ggf. auch Vulkanausbruch. Bei industriellen Risiken kann die Abdeckung der Elementargefahren über die → Extended Coverage-Versicherung erfolgen. Die E. wird meist als Zusatzvertrag angeboten. – *2. Konditionen:* Tarifierung und Annahmeentscheidungen basieren auf einer Zonierung von → Überschwemmungen (→ ZÜRS) und → Erdbeben sowie auf Vorschadeninformationen. Generell wird die E. im deutschen Markt mit → Selbstbehalt angeboten. Da sich gerade Überschwemmungen mit einem gewissen Vorlauf ankündigen, sehen die Bedingungen vielfach eine Wartezeit nach Vertragsabschluss vor. – *3. Probleme:* Die Kalkulation der E. ist schwierig. Es gibt kaum Daten zu den versicherten Gefahren. Mit Hilfe von ZÜRS kann das Schadenpotenzial für Überschwemmungen abgeschätzt werden. Daten zu → Rückstaus werden mit höherer Versicherungsdichte Zug um Zug aufgebaut. Für die extrem seltenen Ereignisse wie Erdbeben oder gar Vulkanausbruch gibt es keine Erfahrungswerte. Das hohe Schätzrisiko bedeutet insgesamt ein erhebliches Risikopotenzial, das analog der Gefahr → Sturm hohe Anforderungen an das → Solvency Capital Requirement (SCR) im

Rahmen von → Solvency II stellen wird. – *4. Aktuelle Diskussion bzw. Streitpunkte:* Die geringe Versicherungsdichte führt bei Naturkatastrophen wie z.B. dem Elbhochwasser 2002 zu einer hohen Anzahl von nicht versicherten Schäden. Von Seiten der Politik wird in der Folge häufig eine Pflichtversicherung für Elementargefahren thematisiert. Aus Sicht der Versicherungswirtschaft besteht angesichts eines fast flächendeckenden Angebots (in der → verbundenen Wohngebäudeversicherung sind z.B. über 98 % der → Gebäude gemäß ZÜRS versicherbar) keine Notwendigkeit für diesen Schritt. In Bayern ist 2009 als Kooperation zwischen Landesregierung und der Versicherungswirtschaft eine Initiative gestartet worden, um die Notwendigkeit für den Abschluss der E. in der Bevölkerung zu verdeutlichen.

Erwerbskosten. *1. Begriff:* Kosten eines Versicherungsunternehmens, die beim Abschluss oder bei der Verlängerung eines Versicherungsvertrags entstehen (z.B. → Abschlussprovisionen, Kosten der Antrags- oder Risikoprüfung etc.). – *2. Merkmale:* Die Aktivierung führt zu einer Verteilung der Kosten über die Vertragslaufzeit (aktivierte →Abschlusskosten).

Erwerbsminderung. Begriff aus der → gesetzlichen Rentenversicherung (GRV). Zu unterscheiden sind eine teilweise und eine volle Erwerbsminderung. Teilweise erwerbsgemindert sind Sozialversicherte, die wegen Krankheit oder Behinderung auf nicht absehbare Zeit außerstande sind, unter den üblichen Bedingungen des allgemeinen Arbeitsmarkts mindestens sechs Stunden täglich erwerbstätig zu sein (§ 43 I S. 2 SGB VI). Voll erwerbsgemindert sind Sozialversicherte, die unter den gleichen Voraussetzungen nicht mehr als drei Stunden täglich erwerbstätig sein können (§ 43 II SGB VI). Der Begriff ist auch in der → Privatversicherung von Relevanz. Soweit z.B. Versorgungszusagen in der → betrieblichen Altersversorgung (bAV) Leistungen bei → Invalidität vorsehen, wird häufig auf den Bezug einer gesetzlichen Rente wegen E. als Voraussetzung für die betriebliche Leistung abgestellt.

Erwerbsminderungsrente. *1. Begriff:* Rente aus der → gesetzlichen Rentenversicherung (GRV), die auf die Kompensation ausgefallener Arbeitseinkommen aufgrund einer teilweisen oder vollen → Erwerbsminderung zielt. Mit der im Jahr 2001 in Kraft getretenen Rentennovellierung hat der Gesetzgeber den Begriff „Erwerbsunfähigkeit" aus dem Vokabular der GRV entfernt. Stattdessen gibt es jetzt eine abgestufte Regelung zur Erwerbsminderung. – *2. Merkmale:* E. werden maximal bis zum Erreichen der → Regelaltersgrenze gewährt. Neben → Wartezeiten und Beitragsjahren ist insbesondere die vom Gesundheitszustand abhängige Fähigkeit zur Erwerbstätigkeit auf dem allgemeinen Arbeitsmarkt für den Anspruch auf E. ausschlaggebend. Als teilweise (bzw. als voll) erwerbsgemindert gilt ein Arbeitnehmer, der täglich zwischen drei und sechs Stunden (bzw. weniger als drei Stunden) erwerbstätig sein kann. – *2. Abstufung:* Die volle E. erhält, wer aufgrund von Krankheit, Körperverletzung, Behinderung oder Kräfteverfalls weniger als drei Stunden pro Tag arbeiten kann (volle Erwerbsminderung). Wer zwischen drei und sechs Stunden täglich arbeiten kann (teilweise Erwerbsminderung), erhält den halben Satz der E., wer noch über sechs Stunden pro Tag zu arbeiten in der Lage ist, hat keinen Rentenanspruch.

Erwerbsunfähigkeit. Unvermögen, aufgrund einer Krankheit, einer Körperverletzung, einer Behinderung oder eines Kräfteverfalls, die ärztlich nachzuweisen sind, über voraussichtlich mindestens drei Jahre irgendeine Erwerbstätigkeit mindestens drei Stunden täglich dauerhaft auszuüben. Als Erwerbstätigkeit gelten alle Tätigkeiten, die auf dem allgemeinen Arbeitsmarkt üblich sind. Der zuletzt ausgeübte Beruf, die erworbenen Kenntnisse und Fähigkeiten, die bisherige Lebensstellung, insbesondere das bisherige berufliche Einkommen und die jeweilige Arbeitsmarktlage bleiben unberücksichtigt. Mit der im Jahr 2001 in Kraft getretenen Rentennovellierung hat der Gesetzgeber den Begriff „Erwerbsunfähigkeit" aus dem Vokabular der → gesetzlichen Rentenversicherung entfernt und stattdessen eine abgestufte Regelung zur → Erwerbsminderung eingeführt. Seitdem ist die E. nur noch (als Leistungsvoraussetzung für eine → Erwerbsunfähigkeitsrente) in der → Privatversicherung von Relevanz. Abzugrenzen von der → Berufsunfähigkeit.

Erwerbsunfähigkeitsrente. Rente, die aufgrund einer eingetretenen → Erwerbsunfähigkeit einer versicherten Person geleistet wird. Die E. wird maximal bis zum gesetzlichen → Renteneintrittsalter geleistet.

Erwerbsunfähigkeitsversicherung. *1. Begriff:* Versicherung gegen das Risiko einer → Erwerbsunfähigkeit. Im Unterschied zur → Berufsunfähigkeitsversicherung findet bei der Beurteilung des Leistungsanspruchs weder der bisher ausgeübte → Beruf noch die bisherige Lebensstellung eine Berücksichtigung. Die E. kostet wegen des niedrigeren Risikos deutlich weniger als eine Berufsunfähigkeitsversicherung, weist aber im Vergleich auch nur einen eingeschränkten Leistungsumfang aus. Unterschiede bestehen auch im Prognosezeitraum, der in der Berufsunfähigkeitsversicherung i.Allg. sechs Monate beträgt. Für die Zuerkennung der Leistung in der E. ist es erforderlich, dass die versicherte Person infolge Krankheit, Körperverletzung oder Kräfteverfall, die ärztlich nachzuweisen sind, voraussichtlich mindestens zwei Jahre außerstande sein wird, einer Erwerbstätigkeit von mehr als drei Stunden täglich nachzugehen. Ist die versicherte Person in diesem Sinne sechs Monate ununterbrochen erwerbsunfähig gewesen, gilt die Fortdauer dieses Zustands als Erwerbsunfähigkeit. – *2. Vertragsformen:* Selbstständige E. und die Erwerbsunfähigkeits-Zusatzversicherung i.V.m. einer Renten-, Kapitallebens-, Risikolebens- oder fondsgebundenen Lebens- bzw. Rentenversicherung. Die Vielfalt der Versicherungsbedingungen behindert die Markttransparenz. – *3. Würdigung:* Die E. bietet als alternativ zur Berufsunfähigkeitsversicherung als Minimalschutz bei nicht versicherbaren Berufen oder zur Absicherung nur des „worst case" an. Siehe auch → Invaliditätsversicherung.

Erziehungsrente. Besondere Form der → Hinterbliebenenrente in der → gesetzlichen Rentenversicherung (GRV). Ein Anspruch auf E. kann entstehen, wenn der geschiedene Ehegatte verstorben ist, kein Anspruch auf → Witwen- oder Witwerrente besteht, weil die Ehe nach dem 30.6.1977 aufgelöst wurde, und ein eigenes Kind oder ein Kind des Verstorbenen erzogen wird.

Esscher-Prinzip. Das E. zum Parameter $\alpha \geq 0$ ist ein → Prämienprinzip, das jedem → zufälligen Risiko X die → Prämie

$$H[X] := \frac{E[X \exp(\alpha X)]}{E[\exp(\alpha X)]}$$

zuordnet (→ Erwartungswert).

EU-Binnenmarkt. Bezeichnet den aus der Politik der Kommission der Europäischen Gemeinschaften resultierenden Gemeinsamen Markt, in dem Güter und Leistungen, Arbeit und Kapital sich frei über die Ländergrenzen bewegen können. Ausgehend von Entscheidungen der Mitgliedsstaaten im Jahre 1986 sollten durch schrittweise Liberalisierung der stark regulierten und abgeschotteten Märkte bis 1992 der Binnenmarkt realisiert werden. In verschiedenen Studien wurden die Vorteile dieses Abbaus von Handelsschranken durch die Liberalisierung berechnet. Neben statischen Effizienzvorteilen, die sich v.a. in Kostensenkungen und Verringerungen von nationalen Preisdifferenzen ausdrücken, wurden auch dynamische Effizienzvorteile erwartet, die sich in neuen Produkten, neuen Qualitäten von existierenden Produkten, neuen Produktionsmethoden usw. niederschlagen sollten. Im Bereich der Versicherungswirtschaft ging es zum einen um die → Niederlassungsfreiheit (z.B. geregelt in der First Life Coordination Directive vom 5.3.1979) und zum anderen um die → Dienstleistungsfreiheit (z.B. die Second Life Coordination Directive vom 23.12.1988). Auch hier wurden große wirtschaftliche Vorteile (in der Größenordnung von 21,6 Mrd. ECUs) erwartet, die aus vier möglichen Quellen stammen: vergrößerte Produktionsniveaus wegen der besseren Ausnutzung von Größen- und Verbundvorteilen aufgrund des größeren Marktes; Veränderungen der ökonomischen Effizienz wegen des stärkeren Wettbewerbs; erhöhte Spezialisierung in Übereinstimmung mit dem Gesetz vom komparativen Vorteil; und Veränderungen der dynamischen Effizienz oder erhöhter Drang zu Innovationen. Um diese Vorteile realisieren zu können, musste sich die Versicherungswirtschaft verändern. Dieser Prozess geht immer noch vor sich, weil Sprachbarrieren und Mentalitätsunterschiede, aber auch Steuern und Währungen ihn behindern.

Europadeckung. *1. Begriff:* Regionale Begrenzung des Versicherungsschutzes in der → Kfz-Versicherung. Nach § 1 I KfzPflVV bezieht sich der vorgeschriebene räumliche Deckungsumfang in der → Kfz-Haftpflichtversicherung auf ganz Europa in seinen geographischen Grenzen, sowie auf die außereuropäischen Gebiete, die zum Geltungsbereich des Vertrags über die Europäische Wirtschaftsgemeinschaft gehören. Bei Ländern, die teils in Europa und teils in Asien liegen (z.B. Türkei), muss der Kfz-Haftpflichtversicherungsschutz nur für deren europäischen Teil gewählt werden. – *2. Merkmale:* Zur Gewährleistung der E. dient die → Grüne Karte. Der darin (meist durch Streichen bestimmter Länderkürzel) festgesetzte Geltungsbereich ist entscheidend für die Deckung. Den Versicherer trifft eine Hinweispflicht bezüglich der beschränkten räumlichen Geltung der E., sofern Umstände auf eine Nutzung des Kfz im außereuropäischen Bereich oder eine unrichtige Vorstellung des Versicherungsnehmers hinsichtlich der Begrenztheit des Deckungsschutzes deuten.

Europäische Gesellschaft. → Societas Europaea (SE).

European Corporate Governance Forum. *1. Begriff:* Im Jahr 2004 von der Europäischen Kommission eingerichtetes Forum mit dem Ziel, die Corporate-Governance-Regelungen in den Mitgliedstaaten der Europäischen Union zu vereinheitlichen. – *2. Zusammensetzung:* Das E. setzt sich aus 15 Sachverständigen mit unterschiedlichem beruflichen Hintergrund (Regulierer, Investoren, Unternehmer, Abschlussprüfer, Wissenschaftler) zusammen. Es tritt zwei bis dreimal jährlich zusammen und legt der Kommission jährlich einen Bericht vor, der die zentralen Ergebnisse der Beratungen und Empfehlungen umfasst. Siehe auch → Corporate Governance, → Deutscher Corporate Governance Kodex.

European Embedded Value (EEV). *1. Begriff:* → Embedded Value, der nach den im Mai 2004 veröffentlichten Prinzipien des → CFO-Forums kalkuliert wurde. – *2. Merkmale:* Bei positivem → Rohüberschuss im Lebensversicherungsgeschäft sind große Teile – bis zu 90 % – den Versicherungsnehmern im Wege der Überschussbeteiligung zurückzuerstatten, negative Rohüberschüsse belasten in voller Höhe die Eigentümer. Die Folge: Aus einem mittleren Kapitalanlageerfolg einer deterministischen Projektion kann nicht ohne weiteres auf einen mittleren Jahresüberschuss zugunsten der Eigentümer geschlossen werden. Bei einer Anwendung der angestrebten Partizipationsrate würde nämlich unterstellt, dass Schwankungen nach oben und unten gleichartig zwischen Versicherungsnehmern und Eigentümern geteilt werden. Das bedeutet, dass eine deterministische Projektionsrechnung implizit unterstellt, dass die Garantien zugunsten der Versicherungsnehmer entweder immer oder nie „im Geld" sind. Bei dem vor Einführung des EEV praktizierten Konzept des sog. → Traditional Embedded Value wurden die Kosten für → eingebettete Garantien und → eingebettete Optionen, die sich im Lebensversicherungsgeschäft aus dieser asymmetrischen Verteilung des Rohüberschusses zwischen Versicherungsnehmern und Eigentümern ergeben, nur implizit durch die Festlegung eines genügend hohen Diskontierungszinses berücksichtigt. Das Konzept des EEV verlangt dagegen eine explizite Ermittlung des Werts der Optionen und Garantien durch Einsatz stochastischer Bewertungsmodelle. Außerdem darf ein veröffentlichter Embedded Value nur mit dem Attribut "European" versehen werden, wenn er i.V.m. verschiedenen genau vorgeschriebenen Veränderungsanalysen und Sensitivitäten präsentiert wird. Bei der Veränderungsanalyse muss die Wertdifferenz zwischen aktuellem Wert und Vorjahreswert in die Einflüsse aus a) Modelländerungen, – b) Neugeschäft, – c) Abweichungen der tatsächlichen operativen Geschäftsentwicklung von den im Vorjahr getroffenen Annahmen (zu → versicherungstechnischen Risiken, zur Kostenentwicklung, zum → Storno etc.) und – d) Abweichungen der tatsächlichen ökonomischen Entwicklungen von den getroffenen Annahmen (Aktienkurse, Zinssätze etc.) zergliedert werden. – *3. Modell:* Die sachgerechte Bewertung der in die Lebensversicherungsverträge eingebetteten Garantien und Optionen bedingt, dass die deterministischen Projektionsrechnungen durch stochastische Simulationen nach der Monte Carlo-Methode (→ Monte Carlo-Simulation) ersetzt werden müssen, die die gesamte Bandbreite künftiger Kapitalmarktszenarien abdecken und dadurch Rückschlüsse auf die mittleren

Kosten der Garantien und Optionen erlauben. Im Übrigen bleibt das Konzept des EEV hinsichtlich der Wahl der Risikodiskontsätze, der Ermittlung des Neugeschäftswerts nach der Marginalmethode und des Ansatzes der Cost of Capital im zuvor definierten Rahmen → des Traditional Embedded Value (TEV). – *4. Ausprägungen:* Durch die Berücksichtigung der Stochastizität der künftigen Kapitalmarktentwicklung werden die Bewertungsmodelle deutlich komplexer, und zwar nicht nur durch die höhere Rechenintensität, die sich aus der Projektion der Bestandabwicklung über einige 1.000 Kapitalmarktszenarien ergibt, sondern v.a. durch die Ausweitung von Regelwerken – den sog. Managementregeln –, die nun szenariospezifisch die Interaktion zwischen Kapitalanlageerfolg und → Überschussbeteiligung der Kunden ebenso beschreiben müssen, wie vom Kapitalmarktumfeld abhängige Festlegungen zur Neuanlage oder Umschichtung von Vermögenswerten. Des weiteren setzt die sachgerechte Bewertung der Optionen, wie Rückkauf- oder Rentenwahlrechte etc., eine Einschätzung der Kapitalmarktabhängigkeit des Versicherungsnehmerverhaltens voraus. – *5. Ziele:* Mit der Aufstellung der Prinzipien des EEV wurde in erster Linie das Ziel verfolgt, den zuvor verbreiteten Unsicherheiten über die mögliche Beeinträchtigung des Unternehmenswerts eines Lebensversicherungsunternehmens durch den Wert der Garantien und Optionen zugunsten der Versicherungsnehmer mit einer expliziten Quantifizierung der Garantie- und Optionswerte entgegenzutreten. – *6. Probleme:* Die nach wie vor nicht normierte Festlegung der Methoden der Risikoeinschätzung in Form des Diskontierungszinses erschwert ebenso wie beim TEV die Vergleichbarkeit von Ergebnissen. Die erweiterten Publikationsanforderungen haben zwar einerseits die Transparenz der Berichterstattung erhöht, andererseits führt die größere Komplexität der Modellierung von Managementregeln und Kundenverhalten, die i.d.R. nicht im Detail offen gelegt wird, zu neuen Quellen der Intransparenz. – *7. Ähnliche Begriffe:* Der EEV ist eine Weiterentwicklung des TEV und wurde seinerseits zum → Market Consistent Embedded Value (MCEV) fortentwickelt.

Evaluierung, *Evaluation.* Bezeichnung für alle Maßnahmen, die der Erfolgskontrolle in der Personalarbeit dienen, in der betrieblichen Praxis v.a. der Ermittlung der Effektivität und Effizienz von Maßnahmen der Aus- und Weiterbildung bzw. der eingesetzten Instrumente. Vgl. auch → Bildungscontrolling.

EVA®. Abk. für → Economic Value Added.

Event Marketing. Meist zielgruppenorientierte Ereignisse, die zu einem nachhaltigen Erlebnis mit bleibendem Erinnerungswert führen sollen, wie z.b. Kick-off-Veranstaltungen (Auftaktveranstaltungen) oder Road Shows (Wanderpräsentationen). Siehe auch → Below-the-line-Kommunikation.

Evidenzbasierte Gesundheitspolitik. *1. Begriff:* Gesundheitspolitisch rationales Handeln auf der Grundlage klarer Vorstellungen über anzustrebende Ziele, die den Gesundheitszustand der Bevölkerung insgesamt mittel- bis langfristig verbessern helfen. – *2. Umsetzung:* Diese Ziele sollten Ergebnis einer Gesundheitsberichterstattung sein, die die Daten für eine effektive Gesundheitsplanung kontinuierlich bereitstellt. An der Konsensbildung über Gesundheitsziele sollten alle wichtigen Akteure in Gesundheits- und Sozialwesen einschließlich der Bürger beteiligt sein. Dazu wurden in einigen Bundesländern „Landesarbeitsgemeinschaften Gesundheit" (sog. runde Tische) ins Leben gerufen. – *3. Ergebnisse:* Ergebnisse, die bislang erzielt wurden, zeigen, dass die erfolgreiche Umsetzung von Informationen aus der Gesundheitsberichterstattung in eine E. nur zögerlich vorankommt.

Evidenzbasierte Medizin, *Evidence based medicine, beweisgestützte Medizin, beweisgestützte Heilkunde.* – *1. Begriff:* Rationale und konsequente Nutzung der Ergebnisse guter klinischer Studien bei Entscheidungen zur medizinischen Versorgung einzelner Patienten oder von Patientengruppen. – *2. Ziel:* Soll gewährleisten, dass die Ergebnisse der aktuellen wissenschaftlichen Forschung in der täglichen Praxis einfach verfügbar und einsetzbar sind. – *3. Technik:* Das beste verfügbare medizinische Wissen aus kontrollierten Studien wird z.B. von der Cochrane Collaboration in systematischen Übersichtsarbeiten zusammengeführt und bewertet. Diese Vorgehensweise wird auch bei der

Formulierung von → Behandlungsleitlinien eingesetzt. – *4. Entwicklung:* E. wurde Anfang der 1990er Jahre von Gordon Guyatt aus der Arbeitsgruppe um David Sackett (McMasterUniversity, Hamilton, Kanada) geprägt.

Evidenzbasierte Risikoprüfung. *1. Begriff:* Gewissenhafter, ausdrücklicher und vernünftiger Gebrauch der gegenwärtig besten wissenschaftlichen Evidenz für Entscheidungen in der medizinischen → Risikoprüfung bei zu versichernden Personen mit vorbestehenden → Anomalien. – *2. Merkmale:* Die Praxis der E. bedeutet die Zusammenführung individueller versicherungsmedizinischer Expertise mit der bestmöglichen externen Evidenz aus systematischer Forschung und aktuarieller Auswertung von Portfoliodaten. Ergebnisse dieser Evidenz finden sich in den → Einschätzungsbüchern (Manuale) wieder, die meistens von Rückversicherern erstellt und gepflegt werden.

Excess-of-Loss Rückversicherung. → Schadenexzedenten-Rückversicherung.

Excess of Loss (XL). → Schadenexzedenten-Rückversicherung.

Expected Shortfall. → Conditional Value at Risk.

Experience Account, *Reinsurance Fund Balance, Erfahrungskonto.* – *1. Begriff:* Zur transparenten Abwicklung von Konzepten der → Finanzrückversicherung wird häufig ein sog. E. geführt, um vertraglich vereinbarte Zahlungsströme, wie Prämien, Schadenzahlungen und Zinsen der Vertragspartner, über eine längere Laufzeit darzustellen und bei Ablauf der Vertragslaufzeit zwischen den Vertragspartnern abzurechnen. – *2. Methodik und Merkmale*: Die Entwicklung des Saldos aus dem E. spiegelt die Schadenerfahrung über die Laufzeit des Vertrags wider. Durch individuelle Vereinbarungen zur Verzinsung, Saldo- bzw. Ergebnisteilung kann die Intensität des → versicherungstechnischen Risikotransfers gesteuert werden. Eine Festlegung von Soll- bzw. Habenzinsen auf negative bzw. positive Salden des E. ermöglicht, das → Timing Risk des Rückversicherers zu beeinflussen. Der teilweise oder vollständige Ergebnisausgleich zum Ende der Vertragslaufzeit bestimmt den Umfang des zu tragenden → Underwriting Risk. – *3. Beispiel:* Wird vereinbart, dass seitens des Erstversicherers Sollzinsen für einen negativen Saldo fällig werden, so trägt der Rückversicherer nur ein begrenztes Timing Risk, da seine reduzierten Kapitalerträge teilweise kompensiert werden. Muss der Erstversicherer einen möglichen negativen Schlusssaldo am Ende der Vertragslaufzeit vollständig ausgleichen, so besteht für den Rückversicherer unter diesem Konzept kein Underwriting Risk. – *4. Abgrenzung:* Der E. ist mit Kontokorrent-Vereinbarungen in der traditionellen Rückversicherung vergleichbar. Siehe auch → Finite Quota Share (Differenzkonto) und → Funded Cover.

Explosion. Eine auf dem Ausdehnungsbestreben von Gasen oder Dämpfen beruhende, plötzlich verlaufende Kraftäußerung. Schäden durch E. sind i.Allg. innerhalb der Gefahr → Feuer versichert.

Exponentialprinzip. Das E. zum Parameter $\alpha > 0$ ist ein → Prämienprinzip, das jedem → zufälligen Risiko X die → Prämie

$$H[X] := \frac{1}{\alpha} \log(E[\exp(\alpha X)])$$

zuordnet (→ Erwartungswert).

Exponentialverteilung. Eine Zufallsvariable X besitzt die E. mit dem Parameter $\alpha \in (0, \infty)$, wenn sie die → Gammaverteilung mit den Parametern α und 1 besitzt.

Exponierung. Gefährdungsgrad eines Risikos oder → Portefeuilles. Die E. bildet die Grundlage für die Prämienermittlung in der → Rückversicherung.

Export Credit Agency (ECA), *Exportkreditagentur.* Institution, die im Auftrag eines Industriestaats die von diesem entwickelten Instrumente zur Förderung des Exports in Schwellen- und Entwicklungsländer bearbeitet. Die Instrumente erstrecken sich auf die Vergabe von Krediten und die Übernahme von Kreditgarantien. Die ECA kann privat- oder öffentlich-rechtlich organisiert sein. In Deutschland ist ein Konsortium der Euler Hermes Kreditversicherungs-AG und PricewaterhouseCoopers Aktiengesellschaft Wirtschaftsprüfungsgesellschaft mit der Durchführung des Deckungsinstrumentariums (vgl. → Exportkreditgarantien, → staatliche Exportkreditversicherung) beauftragt.

Exportkreditgarantien, *Hermesdeckungen.* – *1. Begriff:* Deckungsinstrumentarium der Bundesrepublik Deutschland zur Absicherung des → Ausfallrisikos bei Exportgeschäften (vgl. → Ausfuhrkreditversicherung). – *2. Arten:* a) Ausfuhrgarantien: Deckung des Ausfallrisikos gegenüber privaten ausländischen Kunden. – b) Ausfuhrbürgschaften: Deckung des Ausfallrisikos gegenüber öffentlichen ausländischen Kunden. – *3. Aktuelle Entwicklungen:* Die Ausfuhr-Pauschal-Gewährleistung bildet einen Schwerpunkt innerhalb der Exportkreditgarantien. Sie sichert Forderungen eines Exporteurs, die aufgrund von Ausfuhrverträgen mit verschiedenen ausländischen Kunden in unterschiedlichen Ländern entstehen, ab. Die Forderungen aus Warenlieferungen und Dienstleistungen dürfen eine maximale Laufzeit von zwölf Monaten haben.

Exportkreditversicherung. → Ausfuhrkreditversicherung.

Exposure. *1. Begriff:* Die Anordnung aller Einzelrisiken eines → Portefeuilles in Größenklassen ergibt das sog. Risikoprofil. Dadurch wird auch erkennbar, wie viele Risiken einen Schadenexzedenten-Rückversicherungsvertrag möglicherweise treffen können, d.h. diesen Vertrag „exponieren". Diese Gefährdung, die für den → Rückversicherer von einem einzelnen Risiko oder einem Risikobestand ausgeht und zu einem oder mehreren Schäden führen kann, wird als E. bezeichnet. Die dadurch ermittelte theoretisch eintretende Belastung ist Basis der Prämienkalkulation. (→ Exposure-Rate).

Exposure-Rate. Die durch eine Exposure-Analyse ermittelte → Prämie eines Schadenexzedenten-Rückversicherungsvertrags. Die Rate ergibt sich, indem die Exposure-Prämie im Verhältnis zum Prämienvolumen des gesamten geschützten → Portefeuilles ausgedrückt wird.

Extended Coverage-Betriebsunterbrechungsversicherung. *1. Begriff:* Erscheinungsform der → Betriebsunterbrechungsversicherung, mit der der Versicherungsschutz für Industrie- und Handelsbetriebe in der → Feuer-Betriebsunterbrechungsversicherung um die Gefahren der → Extended Coverage-Versicherung ergänzt werden kann. – *2. Rechtsgrundlage:* Vertragliche Rechtsgrundlage bilden die Bedingungen für die Versicherung zusätzlicher Gefahren zur Feuer-Betriebsunterbrechungsversicherung für Industrie- und Handelsbetriebe (ECBUB 2008) samt ihrer Klauselwerke.

Extended Coverage (EC), *Erweiterte Deckung.* Versicherung zur Deckung zusätzlicher Gefahren zur → Feuerversicherung (E.-Sachversicherung) bzw. zur → Betriebsunterbrechungsversicherung. Mit einer E.-Versicherung ist Versicherungsschutz gegen folgende Gefahrengruppen und Einzelgefahren möglich: a) → Innere Unruhen, → böswillige Beschädigungen, → Streik, → Aussperrung; – b) → Fahrzeuganprall, – c) → Rauch, → Überschalldruckwellen; – d) Wasserlöschanlage-Leckage; – e) → Leitungswasser; – f) → Sturm; – g) → Hagel; – h) → Einbruchdiebstahl, → Vandalismus nach Einbruch oder → Raub; – i) → Überschwemmung, → Rückstau; – j) → Erdbeben, Erdsenkung (Erdfall) und → Erdrutsch; – k) Schneedruck und → Lawinen; – l) Vulkanausbruch. Die genannten Gefahrengruppen und Einzelgefahren lassen sich separat versichern. E. wird i.d.R. erst ab einer → Versicherungssumme von 5 Mio. Euro angeboten. Einige Gefahren der E.-Versicherung sind auch über konventionelle Deckungen versicherbar (z.B. in der → Leitungswasserversicherung und in der → Sturmversicherung).

Extended Coverage-Versicherung, *EC-Versicherung, (engl. für erweiterte Deckung).* Versicherung zur Abdeckung von Schäden aus Gefahren, die die → Feuerversicherung nicht deckt. Dabei handelt es sich um die Gefahren politische Risiken (→ Aussperrung, → böswillige Beschädigungen, → innere Unruhen, → Streik), Fahrzeuganprall, → Rauch, → Überdruckschallwellen, Sprinklerleckage, Leitungswasser, → Sturm, → Hagel, → Überschwemmung, → Erdbeben, → Erdsenkung und → Erdrutsch, Schneedruck und → Lawinen, Vulkanausbruch. Die E. wurde für industrielle Risiken konzipiert. Sie kann als → Sachversicherung und als → Betriebsunterbrechungsversicherung abgeschlossen werden.

Externe Effekte, *Externalitäten.* – *1. Begriff:* I.w.S. Auswirkungen wirtschaftlichen Handelns, die nicht in das Entscheidungskalkül des Verursachers mit einbezogen werden. E. liegen vor, wenn durch die Produktion eines Unternehmens oder den → Konsum eines Individuums bei anderen Wirtschaftseinheiten Kosten (sog. negative E.) oder Vorteile (sog. positive E.) entstehen, für die über den Preis oder den → Markt keine Entschädigung vom Verursacher bzw. kein Entgelt vom Empfänger erzielbar ist. – *2. Arten:* Zu unterscheiden sind pekuniäre und technologische Externalitäten. a) Pekuniäre E. sind solche, die aufgrund jeder Marktaktivität entstehen. Als Beispiel mag hier der Markteintritt eines neuen Anbieters dienen, der die Umsätze der bisherigen Anbieter schmälert. – b) E. i.e.S. sind technologische Externalitäten. Zwischen dem Urheber und dem Betroffenen besteht eine Ursache-Wirkungs-Beziehung, die nicht über einen Preis- bzw. Marktmechanismus geregelt wird. Dabei kann es zu folgenden Kategorisierungen kommen: Positive vs. negative Externalitäten auf Konsum- bzw. Produktionsseite, die einseitig oder reziprok sein können. Das untenstehende Schema zeigt diese Kategorien und einschlägige Beispiele. – *3. Folgen, Probleme und Lösungsansätze:* Für den Verursacher bzw. den Empfänger sind die Kosten bzw. Erlöse seiner eigenen Aktivität geringer bzw. höher als sie es ohne die E. wären. Es kommt zu Abweichungen zwischen den privaten und den volkswirtschaftlichen (= sozialen) Kosten bzw. Erlösen (bzw. Vorteilen), die zu einer Über- oder Unterversorgung führen. Eine pareto-effiziente Internalisierung der E. erfordert, dass die Preisverhältnisse aller Waren ihren gesamtwirtschaftlichen Grenznutzen- bzw. Grenzkostenverhältnissen entsprechen. Die klassische Lösung geschieht insbesondere über Steuern bzw. Subventionen (Pigou-Steuer). Unter restriktiven Bedingungen führen auch Zertifikate sowie vollständig differenzierte Auflagen zu gleichen Ergebnissen. Auch über Verhandlungen kann eine Lösung erzielt werden, sofern die Eigentumsrechte klar festgelegt und die Transaktionskosten niedrig sind (Coase-Theorem).

Externer Faktor. Konstituierendes Merkmal der → Dienstleistung – neben dessen Immaterialität. Eine Dienstleistung kann nur über das (aktive oder passive) Mitwirken des Kunden erstellt werden; dieses Charakteristikum wird als E. bezeichnet.

Extramorbidität. *1. Begriff:* Analog zur → Extramortalität als statistische und prognostische Maßzahl für das Todesfallrisiko, kann in der Kranken-, Invaliditäts-, Pflege- und Dread Disease-Versicherung eine erhöhte Eintrittswahrscheinlichkeit von Krankheitsfällen ermittelt werden, die als E. bezeichnet wird. – *2. Merkmale:* Je nach zu deckendem Versicherungsrisiko kann die E. für die o.g. Nichttodesfallprodukte bei gleicher → Anomalie verschieden hoch ausfallen.

Extramortalität, *Übersterblichkeit.* – *1. Begriff:* Bezeichnet die erhöhte Sterblichkeit im Vergleich zu einem normalen Risiko aufgrund von Erkrankungen oder Risikofaktoren (→ Anomalie). – *2. Beispiel:* Angenommen, ein 50-jähriger Mann leidet an einem Diabetes. Die → Versicherungsmedizin weiß aufgrund von Statistiken, dass von 1.000 Männern mit dem Alter 50 und der Anomalie Diabetes im Laufe des nächsten Jahres 14 Männer sterben werden. Diese Zahl ist zwar interessant, jedoch für sich alleine betrachtet nicht besonders hilfreich. Konkrete Aussagekraft gewinnt sie erst durch den Vergleich mit der Bevölkerungssterbetafel, die für jedes Lebensalter die Sterblichkeit der Normalbevölkerung angibt. Aus ihr ist zu entnehmen, dass von 1.000 Männern im

	Positiv	Negativ
Konsumexternalität	„Gekonntes" Klavierspiel eines Nachbarn	Luftverschmutzung durch eine Fabrik
Produktionsexternalität	Bienen eines Imkers, die gleichzeitig die Blumen einer benachbarten Gärtnerei bestäuben	Verschmutzung der Ozeane, die es Hochseefischern schwerer macht, ihrer „Produktion" nachzugehen

Alter von 50 Jahren sieben Männer im Laufe des nächsten Jahres sterben werden. Diese Zahl wird als Normalsterblichkeit bezeichnet. Wenn die Sterblichkeit beider Gruppen – die der Diabetikergruppe und der normalen Gruppe – miteinander verglichen wird, so differieren die Sterblichkeiten in diesem Beispiel um das Doppelte (14/7), d.h., es sterben 100 % mehr als in der gesunden Vergleichsgruppe. Diese zusätzliche Sterblichkeit wird als E. bezeichnet und ist die statistische Maßzahl, die die Prognose der erhöhten Risiken bestimmt. – *3. Merkmale:* E. wird immer in Prozent der Normalsterblichkeit ausgedrückt. Es besteht also in diesem Beispiel eine E. von 100 %.

Extremus Versicherungs-AG. *1. Begriff:* Deutsches Spezialversicherungsunternehmen zur Deckung von Großrisiken aufgrund von möglichen Terroranschlägen (→ Terror) in Deutschland. Gründung im September 2002 auf Initiative von 16 deutschen Versicherungsgruppen unter Mitwirkung der Bundesregierung. Anlass der Gründung waren die Terroranschläge in den USA am 11.9.2001. – *2. Deckungsumfang:* Die E. deckt Terrorrisiken ab einer Versicherungssumme von 25 Mio. Euro. Zu den versicherten Risiken zählen Schäden an Gebäuden, Einrichtungen und Vorräten sowie Betriebsunterbrechungsschäden. Um diese Schäden finanzieren zu können, stellt die E. eine Jahreskapazität von 2 Mrd. Euro und – nach vollständiger Inanspruchnahme von E. – die Bundesregierung zusätzlich eine Jahreskapazität von 8 Mrd. Euro zur Verfügung (Stand: Januar 2010). Unversicherbare Risiken, die einzelne Versicherungsunternehmen bzw. die deutsche Versicherungsbranche insgesamt nicht tragen können, werden durch die E. bis zu dem genannten Deckungsvolumen versicherbar.

F

Fabrikationsrisiko. Risiko, dass ein Kunde während der Produktionsphase der zu liefernden Ware bzw. des zu erbringenden Werks zahlungsunfähig wird und es daher nicht mehr zur Lieferung bzw. Leistung kommt. Im Fall von Sonderanfertigungen wird in der → Kreditversicherung auch die Deckung des F. angeboten. Im Versicherungsfall werden dem Versicherungsnehmer die Selbstkosten erstattet.

Fachbeirat der BaFin. → Bundesanstalt für Finanzdienstleistungsaufsicht.

Fachberater/-in für Finanzdienstleistungen (IHK). *1. Begriff:* Eigenständiger Allfinanz-IHK-Abschluss, der auf eine privatkundenorientierte Finanzberatung ausgelegt ist. – *2. Voraussetzungen:* Zur Prüfung wird zugelassen, wer a) Bankkaufmann/-frau, → Kaufmann/-frau für Versicherungen und Finanzen (früher Versicherungskaufmann/-frau), Kaufmann/-frau der Grundstücks- und Wohnungswirtschaft (früher Immobilienkaufmann/-frau) mit einer Berufserfahrung von mindestens sechs Monaten ist oder – b) eine abgeschlossene Ausbildung in einem sonstigen anerkannten kaufmännischen oder verwaltenden Beruf plus mindestens zwölf Monate Berufspraxis besitzt oder – c) mindestens zwei Jahre Berufspraxis in einem Bereich, der für diese Fortbildung sinnvoll ist, vorweisen kann. In Ausnahmefällen kann zur Prüfung auch zugelassen werden, wer die o.g. Voraussetzungen nicht erfüllt. In diesem Fall muss durch Zeugnisse oder auf andere Weise glaubhaft gemacht werden, dass die Kenntnisse und Erfahrungen die Zulassung zur Prüfung rechtfertigen. Die Prüfung wird bundeseinheitlich an zwei Tagen vor dem Prüfungsausschuss der IHK abgelegt. – *3. Ziele:* Mit der Qualifizierung zum F. wurde eine Weiterbildungsmöglichkeit für Kaufleute insbesondere in der Finanzdienstleistungsbranche geschaffen. – *4. Prüfungsinhalte:* Die Prüfung besteht aus einem fachkundlichen Teil und einem praktischen Teil. Im fachkundlichen Teil sind Aufgaben aus den Bereichen Grundlagen der Volks- und Betriebswirtschaftslehre, Recht und Steuern, Finanzmathematik, Bankprodukte für private Haushalte, Versicherungsprodukte für private Haushalte sowie Bausparen und Immobilien zu lösen. Im praktischen Teil werden in Gesprächen die Fähigkeiten zur Kundenberatung und Arbeitsorganisation geprüft. Zur mündlichen Prüfung wird nur zugelassen, wer die schriftliche Prüfung bestanden hat. Die Qualifizierung bieten sowohl private als auch branchennahe Institute an.

Fachdesign. Modelliert die fachlichen Inhalte eines Softwaresystems. Die Phase F. umfasst die Aktivitäten Datenmodellierung, Funktionsmodellierung, Prozessmodellierung und Dialogdesign/ Prototyping.

Fachkompetenz, *Fachwissen, Fachkenntnis, Sachkompetenz, Sachwissen.* – *1. Begriff:* Fähigkeit, die berufsspezifischen Aufgaben einer Stelle oder eines Arbeitsplatzes mit den fachlichen Kenntnissen und Erfahrungen angemessen zu bewältigen (z.B. mit den Kenntnissen zu den Versicherungsprodukten bei Versicherungsverkäufern). Die F. ist eine wichtige Kompetenz in jedem → Funktions- und Anforderungsprofil. – *2. Probleme:* In Theorie und Praxis existieren vielfältige Kompetenzmodelle. Eine einheitliche Zuordnung von Kompetenzen zu einem Kompetenzfeld (z.B. der F.) gibt es in der Theorie nicht. Eine Herausforderung in der Praxis ist es deshalb, die Modelle überschneidungsfrei zu formulieren, damit die Kompetenzen für die Aufgaben im Unternehmen eindeutig zugeordnet werden können. Ein gemeinsames Verständnis wird am ehesten über das konkrete Beschreiben von beobachtbarem Verhalten erreicht. Siehe auch → Handlungskompetenz, → Methodenkompetenz, → Persönlichkeitskompetenz, → Sozialkompetenz.

Fachliche Anforderungen. Definition geforderter Eigenschaften an ein Produkt (eine → Software). Begriff aus der → Informationstechnik. F. legen aus Sicht der Anwender fest, was ein IT-System leisten soll. Die Anforderungen an IT-Systeme werden entweder durch ein Pflichtenheft oder nach Rücksprache und Workshops mit dem Fachbereich modellbasiert beschrieben.

Fachliche Architektur. Strukturiert die → Anwendungen und legt die Eigenheiten von Geschäftsprozessen, Steuerungsmechanismen, die fachlichen Komponenten und auch allgemeine Dienstkonzepte, wie z.B. das Historienkonzept, fest. Siehe auch → technische Architektur.

Fachwirt/-in für Finanzberatung (IHK). *1. Begriff:* Berufsbegleitende Qualifizierung für die Finanzdienstleistungsbranche. Richtet sich v.a. an Personen, die ihre fundierten fachlichen Kenntnisse weiter vertiefen und zusätzliche → Handlungskompetenzen aufbauen wollen. – *2. Voraussetzungen:* Für die Ausbildung zum/ zur F. wird zugelassen, wer a) eine mit Erfolg abgelegte Abschlussprüfung zum/ zur Bankkaufmann/-frau, Kaufmann/-frau für Versicherungen und Finanzen (früher Versicherungskaufmann/-frau), Kaufmann/-frau der Grundstücks- und Wohnungswirtschaft (früher Immobilienkaufmann/-frau) oder – b) eine mit Erfolg abgelegte Weiterbildungsprüfung zum → Fachberater für Finanzdienstleistungen (IHK) und danach eine mindestens zweijährige einschlägige Berufspraxis oder – c) eine vergleichbare Qualifikation bei mindestens sechsjähriger Berufserfahrung nachweist. Die Teilnahme an einem ein- bis zweijährigen Vorbereitungskurs ist nicht verpflichtend. Die Prüfungen werden zweimal jährlich bei den örtlichen → Industrie- und Handelskammern (IHK) abgelegt. Sie bestehen aus einem schriftlichen Teil in den Bereichen fachübergreifende Qualifikation und fachspezifische Qualifikation sowie einem mündlichen Teil. Die mündliche Prüfung besteht aus einem situationsbezogenen Fachgespräch im Bereich Kundenberatung und Arbeitsorganisation. – *3. Ziele:* Mit der Qualifizierung zum/ zur F. sollen die Absolventen in der Lage sein, die wirtschaftliche Situation privater Haushalte, von Freiberuflern und Gewerbetreibenden zu analysieren, die genannten Zielgruppen zu beraten und ihnen Finanzdienstleistungsprodukte qualifiziert zu vermitteln. Ebenso sollen die Absolventen gesamtwirtschaftliche und betriebliche Zusammenhänge erkennen sowie Leitungsfunktionen übernehmen können. – *4. Merkmale:* Die Weiterbildung besteht aus zwei Teilen. In der fachübergreifenden Qualifikation werden Kenntnisse in den Bereichen Volks- und Betriebswirtschaftslehre, Recht und Steuern, Bankprodukte für private Haushalte, Versicherungsprodukte für private Haushalte, Bausparen und Immobilien sowie Kundenberatung und Arbeitsorganisation erworben. Die fachspezifischen Qualifikationen betreffen die Bereiche Führung und Organisation, Versicherungsprodukte für Freiberufler und Gewerbetreibende, Finanzierungsprodukte für freie Berufe und Gewerbetreibende, Baufinanzierung sowie betriebliche Altersversorgung oder geschlossene Immobilienfonds (wahlweise). Die Ausbildung wird auch in Form des → E-(Based)-Learning angeboten und nach dem Berufsbildungsgesetz gefördert. Die Förderungsanträge sind schriftlich an die nach Landesrecht zuständige Behörde zu richten.

Fachwirt/-in für Versicherungen und Finanzen (IHK), *Versicherungsfachwirt/-in (IHK)*. – *1. Begriff:* Berufsbegleitende Qualifizierung für die Versicherungsbranche; entspricht in etwa der Meisterprüfung im gewerblichen Bereich. Die Ausbildung zum/ zur F. richtet sich v.a. an Personen, die ihre fundierten fachlichen Kenntnisse weiter vertiefen wollen. – *2. Voraussetzungen:* Für die Ausbildung zum/ zur V. wird a) der Abschluss zum/ zur Versicherungskaufmann/ -frau bzw. zum/ zur → Kaufmann/-frau für Versicherungen und Finanzen oder – b) eine Abschlussprüfung in einem kaufmännischen oder verwaltenden Ausbildungsberuf (z.B. Bankkaufmann/-frau oder Sozialversicherungsangestellter/-angestellte) mit einem Jahr Berufspraxis oder – c) der Abschluss → Versicherungsfachmann/-frau (IHK) mit dreijähriger Berufserfahrung oder – d) eine über vierjährige Berufspraxis in der Assekuranz verlangt. Die Prüfungen werden zweimal jährlich bei den örtlichen → Industrie- und Handelskammern (IHK) abgelegt. Bundesweit gleiche Termine, Inhalte und Schwierig-

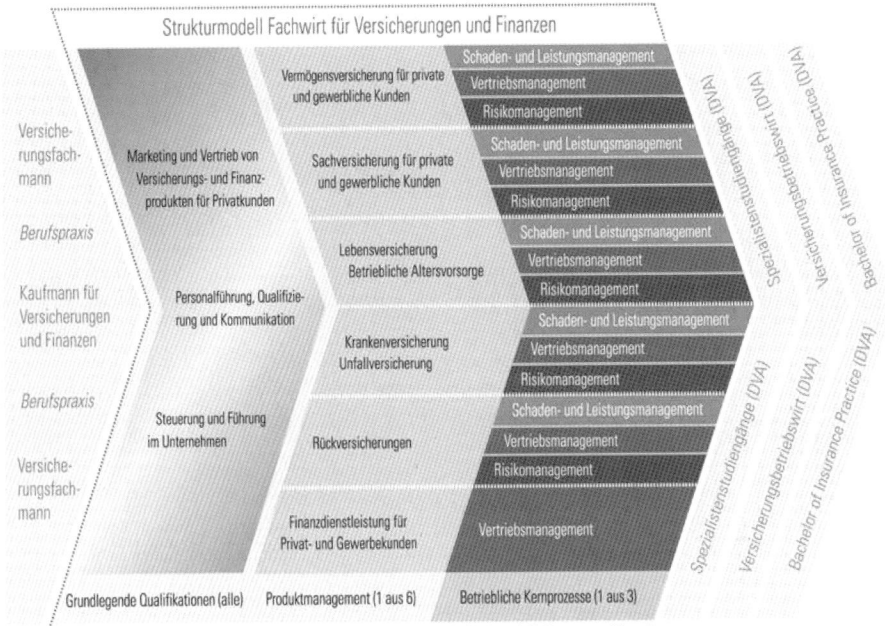

Quelle: www.lernpark.de/ Weiterbildung + Karriere

keitsgrade der Prüfungen gewährleisten die Vergleichbarkeit der Abschlüsse. – 3. *Merkmale:* Das Studium besteht aus drei Teilen (siehe Strukturmodell). Das Studium kann als Präsenz- oder Fernstudium absolviert werden und wird nach dem Berufsbildungsgesetz gefördert. Die Förderungsanträge sind schriftlich an die nach Landesrecht zuständige Behörde zu richten.

Factoring. *1. Begriff:* Ankauf von Forderungen aus Lieferungen und Leistungen durch ein spezielles Finanzdienstleistungsunternehmen (Factor). Der Factor übernimmt dabei häufig bestimmte Servicefunktionen und/ oder das Delkredererisiko (→ Ausfallrisiko). – *2. Typische Merkmale:* Ein Unternehmer verpflichtet sich gegenüber einem Factor, fortlaufend alle kurzfristigen Forderungen aus Lieferung und Leistungen gegenüber seinen Debitoren oder einen bestimmten Teil dieser Forderungen zu verkaufen und durch Abtretung (i.d.R. durch Globalzession) auf den Factor zu übertragen. Der Factor zahlt als Gegenleistung einen Geldbetrag in Höhe des Werts der abgetretenen Forderungen abzgl. einer Provision. – *3. Arten:* a) echtes F.: Der Factor übernimmt auch die Haftung für das Risiko des Forderungsausfalls. Es handelt sich um einen Forderungskauf. – b) unechtes F.: Der Factor übernimmt die Delkrederefunktion nicht. Bei Uneinbringlichkeit der abgetretenen Forderung ist der Gegenwert zurück zu zahlen. Die Auszahlung des Gegenwerts wird daher von der Rechtsprechung und der Literatur überwiegend als Kreditgeschäft angesehen. Die Abtretung erfolgt sicherungs- und erfüllungshalber. F. ist demnach eine (unterschiedlich ausgeprägte) Kombination aus Finanzierungs-, Dienstleistungs- und Versicherungs-(Delkredere-)funktion. – *4. Versicherbarkeit von aufgekauften Forderungen:* In der → Warenkreditversicherung und in der privaten → Ausfuhrkreditversicherung sind lediglich kurzfristige Forderungen aus Warenlieferungen sowie aus Werk- und Dienstleistungen, die im Rahmen des echten F. erworben wurden, gegen Forderungsausfall versicherbar.

Fahrerflucht. → Unfallflucht.

Fahrlässigkeit. *1. Begriff:* Fahrlässig handelt, wer die im Verkehr erforderliche Sorgfalt außer Acht lässt (§ 276 II BGB). – *2. Merkmale:* F. setzt Voraussehbarkeit und

Vermeidbarkeit des rechtswidrigen Erfolgs voraus. Zu unterscheiden sind die bewusste und unbewusste F. sowie nach den Fahrlässigkeitsgraden die → einfache F. und die → grobe Fahrlässigkeit. – *3. Folgerungen und Ergebnisse:* Für alle Formen der F., auch für grobe F., besteht im Rahmen der → Privathaftpflichtversicherung Versicherungsschutz.

Fahrlehrer-Haftpflichtversicherung. Versichert die pflichtwidrige Nichtverhinderung der Fehler des Fahrschülers als das typische Haftpflichtrisiko des Fahrlehrers. Im Rahmen der F. wird für den Fall Versicherungsschutz gewährt, dass bei Ausbildungsfahrten ein Fahrschüler verletzt oder getötet wird, einen Sachschaden erleidet oder das zu Lernzwecken benutzte Kraftfahrzeug, dessen Halter oder Eigentümer weder die Fahrschule noch der angestellte Fahrlehrer ist (insbesondere schülereigenes Fahrzeug), beschädigt oder zerstört wird.

Fahrradversicherung. Spezielle Sachversicherung gegen Schäden aus dem Verlust oder der Beschädigung eines Fahrrads durch Diebstahl und weitere Gefahren. Daneben ist das Fahrrad auch im Rahmen der → verbundenen Hausratversicherung grundsätzlich versichert, wobei jedoch Versicherungsschutz gegen → einfachen Diebstahl vielfach nur aufgrund besonderer Vereinbarung gegen Beitragszuschlag gegeben ist.

Fahrtkosten, *Krankentransportkosten.* – *1. Begriff:* Kostenart im Gesundheitswesen für Fahrten von Patienten zu den Leistungserbringern (Arzt, Krankenhaus, Heilpraktiker etc.). Die F. werden von den gesetzlichen und privaten Krankenversicherungsträgern in Deutschland i.d.R. in sehr unterschiedlicher Höhe übernommen. – *2. F. in der* → *gesetzlichen Krankenversicherung (GKV):* Nach § 60 SGB V übernehmen die gesetzlichen → Krankenkassen nur noch F., wenn sie im Zusammenhang mit einer Krankenkassenleistung medizinisch erforderlich sind. Im Detail heißt das: Unter Berücksichtigung der Zuzahlung des Versicherten in Höhe von 10 % der Kosten (mindestens 5 Euro, höchstens 10 Euro) nach § 61 SGB V werden Fahrten zur stationären Krankenhausbehandlung, Rettungsfahrten, Krankentransporte und Fahrten zur ambulanten Behandlung einschl. dem ambulanten Operieren sowie zur vor- und nachstationären Krankenhausbehandlung nur dann übernommen, wenn hierdurch stationäre Behandlungen vermieden bzw. verkürzt werden oder wenn diese nicht ausführbar sind. Aufgrund einer Ausnahmeregelung des Gemeinsamen Bundesausschusses werden unter bestimmten Voraussetzungen (z.B. Dialysebehandlungen nach voheriger Genehmigung durch die Krankenkasse) weiterhin F. zur ambulanten Behandlung übernommen. – *3. F. in der* → *privaten Krankenversicherung (PKV):* I.d.R. gilt a) bei stationärer Behandlung: Transportfahrten und Rettungseinsätze zum oder vom nächstgelegenen geeigneten Krankenhaus werden tarifabhängig ohne eigene → Selbstbeteiligung von der Versicherung getragen (meist bis 100 km); – b) bei ambulanter Behandlung: Übernahme der F. zum nächsten Arzt bei medizinischer Notwendigkeit (z.B. bei ärztlich bescheinigter Gehunfähigkeit) ohne eigene Selbstbeteiligung; – c) bei einem Auslandsaufenthalt: Für einen ärztlich angeordneten und medizinisch notwendigen Rücktransport aus dem Ausland werden bei einigen privaten Krankenversicherungen tarifliche Leistungen erbracht, soweit durch den Rücktransport zusätzliche Kosten entstehen (z.B. Umbuchungskosten).

Fahrzeuganprall. Der Anprall eines → Kraftfahrzeugs (Kfz) an/ in ein → Gebäude verursacht Schäden. Die Kfz-Haftpflichtversicherung deckt den → Zeitwert der Gebäudeschäden. Die Integration der Schäden durch Anprall eines Kfz in der → verbundenen Wohngebäudeversicherung schließt die Lücke zum → Neuwert und bietet zusätzlichen Schutz bei Fahrerflucht.

Fahrzeugassistance, *engl. motor care assistance.* – *1. Begriff:* → Assistance im Fall einer technischen Panne oder eines Unfalls mit einem PKW bzw. LKW. Klassische Assistanceleistung. – *2. Merkmale:* Zur F. gehören die verschiedenen Leistungsbausteine eines Kfz-Schutzbriefs, wie → Pannenhilfe, Abschleppen, Bergen, Unterstellen des → Kraftfahrzeugs (Kfz), Hotelreservierung, Kfz-Rücktransport (→ Fahrzeugrücktransport), Bereitstellen eines Mietwagens. Ziel ist die Mobilerhaltung des Kunden. Die F. bezieht sich entweder auf das versicherte Kfz und/ oder auf deren Führer bzw. Insassen. Bei der F. handelt es sich um Organisationsdienstleistungen, ggf. einschl. von Kostenübernahmen seitens eines Versicherers. Die erbrachten Dienstleistungen sind dann Teil von Versicherungsprodukten bzw. von → Schutzbriefen, und sind je nach Gestaltung sehr umfangreich.

Fahrzeughalter. *1. Begriff:* Person, die ein → Kraftfahrzeug für eigene Rechnung gebraucht und die die tatsächliche Verfügungsgewalt besitzt, die ein solcher Gebrauch voraussetzt. Halter und Eigentümer eines Kraftfahrzeugs brauchen nicht identisch zu sein. Wer Halter ist, bestimmt sich nach tatsächlichen und wirtschaftlichen Gesichtspunkten. – *2. Merkmale:* Der F. ist verpflichtet, für ausreichenden Versicherungsschutz in der → Kfz-Haftpflichtversicherung zu sorgen, wenn das Fahrzeug auf öffentlichen Straßen und Wegen gebraucht wird. Ob bei Fahrzeugleasing der Leasinggeber oder der Leasingnehmer Halter ist, entscheidet sich nach Lage des Einzelfalls. Beim sog. Privatleasing wird aber in aller Regel der Nutzer Halter sein.

Fahrzeugrücktransport, *Pick-Up Service.* – *1. Begriff:* Transport eines ausgefallenen Kfz aus dem Ausland in die Werkstatt am Wohnort des Kunden. – *2. Ziele:* Fachgerechte Reparatur, Vermeidung von Wartezeiten am Schadenort und additionaler Unterstellkosten. – *3. Weitere Merkmale:* Der F. ist ein Bestandteil der → Fahrzeugassistance und gilt nicht nur für das nach Panne oder Unfall nicht mehr fahrbereite Fahrzeug, sondern auch im Fall der gesundheitsbedingten Fahruntüchtigkeit des Fahrzeugführers.

Fair play-Konzept. *1. Begriff:* Konzept, nach dem sich Versicherer und Reparaturbetriebe freiwillig auf bestimmte allgemeingültige Regeln für die → Schadenabwicklung in der → Kfz-Versicherung verpflichten, die einen fairen Umgang miteinander zum Ziel haben. – *2. Merkmale:* Beim F. verpflichten sich auf der einen Seite die teilnehmenden Versicherer, unverzüglich nach automatisierter Prüfung eines Kostenvoranschlags eine Reparaturfreigabe zu erteilen und die anschließende Rechnung nach erfolgter Reparatur innerhalb von fünf Tagen zu begleichen. Im Gegenzug verpflichten sich die teilnehmenden Reparaturbetriebe auf der anderen Seite, bestimmte, sonst oftmals zur Abrechnung gelangende Rechnungspositionen (Aufschläge auf die Original-Ersatzteilpreise, Verbringungskosten etc.) nicht in Ansatz zu bringen und ihrer Rechnung die allgemeingültigen, ausgehängten Stundenverrechnungssätze zugrunde zu legen sowie elektronisch mit dem Versicherer zu kommunizieren. Die Kommunikation läuft dabei über einen zwischengeschalteten Prüfdienstleister ab, der die Einhaltung der Fair play-Regeln prüft, ggf. das Monierungsverfahren anstößt, den elektronischen Datenaustausch zwischen den Partnern steuert und eine Registrierungsplattform für die Teilnehmer zur Verfügung stellt.

Fair Value, *(beizulegender) Zeitwert.* – *1. Begriff:* Bilanzierung- und Bewertungsmethode in der externen → Rechnungslegung. Der F. beschreibt als (hypothetischer) Marktpreis unter idealisierten Bedingungen annahmegemäß den aus Marktsicht zu bildenden (risikoadjustierten) Barwert der mathematischen Erwartungen über die zukünftigen Zahlungssalden aus einer Position. – *2. Konkretisierung des F. nach Handelsrecht* → *IAS/* → *IFRS:* a) Handelsrechtlich wird der Begriff mit „beizulegender Zeitwert" übersetzt, aber nicht weiter definiert. – b) Dagegen versucht die internationale Rechnungslegung, den F. zu definieren. Während der F. bisher in einzelnen Standards, z.B. dem IAS 39, formuliert wird, soll zukünftig ein eigenständiger IFRS zum F. entsprechend dem amerikanischen FAS 157 (→ US-GAAP) entwickelt werden. (1) IAS 39.9: Der F. ist der Betrag, zu dem zwischen sachverständigen, vertragswilligen und voneinander unabhängigen Geschäftspartnern ein Vermögenswert getauscht oder eine Schuld beglichen werden könnte. (2) „Fair Value-Measurements"-Projekt: Der F. ist der Preis, der zum Bewertungszeitpunkt bei einer geregelten Transaktion zwischen Marktteilnehmern für einen Vermögensgegenstand zu erzielen oder für die Übernahme einer Schuld zu bezahlen wäre. – *3. Ziel:* Der F. steht für eine Ökonomisierung der Rechnungslegung, d.h. bisherige buchhalterische Größen sollen durch ökonomische Werte ersetzt werden. – *4. Einzelheiten zum F. in der Rechnungslegung:* a) Handelsrecht: Eine Zeitwertbewertung kann sich bei → Kapitalanlagen im Rahmen der Folgebilanzierung aus dem → Niederstwertprinzip ergeben. Darüber hinaus sind Versicherungsunternehmen nach § 54 RechVersV zu umfassenden Zeitwertangaben über die Kapitalanlagen im → Anhang verpflichtet. – b) IAS/ IFRS: → Finanzinstrumente, die den Bilanzierungs- und Bewertungskategorien → At Fair Value through Profit or Loss und → Available for Sale zugeordnet werden, sind zum F. zu bilanzieren. Nach IFRS 9 wird es nur noch zwei Kategorien geben, nämlich die zum F. und die zu fortgeführten Anschaffungskosten bewerteten Finanzinstrumente. – *5. Ermittlungsmethoden:* a) Mark-to-Market: Marktpreisgestützte Ermittlung des F., sei es über einen direkten Marktpreis (1. Priorität) oder über einen Marktpreis wirtschaftsähnlicher Vermögenswerte oder Schulden (2. Priorität). – b) Mark-to-Model: Ist ein Marktpreis nicht gegeben, kann der F. mit Hilfe von anerkannten, wissenschaftlich fundierten Bewertungsverfahren als angenäherter Marktpreis (plausibler Schätzwert) bestimmt werden (3. Priorität). – *6. Ausprägungen:* Nach Maßgabe der Handlungsalternativen eines Bilanzierenden können drei Ausprägungen für den F. identifiziert werden: Entry Value (Einstiegspreis) und Exit Value (Ausstiegspreis) als Varianten eines möglichen „Fair Value in Exchange" (Tauschwert) sowie der „Fair Value in Use" (Nutzungswert). Vom → International Accounting Standards Board (IASB) ist ausschließlich ein Exit Value präferiert. – *7. Bewertung von Versicherungsverpflichtungen nach dem F.:* Da Versicherungsverpflichtungen i.d.R. nicht auf aktiven Märkten gehandelt werden, ist ein F. nur über Bewertungsmodelle zu bestimmen. Ziel der Bewertung ist die Simulation eines Preises, der sich auf einem funktionierenden Markt einstellen würde. Der Bewertung werden drei wesentliche Bausteine zugrunde gelegt: a) Ein neutral geschätzter Erwartungswert zukünftiger Zahlungsströme aufgrund von Rechten und Pflichten aus dem → Versicherungsvertrag, – b) der zur Berücksichtigung des Zeitwerts zu diskontieren und – c) zur Kompensation für übernommene inhärente Risiken und Dienstleistungen um eine Marge zu erhöhen ist (nach dem Diskussionspapier „Preliminary Views on Insurance Contracts" des IASB). Das IASB verfolgt den F. im Sinne eines fiktiven Transaktionspreises nicht mehr als Bewertungsmaßstab für Versicherungsverträge. – *8. Probleme:* Ermessensspielräume bei der fairen Bewertung eines Vermögensgegenstands oder einer Schuld. Wahl der Bewertungsmethodik bei Vermögensgegenständen oder Schulden, die nicht auf frei zugänglichen Märkten gehandelt werden. Selbst Marktwerte können nicht immer als fair angesehen werden.

Fair Value-Option. *1. Begriff:* Möglichkeit der Zuordnung von → Finanzinstrumenten zu der Kategorie → At Fair Value through Profit or Loss. Siehe auch → Fair Value. – *2. Merkmale:* Alle Finanzinstrumente können unabhängig von ihrer vorgesehenen Verwendung beim erstmaligen Ansatz der Kategorie At Fair Value through Profit or Loss zugeordnet werden. Einzige Ausnahme sind Beteiligungstitel, für die keine Marktnotierung besteht. – *3. Ziele:* Reduktion bzw. Eliminierung des „accounting mismatch" und Möglichkeit von Portfoliohedges (IAS 39.9b). – *4. Gesetzliche Grundlage:* IAS 39. – *5. Probleme:* a) Subjektivität – Anwendung auf Finanzinstrumente, deren Fair Value nicht zuverlässig ermittelt werden kann. – b) Eine willkürliche Anwendung kann zur Erhöhung der Volatilität führen. – c) Eine Fair Value-Bewertung eigener Verbindlichkeiten führt unter Berücksichtigung des eigenen Kreditrisikos zu paradoxen Ergebniseffekten in der → Gewinn- und Verlustrechnung (GuV); denn c.p. erhöht (vermindert) sich das Ergebnis allein deshalb, weil sich die Bonität des eigenen Unternehmens verschlechtert (verbessert) hat, und es deshalb bei einer Fair Value-Bewertung zu einer Abwertung (Aufwertung) der eigenen Verbindlichkeiten kommt.

Fakultative Rückversicherung. *1. Begriff:* Fallweise Beteiligung des → Rückversicherers an einem bestimmten, vom → Erstversicherer übernommenen Einzelrisiko. Die → Rückversicherung kann hier im Wege des → proportionalen Rückversicherungsvertrags oder → der Schadenexzendenten-Rückversicherung erfolgen. – *2. Abgrenzung:* Steht im Gegensatz zur → obligatorischen Rückversicherung (auch Vertragsrückversicherung).

Fakultativ-obligatorische Rückversicherung. Recht des → Erstversicherers, dem → Rückversicherer einzelne Risiken (je nach Ausgestaltung des Deckungsumfangs) in Rückdeckung zu geben. Der Rückversicherer muss die Risikoübernahme ohne eine weitere Prüfung akzeptieren.

Fälligkeit der Leistungspflicht. *1. Begriff:* Zeitpunkt, von dem ab der Gläubiger die Leistung vom Schuldner verlangen kann.

In Bezug auf das Versicherungsverhältnis geht es insbesondere um die F. des Versicherungsunternehmens anlässlich eines → Versicherungsfalls. – 2. *Fälligkeitsregelungen:* Das → Versicherungsvertragsgesetz (VVG) differenziert nach dem Inhalt des Leistungsanspruchs, ob er auf Geld gerichtet ist oder einen sonstigen Inhalt hat: Sachleistungen, Rechtsschutz und Befreiung in der → Haftpflichtversicherung, Dienstleistungen (→ Assistance). a) Geldleistungen (§ 14 I VVG). Geldleistungen sind nicht schon nach dem Versicherungsfall fällig, sondern erst mit Beendigung der zur Feststellung des Versicherungsfalls und des Umfangs der Leistung des Versicherungsunternehmens notwendigen Erhebungen. Darunter sind Maßnahmen zu verstehen, die sich auf die Prüfung des vom Versicherungsnehmer erhobenen Anspruchs der Person, dem Grund und der Höhe nach beziehen. Dabei geht es um die tatsächlichen Voraussetzungen des Anspruchs und deren Nachweis sowie um Rechtsfragen, Ausschlussgründe oder die Leistungsfreiheit z.B. wegen → Obliegenheitsverletzungen oder → Prämienverzugs. Erhebungen betreffen Auskünfte und Belege des Versicherungsnehmers, Untersuchungen der Schadensstätte oder von versicherten Sachen, die Einschaltung von Sachverständigen, die Einsichtnahme in polizeiliche, staatsanwaltliche, gerichtliche Verfahrensakten. Damit werden nicht nur Erkenntnisse für die Erhebungen gewonnen, die sich gegen den Versicherungsnehmer oder dessen Repräsentanten richten, sondern auch gegen am Versicherungsvertrag unbeteiligte Dritte. Akteneinsichten muss der Versicherungsunternehmen mit allen gebotenen Mitteln beschleunigen. Zur Entscheidung ist dem Versicherungsunternehmen eine gewisse Überlegungsfrist einzuräumen. Will der Versicherungsnehmer vor Abschluss der Erhebungen klagen, muss er nachweisen, dass die andauernden Erhebungen unnötig sind. Die F. tritt auch dann ein, wenn das Versicherungsunternehmen seine Leistungspflicht ablehnt. Abweichende Regelungen in → Allgemeinen Versicherungsbedingungen (AVB) sind zulässig, z.B. in der → Sachversicherung: Aufschub der Zahlung, solange ein behördliches oder strafgerichtliches Verfahren gegen den Versicherungsnehmer oder seinen Repräsentanten noch läuft (A § 9 Nr. 5 b AFB 2008, A § 14 Nr. 4 b VHB 2008). Bei strengen → Wiederherstellungsklauseln bzw. Wiederbeschaffungsklauseln tritt Fälligkeit der Neuwertspanne mit der Sicherung von Wiederherstellung oder Wiederbeschaffung ein. – b) Rechtsschutz und Befreiung in der Haftpflichtversicherung: Der einheitliche Anspruch des Versicherungsnehmers auf Abwehr (Rechtsschutz) und Freistellung wird fällig, wenn der geschädigte Dritte Ansprüche gegen den Versicherungsnehmer geltend macht (§ 271 I BGB). Allerdings muss dem Versicherungsunternehmen nach der Schadenanzeige sowie den notwendigen Auskünften und Belegen eine angemessene Überlegungsfrist zur Prüfung seiner Leistungspflicht verbleiben. Fälligkeit des → Freistellungsanspruchs (§ 106 S. 1 VVG): Zwei Wochen nach Feststellung des Anspruchs des geschädigten Dritten mit bindender Wirkung für das Versicherungsunternehmen durch rechtskräftiges Urteil, Anerkenntnis oder Vergleich. – c) Sach- oder Dienstleistungen: Fälligkeit nach angemessener Zeit zur Prüfung der → Leistungspflicht des Versicherungsunternehmens. – 3. *Leistungsverzug:* Das VVG enthält für den Verzug des Versicherungsunternehmens hinsichtlich seiner Leistungspflicht im Versicherungsfall keine eigenständigen Regelungen.

Fallpauschalen, *Diagnosebezogene Fallgruppen, Diagnosis Related Groups (DRG).* – *1. Begriff:* Leistungsorientierte Vergütungspauschalen für diagnosebezogene Fallgruppen, nach denen den → Krankenhäusern für die jeweiligen Behandlungsfälle Festbeträge gezahlt werden, unabhängig vom im Einzelfall entstehenden Aufwand. F. sind seit 2004 bundesweit für alle Krankenhäuser (mit Ausnahme u.a. der psychiatrischen Krankenhäuser) die verbindliche Abrechnungsgrundlage für die allgemeinen Krankenhausleistungen. Unabhängig davon, ob es sich um gesetzlich oder privat versicherte Patienten handelt, vergüten F. die allgemeinen Krankenhausleistungen einschließlich Unterkunft, Verpflegung sowie vor- und nachstationäre Behandlung. Vom Fallpauschalensystem nicht vergütet werden dagegen → Wahlleistungen im Krankenhaus (u.a. Zweibettzimmer; Chefarztbehandlung) – *2. Rechtsgrundlagen:* a) Gesetz zur Einführung des diagnoseorientierten Fallpauschalensystems aus dem Jahr 2002. – b) Fallpauschalenverordnung des Bundesministeriums für Gesundheit (2004). – *3. Ausgestaltung:* Die F. im deutschen Krankenhauswesen folgen

Familienanamnese 216

der Systematik der → Diagnosis Related Groups (DRG). Von den Vertragspartnern der Krankenhausversorgung auf Bundesebene (Deutsche Krankenhausgesellschaft, → Spitzenverband Bund, → Verband der privaten Krankenversicherung e.V.) wird jährlich ein Fallpauschalenkatalog vereinbart, der z.B. in 2010 rund 1.150 F. enthält (z.B. im Bereich der Augenheilkunde die F. C13Z „Eingriffe an Tränendrüse und Tränenwegen"). Der Katalog enthält zugleich für jede F. die Festlegung eines sog. Relativgewichts, das die durchschnittlichen Kosten eines Behandlungsfalls dieser Kategorie zu den durchschnittlichen Kosten aller Behandlungsfälle in Relation setzt (z.b. beträgt für C13Z in 2010 das Relativgewicht 0,580, es handelt sich also um einen eher „leichten" Fall, mit 58 % der Kosten eines durchschnittlichen Krankenhausaufenthalts). Auf der Landesebene vereinbaren die Landeskrankenhausgesellschaften und die Landesverbände der → Krankenkassen über alle Krankenhäuser und Erkrankungen hinweg einen sog. Landesbasisfallwert. Die F. ergibt sich durch Multiplikation des Relativgewichts der spezifischen Behandlung mit diesem Landesbasisfallwert (bspw. beträgt der Landesbasisfallwert 2010 in Bayern 2.982,60 Euro, so dass die Fallpauschale für C13Z 0,580 x 2.982,60 Euro = 1.729,914 Euro beträgt).– *4. Entwicklungen:* Bei Einführung der F. im Jahr 2003 lag deren Zahl noch bei rund 650 und ist seitdem bislang jedes Jahr erhöht worden, um die Kosten der unterschiedlichen Behandlungen differenzierter und zielgenauer abbilden zu können. Insbesondere komplexe Leistungen von Maximalversorgungs-Krankenhäusern wurden zu Beginn noch nicht sachgerecht in den F. erfasst. Im Jahr 2008 enthielt der Fallpauschalen-Katalog 1.137 verschiedene abrechenbare Fallpauschalen. – *5. Ziele:* Mit dem Systemwechsel weg von einer Vergütung nach der Aufenthaltsdauer des Patienten hin zur Orientierung an der konkreten Behandlungsleistung strebte der Gesetzgeber mit den F. mehr Wirtschaftlichkeit und Wettbewerb in der Krankenhausversorgung an. Dabei ist es das ausdrückliche Ziel, die Verweildauer im Krankenhaus abzusenken. – *6. Wirkungen:* Die F. haben den ökonomischen Druck auf die Krankenhäuser erhöht, die mit Prozessoptimierungen, aber auch mit Fusionen und Kooperationen reagiert haben. Gebietskörperschaften haben in größerer Zahl unter dem ökonomischen Druck ihre Häuser privatisiert. – *6. Abgrenzung:* Über die F. hinaus können die Krankenhäuser in bestimmten Fällen ein Zusatzentgelt abrechnen. Der Gesetzgeber hat beschlossen, ab 2013 psychiatrische Krankenhäuser auf Basis eines Systems von Tagespauschalen zu vergüten.

Familienanamnese, *Familienvorgeschichte. – 1. Begriff:* Verfahren zur Erlangung von prädiktiven Aussagen zu Gesundheit und Krankheit. – *2. Merkmale:* Je häufiger in einer Familie bestimmte Merkmale oder Krankheiten vorkommen, desto größer ist die Wahrscheinlichkeit, dass ein bestimmtes Familienmitglied ebenfalls dieses Merkmal oder diese Krankheit aufweisen wird. – *3. Folgerungen und Ergebnisse:* In der Genetik werden umfangreiche F. (Stammbaumanalysen) erhoben, um damit direkt Erkrankungsrisiken zu kalkulieren oder Genteststrategien festzulegen. Eingeschränkte F. werden auch von Versicherern abgefragt. Für sehr hohe Versicherungssummen oder bestimmte Versicherungsprodukte (→ Dread Disease) wird häufiger nach dem Vorliegen von Krebs-, Herz-Kreislauferkrankungen, Diabetes und neurologischen Krankheiten u.ä. bei den Eltern oder Geschwistern des Antragstellers gefragt.

Familien-Rechtsschutz. Frühere Bezeichnung für den → Privat- und → Berufs-Rechtsschutz für Nichtselbstständige (Privat-Rechtsschutz).

Familienversicherung. *1. Begriff:* Beitragsfreie Mitversicherung von Familienangehörigen in der → gesetzlichen Krankenversicherung (GKV) und der → sozialen Pflegeversicherung (SPV). Geregelt in § 10 SGB V, § 25 SGB XI. Die F. ist eine eigenständige Versicherung, aus der heraus für Angehörigen eigene Leistungsansprüche entstehen. Sie ist untrennbar an die Versicherung des Mitglieds gebunden. – *2. Anspruchsberechtigte:* a) Ehegatten, gleichgeschlechtliche Lebenspartner und Kinder. Zu den Kindern können auch Stief- und Enkelkinder sowie Pflegekinder gehören. – b) Die Angehörigen müssen ihren gewöhnlichen Aufenthalt in Deutschland haben und es darf für sie keine eigene vorrangige Versicherung bestehen. Sie dürfen nicht von der Versicherungspflicht befreit, versicherungsfrei oder hauptberuflich selbstständig tätig sein. Ihr Einkommen darf eine monatliche Einkommensgrenze nicht übersteigen. – c) Für Kinder bestehen zusätzlich Altersgrenzen. Grundsätzlich gilt eine Altersgrenze von 18 Jahren. Darüber hinaus können erwerbslose Kinder bis zum 23. Lebensjahr oder Schüler bzw. Studenten bis zum 25. Lebensjahr mitversichert werden. Der Anspruch kann sich über das 25. Lebensjahr hinweg verlängern, wenn Grundwehr- oder Zivildienst geleistet wurde. Für behinderte Kinder kann ein zeitlich unbegrenzter Anspruch bestehen. – *3. Ausschlüsse:* a) Kinder können von der beitragsfreien Mitversicherung ausgeschlossen sein, wenn die Eltern verheiratet sind und der Elternteil mit dem höheren Einkommen nicht in der GKV versichert ist. – b) Für Ehegatten und Lebenspartner ist eine Mitversicherung in Zeiten der Schutzfristen nach dem Mutterschutzgesetz und der Elternzeit ausgeschlossen, wenn sie zuvor nicht in der GKV versichert waren. – *4. Wahlrecht:* Sind beide Elternteile Mitglieder einer → Krankenkasse, können sie wählen, über welche Mitgliedschaft die F. durchgeführt werden soll.

Fast Close. *1. Begriff:* Bezeichnung für alle Maßnahmen und Verfahren, die auf eine beschleunigte Erstellung des → Jahresabschlusses gerichtet sind. Dazu gehören nicht nur eine Beschleunigung der Datenerfassung und die Vereinfachung der Bilanzierungs- und Bewertungsmethoden, sondern auch zügige jahresabschlusspolitische Entscheidungen, um zu einer schnellen Erstellung des Jahresabschlusses zu gelangen. – *2. Ziele:* Schnellstmögliche Information der Öffentlichkeit, insbesondere der Aktionäre, Analysten und Presse, zeitnah nach dem Quartals- bzw. Jahresende. – *3. Probleme:* Das schnelle Schließen der Bücher erfordert in umfangreichem Maße Schätzungen und kann dazu führen, dass spätere Erkenntnisse über bestimmte Sachverhalte nicht mehr berücksichtigt werden können.

FBUV. Abk. für → Feuer-Betriebsunterbrechungsversicherung.

Fehlversorgung, u.a. im Gesundheitswesen: *1. Begriff:* Eine F. liegt dann vor, wenn ein vermeidbarer Schaden für den Patienten eintritt. – *2. Merkmale:* Wenn a) der Nutzen einer Therapie nicht hinreichend gesichert ist (z.B. ungenügende Umsetzung evidenzbasierter Therapiestandards), – b) die medizinische Behandlung nicht sach- und fachgerecht durchgeführt wird (z.B. kein einrichtungsinternes Qualitätsmanagement) oder – c) notwendige und wirksame Leistungen nicht rechtzeitig erbracht wurden (Diskontinuität der medizinischen Versorgung durch sektorale Abschottung). Der Sachverständigenrat für die Konzertierte Aktion im Gesundheitswesen hat in seinem Jahresgutachten 2000/2001 zur Bedarfsgerechtigkeit und Wirtschaftlichkeit die Begriffe → Überversorgung, → Unterversorgung und F. definiert. Danach sollen ärztliche, pflegerische und sonstige medizinische Leistungen so erbracht werden, dass der erwartbare Nutzen für den Patienten tatsächlich eintritt (Vermeidung von F.). – *3. Abgrenzung:* Bei Überversorgung ist der Nutzen von Maßnahmen nicht hinreichend gesichert, während bei Unterversorgung nützliche und wirtschaftlich vertretbare Maßnahmen unterbleiben.

Fernabsatzgeschäfte. *1. Begriff:* Abschluss von (Versicherungs-)Verträgen ausschließlich unter Verwendung von Fernkommunikationsmitteln (Brief, Telefon, Internet). – *2. Folgen:* Dem Verbraucher wird im Rahmen von F. ein spezielles → Widerrufsrecht nach § 355 BGB zugesprochen.

Fertilität, *Fruchtbarkeit, Geburtenhäufigkeit.* – *1. Begriff:* Geburtenhäufigkeit bzw. Anzahl der → Lebendgeborenen innerhalb einer Bevölkerung oder Teilbevölkerung in einer bestimmten Periode. Neben der → Mortalität und der → Migration eine der zentralen Variablen der → Demographie. F. im demographischen Sinne bezieht sich nicht auf die grundsätzliche Fortpflanzungsfähigkeit, wie z.B. in der Biologie oder anderen Disziplinen, sondern nur auf tatsächlich erfolgte Geburten. – *2. Kennziffern:* → Geburtenziffer, allgemeine und altersspezifische → Fertilitätsraten, → Gesamtfertilitätsrate.

Fertilitätsrate, *Fruchtbarkeitsziffer.* – *1. Begriff:* Die allgemeine F. gibt an, wie viele → Lebendgeborene 1.000 Frauen der Altersgruppe 15 bis 49 Jahre (auch 15 bis 44) in einem Jahr zur Welt gebracht haben, unabhängig vom Familienstand der Frauen oder der sog. „Legitimität der Kinder". (Hinweis: „Legitimierte Kinder" sind unehelich geborene Kinder, die durch die Eheschließung der Eltern oder durch eine formelle, schriftliche Erklärung anerkannt wurden.) Diese F. wird stark durch die → Altersstruktur der Frauen zwischen 15 bis 49 Jahren beeinflusst, da die Wahrscheinlichkeit für eine Geburt in den verschiedenen Altersstufen sehr unterschiedlich ist. Die altersspezifische F. beschränkt sich auf eine Altersgruppe und gibt entsprechend an, wie viele Lebendgeborene von Müttern eines bestimmten Alters bezogen auf 1.000 Frauen dieser Altersgruppe zur Welt gebracht wurden. Durch Aufsummierung der altersspezifischen F. ergibt sich die altersstrukturbereinigte → Gesamtfertilitätsrate. Siehe auch → Fertilität. – *2. Kennziffern:*

a) Allgemeine Fertilitätsrate f

$$f = \frac{G_{t0 \to t1}}{\overline{F}_{t0 \to t1}} \times 1.000$$

$G_{t0 \to t1}$: Anzahl der Lebendgeborenen im Zeitintervall t_0 bis t_1

$\overline{F}_{t0 \to t1}$: Mittlere Anzahl der Frauen im Alter zwischen 15 und 49 Jahren im Zeitintervall t_0 bis t_1

b) Altersspezifische Fertilitätsrate f_x

$$f_x = \frac{G^x_{t0 \to t1}}{\overline{F}^x_{t0 \to t1}} \times 1.000$$

$G^x_{t0 \to t1}$: Anzahl der Lebendgeborenen von Müttern im Alter x im Zeitintervall t_0 bis t_1

$\overline{F}^x_{t0 \to t1}$: Mittlere Anzahl der Frauen im Alter x zwischen 15 und 49 Jahren im Zeitintervall t_0 bis t_1

Festbetrag. *1. Begriff:* Markiert die Obergrenze, bis zu der die gesetzlichen Krankenkassen gewisse Arznei- und Hilfsmittel bezahlen. – *2. Merkmale:* Übersteigt der Arznei- oder Hilfsmittelpreis diese Höchstgrenze, muss der Patient zuzüglich zur gesetzlich vorgeschriebenen Zuzahlung den Differenzbetrag „aufzahlen". Dies gilt auch für den Fall, dass er von der Zuzahlung befreit ist. Der Arzt hat den Patienten bei seiner Verordnung über diese Aufzahlung zu informieren. Der Apotheker muss die Höchstbetragsdifferenz vom Patienten einfordern und an die Krankenkasse weiterleiten. – *3. Ziele:* F. sollen einerseits eine ausreichende, zweckmäßige und wirtschaftliche sowie in der → Qualität gesicherte Versorgung gewährleisten und andererseits Wirtschaftlichkeitsreserven ausschöpfen. Zugleich sollen sie einen wirksamen Preiswettbewerb auslösen, da sie sich an den preisgünstigen Versorgungsmöglichkeiten ausrichten. – *4. Umsetzung:* F. werden in einem zweistufigen Verfahren gebildet. Zuerst legt der Gemeinsame Bundesausschuss die Arzneimittelgruppen fest, für die nach dem Gesetz F. festgelegt werden dürfen. Dies sind Arzneimittel a) mit denselben Wirkstoffen (Gruppe 1), – b) mit den pharmakologisch-therapeutisch vergleichbaren Wirkstoffen, insbesondere mit chemisch verwandten Stoffen (Gruppe 2), – c) mit therapeutisch vergleichbarer Wirkung, insbesondere Arzneimittelkombinationen (Gruppe 3). In der zweiten Stufe wird der jeweilige F. vom Spitzenverband Bund der Krankenkassen festgesetzt. Das Deutsche Institut für Medizinische Dokumentation und Information (DIMDI) veröffentlicht die Übersichten im Auftrag der Spitzenverbände der Krankenkassen im Internet (www.dimdi.de). Zwischenzeitlich wurden für vierhundert Wirkstoffe mit einem Umsatzvolumen von rund 10 Mrd. Euro F. gebildet. I.d.R. senken Hersteller die Preise ihrer Arzneimittel, die über der Festbetragshöchstgrenze liegen, auf oder unter Festbetragsniveau ab, da sie ansonsten erhebliche Umsatzeinbußen befürchten müssen.

Festbetragszusagen. Versorgungsmodelle, nach denen Leistungen der → betrieblichen Altersversorgung (bAV) in der Weise gewährt werden, dass den Arbeitnehmern ein festgelegter Betrag zugesagt wird oder sie einen bestimmten Betrag für jedes zurückgelegte Dienstjahr erhalten.

Festprovision. *1. Begriff:* Mit der F. vergütet der → Rückversicherer den → Erstversicherern einen Teil ihrer Verwaltungskosten. – *2. Abgrenzung:* Im Gegensatz zur → Staffelprovision wird die F. in einem festen Prozentsatz der zedierten → Prämie ausgedrückt. Siehe auch → Rückversicherungsprovision.

Feststellungsklage. *1. Begriff:* Rechtsmittel gem. § 256 I ZPO zur Feststellung des Bestehens oder Nichtbestehens eines Anspruchs. – *2. Merkmale:* Durch Erhebung der F. können die Verjährung gehemmt (§ 204 I Nr. 1 BGB) und der streitige Anspruch dem Grunde nach geklärt werden. Anwendung findet die F. bei → Deckungsprozessen und bei Streitigkeiten über die Haftung für zukünftige, noch ungewisse Folgeschäden, z.b. in → Haftpflichtprozessen. Unterschieden werden die positive F., d.h. die Feststellung des Bestehens eines Anspruchs, und die negative F., d.h. die Feststellung des Nichtbestehens eines Anspruchs.

Feststellungsprinzip. → Manifestationsprinzip.

Feststellungsverfahren. Verfahren zur Beitragsfindung im → Pensionsfonds. Die jeweiligen Beiträge zur Finanzierung der zugesagten Leistung werden periodisch in Abhängigkeit von der Entwicklung der Leistungsverpflichtungen und der Vermögensanlage überprüft und neu festgesetzt. Bei der Anwendung eines F. wird der für die zugesagten Leistungen im Feststellungszeitpunkt erforderliche Beitrag in analoger Anwendung des → versicherungstechnischen Äquivalenzprinzips ermittelt. Hierbei wird mit einem vorsichtig gewählten Rechnungszins operiert, der der → Asset Allocation des Pensionsfondsvermögens sowie dem erwarteten Ertrag künftiger Vermögenswerte angemessen Rechnung trägt.

Festverzinsliche Wertpapiere. *1. Begriff:* Urkundlich verbriefte schuldrechtliche Ansprüche auf die Zahlung eines Zinses als Entgelt für die befristete Überlassung eines Kapitalbetrags und die Rückzahlung des überlassenen Kapitalbetrags am Ende der Laufzeit. Das F. ist in der Bilanz des Emittenten als Fremdkapital auszuweisen. – *2. Formen:* F. lassen sich in → Staatsanleihen, → Pfandbriefe, → Schuldscheindarlehen, und → Unternehmensanleihen einteilen. Sie werden in der Form von meist börsennotierten → Inhaberpapieren und nicht öffentlich notierten → Namenspapieren emittiert.

Festzuschuss. *1. Begriff:* Leistungsform in der → gesetzlichen Krankenversicherung (GKV) bei der Inanspruchnahme oder Reparatur von Zahnersatz. Der Patient erhält nach § 55 SGB V (Leistungsanspruch bei Zahnersatz) einen "festen Zuschuss"; den je nach Ausführung des Zahnersatzes unterschiedlich hohen Restbetrag muss der Patient selbst tragen. – *2. Höhe:* Die Höhe des F. ist grundsätzlich vom zahnmedizinischen Befund (befundorientierte F.) und dem jeweiligen Bonus abhängig, konkret: Die Höhe der befundbezogenen F. beträgt 50 % der für die Regelversorgung notwendigen Leistungen. Versicherte, die jedes Jahr zu einer zahnärztlichen Vorsorgeuntersuchung gehen, können bis zu 65 % der Kosten der Regelversorgung als Zuschuss erhalten (Bonus), wenn der Gebisszustand des Versicherten eine regelmäßige Zahnpflege erkennen lässt (§ 55 SGB V I S. 2-4). – *3. Arten:* Neben a) befundorientierten F., die vom zahnmedizinischen Befund abhängen, gibt es – b) therapiebezogene F., die bei der gewählten Therapieform ansetzen. Wer sich bei einem therapiebezogenen F. für eine teure Variante zur Schließung einer Zahnlücke entscheidet, erhält demnach einen relativ höheren Zuschuss als derjenige, der sich für eine relativ kostengünstigere Lösung entscheidet. – *4. Entwicklungslinien:* Nachdem (nur) im Jahr 1998 therapiebezogene F. galten, erhielten die Versicherten zum 1.1.1999 mit dem GKV-Solidaritätsstärkungsgesetz einen prozentualen Leistungsanspruch für Zahnersatz. Seit dem 1.1.2005 sieht das GKV-Modernisierungsgesetz anstelle der prozentualen Bezuschussung befundbezogene F. für Zahnersatz vor. – *5. PKV und F.:* Gemäß dem befundbezogenen F. der GKV muss der Versicherte 35-50 % der Kosten selbst tragen. Durch eine private Zahnzusatzversicherung kann dieser Eigenanteil abgesenkt werden. Die PKV erstattet dabei gemäß den unternehmensindividuellen Tarifbedingungen (u.a. Wartezeit; Begrenzung in den ersten Jahren) die Kosten sowohl für die zahntechnischen Leistungen als auch für die damit zusammenhängende zahnärztliche Behandlung. Die Kostenübernahme kann unterschiedlich geregelt sein: a) Erstattung eines pauschalen Prozentsatzes (z.B. 30 %) des gesamten Rechnungsbetrags, häufig mit einer Beschränkung auf maximal 80 oder 90 % des Rechnungsbetrags nach Anrechnung des F. der GKV; – b) Erstattung eines pauschalen Prozentsatzes der verbleibenden Kosten nach Festzuschussvorleistung der GKV; – c) Aufstockung des F. der GKV auf einen festen Prozentsatz (z.B. 90 %) des Rechnungsbetrags; der Anteil der gesetzlichen → Krankenkasse spielt hier keine Rolle, der Patient muss grundsätzlich den vereinbarten verbleibenden Prozentsatz (z.B. 10 %) selbst zahlen.

Feuer. *1. Begriff:* Aus chemischer Sicht eine Lichterscheinung bei einem Verbrennungsvorgang. Eine offene Flamme ist nicht zwingend eine Voraussetzung für Feuer. Als F. gelten auch Glühen oder Glimmen. Aus einem F. kann ein → Brand entstehen, wenn die Lichterscheinung den bestimmungsgemäßen Herd verlässt und sich ohne Fremdeinwirken ausbreitet. – *2. Versicherte Gefahren:* In der → Feuerversicherung, → verbundenen Wohngebäudeversicherung, → verbundenen Hausratversicherung und → Transportversicherung leistet das Versicherungsunternehmen Entschädigung bei Brand, → Blitzschlag, → Explosion, → Implosion und → Aufprall eines Luftfahrzeugs. – *3. Geschichte:* Die Versicherung gegen F. war der Ursprung der Gebäudeversicherung. So gehen viele traditionsreiche Versicherungsunternehmen auf eine Gründung als Feuerversicherer zurück. Ältestes Beispiel dafür ist die Hamburger Feuerkasse mit einer über 300-jährigen Geschichte.

Feuer-Betriebsunterbrechungsversicherung. *1. Begriff:* Art der → Betriebsunterbrechungsversicherung, die als Bestandteil der → Feuerversicherung die gleichen → versicherten Gefahren wie in der (Feuer-) → Sachversicherung deckt. Das Leistungsversprechen ist auf die anschließenden sachschadenbedingten Folgen für den betrieblichen Leistungsprozess ausgerichtet und hat den dadurch entstandenen → Unterbrechungsschaden zum Gegenstand des Versicherungsschutzes. – *2. Vertragliche Rechtsgrundlage:* Wesentliches Bedingungswerk sind die Allgemeinen Feuer-Betriebsunterbrechungs-Versicherungsbedingungen (FBUB 2008). Sie können einzelvertraglich durch die Zusatzbedingungen zu den Allgemeinen Feuer-Betriebsunterbrechungs-Versicherungsbedingungen (ZFBUB) modifiziert oder durch Klauselwerke abgeändert und ergänzt werden. – *3. Versichertes Interesse:* Vermögensnachteile, die durch die Unmöglichkeit der Nutzung von Sachen (Sach-Nutzungsinteresse) resultieren und in der Folge im Ausfall von Erlösanteilen zum Ausdruck kommen, die zur Deckung der → fortlaufenden Kosten und des (mit der Betriebsunterbrechung) entgangenen Betriebsgewinns erforderlich werden. – *4. Gegenstand des Versicherungsschutzes:* Objekt des Risikos ist der versicherte Betrieb, der mit der dokumentierten Betriebstätigkeit und den deklarierten Betriebsstellen im Versicherungsschein abgrenzend bestimmt wird. a) Bedingungen für die Leistungspflicht: Die Ersatzpflicht des Versicherers hängt von den folgenden Tatbeständen ab, die in einem adäquaten Kausalzusammenhang stehen müssen: (1) Versicherter Sachschaden: Die Leistungspflicht erfordert einen Sachschaden innerhalb einer deklarierten Betriebsstelle (→ Versicherungsort), der entgegen den Bedingungen in der (Feuer-)Sachversicherung nicht an einer versicherten, sondern lediglich an einer dem Betrieb dienenden Sache infolge der Verwirklichung einer versicherten Gefahr entstanden sein muss. (2) Betriebsunterbrechung: Versichert sind zwar die Auswirkungen auf den finanzwirtschaftlichen Bereich des versicherten Betriebs, der Tatbestand der Betriebsunterbrechung ist gleichwohl erst erfüllt, wenn der Betrieb im leistungswirtschaftlichen Bereich unterbrochen oder beeinträchtigt ist. (3) Unterbrechungsschaden: Der versicherte Erlösausfall kann sich über einen mehr oder weniger langen Zeitraum (→ gedehnter Versicherungsfall) erstrecken und wird vertraglich durch die dokumentierte → Haftzeit in seiner zeitlichen Ausdehnung begrenzt. Er besteht aus dem entgangenen Betriebsgewinn und den fortlaufenden Kosten, die infolge der Betriebsunterbrechung nicht erwirtschaftet werden konnten. Unterbrechungsschäden, die dadurch entstehen, dass ein Sachschaden mit anschließender Betriebsunterbrechung an einer Stelle eine weitere Betriebsunterbrechung an anderer Stelle des versicherten Betriebs auslöst, sind ohne weitere Vereinbarungen mitversichert (→ Wechselwirkungsschaden). Wird der Unterbrechungsschaden allerdings durch einen Sachschaden in einem Fremdbetrieb ausgelöst, ohne dass der versicherte Betrieb selbst einen Sachschaden erleidet, fehlt es im versicherten Betrieb an der Bedingung eines versicherten Sachschadens, und der Unterbrechungsschaden ist nur mit einer entsprechenden einzelvertraglichen Vereinbarung mitversichert (→ Rückwirkungsschaden). – b) Umfang der Entschädigung: Der Unterbrechungsschaden wird regelmäßig um die Kosten zur → Schadenminderung ergänzt. Zusätzliche Kosten, die darüber hinaus erst durch die Betriebsunterbrechung entstehen, bspw. in Form von

Vertragsstrafen oder Abnahme- oder Lieferverpflichtungen, bedürfen zur Mitversicherung einer gesonderten Vereinbarung. Die Entschädigungsleistungen aus dem Unterbrechungsschaden sind als Betriebseinnahmen zu deklarieren und unterliegen gem. § 24 I Nr.1a EStG der Besteuerung. – *5. Versicherungswert:* Der Versicherungswert soll dem Wert des → versicherten Interesses entsprechen. Er ist sowohl zur Bildung der → Versicherungssumme als auch im Zuge des Unterbrechungsschadens für den → Bewertungszeitraum zu ermitteln und stellt i.S.d. Vollwertprinzips (→ Vollwertversicherung) neben der Versicherungssumme eine Bestimmungsgröße für die Intensität des Versicherungsschutzes dar. Zur Unterstützung der Summenermittlung kommt in der Praxis das sog. → Summenermittlungsschema zur Anwendung, das dem Versicherungsnehmer vom Versicherer oder Versicherungsmakler zur Verfügung gestellt wird. Die Versicherungssumme muss dabei unter Beachtung zukünftiger Erlös- und Kostensituationen gebildet werden, so dass sie dem Versicherungswert als Zukunftsgröße entspricht. – *6. Feuerschutzsteuer:* Die F. erfordert als Bestandteil der Feuerversicherung die Entrichtung der → Feuerschutzsteuer durch den Versicherer. – *7. Varianten der F.:* Innerhalb der F. sind Produktdifferenzierungen vorgenommen worden. Während in Klein- und Mittelstandsbetrieben regelmäßig die → Einfache Betriebsunterbrechungsversicherung oder → Mittlere Feuer-Betriebsunterbrechungsversicherung mit modifizierten bzw. ergänzenden Bedingungswerken zum Einsatz kommen, wird für industrielle oder großgewerbliche Sachgüter- und Dienstleistungsbetriebe die Feuer-(Groß-)Betriebsunterbrechungsversicherung mit den FBUB angewendet, deren Versicherungssumme mindestens 2,5 Mio. Euro beträgt. – *8. Bedeutung:* Die F. hat eine Leitfunktion für die weiteren Erscheinungsformen der Betriebsunterbrechungsversicherung und stellt nach dem Prämienvolumen auch deren bedeutendste Erscheinungsform dar.

Feuerhaftungsversicherung. *1. Begriff:* Versicherung zur Deckung des Haftungsrisikos für vom Grundstück des Versicherungsnehmers auf Dritte übergreifende Schadenereignisse im Sinne der → Feuerversicherung. Versicherungsart in der → Haftpflichtversicherung (mit starkem Bezug zur Feuerversicherung). – *2. Merkmale:* Versicherungsschutz besteht, wenn der Versicherungsnehmer aufgrund gesetzlicher Haftpflichtbestimmungen privatrechtlichen Inhalts wegen eines von seinem Versicherungsgrundstück ausgehenden Schadenereignisses im Sinn der Feuerversicherung von einem Dritten in Anspruch genommen wird. Normalerweise sind nur Sachschäden versicherbar; eine Ausdehnung auf → Vermögensschäden ist möglich. Die F. ergänzt das Regelwerk der Feuerversicherer zum Regressverzicht bei übergreifenden Schadenereignissen. Aufgrund der Abgrenzungsproblematik zu Umweltschäden wird das Feuerhaftungsrisiko seit 1994 ausschließlich über die → Betriebshaftpflichtversicherung und die → Umwelthaftpflichtversicherung gedeckt. Das Feuerhaftungsrisiko ist dort Teil des Betriebsstättenrisikos und als solches in jeder Umwelthaftpflichtversicherung mitversichert. – *3. Geschichte:* Das Feuerhaftungsrisiko, materiell also ein Haftpflichtrisiko, wurde bis 1993 dem Zweig → Feuerversicherung zugerechnet.

Feuerlöschkosten. Aufwendungen des Versicherungsnehmers, die mit der Brandbekämpfung im Zusammenhang stehen. Regelmäßig sind F. zugleich → Rettungskosten und damit in der → Feuerversicherung mit gedeckt.

Feuerregressverzichtsabkommen. *1. Begriff:* Abkommen, das einen Regressverzicht der Feuerversicherer bei übergreifenden Schadenereignissen regelt. Vertrag zwischen den dem F. beigetretenen Versicherern, aufgrund dessen sie auf Regressforderungen in der Feuerversicherung unter bestimmten Voraussetzungen verzichten. – *2. Merkmale:* Der Schaden, auf dem der Regressanspruch beruht, muss durch ein Ereignis bewirkt sein, das für den Regressschuldner einen Versicherungsfall seiner Feuerversicherung darstellt. Liegt beim Regressschuldner kein eigener entschädigungspflichtiger Feuerschaden vor, gilt der Regressverzicht nicht. Je Schadenereignis ist der Regressverzicht nach unten und nach oben begrenzt. Der Regressverzicht erweitert sich über die untere Begrenzung hinaus insoweit, als eine Haftpflicht des Regressschuldners wegen der → Besitzklausel, wegen Bearbeitungsschäden oder wegen der → Verwandtenklausel keine Deckung bieten würde. – *3. Zweck:* Dem leicht fahrlässig (→ einfache Fahrlässigkeit) handelnden Schädiger soll die Entschädigungsleistung seines eigenen Feuerversicherers nicht wieder dadurch genommen werden, dass er vom Feuerversicherer des geschädigten Dritten in Regress genommen wird.

Feuerschutzsteuer. Wird auf den Beitrag zur → Feuerversicherung erhoben und an die Länder abgeführt. Die F. dient dem Unterhalt der Feuerwehren und des Brandschutzes. Auf den Anteil der Feuerversicherung wird deshalb in der → verbundenen Wohngebäudeversicherung und der → verbundenen Hausratversicherung keine → Versicherungssteuer erhoben.

Feuerversicherung. *1. Begriff:* Versicherung von Sachvermögen (→ Sachversicherung), z.B. von Gebäuden, Maschinen, Vorräten oder Hausrat, sowie von Erträgen aus der Nutzung von Sachvermögen gegen die Gefahren → Brand, → Blitzschlag, → Explosion und → Aufprall von Luftfahrzeugen sowie Schäden durch Löschen, Niederreißen oder Ausräumen infolge eines dieser Ereignisse. Die F. ist ein eigenständiger → Versicherungszweig im Rahmen der gebündelten Geschäftsversicherung (→ gebündelte Versicherung), der → landwirtschaftlichen Versicherung, der → Industrieversicherung und der → Waldbrandversicherung. Im Privatkundengeschäft ist die F. in der → verbundenen Hausratversicherung und der → verbundenen Wohngebäudeversicherung eingeschlossen. Abzugrenzen von der → Feuer-Betriebsunterbrechungsversicherung. – *2. Merkmale und Bedeutung:* Die F. ist einer der ältesten Versicherungszweige in Deutschland und besitzt eine hohe wirtschaftliche Bedeutung. Durch die Sammlung und Auswertung von Schadendaten, die Erforschung der Schadenursachen und -ausbreitung sowie die Mitwirkung bei der Entwicklung von Maßnahmen gegen das Feuerrisiko trägt die F. auch wesentlich zur Schadenverhütung bei. – *3. Ausschlüsse:* Generell ausgeschlossen vom Versicherungsschutz sind Schäden durch Krieg (→ Kriegsklausel), → innere Unruhen, → Erdbeben und Kernenergie (→ Kernenergieklausel). – *4. Rechtliche Grundlagen:* Allgemeine Bedingungen für die Feuerversicherung, Zusatzbedingungen und Klauseln sowie zahlreiche Sicherheitsvorschriften.

Fiktive Schadenabrechnung. *1. Begriff:* Abrechnung aufgrund einer Schätzung bzw. Prognose ohne den Nachweis konkret angefallener Kosten gem. § 249 BGB. – *2. Abrechnungsgrundlagen:* Kostenvoranschlag oder Sachverständigengutachten. – *3. F. in der* → *Kfz-Versicherung:* Der zu ersetzende Schaden ist auf die Differenz zwischen Wiederbeschaffungswert und Restwert beschränkt, sofern das Fahrzeug nach dem Unfallereignis nicht mindestens sechs Monate lang weitergenutzt wird. Die Umsatzsteuer ist bei F. nach dem Zweiten Schadenersatzänderungsgesetz vom 1.8.2002 nicht zu erstatten.

Filmtheater-Einheitsversicherung. → Entertainmentversicherungen.

Filmversicherung. *1. Begriff:* Sammelbezeichnung für eine Vielzahl von Versicherungen, die im Zusammenhang mit Filmproduktionen, oft gebündelt, angeboten werden. – *2. Erscheinungsformen:* Zur F. gehören u.a. die Sach- und Transportversicherungen für Filmapparate, Filmmaterial, Requisiten und die Produktionskasse, die Betriebshaftpflichtversicherung sowie die Filmausfallversicherung. Siehe auch → Entertainmentversicherungen.

Financial Planning, *Private Finanzplanung, Vermögensplanung.* Analyse und Planung der Finanzsituation durch Einbeziehung aller Ein- und Ausgabenströme, der Vermögensverhältnisse und der Verbindlichkeiten – dies mit der vorrangigen Zielsetzung jederzeitiger Liquidität bei angemessener Rentabilität. Gegenstände des F. sind die Erstellung eines entsprechenden Gutachtens und branchenübergreifende Vorschläge für Investitionen und die Vermögenssicherung, basierend auf allen geeigneten Finanzprodukten (vgl. → Finanzdienstleistungen). Somit ist F. auch ein zweckmäßiger Ansatzpunkt für → Allfinanz.

Financial Reinsurance. → Finanzrückversicherung.

Financial Strength Rating. *1. Begriff:* Urteil – im Sinne einer Meinungsäußerung – einer Ratingagentur (→ Rating) über die Finanzkraft eines Unternehmens. Neben dem → Emittentenrating eine Form des →

Unternehmensrating. – *2. Merkmale:* Ein F. komprimiert eine Beurteilung komplexer Zusammenhänge in leicht verständliche Symbole (→ Ratingklassen, → Ratingskala), ist öffentlich verfügbar und kann Kunden und Investoren eine Hilfestellung bei der Einschätzung des finanziellen Profils eines Unternehmens geben. Damit lassen sich auch Entscheidungen über die Aufnahme, Aufrechterhaltung oder Beendigung einer Geschäftsbeziehung mit dem Unternehmen oder über eine Investition in das Unternehmen fundieren. F. sind prospektiv und beinhalten eine Indikation über die mittelfristige Entwicklung der Finanzstärke. Von ihrer Konzeption her sollen F. die Finanzstärke durch einen Marktzyklus hindurch beurteilen – wobei allerdings ein Ratingurteil auch immer Stressszenarien unterworfen wird, ob und inwieweit die Einschätzung über einen ganzen Zyklus hindurch tatsächlich angemessen ist. Treten wesentliche Veränderungen beim Unternehmen oder in dessen Branche auf oder stehen die zur Beurteilung erforderlichen Informationen nicht mehr im notwendigen Umfang zur Verfügung, kann das Rating geändert, ausgesetzt oder zurückgezogen werden. – *3. → Ratingansätze:* a) → Interaktives Ratings, – b) Public Information Rating.

Finanzanleihen, *Financials.* – *1. Begriff:* Credit-Instrumente (→ Credits), die von Unternehmen des Finanzsektors, z.B. von Kreditinstituten, Versicherungsunternehmen und anderen Finanzdienstleistungsunternehmen, zur Refinanzierung oder Kapitalverstärkung begeben werden. Es können sowohl → Inhaberpapiere als auch → Namenspapiere emittiert werden. – *2. Merkmale:* F. haben überwiegend feste Laufzeiten und sind langfristiger Natur, wobei auch Anleihen mit unbegrenzter Laufzeit (Perpetuals) gehandelt werden. Sie werden sowohl vorrangig als auch nachrangig (→ nachrangige Verbindlichkeiten) begeben, wobei Nachrangpapiere und Perpetuals fast immer mit Kündigungsoptionen für den Emittenten ausgestattet sind. F. werden insbesondere von Banken und Versicherungsunternehmen häufig in Form von nachrangigen Verbindlichkeiten emittiert, da sie dann gem. den → Solvabilitätsvorschriften und im Rahmen der Vergabe von → Ratings unter bestimmten Bedingungen teilweise bis vollständig dem Haftkapital zugerechnet werden können.

Finanzaufsicht. Teil der → laufenden Aufsicht über den Betrieb von Versicherungsgeschäften. Der Gesetzgeber unterscheidet seit der → Deregulierung zwischen F. und → Rechtsaufsicht. Die Unterscheidung macht wenig Sinn, da die F. kein Naturrecht ist, sondern bis ins Einzelne in Gesetzen und Verordnungen festgeschrieben ist, also auch Rechtsaufsicht ist. Im Rahmen der F. hat die → Aufsichtsbehörde auf die dauernde Erfüllung der Verpflichtungen aus den Versicherungsverträgen und hierbei insbesondere auf die Bildung ausreichender versicherungstechnischer Rückstellungen und die Anlegung in entsprechenden geeigneten Vermögenswerten, die Einhaltung der kaufmännischen Grundsätze einschließlich einer ordnungsgemäßen Verwaltung, Buchhaltung und angemessener interner Kontrollverfahren, auf die Solvabilität der Unternehmen und die Einhaltung der übrigen finanziellen Grundlagen des → Geschäftsplans zu achten (§ 81 I S. 5 VAG). Die Aufteilung in F. und Rechtsaufsicht erfolgte aus organisatorischen Gründen, die weder zielführend noch sonst sinnvoll waren und heute als überholt gelten.

Finanzausgleich. *1. Begriff:* Das komplexe und relativ undurchsichtige System von Finanzbeziehungen zwischen Bund, Ländern und Gemeinden. Neben dem passiven F., in dem die Aufgaben- und Ausgabenverteilung zwischen Bund, Ländern und Gemeinden geregelt ist, steht der aktive F., der die Steuereinnahmen auf die drei Akteure verteilt. Dabei werden die Steuereinnahmen durch horizontale (also zwischen den Ländern) und vertikale (also zwischen Bund, Ländern und Gemeinden) Zahlungen umverteilt. Um dem im Grundgesetz formulierten Ziel der Einheitlichkeit der Lebensverhältnisse näher zu kommen, wird z.B. der horizontale F. durchgeführt, der auf zwei komplexen Messzahlen (Finanzkraft- und Ausgleichsmesszahl) beruht, deren Verhältnis die Grundlage für (Ausgleichs-)Zuweisungen bzw. (Ausgleichs-)Beiträge ist. Dabei erfolgt der Ausgleich wieder in einem mehrstufigen Verfahren. Darüber hinaus sind nach Vollzug des F. i.e.S. durch den Bund sog. Bundesergänzungszuweisungen (BEZ) vorgesehen, um damit verschiedene Sonderbelastungen auszugleichen. Betrug im Durchschnitt zwischen 1980 und 1989 der F. i.e.S. 2.696 Mio. Euro und die BEZ 1.770 Mio. Euro, beliefen sich diese Beträge 2006 auf 7.322

Mio. und 14.809 Mio. Euro. – *2. Entwicklung:* Das Grundgesetz (GG) vom 23.5.1949 sah ein Trennsystem bei der Aufgabenverteilung und der Steueraufteilung vor. D.h. einer Ebene werden Aufgabenbefugnis und Ausgabenbelastung alleine zugewiesen. Aber schon die Finanzreform von 1955 und v.a. die von 1969 führten zu einem Verbundsystem bei der Einkommen-, der Körperschaft- und der Umsatzsteuer. Außerdem wurde ein horizontaler F. eingeführt, der für jedes Land ein Mindestniveau von 88,75 v.H. der durchschnittlichen Finanzkraft garantierte. Darüber hinaus wurde mit den sog. Gemeinschaftsaufgaben (Art. 91a GG) eine Kooperation von Bund und Ländern bei bestimmten Vorhaben (Hochschulbau, Agrarstruktur u.a.) erzwungen. Dies – und die Finanzhilfen „für besonders bedeutsame Investitionen" (Art. 104a IV GG) der Länder – führten zu einer Kompetenzvermischung mit beträchtlichen Fehlanreizen der Akteure. Mit der deutschen Wiedervereinigung von 1989 wurden alle bisherigen Regelungen aber unbrauchbar, der Fonds „Deutsche Einheit" war nur eine Übergangslösung. Am 1.1.1995 wurde folglich das Finanzausgleichsgesetz in Kraft gesetzt, das eine Neuordnung des F. brachte. Dieses Gesetz wurde aber vom Bundesverfassungsgericht nur als Übergangsgesetz bis Ende 2004 anerkannt. Zum 1.1.2005 wurde dann der F. durch das Solidarpaktfortführungsgesetz (SFG) auf eine neue Grundlage gestellt. – *3. Probleme:* Die Kritik an den komplizierten und undurchsichtigen Regelungen des F. ist auch nach der mit dem SFG beschlossenen Reform vielfältig. So werden die erheblichen Nivellierungswirkungen und die „konfiskatorische Grenzbelastung" kritisiert, die dazu führen, dass kaum ein Land einen Anreiz hat, die eigenen Steuerquellen zu pflegen und für steigende Steuereinnahmen zu sorgen. Auch wird die fehlende Steuerautonomie kritisiert, d.h. die Länder haben keine Möglichkeit, ihre Einnahmen durch Veränderung der Bemessungsgrundlage bzw. der Steuersätze zu verändern.

Finanzbeteiligung. *1. Begriff:* → Beteiligung, die im Gegensatz zur → strategischen Beteiligung keine Kerngeschäftsrelevanz für den Investor hat, sondern bei der die Renditeoptimierung im Vordergrund steht. – *2. Weitere Merkmale:* Eine F. gilt als Ergänzung zu anderen Formen der → Kapitalanlage. In Abgrenzung zu reinen Handelsbeständen (→ Aktien) zeichnen sich F. durch einen mittel- bis langfristigen Investitionshorizont aus. Die Gesellschaften, an denen eine F. gehalten wird, agieren völlig unabhängig vom Investor (anders als die Gesellschaften, an denen eine strategische Beteiligung vorliegt), und sie weisen auch keine personellen, technischen oder wirtschaftlichen Verflechtungen auf. F. werden oftmals in Form von Eigenkapitaleinlagen bei (noch) nicht börsennotierten Unternehmen eingegangen.

Finanzdienstleistungen. I. Produkt: Sämtliche Arten von Finanzprodukten, v.a. aus den Bereichen Bank, Investmentfonds, Bausparen, Immobilien und Versicherungen. – II. Service: Beratung über Finanzprodukte und das Aufzeigen passender Lösungen, z.B. im Wege des → Financial Planning oder der Versicherungsvermittlung.

Finanzierung. *1. Begriff:* Alle Maßnahmen der Mittelbeschaffung und Mittelrückzahlung und der damit verbundenen Festlegung der Zahlungs- und Informationsrechte und -pflichten sowie der Einwirkungs- und Gestaltungsrechte von Kapitalgebern und Versicherungsunternehmen als Kapitalnehmern. Rechte und Pflichten werden in Finanzierungstiteln verbrieft. Im engen Sinne Beschaffung liquider Mittel für investive und konsumtive Zwecke. – *2. Formen:* Zu unterscheiden sind die → Eigenfinanzierung auf der Basis von Beteiligungstiteln (vgl. → Aktienfinanzierung, → Beteiligungsfinanzierung) und die → Fremdfinanzierung auf der Basis von Forderungstiteln (vgl. → Kreditfinanzierung). Mischformen kennzeichnen hybride Finanzierungsformen (z.B. mit → Genussrechtskapital, vgl. auch → Hybridkapital). Weiter können die → Innenfinanzierung (vgl. auch → versicherungstechnische Umsatzfinanzierung und → Selbstfinanzierung) und die Außenfinanzierung voneinander abgegrenzt werden.

Finanzierung aus Abschreibungen. *1. Begriff:* Form der internen → Eigenfinanzierung oder der internen → Fremdfinanzierung (vgl. auch → Innenfinanzierung). – *2. Merkmale und Wirkungen:* Eine ceteris paribus erfolgende Erhöhung der Abschreibungen reduziert den aktuellen Gewinnausweis des Versicherungsunternehmens, während in künftigen Perioden bei einem reduzierten Abschreibungsbetrag ein entsprechend höherer Gewinn verzeichnet wird. Die Abschreibungen besitzen daher einen temporären Finanzierungseffekt, denn sie reduzieren die Möglichkeit der Ausschüttung liquider Mittel. Konkret verzichten die Inhaber der Beteiligungstitel auf aktuelle Ausschüttungen zugunsten zukünftiger Ausschüttungen. Dieser Effekt beschreibt eine Maßnahme der internen Eigenfinanzierung. Gleichzeitig reduziert sich die aktuelle Steuerlast, während sich die zukünftige ceteris paribus erhöht. Dieser Effekt beschreibt eine Maßnahme der internen Fremdfinanzierung, da der Staat als Gläubiger der Steuern für eine begrenzte Zeit Mittel zinslos bereitstellt.

Finanzierung aus kapitalfreisetzenden Einzahlungen. *1. Begriff:* Bei kapitalfreisetzenden → Einzahlungen fließen dem Versicherungsunternehmen liquide Mittel über den Markt zu, z.B. durch den Verkauf von Anlagevermögen. – *2. Wirkung:* Die F. im Zusammenhang mit Desinvestitionsvorgängen ist bei Versicherungsunternehmen im Wesentlichen auf das Kapitalanlagegeschäft beschränkt. Die Kapitalanlagen werden planmäßig (z.B. gewinnabhängige Vergütung der Kapitalgeber bei einer → Genussrechtsfinanzierung) oder fallweise (etwa beim Verkauf von Grundbesitz) liquidiert. – *3. Abgrenzung:* Das Gegenstück von kapitalfreisetzenden Einzahlungen sind kapitalzuführende Einzahlungen. Diese führen dem Versicherungsunternehmen entweder von außen (vgl. → Aktienfinanzierung, → Beteiligungsfinanzierung) oder von innen über den Umsatzprozess (vgl. → Selbstfinanzierung, → versicherungstechnische Umsatzfinanzierung) Kapital zu. Siehe auch → Finanzierung.

Finanzierung aus Rückstellungen. *1. Begriff:* Form der internen → Fremdfinanzierung (vgl. auch → Innenfinanzierung), sofern es sich um Rückstellungen geht, die im Falle des Entstehens von nach Grund und/ oder Höhe ungewissen Verpflichtungen gebildet werden, z.B. Pensionsrückstellungen. Für Versicherungsunternehmen von besonderer Bedeutung sind → versicherungstechnische Rückstellungen. – *2. Merkmale und Wirkungen:* Da hierbei Mittel gegen die Begründung von Forderungen Dritter im Versicherungsunternehmen belassen werden, die Kapitalgeber sich also in einer Gläubigerposition befinden, dabei aber keine neuen Mittel zugeführt, sondern lediglich bereits vorhandene (z.B. Prämieneinnahmen) einbehalten werden, liegt eine Maßnahme der internen Fremdfinanzierung vor. Siehe auch → Finanzierung.

Finanzierung durch Umschichtungen. Form der → Innenfinanzierung. Finanzierungsmaßnahme, die nur die Aktivseite der Bilanz berührt. Varianten sind die → Finanzierung aus Abschreibungen, die Finanzierung aus Verkauf von Betriebsvermögen und die Finanzierung aus der Verkürzung der Kapitalbindung. Siehe auch → Finanzierung.

Finanzierungsplan. *1. Begriff:* Plan „über die kurzfristige Beschaffung der erforderlichen Eigenmittel", dessen Vorlage die Aufsichtsbehörde bei Unterschreitung des → Garantiefonds bzw. des → Mindestgarantiefonds vom Versicherungsunternehmen verlangen kann (§ 81b II VAG). Weiterhin kann ein F. verlangt werden, wenn ein Versicherungsunternehmen unzureichende → versicherungstechnische Rückstellungen bildet, diese unzureichend bedeckt, oder von den Vorschriften über die Belegenheit abweicht (§ 81b IV VAG). – *2. Wirkungen:* Der F. kann nur Maßnahmen zur Beeinflussung der → Ist-Solvabilität vorsehen. Ist das Versicherungsunternehmen außerstande, innerhalb einer gesetzten Frist die im F. vorgesehenen Maßnahmen durchzuführen, kann die Aufsichtsbehörde die Erlaubnis für den gesamten Geschäftsbetrieb widerrufen (§ 87 II VAG).

Finanzierungsprinzipien. In der Versicherungswirtschaft wird allgemein zwischen dem → Kapitaldeckungsverfahren und dem Umlageverfahren (→ Umlagefinanzierung) unterschieden. Das → Anwartschaftsdeckungsverfahren stellt eine besondere Form der Kapitaldeckung dar.

Finanzierungsregeln. *1. Begriff:* Normative Empfehlungen zu den Relationen verschiedener Bilanzpositionen. – *2. Formen:* a) Vertikale F. beziehen sich auf die Kapitalstruktur des Versicherungsunternehmens. Dabei steht das Verhältnis von → Eigenkapital zu → Fremdkapital im Vordergrund. – b) Horizontale F. beziehen sich auf das Verhältnis zwischen aggregierten Aktiva und aggregierten Passiva einer Bilanz. Sie basieren auf dem Grundsatz der Fristenkongruenz und sollen eine Aufrechterhaltung der

→ Liquidität sicherstellen. – *3. Beispiele:* Langfristig ausgerichtete horizontale F. sind die → Goldene Bankregel und die → Goldene Bilanzregel. Bei der kurzfristigen Betrachtung wird auch von Liquiditätsregeln (Liquiditätsgrad 1, Liquiditätsgrad 2, Liquiditätsgrad 3) gesprochen. – *4. Kritik:* Diese Kennzahlen besitzen für sich alleine genommen keine große Aussagekraft, erst mit Vergleichszahlen aus den Vorjahren oder vom Versicherungsmarkt lassen sich Rückschlüsse auf die finanzielle Situation ziehen.

Finanzinstrumente. *1. Begriff:* Nach IAS 32.11 (→ IAS/ → IFRS) Verträge, die gleichzeitig bei einem Unternehmen zu einem finanziellen Vermögenswert und bei einem anderen Unternehmen zu einer finanziellen Verbindlichkeit oder einem Eigenkapitalinstrument führen. Eine handelsrechtliche Definition für den Begriff F. existiert nicht. – *2. Merkmale:* Zu unterscheiden sind originäre F., → derivative Finanzinstrumente und eingebettete F. (→ eingebettete Garantien, → eingebettete Optionen). Gem. IAS 39 werden die F. nach ihrer Verwendung im Unternehmen in eine der vier möglichen Kategorien → At Fair Value through Profit or Loss, → Held to Maturity, → Loans and Receivables oder → Available for Sale klassifiziert. Danach richtet sich auch die Bewertung. – *3. Abgrenzung:* Der handelsrechtliche Begriff der → Kapitalanlagen unterscheidet sich von dem der F. v.a. durch den Einbezug der Grundstücke.

Finanzkonglomerate. *1. Begriff:* Unternehmensgruppen, die unterschiedliche Finanzdienstleistungsunternehmen (z.B. Banken und Versicherungsunternehmen) unter einem Dach vereinen. – *2. Aufsicht über F.:* Sowohl national als auch international wurden in F. Gefahren v.a. für die Solidität der Finanzmärkte und für die Interessen der Kunden, v.a. der Versicherten, gesehen, weshalb zusätzliche spezielle Aufsichtsregeln für diese Unternehmensgruppen geschaffen wurden (so z.B. die EU-Finanzkonglomeratsrichtlinie v. 16.12.2002). Die Hauptziele der Richtlinie sowie der anschließenden Umsetzung in deutsches Recht waren: a) Sicherstellung einer angemessenen Eigenkapitalausstattung, d.h. Verhinderung einer Mehrfachbelegung von Eigenkapital im F. („multiple gearing"), – b) Verhinderung von Eigenkapitalschöpfung auf Kredit im F., – c) Schaffung von Methoden zur Berechnung der Solvenz auf Konglomeratsebene, – d) Regelung der Transaktionen und Risikokonzentrationen innerhalb des F. sowie – e) Kontrolle der → Geschäftsleiter auf Konglomeratsebene. Die Umsetzung der EU-Richtlinie erfolgte in den §§ 104k- 104w VAG nebst der dazu erlassenen Finanzkonglomerate-Solvabilitäts-Verordnung (FkSolV) v. 2.9.2005, zuletzt geändert durch Art. 1 der Verordnung v. 21.7.2008 (BGBl. I S. 1377). Ob der gesetzgeberische Aufwand in einem vernünftigen Verhältnis zur wirtschaftlichen Bedeutung der existierenden F. steht, ist zweifelhaft. Vgl. auch → Allfinanzaufsicht und → Versicherungsgruppen.

Finanzkraft-Rating. → Financial Strength Rating.

Finanzrisikomanagement, *Financial Risk Management.* – *1. Begriff:* Teilbereich des → Risikomanagement, der sich speziell mit dem Management von Risiken beschäftigt, die sich aus Finanzpositionen ergeben. – *2. Ziele und Methodik:* Aus dem Eingehen finanzieller Positionen (Kauf von Wertpapieren usw.) können für ein Unternehmen (oder eine Organisation) Marktpreisrisiken, → Kreditrisiken und Asset/ Liability-Mismatchrisiken resultieren. Das F. versucht, diesen Risiken durch den Aufbau weiterer u.U. gegenläufiger Positionen zu begegnen, um eine aus Unternehmenssicht optimale Gesamtrisikoposition zu erhalten. Zu den Techniken und Methoden gehören bspw. → Hedging mit → Derivaten (→ Optionen, → Futures, Forward-Kontrakte), → Diversifikation, Duration- und Cash flow-Matching oder Verbriefung (→ Securitization).

Finanzrückversicherung, *Structured Reinsurance, Non-traditional Reinsurance, Limited Risk Reinsurance, Financial Reinsurance,* → *Finite Risk Reinsurance.* Aufgrund ihrer besonderen Zielsetzungen (s.u.) wird die F. teilweise auch als → *Alternative Rückversicherung* bezeichnet bzw. dem *Alternativen Risikotransfer (ART)* zugeordnet. – *1. Begriff:* → Rückversicherung, bei der für den → Zedenten die Finanzierungsfunktion (Risikofinanzierung), alternativ auch eine Kapitalanlagefunktion und die Realisierung finanz- und erfolgswirtschaftlicher Effekte (Jahresabschlusspolitik) im Vordergrund steht. Vgl. auch → alternativer

Risikotransfer. Sehr individuelle Ausgestaltung der Instrumente klassischer Rückversicherung. Bilanzielle oder liquiditätsrelevante Belastungen sollen gezielt durch erfolgswirksame Zahlungen aus dem Rückversicherungsvertrag ausgeglichen und/ oder auf mehrere Jahre verteilt werden (Risikoausgleich über die Zeit). Deshalb haben F. meist eine mehrjährige Laufzeit. Nach § 121e VAG ist die F. eine Rückversicherung, bei der das übernommene wirtschaftliche Gesamtrisiko, das sich aus der Übernahme sowohl eines erheblichen → versicherungstechnischen Risikos als auch des Risikos hinsichtlich der Abwicklung ergibt, die Prämiensumme über die Gesamtlaufzeit des → Versicherungsvertrags übersteigt (hinreichender Risikotransfer) und dabei zumindest Verzinsungsfaktoren (Zeitwert des Geldes) berücksichtigt werden oder durch vertragliche Bestimmungen sichergestellt ist, dass die wirtschaftlichen Ergebnisse zwischen den Vertragsparteien über die Gesamtlaufzeit des Versicherungsvertrags ausgeglichen werden, um einen gezielten Risikotransfer zu ermöglichen. Zur Klarstellung hat das Bundesministerium der Finanzen (BMF) im Juli 2008 die Verordnung über Finanzrückversicherungsverträge und Verträge ohne hinreichenden Risikotransfer (FinRVV) erlassen, die die Abgrenzung von Verträgen über eine F. konkretisiert. – 2. *Merkmale:* a) Der → versicherungstechnische Risikotransfer auf den Rückversicherer ist begrenzt und von untergeordneter Bedeutung. – b) Neben einem begrenzten versicherungstechnischen Risikotransfer finden auch nichtversicherungsspezifische Risiken, wie das → Bonitätsrisiko und/ oder das Zinsänderungsrisiko sowie Wechselkursrisiken Eingang. – c) Verträge, die über mehrere Jahre laufen, erlauben eine Berücksichtigung des „Zeitwerts" von Prämien und Versicherungsleistungen. – d) Kapitalanlageerträge finden bei der Berechnung der Rückversicherungsprämien eine explizite Berücksichtigung (→ Cash flow Underwriting). – e) Die Vereinbarung eines → Experience Account schafft Optionen für eine Ergebnisteilung zwischen Erst- und Rückversicherer. – 3. *Ziele:* Je nach Ausgestaltung von Risikofinanzierungs- bzw. Risikotransferelementen lassen sich verschiedene Sicherheits-, finanz- und/ oder erfolgswirtschaftliche Ziele verfolgen: a) Versicherung ansonsten nicht versicherbarer Risiken, – b) Schutz des Zedenten gegen nicht primär versicherungstechnische Risiken – c) Überbrückung von Kapazitätsengpässen und Abkoppelung von Preiszyklen in der traditionellen Rückversicherung, – d) Optimierung von Selbstbehalten und Rückversicherungsstrukturen, – e) Bilanzentlastung und Liquiditätsunterstützung durch Glättung von Schwankungen der schadenbedingten Zahlungsströme, – f) Schutz der finanzwirtschaftlichen Kennzahlen, z.B. des Verhältnisses zwischen den Nettoprämien bzw. den Netto-Schadenrückstellungen und den Eigenmitteln (leverage ratio), – g) Substitution von → Eigenkapital zur Verbesserung der → Solvabilität (Erhöhung der Solvabilitätsmarge) und damit eine Erhöhung der Zeichnungskapazität (vgl. → Surplus-Relief-Vertrag), – h) Unterstützung bei der Finanzierung erhöhter Aufbaukosten (Abschlussprovisionen) bei neu aufgenommenen oder besonders stark wachsenden Versicherungssparten bzw. Geschäftsfeldern (→ Abschlusskostenfinanzierung), – i) Unterstützung von Akquisitionen, Fusionen und Neuausrichtungen durch Absicherung von unbekannten Altschäden und damit Gewährleistung von Planungssicherheit (→ retrospektive Deckungsformen). – 4. *Arten:* a) Nach Zeitbezug der Deckung lassen sich Konzepte der F. in zwei Kategorien einteilen: (1) → Prospektive Deckungsformen und (2) Retrospektive Deckungsformen. – b) Je nach Gestaltung der Zahlungsströme überwiegen Vor- bzw. Nachfinanzierungselemente. (1) Bei einer reinen Vorfinanzierung seitens des Erstversicherers (vgl. Konzept des reinen → Funded Cover) erfolgt eine jährliche oder einmalige Zahlung der Prämie. (2) Bei einer Nachfinanzierung zahlt der Erstversicherer die übernommenen Schadenleistungen bzw. den negativen Saldo des Experience Account über einen bestimmten Zeitraum an den Rückversicherer zurück (vgl. reiner → Spread Loss Cover). (3) Kombinationen mit beiden Finanzierungselementen sind häufig. – 5. *Behandlung in der Rechnungslegung:* a) Verträge mit hinreichendem Risikotransfer. (1) Nach § 121e VAG werden Verträge mit hinreichendem Risikotransfer wie normale Rückversicherungsverträge behandelt, d.h. die F. wird innerhalb der Versicherungstechnik ausgewiesen. (2) Nach → IAS/ → IFRS gelten die Vorschriften des IFRS 4. – b) Verträge ohne hinreichenden Risikotransfer. (1) Zwar finden die Vorschriften des VAG für Verträge ohne hinreichenden Risikotransfer keine Anwendung. Ausweislich der Gesetzesbegründung soll aber die Rechnungslegung von der aufsichtsrechtlichen Regelung unberührt bleiben. (2) Nach IAS/ IFRS fallen diese Verträge als → Finanzinstrumente unter IAS 39. (3) Nach → US-GAAP, genauer nach FAS 113 erfolgt die Verbuchung im Zuge des → Deposit Accounting. – *6. Historie:* Elemente der F. fanden bereits in den 1960er Jahren als Sonderverträge in der Rückversicherung eine erste Erwähnung. Höhe und Fälligkeit der Zahlungen seitens des Rückversicherers wurden ex ante in einem Auszahlungsplan determiniert („Structured Settlements", z.B. → Time and Distance Cover). Es erfolgte i.d.R. keine Übernahme von versicherungstechnischem Risiko. Kapazitätsengpässe auf dem traditionellen Rückversicherungsmarkt durch die Haftpflichtkrise in den USA sowie eine steigende Nachfrage nach Katastrophendeckungen zu Beginn der 1990er Jahre führten zu einem verstärkten Einsatz von F. mit keinem oder nur sehr geringem Risikotransfer. Fehlende aufsichtsrechtliche Regelungen begünstigten eine fehlerhafte und/ oder intransparente Bilanzierung. Die F. stand sodann unter dem Verdacht des Missbrauchs. Stärkere Regulierungstendenzen und strengere Bestimmungen seitens der Aufsichts- und Steuerbehörden sowie die Rechnungslegungsvorschriften diverser Gremien (insbesondere in den USA, z.B. FAS 113) führten zur vermehrten Berücksichtigung versicherungstechnischer Risikokomponenten, um die jahresabschlusspolitische Anerkennung der F. als Rückversicherungsvertrag zu gewährleisten. Zur Abgrenzung der Konzepte mit begrenztem, aber substantiellem Risikotransfer (→ Risikotransfertest) wurde der Begriff Finite Risk Reinsurance geprägt und häufig als Synonym für F. verwendet. – *7. Abgrenzungen:* Die Grenzen zwischen traditioneller Rückversicherung und nichttraditioneller Rückversicherung im Sinne der F. sind fließend (→ Blended Cover). Die Zeichnungsabsicht des Erstversicherers und der Umfang des versicherungstechnischen Risikotransfers bestimmen die Zuordnung der Konzepte. Mit Unterstützung eines Risikotransfertests wird das Ausmaß an transferiertem versicherungsspezifischem Risiko bestimmt. Verträge ohne oder mit nicht hinreichendem Risikotransfer sind bilanziell wie Finanzierungsverträge zu behandeln und entsprechend beim Erst- und beim Rückversicherer zu verbuchen (Deposit Accounting). Kommt es im Rahmen der Rückversicherung nur zu einem begrenzten Risikotransfer, kann die Aufsichtsbehörde die Anrechnung innerhalb der → Solvabilitätsspanne einschränken. – *8. Aktuelle Entwicklungen:* Deutschland setzte mit Inkrafttreten des 8. Gesetzes zur Änderung des Versicherungsaufsichtsgesetzes (8. VAG Novelle) zum 2.6.2007 die Europäischen Richtlinie 2005/68/EG vom 16.11.2005 über die Rückversicherung ins nationale Recht um und führte gesetzliche Regelungen zur aufsichtsrechtlichen Behandlung der F. sowie Berichtspflichten für die F. ein (§ 121e VAG).

Finite Quota Share, *Financial Quota Share.* – *1. Begriff:* Quotale Rückversicherung mit i.d.R. deutlich reduziertem → versicherungstechnischen Risikotransfer, die mit dem Ziel abgeschlossen wird, v.a. finanz- oder erfolgswirtschaftliche Zielsetzungen zu erreichen. Der F. gilt als älteste Form der → Finanzrückversicherung und wird den → Prospektiven Deckungsformen zugeordnet. – *2. Methodik und Merkmale*: Zu den Gestaltungsparametern zählen neben mehrjährigen Laufzeiten besondere Provisionsvereinbarungen (Staffelprovision, Super-/ Zusatzprovision, zyklische oder antizyklische Provision), ggf. auch i.V.m. einem verzinsten Differenzkonto (vergleichbar mit → Experience Account), um einen Ergebnisausgleich über die Zeit zu ermöglichen. Das Zusammenspiel aus Schadenkorridoren und Schadenselbstbeteiligungen ermöglicht eine Haftungsbegrenzung des Rückversicherers (→ Underwriting Risk). Die damit verbundene Begrenzung des versicherungstechnischen Risikotransfers kann die Anerkennung als Rückversicherung beeinflussen (Finanzrückversicherung). – *3. Ziele:* Je nach Ausgestaltung dient der F. der Finanzierung von Wachstum (→ Abschlusskostenfinanzierung), der Erfüllung aufsichtsrechtlicher Solvabilitätsvorschriften (→ Surplus-Relief-Vertrag) oder anderer finanz- bzw. erfolgswirtschaftlicher Zielsetzungen. Der F. führt i.d.R. zu einer Freisetzung von Eigenkapital und/ oder Erhöhung der Zeichnungskapazität. Durch eine Stabilisierung der Nettoschadenkosten werden versicherungstechnische Ergebnisse geglättet.

Finite Risk Reinsurance, *Finanzrückversicherung.* Der Begriff F. wird inzwischen als Synonym, teilweise auch als Oberbegriff für die → Finanzrückversicherung verwendet. Er etablierte sich in der amerikanischen bzw. englischsprachigen Literatur in Abgrenzung zu den ersten Konzepten der sog. Financial Reinsurance in den 1960er-Jahren. Bei den damaligen Konzepten und vielen Konzepten der 1980er-Jahre überwog die Risikofinanzierung, bzw. handelte es sich um reine Finanzierungsverträge. „Finite risk" sollte auf die Existenz eines begrenzten versicherungstechnischen Risikotransfer-Elements hinweisen und die Konzepte als Rückversicherung ausweisen. Näheres siehe unter Finanzrückversicherung.

Firmengebundene Vermittler. → Captive Broker.

Firmenkundengeschäft. *1. Begriff*: Alle Versicherungsgeschäfte, die zur Deckung betrieblicher Risiken von Firmenkunden (Unternehmen), herangezogen werden. Oft werden auch Geschäfte mit Selbstständigen und Freiberuflern dazugezählt. – *2. Differenzierung:* Im F. wird meist zwischen gewerblichem Geschäft (→ Gewerbekunden), das sich durch einen hohen Standardisierungsgrad auszeichnet, und Industriegeschäft (→ Industriekunden), das typischerweise sehr individuell ausgeprägt ist, differenziert. Die Abgrenzung erfolgt regelmäßig – allerdings von Versicherer zu Versicherer verschieden – nach der Höhe des Prämienvolumens mit dem Firmenkunden.

Firmen-Rechtsschutz. Frühere Bezeichnung für → Berufs-Rechtsschutz für Selbständige, Rechtsschutz für Firmen (Berufs-Rechtsschutz).

Fiskalische Nachhaltigkeit

von Professor Dr. Bernd Raffelhüschen, Dr. Christian Hagist und Dipl.-Vw. Jörg Schoder M.A.

1. Begriff

Ein im Zusammenhang mit der Beurteilung der langfristigen Tragfähigkeit der staatlichen Fiskalpolitik verwendeter Begriff. Im Jahresgutachten 2003/04 definiert der Sachverständigenrat zur Begutachtung der gesamtwirtschaftlichen Entwicklung öffentliche Haushalte als nachhaltig, „[…] wenn die gegenwärtig und die auf der Grundlage des geltenden Rechts fortgeschriebenen zukünftig erzielten staatlichen Einnahmen ausreichen, um sämtliche staatlichen Zahlungs- und andere Ausgabenverpflichtungen abzudecken." Mit anderen Worten liegt fiskalische Nachhaltigkeit vor, wenn sich die Staatsfinanzen langfristig so entwickeln, dass heutige und zukünftige Generationen die für ein entsprechendes staatliches Leistungsbündel denselben Anteil Ihres Einkommens zur Finanzierung abgeben müssen. Kann eine staatliche Einnahmen-Ausgaben-Struktur hingegen nicht auf unbegrenzte Zeit beibehalten werden, fehlt es an fiskalischer Nachhaltigkeit.

2. Geschichte des Begriffs

a) Der allgemeine Begriff der Nachhaltigkeit

Mit der in den 1970er Jahren aufkommenden Wachstumsskepsis rückte das Thema der intergenerativen Gerechtigkeit zunehmend in den Fokus von Wissenschaft und Politik. Im Bericht des Club of Rome „Die Grenzen des Wachstums" tauchte der Begriff *sustainable* (dt. Übersetzung: nachhaltig) 1972 erstmals an prominenter Stelle auf. In der Folge wurde der Begriff der *Sustainability* (dt. Übersetzung: Nachhaltigkeit) zunehmend populärer. Nach wie vor wird er in vielfältiger Weise verwendet, als gemeinsamen Kern beinhaltet er aber stets das Bewahren von Handlungsspielräumen jedweder Form für zukünftige Generationen. Weitgehend durchgesetzt hat sich der 1987 durch die sog. Brundtland-Kommission der Vereinten Nationen eher ökologisch geprägte Nachhaltigkeitsbegriff: „Nachhaltige Entwicklung der Erde ist eine Entwicklung, die die Grundbedürfnisse aller Menschen befriedigt und die Gesundheit und Integrität des

Erdökosystems bewahrt, schützt und wiederherstellt, ohne zu riskieren, dass zukünftige Generationen ihre Bedürfnisse nicht befriedigen können und ohne die Grenzen der Tragfähigkeit der Erde zu überschreiten." Allerdings wird der Begriff der Nachhaltigkeit zu Unrecht der ökologischen Diskussion der letzten Jahrzehnte zugeordnet. Tatsächlich wurde er bereits im Jahr 1713 durch Hans Carl von Carlowitz in der Forstwissenschaft geprägt.

b) Der Begriff der fiskalischen Nachhaltigkeit

In den späten 1980er Jahren kam der Begriff der fiskalischen Nachhaltigkeit auf. Zwar nicht unter diesem Begriff, aber mit der dahinter stehenden Fragestellung der intergenerativen Wirkungen der Fiskalpolitik befasste sich die Volkswirtschaftslehre bereits sehr viel früher. Die Anfänge reichen bis in die Zeit der klassischen Ökonomie zurück. So finden sich einige Gedanken bereits bei Adam Smith, der wie die Klassiker generell die Rückwirkungen der Staatsverschuldung auf die Kapitalbildung als Problem betrachtet. Auch Ricardo sieht letztlich nur diesen einen Wirkungszusammenhang über den sich Staatsschulden als Belastung für künftige Generationen auswirken können: Eine Defizitfinanzierung erfordert seiner Ansicht nach weniger individuellen Konsumverzicht (d.h. weniger individuelle Ersparnisbildung) als eine Steuerfinanzierung und hat daher einen negativen Effekt auf die für das Wachstum notwendige Kapitalakkumulation. Mit der Keynesianischen Revolution kamen erhebliche Zweifel an der von den klassischen Ökonomen befürworteten Regel eines ausgeglichenen Haushalts (balanced budget rule) auf. In den Folgejahren und Jahrzehnten machte die praktische Finanzpolitik regen Gebrauch von der keynesianisch motivierten Defizitfinanzierung, die zunächst dank hoher Wachstumsraten nicht mit steigenden Schuldenquoten (Schulden als Anteil am BIP) verbunden war. Doch mit dem abgeschwächten Wachstum in der Folge der Ölkrisen kam es in den 1980er zu einem weltweiten Anstieg der Schuldenquoten und zu einer Revision der wirtschaftswissenschaftlichen Modelle bzw. der ihnen zugrundeliegenden Annahmen. Zentral war hier die Auseinandersetzung mit der Frage nach dem Verhältnis von realem Zins und Wachstum (dynamische (In-)Effizienz). Nur ein über dem Realzins liegendes Wachstum ermöglicht es öffentlichen Haushalten in sog. Ponzi-Spielen Schulden durch revolvierende Neuverschuldung auf Dauer zu finanzieren.

3. Messung von Nachhaltigkeit

a) Methoden

Zur Messung fiskalischer Nachhaltigkeit sind die traditionellen Budgetkennzahlen, wie Finanzierungssaldo, Staatsverschuldung und Schuldenquote, ungeeignet, weil sie lediglich die vergangene Entwicklung bzw. das laufende Jahr abzubilden vermögen, hingegen schwebende Ansprüche (sog. implizite Zahlungsverpflichtungen), wie sie in den umlagefinanzierten Sozialversicherungen erworben werden, nicht erfassen. Kotlikoff (1993) und Raffelhüschen (1999) zeigen zudem, dass bspw. die Schuldenquote durch eine Kombination von Umlage- und Kapitaldeckungsverfahren nahezu beliebig manipulierbar ist. Zur Überwindung dieses Mangels wurden in den 1980er und 1990er Jahren verschiedene Ansätze zur Messung fiskalischer Nachhaltigkeit entwickelt. Neben ökonometrischen Ansätzen handelt es sich hier im Wesentlichen um zwei Methoden: Die Methode der Generationenbilanzierung und die sog. OECD-Methode. Im Mittelpunkt beider Messkonzepte steht die sog. intertemporale Budgetrestriktion des Staates:

$$B_t = \sum_{s=t}^{\infty} \frac{(Einnahmen_s - Ausgaben_s)}{(1+r)^{s-t}}$$

Bei unendlichem Zeithorizont verlangt fiskalische Nachhaltigkeit (in einer dynamisch effizienten Ökonomie) somit, dass die Summe aller zukünftigen Primärüberschüsse ($Einnahmen_s$-$Ausgaben_s$) im Barwert (Kalkulationszins: r) der momentanen staatlichen Nettoschuld B_t

entspricht. Dies impliziert, dass der Staat nicht zwischenzeitlich zahlungsunfähig wird. Ein in jeder einzelnen Periode ausgeglichenes Staatsbudget ist jedoch nicht notwendig – es genügt, wenn die Bedingung im Durchschnitt der Jahre erfüllt ist. So gesehen kann das Konzept auch als Weiterentwicklung der klassischen *balanced budget rule* interpretiert werden, die eine gewisse Flexibilität für fiskalpolitische Interventionen offen lässt. Entscheidend ist, dass im Falle einer nachhaltigen Situation die Nettosteuerzahlungen aller heute lebenden und zukünftigen Generationen ausreichen, um die heute bestehende Staatsschuld zu tilgen. Zur Messung von Nachhaltigkeit eignen sich Instrumente, die auf der Annahme einer intertemporalen Budgetrestriktion des Staates beruhen deshalb, weil sie im Gegensatz zu traditionellen Indikatoren staatlicher Aktivität (Budgetdefizit, Schuldenstand), auch implizite Zahlungsverpflichtungen erfassen.

Die wesentlichen Unterschiede zwischen der Methode der Generationenbilanzierung und der OECD-Methode liegen in der praktischen Umsetzung und hier insbesondere im unterschiedlichen Zeithorizont und der Fortschreibung der Einnahmen und Ausgaben in die Zukunft. Analog zur theoretisch unterstellten intertemporalen Budgetrestriktion des Staates verwendet die Methodik der Generationenbilanzierung einen unendlichen Zeithorizont, die OECD-Methode hingegen nur einen begrenzten Zeithorizont (bspw. 40 Jahre). Während bei der OECD-Methode unterschiedliche Fortschreibungsraten für alters- und nicht-altersspezifische Budgetposten angewendet werden, zieht die Generationenbilanzierung zur Fortschreibung von Einnahmen und Ausgaben altersspezifische Verteilungen von Einnahmen- und Ausgabenpositionen aus Mikrodatensätzen heran, schreibt diese einheitlich fort und weist diese kohortenspezifisch zu. Mit Hilfe der Generationenbilanzierung, als intertemporalem Budgetierungssystem, lassen sich daher neben Nachhaltigkeitsaspekten auch intergenerative Verteilungswirkungen analysieren. Zur Beurteilung der fiskalischen Nachhaltigkeit stehen verschiedene Indikatoren zur Verfügung. Häufig wird die sog. Nachhaltigkeitslücke angegeben, die den Fehlbetrag zur Schließung des intertemporalen Budgets in Prozent des BIP angibt. Diese tatsächliche Staatsverschuldung setzt sich zusammen aus der explizit ausgewiesenen Staatsverschuldung (wie sie etwa dem Maastrichter Defizitkriterium zu Grunde liegt) und der impliziten Staatsverschuldung, die alle schwebenden Ansprüche an den Staat erfasst, wie sie im Wesentlichen in den umlagefinanzierten Sozialversicherungen bestehen.

b) Methodische Kritikpunkte und Probleme

Zu den wesentlichen methodischen Kritikpunkten an der Generationenbilanzierung gehören i.) die Frage, inwieweit die sog. Lebenszyklushypothese empirisch belastbar ist, ii.) die Frage der materiellen Inzidenz bzw. damit zusammenhängend, die fehlende Berücksichtigung von Verhaltensänderungen im Modellrahmen. Auch die Annahmen zu Diskont- und Wachstumsrate sind nicht unproblematisch. Dies gilt besonders für die Anwendung einer einheitlichen Diskontrate für Einnahmen und Ausgaben, die jeweils eine unterschiedliche Risikostruktur aufweisen. Schließlich bestehen auch Schwierigkeiten bei der Interpretation der Ergebnisse. So ist die Nachhaltigkeitslücke kein normatives Maß für Generationengerechtigkeit. Ebenso wenig postuliert die Finanzwissenschaft, dass es die berechnete Nachhaltigkeitslücke tatsächlich vollständig zu schließen gilt, weil unklar ist, ob kommende Generationen über eine größere oder kleinere Ressourcenausstattung verfügen werden – zumindest wenn ökologische, bildungspolitische oder noch breitere gesellschaftspolitische und historische Aspekte mit einbezogen werden. Und selbst wenn diese intergenerativen Verteilungsdimensionen erfasst werden könnten entzieht sich die Frage, ob diese Gleichheit gerecht ist einer wissenschaftlichen Beurteilung. Sie kann nur im politischen Abstimmungsprozess geklärt werden.

Literatur: Balassone, F./ Franco, D., Assessing Fiscal Sustainability: A Review of Methods with a View to EMU, in: Banca d'Italia, Research Department, Fiscal Sustainability, Rome 2000, S. 21-60; Benz, U./ Fetzer, S., Indicators for Measuring Fiscal Sustainability - A Comparison of the OECD-Method and Generational Accounting, in: Finanzarchiv, 62(3), 2006, S. 367-391; Burger, P., Fiscal Sustainability: The Origin, Development and Nature of an Ongoing 200-year Old Debate, Berichte aus dem Weltwirtschaftlichen Colloquium der Universität Bremen, 2005; Grober, U., Der Erfinder der Nachhaltigkeit, Die Zeit vom 25.11.1999, S. 98; Kotlikoff, L., From Deficit Delusion to the Fiscal Balance Rule - Looking for a Sensible Way to Measure Fiscal Policy, in: The Journal of Economics, Seventh Supplement, 1993, S. 17-41; Raffelhüschen, B., Generational Accounting: Method, Data, and Limitations, in: European Economy Reports and Studies, 6, 1999, S. 17-28; Raffelhüschen, B./ Schoder, J., Generationengerechtigkeit – gibt's die?, in: Wirtschaftsdienst – Zeitschrift für Wirtschaftspolitik 2007, S. 143-145.

Fiskalpolitik. *1. Begriff:* Kurzfristige Steuerung der nominalen Entwicklung des → Sozialprodukts und Beschäftigungsstabilisierung bei annähernd stabilem Geldwert (→ Inflation) mittels finanzpolitischer Parameter. Die Träger der F. sind die verschiedenen öffentlichen Haushalte (Bund, Länder und Gemeinden, aber auch die Parafisci, wie die Träger der → gesetzlichen Rentenversicherung). – *2. Maßnahmen:* Als Instrumente dienen die Variation von Höhe und Struktur der Einnahmen, besonders der Steuern, und der Ausgaben. Die Parameter wirken teils direkt (Staatskäufe), teils indirekt durch Beeinflussung des privaten → Einkommens (Steuern und Transfers) auf die gesamtwirtschaftliche Nachfrage. – *3. Theoretische Grundlage:* Grundlage ist die keynesianische Einkommens- und Beschäftigungstheorie, die dem öffentlichen Budget und insbesondere den öffentlichen Ausgaben eine aktive Rolle im Rahmen der → Stabilisierungspolitik zuweist. An die Stelle eines strengen jährlichen Budgetausgleichs wurde durch das StabG und die Neufassung des Artikels 109 GG die Maxime eines „zyklischen Budgeting" gesetzt. – *4. Probleme:* Praktische Probleme der F. ergeben sich aus der Abstimmung der verschiedenen öffentlichen Haushalte und der jeweiligen Manövriermassen. Problematisch ist zudem die lange Zeitdauer (time lag) bis die staatlichen Maßnahmen auf die sie auslösenden Ungleichgewichte wirken. Kontrovers diskutiert wurden Vorschläge, die F. dadurch zu flexibilisieren, dass vermehrt automatische Stabilisatoren (built-in flexibility, formula flexibility) verwendet werden, bzw. die F. ganz durch die → Geldpolitik zu ersetzen.

Fit and Proper Test. Aus der britischen Aufsichtspraxis übernommener Ausdruck, der beinhaltet, dass die → Geschäftsleiter zuverlässig und fachlich geeignet sein müssen und den entsprechenden Test bestehen müssen. Siehe auch → Erlaubnis zum Geschäftsbetrieb.

Fixe Kosten. → Kosten, die unabhängig von der erstellten Gütermenge entstehen. F. werden bereits durch die Betriebsbereitschaft verursacht und sind ein Ausfluss der Kapazität des Versicherungsunternehmens. Abzugrenzen von → variablen Kosten.

Flexibler Ablauf. Vertragsklausel in einem → Versicherungsvertrag, wonach es dem Kunden möglich ist, das → Endalter in einer vorher festgelegten Zeitspanne flexibel zu wählen. Im Rahmen der → Altersvorsorge kann der Kunde bspw. flexibler seinen Ruhestand planen, wenn er die Möglichkeit hat, das konkrete Endalter erst zum Zeitpunkt der Inanspruchnahme zu wählen.

Flottenverträge. *1. Begriff:* Versicherungsverträge für Fuhrparks, die eine größere Anzahl auf den Namen eines Versicherungsnehmers zugelassener → Kraftfahrzeuge umfassen. – *2. Besondere Merkmale:* I.d.R. wird die Schadenerfahrung des Fuhrparks bei der Prämienkalkulation berücksichtigt, und im Privatgeschäft übliche → Tarifmerkmale werden nicht oder nur teilweise angewendet. Bei großen Flotten sind Deckungskonzepte möglich, die eine hohe → Selbstbeteiligung des Versicherungsnehmers vorsehen. Diese gilt in der → Kfz-Haftpflichtversicherung nur im Innenverhältnis zwischen Versicherer und Versicherungsnehmer.

Fluktuation. *1. Begriff:* Wechselbewegungen der Arbeitnehmer von einem Arbeitsplatz zu einem anderen und/ oder Eintritte bzw. Austritte in/ aus Arbeitsplätzen. Ob die F. positiv oder negativ für ein Unternehmen ist, hängt von der Art der F. und der Situation, in der die F. eintritt, ab. – *2. Arten der F.:* Im Unternehmen können drei Arten von F. unterschieden werden: a) Natürliche Fluktuation. Darunter wird (i.e.S.) der altersbedingte Abgang z.B. durch Altersteilzeit, Vorruhestand und Rente, oder zusätzlich (i.w.S.) der Abgang wegen aller vom Arbeitnehmer ausgehenden oder vertraglich bestimmten Gründe (z.B. Auslauf von Zeitverträgen, Tod, Studium, teilweise auch Erziehungsurlaub) verstanden. – b) Unternehmensinterne Fluktuation. Beinhaltet alle internen Stellenwechsel und wird eher als Ausdruck der innerbetrieblichen Flexibilität und Mobilität und damit als Karriere fördernd betrachtet. –

c) **Unternehmensfremde Fluktuation.** Dabei handelt es sich um eine vom Arbeitnehmer, der das Unternehmen verlässt, initiierte Kündigung oder Aufhebung des Vertrags. – *3. Berechungsmodell:* Die Bundesvereinigung der Deutschen Arbeitgeberverbände propagiert die BDA-Formel. Demnach wird die Fluktuationsquote aus den (unternehmensfremden) Abgängen im Verhältnis zum durchschnittlichen Personalbestand (eines Jahres) berechnet und als Prozentzahl ausgedrückt. – *4. Folgen:* Die Folgen der ungewollten F., v.a. der Erstjahresfluktuation von Mitarbeitern (z.B. von Verkäufern im Außendienst), sind Fluktuationskosten, die durch hohe Einstellungs- und Qualifizierungskosten verursacht werden und denen i.d.R. noch keine entsprechenden Erlöse gegenüberstehen. Hohe Fluktuationsquoten sollten Anlass sein, über das Unternehmens- und Personalimage im Allgemeinen und über das Betriebsklima, das Führungsverhalten, die Angemessenheit der Leistungen sowie die Attraktivität der Arbeitsplätze im Besonderen nachzudenken.

Flusskaskoversicherung, nicht ganz korrekt auch *Binnenkaskoversicherung.* – *1. Begriff:* Versicherung von gewerblich genutzten Binnenschiffen und anderen schwimmenden Anlagen und Geräten, wie Bagger oder Bootshäuser. – *2. Rechtsgrundlagen:* Die F. unterliegt dem VVG (spezielle Regelungen: §§ 130-141 VVG), zählt aber zu den Großrisiken (§ 210 VVG). In Deutschland werden meist die → Allgemeinen Versicherungsbedingungen (AVB) „Flusskasko 2000" des → Gesamtverbands der Deutschen Versicherungswirtschaft e.V. (GDV) verwendet. – *3. Versicherungsumfang:* a) Versichert ist das Schiff einschl. maschineller Einrichtungen, Zubehör und Ausrüstung, nicht aber der Hausrat und persönliches Eigentum der Besatzung. – b) Die → Allgefahrenversicherung nach § 130 VVG wird durch die AVB eingeschränkt auf die Gefahren Schifffahrtsunfall, → Brand, → Blitzschlag, → Explosion, höhere Gewalt, → Einbruchdiebstahl, → Raub, → Vandalismus und Aufopferung. – c) Ausgeschlossen sind u.a. Schäden durch mangelnde Fahrtüchtigkeit (vgl. → Seetüchtigkeit), Vorsatz und → grobe Fahrlässigkeit des Versicherungsnehmers selbst und durch Abnutzung. – d) Mitversichert sind Beiträge zur → Havarie grosse und – mit separat zu vereinbarenden Summen – Wrackbeseitigungskosten sowie Drittschäden aus navigatorischem Verschulden (vgl. → Kollisionshaftpflichtversicherung).

Fokussierung. *1. Begriff:* → Strategie, bei der die Tätigkeit einer strategischen Geschäftseinheit (nur) auf ein bestimmtes Segment eines Wirtschaftssektors ausgerichtet wird. – *2. Strategische Einordnung:* Neben der → Kostenführerschaft und der → Differenzierung ist die F. eine der drei generischen Wettbewerbsstrategien nach Porter. Die F. wird auch als Nischenstrategie bezeichnet. – *3. Erfolgsfaktoren:* Durch die F. soll eine gezielte Bearbeitung eines bestimmten Abnehmersegments, eines speziellen Teils des Produktsortiments oder eines geografisch abgegrenzten Teilmarkts vorgenommen werden. Innerhalb der F. kann das Augenmerk wiederum speziell auf die Kosten oder auf eine Differenzierung gerichtet sein. Das Marktsegment muss ausreichend groß sein, um eine separate Marktbearbeitung zu rechtfertigen. Siehe auch → Spezialisierung.

Folgepflicht, *engl. Follow the settlement.* – *1. Begriff:* International anerkannter und besonders wichtiger Rückversicherungsgebrauch, wonach der → Rückversicherer im Rahmen des Rückversicherungsvertrags (nur) dem ordnungsgemäß ausgeübten Geschäftsführungsrecht des → Erstversicherers folgt. – *2. Merkmale:* Demnach folgt der Rückversicherer insbesondere den Entscheidungen des Erstversicherers und erkennt diese auch als für sich verbindlich an. Im Wesentlichen erstreckt sich die F. auf die gesamte Gestaltung des Erstversicherungsvertrags. – *3. Maßnahmen:* Im Verhältnis zwischen dem Erstversicherer und dem → Rückversicherer bzw. zwischen dem Rückversicherer und dem → Retrozessionär wird im Rückversicherungsvertrag bestimmt, unter welchen Voraussetzungen der Rückversicherer/ Retrozessionär insbesondere den Zahlungsverpflichtungen des Erstversicherers/ Rückversicherers aus Schäden folgt und welche Zahlungen von der F. nicht umfasst werden sollen, wie. z.B. Kulanzzahlungen, Strafschadenersatz und Ex-gratia-Zahlungen. Im angloamerikanischen Rechtskreis wird zwischen der → Schicksalsteilung und der F.

oft nicht unterschieden, während im Londoner Markt durchaus die Begriffe differenziert gesehen werden.

Folgeprämie, *Folgebeitrag.* Jede → Prämie oder Prämienrate für eine Versicherung, die zeitlich nach der → Erstprämie fällig wird. Wird eine F. nicht rechtzeitig gezahlt, kann der Versicherer dem Versicherungsnehmer auf dessen Kosten eine Zahlungsfrist unter Angabe der Rechtsfolgen bestimmen. Die Frist muss mindestens zwei Wochen (in der Gebäude-Feuerversicherung mindestens einen Monat) betragen (vgl. § 38 I VVG). Ist diese Frist erfolglos abgelaufen, so ist der Versicherer: a) In der Gebäude-Feuerversicherung verpflichtet, dem Hypothekengläubiger unverzüglich Mitteilung zu machen (§ 142 I VVG); – b) bei Eintritt des Versicherungsfalls von der Leistungspflicht frei, wenn der Versicherungsnehmer mit der Prämienzahlung in Verzug ist (§ 38 II VVG; eine Verzugsvoraussetzung ist, dass der Zahlungspflichtige die Nichtzahlung zu vertreten hat, §§ 284, 285 BGB); – c) zur fristlosen Kündigung berechtigt (§ 38 III VVG). Die Wirkungen der Kündigung werden aufgehoben, wenn der Versicherungsnehmer innerhalb eines Monats nach Kündigung oder, falls die Kündigung mit der Fristbestimmung verbunden war, innerhalb eines Monats nach Ablauf der Frist die Zahlung nachholt, sofern nicht der Versicherungsfall dann schon eingetreten ist (§ 38 III VVG). Dem Versicherungsunternehmen steht bei vorzeitiger Kündigung der Teil der Prämie zu, der dem Zeitraum entspricht, in dem Versicherungsschutz bestanden hat (§ 39 I VVG).

Folgeprovision. → Bestandsprovision.

Folgerating. Wiederholung eines → interaktiven Ratings im Auftrag und für Rechnung des beurteilten Unternehmens (→ Unternehmensrating). Nach einem → Erstrating unterliegen die F. einer fortlaufenden Beobachtung. Dies beinhaltet regelmäßige unterjährige Kontakte zwischen dem zu beurteilenden Unternehmen und der → Ratingagentur. Im Rahmen von F. wird auch der umfassende → Ratingprozess i.d.R. einmal im Jahr durchlaufen. Ratings können grundsätzlich jederzeit geändert werden, sie haben also keine bestimmte Gültigkeitsdauer. Sollte die Ratingagentur z.B. wegen einer geänderten unternehmensspezifischen Situation eine Änderung des Ratings oder des → Outlook für notwendig erachten, erfolgt eine Veröffentlichung unmittelbar, üblicherweise aber erst nach einem Dialog mit dem Kunden. Unangemessene Versuche, die Veröffentlichung von Ratingänderungen im Zuge dieses Dialogs zu verzögern, kann die Ratingagentur jedoch nicht akzeptieren.

Folgeschaden, *mittelbarer Schaden.* 1. *Begriff:* Schaden, der durch eine → versicherte Gefahr mittelbar an → versicherten Sachen entsteht, wobei ein ursächlicher Zusammenhang zwischen dem Eintritt der versicherten Gefahr und dem F. bestehen muss. – 2. *Anwendungsgebiete:* a) → Feuerversicherung: F. sind i.d.R. mitversichert, z.B. Schäden an versicherten Sachen durch Rauchgase und Hitze infolge eines → Brands auf dem Nachbargrundstück. – b) → Sturmversicherung: F. sind nur unter besonderen Voraussetzungen versichert. – c) → Haftpflichtversicherung: In der allgemeinen Haftpflichtversicherung sind → Vermögensschäden als unmittelbare Folge von → Personenschäden und Sachschäden mitversichert, reine Vermögensschäden nur bei gesonderter Vereinbarung (z.B. in der Privathaftpflichtversicherung). – d) → Betriebsunterbrechungsversicherung: Versicherungsschutz besteht auch dann, wenn sich versicherte Gefahr (z.B. → Brand) außerhalb einer benannten Betriebsstelle verwirklicht, der Gefahreneintritt zu einem Sachfolgeschaden innerhalb einer im Versicherungsvertrag benannten Betriebsstelle des Versicherungsnehmers führt und es dadurch zu einer Betriebsunterbrechung beim Versicherungsnehmer kommt.

Fondsgebundene Kapitalanlagen. *1. Begriff:* Kapitalanlagen eines Lebensversicherungsunternehmens, die der Bedeckung der Leistungsverpflichtungen aus → fondsgebundenen Lebensversicherungen dienen, also für Rechnung und Risiko der Versicherungsnehmer gehalten werden. – *2. Merkmale:* F. werden in Anteilseinheiten geführt. Aus jeder Beitragszahlung des Kunden wird dem Vertrag – ggf. nach Abzug von Risikobeiträgen und Betriebskostenanteilen – eine zusätzliche Zahl von Anteilseinheiten zugeordnet. Bei Vertragsablauf wird die Ablaufleistung aus der Gesamtzahl der dem Vertrag zugeordneten Anteilseinheiten bestimmt. – 3. *Modell:* In der Mehrzahl der Fälle werden F. tatsächlich in Anteileinheiten von Publikumsfonds deutscher oder ausländischer Kapitalanlagegesellschaften angelegt. Nach § 54b VAG können jedoch auch → interne Fonds als Anlagestock gebildet und in Anteileinheiten geführt werden, wenn die darin enthaltenen Vermögensgegenstände zugelassene Werte für das Sondervermögen einer Kapitalanlagegesellschaft sind. – 4. *Ziele:* Aus Kundensicht erlauben F. mit einer direkt an ihre Wertentwicklung gekoppelten Leistungsverpflichtung des Versicherers eine transparentere Gestaltung der mit einem Versicherungsvertrag verbundenen Kapitalbildung. Aus Sicht des Versicherungsunternehmens sind F. attraktiv, weil Kapitalanlagerisiken weitgehend von den Kunden getragen werden, so dass das Asset/Liability-Mismatch-Risiko im Vergleich zu konventionellen Lebensversicherungsprodukten deutlich reduziert ist. – 5. *Probleme:* Die Wertentwicklung von F. ist – z.B. wegen des höheren Aktienanteils – i.d.R. deutlich volatiler als die des konventionellen → Deckungsstocks. Daher kann die künftige Wertentwicklung eines Vertrags nur grob illustriert werden, zumeist, indem die Ablaufleistungen illustriert werden, die sich bei Wertentwicklungen von 0 %, 3 %, 6 % und 12 % der zugrunde liegenden Fondsanlagen ergeben. Diese Modellrechnungen berücksichtigen jedoch weder die den Fonds angelasteten Kosten noch das Risiko/Rendite-Profil der vom Versicherungsnehmer gewählten Kapitalanlage in angemessener Weise. V.a. das zuletzt genannte Defizit erschwert eine sachgerechte Beurteilung und Bewertung der im letzten Jahrzehnt zunehmend aufgekommenen → Hybridprodukte mit ihren sehr unterschiedlich ausgestalteten Garantien (und folglich Risiko/Rendite-Profilen).

Fondsgebundene Lebensversicherung (FLV). Erscheinungsform der → Lebensversicherung, bei der der Versicherungsnehmer über die Anlage der → Sparprämien entscheidet. Im Gegenzug trägt der Versicherungsnehmer das Kapitalanlagerisiko. Das → Lebensversicherungsunternehmen garantiert mit der FLV nur eine feste Leistung im Todesfall. Die Leistungen bei Rückkauf der Versicherung (→ Rückkaufswert) oder bei Ablauf des Vertrags hängen hingegen vom → Zeitwert des investierten Kapitals ab. Meist erfolgen die Kapitalanlagen in einem oder mehreren vom Lebensversicherungsunternehmen angebotenen → Investmentfonds. Siehe auch → indexgebundene Lebensversicherung.

Fondsgebundene Rentenversicherung. Erscheinungsform der → privaten Rentenversicherung, der wie im Fall der → fondsgebundenen Lebensversicherung für die Anlage der → Sparprämien → Investmentfonds nach Wahl der Versicherungsnehmer zu Grunde liegen.

Förderkreise. *1. Begriff:* Einrichtungen im Rahmen der → Personalentwicklung, insbesondere der → Führungskräfteentwicklung. In F. werden ausgewählte Personenkreise, meist Führungsnachwuchskräfte oder andere Potenzialträger, die für das Unternehmen wichtig sind, speziell außerhalb ihres Arbeitsplatzes ausgebildet bzw. betreut. – *2. Ziele:* Mit F. werden unterschiedliche Ziele verfolgt: a) gezielte Vorbereitung von Mitarbeitern auf Führungsaufgaben; – b) Gewinnung von Führungskräften, die die Geschäftsziele umsetzen bzw. dazu beitragen, diese zu erreichen; – c) gezielter Ausbau der personellen Basis für die Besetzung von Schlüssel- oder Führungspositionen; – d) Besetzung von Führungspositionen aus eigenen Reihen; – e) Transparenz über Aufstieg und Karriere im Unternehmen; – f) → Motivation durch exklusive Entwicklungsangebote; – g) Bindung von wichtigen Potenzialträgern. – *3. Merkmale:* F. müssen mit der → Personalplanung systematisch verbunden werden (besonders mit der Personalbedarfs-, Personalentwicklungs- und Laufbahnplanung), damit geeignete Führungskräfte zur richtigen Zeit am richtigen Ort eingesetzt werden können. F. bieten die Möglichkeit, Potenzialträger bei der Bearbeitung von speziellen Aufgaben (z.B. Projekte) zu beobachten und sie begleitend speziell auf ihren Bedarf ausgerichtet zu qualifizieren. Die Inhalte konzentrieren sich auf die Vermittlung von → Methodenkompetenz und → Sozialkompetenz sowie auf die Förderung der → Persönlichkeitskompetenz unter besonderer Beachtung der Führungskompetenz. Die Förderkreis-Teilnehmer haben meist die Möglichkeit, in Kontakt zur höchsten Führungsebene zu treten (z.B. durch ein → Mentor-Konzept) und damit wichtige Netzwerke im Unternehmen zu knüpfen. Die Förderkreis-Maßnahmen sind meist Exklu-

Förderstufen

sivangebote für den o.g. Teilnehmerkreis. – *4. Probleme:* F. müssen in die Systematik der Personalentwicklung und Laufbahnplanung eingebunden sein, sonst ist keine klare Entwicklungsrichtung gegeben. Die Teilnehmer in den F. werden frustriert, wenn sie sich über ihre normale Arbeit hinaus engagieren, exklusive Veranstaltungen besuchen können und dennoch keine klaren Karriereperspektiven aufgezeigt bekommen. Es besteht dann die Gefahr der → Fluktuation. Vgl. auch → Führungsnachwuchsprogramme.

Förderstufen. Spezifische staatliche Zulagen und Sonderausgabenabzugsmöglichkeiten im Rahmen der sog. → Riester-Rente (vgl. auch → Drei-Schichten-Modell der Altersvorsorge). Da die Riester-Rente schrittweise eingeführt wurde, wurden seit 2002 auch die Förderbedingungen im Zwei-Jahres-Rhythmus erweitert. Die jeweiligen Erhöhungen der staatlichen Zuschüsse und Sonderausgabenabzüge zu dieser privat finanzierten Rentenversicherung werden F. genannt. Die folgende Übersicht enthält die einzelnen Stufen bzw. die jährlichen staatlichen Zuschüsse pro Vertrag bzw. → Versicherungsnehmer (unter der Voraussetzung, dass die Mindestprämie eingezahlt wird).

Jahre	Grundzulage Ledige	Grundzulage Verheiratete	Kinderzulage
2002/ 2003	38 EUR	76 EUR	46 EUR
2004/ 2005	76 EUR	152 EUR	92 EUR
2006/ 2007	114 EUR	228 EUR	138 EUR
seit 2008	154 EUR	308 EUR	185 EUR (300 EUR)

Forderungen. *1. Begriff:* Ansprüche eines Gläubigers, die auf einem Schuldverhältnis beruhen (§§ 241 ff. BGB). Eine F. basiert auf einer Rechtsbeziehung zwischen natürlichen oder juristischen Personen, die vertraglich begründet (z.B. Anspruch des Verkäufers auf Zahlung des Kaufpreises) oder gesetzlich angeordnet sein kann (gesetzliches Schuldverhältnis, z.B. Anspruch des Unfallopfers auf Schadensersatz gegen den Verursacher). F. begründen somit einen Anspruch auf Zahlungsmittel oder andere finanzielle Vermögenswerte. – *2. Bilanzausweis:* Der Ausweis von F. erfolgt unter verschiedenen Positionen auf der Aktivseite der → Bilanz; sie gehören zum → Umlaufvermögen. Nach § 266 HGB werden F. unterteilt in a) F. aus Lieferungen und Leistungen, – b) F. gegen verbundene Unternehmen und – c) F. gegen Unternehmen, mit denen ein Beteiligungsverhältnis besteht. F. sind erst dann zu aktivieren, wenn der Umsatz realisiert wurde, d.h. wenn das Produkt ausgeliefert oder die Dienstleistung gegenüber dem Kunden erbracht wurde (→ Realisationsprinzip). Können F. nicht beglichen werden, sind Abschreibungen erforderlich (→ Forderungsausfall). Das Gegenstück zu F. sind → Verbindlichkeiten. Siehe auch → Rückstellungen. Bei der Bilanzierung von F. nach HGB und → IAS/ → IFRS (geregelt in IAS 32, IAS 39 und IFRS 7) bestehen insbesondere Unterschiede hinsichtlich der Bewertung. Nach HGB werden F. zum Rückzahlungsbetrag bilanziert. Nach IAS/ IFRS besteht die Möglichkeit, F. zum Fair Value zu bewerten. – *3. Besonderheiten bei Versicherungsunternehmen:* Nach der für Versicherungsunternehmen vorgeschriebenen Bilanzstruktur (Formblatt 1 der → Verordnung über die Rechnungslegung von Versicherungsunternehmen, kurz: RechVersV) werden F. unterteilt in a) F. aus dem selbst abgeschlossenen Versicherungsgeschäft gegenüber Versicherungsnehmern, Versicherungsvermittlern und Mitglieds- und Trägerunternehmen, – b) Abrechnungsforderungen aus dem Rückversicherungsgeschäft und – c) sonstigen Forderungen.

Forderungen gegenüber Versicherungsnehmern. *1. Begriff:* Versicherungstechnischer Aktivposten innerhalb der → Bilanz eines Versicherungsunternehmens, der handelsrechtlich bestehende Forderungen auf zukünftig fällig werdende → Beiträge zum Gegenstand hat. Zwar kann sich der Versicherungsnehmer den Forderungen noch durch → Beitragsfreistellung entziehen; die F. gelten aber dennoch entsprechend einer besonderen vertraglichen Vereinbarung als (nicht einklagbares) Entgelt für bereits erfüllte Teile der vertraglichen Verpflichtungen des Versicherers, insbesondere für dessen Aktivitäten bei Vertragsabschluss. – *2. Berechnung:* Der Wert entspricht dem versicherungsmathematisch berechneten Barwert der zukünftigen, noch nicht fälligen Beiträge, soweit sie auf den bereits erfüllten Teil der Verpflichtungen entfallen. Er ist auf die tatsächlich angefallenen Aufwendungen für diesen Teil der bereits erfüllten Verpflichtungen begrenzt. Aufgrund aufsichtsrechtlicher Bestimmungen besteht eine weitere Begrenzung im Rahmen des Höchstzillmersatzes (→ Zillmern). Der Wert wird meistens in Höhe einer sich sonst rechnerisch ergebenden negativen → Deckungsrückstellung bestimmt bzw. stellt den Unterschied zwischen der sich rechnerisch ergebenden Deckungsrückstellung und der wegen Anhebung auf den Rückkaufswert tatsächlich angesetzten Deckungsrückstellung dar.

Forderungsausfall. → Ausfallrisiko.

Formeller Versicherungsbeginn. → Versicherungsbeginn.

Fortlaufende Kosten. *1. Begriff:* Bezeichnung für jene Kategorie versicherter Kosten in der → Betriebsunterbrechungsversicherung, die während der Betriebsunterbrechung weiterhin anfallen und somit als Bestandteil des → Unterbrechungsschadens erstattungsfähig sind, sofern sie auch ohne Betriebsunterbrechung erwirtschaftet worden wären. – *2. Merkmale:* In der Betriebswirtschaftslehre wird das Verhalten der Kosten bei Änderung der Kosteneinflussgröße Beschäftigung mit den Kostenkategorien (semi-)variable oder (sprung-)fixe Kosten beschrieben. Die fixen Kosten und die F. der Betriebsunterbrechungsversicherung entsprechen sich zwar größtenteils, sind aber nicht vollständig kongruent, da die F. bspw. auch sämtliche Personalkosten beinhalten.

Forward. → Derivat.

Frachtführer, *carrier.* – *1. Begriff:* F. ist, wer gewerblich gegen Entgelt Frachtgut zu Lande, auf Binnengewässern oder in der Luft befördert. (Im Seefrachtgeschäft: → Verfrachter.) Ein → Spediteur ist bei Selbsteintritt, Fixkosten- oder Sammelladungsspedition dem F. gleichgestellt (§ 458-460 HGB). – *2. Haftung:* a) innerdeutsche Transporte: Der F. haftet verschuldensunabhängig für Schäden aus Verlust oder Beschädigung, die an den Gütern zwischen Übernahme und Ablieferung entstehen (§ 425 I HGB), sowie für reine → Vermögensschäden, nicht aber für → Güterfolgeschäden. Eine Entlastung ist u.a. bei höherer Gewalt (§ 426 HGB) und bei Mitverschulden des Absenders oder Empfängers (§ 425 II HGB) möglich. Die Haftung für Sachschäden ist der Höhe nach, soweit nichts anderes vereinbart wurde, auf 8,33 Sonderziehungsrechte pro kg Rohgewicht des jeweiligen Frachtstücks beschränkt (§ 431 HGB), für Umzugsgut auf 620 Euro pro Kubikmeter Laderaum (§ 451e HGB). Bei Lieferfristüberschreitungen gilt eine Begrenzung auf das Dreifache der vereinbarten Fracht (§ 431 III HGB), für sonstige Vermögensschäden auf das Dreifache des für Verlust zu zahlenden Betrags (§ 433 HBG). Diese Haftungsbegrenzungen entfallen bei Vorsatz und bewusster Leichtfertigkeit des F. (§ 435 HGB), wozu nach gängiger Rechtsprechung auch grobes Organisationsverschulden zählt. – b) internationale Transporte: Haftungsfragen werden in internationalen Abkommen geregelt. Straßentransporte: CMR (Convention relative au contrat de transport international de marchandises par route); Bahntransporte: CIM (Convention international concernant le transport des merchandises par chemin de fer); Binnenwässertransporte: CMNI (Convention de Budapest relative au contract de transport de marchandises en navigation interieure); Lufttransporte: → Montrealer Übereinkommen. – c) multimodale Transporte: Wird der Transport mit verschiedenartigen Verkehrsmitteln durchgeführt, bei denen die Haftungen durch unterschiedliche Rechtsvorschriften geregelt sind, gilt das Recht des jeweiligen Schadenorts (§ 452a HGB), soweit bekannt; ersatzweise gilt das Recht für innerdeutsche oder internationale Transporte (§ 452 HGB). – d) ausführender Frachtführer: Wird die Beförderung von einem Dritten durchgeführt, der nicht in einer Vertragsbeziehung zum Absender steht, ist er in Haftungsfragen dem vertraglichen F. gleichgestellt. Ausführender und vertraglicher F. haften gesamtschuldnerisch (§ 437 HGB). – *3. Versicherungspflicht:* Nach § 7a GüKG ist der F. verpflichtet, für Güter- und Verspätungsschäden bei Inlandstransporten mit Kraftfahrzeugen eine Haftpflichtversicherung mit einer Mindestdeckungssumme von 600.000 Euro pro Ereignis und 1.200.000 Euro pro Jahr abzuschließen (vgl. → Verkehrshaftungsversicherung). Hierbei handelt es sich um ein Großrisiko i.S.d. § 210 VVG.

Framework, *Rahmenkonzept.* – *1. Begriff:* Kurzbezeichnung für „Framework for the Preparation and Presentation of Financial Statements". Begriff aus der internationalen Rechnungslegung. – *2. Merkmale:* Das F. enthält die grundlegenden Annahmen und Anforderungen an einen Abschluss nach → IAS/ → IFRS, die auch in IAS 1 übernommen wurden. Diese haben die Vermittlung entscheidungsnützlicher Informationen zum Ziel. Zu den Annahmen und Anforderungen gehören im einzelnen a) die Unternehmensfortführung und der Grundsatz der Periodenabgrenzung, – b) die qualitativen Anforderungen Vergleichbarkeit, Verständlichkeit, Entscheidungserheblichkeit und Zuverlässigkeit von Informationen der Rechnungslegung, – c) die Nebenbedingungen Zeitnähe, Kosten-Nutzen-Adäquanz und Ausgewogenheit bei der Anwendung der Grundsätze. Weiterhin werden im F. Begriffe wie Vermögenswerte und Schulden definiert und deren Ansatz und Bewertung erläutert. – *3. Abgrenzungen:* Das F. ist kein eigener Standard, es stellt vielmehr eine Leitlinie zur Orientierung des → International Accounting Standards Board (IASB) bei der Erstellung neuer Standards dar. Die im F. enthaltenen grundlegenden Regelungen dürfen nur im Fall von Regelungslücken in den einzelnen IAS/ IFRS zur Interpretation herangezogen werden.

Framing-Effekte. *1. Begriff:* Effekte, die durch die Darstellung bzw. „Rahmung" eines Themas bewirkt werden. – *2. Merkmale:* Es geht dabei um Einflüsse auf die Wahrnehmung sowie auf Bewertungen und Entscheidungen. Insbesondere die Risikowahrnehmung und Entscheidungen unter Unsicherheit sind für F. sensitiv. – *3. Beispiele:* Ob z.B. etwas als Gewinn (100 von 500 Leben gerettet) oder als Verlust (400 von 500 Leben verloren) dargestellt wird, beeinflusst Präferenzurteile. Unterschieden wird zwischen Attribut-Framing (z.B. 10 % Fettgehalt versus 90 % fettfrei), Risky-choice-Framing (hier werden die Verluste oder die Gewinne betont, siehe das obige Beispiel zu Leben gerettet vs. verloren) und Ziel-Framing (positive Konsequenzen von Handlungen werden gegen negative Konsequenzen von Unterlassungen gestellt). – *4. Anwendungsgebiete und Zielsetzungen:* F. können aber auch durch unterschiedliche Stories erzielt werden, in die Risiken bzw. riskante Technologien eingebettet sind (→ Risikowahrnehmung). Zur Erklärung von F. im Sinne der risky choices kann die Prospect-Theorie herangezogen werden. Insgesamt sind aber F. bei weitem nicht so invariant wie ursprünglich angenommen. Die neuere Forschung zeichnet ein differenziertes Bild: So hängen F. bei risky choices z.B. vom Informationsverarbeitungsstil des Rezipienten sowie von der Art und Höhe der Verluste ab.

Franchise, *Selbstbehalt, Selbstbeteiligung.* – *1. Begriff:* Vertraglich vereinbarte Beträge oder Anteile, denen gemäß der Versicherungsnehmer versicherte Schäden selbst trägt. Eine F. kann entweder pro Schadenfall oder pro Jahr mit einem festen Betrag oder mit einem prozentualen Anteil am Schaden oder an der Versicherungssumme vereinbart werden. Wirtschaftlich handelt es sich bei der F. um eine bewusste → Unterversicherung. – *2. Arten von F.:* a) Absolute Abzugsfranchise: Der Versicherungsnehmer trägt von jedem Einzelschaden oder vom Gesamtschaden eines Jahres einen bestimmten Betrag selbst; der Versicherer zahlt nur den Teil des Schadens, der die F. übersteigt. Anwendung in der → Kfz-Versicherung (üblich sind z.B. in der → Vollkaskoversicherung eine Abzugsfranchise von 300 Euro und in der → Teilkaskoversicherung von 150 Euro), in der → privaten Krankenversicherung (PKV, s.u.) und in der → Rückversicherung (s.u.). – b) Relative Abzugsfranchise bzw. prozentuale Selbstbeteiligung: Der Versicherungsnehmer trägt von jedem Schaden einen prozentualen Anteil selbst; der Versicherer ersetzt nur den ‚restprozentualen' Teil des Schadens. Häufig werden zusätzlich aus Verwaltungskostengründen Mindestbeträge und aus Gründen der Zumutbarkeit für den Versicherungsnehmer Höchstbeträge für die Selbstbeteiligung vereinbart. Anwendung in der → Krankheitskostenversicherung, in der → Sturmversicherung und in der Rückversicherung (s.u.). – c) Integralfranchise: Der Versicherungsnehmer trägt jeden Einzelschaden oder den Gesamtschaden eines Jahres bis zum Betrag der F. selbst. Übersteigt der Schaden jedoch die F., ersetzt der Versicherer den vollen Schaden ohne Abzug. Anwendung z.B. in der → Seeversicherung. – d) Zeitfranchise (Wartezeit): Der Versicherungsnehmer trägt jeden Schaden, der ab Beginn der → Versicherungsdauer in einem gesetzlich oder vertraglich festgelegten Zeitraum eintritt, selbst. Anwendung in der → Lebensversicherung (bei Selbsttötung), in der PKV und teils auch in der → Rechtsschutzversicherung. – *4. Ziele und Wirkungen von F.:* Durch die Beteiligung des Versicherungsnehmers a) reduziert sich das vom Versicherer übernommene Risiko und somit auch die → Risikoprämie für den Versicherungsnehmer; – b) reduzieren sich die Anzahl der zu bearbeitenden Schäden, damit die Schadenregulierungskosten bei Bagatell- und Kleinschäden und letztlich auch der Betriebskostenzuschlag in der Versicherungsprämie für den Versicherungsnehmer; – c) sinken gerade im Fall von → Kumulschäden auch signifikant die Schadenvergütungen, die den Versicherer belasten; – d) interessiert sich der Versicherungsnehmer infolge der stärkeren Eigenverantwortung stärker für sein Risiko und das Ausbleiben des Schadeneintritts, d.h. für die → Schadenverhütung. – *5. Beispiel: F. in der → privaten Krankenversicherung (PKV):* In der PKV ist die F. v.a. eine Möglichkeit zur Beitragsreduktion (sog. Selbstbehaltstarife). Die Höhe der F. wird in der PKV vor Vertragsbeginn vertraglich vereinbart. Es werden Tarife mit absoluten, prozentualen oder fallbezogenen Selbstbehalten angeboten. I.d.R. gilt dabei: Je höher der jährliche Selbstbehalt ist, desto niedriger fällt die Versicherungsprämie aus. Bspw. betrug 2008 der Beitrag einer Frau mit einem Eintrittsalter von 33 Jahren für den ambulanten Teil ihres Versicherungsschutzes bei einem jährlichen Selbstbehalt von 650 Euro nur 63,74 % dessen, was sie ohne einen Selbstbehalt bezahlt hätte (Beitragsentlastung von 36,26 %). Bei 1.250 Euro jährlichem Selbstbehalt lag der Beitragsanteil nur noch bei 49,1 % (Beitragsentlastung 50,9 %). – *6. F. in der → gesetzlichen Krankenversicherung (GKV):* Der GKV sind F. aufgrund des → Sachleistungsprinzips weitgehend fremd. Mit in Kraft treten des Wettbewerbsstärkungsgesetzes (GKV-WSG) wurde es allerdings auch → Krankenkassen gestattet, Selbstbehaltstarife als sog. → Wahltarife anzubieten (§ 53 SGB V). Sie können von allen gesetzlich Versicherten zur Beitragsentlastung freiwillig gewählt werden. Anders aber als in der PKV, führen Selbstbehalte in der GKV bei einer späteren Rückkehr in einen „Normalleistungsbereich" ausschließlich zum Verzicht auf Beitragsnachlässe, nicht aber zu einer risikoäquivalenten Beitragsänderung. – *7. Selbstbehalte in der Rückversicherung:* Auch in der Rückversicherung kommen F., werden dort aber anders bezeichnet. Dabei handelt es sich um die Teile der Risiken bzw. Schadenpotenziale, die der → Zedent nicht in Rückversicherungsdeckung gibt. In den → proportionalen Rückversicherungsverträgen handelt es sich dabei um die → Selbstbehaltsquoten, die auch als prozentuale Selbstbeteiligungen pro Schaden (→ Quotenrückversicherung, → Summenexzedenten-Rückversicherung) interpretiert werden können. In den → nichtproportionalen Rückversicherungsverträgen kann die → Priorität als eine Art absolute Abzugsfranchise pro Schadenfall (→ Einzelschadenexzedent) oder pro Schadenereignis (→ Kumulschadenexzedent) oder kann der Eigenanteil des Zedenten als prozentuale Selbstbeteiligung am Jahresschaden (→ Stop Loss) aufgefasst werden.

Fraunhofer Marktpreisspiegel Mietwagen. *1. Begriff:* Nachschlagewerk und Schätzgrundlage für die Preise bei einer unfallbedingten Anmietung von Ersatzfahrzeugen. – *2. Merkmale:* Die Kosten für die unfallbedingte Anmietung eines Ersatzfahrzeugs gehören nach deutschem Haftungsrecht grundsätzlich zum Umfang des ersatzpflichtigen Schadens und sind damit insbesondere vom Kfz-Haftpflichtversicherer des Unfallgegners zu ersetzen (→ Kfz-Haftpflichtversicherung). Der F. liefert insoweit seit 2008 v.a. für die Gerichte eine Übersicht über die Preise für die Anmietung eines Ersatzfahrzeugs. Demselben Zweck dient der → Schwacke Automietpreisspiegel (abzugrenzen von der → Schwacke-Liste). Der Unterschied zwischen beiden Nachschlagewerken liegt in der voneinander abweichenden Methodik, mit der die Preise für die Anmietung erhoben werden. Mehrere Oberlandesgerichte haben sich inzwischen kritisch zu der Methodik des früher allein existierenden Schwacke Automietpreisspiegels geäußert und dessen Eignung für die Preisfeststellung in Frage gestellt oder verneint.

Freie Anwaltswahl. *1. Begriff:* In § 127 VVG geregeltes Recht des Versicherungsnehmers, den Rechtsanwalt, der seine rechtlichen Interessen wahrnehmen soll, aus dem Kreis der Rechtsanwälte, deren Vergütung der Versicherer trägt, selbst auszuwählen. – *2. Merkmale:* Hinsichtlich der Möglichkeit zur gezielten Einschränkung der F. stehen die deutschen Rechtsschutzversicherer in Europa allein. Während die Richtlinie 87/344/EWG des Rates vom 22.6.1987 in § 4 die F. nur in Fällen der Vertretung des Versicherten in einem Gerichts- oder Verwaltungsverfahren oder im Falle der Interessenskollision vorschreibt, dehnt ausschließlich der deutsche Gesetzgeber das Recht der F. ohne jede Einschränkung auf jeden → Rechtsschutzfall aus. Es ist daher offen, ob aufgrund europa- und verfassungsrechtlicher Vorgaben Einschränkungen der F. zu gestatten sind. Ob der Versicherungsnehmer angesichts der zunehmenden Spezialisierung immer den bestmöglichen Schutz erhält, wenn er ohne vorherige Beratung sein Wahlrecht ausübt, bleibt äußerst fraglich.

Freie Arztwahl. *1. Begriff:* Recht des Versicherten, bei einer ambulanten oder stationären medizinischen Behandlung den behandelnden Arzt oder Zahnarzt seines Vertrauens im Krankheitsfall frei zu wählen. Ausdruck der Selbstbestimmung. Der Umfang der F. ist in Deutschland in der → privaten Krankenversicherung (PKV) und in der → gesetzlichen Krankenversicherung (GKV) unterschiedlich ausgeprägt. – *2. F. in der PKV:* Den Versicherten der PKV steht gem. § 4 II der Musterbedingungen für die Krankheitskosten- und Krankenhaustagegeldversicherung (MB/KK 2009) die Wahl des Arztes unter allen niedergelassenen approbierten Ärzten und Zahnärzten sowie Heilpraktikern im Krankheitsfall frei. Das schließt für Privatversicherte das Recht ein, den Arzt auch unter den rein privat praktizierenden Ärzten völlig frei aussuchen bzw. einen Arzt jederzeit wechseln oder ohne Überweisung jederzeit einen Facharzt aufsuchen zu können. Darüber hinaus steht Privatversicherten der Chefarzt im Krankenhaus – auch für die ambulante Behandlung – zur Verfügung. – *3. Arztwahl in der GKV:* Nach § 76 SGB V können die Versicherten der GKV nur unter den zur vertragsärztlichen Versorgung zugelassenen Ärzten, den medizinischen Versorgungszentren, den ermächtigten Ärzten und den ermächtigten ärztlich geleiteten Einrichtungen sowie Eigeneinrichtungen der Krankenkassen frei wählen. Andere Ärzte dürfen nur in Notfällen in Anspruch genommen werden. Wird ohne zwingenden Grund ein anderer als einer der nächst erreichbaren an der vertragsärztlichen Versorgung teilnehmenden Ärzte in Anspruch genommen, hat der Versicherte die Mehrkosten zu tragen. Weitergehende Einschränkungen der Arztwahl in der GKV sind: a) Die Versicherten sollen den Arzt innerhalb eines Kalendervierteljahres grundsätzlich nur bei Vorliegen eines wichtigen Grunds wechseln (§ 76 III SGB V). – b) Bei Teilnahme an der hausarztzentrierten Versorgung (§ 73b SGB V) verpflichten sich Versicherte für mindestens ein Jahr, ambulante fachärztliche Hilfe (mit Ausnahme von Augen- und Frauenärzten) nur nach Überweisung durch ihren Hausarzt in Anspruch zu nehmen. – c) Bei Teilnahme an der besonderen ambulanten ärztlichen Versorgung (§ 73c SGB V) verpflichten sich Versicherte für mindestens ein Jahr, nur die vertraglich gebundenen Leistungserbringer in Anspruch zu nehmen – und andere ärztliche Leistungserbringer nur auf deren Überweisung hin. – d) Die Praxisgebühr (§ 28 IV SGB V) schränkt die Wahlfreiheit des Arztes ein bzw. verbindet innerhalb eines Quartals den Arztwechsel und den Facharztbesuch ohne Überweisung mit finanziellen Nachteilen.

Freie Krankenhauswahl. *1. Begriff:* Recht des Versicherten, bei einer stationären medizinischen Behandlung das Krankenhaus des Vertrauens frei zu wählen. Ausdruck der Selbstbestimmung. Der Umfang der F. ist in Deutschland in der → privaten Krankenversicherung (PKV) und der → gesetzlichen Krankenversicherung (GKV) unterschiedlich ausgeprägt. – *2. F. in der PKV:* Den Versicherten der PKV steht gem. § 4 IV der Musterbedingungen für die Krankheitskosten- und Krankenhaustagegeldversicherung (MB/KK 2009) bei medizinisch notwendiger stationärer → Heilbehandlung die Wahl sowohl unter den öffentlichen als auch den privaten Krankenhäusern, die unter ständiger ärztlicher Leitung stehen, über ausreichende diagnostische und therapeutische Möglichkeiten verfügen und Krankengeschichten führen, frei. Für medizinisch notwendige stationäre Heilbehandlungen in Krankenanstalten, die auch Kuren bzw. Sanatoriumsbehandlungen durchführen oder Rekonvaleszenten aufnehmen, werden die tariflichen Leistungen nur dann gewährt, wenn der Versicherer diese vor Beginn der Behandlung

schriftlich zugesagt hat § 4 V MB/KK 2009).
– *3. Krankenhauswahl in der GKV:* Nach § 39 SGB V ist für Kassenpatienten die F. faktisch eingeschränkt. Der eine Einweisung ausstellende Arzt hat gem. § 39 II SGB V ein bestimmtes, i.d.R. nächstgelegenes geeignetes Krankenhaus zu benennen, in dem die Behandlung erfolgen soll. Wählt der Patient ohne zwingenden Grund ein anderes als ein in der ärztlichen Einweisung genanntes Krankenhaus, können ihm die Mehrkosten ganz oder teilweise auferlegt werden. Mit dieser Einschränkung der Krankenhauswahl soll gewährleistet sein, dass die Behandlung möglichst effektiv und kostengünstig stattfindet.

Freier Cash flow. Teil des → Cash flow, der nicht in das laufende Geschäft in Form von Anlage- oder Umlaufvermögen reinvestiert werden muss, sondern für Dividenden an die Anteilseigner, für Aktienrückkäufe oder für eine Rückführung der Fremdfinanzierung verbleibt.

Freie RfB. → Freie Rückstellung für Beitragsrückerstattungen.

Freie Rückstellung für Beitragsrückerstattungen (freie RfB). *1. Begriff:* → Versicherungstechnische Rückstellung, in der die aus den → Rohüberschüssen des Geschäftsjahrs und der Vorjahre für die → Überschussbeteiligung der Versicherungsnehmer vorgesehenen Mittel reserviert sind, soweit sie a) weder bereits den einzelnen Versicherungsverträgen zugeteilt – b) noch für die Zuteilung in künftigen Geschäftsjahren durch Vorstandsbeschluss deklariert und innerhalb der → Rückstellung für Beitragsrückerstattungen (RfB) festgelegt wurden – c) noch für eine künftige Schlussüberschussbeteiligung der Versicherungsnehmer innerhalb der RfB in einem Schlussüberschussfonds zurückgestellt wurden (→ gebundene Rückstellung für Beitragsrückerstattungen).
– *2. Modell:* Nach deutschem Versicherungsaufsichtsrecht ist in der Verordnung über die Mindestbeitragsrückerstattung in der Lebensversicherung (MindZV) geregelt, welche Teile des handelsrechtlichen Rohüberschusses eines Geschäftsjahrs wenigstens für die Überschussbeteiligung der Versicherungsnehmer verwendet werden müssen. Diese Mittel werden jedoch nicht unmittelbar den einzelnen Versicherungsverträgen zugeteilt, sondern zunächst der RfB zugeführt. Die innerhalb der RfB angesammelten Mittel werden in drei Kategorien aufgeteilt, das sind die für bereits rechtsverbindlich deklarierte Überschusszuteilungen festgelegten Mittel (festgelegte RfB), die Rückstellung für in Aussicht genommene und für die einzelne Versicherungsverträge betragsmäßig spezifizierte, jedoch nicht rechtsverbindlich garantierte Schlussüberschusszahlungen (gebundene RfB oder Schlussüberschussanteilfonds) und die noch nicht einzelnen Verträgen zugeordneten verbleibenden Mittel (freie RfB). – *3. Merkmale:* Da weder die freie RfB noch der Schlussüberschussfonds als Rückstellung für eine rechtsverbindliche betragsmäßig fixierte Leistungsverpflichtung anzusehen sind und im Notfall nach § 56a VAG mit Zustimmung der Aufsichtsbehörde zur Verlustabdeckung herangezogen werden können, gelten diese beiden Bilanzpositionen i.S.d. Solvabilitätsvorschriften nach § 53c VAG als Eigenmittel zur Bedeckung der → Solvabilitätsspanne. Sie stellen bei den meisten deutschen Lebensversicherungsgesellschaften einen Anteil von deutlich über 80 % der insgesamt verfügbaren Eigenmittel dar und sind insoweit unverzichtbar für das Geschäftsmodell der deutschen Lebensversicherung. – *4. Ziele:* Die Notwendigkeit der freien RfB ergibt sich zunächst aus dem Rhythmus der → Überschussermittlung und Überschusszuteilung: die Festlegung von Überschusszuteilungen zu den einzelnen Versicherungsverträgen für das Folgejahr erfolgt zu einem Zeitpunkt, an dem der Rohüberschuss des laufenden Geschäftsjahres noch nicht definitiv festgestellt ist. Die Geschäftspolitik der meisten Versicherer ist darüber hinaus darauf ausgerichtet, den Zwischenpuffer für eine Glättung der Überschussbeteiligung zu nutzen: Schwankende Rohüberschüsse werden über einige Jahre verteilt an die Versicherungsverträge weitergegeben. Auf diese Weise werden die Leistungserwartungen aus Lebensversicherungsverträgen stabilisiert und die längerfristige Planung der Altersvorsorge für die Kunden erleichtert. – *5. Probleme:* Im Interesse einer möglichst zeitnahen Überschussbeteiligung der Kunden fordert die Aufsichtsbehörde eine Begrenzung der freien RfB auf die Summe der letzten beiden Zuführungen. Soweit die in der freien RfB zurückgestellten Beträge die Summe der Zuführungen des Geschäftsjahres und der

beiden vorausgegangenen Jahre übersteigen, sind sie in der Steuerbilanz Gewinn erhöhend aufzulösen (§ 21 II KStG). Beide Vorschriften sind im Hinblick auf die wesentliche Funktion der freien RfB als Risikopuffer problematisch, weil gerade in kritischen Situationen, die u.U. zu negativen Rohüberschüssen geführt haben, der aufsichtsrechtlich bzw. steuerlich tolerierte Umfang dieses Risikopuffers limitiert wird.

Freies Vermögen. Vermögenswerte, die nicht zum → gebundenen Vermögen gehören, also Gegenwerte der Passiva eines Versicherungsunternehmens darstellen, die nicht versicherungstechnischer Natur sind. Im Gegensatz zum gebundenen Vermögen unterliegt das F. keinen besonderen Anlagevorschriften.

Freistellungsanspruch, *Befreiungsanspruch. – 1. Begriff:* Leistungsanspruch des Versicherungsnehmers in der → Haftpflichtversicherung. Der Anspruch gegenüber dem Haftpflichtversicherer besteht darin, ihn oder eine → mitversicherte Person von Schadenersatzansprüchen Dritter freizustellen. Dabei liegt es im pflichtgemäßen Ermessen des Haftpflichtversicherers, wie er seine vertragliche Leistung erfüllen will: durch → Abwehr unberechtigter Ansprüche (Rechtsschutzfunktion der Haftpflichtversicherung) oder durch Befriedigung der Ansprüche. – *2. Merkmale:* Neben der Abwehr unberechtigter Ansprüche hat der Versicherer nur Zahlungen an den Forderungsinhaber und nicht an den Versicherungsnehmer zu leisten. Zur Zahlung an den Versicherungsnehmer ist der Versicherer grundsätzlich weder berechtigt noch verpflichtet. Außerdem stellt eine Zahlung an den Versicherungsnehmer eine Verfügung über die Entschädigungsforderung dar und wäre gem. § 108 VVG dem Dritten gegenüber unwirksam, so dass der Versicherer Gefahr laufen würde, den Schadenersatzbetrag ein zweites Mal leisten zu müssen. Der Versicherer darf nur dann an den Versicherungsnehmer zahlen, wenn sich der F. ausnahmsweise in einen Zahlungsanspruch umgewandelt hat. Das ist dann der Fall, wenn der Versicherungsnehmer bereits an den Geschädigten geleistet und damit eine begründete Haftpflichtforderung befriedigt hat oder wenn der Geschädigte aus einem Haftpflichturteil gegenüber dem Versicherungsnehmer vollstreckt hat.

Freiwillige Versicherung. Personen, für die keine → Versicherungspflicht besteht, können sich auf besonderen Antrag freiwillig in der → gesetzlichen Rentenversicherung (GRV) versichern. Freiwillig Versicherte müssen wenigstens einen Beitrag in Höhe des → Mindestbeitrags entrichten.

Freizeitassistance, *engl. Lifestyle-Assistance. – 1. Begriff:* Nicht notfallbezogene, persönliche → Assistance in Form klassischer Concierge-Leistungen, wie z.B. das Aufspüren und Besorgen schwer erhältlicher Produkte, die Organisation von Eintrittskarten für ausverkaufte Konzerte und Veranstaltungen, die Organisation von besonderen Events und Reisen, Sekretariatsdienste u.a. – *2. Ziele:* Lifestyle-Services werden häufig in sog. Premiumsegmenten zur Differenzierung und Kundenbindung eingesetzt, z.B. bei Premium-Kreditkarten und als Incentives z.B. bei Vertriebserfolgen. – *3. Weitere Merkmale:* Für die Leistungen werden Datenbanken, Fremdsprachenkenntnisse der Mitarbeiter, das Organisations-Know how und Partnernetzwerke (→ Dienstleisternetzwerk) eines → Assisteurs genutzt.

Fremdfinanzierung, *Fremdkapitalbeschaffung. – 1. Begriff:* Form der → Finanzierung, bei der Mittel durch Inhaber von Forderungstiteln bereitgestellt werden. Sowohl als Maßnahme der → Innenfinanzierung als auch der Außenfinanzierung möglich. Das Gegenstück bildet die → Eigenfinanzierung. – *2. F. von Versicherungsunternehmen:* Bei Versicherungsunternehmen erfolgt die F. v.a. durch Prämieneinzahlungen der Versicherungsnehmer (→ versicherungstechnische Umsatzfinanzierung). Der Versicherungsnehmer ist Inhaber eines bedingten Forderungstitels. Die Forderung ist vom Eintritt des Versicherungsfalls abhängig.

Fremdkapital. *1. Begriff:* Kapital, das einem Unternehmen von Gläubigern (Mittelherkunft) meist zeitlich begrenzt zur Verfügung gestellt oder überlassen wurde. Das F. wird auf der Passivseite der → Bilanz ausgewiesen. Zum F. zählen neben den → Verbindlichkeiten auch die → Rückstellungen. – *2. F. im Versicherungsunternehmen:* Bei Versicherungsunternehmen stammt das F. überwiegend aus → versicherungstechnischer Umsatzfinanzierung. Dabei handelt es sich v.a. um vorausgezahlte Prämien und aus dem Spar- und Entspargeschäft zufließende Sparbeträge.

Fremdversicherung. Versicherung für fremde Rechnung dergestalt, dass der Versicherungsnehmer den Versicherungsvertrag im eigenen Namen für ein fremdes Interesse abschließt. Im Rahmen der → verbundenen Hausratversicherung kann z.b. fallweise hinsichtlich einzelner Sachen im Haushalt eine F. vorliegen, da es nicht darauf ankommt, wer Eigentümer der Sachen ist.

Fremdwährungsversicherung, *Valutaversicherung*. – *1. Begriff:* Versicherung, bei der die Versicherungsprämien und die Versicherungsleistungen zur Sicherung des Versicherungsnehmers gegen → Währungsrisiken an eine ausländische Währung geknüpft sind. – *2. Anwendungsgebiete:* a) Lebensversicherung: (1) Versicherung in ausländischer Währung, die ein inländischer Versicherungsnehmer bei einem ausländischen Versicherungsunternehmen abschließt. Mit Versicherungsunternehmen, die ihren Sitz nicht in einem Mitgliedsstaat der EU oder einem anderen Vertragsstaat des Abkommens über den Europäischen Wirtschaftsraum haben, ist die F. grundsätzlich nur als → Korrespondenzversicherung zulässig (§ 105 VAG). (2) Versicherung in ausländischer Währung, die ein inländischer Versicherungsnehmer bei einem inländischen Versicherungsunternehmen abschließt. Die → Deckungsrückstellung wird in der betreffenden Fremdwährung angelegt. Der → Deckungsstock enthält selbstständige Fremdwährungsabteilungen. – b) Transportversicherung: Eine F. ist im internationalen Handel möglich, gelegentlich staatlich erzwungen. Die Zulässigkeit von F. hängt von der Devisengesetzgebung ab.

Frequenzschäden. *1. Begriff:* Schäden, die gehäuft in absehbarer Höhe eintreten, denen also Risiken mit relativ hohen Eintrittswahrscheinlichkeiten und i.d.R. geringen Schadenhöhen (auch Klein- bzw. → Bagatellschaden genannt) zugrunde liegen. Die Versicherung von F. hat charakteristische Merkmale eines Geldwechselgeschäfts. – *2. Würdigungen:* Für die Versicherungsunternehmen sind Risiken, die von F. geprägt sind, wenig herausfordernd, da sie gut kalkulierbar sind und kaum hohe Schadenausschlagspotenziale bergen. Sie benötigen deshalb auch nur eine geringe Unterlegung mit Risikokapital. Bei regelmäßig auskömmlichen → Versicherungsprämien sind solche Risiken meist lukrativ. Aus Sicht des Kunden stellt sich allerdings die Frage nach der Versicherungswürdigkeit von Frequenzschäden. Typischerweise verursachen Frequenzschadenrisiken relativ niedrige und zudem sicher ausgeprägte → Schadenkosten; daneben sind mit den Versicherungsprämien aber auch die → Betriebskosten des Versicherungsunternehmens zu finanzieren, die für die Geschäftsabwicklung anfallen (siehe → Abwicklungsgeschäft). Wegen der Vielzahl an F. sind hierfür relativ hohe Kostenanteile einzukalkulieren. Aus Kundensicht dürfte es deshalb oft effizienter sein, F. unversichert zu lassen und selbst zu tragen bzw. andere Maßnahmen des Risikomanagements zu ergreifen, die insbesondere auf die Reduzierung der Eintrittswahrscheinlichkeit von F. abzielen.

Friktionskostenansatz, *Reibungskostenansatz*. – *1. Begriff:* Gesundheitsökonomischer Ansatz zur Bestimmung entstehender indirekter Kosten bei Erkrankung oder dem Tod eines Arbeiters. – *2. Merkmale:* Im Gegensatz zum → Humankapitalansatz werden beim F. nur Kosten berücksichtigt, die bis zur vollständigen Einarbeitung einer neuen Arbeitskraft entstehen. Die während dieser Zeit anfallenden Kosten sind bspw. Produktivitätsverluste während der Friktionsperiode (Teamarbeit leidet, Aufträge können nicht im Zeitfenster erfüllt werden und gehen verloren, eine neue Arbeitskraft hat u.U. eine geringere Produktivität), Suchkosten für neue Mitarbeiter, Einarbeitungskosten.

Front-End-System. Teil eines IT-Systems, der teilnehmernah liegt und die Benutzerschnittstelle beinhaltet. Ein typisches F. ist ein Arbeitsplatz-PC. Siehe auch → Back-End-System.

Fronting. *1. Begriff:* Konstellation, bei der ein (Rück-)Versicherer zwar in eigenem Namen, aber auf Geheiß eines zweiten, im Hintergrund verbleibenden Versicherers ein Risiko zeichnet, mit der Absicht, dass dieses Risiko vollständig von dem hinter ihm stehenden Versicherer getragen wird. – *2. Merkmale:* F. kann z.B. den Vorteil haben, dass ein Versicherer auch in einem solchen

Staat Geschäft zeichnen kann, in dem er zu dem Zeitpunkt nicht lizenziert ist.

Frost. Veränderung des Aggregatszustands von Wasser. Bei Eisbildung verringert sich das Volumen und beim Auftauen vergrößert sich das Volumen. Wenn Eis auftaut, verursacht die Volumenänderung in/ an Rohren, Anlagen, Einrichtungen, Armaturen Schäden. Frostschäden sind im Rahmen der Gefahr → Leitungswasser in der → verbundenen Wohngebäudeversicherung mitversichert.

Frühwarnsystem. → Risikofrüherkennungssystem.

Führerscheinklausel. *1. Begriff:* Der Fahrer eines → Kraftfahrzeugs darf dieses auf öffentlichen Straßen und Wegen nur mit der vorgeschriebenen Fahrerlaubnis benutzen. Außerdem dürfen der Versicherungsnehmer, der Halter oder der Eigentümer des Kraftfahrzeugs es nicht ermöglichen, dass das Kraftfahrzeug von einem Fahrer benutzt wird, der nicht die vorgeschriebene Fahrerlaubnis hat (= Führerscheinklausel), üblicherweise geregelt in den → Allgemeine Kraftfahrtversicherungsbedingungen (AKB). – *2. Folgen der Pflichtverletzung:* Bei vorsätzlicher Verletzung der F. besteht kein Versicherungsschutz. Bei grob fahrlässiger Verletzung ist der Versicherer berechtigt, seine Leistung in einem der Schwere des Verschuldens entsprechenden Verhältnis zu kürzen. Kann der Versicherungsnehmer nachweisen, dass die Pflicht nur einfach fahrlässig oder schuldlos verletzt wurde, bleibt der Versicherungsschutz bestehen. Der Versicherer ist zudem zur Leistung verpflichtet, soweit der Versicherungsnehmer nachweist, dass die Pflichtverletzung weder für den Eintritt des Versicherungsfalls noch für den Umfang der Leistungspflicht des Versicherers ursächlich war. Dies gilt nicht bei arglistiger Pflichtverletzung. – *3. Besondere Bestimmungen in der* → *Kfz-Haftpflichtversicherung:* Die Leistungsfreiheit bzw. Leistungskürzung gegenüber dem Versicherungsnehmer und den mitversicherten Personen ist auf den Betrag von höchstens 5.000 Euro beschränkt. Gegenüber einem Fahrer, der das Kraftfahrzeug durch eine vorsätzlich begangene Straftat erlangt, ist der Versicherer von der Verpflichtung zur Leistung frei.

Führungsgrundsätze, *Führungsleitlinien, Führungsrichtlinien.* – *1. Begriff:* Aussagensystem über das gewünschte Führungsverständnis und das geforderte Führungsverhalten der Führungskräfte gegenüber ihren Mitarbeitern. F. können als eigenständige Regeln formuliert werden oder Bestandteil des → Leitbilds eines Unternehmens sein bzw. daraus abgeleitet werden. – *2. Ziele:* F. sollen der Vereinheitlichung der in einem Unternehmen praktizierten Mitarbeiterführung dienen. Die Mitarbeiter erhalten Sicherheit darüber, welchen Führungsstil das Unternehmen präferiert, und sie können sich bei Fragen und Wünschen an die eigene Führungskraft auf die F. beziehen. – *3. Merkmale:* F. werden schriftlich fixiert und reichen von allgemeinen und unverbindlich formulierten thesenartigen Kernaussagen bis hin zu detaillierten Beschreibungen von gewünschten Führungsmethoden, geforderten Führungsinstrumenten und erwartetem Führungsverhalten in einer speziellen Broschüre. Ob sich die F. auch in der gelebten → Unternehmenskultur zeigen, hängt stark davon ab, ob die Führungskräfte in den Erstellungsprozess der F. eingebunden wurden und wie häufig die F. im Arbeitsalltag thematisiert werden. Je mehr Führungskräfte in die Erstellung der F. eingebunden werden, desto größer ist die Chance, dass die F. auch gelebt werden. – *4. Probleme:* Probleme treten auf, wenn es zum Bruch zwischen Führungsanspruch und Führungswirklichkeit kommt. Wenn die F. einen Beitrag zur → Corporate Identity liefern sollen, dann müssen sie auch in der Führungsausbildung vermittelt und im Führungsalltag gelebt werden. Die F. müssen vom Management bzw. der Geschäftsleitung vorgelebt und eingefordert werden, erst dann werden sie auch dauerhaft und im gesamten Unternehmen umgesetzt.

Führungsklausel. *1. Begriff:* Klausel im Rahmen der → Mitversicherung. Sind z.B. bei der Versicherung eines großen Unternehmens mehrere Versicherer an einem Vertrag beteiligt, wird meist vertraglich vereinbart, dass einer der beteiligten Versicherer aktiv und passiv bevollmächtigt sein soll. Dieser „führende Versicherer" fertigt den → Versicherungsschein sowie etwaige Nachträge rechtsverbindlich für alle beteiligten Gesellschaften aus; er erhält eine → Führungsprovision. – *2. Besonderheiten:* a) → Sachversicherung: Der Führende ist grundsätzlich nur zur Entgegennahme von Anzeigen und Willenserklärungen des Versicherungsnehmers für die Beteiligten bevollmächtigt; vor Änderung des Versicherungsumfangs, der Regulierung großer Schäden und der Führung eines Prozesses (→ Prozessführungsbefugnis) im Namen der Beteiligten ist er zu einer Direktionsverständigung verpflichtet. – b) → Transportversicherung: Der führende Versicherer besitzt wegen der kurzzeitigen Risiken meist weiterreichende Vollmachten und ist nur zur Änderung wesentlicher Vertragsbestandteile, z.B. zur Erhöhung der Höchst-Versicherungssumme, zum Einschluss des Kriegsrisikos (→ Kriegsklausel) und zur Änderung der Kündigungsbestimmungen, nicht berechtigt.

Führungskräfteentwicklung. *1. Begriff:* Instrument der → Personalpolitik zur Entwicklung von Führungsnachwuchs (vgl. auch → Führungsnachwuchsprogramme) sowie zur Förderung der Führungsfähigkeiten der Führungskräfte im Unternehmen. – *2. Ziele:* Mit der F. werden unterschiedliche Ziele verfolgt: a) gezielte Vorbereitung von Mitarbeitern auf Führungsaufgaben; – b) Gewinnung von Führungskräften, die die Geschäftsziele umsetzen bzw. dazu beitragen, diese zu erreichen; – c) Erweiterung der personellen Basis bei der Besetzung von Führungspositionen; – d) Besetzung von Führungspositionen aus eigenen Reihen; – e) Transparenz über Aufstieg und Karriere im Unternehmen; – f) → Motivation durch Entwicklungsmöglichkeiten; – g) Transportieren der → Unternehmenskultur. – *3. Merkmale:* Die F. muss mit der → Personalplanung systematisch verbunden werden (besonders mit der Personalbedarfs-, Personalentwicklungs- und Laufbahnplanung), damit geeignete Führungskräfte zur richtigen Zeit am richtigen Ort eingesetzt werden können. Verantwortlich für die F. sind die Vorgesetzten, denn sie identifizieren den Entwicklungsbedarf bzw. das Potenzial ihrer Mitarbeiter und melden sie für geeignete Maßnahmen an (z.B. Seminare, → Förderkreise, Führungsnachwuchsprogramme, → Job-Rotation). Die Inhalte konzentrieren sich auf die Vermittlung von → Methodenkompetenz und → Sozialkompetenz sowie auf die Förderung der → Persönlichkeitskompetenz unter besonderer Beachtung der Führungskompetenz. F. ist also mehr als der Besuch von Führungsseminaren; vielmehr sind darunter sämtliche Maßnahmen der F. sowie der Prozess der systematischen Entwicklung von Potenzialen zu verstehen. – *4. Probleme:* In der Praxis bestehen unterschiedliche Meinungen zu den Aufgaben der F., die sich in der organisatorischen Zuordnung widerspiegeln. Manche Unternehmen haben die F. der → Personalentwicklung zugeordnet, für andere ist F. ein eigener Bereich. Meist gelingt es in der Praxis nicht, die einzelnen Felder der Personalplanung in Bezug auf eine effiziente, systematische F. zu koordinieren. Die Vorgesetzten erfüllen teils aus mangelndem Know-How, teils aufgrund der Wahrung ihrer Abteilungsinteressen den Auftrag zur F. nicht. Zusätzlich besteht die Gefahr, dass Mitarbeiter aufgrund der Teilnahme an Maßnahmen der F. einen unberechtigten Karriereaufstiegsanspruch ableiten.

Führungsnachwuchsprogramme. *1. Begriff:* Maßnahmen der → Personalentwicklung, insbesondere der → Führungskräfteentwicklung. In F. werden jüngere Mitarbeiter, die als Potenzialträger im Unternehmen identifiziert wurden, oder externe Bewerber, insbesondere Hochschulabsolventen, auf die Übernahme von verantwortungsvollen Führungsaufgaben vorbereitet. – *2. Ziele:* Mit F. werden unterschiedliche Ziele verfolgt: a) gezielte Vorbereitung von Mitarbeitern auf Führungsaufgaben; – b) Gewinnung von Führungskräften, die die Geschäftsziele umsetzen bzw. dazu beitragen, diese zu erreichen; – c) Besetzung von Führungspositionen aus eigenen Reihen; – d) → Motivation durch Aufstieg und Karriere im Unternehmen. – *3. Merkmale:* F. müssen mit der → Personalplanung systematisch verbunden werden (besonders mit der Personalbedarfs-, Personalentwicklungs- und Laufbahnplanung), damit geeignete Führungskräfte zur richtigen Zeit am richtigen Ort eingesetzt werden können. F. bieten die Möglichkeit, Potenzialträger auf spezielle Aufgaben vorzubereiten. Sie können in Form von → Förderkreisen, → Trainee-Programmen oder Seminarreihen durchgeführt werden. Die Inhalte konzentrieren sich auf die Vermittlung von → Methodenkompetenz und → Sozialkompetenz sowie der Förderung der → Persönlichkeitskompetenz unter besonderer Beachtung der Führungskompetenz. – *4. Probleme:* F. müssen in die Systematik der Personalentwicklung und Nachfolgeplanung eingebunden sein, sonst wird am Bedarf an Führungskräften vorbei qualifiziert. Teilnehmern von F. müssen klare Karriereperspektiven aufgezeigt werden, sonst besteht die Gefahr der → Fluktuation.

Führungsposition. *1. Begriff:* Sind mehrere (Rück-)Versicherer an einem Vertrag beteiligt, so übernimmt eine Gesellschaft die Führungsposition. Der Versicherungsnehmer verkehrt nur mit dieser führenden Gesellschaft. – *2. Merkmale:* Üblicherweise übernimmt der führende (Rück-) Versicherer einen höheren Prozentsatz des Risikos auf eigene Rechnung.

Führungsprovision. Prämienzuschlag zugunsten des führenden Versicherers im Rahmen einer → Mitversicherung. Der "Führende" übernimmt die Abwicklung der Geschäftsbesorgung (den Schriftverkehr mit dem Versicherungsnehmer, den Einzug der Versicherungsprämien, die → Schadenregulierung). Dafür zahlen die Mitversicherer oder direkt der Versicherungsnehmer dem Führenden, je nach Absprache, eine Führungsprovision.

Funded Cover. *1. Begriff:* Konzept der → Finanzrückversicherung für zukünftige Verpflichtungen (→ Prospektive Deckungsformen). Basis ist meist eine nichtproportionale Grundform der Rückversicherung (z.B. Schadenexzedent). Grundgedanke ist der Aufbau eines Finanzmittelbestands (Fund, Fonds) beim Rückversicherer durch eine hohe Bereitstellungsprämie, die zur Finanzierung von Schadenzahlungen in den Folgejahren dienen soll. In der Praxis steht der Begriff F. meist als Synonym für sog. Prefunding-(Vorfinanzierungs)-Konzepte bzw. -Elemente. – *2. Methodik und Merkmale:* Eine einmalige oder jährlich zu leistende Rückversicherungsprämie wird unter Abzug von Kosten und erwartetem Gewinn einem sog. → Experience Account gutgeschrieben. In der theoretischen Reinform des F. werden die zu leistenden Zahlungen des Rückversicherers auf die Höhe des angesammelten Finanzmittelbestands limitiert. Sollte der Experience Account am Ende der mehrjährigen Laufzeit einen positiven Saldo aufweisen, so wird dem Erstversicherer i.d.R. dieser Saldo in Form einer Gewinnbeteiligung zurückerstattet. – *3. Abgrenzung:* Aufgrund des fehlenden Risikotransfers in seiner Reinform (nur → Timing Risk, kein → Underwriting Risk für den Rückversicherer) werden in der Praxis den Risikotransfer erhöhende Elemente integriert. Schadenzahlungen werden auch über den Fund-Stand hinaus seitens des Rückversicherers geleistet, um nach jeweils geltenden aufsichtsrechtlichen Bestimmungen eine Anerkennung als Rückversicherung zu erreichen. – *4. Wirkung:* Vergleichbar mit einer Schwankungsrückstellung bewirken Kombinationsformen aus Funded Cover- und → Spread Loss Cover-Elementen eine Verteilung von schadeninduzierten Zahlungsströmen über die Zeit. Abhängig vom Umfang der zu entrichtenden Rückversicherungsprämie und der Laufzeit können sich eine Verminderung des Gewinnausweises und ein damit verbundener Aufbau einer Ertragsreserve für den Erstversicherer ergeben.

Fungibilität. Eigenschaft von Wertpapieren, jederzeit zu einem angemessenen Preis leicht austauschbar zu sein. Die F. ist eine Voraussetzung für die Handelbarkeit an einer Börse.

Funktionsausgliederung. *1. Begriff:* Völlige oder teilweise, auf Dauer angelegte Übertragung wichtiger betrieblicher Aufgaben eines Versicherers auf ein externes Unternehmen. Als solche betrieblichen Funktionen nennt der Gesetzgeber den Vertrieb, die Bestandsverwaltung, die Leistungsbearbeitung, das Rechnungswesen, die interne Revision, die Vermögensanlage oder Vermögensverwaltung (§ 5 III Nr. 4 VAG). – *2. Aufsichtsrechtliche Behandlung:* Funktionsausgliederungsverträge sind Teil des → Geschäftsplans. Sie müssen der → Aufsichtsbehörde mit dem Antrag auf → Erlaubnis zum Geschäftsbetrieb vorgelegt und von ihr genehmigt werden. Änderungen sind, obwohl die Verträge Geschäftsplanbestandteil sind, nicht genehmigungspflichtig. Die geänderten Verträge sind aber schwebend unwirksam, solange sie der Aufsichtsbehörde nicht vorgelegt worden sind (§ 13 Ia S. 2 VAG). Die Aufsichtsbehörde kann Anordnungen zur Vermeidung oder Beseitigung von Missständen auch gegenüber Unternehmen treffen, auf die der Versicherer Funktionen ausgliedert hat. Sie kann auch eine → örtliche Prüfung auf die Geschäftsräume des

Unternehmens, das die Funktionen erfüllt, ausdehnen (§ 83 V Nr. 2 VAG). Das alles entlässt freilich den Versicherer insoweit nicht aus seiner originären Zuständigkeit; er bleibt vielmehr primär verantwortlich. Die Aufsichtsbehörde verlangt deshalb von den Versicherern, dass sie sich ein umfassendes Weisungs- und Informationsrecht in den Funktionsausgliederungsverträgen einräumen lassen. Schließlich sei noch auf die Entgeltregelung und Formbedürftigkeit u.a. von Funktionsausgliederungsverträgen mit verbundenen Nichtversicherungsunternehmen hingewiesen (vgl. § 53d VAG).

Funktions- und Anforderungsprofil. *1. Begriff:* Instrument im Personalwesen. Vereint die Beschreibung von Funktionen, Aufgaben und Anforderungen bezogen auf eine Stelle. – *2. Merkmale:* Nach einigen Angaben zur Stelle (z.B. Name des Stelleninhabers, Personalnummer, Abteilung, Titel, Stellenbezeichnung, über-/ untergeordnete Stelle, Vertretung) folgt die Beschreibung der wichtigsten Funktionen bzw. Aufgaben (Fach- und Führungsaufgaben). Abschließend werden die wichtigsten Anforderungen in Bezug auf die → Fachkompetenz, → Methodenkompetenz, → Sozialkompetenz und → Persönlichkeitskompetenz sowie deren Ausprägungsgrade (z.B. niedrig/ mittel/ hoch) für den Inhaber der Stelle definiert. Das Anforderungsprofil kann als Liste, Tabelle oder grafisch dargestellt werden. – *3. Verwendung:* Aus dem Vergleich von mitarbeiterbezogenem Qualifikationsprofil und stellenbezogenem F. ergeben sich wichtige Hinweise für die optimale Stellenbesetzung oder Personalauswahl. Je größer die Übereinstimmung zwischen den beiden Profilen ist, desto besser passt der Kandidat.

Fürsorgeprinzip. Gestaltungsprinzip der → Sozialpolitik. Soziale Leistungen, die ohne entsprechende Vorleistungen in bestimmten Situationen in Anspruch genommen werden können, sind nach dem F. organisiert. In Deutschland fallen darunter bspw. die → Sozialhilfe, das → Arbeitslosengeld II, aber auch die Kriegsopferfürsorge und das Elterngeld.

Future, *Börsen-Terminkontrakt.* – *1. Begriff:* Unbedingter Terminkontrakt, der den Käufer zur Abnahme und den Verkäufer zur Lieferung einer festgelegten Menge eines Basiswerts zu einem festgelegten Preis zu einem fixierten Zeitpunkt in der Zukunft verpflichtet. – *2. Merkmale und Abgrenzungen:* Da nur ein Bruchteil des Werts zur Eröffnung eines Kontrakts notwendig ist, gehören F. zu den → Derivaten. F. sind standardisierte Termingeschäfte, die ausschließlich an Börsen gehandelt werden. Ist das Termingeschäft hingegen individueller Natur, wird es als Forward bezeichnet und „over the counter" gehandelt. Soweit die Zahlungsströme in der Zukunft regelmäßig ausgetauscht werden, wird das Termingeschäft als → Swap bezeichnet. – *3. Historie:* Ihren Ursprung haben F. in der Landwirtschaft des 17. Jahrhunderts. Um sich vor ungewünschten, künftigen Marktpreisschwankungen zu schützen, sicherten Landwirte den Absatz ihrer Waren zu einem bestimmten Preis, während sich die weiterverarbeitenden Unternehmen gegen steigende Preise oder knappe Angebotsmengen absicherten. Der erste börslich organisierte Kontrakt wurde 1848 mit der Gründung der Chicago Board of Trade (CBoT) geschlossen. – *4. Zahlungsströme und Wertentwicklungen:* Da bei Vertragsabschluss keine Prämien o. ä. anfallen und sowohl Käufer als auch Verkäufer symmetrische Rechte und Pflichten haben, hat ein F. zum Zeitpunkt seines Beginns keinen Wert. Trotzdem zahlen beide Parteien vor Beginn des Kontrakts einen Bruchteil des Kontraktvolumens als sog. „Initial Margin" oder Sicherheitsleistung auf ein Margin-Konto. Das Margin-Konto dient zum täglichen Ausgleich der Wertentwicklung zwischen den beiden Vertragsparteien. Der Wert eines F. ergibt sich grundsätzlich aus dem Angebot und der Nachfrage an der Terminbörse. I.Allg. orientiert sich die Veränderung des Preises an der Bewegung des Kassakurses des Basiswerts. Eine deutlich auseinanderlaufende Bewegung ist nicht möglich, da daraus entstehende Arbitragemöglichkeiten in funktionierenden Märkten nur sehr kurzfristiger Natur sind. Die i.d.R. trotzdem vorhandene Differenz zwischen dem Kassakurs des Underlyings und dem Terminkurs des F. beruht im Wesentlichen auf den Bestandhaltungskosten (Cost of Carry) und nimmt daher mit fortschreitender Vertragslaufzeit ab. Die Bestandhaltungskosten beinhalten neben den Bereithaltungskosten (Lagerung, Transport, Versicherung etc.) auch Opportunitätskosten

in Form von Zinsen. Der allen F. innewohnende Hebeleffekt ergibt sich als Quotient aus dem Kontraktwert zum Kaufzeitpunkt und dem zum selben Zeitpunkt für den Erwerb des Basiswerts notwendigen Betrag.
– 5. *Glattstellung:* Nur ein sehr geringer Teil der Futures-Kontrakte wird durch Realtausch erfüllt. Der weitaus größere Teil wird durch das Eingehen eines entgegengesetzt wirkenden Geschäfts noch vor dem Fälligkeitszeitpunkt „glattgestellt". Dazu erwirbt der Verkäufer des F. (Short-Position) einen gegensätzlichen Kontrakt (Long-Position) und umgekehrt. Die Differenz zwischen den beiden Positionen ergibt den jeweiligen Spekulationsgewinn oder -verlust.

G

Gammafunktion. Funktion
$$\Gamma : (0,\infty) \to (0,\infty)$$
mit
$$\Gamma(\gamma) := \int_0^\infty e^{-z} z^{\gamma-1}\, dz.$$
Es gilt $\Gamma(\gamma+1) = \gamma\, \Gamma(\gamma)$ sowie $\Gamma(1/2) = \sqrt{\pi}$ und $\Gamma(n+1) = n!$ für alle $n \in \mathbb{N}_0$.

Gammaverteilung. Eine Zufallsvariable besitzt die G. mit den Parametern $\alpha, \gamma \in (0,\infty)$, wenn für alle $x \in \mathbb{R}$

$$P[X \leq x] = \begin{cases} 0 & \text{falls } x \leq 0 \\ \int_0^x \dfrac{\alpha^\gamma}{\Gamma(\gamma)} e^{-\alpha z} z^{\gamma-1}\, dz & \text{sonst} \end{cases}$$

gilt (→ Gammafunktion). In diesem Fall hat X den → Erwartungswert $E[X] = \gamma/\alpha$ und die → Varianz $\text{var}[X] = \gamma/\alpha^2$. Spezialfälle der G. sind die → Erlang-Verteilung und die → Exponentialverteilung.

Garanten. Personen, die den → Gründungsstock eines → Versicherungsvereins auf Gegenseitigkeit (VVaG) aufbringen bzw. aufgebracht haben. G. müssen nicht → Mitglieder des VVaG sein. Auch andere (Versicherungs-)Unternehmen können G. sein. Ihnen können Verwaltungsrechte, eine Verzinsung aus den Jahreseinnahmen und eine Beteiligung am Jahresüberschuss zugesagt werden. Diese Rechte bestehen nur so lange, bis der Gründungsstock getilgt ist. Zur Tilgung des Gründungsstocks siehe unter → Gründungsfinanzierung. Die Möglichkeit einer vorzeitigen Kündigung durch den G. besteht nicht. Vgl. auch § 22 VAG.

Garantiefonds. Nach § 53c I VAG ein Drittel der → Solvabilitätsspanne. Bei Unterschreitung des G. muss das Versicherungsunternehmen auf Verlangen der Aufsichtsbehörde einen „Plan über die kurzfristige Beschaffung von Eigenmitteln" (→ Finanzierungsplan) zur Genehmigung vorlegen. Darin sind nur Finanzierungsmaßnahmen zulässig, die die → Ist-Solvabilität erhöhen. Außerdem kann die Aufsichtsbehörde in diesem Fall die freie Verfügung des Versicherers über seine Vermögenswerte einschränken oder untersagen.

Garantierte Dynamik im Leistungsfall. *1. Begriff:* Klausel in der → Berufsunfähigkeitsversicherung. Jährliche Erhöhung der → Berufsunfähigkeitsrente durch Überschüsse aus den Kapitalanlagen des Versicherers. – *2. Würdigung:* Tritt die → Berufsunfähigkeit in jungen Jahren ein und hält sie über einen längeren Zeitraum an, so besteht die Gefahr, dass die Rente immer mehr an Kaufkraft verliert. Eine G. kann diesen Wertverlust infolge einer Inflation ausgleichen. Sie ist somit ein wichtiger Baustein in der Absicherung gegen die Berufsunfähigkeit, der aber nur von wenigen Versicherern angeboten wird. Vgl. auch → Überschussbeteiligung, → Beitragsdynamik, → Nachversicherungsgarantie.

Garantiezins. *1. Begriff:* Zinssatz, mit dem ein → Lebensversicherungsunternehmen die Verzinsung der angesammelten → Sparprämien kalkuliert, um aus den insgesamt erhaltenen → Prämien unter Berücksichtigung der → Sterblichkeit und der → Betriebskosten die vertraglich garantierte Leistung erbringen zu können. – *2. Merkmale und Rahmenbedingungen:* Der G. kann vom Lebensversicherungsunternehmen zur Kalkulation der Prämien frei gewählt werden. Zur Berechnung der → Deckungsrückstellung in der HGB-Bilanz wird aber vom Bundesministerium für Finanzen (BMF) ein Höchstzinssatz für die jeweils zum Verkauf freigegebenen Tarife vorgegeben. I.d.R. orientieren sich die Lebensversicherungsunternehmen an diesen Vorgaben und verwenden als G. eben diesen Höchstzinssatz. Die Sparprämien, die den G. erwirtschaften müssen, sind im → Sicherungsvermögen zu investieren. Die restriktiven Anlagevorschriften des Sicherungsvermögens bieten ein hohes Maß an Sicherheit, dass das Vermögen erhalten bleibt und zudem der G. erwirtschaftet wird.

GDV. Abk. für → Gesamtverband der Deutschen Versicherungswirtschaft e.V.

GDV-Branchennetz, *GDV-Schadennetz, GDV-Schaden-Service. – 1. Begriff:* Vom → Gesamtverband der Deutschen Versicherungswirtschaft e.V. (GDV) eingerichtete Kommunikationsplattform, über die Versicherungsunternehmen mit anderen Dienstleistern, z.b. Sachverständige, Werkstätten, Mietwagenfirmen, Rechtsanwälten, auf der Basis eines einheitlichen Datenformats (GDV-Datensatz, GDV-Standard) für definierte Geschäftsvorfälle Daten austauschen können. – *2. Merkmale:* Das G. umfasst heute als wichtigste Services den Kfz-Schaden-Service, den Kfz-Zulassungs-Service (mit der elektronischen → Versicherungsbestätigung), den VWB-Service (Austausch der Versicherer-Wechsel-Bescheinigungen zwischen den Kfz-Versicherern) und den AVmG-Service (Kommunikation mit der Zulagenstelle für Altersvermögen). Im Rahmen des Kfz-Schaden-Services werden u.a. Schadenmeldungen, Kostenvoranschläge, Gutachten, Reparaturfreigaben und Kostenübernahmen, Sachverständigen- und Mietwagenrechnungen und Restwertbörsenanfragen/ -angebote übermittelt. Der Vorteil der Kommunikation über das G. liegt zum einen darin, dass strukturierte Daten zu einem Schadenfall übermittelt werden. Diese können in den IT-Systemen der Versicherungsunternehmen automatisiert weiterverarbeitet und zur Workflowsteuerung genutzt werden. Zum anderen hat sich mit dem Datenformat ein einheitlicher Datenstandard, der sog. GDV-Standard, herausgebildet, der eine elektronische Kommunikation zwischen unterschiedlichen IT-Systemen über eine einheitliche Datenschnittstelle ermöglicht. – *3. Ziele:* Nutzung einer einheitliche Kommunikationsplattform zwischen allen Beteiligten mit hoher Stabilität, Verfügbarkeit, Transportleistung und Sicherheit zur Beschleunigung und Vereinfachung von Datenaustausch und Regulierung.

GDV-Schadennetz. → GDV-Branchennetz.

GDV-Schaden-Service. → GDV-Branchennetz.

Gebäude. G. sind nach BGB „wesentlicher Bestandteil des Grundstücks (…)". Sie setzen sich aus dem G. (im engeren Sinne), → Gebäudebestandteilen und → Zubehör zusammen. G. können unterschiedlich z.B. als → Wohngebäude oder Geschäftsgebäude genutzt werden.

Gebäudebestandteile. *1. Begriff:* Sachen, die im Eigentum des Gebäudeeigentümers stehen und mit dem → Gebäude fest verbunden sind. – *2. Abgrenzung:* Mietereinbauten sind hingegen Einbauten, die i.d.R. nach Beendigung des Mietverhältnisses wieder entfernt werden.

Gebrauchtpolice. *1. Begriff:* Lebensversicherungsvertrag, der von einem Versicherungsnehmer, der den Vertrag ursprünglich mit dem → Lebensversicherungsunternehmen geschlossen hat, an einen Erwerber (Investor) veräußert wurde, ohne die versicherte Person auszutauschen. – *2. Hintergründe:* Anstatt seinen Versicherungsvertrag zu kündigen und den → Rückkaufswert zu erhalten, kann es u.U. für einen Versicherungsnehmer attraktiver sein, den Vertrag an einen Investor zu veräußern. Gründe hierfür können niedrige Rückkaufswerte oder steuerliche Gestaltungen sein. Der Investor und der Versicherungsnehmer teilen sich gleichsam eine Marge zwischen dem → Zeitwert und dem Rückkaufswert des Lebensversicherungsvertrags.

Gebührenordnungen für Ärzte und Zahnärzte (GOÄ/GOZ). *1. Begriff und Begründung:* Die GOÄ und GOZ bilden in Deutschland die Grundlage für die Berechnung und Vergütung der Leistungen, die im Zusammenhang mit einer ärztlichen und zahnärztlichen Behandlung erbracht werden. Der Gebührenordnung kommt dabei eine Schutzfunktion der Patienten zu; denn eine Vergütung darf der Arzt oder Zahnarzt grundsätzlich nur für Leistungen berechnen, die nach den Regeln der ärztlichen Kunst für eine medizinisch notwendige ärztliche Versorgung erforderlich sind (§ 1 GOÄ/GOZ). Den G. ist das Gebührenverzeichnis für ärztliche bzw. zahnärztliche Leistungen als Anlage beigegeben. – *2. Vergütung der Leistungen auf Basis der GOÄ/GOZ:* Jeder ärztlichen Leistung ist in der GOÄ/GOZ eine bestimmte Punktzahl zugeordnet. Sehr aufwendige Leistungen haben hohe, einfache Verrichtungen niedrige Punktzahlen. Multipliziert wird diese Punktzahl dann mit einem einheitlichen Punktwert. Der Punktwert beträgt in der GOÄ 5,82873 Cent und in der GOZ 5,62421 Cent (§ 5 GOÄ/GOZ). Damit ergeben sich Gebührensätze, die den „allgemeinen" Preis für (zahn-)ärztliche Leistungen darstellen. Der Arzt errechnet das Regelhonorar bzw. den Regelhöchstsatz endgültig, indem der Gebührensatz, abhängig von der Schwierigkeit der Behandlung und dem Zeitaufwand im individuellen Fall, mit einem → Steigerungssatz multipliziert wird (Punktzahl x einheitlicher Punktwert = Gebührensatz bzw. Einfachsatz x Steigerungssatz = Regelhonorar bzw. Regelhöchstsatz). – *3. Regelsätze:* Die (Steigerungs-)Sätze liegen im Regelfall a) für persönliche ärztliche Leistungen zwischen dem einfachen und dem 2,3fachen Satz, – b) für zahnärztliche Leistungen zwischen dem einfachen und dem 2,3fachen Satz, – c) für medizinisch-technische Leistungen (das sind Leistungen mit einem hohen Sachkostenanteil oder Leistungen, die der Arzt i.d.R. nicht selbst durchführt) zwischen dem einfachen und dem 1,8fachen Satz, – d) für Laboruntersuchungen zwischen dem einfachen und dem 1,15fachen Satz. – *4. Überschreitung der Regelhöchstsätze:* In bestimmten Fällen darf der Arzt die Regelhöchstsätze bei persönlichen Leistungen bis zum 3,5fachen, bei medizinisch-technischen Leistungen bis zum 2,5fachen bzw. bei Laboruntersuchungen bis zum 1,3fachen Steigerungssatz („Höchstsatz") überschreiten, wenn die Leistung besonders schwierig und zeitaufwendig ist, also deutlich vom Regelfall abweicht, und eine schriftliche Begründung gegeben wird, die „für den Zahlungspflichtigen (d.h. für den Patienten) verständlich und nachvollziehbar" ist (§ 12 III GOÄ bzw. § 10 III-IV GOZ). Will der Arzt auch diese Höchstsätze überschreiten, so muss mit dem Patienten eine sog. abweichende Vereinbarung (§ 2 GOÄ/GOZ) über eine höhere Vergütung getroffen werden.

Gebührenvereinbarung, *Honorarvereinbarung.* – *1. Begriff:* Schriftliche Vereinbarung eines Honorars zwischen Rechtsanwalt und Mandant in Abweichung von den gesetzlichen Gebühren des → Rechtsanwaltsvergütungsgesetzes (RVG). Die G. bedarf der Schriftform und darf nicht in der Vollmacht des Anwalts enthalten sein. – *2. Gängige Ausprägungen:* Zeithonorar (abzurechnen nach Stunden oder Bruchteilen) und Pauschalhonorar. – *3. Merkmale:* Eine Unterschreitung der gesetzlichen Gebühren nach dem Gesetz über die Vergütung der Rechtsanwältinnen und Rechtsanwälte (RVG) ist nur in außergerichtlichen Angelegenheiten erlaubt, nicht gestattet war bislang die Vereinbarung eines Erfolgshonorars, insbesondere einer prozentualen Beteiligung des Anwalts am erstrittenen Erfolg (quota litis). Das Bundesverfassungsgericht hat dieses strikte Verbot im Jahr 2007 für verfassungswidrig erklärt und eine Gesetzesänderung bis Mitte 2008 gefordert. Nach dem zwischenzeitlich verabschiedeten Gesetzesentwurf ist die Vereinbarung von Erfolgshonoraren in der Zukunft in Einzelfällen möglich, wenn damit besonderen Angelegenheiten Rechnung getragen wird. Dies gilt insbesondere, wenn der Auftraggeber aufgrund seiner wirtschaftlichen Verhältnisse bei verständiger Betrachtung ohne die Vereinbarung eines Erfolgshonorars von der Rechtsverfolgung abgehalten würde. Nach der Gesetzesbegründung muss für die Beurteilung auf die individuelle Situation des Mandanten abgestellt werden. Eine genaue Definition gibt der Gesetzgeber aber nicht. Soweit Deckungsschutz durch eine → Rechtsschutzversicherung besteht, wird die Vereinbarung eines Erfolgshonorars wohl stets unzulässig sein, da der versicherte Mandant in diesen Fällen nicht durch das bestehende Kostenrisiko von der Rechtsverfolgung abgehalten wird. In einem gerichtlichen Verfahren darf für den Fall des Misserfolgs eine geringere als die gesetzliche Vergütung vereinbart werden, wenn für den Erfolgsfall ein angemessener Zuschlag auf die gesetzliche Vergütung vereinbart wird.

Gebündelte Versicherung, *Bündelversicherung.* *1. Begriff:* Zusammenfassung mehrerer rechtlich selbstständiger Versicherungsverträge in einem Antragsformular und in einem → Versicherungsschein, der allerdings um die für den jeweiligen Einzelvertrag geltenden → Allgemeinen Versicherungsbedingungen (AVB) ergänzt wird. – *Anders:* → verbundene Versicherung. – *2. Merkmale:* Die gebündelten Versicherungsverträge können einzeln abgeschlossen und gekündigt werden, da sie rechtlich selbstständig sind und bleiben. – *3. Besonderheiten:* Damit Versicherte bei Bündelverträgen nicht benachteiligt werden, ist seit 1994 im → Versicherungsaufsichtsgesetz (VAG) geregelt, dass die für den → Versicherungsantrag genutzten Vordrucke nur so viele Anträge auf Abschluss rechtlich selbstständiger Versicherungsverträge enthalten dürfen, dass die Übersichtlichkeit, Lesbarkeit und Verständlichkeit nicht beeinträchtigt werden (§ 10a III VAG). – *4. Anwendungsgebiete:* → Kfz-Versicherung; gebündelte Geschäftsversicherung; Familienversicherung (→ verbundene Hausratversicherung, → Privathaftpflichtversicherung, → private Unfallversicherung).

Gebundene RfB. → Gebundene Rückstellung für Beitragsrückerstattungen.

Gebundene Rückstellung für Beitragsrückerstattungen (gebundene RfB). *1. Begriff:* → Versicherungstechnische Rückstellung, in der künftige Leistungen aus der → Überschussbeteiligung, die bereits einzelvertraglich zugeteilt, aber noch nicht rechtsverbindlich garantiert sind, reserviert werden. – *2. Bestandteile und Merkmale:* Wichtigste Komponente der gebundenen RfB ist der Schlussüberschussfonds, in dem Rückstellungen für Schlusszahlungen gebildet werden, die für die einzelnen Verträge vorgesehen, aber noch nicht garantiert sind. Diese Reservierung in Aussicht genommener Schlusszahlungen ist nach aufsichtsrechtlicher Praxis seit langem Voraussetzung dafür, dass Leistungen aus der Schlussüberschussbeteiligung in für Werbezwecke verwendeten Beispielrechnungen zur Überschussbeteiligung dargestellt werden dürfen. Zu den Leistungskomponenten, für die im Rahmen der gebundenen RfB eine Rückstellung zu bilden ist, gehören daneben auch Zuschläge aus der Überschussbeteiligung zu fälligen Renten, die bei unveränderter Überschussdeklaration in gleichbleibender Höhe gezahlt werden sollen. Da die Zuschläge durch künftige Überschussdeklarationen auch vermindert werden können, ist für sie keine → Deckungsrückstellung zu bilden, sondern eine Reservierung innerhalb der → Rückstellung für Beitragsrückerstattungen (RfB) nach realitätsnäheren Rechnungsgrundlagen vorzunehmen. – *3. Modell:* Das → Standardmodell sieht nach § 28 RechVersV eine einzelvertragliche Ermittlung des Schlussüberschussfonds vor, die von der auf Basis der aktuellen Überschussdeklaration berechneten Endanwartschaft $SÜ_{Ablauf}$ ausgeht. Bei einer Gesamtversicherungsdauer von n Jahren und einer zurückgelegten Versicherungsdauer von m Jahren beträgt der zu bildende Schlussüberschussfonds SÜAF(n, m) dann:

$$SÜAF(n,m) = \frac{m}{n} \cdot SÜ_{Ablauf} \cdot \frac{1}{(1+i)^{n-m}}.$$

Bei Rentenversicherungen tritt an die Stelle der Versicherungsdauer die Aufschubzeit bis zum Rentenbeginn. Es wird also unterstellt, dass sich die bei Ablauf fälligen Schlussüberschussanwartschaften linear aufbauen. Dabei darf der Diskontierungszins i nach § 28 RechVersV höchstens gleich dem 10jährigen Durchschnitt der Umlaufrenditen von Anleihen der Öffentlichen Hand sein. Alternative Modelle gehen davon aus, dass alljährlich der Zuwachs des Schlussüberschussfonds sowie seine Verzinsung deklariert werden. In diesem Fall entspricht die bei Ablauf (oder Rentenbeginn) fällige Schlussüberschussleistung dem → Endwert des Fonds. – *4. Ziele:* → Schlussüberschussanteile sind aus Kundensicht erst bei Vertragsablauf endgültig verdient und daher ein geeignetes Instrument, in volatilen Kapitalmärkten erzielte Kapitalanlageerträge frühzeitig einzelnen Versicherungsverträgen individuell zuzuordnen, andererseits aber durch spätere Reduktion Verluste ausgleichen zu können, ohne die Solvenz des Unternehmens zu gefährden. – *5. Probleme:* Die langjährige Auffassung der Aufsichtsbehörde, die für das vor 1995 abgeschlossene „regulierte" Geschäft auch Ausdruck in vielen Geschäftsplänen findet, ist, dass der Umfang der Schlussüberschussbeteiligung relativ zur laufenden

Überschussbeteiligung begrenzt werden sollte. Dies führt aber dazu, dass in Zeiten niedriger Zinsen die Schlussüberschussbeteiligung deutlich eingeschränkt wird, obwohl sie wegen der tendenziell zunehmenden Volatilität der Kapitalmärkte aus finanzmathematischer Sicht ein größeres Gewicht bekommen müsste.

Gebundener Vermittler. *1. Begriff:* Abweichend von der engeren Definition in Art. 2 Ziffer 7. der EU-Vermittlerrichtlinie vom 9.12.2002 ist ein G. nach § 34d IV GewO ein → Versicherungsvertreter, der seine Tätigkeit ausschließlich im Auftrag eines oder mehrerer im Inland zum Geschäftsbetrieb befugter Versicherungsunternehmen, deren Versicherungsprodukte nicht in Konkurrenz zueinander stehen, ausübt und für dessen Vermittlungstätigkeit ein vertretenes Versicherungsunternehmen die uneingeschränkte Haftung übernimmt. Der G. bedarf keiner → Gewerbeerlaubnis, sondern kann vom Versicherungsunternehmen ohne eine solche zum Vermittlerregister gemeldet werden. Allerdings ist das Versicherungsunternehmen dann (an Stelle der IHK) gesetzlich gehalten, sich selbst durch Einholung geeigneter Auskünfte von der Zuverlässigkeit und den geordneten Vermögensverhältnissen des Vermittlers zu überzeugen und eine angemessene Qualifikation sicherzustellen.

Gebundenes Vermögen. Nach § 54 VAG bilden die Bestände des → Sicherungsvermögens und das sonstige G. (vgl. dazu § 54 V VAG) gemeinsam das gebundene Vermögen. Der Umfang des sonstigen G. entspricht der Summe aus den Bilanzwerten der versicherungstechnischen Rückstellungen und der aus Versicherungsverhältnissen entstandenen Verbindlichkeiten und Rechnungsabgrenzungsposten, die nicht bereits zum Sicherungsvermögen (vgl. § 66 Ia VAG) gehören. Das G. unterliegt besonderen Anlagevorschriften, die in § 54 VAG und der → Anlageverordnung (AnlV) festgelegt sind. Es ist vom → freien Vermögen abzugrenzen.

Geburtenziffer, *Geburtenrate. – 1. Begriff:* Anzahl der → Lebendgeborenen pro Jahr bezogen auf 1.000 Einwohner eines Gebiets. Anders als etwa bei → Fertilitätsraten werden Geburten hier nicht nur auf Frauen im gebärfähigen Alter, sondern auf die gesamte Bevölkerung bezogen, wodurch auch Personen einbezogen werden, die keine Kinder bekommen können (Männer, sehr junge und ältere Frauen). Zudem ist die G. stark von der → Altersstruktur einer Bevölkerung beeinflusst. Der Vorteil der allgemeinen G. liegt in ihrer einfachen Berechenbarkeit und dem geringen Datenaufwand. – *2. Kennziffer:* Allgemeine Geburtenziffer g

$$g = \frac{G_{t0 \to t1}}{\overline{B}_{t0 \to t1}} \times 1.000$$

$G_{t0 \to t1}$: Anzahl der Lebendgeborenen im Zeitintervall t_0 bis t_1

$\overline{B}_{t0 \to t1}$: Mittlere Bevölkerung im Zeitintervall t_0 bis t_1

Geburtsjahrmethode. Statistisches Verfahren (nach Zeuner-Becker) zur Messung der → Sterbewahrscheinlichkeiten in einem Beobachtungszeitraum. Nach der G. wird als Stichprobenwert T_x gewählt, wobei T_x die Anzahl der x-jährig Verstorbenen bezeichnet, das ist die Anzahl derjenigen Personen, die x-jährig im Beobachtungszeitraum gestorben sind, deren x-ter Geburtstag im Beobachtungszeitraum lag und deren (x + 1)ter Geburtstag, hätten sie ihn erlebt, ebenfalls im Beobachtungszeitraum gelegen hätte. Ins Verhältnis gesetzt wird der so ermittelte Stichprobenwert zu allen Personen, deren x-ter Geburtstag im Beobachtungszeitraum mindestens ein Jahr vor dessen Ende liegt. Mit diesem Verfahren werden alle Merkmale direkt beobachtet.

Gedehnter Versicherungsfall. Versicherungsfall, der nicht zu einem bestimmten Zeitpunkt eintritt, sondern sich über einen gewissen Zeitraum erstreckt. G. kommen in der → Krankenversicherung und in der → Betriebsunterbrechungsversicherung vor.

Gefährdungshaftung. *1. Begriff:* Verantwortlichkeit für einen bestimmten Gefahrenbereich, die durch die Überlegung gerechtfertigt ist, dass derjenige, der gewisse Gefahren setzt, auch für die von ihnen verursachten Schäden ohne Rücksicht auf ein Verschulden aufzukommen hat. – *2. Merkmale:* Der G. liegt der Gedanke sozialer

Verantwortung für eigene Wagnisse zugrunde. Der Haftungsgrund liegt in der zulässigen Inbetriebnahme einer Einrichtung, wenn durch den Betrieb der Einrichtung Dritte zu Schaden kommen. – *3. G. im Kraftverkehr:* Der Betrieb von → Kraftfahrzeugen löst eine G. des Halters und des Fahrers aus (§§ 7, 18 StVG). Der Fahrer kann sich allerdings von der Haftung befreien, wenn ihm der Nachweis gelingt, dass der Schaden nicht durch sein Verschulden verursacht worden ist (sog. Nichtverschuldensnachweis), § 18 I 2 StVG. Da die G. kein Verschulden voraussetzt, ist die Haftung, um den Schädiger nicht unverhältnismäßig zu belasten, ausgeschlossen, wenn ein Unfall durch ein unabwendbares Ereignis verursacht wird (§ 18 II StVG). Das ist der Fall, wenn der Unfall durch äußerst mögliche Sorgfalt unter Berücksichtigung aller möglichen Gefahrenmomente nicht abgewendet werden kann. Beweisbelastet mit der Unabwendbarkeit des Unfalls ist derjenige, der sich auf den Haftungsausschluss nach § 18 II StVG berufen möchte. Im Interesse des Geschädigten verlangt das Gesetz vom Halter eines Kraftfahrzeugs für die möglicherweise eintretende G. den Abschluss einer → Kfz-Haftpflichtversicherung. – *4. Weitere Fälle der G. (Beispiele):* Viele Tätigkeiten lösen eine G. aus. Entsprechende Rechtsnormen lassen sich z.B. in folgenden Gesetzen und Paragraphen finden: § 84 AMG, §§ 25 ff. AtG, § 833 S. 1 BGB, § 29 I, II BjagdG, § 32 GenTG, §§ 1, 2 HaftPflG, § 33 LuftVG, § 1 ProdHaftG, §§ 1, 2 UmweltHG und § 22 WHG. In den einschlägigen Arten der Haftpflichtversicherung ist die G. abgedeckt.

Gefahrengruppe, *Risikogruppe.* – *1. Begriff:* In der → privaten Unfallversicherung (PUV) wird i.d.R. der Beruf der zu versichernden Person zur Einstufung des Risikos herangezogen. Die sich aus dem Beruf ergebende Gefahr schlägt sich in der Prämie nieder. – *2. Merkmale:* Marktüblich ist die Einteilung in zwei Gefahrengruppen. Die risikoärmere G. beinhaltet alle Berufe ohne körperliche oder handwerkliche Arbeiten. Die risikoreichere G. beinhaltet dem gegenüber alle Berufe mit körperlicher oder handwerklicher Arbeit. Das höhere Risiko wird mit einer höheren Prämie versehen. – *3. Beispiel:* Ein Handwerker hat eine höhere Prämie in der Unfallversicherung als ein kaufmännischer Angestellter.

Gefahrerhöhung. *1. Begriff:* Nach Abschluss eines → Versicherungsvertrags eingetretene Veränderung, wenn sie dazu führt, dass der Eintritt des → Versicherungsfalls wahrscheinlicher oder der potenzielle Schaden größer wird. – *2. Rechtsverhältnisse:* Die G. ist in § 23 VVG geregelt. Demnach darf der → Versicherungsnehmer nach Abgabe seiner Vertragserklärung keine G. vornehmen. Erkennt der Versicherungsnehmer nachträglich, dass er ohne Einwilligung des Versicherers eine G. vorgenommen hat oder dass eine G. unabhängig von seinem Willen eingetreten ist, muss er dies dem Versicherer unverzüglich anzeigen. – *3. Folgen:* Sollte der Versicherungsnehmer gegen die Obliegenheiten verstoßen, drohen im kausalen Zusammenhang eines Schadenereignisses mit dem gefahrerhöhten Umstand Schadenfreiheit des Versicherers und/ oder Kündigung des Versicherungsvertrags.

Gefahrstandspflicht. Obliegenheit des Versicherungsnehmers, dass er keine → Gefahrerhöhung vornimmt.

Gegenseitigkeit. *1. Begriff und Merkmale:* Prinzip, auf dem der → Versicherungsverein auf Gegenseitigkeit (VVaG) beruht. G. bedeutet in diesem Zusammenhang, dass sich die → Mitglieder des VVaG gegenseitig (wechselseitig) versichern. Im Rahmen der G. besteht Personenidentität der Mitglieder und der Versicherungsnehmer eines VVaG. – *2. Würdigung:* Anders als der Versicherungs-Aktiengesellschaft (→ Aktiengesellschaft) haftet dem VVaG mit dem Prinzip der G. ein gewisser Solidargedanke an (→ Solidaritätsprinzip), der auch in einer möglichen → Nachschusspflicht (sofern in der Satzung des VVaG festgeschrieben) und in den Gewinnanteilsrechten bzw. den Rechten der Mitglieder auf (erfolgsabhängige) → Prämienrückgewähr zum Ausdruck kommt. Das Prinzip der G. und das Solidaritätsprinzip sind allerdings nicht mit dem Prinzip des → Risikoausgleichs im Kollektiv zu verwechseln, das eine Versicherungstechnik darstellt und nicht darüber hinwegtäuschen darf, wer letztlich das → versicherungstechnische

Risiko trägt: a) der Verein mit seinen Mitgliedern, die zugleich die Versicherungsnehmer sind, beim VVaG oder – b) die Aktiengesellschaft mit ihren Aktionären und deren haftendem Eigenkapital bei der Versicherungs-Aktiengesellschaft. – c) Auch beim → öffentlich-rechtlichen Versicherungsunternehmen kann insofern nicht vom Prinzip der G. gesprochen werden, als letztlich das versicherungstechnische Risiko nicht von der Gemeinschaft der Versicherungsnehmer getragen wird, sondern vom Unternehmen selbst bzw. ggf. von dessen ebenfalls öffentlich-rechtlichen Gewährträgern (Gewährträgerhaftung). – *3. Aktuelle Entwicklungen:* In der Praxis kann dem Grundgedanken der G. nur noch bei → kleineren Vereinen eine tragende Bedeutung beigemessen werden. Mit der Streichung der Nachschusspflicht aus den Satzungen der großen VVaG ist das versicherungstechnische Risiko letztlich jedenfalls nur noch an die Rechtsperson des VVaG geknüpft, und nicht mehr an dessen einzelne Mitglieder im Sinne einer gegenseitigen (wechselseitigen) Versicherung.

Gehaltsumwandlung. Überholter Ausdruck für → Entgeltumwandlung.

Geld. *1. Begriff und Funktionen:* Generelles Gut, das in der Wirtschaft als allgemeines Tauschmittel und Wertmaß dient. Daneben ist es ein Wertaufbewahrungsmittel (über die Zeit als Kassenhaltung oder liquide Vermögensanlage). Juristisch ist G. das gesetzliche Zahlungsmittel. Allerdings können diese Funktionen von G. auseinander fallen, wenn das Geldwesen in Unordnung geraten ist, etwa bei sehr hoher → Inflation. Diese Funktionen haben dazu geführt, G. als das liquideste Vermögensgut zu definieren, das deshalb auch keinen → Zins verdient. Einerseits führt die Verwendung eines intermediären Gutes wie G. als Tauschmittel zu einer Einsparung von → Transaktionskosten und setzt damit Ressourcen frei, die an anderer Stelle verwendet werden können. Andererseits wird G., das i.Allg. unverzinst bleibt, trotz Zins bringender und evtl. selbst risikoloser Anlagealternativen (z.B. langfristige Staatsanleihen) gehalten, weil deren Umwandlung (Liquidisierung) nicht sofort erfolgen kann und damit Kosten verursacht. – *2. Geschichte:* Vieles hat in der Geschichte als G. gedient: Bronzeplättchen, Ringe, Muscheln, Vieh (Rind, Ziege), Metalle (Gold, Silber und Kupfer), heute stoffwertlose Papierscheine und bloße Buchungszahlen. Erst vor gut zweieinhalbtausend Jahren wurde das Naturalgeld durch das Metallgeld abgelöst. Die Vorteile von Gold, Silber und Kupfer liegen auf der Hand: Sie sind praktisch zu handhaben, sind selten genug und haben einen beständigen Stoffwert (Metallismus). Erst im 19. Jahrhundert löste sich die vom G. repräsentierte Werteinheit (Mark, Franc, Pfund, Dollar u.a.) von seinem Stoffwert (Nominalismus), allerdings nicht ohne Probleme. G. wird damit prinzipiell nicht mehr in seiner stofflichen Substanz gewertet, sondern wegen seiner Funktionen in der Wirtschaft. – *3. Arten des G.:* a) Warengeld (commodity money): Hier übernimmt eine Ware (Naturalie, wie Vieh oder Salz; Metalle, wie Gold, Silber oder Kupfer) mit ihrem Wert die Funktionen als Tauschmittel und Wertmaß. – b) Kreditgeld: Entsteht durch die Kreditgewährung einer Bank. Kreditgeld schöpfen die mit dem Privileg der Notenausgabe ausgestatteten Banken (Notenbanken bzw. Zentralbanken in Form von sog. Zeichengeld oder Banknoten) und die Geschäftsbanken (Giralgeld oder Buchgeld). Es gilt heute als unbestritten, dass die Giralgeldmenge wegen des (Kredit-) Geldschöpfungsmultiplikators ein Vielfaches der Notengeldmenge ausmacht. – *4. Geldmenge:* Da der Geldumlauf sowohl durch Notenausgabe wie auch durch Kreditgewährung aufgebläht werden kann, kommt der Steuerung der Geldmenge in modernen Geldwirtschaften eine große Bedeutung zu (→ Geldpolitik). Dabei muss die Zentralbank nicht nur die von ihr selbst zu verantwortende Bargeldmenge, sondern auch die Giralgeld- oder Kreditgeldmenge kontrollieren. Hierzu wurden verschiedene Geldmengenbegriffe geschaffen: M1 = Summe aus Bargeld (ohne Kassenbestände der Kreditinstitute) und Sichteinlagen inländischer Nichtbanken; M2 = M1 + Termingelder inländischer Nichtbanken mit Befristung bis unter zwei Jahre + Spareinlagen (bis drei Monate); M3 = M2 + weitere geldnahe Positionen, wie Geldmarktpapiere und Geldmarktfondsanteile. – *5. Geldwert:* Unter Geldwert oder Kaufkraft ist die Menge an Gütern zu verstehen, die für eine Geldeinheit

Geldpolitik 256

zu bekommen ist. Sind die Preise an den Märkten hoch, ist der Geldwert gering und umgekehrt. Ein allgemeines Steigen der Preise (des Preisniveaus) bedeutet folglich einen sinkenden Geldwert oder Inflation. Von diesem Binnenwert ist zweckmäßigerweise der Außenwert des G. zu trennen, der sich im Wechselkurs ausdrückt, d.h. im Preis, den ein Inländer (etwa in Euro) für eine ausländische Währungseinheit (z.B. US-Dollar) bezahlen muss. Sinkt der Wechselkurs (Devisenkurs), d.h. der Dollar wird gegenüber dem Euro billiger, so wird von einer Abwertung des Dollar gesprochen (aus europäischer Sicht stellt sich dies als Aufwertung des Euro dar). Dies aber bedeutet, dass sich die US-amerikanischen Waren bei gegebenem Dollarpreis für die Europäer verbilligen, während sich europäische Waren bei gegebenem Euro-Preis in den Vereinigten Staaten verteuern.

Geldpolitik. *1. Begriff:* Bezeichnet die Gesamtheit von Maßnahmen, die mit Hilfe von monetären Instrumenten vornehmlich auf die Stabilisierung des Preisniveaus (→ Inflation), aber auch auf die anderen drei Ziele der → Stabilisierungspolitik (Vollbeschäftigung, außenwirtschaftliches Gleichgewicht und Wachstum) gerichtet sind. Träger der G. ist v.a. die Zentralbank (z.B. Europäische Zentralbank – EZB; US-amerikanische Federal Reserve Bank – Fed). – *2. Instrumente:* Wichtige Instrumente der G. sind die Offenmarktpolitik (Kauf und Verkauf von Wertpapieren), die Rediskontpolitik (im Wesentlichen die Festsetzung des Zinssatzes, zu dem die Zentralbank bereit ist, insbesondere Wechsel von den Banken anzukaufen) und die Mindestreservepolitik (Steuerung der Bankkredite durch die Veränderung der Bedingungen für Pflichteinlagen der Banken). – *3. Wirkungen:* Die G. kann durch ihre Instrumente die Zentralbankgeldmenge verändern und dadurch versuchen, die umlaufende Geldmenge zu steuern, die den Haushalten und Unternehmen für Ausgaben zur Verfügung steht. Dies setzt allerdings voraus, dass der Zusammenhang zwischen Zentralbankgeld und Geldmenge, der durch den Geld- oder Kreditschöpfungsmultiplikator hergestellt wird, relativ stabil bzw. beeinflussbar ist. Ferner muss ein relativ enger Zusammenhang zwischen dem Ausgabenverhalten und der Geldmenge existieren. Die theoretische Basis dieser Argumentation ist die → Quantitätstheorie des Geldes, die von Milton Friedman neu formuliert wurde. Allerdings schlägt Friedman vor, insbesondere wegen der langen und unsicheren time lags die G. zu verstetigen (Friedman-Regel).

Geldwäschebekämpfung. *1. Begriff und Einordnung:* Alle Unternehmen des Finanzsektors haben Transaktionen mit kriminellem Hintergrund zu verhindern und dazu beizutragen, sie aufzudecken und zu bekämpfen. Das gilt v.a. für Vorgänge der Geldwäsche und Terrorismusfinanzierung. – *2. Aufsicht:* In Deutschland hat die für die Beaufsichtigung des Finanzleistungssektors zuständige Behörde, die → Bundesanstalt für Finanzdienstleistungsaufsicht (BaFin), die Aufgabe, zu überwachen, dass die gesetzlichen, die Geldwäsche und Terrorismusfinanzierung betreffenden Vorschriften von den Finanzdienstleistern, darunter auch Versicherungsunternehmen und Versicherungsvermittler, eingehalten werden. – *3. Pflichten der Versicherungsunternehmen:* Zu den Pflichten der Versicherungsunternehmen gehören insbesondere Identifizierungspflichten hinsichtlich der Kunden sowie Aufbewahrungspflichten. Die Versicherer haben ferner interne Sicherungsmaßnahmen zu treffen, um zu verhindern, dass sie zur Geldwäsche, zur Terrorismusfinanzierung oder zu anderen kriminellen Taten missbraucht werden. Sie haben einen Geldwäschebeauftragten zu bestellen, der Ansprechpartner für die Strafverfolgungsbehörden und das Bundeskriminalamt ist. Der Geldwäschebeauftragte hat darüber hinaus die Aufgabe, für die Mitarbeiter des Unternehmens bestimmte Vorkehrungen zu treffen (z.B. hinsichtlich der Meldepflichten und der laufenden Ausbildung der Mitarbeiter). – *4. Rechtsgrundlagen:* Gesetzliche Grundlage ist das Gesetz über das Aufspüren von Gewinnen aus schweren Straftaten (Geldwäschegesetz – GWG) vom 13.8.2008, zuletzt geändert durch Art. 4 IX des Gesetzes vom 30.7.2009. Ferner sind drei EG-Richtlinien von 1991, 2001 und 2005 sowie die Empfehlungen der Financial Action Task Force on Money Laundering (FATF) und des internationalen Standardsetzers auf dem Gebiet der Bekämpfung der

Geldwäsche und der Terrorismusfinanzierung zu beachten.

Gemeiner Wert. *1. Begriff:* Marktpreis, der von einem Versicherungsnehmer für eine Sache erzielt werden kann. Auf Basis des G. wird in der → verbundenen Wohngebäudeversicherung die Entschädigung berechnet, wenn das → Gebäude zum Abbruch bestimmt ist oder wenn es so baufällig oder verwahrlost ist, dass das Gebäude nicht mehr bewohnt werden kann. – *2. Zweck:* Die Entschädigung nach dem G. verhindert ungerechtfertigte hohe Entschädigungen nach dem → Zeitwert oder → Neuwert. Das subjektive Risiko wird dadurch eingegrenzt. Siehe auch → Versicherungswert.

Gemeinkosten. → Kosten, die einer Bezugsgröße (Produkt bzw. Produktgruppe, Kunde bzw. Kundengruppe, Geschäftsregion, Vertriebskanal) nicht direkt und unmittelbar, sondern nur mit Hilfe von ausgewählten Verteilungsschlüsseln zurechenbar sind, weil keine eindeutige Verursachungsbeziehung zwischen der Kostenentstehung und der Bezugsgröße vorliegt. Abzugrenzen von → Einzelkosten.

Gemeinnützigkeit. Handeln zum Wohle der Gemeinheit. Grundprinzip des wirtschaftlichen Handelns von → öffentlich-rechtlichen Versicherungsunternehmen, das aufgrund der zunehmenden privatrechtlichen Ausgestaltung wenig Beachtung findet. Mit der G. wurde sichergestellt, dass die Tätigkeiten der öffentlich-rechtlichen Versicherungsunternehmen nicht dem fiskalischen Interesse des Staates dienen.

Gemeinschaftswerbung. *1. Begriff:* Maßnahmen der Verbände, insbesondere des → Gesamtverbands der Deutschen Versicherungswirtschaft e.V. (GDV) und des → Verbands der privaten Krankenversicherung e.V. (PKV-Verband), geeignet zur allgemeinen Stärkung des Verständnisses für das Versicherungswesen, zum Abbau von Vorurteilen, zur Information über generelle Leistungsarten (einschl. der steuerlichen und rechtlichen Auswirkungen), zur Aufklärung über Gefahrensituationen und zur → Schadenverhütung. – *2. Abgrenzung:* In Abgrenzung zwischen → Werbung und → Öffentlichkeitsarbeit handelt es sich bei vielen Aktivitäten eigentlich nicht um G., sondern um gemeinschaftliche Öffentlichkeitsarbeit, wobei hier freilich der fließende Übergang zwischen allgemeiner Imagewerbung und Öffentlichkeitsarbeit deutlich wird. Ähnlich: (komplementäre) Verbundwerbung, bei der sich einzelne Unternehmen hinsichtlich ihrer Branchen, Produkte, Regionen oder → Kunden ergänzen, z.B. Werbung eines Versicherers gemeinsam mit einer Bank oder einer Bausparkasse.

Gemildertes Niederstwertprinzip. → Niederstwertprinzip.

Gemischte Poisson-Verteilung. Eine Zufallsvariable N besitzt eine G., wenn es eine Zufallsvariable Λ gibt mit $P[\Lambda > 0] = 1$ und

$$P[N = k] = \int_0^\infty e^{-\lambda} \frac{\lambda^k}{k!} \, dF_\Lambda(\lambda)$$

für alle $k \in \mathbb{N}_0$ (→ Verteilungsfunktion). In diesem Fall hat N den → Erwartungswert $E[N] = E[\Lambda]$ und die → Varianz $\text{var}[N] = E[\Lambda] + \text{var}[\Lambda]$. Im Fall

$$F_\Lambda(x) = \int_{-\infty}^x f(z) \, dz$$

gilt

$$P[N = k] = \int_0^\infty e^{-\lambda} \frac{\lambda^k}{k!} f(\lambda) \, d\lambda$$

Besitzt Λ eine → Gamma-Verteilung, so besitzt N eine → Negativbinomialverteilung.

Gemischte Versicherung. → Lebensversicherung auf den Todes- oder Erlebensfall (→ Todesfallversicherung, → Erlebensfallversicherung). Sofern die versicherte Person während der Vertragslaufzeit stirbt, wird die vereinbarte Versicherungssumme zum Ende des betreffenden Versicherungsjahres fällig. Erlebt sie das Vertragsende, so wird die für diesen Fall vereinbarte Zahlung sofort fällig.

Generalagent, *Generalvertreter.* → Agenturen mit besonders großen Versicherungsbeständen oder weiteren Untervermittlern. Häufig erhalten G. besondere Kompetenzen zuerkannt, z.B. Schadenregulierungskompetenzen.

Generalpolice. Form der → laufenden Versicherung in verschiedenen Versicherungszweigen. Insbesondere in der → Transportversicherung vorzufinden. Der Versicherer verpflichtet sich im Voraus, die in der G. bezeichneten Güter auf den dort im allgemeinen umschriebenen Transporten (Transportmittel, Transportwege) zu dem vereinbarten Versicherungsschutz in Deckung zu nehmen. Der Versicherungsnehmer muss die konkreten Transporte jedoch vor Durchführung zur Versicherung anmelden (→ Deklaration). – Anders: → Pauschalpolice.

Generationenbilanz. Methode zur intertemporalen Budgetierung einer (Gebiets-) Körperschaft bzw. einer Körperschaft des öffentlichen Rechts. Anfang der 1990er Jahre von A. Auerbach, L. Kotlikoff und J. Gokhale in Boston entwickelt. Mit Hilfe der G. kann der intertemporale Lastenausgleich zwischen den Generationen quantifiziert werden. Zudem können Indikatoren ausgewiesen werden, die Rückschlüsse auf die → fiskalische Nachhaltigkeit einer staatlichen Institution zulassen. Die G. zielt insbesondere auf die intertemporalen Lastenverschiebungen aufgrund demographischer Veränderungen in den einzelnen Sozialversicherungszweigen, die nach dem Prinzip des → Generationenvertrags finanziert werden.

Generationenvertrag. *1. Begriff:* Impliziter, d.h. nicht schriftlich fixierter Vertrag, der in der umlagefinanzierten Sozialversicherung (→ Umlagefinanzierung) zwischen der Beiträge zahlenden Generation und der Leistungen empfangenden Generation gilt. – *2. Wirkungsbereiche:* a) Ursprünglich wurde nur die → gesetzliche Rentenversicherung (GRV) als G. betrachtet, in der die alte, sich im Ruhestand befindende Generation Leistungen erhält, die von der jungen, erwerbstätigen Generation finanziert werden. Der G. in der GRV beruht also auf dem Prinzip, dass die derzeit junge, erwerbstätige Generation durch ihre Beiträge die Renten der alten Generation, die sich inzwischen im Ruhestand befindet, aufbringt. Die erwerbstätige Generation ist dazu bereit, weil ihr innerhalb des G. versprochen wurde, dass, wenn sie sich im leistungsfähigen Alter befindet, die dann erwerbstätige Generation für diese Leistungen aufkommt. Der G. ist das Kernelement der umlagefinanzierten GRV. – b) Auch die → soziale Pflegeversicherung fällt unter die Kategorie solcher Generationenverträge. – c) Die → gesetzliche Krankenversicherung (GKV) kann hingegen aufgrund ihres Kopfschadenprofils und der Beitragsbemessung am Lohn auch als Drei-Generationenvertrag bezeichnet werden, in dem die mittlere erwerbstätige Generation sowohl die alte als auch die sehr junge Generation finanziert. Denn obwohl auch im Alter ein Beitrag zur Krankenversicherung fällig wird, liegt dieser im Durchschnitt niedriger als die durchschnittlichen altersspezifischen Leistungen. Kinder hingegen bezahlen keinerlei Beiträge, empfangen aber ebenfalls Leistungen.

Generika. *1. Begriff:* → Arzneimittel, die als Nachahmerpräparate i.d.R. nach Ablauf des Patentschutzes eines Originalmedikaments in den Handel kommen. Sie unterscheiden sich vom Original durch die Galenik, also durch das Zubereitungsverfahren, die Formgebung und/oder die Verwendung von Hilfsstoffen, wie z.B. Farbstoffen. Das G. ist dem Original hinsichtlich der Bioverfügbarkeit, d.h. der Geschwindigkeit und dem Ausmaß der Arzneimittelwirkung im Körper, gleichwertig. G. sind typischerweise preisgünstiger als Originalpräparate, denn zum einen muss der Generikahersteller geringere Forschungs- und Entwicklungskosten amortisieren. Zum anderen führt auch der Wettbewerb zwischen den zahlreichen Anbietern zu niedrigeren Preisen. – *2. G. in der → gesetzlichen Krankenversicherung (GKV):* In der GKV wurden, dem Wirtschaftlichkeitsgebot des § 12 SGB V folgend, mehrere Regulierungen zur Förderung von G. etabliert, u.a. a) das Arzneimittelbudget nach § 84 SGB V und – b) der Rahmenvertrag über die Arzneimittelversorgung (§ 129 SGB V), in dem die Apotheken bei der Abgabe verordneter Arzneimittel an Versicherte zur Abgabe eines preisgünstigen Arzneimittels in den Fällen verpflichtet sind, in denen der verordnende Arzt ein Arzneimittel nur unter seiner Wirkstoffbezeichnung verordnet oder die Ersetzung des Arzneimittels durch ein wirkstoffgleiches anderes Arzneimittel nicht ausgeschlossen hat. – *3. G. in der → privaten Krankenversicherung (PKV):* In der PKV leistet der Versicherer nach § 4 II, III und VI der Musterbedingungen 2009 für die Krankheitskostenversicherung (MB/KK 2009) im vertraglichen Umfang für Arzneimittel – also auch für G. –, die von der → Schulmedizin überwiegend anerkannt sind. Vorschriften, die die Verschreibung von G. fördern, existieren nicht. Vor diesem Hintergrund überrascht nicht, dass die Generikaquote bei Privatversicherten deutlich niedriger als bei GKV-Versicherten ausfällt: Während bei generikafähigen Wirkstoffen in der GKV fast 85 % der Präparate auf G. entfallen, sind es in der PKV nur 52 % (Stand 2008).

Genesungsgeld. Leistungsart in der → privaten Unfallversicherung (PUV) in Form eines Tagegelds, das nach einer vollstationären Behandlung ab der Entlassung aus dem Krankenhaus in der vereinbarten Höhe gezahlt wird. Das G. setzt meist auf ein → Krankenhaustagegeld auf, die beide gemeinsam vereinbart wurden und aufeinander folgend für die gleiche Dauer geleistet werden. Üblicherweise wird die Zahlung des G. jedoch zeitlich begrenzt; verbreitet gilt eine Höchstdauer von 100 Tagen. Die Höhe des G. entspricht i.d.R. der des Krankenhaustagegelds.

Gentest, prädiktiv, *Gentest, präsymptomatisch.* – *1. Begriff:* Vorhersagende Untersuchung mit dem Ziel, bei Personen, die bislang noch nicht an einer bestimmten Krankheit leiden, eine Veranlagung (Prädispositionen) für diese Krankheit vor dem Auftreten von klinischen Symptomen bzw. nichtgenetischen Befunden zu erkennen. – *2. Merkmale:* Diese Veranlagung wird durch Untersuchungen des Erbmaterials auf Veränderungen an den Chromosomen, der DNA oder der RNA nachgewiesen. Sind bereits für die Erkrankung typische Beschwerden/ Symptome oder Befunde aufgetreten, so wird dieser G. als diagnostisch bezeichnet. – *3. Folgerungen und Ergebnisse:* Entscheidend ist also der Zeitpunkt, an dem der G. erhoben wird. Relevant ist diese Unterscheidung besonders bei der weltweiten Debatte, ob und inwieweit den Versicherern Zugang zu bereits durchgeführten G. gewährt werden soll.

Genussrecht. *1. Begriff:* Vermögensrecht, das ein Unternehmen dem Inhaber eines von ihm emittierten G. gewährt. Wenn G. durch Wertpapiere verbrieft sind, werden sie als Genussscheine bezeichnet. Emissionen von Genussscheinen können als → Inhaberpapiere oder als → Namenspapiere erfolgen. Die Ausgestaltung basiert auf individuellen Vereinbarungen und weist daher vielfältige Formen auf. – *2. Merkmale:* G. bestehen im Regelfall in einer → Beteiligung am Gewinn oder Liquidationserlös. Soweit eine Aktiengesellschaft G. ausgibt, müssen die gewährten Rechte typische Vermögensrechte eines Aktionärs darstellen. Diese G. gleichen daher einer Gewinnschuldverschreibung. Innerhalb der Kapitalstruktur des emittierenden Unternehmens sind G. zwischen dem Eigen- und dem Fremdkapital angesiedelt, da sie zwar kein Stimmrecht besitzen, die Ausschüttung aber i.d.R. von der wirtschaftlichen Situation des Emittenten abhängig ist. Wenn die G. das Recht auf einen Anteil am Gewinn des Emittenten enthalten und gleichzeitig am Verlust teilnehmen, haben sie einen deutlichen Eigenkapitalcharakter. Das hat u.a. zur Folge, dass Genussrechtsgläubiger im Konkurs- bzw. Liquidationsfall erst nach Befriedigung aller anderen Gläubiger bedient werden. Von Banken emittierte G. können unter bestimmten Bedingungen hinsichtlich Laufzeit und Ausgestaltung (siehe § 10 V KWG) dem haftenden Eigenkapital in Form von Ergänzungskapital zugerechnet werden. Analoges gilt mit Blick auf die → Solvabilität für G., die von Versicherungsunternehmen begeben wurden (siehe § 53c VAG).

Genussrechtskapital. *1. Begriff:* Hybridkapital, das eine Zwitterstellung zwischen → Eigenkapital und → Fremdkapital einnimmt. G. wird gegen Gewährung von Genussrechten aufgebracht, die den Inhabern Vermögensrechte an einem Unternehmen meist in Form von Ansprüchen auf Gewinn (alternativ auch Zinsansprüche), ferner regelmäßig Rückzahlungsansprüche, jedoch keine Verwaltungs- oder Stimmrechte gewähren. Genussrechte begründen auch keine Eigentums- oder Mitgliedsrechte am Unternehmen.

Posten auf der Passivseite der → Bilanz eines Versicherungsunternehmens (oder eines Kreditinstituts). – *2. Merkmale:* Das G. ist nur in der Bilanz von Versicherungsunternehmen und Kreditinstituten zu finden. Bei G. handelt es sich in den meisten Fällen auch um nachrangiges Kapital (vgl. → nachrangige Verbindlichkeiten). – *3. Abgrenzung:* Es handelt sich erst dann nicht um ein Genussrechtskapitalverhältnis, sondern um eine stille Gesellschaft, wenn zwischen dem Kapitalgeber und dem Kapitalnehmer eine vertragliche Einigung auf einen gemeinsamen Zweck besteht (BFH-Urteil vom 8.4.2008). Die Abgrenzung ist hauptsächlich für die Besteuerung relevant. – *4. Ziele:* Mit der Ausgabe von Genussrechten wollen sich Versicherungsunternehmen in den meisten Fällen vorrangig Solvabilitätskapital auf dem Kapitalmarkt beschaffen; das ist auf der Grundlage des § 53c III Nr. 3a VAG möglich, wonach G. unter bestimmten, dort genannten Voraussetzungen als Bestandteil der → Eigenmittel anzusehen ist. Genussrechte anderer Unternehmen sind gem. § 54 VAG als → Kapitalanlagen für das → gebundene Vermögen geeignet. – *5. Behandlung in der Rechnungslegung:* Die Bilanzierung ist grundsätzlich vom Sachverhalt abhängig. a) Passivierung als bilanzielles → Eigenkapital: Voraussetzung ist eine ausreichende Haftungsqualität. Kriterien sind (1) Nachrangigkeit, (2) Erfolgsabhängigkeit der Vergütung sowie Teilnahme am Verlust, (3) Langfristigkeit der Kapitalüberlassung; ansonsten: – b) Passivierung als → Fremdkapital. Hat der Genussrechtsinhaber kein Rückforderungsrecht und will er ausdrücklich einen Ertragszuschuss leisten, führt die Kapitalüberlassung zu einer erfolgswirksamen Vereinnahmung. In diesem Fall erfolgt der Ausweis als außerordentlicher Ertrag nach § 277 IV S. 1 und 2 HGB. Die Bewertung erfolgt mit dem Nennbetrag. Im → Anhang sind Angaben über bestehende und neu entstandene Genussrechte zu machen, und es ist der Betrag des G. anzugeben, der vor Ablauf von zwei Jahren fällig wird (§ 160 I Nr. 6 AktG; § 341a IV HGB; § 52 Nr. 1b RechVersV).

Geringfügige Beschäftigung. *1. Begriff:* Beschäftigung, für die das monatliche Arbeitsentgelt regelmäßig 400 Euro nicht übersteigt. – *2. Merkmale:* Geringfügig Beschäftigte sind von der Sozialversicherungspflicht befreit, und vom Verdienst fallen auch keine Steuern an. Jedoch hat der Arbeitgeber einen Pauschalbeitrag in Höhe von 15 % auf das Arbeitsentgelt an die Minijob-Zentrale der → Deutsche Rentenversicherung Knappschaft-Bahn-See zu entrichten. Diese teilt den Pauschalbeitrag auf die einzelnen Versicherungszweige und die Steuern auf. Trotz der Abgaben des Arbeitgebers für die → gesetzliche Krankenversicherung (GKV) ist ein geringfügig Beschäftigter nicht gesetzlich krankenversichert. Die Abgaben zur → gesetzlichen Rentenversicherung (GRV) werden dem Rentenkonto des Arbeitnehmers gutgeschrieben. Um aber vollwertige → Beitragszeiten zu erlangen, müssen sie zudem einen Eigenanteil in Höhe der Differenz zwischen dem Rentenbeitrag gem. dem → Beitragssatz zur GRV sowie dem Arbeitgeber-Pauschalbeitrag leisten. Wenn der geringfügig Beschäftigte mehrere Beschäftigungen ausübt und dadurch die 400 Euro-Grenze überschreitet, werden die Verdienste zusammengerechnet. Die Beschäftigung ist dann voll sozialversicherungspflichtig.

Gesamtfertilitätsrate, Gesamtfruchtbarkeitsrate, zusammengefasste → *Geburtenziffer, Periodenfertilität, engl. total fertility rate (TFR).* – *1. Begriff:* Summe der altersspezifischen → Fertilitätsraten. Gibt an, wie viele Kinder durchschnittlich von einer Frau im Lauf ihres Lebens geboren würden, wenn, unter Vernachlässigung der → Mortalität, die für den gegebenen Zeitpunkt geltenden altersspezifischen Fertilitätsraten ihr gesamtes Leben lang konstant bleiben würden. Die G. wird von Änderungen der → Altersstruktur nicht beeinflusst und eignet sich daher für Vergleiche zwischen verschiedenen Bevölkerungsgruppen oder Bevölkerungen. – *2. Kennziffer:* Gesamtfertilitätsrate f_g

$$f_g = \sum_{x=15}^{44} f_x$$

f_x: altersspezifische Fertilitätsrate

– *3. Beispiel:* Berechnung der Gesamtfertilitätsrate für das Jahr 2008:

Alter	altersspezifische Fertilitätsrate
15	0,790
16	2,559
...	...
48	0,119
49	0,062
Gesamtfertilitätsrate: $\Sigma/1000$	1,376

Datenquelle: Statistisches Bundesamt

Gesamtleistungsbewertung. Verfahren, durch das die Zahl der → Entgeltpunkte für beitragsfreie und beitragsgeminderte → Beitragszeiten in der → gesetzlichen Rentenversicherung (GRV) festgelegt wird. Die Umrechnung in Entgeltpunkte richtet sich vorrangig nach der Summe der insgesamt geleisteten Beiträge sowie der Dichte dieser Beitragszahlungen.

Gesamtschaden. *1. Begriff:* Gesamthöhe aller Schäden (akkumulierte → Schadenhöhe) eines Versicherungsnehmers oder eines Kollektivs von Versicherungsnehmern in einer fixierten Periode, z.B. in einem Geschäftsjahr. Zum Zeitpunkt der → Risikokalkulation ist der künftige G. unbekannt, seine genaue Höhe ist zufallsabhängig. Daher muss von der Zufallsgesetzmäßigkeit des G., der → Gesamtschadenverteilung, ausgegangen werden. – *2. Arten:* Im Rahmen sowohl der → individuellen Risikotheorie als auch der → kollektiven Risikotheorie (siehe auch → individuelles Modell, → kollektives Modell) wird typischerweise mit einer dynamisierten Variante des G. gearbeitet, dem Gesamtschadenprozess. Hierbei wird die der Erfassung des G. zugrunde liegende Zeitperiode ihrer Länge nach nicht fixiert, sondern die Länge der Zeitperiode wird als variabel angesehen. Das grundlegende Modell des Gesamtschadenprozesses ist der zusammengesetzte Poissonprozess. Der Gesamtschadenprozess stellt eine zentrale Komponente des → Risikoreserveprozesses (vgl. auch → Ruintheorie) dar. Gesamtschadenverteilung. *1. Begriff:* Zufallsgesetzmäßigkeit des → Gesamtschadens. – *2. Verfahren zur Bestimmung:* Eine explizite Bestimmung der G. ist nur in wenigen Ausnahmefällen möglich. Deshalb wurde eine Reihe von Verfahren zur approximativen Bestimmung der G. entwickelt (Normal Power-Approximation, rekursive Berechnungsansätze, Fast Fourier-Methode).

Gesamtverband der Deutschen Versicherungswirtschaft e.V. (GDV)

von Dr. Bernhard Schareck

Der Gesamtverband der Deutschen Versicherungswirtschaft (GDV) mit Sitz in Berlin ist die Dachorganisation der privaten Versicherer in Deutschland. Seine mehr als 460 Mitgliedsunternehmen gewährleisten mit rund 444 Mio. Versicherungsverträgen umfassenden Risikoschutz und umfassende Vorsorge sowohl für die privaten Haushalte als auch für Industrie, Gewerbe und öffentliche Einrichtungen. Als Risikoträger und bedeutender Kapitalgeber (Kapitalanlagebestand knapp 1.200 Mrd. Euro) haben die privaten Versicherungsunternehmen auch eine herausragende Bedeutung für Investitionen, Wachstum und Beschäftigung in der deutschen Volkswirtschaft.

Der GDV bündelt und vertritt die Positionen der deutschen Versicherungswirtschaft gegenüber der Gesellschaft, der Politik, der Wirtschaft, den Medien und der Wissenschaft. Er setzt sich für ordnungspolitische Rahmenbedingungen ein, die den Versicherern die optimale Erfüllung ihrer Aufgaben ermöglichen. Zugleich ist der Verband sachkundiger Ansprechpartner für alle die Versicherungswirtschaft betreffenden Fachfragen und steht der Öffentlichkeit mit seinem Fundus an Erfahrungen und Kenntnissen zur Verfügung. Der GDV informiert und unterstützt als Dienstleister seine Mitgliedsunternehmen, nimmt branchenrelevante politische und gesellschaftliche Entwicklungen auf und erarbeitet Lösungsvorschläge.

Oberstes Organ des GDV ist die Mitgliederversammlung. Sie besteht aus den Vertretern der Mitgliedsunternehmen. Das Präsidium unter Vorsitz seines Präsidenten ist der vereinsrechtliche Vorstand des GDV. Der Geschäftsführung obliegt die Umsetzung der Verbandsziele, sie bereitet die Organ- und Ausschussbeschlüsse vor und setzt sie um. In den Ausschüssen erfolgt die Willensbildung des Verbands. Die operative Verbandsarbeit gliedert sich organisatorisch in 25 Arbeitseinheiten mit insgesamt 376 Mitarbeiterinnen und Mitarbeitern.

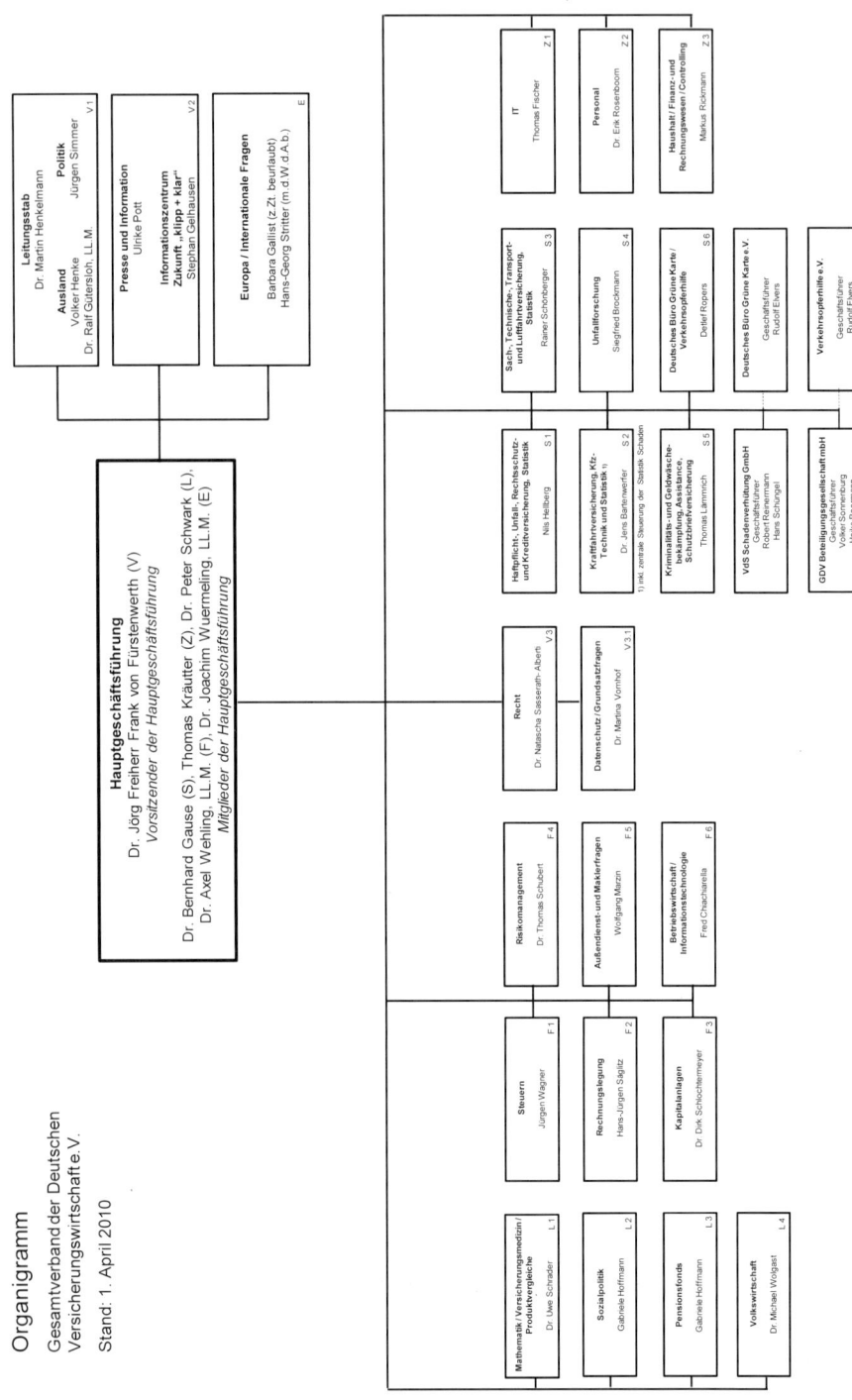

Gesamtversorgungszusage. Begriff aus der → betrieblichen Altersversorgung (bAV). Bei der G. definiert die Versorgungszusage des Arbeitgebers ein Versorgungsziel, auf das die gesetzliche Rente angerechnet wird. Die vom Arbeitgeber gezahlte → Betriebsrente füllt somit die Lücke zwischen dem Versorgungsziel und der gesetzlichen Rente auf.

Gesamtzusage. Individualrechtliche Versorgungszusage des Arbeitgebers an die Belegschaft oder Teile davon. Im Gegensatz zur → Einheitsregelung wird die G. nicht in gleichlautenden Regelungen mit den einzelnen Arbeitnehmern vereinbart, sondern im Betrieb allgemein bekannt gemacht, etwa durch Aushang am schwarzen Brett.

Geschäftsbericht. *1. Begriff:* Bericht einer Gesellschaft, der die gesetzlich vorgeschriebenen Veröffentlichungen umfasst, bestehend aus dem → Jahresabschluss, dem → Lagebericht, dem Aufsichtsratsbericht sowie dem Gewinnverwendungsvorschlag, bei prüfungspflichtigen Unternehmen auch dem Bestätigungsvermerk des Wirtschaftprüfers. – *2. Merkmale:* Der G. informiert unternehmensexterne Adressaten über Strategie, Tätigkeit und Erfolg der Gesellschaft. Meist gehen die Angaben über die gesetzlichen Vorschriften hinaus. Dann ist eine strikte Trennung zwischen den vorgeschriebenen und den freiwilligen Angaben einzuhalten.

Geschäftsbetriebserlaubnis. → Erlaubnis zum Geschäftsbetrieb.

Geschäftsfeld. Eindeutig abgrenzbare Planungseinheit im Unternehmen. Abgrenzungskriterien sind die Produkte bzw. Produktgruppen, die Kunden bzw. Kundengruppen, das Geschäftsgebiet und die Vermittlergruppen bzw. Distributionskanäle. Ein G. ist dabei immer ein Konglomerat aus den o.a. Geschäftsfelderdimensionen. In einem bestimmten G wird also ein Produkt bzw. eine Produktgruppe einer bestimmten Kundengruppe in einem bestimmten Geschäftsgebiet über eine bestimmte Vermittlergruppe bzw. einen bestimmten Distributionskanal angeboten. Siehe auch → Geschäftsfeldstrategie.

Geschäftsfeldstrategie. *1. Begriff:* Auf ein bestimmtes Produkt bzw. eine bestimmte Produktgruppe in einem bestimmten Kundenkreis und Geschäftsgebiet für den Verkauf über eine bestimmte Vermittlergruppe bzw. einen bestimmten Distributionskanal zugeschnittener Handlungsplan, um dadurch Wettbewerbsvorteile zu erlangen und zu sichern. – *2. Generische G.:* Porter unterscheidet auf der Geschäftsfeldebene drei Normstrategien zur Realisierung von Wettbewerbsvorteilen. Je nachdem, ob ein → Geschäftsfeld Leistungsvorteile oder Kostenvorteile und ob eine Gesamtmarktabdeckung oder eine Teilmarktabdeckung anstrebt wird, lassen sich die Strategien der → Kostenführerschaft, der → Differenzierung und der → Fokussierung unterscheiden (siehe auch → Strategie). – *3. Erfolgsfaktoren:* Voraussetzung einer erfolgreichen G. ist ihre konsequente Umsetzung. Eine halbherzige Umsetzung (sog. "stuck in the middle") wird hingegen als gefährlich angesehen.

Geschäftsjahresschaden. *1. Begriff:* Gesamtschaden aus den innerhalb einer Abrechnungsperiode eingetretenen Versicherungsfällen. Anders: → Meldejahresschaden. – *2. Merkmale:* Der Schadenaufwand eines Geschäftsjahres umfasst Schadenzahlungen für in dieser Zeit eingetretene Versicherungsfälle und die korrespondierenden Regulierungsaufwendungen zuzüglich der Zuführungen zur → Rückstellung für noch nicht abgewickelte Versicherungsfälle, und wird als Geschäftsjahresschadenaufwand bezeichnet. – *3.* → *Rückversicherung:* Über eine Jahresüberschadendeckung (→ Stop Loss) kann sich der Erstversicherer speziell vor Verlusten schützen, die einen bestimmten G. übersteigen.

Geschäftsleiter. *1. Begriff:* Ordentliche und stellvertretende Vorstandsmitglieder von Aktiengesellschaften (AG) und → Versicherungsvereinen auf Gegenseitigkeit (VVaG), Mitglieder des entsprechenden Geschäftsführungsorgans der → öffentlich-rechtlichen Versicherungsunternehmen und Hauptbevollmächtigte der → Niederlassungen ausländischer Versicherungsunternehmen. – *2. Voraussetzungen:* G. müssen zuverlässig und fachlich geeignet sein (§ 7a I VAG, siehe auch → Fit and Proper Test). Zuverlässigkeit (früher Ehrbarkeit) wird regelmäßig vermutet, es sei denn, es liegen Tatsachen vor, die v.a. auf charakterliche Mängel schließen lassen. Das sind v.a. Vorstrafen für Delikte, die in der Gesellschaft als besonders schwerwiegend angesehen werden und die keine gute Prognose für die Erfüllung der künftigen Aufgaben im Versicherungsbetrieb zulassen, insbesondere also Vermögensdelikte. Die → Aufsichtsbehörde lässt sich daher für die Prüfung der Zuverlässigkeit v.a. das Führungszeugnis neuesten Datums vorlegen. Für die fachlichen Voraussetzungen gibt das Gesetz selbst Anhaltspunkte für die Prüfung: Ausreichende theoretische und praktische Kenntnisse im Versicherungsgeschäft sowie Leitungserfahrung sind regelmäßig anzunehmen, wenn eine dreijährige leitende Tätigkeit bei einem Unternehmen von vergleichbarer Größe und Geschäftsart nachgewiesen wird. Die Voraussetzungen müssen nicht nur bei der Erteilung der Erlaubnis, sondern auch im laufenden Betrieb erfüllt sein. Stellt die Aufsichtsbehörde fest, dass ein G. die Anforderungen nicht mehr erfüllt, muss sie berichtigend eingreifen, indem sie die Ablösung des G. verlangt, notfalls ihn selbst abberuft oder durch einen → Sonderbeauftragten ersetzt (vgl. auch → Aufsichtsziele und → Aufsichtsmittel). Die Unternehmen haben der Aufsichtsbehörde die Absicht der Bestellung eines G. unverzüglich anzuzeigen, und zwar unter Angabe der Tatsachen, die für die Beurteilung der Zuverlässigkeit und fachlichen Eignung notwendig sind (vgl. auch → Anzeigepflichten).

Geschäftsplan. *1. Begriff:* Dokumentiert den Zweck und die Einrichtung des Versicherungsunternehmens, das Geschäftsgebiet und die Verhältnisse, woraus sich die künftigen Verpflichtungen als dauernd erfüllbar ergeben sollen. Der Begriff „Einrichtung" ist dem Gesetzestext entnommen (§ 5 II VAG) und wird in der Literatur und der aufsichtsbehördlichen Praxis als „Organisationsstruktur" verstanden; dazu zählen u.a. die Art und der Umfang des Versicherungsunternehmens, das Gefüge und Zusammenspiel der → Geschäftsleiter und sonstigen Verantwortungsträger, wie z.B. → verantwortliche Aktuare, → Treuhänder, Abschlussprüfer, Inhaber bedeutender Beteiligungen sowie ferner die Konzern- und Gruppenstruktur. Der G. ist einer der wichtigsten Pfeiler für das Versicherungsgeschäft. – *2. Bestandteile:* Der G. besteht aus der → Satzung (soweit es sich bei den Bestimmungen nicht um solche mit dem Charakter von Allgemeinen Versicherungsbedingungen – kurz AVB – handelt), Angaben, welche Versicherungen betrieben werden sollen, bei → Sterbekassen die AVB und den technischen G. (Tarife, Rechnungsgrundlagen für die Prämien und Rückstellungen etc.), → Unternehmensverträge und Verträge über → Funktionsausgliederungen. – *3. Änderungen:* Der G. darf nur mit Genehmigung der → Aufsichtsbehörde geändert werden (§ 13 VAG). – *4. Sanktionen:* Verstöße gegen den G. werden mit aufsichtsrechtlichen Mitteln (→ Aufsichtsmittel) geahndet. Sie stellen einen → Missstand i.S.d. § 81 II S. 2 VAG dar. Ferner können solche Verstöße als Ordnungswidrigkeit verfolgt werden (§ 144 I Nr. 1, 3 und 4 VAG).

Geschäftsprozess. Für die Bearbeitung eines → Geschäftsvorfalls notwendige Arbeitsschritte, konkretisiert durch Ihre Inhalte und Reihenfolge. Wichtiges Merkmal ist die häufig wiederkehrende und gleichartige Bearbeitung. Der G. wird durch den Kunden initiiert und endet auch beim Kunden. Dargestellt wird ein G. überwiegend in Form von Ablaufdiagrammen.

Geschäftsvorfall. Kundenanliegen, das einen → Geschäftsprozess auslöst. Beispiele: Vertragsabschluss, Leistungsfall, Kontoänderung.

Gesetz der großen Zahlen. In seiner mathematischen Variante ist das G. eine fundamentale Gesetzmäßigkeit der → Wahrscheinlichkeitstheorie, nach der für eine Folge von Zufallsvariablen $\{X_j\}_{j\in\mathbb{N}}$ mit $E[X_j] = \mu$ für alle $j \in \mathbb{N}$ (→ Erwartungswert) unter bestimmten Voraussetzungen und in einem zu präzisierenden Sinn die Folge der Stichprobenmittel $(1/n)\sum_{j=1}^{n} X_j$ bei wachsendem Stichprobenumfang n gegen den Erwartungswert μ konvergiert. Sind bspw. je zwei verschiedene Zufallsvariable unkorreliert (→ Korrelation) und besitzen alle Zufallsvariablen dieselbe → Varianz, so gilt für alle $\varepsilon > 0$

$$\lim_{n\to\infty} P\left[\left|\frac{1}{n}\sum_{j=1}^{n} X_j - \mu\right| \leq \varepsilon\right] = 1$$

(schwaches G.); diese Bedingung ist insbesondere dann erfüllt, wenn die Folge der Zufallsvariablen unabhängig ist (→ Unabhängigkeit) und alle Zufallsvariablen dieselbe → Verteilungsfunktion besitzen. Das G. begründet die Schätzung des Erwartungswerts durch das Stichprobenmittel. In seiner empirischen Variante bringt das G. die Erfahrungstatsache zum Ausdruck, dass bei einer Vergrößerung der Anzahl der Beobachtungen im Rahmen einer (homogenen) statistischen Grundgesamtheit die zu Grunde liegende Zufallsgesetzmäßigkeit deutlicher zu Tage tritt. – 2. *Anwendungen:* Zentrale Anwendungen findet das G. zunächst in der Statistik (und damit auch in der versicherungswirtschaftlichen → Risikostatistik) im Rahmen der Schätzung von Wahrscheinlichkeiten, Erwartungswerten sowie höheren Momenten durch ihre Stichprobengegenstücke, d.h. der relativen Häufigkeit, dem Stichprobenmittelwert und den Stichprobenmomenten. Auch im Rahmen des versicherungswirtschaftlichen → Risikoausgleichs findet das G. seine Anwendung. In der Literatur wird das G. teilweise als Synonym für den Risikoausgleich im Kollektiv verwendet und als Wesensmerkmal von Versicherungsvorgängen gesehen.

Gesetzliche Arbeitslosenversicherung.
1. Begriff: Beitragsfinanzierte Versicherung, die im dritten Sozialgesetzbuch geregelt wird und 1927 mit dem Gesetz über Arbeitsvermittlung und Arbeitslosenversicherung eingeführt wurde. Gilt als vierte Säule der deutschen → Sozialversicherung. – *2. Versichertenkreis und Trägerschaft:* Die G. ist eine Pflichtversicherung für alle sozialversicherungspflichtigen Arbeitnehmer, wobei sich seit 2006 bestimmte Gruppen auch freiwillig versichern können. Träger der G. ist die Bundesagentur für Arbeit, welche auch das → Arbeitslosengeld II verwaltet, das jedoch keine Leistung der G. darstellt. – *3. Finanzierung:* Finanziert wird die G. aus → Beiträgen von Arbeitgebern und Arbeitnehmern sowie aus → Bundeszuschüssen. Die Beiträge sind lohnabhängig und werden über das Umlageverfahren finanziert (→ Umlagefinanzierung), eine Risikoeinschätzung findet nicht statt. – *4. Leistungen:* Im Prinzip sollen durch die G. die wirtschaftlichen Folgen von Arbeitslosigkeit (Verlust des Einkommens) temporär abgesichert werden. Dies geschieht v.a. durch die Zahlung von Arbeitslosengeld, aber auch (Saison-)Kurzarbeiter-, Schlechtwetter- oder Insolvenzgeld. Weiterhin kommt es im Rahmen der G. zu Arbeitsförderung im Rahmen von Arbeitsbeschaffungsmaßnahmen, Förderung der beruflichen Bildung (Umschulungen), Maßnahmen der Rehabilitation und Existenzgründungshilfen. Die Auszahlung des Arbeitslosengelds orientiert sich in seiner Dauer an der Anzahl versicherter Monate und dem Lebensalter und in seiner Höhe am vorherigen (letzten) pauschalierten Nettoentgelt des Versicherten. Das pauschalierte Nettoentgelt ist eine standardisierte Größe auf Basis des persönlichen beitragspflichtigen Bruttoentgelts, der durchschnittlichen Lohnsteuer (gemäß Lohnsteuertabelle) und der pauschalierten Sozialversicherungsbeiträge. Der Leistungssatz beträgt 60 % des pauschalierten Nettoentgelts. Ein erhöhter Leistungssatz von 67 % wird gewährt, wenn im Haushalt eigene Kinder leben.

Gesetzliche Haftpflichtbestimmungen.
1. Begriff: Rechtsgrundlagen für → Haftpflichtansprüche. Normen, die unabhängig vom Willen der beteiligten Personen Rechtsfolgen auslösen. – *2. Merkmale:* Versicherungsschutz nach Ziff. 1.1 Allgemeine Versicherungsbedingungen für die Haftpflichtversicherung (AHB) richtet sich nur auf gesetzliche Haftpflichtbestimmungen. Die Voraussetzung „gesetzliche Haftpflichtbestimmungen" stellt gegenüber der gesetzlichen Regelung des § 100 VVG eine Einschränkung dar. Die Anspruchsgrundlagen der unerlaubten Handlungen (§§ 823 ff. BGB) sind gesetzliche Haftpflichtbestimmungen. – *3. Abgrenzung:* G. sind gegenüber vertraglichen Ansprüchen abzugrenzen.

Gesetzliche Krankenversicherung (GKV).
1. Begriff: Zweig der deutschen → Sozialversicherung, der im fünften Sozialgesetzbuch geregelt ist. Die GKV gilt als erste Säule der deutschen Sozialversicherung neben der → gesetzlichen Rentenversicherung (GRV), der → gesetzlichen Unfallversicherung (GUV), der → gesetzlichen Arbeitslosenversicherung und der → sozialen Pflegeversicherung. Als Geburtsstunde der GKV gilt die Einführung des Gesetzes über die Krankenversicherung der Arbeiter durch Bismarck im Jahr 1893. – *2. Aufgaben:* Zunächst bestand die Aufgabe (wie bei der → privaten Krankenversicherung, kurz: PKV) darin, eine Lohnersatzleistung für die Zeit des krankheitsbedingten Ausfalls zu gewährleisten. Erst später wurde auch die Erstattung von Behandlungskosten übernommen. Nach § 1 SGB V hat die GKV als Solidargemeinschaft die Aufgabe, die

Gesundheit der Versicherten zu erhalten, wiederherzustellen oder ihren Gesundheitszustand zu bessern. – *2. Versichertenkreis und Trägerschaft:* In der GKV sind alle sozialversicherungspflichtigen Beschäftigten, deren sozialversicherungspflichtiges Einkommen unter der → Jahresarbeitsentgeltgrenze liegt, sowie Bezieher von Leistungen der GRV und von → Arbeitslosengeld I und II pflichtversichert. Darüber hinaus sind Ehegatten ohne eigenes Einkommen und Kinder bis zu einer gewissen Altersgrenze beitragsfrei mitversichert. Sozialversicherungspflichtige Arbeitnehmer mit einem Entgelt über der Jahresarbeitsentgeltgrenze sowie → Beamte und Selbstständige sind von der → Versicherungspflicht freigestellt, können sich jedoch unter gewissen Kriterien freiwillig in der GKV versichern. Diese drei Gruppen können sich auch in der PKV vollversichern, allerdings müssen sozialversicherungspflichtige abhängig Beschäftigte gewisse Karenzzeiten einhalten. Die Träger der GKV sind die einzelnen → Krankenkassen, die als Körperschaften des öffentlichen Rechts organisiert sind, wie z.B. die → Allgemeinen Ortskrankenkassen oder die DAK. Siehe auch → Ersatzkasse, → Betriebskrankenkasse → Innungskrankenkasse sowie in Abgrenzung zur GKV die → private Krankenversicherung (PKV). – *3. Leistungen:* Grundprinzip der GKV ist das → Sachleistungsprinzip. So umfasst der Leistungskatalog ärztliche und zahnärztliche Behandlungen, Krankenhausaufenthalte, Arznei-, Heil- und Hilfsmittel, gewisse haushaltsnahe Dienstleistungen sowie Präventionsmaßnahmen, Kranken- und Mutterschaftsgeld. Der einzelne Leistungskatalog ist in den Satzungen der jeweiligen Krankenkasse geregelt und weist lediglich geringe Schwankungsbreiten auf. Die Abrechnung der Leistungen von Seiten der Leistungserbringer erfolgt im ambulanten und stationären Bereich direkt mit der Krankenkasse. Bei Medikamenten, Krankenhausaufenthalten sowie ambulanten Leistungen kann es zu Zuzahlungen der Versicherten kommen. Bspw. muss quartalsweise bei einem Arztbesuch eine Praxisgebühr abgeführt werden. – *4. Finanzierung:* Im Gegensatz zur GRV und zur gesetzlichen Arbeitslosenversicherung ist die GKV seit dem 1.7.2005 insgesamt nicht mehr paritätisch von Arbeitnehmern und Arbeitgebern bzw. Rentnern und GRV finanziert. Zuzüglich zum allgemeinen Beitrag, der nach wie vor paritätisch vom beitragspflichtigen Einkommen erhoben wird, müssen die versicherten Mitglieder einen Sonderbeitrag in Höhe von 0,9 % ihres Einkommens zur Finanzierung des Krankengelds und des Zahnersatzes leisten. Die Beiträge errechnen sich bis hin zu einer Beitragsbemessungsgrenze, die unterhalb der Jahresarbeitsentgeltgrenze liegt. Die Beiträge werden von den Krankenkassen eingezogen und an einen sog. → Gesundheitsfonds weitergebucht. Letzterer wird vom Bundesversicherungsamt verwaltet. Die Beiträge werden dann in einem nächsten Schritt wiederum nach vier Zuweisungskategorien an die Krankenkassen ausgeschüttet. Die Zuweisungskategorien lauten: Zuweisungen zur Deckung von Pflichtleistungen einer Krankenkasse, Zuweisungen für Satzungs- und Mehrleistungen, Zuweisungen für Aufwendungen zur Entwicklung und Durchführung der strukturierten Behandlungsprogramme sowie Zuweisungen zur Deckung von Verwaltungskosten. Die Zuweisungen für Pflichtleistungen werden nach den Regeln des morbiditätsorientierten → Risikostrukturausgleichs berechnet. Neben den Beiträgen gibt es noch die Zuzahlungen der Versicherten sowie einen Bundeszuschuss zur Finanzierung sog. versicherungsfremder Leistungen, wie etwa das Mutterschaftsgeld. Ferner kann eine Krankenkasse einen einkommensabhängigen Zusatzbeitrag bis zu einem Prozent des Einkommens kassenspezifisch erheben. Dieser Zusatzbeitrag kann auch als Pauschale erhoben werden, allerdings dürfen pauschale Zusatzbeiträge 1 % der beitragspflichtigen Einkommen eines versicherten Mitglieds nicht übersteigen. Bei Zusatzbeiträgen bis zu 8 Euro pro Monat (Stand: Dezember 2009) wird keine Einkommensprüfung vorgenommen. – *5. Weitere Merkmale:* Strukturprinzipien der GKV sind das → Solidaritätsprinzip und das → Sachleistungsprinzip. Knapp 90 % der Bevölkerung in Deutschland sind in der GKV versichert.

Gesetzliche Pflegeversicherung (GPV).
→ Soziale Pflegeversicherung (SPV).

Gesetzliche Rentenversicherung (GRV).
1. Begriff: Zweig der deutschen → Sozialversicherung, der bei Alter, → Erwerbsminderung und vorzeitigem Tod eine Rente an Versicherte (Hinterbliebene) gewährt. Zen-

trale Aufgaben sind die Ersetzung ausgefallener Arbeitseinkommen sowie die Erhaltung, Besserung und Wiederherstellung der Erwerbsfähigkeit der Versicherten. Gemessen an der Versichertenzahl bedeutendstes System der Alters- und Erwerbssicherung in Deutschland. Neben der GRV gibt es weitere → Alterssicherungssysteme, wie die Alterssicherung der Landwirte und die Versorgungswerke der (kammerfähigen) freien Berufe sowie die → Beamtenversorgung. – *2. Rechtsgrundlage:* SGB XI. – *3. Leistungen:* Neben den Renten wegen Alters, Erwerbsminderung und vorzeitigem Tod werden für Rentner Beiträge zur → gesetzlichen Krankenversicherung (GKV) bezahlt und Rehabilitationsleistungen erbracht. Die → Altersrente wird ab dem 65. Lebensjahr (die Regelaltersgrenze wird künftig schrittweise auf 67 Jahre erhöht) ohne Abschläge gewährt. Jeder spätere Rentenbeginn erhöht die Rente, jeder frühere Rentenbeginn mindert sie (um jeweils 0,3 % pro Monat). Die Rentenhöhe ist grundsätzlich von den im Erwerbsleben geleisteten Beitragszahlungen abhängig. Dies gilt auch für die → Erwerbsminderungsrente, jedoch müssen die Betroffenen u.U. Abschläge von bis zu 10,8 % in Kauf nehmen. Die Ansprüche aus Altersrente ergeben sich als Produkt der Summe der Entgeltpunkte mit dem aktuellen → Rentenwert unter Berücksichtigung von Abschlägen (bspw. Frühverrentung). Entgeltpunkte erhält der Versicherte in Höhe seines Einkommens im Vergleich zu einem administrativ definierten Durchschnittsentgelt. Der aktuelle Rentenwert wird jährlich mit der → Rentenformel ermittelt. – *4. Träger und Finanzierung:* Die Aufgaben der GRV werden durch Bundes- und Regionalträger wahrgenommen (Deutsche Rentenversicherung). Spezielle Arbeitnehmergruppen (bspw. Bergbau) werden in einem eigenständigen gemeinsamen Bundesträger zusammengefasst (→ Deutsche Rentenversicherung Knappschaft-Bahn-See). Die Leistungen werden im Umlageverfahren (→ Umlagefinanzierung) aus Beiträgen der Versicherten finanziert, die als konstanter Prozentsatz des Bruttoeinkommens (von einem Mindestverdient bis zur → Beitragsbemessungsgrenze) – jeweils hälftig vom Arbeitgeber und Arbeitnehmer – abgeführt werden. Außer von den Versichertenbeiträgen wird die GRV durch den → Bundeszuschuss finanziert, der im Wesentlichen dafür gedacht ist, eine Reihe von sog. versicherungsfremden Leistungen (z.b. vorzeitige Altersrenten) zu finanzieren. Hinzu kommen Beiträge der Träger von Lohnersatzleistungen (z.B. Kranken-, Unterhalts- oder Arbeitslosengeld I), die für die Empfänger von Lohnersatzleistungen die Rentenversicherungsbeiträge ganz oder zur Hälfte übernehmen.

Gesetzlicher Zuschlag, *Zehn-Prozent-Zuschlag. – 1. Begriff:* Gesetzlich vorgeschriebener Zuschlag auf die Beiträge in der privaten → Krankheitskostenvollversicherung i.H.v. 10 %. Dient der Entlastung der Beitragszahler im Alter. In der → privaten Krankenversicherung (PKV), genauer in der privaten Krankheitskostenvollversicherung werden die Beiträge nach Art der Lebensversicherung auf versicherungsmathematischer Grundlage berechnet. Neben der Bildung von → Alterungsrückstellungen und den Zinserträgen aus den Alterungsrückstellungen gibt es dabei seit dem 1.1.2000 als dritte Säule der Altersvorsorge von Gesetzes wegen einen 10-prozentigen Zuschlag, der auf den Versicherungsbeitrag erhoben wird (G. nach § 12 IVa VAG). Die aus dem G. resultierenden Mittel werden verzinslich angelegt und – ohne Abzug etwaiger Kosten – dafür verwendet, Beitragserhöhungen im Alter aufzufangen. – *2. G. bei Neuversicherten:* Ab dem 1.1.2000 in der PKV Neuversicherte müssen einen Zuschlag von 10 % auf ihren Beitrag zahlen. Dieser Zuschlag wird i.d.R. ab dem 22. Lebensjahr und bis zum 61. Lebensjahr mit dem Ziel erhoben, den Beitrag bei entsprechend langer Vorversicherungszeit ab dem 65. Lebensjahr konstant zu halten. Je nach Vorversicherungszeit und Kostenentwicklung ist ab dem 80. Lebensjahr sogar eine Beitragssenkung möglich. Eine vorherige Beitragssenkung erlaubt der Gesetzgeber nicht. – *3. G. im Bestand:* Versicherte, die am 1.1.2000 bereits in der PKV versichert waren, konnten sich freiwillig für den G. entscheiden (Widerspruchsrecht). Für sie wurde der Zuschlag beginnend mit dem Jahr 2001 mit 2 % eingeführt und dann bis zum Erreichen von 10 % der Bruttoprämie jährlich um weitere 2 %-Punkte erhöht. – *4. Sonstiges:* Der G. wird nur für die Krankheitskostenvollversicherung, nicht aber für → Tagegeldversicherungen und → Zusatzversicherungen erhoben. → Anwartschaftsversicherungen sind ebenfalls ausgenommen. Der G. ist wie der Krankenversicherungsbeitrag durch den Arbeitgeber zuschussfähig.

Gesetzliche Unfallversicherung

von Dr. Andreas Kranig

1. Definition

Die gesetzliche Unfallversicherung (GUV) ist ein Zweig der deutschen gesetzlichen Sozialversicherung, in dem insbesondere Arbeitnehmer bei ihrer Arbeit, aber auch viele andere Personengruppen gegen Arbeitsunfälle und Berufskrankheiten versichert sind. Mit einem jährlichen Finanzvolumen von etwa 13 Mrd. Euro ist die GUV ein vergleichsweise kleiner Teil des Gesamtsystems der sozialen Sicherheit und der Gesundheitsversorgung.

2. Geschichte

Die GUV wurde 1884 mit dem „Unfallversicherungsgesetz" eingeführt und erfasste zunächst nur Unternehmen mit besonders hohen Unfallrisiken. Schrittweise wurde der Versicherungsschutz auf verschiedene Wirtschaftszweige ausgedehnt und den für bestimmte Branchen zuständigen Berufsgenossenschaften aufgetragen. Seit 1942 sind alle gewerblich Beschäftigten durch die GUV geschützt. Danach wurde der Kreis der versicherten Personen um andere Personengruppen, wie z.B. Kinder, Schüler, Studierende, bürgerschaftlich Engagierte, ehrenamtlich tätige Personen, Mitarbeiter in Hilfsorganisationen, Lebensretter, Blut- und Organspender, Zeugen, Schöffen und nicht gewerbsmäßig in der häuslichen Pflege tätige Pflegepersonen (§§ 2, 3, 6 SGB VII) erweitert. Als Versicherungsfälle gelten in der GUV seit 1884 die eigentlichen Betriebsunfälle und seit 1925 auch Berufskrankheiten sowie Unfälle im Umgang mit Arbeitsgeräten und Wegeunfälle. Der Versicherungsschutz für Wegeunfälle wurde in der Folgezeit mehrfach ausgedehnt, insbesondere auf Familienheimfahrten und Umwege auf Grund von Fahrgemeinschaften oder im Zusammenhang mit der Betreuung von Kindern. Das Recht der GUV ist seit dem 1.1.1997 im Siebten Buch des Sozialgesetzbuchs geregelt, davor galt die Reichsversicherungsordnung (RVO) als Rechtsgrundlage. Die letzte Anpassung des SGB VII erfolgte 2008 mit dem Unfallversicherungs-Modernisierungsgesetz (UVMG).

3. Aufgaben

Vorrangig hat die GUV mit allen geeigneten Mitteln Arbeitsunfälle und Berufskrankheiten zu verhüten (Unfallprävention). Seit 1996 ist die Verhütung arbeitsbedingter Gesundheitsgefahren einbezogen. Nach dem Eintritt von Arbeitsunfällen oder Berufskrankheiten hat die GUV den entstandenen Schaden umfassend zu beheben und auszugleichen. Die Gesundheit der Versicherten ist durch Heilbehandlung und medizinische Rehabilitation so weit wie möglich wieder herzustellen, die Versicherten sind ins Erwerbsleben wieder einzugliedern (berufliche Rehabilitation) sowie gesellschaftlich zu reintegrieren. Einkommensausfälle durch bleibende Gesundheitsschäden sind durch Renten (Verletztenrente) auszugleichen. Hat der Versicherungsfall den Tod zur Folge, sind an die Hinterbliebenen Renten und andere Geldleistungen zu zahlen (Hinterbliebenenentschädigung).

4. Grundprinzipien und Besonderheiten

Die GUV vermittelt den Versicherten umfassende soziale Sicherheit. Sie entlastet aber auch die Personen, die in den Betrieben für den Eintritt von Arbeitsunfällen oder Berufskrankheiten verantwortlich sind, von ihrer Haftung gegenüber den Geschädigten. Auf dieses doppelte Ziel sind die folgenden Grundprinzipien zurückzuführen, die die deutsche GUV prägen:

a) Die Haftung des Unternehmers für Schäden, die auf den vom Unternehmer zu verantwortenden betrieblichen Gefahren beruht, wird durch die öffentlich-rechtliche Verpflichtung der GUV zum Schadenausgleich ersetzt. Etwaige zivilrechtliche Schadenersatzansprüche der Geschädigten gegen den Unternehmer oder andere Beschäftigte sind weitestgehend ausgeschlossen.

b) Die Unternehmer tragen die Beiträge zur GUV allein, entsprechend ihrer Verantwortung für die betrieblichen Gefahren und ihrer Entlastung vom Haftungsrisiko.

c) Die Versicherungsleistungen orientieren sich am Schadenersatzprinzip, da sie an die Stelle von Schadenersatzansprüchen treten, aber auch an sozialrechtlichen Gesichtspunkten des Ausgleichs.

d) Ob Versicherungsschutz besteht, hängt von der faktischen Ausübung einer nach dem Gesetz versicherungspflichtigen Tätigkeit ab. Abhängig Beschäftigte sind daher versichert, selbst wenn ihr Arbeitgeber sein Unternehmen noch nicht beim zuständigen Unfallversicherungsträger gemeldet und dementsprechend keine Beiträge zur GUV gezahlt hat. Damit wird ein zuverlässiger und wirksamer Schutz für alle Personen erreicht, die das Gesetz unter Versicherungsschutz stellt.

e) Die Versicherungsleistungen werden grundsätzlich unabhängig vom Verschulden der Geschädigten, der Unternehmer oder weiterer Personen erbracht. Ihre Feststellung erfolgt von Amts wegen, d.h. ohne Antrag der Geschädigten. Damit wird das Beschäftigungsverhältnis vom Streit über die Berechtigung der Ansprüche entlastet.

f) Die GUV entlastet zwar die Unternehmer von ihrer Haftung, nicht aber von ihrer Verantwortung für die sichere und gesunde Gestaltung der Arbeitsumgebung. Zur Umsetzung des Arbeitsschutzes hat die GUV Unfallverhütungsvorschriften, Regeln und Empfehlungen erlassen und unterstützt die mit der Durchführung des Arbeitsschutzes in den Betrieben betrauten Personen (Sicherheitsbeauftragte, Sicherheitsfachkräfte, Betriebsärzte, Betriebsräte) durch Beratung und Schulung.

g) Das Verhältnis der verschiedenen Aufgabenbereiche zueinander wird durch zwei Grundsätze geprägt: „Prävention vor Entschädigung" und „Rehabilitation vor Rente".

h) All dies lässt sich optimal verwirklichen, weil die Berufsgenossenschaften branchenspezifisch und die Unfallkassen entsprechend der regionalen Gliederung von Bund, Ländern und Gemeinden als Körperschaften des öffentlichen Rechts mit Selbstverwaltung organisiert sind.

Literatur: Bereiter-Hahn/ Mehrtens, Gesetzliche Unfallversicherung, Handkommentar, Loseblatt; Brackmann, Handbuch der Sozialversicherung, Gesetzliche Unfallversicherung, Kommentar, Loseblatt, 12. Aufl. 2008; Eichenhofer, Sozialrecht, 6. Aufl. 2007; Hauck (Begr.)/ Noftz/ Keller, SGB VII, Gesetzliche Unfallversicherung, Kommentar, Loseblatt; Igl/ Welti, Sozialrecht, 8. Aufl. 2007; Lauterbach/ Watermann/ Breuer, Unfallversicherung, Sozialgesetzbuch VII, Loseblatt; v. Maydell/ Ruland/ Becker, Sozialrechtshandbuch, 4. Aufl. 2008; Niesel (Red.), Kasseler Kommentar, Sozialversicherungsrecht, Loseblatt; Schmitt, SGB VII, Gesetzliche Unfallversicherung Kommentar, 3. Aufl. 2008; Schulin (Hrsg.), Handbuch des Sozialversicherungsrechts, Band 2, Unfallversicherung, 1996; Waltermann, Sozialrecht, 7. Aufl. 2008.

Gesetz zur Kontrolle und Transparenz im Unternehmensbereich. → KontraG.

Gesetz zur Neuregelung des Versicherungsvermittlerrechts

von Dr. h. c. Josef Beutelmann

Am 22.5.2007 ist das „Gesetz zur Neuregelung des Versicherungsvermittlerrechts" (Vermittlergesetz) in Kraft getreten. Es handelt sich um ein sog. Artikelgesetz, durch das in die Gewerbeordnung (GewO), in das Gesetz über den Versicherungsvertrag (VVG) und in das Versicherungsaufsichtsgesetz (VAG) etliche neue Bestimmungen für Versicherungsvermittler eingeführt wurden. Von besonderen Ausnahmefällen abgesehen, erfasst das Gesetz alle gewerbsmäßig

Gesetz zur Neuregelung des Versicherungsvermittlerrechts

tätigen Versicherungsvermittler (d.h. hauptberufliche und nebenberufliche Versicherungsvertreter, Einfirmen- und Mehrfachvertreter, Versicherungsmakler) sowie Versicherungsberater.

Die Versicherungsvermittlung wurde durch den neu eingeführten § 34d GewO grundsätzlich zum erlaubnispflichtigen Gewerbe (Ausnahmen siehe unten). Für die Erteilung, den Widerruf und die Rücknahme der Erlaubnis sind die Industrie- und Handelskammern (IHK) zuständig. Sie richten gleichzeitig auch ein Vermittlerregister ein, in dem einzusehen ist, wer dort mit welchem Vermittlerstatus (Versicherungsvertreter oder Versicherungsmakler) und mit oder ohne Gewerbeerlaubnis nach § 34d GewO eingetragen ist. Die Versicherungsunternehmen sind verpflichtet, nur noch mit Vermittlern zusammenzuarbeiten, die in das Register für Versicherungsvermittler eingetragen sind.

Die Erteilung der Erlaubnis durch die IHK hängt von folgenden Voraussetzungen ab:

Zunächst muss der Antragsteller im Rahmen des Erlaubnisverfahrens einen Sachkundenachweis erbringen. Die erforderliche Sachkunde wird grundsätzlich durch erfolgreiches Ablegen der IHK-Sachkundeprüfung nachgewiesen. Diese Prüfung orientiert sich an der ursprünglich von der Versicherungswirtschaft entwickelten Ausbildung "Versicherungsfachmann/-frau des Berufsbildungswerks der Deutschen Versicherungswirtschaft e.V. (BWV) ". Neben der IHK-Sachkundeprüfung werden auch bestimmte Berufsqualifikationen als Sachkundenachweis anerkannt, z.B. ein abgeschlossenes Studium der Rechtswissenschaften, ein abgeschlossenes betriebswirtschaftliches Studium der Fachrichtung Versicherungen (Hochschulabschluss oder gleichwertiger Abschluss) oder ein Abschluss als Versicherungskaufmann/-kauffrau bzw. als Kaufmann/ Kauffrau für Versicherungen und Finanzen.

Für eine Erlaubniserteilung sind ferner Zuverlässigkeit und geordnete Vermögensverhältnisse des Antragstellers erforderlich. Die Zuverlässigkeit wird regelmäßig verneint, wenn der Antragsteller in den letzten fünf Jahren vor Stellung des Antrags wegen eines Verbrechens oder wegen Diebstahl, Unterschlagung, Untreue, Insolvenzstraftat etc. rechtskräftig verurteilt worden ist. Geordnete Vermögensverhältnisse liegen nicht vor, wenn über das Vermögen des Antragstellers ein Insolvenzverfahren eröffnet worden ist oder er in das vom Insolvenzgericht oder vom Vollstreckungsgericht zu führende Verzeichnis eingetragen ist.

Des Weiteren setzt die Erlaubniserteilung voraus, dass der Versicherungsvermittler – mit Ausnahme der in § 34d IX HGB genannten Sonderfälle und bei Haftungsübernahme durch den Versicherer – über eine Berufshaftpflichtversicherung verfügt (die Mindestversicherungssumme beträgt aktuell 1,13 Mio. Euro für jeden Versicherungsfall und 1,7 Mio. Euro für alle Versicherungsfälle eines Jahres). Dies gilt unabhängig davon, ob der Antragsteller haupt- oder nebenberuflich als selbständiger Versicherungsvermittler tätig ist.

Keine Gewerbeerlaubnis – sehr wohl aber eine Registrierung – benötigen diejenigen Versicherungsvertreter, die ihre Tätigkeit ausschließlich im Auftrag eines oder mehrerer Versicherungsunternehmen, deren Produkte nicht in Konkurrenz zueinanderstehen, ausüben und für deren Vermittlungstätigkeit ein oder mehrere Versicherungsunternehmen die uneingeschränkte Haftung übernehmen (gebundene Vermittler bzw. gebundene Versicherungsvertreter). Die Haftungsübernahme erfolgt dadurch, dass der Versicherer den Vertreter zum Vermittlerregister anmeldet. Der Vertreter wird dann durch die IHK ohne Überprüfung der Sachkunde als "gebundener Versicherungsvertreter nach § 34d Abs. 4 GewO" registriert.

Allerdings muss das Versicherungsunternehmen als Voraussetzung für die Zusammenarbeit vor der Anmeldung eines gebundenen Vertreters überprüfen, ob dieser zuverlässig ist und in geordneten Vermögensverhältnissen lebt. Außerdem hat es sicherzustellen, dass der Vertreter über die zur Vermittlung der jeweiligen Versicherung angemessene Qualifikation verfügt.

Ein Vermittler, der Versicherungen (nur) als Ergänzung der im Rahmen seiner Haupttätigkeit gelieferten Waren oder Dienstleistungen vermittelt (Produktakzessorischer Vermittler), ist bei Vorliegen bestimmter in § 34d III GewO angeführter Voraussetzungen durch die zuständige IHK auf Antrag von der Erlaubnispflicht zu befreien und wird dann als "Versicherungsvertreter mit Erlaubnisbefreiung nach § 34d III GewO" ins Vermittlerregister eingetragen.

Nebenberufliche Vermittler, deren Vermittlungstätigkeit sich nur auf ein begrenztes in § 34d IX GewO aufgeführtes Spektrum an Versicherungen bezieht, sind bei Vorliegen der sonstigen in dieser Vorschrift genannten Voraussetzungen sowohl von der Erlaubnispflicht als auch von der Registrierungspflicht befreit.

Durch die zeitgleich mit dem Vermittlergesetz am 22.5.2007 in Kraft getretene Verordnung über die Versicherungsvermittlung und -beratung (Versicherungsvermittlungsverordnung - VersVermV) wurden den Versicherungsvermittlern umfangreiche Informationspflichten gegenüber dem Interessenten bzw. Kunden beim ersten Geschäftskontakt auferlegt. Die Vermittler haben den potenziellen Versicherungsnehmer u.a. über ihre Person, ihre Tätigkeit und ihren Status im Verhältnis zum Versicherungsunternehmen zu unterrichten. Nach § 60 VVG sind bestimmte Versicherungsmakler und Versicherungsvertreter darüber hinaus verpflichtet, die Interessenten darüber zu informieren, auf welcher Markt- und Informationsgrundlage sie den Kunden beraten. Darüber hinaus treffen Versicherungsvermittler bei Ausübung der Vermittlungstätigkeit nach den §§ 59 ff. VVG anlassbezogene Beratungs- und Dokumentationspflichten. Die Informationen und die Dokumentation der Beratung müssen dem Kunden in Textform übermittelt werden.

Versicherungsmakler und solche Versicherungsvertreter, deren nach dem Gesetz bestehende Vollmacht zur Entgegennahme von Kundenzahlungen vom Versicherer wirksam aufgehoben wurde, müssen, wenn sie Zahlungen der Kunden annehmen, eine Sicherheit, z.B. in Form einer Bürgschaft, über zumindest 15.000 Euro leisten und dies dem Kunden auf Verlangen nachweisen. Da für Versicherungsvertreter in aller Regel die gesetzliche Fiktion der Bevollmächtigung in § 69 II VVG zum Tragen kommt, ist das Stellen einer Sicherheit durch Versicherungsvertreter nur ausnahmsweise erforderlich.

Die privatrechtlich organisierten Ombudsleute der Versicherungswirtschaft werden als Beschwerde- und Schlichtungsstelle für die Erhebung von Kundenbeschwerden gegen Versicherungsvermittler anerkannt.

Gesundheit. *1. Begriff:* Ein Zustand des vollkommenen körperlichen, geistigen und sozialen Wohlbefindens und nicht die bloße Abwesenheit von Krankheit oder Gebrechen (WHO). – *2. Merkmale:* Damit wird G. als Zustand definiert, der im umfassenden Sinne Körper, Geist und soziales Umfeld einschließt. Insbesondere im Hinblick auf den weitläufigen Begriff „Wohlbefinden" wird diese Definition vielfach als zu offen kritisiert. Nach der allgemeinen Erklärung der Menschenrechte der UN ist G. ein Grundrecht. Deshalb geht die praktische Medizin pragmatisch vor, in dem sie einen Gesundheitsbegriff verwendet, dem Normalität und Kontrollierbarkeit körperlicher und seelischer Reaktionen zugrunde liegen. Sie ist stark geprägt vom eigenen Verhalten (Gesundheitsbewusstsein) und der individuellen → Gesundheitsförderung. G. ist ein wichtiger persönlicher und gesellschaftlicher Wert. Sie ist nicht nur für das individuelle Wohlbefinden und für die ökonomische und soziale Teilhabe wichtig, sondern auch ein produktiver Faktor im Sinne der Leistungsfähigkeit des Einzelnen. – *3. Ziele:* Daraus resultiert das übergeordnete Ziel einer staatlichen Gesundheitspolitik, die G. der Bürger zu erhalten, zu fördern und im Krankheitsfall wieder herzustellen. In Deutschland dienen dazu gesetzliche Präventionsmaßnahmen, die Krankenversicherung als soziale Pflichtversicherung, die für alle Bürger verbindliche Pflegeversicherung und die Rehabilitation.

Gesundheitsassistance, *medizinische Assistance, engl. Health Care Assistance.* – *1. Begriff:* → Assistance zugunsten von berechtigten Kunden in medizinischen Bedarfslagen. – *2. Ziele:* Kundenzufriedenheit und Kundenbindung durch guten Service und schnelle Hilfe sowie die Senkung der Betreuungskosten auf Seiten des Kostenträgers, z.b. des Krankenversicherers. *–3. Leistungsfälle:* Neben der allgemeinen Gesundheitsberatung einschl. z.B. der Impf- und Ernährungsberatung gehören auch das → Case Management und das → Disease Management sowie der → Ambulanzservice zur Gesundheitsassistance. – *4. Weitere Merkmale:* Basis der G. ist eine individuelle Bedürfnisanalyse bei Krankheits-, Unfall- oder Pflegefällen. Autorisiertes Personal steuert den Patienten je nach Vertragsumfang zu ausgesuchten Dienstleistern oder organisiert die notwendige Hilfe, z.B. Menüservices, Pflegeschulungen, Pflegedienste, Kinderbetreuungsleistungen u.a. Eine ständige Überwachung des Leistungs- und Heilungsverlaufs sowie die Überprüfung der Maßnahmen und Kosten gehören ebenso zur Assistance, wie die Abrechnung mit den Leistungserbringern.

Gesundheitsfonds

von Prof. Dr. Herbert Rebscher

Zum 1.4.2007 ist das „Gesetz zur Stärkung des Wettbewerbs in der Gesetzlichen Krankenversicherung (GKV-Wettbewerbsstärkungsgesetz – GKV-WSG)" in Kraft getreten. In diesem Gesetz wurde geregelt, dass mit Wirkung ab dem 1.1.2009 ein Gesundheitsfonds errichtet wird und wie dieser Fonds ausgestaltet wird. Die näheren Bestimmungen regelt das Sozialgesetzbuch (SGB) Fünftes Buch (V) Gesetzliche Krankenversicherung (SGB V), insbesondere in den §§ 171 b, 220, 221, 241, 242, 266, 267, 268, 270, 271 und 272.

1. Kernelemente des Gesundheitsfonds und politisch gewünschte Wirkungsweisen

Die Finanzierung des Gesundheitsfonds erfolgt zum einen dadurch, dass seit dem 1.1.2009 sämtliche Beiträge, die bisher für die Mitglieder an diejenigen Krankenkassen abgeführt wurden, bei denen diese Mitglieder versichert sind, nunmehr komplett dem Gesundheitsfonds zufließen. Zum anderen soll der Gesundheitsfonds Zuweisungen aus Steuermitteln erhalten.

In der gesetzlichen Krankenversicherung (GKV) gilt ab 2009 ein einheitlicher Beitragssatz, der von einem beim Bundesversicherungsamt (BVA) gebildeten Schätzerkreis bis zum 1.11. eines jeden Jahres auf der Basis der geschätzten Ausgaben der GKV und der erwarteten Einkommensentwicklung für das Folgejahr zu prognostizieren ist. Eine Veränderung des erstmalig Ende 2008 geschätzten und dann von der Bundesregierung per Rechtsverordnung ohne Zustimmung des Bundesrates festgelegten Beitragssatzes ist erst dann vorgesehen, wenn in zwei Jahren nacheinander von dem Schätzerkreis prognostiziert wird, dass die Einnahmen des Gesundheitsfonds voraussichtlich weniger als 95 % des in der GKV zu finanzierenden Ausgabenvolumens betragen werden.

Der Gesundheitsfonds wiederum weist den einzelnen Krankenkassen Finanzmittel zu. Deren Höhe ergibt sich zum einen nach den Modalitäten des morbiditätsorientierten Risikostrukturausgleichs (Morbi-RSA) auf der Basis von 50 bis 80 Krankheiten mit überdurchschnittlichen Kosten und chronischem bzw. schwerwiegendem Verlauf. Zum anderen erhalten die Krankenkassen Sockelbeträge für die Versicherten. Bei diesen Sockelbeträgen handelt es sich um alters- und geschlechtsadjustierte Bedarfszuweisungen, die an die Systematik des bis Ende 2008 bestehenden Risikostrukturausgleichs (RSA) angelehnt sind, sowie um GKV-durchschnittliche Zuschläge für Verwaltungsausgaben und die nach der Einführung des GKV-WSG verbliebenen

Satzungsleistungen. Die tatsächlichen Ausgaben einer Krankenkasse bleiben bei diesen GKV-durchschnittlichen Zuweisungen unberücksichtigt.

Kann eine Krankenkasse ihre tatsächlichen Ausgaben mit den vom Gesundheitsfonds erhaltenen GKV-durchschnittlichen Bedarfszuweisungen nicht decken, muss sie von ihren Mitgliedern einen Zusatzbeitrag erheben, der aber auf 1 % der monatlichen beitragspflichtigen Einnahmen (BPE) des Mitglieds begrenzt ist (Härtefallregelung). Beläuft sich der monatliche Zusatzbeitrag auf bis zu 8 Euro, entfällt die Überprüfung der tatsächlichen wirtschaftlichen Leistungsfähigkeit des Mitglieds.

Nach den Vorstellungen der Politik soll die Wirtschaftlichkeit einer Krankenkasse ab der Einführung des Gesundheitsfonds daran ablesbar sein, ob sie von ihren Mitgliedern einen Zusatzbeitrag erheben muss oder auch Rückzahlungen an die Mitglieder vornehmen kann. Für den Fall, dass eine Krankenkasse einen Zusatzbeitrag erhebt, erhalten ihre Mitglieder ein sofortiges Sonderkündigungsrecht. Der Politik schwebt vor, dass durch diese Regelungen die Krankenkassen effizienter als bisher arbeiten und sich durch die Ausschaltung des Wettbewerbs um Mitglieder mit hohen Einkommen (da die Beitragseinnahmen ja an den Gesundheitsfonds abgeführt werden) bzw. Mitglieder mit geringer Leistungsinanspruchnahme (da die Morbidität ja mittels der Bedarfszuweisungen durch den Gesundheitsfonds ausgeglichen werden soll) sowie durch einheitliche Vergütungsregelungen für die erbrachten Leistungen der Wettbewerb auf die Versorgung der Versicherten konzentriert.

2. Reale Gegebenheiten

Durch die Zuweisungen aus dem Gesundheitsfonds werden nur die GKV-durchschnittlichen Ausgaben ausgeglichen. Dieses Kernelement des Gesundheitsfonds lässt außer Betracht, dass die Versichertenstrukturen in den Krankenkassen historisch gewachsen sind und kurzfristig über die natürliche Mitgliederfluktuation sowie über die üblichen Wanderungsbewegungen zwischen den Krankenkassen hinaus kaum beeinflusst werden können. Bei den schematischen Bedarfszuweisungen ist eine Krankenkasse immer dann systematisch benachteiligt, wenn sie überproportional viele Versicherte in ihrem Bestand hat, die etwas morbider sind als der GKV-Durchschnitt, die aber wiederum nicht so morbide sind, dass ihre Leistungsausgaben über den „Morbi-RSA" ausgeglichen werden (und umgekehrt). Auch bei den „Morbi-RSA"-Bedarfszuweisungen für die 50 bis 80 Krankheiten ist eine Krankenkasse benachteiligt bzw. im Vorteil, wenn bei ihr überdurchschnittlich viele versichert sind, deren spezifische Krankheitskosten über bzw. unter den GKV-durchschnittlichen Leistungsausgaben für diese jeweiligen Krankheiten liegen.

Außer Betracht bleibt, dass das Kostenniveau zwischen den Bundesländern unterschiedlich ist. Krankenkassen, deren Versicherte überwiegend in Bundesländern mit einem hohen (bzw. niedrigen) Ausgabenniveau wohnhaft sind, werden benachteiligt (bzw. sind im Vorteil). Benachteiligt werden außerdem diejenigen Krankenkassen, die nach den Bestimmungen des GKV-WSG noch Pensionsrückstellungen vornehmen müssen, was ihnen z.T. zuvor nicht erlaubt war. Ebenso werden die sog. Versorgerkrankenkassen benachteiligt, die ein großes Filialnetz unterhalten, um für ihre Versicherten gut erreichbar zu sein und diese besser betreuen zu können, und die dafür höhere Verwaltungskosten aufwenden müssen als solche Krankenkassen, die diesen Service nicht aufgebaut haben. Aufgrund der gewachsenen und nicht kurzfristig änderbaren Strukturen ist es unvermeidbar, dass viele Krankenkassen einen Zusatzbeitrag erheben müssen, obwohl sie effizient arbeiten.

3. Mögliche Entwicklungen nach der Einführung des Gesundheitsfonds

Es ist absehbar, dass im Fall eines Zusatzbeitrags v.a. diejenigen Mitglieder ihr Sonderkündigungsrecht in Anspruch nehmen und die Krankenkasse verlassen werden, die keine oder nur unterdurchschnittliche Leistungsausgaben verursachen. Dadurch erhöht sich aber der erforderliche Zusatzbeitrag für die verbliebenen Mitglieder mit tendenziell durchschnittlichen oder überdurchschnittlichen Leistungsausgaben, so dass weitere Mitglieder wegen des steigenden Zusatzbeitrags abwandern werden, u.s.w. Die Krankenkasse befindet sich dann schnell in einer Situation, in der sie zwar steigende Ausgaben je (verbliebenem) Mitglied hat, die Beiträge zur Deckung dieser Ausgaben wegen der 1%-Härtefall-Regelung (s.o.) aber nicht einziehen darf. Die Krankenkasse wird zahlungsunfähig und verschwindet vom Markt. Diese Entwicklung wiederholt sich bei denjenigen Krankenkassen, zu denen die Mitglieder aus den verschwundenen Krankenkassen wechseln werden, so dass binnen relativ kurzer Zeit ein massiver Konzentrationsprozess stattfinden wird, an dessen Ende ein Oligopol oder die Einheitskrankenkasse stehen wird, mit entsprechenden wettbewerbsschädlichen Folgen.

Die Situation wird noch dadurch verschärft, dass eine Anpassung des GKV-einheitlichen Beitragssatzes erst dann vorgesehen ist, wenn in zwei Jahren nacheinander vom Schätzerkreis prognostiziert wird, dass die Einnahmen des Gesundheitsfonds voraussichtlich weniger als 95 % des zu finanzierenden Ausgabenvolumens betragen werden. Wenn aber die Einnahmen des Gesundheitsfonds unter 100% des zu finanzierenden Ausgabenvolumens sinken, werden entsprechend auch die Bedarfszuweisungen an die Krankenkassen reduziert. Die ausbleibenden Bedarfszuweisungen müssen die Mitglieder der Krankenkassen dann zusätzlich zu dem von ihrer Krankenkasse ggf. zu erhebenden Zusatzbeitrag durch einen entsprechend erhöhten Zusatzbeitrag finanzieren. Die 1%-Härtefall-Schwelle wird dadurch umso schneller erreicht, und der zuvor beschriebene Spiraleffekt zwischen Abwanderungen und sich erhöhendem Zusatzbeitrag wird beschleunigt.

Angesichts der standardisierten Bedarfszuweisungen an die Krankenkassen durch den Gesundheitsfonds und angesichts einheitlicher Vergütungsregelungen für die erbrachten Leistungen bleibt einer Krankenkasse zur Vermeidung ihrer Insolvenz nur noch die Möglichkeit, ihre Ausgaben zu senken. Die innere Logik des Konstrukts „Gesundheitsfonds" zwingt sie dazu, ihre Ausgaben unter den GKV-Durchschnitt zu drücken. Da diese Notwendigkeit für alle Krankenkassen besteht, die keinen Zusatzbeitrag mit den zuvor skizzierten Folgen erheben wollen, bleibt nur die Möglichkeit, den Service zur Vermeidung von Verwaltungskosten weitestgehend zurückzufahren und die Leistungsausgaben auf das unvermeidbare Maß zu senken.

Neben dem absehbaren Wettbewerb um die niedrigsten Ausgaben, in den alle Krankenkassen zur Vermeidung ihrer Insolvenz eintreten müssen, wird gleichzeitig ein Wettbewerb um die Mitglieder mit höheren Einkommen initiiert, da bei diesen die 1%-Härtefall-Regelung erst ab einem höheren Betrag greift. Die innere Logik des Gesundheitsfonds zwingt die Krankenkassen somit in einen Wettbewerb, der der eigentlichen Intention der Politik, nämlich dem Wettbewerb um die Versorgung der Versicherten, diametral entgegenläuft.

Gesundheitsförderung. *1. Begriff:* Zielt auf einen Prozess, der allen Menschen ein höheres Maß an Selbstbestimmung über ihre → Gesundheit ermöglicht und sie damit zur Stärkung ihrer Gesundheit befähigt (Ottawa-Charta, 1986). – *2. Merkmale:* Grundlegende Bedingungen für Gesundheit sind: angemessene Wohnverhältnisse, Bildung, Ernährung, Einkommen, ein stabiles Ökosystem sowie soziale Gerechtigkeit und Chancengleichheit. Zu Erreichung werden fünf Handlungsbereiche unterschieden: 1) Schaffung gesundheitsfördernder Lebenswelten, insbesondere in Schulen und Betrieben 2) Förderung persönlicher Kompetenzen zur gesunden Lebensweise wie ausreichende Bewegung, gesunde Ernährung 3) Unterstützung gesundheitsbezogener Gemeinschaftsaktionen 4) neue

Orientierung der Gesundheitsdienste 5) Entwicklung einer gesundheitsfördernden Gesamtpolitik. – *3. Ziele:* Die betriebliche G. verfolgt das Ziel, die Bedingungen, Arbeitsabläufe und Entscheidungsprozesse im Betrieb so zu optimieren, dass sie zur Förderung der Gesundheit und der Arbeitsleistung beitragen. – *4. Entwicklung:* In Deutschland wurde G. erst im Jahre 1989 in den Leistungskatalog der → gesetzlichen Krankenversicherung (GKV) aufgenommen. Die Finanzierung von gesundheitsförderlichen Maßnahmen über die Krankenkassen ermöglichte die Teilnahme an Kursen, die der Gesundheit dienlich und die nicht direkt präventiv oder kurativ ausgerichtet waren. – *5. Probleme:* Es kam rasch zu einem Spannungsverhältnis zwischen gesundheitspolitischen und wettbewerblichen Interessen bei den Krankenkassen. Die ausgeprägte missbräuchliche Nutzung von gesundheitsfördernden Angeboten zur Mitgliedergewinnung bzw. -bindung führte zur vorübergehenden Streichung der G. als Pflichtleistung der GKV. – *6. Ausblick:* Heute können die gesetzlichen Krankenkassen Gesundheitsförderungsmaßnahmen auf der Grundlage gemeinsamer und einheitlich erarbeiteter Richtlinien auf folgenden Handlungsfeldern anbieten: Bewegungsgewohnheiten, Ernährung, Stressreduktion, Entspannung, Genuss- und Suchtmittel. Im Bereich der betrieblichen G. wurden folgende Handlungsfelder vereinbart: arbeitsbedingte körperliche Belastung, Betriebsverlegung, psycho-sozialer Stress sowie Genuss- und Suchtmittelkonsum. Dabei haben die gesetzlichen Krankenkassen mit den zuständigen Unfallversicherungsträgern zusammen zu arbeiten. Die Teilnahme an Gesundheitsförderungsmaßnahmen kann seitens der gesetzlichen Krankenkassen durch einen Bonus belohnt werden.

Gesundheitsfragen. *1. Begriff:* Bei Antrag auf Versicherungsabschluss muss der Antragsteller u.a. umfangreiche Fragen zu seinem augenblicklichen Gesundheitszustand und zu seiner Krankenvorgeschichte (Anamnese) beantworten. – *2. Merkmale:* Der Umfang des Fragenkatalogs ist u.a. von dem beantragten Versicherungsprodukt und der Höhe der Versicherungssumme abhängig. Die so offen gelegte Information über alle risikorelevanten Fakten führt zu einer einmaligen → Risikoprüfung, deren Ergebnis die Grundlage der festzusetzenden Prämie bildet.

Gesundheitsökonomie. *1. Begriff:* Interdisziplinäre Wissenschaft – verbindet Medizin und Wirtschaftswissenschaften –, die die ökonomischen Auswirkungen von präventiven, diagnostischen und therapeutischen Gesundheitsleistungen untersucht und den gezielten Einsatz der knappen finanziellen Ressourcen im Gesundheitswesen bewertet. – *2. Methodik:* Dazu analysiert sie Effizienz, Effektivität, Verteilung und Wertschöpfung medizinischer Dienstleistungen mittels quantitativer, vergleichender Studien. – *3. Ziel:* Ist ökonomisch günstigere, qualitativ gleichwertige oder bessere Versorgungsalternativen aufzuzeigen. Kosteneffizienz, → Qualität und Gerechtigkeit im Sinne von Zugang für alle sind dabei in Einklang zu bringen. – *4. Ausblick:* Gesundheitsökonomische Bewertungen finden in der schwierigen Debatte um die Finanzierung und den Leistungsumfang in der → gesetzlichen Krankenversicherung (GKV) zunehmend Beachtung.

Gesundheitsökonomische Evaluation. *1. Begriff:* Ökonomische Bewertung medizinischer Maßnahmen (medizinisch-technische Leistungen, Arzneimittel-Wirkstoffe, Therapiekonzepte etc.), durch Messung des Nutzens und Bewertung dieses Nutzens in Bezug auf die entstandenen Kosten. – *2. Komponenten:* Komponenten einer G. sind also zum einen der Ressourcenverbrauch, z.B. die Kosten eines Gesundheitsprogramms, und zum anderen das Ergebnis/ der Output/ der Nutzen, z.B. die Verbesserung des Gesundheitszustands von Diabetikern. – *3. Formen:* Formen der G. sind u.a.: a) → Krankheitskosten-Studien, es werden die ökonomischen Auswirkungen einer einzelnen Erkrankung möglichst unter Berücksichtigung aller Kosten ermittelt, – b) → Kosten-Minimierungs-Analysen, es werden die Nettokosten von zwei oder mehr Alternativen mit gleicher Wirksamkeit verglichen, um die kostengünstigste der verglichenen Therapieformen zu ermitteln, – c) → Kosten-Effektivitäts-Analysen, es werden die Kosten zweier oder mehrerer Behandlungsalternativen auf ihre Wirkung bezogen, – d) → Kosten-Nutzwert-Analysen, ökonomische Untersuchungen, in die klinische Konsequenzen als Nutzwerte eingehen, z.B. → Quality Adjusted Life Years (QALYs).

Gesundheitspauschale. → Kopfpauschale.

Gesundheitspolitik. *1. Begriff:* Im institutionellen Sinne das System der politischen Akteure, die auf unterschiedlichen Ebenen die Gestaltung des Gesundheitssystems prägen. Im funktionellen Sinne die Bemühungen zur Verbesserung der gesundheitlichen Lage der Bevölkerung durch Minderung krankheitsbedingter Einschränkungen der Lebensqualität und des vorzeitigen Tods durch Maßnahmen des Gesundheitssystems und darüber hinaus (z.B. hinsichtlich der Wohnung, Ernährung, Bildung etc.). – *2. Akteure:* Wesentliche nationale Akteure sind die Bundesregierung (insbesondere das → Bundesministerium für Gesundheit), die Bundesländer (v.a. im Bereich der Krankenhausversorgung), die Verbände der Leistungserbringer (z.B. die Deutsche Krankenhausgesellschaft, die → Kassenärztlichen Vereinigungen, die Bundesärztekammer, der Verband Forschender Arzneimittelhersteller), die Verbände der Kostenträger (z.B. → Spitzenverband Bund der Krankenkassen, AOK-Bundesverband, → Verband der privaten Krankenversicherung e.V.). Die Politik hat die Verbände der Patienten und Versicherten mit Mitspracherechten ausgestaltet. Supranational sind die WHO sowie die EU relevant. – *3. Instrumente:* Der Gesetzgeber gestaltet vielfach in Deutschland nur den Rahmen, der von der → Selbstverwaltung auszugestalten ist. Wesentlich sind hier Verträge zwischen → Krankenkassen und Leistungserbringern sowie Richtlinien des von beiden Seiten paritätisch besetzten Gemeinsamen Bundesausschusses. – *4. Entwicklungen:* Seit Mitte der 1970er Jahre dominiert das Bemühen, Beitragssatzanstiege in der → gesetzlichen Krankenversicherung (GKV) zu begrenzen. In jüngerer Zeit gewinnen Aspekte der Qualitätsorientierung in der gesundheitlichen Versorgung verstärkt an Gewicht. Die → demographische Alterung wird quantitativ wie qualitativ eine bedeutende Herausforderung für die G. und die Gesundheitsversorgung darstellen.

Gesundheitsprämie, *Kopfpauschale, Kopfprämie.* – *1. Begriff:* In der Debatte über die künftige Finanzierung der → gesetzlichen Krankenversicherung (GKV) wird u.a. ein Modell einer pauschalen G. vorgeschlagen. Nach diesem Modell zahlt jeder Versicherte eine risikounabhängige einheitliche Prämie. Die bisherigen Arbeitgeberbeiträge werden an die Arbeitnehmer ausgezahlt und müssen von diesen versteuert werden. Der Einkommensausgleich zwischen Besser- und Geringerverdienern wird aus dem GKV-System ausgegliedert und auf das Steuersystem übertragen. – *2. Wirkungen:* a) Prämienmodelle haben grundsätzlich den Vorteil, dass die Beiträge lohnunabhängig bemessen werden und damit keine negativen Wirkungen auf die Lohnnebenkosten haben. Allerdings ist zu bedenken, dass sich jede Lohnerhöhung auf das bisherige Bruttoeinkommen bezieht. Da dieses durch die Auszahlung des Arbeitgeberanteils einmalig steigt, würde sich jede Lohnerhöhung immer auf eine höhere Basis beziehen und damit die Lohnkosten – im Vergleich zum Status quo – erhöhen. – b) Bei einer Abschaffung des Arbeitgeberanteils würden die Arbeitgeber aus der (finanziellen) Verantwortung für das Gesundheitssystem entlassen; der arbeitgeberseitige Druck auf die Politik, die Beiträge stabil zu halten, entfiele. Im Gegenteil: Das Interesse der Arbeitgeber, Leistungen oder Finanzrisiken in die GKV zu verschieben, würde auf ein gleichgerichtetes Interesse der öffentlichen Hand stoßen. Dazu kommt, dass die Arbeitgeberseite nur noch als Vertreter von Anbieterinteressen, z.B. Pharmaunternehmen, im Gesundheitswesen agieren würde, was tendenziell zu einem Kostenanstieg beitragen dürfte. – c) Die personelle Umverteilung wird bei den Kopfprämien-Modellen dem Steuersystem übertragen. Das Umverteilungsvolumen ist – je nach Modell – erheblich und stellt die öffentlichen Haushalte vor große finanzielle Probleme. Es besteht die Gefahr, dass die Zuschüsse "nach Kassenlage" bemessen werden und damit gerade die einkommensschwächeren Versicherten schrittweise stärker belastet werden. – d) Daneben sind die unmittelbaren Verteilungswirkungen eines Prämienmodells problematisch. Eine einheitliche, einkommensunabhängige Prämie entlastet tendenziell höhere Einkommen und belastet niedrigere bzw. mittlere Einkommen. Ob dieser unmittelbare Effekt durch die geplanten Zuschüsse für Geringverdiener gemildert oder ausgeglichen werden kann, hängt von der konkreten Ausgestaltung ab.

Gesundheitsprüfung. *1. Begriff:* Prüfung der Gesundheit des Antragstellers durch den Versicherer durch Gesundheitsfragen im

Antrag, ggf. auch durch eine persönliche Untersuchung. – 2. *Zweck:* Gesundheitsfragen im Antrag haben die Aufgabe, den Versicherer und die Versichertengemeinschaft davor zu schützen, dass Leistungsfälle aufgrund bereits im Vorfeld bestehender Risiken den Bestand schädigen. – 3. *Merkmale:* Vor Abschluss eines → Lebensversicherungsvertrags, bei der das → Lebensversicherungsunternehmen im Falle des Todes der versicherten Person eine Leistung erbringt, prüft das Lebensversicherungsunternehmen den Gesundheitszustand der versicherten Person darauf, ob eine erhöhte → Sterbewahrscheinlichkeit vorliegt. Anhand eines Fragekatalogs, dessen Umfang sich nach der Höhe der im Todesfall zu erbringende Leistung orientiert, schätzt das Lebensversicherungsunternehmen ab, ob das Sterblichkeitsrisiko dem aus der Sterbetafel abgeleiteten Erwartungswert entspricht, oder in welchem Maße die auf Grund des individuellen Gesundheitszustandes zu erwartende Sterblichkeit der versicherten Person von der kalkulierten Sterbewahrscheinlichkeit abweicht. – 4. *Anforderungen und Rechtsfolgen:* Die Fragen im Rahmen der G. müssen zur Beurteilung der individuellen Sterblichkeitseinschätzung alle wesentlichen Aspekte berücksichtigen. Sie müssen so formuliert sein, dass die Angaben zum Gesundheitszustand, über diagnostizierte Krankheiten und über bekannte Gebrechen eindeutig beantwortet werden können. Falsche Angaben zum Gesundheitszustand im Rahmen einer G. können zur Leistungsminderung oder gar zum Ausschluss einer Leistung im Todesfall führen. Anderseits kann das Lebensversicherungsunternehmen zur Leistung verpflichtet werden, falls seine Fragen im Rahmen der G. nicht hinreichend präzise waren und sie deshalb nicht korrekt beantwortet wurden. – 5. *Arztgutachten:* Neben der Auswertung der Selbstauskünfte zum Gesundheitszustand der versicherten Person werden auch spezielle medizinische Untersuchungen von Ärzten durchgeführt, deren Ergebnisse ebenfalls Teil der G. sind. Der Umfang der medizinischen Untersuchungen hängt von der Höhe der versicherten Todesfallleistung ab.

Gesundheitsreform. *1. Begriff:* Grundlegende Überarbeitung der Rahmenbedingungen für das Gesundheitswesen und die → Krankenversicherung in Deutschland. Normgebend dafür waren v.a. das Gesetz zur Modernisierung der gesetzlichen Krankenversicherung (GKV-Modernisierungsgesetz), das am 1.1.2004 in Kraft trat, sowie das GKV-Wettbewerbsstärkungsgesetz (GKV-WSG), das am 1.4.2007 wirksam wurde. – *2. Ziele:* Zentrale Anliegen der G. waren a) die Stärkung des Wettbewerbs, – b) die Stabilisierung des → Beitragssatzes in der → gesetzlichen Krankenversicherung (GKV), – c) die langfristige Finanzierbarkeit medizinischer Leistungen, – d) die Förderung präventiver Ansätze zur Kostensenkung bei den Gesundheitsausgaben. – *3. Inhalte des GKV-Modernisierungsgesetzes:* Das GKV-Modernisierungsgesetz brachte zahlreiche Änderungen für gesetzlich Krankenversicherte mit sich. Im Einzelnen sind zu nennen: a) Sehhilfen müssen selbst bezahlt werden. – b) Für den jeweils ersten Besuch innerhalb eines Quartals beim Arzt, Zahnarzt und Psychotherapeuten muss eine → Praxisgebühr i.H.v. 10 Euro bezahlt werden (Ausnahmen: Kontrollbesuche beim Zahnarzt, Vorsorge- und Früherkennungsuntersuchungen, Schutzimpfungen, Überweisungen in demselben Quartal). – c) Die Zuzahlung bei verschreibungspflichtigen → Arzneimitteln und Verbandsmitteln sowie bei → Hilfsmitteln (z.B. Hörgeräte, Rollstuhl) beträgt 10 % des Preises, jedoch mindestens 5 Euro und höchstens 10 Euro pro Mittel, aber nicht mehr als die Kosten des Mittels. – d) Bei → Heilmitteln (z.B. Massagen) wird eine Zuzahlung von 10 % der Kosten plus 10 Euro je Verordnung erhoben. – e) Die Zuzahlung für Krankenhausbehandlungen beträgt pro Tag 10 Euro, begrenzt auf maximal 28 Tage im Jahr. – f) Nicht verschreibungspflichtige Arzneimittel, auch wenn vom Arzt verordnet, sowie Arzneimittel, die überwiegend der Verbesserung der privaten Lebensführung dienen, werden grundsätzlich nicht mehr erstattet. – g) → Sterbegeld und Entbindungsgeld wurden aus dem Leistungskatalog der GKV entfernt. – i) Sterilisationen werden nur noch bei medizinischer Notwendigkeit erstattet. – j) Künstliche Befruchtungen werden maximal nur noch dreimal zu 50 % von den → Krankenkassen übernommen. Zudem wurden Altersgrenzen für die Kostenübernahme eingeführt. Demnach müssen beide Partner mindestens 25 Jahre alt sein. Frauen dürfen zudem ein Lebensalter von höchstens 40 Jahren und Männer von höchstens 50 Jahren aufweisen. – k) Die

Sozialklausel ist entfallen. Bisher galt eine Belastungsgrenze von 2 % des Jahresbruttoeinkommens, für chronisch Kranke von 1 %. Versicherte mit geringen Einkommen waren vollständig von Zuzahlungen befreit. Jetzt müssen auch Versicherte mit geringem Einkommen Zuzahlungen bis zum Erreichen der Belastungsgrenzen entrichten. Weiterhin zahlen die Versicherten der GKV seit Juli 2005 einen Sonderbeitrag i.H.v. 0,9 % des versicherungspflichtigen Bruttoentgelts (0,5 % für das Krankengeld, 0,4 % für Zahnersatz). – *4. Inhalte des GKV-Wettbewerbsstärkungsgesetzes (GKV-WSG):* Das GKV-WSG kann als Erweiterung des GKV-Modernisierungsgesetzes angesehen werden. Wesentliche Inhalte sind Folgende: a) Für alle Einwohner in Deutschland wurde eine Pflicht-Krankenversicherung eingeführt, entweder in der GKV oder in der → privaten Krankenversicherung (PKV). – b) Die → ambulante Gesundheitsversorgung durch → Krankenhäuser wurde ausgeweitet, und ein Rechtsanspruch auf → Rehabilitation und häusliche Krankenpflege (siehe auch → ambulante Pflege) wurde eingeführt. → Impfungen sowie Vater-/ Mutter-Kind-Kuren wurden zu Pflichtleistungen. – c) Bei neuen Arzneimitteln sind Kosten-Nutzen-Bewertungen durchzuführen, und bei speziellen Arzneimitteln sind zur Sicherheit der Patienten ärztliche Zweitmeinungen einzuholen. – d) Krankenkassen ist es zudem erlaubt, mit Herstellern Rabattverträge zu vereinbaren. – e) Eingeführt wurden des Weiteren → Wahltarife, → Selbstbehalte, Kostenerstattungen sowie eine freie Wahl der Rehabilitationseinrichtungen. – f) Bürokratieabbau: (1) Nur noch ein Spitzenverband (→ Spitzenverband Bund) vertritt die GKV auf Bundesebene; vorher waren dafür sieben Verbände zuständig. (2) Krankenkassen können mit anderen Krankenkassen fusionieren. (3) Der gemeinsame Bundesausschuss wird straffer organisiert, seine Entscheidungen werden auf dieses Weise beschleunigt. – g) Die Finanzierung der GKV wurde mit der Einführung eines → Gesundheitsfonds sowie des → morbiditätsorientierten Risikostrukturausgleichs (Morbi-RSA) umgestellt. – h) Schließlich wurde auch die PKV mit (1) der Einführung eines → Basistarifs, (2) der Schaffung der Möglichkeit zur Übertragung von Altersrückstellungen und (3) der Einführung einer neuen vertragsärztlichen Gebührenordnung (→ Gebührenordnung für Ärzte und Zahnärzte, GOÄ/GOZ) reformiert.

Gewässerschadenhaftpflichtversicherung. *1. Begriff:* Versicherungsart in der allgemeinen → Haftpflichtversicherung zur Deckung von Haftpflichtrisiken, die aus einer Änderung der physikalischen, chemischen oder biologischen Beschaffenheit des Wassers gem. Wasserhaushaltsgesetz (WHG) resultieren, sog. Gewässerschäden. – *2. Merkmale:* Nach den Allgemeinen Versicherungsbedingungen für die Haftpflichtversicherung (AHB) sind Gewässerschäden vom Deckungsumfang grundsätzlich ausgeschlossen. Abweichend davon sind gewisse Risiken, wie z.B. Abwässerschäden, wieder explizit in die Deckung der → Privathaftpflichtversicherung eingeschlossen. Gewässerschäden, die durch eine Tankanlage drohen, können ab einer bestimmten Größe i.d.R. nur durch die G. versichert werden.

Gewerbeanmeldung. Jeder Selbstständige muss nach § 14 GewO der zuständigen Behörde (i.Allg. Gemeinde/ Gewerbeamt, in deren/ dessen Gebiet die Betriebsstätte liegt) den Beginn seines Gewerbes anmelden. Anzugeben sind u.a. Informationen zur Person, Anschrift der Betriebsstätte bzw. der Niederlassung, die Tätigkeit und die Art des Betriebs. → Versicherungsvertreter melden die Vermittlung von Versicherungen an. Wer den Sitz seines Gewerbes innerhalb des Meldebezirks verlegt, muss sein Gewerbe ummelden. Wer den Sitz des Gewerbes außerhalb des Meldebezirks verlegt, muss eine Abmeldung im bisherigen Meldebezirk und eine Anmeldung im neuen Meldebezirk vornehmen. Die Pflicht zur G. gilt unabhängig von der Beantragung bzw. Erteilung einer → Gewerbeerlaubnis.

Gewerbeerlaubnis. *1. Begriff:* Die gewerbsmäßige Versicherungsvermittlung durch → Versicherungsmakler oder → Versicherungsvertreter ist grundsätzlich ein erlaubnispflichtiges Gewerbe (§ 34d GewO). Die → Industrie- und Handelskammern (IHK) sind für die Erteilung, den Widerruf und die Rücknahme der Erlaubnis zuständig. – *2. Voraussetzungen:* a) Zuverlässigkeit des Antragstellers: Diese ist i.d.R. nicht gegeben, wenn der Antragsteller in den letzten fünf Jahren wegen eines Verbrechens oder wegen Diebstahls, Unterschlagung, Untreue etc.

rechtskräftig verurteilt worden ist (→ Zuverlässigkeitsprüfung). – b) Geordnete Vermögensverhältnisse: Diese liegen i.d.R. nicht vor, wenn über das Vermögen des Antragstellers ein Insolvenzverfahren eröffnet worden ist oder er in das vom Insolvenzgericht oder vom Vollstreckungsgericht zu führende Verzeichnis eingetragen ist. – c) Nachweis einer → Berufshaftpflichtversicherung. – d) Sachkundenachweis (→ Sachkundeprüfung). – *3. Prüfung:* Die IHK prüfen im Rahmen der Erlaubniserteilung, ob die genannten Voraussetzungen vorliegen. Für die Vermittlung von Investmentfonds benötigen gewerbliche → Versicherungsvermittler von der zuständigen Behörde (Gemeinde oder Gewerbeamt) eine G. gem. § 34c I GewO.

Gewerbekunde. *1. Begriff:* Gewerbetreibender Versicherungskunde, bei dem die Absicherung wirtschaftlicher Ziele des Gewerbebetriebs im Vordergrund steht (vgl. auch → Firmenkundengeschäft). – *2. Abgrenzung:* G. sind von → Industriekunden, → Privatkunden, freiberuflichen Kunden und Kunden im Bereich der öffentlichen Haushalte abzugrenzen. Schwierig und in der Praxis uneinheitlich ist die Abgrenzung zwischen G. und Industriekunden. – *3. Kriterien:* Nach der 2. EG-Richtlinie Schaden (ABl. EG 1988 Nr. L 172/1 vom 4.7.1988) sind G. in Abgrenzung von Industriekunden Unternehmen, die mindestens zwei der folgenden Kriterien erfüllen: a) Nettoumsatz von weniger als 12,8 Mio. Euro, – b) Bilanzsumme von weniger als 6,2 Mio. Euro und – c) weniger als 250 Mitarbeiter. Neben den o.a. und sonstigen Maßzahlen für die Unternehmensgröße können weitere Unterscheidungskriterien z.B. die Rechtsform, die Eigentümerschaft, der Wirtschaftszweig oder Risikokennzahlen des Unternehmens (z.B. das Schadenpotenzial) sein. – *4. Charakteristika:* a) Das Risikobewusstsein ist beim G. relativ schwach ausgeprägt. – b) Ausgearbeitete Grundsätze zur Risikopolitik fehlen. – c) Es ist eher wenig spezifisches Versicherungswissen und Interesse an Versicherungsfragen vorhanden. – d) Das Versicherungsportefeuille setzt sich aus Produkten mehrerer Anbieter zusammen. – e) Die Entscheidungsfindung wird oft außer vom geschäftlichen auch vom privaten Risikoumfeld geprägt. – f) Der Entscheidungsträger besitzt eine Ergebnis- und teilweise auch eine „Überlebensverantwortung". – g) Es werden tendenziell längerfristige Lösungen gesucht. – h) G. sind oft „natürlich" gewachsene Unternehmen ohne zweckmäßige Führungsstrukturen.

Gewerbesteuer. *1. Begriff:* Ertragsteuer, der alle inländischen Gewerbebetriebe unterliegen. – *2. Ermittlung der Steuerlast:* Besteuerungsgrundlage ist der Gewerbeertrag (Gewerbeertragsteuer). Die G. wird berechnet, indem der Gewerbeertrag (korrigierter steuerlicher Gewinn) mit einer Steuermesszahl multipliziert wird. Das Ergebnis, der Gewerbesteuermessbetrag, wird vom Finanzamt durch den Gewerbesteuermessbescheid festgesetzt. Die Gewerbesteuerschuld ergibt sich durch Multiplikation des Steuermessbetrags mit dem Hebesatz, dessen Höhe die hebeberechtigte Gemeinde bestimmt. – *3. Aktuelle Entwicklungen:* Seit dem Jahr 2008 ist die G. steuerlich nicht mehr als Betriebsausgabe abzugsfähig.

Gewerbliche Haftpflichtversicherung. *1. Begriff:* Spezielle Form der → Betriebshaftpflichtversicherung, die sich ausschließlich an kleine und mittelständische Unternehmen (typischerweise aus dem Handwerk) als Versicherungsnehmer richtet. – *2. Abgrenzung:* Die G. ist von der Betriebshaftpflichtversicherung für Industrieunternehmen abzugrenzen, die üblicherweise als → industrielle Haftpflichtversicherung bezeichnet wird.

Gewerbliches Geschäft. → Firmenkundengeschäft.

Gewinn. In der Betriebswirtschaftslehre werden verschiedene Gewinndefinitionen unterschieden. In einer finanzwirtschaftlichen Sichtweise ergibt sich der G. als Differenz von → Einzahlungen und → Auszahlungen. Im externen Rechnungswesen bzw. in der → Rechnungslegung (Erfolgsrechnung) leitet sich hingegen der Unternehmensgewinn aus den Erträgen abzgl. der Aufwendungen ab. Im internen Rechnungswesen, genauer in der Kosten- und Leistungsrechnung, ergibt sich der G. als Differenz von → Leistungen und → Kosten. Kosten beinhalten in diesem Zusammenhang auch kalkulatorische Größen, wie die Opportunitätsverzinsung des eingesetzten → Eigenkapitals oder einen Unternehmerlohn.

Gewinnanteil. Regelung in einem Vertrag zwischen → Erst- und → Rückversicherer, nach der zu einer gewissen Schwelle ein Gewinn aus einer Vertragsperiode innerhalb der Parteien verteilt wird. Wesentliche Kriterien für die Ausgestaltung der Regelung sind die Verwaltungskosten des Rückversicherers und die Vorschäden.

Gewinnbeteiligung. → Überschussbeteiligung.

Gewinnrücklagen. *1. Begriff:* Nach § 272 III und IV HGB die Teile des → Eigenkapitals, die aus den versteuerten Gewinnen früherer Perioden durch Einbehaltung (Thesaurierung) gebildet wurden. Die G. sind damit auf der Passivseite der → Bilanz ausgewiesen. – *2. Elemente und Abgrenzungen:* a) Die gesetzliche Rücklage (§ 150 I HGB) ist zum Schutz der Gläubiger für Versicherungsunternehmen zwingend vorgeschrieben und ist um jährlich mindestens 5 % des um den Verlustvortrag geminderten Jahresüberschusses zu erhöhen, bis sie zusammen mit der → Kapitalrücklage 10 % des Grundkapitals erreicht. Für → Versicherungsvereine auf Gegenseitigkeit (VVaG) sieht § 37 VAG anstelle der gesetzlichen Rücklage die Bildung einer Verlustrücklage vor. Bei → öffentlich-rechtlichen Versicherungsunternehmen ist das Äquivalent die Sicherheitsrücklage. – b) Die Rücklage für eigene Anteile (§ 272 IV HGB) soll die Verminderung des haftenden Eigenkapitals einer Gesellschaft infolge selbst gehaltener eigener Anteile verhindern. Da die von einer Gesellschaft erworbenen eigene Anteile nach dem → Bilanzrechtsmodernisierungsgesetz (BilMoG) nicht mehr aktiviert werden dürfen, entfällt künftig die Rücklage für eigene Anteile. – c) Satzungsmäßige Rücklagen (§ 58 AktG) können im Gesellschaftsvertrag vorgesehen werden. – d) Andere G. enthalten die Beträge, die nicht durch Gesetz oder Satzung geregelt sind.

Gewinnspielversicherung. → Entertainmentversicherungen.

Gewinn- und Verlustrechnung (GuV), *Erfolgsrechnung.* – *1. Begriff:* Gegenüberstellung aller → Erträge und → Aufwendungen als die erfolgswirtschaftlichen Stromgrößen eines Unternehmens innerhalb einer Abrechnungsperiode (Geschäftsjahr). Element der externen Rechnungslegung (→ Rechnungslegung von Versicherungsunternehmen). Die GuV bildet zusammen mit der → Bilanz sowie dem → Anhang den → Jahresabschluss von Kapitalgesellschaften (§ 264 I HGB). – *2. Merkmale:* Der Unterschiedsbetrag zwischen den Erträgen und Aufwendungen stellt das Unternehmensergebnis dar. Erläuterungen zur GuV befinden sich im Anhang. – *3. Besonderheiten bei Versicherungsunternehmen:* Für Versicherungsunternehmen sind sowohl das Gesamtkostenverfahren (§ 275 II HGB) als auch das Umsatzkostenverfahren (§ 275 III HGB) ungeeignet, da spezifische Ertrags- und Aufwandsarten zu berücksichtigen sind. § 2 I RechVersV sieht daher ein eigenständiges Gliederungsschema für die GuV von Versicherungsunternehmen abhängig von der betriebenen Sparte vor, das durch sog. „Formblätter" geregelt ist: a) Formblatt 2 für Schaden- und Unfallversicherungsunternehmen sowie Rückversicherungsunternehmen, – b) Formblatt 3 für Personenversicherungsunternehmen und – c) Formblatt 4 für Lebensversicherungsunternehmen und Schaden- und Unfallversicherungsunternehmen, die das Unfall- bzw. Krankenversicherungsgeschäft nach Art der Lebensversicherung betreiben. Gemeinsam sind den Formblättern die Form der Staffelrechnung und die Unterteilung in Versicherungstechnik bzw. Nicht-Versicherungstechnik. – *4. Rechnungslegung nach IAS/ IFRS und US-GAAP:* a) Die Vorschriften des IAS 1 enthalten ein Mindestgliederungsschema für die GuV. Eine Unterscheidung in eine versicherungstechnische und eine nichtversicherungstechnische Rechnung ist nicht vorgesehen. – b) Äquivalent zu den → IAS/ → IFRS kennen die → US-GAAP für die Rechnungslegung von Versicherungsunternehmen keine branchenspezifische Gliederung in der Art, wie sie nach HGB mit den Formblättern gegeben ist. Gem. SFAS 113 stellt die GuV eine Mischform aus Primär- und Sekundärprinzip dar. Nach dem Erfolgsprinzip werden nur die verdienten Beiträge (→ verdiente Prämien) ausgewiesen.

Gewinnverwendung. *1. Begriff:* Verwendung des in einem Jahr vom Versicherungsunternehmen erwirtschafteten Überschusses. – *2. Hintergründe:* Die Entscheidung über die G. wird grundsätzlich durch die Aktionäre (→ Aktiengesellschaft) oder Mitglieder (→

Versicherungsverein auf Gegenseitigkeit) bestimmt. Allerdings wird die freie G. durch das Aufsichtsrecht eingeschränkt. So bestehen in der Lebens- und Krankenversicherung besondere Gewinnanteilsrechte der Versicherungsnehmer (siehe → Überschussbeteiligung). Der darüber hinausgehende Teil wird häufig zwangsweise (§ 58 AktG) oder satzungsgemäß in die Gewinnrücklagen eingestellt. Bis zur Hälfte des restlichen Jahresüberschusses kann darüber hinaus der Vorstand gemeinsam mit dem Aufsichtsrat in die Gewinnrücklagen (freie Rücklage) einstellen. Nur der restliche Jahresüberschuss kann an die Aktionäre in Form von Dividenden ausgeschüttet werden.

Gewinnziele. *1. Begriff:* Streben nach einem (Unternehmens-)Gewinn. Die Erzielung von → Gewinnen steht in einer Marktwirtschaft im Zentrum der wirtschaftlichen Aktivitäten. – *2. Abgrenzungen:* G. stehen regelmäßig in Konflikt mit anderen ökonomischen, aber auch nichtökonomischen Zielgrößen (z.B. sozialen Zielen). Von daher wird eine ausschließliche Orientierung der unternehmerischen Aktivitäten am Gewinn in der betriebswirtschaftlichen Literatur regelmäßig kritisiert.

Gezeichnetes Kapital. *1. Begriff:* Kapital, auf das die Haftung der Gesellschafter für die Verbindlichkeiten der Kapitalgesellschaft gegenüber den Gläubigern beschränkt ist (§ 272 I HGB). Eigenkapitalposten auf der Passivseite der → Bilanz einer Kapitalgesellschaft. – *2. Abgrenzungen:* Als G. wird bei der → Aktiengesellschaft (AG) und bei der Kommanditgesellschaft auf Aktien (KGaA) das Grundkapital (§ 152 I AktG) sowie bei der Gesellschaft mit beschränkter Haftung (GmbH) das Stammkapital (§ 42 I GmbHG) bezeichnet. a) Das Grundkapital der AG ist in Aktien zerlegt (§ 1 II AktG) und muss mindestens 50.000 Euro betragen (§ 7 AktG). Es wird zum Nennbetrag angesetzt und verändert sich nur aufgrund einer Kapitalerhöhung oder -herabsetzung. – b) Das Stammkapital der GmbH ist in Stammeinlagen zerlegt und beträgt mindestens 25.000 Euro (§ 5 I und III GmbHG). Der Nennbetrag des Stammkapitals darf nur mit einer Kapitalerhöhung oder -herabsetzung verändert werden. – *4. Unterscheidung von ähnlichen Begriffen:* Das G. ist nicht mit dem eingezahlten Kapital gleichzusetzen; es kann auch nur ein Teil des G. von der Gesellschaft eingefordert sein. Nach dem → Bilanzrechtsmodernisierungsgesetz (BilMoG) ist von dem G. der nicht eingeforderte Teil (ausstehende Einlagen) zwingend offen abzusetzen; eingeforderte und noch nicht eingezahlte Teile des G. sind unter den Forderungen auszuweisen.

Gezillmerte Nettoprämie. *1. Begriff:* Jährlich zu entrichtende Prämie für eine Lebensversicherung mit laufender Prämienzahlung, deren → Barwert – ermittelt mit den für die Prämienkalkulation unterstellten biometrischen → Ausscheidewahrscheinlichkeiten und dem → Rechnungszins – dem mit den gleichen Grundlagen gerechneten Barwert der Versicherungsleistungen zzgl. der zillmerfähigen → Abschlusskosten entspricht (→ Zillmern). – *2. Merkmale:* Die G. enthält damit einen → Kostenzuschlag, der die annuitätische Tilgung der bei Vertragsabschluss angefallenen zillmerfähigen Abschlusskosten erlaubt. In der ungezillmerten → Nettoprämie ist dieser Kostenzuschlag dagegen nicht enthalten. – *3. Modell:* Die G. spielt eine maßgebliche Rolle für die Berechnung der → Deckungsrückstellung in der Lebensversicherung. Bei den sog. gezillmerten Tarifen wird die Deckungsrückstellung so ermittelt, dass vom Barwert der Versicherungsleistungen der Barwert der zum Bewertungszeitpunkt noch ausstehenden G. abgezogen wird. Im Gegensatz dazu wird bei ungezillmerten Tarifen die Deckungsrückstellung so ermittelt, dass vom Barwert der Versicherungsleistungen der Barwert der zum Bewertungszeitpunkt noch ausstehenden ungezillmerten Nettoprämien abgezogen wird. – *4. Ziele und Probleme:* Siehe Zillmern.

Gezillmertes Deckungskapital. → Zillmerreserve.

GKV-Spitzenverband. → Spitzenverband Bund.

Glasversicherung. Versicherung von Glas gegen Schäden durch Zerbrechen. Ausgenommen sind lediglich Kratzer sowie Hohlgefäße, wie z.B. Vasen. I.d.R. wird → Naturalersatz geleistet.

Gleichbehandlung. I. Allgemein: Bei gleichen Voraussetzungen dürfen Preise bzw.

Gleichverteilung

Prämien und Leistungen nur nach gleichen Grundsätzen bemessen werden. – II. → Lebensversicherung, → private Krankenversicherung (PKV), → Unfallversicherung mit garantierter Beitragsrückzahlung (UBR): Für diese → Versicherungssparten bzw. → Versicherungszweige ist der Gleichbehandlungsgrundsatz gesetzlich festgeschrieben (§§ 11 II, 11d und 12 IV und V VAG). Auch die gesetzliche Forderung, dass in der PKV die Prämien für das Neugeschäft nicht niedriger sein dürfen als die Prämien, die sich im Altbestand für gleichaltrige Versicherte ohne Berücksichtigung ihrer Alterungsrückstellung ergeben würden, ist Ausfluss des Gleichbehandlungsgrundsatzes (§ 12 IV S. 2 VAG). – III. → Versicherungsvereine auf Gegenseitigkeit (VVaG): Gesetzlich festgeschrieben ist der Gleichbehandlungsgrundsatz auch für die Mitglieder des VVaG. Mitgliederbeiträge und Vereinsleistungen dürfen bei gleichen Voraussetzungen nur nach gleichen Grundsätzen bemessen sein (§ 21 I VAG). Streitig ist, ob der Gleichbehandlungsgrundsatz auch für andere → Rechtsformen und für andere Versicherungssparten und -zweige als die oben Genannten gilt. Immerhin spricht die nach wie vor der → Aufsichtsbehörde gegebene Möglichkeit, → Begünstigungsverträge und Provisionsabgaben (→ Sondervergütungen) zu verbieten (die entsprechenden, aufgrund von § 81 II S. 4 und 5 VAG erlassenen Verordnungen und Anordnungen sind bisher nicht aufgehoben und gelten daher weiterhin), dafür, dass der Gesetzgeber den Gleichbehandlungsgrundsatz als dem Versicherungsgedanken immanent angesehen hat. Warum er dann die G. expressis verbis nur bei einigen Versicherungssparten und -zweigen und beim VVaG gefordert hat, ist allerdings unverständlich. – IV. → Betriebliche Altersversorgung (bAV): Ein Versorgungsanspruch kann aus dem Grundsatz der G. herleitbar sein (§ 1b I S. 4 BetrAVG). So kann bspw. im Fall einer sachlich nicht begründeten Differenzierung der Versorgungszusage nach dem Geschlecht das jeweils benachteiligte Geschlecht verlangen, wie das bevorteilte behandelt zu werden.

Gleichverteilung. Eine Zufallsvariable X besitzt die G. mit den Parametern $a, b \in \mathbb{R}$ mit $a < b$, wenn für alle $x \in \mathbb{R}$

$$P[X \leq x] = \begin{cases} 0 & \text{falls } x \leq a \\ \frac{x-a}{b-a} & \text{falls } a < x \leq b \\ 1 & \text{falls } b \leq x \end{cases}$$

gilt. In diesem Fall hat X den → Erwartungswert $E[X] = (a+b)/2$ und die → Varianz $\mathrm{var}[X] = (b-a)^2/12$.

Gleitende Neuwertversicherung. *1. Begriff:* In der → verbundenen Wohngebäudeversicherung passt sich der Versicherungsschutz den Preisentwicklungen an, so dass ggf. das beschädigte → Gebäude wiederhergestellt werden kann. – *2. Zweck:* Wenn keine wertsteigernden Baumaßnahmen während der → Vertragslaufzeit vorgenommen worden sind und die → Versicherungssumme richtig ermittelt wurde, besteht bei G. zu jeder Zeit ausreichender Deckungsschutz.

Gliedertaxe. *1. Begriff:* Tabelle, anhand derer in der → privaten Unfallversicherung (PUV) der Invaliditätsgrad bei Verlust oder vollständiger Funktionsunfähigkeit bestimmter Gliedmaßen oder sonstiger Körperteile in Prozent festgelegt wird. – *2. Merkmale:* Bei Teilverlust oder teilweiser Funktionsbeeinträchtigung von Gliedmaßen oder sonstigen Körperteilen gilt der entsprechende Teil des jeweiligen Prozentsatzes. Im Fall einer Beeinträchtigung der Funktionsfähigkeit mehrerer Körperteile oder Sinnesorgane durch einen → Unfall werden die einzelnen Invaliditätsgrade aus der G. addiert. Es kann jedoch je Unfall nur für einen Invaliditätsgrad von maximal 100 % geleistet werden. Mit Hilfe der G. werden ca. 80 % aller Invaliditätsfälle beurteilt und entsprechend abgerechnet. – *3. Varianten:* Es gibt unterschiedliche G. auf dem Markt. Jeder Unfallversicherer kann seine G. selbst bestimmen. Allerdings orientieren sich die meisten Unfallversicherer auf dem deutschen Markt an der Mustergliedertaxe, die der → Gesamtverband der Deutschen Versicherungswirtschaft e.V. (GDV) empfiehlt. Daneben kommen auch Tarife mit G. für gewisse Berufsgruppen vor, nach denen in bestimmten Schadenfällen höhere Versicherungsleistungen erbracht werden.

Goldene Bankregel. *1. Begriff:* Praxisregel zur fristenkongruenten → Finanzierung im Bankengeschäft, nach der die Dauer der

Kapitalbindung im Vermögen nicht länger als die Verfügbarkeit des erhaltenen Kapitals sein soll (Fristenkongruenz im Aktiv- und Passivgeschäft). – *2. Bedeutung und Abgrenzung:* Die G. spielt als → Finanzierungsregel im → Asset/ Liability-Management von Banken eine Rolle. Sie ist zudem als → goldene Bilanzregel auf den gesamten Bereich der Wirtschaft übertragen worden. – *3. Kritik:* Durch die Einhaltung der G. sollen Liquiditätsrisiken vermieden werden. Wird dieses Prinzip der fristenkongruenten Finanzierung jedoch strikt angewendet, ist die Möglichkeit der Fristentransformation durch Banken eingeschränkt.

Goldene Bilanzregel. *1. Begriff:* Praxisregel zur fristenkongruenten → Finanzierung. Stellt normative horizontale Beziehungen zwischen der Vermögens- und der Kapitalseite der Bilanz her, wobei unterstellt wird, dass die Zuordnung der Vermögensgegenstände zum Anlagevermögen eine langfristige und zum Umlaufvermögen eine kurzfristige Kapitalbindung mit sich bringt. Korrespondierend sollen das Anlagevermögen mit langfristig gewährtem → Eigenkapital oder → Fremdkapital und das Umlaufvermögen mit nur kurzfristigem Fremdkapital finanziert werden. – *2. Übertragung auf Versicherungsunternehmen:* Bei Versicherungsunternehmen wird die fristenkongruente Finanzierung durch das → Asset/ Liability-Management sichergestellt. Hier wird die Fälligkeit der Kapitalanlagen mit der Fälligkeit der versicherungstechnischen Verpflichtungen abgestimmt. Bei Banken erfüllt die → goldene Bankregel eine ähnliche Funktion. – *3. Kritik:* Die Einhaltung der G. kann lediglich eine Tendenzaussage zur soliden Finanzierung ermöglichen. Zum Einen handelt es sich bei den Bestandsgrößen der Bilanz um Vergangenheitswerte, zum Anderen ist es für externe Adressaten oft nicht ersichtlich, welche Teile des Anlagevermögens kurzfristig liquidierbar sind und welche Teile des Umlaufvermögens langfristig gebunden sind.

Goodwill. → Derivativer Geschäfts- oder Firmenwert.

Grobe Fahrlässigkeit. *1. Begriff:* G. liegt vor, wenn der Versicherungsnehmer die erforderliche Sorgfalt in ungewöhnlich hohem Maße verletzt und dabei den gesunden Menschenverstand außer Acht lässt. Beispiel: Eine brennende Kerze bleibt länger als 15 Minuten ohne Aufsicht. – *2. Konsequenzen:* G. führt zu Einschränkungen in der Entschädigungsleistung des Versicherers (→ Quotenregelung). – *3. Aktuelle Entwicklungen:* Während der Versicherer in der Vergangenheit bei G. leistungsfrei war, sieht das neue → Versicherungsvertragsgesetz (VVG) eine Entschädigungsleistung mit einer Kürzung unter Berücksichtigung der Schwere des Verschuldens vor. – *4. G. in der Haftpflichtversicherung:* In der → Haftpflichtversicherung ist die G. abgedeckt.

Großrisikenrückstellung. *1. Begriff:* → Rückstellung für (Groß-)Risiken gleicher Art, deren Ausgleich wegen des hohen Schadenpotentials nicht im einzelnen Geschäftsjahr gefunden werden kann. Versicherungstechnischer Rückstellungsposten und damit auf der Passivseite der → Bilanz eines Versicherungsunternehmens ausgewiesen. – *2. Weitere Merkmale:* Großrisiken weisen ein hohes Schadenmaximum auf, realisieren sich aber nur selten. I.d.R. lässt sich für solche Risiken aufgrund ihres Schadenpotenzials kein Kollektiv bilden. Die G. unterstützt deshalb den → Risikoausgleich in der Zeit, indem sie eine Art Ansparrückstellung darstellt. – *3. Rechtsgrundlage:* § 341h HGB. – *4. Abgrenzungen:* § 30 I, II und IIa RechVersV konkretisiert die Rückstellungsbildung für die Produkthaftpflichtversicherung von Pharmarisiken, für die Sach- und Haftpflichtversicherung von Anlagen zur Erzeugung, Spaltung oder Aufarbeitung von Kernbrennstoffen sowie für die Versicherung von Terrorrisiken. – *5. Behandlung in der internationalen Rechnungslegung:* Gemäß dem → International Accounting Standards Board (IASB) erfüllt die G. nicht die Anforderungen an eine Schuld („Liability"). Die Ergebnisglättung mit Hilfe der G. widerspricht dem Prinzip neutraler Informationen. In den → IAS/ → IFRS wird allerdings auf die Möglichkeit des Ausweises eines separaten Postens im → Eigenkapital eingeräumt (IFRS 4.BC93), der zum Ausgleich zukünftiger Gewinne oder Verluste dienen kann.

Großschaden. *1. Begriff:* Außergewöhnlich hoher Sach-, Personen- oder Vermögensschaden, der gemäß einer festgelegten Schadenhöhe oder anderer Kriterien als G. definiert wird. – *2. Betroffene Versicherungs-*

zweige: G. kommen insbesondere in → Sachversicherungen sowie – vor allen anderen – in → Haftpflichtversicherungen vor. In den Haftpflichtversicherungen sind hauptsächlich Personengroßschäden oft über viele Jahre abzuwickeln und unterliegen damit auch noch der Verteuerung. – *3. Kriterien:* Es gibt keine allgemein gültige Grenze, ab der ein Schaden als G. gilt. Vielmehr variiert sie von Versicherer zu Versicherer. Im Personenschadenbereich liegt die Grenze vielfach bei 50.000 Euro oder 100.000 Euro Schadenaufwand je verletzte Person. Kriterien für den Personengroßschaden sind die sog. kritischen Schadenbilder, wie Querschnittslähmungen, Schädelhirntraumata, Verbrennungen, Amputationen und Polytraumata. – *4. Behandlung:* G., insbesondere Personengroßschäden, werden i.d.R. in zentralen Organisationseinheiten eines Versicherers bearbeitet, die über entsprechende versicherungsrechtliche, schadenersatzrechtliche, ggf. auch medizinische Kenntnisse verfügen. – *5. Rechnungslegung:* Ausflüsse von G. in der → Rechnungslegung sind die regelmäßig hohen Schadenzahlungen und die ebenfalls hohen (Einzelschaden-) Reservierungen, die die zukünftigen Schadenvergütungen einschließlich der direkten Aufwendungen für die → Schadenregulierung möglichst vollständig abdecken sollen. Die zutreffende Reservebildung setzt trotz der in der Praxis anzutreffenden formalisierten Berechnungsschemata eine erhebliche Erfahrung mit der Abwicklung von G. voraus. – *6. Relevanz:* Für das wirtschaftliche Jahresergebnis des Versicherers sind die G. von erheblicher Bedeutung.

Großschadenrisiko, *Katastrophenrisiko.* – *1. Begriff:* Komponente des → versicherungstechnischen Risikos. Großschäden sind Schadenereignisse, die selten eintreten, aber im Falle ihres Eintretens ein besonders hohes Schadenausmaß aufweisen (low frequency-high severity). – *2. Ursachen:* Dies kann entweder ein rein zufälliges Phänomen sein, dann liegt ein Aspekt des → Zufallsrisikos vor, oder es ist eine Änderung in der Großschadenneigung eingetreten, dann liegt ein Aspekt des → Änderungsrisikos vor. Zur Analyse des G. dienen marktweite Großschadenstatistiken. Das G. ist z.B. in der Industrie-Feuerversicherung von besonderer Bedeutung. – *3. Wirkungen:* Durch eine übermäßige Anzahl an Großschäden und/ oder extrem hohe Großschäden kann die Wahrscheinlichkeit für einen technischen Ruin (→ Ruintheorie), d.h. des Eintritts des Ereignisses, dass der periodische → Gesamtschaden des versicherten Kollektivs die vorhandenen Finanzmittel in Form der Summe aus der vereinnahmten kollektiven Prämie für die Risikodeckung (→ Risikoprämie) und dem vorhandenen Sicherheitskapital übersteigt, advers beeinflusst werden. Das Auftreten von Großschäden führt des Weiteren zu einer Erhöhung des → Diagnoserisikos.

Grundfähigkeitsversicherung. *1. Begriff:* Versicherung mit einer Leistungszusage für den Fall, dass die versicherte Person nach medizinischer Beurteilung über einen längeren Zeitraum unter bestimmten Beeinträchtigungen leidet. – *2. Ausprägungen und Merkmale:* Eine „Beeinträchtigung" im Sinne der obigen Definition ist z.B. dann gegeben, wenn der Versicherte während der Versicherungsdauer infolge von Krankheit, Körperverletzung oder Kräfteverfall nach ärztlicher Beurteilung insgesamt mindestens zwölf Monate lang ununterbrochen nicht fähig war oder nicht fähig sein wird, eine der nachfolgend in Gruppe A oder mindestens drei der nachfolgend in Gruppe B beschriebenen Grundfähigkeiten ohne Hilfsmittel, ausgenommen vorhandene künstliche Gliedmaßen, durchzuführen. Versicherte definierte Grundfähigkeiten der Gruppe A sind Sehen auf beiden Augen, Sprechen und Hören, Orientieren, Hände gebrauchen. Versicherte definierte Grundfähigkeiten der Gruppe B sind Gehen, Treppen steigen, Knien oder Bücken, Sitzen, Stehen, Greifen, Arme bewegen, Heben und Tragen, Auto fahren. Außerdem wird i.d.R. eine Leistungspflicht bei Pflegebedürftigkeit vereinbart. – *3. Ziele:* Die G. bietet eine finanzielle Kompensation bei bestimmten medizinisch definierten Beeinträchtigungen, ohne auf Merkmale einer beruflichen Tätigkeit abzustellen. Sie ist dementsprechend besonders geeignet, nicht erwerbstätigen Personen eine Art von Invaliditätsschutz zu bieten. – *4. Probleme:* Das Prämienniveau für G. ist im Vergleich zu klassischen → Berufsunfähigkeitsversicherungen deutlich niedriger, so dass sie vielen potenziellen Kunden als erwägenswerte Alternative erscheint. Die G. stellt jedoch nicht auf die Fähigkeit ab, eine bestimmte berufliche Tätigkeit auszuüben, und sie kann daher auch kein Ersatz für eine Berufsunfähigkeitsversicherung sein. – *5. Ähnliche Begriffe:* → Invaliditätsversicherung, → Erwerbsunfähigkeitsversicherung, → Pflegeversicherung.

Grundkapital. → Gezeichnetes Kapital.

Grundsätze ordnungsmäßiger Buchführung (GoB). *1. Begriff:* Allgemeine Grundsätze für die Buchführung und Bilanzierung (→ Bilanz) mit Rechtsnormcharakter. Der Begriff „Bilanzierung" ist dabei nicht in wörtlichem, sondern in einem weiteren Sinne – d.h. unter Einschluss auch der → Gewinn- und Verlustrechnung (GuV) und des → Anhangs – zu interpretieren. – *2. Merkmale:* In vielen Vorschriften des HGB wird auf die GoB verwiesen. Rechtlich betrachtet sind die GoB ein Normbefehl in Form eines unbestimmten Rechtsbegriffs. Sie sind Regeln, nach denen Geschäftsvorfälle im → Jahresabschluss dargestellt werden sollen, und füllen somit Lücken in der Gesetzgebung. Eine Definition des Begriffs ist im HGB nicht zu finden. – *3. Elemente und deren Abgrenzung:* Die GoB sind in die Rahmengrundsätze, die Abgrenzungsgrundsätze und die ergänzenden Grundsätze unterteilt. a) Die Rahmengrundsätze umfassen (1) die Richtigkeit und Willkürfreiheit, (2) die Klarheit sowie (3) die Vollständigkeit. – b) Die Abgrenzungsgrundsätze umfassen (1) das → Realisationsprinzip, (2) die Grundsätze der sachlichen und zeitlichen Abgrenzung sowie (3) das → Imparitätsprinzip. – c) Die ergänzenden Grundsätze sind (1) die Stetigkeit und (2) die Vorsicht. – *4. Ziele:* Die GoB verfolgen v.a. das Ziel des Gläubigerschutzes. Durch die GoB wird sichergestellt, dass dem Unternehmen kein Haftungskapital entzogen wird, da der Gewinn, der die Ausschüttung begrenzt, vorsichtig und damit im Zweifel, soweit geschätzt werden muss, eher niedriger als erwartet angesetzt wird. – *5. Ermittlung:* Die GoB können über drei Methoden hergeleitet werden. a) Induktive Ermittlung: Bei der Induktion wird aus der Beobachtung der tatsächlichen Bilanzierungsweise von Kaufleuten auf allgemeine Grundsätze geschlossen. – b) Deduktive Ermittlung: Bei der Deduktion wird von einem übergeordneten Zwecksystem, hier den im Handelsgesetz kodifizierten Grundsätzen, auf logisch abgeleitete untergeordnete konkretisierende Grundsätze geschlossen, indem Beziehungen nachgewiesen werden. – c) Hermeneutische Ermittlung: Ist ein Gesetz nicht eindeutig, soll der Sachverhalt nach folgenden Kriterien ausgelegt werden: (1) dem Wortlaut des Gesetzes, (2) dem Bedeutungszusammenhang des Gesetzes, (3) der Regelungsabsicht bzw. den Zielen und Normvorstellungen des Gesetzgebers, (4) den objektiv-zielgerichteten Kriterien. Die hermeneutische Methode hat sich bei der Ermittlung der GoB durchgesetzt. – *6. Gesetzliche Grundlagen:* Abgeleitet werden die GoB aus § 252 HGB. § 238 HGB schreibt die GoB für die gesamten vom Kaufmann zu führenden Bücher vor. In den §§ 243 I, 264 II und 297 II HGB wird das gleiche für den Jahresabschluss und den → Konzernabschluss verlangt.

Grundsicherung. Steuerfinanzierte Mindestsicherung für über 65-Jährige sowie für dauerhaft Erwerbsgeminderte (→ Erwerbsminderung) ab dem 18. Lebensjahr im Fall von Bedürftigkeit. Eigenständige Sozialleistung, die im vierten Kapitel des zwölften Sozialgesetzbuchs geregelt ist. Die Leistung aus der G. soll den grundlegenden Bedarf für den Lebensunterhalt von Menschen absichern, die endgültig aus dem Erwerbsleben ausgeschieden sind und deren Einkünfte für den notwendigen Lebensunterhalt nicht ausreichen. Der tatsächliche Bezug einer → Altersrente oder → Erwerbsminderungsrente ist dafür nicht notwendig. Bei der Feststellung des Leistungsanspruchs werden das Einkommen und Vermögen des Antragstellers oder der Bedarfsgemeinschaft voll berücksichtigt. Der Rückgriff auf unterhaltspflichtige Eltern oder Kinder erfolgt erst, wenn deren jährliches Grundeinkommen 100.000 Euro überschreitet.

Gründungsfinanzierung. *1. Begriff:* Eigenkapitalbeschaffung von Versicherungsunternehmen in der Gründungsphase. Der → Mindestgarantiefonds bildet nach den → Solvabilitätsvorschriften den Mindesteigenkapitalbetrag im Gründungsstadium. – *2. Merkmale:* Die G. ist von der Rechtsform des Versicherungsunternehmens abhängig. a) Aktiengesellschaften: Das gezeichnete Kapital wird von den Gründern, das sind die Aktionäre, aufgebracht und mit dem vereinbarten Teil und einem etwaigen Agio eingezahlt; – b) → Versicherungsverein auf Gegenseitigkeit (VVaG): Die G. ist hier gem.

Gründungsstock

§ 22 und § 37 VAG gesetzlich vorgeschrieben. Die Existenz des VVaG beginnt mit der Aufbringung eines Gründungsstocks durch die Garanten, die nicht Vereinsmitglieder sein müssen. Der Gründungsstock wird entweder bar eingezahlt oder in Solawechseln hinterlegt. Er dient der → Finanzierung von → Auszahlungen für materielle und immaterielle Anlaufinvestitionen sowie der Haftung im Fall von Verlusten. Sein Betrag ist in der Satzung des VVaG festgelegt. Der Gründungsstock wird von den Garanten entweder geschenkt oder (Regelfall) nach bestimmten Prinzipien zurückgezahlt. Die Tilgung darf erst beginnen, sobald etwa aktivierte Aufwendungen für die Ingangsetzung des Geschäftsbetriebs abgeschrieben sind (§ 269 HGB). Die Mittel zur Tilgung sollen aus den „Jahreseinnahmen" stammen, wobei simultan zur Tilgung eine Verlustrücklage gebildet werden muss, um die Haftungsfunktion des Gründungsstocks zu erhalten. Die G. des VVaG endet, wenn der Gründungsstock getilgt und durch eine Verlustrücklage in gleicher Höhe ersetzt wurde. Zusätzlich haben Versicherungsunternehmen bei der Gründung einen → Organisationsfonds zu bilden, der der Finanzierung immaterieller → Investitionen, dem Aufbau der Verwaltung und des Vertreternetzes dient.

Gründungsstock. → Gründungsfinanzierung, → Versicherungsverein auf Gegenseitigkeit.

Grüne Karte, *Internationale Versicherungskarte.* – *1. Begriff:* Internationale Versicherungsbescheinigung, die vom → Büro Grüne Karte in den am System G. teilnehmenden Ländern ausgegeben wird und die wegen der Farbe des Papiers, auf das sie gedruckt wird, kurz als „Grüne Karte" bezeichnet wird. Mit der Ausstellung der G. übernimmt der Versicherer den Deckungsschutz in der → Kfz-Haftpflichtversicherung mindestens nach den im Besuchsland geltenden Pflichtversicherungsbedingungen und -summen. – *2. Merkmale:* Die Ausgabe der G. ist kostenlos. Die G. ist als wirksam anzusehen, wenn sie für das betreffende Besuchsland gültig geschrieben ist, d.h. der Name des Besuchslands (als Länderkürzel) genannt und das Gültigkeitsdatum noch nicht abgelaufen ist. Der Kfz-Haftpflichtversicherer, der aufgrund der G. reguliert hat, hat gegen das → Büro Grüne Karte e.V. einen Regressanspruch, wenn er im Innenverhältnis leistungsfrei ist und die Nachhaftungsfrist gemäß § 3 PflVG abgelaufen ist. Der Versicherungsschutz besteht generell, sofern nichts anderes vereinbart ist, innerhalb der geografischen Grenzen Europas.

Gruppenfreistellungsverordnung. → Versicherungskartellrecht.

Gruppenrating. Ansatz zur Bewertung der Finanzkraft eines Versicherers in einer Konzerngesellschaft, bei dem berücksichtigt wird, in welchem Umfang sich die Finanzkraft eines gesamten Konzerns auf das Versicherungsunternehmen, das ein → Rating bekommen soll, auswirkt. Der Gruppenansatz wird i.d.R. für Versicherer gewählt, die im Konzern eine zentrale bzw. strategisch wichtige Rolle einnehmen.

Gruppenversicherung, *Kollektivversicherung.* *1. Begriff:* Versicherung von mehreren Personen (einer Gruppe), von Mitgliedern von Vereinen oder Verbänden sowie von Mitarbeitern eines Unternehmens (Belegschaft) in einem Gruppenvertrag. – *2. Merkmale:* Im Vergleich zur Einzelversicherung sind in der G. die Abschluss- und Verwaltungskosten niedriger. Die für die Personengruppe zuständige Organisation (z.B. der Arbeitgeber) zieht die Versicherungsprämien von den versicherten Personen ein und führt sie gesamthaft an den Versicherer ab (Inkasso). Versichert werden entweder alle Personen einer näher bezeichneten Gruppe und/ oder namentlich benannte Personen. Versicherungsnehmer einer G. ist die Führungsspitze der Gruppe, so dass bei einer Änderung des Versicherungsschutzes oder einer Kündigung des Gruppenvertrags alle darunter versicherten Personen betroffen sind. – Anders: Rahmenvertrag oder Mantelvertrag, bei dem die versicherten Personen einzeln und individuell versichert sind. – *3. Besonderheiten:* Da mit G. i.d.R. Vergünstigungen für die Versicherten verbunden sind, sind die aufsichtsrechtlichen Bestimmungen zum Begünstigungsverbot zu beachten (siehe auch → Begünstigungsverträge). Zudem ist die lohnsteuerliche Behandlung von Gruppenversicherungsverträgen relevant: Es ist zu prüfen, in welchen Fällen die vom Arbeitgeber eingezogenen und abgeführten Versicherungsprämien bzw. damit zusammenhängenden Arbeitgeberzuschüsse lohnsteuerpflichtige

Arbeitslöhne darstellen oder ob und inwiefern erst die spätere Versicherungsleistung besteuert wird. – *4. Anwendungsgebiete:* G. werden in der → Lebensversicherung, der → privaten Krankenversicherung (PKV), der → privaten Unfallversicherung und der → Kfz-Versicherung angeboten. Darüber hinaus gibt es G. in der → Sachversicherung und in der → Haftpflichtversicherung, wo sie sich v.a. auf die Absicherung zeitlich begrenzter Risiken (z.B. Ausstellungen, Sport- und Reiseveranstaltungen) beziehen.

Gutachter, *Sachverständiger.* – *1. Begriff:* Ein G. ist eine natürliche Person mit einer besonderen fachlichen Expertise auf einem gewissen Gebiet, der sich i.d.R. schriftlich zu einer ihm zur Stellungnahme aufgegebenen konkreten Fachfrage äußert. – *2. Merkmale:* Er unterstützt mit seinem Gutachten den Entscheidungsprozess in der → Schadenregulierung, ohne an ihm selbst unmittelbar mitzuwirken. Zu den klassischen Bereichen des Sachverständigenwesens gehören u.a. die Gebiete Bewertung von Bauschäden, Grundstückswertermittlung, Bewertung von Kfz-Schäden. Bei Personenschäden oder Schäden in der Unfallversicherung werden regelmäßig medizinische G. mit Feststellungen insbesondere zum Grad der → Invalidität beauftragt. Die Bezeichnung G. ist in Deutschland gesetzlich nicht geregelt oder als Bezeichnung geschützt. Herkömmlich sind es jedoch meistens Ingenieure, Chemiker, Metallurgen oder Ärzte, die als G. fungieren. Die → Allgemeinen Versicherungsbedingungen (AVB) sehen teilweise ein sog. → Sachverständigenverfahren vor, das dazu dient, den möglichen oder tatsächlichen Streit über die Höhe der Versicherungsleistung außergerichtlich zu schlichten.

Güter. *1. Begriff:* Im ökonomischen Sinne alle Mittel zur Befriedigung menschlicher Bedürfnisse. – *2. Unterscheidungen:* Gemäß der Verfügbarkeit können freie G., öffentliche G. und private G. unterschieden werden, wobei jedoch Mischformen zwischen den Letzteren auftreten können (Clubgüter, meritorische G., Allmendegüter). a) Als freie G. werden G. bezeichnet, die für jedermann zugänglich sind und die weder privat noch staatlich kontrolliert werden (bspw. Luft). – b) Öffentliche G. i.e.S. sind G., bei denen keine Rivalität im Konsum auftritt und von deren Konsum niemand ohne prohibitiv hohe Kosten ausgeschlossen werden kann. Als klassisches Beispiel dient die Landesverteidigung. – c) Bei rein privaten G. hingegen sind sowohl die Ausschließbarkeit als auch die Rivalität im Konsum gegeben. – *3. Merkmale:* Sowohl öffentliche als auch private G. zeichnen sich durch eine gewisse Knappheit aus. Sog. Mischgüter haben sowohl den Charakter eines öffentlichen als auch eines privaten Guts. Clubgüter bspw. sind zwar durch Ausschließbarkeit gekennzeichnet, jedoch gibt es bis zu einer gewissen Grenze keine Rivalität im Konsum. Allmendegüter bzw. meritorische G. sind zwar durch Rivalität im Konsum gekennzeichnet, aber sie sind meist aus normativen und nicht technischen Gründen nicht-ausschließbar. G. werden weiterhin nach verschiedenen Charakteristika unterschieden, bspw. nach nicht beliebig vermehrbaren (z.B. Kunstwerke) und beliebig vermehrbaren G., deren Menge durch eine Kosten verursachende Produktion vergrößert werden kann. Unterschieden werden ferner Konsumgüter, die unmittelbar Bedürfnisse decken, und Produktionsmittel, mit deren Hilfe Konsumgüter hergestellt werden und die somit nur mittelbar menschliche Bedürfnisse befriedigen. Konsumgüter werden in Verbrauchsgüter (zum einmaligen Verbrauch) und Gebrauchsgüter (länger nutzbar), die Produktionsmittel in Produktionsgüter bzw. → Produktionsfaktoren und Investitionsgüter (Anlagegüter) gegliedert. Komplementäre G. ergänzen sich gegenseitig (z.B. CDs und CD-Spieler), substitutive G. können sich gegenseitig ersetzen (z.B. Zucker und Süßstoff). Materielle G. sind körperlich, immaterielle Güter hingegen unkörperlich. Sachgüter sind materielle Realgüter; sie können unbeweglicher (Immobilien) oder beweglicher Natur (Mobilien) sein. Zu den immateriellen Realgütern zählen z.B. Arbeits- und Dienstleistungen sowie Informationen, Rechte, Ideen und Nominalgüter (Geld oder Ansprüche auf Geld).

Güterfolgeschäden, *unechte Vermögensschäden.* – *1. Begriff:* Mittelbare Schäden, die infolge eines Sachschadens an Gütern entstehen, z.B. Produktions- und/ oder Gewinnausfallschäden. G. sind insbesondere in der → Transportversicherung von Bedeutung. Abzugrenzen von → Vermögensschäden. – *2. Haftung:* → Spediteur und → Lagerhalter haften im Gegensatz zum →

Frachtführer auch für Güterfolgeschäden. Die Höhe der Haftung kann durch Allgemeine Geschäftsbedingungen (AGB) begrenzt werden. – *3. Regelungen in ausgewählten Versicherungszweigen:* a) → Verkehrshaftungsversicherung: G. sind bis zu einer separat zu vereinbarenden Grenze mitversichert. – b) → Warenversicherung: G. sind als mittelbare Schäden ausgeschlossen; sie können durch Sondervereinbarung in der Form einer → Erstrisikoversicherung mitversichert werden. Die → DTV stellen Musterklauseln für G. (hier: fortlaufende Kosten im Betrieb des Versicherungsnehmers, wenn die Verwendung der Güter beeinträchtigt oder unmöglich ist), Bergungs- und Beseitigungskosten sowie Bewegungs- und Schutzkosten (→ Bewegungskosten, → Schutzkosten) zur Verfügung.

Güterschadenversicherung. In Kreisen des Speditionsgewerbes übliche Bezeichnung für die dort abgeschlossene → Warenversicherung. Die G. ist eine vom → Spediteur für fremde Rechnung (→ Versicherung für fremde Rechnung) abgeschlossene Warenversicherung, die während des Transports und der Lagerung das Interesse des Auftraggebers oder einer anderen, die Gefahr für die Güter tragenden Partei deckt. Abzugrenzen von → Verkehrshaftungsversicherungen.

H

Haftpflichtansprüche. *1. Begriff:* Ansprüche eines Dritten aufgrund → gesetzlicher Haftpflichtbestimmungen. – *2. Formen und Deckung:* Zu unterscheiden sind gesetzliche Ansprüche privatrechtlichen und öffentlich-rechtlichen Inhalts. H. auf Schadenersatz sind durch die → Haftpflichtversicherung grundsätzlich nur dann gedeckt, wenn sie privatrechtlichen Inhalt haben. – *3. Ausnahme:* Nur wenn eine Inanspruchnahme auf Grund einer gesetzlichen Haftpflichtbestimmung sowohl nach privatrechtlichen als auch nach öffentlich-rechtlichen Grundlagen in Betracht kommt, besteht auch für den öffentlich-rechtlichen inhaltsgleichen Anspruch Versicherungsschutz.

Haftpflichtprozess. *1. Begriff:* Prozess über Grund und Höhe des → Haftpflichtanspruchs. – *2. Merkmale:* Der H. bezieht sich auf das → Haftungsverhältnis und entfaltet grundsätzlich → Bindungswirkung für den → Deckungsprozess. Kläger ist, soweit der Anspruch nicht auf einen Dritten übergegangen ist, der unmittelbar Geschädigte. Beklagter ist i.d.R. der Schadenverursacher. Verursachen Kinder einen Schaden, kann sich die Klage wegen Aufsichtsverletzung gegen die Eltern richten.

Haftpflichtversicherung. *1. Begriff:* Versicherungszweig der Schadenversicherung, der dem Versicherungsnehmer und den → mitversicherten Personen Schutz bei Schadenersatzansprüchen Dritter aufgrund → gesetzlicher Haftpflichtbestimmungen privatrechtlichen Inhalts bietet, indem die Schadenersatzansprüche befriedigt oder unberechtigte Ansprüche abgewehrt werden (Rechtsschutzfunktion der Haftpflichtversicherung). – *2. Merkmale:* I.d.R. werden → Personenschäden und Sachschäden ersetzt; durch besondere Vereinbarungen sind auch → Vermögensschäden versicherbar. Handelt der Versicherungsnehmer oder handeln die mitversicherten Personen vorsätzlich, besteht kein Versicherungsschutz. Spezielle gesetzliche Regelungen zur allgemeinen H. und zur → Privathaftpflichtversicherung enthält das VVG. Weitere Vertragsgrundlagen sind die Allgemeinen Versicherungsbedingungen für die Haftpflichtversicherung (AHB). Diese werden zur Deckung spezieller Haftpflichttatbestände um Besondere Bedingungen und Risikobeschreibungen (BBR) sowie Klauseln ergänzt. – *3. Versicherungsarten:* Unterschieden werden H. für den privaten Bereich, wie z.B. → Privathaftpflichtversicherung, → Haus- und Grundbesitzerhaftpflichtversicherung, → Tierhalterhaftpflichtversicherung; für den betrieblichen Bereich, wie z.B. → Produkthaftpflichtversicherung und → Betriebshaftpflichtversicherung; für den beruflichen Bereich, wie z.B. Architektenhaftpflichtversicherung, Arzthaftpflichtversicherung, → Gewässerschadenhaftpflichtversicherung, → Umwelthaftpflichtversicherung, Luftfahrthaftpflichtversicherung, Atomanlagenhaftpflichtversicherung und → Vermögensschadenhaftpflichtversicherung. – *4. Mitversicherte Personen:* Ehegatte, Kinder, eheähnliche Lebenspartner, anerkannte pflegebedürftige Angehörige (alle soweit im Haushalt des Versicherungsnehmers lebend), im Haushalt des Versicherungsnehmers beschäftigte Personen. – *5. Obliegenheiten:* In der H. kommen → Obliegenheiten vor Eintritt des Versicherungsfalls nur selten vor. Obliegenheiten nach Eintritt des Versicherungsfalls sind Anzeige-, Rettungs-, Aufklärungs-, Auskunfts- und Schadenminderungspflichten. Außerdem hat der Versicherungsnehmer dem Versicherer die Prozessführung zu überlassen. Das → Anerkenntnis- und Befriedigungsverbot gibt es nach dem neuen VVG nicht mehr. Maßgeblich für die Leistungsfreiheit des Versicherers wegen Obliegenheitsverletzungen ist der Verschuldensgrad des Versicherungsnehmers (→ Quotenregelung). – *6. Risikoerhöhung:* Versicherungsschutz besteht ab Eintritt der → Risikoerhöhung. Der Versicherungsnehmer ist verpflichtet, innerhalb eines Monats nach Erhalt einer Aufforderung des Versicherers (i.d.R. durch die Beitragsrechnung) Mitteilung über die Risikoerhöhung zu machen. Auch bei nicht fristgerechter Anzeige besteht Versicherungsschutz; der Versicherer hat dann aber das Recht auf Erhebung einer Vertragsstrafe. Beispiel: Der Versicherungsnehmer einer Gewässerschadenhaftpflichtversicherung ersetzt eine oberirdische durch eine unterirdische Tankanlage. – 7. *Risikoerweiterung:* Auch → Risikoerweiterungen sind in den Versicherungsschutz einbezogen. Die Rechte und Pflichten von Versicherer und Versicherungsnehmern gelten wie bei der Risikoerhöhung. Beispiel für eine Risikoerweiterung: Ein Versicherungsnehmer in der Tierhalterhaftpflichtversicherung kauft sich einen zweiten Hund. – 8. *Vorsorgeversicherung:* Schließlich enthält die H. auch eine → Vorsorgeversicherung. Damit werden neu hinzugekommene Risiken in den Versicherungsschutz einbezogen. Bis zur Aufforderung seitens des Versicherers zur Anzeige des neuen Risikos durch den Versicherungsnehmer ist der Versicherungsschutz für die neu hinzugekommenen Risiken beitragsfrei enthalten. Allerdings ist die Deckungssumme meist begrenzt. Beispiel für einen Anwendungsfall in der Vorsorgeversicherung: Ein Versicherungsnehmer in der Privathaftpflichtversicherung kauft sich zum ersten Mal einen Hund. – 9. *Ausschluss von Vorsatz:* → Vorsatz ist in der H. generell ausgeschlossen. Im Sinne der Allgemeinen Versicherungsbedingungen für die Haftpflichtversicherung (AHB) muss sich der Vorsatz auf das Schadenereignis (die Verletzungshandlung) und auf die Schadenfolgen beziehen. Bedingter Vorsatz reicht für die Wirkung der Vorsatzausschlussklausel aus. Bedingter Vorsatz liegt vor, wenn der Handelnde sowohl das Schadenereignis als auch die Schadenfolgen zumindest als möglich erkannt und deren Eintritte gewollt oder billigend in Kauf genommen hat. Nicht erforderlich ist, dass sich der Handelnde die Art und Umfang des Schadens in allen Einzelheiten vorgestellt hat. Ausreichend ist, dass er sich die wesentlichen Umstände, die für Art und Umfang des Schadens maßgeblich sind, als möglich vorgestellt und billigend in Kauf genommen hat. Kein Vorsatz liegt vor, wenn der konkret eingetretene Erfolg durch einen von den Vorstellungen des Handelnden wesentlich abweichenden Geschehensablauf entstanden ist oder nach Art und Schwere von der vorgestellten Schadenfolge wesentlich abweicht. Da im Gegensatz zum bedingten Vorsatz die bewusste → Fahrlässigkeit vom Versicherungsschutz umfasst wird, ist eine Abgrenzung zwischen bedingtem Vorsatz und bewusster Fahrlässigkeit erforderlich. Dabei ist entscheidend, was im Bewusstsein des Handelnden vorgegangen ist. Da es um die Vorstellung des Handelnden geht, bestehen erhebliche Beweisschwierigkeiten. Nach allgemeinen Beweislastgrundsätzen ist der Versicherer für das Vorliegen des Ausschlusstatbestands beweispflichtig.

Haftstrecke. Deckungsabschnitt oberhalb der vereinbarten → Priorität, aber innerhalb des vereinbarten Höchsthaftungslimits. Kann in verschiedene → Layer aufgeteilt werden.

Haftungsverhältnis. *1. Begriff:* Verhältnis zwischen Versicherungsnehmer bzw. einer → mitversicherten Person und dem geschädigten Dritten. – *2. Abgrenzung:* Das H. ist vom sog. Deckungsverhältnis zu unterscheiden. Zwischen beiden gilt das → Trennungsprinzip.

Haftzeit. *1. Begriff:* In der → Betriebsunterbrechungsversicherung oder in der → Mehrkostenversicherung die vertraglich vereinbarte Zeitspanne, mit der die zeitliche Begrenzung des materiellen Versicherungsschutzes im Rahmen des → gedehnten Versicherungsfalls festlegt ist. – *2. Merkmale:* a) Beginn: Die H. beginnt mit Eintritt des Sachschadens (→ Feuer-Betriebsunterbrechungsversicherung) oder zumindest mit dessen Erkennbarkeit (→ Maschinen-Betriebsunterbrechungsversicherung oder → Elektronik-Betriebsunterbrechungsversicherung). Anders: → Montage-Betriebsunterbrechungsversicherung, → Bauleistungs-Betriebsunterbrechungsversicherung, → Tierseuchen-Betriebsunterbrechungsversicherung, → Transport-Betriebsunterbrechungsversicherung. – b) Dauer: Die Dauer der maximal zu vereinbarenden H. ist von den jeweiligen Erscheinungsformen der Betriebsunterbrechungsversicherung abhängig: (1) Feuer-Betriebsunterbrechungsversicherung: Vorausgesetzt, dass keine gesonderte Regelung getroffen wurde, beträgt die H. im Rahmen der FBUB 2008 grundsätzlich zwölf Monate. Unterjährige H. können lediglich für die versicherten Positionen Löhne, Gehälter und Provisionen vereinbart werden.

Sofern eine H. von mehr als zwölf (24) Monaten, längstens jedoch von 24 (36) Monaten vereinbart wurde, beträgt der → Bewertungszeitraum stets 24 (36) Monate. (2) Technische Betriebsunterbrechungsversicherungen: Die Dauer der H. wird in den → Allgemeinen Versicherungsbedingungen (AVB) der → technischen Betriebsunterbrechungsversicherung nicht vorgegeben, sondern einzelvertraglich vereinbart und üblicherweise auf drei, sechs oder neun Monate oder ein Kalenderjahr festgelegt. Anders: → Betriebsunterbrechungsversicherung infolge des Ausfalls der öffentlichen Versorgung mit Gas, Strom, Wärme oder Wasser. Bemessungsmaßstab für die H. ist die Dauer der Reparatur bzw. der Wiederbeschaffung der technischen Anlagen inkl. deren Probebetrieb.

Hagel. *1. Begriff:* Niederschlag in fester Konsistenz. Hagelschlag ist Aufprall von H. auf Sachen. Schäden durch Hagelschlag können durch das Gewicht des Niederschlags oder anschließendes Auftauen des H. entstehen. Hagelschäden sind im Rahmen der Gefahr → Sturm in der → verbundenen Wohngebäudeversicherung versichert. – *2. Aktuelle Entwicklungen:* Hagelereignisse treten zunehmend im Rahmen von Sommerstürmen auf. Im Zuge des → Klimawandels wird eine weitere Zunahme der Hagelereignisse erwartet. Moderne Verkleidungen, die einen hohen Schadendurchschnitt bedingen, verschärfen die Problematik.

Hagelversicherung. Versicherung gegen Schäden aus Hagelschlägen. Unter → Hagel wird Niederschlag in Form von Eiskörnern verstanden. Hagelschläge von hoher Zerstörungskraft werden meist von großräumigen Kaltfronten im Sommer ausgelöst, sie gehen dabei häufig mit Sturmböen, Starkregen und Gewitter einher. Die H. im klassischen Sinn ist die Versicherung von Bodenerzeugnissen der Landwirtschaft, des Gartenbaus und des Weinbaus gegen Hagelschäden. Hagelschäden sind auch in der → verbundenen Hausratversicherung, → verbundenen Wohngebäudeversicherung und Kfz-Teilkaskoversicherung (→ Teilkaskoversicherung) eingeschlossen. In der → Sturmversicherung und der → Extended Coverage-Versicherung kann die Abdeckung von Hagelschäden vereinbart werden.

Handelsbestand. → Trading.

Handelsbilanz. → Bilanz.

Handelsgesetzbuch (HGB). *1. Begriff:* Gesetz zur Regelung der Verhältnisse unter Kaufleuten. Kern des Handelsrechts in Deutschland. Das Handelsrecht wird als Sonderprivatrecht der Kaufleute bezeichnet, und ist grundlegend im H. geregelt. Vor diesem Hintergrund gilt das → Bürgerliche Gesetzbuch (BGB) für Kaufleute nur subsidiär. – *2. Inhalte:* Das H. ist in fünf Bücher unterteilt: – a) Handelsstand. Im ersten Buch finden sich die wesentlichen handelsrechtlichen Begriffe, wie z.B. der Begriff des Kaufmanns, die Bestimmungen über das Handelsregister und die Handelsfirma sowie Vorschriften über die Handelsvertreter und die Handelsmakler. – b) Handelsgesellschaften und stille Gesellschaften. Die Regelungen des zweiten Buchs bilden den Kernbestand des Rechts der Personengesellschaften. – c) Handelsbücher. Das dritte Buch enthält die handelsrechtlichen Vorschriften über die Buchführung, den Jahresabschluss, die Prüfung und Offenlegung sowie spezifische Vorschriften für eingetragene Genossenschaften, Kredit- und Finanzdienstleistungsinstitute sowie Versicherungsunternehmen. – d) Handelsgeschäfte. Die Begriffe und Arten der Handelsgeschäfte, Handelsgeschäfte und Vertragsschluss, Handelsgeschäfte und Vertragsfreiheit, Handelsgeschäfte und Allgemeines Schuldrecht sowie Handelsgeschäfte und Sachenrecht sind im vierten Buch geregelt. – e) Seehandel. Das fünfte Buch regelt den Seehandel (insbesondere den Reeder und die Rederei, die Haverei usw.). – *3. Besonderheiten für Versicherungsunternehmen:* Das H. ist auf das Versicherungsgeschäft bzw. auf Versicherungsunternehmen in der Rechtsform der → Aktiengesellschaft (AG) und des → Versicherungsvereins auf Gegenseitigkeit (VVaG) grundsätzlich anwendbar. Allerdings gibt es einige Ausnahmen und Sondervorschriften i.S.v. Regelungen in anderen Rechtsgrundlagen (z.B. → Verordnung über die Rechnungslegung von Versicherungsunternehmen, kurz: RechVersV, → Versicherungsaufsichtsgesetz, kurz: VAG). Des Weiteren gibt es im H. Ergänzungsvorschriften für Versicherungsunternehmen. Dazu zählen die Vorschriften der §§ 341 - 341p HGB, die der Abbildung versicherungsspezifischer Eigenschaften des Versicherungsgeschäfts im Jahresabschluss dienen, konkret z.B. der Bewertung von Vermögensgegenständen (§ 341b - d HGB) und der Regelung des Ansatzes und der Bewertung von → versicherungstechnischen Rückstellungen (§ 341e - h HGB).

Handelsvertreter. *1. Begriff:* Nach der gesetzlichen Definition in § 84 I HGB ist H., wer als selbstständiger Gewerbetreibender ständig damit betraut ist, für einen anderen Unternehmer Geschäfte zu vermitteln oder in dessen Namen abzuschließen. Selbstständig ist, wer im Wesentlichen frei seine Tätigkeit gestalten und seine Arbeitszeit bestimmen kann. – *2. Unterschiede zu anderen Begriffen (angestellten Vermittler):* Durch die vorgenannten Freiheiten unterscheidet sich der H. vom → angestellten Vermittler, der als weisungsgebundener Arbeitnehmer dem Direktionsrecht des Unternehmers/ Arbeitgebers unterliegt und damit persönlich abhängig ist (→ Scheinselbstständigkeit). – *3. Rechtsgrundlagen:* Auf den H. finden unabhängig davon, ob dieser nach Art oder Umfang einen in kaufmännischer Weise eingerichteten Geschäftsbetrieb unterhält, die besonderen handelsrechtlichen Vorschriften der §§ 84-92c HGB Anwendung. Ein spezieller Typus des H. ist der → Versicherungsvertreter, der in § 92 HGB eine eigene gesetzliche Regelung erfahren hat.

Handlungskompetenz. *1. Begriff:* Ganzheitliche Qualifikation und → Motivation einer Person, sich situativ angemessen in Lernprozessen, Problemsituationen und sozialen Beziehungen zu verhalten. Meist wird die H. als Schnittmenge folgender Kompetenzfelder bezeichnet: → Methodenkompetenz, → Sozialkompetenz und → Persönlichkeitskompetenz. Die → Fachkompetenz kommt im Anforderungsprofil (siehe → Funktions- und Anforderungsprofil) einer Stelle im Unternehmen ergänzend hinzu. – *2. Probleme:* In Theorie und Praxis existieren vielfältige Kompetenzmodelle. Eine einheitliche Zuordnung von Kompetenzen zu einem Kompetenzfeld (z.B. der H.) gibt es in der Theorie nicht. Eine Herausforderung in der Praxis ist es deshalb, die Modelle überschneidungsfrei zu formulieren, damit die Kompetenzen für die Aufgaben im Unternehmen eindeutig zugeordnet werden können. Ein gemeinsames Verständnis wird am ehesten über das konkrete Beschreiben von beobachtbarem Verhalten erreicht.

Handwerkernetz. *1. Begriff:* Pool an Handwerkern, mit denen Versicherer Kooperationsvereinbarungen abgeschlossen haben. Die H. werden im Schadenfall mit der Schadenbehebung beauftragt. – *2. Merkmale:* H. sind durch standardisierte Preise und Serviceleistungen gekennzeichnet. – *3. Ziele:* Preisverhandlungen mit Handwerkern aus dem H. und Regulierungsanweisungen stellen eine Möglichkeit dar, den Schadenaufwand zu mindern. Außerdem versetzen H. den Versicherer in die Lage, für den Kunden schnelle Hilfe zu organisieren. – *4. Probleme:* Die Schäden in der → verbundenen Wohngebäudeversicherung sind durch eine Vielzahl von Gewerken und der Beteiligung unterschiedlicher Handwerker gekennzeichnet. Die Auslastung der H. ist bei einem geringen Marktanteil des Versicherers schwierig, was die Verhandlungsposition schwächt. – *5. Ausblick:* Servicegesichtspunkte, Assistanceleistungen als Mehrwerte und weiter steigende Schadenbeträge bei hohem Preisdruck werden H. fördern. Siehe auch → Assistance, → Dienstleisternetzwerk, → Schadenmanagement.

Handwerkerservice. *1. Begriff:* Vermittlung von Handwerkerdiensten in Notfällen. Siehe auch → Haus- und Wohnungsassistance. – *2. Ziele:* Kundenbindung im Versicherungsunternehmen und/ oder Minderung von Folgeschäden und demzufolge Senkung von Schadenkosten. – *3. Merkmale:* Die reinen H. beinhalten ausschließlich die Vermittlung von Handwerkern und Reparaturdiensten ohne Kostenübernahme und können als Vorgängermodell des Haus- und Wohnungsschutzbriefs (→ Schutzbrief) angesehen werden. – *4. Aktuelle Entwicklungen:* H. werden zunehmend auch als Kundenbindungsinstrument für Nichtversicherungsunternehmen attraktiv, z.B. für Stromanbieter.

Hard Selling, *High Pressure Selling.* Rüde Vertriebsmethoden, bei denen die Absicht auf schnellen Vertriebserfolg im Vordergrund steht. H. ist generell abzulehnen, besonders aber im Versicherungsvertrieb, wo es ansteht, über anspruchsvolle Produkte zu informieren, für Aufklärung zu sorgen und nachhaltig wirkendes Vertrauen aufzubauen. Gegenstück: → Soft Selling.

Harter Markt. *1. Begriff:* Phase eines unausgeglichenen Versicherungsmarkts im Sinne eines Unterangebots an (Erst- bzw. Rück-)Versicherungsschutz, verbunden mit einem entsprechend hohen (Erst- bzw. Rück-)Versicherungspreis. – *2. Abgrenzung:* → weicher Markt. – *3. Folgerungen:* Um den Folgen von Schwankungen zwischen einem H. bzw. weichen Markt zu entgehen, versuchen die Marktbeteiligten ein sog. → Zyklusmanagement zu betreiben.

Hartmannbund, *Verband der Ärzte Deutschlands e.V.* – *1. Begriff:* Verband zur Vertretung der beruflichen, wirtschaftlichen und sozialen Interessen von → Ärzten, Zahnärzten und Studierenden der Medizin und Zahnmedizin in Deutschland. – *2. Aufgaben:* Der Verband nimmt die ärztliche und standespolitische Interessenvertretung wahr, pflegt Kontakte zu politischen Entscheidungsträgern und vertritt aktiv die ärztlichen Positionen im Rahmen von Anhörungen bei Gesetzesinitiativen oder bei wichtigen Veranstaltungen im Gesundheitsbereich. Zudem gehört der regelmäßige Gedankenaustausch mit den ärztlichen Körperschaften und anderen freien Verbänden aus dem Sozial- und Gesundheitsbereich zu den zentralen Verbandsaufgaben. Seinen Mitgliedern bietet der H. berufsbezogene Rechts-, Steuer-, Abrechnungs-, Honorar- und betriebswirtschaftliche Praxisberatungen sowie zahlreiche Aus-, Weiter- und Fortbildungsmöglichkeiten. – *3. Positionen:* Die zentralen Forderungen des H. sind a) der Erhalt der Freiberuflichkeit des Arztes und – b) die → freie Arztwahl. – *4. Internationalität:* Der H. ist Mitglied im Forum der Europäischen Ärzteverbände in der WHO, im ständigen Ausschuss der Europäischen Ärzte und im Weltärztebund. Eines der wesentlichen Ziele dieser internationalen Aktivitäten ist die Gewährleistung der Freizügigkeit der ärztlichen Berufsausübung innerhalb der gesamten Europäischen Union. – *5. Geschichte:* Der H. wurde durch den Leipziger Arzt Dr. Hermann Hartmann ins Leben gerufen. Dieser schrieb am 25.7.1900 einen offenen Brief an die Ärzteschaft mit der Aufforderung, sich zur Wahrung Ihrer Interessen zusammenzuschließen. Daraus entstand am 13.9.1900 der „Schutzverband der Ärzte Deutschlands zur Wahrung ihrer Standesinteressen". Bis zum Jahr 1924 wurde allgemein die Kurzform „Leipziger Verband" – benannt nach dem Gründungsort – verwendet. Nach dem Tod von Dr. Hermann Hartmann erfolgte im Jahr 1924 die Umbenennung in "Verband der Ärzte Deutschlands e.V. (Hartmannbund)".

Hauptbevollmächtigter. → Geschäftsleiter.

Hauptversammlung. *1. Begriff:* Oberstes gesetzliches Organ der → Aktiengesellschaft. Die H. ist die Zusammenkunft der Aktionäre, in deren Rahmen sie ihre Rechte ausüben (§ 118 AktG). – *2. Rechte:* Zu den wesentlichen Rechten der H. zählen nach § 119 AktG die Beschlussfassung über mögliche Satzungsänderungen, die Gewinnverteilung, die Entlastung des → Vorstands und des → Aufsichtsrats sowie die Genehmigung von Maßnahmen zur Kapitalbeschaffung bzw. -herabsetzung. Dabei ist jeder Aktionär in Abhängigkeit von der Höhe seiner Unternehmensanteile stimmberechtigt. – *3. Einberufung:* Der Vorstand beruft unter Einhaltung verschiedener Form- und Fristvorschriften einmal jährlich eine ordentliche H. und im Fall eines besonderen Anlasses eine außerordentliche H. ein.

Hausarzt. → Arzt, der die allgemeine und kontinuierliche Betreuung von Patienten übernimmt und ihre Behandlung koordiniert. An der hausärztlichen Versorgung nehmen in der deutschen → gesetzlichen Krankversicherung (GKV) Allgemeinärzte, Kinderärzte sowie aufgrund eigener Wahlentscheidung Internisten ohne Schwerpunktbezeichnung teil; praktische Ärzte, die vor 1995 ihre Tätigkeit aufgenommen haben und über keine abgeschlossene Weiterbildung verfügen, nehmen ebenfalls an der hausärztlichen Versorgung teil. Die Gebührenordnung der GKV (Einheitlicher Bewertungsmaßstab, EBM) regelt, welche Leistungen H. erbringen dürfen. H. sind als Familienärzte oder Allgemeinärzte auch in anderen Gesundheitssystemen bekannt. Soweit die Patienten obligatorisch zunächst einen H. aufsuchen müssen, wird von Primärarzt-Systemen gesprochen (z.B. Niederlande). Siehe auch → Hausarztmodelle.

Hausarztmodelle. Modelle einer besonderen vertraglichen Ausgestaltung der hausärztlichen Versorgung. H. in der → gesetzlichen Krankenversicherung (GKV) treffen Regeln, dass Patienten zunächst einen → Hausarzt aufsuchen und nur auf dessen Überweisung einen Facharzt kontaktieren. Die → Krankenkassen können die Einschreibung der Patienten in H. incentivieren. In der → privaten Krankenversicherung (PKV) sehen Hausarzttarife i.Allg. eine niedrigere Prämie vor, da Versicherte in Hausarzttarifen geringere Kosten verursachen. Inwieweit H. in Deutschland die Effektivität und Effizienz der Gesundheitsversorgung verbessern, wird kontrovers diskutiert; belastbare Daten liegen bislang nicht vor.

Häusliche Pflege. → Ambulante Pflege.

Hausratversicherung. → verbundene Hausratversicherung.

Haustürgeschäfte. → Akquisition durch gezielte Ansprache bei potenziellen Neukunden durch Aufsuchen in deren Wohnung. Der Vermittler verwendet für den → Absatz seiner Versicherungsprodukte also die Möglichkeit, Kunden meist ohne vorherige Anmeldung in der Kundenwohnung zu besuchen, um ein Beratungsgespräch zu führen. Zum → Widerrufsrecht der Kunden bei H. siehe § 312 BGB.

Haus- und Grundbesitzerhaftpflichtversicherung. *1. Begriff:* Versicherungsart in der allgemeinen → Haftpflichtversicherung zur Deckung von Haftpflichtrisiken, die sich aus dem Besitz und der Vermietung von Grundeigentum insbesondere aufgrund der → Verkehrssicherungspflicht ergeben können. – *2. Abgrenzung:* Die → Privathaftpflichtversicherung umfasst diese Risiken grundsätzlich nicht. Das Haus- und Grundbesitzerhaftpflichtrisiko kann nur über eine gesondert abzuschließende H. abgedeckt werden.

Haus- und Wohnungsassistance, *engl. Home Care Assistance.* – *1. Begriff:* → Assistance im Rahmen von Notfällen im Haushalt bzw. rund um das Gebäude. – *2. Ziele:* Die Leistungen der H. zielen auf eine sofortige Hilfe in Notfällen im Haushalt bzw. am Gebäude, die nicht durch eine → Hausratversicherung oder → verbundene Wohngebäudeversicherung abgesichert sind. Der Ansatz ist ähnlich dem → Schutzbrief zur → Kfz-Versicherung: die Soforthilfe gegenüber dem Kunden steht im Vordergrund. Die durch den → Assisteur organisierte Leistung beinhaltet größtenteils auch die Übernahme der anfallenden Kosten im Rahmen der vertraglich vereinbarten Höchstgrenzen. – *3. Weitere Merkmale:* Im Vordergrund stehen Vermittlungs- und Serviceleistungen rund um die (private) Immobilie, z.B. die Organisation von Handwerkern, Reparaturdiensten und Dienstleistern aus verschiedenen Gewerken (u.a. Heizungs-Installateur, Glaser, Dachdecker, Schlüsseldienst, Schädlingsbekämpfer). – *4. Aktuelle Entwicklung und Ausblick:* Neben der Anbindung an Versicherungsprodukte finden sich die Leistungen vermehrt i.V.m. Leistungen im Rahmen hochwertiger Kreditkarten oder als Zusatzleistung der Energiewirtschaft.

Havarie grosse, *große Haverei.* – *1. Begriff:* Institution des Seerechts, die bereits in der Antike bekannt war. H. liegt vor, wenn der Kapitän eines Schiffs zur Rettung aus unmittelbarer, gemeinsamer Gefahr für Schiff und Güter außergewöhnliche Aufwendungen (z.B. zur Bergung) oder Aufopferungen (z.B. Seewurf der Güter, Strandung des Schiffs, Flutung der Laderäume bei Feuer) veranlasst. Diese Schäden und Kosten werden proportional zu den Beitragswerten von Schiff, Ladung und Frachtgeld aufgeteilt und müssen von den jeweiligen Interesseinhabern (Beitragspflichtigen) getragen werden. – *2. Rechtliche Grundlagen:* H. ist in den nationalen Gesetzen der wichtigsten Handelsländer geregelt (Deutschland: §§ 700-733 HGB). Die gesetzlichen Regelungen werden in Seefrachtverträgen regelmäßig durch Vereinbarung der York-Antwerp-Rules abbedungen, bei Transporten auf Binnengewässern werden die Rheinregeln der Internationalen Vereinigung des Rheinschifffahrtsregisters (IVR) oder ähnliche Regelungen verwendet. – *3. Ablauf:* Auf der Grundlage des Berichts des Kapitäns (Verklarung) erstellt ein öffentlich bestellter Sachverständiger (Dispacheur) nach Ankunft des Schiffs im Ziel- oder Nothafen ein Dokument (Dispache) über Hergang, Beitragswerte, Kosten und Kostenaufteilung. Da der Reeder den Vergütungsberechtigten gegenüber für die Einbringung der Havarie grosse-Beiträge haftet, hat er ein Pfandrecht an den Gütern. Die endgültige Abrechnung der Havarie grosse-Beiträge kann Jahre dauern; deshalb wird der Ladungsempfänger i.d.R. eine unmittelbare Herausgabe gegen Stellung von Sicherheiten (Havarie grosse-Verpflichtungsschein, Bankgarantie oder Bareinschuss) erwirken. – *4. Versicherung:* In der → Warenversicherung, → Valorenversicherung, → Ausstellungsversicherung, → Seekaskoversicherung und → Flusskaskoversicherung ist H. im Rahmen der Versicherungssumme mitversichert. a) Der Versicherer ersetzt dem unmittelbar betroffenen Versicherungsnehmer die durch Aufwendungen oder Aufopferungen entstandenen Schäden und Kosten und übernimmt dessen Forderungen gegen die anderen Beitragspflichtigen. – b) Der Versicherer ersetzt Beiträge, die der Versicherte den Vergütungsberechtigten zu zahlen hat, sofern durch die Havarie grosse-Maßnahmen ein versicherter Schaden abgewendet werden sollte, und stellt die geforderten Sicherheiten.

Havariekommissar. Beauftragter, der aufgrund besonderer Vollmacht des Versicherers am Havarieort Ursache und Höhe des Schadens feststellt und darüber ein Besichtigungsprotokoll (Havariezertifikat) erstellt. In selteneren Fällen ist der H. auch zur Anerkennung und Auszahlung von Schäden bevollmächtigt. Die Anstellung bzw. Beauftragung erfolgt häufig auch durch Verbände und Vereinigungen (→ Verein Hamburger Assecuradeure, → Verein Bremer Seeversicherer, → Lloyd's of London).

Health Maintenance Organization (HMO). *1. Begriff:* Spezielles Krankenversicherungs- und Versorgungsmodell, das den Ansatz verfolgt, die Mitglieder bzw. Leistungserbringer der HMO für die Gesundheit Ihrer Klienten zu entlohnen. – *2. Merkmale:* Der Versicherte erhält bei Einschreibung ein definiertes Leistungspaket mit Basisbehandlungen und erweiterten Behandlungsvorschlägen. Er verpflichtet sich, im Krankheitsfall – ausgenommen sind Notfälle – immer zuerst seinen Arzt der HMO aufzusuchen. Dieses Prinzip ermöglicht es dem HMO-Arzt, die Behandlung seiner Patienten zu koordinieren. Der HMO-Arzt erhält sodann für die medizinische Versorgung eine → Kopfpauschale. Aus dieser werden alle Leistungen, die die HMO-Versicherten intern oder extern bei Spezialärzten in Anspruch nehmen, bezahlt. Die pauschale Entschädigung der ärztlichen Leistungen erlaubt es dem HMO-Arzt, sich auf das Erbringen der für seine Patienten notwendigen Leistungen zu beschränken. – *3. Historie und Würdigung:* HMO wurden in den 1970er Jahren in den USA geschaffen, um vornehmlich die Belegschaft von Unternehmen vor dem Hintergrund zu entlasten, dass es in den USA keine allgemeine bzw. → gesetzliche Krankenversicherung (GKV) gibt. Seit 1990 findet sich die Form der HMO auch in der Schweiz wieder. Weder in den USA noch in der Schweiz konnten allerdings objektive Erkenntnisse darüber gewonnen werden, ob dieses System eine bessere Versorgungsqualität liefert, als die bisherigen Versorgungsmodelle.

Hedge Accounting. → Bewertungseinheiten.

Hedgefonds. – *1. Begriff:* Bislang in Wissenschaft und Praxis nicht einheitlich definiert. – *2. Merkmale:* Ein Großteil der H. hat seinen Sitz in sog. Offshore-Zentren. Sie unterliegen daher einer geringen bis nicht vorhandenen aufsichtsrechtlichen Regulierung ohne Restriktionen hinsichtlich der Anlagestrategien und -objekte und können das investierte Kapital weitgehend frei verwenden. Wesentliche Unterscheidungsmerkmale der H. zu traditionellen Anlageklassen sind der Einsatz von Kreditfinanzierungen zur Erzielung von Hebel-Effekten (Leverage), der Leerverkauf von Wertpapieren, um an fallenden Kursen zu partizipieren, und die ausgeprägt häufige Verwendung von → Derivaten. Der Übergang zu Assetklassen wie → Private Equity oder Credit Funds ist fließend. – *3. Anlagestrategien:* H. sind in allen Segmenten des Kapitalmarkts aktiv. Ihre Handelsstrategien sind vielfältig und können grundsätzlich in direktionale und nicht-direktionale Strategien unterschieden werden. Während bei direktionalen Strategien auf eine Marktpreisentwicklung in eine bestimmte Richtung gesetzt wird, versuchen nicht-direktionale Strategien, systematisch Arbitragegewinne auf Grund kurzfristig unterschiedlicher Marktpreise zu generieren. Das Marktrisiko wird hierbei auf ein Minimum reduziert. Je nach der angestrebten Zielrendite einer Hedgefonds-Strategie variiert auch das zugrunde liegende Anlagerisiko. Hedgefonds-Anlagen werden nach sechs Hauptstrategien unterschieden: a) Relative Value (z.B. Fixed Income Arbitrage, Convertible Bond Arbitrage, Volatility Arbitrage); – b) Event Driven (z.B. Merger Arbitrage, Distressed Debt, High Yield, Activist); – c) Equity Hedged (z.B. Equity Neutral); – d)

Tactical Trading (z.B. Managed Futures, Global Macro, Multistrategy); – e) → Commodities; – f) Fund of Funds. Ein breit über die Strategiestile diversifiziertes Portfolio erzielt bei einem nur leicht über dem Risikoniveau von → Unternehmensanleihen mit einem Investment-Grade liegenden Anlagerisiko Renditen, die normalerweise zwischen drei und vier Prozent über dem risikofreien Zinssatz rangieren. – *4. Anreizsysteme:* Hedgefonds-Manager unterliegen einem starken finanziellen Anreizsystem. Neben einer kostendeckenden Management-Gebühr (i.d.R. 2 % des Fondsvermögens) sind sie substanziell an den Gewinnen des von ihnen verwalteten Fondsvermögens beteiligt. Die Gewinnbeteiligung liegt üblicherweise bei 20 %, in Einzelfällen auch darüber. – *5. H. in Deutschland:* In Deutschland wurden H. erst mit dem Investment-Modernisierungsgesetz im Jahr 2004 zugelassen. Sie unterliegen jedoch sehr restriktiven Auflagen und dürfen nur an institutionelle Anleger verkauft werden. Privatanleger können lediglich über → Dachfonds und → Zertifikate an der Entwicklung von H. partizipieren.

Hedging. *1. Begriff:* Eingehen von (Finanz-)Positionen, die eine gegenläufige Wertentwicklung im Vergleich zu einer bereits bestehenden Position (Grundgeschäft) aufweisen. – *2. Ziele:* Durch das Eingehen gegenläufiger Positionen soll das sich aus der Aggregation mit der bestehenden Position ergebende Gesamtrisiko minimiert werden. – *3. Effektivität:* Der Grad der Absicherung des Risikos aus einer gegebenen Position wird auch als Effektivität des H. bezeichnet. Kann das Risiko vollständig eliminiert werden, wird von einem perfekten Hedge (Immunisierung) gesprochen, was in den praktischen Fällen aber selten gelingt. Die Effektivität des H. ist insbesondere bei der Anwendung internationaler Rechnungslegungsvorschriften von Bedeutung. So kann bspw. das Instrument des → Hedge-Accounting nach IAS 39 nur bei einer nachgewiesenen hohen Effektivität angewendet werden. – *4. Arten und Bezugsgrößen:* Nach den Bezugsgrößen des H. lassen sich sowohl einzelne Risikopositionen (Mikro-Hedge) als auch ganze Risikoportfolios (Makro-Hedge) absichern. a) Mikro-Hedges dienen zur Absicherung gegen Verluste aus einer einzelnen Risikoposition.

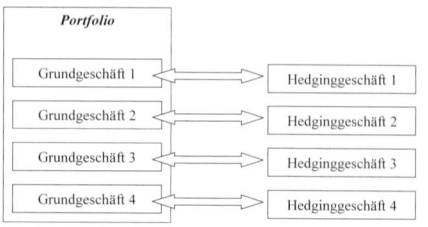

Abb.: Mikro-Hedge

– b) Mit einem Makro-Hedge können Verluste aus einem ganzen Portfolio von Risiken begrenzt werden. So kann z.B. der Verkauf eines → Futures auf im Portfolio befindliche Anleihen das → Zinsrisiko dieser Anleihen begrenzen.

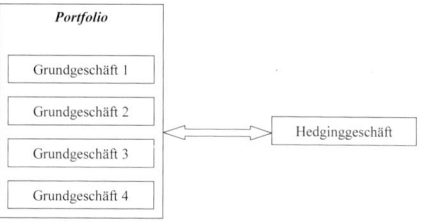

Abb.: Makro-Hedge

Aufgrund der Vielzahl von einzelnen Grundgeschäften (mit laufenden Wertänderungen), die einem Portfolio zugrunde liegen, kann die Wertänderung des abzusichernden Portfolios durch die Wertänderung des Hedge-Geschäfts praktisch nie vollständig kompensiert werden. Daher kann die Absicherung im Rahmen eines Makro-Hedges auch nur approximativ erfolgen. – c) Bestehen im Unternehmen bereits aus der originären Geschäftstätigkeit heraus gegenläufige Positionen, liegt ein natürliches H. vor. So kann bspw. der Gesamtwert von Risikolebens- und Rentenversicherungsverträgen eines Versicherers durch gegenläufig wirkende Veränderungen der biometrischen Rechnungsgrundlagen (Mortalität) stabilisiert werden. – *5. H. von Kapitalanlagen:* Von besonderer Bedeutung im Versicherungsunternehmen ist die Absicherung von → Kapitalanlagen gegen verschiedene → Kapitalanlagerisiken durch Kauf bzw. Verkauf von → Derivaten. Mit den Derivaten wird eine zusätzliche Position mit gegensätzlichem Risikoprofil aufgebaut. So wird die Wertänderung der Kapitalanlagen (Grundgeschäft) durch die entgegen gerichtete Wertänderung der sichernden Position (Derivat) ausgeglichen. Als Absicherungsinstrumente dienen i.d.R → Optionen, Futures oder → Swaps. So kann bspw. der Kursverlust aus einem Aktieninvestment durch den Kauf einer Put-Option (auf diese Aktie) begrenzt werden. Ein perfekter Hedge von Kapitalanlagen durch ein → Termingeschäft ist praktisch jedoch fast unmöglich.

Heilbehandlung. *1. Begriff:* Behandlung einer Krankheit oder Unfallverletzung. Die H. kann ambulant oder stationär erfolgen. Zur ambulanten H. zählen bspw. ambulante ärztliche Beratungen, Untersuchungen, Röntgendiagnosen und Strahlentherapien, außerdem Arzneien, Verbandsmittel,→ Heilmittel und → Hilfsmittel. Bei stationärer Krankenhausbehandlung gehören die Unterbringung und Verpflegung, die Behandlung sowie die Krankenpflege dazu. Zur H. im Bereich der Zähne gehören insbesondere die zahnmedizinischen Leistungen und Zahnersatz. – *2. H. in der* → *gesetzlichen Krankenversicherung (GKV):* Gem. § 27 SGB V haben die Versicherten Anspruch auf Krankenbehandlung und H., wenn sie notwendig ist, um eine Krankheit zu erkennen, zu heilen, ihre Verschlimmerung zu verhüten oder Krankheitsbeschwerden zu lindern. Zu den Leistungen einer H. gehört u.a. die ärztliche und zahnärztliche Behandlung (§ 28 SGB V), die kieferorthopädische Behandlung (§ 29 SGB V) sowie die künstliche Befruchtung (§ 27a SGB V). – *3. H. in der* → *privaten Krankenversicherung (PKV):* Nach § 1 der Musterbedingungen 2008 für die Krankheitskosten- und Krankenhaustagegeldversicherung (MB/KK 2008) erbringt der Versicherer dem Versicherten im Versicherungsfall a) in der → Krankheitskostenversicherung Ersatz von Aufwendungen für H. und – b) in der → Krankenhaustagegeldversicherung bei stationärer H. ein Krankenhaustagegeld. Der Versicherungsfall ist die medizinisch notwendige H. einer versicherten Person wegen Krankheit oder Unfallfolgen. Der Versicherungsfall beginnt mit der H.; er endet, wenn nach medizinischem Befund Behandlungsbedürftigkeit nicht mehr besteht.

Heilfürsorge, *freie Heilfürsorge. – 1. Begriff:* Fürsorgeprinzip im öffentlichen Dienst. Sieht die vollständige Erstattung aller aus Anlass von Krankheits-, Pflege- und Geburtsfällen entstehenden Kosten durch den Dienstherrn vor. – *2. Begünstigte:* Während bei Soldaten der Bundeswehr ein kostenfreier Anspruch auf unentgeltliche truppenärztliche Versorgung besteht, übernehmen einige Dienstherrn ausschließlich für Polizei- und Berufsfeuerwehrbeamte vollständig die diesen → Beamten entstehenden Krankheitskosten während der aktiven Dienstzeit. Ursächlich für diese zunehmend weniger praktizierte Form der Krankenfürsorge ist, dass den darin gesicherten Personen wegen ihres erhöhten Berufsrisikos nur unter großen Schwierigkeiten die Möglichkeit eröffnet ist, bezahlbare privatrechtliche restkostendeckende Versicherungen abzuschließen. Die freie H. erstreckt sich im Gegensatz zur sog. → Beihilfe und Beihilfeberechtigung nicht auf alle Familienmitglieder. Besteht für den Besoldungsempfänger Anspruch auf freie H., so hat diese nach dem Subsidiaritätsprinzip Vorrang vor dem Anspruch auf Gewährung von Beihilfen. – *3. Umfang:* Der Umfang der freien H. deckt seit dem Inkrafttreten des GKV-Modernisierungsgesetzes den Leistungsumfang nach den Vorschriften des SGB V ab. Eine Kostenbeteiligung mit Zuzahlung ist nicht vorgesehen; die freie H. ist insoweit weitergehend ausgestaltet. Sie ist auf Beamte im aktiven Dienst beschränkt. Mit dem Wegfall des durch den aktiven Dienst vorhandenen Berufsrisikos lebt der allgemeine Beihilfeanspruch (i.d.R. 70 % des Bemessungssatzes) auf. Um eine Absicherung zu vernünftigen wirtschaftlichen Konditionen zu ermöglichen, kann zur Absicherung der verbleibenden Restkosten von 30 % ein beihilfekonformer Tarif in der → privaten Krankenversicherung (PKV) abgeschlossen werden. Damit die Versorgung zu 100 % nicht durch eine Gesundheitsbeschädigung gefährdet wird und um einen wirtschaftlich akzeptablen Beitrag (trotz des hohen Lebensalters bei Versicherungsbeginn im Pensionsalter) gewährleisten zu können, ist der frühzeitige Abschluss einer großen → Anwartschaftsversicherung empfehlenswert.

Heilmittel. *1. Begriff:* Bezeichnung für eine Vielzahl therapeutischer Maßnahmen, z.B. Krankengymnastik, Massagen (Physiotherapie), Sprachheiltherapie (Logopädie), Arbeits- und Beschäftigungstherapie (Ergotherapie), die i.d.R. nicht vom Arzt selbst erbracht, sondern von ihm verordnet und von anderen, meist selbstständig tätigen Berufsgruppen (Heilhilfsberufe) ausgeführt werden.

– *2. Vergütung:* Für H. gibt es keine amtliche Gebührenordnung wie für ärztliche Leistungen. Grundsätzlich können die Heilhilfsberufe die Preise für ihre Leistungen selbst festlegen bzw. mit ihren Patienten vereinbaren. Nach dem Dienstvertragsrecht des → Bürgerlichen Gesetzbuchs (§§ 611 f. BGB) ist dabei für eine Leistung der „übliche Preis" zu berechnen, wenn es keine tarifliche oder gebührenrechtliche Bestimmung gibt oder wenn keine entsprechende individuelle Vergütungsvereinbarung mit dem Patienten geschlossen wurde. Als „üblich" ist insbesondere der Preis anzusehen, der für die Behandlung von gesetzlich krankenversicherten Patienten in Rechnung gestellt wird. Höhere Preise als der „übliche" Preis müssen immer Ausdruck einer entsprechenden Mehrleistung sein. – *3. Erstattungshöchstsätze:* Die Beihilfestellen für Beamte sehen für die Leistungen von Heilhilfsberufen Erstattungshöchstsätze vor, die über den Kassensätzen liegen. Viele Tarife in der → privaten Krankenversicherung (PKV) orientieren sich an diesen Erstattungshöchstsätzen, auch der → Standardtarif. Darüber hinausgehende Preisforderungen von Heilhilfsberufen sind in aller Regel nicht gerechtfertigt und auch durch die PKV nicht gedeckt.

Heilpraktiker. *1. Begriff:* Personen, die ohne eine ärztliche Approbation die Heilkunde betreiben. Berufsbezeichnung nach dem Gesetz über die berufsmäßige Ausübung der Heilkunde ohne Bestallung (kurz: Heilpraktikergesetz). „Ausübung der Heilkunde im Sinne dieses Gesetzes ist jede berufs- oder erwerbsmäßig vorgenommene Tätigkeit zur Feststellung, Heilung oder Linderung von Krankheiten, Leiden oder Körperschäden bei Menschen…" (§ 1 II Heilpraktikergesetz). Die Berufsausübung als H. bedarf einer Erlaubnis (§ 1 I Heilpraktikergesetz). – *2. Versicherungssystem:* H. sind nicht zur Behandlung im Rahmen der → gesetzlichen Krankenversicherung (GKV) zugelassen. Nach den Musterbedingungen der → privaten Krankenversicherung (PKV) für die private → Krankheitskostenvollversicherung (MB/KK 2009) dürfen H. in Anspruch genommen werden, sofern die Tarifbedingungen nichts anderes bestimmen. Erstattungsgrundlage ist im Regelfall das von den Verbänden der H. herausgegebene Gebührenverzeichnis für Heilpraktiker.

Heimpflege. → Stationäre Pflege.

Held for Trading. → Trading.

Held to Maturity. *1. Begriff:* Bilanzierungs- und Bewertungskategorie für → Finanzinstrumente nach IAS 39 (→ IAS/ → IFRS). – *2. Merkmale:* Unter H. werden diejenigen Finanzinstrumente aktiviert, die bis zur Endfälligkeit gehalten werden sollen. Sie müssen feste oder bestimmte Zahlungen und eine feste Laufzeit aufweisen. Außerdem muss nicht nur die Absicht, sondern auch die Fähigkeit bestehen, die betreffenden Finanzinstrumente bis zur Endfälligkeit zu halten. Die Bewertung der Finanzinstrumente in der Kategorie H. erfolgt zu fortgeführten Anschaffungskosten. Wertminderungen werden erst bei deren Realisation oder falls sie dauerhaften Charakter haben (→ Impairmenttest) über außerplanmäßige Abschreibungen erfolgswirksam in der → Gewinn- und Verlustrechnung (GuV) erfasst. – *3. Abgrenzungen:* Nach IAS 39 werden Finanzinstrumente in die Kategorien → At Fair Value through Profit or Loss, H., → Loans and Receivables und → Available for Sale eingeordnet. – *4. Anwendung auf Versicherungsunternehmen:* Entsprechend der Aufteilung von → Kapitalanlagen nach der → Verordnung über die Rechnungslegung von Versicherungsunternehmen (RechVersV) kann die Kategorie H. auf die Anlageklassen „Hypotheken-, Grundschuld- und Rentenschuldforderungen", „Namensschuldverschreibungen", „Schuldscheinforderungen und Darlehen" sowie „übrige Ausleihungen" angewendet werden.

Hermesdeckungen. → Exportkreditgarantien.

Herstellungskosten. Kosten, die durch den Verbrauch von Sachgütern und die Inanspruchnahme von Dienstleistungen für die Herstellung eines Vermögensgegenstands, für dessen Erweiterung oder für eine über dessen ursprünglichen Zustand hinausgehende wesentliche Verbesserung entstehen. Dazu gehören die Materialkosten, die Fertigungskosten und die Sonderkosten der Fertigung sowie angemessene Teile der Materialgemeinkosten, der Fertigungsgemeinkosten und des Wertverzehrs des Anlagevermögens, soweit dieser durch die Fertigung veranlasst ist (§ 255 II HGB). In der → Schadenversicherung sind H. Kosten der Neuherstellung oder Reparatur einer beschädigten oder zerstörten Sache.

High Pressure Selling. → Hard Selling.

Hilfsmittel. *1. Begriff:* Begriff aus dem Gesundheitswesen und der → Krankenversicherung. „Hörhilfen, Körperersatzstücke, orthopädische oder andere Hilfsmittel, die im Einzelfall erforderlich sind, um den Erfolg der Krankenbehandlung zu sichern, einer drohenden Behinderung vorzubeugen oder eine Behinderung auszugleichen, soweit die Hilfsmittel nicht als allgemeine Gebrauchsgegenstände des täglichen Lebens anzusehen sind" (aus § 33 SGB V). H. erfüllen ihren Zweck durch ihre ersetzende, unterstützende oder entlastende Wirkung. Abzugrenzen von → Heilmitteln und von → Arzneimitteln. – *2. H. in der* → *Gesetzlichen Krankenversicherung (GKV):* Gemäß § 33 SGB V haben Versicherte in der GKV Anspruch auf eine Versorgung mit Hilfsmitteln. Verordnungsfähige H. werden im Hilfsmittelverzeichnis nach § 139 SGB V aufgeführt. H., die als allgemeine Gebrauchsgegenstände des täglichen Lebens anzusehen sind, bleiben von diesem Anspruch ausgeschlossen. Als Zuzahlung hat der Versicherte grundsätzlich 10 % je H. (mindestens 5 Euro, höchstens 10 Euro, maximal die tatsächlichen Kosten zu tragen.). – *2. H. in der* → *Privaten Krankenversicherung (PKV):* Anders als in der GKV, in der es ein einheitliches gesetzliches Hilfsmittelverzeichnis gibt, hängt die Kostenerstattung von H. in der PKV von den Bedingungen des jeweiligen Versicherungsvertrags und damit vom Tarif ab. Der Leistungsumfang für H. muss damit den jeweiligen Versicherungsbedingungen entnommen werden, die entsprechende Aufzählungen enthalten. Dabei können die Aufzählungen abschließend oder offen formuliert sein.

Hinterbliebenenentschädigung. *1. Begriff:* Leistung der → gesetzlichen Unfallversicherung (GUV) an Hinterbliebene, wenn der Tod infolge eines → Arbeitsunfalls oder einer → Berufskrankheit eingetreten ist (§ 63 SGB VII). – *2. Leistungsarten:* a) Sterbegeld: Das Sterbegeld beträgt pauschal 1/7 der im Zeitpunkt des Todes geltenden Bezugsgröße nach § 18 SGB IV. Es wird dem Hinterbliebenen gewährt, der die Kosten der Bestattung trägt. Falls die Bestattung von einem außen stehenden Dritten besorgt wird, werden ihm die tatsächlich entstandenen Kosten bis zur Höhe des Sterbegelds erstattet. – b) Überführungskosten: Kosten für die Überführung an den Ort der Bestattung werden übernommen, wenn der Tod nicht am Ort der ständigen Familienwohnung eingetreten ist und wenn sich der Versicherte am Sterbeort aus Gründen aufgehalten hat, die im Zusammenhang mit seiner versicherten Tätigkeit oder mit den Folgen des Versicherungsfalls stehen. Leistungsberechtigt ist die Person, die die Kosten der Bestattung getragen hat. – c) → Hinterbliebenenrente: Die Hinterbliebenenrente wird dem Ehegatten bzw. eingetragenen Lebenspartner und den Kindern eines infolge eines Versicherungsfalls Verstorbenen vom Todestag an gewährt. Unter bestimmten Voraussetzungen erhalten auf Antrag auch frühere Ehegatten (§ 66 SGB VII) sowie die Eltern (§ 69 SGB VII) des Verstorbenen eine Rente, soweit der Verstorbene zur Zeit des Todes unterhaltspflichtig war oder während des letzten Jahres vor dem Tod Unterhalt geleistet hat. Alle Hinterbliebenenrenten zusammen dürfen einen Höchstbetrag von 80 % des Jahresarbeitsverdienstes nicht übersteigen (§ 70 SGB VII). Auf die Hinterbliebenenrenten ist i.d.R. eigenes Einkommen anzurechnen, wobei ein Freibetrag unberücksichtigt bleibt. Für die Waisenrente gilt Folgendes: Sie beträgt 20 % des Jahresarbeitsverdienstes für Halbwaisen und 30 % für Vollwaisen. Die Waisenrente wird auch über das 18. Lebensjahr hinaus bis zum Ende des 27. Lebensjahrs gewährt, wenn sich die Berechtigten in Ausbildung befinden oder wenn sie andere besondere Voraussetzungen erfüllen. Nach Vollendung des 18. Lebensjahrs wird das Einkommen auf die Rente angerechnet. Für die → Witwen- oder Witwerrente bzw. die Rente an den eingetragenen Lebenspartner gilt Folgendes (§ 65 II SGB VII): Bis zum Ablauf des dritten Kalendermonats nach dem Todesmonat hat die Witwe oder der Witwer Anspruch auf eine Rente in Höhe von zwei Dritteln des Jahresarbeitsverdienstes des Verstorbenen. Danach wird zwischen der kleinen und der großen Witwen- oder Witwerrente unterschieden. Die kleine Witwen- oder Witwerrente beträgt jährlich 30 % des Jahresarbeitsverdienstes des Verstorbenen und wird längstens für 24 Kalendermonate nach

Ablauf des Monats, in dem der Ehegatte verstorben ist, gewährt. Die große Witwen- oder Witwerrente beträgt 40 % des Jahresarbeitsverdienstes. Sie wird auf Lebenszeit gewährt, wenn die Berechtigten das 45. oder 47. Lebensjahr (siehe Übergangsvorschriften) vollendet haben oder andere Voraussetzungen (z.B. Erziehung eines minderjährigen Kindes) erfüllen (§ 65 I Nr. 3 SGB VII). Ein Anspruch auf Witwen- oder Witwerrente besteht nur, solange der Berechtigte nicht wieder geheiratet hat. – d) In Ausnahmefällen wird eine Witwen-, Witwer- oder Waisenbeihilfe gewährt (§ 71 SGB VII).

Hinterbliebenenrente. *1. Begriff:* All jene Rentenarten in der → gesetzlichen Rentenversicherung (GRV), die auf die Kompensation ausgefallenen Unterhalts infolge des Todes des Versicherten zielen und an die direkten Angehörigen gezahlt werden. – *2. Merkmale:* Der Anspruch auf H. ist davon abhängig, dass dem Verstorbenen zum Zeitpunkt seines Todes eine Versicherungsrente zustand oder er bereits die → Wartezeit von fünf Jahren erfüllt hat. Je nachdem, an wen die Leistung gezahlt wird, wird zwischen → Waisenrente und → Witwen- bzw. Witwerrenten unterschieden. Bei der Berechnung der Höhe der H. wird ein Teil des Einkommens des Hinterbliebenen berücksichtigt. Siehe auch → Einkommensanrechnung.

Hinterbliebenenversorgung. *1. Begriff:* Versorgung der Hinterbliebenen nach dem Tod des Versicherten in Form von Geldleistungen. Leistungsart in der → gesetzlichen Rentenversicherung (GRV), der → Beamtenversorgung, der → betrieblichen Altersversorgung (bAV), der → Lebensversicherung und der → privaten Rentenversicherung. Zu den Hinterbliebenen zählen Ehepartner, eheliche, adoptierte und uneheliche Kinder sowie ggf. eingetragene Lebenspartner. – *2. Arten von Leistungen (ausgewählter Überblick):* Die H. besteht in seltenen Fällen aus Einmalzahlungen, i.d.R. aber aus laufenden → Renten. Für Ehepartner wird zumeist eine lebenslange → Witwen- bzw. Witwerrente gezahlt (→ Beamtenversorgung: → Witwen-/ Witwergeld), für Kinder eine temporäre → Waisenrente bis zum Abschluss der Berufsausbildung, maximiert auf ein Höchstalter (Beamtenversorgung: → Waisengeld). Gelegentlich wird auch für hinterlassene Kinder eine lebenslange Rente vereinbart, sofern sie nicht in der Lage sein werden, ihren Lebensunterhalt eigenständig zu verdienen. – *3. H. in der GRV:* Nach § 33 SGB VI fallen unter die H. a) die Witwen- oder Witwerrente (§ 46 SGB VI), – b) die Erziehungsrente (§ 47 SGB VI) und – c) die Waisenrente (§ 48 SGB VI). – *4. H. in der Beamtenversorgung:* Nach §§ 16 ff. BeamtVG (→ Beamtenversorgungsgesetz) umfasst die H. inhaltlich folgende Elemente: a) Bezüge für den Sterbemonat, – b) → Sterbegeld, – c) Witwen-/ Witwergeld, – d) Waisengeld, – e) Unterhaltsbeträge für nicht witwen- bzw. witwergeldberechtigte Witwen/ Witwer und frühere Ehegatten/ Ehefrauen. Den Erben eines verstorbenen Beamten, Ruhestandsbeamten oder entlassenen Beamten verbleiben für den Sterbemonat die Bezüge des Verstorbenen. Dabei können die an den Verstorbenen noch nicht gezahlten Teile der Bezüge für den Sterbemonat (z.B. für geleistete Mehrarbeit oder Erschwerniszulagen) statt an die Erben auch an die überlebenden Ehegatten oder die Kinder gezahlt werden. Diese Regelung ermöglicht – da die Beamtenbezüge zu Beginn des Monats gewährt werden – glatte Abrechnungsschritte und vermeidet Unwägbarkeiten der Zufälligkeit des Versterbens zu Beginn bzw. Mitte oder Ende des Monats. Eine anteilige Rückforderung bereits bezahlter Versorgungsbezüge findet nicht statt. – *5. H. in der bAV, Lebens- und privaten Rentenversicherung:* Die Versorgungsleistungen in der bAV, der Lebens- und der privaten Rentenversicherung werden tarif- bzw. einzelvertraglich vereinbart.

Hinweis- und Informationssystem (HIS), *UNIWAGNIS, UNIWAGNIS-Datei, Wagnisauskunft.* – *1. Begriff:* Vom → Gesamtverband der Deutschen Versicherungswirtschaft e.V. (GDV) betriebenes System, das bei den Mitgliedsunternehmen im Antragsbereich zur Risikoprüfung und im Leistungsbereich insbesondere zur Aufdeckung und Prävention von Versicherungsmissbrauch oder -betrug zum Einsatz kommt. Bisweilen wird das HIS auch als „schwarze Liste" bezeichnet. – *2. Merkmale:* Das HIS besteht in seiner heutigen Struktur seit 1993 und steht für die Sparten Kraftfahrt, Unfall, Rechtsschutz, Sach, Leben, Transport und Haftpflicht, die informationstechnisch separat geführt werden, zur Verfügung. Aufgrund der Ausgestaltung handelt es sich nicht um eine Datei, sondern um ein System, das die Kontaktaufnahme betroffener Versicherer zur weiteren Aufklärung des Sachverhalts ermöglicht. Meldungen und Abfragen von Versicherungsunternehmen zum HIS erfolgen nach einem definierten Verfahren, das der GDV auf seiner Website näher beschrieben und öffentlich zugänglich gemacht hat. Die Bedeutung des HIS für die → Betrugsabwehr ist insbesondere in der Kraftfahrtsparte groß, da es sich um eine Massensparte handelt und Formen organisierter Kriminalität festzustellen sind, die über eine zentrale Hinweisdatei am effektivsten bekämpft werden können. – *3. Darstellung des zugrundeliegenden Modells:* Bei Vorliegen festgelegter Meldegründe können Personen, mobile oder immobile Risiken in phonetisch verschlüsselter Form an den GDV gemeldet werden. In seiner Funktion als Auftragsdatenverarbeiter verarbeitet der GDV die Meldungen und leitet sie zurück an die Versicherungsunternehmen, die sich an dem System beteiligen. – *4. Probleme:* Derzeit bestehen bezüglich der rechtlichen Bewertung zwischen der Versicherungswirtschaft, den Verbraucherschützern, dem Kartellamt, den Datenschutzaufsichtsbehörden und der Literatur Meinungsverschiedenheiten über die Frage, wie das HIS künftig inhaltlich und prozessual auszugestalten ist, damit es allen datenschutzrechtlichen Vorgaben entspricht. Das HIS ist sehr komplex und derzeit für den Verbraucher nur eingeschränkt nachvollziehbar. – *5. Aktuelle Entwicklungen:* Die zuständigen Kartell- und Datenschutzbehörden sowie Verbraucherschutzverbände stehen seit 2005 in engem Kontakt mit dem GDV, um eine zukunftssichere Modifikation des Systems abzustimmen. Künftig wird das HIS voraussichtlich nicht mehr vom GDV, sondern von einem Dienstleister betrieben, der über entsprechende Erfahrungen mit derartigen Auskunftsdateien und -systemen verfügt.

HIS. Abk. für → Hinweis- und Informationssystem.

Höchstbeitrag in der gesetzlichen Rentenversicherung. Maximaler Beitrag, der an die → gesetzliche Rentenversicherung (GRV) entrichtet werden muss bzw. kann. Der H. entspricht genau dem Beitrag, der bei einem Einkommen in Höhe der → Beitragsbemessungsgrenze zu leisten ist.

Höchstrente. *1. Begriff:* In der → Berufsunfähigkeit die maximal zu versichernde Rente. – *2. Hintergründe:* Grundlage für die individuelle Berechnung der → Berufsunfähigkeitsrente ist das persönliche Bruttojahreseinkommen. Dabei handelt es sich um die Summe aller Einkünfte aus der versicherten Tätigkeit, von der ein maximaler Prozentsatz unter Berücksichtigung aller privaten Berufsunfähigkeitsversorgungen einschl. der beantragten abgesichert werden kann. Die H. kann berufsgruppenabhängig sein. Begrenzungen gibt es v.a. für Schüler, Auszubildende, Studierende und Hausfrauen bzw. Hausmänner.

Höchstschadenrückversicherung. *1. Begriff:* Form des → nicht-proportionalen Rückversicherungsvertrags. In der H. übernimmt der → Rückversicherer die n größten versicherten Einzelschäden eines Geschäftsjahres aus den in Rückdeckung gegebenen Risiken eines → Erstversicherers in voller Höhe. Grundsätzlich wird dabei keine Mindesthöhe der vom Rückversicherer zu tragenden Schäden vereinbart.

Holdinggesellschaften. → Versicherungs-Holdinggesellschaften.

Honorarberatung. *1. Begriff:* Bezeichnet in der Versicherungsbranche die Beratung von Interessenten in Versicherungsangelegenheiten (ggf. nebst der Beratung in Rechtsfragen und in steuerlichen Angelegenheiten), für die der Interessent das Entgelt (in Form eines Honorars) zahlt – und nicht, wie bei → Versicherungsmaklern und → Versicherungsvertretern üblich, der Versicherer (in Form von → Courtagen bzw. → Provisionen). Siehe auch → Versicherungsberater. – *2. Rechtsgrundlagen:* Die Rechtsberatung und die Versicherungsberatung gegen gesondertes Entgelt sind in Deutschland grundsätzlich Rechtsanwälten und Versicherungsberatern vorbehalten. → Versicherungsvermittlern ist diese nur im Zusammenhang mit der konkreten Vermittlungstätigkeit (als sog. Hilfsgeschäft nach Art. 1 § 5 Ziffer 1 Rechtsberatungsgesetz) gestattet. Allerdings sind Versicherungsmakler, die eine → Gewerbeerlaubnis besitzen, nach § 34d I GewO zur rechtlichen H. befugt, soweit es um die entgeltliche Beratung von Dritten, die nicht Verbraucher i.S.d. §§ 13, 14 BGB sind, bei der Vereinbarung, Änderung und Prüfung von Versicherungsverträgen geht. Die Versicherungsaufsicht hält eine Vereinbarung von Beratungshonoraren mit Verbrauchern nur dann für zulässig, wenn es um die Vermittlung sog. provisions- bzw. courtagefreier Tarife durch Versicherungsmakler geht, bei denen in die Prämie keine Abschlusscourtage einkalkuliert ist. Da in diesen Fällen keine Courtage für die Vermittlungsleistung fließt, kann der Makler zulässigerweise mit dem Kunden – für die vorliegende Vermittlung – ein Honorar vereinbaren. Bei einer darüber hinaus gehenden H. für Verbraucher bewegt sich der Versicherungsmakler hingegen hinsichtlich der erlaubnispflichtigen Rechts-/ Versicherungsberatung in einer rechtlichen Grauzone. – *3. Ausblick:* Nach den Bestrebungen des Bundesministeriums für Ernährung, Landwirtschaft und Verbraucherschutz gem. dessen Thesenpapier "Qualität der Finanzberatung und Qualifikation der Finanzvermittler" vom 1.7.2009 soll nach der im Laufe der Bankenkrise heftig kritisierten provisionsgesteuerten Vermittlung von – später wertlosen – Bank-Zertifikaten für die Verbraucher im Finanzdienstleistungsbereich zur besseren Unterscheidung und zugunsten einer größeren Verlässlichkeit das Berufsbild des unabhängigen Finanzberaters geschaffen und rechtlich verankert werden. Dies könnte auch Auswirkungen auf die Vermittlung von Versicherungen haben. Zukünftig sollen nach den politischen Vorstellungen die H. und der provisionsorientierte Vertrieb nebeneinander existieren und dem Kunden die Wahl der Beratungs- und Vergütungsform überlassen bleiben.

Honorarverteilung in der vertragsärztlichen Versorgung. *1. Begriff:* Verteilung der von den → Krankenkassen für die vertragsärztliche Versorgung entgegen genommenen finanziellen Mittel unter den → Vertragsärzten durch die → Kassenärztlichen Vereinigungen. – *2. Merkmale:* Die Kassenärztlichen Vereinigungen teilen die mit den Krankenkassen ausgehandelten finanziellen Mittel für die vertragsärztliche Versorgung zwischen den verschiedenen Arztgruppen nach einem Verteilungsschlüssel auf. Jede Arztgruppe erhält einen bestimmten Anteil. Die genaue Aufteilung regelt der Honorarverteilungsvertrag. Darin sind die Größe der Honorartöpfe und deren Verhältnis zueinander festgelegt.

Humankapitalansatz. *1. Begriff:* Dient der Erhebung indirekter Kosten bei der Kostenbewertung im Rahmen von gesundheitsökonomischen Studien. Dabei werden die Produktivitätsverluste (Kosten) für die Volkswirtschaft unter Berücksichtigung der gesamten Periode des Arbeitsausfalls durch Krankheit oder Tod ermittelt. – *2. Umsetzung:* Der Wert des menschlichen Lebens wird nach seinem Wertschöpfungspotential, z.B. im Sinne des Erwerbseinkommens beurteilt (Humankapital). Das Humankapital wird als Summe des Wissens, der Fertigkeiten bzw. der Fähigkeiten verstanden, die für die Wirtschaftstätigkeit eines Individuums von Bedeutung sind. Je produktiver ein Individuum ist, d.h. je höher der Lohn ist, den es am Arbeitsmarkt erzielen kann, desto größer ist sein Humankapital.

Human Resource Management. → Personalmanagement.

Hybrider Kunde. → Kunde mit wechselhaftem, den Einzelfall optimierendem Nachfragerverhalten, d.h. nicht einseitig leistungs-, preis- oder serviceorientiert. Der H. ist auch bei Versicherungen in der Wahl zwischen Serviceanbietern (vgl. → persönlicher Vertrieb) und Billiganbietern (vgl. → Direktmarketing) von zunehmender Bedeutung.

Hybridkapital. Kapital, das nicht eindeutig dem → Eigenkapital oder dem → Fremdkapital zuzuordnen ist, weil die Merkmale dieser Kapitalarten gemischt werden. Gem. § 53c III VAG zählt das H. unter bestimmten, dort genannten Voraussetzungen zu den → Eigenmitteln. Siehe auch → Genussrechtskapital und → nachrangige Verbindlichkeiten.

Hybridprodukte. *1. Begriff:* → Fondsgebundene Lebensversicherungen, die bei Vertragsablauf und/ oder während einer Rentenbezugsphase garantierte Mindestleistungen vorsehen. – *2. Merkmale:* Bei H. werden die zur Erfüllung der Leistungsverpflichtung des Versicherungsunternehmens bestimmten Kapitalanlagen teilweise als in Anteilseinheiten geführte → fondsgebundene Kapitalanlagen gehalten, teilweise im Anlagestock des konventionellen Lebensversicherungsgeschäfts geführt. – *3. Modell:* H. unterscheiden sich einerseits durch die Festlegungen des garantierten Leistungsumfangs, andererseits durch die Techniken, mit denen die Garantieleistungen sichergestellt werden. Die gängigen Formen von Garantieleistungen bei Vertragsablauf bzw. Rentenbeginn sind a) Beitragserhalt: Die Ablaufsumme entspricht der Summe der vom Kunden eingezahlten Versicherungsprämien. – b) Höchststandsgarantie: Die Ablaufleistung entspricht dem maximalen Wert des Fondsguthabens, das zu bestimmten vorab definierten Prüfterminen (meist in jährlichen oder monatlichen Abständen) erreicht wurde. – c) Mindestverzinsung: Die Mindestleistung entspricht dem → Endwert der mit einem bestimmten Mindestzins aufgezinsten Bruttoprämie oder Anlagebeträge im Fondsvermögen. Als Techniken, die Garantie sicherzustellen, sind verbreitet a) Statisches H.: Bei der einfachsten Form wird für die Garantieleistung eine konventionelle → Deckungsrückstellung unter Anwendung des für die entsprechende Neugeschäftsgeneration gültigen → Rechnungszinses gebildet, und Vermögenswerte entsprechender Höhe werden im konventionellen Deckungsstock gehalten. Nur die für die Bedeckung der Deckungsrückstellung nicht benötigten Prämienanteile werden in einen oder mehrere Fonds investiert. – b) Statisches H. mit Garantiefonds: Durch die für die fondsgebundenen Kapitalanlagen gewählte Kapitalanlagestrategie – meist eine sog. CPPI-Strategie – wird sichergestellt, dass das Fondsvermögen zu keinem Zeitpunkt den Marktwert der zugesagten Garantieleistung unterschreitet. – c) Dynamisches H. mit Wertsicherungsfonds: Die Kapitalanlagestrategie der Fondsanlage ist so ausgestaltet, dass für definierte Perioden (meist ein Monat) Verlustobergrenzen für den Wert der Kapitalanlagen (z.B. 20 %) festgelegt werden. Durch eine im Zeitablauf variable (dynamische) Aufteilung der Kapitalanlagen zwischen der fondsgebundenen Anlage und dem konventionellen Deckungsstock wird sichergestellt, dass der Wert der im konventionellen Deckungsstock getätigten Anlage und der nach Eintritt des für die nächste Periode zulässigen maximalen Verlustes verbleibende Wert der fondsgebundenen Anlage zusammen genommen stets mindestens so groß ist wie die für die vereinbarte Garantieleistung errechnete Deckungsrückstellung. – *4. Ziele:* H. verfolgen das Ziel, den Vorteil von fondsgebundenen Versicherungen, nämlich eine nach Kundenpräferenzen getroffene Wahl der Kapitalanlage, mit den Vorteilen konventioneller Produkte, die in den Ablauf- und Rentengarantien liegen, zu verbinden. Ihre Bedeutung im Markt hat zugenommen, seit für bestimmte geförderte Produkte, etwa die sog. → Riester-Rente, bestimmte Garantieleistungen Voraussetzungen für die Förderfähigkeit geworden sind. – *5. Probleme:* Bei H. bestimmt der Umfang der → eingebetteten Garantien maßgeblich das Risiko-/Renditeprofil der möglichen Kapitalanlagestrategien. Dieser Zusammenhang wird jedoch bei der Illustration künftiger Wertentwicklungen in der Verkaufsphase zumeist nur unzureichend abgebildet, da die verwendeten Modellrechnungen auf diesen Aspekt keinen Bezug nehmen, sondern lediglich Wertentwicklungen der fondsgebundenen Anlagen mit festen Prozentsätzen (meist 0 %, 3 %, 6 %, 12 %) vorsehen. Ebenso bleiben in den Leistungsdarstellungen zumeist dem Fonds direkt angelastete Kosten außer Acht. – *6. Ähnliche Begriffe:* Fondsgebundene Versicherungen mit Garantien, → Variable Annuities.

I

IAS. Abk. für → International Accounting Standards.

IBNER. Abk. für Incurred but not enough reported, Insured but not enough reported. → Spätschadenreserve.

IBNER-Reserve. → Spätschadenreserve.

IBNR. Abk. für Incurred but not reported, Insured but not reported. → Spätschadenreserve.

IBNR-Reserve. → Spätschadenreserve.

IDW-Verlautbarungen. *1. Begriff:* Verlautbarungen des Instituts der Wirtschaftsprüfer zu Fach- und Berufsfragen, insbesondere zur Abschlussprüfung und zur → Rechnungslegung (→ Abschlussprüfung von Versicherungsunternehmen). – *2. Merkmale:* Die I. sind für die IDW-Mitglieder verbindlich, soweit keine schriftliche Begründung für Abweichungen abgegeben wird (§ 4 IX der Satzung des IDW). – *3. Gesetzliche Grundlage:* Nach § 4 I S. 1 Berufssatzung der Wirtschaftsprüferkammer gebietet das Gebot der Gewissenhaftigkeit, dass alle Wirtschaftsprüfer die fachlichen Regeln beachten. – *4. Problematik:* Auf der einen Seite besitzen die I. einen Normencharakter, auf der anderen gelten die Grundsätze der Unabhängigkeit und Eigenverantwortung des Abschlussprüfers; die Abgrenzung dieser beiden Tatbestände ist nicht vollständig geklärt.

IFRIC. Abk. für → International Financial Reporting Interpretations Committee.

IFRS. Abk. für → International Financial Reporting Standards.

IHK. Abk. für → Industrie- und Handelskammer.

Illimitée-Deckung. → Unbegrenzte Deckung.

Illiquidität. → Zahlungsunfähigkeit.

Image, *lat. imago (Bild).* Vorstellung von einem Unternehmen bzw. Objekt in der Öffentlichkeit oder beim Einzelnen, daraus folgend die Einstellung zum Objekt. Beurteilung über sog. Imageprofile, durch Bewertung der ermittelten Imagefaktoren, wie etwa Vertrauen, Innovationsfreude, Kundenfreundlichkeit, Finanzstärke etc. Hauptzielsetzung der Imagewerbung (vgl. → Werbung). Das Unternehmen will sich bei der (potenziellen) Kundschaft und in der Öffentlichkeit in einem möglichst günstigen Bild wiederfinden – als Voraussetzung für neue und zur Festigung vorhandener Geschäftsbeziehungen. Auch andere → Marketinginstrumente können auf ein gutes I. wirken, wie → Öffentlichkeitsarbeit, → Kundendienst und selbstverständlich eine gleichbleibend gute → Produktgestaltung und → Preisgestaltung.

Immaterielle Vermögenswerte. *1. Begriff:* Identifizierbare, nicht monetäre Vermögenswerte ohne physische Substanz. – *2. Beispiele:* Wissenschaftliche oder technische Erkenntnisse, Entwürfe und Implementierungen neuer Prozesse oder Systeme, Lizenzen, geistiges Eigentum, Marktkenntnisse und Warenzeichen (einschl. Markennamen und Verlagsrechte) sowie damit verbundene Rechte und Werte, wie Absatzrechte, Computersoftware, Filmmaterial, Fischereilizenzen, Franchiseverträge, Hypothekenbedienungsrechte, Importquoten, Kundenlisten, Kunden- oder Lieferantenbeziehungen, Kundenloyalität, Marktanteile, Patente und Urheberrechte. – *3. Behandlung in der Rechnungslegung:* a) Nach handelsrechtlichen Vorschriften: Aufgrund des Vollständigkeitsgebots sind auch I. in der → Rechnungslegung zu erfassen. Vor dem Hintergrund der Nicht-Körperlichkeit und den damit verbundenen Schwierigkeiten der verlässlichen Wertermittlung war es vor den Änderungen der Rechtsprechung und des → Bilanzrechtsmodernisierungsgesetzes (BilMoG) verboten, unentgeltlich erworbene (oder selbst geschaffene) I. zu aktivieren. Hingegen unterlagen die entgeltlich erworbenen I. einem Aktivierungswahlrecht. Nach den Änderungen des BilMoG ist auch ein Ansatz bei unentgeltlichem Erwerb, unter der Voraussetzung, dass sich der I. nicht mehr in der reinen Forschungsphase, sondern schon in der Entwicklungsphase befindet, gestattet. Dabei ist die Entwicklungsphase vom Beginn der kommerziellen Produktion oder Nutzung geprägt. Die handelsrechtliche Rechnungslegung hat mit den Änderungen eine Annäherung zur → internationalen Rechnungslegung gefunden. – b) Nach den internationalen Rechnungslegungsvorschriften: I. sind anzusetzen, wenn die Definitions- und Ansatzkriterien eines → Assets sowie die postenspezifischen Ansatzkriterien: 1) Identifizierbarkeit, (2) Verfügungsgewalt über eine Ressource und (3) Bestehen eines künftigen wirtschaftlichen Nutzens erfüllt sind. Zudem gilt auch nach internationalen Vorschriften das strikte Ansatzverbot von Forschungsaufwendungen. Ein aus der Entwicklung entstehender I. kann dann (und nur dann!) angesetzt werden, wenn nachzuweisen ist: (i) Die Fertigstellung des I. kann technisch soweit realisiert werden, dass er genutzt oder verkauft werden kann. (ii) Das Unternehmen beabsichtigt, den I. fertig zu stellen, zu nutzen oder zu verkaufen; (iii) Das Unternehmen ist fähig, den I. zu nutzen oder zu verkaufen; (iv) das Unternehmen kann u.a. die Existenz eines Markts für die Produkte des I. oder für den I. an sich oder, falls er intern genutzt werden soll, den Nutzen des I. nachweisen. (v) Adäquate technische, finanzielle und sonstige Ressourcen sind verfügbar, so dass die Entwicklung abgeschlossen werden kann. (vi) Das Unternehmen ist fähig, die zurechenbaren Ausgaben für den I. während der Entwicklung verlässlich zu bewerten.

Immobilien, *lat. im-mobilis, unbewegliche Sache.* Oberbegriff für alle unbeweglichen Vermögensgegenstände. Dazu zählen Liegenschaften, Realvermögen oder sonstiges unbewegliches Vermögen sowie alle damit fest verbundenen Bestandteile, wie Bauten, Bäume, Mineralien und jegliche Rechte. Aufgrund der Unbeweglichkeit unterliegen I. bei Eigentumsübergängen sowie bei ihrem Gebrauch speziellen gesetzlichen Regelungen. Bei institutionellen Investoren haben sich I. in den letzten Jahren als eigene Assetklasse etabliert und finden somit auch in der → Asset Allocation Berücksichtigung. Die höheren Transaktionskosten bei I. führen dazu, dass eine mittel- bis langfristige Haltedauer angestrebt wird. In der Vergangenheit wurden I. v.a. als Anlagegut mit → laufendem Ertrag bei gleichzeitigem Inflationsschutz in ein Portfolio integriert. Mit dem Aufkommen von → indirekt gehaltenen Immobilien gewinnen auch opportunistische Kapitalgewinne mit kurzfristigeren Haltedauern zunehmend an Bedeutung – neben der Möglichkeit des Aufbaus eines breit diversifizierten Portfolios.

Immunisierung. Perfektes → Hedging.

Impairmenttest. *1. Begriff:* Werthaltigkeitstest. – *2. Aufgaben und Merkmale:* a) Durch Vergleich des erzielbaren Betrags mit dem → Buchwert einer Vermögensposition wird ein ggf. vorhandener Wertminderungsbedarf ermittelt. Der erzielbare Betrag ist der höhere Wert aus dem beizulegenden → Zeitwert abzgl. der Verkaufskosten (fair value less costs to sell) und dem Nutzungswert (value in use) einer Vermögensposition. Er ist, soweit möglich, für jede Vermögensposition separat zu bestimmen; unter bestimmten Bedingungen ist auch eine Ermittlung auf der Ebene der zahlungsmittelgenerierenden Einheit (cash generating unit) möglich. – b) Ein I. ist immer dann durchzuführen, wenn Indikatoren dafür vorliegen, dass eine Wertminderung erfolgt ist (triggering event). Für → immaterielle Vermögenswerte mit unbestimmter Nutzungsdauer und für solche, die noch nicht für die Nutzung verfügbar sind, sowie für zahlungsmittelgenerierende Einheiten, auf die ein bei einem Unternehmenszusammenschluss entstandener → derivativer Geschäfts- oder Firmenwert verteilt wurde, ist jährlich ein I. durchzuführen. – c) Die Regelungen zum I. sind grundsätzlich in IAS 36 enthalten. Allerdings sind einige Fälle explizit vom Anwendungsbereich des IAS 36 ausgenommen. Für → Kapitalanlagen gelten bspw. die gesonderten Bestimmungen des IAS 39. – *3. Abgrenzung:*

Der I. dient der Ermittlung eines außerplanmäßigen Wertminderungsbedarfs nach den → IAS/ → IFRS. Dagegen sind planmäßige Abschreibungen auf die Nutzungsdauer verteilt vorzunehmen.

Imparitätsprinzip. *1. Begriff:* Ein → Grundsatz ordnungsmäßiger Buchführung (GoB). – *2. Merkmale:* Das I. besagt, dass negative Erfolgsbestandteile im → Jahresabschluss anders behandelt werden als positive. Alle vorhersehbaren Risiken und Verluste, die bis zum Abschlussstichtag entstanden sind, müssen im Jahresabschluss berücksichtigt werden, selbst wenn sie erst zwischen dem Bilanzstichtag und dem Abschlussstichtag bekannt geworden sind. Dagegen müssen nicht realisierte Gewinne unberücksichtigt bleiben (→ Realisationsprinzip). Das I. ist eine Konkretisierung des → Vorsichtsprinzips und leitet sich daraus ab. – *3. Ziele:* Das I. dient der nominellen Kapitalerhaltung und dem Gläubigerschutz. – *4. Gesetzliche Grundlage:* § 252 I Nr. 4 HGB. – *5. Folgerungen:* Aus dem I. folgen das Anschaffungskostenprinzip und das → Niederstwertprinzip. Auf das Realisationsprinzip wirkt das I. einschränkend.

Impfung, *Schutzimpfung.* – *1. Begriff:* Medikamentöse Form der → Prävention. Mit Hilfe einer I. werden das Immunsystem aktiviert und damit ein Schutz gegen das Eindringen bestimmter Krankheitserreger aufgebaut. I. können schwere Infektionskrankheiten verhindern, den Krankheitsverlauf abschwächen und damit vor Komplikationen oder problematischen Verläufen bewahren. Weil Infektionskrankheiten übertragbar sind, kann eine umfassende I. einen Kollektivschutz hervorbringen. Damit lassen sich zum einen Epidemien verhindern und zum anderen Personen, die nicht geimpft sind, schützen. – *2. Impferfolge:* Als Erfolg sind insbesondere die weltweite Eliminierung der Pocken seit den 1970er Jahren und die fast vollständige Ausrottung der Kinderlähmung (Polio) zu betrachten. Kein Impfschutz existiert u.a. gegen Tuberkulose, Malaria oder HIV/ AIDS. Bei diesen Infektionskrankheiten sind weltweit steigende Erkrankungsraten zu beobachten. – *3. I. in der → gesetzlichen Krankenversicherung (GKV):* Seit 2007 gehören alle I., die von der Ständigen Impfkommission des Robert-Koch-Instituts (STIKO) empfohlen werden, zum Leistungskatalog der GKV (§ 20d SGB V). Darüber hinausgehende Impfkosten werden von den → Krankenkassen teilweise im Rahmen von Satzungsleistungen erstattet. In allen anderen Fällen müssen die Kosten vom Patienten getragen werden. – *4. I. in der → privaten Krankenversicherung (PKV):* Die Erstattung von Impfkosten bei Privatversicherten richtet sich nach den Bedingungen des jeweiligen Versicherungsvertrags und damit nach dem entsprechenden Tarif. Nach § 4 VI der Musterbedingungen der privaten Krankenversicherung (MB/KK 2009) erstattet die PKV Impfkosten im vertraglichen Umfang bei medizinischer Notwendigkeit der I., sofern es sich um von der → Schulmedizin anerkannte Impfmittel bzw. um Mittel der „Alternativmedizin" handelt, die sich in der Realität bewährt haben. In der Praxis orientieren sich die PKV-Unternehmen heute, aber auch schon vor 2007 an den Empfehlungen der STIKO.

Implosion. Plötzlicher Zusammenbruch eines Behältnisses oder Gefäßes, z.B. auch einer Röhre, weil der Außendruck den Innendruck übersteigt. Durch Kollision nach innen fliegenden Trümmerteile streben diese anschließend explosionsartig auseinander. Die I. ist zusammen mit der → Explosion in der → Feuerversicherung gedeckt.

Incentives. *1. Begriff:* Leistungsanreize. Im Unterschied zum Gehalt, zu → Provisionen oder zur → Courtage handelt es sich hier nicht um vertraglich fixierte Vergütungen, sondern um zusätzliche, freiwillige, materielle oder immaterielle Leistungsanreize (häufig mit Statussymbol), um insbesondere das Erreichen von Vertriebszielen zu unterstützen. – *2. Merkmale:* I. sind flexibel und auch kurzfristig wirksam. Als Hilfsmittel der Führung (Vertriebssteuerung) zählen sie zu den indirekten Mitteln der → Verkaufsförderung. – *3. Varianten:* a) Leistungsvorgaben: Dem Vertriebspartner wird ein allgemeines oder ein individuell berechnetes Leistungsziel vorgegeben, bei dessen Realisierung eine Bonifikation, evtl. auch ein Reise- oder Sachpreis fällig wird. – b) Verkaufswettbewerbe: Die Mitarbeiter oder Mitarbeitergruppen stehen im Leistungsvergleich zueinander. Die Sieger werden honoriert, auch hier mit Geld-, Reise- oder Sachpreisen und/ oder immateriell mit Urkunden, Ehrennadeln u.ä. Bei den Wettbewerben wird auf die Mobili-

Incident-Management

sierung zusätzlicher Leistungsreserven gesetzt, wie etwa bei sportlichen Wettkämpfen. Verkaufswettbewerbe sind für kurzfristige Schwerpunktmaßnahmen besonders geeignet, z.B. bei Einführung neuer Produkte, zur Gewinnung neuer Zielgruppen, zum Ausgleich von Absatztiefs, für Schlussspurts.

Incident-Management. Managementfunktion mit der Aufgabe, IT-Störungen des Geschäftsbetriebs so schnell wie möglich zu beheben. Im Vordergrund steht dabei die Beseitigung der Störung innerhalb der Service-Level-Agreements, nicht die Beseitigung der Ursache der Störung.

Incoterms, *International Commercial Terms. – 1. Begriff:* Lieferbedingungen, die von der International Chamber of Commerce herausgegeben werden und insbesondere bei internationalen Handelsgeschäften Art und Ort der Lieferung, Dokumentation, Kosten- und Gefahrtragung regeln. – *2. Beispiele:* a) EXW (ex works): Kosten und Gefahr des Transports trägt der Käufer. – b) DDP (delivered, duty paid): Kosten und Gefahr trägt der Verkäufer. – c) FOB (free on board): Kosten und Gefahr gehen bei Überschreiten der Schiffsreling im Versendehafen vom Verkäufer auf den Käufer über. – d) Bei Verwendung der Klauseln CIF (cost, insurance and freight) und CIP (carriage and insurance paid) ist der Verkäufer verpflichtet, auf seine Kosten eine übertragbare → Warenversicherung zugunsten des Käufers nach Mindeststandard (sofern nicht anders vereinbart) entsprechend den → Institute Clauses ICC C einzudecken. Die Versicherungssumme entspricht dem Kaufpreis plus 10 % für imaginären Gewinn. Der Käufer kann zusätzlich eine → Konditionsdifferenzenversicherung abschließen, um gegen weitere Gefahren (z.B. Diebstahl) abgesichert zu sein.

Incurred but not enough reported, *Insured but not enough reported, IBNER.* → Spätschadenreserve.

Incurred but not reported, *Insured but not reported, IBNR.* → Spätschadenreserve.

Indemnity Trigger, *Entschädigungsbezogener Trigger, Originalschaden-Trigger.* Ein auslösendes Ereignis (Trigger), das auf den tatsächlichen Verlusten bzw. Schadenzahlungen bzw. Entschädigungsleistungen des → Originators (z.B. Unternehmen, Erst- oder Rückversicherer) basiert, d.h. der Schutzberechtigte trägt kein oder ein nur geringes → Basisrisiko. Vergleichbar mit traditioneller (Excess of Loss-)Rückversicherung. Da bei indemnity-basierten Transaktionen der tatsächlich entstandene Schaden nachgewiesen werden muss, kann es länger dauern, bis der Gesamtschaden abgerechnet ist. Dies kann z.B. bei Naturkatastrophen, die durch → Cat Bonds abgesichert sind, zu Liquiditätsproblemen beim Schutzberechtigten führen, da auch der Zahlungsfluss stark verzögert wird. Anders wirken → Non-Indemnity-Trigger und → Parametrische Trigger

Indexgebundene Lebensversicherung. Erscheinungsform der → fondsgebundenen Lebensversicherung, deren Kapitalanlage an einen vorgegebenen Index gebunden wird.

Indexklausel, *Stabilisierungsklausel. – 1. Begriff:* Mit einer I. werden im → nichtproportionalen Rückversicherungsvertrag, namentlich im → Longtail-Geschäft (v.a. Kfz-Haftpflicht- und allgemeine Haftpflichtversicherung), die → Priorität und Haftung einer Deckung der Geldentwertung bzw. der messbaren Verteuerung von Schäden angepasst. – *2. Merkmale:* Dabei ist die Anpassung regelmäßig an einen Index angekoppelt (Lohn- und Gehaltskostenindex). Siehe auch → Severe Inflation Clause.

Indexzertifikate. *1. Begriff und konstituierende Merkmale:* Unterform der → Zertifikate. Sind deshalb analog einem → Kreditrisiko der emittierenden Bank ausgesetzt. I. entwickeln sich analog zum zugrunde liegenden Index (z.B. DAX oder Eurostoxx 50), so dass der Wert des Zertifikats immer dem Indexstand entspricht. Sowohl positive als auch negative Indexentwicklungen werden exakt nachvollzogen, d.h. es gibt kein aktives Management durch einen Fondsmanager wie bei → Investmentfonds. – *2. Weitere Merkmale:* Die Kosten für I. sind im Vergleich zu Anlagealternativen mit einem aktiven Management äußerst gering. I. werden häufig in einem Bezugsverhältnis von 1:100 gehandelt, um auch kleine Anlagesummen investierbar zu machen. Am Beispiel eines DAX-Zertifikats bedeutet dies, dass bei einem DAX-Stand von 5.500 ein Zertifikat einen Preis von 55 hat. Die Laufzeit von I. ist meist unbegrenzt. Die Dividendenanrechnung im I. ist vom Basiswert abhängig: Liegt ein Performance-Index zugrunde (z.b. DAX), werden die ausgeschütteten Dividenden automatisch reinvestiert. Ist der Index jedoch als Kursindex (z.b. Eurostoxx 50) konzipiert, werden die Dividenden ausgeschüttet. Die Investition in ein ausländisches I. beinhaltet zusätzlich ein → Währungsrisiko.

Indirekt gehaltene Immobilien. → Immobilien, die in einem → Anlagevehikel gehalten werden. In einem solchen Anlagevehikel (z.b. → Spezialfonds, geschlossene Fonds, Partnerships) schließen sich institutionelle Investoren zusammen, um eine gemeinsame Anlagestrategie zu verfolgen. Die Umsetzung dieser Strategie wird von einem professionellen Fondsmanager übernommen. Die Investoren, wie z.b. Versicherungsunternehmen, treten in diesem Konstrukt vornehmlich als Kapitalgeber auf. Bei I. erfolgen die Steuerung und Verwaltung der Immobilien, im Gegensatz zu → direkt gehaltenen Immobilien, durch den externen Fondsmanager. Die Aufgabe des Investors liegt hierbei zunächst in der Definition der strategischen → Asset Allocation sowie in der Manager- und Fondsauswahl. Je nach Fondsstruktur sind die Mitspracherechte beim An- und Verkauf von Immobilien eingeschränkt bis ausgeschlossen. Der Manager wird an den erzielten Ergebnissen, auch Track Record genannt, gemessen. Durch I. hat das Versicherungsunternehmen die Möglichkeit, sich durch eine entsprechende Stückelung seiner Kapitalzusagen, auch Commitments genannt, ein breit diversifiziertes Portfolio über verschiedene Segmente, Länder und Risikoklassen aufzubauen. Ein weiterer Entscheidungsgrund für diese Anlageart sind die Möglichkeiten des Zugangs zu fremden Märkten über Manager mit marktspezifischem Fachwissen. Ein breit diversifiziertes, indirekt gehaltenes Immobilien-Portfolio erzielt im Normalfall höhere risikoadjustierte Renditen als ein rein inländischer → Direktbestand.

Individualprinzip. Gestaltungsprinzip der → Sozialpolitik. Gemäß dem I. werden Leistungen der staatlichen Sozialpolitik nur an einzelne Haushalte bzw. Personen und nicht an Gruppierungen, wie bspw. ethnische Gruppen abgegeben.

Individualversicherung. → Privatversicherung.

Individuelle Risikotheorie. Ansatz der → Risikotheorie mit Anwendungen in der Schadenversicherung. Im Rahmen der I. wird der → Gesamtschaden eines Kollektivs als Summe der Gesamtschäden der Mitglieder des Kollektivs (Versicherungsnehmer) modelliert. Dies ist der zentrale Unterschied zur → kollektiven Risikotheorie, in der der Gesamtschaden direkt auf der kollektiven Ebene erfasst wird.

Individuelles Modell. Modell, das den → Gesamtschaden eines Bestands in der Form $S = \sum_{i=1}^{n} Z_i$ darstellt. Dabei bezeichnet n die Anzahl der Risiken und Z_i die zufällige Höhe des insgesamt durch das Risiko i verursachten Schadens.

Individuelles versicherungstechnisches Äquivalenzprinzip. Prinzip der verursachungsgemäßen Zurechnung des kollektiven → Schadenerwartungswerts auf die einzelnen versicherten Risiken eines Gesamtbestands. Nach dem I. muss das einzelne versicherte Risiko eine → Risikoprämie in Höhe seines individuellen Schadenerwartungswerts aufbringen. Dies ist zugleich der Beitrag des einzelnen Risikos zur Deckung des kollektiven Schadens. Risiken mit hohen Schadenerwartungswerten tragen demnach mehr Risikoprämien zum Kollektiv bei als Risiken mit geringen Schadenerwartungswerten. Das I. schließt das → kollektive versicherungstechnische Äquivalenzprinzip mit ein. Die Begründung dazu liefert folgendes Axiom: Wenn für jedes einzelne Risiko Äquivalenz der Prämien mit den Schadenerwartungswerten gilt, kann dieses Prinzip auch auf das Kollektiv vieler bzw. aller Risiken des Bestands übertragen werden. Siehe allgemein auch → versicherungstechnisches Äquivalenzprinzip.

Indizierung. Klassifizierung von gescannten Dokumenten durch Zuordnung von Indizes, die Hinweise zu Inhalt, Bearbeitungsort und -art liefern. Die I. bildet die Grundlage für die Durchführung automatischer Bearbeitungsprozesse (→ Dunkelverarbeitung) und für die automatische Verteilung der Dokumente an die fachlich zuständigen Mitarbeiter.

Induktionsschaden. Auswirkung eines → Blitzschlags auf elektrische Einrichtungen. Unterschieden wird zwischen Schäden aufgrund unmittelbarem Auftreffen des Blitzes auf die versicherte Sache und Schäden durch die bloße Wirkung des Stroms mit oder ohne Feuererscheinung (z.b. Überspannung oder Kurzschluss). I. infolge eines Blitzschlags sind in der → Feuerversicherung gedeckt.

Industrialisierung. Sinnbild für die Standardisierung und Automatisierung von Verfahren und Prozessen. Kennzeichnet den Wechsel von einer individuellen handwerklichen Tätigkeit hin zu einer standardisierten industrialisierten Tätigkeit. Ziel der I. ist es, gemeinsame Herstellungselemente zu standardisieren, so dass sie effektiver, produktiver und gleichförmig eingesetzt werden können. Ein Prozess ist industrialisiert, wenn er standardisiert und soweit wie möglich automatisiert durchgeführt wird. Damit sollen insbesondere die Steigerung von Effektivität und Produktivität (interne Ziele) sowie eine gleich bleibende Leistungsqualität (Erfüllung des Kundenversprechens) erreicht werden. Je häufiger ein Prozess vorkommt und je gleichförmiger die Tätigkeiten sind, umso besser lässt er sich automatisieren.

Industrialisierung (in) der Versicherungsbranche

von Prof. Dr. Thomas Köhne

„A thourough study of the value chain is the first step towards a clear industrial organization. The second step consists of improving existing competencies while at the same time complementing non-existing ones [...] Efficiently segmenting the value chain is a key element of success [...]" (Henri de Castries, CEO AXA Group)

Aus **volkswirtschaftlicher Sicht** ist die Industrialisierung ein Prozess, der durch eine signifikante Zunahme der gewerblichen Gütererzeugung (sekundärer Sektor) auf Kosten des Agrarbereichs (primärer Sektor) gekennzeichnet ist. Die Erzeugung von gewerblichen Massengütern erfolgt mit wachsendem Maschineneinsatz in großgewerblicher, arbeitsteiliger Produktionsorganisation. Damit einher gehen ein langfristiger Anstieg des Bruttonationaleinkommens im industriellen Sektor, eine Zunahme der industriell Beschäftigen und eine Steigerung des Pro-Kopf-Einkommens, der Investitionsquote sowie der städtischen Bevölkerung. Die **Betriebswirtschaftslehre** versteht unter Industrialisierung gemeinhin die Ausbreitung industrieller, hochproduktiver Methoden der Fertigung und Leistungserstellung. Als damit korrespondierende Prinzipien gelten die Standardisierung, Automatisierung, Spezialisierung, Konsolidierung und Vernetzung über Schnittstellen. Heutzutage wird dieser Prozess zudem mit der Anwendung moderner Informations- und Kommunikationstechnologien, einer Prozess- und Kundenorientierung sowie einer genaueren Betrachtung der gesamten Wertschöpfungskette in Verbindung gebracht. Kurzum: Der **Begriff der Industrialisierung** beschreibt die Optimierung der Wertschöpfungskette, d.h. der Einkaufs-, Fertigungs- und Distributionsprozesse, durch Standardisierung, Automatisierung, Spezialisierung, Konsolidierung und Vernetzung unter Nutzung moderner Informations- und Kommunikationstechnologien.

Standardisierung steht für die immer gleiche Durchführung von Aktivitäten oder Prozessen, unabhängig davon, durch wen diese wann und wo erfolgt. **Automatisierung** bedeutet – als Gegenteil von Manufaktur –, dass Aktivitäten oder Prozesse maschinell angestoßen und betrieben werden. **Spezialisierung** ist Ursache und Folge von Arbeitsteilung: Damit ist gemeint, dass Mitarbeiter, Abteilungen oder ganze Unternehmen sich auf bestimmte Aktivitäten oder Prozesse beschränken, dadurch entsprechendes Know how und Erfahrungen aufbauen und als Spezialisten effektiver und effizienter arbeiten. **Konsolidierung** drückt die Bündelung ähnlicher oder gleicher Aktivitäten oder Prozesse in einer organisatorischen Einheit aus. Sie soll die Auslastung der Spezialisten erhöhen und dadurch Synergien erzielen. Schließlich ermöglicht die **Vernetzung** das Zusammenspiel von Spezialisten, Aktivitäten und Prozessen über Mitarbeiter, Abteilungen oder Unternehmen hinweg. Neben diese traditionellen Prinzipien treten in jüngster Zeit modernere Ansätze, wie Geschäftsprozessmanagement (GPM), Total Quality Management (TQM), Lean Management oder Six Sigma. Sie zielen i.d.R. darauf ab, die Einhaltung eines oder mehrerer der beschriebenen Grundprinzipien der Industrialisierung über die verschiedenen Geschäftsprozesse hinweg zu planen, zu steuern und zu kontrollieren.

Die Industrialisierung erfasst in immer größerem Maße auch die **Assekuranz**. Ihre treibenden Kräfte sind der stetig zunehmende Kosten- und Erfolgsdruck, ihrerseits angeheizt durch die immer stärkere Kapitalmarktorientierung. Unterstützend wirken überdies technologische Entwicklungen und die Digitalisierbarkeit des Informationsprodukts Versicherung. Schließlich fördern rechtliche Anforderungen, wie bspw. die kürzlich neu geschaffenen Informationspflichten nach dem Versicherungsvertragsgesetz und nach der Informationspflichten-Verordnung, die zunehmende Digitalisierung von Anträgen, Flyern, Produktinformationsblättern, Allgemeinen Versicherungsbedingungen und Policen. Zahlreiche Studien belegen, dass die Notwendigkeit zur Industrialisierung in der gesamten Branche unbestritten ist, wenngleich der Industrialisierungsgrad von Versicherer zu Versicherer sowie zwischen den Lebens-, Kranken- und Schadenversicherern noch recht stark variiert. Bspw. sind die Lebens- und Krankenversicherer tendenziell noch nicht so weitgehend industrialisiert wie die Schadenversicherer.

Grundsätzlich ermöglicht die Tatsache, dass Versicherung in weiten Teilen auf einem Informationstransfer beruht, die Automatisierung wesentlicher Teile der Wertschöpfung durch leistungsfähige Informationsverarbeitungssysteme. Eingriffe durch Personen lassen sich in standardisierbaren und überdies automatisierbaren Aktivitäten und Prozessen – wie der Antragsverarbeitung, der Policierung, der Bestandsverwaltung, der Regulierung von Kleinschäden und dem In- und Exkasso – auf die Prozessüberwachung und die Bearbeitung von Ausnahmefällen reduzieren (im Übrigen erfolgt eine „Dunkelverarbeitung"). Dort, wo die Automatisierung an ihre Grenzen stößt, greift die Prozesszerlegung in einzelne Funktionen i.V.m. einem modernen Workflowsystem, das die zu erledigenden Teilaufgaben unterschiedlichen Spezialisten zuordnet (z.B. Underwriting, Regulierung komplexerer Schäden). Überdies gestattet die Trennung von Funktion und Geschäftsobjekt die gemeinsame Nutzung von Funktionen in unterschiedlichen Geschäftsprozessen (Konsolidierung). Bspw. kann derselbe Datenerfasser nacheinander eine Adressänderung, eine Schadenmeldung oder die Bestellung von Informationsmaterial bearbeiten, da die durch ihn zu erledigende formale Prüfung kein Fachwissen verlangt. Das gilt im Fall einer telefonischen Mitteilung – im Internet können diese Daten sogar direkt vom Informanten eingegeben werden. Aus der Prozesszerlegung resultieren Teilschritte und eine gemeinsame Funktionsnutzung. Beides zusammen ermöglicht sog. **Shared Services**, bei denen Konsolidierung und Vernetzung ineinander greifen: Immer häufiger übernehmen Shared Service Center bzw. **Servicegesellschaften** für mehrere Standorte oder Konzerngesellschaften ausgewählte Aufgaben, die bislang in gleicher oder ähnlicher Form verteilt an mehreren Stellen durchgeführt wurden. Dabei geht es je nach Strategie um mehr Markt- und Kundenorientierung durch die Nutzung von Marktprinzipien mittels Etablierung interner Verrechnungs- bzw. Marktpreise und damit geschaffenen größeren Entscheidungsspielräumen und/ oder um bloße Personalkosteneinsparungen durch Verzicht auf die Tarifregelungen für das Versicherungsgewerbe. Unter technischen Gesichtspunkten wird dies durch eine **serviceorientierte Architektur (SOA)** unterstützt, bei der alle für einen Geschäftsprozess notwendigen Funktionen über standardisierte Schnittstellen in Abhängigkeit von der Geschäftsprozesslogik genutzt werden. Die SOA bietet sich für die Anbindung externer Dienstleister oder Abnehmer im Zuge von Sourcingvorhaben an.

Es zeigt sich, dass die Anwendung der verschiedenen Industrialisierungsprinzipien die Identifikation und Zerlegung von **Prozessen** bedingt. Voraussetzung für eine systematische Industrialisierung ist mithin ein konsequentes GPM, das Prozesse im Hinblick auf Ineffizienzen und Schwachstellen wie bspw. Redundanzen, Medienbrüchen, Liegezeiten und Fehler prüft und verbessert. Dazu hat es verschiedene Schritte zu vollziehen: Zunächst ist der Anwendungsbereich bzw. die Reichweite (Konzern, Unternehmen, Geschäftsbereich, Abteilung bzw. Aktivität) des GPM festzulegen. Dann sind alle im Anwendungsbereich relevanten Prozesse zu identifizieren und zu definieren. Diese sind zudem nach einheitlichen Richtlinien zu dokumentieren. Sodann sind ihnen hinsichtlich der Durchführung und Steuerung personelle Verantwortlichkeiten zuzuordnen. Damit die Qualität, Kosten, Zeiten und Produktivität der Prozesse beobachtet werden können, sind diesbezüglich geeignete Kennzahlen zu bilden und zu messen. Somit ist die Basis geschaffen, um ein einheitliches Prozess-Controlling mit Zielplanung, Steuerung und Kontrolle zu betreiben.

Die Industrialisierungsprinzipien Spezialisierung, Konsolidierung und Vernetzung führen in ihrem Zusammenspiel zur Entscheidung, wer bestimmte Geschäftsprozesse durchführen soll. Hierbei handelt es sich um die klassische Make-or-buy-Entscheidung im Rahmen einer **Sourcingstrategie**. Unter strategischen Gesichtspunkten lassen sich die einzelnen Geschäftsprozesse zu sog. **Wertschöpfungsaktivitäten** zusammenfassen. Letztere zeichnen sich dadurch aus, dass sie einen Beitrag zur unternehmerischen Wertschöpfung leisten. Zudem erlauben sie einen Rückgriff auf die von Porter eingeführte **Wert(schöpfungs)kette**, die ein analytisches Instrument zur Untergliederung der Aktivitäten der unternehmerischen Leistungserstellung in strategisch relevante Teilverrichtungen darstellt. Die dabei anfallenden primären Wertschöpfungsaktivitäten eines Versicherungsunternehmens beziehen sich auf die Erstellung und den Verkauf der Versicherungsprodukte. Sie sind unmittelbar dafür verantwortlich, dass Versicherer Wert schöpfen, d.h. mehr Umsatz erzeugen als sie an Vorleistungen beziehen. Die sekundären Wertschöpfungsaktivitäten unterstützen die primären Aktivitäten der gesamten Kette.

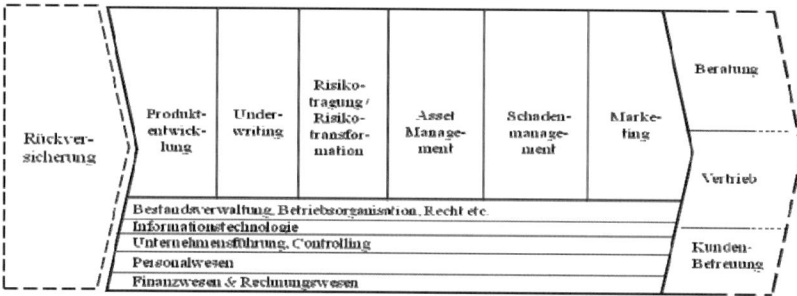

Abb.: Generische Wertschöpfungskette eines Erstversicherers

Der abgebildeten generischen Wertschöpfungskette (vgl. Abb.) lassen sich die Wertschöpfungsaktivitäten verschiedener Versicherer und verschiedener Versicherungssparten bzw. -zweige zuordnen (z.B. Lebens-, Kranken-, Kfz-, Hausrat-, Rechtsschutzversicherung). Erst auf der Ebene der Umsetzung von Wertschöpfungsaktivitäten in Geschäftsprozessen zeigen sich Unterschiede von Unternehmen zu Unternehmen, weil die Geschäftsprozesse sparten- und zweigspezifisch sind und weil sie trotz gleicher Geschäftslogik oftmals unternehmensindividuell gestaltet sind.

Die **primären Wertschöpfungsaktivitäten** des Versicherers umfassen die Produktentwicklung, das Underwriting, die Risikotragung und Risikotransformation, das Asset Management, das Schadenmanagement, das Marketing sowie den Kundenkontakt (Vertrieb, Beratung und Kundenbetreuung). Ihnen lassen sich jeweils weitere Teilprozesse zuordnen:

- Die Produktentwicklung umfasst die Phasen des Produktentwicklungsprozesses.
- Das Underwriting umfasst sowohl die Risikoprüfung innerhalb der Zeichnungsrichtlinien als auch die Zeichnung konkreter Versicherungspolicen (Vertragsabwicklung). Teilprozesse sind bspw. die Antragsbearbeitung, standardisierte und komplexe Underwriting-Prozesse, die Policierung und die Provisionierung.

- Risikotragung und Risikotransformation sind Gegenstand der Risikopolitik. Der Versicherer organisiert den Risikoausgleich im Kollektiv (und in der Zeit). Im Grunde genommen handelt es sich dabei um die Produktion von Versicherungsschutz: „*Die Faktorkombination zur Versicherungsproduktion kann nur im Kollektiv wirtschaftlich sinnvoll durchgeführt werden; für eine einzelne Versicherung sind die erforderlichen Einsatzmengen vom Produktionsfaktor Schadenvergütung völlig unbestimmt und aprioristisch unbekannt*" (Farny 1965, S. 12).

- Das Asset Management (Kapitalanlagegeschäft) ist ein eigener Geschäftsbereich, der überwiegend durch das Versicherungsgeschäft verursacht wird und diesem zugleich wert-schöpfend „zuarbeitet": Einerseits ermöglicht das Versicherungsgeschäft durch die Vorauszahlung der Prämien und die Abwicklung von Sparanlagen (in der Personenversicherung) sowie das nicht anderweitig gebundene Eigenkapital die Kapitalanlage. Andererseits sind Kapitalanlagen Produktionsfaktoren für das Versicherungsgeschäft, wenn sie versicherungstechnische Verpflichtungen absichern. Wertschöpfende Teilprozesse des Asset Managements umfassen die strategische und taktische Asset Allocation, die Entwicklung von Anlageprodukten sowie die Festlegung der Einzelinvestments.

- Im Rahmen des Schadenmanagements besteht die eigentliche Schadenbearbeitung aus den fünf Teilaktivitäten Schadenannahme, Schadenprüfung, Schadenleistung in Form von finanzieller Leistungserbringung, Schadennachbearbeitung und Schadencontrolling sowie aus den Querfunktionen Betrugserkennung und Informationsweiterleitung.

- Besonders relevante Teilaktivitäten im Marketing von Versicherungsunternehmen sind die Marketingforschung, im Bereich des strategischen Marketing das Markenmanagement und das Customer Relationship Management sowie im Bereich des operativen Marketing die Gestaltung der Versicherungsprodukte, der Kommunikation (insb. Verkaufsförderung, Werbung, Sponsoring) und der zentral durchgeführten Kundenkontakte.

- Die zentralen Wertschöpfungsaktivitäten im direkten Kundenkontakt können zeitlich zusammen und getrennt erfolgen, beziehen sich auf die Kontaktanbahnung, die Beratung, den Verkauf als solchen, die Betreuung des Kunden im Zeitablauf (im Zuge von Vertragsanpassungen oder -ergänzungen sowie im Schadenfall) sowie die Vertragsbeendigung und bedienen sich dabei verschiedener Kommunikations- und Distributionskanäle.

- Die Rückversicherung wird als wichtiger Produktionsfaktor eingekauft und fließt als (Vor-)Leistung in die Wertschöpfungsaktivitäten Produktentwicklung, Underwriting und Risikotransformation mit ein.

Die **sekundären Wertschöpfungsaktivitäten** unterstützen einzelne, mehrere oder alle primären Wertschöpfungsaktivitäten. Zu ihnen zählen die Bestandsverwaltung, die Betriebsorganisation, das Recht, die Informationstechnologie, die Unternehmensführung, das Controlling, das Personalwesen und nicht zuletzt das Finanz- und Rechnungswesen.

Die Analyse der unternehmenseigenen Wertschöpfungskette führt zur Prüfung der sog. **Fertigungstiefe**: Sie drückt aus, wie groß der eigene Fertigungsanteil am gesamten Fertigungsprozess einer dem Konsumenten angebotenen Leistung ist. Die Fertigungstiefe der meisten Versicherer ist immer noch sehr hoch. Auch wenn beides oft gedanklich gleichgesetzt wird, sagt die Fertigungstiefe nichts über die dabei generierte Wertschöpfung aus, deren Anteil an der gesamten Wertschöpfung wesentlich höher (und auch niedriger) sein kann als der Fertigungsanteil am Fertigungsprozess. Als Folge der Gegenüberstellung von Fertigungstiefe und Wertschöpfung entlang der gesamten Wertschöpfungskette kristallisieren sich Wertschöpfungsaktivitäten heraus, die mit verhältnismäßig geringen Kosten viel Wertschöpfung bewirken, und andere Aktivitäten, bei denen das Verhältnis umgekehrt ist. Für die erste Art von Wertschöpfungsaktivitäten sind oftmals die vorhandenen Kernkompetenzen eines Unternehmens verantwortlich, da diese dazu führen, eine Wertschöpfungsaktivität besser und/ oder effizienter ausüben zu können als ein anderes Unternehmen.

Im Zusammenhang mit der kernkompetenzgeleiteten Optimierung der Fertigungstiefe wird gemeinhin von **strategischem Sourcing** gesprochen. Dabei stehen unter Effizienzgesichtspunkten diejenigen Wertschöpfungsaktivitäten auf dem Prüfstand, die nicht direkt von eigenen Kernkompetenzen profitieren bzw. aus diesen abgeleitet sind. Im Sinne eines strategischen Sourcing sind alle Wertschöpfungsaktivitäten dahingehend zu analysieren, ob sie am effektivsten, effizientesten und schnellsten

- weiterhin im eigenen Unternehmen,
- ggf. neu im Zuge eines Insourcing zusätzlich für andere,
- gemeinsam mit einem Partner in einer strategischen Wertschöpfungspartnerschaft,
- von einem Partner im Zuge eines strategischen Outsourcing oder
- durch Zukauf vom Markt

erbracht werden.

Zum **aktuellen Industrialisierungsgebaren der deutschen Versicherer** lässt sich feststellen, dass sich momentan nahezu alle Versicherungsunternehmen industrialisieren, sei dies partiell in ausgewählten Geschäftsprozessen oder sei dies weitreichend über die gesamte Wertschöpfungskette. Oftmals stellt sich die Verbindung der Funktionen von Geschäftsprozessen im Gesamtprozess jedoch noch als hochmanueller, zeitaufwändiger und fehleranfälliger Prozess dar. Die dabei fehlenden Workflowsysteme konterkarieren die Automatisierung, weil die papierbasierte Informationsweitergabe zwischen einzelnen Funktionen durch Menschen erfolgt, und verstärken die Intransparenz und Ineffizienz von Geschäftsabläufen. Industrielle Produktion erfordert indessen die Kenntnis von Prozessdauer, Durchlaufzeit, Kapazitätsauslastung und Prozessqualität. Viele Versicherer haben diesbezüglich Nachholbedarf, so dass das Geschäftsprozessmanagement im Rahmen einer zunehmenden Industrialisierung derzeit eine Renaissance erfährt. Mit den aktuellen Automatisierungsbestrebungen geht eine zunehmende Standardisierung einher, auch wenn diese durch die Komplexität mancher Versicherungsprodukte, die Heterogenität der Kundenbedürfnisse und immer noch fehlende branchenweite Technikstandards erschwert wird. Die jüngsten Entwicklungen erlauben Versicherern immerhin in immer größerem Ausmaß, weitreichende Sourcingentscheidungen umzusetzen. Somit wird künftig bei vielen Versicherern die Fertigungstiefe abnehmen, und es werden sich unterschiedliche Wertschöpfungsmodelle nebeneinander etablieren.

Literatur: Adelt, M./ Stuff, H.-C., Vom Verwalter zum Dienstleister, Shared Service Center: Durch Bündelung von Kompetenzen verbessert sich die Qualität, in: Versicherungswirtschaft 2007, S. 601-603; Farny, D., Produktions- und Kostentheorie der Versicherung, Karlsruhe 1965; Institut für Versicherungswirtschaft der Universität St. Gallen; Adcubum AG (Hrsg.): Industrialisierung in der Versicherungswirtschaft, Eine empirische Studie in Deutschland, Österreich und der Schweiz, St. Gallen 2007; Köhne, T., Marketing im strategischen Unternehmensnetzwerk, Erklärungsmodell und praktische Anwendung in der Versicherungswirtschaft, Wiesbaden 2006; Köhne, T./ Taufer, N., Industrialisierung in der deutschen Versicherungsbranche – eine empirische Erhebung des Status Quo, unveröffentl. Working Paper, Berlin 2009; Sauer, J./ Schürmann, P./ Müller, M., Finanzmarktkrise beschleunigt die Industrialisierung in der Versicherungsbranche, Zukunftspanel Assekuranz – Unternehmer-Beratung Droege & Comp. und „Zeitschrift für Versicherungswesen" mit aktuellen Umfrageergebnissen, in: Zeitschrift für Versicherungswesen 2009, S. 635-637; Wietfeld, H./ Weisgerber, T./ Malik, A./ Schradin, H. R., Prozessmanagement: Nur jedes dritte Unternehmen kommt in die Nähe des Best Practice, in: Versicherungswirtschaft 2009, S. 252-255.

Industriekunde. *1. Begriff:* Industrieller Versicherungskunde, bei dem die Absicherung wirtschaftlicher Ziele des Industriebetriebs im Vordergrund steht. Siehe auch → Industrieversicherung. – *2. Abgrenzung:* I. sind von → Gewerbekunden, freiberuflichen Kunden, → Privatkunden und Kunden im Bereich öffentlicher Haushalte abzugrenzen. Schwierig und in der Praxis uneinheitlich ist die Abgrenzung zwischen I. und Gewerbekunden. – *3. Kriterien:* Nach der 2. EG-Richtlinie Schaden (ABl. EG 1988 Nr. L 172/1 vom 4.7.1988) sind I. in Abgrenzung von Gewerbekunden Unternehmen, die mindestens zwei der folgenden Kriterien erfüllen: a) Nettoumsatz von mindestens 12,8

Mio. Euro, – b) Bilanzsumme von mindestens 6,2 Mio. Euro und – c) mindestens 250 Mitarbeiter. Neben den o.a. und sonstigen Maßzahlen für die Unternehmensgröße können weitere Unterscheidungskriterien z.b. die Rechtsform, die Eigentümerschaft, der Wirtschaftszweig oder Risikokennzahlen des Unternehmens (z.b. das Schadenpotenzial) sein. – *4. Charakteristika:* a) Der I. hat ein relativ stark ausgeprägtes Risikobewusstsein. – b) Die finanzielle Risikodimension steht im Vordergrund der Wahrnehmung. – c) Meist ist viel Versicherungswissen und Interesse an Versicherungsfragen vorhanden. – d) Entscheidungen beim I. folgen einer rationalen Wirtschaftslogik. – e) Der I. hat hohe Anforderungen an die Kompetenz des Verhandlungspartners. – f) Die Entscheidungsfindung beim I. erfolgt vollkommen losgelöst vom privatem (Risiko-)Umfeld. – g) In vielen Fällen liegen kurz- bis mittelfristige Planungen für die Versicherungsdeckungen vor, verbunden mit einer grundsätzlich vorhandenen Bereitschaft zum Wechsel des Versicherungsanbieters.

Industrielle Haftpflichtversicherung. *1. Begriff:* Spezielle Form der → Betriebshaftpflichtversicherung, die an die Bedürfnisse eines industriellen Großbetriebs angepasst ist. – *2. Deckungsumfang:* Neben der Deckung des allgemeinen Betriebsstättenrisikos sind in den meisten Fällen sowohl eine → Produkthaftpflichtversicherung und eine → Produkt-Rückrufkostenversicherung als auch eine → Umwelthaftpflichtversicherung eingeschlossen. Die I. bietet grundsätzlich einen weiteren Deckungsumfang als die übliche Betriebshaftpflichtversicherung (z.B. Einschluss von Arbeitsmaschinen und nicht versicherungspflichtigen → Kraftfahrzeugen, Auslandsschäden, Tätigkeitsschäden, Be- und Entladeschäden). – *3. Abgrenzung:* Die I. ist von der → gewerblichen Haftpflichtversicherung abzugrenzen, die sich ausschließlich an kleine und mittelständische Unternehmen (typischerweise aus dem Handwerk) als Versicherungsnehmer richtet.

Industrie- und Handelskammer (IHK). *1. Begriff:* Die IHK ist als Organ der Kaufmannschaft eine Körperschaft des öffentlichen Rechts. – *2. Aufgaben:* Die IHK führt für gewerbsmäßig tätige → Versicherungsmakler, → Versicherungsvertreter und → Versicherungsberater das Erlaubnisverfahren (→ Gewerbeerlaubnis) durch. Außerdem führt jede IHK als Registerbehörde ein Register (→ Vermittlerregister) der nach § 34d VII GewO eintragungspflichtigen → Versicherungsvermittler. Für die → Registrierung eines Vermittlers ist jeweils diejenige IHK zuständig, in deren Kammerbezirk der Vermittler seinen Gewerbebetrieb angemeldet hat. Die IHK ist gem. § 34d II Nr. 4 GewO i.V.m. §§ 1-4 Versicherungsvermittlungsverordnung (VersVermV) mit der Abnahme der öffentlich-rechtlichen → Sachkundeprüfung für Versicherungsvermittler beauftragt. Zur Abnahme der Prüfung errichten die IHK Prüfungsausschüsse. Die IHK stellt eine Bescheinigung über die erfolgreich abgelegte Sachkundeprüfung "geprüfter → Versicherungsfachmann/-frau IHK" aus.

Industrieversicherung. *Industriegeschäft.* → Firmenkundengeschäft. Unternehmensindividuell abgegrenztes Geschäftsfeld von Versicherern. Versicherungsnehmer sind große Industrie-, Handels- und Dienstleistungsunternehmen, besonders in den Versicherungszweigen → Feuerversicherung, → Haftpflichtversicherung, → Transportversicherung, → technische Versicherungen und → Extended Coverage-Versicherung. Charakteristisch für die zu versichernden Risiken sind hohe Schadenpotentiale bei relativ geringer Eintrittshäufigkeit bzw. Eintrittswahrscheinlichkeit, eine hohe Komplexität des Risikos und häufig eine grenzüberschreitende Tätigkeit des zu versichernden Unternehmens (z.B. mit Betriebsstätten im Ausland). Der Industrieversicherer bietet seinen Kunden neben der individuell ausgestalteten Übernahme des Risikos häufig auch zusätzliche Dienstleistungen an, wie z.B. Risikoanalysen und sonstige Risk Management-Leistungen.

Industry Loss Warranty, *Original Loss Warranty, Marktschadenderivat, Katastrophenderivat.* Rückversicherungskonzept in Derivatform zur Deckung bestimmter Versicherungsschäden auf Erst- bzw. Rückversichererseite (Retrozession). Die Entschädigung bzw. Leistungsverpflichtung basiert auf der Überschreitung von vorab definierten Schwellenwerten. Außer an den eigenen Schadenaufwand wird die Entschädigung zusätzlich an einen Schwellenwert für den Gesamtschaden der Versicherungsindustrie bzw. an einen Branchenverlust (Industry Index, → Marktschaden-Trigger) gekoppelt. Ein I. ist damit ein indexgebundener Katastrophen-Kontrakt mit Doppel-Trigger, dem zufolge die individuellen Schäden der rückversicherten Unternehmen erst ab einer bestimmten Höhe des Branchenschadens gedeckt sind. Da sich der Preis hauptsächlich nach dem Risiko eines Branchenverlusts bestimmt, ist es auch Marktteilnehmern des Kapitalmarkts (z.B. Hedgefonds) möglich, I. anzubieten. Je diversifizierter und je ähnlicher das abzusichernde Portefeuille dem Risikoprofil des Gesamtmarkts ist, desto geringer ist das → Basisrisiko des Erst- bzw. Rückversicherungsunternehmens (→ Originator). Anwendung findet das Konzept primär im Bereich Naturkatastrophen.

Inflation. *1. Begriff:* Geht auf das lateinische Verb „inflare" (= aufblähen) zurück. I. ist die Aufblähung der nominalen Größen (= Preise) im Verhältnis zu den realen Gütermengen. Dies bedeutet eine anhaltende Abnahme des Geldwerts (→ Geld) bzw. eine Zunahme des Preisniveaus. Die I. kann als schleichende (= säkulare, bis etwa 5 % Preissteigerung), als beschleunigte (bis etwa 10 %), als galoppierende (bis etwa 50 %) oder als Hyper-Inflation auftreten. – *2. Messung:* Das Preisniveau selbst ist nicht messbar. Jedoch gibt es unterschiedliche Indikatoren (ausgewählter Preisindizes), mit Hilfe derer hinreichend genau abgelesen werden kann, ob die I. gleich geblieben, gestiegen oder gefallen ist – im letzten Fall wird von Deflation gesprochen. Neben dem Preisindex für das Bruttosozialprodukt und dem Preisindex der Erzeugerpreise industrieller Produkte werden üblicherweise fünf Preisindizes der Lebenshaltung berechnet, und zwar für a) alle Haushalte, – b) 4-Personen-Haushalte von Angestellten und Beamten mit höherem → Einkommen, – c) 4-Personen-Arbeitnehmer-Haushalte mit mittlerem Einkommen, – d) 2-Personen-Haushalte von Rentnern und – e) die einfache Lebenshaltung eines Kindes. Interessant ist auch die Preisentwicklung unterschiedlicher Verbrauchsgruppen (wie z.B. Wohnungsmieten, Verkehr/ Nachrichten, Nahrung/ Genussmittel, Haushaltsenergie, Bildung/ Unterhaltung). – *3. Ursachen:* In der Wirtschaftstheorie wurden verschiedene Ursachen herausgearbeitet, die für das Entstehen von I. verantwortlich gemacht werden können. Sie treten aber in der Wirklichkeit häufig gleichzeitig auf. Für die Monetaristen ist I. immer ein monetäres Phänomen, das durch die Aufblähung der Geldmenge im Verhältnis zur Warenmenge entsteht. Dahinter steht die → Quantitätstheorie des Geldes (in unterschiedlich strengen Formen). Für die Keynesianer oder Fiskalisten stehen dagegen Nachfrage- oder Angebotsfaktoren im Vordergrund. Die Nachfrage-Inflation (demand-pull inflation) geht auf eine inflatorische Lücke zurück, wenn die Nachfrage das Angebot an Gütern übersteigt. Dabei lassen sich alle Nachfragekomponenten ursächlich nennen: → Konsum, → Investition, Staat und Ausland (Exporte und Importe, hierfür ist auch ein eigener Begriff verfügbar: importierte I.). Angebotsseitige Faktoren sind einerseits die Kosten (cost-push inflation), die bei der Kalkulationsmethode des mark-up pricing (Aufschlagskalkulation) in eine mark-up inflation übergehen kann. Auch ohne Kostensteigerungen kann durch Erhöhung der Gewinnaufschläge eine profit-push inflation entstehen. Eine weitere Theorievariante ergibt sich aus dem Verteilungskampf unterschiedlicher Gruppen um das → Sozialprodukt (Anspruchs-Inflation). – *4. Wirkungen:* a) Es besteht die Gefahr, dass über eine sinkende Geldillusion und eine erwartete I. sich selbst verstärkende Prozesse auftreten (weil erwartet wird, dass die Preise steigen, wird sofort gekauft, was den Effekt verstärkt). – b) Unter Verteilungsgesichtspunkten begünstigt die I. Sachvermögensbesitzer gegenüber Geldvermögensbesitzern, weil das Realvermögen den Preissteigerungen folgt. Ferner begünstigt die I. die Bezieher von Residualeinkommen gegenüber den Beziehern von Kontrakt bestimmten Einkommen, weil die Kontrakte nur langsam an die sich ändernden Konditionen angepasst werden können. Dem kann allerdings durch Geldwertsicherungsklauseln (Indexklauseln) entgegen gewirkt werden. – c) Die I. kann auch zu einer Fehlallokation führen, weil sie eine erhöhte Unsicherheit in die Zukunftsplanung der Wirtschaftssubjekte trägt (→ Sparen). – d) Das Versicherungswesen wird besonders ungünstig durch die I. getroffen. Zu denken ist hier an die → Erstrisikoversicherung (→ Haftpflichtversicherung) und die → Bruchteilversicherung, wo die erhöhten Schadensummen ohne steigende Prämieneinnahmen auftreten können. V.a. entwerten sich aber die Deckungskapitalien oder Prämienreserven. Allerdings kann sich der Versicherer durch kürzere Vertragslaufzeiten, Beitragsanpassungsklauseln (und darauf basierender Beitragsanpassungen) und laufende Prämienerhöhungen darauf einstellen.

Informationsmanagement. *1. Begriff:* Management der Informationsgenerierung, -aufarbeitung, -speicherung und -weitergabe, kurz: der gesamten Informationsverarbeitung in allen → Wertschöpfungsprozessen des Versicherungsunternehmens. Ein effektives I. muss durch den Einsatz einer adäquaten Informationstechnik (IT) unterstützt werden. – *2. Besonderheiten im Versicherungsunternehmen:* → Versicherungsprodukte werden durch Informationen repräsentiert. Die Produktion von Versicherungsschutz erfolgt im Wesentlichen nicht durch Einsatz und Kombination materieller Produktionsfaktoren, sondern v.a. durch Informationsverarbeitung. Das I. ist deshalb eine der wesentlichen Kernfunktionen im Versicherungsunternehmen.

Informationspflichten. I. Versicherungsunternehmen: *1. Begriff:* Pflichten des Versicherungsunternehmens gegenüber den Versicherungsnehmern zur Beratung und zur Abgabe bestimmter Informationen. Der Gesetzgeber hat im Rahmen der → VVG-Reform die Beratung und Information der Versicherungsnehmer nunmehr im → Versicherungsvertragsgesetz (VVG) geregelt. – *2. Beratung:* Der Versicherer hat i.d.R. den Versicherungsnehmer nach seinen Wünschen und Bedürfnissen zu fragen, ihn zu beraten sowie die Gründe für jeden erteilten Rat anzugeben und zu dokumentieren. Erteilter Rat und die Gründe sind dem Kunden vor Abschluss des Vertrags in Textform zu übermitteln. Eine mündliche Übermittlung ist möglich, wenn der Kunde dies wünscht sowie im Falle der vorläufigen Deckung; in diesen Fällen sind die Angaben unverzüglich nach Vertragsschluss schriftlich zu übermitteln (Ausnahme: vorläufige Deckung bei → Pflichtversicherungen). Auf die Beratung und Dokumentation kann der Versicherungsnehmer durch schriftliche Erklärung verzichten, in der vom Versicherer ausdrücklich darauf hingewiesen wird, dass der Verzicht seine Chancen auf Schadenersatz gegen den Versicherer empfindlich vermindern kann. Die ganze geschilderte Regelung entfällt bei Großrisikoversicherungen, wenn es sich um

einen von einem → Makler vermittelten Vertrag oder um ein → Fernabsatzgeschäft handelt. Siehe dazu insgesamt § 6 VVG. – *3. Information:* Die neue Vorschrift des § 7 VVG fasst alle I., die gegenüber den Versicherungsnehmern vor Abschluss des Vertrags gelten, für alle Verträge zusammen, egal wie sie zustande kommen. Danach hat der Versicherer dafür zu sorgen, dass dem Versicherungsnehmer vor Abgabe von dessen Vertragserklärung die vorgeschriebenen Informationen übermittelt werden. Dazu gehören die Vertragsbestimmungen einschließlich der → Allgemeinen Versicherungsbedingungen (AVB) sowie die in einer speziellen Rechtsverordnung enthaltenen Auskünfte (VVG-InfoV vom 18.12.2007). Letztere sind außerordentlich umfangreich. Sie sind in allgemeine, für alle Zweige geltende Informationen (§ 1 I Nr. 1-20 VVG-InfoV) und in solche, die speziell für bestimmte Zweige (Lebensversicherung, private Krankenversicherung, Berufsunfähigkeitsversicherung und Unfallversicherung mit garantierter Beitragsrückzahlung, §§ 2 und 3 VVG-InfoV) gelten, unterteilt. Allein für die allgemeinen Informationen benötigt der Verordnungsgeber in 20 Nummern aufgeteilte Anforderungen. Würden alle diese und dazu noch die für die einzelnen Zweige erlassenen Anforderungen hier dargestellt, würde das den Umfang des hier vorliegenden Beitrags sprengen. Auch ohne nähere Schilderung ist es aber ohne Weiteres ersichtlich, welche Zumutung es für den Versicherungsnehmer darstellt, alle diese Informationen zu lesen und zu verstehen. Hinzu kommt noch ein besonders gut gemeintes Informationstool für den Versicherungsnehmer: Er erhält zusätzlich zu allen schon genannten Informationen noch ein sog. Produktinformationsblatt (§ 4 VVG-InfoV). Hat er also den → Versicherungsschein und die dazu gehörenden AVB sowie die bereits erwähnten zusätzlichen Informationen gelesen, soll er nach dem Willen des Verordnungsgebers durch Lektüre des Produktinformationsblatts, das volkstümlicher und damit umfassender und deutlicher (aber dennoch „knapp") seine Rechte und Pflichten schildert, endgültig zum aufgeklärten Verbraucher werden. Letzteres setzt freilich voraus, dass der Versicherungsnehmer alles auch tatsächlich gelesen und verstanden hat. Hier sind nach den bisherigen Erfahrungen Zweifel angebracht. Gesetz und VVG-InfoV enthalten noch eine Reihe von Sondervorschriften für die Fälle des telefonischen Vertragsabschlusses oder des Abschlusses unter Verwendung eines anderen Kommunikationsmittels. Werden die Informationspflichten des Versicherers vor und bei Abschluss des Vertrags mehr als vielleicht notwendig geregelt, so wird die Informationspflicht während der Vertragslaufzeit nur äußerst sparsam behandelt. Hier werden lediglich die Änderungen früherer Informationen, in der privaten Krankenversicherung bei Prämienanpassungen und hinsichtlich der Möglichkeiten des Tarifwechsels sowie in der Lebensversicherung mit → Überschussbeteiligung hinsichtlich der Entwicklung der Ansprüche des Versicherungsnehmers (§ 7 III VVG, § 6 VVG-InfoV), behandelt. – 4. Umgekehrt: → Auskunftspflicht des Versicherungsnehmers. – II. Versicherungsvermittler: Gewerbsmäßige → Versicherungsvermittler haben gem. § 11 Versicherungsvermittlungsverordnung (VersVermV) gegenüber dem Interessenten bzw. Kunden beim ersten Kundenkontakt umfangreiche I. zu ihrer Person, ihrer Tätigkeit und ihrem Status zu erfüllen. Der Vermittler muss dem Kunden vor Beginn des Beratungsgesprächs mitteilen: Name, Anschrift, Telefonnummer, Internetadresse, den rechtlichen Status (→ Versicherungsmakler, Mehrfachvertreter oder gebundener → Versicherungsvertreter), Angaben über die Möglichkeiten, das Register zu kontaktieren, die Registernummer, eine direkte oder indirekte Beteiligung eines Versicherungsunternehmens von über 10 % am Vermittler sowie Informationen über das Beschwerdestellenverfahren. Alle Informationen sind dem Versicherungsnehmer in Textform mitzuteilen. Der Versicherungsnehmer kann auf die Mitteilung dieser Informationen nicht verzichten. Siehe auch → Mitteilungspflichten. – III. Arbeitgeber in der → betrieblichen Altersversorgung (bAV): In der bAV hat der Arbeitnehmer u.a. nach § 4a BetrAVG einen Informationsanspruch über seine → Anwartschaft, und der Arbeitgeber mithin umgekehrt eine Informationspflicht. Weitere Sondervorschriften, die bei der bAV relevant werden können, sind § 613a BGB für den → Betriebsübergang, § 2 NachwG und § 10a VAG für → Direktversicherungen, → Pensionskassen und → Pensionsfonds (letztere mit der Maßgabe des § 113 VAG). Aus dem Grundsatz von Treu und Glauben (§ 242 BGB) kann sich eine I. ergeben, wenn es die zwischen den Parteien bestehenden Rechtsbeziehungen mit sich bringen, dass der Berechtigte in entschuldbarer Weise über Bestehen oder Umfang seines Rechts im Ungewissen ist und der Verpflichtete die Auskunft unschwer geben kann. Grundsätzlich ist der Arbeitgeber nicht ohne weiteres verpflichtet, den Arbeitnehmer über seine bAV zu informieren. I. können sich aber aus den Umständen des Einzelfalls ergeben.

Informationspflichtenverordnung. *1. Begriff:* Verordnung über Informationspflichten bei Versicherungsverträgen (VVG-Informationspflichtenverordnung - VVG-InfoV). – *2. Gesetzliche Grundlagen:* § 7 II VVG für die vor Abgabe der Vertragserklärung dem Versicherungsnehmer zu übermittelnden Informationen; § 7 III VVG für die Informationen während der Laufzeit des Versicherungsvertrags. – *3. Informationspflichten nach der I. – bei allen Versicherungsverträgen vor der Vertragserklärung des Versicherungsnehmers (§ 1 I VVG-InfoV):* a) Angaben zum Versicherungsunternehmen (Nr. 1-5). – b) → Allgemeine Versicherungsbedingungen (AVB) und Tarifbestimmungen (Nr. 6 a) sowie die wesentlichen Merkmale der Versicherungsleistung, insbesondere Art, Umfang und Fälligkeit (Nr. 6 b). – c) Gesamtpreis der Versicherung (Nr. 7) und ggf. zusätzlich anfallende Kosten (Nr. 8). – d) Einzelheiten zur Zahlung und Erfüllung, z.B. monatliche oder jährliche Zahlung der Prämie (Nr. 9). – e) Angaben zum Zustandekommen des Versicherungsvertrags (→ Antragsmodell oder → Invitatiomodell), zum Beginn des Vertrags und des Versicherungsschutzes sowie zur Bindung des Versicherungsnehmers an seinen Antrag (Nr. 12). – f) Aufklärung über das → Widerrufsrecht und über die Rechtsfolgen des Widerrufs (Nr. 13) und Wiederholung im → Versicherungsschein (§ 8 II Nr. 2 VVG). – g) → Vertragslaufzeiten (Nr. 14). – h) Angaben zur Vertragsbeendigung, insbesondere zu den Kündigungsmöglichkeiten des Versicherungsnehmers (Nr. 15). – i) Angaben zu dem anwendbaren Recht (Nr. 17). – j) Vertragssprache (Nr. 18). – k) Zugang zu außergerichtlichen Beschwerdeverfahren (→ Ombudsmann) (Nr. 19), zuständige Aufsichtsbehörde sowie die mögliche Beschwerde dorthin (Nr. 20). – *4. Informationspflichten nach der I. – zusätzliche Informationen in der Lebensversiche-*

rung (§ 2 I VVG-InfoV): a) Angaben zur Höhe der in die Prämie einkalkulierten → Abschlusskosten als einheitlicher Gesamtbetrag in Euro; gemeint ist also nicht die tatsächlich an den Vermittler gezahlte → Provision oder → Courtage. Die übrigen einkalkulierten Kosten sind als Anteil der Jahresprämie in Euro unter Angabe der Laufzeit auszuweisen (Nr. 1). – b) Angaben über die für die → Überschussermittlung und → Überschussbeteiligung geltenden Berechnungsgrundsätze und Maßstäbe (Nr. 3). – c) Angaben über die in Betracht kommenden → Rückkaufswerte (Nr. 4). – d) Angaben zur Umwandlung und zum dafür notwendigen Mindestbeitrag (Nr. 5). – e) Angaben zu Garantien bei Rückkaufswerten oder der nach Umwandlung prämienfreien Versicherung (Nr. 6). – f) Angaben bei fondsgebundenen Versicherungen (Nr. 7). – g) Angaben zur Steuerregelung (Nr. 8). – h) Angaben zur → Modellrechnung nach § 154 VVG mit den in Abs. 3 vorgesehenen Zinssätzen. – *5. Informationspflichten nach der I. – zusätzliche Informationen in der substitutiven privaten Krankenversicherung (§ 3 I VVG-InfoV):* a) Kostenangaben wie in der Lebensversicherung (Nr. 1). – b) Auswirkungen steigender Krankheitskosten auf die Prämienentwicklung (Nr. 3). – c) Hinweise auf die Möglichkeiten zur Beitragsbegrenzung im Alter (Nr. 4). – d) Hinweis auf den regelmäßigen Ausschluss des Wechsels von der → privaten Krankenversicherung (PKV) in die → gesetzliche Krankenversicherung (GKV) in fortgeschrittenem Alter (Nr. 5). – e) Hinweise auf höhere Prämien bei einem Wechsel innerhalb der PKV in fortgeschrittenem Alter oder auf die Beschränkung des Wechsel in den → Standardtarif oder → Basistarif (Nr. 6). – f) Übersicht über die Beitragsentwicklung in dem betreffenden Tarif für den Zeitraum der dem Angebot vorangegangenen zehn Jahre (Nr. 7). – *6. Informationspflichten nach der I. – Produktinformationsblatt (§ 4 VVG-InfoV):* Die Vielzahl an Informationen in den einzelnen Versicherungszweigen bringt die Gefahr mit sich, dass sich der durchschnittliche Versicherungsnehmer überfordert fühlt und insgesamt von seiner Möglichkeit zur Kenntnisnahme absieht. Dieser Gefahr will das Produktinformationsblatt vorbeugen, das als solches zu bezeichnen und den übrigen Informationen voranzustellen ist (§ 4 V S. 1 VVG-InfoV). Für den Versicherungsnehmer als Verbraucher müssen darin diejenigen Informationen zusammengestellt werden, die für den Abschluss oder die Erfüllung des Versicherungsvertrags von besonderer Bedeutung sind. Das Produktinformationsblatt gibt somit eine Basisinformation, d.h. einen ersten Überblick in verständlicher, knapper Form mit dem ausdrücklichen Hinweis, keine abschließenden Informationen zu liefern. Der Aufbau des Produktinformationsblatts, d.h. die Reihenfolge der Angaben, ist vorgegeben (§ 4 V S. 3 VVG-InfoV); damit soll die Vergleichbarkeit mehrerer Versicherungsprodukte erleichtert werden. Die Gestaltung von Inhalt und Form bleibt aber jedem einzelnen Versicherungsunternehmen überlassen. Allerdings hat der → Gesamtverband der Deutschen Versicherungswirtschaft e.V. (GDV) Muster-Produktinformationsblätter entwickelt. Inhalte des Produktinformationsblatts sind nach § 4 II VVG-InfoV: a) Die Art des angebotenen Versicherungsvertrags (Nr. 1). – b) Eine Beschreibung des versicherten Risikos und der ausgeschlossenen Risiken – ggf. mit erläuternden Beispielen (Nr. 2). In der Lebensversicherung ist auf die Modellrechnung nach § 154 VVG hinzuweisen (Abs. 3). – c) Angaben zur Prämie: Höhe in Euro, Fälligkeit und Zeitraum der Zahlungspflicht, Rechtsfolgen der unterbliebenen oder verspäteten Zahlung (Nr. 3). In der Lebens-, Berufsunfähigkeitsversicherung und PKV sind die Abschluss- und Vertriebskosten sowie die übrigen Kosten jeweils in Euro auszuweisen (Abs. 4). – d) Hinweise auf Leistungsausschlüsse – ggf. mit Beispielen (Nr. 4). – e) Hinweise auf die bei Vertragsabschluss (Nr. 5), während der Vertragslaufzeit (Nr. 6) sowie im Versicherungsfall (Nr. 7) zu beachtenden → Obliegenheiten und die Rechtsfolgen ihrer Nichtbeachtung. – f) Angaben zum Beginn und Ende des Versicherungsschutzes, z.B. Hinweis auf das gesetzliche → Einlösungsprinzip (Nr. 8). – g) Hinweise zu den Möglichkeiten der Beendigung des Vertrags (Nr. 9). – h) „Warnhinweis" und Verweisungen: Da die Informationen im Produktinformationsblatt nicht vollständig sein können und sollen, ist eine allgemeine Verweisung auf den gesamten, vollständigen Vertragsinhalt geboten, wie er sich aus dem → Versicherungsantrag, dem Versicherungsschein und den AVB ergibt. Soweit die konkreten Informationen im Produktinformationsblatt den Inhalt der vertraglichen Vereinbarungen betreffen, ist auf die jeweils maßgebliche Bestimmung des Versicherungsvertrags oder der AVB hinzuweisen (§ 4 V S. 4 VVG-InfoV). – *7. Informationspflichten nach der I. – Einschränkungen der Informationspflichten vor der Vertragserklärung des Versicherungsnehmers:* Bei Telefongesprächen sind nach § 5 II VVG-InfoV nur eingeschränkt Informationspflichten zu erfüllen, wenn der Versicherungsnehmer ausdrücklich auf weitergehende Informationen verzichtet. Die vollständigen Informationen müssen dann jedoch unverzüglich nach Vertragsabschluss nachgeliefert werden (§ 7 I S. 3 1. Alt. VVG). – *8. Informationspflichten nach der I. während der Vertragslaufzeit (§ 6 VVG-InfoV):* a) Änderungen, die das Versicherungsunternehmen selbst betreffen: Identität, ladungsfähige Anschrift des Versicherungsunternehmens oder der Niederlassung (Abs. 1 Nr. 1). – b) Änderungen von einzelnen Angaben, sofern sie sich aus Änderungen von Rechtsvorschriften ergeben (Abs. 1 Nr. 2). – c) Jährliche Informationen über den Stand der Überschussbeteiligung in der Lebensversicherung sowie darüber, inwieweit diese garantiert ist. Bei anfänglicher Verwendung von Modellrechnungen ist nach § 155 S. 2 VVG auf tatsächliche Abweichungen von den Angaben bei Vertragsabschluss hinzuweisen (Abs. 1 Nr. 3). – d) In der substitutiven PKV muss bei Prämienerhöhungen wie bisher auf die Möglichkeit zum → Tarifwechsel oder zum Wechsel in den Standard- oder Basistarif hingewiesen werden (Abs. 2).

Informationstechnik (IT). Disziplin auf der Schnittstelle zwischen der Informatik und der Elektrotechnik. Zugleich Sammelbezeichnung für die Informationsverarbeitung unter Einschluss der dafür notwendigen Hardware und Software.

Information Technology Infrastructure Library (ITIL). Rahmenwerk von eng verzahnten "Best-Practice" Management-Prozessen mit dem Ziel, die Erreichung einer möglichst hohen IT-Servicequalität zu unterstützen. Die Prozesse sind hersteller- bzw. produktunabhängig beschrieben.

Inhaberpapiere. *1. Begriff:* → Wertpapiere, die sich dadurch auszeichnen, dass der Inhaber das Eigentum an einer Sache erlangt. Daher sind I. auf keinen bestimmten Namen ausgestellt, sondern die Urkunde an sich verbrieft das zugrunde liegende Recht. – *2. Weitere Merkmale und Bedeutung:* Die Übertragung des Eigentums an I. erfolgt formlos durch Einigung und Übergabe des Papiers, so dass kein Indossament (Unterschrift oder Vertrag) nötig ist. Aufgrund des problemlosen Eigentumswechsels sind I. besonders geeignet für den Börsenhandel, so dass die meisten börsengehandelten → Aktien, → Staatsanleihen und → Pfandbriefe als I. begeben werden.

Innenfinanzierung, *Interne Finanzierung.* Mittelbereitstellung für investive Zwecke über die Erwirtschaftung und Einbehaltung liquider Mittel im Rahmen des Umsatzprozesses. Sowohl als → Eigenfinanzierung (vgl. auch → Selbstfinanzierung) als auch als → Fremdfinanzierung möglich. Bei Versicherungsunternehmen erfolgt die I. hauptsächlich durch nicht für Versicherungsleistungen verwendete Prämieneinnahmen (vgl. → versicherungstechnische Umsatzfinanzierung). Das Gegenstück zur I. bildet die Außenfinanzierung.

Innerbetriebliche Leistungen. → Leistungen.

Innerer Zins. Zinssatz, der erforderlich ist, um aus den Kapitalanlagen zu einer gegebenen → Lebensversicherung unter den → Rechnungsgrundlagen 2. Ordnung für → Sterbewahrscheinlichkeiten und → Betriebskosten (bei einer → Überschussbeteiligung des Versicherungsnehmers für die restlichen Jahre des Lebensversicherungsvertrags) die erwartete Gesamtleistung erbringen zu können. Die Bestimmung des I. ist ein mögliches Verfahren zum Nachweis der Finanzierbarkeit der Überschussbeteiligung. Sofern der vom Lebensversicherungsunternehmen erwirtschaftete Zins nicht unter dem I. liegt, erscheint die Finanzierbarkeit der Überschussbeteiligung gesichert, falls es im Zeitablauf gegenüber den Annahmen keine negativen Änderungen bei den Sterbewahrscheinlichkeiten und Betriebskosten gibt.

Innere Unruhen. Liegen vor, wenn erhebliche Bevölkerungsteile in einer die öffentliche Ruhe und Ordnung störenden Weise in Bewegung geraten und Gewalttätigkeiten gegen Personen und Sachen begehen. I. stehen in einer engen Beziehung zum

Tatbestand des Landfriedensbruchs (vgl. § 125 StGB). Schäden durch I. sind in der Mehrzahl der Sachversicherungen bedingungsgemäß ausgeschlossen. Im Rahmen der → Extended Coverage-Versicherung besteht hingegen eine Einschlussmöglichkeit unter der Gefahrengruppe der politischen Risiken.

Innungskrankenkasse (IKK). *1. Begriff:* Kassenart im System der → Krankenkassen. Die IKK können durch Handwerksinnungen für die Betriebe der Mitglieder, die in einer Handwerksrolle eingetragen sind, errichtet werden, wenn in diesen Betrieben regelmäßig mindestens 1.000 Versicherungspflichtige beschäftigt sind und die Leistungsfähigkeit der Krankenkasse auf Dauer gesichert ist. (§ 157 SGB V). Bis zur Einführung der Kassenwahlfreiheit im Jahre 1996 waren alle versicherungspflichtigen Arbeiter und Angestellten eines Handwerksbetriebs Mitglieder der IKK, wenn eine solche für die Innung bestand. Die IKK sind rechtlich selbstständige Körperschaften des öffentlichen Rechts mit → Selbstverwaltung und Teil der mittelbaren Staatsverwaltung, d.h. der Staat „beaufsichtigt" das rechtmäßige Handeln der Krankenkassen (§ 87 SGB IV). Organe der IKK sind – wie bei allen Krankenkassen – ein hauptamtlicher Vorstand (§ 35a SGB IV) sowie als Selbstverwaltungsorgan ein ehrenamtlicher Verwaltungsrat (§ 33 SGB IV). Die Verwaltungsräte der IKK sind je zur Hälfte mit Arbeitgeber- und Arbeitnehmervertretern besetzt. Dies unterscheidet sie von den Verwaltungsräten der → Ersatzkassen, in denen grundsätzlich nur gewählte Vertreter der Versicherten sitzen. Als Kassenart betreuen die IKK im System der → gesetzlichen Krankenversicherung (GKV) rund 3,9 Mio. Mitglieder, und sie haben damit einen Marktanteil von rund 7,5 % (Stand: Mai 2009). – *2. Geschichte:* In den 1880er Jahren wurde die GKV in Deutschland eingeführt. Sie wurde zunächst durch drei Kassenarten getragen: die → Allgemeinen Ortskrankenkassen (AOK), die → Betriebskrankenkassen (BKK) und die Innungskrankenkassen (IKK). Erst in den folgenden Jahrzehnten wurden die Ersatzkassen in das System der GKV einbezogen. – *3. Entwicklungen:* Seit 1996 die freie Kassenwahl eingeführt wurde, sind die IKK keine Basis- bzw. Pflichtkassen mehr. Inzwischen kann die Satzung einer IKK vorsehen, dass der Mitgliederkreis über die Beschäftigten der betreffenden Innung hinaus auf alle GKV-Versicherte erstreckt werden kann (sog. Öffnung). Ein gesetzliches „Öffnungsmoratorium" sah vor, dass sich nach dem 9.9.2003 errichtete IKK bis zum 1.1.2009 nicht für innungsfremde Mitglieder öffnen durften. Dies hing mit der Einführung eines → morbiditätsorientierten Risikostrukturausgleichs zum 1.1.2009 zusammen. Im Jahr 1970 gab es noch 178 IKK, Anfang 2009 nur noch 14.

Insassenunfallversicherung. *1. Begriff:* Versicherungsart der → privaten Unfallversicherung für nicht namentlich genannte, ständig wechselnde Insassen von Beförderungsmitteln, im Regelfall von → Kraftfahrzeugen (aber z.B. auch von Luftfahrzeugen, vgl. → Luftfahrtversicherung). – *2. Merkmale:* Die I. zählt im Grunde zum Zweig der Unfallversicherung, weshalb sich der Versicherungsschutz ausschließlich auf die Deckung von Schäden beschränkt, die den berechtigten Insassen aufgrund eines → Unfalls beim Benutzen, Lenken, Be- und Entladen und Abstellen des Kraftfahrzeugs sowie beim Ein- und Aussteigen entstehen. Voraussetzung für die Leistungen aus einer I. ist also, dass ein Unfall vorliegt. Vom Schutz der I. ausgeschlossen sind die in der → Berufsfahrerversicherung versicherten Kraft- und Beifahrer. Die I. kann nach dem → Pauschalsystem oder dem → Platzsystem abgeschlossen werden.

Insolvenz. Liegt vor, wenn nach der Insolvenzordnung (InsO) das Insolvenzverfahren zu eröffnen ist. Nach § 16 InsO wird das Insolvenzverfahren eröffnet, wenn ein Eröffnungsgrund gegeben ist. Als Eröffnungsgründe gelten → Zahlungsunfähigkeit, drohende Zahlungsunfähigkeit und, sofern der Schuldner eine juristische Person ist, Überschuldung (vgl. §§ 16-18 InsO). Nach § 17 II InsO ist der Schuldner zahlungsunfähig, wenn er nicht in der Lage ist, die fälligen Zahlungspflichten zu erfüllen. Gem. § 18 II InsO droht der Schuldner zahlungsunfähig zu werden, wenn er voraussichtlich nicht in der Lage sein wird, die bestehenden Zahlungspflichten im Zeitpunkt der Fälligkeit zu erfüllen. Überschuldung i.S.v. § 19 II InsO liegt vor, wenn das Vermögen des Schuldners die bestehenden Verbindlichkeiten nicht mehr deckt. Zweck des Insolvenzverfahrens ist es, die Gläubiger durch Verwertung des schuldnerischen Vermögens oder im Zuge eines Insolvenzplans, dann möglichst unter Erhaltung des schuldnerischen Unternehmens, gemeinschaftlich zu befriedigen (§ 1 InsO).

Insolvenz des Versicherers. *1. Begriff:* Überschuldung oder Zahlungsunfähigkeit des Versicherers. Es bestehen insoweit keine Besonderheiten im Vergleich zu Gesellschaften aus anderen Wirtschaftsbereichen. Besonderheiten gibt es nur im Hinblick auf einige Verfahrensregeln, Meldepflichten und Vorrechte der Versicherungsgläubiger. – *2. Verfahren:* Das Insolvenzverfahren richtet sich nach der Insolvenzordnung (InsO). Es wird nur auf Antrag eröffnet. Den Antrag kann nur die → Aufsichtsbehörde stellen (§ 88 I VAG), nicht etwa ein Gläubiger oder der Versicherer. Die Aufsichtsbehörde soll die Möglichkeit behalten, bis zuletzt zu versuchen, das Insolvenzverfahren durch andere Maßnahmen zu vermeiden (→ Bestandsübertragung, Änderung der Geschäftsgrundlagen, Herabsetzung der Leistungen in der Lebensversicherung etc.). Zuständig für die Eröffnung des Verfahrens ist das Insolvenzgericht. Liegt I. vor und deckt das Vermögen des Versicherers mindestens noch die Verfahrenskosten, muss das Verfahren eröffnet werden. Mit der Eröffnung wird ein Insolvenzverwalter bestellt. Die → Versicherungsaufsicht ruht bis zum Abschluss des Verfahrens. Die Aufsichtsbehörde kann aber jederzeit vom Gericht oder dem Insolvenzverwalter Auskunft über den Stand des Verfahrens verlangen. Zur Wahrung der Interessen der Versicherten im Insolvenzverfahren hat das Insolvenzgericht einen Pfleger zu bestellen (§ 78 VAG). Wegen der Beteiligung ausländischer Behörden bei grenzüberschreitender Tätigkeit des Unternehmens vgl. § 88 Ia, Ib, III-V VAG. – *3. Meldepflicht des Versicherers:* Der Vorstand des Versicherers (bei → Niederlassungen von Drittlandversicherern der Hauptbevollmächtigte) hat der Aufsichtsbehörde die Überschuldung oder Zahlungsunfähigkeit anzuzeigen (§ 88 II VAG). Die → Anzeigepflicht tritt an die Stelle der in anderen Gesetzen allgemeinen Pflicht des Vorstands, die Eröffnung des Insolvenzverfahrens zu beantragen. Die Unterlassung der Anzeige ist strafbar (§ 141 VAG). – *4. Vorrechte der Versicherungsgläubiger:* Die Versicherungsgläubiger haben in Höhe ihres Anteils am Mindestumfang des → Sicherungsvermögens ein absolutes Vorrecht auf Befriedigung vor allen anderen Gläubigern (§ 77a VAG). Bevorrechtigt sind Forderungen der Versicherten, Versicherungsnehmer, Begünstigten und Drittgeschädigten, soweit sie einen Direktanspruch haben, sowie Ansprüche auf Prämienrückzahlung, wenn der Vertrag vor Eröffnung des Insolvenzverfahrens nicht zustande gekommen ist oder aufgehoben wurde. In der Lebens- und Krankenversicherung (soweit sie nach Art der Lebensversicherung betrieben wird), der privaten Pflegepflichtversicherung und der Unfallversicherung mit garantierter Beitragsrückzahlung erlöschen mit Eröffnung des Insolvenzverfahrens die Versicherungsverträge. Dasselbe gilt für die Allgemeine Haftpflicht-, die Kfz-Haftpflicht-, die Allgemeine Unfall- und die Kfz-Unfallversicherung, soweit Renten geleistet werden. In allen diesen Fällen geht der primäre Leistungsanspruch der Berechtigten unter; an seine Stelle tritt der Anspruch auf den entsprechenden Anteil am Mindestbetrag des Sicherungsvermögens (§ 77b VAG).

Insolvenzsicherungseinrichtungen. *1. Begriff:* Einrichtungen staatlicher oder privater Natur, die den Versicherungs- und Versorgungsgläubigern einen Mindestschutz gewähren sollen. – *2. Hintergrund:* Trotz aller Bemühungen v.a. der → Aufsichtsbehörden, finanzielle Zusammenbrüche im Versicherungswesen zu verhindern, ist es v.a. im Ausland zu z.T. spektakulären finanziellen Zusammenbrüchen gekommen. Die Folge war die Schaffung von Insolvenzsicherungseinrichtungen. – *3. Einrichtungen in Deutschland:* Eine der ältesten I. ist der durch das Pflichtversicherungsgesetz vorgeschriebene Entschädigungsfonds für Verkehrsopfer, der u.a. für den Fall der Insolvenz des Kfz-Versicherers des Verursachers geschaffen wurde (vgl. §§ 12 PflVG). Eine weitere I. ist der → Pensions-Sicherungs-Verein auf Gegenseitigkeit in Köln, der in der → betrieblichen Altersversorgung (bAV) die laufenden Leistungen und die unverfallbaren Anwartschaften der Arbeitnehmer bei Zahlungsunfähigkeit von Arbeitgebern absichert (§ 7 BetrAVG). Der Insolvenzsicherung durch den Pensions-Sicherungs-Verein unterfallen die → Direktzusage, → Unterstützungskassen und → Pensionsfonds, aber weder die → Pensionskasse noch – unter bestimmten Bedingungen – die →

Direktversicherung. Eine zusätzliche private Sicherungseinrichtung der bAV außerhalb des BetrAVG kann durch ein Contractual Trust Arrangement oder durch Verpfändung einer Rückdeckungsersicherung erreicht werden. Schließlich ist durch §§ 124 ff. VAG auch in Deutschland eine obligatorische I. für die Lebens- und substitutive Krankenversicherung in Form eines → Sicherungsfonds vorgeschrieben worden.

Insolvenzverfahren. → Insolvenz des Versicherers.

Insourcing. I. Rückabwicklung eines → Outsourcing von Unternehmensfunktionen in die eigene → Aufbauorganisation eines Unternehmens. Die betroffenen Funktionsbereiche sind überwiegend kerngeschäftsfremd. Beispiel: Nach der Ausgliederung des Gebäudemanagement eines Versicherungskonzerns in eine auf diese Funktion spezialisierte und auf dem Markt agierende Gesellschaft wird diese Funktion wieder in den Konzern zurück integriert. Gründe können u.a. Know how-Verluste, nicht realisierte Kostenersparnisse und nicht erwartete Probleme in der Geschäftsvorfall-Bearbeitung sein. – II. Übernahme von Unternehmensfunktionen dritter Unternehmen oder Konzerne, für die das eigene Unternehmen Kernkompetenzen besitzt.

Institute Clauses. *1. Begriff:* Von der International Underwriting Association (IUA) (früher: Institute of London Underwriters) herausgegebene Versicherungsbedingungen. Aufgrund der Bedeutung des Londoner Markts stellen die I. gerade in der → Transportversicherung den internationalen Standard dar und werden häufig auch von deutschen Versicherern verwendet. – *2. Institute Cargo Clauses (ICC):* Bedingungen für die → Warenversicherung mit unterschiedlichen Gefahreinschlüssen. a) ICC C: Versicherung gegen die Gefahren → Feuer, → Explosion, Strandung, Transportmittelunfall, Entladung im Nothafen, Seewurf und → Havarie grosse. Sie stellen die in den → Incoterms CIF und CIP geforderte Mindestdeckung dar. – b) ICC B: Wie ICC C, zusätzlich Versicherung gegen Überbordspülen, eindringendes See- und Flusswasser und Totalverlust ganzer Ladungsstücke beim Be- und Entladen. – c) ICC A: → Allgefahrenversicherung mit den üblichen Ausschlüssen (Warenversicherung). – d) Spezialklauseln: Der Deckungsumfang der ICC kann durch die Institute War Clauses (Krieg), die Institute Strike Clauses (u.a. Streik, Terrorismus), durch güterspezifische Commodity Clauses (z.B. für Gefriergut) und andere erweitert oder modifiziert werden. – *3. International Hull Clauses (IHC):* Bedingungen für die → Seekaskoversicherung. Daneben sind auch noch die älteren Institute Times Clauses (ITC) in Gebrauch. Im Gegensatz zu den deutschen DTV-Klauseln (→ DTV) begründen die IHC eine Einzelgefahrendeckung.

Institut für Qualität und Wirtschaftlichkeit im Gesundheitswesen (IQWiG). *1. Begriff:* Wissenschaftliche Einrichtung insbesondere zur Durchführung von → Nutzenbewertungen neuer medizinischer Verfahren. Das IQWiG wurde durch das Gesetz zur Modernisierung der gesetzlichen Krankenversicherung (GMG) vom 14.11.2003 (BGBl. I S. 2190) eingeführt. – *2. Auftrag und Umsetzung:* Das IQWiG erhält seine Aufträge vom Gemeinsamen Bundesausschuss und – in Einzelfällen – vom → Bundesministerium für Gesundheit (BMG). Schwerpunkt der Tätigkeit sind Nutzenbewertungen, jedoch ist es u.a. auch für die Bereitstellung von unabhängigen Patienteninformationen zuständig. Mit dem Gesetz zur Stärkung des Wettbewerbs in der → gesetzlichen Krankenversicherung (GKV-WSG) vom 26.3.2007 (BGBl. I S. 378) wurde als neue Aufgabe die Durchführung von Kosten-Nutzen-Bewertungen von insbesondere patentgeschützten, neuen → Arzneimitteln eingeführt. Das IQWiG ist in seiner Bearbeitung der Aufträge unabhängig. Es schließt Aufträge mit Empfehlungen an den Gemeinsamen Bewertungsausschuss ab, die dieser zu berücksichtigen hat (§ 139b IV SGB V). – *3. Organisation:* Träger des IQWiG ist eine gleichnamige Stiftung. Organe sind ein Stiftungsrat und ein Vorstand, die von den gesetzlich vorgesehenen Trägerorganisation (→ Spitzenverband Bund, Kassenärztliche und Kassenzahnärztliche Bundesvereinigung, Deutsche Krankenhausgesellschaft, BMG) besetzt werden. Beratende Gremien sind das Kuratorium (dem Vertreter von Verbänden im Gesundheitswesen angehören) und ein interdisziplinär zusammengesetzter Wissenschaftlicher Beirat. – *4. Wirkungen:* Der Schwerpunkt der Aufträge betraf bislang Arzneimitteltherapien. Die Berichte des

IQWiG führten in mehreren Fällen zu Leistungsausschlüssen in der GKV. – 5. *Abgrenzung:* Das Deutsche Institut für Medizinische Dokumentation und Information (DIMDI) führt seit dem Jahr 2000 ebenfalls auf gesetzlicher Grundlage (Gesetz über ein Informationssystem zur Bewertung medizinischer Technologien) Bewertungen neuer medizinischer Verfahren durch.

Insurance Linked Securities

von Dr. rer. pol. Ludger Arnoldussen

1. Begriff und Historie

Mit Hilfe von Insurance Linked Securities werden Versicherungsrisiken als festverzinsliche Wertpapiere verbrieft (Securitization), auf den Kapitalmarkt übertragen und dort gehandelt. Versicherungstechnische Risikoereignisse werden also auf diese Weise mit den Zahlungsströmen eines Wertpapiers verbunden. Kapazitätsengpässe auf den (Rück-)Versicherungsmärkten für Elementarschadenrisiken, besonders für Spitzenrisiken, förderten die Entwicklung solcher Risikotransfers über internationale Kapitalmärkte. Besonders bekannt sind die sog. Cat Bonds, die zu Beginn der 1990er-Jahre in den USA zur Überwindung von Kapazitätsengpässen für Katastrophendeckungen strukturiert wurden. Heute sind sie die gängigste Form von Insurance Linked Securities im Naturkatastrophen-Bereich, aber auch für Extremmortalität.

Einen Überblick zur Marktentwicklung von Cat Bonds im Naturgefahren-Bereich gibt folgende Grafik:

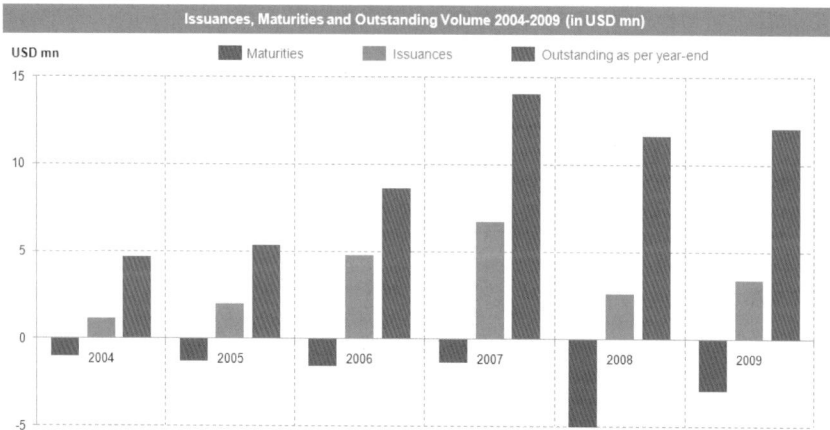

Quelle: Munich Re

2. Allgemeine Methodik

Je nach Ausgestaltung der Insurance Linked Securities variieren die Modalität und Höhe der Rückzahlung des eingezahlten Kapitals und/ oder die Zahlung von festen Zinsen[*]. In Abhängigkeit von bestimmten definierten Risikoereignissen können demnach die Kapitalrückzahlung (Principal at Risk) und/ oder die Zahlung des Coupons (Coupons at Risk) vollständig oder teilweise entfallen bzw. gestaffelt werden.

---

[*] Die Verzinsung liegt üblicherweise erheblich über der Verzinsung einer risikofreien Anlage, z.B. LIBOR (London Interbank Offered Rate) als Zinssatz für Tagesgeld im Interbankenhandel am Finanzplatz London oder MMF-Zins (Money Market Fund) plus x % Spread als Risikoprämie.

Die Emission von Insurance Linked Securities erfordert grundsätzlich die Definition der zugrunde liegenden Risikoereignisse bzw. geeigneter Bezugsgrößen, die Festlegung der Konditionen und die Erstellung eines Emissionsprospekts. Die Konditionen umfassen die Haftungsform (Zinsen und/ oder Kapitalhaftung), die Risikoart (z.b. Elementarschadenrisiken, Sterblichkeitsrisiken, Kreditrisiken), die Risikobezugsgröße (Einzelrisiko, Einzelbranche, Portfolio als Ereignisdeckung, den Deckungsumfang (Einmal- oder Mehrfachdeckung), die Laufzeit (fest oder mit Verlängerung der Restlaufzeit in Abhängigkeit von einem Triggerereignis), die Auszahlungsform (gesamt oder skaliert) und schließlich die Triggeroptionen. Der Trigger, also das deckungsauslösende Ereignis, kann

- ein bestimmter Originalschaden des Emittenten (Indemnity Trigger),
- ein branchenweiter Schadenindex (Index- bzw. Marktschadentrigger) oder
- eine durch technische Parameter bestimmter Größe sein (Parametrischer Trigger).

3. Marktteilnehmer/ Strukturierung/ Erfolgsfaktoren

Ausgangspunkt einer Insurance Linked Security-Transaktion ist der sog. Sponsor, meist ein Erstversicherer, der als ursprünglicher Risikoträger mit Hilfe einer Securitization sein Risiko auf den Kapitalmarkt übertragen möchte. Oft wird dabei noch ein Rückversicherer als Fronter/ Transformer (bspw. aus aufsichtsrechtlichen Gründen) zwischengeschaltet. Als Investoren treten Asset Manager, Investment- bzw. Hedgefonds bzw. spezielle Cat-Bond-Fonds sowie Banken, aber auch Erst- bzw. Rückversicherer auf. Für eine erfolgreiche Platzierung von Insurance Linked Securities am Kapitalmarkt kommen oft Banken, Makler und auch Rückversicherer mit entsprechender Lizenz als Placement Agents zum Zuge, oder sie geben Unterstützung, um Zugang zu einem möglichst weiten Investorenkreis zu bekommen. Um aus Sicht der Investoren eine objektive Risikobewertung von Insurance Linked Securities zu gewährleisten, sind Modellierungsagenturen (z.b. AIR, EQECAT, RMS) einzuschalten. Ratingagenturen prüfen die rechtliche Konstruktion und bewerten durch ihr Rating ein ggf. existierendes Ausfallrisiko („Rated Cat Bond").

Das folgende Schema zeigt beispielhaft eine typische Transaktionsstruktur auf:

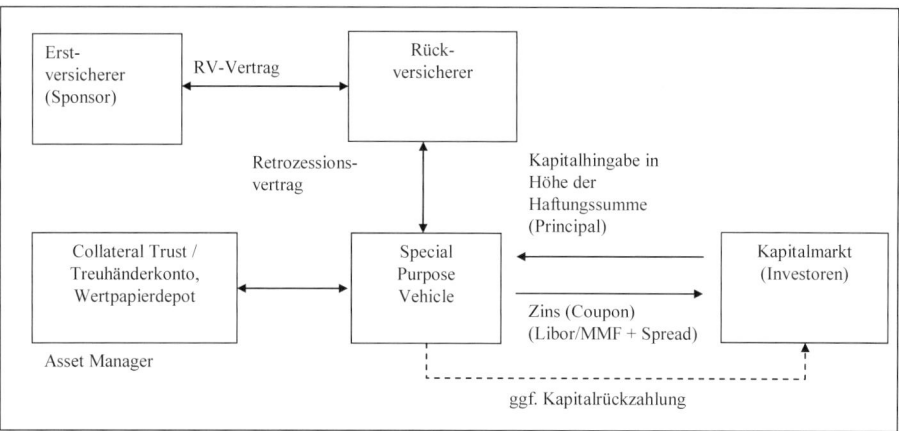

4. Beispiele

Je nach Einsatzgebiet (Nichtleben oder Leben) können sich die Zielsetzungen für den Einsatz von Insurance Linked Securities unterscheiden: Im Nichtleben-Bereich werden Insurance

Insurance Linked Securities

Linked Securities mit eher kurzfristigen Laufzeiten insbesondere für Zwecke des Risikomanagement eingesetzt, und dabei v.a. zur Absicherung gegen Spitzenrisiken aus Elementarschadenpotenzialen. Im Leben-Bereich erfolgt der Einsatz von Insurance Linked Securities zur Unterstützung des Kapital- bzw. Liquiditätsmanagement, und es werden Cat Bonds zur Absicherung gegen Sterblichkeitsrisiken emittiert. Ihre Laufzeit ist eher langfristig ausgelegt. Folgende Risikogruppen/ -kategorien lassen sich unterscheiden:

a) Elementarschadenrisiken: Die Absicherung von Spitzenrisiken, insbesondere aus dem Naturgefahrenbereich, in Form von Cat Bonds repräsentieren den größten Anteil an Insurance Linked Securities. Cat Bonds werden bereits seit Mitte der 1990er-Jahre an den Kapitalmärkten emittiert.
b) Haftpflichtrisiken (Juli 2005: erster Casualty Cat Bond für Haftpflichtrisiken),
c) Kreditrisiken (Januar 2006: erster Cat Bond für Kreditversicherungsrisiken),
d) Sterblichkeitsrisiken (April 2005: erster Mortality Cat Bond für das Risiko überdurchschnittlich hoher Sterblichkeit (Übersterblichkeit),
e) Langlebigkeitsrisiken (Gegenteil der Übersterblichkeit): bisher noch keine Longevity Bond-Emissionen, jedoch einige SWAPS (Tausch von erwarteter gegen tatsächliche Sterblichkeit).

5. Ziele aus Sponsorensicht

Die Art der transferierten Risiken ist von der Motivation des Sponsors aus Risiko- bzw. Kapitalmanagement-Perspektive abhängig. Kapazitätsengpässe im traditionellen Rückversicherungsmarkt sowie eine gewünschte Diversifikation hinsichtlich des Kreditrisikos aus der Rückversicherung sind die Hauptmotive für die Nutzung des Kapitalmarkts via Risiko-Verbriefungen. Insurance Linked Securities ermöglichen damit auch eine erstklassige Bonität für Retrozessionen bei Extremschadenszenarien. Ebenso sind Kapazitäts- und Preisgarantien über mehrere Jahre und der Wunsch nach Deckung neuartiger Risiken, z.B. Extremsterblichkeit durch das Pandemierisiko, mögliche Zielsetzungen. Im Rahmen des Kapitalmanagement fördern Asset-Verbriefungen, z.B. die Verbriefung von zukünftigen Gewinnen aus einem Lebensversicherungsbestand (Value-in-Force-Verbriefung), die Liquidität und stärken das Eigenkapital des Sponsors.

6. Ziele aus Investorensicht

Die gezielte Investition in Risiken von Versicherern bietet den Investoren die Möglichkeit, ihr Portfolio durch eine unkorrelierte Anlageklasse zu diversifizieren und damit zu optimieren. Große Nachfrage besteht auf Seiten von spezialisierten Investmentfonds bzw. Hedgefonds. Als alternative Anlageform bieten Insurance Linked Securities zudem meist attraktive Renditen. Im Finanzkrisenjahr 2008 erwiesen sich Insurance Linked Securities als eine der wenigen Anlagenklassen für Investoren, die ein positives Ergebnis erzielten.

7. Problemstellungen

Neben der Glaubwürdigkeit der Sponsoren (z.B. Claims Handling bei indemnitybasierten Triggern) hat die Kenntnis des zugrunde liegenden (Risiko-)Modells eine große Bedeutung für die Akzeptanz des Insurance Linked Securities auf der Investorenseite. Eine besondere Rolle spielt hierbei die Bestimmung des Deckung auslösenden Ereignisse (Trigger). Bei allen nicht rein indemnitybasierten Triggern (z.B. Parametrischer Trigger) tritt das sog. Basisrisiko[*] auf. Bspw. wird bei einem Erdbeben ein Cat Bond nicht getriggert, wenn der zugrunde liegende Richterskala-Wert nicht erreicht wird. Der Emittent (Sponsor) erleidet jedoch durch das Erdbeben einen Schaden. Genauso gibt es auch eine Basischance im umgekehrten Fall.

---

[*] Vereinbarte bedingte Zahlungen sind nicht vollständig mit dem abzusichernden Risiko korreliert.

Die Herausforderung in der Strukturierung liegt demnach in der Gestaltung eines möglichst einfachen, transparenten und indexierbaren Triggers, der genügend Objektivierbarkeit für die Investoren bietet und das Basisrisiko für die Sponsoren auf ein annehmbares Niveau begrenzt.

8. Entwicklungstendenzen

Kapazitätsverknappungen auf den traditionellen Rückversicherungsmärkten insbesondere hinsichtlich wetterbedingter Naturkatastrophen werden auch in Zukunft den Bedarf an Insurance Linked Securities treiben. Neue Risiken, z.B. im Zusammenhang mit der demografischen Entwicklung, wie das Langlebigkeitsrisiko durch eine Überalterung der Bevölkerung oder auch ein mögliches Pandemierisiko, werden neue Ansatzpunkte für den Verbriefungsmarkt bieten. Hohe Anforderungen an die Risikoselektion, -modellierung und -überprüfung durch Modellierungs- bzw. Ratingagenturen sowie die juristische Dokumentation führen zu relativ hohen Transaktionskosten. Die weit wichtigere Kostenkomponente, das ist die an die Investoren zu zahlende Risikoprämie (Spread), bewegt sich gegenwärtig auf morderatem Niveau (Stand Q1 2010). Auch sind die Sekundärmärkte für Insurance Linked Securities noch wenig liquide. Voraussichtlich werden der Wettbewerb und zunehmende Erfahrungen der Marktteilnehmer in der Strukturierung zu abnehmenden Transaktionskosten führen und damit die Attraktivität für Sponsoren und Investoren erhöhen. Die Einführung von neuen Aufsichtsregimen, wie Solvency II, könnte die Nachfrage für Verbriefungen weiter erhöhen.

Bis 2015 wird das Volumen von Insurance Linked Securities auf bis zu 5 % des gesamten Rückversicherungsmarkts geschätzt.

Für die Weiterentwicklung des Verbriefungsmarkts sind folgende Aspekte wesentlich:

- Welche Datenqualität liegt der Verbriefung zugrunde? Gibt es einen objektivierbaren Trigger, und ist das Basisrisiko annehmbar?
- Welche Würdigung erhalten Verbriefungsaktionen durch die Aufsicht bzw. die Ratingagenturen?
- Ist eine ausreichende Liquidität auf dem Markt, auch auf dem Sekundärmarkt, vorhanden? Anleger suchen nach diversifizierenden Alternativen.
- Ist die Komplexität vertragsrechtlich, handelsrechtlich (Abbildung im Jahresabschluss) und steuerlich durch eine enge Zusammenarbeit verschiedenster Disziplinen zu überwinden?
- Wird eine zunehmende Standardisierung die Transaktions-Dokumentation vereinfachen?

Literatur: Munich Re ILS Market Review (quartalsweise), www.munichre.com; Albrecht P./ Schradin H., Alternativer Risikotransfer: Verbriefung von Versicherungsrisiken, Nr. 106, Mannheimer Manuskript 1998; Anders S., Insurance-Linked Securities - Eine Analyse der Einsatzmöglichkeiten als Finanzierungsinstrumente für Sach- und Lebensversicherungsunternehmen, Diss. Passau 2004; Richter A., Moderne Finanzinstrumente im Rahmen des Katastrophen-Risk-Managements – Basisrisiko versus Ausfallrisiko, Working Paper No. 3, Hamburg 2001; Pensa P., Cat Bonds, Universität Basel; Pfister, G., Zur Versicherungsfähigkeit von Katastrophenrisiken, Arbeitsbericht Nr. 232, April 2003; Liebwein P., Klassische und moderne Formen der Rückversicherung, Karlsruhe 2000.

Insurer Financial Strength Rating. *1. Begriff und Merkmale:* → Financial Strength Rating eines → Versicherungsunternehmens. Ein I. ist damit ein Urteil – im Sinne einer Meinungsäußerung – einer Ratingagentur (→ Rating) über die Finanzkraft eines Versicherungsunternehmens. Siehe auch → Unternehmensrating. *– 2.* → *Ratingansätze:* a) → Interaktives Ratings, – b) Public Information Rating. *– 3. Funktionen:* Ein I. kann insbesondere Versicherungsnehmern und → Versicherungsvermittlern, namentlich → Versicherungsmaklern, eine Hilfestellung bei der Einschätzung der Solidität und Bonität des Versicherungsunternehmens hinsichtlich der Erfüllung seiner Leistungsversprechen geben. Damit lassen sich Entscheidungen über die Aufnahme, Aufrechterhaltung oder Beendigung einer Versicherungsbeziehung fundieren. Auch Investoren dient ein I. zur Beurteilung potenzieller oder tatsächlicher Engagements in das Versicherungsunternehmen. Allerdings beurteilen I. die finanzielle Stabilität von Versicherungsunternehmen prinzipiell ausschließlich in Bezug auf die versicherungsvertraglichen Verpflichtungen, und nicht auch bezüglich anderweitiger Verpflichtungen, wie z.B. solchen aus Fremdkapital. Aus diesem Grund wurden I. früher auch „Claims Paying Ability Ratings" genannt. – *4. Abgrenzungen:* a) Beurteilungen über Wertpapiere (z.B. Aktien oder Schuldverschreibungen), die vom Versicherungsunternehmen an die Öffentlichkeit ausgegeben wurden, erfolgen im Rahmen von → Emissionsratings, die sich sowohl in der Definition als auch in der Vorgehensweise von einem Financial Strength Rating unterscheiden. So werden z.B. in Europa die Ansprüche von Versicherungsnehmern an einen Erstversicherer gegenüber den Ansprüchen von Kapitalgebern vorrangig behandelt. Dementsprechend liegt z.B. das Rating einer erstrangigen Anleihe eines Erstversicherers wegen der Schutzwürdigkeit des Versicherungsnehmers unter dem Financial Strength Rating eines Erstversicherers. Im Fall einer erstrangigen Anleihe eines Rückversicherers würde dagegen das Emissionsrating dem Financial Strength Rating entsprechen, da die Ansprüche der Rückversicherungskunden und der Investoren, die beide als informierte Kaufleute und insofern als nicht schutzbedürftig gelten, gleichwertig sind. – b) I. beurteilen nicht den Zahlungswillen eines Versicherers im einzelnen Schadenfall, und sie geben auch keine Empfehlungen zu einzelnen Produkten. Ein I. darf deshalb nicht mit einem → Produktrating verwechselt werden. Ein Unterschied liegt auch darin, dass ein Versicherungsunternehmen naturgemäß von einer Ratingagentur nur ein einziges I. erhalten kann; demgegenüber werden Produktratings typischerweise von hierauf spezialisierten Unternehmen differenziert für verschiedene Produktangebote erstellt. Dabei sollten unterschiedlich attraktive Produkte auch unterschiedliche Produktratings erhalten.

Integralfranchise. → Franchise.

Integriertes Risikomanagement, *Enterprise Risk Management, Ganzheitliches Risikomanagement, Holistisches Risikomanagement.* – *1. Begriff:* Ausgestaltungsform des → Risikomanagement, bei der ein besonderer Wert auf die Betrachtung der Risikosituation auf der Gesamtunternehmensebene gelegt wird. – *2. Ziele und Methodik:* Zwischen den Risiken einzelner Geschäftsbereiche, Abteilungen usw. eines Unternehmens können stochastische Abhängigkeiten (z.b. Korrelationen) bestehen. Bei der Aggregation von Einzelrisiken zur Gesamtrisikoposition des Unternehmens kommt es in Abhängigkeit von der Stärke und Richtung der stochastischen Abhängigkeiten zur → Diversifikation zwischen den Einzelrisiken. Da beim I. lediglich die auf Gesamtunternehmensebene verbleibenden Risiken betrachtet werden, können Kosten für das Management von Risiken vermieden werden, die sich aufgrund von Diversifikationseffekten von selbst ausgleichen.

Integrierte Versorgung. *1. Begriff:* Patientenzentrierte, verschiedene Leistungserbringer und Leistungssektoren (ambulant, stationär, Rehabilitation, Pflege) übergreifende und interdisziplinäre medizinische Versorgung (§ 140a I SGB V). Dabei kooperieren z.b. niedergelassene Haus- und Fachärzte sowie Krankenhausärzte, aber auch nichtärztliche Leistungserbringer auf medizinischer, organisatorischer und ökonomischer Ebene. – *2. Details:* Für die I. – als neuer Bestandteil der Regelversorgung – wurden durch die GKV-Gesundheitsreform 2000 mit den §§ 140 a–h SGB V erstmals gesetzliche Grundlagen geschaffen. Diese wurden 2004 (GKV-Modernisierungsgesetz) und 2007 (GKV-Wettbewerbsstärkungsgesetz) weiterentwickelt. Das Leistungsspektrum einer I. kann dabei grundsätzlich alle medizinischen Belange – einschließlich der Pflege – der eingeschriebenen Versicherten in einem bestimmten Raum umfassen, aber auch nur einzelne Indikationen abdecken (§ 140a I SGB V). Kernstück der I. ist, dass die Anbieter gemeinsam die ökonomische Verantwortung übernehmen und ihre Vergütungen außerhalb der → Kassenärztlichen Vereinigung direkt mit den gesetzlichen → Krankenkassen vereinbart werden (§ 140c SGB V). Die Teilnahme an der I. ist freiwillig (§ 140a II SGB V). – *3. Ziele:* Die I. soll die sektoralen Schranken, insbesondere die

Trennung zwischen ambulanter und stationärer Versorgung, überwinden und bei Leistungsverlagerungen eine entsprechende Änderung der Finanzierungsströme sicherstellen. Als Ergebnis wird eine qualitätsorientierte, ressourcenschonende Erbringung der richtigen medizinischen Leistung, auf der richtigen Versorgungsstufe, zur richtigen Zeit angestrebt. Ziel ist v.a. eine bessere medizinische Versorgung chronisch Kranker durch möglichst optimal aufeinander abgestimmte Handlungsprozesse. – *4. Umsetzung:* Zentrale Bausteine der I. sind: a) Disziplin-/sektorübergreifende Behandlung nach evidenzbasierten Leitlinien mit klaren Vorgaben, wann ein Patient zur Mit- oder Weiterbehandlung zu überweisen ist. – b) Allseitige Dokumentation zur Herstellung der notwendigen Transparenz über den gesamten Versorgungsablauf. – c) Aktive Beteiligung des Patienten am Behandlungsprozess insbesondere auch durch Schulungen. – d) Angemessene Maßnahmen zur Qualitätssicherung. – e) Gestaltungsfreiheit bei Verträgen und Honoraren (flexibles Budget, autonomes Vertragsrecht, Bonus für Versicherte). Als Anreiz zum Abschluss von Integrationsverträgen hat der Gesetzgeber im Gesundheitsmodernisierungsgesetz (GMG) 2004 eine Anschubfinanzierung in Höhe von einem Prozent der Krankenhaus- und Arztausgaben vorgesehen. Diese ist im Jahr 2009 ausgelaufen. – *4. Bedeutung in der → Gesetzlichen Krankenversicherung (GKV):* Die bei der Bundesstelle für Qualitätssicherung (BQS) registrierten Verträge zur I. sind bis Ende 2008 auf 6.183 Verträge angestiegen, die Zahl der eingeschriebenen Versicherten stieg auf knapp über 4 Mio. – *5. Bedeutung in der → Privaten Krankenversicherung (PKV):* In der PKV stellt der Leistungskomplex „Integrierte Versorgung" keine besondere Vertragsform der Regelversorgung mit neuen Vergütungsstrukturen dar. – *6. Abgrenzung:* Während mittels Integrationsverträgen v.a. vernetzte Anbieterstrukturen geschaffen werden sollen, geht es beim → Disease Management um eine evidenzbasierte Versorgung im speziellen Krankheitsfall.

Intelligente Schadenprüfung (ISP). *1. Begriff:* Softwaretool, das von einem Rückversicherungsunternehmen gemeinsam mit verschiedenen Erstversicherern Ende der 1990er Jahre entwickelt wurde. – *2. Merkmale:* Es dient der automatisierten → Betrugserkennung im Bereich der Kraftfahrtschadenbearbeitung. Anhand „unscharf" definierter Prüfkriterien („Fuzzy Logic") werden auf der Basis von Betrugsexpertenwissen maschinell Schadenfälle identifiziert, die potenziell auffällig sind und einer tiefergehenden Prüfung durch entsprechend spezialisierte Mitarbeiter in den Versicherungsunternehmen unterzogen werden. – *3. Abgrenzung zu anderen Begriffen:* Anders als beim → Hinweis- und Informationssystem (HIS) des → Gesamtverbands der Deutschen Versicherungswirtschaft e.V. (GDV) werden in ISP Betrugsmuster mit ihren Merkmalen als Prüfregeln hinterlegt, da der überwiegende Teil der Betrugsfälle bestimmten Mustern folgt. – *4. Ziele:* Mit ISP oder ähnlichen Eigenentwicklungen in einzelnen Versicherungsunternehmen sollen vorgetäuschte Schadenfälle, die sich nicht oder nicht so ereignet haben oder die „gestellt" sind, erkannt werden. Betrügerische Übertreibungen des Schadenumfangs und der -höhe werden indes über die → computerunterstützte Rechnungsprüfung (CRP) aufzudecken versucht.

Intensität des Versicherungsschutzes. *1. Begriff:* Kennzahl der → Vollwertversicherung, die das Verhältnis von → Versicherungssumme und → Versicherungswert angibt. – *2. Ausprägungen:* In der sog. Vollversicherung (Vollwert-Vollversicherung) ist die Versicherungssumme gleich dem Versicherungswert, und die I. ist gleich 1. In der → Unterversicherung (Vollwert-Unterversicherung) ist die Versicherungssumme kleiner als der Versicherungswert, und die I. ist kleiner als 1. In der → Überversicherung ist die Versicherungssumme größer als der Versicherungswert, und die I. ist größer als 1. (Hinweis: Aufgrund des → Bereicherungsverbots ist es in der → Schadenversicherung ausgeschlossen, dass eine → Entschädigung geleistet wird, die höher als der Versicherungswert ist, selbst wenn die Versicherungssumme den → Ersatzwert übersteigt.)

Interaktives Rating. → Rating, das im Auftrag des zu beurteilenden Unternehmens, das dafür auch bezahlt, durch eine → Ratingagentur erstellt wird. Ein I. beruht auf einer ganzheitlichen Betrachtungsweise eines Unternehmens (→ Ratingkriterien). Die Bewertung basiert deshalb auf einer breit gefächerten Informationsbasis, die eine Vielzahl von quantitativen und qualitativen

Merkmalen des Unternehmens, seiner Geschäftstätigkeit und seines äußeren Umfelds berücksichtigt und auch unternehmensinterne Daten nutzt. Bei einem I. besteht ein enger Kontakt zwischen der Ratingagentur und dem Unternehmen, der auch umfassende Managementinterviews als wichtige Informationsgrundlagen für das Ratingurteil umfasst. Mit einem I. ist zudem immer ein Ausblick (→ Outlook) verbunden, der die mögliche Richtung der mittelfristigen Entwicklung eines Ratingurteils („positive", „stable" oder „negative") reflektiert. Siehe auch → Ratingansätze und Ratingkriterien. Abzugrenzen vom → Public Information Rating.

Interessenversicherung. → Unbegrenzte Interessenversicherung.

International Accounting Standards Board (IASB). *1. Begriff:* Internationale Standardisierungsorganisation für die Rechnungslegung. Das IASB ist ein unabhängiges Gremium zur Erstellung von Rechnungslegungsstandards mit Sitz in London. Es hat am 1.4.2001 die Aufgaben und Verantwortlichkeiten von der Vorgängerorganisation, dem → International Accounting Standards Committee (IASC), übernommen. Mutterunternehmen des IASB ist die im März 2001 gegründete Stiftung IASC Foundation mit Sitz in Delaware, USA. Die aus unterschiedlichen geographischen Regionen und Berufsfeldern stammenden Mitglieder der IASC Foundation verantworten die Ernennung der IASB-Mitglieder und die Aufsicht über das IASB. – *2. Ziele und Aufgaben:* Entwicklung von Rechnungslegungsstandards, die hochwertige, transparente und vergleichbare Informationen in Abschlüssen und sonstigen Finanzberichten sicherstellen, sowie Bereitstellung einer einheitlichen Sprache für die Finanzberichterstattung auf den zunehmend integrierten weltweiten Kapitalmärkten. – *3. Maßnahmen bzw. Instrumente:* Das IASB entwickelt und verabschiedet → International Financial Reporting Standards (IFRS) im Zuge eines sorgfältigen, offenen und transparenten, ordentlichen Verfahrens. In jede Stufe dieses Verfahren werden Investoren, Regulierungsbehörden, führende Persönlichkeiten der Wirtschaft, des Wirtschaftsprüferberufs und der Wissenschaft weltweit eingebunden. Darüber hinaus ist das IASB für die Verabschiedung der vom → International Financial Reporting Interpretations Committee (IFRIC) entwickelten Interpretationen verantwortlich, die der Auslegung der → International Accounting Standards (IAS) und der IFRS sowie der Schließung von Regelungslücken dienen.

International Accounting Standards Committee (IASC). Vorgängerorganisation des → International Accounting Standards Board (IASB).

International Accounting Standards (IAS). Internationale Rechnungslegungsstandards. Bezeichnung für die vom → International Accounting Standards Committee (IASC) entwickelten und veröffentlichten Standards. Bei den IAS handelt es sich um den Teil der internationalen Rechnungslegungsstandards, die vor dem 1.4.2001 erlassen wurden. Die nach der Übernahme der Aufgaben des IASC durch das → International Accounting Standards Board (IASB), das war am 1.4.2001, veröffentlichten Rechnungslegungsstandards werden als → International Financial Reporting Standards (IFRS) bezeichnet. Eine Umbenennung der zum Zeitpunkt der Übernahme bereits existierenden IAS in IFRS ist nicht erfolgt. Die noch gültigen IAS werden vielmehr sukzessive durch IFRS ersetzt.

International Commercial Terms. → Incoterms.

International Credit Insurance & Surety Association (ICISA). 1928 in Zürich gegründeter Verband. Mitglieder sind führende globale Kreditversicherer sowie Garantie- und Rückversicherer mit Sitz in London. Dem Verband gehören mehr als 95 % der internationalen Kreditversicherungsunternehmen an. Die ICISA fungiert als Interessenvertreter ihrer Mitglieder gegenüber nationalen und internationalen Einrichtungen sowie Aufsichtsbehörden. Sie ist Ansprechpartner für staatliche und private Stellen bei Fragen zur → Kreditversicherung und Garantiezeichnung.

Internationale Haftpflichtprogramme. *1. Begriff:* Abgestimmtes Gebilde aus Erst- und Rückversicherungsverträgen zur Versicherung internationaler Konzerne. – *2. Merkmale:* Ein Mastervertrag (Erstversicherungsvertrag) versichert die Muttergesellschaft eines Konzerns mit ihren Tochtergesellschaften im In- und Ausland umfänglich mit angemessen hohen Versicherungssummen und entsprechend weitem Versicherungsumfang. Lokale Versicherungsverträge (Erstversicherungsverträge) werden in den Niederlassungsländern des Versicherungsnehmerkonzerns zwischen dessen Tochtergesellschaften und Konzerngesellschaften des Master-Versicherers oder seiner Kooperationspartner nach dessen Vorgaben geschlossen, um im jeweiligen Land Versicherungsschutz nach dort üblichem Standard sowie die Schadenregulierung vor Ort zu gewährleisten. Die lokalen Policen nimmt der Master-Versicherer typischerweise zu 100 % in → Rückversicherung (sog. → Fronting), um zu kompensieren, dass der lokale Versicherer auf die Konditionen des lokalen Vertrags keinen Einfluss hat, sondern den Vorgaben des Masters folgt. Der Mastervertrag füllt mit einer → Konditionsdifferenzenversicherung allfällige Lücken im Versicherungsschutz der lokalen Verträge und sichert so einen einheitlichen Standard des Versicherungsschutzes. – 3. *Abgrenzungen:* Sog. Europa-Policen oder FOS-Policen („Freedom of services"-Policen) bieten im Europäischen Wirtschaftsraum (EWR) einheitlichen Versicherungsschutz für einen internationalen Konzern durch eine einzige Erstversicherungspolice, die typischerweise im Sitzland der Konzernholding abgeschlossen wird. Bei dieser Lösung gibt es also keine lokalen Policen. Reine Master- oder → Umbrella-Deckungen, die von der Konzernholding abgeschlossen werden, bieten Versicherungsschutz in Ergänzung zu unabhängig und unkoordiniert abgeschlossenen Versicherungsverträgen der Auslandstöchter, wenn kein I. installiert wurde. Diese Versicherungsverträge der Auslandstöchter werden nicht vom Masterversicherer rückversichert.

Internationale Rechnungslegung. → International Accounting Standards (IAS), → International Financial Reporting Standards (IFRS).

Internationale Versicherungskarte. → Grüne Karte.

International Financial Reporting Interpretations Committee (IFRIC). Komitee, das seit April 2001 für die Entwicklung von Interpretationen der → International Accounting Standards (IAS) und der → International Financial Reporting Standards (IFRS) zuständig ist. Die Verabschiedung der Interpretationen erfolgt durch das → International Accounting Standard Board (IASB). Vor April 2001 war das → Standing Interpretations Committee (SIC) für die Interpretationen der IAS zuständig.

International Financial Reporting Standards (IFRS). *1. Begriff:* Internationale Rechnungslegungsstandards. Bezeichnung für die vom → International Accounting Standards Board (IASB) entwickelten und veröffentlichten Rechnungslegungsstandards. Nach IAS 1.7 (2008) Oberbegriff für die Gesamtheit der → International Accounting Standards (IAS), der IFRS und der vom → International Financial Reporting Interpretations Committee (IFRIC) oder vom vor April 2001 hierfür zuständigen → Standing Interpretations Committee (SIC) entwickelten Interpretationen. – *2. Unterscheidung von anderen Begriffen:* Die vom → International Accounting Standards Committee (IASC) vor der Umstrukturierung zum IASB, also bis zum April 2001, entwickelten Standards werden als IAS bezeichnet.

Internationalisierung. Sämtliche Formen grenzüberschreitender Geschäftsaktivitäten von Unternehmen in den Bereichen Marketing, Absatz, Finanzierung, Forschung und Entwicklung, Personal, Technologien, Managementwissen und Direktinvestitionen.

Internationalisierungsstrategie. *1. Begriff:* Positionierung eines Unternehmens in einem internationalen Umfeld. Siehe auch → Internationalisierung. – *2. Entwicklungen:* Bereits Ende des 19. Jahrhunderts haben Unternehmen in Europa und den USA mit der Einführung der Massenproduktion ihre Geschäftstätigkeit auf das Ausland ausgedehnt. Seit dem Ende des Zweiten Weltkriegs finden ein stark zunehmender internationaler Austausch von Waren und Dienstleistungen sowie ein Wegfall von Handelshemmnissen statt. Die internationale räumliche → Diversifikation in der Produktion sowie der multikulturelle und multinationale Personaleinsatz nehmen dabei erheblich zu. Die Entwicklungen sind auf regionale Zentren konzentriert. – *3. Ziele:* Erschließung von ausländischen Märkten sowie der systematische Aufbau und die Aufrechterhaltung von Erfolgspotenzialen. Diese dienen zur strategischen Zielerreichung und sollen mit einer länderübergreifenden Handlungskonzeption in Abstimmung mit der Unternehmenssituation und den Rahmenbedingungen umgesetzt werden. – *4. Ausprägungen:* I. sind durch folgende Komponenten und Ausprägungen bestimmt: a) Eigentumsstrategien (strategische Allianzen, internationale Kooperationen und Partnerschaften, internationalen Akquisitionen, Auslandstochtergesellschaften), – b) Wettbewerbsstrategien (Art des angestrebten Wettbewerbsvorteils: → Kostenführerschaft, → Differenzierung), – c) Markteintrittsstrategien (alle Formen grenzüberschreitender Unternehmertätigkeit, z.B. Export, Lizenzvergabe, Direktinvestitionen, Gründung einer Auslandstochtergesellschaft), – d) Funktionsbereichsstrategien (z.B. Standortwahl bei der Produktion, internationale Produkt- und Preispolitik, Technologiestrategie in Forschung und Entwicklung) sowie – e) → Strategien des Managements der politischen Umwelt. Aufgrund von möglichen Überschneidungen und Interdependenzen zwischen den Strategiekonzepten ist die Konsistenz sicherzustellen.

Interne Erfolgsrechnung. → Erfolgsrechnung.

Interne Fonds. Abgegrenzte Portefeuilles an → Kapitalanlagen eines Lebensversicherer, die zur Bedeckung von Verpflichtungen aus fondsgebundenen Versicherungen (→ fondsgebundene Lebensversicherung, → fondsgebundene Rentenversicherung) dienen. Bei fondsgebundenen Versicherungen werden die einem einzelnen Vertrag zugeordneten Kapitalanlagen in Anteilseinheiten geführt. In der Marktpraxis sind dies meist Anteilseinheiten eines von einer Kapitalanlagegesellschaft (KAG) aufgelegten Publikumsfonds. Diese Vorgehensweise ist jedoch nach dem → Versicherungsaufsichtsgesetz (VAG) nicht zwingend. Es ist statt dessen auch möglich, eine für das fondsgebundene Geschäft bestimmte Abteilung des Deckungsstocks, also ein Portefeuille von Kapitalanlagen, im Besitz des Lebensversicherungsunternehmens wie einen Publikumsfonds in Anteilseinheiten zu führen und den Versicherungsverträgen jeweils aus der Beitragszahlung eine bestimmte Anzahl solcher Einheiten zuzuordnen. Ein derart geführtes Portefeuille wird auch als "interner Fonds" bezeichnet.

Interne Modelle. Modelle im Rahmen der Unternehmenssteuerung und von → Solvency II zur internen Messung und Steuerung von Risiken und der → Risikotragfähigkeit im Versicherungsunternehmen. Den I. liegt i.d.R. eine ökonomische Sichtweise zugrunde. Im Gegensatz zum → Standardmodell sind die I. auf die individuellen Gegebenheiten in den einzelnen Versicherungsunternehmen zugeschnitten. Wegen dieser Unternehmensspezifika sind die Ergebnisse der I. allerdings von Außenstehenden nur schwer überprüfbar und vergleichbar. Sobald ein I. existiert und von der → Bundesanstalt für Finanzdienstleistungsaufsicht (BaFin) zertifiziert ist, soll es für die Zwecke von Solvency II an die Stelle des Standardmodells treten.

Interne Rechnungslegung. *1. Begriff:* Berichterstattung an die → Aufsichtsbehörde. Neben der → Rechnungslegung gegenüber der Öffentlichkeit (sog. externe Rechnungslegung) haben die Versicherer der Aufsichtsbehörde gegenüber einen internen Bericht bestehend aus einer für den Aufsichtszweck gegliederten Bilanz, einer nach → Versicherungszweigen und Versicherungsarten gegliederten Gewinn- und Verlustrechnung und weiteren Erläuterungen sowie einen vierteljährlichen internen Zwischenbericht einzureichen (sog. I.). Die I. der Versicherer ist eines der wichtigsten Beobachtungsmittel der Aufsichtsbehörde im Rahmen der → Aufsichtsmittel. – *2. Rechtsgrundlagen:* §§ 55a, 55c VAG, Verordnung über die Berichterstattung von Versicherungsunternehmen gegenüber der → Bundesanstalt für Finanzdienstleistungsaufsicht (Versicherungsberichterstattungs-Verordnung – BerVersV v. 29.3.2006, BGBl. I, S. 622). Während für die externe Rechnungslegung die Vorschriften des Bundes gleichermaßen für Versicherer unter Bundes- und Landesaufsicht gelten, finden die bundesrechtlichen Vorschriften über die I. unmittelbar nur auf Versicherer unter Bundesaufsicht Anwendung; die Landesaufsichtsbehörden machen jedoch i.d.R. von der Möglichkeit Gebrauch, für ihrer Aufsicht unterliegenden Versicherer die Regelungen des Bundes zu übernehmen. – *3. Erweiterte Berichterstattung:* Im Rahmen der Regulierung des Risikomanagement müssen die Versicherer nun auch den Risikobericht und den Revisionsbericht der Aufsichtsbehörde übermitteln (§ 55c VAG). Siehe auch → MaRisk.

Interner Zinsfuß. Kalkulationszinssatz, bei dem der → Kapitalwert einer Investition gleich null ist bzw. die diskontierten Zahlungsüberschüsse (E_t - A_t) die Anschaffungsauszahlung ($-I_0$) gerade decken, formal:

$$0 = -I_0 + \sum_{t=1}^{n} \left(\frac{E_t - A_t}{(1+i)^t} \right) \text{ oder } I_0 = \sum_{t=1}^{n} \left(\frac{E_t - A_t}{(1+i)^t} \right),$$

mit I_0 = Investitionsbetrag zum Zeitpunkt 0; t = Zeitpunkt 1 ... n; E_t bzw. A_t = Einzahlungen bzw. Auszahlungen zum Zeitpunkt t; i = interner Zinsfuß. Der I. kann zur Begründung von Investitionsentscheidungen herangezogen werden. Demnach sollte eine Investition durchgeführt werden, a) wenn der I. den Kapitalkostensatz (Opportunitätskostensatz) übersteigt (und keine Budgetrestriktion gilt) oder – b) wenn bei einem Vergleich verschiedener Investitionsmöglichkeiten die betrachtete den größten I. aufweist (im Fall und im Rahmen gegebener Budgetrestriktionen); auch in diesem Fall sollte der I. zudem den Kapitalkostensatz übersteigen, damit für die Investition nicht nur eine relative, sondern auch eine absolute Vorteilhaftigkeit gilt.

Internes Rechnungswesen. *1. Begriff:* Gesamtheit der internen Verfahren zur Erfassung, Aufbereitung, Darstellung und Auswertung von Zahlenangaben, mit denen die wirtschaftlichen Tatbestände und Vorgänge im Versicherungsunternehmen sowie zwischen dem Versicherungsunternehmen und seinen Marktpartnern abgebildet werden. Das I. ist nur an interne Adressaten, speziell an die Unternehmensführung und die internen Entscheidungsträger, für Analysezwecke und Zwecke der Entscheidungsunterstützung gerichtet. Abzugrenzen vom externen Rechnungswesen bzw. von der → Rechnungslegung sowie von der sog. → internen Rechnungslegung gegenüber der → Aufsichtsbehörde. Siehe auch → Rechnungswesen. – *2. Merkmale:* Die Ausgestaltung des I. beruht nicht auf Rechtsvorschriften, sondern auf betriebswirtschaftlichen Zweckmäßigkeitsregeln. Das I. kann mit zahlungswirtschaftlichen oder erfolgswirtschaftlichen Rechnungsgrundlagen durchgeführt werden. Kernstücke des I. sind die → Kostenrechnung, die → Leistungsrechnung sowie die daraus zusammengesetzte interne → Erfolgsrechnung. – *3. Ziele:* Das I. ist die Basis für die Ermittlung der Zusammenhänge zwischen den eingesetzten Produktionsfaktoren, dem damit verbundenen Werteverzehr (→ Kosten) und den ausgebrachten → Leistungen. Auf dieser Grundlage dient das I. a) im Allgemeinen der Wirtschaftlichkeitssteuerung und -kontrolle und – b) im Besonderen der Preiskalkulation (im → Versicherungsgeschäft: der → Prämienkalkulation).

Internetvertrieb. → E-Commerce.

Invalidentafel. Tabelle, aus der für jedes Alter, getrennt nach Geschlechtern und Berufsgruppen, die → Invalidisierungswahrscheinlichkeiten ableitbar sind.

Invalidisierungswahrscheinlichkeit. *1. Begriff:* Wahrscheinlichkeit, mit der eine bestimmte Person in einem vorgegebenen Zeitraum aufgrund von → Berufs- oder → Erwerbsunfähigkeit aus einem Personenkollektiv ausscheidet. – *2. Merkmale:* I. sind in der Personenversicherung und Altersversorgung neben → Sterbewahrscheinlichkeiten wichtige → Ausscheidewahrscheinlichkeiten. Sie werden – normalerweise normiert auf den Zeitraum von einem Jahr – für unterschiedliche Grundkollektive ermittelt, wie z.B. die Gesamtbevölkerung in einem Land, die sozialversicherungspflichtige Bevölkerung, die Belegschaft eines Unternehmens, einen Versichertenbestand, die Mitglieder eines Berufsstands. Sie werden ferner mindestens differenziert nach Altersklassen und Geschlecht erhoben. Manchmal treten weitere Unterscheidungsmerkmale hinzu, insbesondere die Zugehörigkeit zu einer Berufsgruppe oder Merkmale einer beruflichen Tätigkeit. I. sind sehr stark von der Definition des jeweiligen Leistungsfalls (z.B. Berufsunfähigkeit, Erwerbsunfähigkeit, → Arbeitsunfähigkeit, Einschränkung von Grundfähigkeiten) abhängig, ebenso von den als Leistungsvoraussetzung vorgesehenen Invaliditätsgraden (z.B. 50%ige oder 100%ige Berufs- oder Erwerbsunfähigkeit). – *3. Modell:* Bei der Herleitung von I. werden zunächst „rohe Invalidisierungswahrscheinlichkeiten" aus den relativen Häufigkeiten von Invaliditätsfällen in den nach den gewählten Differenzierungskriterien in Zellen aufgeteilten Grundkollektiven geschätzt. Da bei vielen Grundkollektiven einzelne Zellen nur schwach oder gar nicht besetzt sind, werden diese Rohdaten anschließend durch Glättungs- und Extrapolationsverfahren modifiziert. Die so gewonnenen Werte können als „best estimate"-Schätzer für die I. gelten. Sie werden häufig als „Invalidisierungswahrscheinlichkeiten 2. Ordnung" bezeichnet, da sie in einem Versichertenkollektiv naturgemäß erst nach Abschluss von Verträgen, deren Kalkulation „Invalidisierungswahrscheinlichkeiten 1. Ordnung" zugrunde lagen, ermittelt werden können. Die für künftige Vertragsabschlüsse verwendeten „Invalidisierungswahrscheinlichkeiten 1. Ordnung" werden aus den „Invalidisierungswahrscheinlichkeiten 2. Ordnung" durch Addition von Sicherheits- und Schwankungszuschlägen abgeleitet, deren Höhe von der Größe des Kollektivs und der Art des betriebenen Geschäfts abhängt. – *4. Ziele:* I. sind eine wesentliche statistische Grundlage der Prämien- und Reservekalkulation in der Lebens- und Rentenversicherung, soweit es um zusätzliche Versicherungsdeckungen für bestimmte Fälle der Invalidität geht. – *5. Probleme:* I. sind keine Naturkonstanten. Sie werden von äußeren Rahmenbedingungen beeinflusst und ändern sich daher im Zeitablauf, z.B. in Abhängigkeit von Konjunkturzyklen oder der jeweiligen Praxis von Frühverrentungen in der Sozialversicherung. – *6. Ähnliche Begriffe:* Sterbewahrscheinlichkeit, → Erlebenswahrscheinlichkeit, → Reaktivierungswahrscheinlichkeit.

Invalidität. I. Sozialversicherung: → Erwerbsminderung. – II. Betriebliche Altersversorgung: Eine I. im Sinne der → betriebliche Altersversorgung bAV liegt vor, wenn der Arbeitnehmer aufgrund von körperlichen, geistigen oder seelischen Gebrechen voraussichtlich auf Dauer nicht in der Lage ist, seine Arbeitsleistung für das Unternehmen in vertragsmäßiger Weise zu erbringen. Die näheren Voraussetzungen können in der Versorgungsordnung definiert werden. Häufig wird insbesondere bei → Direktzusagen auf die Voraussetzungen der gesetzlichen Erwerbsminderung abgestellt. Hat ein Arbeitgeber eine Invaliditätsrente zugesagt, so bezieht der Arbeitnehmer, wenn er zum Zeitpunkt des Eintritts des → Versorgungsfalls die Invaliditätsvoraussetzungen erfüllt, die betriebliche Invaliditätsleistung. – III. Private Unfallversicherung: Eine I. im Sinne der → privaten Unfallversicherung liegt vor, wenn die körperliche oder geistige Leistungsfähigkeit der versicherten Person durch einen → Unfall dauerhaft beeinträchtigt wird. Eine Beeinträchtigung ist dauerhaft, wenn sie voraussichtlich länger als drei Jahre bestehen wird und eine Änderung des Zustands nicht erwartet werden kann. – *2. Merkmale:* Die Invaliditätsleistung gilt als die Kernleistung der privaten Unfallversicherung. Innerhalb eines Jahres nach dem Unfall muss die I. eingetreten, innerhalb von 15 Monaten nach dem Unfall von einem Arzt schriftlich festgestellt und beim Unfallversicherer geltend gemacht worden sein. Die Invaliditätsleistung wird i.d.R. in einem Kapitalbetrag ausgezahlt (deshalb auch: „Invaliditätskapital"). Die Höhe der Invaliditätsleistung richtet sich nach dem Invaliditätsgrad unter Berücksichtigung der → Gliedertaxe. Die Versicherungssumme (Grundsumme) für die Invaliditätsleistung wird bei Vertragsabschluss festgelegt. Bei evtl. vereinbarter Progression kann sich diese Summe noch erhöhen. Durch Sondervereinbarungen mit dem Versicherer können die Anspruchsfristen auch z.B. auf 18 Monate heraufgesetzt werden.

Invaliditätsleistung. → Invalidität.

Invaliditätsversicherung. *1. Begriff:* Sammelbezeichnung für verschiedene Versicherungen, die eine Leistung bei bestimmten Einschränkungen der persönlichen Leistungsfähigkeit infolge körperlicher oder psychischer Krankheiten bzw. Verletzungen vorsehen. – *2. Ziele:* I. verfolgen i.d.R. das Ziel, der versicherten Person ein Ersatzeinkommen für den Fall bereitzustellen, dass für eine kürzere oder längere Zeitspanne ein Erwerbseinkommen nicht mehr erzielt werden und Alterseinkünfte noch nicht bezogen werden können. – *3. Ausprägungen:* In der privaten Versicherungswirtschaft werden v.a. für folgende Risiken Deckungen angeboten: a) partielle oder vollständige → Berufsunfähigkeit (→ Berufsunfähigkeitsversicherung), – b) partielle oder vollständige → Erwerbsunfähigkeit (→ Erwerbsunfähigkeitsversicherung), – c) → Arbeitsunfähigkeit, – d) Beeinträchtigung der Ausübung bestimmter Grundfähigkeiten (→ Grundfähigkeitsversicherung), – e) Auftritt lebensbedrohlicher Erkrankungen (→ Dread Disease), – f) Unfallinvalidität. Leistungen werden zumeist in Form einer abgekürzten → Leibrente gewährt, die bei Eintritt des Invaliditätsfalls beginnt und die endet, wenn der Versicherte Anspruch auf Altersruhegeld hat, also meist zwischen dem 60. und 65. Lebensjahr. Eine Ausnahme bilden die Arbeitsunfähigkeitsversicherungen, die oft i.V.m. kürzer laufenden → Restschuldversicherungen abgeschlossen werden, sowie die Unfallinvaliditätsversicherung und die sog. Dread Disease-Versicherungen. Die beiden letztgenannten Versicherungen sehen meist Leistungen in Form einmaliger Kapitalzahlungen vor. Normalerweise wird bei I. ein gleichmäßiger Beitrag über die gesamte Versicherungsdauer gezahlt, jedoch sind auch → Einmalbeiträge und die Vereinbarung einer gegenüber der Versicherungsdauer abgekürzten Beitragszahlungsdauer möglich. Bei Berufs- und Erwerbsunfähigkeitsversicherungen ist es außerdem möglich, eine bei Eintritt des Versicherungsfalls innerhalb der Versicherungsdauer über die Versicherungsdauer hinausreichende Rentenzahlung zu vereinbaren. – *4. Probleme:* Bei Berufs- und Erwerbsunfähigkeitsversicherungen ist die Leistungspflicht des Versicherers i.d.R. an einen bestimmten Mindestgrad der → Invalidität geknüpft, oft auch – wie bei Unfallinvaliditätsdeckungen – die Leistungshöhe, so dass geringfügige Abweichungen in der Einschätzung eines Invaliditätsgrads für den Kunden große materielle Auswirkungen haben können. Die präzise Einschätzung des Invaliditätsgrads spielt im Übrigen nicht nur bei der erstmaligen Leistungsanerkennung eine Rolle, sondern auch bei der laufenden Überprüfung, da die meisten Bedingungswerke zumindest in den ersten Jahren einer Rentenzahlung die Möglichkeit der → Reaktivierung vorsehen.

Investition. Eine im Regelfall zielgerichtete Handlung, die eine langfristige → Kapitalbindung mit der Absicht verfolgt, zukünftige Erträge zu erwirtschaften. In der Versicherungswirtschaft fokussieren sich I. auf die Anschaffung von Betriebsmitteln (z.B. Hardware, Software, Bürogebäuden), die Gewinnung und Förderung von Mitarbeitern, den Aufbau von Außenorganisationen sowie den Erwerb von Versicherungsbeständen.

Investitionsgüterkreditversicherung. *1. Begriff:* Versicherung des → Ausfallrisikos von Forderungen aus Lieferungen von langlebigen Wirtschaftsgütern und/ oder Werklieferungen mit mittleren oder langfristigen Laufzeiten gegenüber gewerblichen Kunden. – *2. Arten:* Die I. wird als Einzeldeckung oder als → revolvierende Deckung ausgestaltet. Die revolvierende Deckung beinhaltet wie in der → Warenkreditversicherung einen Rahmenvertrag und Einzelverträge. Diese kommen zustande, wenn der Kreditversicherer auf den Antrag des Versicherungsnehmers Versicherungsschutz mittels einer → Kreditmitteilung festsetzt. Der Versicherungsnehmer ist verpflichtet, oberhalb der im Versicherungsschein genannten → Antragsgrenze für alle Forderungen gegen seine Kunden in den versicherten Ländern ausreichende Versicherungssummen zu beantragen (vgl. → Antragspflicht). Die I. in Form der revolvierenden Deckung ist eine → laufende Versicherung i.S.d. §§ 53 ff. VVG.

Investmentfonds, *kurz Fonds.* Konstrukt zur Geldanlage. Eine Investmentgesellschaft (deutscher Fachbegriff: Kapitalanlagegesellschaft) sammelt das Geld der Anleger, bündelt es in einem Sondervermögen - dem Investmentfonds - und investiert es in einem Anlagebereich oder in mehreren Anlagebereichen (siehe auch → Assetklasse). Das Geld im I. wird nach vorher festgelegten Anlageprinzipien z.B. in Aktien, in Rentenwerten, in Immobilien und/ oder am Geldmarkt angelegt. Im Regelfall müssen I. bei der Geldanlage den Grundsatz der Risikomischung beachten, d.h. es darf nicht das gesamte Fondsvermögen z.B. in nur eine Aktie oder nur eine Immobilie investiert werden. Durch die Streuung auf verschiedene Anlagegegenstände wird das Anlagerisiko reduziert. Die Anteilscheine können i.d.R. an jedem (Börsen-)Tag gehandelt werden.

Invitatiomodell. *1. Begriff:* Verfahrensvariante beim Abschluss eines → Versicherungsvertrags, die im Zuge der → VVG-Reform von der Versicherungswirtschaft als Alternative zum → Antragsmodell entwickelt wurde. Beim I. wird der → Versicherungsantrag vom Versicherungsunternehmen gestellt, die Annahme erfolgt durch den Versicherungsnehmer. Das Antragsverfahren wird also umgekehrt; es findet ein Rollentausch zwischen dem Versicherungsunternehmen und dem Versicherungsnehmer statt. – *2. Ablauf:* a) Klärung des Versicherungsbedarfs: Beratungsgespräch zwischen dem Versicherungsnehmer bzw. Versicherungsinteressenten und dem → Versicherungsvermittler, Ausfüllung von Formularen im Vertriebsprozess. – b) Anfrage beim Versicherungsunternehmen: Kein bindender Antrag des Versicherungsnehmers, sondern Aufforderung zur Abgabe eines Angebots seitens des Versicherungsunternehmens. Inhalt der Anfrage: Produktgestaltung und Versicherungsbedingungen, Tarif, Prämie, Beginn und Ende der Versicherungsdauer, Zahlungsweise etc., Antworten auf Risikofragen. – c) Antrag des Versicherungsunternehmens: Antragstellung nach Risikoprüfung gemäß den „Annahmerichtlinien" des Versicherungsunternehmens, zugleich Übermittlung sämtlicher Informationen. Die Antragstellung in Form eines Versicherungsscheins ist möglich (Angebotspolice), dann ist aber eine deutliche Klarstellung der Annahmebedürftigkeit gegenüber dem Versicherungsnehmer notwendig. Der Antrag des Versicherungsunternehmens kann Annahmefristen für den Versicherungsnehmer enthalten. An der Rechtzeitigkeit der Informationen ist auch bei kürzeren Annahmefristen nicht zu zweifeln. – d) Annahme durch Versicherungsnehmer: Ausdrücklich z.B. durch Rücksendung einer vorbereiteten Annahmeerklärung, konkludent durch aktive Prämienzahlung seitens des Versicherungsnehmers (Barzahlung, Überweisung; nicht Duldung einer Lastschrift). Bei fehlender Reaktion von Seiten des Versicherungsnehmers ist eine Nachbearbeitung notwendig. – e) Übersendung des Versicherungsscheins, evtl. Bestätigung der Annahme. – *3. Verhältnisse in der Praxis:* Das Antragsmodell beherrscht die Praxis: Der Versicherungsnehmer (Kunde, Versicherungsinteressent) stellt den Versicherungsantrag, den das Versicherungsunternehmen nach einer → Risikoprüfung annimmt. Das neue VVG geht auch erkennbar vom Antragsmodell aus (§§ 5, 8 II, 19 I S. 2, 33 VVG), ohne dass daraus eine Sperrwirkung gegenüber anderen Vertragsabschlussverfahren herzuleiten wäre. Vor der VVG-Reform herrschte das → Policenmodell vor (Widerspruchsverfahren: § 5a VVG a.F.). Es ermöglichte die Übermittlung der Verbraucherinformationen und der → Allgemeinen Versicherungsbedingungen (AVB) erst mit dem → Versicherungsschein, nicht schon vor bzw. bei Antragstellung des Versicherungsnehmers, wie nach dem Antragsmodell. Das neue VVG hat aber das Policenmodell nicht fortgeführt und gleichzeitig eine „rechtzeitige Information des Versicherungsnehmers vor Abgabe seiner Vertragserklärung" (§ 7 I S. 1 VVG) vorgeschrieben. Da über den auslegungsbedürftigen Begriff der „Rechtzeitigkeit" im Antragsmodell keine vollständige Klarheit herrscht, soll das I. Abhilfe bringen. Eine Antragstellung von Seiten des Versicherungsunternehmens gab es zwar schon immer. Folgende Fälle sind zu nennen: a) Einholung von Angeboten durch den → Versicherungsmakler als originäre Antragstellung seitens des Versicherungsunternehmens; – b) Fernabsatz außerhalb des Internets; – c) verspätete Annahme, die als neuer Antrag seitens des Versicherungsunternehmens zu werten ist. Für eine weitergehende oder turnusgemäße Anwendung des I. nach der VVG-Reform werden allerdings Anpassungen gesetzlicher Vorschriften notwendig. Praktische Bedeutung hat das I. v.a. bei Einschaltung eines Versicherungsmaklers als Stellvertreter des Versicherungsnehmers. – *4. Anpassungen gesetzlicher Vorschriften:* a) Kenntnis des Versicherungsnehmers vom Versicherungsfall: § 2 II S. 2 VVG geht bei der → Rückwärtsversicherung vom Antrag des Versicherungsnehmers aus, der der Annahme des Versicherungsunternehmens vorausgeht. Nach dem I. wird aber umgekehrt verfahren. Von daher ist beim I. auf die Anfrage des Versicherungsnehmers oder auf den Antrag des Versicherungsunternehmens als maßgeblichen Zeitpunkt abzustellen. – b) Abweichungen zwischen Anfrage und Angebot: Keine Anwendung von § 5 VVG, der vorschreibt: „Weicht der Inhalt des Versicherungsscheins von dem Antrag des Versicherungsnehmers oder den getroffenen Vereinbarungen ab, gilt die Abweichung als genehmigt, wenn die Voraussetzungen des Absatzes 2 erfüllt sind und der Versicherungsnehmer nicht innerhalb eines Monats nach Zugang des Versicherungsscheins in Textform widerspricht." Das Versicherungsunternehmen trifft eine entsprechende Belehrungspflicht. – c) → Vorvertragliche Anzeigepflicht: Pflichten zur Angabe von Risikoumständen treffen den Versicherungsnehmer nur bis zur Abgabe seiner Vertragserklärung (= Antrag des Versicherungsnehmers), danach nur auf Nachfrage des Versicherungsunternehmens bis zur Vertragsannahme. Die Regelung nach dem I. ist noch unklar. Eine Schlechterstellung des Versicherungsnehmers ist jedoch nach § 32 VVG unzulässig. Als maßgeblicher Zeitpunkt gilt die Anfrage. Ein Nachfragerecht des Versicherungsunternehmens gilt (nur) bis zu seinem (bindenden) Angebot. – d) Fälligkeit der → Erstprämie: Im Fall der Angebotspolice ist die Erstprämie nicht schon ab Zugang des Versicherungsscheins, sondern erst ab der Vertragsannahme von Seiten des Versicherungsnehmers fällig. Gegenüber dem Antragsmodell ergibt sich keine Änderung, falls der Versicherungsschein erst nach der Vertragsannahme durch den Versicherungsnehmer übermittelt wird. – e) Widerrufsrecht des Versicherungsnehmers: Die Frist beginnt im Fall der Angebotspolice erst mit Zugang der Annahmeerklärung beim Versicherungsunternehmen oder mit der Erkennbarkeit des Annahmeverhaltens seitens des Versicherungsnehmers (Eingang der überwiesenen Prämie). Eine Bestätigung durch das Versicherungsunternehmen hilft insoweit, als dem Versicherungsnehmer ansonsten eine präzise Kenntnis dieses Zeitpunkts fehlt. Die Widerrufsbelehrung ist entsprechend anzupassen. Gegenüber dem Antragsmodell ergeben sich wiederum keine Änderungen, wenn der Versicherungsschein erst nach der Vertragsannahme durch den Versicherungsnehmer übermittelt wird.

Inzidenz. *1. Begriff:* Anzahl neu aufgetretener Krankheitsfälle innerhalb einer fest umschriebenen Population/ Bevölkerungsgruppe in einem bestimmten Zeitraum. – *2. Merkmale:* Üblicherweise wird dieser Zeitraum auf ein Jahr bezogen und die Bevölkerungsgruppe auf 100.000 standardisiert, also z.B. 300 neue Schlaganfälle pro Jahr und pro 100.000 bei 60 bis 65-jährigen Deutschen.

IOSCO. *1. Begriff:* Abk. für International Organization of Securities Commissions. Die I. die Internationale Organisation der Wertpapieraufsichtsbehörden, gegründet 1983. Sitz in Madrid. – *2. Mitglieder:* Wertpapieraufsichtsbehörden von ca. 170 Ländern weltweit. – *3. Aufgaben:* Erarbeitung internationaler Standards im Bereich der Wertpapieraufsicht; Förderung der Kooperation zwischen den Wertpapieraufsichtsbehörden; Austausch von Informationen zwischen den Mitgliedsbehörden; Entwicklung von Standards zur Verbesserung der nationalen und grenzüberschreitenden Aufsicht über den Wertpapierhandel. – *4. Ziele:* Anlegerschutz sowie die Förderung weltweit einheitlicher Börsenzulassungs- und Wertpapierzulassungsstandards, um einen fairen und effizienten Wertpapierhandel zu ermöglichen.

Irrtumsrisiko. *1. Begriff:* Komponente des → versicherungstechnischen Risikos. Umfasst die Auswirkungen einer Fehleinschätzung der Zufallsgesetzmäßigkeit der Versicherungsleistungen (Ansatz falscher Kalkulationsgrundlagen) auf die Abschätzung der Wahrscheinlichkeit eines technischen Ruins (→ Ruintheorie), d.h. des Eintritts des Ereignisses, dass der periodische → Gesamtschaden des versicherten Kollektivs die vorhandenen Finanzmittel in Form der Summe aus der vereinnahmten kollektiven Prämie für die Risikodeckung (→ Risikoprämie) und dem vorhandenen Sicherheitskapital übersteigt. – *2. Arten:* Die Fehleinschätzung kann zum einen bei der Analyse der Daten über Versicherungsleistungen früherer Perioden erfolgen (→ Diagnoserisiko). Aber selbst wenn die Zufallsgesetzmäßigkeit der Versicherungsleistungen früherer Perioden korrekt erfasst wurde, besteht im Hinblick auf künftige Perioden zum anderen noch ein → Änderungsrisiko (auch: Prognoserisiko). Teilweise (unter Verwendung einer unterschiedlichen Abgrenzung) wird das I. auch mit dem Diagnoserisiko gleichgesetzt.

Istkostenrechnung. *1. Begriff:* Urtypus der → Kostenrechnung. Die I. erfasst vergangenheitsbezogen alle tatsächlich angefallenen → Kosten und ordnet diese den Kostenarten, Kostenstellen und Kostenträgern zu, ohne Korrekturen vorzunehmen (siehe auch → Kostenartenrechnung, → Kostenstellenrechnung, → Kostenträgerrechnung). Abzugrenzen von der → Plankostenrechnung und der → Prognosekostenrechnung. – *2. Merkmale:* Die I. arbeitet mit den Ist-Werten und ist folglich auch für die Nachkalkulation anwendbar. Der wesentliche Nachteil der I. ist, dass keine Soll-Werte zugeordnet werden und somit auf ihrer Basis keine Wirtschaftlichkeitskontrolle möglich ist. Jedoch werden durch die I. sowohl Zeit- als auch Betriebsvergleiche ermöglicht. – *3. Ziele:* Die I. dient i.Allg. der Analyse der

Geschäftstätigkeit. Sie kann auch zur Preiskalkulation (im → Versicherungsgeschäft: zur → Prämienkalkulation) eingesetzt werden, sofern davon ausgegangen werden kann, dass die Kostensituation der Vergangenheit repräsentativ die Zukunft abbildet.

Ist-Solvabilität. → Eigenmittel.

IT. Abk. für → Informationstechnik.

IT-Betrieb. Organisationseinheit innerhalb der → Informationstechnik. Der I. hat die Aufgabe, die Hardware und die zum Betrieb der Hardware erforderliche → Software in angemessenem Umfang zur Verfügung zu stellen und störungsfrei zu betreiben. Dafür muss der I. den → Anwendungen das erforderliche technische Umfeld und die notwendigen Prozesse zuordnen. Im Störungsfall dient der I. als zentrale Ansprechstelle der Anwender, bei Ausfällen hat er für die möglichst kurzfristige Wiederherstellung der Verfügbarkeit Sorge zu tragen

IT-Controlling. Controlling ist ein umfassendes Steuerungs- und Koordinationskonzept zur Unterstützung der Unternehmensleitung und der führungsverantwortlichen Stellen bei der ergebnisorientierten Planung und Umsetzung unternehmerischer Aktivitäten. I. ist ein Bereichscontrolling, mit der Aufgabe, die Planung und Steuerung der IT-Aktivitäten sicherzustellen.

ITIL. Abk. für → Information Technology Infrastructure Library.

J

Jahresabschluss. *1. Begriff:* Element der Rechnungslegung (vgl. → Rechnungslegung von Versicherungsunternehmen) und neben dem → Lagebericht Teil des → Geschäftsberichts. – *2. Merkmale:* Bestandteile des J. sind die → Bilanz und die → Gewinn- und Verlustrechnung (GuV); bei Kapitalgesellschaften und grundsätzlich bei Versicherungsunternehmen umfasst der J. auch einen → Anhang. Der J. von Versicherungsunternehmen ist von einem externen Abschlussprüfer zu prüfen (vgl. → Abschlussprüfung von Versicherungsunternehmen). – *3. Ziele:* Abhängig von der Rechtsgrundlage des Jahresabschlusses. Nach dem deutschen Recht (Rechnungslegung nach dem HGB) steht der Gläubigerschutz im Vordergrund. Das internationale Recht (Rechnungslegung nach → IAS/ → IFRS) sieht die Information der Anteilseigner im Mittelpunkt. – *4. Gesetzliche Grundlagen:* a) Deutsches Recht: Allgemeine handelsrechtliche Regelungen nach §§ 242-246 sowie 264 ff. HGB. Lex specialis für Versicherungsunternehmen nach §§ 341a ff. HGB, den Vorschriften aus dem → Versicherungsaufsichtsgesetz (VAG) und der → Verordnung über die Rechnungslegung von Versicherungsunternehmen (RechVersV). – b) Internationales Recht: IAS/IFRS und deren Interpretationen (→ International Financial Reporting Interpretations Committee; kurz: IFRIC). – *5. Funktionen:* a) Informationsfunktion. – b) Ausschüttungsbemessungsfunktion. – c) Steuererbemessungsgrundlage.

Jahresabschlussanalyse. *1. Begriff:* Auswertung von → Jahresabschlüssen mit dem Ziel, die Vermögens-, Finanz- und Ertragslage von Unternehmen zu beurteilen. – *2. Arten:* a) Einzelanalyse eines einzelnen Unternehmens auf Basis einer einjährige Betrachtung. Die Einzelanalyse führt aufgrund der mangelnden Vergleichbarkeit über die Zeit sowie zwischen verschiedenen Unternehmen zu wenig aussagefähigen Auswertungen. – b) Vergleichsanalyse in Form einer Zeitreihenbetrachtung. Dabei wird ein einzelnes Unternehmen über mehrere Jahre hinweg analysiert. Mit der Zeitreihenanalyse können Durchschnitte, Trends und Zufallsschwankungen ermittelt und über den Zeitverlauf abgebildet werden. – c) Vergleichsanalyse in Form eines Unternehmensvergleichs. Dabei werden mehrere Unternehmen mit möglichst ähnlicher Portefeuillestruktur bzw. ähnlichem Leistungsangebot betrachtet. Die Unternehmensvergleichsanalyse kann auf einjähriger Basis oder über einen mehrjährigen Zeithorizont (kombinierte Unternehmensvergleichs- und Zeitreihenanalyse) durchgeführt werden. – *3. Objekte der J.:* Die wesentlichen Objekte der J. sind der Bestand an Geschäften, bei Versicherungsunternehmen konkret der Versicherungsbestand, als Ausgangspunkt der Betrachtungen, sowie die → Bilanz, die → Gewinn- und Verlustrechnung (GuV) und der → Anhang als die eigentlichen Bestandteile des Jahresabschlusses eines Unternehmens. Die Bilanzanalyse wird oft mit der J. begrifflich gleichgesetzt, was unzutreffend ist, da sie tatsächlich nur einen Teil davon bildet: nämlich die Analyse von Rohdaten oder Kennzahlen aus der Bilanz eines Unternehmens. Im Rahmen einer J. wird ergänzend zu den Bestandteilen des Jahresabschlusses auch oft der → Lagebericht mit analysiert; in diesem Fall müsste korrekterweise statt von einer J. von einer Geschäftsberichtsanalyse gesprochen werden. – *4. Ergebnisse der J., besonders von Versicherungsunternehmen:* Ergebnisse der J. sind verschiedene Kennzahlen, im Versicherungsunternehmen insbesondere a) Kennzahlen zu → Prämien: Zuwachsraten der → Bruttoprämien und der Prämien für eigene Rechnung (→ Nettoprämien), Marktanteile. – b) Kennzahlen zu Aufwendungen: → Schadenquoten, → Betriebskostenquote. *Hinweis:* In Wissenschaft und Praxis

	2003	2004	2005	2006	2007	2008	2009
Jährlich	45.900 EUR	46.350 EUR	46.800 EUR	47.250 EUR	47.700 EUR	48.150 EUR	48.600 EUR
Monatlich	3.825 EUR	3.862,50 EUR	3.900 EUR	3.937,50 EUR	3.975 EUR	4.012,50 EUR	4.050 EUR

Jahresarbeitsentgeltgrenze

wird üblicherweise selbst dann von der Betriebskostenquote gesprochen, wenn die Versicherungsprämien (Nenner) mit den Schadenaufwendungen (Zähler) in Beziehung gesetzt werden. Im Grunde ist das irreführend. Vgl. hierzu auch die Abgrenzungen von → Aufwendungen und → Kosten. – c) Kennzahlen zum Erfolg: Umsatzrentabilität, Eigenkapitalrentabilität. – d) Kennzahlen zur Sicherheit: Eigenkapitalquote, Reservierungsquoten, → Solvabilitätsdeckungsgrad. – e) Kennzahlen zu den → Kapitalanlagen: → laufende Durchschnittsverzinsung, → Nettoverzinsung.

Jahresarbeitsentgeltgrenze, *Versicherungspflichtgrenze.* – *1. Begriff:* Einkommensgrenze, unterhalb der für Arbeitnehmer in der deutschen → gesetzlichen Krankenversicherung (GKV) → Versicherungspflicht gilt. Für Selbstständige, Freiberufler und → Beamte gilt die J. nicht (→ Versicherungsfreiheit). – *2. Merkmale:* Die J. ist ein Betrag in Euro pro Jahr. Sie wird seit 1970 jährlich so angepasst, wie sich Bruttolöhne und -gehälter je Arbeitnehmer vom vorvergangenen Jahr zum vergangenen Jahr verändert haben. Mit dem Beitragssatzsicherungsgesetz vom 23.12.2002 (BGBl. I S. 2002) hat der Gesetzgeber die J. diskretionär deutlich stärker angepasst als die Löhne und Gehälter gewachsen sind. Da die sich daraus ergebende J. des Jahres 2003 Basis für die Folgejahre ist, wirkt der Eingriff bis heute nach. – *3. Bedeutung:* Arbeitnehmer müssen sich grundsätzlich bei einer → Krankenkasse in der GKV versichern, sind also pflichtversichert. Dies gilt nicht, wenn ihr Jahreseinkommen die J. übersteigt. Dann können sie entweder als freiwillig Versicherte bei ihrer Krankenkasse bleiben oder Kunde in der → privaten Krankenversicherung (PKV) werden. Die J. im Überblick: siehe Tabelle oben. Für das Jahr 2010 liegt die J. bei 49.950 Euro bzw. bei 4.162,50 Euro pro Monat. Für Arbeitnehmer, deren Jahresarbeitsentgelt am 31.12.2002 über der J. des Jahres 2002 lag und die an diesem Tag privat krankenversichert waren, gilt seit dem Jahr 2003 eine besondere Jahresarbeitsentgeltgrenze. Diese beträgt für das Jahr 2010 45.000 Euro (3.750 Euro monatlich). Ursächlich für die Trennung ist das zum 1.1.2003 in Kraft getretene Beitragssatzsicherungsgesetz, durch das die J. formal von der → Beitragsbemessungsgrenze in der → Gesetzlichen Rentenversicherung (GRV) abgekoppelt worden ist. Beide Grenzen gelten bundeseinheitlich und werden jährlich entsprechend der Grundlohnentwicklung angepasst. – *4. Ausscheiden aus der Versicherungspflicht:* Bis 2006 galt die Regel, dass die Versicherungspflicht für das Folgejahr erlosch, wenn das Einkommen eines Jahres und voraussichtlich auch das des Folgejahres die J. überstieg. Mit dem Gesetz zur Stärkung des Wettbewerbs in der gesetzlichen Krankenversicherung (GKW-WSG) vom 26.3.2007 (BGBl. I S. 378) wurde hingegen geregelt, dass die Versicherungspflicht seit 2007 nur dann endet, wenn das Jahresarbeitsentgelt die J. in drei aufeinander folgenden Kalenderjahren überstiegen hat. Die schwarz-gelbe Bundesregierung hat im Koalitionsvertrag vom Oktober 2009 angekündigt, die alte Rechtslage wieder herstellen zu wollen. – *5. Konsequenzen der Neuregelungen:* Die jährliche Dynamisierung der J. entsprechend der durchschnittlichen Lohnerhöhungen bewirkte, dass der Anteil der GKV-Mitglieder, die oberhalb der Grenze lagen und sich für einen Wechsel in die → private Krankenversicherung (PKV) entscheiden konnten, stabil blieb. Durch die diskretionäre Erhöhung der J. Ende 2002 und die Vorgabe einer mindestens dreijährigen Überschreitung ab 2007 hat sich der potenzielle Kreis der Adressaten für einen Wechsel in die PKV verringert. – *6. Abgrenzungen:* Die Beitragsbemessungsgrenze regelt, bis zu welcher Höhe Einkommen als beitragspflichtige Einnahmen für die Bemessung zur Beitragszahlung in die GKV heranzuziehen ist. Bis 2002 waren die J. und die Beitragsbemessungsgrenze identisch; durch die diskretionäre Erhöhung nur der J. für das Jahr 2003 liegt die Beitragsbemessungsgrenze seitdem allerdings unterhalb des Niveaus der Jahresarbeitsentgeltgrenze.

Jahreshöchstentschädigungen. Beschränkung der Höhe der Entschädigungsleistungen seitens des Versicherers pro Jahr auf einen Maximalwert. Siehe auch → Entschädigungsgrenzen.

Jahresnettobeitrag. Der im Fall → laufender Beiträge pro Jahr fällige → Beitrag ohne Berücksichtigung der Betriebskostenzuschläge. Siehe auch → Nettoprämie.

Jahresschadenexzedentenrückversicherung. → Stop Loss.

Jahresüberschadendeckung. → Stop-Loss.

Job-Enlargement, *Arbeitserweiterung, Aufgabenerweiterung.* – *1. Begriff:* Zusammenfassen verschiedener qualitativ gleichwertiger Aufgaben mit ungefähr gleichem Anforderungsniveau zu einem Aufgabenkomplex (z.b. Rundum-Sachbearbeitung). – *2. Ziele:* Die horizontale Erweiterung der Aufgaben soll einen besseren Einblick in Arbeitszusammenhänge geben, indem z.b. vor- oder nachgelagerte Tätigkeiten übernommen, Monotonie abgebaut und/ oder einseitige körperliche und geistige Beanspruchungen vermieden werden. – *3. Probleme:* J. trägt nur bedingt zur Individualisierung bzw. Flexibilisierung der Arbeit bei. J. ist mit Qualifizierung bzw. Einarbeitung verbunden, der Beitrag zur individuellen → Personalentwicklung ist eher gering.

Job-Enrichment, *Arbeitsbereicherung, Aufgabenbereicherung.* – *1. Begriff:* Ausweitung des Arbeitsfelds um qualitativ höherwertige und anspruchsvollere Aufgaben. Hierzu zählen neben den Durchführungsaufgaben die vorbereitende Planung, die Entscheidungskompetenz, die Budgetverantwortung und/ oder die Kontrolle von Arbeitsabläufen oder -ergebnissen. – *2. Ziele:* Die vertikale Ausweitung soll das Personal auf weitere Aufgaben vorbereiten, evtl. auch auf eine hierarchische Entwicklung. J. ist eine Maßnahme der → Personalentwicklung. – *3. Probleme:* J. ist mit einem hohen Aufwand an Qualifizierung verbunden, der manche Mitarbeiter an ihre Entwicklungsgrenzen führt.

Job-Rotation, *Arbeitsplatzwechsel.* – *1. Begriff:* In ihrer Grundform steht J. für einen planmäßigen Wechsel von Arbeitsplätzen und Arbeitsaufgaben; in diesem Zusammenhang wird J. auch der Aufgabenerweiterung (vgl. → Job-Enlargement) zugerechnet. Wird J. als Konzept der → Personalentwicklung oder → Führungskräfteentwicklung verstanden, bedeutet dies, dass Mitarbeiter (meist Nachwuchs- oder Führungskräfte) gezielt an bestimmten Arbeitsplätzen zeitlich befristet beschäftigt werden. – *2. Ziele:* In der Grundform dient J. dazu, einseitigen körperlichen oder geistigen Beanspruchungen und der Ermüdung durch Wechsel der Tätigkeiten innerhalb einer Gruppe vorzubeugen. Weitere Ziele liegen in der → Motivation, der Erweiterung der beruflichen Qualifikation sowie der Ausstattung von ausgewählten Potenzialträgern mit einem ganzheitlichen Verständnis über das Unternehmen und dessen bereichsübergreifende Prozesse. Die Potenzialträger können dadurch flexibler eingesetzt und auf verschiedenen Arbeitsplätzen getestet werden. – *3. Probleme:* J. stößt dort an Grenzen, wo berufliche Basisqualifikationen überschritten werden (z.B. kann ein Ingenieur keine juristischen Aufgaben übernehmen), der Wechsel von Arbeitsplatz und Aufgabe zu schnell erfolgt oder die Mitarbeiter die ihnen vertraute Arbeit vorziehen.

Juristische Assistance. *1. Begriff:* → Assistance insbesondere bei Auslandsaufenthalten, in rechtlichen Problemsituationen. *2. Merkmale:* Die J. unterstützt die Kunden der Partnerunternehmen eines → Assisteurs bei juristischen Problemstellungen weltweit. Die Leistungen beinhalten die Benennung und Vermittlung von Anwälten im Ausland, die Verauslagung von Strafkautionen und/ oder Gerichtsgebühren sowie jegliche Unterstützung bei der Ersatzbeschaffung von Dokumenten. – *3. Abgrenzung und Ausschluss:* Die J. leistet keine → Rechtsberatung.

K

Kalkulationsverfahren. *1. Begriff:* Rechenverfahren des internen Rechnungswesens, die zur Ermittlung der Stückselbst- oder Auftragsselbstkosten von Endprodukten oder auch von Zwischenprodukten eingesetzt werden. – *2. Arten:* Um die Selbstkosten je Kostenträgereinheit zu ermitteln, a) dividiert die Divisionskalkulation die Gesamtkosten durch die Produktionsstückzahl, – b) rechnet die Äquivalenzziffernkalkulation verschiedenen Produkten die Kosten nach Verhältniszahlen zu, – c) ordnet die Zuschlagskalkulation mit Hilfe von Zuschlagssätzen den Produkten Gemeinkosten zu (Einzelkosten können direkt zugeordnet werden). – *3. K. in der Versicherungswirtschaft:* K. ermitteln die Kosten für Versicherungsprodukte und damit deren Preisuntergrenzen. Die Differenz zwischen tatsächlich zu vereinnahmender Versicherungsprämie und der Preisuntergrenze stellt den Kapitalwert des Versicherungsprodukts dar. Die wichtigsten Prämienmodelle sind a) Aktuarielle Modelle: Die Versicherungsprämie setzt sich aus der sog. reinen Risikoprämie, den dem Produkt zuzuordnenden Kapitalanlageergebnissen, dem Deckungsbeitrag für die Betriebskosten und Sicherheitszuschlägen zusammen. Dabei entspricht die reine Risikoprämie gemäß dem → versicherungstechnischen Äquivalenzprinzip dem ggf. diskontierten Erwartungswert der Schadenzahlungen. Der Sicherheitszuschlag wird gemäß unterschiedlicher Methoden ermittelt, die dem vom Versicherungsunternehmen übernommenen Risiko Rechnung tragen sollen. – b) Kapitalmarktorientierte Modelle: In diesen Modellen werden Interdependenzen zwischen dem Versicherungsgeschäft und dem Kapitalmarkt einbezogen. Dabei wird die Mindestprämie bestimmt, bei der die Eigner des Versicherungsunternehmens eine risikoadäquate Verzinsung ihres eingesetzten Kapitals erhalten. Das bekannteste Modell in dieser Modellgruppe ist das Insurance-CAPM, das auf dem → Capital Asset Pricing Model (CAPM) aufbaut. Für das Problem der Schlüsselung eigenkapitalgetriebener Gemeinkosten auf die Versicherungsprodukte bietet das Myers/ Read-Modell (2001) einen Lösungsansatz, der auf optionspreistheoretischen Überlegungen beruht.

Kapitalabfindung. *1. Begriff:* Einmalige Auszahlung eines Geldbetrags zu Gunsten des → Versicherungsnehmers bzw. des → Bezugsberechtigten aus einem → Versicherungsvertrag zum Zweck der Entschädigung im → Versicherungsfall oder zur Auszahlung des Kundenguthabens. – *2. Merkmale:* Als K. wird eine einmalige Geldleistung zum Ende der → Versicherungsdauer oder als Entschädigung im Versicherungsfall bezeichnet, die alle weiteren Leistungen aus dem Versicherungsvertrag ablöst (z.B. eine eigentlich vereinbarte Rente). Die K. wird im → Drei-Schichten-Modell der Altersvorsorge, namentlich in der → Basisversorgung und der → Zusatzversorgung, teilweise eingeschränkt oder, wie in der Schicht der → privaten Altersvorsorge, im Vergleich zur Rentenzahlung steuerlich benachteiligt. Für Verträge, deren Beginn noch vor dem 1.1.2005 lag, sind K. nach einer Laufzeit von zwölf Jahren noch steuerfrei. Die steuerlichen Regelungen zu K. für Verträge, die nach dem 1.1.2005 geschlossen wurden, sind in den einzelnen Schichten der Altersvorsorge unterschiedlich gestaltet.

Kapitalallokation, *Capital Allocation. – 1. Begriff:* Zuordnung von Kapital, zumeist Eigenkapital, auf einzelne Unternehmensbereiche. – *2. Merkmale:* Die K. kann physisch oder virtuell erfolgen. Bei einer physischen K. wird einzelnen Unternehmensbereichen Kapital für Investitionen zugeteilt. Bei der in Finanzdienstleistungsunternehmen zumeist anzufindenden virtuellen K. wird einzelnen Unternehmensbereichen rechnerisch Eigenkapital zugeordnet. I.d.R. wird dazu zunächst eine Eigenkapitalgröße zu Marktwerten auf

Gesamtunternehmensebene ermittelt, die die gewünschte Risikosituation (z.B. im Sinne einer Insolvenzwahrscheinlichkeit) gewährleistet. Diese Eigenkapitalgröße wird im Rahmen der K. auf einzelne Unternehmensbereiche verteilt. Hierzu wird in der Literatur eine Vielzahl von Verfahren vorgeschlagen, die häufig dem Risiko des betrachteten Unternehmensbereichs Rechnung tragen und bestimmten mathematisch-statistischen Anforderungen genügen sollen. – *3. Ziele und Zwecke:* Mit der K. sollen unterschiedliche Zielsetzungen erreicht werden: a) eine Risikolimitierung in dem Sinne, dass ein Bereichsmanagement nur Risiken in einer Höhe eingehen darf, bei der das allozierte Kapital mögliche Verluste in definiertem Umfang auffangen kann (Beispiel: Risikolimits auf Basis von → Value at Risk im Kapitalanlagebereich). – b) Unterstützung der Produktkalkulation, indem Gemeinkosten, bei denen das allozierte Kapital als Gemeinkostentreiber verwendet wird, auf die Unternehmensbereiche und deren Produkte umgelegt werden. – c) → Performance-Messung einzelner Unternehmensbereiche und deren Management, indem die K. als Grundlage von Performance-Maßen wie → EVA® oder → RAROC dient. Bezüglich b) und c) ist kritisch anzumerken, dass das aus der K. folgende Ergebnis für die Produktpreise bzw. die Performance-Messung von der gewählten, nicht willkürfreien Allokationsmethode abhängt.

Kapitalanlage. *1. Begriff:* Langfristige Investition von Geldmitteln am Kapitalmarkt. – *2. Arten:* Unterschieden werden Finanzanlagen und Sachanlagen. Finanzanlagen umfassen alle monetären Vermögensgegenstände, während sich Sachanlagen im Rahmen der K. auf → Immobilien beschränken. – *3. Rechtsgrundlagen:* Finanzanlagen sind in Deutschland durch die Finanzdienstleistungsgesetzgebung und -aufsicht geregelt, während Anlagen in Immobilien keiner gesonderten Aufsicht unterliegen. Die gesetzliche Grundlage für die K. im Versicherungsunternehmen bilden die §§ 54-54d VAG. – *4. Ziele:* Das Vermögen des Versicherungsunternehmens ist so anzulegen, dass möglichst hohe Rentabilität und Sicherheit bei ausreichender Liquidität unter Wahrung einer angemessenen Mischung und Streuung gegeben ist (vgl. § 54 VAG). Auf diese Weise sollen die Erhaltung des reellen Werts des eingesetzten Kapitals und die Generierung eines Wertzuwachses als Hauptziele der K. erreicht werden. Siehe auch → Asset Management. – *5. Bilanzierung:* Die K. bilden den wesentlichen Posten der Aktivseite in der → Bilanz eines Versicherungsunternehmens und repräsentieren damit den Schwerpunkt der Vermögensgegenstände eines Versicherungsunternehmens. a) Nach HGB werden die K. in fünf Positionen untergliedert: (1) Grundstücke, grundstücksgleiche Rechte und Bauten einschließlich Bauten auf fremden Grundstücken, (2) K. in verbundenen Unternehmen und Beteiligungen, (3) Sonstige K., (4) → Depotforderungen aus dem in Rückdeckung übernommenen Geschäft, (5) K. für Rechnung und Risiko der Inhaber von Lebensversicherungspolicen. – b) Unter den → IAS/ → IFRS werden die K. in IAS 39 (Financial Instruments) geregelt. Die sog. → Finanzinstrumente werden demnach in vier Kategorien unterteilt: (1) → At Fair Value through Profit or Loss, (2) → Held-to-Maturity, (3) → Loans and Receivables, (4) → Available for Sale. – c) Innerhalb der → US-GAAP werden Wertpapiere nach SFAS 115.6-12 ebenfalls in Kategorien eingeteilt: (1) Trading Securities, (2) → Held-to-Maturity, (3) → Available for Sale. – *6. Bewertung:* a) Nach HGB werden K. gemäß dem strengen Niederstwertprinzip (bei Veräußerungsabsicht) oder dem gemilderten Niederstwertprinzip (bei dauernder Halteabsicht) bewertet (vgl. → Niederstwertprinzip). Eine Unterteilung in → Anlagevermögen und → Umlaufvermögen gibt es in der Versicherungsbilanz nicht. Dennoch erfordern die Vorschriften des § 341 b-d HGB eine entsprechende Zuteilung der K., um das anzuwendende Bewertungsprinzip zu bestimmen – b) Nach IAS/ IFRS sind Finanzinstrumente bei der Erstbewertung zu ihren Anschaffungskosten zu buchen. Die Folgebewertung erfolgt nach IAS 39 abhängig von der jeweiligen Kategorie mit den fortgeführten Anschaffungskosten oder mit dem beizulegenden Zeitwert. – c) Die Bewertung nach US-GAAP entspricht im Wesentlichen der Bewertung nach IAS 39. – *7. Schematischer Überblick zur Bewertung nach HGB:*

Kapitalanlagegeschäft

■ Immaterielle Vermögensgegenstände ■ Grundstücke, ... ■ Betriebs- und Geschäftsausstattung, andere Vermögensgegenstände	■ Bewertung wie Anlagevermögen gemäß § 341b Abs. 1 S. 1 HGB ■ Bei nicht dauernder Wertminderung gemäß § 341b Abs. 1 S. 3 HGB keine Abschreibungsmöglichkeit
■ Kapitalanlagen in verbundenen Unternehmen und Beteiligungen ■ Hypotheken-, Grundschuld- und Rentenschuldforderungen ■ Namensschuldverschreibungen ■ Schuldscheinforderungen und Darlehen ■ Darlehen und Vorauszahlungen auf Vers.scheine / Übrige Ausleihungen ■ Depotforderungen aus dem ueG	■ Bewertung wie Anlagevermögen gemäß § 341b Abs. 1 S. 2 HGB ▶ Wahlrecht Bewertung zum Nennwert gemäß § 341c HGB
■ Aktien, Investmentanteile und andere nicht festverzinsliche Wertpapiere ■ Inhaberschuldverschreibungen und andere festverzinsliche Wertpapiere	■ Bewertung wie Umlaufvermögen gemäß § 341b Abs. 2 1.HS HGB ■ Bewertung wie Anlagevermögen gemäß § 341b Abs. 2 2.HS HGB, wenn die Wertpapiere dazu bestimmt sind, dauernd dem Geschäftsbetrieb zu dienen.

Kapitalanlagecontrolling. *1. Begriff:* Planung und Kontrolle des Kapitalanlagebereichs eines Unternehmens. Unterstützt damit den Kapitalanlagemanagement-Prozess (siehe → Asset Management) durch Bereitstellung von Controlling-Instrumenten. – *2. Merkmale:* In der strategischen Kapitalanlageplanung werden ausgehend von langfristigen Unternehmenszielen (z.B. Sicherheit der Versicherungsnehmer-Ansprüche, nachhaltige Wertentwicklung der Anlagen) Vorgaben hinsichtlich der grundsätzlichen Kapitalanlagestruktur entwickelt (siehe → Asset Allocation) und Benchmarks für die spätere Kontrolle des Kapitalanlageerfolgs festgelegt. Im Rahmen der taktischen und operativen Kapitalanlageplanung werden für die einzelnen Anlagekategorien konkrete Anlageentscheidungen auf Basis des Instrumentariums des K. getroffen. Hierzu gehören die Portfolioselektion, auch unter Einbeziehung des Passivgeschäfts eines Versicherungsunternehmens, die → Szenarioanalyse oder die → Dynamic Financial Analysis. Bei der Kapitalanlageplanung müssen die → Kapitalanlagerisiken (Marktpreisrisiko, → Kreditrisiko, → Liquiditätsrisiko und → operationelles Risiko) sowie künftige Restriktionen aus der Regulierung der Kapitalanlagen (§ 54 VAG, Anlageverordnung, künftig → Solvency II, siehe auch → Kapitalanlagevorschriften) berück- sichtigt werden. Im Rahmen der Kapitalanlagekontrolle kommen Instrumente der → Performance-Messung und -Analyse zum Einsatz, z.b. kapitalmarkttheoretisch fundierte Performance-Maße (Sharpe-Ratio, Jensen-Alpha).

Kapitalanlagegeschäft. *1. Begriff:* Rendite- und risikoorientierte Anlage des (temporär) nicht anderweitig benötigten Kapitals von Versicherungsunternehmen. – *2. Hintergrund und weitere Merkmale:* Das K. basiert auf der Grundlage, dass Zahlungsmittel als Folge der → Prämienvorauszahlung (versicherungstechnisches Fremdkapital), der Vorhaltung von Sicherheitsmitteln (→ Eigenkapital, → Eigenmittel) sowie in einigen Versicherungszweigen von → Spargeschäften und → Entspargeschäften generiert und bis zu einer anderweitigen Verwendung (z.B. Auszahlungen von Schadenvergütungen in den Versicherungsfällen) verzinslich am Kapitalmarkt angelegt werden. Aus Sicht der Produktionstheorie handelt es sich beim K. folglich um die Produktion von Kapitalüberlassungen an Dritte, die auf einer sehr engen Verbundbeziehung zwischen dem → Versicherungsgeschäft und dem K. basiert. Dies lässt sich auf den gemeinsamen Einsatz eines der wichtigsten Produktionsfaktoren im Versicherungsun-

Kapitalanlagemanagement

ternehmen zurückführen: dem Kapital. Innerhalb des K. sind strenge aufsichtsrechtliche Vorschriften über die Kapitalverwendung (→ Anlageverordnung) und künftig auch über die Unterlegung mit Sicherheitsmitteln (→ Solvency II) zu befolgen.

Kapitalanlagemanagement. → Asset Management.

Kapitalanlageplanung. → Kapitalanlagecontrolling.

Kapitalanlagerendite. → Rendite.

Kapitalanlagerisiko. Risiko, dass sich der Marktwert einer → Kapitalanlage nicht wie beim Erwerb angenommen entwickelt. Das K. wird von den Risikoarten → Marktänderungsrisiko, → Liquiditätsrisiko, → Währungsrisiko und → Kreditrisiko bestimmt. Das K. dominiert die Gesamtrisikobetrachtung von Personenversicherungsunternehmen und ist daher für das Risikomanagement solcher Gesellschaften von zentraler Bedeutung. Bei Schaden-/ Unfallversicherungsunter-nehmen hingegen kann je nach Versicherungs- und Kapitalanlagebestand das → versicherungstechnische Risiko das K. übersteigen.

Kapitalanlagevorschriften. Gesetzliche Grundlagen für die Vermögensanlage der Versicherungsunternehmen, normiert in §§ 54 bis 54d und 65 bis 79 VAG. Für das → freie Vermögen gelten keine besonderen K., das → gebundene Vermögen ist nach § 54 VAG und der auf seiner Grundlage erlassenen → Anlageverordnung (AnlV) anzulegen. Ziele der K. sind möglichst große Sicherheit und Rentabilität bei jederzeitiger → Liquidität der Versicherungsunternehmen unter Berücksichtigung der Grundsätze von → Mischung (quantitative Beschränkung einzelner Kapitalanlagearten) und Streuung (auf verschiedene Schuldner). Siehe dazu auch die → Anlagegrundsätze.

Kapitaldeckungsverfahren, *Kapitaldeckung.* – *1. Begriff:* Grundlegendes Finanzierungsverfahren in der Privatversicherung, namentlich in der privaten Personenversicherung. Im Gegensatz zum → Umlageverfahren wird gem. dem K. für künftige Versicherungsleistungen ein Kapitalstock aufgebaut, aus dem später die Ansprüche der Versicherten bedient werden. Statt aus laufenden → Beiträgen werden Leistungen aus den Erträgen sowie durch Aufzehren des Kapitalstocks finanziert. Anwendung findet das K. insbesondere in der → Privatversicherung, konkret in der → Lebensversicherung, der → privaten Rentenversicherung, der → privaten Krankenversicherung (PKV) und der → privaten Pflegeversicherung, bei denen eine besondere Form des K. eingesetzt wird (das sog. → Anwartschaftsdeckungsverfahren, das dem → individuellen versicherungstechnischen Äquivalenzprinzip folgt), und bei kollektiven Systemen (z.b. Staatsfonds). – *2. K. in der PKV:* Das K. gehört zu den Grundmerkmalen der PKV. Gem. § 12 VAG – in Verbindung mit der Kalkulationsverordnung (KalV) – muss die substitutive PKV nach Art der Lebensversicherung kalkuliert werden. Demnach hat die Beitragskalkulation nach dem Äquivalenzprinzip sowie unter Bildung von → Alterungsrückstellungen zu erfolgen (§ 12 I und II VAG). Die Alterrückstellungen sollen gewährleisten, dass die Beiträge unter ansonsten gleichen Voraussetzungen (u.a. Gültigkeit der aktuellen rechnerischen Sterbe- und Stornotafel; Fortbestand der aktuellen Inanspruchnahme von Gesundheitsleistungen; unbegrenzter Fortbestand des aktuellen Preisniveaus für Leistungen im Gesundheitswesen) grundsätzlich über die gesamte Vertragslaufzeit konstant bleiben. Das heißt: Der Versicherte erwirbt in jüngeren Jahren eine Anwartschaft darauf, dass sein Beitrag im Grundsatz über die gesamte Vertragslaufzeit unverändert bleibt. – *3. Details:* Um dies sicherzustellen, wird in den Anfangsjahren der Laufzeit eines Krankenversicherungsvertrags ein tatsächlicher Beitrag erhoben, der höher als der augenblickliche Bedarfsbeitrag der betreffenden Person vor dem Hintergrund des aktuellen Krankheitsrisikos ist. Die Differenz, der sog. Sparbeitrag (→ Sparprämie), wird in der Alterungsrückstellung verzinslich angesammelt. Später, wenn der zu entrichtende Beitrag aufgrund des gestiegenen Lebensalters – und damit i.d.R. auch einer verstärkten Inanspruchnahme von Gesundheitsleistungen – nicht mehr für die benötigten Versicherungsleistungen ausreicht, werden die in der Alterungsrückstellung angesammelten Mittel für den Versicherten unbemerkt zur Abdeckung dieser Finanzierungslücke eingesetzt. Damit werden Beitragssteigerungen allein aufgrund des Älterwerdens grundsätzlich ausgeschlossen. – *4. Hintergrund:* Mit dem demografischen Wandel, der einen immer höheren Anteil alter Menschen in der Bevölkerung mit sich bringt, und damit verbunden einer steigenden Inanspruchnahme von Gesundheitsleistungen erhöhen sich auch die Ausgaben im Gesundheitswesen. Weil jeder PKV-Versicherte im Versicherungskollektiv die später fälligen Leistungen anspart und somit jeder Versicherte im Prinzip für sich selbst vorsorgt, ist die PKV auf diese Entwicklung mit dem K. und der Bildung von Alterungsrückstellungen relativ gut vorbereitet. Dabei gibt es allerdings Einschränkungen: Auch das K. kann unvorhersehbare Entwicklungen, wie z.B. überdurchschnittliche Kostensteigerungen im Gesundheitswesen oder einen Anstieg der Lebenserwartung, nicht auffangen. – *5. Abgrenzung zur → gesetzlichen Krankenversicherung (GKV):* In der GKV gilt statt des K. das → Umlageverfahren als finanzielles Strukturprinzip der → Krankenkassen, bei dem keine Rückstellungen gebildet werden. Die von der Gesamtheit der Versicherten (und der Arbeitgeber) eingezahlten Versicherungsbeiträge werden sofort wieder an die Leistungsbezieher ausgegeben. Alle laufenden Beitragseinnahmen werden somit in vollem Umfang für die laufenden Ausgaben verwendet.

Kapitaldeckungs- versus Umlageverfahren in der Rentenversicherung

von Professor Dr. Jörg Althammer

1. Grundlagen

Die Rentenversicherung deckt ein Risiko ab, das zu Beginn des Erwerbslebens noch in ferner Zukunft liegt: das Langlebigkeitsrisiko und das damit verbundene Versorgungsrisiko im Alter. Die Deckung dieses Risikos erfordert eine Umschichtung von Kaufkraft von der Phase der aktiven Erwerbstätigkeit in die Ruhestandsphase. Zu der eigentlichen Versicherung tritt somit ein Sparvertrag. Für diese intertemporale Kaufkraftumschichtung stehen der Gesellschaft grundsätzlich zwei Alternativen der Finanzierung zur Verfügung: das Kapitaldeckungsverfahren und das Umlageverfahren.

Beim Kapitaldeckungsverfahren werden Beiträge aus dem laufenden Erwerbseinkommen entrichtet und auf dem Kapitalmarkt angelegt. Die Höhe dieser Beiträge muss beim sog. „Anwartschaftsdeckungsverfahren" so bemessen sein, dass später die Summe aus den Zinserträgen und den Tilgungen des Kapitalstocks ausreicht, um die erwarteten Versicherungsleistungen vollständig abzudecken. Im sog. „Abschnittsdeckungsverfahren" müssen die zu erwartenden Ausgaben einer bestimmten, meist mehrere Jahre umfassenden Periode über den Kapitalstock abgesichert sein. Die Rendite im Kapitaldeckungsverfahren, also das Verhältnis von eingezahlten Beiträgen und abdiskontierten Leistungsansprüchen, entspricht dem mit der spezifischen Eintrittswahrscheinlichkeit des Risikos gewichteten Marktzins.[*] Kapitalfundierte Versicherungssysteme können sowohl gesetzlich wie privat organisiert sein.

Beim Umlageverfahren werden die von der aktiven Generation in einer Periode entrichteten laufenden Beiträge nicht angespart, sondern in der gleichen Periode an die Leistungsempfänger, das sind die Rentner, ausgeschüttet. Es wird somit kein Kapitalstock gebildet. Da das Umlageverfahren einen Prozess der intergenerationalen Umverteilung beinhaltet, müssen die Erwerbstätigen einer Versicherungspflicht und die Leistungsanbieter einem Kontrahierungszwang unterworfen werden. Umlagefinanzierte Systeme werden deshalb nicht rein privat angeboten, sondern müssen staatlich organisiert werden. Als Träger kommen dabei entweder fiskalische oder parafiskalische Institutionen in Frage. Auch für die umlagefinanzierten Systeme sozialer Sicherung lässt sich das Verhältnis zwischen den Beiträgen und den (erwarteten) Rentenleistungen ermitteln. Bei konstantem Beitragssatz entspricht die virtuelle Verzinsung der Beitragszahlungen im Umlageverfahren der Wachstumsrate der Lohnsumme. Die Lohnsumme ist das Produkt aus dem durchschnittlichen versicherungspflichtigen Arbeitseinkommen und der

---

[*] Dieses Ergebnis zeigt, dass die private Ersparnis kein Äquivalent zur Absicherung eines Risikos durch ein kapitalfundiertes Versicherungssystem darstellt.

Anzahl der Beitragszahler. Die Beitragszahlungen zu einem umlagefinanzierten System verzinsen sich demnach umso höher, je dynamischer sich die versicherungspflichtigen Arbeitseinkommen entwickeln und je stärker die Zahl der beitragspflichtigen Erwerbstätigen steigt.

2. Leistungsfähigkeit und Probleme der Finanzierungsverfahren

Die interne Rendite ist ein wesentlicher Indikator für die relative Effizienz der Finanzierungsverfahren. Denn sie gibt an, zu welchem Verhältnis Gegenwartskonsum in zukünftige Konsummöglichkeiten transformiert werden kann. Theoretisch ist das Verhältnis zwischen der Wachstumsrate der Lohnsumme und dem Marktzins ungeklärt; in der Realität lässt sich bislang beobachten, dass der Marktzins i.d.R. höher als das Lohnsummenwachstum ausfällt. Hinzu kommt, dass Gesellschaften, deren Alterssicherungssystem kapitalfundiert ist, gesamtwirtschaftlich mit einem höheren Kapitalstock arbeiten als Ökonomien mit umlagefinanzierten Sicherungssystemen. Dieser höhere Kapitalstock führt zu einem höheren Pro-Kopf-Einkommen, so dass das Kapitaldeckungsverfahren sowohl in statischer als auch in dynamischer Perspektive als das ökonomisch effizientere Verfahren gilt.

Allerdings sind die beiden Finanzierungsverfahren unterschiedlichen Risiken unterworfen. Eines der größten sozialen Risiken entwickelter Gesellschaften ist der demographische Wandel. Die Bundesrepublik Deutschland ist – wie alle entwickelten Volkswirtschaften – einem Prozess der „doppelten Alterung" unterworfen. Darunter ist die Tatsache zu verstehen, dass die durchschnittliche Lebenserwartung in der Gesellschaft steigt, während gleichzeitig die Geburtenrate sinkt. Die Verlängerung der Lebenserwartung betrifft das Umlage- und das Kapitaldeckungsverfahren in gleicher Weise. Bei gegebenem Renteneintrittsalter führt die steigende Lebenserwartung zu einer Absenkung der Leistungen im Alter, bei konstanter Leistungshöhe ist eine entsprechende Verlängerung der Lebensarbeitszeit erforderlich.

Deutliche Unterschiede ergeben sich bezüglich der Reaktion der Finanzierungsverfahren auf die rückläufige Fertilität. Da die Rendite des Umlageverfahrens der Wachstumsrate der versicherungspflichtigen Lohnsumme entspricht, führt ein demographiebedingter Rückgang des Arbeitskräftepotenzials *ceteris paribus* zu einer sinkenden Rendite umlagefinanzierter Sicherungssysteme. Zwar steigt bei rückläufigem Arbeitskräftepotential der durchschnittliche Lohnsatz an, so dass eine gewisse Stabilisierung des Lohnsummenwachstums zu erwarten ist. Alle Prognosen zur Beitragssatzentwicklung gehen jedoch davon aus, dass der Rückgang der Erwerbsbevölkerung zu einem Anstieg des Beitragssatzes zur Sozialversicherung führt.

Demgegenüber erweist sich das Kapitaldeckungsverfahren als deutlich resistenter gegenüber fertilitätsbedingten demographischen Schwankungen. Bei gegebener Kapitalverzinsung ist das Anwartschaftsdeckungsverfahren sogar vollständig immun gegen Veränderungen des Altersaufbaus, da jede demographische Kohorte einen eigenständigen Kapitalstock akkumuliert. Die Rendite des Kapitaldeckungsverfahrens ist jedoch von den zufälligen Kurs- und Zinsschwankungen auf dem Kapitalmarkt abhängig. Aufgrund dieser unterschiedlichen Risikostruktur ist es aus gesamtwirtschaftlicher Sicht sinnvoll, die Finanzierung des Systems sozialer Sicherung über eine Kombination aus beiden Finanzierungsverfahren vorzunehmen.

Literatur: Fenge, R., Effizienz der Alterssicherung, Heidelberg 1997, Homburg, S., Theorie der Alterssicherung, Berlin u.a. 1988, Lampert, H., Althammer, J.: Lehrbuch der Sozialpolitik, 8. Aufl., Berlin u.a., 2007, Kap. 10.

Kapitalertragsteuer. *1. Begriffe*: Quellensteuer zur Begleichung der Steuerlast auf Erträge aus Kapitalanlagen. – *2. Merkmale:* Die K. ist eine Form der → Einkommensteuer und wird als Quellensteuer direkt von den Kapitalerträgen abgezogen und durch die Banken, → Versicherungsunternehmen oder Kapitalanlagegesellschaften an das Finanzamt abgeführt. Für den Steuerpflichtigen hatte sie ursprünglich die Wirkung einer Steuervorauszahlung, die zum Zeitpunkt der Steuerveranlagung mit der endgültigen Einkommensteuer verrechnet wurde. – *3. Aktuelle Entwicklungen:* Seit dem 1.1.2009 gilt für Privatanleger die Kapitalertragssteuerschuld mit der einbehaltenen Quellensteuer i.H.v. 25 % zzgl. Solidaritätszuschlag als abgegolten.

Kapitalflussrechnung, *Cash flow-Rechnung, Cash Flow Statement.* – *1. Begriff:* Element der externen → Rechnungslegung, das die Veränderung der liquiden Mittel eines Unternehmens bzw. Konzerns abbildet und die Ursachen der Veränderung aufdeckt. Neben der Konzernbilanz, der Konzern-Gewinn- und Verlustrechnung, dem Konzern-Anhang und der → Eigenkapitalveränderungsrechnung ist die K. gem. § 297 I HGB i.V.m. dem DRS 2 ein Bestandteil des → Konzernabschlusses nach HGB. – *2. Merkmale:* Die K. bildet mit Hilfe von zahlungsstromorientierten Größen detailliert die Finanzlage des Konzerns ab. Sie kann als Planungsinstrument (prospektive K.), zur Dokumentation, zur Rechenschaftslegung oder als Kontrollrechnung (retrospektive K.) eingesetzt werden. Die retrospektive K. dient entweder der von Unternehmensexternen vorgenommenen Jahresabschlussanalyse oder der unternehmensinternen Finanzkontrolle oder sie ist nur Teil der externen Rechnungslegung zur Darstellung der Finanzlage. Daneben bildet die K. die Basis zur Berechnung des Cash flow je Aktie, der als Anhaltspunkt für die Aktienbewertung dient. – *3. Ziele:* Mit Hilfe der K. soll ermittelt werden, a) wie der Konzern Finanzmittel erwirtschaften wird bzw. erwirtschaftet hat, – b) welche Investitionsmaßnahmen vorgenommen werden oder wurden, – c) welche Finanzierungsmaßnahmen stattfinden werden oder stattgefunden haben bzw. welchen Finanzierungsbedarf der Konzern künftig haben wird, um seinen Verpflichtungen gegenüber den Anteilseignern und den Gläubigern nachzukommen. – *4. Darstellung der K.:* Entsprechend dieser Zielsetzungen besteht die K. gem. DRS 2 und IAS 7 (s.u.) aus drei Teilen: a) → Cash flows aus betrieblicher Tätigkeit, – b) → Cash flows aus der Investitionstätigkeit, – c) → Cash flows aus der Finanzierungstätigkeit. In der Summe ergeben sie die Veränderung der liquiden Mittel (des sog. Finanzmittelfonds). Die Cash flows werden entweder direkt als Ein- und Auszahlungen angegeben oder indirekt durch Rückrechnung aus den Bilanzpositionen oder den Positionen der Gewinn- und Verlustrechnung. Für Zwecke der Jahresabschlussanalyse finden sich alternative Ausgestaltungen der Kapitalflussrechnung. – *5. Rechnungslegung nach* → *IAS/* → *IFRS und* → *US-GAAP:* Internationale Vorschriften finden sich in IAS 7, und US-amerikanische Vorschriften in SFAS 97. Nach IAS 1 ist die K. (Cash Flow Statement) Pflichtbestandteil des IAS-/ IFRS-Abschlusses. Eine branchenspezifische Ausarbeitung gibt es weder nach IAS/ IFRS noch nach US-GAAP.

Kapitalgedeckte Zusatzversorgung. Ergänzt als zweite Schicht des → Drei-Schichten-Modells die Basisversorgung (erste Schicht) und die private Vorsorge (dritte Schicht). Die K. umfasst die → betriebliche Altersversorgung (bAV) und die steuerlich geförderte private → Zusatzvorsorge (→ Riester-Rente). In der K. gilt die → nachgelagerte Besteuerung.

Kapitalisierungsgeschäfte. *1. Begriff:* Geschäfte, bei denen gegen Prämien Leistungen versprochen werden, die zu einem bestimmten Termin fällig werden. Ein versicherungstechnisches Risiko besteht nicht, wohl aber bestehen Kosten- und Zinsrisiken. Es handelt sich um ein reines Bankgeschäft. – *2. Rechtsgrundlagen:* K. sind v.a. auf französischen Wunsch in die Erste EU-Lebensversicherungsrichtlinie aufgenommen worden, und zwar trotz des Verbots → versicherungsfremder Geschäfte in dieser Richtlinie, und mussten nach Verwirklichung des → Versicherungsbinnenmarkts auch in Deutschland zugelassen werden (§ 1 IV S. 2 VAG). – *3. Praktische Bedeutung:* In Deutschland haben K. keine Bedeutung erlangt. In Frankreich waren sie nur solange populär, wie Steueranreize gegeben wurden.

Kapitalkosten, *Cost of Capital.* – *1. Begriff:* Kosten, die durch die Verwendung (Zinsen, erwartete Rendite) oder Nutzung (Abschreibung) von Kapital über einen bestimmten Zeitraum entstehen. Sie entsprechen der gewünschten Mindestverzinsung der Investoren bzw. Kapitalgeber, die in Abhängigkeit vom übernommenen Risiko zusätzlich zur sicheren Rendite eine Risikoprämie verlangen. Die Risikoprämie wird sowohl durch volkswirtschaftliche Ursachen, z.B. durch Inflations- oder Zinsänderungsrisiken, als auch durch einzelbetriebliche Faktoren, wie Bonitäts-, Geschäfts- oder Kapitalstrukturrisiken, beeinflusst. Daher ist die Höhe der K. durch unternehmerische Maßnahmen, wie z.B. das → Risikomanagement, beeinflussbar. – *2. Bestandteile:* Die

K. entsprechen im Fall des Fremdkapitals den aktuellen Fremdkapitalzinsen; für das Eigenkapital wird die erwartete entgangene Verzinsung der maßgeblichen Alternativanlage (→ Opportunitätskosten) mit vergleichbarem Risiko angesetzt. – *3. Gesamte K.:* Gem. des WACC-Ansatzes (Weighted Average Cost of Capital) wird der Kapitalkostensatz als gewichteter Durchschnitt aus Fremd- und Eigenkapitalkosten berechnet. – *4. K. bei Unsicherheit:* Renditeforderungen der Investoren unter Unsicherheit können aus dem → Capital Asset Pricing Model (CAPM) abgeleitet werden.

Kapitallebensversicherung. *1. Begriff:* → Lebensversicherung, die eine Leistung im Todes- oder Erlebensfall erbringt und bei der für die Erlebens- oder die Todesfallleistung (letztere, falls der Versicherungsvertrag lebenslang abgeschlossen wurde) Kapital angespart wird. – *2. Erscheinungsformen:* Zu den K. zählen u.a. die → gemischte Versicherung, die → Termfixversicherung und die → lebenslange Todesfallversicherung. Abzugrenzen ist die K. von der → Risikolebensversicherung. – *3. Abgrenzung:* Ein Kapitalbildungsprozess allein genügt nicht, um eine Lebensversicherung als K. zu qualifizieren. So wird auch bei lang laufenden Risikolebensversicherungen während der Vertragslaufzeit Kapital angesammelt, aber nur, um bei gleichbleibenden → Beiträgen in den letzten Versicherungsjahren die Todesfallleistungen finanzieren zu können.

Kapitalmarkt. Markt für mittel- und längerfristige Finanzierungsmittel. Am K. wird i.w.S. Geld für langfristige Verschuldungen angeboten (Kredite) bzw. für die Bildung längerfristigen Geldvermögens nachgefragt (→ Kapitalanlagen). I.e.S. ist der K. ein Wertpapiermarkt, der sich in den Renten- und den Aktienmarkt unterteilt. Versicherungsunternehmen sind Kapitalsammelstellen, die langfristig verfügbare Mittel am K. anlegen.

Kapitalnutzung. Vorrätigkeit von Gütern, d.h. die Möglichkeit, vorrätige Güter im Zeitablauf zu gebrauchen oder zu verbrauchen. Gütervorrätigkeit entsteht entweder durch → Auszahlungen oder unmittelbar durch Widmung von Geldbeständen. Voraussetzung für die Schaffung von Vorrätigkeit ist ein vorausgehender Einzahlungsstrom aus der Umwelt des Versicherungsunternehmens (→ Einzahlungen).

Kapitalrücklage. *1. Begriff:* Bestandteil des → Eigenkapitals und damit ein Posten auf der Passivseite der → Bilanz. – *2. Merkmale:* Von außen zugeführtes Kapital, das nicht → gezeichnetes Kapital ist. Es handelt sich um das → Agio bei der Ausgabe von Anteilen, Bezugsanteilen, Schuldverschreibungen für Wandlungsrechte und Optionsrechte, um den Betrag von Zuzahlungen, den die Gesellschafter gegen Gewährung eines Vorzugs für ihre Anteile leisten, oder um den Betrag von anderen Zuzahlungen der Gesellschafter in das Eigenkapital (§ 272 II HGB). – *3. Gesetzliche Grundlagen:* Gem. § 272 II HGB, §§ 232 und 237 V AktG und § 42 II S. 3 GmbHG gelten branchenabhängige Regelungen. – *4. Besonderheiten in Versicherungsunternehmen:* Gem. § 5 V Nr. 3 VAG wird auch der → Organisationsfonds mit einem Vermerk in die K. eingestellt.

Kapitalwahlrecht. Option bei einer aufgeschobenen Rente aus einer → privaten Rentenversicherung, vor Beginn des Rentenbezugs eine einmalige Kapitalleistung statt der vereinbarten Rentenleistung zu wählen. Als Kapitalleistung wird der → Barwert der vereinbarten Rente zum Zeitpunkt der Auszahlung fällig. Die Option muss in vielen Fällen aufgrund einer vertraglichen Vereinbarung lange vor dem Beginn des Rentenbezugs gezogen werden; auf diese Weise sollen unerwünschte → Antiselektionen vermieden werden.

Kapitalwert, *Net Present Value.* Summe aus der Anfangsauszahlung $(-I_0)$ für ein betrachtetes Investitionsobjekt und dem Gegenwartswert der damit verbundenen zukünftigen Zahlungsreihe. Formal:

$$K = -I_0 + \sum_{t=1}^{n} \left(\frac{E_t - A_t}{(1+i)^t} \right)$$

Der Gegenwartswert der Zahlungsreihe ergibt sich aus dem Zahlungssaldo der entsprechenden → Einzahlungen (E_t) und → Auszahlungen (A_t), diskontiert mit dem Kalkulationszinssatz (i) über den Investitionszeitraum. Mittels des K. ist eine Beurteilung von Investitionstätigkeiten möglich: ein K. größer oder gleich Null zeigt die absolute

Vorteilhaftigkeit einer Investition an, während der Vergleich mehrerer K. zur Beurteilung der relativen Vorteilhaftigkeit verschiedener Investitionsalternativen herangezogen werden kann. Allerdings sind dabei insbesondere im Fall des Vergleichs von Alternativen mit unterschiedlichen Investitionsvolumina auch Fehlschlüsse möglich. Siehe deshalb als Maßgröße für Zwecke der relativen Vorteilhaftigkeitsanalyse auch den → internen Zinsfuß.

Kapitalzusage. Zusage im Rahmen der → betrieblichen Altersversorgung (bAV), die als Leistung die einmalige Zahlung eines Kapitalbetrags vorsieht.

Karenzzeit. I. Berufsunfähigkeitsversicherung: *1. Begriff:* Vereinbarter Zeitraum vom Eintritt der → Berufsunfähigkeit bis zur Zahlung der Rente aus der → Berufsunfähigkeitsversicherung. – *2. Hintergründe:* I.d.R. wird die vereinbarte → Berufsunfähigkeitsrente ab Feststellung der Berufsunfähigkeit geleistet. Der Leistungsbeginn kann aber auch durch die Vereinbarung einer K. zwischen sechs und 24 Monaten verschoben werden. K. werden vereinbart, um den Versicherungsschutz günstiger zu gestalten. Für den Fortbestand des Leistungsanspruchs muss die Berufsunfähigkeit während der K. ununterbrochen bestanden haben. Teilweise müssen während einer K. die Beiträge weiter gezahlt werden. Die am Markt angebotenen Regelungen sind nicht einheitlich. – II. Private Krankenversicherung: Siehe → Krankentagegeld.

Kargoversicherung. Versicherung der Ladung bei Transporten. Anders: → Kaskoversicherung. Vgl. auch → Transportversicherung.

Kartellrecht. → Versicherungskartellrecht.

Kaskoversicherung. Versicherung des Transportmittels. Die K. gehört je nach Art des Transportmittels verschiedenen Versicherungszweigen an. Siehe im Einzelnen → Flusskaskoversicherung, → Kfz-Kaskoversicherung, → Landkaskoversicherung, → Luftkaskoversicherung, → Seekaskoversicherung und → Wassersportkaskoversicherung. Anders: → Kargoversicherung.

Kassaschaden, *engl. Cash Call oder Cash Loss.* Der Schaden, der nicht im Rahmen des normalen Abrechnungsmodus verrechnet, sondern – meist aufgrund seiner Höhe – vorab auf Anforderung des → Erstversicherers vom → Rückversicherer zu zahlen ist.

Kassenarzt. → Vertragsarzt.

Kassenärztliche Vereinigungen. *1. Begriff:* Zusammenschluss von → Vertragsärzten und an der vertragsärztlichen Versorgung beteiligten Ärzte zur Erfüllung ihrer durch das Sozialgesetzbuch übertragenen Aufgaben. – *2. Merkmale:* Die K. sind kraft Gesetzes als Körperschaften des öffentlichen Rechts errichtet. Die Pflichtmitgliedschaft des Arztes in der für seinen Bereich zuständigen K. wird durch die Eintragung in das Arztregister und über die Zulassung als Vertragsarzt begründet. Organe der K. sind eine Vertreterversammlung als Selbstverwaltungsorgan und ein hauptamtlicher Vorstand. Die Aufgaben der K. sind in den §§ 75 und 77 SGB V geregelt. Sie lassen sich in folgende Bereiche unterteilen: a) Verpflichtung zur Sicherstellung der vertragsärztlichen Versorgung, – b) Wahrung der Rechte der Vertragsärzte, – c) Gewährleistung einer ordnungsgemäßen Durchführung der vertragsärztlichen Tätigkeit gegenüber den → Krankenkassen, – d) Abschluss von Verträgen mit den Krankenkassen zur Gestaltung der vertragsärztlichen Versorgung, – e) Besetzung von Ausschüssen der gemeinsamen → Selbstverwaltung von Ärzten und Krankenkassen. Finanziert werden die K. i.d.R. durch einen Vomhundertsatz, der von der Gesamtvergütung für die vertragsärztliche Tätigkeit erhoben und bei der Abrechnung der Vergütung einbehalten wird. Außerdem bezahlen verschiedene Vertragspartner für die Durchführung der Verträge durch die K. Beiträge, die zur Deckung der Verwaltungskosten einer K. auf dem entsprechenden Vertragssektor verwendet werden. Derzeit gibt es 17 K. in Deutschland. Bis auf Nordrhein-Westfalen (Nordrhein und Westfalen-Lippe) stimmen die Bereiche der K. mit den Bundesländern überein. Die K. der Länder bilden auf der Bundesebene die Kassenärztliche Bundesvereinigung. – *3. Geschichte:* Die K. wurden durch die Notverordnung des Reichspräsidenten und der Reichregierung vom 8.12.1931 (RGBl.

699) geschaffen. Ihre Gründung war Bestandteil eines staatlich vermittelten Kompromisses im Streit zwischen Krankenkassen und Kassenärzten. Sie führte zur Ablösung des Einzelvertragssystems durch ein Kollektivvertragssystem und zur Errichtung der K. als Vertragspartner der Krankenkassen. In den Nachkriegsjahren lebten die K. in den drei Westzonen von neuem auf. Mit dem Gesetz über Kassenarztrecht wurde 1955 der Status von K. als Körperschaften öffentlichen Rechts mit Zwangsmitgliedschaft bundesweit festgeschrieben und ihnen der Sicherstellungsauftrag für die ambulante ärztliche Versorgung übertragen. Mit dem Einigungsvertrag wurden diese Selbstverwaltungsinstitutionen 1990 auf die neuen Bundesländer übertragen. – *4. Entwicklungen:* Durch die Einführung von Vertragswettbewerb auf dem Leistungsmarkt sollen die Qualität und die Wirtschaftlichkeit der Versorgung verbessert werden. Daher wird das Kollektivvertragssystem seit dem 2. GKV-Neuordnungsgesetz (NOG) vom 23.6.1997 durch den Gesetzgeber schrittweise um ein Einzelvertragssystem ergänzt.

Katastrophenrisiko. → Großschadenrisiko.

Käufermarkt. *1. Begriff:* Marktsituation, in der der Käufer das Marktgeschehen dominiert; denn das Angebot übertrifft die Nachfrage. Die Anbieter müssen den potenziellen → Kunden umwerben. Gegenstück: → Verkäufermarkt. – *2. Entwicklungen:* Die meisten Märkte haben sich seit Kriegsende vom Verkäufermarkt zum K. entwickelt. Auch die Versicherungswirtschaft ist – nicht zuletzt wegen des beliebig vermehrbaren Angebots – grundsätzlich von einem K. gekennzeichnet. Lediglich bei schweren oder durch häufige Schadenfälle vorbelasteten Risiken ist von einem Verkäufermarkt auszugehen.

Kaufmann. *1. Begriff:* Ein K. auf den die besonderen Regelungen des HGB Anwendung finden, ist nach § 1 HGB jeder, der ein Handelsgewerbe betreibt (sog. Istkaufmann). – *2. Merkmale:* Wenn das Unternehmen des Gewerbetreibenden nach Art oder Umfang keinen in kaufmännischer Weise eingerichteten Geschäftsbetrieb erfordert, liegt kein Handelsgewerbe vor. In diesem Fall wird der Gewerbetreibende nur dann zum K. wenn er die Firma seines Unternehmens ins Handelsregister eintragen lässt (sog. Kannkaufmann). Eine Pflicht zur Eintragung besteht für derartige Kleingewerbetreibende allerdings nicht. Die Gesellschaft mit beschränkter Haftung (GmbH) sowie die Aktiengesellschaft (AG) sind als Handelsgesellschaften Formkaufleute nach § 6 II HGB. Demgegenüber sind die Offene Handelsgesellschaft (OHG) und die Kommanditgesellschaft (KG) zwar keine Kaufleute, jedoch gelten die Vorschriften für Kaufleute nach § 6 I HGB auch für sie. – *3. K. in der Versicherungsbranche:* → Versicherungsvermittler sind danach Kaufleute, wenn ihre Unternehmen nach den vorgenannten Kriterien ein Handelsgewerbe darstellen und sie mit ihrer Firma ins Handelsregister eingetragen sind, oder wenn das Vermittlungsunternehmen eine GmbH oder AG ist. Allerdings gelten die §§ 84-92c HGB für → Versicherungsvertreter und die §§ 93-104 HGB für → Versicherungsmakler auch dann, wenn diese keine Kaufleute sind (§ 84 IV und § 93 III HGB). Besteht eine Eintragung im Handelsregister, ist diese auch nach außen darzustellen. Briefbögen, Visitenkarten usw. müssen mit dem Zusatz „eingetragener Kaufmann" sowie mit dem Ort des Sitzes, der Angabe des Registergerichts und der Registernummer versehen werden.

Kaufmann/-frau für Versicherungen und Finanzen (IHK). *1. Begriff:* Dreijähriger Ausbildungsberuf i.S.d. Berufsbildungsgesetzes, wählbar in den zwei Fachrichtungen Versicherung und Finanzberatung. Damit modernisiert der K. die bisherige Ausbildungsordnung zum/ zur Versicherungskaufmann/-frau. – *2. Merkmale:* Die Ausbildungsdauer beträgt grundsätzlich drei Jahre und endet mit einer Abschlussprüfung vor der → Industrie- und Handelskammer (IHK). Der erfolgreiche Abschluss einer Berufsfachschule kann auf gemeinsamen Antrag des Auszubildenden und des Ausbildenden mit einer Dauer von sechs oder zwölf Monaten auf die Ausbildungsdauer angerechnet werden. Die Ausbildung erfolgt an den Lernorten Betrieb und Berufsschule. – *3. Einsatzfelder:* Mit der Erweiterung um die Finanzberatung wird die Beschäftigung in einem breiteren Spektrum unterschiedlicher Unternehmen möglich: K. arbeiten bei Versicherungsunternehmen und Unternehmen der Finanzdienstleistungsbranche oder sind als selbstständige Vermittler oder Berater tätig. Sie können auch in Wirtschaftsunternehmen der Industrie und des Handels sowie in anderen Dienstleistungsunternehmen arbeiten. K. üben ihre Tätigkeit sowohl im Innen- als auch im Außendienst aus. – *4. Würdigungen:* K. verfügen über Kernqualifikationen in den Bereichen Versicherungs- und Finanzprodukte, Kundenberatung und Verkauf, Bestandskundenmanagement, kaufmännische Steuerung und Kontrolle. Aktuellen Entwicklungen in der Branche folgend hat die Neuordnung damit die Produktkenntnisse, insbesondere bei den Vorsorge- und Finanzprodukten, die Beratungs- und Verkaufskompetenz sowie die Kunden- und Vertriebsorientierung der K. verstärkt.

Kautionsversicherung. Versicherungsvertragliche Verpflichtung des Kautionsversicherers, zugunsten des Gläubigers des Versicherungsnehmers Sicherheiten in Form von Bürgschaften oder Garantien herauszulegen (vgl. → Avalkredite). Abgesichert werden i.d.R. Ansprüche aufgrund der Nichterfüllung oder Schlechterfüllung von vertraglichen Verpflichtungen des Versicherungsnehmers.

Kellerpolice. → Stille Mitversicherung.

Kernenergieklausel. Klausel in den Allgemeinen Versicherungsbedingungen (AVB) der Sachversicherung zum grundsätzlichen Ausschluss von Schäden, da der Geschädigte über die Deckungsvorsorge des Betreibers Ersatz erhalten kann. Unter Kernenergie ist dabei Energie zu verstehen, die nach dem Prinzip der Atomkernspaltung mit spaltbaren Isotopen in kerntechnischen Anlagen erzeugt wird.

Kfz. Abk. für → Kraftfahrzeug.

Kfz-Haftpflichtversicherung. *1. Begriff:* Die K. ist im → Pflichtversicherungsgesetz (PflVG) normiert. Danach sind alle Halter von → Kraftfahrzeugen und Kraftfahrzeuganhängern verpflichtet, eine K. für das Fahrzeug abzuschließen, sofern es auf öffentlichen Straßen und Plätzen betrieben wird und seinen ordentlichen Standort im Inland hat. Die K. dient der Deckung der durch das Kraftfahrzeug verursachten Personen- und Sachschäden, um den Schutz der Verkehrsopfer sicherzustellen. – *2. Pflichtverletzung:* Ein Verstoß gegen die Versicherungspflicht ist strafbar (§ 6 PflVG). Kennzeichnend für die K. ist, dass der Geschädigte seine Ansprüche direkt bei dem gegnerischen Kfz-Haftpflichtversicherer geltend machen kann (§ 3 PflVG) und dieser zusammen mit dem Schädiger gesamtschuldnerisch haftet (→ Direktanspruch). – *3. Versicherte Gefahren:* In der K. stellt der Versicherer den Versicherungsnehmer bzw. mitversicherte Personen von Schadenersatzansprüchen z.B. frei, wenn durch den Gebrauch des Fahrzeugs Personen verletzt oder getötet oder Sachen beschädigt oder zerstört werden. – *4. Mindestdeckung:* In der K. sind die Zahlungen des Versicherers auf die Höhe der je Schadenfall für Personen-, Sach- und Vermögensschäden vereinbarten Versicherungssummen beschränkt. Die Höhe der Mindestdeckung bzw. die Mindestversicherungssumme ergibt sich aus der Anlage 1 zu § 4 II PflVG. In der Praxis werden in 99 % aller Fälle höhere Versicherungssummen als die gesetzliche Mindestdeckung vereinbart. – *5. Mitversicherte Personen:* Neben dem Versicherungsnehmer sind gem. § 2 II PflVG der Halter, der Eigentümer, der Fahrer, die Beifahrer, die Omnibusschaffner, der Arbeitgeber und öffentliche Diensherren mitversichert. Diese können ihre Ansprüche selbstständig gegenüber dem Kfz-Haftpflichtversicherer geltend machen. – *6. Ausschlüsse:* Der in § 2 PflVG beschriebene Umfang der K. kann im Wege der Vertragsgestaltung bei bestimmten Ansprüchen bzw. Schadenereignissen eingeschränkt werden. Der Katalog der Ausschlusstatbestände ist abschließend. Weitere vertragliche Ausschlüsse sind unwirksam.

Kfz-Insassenunfallversicherung. → Insassenunfallversicherung.

Kfz-Kaskoversicherung. *1. Begriff:* Die K. ist eine Sachversicherung und Teil der → Kfz-Versicherung. In Form der → Teilkaskoversicherung oder → Vollkaskoversicherung verfügbar. Die K. deckt das Interesse des Versicherungsnehmers an der Erhaltung des wirtschaftlichen Werts des unter Versicherungsschutz stehenden → Kraftfahrzeugs ab. – *2. Versicherte Gefahren:* In der K. leistet der Versicherer insbesondere Schadenersatz bei Beschädigung, Zerstörung oder Verlust des Kraftfahrzeugs. – *3. Haftungsumfang:* Der Umfang der K. entspricht dem Grundsatz, dass die Versicherungsleistung auf den wirklich entstandenen Schaden begrenzt ist. Der Versicherer hat grundsätzlich bei Zerstörung oder Verlust des Kraftfahrzeugs die Höchstentschädigung und bei Beschädigung nur die Wiederherstellungskosten zu ersetzen, wobei diese nicht die Höchstentschädigung überschreiten dürfen.

Kfz-Schutzbriefversicherung, *Verkehrs-Service-Police*. – *1. Begriff:* Ergänzung zur → Kfz-Haftpflichtversicherung oder → Kfz-Kaskoversicherung. Aufgrund der K. kann der Versicherungsnehmer vom Versicherer Leistungen bezüglich des eigenen → Kraftfahrzeugs in Anspruch nehmen. Die K. tritt bspw. bei Pannen, Unfall, Diebstahl des versicherten Kraftfahrzeugs oder bei Erkrankung oder beim Tod des Fahrers ein. – *2. Umfang:* Der Versicherer gewährleistet bzw. erstattet je nach Schadensfall und seinen Bedingungen das Abschleppen oder Bergen des Fahrzeugs, Pannen- oder Unfallhilfe, Ersatzteilversand, Fahrzeugrücktransport und -unterstellung, Verschrottung oder Verzollung, Kosten der Weiter- und/ oder Heimfahrt, Ersatzfahrer, medizinisch notwendige Rücktransporte oder Übernachtungskosten. In den Versicherungsschutz fallen Krafträder, Pkw sowie mitgeführte Wohnwagen-, Gepäck- oder Bootsanhänger und die Ladung. Ferner werden neben dem Versicherungsnehmer auch die berechtigten Insassen mitversichert. Bei einem Inlandsschutzbrief gilt der Versicherungsschutz lediglich innerhalb der Bundesrepublik Deutschland, während ein Auslandsschutzbrief für das europäische Ausland einschließlich der außereuropäischen Mittelmeerländer (Marokko, asiatische Türkei) gilt. Üblicherweise wird eine Kombination für das In- und Ausland gewählt.

Kfz-Steuer. *1. Begriff:* Steuer des Halters eines → Kraftfahrzeugs. Dient der Abgeltung der Straßenbau- und Straßenerhaltungskosten, die der öffentlichen Hand durch die Bereitstellung des Straßennetzes entstehen. Die K. ist eine Verkehrssteuer, deren Ertragshoheit den Ländern zusteht (Art. 106 II Nr. 3 GG). – *2. Gegenstände der K.:* Die K. wird nach § 1 KraftStG für das Halten eines inländischen oder ausländischen Kraftfahrzeugs oder Kfz-Anhängers zum Verkehr auf öffentlichen Straßen, für die Zuteilung eines Kennzeichens auf Probe- und Überführungsfahrten, für die widerrechtliche Benutzung von Fahrzeugen auf öffentlichen Straßen und für die Zuteilung von Oldtimer-Kennzeichen und gewisser weiterer Kennzeichen erhoben. – *3. Steuerschuldner:* Der Steuerschuldner ist in § 7 KraftStG geregelt. Bei einem widerrechtlich benutzten Fahrzeug ist nach § 7 Nr. 3 KraftStG die Person, die das Fahrzeug widerrechtlich benutzt, Steuerschuldner. – *4. Ausnahmen:* Von der K. existieren zahlreiche Ausnahmen (z.B. für Fahrzeuge, die nicht dem Zulassungswesen unterliegen), Vergünstigungen (z.B. für Schwerbehinderte) und Steuerbefreiungstatbestände (z.B. für besonders schadstoffreduzierte Fahrzeuge). – *5. Bemessungsgrundlage:* Die Bemessungsgrundlage ist nach § 8 KraftStG je nach Fahrzeugart unterschiedlich und richtet sich nach Leistung und Schadstoffausstoß.

Kfz-Versicherung. *1. Begriff:* Versicherung, die die Zweige → Kfz-Haftpflichtversicherung und → Kfz-Kaskoversicherung umfasst. Der Zweig → Kfz-Insassenunfallversicherung zählt zwar rechnungslegerisch zur Unfallversicherung, wird aber i.d.R. ebenfalls als Teil der K. angesehen. – *2. Obliegenheiten in der K.:* Nicht einklagbare Verhaltenspflichten des Versicherungsnehmers und der mitversicherten Personen, die in den Allgemeine Bedingungen für die Kfz-Versicherung (→ AKB) vertraglich vereinbart sind. Dabei lassen sich Pflichten beim Gebrauch des Fahrzeugs und Pflichten im Schadenfall unterscheiden. Vertraglich zulässige Obliegenheiten in der Kfz-Haftpflichtversicherung sind in der KfzPflVV abschließend geregelt. Im Schadenfall bestehen für den Versicherungsnehmer und mitversicherte Personen Anzeige-, Aufklärungs- und Schadenminderungspflichten. Die Folgen der Verletzung einer Obliegenheit sind Leistungsfreiheit (bei Vorsatz) bzw. Leistungskürzung (bei grober Fahrlässigkeit). Siehe auch → Verwendungsklausel, → Führerscheinklausel. – *3. Sachschaden in der K.:* Beschädigung oder Zerstörung eines → Kraftfahrzeugs. Zu differenzieren sind a) Sach- oder Substanzschaden: Reparaturkosten, Wertersatz bei Totalschaden. – b) Sachfolgeschäden: Abschlepp- und Überführungskosten, Bergungskosten, Minderwert, Mietwagenkosten, Nutzungsausfall, Vorhaltekosten, Verdienstausfall. Das Ziel der K. in Bezug auf den Sachschaden ist die Wiederherstellung des Zustands gem. § 249 BGB, der ohne das Schadenereignis bestehen würde.

Kfz-Zubehör. *1. Begriff:* Alle Gegenstände am oder im → Kraftfahrzeug, die nicht als integrierte Fahrzeugteile anzusehen, aber seinem Betrieb zu dienen bestimmt sind (z.b. Autoradio, Antenne, Ersatzreifen). – *2. Merkmale:* Das Kraftfahrzeug ist auch ohne die Zubehörteile vollständig. Nur Zubehörteile, die in der Teileleiste der Allgemeinen Bedingungen für die Kfz-Versicherung (→ AKB) enthalten sind, unterfallen dem Versicherungsschutz in der → Kfz-Kaskoversicherung.

Kindererziehungszeiten. I. Gesetzliche Rentenversicherung (GRV): *1. Begriff:* → Beitragszeiten in der → gesetzlichen Rentenversicherung (GRV), die Erziehungspersonen als Ausgleich für die Betreuung eines Kindes rentensteigernd angerechnet werden. – *2. Merkmale:* Für jedes Kind werden der Erziehungsperson die ersten 36 Monate nach der Geburt als Beitragszeiten gutgeschrieben. Die Beitragszeiten werden so mit → Entgeltpunkten bewertet, als habe die Erziehungsperson während dieser Zeit ein Einkommen in Höhe des Durchschnittseinkommens aller Versicherten erzielt. Ist die anspruchsberechtigte Person während der K. erwerbstätig, werden die K. zusätzlich zu den zeitgleichen Beitragszeiten angerechnet. Für die K. zahlt der Bund Beiträge. – II. Beamtenversorgung: *1. Begriff, Ausgestaltung und Bedeutung:* Kriterium für die Bemessung des → Ruhegehalts in der → Beamtenversorgung. → Ruhegehaltfähige Dienstzeiten sind zunächst nur Zeiten, die der → Beamte seit dem Tag seiner ersten Berufung im Beamtenverhältnis absolviert hat. Zeiten ohne Dienstbezüge sind grundsätzlich keine ruhegehaltfähigen Dienstzeiten. Mit Wirkung vom 1.1.2002 wurde allerdings in der eigenständigen Beamtenversorgung ein Anspruch auf einen Kindererziehungszuschlag nach § 50a BeamtVG (→ Beamtenversorgungsgesetz) eingeführt: Für nach dem 31.12.1991 geborene Kinder wird für jeden Monat der einem Beamten zurechenbaren Erziehungszeit ein Kindererziehungszuschlag pro Kind für max. drei Jahre gewährt. Das Ruhegehalt erhöht sich daher für jeden Monat einer K. um einen Kindererziehungszuschlag, wobei die Höhe des Zuschlags dem in § 70 II S. 1 SGB VI bestimmten Bruchteil des → aktuellen Rentenwerts entspricht. K. werden damit im eigenständigen Beamtenversorgungsrecht unter Berücksichtigung des jeweils aktuellen Rentenwerts monatlich zugeordnet und bei einer vollständigen dreijährigen K. wie eine dreijährige Beitragszeit eines Versicherten mit durchschnittlichem Einkommen bewertet. Bei einem aktuellen Rentenwert (Alte Bundesländer) von 27,20 Euro (ab 1. Juli 2009) bewirken damit drei Jahre Kindererziehungszuschlag (3 x 12 Monate x aktueller Rentenwert) zurzeit 81,60 Euro. Für die Erziehung eines vor dem 1.1.1992 geborenen Kindes werden die Zeiten eines Erziehungsurlaubs oder einer sonstigen erziehungsbedingten Freistellung vom Dienst als ruhegehaltsfähige Dienstzeit im Umfang von pauschal sechs Monaten, also wie ein halbes Dienstjahr mit vollen Bezügen, anerkannt. – *2. Ausnahme:* Der Kindererziehungszuschlag führt jedoch nur dann zu einer Erhöhung des Ruhegehalts, wenn der Höchstruhegehaltssatz nicht erreicht ist. Das um den Kindererziehungszuschlag erhöhte Ruhegehalt darf nicht höher, als das Ruhegehalt sein, das sich unter Berücksichtigung des Höchstruhegehaltssatzes und der → ruhegehaltsfähigen Dienstbezüge aus der Endstufe der Besoldungsgruppe ergibt.

Kinderinvaliditäts-Zusatzversicherung. *1. Begriff:* Zusatzschutz für Kinder in der → privaten Unfallversicherung (PUV). In der K. wird der Unfallschutz auf alle Arten von → Invalidität erweitert, also auch auf Invalidität, die als Folge einer schweren Krankheit eintritt. – *2. Merkmale:* Ein Leistungsanspruch entsteht i.d.R., wenn ein Grad der Behinderung von mindestens 50 nach den Vorschriften des Schwerbehindertengesetzes vorliegt. Marktüblich ist die Zahlung einer Rente. Sinkt der Grad der Behinderung auf unter 50, wird die Rentenzahlung eingestellt. Sie wird erneut aufgenommen, sobald der Grad von mindestens 50 wieder erreicht wird.

Kinder- und Schülerunfallversicherung. *1. Begriff:* → Gesetzliche Unfallversicherung (GUV) für Kinder während des Besuchs einer Tageseinrichtung sowie für Schüler während des Besuchs einer allgemein- oder berufsbildenden Schule. – *2. Finanzierung:* Die Kosten für den Versicherungsschutz tragen die Länder, Gemeinden und Gemeindeverbände. Die Träger der Unfallversicherung sind i.d.R. die regional zuständigen → Unfallkassen. – *3. Arten:* a)

Kinderunfallversicherung: Die besuchte Tageseinrichtung muss staatlich anerkannt sein und der Betreuung, Bildung und Erziehung von Kindern dienen. Zu den Tageseinrichtungen zählen Krippen, Kindergärten, Horte und Kindertagesstätten. Nicht zu Tageseinrichtungen im Sinne des Gesetzes zählen bspw. private Freizeitangebote, Frühförderstellen und Förderstätten sowie Kinder- und Wohnpflegeheime. Kinder sind auch während der Betreuung durch geeignete Tagespflegepersonen versichert. Geeignet heißt: Das zuständige Jugendamt hat dies entsprechend festgestellt. Der Versicherungsschutz erstreckt sich dabei auf alle mit der Betreuung verbundenen Aktivitäten und auf die notwendigen Wege. – b) Schülerunfallversicherung: Schüler sind bei der Teilnahme am Unterricht, bei den vor und nach dem Unterricht stattfindenden Betreuungsmaßnahmen sowie auf den mit dem Schulbesuch unmittelbar zusammenhängenden Wegen (→ Wegeunfall) versichert.

Kinderzahl. *1. Begriff:* Anzahl der lebend geborenen Kinder einer Person (→ Lebendgeborene), die bis zu einem bestimmten Stichtag oder Alter dieser Person geboren wurden (= bisher erreichte K.). Liegt dieses Alter bei Frauen nach der gebärfähigen Phase, wird von der endgültigen K. gesprochen. – *2. Kennziffern:* Die endgültige K. wird berechnet, indem die altersspezifischen → Fertilitätsraten einer Frauenkohorte (= Geburtskohorte) aufsummiert werden. Sie stellt ein Maß für die → Fertilität dar, das die tatsächlich erreichte durchschnittliche K. einer Frauenkohorte angibt und im Gegensatz zur → Gesamtfertilitätsrate nicht von jährlichen Schwankungen beeinflusst wird. Allerdings kann sie erst am Ende der reproduktiven Phase einer Frauenkohorte berechnet werden und ist damit weniger aktuell.

Klauseln. *1. Begriff:* Besondere Vereinbarungen in einem Versicherungsvertrag, die die → Allgemeinen Versicherungsbedingungen (AVB) ergänzen und den Versicherungsschutz unter Erhalt des Transparenzgebots konkretisieren, erweitern oder beschränken. – *2. Ausprägungen:* Neben den Einzelfallregelungen (Spezialklauseln) haben sich im Geschäftsverkehr auch generelle K. (Standardklauseln) etabliert, die damit den Charakter von AVB annehmen. Beispiel: Klausel 9511, die sog. erweiterte → Extended Coverage. – *3. Kürzel:* Als Klauselbezeichnungen verwenden die Versicherer seit 2008 für Sachklauseln die Abkürzung SK, für K. in den → technischen Versicherungen das Kürzel TK und für Privatkundenklauseln das Kürzel PK.

Klein-Betriebsunterbrechungsversicherung. → Einfache Betriebsunterbrechungsversicherung.

Kleinere Vereine. *1. Begriff:* → Versicherungsvereine auf Gegenseitigkeit (VVaG), die „einen sachlichen, örtlichen oder dem Personenkreis nach eng begrenzten Wirkungskreis haben" (§ 53 I S. 1 VAG). – *2. Merkmale:* K. müssen nicht alle Vorschriften des → Versicherungsaufsichtsgesetzes (VAG) erfüllen, die grundsätzlich für VVaG gelten (vgl. dazu erneut § 53 I S. 1 VAG). Stattdessen gilt vereinfachend das → Bürgerliche Gesetzbuch (BGB) bzw. das Genossenschaftsgesetz (§ 53 II und III VAG). Versicherungsgeschäfte ohne ein Mitgliedschaftsverhältnis dürfen nicht eingegangen werden (§ 53 I S. 2 VAG). Die → Bundesanstalt für Finanzdienstleistungsaufsicht (BaFin) entscheidet, ob ein K. vorliegt (§ 53 IV VAG). – *3. Wirtschaftliche Bedeutung:* Die 175 K. unter Bundesaufsicht verzeichneten im Jahr 2008 verdiente Bruttobeiträge i.H.v. rund 2,3 Mrd. Euro, dies entspricht ca. 1,4 % des gesamten Erstversicherungsmarkts. Der K. ist daher eher von geringer wirtschaftlicher Bedeutung.

Klimawandel. *1. Begriff:* Das Klima verändert sich nach Expertenansicht aufgrund unterschiedlicher Faktoren; dabei wird insbesondere dem erhöhten CO_2-Ausstoß eine große Bedeutung zugeschrieben. Die Forschung versucht, den K. und dessen Auswirkungen auf Wetterphänomene, Wasserspiegel etc. durch verschiedene Modelle zu beschreiben. – *2. Probleme:* Im Zuge des K. wird erwartet, dass in Deutschland die Frequenz und Intensität von → Stürmen zumindest regional zunehmen, die Veränderungen der Niederschläge einerseits zu mehr → Überschwemmungen und → Rückstaus führen, anderseits starke Trockenperioden verursachen und Hagelschläge häufiger vorkommen. Elementarschäden aus Naturgefahren sind in der → verbundenen Wohngebäudeversicherung oder der angegliederten erweiterten → Elementargefahrenversicherung versicherbar. Auswirkungen des K. auf den → Probable Maximum Loss (PML) und damit auf das erforderliche Risikokapital sind wahrscheinlich. – *3. Ausblick:* Im Zuge von → Solvency II wird für die Versicherungsunternehmen eine explizite Betrachtung des Risikos durch den K. erforderlich sein.

Klinische Studie. *1. Begriff:* Dient der Erforschung neuer Behandlungsmethoden, insbesondere neuer Arzneimittelwirkstoffe. – *2. Merkmale:* K. werden an einer größeren Anzahl von Patienten zur Prüfung von Wirksamkeit, → Qualität und Unbedenklichkeit nach intensiver statistischer Planung systematisch durchgeführt und anschließend sorgfältig ausgewertet. – *3. Methodik:* Es wird zwischen drei Studienkategorien unterschieden: a) Präklinische Studien, die im Labor erfolgen und erste Hinweise zum Wirkmechanismus, zur Dosierung und zur Verträglichkeit einer neuen Behandlungsmethode liefern. – b) Klinische Arzneimittelprüfungen als Voraussetzungen für die Zulassung beim Bundesinstitut für Arzneimittelsicherheit und Medizinprodukte (BfArM). Dazu müssen drei klar gegliederte Phasen der Prüfung erfolgreich absolviert werden, in denen Wirksamkeit, Dosierung und Unbedenklichkeit an einer steigenden Zahl von Probanden getestet werden. Eine vierte Phase der klinischen Prüfung kann nach erfolgter Zulassung durchgeführt werden, um ein neues Arzneimittel weiterhin an einem größeren Kreis von Patienten zu untersuchen. – c) Therapie-Optimierungs-Prüfungen (TOP) zur Verbesserung der Behandlungsergebnisse bei bereits zugelassenen Therapien. Beim Design klinischer Studien wird unterschieden zwischen: a) Monozentrisch, die Studie wird an einer einzigen Institution durchgeführt; – b) Multzentrisch, Studie wird an einer Vielzahl von Institutionen durchgeführt; – c) Einfachblind, bei der Studie wissen die Testpersonen nicht, ob sie ein Placebo oder das zu testende Arzneimittel erhalten; – d) Doppelblind, bei der Studie wissen weder der behandelnde Arzt noch der Patient, ob es sich bei der angewandten Therapie um ein Placebo oder um das neu zu testende Arzneimittel handelt; – e) Placebokontrolliert, bei der Studie erhält eine Patientengruppe den zu testenden Wirkstoff, eine andere ein Scheinmedikament, das keinen Wirkstoff enthält; – f) Aktivkontrolliert, bei der Studie erhält eine Patientengruppe den zu testenden neuen Wirkstoff, die andere ein anerkanntes Medikament; – g) Randomisiert, bei der Studie erfolgt die Entscheidung, welcher Patient welcher Therapie zugeordnet wird, nach dem Zufallsprinzip. – *4. Aktuelle Entwicklung:* In den klinischen Wissenschaften gilt die prospektiv, randomisiert, kontrolliert, doppelblind durchgeführte Studie als „Goldstandard".

Knappschaft. → Deutsche Rentenversicherung Knappschaft-Bahn-See.

Kollektive Risikotheorie. Traditioneller Ansatz der → Risikotheorie mit Anwendungen in der Schadenversicherung. Geht auf Filip Lundberg 1903 und in rigoroser mathematischer Fundierung auf Cramér 1930 zurück. Im Rahmen der K. wird der → Gesamtschaden eines Kollektivs zum Einen in dynamischer Form (Gesamtschadenprozess) und zum Anderen in direkter Weise (die Erfassung des Gesamtschadens erfolgt direkt auf der Kollektivebene und nicht im Wege einer Aggregation über die einzelnen Kollektivmitglieder) modelliert. Durch Berücksichtigung eines anfänglichen Sicherheitskapitals und der Prämienzahlungen (→ Risikoprämie) auf kollektiver Ebene wird der Gesamtschadenprozess zum → Risikoreserveprozess erweitert. Dieser ist Ausgangspunkt für die Bestimmung von → Ruinwahrscheinlichkeiten sowie der Evaluation weiterer Kriterien (bspw. Erwartungsnutzen oder Dividendenpolitik) zur Steuerung des → Risikogeschäfts.

Kollektives Modell. Modell, das den → Gesamtschaden eines Bestands in der Form $S = \sum_{j=1}^{N} X_j$ darstellt. Dabei bezeichnen N die zufällige Anzahl der Schäden und X_j die zufällige Höhe des j-ten Schadens, und es wird angenommen, dass die Schadenhöhen unabhängig sind und dieselbe → Verteilungsfunktion besitzen und außerdem unabhängig von der Anzahl der Schäden sind. Die einzelnen Risiken als Verursacher der Schäden bleiben hier außer Betracht.

Kollektives versicherungstechnisches Äquivalenzprinzip. Prinzip, nach dem für einen Versicherungsbestand (mindestens) Gesamtrisikoprämien in Höhe des kollektiven → Schadenerwartungswerts zur Verfügung stehen müssen. Das K. formuliert sozusagen die Überlebensbedingung des Versicherers. Dabei bezieht sich das K. auf Versicherungsbestände mit homogenen oder heterogenen Risiken. Das K. schließt das → individuelle versicherungstechnische Äquivalenzprinzip nicht mit ein, da die Gesamtrisikoprämien in Höhe des kollektiven Schadenerwartungswerts auch anders auf die einzelnen Risiken verteilbar sind als verursachungsgerecht nach den individuellen Schadenerwartungswerten. Siehe allgemein auch → versicherungstechnisches Äquivalenzprinzip.

Kollektivlebensversicherung. Erscheinungsform der → Lebensversicherung, die die Risiken eines Kollektivs in einem Vertrag bündelt. Die K. ist in der → betrieblichen Altersversorgung (bAV) und in der Versicherung von Vereins- oder Verbandsmitgliedern weit verbreitet. Für die Mitglieder eines fest umrissenen Kollektivs werden Leistungen im Todes- oder Erlebensfall (→ Todesfallversicherung, → Erlebensfallversicherung), die für die einzelnen Mitglieder unterschiedlich sein können, gegen Zahlung eines → Beitrags für die Gesamtleistungen vereinbart. Durch diese Vertragsgestaltung können sich Kostenreduktionen gegenüber den Verträgen für einzelne Risiken ergeben, die zu geringeren Kostenzuschlägen führen. Außerdem wird u.U. durch einige → Risikomerkmale, die auf das Kollektiv zutreffen, eine positive Selektion erzielt, die ebenfalls zu einer Reduktion des Beitrags führt.

Kollektivversicherung. → Gruppenversicherung.

Kollisionshaftpflichtversicherung. *1. Begriff:* Versicherung der Haftung des Schiffseigners für durch ihn oder seine Besatzung verschuldete Schäden, die aus der Teilnahme am Schiffsverkehr entstehen. Dabei muss es zu keiner Kollision des versicherten Schiffs mit einem anderen Schiff oder z.B. mit Hafenanlagen kommen; auch Schäden durch falsches An- und Ablegen, Ankern oder Fernschäden durch Dünung oder Sog gehören dazu. Nicht zu den Kollisionsschäden gehören z.B. Schäden, die beim Be- und Entladen, der Aufnahme von Treibstoff oder mangelnder Fürsorge an der Ladung entstehen. – *2. Rechtsgrundlagen:* a) In der Seeschifffahrt haftet der Reeder für Schäden, die seine Besatzung im Dienst verschuldet hat, insbesondere auch für Schäden durch den Zusammenstoß von Schiffen (§ 485, § 735 ff. HGB). Die Höhe der Haftung ist nach dem Londoner Übereinkommen von 1976 beschränkt (§ 486 HGB); sie hängt von der Größe des Schiffs ab. – b) In der Binnenschifffahrt gelten ähnliche Regelungen (§§ 3-5 BinSchG). – *3. Ausschlüsse:* Personen- und Umweltschäden sowie Verlust und Beschädigung von Sachen, die sich an Bord befinden. Diese Risiken können durch → Protection & Indemnity (P&I) versichert werden. – *4. Deckungssumme:* a) In der → Seekaskoversicherung steht pro Reise eine Deckungssumme in Höhe der Kasko-Versicherungssumme separat für Kollisionsschäden zur Verfügung. – b) In der → Flusskaskoversicherung wird die Deckungssumme besonders vereinbart. – c) Die englischen Bedingungen (→ Institute Clauses) sehen nur einen Ersatz von 75 % des Schadens vor; durch Zusatzvereinbarung oder P&I kann der Ersatzanspruch auf eine volle Deckung erweitert werden. – d) Die Deckungssumme kann durch eine Kollisions-Exzedenten-Versicherung (vgl. → Nebeninteressenversicherung) oder P&I erhöht werden.

Kombinationsleistungen. Begriff aus der → sozialen Pflegeversicherung (SPV). Erbringung bzw. Bezug verschiedener Leistungen der SPV unter gegenseitiger Anrechnung. Nimmt der Pflegebedürftige z.B. die ihm zustehenden → Pflegesachleistungen durch einen ambulanten Pflegedienst nur teilweise in Anspruch und wird ein weiterer Hilfebedarf durch anderweitige Pflegepersonen gedeckt, erhält er dafür ein anteiliges → Pflegegeld. Zur Berechnung des anteiligen Pflegegelds wird der volle Pflegeldanspruch um den Vomhundertsatz vermindert, in dem der Pflegebedürftige die Pflegesachleistungen in Anspruch genommen hat (§ 38 SGB XI).

Kombinierte Versicherung. → verbundene Versicherung.

Kommunikation. *1. Begriff:* Austausch von Informationen zwischen Personen oder Maschinen (IT) und Kombinationen daraus. – *2. Grundmuster der K.:*

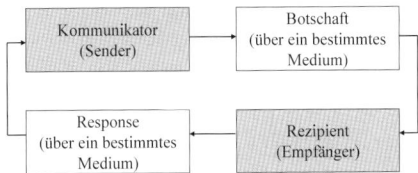

Die K. erfolgt unter Nutzung von Medien, wie Printmedien (Zeitungen, Zeitschriften, Prospekte etc.), elektronische Medien (besonders das Internet), Film, Funk und Fernsehen. Im → Versicherungsmarketing ist den Kommunikationsmöglichkeiten wegen der Erklärungsbedürftigkeit der Produkte eine außerordentliche Bedeutung zuzuschreiben. – *3. Merkmale:* Meist wird mit K. die Absicht von Verhaltensbeeinflussungen und „Response" verfolgt. – *4. Erscheinungsformen:* Zu unterscheiden sind die Inbound-Kommunikation (eingehende Informationen) und die Outbound-Kommunkation (ausgehende Informationen), sowie die verbale K. (z.B. Corporate Communication) und die non-verbale K. (z.B. → Corporate Design).

Kommutationszahlen. K. sind die → diskontierten Zahlen der Lebenden sowie die → diskontierten Zahlen der Toten. Durch Summenbildungen der diskontierten Zahlen der Lebenden bzw. Toten werden weitere K. erzeugt.

Kompositversicherung. → Schaden-/Unfallversicherung.

Kompression, *Vertragskomprimierung, Treaty Compression.* – *1. Begriff:* Zusammenspiel zwischen → fakultativer, → nichtproportionaler Rückversicherung und einem proportionalen → Summenexzedenten. – *2. Merkmale:* Ein solches Zusammenspiel liegt vor, wenn das Originalrisiko entzweit wird und der → Erstversicherer eine fakultative nicht-proportionale Deckung erwirbt, die das proportionale Vertragslimit als → Priorität benutzt (fak on gross basis).

Konditionsdifferenzenversicherung. *1. Begriff:* Versicherung, oft → Allgefahrenversicherung, in Form einer → Umbrella-Deckung, mit der Deckungslücken (ausgeschlossene Gefahren oder zu geringe Versicherungssummen) einer im Ausland versicherten Grunddeckung geschlossen werden sollen. – *2. Anwendungsfelder:* a) Multinationale Unternehmen ergänzen zur Erreichung eines weltweit einheitlichen Standards durch eine K. ihre jeweils lokal abgeschlossenen Deckungen, insbesondere wenn dort → Versicherungspflicht besteht. – b) Bei Importgeschäften wird der Verkäufer durch die → Incoterms CIP und CIF verpflichtet, eine → Warenversicherung mit minimalem Deckungsumfang zu besorgen. Der Käufer kann diese durch Abschluss einer K. zu einer vollen Deckung ergänzen. – *3. Wirkungsweise:* Der Versicherte hat gegen den Konditionsdifferenzversicherer einen Anspruch auf volle Entschädigung, muss aber auch seine Ansprüche gegen den Versicherer der Grunddeckung geltend machen und alle dort bezogenen Leistungen dem Konditionsdifferenzversicherer zur Verfügung stellen. Über das Vorhandensein einer K. hat der Versicherungsnehmer Stillschweigen zu bewahren. – *4. Versicherungsbedingungen:* In der Warenversicherung kann die Schutz- und Konditionsdifferenzenversicherungsklausel der → DTV verwendet werden.

Konfidenzniveau, *Wahrscheinlichkeitsniveau.* Definiert die Wahrscheinlichkeit, mit der der festgelegte Risikobetrag nicht überschritten wird oder werden soll.

Kongruente Währungsdeckung. Anlage von versicherungstechnischem Kapital in der gleichen Währung, in der auch die Schäden zu bedecken sind. Dient der Vermeidung eines Währungsrisikos.

Kongruenzregeln. Bestandteil der → Anlagegrundsätze. Die K. besagen, dass das gebundene Vermögen im Hinblick auf die Wechselkursrisiken grundsätzlich in Vermögenswerten anzulegen ist, die auf dieselbe Währung lauten, in der die Versicherungen erfüllt werden müssen. Konkret: Mindestens 80 % der Vermögensanlagen müssen auf die Währung lauten, in der die Versicherungsverpflichtungen erfüllt werden müssen, und maximal 20 % (für Einrichtungen der → betrieblichen Altersversorgung maximal 30 %) dürfen inkongruent bedeckt sein (Anlage zum VAG Teil C Nr. 6 Buchstabe b). Grundstücke und grundstücksgleiche Rechte gelten als in der Währung des Staates angelegt, in der sie in einen organisierten Markt einbezogen sind. Nicht in einen organisierten Markt einbezogene Aktien und sonstige Anteilswerte gelten als in der Währung des Staates angelegt, in dem der Aussteller seinen Sitz hat. Weitere Einzelheiten siehe § 54 III VAG, § 5 Verordnung über die Anlage des gebundenen Vermögen (AnlageV) Anlage zum VAG Teil C.

Konjunkturpolitik. → Stabilisierungspolitik.

Konkrete Verweisung. *1. Begriff:* Klausel in der → Berufsunfähigkeitsversicherung. Im Fall einer → Berufsunfähigkeit ermöglicht diese Klausel dem Versicherer, seinen Versicherungsnehmer auf eine andere konkrete Tätigkeit zu verweisen. – *2. Merkmale, Hintergründe und Würdigung:* Nimmt ein Versicherter während der Berufsunfähigkeit eine andere Tätigkeit auf, so kann ihn der Versicherer unter bestimmten Voraussetzungen „konkret" auf diese Tätigkeit verweisen und die Leistung der → Berufsunfähigkeitsrente einstellen. In der Möglichkeit der K. liegt nicht das Gefährdungspotenzial der → abstrakten Verweisung. Denn um den Versicherten, der Leistungen aus seiner Berufsunfähigkeits(zusatz)versicherung beantragt hat, konkret verweisen zu können, muss der Versicherte die Verweisungstätigkeit konkret ausüben. Im Falle einer K. kann demnach davon ausgegangen werden, dass der Versicherte mit der neuen Tätigkeit ein Einkommen bezieht, das mit dem Einkommen aus seiner vorherigen Tätigkeit vergleichbar ist. – *3. Rechtliche Aspekte:* Ein Verzicht auf das Recht zur K. hätte zur Folge, dass Versicherte neben der Rentenzahlung aus der Berufsunfähigkeitsversicherung auch vergleichbare Einkünfte aus einem Arbeitsverhältnis beziehen könnten und somit zwei vollwertige Einkommen gleichzeitig zur Verfügung hätten. Sie wären damit nach dem Eintritt des versicherten Ereignisses wirtschaftlich besser gestellt als vorher. Dies entspricht nicht dem Sinn und Zweck einer Berufsunfähigkeits(zusatz)versicherung. Zudem würden Begehrlichkeiten geschaffen, die zu vermehrten Leistungsfällen führen könnten. Die aktuelle Rechtsprechung bestätigt daher die bestehenden Regelungen zur konkreten Verweisung.

Konsum. *1. Begriff:* Letzter Verbrauch durch die Haushalte und damit auch Endzweck der Produktion. Da von den unterschiedlichen Gütern und Diensten, die die Haushalte erwerben, verschiedene Impulse auf den Wirtschaftsprozess ausgehen, wird der K. von Verbrauchsgütern, von (dauerhaften) Gebrauchsgütern und von (konsumtiven) Dienstleistungen unterschieden. Während nach den Verbrauchsgütern ein stetiger Bedarf besteht, tritt der Bedarf nach Gebrauchsgütern (auch Haushaltsinvestitionen genannt) unstetig, in mehr oder weniger langen Intervallen auf. – *2. Theorie:* Durch die Aufteilung seines → Einkommens in K. und → Sparen legt der Haushalt den Gesamtbetrag fest, mit dem er insgesamt Güter und Dienstleistungen für seine Zwecke in einer Periode nachfragt. Wie der Haushalt seine Konsumsumme auf die Beschaffung der verschiedenen Güter- und Dienstleistungskategorien verteilt, hängt von seiner Bedarfsstruktur, seinem verfügbaren Einkommen und den Preisen ab. Eine allgemeine Lösung des Problems der Einkommensverwendung stammt von H. H. Gossen. Ausgehend von der Annahme, dass der Grenznutzen einer zusätzlichen Einheit eines Gutes sinkt (Erstes Gossensches Gesetz), verteilt das Individuum sein Einkommen so auf die verschiedenen Güter, dass der Grenznutzen pro Geldeinheit, also der gewogene Grenznutzen bei allen Gütern, gleich groß ist (Zweites Gossensches Gesetz). Dann wird auch das Nutzenmaximum erreicht. Dabei sind verschiedene Regelmäßigkeiten beobachtet worden. Nimmt das Einkommen zu, dann nehmen auch die Konsumausgaben zu, ihre Zunahme bleibt aber hinter der Einkommenszunahme zurück (Engelsches Gesetz), d.h. die → Einkommenselastizität der Nachfrage z.B. nach Nahrungsmitteln ist kleiner als Eins. Ein ähnlicher Zusammenhang wurde auch für Wohnungsmieten beobachtet (Schwabesches Gesetz). – *3. Makroökonomische Konsumfunktionen:* Hier wird deutlich, dass das Einkommen (neben den Preisen) als wesentlichste Bestimmungsgröße des K. gilt. Folglich wird zwischen absoluter, relativer und permanenter Einkommenshypothese unterschieden. Als bedeutendster Vertreter der absoluten Einkommenshypothese gilt J. M. Keynes, der aus dem Engelschen Gesetz ein „grundlegendes psychologisches Gesetz" ableitet, nach dem die gesamten Konsumausgaben mit dem Einkommen unterproportional zunehmen. Mit anderen Worten, die (marginale wie die durchschnittliche) Konsumquote fällt. Modifizierungen und

Erweiterungen wurden durch den Befund von S. Kuznets ausgelöst, dass die langfristige durchschnittliche Konsumquote konstant ist, d.h. die langfristige Einkommenselastizität des Konsums ist Eins. Die relative Einkommenshypothese berücksichtigt die relative Stellung des Konsumenten in der Einkommenshierarchie, also seine soziale Stellung (J. Duesenberry, F. Modigliani), aber auch die Veränderung des eigenen Einkommens im Zeitverlauf. Steigt das Einkommen, wird mehr ausgegeben, einerseits wegen des Aufstiegs in der sozialen Stellung, andererseits weil sich der Konsument mehr leisten kann. Fällt das Einkommen, wird aber versucht, die soziale Stellung aufrecht zu erhalten. Damit lässt sich erklären, dass zwar einerseits kurzfristig die keynesianische Hypothese, langfristig aber die Konstanz der Konsumquote gilt. Weiter geht die auf M. Friedman zurück gehende permanente Einkommenshypothese. Ausgehend von einer Lebenszyklushypothese, bei der in einer ersten Phase nichts, in einer zweiten Phase viel und in der Ruhestandsphase wieder nichts verdient wird, plant der Konsument einen möglichst gleich bleibenden permanenten K. in Abhängigkeit vom permanenten Einkommen. Dies führt zur Konstanz der (langfristigen) Konsumquote. Abweichungen des Einkommens von diesem langfristigen Wert (die sog. transitorische Komponente) fließen den in (transitorischen) K. und in die Ersparnis. Damit kann Friedman die kurzfristige Konsumfunktion als statistisches Artefakt erklären. Die modernste Variante (die surprise consumption function von Robert Hall) kombiniert die permanente Einkommenshypothese mit der Annahme rationaler Erwartungen, so dass nur noch stochastische Abweichungen vom permanenten Einkommen den K. beeinflussen können. – 4. *Probleme:* Gerade die neueren Ansätze leiden darunter, dass ihre Vorhersagequalität gering ist. Lösungen und Erklärungen können darin gesehen werden, dass einerseits (langfristige) Gebrauchsgüter berücksichtigt werden, andererseits der Kapitalmarkt gerade für die meisten Konsumenten nicht vollkommen ist. Dies äußert sich z.B. darin, dass Humankapital nur schwer zu beleihen ist. – 5. *K. und → volkswirtschaftliche Gesamtrechnung:* Der gesamtwirtschaftliche K. setzt sich aus dem privaten Verbrauch und dem Staatsverbrauch zusammen (Unternehmen konsumieren nicht). Dabei umfasst der private Verbrauch die Ausgaben der privaten Haushalte für den Kauf von Konsumgütern, den Eigenverbrauch privater Organisationen ohne Erwerbscharakter, und gewisse unterstellte Transaktionen (wie die Nutzung der eigenen Wohnung). Die Struktur des Verbrauchs hinsichtlich der o.g. Güterkategorien wird in Einkommens- und Verbrauchsstichproben regelmäßig erhoben. Der Staatsverbrauch umfasst den Kostenwert der unentgeltlich zur Verfügung gestellten Staatsleistungen.

Konsumentenkreditversicherung. Versicherung von Kreditinstituten gegen den Ausfall von Rückzahlungsansprüchen aus der Gewährung von Darlehen (insbesondere Verbraucherdarlehen und Dispositionskrediten) gegenüber Privatpersonen im Fall der → Zahlungsunfähigkeit.

KonTraG, *Abk. für Gesetz zur Kontrolle und Transparenz im Unternehmensbereich.* – *1. Begriff:* Vom Deutschen Bundestag am 5.3.1998 beschlossenes und am 1.5.1998 in Kraft getretenes Artikelgesetz, das insbesondere im Handels- und Aktienrecht Änderungen vornahm. – *2. Ziele und Inhalte:* Mit dem KonTraG sollte die → Corporate Governance in deutschen Unternehmen fortentwickelt werden. Zu den bedeutsamsten Neuregelungen gehörte die Erweiterung der Haftung von → Vorstand, → Aufsichtsrat und Wirtschaftprüfer. → Aktiengesellschaften und Unternehmen, auf die die entsprechenden Bestimmungen des Aktienrechts Ausstrahlungswirkungen haben (z.B. bestimmte GmbH), wurden durch den neu eingeführten § 91 II AktG verpflichtet „geeignete Maßnahmen zu treffen, insbesondere ein Überwachungssystem einzurichten, damit den Fortbestand der Gesellschaft gefährdende Entwicklungen früh erkannt werden" können (→ „Risikofrüherkennungssystem"). Die adäquate Funktionsweise des Risikofrüherkennungssystems ist Teil der Sorgfaltspflicht des Vorstands (§ 93 I S. 1 AktG) und des Aufsichtsrats (§ 116 AktG). Darüber hinaus müssen Aussagen zu den Risiken des Unternehmens im → Lagebericht veröffentlicht werden, und das Bestehen und der Betrieb des Risikofrüherkennungssystems müssen vom Abschlussprüfer geprüft werden.

Kontrahierungszwang, *Annahmezwang.* – *1. Begriff:* Pflicht zur Versicherungsnahme bzw. zur Annahme von Versicherungsanträgen, durch die die grundsätzlich geltende Abschlussfreiheit der Vertragsparteien eingeschränkt wird. – *2. Merkmale und Anwendungsbereiche:* Der K. begründet eine gesetzlich geregelte Verpflichtung des Risikoträgers auf Inanspruchnahme einer Versicherungsdeckung zum Schutz des Drittgeschädigten (der Risikoträger wird damit zum Versicherungsnehmer) und/ oder eine gesetzlich geregelte Verpflichtung des Versicherers auf Annahme von Versicherungsanträgen zum Schutz des Versicherungsinteressenten sowie ggf. ebenso des Drittgeschädigten. Anwendungsbereiche sind bspw. die → Kfz-Haftpflichtversicherung und die → Krankenversicherung. – *3. K. in der Kfz-Haftpflichtversicherung:* Seitens des Kfz-Halters besteht in der Kfz-Haftpflichtversicherung einerseits als Risikoträger die Pflicht zur Versicherungsnahme und andererseits in seiner Eigenschaft als Versicherungsinteressent ein einklagbarer Anspruch gegenüber dem von ihm gewählten Versicherer auf Abschluss eines Versicherungsvertrags; auch der betreffende Versicherer hat insofern einen Kontrahierungszwang. Nach § 5 PflVG darf ein Versicherungsantrag nur in Ausnahmefällen innerhalb von zwei Wochen nach Eingang abgelehnt werden; sonst gilt er als angenommen (Annahmefiktion).– *4. K. in der* → *Gesetzlichen Krankenversicherung (GKV):* Insbesondere Arbeitnehmer, aber auch weitere gesetzlich definierte Personengruppen unterliegen der → Versicherungspflicht in der GKV. Die gesetzlichen → Krankenkassen sind zur Aufnahme neuer Versicherter generell unabhängig von deren Alter, Gesundheitszustand oder Einkommen verpflichtet. – *5. K. in der* → *Privaten Krankenversicherung (PKV):* Angesichts des privatrechtlichen Grundsatzes der Vertragsfreiheit kennt die PKV grundsätzlich keinen Kontrahierungszwang. Dementsprechend gibt es auf Seiten der Kunden auch keine Versicherungspflicht. Eine rechtliche Verpflichtung der Versicherungsunternehmen zur Annahme eines Vertrags gibt es allerdings in folgenden Ausnahmefällen: a) Versicherungsschutz bei Neugeborenen von Eltern mit PKV-Schutz: Beginn ohne Wartezeit und ohne Gesundheitsprüfung unmittelbar nach der Geburt, wenn das Kind spätestens zwei Monate nach der Geburt bei der Versicherung angemeldet wird (§ 198 VVG). – b) Dauernde Öffnung der PKV für Beamtenanfänger: Beamtenanfänger sowie deren Familienangehörige werden nicht aus Risikogründen abgelehnt, und Risikozuschläge werden auf maximal 30 % begrenzt. – c) Erleichterter Wechsel in die PKV für GKV-versicherte Beamte: Kein GKV-versicherter Beamter wird aus Risikogründen abgelehnt und Risikozuschläge werden auf maximal 30 % des tariflichen Betrags begrenzt. – d) K. für die Aufnahme in die → Private Pflegepflichtversicherung (§ 110 III SGB XI). – e) K. bei zurückkehrenden Nichtversicherten, die der PKV zuzuordnen sind, seit dem 1.7.2007 im modifizierten → Standardtarif (§ 315 SGB V). – f) K. im → Basistarif seit dem 1.1.2009 für versicherungsberechtigte Personen gemäß dem GKV-Wettbewerbsstärkungsgesetz (GKV-WSG).

Kontributionsformel. Rechenverfahren, um zu gegebenen → Rechnungsgrundlagen 1. und 2. Ordnung die → Zinsgewinne, die → Risikogewinne und die → Kostengewinne zu ermitteln. Mit der K. können nur die jeweils nach Rechnungsgrundlagen 2. Ordnung erwarteten Gewinne für die einzelnen Gewinnquellen ermittelt werden. Diese erwarteten Gewinne geben somit einen Anhaltspunkt für die einzelnen Komponenten der → Überschussbeteiligung für die Versicherungsnehmer. Die tatsächlichen Überschussquellen ergeben sich nur ex post aus der → Überschusszerlegung.

Konzernabschluss. *1. Begriff und Merkmale:* Element der externen → Rechnungslegung. Der K. wird aus den → Einzelabschlüssen der konzernzugehörigen Unternehmen hergeleitet. a) Nach HGB besteht der K. aus einer Konzernbilanz, einer Konzern-Gewinn- und Verlustrechnung, einem Konzernanhang, einer → Kapitalflussrechnung, einer → Eigenkapitalveränderungsrechnung und kann durch eine freiwillige → Segmentberichterstattung ergänzt werden. – b) Nach → IAS/ → IFRS besteht der K. grundsätzlich aus den gleichen Bestandteilen. Die Unternehmen, deren Eigenkapital- oder Schuldtitel öffentlich gehandelt werden oder die deren öffentlichen Handel beantragt haben, sind zur Segmentberichterstattung verpflichtet (IFRS 8). – *2. Ziel:* Vermittlung eines den tatsächlichen Verhältnissen entsprechenden Bilds der Vermögens-, Finanz-

und Ertragslage des Konzerns als Unternehmenseinheit. – *3. Gesetzliche Grundlagen:* a) §§ 290 ff. HGB. – b) IAS 1, 3, 21, 27, 28, 31. – c) Kapitalmarktorientierte Unternehmen sind seit dem 1.1.2005 dazu verpflichtet, ihren K. nach IAS/ IFRS aufzustellen. Nach § 315a HGB dürfen auch nicht kapitalmarktorientierte Unternehmen ihren K. nach IAS/ IFRS mit befreiender Wirkung von einem K. nach HGB aufstellen.

Konzerncontrolling. → Controlling des Versicherungskonzerns bzw. des (All-)Finanzkonzerns als Ganzes. Dazu zählen alle Unternehmen, die unter einheitlicher Leitung stehen, in ihrem Zusammenspiel. Abzugrenzen vom → Beteiligungscontrolling und vom → Kapitalanlagecontrolling.

Konzernsolvabilität. *1. Begriff:* Aufsichtsrechtlich geforderte Fähigkeit von Versicherungskonzernobergesellschaften, ihre Existenz und die dauernde Erfüllbarkeit der eingegangenen Verpflichtungen jederzeit durch ausreichende → Solvabilitätsmittel sicherzustellen. Der Nachweis der K. wird zusätzlich zum Nachweis der → Solvabilität der Einzelversicherungsunternehmen gefordert (Solo-Plus-Solvabilität). – *2. Ziele:* Die K. wurde eingeführt, um a) die besondere Gefährdung von einzelnen Erstversicherungsunternehmen im Konzernverbund zu berücksichtigen und – b) die Mehrfachnutzung von → Eigenmitteln in vertikalen Konzernen (→ Double gearing) zu kontrollieren. – *3. Abgrenzung zur Solo-Solvabilität:* Die Berechnung der K. bezieht generell alle Versicherungsunternehmen und Nicht-Versicherungsunternehmen des Versicherungskonzerns ein. Grundsätzlich folgt die Berechnung der → Ist-Solvabilität und der → Soll-Solvabilität den Formeln für die → Solo-Solvabilität, wobei jedoch die Mehrfachverwendung von Eigenmitteln und die konzerninterne Eigenmittelschöpfung ausgeschlossen werden. Damit ergibt sich für den Konzern eine bereinigte Solvabilität. – *4. Rechtsgrundlage und Berechnungsmethode:* Gesetzliche Grundlage für die Ermittlung der K. ist § 104a-i VAG i.V.m. der SolBerV, die zwei Ermittlungsmethoden vorsieht: a) Basis der Berechnung ist im Regelfall der konsolidierte handelsrechtliche Konzernjahresabschluss nach HGB oder IFRS. Durch die Konsolidierung wird die Mehrfachnutzung von Eigenmitteln vermieden und konzerninternes Geschäft neutralisiert (Konsolidierungsmethode). – b) Wenn ein Konzernjahresabschluss nicht vorliegt oder wenn die Aufsichtsbehörde eine entsprechende Genehmigung ausspricht, kann die Berechnung der K. auch auf Grundlage der Einzeljahresabschlüsse vorgenommen werden, indem vorliegende Doppelzählungen abgezogen werden (Abzugs- und Aggregationsmethode).

Konzernvertreter. *1. Begriff:* Rechtlich selbstständiger Gewerbetreibender, der nach eigenen Plänen ausschließlich für einen Versicherungskonzern Versicherungen an Versicherungsnehmer vermittelt und dafür vom Versicherungskonzern Provisionen erhält. Der K. wird häufig auch als → Agentur bezeichnet. – *2. Aktuelle Entwicklungen:* Im Rahmen des Transparenzgebots muss der K. gegenüber seinen Kunden klar zum Ausdruck bringen, für welchen Versicherungskonzern er ausschließlich vermittelt. Als Vertreter des Konzerns gilt der K. auch als Empfänger aller relevanten Informationen des Kunden. D.h. auch der Versicherer gilt als informiert, sobald sein Vertreter informiert ist. Siehe auch → Versicherungsvertreter.

Kopfpauschale, *Kopfprämie, Gesundheitspauschale, Gesundheitsprämie.* – I. Finanzierungsverfahren in der → Sozialversicherung: *1. Begriff:* Form der Erhebung von → Prämien oder → Beiträgen, bei der jeder Versicherte den gleichen Betrag bezahlt. Prinzipiell bei verschiedenen Versicherungen möglich, wird die K. v.a. im Bereich der → gesetzlichen Krankenversicherung (GKV), aber auch der → sozialen Pflegeversicherung diskutiert. Nach dem Modell für die K. zahlt jeder Versicherte eine einkommens- und risikounabhängige einheitliche Prämie. Die bisherigen Arbeitgeberbeiträge werden an die Arbeitnehmer ausgezahlt und müssen von diesen versteuert werden. Gewünscht wird damit eine Abkoppelung der sozialversicherungspflichtigen Beiträge vom Lohn. Modell der sog. Rürup-Kommission aus dem Jahr 2002 zur Reform der GKV zwecks Sicherung deren nachhaltiger Finanzierbarkeit. – *2. Ökonomische Legitimation:* Hinter dem Schleier der Unwissenheit, welcher von J. Rawls eingeführt wurde, sind alle Menschen im Naturzustand gleich und wissen nicht, wie sie im Leben dastehen werden. Bei entsprechender Risikoaversion werden alle für einen gewissen Grad an sozialer Krankenversicherung stimmen, die durch eine K. finanziert wird, da die K. genau das Durchschnittsrisiko abdeckt, das den Erwartungswert hinter dem Schleier darstellt. – *3. Methodik:* Die K. sieht nicht nur einen risikounabhängigen, sondern – im Unterschied zur → Bürgerversicherung – auch einen einkommensunabhängigen Beitrag zur GKV vor. Alle versicherte Personen, auch bisher beitragsfrei versicherte Ehe- oder Lebenspartner ohne eigenes Einkommen, zahlen den gleichen Beitrag. Die Krankenversicherung der Kinder sollte allerdings nach dem Modell der Rürup-Kommission über Steuern finanziert werden. Um einer finanziellen Überforderung zu begegnen, sollten sozial Schwache ebenfalls aus Steuermitteln Zuschüsse erhalten. Der Arbeitgeberanteil sollte mit dem Lohn ausgezahlt und versteuert werden. Mit diesen Steuermehreinnahmen wäre ein Teil der Transferzahlungen zu finanzieren gewesen. – *4. Bewertungen:* a) Pauschalmodelle haben grundsätzlich den Vorteil, dass die Beiträge lohnunabhängig bemessen werden und damit keine negativen Wirkungen auf die Lohnnebenkosten haben. Allerdings ist zu bedenken, dass sich jede Lohnerhöhung auf das bisherige Bruttoeinkommen bezieht. Da dieses durch die Auszahlung des Arbeitgeberanteils einmalig steigt, würde sich jede Lohnerhöhung immer auf eine höhere Basis beziehen und damit die Lohnkosten – im Vergleich zum Status quo – erhöhen. – b) Bei einer Abschaffung des Arbeitgeberanteils würden die Arbeitgeber aus der (finanziellen) Verantwortung für das Gesundheitssystem entlassen; der arbeitgeberseitige Druck auf die Politik, die Beiträge stabil zu halten, entfiele. Im Gegenteil: Das Interesse der Arbeitgeber, Leistungen oder Finanzrisiken in die GKV zu verschieben, würde auf ein gleichgerichtetes Interesse der öffentlichen Hand stoßen. Dazu kommt, dass die Arbeitgeberseite nur noch als Vertreter von Anbieterinteressen, z.B. Pharmaunternehmen, im Gesundheitswesen agieren würde, was tendenziell zu einem Kostenanstieg beitragen dürfte. – c) Die personelle Umverteilung wird bei den Kopfpauschalen-Modellen auf das Steuersystem übertragen. Das Umverteilungsvolumen ist – je nach Modell – erheblich und stellt die öffentlichen Haushalte vor große finanzielle Probleme. Es besteht die Gefahr, dass die Zuschüsse "nach Kassenlage" bemessen werden und damit gerade die einkommensschwächeren Versicherten, darunter die Rentner, schrittweise stärker belastet werden. – d) Daneben sind die unmittelbaren Verteilungswirkungen eines Kopfpauschalen-Modells problematisch. Eine einheitliche, einkommensunabhängige Prämie entlastet tendenziell höhere Einkommen und belastet niedrigere bzw. mittlere Einkommen. Ob dieser unmittelbare Effekt durch die geplanten Zuschüsse für Geringverdiener gemildert oder ausgeglichen werden kann, hängt von der konkreten Ausgestaltung ab. – e) Auch mit der K. bleibt die langfristige Finanzierbarkeit der GKV insoweit offen, als eine klare Regelung zur Kapitaldeckung mit dem Modell nicht verbunden ist. – *5. Implementierung in Deutschland:* Während des Bundestagswahlkampfs 2005 hatten die CDU und CSU für die Umstellung auf eine K. geworben. Mit dem 2009 eingeführten → Gesundheitsfonds müssen → Krankenkassen, deren Ausgaben größer als die Zuweisungen aus dem Fonds sind, einen Zusatzbeitrag erheben, der vielfach als "kleine Kopfpauschale" bezeichnet wird. Im Koalitionsvertrag der schwarzgelben Bundesregierung von Oktober 2009 wird "langfristig" die Einführung eines einkommensunabhängigen Beitrags angekündigt. – *6. Internationaler Vergleich:* Die soziale Pflicht-Krankenversicherung in der Schweiz wird durch einen Pauschalbeitrag finanziert. In den Niederlanden und Belgien sind Mischmodelle aus einkommensabhängigen Beiträgen und Pauschalbeiträgen realisiert. – II. Vergütungsverfahren für Ärzte: *1. Begriff:* Form der Zahlung der ärztlichen Vergütung seitens der gesetzlichen Krankenkassen an die → kassenärztliche Vereinigung. – *2. Methodik:* Seit 1993 – nach Einführung einer strikten sektoralen → Budgetierung – wird die ärztliche Vergütung (Gesamtvergütung) durch die Krankenkassen in Form eines festen Eurobetrags pro Mitglied und Quartal an die kassenärztlichen Vereinigungen gezahlt. – *3. Umsetzung:* Die Höhe der von der Krankenkasse zu zahlenden Gesamtvergütung ist das Produkt aus K. und Mitgliederzahl. Dementsprechend trägt die Krankenkasse allein das Risiko der Mitgliederentwicklung, während das Morbiditätsrisiko, z.B. aus einer Grippe-Epidemie, von der Ärzteschaft zu tragen ist. Die K. wird entsprechend der Entwicklung der beitragspflichtigen Einnahmen jährlich angepasst. Durch das GKV-Wettbewerbsstärkungsgesetz wurde ab 2009 das Morbiditätsrisiko teilweise auf die Krankenkassen zurückverlagert. Damit wurde die strikte Kopfpauschalenberechnung gelockert.

Korrelation. Zusammenhang zwischen zwei Zufallsvariablen X und Y. Die K. wird durch den → Korrelationskoeffizienten gemessen; für die Art der K. genügt es jedoch, die → Kovarianz zu betrachten: X und Y heißen a) positiv korreliert, wenn $\mathrm{cov}[X, Y] > 0$ (oder auch nur $\mathrm{cov}[X, Y] \geq 0$) gilt. – b) unkorreliert, wenn $\mathrm{cov}[X, Y] = 0$ gilt. – c) negativ korreliert, wenn $\mathrm{cov}[X, Y] < 0$ (oder auch nur $\mathrm{cov}[X, Y] \leq 0$) gilt.

Korrelationskoeffizient. Maßgröße für den Zusammenhang zwischen zwei Zufallsvariablen X und Y (→ Zusammenhangsmaß). Der K. ist definiert als

$$\varrho_{X,Y} := \frac{\mathrm{cov}[X,Y]}{\sqrt{\mathrm{var}[X]}\sqrt{\mathrm{var}[Y]}} = \mathrm{cov}\left[\frac{X - E[X]}{\sqrt{\mathrm{var}[X]}}, \frac{Y - E[Y]}{\sqrt{\mathrm{var}[Y]}}\right]$$

(→ Erwartungswert, → Kovarianz, → Varianz). Es gilt $\varrho_{a+bX, c+dY} = \varrho_{X,Y}$. Außerdem gilt $|\varrho_{X,Y}| \leq 1$, und Gleichheit gilt genau dann, wenn es reelle Zahlen a, b, c gibt mit $a \neq 0 \neq b$ und $P[aX + bY = c]$. Sind X und Y unabhängig (→ Unabhängigkeit), so gilt $\varrho_{X,Y} = 0$; die Umkehrung ist jedoch falsch. Der K. ist ein dimensionsloses → Zusammenhangsmaß und misst den linearen Zusammenhang zwischen X und Y.

Korrespondenzanwalt. Rechtsanwalt, der den Schriftverkehr zwischen dem Mandanten und dem mit der Prozessführung beauftragten Rechtsanwalt führt. Wird i.d.R. eingeschaltet, wenn der Prozess nicht am Wohnort des Mandanten geführt wird. Die → Rechtsschutzversicherung trägt abhängig von den Vertragsbedingungen die Kosten des K., wenn der Gerichtsort weiter als 100 km vom Wohnort entfernt ist.

Korrespondenzversicherung. *1. Begriff:* Ein Vertrag, der vom Versicherungsnehmer mit einem Versicherer in einem anderen Land abgeschlossen wird, ohne dass der Versicherer im Land des Versicherungsnehmers tätig wird. Die K. wurde u.a. in Deutschland nicht als Betrieb des Versicherungsgeschäfts im Inland angesehen; der Versicherer brauchte daher keine Zulassung im Inland. – *2. Bedeutung:* Form der → Dienstleistungsfreiheit. Für den Binnenmarkt hat der Begriff daher keine eigenständige Bedeutung mehr, wohl aber für den grenzüberschreitenden Verkehr mit Drittlandsunternehmen.

Kosmetische Operationen. *1. Begriff:* Leistungsart in der → privaten Unfallversicherung (PUV). Eine K. ist eine nach Abschluss der Heilbehandlung durchgeführte ärztliche Behandlung mit dem Ziel, eine unfallbedingte dauerhafte Beeinträchtigung des äußeren Erscheinungsbilds der versicherten Person zu beheben. – *2. Merkmal:* Die Kostenübernahme erfolgt bis zur Höhe der vereinbarten Versicherungssumme bis zum Ablauf des dritten Jahres nach dem Unfall. Eine Leistung wird jedoch nur dann erbracht, wenn keine dritte Stelle, z.B. ein Krankenversicherer, vorleistungspflichtig ist. Im Einzelnen werden Kosten wie Arzthonorare, sonstige Operationskosten und notwendige Kosten für die Unterbringung und Verpflegung in einem Krankenhaus übernommen. Marktüblich ist zwischenzeitlich auch, dass bei unfallbedingtem Verlust oder Teilverlust von Schneide- und Eckzähnen die Zahnbehandlungs- oder Zahnersatzkosten übernommen werden. Bei Kindern, bei denen der Unfalleintritt vor dem 18. Lebensjahr liegt, wird die Frist zur Durchführung der kosmetischen Operation verlängert. In diesen Fällen muss die Operation vor Vollendung des 21. Lebensjahres durchgeführt worden sein.

Kosten. *1. Begriff:* Nach den Regeln der betriebswirtschaftlichen Zweckmäßigkeit in Geld bewerteter ordentlicher und sachzielbezogener Verbrauch von Gütern bzw. Produktionsfaktoren innerhalb einer Rechnungsperiode. Ordentlichkeit setzt voraus, dass der Güterverzehr aus dem üblichen Betriebsgeschehen entstanden ist. Sachzielbezogenheit meint, dass der Güterverzehr dem Unternehmensgegenstand dient und leistungsbedingt hervorgerufen wird. Abzugrenzen von → Auszahlungen, → Ausgaben und → Aufwendungen. Siehe korrespondierend auch → Leistungen. – *2. Merkmale:* K. sind eine Wertgröße und setzen sich aus einer Mengen- und einer Preiskomponente zusammen. Der monetäre Wert der Kosten ergibt sich aus der Multiplikation der Produktionsfaktoreinsatzmengen mit den zugehörigen Preisen für die Beschaffung bzw. Herstellung der Produktionsfaktoren (→ Herstellungskosten)

$$(K = \sum_{i=1}^{r} PF_i \times q_i) \cdot$$

– 3. *Klassifizierung von K.:* a) nach dem zeitlichen Bezug: Istkosten vs. Plankosten vs. Prognosekosten (vgl. Istkostenrechnung, → Plankostenrechnung, → Prognosekostenrechnung); – b) nach Bezugsgrößen: K. von → Kostenarten, K. von → Kostenstellen, K. von → Kostenträgern (→ Kostenartenrechnung, → Kostenstellenrechnung, → Kostenträgerrechnung, – c) nach der Zurechenbarkeit auf Bezugsgrößen: → Einzelkosten vs. → Gemeinkosten – d) nach der Abhängigkeit von der Produktionsmenge: → variable Kosten vs. → fixe Kosten.

Kostenarten. *1. Begriff:* Arten von → Kosten, die sich im Wesentlichen nach den unterschiedlichen Produktionsfaktorarten differenzieren, die im Produktionsprozess eingesetzt und verzehrt werden. – *2. Einteilung:* Im Versicherungsunternehmen ist v.a. die Einteilung in die beiden Hauptkostenarten → Risikokosten und → Betriebskosten von Bedeutung. Anhand der zugrundeliegenden Produktionsfaktorarten kann weiter innerhalb der → Kostenartenrechnung untergliedert werden in a) Risikokosten: → Schadenkosten, Rückversicherungskosten und → Kapitalkosten (für Kapital, das zur → Risikotragung und -deckung unterlegt werden muss, d.h. für Sicherheitskapital); – b) Betriebskosten: Personalkosten, Vermittlerkosten, Kosten sonstiger Dienstleister, Betriebsmittelkosten, Kapitalkosten (für Kapital zur Finanzierung realer Produktionsfaktoren). Bei dieser Untergliederung ist hinsichtlich der Vermittlerkosten darauf zu achten, dass keine Redundanz zu den Personalkosten entsteht (→ angestellter Vermittler). Die Zuordnung ist dann je nach Rechnungszweck vorzunehmen – z.B. Erfassung von Kosten nach den rechtlichen Differenzierungsmerkmalen (Mitarbeiterkosten vs. Dienstleisterkosten) oder nach funktionalen Differenzierungsmerkmalen (Betriebskosten i.e.S. vs. Vertriebskosten).

Kostenartenrechnung. Element und zugleich erste Stufe der → Kostenrechnung mit dem Ziel, eine betriebswirtschaftlich zweckmäßige Zuordnung von → Kosten zu den verschiedenen → Kostenarten zu gewährleisten. Die K. soll im Ergebnis den nach den Produktionsfaktorarten unterteilten Werteverzehr einer Periode abbilden und damit zugleich die Verursachungsfaktoren dieses Werteverzehrs aufzeigen.

Kosten-Effektivitäts-Analyse, *Kosten-Wirksamkeits-Analyse,* engl. *cost-effectiveness-analysis.* – *1. Begriff:* Vergleichende Analyse der Kosten zweier oder mehrerer Behandlungsalternativen im Hinblick auf die Wirkung, durch die in diesem Zusammenhang der Nutzen definiert wird. Ziel ist es, die Alternative zu finden, welche pro Nutzeneinheit die geringsten Kosten hat. – *2. Methodik:* Die Wirksamkeit wird hier auch als Effekt bezeichnet und in einer eindimensionalen klinischen Größe gemessen (z.B. vermiedene Schlaganfälle, Cholesterinsenkung in mmol/l, Blutdrucksenkung in mmHg, etc.). Daraus resultiert, dass sich nur Maßnahmen unter dem Gesichtspunkt des gleichen Effektivitätsmaßes vergleichen lassen. Die Kosten werden in der K. in Geldeinheiten gemessen (z.B. Kosten pro vermiedenem Schlaganfall). Bei den Kosten wird in der gesundheitsökonomischen Einteilung unterschieden nach: a) direkten medizinischen Kosten; direkt mit der Erkrankung in Zusammenhang stehender Ressourcenverbrauch, wie Arbeitszeit der Ärzte und des Pflegepersonals, aber auch Transportkosten und Kinderbetreuung während der Krankheitsperiode. – b) Indirekte Kosten; darunter fallen alle Kosten durch Arbeitsausfall (Produktivitätskosten), → Friktionskostenansatz → Humankapitalansatz. – c) Externe Kosten (auch: direkte nicht-medizinische Kosten; hierzu zählen bspw. Kosten, die beim Besuch von Angehörigen entstehen. – d) Intangible Kosten; entstehen durch die Einschränkung der → Lebensqualität. Zu ihnen zählen die seelische Beeinträchtigung (z.B. Stress), aber auch Angst, Schmerz und Folgen von Unverträglichkeiten eines Arzneimittels. – *3. Probleme:* Als Einwände gegen eine ausschließliche Nutzung von K. zur Beurteilung von Gesundheitsprogrammen gelten die mangelnde Beachtung von Verteilungsaspekten (sowohl in Bezug auf die Kosten als auch des Nutzens), die Wechselwirkungen zwischen verfügbarem Einkommen und Zahlungsbereitschaft, die methodischen Probleme der Übertragbarkeit von Nutzeneinschätzungen bzw. Präferenzen zwischen Personen und schließlich die mangelnde Einbeziehung politischer Prozesse.

Kostenerstattungsprinzip. *1. Begriff:* Verfahren der Leistungsgewährung in der Krankenversicherung. Beim K. wird der Patient als Selbstbezahler vom Leistungserbringer behandelt, und er reicht die Rechnung anschließend bei seinem Versicherer zur Erstattung ein. Meist finden sich Höchstsätze für die Erstattung, in Deutschland sind diese an die → Gebührenordnungen für Ärzte und Zahnärzte (GOÄ/GOZ) gekoppelt. Das K. ist in Deutschland die Regel in der → privaten Krankenversicherung (PKV); in der → gesetzlichen Krankenversicherung (GKV) kommt es nur in Ausnahmefällen vor. – *2. Hintergründe:* Zwischen dem behandelnden Arzt und dem privaten Krankenversicherungsunternehmen existiert beim K. keine direkte Vertragsbeziehung. Nur der Patient schließt mit dem Leistungserbringer einen sog. → Behandlungsvertrag ab. Aus dem Vertrag schuldet der Patient dem Leistungserbringer eine Vergütung, die der Patient i.d.R. zunächst auch selbst erbringt. Damit geht er gegenüber seinem Versicherer in Vorleistung. – *3. Aspekte der Kostenerstattung in der Praxis:* a) Aus Vereinfachungsgründen wird davon abweichend im Rahmen der stationären Behandlung zwischen dem privaten Krankenversicherer und den ärztlichen Leistungserbringern häufig die → Direktabrechnung praktiziert. Dabei treten Privatversicherte ihre Zahlungsverpflichtungen gegenüber dem Krankenhaus an das Versicherungsunternehmen ab. Das K. wird damit von der Direktabrechnung weder ersetzt noch berührt. – b) Infolge der oftmals bei der ärztlichen Honorarabrechnung eingeräumten Zahlungsfrist haben Privatversicherte die Möglichkeit, die Rechnung erst ihrem Versicherer vorzulegen. Von den nach der → Rechnungsprüfung gezahlten Versicherungsleistungen kann dann die Rechnung der Leistungserbringer beglichen werden. – *4. Würdigungen:* U.a. aufgrund des K. kennen Privatversicherte ihre Gesundheitskosten, denn sie erhalten eine Rechnung über die vom Leistungserbringer bezogenen Leistungen und begleichen diese zunächst selbst. Gerade weil Privatversicherte zudem auch häufig → Selbstbehalte vereinbaren, haben sie damit einen relativ hohen Anreiz, sich kostenbewusst zu verhalten. – *3. Abgrenzungen:* Im Gegensatz zur Kostenerstattung in der PKV herrscht in der GKV überwiegend das → Sachleistungsprinzip vor, d.h. die Versicherten erhalten die Leistungen seitens ihrer → Krankenkasse in Form von Naturalleistungen, und sie gehen selbst keine direkten Vergütungsverpflichtungen gegenüber den Leistungserbringern ein.

Kostenführerschaft. *1. Begriff:* Marktposition des kostengünstigsten Anbieters im Wettbewerbsumfeld. – *2. Strategische Einordnung:* Neben der → Differenzierung und der → Fokussierung ist die K. eine der drei generischen Wettbewerbsstrategien nach Porter (siehe auch → Strategie). – *3. Erfolgsfaktoren:* Natürliche Vorteile (z.B. Standort), Ausnutzen von Skalen- und Größeneffekten und insbesondere Optimierung der gesamten Kostenstruktur, indem sämtliche Kosteneinspar- und Rationalisierungspotenziale genutzt werden. Durch Minimierung der Produktionskosten können Produkte zu geringeren Verkaufspreisen angeboten werden. – *4. Ziele:* Erreichung von Wettbewerbsvorteilen und damit verbunden eine Steigerung der Erfolge (bzw. des → Gewinns) und eine Erhöhung des Marktanteils.

Kostengewinn. Differenz aus der Summe aller Kostenzuschlagskomponenten in den → Beiträgen sowie in den zur Kostentragung aus der → Deckungsrückstellung aller Lebensversicherungen eines Bestands entnommenen Beträge (Minuend) und den tatsächlich von diesem Bestand verursachten bzw. diesem Bestand zugeordneten → Kosten für die Vertragsabschlüsse und -verwaltung (Subtrahend). Kosten für die Kapitalanlageverwaltung, Kosten für die Regulierung und Kosten, die das Unternehmen als Ganzes betreffen, bleiben hier außer Betracht. Die Kosten für die Kapitalanlageverwaltung schmälern den → Zinsgewinn, die Regulierungskosten den → Risikogewinn und die Kosten, die das Unternehmen als Ganzes betreffen, sind Teil des sonstigen Ergebnisses.

Kosten-Minimierungs-Analyse, *engl. cost-minimization-analysis.* – *1. Begriff:* Analyse zum Vergleich der Nettokosten (direkte und indirekte Kosten) zweier oder mehrerer Alternativen mit gleicher Wirksamkeit, um die günstigste der verglichenen Therapieformen zu finden (z.B. bei Arzneimitteln mit dem gleichen Wirkstoff). – *2. Merkmale:* Voraussetzung für eine K. ist der Nachweis der Wirkungsäquivalenz der untersuchten Alternativen. Dafür ist i.d.R. eine Äquivalenzstudie erforderlich.

Kosten-Nutzen-Analyse, *engl. cost-benefit-analysis.* – *1. Begriff:* Methode zum Vergleich von Alternativen, bei der sowohl Kosten als auch Nutzen in Geldeinheiten ausgedrückt werden. Zur Bestimmung des Nutzens in Geldeinheiten gibt es a) den → Friktionskostenansatz, – b) den → Humankapitalansatz, die auf den krankheitsbedingten Produktivitätsverlust zur Bemessung des Nutzens in Geldeinheiten eingehen und – c) die Zahlungsbereitschaft (engl. willingness-to-pay, WTP), welche den Nutzen in Geldeinheiten anhand des Betrags misst, den betroffene Personen bereit sind für den entstehenden Nutzen bzw. vermiedenen Schaden zu zahlen

Kosten-Nutzwert-Analyse, *engl. cost-utility-analysis.* Gesundheitsökonomische Untersuchung zum Vergleich der Kosten von Alternativen mit den assoziierten Nutzwerten. Nutzwerte geben an, wie viel jemand bei dem Konsum eines Gutes (einer Behandlung, eines Arzneimittels) gewinnt oder verliert. Als Nutzen werden häufig → Quality Adjusted Life Years (QALYs) verwendet, welche sich aus dem Produkt von Lebenserwartung und einem Wert für die → Lebensqualität ergeben.

Kostenrechnung. *1. Begriff:* Rechnung zur Erfassung der → Kosten und zur Zuordnung der Kosten auf bestimmte Bezugsgrößen. Die K. ist ein wesentliches Element des → internen Rechnungswesens und – neben der → Leistungsrechnung – Teil der internen → Erfolgsrechnung. – *2. Bestandteile:* → Kostenartenrechnung, → Kostenstellenrechnung, → Kostenträgerrechnung. Siehe auch → Prozesskostenrechnung. – *3. Ziele:* Die Funktionen der K. leiten sich aus den Interessen des Managements ab. Vorrangig ist es die Aufgabe der K., den Informationsbedarf für Führungsaufgaben zu bedienen. Traditionell werden die Aufgaben der K. in Dokumentation, Planung, Steuerung und Kontrolle gegliedert. Für die Dokumentationszwecke soll ein Abbild der für die betrieblichen Prozesse nach Art und Höhe angefallenen → Kosten und deren Zusammenspiel mit den erzielten → Leistungen geschaffen werden. Gemäß der Planungsfunktion werden Informationen zur Verfügung gestellt, auf deren Basis im Versicherungsunternehmen die Kostenwirkungen von Handlungen und Handlungsalternativen beurteilt werden können. Im Rahmen der Steuerung ist eine nach betriebswirtschaftlichen Zweckmäßigkeitsregeln aufgebaute K. ein fundamentales Instrument zur Gewährleistung des Wirtschaftlichkeitsprinzips, und sie wird nach dessen Maßgabe insbesondere zur Geschäftsfeldersteuerung und zur Preiskalkulation (im → Versicherungsgeschäft: zur → Prämienkalkulation) eingesetzt. Im Zusammenhang mit der Kontrolle bietet die K. der Unternehmensführung eine Basis zur Überwachung der Einhaltung der Unternehmensziele (Wirtschaftlichkeitskontrolle), und sie ermöglicht ggf. eine Abweichungsanalyse zur Bekämpfung der Ursachen von Zielabweichungen. – *4. Grundstruktur:* Die K. unterteilt sich nach Stufen zur Verrechnung der → Kosten auf ihre Bezugsgrößen in a) die → Kostenartenrechnung (erste Stufe), in der die angefallenen Kosten gesammelt und nach Produktionsfaktorarten und damit zusammenhängenden → Kostenarten klassifiziert werden; – b) die Kostenstellenrechnung (zweite Stufe), in der die Kosten auf verschiedene → Kostenstellen aufgeteilt werden, um damit insbesondere die Kontrolle der Produktionsprozesse bzw. die Wirtschaftlichkeitskontrolle zu ermöglichen; – c) die Kostenträgerrechnung (dritte Stufe), in der die Kosten auf die einzelnen → Kostenträger zugerechnet werden, insbesondere um eine Preiskalkulation (Prämienkalkulation) vorzunehmen und die Geschäftsfeldersteuerung zu unterstützen.

Kostenrisiken. *1. Begriff:* Bezeichnung für die Möglichkeit in der Lebensversicherung, dass die bei der Prämienkalkulation angesetzten → Kostenzuschläge nicht ausreichen, die für den Versicherungsabschluss und die Vertragsverwaltung anfallenden Kosten vollständig zu decken. – *2. Merkmale:* K. können sich realisieren durch a) eine von Anfang an unzureichende Kalkulation, – b) zu hohe Fixkosten des Unternehmens (v.a. im Vertriebsbereich), die nicht durch die Kostenzuschläge der erreichten Neugeschäftsvolumina gedeckt sind, – c) mangelhafte

Eintreibung noch nicht verdienter Provisionen bei Frühstorno, – d) eine im Lauf der Zeit zunehmende Kosteninflation, z.B. durch eine nicht durch Rationalisierung kompensierte Gehaltsdynamik der Mitarbeiter, – e) einmalige Steuerbelastungen. – *3. Modell:* Bei der Kalkulation von Versicherungstarifen werden Kostenzuschläge üblicherweise so festgesetzt, dass sie mit hoher Wahrscheinlichkeit ausreichend sind. Die dadurch im Normalfall entstehenden Kostengewinne müssen zwar nach der Mindestzuführungsverordnung zu wenigstens 50 % in die → Überschussbeteiligung der Kunden einfließen, stellen aber zugleich einen Sicherheitspuffer dar, um unerwartete Kostensteigerungen abzufedern. Im Aktuarbericht hat der → verantwortliche Aktuar alljährlich darzulegen, dass der → Barwert der künftig noch zu erwartenden Kostenzuschläge den Barwert der aus diesen Zuschlägen zu deckenden Kosten übersteigt, zumindest aber deckt. Ist dies nicht der Fall, sind für die Zukunft zusätzliche Kostenrückstellungen zu bilden. Das künftige → Standardmodell der Solvenzaufsicht verpflichtet die Unternehmen alljährlich zum Nachweis, dass auch schockartige Kostensteigerungen nicht zur Insolvenz führen.

Kostenstellen. *1. Begriff:* Nach funktionalen oder organisatorischen Kriterien abgegrenzte Organisationseinheiten im Versicherungsunternehmen, denen im Rahmen der → Kostenstellenrechnung die von ihnen verursachten → Kosten zurechnet werden. – *2. Ziele und Merkmale:* Zergliederung des Versicherungsunternehmens in Organisationseinheiten für die Zwecke der → Kostenrechnung. Die Zergliederung kann von den Ressorts über die Bereiche, Abteilungen und Gruppen bis hin zu einzelnen Stellen vorgenommen werden. Jedoch sollte eine Differenzierung nur soweit erfolgen, wie das (Kosten-)Ergebnis betriebswirtschaftlich aussagekräftig und auch wirtschaftlich verantwortbar ist (die Kostenerfassung für K. verursacht auch ihrerseits Kosten). In jedem Fall sollte die Kostenstellengliederung eindeutig sein, so dass eine zweifelsfreie Zuordnung der Kosten vorgenommen werden kann, und die Verantwortungsbereiche klar voneinander abtrennen (Identität zwischen Kostenstellen und Verantwortlichkeitsbereichen). Die Steigerung des Differenzierungsgrads steht dem Trade-off zu den damit ausgelösten Datenerfassungskosten und auch einer meist abnehmenden Verursachungsgerechtigkeit der Kostenzuordnung wegen eines steigenden Anteils der schlüsselungsbedürftigen → Gemeinkosten (Kostenstellengemeinkosten) gegenüber. – *3. Gliederung:* Häufige Gliederungen der K. sind solche a) nach funktionalen Kriterien: Leitung (Unternehmensführung) und Risikomanagement, Beschaffung (im Versicherungsunternehmen von untergeordneter Bedeutung), Produktentwicklung, Underwriting, Rückversicherung, Leistung und Schaden, Marketing und Vertrieb, Finanzen und Kapitalanlagen (Asset Management), Rechnungswesen und Controlling, Informationstechnik (IT), Bestandsverwaltung, Betriebsorganisation, Recht, Personalwesen (vgl. auch die → Wertschöpfungskette im Versicherungsunternehmen); – b) nach Versicherungssparten und -zweigen: Lebensversicherung, Private Krankenversicherung, Kfz-, Unfall-, Allgemeine Haftpflicht-, Verbundene Wohngebäude-, Verbundene Hausrat-, Technische -, Transport-, Rechtsschutzversicherung etc. (dabei zu beachten: → Spartentrennung); – c) nach Kundengruppen: → Industriekunden, → Gewerbekunden, → Privatkunden. – d) nach Geschäftsregionen: z.B. Nord-, West-, Süd- und Ostdeutschland. – e) Je nach den Zielen der Kostenstellenrechnung ist auch ein Mix aus den verschiedenen Gliederungskriterien für die Bildung von K. möglich. – f) Außerdem sind innerhalb der K. sog. Vorkostenstellen und Endkostenstellen zu unterscheiden. Innerhalb von Vorkostenstellen werden innerbetriebliche Leistungen erstellt und an andere K. abgegeben. Endkostenstellen erzeugen Marktleistungen, die zugleich → Kostenträger sind.

Kostenstellenrechnung. *1. Begriff und Funktion:* Element und zugleich zweite Stufe der → Kostenrechnung mit dem Ziel, die → Kosten der verschiedenen → Kostenarten im Versicherungsunternehmen möglichst verursachungsgerecht auf die → Kostenstellen zu verteilen, um damit insbesondere die Kontrolle der Produktionsprozesse bzw. die Wirtschaftlichkeitskontrolle zu ermöglichen. Im Übrigen übernimmt die K. für die Kostenträgergemeinkosten (→ Gemeinkosten) eine Vermittlungsfunktion zwischen der → Kostenartenrechnung und der → Kostenträgerrechnung. – *2. Anforderungen und Schwierigkeiten:* → Kostenarten, die den

Charakter von Kostenstelleneinzelkosten (→ Einzelkosten) haben, können den entsprechenden Kostenstellen direkt zugerechnet werden, während für die Zurechnung der Kostenstellengemeinkosten ein Verteilungsschlüssel notwendig ist. Die Festlegung der einzelnen Schlüsselgrößen sollte möglichst verursachungsgerecht vorgenommen werden, um Fehlverteilungen zu vermeiden, die die Aussagekraft der K. einschränken. Zu beachten ist, dass die → Kostenverteilung häufig auf Inakzeptanz der Kostensteleninhaber trifft, v.a. wenn die Schlüsselgrößen die prägenden Merkmale der Kostenstelle nicht hinreichend berücksichtigen und mit ihnen eine eher künstlich erscheinende Kostenverteilung vorgenommen wird.

Kostenträger. *1. Begriff:* Bezugsgrößen im Versicherungsunternehmen, denen die → Kosten der verschiedenen → Kostenarten im Rahmen der → Kostenrechnung letztlich zugerechnet werden, weil sie die Kosten „zu tragen haben". K. sind zumeist die Produkte und Produktgruppen i.S.d. hergestellten Leistungen im Versicherungsunternehmen. Je nach Zweck der → Kostenträgerrechnung kommen als K. aber auch Kunden oder Kundengruppen, Geschäftsgebiete und/ oder Vertriebskanäle in Betracht. Die Kostentragung sollte den K. möglich sein, weil sie den Bezug zum innerbetrieblichen Markt oder zum Endkundenmarkt besitzen und sie dort auch als innerbetriebliche - oder Marktleistungen (→ Leistungsrechnung) verwertet werden (können). Damit ist bereits die Identität von K. und Erlösträgern bzw. von K. und Leistungsträgern hingedeutet, die für die interne → Erfolgsrechnung vonnöten ist. – *2. Weitere Klassifizierungen:* a) Vorkostenträger: Innerbetriebliche Leistungen; – b) Endkostenträger: Marktleistungen, die sich weiterhin in Hauptkostenträger und Nebenkostenträger unterscheiden. Hauptkostenträger sind die Kernleistungen im Versicherungsunternehmen, insbesondere die → Versicherungsprodukte und die Kapitalanlageprodukte (→ Kapitalanlagen). Nebenkostenträger sind die Nebenleistungen; im Versicherungsunternehmen gehören dazu die sonstigen Dienstleistungen. Siehe auch → Versicherungsgeschäft, → Kapitalanlagegeschäft, → sonstiges Dienstleistungsgeschäft.

Kostenträgerrechnung. *1. Begriff und Funktion:* Element und zugleich dritte Stufe der → Kostenrechnung mit dem Ziel, die Kosten der verschiedenen → Kostenarten im Versicherungsunternehmen möglichst verursachungsgerecht auf die → Kostenträger zu verteilen, um damit insbesondere die Preiskalkulation (im → Versicherungsgeschäft: die → Prämienkalkulation) und die Geschäftsfeldersteuerung zu unterstützen.

Kostenverteilung. *1. Begriff:* Verteilung der angefallenen → Kosten im Versicherungsunternehmen auf ausgewählte Bezugsgrößen. – *2. Innerbetriebliche K. im Rahmen der → Kostenrechnung:* Im Rahmen der Kostenrechnung sind für die K. keine rechtlichen Regeln einzuhalten. Vielmehr folgt die K. hier den Regeln der betriebswirtschaftlichen Zweckmäßigkeit, die grundsätzlich eine möglichst hohe Verursachungsgerechtigkeit bei der Verteilung der Kosten auf die → Kostenarten, → Kostenstellen und → Kostenträger verlangen. Bspw. ist einem Produkt, das bei seiner Erstellung einen höheren Wert an Produktionsfaktoren verbraucht, auch ein höherer Kostenanteil zuzurechnen. – *3. K. nach den Vorschriften des HGB:* Abweichend vom Sprachgebrauch wäre es in diesem Zusammenhang richtiger, von der Verteilung von → Aufwendungen statt von Kosten zu sprechen. § 43 I RechVersV schreibt vor, dass die insgesamt angefallenen Personal- und Sachaufwendungen zuzüglich ggf. angefallener kalkulatorischer Mietaufwendungen für die eigengenutzten Grundstücke und Gebäude in die entsprechenden Funktionsbereiche aufzugliedern und zuzuordnen sind. Aufwendungen, die den entsprechenden Funktionsbereichen nicht zugeordnet werden können, sind als "Sonstige Aufwendungen" auszuweisen. Hierbei gelten nicht die einzelnen Versicherungsprodukte als Zurechnungseinheiten, sondern Versicherungszweige oder Versicherungsarten. Funktionsbereiche im Sinne der → Verordnung über die Rechnungslegung von Versicherungsunternehmen (RechVersV) sind a) die Regulierung von Versicherungsfällen, Rückkäufen und Rückgewährbeträgen, – b) der Abschluss von Versicherungsverträgen, – c) die Verwaltung von Versicherungsverträgen, – d) die Verwaltung von Kapitalanlagen.

Kostenzuschläge. *1. Begriff:* Zuschläge zur Deckung der mit dem Versicherungsbetrieb verbundenen Kosten auf die → Nettoprämie. Die Prämienkalkulation von Lebensversicherungstarifen geht von der zur Finanzierung der zu erbringenden Versicherungsleistungen benötigten Nettoprämie aus. Durch das Hinzufügen verschiedener K. wird die Nettoprämie zur Bruttoprämie. – 2. *Merkmale:* In der Prämienkalkulation werden zumeist Zuschläge zur Deckung der Abschlusskosten, der Kosten des laufenden Versicherungsbetriebs einschl. der Inkassokosten sowie der Mehrkosten bzw. Erlösminderungen bei unterjähriger Prämienzahlung berücksichtigt. Regulierungskosten und Kosten der Kapitalanlage werden zumeist nicht durch explizite Zuschläge in der Prämienkalkulation berücksichtigt. Bei den Kosten der Kapitalanlage (Größenordnung bis 0,2 % der Kapitalanlage) wird schlicht unterstellt, dass sie aus der Sicherheitsmarge zwischen der erwarteten Bruttorendite und dem → Rechnungszins gedeckt werden. Die im Jahresabschluss ausgewiesene → Nettoverzinsung stellt bereits die um diese Kosten bereinigte Bruttorendite dar. Die Regulierungskosten sind im Leistungsaufwand enthalten und daher beim kalkulatorischen Schadenaufwand zu schätzen (v.a. bei → Invaliditätsversicherungen) bzw. für Rückkaufsfälle aus den → Stornoabzügen zu decken. – 3. *Modell:* Traditionell werden bei der Kalkulation eines gemischten Lebensversicherungstarifs mit der Versicherungssumme S, der Prämie P sowie der Versicherungs- und Prämienzahlungsdauer n folgende K. angesetzt: a) ein einmaliger Abschlusskostenzuschlag $\alpha \cdot n \cdot P$, definiert durch einen als Promille der Prämiensumme ausgedrückten Parameter α, bei dessen Zerlegung $\alpha = \alpha^z + \alpha^{lfd}$ der erste Term α^z den in der → gezillmerten Nettoprämie berücksichtigungsfähigen Anteil bezeichnet, – b) ein Verwaltungskostenzuschlag $\gamma \cdot S + \kappa$, der alljährlich teils in Anteilen der Versicherungssumme, teils als fixer Euro-Betrag erhoben wird. – c) ein zur Deckung der Inkassokosten vorgesehener Zuschlag $\beta \cdot P$, der mit jeder Prämienzahlung in Anteilen der Bruttoprämie fällig wird. – d) Hinzu kommt bei unterjähriger Zahlweise der Prämie ein Ratenzuschlag $\rho \cdot P$, mit dem die Mehrkosten des unterjährigen Inkassos, Zinsausfälle durch den im Vergleich zur jährlich vorschüssigen Prämienzahlung „verspäteten" Zahlungseingang und der Verzicht auf die Erhebung noch ausstehender → Risikoprämien bei Eintritt des Leistungsfalls innerhalb eines Versicherungsjahres ausgeglichen werden soll. – 4. *Ziele:* Die Systematik der K. dient dazu, die ab dem Vertragsabschluss für die künftige Versicherungsdauer zu erwartenden Kosten für die Abwicklung des Versicherungsvertrags möglichst verursachungsgerecht in der Prämienkalkulation abzubilden. Dabei ist die Höhe der K. so festzusetzen, dass sie auch für lange Vertragslaufzeiten ausreichend sind, um → Kostenrisiken zu minimieren. – 5. *Probleme:* Aus Sicht der Unternehmen ist eine nicht zu großzügige Kalkulation von K. Voraussetzung für eine wettbewerbsfähige Preis/ Leistungs-Relation der Versicherungsprodukte im Markt. Auf der anderen Seite können unzureichend kalkulierte K. oder eine mangelnde Berücksichtigung der künftigen Kostendynamik seit der Einführung der Mindestzuführungsverordnung dazu führen, dass das Versicherungsunternehmen Verluste aus der Kostenkalkulation ausgleichen muss, ohne sie mit Überschüssen aus anderen Ergebnisquellen verrechnen zu können.

Kovarianz. Maßgröße für den Zusammenhang zwischen zwei Zufallsvariablen X und Y (→ Zusammenhangsmaß). Die K. ist definiert als

$$\mathrm{cov}[X,Y] := E[(X - E[X])(Y - E[Y])]$$

(→ Erwartungswert). Es gilt

$$\mathrm{cov}[X,Y] = E[XY] - E[X]\,E[Y]$$

sowie

$$\mathrm{cov}[a + bX, c + dY] = bd\,\mathrm{cov}[X,Y]$$

und

$$\mathrm{var}[X + Y] = \mathrm{var}[X] + 2\mathrm{cov}[X,Y] + \mathrm{var}[Y]$$

(→ Varianz). Sind X und Y unabhängig (→ Unabhängigkeit), so gilt $\mathrm{cov}[X,Y] = 0$; die Umkehrung ist jedoch falsch. Die K. ist ein → Zusammenhangsmaß und misst den linearen Zusammenhang zwischen X und Y. Anstelle der K. wird auch der → Korrelationskoeffizient oder der → Kovariationskoeffizient betrachtet.

Kovarianzprinzip. Prinzip zur Aufteilung der → Prämie $H[S]$ für den → Gesamtschaden $S = \sum_{i=1}^{n} X_i$ eines Bestands von n → zufälligen Risiken, das jedem Risiko die Prämie

$$H[X_i] := \frac{\text{cov}[X_i, S]}{\text{var}[S]} H[S]$$

(→ Kovarianz, → Varianz) zuordnet; es gilt

$$\sum_{i=1}^{n} H[X_i] = H[S].$$

Im Fall der → Unabhängigkeit der Risiken ergibt sich

$$H[X_i] = \frac{\text{var}[X_i]}{\text{var}[S]} H[S]$$

und unter der zusätzlichen Annahme, dass alle Risiken dieselbe → Verteilungsfunktion (oder auch nur dieselbe Varianz) besitzen, gilt

$$H[X_i] = \frac{1}{n} H[S]$$

Das K. ist kein → Prämienprinzip.

Kovariationskoeffizient. Maßgröße für den Zusammenhang zwischen zwei positiven Zufallsvariablen X und Y (→ Zusammenhangsmaß). Der K. ist definiert als

$$k_{X,Y} := \frac{\text{cov}[X, Y]}{E[X] E[Y]} = \text{cov}\left[\frac{X}{E[X]}, \frac{Y}{E[Y]}\right]$$

(→ Erwartungswert, → Kovarianz). Sind X und Y unabhängig (→ Unabhängigkeit), so gilt $k_{X,Y} = 0$; die Umkehrung ist jedoch falsch. Der K. ist ein dimensionsloses → Zusammenhangsmaß und misst den linearen Zusammenhang zwischen X und Y.

Kraftfahrt-Flottenprogramme. *1. Begriff:* Internationale Versicherungsprogramme für Kraftfahrtrisiken, ähnlich den → internationalen Haftpflichtprogrammen. Deren Aufbauprinzipen gelten auch hier. – *2. Merkmale:* Die → Kfz-Versicherung ist in allen relevanten Ländern dadurch geprägt, dass die → Kfz-Haftpflichtversicherung eine → Pflichtversicherung mit gesetzlichen Vorgaben für den Versicherungsumfang ist. Dies schränkt die Gestaltungsfreiheit für den lokalen Versicherungsschutz ein. Die Masterpolice kann jedoch höhere Versicherungssummen und ergänzende Deckungen in den Zweigen → Kfz-Kaskoversicherung, → Insassenunfallversicherung und → Assistance i.w.S. bieten. Auch internationale Maßnahmen des Risikomanagement können durch ein K. besser gesteuert werden.

Kraftfahrt-Schadenkommission. Expertenkommission des → Gesamtverbands der Deutschen Versicherungswirtschaft e.V. (GDV), die unterhalb des Fachausschusses Kraftfahrt angesiedelt ist und sich auf Verbandsebene mit allen Fragen rund um die Kraftfahrt-Schadenregulierung befasst. Die Mitglieder der K. sind ehrenamtlich tätig und rekrutieren sich aus dem Kreis der Leiter Kraftfahrt-Schaden der Mitgliedsunternehmen des GDV. Gleichartige Kommissionen bestehen – organisatorisch unter den entsprechenden Fachausschüssen angesiedelt – für die Bereiche Sach-Schaden, Rechtsschutz-Schaden, Unfall-Schaden, Haftpflicht-Schaden und Transport-Schaden.

Kraftfahrzeug (Kfz). *1. Begriff:* Gem. § 1 II 2 StVG ist ein Kfz ein Landfahrzeug, das durch Maschinenkraft bewegt wird, ohne an Bahngleise gebunden zu sein (Legaldefinition). – *2. Zulassung:* Kfz mit einer durch die Bauart bestimmten Höchstgeschwindigkeit von mehr als 6 km/h und ihre Anhänger müssen zum Betrieb auf öffentlichen Straßen durch Erteilung einer Betriebserlaubnis und durch Zuteilung eines amtlichen Kennzeichens zugelassen sein. Bestimmte Kfz, wie selbst fahrende Arbeitsmaschinen, Fahrräder mit Hilfsmotor u.a., unterliegen nicht der Zulassungspflicht, bedürfen aber i.d.R. einer Betriebserlaubnis. Voraussetzung für die Zulassung des Kfz ist der Nachweis des Bestehens einer → Kfz-Haftpflichtversicherung. Das Zulassungsverfahren wird durch Ausfertigung und Aushändigung des Fahrzeugscheins abgeschlossen. – *3. Überwachung:* Kfz und Anhänger sind vom Halter in regelmäßigen Zeitabständen auf ihre Vorschriftsmäßigkeit überprüfen zu lassen (Hauptuntersuchung). Dies geschieht i.d.R. durch die Technischen Überwachungsvereine (TÜV) oder die DEKRA im Zeitabstand von zwei Jahren (bei Krafträdern und PKW) und einem Jahr (z.B. bei Kfz nach dem Personenbeförderungs-Gesetz, Kraftomnibusse, Krankenwagen, LKW über 2,8 t Gesamtgewicht). PKW, die erstmals in den Verkehr gebracht werden, brauchen erst nach 36 Monaten geprüft zu werden. Durch eine Prüfplakette wird bescheinigt, dass das Kfz für vorschriftsmäßig befunden worden ist.

Krankengeld. *1. Begriff:* Barleistung der → gesetzlichen Krankenversicherung (GKV) mit Lohnersatzfunktion. K. erhalten insbesondere gesetzlich krankenversicherte Arbeitnehmer und Arbeitslosengeldbezieher (Bezieher von Arbeitslosengeld II haben keinen Anspruch auf K.), wenn sie arbeitsunfähig erkranken oder auf Kosten einer → Krankenkasse stationär in einem Krankenhaus, einer Vorsorge- oder Rehabilitationseinrichtung behandelt werden. – *2. Merkmale:* Das K. ersetzt den ausgefallenen Verdienst, wenn die → Entgeltfortzahlung des Arbeitgebers bzw. die Leistungsfortzahlung der Arbeitsagentur wegfällt. Die Höhe des K. beträgt regelmäßig 70 % des Brutto-Arbeitsentgelts (bis max. 70 % der → Beitragsbemessungsgrenze), jedoch nicht mehr als 90 % des Netto-Arbeitsentgelts. Beitragspflichtige Einmalzahlungen, z.B. Weihnachts- und Urlaubsgeld, sind entsprechend zu berücksichtigen. Arbeitslose erhalten K. in Höhe des zuletzt bezogenen Arbeitslosengelds. Vom K. sind i.d.R. Beiträge zur → gesetzlichen Rentenversicherung (GRV), → gesetzlichen Arbeitslosenversicherung und → gesetzlichen Pflegeversicherung (GPV) zu entrichten. K. wird zeitlich unbegrenzt gezahlt, bei Arbeitsunfähigkeit wegen derselben Krankheit jedoch für längstens 78 Wochen innerhalb von je drei Jahren. Das K. ist nach den Bestimmungen des Einkommensteuergesetzes steuerfrei, es unterliegt jedoch dem Progressionsvorbehalt. Damit wird das K. bei der Ermittlung des anzuwendenden Steuersatzes für die steuerpflichtigen Einkünfte mit einbezogen. Unter bestimmten Voraussetzungen ruht der Anspruch auf K., z.B. beim Bezug von Entgeltersatzleistungen anderer Sozialleistungsträger, Mutterschaftsgeld oder Arbeitseinkommen. Der Krankengeldanspruch endet bzw. die Höhe des K. ist entsprechend zu kürzen, wenn eine Rente aus der GRV oder eine vergleichbare Leistung bezogen wird. – *3. Ausblick:* Durch das GKV-Wettbewerbsstärkungsgesetz (GKV-WSG) wurde der Krankengeldanspruch für hauptberuflich selbstständig Erwerbstätige und Versicherte, die bei Arbeitsunfähigkeit keinen Entgeltfortzahlungsanspruch für mindestens sechs Wochen haben, ab dem 1.1.2009 ausgeschlossen. Diese Personengruppen können sich über einen → Wahltarif einen Anspruch auf K. bei ihrer Krankenkasse absichern; die hierbei zu entrichtende Prämie darf nicht nach dem Alter, Geschlecht oder Krankheitsrisiko des Mitglieds festgelegt werden. Mit dem Gesetz zur Änderung arzneimittelrechtlicher und anderer Vorschriften (15. AMG-Novelle) wurde ab dem 1.8.2009 hauptberuflich selbstständig Erwerbstätigen sowie unselbstständig und kurzzeitig beschäftigten Arbeitnehmern neben der Möglichkeit des Abschlusses eines Wahltarifs die weitere Option eingeräumt, (wieder) einen gesetzlichen Anspruch auf K. wahrzunehmen. – *4. Abgrenzungen:* In der → privaten Krankenversicherung (PKV) kann ein → Krankentagegeld versichert werden. Versicherte in der GKV mit einem Einkommen oberhalb der Beitragsbemessungsgrenze können die Differenz zum Krankengeldanspruch in der GKV in der PKV versichern.

Krankenhaus. *1. Begriff:* Einrichtung, in der Krankheiten oder Körperschäden durch ärztliche und pflegerische Hilfeleistungen festgestellt, geheilt oder gelindert werden und in der die Patienten untergebracht und verpflegt werden können; auch Geburtshilfe kann geleistet werden. – *2. Angebotsplanung:* Die Bundesländer legen das Angebot an Krankenhauskapazitäten in Krankenhausplänen fest. Die Krankenhausträger und die Kostenträger (Träger der → gesetzlichen Krankenversicherung, kurz: GKV und Träger der → privaten Krankenversicherung, kurz: PKV) vereinbaren die Leistungsstrukturen. – *3. Träger:* Charakteristisch ist ein Trägerpluralismus. 33 % der K. (aber 49 % der Betten) wurden 2008 in öffentlicher (meist kommunaler) Trägerschaft, 38 % (und 36 % der Betten) in frei-gemeinnütziger Trägerschaft, 30 % (und 15 % der Betten) in privater Trägerschaft betrieben. – *4. Finanzierung:* Die betriebsnotwendigen Investitionen der öffentlichen K. sollen durch die Bundesländer aus ihrem Steueraufkommen finanziert werden. Die laufenden Kosten der stationären Krankenhausbehandlung werden von den Kostenträgern über → Fallpauschalen (→ Diagnosis Related Groups) vergütet. Die ambulanten Leistungen der K. werden teilweise von den Kostenträgern direkt, teilweise von den → Kassenärztlichen Vereinigungen aus den ihnen zufließenden

Krankenhaustagegeld

Gesamtvergütungen für die ambulante vertragsärztliche Versorgung vergütet. – *5. Entwicklungen:* Die Zahl der K. und Krankenhausbetten ist seit über 20 Jahren rückläufig. Der Anteil privater K. nimmt durch Verkäufe insbesondere der kommunalen K. an private Investoren kontinuierlich zu. Die Investitionsmittel der Bundesländer werden allgemein als unzureichend betrachtet (Investitionsstau). – *6. Abgrenzungen:* Bei medizinischen Rehabilitationseinrichtungen stehen die Abwendung, die Minderung und der Ausgleich von Behinderungen und chronischen Erkrankungen im Mittelpunkt. Pflegeeinrichtungen konzentrieren sich auf die Erbringung pflegerischer Dienstleistungen bei Pflegebedürftigen.

Krankenhaustagegeld. *1. Begriff:* Leistungsart in der → privaten Unfallversicherung (PUV). Ein K. wird gezahlt, wenn sich die versicherte Person wegen eines → Unfalls in medizinisch notwendiger vollstationärer Heilbehandlung befindet. – *2. Merkmale:* Die Zahlung von K. erfolgt für jeden Kalendertag, den sich die versicherte Person in vollstationärer Heilbehandlung befindet. Bei Vertragsabschluss wird eine feste Versicherungssumme für das K. vereinbart. Das K. wird i.d.R. längstens für zwei Jahre vom Unfalltag an gerechnet gezahlt. Abweichende Vereinbarungen sind möglich. Kuren sowie Aufenthalte in Sanatorien und Erholungsheimen gelten nicht als medizinisch vollstationäre Heilbehandlungen. Siehe auch → Tagegeld.

Krankenhaustagegeldversicherung. *1. Begriff:* Versicherungsform, deren Versicherungsschutz darin besteht, für jeden Tag (auch den Sonn- und Feiertagen), den sich der Versicherte im Krankenhaus aufhalten muss, einen vereinbarten Geldbetrag zu leisten. Hierzu ist kein Kostennachweis erforderlich, und das ausgezahlte Geld ist steuerfrei. – *2. Ziel:* Mit der K. lassen sich zusätzliche Kosten, die durch den Aufenthalt im Krankenhaus entstehen, abdecken. So können z.B. die in der → gesetzlichen Krankenversicherung (GKV) geltenden → Zuzahlungen beglichen werden. Besonders interessant ist eine K. für Selbstständige und Freiberufler, die damit bei einem Krankenhausaufenthalt die weiterlaufenden Fixkosten im Büro bzw. in der Praxis ausgleichen oder eine Ersatzkraft für den Betrieb finanzieren können. Die K. ist nicht zweckgebunden. – *3. Details:* Die Höhe des Krankentagegeldes hängt unternehmensindividuell von den Tarifbedingungen ab. Einzelheiten sind in den Musterbedingungen 2009 für die Krankentagegeldversicherung (MB/KT 2009) geregelt. – *4. Bedeutung:* Die K. wird i.d.R. als → Zusatzversicherung zu einem bestehenden privaten oder gesetzlichen Krankenversicherungsschutz abgeschlossen.

Krankenhauszusatzversicherung. → Wahlleistungen im Krankenhaus.

Krankenkasse. *1. Begriff und Merkmale:* Träger der → gesetzlichen Krankenversicherung (GKV), in Deutschland in der Form von öffentlich-rechtlichen Körperschaften geführt, die aufgrund des SGB V tätig werden und Leistungen der GKV über Verträge mit Leistungserbringern organisieren und finanzieren. Die K. sind organisatorisch und finanziell unabhängig und unterstehen der Aufsicht von Bund oder Ländern. – *2. Gliederung:* Die GKV ist in Deutschland durch eine Vielzahl von einzelnen K. gekennzeichnet. Daher lassen sich die K. verschiedenen Kassenarten zuordnen, das sind insbesondere → Allgemeine Ortskrankenkassen (AOK), → Betriebskrankenkassen (BKK), → Innungskrankenkassen (IKK), → landwirtschaftliche Krankenkassen (LKK) und → Ersatzkassen (EK); außerdem gibt es die → Deutsche Rentenversicherung Knappschaft-Bahn-See (KBS). Dieses „gegliederte System" der Krankenversicherung ist historisch gewachsen und hat sich bereits gegen Ende des 19. Jahrhunderts herausgebildet, wobei die Gliederung ein politisch befürwortetes Grundprinzip der GKV darstellt. Die traditionelle Zuweisung der Mitglieder zu den einzelnen K. wurde mit dem Gesundheitsstrukturgesetz von 1992 zugunsten weitgehender Kassenwahlmöglichkeiten abgeschafft. Unter dem Wettbewerb verlieren die kassenartenspezifischen Merkmale an Bedeutung. – *3. Organe:* Organe der K. sind der (ehrenamtliche) Verwaltungsrat und der von ihm für sechs Jahre gewählte (hauptberufliche) Vorstand. Der Verwaltungsrat wird im Rahmen der Sozialwahlen ebenfalls für sechs Jahre gewählt. Bei AOK, BKK und IKK ist er paritätisch von Arbeitgeber- und Versichertenvertretern besetzt, bei EK nur aus Versichertenvertretern; der Verwaltungsrat der

LKK besteht aus Vertretern der selbstständigen Landwirte. Bei der KBS sind die Organe – (ehrenamtliche) Vertreterversammlung und Vorstand sowie eine hauptamtliche Geschäftsführung – auch für die Rentenversicherung zuständig. – *4. Leistungen:* Die K. stellen den Versicherten Leistungen zur Verfügung, soweit diese nicht der Eigenverantwortung der Versicherten obliegen. Dabei haben Qualität und Wirksamkeit der Leistungen dem allgemein anerkannten Stand der medizinischen Erkenntnisse zu entsprechen und den medizinischen Fortschritt zu berücksichtigen. Die Versicherten erhalten die Leistungen als Sach- und Dienstleistungen (→ Sachleistungsprinzip), soweit gesetzlich nichts anderes vorgesehen ist. Dies bedeutet, dass die Leistungen, anders als in der → privaten Krankenversicherung (PKV), nicht zunächst vom Versicherten bezahlt und dann vom Versicherungsunternehmen erstattet werden (→ Kostenerstattungsprinzip). Regelmäßig können die Leistungen nach Vorlage der Krankenversichertenkarte in Anspruch genommen werden. Über die Erbringung der Sach- und Dienstleistungen schließen die K. Verträge mit den Leistungserbringern ab. K., Leistungserbringer und Versicherte haben darauf zu achten, dass die Leistungen wirksam und wirtschaftlich erbracht und nur im notwendigen Umfang in Anspruch genommen werden. Leistungen, die nicht notwendig oder unwirtschaftlich sind, können Versicherte nicht beanspruchen, dürfen die Leistungserbringer (in der Hauptsache Ärzte und Zahnärzte) nicht bewirken und K. nicht bewilligen. Lange Zeit waren die Leistungen allein auf das Vorliegen einer Krankheit ausgerichtet. In heutiger Zeit hingegen können bestimmte Leistungen im Rahmen der Prävention bereits dann in Anspruch genommen werden, wenn Risiken zum Erkranken erkennbar werden. Daneben werden Leistungen nicht nur im Zusammenhang mit einer Erkrankung, sondern auch bei Vorliegen einer Schwangerschaft oder Mutterschaft erbracht. Die Leistungen der gesetzlichen K. sind heute zum größten Teil (ca. 95 %) im SGB V festgeschrieben. Sind die spezifischen Leistungsvoraussetzungen erfüllt, besteht auf die Leistungen regelmäßig ein Rechtsanspruch. Die Leistungen lassen sich im Wesentlichen unterteilen in: a) Leistungen zur Verhütung von Krankheiten und ihrer Verschlimmerung sowie zur Empfängnisverhütung, bei Sterilisation und bei Schwangerschaftsabbruch. Dazu zählen Prävention und Selbsthilfe, betriebliche Gesundheitsförderung, Prävention arbeitsbedingter Gesundheitsgefahren, Förderung der Selbsthilfe, primäre Prävention durch Schutzimpfungen, Gruppen- und Individualprophylaxe zur Verhütung von Zahnerkrankungen, medizinische Vorsorgeleistungen, Empfängnisverhütung, Sterilisation und Schwangerschaftsabbruch. – b) Leistungen zur Früherkennung von Krankheiten. Dazu zählen Gesundheitsuntersuchungen und Kinderuntersuchungen. – c) Leistungen zur Behandlung einer Krankheit. Dazu gehört sowohl die Krankenbehandlung als auch das → Krankengeld. Ein Anspruch auf Krankenbehandlung besteht, wenn sie notwendig ist, um eine Krankheit zu erkennen, zu heilen, ihre Verschlimmerung zu verhüten oder Krankheitsbeschwerden zu lindern. Die Leistungen der Krankenbehandlung umfassen: Ärztliche Behandlung einschließlich Psychotherapie, zahnärztliche Behandlung, Versorgung mit Zahnersatz einschließlich Zahnkronen und Suprakonstruktionen, Versorgung mit Arznei-, Verband-, Heil- und Hilfsmitteln, häusliche Krankenpflege und Haushaltshilfe, Krankenhausbehandlung, Leistungen zur medizinischen → Rehabilitation und ergänzende Leistungen. Zur Krankenbehandlung gehören auch Leistungen zur Herstellung der Zeugungs- oder Empfängnisfähigkeit, wenn diese Fähigkeit nicht vorhanden war oder durch Krankheit oder wegen einer durch Krankheit erforderlichen Sterilisation verloren gegangen war. Neben den Leistungen der Krankenbehandlung kann zur Sicherung der wirtschaftlichen Existenzgrundlage Krankengeld gezahlt werden. Unabhängig von einer vorliegenden oder drohenden Erkrankung werden Leistungen auch bei Schwangerschaft und Mutterschaft erbracht. Diese finden ihre Grundlage jedoch nicht im SGB V, sondern in der Reichsversicherungsordnung (RVO). Die Leistungen umfassen ärztliche Betreuung und Hebammenhilfe, Versorgung mit Arznei-, Verband- und Heilmitteln, stationäre Entbindung, häusliche Pflege, Haushaltshilfe und Mutterschaftsgeld. – *5. Entwicklungen:* a) Die Zahl der K. hat sich von 1.200 Anfang der 1990er Jahre auf nunmehr 184 (Dezember 2009) reduziert, insbesondere aufgrund von Fusionen unter dem Druck des Wettbewerbs – Tendenz weiter abnehmend. Seit April 2007 sind kassenartenübergreifende Fusionen zulässig. – b) Rund 90 % der Bundesbürger sind bei einer K. versichert, davon 50 Mio. als beitragszahlende Mitglieder und 20 Mio. als familienversicherte Personen. – c) Auf die AOK und die EK entfallen jeweils mehr als ein Drittel der Versicherten. Der „Marktanteil" der BKK liegt derzeit bei rund 20 %, der der IKK bei 7 %. Daneben weist die GKV noch einige Sondersysteme für Seeleute, Landwirte und Bergleute auf, deren Versicherungsträger die LKK und die KBS sind. – d) Grundsätzlich ist jede K. von jedem Versicherten frei wählbar, und es besteht ein sog. → Kontrahierungszwang, d.h. die K. muss den Versicherten unabhängig von dessen Gesundheitszustand aufnehmen. – e) Mit dem GKV-Wettbewerbsstärkungsgesetz 2007 wurde die Beschränkung, dass K. nur innerhalb ihrer Kassenart fusionieren dürfen, mit Wirkung ab dem 1.4.2007 aufgehoben. Gleichzeitig wurde ein → Spitzenverband Bund der K. geschaffen, der seit dem 1.7.2008 die Aufgaben der bisherigen Spitzenverbände übernimmt. – f) Auch greift der Gesetzgeber in die Finanzautonomie der K. ein, da er mit Einführung des → Gesundheitsfonds seit dem 1.1.2009 den → Beitragssatz gesetzlich fixiert. – 6. *Abgrenzungen:* Private Krankenversicherungsunternehmen als die Träger der PKV werden als → Aktiengesellschaften (AG) oder → Versicherungsvereine auf Gegenseitigkeit (VVaG) tätig. Im Rahmen der → Zusatzversicherung für gesetzlich Krankenversicherte bestehen seit 2004 (Inkrafttreten von § 194 Ia SGB V) zahlreiche Kooperationen zwischen K. und privaten Krankenversicherungsunternehmen.

Krankentagegeld. *1. Begriff:* Aus der → privaten Krankenversicherung (PKV) während der Zeit einer krankheitsbedingten → Arbeitsunfähigkeit pro Tag gewährte Leistung in vertraglich vereinbarter Höhe. – *2. Regelungen:* Das K. wird dem Versicherten nach Ablauf einer → Karenzzeit gezahlt. Die Karenzzeit ist die Zeitspanne nach Eintritt des Versicherungsfalls, in der kein Leistungsanspruch besteht. Bei Arbeitnehmern beträgt die Karenzzeit i.d.R. 42 Tage, da während dieses Zeitraums die gesetzliche → Entgeltfortzahlung im Krankheitsfall greift. Das K. darf zusammen mit sonstigen Krankentage- und Krankengeldern (z.B. → Verletzungsgeld, → Übergangsgeld bzw. → Übergangsleistungen) das auf den Kalendertag umgerechnete, aus der beruflichen Tätigkeit herrührende Nettoeinkommen nicht übersteigen. Maßgebend für die Berechnung des Nettoeinkommens ist der Durchschnittsverdienst der letzten zwölf Monate vor Antragstellung bzw. vor Eintritt der Arbeitsunfähigkeit. Der Versicherte ist verpflichtet, dem Versicherer eine nicht nur vorübergehende Minderung des aus der Berufstätigkeit herrührenden Nettoeinkommens unverzüglich mitzuteilen. Vgl. in der → Berufsunfähigkeitsversicherung auch die → Überbrückungshilfe bei Einstellung der Krankentagegeldzahlung durch den privaten Krankenversicherer wegen → Berufsunfähigkeit.

Krankentagegeldversicherung. *1. Begriff:* Private Verdienstausfallversicherung, die vor Einkommensverlusten bei krankheits- oder unfallbedingter Arbeitsunfähigkeit schützt. Die K. wird i.d.R. als → Zusatzversicherung zu einem bestehenden privaten oder gesetzlichen Krankenversicherungsschutz abgeschlossen. Im Versicherungsfall wird für die Dauer einer Arbeitsunfähigkeit ein Krankentagegeld in vertraglichem Umfang gezahlt. – *2. Details für Arbeitnehmer:* Arbeitnehmer können ein Krankentagegeld bis zur Höhe von 100 % ihres Nettoeinkommens für die Zeit nach Ende der Gehaltsfortzahlung (i.d.R. sechs Wochen nach Krankheitsbeginn) versichern oder anderweitige Krankengeld- bzw. Krankentagegeldansprüche, z.B. in der → gesetzlichen Krankenversicherung (GKV), bis zur Höhe von 100 % des Nettoeinkommens aufstocken. Ein höherer Versicherungsabschluss als 100 % des Nettoeinkommens – auch in Kombination bei mehreren Versicherungsanbietern – ist verboten, um Missbrauch vorzubeugen. – *3. Details für Selbstständige:* Bei Selbstständigen, die nicht zwangsläufig das Krankengeld bei einer gesetzlichen → Krankenkasse versichert haben, ist die Verdienstausfallversicherung bis zur Höhe des Nettoeinkommens mit gestaffelten Karenzzeiten (z.B. ab dem 8., 15., 22. Tag der Arbeitsunfähigkeit usw.) möglich. Genauso wie bei der K. für Arbeitnehmer kann dabei eine automatische Anpassung des Versorgungsschutzes bei Einkommenssteigerungen (Dynamisierung des Krankentagegelds) tariflich vereinbart werden. – *4. Zahlungshöchstdauer und Abgrenzung zur GKV:* In der privaten K. besteht grundsätzlich keine Zahlungshöchstdauer für das Krankentagegeld. I.d.R. ist die

Leistungsdauer der Krankentagegeldtarife unbegrenzt, solange (vollständige) Arbeitsunfähigkeit besteht. In der GKV werden dagegen die Krankentagegeldzahlungen an den Versicherten eingestellt, wenn dieser innerhalb von drei Jahren länger als 78 Wochen (inklusive sechs Wochen Lohnfortzahlung bei Arbeitnehmern) wegen ein und derselben Krankheit arbeitsunfähig ist (§ 48 SGB V).

Krankenversichertenkarte. *1. Begriff:* Ausweis des Versicherten gegenüber dem → Arzt und anderen Leistungserbringern im Rahmen des → Sachleistungsprinzips der → gesetzlichen Krankenversicherung (GKV). Die K. wird von den Leistungserbringern auch zur Abrechnung gegenüber den → Krankenkassen eingesetzt. – *2. Entwicklungen:* Die K. wurde durch das Gesundheitsstrukturgesetz von 1992 eingeführt und ersetzte die bis dahin üblichen Krankenscheine. Sie wird häufig für die steigende Zahl von Arztkontakten verantwortlich gemacht, da mit ihr mehrere Ärzte parallel kontaktiert werden können. Mit dem Gesetz zur Modernisierung der gesetzlichen Krankenversicherung von 2003 wurde beschlossen, dass die K. zu einer → elektronischen Gesundheitskarte erweitert werden soll, die zugleich auch als elektronisches Rezept dienen und medizinische Daten (z.B. für die Notfallversorgung) speichern kann. Die zunächst für 2006 vorgesehene flächendeckende Einführung hat sich verzögert. – *3. Abgrenzung:* Die meisten privaten Krankenversicherungsunternehmen stellen ihren Versicherten zur Erleichterung der Abrechnung von Kosten stationärer Aufenthalte einen Krankenhausausweis (Klinik-Karte) aus.

Krankenversicherung. → Gesetzliche Krankenversicherung (GKV), → private Krankenversicherung (PKV).

Krankheitskosten-Studie, *Krankheitskosten-Analyse, engl. cost-of-illness-study.* – *1. Begriff:* Analyse zur Bestimmung der ökonomischen Auswirkungen einer Krankheit unter Einbeziehung möglichst aller Kosten. – *2. Merkmale:* Dabei werden nicht verschiedene Therapiealternativen für eine Erkrankung miteinander verglichen, sondern die ökonomische Bedeutsamkeit einer Erkrankung bestimmt. Bei dieser Analyse bleibt der Nutzen einer Behandlung außer Acht, daher ist diese Analyseart nicht als → gesundheitsökonomische Evaluation im eigentlichen Sinne zu betrachten. – *3. Ziele:* Die Ergebnisse sind in zweierlei Hinsicht von Bedeutung: a) Einordnung der finanziellen Auswirkungen einer Krankheit auf das Sozialsystem und – b) Grundlage für weitere sozioökonomische Analysen, z.B. zur Allokation von Ressourcen in Bereiche der → Prävention oder in → Disease-Management-Programme, etc. – *4. Methodik:* Zur Ermittlung der Kosten können a) der inzidenzbasierte Ansatz (Kosten aller Neuerkrankten über die Restlebenszeit) und – b) der prävalenzbasierte Ansatz (Kosten aller Erkrankten innerhalb einer bestimmten Periode) verwendet werden.

Krankheitskostenteilversicherung, *Teilkostentarif, Zusatzversicherung.* Übergeordnete Bezeichnung für Versicherungstarife in der → privaten Krankenversicherung (PKV), die nur begrenzte Leistungen in bestimmten Teilbereichen der gesundheitlichen Versorgung abdecken. Dies kann z.B. ein Versicherungstarif ausschließlich für ambulante oder stationäre → Heilbehandlungen, → Wahlleistungen im Krankenhaus oder Zahnersatz sein. Genauso wie in der → Krankheitskostenvollversicherung ist die Grundlage der K. ein privatrechtlichen und privatwirtschaftlichen Gestaltungsprinzipien unterworfenes Vertragsverhältnis. K. spielen bei der Ergänzung der Leistungen der → gesetzlichen Krankenversicherung (GKV) eine große Rolle.

Krankheitskostenversicherung. → Krankheitskostenvollversicherung.

Krankheitskostenvollversicherung, *Vollversicherung, Substitutive Krankenversicherung.* – *1. Begriff:* Umfassender individueller Versicherungsschutz in der → privaten Krankenversicherung (PKV) durch Deckung der medizinischen Behandlungskosten – u.a. auch zur Ergänzung der Leistungen aus → Beihilfen (→ Quotentarife). Die K. ist die Alternative zur freiwilligen Versicherung in der → gesetzlichen Krankenversicherung (GKV). Sie wird – anders als die GKV – nach Art der Lebensversicherung betrieben. Das heißt, das in der PKV verwendete → Kapitaldeckungsverfahren stellt sicher, dass die Beiträge durch die Bildung von →

Alterrückstellungen unter ansonsten gleichen Voraussetzungen grundsätzlich über die gesamte Vertragslaufzeit konstant bleiben. – *2. Details und Gestaltung des Versicherungsschutzes:* Grundsätzlich kann eine K. den kompletten Versicherungsschutz für ambulante, stationäre und zahnärztliche → Heilbehandlung umfassen. Zusätzlich kann eine → Krankentagegeld- und evtl. eine → Krankenhaustagegeldversicherung abgeschlossen werden. Im konkreten Einzelfall werden die Kosten für medizinische Leistungen zur Behandlung von Krankheiten, Unfällen und Entbindungen im individuell vereinbarten Umfang getragen (Tarifwahl). Denn Privatversicherte entscheiden frei über Art und Umfang des Versicherungsschutzes (Grund- oder Spitzenschutz) sowie über das Risiko, das sie selbst tragen können (→ Selbstbehalt). Versicherte in der privaten K. haben freie Wahl unter allen Ärzten und Krankenhäusern (→ freie Arztwahl; → freie Krankenhauswahl). – *3.* → *Arbeitgeberzuschuss:* Versicherte in der K. erhalten einen Zuschuss ihres Arbeitgebers zum Krankenversicherungsbeitrag. Der Zuschuss betrifft den Krankenversicherungsschutz für den Arbeitnehmer und seine Angehörigen (§ 257 SGB V). – *4. Rechtsgrundlage:* Rechtsvorschriften zur K. der PKV finden sich überwiegend im → Versicherungsvertragsgesetz (VVG), im → Versicherungsaufsichtsgesetz (VAG), in der Kalkulationsverordnung (KalV) und in den Musterbedingungen für die Krankheitskosten- und Krankenhaustagegeldversicherung (MB/KK 2009). Grundlage ist zudem ein privatrechtlichen und privatwirtschaftlichen Gestaltungsprinzipien unterworfenes Vertragsverhältnis. Deshalb sind die Versicherten in der privaten K. nicht von den gesetzlich verordneten Leistungskürzungen und Zuzahlungserhöhungen betroffen, die der Gesetzgeber häufig im Rahmen der Gesundheitspolitik vornimmt (siehe auch → lebenslanger Versicherungsschutz).

Kreditfinanzierung. *1. Begriff und Abgrenzung:* Finanzierung bei Dritten (besonders Banken) durch Geldaufnahmen, auf die Zinsen und (regelmäßig) Tilgungen zu leisten sind. Siehe auch → Außenfinanzierung. Die K. bei Banken wird unter dem Begriff „klassisches Kreditgeschäft" zusammengefasst, das vom Kapitalmarktgeschäft, d.h. dem Handel von Wertpapieren (z.B. Unternehmensanleihen), aber auch von Finanzinnovationen (z.B. → Asset Backed Securities) abzugrenzen ist. – *2. Merkmale:* Gem. § 1 KWG können zwei Formen der K. unterschieden werden: a) Geldleihegeschäft, also die zeitweise Überlassung von → Liquidität (z.B. Kontokorrentkredit, Tilgungsdarlehen) und – b) Kreditleihegeschäft, bei dem Kreditinstitute den Kreditnehmern ihr Ansehen bzw. ihr Rating zur Verfügung stellen (z.B. Avalkredit, Akzeptkredit). Weiteres Unterscheidungskriterium ist die Kreditlaufzeit. Je nach Finanzierungszweck werden die kurzfristige K. (z.B. Betriebsmittelfinanzierung) sowie die mittel- und langfristige K. (z.B. Investitionsfinanzierung) differenziert. – *3. K. im Versicherungsunternehmen:* Die K. i.e.S. (→ Einzahlungen aufgrund von Kreditverträgen oder anderweitig verbrieften Darlehen) ist für Versicherungsunternehmen nur von geringer Bedeutung. Das Verbot versicherungsfremder Geschäfte (§ 7 VAG) untersagt grundsätzlich die → Fremdfinanzierung.

Kreditlimit. Begriff aus der → Kreditversicherung, genauer aus der → benannten Versicherung. Bezeichnet die für einen bestimmten Kunden des Versicherungsnehmers auf Antrag des Versicherungsnehmers festgesetzte Versicherungssumme, bis zu der der Kreditversicherer das → Ausfallrisiko zeichnet. Die Limitentscheidung trifft der Kreditversicherer nach Durchführung einer → Kreditprüfung, die je nach Ergebnis zu einer uneingeschränkten Annahme (Vollannahme, bei der dem Antrag des Versicherungsnehmers ohne Änderung entsprochen wird), einer eingeschränkten Annahme (dies können Reduzierungen der Versicherungssumme, die Vereinbarung einer Franchise, die Verabredung einer Sicherheit o.ä. sein) oder einer Ablehnung der beantragten Versicherungssumme führen kann. Bei Gefahrerhöhungen (Umstände, die die Bonität des Kunden verschlechtern) oder aus sonstigen wichtigen Gründen kann der Kreditversicherer jederzeit den Versicherungsschutz für den Kunden beschränken, d.h. das K. herabsetzen, oder aufheben.

Kreditmitteilung. Gesonderte Mitteilung des Kreditversicherers über die Zeichnung, Einschränkung oder Aufhebung eines → Kreditlimits; üblicherweise erfolgt diese in Textform. Mit Zugang beim Versicherungsnehmer beginnt der Versicherungsschutz.

Kreditprüfung, *Bonitätsprüfung.* Instrumentarium in der → Kreditversicherung zur Beurteilung, ob in der → benannten Versicherung → Kreditlimite eingeräumt (bzw. aufrechterhalten) werden können. Maßgebliches Beurteilungskriterium ist die Bonität des Kunden des Versicherungsnehmers. Zur K. werden externe Quellen, wie z.B. Wirtschafts- und Bankauskünfte, Handelsregisterinformationen, interne Datenbanken und sonstige Informationsquellen, wie z.b. Selbstauskünfte der Versicherungsnehmer und Bilanzen, herangezogen. Die K. wird von eigenständigen Kreditprüfungsgesellschaften der Kreditversicherer durchgeführt. Der Versicherungsnehmer beauftragt diese mit der K. und weist sie zudem an, die Ergebnisse an den Kreditversicherer zwecks Limitentscheidung (Kreditlimit) zu übermitteln.

Kreditrisiko, *Adressenausfallrisiko, Bonitätsrisiko.* I. Kapitalanlagegeschäft: – *1. Begriff:* Risiko, dass ein Kontrahent seinen vertraglich vereinbarten Verpflichtungen aus einem Darlehensgeschäft (Zins und Tilgung) nicht nachkommt. Damit beschränkt sich das K. auf Forderungen mit Fremdkapitalcharakter und auf die Erhaltung ihres Nominalwerts. Veränderungen des Marktwerts werden nicht berücksichtigt. – *2. Vergütung:* Besteht bei einer → Kapitalanlage ein K., so wird dieses Risiko bei Erwerb bewertet und in Form eines Risikozuschlags (Credit Spread) abgegolten. Als Referenz dienen dazu sog. „risikofreie" Anlagen, wie z.B. → Staatsanleihen der G7-Saaten, oder ein Interbanken-Referenzsatz (z.b. LIBOR, Swap-Satz etc.). – *3. Steuerung:* Das K. wird oftmals durch die Festlegung von volumenmäßigen Begrenzungen (Limite) gegenüber den einzelnen Geschäftspartnern eingeschränkt. Dabei werden die Risiken in → Ratingklassen eingeteilt. Dies kann durch externe oder interne Ratingsysteme erfolgen. Die internen Richtlinien sehen i.d.R. Limite sowohl für einzelne Schuldner als auch für die Summe der Kapitalanlagen einer Ratingklasse vor, die nicht überschritten werden dürfen. Die Limite werden von der Geschäftsleitung verabschiedet, und deren Auslastung sowie Überschreitungen werden regelmäßig an diese berichtet. Value at Risk-Modelle (→ Value at Risk) zur Begrenzung des K. sind bei Banken, insbesondere im Kundenkreditgeschäft, bereits seit längerem im Einsatz. Sie werden künftig insbesondere vor dem Hintergrund gestiegener Anforderungen an das → Risikomanagement durch → Solvency II und → MaRisk auch von Versicherungsunternehmen verstärkt genutzt. Value at Risk-Modelle berücksichtigen neben dem Risiko des Ausfalls von Zins- und/ oder Tilgungsleistungen des Schuldners auch eine Erhöhung des Credit Spread und die damit verbundene Verminderung des Marktwerts einer Darlehensforderung durch eine Verschlechterung der Schuldnerbonität als zweiten Bestandteil des Kreditrisikos. – II. Rückversicherungsgeschäft: Risiko, dass ein Rückversicherer seinen vertraglich vereinbarten Rückversicherungsverpflichtungen nicht nachkommt. Dazu zählen insbesondere seine Verpflichtungen aus den anteiligen Rückversicherungsleistungen. Siehe → Rückversicherung.

Kreditsicherheiten. Zur Übernahme des Versicherungsschutzes für Forderungen aus Warenlieferungen an Kunden mit Sitz in Deutschland verlangen die Kreditversicherer i.d.R. die Bestellung von handelsüblichen K., sofern dies aufgrund der Geschäftstätigkeit des Versicherungsnehmers möglich ist. Üblicherweise handelt es sich um die Vereinbarung von Eigentumsvorbehaltsrechten (→ Eigentumsvorbehalt). Darüber hinaus verlangen die Kreditversicherer weitere K., wenn die Bonität des Kunden des Versicherungsnehmers nicht ausreichend für die Zeichnung des beantragten → Kreditlimits ist. Häufig stellen dann die Muttergesellschaften der Kunden Bürgschaften oder Garantien zur Absicherung der Forderungen der Versicherungsnehmer gegenüber den Kunden.

Kreditüberwachung, *Bonitätsüberwachung.* Laufende → Kreditprüfung während der Laufzeit einer → Kreditversicherung.

Kreditversicherung, *Delkredereversicherung.* – *1. Begriff:* Versicherung gegen das → Ausfallrisiko von Forderungen aus Warenlieferungen, Werklieferungen sowie Dienst- und Werkleistungen. – *2. Arten:* a) → Warenkreditversicherung, – b) → Ausfuhrkreditversicherung, – c) → Investitionsgüterkreditversicherung, – d) → Konsumentenkreditversicherung, – e) Die → Vertrauensschadenversicherung und → Kautionsversicherung werden in der Literatur ebenfalls als Arten der K. genannt. Dies ist dogmatisch nicht zutreffend, da die K. nur den Ausfall kreditierter Forderungen infolge von → Zahlungsunfähigkeit des Kunden absichert (vgl. Anlage A, Ziffer 14 VAG). – *3. Versicherungsfall:* a) Merkmale: Ereignis, das die Leistungspflicht des Kreditversicherers nach Verwirklichung des Ausfallrisikos auslöst. Teilweise knüpfen die Kreditversicherer den Eintritt des Versicherungsfalls nicht nur an den Forderungsausfall infolge von Zahlungsunfähigkeit des Kunden bzw. der Uneinbringlichkeit der versicherten Forderung, sondern auch an die Beauftragung eines Inkassobüros oder Rechtsanwalts, die spätestens zum Ablauf der im Versicherungsschein festgelegten Wartefrist erfolgen muss. – b) Auslösende Ereignisse in der Waren-, Ausfuhr- und Investitionsgüterkreditversicherung: (1) → Protracted Default. (2) → Insolvenz: Eröffnung des Insolvenzverfahrens über das Vermögen des Kunden bzw. die Abweisung der Eröffnung mangels Masse durch das Insolvenzgericht. (3) Feststellung der Annahme eines Schuldenbereinigungsplans durch das Gericht (vgl. § 308 I InsO). Bei Verbraucherinsolvenzen muss vor Durchführung des Insolvenzverfahrens eine Schuldenbereinigung mit den Gläubigern versucht werden. (4) Zustandekommen eines außergerichtlichen Liquidations- oder Quotenvergleichs mit sämtlichen Gläubigern. (5) Durch den Versicherungsnehmer vorgenommene Zwangsvollstreckung in das Vermögen des Kunden, die nicht zur vollen Befriedigung geführt hat. (6) Erzielung eines Mindererlöses bei anderweitiger Verwertung der zurückgenommenen Ware, die im Einvernehmen mit dem Kreditversicherer bei drohender Zahlungsunfähigkeit des Kunden durchgeführt wird. – c) Besonderheiten in der Ausfuhrkreditversicherung: Da die Versicherungsfälle der Insolvenz, des außergerichtlichen Vergleichs oder der fruchtlosen Zwangsvollstreckung nach ausländischem Recht am Sitz des Kunden beurteilt werden, haben die Kreditversicherer einen Auffangtatbestand geschaffen, indem sie im Ausland ein Ereignis dann als Versicherungsfall ansehen, wenn dieses nach dem Rechtssystem des jeweiligen Schuldnerlands einem der vorgenannten auslösenden Ereignisse entspricht. Bei Deckung des politischen Risikos ist i.d.R. das auslösende Ereignis eingetreten, wenn die vertragsgemäße Erbringung der vereinbarten Leistung durch den Versicherungsnehmer oder nach deren Erbringung die Erfüllung in jeder Form infolge von Krieg, kriegerischen Ereignissen, inneren Unruhen, Aufruhr oder Revolution verhindert wird und die im Versicherungsschein festgelegte Frist, beginnend mit dem Tag der Erteilung eines Inkassoauftrags, ohne Zahlung verstrichen ist. – d) Auslösendes Ereignis in der Konsumentenkreditversicherung: Die Zahlungsunfähigkeit wird i.d.R. nachgewiesen, wenn der Versicherungsnehmer (Kreditinstitut) berechtigterweise die Kredite gekündigt oder fällig gestellt hat, weil die vertraglichen Zahlungsverpflichtungen nicht ordnungsgemäß erfüllt wurden. – *4. Versicherte Forderungen:* Versichert sind nur vertraglich begründete Forderungen aus Waren- und Werklieferungen sowie aus Dienst- und Werkleistungen. Finanzkredite werden nicht vom Versicherungsschutz erfasst. Die Forderungen müssen frei von Gegenrechten des Kunden und im regelmäßigen Betrieb des Versicherungsnehmers entstanden sein. Der Versicherungsschutz beginnt in der → benannten Versicherung erst mit der Festsetzung eines → Kreditlimits in der → Kreditmitteilung und in der → Pauschaldeckung mit Beginn des Versicherungsvertrags, sofern die Forderungen im Rahmen der Selbstprüfung liegen. In der Waren- und der Ausfuhrkreditversicherung gelten als Voraussetzung für den Versicherungsschutz, dass Forderungen aus Lieferungen und Leistungen entweder bereits fakturiert sind oder innerhalb von 30 Tagen nach Versendung oder nach der Leistung fakturiert werden. Bei der Deckung des → Fabrikationsrisikos und in der Investitionsgüterversicherung beginnt der Versicherungsschutz bereits vor der Faktura, nicht jedoch vor dem in der Kreditmitteilung genannten Termin. Die → Allgemeinen Versicherungsbedingungen (AVB) enthalten zudem Bestimmungen, wann der Versicherungsschutz ausgeschlossen ist (vgl. → Risikoausschlüsse). – *5. Selbstbeteiligung:* In der K. und in der Vertrauensschadensversicherung ist der Versicherungsnehmer an jedem Ausfall bzw. Schaden zu einem bestimmten Prozentsatz (üblicherweise zwischen 10 % und 30 %) beteiligt. Die AVB sehen i.d.R. vor, dass die Selbstbeteiligung nicht anderweitig versichert oder gesondert abgesichert werden darf. Durch Vereinbarung eines Selbstbehalts hat der Versicherungsnehmer ein eigenes Interesse, den Eintritt eines Versicherungsfalls zu vermeiden und seiner Schadenminderungspflicht nachzukommen. – *6. Schadenminderungspflicht:* Die AVB erlegen dem Versicherungsnehmer die Obliegenheit auf, mit der Sorgfalt eines ordentlichen Kaufmanns alle zur Vermeidung oder Minderung eines Ausfalls geeigneten Maßnahmen auf eigene Kosten zu ergreifen und dabei den Weisungen des Kreditversicherers zu folgen. Dies bezieht sich insbesondere auf die rechtzeitige Verwertung von Sicherheiten. – *7. Risikoausschlüsse:* In den AVB der Kreditversicherer sind Ausschlusstatbestände für das Bestehen von Versicherungsschutz geregelt. So besteht für Forderungen gegenüber öffentlich-rechtlichen Abnehmern kein Versicherungsschutz, es sei denn, das politische Risiko wird auch in Deckung genommen (vgl. Ausfallrisiko), sowie bei Forderungen gegenüber Verbrauchern. Nicht versichert sind zudem Forderungen gegenüber Kunden, an denen der Versicherungsnehmer mittelbar oder unmittelbar mehrheitlich beteiligt ist bzw. im Fall der entsprechenden Beteiligung des Kunden beim Versicherungsnehmer. Nicht versichert sind weiter Ausfälle, die durch Krieg oder durch nukleare Ursachen oder Naturkatastrophen verursacht wurden. Versicherungsschutz besteht nicht für Forderungen aus Waren- und Werklieferungen sowie Dienst- und Werkleistungen, für deren Durchführung der Versicherungsnehmer die erforderlichen Genehmigungen nicht eingeholt hat, sowie aus der Lieferung von Waren, deren Einfuhr in dem Bestimmungsland gegen ein bestehendes Verbot verstößt oder deren Ausfuhr in Deutschland gegen ein bestehendes Verbot verstößt. Ebenfalls nicht versichert sind die Umsatzsteuern, Zölle, sonstige Steuern, die aufgrund des grenzüberschreitenden Verkehrs entstehen, Verzugs- und Fälligkeitszinsen, Vertragsstrafen, Schadenersatzforderungen, Kosten der Rechtsverfolgung und Kursverluste. Besonderheiten in der Waren- und Ausfuhrkreditversicherung: Nicht versichert sind Forderungen aus der Vermietung oder Verpachtung sowie Forderungen, bei denen der Versicherungsnehmer mit seinen Kunden von vornherein ein längeres Zahlungsziel vereinbart, als im Versicherungsschein festgelegt worden ist. Zudem endet der Versicherungsschutz für alle Forderungen aus weiteren Lieferungen und Leistungen automatisch, sobald die im Versicherungsschein festgelegte Ausschlussfrist nach ursprünglicher Fälligkeit überschritten wird.

Kriegsklausel. Klausel in den Allgemeinen Versicherungsbedingungen (AVB) der meisten Sachversicherungszweige zum Ausschluss von Schäden durch Kriegsereignisse. Unter einem Kriegsereignis wird dabei jede mit Waffengewalt geführte Auseinandersetzung zwischen zwei oder mehreren Staaten verstanden, egal ob mit förmlicher Kriegserklärung oder ohne eine solche.

Kubikmeter-Methode. *1. Begriff:* Methode zur Wertermittlung eines → Gebäudes. Ein Wert pro Kubikmeter, der die Ausstattung des Gebäudes reflektiert, und die Kubikmeter umbauter Raum ergeben den → Versicherungswert des Gebäudes und damit die → Versicherungssumme. – *2. Aktuelle Entwicklungen:* Die Bestimmung des Werts eines → Wohngebäudes über die K. wird zunehmend seltener durchgeführt. Die Versicherungssumme wird statt dessen immer mehr auf Basis der → Quadratmeter-Methode ermittelt.

Kumulrisiko. *1. Begriff:* Risiko von → Kumulschäden. Das K. bezeichnet das Risiko, dass im → Risikogeschäft von Versicherungsunternehmen durch den Eintritt ein und desselben zufälligen Ereignisses gleichzeitig bei mehreren oder vielen versicherten Einheiten Schäden ausgelöst werden. Die versicherten Einheiten erweisen sich insofern als nicht unabhängig voneinander. Das K. ist eine besondere Ausprägung des → Zufallsrisikos. Abzugrenzen vom → Ansteckungsrisiko. Siehe auch → versicherungstechnisches Risiko. – *2. Beispiele und Wirkungsfelder:* Typische Beispiele für K. sind → Erdbeben, Hagelstürme (→ Hagel), Kollisionen von Fahrzeugen, die bei demselben Versicherer im Bestand sind, ferner → Streiks, → innere Unruhen und Kriegsereignisse (→ Kriegsklausel). Von besonderer Bedeutung ist das K. damit in den → Elementargefahrenversicherungen und in der → verbundenen Wohngebäudeversicherung. Das K. trifft v.a. Versicherer mit hohen Marktanteilen in diesen Versicherungszweigen bzw. mit hoher Versicherungsdichte in einer Region. – *3. Herausforderungen:* Die größte Herausforderung liegt für die Versicherer darin, K. zu erkennen, zu bewerten und zu beherrschen. Kumulschadenereignisse treten selten auf und führen dann oft dazu, dass ein stark erhöhter Schadenaufwand deutlich negative versicherungstechnische Bruttoergebnisse zur Folge hat. – *4. Maßnahmen und Instrumente:* K. können über Geopositionierungen (→ ZÜRS) identifiziert werden. Mit Hilfe der → Zeichnungspolitik und von Kündigungen können K. vermieden bzw. reduziert werden. Bei der Gefahr → Feuer können Schadenverhütungsmaßnahmen, wie Brandschutzmauern, K. verringern. Das Risiko hoher negativer Ergebnisse erfordert Maßnahmen zum Bilanzschutz, d.h. den Aufbau von Risikokapital und passende Rückversicherungskonzepte. Bei K. mit vielen kleinen Schadenpotenzialen verringern → Selbstbehalte die negativen Ausschläge. – 5. A*ktuelle Entwicklungen:* Der → Klimawandel und eine steigende Versicherungsdichte in der → erweiterten Elementargefahrenversicherung verstärken die Problematik von K. im Elementarschadenbereich. Hier bestimmen K. auch sehr stark das erforderliche Risikokapital. Das Erkennen, Bewerten und Beherrschen von K. wird künftig im Zuge von → Solvency II für die Elementargefahrenversicherungen und die verbundene Wohngebäudeversicherung von zentraler Bedeutung sein.

Kumulschaden. *1. Begriff:* Schaden, der aus mehreren oder vielen Einzelschäden besteht, die alle durch dasselbe Schadenereignis verursacht werden. Siehe auch → Kumulrisiko. – *2. Management:* Versicherungsunternehmen halten für K. teilweise Notfallpläne vor. Sie definieren die organisatorischen Voraussetzungen für erforderliche Sofortmaßnahmen (z.B. Einsatz von Dachdeckern nach Sturmschäden), zum Schutz vor weiteren Beeinträchtigungen (z.B. Sicherung des Inventars vor eindringendem Niederschlagswasser), für die schnelle, abschließende Regulierung der Schäden (z.B. Drive-in bei Hagelschäden an Fahrzeugen, bei denen der Schaden sofort kalkuliert und ausgezahlt wird) sowie für sinnvolle und kostengünstige Reparaturmethoden (z.B. lackschadenfreies Ausbeulen von Hageldellen). – *3. Herausforderungen:* Die operative Abwicklung von K. wirft logistische Probleme auf. Eine große Zahl von Schäden erschwert sowohl die Prognose des gesamten Schadenaufwands als auch die Prüfung der Einzelschäden, was oft zu überhöhten Entschädigungsleistungen führt.

Kumulschadenexzedent, → Schadenexzedenten-Rückversicherung. In der K. trägt der → Rückversicherer die Summe aller Schäden aus einem Schadenereignis (z.B. im Kfz-Kaskogeschäft alle durch einen Hagelschlag betroffenen Fahrzeuge eines → Erstversicherers) ab dem Überschreiten der → Priorität, soweit eine vertraglich vereinbarte Anzahl von Policen oder Risiken von diesem Ereignis betroffen wurde. Form des → nicht-proportionalen Rückversicherungsvertrags.

Kunde. *1. Begriff:* Vorhandener oder potenzieller Nachfrager und/ oder Verbraucher, in der Versicherungswirtschaft auch als Versicherungsinteressent (vor Vertragsbeginn) bzw. als Versicherungsnehmer (nach Vertragsbeginn) bezeichnet. Natürliche oder juristische Person. – *2. Bedeutung im Marketing:* Der K. ist der hauptsächliche Rezipient der Marketingleistungen. Sein Bedarf und das zur Bedarfsdeckung vorgesehene Budget stehen im Fokus der Marketingziele (vgl. → Marketingstrategie) sowie der meisten → Marketinginstrumente, insbesondere der → Marketingforschung, der → Produktgestaltung und → Preisgestaltung sowie des → Kundendiensts. – *3. Besonderheiten in der Versicherungswirtschaft:* Der K. muss bei der Produktgestaltung durch Informations- und Auskunftsbereitschaft mitwirken. Eine übergreifende, komplexe Kundenbetreuung verwirklicht sich im → Kundenbeziehungsmanagement, das möglichst danach ausgerichtet ist, in welcher Phase seines Lebenszyklus sich der K. jeweils befindet (vgl. → Lebensphasenmodell).

Kundenbedarf. → Versicherungsbedarf.

Kundenbeziehungsmanagement, *Customer Relationship Management (CRM).* – *1. Begriff:* Prozessübergreifende Erfassung, Strukturierung und Nutzung aller Kundenkontakte. – *2. Merkmale:* a) Der → Kunde ist ein Teil der Wertschöpfungskette und in die betrieblichen Leistungsprozesse eingebunden. – b) Profitable Kunden werden identifiziert und privilegiert (vgl. → Kundenwert). – c) Die → Kundenzufriedenheit wird betont, um → Kundenbindung zu erreichen. K. würdigt damit die Tatsache, dass das Erhalten vorhandener Kundenbeziehungen kostengünstiger als das fortwährende Streben nach neuen Verbindungen ist. – d) Das sog. → One-to-one Marketing, d.h. die betont individuelle Kundenbeziehung, wird unterstützt. – e) K. ermöglicht Prognosen zum künftigen Kundenverhalten, einschl. etwaiger Stornogefahren. – f) Es unterstützt themenbasiertes → Marketing. – g) K. ist Grundlage für Multi-Kanal-Kommunikationen und für die Ausrichtung nach Lebenszyklen (vgl. → Lebensphasenmodell). – *3. Einteilungsmöglichkeiten:* a) Analytisches K., bei dem alle kundenspezifischen Daten zur Selektion, Aufbereitung und Nutzung zusammengefasst werden. – b) Operatives K., das die transaktionsbezogenen Systeme sowie den direkten Kundenkontakt optimiert. – c) Kommunikatives K., das für ein unternehmensweites Kommunikationsnetzwerk steht. – *4. Abgrenzung zum Marketing:* Die Abgrenzung zum Marketing ist in der Literatur nicht eindeutig. Jedoch gilt, dass Marketing und K. nicht konkurrieren. K. kann aber die inhaltliche und technische Umsetzung der Marketingarbeit effizient unterstützen. Marketing ist Teil der → Aufbauorganisation, während K. Teil der → Ablauforganisation ist.

Kundenbindung. *1. Begriff:* Bezeichnung sowohl für das strategische Ziel, den → Kunden an das Unternehmen zu binden, als auch für den instrumentalen Lösungsweg, letzterer häufig mit erweiterten Begriffen, wie Kundenbindungsmaßnahmen oder Kundenbindungssysteme, beschrieben. – *2. Merkmale:* K. ist als Teil des unternehmensüberspannenden → Kundenbeziehungsmanagement oder im Hinblick auf die spezielle Kundenbindungsmittel als eigenständiges → Marketinginstrument einzuordnen. Bei der K. geht es nicht um rechtliche bzw. vertraglich vereinbarte Bindungen, wie etwa mit Mehrjahresverträgen, sondern um emotionale und freiwillige. Dabei können aber auch rechtlich verankerte Wechselbarrieren (z.B. der Verlust von Treuerabatten) wirken. Eine so definierte K. ist das Ergebnis eines effizienten → Kundendiensts, verbunden mit daraus folgender → Kundenzufriedenheit und Kundentreue. Kundendienst und K. stehen in einem sehr engem Kontext, können aber im Hinblick auf teilweise andere Zielsetzungen, Zielgruppen, Inhalte und Arbeitsmittel nicht gleichgesetzt werden. Insbesondere richtet sich die K. nur an solche Kunden, die als profitabel identifiziert wurden (vgl. → Kundenwert); Kundendienst steht dagegen jedem Kunden zu.

Kundendienst, *Kundenservice, Service.* – *1. Begriff:* Bezeichnung für alle Leistungen des Anbieters oder Vermittlers, die den → Kunden in seiner Entscheidung für Produkte, im Anpassen, Verändern oder Nutzen der Produkte unterstützen. Unterstützungsmaßnahmen nach Schadeneintritt können ebenfalls dem K. zugerechnet werden, nicht dagegen die Schadenzahlung selbst; denn sie stellt die Kernleistung des Versicherungsprodukts dar. – *2. Merkmale:* K. ist eng mit der → Produktgestaltung verknüpft, weshalb er gelegentlich auch als Produktbestandteil empfunden wird. In der Versicherungswirtschaft hat der K. wegen der Erklärungsbedürftigkeit der Produkte, der rechtlichen Rahmenbedingungen und ggf. der langen Vertragslaufzeiten, aber auch aufgrund seiner zentralen Stellung im Gesamtsystem des → Marketing eine herausragende Bedeutung. Es ist deshalb sinnvoll, den K. als eigenständiges → Marketinginstrument oder als Teil eines umfassenden → Kundenbeziehungsmanagement einzuordnen. In Abgrenzung zum Produkt, das Kern- und Zusatznutzen beinhaltet, deckt der K. alle darüber hinausgehenden Serviceleistungen. Er ist mit dem technischen K. eines Sachguts vergleichbar und liefert vielfältige Ansätze für → Alleinstellungsmerkmale des Produktanbieters bzw. des Vermittlers. K. soll zur → Kundenzufriedenheit und damit zur (freiwilligen) → Kundenbindung führen. – *3. Organisation:* Abgesehen von einer zentralen Anlaufstelle für Beschwerden sollte wegen der unternehmensweiten Bedeutung auf eine einengende aufbauorganisatorische Zuweisung verzichtet werden.

Kundengruppe. *1. Begriff:* Kundenbezogene Einteilung des Gesamtmarkts in Teilmärkte, die nach innen möglichst homogen und nach außen abgrenzbar sind. – *2. Merkmale:* Grobgerasterte K. (= Marktsegmente) sind häufig die Grundlage für die Bestimmung von Geschäftsfeldern des Unternehmens sowie für vertriebliche und innerbetriebliche → Aufbauorganisationen. – *3. Beispiele für K.:* a) → Privatkunden: Junioren, Familien, Senioren, Besitzer von Grund- und sonstigem Vermögen, Halter von Fahrzeugen, Halter von Tieren usw. Die K. können auch nach anderen Gesichtspunkten definiert oder ergänzt werden, z.B. nach Abschlussgewohnheiten, demografischen, soziodemografischen und psychologischen Merkmalen (Kundentypologien), nach Lebenszyklen (vgl. → Lebensphasenmodell) und/ oder als soziale Bezugsgruppen (vgl. → Affinity Group). – b) → Gewerbe-/ → Industriekunden: Branchen, Betriebsgrößen, Rechtsformen usw. – c) Im Grunde ist jede Einteilung vorstellbar, soweit marketingtechnisch relevant und statistisch erfassbar. – *4. Kunden-Zielgruppen:* In weiterer Verfeinerung lassen sich aus den Marktsegmenten (vgl. → Marktsegmentierung) konkrete Zielgruppen ableiten, um damit profitable Marktteilnehmer auszuwählen (vgl. → Kundenwert) und die Marketingaktivitäten bei möglichst geringen Streuverlusten darauf auszurichten (vgl. → Zielgruppenmarketing). – *5. Aktuelle Entwicklungen:* In der Versicherungswirtschaft wurde in den letzten Jahren zunehmend von der Sparten- zur Kundengruppenorganisation übergegangen.

Kundenkubus, *lat. Kubus (Würfel)*. Modell zur Ermittlung, Darstellung und Klassifizierung des → Kundenwerts, d.h. der gegenwärtigen und künftigen Profitabilität der Kundenbeziehung. Abgetragen auf den Achsen des Würfels können in drei Dimensionen, mit jeweils hohen bzw. niedrigen Werten, insgesamt acht Teilsegmente dargestellt und dementsprechend die Kunden zugeordnet werden. Insbesondere geeignet, um die jeweils zutreffenden Maßnahmen zum → Kundendienst und zur → Kundenbindung festzulegen. Dafür passende Dimensionen sind z.B. a) Cash flow aus der bestehenden Kundenbeziehung, – b) Potenziale an → Cross Selling und → Up Selling sowie – c) sonstige, auch immaterielle Werte, z.B. die gemessene → Kundenzufriedenheit.

Kundennutzen, *Customer Value.* – *1. Begriff:* Wert eines Produkts bzw. einer Leistung für den Kunden. Maßgröße für die Zielerfüllung bzw. Bedürfnisbefriedigung eines Kunden, die durch die Versorgung mit Produkten bzw. Leistungen eines Anbieters entsteht. – *2. Merkmale:* In betriebswirtschaftlicher Sicht gilt die These, dass eine Steigerung des individuell empfundenen K. eines Produkts bzw. einer Leistung auch wesentlich zur Steigerung des ökonomischen Werts für den Kunden und damit zu dessen Preisbereitschaft beiträgt – mit entsprechenden positiven Folgewirkungen für den → Unternehmenswert des Anbieters. Im → Marketing kommt deshalb dem K. eine große Bedeutung zu. – *3. Bedeutung für Versicherungsunternehmen:* Das → Versicherungsprodukt gilt als ein sog. „Low-Interest-Product", und es ist zudem tendenziell komplex sowie erklärungsbedürftig. Für den Absatz des Produkts ist die Mitwirkung des sog. → externen Faktors (Versicherungsnehmer) von besonderer Bedeutung. Vor diesem Hintergrund ist es sowohl eine Notwendigkeit als auch eine große Herausforderung, über den K. der Versicherungsprodukte zu informieren und auf diese Weise die Kaufbereitschaft auf der Kundenseite zu fördern. – *3. Abgrenzung:* Der K. ist vom → Kundenwert bzw. vom → Customer Lifetime Value abzugrenzen.

Kundenorientierung. Konsequente Ausrichtung des → Marketing und aller Marketingaktivitäten auf den Blickwinkel und die Erwartungshaltung des (potenziellen) → Kunden. Dessen Bedarf und die dafür verfügbare Kaufkraft stehen im Fokus des Marketing, was sich letztendlich auch in Marktvorteilen für das Unternehmen niederschlägt, z.B. in → Alleinstellungsmerkmalen und im → Unternehmenswert.

Kundenservice. Organisationseinheit bzw. Leistung des Unternehmens zur Erfüllung der → Geschäftsvorfälle und Anforderungen des Kunden. → Benchmarks sind die Kundenansprüche an die Bearbeitungsqualität, z.B. gemessen am Informationsgehalt, an der Bearbeitungszeit oder am Bearbeitungsergebnis.

Kundenwert. Wert des Kunden aus Sicht des Versicherungsunternehmens. Saldo aus den Summen aller abdiskontierten Zuflüsse und Abflüsse von Geld aus einer Kundenverbindung. Als → Customer Lifetime Value auf die gesamte Lebenszeit der Kundenbeziehung gerechnet. Ein interessantes Berechnungsmodell bietet der sog. → Kundenkubus. In der Versicherungswirtschaft sind prognostische Berechnungen im Hinblick auf die Unwägbarkeit der Schadenfälle schwierig bzw. nur mit kalkulatorischen Prämissen möglich. Kundenwertorientierte → Marketingstrategien wollen profitable Kundenverbindungen identifizieren und ihnen eine andere Behandlung zuteil werden lassen als den weniger profitablen Kundenverbindungen (vgl. auch → Kundenbindung).

Kundenzufriedenheit. Individuelles Empfinden des → Kunden im Hinblick auf die Qualität der Leistung, bezogen auf Kern-, Zusatz- und begleitende Serviceleistungen. Die K. ergibt sich aus dem Vergleich der Erwartungen des Kunden mit dem tatsächlich Erlebten: (Über-)Erfüllung bringt Kundenzufriedenheit. Bleibt die Erwartung dagegen unerfüllt, entsteht Unzufriedenheit. Die Marketingansätze wollen, verbunden mit einem geeigneten Qualitätsmanagement, dem Kunden einen erlebbaren Mehrwert und dem Anbieterunternehmen einen zusätzlichen Erfolgsfaktor sichern. K. führt zur Kundenloyalität, damit zur (freiwilligen) → Kundenbindung, zu → Cross Selling Effekten und zu Kundenempfehlungen.

Kündigungsrechte des Versicherungsnehmers und des Versicherers. *1. Begriff:* Recht auf eine einseitige, gestaltende, empfangsbedürftige Erklärung zur Beendigung des Versicherungsverhältnisses für die Zukunft. Die Kündigung hat im Gegensatz zur Anfechtung und zum Rücktritt keine Rückwirkung für die Vergangenheit. – *2. Arten der Kündigung (Überblick):* Zu unterscheiden sind die ordentliche und die außerordentliche Kündigung. Die ordentliche Kündigung setzt im Gegensatz zur außerordentlichen Kündigung keinen Kündigungsgrund voraus, kann dagegen i.d.R. nur unter Einhaltung einer Kündigungsfrist erklärt werden. – *3. Ordentliche Kündigung von Versicherungsverhältnissen:* Versicherungsverhältnisse auf unbestimmte Zeit können ordentlich gekündigt werden. Dagegen ist bei befristeten, auf bestimmte Dauer abgeschlossenen Versicherungsverträgen die ordentliche Kündigung ausgeschlossen, insoweit kommt nur das gesetzliche Kündigungsrecht nach § 11 IV VVG zum Ablauf des dritten oder jedes folgenden Versicherungsjahres in Betracht (→ Vertragslaufzeiten). Die ordentliche Kündigung eines auf unbestimmte Zeit laufenden Versicherungsverhältnisses kann von beiden Seiten nur für den Schluss der laufenden Versicherungsperiode erklärt werden (§ 11 II S. 1 VVG). Die Kündigungsfrist muss für beide Vertragsparteien gleich sein; sie darf nicht weniger als einen Monat und nicht mehr als drei Monate betragen (§ 11 III VVG). Die auf unbestimmte Zeit laufende → vorläufige Deckung kann der Versicherungsnehmer ohne Einhaltung einer Frist kündigen, die Kündigung des Versicherungsunternehmens wird jedoch erst nach Ablauf von zwei Wochen nach Zugang wirksam (§ 52 IV VVG). In der → Kfz-Haftpflichtversicherung sieht § 5 V S. 2 PflVG eine Kündigungsfrist von einem Monat zum Ablauf der Versicherungsperiode vor. Diese monatliche Kündigungsfrist wird durch die Allgemeinen Bedingungen für die Kfz-Versicherung (AKB) auf die → Kfz-Kaskoversicherung und die → Insassenunfallversicherung sowie auf den Autoschutzbrief ausgedehnt. In der → Lebensversicherung gilt § 168 VVG, ebenso in der → Berufsunfähigkeitsversicherung (siehe Verweis in § 176 VVG). Danach kann der Versicherungsnehmer das Versicherungsverhältnis jederzeit für den Schluss der laufenden Versicherungsperiode kündigen, falls laufende Prämien zu zahlen sind. Ein ordentliches Kündigungsrecht des Versicherungsunternehmens besteht nicht. In der → privaten Krankenversicherung (PKV) kann der Versicherungsnehmer die → Krankheitskostenversicherung und die → Krankentagegeldversicherung nach § 206 I VVG kündigen, die Basisversicherung (→ Basistarif) nach Maßgabe von § 206 VI VVG. Die ordentliche Kündigung des Versicherungsunternehmens ist in der PKV grundsätzlich ausgeschlossen (§ 206 VVG); Ausnahmen gelten nach § 206 I S. 4 und II VVG. – *4. Außerordentliche Kündigung von Versicherungsverhältnissen:* a) Beiderseitiges Kündigungsrecht: Kündigung aus wichtigem Grund (§ 314 BGB); Kündigung nach Eintritt des → Versicherungsfalls in der → Sachversicherung (§ 92 VVG) und in der → Haftpflichtversicherung (§ 111 VVG). – b) Kündigungsrecht des Versicherungsunternehmens: Verletzung der → vorvertraglichen Anzeigepflicht (§ 19 III S. 2 VVG); → Gefahrerhöhung (§ 24 VVG); Verletzung einer vertraglichen → Obliegenheit vor dem Versicherungsfall (§ 28 I VVG); Veräußerung der versicherten Sache (§ 96 I VVG). – c) Kündigungsrecht des Versicherungsnehmers: Wegen einer Prämienerhöhung oder eines Risikoausschlusses nach Vertragsanpassung bei Verletzung der vorvertraglichen Anzeigepflicht oder Gefahrerhöhung (§§ 19 VI, 25 II VVG); wegen einer Prämienerhöhung oder Reduzierung des Versicherungsschutzes aufgrund einer Anpassungsklausel (§ 40

VVG). – d) Kündigungsrecht des Erwerbers einer versicherten Sache (§ 96 II VVG). – *4. Anforderungen an eine Kündigung:* a) Person des Kündigenden: Eine Kündigung muss grundsätzlich durch den Versicherungsnehmer oder das Versicherungsunternehmen als eine der Vertragsparteien ausgesprochen werden; der → Versicherte in der → Versicherung für fremde Rechnung ist nicht kündigungsberechtigt. Bei (rechtsgeschäftlicher) Vertretung muss die Vollmachtsurkunde im Original vorgelegt werden. Fehlt sie, ist die Kündigung unwirksam, wenn sie vom Empfänger unverzüglich zurückgewiesen wird (§ 174 BGB). Das gilt auch für die Kündigung durch einen → Versicherungsmakler. Die Vertretung des Versicherungsunternehmens braucht nicht durch eine Vollmachtsurkunde belegt zu werden, wenn sie sich aus dem Handelsregister ergibt. – b) Person des Erklärungsempfängers: Die Kündigung muss gegenüber dem Versicherungsunternehmen bzw. dem Versicherungsnehmer als gegenüber stehender Vertragspartei ausgesprochen werden. Der → Versicherungsvertreter ist zur Entgegennahme von Kündigungen des Versicherungsnehmers bevollmächtigt (§ 69 I Nr. 2 VVG). – c) Form: Textform bei der mit der Mahnung verbundenen Kündigung wegen Folgeprämienverzugs, im Übrigen ist keine gesetzliche Form vorgeschrieben. Die Vereinbarung der → Schriftform mit Hilfe der → Allgemeinen Versicherungsbedingungen (AVB) soll für die Kündigung des Versicherungsnehmers unwirksam sein (§ 18 VVG); ggf. dient sie in diesem Fall rein für Beweiszwecke. In der Lebensversicherung und in der PKV ist hingegen die Vereinbarung der Text- oder Schriftform zulässig (§§ 171 S. 2, 208 S. 2 VVG). – d) Ausschluss- und Kündigungsfristen: Außerordentliche Kündigungsrechte sind vielfach mit Ausschlussfristen verbunden, z.B. ab Kenntnis der Gefahrerhöhung (§ 24 III VVG) oder der → Obliegenheitsverletzung (§ 28 I VVG). Das Kündigungsrecht erlischt bei Versäumung dieser Ausschlussfrist. Die Kündigungsfrist muss zwischen dem Zugang der Kündigungserklärung und deren Wirkung eingehalten werden. Außerordentliche Kündigungen können vielfach fristlos erfolgen (§§ 24 I S. 1, 28 I, 38 III VVG), zuweilen auch mit Frist z.B. von einem Monat (§§ 19 III S. 2, 24 I S. 2, II VVG). Die Kündigung kann an einen bestimmten Termin gebunden werden, etwa zum Ablauf der Versicherungsperiode (§ 168 I VVG). Der Versicherungsnehmer kann nicht für einen späteren Zeitpunkt als den Schluss der laufenden Versicherungsperiode kündigen (§ 92 II S. 3 VVG). – e) Zurückweisungspflicht des Versicherungsunternehmens: Unwirksame Kündigungen des Versicherungsnehmers muss das Versicherungsunternehmen unverzüglich zurückweisen, sonst kann es sich nicht auf die Unwirksamkeit berufen. Verspätete Kündigungen sind trotz Zurückweisung in eine solche zum nächst möglichen Termin umzudeuten. – f) Beweis: Der Kündigende muss den Zugang und gegebenenfalls den Zugangszeitpunkt beweisen. Das ist mit Hilfe von Einschreiben mit Rückschein möglich, nicht aber durch Übermittlung mit einfachem Brief, wenn der Empfänger den Zugang bestreitet.

Kündigungsschutz. *1. Begriff:* Im Kündigungsschutzgesetz (KSchG) verankerte Einschränkung der Vertragsfreiheit bzgl. der Beendigung von Arbeitsverhältnissen durch den Arbeitgeber. Während für die Kündigung des Arbeitsverhältnisses durch den Arbeitnehmer neben der Einhaltung vereinbarter Formen und Fristen keine weiteren Voraussetzungen gelten, besteht für arbeitgeberseitige Kündigungen ein besonderer K. zugunsten des Arbeitnehmers. – *2. Ziele:* Der K. soll die wirtschaftliche Abhängigkeit des Arbeitnehmers vom Arbeitgeber abschwächen und ihm damit soziale und rechtliche Sicherheit und finanzielle Planbarkeit gewährleisten. – *3. Merkmale:* Nach § 1 KSchG sind Kündigungen nur zulässig, wenn sie sozial gerechtfertigt sind. Im Weiteren ergeben sich daraus drei zulässige Kündigungsgründe: personenbedingte Kündigungen, verhaltensbedingte Kündigungen und betriebsbedingte Kündigungen. a) Personenbedingte Kündigungen beziehen sich auf Gründe, die in der Person des Mitarbeiters liegen (Leistung oder Gesundheit). – b) Verhaltensbedingte Kündigungen decken den Bereich der disziplinarischen Gründe ab (Fehlverhalten). Aufgrund des Verhältnismäßigkeitsgrundsatzes ist im Fall von disziplinarischen Verstößen oder Minderleistungen vor einer Kündigung eine Abmahnung auszusprechen, die dem Arbeitnehmer deutlich macht, dass das Arbeitsverhältnis gefährdet ist. In Bezug auf die Kündigungsfristen sind die ordentliche und die außerordentliche Kündigung zu unterscheiden. Bei der ordentlichen Kündigung werden die Kündigungsfristen eingehalten. Bei der außerordentlichen Kündigung wird die sofortige Beendigung ohne Wahrung von Kündigungsfristen angestrebt. Voraussetzung für eine derart drastische Maßnahme ist, dass ein „wichtiger Grund" vorliegt, der die Einhaltung der Kündigungsfrist für den Arbeitgeber unzumutbar macht. Ob die Pflichtverletzung so erheblich war, dass sie eine fristlose Kündigung rechtfertigt, stellt das Gericht im Wege einer Interessenabwägung fest. – c) Betriebsbedingte Kündigungen können ausgesprochen werden, wenn dies betriebliche Erfordernisse nötig machen (z.B. die Auslagerung von Unternehmensteilen, wie das Call-Center oder die Schadenbearbeitung). Derartige Kündigungen haben immer eine Sozialplan-Regelung zur Folge. Trotz Vorliegens dringender betrieblicher Gründe ist eine betriebsbedingte Kündigung sozial ungerechtfertigt, wenn der Arbeitgeber bei der Auswahl der Arbeitnehmer die Dauer der Betriebszugehörigkeit, das Lebensalter, die Unterhaltspflichten und die ggf. vorhandene Schwerbehinderung des Arbeitnehmers nicht oder nicht ausreichend berücksichtigt hat. Andererseits gibt das Gesetz dem Arbeitgeber auch die Möglichkeit, hinsichtlich einer betriebsbedingten Kündigung solche Personen von der sozialen Auswahl auszunehmen, deren Weiterbeschäftigung aus zwei Gründen im berechtigten betrieblichen Interesse liegt: erstens weil es sich um sog. "Leistungsträger" handelt, die wegen ihrer besonderen Kenntnisse, Fähigkeiten und Leistungen im Unternehmen gehalten werden sollen, und zweitens um eine ausgewogene Personalstruktur des Betriebs zu sichern. Der gekündigte Arbeitnehmer hat die Möglichkeit, die Kündigung innerhalb von drei Wochen nach Zugang im Wege der Kündigungsschutzklage beim Arbeitsgericht überprüfen zu lassen. Nach dem → Betriebsverfassungsgesetz (BetrVG) besteht die Pflicht des Arbeitgebers, den → Betriebsrat (bei Leitenden den Sprecherausschuss) vor jeder Kündigung vollständig und fristgerecht zu unterrichten und zu hören, sonst ist die Kündigung unwirksam. Die Kündigung soll immer letztes arbeitsvertragliches Mittel sein, deshalb ist vorher zu prüfen, ob eine Versetzung oder Änderungskündigung in Betracht gezogen werden kann. – *4. Abgrenzung:* Die Kündigung ist nur eine Form der Beendigung des Arbeitsverhältnisses; weitere Formen sind die Befristung (auch hierzu gibt es rechtliche Einschränkungen), die einvernehmliche Aufhebung (Aufhebungsvertrag), die vertragliche Beendigung (Erreichen der Altersgrenze) oder „natürliche" Gründe (Tod, Erwerbsunfähigkeit).

Künstlersozialversicherung. Eigenständiger Zweig der → gesetzlichen Rentenversicherung (GRV) für alle pflichtversicherten, selbstständigen Künstler und Publizisten. Die K. mit Sitz in Wilhelmshaven stellt die → Versicherungspflicht fest und zieht die einkommensabhängigen → Rentenbeiträge ein.

L

Ladungstüchtigkeit. Die Eignung eines Schiffes, eine bestimmte Art von Ladung (z.B. Flüssigkeiten, Kühlgut, Schüttgut, Schwergut) aufnehmen und sicher transportieren zu können (§ 579 HGB). Abzugrenzen von der → Seetüchtigkeit.

Lagebericht. *1. Begriff:* Element der externen Rechnungslegung und neben dem → Jahresabschluss Teil des → Geschäftsberichts. – *2. Inhalte:* Der L. beinhaltet zusätzliche Informationen zum Jahresabschluss von mittelgroßen und großen Kapitalgesellschaften sowie von offenen Handelsgesellschaften und Kommanditgesellschaften. – *3. Ziele und Funktionen:* a) Verdichtungsfunktion mit dem Ziel, die im Jahresabschluss abgebildete Vermögens-, Finanz- und Ertragslage zur Lage des Unternehmens zusammen zu fassen. – b) Ergänzungsfunktion mit dem Ziel den Adressaten über die momentane und die zukünftige Situation des Unternehmens zu informieren. Das beinhaltet Informationen über wirtschaftliche und rechtliche Risiken und Chancen des Unternehmens. – *4. Gesetzliche Grundlagen:* Umfassende Vorschriften ergeben sich aus §§ 289 ff. HGB und für den Konzernlagebericht aus § 315 HGB. Demnach muss der L. a) Informationen über wirtschaftliche und rechtliche Risiken und Chancen des Unternehmens, – b) Informationen über Vorgänge von besonderer Bedeutung nach dem Abschluss des Geschäftsjahres und – c) einen → Vergütungsbericht enthalten. Nach dem → Bilanzrechtsmodernisierungsgesetz (BilMoG) enthält § 289 HGB einen fünften Absatz, in dem eine Darstellung der wesentlichen Merkmale des internen Kontroll- und Risikomanagementsystems vorgeschrieben wird.

Lagemaß, *Lageparameter.* Maß für die Größenordnung der möglichen Realisationen einer Zufallsvariablen. Beispiele für L. sind der → Erwartungswert und der → Median, allgemeiner auch jedes → Quantil.

Lagerhalter. *1. Begriff:* L. ist, wer gewerblich aufgrund von Lagerverträgen Güter lagert und aufbewahrt. – *2. Haftung:* Der L. haftet für den Verlust oder die Beschädigung der entgegengenommenen Güter, außer bei höherer Gewalt (Obhutshaftung aus vermutetem Verschulden, § 475 HGB). Er haftet auch, wenn er das Gut an einen Unberechtigten aushändigt, ohne den Lagerschein zurückzufordern. Die Haftung kann durch Allgemeine Geschäftsbedingungen (AGB) der Höhe nach beschränkt werden; → Spediteure, die als L. tätig werden, verwenden i.d.R. die → Allgemeinen Deutschen Spediteurbedingungen (ADSp). – *3. Versicherungen für den L.:* a) Lagerversicherung. Der L. besorgt auf Verlangen des Einlagerers eine → Lagerversicherung für das Lagergut (§ 472 I HGB). Ist der Einlagerer ein Verbraucher, muss der L. ihn auf die Versicherungsmöglichkeit hinweisen. – b) Haftpflichtversicherung. Der L. kann sich gegen Ansprüche des Einlagerers durch eine → Verkehrhaftungsversicherung absichern. Bei der Verwendung der ADSp ist er dazu verpflichtet.

Lagerversicherung. Versicherung gegen Schäden an Lagergut durch → Feuer, → Einbruchdiebstahl, → Leitungswasser und → Sturm.

Lamfalussy-Verfahren. Verfahren zur Beschleunigung des europäischen Gesetzgebungsprozesses im Bereich Finanzdienstleistungen. Das Verfahren sieht vor, dass die EU-Organe unter Federführung der EU-Kommission nur noch die politischen Rahmenbedingungen festlegen, die Ausarbeitung technischer und detaillierter Durchführungsbestimmungen dagegen der Kommission überlassen, die von vier Fachausschüssen unterstützt wird. Die Fachausschüsse setzen sich aus hochrangigen Vertretern der nationalen Finanzministerien unter Federführung der Kommission zusammen. Sie bilden die sog.

Landesaufsicht

Stufe 2 des Systems. Die eigentliche Arbeit wird von den Expertenausschüssen übernommen, in der die → Aufsichtsbehörden der Mitgliedsländer den notwendigen Informationsaustausch pflegen, für die konsequente Umsetzung der europäischen Gesetzgebung durch Setzung von Standards und Leitlinien sorgen und die Angleichung der Aufsichtspraktiken im europäischen Binnenmarkt sicherstellen (sog. Stufe 3). Für das Versicherungswesen ist in Stufe 2 der Europäische Ausschuss für das Versicherungswesen und die betriebliche Altersversorgung (EIOPC) und in Stufe 3 der Ausschuss der europäischen Aufsichtsbehörden für das Versicherungswesen und die betriebliche Altersversorgung (→ CEIOPS) zuständig.

Landesaufsicht. → Aufsichtsbehörde.

Landesverbände der Krankenkassen. Einige Kassenarten im System der → Krankenkassen, wie die → Allgemeinen Ortskrankenkassen (AOK), die → Betriebskrankenkassen (BKK) und die → Innungskrankenkassen (IKK), haben zur Wahrnehmung ihrer Aufgaben auf Landesebene Landesverbände zu bilden (§ 207 SGB V). Die L. sind rechtsfähige Körperschaften des öffentlichen Rechts mit → Selbstverwaltung. Sie haben einen hauptamtlichen Vorstand und einen ehrenamtlichen Verwaltungsrat. Soweit in einem Land nur eine Krankenkasse der gleichen Art besteht, nimmt diese zugleich die Aufgaben eines L. wahr.

Landkaskoversicherung. Versicherung von Landfahrzeugen, die nicht unter die → Kfz-Kaskoversicherung oder die → Maschinenversicherung fallen, insbesondere von Schienenfahrzeugen und von Anhängern ohne eigenen Antrieb, z.B. im Schaustellergewerbe.

Landwirtschaftliche Krankenkassen (LKK). *1. Begriff:* Kassenart im System der → Krankenkassen. Seit 1972 Träger der → gesetzlichen Krankenversicherung (GKV) für selbstständige Landwirte und deren Familienangehörige. – *2. Merkmale:* Im Wesentlichen wurde die inhaltliche Ausgestaltung an die allgemeine GKV angelehnt. Erhebliche Unterschiede bestehen jedoch im Finanzierungsbereich. Die LKK sind rechtsfähige Körperschaften des öffentlichen Rechts mit → Selbstverwaltung. Die historisch schrittweise erfolgte Errichtung von landwirtschaftlichen Alters- und Krankenkassen bei jeder landwirtschaftlichen Berufsgenossenschaft hat zu einer Besonderheit in der → Sozialversicherung geführt. Die Organe der landwirtschaftlichen Kranken- und Alterskassen, wie etwa der Vorstand, werden in Personalunion mit den Organen der landwirtschaftlichen Berufsgenossenschaften geführt. Über eine Verwaltungsgemeinschaft sind zurzeit neun LKK mit den landwirtschaftlichen Alterskassen und den landwirtschaftlichen Berufsgenossenschaften verbunden und in einem Bundesverband der LKK zusammengeschlossen, der wiederum zur landwirtschaftlichen Sozialversicherung gehört. Versicherungspflichtige Landwirte können nicht zu einer anderen Krankenkasse wechseln. Der Leistungskatalog der LKK entspricht weit gehend dem der übrigen GKV. Die Gewährung von Betriebs- und Haushaltshilfen (§§ 9 bis 11 KVLG 1989) ist als Besonderheit zu erwähnen. Damit wird eine Leistung erbracht, die dem in der allgemeinen GKV gewährten → Krankengeld vergleichbar ist. Während letzteres für den Arbeitnehmer die Sicherung des Einkommens als Ersatzleistung im Krankheitsfall darstellt, bietet die Betriebs- und Haushaltshilfe als Sachleistung für Landwirte die Gewähr für die Fortführung des landwirtschaftlichen Betriebs als Einkommensquelle des Unternehmers. Den LKK gehören rund 600.000 Mitglieder an, das entspricht einem Marktanteil von 1,2 %.

Landwirtschaftliche Versicherung. *1. Begriff:* Sammelbezeichnung für die → Versicherungszweige und -arten, die der Deckung des Versicherungsbedarfs landwirtschaftlicher Betriebe dienen. – *2. Erscheinungsformen:* a) Landwirtschaftliche Feuerversicherung (→ Feuerversicherung): Versichert neben Schäden an Wohn- und Betriebsgebäudeeinrichtungen auch Schäden am Tierbestand, an Maschinen, Vorräten und Ernteerzeugnissen durch → Brand, → Blitzschlag, → Explosion und → Aufprall eines Luftfahrzeugs. Weiterhin sind Brandschäden an Räucher- und Trocknungsanlagen sowie Überspannungsschäden durch Blitzschlag versichert. Der Geltungsbereich der landwirtschaftlichen Feuerversicherung erstreckt sich bei Gebäuden auf den im Versicherungsvertrag genannten Versicherungsort, bei beweglichen Sachen, wie Tieren, Betriebseinrichtungen, Ernteerzeugnissen und Vorräten, dagegen auf das gesamte Gebiet der Bundesrepublik Deutschland. – b) Landwirtschafts- und Verkehrs-Rechtsschutzversicherung: Wird für landwirtschaftliche Betriebe als eine Vertragsart der → Rechtsschutzversicherung angeboten. Der Deckungsumfang umfasst alle Leistungsarten der Rechtsschutzversicherung einschl. der Grundstücks- und Mietrechtsschutz (z.b. bei Streitigkeiten aus Pachtverträgen). – c) Auswahl weiterer Versicherungen, die landwirtschaftliche Risiken abdecken: (1) → Betriebsunterbrechungsversicherung, (2) Ernteversicherung, (3) → Hagelversicherung, (4) → Tierversicherung, (5) Weintraubenversicherung.

Landwirtschafts-Rechtsschutz. *1. Begriff:* Vertragsart der → Rechtsschutzversicherung, die speziell auf die Bedürfnisse landwirtschaftlicher (Familien-)Betriebe zugeschnitten ist. Meist unter der Bezeichnung „Landwirtschafts- und Verkehrs-Rechtsschutz", wird eine Rechtsschutz-Kombination für Inhaber von land- oder forstwirtschaftlichen Betrieben für deren beruflichen und privaten Bereich angeboten. – *2. Merkmale:* a) Versicherte Personen: Neben dem Versicherungsnehmer sind sein ehelicher bzw. eingetragener oder – unter weiteren Voraussetzungen, z.B. namentlicher Nennung – sonstiger Lebenspartner versichert, deren minderjährige Kinder sowie die volljährigen Kinder, i.d.R. soweit diese unverheiratet sind, nicht in einer eingetragenen Lebenspartnerschaft leben und längstens bis zu dem Zeitpunkt, an dem sie erstmalig eine auf Dauer angelegte berufliche Tätigkeit ausüben und hierfür ein leistungsbezogenes Entgelt erhalten. Mitversichert sind üblicherweise auch namentlich benannte, im Betrieb des Versicherungsnehmers tätige und dort wohnhafte Mitinhaber, Hoferben und Altenteiler sowie jeweils deren Lebenspartner und minderjährige Kinder. Die im Betrieb des Versicherungsnehmers beschäftigten Personen sind in Ausübung ihrer Tätigkeit für den Betrieb ebenfalls versichert. – b) Versicherungsumfang: Im L. sind Rechtsschutzfälle versichert, die in Zusammenhang mit der Ausübung der land- oder forstwirtschaftlichen Tätigkeit oder nichtselbstständiger beruflicher Tätigkeiten der versicherten Personen stehen. Mit Ausnahme der im Betrieb des Versicherungsnehmers beschäftigten Personen sind die Versicherten auch im privaten Bereich geschützt. Der Versicherungsschutz erstreckt sich auf den Rechtsschutz als Eigentümer, (Ver-)Mieter, (Ver-)Pächter oder Nutzungsberechtigter landwirtschaftlich genutzter Grundstücke sowie auf den Verkehrsbereich; hier sind alle land- oder forstwirtschaftlichen Fahrzeuge sowie die Fahrzeuge (Pkw, Krafträder und Lkw bis 4 t) der im privaten Bereich versicherten Personen mit Ausnahme der Fahrzeuge der volljährigen Kinder des Versicherungsnehmers versichert. Der L. umfasst alle gängigen Leistungsarten der Rechtsschutzversicherung.

Langlebigkeit. *1. Begriff:* Bezeichnung im Rahmen der → Lebensversicherung und der → Lebensversicherungsmathematik für die Beobachtung, dass sich die durchschnittliche Lebenserwartung in der Bevölkerung seit Jahrzehnten erhöht. – *2. Merkmale:* In der Lebensversicherung geht das Kalkül grundsätzlich von der Annahme aus, dass sich in großen Kollektiven die individuellen Schwankungen der Lebenserwartung um einen „Mittelwert" ausgleichen. Dieser Risikoausgleich findet auch tatsächlich innerhalb relativ kurz bemessener Zeitperioden statt, jedoch verändert sich über längere Zeitstrecken der Mittelwert selbst. Dies hat zur Folge, dass die aus den Sterbehäufigkeiten bestimmter Altersklassen in der Vergangenheit abgeleiteten → Sterbewahrscheinlichkeiten nur ein unzureichender Schätzer für die Sterbewahrscheinlichkeiten der gleichen Altersklassen in ferner Zukunft sind. – *3. Modell:* Für die Kalkulation von Rentenversicherungen ist es notwendig, Sterbewahrscheinlichkeiten für Zeiträume zu schätzen, die 50 bis 80 Jahre in der Zukunft liegen. Diese Prognosen beruhen i.d.R. auf Analysen des Langlebigkeitstrends der Vergangenheit. Bei der Herleitung verschiedener → Sterbetafeln für Rentenversicherungstarife wurde dabei seit dem zweiten Weltkrieg regelmäßig unterstellt, dass sich der jeweils zuletzt, d.h. in den zurückliegenden zehn bis 20 Jahren, beobachtete Trend noch einige Jahre fortsetzt, danach jedoch wieder abschwächt und auf den seit etwa 170 Jahren beobachteten Langfristtrend zurückfällt. – *4. Ziele:* Die oben skizzierte Berücksichtigung der L. stellt einen Versuch dar, einerseits durch vorsichtige Kalkulation die finanzielle Stabilität von Rentenversicherungssystemen auch über Jahrzehnte zu sichern, anderseits aber für potenzielle Kunden abschreckende Prämienhöhen durch eine zu aggressive Projektion weiter zunehmender Lebenserwartungen zu vermeiden. – *5. Probleme:* In den letzten 50 Jahren haben sich die bei der Herleitung von Sterbetafeln für das Rentenversicherungsgeschäft unterstellten Trends bei der Entwicklung der L. mehrfach als unzureichend erwiesen. Die von der Mehrzahl der Lebensversicherer verwendeten Sterbetafeln, die erstmals in 1949/50 den beschriebenen Langlebigkeitstrend berücksichtigten, mussten 1987, 1994 und 2004 jeweils revidiert werden, mit der Folge, dass für bestehende Rentenversicherungsbestände in erheblichem Umfang zusätzliche → Deckungsrückstellungen zu bilden waren.

Latente RfB. → Rückstellungen für Beitragsrückerstattungen.

Latente Steuern. *1. Begriff:* Aktiv- und/oder Passivposten in der handelsrechtlichen → Bilanz, der künftige Steuerforderungen oder -verbindlichkeiten ausweist. – *2. Merkmale:* Der in der handelsrechtlichen → Gewinn- und Verlustrechnung (GuV) ausgewiesene Steueraufwand und der tatsächliche Steueraufwand müssen nicht übereinstimmen, da beide Größen auf unterschiedlichen Grundlagen (steuerrechtlicher → Jahresabschluss, handelsrechtlicher Jahresabschluss) basieren. Gleicht sich der Unterschied in den folgenden Geschäftsjahren voraussichtlich aus, so müssen bzw. dürfen L. gebildet werden (§ 274 HGB). a) Aktive L.: Der Gewinn in der Steuerbilanz ist höher als der Gewinn in der Handelsbilanz; somit fällt auch die Steuerbelastung gegenüber der handelsrechtlichen Ermittlung höher aus. Es kann ein aktiver → Rechungsabgrenzungsposten (RAP) gebildet werden (Ansatzwahlrecht für aktive L.). – b) Passive L.: Der Gewinn in der Steuerbilanz ist niedriger als der Gewinn in der Handelsbilanz; somit fällt auch die Steuerbelastung gegenüber der handelsrechtlichen Ermittlung geringer aus. Es muss eine → Rückstellung gebildet werden (Ansatzpflicht für passive L.). – *3. Ziel:* Periodengerechte Erfolgsermittlung im handelsrechtlichen Jahresabschluss und korrekter Ausweis der Vermögenslage. – *4. Gesetzliche Grundlagen:* § 274 HGB und DRS 10, der den Ansatz von L. in der Konzernbilanz regelt. – *5. Aktuelle Entwicklungen:* Im Rahmen des → Bilanzrechtsmodernisierungsgesetzes (BilMoG) wurde § 274 HGB neu gefasst. Danach ist künftig nicht mehr die Differenz zwischen dem steuerrechtlichen Gewinn und dem handelsrechtlichen Jahresüberschuss Grundlage für die Berechnung der Steuerlatenz, sondern maßgeblich sind die unterschiedlichen Wertansätze in Handelsbilanz und Steuerbilanz auf Postenebene. Die Verrechnung von aktiven und passiven L. bleibt zulässig.

Laufende Aufsicht. *1. Begriff:* → Versicherungsaufsicht während des laufenden Geschäftsbetriebs. Hat ein Versicherer die → Erlaubnis zum Geschäftsbetrieb erhalten, beginnt die Hauptaufgabe für die → Aufsichtsbehörde: Sie hat dafür zu sorgen, dass durch Überwachung des gesamten Geschäftsbetriebs die → Aufsichtsziele nach der Zulassung und während des laufenden Geschäftsbetriebs eingehalten werden (§ 81 VAG). Sie hat ferner dafür Sorge zu tragen, dass Unternehmen, die rechtswidrig ohne die erforderliche Erlaubnis Versicherungsgeschäfte betreiben, ihre Tätigkeit sofort einstellen; dies kann die Aufsichtsbehörde nach § 81f VAG anordnen und mit Zwangsmitteln durchsetzen, notfalls muss sie Strafanzeige wegen Vorliegens des Tatbestands des § 140 VAG stellen. – *2. Durchführung der L.:* Der Aufsichtsbehörde steht zur Wahrnehmung ihrer Aufgaben eine Vielzahl von Informations- und Eingriffsmitteln zur Verfügung. Siehe dazu → Aufsichtsmittel.

Laufende Beiträge. → Beiträge, die während der Laufzeit des Versicherungsvertrags periodisch wiederkehrend in jeweils gleicher Höhe zu entrichten sind. Abzugrenzen von → Einmalbeiträgen.

Laufende Durchschnittsverzinsung. Relation zwischen den saldierten (ordentlichen) → laufenden Erträgen und Aufwendungen einer → Kapitalanlage einerseits und dem durchschnittlichen Kapitalanlagebestand in einem Jahr andererseits. Formel: siehe nächste Seite. Da die Aufwendungen z.B. auch ordentliche Abschreibungen auf Gebäude beinhalten, ist die Kennzahl in erheblichem Maß von der Zusammensetzung des Kapitalanlagenbestands abhängig. Die L. liegt i.d.R. unter der ausgewiesenen → Nettoverzinsung.

$$\frac{\textit{lfd. Erträge aus Kapitalanlagen}_{Gj} - \textit{lfd. Aufwendungen für Kapitalanlagen}_{Gj}}{(\textit{Kapitalanlagebestand}_{Vj} + \textit{Kapitalanlagebestand}_{Gj}) \times 0{,}5}$$

Laufender Ertrag. Begriff aus dem Kapitalanlagegeschäft. Gemeint ist damit nach handelsrechtlicher Abgrenzung in der Gewinn- und Verlustrechnung von Versicherungsunternehmen der laufende bzw. ordentliche Ertrag aus den → Kapitalanlagen. Im Wesentlichen handelt es sich dabei um die Zins- und Dividendenerträge sowie die Erträge aus Mieten und Pachten. Siehe dazu auch die → laufende Durchschnittsverzinsung. Die L. sind von den außerordentlichen Erträgen abzugrenzen. Außerordentliche Erträge sind z.B. Gewinne aus dem Abgang von Kapitalanlagen (Vermögensgegenstände), Zuschreibungen oder Bezugsrechtserlöse.

Laufender Überschussanteil. In der → Lebensversicherung die → Überschussbeteiligung der Versicherungsnehmer, die einmal jährlich zu einem vertraglich festgelegten Zeitpunkt zugewiesen wird. Abzugrenzen vom → Schlussüberschussanteil. Der zugewiesene L. wird im Rahmen der → Überschussverwendung verzinslich angesammelt oder zur Leistungserhöhung verwendet. Die bereits zugeteilten L. sind für die Restlaufzeit des Vertrags garantiert und partizipieren selbst auch an der Überschussbeteiligung.

Laufende Versicherung, *offene Police.* – *1. Begriff:* Form der → Schadenversicherung, bei der die versicherten Risiken zum Zeitpunkt des Vertragsabschlusses zunächst nur der Gattung nach bezeichnet, erst später gibt der Versicherungsnehmer dem Versicherungsunternehmen die konkreten Risiken auf. Siehe auch → Deklaration. Ausprägung der → Transportversicherung. – *2. Merkmale:* Der Versicherungsnehmer ist verpflichtet, die versicherten Risiken einzeln oder zu bestimmten Terminen gesammelt an den Versicherer zu melden. Damit genießt er auch dann Versicherungsschutz, wenn ein Schaden schon vor der Anmeldung eingetreten ist. Zu besonderen Formen der L. siehe unter → Generalpolice und → Pauschalpolice.

Lawinen. Meist Bezeichnung für große Massen von Schnee oder Eis, die sich von Berghängen ablösen und zu Tal gleiten oder stürzen. Der Begriff L. wird auch im Zusammenhang mit abrutschenden Materialien, wie Gestein, Geröll oder Schlamm verwendet. L., die große Personen-, Sach- oder Umweltschäden verursachen, werden zu den Naturkatastrophen gezählt. Dachlawinen sind Schneelawinen im Kleinen. Siehe auch → Elementargefahrenversicherung.

Layer. *1. Begriff:* Deckungsabschnitt in einem nicht-proportionalen → Rückversicherungsprogramm, bei dem die → Haftstrecke zwischen der → Priorität des → Zedenten und dem Haftungslimit auf der Rückversicherungsseite in mehrere aufeinander folgende Teilabschnitte aufgeteilt ist. – *2. Merkmale:* Die einzelnen L. können bei verschiedenen (Rück-)Versicherern gedeckt sein

Lean Management. Optimale Kombination der Produktionsfaktoren zur Steigerung der Leistungsqualität und -quantität eines Unternehmens, aufbauend auf einer flachen Hierarchie mit hoher Entscheidungsverantwortung bei den Mitarbeitern. Durch → Benchmarking, → Six-Sigma und darauf basierender kontinuierlicher → Prozessoptimierung wird versucht, stetige Verbesserungen der Effektivität und Effizienz des Faktoreinsatzes zu erreichen.

Lebendgeborene. In Deutschland wird von L. gesprochen, wenn bei einem Neugeborenen nach der Trennung vom Mutterleib entweder das Herz geschlagen oder die Nabelschnur pulsiert oder die natürliche Lungenatmung eingesetzt hat.

Lebensarbeitszeit. *1. Begriff:* Der Begriff L. hat eine doppelte Bedeutung. Zum einen kennzeichnet er als Altersgrenze den Übergang aus dem Arbeitsleben in den Ruhestand und beschreibt die lebenslang erbrachte Arbeitsleistung. Im Zusammenhang mit der Flexibilisierung der Arbeitszeit spielt die L. zum anderen unter dem Aspekt eines längerfristigen Arbeitszeitkontos eine Rolle. – *2. Ziele:* Mit Blick auf die Arbeitszeitflexibilisierung soll die L. auf der Unternehmensseite flexiblere Gestaltungsmöglichkeiten für den Personaleinsatz ermöglichen und eine bedarfsgerechtere Verwendung des „angesparten" Arbeitsstundenaufkommens auf der

Lebenserwartung

Mitarbeiterseite gewährleisten. – *3. Merkmale:* Der Mitarbeiter erhält die Möglichkeit einer Arbeitsleistung über die Regelarbeitszeit hinaus. Dabei fallen keine zusätzlichen Vergütungen für die geleistete Mehrarbeit an. Der Mitarbeiter ist auch nicht verpflichtet, die geleistete Mehrarbeit kurzfristig „abzufeiern". Vielmehr entsteht ein Arbeitszeitguthaben, das auf einem Lebensarbeitszeitkonto als Geldkonto geführt wird. Das angefallene Zeitguthaben wird an einem Stichtag (einmal jährlich) abgerechnet. Hierbei werden die Stunden über einen Stundensatz in Geld umgerechnet. Der Stundensatz ist vom aktuellen Gehalt abhängig. Vor Erreichen der Altersgrenze besteht die Möglichkeit der Rückrechnung in Arbeitszeit mit dem dann gültigen Stundensatz und einem vorzeitigen Übertritt in den Ruhestand. Eine zweite Möglichkeit ist die Auszahlung des Guthabens. In Betracht kommt auch eine flexiblere Verwendung der Zeitkonten z.B. für eine Verlängerung der Erziehungszeit oder ein Sabbatjahr. Darauf lassen sich jedoch bisher nur wenige Unternehmen ein.

Lebenserwartung. *1. Begriff:* Durchschnittliche Anzahl von Jahren, die ein Mensch oder eine Gruppe von Menschen (prognostische Gruppe) eines bestimmten Alters voraussichtlich leben wird. Die „L. bei der Geburt" (durchschnittliche L. Neugeborener) stellt ein anschauliches Maß für die durchschnittliche Lebensdauer von Personen dar, für die von Geburt an Mortalitätsverhältnisse der zugrunde liegenden → Sterbetafel gelten. Entsprechend steht der Begriff „fernere L." in einem bestimmten Alter x für die noch zu erwartende durchschnittliche Zahl an Lebensjahren. – *2. Merkmale:* Die Schätzung der L. beruht auf statistischen Ermittlungen, wird für jedes einzelne Lebensjahr angegeben und in sog. → Sterbetafeln festgehalten. Da sich die L. auf größere Personengruppen bezieht, sind Voraussagen für eine einzelne Person nicht zulässig. Genauere Rückschlüsse können dadurch erreicht werden, dass neben dem Alter und dem Geschlecht auch die jeweiligen gesundheitlichen Voraussetzungen berücksichtigt werden, die in den → Einschätzungsbüchern von Rückversicherern ermittelt werden. Aber auch in diesem Fall handelt es sich um eine Vorhersage für eine Personengruppe, bei der die individuelle Prognose deutlich abweichen kann.

Lebenslanger Versicherungsschutz. *1. Begriff:* Prinzip in der → privaten Krankenversicherung (PKV). Basiert auf der Tatsache, dass der Versicherer nicht das Recht hat, eine ordentliche Kündigung auszusprechen (§ 206 I VVG, § 14 I MB/KK 2009). Der private Krankenversicherungsschutz basiert auf einem privatrechtlichen Versicherungsvertrag, der i.d.R. einen L. im tariflichen Leistungsumfang einschl. der Teilhabe am → medizinischen Fortschritt sicherstellt. – *2. Ausnahmen:* Der L. im ursprünglich gewählten tariflichen Leistungsumfang besteht in der PKV nicht mehr, wenn durch den Versicherungsnehmer eine Vertragsverletzung vorliegt. Dazu gehört v.a. die Nichtzahlung der vereinbarten Beiträge. Der Versicherer kann in diesem Fall für den ursprünglich gewählten Tarif eine außerordentliche Kündigung aussprechen. Er muss allerdings einen Krankenversicherungsschutz im modifizierten → Standardtarif oder im → Basistarif gewährleisten. – *3. Versicherungsschutz in der → gesetzlichen Krankenversicherung (GKV):* Im Gegensatz zur PKV ist der L. in der GKV nicht gewährleistet. Der Versicherungsnehmer ist zu keiner Zeit während seiner gesetzlichen Versicherungsdauer vor gesetzlichen Eingriffen in den Leistungskatalog der GKV geschützt. Denn in der GKV besteht zwischen den → Krankenkassen und dem Versicherten kein privatrechtliches Vertragsverhältnis. Beispiele für Leistungskürzungen in der GKV sind u.a. der Ausschluss von Brillen und die Streichung des Sterbegelds.

Lebenslange Todesfallversicherung. → Risikolebensversicherung, die vertraglich bis zum Ableben der versicherten Person läuft.

Lebensphasenmodell. Element des → Kundenbeziehungsmanagement. Erklärt und nutzt die Erkenntnis, dass der Mensch verschiedene Lebensphasen durchläuft, die mit unterschiedlichen Versicherungsbedürfnissen verbunden sind. Zu Beginn der einzelnen Phasen stehen Ereignisse, die mit geeigneten → Marketinginstrumenten erkannt und begleitet werden können. Im Versicherungsbereich sind solche Ereignisse insbesondere Geburt, Schulbeginn, Ausbildung, Eintritt in die Berufstätigkeit, Volljährigkeit, Eheschließung, Familiengründung, Karrierepunkte, Immobilienerwerb, Erbschaft, Eintritt in den Ruhestand. Dazwischen liegen die Phasen des Vermögensaufbaus und der Vermögensnutzung. Die Lebensphasen können zusätzliche Zielgruppenkriterien im → Zielgruppenmarketing werden.

Lebensqualität, *engl. quality of life.* – *1. Begriff:* Ist die Zusammenfassung einer mehrdimensionalen Beschreibung von Lebensumständen und -inhalten, die je nach Sichtweise als erstrebenswert gelten. – *2. Merkmale:* Es gibt drei Sichtweisen: a) Gesellschaftliche L., als materieller Wohlstand und die Möglichkeit zur freien Entscheidung. – b) Medizinische L., als Kombination aus Lebensdauer und gesundheitlich bedingtem Zustand. Hohe L. hieße hier ein langes Leben ohne gesundheitliche oder körperliche Einschränkungen. – c) Individuelle L., als eine Summe von Elementen, die das subjektive Wohlbefinden ausmachen, wie gesicherte Lebensumstände, Abwesenheit von Krankheit und körperlichen Einschränkungen und Möglichkeit zur freien Entfaltung der persönlichen Veranlagungen.

Lebensversicherung. *1. Begriff:* Vertrag zwischen einem → Lebensversicherungsunternehmen und einem Versicherungsnehmer, bei dem sich das Lebensversicherungsunternehmen gegen Zahlung eines → Einmalbeitrags oder → laufender Beiträge verpflichtet, während der Vertragslaufzeit zu im Vorhinein festgelegten Zeitpunkten in Abhängigkeit vom Ableben oder Erleben einer → versicherten Person oder mehrerer versicherter Personen bestimmte Geldbeträge zu leisten. – *2. Weitere Merkmale:* In der klassischen L. sind sämtliche Leistungen der Vertragsparteien zu Beginn des Vertrags für die gesamte Laufzeit, die mehrere Jahrzehnte betragen kann, fest vereinbart (abzugrenzen z.B. von der → fondsgebundenen L., der → fondsgebundenen Rentenversicherung und/ oder → Hybridprodukten). Das Lebensversicherungsunternehmen kalkuliert auf der Basis gegebener → Sterbewahrscheinlichkeiten, eines Zinssatzes für die Kapitalanlagen der Gesellschaft (die aus den → Sparprämien der Versicherungsnehmer finanziert werden) sowie aus den erwarteten Betriebskosten die Versicherungsleistungen und die Beiträge (→ Prämienkalkulation). Es übernimmt damit das Risiko, aus den eingezahlten Beiträgen und den erwirtschafteten Kapitalanlageerträ-

gen die Leistungen erbringen und alle Betriebskosten decken zu können. Häufig wird der Begriff L. in Abgrenzung zur → Rentenversicherung nur für Vertragsformen verwendet, die eine Leistung im Todesfall oder bei Erleben des Vertragsendes vorsehen.

Lebensversicherungsmathematik. *1. Begriff:* Bezeichnung für den seit dem 18. Jahrhundert entwickelten Kalkül, der in der Lebensversicherungswirtschaft für die Kalkulation von Prämien und Reserven eingesetzt wird. – *2. Merkmale:* Wesentliche Elemente des Lebensversicherungskalküls sind neben den die Art und die Höhe der versicherten Leistungen beschreibenden Parametern a) die Ausscheideordnungen, in denen → Ausscheidewahrscheinlichkeiten tabelliert sind, dass einzelne Personen durch eine bestimmte Ursache wie Tod oder Invalidität aus einem Versichertenkollektiv ausscheiden, – b) der → Rechnungszins, der die Einschätzung des in Zukunft mindestens zu erzielenden Kapitalanlageerfolgs angibt, und – c) die Kostenparameter für Abschluss-, Verwaltungs- und Inkassokosten. – *3. Modell:* Mit Hilfe der Ausscheideordnungen und des Rechnungszinses werden → Barwerte der versicherten Leistungen (bzw. der kalkulierten Kosten) und der voraussichtlichen Prämieneinnahmen gebildet. Für die Prämienkalkulation wird dabei das sog. Äquivalenzprinzip zugrunde gelegt, wonach bei Vertragsabschluss die Barwerte der Versicherungsleistungen und Betriebskosten einerseits und der künftigen Prämieneinnahmen andererseits gleich sein müssen. Die Ausscheideordnungen werden mindestens nach Altersklassen, oft auch nach Geschlecht oder weiteren Merkmalen differenziert, der Rechnungszins wird als eine für die gesamte Zukunft konstante Größe angenommen. Die traditionelle L. führte komplexere Leistungs- (bzw. Kosten-) und Prämienbarwerte jeweils auf häufig wiederkehrende einfache Größen, sog. Kommutationswerte (→ Kommutationszahlen) zurück, wie etwa den Barwert einer über eine Zeitstrecke von n Jahren von einem x-jährigen alljährlich zu erbringende Zahlung von 1 Euro oder den Barwert einer während dieser Zeitdauer im Todesfall zu erbringenden Zahlung von 1 Euro. Diese Kommutationswerte wurden vor der Einführung der elektronischen Datenverarbeitung einmalig gerechnet und tabelliert, um mit Hilfe der Tabellen später auch komplexere Kalkulationen verhältnismäßig zügig durchführen zu können. – *4. Ziele:* Das traditionelle Lebensversicherungskalkül erlaubt mit vergleichsweise geringem Rechenaufwand die Ermittlung von Versicherungsprämien und Reserven und ermöglicht es daher, mit kontrollierten Sicherheitsmargen Geschäfte mit langfristigen Garantien zu betreiben. – *5. Probleme:* Mögliche Schwankungen der Ausscheidehäufigkeiten und der Kapitalmarktrendite werden in der traditionellen L. nicht explizit adressiert. Vielmehr wird versucht, den Schwankungen der Ausscheidehäufigkeiten und der Volatilität der Kapitalmarktentwicklung dadurch Rechnung zu tragen, dass die verwendeten Wahrscheinlichkeiten und der Kalkulationszins im Vergleich zu „best estimate"-Schätzern in einem je nach Anwendungsgebiet unterschiedlichen Maß zur sicheren Seite verschoben werden. Niedrige Zinsniveaus, volatilere Kapitalanlagen und aufsichtsrechtlicher Druck auf die Lebensversicherer, eine zeitnahe → Überschussbeteiligung zu praktizieren, haben seit etwa zehn Jahren die Unzulänglichkeiten der traditionellen L. aufgezeigt und diese mehr und mehr stochastischen Methoden geöffnet, wie etwa dem Konzept des → Market Consistent Embedded Value (MCEV). – *6. Ähnliche Begriffe:* Schadenversicherungsmathematik, Pensionsversicherungsmathematik, Krankenversicherungsmathematik.

Lebensversicherungsunternehmen. Versicherungsunternehmen, das die Zulassung zum Betrieb der Sparten 19-24 der Anlage A des → Versicherungsaufsichtsgesetzes (VAG) (u.a. → Lebensversicherung, → fondsgebundene Lebensversicherung, → Pensionsversicherung, → private Rentenversicherung) besitzt. In Deutschland dürfen Lebens- und (private) Rentenversicherungen aufgrund des Gebots der → Spartentrennung nur von L. angeboten werden, die ihrerseits auch nur die Produkte der in der o.a. Anlage angegebenen Sparten anbieten dürfen.

Lebenszyklushypothese. Auf Modigliani zurückgehende Hypothese der Glättung des Konsums über den Lebenszyklus. Das erwartete Lebenszykluseinkommen wird so aufgeteilt, dass ein relativ gleicher Konsum in jeder Periode erreicht werden kann. Die L. liefert eine Erklärung für die umgekehrte U-Form der Sparneigung über den Lebenszyklus. In jungen Jahren sowie im Alter verschulden sich Haushalte, um den Konsum anzuheben ("entsparen"), in der Mitte des Lebenszyklus, wenn das Einkommen am höchsten ist, erfolgt eine positive Ersparnisbildung.

Leerstehende Gebäude. Gebäude, die dauerhaft oder zeitweise, ganz oder teilweise nicht für ihren wohn- und/oder gewerbewirtschaftlichen Zweck genutzt werden. Der Leerstand bedeutet mangels der mit einer normalen Nutzung einhergehenden Wartungsaktivitäten der Nutzer eine erhöhte Schadengefahr in der Verbundenen Gebäudeversicherung und der gebündelten Geschäftsgebäudeversicherung.

Leibrente. *1. Begriff:* Wiederkehrende Zahlung, die davon abhängig ist, ob eine oder mehrere Person(en), die vorab festgelegten Fälligkeiten erlebt (erleben). – *2. Erscheinungsformen:* a) Eine lebenslängliche L. wird periodisch wiederkehrend gezahlt, solange die Person, auf die die Rente abgeschlossen wurde, lebt. – b) Aufgeschobene L. sehen die erste Zahlung nicht zum Zeitpunkt des Vertragsabschlusses vor, sondern erst zu einem in der Zukunft liegenden Termin. – c) Steigende L. sehen monoton steigende Zahlungen vor. – d) Temporäre L. werden abhängig vom Erleben einer Person geleistet, allerdings nur maximal bis zu einem vorab festgelegten Zeitpunkt. – e) L. mit garantierter Beitragsrückzahlung: Stirbt die Person, auf die die L. Bezug nimmt, vor einem festgelegten Zeitpunkt (i.d.R. der Rentenbeginn), werden alle bis zum Zeitpunkt des Todes erbrachten Beiträge für die L. zurückerstattet. – f) L. mit Rentengarantie: Unabhängig davon, ob die Person, auf die sich die L. bezieht, einen in der Zukunft liegenden Auszahlungstermin erlebt, werden sämtliche Leistungen bis zu diesem Zeitpunkt fällig.

Leichte Fahrlässigkeit. → Einfache Fahrlässigkeit.

Leistungen. *1. Begriff:* Nach den Regeln der betriebswirtschaftlichen Zweckmäßigkeit in Geld bewertete Entstehung von Gütern bzw. Produktionsfaktoren innerhalb einer Rechnungsperiode. Anknüpfend an die Definition der → Kosten sind die L. im Rahmen des üblichen Betriebsgeschehens (ordentlich) und des eigentlichen Unternehmenszwecks (sachzielbezogen) entstanden. –

2. *Klassifizierungen:* a) Innerbetriebliche L. sind Vorprodukte, die im Versicherungsunternehmen selbst erzeugt und im Produktionsprozess zur Herstellung der Marktleistungen wieder eingesetzt werden. Die innerbetrieblichen L. werden regelmäßig mit ihren → Herstellungskosten bewertet. – b) Marktleistungen sind die an externen Märkten abgesetzten Produkte. Sie werden regelmäßig mit ihren tatsächlichen → Erlösen, d.h. mit den Marktpreisen bewertet.

Leistungsanreize. → Incentives.

Leistungsbarwert. → Barwert einer in der Zukunft fälligen Leistung. Bei mehreren, in der Zukunft zu unterschiedlichen Zeitpunkten fälligen Leistungen wird unter dem L. aller Leistungen die Summe der L. verstanden. Sind die Leistungen der Höhe oder den Fälligkeitszeitpunkten nach unbestimmt und gibt es für die Höhe der Leistungen oder für die Fälligkeitszeitpunkte eine stochastische Verteilung, wird der mit dem Diskontierungsfaktor abgezinste Erwartungswert der Leistung als L. bezeichnet. Siehe auch → Leistungsendwert.

Leistungsendwert. → Endwert einer mit einem Zins über das Zeitintervall aufgezinsten heute fällig gestellten Leistung bzw. → Leistungsbarwert einer oder mehrerer während des Zeitintervalls fälligen Leistung(en), aufgezinst zum Ende des Zeitintervalls.

Leistungsfreiheit des Versicherungsunternehmens. *1. Begriff:* Befreiung des Versicherungsunternehmens von der grundsätzlich gegebenen Verpflichtung zur Leistung anlässlich eines Versicherungsfalls. Das neue → Versicherungsvertragsgesetz (VVG) gebraucht fast ausschließlich die Wendung: „Der Versicherer ist nicht zur Leistung verpflichtet... (§§ 26 I S. 1, II S. 1, 37 II S. 1, 38 II, 81 I, 82 II S. 1, 87 II S. 2, 97 I S. 2, 103 VVG; Ausnahme: § 117 I VVG). Dass es sich um synonyme Begriffe handelt, folgt aus § 28 II S. 1 VVG: „Bestimmt der Vertrag, dass der Versicherer bei Verletzung einer vom Versicherungsnehmer zu erfüllenden vertraglichen → Obliegenheit nicht zur Leistung verpflichtet ist, ist er leistungsfrei ...". Aus Sicht des Versicherungsnehmers handelt es sich um den Wegfall, d.h. den Verlust des sonst bestehenden Versicherungsanspruchs. – *2. Anwendungsbereiche:* a) → Obliegenheitsverletzung des Versicherungsnehmers (§§ 26, 28 II-IV, 82 III und IV, 97 I VVG. Bei vorvertraglicher Anzeigepflichtverletzung übernimmt der Rücktritt bereits die sonst angeordnete L. – b) → Prämienverzug (§§ 37 II, 38 II VVG). – c) Herbeiführung des Versicherungsfalls (§§ 81 I, 103 VVG). – *3. Abgrenzungen:* L. ist die Folge von schuldhaften, i.d.R. kausalen (nicht z.B. bei Arglist und Prämienverzug) Fehlverhaltensweisen des Versicherungsnehmers. Nicht dazu gehören objektive Risikoausschlüsse oder -begrenzungen, → Entschädigungsgrenzen, Begrenzungen des Versicherungsschutzes durch → Versicherungssummen bzw. Deckungssummen, → Selbstbeteiligungen: Eine → Leistungspflicht des Versicherungsunternehmens kommt bei deren Eingreifen überhaupt nicht in Betracht. Die Gegensätzlichkeit lässt § 117 VVG für den Bereich der Pflichthaftpflichtversicherung deutlich werden. Bei L. gegenüber dem Versicherungsnehmer bleibt die Verpflichtung des Versicherungsunternehmens in Ansehung des Dritten bestehen (Abs. 1). Dagegen kann das Versicherungsunternehmen Begrenzungen der von ihm übernommenen Gefahr auch gegenüber dem Dritten einwenden (Abs. 3). Diese Abgrenzung entspricht auch § 114 II VVG. Danach darf der → Versicherungsvertrag Inhalt und Umfang der → Pflichtversicherung näher bestimmen, wenn es sich jedoch um derartige objektive Begrenzungen handelt nur, soweit die Erreichung des jeweiligen Zwecks der Pflichtversicherung nicht gefährdet wird. – *4. Geltendmachung:* Die L. tritt nicht automatisch kraft Gesetzes ein. Das Versicherungsunternehmen muss sich auf sein Leistungsverweigerungsrecht berufen. – *5. Umfang:* Die L. kann den Versicherungsanspruch des Versicherungsnehmers vollständig oder nur teilweise erfassen. Teilweise L. beruht auf (nur) teilweiser Kausalität und/ oder der → Quotenregelung bei → grober Fahrlässigkeit. Bei Prämienverzug kommt nur vollständige L. in Betracht.

Leistungsführerschaft. → Marketingstrategie, bei der das Anbieterunternehmen mit betont guten Leistungen (Produkten), möglichst mit → Alleinstellungsmerkmalen, Marktanteile gewinnen oder verteidigen will. Unter Hinzurechnung der produktbegleiten-

Leistungspflicht des Versicherungsunternehmens 398

den Serviceleistungen (→ Kundendienst) teilweise auch als → Qualitätsführerschaft bezeichnet.

Leistungspflicht des Versicherungsunternehmens. *1. Begriff:* Pflicht zur vertragsgemäßen Leistungserbringung des Versicherungsunternehmens gegenüber dem Versicherungsnehmer bzw. den → Bezugsberechtigten. Als Hauptpflicht hat das Versicherungsunternehmen die → Versicherungsleistung zu erbringen. – *2. Details:* Streitig ist, was unter dieser Versicherungsleistung zu verstehen ist. Dabei stehen sich die Gefahrtragungs- und die Geldleistungstheorie gegenüber. Beide vermögen zur Erklärung des Rechtsprodukts Versicherung beizutragen. Nach der Gefahrtragungstheorie bildet die Gefahrübernahme (Risikotransfer) die Hauptleistung. Diese Leistung erbringt das Versicherungsunternehmen vor und auch ohne Eintritt eines Versicherungsfalls durch die Organisation der Gefahrengemeinschaft (versicherungstechnisch: → Risikoausgleich im Kollektiv und in der Zeit), die Bildung von → Rücklagen und → Rückstellungen zur Sicherung der dauernden Erfüllbarkeit der Versicherungsverträge, die Vermögensanlagen (→ Kapitalanlagen) und den Abschluss von Rückversicherungsverträgen (→ Rückversicherung). Die Gefahrtragung wandelt sich im → Versicherungsfall in eine einklagbare L., d.h. in die Entschädigungspflicht um (i.d.R. Geldleistung). Die Geldleistungstheorie sieht dagegen in der Gefahrtragung des Versicherungsunternehmens nur Vorbereitungshandlungen, nicht aber die Erfüllung einer Hauptpflicht gegenüber dem Versicherungsnehmer. Hauptleistung ist danach die durch den Eintritt des Versicherungsfalls bedingte Geldleistung. Die Leistung des Versicherungsunternehmens als Geschäftsbesorgung mit Treuhandcharakter zu erklären, findet im geltenden Recht keine Stütze. Die Prämie des Versicherungsnehmers ist danach nur teilweise Gegenleistung, und zwar für die Geschäftsbesorgungstätigkeit des Versicherungsunternehmens (Organisation der Gefahrengemeinschaft: Verwaltungskostenanteil), weitere Prämienanteile (→ Risikoprämie, → Sparprämie in Versicherungszweigen mit → Spargeschäften und → Entspargeschäften) sind dem Versicherungsunternehmen nur zu treuen Händen überlassen. Im Extremfall wären Nachschüsse der Versicherungsnehmer die Folge, wenn die Prämien die Schadenzahlungen nicht mehr decken, vorausgesetzt die L. bleibt in diesem Fall aufrecht erhalten. – *3. Ausprägungen der Leistungspflicht im Versicherungsfall:* a) Geldleistungen, weitestgehend z.B. in der → Personenversicherung, der → Sachversicherung und der → Ertragsausfallversicherung; – b) Sachleistungen, z.B. in der → Glasversicherung oder bei Übernahme der Reparatur bzw. Wiederbeschaffung durch das Versicherungsunternehmen; – c) Abwehr und Befreiung in der → Haftpflichtversicherung; – d) Dienstleistungen, z.B. in der → Assistance und der → Krankheitskostenversicherung (§ 193 III VVG). – *4. Nebenpflichten:* Übermittlung des → Versicherungsscheins (§ 3 I VVG), Rettungskostenersatz (§§ 83, 90 VVG), Verzinsung der Entschädigung in der Sachversicherung (§ 91 VVG).

Leistungsprüfung. *1. Begriff:* Formelle und materielle Prüfung der Leistungspflicht durch das Versicherungsunternehmen nach einer → Schadenmeldung durch den Versicherungsnehmer oder Anspruchsteller. In der → Personenversicherung sind in die L. häufig auch Ärzte einbezogen, wenn in einem strittigen Versicherungsfall medizinische Aspekte abzuklären sind. – *2. Beispiele:* In der Lebensversicherung gilt dies bspw. bei Selbstmord während der Karenzzeit, da im Falle des Ausschlusses der freien Willensbestimmung eine Leistung trotz der Selbstmordklausel fällig wird. In der Krankenvollversicherung wird die medizinische Notwendigkeit von Heilmaßnahmen beurteilt. In der Berufsunfähigkeitsversicherung wird die Kausalität einer Erkrankung auf die bei Antragstellung gemachten Angaben überprüft und die noch vorliegende Restleistungsfähigkeit bei einer Erkrankung eingeschätzt.

Leistungsrechnung. *1. Begriff:* Rechnung zur Erfassung der → Leistungen und zur Zuordnung auf bestimmte Bezugsgrößen. Als Bezugsgrößen kommen neben den Produkten bzw. Produktgruppen des Weiteren die Kunden bzw. Kundengruppen, Geschäftsgebiete und Vertriebskanäle in Betracht. Die L. ist ein wesentlicher Teil des → internen Rechnungswesens und – neben der → Kostenrechnung – Teil der → internen Erfolgsrechnung. – *2. Bestandteile:* Leistungsartenrechnung, Leistungsstellenrechnung und Leistungsträgerrechnung, die analog wie die Bestandteile der Kostenrechnung stufenweise aufgebaut sind. – *3. Ziele:* Die L. dient der Analyse und Kontrolle der Wirtschaftlichkeit der einzelnen Leistungen.

Leistungsverzug des Versicherungsunternehmens. *1. Begriff:* Verzug des Versicherungsunternehmens hinsichtlich seiner Leistungspflicht im → Versicherungsfall. Ein Verzug des Schuldners setzt Fälligkeit der Leistung, (danach) Mahnung des Gläubigers und Vertreten müssen (Verschulden) des Schuldners voraus (§§ 286 I, 280 I S. 2, 286 IV BGB). – *2. Einzelheiten:* Das → Versicherungsvertragsgesetz (VVG) enthält für den L. keine eigenständigen Regelungen – anders beim → Prämienverzug des Versicherungsnehmers; es gelten daher die allgemeinen Bestimmungen der §§ 280 I, II, 286, 288 BGB: a) → Fälligkeit der Leistungspflicht des Versicherungsunternehmens. – b) Mahnung: Der Versicherungsnehmer muss mahnen, da die → Leistungspflicht des Versicherungsunternehmens nach einem Versicherungsfall weder nach dem Kalender bestimmt noch berechenbar ist (Unanwendbarkeit von § 286 II Nr. 1 und 2 BGB). Eine Deckungsablehnung gegenüber dem Versicherungsnehmer führt nicht nur zur Fälligkeit, sondern auch zum L. (§ 286 II Nr. 3 BGB: Ernsthafte und endgültige Erfüllungsverweigerung). – c) Vertreten müssen: Mangelndes Verschulden (Beweislast: Versicherungsunternehmen) wird das Versicherungsunternehmen nur in Ausnahmefällen erfolgreich vorbringen können. Eine Deckungsablehnung und ein nachfolgender Rechtsstreit gehen auf Gefahr des Versicherungsunternehmens. Auf einen unverschuldeten Rechtsirrtum kann sich das Versicherungsunternehmen trotz sorgfältiger Prüfung und Beratung nur berufen, wenn es mit einem negativen Ausgang des Rechtsstreits nicht zu rechnen brauchte, z.B. bei äußerst schwierigen und umstrittenen Rechtsfragen (nicht im Fall der Auslegung des Repräsentantenbegriffs) oder unerwarteter Rechtsprechungsänderung. Das normale Prozessrisiko bei nicht ganz klarer Sach- und/ oder Rechtslage muss das Versicherungsunternehmen tragen. – *2. Verzugsfolgen:* Schadensersatzpflicht des Versicherungsunternehmens (§§ 280 I, II, 288 BGB). Verzugsschäden sind z.B. a) Rechtsverfolgungskosten, d.h. die Einschaltung eines Rechtsanwalts nach Verzugseintritt, – b) Nutzungs- und Mietausfall mangels Reparatur oder Wiederbeschaffung versicherter Sachen, – c) eine weitere Entwertung des Gebäudes, da die Schäden nicht behoben werden konnten. Geldschulden sind während des Verzugs zu verzinsen, und zwar mit 5 % über dem Basiszinssatz (§ 288 I S. 2 BGB), gegenüber Unternehmen als Versicherungsnehmer mit 8 % über dem Basiszinssatz (§§ 288 II, 247 BGB). Die Geltendmachung eines weiteren Schadens ist möglich (z.B. Zinsen für einen Bankkredit).

Leistungszusage. Form der Versorgung in der → betrieblichen Altersversorgung (bAV). Früher vorherrschend, heute seltener vereinbart. Bei der L. steht die dem Arbeitnehmer durch den Arbeitgeber zugesagte Leistung im → Versorgungsfall im Vordergrund, während bei der → beitragsorientierten Leistungszusage und der → Beitragszusage mit Mindestleistung ein Beitragsprimat gilt.

Leitbild, *Unternehmensleitbild.* – *1. Begriff:* Schriftlich fixiertes Aussagensystem über die → Corporate Identity eines Unternehmens. – *2. Ziele:* Das L. soll sowohl nach innen als auch nach außen das Selbstbild und Selbstverständnis des Unternehmens dokumentieren und hat deshalb unterschiedliche Funktionen: a) Orientierungsfunktion – es beschreibt die dem Unternehmen wichtigen Ziele, Normen und Werte; – b) Integrationsfunktion – es ist Ausdruck des Wir-Gefühls; – c) Entscheidungsfunktion – es bietet einen Rahmen für das Vorgehen, z.B. in Krisen; – d) Kommunikationsfunktion – es soll die Corporate Identity vermitteln und auch die Auseinandersetzung damit unterstützen; – e) Koordinierungsfunktion – es trifft Aussagen über die Zusammenarbeit mit bzw. den Umgang zwischen den Mitarbeitern, Führungskräften, Kunden und der Öffentlichkeit. – *3. Merkmale:* Das L. verbindet Selbstbild und Selbstverständnis, Unternehmensphilosophie und Unternehmensziele miteinander, indem es Antworten auf folgende Fragen gibt: Wer wollen wir sein? Für welche Werte stehen wir (ein)? Für wen arbeiten wir? An wen wenden wir uns? Wie arbeiten wir? Wie gehen wir miteinander um? Wie wollen wir gesehen werden? – *4. Probleme:* Das L. spiegelt nicht immer die gelebte → Unternehmenskultur wider. Dafür kommt es v.a. auf den Erstellungsprozess des L. an. Je mehr Mitarbeiter und Führungskräfte in die Erstellung des L. eingebunden sind, desto größer ist die Chance, dass das L. auch gelebt wird. Zusätzlich sollte sich das L. in der Systematik der → Personalentwicklung und in den → Führungsgrundsätzen eines Unternehmens wiederfinden.

Leitungswasser. *1. Begriff:* In der Gefahr L. werden Schäden am Rohrnetz, an Anlagen oder Einrichtungen eines → Gebäudes aufgrund von → Frost oder Bruch sowie in Folge davon durch → Nässe abgedeckt. – *2. Probleme:* Bei Leitungswasserschäden ist die Unterscheidung zwischen Sanierung und Versicherungsfall sehr schwierig. Seit Mitte der 1990er Jahre steigen die Schäden erheblich an, da die Leitungsnetze altern und korrodieren. Dieses → Änderungsrisiko war in der Konstruktion der → gleitenden Neuwertversicherung innerhalb der → verbundenen Wohngebäudeversicherung nicht berücksichtigt und führte zu erheblichen Verlusten. Im Falle von Frost kann es zusätzlich zu Kumulen kommen. – *3. Maßnahmen bzw. Instrumente:* In den Annahmerichtlinien wird der Zustand der Gebäude berücksichtigt und unbewohnte Gebäude werden nicht oder nur gegen einen Prämienzuschlag versichert. Eingeschränkte Angebote bei maroden Rohren (insbesondere → Ableitungsrohren außerhalb des Gebäudes) vermeiden sichere Schäden. Eine Beitragsstaffel nach Alter bzw. Baujahr des Gebäudes berücksichtigt die Risikosituation im Beitrag. Beitragsanpassungsklauseln ermöglichen es, auf Änderungen in der Risikosituation, z.B. auf eine steigende Schadenhäufigkeit, zu reagieren. Die Steuerung der Schadenbehebung über → Handwerkernetze eröffnet Optionen auf eine Reduzierung von Preissteigerungen, auf günstigere Reparaturmethoden und auf eine verbesserte Abgrenzung von Sanierung und Schadenfall.

Leitungswasserversicherung. Spezielle Sachversicherung gegen Schäden an Gebäuden oder → beweglichen Sachen durch bestimmungswidrig ausgetretenes → Leitungswasser sowie gegen Schäden an Zu- und Ableitungsrohren und an bestimmten Einrichtungen der sanitären Installation durch → Rohrbruch oder → Frost. Als eigenständiger Versicherungszweig findet die L. insbesondere bei landwirtschaftlichen und gewerblichen Risiken Verwendung. Darüber hinaus ist die Gefahr Leitungswasser auch im Rahmen der → verbundenen Hausratversicherung und der → verbundenen Wohngebäudeversicherung mit gedeckt. Industrielle Risiken können über die → Extended Coverage-Versicherung gegen die Gefahr Leitungswasser versichert werden.

Leitungswasserzone. Zusammenfassung von Gebieten, die ähnlich hohe Leitungswasserschäden aufweisen. L. werden als Tarifierungsmerkmale genutzt.

Letter of Credit (LOC), *Bankbürgschaft.* – *1. Begriff:* Die Bank ist auf Anforderung des Bürgschaftsempfängers zur Leistung an diesen bis zu der Höhe der im LOC genannten Summe verpflichtet. – *2. Beispiele:* In den USA ist dies eine übliche Form der Sicherheitsleistung im Rückversicherungsgeschäft.

Leverage-Effekt. *1. Begriff:* Hebelwirkung des → Fremdkapitals, nach der durch eine steigende Fremdkapitalfinanzierung die Eigenkapitalrentabilität steigt, wenn die Gesamtkapitalrentabilität größer als der Fremdkapitalzinssatz ist (Leverage-Chance). Ist allerdings die Gesamtkapitalrentabilität kleiner als der Fremdkapitalzinssatz, verursacht dies einen negativen L. (Leverage-Risiko) und die Eigenkapitalrentabilität sinkt mit einer steigenden Fremdkapitalfinanzierung. Der Effekt auf die Eigenkapitalrentabilität ist umso gravierender, je größer die Differenz zwischen Gesamtkapitalrentabilität und Fremdkapitalzinssatz und je höher der Verschuldungsgrad eines Unternehmens sind. Dabei steigt bzw. sinkt die Eigenkapitalrentabilität linear mit dem Anstieg des Verschuldungsgrads. – *2. Berechnung:* Es gilt:

$$r_{EK} = r_{GK} + (r_{GK} - r_{FK}) \cdot \frac{FK}{EK},$$

mit EK = Eigenkapital, FK = Fremdkapital, GK = Gesamtkapital, r_{EK} = Eigenkapitalrentabilität, r_{FK} = effektiver Zinssatz für aufgenommenes Fremdkapital und r_{GK} = Gesamtkapitalrentabilität.

Liability. → Schuld.

Lifestyle-Assistance. → Freizeitassistance.

Limit, *Begrenzung.* Mit der Vereinbarung von L. regeln der → Erst- und → Rückversicherer die unter einem Vertrag einzubringenden Maximalhaftungen bzw. die zulässigen Zeichnungsgrenzen des Erstversicherers, die im Rückversicherungsschutz noch als gedeckt gelten. Siehe auch → Zessionslimit.

Liquidationsversicherung. Im Rahmen der → betrieblichen Altersversorgung (bAV) hat der Arbeitgeber bei Einstellung der Betriebstätigkeit und Liquidation des Unternehmens nach § 4 IV BetrAVG die Möglichkeit, ohne Zustimmung des Arbeitnehmers eine L. abzuschließen. Dabei werden die Versorgungsverpflichtungen auf ein Lebensversicherungsunternehmen schuldbefreiend und gem. § 3 Nr. 65 S. 2 EStG steuerfrei übertragen, wenn sichergestellt ist, dass die Überschussanteile ab Rentenbeginn ausschließlich zur Leistungserhöhung verwendet werden.

Liquidation von Versicherungsunternehmen. *1. Begriff:* Untersagung des Geschäftsbetriebs (siehe → Aufsichtsmittel), Widerrufung der → Erlaubnis zum Geschäftsbetrieb oder freiwillige Einstellung des Geschäftsbetriebs. – *2. Hintergründe:* Im Falle der L. können die Interessen der Versicherungsnehmer in besonderem Maße gefährdet sein. Konsequenterweise hat der Gesetzgeber daher entschieden, dass sich die Aufsicht auch auf das Liquidationsunternehmen und die Abwicklung der bestehenden Versicherungsverträge bezieht. Die → Versicherungsaufsicht endet also erst, wenn der letzte Vertrag abgewickelt ist (§ 86 VAG). – *3. Abgrenzung:* Die einfache L. ist vom → Insolvenzverfahren zu unterscheiden, die im europäischen Jargon häufig Zwangsliquidation genannt wird und auch Gegenstand der europäischen Liquidationsrichtlinie von 2001 ist.

Liquidität. *1. Begriff:* Es gibt zwei Liquiditätsbegriffe in der Betriebswirtschaftslehre: Erstens L. im Sinne einer Eigenschaft von Vermögenswerten, die auf deren Geldnähe abstellt. Zweitens L. im Sinne einer Eigenschaft von Unternehmen, die die Fähigkeit und Bereitschaft bezeichnet, den bestehenden Zahlungsverpflichtungen termingerecht und betragsgenau nachzukommen. – *2. L. von Kapitalanlagen:* § 54 I VAG (Anlagegrundsatz) bezieht sich auf die ständige Zahlungsbereitschaft von Versicherungsunternehmen und soll sicherstellen, das diese ihren Verpflichtungen aus den Versicherungsverträgen jederzeit uneingeschränkt nachkommen können.

Liquiditätsrisiko. Risiko, dass eine → Kapitalanlage zu einem unbestimmten Zeitpunkt nicht oder nur mit erheblichen Wertabschlägen veräußerbar ist. Besteht bei einer Kapitalanlage ein L., sollte dieses bei Erwerb bewertet und mit einem entsprechenden Illiquiditätsaufschlag abgegolten werden. Das L. wird in der Praxis häufig unterschätzt und damit unterbewertet, da eine eingeschränkte Liquidität bei vielen Kapitalanlagen erst in Marktkrisen sichtbar wird.

Lizenzverlustversicherung. Versicherung, die dazu dient, Luftfahrern, die wegen Lizenzverlusts aus dem aktiven Dienst bei einem Luftfahrtunternehmen ausscheiden, den Übergang zu einer anderen Beschäftigung durch eine Kapitalzahlung zu erleichtern bzw. den Zeitraum bis zur Pensionierung zu überbrücken. Versicherungsnehmer sind v.a. Luftfahrtunternehmen, die damit tarifvertragliche Verpflichtungen absichern.

Lloyd's of London. *1. Begriff:* Versicherungsmarkt mit Einzelversicherern (members). Die Zeichnung des Geschäfts erfolgt nicht durch die Einzelversicherer, sondern durch professionelle Underwriter, die in Syndikaten zusammengefasst sind. Vermittelt wird das Geschäft durch zugelassene Versicherungsmakler, die Lloyd's broker. – *2. (Aufsichts-)Rechtliche Verhältnisse von L. auf dem deutschen Markt:* Auch die Lloyd's Einzelversicherer genießen → Niederlassungsfreiheit und → Dienstleistungsfreiheit in Europa. Da L. keine Rechtspersönlichkeit, sondern einen Markt darstellt, bedurfte es besonderer Regeln auch im deutschen Recht. Nach § 110b VAG dürfen die Einzelversicherer die Geschäftstätigkeit nur ausüben, wenn L. darauf verzichtet, Rechte daraus herzuleiten, dass die Zwangsvollstreckung auch in Vermögenswerte von Einzelversicherern erfolgt, gegen der der Titel nicht wirkt. Ansprüche aus dem im Inland über eine → Niederlassung der Einzelversicherer betriebenen Versicherungsgeschäft können nur durch und gegen den Hauptbevollmächtigten geltend gemacht werden. Ein so erworbener Titel wirkt für und gegen die an dem Versicherungsgeschäft beteiligten Einzelversicherer. Aus einem gegen den Hauptbevollmächtigten erzielten Titel kann in die von ihm verwalteten, im Inland belegenen Vermögensgegenstände aller Einzelversicherer vollstreckt werden.

Loading. → Adjustierung.

Loans and Receivables, *Kredite und Forderungen.* – *1. Begriff:* Bilanzierungs- und Bewertungskategorie für → Finanzinstrumente nach IAS 39 (→ IAS/ → IFRS). – *2. Merkmale:* Unter L. werden nichtderivative finanzielle Vermögenswerte mit festen oder bestimmbaren Zahlungsströmen aktiviert, die nicht an einem aktiven Markt gehandelt werden. Die Bilanzierung der L. erfolgt zu fortgeführten Anschaffungskosten. Wertminderungen werden erst bei deren Realisation oder falls sie dauerhaften Charakter haben (→ Impairmenttest) über außerplanmäßige Abschreibungen erfolgswirksam in der → Gewinn- und Verlustrechnung (GuV) erfasst. – *3. Abgrenzungen:* Nach IAS 39 werden Finanzinstrumente in die Kategorien → At Fair Value through Profit or Loss, → Held to Maturity, L. und → Available for Sale eingeordnet. – *4. Anwendung auf Versicherungsunternehmen:* Entsprechend der Aufteilung von → Kapitalanlagen nach der → Verordnung über die Rechnungslegung von Versicherungsunternehmen (RechVersV) kann die Kategorie L. auf „Darlehen und Vorauszahlungen auf Versicherungsscheine" angewendet werden.

LOC. Abk. für → Letter of Credit.

Lognormalverteilung. Eine positive Zufallsvariable X besitzt die L. mit den Parametern $\mu \in \mathbb{R}$ und $\sigma^2 \in (0, \infty)$, wenn die Zufallsvariable $\log(X)$ die → Normalverteilung mit den Parametern μ und σ^2 besitzt. In diesem Fall hat X den → Erwartungswert $E[X] = \exp(\mu + \sigma^2/2)$ und die → Varianz $\text{var}[X] = \exp(2\mu + \sigma^2)(\exp(\sigma^2) - 1)$.

Lohnfortzahlung. → Entgeltfortzahlung im Krankheitsfall.

London Market Principles. Zusammenstellung von Empfehlungen des Londoner Markts mit dem Ziel der Stärkung des Standorts durch die Vereinheitlichung und Vereinfachung der Vertragsvereinbarungen, der Deckungsnoten und der Schadenzahlungen.

Longtail-Geschäft. *1. Begriff:* Sparten und Zweige des Erstversicherungsgeschäfts, die eine mittel- bis langfristige Schadenregulierungsdauer aufweisen. – *2. Merkmale:* In den meisten Fällen ist damit das allgemeine Haftpflicht- und Kfz-Haftpflichtgeschäft gemeint. Wegen des teilweise vertraglich vereinbarten Deckungszeitraums im Erstversicherungsverhältnis werden hierzu auch noch weitere Zweige gezählt, z.B. die Kredit- und Kautionsversicherung, die technischen Versicherungen und die Versicherung von politischen Risiken. – *3. Abgrenzung:* → Shorttail-Geschäft.

Löschhilfe. Schadenverhütende oder schadenmindernde Tätigkeit bei Bränden (→ Brand), zumeist durch die Feuerwehr. Kosten aufgrund von L. stellen in bestimmtem Umfang → Rettungskosten dar.

Lösegeldversicherung. *1. Begriff:* Versicherung von Lösegeldzahlungen im Entführungsfall. Die L. ersetzt zudem weitere Kosten, die i.V.m. einer Entführung entstehen. Beispielhaft seien hier Kosten für Unterhändler und Dolmetscher, Honorare für Ärzte und Psychologen sowie Entschädigungen für Unfallfolgen genannt. – *2. Historie:* In Deutschland war die L. bis 1998 aufsichtsrechtlich verboten, da durch sie die Begehung strafbarer Handlungen gefördert werden kann, wenn ein Täter weiß oder zumindest vermutet, dass das Opfer einen dem Täterinteresse entsprechenden Versicherungsschutz genießt. Seit 1998 erlaubt die Aufsicht unter strengen Auflagen einen Verkauf der L. in Deutschland. – *3. Auflagen:* a) Für die L. darf keine Werbung betrieben werden. – b) Die L. darf nicht mit anderen Versicherungszweigen gebündelt oder kombiniert werden. – c) Die Versicherungsdauer darf ein Jahr nicht überschreiten. – d) Die Versicherungssumme muss dem wirtschaftlichen Verhältnis des Versicherungsnehmers entsprechen. – e) Der Versicherungsnehmer und das Versicherungsunternehmen müssen eine Präventivberatung durch ein Sicherheitsunternehmen erhalten. – f) Der Versicherungsnehmer darf höchstens drei Personen über den Versicherungsvertrag unterrichten. Diese Personen sind dem Versicherungsunternehmen namentlich zu benennen und zur

Verschwiegenheit verpflichtet. – g) Die Vertragsverwaltung und die Schadenbearbeitung müssen in einer zentralen Stelle bzw. Abteilung erfolgen, die direkt dem Vorstand unterstellt ist. – h) Der Versicherungsnehmer sowie das Versicherungsunternehmen müssen einen möglichen Versicherungsfall der Polizei melden und unterstützend bei der Strafverfolgung mitwirken.

Loss Adjuster, *Claims Adjuster.* Ein L. ist i.d.R. als dienstleistender Schadenregulierer im Namen eines Versicherungsunternehmens tätig. Hierbei übernimmt er definierte Aufgaben der Schadenbearbeitung, insbesondere die Ermittlung der Schadenhöhe. Seine Tätigkeit ist eine Mischung aus innendienstlicher und außendienstlicher Aufgabenerfüllung, wie sie ansonsten durch → Außenregulierer der Versicherungsunternehmen wahrgenommen werden. Die Einschaltung von Loss Adjustern ist in Großbritannien, Irland und den USA deutlich weiter verbreitet als in den kontinentaleuropäischen Ländern.

Loss-Development-Verfahren. → Schadenreservierung.

Loss Portfolio Transfer (LPT), *Schadenportefeuilletransfer, Schadenreservetransfer.* – *1. Begriff:* → Retrospektive Deckungsform (Retrospektives-Aggregate-Konzept) zum Schutz vor Abwicklungsrisiken von Schadenportefeuilles. Im Rahmen einer mehrjährigen Quoten- oder Gesamtschadenexzedenten-Rückversicherungsvereinbarung werden vertraglich spezifizierte Schadenreserven (zukünftige Verpflichtungen des Erstversicherers aus bereits eingetretenen und gemeldeten Schäden) eines Versicherungsportefeuilles an einen Rückversicherer zediert. Üblicherweise übersteigt das Limit den erwarteten Schadenendstand, wodurch ein Element eines → Adverse Development Cover gegeben ist. – *2. Methodik:* Die Rückversicherungsprämie errechnet sich im Wesentlichen aus dem Barwert der erwarteten zukünftigen Schadenzahlungen für in der Vergangenheit eingetretene Schadenfälle, zuzüglich eines Zuschlags für Gewinn und Verwaltungskosten. Gegebenenfalls sind auch die Schadenabwicklungskosten mitgedeckt. Anwendung v.a. in Versicherungszweigen mit langer Abwicklungsdauer (Longtail), wie z.B. der Haftpflichtversicherung, da hier besondere Abzinsungseffekte zum Tragen kommen. – *3. Ziele:* a) Ergebnissicherheit durch Zession von künftigen Verpflichtungen und langwierigen kostspieligen Abwicklungen noch nicht regulierter Schäden (inkl. Übernahme des Timing-Risikos), – b) Verbesserung der Bilanzkennzahlen, wie der kombinierten Schaden-Kosten-Quote, – c) Erhöhung der Zeichnungskapazität durch Freisetzung von Risikokapital infolge Reduzierung des Reserverisikos (Solvabilität), – d) Erleichterung von Akquisitionen und Fusionen durch höhere Planungssicherheit sowie beim Rückzug aus bestimmten Geschäftsfeldern, – e) Vorziehen von künftigen Zins- und Abwicklungserträgen. – *4. Darstellung im Modell:*

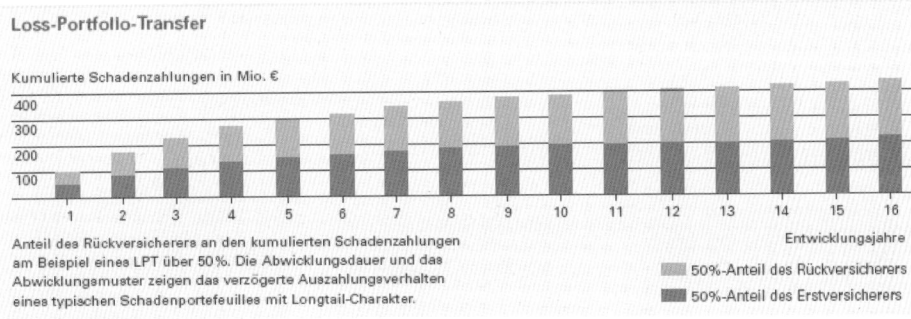

Quelle: Munich Re

Luftfahrtversicherung. *1. Begriff:* Versicherung der mit dem Betrieb von Luftfahrzeugen verbundenen Interessen. – *2. Einsatzfelder:* a) Linienfluggesellschaften, – b) Allgemeine Luftfahrt: sonstiger geschäftlicher -, privater - oder Sportverkehr, – c) die militärische Luftfahrt ist meist unversichert. – *3. Erscheinungsformen:* a) → Luftkaskoversicherung, – b) → Betriebsunterbrechungsversicherung, – c) → Haftpflichtversicherung des → Luftfahrzeughalters, – d) Haftpflichtversicherung des → Luftfrachtführers, – e) Combined Single Limit-Deckungen (CSL): kombinierte Versicherungen der unter b) und c) genannten Risiken, – f) Luftfahrt-Produkte-Haftpflichtversicherung, – g) Haftpflichtversicherungen von Flugplatzbetreibern, Luftsportvereinen, Veranstaltern, Fluglehrern, Einweisern, Fallschirmpackern usw., – h) → Insassenunfallversicherung, – i) Lizenzschutzversicherung. – *4. Großrisiken:* Die Luftkaskoversicherung sowie die Haftpflichtversicherungen der Luftfahrzeughalter und Luftfrachtführer gehören zu den Großrisiken i.S.d. § 210 VVG.

Luftfahrzeughalter. *1. Begriff:* L. ist, wer ein Luftfahrzeug für eigene Rechnung in Gebrauch hat und die Verfügungsgewalt über seinen Einsatz besitzt; neben dem Eigentümer kann dies auch ein Charterer sein, der ein Luftfahrzeug für längere Zeit übernimmt. – *2. Haftung:* a) Für Passagiere, Gepäck und Frachtgut, die aufgrund eines Beförderungsvertrags transportiert werden, gelten die Haftungsregeln für → Luftfrachtführer. – b) Für Schäden, die Dritten außerhalb des Luftfahrzeugs entstehen, gilt das Recht des jeweiligen Landes, in dem der Schadenfall eingetreten ist. Nach deutschem Recht (§§ 33-43 LuftVG) haftet der L. auch ohne Verschulden für Personen- und Sachschäden, die beim Betrieb des Luftfahrzeugs durch Unfall entstehen. Die Haftungshöhe ist nach dem zulässigen Abfluggewicht des Flugzeugs gestaffelt und beträgt pro Unfall bis zu 600 Mio. Sonderziehungerechte (SZR). Pro Person ist sie auf 600.000 Euro begrenzt. Dadurch werden andere Haftungsregeln (z.B. unbegrenzte Haftung bei Schäden durch → Vorsatz oder → grobe Fahrlässigkeit, § 823 BGB) nicht außer Kraft gesetzt. – *3. Versicherungspflicht:* Für in Deutschland registrierte Luftfahrzeuge besteht → Versicherungspflicht (i.S.e. Pflicht zum Abschluss einer → Haftpflichtversicherung) nach § 2 LuftVG und § 102 LuftVZO. Die Deckungssumme entspricht der o.g. Haftungsgrenze; für Luftfahrzeuge ohne Motor und Flugmodelle ist sie auf 40.000 SZR pro Schadenereignis reduziert. Im Hinblick auf die unbegrenzte Verschuldenshaftung und unterschiedliche Rechtssysteme im Ausland werden oft höhere Deckungssummen vereinbart. Die Haftungrisiken als L. und als Luftfrachtführer können gemeinsam in einer sog. CSL-Deckung versichert werden.

Luftfrachtführer. *1. Begriff:* L. ist, wer sich durch Vertrag im eigenen Namen verpflichtet, Personen, Gepäck oder Güter auf dem Luftweg zu befördern. Auf eine gewerbsmäßige Ausführung kommt es dabei nicht an. – *2. Haftung:* a) Innerdeutsche Flüge: Der L. haftet für Personen- und Reisegepäckschäden sowie für verspätete Personenbeförderung nach dem Luftverkehrsgesetz (§§ 44-51); für Schäden an Gütern haftet der L. wie ein → Frachtführer. Die Regelungen des Luftverkehrsgesetzes entsprechen weitgehend denen des → Montrealer Übereinkommens. – b) Internationale Flüge: Je nach Abgangs- und Bestimmungsort kommen das Montrealer Übereinkommen oder seine Vorgänger zur Anwendung. – *3. Versicherungspflicht:* Eine → Versicherungspflicht für die Haftung des L. wurde in Deutschland erst 2005 eingeführt (§ 50 LuftVG). Die Mindestdeckungssummen betragen pro Fluggast für Personenschäden 250.000 Sonderziehungsrechte (SZR), für Verspätung 4.150 SZR und für Schäden am Reisegepäck 1.000 SZR. Eine Versicherungspflicht für Güterschäden besteht nicht. Die Haftungsrisiken als L. und als → Luftfahrzeughalter können gemeinsam in einer sog. CSL-Deckung versichert werden.

Luftkaskoversicherung. Erscheinungsform der → Luftfahrtversicherung. Versicherung des Luftfahrzeugs gegen Verlust und Beschädigung, meist als → Allgefahrenversicherung, in der Luft, am Boden und während des Transports. Krieg (→ Kriegsklausel) und Terrorismus (→ Terror) sind meist ausgeschlossen, können aber separat versichert werden. Es ist möglich, die Deckung auf das Bodenrisiko und auf Einzelgefahren zu beschränken.

M

Makler. → Versicherungsmakler.

Maklerpool. *1. Begriff:* Zusammenschluss von → Versicherungsmaklern zur Stärkung ihrer Marktposition gegenüber den Versicherern und zur Ausgliederung und Zentralisierung von Funktionen unter gemeinsamer Nutzung von Ressourcen. – *2. Merkmale:* Das Management des M. verhandelt bzgl. der Konditionen von Versicherungsprodukten direkt mit den Versicherungsunternehmen. Daraus ergeben sich – aufgrund großer Volumina – „Einkaufsvorteile", die die Makler an Ihre Kunden weitergeben oder als Rendite abschöpfen können. – *3. Weitere Funktionen:* Der M. kann für seine Mitglieder zudem weitere Funktionen wahrnehmen, wie z.B. die Abrechnung der → Courtagen, die Bereitstellung von Softwarelösungen, die Vertragsverwaltung, und er kann z.b. auch Produktschulungen anbieten. Ein M. wird i.d.R. in der Rechtsform einer → Aktiengesellschaft (AG) oder einer Gesellschaft mit beschränkter Haftung (GmbH) geführt. In der Praxis gibt es sowohl Beteiligungen von → Vertriebsgesellschaften oder Versicherungsunternehmen an M., als auch hundertprozentige Tochterunternehmen. – *4. Finanzierung:* Die laufende Finanzierung des M. wird durch Courtageanteile der Makler oder durch direkte Zahlungen der Versicherer an den Pool gewährleistet.

Maklerverbände. *1. Begriff:* Vereinigungen von Gruppen unabhängiger → Versicherungsvermittler. – *2. Merkmale:* → Versicherungsmakler sind als unabhängige Versicherungsvermittler im Namen ihrer Kunden für die Produktauswahl aus einem umfangreichen Produktangebot unterschiedlicher Versicherungsunternehmen verantwortlich. Für ihre Vergütungssicherheit benötigen sie Courtagezusagen der verschiedenen Versicherungsunternehmen. Um einen Vorteil in der Administration bzw. als Einkaufsgemeinschaft zu erhalten, schließen sich Makler in M. zusammen. Gleichzeitig können die M. gegenüber den Versicherern und der Öffentlichkeit als Interessengemeinschaft auftreten.

Mallorca-Police. *1. Begriff:* Marktübliche Bezeichnung für eine Erweiterung der → Kfz-Haftpflichtversicherung. – *2. Anwendungsbereich:* Die M. kommt bei der Inanspruchnahme von Mietwagen im Ausland zum Tragen und bietet Versicherungsschutz über die niedrigeren Deckungssummen der Kfz-Haftpflichtversicherungen der jeweiligen Länder hinaus, insbesondere in südlichen Ländern (daher der Name). Diese Zusatzversicherung wird häufig beitragsfrei in die Kfz-Haftpflichtversicherung eingeschlossen. – *3. Ausblick:* Wegen europaweiter Angleichungen der Mindestdeckungen sinkt die Bedeutung der Mallorca-Police.

Managed Care. *1. Begriff:* Anwendung von Managementprinzipien auf die medizinische Versorgung mit dem Ziel, durch die Verknüpfung medizinischer und ökonomischer Verantwortung sowohl Qualität als auch Effizienz der Versorgung zu steigern. In den USA der 1990er Jahre entstandene Versorgungsform – *2. Maßnahmen und Instrumente:* a) Gegenüber den Versicherten: (1) Hausarzt als Gatekeeper, der den Zugang von Patienten zu weitergehenden Behandlungen (wie Diagnostik oder Überweisung zum Facharzt) steuert. (2) → Bonus-Malus-System, Nutzung finanzieller Anreize zur Verhaltensänderung. (3) → Case Management zur Effizienzsteigerung. (4) Disease-Management-Programme zur Verbesserung der Versorgung. – b) Gegenüber den Leistungserbringern: (1) selektive Kontrahierung von Krankenkassen mit Ärzten und Krankenhäusern. (2) Nutzung finanzieller Anreize zur Verhaltensänderung (→ Kopfpauschale). (3) Einholung von Zweitmeinungen. (4) Begutachtung von Behandlungsverläufen.

Management-Audit. *1. Begriff:* Interviewverfahren im Personalwesen zur Bestimmung von Management- und Führungsfähigkeiten. – *2. Merkmale:* Das Interview besteht meist aus einer Rückwärts- und einer Vorwärtsbetrachtung. In der Rückwärtsbetrachtung wird der Kandidat befragt, wo und wie er bisher Anforderungen erfüllt hat, die für seine momentanen oder zukünftigen Aufgaben benötigt werden. In der Vorwärtsbetrachtung wird gefragt, was der Kandidat unter bestimmten Anforderungen versteht und wie er diese bewältigen will. Grundlage der Interviewfragen bildet das → Funktions- und Anforderungsprofil der Stelle. M. werden meist durch externe Berater durchgeführt. Die Akzeptanz und Qualität der eingesetzten Verfahren hängen wesentlich von deren Qualifikation und Erfahrungen ab. – *3. Aktuelle Entwicklungen:* Inzwischen werden M. in fast allen Unternehmensbereichen von Zeit zu Zeit durchgeführt (z.B. interne Revision, Informationsmanagement, → Datenschutz, Kundenmanagement, → Qualitätsmanagement). M. erstrecken sich zunehmend auch auf Fragen der Umwelt, der Arbeitszufriedenheit und der Vereinbarkeit von Familie und Beruf.

Managementinformationssystem. Wichtigstes Instrument zur Informationsgewinnung, -speicherung, -verarbeitung und -weitergabe. Hauptinhalte des M. sind Informationen, die für die Unternehmensführung von Bedeutung sind. Zudem regelt das M. die Prozesse im Versicherungsunternehmen, die zur Bereitstellung der enthaltenen Informationen erforderlich sind. Im Wesentlichen werden mit dem M. Informationen über die Leistungserstellung und den damit verbundenen Verzehr an Produktionsfaktoren abgebildet (→ internes Rechnungswesen). Es werden aber auch Informationen über den Markt herangezogen, komprimiert und mittels verschiedener analytischer Methoden aufbereitet, so dass eine aussagekräftige und zur Planung sowie zur strategischen Ausrichtung geeignete Informationsgrundlage zur Verfügung steht.

Manifestationsprinzip, *Feststellungsprinzip.* – *1. Begriff:* Prinzip, das regelt, zu welchem Zeitpunkt der → Versicherungsfall als eingetreten gilt. Nach dem M. gilt der Versicherungsfall zu dem Zeitpunkt als eingetreten, zu dem ein Personen-, Sach- oder mitversicherter Vermögensschaden erstmalig von dem Geschädigten, einem sonstigen Dritten oder dem Versicherungsnehmer in nachprüfbarer Weise festgestellt wird. Versicherungsschutz besteht nur dann, wenn die Schadenfeststellung während der materiellen → Versicherungsdauer erfolgt. – Anders: → Claims made-Prinzip; → Ereignisprinzip; → Verstoßprinzip. – *2. Anwendungsgebiet:* Das M. wird in der → Umwelthaftpflichtversicherung eingesetzt.

Marburger Bund, *Verband der angestellten und beamteten Ärztinnen und Ärzte Deutschlands e.V.* – *1. Begriff:* Gewerkschaftlich organisierte gesundheits- und berufspolitische Interessenvertretung der angestellten und beamteten → Ärzte in Deutschland. – *2. Aufgaben:* Im Fokus des M. steht der Einsatz für bessere Arbeitsbedingungen sowie eine leistungsgerechte Vergütung in → Krankenhäusern. Zudem gehören die Karriereförderung bei Ärzten und der Einsatz für eine praxisnahe Ausbildung von Medizinern zu den Aufgaben des Marburger Bunds. – *3. Mitglieder:* Der M. umfasst rund 110.000 Mitglieder in Krankenhäusern, Universitätskliniken, Behörden und Einrichtungen der Sozialversicherung, in der Bundeswehr, im Zivildienst, in Betrieben der Pharmaindustrie, in Praxen niedergelassener Ärzte sowie Medizinstudentinnen bzw. -studenten. – *4. Struktur:* Die Mitglieder des M. organisieren sich in 14 Landesverbänden, die in einem Bundesverband – der die Arbeit der Landesverbände koordiniert, die Interessen der Mitglieder auf Bundesebene vertritt sowie bundesweite Informations-, Presse- und Öffentlichkeitsarbeit betreibt – zusammengeschlossen sind. Der jeweilige Landesverband betreut das einzelne Mitglied und vertritt dessen Interessen auf Landesebene. Das oberste Beschlussorgan des M. ist die Hauptversammlung, die sich aus Delegierten der Landesverbände zusammensetzt. Der Bundesvorstand, der durch die Hauptversammlung gewählt wird, führt mit der Hauptgeschäftsführung die Verbandsgeschäfte und vertritt den M. nach außen. Der Beirat, der sich aus dem Bundesvorstand sowie den Vorsitzenden und Geschäftsführern der Landesverbände zusammensetzt, berät den Vorstand. Zudem gibt es noch eine kleine und eine große Tarifkommission, die über die tariflichen Forderungen des M., den Abschluss und die Kündigung von Tarifverträgen sowie über entsprechende Durchsetzungsmaßnahmen entscheiden. Auf Bundesebene gibt es Arbeitskreise zu speziellen Themengebieten der Verbandsarbeit, die den Vorstand fachlich beraten. – *5. Historie:* Der M. wurde 1947 in Marburg durch junge Ärzte und Studierende der Medizin zum Zweck besserer Arbeitsbedingungen und wegen der Forderung nach einer leistungsgerechten Bezahlung gegründet. Noch heute bestimmen diese beiden Ziele den Leitgedanken des Verbands, der die größte Ärztevereinigung in Deutschland und Europa darstellt.

Marginalsummenverfahren. Verfahren zur Schätzung der Parameter in einem → multiplikativen Tarif.

Marke. *1. Begriff:* Beim Deutschen Patent- und Markenamt zum Schutz vor Nachahmungen Dritter eingetragenes Warenzeichen. Seit einigen Jahren ist auch eine Eintragung für Versicherungsmarken möglich. Näheres regelt das Markengesetz. – *2. Merkmale:* Als M. können alle Zeichen, insbesondere Wörter einschl. Namen, Abbildungen, Buchstaben, Zahlen und/ oder Hörzeichen geschützt werden, die geeignet sind, eigene Waren und Dienstleistungen von denen der Mitbewerber zu unterscheiden. – *3. Einteilung:* Einzel- (Mono-), Sortiments-, Familien- oder Linienmarken, Unternehmens- und Dachmarken; nach Reichweiten, Marktsegmenten und Markenträgern. – *4. Markenprofil:* Das Markenprofil unterstützt die gewünschten → Alleinstellungsmerkmale in der → Produktgestaltung. Elemente sind a) die Markenpersönlichkeit (insbesondere durch das Markenimage, die Qualitätskonstanz, die Ubiquität und die Markenidentität geprägt); – b) die Markenfunktionen (i.S.d. Markierung, Wiedererkennung, Garantiefunktion); – c) der Markenwert (gemessen z.B. am → Bekanntheitsgrad, an der → Kundenbindung). – *5. M. in der Versicherungswirtschaft:* Grundsätzlich könnte zwischen Versicherer- und Maklermarken unterschieden werden (analog zu Hersteller- und Handelsmarken). Bisher sind jedoch nur Unternehmensmarken von Versicherungsunternehmen verbreitet. Dabei gibt es Beispiele für konzernübergreifende Dachmarken ebenso wie für unternehmensindividuelle Monomarken; Produktmarken sind die Ausnahme.

Market Consistent Embedded Value (MCEV). *1. Begriff:* Gesamtwert eines Lebens- bzw. Personenversicherungsgeschäfts aus der Sicht der Eigentümer, wobei künftig gezeichnetes Geschäft (Goodwill) unberücksichtigt bleibt, nach ausreichender Berücksichtigung der Risiken und des dadurch gebundenen Kapitals, wobei die Bewertung der Risiken weitestgehend auf Marktbeobachtungen beruhen sollte. – *2. Merkmale:* Die Definition des MCEV ist in Principle 3 der im Juni 2008 veröffentlichten „Market Consistent Embedded Value Principles" des → CFO-Forums enthalten. Neben der Definition fordern die insgesamt 17 Principles v.a. a) die Bewertung aus einer konsolidierten Eigentümersicht, d.h. u.a. die Einbeziehung von Erfolgen aus einem Geschäft unabhängig von ihrer Zuordnung zu einer bestimmten Rechtseinheit innerhalb einer Versicherungsgruppe (Principle 1), – b) die klare Abgrenzung und Offenlegung des bewerteten Geschäfts (Principle 2), – c) Garantien und Optionen der Versicherungsnehmer explizit nach einem marktkonsistent kalibrierten stochastischen Modell zu bewerten (Principle 7), – d) ökonomische Annahmen zu Zinsen, Aktienpreisen, Volatilitäten etc. in Übereinstimmung mit aktuellen Swap-Rates (Principle 13), zu impliziten Volatilitäten von gehandelten Optionen (Principle 15) und zur Bewertung ähnlicher Cash flows durch die Kapitalmärkte (Principle 12, 13) zu treffen, wobei Glättungen über historische Zeiträume nicht erlaubt sind (Principle 12), – e) die Aufschlüsselung der Kapitalkosten für Risiken, die nicht vom Kapitalmarkt- und Garantierisiken explizit zu bewerten sind, in die sog. Frictional Cost of Capital (FCC) und die Cost of Residual Non Hedgeable Risk (CRNHR) (Principles 8 und 9), – f) die Berücksichtigung künftigen Managementverhaltens bei der Bewertung überschussberechtigter Versicherungsverträge (Principle 16), – g) detaillierte Vorschriften zur Offenlegung der Resultate (Principle 17). – *3. Modell:* Der MCEV ist als Summe der folgenden Teilkomponenten darzustellen: a) RC = Required Capital = der Teil der über die Bedeckung der zu Marktwerten bewerteten Verpflichtungen hinaus verfügbare Teil der Aktiva in der ökonomischen Bilanz, der für die Bedeckung der Geschäftsrisiken gebunden ist, – b) FS = Free Surplus = die über die Bedeckung der zu Marktwerten bewerteten

Verpflichtungen und das Required Capital hinaus verfügbaren Aktiva, – c) VIF = Value of Inforce. Dabei wird eine weitere Zerlegung des VIF vorgenommen in (1) PVFP = Present Value of Future Profits, (2) TVFOG = Time Value of Financial Options and Guarantees, (3) CRNHR, (4) FCC. Insgesamt gilt also die Aufschlüsselung MCEV = RC+FS+PVFP-TVFOG-CRNHR-FCC. Die Bemessung des RC orientiert sich bei vielen Unternehmensgruppen an internen Solvenzmodellen, oft jedoch auch an Standards, die relativ zu den Kapitalanforderungen unter → Solvency I oder → Solvency II gemessen werden. Der PVFP ist der beste Schätzwert für den (entlang der Swap-Kurve diskontierten) → Barwert der künftigen Aktionärsgewinne aus der Abwicklung des Bestands unter der Annahme, dass alle Assets die risikolose Verzinsung erzielen. Er enthält daher den intrinsischen Wert der Garantien in Situationen, in denen der Marktzins deutlich unter den Garantiezins fällt, nicht jedoch den Zeitwert der Optionen und Garantien TVFOG. Der um den TVFOG geminderte Wert des Bestands aus der Eigentümerperspektive PVFP* = PVFP – TVFOG wird als Mittelwert des Barwerts künftiger Aktionärsgewinne in einer Vielzahl von (oft mehreren tausend) Kapitalmarktszenarien bestimmt, für die in einer → Monte Carlo-Simulation der Bestand über einen Zeitraum von 40-100 Jahren abgewickelt wird. Die Szenarien müssen das Kriterium der Marktkonsistenz erfüllen, d.h. sie müssen für gängige Kapitalmarktinstrumente (insbesondere bestimmte Typen von Derivaten) als mittleren Barwert der künftigen Cash flows den heutigen Marktpreis ergeben. Hieraus wird im Analogieschluss abgeleitet, dass die nicht an breiten Märkten gehandelten → eingebetteten Optionen der Versicherungsverträge ebenfalls korrekt bewertet werden. Der isoliert auszuweisende TVFOG ergibt sich dann als Differenz PVFP-PVFP*. Durch die marktkonsistente Bewertungsmethode sind dem Kapitalmarkt zuzuordnende Risiken des Geschäfts implizit zu den aktuell beobachteten Marktpreisen im TVFOG berücksichtigt, müssen also anders als bei dem traditionellen Konzept des → Embedded Value nicht mehr zusätzlich mit Kapital unterlegt werden. Dies gilt jedoch nicht für die übrigen Risiken des Geschäfts, insbesondere die → biometrischen Risiken und die → Kostenrisiken, die risikoexponiertes Kapital binden, auf das der Eigentümer eine Verzinsung $i_t + \Delta$ oberhalb des risikofreien Zinses i_t erwartet. Die Höhe des für diese Risiken zum Zeitpunkt t gebundenen Kapitals RC_NHR(t) wird in den meisten Modellen relativ zu Standardansätzen bestimmt, wie z.B. dem unter Solvency II vorgeschlagenen Bewertungsansatz. Der Barwert der jährlichen Zinsverluste Δ* SCR_NHR(t) wird als CRNHR bezeichnet. Unter FCC ist der Barwert von Minderungen des in den → Rohüberschuss zugunsten des Eigentümers einfließenden Kapitalanlageerfolgs zu verstehen, der sich aus Kosten für das Kapitalanlagemanagement und aus Steuerbelastungen ergibt. – *4. Ausprägungen:* Der MCEV ist Ergebnis komplexer Modellierungen mit vielfältigen Parametern, bei denen oft bereits kleinere Änderungen des Ausgangswerts große Wirkungen auf das Ergebnis entfalten können. Deswegen stellen die MCEV-Principles weniger eine Vorschrift zur Ermittlung einer einzelnen Zahl dar, sondern beinhalten im wesentlichen auch detaillierte Vorgaben zur Analyse des MCEV hinsichtlich der Zerlegung in seine Teilkomponenten (s.o.) und ihrer Veränderungen im Zeitablauf („Analysis of Change") sowie ihrer Sensitivität gegenüber Änderungen der Eingangsparameter. In der Analysis of Change ist die gesamte Veränderung des MCEV innerhalb einer Periode aufzugliedern in die Einflüsse aus a) Modelländerungen, – b) Neugeschäft, – c) Abweichungen im versicherungstechnischen Erfolg der Berichtsperiode, – d) Abweichungen im Kapitalanlageerfolg der Berichtsperiode, – e) Abweichungen aus veränderten versicherungstechnischen Annahmen für die Zukunft, – f) Abweichungen aus veränderten ökonomischen Annahmen für die Zukunft, – g) Veränderungen des bilanziellen Eigenkapitals. Außerdem müssen die Auswirkungen von bestimmten Veränderungen wertbestimmender Faktoren in Form von Sensitivitätsanalysen aufgezeigt werden, u.a. von a) parallelen Verschiebungen der Zinsstruktur um je 100 Basispunkte nach oben bzw. unten, – b) Wertverlusten von 10 % auf Aktien- und Immobilienbestände, – c) Erhöhungen der impliziten Volatilitäten von Aktienoptionen bzw. Swaptions um jeweils 25 %, – d) veränderten Kostenlagen, – e) verändertem Stornoverhalten, – f) veränderter Sterblichkeit. – *5. Ziele:* Mit dem Konzept des MCEV wird der Wertausweis für Versicherungsbestände in der Lebens- bzw. Personenversicherung einem Regelwerk unterworfen, a) das die vollständige mit den Bewertungsprinzipien der Kapitalmärkte konsistente Bewertung der zugrundeliegenden Verträge verlangt, – b) eine weitgehend normierte Berichterstattung sicherstellt, – c) und damit die externe Vergleichbarkeit verschiedener Unternehmen erleichtert. – *6. Probleme:* Der MCEV beruht auf teils anspruchsvollen theoretischen Konzepten und hat sich daher noch nicht in allen Unternehmen als regelmäßige Berichts- und Steuerungsgröße etablieren können. Seine Ermittlung ist einerseits komplex und zeitaufwändig und wird daher meist nur in größeren Zeitabständen (jährlich oder halbjährlich) durchgeführt, die Werte sind andererseits sehr stark von Kapitalmarktparametern abhängig, so dass eine regelmäßige Aktualisierung wünschenswert und notwendig wäre. Zudem ist es nicht immer einfach, den MCEV als eine sehr stark von aktuellen Rahmenbedingungen beeinflusste Steuerungsgröße für langfristiges Geschäft hinsichtlich seiner Relevanz für in die Zukunft gerichtetes Managementhandeln sachgerecht zu interpretieren. – *7. Ähnliche Begriffe:* Der MCEV stellt eine Weiterentwicklung des → European Embedded Value dar.

Marketing. *1. Begriff:* Konzept der Unternehmensführung, das die Marktanforderungen in den Vordergrund stellt. Abgeleitet von „to market", „Markt machen"; wobei es allerdings nicht allein um die Schaffung und Gestaltung neuer, sondern ebenso um die Verteidigung oder Weiterentwicklung vorhandener Märkte geht. M. ist damit nicht mit Absatz oder → Vertrieb gleichzusetzen. Es ist weitergehend und umfasst die Planung, Koordination und Kontrolle aller Aktivitäten, die auf die aktuellen oder potenziellen Märkte gerichtet sind. Dabei wird der Marketingbegriff inzwischen nicht mehr nur für die Kernleistungen des Wirtschaftens (Produktion und Verteilung von Gütern) verwendet, sondern ebenso für andere Bereiche, etwa im Sinne eines Personal-, Bildungs-, Messe- und Finanzmarketing, darüber hinaus selbst als Sozial- und Ökomarketing. Aber auch hier steht der Begriff stets für planvolles, koordiniertes, am Markt bzw. am → Kunden ausgerichtetes Handeln. – *2. Merkmale:* M. ist nicht das Ergreifen von Einzelmaßnahmen, sondern eine marktorientierte, ganzheitliche, gestaltende und auf die Zukunft gerichtete Aufgabe, die sich in einem entsprechenden → Marketing-Mix verwirklicht. Im Unternehmen ist M. zum einen ein Denkstil, also eine Unternehmensphilosophie, und zum anderen eine betriebswirtschaftliche Funktion: a) Unternehmensphilosophie: M. heißt Marktorientierung, d.h. der Markt, somit Angebot und Nachfrage sowie – im Hinblick auf die herausragende Bedeutung in der Versicherungswirtschaft – die Vermittlerleistungen stehen im Mittelpunkt des unternehmerischen Denkens und Handelns. Dies wird häufig in sog. Unternehmensleitbildern formuliert. – b) Betriebswirtschaftliche Funktion: Operative Umsetzung des M.; konkretisiert sich in der → Marketingplanung sowie im Einsatz der → Marketinginstrumente. Dazu bedarf es einer Exekutive, d.h. einer institutionellen Verankerung im Unternehmen. – *3. Marketingbedingungen:* Wirtschaftliche, rechtliche und gesellschaftliche Rahmenbedingungen, unter denen sich die Marketingarbeit vollzieht. Diese können externer oder interner Natur sein. Eine besondere Herausforderung für das → Versicherungsmarketing leitet sich aus den Eigenheiten der Versicherungsprodukte ab. a) Beispiele für externe Bedingungen: Akzeptanz der Marketingmittel in der Zielgruppe und in der (sozialen) Gesellschaft, Produktions- und Beschaffungsmöglichkeiten der Marketinginstrumente, Marktbereitschaft hinsichtlich der beabsichtigten Produkte und → Kundengruppen. – b) Beispiele für interne Bedingungen: Administrative und vertriebsorganisatorische Betriebsbereitschaft, ausreichende Budgetmittel, Kreativität und Flexibilität. – c) Eigenheiten der Versicherungsprodukte: Unsichtbar, häufig erklärungsbedürftig und für Nachfrager wenig attraktiv, meist nur begrenzter Zusatznutzen, leichte und gesetzlich zulässige Nachahmungsmöglichkeiten, nur in großen Stückzahlen produzierbar (kalkulierbar), häufig nur latenter Bedarf (vgl. → Versicherungsbedarf), langfristige Bindungen, hoher Mitteleinsatz (besonders in der Personenversicherung), Mitwirkungsnotwendigkeiten des Kunden, ambivalentes → Image der Versicherungswirtschaft u.a. – *4. Marketingpolitik:* Grundsätzliche Einstellung und Entscheidungen zu den Eckpunkten der Marketingaktivitäten, besonders hinsichtlich der Marketingziele, → Marketingstrategien, Marketingplanung, betrieblichen Einbindung und Ausrichtung der Marketinginstrumente. Die Marketingpolitik lässt sich auch für die einzelnen Aspekte bzw. Instrumente des M. formulieren, wie z.B. die Informations-, Kommunikations-, Produkt- und Preispolitik.

Marketingforschung, *Meinungsforschung, marketing research.* – *1. Begriff:* → Marketinginstrument zur Erhebung und Auswertung von marketingrelevanten Daten und Meinungen. Eng verbunden mit dem → Marketing-Informationssystem. Bietet die Grundlage für den Einsatz der anderen Marketinginstrumente. Abzugrenzen von der → Marktforschung. – *2. Einordnung und Bedeutung:* Wie das Marketing-Informationssystem handelt es sich bei der M. um ein Informationsinstrument. In der Versicherungswirtschaft wurde die Bedeutung umfassender M. in ihrer grundlegenden Funktion für das Gesamtmarketing erst in den letzten Jahren erkannt und genutzt. Früher wurde oft allein Konkurrenzforschung betrieben. – *3. Inhalte:* Analyse von Bedarf (einschl. Risikolagen), Nachfrage (einschl. Kaufkraft und Motiven), Zielgruppen, → Bekanntheitsgrad und Unternehmensimage, Vertriebsabläufen, Kommunikationsmitteln (sog. Werbeforschung), → Kundendienst, Maßnahmen der → Kundenbindung, Betrachtung gesellschaftlicher, wirtschaftlicher und rechtlicher Rahmenbedingungen, Analyse und Bewertung der Mitbewerber in deren Marktverhalten (sog. Konkurrenzforschung) hinsichtlich von Produkten (Kern- und Zusatznutzen), Preisen, Kunden-Zielgruppen, Vertriebswegen, Kommunikationsmitteln, Kundendienst und Kundenbindungsmitteln; dabei erfolgt möglichst ein Vergleich mit den eigenen Leistungen, bis hin zur SWOT-Analyse (Strengths-Weaknesses-Opportunities-Threats-Analyse). – *4. Zielgruppen:* Entsprechend des jeweiligen Marketinginstruments insbesondere die Öffentlichkeit, potenzielle, vorhandene und ehemalige → Kunden, Mitarbeiter, Vertriebspartner, Mitbewerber (Marktführer, Trendsetter und vergleichbare Anbieter). – *5. Methoden:* Auswertungen (Sekundärforschung) und Erhebungen (Primärforschung), dabei Befragungen, Beobachtungen und Tests.

Marketing-Informationssystem (MIS). *1. Begriff:* → Marketinginstrument zur Speicherung, Bereitstellung und Nutzung von marketingrelevanten Daten und Meinungen. Eng verbunden mit der → Marketingforschung. Basiert regelmäßig auf einem → Data Warehouse. – *2. Merkmale:* Das MIS ordnet und filtert die eingehende Informationsflut im Sinne einer durchgängigen, konsistenten Informationsbereitstellung. Es dient damit v.a. der → Marketingplanung und -entscheidung, dem Controlling sowie einem etwaigen → Kundenbeziehungsmanagement, dies jeweils auf der Grundlage zeitgemäßer IT-Systeme einschl. des Internet und des Intranet. – *3. Inhalte:* Ergebnisse der Marketingforschung, Daten zur Planung, Stütze und Kontrolle der → Vertriebsgestaltung (auch im Rahmen von Data Mining), heruntergebrochen auf Kennziffern wie Stück, Prämien, Versicherungssummen und geordnet nach Sparten, Zweigen, Produkten, Zielgruppen, Regionen und Vertriebskanälen. Das MIS ermöglicht damit auch Vergleiche zum Markt und zu ähnlich positionierten Anbietern. – *4. Organisation:* a) Zentrale Einrichtungen des Versicherers, z.B. für die Tarifentwicklung und/ oder als Basis für die gezielte Gewinnung neuer und die kontinuierliche Ansprache vorhandener → Kunden; – b) Regionale Einrichtungen bei den Vermittlern (sog. Außendienstsysteme) für Grund-, Personen-, Bestands-, Potenzial- und Kontaktierungsdaten sowie für Tarifanwendungen und zur → Verkaufsförderung.

Marketinginstrumente, *Marketinginstrumentarium.* – *1. Begriff:* Instrumente zur operativen Umsetzung des → Marketing. Betreffen den Informations-, Aktions- und Kommunikationsaspekt sowie mixübergreifende Aspekte. – *2. Übersicht zu den M. und ihren funktionalen Beziehungen:*

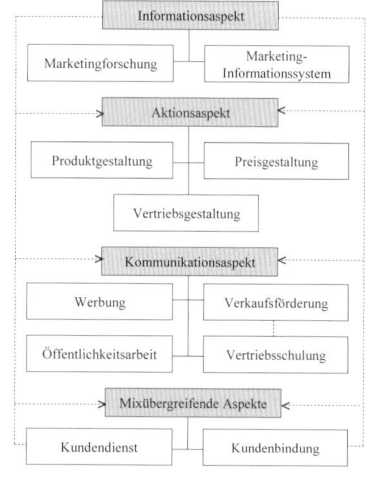

Ein effizientes Marketing ist nur im übergreifenden → Marketing-Mix, d.h. in der optimalen Kombination aller M. möglich. – *3. Untergliederungen:* Je nachdem, ob die M. in ihrer Grob- oder Feingliederung gesehen werden, lassen sich Hauptinstrumente und Unter- bzw. Subinstrumente (= Marketingmittel) darstellen, z.B. → Werbung als Hauptinstrument, Außenwerbung oder → Sponsoring als Subinstrument bzw. Marketingmittel.

Marketing-Mix. *1. Begriff:* Gesamtheit und Zusammenwirken aller eingesetzten → Marketinginstrumente bzw. der konkret ausgewählten Marketingmittel unter dem Gesichtspunkt ihrer optimalen Kombination, wobei es auf zielgruppenadäquate, inhaltliche, zeitliche und örtliche Aspekte ankommt. Der M. kann auch als Summe der Submixe definiert werden, d.h. als Ergebnis aus Informations-, Produkt-, Preis-, Vertriebs-, Kommunikations- und Kundenbeziehungs-Mix. – *2. Merkmale:* Der M. sichert die Einmaligkeit des → Marketing. Damit verbunden ist das Problem der bestmöglichen Allokation, d.h. Zuweisung der zur Verfügung stehenden Finanzmittel. Der M. macht die Vielfalt und Bedeutung der Querschnittsfunktionen des Marketing besonders deutlich.

Marketingplanung. *1. Begriff:* Disposition und Festschreibung der → Marketingstrategie sowie ihre Umsetzung in konkrete operative Handlungen; vorbereitend und entscheidend für den Einsatz der → Marketinginstrumente sowie ihrer bestmöglichen Kombination im → Marketing-Mix. – *2. Inhalte:* Bestimmung der Planungsprozesse, einschl. Verantwortlichkeiten, Zeiträume und Einzelschritte; Prüfung, Bewertung und Ausgestaltung der Marketingmittel; Berechnung und Vereinbarung des Budgets. – *3. Methoden:* a) top down, d.h. instrumentenübergreifende Grobplanung und Herunterbrechen auf die jeweilige Marketinginstrumente, – b) bottom up, d.h. Erstellung der Einzelpläne (wie Vertriebs-, Werbe-, Schulungsplan) und Zusammenfassung zum Marketing-Gesamtplan, – c) geeignete Mischformen beider Methoden.

Marketingpolitik. → Marketing.

Marketingstrategie. *1. Begriff:* Verbindliche Grundsatzentscheidung zur Umsetzung der Marketingziele, die sich aus übergeordneten Unternehmenszielen und Unternehmensstrategien ableiten. Damit verbunden ist auch die Planung der → Marketinginstrumente, des → Marketing-Mix und ein einhergehendes Controlling, festgeschrieben in der → Marketingplanung. – *2. Merkmale:* Strategien sind zielgerichtet, ganzheitlich, erfolgsorientiert und – v.a. in der Finanzwirtschaft – meist längerfristig angelegt. Häufig werden alternative Strategien entworfen, um den bestmöglichen Lösungsweg herauszufiltern. – *3. Einteilung:* a) nach den Marketingaspekten in Informations-, Aktions-, Kommunikations- und mixübergreifende Strategien; – b) nach der zeitlichen Wirkung in lang-, mittel- und kurzfristige Projektierung; – c) nach den Zielsetzungen in monetäre und nicht monetäre Ziele. – *4. Typische Strategien in der Versicherungswirtschaft:* → Leistungsführerschaft, → Preisführerschaft und → Serviceführerschaft, d.h. bei den jeweiligen Marktkomponenten werden herausragende Spitzenpositionen, möglichst mit → Alleinstellungsmerkmalen, angestrebt.

Markov-Kette. *1. Begriff:* Eine M. ist ein spezieller stochastischer Prozess. Das Besondere einer M. ist die Eigenschaft, dass durch Kenntnis einer begrenzten Vorgeschichte ebenso gute Prognosen über die zukünftige Entwicklung möglich sind wie bei Kenntnis der gesamten Vorgeschichte des Prozesses. Im Fall einer M. erster Ordnung hängt die Zukunft des Systems nur von der Gegenwart (dem aktuellen Zustand) und nicht von der Vergangenheit ab. – *2. Anwendungsbeispiel:* Wichtigstes Anwendungsgebiet für M. ist in der Versicherungswirtschaft die Modellierung der Wertentwicklung von Kapitalanlagen, z.B. von Aktienpreisen. Hier besagt die Markov-Eigenschaft, dass im aktuellen Kurs einer Aktie bereits alle verfügbaren Informationen aus der Vergangenheit verarbeitet sind, so dass die künftige Wertentwicklung nur noch von dem aktuell erreichten Preis, nicht jedoch von seiner Vorgeschichte abhängt.

Markt. *1. Begriff:* Neben den M. im konkreten Sinne (Marktort) tritt der M. im abstrakten Sinne als der ökonomische Ort des

Tauschs und der Preisbildung durch Zusammentreffen von Angebot und Nachfrage. In einer → Marktwirtschaft kommt dem M. eine entscheidende Rolle zu. Die Marktergebnisse, seien es Umsatzmengen und/ oder Preise, dienen der Steuerung der Produktion und der Verteilung der Güter. – *2. Funktionen und Merkmale:* Die Vorteile der Marktorganisation sind offensichtlich. Zum Ersten ist eine Produktion für einen M. häufig mit Kostendegressionseffekten verbunden, so dass die darin liegenden Größenvorteile durch Kaufen besser genutzt werden können als durch (geringe) Selbstproduktion. Zum Zweiten können M. die (unkoordinierte) Nachfrage verschiedener Konsumenten zusammenfassen (aggregieren) und dadurch Ausgleichsvorteile erzielen, wie sie etwa mit dem → Gesetz der großen Zahlen verbunden sind. Zum Dritten können M. zu Ersparnissen führen, wenn verwandte Aktivitäten (wie auf Jahrmärkten oder in Kaufhäusern) angeboten werden, von denen die Haushalte oder Unternehmen nur eine benötigen (Verbundvorteile). So lange diese Vorteile die Kosten der Marktorganisation (→ Transaktionskosten) überwiegen, werden die Transaktionen über M. abgewickelt. Dabei kommt dem M. neben der Koordinationsfunktion eine Preisfindungsfunktion zu. M. verknüpfen Anbieter und Nachfrager (Vergesellschaftungsfunktion) und erzwingen ein bestimmtes Verhalten (Disziplinierungsfunktion). Die Kennzeichnung der M. nach quantitativen und qualitativen Merkmalen ist Gegenstand der Lehre von den → Marktformen. Darüber hinaus stehen die M. hinsichtlich der dort gehandelten Güter in einem konkreten Zusammenhang (Interdependenz der M. durch Substitutions- oder Komplementärverhältnis) sowie in einem allgemeinen Zusammenhang über das → Einkommen und die (optimistische oder pessimistische) Stimmung der Nachfrager.

Marktanalyse. *1. Begriff:* Systematische Analyse der Situation von Gesamtmärkten oder Marktsegmenten im Rahmen der → strategischen Planung. Die Betrachtung erfolgt im Gegensatz zur Marktbeobachtung zeitpunktbezogen. – *2. Ziele:* Einschätzung der Marktattraktivität und des Profitabilitätspotenzials durch Gewinnung von Informationen hinsichtlich der aktuellen Wettbewerbssituation. Die Untersuchung bildet die Grundlage für die Definition von strategischen und operativen Zielen sowie sonstigen betriebswirtschaftlichen Entscheidungen. – *3. Vorgehen:* Zunächst hat eine Abgrenzung und Strukturierung des relevanten Markts nach Produkttypen bzw. Funktionserfüllungen, Regionen, Kundenstrukturen, Technologien und Vertriebskanälen zu erfolgen. Im Weiteren wird eine Analyse der Wirkungen von Einflussfaktoren auf die Struktur und Entwicklung des → Geschäftsfelds durchgeführt. Diese beinhalten mögliche Substitutionsprodukte, Abnehmer, Lieferanten, industrielle Beziehungen (Regelung von Konflikten zwischen Interessengruppen), die staatliche Regulierung und eine Konkurrenzanalyse (z.B. mit Blick auf die Marktanteile der Anbieter, potenzielle Neuanbieter, Markteintrittsbarrieren), die auch ein → Benchmarking einschließt. Bei der M. werden Informationen über das bisherige und erwartete Marktvolumen und -wachstum erfasst sowie die Auswirkungen von externen Einflüssen, wie Konjunkturentwicklungen und Änderungen rechtlicher Rahmenbedingungen, analysiert. – *4. Instrumente:* Instrumente der M. umfassen das Markt-/ Produktlebenszyklus-Portfolio und Portfolioanalysen (vgl. auch → Portfoliomodell) unter Verwendung von internen (Produktionskosten, Verkaufszahlen) und externen (makroökonomischen) Daten. Siehe auch → Produktlebenszyklusanalyse.

Marktänderungsrisiko, *Marktrisiko.* – *1. Begriff:* Risiko, dem ein Investor bei der → Kapitalanlage durch Schwankungen des Kapitalmarkts ausgesetzt ist. – *2. Determinanten und Formen:* Das M. ergibt sich daraus, dass der Wert eines Geschäfts durch Veränderungen der Höhe von Marktpreisen, Kursen, Indizes oder sonstigen Marktfaktoren (Volatilität), ihres Verhältnisses untereinander (Korrelation) oder aufgrund der Illiquidität im Markt für das jeweilige Geschäft nachteilig beeinflusst wird. Im Wesentlichen wird eine Unterscheidung nach Zinsänderung, Aktienkursänderung, Immobilienpreisänderung und sonstigen Preisänderungen getroffen. Die Einzelrisiken sind bei den einzelnen → Assetklassen unterschiedlich zu bewerten. In diesen Kontext gehört auch das Wiederanlage- oder Reinvestitionsrisiko. Dabei handelt es sich um das Risiko, dass der Kapitalrückfluss aus einer Kapitalanlage nur zu ungünstigeren Konditionen wieder angelegt werden kann. – *3. Umgang* *mit dem M.:* Die Messung, Kontrolle und Steuerung der Marktpreisrisiken erfolgt im Wesentlichen durch Stresstests (z.b. BaFin- und DAV-Stresstest) sowie nach implementierten Asset/ Liability-Modellen. Im Rahmen des → Asset/ Liability-Management werden die verschiedenen Anlagearten unter Gesichtspunkten der Risikotragfähigkeit berücksichtigt. Ebenso dient die Berechnung von Risikobudgets dazu, das M. im → Value at Risk (VaR) oder → Expected Shortfall zu quantifizieren.

Marktbearbeitungsstrategien, *Produkt-Markt-Abdeckungsstrategien.* – *1. Begriff:* → Strategien der Markteinteilung nach Zielgruppen und Bearbeitungsschwerpunkten und zur Positionierung der Produkte am Markt. Mit der undifferenzierten, der differenzierten und der konzentrierten Marktbearbeitung lassen sich drei M. unterscheiden. – *2. Undifferenzierte Marktbearbeitung:* Es erfolgt keine → Marktsegmentierung, sondern es wird ein Einheitsprodukt im Gesamtmarkt angeboten. – *3. Differenzierte Marktbearbeitung:* Zielgruppen- oder produktbezogene Marktsegmentierung mit dem Ziel, Produkte speziell auf Bedürfnisse hin anzubieten. Eine zielgruppenbezogene Marktsegmentierung kann etwa über demographische Merkmale erfolgen (z.b. Produkte für Rentner). Eine produktbezogene Marktsegmentierung besteht hingegen, wenn speziell für eine bestimmte Anwendung ein Produkt entwickelt wird (z.b. Kochwaschmittel für Kochwäsche, spezielle Waschmittel für bunte Wäsche, Feinwaschmittel für empfindliche Stoffe etc.). – *4. Konzentrierte Marktbearbeitung:* Es werden keine differenzierten Produkte für verschiedene Marktsegmente angeboten, sondern das Unternehmen konzentriert sich auf ein Produkt in einem bestimmten Marktsegment bzw. in einem bestimmten Teilmarkt.

Marktformen. Die Lehre der M. kennzeichnet Märkte (→ Markt) mit dem Ziel, die Preisbildung zu erklären. Einerseits werden die quantitativen Merkmale der Angebots- und Nachfrageseite miteinander verknüpft. Dabei stehen die Anzahl und Größe der Marktteilnehmer auf der Angebots- und Nachfrageseite im Mittelpunkt. Unterschieden wird zwischen einem großen, wenigen mittelgroßen und vielen kleinen Anbietern und Nachfragern. Die Kombination dieser drei Konstellationen auf jeder Marktseite ergibt ein Diagramm mit neun M. (vgl. die Abbildung unten). Neben diesen „reinen" M. (H. von Stackelberg) lassen sich viele andere Formen unterscheiden (W. Eucken), etwa das Teilmonopol(-monopson) mit einem und mehreren oder vielen kleinen Marktteilnehmern. Andererseits ist die wichtigste Kennzeichnung der M. in qualitativer Hinsicht die nach vollkommenen und unvollkommenen Märkten. Ein Markt ist vollkommen, wenn ein homogenes Gut gehandelt wird und Markttransparenz vorliegt, die Marktteilnehmer also über die notwendigen Parameter (z.B. die Preise der anderen Marktteilnehmer) informiert sind. Es gilt dann auch das Gesetz der Unterschiedslosigkeit der Preise (W. St. Jevons). Auf unvollkommenen Märkten gelten i.d.R. unterschiedliche Preise, weil entweder heterogene Güter (und sei es nur im subjektiven Urteil einer Marktseite) oder Marktintransparenz vorliegen. Ein weiteres wichtiges Merkmal qualitativer Art ist der Marktzutritt. Dabei geht es um offene oder geschlossene Märkte; dahinter stehen entweder politische Entscheidungen (Zulassungsvoraussetzungen) oder → Transaktionskosten (Markteintrittsbarrieren). Neben der statischen Lehre der M. existiert auch eine dynamische Marktformenlehre, die sich mit verschiedenen Entwicklungsstufen der Märkte befasst: Experimentier-, Expansions-, Ausreifungs- und Stagnationsphase.

Anbieter \ Nachfrager	einer	wenige	viele
einer	bilaterales Monopol	beschränktes Monopol	Monopol
wenige	beschränktes Monopson	bilaterales Oligopol	Oligopol (Duopol)
viele	Monopson	Oligopson	Polypol

Marktforschung, *Markterkundung, Absatzforschung, market research.* Systematische Erforschung (Gewinnung, Aufbereitung und Interpretation) des Markts, d.h. aller Daten und Meinungen zum Angebot (einschl. der → Vertriebsgestaltung) und zur Nachfrage (Bedarf, Kaufkraft), um Marketingentscheidungen zu fundieren. Wichtiger Teilaspekt der umfassenderen → Marketingforschung. I.Allg. kommen auch die Beschaffungsmärkte als relevante Untersuchungsfelder in Betracht.

Marktgleichgewicht. Liegt vor, wenn die monetäre Nachfrage gleich dem monetären Angebot ist. Im Normalfall sind damit ein Gleichgewichtspreis und eine Gleichgewichtsmenge bestimmt. Eine wichtige Frage ist, ob das Gleichgewicht stabil oder instabil ist, ob also Störungen bzw. Bewegungen weg vom Gleichgewicht zum Gleichgewicht zurückführen (→ Cobweb-Modell).

Marktleistungen. → Leistungen.

Marktrisiken. *1. Begriff:* In der Versicherungswirtschaft üblicherweise die Bezeichnung für die aus der Volatilität der Kapitalmärkte resultierenden Risiken der Vermögensanlage. – *2. Merkmale:* Meist werden folgende Risiken unter den M. zusammengefasst: a) die Risiken von Preisschwankungen von Aktien, Immobilien und Beteiligungen, – b) die Risiken von Zinsbewegungen nach oben oder unten, – c) die Risiken von Preisänderungen für übernommene Kreditrisiken aufgrund von generellen Veränderungen der Markteinschätzung oder von Bonitätsänderungen einzelner Emittenten (sog. „Spread-Risiko", siehe auch → Spread), – d) Währungsrisiken, – e) Kumulrisiken aus mangelnder Streuung der Kapitalanlagen. – *3. Modell:* Meist werden M., denen ein Versicherungsunternehmen ausgesetzt ist, mit Hilfe von Kapitalmarktmodellen quantifiziert, die die Simulation der langfristigen Bilanzentwicklung für eine große Zahl unterschiedlicher Kapitalmarktszenarien erlauben. Aus der Verteilung der → Barwerte möglicher Fehlbeträge im Vergleich zum vorhandenen Eigenkapital lassen sich Aussagen zur Resistenz des Unternehmens gegenüber bestimmten M. und Impulse zur Risikoreduktion ableiten. In den für → Solvency II vorgesehenen → Standardmodellen werden verschiedene negative Szenarien vorgegeben, die mit einer theoretischen Eintrittswahrscheinlichkeit von weniger als 0,5 % überschritten werden. Für die Beherrschung dieser Szenarien müssen die Unternehmen jeweils ausreichende Eigenmittel vorhalten. – *4. Ziele:* Zur Beherrschung des M. wird z.B. in der Lebensversicherung versucht, durch Veränderung von Anlage- und Laufzeitstrukturen und ggf. auch durch die Reduktion von Garantiezusagen im Neugeschäft das Asset/ Liability-Mismatch-Risiko in einem vorgegebenen Rahmen zu halten. – *5. Probleme:* Die Quantifizierung der M. wird maßgeblich von dem verwendeten Kapitalmarktmodell, der angenommenen Volatilität der Kapitalmärkte und den unterstellten Korrelationen für die Wertentwicklung verschiedener Asset-Klassen mitbestimmt. Praktisch sind die Möglichkeiten einer Verminderung der M. oft auch durch die begrenzte Verfügbarkeit langfristiger festverzinslicher Wertpapiere i.V.m. den extrem langfristigen Garantien vieler Lebensversicherungsprodukte begrenzt. Aus methodischer Sicht ist es bedauerlich, dass in den zur Zeit diskutierten Modellen für Solvency II das Volatilitätsrisiko nicht explizit adressiert wird.

Marktschaden. Außergewöhnlich großer und teurer → Kumulschaden, der eine Vielzahl von einzelnen Risiken und Versicherungszweigen trifft und/ oder eine Vielzahl von → Erst- und → Rückversicherern belastet. Ein M. zeigt meist die Grenzen der Versicherbarkeit auf und dient als sog. Reverenzschaden für exorbitante Schadenhöhen. Beispiele der Vergangenheit: Münchener Hagelschaden 1984, bei dem u.a. eine Vielzahl von Fahrzeugen beschädigt wurden; Zerstörung des World Trade Center 2001; Hurrikane Katrina, Rita und Wilma 2005; Sturmereignis Kyrill 2007.

Marktschaden Trigger. → Industy Loss Warranty.

Marktsegmentierung. Einteilung des Markts in Einzelsegmente, z.B. als Grundlage für die Bestimmung der Geschäftseinheiten und der damit verbundenen → Aufbauorganisation. Aus den Segmenten lassen sich für die konkrete, operative Marktbearbeitung nach den Grundsätzen des → Zielgruppenmarketing weiter detailliert die beabsichtigten → Kundengruppen ableiten. In der M.

liegt der geeignete Ansatz für einen Versicherer, der in vielen oder allen → Versicherungssparten bzw. → Versicherungszweigen und/ oder Kundensegmenten tätig ist. Gegenstück: → Marktunifizierung.

Marktunifizierung. Bearbeitung einer Kundengesamtheit mit einheitlichem Bedarf (= homogene → Kundengruppe). In der Versicherungswirtschaft ist dies die Ausnahme. Die M. kommt etwa für Spezialanbieter von Reiseversicherungen oder für ausgewählte Einzelprodukte im Privatkundengeschäft in Betracht. Gegenstück: → Marktsegmentierung.

Marktversagen. In einem System mit einem privaten und einem öffentlichen Sektor stellt sich die Frage, welche Aktivitäten privat und welche öffentlich zu erbringen sind. Die beiden Hauptsätze der Wohlfahrtsökonomik definieren die Voraussetzungen, unter denen die private Leistungserbringung vorzuziehen ist, d.h. die Bedingungen, unter denen die marktwirtschaftliche Produktion zu einer optimalen Allokation der → Produktionsfaktoren führt. Sind die entsprechenden Annahmen nicht erfüllt, wird von M. gesprochen, weil eine effiziente Nutzung der Ressourcen bzw. Bereitstellung der Güter (→ Gut) nicht durch das „freie Spiel der Kräfte" gewährleistet ist. Eine öffentliche ist gegenüber einer privaten Leistungserbringung aus Effizienzgründen demnach in den Fällen öffentlicher Güter, natürlicher → Monopole, → externer Effekte bei Produktion und Konsum, sowie bei M. infolge von Informationsasymmetrien (→ Moral Hazard und → Adverse Selektion) vorzuziehen (wenn die staatliche Leistungserbringung idealtypisch erfolgt und kein Staatsversagen vorliegt).

Marktwert. Preis eines Guts, der sich unter freier Wirkung von Angebot und Nachfrage auf einem → Markt erzielen lässt. Spezielle Ausprägung des → Zeitwerts, der außer als M. („mark to market") auch modellbasiert („mark to model", z.B. über den → Discounted Cash flow) ermittelt werden kann.

Marktwirtschaft, *Verkehrswirtschaft.* M. kennzeichnet eine Wirtschaftsordnung mit dezentraler Planung und Lenkung der Produktions- und Konsumprozesse. Angebot und Nachfrage auf den einzelnen Märkten werden über einen Preismechanismus ko-ordiniert. In einer reinen M. sind Staatseingriffe neben dem Setzen der Rahmenbedingungen und einer gewissen Kontrollfunktion („Nachtwächterstaat") ökonomisch nur bei → Marktversagen legitimiert. Je nach wirtschaftspolitischer Konzeption können aber auch andere Legitimationen, wie etwa meritorische Güter (→ Meritorik), angeführt werden. Das deutsche System wird i.Allg. als → Soziale Marktwirtschaft gekennzeichnet.

Maschinen-Betriebsunterbrechungsversicherung. *1. Begriff:* Erscheinungsform der → technischen Betriebsunterbrechungsversicherung. Versicherungsschutz wird für das Risiko des → Unterbrechungsschadens gewährt, der dadurch entsteht, dass die technische Einsatzmöglichkeit einer im Maschinenverzeichnis dokumentierten betriebsfertigen Maschine, maschinellen Einrichtung oder sonstigen technischen Anlage infolge eines versicherten Sachschadens am → Versicherungsort unterbrochen oder beeinträchtigt wird. – *2. Merkmale:* Wesentliches Bedingungswerk sind die Allgemeinen Bedingungen für die Maschinen-Betriebsunterbrechungsversicherung (AMBUB 2008). Der Sachschadenbegriff ist nahezu kongruent mit dem der → Maschinenversicherung und beinhaltet darüber hinaus auch den Garantieschaden als versicherten Sachschaden. Die Berechnung des Unterbrechungsschadens erfolgt i.d.R. unter Anwendung der sog → Ausfallziffer. – *3. Bedeutung:* Der Anwendungsbereich der M. zielt auf technische Anlagen ab, die eine Schlüsselfunktion für den betrieblichen Wertschöpfungsprozess haben. Die Entwicklung komplexer, investitionsintensiver Produktionsanlagen und der daraus erwachsene Bedarf nach Versicherungsschutz spiegeln sich im Prämienaufkommen der M. wider, die die bedeutendste Form der technischen Betriebsunterbrechungsversicherung darstellt.

Maschinengarantieversicherung. Versicherung von Folgeschäden an Maschinen bzw. versicherten Sachen, die aus Anlass von Konstruktions-, Guss-, Material-, Berechnungs- oder Montagefehlern entstehen. Die M. finanziert die Garantie des Herstellers oder Lieferanten, der zugleich der Versicherungsnehmer ist. Dabei müssen die auftretenden Fehler laut den Garantiebedingungen des Verkaufs- oder Liefervertrags vom Versicherungsnehmer zu vertreten sein.

Die M. ist eine Versicherungsart innerhalb der → technischen Versicherung.

Maschinenkaskoversicherung. Maschinen – jeglicher Art – von Unternehmen sind während des Betriebs ständig verschiedenen Gefahren ausgesetzt, die dazu führen können, dass sie auf eine nicht vorhersehbare Art und Weise beschädigt werden. Defekte Maschinen ziehen teure Reparaturen und ggf. die Notwendigkeit von Ersatzbeschaffungen nach sich. Mit einer M. wird das entsprechende finanzielle Risiko abgesichert. Siehe auch → Maschinenversicherung.

Maschinenversicherung. *1. Begriff:* Bezeichnung für mehrere Arten der → technischen Versicherung; zugleich deren ältester und bedeutendster Teil. → Allgefahrenversicherung der im Maschinenverzeichnis aufgeführten betriebsbereiten technischen Anlagen gegen Sachschäden (Maschinenkasko) und/oder gegen Vermögensschäden (→ Maschinen-Betriebsunterbrechungsversicherung). Zum Gegenstand der M. zählen Kraft- und Arbeitsmaschinen sowie weitere technische Anlagen. – *2. Versicherungsfall:* Der Versicherungsfall ist ein unvorhergesehener und plötzlich eingetretener Schaden an den versicherten Sachen ohne Rücksicht darauf, ob die Schadenursache mit dem Betrieb zusammenhängt. – *3. Deckungsumfang:* Versichert sind alle im Maschinenverzeichnis aufgeführten Sachen auf Basis der Allgemeinen Maschinenversicherungsbedingungen sowie der Bedingungen der Vereinigung Deutscher Elektrizitätswerke. Versicherte Schäden sind Schäden durch Bedienungsfehler, Ungeschicklichkeit, Fahrlässigkeit oder Vorsatz Dritter, durch mittelbare und unmittelbare Wirkungen der elektrischen Energie, durch Konstruktions-, Material- oder Fertigungsfehler, durch Wassermangel in Dampfkesseln oder Dampfgefäßen, durch Zerreißen infolge der Fliehkraft sowie durch → Sturm, → Frost und Eisgang. Nicht zum Deckungsumfang der M. zählen Verschleißteile aller Art, z.B. Siebe und Schläuche, sowie Betriebsstoffe, die zur Durchführung von Fertigungsprozessen benötigt werden. Weitere wichtige Ausschlüsse innerhalb der M. sind Elementarschäden, wie → Erdbeben und → Überschwemmung, sowie Schäden durch → Brand, → Explosion, Krieg (→ Kriegsklausel), → innere Unruhen, → Streik und Kernenergie (→ Kernenergieklausel). Prinzipiell wird ein Selbstbehalt vereinbart. Die bei Vertragsbeginn vereinbarte → Versicherungssumme und die Prämie werden über die Zeit an sich verändernde Kaufkraftverhältnisse angepasst.

Massenschaden, *Massenunfall.* – *1. Begriff:* Kfz-Unfälle, bei denen 50 oder mehr Fahrzeuge beteiligt sind. Die Regulierung der Schäden erfolgt nach den „Grundsätzen für gemeinsame Regulierungsaktionen bei Massenunfällen", wie sie vom Kraftfahrt-Fachausschuss des → Gesamtverbands der Deutschen Versicherungswirtschaft e.V. (GDV) beschlossen wurden. Über das Vorliegen eines M. oder die Anwendung der Grundsätze bei 20 bis 49 beteiligten Fahrzeugen unter besonderen Verhältnissen (z.B. bei Nebel oder Glatteis) entscheidet eine von der → Kraftfahrt-Schadenkommission ernannte Lenkungskommission. – *2. Merkmale:* Die Grundsätze bei M. dienen einer vereinfachten Schadenabwicklung auch zwischen den beteiligten Versicherern, da typischerweise bei M. die Kausalbeiträge der einzelnen Unfallbeteiligten am Schaden nicht oder nicht vollständig oder nur mit großem Aufwand aufgeklärt werden können. Auch wenn die Regulierung nach Sach- und Rechtslage im Rahmen des geltenden Haftpflichtsystems erfolgt, werden typische Unfallkonstellationen einheitlich wie folgt quotiert: 25 % bei reinen Frontschäden, 100 % bei reinen Heckschäden und 66 % bei Front- und Heck-, Rund-um- oder Totalschäden. Nach dem Abkommen übernimmt i.d.R. eines der beteiligten Versicherungsunternehmen im Auftrag der Lenkungskommission die Führungs- und Koordinationsaufgabe und sorgt für den Innenausgleich unter den Versicherern entsprechend der Anzahl der bei ihnen versicherten Fahrzeuge innerhalb des Massenschaden. Bei einem M. werden die beteiligten Kfz-Halter in der Kfz-Haftpflichtversicherung nicht zurückgestuft. Die Grundsätze gelten nur im Verhältnis der teilnehmenden Versicherer untereinander. Auf europäischer Ebene besteht trotz entsprechender Initiativen des → Comité Européen des Assurances (CEA) bislang kein entsprechendes Abkommen der Versicherer. Hauptgrund hierfür sind die unterschiedlichen Regulierungsansätze (→ Direktregulierung vs. Regulierung durch den gegnerischen Haftpflichtversicherer) in den Mitgliedsstaaten der EU.

Master. *1. Begriff:* (Zweiter) akademischer Grad, der nur an Hochschulen (Fach-, Musik-, Kunsthochschulen und Universitäten) erworben werden. Voraussetzung für den Masterstudiengang ist ein Bachelor-Abschluss (erster akademischer Grad, vgl. → Bachelor) oder ein Abschluss in einem traditionellen einstufigen Studiengang (z.B. Diplom, erstes Staatsexamen, Magister oder Lehramtsstudium). – *2. Ziele:* Das Studium zum M. soll zur wissenschaftlichen, theoretisch-analytischen Arbeit befähigen, ist berufsqualifizierend und berechtigt zur Promotion. – *3. Merkmale:* Die Regelstudienzeit beträgt mindestens ein Jahr und maximal zwei Jahre. Es gibt drei Formen von Masterstudiengängen: Der M. kann den Bachelor-Abschluss inhaltlich fortsetzen oder vertiefen (konsekutiver Masterstudiengang) oder an ein beliebiges Studium angeschlossen werden (nicht-konsekutiver Masterstudiengang). Weiterbildende Studiengänge ähneln den nicht-konsekutiven Masterstudiengängen, erfordern jedoch zusätzlich qualifizierte berufspraktische Erfahrungen. Als konsekutive Abschlüsse wurden von der Kultusministerkonferenz analog zu den Bachelor-Abschlüssen folgende Bezeichnungen festgelegt: a) Master of Arts (M.A.), – b) Master of Science (M.Sc.), – c) Master of Engineering (M.Eng.), – d) Master of Laws (LL.M.), – e) Master of Fine Arts (M.F.A.), – f) Master of Music (M.Mus.), – g) Master of Education (M.Ed.). Die Abschlussbezeichnungen der nicht-konsekutiven und weiterbildenden Studiengänge können von den Hochschulen frei formuliert werden. Der meist verbreitete Abschluss ist der Master of Business Administration (MBA); dieser soll vornehmlich zuvor nicht (einschlägig) wirtschaftswissenschaftlich ausgebildeten Absolventen die für Führungspositionen notwendigen betriebswirtschaftlichen Kenntnisse vermitteln.

Master-KAG, *Master-Kapitalanlagegesellschaft.* – *1. Begriff:* Gesellschaft, die die Administration der Sondervermögen (→ Spezialfonds) eines institutionellen Investors, z.B. eines Versicherungsunternehmens, anbietet. Die M. gründet das Sondervermögen, führt die Buchhaltung und gibt die Verwahrung bei der Depotbank in Auftrag. – *2. Merkmale und Gestaltungsparameter:* Im Rahmen der M. kann das → Asset Management durch ein Beratungsmandat (Advisory) oder ein Verwaltungsmandat (Outsourcing) geregelt sein. Erhält der externe Portfoliomanager ein Beratungsmandat, gibt er lediglich Ratschläge an die M., über deren Umsetzung diese entscheidet. Ein Outsourcing-Mandat beinhaltet die Anlageentscheidungen bis hin zu deren Umsetzung in konkrete Transaktionen. Durch die Verwaltung aller Sondervermögen eines Versicherungsunternehmens in einer M. wird das Reporting deutlich verbessert, da durch die einheitliche Darstellung eine höhere Transparenz und Vergleichbarkeit erreicht wird. Dem verbesserten Reporting steht jedoch eine Komplexitätserhöhung gegenüber, da Schnittstellen zwischen allen Asset-Managern und der M. zum ständigen Abgleich der Bestandslisten und zum Austausch der notwendigen Informationen vorgehalten werden müssen.

Materieller Versicherungsbeginn. → Versicherungsbeginn.

Materielle Staatsaufsicht. → Aufsichtssystem.

Maximalschadenprinzip. Prinzip, nach dem jedem → zufälligen Risiko als → Prämie seine maximale Schadenhöhe zugeordnet wird. Das M. ist kein → Prämienprinzip, weil es die „no-arbitrage-Bedingung" verletzt. (In der älteren Literatur wird in der Definition eines Prämienprinzips anstelle der „no-arbitrage-Bedingung" eine schwächere Bedingung verwendet, unter der das M. dann ein Prämienprinzip wäre.)

Maximum. Selbstbehalt eines → Erstversicherers unter einem Summenexzedentenvertrag, der in einer absoluten Summe ausgedrückt wird. Die darüber hinausgehende Haftung des → Rückversicherers wird als ein Vielfaches des Selbstbehalts des Erstversicherers ausgedrückt.

MBS. Abk. für → Mortgage Backed Securities.

MDA. Abk. für → Model Driven Architecture.

Mechanisches System der Überschussbeteiligung. *1. Begriff:* System der → Überschussbeteiligung der Versicherungsnehmer in der → Lebensversicherung, bei dem die Überschusskomponenten für die Berechnung der Überschussbeteiligung nur von vertraglichen Größen abhängen, wie dem → Beitrag, der → Versicherungssumme, der → Vertragslaufzeit oder der abgelaufenen → Versicherungsdauer. – *2. Historie und Bedeutung:* In früheren Jahren, als in den → Lebensversicherungsunternehmen noch keine leistungsfähige Informationstechnik (IT) zur Verfügung stand, wurde das M. angewandt, um ohne großen Rechenaufwand die einzelnen den Versicherungsnehmern zugeteilten Überschüsse ermitteln zu können. Allerdings wichen die so zugewiesenen Überschüsse von den Überschüssen, die von den einzelnen Verträgen erwirtschaftet wurden, teilweise erheblich ab. Daher werden heute für die verkaufsoffenen Tarife fast nur noch → natürliche Systeme der Überschussbeteiligung eingesetzt.

Median. Für eine Zufallsvariable X wird jede reelle Zahl m_X mit

$$P[X \leq m_X] \geq 1/2 \text{ und } P[X \geq m_X] \geq 1/2$$

als M. von X bezeichnet. Der M. ist ein → Lageparameter, aber er ist i.Allg. nicht eindeutig bestimmt.

Mediation, *lat.: Vermittlung.* – *1. Begriff:* Verfahren der konstruktiven, strukturierten und interessenorientierten Konfliktlösung oder Konfliktvermeidung. Der Begriff wird vom lateinischen Adjektiv "medius" abgeleitet und meint, zwischen zwei Ansichten oder Parteien die Mitte zu halten, einen Mittelweg einzuschlagen, sich neutral, unparteiisch zu verhalten. M. ist die Vermittlung in (potenziellen oder tatsächlichen) Konfliktfällen zwischen zwei oder mehreren Konfliktparteien (Medianden) durch einen Dritten oder mehrere Dritte (Mediator). – *2. Ziele:* Die M. unterstützt die Medianden, eine gemeinsame, verbindliche und zukunftsorientierte Lösung zu finden, die den Interessen aller gerecht wird. Bei der M. geht es um Verständnis – nicht um Recht haben. Es gibt keine Verlierer. Die Lösung wird in einer (meist schriftlichen) Vereinbarung festgehalten. – *3. Träger:* Der Träger der M. ist der Mediator. Der Mediator übernimmt nicht die Rolle eines Richters oder Schlichters. Er schlägt weder eine Lösung vor, noch entscheidet er. Seine Rolle ist darauf beschränkt, mit geeigneten Kommunikationstechniken aktiv den Verständigungsprozess zwischen den Beteiligten zu fördern. Anders als in einem Gerichtsverfahren arbeitet der Mediator die individuellen Interessen und Bedürfnisse jedes Beteiligten heraus, die zu dem Konflikt führen. Durch das Offenlegen der Motive wächst das gegenseitige Verständnis für die jeweilige Sichtweise der anderen Konfliktpartei. Auf diese Weise wird eine Vertrauensbasis geschaffen, auf deren Grundlage eine dauerhafte, zukunftsorientierte Lösung möglich wird. Die Berufsbezeichnung Mediator ist in Deutschland gesetzlich nicht geschützt. Die Fachverbände haben jeweils eigene Anerkennungsverfahren entwickelt, um auf diesem Wege verbindliche Qualitätsstandards – v.a. in der Ausbildung – zu garantieren. – *4. Prinzipien:* Eine M. ist durch folgende Grundprinzipien geprägt: a) Eigenverantwortlichkeit. Die Parteien entwickeln die Lösung selbst. Sie sind für das inhaltliche Ergebnis selbst verantwortlich. Der Mediator hat keine Entscheidungskompetenz. – b) Autonomie und Freiwilligkeit. Die Parteien entschließen sich bewusst zur Teilnahme an der Mediation. Sie bestimmen Anfang und Ende der M. selbst. Im beruflichen Umfeld kann die Freiwilligkeit der Medianden teilweise durch den Arbeitgeber eingeschränkt werden. – c) Allparteilichkeit und Unabhängigkeit. Der Mediator ist aufgrund seiner Allparteilichkeit jeder Partei zugewandt, d.h. er ist der Sichtweise und den Interessen aller Beteiligten gleichermaßen verpflichtet. Mediatoren sind dafür verantwortlich, dass ein Sich-Mitteilen (Fakten und Gefühle) und ein gegenseitiges Zuhören stattfinden und die tatsächlichen Konfliktpunkte herausgearbeitet werden. – d) Direkte Kommunikation und Selbstverantwortlichkeit. Die Konfliktparteien sind direkt am Verfahren beteiligt und lassen sich nicht (z.B. durch einen Anwalt) vertreten. – e) Informiertheit: Entscheidungen werden auf Basis aller notwendigen Informationen getroffen. – f) Nicht-Öffentlichkeit und Vertraulichkeit. Das Mediationsverfahren ist nicht öffentlich. Die Beteiligten und der Mediator verpflichten sich zur Vertraulichkeit. Die informelle und außergerichtliche Konfliktbearbeitung bedingen eine Verschwiegenheitspflicht der Beteiligten. – g) Ergebnisoffenheit der Verhandlungen sowie Konsensorientierung. Das Ergebnis der M. ist nicht vorgegeben, es wird erst im Laufe des Mediationsverfahrens gemeinsam erarbeitet. Eine individuelle, flexible Verfahrensgestaltung soll zu einem Ergebnis führen. – h) Zukunftsgerichtete

Regelung und eine Lösung des Konflikts unter Berücksichtigung aller Interessen (sog. win-win-Situation). – *5. Phasen:* Die meisten Modelle der M. sind durch folgende fünf Phasen geprägt: 1. Phase: Auftragsklärung. Die Medianden stecken gemeinsam mit dem Mediator den Konfliktrahmen ab. 2. Phase: Anfertigung einer Themenliste und Themenpriorisierung. Die Medianden stellen ihre Sichtweisen dar und der Mediator arbeitet die Konfliktthemen heraus. 3. Phase: Erkundung der Sichtweisen, Interessen und Positionen. Die Themen werden vertieft und die Interessen und Bedürfnisse hinter den Positionen erarbeitet. 4. Phase: Sammlung und Bewertung von Lösungsalternativen. Dabei sollen der kreative Suchprozess und die Prüfung der Lösungen auf Umsetzbarkeit in zwei getrennten Schritten erfolgen. 5. Phase: Abschlussvereinbarung. Die einvernehmliche Lösung soll schriftlich festgehalten und von den Medianden unterschrieben werden. – *6. Anwendungsgebiete*: Die M. wird in verschiedenen gesellschaftlichen Bereichen angewandt. Sie bietet sich insbesondere in den Fällen an, in denen die Beteiligten in einem engen sozialen oder wirtschaftlichen Verhältnis zueinander stehen und auch in Zukunft miteinander auskommen wollen oder müssen. Besonders bewährt hat sich die M. daher in folgenden Fällen: vertragliche Auseinandersetzungen (privat und gewerblich), Nachbarstreitigkeiten, Konflikte zwischen Mietern und Vermietern, Konflikte zwischen Eigentümern von Wohnraum, Konflikte am Arbeitsplatz, Konflikte innerhalb und zwischen Firmen und Gesellschaften, Konflikte in der Schule, Trennung, Scheidung und damit zusammenhängende Themen, Erbrecht. – *7. Historie:* Die M. wurde in den 1960er Jahren in den USA zur außergerichtlichen Lösung von Konflikten entwickelt. – *8. Abgrenzungen:* Die M. ist ein Verfahren, keine Institution wie ein Schiedsgericht oder eine Gütestelle. Für die Versicherungsbranche gibt es den Versicherungsombudsmann (→ Ombudsmann), der zwischen Kunde und Versicherungsunternehmen im Streitfall vermittelt. Eine M. läuft immer auf die Arbeit eines Mediators (oder mehrerer Mediatoren) mit beiden bzw. allen beteiligten Konfliktparteien hinaus, der (die) den Prozess strukturiert (strukturieren). Insofern ist die beratende oder therapeutische Arbeit mit einer einzelnen betroffenen Konfliktpartei keine M., sondern ein Konflikt-Coaching bzw. eine Therapie.

Mediator. → Mediation.

Medicator AG. *1. Begriff:* Die private Krankenversicherungsbranche hat im Juli 2003 die Auffanggesellschaft M. gegründet. Die M. steht bereit, die Erfüllung der Versicherungsverträge zu sichern, falls ein Krankenversicherungsunternehmen in eine finanzielle Notlage oder sogar in die Insolvenz geraten sollte. Die M. übernimmt damit ähnliche Aufgaben wie die → Protektor Lebensversicherungs-AG für den Bereich der Lebensversicherungen. Die M. hat ihren Sitz in Köln und verfügt über ein Haftungskapital von 1 Mrd. Euro. Alleiniger Aktionär der Gesellschaft ist der → Verband der privaten Krankenversicherung e.V. – *2. Sicherungsfall:* Sollte der Fall der finanziellen Notlage eintreten – was bislang in der → privaten Krankenversicherung (PKV) noch nie der Fall war – übernimmt die M. den gesamten Bestand an Krankenversicherungsverträgen einschl. der zur Deckung der Verbindlichkeiten aus diesen Verträgen notwendigen Forderungsansprüche. Die Aufgabe der Auffanggesellschaft besteht darin, die übertragenen Bestände sobald wie möglich auf aktive Krankenversicherer weiter zu übertragen und dort in eine wachsende und sich weiter entwickelnde Versichertengemeinschaft einzubinden. Die laufenden Versicherungsfälle werden in der Zwischenzeit von der M. bzw. von deren Dienstleistern erfüllt.

Medikamente. → Arzneimittel.

Medizinische Assistance. → Gesundheitsassistance.

Medizinischer Dienst der Krankenkassen (MDK). *1. Begriff:* Interessenunabhängiger sozialmedizinischer Beratungs- und Begutachtungsdienst der → Krankenkassen in der → gesetzlichen Krankenversicherung (GKV) und der Pflegekassen in der → sozialen Pflegeversicherung (SPV) auf der Rechtsgrundlage des Sozialgesetzbuchs. – *2. Aufgaben:* a) Erstellung von Gutachten für die → Krankenkassen (1) zur Prüfung der medizinischen Anspruchsvoraussetzungen und der Notwendigkeit von Leistungen sowie (bei Auffälligkeiten) zur Prüfung der ordnungsgemäßen Abrechnung von Leistungserbringern, (2) zur Einleitung von Rehabilitationsleistungen, (3) zur Überprüfung einer → Arbeitsunfähigkeit des Versicherten; – b) Beratung der Krankenkassen insbesondere zu allgemeinen medizinischen Fragen der gesundheitlichen Versorgung, zu Fragen der Beratung der Versicherten sowie zur Unterstützung bei Vertragsverhandlungen mit den Leistungserbringern; – c) Erstellung von Gutachten für die Pflegekassen zur Einstufung der → Pflegebedürftigkeit. – *3. Organisation:* Auf der Ebene der Bundesländer von den Krankenkassen gemeinsam getragene Arbeitsgemeinschaften. Teilweise in der Rechtsform des eingetragenen Vereins, teilweise als Körperschaft öffentlichen Rechts geführt. Organe sind der Verwaltungsrat und der Geschäftsführer. Der Verwaltungsrat wird von den Vertreterversammlungen der Mitglieder gewählt und ist paritätisch mit Vertretern der Arbeitgeber und der Versicherten besetzt. Auf der Bundesebene hat der → Spitzenverband Bund den Medizinischen Dienst des Spitzenverbands Bund (MDS) als Körperschaft öffentlichen Rechts eingerichtet. Dieser berät den Spitzenverband Bund in allgemeinen medizinischen Fragen und koordiniert die Aufgaben der Medizinischen Dienste der Krankenkassen. Über die Zusammenarbeit der Krankenkassen mit den Medizinischen Diensten, zur Sicherstellung einer einheitlichen Begutachtung sowie über Grundsätze zur Fort- und Weiterbildung erlässt der Spitzenverband Bund Richtlinien. – *4. Finanzierung:* Je hälftig durch die GKV und die SPV. Es dominiert die → Umlagefinanzierung, in geringem Umfang erfolgt eine Nutzerfinanzierung. – *5. Historie:* Bis 1989 wurden die Begutachtungs- und Beratungsaufgaben für die GKV durch Abteilungen der Rentenversicherungsträger wahrgenommen. – *6. Entwicklungen:* Durch die zunehmende Wettbewerbsorientierung der Krankenkassen besteht nur ein geringes Entwicklungspotenzial für gemeinsame Beratungsansätze. – *7. Abgrenzungen:* Die → gesetzliche Rentenversicherung (GRV) und die → gesetzliche Unfallversicherung (GUV) unterhalten eigene Beratungs- und Begutachtungsdienste. Auch die einzelnen Krankenkassen und ihre Verbände haben Beratungs- und Begutachtungsdienste aufgebaut. Die Begutachtung zur Feststellung der Pflegebedürftigkeit in der → privaten Pflegepflichtversicherung (PPV) wird von Medicproof, einer Tochtergesellschaft des → Verbands der privaten Krankenversicherung e.V., durchgeführt.

Medizinischer Fortschritt. *1. Begriff:* Oberbegriff für die im Zeitablauf entstehenden neuen und verbesserten medizinisch-technischen Diagnose- und Behandlungsmethoden. – *2. Konsequenzen:* Der M. führt zu einer besseren (Früh-)Erkennung von Krankheiten, schafft eine bessere Lebensqualität und/ oder eine höhere Lebenserwartung und erlaubt es, Krankheiten, die früher als unheilbar galten, zu heilen. Allerdings wirkt dieser Fortschritt i.d.R. kostenerhöhend. Viele Ausprägungen des M. weisen als sog. Produktinnovationen zudem einen additiven Charakter auf und substituieren nur in den wenigsten Fällen alte Behandlungs- und Diagnosemethoden. – *3. Folgen in der → privaten Krankenversicherung (PKV):* Im Rahmen der vertraglichen Leistungszusage gegenüber den Versicherungsnehmer können sich die Leistungen des Versicherers im Zuge des M. ändern. Versicherungsmathematisch entspricht der M. damit einer Ausweitung des Versicherungsschutzes. Bei jedem privaten Krankenversicherungsschutz, der automatisch am M. teilnimmt, entstehen so zwangsläufig Auswirkungen auf der Beitragsseite. → Beitragsanpassungen sind die Folge.

Medizinprodukte. Gegenstände, die zum Zweck der Erkennung, Verhütung, Überwachung, Behandlung oder Linderung von Krankheiten, Verletzungen oder Behinderungen aus medizinischen Gründen für Menschen verwendet werden, wobei die Wirkung im Unterschied zu → Arzneimitteln primär physikalisch erfolgt (§ 3 Medizinproduktegesetz).

Mehrfachversicherung. *1. Begriff:* Eine M. liegt vor, wenn bei mehreren Versicherungsunternehmen ein Interesse gegen dieselbe Gefahr versichert ist und die Versicherungssummen zusammen den Versicherungswert übersteigen oder die Summe der Entschädigungen, die von jedem Versicherungsunternehmen ohne Bestehen der anderen Versicherungen zu zahlen wäre, aus anderen Gründen den Gesamtschaden übersteigt (§ 78 I VVG). – *2. Würdigung und Folgen:* Der Versicherungsnehmer darf im → Versicherungsfall insgesamt nicht mehr als den Ersatz seines Schadens erhalten. Die Versicherungsunternehmen gleichen sich intern aus. Der Versicherungsnehmer hat ein Recht zur Beseitigung der M. nach Maßgabe des § 79 VVG.

Mehrfirmenvertreter, *Mehrfachvertreter, Mehrfachagent.* – *1. Begriff:* Bezeichnung für einen → Versicherungsvertreter, der zu mehreren Versicherern Vertreterverträge unterhält und für diese als → Versicherungsvermittler tätig ist. – *2. Typen:* Der M. kann in verschiedenen Ausprägungen vorkommen. Zum einen als M., der für verschiedene Versicherer in Konkurrenz stehende Produkte, z.B. Lebensversicherungen, vermittelt. Zum anderen gibt es den Typus des M., der zwar für mehrere Versicherer tätig ist, aber keine in Konkurrenz stehenden Versicherungsprodukte, sondern für die einzelnen Versicherer jeweils spartengebunden vermittelt. Während der M. mit Konkurrenzprodukten für die Ausübung seiner Tätigkeit der Erlaubnis nach § 34d GewO bedarf, ist der spartengebundene M. dem → Einfirmenvertreter angenähert und bei Übernahme der uneingeschränkten Haftung durch den/ die vertretenen Versicherer von der Erlaubnispflicht befreit (§ 34d IV GewO).

Mehrkosten. Kosten, die entstehen, wenn der Versicherungsnehmer nach einem Sachschaden Maßnahmen zur Weiterführung seines Betriebs und damit zur Vermeidung eines Ertragsausfalls ergreift. M. sind Grundlage der Mehrkostenversicherung in der Vermögensversicherung für gewerbliche und industrielle Betriebe.

Mehrkostenversicherung. *1. Begriff:* Versicherung zur Deckung von Mehrkosten, die infolge eines versicherten Sachschadens notwendig werden, um die erfolgsmindernden Folgen einer Unterbrechung oder Beeinträchtigung des versicherten Betriebs abzuwenden oder zu vermindern. – *2. Merkmale:* Die M. ist wie die → Betriebsunterbrechungsversicherung auf das Sach-Nutzungsinteresse ausgerichtet, ohne dass der mögliche → Unterbrechungsschaden Gegenstand des Versicherungsschutzes ist. Die M. bietet sich insbesondere für Betriebsarten an, bei denen im Fall der Betriebsunterbrechung kurzfristig eine vollständige Substituierbarkeit der betrieblichen Leistungen möglich ist. Die Dauer der Ersatzpflicht ist auf die vereinbarte → Haftzeit begrenzt. – *3. Arten:* a) → Technische Versicherungen: Die M. hat vornehmlich in den → technischen Betriebsunterbrechungsversicherungen Bedeutung erlangt. Die versicherten Mehrkosten werden im Klauselwerk (TK 4940) nach der Dauer ihrer Inanspruchnahme in zeitabhängige und zeitunabhängige Mehrkosten unterschieden. – b) → Feuerversicherung und verwandte Zweige: In der industriellen Feuerversicherung erfolgt die Mitversicherung der Mehrkosten i.d.R. mit Hilfe individueller Klauseln, die durch Versicherungsmakler oder Versicherer frei entwickelt und als Deckungserweiterung zur Sachsubstanzversicherung vereinbart werden. Grundsätzlich sind als Mehrkosten die Kosten der Maßnahmen versichert, die der Erhaltung oder der beschleunigten Wiederherstellung der Betriebsleistung dienen. Die Klauseln werden oftmals durch abschließende oder beispielhafte Aufzählungen der jeweiligen versicherten Kostenarten ergänzt.

Meistbegünstigungsklausel, *Best terms and conditions clauses.* – *1. Begriff:* Klauseln, die ein → Rückversicherer zu seinen Gunsten dem → Erstversicherer auferlegt, um sicherzustellen, dass bzgl. eines zu versichernden Risikos günstigere Bedingungen (meist → Rückversicherungsprämien) aus einem Versicherungsvertrag des Erstversicherers mit einem anderen, ebenfalls an diesem Risiko beteiligten Rückversicherer auch auf den eigenen Vertrag angewandt werden. – *2. Aktuelle Entwicklungen:* Nach einer Stellungnahme der EU-Wettbewerbskommission vom September 2007 ist die Verwendung solcher M. kartellrechtlich bedenklich.

Meldejahresschaden. *1. Begriff:* Schaden, der einem Versicherungsunternehmen in einem Kalenderjahr gemeldet wurde, und zwar unabhängig davon, ob er auch in dem entsprechenden Kalenderjahr eingetreten ist. – *2. Merkmale:* M. setzen sich aus den → Geschäftsjahresschäden und den → Spätschäden zusammen. – *3. Bedeutung:* Als Kennziffer beschreibt die Zahl der M. die Arbeitslast der Schadenabteilungen in dem betreffenden Kalenderjahr.

Mentoring, *Mentor-Konzept.* Konzept zur Einarbeitung und Entwicklung (überwiegend) von Führungsnachwuchskräften. Beim M. begleitet eine erfahrene Führungskraft den Berufseinstieg von Hochschulabsolventen z.B. innerhalb eines → Traineeprogramms oder den Einstieg einer Nachwuchsführungskraft in den Führungsalltag. Dabei profitiert die Nachwuchskraft (Mentee) zum einen von den fachlichen – und Führungserfahrungen, zum anderen von den Netzwerken und Unternehmenskenntnissen des Mentors. Eine neue Form ist das Cross-Mentoring, in dem ein Mentor eine Nachwuchskraft aus einem anderen Unternehmen oder einer anderen Branche für einen begrenzten Zeitraum (sechs bis zwölf Monate) in seiner Entwicklung begleitet. Der Erfolg des M. hängt wesentlich von der Qualität und dem Engagement der Mentoren ab. Zudem muss die „Chemie" zwischen Mentor und Mentee passen. Ein Abgleich, in der keiner der Beteiligten sein Gesicht verliert und dennoch eine Wahlmöglichkeit besteht, ist anspruchsvoll und in der Praxis die größte Herausforderung. Vgl. auch → Förderkreise, → Führungsnachwuchsprogramm, → Führungskräfteentwicklung.

Meritorik. Auf R. A. Musgrave zurückgehendes finanzwissenschaftliches Konzept für Güter (→ Gut), bei denen der Staat, die Konsumentensouveränität bewusst ignorierend, in das Marktgeschehen eingreift. Durch den Eingriff wird das für „falsch" erachtete Marktergebnis bzw. Konsumniveau korrigiert. Je nach gewünschter Richtung wird das Konsumniveau durch Steuern oder Auflagen verringert (bspw. Tabakkonsum) oder durch Transfers bzw. öffentliche Güter erhöht (bspw. freier Schulbesuch oder gebührenfreies Studium).

Methodenkompetenz. *1. Begriff:* Fähigkeit und Fertigkeit, die Informationen, die für die Erfüllung berufsspezifischer Aufgaben einer Stelle oder eines Arbeitsplatzes benötigt werden, zu beschaffen, zu erarbeiten, zu analysieren, zu strukturieren, in unterschiedlichen Situationen zielgerichtet zu verwenden und ansprechend darzustellen. Hierzu gehören u.a. die Lernfähigkeit, das Entwickeln von Problemlösungsstrategien, das Anwenden von Entscheidungsmethoden und von Techniken des Projektmanagements, das Moderieren und Präsentieren. → Schlüsselqualifikation in jedem Anforderungsprofil (siehe → Funktions- und Anforderungsprofil). – *2. Probleme:* In Theorie und Praxis existieren vielfältige Kompetenzmodelle. Eine einheitliche Zuordnung von Kompetenzen zu einem Kompetenzfeld (z.B. der M.) gibt es in der Theorie nicht. Eine Herausforderung in der Praxis ist es deshalb, die Modelle überschneidungsfrei zu formulieren, damit die Kompetenzen für die Aufgaben im Unternehmen eindeutig zugeordnet werden können. Ein gemeinsames Verständnis wird am ehesten über das konkrete Beschreiben von beobachtbarem Verhalten erreicht. Siehe auch → Fachkompetenz, → Handlungskompetenz, → Persönlichkeitskompetenz, → Sozialkompetenz.

Mietausfall. Liegt im Sinne der → verbundenen Wohngebäudeversicherung vor, wenn der Mieter von Wohnräumen infolge eines Versicherungsfalls nach § 548 BGB berechtigt ist, die Zahlung der Miete ganz oder teilweise zu verweigern. M. ist in der verbundenen Wohngebäudeversicherung zunehmend mitversichert.

Mietsachschäden. Schäden an gemieteten Sachen. Grundsätzlich sind M. in der → Haftpflichtversicherung aufgrund der → Besitzklausel nicht gedeckt. Durch die → Mietsachschadenklausel können M. teilweise allerdings wieder eingeschlossen werden.

Mietsachschadenklausel. Hebt den Ausschluss von → Mietsachschäden aufgrund der → Besitzklausel teilweise wieder auf. Die M. kann über die Besonderen Bedingungen und Risikobeschreibungen (BBR) vereinbart werden. Grundsätzlich sind hierdurch nur Schäden an Sachen gedeckt, die fest mit einem Gebäude verbunden sind und sich in Räumen befinden. Manche Versicherer bieten auch Versicherungsschutz für Schäden an mobilen Einrichtungsgegenständen in vorübergehend gemieteten Hotelzimmern oder Ferienwohnungen und an geliehenen oder gemieteten elektrischen medizinischen Geräten.

Mietverlustversicherung. *1. Begriff:* Versicherungsart, die den Mietverlust durch die Beschädigung oder Zerstörung von Gebäuden oder sonstigen Grundstücksbestandteilen infolge der Verwirklichung einer versicherten Gefahr zum Gegenstand des Versicherungsschutzes hat. Der versicherte Mietverlust kann entweder im Ausfall bzw. in der Minderung der Mietzahlung bestehen, sofern der Mieter kraft Gesetzes oder Mietvertrag dazu berechtigt ist, oder bei eigengenutzten bzw. unentgeltlich an Dritte überlassenen Räumen aus dem Nutzungsausfall in Höhe des ortsüblichen Mietwerts sowie etwaiger fortlaufender Nebenkosten. – *2. Merkmale:* Die M. ist der → Betriebsunterbrechungsversicherung verwandt. Sie kann für gewerblich genutzte Räume mit einem eigenständigem Bedingungswerk (AMB 2008) angeboten werden, wobei folgende → versicherte Gefahren bzw. Gefahrengruppen kombiniert oder einzeln vereinbart werden können: a) → Brand, → Blitzschlag, → Explosion, → Aufprall eines Luftfahrzeugs, – b) → Leitungswasser, – c) → Sturm, → Hagel. Die Dauer der Entschädigungspflicht ist auf die vertraglich vereinbarte → Haftzeit begrenzt, die i.d.R. zwölf Monate beträgt. Im Rahmen der → verbundenen Wohngebäudeversicherung ist das Risiko des Mietverlusts für nicht gewerblich genutzte Räume ohne besondere Vereinbarungen automatisch mitversichert.

Migration, *Wanderung. – 1. Begriff:* Formen der räumlichen Mobilität, bei der eine Verlagerung des Lebensmittelpunkts i.d.R. verbunden mit einem dauerhaften Wechsel des Wohnorts stattfindet. – *2. Merkmale:* M. stellt einen Überbegriff dar, der sich aus zwei Komponenten zusammensetzt: der Immigration oder Einwanderung und der Emigration oder Auswanderung. Es handelt sich jeweils um den gleichen Vorgang der M., der nur aus der Perspektive der Ziel- bzw. Herkunftsregion betrachtet wird. – *3. Abgrenzung:* Formen der M. werden üblicherweise nach der Wanderungsentfernung und insbesondere danach unterschieden, ob die M. innerhalb eines Landes oder über eine Ländergrenze erfolgt (→ Binnenwanderung oder → Außenwanderung). Ein weiteres Unterscheidungsmerkmal ist die zeitliche Dimension. Zwischen der endgültigen Verlagerung des Lebensmittelpunkts (Aus- oder Einwanderung) und der temporären M. existieren zahlreiche Übergangsformen. Heute spielen bei der räumlichen Mobilität zunehmend Saisonarbeitnehmer oder hochqualifizierte Personen eine Rolle, die periodisch wandern oder gleichzeitig mehrere Wohnstandorte bzw. Lebensmittelpunkte unterhalten. Weitere Abgrenzungsmerkmale betreffen die Häufigkeit der M. (z.B. Pendelmigration oder einmalige Wanderung), den Grad der Freiwilligkeit der Migrationsentscheidung, die Ursachen der M. und die Charakteristika der Wandernden (z.B. nach deren Grad der Qualifikation). – *4. Statistische Erfassung:* Die quantitative Erfassung von M. unterscheidet sich von Staat zu Staat. In Deutschland bildet die Zu- und Fortzugsstatistik den wichtigsten Indikator für Migration. Bei einem Wohnortwechsel über Gemeindegrenzen ist jede Person grundsätzlich verpflichtet, sich bei den betreffenden Gemeinden an- bzw. abzumelden. Die Gemeinden registrieren die Wohnortwechsel in ihren kommunalen Melderegistern und reichen die Meldeformulare an ihre jeweiligen statistischen Landesämter weiter. Diese werten die Meldeformulare aus, wodurch Zu- und Fortzugsstatistiken auf Länderebene entstehen. Das Statistische Bundesamt stellt die Ergebnisse zu einer Bundesstatistik zusammen und veröffentlicht sie regelmäßig. Vgl. auch Außenwanderung, Binnenwanderung, → differenzielle Migration, → Migrationsrate, → Wanderungssaldo.

Migrationsrate, *Wanderungsrate. – 1. Begriff:* Index zur Messung und Darstellung von → Migration, insbesondere im internationalen Vergleich. Dabei werden die Wanderungszahlen auf 1.000 Personen der mittleren Bevölkerung eines betrachteten Zeitraums (vgl. → Bevölkerungsbilanz) bezogen. – *2. Abgrenzung:* Die Bruttomigrationsrate beschreibt das Wanderungsvolumen (d.h. die Summe der Zu- und Abwanderungen) auf je 1.000 Personen der Bevölkerung. Die Nettomigrationsrate beschreibt dagegen den → Wanderungssaldo auf je 1.000 Personen der Bevölkerung. Davon abzugrenzen sind die Zu- und die Abwanderungsrate, die analog ermittelt werden können, indem die Zahlen der Zu- bzw. der Fortzüge auf je 1.000 Personen der Bevölkerung bezogen werden.

Mindestanforderungen an das Risikomanagement von Versicherungsunternehmen (MaRisk VA)

von Dr. Peter Ott

1. Begriff

Unter dem Stichwort „Solvency II" wird gegenwärtig an einer grundlegenden Neuregelung der Beaufsichtigung von Versicherungsunternehmen in Europa gearbeitet. In der zweiten Säule von Solvency II werden u.a. qualitative Mindestanforderungen an das Risikomanagement von Versicherungsunternehmen gestellt. Hinsichtlich der Entwicklung dieser Anforderungen gibt es allerdings nicht nur europaweite Entwicklungen. Auch der deutsche Gesetzgeber hat mit der 9. VAG-Novelle umfassende Anforderungen an das Risikomanagement von Versicherungsunternehmen insbesondere in § 64a VAG verankert. Ergänzend dazu wurden im Januar 2009 in einem Rundschreiben der Bundesanstalt für Finanzdienstleistungsaufsicht (BaFin) „Aufsichtsrechtliche Mindestanforderungen an das Risikomanagement (MaRisk VA)" veröffentlicht.[*] Diese Zweiteilung der rechtlichen Anforderungen in Gesetz und Rundschreiben findet sich analog im Bankenbereich durch den § 25a KWG und die Mindestanforderungen an das Risikomanagement für Banken wieder.

2. Inhalte

Inhaltlich sind die MaRisk VA in drei Teile gegliedert. Der erste Teil betrifft den strategischen Rahmen. Hier wird die Gesamtverantwortung der Geschäftsleitung für das Risikomanagement im Versicherungsunternehmen herausgestellt. Insbesondere ist von der Geschäftsleitung eine Risikostrategie festzulegen und zu dokumentieren; diese stellt die Basis für den Umgang mit den Risiken im Unternehmen dar. Insbesondere stellen die MaRisk VA Anforderungen hinsichtlich der strategischen Frage, auf Basis welcher Methoden die Risikotragfähigkeit des Unternehmens gemessen werden und ein Risikotragfähigkeitskonzept festgelegt werden sollen. In einem zweiten Teil wird eine Vielzahl von Anforderungen im Sinne sog. organisatorischer Rahmenbedingungen zusammengefasst. Hierunter sind differenzierte Leitlinien zur Aufbau- und Ablauforganisation zu subsumieren, die bspw. Anforderungen an das betriebliche Anreizsystem und das Notfallkonzept stellen. Ein wichtiger Bereich in diesem Zusammenhang ist auch, wie das Risikomanagement im Versicherungsunternehmen organisatorisch aufgebaut zu sein hat. Hierzu gibt es detaillierte Vorgaben zu Verantwortlichkeiten erstens der Geschäftsleitung, zweitens einer sog. unabhängigen Risikocontrollingfunktion und drittens der operativen Geschäftsbereiche im Versicherungsunternehmen. Hervorzuheben sind auch die Anforderungen an interne Kontrollen innerhalb der Unternehmensprozesse. Der dritte Teil besteht aus den Anforderungen an den Risikosteuerungs- und -kontrollprozess. Dieser beginnt mit der Identifizierung der Risiken. Danach schließt sich deren Analyse und Bewertung an. Die Anforderungen an die (modellgestützte) Risikobewertung sind von besonderer Bedeutung; denn hier ergibt sich die Verknüpfung zur ersten Säule von Solvency II. In einem dritten Schritt sind den aus den Einzelrisiken erwachsenden Kapitalbedarfen die vorhandenen Eigenmittel gegenüberzustellen. Daraus sind wiederum Limite für die Risikoübernahme abzuleiten. Diese Limite sind im Rahmen der Steuerung zu überwachen und in die Risikoberichterstattung zu integrieren.

---

[*] BaFin (Hrsg.): Rundschreiben 3/2009 (VA) - Aufsichtsrechtliche Mindestanforderungen an das Risikomanagement (MaRisk VA), in URL: http://www.bafin.de/cln_116/nn_722552/sid_826D42FC7C9D162AC1961D4EF712A8FC/haredDocs/Veroeffentlichungen/DE/Service/Rundschreiben/2009/rs__0903__marisk__va.html?__nnn=true, Abruf: 28.12.2009.

3. Herausforderungen für die Versicherungswirtschaft

Insgesamt bewirken die neuen Anforderungen an das Risikomanagement von Versicherungsunternehmen eine Reihe von konkreten Herausforderungen, die branchenweit unter Berücksichtigung des Prinzips der Proportionalität zu erfüllen sind. Eine dieser Herausforderungen ist die Ausarbeitung und Dokumentation der geforderten Risikostrategie, die als Basis für das Treffen von risikobehafteten Entscheidungen im Versicherungsunternehmen dient. Weiterhin stellt die Entwicklung eines aus dem Risikotragfähigkeitskonzept abgeleiteten Limitsystems einen Aufgabenbereich dar, der theoretisch sehr anspruchsvoll ist und dessen praktische Umsetzung die Unternehmen vor große Herausforderungen stellt. Im Bereich des Risikotragfähigkeitskonzepts sind v.a. der qualitätsgesicherte Ausbau der Methoden zur Risikomessung sowie die systematische Verwendung der Modellergebnisse zur Unterlegung der unternehmerischen Entscheidungen zu nennen. Im prozessualen Bereich ist zuvorderst der Themenkomplex der internen Kontrollen und sind die Anforderungen an die Umsetzung innerhalb der IT zu erwähnen, die nun auch aus aufsichtsrechtlicher Sicht zu umfassenden Anforderungen an die Existenz und Funktionsfähigkeit eines internen Kontrollsystems führen. Eine weitere Herausforderung ist die Weiterentwicklung der internen Risikoberichterstattung, die schon dadurch an Bedeutung gewinnt, dass die internen Risikoberichte nun gem. § 55c VAG an die BaFin zu übersenden sind.

4. Würdigung

Die MaRisk stellen eine deutschlandweite Antizipation wesentlicher Regelungen der Säule II von Solvency II dar. Durch sie werden beträchtliche Teile der qualitativen Anforderungen innerhalb des zukünftigen europäischen Aufsichtsrechts bereits jetzt in Deutschland umgesetzt.

Literatur/ Quellen: BaFin (Hrsg.), Rundschreiben 3/2009 (VA) - Aufsichtsrechtliche Mindestanforderungen an das Risikomanagement (MaRisk VA), in URL: http://www.bafin.de/cln_116/nn_722552/sid_826D42FC7C9D162A-C1961D4EF712A8FC/SharedDocs/Veroeffentlichungen/DE/Service/Rundschreiben/2009/rs_0903_marisk_va.html?_nnn=true, Abruf: 28.12.2009; Ellenbürger, F./ Ott, P./ Frey, C./ Boetius; F. (Hrsg.), Mindestanforderungen an das Risikomanagement (MaRisk) für Versicherungen: Eine einführende Kommentierung, Stuttgart 2009.

Mindestbeitrag in der gesetzlichen Rentenversicherung. Minimaler Beitrag. den freiwillig Versicherte (→ freiwillige Versicherung) zur → gesetzlichen Rentenversicherung (GRV) entrichten müssen. Seit Anfang 2007 liegt der M. bei monatlich 79,60 Euro.

Mindestgarantiefonds. Nach § 53c VAG i.V.m. der KapitalausstattungsVO ist der M. ein absoluter Betrag an → Eigenmitteln, dessen Höhe von den betriebenen Versicherungszweigen abhängt und der für die Erlaubnis zum Geschäftsbetrieb erforderlich ist. Bei Unterschreitung des M. muss das Versicherungsunternehmen auf Verlangen der Aufsichtsbehörde einen „Plan über die kurzfristige Beschaffung von Eigenmitteln" (→ Finanzierungsplan) zur Genehmigung vorlegen. Dabei sind nur Maßnahmen zuläs- sig, die die Eigenmittel erhöhen. Ebenfalls kann die Aufsichtsbehörde in diesem Fall die freie Verfügung des Versicherers über seine Vermögenswerte einschränken oder untersagen oder die Erlaubnis zum Geschäftsbetrieb entziehen.

Mindestrente. Niedrigste Rente, die bei einer Versicherungsgesellschaft abgeschlossen werden kann.

Mindestversicherungssumme. *1. Begriff:* Geringst mögliche → Versicherungssumme zur Abdeckung von Risiken. – *2. Merkmale:* Als M. wird die geringst mögliche Absicherungshöhe bezeichnet, die eine Versicherung bietet. In der → Kfz-Haftpflichtversicherung liegen die gesetzlichen M. bei 250.000 Euro je eingetretenem → Versicherungsfall und bei 1 Mio. Euro für

Minimum Capital Requirement (MCR)

alle Versicherungsfälle eines Versicherungsjahres. Höhere Versicherungssummen können vereinbart werden.

Minimum Capital Requirement (MCR). *1. Begriff:* Regulatorische Untergrenze des Solvenzkapitals von Versicherungsunternehmen im Rahmen der ersten Säule von → Solvency II. Es stellt die letzte aufsichtsrechtliche Eingriffsschwelle dar, bevor dem Unternehmen die Erlaubnis zum Geschäftsbetrieb entzogen wird. – *2. Merkmale:* Nach dem aktuellen Diskussionsstand zu Solvency II ergibt sich das MCR aus einem einfachen Faktormodell unter Berücksichtigung des Prämien- und Reserverisikos sowie spartenspezifischer Besonderheiten des Versicherungsunternehmens. Es muss in einem definierten Bereich liegen, der vom erforderlichen → Solvency Capital Requirement (SCR) abhängt. Zusätzlich ist als absolute Untergrenze ein fixierter Kapitalbetrag vorgegeben, der von den betriebenen Versicherungszweigen abhängt.

Mischung und Streuung. Kapitalanlagegrundsätze für Versicherungsunternehmen nach § 54 I VAG. Mischung bezieht sich auf die Arten der → Kapitalanlagen und soll vermeiden, dass sich Versicherungsunternehmen einseitig auf bestimmte Anlagearten (z.B. Aktien oder Immobilien) beschränken. Streuung bezieht sich auf die Schuldner und soll vermeiden, dass zu große Beträge an einzelne Adressaten gebunden werden.

Missbrauchsaufsicht. Neben dem Kartellverbot (siehe → Versicherungskartellrecht) und der Fusionskontrolle eines der drei maßgebenden Instrumente der Kartellaufsicht. Zentrale Vorschrift der deutschen Missbrauchskontrolle ist § 19 I GWB, wonach die missbräuchliche Ausnutzung einer marktbeherrschenden Stellung durch ein oder mehrere Unternehmen verboten ist. Im Gegensatz zur Kartellaufsicht umfasst die Missbrauchsaufsicht nur einseitige Verhaltensweisen.

Missstand. Eingriffstatbestand der → laufenden Aufsicht. Vgl. auch → Aufsichtsmittel.

Mitarbeiterbeurteilung. *1. Begriff:* Instrument der Mitarbeiterführung. Gliedert sich je nach Ziel der Beurteilung in Eignungs-, Potenzial- und Leistungsbeurteilung. Dabei beurteilt die Führungskraft Kompetenz, Potenzial oder Leistung der Mitarbeiter, mit denen er auch seine Einschätzungen bespricht. Die verfügbaren Diagnose-Methoden differenzieren sich analog zu ihren Zielsetzungen in Eignungsdiagnosen (z.B. Arbeitsproben, → Management-Audit), Potenzialdiagnosen (z.B. → Assessment Center, → 360°-Feedback) und Leistungsdiagnosen (z.B. Beobachtungen am Arbeitsplatz, Leistungsmessungen). Die Eignung einer Methode richtet sich nach dem Ziel der Beurteilung. – *2. Ziele:* Die M. dient der Transparenz in der Mitarbeiterführung. Der Mitarbeiter erfährt die Meinung der Führungskraft bzw. abhängig vom Verfahren auch das Feedback anderer Beobachter zu seiner Eignung, seinem Potenzial oder seiner Leistung. Die Führungskraft erhält durch die Diagnose z.B. Aufschluss über den richtigen Mitarbeitereinsatz, über zielführende Maßnahmen der → Personalentwicklung und über die leistungsgerechte Entlohnung. – *3. Merkmale:* Die Erstellung allgemeiner Beurteilungsgrundsätze, die den Rahmen für eine M. bildet, bedarf der Zustimmung des → Betriebsrats (§ 94 BetrVG). Hierzu wird häufig eine → Betriebsvereinbarung getroffen. Die M. sollte folgenden Bedingungen genügen: a) Sie sollte Basis eines transparenten Beurteilungssystems sein, das die Beurteilungskriterien und den Beurteilungsprozess klar beschreibt. – b) Im Fall der Leistungsbeurteilung sollte die M. durch die direkt verantwortliche Führungskraft erfolgen. – c) Die M. sollte regelmäßig (z.B. jährlich) bzw. bei außergewöhnlichen Anlässen (z.B. Vorgesetztenwechsel, Versetzung) durchgeführt werden. – d) Die M. sollte sich auf vorher definierte Anforderungen (siehe → Funktions- und Anforderungsprofil) beziehen und die Arbeitsbedingungen bzw. das Arbeitsumfeld mit berücksichtigen. – e) Die M. sollte offen besprochen werden. Der Mitarbeiter sollte die Möglichkeit einer (schriftlichen) Stellungnahme haben. – f) Die M. sollte offiziellen Charakter haben, d.h. der nächsthöhere Vorgesetzte und die Personalabteilung sollten die M. zur Kenntnis nehmen. – g) Die M. sollte kein Selbstzweck sein, sondern zu erkennbaren Konsequenzen führen (z.B. Entwicklungsvereinbarungen). – h) Das Verfahren der M. sollte regelmäßig auf Zielorientierung, Praxisbezug und Aktualität überprüft werden. – *4. Probleme:*

Eine M. kann nicht objektiv sein, denn eine Person (Subjekt) beurteilt eine andere (Subjekt). So kann es bei den Beobachtungen, deren Interpretationen und Bewertungen zu unterschiedlichen Meinungen kommen. Eine Objektivierung erfolgt über die vorgegebenen Kriterien und definierten Ausprägungen, den Prozess und den Austausch im Gespräch. Ob die M. zur Verbesserung der → Mitarbeiterzufriedenheit oder der → Mitarbeiterproduktivität beiträgt, hängt im Wesentlichen von der Qualität des Mitarbeitergesprächs ab.

Mitarbeiterproduktivität. *1. Begriff:* Verhältnis von mengenmäßiger Leistung und mengenmäßigem Arbeitseinsatz, bezogen auf einen oder alle Mitarbeiter eines Unternehmens. Die M. ist eine Kennzahl zur Mitarbeiterleistung. – *2. Ziele und Maßnahmen:* Die Messung der M. dient letztlich der Erhaltung und Steigerung der Mitarbeiterproduktivität. Letzteres erfolgt v.a. durch die Identifizierung ungenutzter Potenziale. Die Potenzialsuche erstreckt sich vom Mitarbeiter selbst, über optimierbare Systeme und Prozesse bis hin zum Arbeitsumfeld und zu den Arbeitsbedingungen: a) Potenziale des Mitarbeiters liegen zum einen in der Steigerung der Leistungsfähigkeit, z.B. durch Qualifizierung. Daraus sollen z.B. weniger Reklamationen und ein höherer Umsatz folgen. Zum anderen ist die Steigerung der Leistungsbereitschaft z.B. durch → Motivation und → Anreizsysteme zu nennen. Dies führt z.B. zu geringeren Fehlzeiten. – b) Eine System- und Prozessoptimierung kann bei gleichem Arbeitseinsatz die Leistungsmenge (z.B. bearbeitete Anfragen, Anträge, Schadenfälle und Reklamationen) steigern bzw. die gleiche Leistungsmenge mit geringerem Arbeitseinsatz erreichen. Dies kann u.a. zu besserer Termintreue, besserer Verfügbarkeit von Mitarbeitern und geringeren Materialkosten führen. – c) Auch das Arbeitsumfeld und die Arbeitsbedingungen haben Auswirkungen auf die psychische und physische Konstitution der Mitarbeiter sowie damit auch auf deren Produktivität. Zur Erhaltung der M. dienen Maßnahmen der Arbeitssicherheit, der Ergonomie sowie des Gesundheitsmanagements.

Mitarbeiterzufriedenheit. *1. Begriff:* Summe der positiven und negativen Emotionen und Befindlichkeiten von Mitarbeitern, einschl. von Führungskräften. Die M. kann sich auf einen einzelnen oder auf alle Mitarbeiter beziehen. Sie spiegelt sich im Betriebsklima wider. M. kann auch als Differenz von Erwartungen bzw. Bedürfnissen der Mitarbeiter und der Realität ausgedrückt werden. Die Erwartungen und Bedürfnisse beziehen sich auf unterschiedliche Ausprägungen der Beschäftigung in einem Unternehmen, wie die Tätigkeit selbst, Arbeitsbedingungen, Arbeitszeit, Entlohnung, Verhältnis zu Kollegen und direkter Führungskraft, Entwicklungs- und Karrieremöglichkeiten, Arbeitsplatzsicherheit, Information und Kommunikation, Kundenzufriedenheit usw. – *2. Ziele:* Erhaltung bzw. Steigerung der M., um dadurch die Leistungsbereitschaft (→ Motivation) der Mitarbeiter zu sichern bzw. zu erhöhen. Dies erfolgt v.a. durch das Identifizieren und Eingehen auf die Mitarbeiterbedürfnisse unter Berücksichtigung der Unternehmensziele. – *3. Messung:* Die M. kann durch Mitarbeiterbefragung und → 360°-Feedback direkt gemessen oder z.B. aus dem Arbeitszeitverhalten, dem Krankenstand, den Kundenreklamationen, den Verbesserungsvorschlägen und der → Fluktuation indirekt abgeleitet werden. Mitarbeiterbefragungen zur M. bieten auch eine gute Möglichkeit, Potenziale zur Steigerung der → Mitarbeiterproduktivität zu identifizieren.

Mitglieder. *1. Begriff und Merkmale:* → Träger eines → Versicherungsvereins auf Gegenseitigkeit (VVaG). Die Mitgliedschaft im Verein kommt im Regelfall unmittelbar durch Abschluss eines Versicherungsvertrags bei einem VVaG zustande (Mitgliedergeschäft); insofern besteht Personenidentität zwischen den M. und den Versicherungsnehmern. Ausnahmsweise können (größere) VVaG auch Nichtmitgliedergeschäfte betreiben. – *2. Typen und weitere Rechtsregelungen:* Jede natürliche oder juristische Person kann M. eines VVaG werden, wenn ein Versicherungsverhältnis mit dem VVaG begründet wird (§ 20 S. 2 VAG). Rechtsbeziehungen zwischen den M. sind ausgeschlossen; somit haften die M. nicht einzeln für die Verpflichtungen aus den Versicherungsverträgen. – *3. Sonstige Regelungen über den Beginn und das Ende der Mitgliedschaft:* Die Satzung des VVaG enthält Bestimmungen über den Beginn und das Ende der Mitgliedschaft. Wenn die Satzung nichts anderes vorsieht, endet die Mitgliedschaft mit dem Ende des Versicherungsverhältnisses (§ 20 VAG). Für eine Mitgliedschaft im VVaG bedarf es keiner Kapitaleinlage. – *4. Rechte und Pflichten der M.:* Das M. verpflichtet sich durch den Abschluss eines Vertrags zur Zahlung von Beiträgen. Dafür erhält das M. bzw. der Versicherungsnehmer Versicherungsschutz, das Recht auf Mitverwaltung und das Recht auf Beteiligung an den Überschüssen.

Mitgliedervertreterversammlung. *1. Begriff:* Gestaltungsvariante des → Obersten Organs eines → Versicherungsvereins auf Gegenseitigkeit (VVaG), bei der die → Mitglieder durch Mitgliedervertreter repräsentiert werden, die auch das Oberste Organ einberufen können. Eine Mindestzahl an Vertretern, deren Einberufungswunsch zur Versammlung führt, ist in der Satzung festgeschrieben. Die Mitgliedervertreter müssen selbst Mitglieder des VVaG sein. Abzugrenzen von der → Mitgliedervollversammlung. – *2. Bedeutung:* Die M. ermöglicht es großen VVaG, Mitgliederversammlungen wirtschaftlich durchzuführen; sie findet daher in der Praxis häufig Anwendung. – *3. Wahlverfahren:* a) Urwahlsystem: Alle Mitglieder sind zur Wahl der Mitgliedervertreter aufgerufen, und dieses Verfahren wird auch in jeder Wahlperiode angewandt. Der Vorteil des Urwahlsystems ist, dass es somit völlig basisdemokratisch geregelt ist. Nachteile sind die Kostenintensität und die fehlende Repräsentativität der Mitgliedervertreter bei geringer Wahlbeteiligung. – b) Einspruchssystem: Ein Wahlausschuss wählt die Mitgliedervertreter. Die gewählten Vertreter müssen den Mitgliedern benannt werden. Wenn innerhalb einer Frist kein Einspruch durch die Mitglieder erhoben wird, stehen die Mitgliedervertreter fest. – c) Kooptationssystem: Neue Mitgliedervertreter werden von der bestehenden M. gewählt. Die zur Wahl stehenden Vertreter werden vom → Vorstand oder gemeinsam vom Vorstand und → Aufsichtsrat oder von einem Wahlausschuss, der aus Mitgliedern besteht, gestellt. – d) Mischsystem: Aus den o.a. Verfahren können Mischsysteme gebildet werden, z.B. indem zunächst das Urwahlsystem gilt, dann über eine gewisse Zeit das Kooptationssystem angewandt wird, bevor wieder eine Urwahl erfolgt, und so fort.

Mitgliedervollversammlung. *1. Begriff:* Gestaltungsvariante des → Obersten Organs eines → Versicherungsvereins auf Gegenseitigkeit (VVaG), dem in diesem Fall alle Versicherungsmitglieder (→ Mitglieder) angehören. Abzugrenzen von der → Mitgliedervertreterversammlung. – *2. Weitere Merkmale:* Bei der M. kann das Oberste Organ direkt durch die Mitglieder zur Versammlung einberufen werden. Eine Mindestzahl an Mitgliedern, deren Einberufungswunsch zur Versammlung führt, ist in der Satzung festgeschrieben. – *3. Bedeutung:* Die M. kommt in der Praxis nur bei → kleineren Vereinen vor, da bei großen VVaG die Mitgliederzahlen zu hoch sind, um eine M. wirtschaftlich umzusetzen.

Mit-Rückversicherung. Vereinbarung zwischen mehreren → Erst- und/ oder → Rückversicherern über die Teilung eines Risikos auf der Rückversicherungsebene. Dies kann in einer sog. „offenen" Form geschehen, dass alle Beteiligten im Rückversicherungsvertrag oder → Slip mit ihrem jeweiligen Anteil aufgeführt werden, oder ein Rückversicherer zeichnet das Risiko vor und gibt es an die anderen Beteiligten im Wege der → Retrozession weiter.

Mitteilungspflichten. *1. Begriff:* Über die → Informationspflichten nach § 11 Versicherungsvermittlungsverordnung (VersVermV) hinaus haben → Versicherungsvermittler gegenüber dem Versicherungsnehmer nach § 60 VVG eine M. hinsichtlich ihrer Beratungsgrundlage. Der → Versicherungsvertreter hat mitzuteilen, für welche Versicherer er seine Tätigkeit ausübt und ob er als Ausschließlichkeitsvertreter (→ Ausschließlichkeit) tätig ist. – *2. Besonderheiten:* Der → Versicherungsmakler ist verpflichtet, seinem Rat eine hinreichende Zahl von auf dem Markt angebotenen Versicherungsverträgen und Versicherern zu Grunde zu legen, so dass er nach fachlichen Kriterien eine Empfehlung dahin gehend abgeben kann, welcher Versicherungsvertrag geeignet ist, die Bedürfnisse des Versicherungsnehmers zu erfüllen. Zum Marktüberblick gehört es, dass der Makler eine objektive Untersuchung des Markts durchgeführt hat. Wenn der Makler im Einzelfall nur einen eingeschränkten Marktüberblick hat, muss er den Versicherungsnehmer auf die eingeschränkte Vertragsauswahl hinweisen und die Namen der seinem Rat zu Grunde gelegten Versicherer mitteilen. Einfirmenvertreter stellen ihren

Kunden diese Informationen sowie diejenigen nach § 11 VersVermV oftmals auf einer Visitenkarte zur Verfügung. Makler und → Mehrfirmenvertreter verwenden darüber hinaus häufig Informationsbroschüren oder -flyer.

Mittelwertprinzip. Das M. bezüglich einer streng monoton wachsenden Funktion ist ein → Prämienprinzip, das jedem Risiko X die → Prämie $H[X] := g^{-1}(E[g(X)])$ zuordnet (→ Erwartungswert). Der bekannteste Vertreter des M. ist das → Exponentialprinzip, das sich mit $g(x) := \exp(\alpha x)$ und $\alpha > 0$ ergibt. Das M. ist nicht zu verwechseln mit dem → Erwartungswertprinzip.

Mittlere Feuer-Betriebsunterbrechungsversicherung. *1. Begriff:* Erscheinungsform der → Feuer-Betriebsunterbrechungsversicherung, die für mittelständische Sachgüter- und Dienstleistungsbetriebe abgeschlossen wird, und deren → Versicherungssumme üblicherweise einen Richtwert von 2,5 Mio. Euro nicht überschreitet. – *2. Merkmale:* Bei den M. handelt es sich im Gegensatz zur → Einfachen Betriebsunterbrechungsversicherung um einen rechtlich selbstständigen Vertrag. Die Rechtsgrundlage bilden die Sonderbedingungen für die Mittlere Feuer-Betriebsunterbrechungsversicherung (MFBU 2008), die zwar durch die Allgemeinen Versicherungsbedingungen für die Feuer-Betriebsunterbrechungsversicherung (FBUB 2008) vervollständigt werden, aber hinsichtlich der Ermittlung des → Versicherungswerts ein vereinfachtes → Summenermittlungsschema vorsehen und die Regelungen zur → Prämienrückgewähr ausschließen.

Mitverschulden. *1. Begriff:* Verursachungs- oder Verschuldensbeitrag des Geschädigten zum Schadeneintritt (§ 254 BGB). – *2. Merkmale:* M. schränkt die Ersatzpflicht des Schädigers entsprechend der Mitverschuldensquote ein. Voraussetzung ist, dass der Geschädigte an der Verursachung des Schadens mitgewirkt hat. Der Umfang der Mitverursachung bestimmt die Mitverschuldensquote.

Mitversicherte Personen. *1. Begriff:* Personen, die neben dem Versicherungsnehmer Versicherungsschutz haben. – *2. Merkmale:* Die M. sind nicht Vertragspartner des Versicherers. Sie sind im Rahmen eines Vertrags zu Gunsten Dritter begünstigte Personen im Sinne des § 328 BGB.

Mitversicherung. *1. Begriff:* Gemeinsame anteilsmäßige Absicherung ein und desselben Risikos eines Versicherungsnehmers durch mehrere Versicherer auf der Erstversicherungsebene. – *2. Merkmal:* Bedeutung erlangt die M. speziell bei der Abdeckung von Großrisiken, hauptsächlich in der industriellen Sachversicherung oder in der Transportversicherung.

Mitwirkungspflichten. *1. Begriff:* Abgeschwächte Form der → Arztanordnungsklausel in den neueren Bedingungen zur → Berufsunfähigkeitsversicherung. Die M. verpflichten den Versicherungsnehmer, Vorschlägen des behandelnden Arztes zur Minderung der gesundheitlichen Beeinträchtigung zu folgen. – *2. Ausprägungen:* Die am Markt geltenden Bedingungsregelungen sind sehr unterschiedlich. In einigen Bedingungen ist bzgl. der M. nichts geregelt. Manche Regelungen sehen „zumutbare ärztliche Anweisungen" vor, ohne sie näher zu definieren. Andere Regelungen bestimmen, dass „Arztanordnungen mit möglichen Reaktivierungschancen Folge zu leisten ist" oder verpflichten ihre Versicherten, „nach dem Prinzip von Treu und Glauben" zumutbare Maßnahmen zu ergreifen, um eine Minderung der gesundheitlichen Beeinträchtigung zu erreichen. – *3. Würdigung:* Prinzipiell ist ein vollständiger Verzicht auf die medizinischen M. nicht sinnvoll, da durch das höhere Leistungsaufkommen finanzielle Nachteile für das Versichertenkollektiv entstehen. Sinnvoll und zumutbar sind M., die die Verwendung von Seh- und Hörhilfen oder von Prothesen betreffen. Für den Versicherten ist Transparenz wichtig, um den Sinn der einzelnen M. zu erkennen.

Model Driven Architecture (MDA). Von der „Object Management Group" initiierter Standard für die modellgetriebene Software-Entwicklung. Der MDA-Standard soll für die Interoperabilität zwischen verschiedenen Entwicklungswerkzeugen sorgen und Software-Modelle automatisch in den Quellcode überführen. Die MDA unterstützt die Erstellung eines Modells, das unabhängig von einer konkreten technischen Plattform ist.

Modelled Loss Trigger. Modellierter → Schadentrigger. Dabei werden die Parameter eines Naturereignisses auf die Haftungsdatenbank eines Naturkatastrophenmodells angewandt. Wenn der modellierte Schaden einen bestimmten Grenzwert überschreitet, wird der → Cat Bond getriggert. Da der Cat Bond nicht auf den tatsächlich entstandenen Schaden abstellt, sondern die potentielle Schadenhöhe modelliert, gehört er zur Gruppe der → Non Indemnity Trigger.

Modellrechnung. Szenariorechnung gem. § 154 VVG über die Ablaufleistung in der → Lebensversicherung. Macht der Versicherer im Zusammenhang mit dem Angebot oder dem Abschluss einer Lebensversicherung bezifferte Angaben zur Höhe von möglichen Leistungen über die vertraglich garantierten Leistungen hinaus, hat er dem Versicherungsnehmer eine M. zu übermitteln, bei der die mögliche Ablaufleistung unter Zugrundelegung der → Rechnungsgrundlagen für die → Prämienkalkulation mit drei verschiedenen Zinssätzen dargestellt wird (§ 154 I VVG). Die Zinssätze sind in § 2 III VVG-InfoV festgesetzt: a) Der Höchstrechnungszinssatz, multipliziert mit 1,67; – b) der Zinssatz nach a) zuzüglich eines Prozentpunkts und – c) der Zinssatz nach a) abzüglich eines Prozentpunkts. Der Versicherer hat den Versicherungsnehmer klar und verständlich darauf hinzuweisen, dass es sich bei der M. nur um ein Rechenmodell handelt, dem fiktive Annahmen zu Grunde liegen, und dass der Versicherungsnehmer aus der M. keine vertraglichen Ansprüche gegen den Versicherer ableiten kann (§ 154 II VVG).

Moderne Assistance, *Mehrwertleistungen.* – *1. Begriff:* Jede nicht notfallbezogene → Assistance. – *2. Merkmale:* Die M. zielt auf eine Komplettlösung von Kundenproblemen. Dazu werden Serviceleistungen im Alltag angeboten und erbracht, die nicht an Notfallsituationen gebunden sind. Die Leistungen können zum einen solche aus dem Bereich → Freizeitassistance darstellen und zum anderen an die klassische Assistance, der Notfallhilfe, anknüpfen. Dazu gehört z.B. das → Schadenmanagement oder die Langzeitbetreuung von chronisch Kranken. – *3. Aktuelle Entwicklungen und Ausblick:* Die M. hält in immer mehr Lebensbereiche Einzug, z.B. im Rahmen von sog. „Loyalty Programmen" im Sport- und Freizeitbereich, im Handel u.a., da der allumfassende Service zu einem immer wichtigeren Kundenbindungs- und Differenzierungsinstrument wird.

Modified Coinsurance. *1. Begriff:* Rückversicherungsvertrag meist in der Personenrückversicherung, bei dem der → Zedent im Rahmen eines → Depots Wertpapiere, die die zedierten Reserven besichern, zurückbehält und dadurch eine Verpflichtung begründet, zu einem späteren Zeitpunkt Zahlungen an den → Rückversicherer zu leisten. – *2. Merkmale:* Die Zahlungen beinhalten einen proportionalen Anteil an der Bruttoprämie sowie den Ertrag aus den Wertpapieren.

Modifizierte Duration. → Duration.

Modigliani-Miller-These. *1. Begriff und Inhalte:* Im Jahr 1958 haben Modigliani und Miller im Rahmen ihrer kapitaltheoretischen Modellanalyse drei Thesen über die Zusammenhänge zwischen → Marktwert, Kapitalstruktur und → Kapitalkosten von Unternehmen aufgestellt. a) These 1: Der Marktwert eines Unternehmens ist unabhängig von seiner Kapitalstruktur und ergibt sich durch Kapitalisierung der erwarteten Gewinne (vor Abzug der Fremdkapitalzinsen). Diese These wird durch den Arbitragebeweis in der Weise gestützt, dass Marktwertunterschiede zwischen Unternehmen unterschiedlicher Verschuldungsgrade von rational handelnden Investoren durch Arbitrageoperationen ausgeglichen werden. – b) These 2: Die Eigenkapitalkosten eines Unternehmens sind eine linear ansteigende Funktion des Verschuldungsgrads. Diese Formulierung deckt sich formal mit der Gleichung zur Formulierung des → Leverage-Effekts, sie wird jedoch umfassender interpretiert. – c) These 3: Der Kalkulationszinsfuß, der dem internen Zinsfuß von Investitionsprojekten als Vergleichsmaß gegenüberzustellen ist, ergibt sich ausschließlich aus dem Geschäftsrisiko. Aus dieser These würde folgen, dass über → Investition und → Finanzierung getrennt entschieden werden kann. – *2. Folgerungen:* Kapitalstrukturänderungen eines Unternehmens haben keinen Einfluss auf dessen Marktwert und auf die Vermögensposition der Eigentümer, d.h. Entscheidungen über die Kapitalstruktur sind irrelevant.

Monopol. Auf einem → Markt steht nur ein Anbieter auf der Angebotsseite einer Vielzahl von Nachfragern gegenüber (Angebotsmonopol; → Marktformen). Bei seiner Entscheidung muss er nur seine eigenen Kosten und die Marktnachfrage, nicht aber auch die Preise von Konkurrenten (→ Polypol; → Oligopol) berücksichtigen. Der Monopolist besitzt eine (konjekturale oder erwartete) Preis-Absatz-Funktion (PAF), weil er durch eine Änderung seiner Angebotsmenge den (von ihm erwarteten) Preis beeinflusst. Im Gewinnmaximum ist der Grenzumsatz (Grenzerlös, E') gleich den Grenzkosten (K') (Bedingung 1. Ordnung) und die Steigung der Grenzumsatzkurve ist kleiner als die Steigung der Grenzkostenkurve (Bedingung 2. Ordnung) (vgl. die Abbildung). Dabei wird der auf die PAF gelotete Punkt C Cournotscher Punkt genannt; er zeigt den gewinnmaximalen Preis (p_M) und die gewinnmaximale Menge (x_M) des Monopolisten. Liegt ein unvollkommener Markt vor (siehe Marktformen), kann der Monopolist durch Preisdifferenzierung (zeitlich, regional oder nach Nachfragergruppen) seinen → Gewinn steigern.

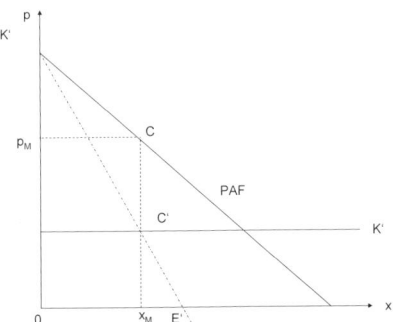

Im Rahmen der Regulierungsdebatte ist wiederholt vom → „natürlichen Monopol" gesprochen worden. Es liegt dann vor, wenn es aus bestimmten Gründen (z.B. der Existenz von Größenvorteilen, sog. increasing returns to scale) wirtschaftlich besser ist, dass nur ein Anbieter am Markt auftritt.

Monopolversicherung. *1. Begriff*: Der Versicherungsschutz darf von ausschließlich einem Versicherer angeboten werden. – *2. Geschichte*: In Bayern, Baden-Württemberg, Braunschweig, Hamburg, Lippe und Teilen von Hessen und Niedersachsen war die → Feuerversicherung bis 1994 eine M. der jeweiligen → öffentlichen Versicherer. In Baden-Württemberg schloss die M. neben der Feuerversicherung auch die Versicherung von Elementarschäden ein. – *3. Aktuelle Entwicklungen*: Die M. fiel im Zuge der Deregulierung der Versicherungswirtschaft 1994. Trotz starken Wettbewerbs halten die ehemaligen Monopolversicherer nach wie vor hohe Marktanteile.

Montage-Betriebsunterbrechungsversicherung. *1. Begriff*: Erscheinungsform der → technischen Betriebsunterbrechungsversicherung, die das Risiko des → Unterbrechungsschadens ausgleicht, der verursacht wird, wenn ein im Zuge der Montage- bzw. Probebetriebsphase eingetretener Sachschaden i.S.d. → Montageversicherung zu einer nicht fristgerechten Inbetriebnahme des im Versicherungsvertrag dokumentierten Montageobjekts führt. – *2. Merkmale*: Für die M. besteht kein eigenständiges Bedingungswerk, vielmehr werden die Allgemeinen Bedingungen für die → Maschinen-Betriebsunterbrechungsversicherung (AMBUB 2008) mittels zusätzlicher Klausel (TK 4970) um die risikospezifischen Merkmale der M. modifiziert. So beginnt der → Bewertungszeitraum mit dem Ende des Unterbrechungsschadens bzw. mit dem Ablauf der → Haftzeit, deren Anfang durch den geplanten Zeitpunkt bestimmt wird, an dem die Anlage nach dem erfolgreichen Probebetrieb hätte eingesetzt werden sollen.

Montageversicherung. → Allgefahrenversicherung des Montageobjekts gegen Sachschäden bis zur offiziellen Fertigstellung und Abnahme. Versicherbar sind Konstruktionen aller Art vorwiegend aus Metall. Bauwerke aus Beton, Stein, Erde und Holz können über eine → Bauleistungsversicherung abgedeckt werden. Der Versicherungsfall ist ein unvorhergesehener und plötzlich eingetretener Schaden an den versicherten Sachen ohne Rücksicht darauf, ob die Schadenursache mit der Montage zusammenhängt. Im Zweifel ist das Interesse aller Unternehmer gedeckt, die an dem Vertrag mit dem Besteller des Montageobjekts beteiligt sind. Wegen der Schwere des Montagerisikos ist die M. gegenüber anderen leistungspflichtigen Versicherungen subsidiär. Die M. ist eine Versicherungsart innerhalb der → technischen Versicherungen.

Monte Carlo-Simulation. *1. Begriff*: Auf einer bestimmten Methodik zur Erzeugung von Zufallszahlen beruhende Variante der →

stochastischen Simulation. – 2. *Methodik*: In einem ersten Schritt werden Realisationen einer auf dem Intervall von Null bis Eins gleichverteilten Zufallsvariable erzeugt. Jede Realisation wird dann als Argument in die Umkehrfunktion der spezifischen Verteilungsfunktion der als Output der Simulation gewünschten Variable eingesetzt. Als Ergebnis entsteht ein Datensatz von Realisationen, die asymptotisch der zuvor spezifizierten Verteilungsannahme gehorchen. – *3. Geschichte des Begriffs*: Der Begriff „Monte Carlo" wurde während des zweiten Weltkriegs durch John von Neumann und Stanisław Marcin Ulam bei Arbeiten an simulationsbasierten Geheimprojekten für die amerikanische Regierung geprägt. Er nimmt Bezug auf die Spielcasinos der Stadt Monte Carlo.

Montrealer Übereinkommen, *Montreal Convention*. – *1. Begriff:* Internationales Abkommen vom 28.5.1999 zur Regelung der Haftung des → Luftfrachtführers bei internationalen Flügen. – *2. Geschichte:* Das Warschauer Abkommen von 1929 wurde durch Zusatzvereinbarungen (z.B. Haager Protokoll von 1955), Selbstverpflichtungen der Luftfahrtgesellschaften (z.B. Montrealer Abkommen von 1966 zwischen der International Air Transport Association (IATA) und der US-Luftfahrtbehörde) und regionale Regelungen (z.B. EU-Richtlinien) mehrfach ergänzt. Zusätzlich zu den Anpassungen an die Gegebenheiten des internationalen Verkehrs (Unterscheidung zwischen vertraglichem und ausführendem Luftfrachtführer, Umstellung der Rechnungswährung von Goldfranken auf Sonderziehungsrechte, kurz: SZR) wurde insbesondere die Haftung des Luftfrachtführers dem Grunde und der Höhe nach ausgeweitet. Die sich daraus ergebende unübersichtliche Rechtslage soll durch das M. behoben werden. Für Deutschland trat das M. 2004 in Kraft. – *3. Anwendungsbereich:* Flüge zwischen zwei Vertragsstaaten. Ausgenommen sind Staatsflüge und der Postverkehr. Für Inlandsflüge gelten nationale Gesetze. – *4. Haftungsregelungen im Einzelnen:* a) Personenschäden: Es gilt eine verschuldensunabhängige Haftung bis 100.000 SZR pro Person für Unfälle während des Flugs und beim Ein- und Aussteigen. Eine Entlastung ist durch Unschuldsbeweis und/ oder bei Mitverschulden des Reisenden möglich. Darüber hinaus gilt eine unbegrenzte Haftung aus vermutetem Verschulden. Nach nationalem Recht kann eine Vorschusszahlung fällig werden (EU: 15.000 Euro). – b) Gepäckschäden: Haftung für Sachschäden an Bord des Luftfahrzeugs und in der Obhut des Luftfrachtführers. Die Haftung ist auf 1.000 SZR pro Reisendem beschränkt, außer bei Vorsatz oder bewusster Leichtfertigkeit. – c) Güterschäden: Haftungsbeschränkung auf 19 SZR/kg Gesamtgewicht. – d) Verspätungsschäden: Haftung außer bei unabwendbaren Ereignissen bis 4.150 SZR pro Reisendem. – e) Haftungsausweitung: Die Haftungsgrenzen für Gepäck- und Güterschäden können bei entsprechender Deklaration gegen Zusatzentgelt angehoben werden. – f) Haftungsanpassung: Die Haftungshöchstbeträge werden alle fünf Jahre überprüft und ggf. an die Teuerungsrate angepasst. – g) Gerichtsstand: Nach Wahl des Klägers der Wohnsitz, die Hauptniederlassung oder die Verkaufsstelle des Luftfrachtführers, der Bestimmungsort des Flugs, bei Personenschäden auch der Wohnsitz des Reisenden. – *5. Versicherungspflicht:* Für Luftfrachtführer besteht → Versicherungspflicht (i.S.e. Pflicht zum Abschluss einer → Haftpflichtversicherung). Deren Umfang wird in das Ermessen der Vertragsstaaten gestellt. In Deutschland ist die Versicherungspflicht in der Luftverkehrszulassungsordnung (LuftVZO) geregelt.

Moral Hazard, *Moralisches Risiko, Moralisches Wagnis*. – *1. Begriff:* M. beschreibt allgemein das Risiko, dass der Abschluss eines Vertrags bzw. die Verabschiedung eines Gesetzes das Verhalten einer Partei insofern beeinflusst, dass diese sich risikofreudiger bzw. konsumfreudiger verhält, als dies ohne einen solchen Kontrakt bzw. ein solches Gesetz der Fall gewesen wäre. – *2. Entwicklung und Geschichte des Begriffs:* Der Begriff des M. stammt aus der Versicherungswirtschaft und wurde erstmals im Zusammenhang mit → Feuerversicherungen verwendet. M. kommt jedoch auch in anderen Risikoversicherungen vor, so z.B. in der → Krankenversicherung oder bei Kfz-Kasko-Tarifen (→ Kfz-Kaskoversicherung). Häufig versuchen Versicherungsgesellschaften das Risiko von M. einzudämmen, indem sie Versicherungskontrakte mit → Selbstbehalten vorsehen, da eine direkte Einzelfallkontrolle oft unmöglich oder aber mit sehr hohen Kosten verbunden ist.

Morbidität, *lat. morbidus = krank, engl. morbidity, Erkrankungsrate.* – *1. Begriff:* Statistische Größe. Verhältnis der Anzahl auftretender Fälle einer definierten Krankheit in einem bestimmten Zeitraum zur Gesamtzahl der beobachteten Personen. Die Anzahl der Individuen, die eine bestimmte Erkrankung erlitten haben, wird i.d.R. bezogen auf 10.000 oder 100.000 Personen einer Bevölkerung angegeben. Beispiel: Im Jahr 2006 waren ca. 11 % der 60 - 69 Jährigen in den alten Bundesländern an Diabetes erkrankt. – *2. Indikatoren:* Wesentliche Indikatoren für die M. sind die Prävalenzrate, die alle erkrankten Individuen einbezieht, und die Inzidenzrate, in deren Berechnung nur die Anzahl der Neuerkrankungen eingeht: a) Punktprävalenz. Zahl der Erkrankten zu einem bestimmten Zeitpunkt; – b) Periodenprävalenz. Zahl der Erkrankten und Neuerkrankungen während eines festen Zeitrahmens; – c) kumulative Inzidenz. Zahl der neuen Krankheitsfälle in einer gegebenen Zeitspanne. – *3. Abgrenzung:* → Multimorbidität.

Morbiditätsorientierter Risikostrukturausgleich (Morbi-RSA). → Risikostrukturausgleich (RSA).

Mortalität, *Sterblichkeit.* – *1. Begriff:* Statistische Größe. Verhältnis der Anzahl der Todesfälle innerhalb einer Periode zur Gesamtzahl der beobachteten Personen, meist der Gesamtbevölkerung, global ausgedrückt durch → Sterbeziffern und durch → Sterbetafeln spezifiziert. – *2. Differenzierung:* Wenn nicht die M. innerhalb einer Gesamtbevölkerung, sondern für einzelne Altersgruppen betrachtet wird, geht es um die altersspezifische Mortalität. Durch die Berechnung spezifischer Sterbeziffern lassen sich Sterblichkeitsunterschiede (differentielle M.) zwischen Bevölkerungsgruppen untersuchen, z.B. zwischen Männern und Frauen (geschlechtsspezifische M.) oder zwischen verschiedenen Berufsgruppen (berufsspezifische M.). – *3. Abgrenzung:* Die berufsspezifische M. darf jedoch nicht mit der berufsbedingten M. verwechselt werden, die eine unmittelbar durch spezielle Risiken einer Berufsausübung oder durch Berufskrankheiten hervorgerufene M. darstellt.

Mortalitätsrisiko. Risiko einer Erhöhung (→ Risikolebensversicherung) oder Verminderung (→ Rentenversicherung) der Sterblichkeit. Siehe auch → Mortalität.

Mortgage Backed Securities (MBS). → Asset Backed Securities.

Motivation. *1. Begriff:* M. ist ein facettenreicher Begriff und sowohl in der Theorie als auch in der Praxis nicht eindeutig definiert. Unter M. können die Orientierung auf ein bestimmtes Ziel oder der Antrieb für ein bestimmtes Handeln verstanden werden. In jedem Fall geht mit der M. eine entsprechende Leistungsbereitschaft einher. Grundlage der M. sind Bedürfnisse i.S.v. Mangelempfindungen. Ein Mangelempfinden kann ein Motiv sein, ein bestimmtes Ziel zu verfolgen. Dazu müssen der Anreiz und die Aussicht auf Bedürfnisbefriedigung ausreichend sein. In Unternehmen spielt die M. der Mitarbeiter eine besondere Rolle, da neben der Mitarbeiterkompetenz deren M. bzw. Leistungsbereitschaft einen direkten Einfluss auf die → Mitarbeiterproduktivität hat. – *2. Ziele in der Personalarbeit:* M. der Mitarbeiter zur Erfüllung ihrer Aufgaben im Unternehmen, um damit ihren Beitrag zum Unternehmenserfolg zu optimieren. – *3. Merkmale:* Die M. entspringt der Einstellung zur Arbeitsaufgabe bzw. aus der Aufgabe selbst (intrinsische M.) und drückt sich in der Leistungsbereitschaft der Mitarbeiter aus. Motivieren steht für Maßnahmen der Führungskräfte bzw. des Unternehmens, die die Leistungsbereitschaft der Mitarbeiter erhalten bzw. fördern sollen. Ein Instrument dafür sind → Anreizsysteme. Insofern resultiert M. auch aus der mit der Aufgabenerfüllung verknüpften Belohnung (extrinsische M.). – *4. Formen:* Wichtige Formen der M. zur Erreichung der Unternehmensziele sind: a) die Leistungsmotivation, d.h. der innere Antrieb, Aufgaben eigenverantwortlich zu übernehmen und zu erfüllen; – b) die Aufstiegsmotivation, die indirekt wirkt, denn diesbezüglich ist die Arbeitsleistung nur Mittel zum Zweck, um etwas zu erreichen, z.B. Geld, sozialen Status, Einfluss und Macht; – c) die Bindungsmotivation, die sich in der Loyalität zum Unternehmen oder im Zugehörigkeitsgefühl zu einem Team ausdrückt. Gerade die Bindungsmotivation von Leistungsträgern ist für einen dauerhaften Unternehmenserfolg wichtig, denn sie fördert den Verbleib der Mitarbeiter im Unternehmen. – d) Die Demotivation drückt sich in einer negativen

Haltung zur Aufgabe, zum Unternehmen oder zu anderen Personen (z.B. Vorgesetzten, Kollegen) aus und zeigt sich in Passivität oder einer aktiven Schädigung des Unternehmens (z.B. durch Fehlzeiten, Arbeitsverweigerung oder Mobbing). Im Fall der Demotivation ist es wichtig, die Ursachen zu analysieren, um die → Mitarbeiterzufriedenheit gezielt zu fördern bzw. die Quellen der Unzufriedenheit zu beseitigen. – *5. Motivationstheorien:* Wichtige Erkenntnisse über die Fragen, was Leistungsbereitschaft und ein entsprechendes Leistungsverhalten erzeugt oder aufrechterhält bzw. wie der Motivationsprozess abläuft, liefern Motivationstheorien. Dazu gehören die Zwei-Faktoren-Theorie von Herzberg, die Bedürfnishierarchie von Maslow und die Erwartungs-Valenz-Theorie von Vroom.

Multikanal-Vertrieb

von Wolfgang Hanssmann

1. Definition

Der Multikanal-Ansatz ist ein Geschäftsmodell im Versicherungsvertrieb, nach dem Interessenten und bestehenden Kunden sämtliche Zugangswege zum Versicherungsunternehmen zur Verfügung gestellt werden. Der Versicherer nutzt also alle Vertriebskanäle und Kontaktmedien (Telefonie, Internet, Direktmailing etc.), um den Markt optimal bearbeiten zu können.

2. Thesen und Merkmale

Folgende Thesen liegen dem Multikanal-Ansatz zugrunde: Der Kunde entscheidet zunehmend situativ, welchen Zugangsweg er zum Versicherungsunternehmen wählt. Die Bedeutung von personalen Vertrieben in Versicherungsunternehmen wird abnehmen, aber langfristig auf hohem Niveau bleiben und zusätzlich durch moderne Medien ergänzt.

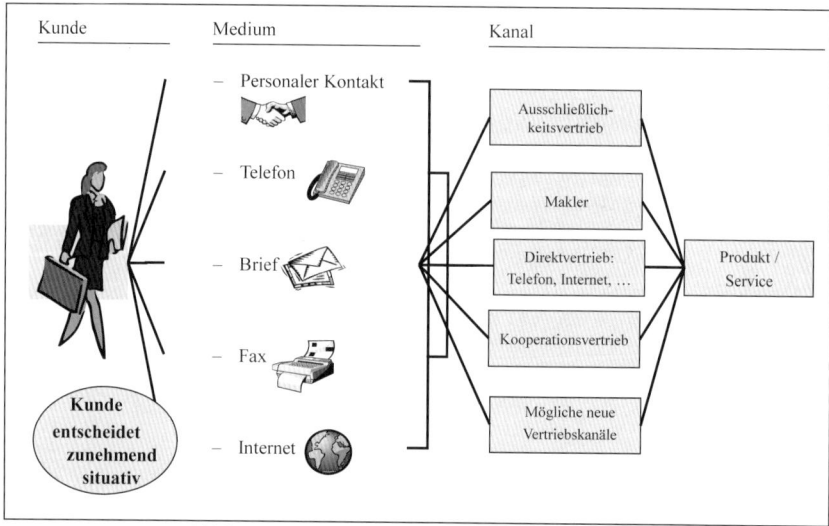

Abbildung 1: Kundenservice im Multikanal-Ansatz

Grundpfeiler für den Multikanal-Vertrieb ist eine abgestimmte und kooperative Zusammenarbeit von personalen Vertrieben und Direktvertrieb. Ein verbindliches Regelwerk zwischen allen Beteiligten hinsichtlich des Routing von Verträgen, der Provisionen und der Aufgabenerfüllungen ist für ein effektives Zusammenspiel sinnvoll.

3. Ziele

Grundsätzliches Ziel der Multikanal-Strategie ist es, die individuellen Bedürfnisse der Kunden optimal zu erfüllen und das Leistungsangebot über alle bedeutenden Medien und Zugangswege zur Verfügung zu stellen. Außerdem stehen die Neukundenakquisition, Cross- und Up Selling, sowie die sog. „Lead-Generierung" im Fokus.

4. Instrumente

Der Direktvertrieb trägt mit einem breiten Spektrum von Maßnahmen und unter Nutzung aller wesentlichen Kommunikationsformen (Internet, Mailings, Anzeigen etc.) dazu bei, die Möglichkeiten des personalen Vertriebs zu ergänzen. Zusätzlich ist ein Service-Center für die Bestandskunden eine zentrale Anlaufstelle für Fragen, Probleme und Anliegen aller Art, das in Ergänzung zu den personalen Vertriebswegen die Rund-um-die-Uhr-Betreuung sicherstellt. Das Kerngeschäft des Service-Centers besteht darin, das Bestandskundenmanagement im Rahmen der vom Kunden ausgehenden Inbound-Kontakte optimal zu unterstützen. Wird im Kundenkontakt, z.B. über das Internet, per Email-Anfrage oder im Service-Center, ein weitergehender Beratungsbedarf erkannt, der einen Kontakt eines Aussendienst-Mitarbeiters erfordert, werden entsprechende Leads zugestellt.

Der Service- und Vertriebsaspekt des Multikanal-Ansatzes kann anhand des Kundenlebenszyklusses verdeutlicht werden, und reicht vom Interessenten- über das Bestandskunden- bis hin zum Rückgewinnungsmanagement.

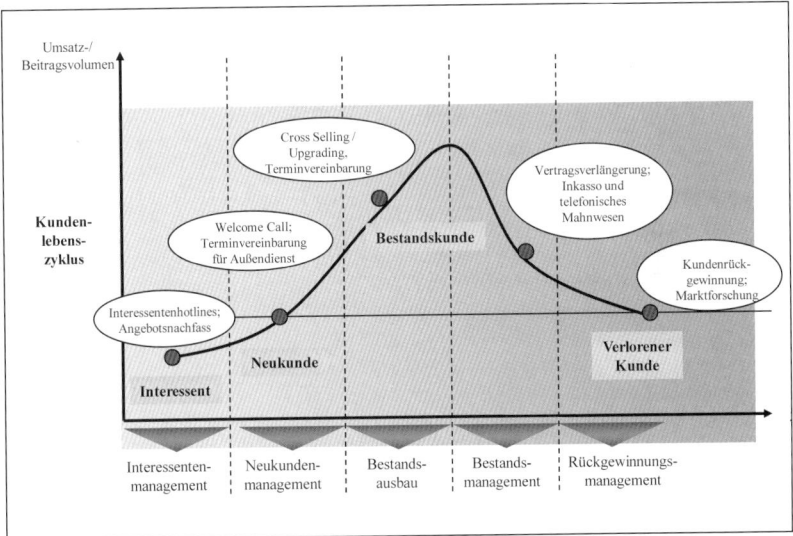

Abbildung 2: Multikanal-Management im Kundenlebenszyklus

5. Aktuelle Entwicklungen

Mit zunehmendem Ausbau des integrierten Direktvertriebs werden verstärkt kampagnenbezogene und dauerhafte Prozesse etabliert, um das Kundenpotenzial sowie das Interaktionspotenzial mit Kunden und Interessenten des Versicherungsunternehmens optimal zu nutzen. Dadurch werden die Stärken des traditionellen Personalvertriebs sinnvoll mit modernen, vorwiegend technisch unterstützten Kommunikationsmedien kombiniert.

Multi-Line-Deckung. Kombination mehrerer Sparten bzw. Zweige in einem Rückversicherungskonzept. Häufig in Kombination mit einer mehrjährigen Laufzeit (Multi-Year-Police) als Multi-Line-Multi-Year-(MLMY)-Konzept. Durch eine betragliche und zeitliche Abstimmung von Deckungen, Deckungsauslösern (z.B. → Double Trigger-Deckung) und Deckungslimiten kann ein hoher Integrationsgrad erreicht werden. Selbstbehalte und ggf. Rückversicherungsprämien lassen sich optimieren. Die Kombination mit Risikofinanzierungselementen der → Finanzrückversicherung ermöglichen auch die Integration von traditionell nicht versicherbaren Risiken (siehe → Blended Cover).

Multimorbidität, *lat. multi = viel und morbidus = krank, Polymorbidität, Polypathie, Mehrfacherkrankung. – 1. Begriff:* Das gleichzeitige Vorhandensein von mehreren Erkrankungen bei einer Person. – *2. Merkmale:* Insbesondere bei älteren Menschen tritt die M. verstärkt auf und ist ein Grund für die steigenden Gesundheitsausgaben in höheren Lebensjahren. – *3. Abgrenzung:* → Morbidität.

Multinomialverteilung. Die Zufallsvariablen $X_1, \ldots, X_m$ besitzen die M. mit den Parametern $n \in \mathbb{N}$ und $\vartheta_1, \ldots, \vartheta_m \in (0,1)$ mit $\sum_{i=1}^m \vartheta_i \leq 1$, wenn für alle $k_1, \ldots, k_m \in \mathbb{N}$ mit $\sum_{i=1}^m k_i \leq n$

$$P\left[\bigcap_{i=1}^m \{X_i = k_i\}\right] = \frac{n!}{(n - \sum_{i=1}^m k_i)! \prod_{i=1}^m k_i!} \left(1 - \sum_{i=1}^m \vartheta_i\right)^{n - \sum_{i=1}^m k_i} \prod_{i=1}^m \vartheta_i^{k_i}$$

gilt. Im Fall $m = 1$ ist die M. die → Binomialverteilung mit den Parametern n und ϑ_1.

Multiple-Trigger-Deckung. Mehrere Ereignisse (Trigger) werden definiert, um eine Versicherungsleistung auszulösen (→ Double Trigger-Deckung). Diese Risikoereignisse können sowohl aus der Versicherungstechnik als auch aus nichtversicherungstechnischen Bereichen stammen, wie aus der unternehmensinternen (z.B. Entwicklung der Kapitalanlagen) oder externen Finanzentwicklung (z.B. Aktienindex oder Marktzinsniveau) oder aus sonstigen Marktrisiken (z.B. Rohstoffpreisentwicklung). Die Kombination aus versicherungstechnischen und nichtversicherungstechnischen Triggern erlaubt übergreifende Diversifikationseffekte und die Unterstützung eines Asset/Liability-Management. Je nach Wahl der Trigger (versicherungstechnisch oder nicht) finden Multiple-Trigger-Konzepte innerhalb der traditionellen Rückversicherung, der → Finanzrückversicherung oder auch im → Alternativen Risikotransfer Anwendung.

Multiplikativer Tarif. Grundlage eines M. ist die Annahme, dass ein inhomogener Bestand vorliegt und dass durch Klassifizierung der Risiken nach den Tarifklassen bestimmter → Tarifmerkmale homogene Teilbestände gebildet werden können. (Bspw. werden in der → Kfz-Haftpflichtversicherung u.a. die Tarifmerkmale Regionalklasse und Typklasse betrachtet.) Allgemein ergibt sich bei zwei Tarifmerkmalen mit I bzw. J Tarifklassen eine Aufteilung der Risiken des Bestandes auf $I \times J$ Tarifzellen. Für jede Tarifzelle (i,j) ergibt sich aus dem → Gesamtschaden $S_{i,j}$ und der Anzahl der Risiken $n_{i,j}$ der Schadenbedarf $S_{i,j}/n_{i,j}$ pro Risiko in Tarifzelle (i,j). Unter der Annahme des multiplikativen Modells

$$E\left[\frac{S_{i,j}}{n_{i,j}}\right] = \mu\, \alpha_i\, \beta_j$$

reduziert sich das Problem der Schätzung der $I \times J$ → Nettoprämien $E[S_{i,j}/n_{i,j}]$ auf das Problem der Schätzung des Prämienniveaus μ und der Tariffaktoren $\alpha_1, \ldots, \alpha_I$ und $\beta_1, \ldots, \beta_J$. Wegen $\mu\, \alpha_i\, \beta_j = (\alpha\beta\mu)\,(\alpha_i/\alpha)\,(\beta_j/\beta)$ können die Tariffaktoren einer Skalierung unterworfen werden, indem bspw. für jedes Tarifmerkmal einer der Tariffaktoren gleich 1 gesetzt wird. In Anlehnung an die Gleichung $E[S_{i,j}] = n_{i,j}\,\mu\,\alpha_i\,\beta_j$ erhält man durch Summation über alle Tarifzellen einer Tarifklasse die Marginalsummengleichungen

$$\sum_{j=1}^J S_{i,j} = \sum_{j=1}^J n_{i,j}\mu\alpha_i\beta_j \quad i = 1,\ldots,I$$

$$\sum_{i=1}^I S_{i,j} = \sum_{i=1}^I n_{i,j}\mu\alpha_i\beta_j \quad j = 1,\ldots,J$$

Sind alle Tarifzellen besetzt, so besitzen die Marginalsummengleichungen eine bis auf die Skalierung eindeutige Lösung in Form von Schätzern $\widehat{\mu}, \widehat{\alpha}_1, \ldots, \widehat{\alpha}_I, \widehat{\beta}_1, \ldots, \widehat{\beta}_J$ der Parameter $\mu, \alpha_1, \ldots, \alpha_I, \beta_1, \ldots, \beta_J$; diese Schätzer können durch Iteration bestimmt werden. Der M. ist dann durch die Gesamtheit der Nettoprämien $H(i,j) := \hat{\mu}\,\hat{\alpha}_i\,\hat{\beta}_j$ bestimmt. Sind einige Tarifzellen leer, so lässt sich durch Iteration häufig eine approximative Lösung der Marginalsummengleichungen gewinnen, die für die Bestimmung eines M. ausreicht. Analog wird bei mehr als zwei Tarifmerkmalen verfahren. Die Vorteile eines M. lassen sich wie folgt zusammenfassen: a) Die Anzahl der zu schätzenden Parameter wird reduziert. – b) Durch Verwendung der statistischen Information aus dem gesamten Bestand ist auch die Tarifierung schwach besetzter Tarifzellen möglich. – c) Inflationseffekte wirken sich nicht auf die Tariffaktoren aus und können daher durch eine Anpassung des Prämienniveaus kompensiert werden.

Multi Risks-Deckung, *Multi Line-Deckung. 1. Begriff:* Versicherungsvertrag, in dem Deckungen aus mehreren → Versicherungszweigen (z.B. Gebäudeversicherung, Inhaltsversicherung, → technische Versicherungen, → Transportversicherung, → Haftpflichtversicherung, → Kfz-Versicherung, → Rechtsschutzversicherung) in Form einer → verbundenen Versicherung zusammengefasst werden. – Anders: → All Risks-Deckung, → Named Perils-Deckung. – *2. Ausprägungen:* Eine echte M. basiert auf einer verbundenen Versicherung, eine unechte M. auf einer → gebündelten Versicherung. Bei der echten M. liegt nur ein Versicherungsvertrag vor, ferner ein einheitliches (d.h. spartenübergreifendes) Bedingungswerk (integrierte Police) oder ein Vertragsrahmen mit allgemeinen, spartenübergreifenden Regelungen, dem die → Allgemeinen Versicherungsbedingungen (AVB) der relevanten Versicherungszweige angehängt werden (Anhangspolice), ein einheitliches Haftungslimit, eine einheitliche → Franchise sowie eine auf einer einzigen Bemessungsgrundlage fußende Gesamtprämie. – *3. Besonderheiten:* Aus Sicht des Versicherungsnehmers sind M. wegen der geringeren Komplexität, der einfacheren Verwaltung und der Prämienvorteile interessant; allerdings ist die Abhängigkeit vom Versicherer deutlich größer, da bei Vertragskündigung durch den Versicherer der gesamte Versicherungsschutz entfällt. Aus Sicht des Versicherers dienen M. dem → Cross Selling, der Vertriebsunterstützung durch Vereinfachung und ggf. niedrigeren Verwaltungskosten. – *4. Anwendungsgebiete:* M. finden sich im Privatkundensegment (→ verbundene Wohngebäudeversicherung, → verbundene Hausratversicherung), im Gewerbekundensegment sowie im Industriekundensegment (bspw. → Maschinenversicherung, → Betriebsunterbrechungsversicherung, → Transportversicherung, Haftpflichtversicherung). – *5. Probleme:* Die → Prämienkalkulation ist wegen der Vermischung von Risiken mit sehr unterschiedlicher Risikostruktur erschwert. Zudem ist die Sanierung einzelner Deckungsbausteine wegen entfallender Summen- und Prämienanpassungen und des insgesamt weniger transparenten Risikoverlaufs schwieriger. Aufgrund von Prämienzugeständnissen dürften M. i.d.R. – zumindest im Industriekundensegment – ertragsschwächer als Einzeldeckungen sein.

Multi-Year-Deckung. Vertragsvereinbarung mit mehrjähriger Laufzeit. Wesentliches Merkmal vieler Konzepte der → Finanzrückversicherung. Häufig findet sich dieses Konzept in Kombination mit mehreren Sparten bzw. Zweigen (Multi-Line-Police) als Multi-Line-Multi-Year-(MLMY)-Konzept. Eine mehrjährige Laufzeit fördert den Risikoausgleich in der Zeit, insbesondere bei Schäden mit geringer Eintrittswahrscheinlichkeit, aber hohem Schadenausmaß. Innerhalb der Finanzrückversicherung begünstigt eine mehrjährige Laufzeit die explizite Berücksichtigung von Zinsen bzw. Kapitalanlageerträgen und unterstützt den Mechanismus der Risikofinanzierung.

Musikinstrumentenversicherung. Versicherung des Verlusts von Musikinstrumenten aller Art einschließlich Zubehör und von Beschädigungen durch beliebige Gefahren, soweit nicht ausgeschlossen. Sonderbedingungen gelten für elektrische oder elektronische Übertragungs-, Verstärker- und sonstige Geräte.

Musterbedingungen. Früher von den Versichererverbänden in Abstimmung mit der → Aufsichtsbehörde ausgearbeitete → Allgemeine Versicherungsbedingungen (AVB). Nach Wegfall des aufsichtsbehördlichen Genehmigungsbedürfnisses haben die Verbände unverbindliche Musterbedingungswerke v.a. für das Privatkundengeschäft ausgearbeitet, was zu einer fortdauernden Markttransparenz beitrug. Ob die neue Entwicklung des

Musterkollektionsversicherung

europäischen → Versicherungskartellrechts diese Praxis künftig noch zulässt, ist fraglich.

Musterkollektionsversicherung. Versicherung von Schäden an Muster- und Verkaufswaren in Koffern, Taschen etc. des Handelsreisenden während der Transporte und üblichen Aufenthalte, verursacht durch Transportmittelunfall, höhere Gewalt, Elementarschäden, Einbruchdiebstahl, Diebstahl u.a. Gefahren, mit Ausnahme von Gold- und Silberwaren, Edelsteinen etc.

Mustertarife. → Tarifempfehlungen.

N

Nachbarschaftsgefahr. Gefahr aus Nachbargrundstücken. Neben der → Eigengefahr, die von dem versicherten Objekt oder dem Ort, an dem es sich befindet, selbst ausgeht, spielt die Gefahrensituation auf den Nachbargrundstücken bei der Risikobeurteilung einschließlich der Prämienbemessung eine (teils wichtige) Rolle. Bei erhöhter N., z.B. durch benachbarte gefährliche Betriebsarten, Gebäude oder Lagerhaltungen, ist ein Prämienzuschlag zu berechnen. Der Prämienzuschlag ist c.p. noch höher, wenn eine unzureichende bauliche oder räumliche Trennung vorliegt.

Nachgelagerte Besteuerung. Das Begriffspaar "vorgelagerte/ nachgelagerte" Besteuerung bezieht sich auf die Einkommen-(Lohn)-Besteuerung der Vorsorge- und Versorgungsleistungen des Arbeitgebers beim Arbeitnehmer. N. bedeutet, dass die Aufwendungen des Arbeitgebers zum Aufbau einer Versorgung beim Arbeitnehmer steuerfrei sind (vgl. → Altersvorsorge), dafür werden die Versorgungsleistungen (voll) besteuert (vgl. → Altersvorsorge). Siehe auch → vorgelagerte Besteuerung.

Nachhaltigkeitsfaktor. *1. Begriff*: Faktor in der → gesetzlichen Rentenversicherung (GRV) zur Berücksichtigung der Entwicklung des Rentenquotienten, d.h. des Verhältnisses der Zahl der Renten zur Zahl der Erwerbspersonen, bei der → Dynamisierung der Rente. – *2. Merkmale*: Ein steigender Rentenquotient schlägt sich tendenziell in einer Reduktion des → aktuellen Rentenwerts nieder. Der N. kam erstmals im Juli 2005 zur Anwendung. – *3. Ziele*: Durch den N. soll ein Teil der Anpassungslasten in der GRV infolge der verlängerten Lebenserwartungen, des veränderten Reproduktionsverhaltens sowie der Entwicklung der Erwerbstätigkeit auf die Rentner übertragen werden.

Nachhaltigkeitsrücklage. *1. Begriff*: Finanzielle Reserven, die die → Träger der gesetzlichen Rentenversicherung zur Deckung auftretender Ausgabenüberschüsse gemeinsam vorzuhalten haben. – *2. Merkmale*: Der → Beitragssatz zur → gesetzlichen Rentenversicherung (GRV) ist so festzulegen, dass die Mittel der N. das 0,2fache der durchschnittlichen Monatsausgaben nicht unterschreiten (Mindestrücklage) und das 1,5fache dieser Ausgaben nicht überschreiten (Höchstrücklage).

Nachlauf. → Schadenreservierung.

Nachprüfung. *1. Begriff*: In der → Berufsunfähigkeitsversicherung die periodische Prüfung des Versicherers auf Fortbestehen der → Berufsunfähigkeit im Leistungsfall. – *2. Zweck*: Im Interesse der Versichertengemeinschaft ist es sinnvoll, zu überprüfen, ob die Leistungsvoraussetzungen zur Erbringung der Versicherungsleistungen im Rahmen der Berufsunfähigkeitsversicherung weiterhin gegeben sind. Wichtigstes Kriterium ist eine mögliche Veränderung des Gesundheitszustands.

Nachrangige Verbindlichkeiten. *1. Begriff*: Verbindlichkeiten, die im Fall einer Insolvenz oder Liquidation erst nach den Forderungen anderer Gläubiger erfüllt werden dürfen (§ 22 RechVersV). Bestandteil des → Nachrangkapitals. Posten auf der Passivseite der → Bilanz. – *2. Weitere Merkmale*: Durch die Nachrangvereinbarung haben die N. in Bezug auf ihre Haftqualität gegenüber den Gläubigern Eigenkapitalcharakter. Dementsprechend werden N. unter bestimmten weiteren Voraussetzungen auch als Haftkapital im Rahmen von Basel II (Banken) bzw. als → Eigenmittel im Rahmen der → Solvabilität (Versicherungsunternehmen, vgl. § 53c IIIb VAG) berücksichtigt. Im

Vertrag zwischen Gläubiger und Schuldner muss dafür u.a. explizit festgehalten werden, dass im Fall der Liquidation diese Verbindlichkeiten nachrangig bedient werden. N. umfassen die niedrigeren Ränge des Nachrangkapitals, die im Bereich des Bankennachrangkapitals das Ergänzungskapital zweiter Klasse („Lower Tier 2") und die Drittrangmittel („Tier 3") beinhalten. Die Kapitalkosten von N. liegen zwischen denen des → Eigenkapital und des → Fremdkapital. Die Zinsaufwendungen wirken steuermindernd. – *3. Ziele:* Emittenten von N. sind insbesondere Banken und Versicherungsunternehmen, um damit Haftkapital bzw. Eigenmittel im aufsichtsrechtlichen Sinn zu schaffen (s.o.). Außerdem kann durch N. die Sicherheitskapitalausstattung erweitert werden, ohne das stimmberechtigte Eigenkapital erhöhen zu müssen. – *4. Abgrenzung:* Auch für das → Genussrechtskapital gilt regelmäßig eine Nachrangvereinbarung, es wird aber unter einem gesonderten Posten ausgewiesen.

Nachrangkapital. *1. Begriff:* Kapital mit einer Mischung aus Eigen- und Fremdkapitalcharakteristika. Siehe auch → Nachrangige Verbindlichkeiten und → Genussrechtskapital. Ohne ein Stimmrecht auszulösen, nimmt das N. vollständig an etwaigen Verlusten teil. Im Insolvenzfall wird zunächst das (übrige) Fremdkapital befriedigt, das N. wird aus der verbleibenden Summe zurückgezahlt. Innerhalb des N. gilt die Regel, dass die Rückzahlungsquote (Recovery-Rate) umso geringer und der Kupon umso höher ist, je nachrangiger das Kapital ist. – *2. Weitere Merkmale:* N. ist i.d.R. langfristig mit Laufzeiten von mindestens zehn Jahren bis hin zur unendlichen Laufzeit (Perpetuals) ausgestattet. Des Weiteren ist die Zinszahlung mit optionalen oder verpflichtenden Aussetzungen bei Verlusten des Unternehmens versehen. Das → Rating von N. liegt i.d.R. zwei Stufen unter dem Rating des Emittenten. – *3. Emittenten:* Wesentliche Emittenten von N. sind Banken, Versicherungs- und Industrieunternehmen, wobei Banken in der Praxis die größte Relevanz besitzen. N. von Banken wird nach der Stufe seiner Nachrangigkeit in vier Klassen eingeteilt: Das dem Kernkapital zurechenbare N. wird als „Tier 1" bezeichnet. N. der Klasse „Upper Tier 2" kann als Ergänzungskapital erster Klasse verwendet werden, während N. der Klasse „Lower Tier 2" nur als Ergänzungskapital zweiter Klasse eingesetzt werden kann. Das N. der Klasse „Tier 3" wird dem Fremdkapital zugerechnet und daher in der Praxis kaum genutzt. Von Versicherungsunternehmen ausgegebenes N. wird derzeit noch nicht in Klassen eingeteilt (im Rahmen von → Solvency II dürfte sich das ändern), kann aber anhand der Rangstelle im Insolvenzfall, der Höhe des Kupons und der Fälligkeit ebenfalls in verschiedene Risikostufen eingruppiert werden. Banken und Versicherungsunternehmen emittieren N. zur (besseren) Erfüllung der Basel II- bzw. der Solvabilitätskriterien (→ Solvabilität), da es (teilweise) als Haftkapital angerechnet werden kann. Damit verbessert die Ausgabe von N. auch das Finanzprofil eines Unternehmens.

Nachschussforderungen. Inanspruchnahme der → Nachschusspflicht mit der Folge, dass entsprechende Forderungen seitens des Versicherungsvereins auf Gegenseitigkeit (VVaG) gegenüber den Mitgliedern vorliegen, solange letztere die nachgeforderten Leistungen noch nicht erbracht haben.

Nachschusspflicht. *1. Begriff:* Besonderheit des → Versicherungsvereins auf Gegenseitigkeit (VVaG). Verpflichtung aus der Mitgliedschaft, zusätzlich zu den Beiträgen Leistungen zu erbringen, die von bestimmtem in der → Satzung näher geregelten Voraussetzungen abhängig sind und sich wirtschaftlich wie eine Erhöhung der Beiträge auswirken. Umfang, Ausschreibung und Einziehung der nachgeforderten Beiträge müssen in der Satzung genau festgelegt werden (§§ 24, 27 VAG). – *2. Bedeutung:* Die N. kommt für die Lebens- und Krankenversicherung schon aus rechtlichen Gründen nicht mehr in Frage (keine Anrechnung auf die Solvabilität, § 53c III Nr. 5 Buchstabe b VAG); aus Wettbewerbsgründen kommt sie auch im sonstigen Verbrauchergeschäft praktisch nicht mehr vor. Ihre Bedeutung reduziert sich allenfalls auf das ergebnisvolatile Elementarschadengeschäft.

Nachversicherung. Nachträgliche Ausweitung des Versicherungsschutzes durch den Einbezug veränderter oder neuer Risiken – speziell durch Erhöhung der → Versicherungssumme bei Werterhöhungen oder Neuanschaffungen – in einen bestehenden Versicherungsvertrag während einer Versicherungsperiode.

Nachversicherungsgarantie. Klausel in der → Berufsunfähigkeitsversicherung. Gibt dem Versicherten die Möglichkeit, während der Beitragszahlungsdauer die versicherte → Berufsunfähigkeitsrente ohne erneute → Gesundheitsprüfung zu erhöhen. Im Unterschied zur → Beitragsdynamik, die eine laufende Anpassung der Rentenhöhe an langsam steigende Einkommen und zum Inflationsausgleich ermöglicht, ist mit der N. ein sofort zur Verfügung stehender höherer Berufsunfähigkeitsschutz gewährleistet. Ist eine N. Tarifbestandteil oder gesondert vereinbart, kann von ihr Gebrauch gemacht werden, wenn bestimmte Ereignisse in den Lebensumständen eintreten. Hierzu gehören z.B. Heirat, Geburt eines Kindes oder Erwerb einer Immobilie. Aus Kundensicht ideal ist eine N., die ereignisunabhängig ist. Diese wird aber nur von wenigen Versicherern angeboten.

Näherungsverfahren, steuerliches. → Steuerliches Näherungsverfahren.

Named Perils-Deckung, *Benannte Gefahren-Versicherung. – 1. Begriff:* → Versicherungsdeckung nach dem Prinzip der Spezialität der Gefahren, die nur die im Versicherungsvertrag ausdrücklich benannten Gefahren (→ versicherte Gefahren) umfasst. Eine zusätzliche Voraussetzung ist, dass die versicherten Gefahren auf die → versicherten Sachen, die → versicherten Personen und das versicherte Vermögen einwirken und dort zu → versicherten Schäden führen. – Anders: → Multi Risks-Deckung. – Gegensatz: → All Risks-Deckung. *– 2. Abgrenzung:* Im Unterschied zur All Risks-Deckung sind bei der N. die sog. „unbenannten Gefahren" nicht mitgedeckt; zudem trägt der Versicherungsnehmer die Beweislast für den Eintritt eines versicherten Schadens durch eine versicherte Gefahr (→ Versicherungsfall).

Namenspapiere. *1. Begriff:* Wertpapiere, die sich dadurch auszeichnen, dass sie einen Anspruch einer namentlich bestimmten Person verbriefen. Nur der namentlich genannte Inhaber oder sein Rechtsnachfolger können den Anspruch geltend machen. *– 2. Formen und Merkmale:* N. können nach der Art der Übertragbarkeit in Rektapapiere und Orderpapiere unterschieden werden. Rektapapiere sind nur durch Abtretung der Forderung übertragbar (Rektascheck, Hypothekenpfandbrief), während Orderpapiere mittels Indossament übertragen werden. Dabei erbringt der Aussteller die Leistung an die im Papier genannte Person oder an einen Dritten, den die im Papier genannte Person als Gläubiger angibt. Die Urkunde dient der Sichtbarmachung und als Nachweis der Rechte. Beispiele für N. sind Namensaktien, Hypotheken und Grundschuldbriefe.

Nässe. Entsteht durch bestimmungswidrig austretendes → Leitungswasser. Infolge von N. können Sachen zerstört oder beschädigt werden oder abhanden kommen. Schäden an versicherten Sachen durch N. sind im Rahmen der Gefahr Leitungswasser in der → verbundenen Wohngebäudeversicherung mitversichert.

Naturalersatz, *Naturalrestitution. – 1. Begriff:* Form der Entschädigungsleistung, bei der das Versicherungsunternehmen keine Geldleistung erbringt, sondern eine Leistung „in natura". *– 2. Beispiel:* Prominentestes Beispiel ist die Gebäudeglasversicherung (→ Glasversicherung). Nach § 11 AGlB ersetzt der Versicherer die beschädigte oder zerstörte Sache durch Liefern und Montieren von Sachen oder Sachteilen gleicher Art und Güte. Neuere Ansätze von Naturalersatzleistungen sind z.B. die prämienvergünstigten Kfz-Kaskotarife mit Werkstattservice, bei denen der Versicherungsnehmer sein beschädigtes Fahrzeug in einer vom Versicherer benannten Werkstatt reparieren lassen muss.

Natürliches Monopol. Ein N. resultiert nicht aus dem gezielt wettbewerbswidrigen Verhalten eines Produzenten, sondern ist die Folge einer spezifischen Produktions- und Kostenstruktur mit → steigenden Skalenerträgen. Diese führen dazu, dass die Gesamtkosten mit der Faktoreinsatzmenge nur unterproportional zunehmen, so dass eine effiziente Bereitstellung durch nur einen Anbieter erfolgen kann. Typische Beispiele sind netzgebundene Industrien, wie Telekommunikation, Strom, Bahn etc. Einer Monopolpreisbildung kann der Staat entgegen wirken, indem er sicherstellt, dass ein Eintritt potenzieller Wettbewerber in den Markt jederzeit möglich ist (sog. contestable markets) oder indem er mittels Regulierung einen kostendeckenden Preis vorgibt (in beiden Fällen entspricht der Preis den Durchschnittskosten). Außerdem kann der Staat die Leistung selbst bereitstellen und entstehende Verluste aus dem Staatshaushalt finanzieren.

Natürliches System der Überschussbeteiligung. System der → Überschussbeteiligung der Versicherungsnehmer in der →Lebensversicherung, das sich bei der Zuteilung der Überschüsse auf die einzelnen Versicherungsverträge an den Komponenten orientiert, die die Überschüsse erzeugt haben. So wird mit einem N. der → Zinsgewinn entsprechend den → versicherungstechnischen Rückstellungen für die einzelnen Lebensversicherungen und der → Risikogewinn anhand der → Risikoprämien verteilt. Abzugrenzen vom → mechanischen System der Überschussbeteiligung.

Nebenberuflicher Vermittler. → Vertreter im Nebenberuf.

Nebeninteressenversicherung. *1. Begriff:* Versicherung von in der Hauptversicherung nicht oder nicht ausreichend abgedeckten Interessen, z.B. Ertragsausfall, Kundenverlust und sonstige Mehrkosten. – *2. Besonderheiten in der Seekaskoversicherung:* a) Versicherungsbedingungen: Die DTV-Klauseln (→ DTV) für Nebeninteressen setzen das Vorhandensein einer → Seekaskoversicherung voraus. – b) Deckungsumfang: (1) Bei einem Totalverlust des Schiffs und bei gleichzusetzenden Fällen, wie Reparaturunwürdigkeit oder → Abandon, sind im Rahmen der vereinbarten Summe weitere Interessen des Reeders versichert (vgl. oben unter 1.), die nicht besonders nachgewiesen werden müssen. (2) Im Fall von → Havarie grosse oder bestimmten Drittschäden (→ Kollisionshaftungsversicherung) ergänzt die N. die unter der Seekaskoversicherung zur Verfügung stehenden Deckungssummen. (3) Mitversichert ist auch das Interesse an Frachtgeld und Passagegeldern, die nach einem Schadenereignis gekürzt, zurückerstattet oder zur Deckung anderer Forderungen verwendet werden. (4) Der Versicherer ersetzt zeitanteilig die nach einem Totalverlust verfallenden Versicherungsprämien für die auf das Schiff genommene Kasko- und Nebeninteressenversicherung.

Negativbinomialverteilung. Eine Zufallsvariable N besitzt die N. mit den Parametern $\beta \in (0, \infty)$ und $\vartheta \in (0, 1)$, wenn für alle $k \in \mathbb{N}_0$

$$P[N = k] = \binom{\beta + k - 1}{k}(1 - \vartheta)^\beta \vartheta^k$$

gilt. In diesem Fall hat N den → Erwartungswert $E[N] = \beta\vartheta/(1 - \vartheta)$ und die → Varianz $\mathrm{var}[N] = \beta\vartheta/(1 - \vartheta)^2$. Die N. ist ein Spezialfall der → Panjer-Verteilung und der → gemischten Poisson-Verteilung.

Negativliste. *1. Begriff:* Im Gesundheitswesen Liste von → Arzneimitteln, die von der → gesetzlichen Krankenversicherung (GKV) nicht erstattet werden. – *2. Ausgestaltung:* Seit 1984 besteht eine gesetzliche N. für Arzneimittel bei Bagatellerkrankungen (z.B. Erkältungskrankheiten). Das → Bundesministerium für Gesundheit (BMG) hat 1991 durch eine Rechtsverordnung „unwirtschaftliche" Arzneimittel von der Versorgung ausgeschlossen. Der Gemeinsame Bundesausschuss kann darüber hinaus weitere unwirtschaftliche Arzneimittel durch Richtlinien ausschließen. Arzneimittel, die als Lifestyle-Präparate gelten (z.B. Mittel zur Potenzsteigerung), und nicht-verschreibungspflichtige Arzneimittel hat der Gesetzgeber 2003 auf die N. gesetzt. – *3. Abgrenzungen:* Eine nur teilweise Erstattungsbegrenzung besteht, wenn die Preise von Arzneimitteln oberhalb des Festbetrags bzw. Erstattungshöchstbetrags liegen, den der → Spitzenverband Bund der Krankenkassen aufgrund gesetzlichen Auftrags festlegt. Eine → Positivliste der erstattungsfähigen Arzneimittel besteht demgegenüber in Deutschland nicht.

Net Present Value. → Kapitalwert.

Netto. Verbleibendes Geschäft nach Rückversicherungsabgabe

Nettoportefeuillewert. *1. Begriff:* Barwert der erwarteten zukünftigen Erfolge (Erträge minus Aufwendungen) aus dem bereits abgeschlossenen Geschäft im Selbstbehalt, diskontiert mit einem risikoadjustierten (und damit auch währungsabhängigen) Zinssatz. – *2. Merkmal:* Der N. wird auf Basis der jeweiligen lokalen Rechnungslegung ermittelt.

Nettoprämie. I. Versicherung im Allgemeinen: Nach dem sog. → Äquivalenzprinzip jährlich über die vereinbarte Zahlungsdauer zu entrichtende Prämie, deren → Barwert – ermittelt mit den für die Prämienkalkulation unterstellten Schadeneintrittswahrscheinlichkeiten und den durchschnittlichen Schadenhöhen – dem mit den gleichen Grundlagen gerechneten Barwert der Versicherungsleistungen entspricht. Die N. eines → zufälligen Risikos ist als dessen → Erwartungswert definiert. – II. Lebensversicherung im Speziellen: *1. Begriff:* Wie oben. Zu den Rechnungsgrundlagen zählen hier – im Sinne der Schadeneintrittswahrscheinlichkeit – die unterstellten biometrischen → Ausscheidewahrscheinlichkeiten. Hinzu kommt der → Rechnungszins. Bei einer Versicherung gegen Einmalprämie stimmt die N. mit dem Barwert der Versicherungsleistungen überein. – *2. N. und Deckungsrückstellung:* Die N. spielt auch bei der Berechnung der ungezillmerten → Deckungsrückstellung in der Lebensversicherung eine Rolle, die der Differenz zwischen dem Barwert der Versicherungsleistungen und dem Barwert der zum Bewertungszeitpunkt noch ausstehenden N. entspricht. Die ungezillmerte Deckungsrückstellung nach m Versicherungsjahren entspricht dem → Endwert der bis zu diesem Zeitpunkt mit dem Rechnungszins aufgezinsten → Sparprämien. Im Gegensatz zur gezillmerten Deckungsrückstellung findet hier also eine Saldierung mit dem Barwert der noch nicht getilgten zillmerfähigen → Abschlusskosten nicht statt. Siehe auch → Zillmern, → gezillmerte Nettoprämie. – III. Im Zusammenhang mit der → passiven Rückversicherung: Versicherungsprämie, die dem Erstversicherer nach Abgabe von Anteilen an den Rückversicherer (→ Rückversicherungsprämie) verbleibt. Wird auch als „Prämie für eigene Rechnung" bezeichnet. Gegensatz: → Bruttoprämie.

Nettoprämienprinzip. Das N. ist ein → Prämienprinzip, das jedem → zufälligen Risiko X die → Nettoprämie $H[X] := E[X]$ zuordnet (→ Erwartungswert). Es gilt $H[X + Y] = H[X] + H[Y]$, und für alle $c > 0$ gilt $H[cX] = cH[X]$.

Netto-Selbstbehalt. Der Teil des Geschäfts, den der → Erstversicherer ohne jegliche → Rückversicherung und ohne sonstigen Schutz für eigene Rechnung hält. Siehe auch → Vorwegabgabe.

Nettosozialprodukt. → Sozialprodukt.

Nettotarifierung. *1. Begriff:* Prämienbestimmung für Versicherungsdeckungen, der eine Kalkulation ohne Berücksichtigung von Vermittlervergütungen (→ Provisionen, → Courtagen) zugrunde liegt. Der → Versicherungsvermittler muss dann beim Kunden selbst den Preis für seine Dienstleistungen aufschlagen. – *2. Einflussgrößen für die Kalkulation:* a) Versichertes Risiko, d.h. → Risikokosten, – b) Verwaltungs- und sonstige → Betriebskosten (ohne Vermittlervergütungen), – c) Zahlungsmodus für die Versicherungsprämien, – d) Verzinsungsmodus, der die finanzmathematische Berücksichtigung von Zahlungen zu unterschiedlichen Zeitpunkten ermöglicht. – *3. Bedeutung:* Die N. hat in der jüngeren Vergangenheit eine zunehmende Bedeutung im Maklervertrieb gewonnen. Bei der → Honorarberatung ist die N. von konstituierender Bedeutung.

Nettoverzinsung. Quotient aus den ordentlichen und außerordentlichen Kapitalanlageerträgen einschl. der Zuschreibungen (Minuend im Zähler), vermindert um die Aufwendungen für die Verwaltung der → Kapitalanlagen, die Zinsaufwendungen und die sonstigen Aufwendungen für Kapitalanlagen, ferner die Abschreibungen auf Kapitalanlagen und die Verluste aus dem Abgang von Kapitalanlagen (Subtrahend im Zähler) und aus dem mittleren Bestand an Kapitalanlagen zum Jahresanfang und zum Jahresende, aus dem die Erträge und Aufwendungen erwuchsen (Nenner). Formel:

$$\frac{\text{ord. und ao. Ertr. aus KA}_{Gj} - \text{ord. und ao. Aufw. für KA}_{Gj}}{(\text{Kapitalanlagebestand}_{Vj} + \text{Kapitalanlagebestand}_{Gj}) \times 0{,}5}$$

Im Gegensatz zur → laufenden Durchschnittsverzinsung berücksichtigt die N. also auch außerordentliche Erträge (z.B. Gewinne aus dem Abgang von Kapitalanlagen) und außerordentliche Aufwendungen (z.B. Verluste aus dem Abgang von Kapitalanlagen) incl. von Zu- und Abschreibungen.

Netzwerk. → Dienstleisternetzwerk.

Neubestand. Bestand an Lebensversicherungsverträgen, die nach dem 28.7.1994 abgeschlossen wurden. Seit dem 29.7.1994 gilt ein auf Basis der dritten EU-Richtlinie für die Lebensversicherung geändertes → Aufsichtsrecht. Danach können die → Lebensversicherungsunternehmen ihre Produkte vertreiben, ohne sie vorab von der →

Neubewertungsrücklage

Aufsichtsbehörde genehmigen lassen zu müssen. Die Verträge, die vor diesem Stichtag abgeschlossen wurden, bilden den → Altbestand. Siehe aber auch → Zwischenbestand.

Neubewertungsrücklage, *Revaluation surplus.* – *1. Begriff:* Posten des → Eigenkapitals und damit auf der Passivseite der → Bilanz ausgewiesen. Enthält Aufwertungsbeträge aus einer Neubewertung (vgl. → Fair Value) oder aufgrund von Währungsdifferenzen. – *2. Weitere Merkmale:* Die Dotierung der N. erfolgt grundsätzlich ergebnisneutral ohne Berührung der → Gewinn- und Verlustrechnung (GuV). Eine erfolgswirksame Auflösung der N. über die GuV ist damit ausgeschlossen. Die N. kann bei Realisation in die Gewinnrücklagen umgebucht werden. – *3. Gesetzliche Grundlage:* Bis auf wenige Ausnahmen gibt es die N. nur in der Rechnungslegung nach → IAS/ → IFRS (IAS 16) sowie nach → US-GAAP.

Neuwert. Herstellungskosten oder Anschaffungspreis einer neuen Sache. Der N. von → Gebäuden ist der ortsübliche Neubauwert. Hierzu gehören auch Architektengebühren sowie sonstige Konstruktions- und Planungskosten.

Neuwertversicherung. Die → Versicherungssumme wird nach dem aktuellen → Neuwert der versicherten Sache bestimmt und vereinbart. Sie bildet die maximale Entschädigungssumme für versicherte Schäden an versicherten Sachen und für versicherte Kosten, d.h. es erfolgt keine Anpassung der Versicherungssumme an die Preisentwicklung. Im Unterschied zur → gleitenden Neuwertversicherung besteht damit bei steigenden Preisen und → Versicherungswerten das Risiko der → Unterversicherung.

Nicht-Indemnity-Trigger. → Non-Indemnity-Trigger.

Nicht-Proportionaler Rückversicherungsvertrag. *1. Begriff:* Rückversicherungsvertrag, bei dem der → Rückversicherer den einen bestimmten Betrag (→ Priorität) übersteigenden Schadenaufwand des → Erstversicherers zu tragen hat. Je nach Vereinbarung erstreckt sich der Deckungsschutz nur auf einen Versicherungszweig oder auf eine Vielzahl von Zweigen (→ Umbrella-Deckung). Der Vertrag kann entweder so gestaltet sein, dass ab einer Schadenhöhe, die bei einem Risiko eingetreten ist (→ Einzelschadenexzedent) oder bei einer Summe von Schäden aus einem Ereignis (→ Kumulschadenexzedent) die Haftung ausgelöst ist. Die Prämiengestaltung für einen solchen Vertrag orientiert sich an der Schadenerfahrung der Vergangenheit, wobei als Kalkulationsverfahren zumeist das → Burning-Cost-Verfahren oder die → Exposure-Rate angewandt werden. – *2. Formen:* Insbesondere Einzelschadenexzedent, → Höchstschadenrückversicherung, Kumulschadenexzedent, → Jahresüberschadendeckung. – *3. Abgrenzung:* Steht im Gegensatz zum → proportionaler Rückversicherungsvertrag.

Nichtversicherungstechnische Rückstellungen. *1. Begriff:* Sammelbezeichnung für mehrere Posten auf der Passivseite der → Bilanz. Zu den N. gehören Schuldpositionen, die nicht unmittelbar mit dem Versicherungsgeschäft verbunden sind und dem Grunde nach, der Höhe nach oder dem Zeitpunkt nach unbestimmt sind. Die N. sind ein Teil des → nichtversicherungstechnischen Fremdkapitals. – *2. Elemente:* a) → Rückstellungen für Pensionen und ähnliche Verpflichtungen. – b) → Steuerrückstellungen. – c) Sonstige nichtversicherungstechnische Rückstellungen. – *3. Ausweis in der Rechnungslegung:* Die N. werden unter dem Posten „Andere Rückstellungen" ausgewiesen (Formblatt 1 RechVersV). Die Grundlage bildet § 249 HGB.

Nichtversicherungstechnisches Fremdkapital. Sammelbezeichnung für mehrere Posten auf der Passivseite der → Bilanz. Zum N. gehören die → nichtversicherungstechnischen Rückstellungen und die nichtversicherungstechnischen → Verbindlichkeiten, insgesamt also Schuldpositionen im Versicherungsunternehmen, die nicht in direktem Zusammenhang mit dem Versicherungsgeschäft stehen und auch keine Verlusthaftung tragen. Vom N. sind abzugrenzen: a) → Genussrechtskapital, – b) → nachrangige Verbindlichkeiten, – c) → Sonderposten mit Rücklageanteil, – d) → versicherungstechnische Rückstellungen und versicherungstechnische Verbindlichkeiten (z.B. Verbindlichkeiten gegenüber Versicherungsnehmern, Abrechnungsverbindlichkeiten aus dem Rückversicherungsgeschäft).

Niederlassung. *1. Begriff:* Rechtlich unselbständige Einheit eines Unternehmens, das wesentliche betriebswirtschaftliche Funktionen selbst wahrnimmt, im Versicherungsgeschäft z.B. den → Risikoausgleich (betriebswirtschaftliche Sicht). Im Versicherungsbereich zudem ein aufsichtsrechtlicher Terminus, der für Fragen bei der Zulassung ausländischer Versicherer im Inland von Bedeutung ist. – *2. Hintergründe und Rechtsentwicklungen:* Ursprünglich durften ausländische Versicherer im Inland nur über eine Tochtergesellschaft oder über eine unselbständige N. tätig werden. Die Tochtergesellschaft war eine deutsche Aktiengesellschaft und unterlag als solche hinsichtlich der Zulassung und → laufenden Aufsicht dem deutschen → Aufsichtsrecht. Die N. war das Zentrum des ausländischen Unternehmens im Inland. Hier mussten alle Geschäftsunterlagen zur Verfügung gehalten werden. Für die Tätigkeit der N. musste getrennt Rechnung gelegt werden. Für die N. war ein Hauptbevollmächtigter (vgl. → Geschäftsleiter) zu bestellen, der den Vorstand des ausländischen Versicherers im Inland repräsentierte. Er war der → Aufsichtsbehörde gegenüber für das inländische Geschäft verantwortlich. N. ausländischer Versicherer bedurften der Erlaubnis der inländischen Aufsichtsbehörde. Die Erlaubnisvoraussetzungen entsprachen in etwa denen der deutschen Versicherer. Vgl. auch → Erlaubnis zum Geschäftsbetrieb. Mit der Vollendung des Europäischen → Versicherungsbinnenmarkts waren für die Unternehmen aus den Mitgliedsländern und des EWR die → Niederlassungsfreiheit und die → Dienstleistungsfreiheit hergestellt. Die Unternehmen können seither frei wählen, in welcher Form sie in den anderen Mitgliedsländern tätig werden wollen. Fällt die Wahl auf eine Tochtergesellschaft, muss diese wie bisher um eine Erlaubnis zum Geschäftsbetrieb nachsuchen. Will sie im Niederlassungs- oder Dienstleistungsverkehr tätig werden, bedarf es keiner Erlaubnis mehr; nur ein sog. „Notifizierungsverfahren" ist nun zu durchlaufen (§ 110a VAG). – *3. Folgen:* Es ist klar, dass unter diesen Umständen die N. ihre ursprüngliche Bedeutung verlieren musste. Bedeutung hat die N. nur noch für die Inlandstätigkeit ausländischer Versicherer aus Drittländern. Diese dürfen, wenn nicht über Tochtergesellschaften, nur über N. im Inland tätig werden. Das Dienstleistungsgeschäft ist ihnen verwehrt. Hier gelten nach wie vor die ursprünglich für die N. aller ausländischen Gesellschaften geltenden Normen (§ 106 VAG).

Niederlassungsfreiheit. Grundfreiheit nach dem EG-Vertrag und für das Versicherungswesen ein Basiselement des Europäischen Binnenmarkts. Die N. gibt einem Versicherungsunternehmen mit Sitz in einem Mitgliedsstaat die Möglichkeit, in einem anderen Mitgliedsstaat eine Tochtergesellschaft, eine Zweigniederlassung oder eine Agentur zu errichten, und zwar unter denselben Voraussetzungen, wie sie für Unternehmen mit Sitz in diesem Staat gelten (Grundsatz der Inländerbehandlung). Siehe auch → Dienstleistungsfreiheit.

Niederstwertprinzip. *1. Begriff:* Grundsatz für die Folgebewertung nach HGB auf der Rechtsgrundlage des § 253 II-IV HGB. – *2. Strenges N.:* Anzuwenden auf das → Umlaufvermögen. Vermögensgegenstände des Umlaufvermögens sind mit dem niedrigeren Wert am Bilanzstichtag anzusetzen, der sich aus dem Vergleich des bisherigen → Buchwerts mit dem aktuellen Börsenwert oder Marktpreis ergibt (ggf. Abschreibungspflicht). Nach dem → Bilanzrechtsmodernisierungsgesetz (BilMoG) dürfen Abschreibungen zur Antizipation künftiger Wertminderungen nicht mehr erfolgen (eine solche Antizipation liegt bspw. vor, wenn ein Wertpapier nach dem Bilanzstichtag zu einem niedrigeren Wert als dem Wert am Bilanzstichtag verkauft wurde). – *3. Gemildertes N.:* Anzuwenden auf das → Anlagevermögen. Vermögensgegenstände des Anlagevermögens können, sofern es sich um Finanzanlagen handelt, um außerplanmäßige Abschreibungen gemindert werden, wenn eine Wertminderung am Bilanzstichtag vorliegt, die nicht von Dauer ist (Abschreibungswahlrecht bei vorübergehender Wertminderung). Bei voraussichtlich dauernder Wertminderung ist eine außerplanmäßige Abschreibung zwingend vorzunehmen (Abschreibungspflicht bei dauerhafter Wertminderung). – *4. Ziele:* Das N. entspricht dem Grundsatz der Vorsicht (→ Vorsichtsprinzip) und bezweckt bei Kapitalgesellschaften, im Interesse des Gläubigerschutzes die Ausschüttung von (nicht realisierten) Gewinnen in Höhe der nach diesem Prinzip notwendigen Abschreibungen zu verhindern. – *5.*

Wertaufholungsgebot: Sofern der Grund für den Ansatz eines niedrigeren Werts entfallen ist, darf dieser niedrigere Ansatz nicht beibehalten werden (§ 253 V HGB). Auf die Rechtsform des Bilanzierenden kommt es dabei nicht an. – *6. Rechtsfolgen:* Beim Verstoß gegen das strenge N. kann die Nichtigkeit des → Jahresabschlusses die Folge sein (§ 256 V AktG, gilt aber laut Rechtsprechung des BGH auch für GmbH und andere Kaufleute). – *7. Besonderheiten bei Versicherungsunternehmen:* § 341b HGB mit Gültigkeit ab dem Geschäftsjahr 2001. → Kapitalanlagen, die dafür bestimmt sind, dauerhaft dem Geschäftsbetrieb zu dienen, können nach den Vorschriften für das Anlagevermögen bilanziert werden und müssen bei vorübergehender Wertminderung nicht abgeschrieben werden.

Nischenstrategie. → Fokussierung.

No-arbitrage-Bedingung. → Prämienprinzip.

Non-Indemnity-Trigger. *1. Begriff*: Basieren nicht auf den tatsächlichen Schäden des Zedenten, sondern auf unabhängigen Parametern, wie z.B. der Erdbebenstärke oder dem Marktschaden. – *2. Arten:* Die Ausprägungen des N. sind: → parametrischer Trigger, → Marktschaden Trigger und → Modelled Loss Trigger.

No-rip-off-Bedingung. → Prämienprinzip.

Normalverteilung. Eine Zufallsvariable X besitzt die N. mit den Parametern $\mu \in \mathbb{R}$ und $\sigma^2 \in (0, \infty)$, wenn für alle $x \in \mathbb{R}$

$$P[X \leq x] = \int_{-\infty}^{x} \frac{1}{\sqrt{2\pi}\sigma} \exp\left(-\frac{1}{2}\left(\frac{z-\mu}{\sigma}\right)^2\right) dz$$

gilt. In diesem Fall hat X den → Erwartungswert $E[X] = \mu$ und die → Varianz $\mathrm{var}[X] = \sigma^2$, und die Zufallsvariable $a + bX$ besitzt die N. mit den Parametern $b\mu$ und $(b\sigma)^2$; insbesondere gilt

$$P[X \leq x] = P\left[\frac{X-\mu}{\sigma} \leq \frac{x-\mu}{\sigma}\right]$$

und die standardisierte Zufallsvariable $(X - \mu)/\sigma$ besitzt die → Standardnormalverteilung.

Notch. Feinabstufung eines → Ratings innerhalb einer → Ratingklasse durch Hinzufügung eines Plus- oder Minuszeichens. N. werden nur in → interaktiven Ratings verwendet. So lauten z.b. die Feinabstufungen innerhalb der Ratingklasse A im einzelnen A+, A und A-.

Notruf der Autoversicherer. *1. Begriff:* Einrichtung des → GDV, betrieben durch die GDV Dienstleistungs-GmbH & Co. KG, mit mehr als 14.000 Säulen an Autobahnen und rund 6.000 von der Björn-Steiger-Stiftung initiierten Säulen an Bundes- und Landstraßen. Seit der Privatisierung der einst staatlich betriebenen Notrufsäulen an Autobahnen im Jahr 1999 betreut der GDV alle eingehenden Notrufe. Täglich werden zwischen 1.300 bis 1.800 Anrufe entgegengenommen. Bei etwa 2/3 davon handelt es sich um Pannenhilfeanfragen. Der N. hat seinen Sitz in Hamburg. – *2. Organisation:* Anhand der eingehenden Daten wird die gewünschte Hilfe unverzüglich organisiert. Außerdem ist die Notrufzentrale über die gebührenfreie Hotline 0800 NOTFON D zu erreichen, die das Handy zur mobilen Notrufsäule macht. Die Tasten 0800 NOTFON D ergeben auf dem Handy die Nummer 088-6683663. Anhand dieser Nummer kann der Handy-Notruf nach Einverständnis des Anrufenden auch geortet werden. Das ist hilfreich, weil 30 % der Anrufer nicht sagen können, wo sie sich befinden. Über die Notrufzentrale kann auch bei der Suche nach der Versicherung des Unfallverursachers geholfen werden. Einige Versicherungsunternehmen bieten einen eigenen 24-Stunden-Notrufservice an. – *3. Ausblick:* Ab 2009 soll nach Willen der EU und der Automobilhersteller der automatische Autonotruf eCall in alle Neuwagen eingebaut werden. Bei einem Unfall wählt das Auto automatisch eine Notrufzentrale an.

Notrufzentrale. *1. Begriff:* Einsatzzentrale oder Leitstelle (i.S.e. Inbound-Callcenter), die Informationen entgegennimmt und die notwendigen Maßnahmen zur Abwendung der Notfallsituation mit den angeschlossenen Netzwerken (→ Dienstleisternetzwerk) koordiniert. Notrufzentralen können unterschiedliche Ausrichtungen haben: a) medizinische und technische Rettung von Menschenleben (siehe z.B. → Gesundheitsassistance, → Fahrzeugassistance, → Schutzbrief); – b) Erhaltung bzw. Rettung bedeutender Sachwerte (siehe z.B. → Haus- und Wohnungsassistance, → Handwerkerservice, Fahrzeugassistance, Schutzbrief); – c) Brandbekämpfung (Feuerwehrnotruf); – d) Belange öffentlicher Sicherheit und Ordnung (Polizeinotruf) – *2) Merkmale:* → 24h-Service, globales Dienstleisternetzwerk für alle zu bedienenden Geschäftsfelder, → Corporate Identity der Dienstleister mit dem jeweiligen Auftraggeber, technisches Equipment (ACD-Telefonanlage, EDV-Tools, Notstromversorgung), qualifizierte Mitarbeiter im Schichtdienst zur Gewährung eines 24h-Betriebs, Notfallpläne für den Ausfall der Telefonie bzw. EDV. – *3) Ziele:* Die N. ist i.d.R. die erste Anlaufstelle zum Abruf von Hilfestellungen im Notfall. Der Fokus liegt grundsätzlich auf der fallabschließenden Bearbeitung des jeweiligen Anliegens. Die N. steuert operativ die erforderlichen Maßnahmen zur Abwendung der Notfallsituation und ist der Vermittler zwischen dem Leistungsempfänger und dem Leistungserbringer.

Nullnutzenprinzip. Das N. zu einer → Nutzenfunktion u ist (unter schwachen Bedingungen an die Nutzenfunktion) ein → Prämienprinzip, das jedem → zufälligen Risiko X als → Prämie die Lösung $H[X] = a$ der Gleichung $E[u(a - X)] = u(0)$ zuordnet (→ Erwartungsnutzen). Bei Verwendung des N. ist das Versicherungsunternehmen indifferent gegenüber den Alternativen, das Risiko entweder unter der Prämie $H[X]$ zu versichern oder es nicht zu versichern. Das N. führt im Fall $u(z) = z$ auf das → Nettoprämienprinzip und im Fall $u(z) = (1 - e^{-\alpha z})/\alpha$ mit $\alpha > 0$ auf das → Exponentialprinzip.

Numerisches Ratensystem. *1. Begriff:* Basiert im Wesentlichen auf der Hypothese der konstanten multiplikativen → Extramortalität (Todesfallversicherung) bzw. → Extramorbidität. Dabei wird davon ausgegangen, dass ein normales Risiko die Sterblichkeit bzw. Morbidität von 100 % aufweist. – *2. Unterscheidung von anderen Begriffen:* Die Extramortalität (Übersterblichkeit) bzw. Extramorbidität von erhöhten Risiken wird in Prozent der Normalsterblichkeit bzw. normalen Morbidität ausgedrückt. – *3. Beispiele:* So bedeutet z.B. eine Rate von 50 % für eine Gesundheitsstörung, dass die durch diese → Anomalie bedingte Sterblichkeit 50 % über der Normalsterblichkeit liegt, insgesamt also dem 1,5fachen der Normalsterblichkeit entspricht.

Nutzenbewertung. *1. Begriff:* Im Gesundheitswesen ein Verfahren zur Bewertung medizinischer Interventionen im Rahmen eines Health Technology Assessment (HTA). – *2. Merkmale:* Ein HTA stellt einen umfassenden Ansatz zur Bewertung medizinischer Interventionen dar. Im Mittelpunkt stehen die Bewertung des Nutzens und der Wirtschaftlichkeit, jedoch werden z.b. auch juristische und ethische Aspekte berücksichtigt. Die N. im Rahmen des HTA folgt den Kriterien der → evidenzbasierten Medizin. Auf Basis einer systematischen Literaturrecherche werden die Qualität und die Ergebnisse einschlägiger Studien ausgewertet. Ein besonderer Fokus wird hierbei auf randomisierte, kontrollierte Studien gelegt, da bei ihnen die Gefahr von das Ergebnis beeinflussenden Verzerrungen (bias) besonders gering ist; aber auch geeignete Studien anderen Formats (z.B. Fall-Kontroll-Studien) können berücksichtigt werden. Zentral ist zumeist die Frage, ob ein neues medizinisches Verfahren einen Zusatznutzen gegenüber dem bisherigen Versorgungsstandard aufweist. – *3. Institutioneller Rahmen:* In Deutschland werden N. auf gesetzlicher Grundlage vom Deutschen Institut für medizinische Dokumentation und Information (DIMDI) und vom → Institut für Qualität und Wirtschaftlichkeit im Gesundheitswesen (IQWiG) durchgeführt. Darüber hinaus führen akademische Einrichtungen sowie private Forschungsinstitute N. aus eigenem Antrieb oder im Rahmen der Auftragsforschung durch. – *4. Wirkungen:* Während Hersteller neuer → Arzneimittel oder → Medizinprodukte in der Vergangenheit häufig nur deren Wirksamkeit gegenüber Placebo nachweisen mussten, führt die systematische N. dazu, dass für teurere Verfahren der Nachweis eines Zusatznutzens gegenüber dem Versorgungsstandard erwartet wird. Die Forschungsstrategien der pharmazeutischen Hersteller beginnen, dies zu berücksichtigen. Ein fehlender Nachweis von Zusatznutzen kann zum Leistungsausschluss aus der → gesetzlichen Krankenversicherung (GKV) führen.

Nutzenfunktion. Eine reelle Funktion heißt N., wenn sie streng monoton wachsend und streng konkav ist; dies bedeutet, dass der

Grenznutzen strikt positiv und streng monoton fallend ist. Jede zweimal differenzierbare Funktion u mit $u' > 0$ und $u'' < 0$ ist eine Nutzenfunktion.

Nutzungsausfall. Im Falle eines unverschuldeten Kfz-Unfalls hat der Geschädigte nach deutschem Recht Anspruch auf eine Entschädigung für die Zeit der Reparatur oder Ersatzanschaffung nach einem Totalschaden, weil er sein verunfalltes Fahrzeug nicht nutzen kann. Die Höhe des N. richtet sich nach der Kategorie des verunfallten Fahrzeugs, den ersparten Eigenaufwendungen sowie dem Alter des beschädigten Fahrzeugs und wird mit pauschalierten Tagessätzen erstattet.

O

Oberstes Organ, *Oberste Vertretung.* – *1. Begriff:* Organ im → Versicherungsverein auf Gegenseitigkeit (VVaG) – neben dem → Aufsichtsrat und dem → Vorstand. Das O. besteht aus den Vereinsmitgliedern (→ Mitglieder) oder den Mitgliedervertretern. In der Satzung des VVaG ist festgelegt, ob die → Mitgliedervollversammlung oder die → Mitgliedervertreterversammlung als O. gilt. Mindestens einmal jährlich muss der Vorstand das O. zu einer Versammlung einberufen. – *2. Aufgaben:* Die Aufgaben des O. entsprechen weitestgehend denen der → Hauptversammlung einer → Aktiengesellschaft (AG). Allerdings sind die Mitbestimmungsmöglichkeiten der Vereinsmitglieder bzw. der Mitgliedervertreter im O. eines VVaG höher als die der Aktionäre in der Hauptversammlung einer AG. Im Einzelnen bestimmt das O. über a) die Wahl des Aufsichtsrats, – b) die Entlastung des Aufsichtsrats und Vorstands, – c) die Verwendung des Bilanzgewinns, ggf. die Feststellung des Jahresabschlusses, – d) die Gewährung von Genussrechten (§ 36 VAG), – e) Bestandsübertragungen (44 VAG), – f) Satzungsänderungen (§ 39 VAG), – g) die Vereinsauflösung (§ 42 VAG). – *3. Weitere Merkmale:* Wenn satzungsgemäß nichts anderes vorgeschrieben ist, hat jedes Mitglied eine Stimme. Die Anzahl der Versicherungsverträge, die Höhe der Versicherungssumme und/ oder die Höhe der Beiträge werden also nicht berücksichtigt.

Objektive Risikomerkmale. → Risikofaktoren, die unabhängig vom menschlichen Verhalten sind. O. sind von Dritten erkennbar und nachprüfbar. Beispiele sind Eigenschaften von Sachen, wie in der → Gebäudeversicherung die Bauart oder in der → Kfz-Versicherung die Typklasse des → Kraftfahrzeugs. Bei Personen sind z.B. das Alter und das Geschlecht zu nennen. Die O. fließen in die → Prämienkalkulation ein. Anders: → Subjektive Risikomerkmale.

Obliegenheiten. *1. Begriff:* Verhaltenspflichten des Versicherungsnehmers, teils auch der Versicherten oder sonstiger Dritter, die zu beachten sind, damit der Anspruch auf Versicherungsschutz entsteht (O. vor Vertragsabschluss) oder fortbesteht (O. während der Vertragslaufzeit, ggf. auch im Schadenfall). Dabei trennt das Versicherungsvertragsrecht noch zwischen (echten) Rechtspflichten und O. des Versicherungsnehmers. Rechtspflicht des Versicherungsnehmers ist die Prämienzahlungspflicht, alle anderen Pflichten fallen unter den Begriff der Obliegenheiten. Obliegenheiten sind zwar nicht durchsetzbar, sie können nicht durch Klage und Vollstreckung erzwungen werden; allerdings führen → Obliegenheitsverletzungen zu Rechtsfolgen für den Versicherungsnehmer. – *2. Differenzierung von O. nach den Rechtsgrundlagen:* a) Gesetzliche O. (Beispiele): → Vorvertragliche Anzeigepflicht, Anzeige von → Gefahrerhöhungen (Gefahrstandspflicht), Anzeige des → Versicherungsfalls, Auskunfts- und Belegpflicht, Rettungspflicht, Anzeige einer → Mehrfachversicherung. – b) Vertragliche O. (Beispiele): Beachtung von Sicherheitsvorschriften in der → Sachversicherung; Beachtung der Führerschein-, Verwendungs- und Fahrtüchtigkeitsklausel in der → Kfz-Versicherung.

Obliegenheitsverletzung. *1. Begriff:* Verletzung von Verhaltenspflichten des Versicherungsnehmers, teils auch des Versicherten oder sonstiger Dritter, die allerdings zu beachten sind, damit der Anspruch auf Versicherungsschutz entsteht oder fortbesteht. – *2. Rechtsfolgen:* O. führen nicht zu Schadensersatzansprüchen des Versicherungsunternehmens – im Gegensatz zu (echten) Rechtspflichten (wie die Prämienzahlungspflicht). Allerdings führen O. zur Beendigung des → Versicherungsvertrags und/ oder zur → Leistungsfreiheit des Versicherungsunternehmens, also zum Verlust des Versicherungsanspruchs auf Seiten des Versicherungsnehmers. Leistungsfreiheit ist im Übrigen auch bei → Prämienverzug als probates Druckmittel gegen den Versicherungsnehmer vorgesehen. § 278 BGB, wonach dem Schuldner das Verschulden seiner Erfüllungsgehilfen zugerechnet wird, findet auf die O. durch vom Versicherungsnehmer hinzugezogene Hilfspersonen keine Anwendung. Diese Lücke wird teilweise durch die Haftung des Versicherungsnehmers für seine Repräsentanten, Wissenserklärungs- und Wissensvertreter geschlossen. Die Trennung zwischen Rechtspflichten und → Obliegenheiten ermöglicht auch die Belastung Dritter, wie → mitversicherter Personen, mit vereinbarten Obliegenheiten zu erklären (§ 47 I VVG, ohne die frühere Beschränkung auf gesetzliche Obliegenheiten wie in § 79 I VVG a.F.). Bei den gesetzlichen Obliegenheiten fehlen zuweilen Regelungen von Sanktionen im → Versicherungsvertragsgesetz (VVG), wie z.B. bei der Anzeige des Versicherungsfalls (§ 30 VVG). Die Sanktionen werden dann vertraglich in den → Allgemeinen Versicherungsbedingungen (AVB) vereinbart. Die Vereinbarung von Verletzungsfolgen muss die Vorgaben der Rahmenvorschrift des § 28 VVG beachten. – 3. *Details:* a) Beendigung des Versicherungsvertrags: Bei vorvertraglicher Anzeigepflichtverletzung kann das Versicherungsunternehmen vom Versicherungsvertrag zurücktreten oder kündigen. Diese Rechte entfallen durch Vertragsanpassung. Bei Gefahrerhöhung gibt es ein Kündigungsrecht des Versicherungsunternehmens, nach dessen Wahl auch die Möglichkeit zur Vertragsanpassung. Bei Verletzung vereinbarter Obliegenheiten vor dem Versicherungsfall steht dem Versicherungsunternehmen ein Kündigungsrecht zu (§ 28 I VVG; die Kündigungspflicht nach § 6 I S. 3 VVG a.F. ist entfallen, eine Vertragsanpassung ist hier nicht vorgesehen. – b) Leistungsfreiheit: Die VVG-Reform hat die Sanktion der Leistungsfreiheit bei O. neu gestaltet und (weitgehend) vereinheitlicht (siehe früher: → Alles oder Nichts-Prinzip). Die Neuerungen betreffen in erster Linie den Verschuldensmaßstab und das Kausalitätsprinzip. → Leichte Fahrlässigkeit führt überhaupt nicht mehr zur Leistungsfreiheit (Ausnahme: § 58 I VVG für die → laufende Versicherung). Bei → grober Fahrlässigkeit ersetzt die Quotierung, d.h. Leistungskürzung entsprechend der Schwere des Verschuldens, die vollständige Leistungsfreiheit, die nur noch bei → Vorsatz in Betracht kommt. Vorsatz muss das Versicherungsunternehmen nachweisen, bisherige Vorsatzvermutungen sind entfallen; Ausnahme: vorvertragliche Anzeigepflichtverletzung (§ 19 III S. 1 VVG). Das Kausalitätsprinzip gilt nunmehr allgemein, die „Lücken" des alten Rechts sind entfallen. Lediglich bei Arglist kommt es auch nach neuem Recht auf Kausalität nicht an (Ausnahme: § 26 II Nr. 1 VVG bei Gefahrerhöhung). Belehrungspflichten des Versicherungsunternehmens über die Rechtsfolgen der O. sind vorgesehen bei vorvertraglicher Anzeigepflichtverletzung (§ 19 V S. 1 VVG) und bei Verletzung vereinbarter Auskunfts- und Aufklärungsobliegenheiten nach dem Versicherungsfall (§ 28 IV VVG). – 4. *Haftung des Versicherungsnehmers für Dritte:* Betrifft Repräsentanten, Wissenserklärungsvertreter und Wissensvertreter.

Obligatorische Rückversicherung. *1. Begriff:* → Rückversicherungsdeckung eines gesamten Bestands in einem Segment des → Erstversicherers durch einen → Rückversicherer, ohne dass er einzelne Risiken von dieser Deckung ausschließen kann. – *2. Abgrenzung:* Steht im Gegensatz zur → fakultativen Rückversicherung.

Öffentliche Güter, *Kollektivgüter.* Meist vom Staat angebotene Güter (→ Staatstätigkeit). Sind dadurch gekennzeichnet, dass ihre Bereitstellung und Nutzung nicht marktmäßig koordinierbar sind. Zwei Eigenschaften der privaten Güter, ihrem Pendant, liegen bei Ö. nicht vor: Rivalität im → Konsum und Ausschließbarkeit. Allerdings sind die meisten Ö. Mischgüter, d.h. es gibt keine geborenen Ö., sondern nur gekorene; deshalb ist es besser, von politischen Gütern zu sprechen. Beispiele sind Autobahnen, Massentransportmittel, Rundfunk- und Fernsehsendungen. Übergänge werden durch die Frage deutlich, ob eine Ausschließbarkeit wirtschaftlich ist oder nicht (→ Transaktionskosten). Genau so kann ein Rivalitätsgrad unterschieden werden, der die Verwendungsrivalität zwischen den Verbrauchern angibt. So sind die „Konsumgrenzkosten" z.B. beim Fernsehen für jeden weiteren Zuseher Null, bei Lebensmitteln entsprechen sie den Grenzkosten der Produktion. Nach einem Satz von P. A. Samuelson ist die optimale Menge von Ö. dort erreicht, wo die Grenzkosten der

Produktion gleich der summierten Grenzzahlungsbereitschaft aller Nutzer sind.

Öffentliche Versicherer. *1. Begriff:* Versicherungsgesellschaften, die Anstalten des öffentlichen Rechts sind oder ursprünglich waren. – *2. Merkmale:* Die Ö. sind in einem eigenen Verband, dem → Verband öffentlicher Versicherer (VöV), zusammengeschlossen. Aufgrund ihrer Tradition sind sie in ihrer jeweiligen Region meist Marktführer in der → verbundenen Wohngebäudeversicherung. Bei den Ö., die in ihrer Region bis 1994 ein Monopolrecht hatten, reicht der Marktanteil bis zu 90 % heran. – *3. Entwicklung und Geschichte:* Ö. blicken auf eine lange Tradition zurück und gehören zu den ältesten Versicherern Deutschlands. Sie wurden von regionalen Herrschern gegründet, um die → Feuerversicherung anzubieten. So sind die Ö. bis heute regional begrenzte Anbieter, die den Grenzen alter Fürstentümer und Königreiche folgen. In einigen Teilen Deutschlands hielten sie bis zur → Deregulierung des deutschen Versicherungsmarkts 1994 das Monopolrecht für die Feuerversicherung und z.T. sogar für die Versicherung der Elementarschäden. Siehe auch → Monopolversicherung.

Öffentlichkeitsarbeit, *Public Relations (PR).* – *1. Begriff:* → Marketinginstrument zur planmäßigen oder sporadischen Gestaltung einer Beziehung zwischen dem Unternehmen und der relevanten Öffentlichkeit mit dem Ziel, Vertrauen und Verständnis für die eigenen Handlungen zu gewinnen. – *2. Merkmale:* Die Ö. ist ein Marketinginstrument des Kommunikationsaspekts, das eher langfristig und nur indirekt wirkt. Sie sollte vorausschauend als Orientierungs- und Handlungsmaxime für das Unternehmen gelten, d.h. als Richtschnur für gesellschaftspolitisch adäquates Handeln. Das gilt insbesondere in der Verantwortung für Verbraucher- und Umweltschutz. In der Versicherungswirtschaft, die in besonderem Maße auf dem Vertrauen von Öffentlichkeit und Kundschaft beruht, hat eine zielorientierte Ö. existenzielle Bedeutung. – *3. Abgrenzung:* Im Rahmen der anderen Kommunikationsinstrumente gibt es gegenüber der → Verkaufsförderung und → Vertriebsschulung kein Abgrenzungsproblem. Gegenüber der → Werbung gilt, dass diese grundsätzlich auf Verkaufsakte gerichtet ist; die Ö. will dagegen ein allgemein günstiges Klima schaffen. Zur Imagewerbung sind die Grenzen freilich fließend. – *4. Inhalte:* a) Imagevorteile für das Unternehmen oder die gesamte Versicherungsbranche schaffen, – b) Imagenachteile abwehren bzw. erklären, – c) ungünstige Vorurteile abbauen. – *5. Zielgruppen:* Öffentlichkeit (oft, aber im Einzelfall nicht zwingend, übereinstimmend mit potenziellen → Kunden), spezielle Gruppen, wie Schulen, Universitäten, Behörden, politische Gremien, Meinungsbildner, eigene Mitarbeiter und Mitbewerber. – *6. Mittel:* Informationen, „PR-Aktionen" (Kampagnen zur Profilierung des Unternehmens in der einschlägigen Öffentlichkeit), externe und interne Pressearbeit.

Öffentlich-rechtliche Versicherungsunternehmen. *1. Begriff:* Anstalten oder Körperschaften des öffentlichen Rechts, die satzungsgemäß überwiegend in einem historisch bestimmten regionalen Geschäftsgebiet die Lebens- oder Schaden-/Unfallversicherung betreiben. – *2. Bedeutung:* Die Zahl der Ö. hat stark abgenommen, da die meisten Unternehmen heute privatrechtlich organisiert sind.

Öffnungsklausel. Regelung nach § 1 II AnlV (siehe → Anlageverordnung), die es einem Versicherungsunternehmen erlaubt, das → Sicherungsvermögen und das → sonstige gebundene Vermögen bis zu jeweils 5 % in Werten anzulegen, die nicht im Anlagekatalog enthalten sind oder dessen die quantitative Begrenzungen übersteigen. Dabei darf aber grundsätzlich nicht in Konsumenten- und Betriebsmittelkredite, in bewegliche Sachen bzw. Ansprüche darauf oder in immaterielle Werte investiert werden darf (§ 1 IV AnlV).

Offshore (Re)lnsurance. Versicherungsdeckungen von Erst- bzw. Rückversicherungsgesellschaften, auch Captives, die an ausländischen Standorten gegründet bzw. tätig sind und dort im Vergleich zum Heimatstandort vorteilhafte steuerliche und/ oder regulatorische (aufsichtsrechtliche) Rahmenbedingungen nutzen. Zu bekannten Offshore-Standorten zählen Barbados, Bermuda, Cayman Islands, Guernsey, Gibraltar, Luxemburg, Irland und die Schweiz.

Offshoring. Geographische Verlagerung von Unternehmensfunktionen und -prozessen überwiegend in Schwellenländer mit im Vergleich geringem Lohnniveau und meistens hochqualifizierten Arbeitskräften. Nicht zwingend verbunden mit einem → Outsourcing. Ziele des O. sind Kostenersparnisse bei gleich bleibendem Leistungsniveau. Beispiel: Verlagerung von Softwareentwicklungen nach Indien oder in die CEE-Staaten.

Oligopol. Auf einem → Markt stehen wenige Anbieter mit beachtlichen Marktanteilen einer Vielzahl von Nachfragern gegenüber (Angebotsoligopol; → Marktformen). Da jeder Anbieter eine erhebliche Quote der Angebotsmenge stellt, muss der Oligopolist neben der Nachfrageseite auch die Reaktionen seiner Konkurrenten beachten. Ändert ein Oligopolist seinen Preis, kommt es für ihn auch darauf an, wie seine Wettbewerber sich verhalten, ob sie ihren Preis ebenfalls senken, erhöhen oder konstant halten. Jeder kann seinen Marktanteil nur auf Kosten der anderen ausdehnen. Da dies zu einer (latent immer vorhandenen) Kampfsituation führt, liegt es nahe, dass die Oligopolisten ein gemeinsames Vorgehen absprechen (Kartellabsprache). Die Annahme der Gewinnmaximierung reicht deshalb nicht aus, die Preisbildung im O. zu erklären. Vielmehr sind weitere Annahmen über die Strategien der Konkurrenten erforderlich. Mit Hilfe von Werbung versuchen sie, ihre Produkte von denen der Konkurrenz zu differenzieren. Wegen der Gefahr von Wettbewerbsbeschränkungen, der Verschwendung von knappen Ressourcen durch übertriebene Qualitätskonkurrenz und des Verzichts auf Preiswettbewerb werden O. häufig kritisch betrachtet. Allerdings ermöglichen erst (sog. weite) O. einen dynamischen Wettbewerb durch Forschung & Entwicklung und eine breite Produktpalette.

Ombudsmann. → Versicherungsombudsmann e.V., → Ombudsmann Private Kranken- und Pflegeversicherung.

Ombudsmann Private Kranken- und Pflegeversicherung. *1. Begriff:* Institution zur außergerichtlichen Schlichtung von Streitigkeiten zwischen privaten Krankenversicherungsunternehmen und ihren Versicherungsnehmern. Der O. ist auch für Beschwerden von Bürgern gegen → Versicherungsvermittler zuständig, soweit es sich um die erfolgte oder versuchte Vermittlung von privaten Kranken- und Pflegeversicherungen handelt. Der O. wurde zum 1.1.2001 vom → Verband der privaten Krankenversicherung e.V. für Angelegenheiten der privaten Kranken- und Pflegeversicherung eingerichtet. – *2. Ziele, Aufgaben, Verfahren und Wirkungen:* Der O. soll gerichtliche Auseinandersetzungen bei Streitigkeiten in der → privaten Krankenversicherung (PKV) durch außergerichtliche Einigungen vermeiden. Für die Einleitung des Ombudsmannverfahrens muss der Sachverhalt kurz schriftlich festgehalten werden. Hierzu sollten alle für die Entscheidung des Verfahrens wichtigen Unterlagen (in Kopie) beigefügt werden. Liegen dem O. alle erforderlichen Informationen (u.a. auch Stellungnahmen des betroffenen Versicherungsunternehmens bzw. Vermittlers) vor, entscheidet dieser mit einer für beide Seiten unverbindlichen schriftlichen Empfehlung. Damit ist das Verfahren abgeschlossen. – *4. Kosten und Finanzierung:* Das Verfahren vor dem O. ist für die Versicherten kostenfrei. Die Finanzierung des O. wird vom Verband der privaten Krankenversicherung e. V. übernommen. – *5. Abgrenzung:* Der O. ist vom → „Versicherungsombudsmann e.V." abzugrenzen, der jedoch abgesehen vom Zuständigkeitsbereich weitgehend ähnlich Ziele, Aufgaben, Kompetenzen und sonstige Merkmale innehat.

One-stop-Shopping. Sinngemäß „auf einfachem Weg zum umfassenden Angebot". Umfasst Standortaspekte sowie Aspekte der Sortimentsgestaltung und des gleichgerichteten Vertriebs. Der Begriff wurde aus dem Güterhandel übernommen. O. ist besonders für Versicherungsprodukte interessant, die im → Annexvertrieb vermarktet werden (z.B. Kfz-Versicherungen in der Nähe von Zulassungsstellen, Reiseversicherungen in Reisebüros).

One-to-one Marketing. Marketingprinzip, das die individuelle Kundenbeziehung und das Bestreben betont, die → Marketinginstrumente auf das im Einzelfall vorliegende Kundenbedürfnis auszurichten. Das O. ist im Versicherungsmassengeschäft eine Herausforderung für ein zeitgemäßes, effizientes → Kundenbeziehungsmanagement. Siehe auch → Kundenorientierung.

Online-Schadenregulierung. Bezeichnung für die über die Website eines Versicherungsunternehmens gemeldeten und regulierten Schäden. Unter O. wird die Vision verstanden, nach der Eingabe der notwendigen Schadendaten durch den Versicherungsnehmer zu einer abschließenden automatisierten → Regulierungsentscheidung zu gelangen, die möglichst mit der ebenfalls automatisierten Auszahlung oder Ablehnung einer Versicherungsleistung endet. Gegenwärtig ersetzt die Eingabemöglichkeit auf einer Website eines Versicherungsunternehmens nur das Schadenmeldeformular. Automatisierte Folgeprozesse, wie etwa eine Schadenanlage oder Schadennummernvergabe, finden sich noch kaum.

Open Source, *Quelloffen.* Software, die unter einer von der Open Source-Initiative anerkannten Lizenz steht. Open Source-Software ist für den Anwender i.d.R. kostenfrei. Die Open Source-Initiative ist eine Non-Profit-Organisation, die die Open Source-Idee fördert, speziell i.V.m. dem Zertifizierungsprogramm. Zertifiziert werden die Open Source-Programme, die alle Forderungen hinsichtlich einer O. erfüllen.

Operating. Steuerung und Überwachung des Betriebs eines Rechenzentrums bzw. der dort laufenden → Software im Online- und Batchbetrieb. Hierzu gehören auch Fehleranalysen, Performancebeobachtungen und das Managen von Sicherheitsvorfällen.

Operationelles Risiko. Verlustpotenziale, die sich durch inadäquate oder fehlerhafte Prozesse, durch Menschen, durch Systeme oder durch externe Ereignisse realisieren können. Auch Rechtsrisiken sind darin eingeschlossen. (Quelle: Europäische Kommission (Hrsg.): (Geänderter Vorschlag), Art. 101 IV, S. 2 und dieselbe: QIS4 Technical Specifications (MARKT/2505/08) - Annex to Call for Advice from CEIOPS on QIS4 (MARKT/2504/08), S. 125.) – *2. Beispiele:* Ausfall der Informationstechnik (IT), kriminelle Handlungen durch Mitarbeiter oder Dritte, Verlust von Schlüsselpersonen, Änderungen von Rechtsnormen und die damit verbundenen wirtschaftlichen Schadenpotenziale. – *3. Herausforderungen:* Aufgrund der Vielzahl und Komplexität der zu berücksichtigenden Teilrisiken erweisen sich die Identifikation und Bewertung von O. als erhebliche risikoanalytische Herausforderungen. Insbesondere fehlt es dafür noch weitgehend an empirischen Datengrundlagen. Unter → Solvency II (siehe auch → Solvency Capital Requirement) sind die O. als eigenständige Risikokategorie zu berücksichtigen. Damit soll auch ein aufsichtsrechtlicher Anreiz zur Identifizierung, Bewertung und gezielten Handhabung der O. gesetzt werden.

Opportunitätskosten, *opportunity costs, Alternativkosten, Verzichtskosten.* Erlöse, die durch die Entscheidung für eine Alternative und das damit verbundene Nicht-Realisieren anderer Alternativen dem Entscheider entgehen können. Der Kostenbegriff wird hier als entgangener Nutzen verstanden. Die Betrachtung der O. bietet eine Entscheidungshilfe bei der Wahl zwischen alternativen Ressourcenverwendungen.

Option. Bedingter Terminkontrakt (siehe → Derivat), der dem Käufer das Recht einräumt und auf dessen Verlangen den Verkäufer verpflichtet, in einem festgelegten Zeitraum ein Geschäft zu tätigen, dessen Konditionen bei Abschluss der O. festgelegt wurden. Statt eines Zeitraums können auch ein Zeitpunkt oder mehrere Zeitpunkte vereinbart werden. Übliche Geschäfte beziehen sich auf den Kauf oder Verkauf eines Wertpapiers zu einem festgelegten Basispreis (plain vanilla Option) oder auf eine Zahlung, die von der Entwicklung eines Wertpapiers, eines Indices, eines Zinssatzes oder einer Währung abhängt.

Organisation. I. Synonym für die → Betriebsorganisation als Oberbegriff für die → Aufbauorganisation und → Ablauforganisation eines Unternehmens. – II. Der Vertrieb eines Unternehmens, insbesondere der Agenturvertrieb.

Organisationsfonds. *1. Begriff:* Im Rahmen der → Gründungsfinanzierung von Versicherungsunternehmen ist der O. der Kapitalstock für die immateriellen → Investitionen sowie für den Aufbau der Verwaltung und des Vertreternetzes. Der O. muss nach § 5 V Nr. 3 VAG gebildet werden und zur Verfügung stehen. – *2. Merkmale:* Der O. wird i.d.R. von den Aktionären einer Aktiengesellschaft oder den Garanten eines → Versicherungsvereins auf Gegenseitigkeit eingezahlt. Er dient nicht nur als Finanzierungsinstrument, sondern auch als Bilanzierungsinstrument zur Vermeidung von Anfangsverlusten, soweit immaterielle Investitionen nicht aktivierungsfähig sind. Bilanziell wird der O. im → Eigenkapital unter den Kapitalrücklagen ausgewiesen.

Originator. Schutzberechtigter aus einem → Alternativen Risikotransfer.

Örtliche Prüfung. *1. Begriff:* Prüfungen in den Geschäftsräumen der Versicherer (§ 83 I VAG). Ö. gehören im Rahmen der → laufenden Aufsicht zu den wichtigsten Informationsmitteln (vgl. → Aufsichtsmittel) der → Aufsichtsbehörde. Mit Hilfe der Ö. können u.a. die bereits vorhandenen Informationen (z.b. aus der → Internen Rechnungslegung) überprüft und ergänzt sowie ein persönlicher Kontakt mit den → Geschäftsleitern und sonstigen Führungskräften des Unternehmens aufgenommen werden. – *2. Einzelheiten:* Die Anordnung einer Ö. bedarf keines besonderen Anlasses. Die Aufsichtsbehörde hat immer Wert darauf gelegt, dass die Prüfungen i.d.R. reine Routinesache seien, die keinen Anlass bieten, anzunehmen, im geprüften Unternehmen lägen Funktionsstörungen vor. Das schließt nicht aus, dass auch aus gebotenem Anlass Ö. anberaumt werden. Geprüft werden dürfen auch Unternehmen, die nicht zum Betrieb des Versicherungsgeschäfts zugelassen sind, bei denen aber die Vermutung besteht, dass sie aufsichtspflichtige Versicherungsgeschäfte betreiben (§ 83b VAG). Eine Ö. ist hier praktisch die einzige Möglichkeit, Klarheit über den Betrieb zu erlangen. Besteht Anlass zu der Vermutung, dass auch die Wohnung für den Betrieb unerlaubter Versicherungsgeschäfte benutzt wird, kann auch diese in die Prüfung einbezogen werden. Die Ö. kann sich auch auf Versicherungsvermittler sowie auf Unternehmen beziehen, die im Rahmen von Verträgen über → Funktionsausgliederungen Leistungen für den Versicherer erbringen. Dasselbe gilt u.a. für verbundene Nichtversicherungsunternehmen, die für den Versicherer Dienstleistungen erbringen (§§ 53d, 83 V Nr. 3 VAG) sowie für verbundene Unternehmen und Inhaber von bedeutenden Beteiligungen. Vgl. im Einzelnen § 83 Va VAG.

OTC-Medikamente. Abk. für → Over-the-counter Medikamente.

Outlook. Ausblick, der einem → Rating anhaftet. Der O. drückt die Meinung einer → Ratingagentur über die mögliche kurzfristige Entwicklung eines Ratingurteils mit den potenziellen Ausprägungen „positive", „stable" oder „negative" aus, und an welche Erwartungen diese Meinung geknüpft ist.

Outsourcing. Ausgliederung von Unternehmensfunktionen oder -prozessen in eine eigenständige Gesellschaft, die entweder frei zum Markt agiert oder in rechtlicher oder finanzieller Abhängigkeit vom ausgliedernden Unternehmen steht. Siehe auch → Insourcing.

Overrider, *Bearbeitungsgebühr.* Für die Weitergabe des Rückversicherungsgeschäfts von einem Makler, aber auch z.B. von einer Captive wird i.d.R. eine Bearbeitungsgebühr verlangt, die in Prozent der zedierten → Prämie ausgedrückt wird.

Over-the-counter Medikamente, *OTC-Medikamente, OTC-Arzneimittel.* – *1. Begriff:* Medikamente, die ohne ärztliches Rezept in jeder Apotheke und gegebenenfalls im Einzelhandel frei erhältlich sind. – *2. Merkmale:* Als nicht-verschreibungspflichtig gelten alle die Medikamente, welche bei bestimmungsgemäßem Gebrauch die Gesundheit des Anwenders nicht gefährden, auch wenn sie ohne ärztliche Kontrolle angewandt werden. Sie unterliegen, im Gegensatz zu den verschreibungspflichtigen Arzneimitteln, nicht der gesetzlichen Preisspannenverordnung. – *3. Umsetzung:* Seit dem GKV-Modernisierungsgesetz 2004 werden O. nur noch in Ausnahmefällen von der → gesetzlichen Krankenversicherung (GKV) erstattet, so z.B. bei Kindern unter zwölf Jahren. Die privaten Krankenversicherer erstatten O., sofern diese von der Schulmedizin anerkannt sind und von einem Arzt verschrieben wurden. Den Erstattungspraktiken ist es demnach zuzuschreiben, dass O. bei den Versicherten der GKV eine geringere Rolle als bei Versicherten der privaten Krankenversicherung (PKV) spielen.

P

Panjer-Rekursion. → Rekursion nach Panjer.

Panjer-Verteilung. Eine Zufallsvariable N besitzt die P. mit den Parametern $a, b \in \mathbb{R}$ mit $a + b > 0$ und $a < 1$, wenn für alle $k \in \mathbb{N}$ die Rekursionsformel

$$P[N = k] = \left(a + \frac{b}{k}\right) P[N = k-1]$$

gilt. Dies ist genau dann der Fall, wenn N eine → Binomialverteilung ($a < 0$), eine → Poisson-Verteilung ($a = 0$) oder eine → Negativbinomialverteilung ($0 < a < 1$) besitzt. Die P. ist für die → Rekursion nach Panjer von Bedeutung.

Pannenhilfe. *1. Begriff:* Vorübergehende oder komplette Wiederherstellung der Fahrbereitschaft eines Kfz nach einem Unfall oder einer Panne vor Ort durch geschultes Fachpersonal, z.B. Kfz-Techniker oder Kfz-Meister, unter Vermeidung von Abschlepp- und Werkstattkosten. – *2. Merkmale:* Die P. ist ein Leistungsbestandteil der → Fahrzeugassistance und wird überwiegend in → Schutzbriefe integriert oder als reine Mobilitätsleistung angeboten. Häufig organisiert ein → Assisteur die P. durch Beauftragung eines Pannendiensts, einer sog. mobilen Autowerkstatt, aus seinem angeschlossenen → Dienstleisternetzwerk. – *3. Probleme und Entwicklungen:* Im Zuge der immer weiter steigenden Technisierung moderner Fahrzeuge sind in den meisten Fällen elektronische Fehler die Ursache für eine technische Panne. Eine Vorort-Reparatur ist dann ohne "Auslesen" des Fehlerspeichers selten erfolgreich. Aus diesem Grund werden vermehrt Pannenservicefahrzeuge mit mobilen Fehlerauslesegeräten zur Fehlersuche ausgestattet.

Parafiskus, *Nebenhaushalt.* Institutionen, die finanziell weit gehend autonom agieren, jedoch über kollektive Zwangsabgaben oder aber im Wesentlichen über staatliche Zuschüsse finanziert werden. Rechtlich treten diese Institutionen häufig als Körperschaft des öffentlichen Rechts auf. Klassische Beispiele für P. sind die Kirchen, die Sozialversicherungen (→ gesetzliche Krankenversicherung, GKV; → gesetzliche Rentenversicherung, GRV; → soziale Pflegeversicherung etc.), die berufsständischen Kammern, aber auch Sondervermögen des Staats sowie internationale Organisationen.

Parametrischer Trigger, *technischer Trigger.* – *1. Begriff:* Gehört zur Gruppe der → Non-Indemnity-Trigger. Eine Versicherungsdeckung mit einem P. greift, sobald ein physikalisch messbares Kriterium eines Naturereignisses erreicht ist, wie z.B. eine Erdbebenstärke gemessen anhand der Richterskala, eine Windgeschwindigkeit oder ein Luftdruck. Die Deckung hängt ausschließlich davon ab, ob das Kriterium erfüllt ist – unabhängig davon, ob der Zedent tatsächlich Verluste zu verzeichnen hatte – oder nicht. – *2. Arten:* Neben den reinen P. gibt es noch gewichtete parametrische Trigger. Bei → Cat Bonds mit einem größeren räumlichen Deckungsbereich werden regional unterschiedliche Wertekonzentrationen, Gebäudevulnerabilitäten und Eintrittswahrscheinlichkeiten durch die Gewichtung besser berücksichtigt. Dabei erhalten bspw. Gebiete mit starken Wertekonzentrationen ein stärkeres Gewicht in der Berechnungsformel der Messkriterien als Gebiete mit geringeren Wertekonzentrationen. Diese gewichtete parametrische Trigger-Struktur reduziert das → Basisrisiko im Vergleich zu den reinen parametrischen Triggern. – *3. Anwendung:* P. werden häufig bei Cat Bonds eingesetzt. Innerhalb kurzer Zeit nach dem Ereignis steht fest, ob ein Cat Bond getriggert worden ist oder nicht.

Paretoquotierung. Prämienkalkulationsverfahren für eine → Schadenexzedenten-

Rückversicherung, bei dem die Schadenhöhe durch eine Pareto-Verteilung modelliert wird.

Paritätische Kommission. *1. Begriff:* Schiedsstelle des → Gesamtverbands der Deutschen Versicherungswirtschaft (GDV) zur Klärung von Fragen zwischen allgemeiner → Haftpflichtversicherung und → Kfz-Haftpflichtversicherung hinsichtlich der Auslegung der → Benzinklausel. *– 2. Zweck:* Mit der Entscheidung durch die P. sollen Streitigkeiten zwischen Haftpflicht- und Kfz-Haftpflichtversicherer zu Lasten der Geschädigten vermieden werden.

Passivenversicherung. Versicherung gegen neu entstehende oder gegen die Erhöhung bestehender Verbindlichkeiten (= Passiva). Zur P. gehören auch Versicherungszweige, die den Versicherungsnehmer gegen entstehende Kosten absichern, bspw. die → Haftpflichtversicherung, die → Rechtsschutzversicherung, die → Krankheitskostenversicherung sowie die Versicherung von Kosten (z.B. → Aufräumungs- oder → Sachverständigenkosten) in der → Sachversicherung. – Anders: → passive Rückversicherung. – Gegensatz: → Aktivenversicherung.

Passive Rückversicherung. Rückdeckung des eigenen Geschäfts im Rückversicherungsmarkt, teilweise auch „indirektes Geschäft", genannt. Wenn ein → Erst- oder ein → Rückversicherer Rückversicherungsschutz nachfragt, führt dies zur passiven Rückversicherung. Gegensatz: → aktive Rückversicherung.

Passivlegitimation. Legitimation als der „richtige Beklagte". Macht ein Kläger einen Anspruch geltend, der ihm möglicherweise gegen einen anderen, jedenfalls nicht gegen den Beklagten zusteht, wird die Klage mangels P. als unbegründet abgewiesen.

Pauschalbesteuerung. Begriff aus der → betrieblichen Altersversorgung (bAV). Bei Vertragsabschluss vor dem 1.1.2005 können die Beiträge an eine → Direktversicherung oder → Pensionskasse nach § 40b EStG bis zu 1.752 Euro jährlich pauschal versteuert werden (Steuersatz 20 % zzgl. Kirchensteuer und Solidaritätszuschlag). Die aus pauschal besteuerten Beiträgen resultierenden → Betriebsrenten werden mit dem Ertragsanteil nach § 22 Nr. 1 EStG besteuert. Kapitalleistungen können unter bestimmten Voraussetzungen steuerfrei ausgezahlt werden.

Pauschaldeckung, *unbenannte Versicherung.* Versicherungsschutz in der → Kreditversicherung für nicht benannte Kunden des Versicherungsnehmers bis zu der im Versicherungsschein genannten → Antragsgrenze. Voraussetzung für den Versicherungsschutz ist, dass die Forderungen unter Einhaltung des gegenüber dem Kreditversicherer bei Vertragsschluss beschriebenen Debitorenmanagement begründet wurden und kein längeres als das im Versicherungsschein festgelegte Zahlungsziel vereinbart worden ist. In den letzten zwölf Monaten vor der Lieferung oder Leistung des Versicherungsnehmers darf weder eine → Zahlungsunfähigkeit des Kunden, noch eine negative Zahlungserfahrung i.S.d. zugrunde liegenden → Allgemeinen Versicherungsbedingungen (AVB) eingetreten sein. Die Kunden dürfen ihren Sitz nur in den im Versicherungsschein genannten Ländern haben. Abzugrenzen von → benannter Versicherung.

Pauschalpolice. *1. Begriff:* Vereinfachte (pauschalisierte) Form der → laufenden Versicherung in der Güterversicherung, die v.a. bei Werkverkehrstransporten Anwendung findet. Da keine Einzeldeklaration für Transporte notwendig ist (→ Deklaratin), ist die Abwicklung stark vereinfacht. Der Versicherungsschutz ist jedoch meist auf bestimmte → versicherte Gefahren oder → versicherte Schäden eingegrenzt, und die → Versicherungssumme gilt pro Tag. – Anders: → Generalpolice.

Pauschalsystem. Für Pkw gebräuchliche Form der → Insassenunfallversicherung. Beim P. ist jeder Insasse eines → Kraftfahrzeugs mit dem Teilbetrag mitversichert, der sich aus dem Quotienten von Gesamtversicherungssumme und der Anzahl der mitfahrenden Personen ergibt. Bei zwei und mehr versicherten Personen erhöhen sich die Versicherungssummen um 50 % (Sitzplatz-Unfallversicherung).

Pay as you drive. *1. Begriff:* Eingetragenes Warenzeichen des britischen Versicherers Norwich Union. Tarifierungsmethode in der → Kfz-Versicherung bzw. in der → Kfz-Haftpflichtversicherung, bei der sich die Versicherungsprämie u.a. am individuellem

Fahrverhalten orientiert (z.B. am Umfang der gefahrenen Kilometer, an der Art der genutzten Straßen, der befahrenen Region und/ oder am allgemeinen Verhalten im Straßenverkehr). – *2. Nutznießer:* Wenigfahrer und solche Autofahrer, die sich an die Geschwindigkeitsbegrenzungen halten, werden beitragsseitig entlastet. – *3. Kritik:* Gegen diese Methode werden datenschutzrechtliche Bedenken erhoben.

Pensionsfonds. *1. Begriff:* Rechtlich selbstständiger Versorgungsträger in der Rechtsform der → Aktiengesellschaft oder des → Versicherungsvereins auf Gegenseitigkeit (VVaG), der auf seine im Wege der Kapitaldeckung durch → Beiträge finanzierten Leistungen einen Rechtsanspruch gewährt. → Durchführungsweg der → betrieblichen Altersversorgung (bAV). Zur Legaldefinition des P. siehe § 112 VAG. – *2. Merkmale:* Ein P. ist eine rechtsfähige Versorgungseinrichtung, die a) über das Kapitaldeckungsverfahren Leistungen der bAV erbringt, – b) die Höhe der Leistungen und Beiträge nicht für alle vorgesehenen Leistungsfälle durch versicherungsförmige Garantien zusagen darf, – c) den Arbeitnehmern einen eigenen Anspruch auf Leistung gegen den P. einräumt und – d) verpflichtet ist, die Altersversorgungsleistungen als lebenslange Zahlungen zu erbringen. P. unterliegen der Aufsicht durch → Bundesanstalt für Finanzdienstleistungsaufsicht (BaFin). Sie sind durch eine große Freiheit in der Kapitalanlage gekennzeichnet. Durch die einschlägigen steuerlichen Regelungen – insbesondere § 3 Nr. 66 EStG – sind P. besonders für die Übernahme zuvor intern finanzierter Versorgungsverpflichtungen geeignet. – *3. Aufsicht und anzuwendende Vorschriften:* P. werden vom Gesetzgeber nicht als Versicherungsunternehmen angesehen, aber weitgehend wie solche behandelt. Sie unterliegen wie Versicherer der Aufsicht nach § 1 I VAG. Für die Aufsicht gelten im Wesentlichen die Vorschriften über die Lebensversicherungsunternehmen; für den Pensionsfonds auf Gegenseitigkeit gelten die den VVaG betreffenden Vorschriften entsprechend. (Wegen der Abweichungen vgl. im Einzelnen § 113 VAG.) Die Anforderungen an die Kapitalausstattung lehnen sich an die für die Lebensversicherung geltenden Vorschriften an (vgl. die Verordnung über die Kapitalausstattung von Pensionsfonds, PFKAustV). Wegen der Anforderungen an die Kapitalanlagen vgl. § 115 VAG i.V.m. der Verordnung über die Anlage des gebundenen Vermögens von Pensionsfonds, PFKapAV. Bei der Berechnung der → Deckungsrückstellung und bei der Rechnungslegung sind die Pensionsfonds-Aktuarverordnung und die Pensionsfonds-Berichterstattungsverordnung zu beachten. – *4. Rechnungslegung:* Für die → Kapitalanlagen der P. gilt die gleiche Unterteilung wie bei Versicherungsunternehmen: a) Kapitalanlagen auf eigene Rechnung und – b) Kapitalanlagen auf Rechnung und Risiko von Arbeitgebern (Versicherungsnehmern). Die Einordnung in die beiden Klassen ist jedoch schwieriger. – *5. Gesetzliche Grundlagen:* §§ 112-118 VAG. Zudem gelten die Vorschriften für Versicherungsunternehmen und P. nach §§ 341-341l HGB (ausgenommen, wegen fehlender Anwendungsvoraussetzungen, § 341d HGB) sowie die (weiteren) Vorschriften des VAG. Zusätzlich sind Ausweisfragen sowie der Ansatz und die Bewertung → versicherungstechnischer Rückstellungen in der Verordnung über die Rechnungslegung von Pensionsfonds (RechPensV) geregelt. – *6. Abgrenzungen:* Für P. gilt ähnliches wie für die → Pensionskasse. Der Unterschied zwischen P. und Pensionskassen besteht v.a. darin, dass in P. die Anlage von bis zu 90 % des Vermögens in Aktien zulässig ist. Die Investition in Anleihen, Investmentfonds, Immobilien und Schuldverschreibungen ist unbegrenzt möglich. Damit besteht eine höhere Renditemöglichkeit, aber auch ein höheres Risiko.

Pensionskasse. *1. Begriff:* Rechtlich selbständige Versorgungseinrichtung gem. § 118a-118d VAG, die als → Aktiengesellschaft (AG) oder → Versicherungsverein auf Gegenseitigkeit (VVaG) gegründet wird. Lebensversicherungsunternehmen, das ausschließlich die → betriebliche Altersversorgung (bAV) durchführt (vgl. § 1b III BetrAVG). → Durchführungsweg der bAV. – *2. Merkmale:* Eine P. ist ein rechtlich selbstständiges Lebensversicherungsunternehmen, dessen Zweck die Absicherung wegfallenden Erwerbseinkommens wegen Alters, Invalidität oder Tod ist und das a) das Versicherungsgeschäft im Kapitaldeckungsverfahren betreibt, – b) Leistungen erst nach Wegfall des Erwerbseinkommens vorsieht, – c) Leistungen im Todesfall nur an Hinterbliebene erbringen darf, – d) der versicherten Person einen eigenen Anspruch auf Leistungen gegen die P. einräumt. Leistungen können auch in Form der Rückdeckung von Versorgungszusagen der Arbeitgeber geboten werden (sog. Rückdeckungsversicherung, vgl. § 118 VAG). Die P. erhält → Beiträge, aus denen das Deckungskapital aufgebaut wird, das seinerseits in geeignete Anlageformen investiert wird. P. müssen ihr Kapital so anlegen, dass eine möglichst hohe Sicherheit bei hoher Rentabilität gegeben ist. Sie dürfen höchstens 35 % ihres Vermögens in Aktien investieren. Damit besteht eine höhere Sicherheit, aber eine geringere Renditeaussicht als bei → Pensionsfonds. Für P. gelten die Anforderungen an die → Solvabilität aus § 53c VAG. – *2. Aufsicht und anzuwendende Vorschriften:* Traditionell sind P. VVaG. Sie unterliegen der Bundesaufsicht, es sei denn, die Aufsicht ist auf die Landesaufsichtsbehörden übertragen worden; dann handelt es sich i.d.R. um sog. → kleinere Vereine. Für sie gelten die Sonderregeln des § 118b VAG (z.B. niedrigere Kapitalausstattung). Bei P. gehören auch die → Allgemeinen Versicherungsbedingungen (AVB) und die fachlichen Geschäftsunterlagen (Tarife und Rechnungsgrundlagen für die Berechnung der Prämien und Rückstellungen) – wie vor der → Deregulierung – weiterhin zum → Geschäftsplan. Eine Teilausnahme zu dieser Sonderbehandlung gilt für die sog. regulierten P. (§ 118 III VAG). Diese sind mit den normalen Lebensversicherern vergleichbar und konkurrieren mit ihnen am Markt um die Arbeitgeber, die als Versicherungsnehmer um Altersvorsorgeprodukte nachsuchen. Regulierte P. sollen daher auch aufsichtsrechtlich vergleichbaren Wettbewerbsbedingungen unterworfen sein. – *3. Besonderheiten in der Rechnungslegung:* P. in der Rechtsform eines VVaG können von der Berechnung der → Deckungsrückstellungen zum Abschlussstichtag befreit werden (§ 62 RechVersV).

Pensionsplan. Regelt die Leistungserbringung eines → Pensionsfonds. Der P. legt fest, welche Personen unter welchen allgemeinen und speziellen Voraussetzungen Leistungen in welcher Höhe bekommen.

Pensionsrückstellungen. *1. Begriff:* Posten auf der Passivseite der → Bilanz. Ausweis einer ungewissen Verpflichtung, die aus einer → Direktzusage im Rahmen der → betrieblichen Altersversorgung (bAV) resultiert. Damit zugleich ein → Durchführungsweg in der bAV. – *2. Behandlung in der Rechnungslegung:* Für betriebliche Pensionsverpflichtungen aufgrund von individuellen Zusagen oder einer allgemeinen Versorgungsverordnung für die bAV gilt ein Gebot zur Passivierung der Pensionsrückstellungen. Ansatzvoraussetzung ist die fehlende Sicherheit hinsichtlich der Höhe und/ oder Fälligkeit der Pensionsleistungen. Ein Passivierungswahlrecht besteht, wenn es sich bei der bAV um mittelbare Zusagen handelt oder um Zusagen, die vor dem 1.1.1987 erteilt bzw. erhöht wurden. – *3. Berechnung und Bewertung nach Handelsrecht:* Die Berechnung beruht auf versicherungsmathematischen Grundsätzen unter Einbezug eines → Rechnungszinses. Nach dem → Bilanzrechtsmodernisierungsgesetz (BilMoG) werden die P. realitätsnäher als nach bisherigem Handelsrecht bewertet. Preis- und Kostensteigerungen werden in die Bewertung einbezogen. Der steuerliche Teilwert in der Handelsbilanz wird aufgegeben. Durch Berücksichtigung von Gehaltstrends können die P. höher als bisher ausfallen. Weitgehend erfolgt eine Annäherung an die internationale Rechnungslegung. Der steuerlich relevante Berechnungsmodus ist in § 6a EStG geregelt. – *4. Rechnungslegung nach IAS/ IFRS und US-GAAP:* Da IAS 19 auf SFAS 87 beruht, besteht eine weitgehende Übereinstimmung zwischen den → IAS/ → IFRS und den → US-GAAP. Gegenüber der Bemessung nach Handelsrecht fallen die P. nach IAS/ IFRS und US-GAAP meist höher aus, da sowohl künftige Lohnsteigerungen als auch Karrieretrends berücksichtigt werden. Der Rechnungszins orientiert sich am aktuellen Zinsniveau.

Pensions-Sicherungs-Verein auf Gegenseitigkeit (PSVaG). Selbsthilfeeinrichtung der deutschen Wirtschaft zum Schutz der → betrieblichen Altersversorgung (bAV) im Fall der Insolvenz des Arbeitgebers (siehe auch → Insolvenzsicherung). Geschützt werden laufende Versorgungsleistungen und → unverfallbare Anwartschaften (§ 7 BetrAVG). Der PSVaG wird über Beiträge der Arbeitgeber finanziert (§ 10 BetrAVG).

Pensionsversicherung. Versicherungsvertrag über eine → Leibrente, die Komponenten der → Hinterbliebenenversorgung, wie eine → Witwen- oder Witwerrenten und auch eine → Waisenrenten einschließen kann.

Bestimmte Formen der P. werden im Rahmen des Einkommensteuerrechts gefördert.

Pensionszusage. Zusage des Arbeitgebers, eine → betriebliche Altersversorgung (bAV) zu gewähren. Der Begriff wird häufig verwandt, wenn eine → Direktzusage erteilt wird.

Performance. Maßgröße zur Erfolgsbeurteilung des Kapitalanlage-Management (→ Asset Management). Wurde ursprünglich als eindimensionale Größe im Sinn einer Gesamtrendite (Total Return) verstanden. Da die ausschließliche Betrachtung der → Rendite für einen objektiven Vergleich nicht ausreichend ist, wird im modernen Kapitalanlagen-Management das Risiko von → Kapitalanlagen als zweite Dimension hinzugezogen. Als relatives Maß für das Verhältnis von Rendite und Risiko einer Kapitalanlage errechnet sich die P. als Differenz der erzielten Kapitalanlagerendite gegenüber einem adäquaten Vergleichsmaßstab (Benchmark). Um das zur Erzielung einer bestimmten P. verwendete Risiko zu messen, wird meist die Volatilität der erzielten Rendite über einen längeren Zeitraum ermittelt. Darüber hinaus gibt es diverse Kennzahlen, die die risikoadjustierte P. einer Kapitalanlage darstellen (z.B. Sharpe Ratio, Information Ratio).

Performance-Messung. *1. Begriff:* a) Leistungsmessung eines Unternehmens bzw. einer Unternehmenseinheit. – b) Bewertung des relativen Erfolgs eines Kapitalanlageportfolios. – *2. Externe P.:* Verwendung öffentlich zugänglicher Informationen zur Berechnung von Erfolgskennzahlen mit dem Ziel der Information unterschiedlicher Stakeholder-Gruppen. Dabei gewährleistet die → Risikoadjustierung der Kennzahlen Vergleichbarkeit. – *3. Interne P.:* Analyse von Renditebeiträgen einzelner Personen, Abteilungen oder Geschäftsbereiche bzw. einzelner Kapitalanlageportfolios, basierend auf internen Unternehmensdaten. Voraussetzung für die Entwicklung von Anreiz- und Vergütungssystemen zur Reduzierung des Interessenkonflikts zwischen Anteilseignern und Unternehmensleitung bzw. zwischen verschiedenen Hierarchieebenen innerhalb des Unternehmens. – *4. Maße zur P.:* a) Zu den in absoluten Größen ausgedrückten Performance-Maßen zählen der Kapitalwert, der → Economic Value Added (EVA®) und der Cash Value Added (CVA). – b) Renditeorientierte Performance-Maße sind die Sharpe-Ratio, das Treynor-Maß, das Jensen-Alpha sowie dem → Risk Adjusted Return on Capital (RAROC) ähnliche Maße, die häufig unter dem Oberbegriff Risk Adjusted Performance Measurement (RAPM) zusammengefasst werden.

Periodensterbetafel. → Sterbetafel, die aufgrund beobachteter Sterbefälle in einer vorgegebenen Periode erstellt wird.

Personaldatenbank. *1. Begriff:* Datenbank, in der alle Informationen über die Mitarbeiter eines Unternehmens erfasst, analysiert und bearbeitet werden. – *2. Ziele:* Die P. dient dazu, die Administration der Personaldaten zu erleichtern, die Grundlagen der → Personalplanung zu verbessern und damit die Entscheidungsträger der → Personalpolitik dahingehend zu unterstützen, schneller und auf Basis einer Vielzahl von systematisch erfassten und aufbereiteten Daten besser entscheiden zu können. Aber auch Führungskräfte sollen in ihrer Führungsarbeit unterstützt werden. – *3. Merkmale:* Die P. ist Bestandteil eines → Personalinformationssystems, das meist aus mehreren Datenbanken besteht (z.B. Arbeitsplatz-, Unternehmens-, Methodendatenbank). Die P. speichert u.a. Daten zur Qualifikation, zur Kompetenz, zu Fertigkeiten sowie Abrechnungsdaten von Mitarbeitern und persönliche Verwaltungsdaten. Die Einrichtung und Pflege einer P. unterliegt der Mitbestimmung und dem Datenschutz. Vgl. auch → Bundesdatenschutzgesetz.

Personalentwicklung (PE). *1. Begriff:* Teilgebiet der Personalwirtschaft innerhalb der Betriebswirtschaftslehre mit Schnittstellen zur Andragogik (Erwachsenenbildung), Pädagogik, (Arbeits- und Organisations-) Psychologie und (Organisations-)Soziologie. PE setzt sich aus unterschiedlichen, idealer Weise aufeinander abgestimmten Maßnahmen der Ausbildung, Weiterbildung, Team- und Organisationsentwicklung sowie des → Change Management zusammen. Die enge Begriffsdefinition bezieht sich nur auf die Erstellung, Durchführung und Evaluation von Aus- und Weiterbildungsmaßnahmen. – *2. Ziele:* PE soll mittels geeigneter Lern-, Entwicklungs- und Veränderungsprozesse bzw. Maßnahmen dazu führen, dass Mitarbeiter, Teams oder die Organisation(-seinheiten) die aktuellen Aufgaben zur Erreichung der Unternehmensziele effektiv sowie effizient erfüllen und auch zukünftigen Anforderungen gewachsen sind. Zusammen mit dem Aufbau bzw. Ausbau beruflich relevanter Kenntnisse, Fähigkeiten, Fertigkeiten und Einstellungen sollen auch die → Mitarbeiterzufriedenheit gewährleistet bzw. die → Motivation erhalten oder gesteigert werden. Damit soll neben der Leistungsfähigkeit auch der Leistungswille erzeugt werden, um die berufliche → Handlungskompetenz zu steigern. Deshalb werden einerseits → Fachkompetenzen und → Schlüsselqualifikationen aufgebaut, andererseits die Bedürfnisse und die Eignung der Mitarbeiter berücksichtigt. Weitere Ziele der PE sind: Förderung der → Corporate Identity, Verbesserung des Unternehmensimage, Steigerung der Innovations- und Veränderungsfähigkeit, Verhinderung von → Fluktuation, Anpassung des Personals an geänderte Markt- oder Unternehmensbedingungen. – *3. Merkmale:* PE bezieht sich auf bestimmte Zielgruppen (z.B. → Führungskräfteentwicklung), wird nach Funktionen (z.B. Diagnostik und Qualifizierung) und/ oder nach Methoden bzw. Instrumenten geordnet (z.B. → Assessment Center, → Anreizsystem, → 360°-Feedback, → Management-Audit, → Mitarbeiterbeurteilung, Führungsnachwuchsprogramme, → Traineeprogramm, → Förderkreise, → Job-Enlargement, → Job-Enrichment, → Job-Rotation, → Mentoring, → Mediation, → Sabbatical). Die Grundlage für eine effektive und effiziente PE bildet die Entwicklungsbedarfsanalyse. Hier werden aus dem Vergleich von → Funktions- und Anforderungsprofil einerseits und der Mitarbeitereignung gem. der → Potenzialanalyse oder der Mitarbeiterbeurteilung andererseits die Entwicklungsbedarfe in der Fachkompetenz, der → Methodenkompetenz, der → Sozialkompetenz und der → Persönlichkeitskompetenz ermittelt. Die Bedarfsermittlung sollte sowohl defizitorientiert (Welche Mitarbeitereigenschaften/ -fähigkeiten/ -kenntnisse fehlen oder hemmen die → Mitarbeiterproduktivität und müssen deshalb aufgebaut bzw. abgebaut werden?) als auch ressourcenorientiert sein (Welche vorhandenen Mitarbeitereigenschaften/ -fähigkeiten/ -kenntnisse fördern die Mitarbeiterproduktivität und müssen deshalb ausgebaut werden?). Die Entwicklungsbedarfe werden durch geeignete Maßnahmen der PE abgebaut. Die Maßnahmen können arbeitsbegleitend sein (on-the-job, z.B. Einarbeitungsprogramme), außerhalb der Arbeit stattfinden (off-the-job, z.B. Outdoor-Training) oder sich auf die Arbeit beziehen, ohne das Arbeitsgebiet i.e.S. zu betreffen (near-the-job, z.B. der Innendienstmitarbeiter begleitet einen Außendienstmitarbeiter, um die Vertriebssicht kennen zu lernen). Eine systematische PE lässt sich in folgende Phasen unterteilen: (1) Bedarfsanalyse, (2) Zielsetzung, (3) Konzeption, (4) Realisation, (5) Erfolgskontrolle, (6) Transfersicherung. – *4. Grenzen:* Die Mitarbeiterproduktivität wird von vielfältigen Einflussfaktoren bestimmt, so dass der Messung des Beitrags von Maßnahmen der PE zur Unternehmenszielerfüllung durch das → Bildungscontrolling Grenzen gesetzt sind. Die Ablaufoptimierung, die Beseitigung von betrieblichen Engpässen und die Gestaltung von Arbeitsbedingungen werden nicht mehr als Aufgaben der PE angesehen. Die Grenze der individuellen PE wird überschritten, wenn das berufliche → Coaching für Mitarbeiter nicht ausreicht und in eine therapeutische Begleitung übergehen muss.

Personalinformationssystem (PIS). *1. Begriff:* Instrument zur Erfassung, Speicherung, Verarbeitung, Analyse und Bereitstellung von Daten der Personalverwaltung, des Personalbedarfs, der Personalbeschaffung, der Personalentwicklung, des Personaleinsatzes, des Personalabbaus und der Personalkosten, um die Grundlagen der → Personalplanung zu verbessern, die Administration durch die Personalabteilung zu erleichtern und die Entscheidungsträger der → Personalpolitik sowie die Führungskräfte zu unterstützen. – *2. Merkmale:* Die heutigen PIS sind computergestützt. Ein PIS besteht aus Hardware (Rechner, Netzwerk), → Personaldatenbanken, Software (Anwendungsprogramme) und Personaldaten. Das PIS hat sowohl administrative als auch dispositive Aufgaben. Administrative Systeme bilden wiederkehrende Vorgänge ab, wie die Personalstammdatenverwaltung, Personalabrechnung, Personaladministration oder Personalberichterstattung. Dispositive Systeme unterstützen die Informationsgewinnung und Entscheidungsfindung im Rahmen der Personalplanung oder Leistungsüberwachung von Mitarbeitern. Für Systeme, die technisch in der Lage sind, Verhalten und Leistung von

Mitarbeitern zu überwachen, besteht nach § 87 BetrVG (→ Betriebsverfassungsgesetz) ein uneingeschränktes Mitbestimmungsrecht des → Betriebsrats. Die Sensibilität der Personaldaten erfordert einen hohen Sicherheitsstandard (vgl. auch → Bundesdatenschutzgesetz). Jedem Arbeitnehmer steht die Einsicht in die ihn betreffenden Daten zu, die in den Datenbanken hinterlegt sind (vgl. § 83 BetrVG). – *3. Probleme:* Die wesentliche Problematik eines PIS liegt darin, vor dem Hintergrund der technischen Möglichkeiten zwischen dem Schutz der Person und dem Interesse der Führung sorgfältig abzuwägen, um die Grenzen zwischen notwendiger Leistungskontrolle und nicht mehr zulässiger Verhaltensüberwachung nicht zu verwässern.

Personalmanagement

von Dr. Michael Thiemermann

1. Begriff und Merkmale des Personalmanagement

In den letzten Jahrzehnten haben sich Inhalte, Ziele und Methoden des Personalmanagement elementar verändert. In einer traditionellen Sichtweise fiel dem Personalwesen früher die Funktion zu, den Faktor Arbeit möglichst optimal an die rechtlichen, technologischen, organisatorischen und marktlichen Rahmenbedingungen anzupassen. Dies spiegelt eher eine am Produktionsfaktoreinsatz orientierte Sicht des Mitarbeiters wider, analog zum optimalen Einsatz von Kapital, Roh- und Betriebsstoffen, Maschinen und Gebäuden. Personalpolitische Aufgaben wurden von einer Stabsabteilung „Personalwesen" durchgeführt. Diese Sicht veränderte sich ab Mitte der 1980er Jahre, was auch zu einer anderen Begrifflichkeit führte. Das Personalwesen oder die Personaladministration wird zunehmend durch den Begriff Personalmanagement ersetzt. Eine ähnliche Entwicklung vollzieht sich im angelsächsischen Sprachraum, wo sich das „Personnel Management" zum „Human Resource Management" wandelte. Die Begriffe werden daher auch häufig synonym verwandt. Anders als die derivative und isolierte Hilfsfunktion „Personaladministration" ist das Personalmanagement neben der Planung, der Organisation und dem Controlling eine gleichwertige strategische Führungsaufgabe im Unternehmen. Damit wird die erfolgskritische Bedeutung des Personals (= Humankapital) für den Unternehmenserfolg in den Vordergrund gestellt. Diese Veränderung der Sichtweise vom reinen Verwalter zu einer bedeutsamen strategischen Einheit gilt für alle Wirtschaftsbereiche, besonders aber für dienstleistungsorientierte und beratungsintensive Geschäftsfelder, zu denen auch die Versicherungsbranche gehört.

2. Einflussfaktoren auf das Personalmanagement und Entwicklungstendenzen

Die für das Personalmanagement relevanten Rahmenbedingungen haben insbesondere gesellschaftliche, demographische, technologische und internationale Hintergründe. Diese verändern sowohl die Einstellungen der Mitarbeiter, als auch die Personalstrategien der Unternehmen. Darüber hinaus ist der rechtliche Rahmen einschließlich des tarifrechtlichen Rahmens zu beachten.

- Durch den sich vollziehenden Wertewandel hin zu einer stärkeren Individualisierung und dem Wunsch vieler Mitarbeiter nach einem ausgewogenen Verhältnis von Arbeit und privatem Lebensbereich (Work-Life-Balance) ist das Personalmanagement gefordert, z.B. mit einer Flexibilisierung des Arbeitseinsatzes zu reagieren.
- Veränderungen in der Demographie, insbesondere die Verschiebung in der Altersstruktur, wird dazu führen, dass junge Mitarbeiter in Zukunft nur noch sehr viel schwerer zu gewinnen sind. Gleichzeitig steigt der Anteil älterer Mitarbeiter im Unternehmen. Hier ist durch die Personalentwicklung sicherzustellen, dass die Beschäftigungsfähigkeit (Employability) der Mitarbeiter erhalten bleibt. Die zunehmende Technisierung von Arbeitsabläufen führt dazu, dass von Mitarbeitern ein immer größeres Qualifikationsniveau verlangt wird.

Personalmanagement 462

- Das Personalmanagement hat dafür Sorge zu tragen, dass die Mitarbeiter durch geeignete Aus- und Weiterbildungsmaßnahmen mit dem technologischen Wandel Schritt halten, um so den Unternehmenserfolg sicherstellen zu können.
- Eine starke Internationalisierung und Globalisierung fordern das Personalmanagement in mehrfacher Hinsicht. Zum einen sind Mitarbeiter unterschiedlicher Nationalitäten und Kulturen zu integrieren. Zum anderen ist bei über die nationalen Grenzen hinweg expandierenden Unternehmen sicherzustellen, dass Mitarbeiter für Auslandseinsätze gewonnen und entsprechend vorbereitet werden. Dies beschränkt sich nicht nur auf die Verbesserung der Fremdsprachenkenntnisse und der interkulturellen Kompetenz, sondern umfasst die gesamte Palette an Instrumenten über Anreizsysteme bis hin zur Reintegration von aus dem Ausland zurückkehrenden Mitarbeitern.
- Wesentliche rechtliche Rahmenbedingungen für das Personalmanagement sind neben dem Arbeitsrecht in Deutschland insbesondere die Mitbestimmung und alle kollektivrechtlich ausgehandelten (Tarif-)Verträge.

3. Instrumente des Personalmanagement

Im Mittelpunkt des Personalmanagements stehen die Instrumente, mit denen sämtliche Maßnahmen gestaltet werden können. Dabei werden die Personalbedarfsplanung und Personalbeschaffung, die Personaleinstellung und der Personaleinsatz, die Personalentwicklung, die Personalentlohnung und die Personalführung als die wesentlichen Instrumente unterschieden.

- So untersucht die Personalbedarfsplanung, welche Kapazitäten künftig zur Realisierung der Unternehmensziele benötigt werden. Dabei sind der gegenwärtige und künftige Soll-Bestand an Mitarbeitern sowohl in quantitativer, qualitativer, zeitlicher und ggf. räumlicher Sicht zu ermitteln. Dies kann mit unterschiedlichen Methoden (summarische oder analytische Methoden) erfolgen. Die Personalbedarfsplanung bildet somit die Basis für die sich anschließende Personalbeschaffung, die alle diejenigen Aktivitäten umfasst, die der bedarfsgerechten Gewinnung von Mitarbeitern dient. Offene Positionen können durch innerbetriebliche Stellenausschreibungen und die gezielte Entwicklung vorhandener Mitarbeiter oder durch externe Bewerber besetzt werden. Im Rahmen des Personalmarketing wird dabei auch versucht, das Unternehmen als attraktiven Arbeitgeber darzustellen, um so interessante Bewerber zu gewinnen und Mitarbeiter an das Unternehmen zu binden. Dabei werden auch moderne Medien wie das Internet (E-Recruiting) zunehmend genutzt. Um den Bewerber zu identifizieren, dessen Eignungsprofil die höchste Übereinstimmung mit den Anforderungsmerkmalen der zu besetzenden Stelle hat, stehen verschiedene Auswahlverfahren wie Assessment Center oder strukturierte Interviews zur Verfügung. Beim Bewerbungs- und Auswahlprozess ist insbesondere das 2006 verabschiedete Allgemeine Gleichbehandlungsgesetz (AGG) zu beachten, dass Benachteiligungen aus Gründen der Rasse, der ethnischen Herkunft, des Geschlechts, der Religion oder Weltanschauung, einer Behinderung, des Alters oder der sexuellen Identität verbietet.
- Ist der geeignete Bewerber gefunden, erfolgen die Personaleinstellung und der Personaleinsatz. Neben rechtlichen Fragen rund um den Arbeitsvertrag sind insbesondere die fachliche Einarbeitung und Integration des neuen Mitarbeiters ins Unternehmen von großer Bedeutung, weil erstaunlich viele Mitarbeiter innerhalb des ersten Jahres ihr Arbeitsverhältnis wieder kündigen, v.a., weil ihre Erwartungen enttäuscht wurden, sie mit der neuen Aufgabe entweder über- oder unterfordert sind oder die Rollen unklar sind (Frühfluktuation).
- Die Personalentwicklung hat nicht nur die Aufgabe, die individuelle berufliche und persönliche Qualifikation der Mitarbeiter zu erhalten und zu verbessern und sie dadurch zu befähigen, ihre Aufgaben effizient zu bewältigen. Es gilt auch, die persönlichen Interessen und Bedürfnisse der Mitarbeiter zu erkennen und diese durch gezielte Programme oder Einzelmaßnahmen in eine höherwertige Aufgabe zu entwickeln. Dabei sind auch die Strategie und die künftigen Ziele des Unternehmens zu berücksichtigen. Bspw. fallen hierunter

auch Wachstumsstrategien in ausländische Märkte. Das Personalmanagement nimmt solche strategischen Ausrichtungen frühzeitig auf und integriert diese in entsprechende Programme der Personalentwicklung. Häufig wird als notwendige Reaktion auf die verstärkte Internationalisierung eine Verbesserung der Fremdsprachenkenntnisse der Mitarbeiter gefordert. Zudem müssen die für einen Auslandseinsatz in Frage kommenden Mitarbeiter persönlich und fachlich gezielt auf ihren späteren Einsatz im Ausland vorbereitet werden. Ansatzpunkte können hier Hospitationen, von der Personalentwicklung begleitete, international besetzte Projekte und die Etablierung von internationalen Netzwerken und Arbeitskreisen sein. Die Personalentwicklung steuert aber nicht nur die Aus- und Weiterbildung im Unternehmen, sondern zeichnet auch für das Karrieremanagement der Mitarbeiter verantwortlich, also für das Angebot beruflicher Aufstiegsmöglichkeiten mit unterschiedlichen Anforderungen, Kompetenzen und Verdienstmöglichkeiten. Dabei geht es nicht nur um klassische Führungsaufgaben, die aufgrund von schlankeren Führungsstrukturen gemessen an der Zahl der Stellen ohnehin abnehmen werden, sondern auch darum, fachlich hoch spezialisierten und fähigen Mitarbeitern die Möglichkeit einer Fach- und Projektlaufbahn zu eröffnen, die gleichwertig neben einer Führungslaufbahn etabliert werden sollte.

- Die Personalentlohnung bezeichnet alle materiellen Anreize, die ein Unternehmen ihren Mitarbeitern als Ausgleich für die geleistete Arbeit gewährt. In der Versicherungswirtschaft erfolgt die monetäre Entlohnung nach einem von Arbeitgebern und Gewerkschaften ausgehandelten Tarifvertrag. Darüber hinaus vereinbaren die Parteien häufig noch eine Vielzahl von materiellen und immateriellen Leistungselementen, mit denen sowohl eine – oft erfolgsabhängige – Entlohnung als auch eine Mitarbeiterbindung erzielt werden soll; teilweise auch durch Beteiligung der Mitarbeiter am Unternehmen.

- Die Personalführung beinhaltet die unmittelbare Kommunikation und Interaktion zwischen Führungskräften und den ihnen unterstellten Mitarbeitern. Hierbei steht die direkte, persönliche und individuelle Beziehung zwischen Führungskräften und Mitarbeitern im Vordergrund, um die Einstellungen und das Verhalten der Mitarbeiter im Hinblick auf die angestrebten Unternehmensziele unmittelbar zu beeinflussen. Die Personalführung fällt damit in die direkte Aufgabe des Linienvorgesetzten.

4. Ausblick

Insgesamt kommt dem Personalmanagement im Rahmen der Unternehmensführung eine zentrale Rolle zu, die nicht mehr nur auf die Implementierung von Strategien beschränkt ist, sondern vielfach auch deren Initiierung umfasst. Zum wichtigsten Beurteilungskriterium des Personalmanagements wird die Fähigkeit, einen positiven Beitrag zur Wettbewerbskraft des Unternehmens zu leisten. Dies äußerst sich nicht zuletzt darin, dass das Personalmanagement auch im Rahmen der Investor Relations einen immer größeren Raum einnimmt. Zahlreiche Positionen im Konzernlagebericht geben Auskunft über das intellektuelle Kapital des Unternehmens. Die Aspekte des Personalmanagements werden daher auch in Zukunft weiter an Bedeutung gewinnen.

Literatur: Backes-Gellner, U./ Lazear, E. P./ Wolff, B., Personalökonomik: fortgeschrittene Anwendungen für das Management, Stuttgart 2001; Becker, F. G., Lexikon des Personalmanagements, München 1994; Berthel, J./ Becker, F. G., Personal-Management, 8. Aufl., Stuttgart 2007; Büdenbender, U./ Strutz, H., Gabler Kompakt-Lexikon Personal, 2. Aufl., Wiesbaden 2005; Holtbrügge, D., Personalmanagement, 3. Aufl., Berlin, Heidelberg, New York 2007; Lindner-Lohmann, D./ Lohmann, F./ Schirmer, U., Personalmanagement, Heidelberg 2008; Oechsler, W. A., Personal und Arbeit: Grundlagen des Human Ressource Management und der Arbeitgeber-Arbeitnehmer-Beziehung, 8. Aufl., München, Wien 2006; Olfert, K., Personalwirtschaft, 12. Aufl., Ludwigshafen 2006; Scholz, C., Personalmanagement: informationsorientierte und verhaltenstheoretische Grundlagen, 5. Aufl., München 2000; Scherm, E./ Süß, S., Personalmanagement, München 2003; Stock-Homburg, R., Personalmanagement: Theorien – Konzepte – Instrumente, Wiesbaden 2008; Weber, W./ Mayrhofer, W./ Nienhüser, W./ Kabst, R., Lexikon Personalwirtschaft, 2. Aufl., Stuttgart 2005.

Personalplanung. *1. Begriff:* Zukunftsorientierte, aus der Unternehmensplanung abgeleitete und auf die Unternehmensziele abgestimmte Planung der personellen Kapazitäten, mit einer hohen Wechselwirkung zu anderen Planungen, insbesondere der Finanzplanung, aber auch der Leistungs-, Beschaffungs- und Absatzplanung. Die P. ist ein wichtiges Element der → Personalpolitik. – *2. Ziele:* Die P. soll sicherstellen, dass unter Berücksichtigung der zu erwartenden Kosten die richtige Anzahl und Art von Mitarbeitern zum richtigen Zeitpunkt am richtigen Ort eingesetzt werden kann. P. soll eine fundierte Entscheidungsgrundlage für Personalentscheidungen und dem wirtschaftlichen, eignungs- und mitarbeiterorientierten Einsatz von Personal liefern. – *3. Merkmale:* Die P. beschäftigt sich mit folgenden Aspekten: a) Personalbedarf – wieviel Personal mit welcher Qualifikation wird wo und zu welchem Zeitpunkt benötigt? – b) Personalbeschaffung – wieviel Personal muss bis wann, wie, wo und in welcher Qualität beschafft werden? – c) Personaleinsatz – wieviel und welches Personal muss wie bis wann und wo eingesetzt werden, und wie lassen sich Mitarbeiter und Arbeitsplätze optimal zuordnen? – d) → Personalentwicklung – wieviel und welches Personal muss wie, bis wann und wohin für welchen Einsatzort und -zweck weiterentwickelt werden? – e) Personalabbau – wieviel und welches Personal muss wie, wo und bis wann freigesetzt bzw. anders eingesetzt werden? – f) Personalkosten – welche Kosten verursacht welches Personal bzw. welche personelle Entscheidung? Nach § 92 BetrVG ist der → Betriebsrat über die P., insbesondere über den Personalbedarf und daraus resultierende Maßnahmen zu informieren. Personelle Einzelmaßnahmen (Einstellung, Versetzung und Kündigung) sind nach §§ 95, 99, 102 BetrVG mitbestimmungspflichtig. Ein Personalabbau zieht ein Interessenausgleichs- und Sozialplanverfahren gem. §§ 111, 112 BetrVG nach sich. – *4. Probleme:* Die P. schafft neue Daten für die Personalentscheidungen, benötigt jedoch auch Daten. Zur Gewinnung, Speicherung und Verarbeitung werden → Personalinformationssysteme einschl. von → Personaldatenbanken benötigt. Die Gewinnung, Speicherung und Verarbeitung von individuellen Mitarbeiterdaten unterliegen Datenschutz- (vgl. → Bundesdatenschutzgesetz) und Mitbestimmungsvorschriften. Die P. muss sowohl langfristig ausgerichtet sein, da o.g. Vorschriften den Handlungsspielraum einschränken. P. muss aber auch so flexibel und offen sein, dass sich ändernde Informationen bzw. Ziele einbezogen werden können. Bei der P. handelt es sich somit meist um eine rollierende Planung, die eine ständige Planungsanpassung mit strategischer, taktischer und operativer Ausrichtung erfordert.

Personalpolitik. *1. Begriff:* Sammelbezeichnung für alle Vorgaben und Entscheidungen im Unternehmen von grundsätzlicher oder strategischer Bedeutung in Bezug auf das Personal. – *2. Ziele:* Die Ziele der P. leiten sich aus den Zielen der Unternehmenspolitik ab. Die P. hat die Aufgabe, die geeigneten personellen Voraussetzungen und Rahmenbedingungen zu schaffen bzw. zu sichern, die dem Erreichen der Unternehmensziele dienen. – *3. Merkmale:* Typisch für die P. ist, dass sie vielfältige interne und externe Interessen, wie gesellschaftspolitische Änderungen (z.B. Stärkung der Familie) und rechtliche Entwicklungen (z.B. → Tarifvertrag), sowie daraus resultierende Zielkonflikte beachten bzw. ausgleichen muss. Entscheidungen der P. sind sehr komplex und basieren auf Unsicherheit, haben meist jedoch unmittelbare Auswirkungen auf die Mitarbeiter im Unternehmen. Deshalb benötigen die Einscheidungsträger im besonderen Maße soziales Verantwortungsbewusstsein und betriebswirtschaftliche Managementkompetenz. Die personalpolitische Zuständigkeit und Verantwortung liegt bei der Unternehmensführung (Vorstand, Geschäftsführer) bzw. bei ihrem für Personal zuständigen Mitglied (Personalvorstand, Arbeitsdirektor). In der Praxis werden die Aufgaben der P. an den Leiter der Personalabteilung bzw. an die Spezialisten delegiert. Vgl. auch → Personalmanagement.

Personengesamtheit. Gruppe von Personen, die sich durch bestimmte Merkmale (z.B. Nationalität, Bewohner einer Region, Mitarbeiter eines Unternehmens) auszeichnen.

Personenschaden. *1. Begriff:* Durch eine Körperverletzung eingetretene Einbuße an Lebensgütern wie Gesundheit oder körperliche Integrität. – *2. P. in der* → *Haftpflichtversicherung:* → Haftpflichtansprüche wegen Personenschäden sind grundsätzlich mitversichert. Der Begriff selbst wird in den neuen

Allgemeinen Versicherungsbedingungen für die Haftpflichtversicherung (AHB) nicht mehr definiert. Das allgemeine Persönlichkeitsrecht und Haftpflichtansprüche wegen Schäden aus Anfeindung, Schikane, Belästigung, Ungleichbehandlung oder sonstigen Diskriminierungen sind ausgeschlossen.

Personenschadenmanagement. *1. Begriff:* Bezeichnung für die offensive Bearbeitung von Personenschäden, bei der sich das Versicherungsunternehmen nicht auf den finanziellen Ausgleich der Heilbehandlungs- und sonstigen mit dem Personenschaden zusammenhängenden Positionen beschränkt, sondern den Heilbehandlungsprozess aktiv begleitet, indem z.B. spezielle Kliniken, Spezialisten, Behandlungs-, Operations- oder Rehabilitationsmethoden empfohlen oder bezahlt werden. – *2. Abgrenzung:* Eine Form des P. ist das Case Management. Bei schweren Personenschäden mit tatsächlichen oder möglichen erheblichen Dauerfolgen wird teilweise zur Wiedereingliederung des Verletzten in das private und berufliche Leben ein sog. → Rehabilitations-Management angeboten.

Personenversicherung. Sammelbezeichnung für alle Versicherungen, bei denen die versicherten Gefahren überwiegend in der Beeinträchtigung der körperlichen Unversehrtheit einer oder mehrerer natürlichen Person(en) liegen. Siehe besonders → Lebensversicherung, → private Rentenversicherung, → private Unfallversicherung, → private Krankenversicherung, → private Pflegeversicherung, → Berufsunfähigkeitsversicherung, → Erwerbsunfähigkeitsversicherung. Anders: → Sachversicherung, → Haftpflichtversicherung, → Rechtsschutzversicherung, → Betriebsunterbrechungsversicherung, → Kreditversicherung.

Persönlicher Vertrieb, *personaler Vertrieb.* Absatz der Produkte über Vertriebskräfte, die für den Versicherer angestellt oder freiberuflich, gebunden (ausschließlich) oder ungebunden, haupt- oder nebenberuflich tätig sind. Vorrangige Vertriebsform in der Versicherungswirtschaft. Gegenstück: → Direktvertrieb.

Persönlichkeitskompetenz, *personale Kompetenz, persönliche Kompetenz, Personenkompetenz, Selbstkompetenz.* – *1. Begriff:* Fähigkeiten, Eigenschaften und Einstellungen, die primär auf die eigene Person gerichtet sind und in denen sich die innere Haltung zur Welt und insbesondere auch zur Arbeit ausdrückt. Hierzu zählen u.a. die Belastbarkeit, das Durchsetzungsvermögen, die Eigenmotivation, das Selbstvertrauen und die Selbstreflektionsfähigkeit. P. hat auch immer etwas mit Sinngebung, Werten und (Lebens-)Erfahrung zu tun. Die P. ist eine der → Schlüsselqualifikationen in jedem Anforderungsprofil (siehe → Funktions- und Anforderungsprofil). – *2. Probleme:* Weil die P. auf den inneren Merkmalen von Personen beruht, gilt sie als schwer vermittelbar bzw. erlernbar. In Theorie und Praxis existieren vielfältige Kompetenzmodelle. Eine einheitliche Zuordnung von Kompetenzen zu einem Kompetenzfeld (z.B. der P.) gibt es in der Theorie nicht. Eine Herausforderung in der Praxis ist es deshalb, die Modelle überschneidungsfrei zu formulieren, damit die Kompetenzen für die Aufgaben im Unternehmen eindeutig zugeordnet werden können. Ein gemeinsames Verständnis wird am ehesten über das konkrete Beschreiben von beobachtbarem Verhalten erreicht. Siehe auch → Fachkompetenz, → Handlungskompetenz, → Methodenkompetenz, → Sozialkompetenz.

Pfandbriefe, *Covered Bonds.* – *1. Begriff:* Von Grundpfandrechten gedeckte → Schuldverschreibungen, die von Pfandbriefbanken begeben werden. Das Pfandbriefgesetz regelt, welche Banken P. emittieren dürfen, welche Anforderungen bzgl. der Deckungswerte und welche operativen Anforderungen erfüllt sein müssen. Durch diese Regelungen wird ein hoher Grad an Homogenität erreicht. Der Begriff des P. ist gesetzlich geschützt. – *2. Formen:* P. sind nach verschiedenen Deckungen zu unterscheiden. Hypothekenpfandbriefe dienen den Hypothekenbanken zur Refinanzierung langfristiger Hypothekendarlehen, öffentliche P. dienen der Bereitstellung von Ausleihungen an staatliche Stellen. Zudem existiert die Sonderform des Schiffspfandbriefs, die zur Finanzierung von Schiffen eingesetzt wird. P. werden entweder als → Inhaberpapiere oder als → Namenspapiere emittiert, und müssen zu jeder Zeit in gleicher Höhe durch Hypotheken bzw. öffentliche Kredite oder Schiffshypotheken gedeckt sein. Dies wird durch einen Treuhänder kontrolliert. – *3. Weitere*

Merkmale und Entwicklungen: Die gesetzlichen Auflagen garantieren eine sehr hohe Sicherheit der Papiere, die auch in der Mündelsicherheit und der Deckungsstockfähigkeit der → Kapitalanlagen von Versicherungsunternehmen zum Ausdruck kommt (vgl. → Deckungsstock). So sind seit dem zweiten Weltkrieg die Zins- und Kapitalrückzahlungen auf P. immer vollständig erfolgt. In den letzten Jahren wurden in weiteren Ländern pfandbriefähnliche Gesetze eingeführt (u.a. Spanien, Frankreich, Irland, Niederlande), die es den Banken erlauben, sog. Covered Bonds zu emittieren.

Pflege. *1. Begriff:* Sorge um pflegebedürftige Menschen und die Unterstützung von pflegebedürftigen Menschen in medizinisch-sozialer Hinsicht. Als allgemeine Orientierung pflegerischen Handelns kann die bereits 1980 formulierte Definition von P. der American Nurses Association gelten, wonach "Pflege die Diagnostik und Behandlung menschlicher Reaktionen auf gesundheitliche Probleme" ist ("Nursing is the diagnosis and treatment of human responses to actual or potential health problems", American Nurses Association (ANA) 1980). P. beschäftigt sich mit den Folgen gesundheitlicher Beeinträchtigungen auf Fähigkeiten und Handeln, die für das alltägliche Leben benötigt werden. – *2. Hintergründe:* Am bekanntesten in Deutschland wurde das britische Modell der Lebensaktivitäten von Roper et al. (1993) v.a. in seiner Modifikation nach dem verbreiteten Pflegelehrbuch von Juchli (1994), und speziell in der Altenpflege dessen Erweiterung durch Krohwinkel (1993). So enthalten die Lebensaktivitäten sowohl Körperfunktionen wie das Atmen und die Mobilität als auch psychosoziale Funktionen, wie die Kommunikation oder das Gleichgewicht zwischen Arbeiten und Spielen, sowie Funktionen zum eigenen Schutz, wie die Gestaltung einer sicheren Umgebung. Krohwinkel schließlich hat diese handlungsorientierte Kategorisierung um "existenzielle Erfahrungen" erweitert, wie z.B. Angst, Hoffnungslosigkeit oder auch Schmerzen. Sie bezeichnet sie als "Aktivitäten und Existenzielle Erfahrungen des Lebens" (AEDL) (Krohwinkel 1998). Eine umfassende Pflege wäre demnach die Berücksichtigung aller AEDL, sofern dies individuell erforderlich ist, die Analyse ihrer Zusammenhänge und v.a. die Beurteilung und Förderung der Fähigkeiten.

– *3. Kritische Würdigungen:* Zu Konfusionen führt der Begriff Lebensaktivitäten aus den genannten Pflegemodellen im Zusammenhang mit den "Activities of Daily Living", wie sie in der Gerontologie und Epidemiologie gebräuchlich sind (z.B. Katz et al. 1963, Mahoney, F.I. & Barthel 1965), weil letztere nur einen kleinen Ausschnitt der ersteren beinhalten. Der eng gefasste Begriff der Aktivitäten des täglichen Lebens aus der Gerontologie beschreibt aber recht genau die in § 14 SGB XI so bezeichneten "gewöhnlichen und regelmäßig wiederkehrenden Verrichtungen im Ablauf des täglichen Lebens". Pflegefachlicher Konsens ist jedoch, dass die pflegerischen Aufgaben weit über die Hilfe und Unterstützung bei diesen "Verrichtungen" hinausreichen, was u.a. zu großen Schwierigkeiten mit der Umsetzung des SGB XI in der beruflichen Pflegepraxis führt.

Pflegeassistance. *1. Begriff:* Service- und/oder Organisationsleistungen zur Unterstützung bei Pflegebedürftigkeit nach Krankheit oder Unfall. Siehe auch → Assistance. – *2. Merkmale:* Zur P. gehören hauptsächlich spezifische Services im Rahmen von → Pflegetagegeldversicherungen und → Pflegerentenversicherungen. Im Vordergrund stehen Informations- und Vermittlungsleistungen rund um das Thema Pflege, z.B. die allgemeine Beratung zu Leistungen der → Pflegeversicherung gem. SGB XI sowie zur → Pflegeeinstufung. Die P. ist ein Bestandteil der → Seniorenassistance. – *3. Aktuelle Entwicklungen und Ausblick:* Die P. gewinnt zunehmend an Bedeutung, da zum einen für die Kunden eine Markttransparenz nicht gegeben ist und zum anderen durch die demografische Entwicklung die Pflegebedürftigkeit stetig steigt. Die Sozialversicherungsträger werden zukünftig kaum mehr in der Lage sein, allen Bedürfnissen der alternden Gesellschaft Rechnung zu tragen. Privatwirtschaftliche Lösungen müssen stärker einbezogen werden.

Pflegebedürftigkeit. *1. Begriff:* Die P. wird in § 14 SGB XI definiert und ist nicht auf die Alterspflege begrenzt, sondern berücksichtigt auch die P. von Kindern, behinderten oder kranken Menschen. P. liegt demnach vor, wenn eine Person wegen einer körperlichen, geistigen oder seelischen Krankheit oder Behinderung für die gewöhnlichen und regelmäßig wiederkehrenden Verrichtungen des Alltags auf Dauer, voraussichtlich aber mindestens sechs Monate lang, in erheblichem oder höherem Maße der Hilfe bedarf. Verrichtungen des täglichen Lebens sind Tätigkeiten, die im Zusammenhang mit der Körperpflege, der Ernährung, der Mobilität und der hauswirtschaftlichen Versorgung stehen. Die Definition nennt die Voraussetzungen, die zu erfüllen sind, um Versicherungsleistungen aus der → gesetzlichen Pflegeversicherung (GPV) beziehen zu können. Versicherer, die → Pflegezusatzversicherungen anbieten, können alternative oder zusätzliche Definitionen der P. in ihre Versicherungsbedingungen aufnehmen. – *2. Weitere Merkmale:* Um die Schwere der P. zu ermitteln, werden im privaten wie im sozialen Pflegepflichtversicherungsbereich sog. Aktivitäten des täglichen Lebens („Activities of Daily Living", kurz: ADL) betrachtet, die in die o.g. vier Gruppen – Körperpflege, Ernährung, Mobilität und hauswirtschaftliche Versorgung – unterteilt sind. Die Leistungen aus der GPV sind entsprechend der Beurteilung des Grads der P. (→ Pflegestufen gem. § 15 SGB XI) und der Art der Pflege (→ ambulante Pflege, → stationäre Pflege) gestaffelt. Der Grad der P. wird über die Kombination aus ADL-Abhängigkeit (→ ADL-Punktesystem) und täglicher Mindestpflegedauer ermittelt. Die P. wird in der deutschen sozialen Pflegepflichtversicherung vom → Medizinischen Dienst der Krankenkassen für die gesetzlich Versicherten bzw. von der Gesellschaft Medicproof im Bereich der → privaten Pflegepflichtversicherung geprüft.

Pflegegeld. *1. Begriff:* Leistungsart in der → sozialen Pflegeversicherung (SPV). P. wird gezahlt, wenn der Pflegebedürftige in der häuslichen Umgebung i.d.R. durch Angehörige oder andere ehrenamtliche Pflegepersonen gepflegt wird und auf diese Weise die → Pflege sichergestellt ist. Das P. soll den Pflegebedürftigen in die Lage versetzen, den Pflegepersonen eine materielle Anerkennung für erbrachte Pflegeleistungen zukommen zu lassen. – *2. Merkmale:* Die Höhe des P. richtet sich nach dem Umfang der Pflegebedürftigkeit, die in drei → Pflegestufen eingeteilt ist. Bei Pflegestufe I beträgt das P. 205,00 Euro, bei Pflegestufe II 410,00 Euro und bei Pflegestufe III 665,00 Euro (§ 37 SGB XI).

Pflegegutachten. *1. Begriff:* Gutachten zur Beurteilung der → Pflegebedürftigkeit. – *2. Merkmale im Rahmen der → gesetzlichen Pflegeversicherung (GPV):* a) Rechtsgrundlagen: §§ 14, 15 SGB XI. – b) Antragsverfahren: Um Leistungen aus der GPV erhalten zu können, muss die versicherte Person diese bei ihrer Pflegekasse oder ihrem privaten Krankenversicherer beantragen. Der Antrag kann sowohl mittels eines bei der zuständigen Pflegeversicherung erhältlichen Formulars als auch formlos, z.B. telefonisch, erfolgen. Das Verfahren zur Feststellung des Grads der Pflegebedürftigkeit nimmt i.d.R. einige Zeit in Anspruch, weshalb die Leistungen auch rückwirkend erbracht werden. In jedem Fall werden Leistungen frühestens ab dem Monat der Antragstellung erbracht. – c) Begutachtungsverfahren: Bei Mitgliedern der → sozialen Pflegeversicherung beauftragt die Pflegekasse den → Medizinischen Dienst der Krankenversicherung (MDK) mit der Erstellung eines Pflegegutachtens. Ist der Antragsteller privat pflegepflichtversichert (→ private Pflege(pflicht)versicherung), wird die Prüfung der Pflegebedürftigkeit durch die Medicproof GmbH, die nach denselben Maßstäben wie der MDK prüft, ausgeführt. Im Rahmen des Gutachtens wird, bei einem zuvor angemeldeten Hausbesuch, untersucht, ob eine Pflegebedürftigkeit gem. § 14 SGB XI vorliegt und welche → Pflegestufe gem. § 15 SGB XI anerkannt wird. – *3. Merkmale im Rahmen von → Pflegezusatzversicherungen:* Private Versicherungsunternehmen, deren Versicherungsbedingungen für Pflegezusatzversicherungen alternative oder zusätzliche Leistungsvoraussetzungen enthalten (→ ADL-Punktesystem), wenden eigene Begutachtungsverfahren an. Die Begutachtung durch den Hausarzt ist i.d.R. zunächst ausreichend. Eine Prüfung durch einen medizinischen Gutachter oder einen vom privaten Versicherer beauftragten Arzt ist jedoch auch möglich. Sind die Leistungsvoraussetzungen der Pflegezusatzversicherung an die Regelungen der GPV angelehnt, so werden i.d.R. die Gutachten des MDK bzw. der Medicproof GmbH akzeptiert.

Pflegekasse. → Soziale Pflegeversicherung (SPV).

Pflegekostenversicherung. *1. Begriff:* Versicherungsprodukt der → privaten Krankenversicherung (PKV) im Rahmen der privaten → Pflegezusatzversicherung zur vollständigen oder teilweisen Deckung der Pflegekosten nach vorheriger Leistung der → gesetzlichen Pflegeversicherung (GPV). – *2. Leistungen:* Im Regelfall kommt die P. für einen bei Versicherungsabschluss festgesetzten Prozentsatz der durch die → Pflegebedürftigkeit verursachten Kosten auf. Die Kosten sind durch Rechnungen etc. nachzuweisen. Welche Kosten der Versicherer prinzipiell erstattet, wird ebenfalls bei Versicherungsabschluss vereinbart. Viele Tarife sehen Höchstgrenzen für die Kostenübernahme vor. – *3. Prämien und Kalkulation:* Die Höhe der Prämienzahlung für eine P. wird durch die Wahl des Leistungsumfangs, das Geschlecht der zu versichernden Person, deren Eintrittsalter sowie gesundheitliches Risiko bei Abschluss der Versicherung beeinflusst. Die Kalkulation der Prämien erfolgt nach dem sog. → Kapitaldeckungsverfahren. Dabei werden die nicht für die Leistungen der jeweiligen Altersgruppe verwendeten Prämien verzinslich angesammelt (→ Alterungsrückstellung), so dass aus diesem Kapital die im fortgeschrittenen Alter zumeist überproportional anfallenden Leistungen finanziert werden können. Die Tarife enthalten Klauseln, nach denen sich die Prämien anpassen, wenn sich die Kosten für die zu übernehmenden Pflegeleistungen dauerhaft erhöhen. Nach Eintritt des Leistungsfalls sind i.d.R. weiterhin Prämien zu entrichten.

Pflegekurse. *1. Begriff:* Schulungskurse für pflegende Angehörige und ehrenamtliche Pflegepersonen sowie an der Übernahme einer solchen Tätigkeit Interessierte. P. sollen von den → Pflegekassen angeboten werden. – *2. Ziele:* Durch die P. sollen sowohl praktische Fertigkeiten der → Pflege von Pflegebedürftigen als auch theoretische Kenntnisse, die der Vermeidung von körperlicher und seelischer Überbelastung der Pflegeperson dienen, vermittelt und vertieft werden. Zudem sollen die P. dazu beitragen, die häusliche Pflege durch Angehörige und ehrenamtlich Tätige zu unterstützen und auszubauen (→ ambulante Pflege) und die Notwendigkeit einer vollstationären Unterbringung der Pflegebedürftigen nach Möglichkeit zu vermeiden. Das soziale Engagement in der Pflege soll gefördert werden. Ferner soll über sinnvolle Hilfsmittel beraten und in ihren Umgang eingewiesen sowie auf weitere Unterstützungsangebote der Pflegekassen und anderer Sozialhilfeträger hingewiesen werden. Die individuellen häuslichen Schulungen dienen einer auf den konkreten Einzelfall abgestellten Beratung und Unterstützung, in die die besonderen örtlichen und familiären Umstände einbezogen werden. – *3. Merkmale:* Die Teilnahme an den P. ist unentgeltlich. Auf sie besteht ein Rechtsanspruch (§45 SGB XI). P. werden als Gruppen- oder Einzelveranstaltungen (individuelle häusliche Schulungen) durchgeführt. Teilweise werden bereits im Krankenhaus beginnende individuelle Schulungen angeboten. Dadurch soll eine entsprechende Vorbereitung auf eine (möglicherweise neue) Pflegesituation möglich sein und sollen Ängste von Pflegebedürftigen und Angehörigen abgebaut werden können.

Pflegepflichtversicherung. → Soziale Pflegeversicherung, → private Pflegepflichtversicherung.

Pflegerentenversicherung. *1. Begriff:* Versicherungsprodukt der Lebensversicherung, das die Grundabsicherung durch die → gesetzliche Pflegeversicherung (GPV) ergänzt und sich hinsichtlich des definierten Leistungsspektrums an den → Pflegestufen gem. § 15 SGB XI und/oder am → ADL-Punktesystem orientiert. – *2. Leistungen:* Der Versicherte erhält im Fall der → Pflegebedürftigkeit eine bei Versicherungsabschluss fest vereinbarte lebenslange Pflegerente, die in Abhängigkeit vom Grad der Pflegebedürftigkeit abgestuft ist und zumeist monatlich gezahlt wird. Beispiel: 100 % der versicherten Pflegerente in Pflegestufe III, 50 % in Pflegestufe II und 25 % in Pflegestufe I. Die Zahlung der Pflegerente ist unabhängig von den tatsächlichen durch die Pflegebedürftigkeit verursachten Kosten, weshalb keine Kostennachweise erforderlich sind. Sie ist auch unabhängig davon, wie die Pflege des Versicherten erfolgt (→ ambulante Pflege, → stationäre Pflege). In der P. sind Wartezeiten und Karenzzeiten nicht üblich. Entstehen aufgrund eines positiven Verlaufs des versicherungstechnischen Risikos und einer guten Entwicklung der Kapitalanlagen Überschüsse, so werden die Versicherungsnehmer im Leistungsfall daran beteiligt, so dass die tatsächliche Pflegerente i.d.R. höher als die garantierte Pflegerente ausfällt. Seit dem 1.1.2008 werden die Versicherungsnehmer auch an den Bewertungsreserven des Lebensversicherers beteiligt. Neben der Absicherung des Pflegerisikos durch eine monatliche Pflegerente können im Rahmen einer P. auch eine Einmalzahlung zu Beginn der Pflegebedürftigkeit sowie eine Todesfallleistung vereinbart werden. – *3. Prämien und Kalkulation*: Die Kalkulation der Prämien erfolgt nach Art der Lebensversicherung (→ Kapitaldeckungsverfahren) und sichert somit die dauerhafte Prämienstabilität. Der Versicherer bildet aus Teilen der Prämie die → Deckungsrückstellung, die die dauerhafte Erfüllung der Verpflichtung gegenüber dem Versicherungsnehmer sichert. Prämienanpassungen können nur im Rahmen des § 163 VVG vorgenommen werden. Um die Stabilität der Prämienhöhe auch im Fall einer Entmischung des Versichertenkollektivs (z.B. Änderung der Altersstruktur) zu gewährleisten, basiert die Prämienberechnung auf Wahrscheinlichkeiten zum Pflegeeintritt, zur Reaktivierung und zur Sterblichkeit. Darüber hinaus werden die gesetzlich vorgeschriebenen Sicherheiten berücksichtigt. Die individuelle Prämienhöhe richtet sich nach dem Geschlecht und dem Eintrittsalter. Ggf. werden individuelle Risikozuschläge erhoben, sofern die versicherte Person besondere Risikomerkmale aufweist. Im Leistungsfall sind keine Prämien mehr zu entrichten. Um den Auswirkungen der Inflation entgegenzuwirken, kann eine Dynamik vereinbart werden, nach der sich die Leistungen und die zu entrichtenden Prämien periodisch erhöhen.

Pflegerentenzusatzversicherung. *1. Begriff*: Versicherungsprodukt der → Lebensversicherung, das zur Abdeckung der Pflegefallrisikos ergänzend zu einer Hauptversicherung in Form einer kapitalbildenden Lebensversicherung oder einer → Rentenversicherung abgeschlossen werden. – *2. Leistungen*: Bei einer P. sind meistens die beiden Leistungskomponenten a) Prämienbefreiung und – b) Rentenzahlung für den Fall der → Pflegebedürftigkeit vereinbart. So müssen z.B. im Pflegefall die Prämien für eine aufgeschobene Rentenversicherung als Hauptversicherung nicht weiter gezahlt werden. Bei zusätzlicher Vereinbarung einer Pflegerente erfolgt im Pflegefall die Rentenzahlung für die Dauer der Pflegebedürftigkeit vor dem vereinbarten Beginn der Altersrente.

Bei sofort beginnenden Rentenversicherungen erhöht die P. bei Eintritt der Pflegebedürftigkeit die Altersrente. Die Pflegebedürftigkeit wird wie bei der → Pflegerentenversicherung definiert. – *3. Prämien und Kalkulation*: Die Kalkulation der Prämien erfolgt nach Art der Lebensversicherung wie bei einer Pflegerentenversicherung. Der Versicherungsnehmer wird für die P. an den Überschüssen beteiligt. Die gutgeschriebenen Überschussanteile werden i.d.R. zusammen mit der Hauptversicherung zur Erhöhung der Leistungen verwendet.

Pflegesachleistungen. Leistungen, die von zugelassenen ambulanten Pflegediensten im Rahmen der → ambulanten Pflege in der häuslichen Umgebung erbracht werden. Sie umfassen Leistungen der Grundpflege und der hauswirtschaftlichen Versorgung. Im Einzelnen handelt es sich um Hilfeleistungen bei den gewöhnlichen und regelmäßig wiederkehrenden Verrichtungen im Ablauf des täglichen Lebens, die in § 14 IV SGB XI aufgeführt sind. Bis zu welchem Geldwert der Pflegebedürftige P. in Anspruch nehmen kann, richtet sich nach dem Umfang der Pflegebedürftigkeit, die in drei → Pflegestufen eingeteilt ist. Bei Pflegestufe I können Leistungen bis zu einem Gesamtwert von 384,00 Euro, bei Pflegestufe II bis zu einem Gesamtwert von 921,00 Euro und bei Pflegestufe III bis zu einem Gesamtwert von 1.432,00 Euro in Anspruch genommen werden. In besonderen Härtefällen, in denen der Hilfebedarf das übliche Maß der Pflegestufe III weit übersteigt, sind Leistungen bis zu einem Gesamtwert von 1.918,00 Euro möglich (§ 36 SGB XI).

Pflegestufen. *1. Begriff:* Gradmesser für den Umfang an Hilfebedarf und an Leistungen, den ein Pflegebedürftiger von der Pflegeversicherung erhält (→ soziale Pflegeversicherung, → private Pflegeversicherung). – *2. Bestimmungsgrößen:* Die P. richten sich nach der Schwere der Beeinträchtigungen und dem Zeitaufwand, den die Pflege in Anspruch nimmt. Zur Einstufung in eine P. wird die → Pflegebedürftigkeit bei den regelmäßig wiederkehrenden Verrichtungen des täglichen Lebens herangezogen. Dazu zählen die Grundpflege sowie der Aufwand für die hauswirtschaftliche Versorgung. Die Grundpflege beinhaltet Hilfen bei der Körperpflege, Ernährung und Mobilität. Folgende Hilfestellungen gehören dazu: a) Körperpflege: Waschen, Duschen, Baden, Zahnpflege, Kämmen, Rasieren, Blasen- oder Darmentleerung. – b) Ernährung: Mundgerechtes Zubereiten oder Aufnahme der Nahrung. – c) Mobilität: Selbstständiges Aufstehen und Zubettgehen, An- und Auskleiden, Gehen, Stehen, Verlassen und Wiederaufsuchen der Wohnung (z.b. für Arztbesuche, Behördengänge, nicht für Spaziergänge). – d) Hauswirtschaftliche Versorgung: Einkaufen, Kochen, Putzen der Wohnung, Spülen, Wechseln und Waschen der Wäsche. Für jede einzelne Tätigkeit gibt es einen bestimmten Zeitbedarf; daraus wird der gesamte Pflegeaufwand berechnet. Die Einstufung in eine P. erfolgt i.d.R. durch ein Gutachten des → Medizinischen Diensts der Krankenkassen (MDK). Bei → privaten Krankenversicherungen übernimmt dies Medicproof. – *3. Abgrenzung der P.:* Gem. § 15 SGB XI, Abs. I und III werden drei Pflegestufen unterschieden. a) Pflegestufe 1 – erheblich Pflegebedürftige: Der Hilfebedarf für die Grundpflege und die hauswirtschaftliche Versorgung muss pro Tag bei mindestens 1,5 Stunden liegen. Auf die Grundpflege müssen dabei mehr als 45 Minuten täglich entfallen. – b) Pflegestufe 2 – Schwerpflegebedürftige: Der Hilfebedarf für die Grundpflege und die hauswirtschaftliche Versorgung muss pro Tag bei mindestens drei Stunden liegen. Auf die Grundpflege müssen dabei mindestens zwei Stunden täglich entfallen. – c) Pflegestufe 3 – Schwerstpflegebedürftige: Der Hilfebedarf für die Grundpflege und die hauswirtschaftliche Versorgung muss pro Tag bei mindestens fünf Stunden liegen. Auf die Grundpflege müssen dabei mindestens vier Stunden täglich entfallen. – d) Bei Festlegung der P. eines Kindes ist der Vergleich zum Hilfebedarf eines gesunden Kindes maßgeblich (§ 15 SGB XI Abs. II). – *4) Leistungen aus der Pflegeversicherung:* Je höher die anerkannte P. ist, desto höher ist auch der Anspruch auf Leistungen aus der → gesetzlichen Pflegeversicherung (GPV). Konkret geregelt werden die Art und die Höhe der Leistungen, die auch von der Art der Pflege (→ ambulante Pflege, → stationäre Pflege) abhängen, im Vierten Buch des SGB XI (für einen Überblick siehe § 28 SGB XI). Wird der Pflegebedürftige zu Hause gepflegt, besteht eine Wahl zwischen Geld- und Sachleistungen. → Pflegegeld wird geleistet, wenn Angehörige oder eine selbst ausgewählte Pflegeperson die Pflege komplett übernehmen. → Pflegesachleistungen können in Anspruch genommen werden, wenn ein professioneller Pflegedienst mit der Pflege betraut ist. Dieser stellt eine Rechnung, die bis zum jeweiligen Höchstbetrag erstattet wird. Werden die Sachleistungen nicht komplett ausgeschöpft, kann der nicht genutzte Prozentsatz der Sachleistungen anteilig als Pflegegeld ausgezahlt werden (→ Kombinationsleistungen). – *5) Härtefallregelungen:* Wenn der Pflegeaufwand das Maß der Pflegestufe 3 weit übersteigt, kann ein sog. Härtefall vorliegen. Die Pflegekasse kann in diesem Fall im Rahmen der Pflegesachleistungen und der vollstationären Pflege weitere Leistungen gewähren. Dies kann bspw. im Endstadium einer Krebserkrankung oder bei Patienten im Wachkoma der Fall sein.

Pflegetagegeldversicherung. *1. Begriff:* Versicherungsprodukt der → privaten Krankenversicherung (PKV) im Rahmen der → privaten Pflegezusatzversicherung, dem zufolge der Versicherte bei Eintritt der → Pflegebedürftigkeit einen bei Versicherungsabschluss fest vereinbarten Tagessatz erhält. – *2. Leistungsvoraussetzungen:* Die Zahlung des Pflegetagegelds ist unabhängig von den tatsächlichen durch die Pflegebedürftigkeit verursachten Kosten, weshalb keine Kostennachweise erforderlich sind. Die Höhe des Pflegetagegelds variiert in Abhängigkeit vom Grad der Pflegebedürftigkeit (→ Pflegestufen, → ADL-Punktesystem) und bei einigen Tarifen je nach dem, ob die Pflege ambulant oder stationär erfolgt (→ ambulante Pflege, → stationäre Pflege). – *3. Prämien und Kalkulation:* Die Höhe der Prämien für eine P. wird durch die Wahl des Leistungsumfangs, das Geschlecht der zu versichernden Person, deren Eintrittsalter sowie Gesundheitsrisiko bei Abschluss der Versicherung beeinflusst. Die Prämienkalkulation erfolgt nach dem sog. → Kapitaldeckungsverfahren. Dabei werden die nicht für die Leistungen der jeweiligen Altersgruppe verwendeten Prämien verzinslich angesammelt (→ Alterungsrückstellung), so dass aus diesem Kapital die im fortgeschrittenen Alter i.d.R. überproportional anfallenden Leistungen finanziert werden können. Aufgrund der jährlichen Preissteigerungen für Waren und Dienstleistungen beinhalten die meisten Tarife die Möglichkeit zur Leistungsanpassung mittels Prämienerhöhung, die dem Kunden in regelmäßigen

Abständen angeboten wird. Nach Eintritt des Leistungsfalls sind häufig weiterhin Prämien zu entrichten.

Pflegeversicherung. → Soziale Pflegeversicherung, → private Pflegeversicherung.

Pflegezusatzversicherungen. *1. Begriff*: Versicherungsprodukte der privaten Versicherungswirtschaft zur Absicherung gegen das Pflegerisiko als Ergänzung zur → gesetzlichen Pflegeversicherung (GPV). – *2. Arten*: Private Krankenversicherungsunternehmen bieten → Pflegekostenversicherungen und → Pflegetagegeldversicherungen an, während Lebensversicherungsunternehmen → Pflegerentenversicherungen und → Pflegerentenzusatzversicherungen in ihrem Produktportfolio haben. – *3. Merkmale*: P. sind von der Basisversorgung der GPV unabhängige und eigenständige Versicherungsverträge. Meist übernehmen die P. in der Leistungsdefinition des versicherten Pflegefallrisikos die Regelungen der GPV.

Pflichtbeiträge. Beiträge in der → gesetzlichen Rentenversicherung (GRV), die bei Vorliegen von → Versicherungspflicht oder → freiwilliger Versicherung zu zahlen sind oder als gezahlt gelten. Die Höhe der P. ist vom Bruttoentgelt und dem → Beitragssatz zur GRV abhängig.

Pflichtversicherung, *Zwangsversicherung, obligatorische Versicherung.* – *1. Begriff*: Versicherung, zu deren Abschluss eine gesetzliche Verpflichtung besteht. – *2. Merkmale und Folgen*: Die Besonderheit der P. besteht im → Kontrahierungszwang. Einerseits kann der Versicherungsnehmer gesetzlich verpflichtet sein, eine Versicherung abzuschließen, andererseits kann der Versicherer der gesetzlichen Pflicht unterliegen, den Antrag eines Versicherungsnehmers auf Abschluss einer Versicherung anzunehmen. Insofern schränkt die P. die → Vertragsfreiheit des Einzelnen erheblich ein. – *3. Geltungsbereiche*: Die P. betrifft insbesondere weite Bereiche der → Sozialversicherung, ist aber auch in der → Privatversicherung vorzufinden (z.B. Jagdhaftpflichtversicherung, → Kfz-Haftpflichtversicherung, Haftpflichtversicherung für Arzneimittelhersteller, Betreiber von Kernenergieanlagen, Inhaber besonders umweltgefährdender Anlagen). Der Gesetzgeber geht immer mehr dazu über, bei Gefährdungshaftung → Versicherungspflicht vorzuschreiben. – *4. Rechtsgrundlagen*: Regelungen zur Versicherungspflicht finden sich für die Sozialversicherung im Sozialgesetzbuch, für die Privatversicherung in den §§ 113 ff. VVG. Siehe auch → Pflichtversicherungsgesetz.

Pflichtversicherungsgesetz. *1. Begriff*: Kurzbezeichnung für „Gesetz über die Pflichtversicherung für Kraftfahrzeughalter". Das Gesetz ordnet eine Versicherungspflicht für Halter von inländischen → Kraftfahrzeugen und Anhängern an. – *2. Zweck*: Sicherstellung des wirtschaftlichen Schutzes der Verkehrsopfer, indem diese den Schadensersatz, der ihnen nach den allgemeinen Vorschriften des BGB zusteht, auch dann erhalten, wenn der haftpflichtige Kraftfahrer und/ oder Fahrzeughalter nach ihren wirtschaftlichen Verhältnissen zur Ersatzleistung nicht in der Lage sind. – *3. Entwicklung*: Die gesetzliche Versicherungspflicht für Halter von inländischen Kraftfahrzeugen und Anhängern wurde in Deutschland durch das Pflichtversicherungsgesetz vom 7.11.1939 eingeführt. Neuregelung zum 1.10.1965, um den Versicherungsschutz zu verbessern und die Normen an das Europäische Übereinkommen vom 20.4.1959 über die obligatorische → Kfz-Haftpflichtversicherung anzupassen. Die wesentlichen Neuerungen auf Grund dieses Übereinkommens waren die Gewährung eines unmittelbaren Anspruchs des Geschädigten gegen den Haftpflichtversicherer und die gesetzliche Einführung eines Entschädigungsfonds für Schäden aus Kraftfahrzeugunfällen. – *4. Ausländer-Pflichtversicherungsgesetz*: Für ausländische Kraftfahrzeuge gilt das Ausländer-Pflichtversicherungsgesetz vom 24.7.1956 (→ Ausländer-Pflichtversicherung).

Pharmapool. → Pharma-Rückversicherungs-Gemeinschaft.

Pharma-Rückversicherungs-Gemeinschaft, *Pharmapool.* – *1. Begriff*: Mit-Rückversicherungsgemeinschaft von → Erstversicherern und → Rückversicherern und der Münchener Rückversicherungs-Gesellschaft als geschäftsführendem Mitglied zur Absicherung von Haftpflichtrisiken, die aus der Pflicht zur Deckungsvorsorge (§ 94 AMG) der pharmazeutischen Unternehmen resultiert. – *2. Ausgestaltung*: Der Erstversicherer übernimmt das erste Risiko (6 Mio. Euro pro → Arzneimittel). Die P. bietet Rückversicherungsschutz für den diese → Priorität übersteigenden Anteil (bis zur Höhe der gesetzlichen Deckungsvorsorge in Höhe von 120 Mio. Euro pro Arzneimittel, also 114 Mio. nach 6 Mio. Euro pro Arzneimittel). Die Erstversicherer sind im Regelfall Mitglied der P., und sie halten neben der Priorität auch den vereinbarten Anteil im Rahmen des Pharmapools.

Photovoltaikanlagen. Anlagen zur Gewinnung von elektrischer Energie aus Sonnenlicht. Eine P. benötigt eine extra auf diese Anlage ausgelegte Absicherung. Die Photovoltaikversicherung basiert auf den Allgemeinen Bedingungen für die Elektronikversicherung (ABE) und ist somit eine Allgefahrenversicherung.

PIMS-Studie. *1. Begriff:* Empirische Studie zur branchenübergreifenden Ermittlung des Einflusses bestimmter Faktoren auf den Unternehmenserfolg. „PIMS" steht dabei für „Profit Impact of Marketing Strategies". Der Unternehmenserfolg wird anhand des → Return on Investment (ROI) gemessen. – *2. Geschichte:* Die Studie wurde 1960 von General Electric initiiert, um den Erfolg der strategischen Geschäftseinheiten des Unternehmens miteinander zu vergleichen. In den 1970er Jahren wurde die Studie zunächst an die Harvard Business School und dann an das American Strategic Management Institute (ASMI) übergeben, das die Studie auf 3000 strategische Geschäftseinheiten in etwa 200 Unternehmen ausgeweitet hat. – *3. Ergebnisse:* a) Die Investitionsintensität ist negativ mit dem ROI korreliert. – b) Der relative Marktanteil ist positiv mit dem ROI korreliert. – c) Die relative Produktqualität ist positiv mit dem ROI korreliert. – *4. Kritik:* Als wesentliche Kritikpunkte sind die einseitige Orientierung am ROI als zentraler Erfolgsgröße, die mangelnde Berücksichtigung branchenspezifischer Besonderheiten sowie die Vernachlässigung von Synergieeffekten zwischen den strategischen Geschäftseinheiten zu nennen.

pi-Rating. Abk. für → Public Information-Rating.

Placeboeffekt, *lat. placebo = ich werde gefallen.* – *1. Begriff:* Positiver Effekt, der von einem Placebo-(Schein-)Arzneimittel (z.B. Tablette oder andere Darreichungsform) verursacht wird, obwohl darin keine pharmazeutischen Wirkstoffe enthalten sind. – *2. Merkmale:* Der erwirkte P. ist per Definition nicht pharmazeutischer, sondern rein psychischer Natur. – *3. Methodik:* Ein Placebo wird häufig zur Kontrolle der Wirkung eines anderen Arzneimittels eingesetzt, bei dem die pharmazeutische von der rein psychischen Wirkung unterschieden werden soll. – *4. Abgrenzung:* Das Gegenteil zum P. ist der Noceboeffekt (von lat. nocebo = ich werde schaden), der analog zum P. eine negative Wirkung beschreibt.

Plankostenrechnung. *1. Begriff:* Instrument zur Erfassung des geplanten Güterverzehrs einer zukünftigen Periode und der damit verbundenen → Kosten (Plankosten). Element der → Kostenrechnung. Die Plankosten werden später dem tatsächlich realisierten Güterverzehr und den → Istkosten zum Vergleich gegenübergestellt. – *2. Ziele:* Soweit die Plankosten als zukunftsbezogene „Sollkosten" aufgefasst werden, ist mit der P. (unter späterem Einbezug der realisierten Istkosten, d.h. der Istkostenrechnung) eine effiziente Wirtschaftlichkeitskontrolle der Leistungserstellung möglich. Je nach Differenzierungsgrad von Plan- und Istkostenrechnung können auch Abweichungsanalysen unterstützt und damit die Verursachungsfaktoren für etwaige Zielabweichungen identifiziert werden. – *3. Besonderheiten im Versicherungsunternehmen:* Das Haupteinsatzgebiet der P. ist die Steuerung und Kontrolle der → Betriebskosten. Schwierigkeiten bereitet dabei der hohe Anteil an → Gemeinkosten, v.a. dann, wenn deren Höhe wesentlich von der Stochastik im Versicherungsgeschäft bestimmt wird, was insbesondere für die schadenfallabhängigen Regulierungskosten gilt. – *4. Abgrenzung:* Die P. ist von der → Prognosekostenrechnung abzugrenzen.

Planungs-Haftpflichtversicherung. *1. Begriff:* Sonderform der → Berufshaftpflichtversicherung, abgeleitet für Architekten und Ingenieure. Die P. deckt Personen-, Sach- und insbesondere Vermögensschäden aus der planenden Tätigkeit des Versicherten insbesondere im Hoch- und Tiefbau, im Anlagen- und Maschinenbau, und sie kann auch auf Schäden ausgedehnt werden, die sich bei Selbstausführung eines Projekts auf Basis eigener Planungsleistungen ergeben. –

2. *Merkmale:* Typischerweise wird in der P. das → Verstoßprinzip angewendet. Vgl. auch → Vermögensschadenhaftpflichtversicherung.

Planwirtschaft. → Zentralverwaltungswirtschaft.

Platzsystem. Form der → Insassenunfallversicherung, bei der für jeden einzelnen Platz des → Kraftfahrzeugs eine gesonderte Versicherungssumme vereinbart wird.

Point of Sale. Ort und Moment der Verkaufshandlung bzw. des Versicherungsabschlusses. Der P. ist ein wichtiger Orientierungspunkt für die → Verkaufsförderung, die das Abschlussverhalten der Vertriebskräfte vorbereiten, unterstützen und fördern will.

Poisson-Verteilung. Eine Zufallsvariable N besitzt die P. mit dem Parameter $\lambda \in (0, \infty)$, wenn für alle $k \in \mathbb{N}_0$

$$P[N = k] = e^{-\lambda} \frac{\lambda^k}{k!}$$

gilt. In diesem Fall hat N den → Erwartungswert $E[N] = \lambda$ und die → Varianz $\mathrm{var}[N] = \lambda$. Die P. ist ein Spezialfall der → gemischten Poisson-Verteilung und der → Panjer-Verteilung.

Police. → Versicherungsschein.

Policendarlehen. *1. Begriff:* Ein vom → Lebensversicherungsunternehmen gewährtes Darlehen an einen Versicherungsnehmer maximal in Höhe des → Rückkaufwerts der Lebensversicherung. – *2. Hintergründe:* Grundsätzlich dürfen Lebensversicherungsunternehmen keine → versicherungsfremden Geschäfte tätigen und damit auch keine Kreditgeschäfte betreiben (§ 7 VAG). P. sind hiervon allerdings ausgenommen, da der Versicherungsnehmer ohnedies bis zur Höhe des Rückkaufwerts einen Anspruch auf Leistung aus dem Lebensversicherungsvertrag hat.

Policenmodell. Verfahrensvariante beim Abschluss eines Versicherungsvertrags, die im Zuge der → VVG-Reform unzulässig wurde. Nach dem P. übermittelte das Versicherungsunternehmen dem Versicherungsnehmer die Verbraucherinformationen über die für das Versicherungsverhältnis maßgebenden Rechte und Pflichten einschl. der → Allgemeinen Versicherungsbedingungen (AVB) erst zusammen mit dem → Versicherungsschein (synonym: Versicherungspolice). Sodann galt der Versicherungsvertrag nach Maßgabe der Police, der AVB und der Verbraucherinformationen als wirksam abgeschlossen, wenn der Versicherungsnehmer nicht innerhalb von 14 Tagen schriftlich widersprach. Die Aushändigung der AVB sowie der wesentlichen Informationen erfolgte beim P. also zeitgleich mit der Policenübermittlung. Anders: → Antragsmodell, → Invitatiomodell.

Politischer Beamter. Beamter, der ein Amt bekleidet, bei dessen Ausübung er in fortdauernder Übereinstimmung mit den grundsätzlichen politischen Ansichten und Zielen der Regierung stehen muss. Zu den P. gehören auf Bundesebene z.B. Staatssekretäre und Ministerialdirektoren, der Präsident des Bundeskriminalamts, der Generalbundesanwalt beim Bundesgerichtshof und der Chef des Presseinformationsamts der Bundesregierung.

Polypol. Auf einem → Markt stehen viele (kleine) Anbieter vielen (kleinen) Nachfragern gegenüber. Für die Diskussion der Ergebnisse wird hier das in der Lehre der → Marktformen herausgearbeitete qualitative Merkmal der Vollkommenheit/ Unvollkommenheit des Markts relevant. Je nachdem wird von vollständiger (atomistischer) Konkurrenz (perfect competition) oder von unvollkommener oder monopolistischer Konkurrenz (imperfect competition, monopolistic competition) gesprochen. Das → Marktgleichgewicht ergibt sich bei vollständiger Konkurrenz durch den Wettbewerb der Anbieter und Nachfrager. Dabei ergibt sich das Gewinnmaximum der Anbieter dort, wo der Preis gleich den Grenzkosten (Bedingung 1. Ordnung) ist. Sie verhalten sich alle auch als Mengenanpasser, da der Preis vom Markt vorgegeben ist. Diese Marktform entspricht gleichzeitig einem Pareto-Optimum; deshalb wird sie als besonders wünschenswert betrachtet: Die Konsumenten erhalten das Gut zum geringsten möglichen Preis. Die Kritik an dieser Marktform setzt allerdings dort an, wo dynamische Aspekte gefragt sind: neue Produkte, Qualitätsverbesserungen, allgemein technischer Fortschritt. Bei unvollkommener oder monopolistischer Konkurrenz liegen dagegen sachliche, räumliche und zeitliche Präferenzen vor, so dass jeder Anbieter für sein Gut ein (kleines, regionales) → Monopol besitzt, das zu einer Produktdifferenzierung führt und ihm in Grenzen die Setzung eines Preises erlaubt. Durch Werbung versucht jeder Anbieter, dieses akquisitorische Potenzial auszudehnen. Im Gewinnmaximum gilt wie beim Monopol, dass der Grenzumsatz gleich den Grenzkosten ist.

Pool. → Versicherungspool.

Poolausgleich in der PKV. → Risikostrukturausgleich.

Portabilität, *Übertragbarkeit.* – I. → Betriebliche Altersversorgung (bAV): Möglichkeit, Versorgungsansprüche auf einen neuen Arbeitgeber zu übertragen. Grundsätzlich besteht gem. § 4 BetrAVG ein Verbot, laufende Versorgungsleistungen und → unverfallbare Anwartschaften auf einen Dritten zu übertragen. Im Einvernehmen des ehemaligen Arbeitgebers mit dem neuen Arbeitgeber und mit dem Arbeitnehmer (dreiseitiger Vertrag) kann aber die Zusage übernommen oder der Übertragungswert auf den neuen Arbeitgeber übertragen werden, der eine wertgleiche Versorgungszusage erteilt. Darüber hinausgehend haben Arbeitnehmer einen Anspruch auf Übertragung des Übertragungswerts, wenn die Versorgung über eine → Direktversicherung, einen → Pensionsfonds oder eine → Pensionskasse zugesagt wurde und der Übertragungswert die → Beitragsbemessungsgrenze nicht übersteigt. – II. → Private Krankenversicherung (PKV): Möglichkeit der Übertragung von → Alterungsrückstellungen von einem alten auf einen neuen Tarif oder von einem alten auf einen neuen Krankenversicherer: a) Gem. § 204 I S. 1 VVG kann der Versicherungsnehmer im Fall eines Tarifwechsels bei seinem Krankenversicherer die Anrechnung der aus dem Vertrag erworbenen Rechte und der Alterungsrückstellung verlangen, insoweit (1) die bestehende Krankheitskostenversicherung nach dem 1.1.2009 abgeschlossen wurde oder (2) der Versicherungsnehmer das 55. Lebensjahr vollendet hat. – b) Gem. § 204 I S. 2 VVG kann der Versicherungsnehmer im Fall eines Wechsels seines Krankenversicherers bei einer Kündigung des Vertrags und dem gleichzeitigen Abschluss eines neuen Vertrags, der ganz oder teilweise den im gesetzlichen Sozialversicherungssystem vorgesehenen Krankenversicherungsschutz ersetzen kann, die kalkulierte Alterungsrückstellung des Teils der Versicherung, dessen Leistungen dem Basistarif entsprechen, an den neuen Versicherer übertragen. Voraussetzung dafür ist, dass die gekündigte Krankheitskostenversicherung nach dem 1.1.2009 abgeschlossen wurde. Ist der Versicherte beim neuen Krankenversicherer in den Basistarif gewechselt, konnte die (anteilige) Übertragung der Alterungsrückstellung nur verlangt werden, soweit der Wechsel nach dem 1.1.2009 und vor dem 1.7.2009 erfolgt ist.

Portefeuille. I. Alle von einem → Erstoder → Rückversicherer insgesamt oder in einem definierten Teilsegment (z.B. Sparte, Land) übernommenen Risiken. – II. Nach bestimmten Kriterien gegliederte Gruppe von Kapitalanlagen.

Portfoliomodell (entwickelt von der Boston Consulting Group). *1. Begriff:* Bewertung von strategischen → Geschäftsfeldern eines Unternehmens in einer zweidimensionalen Portfolio-Matrix zur Bestimmung von Erfolgspotenzialen und zur Ableitung finanzwirtschaftlicher Handlungsanweisungen. – *2. Charakteristik:* In dem von der Boston Consulting Group entwickelten P. gibt die horizontale Achse der Produkt-Matrix den unternehmensspezifischen Faktor „relativer Marktanteil" (relativ zur Konkurrenz, basierend auf der Erfahrungskurve) wieder. Die vertikale Achse zeigt den nicht oder nur indirekt beeinflussbaren Faktor „Marktwachstum" (Indikator für die Marktattraktivität, basierend auf dem Produktlebenszyklus-Konzept). Beide Bewertungskriterien sind nach der → PIMS-Studie positiv mit der → Rentabilität bzw. dem → Gewinn korreliert. Aus der Matrix ergeben sich vier Kategorien von strategischen Geschäftsfeldern mit zugehörigen Normstrategien: a) Nachwuchsprodukte (Fragezeichen), das sind Produkte, mit denen das Unternehmen einen (noch) kleinen relativen Marktanteil in einem stark wachsenden Markt hält, – b) Stars (großer relativer Marktanteil in einem stark wachsenden Markt), – c) Milchkühe oder „Cash Cows" (großer relativer Marktanteil in einem kaum noch wachsenden oder sogar schrumpfenden Markt), – d) Problemprodukte oder „Dogs" (kleiner relativer Marktanteil in einem kaum noch wachsenden oder sogar schrumpfenden Markt). – *3. Ziele und Vorgehen:* Ausgehend vom Ist-Portfolio wird auf Basis von Normstrategien ein Soll-Portfolio erstellt. Die → strategische Planung nimmt eine finanzielle Ressourcenzuteilung auf strategische Geschäftsfelder mit den höchsten Erfolgsaussichten vor. Ziel ist die Erstellung eines optimalen Gesamtportfolios hinsichtlich eines langfristigen Gleichgewichts der Zahlungsströme und einer ausgewogenen Investitionspolitik im Unternehmen (z.b. wenige Nachwuchsprodukte, einige Cash Cows und zahlreiche Stars).

Portfolio-Theorie. → Effizientes Kapitalanlageportfolio.

Positionierungsanalyse. *1. Begriff:* Analysetechnik im Rahmen von → Positionierungsstrategien mit dem Ziel, Informationen über die Entwicklung von Produkten bzw. Produktgruppen (einschl. von → Produktinnovationen oder → Produktvariationen), Kunden bzw. Kundengruppen, Geschäftsgebieten sowie Vermittlergruppen bzw. Distributionskanälen zu gewinnen. Im Rahmen der P. werden die tatsächliche Aufstellung des Unternehmens in den gegebenen → Geschäftsfeldern und die aus den Präferenzen der Konsumenten abgeleitete Idealaufstellung einander gegenübergestellt. Im Ergebnis können nicht besetzte Marktnischen sowie Möglichkeiten zur Veränderung der gegebenen Produkt-, Kunden-, Geschäftsgebiets- und Vermittlerbzw. Kanalpositionierung aufgedeckt werden, um daraus Wettbewerbsvorteile abzuleiten. – *2. Produktmarktraum und dessen Bedeutung:* Die Gegenüberstellung der von den Konsumenten wahrgenommenen Idealprodukte mit den existierenden Produkten wird als Produktmarktraum bezeichnet. Der Produktmarktraum umfasst die für die Kaufentscheidung relevanten Produkteigenschaften, die Positionierung aller bekannten Produkte im Positionierungsraum (Produktposition) sowie die Positionierung aller potentiellen Kunden im Positionierungsraum (Kundenpositionen). Aus der Distanz zwischen Produkt- und Kundenposition kann eine Kaufwahrscheinlichkeit abgeleitet werden. Zur Bestimmung des Produktmarktraums kommen Verfahren der Eigenschaftsbeurteilung sowie der multidimensionalen Skalierung zum Einsatz.

Positionierungsstrategie. Strategische Unternehmenspositionierung als Ergebnis einer → Positionierungsanalyse. Eine P. schließt auf der Produktseite auch → Produktinnovationen und → Produktvariationen mit ein.

Positive Homogenität. → Prämienprinzip.

Positivliste. *1. Begriff:* Im Gesundheitswesen Liste von Produkten oder Diensten, die von der Krankenversicherung erstattet werden. Meistens bezieht sich eine P. auf → Arzneimittel. – *2. Aufgabe:* Während bei der Zulassung von Arzneimitteln durch die zuständigen Behörden (Deutschland: Bundesinstitut für Arzneimittel und → Medizinprodukte, kurz: BfArM, Europa: European Medicines Agency, kurz: EMEA) Wirksamkeit, Qualität und Sicherheit Kriterien sind, sollen bei der Auswahl zur Aufnahme in eine P. Bedarf, Nutzen und Wirtschaftlichkeit berücksichtigt werden. In den meisten europäischen Staaten ist die Aufnahme in eine P. Voraussetzung für die Kostenerstattung. In Deutschland haben im Regelfall die GKV-Versicherten auf jedes zugelassene neue Arzneimittel einen sofortigen Leistungsanspruch. Die zwei Mal (1992 und 1999) vom Deutschen Bundestag beschlossene Einrichtung einer P. für Arzneimittel wurde jeweils später wieder (1995 bzw. 2003) nach Protesten der pharmazeutischen Hersteller vom Gesetzgeber gestrichen. – *4. Wirkungen:* P. schränken die Verordnungsfähigkeit und damit die Therapiefreiheit des → Arztes ein. Für die Krankenversicherungsträger können sie insbesondere zu niedrigeren Preisen für neue, patentgeschützte Arzneimittel führen und insoweit Beiträge zur Kostendämpfung leisten. – *4. Abgrenzungen:* Anstelle einer P. bestehen in der deutschen → gesetzlichen Krankenversicherung (GKV) mehrere → Negativlisten, die vom Gesetzgeber oder dem Gemeinsamen Bundesausschuss zur Begrenzung des Leistungskatalogs der → Krankenkassen in Bezug auf Arzneimittel erlassen wurden. Im Bereich der → Hilfsmittel bestehen sowohl in der GKV mit dem Hilfsmittelverzeichnis als auch teilweise in der → privaten Krankenversicherung (PKV) mit abschließenden Hilfsmittelkatalogen Positivlisten.

Possible Maximum Loss (PML). Beschreibt mit einem Betrag den (unter gewissen Annahmen) größten möglichen Schaden. Wird meist in der Feuer(rück-)versicherung verwandt.

Potenzialbewertung, *Potenzialbeurteilung, Potenzialdiagnose.* – *1. Begriff:* Teilbereich der → Mitarbeiterbeurteilung. Gilt als wichtiges Instrument einer effektiven → Personalentwicklung. Mit der P. sollen Aussagen bzw. Prognosen über die vorhandenen Kompetenzen bzw. das erwartete Leistungsvermögen von Mitarbeitern hinsichtlich der zu erfüllenden Aufgaben oder einer möglichen Position getroffen werden. Die Abgrenzung von Potenzialdiagnose und Eignungsdiagnose ist nicht eindeutig. Häufig wird auch von P. gesprochen, wenn es um eine konkrete Stellenbesetzung bzw. Bewerberauswahl und nicht nur um eine reine Potenzialaussage geht. – *2. Merkmale:* Die Bedingungen der Mitarbeiterbeurteilung gelten für die P. entsprechend. Potenzialaussagen beziehen sich immer auf konkrete zukünftige Anforderungen, Aufgaben oder Positionen. Dabei werden die Anforderungen, festgehalten in einem → Funktions- und Anforderungsprofil, mit den Qualifikationen (Fähigkeits- oder Qualifikationsprofil) des Mitarbeiters verglichen. Die Profile sollen möglichst übereinstimmen. Bei Abweichungen entstehen Entwicklungsbedarfe oder liegt eine Überqualifizierung vor. – *3. Probleme:* Die Methoden der P., wie z.B. das → Assessment Center, das → 360°-Feedback, das → Management-Audit, können bessere Aussagen über die Leistungsfähigkeit in Bezug auf zukünftige Anforderungen, Aufgaben oder Positionen liefern als das Ableiten aus der bisherigen Leistung, v.a. bei einem Wechsel von der Fach- in eine Führungsfunktion. Eine absolut verlässliche Aussage zur zukünftigen → Mitarbeiterproduktivität lässt sich jedoch nicht gewinnen.

Prädiktive Gesundheitsinformationen. *1. Begriff:* Faktoren und Befunde, die das Risiko einer später sich manifestierenden Erkrankung beschreiben. Aufgrund zahlreicher klinischer Studien sind kausale Zusammenhänge in der zeitlichen Abfolge von Krankheitsstadien bekannt. – *2. Beispiele:* Ein erhöhter Blutdruck gilt als (prädiktiver) Risikofaktor für einen Schlaganfall. Zwischenstadien auf dem Weg zu dieser Manifestation können Veränderungen an den Wänden von Arterien sein und später wiederum das Auftreten einer TIA (transienten ischämischen Attacke – „Schlägelchen"); diese Zwischenstadien auf dem Weg zum Schlaganfall sind alle als P. zu werten. Andere Beispiele sind Lebensstilfaktoren (langjähriges Rauchen für Lungenkrebs) oder Ernährungsgewohnheiten. Eine genaue Abgrenzung zwischen P., Prädisposition (Veranlagung) und Krankheit ist nicht möglich.

Prämie für eigene Rechnung (Prämie f.e.R.). → Nettoprämie.

Prämien, *Beiträge.* – I. → Privatversicherung: *1. Begriff:* Preise für → Versicherungsprodukte. Zugleich sind die „Beiträge" ein versicherungstechnischer Ertragsposten in der → Rechnungslegung, genauer in der → Gewinn- und Verlustrechnung (GuV) von Versicherungsunternehmen. (*Hinweise:* a) Vielfach wird in der Privatversicherung der Begriff „Beitrag" synonym zur P. verwendet. Dabei kommt der Beitragsbegriff häufig – z.B. in der Rechnungslegung – auch in den Rechtsgrundlagen zur Anwendung. Beim → Versicherungsverein auf Gegenseitigkeit ist der Beitrag zugleich sowohl der Preis für das Versicherungsprodukt als auch der Mitgliedsbeitrag. – b) Vor diesem Hintergrund werden die Begriffe „Prämie" und „Beitrag" als solche und in den diversen Begriffskombinationen auch im vorliegenden Versicherungslexikon weitgehend synonym angewandt. Gründe liegen darin, dass sich in verschiedenen Zusammenhängen teilweise der eine und teilweise der andere Begriff als Terminus Technicus eingebürgert hat, selbst wenn die gleichen Sachverhalte gemeint sind, oder dass Rechtsgrundlagen (s.o.) zu einer bestimmten Begriffsverwendung zwingen. Eine saubere Abgrenzung zwischen den beiden Begriffen ist von daher gar nicht möglich.) – *2. Bemessung und Zusammensetzung:* In der Privatversicherung werden die P. i.Allg. anhand des Risikos bemessen (→ versicherungstechnisches Äquivalenzprinzip). In diesem Fall setzt sich die P. für ein versichertes → zufälliges Risiko X aus mehreren Bestandteilen zusammen. Grundlage ist die → Nettoprämie $E[X]$ (→ Erwartungswert), die um einen → Risikozuschlag erhöht wird und damit zusammen die → Risikoprämie ergibt. Die Risikoprämie dient zur Deckung von → Risikokosten. Durch weitere Zuschläge zur Deckung von → Betriebskosten und → Kapitalkosten ergibt sich aus der Risikoprämie die → Bruttoprämie. Eine andere Unterscheidung differenziert die Brutto- und die Nettoprämie je nachdem, ob es sich um die P. vor oder nach Inanspruchnahme einer → Rückversicherung handelt (s.u.). – *3. Zahlungsweise:* Die P. kann periodisch wiederkehrend (→ laufende Beiträge, bspw. monats-, quartals- oder jahresweise) oder als Einmalzahlung (→ Einmalbeitrag) entrichtet werden. Bei Zahlungsverzug kann es zum Verlust des Versicherungsschutzes durch Kündigung des Vertrags kommen, in manchen Fällen ist auch eine → Prämienstundung möglich. – *4. Abgrenzungen:* a) Gebuchte vs. → verdiente Beiträge: Während die gebuchten Beiträge sämtliche im Geschäftsjahr fälligen Beiträge der Versicherungsnehmer umfassen, beschreiben die verdienten Beiträge den Teil der im Geschäftsjahr oder in Vorjahren fällig gewordenen Beiträge, der der Risikotragung im Geschäftsjahr dient (zeitliche Zurechnung der Beiträge zum jeweiligen Geschäftsjahr). Der Ausweis in der GuV erfolgt nach dem Umsatzsaldoprinzip. Nicht in der Periode verdiente Beiträge werden über die Rückstellung für → Beitragsüberträge zeitlich abgegrenzt. – b) Bruttoprämie vs. Nettoprämie: Während unter der Bruttoprämie die Gesamtprämie aus dem Versicherungsvertrag mit dem Versicherungsnehmer bezeichnet ist, umfasst die Nettoprämie die Größe nach Abzug der abgegebenen → Rückversicherungsprämie. Der Ausweis in der GuV erfolgt nach dem modifizierten Nettoprinzip. – *5. Behandlung in der Rechnungslegung:* a) Für Zwecke der handelsrechtlichen Rechnungslegung werden ausgehend von den gebuchten Bruttobeiträgen die verdienten Nettobeiträge als periodisierter (Netto-)Ertrag ermittelt. – b) Gem. Formblatt 2 und 3 RechVersV enthält der GuV-Posten „Verdiente Beiträge für eigene Rechnung" vier Unterpositionen: Die Position „b) Abgegebene Rückversicherungsbeiträge" wird offen mit „a) Gebuchte Bruttobeiträge" saldiert. Die Position „d) Veränderung des Anteils der Rückversicherer an den Bruttobeiträgen" wird offen mit „c) Veränderung der Bruttobeitragsüberträge" saldiert. – c) Die inhaltliche Spezifierung des GuV-Postens erfolgt nach den §§ 36 f. RechVersV. Postenspezifische Anhangaben in Abhängigkeit von der Art des betriebenen Versicherungsge-

schäfts ergeben sich aus § 51 RechVersV. II. Sozialversicherung: → Beiträge.

Prämienanpassung. → Beitragsanpassung.

Prämiendepot. → Beitragsdepot.

Prämiendifferenzierung. Prinzip der → Prämienkalkulation in der → Privatversicherung. Die primäre P. nutzt vor Vertragsabschluss verschiedene objektive (z.T. auch subjektive) → Risikomerkmale, um Aussagen über den → Schadenerwartungswert und das → versicherungstechnische Risiko zu treffen und eine adäquate → Risikoprämie zu kalkulieren. Die sekundäre (nachträgliche) P. zieht aus dem Schadenverlauf in der Vergangenheit Rückschlüsse auf die Risikomerkmale des individuellen Risikos und damit auf dessen risikoadäquate Prämie. In diesem Zusammenhang wird auch von → Erfahrungstarifierung gesprochen. Der Versicherungsnehmer trägt auf diese Weise einen Teil seines versicherungstechnischen Risikos selbst. Die sekundäre P. lässt sich ihrerseits in die prospektive (z.B. → Bonus-Malus-System) und die retrospektive (z.B. → Prämienrückgewähr) P. unterteilen. Verzichtet ein Versicherungsunternehmen auf P., droht → Adverse Selektion. Vor diesem Hintergrund ist eine P. nach dem → versicherungstechnischen Äquivalenzprinzip im Versicherungsunternehmen geboten.

Prämieneinhebungsverfahren. *1. Begriff:* Ausgestaltung des quantitativ-zeitlichen Zusammenhangs zwischen den entstehenden Kosten für das Versicherungsprodukt und den zu ihrer Deckung vom Versicherungsunternehmen erhobenen Prämien. – *2. Arten:* a) Nach der gewählten Bezugsgröße kann die Prämieneinhebung zwei verschiedenen Prinzipien folgen. (1) Auszahlungsdeckungsprinzip: Die Prämie dient zur Deckung der in einer Rechnungsperiode gezahlten (→ Auszahlungen) Versicherungsleistungen – unzweckmäßiges Prinzip. (2) Aufwandsdeckungsprinzip: Die Prämie dient zur Deckung der in einer Rechnungsperiode aufgewendeten (→ Aufwand), d.h. erfolgswirtschaftlich abgegrenzten Versicherungsleistungen (Auszahlungen +/- Erhöhungen/ Verminderungen von Rückstellungen) – zweckmäßiges Prinzip. – b) Nach der zeitlichen Fälligkeit können ebenfalls zwei

Prinzipien unterschieden werden. (1) Vorschüssiges P.: (i) P. mit nachträglicher Korrekturmöglichkeit: Kombination einer vorschüssigen Prämieneinhebung mit erfolgsabhängigen Prämienrückerstattungsrechten (→ Prämienrückgewähr) und/ oder → Nachschusspflichten des Versicherungsnehmers. Prämienrückerstattungen kommen in der Lebens- und Krankenversicherung sowie in der → Unfallversicherung mit garantierter Beitragsrückzahlung vor, und sind zudem das übliche Verfahren für eine Überschussbeteiligung der → Mitglieder eines → Versicherungsvereins auf Gegenseitigkeit (VVaG). Im Fall der Nachschusspflicht (nur beim VVaG möglich, wenn in der Satzung bestimmt) wird das → versicherungstechnische Risiko teilweise oder ganz (unbegrenzte Nachschusspflicht) auf die Versicherungsnehmer zurückverlagert (in der Praxis sehr selten). (ii) P. ohne nachträgliche Korrekturmöglichkeit: Das gesamte versicherungstechnische Risiko verbleibt beim Versicherungsunternehmen; dies stellt den Regelfall in der → Schaden-/ Unfallversicherung dar. (2) Nachschüssiges P.: Vorfinanzierung der Schäden durch das Versicherungsunternehmen oder Stundung der Ansprüche des Versicherungsnehmers bis zum Prämieneingang (selten bei sehr kleinen VVaG). – *3. P. für Spar- und Entspargeschäfte:* a) → Spargeschäfte: Erhebung von (laufenden) Prämien in Höhe der Barwerte künftiger Versicherungsleistungen (→ Anwartschaftsdeckungsverfahren). – b) → Entspargeschäfte: Erhebung von (Einmal-)Prämien in Höhe der Barwerte künftiger Rentenzahlungen (→ Kapitaldeckungsverfahren).

Prämienerhöhung. *1. Begriff:* Erhöhung der Prämie durch den Versicherer bei gleichbleibendem Versicherungsschutz. – *2. Merkmale:* Die Höhe der Prämie bemisst sich nach dem Bedarf des Versicherers und hängt insbesondere von Schadenhäufigkeiten und durchschnittlichen Schadenhöhen ab. Eine P. kann erforderlich werden, wenn die Schadenhäufigkeiten (z.B. durch Verschärfungen bei den Risikoursachen) oder Schadenhöhen (z.B. durch steigende Preise) ansteigen. Im Rahmen der → Haftpflichtversicherung bspw. ermittelt ein Treuhänder jährlich die durchschnittlichen Schadenaufwendungen. Erhöhen sich diese im Vergleich zum Vorjahr um mindestens 5 %, ist der Versicherer berechtigt, eine P. vorzunehmen. Der Versicherte hat dann jedoch die Möglichkeit, die Versicherung zum Erhöhungszeitpunkt zu kündigen (spätestens einen Monat nach Zugang der Erhöhungsmitteilung). – *3. Abgrenzung:* Ändern sich neben den Prämien auch die Leistungen entsprechend, liegt ein sog. „dynamischer Versicherungsschutz" vor, der bei Vertragsabschluss zwischen dem Versicherer und dem Versicherungsnehmer vereinbart wurde. In diesem Fall besteht kein außerordentliches Kündigungsrecht seitens des Versicherungsnehmers. Er kann lediglich der Dynamik widersprechen; dann wird der Vertrag im bisherigen Umfang fortgeführt.

Prämienfälligkeit. Zeitpunkt, zu dem die Prämie für eine Versicherung gezahlt werden muss. Siehe auch Prämienzahlung. Die Erstprämie, auch Einlöseprämie genannt, wird spätestens 14 Tage nach Beginn des Versicherungsvertrags (→ Versicherungsbeginn) fällig. Die Folgeprämie wird jeweils zum vereinbarten Zahlungstermin fällig.

Prämienfinanzierung. → Prämie.

Prämienfreistellung. → Beitragsfreistellung.

Prämiengestaltung. → Preisgestaltung.

Prämienkalkulation. *1. Begriff:* Bestimmung der → Risikoprämie als Kompensation für die reine Risikoübernahme. Hinzu kommen Deckungsbeiträge für Betriebskosten und die Berücksichtigung einer Gewinnmarge. In der Personenversicherung müssen zudem die in den Versicherungsverträgen enthaltenen Zinsgarantien berücksichtigt werden (Zinskalkulation). Im Rahmen eines Cash flow-Underwriting wird außerdem der Erfolg aus der Kapitalanlageaktivität des Versicherungsunternehmens berücksichtigt. Die P. hat als Ziel, eine kalkulatorische Kompensation für die Risikoübernahme (→ Risikotransfer) in Form einer Prämie auf individueller (Individualprämie) oder kollektiver Ebene (Kollektivprämie) zu bestimmen. – *2. Merkmale:* Das Basisprinzip der Bestimmung der Nettorisikoprämie ist das → versicherungstechnische Äquivalenzprinzip, das eine Gleichheit der erwarteten Prämienzahlungen und der erwarteten Versicherungsleistungen fordert. In der Praxis der Versicherungswirtschaft erfolgt die Kalkulation der Nettorisikoprämie auf der Basis einer →

Tarifierung. Der in der Risikoprämie enthaltene Sicherheitszuschlag wird typischerweise auf der Basis eines Maßes für das → Risiko (→ Risikomaß) bestimmt. Der Betriebskostenzuschlag und die Gewinnmarge sowie eine eventuelle Berücksichtigung des Kapitalanlageerfolgs werden auf der Basis betriebswirtschaftlicher Überlegungen kalkuliert. Die Berücksichtigung von Zinsüberlegungen erfolgt traditionell auf Basis eines Barwertkalküls. Bei fondsgebundenen Verträgen mit Zinsgarantien finden optionspreistheoretische Ansätze Eingang.

Prämienprinzip. Abbildung $H : \mathcal{R}_H \to \mathbb{R}_+$, die jedem → zufälligen Risiko X aus der Klasse $\mathcal{R}_H$ eine → Prämie $H[X]$ zuordnet und folgende Eigenschaften besitzt:

(i) Es gilt $E[X] \leq H[X]$. (Die Prämie ist mindestens so groß wie die → Nettoprämie.)

(ii) Besitzen X und Y dieselbe → Verteilungsfunktion, so gilt $H[X] = H[Y]$. (Die Prämie hängt nur von der Verteilungsfunktion des Risikos ab.)

(iii) Es gilt $P[X > H[X]] > 0$ (no-arbitrage-Bedingung). (Die Prämie ist so bemessen, dass die Schadenhöhe mit strikt positiver Wahrscheinlichkeit größer ist als die Prämie; das Versicherungsunternehmen erzielt also keinen sicheren Gewinn.)

Die Klasse $\mathcal{R}_H$ wird als Klasse der unter H versicherbaren Risiken bezeichnet. Ein konstantes Risiko ist unter keinem P. versicherbar; dies ist ökonomisch sinnvoll. Andererseits wird anstelle der Bedingung (iii) in der älteren Literatur die Bedingung (iv) gefordert:

(iv) Es gilt $H[X] \leq M[X]$ (no-rip-off-Bedingung), wobei $M[X]$ die maximale Schadenhöhe des Risikos X bezeichnet. Diese Bedingung ist ökonomisch sinnlos, weil kein Versicherungsvertrag mit der Prämie $H[X] = M[X]$ zustande kommen würde.

Unter den vielen Bedingungen, die zusätzlich an ein P. gestellt werden können, ist die Bedingung (v) von besonderem Interesse:

(v) Für alle $c > 0$ gilt $H[cX] = c H[X]$ (positive Homogenität). Diese Bedingung ist sinnvoll im Hinblick auf Währungsumstellungen, wird aber nur von wenigen P. erfüllt.

Beispiele für P. sind das → Erwartungswertprinzip, das → Esscher-Prinzip, das → Exponentialprinzip, das → Nettoprämienprinzip, das → Nullnutzenprinzip, das → Quantilsprinzip, das → Standardabweichungsprinzip und das → Varianzprinzip. Das → Kovarianzprinzip und das → Maximalschadenprinzip sind hingegen keine Prämienprinzipien.

Prämienrückgewähr. *1. Begriff:* Erstattung eines Teils der gezahlten Prämien durch den Versicherer an den Versicherungsnehmer. – *2. Hintergründe:* Die Versicherer sind rechtlich dazu verpflichtet, die Prämien vorsichtig zu kalkulieren. Werden die Prämien der Kunden nicht vollständig ausgeschöpft, so sind in bestimmten Versicherungszweigen (z.B. → Lebensversicherung und → private Krankenversicherung, kurz: PKV) Mindestbeträge der Überschüsse an die Kunden in Form einer P. zurückzuerstatten. In der PKV wird oftmals auch die Leistungsfreiheit durch eine P. honoriert. Dabei erhält ein Versicherungsnehmer, der über ein Jahr lang keine Leistung seiner Krankenversicherung beantragt hat, einen gewissen Teil seiner Prämien erstattet. Häufig erfolgt die P. in Form von Prämienverrechnungen in den Folgejahren. Siehe auch → Rückstellung für Beitragsrückerstattungen. Anders: → Unfallversicherung mit garantierter Beitragsrückzahlung. – *3. Besonderheiten in der → Feuer-Betriebsunterbrechungsversicherung:* Die P. geht auf eine Regelung im Bedingungswerk zurück, die es dem Versicherungsnehmer ermöglicht, nach Ablauf des Versicherungsjahres das Verhältnis von vereinbarter → Versicherungssumme und tatsächlichem → Versicherungswert zu überprüfen und im Fall der → Überversicherung den Teil der gezahlten Prämie für das abgelaufene Versicherungsjahr auf Antrag zurückerstattet zu bekommen, dem kein entsprechendes Risikoäquivalent gegenüber gestanden hat. Der Antrag auf Rückerstattung der Prämie muss innerhalb der vertraglich vereinbarten Meldefrist erfolgen und ist auf ein Drittel der entrichteten Jahresprämie begrenzt. Mit dem Regulativ der P. wird den Schwierigkeiten einer ausreichenden Bemessung der Versicherungssumme begegnet und zur Vermeidung einer → Unterversicherung beigetragen.

Prämienstundung. → Beitragsstundung.

Prämienverzug. *1. Begriff:* Verzug des Schuldners setzt Fälligkeit der Leistung, (danach) Mahnung des Gläubigers und Vertreten müssen (Verschulden) des Schuldners voraus (§§ 286 I, 280 I S. 2, 286 IV BGB). In diesem Sinne hat der Versicherungsnehmer gegenüber dem Versicherungsunternehmen beim P. seine Rechtspflicht (anders: → Obliegenheit) zur Prämienzahlung nicht erfüllt (vgl. auch → Obliegenheitsverletzung). – *2. Rechtsfolgen:* Für den P. enthält das → Versicherungsvertragsgesetz (VVG) eigenständige Regelungen, die die allgemeinen Verzugsvorschriften ergänzen oder verdrängen (§ 323 BGB). Unterschieden wird zwischen dem Verzug bei der → Erstprämie und der → Folgeprämie. In beiden Fällen ist neben dem → Rücktrittsrecht (Erstprämie) oder dem Kündigungsrecht (Folgeprämie) des Versicherungsunternehmens die Leistungsfreiheit vorgesehen. Bei Nichtzahlung der Erstprämie gilt weiterhin das gesetzliche → Einlösungsprinzip (§ 37 II VVG): Kein Beginn des materiellen Versicherungsschutzes (→ Versicherungsbeginn) ohne Zahlung der Erstprämie! Der Verlust des (bereits bestehenden) Versicherungsschutzes bei Nichtzahlung der Folgeprämie ist nur unter zusätzlichen Voraussetzungen gerechtfertigt, Nichtzahlung oder Verzug reichen dafür nicht aus. Das Versicherungsunternehmen muss den Versicherungsnehmer qualifiziert, d.h. mit Belehrung über sämtliche Rechtsfolgen, gemahnt haben, und die dem Versicherungsnehmer gesetzte Zahlungsfrist muss fruchtlos verstrichen sein, um die → Leistungsfreiheit des Versicherungsunternehmens zu begründen. – *3. Verzug mit der Erstprämie:* a) Fälligkeit: Nach § 33 I VVG hat der Versicherungsnehmer eine einmalige Prämie oder, wenn laufende Prämien vereinbart sind, die erste Prämie unverzüglich nach Ablauf von zwei Wochen nach Zugang des → Versicherungsscheins zu zahlen. Der zeitliche Ablauf stellt sich wie folgt dar: Zugang des Versicherungsscheins und damit Beginn der allgemeinen Widerrufsfrist; Ablauf der Widerrufsfrist; Pflicht des Versicherungsnehmers zur unverzüglichen Zahlung nach Ablauf der Widerrufsfrist. Die Fälligkeit der Erstprämie tritt also mit Ablauf der Widerrufsfrist ein, danach hat der Versicherungsnehmer unverzüglich zu zahlen. Somit findet eine Addition von Widerrufs- und Zahlungsfrist statt. Offen bleibt allerdings, welche Frist mit unverzüglicher Zahlung gemeint ist. Der Begriff „unverzüglich" wurde in der Vergangenheit bei Zahlungen vielfach mit 14 Tagen bzw. zwei Wochen interpretiert. § 33 I VVG ist keine zwingende Regelung, also abdingbar. Eine Vorverlegung der Fälligkeit in den → Allgemeinen Versicherungsbedingungen (AVB) wird mit dem AGB-Recht für vereinbar gehalten. Eine derartige Vorverlegung soll die Fälligkeit der Erstprämie mit dem vereinbarten, früheren Versicherungsschutzbeginn harmonisieren. Das gesetzliche Einlösungsprinzip wird insoweit bei widerruflichen Versicherungsverträgen außer Kraft gesetzt. Der Versicherungsschutz soll gerade schon vor Ablauf der Widerrufsfrist zugunsten des Versicherungsnehmers beginnen (vgl. B § 2 Nr. 2 S. 1-3 VGB 2008). – b) Mahnung: Eine Mahnung ist entbehrlich, wenn dem Versicherungsnehmer für die Zahlung nach Fälligkeit eine feste Frist eingeräumt wurde, etwa von zwei Wochen (vgl. § 9 S. 2 KfzPflVV). Dann lässt sich die Leistungszeit i.S.v. § 286 II Nr. 2 BGB nach dem Kalender berechnen – ab Vertragsschluss, vereinbartem Beginn oder Ablauf der Widerrufsfrist. Das ist jedoch bei lediglich „unverzüglicher" Zahlung nach § 33 I VVG nicht der Fall. – c) Vertreten müssen: Im Gegensatz zum alten Recht muss der Versicherungsnehmer die Nichtzahlung zu vertreten haben. In Übereinstimmung mit den allgemeinen Leistungsstörungsregelungen kann sich der Versicherungsnehmer allerdings entlasten (§ 280 I S. 2 BGB): Vertreten müssen wird also vermutet. Bei der Prämienzahlung als Geldschuld kommt noch hinzu, dass Zahlungsunfähigkeit niemals entlastend wirkt. Es kommen also nur sonstige, vielfach persönliche Gründe als Entlastung in Betracht, wie die Abwesenheit vom üblichen Lebensmittelpunkt, ein Krankenhausaufenthalt oder entschuldbare Fehlvorstellungen über die Höhe der Prämie. – d) Rechtsfolgen: Rücktrittsrecht des Versicherungsunternehmens (§ 37 I VVG); die Rücktrittsfiktion des § 38 I S. 2 VVG a.F. wegen Nichteinklagung der Erstprämie ist entfallen. Nach einem Rücktritt steht dem Versicherungsunternehmen nur eine angemessene Geschäftsgebühr zu (§ 39 I S. 3 VVG). Ohne Rücktritt kann das Versicherungsunternehmen die fortlaufende Prämie verlangen (fraglich: trotz Leistungsfreiheit!? § 37 II VVG führt das gesetzliche Einlösungsprinzip fort). Im Gegensatz zum alten Recht ist neben dem Vertreten müssen des Versicherungsnehmers auch die Belehrung des Versicherungsunternehmens gegenüber dem Versicherungsnehmer über die Rechtsfolgen der Nichtzahlung der Erstprämie Voraussetzung der Leistungsfreiheit. (Vgl. zu Ausnahmen unter dem Begriff „Einlösungsprinzip"). – *4. Verzug mit der Folgeprämie:* Das neue Recht bringt nur wenige, geringfügige Änderungen. a) Fälligkeit: Das VVG enthält keine Regelung. Die Fälligkeit folgt aus den zeitlichen Bestimmungen des Versicherungsvertrags über den Beginn einer neuen Versicherungsperiode oder eines neuen Ratenzahlungszeitraums (B 4 Nr. 1 a VGB 2008). – b) (Qualifizierte) Mahnung: Eine einfache Mahnung genügt nicht, die Vorgaben von § 38 VVG sind vollständig zu beachten. Die Zahlungsfrist muss mindestens zwei Wochen betragen; die Monatsfrist in der Gebäudefeuerversicherung (§ 91 VVG a.f.) ist entfallen. Zu den Vorgaben gehört eine Belehrung des Versicherungsunternehmens über sämtliche Rechtsfolgen und Optionen nach fruchtlosem Ablauf der Zahlungsfrist. Die strenge Rechtsprechung des BGH hat zu § 39 VVG a.F. Präzisierungen vorgenommen, die auch nach neuem, insoweit unverändertem Recht zu befolgen sind. So kann der Versicherungsnehmer die Wirkungen einer bereits ausgesprochenen Kündigung durch Nachzahlung binnen eines Monats ab Kündigung oder Fristablauf (bei der mit der Mahnung verbundenen Kündigung) beseitigen. Daraus folgt im Rückschluss, dass die Zahlung zeitlich unbegrenzt erfolgen kann, solange das Versicherungsunternehmen noch nicht gekündigt hat, mit der Wirkung des Erlöschens des Kündigungsrechts und des Wiederinkrafttretens des Versicherungsschutzes. Die frühere → Schriftform ist durch die Textform ersetzt worden. – c) Vertreten müssen: Vgl. oben unter Punkt 3 c zur Erstprämie. – d) Rechtsfolgen: – Schadensersatz in Form von Verzugszinsen (§ 288 BGB) oder nachweisbaren Anlagezinsen. – Fristlose Kündigung (§ 38 II VVG), die schon mit der Mahnung verbunden oder nach Ablauf der Zahlungsfrist erklärt werden kann. Das Kündigungsrecht oder die Kündigungswirkungen vermag der Versicherungsnehmer durch Nachzahlung zu beseitigen (vgl. oben unter Punkt 4 b). Diese Möglichkeit besteht sogar nach zwischenzeitlichem Eintritt eines Versicherungsfalls, führt aber nur zum Versicherungsschutz für die Zukunft ab der Zahlung, nicht rückwirkend für die Vergangenheit (§ 38 III S. 3 2. HS VVG). – Leistungsfreiheit (§ 38 II VVG) für Versicherungsfälle nach fruchtlosem Ablauf der Zahlungsfrist. Versicherungsfälle bis zum Ende der Zahlungsfrist sind gedeckt und führen zur Verrechnungspflicht des Versicherungsunternehmens (vgl. unter dem Begriff „Einlösungsprinzip"). Die Prämienzahlungspflicht läuft trotz Kündigung des Versicherungsunternehmens nicht bis zum Ende der laufenden Versicherungsperiode (§ 40 II S. 1 VVG a.F.), sondern nur noch bis zum fruchtlosen Ablauf der Zahlungsfrist: Bis dahin hat das Versicherungsunternehmen die Gefahr getragen (§ 39 I S. 1 VVG, siehe auch → Unteilbarkeit der Prämie).

Prämienvorauszahlung. → Prämieneinhebungsverfahren, bei dem der Versicherungsnehmer die → Prämie für einen vorbestimmten Zeitraum der → Vertragslaufzeit im Voraus bezahlt. Mittels der P. liegt der Zeitpunkt der Prämieneinzahlungen also i.d.R. vor den Auszahlungen für die Schadenvergütungen in den Versicherungsfällen bzw. für die Versicherungsleistungen (→ Risikogeschäft) und für den Versicherungsbetrieb (→ Abwicklungsgeschäft). Das Verfahren der P. stellt den Versicherungsunternehmen somit finanzielle Mittel für das → Kapitalanlagegeschäft zur Verfügung. Die quantitative und zeitliche Dimension dieses Effekts unterscheidet sich allerdings in den einzelnen → Versicherungszweigen erheblich. Dessen ungeachtet, ist die P. die Basis für die verbundene Produktion von → Versicherungsgeschäft und → Kapitalanlagegeschäft im Versicherungsunternehmen.

Prävalenz. *1. Begriff:* Häufigkeit einer Krankheit in der untersuchten Population/Bevölkerung zu einem bestimmten Zeitpunkt oder in einem bestimmten Zeitraum (z.B. Lebenszeit-Prävalenz). – *2. Merkmale:* Häufig wird diese Unterscheidung jedoch unterlassen und verkürzt wiedergegeben: gemeint ist dann fast immer die „Zeitpunkt-Prävalenz", also z.B. die P. des metabolischen Syndroms in der Allgemeinbevölkerung von 25 % bei deutschen Männern.

Prävention

Prävention, *lat. praevenire = zuvorkommen, verhüten.* – *1. Begriff:* a) Allgemein: Maßnahmen zur Vermeidung unerwünschter Ereignisse und Entwicklungen. Öffentlich geforderte oder geförderte Maßnahmen der P. sollen Betroffene auch in ihrer → Eigenverantwortung stärken und zur Selbsthilfe anregen. P. ist damit auch eine gesamtgesellschaftliche Aufgabe. – b) Im Gesundheitswesen: Maßnahmen zur Vorbeugung des erstmaligen Auftretens von Krankheiten (Primärprävention), zur Früherkennung von symptomlosen Frühstadien von Krankheiten (Sekundärprävention), zur Verhütung der Verschlimmerung von manifesten Erkrankungen und Behinderungen sowie ihrer Folgen (Tertiärprävention). – *2. Einzelheiten:* a) Die Primärprävention hat zum Ziel, die Gesundheit zu fördern (→ Gesundheitsförderung) und zu erhalten, z.B. durch Schutzimpfungen und bestimmte Prophylaxe-Maßnahmen (Vitamin D-Prophylaxe). Auch Maßnahmen zur Reduzierung von Risikofaktoren (Rauchen, Adipositas) dienen der Primärprävention. – b) Die Sekundärprävention soll im Anfangsstadium einer Erkrankung durch frühzeitige Diagnose und Therapie das Fortschreiten und die Krankheitsentwicklung verhindern bzw. eindämmen. Hierzu zählen die sog. Screening-Programme (z.B. Mammografie-Screening), die der Früherkennung von zunächst symptomlos verlaufenden Krankheiten dienen. – c) Die Tertiärprävention soll bei bereits bestehenden, manifesten Erkrankungen die Wahrscheinlichkeit von akuten Rückfällen oder Folgeschäden (wie Schlaganfällen, Herzinfarkten, Erblindungen, Fußamputationen bei Diabetes) reduzieren. Die Tertiärprävention beinhaltet hauptsächlich Rehabilitationsleistungen. Die drei Präventionskomponenten können sich in manchen Fällen überschneiden. – *3. Weitere Ansätze:* Im Sinne von Maßnahmen sind zu unterscheiden: a) die Verhaltensprävention, die eine Veränderung individueller gesundheitsgefährdender Gewohnheiten verfolgt (z.B. Aufgeben des Rauchens) und – b) die Verhältnisprävention, die Gesundheitsrisiken in den Umwelt- und Lebensbedingungen kontrollieren und vermindern soll (z.B. Rauchverbot in Gaststätten). – *4. P. in der* → *gesetzlichen Krankenversicherung (GKV):* Präventionsleistungen sind Soll-Leistungen aller gesetzlichen → Krankenkassen. Beispiele sind: a) Primärprävention und Gesundheitsförderung sowohl in Lebenswelten als auch in Form individueller Kurs- und Beratungsangebote (§§ 20, 20a SGB V), – b) Früherkennungsprogramme für Kinder und Erwachsene (§§ 25, 26 SGB V), – c) → Impfungen im Rahmen der Empfehlungen der im Geschäftsbereich des → Bundesministeriums für Gesundheit (BMG) eingerichteten Ständigen Impfkommission (§ 20 d SGB V). – d) medizinische Vorsorgeleistungen (§§ 23 I-V, 24 SGB V), – e) zahnmedizinische Gruppen- und Individualprophylaxe einschließlich Fissurenversiegelungen (§§ 21, 22 SGB V), – f) Patientenschulungen im Sinne der Tertiärprävention (§ 43 I Nr. 2 SGB V), – h) Selbsthilfeförderung (§ 20c SGB V). – *5. P. in der* → *privaten Krankenversicherung (PKV):* Grundsätzlich trägt die PKV Früherkennungs- und Vorsorgeuntersuchungen, soweit sie auch von der GKV übernommen werden. Seit 2005 finanziert die PKV zudem spezielle Projekte der Primärprävention. Die PKV-Unternehmen engagieren sich freiwillig über den → Verband der privaten Krankenversicherung e.V. (PKV-Verband) bei der HIV-Prävention mit jeweils 3,5 Millionen Euro jährlich. 3,4 Mio. Euro gehen dabei pro Jahr an die Bundeszentrale für gesundheitliche Aufklärung (BZgA) und 0,1 Mio. Euro an die Deutsche AIDS-Stiftung. Zusätzlich werden in Zukunft 10,5 Mio. Euro im Jahr für die Alkoholprävention bei Kindern und Jugendlichen zur Verfügung gestellt. Ferner leistet die PKV als Maßnahme der Primärprävention für → Impfungen, die von der Ständigen Impfkommission (STIKO) beim Robert-Koch-Institut empfohlen werden. Weitere Leistungsbeispiele im Bereich der Sekundär- und Tertiärprävention sind: a) Umfangreiche Früherkennungsprogramme für Kinder und Erwachsene, wobei GKV-Leistungen (§§ 25, 26 SGB V) der Mindeststandard sind (§ 1 IIb MB/KK 2009); i.d.R. gehen die Leistungen darüber hinaus, – b) Finanzierung der Infrastruktur (= fallunabhängige Kosten) beim Mammographie-Screening, – c) medizinisch notwendige Rehabilitationsmaßnahmen. – *6. Sonstige Aufgabenträger der P.:* Krankheitsverhütung ist auch eine Aufgabe des Öffentlichen Gesundheitsdiensts. Die P. arbeitsbedingter Gesundheitsschäden obliegt den Betrieben und der → gesetzlichen Unfallversicherung (GUV). – *7. Weiterentwicklungen:* Die Zusammenfassung der zerstreuten Kompetenzen und Regelungen zur P. in einem Präventionsgesetz wird diskutiert.

Insbesondere über die Finanzierung zusätzlicher Aufgaben konnte bislang keine Einigung erzielt werden. – *8. Abgrenzung:* Von der P. ist die → Gesundheitsförderung abzugrenzen, die auf die Stärkung individueller Gesundheitskompetenzen und den Aufbau gesundheitsförderlicher Strukturen zielt.

Praxisgebühr. *1. Begriff:* In der deutschen → gesetzlichen Krankenversicherung (GKV) vom Patienten zu leistende Zuzahlung bei der Inanspruchnahme eines → Vertragsarztes. – *2. Ausgestaltung:* Erwachsene leisten seit 2004 je Kalendervierteljahr für jede erste Inanspruchnahme eines ambulant tätigen → Arztes bzw. Zahnarztes, die nicht auf Überweisung aus dem gleichen Kalendervierteljahr erfolgt, eine Zuzahlung von 10 Euro. Vorsorgeleistungen sind zuzahlungsfrei gestellt. Die Zuzahlung ist – gemeinsam mit den übrigen Zuzahlungen – nur bis zu einer einkommensabhängigen Belastungsgrenze zu entrichten. – *3. Abwicklung:* Der Arzt bzw. Zahnarzt ist verpflichtet, die Zuzahlung beim Patienten einzuziehen und sich bei seiner Abrechnung mit der → Kassenärztlichen Vereinigung gegenrechnen zu lassen. Die → Krankenkasse kürzt die an die Kassenärztliche Vereinigung gezahlte Gesamtvergütung um die Einnahmen der Ärzte aus der Praxisgebühr. – *4. Wirkungen:* Die Wirkungen der P. sind umstritten. Während in 2004 die Zahl der Arztkontakte spontan um rund 10 % gesunken ist, ist sie in den Folgejahren wieder angestiegen. Die Einnahmen der Krankenkassen aus der P. betragen rd. 1,6 Mrd. Euro pro Jahr.

Preiselastizität (der Nachfrage). Misst die prozentuale (relative) Veränderung der nachgefragten Menge eines Gutes (x), wenn der Preis p dieses Gutes um ein Prozent verändert wird. Da üblicherweise die nachgefragte Menge sinkt, wenn der Preis steigt, wird das Verhältnis der beiden relativen Veränderungen als Absolutbetrag oder mit negativem Vorzeichen definiert. Formal gilt entweder $\varepsilon_{x,p} = - dx/x : dp/p$ oder $\varepsilon_{x,p} = |dx/x : dp/p|$. Ist die P. hoch (also größer als 1), wird von Luxusgütern gesprochen, ist sie niedrig, von Notwendigkeitsgütern. Vgl. auch → Elastizität.

Preisführerschaft. I. → Marketingstrategie, bei der das Anbieterunternehmen mit betont günstigen Preisen, möglichst mit → Alleinstellungsmerkmalen, Marktanteile gewinnen oder verteidigen will. Setzt grundsätzlich eine günstige Kostensituation (möglicherweise → Kostenführerschaft) voraus. In der Versicherungswirtschaft häufiger Ansatz für den → Direktvertrieb. – II. Der Begriff ist auch für marktbeherrschende Anbieter gebräuchlich, deren Preisvorgaben für die Mitbewerber Vorbildfunktion haben. Die Folge ist, dass sich die Mitbewerber dem Preisführer im Sinne einer Preisfolgeschaft anschließen oder annähern.

Preisgestaltung, *allg.: Entgelt- oder Preispolitik, in der Versicherungswirtschaft: Prämien- oder Beitragsgestaltung, engl.: pricing.* – *1. Begriff:* Preisbildung unter Berücksichtigung aller relevanten Einzelaspekte. Instrument der → Versicherungstechnik und → Marketinginstrument, das mit der → Produktgestaltung korrespondiert. Versicherungspreise haben im gewerblichen Geschäft seit jeher eine große Marktbedeutung, und sind inzwischen auch im Privatkundenbereich zunehmend wichtig, selbstverständlich soweit eine ausreichende Preistransparenz gegeben ist. – *2. Prämienkalkulation:* Kostenorientierte Komponente der P., mit versicherungsspezifischen Positionen (siehe → versicherungstechnisches Äquivalenzprinzip, das zur Einteilung in Risikogruppen führt) und allgemein gültigen Positionen (Vertriebs- und Verwaltungskosten sowie Kapitalkosten; letztere führen zu einem Gewinnzuschlag). Prämienregulative dienen der individuellen Ergänzung der Prämienkalkulation durch Zuschläge, Rabatte (auch wegen Selbstbeteiligungen), Rückerstattungen, Prämien- und Tarifanpassungen. – *3. Prämienpolitik:* Marktorientierte Komponente der P., d.h. der Durchsetzbarkeit der kalkulierten Prämien am Markt. Besonderheiten: a) niedrigere Preise als kalkuliert zur Marktanteilsgewinnung (Dumping), – b) höhere Preise als kalkuliert bei Nutzung von → Alleinstellungsmerkmalen. Siehe auch → Preisführerschaft.

Present Value of Future Profits (PVFP). *1. Begriff:* Barwert der erwarteten zukünftigen Erfolge. – *2. Merkmale:* Immaterieller Vermögensgegenstand, der insbesondere beim Erwerb von Lebens- und Krankenversicherungsunternehmen bzw. einzelnen Versicherungsbeständen entsteht. Der P. wird aktiviert und planmäßig abgeschrieben.

Priorität, *Attachment Point.* – *1. Begriff:* Im Rahmen von → nicht-proportionalen Rückversicherungsverträgen festgelegter Schadenbetrag eines → Erstversicherers, bei dessen Überschreitung der → Rückversicherer leistungspflichtig wird. – *2. Merkmale:* Die P. kann sich auf einen Einzelschaden, einen → Kumulschaden oder die Summe der gesamten Jahresschäden (→ Stop Loss) beziehen. Siehe auch → Selbstbehalt.

Private Altersvorsorge. *1. Begriff:* Im → Drei-Schichten-Modell der Altersvorsoge die dritte Schicht. Unter der P. werden alle weiteren Formen der → Altersvorsorge, wie klassische → private Rentenversicherungen, → Kapitallebensversicherungen, aber auch → Berufsunfähigkeitsversicherungen zusammengefasst, die nicht Teil der ersten beiden Schichten der Altersvorsorge sind. – *2. Merkmale:* Grundsatz der dritten Schicht der Altersvorsorge ist eine derzeit nur noch in engen Grenzen gegebene und zudem auslaufende steuerliche Anerkennung im Rahmen der Vorsorgeaufwendungen und eine → nachgelagerte Besteuerung nach folgenden Regeln: Nach einer Mindestlaufzeit von zwölf Jahren und einem Auszahlungszeitpunkt frühestens ab dem 60. Lebensjahr müssen die Erträge aus der Kapitalanlage lediglich zu 50 % als Einkommen versteuert werden, in allen anderen Fällen zu 100 %. Wird eine Rente bezogen, erfolgt eine Besteuerung gemäß dem Einkommensteuergesetz nach der Ertragsanteilbesteuerung. Mit der Aufnahme dieser Regelung im Jahr 2005 entfiel auch die komplett steuerfreie Auszahlung von Kapitallebensversicherungen, die zuvor lediglich eine Mindestlaufzeit von zwölf Jahren als Voraussetzung für die Steuerfreiheit aufweisen mussten. Produkte der dritten Schicht der Altersvorsorge fallen nicht unter die Abgeltungssteuer für Kapitalanlageprodukte.

Private Equity. *1. Begriff:* Anlage in ein Portfolio von → Finanzbeteiligungen an nicht börsennotierten Unternehmen. – *2. Vorgehensweise:* Ähnlich wie bei → indirekt gehaltenen Immobilienanlagen stellen Investoren einem Private Equity-Manager Kapital zur Verfügung (Committments), das dieser über einen festgelegten Zeitraum abruft und in Zielgesellschaften investiert. Die Zielgesellschaften werden strategisch repositioniert, umstrukturiert oder effizienter gesteuert, und sollen so ihren Wert steigern. Ziel des Private Equity-Managers ist es, die Zielgesellschaften nach erfolgreicher Umsetzung der Maßnahmen mit möglichst hohem Gewinn weiterzuverkaufen oder an der Börse zu platzieren (Exit). – *3. Formen:* Private Equity-Beteiligungen können in Venture-Beteiligungen und Buy-Out-Beteiligungen unterteilt werden. Venture-Beteiligungen sind Finanzierungen junger Unternehmen (Start up- und Early Stage-Finanzierungen), während Buy-Outs bereits etablierte Unternehmen finanzieren (Later Stage-Finanzierung). – *4. Merkmale und Gestaltungen:* Der Private Equity-Manager ist sehr stark über den Erfolg seiner Investments incentiviert. Neben einer kaum kostendeckenden Management-Gebühr ist er über eine Gewinnbeteiligung (Carried Interest) am Weiterverkauf der Zielgesellschaften beteiligt. Für die Investoren besteht das wesentliche Risiko darin, dass das bereitgestellte Eigenkapital ohne Sicherheiten gewährt wird und somit vollständig dem unternehmerischen Risiko unterliegt. Es nimmt uneingeschränkt an Gewinnen, aber auch an Verlusten teil. Zudem ist der Markt für P. tendenziell weniger liquide als der Markt für börsengehandelte Unternehmensanteile. – *5. Bedeutung:* In Deutschland sind Private Equity-Investments seit Ende der 1990er Jahre ein wesentlicher Bestandteil der Kapitalmärkte. Im Jahr 2007 investieren Finanzinvestoren in Deutschland rund 26,5 Mrd. Euro, nach rund 6,9 Mrd. Euro im Jahr 2002 und 2,6 Mrd. Euro in 1996. Im Jahr 2008 sank das Investitionsvolumen in Private Equities auf 8,4 Mrd. Euro.

Private Krankenversicherung (PKV)

von Christian Weber

1. Geschichte

In Abgrenzung zur gesetzlichen Krankenversicherung (GKV) kann von der privaten Krankenversicherung (PKV) seit 1883 gesprochen werden. Die Pflichtversicherung bestimmter Personenkreise in der GKV veranlasste die nicht einbezogenen Bevölkerungsteile, entsprechende Versicherungseinrichtungen auf privatwirtschaftlicher Grundlage zu bilden. Die historische Entwicklung der PKV stützte sich zunächst auf Einrichtungen mit berufsständischem Charakter. Wesentliche Impulse gingen dabei von den gesetzlich nicht versicherungspflichtigen Beamten und Angehörigen des Mittelstands aus. Die Rechtsform einer Aktiengesellschaft entstand erstmals im Jahr 1913.

2. Versicherte

Nach dem 1. Weltkrieg setzte eine sprunghafte Expansion der PKV ein. Allein zwischen 1924 und 1925 wuchs der Bestand der PKV auf über 2 Mio. Versicherte an. Aber schon vor dem zweiten Weltkrieg zeichnete sich ein nachdrücklicher Wettbewerb zwischen der PKV und der GKV ab. Eine Ausdehnung der versicherungspflichtigen Personenkreise der GKV und die regelmäßige Anhebung der Versicherungspflichtgrenze waren für die PKV zeitweise mit erheblichen Mitgliederverlusten verbunden. So sank bis 1975 die Versichertenzahl auf 4,2 Mio. Personen. Heute, im Jahr 2009, sind in der PKV 8,74 Mio. Menschen krankenvollversichert. Darüber hinaus sind in der PKV, als Ergänzung zum GKV-Schutz, über 21 Mio. Zusatzversicherungen abgeschlossen.

3. Rechtsgrundlagen der PKV

Die Träger der GKV sind ausschließlich Körperschaften des öffentlichen Rechts. Die PKV wird dagegen von privatrechtlichen Unternehmen in Gestalt von Aktiengesellschaften (AG) oder Versicherungsvereinen auf Gegenseitigkeit (VVaG) betrieben. Deren Rechtsgrundlage bilden das Unternehmensrecht, das Versicherungsvertragsrecht und das Aufsichtsrecht. Damit kommt in der PKV die Krankenversicherung durch einen privatrechtlichen Vertrag zustande. Es entsteht ein freiwilliges Rechtsverhältnis, das für den Versicherungsnehmer die Pflicht zur Zahlung der vereinbarten Beiträge sowie das Recht auf die Vertragsleistungen bei Eintritt des Versicherungsfalls beinhaltet. Alle Unternehmen der PKV unterstehen dabei der Rechts- und Finanzaufsicht der Bundesanstalt für Finanzdienstleistungsaufsicht (BaFin).

4. Äquivalenzprinzip

Maßgeblich für die Berechnung der Versicherungsbeiträge in der PKV ist das Äquivalenzprinzip. Im Gegensatz zur GKV, in der die Beiträge einkommensabhängig sind, gibt es in der PKV ein zusammenhängendes Verhältnis zwischen Leistung und Gegenleistung. In der Beitragskalkulation macht sich das wie folgt bemerkbar: a) Die Beitragshöhe hängt vom Umfang der versicherten Leistungen ab. – b) Weil die Inanspruchnahme von Gesundheitsleistungen mit dem Lebensalter steigt, hängen die Versicherungsbeiträge in der PKV auch vom Lebensalter bei Versicherungsbeginn ab. – c) Der Gesundheitszustand bei Versicherungsbeginn wird berücksichtigt. Bereits vorhandene Erkrankungen sind, versicherungstechnisch gesprochen, zusätzliche Gesundheitsrisiken, die nach dem Äquivalenzprinzip oft nur dann versichert werden können, wenn für das zusätzliche Risiko auch zusätzliche Beiträge – Risikozuschläge – bezahlt werden. – d) Die Inanspruchnahme von Gesundheitsleistungen hängt von der Lebenserwartung ab. Diese unterscheidet sich bei Männern und Frauen. Infolgedessen werden die Tarife der PKV für Männer und Frauen jeweils unterschiedlich kalkuliert.

5. Kapitaldeckung

Angesichts der Altersabhängigkeit der Krankheitskosten werden in der PKV die Beiträge – im Gegensatz zum in der GKV gebräuchlichen Umlageverfahren – auf versicherungsmathematischer Grundlage nach Art der Lebensversicherung berechnet. Bei der Ermittlung des Beitrags zum Zeitpunkt des Vertragsabschlusses wird einkalkuliert, dass die Versicherungsleistungen im Lauf der Zeit mit der Schadenhäufigkeit und Schadenhöhe altersbedingt steigen. Dem Prinzip der Kapitaldeckung folgend werden Alterungsrückstellungen gebildet.

6. Kostenerstattung

Die PKV gewährt ihre Leistungen nach dem Kostenerstattungsprinzip. Der Versicherte ist i.d.R. unmittelbarer Vertragspartner der Leistungserbringer. Vom Leistungserbringer ausgestellte Rechnungen müssen vom Versicherten bezahlt und dem privaten Versicherungsunternehmen zur vorbehaltlichen Erstattung vorgelegt werden. Beim Versicherungsnehmer entstehen Transparenz und Kostenbewusstsein. Anders als beim Sachleistungsprinzip der GKV ist der Versicherte in der PKV stets in der Lage, die erbrachten medizinischen Leistungen in Höhe und Art eigenverantwortlich zu kontrollieren.

7. Subsidiaritätsprinzip

Der Krankenversicherungsschutz ist in Deutschland durch ein gegliedertes Krankenversicherungssystem aus GKV und PKV gewährleistet. Die Grenzziehung zwischen GKV und PKV folgt dem Subsidiaritätsprinzip. Erst wenn Bürger hinsichtlich eines eigenverantwortlichen Handelns beim Krankheitskostenrisiko überfordert sind, ist der Staat aufgerufen, sozialgestaltend tätig zu werden. Dies ist eine Prioritätenfolge, die im Grundgesetz verankert ist und sowohl im Freiwilligkeitsprinzip der PKV als auch als Prinzip der Versicherungspflicht in der GKV zum Ausdruck kommt. Die „richtige" Grenzziehung zwischen der GKV und PKV bzw. zwischen der Versicherungspflicht und dem Prinzip der Freiwilligkeit war, ist und wird immer umstritten sein. Fest steht allerdings, dass die Grenze zwischen Versicherungspflicht und Versicherungspflichtbefreiung nur bedingt einen Wettbewerb zwischen den Versicherungssystemen zulässt. Die PKV ist eine Alternative zur GKV lediglich für die Personenkreise, die nicht in der GKV versicherungspflichtig sind. Dazu gehören neben allen Selbstständigen und Beamten alle Arbeiter und Angestellte mit einem Einkommen oberhalb der Versicherungspflichtgrenze.

Private Pflegepflichtversicherung. *1. Begriff:* Private Versicherung, die bei Pflegebedürftigkeit seit dem 1.1.1995 ambulante und seit dem 1.7.1996 auch stationäre Pflegekosten zum Teil übernimmt. Die Höhe der versicherten Leistungen orientiert sich an den → Pflegestufen. Die P. ist eine Pflichtversicherung und brancheneinheitlich organisiert. Es besteht → Kontrahierungszwang.
– *2. Versicherter Personenkreis:* Nach dem Grundsatz „Pflegeversicherung folgt Krankenversicherung" schließen Privatversicherte ihre Pflegeversicherung bei einem privaten Krankenversicherungsunternehmen ab, und gesetzlich Krankenversicherte erhalten den Versicherungsschutz in der → sozialen Pflegeversicherung (§§ 1 II und III, 20 I, 21 SGB XI). Ausnahmen bestehen u.a. für freiwillige Mitglieder der → gesetzlichen Krankenversicherung (GKV), die in einer bestimmten Frist unwiderruflich eine P. abschließen können (§ 22 I und II SGB XI).
– *3. Leistungsvoraussetzungen:* Der Anspruch auf Leistungen aus der P. tritt wie in der sozialen Pflegeversicherung nur bei Pflegebedürftigkeit ein. – *4. Pflegebedürftigkeit:* Nach Häufigkeit und Dauer des Hilfebedarfs sind drei Pflegestufen mit unterschiedlich hohen Leistungsansprüchen zu unterscheiden: Stufe I = "erheblich pflegebedürftig", Stufe II = "schwer pflegebedürftig" und Stufe III = "schwerst pflegebedürftig" (§ 15 I Nr. 1, 2 und 3 SGB XI). Bei privat Pflegeversicherten werden die Pflegebedürftigkeit und die Pflegestufe im Auftrag der Versicherungsunternehmen durch Ärzte der

Medicproof Gesellschaft für medizinische Gutachten mbH festgestellt, das ist ein Tochterunternehmen des → Verbands der privaten Krankenversicherung e. V. – *5. Leistungsumfang:* Die P. ist der sozialen Pflegeversicherung im Leistungsumfang gleich gestellt. Sie trägt also die Kosten bei Pflegebedürftigkeit im gesetzlichen Umfang. Damit sind die Leistungen für alle Pflegebedürftigen innerhalb der einzelnen Pflegestufen I-III gleich, unterscheiden sich aber nach der Art und Form der Pflege (z.B. vollstationäre Heimunterbringung vs. häusliche Versorgung). Die einzelnen Leistungssätze sind zum 1.7.2008 mit in Kraft treten des Pflegeweiterentwicklungsgesetzes für alle Pflegestufen und -formen erhöht worden (siehe Abbildung).

– *6. Beiträge:* Die Beiträge in der P. werden nach → Eintrittsalter und Gesundheitszustand entsprechend des → Kapitaldeckungsverfahrens kalkuliert. Es werden also auch → Alterungsrückstellungen für das steigende Pflegerisiko im Alter gebildet. Die Beiträge sind limitiert: Es gilt ein Höchstbetrag, der sich am Höchstbetrag zur sozialen Pflegeversicherung orientiert (2009: 71,66 Euro). Kinder sind – analog zur sozialen Pflegeversicherung – beitragsfrei mitversichert. Zudem dürfen Vorerkrankungen von Versicherten nicht vom Versicherungsschutz ausgeschlossen werden. – *7. Bewertung:* Jede Generation von Versicherten sorgt durch die Bildung von Alterungsrückstellungen frühzeitig für ihr mit dem Alter steigendes Pflegerisiko vor. So wird – anders als in der umlagefinanzierten sozialen Pflegeversicherung – ein Kapitalstock zum Schutz vor dem demographischen Wandel und damit zur Entlastung der nachfolgenden Generationen aufgebaut. Die Beiträge zur P. sind damit von Veränderungen in der Altersstruktur der Bevölkerung weit gehend unabhängig.

	2007	2008	2010	2012
ambulant				
Stufe I	384	420	440	450
Stufe II	921	980	1.040	1.100
Stufe III	1.432	1.470	1.510	1.550
Härtefall		Keine Veränderungen		
stationär				
Stufe I	1.023	Keine Veränderungen		
Stufe II	1.279	Keine Veränderungen		
Stufe III	1.432	1.470	1.510	1.550
Härtefall	1.688	1.750	1.825	1.918
Pflegegeld				
Stufe I	205	215	225	235
Stufe II	410	420	430	440
Stufe III	665	675	685	700

Private Pflegeversicherung

von Rainer M. Jacobus

Mit Einführung der gesetzlichen Pflegeversicherung zum 1.1.1995 wurden alle gesetzlich krankenversicherten Bürger in der sozialen Pflegeversicherung und alle Vollversicherten der privaten Krankenversicherung in der privaten Pflegeversicherung pflichtversichert. Während die Leistungen dieser beiden Systeme übereinstimmen, unterscheiden sich die Finanzierungskonzepte erheblich: Im Gegensatz zur privaten Pflegeversicherung, die mit Kapitaldeckung arbeitet, liegt der sozialen Pflegeversicherung ein Generationenvertrag zugrunde. Die private Pflegeversicherung bildet im Rahmen des demografieresistenten Kapitaldeckungsverfahrens für jeden Jahrgang Altersrückstellungen zur Finanzierung der zu erwartenden Pflegeausgaben. Dieses Vorgehen trägt dem Umstand Rechnung, dass das Pflegerisiko mit dem Alter signifikant zunimmt. Dem entsprechend übersteigen in jungen Jahren die Versicherungsbeiträge die durchschnittlichen Pflegeversicherungsleistungen i.d.R. bei Weitem, während der durchschnittliche Beitragszahler mit zunehmendem Alter vermehrt zum Nettoempfänger wird. Jeder Jahrgang sorgt somit für seine eigenen zukünftigen Pflegeausgaben vor, weshalb die Beiträge im Versicherungsverlauf nicht altersbedingt erhöht werden müssen.

In der sozialen Pflegeversicherung hingegen werden die laufenden Pflegeversicherungsleistungen durch die laufenden Beitragseinnahmen finanziert, d.h. die jungen Jahrgänge füllen als durchschnittliche Nettobeitragszahler per Umlage die Finanzierungslücke der alten Jahrgänge. Die Leistungsfähigkeit dieses Generationenvertrags ist konzeptionsbedingt von der demografi-

Private Pflegeversicherung

schen Struktur des Versichertenkollektivs abhängig. Bleibt die demografische Struktur unverändert, können das Beitrags- und das Leistungsniveau im Zeitverlauf konstant gehalten werden. Aufgrund der steigenden Lebenserwartung[1] und der seit Jahrzehnten niedrigen Geburtenrate[2] schrumpft und altert die Bevölkerung jedoch deutlich, so dass eine sinkende Zahl von Nettobeitragszahlern für immer mehr Pflegebedürftige aufkommen muss. Infolge dessen ist zur Erhaltung des Leistungsniveaus eine sukzessive Erhöhung der Beitragssätze notwendig, die unweigerlich zu einer intergenerativen Umverteilung zu Ungunsten der jungen und der zukünftigen Generationen führt.

Zugleich wächst die Lücke zwischen den gesetzlichen Pflegeversicherungsleistungen und den tatsächlichen finanziellen Belastungen im Pflegefall – auch unter Berücksichtigung der in der Pflegereform 2008 beschlossenen Leistungsausweitungen. Das aufgrund der Personalintensität pflegerischer Tätigkeiten geringe Rationalisierungspotential sowie der Fachkräftemangel in der Pflege machen einen überproportionalen Kostenanstieg im Pflegesektor wahrscheinlich. Insbesondere bei der stationären Unterbringung ist zu erwarten, dass sich der Anteil der gesetzlichen Pflegeversicherungsleistungen an den Kosten eines Pflegeheimplatzes weiter verringern wird. In Anbetracht der vermehrten Nutzung professioneller Pflege statt der Angehörigenpflege, die aufgrund der gesellschaftlichen Rahmenbedingungen immer schwieriger zu realisieren ist, betrifft die durch den Kostendruck im Pflegesektor bedingte Ausweitung der Versorgungslücke einen sehr großen Teil der Pflegebedürftigen. Eine leistungsfähige Absicherung des Pflegerisikos ist jedoch aus individueller Sicht unerlässlich, da die zusätzlich aufzubringenden Beträge für die ambulante und stationäre Pflege das Vermögen der Betroffenen binnen weniger Jahre aufzehren können. Außerdem schützt eine umfassende finanzielle Pflegevorsorge die Angehörigen nicht nur vor dem Verlust des Erbes, sondern auch davor, im Rahmen der Unterhaltspflicht zur Deckung der nach den Leistungen der gesetzlichen Pflegeversicherung verbleibenden Pflegekosten herangezogen zu werden. Eine zusätzliche private Pflegeversicherung ist demnach unverzichtbar.

Angesichts der desolaten finanziellen Zukunft der sozialen Pflegeversicherung und der unzureichenden gesetzlichen Pflegeversicherungsleistungen steht die private Versicherungswirtschaft in der Pflicht, kapitalgedeckte kundenorientierte Produkte zu entwickeln. Gegenwärtig bietet die private Versicherungswirtschaft Produktlösungen innerhalb der privaten Krankenversicherung und der Lebensversicherung an. Private Krankenversicherer offerieren dem Kunden Pflegetagegeld- und Pflegekostenversicherungen, während die Lebensversicherer Pflegerenten- und Pflegerentenzusatzversicherungen anbieten. Die genannten Produkte orientieren sich hinsichtlich des Leistungsspektrums an den gesetzlichen Pflegestufen und/ oder an einem Punktesystem (ADL-Definition) sowie im Fall der Pflegekostenversicherung an den tatsächlichen Pflegekosten. Bei Vertragsabschluss kann der Umfang der Leistungen im Pflegefall passgenau am Vorsorgebedarf des Kunden ausgerichtet werden. Je nach finanzieller Situation und persönlichem Sicherheitsbedürfnis werden die Leistungsbedingungen, die Höhe der Leistungen sowie die Modalitäten der Beitragszahlung[3] festgelegt. Des Weiteren kann die Pflegezusatzversicherung durch attraktive Assistance-Leistungen, wie bspw. Beratungsangebote oder die organisatorische Unterstützung bei der Pflegeheimsuche, ergänzt werden.

In jedem Fall eröffnet die offensichtliche Notwendigkeit einer zusätzlichen Absicherung des Pflegerisikos der privaten Versicherungswirtschaft bereits gegenwärtig ein immenses Marktpotenzial, dessen Nutzung aus vertrieblicher Sicht eine der bedeutendsten Wachstumschancen der nächsten Jahrzehnte darstellt.

---

1 Die durchschnittliche Lebenserwartung eines Mannes (einer Frau) hat sich in Deutschland von 1991/1993 bis 2006/2008 von 72,47 (79,01) Jahre auf 77,20 (82,40) Jahre erhöht. Quelle: Statistisches Bundesamt, Wiesbaden 2009.
2 Die durchschnittliche Kinderzahl je Frau (zusammengefasste Geburtenziffer) betrug im Jahr 2008 in Deutschland 1,37. Quelle: Statistisches Bundesamt, Wiesbaden 2009.
3 Bspw. besteht bei einer Pflegerentenversicherung die Möglichkeit zwischen laufender und einmaliger Beitragszahlung zu wählen.

Auch die neue Regierung sieht den Bedarf einer weiter gehenden Vorsorge. Der Koalitionsvertrag[4] von CDU/ CSU und FDP sieht den Aufbau einer obligatorischen, kapitalgedeckten Pflegeabsicherung als zweite Säule der Pflegeversicherung vor.

Private Pflegezusatzversicherung.
1. Begriff: Ergänzender eigenständiger Versicherungsschutz gegen das Pflegerisiko, die die Leistungen aus der → Pflegepflichtversicherung auffüllt. Die Pflegepflichtversicherung deckt nicht alle Kosten, die im Pflegefall entstehen. Um sich vor einer möglichen finanziellen Überforderung zu schützen, können die verbleibenden Kosten mit einer P. abgedeckt werden. – *2. Arten:* P. werden entweder als → Pflegetagegeldversicherung oder als → Pflegekostenversicherung angeboten: a) Die Pflegetagegeldversicherung zahlt ein Tagegeld für jeden Tag der festgestellten Pflegebedürftigkeit nach Ablauf einer tariflichen Karenzzeit, und zwar unabhängig davon, wie hoch die anfallenden Pflegekosten tatsächlich sind. Die Höhe des Tagegelds wird bei Vertragsabschluss festgelegt. – b) Die Pflegekostenversicherung knüpft an die Leistungen aus der Pflegepflichtversicherung an. Je nach individuell gewähltem Tarif werden anteilig oder vollständig die Kosten übernommen, die nach Vorleistung der Pflegepflichtversicherung verbleiben. – *3. Versichertenkreis:* Eine P. kann jeder Bürger mit Wohnsitz in Deutschland abschließen, unabhängig davon, ob dieser in der sozialen oder privaten Pflegepflichtversicherung versichert ist. Allerdings besteht bei den meisten Versicherungsunternehmen ein Höchstalter für den Eintritt in die Versicherung i.d.R. zwischen 55 und 70 Jahren. – *4. Beiträge:* Die Beiträge zu einer P. hängen vom gewählten Leistungsumfang (z.B. Höhe des Tagegelds), vom → Eintrittsalter, vom Geschlecht sowie vom Gesundheitszustand des Versicherten bei Vertragsabschluss ab. Die Beiträge werden nach dem → Kapitaldeckungsverfahren kalkuliert. – *5. Rechtsgrundlagen:* Den rechtlichen Rahmen für die P. bilden u.a. die Musterbedingungen 1994 – Ergänzende Pflegekrankenversicherung (MB/EPV 94).

Private Rentenversicherung (PRV).
1. Begriff: Privatwirtschaftliche Versicherung, die das Versicherungsunternehmen zu regelmäßig wiederkehrenden Zahlungen verpflichtet und den Versicherungsnehmer vor dem Langlebigkeitsrisiko (→ Langlebigkeit) schützt. Stirbt die versicherte Person vor dem vereinbarten Rentenbeginn, werden i.d.r. die eingezahlten Prämien an die bezugsberechtigten Hinterbliebenen ausbezahlt. Form der → Lebensversicherung. Abzugrenzen von der → gesetzlichen Rentenversicherung (GRV). – *2. Formen von privaten Renten:* a) Aufgeschobene Rente: Die Rentenzahlungen beginnen bei beendeter Prämienzahlung oder am Ende einer vereinbarten Aufschubzeit. – b) Sofortrente: Der Rentenbeginn schließt sich unmittelbar an der Zahlung eines → Einmalbeitrags an. – *3. Staatlich geförderte Renten:* Vor dem Hintergrund des demographischen Wandels in Deutschland und der → Versorgungslücken im System der GRV wurden staatliche Zuschüsse für verschiedene P. entwickelt. Siehe hierzu → Riester-Rente, → Rürup-Rente. – *4. Weitere Rentenformen und Abgrenzungen von der P.:* Private Renten kommen zudem als Versicherungsleistungen außerhalb der P. vor. Teilweise handelt es sich dabei um Leistungen aus eigenen Produkten oder um Zusatzleistungen, die im sonstigen Rahmen der Lebensversicherung angeboten werden. Beispiele: a) → Berufsunfähigkeitsrente aus einer → Berufsunfähigkeitsversicherung, – b) → Erwerbsunfähigkeitsrente aus einer → Erwerbsunfähigkeitsversicherung, – c) Pflegerente aus einer → Pflegerentenversicherung. – d) Invaliditätsrenten aus einer → Unfallversicherung oder einer → Unfalltod-Zusatzversicherung sowie – e) Rentenleistungen für schwerwiegende Personenschäden im Rahmen von Haftpflichtversicherungen stehen weder mit der Lebensversicherung i.Allg., noch mit der P. im besonderen in Zusammenhang.

Private Unfallversicherung (PUV).
1. Begriff: Eine PUV sichert die versicherte Person gegen die wirtschaftlichen Folgen von Unfällen ab. – *2. Merkmale:* Der Versicherungsschutz für Unfälle gilt i.d.R. welt-

---

4 „Bei der Pflegeversicherung werden wir ein kapitalgedecktes Element ergänzend einführen, welches verpflichtend, individualisiert und generationengerecht ausgestaltet werden wird."

weit und rund um die Uhr. – *3. Leistungsarten:* Als Leistungsarten werden die diversen Deckungskomponenten beschrieben, die die versicherte Person in der PUV abschließen kann. Kernstück der PUV ist die → Invaliditätsleistung. Zusätzlich können weitere Leistungsarten individuell vereinbart werden, z.B. → Unfall-Rente, → Übergangsleistung, → Verletzungsgeld, → Krankenhaustagegeld, → Genesungsgeld, → Tagegeld, → Todesfallleistung, → Bergungskosten, → kosmetische Operationen, → Rehabilitation. – *4. Risikoausschlüsse:* Bestimmte Gefahren werden über die PUV nicht gedeckt. Diese werden als Ausschlüsse in den Unfallversicherungsbedingungen abschließend aufgezählt. Bei den Ausschlüssen handelt es sich um solche Gefahren, die eine erhöhte Gefährdung des versicherten Risikos darstellen, d.h. eine erhöhte Unfallwahrscheinlichkeit verursachen. Für diese Risiken besteht kein Versicherungsschutz. Zu den gängigsten Ausschlüssen gehören z.B. Unfälle infolge von Bewusstseinsstörungen, Unfälle infolge der Ausübung einer Straftat, Unfälle, die unmittelbar oder mittelbar durch Kriegsereignisse verursacht sind, Unfälle durch Ausübung einer Luftsportart oder bei beruflichen Tätigkeit mit bzw. in einem Luftfahrzeug, Unfälle infolge von Teilnahmen an Fahrtveranstaltungen, bei denen es auf die Erzielung einer Höchstgeschwindigkeit ankommt, Unfälle durch Strahlen oder Kernenergie. Um die Gemeinschaft der Versicherten nicht übermäßig zu belasten, wenn sich eine kleine Minderheit solchen Gefahren aussetzt, sind einige erhöhte Gefahren ausgeschlossen. Es gibt allerdings Versicherer auf dem Markt, die über spezielle Verträge erhöhte Gefahren zu entsprechend höheren Prämien und Besonderen Bedingungen versichern.

Privathaftpflichtversicherung. *1. Begriff:* Versicherungsschutz für den Versicherungsnehmer und seine Familie vor Schadenersatzansprüchen aufgrund → gesetzlicher Haftpflichtbestimmungen privatrechtlichen Inhalts. – *2. Merkmale:* Versicherungsart in der allgemeinen → Haftpflichtversicherung. Der Deckungsumfang wird durch die Allgemeinen Versicherungsbedingungen für die Haftpflichtversicherung (AHB) und die Besonderen Bedingungen und Risikobeschreibungen (BBR) für die Deckung der spezifischen → Haftpflichtansprüche geregelt. – *3. Versicherungsumfang:* Versichert sind z.B. die Teilnahme am Straßenverkehr als Fußgänger oder Radfahrer, allerdings nicht als Führer eines Kraftfahrzeugs (→ Kfz-Haftpflichtversicherung). Ferner das Halten zahmer Haustiere, wie z.B. Katzen. Für Hunde und Pferde wird dagegen eine → Tierhalterhaftpflichtversicherung benötigt. Gedeckt sind auch Aktivitäten als Freizeitsportler und die Aufsicht über Minderjährige. Versicherungsschutz haben der Versicherungsnehmer und die → mitversicherten Personen. Eingeschlossen ist auch das Risiko als Eigentümer oder Mieter selbstgenutzter Wohnungen oder eines Einfamilienhauses. Zur Deckung des Haftungsrisikos als Vermieter ist eine ergänzende → Haus- und Grundbesitzerhaftpflichtversicherung notwendig. Abgedeckt ist das Haftungsrisiko als Dienstherr der im Haushalt tätigen Personen oder als Bauherr bei An- und Umbauten bis zu einer bestimmten Bausumme; darüber hinaus ist eine → Bauherrenhaftpflichtversicherung notwendig. Generell ausgeschlossen sind Gefahren eines Betriebs, eines Berufs oder eines Amts, die über spezielle → Betriebshaftpflichtversicherungen, → Berufshaftpflichtversicherungen oder Amtshaftpflichtversicherungen abgedeckt werden können. Etwaige → Selbstbehalte werden i.d.R. als → Abzugsfranchise vereinbart. Selbstbehalte ersparen die Meldung und Regulierung von sog. Bagatellschäden.

Privatkunde. *1. Begriff:* Privater Versicherungskunde, bei dem sich die wirtschaftliche Absicherung vorrangig auf die familiäre Sphäre bzw. auf den eigenen privaten Haushalt richtet. – *2. Abgrenzungen:* P. sind von freiberuflichen Kunden, → Gewerbekunden, → Industriekunden und Kunden aus dem Bereich öffentlicher Haushalte abzugrenzen. Schwierig ist die Abgrenzung zwischen den P. und freiberuflichen Kunden, aber auch die Abgrenzung zwischen P. und Gewerbekunden nicht immer eindeutig. Das ist besonders dann der Fall, wenn der P. auch als Freiberufler oder als (Mit-)Eigentümer in einem kleineren Gewerbebetrieb agiert und dabei ggf. private und berufliche bzw. gewerbliche Interessen miteinander vermischt. – *3. Charakteristika:* a) Der P. hat ein relativ schwach ausgeprägtes Risikobewusstsein und verfügt meist nur über ein geringes Versicherungswissen. – b) Überwiegend hat er wenig Interesse an Versicherungsfragen. –

c) Die Entscheidungsfindung ist eher emotional als rational geprägt. – d) Derzeit haben P. noch eine relativ geringe Bereitschaft zum Wechsel ihres Versicherungsanbieters. – e) Allerdings steigen tendenziell das Informationsbedürfnis, die Ansprüche an gute Preis-Leistungs-Relationen und in der Folge auch die Wechselbereitschaft der Privatkunden kontinuierlich an. – *4. Typen:* Verschiedene Typen von P. lassen sich u.a. nach folgenden Kriterien unterscheiden: a) Haushaltsgröße, – b) Lebenszyklusphase, – c) Berufstätigkeit der Mitglieder, – d) finanzielle Verhältnisse (Einkommen, Vermögen und Schulden), – e) regionaler Standort, – f) psychographische Merkmale, wie z.B. die Risikoeinstellung und Anspruchshaltung. Die o.a. Merkmale geben auch Hinweise auf die tatsächliche Risikoexponierung des P., dessen Versicherungsbedarf, Produktanforderungen und Preissensitivität; sie sind damit sowohl unter Aspekten des → Marketing als auch des → Controlling im Versicherungsunternehmen (z.B. für die Zwecke der → Prämienkalkulation) relevant.

Privat-Rechtsschutz. *1. Begriff:* Risikobereich in der → Rechtsschutzversicherung. P. umfasst die Wahrnehmung rechtlicher Interessen des Versicherungsnehmers im privaten Bereich und wird sowohl Nichtselbstständigen als auch Selbstständigen regelmäßig nur i.V.m. → Berufs-Rechtsschutz für die Ausübung nichtselbständiger Tätigkeiten angeboten. – *2. Merkmale:* a) Versicherte Personen: Neben dem Versicherungsnehmer sind sein ehelicher bzw. eingetragener oder – unter weiteren Voraussetzungen, z.B. namentlicher Nennung – sonstiger Lebenspartner versichert, deren minderjährige Kinder sowie die volljährigen Kinder, i.d.R. soweit diese unverheiratet sind bzw. nicht in einer eingetragenen Lebenspartnerschaft leben und längstens bis zu dem Zeitpunkt, an dem sie erstmalig eine auf Dauer angelegte berufliche Tätigkeit ausüben und hierfür ein leistungsbezogenes Entgelt erhalten. – b) Versicherungsumfang: Im P. sind Rechtsschutzfälle versichert, die den privaten oder den nichtselbständigen beruflichen Bereich der versicherten Personen betreffen. Nicht vom P. umfasst ist die Wahrnehmung rechtlicher Interessen als Eigentümer, Halter, Erwerber, Mieter, Leasingnehmer oder Fahrer von Kraftfahrzeugen (→ Verkehrs-Rechtsschutz) sowie als Eigentümer, (Ver-)Mieter, (Ver-)Pächter oder Nutzungsberechtigter von Immobilien; für diese Risikobereiche ist eine gesonderte Absicherung – auch im Rahmen von Rechtsschutz-Paketlösungen – möglich. Der P. umfasst meist folgende Leistungsarten: Rechtsschutz im Vertrags- und Sachenrecht, Schadenersatz-, → Arbeits-, Steuer-, Sozialgerichts-, Disziplinar- und Standes-, → Straf-, Ordnungswidrigkeiten-Rechtsschutz, Verwaltungs-Rechtsschutz in Verkehrssachen, Beratungs-Rechtsschutz im Familien- und Erbrecht sowie Rechtsschutz für Opfer von Gewaltstraftaten.

Privatversicherung, *Individualversicherung.* Sammelbezeichnung für die privatwirtschaftliche Versicherung durch private Versicherungsunternehmen (→ Aktiengesellschaften, → Versicherungsvereine auf Gegenseitigkeit, kurz: VVaG und → öffentlich-rechtliche Versicherungsunternehmen). Die Versicherungsverhältnisse kommen auf privatrechtlicher Grundlage, also durch Verträge, zustande. – Anders: → Sozialversicherung.

Probable Maximum Loss (PML), *Wahrscheinlicher maximaler Schaden.* Maßgröße für den (unter gewissen Annahmen) wahrscheinlich größten Schaden aus einem versicherten Risiko, ausgedrückt in einem Geldbetrag. Wird meist in der → Feuerversicherung (und Feuer-Rückversicherung) verwandt, daneben auch in der → verbundenen Wohngebäudeversicherung, in Bezug auf einzelne → Großschadenrisiken und auf → Kumulrisiken.

Probandenversicherung. *1. Begriff:* → Pflichtversicherung nach dem Arzneimittelgesetz (AMG), die bei einer klinischen Prüfung von Arzneimitteln am Menschen für den Fall der Tötung oder Gesundheitsschädigung Versicherungsschutz unabhängig von der gesetzlichen Haftungslage bietet. – *2. Merkmale:* Versicherte Personen sind die an der klinischen Prüfung beteiligten Probanden. → Rückversicherung erfolgt über den sog. Probanden-Cover (Zusammenschluss von über 20 Erst- und Rückversicherern). – *3. Abgrenzung:* Deckung für die gesetzliche Haftpflicht des Arzneimittelherstellers gem. § 84 AMG wird über die → Arzneimittelhaftpflichtversicherung gewährt.

Probeantrag. Unverbindliche Anfrage bei Versicherungsunternehmen zur Versicherbarkeit eines Risikos unter Verwendung eines originalen Antragsformulars, das als P. gekennzeichnet wird. Meist werden P. zur Prüfung der Versicherbarkeit bei besonders schweren Risiken gestellt.

Product Placement, *Produktplatzierung.* Planmäßige unterschwellige Präsentation der umworbenen Produkte, der → Marken oder des Anbieterunternehmens in Spielfilmen, Schauspielveranstaltungen, Musicals, bei touristischen Ereignissen o.ä. Siehe auch → Below-the-line-Kommunikation.

Produktdifferenzierung. *1. Begriff:* Auffächerung und Flexibilisierung einer bestehenden → Versicherungsdeckung dahingehend, dass diese je nach Risikosituation verschiedener Versicherungsnehmer veränderbar ist und auf die individuellen Bedarfe abgestimmt werden kann. Die P. ist eine Ausprägung der → Produktmodifikation. – *2. Anwendung:* Im → Zielgruppenmarketing werden differenzierte Deckungskonzepte für unterschiedliche Kunden- und Risikogruppen angeboten, z.B. je nach Berufen, Geschlechtern oder Wohnorten. – *4. Abgrenzungen:* → Produktinnovation, → Produktvariation.

Produktentwicklung. *1. Begriff:* Entstehungsprozess von → Versicherungsprodukten. Die P. ist eine Dimension der → Produktpolitik. – *2. Merkmale:* Die P. ist in der Assekuranz besonders vernetzt ausgeprägt und findet abteilungsübergreifend statt. Sie durchläuft idealtypisch verschiedene Phasen in einer zeitlichen Abfolge, die allerdings Feedbackschlaufen zulässt. Die P. ist somit prozessbezogen. – *3. Phasen:* a) Ideenfindung, – b) Ideenselektion, – c) Vorstudie und erster Entscheid (zur Fortführung), – d) Tarifentwicklung unter Berücksichtigung der Vertriebs- und Kundensicht sowie juristischer Aspekte, – e) u.U. Testlauf, – f) zweiter Entscheid (zur Umsetzung), – g) technische und kommunikative Umsetzung sowie Mitarbeiterschulung, – h) Markteinführung, – i) laufendes Produktcontrolling. – *4. Einbezogene Abteilungen:* a) → Produktmanagement oder -entwicklung, – b) Versicherungsmathematik und -technik, – c) Marketing, – d) Recht, – e) Vertrieb, – f) Personalschulung, – g) Underwriting, – h) Schaden, – i) Betriebsorganisation, – j) IT-Anwendungsentwicklung, – k) Controlling. – *5. Ergebnis:* Resultat der P. ist entweder eine → Produktinnova-

tion oder eine → Produktmodifikation. – *6. Einfluss durch die Deregulierung:* Mit der → Deregulierung im Jahr 1994 hat die P. den unternehmerischen Charakter, verbunden mit Chancen und Risiken für das Einzelunternehmen, zurück gewonnen. Bis dahin fand die P. (zumindest im Privatkundengeschäft) weitgehend auf Verbandsebene statt. Die Deckungskonzepte haben sich in der Folge ausdifferenziert. Für den Versicherungskunden bedeutet dies einerseits eine größere Angebotsvielfalt mit individuelleren Risikodeckungen, andererseits eine abnehmende Transparenz („Tarifdschungel").

Produktgestaltung. *1. Begriff und Merkmale:* Materiell-inhaltliche Ausgestaltung der → Versicherungsdeckung (→ Versicherungsschutzgestaltung, siehe auch → Risikogeschäft), ggf. der Spar-/ Entsparkomponenten (siehe auch → Spargeschäft, → Entsparge-schäft) und der sie begleitenden Dienstleistungen (siehe auch → Abwicklungsgeschäft). Die P. ist eine Dimension der → Produktpolitik und umfasst auch → Produktinnovationen. – *2. P. im 3-Ebenen-Konzept nach Haller:* Die Möglichkeiten der Leistungsbeschreibung des Versicherungsschutzes lassen sich systematisch anhand des sog. 3-Ebenen-Konzepts aufzeigen. a) Ebene 1 steht für das eigentliche und traditionelle Kernprodukt ‚Versicherungsschutz'. Dabei handelt es sich um die Versicherungsdeckung, die juristisch betrachtet v.a. im → Versicherungsantrag, im → Versicherungsschein (Police) und in den → Versicherungsbedingungen formuliert ist (Versicherungsschutzgestaltung). – b) Ebene 2 ergänzt das Kernprodukt um die unmittelbaren Dienstleistungen zur Marktleistung Versicherung: Beratung und Erklärung beim Versicherungsabschluss, Betreuung während der Vertragslaufzeit und Schadenbearbeitung im Schadenfall. – c) Ebene 3 erweitert den Blick von der traditionellen Marktleistung Versicherung mit der Funktion des ‚finanziellen Sicherns' auf weitere, vom Kunden gewünschte Funktionen im Sinne ganzheitlicher Problemlösungen. Dafür können z.B. verbundene Finanzdienstleistungen (→ Allfinanz), Leistungen eher technischer Art, wie Risiko-Management-Beratungen, (Total-) Care-Leistungen immaterieller Art oder Assistance-Leistungen aller Art (→ Assistance) angeboten werden. – *3. Parameter der P:* Im Zuge der P. werden die Versicherungsschutzmerkmale a) → Versicherungsfall, – b)

→ versicherter Schaden und – c) → Entschädigung (siehe hierzu auch die → Versicherungsformen) nach qualitativen, quantitativen, räumlichen und zeitlichen Kriterien definiert, d.h. materiell-inhaltlich festgelegt. Die festgelegten Merkmale bestimmen die versicherte Schadenverteilung, d.h. den Versicherungsschutz aus wirtschaftlicher Sicht.

Produkthaftpflichtversicherung. *1. Begriff:* Versicherungsdeckung gegen das Haftpflichtrisiko, das von Erzeugnissen ausgeht, nachdem sie in Verkehr gebracht wurden, oder das von Arbeiten ausgeht, nachdem sie abgeschlossen wurden. – *2. Merkmale:* Jede → Betriebshaftpflichtversicherung deckt das Produkt-Personen- und -Sachschadenrisiko ab. Produktvermögensschäden können durch die erweiterte P. versichert werden, wobei jedoch nur bestimmte Sachverhaltstypen (z.B. Einbau mangelhafter Erzeugnisse) und bestimmte Kostenarten (z.B. Austauschkosten) versichert sind. – *3. Abgrenzungen:* Die → Planungs-Haftpflichtversicherung (für Architekten- und Ingenieurleistungen) und die Fremdrückrufkostenversicherung können als Sonderformen der P. aufgefasst werden. Vor dem Inverkehrbringen der Erzeugnisse greift die Betriebshaftpflichtversicherung. Das Produktrisiko bei Lieferung oder Planung umweltschädigender Anlagen bzw. Anlagenteile (Regressrisiko) kann in der → Umwelthaftpflichtversicherung versichert werden. – *4. Geschichte:* Die erweiterte P. geht auf ein Bedingungskonzept von 1974 zurück, das seit 2000 mehrfach, z.T. grundlegend, überarbeitet wurde.

Produktinformationsblatt. → Informationspflichtenverordnung.

Produktinnovation. *1. Begriff:* → Versicherungsprodukt inkl. seiner prozessualen Ausprägungen im Dienstleistungsprozess – bspw. im Fall der Schadenleistung –, das im Hinblick auf die Befriedigung des Bedürfnisses nach finanzieller Risikovorsorge oder damit in funktionsorientiertem Zusammenhang stehender Bedürfnisse bislang auf dem relevanten Markt noch nicht angeboten worden ist und insofern eine Marktneuheit darstellt. – *2. Ausprägungen:* P. resultieren a) aus der Generierung eines völlig neuen versicherten Bereichs, d.h. neuen → versicherten Sachen oder Interessen (z.B. Nuklearversicherung), neuen → versicherten Gefahren (z.b. → Dread Disease) oder neuen → versicherten Schäden (z.b. → Elektronikversicherung gegen Datenverlust auf der Festplatte); – b) daraus, dass jeweils mindestens ein Element der versicherten Personen, Sachen, Interessen, Gefahren oder Schäden aus einem bestehenden versicherten Bereich herausgelöst und als eigenständiges Produkt auf dem Markt angeboten wird (z.b. die Manager in der → D&O-Versicherung); – c) aus neu angebotenen Zusatzleistungen, die über die finanzielle Absicherung hinaus weitere Funktionen erfüllen (siehe z.b. → Universal Life mit der ihr immanenten Finanzierungsflexibilität; Notfall-Dienstleistungen bei Produkten im Rahmen der → Assistance). – *3. Ziele:* a) Umsetzung neuer Gesetze; – b) Befriedigung mit neuen Risiken einhergehender Absicherungsbedürfnisse; – c) Erschließung neuer Absatzpotenziale; – d) Differenzierung von der Konkurrenz; – e) Abschöpfung einer zeitweisen Monopolrente. – *4. Abgrenzungen:* → Produktdifferenzierung, → Produktmodifikation, → Produktvariation.

Produktionsfaktoren, *Produktionsmittel, Inputs.* – I. Volkswirtschaftslehre: *1. Begriff:* Diejenigen Güter (→ Gut), die zur Produktion anderer wirtschaftlicher und technischer Güter notwendig sind. a) In der klassischen Theorie: Arbeit, Boden und Kapital. – b) In der Sozialistischen Theorie: Arbeit als alleiniger Produktionsfaktor. – *2. Merkmale:* In Modellen der klassischen Theorie werden je nach Untersuchungsschwerpunkt meist nur Arbeit und Kapital als P. einbezogen. Mittels einer → Produktionsfunktion werden die P. in einen funktionalen Zusammenhang mit dem Produktionsergebnis/ Output gesetzt. – II. Betriebswirtschaftslehre: Gutenberg unterscheidet zwischen Elementarfaktoren und dem dispositiven Faktor. Geschäftsleitung, Planung und Organisation bilden den dispositiven Faktor, der die Elementarfaktoren menschliche Arbeitskraft, Betriebsmittel (für den Produktionsprozess notwendige technische Anlagen) und Werkstoffe (Roh-, Hilfs- und Betriebsstoffe) kombiniert.

Produktionsfunktion. Erstmals von Wicksteed (1894) verwendetes Konzept der neoklassischen Ökonomie, das die → Produktionsfaktoren $(x_1, x_2, ...x_m)$ mit dem Output der Produktion in eine (mathematische) Beziehung setzt. Allgemeine Form: $P = f(x_1, x_2, ..., x_m)$. In anwendungsorientierten Modellen wird v.a. die CES-Funktion (Constant Elasticity of Substitution) verwendet, die in weitere gängige funktionale Formen transformiert werden kann. Als Spezialfälle enthält die CES-Funktion die lineare P. (Inputs sind perfekte Substitute), die Leontief-Produktionsfunktion (Inputs sind komplementäre Güter) und die weit verbreitete Cobb-Douglas-Funktion (Inputs haben sowohl den Charakter von Substituten als auch von Komplementen).

Produktlebenszyklusanalyse. *1. Begriff:* Einteilung des Lebensalters eines Produkts in fünf Phasen. a) Einführungsphase: hohe Einführungskosten, geringer Umsatz, – b) Wachstumsphase: Anerkennung des Produkts am Markt, überproportionales Umsatzwachstum, → Deckungsbeitrag wird positiv, maximaler → Gewinn am Ende der Phase, – c) Reifephase: weiteres Umsatzwachstum, allerdings mit abnehmenden Wachstumsraten, Erreichung des Umsatzmaximums, – d) Sättigungsphase: absolut sinkender Umsatz, – e) Degeneration: weiter sinkende Umsätze, Verluste, das Produkt ist vom Markt zu nehmen. – *2. Kriterien:* Quantitative Kriterien für die Einteilung in die o.g. Phasen beinhalten z.B. den Verlauf von Absatzmenge, Umsatz, Deckungsbeitrag und Gewinn über die Zeit. Qualitative Kriterien umfassen z.B. die Wettbewerbsintensität, die Innovationsbereitschaft und die Bedeutung der Produktionstechnologie. – *3. Ziele:* Erkennen von Zusammenhängen zwischen quantitativen und qualitativen Kriterien einerseits und dem Lebensalter eines Produkts andererseits. Erlaubt eine Einschätzung von erwarteter Absatzmenge sowie erwartetem Umsatz, Deckungsbeitrag und Gewinn für jede Phase. Weitere Ziele sind darauf aufbauend die → strategische Planung (siehe auch → Produktstrategien) und Planungen von operativen Maßnahmen für jede Produktlebensphase. Ziel ist eine optimale Mischung von Produkten, die sich in verschiedenen Lebensphasen befinden.

Produktmanagement. *1. Begriff und Merkmale:* Planung, Steuerung und Kontrolle der → Produktgestaltung und der → Produktentwicklung. Das P. ist eine Dimension der → Produktpolitik. Es dient der Organisation der Produktpolitik und der Kompetenzzuordnung und ist damit struktur- und prozessbezogen. Im Rahmen des P. wird den Fragen nachgegangen, ob und warum ein → Versicherungsprodukt erfolgreich bzw. erfolglos ist, wer den Produktentwicklungsprozess verantwortet und steuert, wie die Steuerung erfolgt und welche Beteiligten dabei in welchen Phasen welche Rechte und Pflichten haben. – *2. Organisation:* Die institutionelle Aufhängung des P. begründet dessen organisatorische Einbettung im Versicherungsunternehmen: a) In einer eigenen Abteilung mit vollständiger Entscheidungsbefugnis bestimmt ein Produktmanager alle notwendigen Ressourcen und entscheidet letztlich selbst über die Produktgestaltung, die Verkaufsunterlagen und das Vertriebskonzept. – b) Ähnlich geartet, aber kurzfristiger Natur, ist eine Projektorganisation mit verantwortlichem Projektleiter. – c) Zum gleichen Zweck, aber mit abgeschwächter Entscheidungskompetenz des Produktmanagers versehen, kann die Projektorganisation mit einem Lenkungsausschuss kombiniert werden, an den der Projektleiter laufend berichtet. – d) Die schwächsten Formen der Kompetenzzuweisung sind schließlich ein Arbeitskreis ohne Entscheidungsbefugnis oder die Bildung einer Stabsstelle. – *3. Aktuelle Situation und Ausblick:* Im Gegensatz zu anderen Branchen sind in der Assekuranz Produktmanager mit weit reichenden Kompetenzen noch selten. I.d.R. sind sie während der Neuentwicklungsphase Projektleiter ohne letzte Entscheidungsbefugnis – diese obliegt einem Lenkungsausschuss. Ist ein Produkt eingeführt, werden seine laufende Verwaltung, möglicherweise notwendig werdende Anpassungsmaßnahmen sowie zwischenzeitliche Verkaufsförderungsaktionen an Produktmanager oder einfach in die Versicherungssparten oder -zweige abgegeben. Künftig könnten sich indessen aufgrund neuer gesetzlicher Anforderungen (z.B. Transparenzanforderungen, → Solvency II) die Rolle und die Bedeutung von Produktmanagern verändern und sich denjenigen anderer Branchen annähern.

Produktmodell. Enthält alle Festlegungen, die ein Produkt beschreiben, d.h. alle produktabhängigen Informationen einer Versicherungs-Anwendung. Das P. ist ein Teil der → fachlichen Architektur. P. bilden häufig die Grundlage für Produktsysteme, die die Versicherungsprodukte in den IT-Systemen verwalten.

Produktmodifikation, *Produktveränderung. – 1. Begriff:* → Veränderung eines bestimmten Versicherungsprodukts durch Hinzufügung, Verringerung oder Variation von Elementen der → versicherten Personen, → versicherten Sachen oder Interessen, → versicherten Gefahren und/ oder → versicherten Schäden. Neben den Veränderungen des Deckungsumfangs zählen auch Veränderungen des Tarifsystems durch Tarifinnovationen sowie das Angebot von → Franchisen zur Produktmodifikation. *– 2. Ausprägungen:* a) → Produktvariation; – b) → Produktdifferenzierung. *– 3. Ziele:* P. dienen häufig dazu, a) gesetzgeberische Neuerungen oder Anpassungen in bestehende Versicherungsprodukte zu integrieren, – b) Kunden- und/ oder Vermittlerwünsche aufzugreifen, – c) dem Vermittler etwas scheinbar ‚Neues' zu bieten und ihm die Kundenansprache zu erleichtern, – d) Konkurrenzentwicklungen nachzuahmen bzw. aufzuholen, – e) ein Image als fortschrittliches Unternehmen zu fördern. – *4. Abgrenzung:* → Produktinnovation.

Produktplatzierung. → Product Placement.

Produktpolitik. *1. Begriff:* Gestaltung der → Versicherungsprodukte und des Produktsortiments eines Versicherungsunternehmens einschließlich aller damit zusammenhängender Entscheidungstatbestände. *– 2. Ausprägungen bzw. Dimensionen:* Zur P. i.e.S. gehören die → Produktgestaltung, die → Produktentwicklung und das → Produktmanagement. I.w.S. zählt auch die → Sortimentspolitik dazu. *– 3. Einordnung:* Die P. ist eines der sog. → Marketinginstrumente im → Marketing-Mix des Versicherungsunternehmens – neben der Prämienpolitik (→ Preisgestaltung), der Kommunikationspolitik (→ Kommunikation) und der Vertriebspolitik (→ Vertriebsgestaltung). Aus risikotheoretischer Sicht ist die P. sodann ein Instrument der → Risikopolitik: Im Zuge der Produkt- bzw. → Versicherungsschutzgestaltung determiniert die P. über die Festlegung der Versicherungsschutzmerkmale unmittelbar die Wahrscheinlichkeitsverteilung der Schäden (→ Schadenverteilung).

Produktpolitik vor und nach der Deregulierung

von Prof. Dr. Thomas Köhne

„Die Produktpolitik ist das Herz des Marketing, da durch eine dauerhafte Befriedigung der Kundenbedürfnisse die Realisierung der Unternehmensziele auf lange Sicht sichergestellt werden kann." (Kotler/ Bliemel, 1995, S. 702)

Die Produktpolitik umfasst alle Entscheidungstatbestände, die sich auf die marktgerechte Gestaltung des Leistungsprogramms eines Versicherungsunternehmens beziehen, und ist daher *das* zentrale **Marketinginstrument** im Marketing-Mix. Die Produktpolitik hat darüber hinaus eine große Bedeutung für die anderen absatzpolitischen Instrumente (Preis, Kommunikation und Vertrieb), da diese i.d.R. auf das Produkt bezogen sind bzw. bezogen sein sollten. Teilbereiche der Produktpolitik sind die Produktgestaltung, die Produktentwicklung und das Produktmanagement.

Die **Produktgestaltung** beschäftigt sich mit der inhaltlichen Ausgestaltung der Versicherungsdeckung und der sie begleitenden Dienstleistungen. Die Leistungsbeschreibung des Versicherungsschutzes bezieht sich zunächst auf das eigentliche Kernprodukt (1), die *Versicherungsdeckung*. Die Gestaltungsmöglichkeiten des Kernprodukts betreffen die formale Aufmachung und die materiell-inhaltliche Ausprägung des im Einzelnen angebotenen Versicherungsschutzes. Die *formale Gestaltung* umfasst im Wesentlichen die Suche nach der zutreffenden Produktbezeichnung bzw. die Bildung von Produktmarken sowie die Gestaltung von Antrags-, Versicherungsschein- und Bedingungsmaterial und dem (neuerdings) vorgeschriebenen Produktinformationsblatt. Im Zuge der *materiell-inhaltlichen Gestaltung* werden die Versicherungsschutzmerkmale

Produktpolitik vor und nach der Deregulierung

Versicherungsfall, Schadenbewertung und Versicherungsform nach quantitativen, qualitativen, zeitlichen und räumlichen Kriterien beschrieben (d.h. materiell-inhaltlich festgelegt) sowie der Versicherungsschutz mittels Antrag und Versicherungspolice (Versicherungsschein und AVB) rechtlich fixiert. Die festgelegten Merkmale bestimmen die versicherte Schadenverteilung, d.h. den Versicherungsschutz aus wirtschaftlicher Sicht. Das Kernprodukt wird sodann um unmittelbare Dienstleistungen wie Beratung und Erklärung beim Versicherungsabschluss, Betreuung während der Vertragslaufzeit und Schadenbearbeitung im Schadenfall zur Marktleistung Versicherung ergänzt (2), deren Funktion die finanzielle Absicherung des Versicherten ist. Erweitert man die Perspektive vom isolierten Versicherungsschutz zu ganzheitlichen Problemlösungen (3), die zusätzliche Funktionen erfüllen, dann erfasst die Produktgestaltung auch verbundene Finanzdienstleistungen (Allfinanz), Leistungen eher technischer Art, wie Risiko-Management-Beratung mit Dienstleistungen der Schadenverhütung und Sicherheitstechnik sowie (Total-) Care-Leistungen immaterieller Natur oder Assistance-Leistungen aller Art.

Die **Produktentwicklung** als zweite Dimension der Produktpolitik betrifft den Entstehungsprozess von Versicherungsprodukten im Unternehmen. Die Produktentwicklung ist in der Assekuranz besonders vernetzt ausgeprägt und findet abteilungsübergreifend statt. Sie durchläuft idealtypisch verschiedene Phasen in einer zeitlichen Abfolge, die allerdings Feedbackschlaufen zulässt (Abbildung).

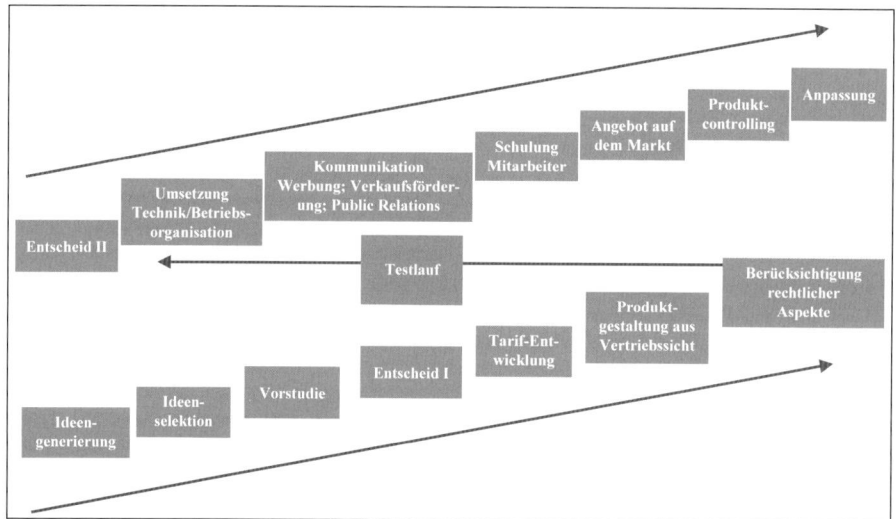

Abb.: Phasen der Produktentwicklung in der Assekuranz

Die Ideengenerierungsphase ist sehr stark von der Konkurrenz beeinflusst. Die Marktforschung konzentriert sich häufig auf die Konkurrenzbeobachtung. Einer eigenen, Kosten verursachenden und risikobehafteten Produktentwicklung wird vielfach die Nachahmung erfolgversprechender Ansätze vorgezogen. Einen direkten Einbezug der (Privat-) Kunden in die Produktentwicklung, den man aus Branchen wie der HiFi- oder Sportartikelindustrie kennt, gibt es in der Versicherungswirtschaft selten. Fundierte statistische Untersuchungen über die Nutzenstiftung verschiedener Produktmerkmale kommen erst seit einigen Jahren zum Einsatz (z.B. Conjoint Measurement Analysis).

Versicherungsmathematiker und Juristen prägen die Produkte meistens mehr als Marketingspezialisten. Ebenfalls einflussreicher als die Marketingverantwortlichen ist der Vertrieb. Er sorgt für die wichtigen Impulse vom Markt. Seine Kundensicht hört jedoch dann auf, wenn Kundeninteressen Vertriebsinteressen widersprechen. Weitere an der Produktentwicklung beteiligte

Partner sind die Rückversicherer. Sie bringen versicherungstechnisches Know-how und aussagekräftige Statistiken in den Entwicklungsprozess ein. Da sie die zu entwickelnden Produkte in Rückdeckung nehmen, sind die Rückversicherer primär an der Einhaltung von versicherungstechnischen und rechtlichen Erfordernissen interessiert und tendenziell weniger an (evtl. risikobehafteten) Marktinnovationen. Aufgrund dieser Konstellationen haben auch Schadenabteilungen und allfällige Beschwerdemanagement-Abteilungen in der Assekuranz nicht den Einfluss auf die Produktentwicklung, den sie aus Kundensicht haben müssten.

Schließlich beschäftigt sich das **Produktmanagement** als weiterer Bestandteil der Produktpolitik mit deren Organisation und der Kompetenzzuordnung. Es plant, steuert und kontrolliert den Produktentwicklungsprozess und koordiniert die genannten Abteilungen und Akteure. Die eigenständige, vom Verband losgelöste Entwicklung von Versicherungsprodukten zieht den Bedarf nach Produktmanagern nach sich, wie sie aus anderen Branchen bekannt sind. An diese Produktmanager werden besondere Anforderungen gestellt:

- Als Analytiker und Controller nimmt der Produktmanager Signale des Markts auf und lässt sie in die Gestaltung des Marketing-Mix einfließen.
- Als Stratege und Planer erarbeitet er Strategien für das von ihm betreute Versicherungsprodukt, die er in Teilpläne herunterbricht.
- Als Koordinator koordiniert der Produktmanager eine Vielzahl von internen und externen Funktionsträgern inhaltlich und terminlich.
- Als Macher denkt und handelt er unternehmerisch und sorgt für die Umsetzung der Produktideen.

Die institutionelle Aufhängung des Produktmanagement begründet dessen organisatorische Einbettung im Versicherungsunternehmen. In der extremen Form geschieht dies in einer eigenen Abteilung mit vollständiger Entscheidungsbefugnis. Ähnlich geartet, aber kurzfristiger Natur – bspw. nur für die Produktneuentwicklung und -einführung –, ist eine Projektorganisation mit verantwortlichem Projektleiter. Zum gleichen Zweck, aber mit abgeschwächter Entscheidungskompetenz des Produktmanagers versehen, kann die Projektorganisation mit einem Lenkungsausschuss kombiniert werden, an den der Projektleiter laufend berichtet. Die schwächste Form der Kompetenzzuweisung sind schließlich ein Arbeitskreis ohne Entscheidungsbefugnis oder die Bildung einer Stabsstelle.

Die **Rahmenbedingungen der Produktpolitik** in der Versicherungswirtschaft haben sich – v.a. im Privatkunden- und Gewerbekundengeschäft – seit 1994 im Zuge der sog. Deregulierung wesentlich verändert, seitdem Versicherer ihre Produkte und Tarife der Versicherungsaufsicht nicht mehr zur (Vorab-) Genehmigung vorlegen müssen. Damit ist Versicherungsunternehmen die Gestaltung zentraler Wettbewerbsparameter – nämlich der Produkt- und Preispolitik – seit Jahrzehnten erstmals wieder ermöglicht worden. Seit diesem Zeitpunkt werden Produkte und Tarife nicht mehr ausschließlich auf Verbandsebene und damit gemeinsam entwickelt, sondern weit gehend unternehmensindividuell. Zugleich werden die privaten Versicherungsnehmer anspruchsvoller und v.a. – aufgrund der Konkurrenzangebote – verwöhnter. Ein klassischer Beleg dafür sind die immer umfangreicher oder billiger angebotenen Assistance-Leistungen, die als Notfallserviceleistungen ein preiswerter Bestandteil vieler Versicherungsprodukte sind. Kurzfristige Verträge und interessante Konkurrenzprodukte erleichtern es Vermittlern von Konkurrenzangeboten, Kunden zum Wechsel zu animieren. *Deregulierung* und *Wettbewerbsintensivierung* haben dazu geführt, dass sich Versicherer vermehrt auch über ihre Produktpolitik voneinander differenzieren (müssen) und diese zu einem zentralen wettbewerbspolitischen Instrument geworden ist.

Vor diesem Hintergrund sind Versicherungsunternehmen im Rahmen kundenorientierter Produktstrategien vermehrt auf die Bedürfnisse der Kunden eingegangen: Kombiprodukte, aus Bausteinen gebildete, abgestufte Produkte (Basis, Kompakt, Premium), Zielgruppenprodukte,

All Risks-Deckungen sowie herkömmliche Spartenprodukte mit speziellen kundenorientierten Elementen sind verschiedene, aus diesen Strategien abgeleitete Ansätze, um Versicherungsprodukte kundenorientierter zu gestalten. Die damit entstandene Deckungs- und Tarifvielfalt führt jedoch zunehmend zu mangelnder Transparenz und damit zur Überforderung der Versicherungskunden. Dadurch steigt das Bedürfnis nach Informationsleistungen von Verbraucherschützern. Klassische Konsumentenschutz-Organisationen, Rating-Agenturen und wissenschaftliche Institute nehmen deswegen zunehmend Funktionen wahr, die unter regulierten Bedingungen an staatliche Stellen delegiert waren. Der augenblickliche Boom im Bereich des ‚Testing' bringt einen eigentlichen Testwettbewerb mit sich. Der Einfluss dieser Tests ist beachtlich, da sie aus Kundensicht eine Erleichterung und Unterstützung der Kaufentscheidung bewirken. Zudem werden die Tests auch von den Maklern und Mehrfachagenten herangezogen, wodurch der Einfluss auf Kaufentscheide zusätzlich verstärkt wird. Mithin sind neben dem Kunden zunehmend Vermittler, Verbraucherschutz- und Rating-Organisationen zum *Adressaten der Produktpolitik* geworden.

Erschwerend für die Produktpolitik wirkt allerdings der Umstand, dass sich der Großteil der Kunden Versicherungsprodukten gegenüber immer noch eher uninteressiert zeigt und das Versicherungsprodukt aus Kundensicht ein ziemlich unattraktives Gut darstellt, das eine Reihe von *Eigenschaften* aufweist, die es erklärungsbedürftig, schwer verkäuflich und nicht für sich selbst werbend sein lassen: Versicherungsschutz

- ist nicht gegenständlich, nicht greifbar und nicht sichtbar;
- ist eine nicht zum Kaufzeitpunkt realisierbare Leistung;
- deckt einen nur schwer fassbaren Zukunftsbedarf;
- verspricht keinen Prestigenutzen und
- ist einem latenten Bedürfnis ausgesetzt, das erst ‚geweckt' werden muss.

Obwohl das Versicherungsprodukt die Durchführung verschiedener risikobehafteter Aktivitäten überhaupt erst ermöglicht und dadurch nutzenstiftend wirkt, ist es von der Sache her mehrheitlich mit negativen Assoziationen verbunden, da es seinen Nutzen aus dem denkbaren Eintritt von Schäden ableitet. Dies gilt auch im Unterschied zu anderen Finanzdienstleistungen, für die ansonsten viele der oben aufgelisteten Eigenschaften ebenfalls zutreffen. Bspw. wird mit den meisten Bankprodukten etwas Positives verbunden: Sie unterstützen den Aufbau von Vermögen oder den Verzehr desselben im Rahmen des – zumeist gewollten und sogar genossenen – Konsums. Dem gegenüber unterstützen die meisten Versicherungsprodukte lediglich den Erhalt des Vermögens, indem sie eine finanzielle Entschädigung gewisser Schäden versprechen. Aktuell betonen Versicherer daher immer häufiger ihre Funktion als aktiver Problemlöser – für die meisten Versicherungsnehmer ist dies weitaus griffiger als das ansonsten abstrakt anmutende Versicherungsschutzversprechen.

Literatur: Esser, M., Assistance in der Versicherungswirtschaft, Karlsruhe 2004; Farny, D., Die Gestaltung von Versicherungsprodukten im Marketing von Versicherungsunternehmen, in: Zeitschrift für die gesamte Versicherungswissenschaft, 1995, S. 79-102; Fischer, K./ Schmidt, D. W., Produktmanagement in Versicherungsunternehmen?, in: Versicherungswirtschaft, 1995, S. 156-163; Haller, M., Produkt- und Sortimentsgestaltung, in: Farny, D. u.a. (Hrsg.), Handwörterbuch der Versicherung, Karlsruhe 1988, S. 561-567; Haller, M./ Lehmann, A., Versicherungsprodukte im „Warentest", Zur Problematik des Vergleichs von Dienstleistungen, in: Die Vergangenheit bewahren - die Zukunft gewinnen, Festschrift der Alten Leipziger Versicherung Aktiengesellschaft zum 175jährigen Jubiläum, Leipzig 1994, S. 135-148; Hertel, A., Sartorius, Bodo: Innovatives Zielgruppenmarketing für Versicherungen ab Juli 1994, Karlsruhe 1994; Köhne, T., Die Wirkungsversicherung im Privatkundengeschäft - Implikationen für eine kundenorientierte Marktleistungsgestaltung, in: I·VW-Schriftenreihe, Band 34, St. Gallen 1997; Köhne, T., Chancen und Grenzen der Produktpolitik im deregulierten Versicherungsmarkt, in: I.VW HSG Trendmonitor, 4/1998, S. 2-15 (Teil I) und 5/1998, S. 2-10 (Teil II); Köhne, T. (Hrsg.), Produktinnovationen in der deutschen Versicherungswirtschaft, Theoretische Analyse aktueller Praxisentwicklungen, Karlsruhe 2008; Kotler, P./ Bliemel, F., Marketing-Management: Analyse, Umsetzung und Steuerung, Stuttgart 1995; Menhart, M., Innovationsstrategie und Lebenszyklen in der Versicherungsindustrie, Aachen 2003; Nordemann, W., Innovationsschutz für Versicherungsprodukte, in: Zeitschrift für die gesamte Versicherungswissenschaft, 1995, S.129-137; Reuter, F., Markenartikel in der Versicherungswirtschaft, in: Mehring, H.-P./Wolff, V. (Hrsg.), Festschrift für Dieter Farny zur Vollendung seines 60. Lebensjahres von seinen Schülern, Karlsruhe 1994, S. 55-61; Röhr, W., Perspektiven der Produktgestaltung in der Versicherungswirtschaft, in: SCG St. Gallen Consulting Group, Schmidt, D. u.a. (Hrsg.), Handbuch Management Versicherungsvertrieb, Wiesbaden 1995, S. 89-122; Schütze, U., Probleme der Produktgestaltung in der Versicherungswirtschaft unter besonderer Berücksichtigung der Produktinnovation, Karlsruhe 1972; Wagner, F., Gestaltung von Versicherungsprodukten nach dem Bausteinprinzip, in: Versicherungswirtschaft, 2001, S. 818-822 (Teil 1) und S. 916-918, 920 (Teil 2).

Produktqualität. *1. Begriff:* In Anlehnung an Norm DIN 55350 die Eignung eines Produkts, festgelegte oder vorausgesetzte Erfordernisse zu erfüllen. Bezogen auf ein → Versicherungsprodukt spricht die P. die Eignung bestimmter Produktfunktionen zur Bedarfsdeckung beim Versicherungsnehmer an. – *2. Besonderheiten:* Wegen der Zeitraumbezogenheit des → Versicherungsgeschäfts und dessen verschiedener Bestandteile (→ Risikogeschäft, ggfs. → Spargeschäft/ → Entspargeschäft, → Abwicklungsgeschäft) ist die P. eng mit der Qualität des Versicherers verbunden; es besteht keine produktimmanente, vom Anbieter vollkommen unabhängige Produktqualität. Bei der Produktbeurteilung sind eine Ergebnis- und eine Verrichtungsqualität zu unterscheiden. – *3. Merkmale:* Qualitätsmerkmale von Versicherungsprodukten können sich daher an den verschiedenen Produktkomponenten orientieren: a) Risikogeschäft: funktionale Eignung des Versicherungsschutzes zur Deckung des Risikos (qualitativ, quantitativ, räumlich, zeitlich), Individualisierungsgrad, Flexibilität, Kompatibilität zu bestehendem Versicherungsschutz, Verständlichkeit, Erfüllungssicherheit. – b) Spar- und Entspargeschäft: Bedarfsgerechtigkeit, ansonsten wie im Risikogeschäft. – c) Abwicklungsgeschäft: Schnelligkeit, Verständlichkeit, Einfühlungsvermögen und Freundlichkeit des Leistungserbringers, Mitarbeiterqualifikation (eher verrichtungsorientiert); Fehlerfreiheit, Erreichbarkeit, Kulanz im Schadenfall (eher ergebnisorientiert). – d) Gesamtgeschäft: Informationstransparenz, Bonität des Anbieters.

Produktrating. *1. Begriff:* Bewertung von Versicherungsprodukten hinsichtlich ihrer Preis-Leistungs-Relation anhand qualitativer und quantitativer Kriterien (Versicherungsbedingungen, Prämienhöhe), die durch eine Gesamtkennzahl dargestellt wird. – *2. Funktionen*: Entscheidungsunterstützungsfunktion, Vertriebsunterstützungsfunktion. – *3. Kritikpunkte:* a) Der Produktnutzen für die Versicherungsnehmer bzw. Versicherungsinteressenten hängt von den individuellen Bedürfnissen bzw. Präferenzen ab (individuelle Nutzenfunktion). Da die Ermittlung einer Gesamtkennzahl zur Beurteilung der Produktqualität und des Produktpreises die Gewichtung und Aggregation einzelner Kriterien erfordert und die Gewichtung allerdings kundenindividuell verschieden ist, ist die Gesamtkennzahl nur für die Kunden uneingeschränkt aussagekräftig, deren Nutzenfunktion dieselbe Gewichtung vorsieht, wie sie auch beim Rating angenommen wurde. – b) Insbesondere bei Lebensversicherungsprodukten mit einer Überschussbeteiligung der Versicherungsunternehmen besteht eine hohe Korrelation zwischen der Produktqualität und der Finanzkraft des Unternehmens. Ein Produktrating sollte daher einem → Unternehmensrating nachgelagert sein.

Produkt-Rückrufkostenversicherung. *1. Begriff:* Versicherung zur Deckung von Risiken, die mit dem Rückruf eines Produkts und/ oder mit einer öffentlichen Warnung vor dem Produkt verbunden sind. Wer ein gefährliches Produkt in Verkehr gebracht hat, kann unter bestimmten Umständen gesetzlich zum Produktrückruf bzw. zur öffentlichen Warnung verpflichtet sein. – *2. Abgrenzungen:* Für den Rückruf selbst entstandene Kosten des Versicherungsnehmers deckt die Eigenrückrufversicherung ab. Sie ist eine Eigenschaden-, keine → Haftpflichtversicherung. Die Fremdrückrufkostenversicherung versichert Zulieferer des Rückrufverpflichteten insbesondere gegen dessen Regressansprüche wegen des Rückrufs – konkret versichert sie also bspw. Zulieferer von Kfz-Herstellern gegen die Schadenersatzansprüche des Kfz-Herstellers. Die Fremdrückrufkostenversicherung ist eine Sonderform der → Produkthaftpflichtversicherung. – *3. Geschichte:* Rückrufkostenversicherungen wurden zunächst nur für die Hersteller von Kfz-Teilen angeboten, erst seit dem Ende der 1990er Jahre auch darüber hinaus.

Produktstrategien. Anwendung von → Strategien auf Produkte. Eine P. umfasst die Produktgestaltung, Produktentwicklung, Differenzierungsmerkmale und Entscheidungen über die Produktion, z.B. unter Berücksichtigung der Ergebnisse aus der → Produktlebenszyklusanalyse. Ziel ist eine erfolgreiche → Positionierungsstrategie am Markt in Übereinstimmung mit der → strategischen Unternehmenspolitik.

Produktvariation. *1. Begriff:* Ausprägung der → Produktmodifikation. Veränderung des Umfangs eines bestehenden → Versicherungsprodukts durch Hinzufügung, Verringerung oder Veränderung von Elementen der → versicherten Personen, → versicherten Sachen oder Interessen, → versicherten Gefahren und/ oder → versicherten Schäden. Die P. steht dabei für die Weiterentwicklung einzelner Nutzenkomponenten des Versicherungsprodukts zur Attraktivitätssteigerung für den Versicherungsnehmer. – *2. Abgrenzungen:* → Produktdifferenzierung, → Produktinnovation.

Prognosekostenrechnung. *1. Begriff:* Instrument zur Erfassung des prognostizierten Güterverkehrs einer bereits zukünftigen Periode und der damit verbundenen → Kosten (Prognosekosten), um diese laufend den zuvor gesetzten Plankosten (→ Plankostenrechnung) gegenüberzustellen. Element der → Kostenrechnung. Wie die Plankostenrechnung ist also auch die P. eine zukunftsbezogene Kostenrechnung. Doch sie erfasst nicht die Sollkosten, sondern schätzt aus der bisherigen Realisierung der Periodenpläne aller Funktionsbereiche die erwarteten Kosten. – *2. Ziele:* Frühzeitige Kontrolle der Ziel- bzw. Planrealisierung und eventueller Abweichungen, auch um ggf. rasch gegensteuern zu können. Zudem wird mit der P. eine Kontrolle der erwarteten und realisierten Kostenwirkungen von Einzelentscheidungen innerhalb der Planungsperiode möglich.

Prognoserisiko. → Änderungsrisiko.

Programmgeschäft. Amerikanisches Geschäftsmodell für gleichartige, meist eng definierte Erstversicherungsportefeuilles, sog. Programme, mit überwiegend nicht-standardisiertem bzw. schwer platzierbarem Geschäft und Nischengeschäft. Hierbei übernehmen häufig externe Dienstleister Funktionen wie Vertrieb, Vertragsabschluss, Policierung, Prämieninkasso, Verwaltung und Schadenabwicklung. Ein Beispiel sind spezialisierte Zeichnungsagenturen, sog. Managing General Agents (MGAs). Die Rückversicherung erfolgt oft über eine Quote.

Progression, *Mehrleistung.* – *1. Begriff:* Regelung zur überproportionalen Steigerung der Versicherungsleistung bei vergleichsweise erhöhtem Schadenausmaß nach einem Versicherungsfall in der → privaten Unfallversicherung (PUV). Im Fall der Vereinbarung einer P. oder Mehrleistung steigt die → Invaliditätsleistung ab einem bestimmten Invaliditätsgrad (→ Invalidität) progressiv an. – *2. Merkmale:* Marktüblich beginnt die P. bei einem Invaliditätsgrad von 26 %. Je nach vereinbarter Progressionsstaffel steigt die Invaliditätsleistung bei Vollinvalidität (= 100 %) bis zu einem Vielfachen der vereinbarten Grundsumme der Invaliditätsleistung (z.B. bis 300 % oder 500 %). Bei der Mehrleistung wird i.d.R. ab einem bestimmten Invaliditätsgrad z.B. eine Verdopplung der auszuzahlenden Invaliditätsleistung vorgenommen. Ein häufig auf dem deutschen Markt vorkommendes Modell ist die Verdopplung der Invaliditätsleistung ab einem Invaliditätsgrad von 70 %. – *3. Ziele:* Der Vorteil der P. oder Mehrleistung liegt darin, dass bei höheren Invaliditätsgraden eine höhere Invaliditätsleistung zur Auszahlung kommt. Damit kann die versicherte Person bei einem schweren Unfall mit einer daraus resultierenden hohen Invalidität z.B. Kosten für Umbaumaßnahmen auffangen und eine Rente finanzieren.

Prolongation, *lat.: Verlängerung.* In der Versicherungsbranche eine Verlängerung einer a) → vorläufigen Deckungszusage, – b) einer Zahlungsfrist oder – c) eines Versicherungsvertrags. Im Fall einer Verlängerungsklausel erfolgt die P. ohne Zutun des Versicherungsnehmers.

Proportionaler Rückversicherungsvertrag. *1. Begriff:* Rückversicherungsvertrag, auf dessen Basis ein Anteil eines Risikos oder → Portefeuilles zu den Originalkonditionen des → Erstversicherers mit seinem/ seinen Endkunden in → Rückversicherung gegeben wird. – *2. Merkmale:* Die → Prämien und Schäden werden also anteilsmäßig in einem proportionalen Verhältnis zwischen dem Erst- und dem → Rückversicherer aufgeteilt. – *3. Formen:* → Quotenexzedentenrückversicherung, → Quotenrückversicherung, → Summenexzedenten-Rückversicherung. – *4. Abgrenzung:* Steht im Gegensatz zum → nicht-proportionalen Rückversicherungsvertrag.

Pro-Rata-Geschäft. → Proportionaler Rückversicherungsvertrag in der Form der → Quotenrückversicherung und → Summenexzedenten-Rückversicherung.

Pro-Risiko-Deckung. → Schadenexzedenten-Rückversicherung, bei der unter Abzug der → Priorität ein Schadenfall aus jeder Police eines → Erstversicherers gedeckt ist.

Prospektive Deckungsformen. Konzepte der → Finanzrückversicherung. Sie bieten Deckung für laufendes und/ oder zukünftiges Geschäft (→ Finite Quota Share) bzw. für Schäden, die zum Abschlusszeitpunkt des Vertrags noch nicht eingetreten bzw. verursacht worden sind (→ Spread Loss Cover bzw. → Funded Cover). Zielsetzungen sind die Finanzierung von Katastrophenschäden und die Abfederung künftiger Ergebnisschwankungen durch zyklisch und/ oder zufällig auftretende Schadenhäufungen im Jahresergebnis des Erstversicherers über mehrere Jahre (Multi-Year-Police). Der Finanzierungsaspekt wird über die Verzinslichkeit des Zahlungsverkehrs zwischen Erst- und Rückversicher im Rahmen eines sog. → Experience Account gestaltet.

Prospektives Deckungskapital. Differenz aus dem → Leistungsbarwert einer → Lebensversicherung und dem → Barwert der künftigen → Beiträge seitens des Versicherungsnehmers. Sofern die → Rechnungsgrundlagen für die Berechnung der Beiträge und der → Deckungsrückstellung übereinstimmen, sind das P. und das → retrospektive Deckungskapital identisch.

Protection & Indemnity (P&I). *1. Begriff:* Versicherung von in der → Seekaskoversicherung nicht oder nicht in ausreichender Höhe abgedeckten Haftungs- und Rechtsschutzrisiken. Wird insbesondere von P&I-Clubs (Gegenseitigkeitsvereine der Reeder) angeboten. – *2. Versicherte Risiken:* a) Protection Risks: Haftungsrisiken aus außervertraglichen Beziehungen, z.B. Kollisions-, Personen- und Verschmutzungsschäden, Wrackbeseitigungskosten. – b) Indemnity Risks: Haftungsrisiken insbesondere aus Frachtverträgen. – c) Freight, Demurrage and Defence Risks (FD&D): Rechtsschutz- und -beratungskostenrisiken. – *3. Deckungssummen:* P&I-Clubs bieten eine Deckung von ca.

3 Mrd. US-Dollar bzw. für Verschmutzungsschäden von 1 Mrd. US-Dollar an.

Protektor Lebensversicherungs-AG. *1. Begriff:* Sicherungsfonds für die deutsche Lebensversicherung im Rechtsmantel eines eigenständigen Lebensversicherungsunternehmens. Die P. ist dafür vorgesehen, den Versicherungsbestand von insolvenzgefährdeten oder insolventen Lebensversicherungsunternehmen zu übernehmen und fortzuführen. – *2. Ziel:* Die P. dient zum Schutz der Gläubigeransprüche der Versicherungsnehmer, der versicherten Personen, der Bezugsberechtigten sowie sonstigen aus einem Lebensversicherungsvertrag begünstigten Personen. – *3. Finanzierung:* Finanziert wird die P. durch Vorausbeiträge sowie Sonderumlagen im Bedarfsfall, die von allen Gesellschaftern anteilig nach einem Schlüsselverfahren (s.u.: Jahresbeiträge) aufgebracht werden. Gesellschafter sind die unter deutscher Rechts- und Finanzaufsicht stehenden, im → Gesamtverband der Deutschen Versicherungswirtschaft e.V. (GDV) organisierten Lebensversicherer. Als Jahresbeiträge werden jeweils 0,2 ‰ der versicherungstechnischen Netto-Rückstellungen der deutschen Lebensversicherer erhoben (Stand Dezember 2008: ca. 136 Mio. Euro), bis ein Vermögen von insgesamt 1 ‰ der versicherungstechnischen Netto-Rückstellungen (Stand Dezember: ca. 680 Mio. Euro) erreicht ist. – *4. Entwicklung:* Ursprünglich wurde die P. im Jahr 2002 als eine freiwillige Auffanggesellschaft auf privatrechtlicher Grundlage gegründet. Im Jahr 2005 wurde dieses Konzept durch eine rechtliche Festlegung ersetzt. Die P. ist heute ein gesetzlicher Insolvenzsicherungsfonds, an dem alle o.a. Lebensversicherer zwingend beteiligt sind.

Protracted Default. Versicherungsfall in der → Kreditversicherung mit Ausnahme der → Konsumentenkreditversicherung. Voraussetzung für den Eintritt des Versicherungsfalls ist die Nichtzahlung der versicherten Forderung innerhalb der im Versicherungsschein genannten Wartefrist, die i.d.R. nach Fälligkeit der versicherten Forderung zu laufen beginnt, ohne den objektiven Nachweis der → Zahlungsunfähigkeit des Schuldners. Einige Kreditversicherer stellen für den Eintritt des Nichtzahlungstatbestands die Vorbedingung, dass ein von ihnen bestimmtes

Inkassobüro spätestens zum Ablauf der „Wartefrist" eingeschaltet wird und es dem Inkassounternehmen nicht gelungen ist, die versicherte Forderung innerhalb einer bestimmten Zeit nach Auftragserteilung vollständig einzuziehen.

Provision. *1. Begriff:* Entgelt, das der → Versicherungsvertreter vom Versicherungsunternehmen als Gegenleistung für die Zuführung von Geschäft (→ Abschlussprovision nach §§ 87 ff. HGB) oder für die laufende Bestandsbetreuung (→ Bestandsprovision) erhält. Die P. ist eine typische Erfolgsvergütung. Anders: → Rückversicherungsprovision. – *2. Details zur Abschlussprovision:* Anspruchsvoraussetzungen sind, dass a) der Versicherungsvertrag zustande gekommen ist und – b) der Abschluss des Geschäfts auf die Tätigkeit des → Versicherungsvermittlers zurückzuführen ist. Der Tätigkeitsnachweis erfolgt i.Allg. durch Unterschrift des Vermittlers auf dem → Versicherungsantrag. Die Abschlussprovision kann als einmalige oder als laufende P. gewährt werden. Der Provisionsanspruch ist von der Prämienzahlung des Versicherungsnehmers abhängig. Bei Nichtzahlung der Prämie oder bei Kündigung der vermittelten Versicherung während der Stornohaftungszeit unterliegt die P. einem Rückforderungsrecht des Versicherers (→ Stornohaftung). Die den Versicherungsvermittler betreuende Führungskraft erhält das vermittelten Geschäft üblicherweise eine Leitungs- oder Superprovision. – *3. Details zur Bestandsprovision:* Die Bestandsprovision wird dem Versicherungsvertreter für die Pflege seines Versicherungsbestands durch regelmäßigen Kundenkontakt gezahlt. Damit soll v.a. ein Anreiz gegeben werden, die Versicherungskunden in der gebotenen Weise zu betreuen und so für Bestandsfestigkeit zu sorgen.

Provisionsabgabeverbot. *1. Begriff:* Versicherungsunternehmen und → Versicherungsvermittlern ist es seitens der → Bundesanstalt für Finanzdienstleistungsaufsicht (BaFin) im Verordnungswege untersagt, Versicherungsnehmern und versicherten Personen von Lebens-, Kranken- oder Schadenversicherungen unmittelbare oder mittelbare → Sondervergütungen zu gewähren. Unter Sondervergütungen fallen neben dem Hauptfall der Abgabe von → Provisionen (daher die übliche Bezeichnung Provisionsabgabe-verbot) auch sämtliche im Tarif nicht vorgesehene Vorteile irgendwelcher Art. – *2. Rechtsgrundlagen:* Das P. ist für die Lebensversicherung und die Krankenversicherung in zwei Anordnungen des Reichsaufsichtsamts aus dem Jahre 1934 sowie hierzu von der bundesstaatlichen Aufsichtsbehörde erlassenen Richtlinien auf Basis des § 81 II VAG geregelt. Für die Schaden-/ Unfallversicherung ist das P. in § 1 der Verordnung über das Verbot von Sondervergütungen und Begünstigungsverträgen in der Schadenversicherung vom 17.8.1982 abgefasst. Verstöße gegen das P. stellen nach § 144a VAG Ordnungswidrigkeiten dar, die mit einer Geldbuße bis zu 50.000 Euro geahndet werden können.

Provisionsabrechnung. *1. Begriff:* Schriftliche Zusammenstellung der im Abrechnungszeitraum entstandenen Provisionsforderungen und/ oder -belastungen des → Versicherungsvermittlers. – *2. Merkmale:* Die → Provision muss nach § 87c I HGB mindestens einmal monatlich abgerechnet werden. Der Abrechnungszeitraum kann durch Vereinbarung auf bis zu drei Monate verlängert werden. Die P. erfolgt üblicherweise in einer Provisionsliste. Sie soll dem Vermittler eine Prüfung ermöglichen, ob alle vergütungspflichtigen Geschäfte lückenlos erfasst wurden.

Provisionssysteme. *1. Begriff:* Elemente der Vergütung von → Versicherungsvermittlern (→ Versicherungsvertreter oder → Versicherungsmakler) für deren Akquisitions- und Betreuungsleistungen. – *2. Arten von Provisionen:* Grundsätzlich wird die Provisionierung im Bereich der Schadenversicherungen und von → Personenversicherungen unterschieden. a) Im Rahmen der Schadenversicherungen werden → Abschlussprovisionen und → Bestandsprovisionen differenziert. Abschlussprovisionen werden einmalig für den Vertragsabschluss vergütet. Die Bemessungsgrundlage ist i.d.R. die Jahresprämie, auf die ein festgelegter Prozentsatz als Abschlussprovision gezahlt wird. Bestandsprovisionen werden jährlich für das Fortbestehen von Verträgen gewährt. Hinzu kommen Verlängerungsprovisionen für über das ursprüngliche Ablaufdatum verlängerte Verträge. Zusätzlich kommen z.B. zur Incentivierung weitere Provisionsarten in Betracht, wie eine Stückvergütung pro verkaufter Police oder Sonderbonifikationen bei einer „guten" Schadenquote oder einem hohen Deckungsbeitrag aus den vermittelten Versicherungsgeschäften. – b) Im Rahmen der Lebensversicherung ist v.a. die Abschlussprovision entscheidend, die regelmäßig in Promille der vermittelten Prämiensumme berechnet wird. Darüber hinaus wird der Fortbestand von Versicherungsverträgen durch Pflegeprovisionen vergütet, womit die Betreuungsleistung der Vermittler abgegolten wird. Die Pflegeprovision bemisst sich nach der → Versicherungssumme, bei fondsgebundenen Produkten teilweise auch nach dem Nettoanlagevermögen. Darüber hinaus gibt es auch in der Lebensversicherung → Bonifikationen für eine gute Geschäftsqualität oder für besonders viele Abschlüsse in einer vorgegebenen Periode. – c) In der Krankenversicherung bemisst sich die Provision i.d.R. in Monatsbeiträgen. – 3. *Abgrenzung:* Über die reinen Provisionsleistungen hinaus können auch Zuschüsse von Seiten der Versicherungsunternehmen gewährt werden, z.B. Bürokostenzuschüsse.

Prozentuale Selbstbeteiligung. → Franchise.

Prozessfinanzierung, *Prozesskostenfinanzierung.* – *1. Begriff:* Juristische Finanzdienstleistung. – *2. Merkmale:* Übernahme sämtlicher → Prozesskosten für einen Rechtsstreit gegen eine Beteiligung am Erlös. Der Prozessfinanzierer begutachtet die Erfolgsaussichten (siehe auch → Prüfung der Erfolgsaussichten) des zu finanzierenden Rechtsstreits und übernimmt die Prozesskosten. Als Gegenleistung wird er zu einem vorher vereinbarten Prozentsatz am Prozesserfolg beteiligt. – *3. Abgrenzung:* Im Unterschied zur → Rechtsschutzversicherung kann eine P. auch für ein bereits laufendes Verfahren abgeschlossen werden.

Prozessführungsbefugnis. Recht des Versicherers zur Prozessführung im → Haftpflichtprozess. Zugleich Pflicht des Versicherungsnehmers, dem Versicherer die Prozessführung zu überlassen. Der Versicherungsnehmer muss dem beauftragten Anwalt Vollmacht erteilen und die als notwendig erachteten Auskünfte geben. Gegenüber einer → mitversicherten Person gilt die P. nicht.

Prozessführungsrecht. Befugnis, einen Rechtsstreit im eigenen Namen zu führen. In der Haftpflicht- und Kfz-Haftpflichtversicherung hat der Versicherungsnehmer dem Versicherer die Prozessführung zu überlassen, insbesondere dem vom Versicherer bestellten oder bezeichneten Anwalt Prozessvollmacht zu erteilen und ihm die für die Prozessführung erforderlichen Informationen zur Verfügung zu stellen.

Prozesskosten. *1. Begriff:* Alle Kosten, die die Parteien eines Prozesses aufwenden müssen, um einen Rechtsstreit zu führen. – *2. Merkmale:* Die P. setzen sich aus den Gerichtskosten (Kosten und Auslagen des Gerichts, wie Sachverständigen-, Dolmetscherkosten, Zeugenauslagen) und den außergerichtlichen Kosten (Anwaltskosten, Auslagen der Prozessparteien) zusammen. Sie bilden die wesentliche Kostenbelastung in der → Rechtsschutzversicherung. Parteiauslagen werden dort mit Einschränkungen übernommen.

Prozesskostenhilfe. *1. Begriff:* Vollständige oder teilweise Befreiung einer finanziell schwächer gestellten Partei von den → Prozesskosten. – *2. Merkmale:* a) Voraussetzung: Die Partei darf nach ihren Einkommens- und Vermögensverhältnissen nicht in der Lage sein, die Kosten der Prozessführung aufzubringen. Auf Antrag wird P. erteilt, wenn die beabsichtigte Rechtsverfolgung oder -verteidigung Erfolgsaussichten (siehe auch → Prüfung der Erfolgsaussichten) verspricht und nicht mutwillig erscheint. – b) Bewilligung: Über den Antrag entscheidet das für die Rechtsverfolgung oder -verteidigung zuständige Gericht. – c) Umfang: Sie umfasst die Kosten der eigenen Prozessführung sowie die Gerichtskosten und kann als Darlehen gewährt werden. Im Fall des Unterliegens im Rechtsstreit müssen die gegnerischen Kosten aber vollständig aus eigenen Mitteln aufgewendet werden. P. entfällt, soweit im Rahmen einer → Rechtsschutzversicherung Rechtsschutz übernommen wurde.

Prozesskostenrechnung. *1. Begriff:* Instrument zur Erfassung der → Kosten betrieblicher Prozesse im Versicherungsunternehmen. Element der → Kostenrechnung. – *2. Ziele:* a) Verursachungsgerechte Einbeziehung von → Gemeinkosten in die Preiskalkulation (im → Versicherungsgeschäft: in die → Prämienkalkulation) auf Basis von Aktivitäten, Vorgängen bzw. Prozessen, die mit den Bezugsgrößen der Kalkulation, d.h. mit den → Kostenträgern, in einer kausalen Beziehung stehen. Die P. entstand aufgrund der Unzulänglichkeiten der Gemeinkostenverteilungen innerhalb der → Kostenstellenrechnung und der → Kostenträgerrechnung. – b) Analyse und Steuerung der Prozesseffizienz innerhalb der Produktion (→ Prozessoptimierung). – *3. Besonderheiten im Versicherungsunternehmen:* Wegen der typischerweise großen Fertigungstiefe und der hohen Bedeutung der Gemeinkosten im Versicherungsunternehmen kommt einer ausgereiften P. ein hoher Stellenwert zu. Im Rahmen der → wertorientierten Steuerung und den damit verbundenen Aspekten der Kernkompetenzorientierung, der Effizienzsicherung und der Kalkulation verursachungsgerechter, aber gleichwohl wettbewerbsfähiger Absatzpreise wird für die Weiterentwicklung und den verbreiteten Einsatz von P. noch ein Nachholbedarf gesehen.

Prozessoptimierung. Verbesserung von → Geschäftsprozessen in Bezug auf Ihre Wirtschaftlichkeit und Serviceorientierung. Die Verbesserungen können den Input, die Bearbeitung und/ oder den Output eines Prozesses betreffen. Die Optimierungen basieren teilweise auf Analysemethoden, wie dem → Benchmarking oder → Six-Sigma. Siehe auch → Business Reengineering, → Lean Management.

Prozessorientierung. Ausrichtung der → Aufbauorganisation und → Ablauforganisation auf die → Geschäftsprozesse des Unternehmens, im Unterschied z.B. zu einer funktionalen → Organisation.

Prüfung der Erfolgsaussichten. I. In der → Prozesskostenhilfe: Hinreichende Erfolgsaussichten für die rechtliche Interessenwahrnehmung sind Voraussetzung für die Bewilligung der Prozesskostenhilfe. – II. In der → Rechtsschutzversicherung: Versicherungsschutz setzt voraus, dass die Wahrnehmung der rechtlichen Interessen hinreichende Aussicht auf Erfolg hat. Für den Fall der Ablehnung der Leistungspflicht durch den Versicherer wegen fehlender Erfolgsaussichten hat der Versicherungsnehmer, abhängig von den jeweiligen → Allgemeinen Bedingungen für die Rechtsschutz-Versicherung (ARB), die Möglichkeit des → Stichentscheids durch einen Anwalt (begründete Stellungnahme) oder eines → Schiedsgutachterverfahrens. Verneint der Versicherer Rechtsschutz wegen fehlender Erfolgsaussichten, muss er dies dem Versicherungsnehmer unverzüglich unter Angabe der Gründe und unter Hinweis auf das entsprechende Verfahren mitteilen.

Public Health, *engl. public = öffentlich und health = Gesundheit, Gesundheitswissenschaften. – 1. Begriff:* Ist ein interdisziplinäres Fach, dass sich in Wissenschaft und Praxis mit Gesundheitsentstehung und Gesundheitserhaltung durch angemessene, wirksame und ökonomisch vertretbare Mittel auseinandersetzt. – *2. Merkmale:* Die drei wesentlichen Aufgaben des P. sind a) Beobachtung und Bewertung von Gesundheitszuständen von Gemeinschaften und Bevölkerungsgruppen, um Gesundheitsprobleme und -risiken zu erkennen; – b) Ausarbeitung von Prioritäten und Maßnahmen zur Bekämpfung und Vermeidung vorliegender Probleme und Risiken; – c) Sicherstellung, dass die gesamte betroffene Bevölkerung Zugang zu notwendigen und angemessenen Gesundheitsleistungen, wie → Gesundheitsförderung und Krankheitsprävention hat, sowie – d) Evaluation der Kosten-Effektivität angebotener Pflege und Präventionsprogramme. – *3. Institutionen:* Der Verein der Deutschen Gesellschaft für P. gründete sich 1997 aus Institutionen, Organisationen und Fachgesellschaften aus Lehre, Forschung und Praxis (www.tu-berlin.de/bzph/dgph). Ziel ist die Förderung der Kooperation von Wissenschaft, Praxis und Politik auf nationaler und internationaler Ebene.

Public Information-Rating, *pi-Rating.* → Rating, das ohne Auftrag des beurteilten Unternehmens erstellt wurde. Die Initiative geht hier direkt von der Ratingagentur oder z.B. einem Investor aus. Als Input für diese Form des Ratings können ausschließlich öffentlich verfügbare Informationen verarbeitet werden. Insbesondere werden dafür Jahresabschlussdaten verwendet. Der Charakter eines P. kann durch die Kennzeichnung mit dem Zusatz „pi" (Abk. für „public information") verdeutlicht werden. P. werden generell einmal jährlich auf Basis der jüngsten Jahresabschlussdaten aktualisiert. Darüber hinaus erfolgt im Fall eines unerwarteten und signifikanten Ereignisses auch unterjährig eine Überprüfung und ggf. eine Anpassung des Ratings. Siehe auch → Ratingansätze. Abzugrenzen vom → interaktiven Rating.

Public Relations. → Öffentlichkeitsarbeit.

Publikumsfonds. *1. Begriff:* → Investmentfonds, die (im Gegensatz zu geschlossenen Fonds oder → Spezialfonds) grundsätzlich jedem Anleger offen stehen. – *2. Merkmale:* P. werden von Kapitalanlagegesellschaften aufgelegt, die das Geld einzelner Anleger bündeln und in unterschiedliche Anlagebereiche investieren. Die grundsätzliche Ausrichtung der Anlagen in → Aktien, festverzinsliche Titel und/ oder → Immobilien wird vor Auflage des P. definiert. Durch die breite Streuung der Anlagen werden die Volatilität des Investments und damit das Risiko begrenzt. Der Anleger ist Miteigentümer des Fondsvermögens und hat daher einen Anspruch auf eine → Beteiligung am Gewinn. Er hat ferner einen Anspruch auf die Rücknahme der Anteile durch die Kapitalanlagegesellschaft zum jeweils aktuellen Rücknahmepreis. Der Wert eines Anteils bemisst sich als Quotient aus der Summe des Fondsvermögens und der Anzahl der ausgegebenen Anteilsscheine. Dabei gibt es keine Beschränkung des Fondsvolumens oder der Anzahl der Anteilsscheine.

Pull-Produkt. Ausdruck für die Marktstellung eines Produkts im Spannungsfeld des Nachfrager- und Anbieterverhaltens. P. werden vom → Kunden auch eigenständig nachgefragt. Beispiele in der Versicherungswirtschaft sind Kfz-, Hausrat-, Kranken- und gewerbliche Versicherungen. Gegenstück: → Push-Produkt.

Punitive Damages. In den USA und Kanada gebräuchlicher Strafschadenersatz, der dort besonders im Bereich der Produkthaftpflicht (→ Produkthaftpflichtversicherung) gewährt wird. Der Strafschadenersatz kann erheblich über den Ausgleich des materiellen und immateriellen Schadens des Geschädigten hinaus gehen. Voraussetzung für die Festsetzung von P. ist die besondere Verwerflichkeit des schädigenden Verhaltens (bösartig oder rücksichtslos). Die P. werden von einer Geschworenenjury festgelegt, häufig jedoch von späteren Instanzen nach unten korrigiert.

Push-Produkt. Ausdruck für die Marktstellung eines Produkts im Spannungsfeld des Nachfrager- und Anbieterverhaltens. Bei P. muss der Anbieter die Nachfrage provozieren und fördern, weil häufig nur ein latenter Bedarf vorliegt (vgl. → Versicherungsbedarf). Beispiele in der Versicherungswirtschaft sind Unfall-, Rechtsschutz- und Krankenzusatzversicherungen. P. sind ein naheliegendes Betätigungsfeld der → Verkaufsförderung. Gegenstück → Pull-Produkt.

Q

QALY. Abk. für → Quality Adjusted Life Year.

Quadratmeter-Methode, *Wohnflächenmodell.* – *1. Begriff:* Methode zur Wertermittlung eines → Gebäudes. Die Q. bestimmt den → Versicherungswert des Gebäudes und damit die → Versicherungssumme über die Wohnfläche und den Wert je Quadratmeter Wohnfläche. – *2. Aktuelle Entwicklungen:* Die einfache Handhabung führt zunehmend zu einer Bestimmung der Versicherungssumme über die Q. anstelle der → Kubikmeter-Methode.

Qualität, *lat. qualis = wie beschaffen, von welcher Art.* – *1. Begriff:* Nach DIN ISO 9000 lautet die Definition: „Grad in dem ein Satz inhärenter Merkmale Anforderungen erfüllt." Bezogen auf die Medizin bzw. Pflege bedeutet Q. den Grad der Wahrscheinlichkeit des Eintretens eines erwünschten Behandlungsergebnisses nach derzeitigem wissenschaftlichen Standard und vertretbarem ökonomischem Aufwand. – *2. Merkmale:* Im Bereich des Gesundheitswesens wird Q. in drei Ebenen unterteilt. a) Strukturqualität, bezieht sich auf die Rahmenbedingungen, wie räumliche Gegebenheiten, maschinelle und apparative Ausstattung, Qualifikation der Mitarbeiter, etc. – b) Prozessqualität, hierunter wird die Anwendung und Handhabung von Standards und vorformulierten Zielen gesehen. – c) Ergebnisqualität, betrachtet den gesundheitlichen Outcome, also das Behandlungsergebnis (Heilungs-, Komplikations-, Mortalitätsrate), aber auch Zeitaufwand, Kosten und die Zufriedenheit des Patienten.

Qualitätsführerschaft. *1. Begriff:* Wettbewerbsposition, in der aus Sicht der Kunden die → Produktqualität eines Unternehmens im Vergleich zu seinen Wettbewerbern als führend wahrgenommen wird. – *2. Strategische Einordnung:* Die Q. ist Ziel einer → Differenzierung, die nach Porter neben der → Kostenführerschaft und der → Fokussierung eine der drei generischen Wettbewerbsstrategien darstellt. Der Qualitätsführer ist aufgrund seiner außerordentlichen Produktqualität in der Lage, im Vergleich zu den Wettbewerbern höhere Preise am Markt durchzusetzen. Die entsprechenden Mehrerlöse sollen die Kosten der Erstellung einer hohen Produktqualität decken. Eine erfolgreiche Q. kann auch eine Markteintrittsbarriere für Konkurrenten darstellen, die nicht in der Lage sind, eine entsprechende Produktqualität anzubieten.

Qualitätsmanagement. *1. Begriff:* Konzeption, Durchführung und Kontrolle von Maßnahmen zur Verbesserung der → Qualität von Produkten und Prozessen eines Unternehmens. In Bezug auf die Geschäftsprozesse soll mit dem Q. auch eine Effizienzsteigerung erreicht werden. – *2. Merkmale:* Q. beruht auf einer Analyse der Prozesse. Darauf bezogen besteht das Q. aus der Qualitätsplanung, der Qualitätsverbesserung und der Qualitätssicherung im Sinne eines laufenden Regelkreises. Das Q. ist somit selbst ein Prozess, der durch ständiges Dazulernen sich selbst, die originär betrachteten Prozesse und in der Folge auch die Produkte immer weiter verbessert. – *3. Q. im Gesundheitswesen:* Nach SGB V sind Krankenhäuser (§ 137) sowie Arztpraxen (§ 136a) zur Einrichtung eines internen Q. verpflichtet. Q. kann anhand von Qualitätsindikatoren überprüft und seitens eines unabhängigen Dritten zertifiziert werden. Dem Krankenhaus steht dafür das KTQ-Modell (Kooperation für Transparenz und Qualität) zur Verfügung. Arztpraxen können zwischen EPA (Europäisches Praxisassessment), QEP (Qualität und Entwicklung in Praxen), DIN ISO 9001, EFQM (European Foundation of Quality Management) und anderen wählen. EPA ist ein prozessorientiertes Qualitätsmanagement-System, das speziell für Arztpraxen entwickelt wurde und anhand von messbaren Indikatoren die Formulierung von Ist-Zuständen und Zielen ermöglicht.

Quality Adjusted Life Years (QALY), *Qualitätsbereinigte Lebensjahre.* – *1. Begriff:* Produkt aus der Lebenserwartung in Jahren und einem Wert für die → Lebensqualität. Ein Q. entspricht damit einem Lebensjahr in perfekter → Gesundheit, im Unterschied bspw. zu einem Dialysekranken, bei dem nur 0,6 Q. vorliegen. – *2. Ziele:* Q. wurden entwickelt, um eine Vergleichbarkeit medizinischer Ergebnisse (Outcome) von unterschiedlichen Behandlungsalternativen zu erreichen (Nutzenbewertung). Mit Hilfe von Q.-Tabellen kann somit in der → Gesundheitsökonomie der Nutzen von verschiedenen Therapiemaßnahmen verglichen werden. – *3. Ausblick:* Derzeit findet eine intensive Diskussion in der Wissenschaft über die Ermittlung von Werten zur Lebensqualität statt. Obwohl Q. bereits seit den 1960er Jahren zu Evaluationszwecken genutzt werden, ist ihre Entwicklung noch nicht abgeschlossen.

Quantil. Für eine Zufallsvariable X und $\alpha \in (0,1)$ wird jede reelle Zahl $q_{X,\alpha}$ mit $P[X \leq q_{X,\alpha}] \geq \alpha$ und $P[X \geq q_{X,\alpha}] \geq 1 - \alpha$ als α-Quantil von X bezeichnet. Jedes Q. ist ein → Lageparameter, aber es ist i.Allg. nicht eindeutig bestimmt. Jeder → Median ist ein 50%-Quantil.

Quantilsabstand. Maßgröße für die Variabilität einer Zufallsvariablen (→ Streuungsmaß). Für eine Zufallsvariable X und $\alpha \in (0,1/2)$ ist der Q. definiert als $q_{X,1-\alpha} - q_{X,\alpha}$ (→ Quantil). Der Q. ist ein Streuungsmaß, das nur dann sinnvoll ist, wenn beide Quantile eindeutig bestimmt sind.

Quantilsprinzip. Das Q. zum Parameter $\varepsilon \in (0,1)$ ist ein → Prämienprinzip, das jedem → zufälligen Risiko X als → Prämie die kleinste Zahl $q \in \mathbb{R}_+$ mit $P[X > q] \leq \varepsilon$ zuordnet.

Quantitative Impact Studies (QIS). *1. Begriff:* Auswirkungsstudien, die im Rahmen von → Solvency II zeitweise zu den künftigen Solvenzkapitalanforderungen durchgeführt werden. – *2. Ziele:* Die QIS sollen die vorgeschlagene Berechnungsmethode auf Angemessenheit und Praktikabilität prüfen. Darüber hinaus sollen auf Basis der Ergebnisse Anpassungen vorgenommen werden. Eine hohe Beteiligung der Versicherungsunternehmen ist daher von großer Bedeutung. – *3. Stufen:* a) QIS 1 (4. Quartal 2005): In der ersten Studie stand die Bewertung der → versicherungstechnischen Rückstellungen im Mittelpunkt. Die Einschätzung über die Verlässlichkeit sowie Genauigkeit der Ergebnisse war aufgrund fehlender Vergleichswerte schwierig. – b) QIS 2 (Mai - Juli 2006): In der zweiten Studie lag der Fokus auf der Ausgestaltung des Standardmodells (siehe auch → Solvency Capital Requirement, kurz: SCR, und → Minimum Capital Requirement, kurz MCR), auf dem Vergleich unterschiedlicher Modellierungstechniken und Bewertungsprinzipien zur Berechnung der Kapitalanforderungen sowie auf den versicherungstechnischen Rückstellungen. Problematisch waren zum einen die Komplexität der Methodik zur Berechnung des MCR sowie die Berücksichtigung der Diversifikationseffekte in der Versicherungsgruppe für die Bestimmung des Risikokapitals auf der Gruppenebene. In der Folge wurde eine Überprüfung der Gewichte der verschiedenen Marktrisiken und ihrer Korrelationen notwendig. Zum anderen entstand ein hoher Aufwand in den Bereichen Datenmanagement und Informationstechnik sowie durch fehlendes aktuarielles Know how. – c) QIS 3 (April – Juni 2007): Die Aufgabenstellung der dritten Studie entsprach weitestgehend der von QIS 2. Vorab wurde v.a. das Standardmodell unter Berücksichtigung der Ergebnisse von QIS 2 angepasst. Trotz einer tendenziellen Steigerung der Datenqualität stellen die Formeln von QIS 3 nicht das endgültige Regelwerk von Solvency II dar, so dass aus den Ergebnissen noch nicht auf die tatsächliche → Solvabilität eines Versicherungsunternehmens geschlossen werden konnte. – d) QIS 4 (April - Juli 2008): Die vierte Studie knüpfte wiederum an den Ergebnissen von QIS 3 an. Im Fokus von QIS 4 stand ebenfalls das europäische Standardmodell. Darüber hinaus wurde ein besonderes Augenmerk auf die Qualität der Risikosysteme und der internen Modelle der Versicherer gelegt. QIS 4 berücksichtigte verstärkt die quantitativen Auswirkungen von Solvency II auf die Versicherungsgruppen, dies sowohl in Bezug auf die Einzelsolvabilität der einbezogenen Versicherungsunternehmen als auch auf die Gruppensolvabili-

tät. Trotz des hohen Arbeitsaufwands konnte bei QIS 4 zum ersten Mal eine repräsentative Stichprobe von Teilnehmern europäischer Versicherungsgruppen erreicht werden, womit die quantitativen und qualitativen Auswirkungen von Solvency II getestet werden konnten. – e) QIS 4b (Juli – Oktober 2009): Vom → Gesamtverband der Deutschen Versicherungswirtschaft e.V. initiierte Studie nur mit deutschen Versicherern zur Weiterentwicklung von QIS 4, wobei z.B. die Kapitalanforderungen für → Katastrophenrisiken und die Berechnung des → versicherungstechnischen Risikos verfeinert wurden.
– f) QIS 5: Geplant für den Zeitraum August – November 2010.

Quantitätstheorie des Geldes. These, dass, weil das → Sozialprodukt und die Umschlagshäufigkeit des Geldes kurzfristig gegeben oder konstant sind, sich das Preisniveau proportional zur Geldmenge erhöht. Deshalb auch die Betonung der → Geldpolitik.

Quersubventionierung. Ausgleich von Verlusten in einem Geschäftsfeld durch Gewinne in anderen Geschäftsfeldern. Aufsichtsrechtlich stand lange Zeit v.a. die Q. zwischen den → Versicherungszweigen zur Diskussion. Die → Aufsichtsbehörde stand solchen Transaktionen lange Zeit skeptisch gegenüber, konnte aber selbst vor der → Deregulierung den Grundsatz „Jeder Zweig muss sich selber tragen" nicht durchsetzen. Nach der Deregulierung, die mit dem Wegfall der → Tarifkontrolle einherging, war die Durchsetzung eines solchen Grundsatzes, wenn er denn jemals existierte, völlig unmöglich.

Quota Share. → Quotenrückversicherung.

Quotenexzedentenrückversicherung. *1. Begriff:* Form des → proportionalen Rückversicherungsvertrags. Die Q. kombiniert die → Quotenrückversicherung und die → Summenexzedentenrückversicherung. – *2. Varianten:* a) Beim Vorwegexzedenten wird zuerst eine Summenexzedentenrückversicherung vereinbart, und auf deren → Priorität wird eine Quotenrückversicherung gelegt. – b) Bei der Vorwegquote wird zuerst eine Quotenrückversicherung vereinbart, und auf deren → Selbstbehaltsquote wird eine Summenexzedentenrückversicherung gelegt. – *3. Würdigungen:* Die Vorteile der Q. resultieren aus der Kombination der Vorteile der Quotenrückversicherung (z.B. absolute Haftungsreduzierung, Erhöhung der Zeichnungskapazität, Schutz gegen Änderungsrisiken) und der Vorteile der Summenexzedentenrückversicherung (z.B. Schutz gegen zufällige Großrisiken, Homogenisierung des Portefeuilles des Erstversicherers). Siehe auch → Rückversicherung.

Quotenregelung. Teilweise (quotale) Leistungsfreiheit des Versicherers, je nach Schwere des Verschuldens des Versicherungsnehmers bei grob fahrlässiger Verletzung einer → Obliegenheit (§ 28 II VVG). Vgl. auch → grobe Fahrlässigkeit. Nach der alten VVG-Regelung (vor der Gesetzesreform) war der Versicherer bei einer grob fahrlässigen Obliegenheitsverletzung von der Leistung frei.

Quotenrückversicherung. *1. Begriff:* Form des → proportionalen Rückversicherungsvertrags, nach dem der → Rückversicherer am Gesamtbestand des → Erstversicherers in einem rückgedeckten Segment im Rahmen einer Höchsthaftung einen prozentualen Anteil an allen Risiken übernimmt. – *2. Merkmale:* Da der Erstversicherer die Akquisition, Prämienkalkulation, Vertragsverwaltung und Schadenbearbeitung übernimmt, ist der Verwaltungsaufwand beim Rückversicherungsunternehmen sehr gering. Deshalb beteiligt sich dieser über eine → Rückversicherungsprovision an den Verwaltungsaufwendungen des Erstversicherers. Die Rückversicherungsprovision kann je nach Marktlage und Höhe der Verwaltungsaufwendungen 15 % - 50 % der Originalprämie betragen.

Quotentarif, *Prozenttarif, Beihilfeergänzungstarif, Restkostentarif.* – *1. Begriff:* Spezieller Tarif in der → privaten Krankenversicherung (PKV) mit einem → Selbstbehalt des Versicherten in prozentualer Form. Die versicherten Kosten werden nur in Höhe der vereinbarten Quote erstattet (z.B. 30 % oder 50 %). – *2. Zielgruppe:* Der Q. ist vornehmlich auf die Bedürfnisse beihilfeberechtigter Personen, z.B. Beamte und deren Angehörige, zugeschnitten. Deshalb wird auch vom Beihilfeergänzungstarif oder beihilfekonformen Ergänzungstarif gesprochen. Der Q. setzt mit dem Leistungsumfang am Beihilfeniveau an und erstattet den fehlenden, nicht durch die → Beihilfe abgedeckten Krankheitskostenblock. – *3. Versicherungsschutz:* Die abgesicherten Leistungen entsprechen i.d.R. den Leistungen in den nicht beihilfekonformen Versicherungstarifen. Unterschiede bestehen aufgrund des Beihilfeanspruchs nur in der prozentualen Höhe der Kostenerstattung bei Eintritt des Versicherungsfalls. – *4. Bedeutung in der PKV:* 2008 waren von den insgesamt 8,64 Mio. in der PKV versicherten Personen (→ Krankheitskostenvollversicherung) 4,16 Mio. (48,1 %) beihilfeberechtigt und damit in Q. oder Beihilfeergänzungstarifen der PKV versichert.

Quotierung. Angebot des → Erst- oder → Rückversicherers, zu den vorgeschlagenen → Prämien und Bedingungen ein Risiko zu übernehmen.

Quotierungsverfahren. → Ratierliches Berechnungsverfahren.

R

Rabattretter. *1. Begriff:* Klausel im Vertrag zur → Kfz-Versicherung, die im Fall eines Schadens in der → Kfz-Haftpflichtversicherung bzw. in der → Vollkaskoversicherung die Rückstufung in der → Schadenfreiheitsklasse (SF-Klasse) und damit den → Schadenfreiheitsrabatt beeinflusst. – *2. Merkmale:* Normalerweise wird im Schadenfall der Versicherungsvertrag schadenbedarfsgerecht um eine oder mehrere SF-Klassen zurückgestuft. Dadurch erhöht sich ab dem nächsten Versicherungsjahr auch der Beitragssatz. Ist ein R. im Vertrag enthalten (gewöhnlich ohne Aufpreis), erfolgt die Rückstufung moderater, so dass zugunsten des Versicherungsnehmers nach einem Schadenfall der bislang erreichte Schadenfreiheitsrabatt erhalten bleibt. I.d.R. gilt der R. bei Erreichen der höchsten SF-Klasse (zur Zeit SF 25 mit einem Beitragssatz von 30 %); bei einem Schaden wird dann nur in SF 22 zurückgestuft (= letzte Klasse mit einem Beitragssatz von 30 %) statt schadenbedarfsgerecht etwa in SF 12. Wird in den nächsten drei Jahren kein weiterer Schaden verursacht, ist wieder SF 25 erreicht, d.h. alle drei Jahre ist ein Schaden „frei", bei immer gleich bleibendem Beitragssatz von 30 %. Bei einem Schaden „zwischendurch" wird allerdings normal zurückgestuft. – *3. Abgrenzung:* Abzugrenzen vom R. ist der → Rabattschutz, bei dem im Schadenfall gar nicht umgestuft wird.

Rabattschutz. *1. Begriff:* Ähnlich dem → Rabattretter eine Klausel im Vertrag zur → Kfz-Versicherung, die im Fall eines Schadens bzgl. der Rückstufung in der → Schadenfreiheitsklasse (SF-Klasse) und des damit verbundenen → Schadenfreiheitsrabatts wirkt. – *2. Merkmale:* Normalerweise wird im Schadenfall der Versicherungsvertrag schadenbedarfsgerecht um eine oder mehrere Schadenfreiheitsklassen zurückgestuft. Dadurch erhöht sich ab dem nächsten Versicherungsjahr i.d.R. auch der Beitragssatz. Ist im Vertrag ein R. eingeschlossen (gegen Aufpreis), wird der Vertrag in einem Schadenfall gar nicht umgestuft, d.h. Schadenfreiheitsklasse und Prämiensatz bleiben erhalten. Nach weiteren Schäden wird gewöhnlich normal zurückgestuft; es gibt im Markt aber auch Modelle, nach denen mehr als ein Schaden im Jahr rabattgeschützt ist. Bei Schadenfreiheit in einem Jahr wird der Vertrag für die nächste Periode normal um eine Klasse besser eingestuft. Das Einschließen des R. in den Vertrag ist oft an bestimmte Voraussetzungen geknüpft, wie z.B. eine erreichte Mindest-Schadenfreiheitsklasse.

Ranking. Einordnung von Bewertungsgegenständen (z.B. von → Versicherungsprodukten) nach der Beurteilung ihrer Qualität, d.h. ihrer Fähigkeit, bestimmte definierte Anforderungen zu erfüllen. Die Einordnung erfolgt in eine Rangfolge, wobei für die herangezogenen Bewertungsgegenstände eine vollständige Rangfolge vom ersten bis zum letzten Platz erstellt wird. Eine Aussage über das absolute Qualitätsniveau ist mit einem R. grundsätzlich nicht verbunden. R. sind v.a. bei Produktvergleichen gebräuchlich. Abzugrenzen vom → Rating.

RAROC. Abk. für → Risk Adjusted Return on Capital.

Rate. Prozentsatz (i.d.R. vom Prämienvolumen) des rückversicherten → Portefeuilles, der im Rahmen einer → nicht-proportionalen Rückversicherungsvertrags als → Rückversicherungsprämie an den → Rückversicherer zu zahlen ist.

Rate on Line. Verhältnis von nichtproportionaler → Prämie pro → Layer zur Haftung des Layers.

Ratierliches Berechnungsverfahren, *Quotierungsverfahren, Pro rata temporis-Methode, m-n-tel-Verfahren.* Gesetzliche

Berechnungsregel im Rahmen der → betrieblichen Altersversorgung (bAV) gem. § 2 I und V BetrAVG. Bemisst die Höhe der → unverfallbaren Anwartschaft aus einer → Leistungszusage, wenn ein Arbeitnehmer vorzeitig aus dem Arbeitsverhältnis ausscheidet (→ vorzeitiges Ausscheiden). Ausdruck des Teilleistungsgedankens. Dem R. liegen zwei Rechenschritte zugrunde: 1. Berechnung der hypothetischen Versorgungsleistung bei Erreichen der Altersgrenze unter Zugrundelegung der Berechnungsgrundlagen bei Ausscheiden und 2. Kürzung im Verhältnis tatsächlicher → Betriebszugehörigkeit zu möglicher Betriebszugehörigkeit bis zur Altersgrenze.

Rating. *1. Begriff:* Urteil – im Sinne einer Meinungsäußerung – einer → Ratingagentur (teils auch einer Bank) über die Bonität eines Unternehmens (→ Unternehmensrating) oder die Qualität eines Produkts (→ Produktrating). Die klassischen Ratingagenturen erstellen aber, abgesehen von den → Emissionsratings, keine Produktratings. – *2. Merkmale:* Die Urteilsfindung erfolgt in einem strukturierten → Ratingprozess. Mit einem R. wird das beurteilte Wertpapier (Emissionsrating) bzw. Unternehmen (Unternehmensrating) auf Basis verschiedener → Ratingansätze nach den maßgeblichen → Ratingkriterien in eine → Ratingklasse eingestuft, die das Qualitäts- bzw. Bonitätsurteil widerspiegelt. Dabei ist die Ratingklasse eine Art Note im Rahmen einer festgelegten Noten- bzw. → Ratingskala. Innerhalb der Ratingklassen werden mit einem R. keine weiteren Aussagen zur Einordnung des beurteilten Wertpapiers oder Unternehmens in eine Rangfolge getroffen. – *3. Methoden:* Bei der Erstellung von R. werden objektive (statistische, empirisch getestete) und subjektive (von der Person des Analysten geprägte) Methoden angewendet. Subjektive Methoden beruhen weitestgehend auf dem Expertenwissen des Analysten. Objektive Methoden sind dagegen auf quantitative oder quantifizierbare Informationen begrenzt und nachprüfbar, d.h. auch ein anderer Analyst sollte mit derselben Methode zu demselben Urteil kommen. Durch standardisierte Ratingkriterien und deren standardisierte Gewichtungen sowie eine standardisierte Auswertung des Basismaterials kann ein weitgehend objektives und nachvollziehbares Rating ermittelt werden. – *4. Abgrenzung:* Ein R. ist von einem → Ranking abzugrenzen.

Ratingagenturen. *1. Begriff:* Institutionen, typischerweise in Form erwerbswirtschaftlicher Unternehmen, die → Ratings erstellen. – *2. Historie:* R. entwickelten sich im 19. Jahrhundert ursprünglich aus der Aufgabe heraus, eine übergeordnete Bonitätskontrolle für am amerikanischen Kapitalmarkt platzierte Wertpapieremissionen zu schaffen. – *3. Funktionen:* Auch heute noch gehört die Erstellung von → Emissionsratings zu den Funktionen von Ratingagenturen. Darüber und über die damit verbundenen Ratings für die Emittenten von Wertpapieren (→ Emittentenratings) hinaus erstellen R. aber längst auch Ratings für andere Unternehmen, z.B. für Versicherungsunternehmen (→ Unternehmensratings). – *4. Weitere Merkmale und Entwicklungen:* Je nach Art des Ratings bzw. des Ratingansatzes erhalten die R. für das von ihnen erstellte Rating eine Bezahlung von Seiten des beauftragenden Unternehmens; das ist namentlich bei den → interaktiven Ratings der Fall. Kritiker befürchten deshalb bisweilen Interessenkonflikte von Ratingagenturen. Zudem unterlagen R. und ihre Tätigkeiten bislang keinen aufsichtsrechtlichen Regelungen und keiner aufsichtsbehördlichen Kontrolle. („Wer kontrolliert die Kontrolleure?"). Sie selbst haben allerdings auch immer betont, dass sie mit ihren Urteilen lediglich eine (journalistische) Meinung abgeben. Aufgrund der hohen Bedeutung der Ratingurteile, die auf bestimmten Märkten gegeben ist (z.B. auf dem Kapitalmarkt, teilweise auch auf dem Versicherungsmarkt, dort insbesondere im Geschäft mit → Industriekunden und im Maklergeschäft), der damit verbundenen Marktmacht von R. und wegen der inzwischen systemischen Relevanz müssen sich in der Europäischen Union aktive Ratingagenturen bis September 2010 registrieren lassen und künftig auch regulatorische Anforderungen erfüllen.

Ratingansätze. *1. Begriff:* Ansätze zur Bewertung der finanziellen Stabilität eines Unternehmens (→ Unternehmensrating), die sich v.a. nach dem Anstoß für die Ingangsetzung eines → Ratingprozesses sowie nach Art und Umfang der zur Ratingerstellung benutzten Informationen unterscheiden. – *2. Varianten:* a) Generell wird eine → Ratingagentur erst aktiv, nachdem ein Auftrag zur Durchführung eines → Ratings von dem zu beurteilenden Unternehmen selbst erteilt wurde, das für das Rating auch bezahlt. In diesem Fall wird ein → interaktives Rating zunächst in Form eines → Erstratings und später laufend wiederholt als → Folgerating erstellt. – b) Gelegentlich werden aber auch sog. → pi-Ratings erstellt. Die Initiative geht hier direkt von der Ratingagentur oder z.B. einem Investor aus. Als Input für diese Form des Ratings können ausschließlich öffentlich verfügbare Informationen verarbeitet werden. Der Charakter eines solchen Ratings kann z.B. durch die Kennzeichnung mit dem Zusatz „pi" verdeutlicht werden. pi-Ratings werden generell einmal jährlich auf Basis der jüngsten Jahresabschlusszahlen aktualisiert. Darüber hinaus erfolgt im Fall eines unerwarteten und signifikanten Ereignisses auch unterjährig eine Überprüfung und ggf. eine Anpassung des Ratings.

Ratingkategorie. → Ratingklasse.

Ratingklasse, *Ratingstufe, Ratingkategorie.* – *1. Begriff:* Durch Symbole (z.B. Buchstaben oder Zahlen) repräsentiertes Qualitäts- bzw. Bonitätsniveau eines Produkts (→ Produktrating) oder Unternehmens (→ Unternehmensrating). – *2. Merkmale:* Bei einem Unternehmensrating wird die jeweilige R. mit der Wahrscheinlichkeit in Verbindung gesetzt, dass das beurteilte Unternehmen seinen finanziellen Verpflichtungen in der Zukunft nicht nachkommt. Mit → Ratings und den betreffenden R. soll zusätzlich eine internationale Vergleichbarkeit über Branchen und Länder hinweg erreicht werden, d.h. die mit einer R. in Deutschland angezeigte Bonität soll z.B. der in Australien entsprechen. → Interaktive Ratings können durch Hinzufügung eines Plus- oder Minuszeichens modifiziert werden (→ Notch); der Zusatz zeigt die jeweilige Position innerhalb einer R. an. – *3. Bedeutung:* Jede R. entspricht also einer statistischen Ausfallwahrscheinlichkeit, bspw. wie folgt: „Triple-A" (AAA) bezeichnet die höchste Bonitätsstufe und praktisch kein Ausfallrisiko; „D" bedeutet, dass sich das Unternehmen bereits in Zahlungsschwierigkeiten befindet (→ Ratingskala). Versicherungsunternehmen, deren Rating in die Kategorien von „AAA" bis „BBB" fallen, werden als sicher eingestuft, d.h. ihre finanzielle Stabilität wird als so stark eingeschätzt, dass sie etwaige Anfälligkeiten aufwiegt und das Unternehmen mit hinreichender Wahrscheinlichkeit in der Lage ist, seinen versicherungsvertraglichen Verpflichtungen nachzukommen. Diese R. werden deshalb auch als „investment grade" bezeichnet. Demgegenüber werden Versicherungsunternehmen mit einem Rating von „BB+" oder niedriger als anfällig für Zahlungsschwierigkeiten eingestuft. Ein „BB+"-Rating weist innerhalb des sog. „non investment grade"-Bereichs die geringste, ein „CC"-Rating die höchste Anfälligkeit für Zahlungsschwierigkeiten auf.

Ratingkomitee. Gremium, das in einem → Ratingprozess für die Vergabe des Ratingurteils verantwortlich ist. Das R. setzt sich aus besonders erfahrenen Analysten sowie dem jeweiligen Analystenteam zusammen, das in einem Ratingprozess dem Unternehmen zugewiesen wurde.

Ratingkriterien. *1. Begriff:* Faktoren zur Beurteilung der Qualität eines Produkts (→ Produktrating) oder der Bonität eines Unternehmens (→ Unternehmensrating) im Rahmen eines → Rating. Die R., die für ein Unternehmensrating herangezogen werden, hängen von dem jeweiligen → Ratingansatz ab. – *2. R. und Ratingansätze:* a) Ein → interaktives Rating beruht auf der ganzheitlichen Betrachtungsweise eines Unternehmens. Außer anhand von quantitativen Kriterien, wie z.B. im Versicherungsunternehmen die Ausstattung mit → Eigenkapital und/ oder → Eigenmitteln, der Mix an → Kapitalanlagen und das Niveau von → Rückstellungen, insbesondere von → versicherungstechnischen Rückstellungen, wird die Unternehmensbonität hier anhand von Merkmalen sämtlicher Facetten des Geschäftsbetriebs und unter Berücksichtigung des äußeren Umfelds beurteilt. Eine solche Konzeption erfordert auch eine qualitative und zukunftsorientierte Betrachtung, die z.B. die Qualität des Unternehmensmanagements einbezieht. In einem interaktiven Rating werden für diesen Zweck von der → Ratingagentur umfassende Managementinterviews durchgeführt, deren Ergebnisse ebenfalls wesentliche R. darstellen. – b) Ein → pi-Rating wird allein auf Basis öffentlich zugänglicher Informationen erstellt. Insbesondere werden dafür Jahresabschlussdaten verwendet. – *3. R. im internationalen Vergleich:* International werden teils unterschiedliche R. verwendet. Angesichts der großen Vielfalt an Rechnungslegungsvorschriften, aufsichtsbehördlichen Regelwerken und länderspezifischen Besonderheiten ist es grundsätzlich gar nicht möglich, über alle Länder hinweg einheitliche Methoden und R. auf alle Unternehmen anzuwenden. Zudem müssen die unterschiedlichen Facetten der einzelnen Rechtsformen und Konzernstrukturen berücksichtigt werden. Des Weiteren gibt es international auch unterschiedliche Handhabungen, ob einzelne Kriterien feste Gewichte haben sollten oder nicht. Gegen feste Gewichte spricht, dass jedes Rating die individuellen Verhältnisse eines Unternehmens innerhalb einer Branche und eines Landes widerspiegeln soll, die auch von den aktuell gegebenen Umweltkonstellationen abhängt. Vor diesem Hintergrund ist auch stets eine individuelle Beurteilung der relativen Wichtigkeit einzelner Faktoren erforderlich, die im Zeitablauf für ein einzelnes Unternehmen, für eine ganze Branche und/ oder für ein ganzes Land durchaus unterschiedlich sein kann.

Ratingprozess. *1. Begriff:* Ablauf eines → Rating, der von den Verfahrensweisen bei der Ratingerstellung geprägt ist. Grundsätzlich sind die Verfahrensweisen bei den einzelnen → Ratingagenturen ähnlich, sie setzen aber unterschiedliche Schwerpunkte im Ratingprozess. – *2. Ablauf im Einzelnen:* Im Regelfall wird eine Ratingagentur von dem Unternehmen beauftragt, das ein Rating wünscht, und sie wird auch von diesem bezahlt (→ interaktives Rating). Nach der Auswahl einer Ratingagentur erteilt das Unternehmen ein Mandat. Damit ist das Unternehmen nicht nur zur Zahlung der Ratinggebühr verpflichtet, es macht sich auch automatisch für die Mitwirkung im Ratingverfahren verantwortlich. Die Ratingagentur weist dem Unternehmen ein in der Branche erfahrenes Analystenteam zu, das für die Zusammenarbeit mit dem Unternehmen und die Erstellung eines Vorschlags für das → Ratingkomitee verantwortlich ist. Auf Basis eines von den Analysten erstellten Fragenkatalogs bereitet sich das Unternehmen auf ein Managementinterview vor, in dem insbesondere auch die qualitativen Aspekte der Unternehmensstrategie und des Risikomanagements erörtert werden, die aus dem Zahlenmaterial allein nicht ersichtlich sind. Die gewonnenen Daten und Eindrücke zu den einzelnen → Ratingkriterien werden von den Analysten zu einem Bericht verarbeitet und dem Ratingkomitee vorgelegt, das über das Rating entscheidet. Anschließend wird das Management des Unternehmens über das Ratingurteil benachrichtigt, und es kann dazu Stellung beziehen. Bei Akzeptanz kann das Rating in Form eines Ratingsymbols mit einem dazu gehörigen Kommentar über die wesentlichen Ratinggründe sowie einem Ausblick (→ Outlook) veröffentlicht werden. Die Veröffentlichung eines Erstratings basiert auf einer freiwilligen Entscheidung des Unternehmensmanagements. Spricht sich das Management dagegen aus, unterbleibt die Veröffentlichung. Wurden in der Analyse wichtige Sachverhalte unrichtig interpretiert, oder können substanzielle zusätzliche Informationen geliefert werden, kann die Unternehmungsleitung gegen das Rating einen Widerspruch einlegen. Das Ratingkomitee kann daraufhin das Urteil ggf. revidieren, oder aber auch erneut – und damit endgültig – bestätigen. Nach der Veröffentlichung des Ratings ist das Unternehmen einem ständigen Beobachtungsverfahren ausgesetzt, in dem eine Bonitätsveränderung frühzeitig erkannt und durch Ratingveränderungen signalisiert werden sollte. – *3. Prozessdauer:* Für ein interaktives Rating muss ein Unternehmen mit einer Prozessdauer von sechs bis zwölf Wochen rechnen.

Ratings im Kontext von Solvency II

von Wolfgang Rief

1. Einleitung

Eine umwälzende Modernisierung der Beaufsichtigung von europäischen Versicherungsunternehmen zeichnet sich ab und hat das Potenzial, zu einem weitreichenden Wandel in vielen Versicherungsmärkten beizutragen. Auch wenn die endgültige rechtliche Umsetzung von Solvency II erst für Oktober 2012 erwartet wird, so sind doch die wesentlichen Rahmenbedingungen zu einem Großteil schon bekannt. Nach der hier vertretenen Einschätzung wird Solvency II nicht mit einem ‚Big Bang' eingeführt, denn schon jetzt ist der Druck auf die Versicherer offensichtlich, erweiterten Berichtspflichten nachzukommen und ihre Geschäftsmodelle kritisch zu überprüfen. Allerdings ist der Trend zu Polarisierung und Konsolidierung in vielen Märkten bereits sichtbar, und Solvency II wird diese Entwicklungen nur verstärken. Letztendlich fordert Solvency II lediglich das ein, was stringent betriebswirtschaftlich gesteuerte Unternehmen ohnehin tun oder planen, zu tun. Gleichzeitig bieten die Herausforderungen infolge von Solvency II für gut aufgestellte Unternehmen die Chance zu neuen zukunftsorientierten Strukturen, Produkten und Beziehungen zu ihren Kunden, und sie fordern und fördern die Fähigkeit, die Zusammenhänge zwischen Risiko und Rendite besser verstehen zu können.

Einige Kommentatoren meinen, dass die gegenwärtige finanzielle und ökonomische Krise Anlass sein sollte, die Einführung von Solvency II zu verzögern. Im Gegensatz dazu wird hier argumentiert, dass die gegenwärtige Krise eher die Notwendigkeit forciert, Solvency II einzuführen.

Im Kontext eines immer komplexeren und sich schneller ändernden Marktumfelds steigt das Bedürfnis von Kunden, Vertrieben und Investoren nach Solidität- und Transparenzmerkmalen. Hier können Ratings mit ihren unabhängigen und auf der Basis hoher analytischer Standards erstellten Meinungsäußerungen einen wichtigen Beitrag leisten.

2. Solvency II initiiert ein integriertes Risikomanagement und eine wertorientierte Steuerung bei Versicherern

Solvency II soll das gesamte Versicherungsaufsichtssystem in Europa überarbeiten, denn das derzeit seit ungefähr 30 Jahren gültige System von Solvency I ist nicht länger zweckgerecht und darüber hinaus in einzelnen Ländern in sehr unterschiedlichen Versionen in Kraft. Nach der hier vorliegenden Überzeugung bietet Solvency II das Potenzial, die Versicherungsaufsicht in Europa in eine moderne und risikosensitive Plattform zu transformieren, die sowohl dem derzeitigen europäischen System als auch den meisten Systemen in anderen Ländern überlegen ist.

Eines der Hauptanliegen von Solvency II ist es, im Sinne einer präventiven Regulierung die Unternehmen zu veranlassen, ein integriertes Risikomanagement und eine damit verbundene wertorientierte Steuerung, kombiniert mit einer Art von Selbstregulierung, zu betreiben. Während das derzeitige Solvenzsystem im wesentlichen nur summarisch auf versicherungstechnische Risiken fokussiert ist und die Investmentrisiken nahezu völlig ignoriert, wird Solvency II die besondere Risikosituation der einzelnen Sparten, v.a. aber auch die jeweiligen Kapitalanlagerisiken berücksichtigen. Ähnlich zu dem analytischen Ansatz der Ratingagenturen will Solvency II einen übergreifenden, gesamtheitlichen Ansatz anwenden und die bislang eher quantitativen Methoden um qualitative Elemente erweitern.

3. Fundamentale strategische Herausforderungen für viele Versicherer

Der Solvency II-Prozess wird von der Europäischen Kommission, basierend auf dem Rat des Committee of European Insurance and Occupational Pension Supervisors (CEIOPS), mit beeindruckender Qualität und Geschwindigkeit vorangetrieben. Um die potenziellen quantitativen Auswirkungen von Solvency II frühzeitig zu evaluieren, sind inzwischen vier Studien (Quantitative Impact Studies) durchgeführt worden, und eine Fünfte wird in 2010 folgen.

Für manche Beobachter mag es überraschend sein, dass Solvency II zumindest theoretisch zu vermehrten Ausfällen von Versicherern führen könnte. Während etliche Länder in der Vergangenheit ihre aufsichtsrechtliche Politik darauf ausgerichtet hatten, jedweden Ausfall zu vermeiden, so erlaubt Solvency II in seinen theoretischen Grundlagen, dass im Interesse des Wettbewerbs 0,5 % der Versicherer (d.h. 20, wenn eine Gesamtzahl von etwa 4.000 europäischen Versicherern zugrundelegt wird) jährlich ausfallen könnten. Dabei wird erhofft, dass eventuelle Ausfälle durch verschiedene Eingriffsmöglichkeiten so gehandhabt werden können, dass die Auswirkungen auf die Versicherungsnehmer so gering wie möglich gehalten werden. Die Ursachen für kritische Fälle (gemeint sind solche Fälle, in denen die aufsichtsrechtlichen Anforderungen unter Solvency II nicht mehr erfüllt werden, und ein Entzug der Geschäftsbetriebserlaubnis droht) werden wohl nicht allein auf relativ höheren quantitativen Kapitalanforderungen beruhen, sondern v.a. auch in den höheren Anforderungen an die fachlichen Fähigkeiten der Mitarbeiter und an die Leistungsfähigkeit der Systeme eines Unternehmens zu suchen sein, die künftig nicht mehr durchweg erfüllt werden können. Solvency II sollte aber selbst für diese inhärente Konsolidierung nicht verantwortlich gemacht werden, denn es wird die unvermeidbaren Entwicklungen nur verstärken. Das Überleben eines Versicherers wird v.a. davon abhängen, entweder über Größe und Diversifikation zusammen mit der Fähigkeit zu verfügen, komplexe Strukturen effizient zu beherrschen, oder aber auf eine verteidigungsfähige Nischenstrategie bzgl. der Produkte oder der Distribution vertrauen zu können. Dabei ist zu beobachten, dass es v.a. für kleinere bis mittelgroße Marktteilnehmer besonders wichtig sein wird, ihr Geschäftsmodell zu überprüfen, wenn sie allein in den Massensparten aktiv sind.

Basierend auf den Erkenntnissen von QIS 4 wäre es nicht überraschend, wenn sich etwa 25 % der europäischen Versicherer veranlasst sähen, über strategische Maßnahmen nachzudenken. Diese könnten z.B. sein, das Engagement in bestimmten Sparten zu reduzieren, neues Kapital aufzunehmen, verstärkte Risikoabwälzungsmaßnahmen im Rahmen von Rückversicherungsnahmen durchzuführen, oder aber Kooperationen oder Zusammenschlüsse mit anderen Unternehmen zu erwägen.

Während es noch zahlreiche wichtige klärungsbedürftige Details in den Einführungsmaßnahmen für Solvency II gibt, insbesondere nachdem CEIOPS der europäischen Kommission erst im Herbst 2009 als Folge der Finanzkrise zahlreiche Erhöhungen von Kapitalanforderungen vorgeschlagen hat, ist gleichzeitig zu beobachten, dass sich Versicherer bereits in sehr unterschiedlicher Weise auf Solvency II vorbereiten. Insbesondere, da der sog. Group Support – der v.a. große Gruppen hinsichtlich Kapitalanforderungen und Kapitalmanagement begünstigt hätte – nicht in die Richtlinie aufgenommen wurde (obgleich das Thema wohl in 2015 wieder behandelt werden soll), überlegen diese Gruppen nun, ob sie ihre Struktur ändern und das Geschäft von Tochtergesellschaften auf Niederlassungen übertragen sollen. Bereits jetzt sind Implementierungen solcher Maßnahmen durch einige Gruppen mit dem Ziel zu beobachten, hierdurch die potenziellen Vorteile des Group Support realisieren zu können.

4. Auswirkungen auf den Ratingprozess

Nach Auffassung von Standard & Poor´s wird die Versicherungsaufsicht in ihren Verfahren qualitativer und prospektiver werden, und von daher ist zu erwarten, dass sich die Praktiken von Aufsicht und unserer Analyse teilweise annähern werden, obwohl die Ziele unterschiedlich bleiben. Die Zielsetzung von Ratings bleibt, die Einschätzung der Ratingagentur zur relativen Finanzstärke von Versicherern mittels des Ratingurteils zu kommunizieren, um hiermit fein abgestufte und zukunftsgerichtete Informationen bieten zu können.

Die Ratinganalyse von Standard & Poor's beinhaltet neun Elemente, die sich alle mehr oder minder auch in der Solvency II-Methodologie wiederfinden lassen. Drei analytische Kategorien – Kapitalausstattung (inklusive Reserven), Kapitalanlagen und Liquidität – haben viele Ähnlichkeiten mit den unter der ersten Säule von Solvency II behandelten Themen. Enterprise Risk Management (ERM) steht mehr im Zusammenhang mit der zweiten Säule. Die übrigen Faktoren – ökonomisches Risiko und Branchenrisiko, Management und Strategie, Wettbewerbsposition, Ertragskraft sowie finanzielle Flexibilität – haben einen stärker zukunftsgerichteten Charakter, und die Ratinginformationen hierzu könnten wohl Ähnlichkeiten mit Aussagen in den „Solvency and Financial Condition Reports" der dritten Säule haben.

Wir betrachten die eher qualitativen Aussagen als die letztendlich wichtigeren Teile der Ratinganalysen. So erwägen wir z.B., ob es eine auf effizienten Strategien beruhende starke Wettbewerbsposition einem Unternehmen ermöglicht, auch eine starke Ertragskraft aufzubauen – diese wiederum mit dem Ziel, die Kapitalausstattung entsprechend auszubauen und die finanzielle Flexibilität zu fördern. Ähnlich glauben wir, dass die rein quantitativen Aspekte von Solvency II bislang zu stark im Zentrum der öffentlichen Diskussion standen.

Wir erwarten nicht, dass wir aufgrund der in Solvency II angewandten Verfahren unsere eigenen Methodologien ändern werden. Jedoch wird sich unserer Meinung nach der Dialog zwischen den Unternehmen und den Aufsichtsbehörden ändern, und wir wollen eventuelle Besorgnisse der Aufseher aufgrund der neuen Methoden von Solvency II verstehen und uns eine Meinung über diese Themen bilden. V.a. aber erwarten wir, dass sich der europäische Versicherungsmarkt erheblich verändern wird, und wir werden diese Entwicklungen genau beobachten und entsprechend reagieren und kommentieren.

5. Aufsicht und Ratings haben unterschiedliche Rollen

Aufgrund der Entwicklung von verbesserten, risikobasierten Methodologien, wie z.B. Solvency II, werden wir häufig gefragt, wie unsere Ratings mit aufsichtsrechtlichen Aktivitäten verglichen werden können.

Auch wenn Ratingagenturen und Aufseher auf ähnliche Themen schauen, so haben sie doch unterschiedliche Rollen. Aufsichtsbehörden kontrollieren aufgrund ihrer Befugnisse den Zugang zu bestimmten Märkten. Ist die Lizenz einmal gewährt, kontrollieren Aufseher z.B. im Rahmen ihrer Finanzaufsicht, ob Versicherungsnehmer durch die Aufrechterhaltung einer Minimumkapitalisierung hinreichend geschützt sind. Aus dem Blickwinkel der Öffentlichkeit hat die Aufsicht grundsätzlich eine binäre Entscheidung zu treffen: nämlich ob ein Versicherer weiterhin die Erlaubnis behält oder nicht, Versicherungsgeschäfte im genehmigten Ausmaß zu betreiben. Auch wenn es immer wieder Versicherer gibt, die sich in einem schwierigen Stadium befinden, und die von der Aufsicht angehalten werden, dies angemessen zu adressieren, so wird die Öffentlichkeit hierzu selten Informationen erhalten.

Finanzkraft-Ratings (Insurer Financial Strength Ratings) sind reine Unternehmensratings. Sie beinhalten die Meinung der Ratingagentur über die finanzielle Stärke eines Versicherungsunternehmens und beurteilen damit die Fähigkeit einer Gesellschaft, ihre versicherungsvertraglichen Verpflichtungen erfüllen zu können. Eine Ratingmeinung differenziert dabei zugelassene Versicherer bzgl. ihrer relativen Finanzstärke. Ist ein Rating einmal in Kraft, so wird dieses fortlaufend beobachtet, und Versicherungsnehmer, Vertriebe und die interessierte Öffentlichkeit werden mit aktuellen, transparenten und global vergleichbaren Meinungen über die Finanzkraft und Bonität eines Versicherers versorgt.

**Ratingskala. ** Definitionsbereich der → Ratingklassen innerhalb eines → Rating. Wird i.d.R. mit Symbolen (z.B. Buchstaben oder Zahlen) ausgedrückt. Bspw. kann die Skala für ein durch Buchstaben repräsentiertes Bonitätsniveaus eines Unternehmens (→ Unternehmensrating) von der höchsten Bewertung „Triple A" (AAA) bis zur niedrigsten Bewertung „C" reichen; ein „D" wäre dann im eigentlichen Sinne kein Rating mehr, sondern zeigt an, dass sich das betreffende Unternehmen bereits in Zahlungsschwierigkeiten befindet. International verwenden die → Ratingagenturen z.T. unterschiedliche R. mit unterschiedlicher Akzeptanz im Markt. Damit können z.b. auch gleichlautende Symbole eine unterschiedliche Bedeutung haben.

**Ratingstufe. ** → Ratingklasse.

**Rationalisierung. ** *1. Begriff:* Erhöhung der Effizienz durch Optimierung von Arbeits- und Organisationsabläufen, insbesondere durch Automatisierung. – *2. Merkmale:* Entweder soll ein gleicher Effekt mit weniger Mitteln oder ein größerer Effekt mit gleichen Mitteln erreicht werden. – *3. Umsetzung:* Im Gesundheitswesen sollen Rationalisierungspotentiale insbesondere durch Verbesserung der leistungssektorübergreifenden medizinischen Versorgung (→ integrierte Versorgung), durch Ausrichtung des medizinischen Handelns an der besten wissenschaftlichen Erkenntnis, (→ evidenzbasierte Medizin) sowie durch die Einführung von Chroniker-Programmen (Disease-Management-Programmen, vgl. → Disease Management) erschlossen werden.

Rationierung im Gesundheitswesen

von Herrn Prof. Dr. Eckart Fiedler

Die Rationierung von Gesundheitsleistungen sei unumgänglich, so der Nationale Ethikrat anlässlich seiner Jahrestagung 2006.[1] Diese klare Feststellung von Ärzten, Ökonomen, Philosophen darf dennoch nicht darüber hinweg täuschen, dass die Rationierung von Gesundheitsleistungen in der öffentlichen Diskussion heiß umstritten ist. In der Bevölkerung wird sie als Bedrohung empfunden. Mit ihr wird die Gefahr gesehen, dass das medizinisch Notwendige nicht mehr jedem unabhängig von seinen finanziellen Möglichkeiten zur Verfügung stehe, also ein Einstieg in die Zwei-Klassen-Medizin erfolge. Deshalb tut sich die Politik schwer, die Debatte um eine notwendige Rationierung von nützlichen Gesundheitsleistungen offen und transparent zu führen, obwohl sie diesen Weg in der Gesetzesrealität schon längst beschreitet. So hat der Gesetzgeber zum Zwecke der Kostendämpfung in den letzten Jahren wiederholt Leistungen der gesetzlichen Krankenversicherung (GKV) gestrichen; zuletzt die freiverkäuflichen Arzneimittel im Gesundheitsmodernisierungsgesetz (GMG).
Angesichts der zukünftigen Herausforderungen durch Demographie und medizinischen Fortschritt stellt sich die Frage, ob der Weg der Rationierung, also der Beschneidung des solidarisch finanzierten Leistungskatalogs nicht noch konsequenter gegangen werden muss, wie es Fritz Beske kürzlich forderte.[2]
Rationierung von Gesundheitsleistungen kann unterschiedliche Ursachen haben. Fehlende Spenderorgane führen zwangsläufig zur Rationierung des nur beschränkt vorhandenen Guts. Durch eine transparente Priorisierung ist eine gerechte Verteilung zu organisieren, eine Vorgehensweise, die bei der Organspende unstrittig ist.
Rationierung wird dann problematisch, wenn ein Verzicht auf medizinisch nützliche Leistungen, die durchaus vorhanden wären, aus finanziellen Gründen, z.B. des Wunschs nach Beitragssatzstabilität in der GKV, erfolgt. Allgemein ist die Ansicht vorhanden, dass nicht mehr alles, was medizinisch machbar ist, zur Verfügung stehen, sprich solidarisch bezahlt werden kann. Streit ist aber spätestens bei der Frage programmiert, wer was wann nicht mehr erhalten soll.
Rationierung von notwendigen Gesundheitsleistungen erfordert eine gerechte Auswahl und als Mittel der letzten Wahl eine vorherige strikte Ausschöpfung von Wirtschaftlichkeitsreserven. Rationalisierung vor Rationierung heißt die Devise. Rationalisierung bedeutet, Effizienzsteige-

rung durch den wirtschaftlichen Einsatz von wirksamen Mitteln zu erreichen. Sie realisiert das Wirtschaftlichkeitsgebot unserer sozialen Krankenversicherung. Danach dürfen nur notwendige und wirtschaftliche Leistungen beansprucht, erbracht und bezahlt werden. Eine gerechte Rationierung ist also mehr als ein „plattes Wegstreichen" aus ökonomischen Gründen, wie es Jacherzt und Rieser im Deutschen Ärzteblatt zutreffend formulieren.[3] Vielmehr müssten obsolete Leistungen aussortiert, Zielgruppen enger gefasst sowie qualitative Anforderungen an die Leistungserbringung erhöht werden.

Und ein weiteres gilt es, zu beachten: GKV-Versicherte sollen durch eine gesundheitsbewusste Lebensführung und durch gesundheitliche Vorsorgemaßnahmen dazu beitragen, Krankheiten zu vermeiden.[4] Aktuell leiden in Deutschland rund 6 Mio. Menschen an Altersdiabetes. Die daraus resultierenden Krankheitskosten werden auf insgesamt 30 Mrd. Euro pro Jahr geschätzt.[5] Als Folge des demographischen Wandels werden die Zahl der Diabetiker im Jahre 2020 auf über 10 Mio. und damit die Gesamtkosten auf nahezu 50 Mrd. Euro ansteigen.[6] Eine entsprechende Entwicklung kann bei allen chronischen Erkrankungen erwartet werden.

Die zukünftige Finanzierbarkeit der gesetzlichen Krankenversicherung wird deshalb nur mit schwerwiegenden Rationierungen gesichert werden können, es sei denn die prognostizierte Entwicklung von chronischen Erkrankungen wird nachdrücklich gebremst. Bis zu 90 Prozent der Erkrankungen an Altersdiabetes sind durch gesunde Ernährung und ausdauerorientierte Bewegung vermeidbar, so die übereinstimmende Meinung von 40 führenden Präventionsexperten in einer Studie der Felix-Burda-Stiftung[7]. Welch ein Potential! Solidarität erfordert Eigenverantwortung! Neues Denken und Handeln in diese Richtung sind also nötig, nicht nur für mehr Lebensqualität, sondern auch zur Sicherung der Finanzierbarkeit unserer sozialen Krankenversicherung. Mehr Wirtschaftlichkeit bei der Leistungserbringung sowie ein insgesamt gesundheitsbewussteres Verhalten müssen eine höhere Priorität erhalten, um Leistungsrationierungen auch künftig in einem angemessenen Rahmen zu halten.

Literatur: [1]Nationaler Ethikrat, Wortprotokoll der Jahrestagung vom 26.10.2006 in Berlin, Gesundheit für alle – wie lange noch? - Rationierung und Gerechtigkeit im Gesundheitswesen, in: http://www.ethikrat.org/veranstaltungen/pdf/Wortprotokoll_Jahrestagung_2006-10-26.pdf, (Abruf: 30.11.2007); [2]Beske, F., Institut für Gesundheits-System-Forschung, Pressemitteilung zur Pressekonferenz des IGSF am 6. Dezember 2006 in Berlin, Gesetzliche Krankenkassen: Mehr Geld oder weniger Leistung, in: http://www.igsf-stiftung.de/Band107-lang.pdf, (Abruf: 30.11.2007); [3]Jachertz, N./ Rieser, S., Rationierung im Gesundheitswesen – Grenzen für den Fortschritt, in: Deutsches Ärzteblatt, 104. Jg., H. 1-2, 2007, S. A-21; [4]Sozialgesetzbuch V § 1; [5]Schüddekopf, C., Die Zeit Nr. 48 vom 20.11.2003, Der tödliche Zucker, in: http://www.zeit.de/2003/48/Diabetes_neu, (Abruf: 30.11.2007); [6]Pressemitteilung des Informationsdienst Wissenschaft, Booz|Allen|Hamilton und Felix-Burda-Stiftung, Von der Reaktion zur Prävention – Leitbild für eine moderne Gesellschaft, Studie zum Stand der Prävention in Deutschland, Juni 2005, Dringender Handlungsbedarf in der Gesundheitsvorsorge; vom 16.06.2005, in: http://www.boozallen.de/media/file/praevention.pdf, (Abruf: 30.11.2007); [7]ebd.

Raub. Variante des Versicherungsfalls unter der versicherten Gefahr „Einbruchdiebstahl und Raub", z.B. im Rahmen der → verbundenen Hausratversicherung. Konstituierendes Merkmal ist die Anwendung von Gewalt gegen versicherte Personen (Versicherungsnehmer und andere mit seiner Zustimmung in der versicherten Wohnung befindliche Personen) mit dem Ziel, den Widerstand gegen die Wegnahme versicherter Sachen zu eliminieren. Diesem Grundtatbestand gleichgestellt ist die räuberische Erpressung, wonach sich eine versicherte Person versicherte Sachen wegnehmen lässt, weil der Täter mit einer Gewalttat gegen diese oder eine andere anwesende Person droht.

Raubversicherung. → Einbruchdiebstahl- und Raubversicherung.

Rauch. Jegliche Gemischart aus Gasen, Dämpfen und Rußpartikeln, die bei Verbrennungsvorgängen resultiert. Schäden durch R. sind in der → Feuerversicherung gedeckt, wenn es um Folgeschäden eines → Brands geht. Im Rahmen der → Extended Coverage-Versicherung sind auch Schäden durch R. mitversicherbar, der bestimmungswidrig und plötzlich aus Anlagen auf dem Versicherungsgrundstück austritt.

Reaktivierung. Rückkehr eines Versicherten in das Berufsleben nach überstandener →

Berufsunfähigkeit. Häufig ist die Erkrankung, die zu einer Berufsunfähigkeit geführt hat, nach einigen Jahren wieder ausgeheilt. Endet die Berufsunfähigkeit und kehrt der Versicherte ins Arbeitsleben zurück, wird von R. gesprochen. Einige Versicherer bieten für die Situation, dass die Berufsunfähigkeit endet, eine → Wiedereingliederungshilfe an.

Reaktivierungswahrscheinlichkeit. Wahrscheinlichkeit, dass eine berufsunfähige bzw. erwerbsunfähige Person eines bestimmten Alters innerhalb des nächsten Jahres einen Gesundheitszustand erlangt, der es ihr erlaubt, den früher praktizierten Beruf wieder auszuüben bzw. mindestens drei Stunden täglich irgendeiner Erwerbstätigkeit nachzugehen. Die R. hängt nicht nur vom Alter der berufs- bzw. erwerbsunfähigen Person ab, sondern auch von der Zeitdauer der bereits vorliegenden → Berufsunfähigkeit bzw. → Erwerbsunfähigkeit.

Real Estate Investment Trust (REIT). *1. Begriff:* International anerkannte Form der Immobilienanlage in Form einer börsennotierten Immobilienaktie. – *2. Merkmale:* Im Gegensatz zu Anteilen an einem Immobilienfonds werden Anteile an REITs wie → Aktien gehandelt und bieten damit Anlegern die Möglichkeit, ihre Anteile an börsennotierten REITs jederzeit verkaufen zu können. Das Portfolio ist damit sehr schnell und individuell steuerbar. Aufgrund der leichten Liquidierbarkeit können REITs zur Feinsteuerung von Immobilien-Portfolios genutzt werden. REITs sind durch ihre börsentägliche Notierung transparenter als Immobilienfonds, weisen aber eine höhere → Volatilität auf. Ein REIT muss mindestens 90 % seiner Gewinne als Dividende an die Aktionäre ausschütten. Die Besteuerung erfolgt i.d.R. nicht bei der Gesellschaft selbst, da sie von der Körperschaft- und Gewerbesteuer befreit ist, sondern unmittelbar beim Investor. – *3. Verbreitung:* Gegenwärtig sind REITs in etwa 20 Ländern der Welt zugelassen. Im März 2007 – rückwirkend zum 1.1.2007 – hat der Gesetzgeber REITs unter festgelegten Voraussetzungen auch in Deutschland zugelassen.

Realisationsprinzip. *1. Begriff:* Ein → Grundsatz ordnungsmäßiger Buchführung (GoB). – *2. Merkmale:* Das R. besagt, dass Gewinne nur zu berücksichtigen sind, wenn sie am Abschlussstichtag realisiert sind. Damit ist der Ertragszeitpunkt festlegt. Das R. ist eine Konkretisierung des → Vorsichtsprinzips und leitet sich daraus ab. Abzugrenzen vom → Imparitätsprinzip. Aus dem R. folgt das Anschaffungs- bzw. Herstellungskostenprinzip, das besagt, dass die Anschaffungs- bzw. Herstellungskosten die Wertobergrenze von Vermögensgegenständen bilden. – *3. Gesetzliche Grundlagen:* § 252 I Nr. 4 HGB. – *4. Rechnungslegung nach IAS/ IFRS und US-GAAP:* a) Nach dem Grundsatz des → True and Fair View gilt in der Rechnungslegung nach → IAS/ → IFRS grundsätzlich kein Realisationsprinzip. – b) Das R. (realisation principle) nach → US-GAAP besagt, dass Gewinne bilanziert werden dürfen, wenn sie realisierbar sind; sie brauchen jedoch noch nicht realisiert zu sein.

Rechnungsabgrenzungsposten (RAP). *1. Begriff:* Aktiv- und/ oder Passivposten in der → Bilanz. Als aktive RAP sind → Ausgaben vor dem Abschlussstichtag auszuweisen, soweit sie → Aufwendungen für eine bestimmte Zeit danach darstellen (transitorische Aktiva). Als passive RAP sind → Einnahmen vor dem Abschlussstichtag auszuweisen, soweit sie → Erträge für eine bestimmte Zeit danach darstellen (transitorische Passiva). – *2. Ziel:* Mit den RAP soll dem Prinzip der Periodenabgrenzung Rechnung getragen werden. – *3. Abgrenzungen in der Rechnungslegung von Versicherungsunternehmen:* a) Antizipative aktive RAP (den Erträgen folgen die zugehörige Einnahmen in der späteren Periode) werden unter den Forderungen ausgewiesen. – b) Antizipative passive RAP (den Aufwendungen folgen die zugehörigen Ausgaben in der späteren Periode) werden unter → Rückstellungen und → Verbindlichkeiten ausgewiesen. – c) Prämieneinnahmen, die erst später Erträge werden, sind als → Beitragsüberträge unter den → versicherungstechnischen Rückstellungen und nicht als transitorische RAP auszuweisen. – *4. Rechtliche Grundlagen:* Allgemeine Grundsätze ergeben sich aus §§ 250, 255 HGB. Für Versicherungsunternehmen gelten konkretisierende Vorschriften des § 20 RechVersV i.V.m. Formblatt 1 RechVersV.

Rechnungsgrundlagen. Parameter zur Berechnung von → Prämien und → Deckungsrückstellungen in der → Personenversicherung. R. sind im Einzelnen die → Ausscheidewahrscheinlichkeiten (vgl. auch → Sterbetafel, Berufsunfähigkeitstafel etc.), der → Rechnungszins und die Zuschläge für Abschluss- und Verwaltungskosten bezeichnet. Die R. gehen als Eingangsgrößen in die Formeln für die Prämien- und Rückstellungsberechnungen ein. a) Als R. 1. Ordnung werden R. bezeichnet, die einen Sicherheitszuschlag enthalten. So wird als Rechnungszins 1. Ordnung für die Prämien z.B. eines Lebensversicherungstarifs ein Zinssatz gewählt, der mutmaßlich dauerhaft unter dem über die Vertragslaufzeit erwarteten Zinssatz auf dem Kapitalmarkt liegen wird.

In der → privaten Rentenversicherung wird eine Sterbetafel gewählt, die deutlich weniger Todesfälle in den einzelnen Jahren vorsieht, als tatsächlich zu erwarten sind. Durch die Wahl von R. 1. Ordnung werden die Prämien und → Rückstellungen höher kalkuliert, als tatsächlich erforderlich. – b) R. ohne Sicherheitszuschläge sind R. 2. Ordnung. Sie spiegeln somit die erwarteten Werte wider.

Rechnungslegung. → Interne Rechnungslegung, → Rechnungslegung von Versicherungsunternehmen.

Rechnungslegung von Versicherungsunternehmen

von Dr. Frank Ellenbürger und Dr. Joachim Kölschbach

Die Rechnungslegung ist eine Aufgabe des betrieblichen Rechnungswesens. Das *Rechnungswesen* des Versicherungsunternehmens ist die Gesamtheit der Modelle, mit denen wirtschaftliche Tatbestände und Vorgänge im Versicherungsunternehmen bzw. zwischen dem Versicherungsunternehmen und seiner Umwelt quantitativ abgebildet werden.

Das betriebliche Rechnungswesen unterscheidet einerseits das interne Rechnungswesen und andererseits das externe Rechnungswesen. Das *interne Rechnungswesen* bildet das wirtschaftlich bedeutsame Geschehen im Betrieb ab; wesentliche Zwecksetzungen sind die Planung innerbetrieblicher Vorgänge, deren Steuerung sowie die Kontrolle der Wirtschaftlichkeit mit Hilfe von Soll-Ist-Vergleichen für unternehmensinterne Adressaten (Instrumente: z.B. Kosten- und Leistungsrechnung, Deckungsbeitragsrechnung, Investitions- und Finanzierungsrechnung, Liquiditätsrechnung).

Das *externe Rechnungswesen* dagegen bildet die Austauschbeziehungen eines Unternehmens zu Dritten und die daraus resultierenden Bestände ab; wesentliche Zwecksetzungen sind die Dokumentation und Kontrolle (Dokumentations-/ Kontrollfunktion), die Rechenschaft gegenüber den Kapitalgebern (Rechenschaftslegungsfunktion), die Zahlungsbemessung an Gesellschafter (Ausschüttungsbemessungsfunktion, Gläubigerschutzfunktion) oder Staat (Steuerbemessungsfunktion) sowie das Informieren externer Adressaten/ Interessenten (Informationsfunktion). Hieraus abzuleiten ist die Rechnungslegung, die eine abgestimmte Auswahl bzw. Zusammenfassung von Rechnungswesen-Informationen darstellt. Gegenüber dem internen Rechnungswesen unterliegt das externe Rechnungswesen gesetzlichen und/ oder aufsichtsrechtlichen (externen) Anforderungen.

Der unternehmensinterne bzw. -externe *Adressaten-/ Interessentenkreis* der bereitzustellenden Informationen kann je nach Unternehmen(-sform) und Branche variieren.

Rechnungslegung von Versicherungsunternehmen

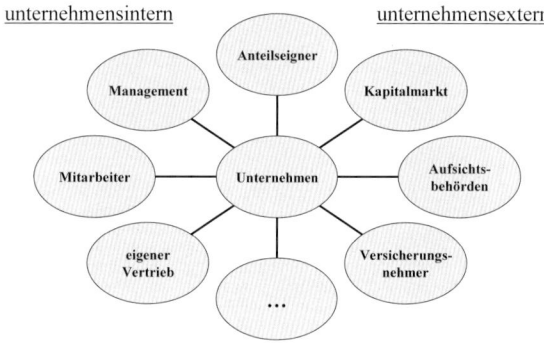

Adressaten-/ Interessentenkreise

Bei Versicherungsunternehmen können als zusätzliche Adressaten bspw. Rückversicherer, Rating-Agenturen und Makler gesehen werden. Grundsätzlich sind von den Informationsadressaten die Informationsinteressenten, als nicht originäre Informationsempfänger, wie Mitarbeiter oder andere Versicherungsunternehmen (Konkurrenz) abzugrenzen.

Über die *Rechnungslegung* werden externe Adressaten über die im Betrieb erfolgten Geld- und Leistungsströme, die vorhandenen Bestände und die sonstigen für die Vermögens-, Finanz- und Ertragslage wesentlichen Vorgänge informiert. Versicherungsunternehmen legen Rechnung zum einen durch den Jahresabschluss und den Lagebericht gegenüber der Öffentlichkeit (externe Rechnungslegung) und zum anderen über Berichte an die Aufsichtsbehörde, die der Öffentlichkeit nicht zugänglich sind (interne Rechnungslegung). Die Empfänger beider Rechnungslegungssysteme sind externe Adressaten – insofern ist der Begriff der „internen Rechnungslegung" missverständlich.

Im Rahmen der *internen Rechnungslegung* nach § 55a VAG ist die Aufsichtsbehörde, um die jederzeitige Leistungsfähigkeit der Versicherungsunternehmen überwachen zu können, zu informieren. Die Aufsichtsbehörde hat zur Konkretisierung der Berichtspflichten die Verordnung über die Berichterstattung von Versicherungsunternehmen gegenüber der Aufsicht (BerVersV) erlassen. Demnach haben Versicherungsunternehmen der Aufsichtsbehörde einen internen Bericht, bestehend aus einer für die Aufsichtszwecke gegliederten Bilanz, einer nach Versicherungszweigen und -arten gegliederten Gewinn- und Verlustrechnung, weiteren Erläuterungen und sonstigen Rechnungslegungsunterlagen, sowie ergänzende interne vierteljährliche Zwischenberichte einzureichen.

Handelsrechtliche Bestandteile der *externen Rechnungslegung* sind die Bilanz, die Gewinn- und Verlustrechnung, der Anhang (zusammen = Jahresabschluss) und der Lagebericht. Aus der handelsrechtlichen Bilanz wird nach dem Prinzip der Maßgeblichkeit die Steuerbilanz abgeleitet.

Rechengrößen der externen Rechnungslegung sind das Vermögen und die Schulden als Bestandsgrößen, die sich in der Bilanz – jeweils für einen Bewertungsstichtag – niederschlagen, sowie die Aufwendungen (periodisierte Ausgaben) und die Erträge (periodisierte Einnahmen) als Stromgrößen, die in der Gewinn- und Verlustrechnung über den Zeitraum zwischen zwei aufeinanderfolgenden Bewertungsstichtagen (üblicherweise ein Jahr) kumuliert werden. Somit bestimmt die Definition von Aufwand und Ertrag bzw. Vermögen und Schulden, was inhaltlich als Erfolg eines Unternehmens anzusehen ist. Dies kann je nach angewandter Bilanzierungssystematik (z.B. HGB vs. IAS/ IFRS) erhebliche Bewertungsunterschiede verursachen.

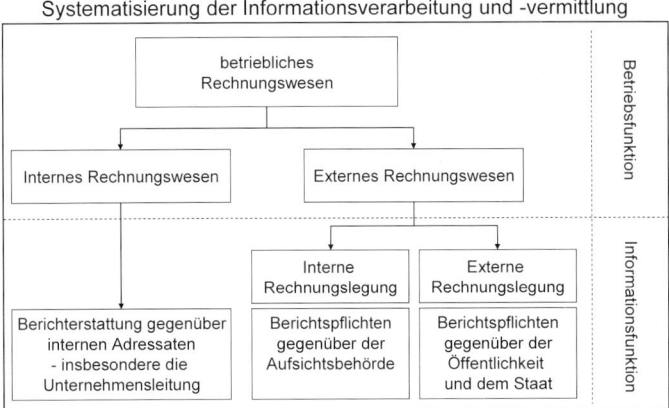

Für die *Rechnungslegung der Versicherungsunternehmen* haben sich neben den grundsätzlich geltenden allgemeinen Vorschriften ergänzende branchenspezifische Normen herausgebildet. Dies ist in mehrerlei Hinsicht zu begründen. Der besondere Charakter des Versicherungsgeschäfts erfordert Bilanzposten und Posten der Gewinn- und Verlustrechnung besonderer Art, die den Jahresabschlüssen der Unternehmen anderer Branchen fremd sind. So führen bspw. Rückversicherungsvorgänge zu besonderen Offenlegungspflichten. Gleichzeitig ist die Struktur der Aktivseite der Bilanz durch eine Dominanz der Kapitalanlagen über die sachlichen Produktionsmittel gekennzeichnet, während auf der Passivseite das versicherungstechnische Fremdkapital gegenüber den üblichen Formen der Fremdfinanzierung eine herausragende Bedeutung hat.

Den *gesetzlichen Rahmen* für die Rechnungslegung der Versicherungsunternehmen bilden – rechtsform- und größenunabhängig – insbesondere das HGB mit den Vorschriften der §§ 238 bis 335 HGB und §§ 341 bis 341o HGB sowie einige Vorschriften des AktG und des VAG. Ergänzt werden diese Rechtsgrundlagen durch Anordnungen der Aufsichtsbehörde (z.B. die Deckungsrückstellungsverordnungen). Das Publizitätsgesetz findet für Versicherungsunternehmen keine Anwendung. Mit den §§ 341 ff. HGB als ergänzende branchenspezifische Rechnungslegungsvorschriften wird den besonderen Publizitätserfordernissen der Versicherungsunternehmen Rechnung getragen, indem für den Einzel- bzw. Konzernabschluss festgelegt wird, welche Regelungen des HGB und des AktG vollständig, eingeschränkt oder wahlweise für Versicherungsunternehmen – also z.B. auch für Versicherungsvereine auf Gegenseitigkeit (VVaG) – gelten. Aufgrund der Verordnungsermächtigung in § 330 HGB ist die Verordnung über die Rechnungslegung von Versicherungsunternehmen (RechVersV) erlassen worden, die Einzelheiten – insbesondere die Aufgliederung von Bilanz und Gewinn- und Verlustrechnung nach Formblättern – zum Jahresabschluss und Lagebericht sowie zum Konzernabschluss und Konzernlagebericht von Versicherungsunternehmen regelt.

Darüber hinaus sind Versicherungsunternehmen gem. § 341i HGB unabhängig von ihrer Rechtsform und Größe zur *Konzernrechnungslegung* verpflichtet. Grundsätzlich gelten die handelsrechtlichen Konzernrechnungslegungsvorschriften der §§ 290 bis 315 HGB; den Besonderheiten der Versicherungswirtschaft wird durch die §§ 341i und 341j HGB Rechnung getragen. Ergänzt bzw. konkretisiert werden die handelsrechtlichen Vorschriften durch vom Deutschen Standardisierungsrat verabschiedete Deutsche Rechnungslegungsstandards (DRS), wobei auch hier neben allgemeinen zudem versicherungsspezifische DRS anzuwenden sind. Auch wenn die DRS verbindlich nur für den Konzernabschluss gelten, wird eine Anwendung auf den Einzelabschluss empfohlen.

Der handelsrechtliche Konzernabschluss erfährt insofern eine Einschränkung, als nach § 315a I HGB „kapitalmarktorientierte" Mutterunternehmen – unter Beachtung bestimmter handelsrechtlicher Vorschriften – einen Konzernabschluss nach den *International Accounting Standards* bzw. *International Financial Reporting Standards* (IAS/ IFRS) aufstellen müssen. Nichtkapitalmarktorientierte Unternehmen haben ein Wahlrecht, an Stelle des handelsrechtlichen Konzernabschlusses einen solchen nach IAS/ IFRS aufzustellen (§ 315a III S. 1 HGB). Zusätzlich haben Unternehmen nach § 325 IIa HGB das Wahlrecht, den Einzelabschluss (Jahresabschluss) zu Informationszwecken, also nicht zur Ausschüttungsbemessung, nach den IAS/ IFRS – wiederum unter Beachtung bestimmter handelsrechtlicher Vorschriften – offenzulegen. Dabei wird nach der internationalen Rechnungslegung die Bilanzierung von Versicherungsverträgen (nicht Versicherungsunternehmen) durch den IFRS 4 „Insurance Contracts" geregelt.

Spezielle Vorschriften für die *Offenlegung* von Versicherungsunternehmen ergeben sich aus § 341l HGB. Grundsätzlich sind die für große Kapitalgesellschaften geltenden Vorschriften der §§ 325 bis 329 HGB über die Offenlegung unmittelbar anzuwenden. Nicht anwendbar sind dagegen die größenabhängigen Erleichterungen der §§ 326 und 327 HGB, da Versicherungsunternehmen gem. § 341a I HGB die für große Kapitalgesellschaften geltenden Vorschriften zu beachten haben. Wegen der Rechtsformunabhängigkeit gelten die Offenlegungsregelungen auch für Versicherungsunternehmen, die keine Kapitalgesellschaften sind, also z.B. VVaG. Versicherungsunternehmen haben über die allgemeinen Offenlegungsvorschriften hinausgehend ihre Jahres- und Konzernabschlüsse der Aufsichtsbehörde unverzüglich einzureichen (§ 55 II VAG) sowie jedem Versicherten auf Verlangen den Jahresabschluss und den Lagebericht zu übersenden (§ 55 III VAG).

Für börsennotierte Versicherungsunternehmen ergibt sich zudem die Verpflichtung zur Erstellung von Halbjahres- und Quartalsabschlüssen. Diese folgt aus den Vorschriften der §§ 37w ff. WpHG sowie aus § 66 der Börsenordnung der Frankfurter Wertpapierbörse.

Neben der Erfüllung der rechtsform-, branchen- und konzernunabhängigen Grundsätze ordnungsmäßiger Buchführung (GoB) erfordert die Darstellung von versicherungsspezifischen Sachverhalten zusätzlich spezifische *Abbildungsprinzipien*, die aus den besonderen Eigenschaften des Versicherungsgeschäfts resultieren:

1. Brutto- und Nettoprinzip: Betrifft den Ausweis vor bzw. nach Rückversicherung.
2. Umsatz- und Erfolgsprinzip: Betrifft den offenen verrechneten bzw. saldierten Ausweis von erfolgsunwirksamen Zahlungsströmen.
3. Gesamterfolgs- und Teilerfolgsprinzip: Betrifft den gesamthaften Erfolgsausweis bzw. die Zuordnung von Teilerfolgen zu Kosten- und Erlösträgern.
4. Gesamtbestands- und Spartenrechnungsprinzip: Betrifft den Differenzierungsgrad der Darstellung von Aufwendungen und Erträgen nach Versicherungsbeständen.
5. Primär- und Sekundärprinzip: Betrifft den Ausweis von Aufwendungen und Erträgen nach Art der Entstehung bzw. nach Aufteilung in Funktionen.

Literatur: Angerer, A., Rechnungslegung, in: Farny, D./ Helten, E./ Koch, P./ Schmidt, R. (Hrsg.), Handwörterbuch der Versicherung, Karlsruhe 1988, S. 593-603; Baetge, J./ Kirsch, H.-J./ Thiele, S., Bilanzen, 9. Auflage, Düsseldorf 2007; Geib, G., Erläuterungen zu den für Versicherungsunternehmen geltenden ergänzenden Vorschriften zur Rechnungslegung und Prüfung/ Abschnitt K, in: Institut der Wirtschaftsprüfer (Hrsg.), WP-Handbuch 2006 – Band 1, Düsseldorf 2006; Farny, D., Buchführung und Periodenrechnung im Versicherungsunternehmen, 4. Auflage, Wiesbaden 1992; Leffson, U., Die Grundsätze ordnungsmäßiger Buchführung, 7. Auflage, Düsseldorf 1987; Nguyen, T., Rechnungslegung von Versicherungsunternehmen, Karlsruhe 2008; Rockel, W., u.a., Versicherungsbilanzen, 2. Auflage, Stuttgart 2007.

Rechnungsmäßige Abschlusskosten. Gesamtheit aller in die → Beiträge für einen Lebensversicherungsvertrag eingerechneten Kostenanteile zur Deckung der → Abschlusskosten des jeweiligen Geschäftsjahres.

Rechnungsprüfung. *1. Begriff:* Überprüfung der von den Leistungsbringern im Gesundheitswesen erstellten Rechnungen durch den Selbstzahler bzw. Privatversicherten. – *2. Arten:* a) R. beim Versicherer: Die

R. im privaten Krankenversicherungsunternehmen dient der Überprüfung des tarifabhängigen Anspruchs auf Kostenerstattung der von Privatpatienten eingereichten Rechnungen. Sie schützt so das Versicherungskollektiv vor ungerechtfertigten Leistungsinanspruchnahmen. Dies ist v.a. im Interesse der im jeweiligen Tarif versicherten Personen, die über ihre Beiträge letztlich die individuellen Leistungsansprüche finanzieren. – b) R. beim Privatpatienten: Überprüfung der Rechtmäßigkeit und Plausibilität von Rechnungen medizinischer Leistungserbringer durch den Privatpatienten. Auch die R. des Privatpatienten trägt zu stabilen Beiträgen in der → privaten Krankenversicherung (PKV) bei bzw. schützt den Privatpatienten vor nicht zu rechtfertigenden Forderungen. – *3. Kriterien der R.:* a) Anspruch auf Kostenerstattung, – b) Plausibilität der Rechnung, – c) Rechtfertigung der Höhe der Steigerungssätze, – d) Rechnungsbetrag, – e) Minderungsbetrag bei stationärer Leistung, – f) Datum der Leistungserbringung. – *4. R. im Internet:* Unter www.derprivatpatient.de wird den Privatpatienten als Service des → Verbands der privaten Krankenversicherung e. V. ein Programm zur Verfügung gestellt, mit dessen Hilfe privatärztliche Rechnungen auf Konformität mit den Abrechnungsbestimmungen der → Gebührenordnungen für Ärzte und Zahnärzte geprüft werden können.

Rechnungswesen. *1. Begriff:* Gesamtheit der Verfahren zur Erfassung, Aufbereitung, Darstellung und Auswertung von Zahlenangaben, mit denen die wirtschaftlichen Tatbestände und Vorgänge im Versicherungsunternehmen sowie zwischen dem Versicherungsunternehmen und seinen Marktpartnern abgebildet werden (funktionale Sicht). Bereich oder Abteilung „Rechnungswesen" als organisatorische Einheit im Versicherungsunternehmen, in der die o.a. Aufgaben und Tätigkeiten zusammengefasst sind und wahrgenommen werden (institutionelle Sicht). – *2. Merkmale:* Die Notwendigkeit für das betriebliche R. ergibt sich aus betriebswirtschaftlichen und rechtlichen Gründen: a) Betriebswirtschaftlich ist das R. erforderlich, um Informationsgrundlagen für Analyse- und Entscheidungsprozesse im Versicherungsunternehmen zu schaffen und aufzuarbeiten. – b) Rechtlich ist das R. notwendig, um die betreffenden Dokumentations- sowie Rechenschaftspflichten zu erfüllen. Daneben bestehen auch gesetzliche Vorschriften zur Ausschüttungsbemessung (gewinn- bzw. erfolgsabhängige Ausschüttungen an Unternehmenseigentümer und an Versicherungsnehmer) und zur Steuerbemessung, die eng mit den Ergebnissen des R. verbunden sind. – *3. Teilsysteme:* Das R. stellt sich damit insbesondere als ein Informationssystem dar, wobei beachtet werden muss, dass verschiedene Informationsempfänger zu bedienen sind. Zu unterscheiden sind diesbezüglich a) das → interne Rechnungswesen, das Informationsempfänger innerhalb des Versicherungsunternehmens bedient, insbesondere die Unternehmensführung bzw. das Management und den Aufsichtsrat, – b) das externe Rechnungswesen bzw. die → Rechnungslegung, das externe Informationsempfänger wie Investoren, besonders Aktionäre, ferner Versicherungsnehmer, Rückversicherer, Versicherungsvermittler, Kapitalanlagekunden und Finanzanalysten bedient; auch die übrigen Mitarbeiter außerhalb des Empfängerkreises des internen R. gehören zu den Adressaten der Rechnungslegung, – c) die → interne Rechnungslegung gegenüber der → Aufsichtsbehörde. – d) Ratingagenturen verlangen typischerweise ebenfalls weitergehende Informationen als jene aus der Rechnungslegung, die auch Daten aus dem internen R. umfassen.

Rechnungszins. *1. Begriff:* → Rechnungsgrundlage für die Berechnung der Prämien und → Deckungsrückstellungen in der Personenversicherung, v.a. in der → Lebensversicherung, der → privaten Krankenversicherung (PKV) und der → Unfallversicherung mit garantierter Beitragsrückzahlung (UBR). – *2. Hintergründe:* Wegen der → Prämienvorauszahlungen, der enthaltenen → Sparprämien und der Langfristigkeit der Verträge wird ein Kapitalanlageerfolg einkalkuliert. – *3. Aufsichtsrechtliche Bestimmung:* Der R. war für die Lebensversicherung bis 1987 von der → Versicherungsaufsicht auf höchstens 3 % festgelegt und für die Folgejahre auf 3,5 % angehoben worden. Mit der → Deregulierung wurde zunächst eine weitere Anhebung von dem nun zuständigen Bundesfinanzministerium auf 4 % festgelegt. In den vergangenen Jahren erfolgte dann stufenweise eine Herabsetzung auf nunmehr 2,25 %. Für die PKV gelten gesonderte Regelungen. – *4. Weitere Merkmale:* Grundsätzlich können die Zinssätze zur Berechnung der Prämien und der Deckungsrückstellungen unterschiedlich sein. Der R. ist für die → Kapitallebensversicherungen die dominierende Rechnungsgrundlage. Siehe auch → Garantiezins.

Recht gegen den unlauteren Wettbewerb. Rechtsbereich, dessen entscheidende Rechtsgrundlage das Gesetz gegen unlauteren Wettbewerb (UWG) vom 3.7.2004 darstellt, zuletzt geändert durch Art. 2 des Gesetzes v. 29.7.2009. Nach § 1 UWG dient das Gesetz dem Schutz der Mitbewerber, der Verbraucher und sonstiger Marktteilnehmer vor unlauteren geschäftlichen Handlungen. Außerdem soll zugleich das Interesse der Allgemeinheit an einem unverfälschten Wettbewerb geschützt werden. Unlautere geschäftliche Handlungen sind unzulässig, wenn sie geeignet sind, die Entscheidungsfreiheit der Verbraucher oder sonstiger Marktteilnehmer durch Ausübung von Druck, in menschenverachtender Weise oder durch sonstigen unangemessenen unsachlichen Einfluss zu beeinträchtigen (§ 3 I UWG). Durch konkrete Fälle wird versucht, die unbestimmten Rechtsbegriffe etwas zu verdeutlichen (siehe §§ 3 II und 4 UWG sowie den Katalog von „schwarzen Klauseln"). Das Gesetz verbietet darüber hinaus irreführende geschäftliche Handlungen und Unterlassungen und beschäftigt sich mit vergleichender Werbung sowie unzumutbaren Belästigungen. Die → Versicherungsaufsicht hat in einer Vielzahl von Fällen auf der Grundlage der o.a. Generalklausel versucht, die Versicherer davon abzuhalten, sich unlauter zu benehmen. Durch Schaffung von Wettbewerbsrichtlinien hat die Versicherungswirtschaft diese Versuche unterstützt.

Rechtsanwaltsvergütungsgesetz (RVG). Gesetzliche Grundlage für die Vergütung der Tätigkeit von Rechtsanwälten. Regelt die Vergütung der Anwälte für die gerichtliche und außergerichtliche Tätigkeit. Das R. besteht aus einem Gesetzesteil und einem Vergütungsverzeichnis und folgt damit der Systematik anderer Gebührengesetze. Von der → Rechtsschutzversicherung werden die gesetzlichen Gebühren des RVG getragen.

Rechtsaufsicht. Teil der → laufenden Aufsicht über den Betrieb von Versicherungsgeschäften. Sie ist das Gegenstück zur → Finanzaufsicht. Gegenstand der R. sind die ordnungsgemäße Durchführung des Geschäftsbetriebs einschließlich der Einhaltung der aufsichtsrechtlichen, der das Versicherungsverhältnis betreffenden und aller sonstigen die Versicherten betreffenden Vorschriften sowie die rechtlichen Grundlagen des → Geschäftsplans (§ 81 I S. 4 VAG).

Rechtsberatung. *1. Begriff:* Besorgung von Rechtsangelegenheiten für andere, die die individuelle, konkrete Beratung in rechtlichen Fragen für private oder juristische Personen umfasst. Geregelt im Rechtsdienstleistungsgesetz (RDG), das am 1.7.2008 das Rechtsberatungsgesetz (RBerG) abgelöst hat. Die R. ist generell nur zugelassenen Rechtsanwälten oder diesen gleichgestellten Personen gestattet. Andere Personen bedürfen der Erlaubnis nach dem RDG. – *2. Historie und aktuelle Entwicklungen:* Die Beschränkung der R. auf zugelassene Rechtsanwälte entstand im Jahr 1935. Seit dem 1.7.2008 ist die R. unter bestimmten Voraussetzungen auch durch andere Personengruppen erlaubt. Die telefonische R. war zunächst umstritten, nach zahlreichen wettbewerbsrechtlichen Verfahren wurde sie letztendlich durch den Bundesgerichtshof als zulässig erklärt. – *3. R. im Rahmen der* → *Assistance:* Die R. kann Bestandteil von Mehrwertleistungen innerhalb der → Modernen Assistance sein. Dabei beschränkt sich die Leistung des → Assisteurs meist auf die Organisation von R. durch die gezielte Einsteuerung von Ratsuchenden in → Dienstleisternetzwerke, die aus Rechtsanwälten mit einer Spezialisierung auf die telefonische Rechtsberatung bestehen; auch Kooperationen mit einzelnen Rechtsanwaltskanzleien sind möglich. – *4. R. im Rahmen der* → *Rechtsschutzversicherung:* In der Rechtsschutzversicherung gehört die R., sofern die jeweiligen Fälle vom Versicherungsvertrag umfasst sind, zu den Kernelementen der Versicherungsdeckung.

Rechtsdienstleistung. *1. Begriff:* Nach dem Rechtsdienstleistungsgesetz ist R. jede Tätigkeit in konkreten fremden Angelegenheiten, sobald sie eine rechtliche Prüfung des Einzelfalls erfordert. Nur die Fälle echter Rechtsanwendung sind danach dem Rechtsanwalt vorbehalten. Das Auffinden, Wiedergeben und die lediglich schematische Anwendung von Rechtsnormen sind dagegen keine Rechtsdienstleistung. – *2. Merkmale:* R. können von Nichtanwälten immer dann erbracht werden, wenn es sich um Nebenleistungen handelt, wie z.B. die Testamentsvollstreckung durch Banken. Unentgeltliche R. sind ebenfalls zulässig. R. durch Rechtsschutzversicherer sind dagegen anders als in anderen europäischen Ländern weiterhin nicht möglich. Insbesondere im Hinblick auf verfassungs- und europarechtliche Bestimmungen ist allerdings fraglich, ob diese „lex Rechtsschutzversicherung" Bestand haben wird.

Rechtsform. Rechtliche Ausgestaltung bzw. „Rechtskleid" von Unternehmen. Versicherungsunternehmen darf in Deutschland die → Erlaubnis zum Geschäftsbetrieb nur erteilt werden, wenn sie die R. der → Aktiengesellschaft (AG) einschließlich der → Societas Europaea (SE), des → Versicherungsvereins auf Gegenseitigkeit (VVaG) oder einer Körperschaft oder Anstalt des öffentlichen Rechts (vgl. → öffentlich-rechtliche Versicherungsunternehmen) aufweisen (§ 7 I VAG).

Rechtsformwechsel. → Umwandlung.

Rechtsschutzfall. *1. Begriff:* Versicherungsfall in der → Rechtsschutzversicherung. – *2. Merkmale:* Hieran knüpft die Leistungspflicht (Kostentragungspflicht) des Rechtsschutzversicherers an. Der Begriff des R. definiert, unter welchen zeitlichen, örtlichen und sachlichen Voraussetzungen die Eintrittspflicht und damit die Sorgeleistungs- und Kostentragungspflicht des Versicherers ausgelöst wird. Diese Definition erfolgt unterschiedlich für die einzelnen Leistungsarten. Der R. muss nach Abschluss des Rechtsschutzvertrags bzw. nach Ablauf einer vereinbarten Wartezeit, vor Beendigung des Rechtsschutzvertrags sowie im örtlichen Geltungsbereich der → Allgemeinen Bedingungen für die Rechtsschutz-Versicherung (ARB) eingetreten sein.

Rechtsschutzversicherung. *1. Begriff:* Zweig der Schadenversicherung. Wegen der für diesen Versicherungszweig in der Bundesrepublik Deutschland bis 1990 geltenden → Spartentrennung wird die R. v.a. von Spezialversicherern betrieben. Wird die R. von einem Versicherungsunternehmen zusammen mit anderen Sparten betrieben, muss die Leistungsbearbeitung einem rechtlich selbstständigen Schadenabwicklungsunternehmen übertragen werden. – *2. Merkmale:* a) Versicherungsschutz: Die R. erbringt und vermittelt Dienstleistungen zur Wahrnehmung rechtlicher Interessen und trägt nach Eintritt eines → Rechtsschutzfalls im vereinbarten Umfang, maximal bis zur vereinbarten Versicherungssumme, die Rechtskosten. Die Kostenübernahme kann sich grundsätzlich von einer anwaltlichen → Erstberatung, die auf telefonischem Wege insbesondere zur Vermeidung späterer Rechtsstreitigkeiten häufig bereits rein vorsorglich (ohne Eintritt eines Rechtsschutzfalls) angeboten wird, bis zur Durchführung eines gerichtlichen Verfahrens über mehrere Instanzen erstrecken. Versicherte Kosten sind insbesondere Rechtsanwaltsgebühren, Gerichtskosten einschließlich der Entschädigung für Zeugen und Sachverständige, die vom Gericht herangezogen werden, aber auch die Kosten außergerichtlicher Streitschlichtungsverfahren. Die R. erfüllt eine soziale Funktion, weil sie jedem Bürger die Wahrnehmung seiner rechtlichen Interessen ohne Rücksicht auf das hiermit verbundene Kostenrisiko ermöglicht. – b) Abgrenzung: Relevant ist v.a. die Abgrenzung zur Haftpflichtversicherung. Letztere schützt den Versicherungsnehmer bei der Abwehr fremder Ansprüche (passiver Rechtsschutz), die ggf. auch befriedigt werden. Die R. trägt für den Versicherungsnehmer das Rechtskostenrisiko bei der Durchsetzung eigener Ansprüche (aktiver Rechtsschutz). – c) Geltungsbereich: Versicherungsschutz besteht regelmäßig in Europa und den außereuropäischen Anliegerstaaten des Mittelmeers, soweit der Gerichtsstand in diesem Gebiet gegeben ist. Weltweite Deckung bei vorübergehendem Aufenthalt im Ausland sowie für Streitigkeiten aus Internetverträgen ist mittlerweile bei den meisten Versicherern Standard. Für einzelne Leistungen ist der Geltungsbereich auf Deutschland beschränkt, i.d.R. für Beratungs-, Sozialgerichts-, Steuer- und – sofern angeboten – Verwaltungs-Rechtsschutz. – d) Leistungsarten: Leistungsarten beschreiben Rechtsbereiche, die vom Versicherungsschutz umfasst sind, z.B. Schadenersatz-, → Arbeits-, Steuer-, Sozial-, Verwaltungs-, → Straf-, Ordnungswidrigkeiten-, Wohnungs- und Grundstücks-Rechtsschutz, Rechtsschutz im Vertrags- und Sachenrecht, Beratungs-Rechtsschutz im Familien- und Erbrecht. Bei manchen Leistungsarten besteht eine i.d.R. dreimonatige Wartezeit. – e) Vertragsarten:

Vertragsarten bündeln mehrere Leistungsarten und ordnen diese einem versicherten Risikobereich und versicherten Personen zu (z.B. → Verkehrs-Rechtsschutz, → Privat-Rechtsschutz, → Berufs-Rechtsschutz, Wohnungs- und Grundstücks-Rechtsschutz). Kombinationen der genannten Vertragsarten sind gängig. – f) Rechtsgrundlagen: Gesetzliche Grundlage ab 1.1.2008 sind die §§ 125-129 VVG; sie beziehen sich v.a. auf den Inhalt des Versicherungsscheins, das Schadenabwicklungsunternehmen, die freie Wahl des Rechtsanwalts und die Anerkennung des Rechtsschutzbedürfnisses. Vertragliche Grundlage sind die → Allgemeinen Bedingungen für die Rechtsschutz-Versicherung (ARB).

RechVersV. Abk. für → Verordnung über die Rechnungslegung von Versicherungsunternehmen.

Regelaltersgrenze. *1. Begriff*: → Altersgrenze, ab der eine Regelaltersrente aus der → gesetzlichen Rentenversicherung (GRV) bezogen werden kann. Grundsätzlich kann eine Rente auch vor Erreichen der R. in Anspruch genommen werden, allerdings wird dann ein → Rentenabschlag vorgenommen. – *2. Entwicklung*: Als Reaktion auf die insbesondere demographisch bedingten Finanzierungsprobleme der GRV wurde im Rahmen des Rentenversicherungs-Altersgrenzenanpassungsgesetzes vom 20.4.2007 die schrittweise Anhebung der R. zwischen 2012 und 2030 von bislang 65 auf 67 Jahre beschlossen. Die Anhebung betrifft die Geburtsjahrgänge ab 1947.

Regelbeitrag. Beitrag, den Selbstständige monatlich an die → gesetzliche Rentenversicherung (GRV) zu entrichten haben. Aktuell (2010) liegt der R. bei monatlich 508,45 Euro in West- bzw. 431,83 Euro in Ostdeutschland.

Regionalitätsprinzip, *Territorialprinzip.* Prinzip der Beschränkung des Geschäftsgebiets von → öffentlich-rechtlichen Versicherungsunternehmen bzw. von Versicherungsunternehmen aus der Gruppe der „Öffentlichen" auf eine bestimmte Region; dadurch zugleich regionale Abgrenzung untereinander und Aufteilung der Geschäftsgebiete zwischen den in das R. einbezogenen Versicherungsunternehmen. Das R. entstammt der Historie der öffentlich-rechtlichen Versicherungsunternehmen und kann aus ihrem öffentlichen Auftrag abgeleitet werden. Dieser sah die dauerhafte Sicherstellung eines umfassenden und preisgünstigen Versicherungsschutzes für die Bevölkerung einer bestimmten Region vor, ohne dabei mit anderen öffentlich-rechtlichen Versicherungsunternehmen in Konkurrenz zu stehen.

Regionalklasse. *1. Begriff:* Grundlegendes Merkmal zur Prämiendifferenzierung in der → Kfz-Versicherung, bei dem der statistische Zusammenhang zwischen dem Wohnort des Versicherungsnehmers des zu versichernden → Kraftfahrzeugs und dem Schadenverlauf berücksichtigt wird. – *2. Merkmale:* Ausschlaggebend für die Zuordnung zu einer R. ist das amtliche Kennzeichen und damit der Zulassungsbezirk, in dem das Fahrzeug zugelassen ist. Die R. richtet sich nach der Anzahl und der Schwere der Schadensfälle im jeweiligen Zulassungsbezirk. Neben diesen Faktoren spielen auch noch andere Indikatoren wie z.B. allgemeine Straßenverhältnisse, die Bestandszusammensetzung oder die Anzahl der in der jeweiligen Region insgesamt zugelassenen Fahrzeuge eine Rolle. Jeweils zum 1. Oktober eines jeden Jahres wird durch einen unabhängigen Treuhänder in einem Zulassungsbezirk separat für die → Kfz-Haftpflichtversicherung, die → Vollkaskoversicherung und die → Teilkaskoversicherung ein Indexwert ermittelt, nach dem die Einsortierung in die R. vorgenommen wird. Dabei wird der Schadenverlauf der letzten fünf Jahre zugrunde gelegt. Tendenziell sind ländliche Bereiche mit wenig Verkehr auf der Prämienseite günstiger gestellt als städtische Bereiche oder Landkreise mit hohem Durchgangsverkehr und damit einem erhöhten Schadenaufkommen.

Registrierung. *1. Begriff:* Die gewerblich tätigen → Versicherungsvermittler sind nach § 34d VII GewO verpflichtet, sich unverzüglich nach Aufnahme ihrer Tätigkeit in das → Vermittlerregister eintragen zu lassen. – *2. Merkmale:* Mit der R. bekommt der Vermittler eine Registernummer zugeordnet. Sie besteht aus einer 15-stelligen alpha-numerischen Nummer. Jede Registernummer wird nur ein einziges Mal vergeben und nicht wieder verwendet. Bei → gebundenen Vermittlern kann die R. durch das Versicherungsunternehmen veranlasst werden, sofern der Vermittler dem zustimmt. Das Versicherungsunternehmen hat in diesem Fall der Registerbehörde die im Vermittlerregister zu speichernden Angaben mitzuteilen. Durch die Anmeldung zum Register übernimmt das Versicherungsunternehmen zugleich die uneingeschränkte Haftung nach § 34d IV Nr. 2 GewO. Die Kommunikation zwischen dem Versicherungsunternehmen und dem Vermittlerregister für Zwecke der Eintragung, Löschung oder Änderung erfolgt über das sog. GDV-Branchennetz.

Regress. *1. Begriff:* Rückgriff eines Ersatzpflichtigen auf einen Dritten, der diesem gegenüber zur Haftung verpflichtet ist. – *2. Beispiele:* In der → Feuerversicherung leistet der Feuerversicherer an den geschädigten Gebäudeeigentümer eine gemäß dem Versicherungsvertrag geschuldete Entschädigung und nimmt danach den Brandverursacher in Anspruch. In der → verbundenen Wohngebäudeversicherung nimmt der Gebäudeversicherer den Installateur in R., wenn ein → Rohrbruch durch einen Verlegefehler entsteht. – *3. Auswirkungen in der* → *Rückversicherung:* Der R. des → Erstversicherers kommt stets auch dem → Rückversicherer zu Gute.

Regressverzichtsabkommen. → Teilungsabkommen.

Regulierungsentscheidung. Abschließende Entscheidung des Versicherers zu seiner Eintrittspflicht für den konkreten Schaden gegenüber dem Versicherungsnehmer oder Geschädigten.

Regulierungskosten. *1. Begriff:* Alle Kosten eines Versicherungsunternehmens, die im Zusammenhang mit der Schadenregulierung entstehen. – *2. Arten:* a) Interne Regulierungskosten: Umfassen alle Personalkosten, die durch die mit der Schadenregulierung befassten Innendienstmitarbeiter entstehen. Weiterhin umfasst dieser Kostenblock Sach- und/ oder Gemeinkosten, die der Schadenregulierung zurechenbar sind. – b) Externe Regulierungskosten: Entstehen bei der Inanspruchnahme Dritter für die Schadenregulierung, z.B. Gutachter oder Rechtsanwälte.

Regulierungsvollmacht. I. Vollmacht durch den Versicherungsnehmer zugunsten des Versicherers: Befugnis des Versicherers, im Namen des Versicherungsnehmers und im Rahmen pflichtgemäßen Ermessens gegenüber Dritten (insbesondere einem Geschädigten und auch anderen an der Schadenregulierung Beteiligten, wie z.b. Behörden oder Gerichte) alle ihm zur Erfüllung bzw. Beilegung oder zur Abwehr der Forderungen eines Anspruchstellers zweckmäßig erscheinenden Erklärungen abzugeben oder Handlungen durchzuführen. Der Versicherer ist insbesondere ermächtigt, Ansprüche abzuwehren, vorbehaltlos zu bezahlen, einen Abfindungsvergleich zu schließen, auf Einrede der Verjährung oder dergleichen zu verzichten. – II. Vollmacht durch den Versicherer zugunsten eines → Versicherungsvermittlers: Befugnis des Vermittlers, meist eines → Versicherungsvertreters oder → Versicherungsmaklers, im Namen und für Rechnung des Versicherers Schäden aus Versicherungsfällen gegenüber dem Versicherungsnehmer im Rahmen pflichtgemäßen Ermessens verbindlich und abschließend zu regulieren. Die R. ist i.d.R. auf einen Höchstbetrag begrenzt und kennt auch weitere inhaltliche Ausnahmen (z.B. Personenschäden). Damit wird faktisch häufig eine sog. Kleinschaden-Regulierungsvollmacht ausgesprochen, auf deren Basis die Vermittler Kleinschäden ihrer Kunden in der → Privathaftpflichtversicherung und in Zweigen der privaten → Sachversicherung fallabschließend regulieren können.

Rehabilitation. I. Sozialrecht: *1. Begriff:* Wiederherstellung von körperlichen Funktionen und der gesellschaftlichen Teilhabe nach Eintritt einer Erkrankung oder Behinderung. Im Sozialgesetzbuch (SGB IX) wurden die Leistungen zur R. und gesellschaftlichen Teilhabe in einem Gesetz zusammengefasst. Mit den Leistungen sollen auch Hindernisse, die einer Chancengleichheit entgegenstehen, beseitigt werden. – *2. Leistungsarten:* a) Leistungen zur medizinischen R., bei denen z.B. mit den Methoden der Physio-, Ergo- und Psychotherapie behinderungs- und krankheitsbedingte Folgewirkungen ausgeräumt werden sollen. Die medizinische R. arbeitet mit einem ganzheitlichen, mehrwöchigen, stationären Behandlungsansatz, der neben medizinischen und physikalischen Therapien auch stark auf Verhaltensänderungen – bezogen auf einen gesunden Lebensstil – abzielt, um so eine größere Nachhaltigkeit des Rehabilitationserfolgs zu erzielen. – b) Leistungen zur Teilhabe am Arbeitsleben, die die Betroffenen z.B. durch Umschulungen, Weiterbildungen oder sonstige Hilfen wieder in das Arbeitsleben integrieren sollen. – c) Leistungen der sozialen R., die eine Wiedereingliederung in das gemeinschaftliche und kulturelle Leben ermöglichen sollen. – *3. Leistungsträger:* Entsprechend der Zielsetzungen hat der Gesetzgeber die Leistungszuständigkeiten geregelt. Die → gesetzliche Krankenversicherung (GKV) ist ausschließlich für die medizinische R. zuständig, allerdings nachrangig gegenüber allen anderen möglichen Leistungsträgern, dazu zählen die → gesetzliche Rentenversicherung (GRV), die → gesetzliche Unfallversicherung (GUV), die Bundesagentur für Arbeit, die öffentliche Jugendhilfe, die Träger der sozialen Entschädigung und die Träger der Sozialhilfe, vgl. SGB V, §§ 23, 40, 41 sowie SGB IX. Die Zuständigkeiten für ergänzende Leistungen zur R. sind differenzierter geregelt. Die Mehrzahl der Leistungsfälle zur medizinischen R. entfällt auf die GRV und die GKV. – *4. Entwicklungen:* Die ursprünglich sehr allgemeinen Rehabilitationskonzepte wurden der jeweiligen Indikations- bzw. Diagnosespezifik angepasst. Das Phasenmodell (Akutbehandlung, Frührehabilitation, weiterführende R., aktivierende Behandlungspflege) wird als struktureller Behandlungsplan insbesondere in der Neurologie den oftmals komplexen Fähigkeits- und Funktionsstörungen der Patienten gerecht. Als Unterscheidungsmerkmal in der Leistungsart hat sich die im Anschluss an einen akutstationären Aufenthalt stattfindende Anschlussrehabilitation bzw. Anschlussheilbehandlung gegenüber dem allgemeinen Heilverfahren herausgebildet. Die Anschlussrehabilitation ist risikostrukturausgleichsfähig (→ Risikostrukturausgleich). Der zunehmende Zwang der Wirtschaftlichkeit bei immer geringeren finanziellen Ressourcen der GRV und GKV hatte Einfluss auf Art und Umfang der Rehabilitationsmaßnahmen. Der Gesetzgeber reglementierte eine Verkürzung der ursprünglichen ausschließlich stationären Maßnahmen ebenso wie er im sog. gestuften Versorgungsverfahren der ambulanten und stationären R. ihren Platz zuwies: Erst wenn ambulante medizinisch-therapeutische Maßnahmen ausgeschöpft sind, kommen ambulante Rehabilitationsmaßnahmen in Frage und danach ggf. stationäre. Rehabilitative Maßnahmen haben allerdings Vorrang vor Pflegeleistungen durch die → Pflegekasse. Das → Wirtschaftlichkeitsgebot der GKV (§ 12 SGB V) war maßgeblich für weitere Trends: Der inzwischen breite deutsche Markt der Rehabilitationsforschung widmet sich der Entwicklung evidenz-basierter Behandlungsleitlinien sowie der Nachhaltigkeit der Rehabilitationsbehandlung. Parallel wurde das Qualitätssicherungsverfahren der GKV implementiert, das u.a. die Durchführung eines klinikinternen Qualitätsmanagement überprüft und den Rehabilitationseinrichtungen eine Standortbestimmung bietet (§§ 135a, 137d SGB V i.V.m. § 20 SGB IX). Ziele aller Entwicklungen sind eine zunehmende Effektivität und Effizienz der Rehabilitation. – *5. Aktuelle Trends:* Die R. gewinnt im Gesamtversorgungsprozess zunehmend an Bedeutung. In der → Integrierten Versorgung hat die R. bereits beispielhaft die Rolle des Versorgungsmanagers übernommen. Zur Entschärfung der Schnittstellenproblematik aufgrund verschiedener Leistungsträger im Versorgungsprozess wurden gemeinsame Servicestellen eingeführt, die eine trägerübergreifende und umfassende Beratung und Hilfe anbieten (§§ 22, 23, 24, 25 SGB V). Die bisherigen Tagessätze in der → Pflege wurden weit gehend von Fallpauschalen mit Verweilkorridoren abgelöst. Erste Modelle einer Rehaklassifikation nach Rehabehandlungsgruppen und –schweregraden bzw. nach Rehamanagementgruppen sind in der Entwicklung und Erprobung. Sie ermöglichen die leistungsorientierte Bezahlung für Leistungskomplexe in Analogie zu den → Diagnosis Related Groups für Akutkliniken. – II. Private Unfallversicherung: *1. Begriff:* Wiederherstellung der Gesundheit einer versicherten Person nach einem → Unfall durch Leistungen der → privaten Unfallversicherung. – *2. Merkmale*: Zur R. werden Experten eingesetzt. Diese beraten und informieren die versicherte Person z.B. über medizinische Therapiemöglichkeiten, Spezialkliniken oder das Sozialversicherungsrecht. Als Leistungsvoraussetzung kann eine bestimmte Schwere des Unfalls gelten, z.B. eine Querschnittslähmung als Unfallfolge oder eine bestimmte Verletzung, z.B. ein Armbruch. Zur Bemessung der Leistungen wird im → Versicherungsvertrag eine → Versicherungssumme vereinbart. – *3. Ziel*: Das Ziel einer R. und der damit verbundenen Rehabilitationsmaßnahmen ist die Wiedereingliederung des versicherten Unfallopfers in den Alltag bzw. das berufliche Leben. – *4. Entwicklungen:* Der Begriff der R. wurde bis vor wenigen Jahren nur im sozialrechtlichen Zusammenhang, v.a. im Zusammenhang mit der → Sozialversicherung (u.a. der gesetzlichen Unfallversicherung) genutzt. Die Anbieter auf dem deutschen Markt haben insofern erkannt, dass im Leistungsspektrum der privaten Unfallversicherung eine Lücke vorhanden war. Daraufhin haben einige Versicherer spezielle Leistungspakete entwickelt, die Rehabilitationsmaßnahmen enthalten und als Bestandteil von Assistance-Leistungen (→ Assistance) angeboten werden.

Rehabilitations-Management. *1. Begriff:* Leistung des Versicherers oder eines von ihm beauftragen Dritten, die die schnelle und möglichst vollständige Wiedereingliederung eines bei einem Unfall schwer Verletzten in sein privates, soziales und berufliches Umfeld zum Ziel hat. – *2. Merkmale:* R. umfasst die Planung, Ausführung und Koordination der Rehabilitationsmaßnahmen für einen einzelnen Verletzten, bei der behandelnde Ärzte, Therapeuten, der bisherige oder ein möglicher neuer Arbeitgeber sowie die Angehörigen partnerschaftlich mit eingebunden werden. Reha-Management-Dienstleistungen werden u.a. von Rückversicherungsunternehmen und Spezialdienstleistungsunternehmen angeboten, mit denen Versicherungsunternehmen häufig eng zusammenarbeiten.

Reinvestitionsrisiko. → Marktänderungsrisiko.

Reiseabbruchversicherung. Versicherung zusätzlicher Kosten (Reisekosten, Übernachtungskosten), wenn die angetretene Reise vorzeitig abgebrochen wird oder sich die Rückkehr verzögert. Versichert sind nur wichtige Rücktritts- oder Verzögerungsgründe, wie a) Tod, Unfall oder schwere Erkrankung des Versicherten oder enger Familienangehöriger, – b) Feuer oder Straftaten, bei denen der Versicherte einen erheblichen wirtschaftlichen Schaden erleidet oder zur Aufklärung am Heimatort sein muss. Der Einschluss gebuchter, aber nicht genutzter Reiseleistungen ist möglich. Häufig wird die R. mit einer → Reiserücktrittskostenversicherung kombiniert.

Reiseassistance, *touristische Assistance.* → Assistance rund um Auslandsreisen. Beinhaltet Informations-, Beratungs- und Organisationsleistungen aus der → Gesundheitsassistance (z.B. Vermittlung deutsch- oder englischsprachiger Ärzte im Ausland), der → juristischen Assistance (z.B. Vermittlung eines deutschsprachigen Rechtsbeistands im Ausland) und der → technischen Assistance (z.B. Pannenhilfe im Ausland), die bei Reisen ins Ausland zur Lösung von Notfällen beitragen. Hinzu kommen Planungshilfen bei Auslandsreisen, z.B. i.S.v. Informationen über Flugverbindungen, notwendige Impfungen etc. Die R. wird meist mit Versicherungsprodukten, z.B. einer → Auslandsreisekrankenversicherung, kombiniert. Zunehmend werden Leistungen aus der R. auch für Nicht-Versicherungsunternehmen interessant, bspw. zur Integration in Kreditkartenprogramme, Flugtickets etc.

Reisegepäckversicherung. *1. Begriff:* Versicherung des Reisegepäcks des Versicherungsnehmers und der mitreisenden Familienangehörigen. Fahrten, Gänge und Aufenthalte am Wohnort gelten nicht als Reise, können aber eingeschlossen werden (Domizilschutz). – *2. Versicherte Gefahren:* Im Gewahrsam von Beförderungs- und Beherbergungsunternehmen, Gepäckträgern und Gepäckaufbewahrungen besteht eine Allgefahrendeckung (→ Allgefahrenversicherung); während der übrigen Reisezeit Schutz gegen benannte Gefahren, u.a. Diebstahl, Raub und Transportmittelunfall. Ausgeschlossen sind u.a. Abnutzung und Verschleiß. Für Gepäck in unbeaufsichtigten Fahrzeugen und für Wertsachen bestehen besondere Einschränkungen. – *3. Wertkonventionen:* Die R. wird zum Zeitwert oder Neuwert angeboten. – *4. Einordnung:* Die R. hat sich zwar aus der → Transportversicherung entwickelt, gilt aber aufsichtsrechtlich als Sachschadenversicherung und ist daher kein Großrisiko i.S.d. § 210 VVG.

Reiselagerversicherung. Versicherung des vom Reisevertreter auf Geschäftsreisen mitgeführten Schmucks.

Reiserückruf. *1. Begriff:* Organisation des Rückrufs von Reisenden durch Rundfunkanstalten bei plötzlich eintretender schwerer Erkrankung eines nahen Verwandten oder bei

Reiserücktrittskostenversicherung

erheblichem Schaden am Eigentum des Reisenden. – *2. Weitere Merkmale:* Der R. ist meist Bestandteil kraftfahrzeugbezogener → Schutzbriefe. Die Organisation erfolgt dann durch den (Schutzbrief-)Versicherer oder einen → Assisteur. – *3. Historie und aktuelle Entwicklungen:* Der R. entstand in Zeiten, als die weltweite Vernetzung und Kommunikation durch Mobiltelefone und eMail noch nicht stattgefunden hatte. Heutzutage erfolgt die Information der Betroffenen meist durch Angehörige oder Bekannte. In vielen Schutzbriefen wurde der R. aufgrund der mangelnden Bedarfslage inzwischen gestrichen.

Reiserücktrittskostenversicherung. *1. Begriff:* Versicherung der mit Nichtantritt oder Verzögerung einer gebuchten Reise verbundenen Kosten. Abzugrenzen von der → Reiseabbruchversicherung. – *2. Versicherungsumfang:* Der Versicherer leistet bei Nichtantritt einer Reise Entschädigung für die dem Reiseunternehmen oder Vermieter aufgrund eines gültigen Vertrags geschuldeten Beträge. Hierbei kann es sich um die Stornokosten oder – bei kurzfristigem Rücktritt – den vollen Reise- oder Mietpreis handeln. Versichert sind nur wichtige Rücktrittsgründe, wie a) Reiseunfähigkeit des Versicherten oder eines Mitreisenden, – b) Tod, Unfall oder schwere Erkrankung im engen Familienkreis, – c) Schwangerschaft, – d) ein erheblicher wirtschaftlicher Schaden durch Feuer oder kriminelle Delikte, – e) Arbeitsplatzverlust oder Aufnahme eines Arbeitsverhältnisses durch eine zuvor arbeitslose Person. Der Versicherer ist leistungsfrei, wenn der Rücktrittsgrund bei Abschluss der Versicherung vorhersehbar war oder vorsätzlich oder grob fahrlässig herbeigeführt wurde. – *3. Einordnung:* Die R. hat sich zwar aus der → Transportversicherung entwickelt, gilt aber aufsichtsrechtlich als Vermögensschadenversicherung und ist daher kein Großrisiko i.S.d. § 210 VVG.

REIT. Abk. für → Real Estate Investment Trust.

Rekursion nach Panjer. Unter den Annahmen des → kollektiven Modells lässt sich der → Gesamtschaden

$$S = \sum_{j=1}^{N} X_j$$

in bestimmten Fällen rekursiv berechnen. Besitzt bspw. die Schadenzahl N eine → Panjer-Verteilung mit den Parametern a und b und sind die Schadenhöhen X_j ganzzahlig und größer als 0, so gilt

$$P[S = 0] = P[N = 0],$$

und für alle $n \in \mathbb{N}$ gilt

$$P[S = n] = \sum_{k=1}^{n} \left(a + b\frac{k}{n}\right) P[S = n - k] P[X_1 = k]$$

Diese → Rekursionsformel wird als R. bezeichnet.

Rekursionsformel. *1. Begriff:* Eine Folge R(n) für natürliche Zahlen n heißt rekursiv definiert, wenn es eine Konstante R(0) und eine Funktion f gibt, so dass R(n) = f((R(0);...;R(n-1);0,...n). f wird dann als R. bezeichnet. – *2. Merkmale:* Da R(n) nur vom Startwert R(0) sowie den R(i) für i < n abhängt, können sukzessive R(1), R(2), R(3) usw. berechnet werden. – *3. Ausprägungen:* In der Versicherungsmathematik wird sehr oft die zeitliche Entwicklung bestimmter Größen durch R. dargestellt. Bspw. lässt sich das Ansparen einer festen → Sparprämie S über einen Zeitraum von n Jahren mit einem für das Jahr t festgelegten Zins von i durch folgende R. für das Guthaben G(t) darstellen: G(0) =0; G(t) = (G(t-1)+S)*(1+i). – *4. Ziele:* R. sind gut geeignet, Entwicklungsprozesse bestimmter Größen übersichtlich darzustellen. – *5. Probleme:* Die Auflösung von R. führt in der → Lebensversicherungsmathematik häufig zu recht langen Iterationsketten. Bspw. wird zur Ermittlung des Werts Optionen und Garantien eines Lebensversicherungsbestands oft die monatliche Fortschreibung der HGB-Bilanz für jeweils 100 Jahre benötigt; dann ergeben sich jeweils 1.200 Iterationsschritte, und dies für z.B. 1.000 exemplarische Verträge und ca. 10.000 Kapitalmarktszenarien, so dass oft die Grenzen der numerischen Handhabbarkeit erreicht werden.

Relative Abzugsfranchise. → Franchise.

Relatives Risiko. U.a. In der → Versicherungsmedizin. – *1. Begriff:* Ergebnis eines Vergleichs der Risikogröße zwischen zwei verschiedenen Personengruppen. – *2. Merkmale:* Das R. bezeichnet den Häufigkeitsfaktor, in der die Morbidität (Erkrankungshäufigkeit) oder Mortalität (Sterbehäufigkeit) bei der untersuchten Gruppe häufiger auftritt als in der Vergleichsgruppe. – *3. Beispiele:* Ein R. von 2 bedeutet, dass die Wahrscheinlichkeit für eine Erkrankung oder einen Todesfall in der untersuchten Gruppe doppelt so hoch ist wie in der Vergleichspopulation (z.b. Normalbevölkerung).

Release-Management. Prozess, der die Bündelung von Software-Änderungen zu einem Paket und deren ordnungsgemäße Übergabe an den → IT-Betrieb sicherstellt. In einem Release werden genehmigte und getestete Änderungen von IT-Services insbesondere von Programmen zusammengefasst. Kriterien für die Bündelung können zeitlicher, technischer oder organisatorischer Natur sein.

Rendite. → Rentabilität.

Rendite einer Lebensversicherung. *1. Begriff:* Zinssatz, der einheitlich über die gesamte Versicherungsdauer gelten müsste, damit aus der → verzinslichen Ansammlung des anlagefähigen Prämienteils (= → Bruttoprämie abzgl. der Prämienteile für die → biometrischen Risiken und die Abdeckung der Kosten für das → Abwicklungsgeschäft) genau die Versicherungsleistung einschl. der Überschussanteile (→ Überschussbeteiligung) resultiert. – *2. Hintergründe:* Mit diesem Ansatz der Renditeberechnung werden also die Prämienteile, die zur Abdeckung der Kosten für das → Risikogeschäft kalkuliert sind, nicht berücksichtigt. Stattdessen wird der reine Kapitalbildungsprozess unter Einschluss der darauf entfallenden Kostenanteile (Betriebskosten für das → Kapitalanlagegeschäft) betrachtet. Die R. eignet sich so zu näherungsweisen Vergleichen mit Kapitalanlageprodukten.

Rentabilität, *Rendite.* – *1. Begriff:* Quotient aus dem Ergebnis aus einem Geschäft (Zähler), z.B. aus einem → Versicherungsgeschäft oder einem → Kapitalanlagegeschäft, und dem eingesetzten Kapital (Nenner, hier: Kapitalrentabilität) bzw. dem Umsatz (Nenner, hier: Umsatzrentabilität) innerhalb eines bestimmten Zeitraums. Je nach Bezugsgröße lässt sich die Kapitalrentabilität z.b. als Eigenkapital-, Fremdkapital- oder Gesamtkapitalrentabilität untergliedern. – *2. Regulierung der R. aus Kapitalanlagen:* Die Bestände des → Sicherungsvermögens (§ 66 VAG) und das → sonstige gebundene Vermögen (§ 54 V VAG) sind unter Berücksichtigung der Art der betriebenen Versicherungsgeschäfte sowie der Unternehmensstruktur so anzulegen, dass möglichst große Sicherheit und Rentabilität bei jederzeitiger Liquidität des Versicherungsunternehmens unter Wahrung angemessener Mischung und Streuung erreicht wird (§ 54 I VAG). Wegen der Rentabilitätsforderung sind Kapitalanlagen im Versicherungsunternehmen ungeeignet, mit denen sich kein planmäßiger Ertrag erwirtschaften lässt (z.b. Gold, Kunstgegenstände).

Rente. *1. Begriff:* Wiederkehrender Geldbetrag, der dem Empfänger jeweils zu bestimmten Zeitpunkten ausgezahlt wird. In der → privaten Rentenversicherung (abzugrenzen von der → gesetzlichen Rentenversicherung, GRV) beruhen die Rentenzahlungen auf vertraglichen Verpflichtungen. – *2. Erscheinungsformen:* Eine Rentenzahlung kann für einen unendlich langen oder einen zeitlich befristeten Zeitraum vereinbart werden. Soweit keine weiteren Bedingungen an die Rentenzahlungen geknüpft sind, handelt es sich um eine → Zeitrente. Werden die Rentenzahlungen an das Erleben einer Person gekoppelt, handelt es sich um eine → Leibrente, die ebenfalls zeitlich befristet als temporäre Leibrente oder unbefristet bis zum Tod der → versicherten Person geleistet werden kann.

Rentenabfindung. Kompensationsleistung für das Erlöschen des Anspruchs auf → Witwen- bzw. Witwerrente aus der → gesetzlichen Rentenversicherung (GRV) infolge einer Wiederheirat. Die R. beträgt das 24-fache der monatlichen → Hinterbliebenenrente.

Rentenabschlag. Reduzierung der monatlichen Rente aus der → gesetzlichen Rentenversicherung (GRV) infolge einer vorgezogenen Inanspruchnahme einer → Altersrente. Die Anpassung wird über den → Zugangsfaktor in der → Rentenformel vorgenommen.

Pro Monat vorgezogener Rente wird die Rente um 0,3 %, pro Jahr also um 3,6 % abgesenkt.

Rentenanpassung. I. Gesetzliche Rentenversicherung (GRV): Laufende Anpassung der Renten als Element in der GRV zur Beteiligung der Rentner an der gesamtwirtschaftlichen Entwicklung. Der betreffende Vorgang wird auch als → Dynamisierung der Rente bezeichnet. – II. → Betriebliche Altersversorgung (bAV): Anpassung der Renten aus der bAV auf der Grundlage des BetrAVG. In der bAV hat der Arbeitgeber die laufenden Leistungen gem. § 16 I BetrAVG alle drei Jahre zu prüfen (→ Anpassungsprüfung) und ggf. anzupassen. Nach § 16 III Nr. 1 BetrAVG entfällt dieser Vorgang, wenn sich der Arbeitgeber verpflichtet, die Leistungen jährlich um 1 % zu erhöhen. Darüber hinaus enthält § 16 III BetrAVG spezielle Anpassungsregelungen für die → Direktversicherung, die → Pensionskasse und die → Beitragszusage mit Mindestleistung.

Rentenanwartschaft. Bezeichnung für die bereits erzielten → Entgeltpunkte in der → gesetzlichen Rentenversicherung (GRV), die zum Zeitpunkt des Leistungsbezugs zum Rentenanspruch werden. Der Anspruch auf Leistungen ist an die Erfüllung je nach Rentenart verschiedener R. gebunden. Als anwartschaftserhaltende Zeiten gelten nicht nur → Beitragszeiten, sondern auch → Anrechnungszeiten und → Berücksichtigungszeiten.

Rentenauskunft. Information von Versicherten darüber, welcher Anspruch auf Regelrente ihnen auf Basis der bislang erzielten → rentenrechtlichen Zeiten aus der → gesetzlichen Rentenversicherung (GRV) zustehen würde. Den Antrag auf R. können Versicherte ab dem 55. Lebensjahr stellen. Zuvor können Informationen über das aktuelle Rentenkonto in Form der sog. Renteninformation angefordert werden.

Rentenbarwert. → Barwert einer → Rente. Grundsätzlich ist unter dem R. der zu Beginn der Rentenphase berechnete Wert zu verstehen. Gelegentlich wird aber im Fall aufgeschobener Renten (siehe z.B. → aufgeschobene Leibrente) deren Wert zu einem früheren Zeitpunkt als R. bezeichnet.

Rentenbeginn. Zeitpunkt, zu dem die Zahlung der Rente einsetzt. Der R. richtet sich in der → gesetzlichen Rentenversicherung (GRV) nach dem Kalendermonat, zu dessen Beginn alle Anspruchsvoraussetzungen für eine Rente erfüllt sind.

Rentenbeitrag. *1. Begriff*: Geldbetrag, der an die → gesetzliche Rentenversicherung (GRV) zur Aufrechterhaltung des Versicherungsschutzes gezahlt wird. – *2. Merkmale*: Die Höhe der Beitragszahlungen ist von der Höhe des beitragspflichtigen Arbeitsentgelts und dem → Beitragssatz zur GRV abhängig. Bei sozialversicherungspflichtigen Beschäftigten wird der R. je zur Hälfte vom Arbeitnehmer und vom Arbeitgeber aufgebracht.

Rentenbescheid. Verwaltungsakt, durch den der Anspruch auf Rentenart, Beginn, Dauer und Höhe der Rente eines Versicherten aus der → gesetzlichen Rentenversicherung (GRV) festgestellt wird. Gegen den R. kann Widerspruch eingelegt werden.

Rentendeckungsverfahren. *1. Begriff*: Finanzierungsverfahren für Rentenleistungen zugunsten bestimmter Kollektive. – *2. Merkmale*: Mit dem R. wird für → Anwartschaften auf künftige Renten (noch) kein Kapital oder zumindest nicht in ausreichendem Maße Kapital angesammelt. Erst mit dem Beginn der Rentenphase muss Kapital in Höhe des gesamten → Rentenbarwerts zur Verfügung stehen. Mit dem R. erfolgt die Finanzierung der Ansprüche also nicht zeitgleich mit deren Entstehen. – *3. Anwendungsbereiche*: Teilweise in der → betrieblichen Altersversorgung (bAV) und in Versorgungseinrichtungen (z.B. Versorgungswerke der Kammern). In der → Lebensversicherung auf individueller Basis ohne Zu- oder Nachschusspflichten findet das R. keine Anwendung.

Renteneintrittsalter. Alter des Versicherten zu Beginn des Leistungsbezugs aus der → gesetzlichen Rentenversicherung (GRV). Weicht das R. von der → Regelaltersgrenze für die → Altersrente ab, wird ein → Rentenabschlag vorgenommen.

Rentenformel. *1. Begriff*: Berechnungsvorschrift für die monatliche Rente eines Versicherten aus der → gesetzlichen Rentenversicherung (GRV). Die R. wird in § 64

SGB VI geregelt. – *2. Zusammensetzung der R.:* Die Monatsrente ergibt sich nach der aktuellen R. als Produkt aus dem → Zugangsfaktor, dem Rentenartfaktor, den persönlichen → Entgeltpunkten und dem → aktuellen Rentenwert. a) Der Zugangsfaktor wird in § 77 SGB VI geregelt und bestimmt je nach → Renteneintrittsalter die Zu- bzw. Abschläge zur individuellen Rente. – b) Der Rentenartfaktor gibt an, um welche Art von Renten es sich handelt und wie die einzelnen Rentenarten in der R. veranschlagt werden. So werden → Altersrenten, → Erziehungsrenten und Renten wegen voller → Erwerbsminderung mit einem Rentenartfaktor von 1,0 angesetzt, während für die anderen Rentenarten ein Faktor kleiner als eins gilt, bspw. für Halbwaisenrenten 0,1. Der Rentenartfaktor ist in § 67 SGB VI geregelt. – c) Die persönlichen Entgeltpunkte ergeben sich aus der individuellen Erwerbsbiographie, wobei auch Erziehungs- und Ausbildungszeiten berücksichtigt werden. Als Faustformel kann dienen, dass ein Entgeltpunkt den Beitragszahlungen eines Durchschnittsverdieners über ein Jahr entspricht. – d) Der aktuelle Rentenwert ergibt sich wiederum aus einer Formel, die in § 68 SGB VI geregelt wird. Diese wird oft im Volksmund als R. bezeichnet. Die Formel für den aktuellen Rentenwert lautet wie folgt:

$$AR_t = AR_{t-1} * \frac{BE_{t-1}}{BE_{t-2}} * \frac{100 - AVA_{t-1} - RVB_{t-1}}{100 - AVA_{t-2} - RVB_{t-2}} *$$
$$\left[\left(1 - \frac{RQ_{t-1}}{RQ_{t-2}}\right) * \alpha + 1\right],$$

wobei AR den aktuellen Rentenwert, BE die Summe der Bruttoentgelte, AVA den Altersvorsorgeanteil, RVB den Rentenversicherungsbeitrag, RQ den Rentnerquotienten und α einen politischen Steuerungsparameter des → Nachhaltigkeitsfaktors darstellt.

Rentengarantiezeit. Zeitraum, in dem eine auf das Leben einer Person abgeschlossene → Rente unabhängig von deren Erleben gezahlt wird, sofern die Person zu Beginn dieses Zeitraums gelebt hat. Eine R. wird vereinbart, damit im Fall des Todes der → versicherten Person kurz nach Beginn der Rentenzahlung der wirtschaftliche Verlust für den Versicherungsnehmer oder seine Hinterbliebenen nicht zu groß wird.

Rentenrechtliche Zeiten. Obergriff für alle Zeiten, die sich auf den Rentenanspruch und die Rentenhöhe auswirken. Dazu zählen insbesondere vollwertige → Beitragszeiten, → beitragsfreie Zeiten sowie → Anrechnungszeiten, → Berücksichtigungszeiten und → Ersatzzeiten.

Rentenschaden. a) Schaden, bei dem der Geschädigte bis zu seinem Tod regelmäßig wiederkehrende Zahlungen (z.B. → Erwerbsunfähigkeitsrente oder Schmerzensgeldrente) erhält. – b) Schaden, der aufgrund einer unfallbedingten vollständigen oder teilweisen → Erwerbsunfähigkeit entsteht, weil der Geschädigte aufgrund der Beeinträchtigung nicht mehr in der Lage ist, durch Beitragszahlungen das Niveau seiner nach dem gewöhnlichen Lauf der Dinge voraussichtlichen → Altersrente zu erhalten. Dieser Nachteil ist ihm vom Versicherer nach geltendem deutschen Schadenersatzrecht auszugleichen.

Rentenschuldforderung. *1. Begriff:* Zahlungsanspruch eines Gläubigers (z.B. eines Versicherungsunternehmens im Rahmen seines → Kapitalanlagegeschäfts) gegenüber einem Schuldner (z.B. einem Kapitalnehmer) aufgrund einer Rentenschuld, bei der eine bestimmte Geldsumme zu regelmäßig wiederkehrenden Terminen (Rente) fällig wird und dinglich mit einer → Immobilie gesichert ist. Sonderform der Grundschuldforderung. – *2. Ausweis in der Bilanz:* Die R. ist nach § 9 RechVersV unter der Bilanzposition Hypotheken-, Grundschuld- und Rentenschuldforderungen auszuweisen.

Rentensplitting. *1. Begriff:* Verfahren, durch das Verheiratete auf Antrag ihre → Rentenanwartschaften zu gleichen Teilen auf die Ehepartner aufteilen können. – *2. Merkmale:* Für Ehepaare, die nach dem 31.12.2001 geheiratet haben, besteht die Möglichkeit, zwischen der → Hinterbliebenenrente und dem R. zu wählen. Anders als bei der Hinterbliebenenrente endet der Anspruch auf die durch das R. übertragenen Rentenansprüche nicht bei Wiederheirat. Den Anspruch auf R. können u.U. auch eingetragene Lebenspartnerschaften sowie Ehepaare stellen, die vor dem Stichdatum geheiratet haben, aber beide nach dem 1.1.1962 geboren wurden.

Rentenversicherung. → Gesetzliche Rentenversicherung (GRV), → private Rentenversicherung.

Rentenwahlrecht. Recht des Versicherungsnehmers aus einem Lebensversicherungsvertrag, anstatt der Ablaufleistung eine lebenslängliche → Rente zu beziehen. Der Vorteil des R. für den Versicherungsnehmer besteht in verminderten oder sogar gänzlich entfallenden → Abschlusskosten für die (private) → Rentenversicherung.

Rentenwert, aktueller. → Aktueller Rentenwert.

Rentenzuschlag. Aufschlag auf die Renten aus der → gesetzlichen Rentenversicherung (GRV) für den Fall, dass die nach dem Übergangsrecht des Beitrittsgebiets berechnete Rente zum 31.12.1991 höher als die nach dem regulären Sozialgesetzbuch berechnete Rente war. Die Höhe des R. richtete sich nach dem Differenzbetrag zwischen beiden Rentenansprüchen.

Reparaturkosten. Kosten für die Reparatur von Wirtschaftsgütern, bei denen kein Totalschaden, sondern nur ein Teilschaden vorliegt, der noch reparaturfähig ist. Die notwendigen R. zum Zeitpunkt eines Versicherungsfalls werden von den einschlägigen Versicherungen typischerweise übernommen. Verbleibt nach der Reparatur eine Wertminderung, so wird auch dafür eine Entschädigung geleistet.

Reparaturkosten-Übernahmeerklärung. *1. Begriff:* Erklärung des Kfz-Versicherers gegenüber einer Werkstatt, mit der er verbindlich die Übernahme der Reparaturkosten (ganz oder teilweise) garantiert. – *2. Funktion:* Im Zusammenhang mit der R. weist der Halter des beschädigten → Kraftfahrzeugs (Kfz) die Versicherung auch an, seine Zahlung direkt an die Werkstatt zu leisten. Die R. hat in der Praxis eine große Bedeutung, weil sie für die Werkstatt einerseits die Freigabe zur Ausführung der Reparatur bedeutet und andererseits die Bezahlung durch die Versicherung sicherstellt. Von der R. ist die Reparaturfreigabe zu unterscheiden. Sie bestätigt der Werkstatt lediglich, dass der Versicherer keine weitere Besichtigung des unreparierten Fahrzeugs vornehmen will und die Werkstatt daher mit der Reparatur des Fahrzeugs beginnen kann.

Reparaturkostenversicherung. Versicherung langlebiger Wirtschaftsgüter gegen das über die Zeit eintretende Unbrauchbarwerden aufgrund von natürlichem Verschleiß; ihre Leistung besteht in der Übernahme der anfallenden → Reparaturkosten. Die R. ist eine Variante der → Sachlebensversicherung.

Reparaturservice. *1. Begriff:* Von einer Fachwerkstatt durchgeführter Service zur Instandsetzung eines Kfz nach einer Panne oder einem Unfall. – *2. Ziele:* Schnelle Wiederherstellung der Fahrbereitschaft des Fahrzeugs zu möglichst geringen Kosten für den Versicherer. – *3. Merkmale:* Der R. zeichnet sich durch eine fachgerechte Wiederherstellung des Fahrzeugs nach OEM-Standards aus. → Assisteure nutzen dazu im Auftrag der Versicherungsunternehmen meist Werkstätten aus einem → Dienstleisternetzwerk. Weitere Bausteine des R. sind a) die Fahrzeugabholung bzw. -auslieferung, – b) die Fahrzeugwäsche, – c) die Bereitstellung eines Mietwagens für die Dauer der Reparatur. – *4. Probleme:* Unterschiedliche Qualitätsstandards bei den Reparaturwerkstätten, v.a. im Ausland.

Reproduktionsziffer, *Reproduktionsrate.* – *1. Begriff:* Die Bruttoreproduktionsziffer gibt an, wie viele Töchter eine Frau durchschnittlich zur Welt bringen würde, wenn, unter Vernachlässigung der → Mortalität, die aktuellen altersspezifischen → Fertilitätsraten ihr gesamtes Leben lang gelten würden. Sie stellt also die → Gesamtfertilitätsrate reduziert auf die Mädchengeburten dar. Die Nettoreproduktionsziffer berücksichtigt zusätzlich die aktuelle Mortalität, d.h. dass ein Teil der Frauen vor Erreichen oder während der reproduktiven Phase bereits versterben kann. Mit der Nettoreproduktionsrate wird die Stärke der Töchtergeneration relativ zur Müttergeneration unter den gegenwärtig herrschenden Fertilitäts- und Mortalitätsbedingungen dargestellt. Sie ist folglich ein Maß für die Reproduktionskraft der Bevölkerung. Bei einem Wert unterhalb von eins muss (unter Ausschluss von → Migration) langfristig von einem Bevölkerungsrückgang ausgegangen werden, sofern nicht steigende

Geburten- und/ oder sinkende → Sterbeziffern entgegenwirken; umgekehrt ist bei einem Wert oberhalb von eins von einem → Bevölkerungswachstum auszugehen. Die Geschwindigkeit des Wachstums bzw. des Rückgangs lässt sich mit der Nettoreproduktionsrate i.Allg. nicht quantifizieren, weil dafür auch das Alter der Mütter bei der Geburt sowie die → Lebenserwartung jenseits der fruchtbaren Lebensphase von wesentlicher Bedeutung sind. – *2. Kennziffern:*

a) Bruttoreproduktionsrate r_b

$$r_b = \sum_{x=1}^{n} \frac{G_f^x}{F^x} \times 1.000$$

G_f^x: Anzahl der weiblichen → Lebendgeborenen von Müttern im Alter x

F^x: Anzahl der Frauen im Alter x

b) Nettoreproduktionsrate r_n

$$r_b = \sum_{x=1}^{n} \frac{G_f^x}{F^x} \times l_x \times 1.000$$

G_f^x: Anzahl der weiblichen Lebendgeborenen von Müttern im Alter x

F^x: Anzahl der Frauen im Alter x

l_x: Wahrscheinlichkeit, dass eine Frau das Alter x erreicht

Reservequote. *I. Versicherungstechnik:* Verhältnis der versicherungstechnischen (Brutto- oder Netto-) Rückstellungen zu den verdienten (Brutto- oder Netto-) → Prämien. Von besonderer Bedeutung ist die Schadenreservequote, die im Rahmen einer → Jahresabschlussanalyse, konkret eines Betriebs- und Zeitvergleichs, als Indiz für die Reservierungspolitik des Versicherungsunternehmens und den Grad an Vorsicht bei der → Schadenreservierung gelten kann. – *II.* → *Kapitalanlagen:* Verhältnis der → Bewertungsreserven in den Kapitalanlagen zum Buchwert der Kapitalanlagen. Darin liegt aktivseitig ein Potenzial für den → Risikoausgleich in der Zeit, und damit gibt auch diese Kennzahl einen Eindruck über die Risikotragfähigkeit im Versicherungsunternehmen.

Restschuldversicherung. *1. Begriff:* → Risikolebensversicherung gegen → Einmalbeitrag mit einer fallenden → Versicherungssumme (in Ausnahmefällen auch eine → Kapitallebensversicherung), die im Todesfall den noch nicht getilgten Teil eines Kredits leistet. – *2. Hintergründe:* Der Gläubiger eines Darlehens hat bei Eintreten unvorhergesehener Ereignisse, die die Rückzahlungsfähigkeit eines Darlehensnehmers beeinträchtigen oder verhindern, ein Interesse, sein Rückzahlungsrecht abzusichern. Dies gilt insbesondere hinsichtlich des Todesfallrisikos. Der Darlehensnehmer verpflichtet sich zum Abschluss einer Lebensversicherung und tritt die Ansprüche auf die Auszahlung im Versicherungsfall in Höhe der noch bestehenden Restschuld an den Darlehensgeber ab. – *3. Besondere Merkmale:* Die R. unterscheidet sich von normalen Risikolebensversicherungen gegen Einmalbeitrag mit fallender Summe durch den Vertriebsweg, die Verwaltung und die durchschnittliche Versicherungssumme. Die R. wird zumeist i.V.m. einem Ratenkredit über die kreditgewährende Bank vertrieben, die in der Folge auch große Teile der Verwaltung und Bestandsführung übernimmt. Da die R. überwiegend i.V.m. Konsumentenkrediten vertrieben wird, ist deren durchschnittliche Versicherungssumme eher gering.

Restwert. *1. Begriff:* Der nach dem Eintritt eines Schadenereignisses verbliebene Wert der beschädigten Sache. – *2. Bedeutung:* Nach deutschem Schadenersatzrecht ist vom Schädiger lediglich die Vermögenseinbuße auszugleichen, die durch die schädigende Handlung beim Geschädigten entstanden ist. Im Fall eines technischen oder wirtschaftlichen Totalschadens erhält der Geschädigte daher den → Wiederbeschaffungswert abzüglich des R. der beschädigten Sache. Würde der R. nicht in Abzug gebracht, wäre er um genau diesen Betrag bereichert. Folglich kommt der Bestimmung des R. bei der → Schadenregulierung durch ein Versicherungsunternehmen erhebliche Bedeutung zu. Für den Geschädigten bedeutet ein höherer R. zunächst zwar, dass er weniger Barentschädigung erhält. In der Gesamtsumme aus Barentschädigung und verbliebenem R. bleibt das Ergebnis jedoch für ihn gleich. Voraussetzung ist dabei natürlich, dass der Geschädigte den R. auch konkret realisieren kann. Bei Kfz-Schäden wird der R. eines Fahrzeugs regelmäßig im Sachverständigengutachten genannt, auch um zu entscheiden, ob der Schadenfall als Totalschaden oder Reparaturschaden abzurechnen ist. Seit einigen Jahren haben sich sog. → Restwertbörsen etabliert, die der bestmöglichen Vermarktung des R. dienen und von Versicherern zunehmend als Dienstleister in Anspruch genommen werden.

Restwertbörsen. *1. Begriff:* Auktionsplattformen im Internet, auf denen z.B. beschädigte → Kraftfahrzeuge (Kfz) zum Kauf angeboten werden und professionelle Restwertankäufer in einem Auktionsverfahren Ankaufgebote abgeben. – *2. Bedeutung:* Versicherungsunternehmen stellen bei Kfz-Schäden, die voraussichtlich als Totalschaden abzurechnen sind, das Schadengutachten sowie die dazugehörigen Bilder in die Börse ein und erhalten sodann nach Ende der Auktionsfrist die konkreten Ankaufangebote der Aufkäufer. Diese Angebote leiten sie dem Geschädigten zu, um nachzuweisen, wie hoch der Marktpreis für das verunfallte Fahrzeug konkret ist und bei wem der → Restwert realisiert werden kann. Ist das Fahrzeug noch nicht verkauft, kann der Geschädigte, sollte er das Angebot nicht wahrnehmen und das verunfallte Fahrzeug zu einem niedrigeren Preis verkaufen, u.U. gegen seine Schadenminderungspflicht verstoßen und muss sich dann den höheren nachgewiesenen Restwert aus der R. entgegen halten lassen.

Retakaful. *1. Begriff:* Islamische Form der Rückversicherung, die Takaful-Gesellschaften (vgl. → Takaful) Rückdeckung gewährt. Ebenso wie Takaful als islamische Form der Erstversicherung beruht auch R. auf den Grundsätzen des islamischen Rechts (sog. Shari'ah). – *2. Funktionsweise:* Retakaful-Konstrukte sind im Gegensatz zu Takaful eine noch sehr junge Form der islamischen Versicherung, so dass es hier ein breites Spektrum an Funktionsweisen gibt. Einerseits gibt es sog. a) Windows-Operation auf Einzelkundenbasis: der Kunde bildet, die Takaful-Gesellschaft, eine Ein-Unternehmens-Solidargemeinschaft, die nach den verschiedenen Versicherungszweigen unterteilt ist und ähnlich zu den technischen Spezifika der konventionellen Rückversicherung Deckungsschutz erhält (sog. Zeichnen von R. auf Retakaful Paper). Andererseits gibt es auch Takaful-Modelle wie – b) Mudaraba und Wakala (vgl. Takaful): die auf das Rückdeckungskonzept übertragen werden. Als wesentliche Elemente bleiben dabei erhalten: (1) islamisches Investment, (2) Partizipation des Kunden am Gewinn, (3) Trennung der Geschäfte von konventioneller Versicherung, (4) Zinsverbot (auch in der Versicherungstechnik). – *3. Institution:* Je nach Anwendung des Mudaraba- oder Wakala-Modells oder einer Mischform erhält auch der Retakaful Operator (s.u.) entweder eine Gebühr für die Verwaltung des Takaful Fund (Wakala-Modell) oder er partizipiert an den Investmenterträgen (Mudaraba-Modell) oder es kommt beides zum Tragen (Mischform). Auch hier gilt, dass die Retakaful-Gesellschaft bzw. der Retakaful Operator die Gelder im Takaful Fund verwaltet, dafür eine Vergütung je nach gewähltem Takaful-Modell erhält und verpflichtet ist, den Fund strikt getrennt von anderen konventionellen Rückversicherungsgeschäften zu halten. – *4. Organisation:* Ein islamisches Rückversicherungsunternehmen wird als Retakaful Operator bezeichnet, der analog zum Takaful Operator (vgl. Takaful) ein Shari'ah-Board einsetzt, das als religiöser Aufsichtsrat die Einhaltung von religiösen Anforderungen bezüglich der Produkte, Investments sowie Prozesse überwacht und dies auch den Kunden gegenüber zertifiziert. Derzeit gibt es zwei Arten von Retakaful Operators: a) Rückversicherungskonglomerate: die über ein gutes westliches Rating verfügen und eine zusätzliche Retakaful-Gesellschaft für islamische Erstversicherer betreiben, und – b) reine Retakaful Operators: die meist geringer kapitalisiert und damit auch schlechter geratet sind und sich nur auf ihren Bereich als Retakaful Operator konzentrieren.

Retroposition. Summe der eigenen Rückversicherungsabgaben.

Retrospektive Deckungsformen. *1. Begriff:* Konzepte, die Rückversicherungsschutz für Schäden bieten, die bei Vertragsabschluss bereits eingetreten bzw. verursacht sind ("rückschauend") und damit eine aktive Abwicklung von Schadenportefeuilles (Run off-Management) ermöglichen. Ihre Anwendung erfolgt vornehmlich in Sparten bzw. Zweigen mit langer Abwicklungsdauer (z.b. Haftpflichtversicherung). Zwei Grundformen mit Kombinationsmöglichkeiten werden unterschieden: → Loss Portfolio Transfer und → Adverse Development Cover. – *2. Merkmale*: Die Konzepte zeichnen sich durch einen hohen Grad an Individualisierung (präziser und maßgeschneiderter Vertragstext) und Finalität (einmaliger Abschluss mit endgültigen Konditionen, spätere Anpassungen sind selten) aus. I.d.R. ist die Haftung limitiert. Die Laufzeit ist unbegrenzt, d.h. sie richtet sich nach der Dauer der Abwicklung. Die Rückversicherungsprämie ist als Einmalbetrag zum Zeitpunkt des Vertragsabschlusses zu entrichten. Die Tarifierung basiert auf einer Ultimate-Reserveeinschätzung und dem zu erwartenden Auszahlungsmuster. – *3. Abgrenzung*: Bei R. ist die Berücksichtigung des Zeitwerts von Prämien und Versicherungsleistungen möglich. Aufgrund dieses Merkmals wird die retrospektive Rückversicherung häufig als → Finanzrückversicherung bezeichnet. – *4. Ziele*: R. unterstützen Versicherungsunternehmen z.B. bei Mergers and Acquisitions-Prozessen, bei der Um- bzw. Neustrukturierung von Rückversicherungsprogrammen, bei einem Strategiewechsel (Einstellung von Sparten bzw. Zweigen oder regionalen Märkten), bei einer Änderung der Gesellschaftsform, bei einem Börsengang oder bei einer Privatisierung. Weitere Einsatzgebiete finden sich im Risiko- und Kapitalmanagement. Vgl. hierzu die Zielsetzungen des Adverse Development Cover bzw. des Loss Portfolio Transfer.

Retrospektives Deckungskapital. Endwert der zu einem Zeitpunkt während der Laufzeit eines Lebensversicherungsvertrags geleisteten → Beiträge abzgl. des erwarteten → Leistungsendwerts. Sofern die → Rechnungsgrundlagen für die Berechnung des Beitrags und der → Deckungsrückstellung übereinstimmen, sind das R. und das → prospektive Deckungskapital identisch.

Retrozedent. → Rückversicherer, der im Wege der → Retrozession Geschäft an den → Retrozessionär weitergibt.

Retrozession. *1. Begriff*: Abgabe von Risiken oder Anteilen an Risiken, die in Rückdeckung übernommen worden sind. – *2. Merkmal:* Die Abgabe erfolgt an andere → Rückversicherer gegen eine anteilige oder gesondert kalkulierte → Prämie.

Retrozessionär. → Rückversicherer, der vom → Retrozedenten das weitergegebene (retrozedierte) Geschäft zeichnet und diesen folglich entlastet (→ Retrozession).

Rettungskosten. Aufwendungen des Versicherungsnehmers zu Erfüllung seiner Rettungspflicht. Die Rettungspflicht umfasst die mögliche Abwendung eines unmittelbar bevorstehenden Schadenfalls (→ Schadenabwendungskosten) sowie die Schadenminderung bei einem bereits eingetretenen Schaden (→ Schadenminderungskosten). R., deren Einsatz der Versicherungsnehmer für erforderlich halten durfte, hat der Versicherer zu tragen, auch wenn sie ohne Erfolg angefallen sind. Sie werden jedoch nur in dem Umfang ersetzt, in dem sie zusammen mit der sonstigen Entschädigung die → Versicherungssumme nicht übersteigen. Darüber hinausgehende R. werden nur ersetzt, wenn sie auf Weisung des Versicherers angefallen sind. Besteht → Unterversicherung, wird die Erstattung von R. im Verhältnis von Versicherungssumme zum → Versicherungswert gekürzt.

Rettungspflicht, *Schadenabwendungs- und -minderungspflicht*. – *1. Begriff*: Pflicht des Versicherungsnehmers in der → Schadenversicherung, bei Eintritt (Beginn) des Versicherungsfalls nach Möglichkeit für die Abwendung und Minderung des Schadens zu sorgen (§ 82 I VVG). Eine gesetzliche Schadenverhütungspflicht, den Versicherungsfall abzuwenden, trifft den Versicherungsnehmer nicht. Insoweit kommen → Obliegenheiten zur Verhütung oder Verminderung der Gefahr und zur Verhütung einer → Gefahrerhöhung sowie die Herbeiführungsvorschriften zur Anwendung, die der Versicherungsnehmer auch durch Unterlassen verletzen kann. Der erweiterte Aufwendungsersatz in der → Sachversicherung (§ 90 VVG: Vorerstreckung) betrifft nur Aufwendungen, um einen unmittelbar bevorstehenden Versicherungsfall abzuwenden oder in seinen Auswirkungen zu mindern. Eine Vorerstreckung der R. ist damit nicht verbunden. – *2. Grundsatz und Beispiele:* Zur Erfüllung der R. sind alle Maßnahmen zu ergreifen, die der Versicherungsnehmer auch ergreifen würde, wenn er den Schaden selbst tragen müsste („Faustregel"). Beispiele sind Löschversuche, die Alarmierung der Feuerwehr, die Anzeige bei der Polizei in Entwendungsfällen, das Führen einer Stehlgutliste, die Einlegung von Rechtsmitteln, die Hinzuziehung von Sachverständigen bzw. Ärzten. – *3. Weisungen des Versicherungsunternehmens:* Im Rahmen der Schadenanzeige sind Weisungen des Versicherungsunternehmens einzuholen und soweit zumutbar zu befolgen. Die Zumutbarkeit fehlt in der → Kfz-Kaskoversicherung, wenn das Versicherungsunternehmen auf eine Werkstatt verweist, deren Reparatur die Werksgarantie gefährden würde. – *4. Rechtsfolgen bei Verletzung der R.:* Die Regelungen nach § 82 III und IV VVG entsprechen den Regelungen bei → Obliegenheitsverletzungen (vgl. § 28 II und III VVG), Abweichungen enthält jedoch § 86 II S. 2 VVG. – *5. Rettungskosten:* Im Rahmen von § 83 VVG und speziell von § 90 VVG werden → Rettungskosten in der Sachversicherung allgemein ersetzt.

Return on Investment (ROI). Zentrale Kennzahl zur Messung des Kapitalanlageerfolgs, die den relativen Erfolg aus einer Kapitalanlage bezogen auf das Kapitalanlagevolumen bzw. den Kapitaleinsatz ermittelt.

$$R. = \frac{\text{Erfolg aus einer Kapitalanlage}}{\text{Kapitalanlagenvolumen (bzw. Kapitaleinsatz)}}$$

Als Kapitalanlage kann auch ein ganzes Unternehmen angesehen werden, in das investiert wurde. In diesem Fall ermöglicht der R. die Bewertung der Ertragskraft (zutreffender: der Erfolgskraft) des betreffenden Unternehmens.

Return on Risk Adjusted Capital (RORAC). Zentrale Kennziffer einer risikoadjustierten Erfolgssteuerung (riskadjusted performance management), einer spezifischen Variante der wertorientierten Steuerung im Banken- und Versicherungsbereich. Formal wird der Gewinn einer Periode (des gesamten Versicherungsunternehmens oder auch eines Risikosegments) ins Verhältnis zum notwendigen Risikokapital (Sicherheitskapital) gesetzt und damit eine Risikoadjustierung (Risikobereinigung) des Gewinns vorgenommen. Das notwendige Risikokapital wird dabei typischerweise auf der Basis des → Value at Risk bestimmt. Ausgangspunkt dieser Bereinigung ist die Erkenntnis, dass risikoreichere Geschäftsaktivitäten mehr Sicherheitskapital binden und damit zumindest im Mittel (im zeitlichen Durchschnitt) auch höhere Gewinne abwerfen sollten. Ein reiner Vergleich des mittleren Gewinns verschiedener Aktivitäten vernachlässigt damit den Risikoaspekt. Da Geschäftsaktivitäten zumindest die mit ihnen verbundenen Kapitalkosten erwirtschaften sollten, wird im Rahmen der risikoadjustierten Erfolgssteuerung eine einheitliche geforderte Mindestrendite (Hurdle Rate) für den RORAC vorgegeben. Die Differenz zwischen dem Gewinn und der Mindestverzinsung des Risikokapitals auf Basis der Hurdle Rate wird auch als Economic Value Added (EVA®) bezeichnet. Siehe auch → Risk Adjusted Return on Capital (RAROC).

Revolvierende Deckung. Sammeldeckung zur Absicherung des → Ausfallrisikos für Forderungen aus wiederholten Lieferungen und Leistungen des Versicherungsnehmers an denselben Kunden. Ist ein → Kreditlimit für einen Kunden festgesetzt worden, ist der Forderungsbestand bis zu der festgelegten Versicherungssumme versichert. Soweit eine → Pauschaldeckung vereinbart wurde, besteht Versicherungsschutz für den Forderungsbestand bis zur → Antragsgrenze.

Rezeptpflicht. → Verschreibungspflicht.

Reziprozität, *Gegengeschäft.* – *1. Begriff:* Früher übliche Form der → Rückversicherung, bei der ein → Rückversicherer von einem → Erstversicherer Geschäft übernahm und ihm in gleichem Maße aus eigenem Geschäft wiederum Anteile zurückzedierte. – *2. Merkmale:* Bei der Bewertung des Gegengeschäfts werden a) die Prämien- und b) die Ergebnisreziprozität unterschieden. Zu a) Mit der Prämienreziprozität wird der Fall beschrieben, dass der Rückversicherer dem Erstversicherer genau soviel Prämienvolumen zurückzediert, wie er vom Erstversicherer übernommen hat. Zu b) Mit der Ergebnisreziprozität wird beschrieben, dass der Rückversicherer durch die zedierten Geschäfte einen fast gleichen technischen Gewinn an den Erstversicherer überträgt, wie er vom Erstversicherer erhalten hat.

Riester-Rente. *1. Begriff:* Staatlich mittels Zulagen und Sonderausgabenabzugsmöglichkeiten geförderte, private, kapitalgedeckte Rente. Zählt mit Blick auf die Schichten der → Altersvorsorge zur → Basisversorgung. – *2. Rechtsgrundlagen:* Die Förderung der R. wurde durch das → Altersvermögensgesetz (AVmG) eingeführt und erhielt mit den §§ 10a, 79 ff. AVmG Einzug in das Einkommensteuergesetz. – *3. Förderberechtigte:* Förderberechtigt sind in der → gesetzlichen Rentenversicherung (GRV) pflichtversicherte Arbeitnehmer und Selbstständige, → Beamte, geringfügig Beschäftigte, die auf die → Versicherungsfreiheit verzichten, Bezieher von Arbeitslosengeld I und → Arbeitslosengeld II sowie weitere Personengruppen. – *4. Förderungsvoraussetzungen:* Die Förderung ist auf staatlich zertifizierte Altersvorsorgeprodukte beschränkt. Förderungsfähig sind Beiträge zur → privaten Rentenversicherung bzw. zu Fonds- und Banksparplänen, Zahlungen an eine → Pensionskasse oder an einen → Pensionsfonds und Zahlungen an → Direktversicherungen. Als Zertifizierungsvoraussetzungen für die R. gelten folgende Bedingungen: a) Die Abschluss- und Vertriebskosten müssen auf mindestens fünf Jahre verteilt werden. – b) Zu Beginn der Auszahlungsphase muss vom Versicherer mindestens die Summe der eingezahlten Beiträge (bestehend aus den Eigenleistungen und den staatlichen Zulagen) garantiert werden. – c) Leistungen dürfen frühestens ab dem 60. Lebensjahr erbracht werden. – d) Mindestens 70 % des angesparten Kapitals müssen als lebenslange Rente ausgeschüttet werden, etwa in Form einer Leibrente oder eines Auszahlungsplans, der mit einer Leibrente ab dem 85. Lebensjahr verbunden ist. Es dürfen also nur maximal 30 % des eingesparten Kapitals als Einmalleistung ausgeschüttet werden. – e) Der Versicherer muss den Versicherungsnehmern bestimmte Informationen (z.B. über die Verwendung der Vorsorgebeiträge und über die Höhe der Verwaltungskosten) bereitstellen. – f) Die Versicherungsnehmer müssen laufende Beitragszahlungen erbringen. – g) Zudem müssen die Versicherungsnehmer über eine vierteljährliche Kündigungs- oder Ruhestellungsmöglichkeit verfügen. – *5. Arten und Umfang der Förderung:* Die Förderung erfolgt entweder in Form eines steuerlichen Sonderausgabenabzugs oder über jährliche Grundzulagen sowie Kinderzulagen. Seit dem Jahr 2002 wurde die Förderung in einzelnen Schritten eingeführt (siehe auch → Förderstufen). Der Anspruch auf maximale Förderung besteht erst, wenn ein Mindesteigenbeitrag in Höhe von 4 % des Vorjahres-Bruttoeinkommens angelegt wird. Die → Zulagen werden auf den Mindesteigenbeitrag angerechnet. Aktuelle Förderbeträge: Seit 2008 erfolgt bei einer jährlichen Mindestanlage von 4 % des sozialversicherungspflichtigen Vorjahreseinkommens (maximal 2.100 Euro) abzgl. der zu erhaltenden Zulage eine Förderung des Staats i.H.v. 154 Euro pro Versicherungsnehmer. Für jedes kindergeldberechtigte Kind werden dem Kundenvertrag nochmals 185 Euro jährlich gutgeschrieben, für nach 2008 geborene Kinder 300 Euro. Gleichzeitig kann der Vertrag steuerrechtlich voll geltend gemacht werden, wobei dann der bereits als Zulagen ausgeschüttete Teil von dem über die Steuer rückzuvergütenden Teil in Abzug gebracht wird. Die Bezüge aus der R. sind durch den Empfänger zu 100 % steuerpflichtig.

Risiko. I. Allgemein: *1. Begriff:* Möglichkeit des Eintretens eines negativen Ereignisses oder einer adversen Entwicklung. R. liegen in der unvollständigen Information über die Ausprägung künftiger Ereignisse (Zustände) oder den Verlauf künftiger Entwicklungen begründet. Die Möglichkeit des Eintretens eines günstigen Ereignisses oder einer günstigen Entwicklung wird als „Chance" bezeichnet. „Sicherheit" hingegen ist ein Zustand des Nichtvorhandenseins von Risiken. Das Phänomen des R. durchdringt praktisch alle Bereiche des menschlichen Lebens und berührt eine Vielzahl ökonomischer, politischer, soziologischer, philosophischer sowie technologischer Fragestellungen und Problemkreise. – *2. Merkmale:* Im Hinblick auf die Dimensionen des R. kann zwischen Risikoursachen (kausale Dimension) und Risikowirkungen (finale Dimension) unterschieden werden. Die Risikoursachen umfassen diverse Risikoarten, die die Risikoentstehung begründen. Bei der finalen Risikodimension stehen die ökonomischen Konsequenzen der R. im Fokus. – *3. Entwicklungen:* Der Begriff R. leitet sich vom altitalienischen Wort für „Klippe" ab und charakterisiert die Gefahr eines Schiffbruchs. In dieser Verwendung fand das Wort Eingang in die Kaufmanns- und Versicherungssprache. – II. Entscheidungstheorie: In der Theorie wirtschaftlicher Entscheidungen (Entscheidungstheorie) werden nach Frank Knight die Kategorien R. und Ungewissheit im Hinblick auf das Phänomen der Unsicherheit unterschieden. In Risikosituationen besitzt der Handelnde eine Kenntnis über (subjektive oder objektive) Wahrscheinlichkeiten für das Eintreten möglicher Zustände, in Ungewissheitssituationen nicht. – III. Finanzrisiko: *1. Begriff:* Ist vom R. die finanzielle Position einer Person oder einer Institution betroffen, so liegt ein finanzielles R. bzw. Finanzrisiko vor. Hierzu zählen insbesondere das Erleiden finanzieller Verluste, aber auch die Nichterreichung angestrebter Mindestrenditen (Zielrenditen) oder Mindestvermögensstände (Zielvermögen). Finanzrisiken spielen eine zentrale Rolle für alle institutionellen und privaten Teilnehmer an den Finanz- und Versicherungsmärkten, seien es die Finanzintermediäre (Kreditinstitute, Versicherungsunternehmen, Investmentgesellschaften) oder die „Endnutzer" (private Haushalte, Unternehmen, öffentliche Hand). – *2. Arten:* Zu den finanziellen R. zählen R. der Finanzmärkte. Hierzu gehören: a) Marktrisiken (R. aus der Veränderung des Marktwerts von Finanzpositionen, insbesondere Aktienkurs-, Zins- und Währungsrisiken), – b) Ausfall- bzw. Kreditrisiken (R. aus dem Ausfall eines Schuldners bzw. einer Partei eines Finanzvertrags) und – c) operationale R. (z.B. Betrug, Ausfall der EDV, Softwarefehler). – d) Weitere Beispiele für finanzielle R. sind Versicherungsrisiken (Verluste einer Privatperson oder eines Unternehmens aus einem Versicherungsereignis). – e) Schließlich sind auch die Finanzintermediäre selbst spezifischen R. ausgesetzt. Kreditinstitute und Versicherungsunternehmen tragen Liquiditätsrisiken sowie Erfolgsrisiken, insbesondere Überschuldungsrisiken (R., dass die Verpflichtungen das Vermögen übersteigen, Solvenzrisiko). – f) Versicherungsunternehmen sind überdies artspezifischen R. ausgesetzt (→ versicherungstechnisches Risiko). Hierzu gehört das R., dass die Schäden einer Versicherungsperiode die vereinnahmten Prämien übersteigen (price risk) sowie das R., dass die gestellten Schadenreserven zur Finanzierung der sich in der Zukunft ergebenden Schadenzahlungen nicht ausreichen (loss reserve risk). – IV. Versicherungsrisiko: Der Kern des Versicherungsgeschäfts besteht in der Übernahme von R. (→ Risikotransfer). Der Versicherungsmathematiker Hans Bühlmann charakterisiert in seinem Hauptwerk „Mathematical Methods in Risk Theory" „Risiko" – ohne weitere inhaltliche Definition – durch seine beiden Kerneigenschaften „Payer of Premiums" (Prämienzahler) und „Producer of Claims" (Verursacher von Schadenzahlungen). Das R. wird hier insofern mit dem einzelnen Versicherungsvertrag gleichgesetzt. Auch der Gegenstand der Versicherung (versichertes R.) sowie das versicherte Objekt bzw. Subjekt in der Sach- bzw. Personenversicherung werden ebenso wie die versicherte Gefahr, die im Rahmen des Versicherungsvertrags definiert ist, als R. bezeichnet.

Risikoadjustierung. Berücksichtigung des Risikos bei der → Performance-Messung und in der Unternehmensbewertung. Ermöglicht die Bewertung und den Vergleich unterschiedlich riskanter Kapitalanlagen, Unternehmensbereiche bzw. Unternehmen. Mögliche Risikoquellen sind Kursschwankungen, Inflation, Zinsänderungen, Wechselkursschwankungen, Zahlungsausfälle usw. Generell ist eine R. der erwarteten Mittelrückflüsse, des zur Bewertung der Mittelrückflüsse verwendeten Diskontierungssatzes oder des der Bewertung zu Grunde liegenden Wahrscheinlichkeitsmaßes möglich. In der Praxis finden risikoadjustierte Performance-Maße in der Unternehmenssteuerung Anwendung.

Risikoausgleich. *1. Begriff:* Zentraler Effekt des Versicherungsvorgangs, der eine Verringerung des → Zufallsrisikos bewirkt. Komponenten sind der R. im Kollektiv und der R. in der Zeit. Der R. ist wesentlicher Bestandteil der → Risikotransformation. – *2. R. im Kollektiv:* Der R. im Kollektiv liegt in der Einbettung der einzelnen Versicherungsverträge in ein Kollektiv von Risiken begründet. Der Ausgleich im Kollektiv findet darin seinen Ausdruck, dass unter sonst konstanten Bedingungen eine wachsende Kollektivgröße Vorteile bietet. Diese Vorteile bestehen darin, dass sich bei wachsender Kollektivgröße entweder das Zufallsrisiko selbst verringert oder aber bei gleichbleibendem (kontrolliertem) Sicherheitsniveau der versicherte → Gesamtschaden im Durchschnitt günstiger finanziert werden kann und damit für den einzelnen Versicherungsnehmer der Versicherungsschutz günstiger zu erwerben ist. Der Ausgleich im Kollektiv kann unter Rückgriff auf wahrscheinlichkeitstheoretische Gesetzmäßigkeiten (→ Gesetz der großen Zahlen, → Zentraler Grenzwertsatz) quantifiziert werden. Risikohomogenität ist keine Voraussetzung für den Ausgleich im Kollektiv, auch aus heterogenen Teilkollektiven zusammengesetzte Kollektive können ausgeglichen sein. – *3. R. in der Zeit:* Der R. in der Zeit findet darin seinen Ausdruck, dass sich über längere Zeithorizonte die durchschnittliche → Volatilität und auch → Shortfallrisiken vermindern. Der Ausgleich in der Zeit findet in der Versicherungspraxis im Rahmen der → Schwankungsrückstellungen in der Schaden-/Unfallversicherung sowie im Rahmen einer langfristig orientierten → Rückversicherung Anwendungen.

Risikoausschluss. Herausnahme bestimmter Risiken aus dem Versicherungsumfang, die zwar für gewöhnlich eingeschlossen sind, aber im konkreten Fall als nicht versicherbar gelten. Mittel des Versicherungsunternehmens zur Beschränkung von Risiken.

Risikoaversion. → Risikopräferenz.

Risikobegrenzung. *1. Begriff:* Begrenzung des Risikos, das vom Versicherer vertragsgemäß übernommen wird. – *2. Varianten:* R. a) auf das versicherte Interesse (z.B. Eigentumsinteresse, Eigentümerinteresse), – b) auf die getragene bzw. → versicherte Gefahr (vgl. auch → Named Perils-Deckung), – c) auf den Versicherungsort, – d) auf die materielle → Versicherungsdauer, – e) durch → Obliegenheiten, – f) durch sonstige tatbestandliche Voraussetzungen für einen Entschädigungsanspruch. – *3. Wirkungen:* Je genauer die R. vorgenommen wird, desto besser lassen sich die → Versicherbarkeit prüfen und die Versicherungsprämien kalkulieren (→ Prämienkalkulation). Siehe auch → Risikovermeidung.

Risikobericht. *1. Begriff:* Element der Rechnungslegung. Bestandteil des Konzernlageberichts. – *2. Ziel:* Laut DRS 5 ist es das Ziel des R., den Adressaten des Konzernlageberichts entscheidungsrelevante und verlässliche Informationen zur Verfügung zu stellen, die es ihnen ermöglichen, sich ein zutreffendes Bild über die Risiken der künftigen Entwicklungen des Konzerns zu machen. – *3. Inhalte:* Den Schwerpunkt des R. bilden die mit den spezifischen Gegebenheiten des Konzerns und seiner Geschäftstätigkeit verbundenen Risiken. – *4. Risikokategorien und Berichtsstruktur in Versicherungsunternehmen:* An den wesentlichen Risiken im Versicherungskonzern orientiert sich zumeist auch die Gliederungsstruktur des R., in dem im einzelnen über → versicherungstechnische Risiken, → Ausfallrisiken, → Marktrisiken, besonders solche aus → Kapitalanlagen, → operationale Risiken und sonstige Risiken berichtet wird. Diese Risiken sind inhaltlich zu konkretisieren und – falls die Bewertungsmethode verlässlich und die Informationen entscheidungsrelevant sind – zu quantifizieren. – *5. Gesetzliche Grundlagen:* a) DRS 15 als allgemeiner Standard zu Anforderungen an die Lageberichterstattung zum Konzernabschluss. – b) DRS 5 als allgemeiner Standard für die Risikoberichterstattung. – c) DRS 5-20 regelt ergänzend die Risikoberichterstattung von Versicherungskonzernen. – d) Die DRS empfehlen jeweils auch die Anwendung auf den Lagebericht zum → Jahresabschluss; damit ist der R. auch für das Einzel-Versicherungsunternehmen relevant.

Risikoberichterstattung. → Risikomanagement im Versicherungsunternehmen.

Risikobewertung. → Risikomanagement im Versicherungsunternehmen.

Risikocontrolling. Betriebswirtschaftliche Funktion der Risikosteuerung im Versicherungsunternehmen als Aufgabe der Unternehmensführung (funktionale Sicht). Bereich oder Abteilung „Risikocontrolling" als organisatorische Einheit im Versicherungsunternehmen, die der Unterstützung der Unternehmensführung bei der Wahrnehmung der betreffenden Aufgaben dient (institutionelle Sicht). Die → Mindestanforderungen an das Risikomanagement von Versicherungsunternehmen (MaRisk VA) schreiben die Einrichtung eines sog. „unabhängigen Risikocontrolling" vor.

Risikodialog. *1. Begriff:* Diskursives Verfahren der → Risikokommunikation zur Klärung von strittigen Fragen, die im Zusammenhang mit der Bewertung und dem Management von Risiken stehen. – *2. Merkmale:* Der R. ist damit eine Variante der partizipativen Technikfolgenabschätzung. Geleitet von der Habermas'schen Diskursethik, wird angenommen, dass sich mittels offener und fairer Argumentation am besten über widerstreitende Geltungsansprüche entscheiden lässt. – *3. Aufbau und Verfahren:* eines R. sind je nach Zielsetzung verschieden. a) Zum einen kann es um die Verdeutlichung der Pro- und Kontra-Argumente für konkurrierende wissenschaftliche Positionen bei der Risikobewertung gehen, – b) zum anderen um den Versuch, einen Konsens zu finden. Teilnehmer eines solchen Dialogs sind i.Allg. Stakeholder; d.h. wissenschaftliche Experten, Vertreter von Umweltverbänden, der Industrie und der Politik. – *4. Beispiele:* für R. sind die Dialoge zur Nanotechnologie der Schweizer Stiftung „Risikodialog" sowie die Dialoge „Mobilfunk und Gesundheit" der Programmgruppe Mensch, Umwelt, Technik (MUT) des Forschungszentrums Jülich. Empirische Befunde zum Nutzen von R. sind selten, ohne sie ist aber eine Weiterentwicklung kaum möglich.

Risikodiversifikation. → Diversifikation.

Risikoerhöhung. Qualitative Gefahrerhöhung im Rahmen der versicherten Gefahren ohne eine Überschreitung der versicherten Grundgefahr. Abzugrenzen von → Risikoerweiterung und → Vorsorgeversicherung. Siehe für ein Beispiel auch → Haftpflichtversicherung.

Risikoerweiterung. Quantitative Gefahrerhöhung im Rahmen der versicherten Gefahren ohne eine Überschreitung der versicherten Grundgefahr. Abzugrenzen von → Risikoerhöhung und → Vorsorgeversicherung. Siehe für ein Beispiel auch → Haftpflichtversicherung.

Risikofaktoren, *Risikomerkmale.* – *1. Begriff:* Potentielle Schadenursachen im Hinblick auf versicherte Risiken (→ Risiko). Sie sind insofern Elemente des Schadenursachenkomplexes. R. wirken auf den versicherten Bereich ein (Schadenursachenmodell) und beeinflussen damit die Zufallsgesetzmäßigkeit der versicherten Schäden (→ Schadenzahl, → Schadenhöhe, → Gesamtschaden). – *2. Arten:* Grundsätzlich werden sachbezogene und personenbezogene R. unterschieden, daneben gehören auch Naturereignisse und sozioökonomische Einflussgrößen zum Schadenursachensystem und damit zu den Risikofaktoren. – *3. Anwendungen:* Im Rahmen der → Tarifierung findet eine Selektion der für eine konkrete Risikoart (bspw. Kfz-Haftpflichtrisiken) relevanten R. statt; in diesem Zusammenhang wird von Tariffaktoren gesprochen. Die Tariffaktoren dienen zum Einen der Risikoklassifikation, d.h. der Aufteilung des versicherten Bestands in einzelne Risikogruppen. Dies erlaubt eine bessere Identifikation der Zufallsgesetzmäßigkeit der einzelnen versicherten Risiken. Zum Anderen wird im Rahmen von → Tarifmodellen die Zufallsgesetzmäßigkeit der versicherten Schäden in Abhängigkeit von den Tariffaktoren quantifiziert und auf dieser Basis eine → Prämienkalkulation vorgenommen. Diese Vorgehensweise ermöglicht eine erhöhte Risikoadäquanz der Kalkulation.

Risikofinanzierung. Variante der → Risikohandhabung und Konsequenz aus der → Risikotragung und -deckung. Die für potenzielle Verlustdeckungen notwendige Kapitalunterlegung muss ihrerseits finanziert werden, indem Sicherheitskapital (Haftkapital) von außen durch Kapitalgeber zur Verfügung gestellt (→ Außenfinanzierung, vornehmlich → Beteiligungsfinanzierung) oder aus zuvor erwirtschafteten Gewinnen einbehalten wird (→ Innenfinanzierung, → Selbstfinanzierung). Im Weiteren müssen dafür auch → Kapitalkosten finanziert, d.h. (über die Absatzmärkte) verdient werden. Im weiteren Sinne liegt R. auch vor, wenn im Zuge eines → Risikotransfers Preise für die Übertragung von Schadenpotenzialen auf Versicherungsunternehmen (Versicherungsprämien) oder → Spreads für die Übertragung von (Verlust-)Risiken auf den Kapitalmarkt gezahlt und damit kalkuliert und gedeckt werden müssen. Zur Deckung von → Liquiditätsrisiken ist eine hinreichende Verfügbarkeit bzw. die Möglichkeit der kurzfristigen Beschaffung von liquiden Mitteln erforderlich. Der Vorrat an liquiden Mitteln verursacht → Opportunitätskosten, die wiederum Finanzierungsbedarfe aufwerfen. Für Kreditlinien oder sonstige Möglichkeiten der kurzfristigen Beschaffung liquider Mittel sind ggf. (explizit oder implizit) Preise zu entrichten, die ebenfalls (über Erlöse von den Absatzmärkten) gegenzufinanzieren sind.

Risikofreude. → Risikopräferenz.

Risikofrüherkennungssystem. Gesamtheit aller Maßnahmen in einem Unternehmen, insbesondere die Einrichtung eines Überwachungssystems, mit der Funktion, frühzeitig den Fortbestand der Gesellschaft gefährdende Entwicklungen aufzudecken, um diesen ggf. rasch und wirksam entgegentreten zu können. Näheres siehe unter → Risikomanagement im Versicherungsunternehmen. Die Verpflichtung zur Einrichtung eines Überwachungssystems wurde im Rahmen des Gesetzes über die Kontrolle und Transparenz im Unternehmensbereich (→ KonTraG) mit dem neu eingeführten § 91 II AktG geschaffen. Für Versicherungsunternehmen wurde die Einrichtung eines „Frühwarnsystems" durch die Mindestanforderungen an das Risikomanagement von Versicherungsunternehmen (MaRisk VA) noch einmal aufsichtsbehördlich festgeschrieben.

Risikogeschäft. Versicherungsspezifischer Kern der Geschäftstätigkeit eines Versicherungsunternehmens. Das R. besteht in dem Transfer (→ Risikotransfer) von Risiken (→ Risiko) von Wirtschaftseinheiten (Versicherungsnehmer) auf das Versicherungsunternehmen gegen Entgelt (→ Prämie). Die übernommenen Risiken werden zu Risikokollektiven zusammengefasst und unter Einsatz des Instrumentariums der → Risikopolitik konsolidiert (→ Risikoausgleich, →Risikotransformation).

Risikogewinn. Differenz aus der Summe der → Risikoprämien (Beitragsteile zur Deckung der Kosten für die Risikotragung) (Minuend) und der Summe der Versicherungsleistungen zuzüglich der Schadenregulierungskosten (Subtrahend) aus allen Lebensversicherungsverträgen eines Bestands. Dabei sind nicht nur die → laufenden Beiträge zu berücksichtigen, sondern auch die aus den vorhandenen Rückstellungen entnommenen Teile für die Risikotragung der entsprechenden Periode. Die Versicherungsleistungen sind die auszuzahlenden oder zu reservierenden Beträge abzgl. der ggf. bereits für die betreffenden Schadenfälle dotierten Rückstellungen.

Risikohandbuch. Dokumentation über die Strukturen und Prozesse des Risikomanagements eines Unternehmens.

Risikohandhabung. Umgang mit Risiken als Ausfluss a) der gegebenen Risikolage im Ausgangspunkt, – b) der Möglichkeiten der → Risikovermeidung, der → Risikoverminderung, der → Risikodiversifikation, des → Risikotransfers und der Risikotragung und -deckung (→ Risikotragfähigkeit) sowie – c) der → Risikopräferenz des Entscheidungsträgers.

Risikoidentifikation. → Risikomanagement im Versicherungsunternehmen.

Risikokalkulation. Umfasst alle Verfahren und Methoden zur Quantifizierung der Risiken (→ Risiko) eines Versicherungsunternehmens, insbesondere der Versicherungsrisiken. Dies reicht von der statistischen Identifikation der Zufallsgesetzmäßigkeit der Risiken (→ Risikostatistik) über die Messung der Risikohöhe auf der Basis von → Risikomaßen bis hin zur → Prämienkalkulation, die dazu dient, die Kompensation für die Risikoübernahme (→ Risikotransfer) zu bestimmen.

Risikokapital. I. Deckungspotential: Gesamtheit der Risikodeckungspotentiale (Eigenkapital und andere zur Verlustdeckung tauglische Kapitalkategorien), die mindestens vorgehalten werden muss, um selbst dann, wenn eine vorab definierte Maximalbelastungssituation durch Verlustrealisationen eintreten sollte, als Unternehmen solvent zu bleiben. – II. Riskiertes Kapital: Begriff in der → Lebensversicherung. Differenz zwischen der Versicherungssumme und dem (niedrigeren) Deckungskapital. Das riskierte Kapital wird mit der Laufzeit des Vertrags immer geringer. Das im riskierten Kapital ausgedrückte → versicherungstechnische Risiko dient unter → Solvency I zusammen mit den „mathematischen Reserven" als Bemessungsgrundlage für die → Soll-Solvabilität von Lebensversicherern. – III. Eigenkapital: R. bezeichnet i.Allg. auch das Eigenkapital, für das im Gegensatz zum Fremdkapital keine rechtlich fixierten Rückzahlungs- und Zinszahlungsansprüche bestehen, und das somit als potentieller Verlustträger dient. – IV. Venture Capital, Wagniskapital: Finanzielle Mittel für risikoreiche Investitionen, die Unternehmen mit geringer Eigenkapitalausstattung oder begrenzten alternativen

Finanzierungsmöglichkeiten (z.B. während der Gründungsphase) bereitgestellt werden und hohe Verzinsungsansprüche rechtfertigen.

Risikoklassen. I. Risikodekomposition: *1. Begriff:* Aufteilung der Risiken in einzelne R. gem. ihrer jeweiligen Ursachen zur Dekomposition des gesamten Unternehmensrisikos. – *2. Merkmale:* Die Bildung von kausalen R. wird u.a. in der Unternehmenssteuerung und im Rahmen von Aufsichtsmodellen (vgl. → Risk Based-Capital, → Solvency II) eingesetzt. Dabei variiert die Einteilung der R. von Modell zu Modell, kann im Kern aber auf folgende R. verdichtet werden: a) Versicherungstechnisches Risiko, unterteilt in Prämienrisiko und Reserverisiko; – b) Kapitalanlagerisiko, unterteilt in Marktpreisrisiko und Kreditrisiko; – c) Asset/ Liability-Mismatch-Risiko und – d) Operationelles Risiko. – II. Tarifierung: *1. Begriff:* Einteilung von Risiken nach der Höhe der Gefahr zur Homogenisierung des Versicherungsbestands im Rahmen der Tarifierung von Teilkollektiven. – *2. Folgerungen:* Teilkollektiven in einer höheren R. wird eine proportional höhere Versicherungsprämie zugewiesen. Beispiele für R. in der Tarifierung sind Gefahrengruppen in der Unfallversicherung, Bauartklassen in der Feuerversicherung und Typklassen in der Kfz-Versicherung.

Risikokommunikation. *1. Begriff:* Umfasst jede Kommunikation, die der Identifikation, der Bewertung und dem Management von Risiken dient. – *2. Merkmale:* Beteiligte sind sowohl Wissenschaftler und Entscheidungsträger als auch alle interessierten oder betroffenen Parteien, die gleichermaßen Empfänger und Erzeuger von Information sein können (→ Risikowahrnehmung). – *3. Zielsetzung:* R. zielt auf die bestmögliche Vermittlung von Wissen über Risikopotentiale, das Erkennen und Minimieren von Bewertungsdifferenzen sowie die Vermeidung von Konflikteskalationen bei Auseinandersetzungen über Risiken ab. Ein weiteres Ziel ist die Beeinflussung des Risikoverhaltens. – *4. Entwicklung:* Ein eigenständiges Forschungsfeld ist die R. seit ca. 25 Jahren. Dabei lassen sich vier Themenbereiche unterscheiden: (1) Erklärung von Risiken: Im Mittelpunkt steht die Verbesserung des Wissenstands über Risiken (z.B. Aufklärung über die Gesundheitsrisiken des Rauchens); (2) Initiierung von Verhaltensänderungen und Vorsorgemaßnahmen: Angezielt werden der Abbau von gesundheitsgefährdenden Verhaltensweisen und die Förderung von Vorsorge- oder Schutzmaßnahmen (z.B. Tragen von Sicherheitsgurten beim Autofahren); (3) Notfallkommunikation (Emergency Communication): In Notfällen und Katastrophen (z.B. nach Emission toxischer Substanzen bei einem Chemieunfall) sollen die Betroffenen schnell und effektiv gewarnt und über mögliche Schutzmaßnahmen informiert werden; (4) Gemeinsame Problem- und Konfliktlösung: Gesellschaftliche Risikokonflikte sollen durch Dialoge (→ Risikodialog) und partizipative Verfahren einer Lösung näher gebracht werden. In jüngster Zeit findet der Ruf nach einer soliden empirischen Fundierung der R. wieder stärker Gehör. Die Forschung weist dabei in zwei Richtungen: a) Zum einen wird der Bias korrigiert, dass es bei R. um bloße Informationsvermittlung geht: Denn Nichtfachleute bewerten Risiken eher intuitiv – auf der Basis von Heuristiken. Mehr Information hilft deshalb nur bedingt. Deshalb sollte R. Nichtfachleute v.a. unterstützen, ihre intuitive Risikobewertung adäquat einzusetzen, aber auch deren Grenzen zu erkennen. Denn Intuition führt nicht immer zu einer angemessenen Bewertung. – b) Zum anderen ist erkennbar, dass Dialog und Partizipation an Entscheidungsfindungen allein noch keinen Konsens schaffen.

Risikokontrolle. → Risikomanagement.

Risikokosten. *1. Begriff:* → Kosten, die durch die Risikoübernahme im Versicherungsunternehmen verursacht werden. Im Kern handelt es sich dabei um die Kosten für das → Risikogeschäft. Auch in anderen Geschäftsbereichen, die risikobehaftet sind, entstehen allerdings R., insbesondere z.B. im → Kapitalanlagegeschäft. – *2. Merkmale und Elemente:* R. sind nominelle Kosten und können für das Risikogeschäft in die → Kostenarten a) → Schadenkosten für eigene Rechnung (feR), – b) Rückversicherungskosten (Kosten für die → passive Rückversicherung) und – c) → Kapitalkosten (Kosten für die Kapitalunterlegung zur Schließung von potenziellen Deckungslücken zwischen den → Risikoprämien feR und den Schadenkosten) untergliedert werden. Je nach Ausprägung der → Versicherungstechnik, insbesondere der Ausgestaltung und Gewichtung a) der → Risikozuschläge in den Prämien, – b) der passiven Rückversicherung und – c) der Kapitalunterlegung zur → Risikotragung und -deckung, können die o.a. Kostenarten untereinander substituiert und die Gesamtkosten sowie die Risiko-/ Rendite-Position für das Versicherungsunternehmen optimiert werden – *3. Unterscheidung von anderen, ähnlichen Begriffen:* Die R. gehören neben den → Betriebskosten zu den beiden Haupt-Kostenarten im Versicherungsunternehmen.

Risikolebensversicherung, *Todesfallversicherung.* – *1. Begriff:* Versicherung auf den Todesfall einer oder mehrerer versicherter Person(en), die bei Erleben der versicherten Person zum Ende der Vertragslaufzeit keine Leistung erbringt, mit Ausnahme evtl. fälliger Überschüsse aus dem Vertrag. – *2. Merkmale:* R. decken das Todesfallrisiko entweder lebenslang oder über einen definierten kürzeren Zeitraum. Die Beitragszahlung kann einmalig oder fortlaufend erfolgen, längstens jedoch bis zum Ablauf der Versicherungsdauer. Mit der R. ist grundsätzlich keine Kapitalbildung verbunden. Für lang laufende R. gegen → laufende Beiträge werden aber zu Beginn der Vertragslaufzeit in geringem Umfang → Rückstellungen gebildet, um in späteren Jahren wegen des dann gestiegenen Risikos über ausreichende Mittel aus Beiträgen und Rückstellungen für die Risikotragung zu verfügen. – *3. Ziele:* Mit dem Abschluss einer R. können unterschiedliche Ziele verfolgt werden, z.B. a) bei lebenslangen R. die Bereitstellung eines Geldbetrags zur Deckung der Beerdigungskosten (Sterbegeldversicherung) oder der anfallenden Erbschaftsteuer, – b) bei abgekürzten R. die Absicherung einer Hypothek oder eines Konsumentenkredits. – *4. Probleme:* Bei lebenslangen R. wird oft die Möglichkeit der sog. Überzahlung problematisiert: Da der Beitrag das Risiko frühzeitiger Todesfälle in jungen Altern abdeckt, kann es bei sehr langen Beitragszahlungsdauern, d.h. bei sehr langlebigen Personen dazu kommen, dass im individuellen Fall die Summe der eingezahlten Beiträge höher als die versicherte Summe ist.

Risikomanagement. *1. Begriff:* Systematischer, planvoller Umgang mit Risiken auf Einzelpersonen- bzw. Haushaltsebene bzw. auf der Ebene von Unternehmen. – *2. Unternehmensziel:* Schaffung eines Mix an Maßnahmen des R., der den Unternehmenswert maximiert. – *3. Merkmale:* R. ist ein kontinuierlicher Prozess, der aus den Schritten Risikoidentifikation, Risikomessung, Risikobewertung, Risikohandhabung (Auswahl, Implementierung und Überwachung der Performance von Maßnahmen des R.) sowie ergänzend aus Maßnahmen der → Risikokommunikation und des Risikoreporting besteht. a) Die Risikoidentifikation kann als Prozess der systematischen und kontinuierlichen Erfassung relevanter Risiken – sowohl vor als auch nach ihrer Realisation – gekennzeichnet werden. Als Basis hierzu können je nach Bezugsrahmen z.B. Schadenstatistiken oder Vertragsanalysen dienen. – b) Im Rahmen der Risikomessung erfolgt eine Modellierung der identifizierten Risiken mit Hilfe von Wahrscheinlichkeitsverteilungen. In der Finanzwirtschaft werden zur Risikomessung v.a. Teilbereiche von Wahrscheinlichkeitsverteilungen herangezogen und mit statistischen Risikokennziffern quantifiziert (z.B. → Value at Risk, → Tail Value at Risk). – c) Die Risikobewertung ordnet den ermittelten Wahrscheinlichkeitsverteilungen Preise zu. So kann bspw. der (theoretisch korrekte) Preis einer Finanzoption anhand der stochastischen Cash flows aus der Option unter Verwendung eines ökonomischen Bewertungsmodells ermittelt werden. – d) Die Risikohandhabung umfasst die Methoden zum Umgang mit den Risiken. In Betracht kommen dafür Methoden der → Risikokontrolle und der → Risikofinanzierung. Die Risikokontrolle subsumiert Techniken zur → Risikovermeidung, Risikominderung durch Sicherungs- bzw. Schutzmaßnahmen und bestimmte Formen des → Risikotransfers, z.B. mit Hilfe von Versicherungsverträgen auf Versicherungsunternehmen oder mit Hilfe von → Derivaten auf den Kapitalmarkt. Zur Risikofinanzierung gehören insbesondere die Nutzung von Diversifikationseffekten, alle Arten der → Selbstversicherung (Funding, Captives) und Konzepte des → Contingent Capital.

Risikomanagement im Versicherungsunternehmen

von Professor Dr. Fred Wagner und Dipl.-Kff. Renata Klein

1. Begriff

Risikomanagement (engl.: Risk Management) ist in funktioneller Sicht ein System aus Zielen und Prozessen zur Bewältigung der risikobezogenen Aufgaben in einem Versicherungsunternehmen. In institutioneller Sicht sind damit die Aufgabenträger auf der Leitungs- bzw. Führungsebene im Versicherungsunternehmen bzw. sind die Organisationseinheiten gemeint, die mit den risikobezogenen Aufgaben betraut sind.

2. Ziele

Ziele des Risikomanagements sind die angestrebten Zustände der Risikolage bzw. der sie ausdrückenden Wahrscheinlichkeitsverteilungen von Ergebnissen. Die Ziele sind nach ihren Arten (z.B. Ruinvermeidung), Ausmaßen (Vorgaben des Wahrscheinlichkeitsniveaus) und Zeitbezügen (kurzfristig, mittelfristig und langfristig) eindeutig festzulegen. Es wird zwischen Formalzielen und Sachzielen des Risikomanagements unterschieden. Die wesentlichen Formalziele sind im Versicherungsunternehmen die Sicherung der Unternehmensexistenz sowie die Sicherung der Erfüllung sonstiger ökonomischer und außerökonomischer Unternehmensziele, wie z.B. Wertschöpfungs- und Wachstumsziele. Die Sachziele sind spezifische Sicherungsziele in Bezug auf das versicherungsbetriebliche Programm bzw. Geschäftsfelder. Dabei kann es sich um produktbezogen, kundenbezogen, regionenbezogen und/ oder kanalbezogen definierte Geschäftsfelder handeln. Bestimmte Geschäftsfelder werden häufig als Sachziele betont, wenn deren Zugehörigkeit zum Programm einem höheren Zweck dient, etwa wenn sie zum Image des Versicherungsunternehmens gehören. Auch wenn die Sicherungsziele im Risikomanagement dominieren, heißt das nicht, alle Risiken soweit wie möglich auszuschalten, sondern die Risikolage zu optimieren. So müssen auch Versicherungsunternehmen Risiken eingehen, um ihre Chancen zu wahren bzw. Potenziale aufzubauen.

Unter dem sog. „Enterprise Risk Management" wird in diesem Sinne ein holistischer Ansatz verstanden, der sowohl quantitative als auch qualitative Aspekte des Risikomanagements umfasst (ähnlich wie „Säule 1" und „Säule 2" von Solvency II) und gleichermaßen potenzielle „downside"-Entwicklungen und „upside"-Entwicklungen in die Risikobetrachtungen mit einbezieht.

Das Ziel des Risikomanagements liegt also darin, die bereits bestehenden und die künftig entstehenden Risiken (einschl. der Chancen) eines Versicherungsunternehmens so zu handhaben, dass der Unternehmenswert durch die Beherrschung der Risiken bei weiter bestehenden Erfolgschancen gesteigert wird. Dabei muss sich das Risikomanagement stets an den rechtlichen Vorgaben für die Risikostrategie halten. Insbesondere die aufsichtsrechtlichen Rahmenbedingungen, darunter v.a. die Solvabilitätsvorschriften, fordern die Einhaltung einer Mindest-Sicherheitslage im Versicherungsunternehmen, die künftig – nach aktuellem Stand der Rahmenrichtlinie der EU-Kommission für Solvency II – mit einem Konfidenzniveau von 99,5 % für die einjährige Nicht-Ruinwahrscheinlichkeit festgelegt ist. Zudem sind die internen ökonomischen Rahmenbedingungen zu beachten, die insbesondere durch die Geschäftsstrategie und die Vorgaben von Seiten der (möglichst wertorientierten) Unternehmenssteuerung definiert sind. Im Rahmen der Unternehmenswertorientierung werden neben den Sicherungszielen auch die Renditeziele festgelegt.

3. Prozesse

Das Risikomanagement ist ein kontinuierlicher Prozess, der aus den Teilprozessen Risikoidentifikation, Risikomessung, Risikobewertung und Risikohandhabung besteht. Ausgehend von und gemessen an der Risikostrategie (bzw. den Sicherungszielen) werden zunächst im Rahmen der *Risikoidentifikation* (zumindest) die wesentlichen Risiken erfasst. Wesentliche Risiken sind nach den Mindestanforderungen an das Risikomanagement von Versicherungsunternehmen (MaRisk VA) solche, die sich – gemessen an den internen Unternehmenszielen – nachhaltig negativ auf die Vermögens-, Finanz- und Ertragslage (gemeint ist im ökonomischen Sinne die Erfolgslage) im Versicherungsunternehmen auswirken können. Anschließend erfolgt die *Messung der identifizierten Risiken*, und dies möglichst auf der Grundlage von Wahrscheinlichkeitsverteilungen und ihren Lage-, Streuungs-, Schiefe- und Wölbungsparametern, mit denen die tatsächliche Risikolage zutreffend abgebildet und quantifiziert werden kann. Bei der *Risikobewertung* werden den Risiken Preise zugeordnet. Wenn die vorherrschende Risikolage analysiert ist, folgt unter Kosten/ Nutzen-Abwägungen die *Risikohandhabung*, die den Umgang mit den Risiken prägt.

Risikomanagement ist ein kontinuierlicher, iterativer Prozess im Sinne eines Regelkreislaufs. Dabei sind die erfassten Risiken sowie die hierauf bezogenen Maßnahmen laufend zu überwachen und bei auftretenden Abweichungen von den Zielvorgaben bzw. bei der Neufeststellung von Risiken zielführende Anpassungsmaßnahmen einzuleiten.

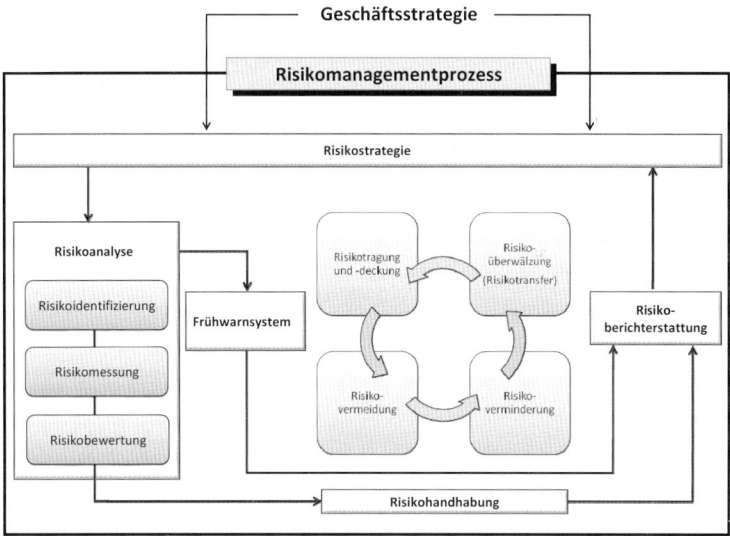

Abb. Risikomanagementprozess, in Anlehnung an: Nguyen, T.: Handbuch der wert- und risikoorientierten Steuerung von Versicherungsunternehmen, Karlsruhe 2008, S. 401.

Die Risikoidentifikation ist ein Teilprozess zur systematischen und kontinuierlichen Erfassung von Unternehmensrisiken. Das Ziel ist eine möglichst vollständige Erfassung aller wesentlichen Risikoarten, Risikotreiber sowie deren Zusammenhänge und Wechselwirkungen. Voraussetzungen für den Erfolg der Risikoidentifikation sind eine umfassende und aktuelle Informationsbasis, die Wirtschaftlichkeit der Teilprozesse sowie deren Konsistenz. Die Aktualität ist v.a. wegen der Veränderlichkeit des Unternehmens und seiner Umwelt von hoher Bedeutung. Das Risikoprofil des Versicherungsunternehmens ist deshalb ständig anzupassen. Vor diesem Hintergrund ist die Risikoidentifizierung ein dauerhaft durchzuführender Prozess. Methoden zur Identifizierung der Risiken sind z.B. die Checklistenanalyse, die Fehlerbaumanalyse, die

Ausfalleffektanalyse, die Szenarioanalyse und die Delphi-Methode; ergänzend sind das Brainstorming oder Brainwriting zu erwähnen. Keine dieser Methoden gewährleistet allerdings für sich genommen eine zufriedenstellende Risikoidentifikation. In der Praxis werden die Methoden deshalb oft kombiniert eingesetzt. Auch dann kommt eine vollständige Erfassung aller Risiken in der Realität jedoch v.a. unter Kosten/ Nutzen-Abwägungen regelmäßig nicht in Betracht. Die im Rahmen der Risikoidentifikation systematisch erfassten Risiken werden in einem Risikoinventar für die nachfolgenden Zwecke der Risikobewertung zusammengefasst.

Im Rahmen der Risikomessung werden den identifizierten Risiken numerische Werte zugeordnet. In einer einfachen Variante werden die Risiken dabei mit den zugehörigen Eintrittswahrscheinlichkeiten von Schäden oder Verlusten und den mittleren Schaden- bzw. Verlustbeträgen in Geld bewertet. Ausgefeiltere Methoden der Risikomessung arbeiten mit Wahrscheinlichkeitsverteilungen von Ergebnissen und deren Parametern, z.B. mit dem Erwartungswert (als Lageparameter), der Standardabweichung, der Varianz, dem Variationskoeffizienten (als Streuungsparameter), dem Schiefeparameter nach Pearson, Yule-Pearson oder dem 3. zentralen Moment (als Schiefeparameter), dem Wölbungskoeffizienten nach Fischer (relatives Wölbungsmaß) oder dem 4. Moment (absolutes Wölbungsmaß). Mit Blick auf die Extrembereiche von Wahrscheinlichkeitsverteilungen, konkret bspw. für die Zwecke der Bemessung von Ruinwahrscheinlichkeiten und damit verbundenen Kapitalanforderungen, sind der Value at Risk oder der Tail Value at Risk nützliche Messgrößen. Die Risikomessung kann z.B. durch Sensitivitätsanalysen, Stresstests und die Szenariotechnik unterstützt werden. Zu beachten ist, dass die Risikomessung nicht nur die Einzelrisiken betreffen, sondern auch deren mögliche Wechselwirkungen berücksichtigen sollte. Wie alle Teilprozesse des Risikomanagements, sollte auch die Risikomessung in regelmäßigen Zeitabständen, ggf. auch laufend durchgeführt werden.

Die Risikobewertung erfordert eine Zuordnung von Preisen zu den Risiken. Im Idealfall können das Marktpreise sein. Ansonsten ist eine modellbasierte Preisbildung erforderlich, die z.B. auf Basis des Value at Risk über eine korrespondierende Kapitalunterlegung mit Hilfe der Bestimmung von Kapitalkosten erfolgen kann. Die Risikobewertung ist letztlich notwendig, um entweder für den Transfer von Risiken auf Dritte oder für die Risikotragung und -deckung Preise zu kalkulieren, die gezahlt werden können (Risikotransfer) oder erhoben werden müssen (Risikotragung und -deckung).

Die Risikohandhabung umfasst die Verhaltensweisen gegenüber dem Risiko bzw. den Umgang damit. In Betracht kommen die bewusste Übernahme von Risiken (Risikotragung und -deckung), um die damit verbundenen Chancen zu wahren, sowie die Risikovermeidung, die Risikoverminderung und/ oder die Risikoüberwälzung (synonym: der Risikotransfer) auf Dritte.

Bei der Risikotragung und -deckung wird das Risiko ganz oder teilweise (im Risikogeschäft z.B. mit der Selbstbehaltsquote nach einer passiven Rückversicherung) durch das eigene Versicherungsunternehmen übernommen. In welchem Umfang dies zweckmäßig ist, hängt im Wesentlichen von der Risikopräferenz im Versicherungsunternehmen, von dessen Risikotragfähigkeit, die v.a. von der finanziellen Ausstattung mit Sicherheitsmitteln bestimmt ist, und (im Rahmen der wertorientierten Steuerung) von den Chancenpotenzialen ab, die mit den risikobehafteten Unternehmensaktivitäten verbunden sind – konkret: von den risikoadjustierten Renditeerwartungen.

Grundsätzlich sind Risiken zu vermeiden, mit denen keine adäquaten Chancen verbunden sind. Voraussetzung für die Risikovermeidung ist dabei, dass die betreffenden Risiken überhaupt im Einflussbereich des Unternehmens liegen – z.B. weil deren Eingehen ein Entscheidungsergebnis darstellt, etwa im Zusammenhang mit Geschäftsfelder- oder Prozessgestaltungen des Versicherungsunternehmens. Unvermeidbare Risiken können ansonsten bestenfalls vermindert oder überwälzt (transferiert) werden. Die Risikoverminderung umfasst systematische Maßnahmen zur Verringerung der Eintrittswahrscheinlichkeit von Schäden und/ oder des Schadenausmaßes aus risikobehafteten Aktivitäten. Die Eintrittswahrscheinlichkeiten können insbesondere durch Präventionsmaßnahmen, wie z.b. Schulungen von Mitarbeitern oder Aufklärungskampagnen bei den Versicherungsnehmern, reduziert werden. Beispiele für die Minderung von Schadenausmaßen sind Brandschutztüren (Feuerrisiko) und Vorsorgeuntersuchungen (Krankheitsrisiko). Zur Risikoverminderung können Versicherungsunternehmen im Risikogeschäft auch Obliegenheiten als Klauseln in den Versicherungsverträgen einsetzen, denen zufolge die Versicherungsnehmer bestimmte Verhaltensgebote oder -verbote zur Reduzierung der versicherten Risiken zu beachten haben. In bereits eingetretenen Schadenfällen kann das Schadenausmaß z.b. unter Einsatz und Beachtung von zuvor ausgearbeiteten Notfallplänen begrenzt werden.

Bei der Risikoüberwälzung (beim Risikotransfer) werden die möglichen Folgen eines Risikoeintritts an einen Dritten, z.b. an ein Rückversicherungsunternehmen oder auf den Kapitalmarkt, übertragen.

Das Ziel der Risikohandhabung liegt darin, die Unternehmensrisiken beherrschbar zu machen und die Risikoposition des Versicherungsunternehmens zu optimieren. I.d.R. werden die Maßnahmen zur Risikohandhabung miteinander kombiniert eingesetzt. Die Gewichtung der einzelnen Maßnahmen hängt von Kosten/ Nutzen-Erwägungen ab.

Frühwarnsysteme haben die Funktion, die Risikoverantwortlichen und die Unternehmensführung möglichst unverzüglich (frühzeitig) auf den Fortbestand des Versicherungsunternehmens gefährdende Entwicklung hinzuweisen. Dafür wird in der Praxis oft ein Ampelsystem eingesetzt, das Ausprägungen von Kennzahlen, die als Maße für risikobehaftete Ergebnisgrößen definiert werden, mit „grün", „gelb" oder „rot" unterlegt. „Gelbe" Ampelstellungen indizieren dabei zumindest einen erhöhten Aufmerksamkeitsbedarf, und „rote" Ampelstellungen deuten auf einen dringenden Handlungsbedarf hin. Zunehmend verlangen auch die Aufsichtsräte der Versicherungsunternehmen, mittels der Ergebnisse aus dem Frühwarnsystem über die Entwicklungen informiert zu werden.

Über die Risikoentwicklungen im Versicherungsunternehmen, die sich nach den betreffenden Maßnahmen zur Risikohandhabung ergeben, ist der Unternehmensführung (d.h. dem Vorstand) eine Risikoberichterstattung vorzulegen. Der Risikobericht enthält außerdem die Ergebnisse aus dem Frühwarnsystem. Auch der Aufsichtsbehörde ist der Risikobericht weiterzuleiten. Zudem etabliert es sich immer mehr, dem Aufsichtsrat den Risikobericht ebenfalls proaktiv oder auf Verlangen zur Verfügung zu stellen. Der Risikobericht ist eine wichtige Basis für die Wahrnehmung der Aufsichtszwecke und ggf. auch eine Grundlage für weitergehende Entscheidungen der Aufsichtsbehörde, des Aufsichtsrats und der Unternehmensführung.

4. Rahmenbedingungen

Die wesentlichen Rahmenbedingungen für das Risikomanagement sind wirtschaftlicher und rechtlicher Natur. Unter wirtschaftlichen Erwägungen muss das Risikomanagement kompatibel mit dem wertorientierten Steuerungssystem im Versicherungsunternehmen sein. Eine Risikosteuerung existiert dabei niemals für sich allein. Vielmehr ist es letztlich die kombinierte Risiko- und Renditeposition eines Geschäftsfelds, einer Rechtseinheit und/ oder eines Konzerns, die unter den Aspekten der Unternehmenswertorientierung als maßgebliche Zielgröße anzusteuern ist. Zentrale Rahmenbedingungen und Entscheidungskriterien, wie die Risikopräferenz, die Risikotragfähigkeit und die risikoadjustierten Renditepotenziale möglicher Unternehmensaktivitäten im Benchmark mit alternativen Handlungsoptionen, wurden bereits zuvor erwähnt.

Speziell im Versicherungsunternehmen gilt zudem kein beliebiges Austauschverhältnis zwischen Risiko und Rendite. Wer Versicherungsschutz verspricht, muss selbst sicher sein. Die Existenzsicherheit des Versicherungsunternehmens gilt als Qualitätsmerkmal des angebotenen Versicherungsschutzes. Der „Safety First"-Grundsatz gilt deshalb im Versicherungsunternehmen bereits ökonomisch, und fordert zumindest ein adäquates Konfidenzniveau für die Ruinvermeidung. Dazu passend wird künftig auch das Versicherungsaufsichtsrecht – nach aktuellem Stand – unter „Solvency II" auf Basis eines Value at Risk-Ansatzes eine Eigenmittelausstattung in einer Höhe fordern, mit der Verluste innerhalb eines Jahres mit einer Wahrscheinlichkeit von mindestens 99,5 % gedeckt werden können.

Bereits gegenwärtig gelten in Deutschland zudem die „Mindestanforderungen an das Risikomanagement von Versicherungsunternehmen (MaRisk VA)", die aus aufsichtsrechtlicher Sicht als vorweggenommene „Säule 2" von „Solvency II" qualitative Anforderungen an das Risikomanagement stellen. Dazu gehören im einzelnen Anforderungen an die Risikostrategie, an die organisatorischen Rahmenbedingungen, an das interne Steuerungs- und Kontrollsystem sowie an die interne Revision. Eine kritische Würdigung der neuen aufsichtsrechtlichen Regelungen führt zu dem Ergebnis einer hohen Kompatibilität von Solvency II einschl. der MaRisk VA einerseits und eines an ökonomischen Prinzipien ausgerichteten Risikomanagements auf Basis einer wertorientierten Steuerung im Versicherungsunternehmen andererseits.

Literatur: Falkinger, A., Risikomanagement im strategischen Fit, Frankfurt am Main 2007; Nguyen, T., Handbuch der wert- und risikoorientierten Steuerung von Versicherungsunternehmen, Karlsruhe 2008; Romeike, F./ Müller-Reichert, M., Risikomanagement im Versicherungsunternehmen: Grundlagen, Methoden, Checklisten und Implementierung, 2008 Weinheim; Wagner, A., Kompatibilität zwischen einem ökonomischen Risikomanagement, Solvency II (inkl. MaRisk) und den IAS/ IFRS im Schaden-/ Unfallversicherungsunternehmen, Karlsruhe 2009; Wagner, F., Risk Management im Erstversicherungsunternehmen: Modelle, Strategien, Ziele, Mittel, Karlsruhe 2000; Wolf, K./ Runzheimer, B., Risikomanagement und KonTraG: Konzeption und Implementierung, 5. Aufl., Wiesbaden 2009; Wolke, T., Risikomanagement, 2. Aufl., 2008 München.

Risikomanager, *Risk Manager. – 1. Begriff*: Person, die in einem Unternehmen oder einer Organisation in leitender Position für das → Risikomanagement verantwortlich ist. – *2. Entwicklung*: In historischer Perspektive war die (noch nicht so bezeichnete) Position des R., genauer gesagt: die Risikomanagementfunktion, häufig in der Versicherungsabteilung oder in der Rechtsabteilung von Unternehmen angesiedelt. Mit der zunehmenden Bedeutung, die Unternehmen dem Risikomanagement zumessen, hat sich daraus eine eigenständige Unternehmensfunktion entwickelt. Der R. berichtet zumeist an den Finanzvorstand. In einigen Unternehmen, insbesondere bei Finanzdienstleistern, wurden eigenständige Vorstandsressorts für das Risikomanagement geschaffen (Chief Risk Officer, CRO).

Risikomarge, *Risk Margin. – 1. Begriff:* Bei der Dotierung einer → versicherungstechnischen Rückstellung im Versicherungsunternehmen der Aufschlag zur Berücksichtigung des Risikos von Abweichungen der tatsächlichen Aufwendungen für einen → Versicherungsvertrag vom Erwartungswert. Nach → Solvency II ist die R. ein → Risikozuschlag auf den geschätzten Erwartungswert für eine → Rückstellung, die bei der Bestimmung der → Available Solvency Margin zu berücksichtigen ist. – *2. Ziele und Merkmale:* Die R. berücksichtigt insbesondere das Risiko höherer Auszahlungsströme für Schäden bzw. Versicherungsleistungen und für den Versicherungsbetrieb als geschätzt (→ Zufallsrisiko, → Irrtumsrisiko) in einer Höhe, das damit planmäßig die → Kapitalkosten verdient werden. Die Berücksichtigung der R. bewirkt, dass der erwartungsgemäß von den Prämien nicht benötigte Teil zum Bilanzstichtag nicht in Gänze als Gewinn gezeigt wird, sondern teilweise als Entgelt für die Risikotragung zurückgestellt wird. Die R. realisiert sich während der Vertragslaufzeit entsprechend der Risikotragung. – *3. Internationale Rechnungslegung:* Am 3.7.2007 hat das → International Accounting Standards Board (IASB) ein Diskussionspapier veröffentlicht, das auf die Bewertung von Versicherungsverträgen eingeht. Auch hier wird für die Bestimmung der Rückstellungen zusätzlich zu den erwarteten Auszahlungsströmen eine R. als marktgerechtes Entgelt für die Risikotragung gefordert. Das IASB sieht eine explizite Bestimmung der R. vor. Die R. soll aber weder ein Mittel zur Ergebnisglättung sein, noch eine gewisse Sicherheit gewährleisten, dass die Rückstellungen der Höhe nach ausreichen, um die Verpflichtungen zu erfüllen. Eine bestimmte Technik zur Ermittlung der R. ist nicht festgelegt. Die Vorgabe ist insofern vollständig prinzipienorientiert; die Bestimmungsmethode ist im Einzelfall adäquat zu wählen. Die Bewertung erfolgt auf Portefeuillebasis. – *4. Probleme:* a) In der R. werden zwar positive wie negative Abweichungsmöglichkeiten berücksichtigt, doch gewichtet nach der → Risikoaversion von Marktteilnehmern. Die Bewertung stellt damit keine neutrale Darstellung der zukünftigen Auszahlungsströme mehr dar. – b) R. sind nicht beobachtbar und auch nicht nachträglich verifizierbar und können daher nicht zuverlässig ermittelt werden. – c) Die Schätzungen der R. müssen zwar laufend aktualisiert werden, aber dennoch bleibt es bei einer hohen Subjektivität der Bewertung. – d) Schon die Quantifizierung von Änderungs- und Irrtumsrisiken ist kaum möglich. Für die nachfolgende Bewertung unter Einbezug der Risikoaversion von Marktteilnehmern stehen in der Praxis kaum Informationen zur Verfügung.

Risikomaße. *1. Begriff:* Faktoren zur Quantifizierung des Ausmaßes (der Höhe) von (primär) Finanzrisiken (→ Risiko). Formal ordnen sie jeder Zufallsgröße bzw. Wahrscheinlichkeitsverteilung, die die zufallsabhängigen finanziellen Konsequenzen einer ökonomischen Handlung repräsentiert, eine Zahl (betragsmäßige Höhe) zu. Je höher diese Zahl ist, desto höher ist das mit der Handlung verbundene Risiko. Werden zwei ökonomische Handlungen hinsichtlich ihrer Risikohöhe miteinander verglichen, so ist diejenige Handlung, bei der das R. eine höhere Ausprägung annimmt, riskanter. – *2. Arten:* Es existieren zwei Basiskonzeptionen der Risikomessung. Die erste Konzeption fasst Risiko als Ausmaß der Abweichungen von einer Zielgröße auf. Hierzu gehören R. für die → Volatilität sowie R. für das → Shortfallrisiko. Die zweite Konzeption fasst Risiko als notwendiges Kapital bzw. notwendige Prämie auf. Hierzu gehören insbesondere die R. → Value at Risk und → Conditional Value at Risk. Insgesamt existiert damit eine Vielzahl von gebräuchlichen R., die unterschiedliche Aspekte des Risikos messen.

Risikomerkmale. → Risikofaktoren.

Risikoneutralität. → Risikopräferenz.

Risikopolitik. Steuerung und Kontrolle des → versicherungstechnischen Risikos. Kernaufgabe der versicherungsbetrieblichen Risikopolitik. Das risikopolitische Instrumentarium umfasst die Risikoselektion (inklusive der Annahmepolitik) und die Steuerung der Bestandszusammensetzung, die → Prämienkalkulation und die Tarifgestaltung (→ Tarifierung), die Formen der Risikoteilung (Selbstbehalte, Mitversicherung, Rückversicherung, Versicherungspools), die Solvabilitätspolitik, die Reservepolitik (Schwankungsrückstellung, Schadenrückstellung, Deckungsrückstellung) und Ansätze einer risikoadjustierten Erfolgssteuerung (→ RORAC) sowie generell die Nutzbarmachung des → Risikoausgleichs. Darüber hinaus ist es die Aufgabe der R., weitere Risiken (→ Risiko) des Versicherungsgeschäfts, wie Kapitalanlagerisiken und operationale Risiken, zu steuern und zu kontrollieren.

Risikopräferenz, Risikoeinstellung, *Risikoappetit.* – *1. Begriff:* Grad der Risikoneigung. Ausgangspunkt und Nebenbedingung rationaler Entscheidungen unter → Risiko. – *2. Hintergründe:* In der Realität sind die Entscheidungssituationen meist durch eine Unsicherheits- oder Risikolage geprägt, was dadurch zum Ausdruck kommt, dass die Ergebnisse von Entscheidungen nicht determiniert und damit unbekannt sind. Von einer Unsicherheitssituation wird in diesem Zusammenhang gesprochen, wenn den einzelnen Ergebnismöglichkeiten keine Wahrscheinlichkeiten zugeordnet werden (können). Risikosituationen sind hingegen von Wahrscheinlichkeitsverteilungen von Ergebnissen geprägt, wobei es ausreicht, dass die Wahrscheinlichkeiten den verschiedenen Ergebnisausprägungen subjektiv vom Entscheidungsträger zugeordnet werden. – *3. Ausprägungen:* a) Risikoneutralität liegt vor, wenn positive und negative Abweichungspotenziale vom → Erwartungswert einer Zielgröße seitens des Entscheidungsträgers gleich hoch gewichtet werden; der rationale Entscheidungsträger wird in diesem Fall aus einer Mehrzahl von Handlungs- bzw. Verhaltensmöglichkeiten diejenige mit dem höchsten Erwartungswert auswählen. – b) Risikofreude (Risikosympathie) liegt vor, wenn positive Abweichungspotentiale vom Erwartungswert seitens des Entscheidungsträgers höher gewichtet werden als negative Abweichungspotenziale; der rationale Entscheidungsträger wird in diesem Fall für die Auswahl aus mehreren Handlungs- bzw. Verhaltensmöglichkeiten einer Funktionsvorschrift folgen, die bei gegebenen Erwartungswerten für die Zielgröße vergleichsweise risikoreicheren, damit aber auch chancenreicheren Alternativen den Verzug gibt. – c) Risikoscheu (Risikoaversion) liegt vor, wenn negative Abweichungspotentiale vom Erwartungswert seitens des Entscheidungsträgers höher gewichtet werden als positive Abweichungspotenziale; der rationale Entscheidungsträger wird in diesem Fall für die Auswahl aus mehreren Handlungs- bzw. Verhaltensmöglichkeiten einer Funktionsvorschrift folgen, die bei gegebenen Erwartungswerten für die Zielgröße vergleichsweise risikoärmeren, damit aber auch chancenärmeren Alternativen den Verzug gibt. – *4. Würdigungen:* Die meisten Entscheidungsträger im Wirtschaftsleben, insbesondere am Kapitalmarkt, besitzen eine risikoscheue Einstellung. Genau deshalb gilt auch das Prinzip der → wertorientierten Steuerung, dass c.p. bei gegebener Renditeerwartung eine Risikominimierung bzw. bei gegebener Risikolage eine Renditemaximierung anzustreben ist. Dabei gelten Nebenbedingungen. Versicherungsunternehmen dürfen schon aus aufsichtsrechtlicher Sicht ein bestimmtes Risikomaß nicht überschreiten. Die Entscheidungsträger im Versicherungsunternehmen müssen deshalb ihrem Handeln bzw. Verhalten einen bestimmten Grad an Risikoaversion zugrundelegen (das folgt bereits aus den → Solvabilitätsvorschriften, siehe → Solvency I, → Solvency II, und aus den → Mindestanforderungen an das Risikomanagement von Versicherungsunternehmen (kurz: MaRisk VA), ohne dass sie damit allerdings ihren Unternehmercharakter verlieren dürfen. Ein vollständiger Risikoausschluss, falls dies in einer realen Welt überhaupt möglich wäre, würde als Ausfluss einer gleichsam unbegrenzt risikoscheuen Einstellung zugleich den vollständigen Verzicht auf Chancen bedeuten, was mit Unternehmertum per se nicht mehr vereinbar wäre.

Risikoprämie. I. Allgemein: *1. Begriff:* Kalkulatorische Kompensation für den durch Abschluss eines einzelnen Versicherungsvertrags oder eines Kollektivs von Versicherungsverträgen zustande kommenden → Risikotransfer. Abgestellt wird hierbei allein auf die Versicherungsleistungen (reine Risikoübernahme), ohne Berücksichtigung von Kosten oder einer Gewinnmarge des Versicherungsunternehmens. Bezieht sich die Prämie auf ein Kollektiv von Versicherungsverträgen, so wird von kollektiver R. gesprochen, im Fall eines einzelnen Versicherungsvertrags von individueller Risikoprämie. Die Bestimmung der R. ist Gegenstand der → Prämienkalkulation bzw. der Tarifkalkulation (→ Tarifierung). – *2. Merkmale:* Nach dem → versicherungstechnischen Äquivalenzprinzip muss eine Gleichheit zwischen den erwarteten Prämieneinzahlungen und den erwarteten Versicherungsleistungen bestehen. Hieraus resultiert die → Nettoprämie (auch: Nettorisikoprämie), die mit der erwarteten Versicherungsleistung identisch ist. Aus risikopolitischer Sicht kann die Nettoprämie jedoch nur eine Preisuntergrenze darstellen. Um ein hinreichendes Sicherheitsniveau des Versicherungsunternehmens zu gewährleisten, muss hierzu ein → Risikozuschlag treten, der die Kompensation für die Zufallsschwankungen (→ Zufallsrisiko) in den Entschädigungsleistungen (Schwankungszuschlag) sowie allgemeiner auch für → Irrtumsrisiken bei der Ermittlung der Zufallsgesetzmäßigkeit der Versicherungsleistungen beinhaltet. Die Summe aus der Nettoprämie und dem Risikozuschlag ergibt die R. (auch: Bruttorisikoprämie). – *3. Formal:* Nettoprämie zuzüglich Risikozuschlag = Risikoprämie. Für ein → zufälliges Risiko X wird jede → Prämie, die die Nettoprämie um einen Risikozuschlag übersteigt, als R. bezeichnet. – **II. Besonderheiten in der → Lebensversicherung:** *1. Vorbemerkungen:* Die spezielle Definition für die Lebensversicherung passt nicht zur o.a. allgemeinen Definition. In der Lebensversicherung ist einerseits der (biometrische) Risikozuschlag bereits in der Nettoprämie enthalten, andererseits enthält die Nettoprämie auch einen Sparanteil (→ Sparprämie), der nicht zur Risikoprämie gehört. – *2. Begriff:* Die R. für einen Lebensversicherungsvertrag ist der für einen einzelnen → Versicherten für eine bestimmte Periode (i.d.R. ein Jahr) vorschüssig zu entrichtende Prämienanteil, der bei rechnungsmäßiger Verzinsung mit dem Zinssatz i und unter Zugrundelegung der → Ausscheidewahrscheinlichkeiten 1. Ordnung am Ende der Periode den kalkulatorisch erwarteten, über die Deckungsrückstellung hinausgehenden Versicherungsleistungen entspricht. – *3. Modell:* Ist L(t) die in der Versicherungsperiode t zu erbringende Leistung, V(t) die Deckungsrückstellung am Ende der Periode t und a(t) die Ausscheidewahrscheinlichkeit 1. Ordnung in t, so bestimmt sich die Risikoprämie R(t) nach der Formel R(t) = a(t)*(L(t)-V(t))/(1+i). – *4. Merkmale:* Da die Ausscheidewahrscheinlichkeit ebenso wie die Deckungsrückstellung im Verlauf eines Versicherungsvertrags im Regelfall nicht konstant ist, ist die R. ebenfalls eine im Zeitablauf variable Größe. Sind mehrere Risiken versichert, so wird für jedes Risiko eine R. nach der o.g. Formel bestimmt. R. können auch negativ sein. Dies ist z.B. bei Rentenversicherungen dann der Fall, wenn bereits eine Deckungsrückstellung gebildet wurde, aber im Todesfall der versicherten Person keine Rentenzahlung ausgelöst wird, also L(t) = 0 ist. In einem größeren Kollektiv entspricht die Summe der R. für ein bestimmtes Risiko den kalkulatorisch über die gebildete Deckungsrückstellung hinaus zu erbringenden Versicherungsleistungen. Ein Vergleich mit den tatsächlichen Versicherungsleistungen zeigt daher direkt, ob die Kalkulation ausreichend ist (siehe auch → Überschusszerlegung). – *5. Probleme:* Bei kleineren Kollektiven und geringen Ausscheidewahrscheinlichkeiten (z.B. bei Todesfallrisiken) können rein zufallsbedingt größere Abweichungen der tatsächlichen Versicherungsleistungen von den kalkulatorisch erwarteten auftreten, ohne dass in statistisch signifikanter Weise auf unzureichende Rechnungsgrundlagen geschlossen werden kann. Daher werden bei der Überprüfung von Rechnungsgrundlagen oft die Daten mehrerer Gesellschaften über mehrjährige Zeiträume zusammengefasst.

Risikoprüfung. I. Allgemein: *1. Begriff*: Verfahren zur Einschätzung des versicherungsmathematischen Risikos eines potentiellen Versicherungsnehmers bzw. → Versicherungsvertrags vor Vertragsbeginn. Als R. wird zugleich der Prozess zwischen der Antragstellung durch den Versicherungsnehmer (→ Versicherungsantrag) und der Annahme des Versicherungsvertrags durch das Versicherungsunternehmen bezeichnet. – *2. Ziele und Konsequenzen:* Die R. dient dazu, festzustellen, ob ein Antragsteller oder das zu versichernde Risiko im Rahmen der → Allgemeinen Versicherungsbedingungen (AVB) als versicherbar gelten oder ob im Vergleich zur Kalkulation für das „Normalrisiko" ein signifikant erhöhtes Risiko (→ Risikoerhöhung) vorliegt (z.B. aufgrund eines kürzlichen Herzinfarkts bei einem Antragsteller in der Lebensversicherung). – *3. Ergebnis der R.:* Nach der R. kann das Versicherungsunternehmen wie folgt entscheiden: a) Bestehen keine Risiken, die gegenüber dem Normalfall erhöht sind, wird der Antrag zum „Normaltarifbetrag" angenommen. – b) Der Antrag wird nach Vereinbarung eines unbefristeten oder befristeten → Risikozuschlags auf die → Versicherungsprämie angenommen. – c) Der Antrag wird nach Vereinbarung eines Leistungsausschlusses für bestimmte erhöhte Risiken angenommen. – d) Der Antrag wird abgelehnt. – II. Besonderheiten in der → Personenversicherung: *1. Hintergründe:* Im Gegensatz zur → Sozialversicherung, bei der für den überwiegenden Teil der Bevölkerung eine gesetzliche → Versicherungspflicht und Annahmezwang für den Versicherungsträger besteht, basiert der Zugang zu einer → Lebensversicherung, einer → privaten Krankenversicherung (PKV) oder einer → privaten Unfallversicherung (PUV) auf dem Prinzip der Freiwilligkeit (→ Vertragsfreiheit). Der Versicherungsnehmer hat mehr oder weniger (Einschränkungen sind z.B. Verpflichtungen durch Banken zur Kreditabsicherung) die freie Entscheidung, ob, wann und wie hoch er eine Versicherung abschließen möchte. Zur Verhinderung einer → Antiselektion wird eine R. auf das Vorliegen einer risikorelevanten → Anomalie, auf das Vorliegen eines erhöhten → subjektiven Risikos (z.B. Raucher) und auf die Angemessenheit des Versicherungsschutzes (Kongruenz des Versicherungsschutzes mit dem Einkommen und dem Bedarf der Begünstigten) durchgeführt. Die R. soll verhindern, dass in einem Versichertenportfolio Personen mit einem gegenüber dem Normalrisiko erhöhten Risiko eine unangemessen niedrige Versicherungsprämie zahlen. – *2. Träger und Ergebnis der R.:* I.d.R. wird die R. von Risikoprüfern bzw. Underwritern oder Versicherungsmedizinern durchgeführt. Dabei wird zu einem Stichtag (Tag der Antragstellung) eine verbindliche Aussage (Prognose) über die erwartete → Mortalität oder → Morbidität des Antragstellers getroffen. Der Risikoprüfer bzw. Underwriter oder Versicherungsmediziner ordnet den Antragsteller aufgrund seiner → Risikomerkmale einem Kollektiv mit gleicher mittlerer eingeschätzter → Lebenserwartung bzw. Erkrankungshäufigkeit zu. Grundlage dafür sind → Einschätzungsbücher (Manuale). – *3. Risikomerkmale und Anzeigepflichten:* Die R. bezieht sich nur auf solche Risikomerkmale (Anomalien), die für das jeweilige Versicherungsprodukt zum Zeitpunkt der Antragstellung relevant sind und die eine erhöhte Schadenhäufigkeit erwarten lassen. In der Personenversicherung umfasst die R. v.a. die Risikomerkmale Alter, Geschlecht, Gesundheitszustand und Vorerkrankungen. Im Rahmen der → vorvertraglichen Anzeigepflicht sind diesbezüglich vom potenziellen Versicherungsnehmer Angaben zu machen. Die Bindefrist des Antragstellers an den Versicherungsantrag beträgt sechs Wochen und kann vom Versicherungsunternehmen v.a. zur R. und zur Überprüfung der im Rahmen der vorvertraglichen Anzeigepflicht erfolgten Angaben genutzt werden. Bei falschen Angaben der zu versichernden Person hat das Versicherungsunternehmen das Recht, vom Vertrag zurückzutreten oder den Vertrag anzufechten. Der Antragsteller ist bis zur Unterschrift unter den Vertrag, genauer bis zur Abgabe seiner auf den Vertragsschluss gerichteten Willenserklärung, dazu verpflichtet, dem Versicherungsunternehmen Änderungen des Gesundheitszustands und ärztliche Behandlungen zu melden.

Risikoreserveprozess. Analyseansatz im Rahmen der → kollektiven Risikotheorie. Ausgehend von einem Kollektiv von Versicherungsnehmern und einer gegebenen anfänglichen Ausstattung mit Sicherheitskapital wird die Entwicklung des Saldos aus der Summe von Sicherheitskapital und (typischerweise in kontinuierlicher Form modellierten) Prämienzahlungen (→ Risiko-

prämie) auf kollektiver Ebene einerseits und den Schäden (→ Schadenhöhe) der Kollektivmitglieder andererseits betrachtet. Solange dieser Saldo positiv ist, ist das Versicherungsunternehmen in einem technischen Sinne solvent. Wird der Saldo zu einem Zeitpunkt hingegen negativ, so tritt der technische Ruin des Unternehmens (im Sinne der Aufzehrung des vorhandenen Sicherheitskapitals) ein. Im Rahmen der → Ruintheorie werden die Wahrscheinlichkeiten für das Auftreten des Ruinereignisses (→ Ruinwahrscheinlichkeiten) bestimmt und als Ausgangspunkt für die Risikosteuerung (bspw. Kalkulation der Risikoprämie, Kalkulation des notwendigen Sicherheitskapitals, Analyse von Rückversicherungsbeziehungen) verwendet. Daneben werden auch andere Steuerungskriterien eingesetzt, wie etwa der Erwartungsnutzen oder die Dividendenpolitik. Im Rahmen erweiterter Ansätze finden auch die Kapitalanlageaktivitäten (Investmentprozess) des Versicherungsunternehmens im Rahmen des R. Berücksichtigung.

Risikoscheu. → Risikopräferenz.

Risikostatistik. Umfasst zum Einen die Sammlung und die Evaluation von statistischen Daten über die von einem Versicherungsunternehmen getragenen Risiken (→ Risiko), insbesondere der Versicherungsrisiken. Die Daten können dabei unternehmensspezifisch gesammelt werden, aber auch unternehmensübergreifend (bspw. Daten auf Verbandsebene oder Datensammlungen des Statistischen Bundesamts und der Deutschen Bundesbank). Zum Anderen umfasst die R. sämtliche statistische Verfahren, die zum Zweck der statistischen Identifikation der Zufallsgesetzmäßigkeit der vom Versicherungsunternehmen getragenen Risiken eingesetzt werden. Hierbei findet als Basisprinzip insbesondere das → Gesetz der großen Zahlen seinen Niederschlag, wonach bei größeren (homogenen) statistischen Grundgesamtheiten deren Zufallsgesetzmäßigkeit klarer zu Tage tritt.

Risikostrukturausgleich

von Professor Dr. Jürgen Wasem

1. Grundlagen

Der Begriff „Risikostrukturausgleich" (RSA) beschreibt grundsätzlich einen finanziellen Ausgleichsmechanismus in sozialen Krankenversicherungssystemen mit Wahlfreiheit zwischen den Krankenversicherungsunternehmen. Allerdings können zwischen den Unternehmen der privaten Krankenversicherung ebenfalls Risikoausgleiche realisiert sein – in Deutschland etwa beim Basistarif oder in der privaten Pflegeversicherung.

2. Ziele

In sozialen Krankenversicherungssystemen ist den Krankenversicherern in aller Regel die Kalkulation risikoäquivalenter Beiträge verwehrt; vielmehr müssen sie einkommensabhängige Beiträge oder risikounabhängige Pauschalbeiträge kalkulieren. Damit entstünden Anreize zur Risikoselektion. Durch einen RSA sollen diese Anreize gemindert werden – die Versicherer sollen idealiter bzgl. der Einnahmen für die einzelnen Versicherten so gestellt werden, wie wenn sie risikoäquivalente Beiträge kalkuliert hätten.

3. Risikostrukturausgleich in Deutschland

3.1 Historie und Entwicklungen

In Deutschland bezieht sich der Begriff „Risikostrukturausgleich" (RSA) auf das Verfahren in der gesetzlichen Krankenversicherung (GKV). Mit dem Gesundheitsstrukturgesetz (GSG) vom 21.12.1992 (BGBl. I S. 2266) wurde der RSA beschlossen (§§ 266, 267 SGB V) und ab 1994 praktiziert. Größere Veränderungen ergaben sich aus dem RSA-Reformgesetz vom 10.12.2001 (BGBl. I S. 3465) mit Wirkung ab 2002. Seinerzeit wurde ein Risikopool eingerichtet, aus dem die Krankenkassen für sehr aufwändige Leistungsfälle (größer 20.500 Euro pro Jahr) eine teilweise Erstattung der Aufwendungen erlangen konnten. Auch wurde die Zahl der Ausgleichsvariablen erweitert. Eine größere Neuregelung, die zum 1.1.2009 in Kraft getreten ist, ergab sich mit dem GKV-Wettbewerbsstärkungsgesetz (GKV-WSG) vom 26.3.2007 (BGBl. I S. 378). Seitdem ist der RSA mit den Zuweisungen aus dem Gesundheitsfonds an die Krankenkassen verknüpft.

3.2 Funktionen und Methoden

In der Zeit von seiner Einführung bis Ende 2008 erfüllte der RSA zwei Funktionen: i) Ausgleich der unterschiedlichen Finanzkraft der Krankenkassen, die durch die unterschiedlich hohen beitragspflichtigen Einnahmen der Versicherten bedingt waren, ii) Ausgleich der unterschiedlichen Beitragsbedarfe, die die ausgabenseitigen Risikomerkmale widerspiegelten. Jede Krankenkasse zahlte entsprechend ihrer Finanzkraft in den RSA ein und erhielt Mittel entsprechend des Beitragsbedarfs aus dem RSA – wobei nur der Saldo zwischen Finanzkraft und Beitragsbedarf abgerechnet wurde. Seit dem 1.1.2009 verfügen die Krankenkassen nicht mehr über die Finanzkraft, da die Beiträge an den Gesundheitsfonds entrichtet werden (§ 252 SGB V). Entsprechend ist ein Finanzkraftausgleich nicht mehr erforderlich. Aus dem Gesundheitsfonds erhalten die Krankenkassen Zuweisungen; die Zuweisungen für die Finanzierung der Leistungsausgaben werden als RSA an die Krankenkassen verteilt (§ 266 SGB V). Risikomerkmale, nach denen die Zuweisungen erfolgen, sind Alter, Geschlecht, Erwerbsminderungsstatus und Morbidität der Versicherten, die für 80 vom Bundesversicherungsamt bestimmte Erkrankungen berücksichtigt wird (morbiditätsorientierter Risikostrukturausgleich; § 268 SGB V). Die Morbidität wird anhand der stationären und ambulanten Behandlungsdiagnosen ermittelt. Für die Berücksichtigung der ambulanten Behandlungsdiagnosen ist teilweise zur Validierung vorgesehen, dass für den jeweiligen Versicherten auch entsprechende Arzneimittel verordnet wurden. Datenbasis für die Ermittlung der Höhe der Zuweisungen ist eine pseudonymisierte Versichertenstichprobe aller Krankenkassen. Mittels einer multivariaten Regressionsanalyse werden die mit den Risikomerkmalen im GKV-Bundesdurchschnitt verbundenen inkrementellen Ausgaben der Krankenkassen vom Bundesversicherungsamt (BVA), das den RSA durchführt, ermittelt und zugewiesen. Dabei findet ein prospektives Modell Anwendung, bei dem für die Versicherten inkrementelle Ausgaben des jeweils laufenden Jahres auf Basis der entsprechenden Diagnosen des Vorjahres ermittelt werden. Die Zuweisungen an die einzelnen Krankenkassen werden anhand einer Vollerhebung der Behandlungsdiagnosen und Arzneimittel für alle Versicherten errechnet; hierzu liefern die Krankenkassen pseudonymisierte Datensätze über den GKV-Spitzenverband an das BVA. Während des laufenden Jahres erhalten die Krankenkassen im Rahmen eines monatlichen Ausgleichs Abschlagszahlungen. In der Mitte des Folgejahres wird auf Basis der finalen Daten zu den Versicherten und den Leistungsausgaben des Ausgleichsjahres und der Diagnosen des Vorjahres ein Jahresausgleich durchgeführt. Die Differenz zwischen den aufaddierten Zuweisungen im monatlichen Ausgleich und der ermittelten Zuweisung des Jahresausgleichs wird der Krankenkasse erstattet bzw. ist von ihr in den Gesundheitsfonds einzuzahlen.

3.3 Wissenschaftliche Begleitung

Das GKV-WSG hat vorgesehen, dass beim BVA ein wissenschaftlicher Beirat eingerichtet wird, der die Weiterentwicklung des RSA begleitet. Der Beirat besteht aus Vertretern der Medizin, Statistik, Arzneimittelepidemiologie und Gesundheitsökonomie.

3.4 Diskussionspunkte

Während bei Einführung des RSA grundsätzlich umstritten war, ob das Instrument eine sinnvolle Flankierung zum mit dem GSG vollzogenen Ausbau der Kassenwahlfreiheit bedeutet, ist seine grundsätzliche Notwendigkeit in der GKV heute unbestritten. Kontroversen bestehen aber über die Sinnhaftigkeit der Morbiditätsorientierung: Die bereits mit der RSA-Reform von 2001 beschlossene, aber erst mit dem GKV-WSG umgesetzte morbiditätsorientierte Weiterentwicklung des RSA wurde vom Gesetzgeber mit der größeren Zielgenauigkeit gegenüber dem bis dahin praktizierten Ausgleichssystem begründet, das Alter, Geschlecht und Erwerbsminderungsstatus der Versicherten berücksichtigt hatte (vgl. Bundestags-Drucksache 14/6432). Kritisch wird diskutiert, inwieweit das Interesse der Krankenkassen an der Vermeidung des Eintritts oder der Verschlimmerung von Erkrankungen ihrer Versicherten durch die Morbiditätsorientierung geschwächt wird, weil bei schwereren Erkrankungen höhere Zuweisungen aus dem Gesundheitsfonds erfolgen. Allerdings ist für die wirtschaftliche Situation einer Krankenkasse die Differenz zwischen Zuweisungen und Ausgaben für die Krankenbehandlung wesentlich. Bei Einführung der Morbiditätsorientierung haben verschiedene Krankenkassen gesonderte Anstrengungen unternommen, Ärzte zur möglichst vollständigen Kodierung der Diagnosen bei ihren Patienten zu bewegen. Dies hat Befürchtungen eines allgemeinen Höher-Kodierens (Up-Coding), wie es auch bei Einführung der diagnosebezogenen Fallpauschalen (Diagnoses Related Groups, DRG) beobachtet wurde, genährt.

3.5 Verfassungsrechtliche Würdigung

Nachdem das Bundesverfassungsgericht (BVerfG) Verfassungsbeschwerden mehrerer Betriebskrankenkassen gegen den RSA 2004 mangels der Grundrechtsfähigkeit von Krankenkassen nicht zur Entscheidung angenommen hat (Urteil vom 9.6.2004; 2 BvR 1248/03), hat es in einem von den Ländern Bayern, Baden-Württemberg und Hessen angestrengten Normenkontrollverfahren 2005 den RSA umfassend gewürdigt (Urteil vom 18.7.2005; 2 BvF 2/01). Dabei hat es sowohl die grundsätzliche Verfassungskonformität des kassenübergreifenden RSA festgestellt als auch die durch die RSA-Reform von 2001 beschlossene morbiditätsorientierte Weiterentwicklung gebilligt. In dem aus zahlreichen Einzelkassen bestehenden GKV-System trage der RSA zur Realisierung einer GKV-weiten Tragung der Solidarlasten bei.

Literatur: Schneider, W., Der Risikostrukturausgleich in der gesetzlichen Krankenversicherung, Berlin 1994; Jacobs, K./ Reschke, P./ Cassel, D./ Wasem, J., Zur Wirkung des Risikostrukturausgleichs in der gesetzlichen Krankenversicherung. Eine Untersuchung im Auftrag des Bundesministeriums für Gesundheit, Baden-Baden 2002; Klusen, N./ Straub, C./ Meusch, A. (Hrsg.), Steuerungswirkungen des Risikostrukturausgleichs, Baden-Baden 2005; Lauterbach, K./ Wille, E., Modell eines fairen Kassenwettbewerbs. Sofortprogramm "Wechslerkomponente und solidarische Rückversicherung" unter Berücksichtigung der Morbidität. Abschlussbericht, Köln u. Mannheim 2001, in: http://www.bmgesundheit.de; Göpffarth, D./ Greß, S./ Jacobs, K./ Wasem, J. (Hrsg.), Jahrbuch Risikostrukturausgleich 2008 – Morbi-RSA, St. Augustin 2009.

Risikosympathie. → Risikopräferenz.

Risikotheorie. *1. Begriff:* Die R. der Versicherung umfasst alle Ansätze und Verfahren zur Modellierung, Evaluation und Steuerung der Risiko- und Erfolgswirkungen einzelner Risiken (→ Risiko) und von Risikokollektiven im Rahmen des Versicherungsgeschäfts. Die R. basiert auf wahrscheinlichkeitstheoretischen Modellen und stellt insofern ein Teilgebiet der Versicherungsmathematik dar, die auch deterministische Modelle umfasst. Zudem bildet die R. die modelltheoretische Grundlage der → Risikopolitik von Versicherungsunternehmen. – *2. Arten:* Traditionell (→ kollektive Risikotheorie) konzentrierte sich die R. auf die Modellierung des → Risikogeschäfts im Bereich der Schadenversicherung. Inzwischen erstreckt sich die R. ebenso auf den Bereich der Personenversicherung und umfasst auch die Modellierung des Investmentprozesses, das → Asset/ Liability-Modelling sowie die Modellierung des gesamten Unternehmensprozesses. Siehe auch → individuelle Risikotheorie. – *3. Merkmale:* Die Modelle der R. basieren auf der mathematischen → Wahrscheinlichkeitstheorie und verbinden diese mit ökonomischen Ansätzen der Risikoevaluation und Erfolgssteuerung. Mittels statistischer Verfahren werden die empirische Anpassungsgüte der Modelle überprüft und die Modellparameter ermittelt. – *4. Anwendungen:* Die Anwendungen der R. erstrecken sich auf die Quantifizierung des Risikogeschäfts durch → Risikomaße, die Quantifizierung des → Risikoausgleichs und des → versicherungstechnischen Risikos, die → Prämienkalkulation sowie die Tarifkalkulation, die Kalkulation des notwendigen Risikokapitals (Solvabilität), die Kalkulation von Reserven bzw. Rückstellungen (Schwankungsrückstellung, Schadenrückstellungen), die Quantifizierung der Risikoteilung (Selbstbeteiligung, Rückversicherung), das → Asset/ Liability-Management sowie auf Ansätze zur Unternehmenssteuerung, bspw. im Rahmen der Dynamic Financial Analysis und der risikoadjustierten Erfolgssteuerung (→ Return on Risk Adjusted Capital).

Risikotragfähigkeit. Fähigkeit, Risiken zu tragen und im Fall ihres Eintritts durch geeignete Mittel zu decken. Dem entsprechend Voraussetzung für die → Risikotragung und -deckung als eine Variante der → Risikohandhabung. Die R. wird im Versicherungsunternehmen ökonomisch im Wesentlichen durch das → Eigenkapital und aufsichtsrechtlich durch die → Eigenmittel (→ Solvency I) bzw. künftig durch die → Available Solvency Margin (→ Solvency II) geprägt; damit sind die Deckungspotenziale für Verluste repräsentiert. Das → Liquiditätsrisiko wird darüber hinaus mit einer hinreichenden Verfügbarkeit bzw. mit den Möglichkeiten der kurzfristigen Beschaffung von liquiden Mitteln tragbar.

Risikotragung und -deckung. Variante der → Risikohandhabung. Knüpft an die → Risikotragfähigkeit an. Maxime, → Risiken selbst zu tragen und mit geeigneten Mitteln zu decken. Dabei machen a) die (erfolgswirtschaftlichen) Verlustrisiken eine angemessene Kapitalunterlegung und – b) die Liquiditätsrisiken eine angemessene Unterlegung mit liquiden Mitteln erforderlich. Die Kapitalunterlegung und die Unterlegung mit liquiden Mitteln erfordern ihrerseits eine entsprechende → Risikofinanzierung.

Risikotransfer. *1. Begriff:* Variante der → Risikohandhabung. a) Allgemein die Übertragung von Risiken von einem ursprünglichen Risikoträger auf Dritte. Auch auf den Kapitalmarkt und die dort agierenden Investoren können gezielt Risiken übertragen werden, z.B. durch → Securitization. – b) Im Rahmen von Versicherungsvorgängen die vollständige oder teilweise Übertragung von Risiken (→ Risiko) von Wirtschaftseinheiten (Versicherungsnehmern) auf das Versicherungsunternehmen für einen bestimmten Zeitraum. Als Folge dieses R. wird bei Eintritt des (im Rahmen des Versicherungsvertrags definierten) Versicherungsfalls eine vertraglich vereinbarte Geldleistung (Entschädigungszahlung) fällig. Der R. impliziert somit einen bedingten Zahlungsstrom vom Versicherungsunternehmen hin zu den Versicherungsnehmern. Die auslösende Bedingung ist der Eintritt des Versicherungsfalls. Als Gegenleistung für die Übernahme des Risikos zahlt der Versicherungsnehmer zu Beginn der Versicherungsperiode eine für diese Versicherungsperiode fixe Prämie. – 2. *Merkmale:* Aus der Übernahme von Risiken infolge des R. ist das Versicherungsunternehmen selbst einem zentralen Risiko ausgesetzt, dem → versicherungstechnischen Risiko, das mit dem Instrumentarium der → Risikopolitik begrenzt werden kann. Im Rahmen des R. erfolgt durch die Einbettung der Risiken in das Kollektiv des Versicherers eine Re-Distribution der Risiken der Versicherungsnehmer dergestalt, dass nun kollektive Mittel bereitstehen, um die notwendigen Versicherungsleistungen (die den finanziellen Rahmen eines einzelnen Versicherungsnehmers deutlich überschreiten können) der Periode zu finanzieren („Versicherungseffekt 1. Ordnung"). Weitere Nutzeffekte des Versicherungsverhältnisses resultieren aus der → Risikotransformation.

Risikotransfertest. *1. Begriff:* Analyse des Umfangs des übertragenen versicherungstechnischen Risikos (→ Underwriting Risk und/ oder → Timing Risk). Die aufsichtsrechtliche Anerkennung eines Vertrags als Rückversicherung und seine Verbuchung in der Versicherungstechnik innerhalb der externen Rechnungslegung beruhen auf einem hinreichenden → versicherungstechnischen Risikotransfer vom Erstversicherer auf den Rückversicherer. Je nach nationalen aufsichtsrechtlichen oder bilanziellen Vorschriften können die Erfordernisse für den Umfang von Underwriting Risk bzw. Timing Risk variieren. Bewertung und Bilanzierung der Rückversicherungsverträge gestalten sich dann in Abhängigkeit vom Ergebnis des Risikotransfertests. Gegenstand der Analysen sind die Barwerte der erwarteten Cash flow-Szenarien (alle Zahlungsströme zwischen Zedent und Rückversicherer) über die gesamte, oftmals mehrjährige Laufzeit, bezogen auf den Vertragsbeginn. – 2. *Voraussetzung:* Für die Anerkennung als Rückversicherung ist eine hinreichende Eintrittswahrscheinlichkeit eines signifikanten versicherungstechnischen Verlusts für den Rückversicherer erforderlich, d.h. es muss die realistische Wahrscheinlichkeit bestehen, dass bei o.g. Cash flow-Szenarien tatsächlich ein signifikanter Verlust für den Rückversicherer entsteht. Falls der zugrunde liegende Erstversicherungsvertrag kein ausreichendes Verlustpotential aufweist (keine ausreichende Eintrittswahrscheinlichkeit und/ oder kein signifikantes Schadenpotenzial), aber eine (nahezu) vollständige Übernahme des Versicherungsrisikos durch den Rückversicherer erfolgt, besteht keine Notwendigkeit der Übernahme eines signifikanten versicherungstechnischen Risikos durch den Rückversicherer (Ausnahmeregelung). – 3. *Methoden:* Mangels einheitlicher aufsichtsrechtlicher Regelungen kommen in der Praxis verschiedene Verfahren zum Einsatz. Beispiele für die Schaden-Unfall-Rückversicherung: a) „10/10-Regel": entwickelte sich aus der amerikanischen Rechnungslegungspraxis (u.a. FAS 113) als Faustregel. Ein signifikantes Verlustrisiko für den Rückversicherer liegt nach dieser Regel vor, wenn ein (Barwert-)Verlust von mindestens 10 % der (Barwert-)Prämie mit mindestens 10%iger Wahrscheinlichkeit eintritt. In der Praxis haben sich weitere Anpassungen entwickelt. – b) Produktregel: ist als Verallgemeinerung der 10/10-Regel anzusehen. Das Produkt aus Eintrittswahrscheinlichkeit (z.B. 10 %) und relativer Verlusthöhe (z.B. 10 %) sollte bei dieser Methode mindestens 1 % betragen. Damit können auch erwartete Verluste mit geringeren (< 10 %) Wahrscheinlichkeiten, aber höheren Verlustpotenzialen (> 10 %), z.B. Erdbebendeckungen, berücksichtigt werden. – c) Expected Reinsurer Deficit (ERD): Der ERD stellt den bedingten Erwartungswert aller möglichen Verlustsituationen für den Rückversicherer aus dem betrachteten Vertrag dar. Als Schwellenwert wird, wie bei der Produktregel, das Produkt aus Verlustwahrscheinlichkeit und durchschnittlicher Verlusthöhe des Rückversicherers unter einem Vertrag betrachtet und als positiver Prozentsatz der Prämie ausgedrückt. In der Praxis hat sich ein Schwellenwert von 1 % (z.B. 10 % Wahrscheinlichkeit für eine 10%ige Verlusterwartung) der Rückversicherungsprämie als erwarteter relativer Verlust des Rückversicherers etabliert. Die Bestimmung des ERD erfordert eine stochastische Simulierung des Vertragsverlaufs. Ist der erwartete relative Verlust also größer als oder gleich 1 % der Rückversicherungsprämie, so ist von einem ausreichenden Verlustpotenzial und damit auch von einem hinreichenden Risikotransfer auszugehen.

Risikotransformation. *1. Begriff:* Aus der Übernahme von Risiken (→ Risiko) infolge des für den Versicherungsvorgang zentralen → Risikotransfers ist das Versicherungsunternehmen selbst einem zentralen Risiko ausgesetzt, dem → versicherungstechnischen Risiko. Das Versicherungsunternehmen bedarf einer hohen Eigensicherheit, damit das Versicherungsschutzversprechen seine Schutzwirkung entfalten kann. Durch systematischen Einsatz des Instrumentariums der → Risikopolitik, insbesondere des → Risikoausgleichs, ist das Versicherungsunternehmen in der Lage, eine R. dergestalt zu bewirken, dass das resultierende versicherungstechnische Risiko für die Versicherungsunternehmen ein bestimmtes Maß (→ Verlustwahrscheinlichkeit) nicht überschreitet (Bedingung des „tragbaren Risikos") und die hohe Eigensicherheit des Unternehmens nicht gefährdet ist. – *2. Merkmale:* Aus dem kollektiven Aspekt der R. resultiert der Effekt, dass bei einem fixierten Sicherheitsniveau des Versicherungsunternehmens der versicherte → Gesamtschaden im Kollektiv günstiger finanziert werden kann als für ein Einzelrisiko und damit für den Versicherungsnehmer der Versicherungsschutz günstiger zu erwerben ist. Dieser Effekt (Versicherungseffekt 2. Ordnung) stellt aus Sicht der Versicherungsnehmer einen zentralen Nutzen der Versicherungsnahme dar.

Risikoüberwälzung. → Risikotransfer.

Risikovermeidung. Variante der → Risikohandhabung. Maxime, bestimmte Risiken erst gar nicht zu übernehmen, insbesondere, wenn und soweit es an der → Risikotragfähigkeit fehlt und/ oder weil es unter den Aspekten der → wertorientierten Steuerung an den entsprechenden Renditeerwartungen bzw. -chancen mangelt. Eine absolute Vermeidung von Risiken würde die Unternehmenstätigkeit vollkommen ausschließen, da unternehmerisches Handeln, mit dem auch Chancen verbunden sind, immer auch mit Risiken behaftet ist (vgl. → Risikopräferenz). Vor diesem Hintergrund wäre die Bezeichnung Risikobegrenzung (bspw. durch Limite) aussagekräftiger.

Risikoverminderung. Variante der → Risikohandhabung. Summe aller Maßnahmen zur Verringerung der Eintrittswahrscheinlichkeit von Schäden und des Schadenausmaßes aus risikobehafteten Aktivitäten. Die Eintrittswahrscheinlichkeiten können durch Präventionsmaßnahmen, wie z.B. Schulungen von Mitarbeitern, reduziert werden. Beispiele für die Minderung von Schadenausmaßen sind Brandschutztüren (Feuerrisiko) und Vorsorgeuntersuchungen (Krankheitsrisiko). Als Maßnahme zur R. im → Risikogeschäft setzen Versicherungsunternehmen häufig → Obliegenheiten als Klauseln in den Versicherungsverträgen ein, denen zufolge die Versicherungsnehmer bestimmte Verhaltensgebote oder -verbote zur Minderung der versicherten Risiken zu beachten haben.

Risiko, versicherungstechnisches. → versicherungstechnisches Risiko.

Risikowahrnehmung

von Prof. Dr. Peter M. Wiedemann

Unter Risikowahrnehmung ist die intuitive Risikoeinschätzung von Laien zu verstehen. Genau genommen ist diese Bezeichnung aber irreführend, denn es gibt kein Objekt namens „Risiko", das unmittelbar wahrgenommen werden könnte. Vielmehr handelt es sich um Urteile über und Einstellungen zu Risiken. Die Risikowahrnehmung beeinflusst zusammen mit der Risikoneigung (die Bereitschaft, Risiken einzugehen) das Risikoverhalten. Das gilt nicht nur für das individuelle Eingehen von Risiken, z.B. bei Investitionen, beim Gesundheitsverhalten oder beim Konsumverhalten, sondern auch für den gesellschaftlichen Umgang mit Risiken. Vergleicht man die Risikowahrnehmung von Laien mit den entsprechenden wissenschaftlichen Risikoabschätzungen, so zeigen sich meist nur geringe Übereinstimmungen. Diese Diskrepanz hat der amerikanische Kommunikationsforscher Peter Sandman (1987, 21) treffend charakterisiert: „The risks that kill you are not necessarily the risks that anger and frighten you."

1. Untersuchungsansätze

Im Rahmen des psychometrischen Ansatzes der Risikowahrnehmungsforschung, der auf Slovic, Fischhoff und Lichtenstein (1980) zurückgeht, haben die Studienteilnehmer zahlreiche Risikoquellen in Bezug auf ihre Riskantheit zu beurteilen. Darüber hinaus werden diese Risikoquellen auch noch auf verschiedenen 'qualitativen' Dimensionen bewertet, von denen man annimmt, dass sie für die Beurteilung von Risiken von Bedeutung sind. Zu diesen Dimensionen gehören bspw. die Freiwilligkeit des Eingehens eines Risikos, die Kontrollierbarkeit und die Bekanntheit des Risikos sowie das Katastrophenpotenzial. In den vielen psychometrischen Untersuchungen hat sich ein relativ stabiles und konsistentes Bild ergeben: Die betrachteten qualitativen Risikodimensionen (Schrecklichkeit, Kontrollierbarkeit, Bekanntheit usw.) korrelieren zum Teil hoch miteinander, so dass sich faktorenanalytisch zwei (in einigen Studien auch drei) Faktoren bestimmen lassen, die einen großen Teil der Varianz erklären (Slovic, Fischhoff und Lichtenstein 1980). Auf dem ersten Faktor, den die Autoren 'Schrecklichkeit des Risikos' (dread risk) nennen, laden v.a. die Dimensionen 'Schrecklichkeit', 'Unkontrollierbarkeit' und 'großes Katastrophenpotenzial'. Der zweite Faktor, 'Bekanntheit des Risikos' (unknown risk), bezieht sich im wesentlichen auf die Dimensionen 'den Betroffenen unbekannt', 'wissenschaftlich ungeklärt', 'neuartiges Risiko' und 'nicht wahrnehmbar'. Auf dem dritten Faktor schließlich, der 'Zahl der Betroffenen', lädt v.a. die Dimension 'Anzahl der dem Risiko ausgesetzten Personen'. Für die Erklärung der Risikowahrnehmung erweist sich allerdings nur der erste Faktor (dread risk) als relevant, der in den verschiedenen Studien hoch mit der Gesamteinschätzung des Risikos ('overall risk') korreliert, während die Korrelationen des zweiten, wissensbezogenen Faktors wie auch des dritten Faktors mit der Risikogesamteinschätzung i.d.R. eher gering sind. Gegen den psychometrischen Ansatz sind in den letzten Jahren kritische Einwände erhoben worden (vgl. Sjöberg 2002). Kritisiert wird, dass sich aufgrund der speziellen Datenanalyse nur sehr begrenzt Rückschlüsse auf die individuelle Risikobeurteilung ziehen lassen. Unklar ist auch, ob die in den psychometrischen Studien vorgegebenen Risikodimensionen diejenigen sind, die Menschen bei ihren konkreten Risikobeurteilungen tatsächlich heranziehen. Andere etablierte Ansätze, wie z.B. die Culture Theory (Thompson, Ellis, Wildavsky 1990), haben aber einen noch weniger befriedigenden Erklärungswert für die Risikowahrnehmung. In den letzten Jahren kamen deshalb immer mehr Vorschläge zur Untersuchung der Risikowahrnehmung zum Zuge, die auf psychologischen Modellen der Informationsverarbeitung beruhen, wobei insbesondere affektiven Komponenten und unterbewussten Bewertungen eine größere Bedeutung eingeräumt wird.

2. Befunde der Risikowahrnehmungsforschung

Wissensdefizite: Auch Laien haben Vorstellungen über das Zustandekommen eines Risikos und die dabei bedeutsamen Ursache-Wirkungs-Zusammenhänge. Kognitionspsychologen bezeichnen solche Vorstellungen als „mentale Modelle". Sie verstehen darunter vereinfachte Abbilder, die Menschen von Vorgängen in der Welt haben. In vielen Fällen entsprechen die mentalen Modelle, die Laien über das Zustandekommen eines Risikos haben, nicht dem tatsächlichen Sachverhalt. Studien zu mentalen Modellen über die Wirkungsweise toxischer Stoffe haben bspw. gezeigt, dass Laien oftmals Aspekten kaum Bedeutung beimessen, die aus Expertensicht für die Beurteilung eines Risikos bedeutsam sind: Sie differenzieren bspw. bei der Beurteilung des Risikos durch die Exposition mit Chemikalien nicht in dem Maße wie Experten zwischen unterschiedlichen Graden von Toxizität und sie beachten auch kaum die Dosis-Wirkungs-Beziehung (Kraus et al. 1992; MacGregor et al. 1999). Solche fehlenden oder falschen Vorstellungen über das Zustandekommen eines Risikos können dann zu einer unangemessenen Risikobeurteilung führen.

Probleme mit Wahrscheinlichkeiten: Viele Menschen haben Schwierigkeiten, kleine Wahrscheinlichkeiten sinnvoll zu interpretieren und insbesondere zwischen den Größenordnungen solcher sehr kleinen Wahrscheinlichkeiten (z.B. 10-6 vs. 10-5) zu unterscheiden (Magat, Viscusi, Huber 1987). Das überrascht nicht, denn solche Größenordnungen liegen außerhalb des üblichen menschlichen Erfahrungshorizonts. Untersuchungen zeigen, dass kleine Wahrscheinlichkeiten besser verstanden werden, wenn Kontextinformationen zu einem Risiko gegeben werden, die es erlauben, einen Bezug zu eigenen Erfahrungen oder bekannten Risiken herzustellen (Kunreuther, Novemsky, Kahneman 2001). Um den Verständnisproblemen bei quantitativen Wahrscheinlichkeitsangaben zu entgehen, wird auch versucht, quantitative Wahrscheinlichkeitsbestimmungen in qualitative Alltagsbegriffe zu übersetzen. Dann wird z.B. von „selten" oder „praktisch ausgeschlossen" gesprochen. Allerdings hat sich gezeigt, dass die Bedeutung solcher verbaler Wahrscheinlichkeiten ganz unterschiedlich verstanden wird (Budescu, Wallsten 1995, Lipkus 2007).

Heuristiken und Biases: Im Alltag verfügen die meisten Menschen nicht über die erforderlichen Informationen (Krankheitsstatistiken etc.), um abschätzen zu können, wie häufig bestimmte Schadenereignisse eintreten. In diesen Fällen ziehen sie Heuristiken heran (Tversky, Kahneman 1974, Shah, Oppenheimer 2008). Ein Beispiel ist die Verfügbarkeits-Heuristik: Menschen schätzen die Häufigkeit (und damit auch die Wahrscheinlichkeit) von Ereignissen um so höher ein, je leichter sie sich diese oder ähnliche Ereignisse vorstellen oder sich an sie erinnern können, je leichter diese also kognitiv 'verfügbar' sind. Die Verfügbarkeits-Heuristik ermöglicht oft zuverlässige Wahrscheinlichkeitsbeurteilungen, denn Ereignisse, an die man sich leicht erinnert, kommen normalerweise auch tatsächlich häufig vor. Über spektakuläre Todesursachen wird aber z.B. in den Massenmedien bevorzugt berichtet. Und so wird dann die Zahl der Opfer durch spektakuläre Todesursachen wie Lebensmittelvergiftungen oder Naturkatastrophen oftmals überschätzt; unterschätzt werden dagegen vergleichsweise häufige, aber alltägliche Todesursachen wie Asthma oder Schlaganfall, über die typischerweise auch wenig in Massenmedien berichtet wird (Lichtenstein et al. 1978). Ähnlich wirkt die Rekognitionsheuristik: Das, was bekannt ist, wird oft als größer oder verlässlicher oder zuverlässiger eingeschätzt als das Unbekannte. Kurz, was bekannt ist, zählt mehr. Eine andere Heuristik, die zu Urteilsverzerrungen führen kann, ist die Anchoring-Heuristik. Insbesondere dann, wenn wenig Wissen über den zu beurteilenden Sachverhalt vorhanden ist, wird ein in einer Beurteilungssituation zufällig verfügbarer Hinweis als Ankerwert herangezogen und auf dessen Basis die eigene Schätzung nach oben oder unten adjustiert (Plous 1989). Experimente haben gezeigt, dass viele Menschen die Tendenz haben, negative Konsequenzen weniger schlimm zu finden, wenn sie durch Unterlassung einer Handlung verursacht werden, als wenn sie durch eine aktive Handlung verursacht werden (omission bias, Ritov, Baron 1990)). Das heißt, Menschen scheuen sich, ein Risiko einzugehen (z.B. eine Impfung mit der Möglichkeit von Nebenwirkungen), selbst dann, wenn das mit dem Nichthandeln verbundene Risiko höher (z.B. Grippeerkrankung) ist. Ein weiterer Urteilsfehler betrifft die Tendenz, im Nachhinein das Wissen über ein Ereignis – z.B. einen Störfall – zu überschätzen. Das heißt, man überschätzt die Möglichkeiten, diesen Störfall vorhersehen zu können. Dieser Rückschau-Fehler (hindsight bias) ist in zahlreichen Experimenten aufgezeigt worden (Hawkins & Hastie, 1990). Die Folgen liegen auf der Hand: Der Rückschau-Fehler vermindert das Vertrauen in die Kompetenz von Risikomanagern – solche Umstände können bis hin zu Unternehmenskrisen führen.

Unsicherheiten: Information über Unsicherheiten bei der wissenschaftlichen Risikoabschätzung wird von den Laien vielfach nicht verstanden. Sie führt außerdem zu konträren Bewertungen. Zum Teil steigert sie das Vertrauen in die jeweilige Informationsquelle, zum Teil wird sie aber auch als Zeichen von Inkompetenz und Unehrlichkeit gewertet (Johnson, Slovic 1995). Gefragt, warum Experten Unsicherheiten bezüglich ihrer Risikoabschätzungen angeben, gaben die Studienteilnehmer eher negative Erklärungen; sie gehen von unzureichendem Wissen und Täuschungsintention aus (Johnson 2003).

Emotionen: Neuere Studien zur Risikowahrnehmung unterstreichen die Rolle von Emotionen. Viel Beachtung hat die Affekt-Heuristik gefunden (Slovic et al. 2004): Danach nutzen Menschen, wenn sie Risiken oder Nutzen beurteilen, ihre positiven oder negativen Gefühle, die sie in Bezug auf den Beurteilungsgegenstand haben. Sind positive Gefühle mit einer Risikoquelle verbunden, so hat dies eine geringere Risikowahrnehmung (und eine höhere Nutzenwahrnehmung) zur Folge (Finucane et al. 2000). Andere Untersuchungen zeigen, dass die gleiche Risikoinformation, wenn sie in emotional unterschiedlich gefärbte Kontexte – sog. Risiko-Stories – eingebettet ist, zu unterschiedlichen Risikobewertungen führt (Wiedemann, Clauberg, Schütz 2003): Probanden, die eine Empörungs-Story beurteilten, gaben im Mittel höhere Risikoeinschätzungen ab als Probanden, die eine Nachsichts-Story vorgelegt bekommen hatten. Diese Ergebnisse demonstrieren, dass – vermittelt durch affektive Prozesse – soziale Aspekte die Risikowahrnehmung beeinflussen können, die mit dem Risiko sachlich nichts zu tun haben. Offen ist bislang, ob Emotionen eher unspezifisch wirken – negative Emotionen vergrößern die Risikowahrnehmung, positive reduzieren sie – oder ob spezifische Emotionen (z.B. Furcht, Ärger, Trauer) unterschiedliche Wirkungen auf die Risikowahrnehmung haben. Einige Untersuchungen deuten darauf hin, dass es solche spezifischen Wirkungen von Emotionen gibt (DeSteno et al. 2000; Lerner et al. 2003).

Literatur: Budescu, D.V./ Wallsten, T.S., Processing linguistic probabilities: General principles and empirical evidence, in: The Psychology of Learning and Motivation, vol. 32, 1995, S. 275–318; DeSteno, D./ Petty, R.E./ Wegener, D.T./ Rucker, D.D., Beyond valence in the perception of likelihood: The role of emotion specificity, in: Journal of Personality and Social Psychology, vol. 78 (3), 2000, S. 397-416; Finucane, M.L./ Alhakami, A./ Slovic, P./ Johnson, S.M., The affect heuristic in judgments of risks and benefits, in: Journal of Behavioral Decision Making, vol. 13 (1), 2000, S. 1-17; Hawkins, S./ Hastie, R., Hindsight: Biased judgments of past events after the out-comes are known, in: Psychological Bulletin, vol. 107, 1990, S. 311-327; Johnson, B., Further notes on public response to uncertainty in risks and science, in: Risk Analysis, vol. 23 (4), 2003, S. 781-789; Johnson, B.B./ Slovic, P., Presenting uncertainty in health risk assessment: initial studies of its effects on risk perception and trust, in: Risk Analysis, vol. 15 (4), 1995, S. 485-494; Kraus, N./ Malmfors, T./ Slovic, P., Intuitive toxicology: Expert and lay judgments of chemical risk, in: Risk Analysis, vol. 12 (2), 1992, S. 215-232; Kunreuther, H./ Novemsky, N./ Kahneman, D., " Making Low Probabilities Useful," in: Journal of Risk and Uncertainty, vol. 23 (2), 2001, S. 103-120; Lerner, J.S./ Gonzalez, R.M./ Small, D.A./ Fischhoff, B., Effects of fear and anger on perceived risks of terrorism: A national field experiment, in: Psychological Science, vol. 14 (2), 2003, S. 144-150; Lichtenstein, S./ Slovic, P./ Fischhoff, B./ Layman, M./ Combs, B., Judged frequency of lethal events, in: Journal of Experimental Psychology: Human Learning and Memory, vol. 4, 1978, S. 551-578; Lipkus, I. (2007) Numeric, verbal, and visual formats of conveying health risks: Suggested best practices and future recommendations. Medical Decision Making, Vol. 27, No. 5, 696-713 (2007); MacGregor, D.G./ Slovic, P./ Malmfors T., How exposed is exposed enough? Lay inferences about chemical exposure, in: Risk Analysis, vol. 19 (4), 1999, S. 649- 659; Magat, W.A./ Viscusi, W.K./ Huber, J., Risk-dolar tradeoffs, risk perceptions, and consumer behaviour, in: Viscusi, W.K./ Magat, W.A. (Hrsg.), Learning about risk, Cambridge 1987, S. 83-97; Plous, S., Thinking the unthinkable: The effects of anchoring on likelihood estimates of nuclear war, in: Journal of Applied Social Psychology, vol. 19, 1989, S. 67-91; Ritov, I./ Baron, J., Reluctance to vaccinate: Omission bias and ambiguity, in: Journal of Behavioral Decision Making, vol. 3, 1990, S. 263-277; Shah, A. K./ Oppenheimer, D. M., Heuristics made easy: An effort-reduction framework, Psychological Bulletin, vol. 134 (2), 2008, S. 207–222; Sjöberg, L., Are received risk perception models alive and well?, in: Risk Analysis, vol. 22, 2002, S. 665-669; Slovic, P./ Fischhoff, B./ Lichtenstein, S., Facts and fears: Understanding perceived risk, in: Schwing, R.C./ Albers, W.A. (Hrsg.), Societal risk assessment: How safe is safe enough?, New York 1980, S. 181-214; Slovic, P./ Finucane, M.L./ Peters, E./

MacGregor, D.G., Risk as Analysis and Risk as Feelings: Some Thoughts about Affect, Reason, Risk, and Rationality, in: Risk Analysis, vol. 24(2), 2004, S. 311-322; Thompson, M./ Ellis, R./ Wildavsky, A., Cultural theory, Boulder, CO 1990; Tversky, A./ Kahneman, D., Judgement under uncertainty: Heuristics and biases, in: Science, vol. 195, 1974, S. 1124-1131; Wiedemann, P.M./ Clauberg, M./ Schütz, H., Understanding amplification of complex risk issues: The risk story model applied to the EMF case, in: Pidgeon, N./ Kasperson, R./ Slovic, P. (Hrsg.), The social amplification of risk, New York 2003, S. 286-301.

Risikozuschlag. I. Als Prämienbestandteil im Allgemeinen: Strikt positiver Zuschlag zur → Nettoprämie eines → zufälligen Risikos. Der R. dient der Verringerung der Wahrscheinlichkeit des Ruins. Die Summe aus der Nettoprämie und dem R. wird als → Risikoprämie bezeichnet. Siehe auch → Prämie. – II. Als Kompensation für ein erhöhtes Risiko: *1. Begriff:* Zuschlag auf die → Risikoprämie in Abhängigkeit von den Ergebnissen der → Risikoprüfung. – *2. Beispiel aus der → privaten Krankenversicherung (PKV):* Ist das Versicherungsrisiko durch Vorerkrankungen erhöht, kann die Annahme des Antrags auf Krankenversicherungsschutz von besonderen Bedingungen abhängig gemacht werden. Dies kann ein versicherungsmathematischer Zuschlag (R.) oder ein Leistungsausschluss sein. Hintergrund und Funktion: Die risikoäquivalente Prämienkalkulation in der PKV (§ 10 Kalkulationsverordnung [KalV]) macht einen R. dann notwendig, wenn vor Versicherungsbeginn erhöhte Risiken durch Vorerkrankungen festgestellt wurden. Der R. soll dabei die erhöhten Risiken (Zuschlag auf die → Risikoprämie) und die erwarteten Mehrbetriebskosten (Zuschlag auf den Prämienteil zur Deckung von → Betriebskosten) kompensieren, die gegenüber Personen ohne Vorerkrankungen auftreten. Üblicherweise wird der R. für die gesamte Laufzeit des Versicherungsvertrags vereinbart. Bei vorübergehenden gesundheitlichen Beeinträchtigungen kommt auch ein zeitlich befristeter R. in Betracht, der nach der vereinbarten Zeit entweder mit oder ohne erneute Gesundheitsprüfung wieder zurückgenommen wird bzw. werden kann. – III. Als Element von versicherungstechnischen Rückstellungen: → Risikomarge.

Risk Adjusted Return on Capital (RAROC). *1. Begriff:* RAROC ist ein Performance-Maß, das v.a. im Bankensektor, aber auch in der Assekuranz eingesetzt wird. Ähnlich dem EVA® soll die RAROC-Kennzahl den Beitrag eines Unternehmensbereichs zum Unternehmensgesamtwert bzw. die Performance eines gesamten Unternehmens in einer bestimmten Zeitperiode messen (siehe auch → Performance-Messung). Die RAROC-Kennzahl berechnet sich als Quotient aus risikoadjustiertem Gewinnbeitrag eines Unternehmensbereichs (bzw. des Gesamtunternehmens) und dem diesem Bereich zugeordneten Eigenkapital (bzw. dem Eigenkapital des Gesamtunternehmens). Ist die RAROC-Kennzahl größer als die sog. „hurdle-rate", also der Kapitalkostensatz, erweist sich der Unternehmensbereich bzw. das Gesamtunternehmen als erfolgreich. – *2. Merkmale:* Das RAROC-Konzept ist unter bestimmten Bedingungen mit dem theoretisch fundierten Kapitalwertkalkül vereinbar. Für die konstitutiven Elemente risikoadjustierter Gewinnbeitrag, Kapitalkostensatz und (zugeordnetes) Eigenkapital gibt es hinsichtlich des Ansatzes Ermessensspielräume. Insbesondere hinsichtlich der Zuordnung des Eigenkapitals auf einzelne Unternehmensbereiche (siehe → Kapitalallokation) wird in der Literatur eine Vielzahl von Verfahren vorgeschlagen. – *3. Ziele und Zwecke:* Das RAROC-Konzept wird zur Planung und Kontrolle von Investitionen, zur Produktkalkulation, zur Beurteilung von Auf- und Abbauentscheidungen in Unternehmensbereichen, zur Beurteilung der risikoadjustierten Wertentwicklung eines Gesamtunternehmens und als Grundlage für die Managementvergütung eingesetzt.

Risk Based-Capital (RBC). *1. Begriff:* Gefordertes Solvabilitätskapital (→ Solvabilitätskapitalbedarf) im Rahmen von Risk Based-Capital-Modellen. Dabei handelt es sich um Faktormodelle zur Ermittlung aufsichtsrechtlicher Solvabilitätsanforderungen, die als Weiterentwicklung kennzahlenbasierter Solvabilitätskonzepte (→ Solvency I) gelten. – *2. Merkmale:* RBC-Modelle finden u.a. in der Solvabilitätsaufsicht der USA und bei einigen Ratingagenturen

Verwendung. Die Grundidee besteht darin, zunächst alle als relevant erachteten → Risikoklassen isoliert mit Solvabilitätsanforderungen zu belegen. Das insgesamt vorzuhaltende RBC resultiert aus einer Aggregation der Einzelanforderungen unter Berücksichtigung der Abhängigkeitsbeziehungen zwischen den Risikoklassen.

Riskiertes Kapital. → Risikokapital.

Risk Retention Group. Neben dem Konzept der → Captive (Re)Insurance alternativer Mechanismus der → Selbstversicherung im US-amerikanischen Markt. Es handelt sich um spezialisierte Haftpflichtversicherer auf Gegenseitigkeit bzw. in Genossenschaftsform, bei denen sich die Mitgliedschaft auf Unternehmen innerhalb eines bestimmten Wirtschaftszweigs beschränkt. Nach der Haftpflichtkrise in den USA sollte damit der Zugang zu bestimmten gewerblichen Haftpflichtdeckungen (außer Arbeiterunfall) erleichtert werden (Federal Liability Risk Retention Act 1986).

Risk Securitization. → Securitization.

Risk Swap. Vereinbarung zwischen zwei Parteien über den Tausch von Zahlungsströmen (z.B. potenzielle Schadenzahlungen) mit versicherungstechnischen Risiken bzw. Verlusten in (ungefähr) vergleichbar erwarteter Höhe und Eintrittswahrscheinlichkeit (z.B. Sturmrisiken in Florida gegen Erdbebenrisiken in Kalifornien), um unausgeglichene Risiko-Exposures zu homogenisieren. Ziel ist die Nutzung von Diversifikations- bzw. Konzentrationseffekten, um damit Kapitalkosten für das vorzuhaltende Risikokapital seitens der Marktteilnehmer innerhalb des Versicherungsmarkts zu senken.

Rohbau. *1. Begriff:* → Gebäude, das sich in der Erstellungsphase befindet oder erst vor kurzer Zeit fertig gestellt wurde und noch nicht bezugsfertig ist. – *2. Probleme:* Bezugsfertig ist nicht eindeutig definiert. Häufig wird deshalb die Gültigkeit der → Rohbauversicherung zusätzlich zeitlich auf z.B. ein Jahr Gültigkeit beschränkt.

Rohbauversicherung, *Neubauversicherung.* – *1. Begriff:* Versicherung eines → Gebäudes im → Rohbau gegen → Feuer. Die R. ist i.d.R. beitragsfrei. – *2. Aktuelle Entwicklungen:* Die R. als bisher eigenständiger Vertrag wird zunehmend in die → verbundene Wohngebäudeversicherung integriert.

Rohrbruch. Variante des Versicherungsfalls unter der versicherten Gefahr → Leitungswasser, insbesondere in der → verbundenen Wohngebäudeversicherung. Konstituierende Merkmale sind Schäden an der Rohrwandung von Zu- und Ableitungsrohren durch Korrosion oder Frost, Schäden an Dichtungen zwischen zwei Rohrstücken sowie resultierende Folgeschäden durch den bestimmungswidrigen Austritt von Leitungswasser.

Rohstoffe. → Commodities.

Rohüberschuss. *1. Begriff:* Überschuss der Erträge über die Aufwendungen (mit Ausnahme des Aufwands für die Beitragsrückerstattung an die Versicherten) in der handelsrechtlichen Rechnungslegung von (Lebens-)Versicherungsunternehmen. – *2. Hintergründe:* Aufsichtsrechtliche Rahmenbedingungen zwingen Lebensversicherungsunternehmen zu einer sehr vorsichtigen Kalkulation, so dass der R. mit einer sehr hohen Wahrscheinlichkeit deutlich positiv ist. Daher sind Lebensversicherungsunternehmen durch gesetzliche Auflagen angehalten, wesentliche Teile des R. der → Rückstellung für Beitragsrückerstattungen (RfB) zuzuführen und letztlich den Versicherungsnehmern über entsprechende Auszahlungen bzw. Erhöhungen der Versicherungsleistungen zugute kommen zu lassen (siehe auch → Überschussbeteiligung). Der den Unternehmenserfolg beschreibende Jahresüberschuss ist demzufolge die Differenz von R. und Zuführung zur RfB. – *3. Modell:* Vereinfacht wird der R. durch folgende Formel beschrieben: Es bezeichne P die Prämienzahlung der Kunden, KA den Kapitalanlageerfolg, V_0 und V die Deckungsrückstellung zu Beginn und am Ende des Geschäftsjahrs, L die für Versicherungsfälle gezahlten Leistungen, K die Betriebskosten, S alle Stornoleistungen. Wird unterstellt, dass alle Prämienzahlungen zu Beginn des Jahres, alle Leistungen am Ende erfolgen, so lautet die Gleichung für den Rohüberschuss R: $R = P + KA + V_0 - L - K - S - V$. – *4. Bedeutung:* Ein positiver R. ist ein Indikator dafür, dass das Versicherungsunternehmen – eine angemessene Bewertung von

Kapitalanlagen und Versicherungsverpflichtungen vorausgesetzt – die aktuell bestehenden Versicherungsverpflichtungen dem Grunde und der Höhe nach erfüllen kann. – *5. Beteiligung der Versicherungsnehmer:* Durch die Mindestzuführungsverordnung ist seit Anfang 2008 im Detail geregelt, welche Teile des R. mindestens für die Überschussbeteiligung der Versicherten aufgewendet werden müssen. Vereinfacht sind dies a) mindestens 90 % der Nettokapitalanlageerträge einschl. Rechnungszins und Zinsdirektgutschriften, – b) mindestens 75 % des Risikoergebnisses, – c) mindestens 50 % des Kostenergebnisses. Diese Mindestanforderungen müssen getrennt für den Alt- und Neubestand in jedem Wirtschaftjahr erfüllt werden. Abweichungen sind mit Zustimmung der → Bundesanstalt für Finanzdienstleistungsaufsicht (BaFin) möglich, wenn sie durch nicht vom einzelnen Unternehmen zu vertretende Ereignisse bedingt sind. Siehe auch Überschussbeteiligung, → Überschusszerlegung.

RORAC. Abk. für → Return on Risk Adjusted Capital.

Rückdeckungsversicherung. Lebensversicherung zur Finanzierung von → Direktzusagen oder Zusagen von → Unterstützungskassen. Im Gegensatz zur → Direktversicherung ist nicht der Arbeitnehmer, sondern typischerweise der Arbeitgeber oder die Unterstützungskasse bezugsberechtigt. Motive für den Abschluss einer R. können der unternehmensexterne Aufbau eines Versorgungsvermögens, die Abwälzung von → biometrischen Risiken auf die Lebensversicherung oder die privatrechtliche → Insolvenzsicherung nicht durch den → Pensions-Sicherungs-Verein auf Gegenseitigkeit (PSVaG) geschützter Versorgungszusagen durch Verpfändung sein. Die R. gehört rechtlich und wirtschaftlich zum Vermögen des Arbeitgeber

Rückgedeckte Unterstützungskasse. → Unterstützungskasse.

Rückgewährbeitrag. → Unfallversicherung mit Prämienrückgewähr.

Rückkaufswert. *1. Begriff:* Der Betrag, der dem Versicherungsnehmer in der → Lebensversicherung im Fall der Vertragskündigung zusteht. – *2. Rechtsgrundlagen:* §§ 168, 169 VVG. – *3. Merkmale und Umstände:* Der R. wird nach den anerkannten Regeln der Versicherungsmathematik einzelvertraglich berechnet. Die näheren Einzelheiten werden in den →Versicherungsbedingungen und im → Versicherungsschein geregelt. Die Basis für die Bestimmung des R. kann – bis auf einen vereinbarten Stornoabzug – für die bis 1994 im regulierten Markt sowie für die nach Inkrafttreten der → VVG-Reform abgeschlossenen Versicherungen die auf den einzelnen Vertrag entfallende Größe sein, die durch Aufsummieren über alle Bestandsverträge zur Berechnung der handelsrechtlichen → Deckungsrückstellung herangezogen wird. Diese Größe kann jedoch, insbesondere nach einem plötzlichen starken Anstieg des Zinsniveaus, wesentlich höher als der Marktwert der Kapitalanlagen sein. Für diesen Fall sind also Schutzmechanismen notwendig, um zu verhindern, dass bei einem starken Anstieg des Stornos kündigende Versicherungsnehmer zu Lasten des verbleibenden Bestands unangemessen bevorteilt werden. Entsprechende Regelungen sind nach § 169 VI VVG möglich.

Rücklagen. → Gewinnrücklagen und → Kapitalrücklagen.

Rückrufkostenversicherung. → Produkt-Rückrufkostenversicherung.

Rückstau. *1. Begriff:* Austritt von → Leitungswasser infolge einer Überlastung der Kanalisation durch → Überschwemmung oder Starkregen. Schäden durch R. können in der erweiterten → Elementargefahrenversicherung versichert werden. – *2. Ausblick:* Angesichts des → Klimawandels steigt die Bedeutung des Versicherungsschutzes gegen Rückstau.

Rückstellungen. *1. Begriff:* Bilanzposten auf der Passivseite der → Bilanz zur Abbildung von Verpflichtungen, die dem Grunde und/ oder der Höhe und/ oder der zeitlichen Fälligkeit nach ungewiss sind. – *2. Merkmale:* R. weisen allgemein keinen einheitlichen Inhalt auf. Gemeinsames Merkmal der unter den R. ausgewiesenen Sachverhalte ist die Tatsache der Berücksichtigung bestimmter künftiger Ausgaben oder Mindereinnahmen. – *3. R. nach HGB:* § 249 I S. 1 und 2 HGB bestimmt, für welche Sachverhalte R. zu bilden sind bzw. gebildet werden dürfen. Die dort genannten spezifischen Zwecke sind abschließend. Nach dem → Bilanzrechtsmodernisierungsgesetz (BilMoG) dürfen R. gem. § 249 II HGB für keine anderen als die in Absatz 1 genannten Zwecke gebildet werden. Eine Auflösung von R. darf nur dann erfolgen, wenn der Grund für die Bildung entfallen ist. Die handelsrechtliche Bewertung der R. ist gem. § 253 I S. 2 HGB zum Erfüllungsbetrag nach vernünftiger kaufmännischer Beurteilung vorzunehmen. Nach BilMoG müssen künftig alle Verpflichtungen mit einer Laufzeit von mehr als einem Jahr mit dem durchschnittlichen Marktzins der vergangenen sieben Geschäftsjahre abgezinst werden. – *4. R. nach → IAS/ → IFRS:* IAS 37 definiert R. als Schulden, die bzgl. ihrer Höhe oder ihrer Fälligkeit ungewiss sind. R. sind nach IAS 37 ausschließlich dann zu bilden, a) wenn aus einem Ereignis der Vergangenheit eine gegenwärtige Verpflichtung entstanden ist, – b) wenn es zudem wahrscheinlich ist, dass zur Erfüllung der Verpflichtung ein Abfluss von Ressourcen mit wirtschaftlichem Nutzen erforderlich ist, – c) und wenn die Höhe der Verpflichtung verlässlich geschätzt werden kann. Mit den beiden erstgenannten Merkmalen ist die Ungewissheit dem Grunde nach bereits hinreichend gering, so dass überhaupt die Voraussetzung für eine Schuld erfüllt ist. R. sind dann zu dem Betrag anzusetzen, der sich aufgrund einer bestmöglichen Schätzung ergibt. Bei der bestmöglichen Schätzung sind die mit den jeweiligen Sachverhalten unvermeidbar verbundenen Risiken und Unsicherheiten zu berücksichtigen. Bei einer wesentlichen Wirkung des Zinseffekts sind die R. in Höhe der Barwerte der zur Erfüllung der Verpflichtung erforderlichen Beträge zu bilden. Zur → Diskontierung ist ein Zinssatz zu verwenden, der die aktuellen Markterwartungen hinsichtlich des Zinseffekts sowie die für die Schuld spezifischen Risiken widerspiegelt. – *5. Abgrenzungen:* R. dienen der Vorsorge hinsichtlich von Verpflichtungen gegenüber Dritten oder hinsichtlich von Innenverpflichtungen. Die Absicherung von allgemeinen Unternehmerrisiken erfolgt durch das → Eigenkapital. Bei → Verbindlichkeiten stehen die Verpflichtungen sowohl dem Grunde nach als auch der Höhe und der zeitlichen Fälligkeit nach fest. Im Unterschied zu passiven → Rechnungsabgrenzungsposten, die eine verursachungsgerechte Periodenabgrenzung von → Erträgen sicherstellen sollen, werden R. zur verursachungsgerechten Aufwandsabgrenzung gebildet.

Rückstellung für Beitragsrückerstattungen (RfB). I. Rückstellung für erfolgsabhängige Beitragsrückerstattungen (erfolgsabhängige RfB): *1. Begriff:* → Versicherungstechnische Rückstellung auf der Passivseite der → Bilanz. Bildet den Anspruch der Versicherungsnehmer auf zukünftige → Überschussbeteiligungen ab, soweit er auf Grund ausgewiesener Überschüsse bereits entstanden ist oder durch rechtliche Verpflichtungen unabhängig davon besteht. – *2. Merkmale:* Die erfolgsabhängige RfB wird meist kontenförmig geführt. Jährlich werden Beträge aus dem Überschuss zugeführt und Beträge durch direkte Zuordnung an Versicherungsnehmer entnommen. Eine Verzinsung erfolgt nicht. – *3. Elemente:* Die erfolgsabhängige RfB enthält verschiedene Teilrückstellungen; der Gesamtposten darf nicht unter der Summe der Teilrückstellungen liegen. a) Soweit bestimmte Teile der erfolgsabhängigen RfB am Bilanzstichtag bereits für eine Zuteilung an Versicherungsnehmer im Folgejahr deklariert sind, wird in entsprechender Höhe eine dafür → gebundene RfB gebildet. – b) Der versicherungsmathematisch berechnete Wert der bereits, wenn auch widerruflich, deklarierten zukünftigen → Schlussüberschussanteile wird als Schlussüberschussanteilfonds angesetzt. – c) Soweit die gesamte erfolgsabhängige RfB diese beiden Posten übersteigt, wird sie als → freie RfB bezeichnet. – d) Die Rückstellung für latente Beitragsrückerstattung (latente RfB) ist in der Bilanz nach → IAS/ → IFRS oder → US-GAAP aufgrund und in Höhe des Unterschiedsbetrags zu den vertrags- oder aufsichtsrechtlich bestimmten Posten der Überschussbeteiligung, die etwa nach HGB bestimmt werden, zu bilden. Insbesondere aus der Umbewertung von → Kapitalanlagen können unrealisierte Gewinne oder Verluste entstehen. An diesen sind die Versicherungsnehmer über eine latente RfB und der Staat über eine Rückstellung für → latente Steuern zu beteiligen. Soweit Wertänderungen erfolgswirksam verbucht werden, werden auch die Zuführungen zur latenten RfB erfolgswirksam, also mit Wirkung für die → Gewinn- und Verlustrechnung (GuV) erfasst. Soweit Wertänderungen erfolgsneutral im → Eigenkapital erfasst werden, werden auch die

Veränderungen der latenten RfB erfolgsneutral erfasst (Shadow Accounting). – *4. Höhe:* Die erfolgsabhängige RfB entspricht meist den aktuellen aufsichts- oder vertragsrechtlichen Ansprüchen der Versicherungsnehmer auf Überschussbeteiligung. Insoweit unterliegt sie einer aufsichtsrechtlichen Kontrolle. Die freie RfB und, mittels Senkung der deklarierten Schlussüberschussanteile, auch der Schlussüberschussanteilfonds können mit Zustimmung der Aufsichtsbehörde zur Deckung von Verlusten aufgelöst werden. – II. Rückstellung für erfolgsunabhängige Beitragsrückerstattungen (erfolgsunabhängige RfB): *1. Begriff:* → Versicherungstechnische Rückstellung auf der Passivseite der → Bilanz. Umfasst die Rückerstattungsbeträge, die vom Schadenverlauf oder vom Gewinn eines oder mehrerer Versicherungsverträge abhängig oder die vertraglich vereinbart oder gesetzlich geregelt sind (vgl. § 28 III RechVersV). – *2. Merkmale:* Die erfolgsunabhängige RfB ist ein Korrektiv vorvertraglicher Beitragskalkulationen (→ Prämienkalkulation). Damit Versicherungsunternehmen die zukünftigen Leistungsversprechen jederzeit erfüllen können, sind sie verpflichtet, dem → Änderungsrisiko durch eine vorsichtige Kalkulation der Beiträge und durch die Erhebung von → Risikozuschlägen Rechnung zu tragen. Stellt sich im Nachhinein heraus, dass der tatsächlich erforderliche Beitrag geringer als der erhobene Beitrag ist, werden die „zu viel" gezahlten Beträge im Wege der Beitragsrückerstattung an den Versicherungsnehmer zurückerstattet. – III. Abbildung im → Jahresabschluss: Im Bilanzposten E. IV. Formblatt 1 RechVersV ist eine Untergliederung der Rückstellung nach erfolgsabhängiger und erfolgsunabhängiger Beitragsrückerstattung grundsätzlich nicht vorgesehen. Lediglich für die Krankenversicherung wird ein gesonderter Ausweis vorgeschrieben. In der → Gewinn- und Verlustrechnung (GuV) sind die Aufwendungen für erfolgsunabhängige und erfolgsabhängige Beitragsrückerstattungen in einem Posten auszuweisen. Für Krankenversicherer ist eine Aufspaltung nach erfolgsabhängiger und erfolgsunabhängiger Beitragsrückerstattung verpflichtend. Kompositversicherungsunternehmen haben ebenfalls eine Pflicht zum getrennten Ausweis innerhalb des → Anhangs, wenn die jeweiligen Beträge einen größeren Umfang erreichen (§ 42 III RechVersV).

Rückstellung für drohende Verluste aus schwebenden Geschäften, *Drohverlustrückstellung.* – *1. Begriff:* → Rückstellung zur Abbildung von dem Grunde und/oder der Höhe nach ungewissen Verpflichtungen aus zum Bilanzstichtag schwebenden Geschäften. Posten auf der Passivseite der → Bilanz. Der Ansatz der R. in der Bilanz ist zwingend, wenn bei der Bilanzerstellung ein Verlust aus einem bis zum Ende des Geschäftsjahres abgeschlossenen Vertrag in künftigen Perioden wahrscheinlich ist. – *2. Merkmale:* Grundlage für den Bilanzausweis ist das → Imparitätsprinzip. Der Unterschied zur Aufwandsrückstellung ist die Antizipation von zukünftigen Aufwendungen, die die zukünftigen Erträge übersteigen. – *3. Ziele:* Sachliche Abgrenzung und verursachungsgerechte Periodenzuordnung von drohenden Verlusten aus schwebenden Geschäften. – *4. Besonderheiten bei Versicherungsunternehmen:* Versicherungsunternehmen haben → versicherungstechnische Rückstellungen zu bilden, um die dauernde Erfüllbarkeit der Verpflichtungen sicherzustellen. Das Verbot der Rückstellungsbildung für Zwecke, die in § 249 I HGB nicht genannt sind, ist für Versicherungsunternehmen in Bezug auf die Bildung von versicherungstechnischen Rückstellungen aufgehoben. Ist mit Verlusten aus Versicherungsgeschäften zu rechnen, die bis zum Ende des Geschäftsjahres geschlossen wurden, ist eine R. zu bilden (§ 341e HGB). Die R. werden unter den „Sonstigen versicherungstechnischen Rückstellungen" ausgewiesen (Formblatt 1 RechVersV). Die Bildung der R. dient dem Ausgleich künftiger Verluste infolge einer Realisierung des → Änderungsrisikos oder → Irrtumsrisikos. Ist eine Bewertung der R. nicht möglich, kann diese mittels Näherungsverfahren geschätzt werden. Nach § 31 I Nr. 2 RechVersV dürfen R. im Kollektiv für die Versicherungszweige gebildet werden. – *5. Rechnungslegung nach* → *IAS/* → *IFRS und US-GAPP:* IFRS 4 fordert für die Bildung von R. aus Versicherungsverträgen einen „Liability-Adequacy-Test". Unter → US-GAAP regelt SFAS 5 allgemein die Bildung von Rückstellungen. Nach SFAS 60 muss eine Rückstellung für „Short Duration Contracts" gebildet werden, wenn die erwarteten Schäden die zukünftigen Prämien übersteigen. Die R. werden nach US-GAAP unter den → Beitragsüberträgen ausgewiesen. – *6. Steuerliche Behandlung:* In

Rückstellung für latente Beitragsrückerstattungen (Latente RfB)   570

der Steuerbilanz dürfen R. nicht gebildet werden.

Rückstellung für latente Beitragsrückerstattungen (Latente RfB). → Rückstellung für Beitragsrückerstattungen (RfB).

Rückstellung für noch nicht abgewickelte Versicherungsfälle, *Schadenrückstellung. – 1. Begriff:* → Versicherungstechnische Rückstellung für am Bilanzstichtag eingetretene, aber noch nicht vollständig abgewickelte Versicherungsfälle. Es handelt sich um dem Grunde und/ oder der Höhe und/ oder der zeitlichen Fälligkeit nach ungewisse Verpflichtungen. Posten auf der Passivseite der → Bilanz eines Versicherungsunternehmens. – *2. Ziel und Merkmale:* Periodengerechte Erfassung sämtlicher eingetretener, aber nicht vollständig regulierter Versicherungsfälle. Die R. ist regelmäßig der größte Passivposten eines Schaden-/ Unfallversicherers. – *3. Elemente:* Zu unterscheiden sind verschiedene Teilschadenrückstellungen: a) Teilrückstellungen für bekannte Versicherungsfälle. – b) Teilrückstellung für Rentenversicherungsfälle. – c) Teilrückstellung für Spätschäden (→ Spätschadenreserve). – d) Teilrückstellung für Schadenregulierungsaufwendungen. – e) Rückstellungen für noch nicht abgewickelte Rückkäufe, Rückgewährbeiträge und Austrittsvergütungen. – *4. Bewertungsprinzipien:* Die Teilrückstellungen unterliegen grundsätzlich dem Einzelbewertungsgrundsatz, es sei denn, es handelt sich um gleichartige Schulden. Näherungsverfahren sind nur dann anwendbar, wenn die Einzel- oder Gruppenbewertung mit zu hohem Aufwand verbunden ist. Forderungen aufgrund von Regressen, Provenues und Teilungsabkommen sind von der Rückstellung abzusetzen. – *5. Gesetzliche Grundlagen:* § 249 I HGB schreibt eine allgemeine Pflicht zur Bildung von Rückstellungen für ungewisse Verpflichtungen vor. Konkrete Vorschriften für Versicherungsunternehmen ergeben sich aus § 341g HGB und § 26 RechVersV. – *6. Rechnungslegung nach IAS/ IFRS und US-GAAP:* Grundlage für die Bildung von „Liabilities for Unpaid Claims" nach → US-GAAP bildet SFAS 60. Die R. wird für eingetretene einschl. noch nicht gemeldeter Versicherungsfälle gebildet. Die Rückstellungsbildung erfolgt i.d.R. auf Teil-Portefeuillebasis. Mangels eigener Regelungen wird SFAS 60 aus den US-GAAP derzeit auch noch für die Rechnungslegung nach → IAS/ → IFRS angewendet.

Rücktritt. *1. Begriff:* Aufheben der Willenserklärung zum Abschluss eines → Versicherungsvertrags. – *2. Hintergründe:* Versicherte können innerhalb von 14 Tagen, nachdem sie den → Versicherungsschein erhalten haben, vom Vertrag zurücktreten. Der R. muss schriftlich verfasst werden. Versäumt es der Versicherer, über diese Möglichkeit aufzuklären, besteht das Recht zum R. bis zu vier Wochen nachdem die → Erstprämie bezahlt wurde. Unter bestimmten Umständen, insbesondere bei grober Verletzung der → Anzeigepflichten des → Versicherungsnehmers im → Versicherungsantrag, sieht das Versicherungsvertragsrecht auch die Möglichkeit des R. durch das → Versicherungsunternehmen vor.

Rücktrittsrecht. *1. Begriff:* Einseitige Befugnis, einen bestehenden (Versicherungs-)Vertrag zu beenden. Die Rücktrittserklärung führt zum Erlöschen bestehender, noch nicht erfüllter Ansprüche bzw. Verpflichtungen; erbrachte Leistungen werden rückabgewickelt (§§ 346 ff. BGB). Für Versicherungsverträge gelten abweichende Sonderregelungen. – *2. Anwendungsbereiche:* Versicherungsunternehmen haben ein R. bei vorvertraglicher Anzeigepflichtverletzung oder im Fall des Erstprämienverzugs des Versicherungsnehmers (→ Erstprämie, → Prämienverzug). In der → Lebensversicherung ist das R. des Versicherungsnehmers nach § 8 V VVG a.F. entfallen. a) Vorvertragliche Anzeigepflichtverletzung: Das R. des Versicherungsunternehmens gilt bei → Vorsatz oder → grober Fahrlässigkeit des Versicherungsnehmers (§ 19 II, III S. 1 VVG). Bei → leichter Fahrlässigkeit oder fehlendem Verschulden hat das Versicherungsunternehmen nur ein Kündigungsrecht (§ 19 III S. 2 VVG). Nach einem Rücktritt besteht keine → Leistungspflicht des Versicherungsunternehmens für bereits eingetretene Versicherungsfälle. Die Leistungspflicht bleibt nur dann bestehen, wenn der verschwiegene Umstand für den Versicherungsfall nicht kausal war. Bei Arglist des Versicherungsnehmers besteht ohne Rücksicht auf die Kausalität keine Leistungspflicht (§ 21 II VVG). Die Prämienzahlungspflicht des Versicherungsnehmers besteht bis zum Wirksamwerden der Rücktrittserklärung. Bei lediglich grob fahrlässiger Anzeigepflichtverletzung wird das R. durch eine Vertragsanpassung ersetzt, wenn das Versicherungsunternehmen den Vertrag auch bei Kenntnis der nicht angezeigten Umstände zu anderen Bedingungen abgeschlossen hätte (§ 19 IV S. 1 VVG). Die anderen Bedingungen – Prämienerhöhung oder Risikoausschluss – werden auf Verlangen des Versicherungsunternehmens rückwirkend zum Vertragsinhalt. – b) Zahlungsverzug bei der Erstprämie (§ 37 I VVG): Das R. setzt nunmehr (im Gegensatz zu § 38 II S. 1 VVG a.F.) Verschulden („Vertreten müssen") des Versicherungsnehmers voraus. Eine Zahlungsunfähigkeit wirkt jedoch niemals entlastend, so dass nur sonstige, vielfach persönliche Gründe (Abwesenheit, Krankheit etc.) in Betracht kommen. Die → Leistungsfreiheit des Versicherungsunternehmens für eingetretene Versicherungsfälle besteht auch ohne Ausübung des Rücktrittsrechts. Die Rücktrittsfiktion mangels Klageerhebung auf Zahlung der Erstprämie binnen drei Monaten nach Fälligkeit (§ 38 I S. 2 VVG) ist entfallen. Tritt das Versicherungsunternehmen zurück, schuldet der Versicherungsnehmer eine angemessene Geschäftsgebühr (§ 39 I S. 3 VVG).

Rückversicherer. *1. Begriff:* Gesellschaft, die gegen eine vereinbarte → Prämie Risiken bzw. Portefeuillesegmente von einem → Erstversicherer oder einem anderen R. übernimmt. – *2. Merkmale:* Die Unterscheidung professioneller und nicht-professioneller R. hat keine Bedeutung mehr. Früher bezeichnete der Begriff des nicht-professionellen R. diejenigen R., deren vordringliches Geschäftsziel es war, (nur) die Rückversicherungskapazität der Muttergesellschaft sicherzustellen.

Rückversicherung. *1. Begriff:* Versicherung eines → Erstversicherers oder eines anderen → Rückversicherers. Die frühere Legaldefinition in § 779 HGB wurde durch die → VVG-Reform aufgehoben. – *2. Merkmale:* R. sind Verträge, die ein (Erst-) Versicherungsunternehmen mit einem anderen Versicherungsunternehmen schließt, um Schäden bei diesem (Erst-)Versicherungsunternehmen aus selbst abgeschlossenen Versicherungsverträgen zu kompensieren. Durch R. werden einzelne Risiken oder ein ganzes Portfolio unter den ursprünglichen oder neuen Bedingungen vom Erstversicherer auf den Rückversicherer übertragen. Dem Erstversicherer ermöglicht dies einen besseren Risikoausgleich, eine Erhöhung seiner Zeichnungskapazitäten und eine niedrigere → Solvabilitätsspanne (→ Solvency I) bzw. einen niedrigeren Betrag für das → Solvency Capital Requirement (→ Solvency II). – *3. Behandlung in der Rechnungslegung:* Grundsätzlich unterscheiden sich Rückversicherungsverträge in der Rechnungslegung nicht von Erstversicherungsverträgen. Allerdings ergeben sich durch die R. sowohl beim Erstversicherer als auch beim Rückversicherer weitere Posten in der → Bilanz und in der → Gewinn- und Verlustrechnung (GuV): a) Einbehaltene Sicherheiten des Vorversicherers sind als → Depotforderungen (beim Rückversicherer) bzw. → Depotverbindlichkeiten (beim Erstversicherer) in Höhe der einbehaltenen Sicherheiten auszuweisen (§§ 13, 33 RechVersV). – b) In den Posten „Abrechnungsforderungen aus dem Rückversicherungsgeschäft" bzw. „Abrechnungsverbindlichkeiten aus dem Rückversicherungsgeschäft" sind die laufenden Abrechnungen mit Vor- und Rückversicherern auszuweisen (§§ 16, 34 RechVersV). – c) Der Posten „Anteile für das in Rückdeckung gegebene Versicherungsgeschäft an den Bruttobeträgen der versicherungstechnischen Rückstellungen" enthält die Beträge, um die sich die Bruttobeträge der → versicherungstechnischen Rückstellungen aufgrund der R. mindern (§ 23 RechVersV). – d) Im Unterposten „Abgegebene Rückversicherungsbeiträge" der GuV sind die dem Rückversicherer gutgeschriebenen → Beiträge zu erfassen (§ 37 RechVersV).

Rückversicherungsaufsicht. *1. Begriff:* Aufsicht über die professionellen Rückversicherungsunternehmen. – *2. Entwicklungslinien und Grundlagen:* Während die Versicherer, die die Erst- und Rückversicherung betreiben, seit jeher der vollen Aufsicht nach § 1 VAG unterworfen waren, unterlagen professionelle Rückversicherer in Deutschland zunächst überhaupt keiner unmittelbaren Aufsicht. (Argument: Der Erstversicherer bedarf keines staatlichen Schutzes. Ausnahme: Der Rückversicherer war ein → Versicherungsverein auf Gegenseitigkeit). Nach und nach wurde zuerst eine eingeschränkte unmittelbare Aufsicht eingeführt, bis dann durch das VAG-Änderungsgesetz v.

21.12.2004 auch für diese Unternehmen die Erlaubnispflicht nach § 1 VAG und eine vereinfachte, den Bedürfnissen eines weltweit tätigen Unternehmens angepasste → Finanzaufsicht (betreffend die Eigenmittel, die versicherungstechnischen Rückstellungen, die → Kapitalanlagevorschriften; vgl. § 121a IV VAG) eingeführt wurde. Daneben wird der Rückversicherer von Beginn an auch indirekt durch die Aufsicht über den Erstversicherer überwacht. – 3. *Einzelheiten der Aufsicht:* Das Erlaubnisverfahren für professionelle Rückversicherer (§§ 119 ff. VAG) ähnelt stark dem für Erstversicherer (vgl. → Erlaubnis zum Geschäftsbetrieb). Es bestehen aber auch wichtige Unterschiede. So wird die Erlaubnis nicht nach → Versicherungszweigen, sondern ganz generell für den Betrieb der Rückversicherung erteilt. Einen genehmigungspflichtigen → Geschäftsplan gibt es nicht, dafür aber einen nicht genehmigungspflichtigen Tätigkeitsplan, der u.a. Auskunft über das Unternehmen, seine Konzernstruktur, die Art, den Umfang und die Organisation seines Geschäftsbetriebs, die → Geschäftsleiter und Inhaber bedeutender Beteiligungen sowie die Finanzausstattung gibt. Die Erlaubnisversagungs- und -widerrufsgründe entsprechen im Wesentlichen denen für die Erstversicherungsunternehmen. Auch hinsichtlich der → laufenden Aufsicht wird zum größten Teil auf die für Erstversicherer geltenden Vorschriften verwiesen (§ 121a VAG). Was allerdings die Solvabilitätsanforderungen angeht, so wird für die gesamte Rückversicherung, also auch für die Lebensrückversicherung, auf die Regeln der Nichtlebenserstversicherung verwiesen (§ 1 Rückvers.-KapitalausstattungsV i.Vm. § 1 KapAusstV). Die Kapitalanlagevorschriften für Rückversicherer sind stark vereinfacht gegenüber denen für Erstversicherer: Hier ist das sog. Prudent-Person-Prinzip aus dem Solvency II-Projekt bereits gesetzlich festgelegt, d.h. die qualitativen Anforderungen (Sicherheit, Rentabilität, Liquidität, angemessene → Mischung und Streuung) sollen die bisher für Erstversicherer geltenden quantitativen Vorgaben überflüssig machen (vgl. im Einzelnen § 121b VAG). – 4. *Ausländische Rückversicherer:* Für ausländische EU-Rückversicherer gilt das → Sitzlandprinzip (§ 121h VAG). Ausländische Rückversicherer mit Sitz in einem Drittland dürfen im Inland sowohl über eine → Niederlassung als auch im Dienstleistungsverkehr vom Sitz aus tätig werden, wenn sie befugt sind, in ihrem Sitzland das Rückversicherungsgeschäft zu betreiben, dort ihre Hauptverwaltung haben, nach internationalen Standards beaufsichtigt werden und eine befriedigende Zusammenarbeit der beteiligten → Aufsichtsbehörden sichergestellt ist. Die Niederlassung eines Drittlandversicherers bedarf der Erlaubnis der deutschen Aufsichtsbehörde; die Voraussetzungen entsprechen im Wesentlichen denen für Niederlassungen der Erstversicherer aus Drittländern (vgl. § 121i II VAG).

Rückversicherungsausfalldeckung. Sammelbegriff für Konzepte des → Alternativen Risikotransfers, die eine bestehende Rückversicherungsdeckung gegen mögliche Ausfälle absichern, z.B. gegen Insolvenz des Rückversicherers. Ausfalldeckungen können auch auf staatlicher Ebene organisiert sein, z.B. im Rahmen von sog. Pools. Bei Schadenfällen aus Terrorismus oder Naturkatastrophen (Überschwemmungen) übernimmt der Staat eine (zusätzliche) Leistungsverpflichtung.

Rückversicherungsbroker. → Rückversicherungsmakler.

Rückversicherungscontrolling. Teilbereich des → Risikocontrolling, wobei die Steuerung und Kontrolle der Rückversicherungsbeziehungen im Mittelpunkt stehen. Bezugsgröße des R. ist insbesondere das → versicherungstechnische Risiko für eigene Rechnung des Versicherungsunternehmens. Daneben ist z.B. auch die Bonität des Rückversicherers (→ Kreditrisiko) eine Bezugsgröße für das Rückversicherungscontrolling.

Rückversicherungsdeckung. Versicherungsschutz, den der → Rückversicherer im Rahmen des Akzepts gewährt. Wird in den Formen der → fakultativen Rückversicherung und der → obligatorischen Rückversicherung sowie des → proportionalen Rückversicherungsvertrags und des → nicht-proportionalen Rückversicherungsvertrags zur Verfügung gestellt.

Rückversicherungsleistungen. *1. Begriff:* Leistungen des → Rückversicherers an den → Erstversicherer. – *2. Merkmale:* Hierbei kann es sich um Schadenzahlungen,

Provisionszahlungen (Erstattung der Verwaltungsaufwendungen) oder → Gewinnanteile handeln.

Rückversicherungsmakler. Teilnehmer des Rückversicherungsmarkts, der gegen eine Maklerprämie (Courtage) für → Erstversicherer den geeigneten Rückversicherungsschutz sucht und platziert. Siehe u.a. zur Rechtsstellung auch unter → Makler.

Rückversicherungsprämie. Entgelt des → Rückversicherers, das er für die Risikoübernahme erhält. Zur Bemessung der R. siehe unter → proportionaler Rückversicherungsvertrag und → nicht-proportionaler Rückversicherungsvertrag.

Rückversicherungsprovision. Deckung von anteiligen Betriebsaufwendungen des → Erstversicherers durch den → Rückversicherer unter einem → proportionalen Rückversicherungsvertrag. Siehe auch → Provision, → Festprovision, → Staffelprovision.

Rückversicherungssaldo. Ergebnis des → Erstversicherers aus dem in → Rückversicherung abgegebenen Geschäft.

Rückwärtsversicherung. *1. Begriff:* Versicherung, bei der der materielle → Versicherungsbeginn zu einem Zeitpunkt vor Vertragsabschluss liegt. Geregelt in § 2 VVG. – *2. Weitere Merkmale:* Der Haftungszeitraum ist länger als die Vertragsdauer. – *3. Geltungsbereich:* Nach Rechtsprechung des BGH ist eine R. im Zweifel anzunehmen. Das ist v.a. für die → Kfz-Kaskoversicherung und die → Lebensversicherung von praktischer Bedeutung. Voraussetzung für die Wirksamkeit des Vertrags ist das subjektive Nichtwissen der Beteiligten darüber, ob ein Versicherungsfall eingetreten ist oder noch eintreten wird. Der Rechtsprechung des BGH zufolge schadet bei vereinbarter R. die Kenntnis vom Eintritt des Versicherungsfalls nur dann, wenn der Versicherungsfall schon vor der Antragstellung eingetreten ist. – *4. Gegensatz:* → Vorwärtsversicherung.

Rückwirkende Leistung. *1. Begriff:* Leistung des Versicherers in der → Berufsunfähigkeitsversicherung bei verspäteter Meldung der → Berufsunfähigkeit durch den Versicherten „ohne schuldhaftes Versäumen". – *2. Hintergründe und Würdigung:* Der Anspruch auf → Berufsunfähigkeitsrente bei gleichzeitiger Beitragsbefreiung entsteht grundsätzlich mit Ablauf des Monats, in dem die Berufsunfähigkeit eingetreten ist. Die Tarifwerke vieler Versicherer sehen aus diesem Grund eine R. vor. Allerdings enthalten einige Tarife auch Einschränkungen durch die Festlegung von Meldefristen. Erfolgt die Meldung einer Berufsunfähigkeit nach einer solchen Frist, wird u.U. erst ab dem Eingang der Meldung geleistet. Die Meldefristen erstrecken sich je nach Tarif auf bis zu 36 Monate. Verspätete Meldungen, z.B. wenn eine eingetretene Berufsunfähigkeit zunächst für eine akute, vorübergehende Erkrankung gehalten wurde, können also zu Leistungseinbußen führen. Aus Kundensicht zu empfehlen ist ein Tarif, der keine Meldefristen vorsieht.

Rückwirkungsschaden. *1. Begriff:* Bezeichnung für einen → Unterbrechungsschaden in der → Feuer-Betriebsunterbrechungsversicherung, der im versicherten Betrieb infolge eines Sachschadens in einem Fremdbetrieb eingetreten ist, ohne dass der versicherte Betrieb selbst einen Sachschaden erlitten hat. – *2. Wesentliches Risikomerkmal:* Charakteristisch für das Risiko eines R. sind die für den betrieblichen Wertschöpfungsprozess bestehenden Abhängigkeiten vom Beschaffungs- oder Absatzmarkt. – *3. Versicherungsumfang:* Versicherungsschutz für den R. besteht nur über eine gesonderte vertragliche Vereinbarung, in der zusätzlich zwischen dem Zulieferer- und Abnehmerrisiko differenziert wird. Anders:→ Wechselwirkungsschaden. Der R. wird stets mit einer separaten Entschädigungsgrenze belegt, deren Höhe insbesondere von dem Umstand bestimmt wird, ob die Zulieferer oder Abnehmer des Versicherungsnehmers im Versicherungsvertrag benannt werden oder unbenannt bleiben. Gründe für die Beschränkung der Haftung für R. mit Hilfe der eigenständigen Entschädigungsgrenzen sind das → Kumulrisiko des Versicherers, die fehlenden Risikoinformationen über die Fremdbetriebe sowie die eingeschränkten Anwendungsmöglichkeiten von Schadenminderungsmaßnahmen im Versicherungsfall.

Ruhegehalt. *1. Begriff:* Alterssicherungsbezüge der Ruhegehaltsempfänger, Witwen/Witwer und Waisen, die aufgrund und nach Maßgabe des → Beamtenversorgungsgesetzes

ruhegehaltfähige Dienstzeit in Jahren
x Steigerungssatz von 1,79375 %
x ruhegehaltfähige Dienstbezüge (mit einer Begrenzung auf einen Höchstruhegehaltssatz von 71,75 %)
= **Ruhegehalt**

(BeamtVG) gewährt werden. – *2. Voraussetzungen:* Das R. wird nach der förmlichen Versetzung des → Beamten vom aktiven Dienst in den → Ruhestand (Erreichen der besonderen oder der allgemeinen → Altersgrenze, Eintritt in den Ruhestand wegen → Dienstunfähigkeit, Schwerbehinderung) gewährt. Der Anspruch auf R. setzt voraus, dass eine Mindestdienstzeit von fünf Jahren abgeleistet wurde. Diese wird ab dem Zeitpunkt der Berufung in das Beamtenverhältnis gerechnet und nur berücksichtigt, soweit sie ruhegehaltfähig ist (→ ruhegehaltfähige Dienstzeiten). Dazu gehören Zeiten, die durch Gesetz ausdrücklich als ruhegehaltfähig erklärt werden (regelmäßige ruhegehaltfähige Dienstzeit als Beamter, berufsmäßiger und nichtberufsmäßiger Wehrdienst und vergleichbare Zeiten, Zeiten im privatrechtlichen Arbeitsverhältnis im öffentlichen Dienst). Der Anspruch auf R. entsteht mit Beginn des Ruhestands und wird auf der Grundlage von → ruhegehaltfähigen Dienstbezüge und der ruhegehaltfähigen Dienstzeit berechnet. – *3. Höhe:* Nach § 14 I BeamtVG beträgt der Steigerungssatz für das R. für jedes volle Jahr der ruhegehaltfähigen Dienstzeit 1,79375 %. Es darf höchstens ein Ruhegehaltssatz von 71,75 % der ruhegehaltfähigen Dienstbezüge gewährt werden. Die Berechnungsgrundlagen der eigenständigen → Beamtenversorgung sind damit wie oben zu skizzieren.
Berücksichtigungsfähige Dienstzeiten sind nur Zeiten zwischen der Vollendung des 17. Lebensjahrs und dem Eintritt in den Ruhestand. Maximal 40 ruhegehaltfähige Dienstjahre dürfen berücksichtigt werden. Dient ein Beamter mehr als 40 ruhegehaltfähige Dienstjahre, führt dies nicht zu einer Steigerung des Ruhegehaltssatzes. – *4. Reformen und Übergangsregelungen:* Die lineare Ruhegehaltsskala gilt in der eigenständigen Beamtenversorgung seit 1992 und löste die bis dahin geltende degressive Ruhegehaltsskala ab, die ein Erreichen des Höchstruhegehalts bereits nach 35 ruhegehaltfähigen Dienstjahren in Höhe von 75 % vorsah. Die Reformmaßnahmen des Jahres 1992 gingen mit langjährigen Übergangsregelungen einher. Durch das Versorgungsänderungsgesetz 2001 wurde mit Wirkung seit dem Jahr 2003 der Höchstruhegehaltssatz von 75 % nach altem Recht über acht Absenkungsschritte letztlich auf einen erreichbaren Höchstruhegehaltssatz von 71,75 % (siehe oben) abgeschmolzen. Für den Übergangszeitraum gilt für Versorgungsfälle, die nach dem 31.12.2001 und vor dem Inkrafttreten der achten auf den 31.12.2002 folgende Anpassung eintreten, noch der Höchstruhegehaltssatz von 75 % sowie ein Steigerungssatz von 1,875 % (siehe unten). Allerdings werden auch bereits im Ruhestand befindliche Beamte durch das Versorgungsänderungsgesetz 2001 erfasst, da die der Versorgungsberechnung zugrundeliegenden ruhegehaltfähigen Dienstbezüge bis zur siebten Anpassung mit einem sich schrittweise vermindernden Anpassungsfaktor herabgesetzt werden. Damit kommt es zwar nicht zu einer Verminderung der Versorgungsbezüge im Bestand, aber der Anstieg wird bei den durch Gesetz zu regelnden Besoldungs- und Versorgungsanpassungen geringer ausfallen. Nach der achten Absenkungsstufe ist der Absenkungsprozess von 75 % auf 71,75 % abgeschlossen. Momentan gelten für den Bund und einzelne Länder nach § 69e BeamtVG unterschiedliche Sätze. Für den Bund ist der sechste Anpassungsschritt 2009 vollzogen worden, was einem effektiven Höchstruhegehaltssatz von 72,56 % entspricht. In vielen Ländern, die Besoldungs- und Versorgungsanpassungsgesetze aufgrund der Änderung des Grundgesetzes vorgenommen haben, ist die vierte oder fünfte Stufe erreicht, was einem effektiven Höchstruhegehaltsatz von 73,38 % bzw. 72,97 % entspricht.

40 ruhegehaltfähige Dienstjahre
x 1,875 %
= 75 % **ruhegehaltfähige Dienstbezüge** – Höchstruhegehaltssatz

Ruhegehaltfähige Dienstbezüge. *1. Begriff:* Bemessungsgrundlage für das → Ruhegehalt von → Beamten. Siehe als weitere Bemessungsgrundlage auch die → ruhegehaltfähigen Dienstzeiten. – *2. Elemente:* R. sind das Grundgehalt, der Familienzuschlag der Stufe 1 (sog. Verheiratetenzuschlag) sowie sonstige Dienstbezüge, die im Besoldungsrecht ausdrücklich als ruhegehaltfähig bezeichnet sind. Zu den R. gehören weiter Leistungsbezüge, die nach dem Bundesbesoldungsgesetz bzw. entsprechendem Landesrecht im Bereich der Besoldung an Professoren sowie hauptberufliche Leiter und Mitglieder von Leitungsgremien an Hochschulen gewährt werden. – *3. Merkmale, Voraussetzungen und Einschränkungen:* Die Bezüge sind nur dann ruhegehaltfähig, wenn sie dem Beamten zuletzt mindestens zwei Jahre zugestanden haben. Ist ein Beamter aus einem Amt in den → Ruhestand getreten, das nicht der Eingangsbesoldungsgruppe, nicht seiner Laufbahn oder keiner Laufbahn angehört und hat er die Dienstbezüge dieses oder eines gleichwertigen Amts vor dem Eintritt in den Ruhestand nicht mindestens zwei Jahre erhalten, sind nur die Bezüge des vorher begleiteten Amts ruhegehaltfähig.

Ruhegehaltfähige Dienstzeiten. *1. Begriff:* Bemessungsgrundlage für das → Ruhegehalt von → Beamten. Siehe als weitere Bemessungsgrundlage auch die → ruhegehaltfähigen Dienstbezüge. – *2. Merkmale, Voraussetzungen und Einschränkungen:* Für das Ruhegehalt sind nur die berücksichtigungsfähigen – sog. ruhegehaltfähigen – Dienstzeiten relevant. Diese sind im → Beamtenversorgungsgesetz (BeamtVG) in den §§ 6 ff. abschließend normiert. Zum Kernbereich gehören die im Status als Beamter verbrachten Dienstzeiten, d.h. die in einem Beamtenverhältnis auf Lebenszeit, in einem Beamtenverhältnis auf Widerruf oder auf Probe geleisteten Zeiten sind immer ruhegehaltfähige Dienstzeiten. Ebenfalls berücksichtigt werden die Zeiten im Wehr- oder Zivildienst sowie Zeiten einer dem Beamtenverhältnis unmittelbar vorausgegangenen förderlichen Beschäftigung als Angestellter im öffentlichen Dienst. Weiter können Zeiten einer für die Laufbahn vorgeschriebenen Ausbildung (Zeiten einer Fachschul- oder Hochschulausbildung) berücksichtigt werden. Hier sind jedoch Veränderungen durch den Gesetzgeber – ebenso wie im Rentenrecht – geplant. Grundsätzlich können nur R. berücksichtigt werden, die ab dem vollendeten 17. Lebensjahr geleistet wurden. Zeiten einer Teilzeitbeschäftigung werden entsprechend ihres Anteils an der vollen Arbeitszeit ruhegehaltfähig. Zeiten einer Kindererziehung sind seit 1992 nicht mehr ruhegehaltfähig, da an die Stelle der Berücksichtigung als Dienstzeit der Kindererziehungszuschlag nach den Regelungen des § 50a BeamtVG getreten ist.

Ruhen der Versicherung. *1. Begriff:* Vorübergehende Aufhebung der gegenseitigen Rechte und Pflichten zwischen Versicherer und Versicherungsnehmer aus einem → Versicherungsvertrag. – *2. Merkmale:* Durch das R. werden die gegenseitigen Rechte und Pflichten aus dem Versicherungsvertrag stillgelegt, der Vertrag selbst bleibt aber bestehen. Während der Ruhezeit sind → Versicherungsleistungen nicht zu erbringen und Versicherungsprämien nicht zu entrichten.

Ruhestand. *1. Begriff:* Kennzeichnet für den → Beamten die Lebenszeit, in der er aus dem aktiven Dienst ausgeschieden ist und als Versorgungsempfänger Bezüge erhält. Der Anspruch auf → Ruhegehalt entsteht mit Beginn des Ruhestands. Der Eintritt in den R. kann aufgrund verschiedener Ursachen erfolgen, z.B. Erreichen der allgemeinen oder besonderen → Altersgrenze, → Dienstunfähigkeit oder Schwerbehinderung. Der R. erstreckt sich bis zum Ableben des Beamten. – *2. Weitere Merkmale:* Der Eintritt in den R. erfolgt jeweils zum Ende des Monats, um eine klare Abrechnungsperiode zu haben. So lautet der entsprechende Passus bei den Bundesbeamten: „Der Beamte auf Lebenszeit tritt mit dem Ende des Monats in den Ruhestand, in dem er das 65. Lebensjahr vollendet hat." In den entsprechenden Landesbeamtengesetzen findet sich dieser Passus meist wortgleich wieder. Im R. besteht weiterhin ein Anspruch auf Alimentation (→ Alimentationsprinzip), dann in Form der sog. Versorgungsbezüge. Weiterhin gilt das Disziplinarrecht für Beamte im R. fort. Gelegentlich führen Beamte auch ihre Amtsbezeichnung mit dem Zusatz „i.R." (im Ruhestand) fort. Wegen des fortdauernden Sonderstatusverhältnisses des Beamten im R. haben der Ruhestandsbeamte und auch die Hinterbliebenen bestimmte Pflichten. So sind sie verpflichtet, der Regelungsbehörde oder

der die Versorgungsbezüge zahlenden Kasse die Verlegung des Wohnsitzes, den Bezug und die Veränderung von Einkünften, die Witwe/ der Witwer auch die Wiederverheiratung sowie die Begründung eines neuen öffentlich-rechtlichen Dienstverhältnisses anzuzeigen (weitere Details in §§ 62 ff. BeamtVG). – *3. Einstweiliger R.:* Eine besondere Form des R. betrifft den sog. einstweiligen Ruhestand. So können z.B. nach den für den Bund geltenden Regelungen Beamte auf Lebenszeit, wenn es sich um sog. → politische Beamte handelt, jederzeit in den einstweiligen R. versetzt werden. Die Alterssicherung für Beamte, die in den einstweiligen R. versetzt sind, ist gesondert geregelt und umfasst neben der „normalen" Alterssicherung u.U. auch die Gewährung von → Übergangsgeldern vor Eintritt in den endgültigen Ruhestand.

Ruintheorie. *1. Begriff:* Übersteigt der aggregierte realisierte → Gesamtschaden eines Versicherungskollektivs die vorhandene Ausstattung an Sicherheitskapital zuzüglich der vereinnahmten Kollektivprämie (→ Risikoprämie) so tritt in einem technischen Sinne der Ruin des Versicherungsunternehmens ein. Im Rahmen der R. als Zweig der → Risikotheorie werden entsprechende Ruinereignisse modelliert und analysiert, typischerweise auf Basis des → Risikoreserveprozesses und in Form der Berechnung einer → Ruinwahrscheinlichkeit. Die Begrenzung der Ruinwahrscheinlichkeit bildet dann den Ausgangspunkt für den Einsatz des risikopolitischen Instrumentariums (→ Risikopolitik). – *2. Arten:* Von Ruinmodellierungen, die nur auf den Ruin am Ende einer gegebenen Periode abstellen (statische Ruinkonzeption) sind Ruinmodellierungen zu unterscheiden, bei denen der Ruin auch während der Periode eintreten kann (dynamische Ruinkonzeption).

Ruinwahrscheinlichkeit. *1. Begriff:* Wahrscheinlichkeit für den Eintritt des technischen Ruins eines Versicherungsunternehmens, d.h. des Ereignisses, dass der aggregierte realisierte → Gesamtschaden eines Versicherungskollektivs die vorhandene Ausstattung an Sicherheitskapital zuzüglich der vereinnahmten Kollektivprämie (→ Risikoprämie) übersteigt. Wird die Wahrscheinlichkeit dafür betrachtet, dass der Ruin am Ende einer gegebenen Periode eingetreten ist, wird von einperiodischer R. gesprochen. – *2. Modellierung in der Ruintheorie:* Im Rahmen der → Ruintheorie als Zweig der → Risikotheorie werden entsprechende Ruinereignisse modelliert und analysiert und entsprechende R. berechnet. Die Begrenzung der R. bildet dann den Ausgangspunkt für den Einsatz des risikopolitischen Instrumentariums (→ Risikopolitik). – *3. R. in der Praxis:* Versicherungsunternehmen weisen i.d.R. eine geringe R. auf, die allerdings immer größer als Null ist, da das → versicherungstechnische Risiko auch unter Nutzung des risikopolitischen Instrumentariums nicht völlig auszuschalten ist. Die R. wird u.a. bei der Bestimmung des Kapitalbedarfs im Rahmen der → wertorientierten Steuerung von Versicherungsunternehmen und unter → Solvency II bei Verwendung von → internen Modellen angewendet. Darüber hinaus wird sie im Rahmen der → Prämienkalkulation eingesetzt.

Rundschreiben der Aufsichtsbehörde. Medium der → Aufsichtsbehörde zur regelmäßigen Unterrichtung der von ihr beaufsichtigten Versicherungsunternehmen über ihre Verwaltungsgrundsätze. Die R. enthalten u.a. Empfehlungen für ein erwünschtes Geschäftsgebaren oder Hinweise auf ein unerwünschtes Verhalten. Die Literatur spricht in diesem Zusammenhang von „informellem Verwaltungshandeln". Die Rundschreibenpraxis der Aufsichtsbehörde war immer wieder Gegenstand der Kritik in der Lehre. Wurde der Aufsichtsbehörde früher vorgeworfen, es sei für den Außenstehenden häufig nicht klar, ob das Rundschreiben wirklich eine unverbindliche Empfehlung oder ein (in Form von sog. Sammelverfügungen) verbindlicher Verwaltungsakt sei, wird heute sogar vereinzelt die Ansicht vertreten, die Aufsichtsbehörde erlasse unter dem harmlosen Namen „Rundschreiben" sogar Verordnungen, ohne dass eine entsprechende Ermächtigungsgrundlage vorliege. Als Beispiel wird das Rundschreiben R 3/2009 (MaRisk VA) genannt, in dem die → Bundesanstalt für Finanzdienstleistungsaufsicht (BaFin) klarstellt, welche Schwerpunkte sie bei der Prüfung des Risikomanagements im Versicherungsunternehmen setzen wird.

Run off. *I.* Aufgabe des Neugeschäfts: Zustand, dass ein → Erstversicherer oder → Rückversicherer kein Neugeschäft mehr zeichnet (→ Discontinued Business) und den Bestand lediglich abwickelt. Der R. kann auch nur einen Teil des Geschäfts erfassen. Für den Fall, dass für die Abwicklung der zukünftigen Verpflichtungen nicht genügend Haftungsmittel vorhanden sind, kann es zu einem sog. „Scheme of Arrangement", bei dem alle Gläubiger gleichmäßig abgefunden werden, oder zu einer Liquidation bzw. einer → Insolvenz des Versicherers kommen. – II. Abk. für „run off-period"; übersetzt: Abwicklungszeit: Unter R. ist in diesem Fall die Restlaufzeit der mit einem Versicherungsvertrag oder einem Versicherungsportefeuille zusammenhängenden Verpflichtungen zu verstehen. → Retrospektive Deckungsformen, wie → Loss Portfolio Transfers und → Adverse Development Covers, bieten die Möglichkeit, den R. von Schadenportefeuilles aktiv zu betreiben, unabhängig davon, ob die Geschäftätigkeit eingestellt wurde oder weiterhin Neugeschäft gezeichnet wird. In der Praxis wird der Begriff „Run off" meist als Synonym für Versicherungsgeschäft gebraucht, das in der Vergangenheit gezeichnet, aber zum aktuellen Zeitpunkt noch nicht endgültig abgewickelt ist.

Rürup-Rente. *1. Begriff:* Steuerlich geförderte, private, kapitalgedeckte Rente. Zählt mit Blick auf die Schichten der → Altersvorsorge zur → Basisversorgung. – *2. Merkmale:* Die Beiträge zur R. können über Sonderausgaben steuerlich abgesetzt werden, gleichzeitig unterliegen die ausgezahlten Renten in gleichem Umfang der Besteuerung. Förderungsfähig sind nur Verträge auf eine Leibrente. Diese ist nicht beleihbar, nicht vererbbar, nicht veräußerbar, nicht übertragbar und nicht kapitalisierbar. Allerdings können bei Rentenbeginn bis zu 30 % als Teilrente in Anspruch genommen werden. Die Auszahlung der Versorgungsleistungen erfolgt frühestens nach Vollendung des 60. Lebensjahres. Die Prämien bzw. Renten verfallen mit dem Tod des Versicherten.

S

Sachkundeprüfung. *1. Begriff:* Einem → Versicherungsvermittler wird die beantragte → Gewerbeerlaubnis nur erteilt, wenn dieser die nötige Sachkunde hinsichtlich der Versicherungsvermittlung nachweist. Den Nachweis über Kenntnisse der rechtlichen und fachlichen Grundlagen der Versicherungsvermittlung sowie über die Kundenberatung und den Verkauf erbringt der Vermittler i.d.R. durch erfolgreiches Ablegen der S. "geprüfte/r → Versicherungsfachmann/-frau (IHK)" vor der → Industrie- und Handelskammer (IHK). Das Bestehen der Prüfung wird ihm in einer entsprechenden Bescheinigung der IHK bestätigt. Diese dient als Sachkundenachweis im Erlaubnisverfahren. Der erfolgreich absolvierten S. sind bestimmte Berufsqualifikationen gleichgestellt (→ Vermittlerqualifikation). – *2. Aufbau:* Die Prüfung besteht aus einem schriftlichen und einem mündlichen Teil und wird von einem Prüfungsausschuss der IHK abgenommen. – *3. Ausnahmen:* Vermittler nach § 34d IV GewO, die keiner Gewerbeerlaubnis bedürfen, können die Vermittlungstätigkeit – ggf. nach erforderlicher Registrierung – (zunächst) ohne Nachweis einer IHK-Prüfung ausüben. Bei → gebundenen Vermittlern hat das Versicherungsunternehmen, das die → Vermittlerhaftung übernommen hat, die Qualifizierung sicherzustellen. Dem Unternehmen steht frei, wie diese Qualifikation nachgewiesen wird. Wer gem. § 34d III GewO auf Antrag von der Gewerbeerlaubnis befreit wurde, weil er u.a. eine angemessene Qualifikation nachweisen konnte, ist ebenfalls zur Vermittlungstätigkeit befugt und wird registriert, ohne eine Prüfung bei der IHK abgelegt zu haben. Wer seit dem 31.8.2000 ununterbrochen selbstständig oder unselbstständig als Versicherungsvermittler tätig ist, bedarf keiner Sachkundeprüfung.

Sachlebensversicherung. Versicherung gegen das im Laufe der Zeit eintretende Unbrauchbarwerden bestimmter langlebiger Wirtschaftsgüter (Maschinen, Fahrzeuge, Schiffe, Elektrogroßgeräte im Haushalt).

Sachleistungsprinzip. *1. Begriff:* Verfahren der Leistungsgewährung in der Krankenversicherung. Beim S. erhalten die Versicherten im Krankheitsfall die erforderlichen medizinischen Gesundheitsleistungen als Naturalleistungen (Sachleistungen), ohne selbst in (monetäre) Vorleistung gehen zu müssen. – *2. Umsetzung:* Das S. ist in vielen Ländern in der → gesetzlichen Krankenversicherung (GKV) realisiert (aber z.B. in Frankreich und in der Schweiz nur für die Krankenhausbehandlung). In der deutschen GKV gilt das S. in den meisten Leistungsbereichen (nicht hingegen bei Zahnersatz und Kieferorthopädie); die Versicherten können stattdessen jedoch auch für die Kostenerstattung optieren. – *3. Weitere Details:* Im deutschen Sozialgesetzbuch (SGB V) werden die → Krankenkassen im Rahmen des S. (§ 2 SGB V) verpflichtet, eine ausreichende, zweckmäßige und wirtschaftliche Versorgung unter Berücksichtigung des → medizinischen Fortschritts sicherzustellen. Um dies gewährleisten zu können, schließen die Krankenkassen Verträge mit den Leistungserbringern, wie z.B. → Vertragsärzten, → Krankenhäusern und → Apotheken, bzw. mit deren Verbänden ab (§§ 69 ff. SGB V), in denen die Modalitäten der Behandlung und die Vergütung geregelt werden. Auf dieser Basis rechnen die Leistungserbringer unmittelbar mit den Krankenkassen ab. Für den Patienten bedeutet dies, dass er nicht direkt Vertragspartner der Leistungserbringer ist. Er erhält von ihnen auch keine Rechnung für in Anspruch genommene Leistungen. – *4. Ausnahmen:* Jenseits von Zahnersatz und Kieferorthopädie müssen Ausnahmen vom S. in der GKV, d.h. die Leistungsgewährung nach dem → Kostenerstattungsprinzip, ausdrücklich im SGB V erlaubt sein und vom Versicherten gewählt werden. Hier hat das GKV-Wettbewerbsstärkungsgesetz (GKV-WSG) den Spielraum der Krankenkassen allerdings erweitert. Nach § 53 SGB V können Krankenkassen – vorbehaltlich einer juristischen Überprüfung – in ihren Satzungen vorsehen, dass die Mitglieder für sich und ihre mitversicherten Angehörigen Kostenerstattungstarife wählen. Die Kassen können dabei die Höhe der Kostenerstattung variieren und hierfür spezielle Prämienzahlungen durch die Versicherten vorsehen. – *5.Würdigungen:* Das S. verursacht einen geringeren Administrationsaufwand als das Prinzip der Kostenerstattung. Ob Sachleistungen gegenüber Kostenerstattungen ein größeres → subjektives Risiko der Versicherten bewirken, weil sie die in Anspruch genommenen Leistungen vor der Erstattung durch die Versicherung nicht vorfinanzieren müssen, ist umstritten. Ein Problem des S. wird primär in der mangelnden Kostentransparenz für den Versicherten gesehen. Ohne eine solche Transparenz fehlt es auch an einer Grundlage, sich kostenbewusst zu verhalten. Versicherte können sich in Deutschland bei ihrer Krankenkasse zwar über die Kosten der Leistungen unterrichten lassen, wovon jedoch i.Allg. kein Gebrauch gemacht wird. – *5. Bedeutung in der* → *Privaten Krankenversicherung (PKV):* Die PKV kennt das S. nicht. Das Strukturprinzip der PKV ist das Kostenerstattungsprinzip. Die bei stationärer → Heilbehandlung übliche → Direktabrechnung zwischen dem Leistungserbringer und dem privaten Krankenversicherungsunternehmen berührt das Prinzip der Kostenerstattung dabei nicht.

Sachversicherung. Form der → Schadenversicherung, die auf die Zerstörung, die Beschädigung oder das Abhandenkommen versicherter Sachen, d.h. auf das sog. Sachsubstanzinteresse bzw. das Interesse am Sachwert abstellt. Die S. ist weitgehend nach einem einheitlichen Muster gestaltet (und zwar nach dem der → Feuerversicherung); die Unterschiede liegen v.a. im Umfang der → versicherten Gefahren und → versicherten Sachen und in gefahrenspezifischen Sonderregelungen. Weitere → Versicherungszweige der S. sind z.B. die → verbundene Hausratversicherung, die → verbundene Wohngebäudeversicherung, die → Kfz-Kaskoversicherung und die → Transportversicherung. – Anders: → Personenversicherung, → Haftpflichtversicherung, → Rechtsschutzversicherung, → Betriebsunterbrechungsversicherung, → Kreditversicherung.

Sachverständigenkosten. Begriff aus der → Sachversicherung. Kosten des bedingungsgemäßen Sachverständigenverfahrens einschl. der Kosten des Obmanns. S. können in der gewerblichen (→ Gewerbekunden) und industriellen (→ Industriekunden) → Sachversicherung sowie in der → verbundenen Wohngebäudeversicherung auf Basis entsprechender → Klauseln mitversichert werden. Meist geht die Deckungsübernahme mit → Franchisen und Mindestschadenhöhen einher.

Sachverständigenrat zur Begutachtung der Entwicklung im Gesundheitswesen. *1. Begriff:* Im Recht der → gesetzlichen Krankenversicherung (GKV) vorgesehenes Gremium zur Beratung der → Gesundheitspolitik. Der S. ist 2004 aus dem 1985 erstmals berufenen Sachverständigenrat für die Konzertierte Aktion im Gesundheitswesen hervorgegangen, die Ende 2003 durch den Gesetzgeber abgeschafft wurde. – *2. Aufgabe:* Erstellung von Gutachten zur Entwicklung der gesundheitlichen Versorgung, die vom → Bundesministerium für Gesundheit (BMG) beauftragt werden. Der Fokus liegt auf der bedarfsgerechten Versorgung unter Berücksichtigung der finanziellen Rahmenbedingungen und vorhandenen Wirtschaftlichkeitsreserven. – *3. Organisation:* Der S. wird vom BMG ernannt. Er hat eine Geschäftsstelle, die im Ministerium angesiedelt ist. Die Mitgliedschaft im S. ist nebenberuflich, typischerweise werden Hochschullehrer berufen.

Sachverständigenverfahren. *1. Begriff:* Vielfach sehen die → Allgemeinen Versicherungsbedingungen (AVB) über die gesetzliche Regelung im → Versicherungsvertragsgesetz (VVG) hinaus insbesondere in der Sachversicherung vor, dass der Versicherungsnehmer nach Eintritt des Versicherungsfalls verlangen kann, die Höhe des Schadens in einem S. feststellen zu lassen. Dies geschieht in der Praxis meistens, wenn sich die Parteien nicht über die Höhe des Schadens oder aber einzelne tatsächliche Voraussetzungen des Entschädigungsanspruchs oder der Höhe der Entschädigung einigen können oder aber der Schaden von hoher Komplexität ist. – *2. Merkmale:* Bei einem S. benennen beide Parteien jeweils einen → Sachverständigen sowie diese einen Sachverständigen als Obmann, der über die streitigen

Punkte innerhalb der von den Feststellungen der Sachverständigen gezogenen Grenzen entscheidet. Seine Entscheidung ist für beide Parteien verbindlich, wenn nicht nachgewiesen wird, dass sie offenbar von der wirklichen Sachlage erheblich abweichen. Jede Partei trägt die Kosten ihres Sachverständigen, die des Obmanns werden geteilt. Auch hinsichtlich des Verfahrens enthalten die AVB verschiedene Regelungen. – *3. Funktion:* Das S. hat v.a. bei gewerblichen Schäden Bedeutung, bei denen es um größere Versicherungsleistungen geht. Gegenüber einer Auseinandersetzung vor Gericht hat es den Vorteil, dass die Parteien über den von ihnen ausgewählten Sachverständigen deutlich mehr Einfluss ausüben und am Klärungsprozess näher beteiligt werden als in einem Gerichtsverfahren. Nachteil des S. ist, dass die endgültige Klärung der streitigen Fragen wegen der Formalisierung des Verfahrens länger dauern kann und der Versicherungsnehmer mit ggf. erheblichen Kosten auch dann belastet wird, wenn er sich vollständig mit seiner Position durchsetzt.

Sachverständiger. → Gutachter.

Sarbanes-Oxley Act (SOA, SOX). *1. Begriff:* US-amerikanisches Bundesgesetz, das die Qualität und Verlässlichkeit der Finanzberichterstattung von Unternehmen, die den öffentlich zugänglichen Kapitalmarkt der USA in Anspruch nehmen, verbessern soll. In Kraft getreten zum 30.7.2002. Der S. ist nach seinen wesentlichen Architekten benannt, Senator Paul Sarbanes und dem Mitglied des Repräsentantenhauses Michael Oxley. – *2. Ziele und Inhalte:* Das Gesetz wurde als Reaktion auf US-amerikanische Bilanzskandale geschaffen, um das Vertrauen von Kapitalanlegern in die Finanzinformationen von Unternehmen wiederherzustellen. Wesentliche Regelungen betrafen a) die Bestätigung der Ordnungsmäßigkeit der Abschlüsse durch den „Chief Executive Officer (CEO)" und den „Chief Financial Officer (CFO)", – b) die Schaffung einer Aufsichtsbehörde über die Wirtschaftsprüfer (Public Company Accounting Oversight Board) als eine weitere Regulierungsinstanz, – c) die Unabhängigkeit und eine verschärfte Haftung von Wirtschaftsprüfern, – d) die Erweiterung finanzieller Offenlegungs- und Prüfungspflichten insbesondere über die Wirksamkeit des internen rechnungslegungsbezogenen Kontrollsystems und – e) die Verschärfung von Strafvorschriften. – *3. Anwendungsbereiche:* Der S. findet auf alle Unternehmen, einschl. in- und ausländische Tochterunternehmen, Anwendung, a) deren Aktien an US-Börsen gehandelt werden (national securities exchanges), – b) deren Wertpapiere mit Eigenkapitalcharakter in den USA außerbörslich gehandelt werden (equity securities), – c) deren Wertpapiere in den USA öffentlich angeboten werden (public offering). Zentrale Aspekte des S. betreffen die Bereiche → Corporate Governance und → Compliance der Unternehmen sowie die externe Berichterstattung. Ein wichtiger Bestandteil des S. ist die Erstellung, Dokumentation und Prüfung eines internen Kontrollsystems, das die Qualitätssicherung der Quartals- und Jahresabschlüsse bewirken soll. – *4. Würdigungen:* Der S. tritt zu allen weiteren Regulierungen börsennotierter Unternehmen hinzu und steht zu diesen teilweise in Konflikt. Inwieweit das Gesetz dazu dienen kann, die Qualität und Verlässlichkeit der externen Berichterstattung von Unternehmen insgesamt zu verbessern, ist umstritten. Dieser Aspekt ist auch vor dem Hintergrund zu sehen, dass der S. "Going-Private"- und "De-listing"-Bewegungen seitens der betroffenen Unternehmen deutlich befördert hat.

Satzung. *1. Begriff:* Verfassung eines Unternehmens. Die Mindestanforderungen für den Satzungsinhalt sind in den entsprechenden Gesetzen enthalten (vgl. § 16 AktG für Versicherungsaktiengesellschaften, §§ 17, 18, 20, 21, 22, 24, 27-29 VAG für den → Versicherungsverein auf Gegenseitigkeit (VVaG), und für die → öffentlich-rechtlichen Versicherungsunternehmen die zugrunde liegenden Gesetze). – *2. Besonderheiten für Versicherer:* Die S. eines Versicherers soll auch die einzelnen → Versicherungszweige (vgl. Anlage A. und B. zum VAG), auf die sich der Geschäftsbetrieb erstreckt, und die Grundsätze der Vermögensanlage festlegen. Sie soll ferner bestimmen, ob der Versicherer nur das Erstversicherungsgeschäft oder auch die Rückversicherung betreibt. Die S. ist (mit Ausnahme etwaiger AVB-Bestimmungen) Teil des genehmigungspflichtigen → Geschäftsplans.

Satzungsautonomie. *1. Begriff:* Recht der Unternehmensträger zur selbstständigen Be-

Schadenabwendungskosten 582

stimmung der Inhalte der Unternehmenssatzung (→ Satzung). – 2. S. *im Versicherungsunternehmen:* Neben den gesetzlichen Mindestinhalten (siehe namentlich § 23 III und IV AktG und § 9 VAG) können die Träger von Versicherungsunternehmen den jeweiligen Unternehmenssatzungen weitere grundsätzliche Bestimmungen hinzufügen. Bei Versicherungs-Aktiengesellschaften (→ Aktiengesellschaft) betrifft dies z.B. ergänzende Bestimmungen über den → Aufsichtsrat und die → Hauptversammlung. Beim → Versicherungsverein auf Gegenseitigkeit (VVaG) und bei → öffentlich-rechtlichen Versicherungsunternehmen können auch → Allgemeine Versicherungsbedingungen (AVB) in der Satzung enthalten sein (§ 10 II VAG).

Schadenabwendungskosten. Kosten, die entstehen, um einen Schaden abzuwenden. Nach dem → Versicherungsvertragsgesetz (VVG) ist der Versicherungsnehmer zur Schadenabwendung verpflichtet. Die entstandenen Kosten muss der Versicherer übernehmen. Siehe auch → Schadenminderungskosten.

Schadenabwendungs- und -minderungspflicht. → Rettungspflicht.

Schadenabwicklung, *Schadenregulierung.* – *1. Begriff:* Gemäß den Versicherungsbedingungen obliegt die S. dem Versicherer. – *2. Merkmale:* Er stellt eine → Schadenrückstellung (Reserve) für den Schaden, legt eine Schadenakte an und bezahlt den Schaden aus der Rückstellung. – *3. Abgrenzung von anderen, ähnlichen Begriffen:* Siehe auch → Abwicklungsdreieck.

Schadenaufwendungen. → Aufwendungen für Versicherungsfälle.

Schadenbearbeitungsprozess. *1. Begriff:* Sämtliche Tätigkeiten und Arbeitsabläufe, die zur abschließenden Bearbeitung eines Schadens erforderlich sind. – *2. Merkmale:* Gewöhnlich unterteilt sich der S. in die Prozessschritte → Schadenmeldung, Schadenanlage, → Deckungsprüfung, Prüfung der Haftung dem Grunde nach (nur bei Haftpflichtsparten), Prüfung der Schadenhöhe, → Regulierungsentscheidung, Zahlung/Ablehnung, ggf. → Regress, Schließen des Schadens. Siehe auch → Schadenmanagement.

Schadencontrolling. *1. Begriff:* Steuerung der → Schadenregulierung im Versicherungsunternehmen unter (vorwiegend) betriebswirtschaftlichen Gesichtspunkten. – *2. Merkmale:* Auf der Grundlage entsprechender Auswertungen können nicht nur wesentliche Kennzahlen im Rahmen der Schadenbearbeitung erstellt und abgeleitet, sondern auch Trends bei der Schadenentwicklung aufgezeigt werden. – *3. Ziele:* Ziele sind einerseits die Kapazitätsplanung, die Qualitätssicherung (z.B. Einhaltung von Servicelevels), die Steuerung der Schadenbearbeitung sowie die Erfolgsmessung (z.B. Kostenersparnis durch bestimmte Dienstleister). Anderseits leistet das S. auch wesentliche Beiträge für die Tarifierung, indem Informationen z.B. über Schadenhäufigkeiten, Durchschnittsschadenhöhen usw. bereitgestellt werden. – *4. Probleme:* Mit zunehmender Komplexität der Schadenfälle und der arbeitsteiligen Regulierungsprozesse ist die operative Steuerung der Funktion Schadenbearbeitung in einem Versicherungsunternehmen heute nicht mehr ohne ein professionelles, detailreiches und aktuelles S. möglich.

Schadeneinschluss. Zahlung eines Schadenanteils oder einer vorher festgelegten Pauschalsumme durch den → Rückversicherer an den → Erstversicherer auf dessen Verlangen, sobald eine fällige Schadenzahlung einen bestimmten Betrag übersteigt.

Schadenereignisprinzip. → Ereignisprinzip.

Schadenermittlungs- und -feststellungskosten. Kosten des Versicherers und/oder des Versicherungsnehmers, die anlässlich der Ermittlung bzw. zum Zweck des Nachweises eines ersatzpflichtigen Schadens anfallen. Der Versicherer übernimmt diese Kosten (siehe auch → Sachverständigenverfahren).

Schadenersatzanspruch. *1. Begriff:* Anspruch, mit dem ein Ausgleich eines Nachteils begehrt wird, der durch ein Schadenereignis erlitten wurde. Voraussetzung für Leistungsansprüche in der allgemeinen → Haftpflichtversicherung. – *2. Merkmale:* Typische S. sind Ansprüche wegen Körper- oder Gesundheits- bzw. Eigentumsverletzungen (§ 823 I BGB), gegen die aufsichtspflichtige Person (§ 832

BGB), gegen den Tierhalter (§ 833 BGB) oder Tierhüter (§ 834 BGB) oder nachbarrechtliche Ausgleichsansprüche (§ 906 II BGB analog).

Schadenerwartungswert. → Erwartungswert einer Zufallsvariablen, die die zufällige Höhe eines zukünftigen Schadens beschreibt. Der S. lässt sich daher als gewichtetes Mittel der möglichen Schadenhöhen oder, bei jährlicher Betrachtungsweise, als langjähriges Mittel der Schadenhöhen verstehen (→ Gesetz der großen Zahlen).

Schadenexzedenten-Rückversicherung, *engl. Excess of Loss, Abk. XL.* – *1. Begriff:* → Nichtproportionaler Rückversicherungsvertrag, bei dem Rückversicherungsleistungen fällig werden, wenn der Schaden beim → Erstversicherer eine bestimmte → Priorität übersteigt. – *2. Merkmale:* Bei der S. mit Priorität $d > 0$ wird ein Schaden der Höhe X derart aufgeteilt, dass der Erstversicherer den Betrag $\min\{X, d\}$ und der Rückversicherer den Betrag $(X - d)^+$ übernimmt. Dabei kann X die Höhe eines Einzelschadens (excess-of-loss per risk, XL per risk), die Höhe eines → Kumulschadens (excess-of-loss per event, XL per event, Cat-XL) oder die Höhe des Jahresschadens (stop-loss, SL) sein. – *3. Formen:* → Einzelschadenexzedent, → Kumulschadenexzedent, → Jahresüberschadendeckung.

Schadenfreiheitsklassen. *1. Begriff:* Grundlage der Prämiendifferenzierung in der → Kfz-Haftpflichtversicherung und in der → Vollkaskoversicherung, bei der die Anzahl der schadenfreien Jahre und damit die erworbene Fahrererfahrung als subjektives Gefahrenmerkmal berücksichtigt wird. – *2. Merkmale:* Jeder S. ist ein bestimmter → Schadenfreiheitsrabatt zugeordnet. Bei einem im Versicherungsjahr schadenfreien Verlauf wird der Vertrag im darauffolgenden Jahr um eine S. besser eingestuft; bei einem oder mehreren Schäden, bei denen das Versicherungsunternehmen Entschädigungsleistungen erbracht oder Rückstellungen gebildet hat, wird der Vertrag in eine niedrigere S. oder sogar in eine Schadenklasse zurückgestuft. Dies erfolgt anhand einer statistisch ermittelten Rückstufungstabelle. Die erreichte S. wird bei einem Versichererwechsel angerechnet. Je nach Art des versicherten →

Kraftfahrzeugs gibt es unterschiedlich lange Schadenfreiheitsklassen-Staffeln. Die Höhe der zugehörigen Prämiensätze kann von Versicherungsunternehmen zu Versicherungsunternehmen variieren. – *3. Umgehung der Rückstufung:* Der Versicherungsnehmer kann die Rückstufung verhindern oder abmildern, indem er entweder den Schaden selbst bezahlt („zurückkauft") oder in seinen Vertrag einen → Rabattretter oder → Rabattschutz einschließt.

Schadenfreiheitsrabatt. Der in der → Kfz-Haftpflichtversicherung und in der → Vollkaskoversicherung im voraus wirksame prozentuale Nachlass auf die errechnete Grundprämie, der nach der Dauer der Schadenfreiheit gestaffelt ist und mit der → Schadenfreiheitsklasse eng verbunden ist.

Schadenfrequenz, *Schadenhäufigkeit.* Schadenkennzahl, die das Verhältnis der Schadenanzahl bezogen auf die Anzahl der Versicherungsverträge im betrachteten Bestand ausdrückt. Die S. wird periodenbezogen ermittelt.

Schadenhöhe, *Schadensumme.* Erfasst die Höhe eines einzelnen Schadens (S. pro Schadenfall) auf der Ebene eines Versicherungsnehmers oder eines Kollektivs von Versicherungsnehmern. Zum Zeitpunkt der → Risikokalkulation sind die künftigen S. unbekannt, ihr genauer Umfang ist zufallsabhängig. Daher muss von der Zufallsgesetzmäßigkeit der S., der → Schadenhöhenverteilung, ausgegangen werden.

Schadenhöhenverteilung. *1. Begriff:* Zufallsgesetzmäßigkeit der → Schadenhöhe. – *2. Arten:* Grundlegende S. sind die Exponential-, die Gamma-, die Lognormal- sowie die Paretoverteilung. Darüber hinaus wird in der Literatur eine Reihe weiterer Verteilungen betrachtet, u.a. die Inverse Gauß-, die Weibull- und die Loggammaverteilung. – *3. Merkmale:* Ein zentraler Modellierungsaspekt aus Sicht der Anwendungen in einzelnen Zweigen der Schadenversicherung ist dabei der Grad der Gefährlichkeit der S., d.h. in welchem Umfang sich (relativ zur erwarteten Schadenhöhe) sehr große bzw. extreme Schäden mit einer nicht zu vernachlässigenden Wahrscheinlichkeit realisieren können. Die Schadenhöhe stellt neben der → Schadenzahl eine der beiden Komponenten des

Schadenindex

Gesamtschadenprozesses (→ Gesamtschadenverteilung) dar.

Schadenindex. Maßzahl zur Ermittlung der → Solvabilitätsspanne bei Nicht-Lebensversicherungsunternehmen (neben dem → Beitragsindex), ausgedrückt in einem Prozentsatz der durchschnittlichen Bruttoaufwendungen für Versicherungsfälle der letzten drei Geschäftsjahre unter partieller Berücksichtigung der Rückversicherung.

Schadenkosten. *1. Begriff:* → Kosten, die der Versicherer zum Zweck der Schadenvergütung in den → Versicherungsfällen zu leisten hat. Teil der → Risikokosten. Zu unterscheiden sind die Brutto-Schadenkosten und die Netto-Schadenkosten bzw. S. für eigene Rechnung (feR). a) Die Brutto-Schadenkosten sind die gesamten Schadenvergütungen gegenüber den Versicherungsnehmern, d.h. vor Abzug von Anteilen des Rückversicherers (→ Rückversicherungsleistungen). – b) Die Netto-Schadenkosten sind nur die Anteile des Erstversicherers, die nach Abzug der Rückversicherungsleistungen für eigene Rechnung verbleiben. – *2. Bestandteile:* Die S. umfassen die Zahlungen an die Versicherungsnehmer und die Zuführungen in die → Rückstellung für noch nicht abgewickelte Versicherungsfälle (Schadenrückstellung), die im Rahmen der noch offenen → Schadenregulierung für spätere Auszahlungen an die Versicherungsnehmer reserviert ist. Entnahmen aus den Schadenrückstellungen sind von den S. abzuziehen (und sind erfolgsneutral, wenn sie zugleich für Zahlungen an die Versicherungsnehmer verwendet werden, oder Erfolgsbestandteil, wenn es sich um Auflösungen nicht mehr benötigter Schadenrückstellungen handelt). – *3. Unterscheidung von anderen, ähnlichen Begriffen:* Im externen Rechnungswesen (→ Rechnungslegung) sind die Schadenregulierungsaufwendungen unter den Schadenaufwendungen (→ Aufwendungen für Versicherungsfälle) auszuweisen. Im → internen Rechnungswesen, genauer in der → Kostenrechnung sind die im Wesentlichen aus Personalkosten und Betriebsmittelkosten zusammengesetzten → Schadenregulierungskosten von den S. abzugrenzen und gesondert unter den → Betriebskosten zu erfassen.

Schaden-/ Kostenquote. → Combined Ratio.

Schadenmanagement

von Dr. Jochen Tenbieg

Die Schadenbearbeitung, oder das Schadenmanagement, wie es heute vielfach bezeichnet wird, ist in einem Komposit-Versicherungsunternehmen eine der wichtigsten Funktionen, die über die bloße Schadenregulierung deutlich hinaus geht. Die Bedeutung des Schadenmanagements speist sich aus mehreren Quellen: 1) aus der Beziehung zum Kunden im „moment of truth", bei dem es darauf ankommt, die bis dahin unsichtbare Versicherungsleistung (Risikotragung) durch die Schadenabwicklung, die Schadenservices und die Entschädigungsleistung sichtbar und für den Kunden erlebbar zu machen, 2) aus der Tatsache, dass in einem Komposit-Versicherungsunternehmen die Schäden der mit Abstand größte Kostenblock sind und 3) weil die Informationen und Daten aus den Schadenfällen die Basis für die künftige Produktentwicklung und Tarifierung bilden. Inhaltlich umfasst das sog. aktive Schadenmanagement insbesondere die Steuerung der Schadenbehebungsprozesses (z.B. Abschleppen, Werkstattvermittlung etc.) durch die Vermittlung von Dienstleistern (z.B. Kfz-Werkstätten oder Bautrocknungsunternehmen) aus dem Partnernetzwerk des Versicherers und damit zusammenhängende Serviceleistungen (z.B. Vermittlung eines Ersatzfahrzeugs, eines Restwertangebots, eines Vertrauensanwalts, einer Spezialklinik, Beratungsleistungen im Zusammenhang mit der Rückstufung des Schadenfreiheitsrabatts usw.). Neuerdings wird der Begriff „Schadenmanagement" auch als Bezeichnung für eine Organisationseinheit in einem Versicherungsunternehmen verwendet, die die Abläufe und Prozesse der Schadenabteilungen vorgibt und für die Synchronisation von Organisation und IT-Unterstützung sowie die Weiterentwicklung der Schadenserviceleistungen (z.B. im Rahmen eines Netzwerkmanagements) beim Versicherer sorgt.

Schadenmanagement

Der Ablauf der Schadenregulierung, die in jedem Versicherungszweig ihre Besonderheiten aufweist, kann allgemein in folgende Prozessabschnitte untergliedert werden: a) Schadenanlage (Aufnahme der Schadenmeldung, Anlage des Schadens im Schadensystem, Prüfung des formellen Versicherungsschutzes – das ist die sog. formelle Deckungsprüfung –, Bildung einer Schadenreserve). b) Schadenbearbeitung i.e.S. (Sachverhaltsermittlung, ggf. Einholung von Stellungnahmen oder Sachverständigengutachten, Prüfung des materiellen Versicherungsschutzes – das ist die sog. materielle Deckungsprüfung –, in den Haftpflichtsparten zusätzlich die Prüfung der Haftungsfrage und schließlich die Prüfung der eingereichten Schadenbelege sowie die Betrugsprüfung), c) Schadenregulierung i.e.s. (Treffen einer abschließenden Regulierungsentscheidung, entsprechende Benachrichtigung des Kunden, Zahlung der Entschädigung, ggf. Durchführung eines Regresses, Schließen des Schadens im Schadensystem).

Das aktive Schadenmanagement im o.g. Sinne hat seit Mitte der 1990er Jahre eine zunehmende Bedeutung erlangt, v.a. in der Kfz-Versicherung. Ziel ist es, möglichst früh Einfluss auf den Schadenbehebungsprozess zu nehmen, um die Schadenkosten so gering wie möglich zu halten. Dies geschieht z.b. durch Vermeidung von Nebenkosten, wie Rechtsanwalts- oder Sachverständigengebühren, Realisierung von Großkundenkonditionen bei Partnerwerkstätten, Verringerung der Reparaturdauer und damit zusammenhängender, kostenverursachender Ausfallzeiten (Nutzungsausfall, Mietwagenkosten), Verhinderung der Schadenausweitung (in der Sachversicherung z.b. auch durch Bautrocknungsmaßnahmen, Ruß- oder Chlorid-Dekontamination) usw. Die Versicherungsunternehmen versuchen sich damit zunehmend als Serviceleister zu positionieren und die Rolle als „Zahlmeister" zu verlassen.

Die Vernetzung von Schadenbearbeitung und zusätzlichen Schadenservices ist dabei einer der Megatrends der Branche. Die Services, die Versicherer rund um den Schadenfall anbieten, werden i.d.R. nicht vom Versicherer in Eigenregie erbracht. Vielmehr findet eine Vernetzung mit Dienstleistern statt, auf die der Versicherer zurück greift. Die Dienstleister sind entweder die Leistungserbringer selbst (z.b. einzelne Werkstätten) oder ihrerseits Netzwerkbetreiber, die eine Vielzahl selbstständiger Leistungserbringer hinsichtlich von Qualität, Servicelevel und Abwicklungsprozessen managen. So oder so wird damit das Management von Dienstleistungspartnern, also das Netzwerkmanagement, zu einer zentralen Aufgabe der Versicherungsunternehmen beim Schadenmanagement.

Der Paradigmenwechsel der Versicherer vom „Zahlmeister" zum Serviceleister führt auch dazu, dass sich das Berufsbild des eher passiven Schadensachbearbeiters zugunsten eines proaktiv handelnden Schadenmanagers wandelt. Zu den traditionellen fachlichen Fähigkeiten eines Schadensachbearbeiters (Produkt-, Rechtsprechungs-, IT-System- und schadentechnische Kenntnisse) sind weitere Anforderungen hinzugetreten, die heute das Berufsbild wesentlich prägen, wie Telefoniefähigkeit, Verhandlungs- und Überzeugungsgeschick, „verkäuferische" Fähigkeiten in Bezug auf die angebotenen Services im Rahmen des aktiven Schadenmanagements, Koordinationstalent und ausgeprägte Entscheidungsfreude. Die Summe aller Anforderungen und die daraus resultierende Abwechslung jenseits der Tagesroutine machen heute die Attraktivität der Tätigkeit eines Schadenmanagers in einem Versicherungsunternehmen aus.

Auch wenn der grundsätzliche Ablauf der Schadenregulierung immer gleich zu sein scheint, haben die Versicherungsunternehmen z.T. sehr unterschiedliche Organisationsformen für das Schadenmanagement entwickelt. So arbeiten einige Versicherungsunternehmen in den Sachversicherungszweigen mit eigenen Außenregulierern, die Schäden vor Ort z.B. per Scheck abschließend regulieren oder in größeren Schadenfällen die Gesamtkoordination der zur Wiederherstellung notwendigen Tätigkeiten (z.B. der Aufräumarbeiten, Koordination der einzelnen Handwerker, Abstimmung mit den Sachverständigen und Behörden usw.) übernehmen. Teilweise erteilen die Versicherer ihren Vermittlern (v.a. den Ausschließlichkeitsvertretern) eine sog. Kleinschaden-Regulierungsvollmacht, so dass ein Segment der Schäden aus dem Bearbeitungsprozess der Schadenabteilung weit gehend herausgelöst ist und dieser nur noch das

Controlling der betreffenden Schäden obliegt. In der Kfz-Versicherung sind die telefonische Schadenaufnahme und das aktive Schadenmanagement ausschließlich durch Call Center-Teams des Versicherers oder eines Assisteurs ebenso anzutreffen, wie die Rund-um-Sachbearbeitung in „Einfachschaden"-Teams, bei denen ein Schaden nicht mehr von einem Sachbearbeiter, sondern von allen Mitarbeitern des Teams bearbeitet wird. Schließlich finden sich Organisationsmodelle für eine zentrale und dezentrale Schadenregulierung oder Mischformen – je nach Komplexität eines Schadens oder Spezialität des Versicherungszweigs (z.B. Unfall- oder Rechtsschutzversicherung). Die Gründe für die unterschiedlichen Organisationsformen sind so vielfältig wie die Formen selbst. Abstrakt kann gesagt werden, dass insbesondere die Größe eines Versicherungsunternehmens und ggf. eines Versicherungszweigs, die Vertriebsstruktur und die Historie (z.B. kurz zurück liegende Fusion) des Unternehmens die Individualität der Organisationsstrukturen treiben und es keine allgemeingültigen Organisationskonzepte gibt.

Die Schadenregulierung in den Versicherungsunternehmen hat sich seit der Deregulierung des deutschen Versicherungsmarkts Anfang der 1990er erheblich verändert. Die Anzahl der Versicherungsprodukte und ihrer Varianten hat sich vervielfacht, die Produktzyklen haben sich stark verkürzt. Die Vertragsbestände der einzelnen Produktgenerationen bestimmen indes die tägliche Arbeit in den Schadenabteilungen. Die Rechtsprechung zu den AVB und einzelnen schadenersatzrechtlichen Fragen (z.B. Unfallersatztarif, Restwertbörsen) hat deutlich zugenommen. Daneben haben allgemeine technische Entwicklungen (z.B. Computer, Mobiltelefone, nicht zuletzt die Fahrzeugtechnik bei Kraftfahrzeugen sowie moderne Reparaturmethoden, wie Smart Repair) dazu beigetragen, dass sich die Summe des notwendigen Wissens für einen Schadenmanager in einem Versicherungsunternehmen drastisch erhöht hat. Bei gleichzeitig neu hinzugekommenen Aufgaben im Rahmen etwa des aktiven Schadenmanagements und bei einem geänderten Kommunikationsverhalten der Kunden (deutliche Zunahme der Telefonie und von Emails) verlangt die Schadenregulierungstätigkeit nach einer entsprechenden technischen Unterstützung durch ein Schadensystem. Auch wenn immer mehr Versicherungsunternehmen sog. elektronische Akten auch im Bereich der Schadenbearbeitung einführen, erfolgt die Bearbeitung ganz überwiegend noch mit in den 1980er Jahren entwickelten proprietären Schadensystemen, die die Schadenbearbeitung mehr oder weniger gut unterstützen. Die Entwicklung wird allerdings verstärkt zu offenen, web-basierten Systemen gehen, bei denen alle intern an einem Schaden Beteiligten (Call Center Agent, Schadenmanager, Vertriebsaußendienst, Gutachter pp.) mit derselben Softwareplattform arbeiten. Gleichzeitig gilt es, Schnittstellen zu entwickeln oder fortzuentwickeln (z.B. GDV-Standard), die eine B2B-Kommunikation insbesondere zwischen den Versicherungsunternehmen und seinen Dienstleistern ermöglichen, bei der strukturierte Daten ausgetauscht werden. Denn auch im Bereich des Schadenmanagements wird die Industrialisierung der Versicherungswirtschaft fortschreiten und werden automatisiert ablaufende Prozesse (bis hin zur sog. Dunkelverarbeitung von Standardschäden) zunehmen. Solche vollständig automatisiert ablaufenden Schadenbearbeitungsprozesse bestehen in der Krankenversicherung schon seit längerem, in der Kfz-Versicherung v.a. bei Schäden an der Fahrzeugverglasung. Hier prüfen spezialisierte Dienstleister die Rechnungen in einem weitgehend automatisierten Verfahren auf inhaltliche Richtigkeit durch Datenbankabgleiche und Prüfregelwerke. Die Ergebnisse inklusive der Rechnungsdetails werden dann als strukturierte Daten an die Versicherer elektronisch übermittelt und führen dort zu einer vollmaschinellen Schadenabwicklung (Schadenanlage, Zahlung, Schaden schließen). Dieser Trend zu regelbasierten, automatisierten Prüfungen wird mittelfristig erhebliche Teile der heutigen Tätigkeit eines Schadensachbearbeiters bei Standardschäden substituieren und die Abwicklung beschleunigen.

Damit wird deutlich, dass sich das Bild vom Schadenmanager und von seinen notwendigen Fähigkeiten weiter verändern wird. Es zeichnet sich die Vision ab, nach der bei mengengetriebenen Standardschäden primär serviceorientierte Schadenmitarbeiter den Schadenaufnahme- und -behebungsprozess einleiten und steuern und die anschließende Abwicklung weit gehend automatisiert abläuft, während bei komplexen oder Know how-intensiven Schäden Schadenmitarbeiter mit tiefem Spezialwissen vergleichsweise wenige, aber für das bilanzielle Ergebnis des Versicherers bedeutsame Schadenfälle bearbeitet werden.

Literatur: El Hage, B.; Jara, M.: Schadenmanagement, hrsg. vom Institut für Versicherungswirtschaft der Universität St. Gallen, I-VW Management-Information, Sonderausgabe Band 6, St. Gallen 2003.

Schadenmeldung. Mitteilung des Versicherungsnehmers oder Dritten über den Eintritt eines Schadens zu einem → Versicherungsvertrag bei seinem Versicherungsunternehmen. Früher überwiegend per Brief, heute zunehmend per Telefon, Fax und Email. Deutlich seltener über Online-Schadenmeldeangebote auf den Websites der Versicherungsunternehmen.

Schadenminderungskosten. Kosten, die entstehen, um einen Schaden zu mindern. Nach dem → Versicherungsvertragsgesetz (VVG) ist der Versicherungsnehmer zur Schadenminderung verpflichtet. Die entstandenen Kosten muss der Versicherer übernehmen. Siehe auch → Schadenabwendungskosten.

Schadennetz. → GDV-Branchennetz.

Schadenquote. *1. Begriff:* → Schadenaufwendungen in Relation zu den → verdienten Beiträgen. Versicherungstechnische Rentabilitätskennzahl. Die S. zeigt zudem an, welcher Teil der Beiträge unmittelbar in Versicherungsleistungen fließt. Sie kann brutto, d.h. vor den Anteilen des Rückversicherers, und netto („für eigene Rechnung"), d.h. nach den Anteilen des Rückversicherers ermittelt werden. – *2. Ziele und Probleme:* Die S. gibt Aufschluss über die Schadenkostenintensität des betriebenen Versicherungsgeschäfts und ermöglicht somit auch Wettbewerbsvergleiche. Da die S. aber nicht allein Schadenzahlungen, sondern auch das → Abwicklungsergebnis aus den Veränderungen der → Rückstellung für noch nicht abgewickelte Versicherungsfälle (Schadenrückstellung) enthält, besteht für die Versicherungsunternehmen die Möglichkeit der Einflussnahme auf die Höhe der Schadenquote.

Schadenregulierer. → Außenregulierer.

Schadenregulierung. *1. Begriff:* Allgemeine Bezeichnung für den gesamten Prozess der Bearbeitung und Abwicklung von Schäden. In einem engeren Sinn wird unter S. die abschließende Entscheidung des Versicherers zu seiner Eintrittspflicht für den konkreten Schaden gegenüber dem Versicherungsnehmer oder Geschädigten (→ Regulierungsentscheidung) verstanden. Ziel: Sachgerechter Schadenausgleich. – *2. S. in der* → *Haftpflichtversicherung:* Prüfung und Ausgleich begründeter sowie → Abwehr unberechtigter Ansprüche, die gegen den Versicherungsnehmer oder die versicherten Personen gerichtet werden.

Schadenregulierungsbeauftragter. Mit Inkrafttreten der 4. Kraftfahrthaftpflicht-Richtlinie der EU wurden alle Versicherer in Europa verpflichtet, in jedem EU-Mitgliedstaat einen S. zu benennen. Der Geschädigte hat so einen Ansprechpartner in seinem Heimatland, an den er sich wegen des im Ausland eingetretenen Unfalls wenden kann. Reagiert die ausländische Versicherung nicht oder nicht in angemessener Zeit, kann sich der Geschädigte an die nationale Entschädigungsstelle in Deutschland wenden. Als solche fungiert in Deutschland der → Verkehrsopferhilfe e.V. in Hamburg.

Schadenregulierungskosten. Sachliche und personelle Kosten für die Regulierung von Schäden durch den → Erstversicherer. Zu unterscheiden sind direkte und indirekte sowie externe und interne Schadenregulierungskosten. a) Direkte S. sind solche, die in einem unmittelbaren Zusammenhang mit einem Schaden stehen, diesem zugeordnet werden können und nicht Entschädigungsleistung selbst sind, wie z.B. Anwalts- oder Sachverständigenhonorare. – b) Indirekte S. sind demgegenüber alle übrigen Aufwendungen, die bei der → Schadenregulierung entstehen und der Funktion Schadenbearbeitung in einem Versicherungsunternehmen, aber nicht unmittelbar dem einzelnen Schaden zugeordnet werden können, wie Löhne und Gehälter, Büromieten, Energiekosten. – c) Bei den externen S. handelt es sich um solche Kosten, die einem Schadenfall unmittelbar zugeordnet werden können, dabei nicht Entschädigungsleistungen sind und dem Versicherer oder Geschädigten von externen Dritten in Rechnung gestellt werden. – d) Interne S sind alle beim Versicherer selbst anfallenden – innerbetrieblichen – Kosten, die nicht Entschädigungsleistungen sind, egal ob es sich um direkte oder indirekte S. handelt.

Schadenregulierungsvollmacht. → Regulierungsvollmacht.

Schadenreservierung

von Professor Dr. Klaus D. Schmidt

1. Einführung: Zur Bedeutung der Schadenreservierung

Am Ende eines Geschäftsjahres sind i.Allg. nicht alle Schäden, die in diesem Geschäftsjahr eingetreten sind, abschließend reguliert. Nicht abschließend regulierte Schäden werden als *Spätschäden* bezeichnet. Spätschäden entstehen aus zwei Gründen:

- Ein Schaden ist entstanden, aber noch nicht gemeldet (IBNR = *incurred but not reported*).
- Ein Schaden ist gemeldet, aber die Höhe des Schadens lässt sich noch nicht bestimmen; daher ist die für die Regulierung dieses Schadens gebildete Einzelschadenreserve u.U. zu gering (IBNER = *incurred but not enough reserved*).

Das Problem der Spätschäden stellt sich grundsätzlich in allen Versicherungszweigen, insbesondere aber in der Haftpflichtversicherung. Beispiele sind Konstruktionsfehler bei Bauwerken, die erst nach vielen Jahren einen Schaden auslösen, oder Personenschäden mit einem ungewissen Verlauf der Heilung. In verschärfter Form stellt sich das Problem der Spätschäden für den Rückversicherer bei einer Schadenexzedenten-Rückversicherung, weil ein Schaden dem Rückversicherer erst dann gemeldet wird, wenn zu erwarten ist, dass die Schadenhöhe die Priorität überschreitet. Für die Schäden eines Geschäftsjahres, die noch nicht vollständig reguliert sind, ist eine Schadenreserve zu bilden. Dabei kann die Summe der Schadenreserven für alle Geschäftsjahre je nach Versicherungszweig das Prämienvolumen eines Geschäftsjahres erreichen oder sogar deutlich übersteigen.

2. Dokumentation der Schadenabwicklung

Die Abwicklung der Schäden eines Geschäftsjahres kann durch unterschiedliche Abwicklungsdaten dokumentiert werden:

- Zahl der gemeldeten Schäden,
- Schadenzahlung für die bekannten Schäden,
- Schadenaufwand für die bekannten Schäden; dabei ist der Schadenaufwand die Summe der Schadenzahlungen und der Einzelschadenreserven.

Im Hinblick auf die Verfahren der Schadenreservierung erfolgt die Darstellung der Abwicklungsdaten zweckmäßigerweise in Form einer Matrix, in der die Abwicklungsdaten als Zuwächse von Schäden oder Schadenstände in Abhängigkeit vom Anfalljahr und vom Abwicklungsjahr angegeben werden. Bspw. ergibt sich ein Abwicklungsdreieck für Zuwächse (siehe die folgende Abbildung),

Anfall-jahr	Abwicklungsjahr					
	1995	1996	1997	1998	1999	2000
1995	1001	854	568	565	347	148
1996		1113	990	671	648	422
1997			1265	1168	800	744
1998				1490	1383	1007
1999					1725	1536
2000						1889

das im Hinblick auf die mathematische Behandlung der Abwicklungsdaten durch den Übergang zu relativen Anfalljahren und relativen Abwicklungsjahren üblicherweise wie folgt transformiert wird:

Anfall-jahr	Abwicklungsjahr					
	1995	1996	1997	1998	1999	2000
0	1001	854	568	565	347	148
1	1113	990	671	648	422	
2	1265	1168	800	744		
3	1490	1383	1007			
4	1725	1536				
5	1889					

Allgemein wird eine Familie von *zufälligen Zuwächsen* $\{Z_{i,k}\}_{i,k \in \{0,1,\ldots,n\}}$ betrachtet, die für $i + k \leq n$ beobachtbar und für $i + k \geq n + 1$ nicht beobachtbar sind:

Anfall-Jahr	Abwicklungsjahr							
	0	1	...	k	...	$n-i$	...	$n-1$	n
0	$Z_{0,0}$	$Z_{0,1}$	...	$Z_{0,k}$	...	$Z_{0,n-i}$	...	$Z_{0,n-1}$	$Z_{0,n}$
1	$Z_{1,0}$	$Z_{1,1}$	...	$Z_{1,k}$	...	$Z_{1,n-i}$	...	$Z_{1,n-1}$	
$\vdots$	$\vdots$	$\vdots$		$\vdots$		$\vdots$			
i	$Z_{i,0}$	$Z_{i,1}$	...	$Z_{i,k}$	...	$Z_{i,n-i}$			
$\vdots$	$\vdots$	$\vdots$		$\vdots$					
$n-k$	$Z_{n-k,0}$	$Z_{n-k,1}$	...	$Z_{n-k,k}$					
$\vdots$	$\vdots$	$\vdots$							
$n-1$	$Z_{n-1,0}$	$Z_{n-1,1}$							
n	$Z_{n,0}$								

Durch Summation ergeben sich die *zufälligen Schadenstände*

$$S_{i,k} := \sum_{l=0}^{k} Z_{i,l}$$

Dabei werden die Schadenstände $S_{i,n-i}$ als *aktuelle Schadenstände* und die Schadenstände $S_{i,n}$ als *Endschadenstände* bezeichnet. Der Parameter n wird als *Abwicklungsdauer* bezeichnet.

3. Abwicklungsmuster

Den meisten Verfahren der Schadenreservierung liegt die Annahme zugrunde, dass unter Vernachlässigung zufälliger Effekte
- alle Zeilen des Abwicklungsquadrats zueinander proportional sind und
- alle Spalten des Abwicklungsquadrats zueinander proportional sind.

Diese Annahme lässt sich in Form eines multiplikativen Modells für die erwarteten Zuwächse präzisieren: Es gibt Parameter $\alpha_0, \alpha_1, \ldots, \alpha_n$ und $\vartheta_0, \vartheta_1, \ldots, \vartheta_n$ mit $\sum_{k=0}^{n} \vartheta_k = 1$ derart, dass für alle $i, k \in \{0, 1, \ldots, n\}$

$$E[Z_{i,k}] = \alpha_i \, \vartheta_k$$

gilt. In diesem Fall wird die Gesamtheit der Parameter $\vartheta_0, \vartheta_1, \ldots, \vartheta_n$ als Abwicklungsmuster für Anteile bezeichnet, denn aus der letzten Gleichung ergibt sich durch Summation $E[S_{i,n}] = \alpha_i$ und damit

$$E[Z_{i,k}] = \vartheta_k \, E[S_{i,n}]$$

Die Existenz eines Abwicklungsmusters für Anteile ist äquivalent mit der Existenz eines Abwicklungsmusters für Quoten $\gamma_0, \gamma_1, \ldots, \gamma_n$ mit

$$E[S_{i,k}] = \gamma_k \, E[S_{i,n}]$$

für alle $i, k \in \{0, 1, \ldots, n\}$ und (damit für $\gamma_n = 1$), und sie ist auch äquivalent mit der Existenz eines Abwicklungsmusters für Faktoren $\varphi_1, \ldots, \varphi_n$ mit

$$E[S_{i,k}] = \varphi_k \, E[S_{i,k-1}]$$

Einfache Umformungen zeigen, dass sich jedes dieser drei Abwicklungsmuster in jedes der beiden anderen Abwicklungsmuster konvertieren lässt.

4. Reservierungsverfahren

Die Verfahren der Schadenreservierung sind vielfältig. Sie unterscheiden sich in der Art der Prognose der zukünftigen Schadenstände $S_{i,k}$ mit $i + k \geq n + 1$ durch Prädiktoren $\widehat{S}_{i,k}$. Auf der Grundlage dieser Prädiktoren ergeben sich bspw. mit $R_i := \widehat{S}_{i,n} - S_{i,n-i}$ die Anfalljahresreserven und mit $R := \sum_{j=1}^{n} R_j$ die Gesamtreserve, und in ähnlicher Weise lassen sich andere Reserven wie die Kalenderjahrreserven bestimmen. Die folgenden vier Verfahren werden als Basisverfahren bezeichnet:

- *Chain-Ladder-Verfahren:*

$$\widehat{S}_{i,k}^{\mathrm{CL}} := S_{i,n-i} \prod_{l=n-i+1}^{k} \widehat{\varphi}_l^{\mathrm{CL}}$$

mit den Chain-Ladder-Faktoren

$$\widehat{\varphi}_k^{\mathrm{CL}} := \frac{\sum_{j=0}^{n-k} S_{j,k}}{\sum_{j=0}^{n-k} S_{j,k-1}}$$

als Schätzer für das Abwicklungsmuster für Faktoren.

- *Loss-Development-Verfahren:*

$$\widehat{S}_{i,k}^{\mathrm{LD}} := \widehat{\gamma}_k \, \frac{S_{i,n-i}}{\widehat{\gamma}_{n-i}}$$

wobei $\widehat{\gamma}_0, \widehat{\gamma}_1, \ldots, \widehat{\gamma}_n$ (mit $\widehat{\gamma}_n = 1$) Schätzer für das Abwicklungsmuster für Quoten sind. Mit $\widehat{\gamma}_k := 1/\prod_{l=k+1}^{n} \widehat{\varphi}_l^{\mathrm{CL}}$ ergibt sich als Spezialfall das Chain-Ladder-Verfahren.

- *Cape-Cod-Verfahren:*

$$\widehat{S}_{i,k}^{\mathrm{CC}} := S_{i,n-i} + \left(\widehat{\gamma}_k - \widehat{\gamma}_{n-i}\right) \pi_i \, \widehat{\kappa}^{\mathrm{CC}}$$

wobei $\widehat{\gamma}_0, \widehat{\gamma}_1, \ldots, \widehat{\gamma}_n$ (mit $\widehat{\gamma}_n = 1$)
Schätzer für das Abwicklungsmuster für Quoten sind, π_i ein Volumenmaß für das Anfalljahr i ist und

$$\widehat{\kappa}^{\text{CC}} := \frac{\sum_{j=0}^n S_{j,n-j}}{\sum_{j=0}^n \pi_j \widehat{\gamma}_{n-j}}$$

als Cape-Cod-Schadenquote bezeichnet wird.

- *Additives Verfahren (Verfahren der anfalljahrunabhängigen Schadenquotenzuwächse):*

$$\widehat{S}_{i,k}^{\text{AD}} := S_{i,n-i} + \pi_i \sum_{l=n-i+1}^{k} \frac{\sum_{j=0}^{n-j} Z_{j,l}}{\sum_{j=0}^{n-j} \pi_j}$$

wobei π_i ein Volumenmaß für das Anfalljahr i ist. Das additive Verfahren lässt sich, unter Verwendung von speziellen und von den Volumenmaßen abhängigen Schätzern $\widehat{\gamma}_0, \widehat{\gamma}_1, \ldots, \widehat{\gamma}_n$ für das Abwicklungsmuster für Quoten, als Spezialfall des Cape-Cod-Verfahrens darstellen.

Diese vier Verfahren, und viele weitere, lassen sich einheitlich in der Form des *Bornhuetter-Ferguson-Prinzips*

$$\widehat{S}_{i,k}^{\text{BF}} := S_{i,n-i} + \left(\widehat{\gamma}_k - \widehat{\gamma}_{n-i}\right) \widehat{\alpha}_i$$

darstellen, wobei $\widehat{\gamma}_0, \widehat{\gamma}_1, \ldots, \widehat{\gamma}_n$ (mit $\widehat{\gamma}_n = 1$) Schätzer für das Abwicklungsmuster für Quoten und $\widehat{\alpha}_0, \widehat{\alpha}_1, \ldots, \widehat{\alpha}_n$ (a-priori) Schätzer für die erwarteten Endschadenstände $E[S_{i,n}]$ sind. Diese Schätzer können

- unter ausschließlicher Verwendung der Abwicklungsdaten oder
- unter Einbeziehung von Volumenmaßen oder
- aus ähnlichen Beständen (mit stabileren Abwicklungsdaten) oder Marktstatistiken

gewonnen werden und liefern je nach Art der verwendeten Information unterschiedliche Prädiktoren für die zukünftigen Schadenstände und damit auch unterschiedliche Reserven.

5. Heuristische und stochastische Modelle

Die üblichen Verfahren der Schadenreservierung sind in erster Linie heuristischer Natur. Stochastische Modelle können jedoch zu einem tieferen Verständnis der Verfahren beitragen und sie unter bestimmten Verteilungsannahmen und statistischen Optimalitätskriterien begründen. Darüber hinaus bilden stochastische Modelle eine unverzichtbare Grundlage für die Schätzung des Prognosefehlers. Stochastische Modelle wurden bisher v.a. für das Chain-Ladder-Verfahren und das additive Verfahren untersucht.

6. Einflussgrößen und Merkmale

(1) Ausreißer

Ungewöhnlich hohe Schäden verursachen ungewöhnlich hohe aktuelle Schadenstände $S_{i,n-i}$, die beim Loss-Development-Verfahren und insbesondere beim Chain-Ladder-Verfahren zu ungewöhnlich hohen Prognosen für die zukünftigen Schadenstände führen. Derartige Ausreißereffekte können durch Anwendung des Cape-Cod-Verfahrens und insbesondere des additiven Verfahrens gedämpft werden. Eine andere Möglichkeit besteht darin, Ausreißer aus dem Abwicklungsdreieck zu entfernen und separat zu behandeln.

(2) Nachlauf

Die in den Abwicklungsdreiecken verwendete Abwicklungsdauer n ist eine abstrakte Größe, die sich aus der Verfügbarkeit und Qualität der Abwicklungsdaten ergibt. In der aktuariellen Praxis ist davon auszugehen, dass es Schäden gibt, die nach Ablauf des Abwicklungsjahres n noch nichtvollständig reguliert sind. Die Abwicklung über das Abwicklungsjahr n hinaus wird als *Nachlauf* bezeichnet. Obwohl der Nachlauf für ein hinreichend großes n nur wenige Prozent des Gesamtschadens ausmacht, darf er aufgrund der Größenordnung des Gesamtschadens nicht vernachlässigt werden. Zur Modellierung des Nachlaufs bietet sich eine Extrapolation des geschätzten Abwicklungsmusters für Anteile an.

(3) Inflation

In der Schadenreservierung wird zwischen monetärer und nicht-monetärer Inflation unterschieden. Dabei stellt die monetäre Inflation das kleinere Problem dar, da sie i.Allg. bekannt ist und die Abwicklungsdaten vor der Anwendung eines Prognoseverfahrens deflationiert werden können. Das größere Problem stellt die nicht-monetäre Inflation dar, die durch gewollte oder aufgrund einer veränderten Rechtslage erforderliche Änderungen in der Abwicklungspraxis entsteht und nur schwer zu messen ist. Eine Bereinigung der Abwicklungsdaten um die nicht monetäre Inflation erfordert eine sorgfältige Analyse der Abwicklungsdaten und kann zu einem gewissen Grad durch aktuarielle Verfahren wie das Separationsverfahren erreicht werden. Eine Inflationsbereinigung muss in jedem Fall auf der Grundlage des Abwicklungsdreiecks für Zuwächse erfolgen.

(4) Segmentierung

In der Schadenreservierung besteht das grundsätzliche Problem der Abgrenzung der Teilbestände, für die Schadenreserven bestimmt werden sollen. Das Problem der Segmentierung unterliegt einem Zielkonflikt, da die Teilbestände einerseits möglichst homogen und andererseits im Hinblick auf statistische Stabilität möglichst groß sein sollten.

(5) Korrelation

Für einen Bestand, der aus mehreren Teilbeständen besteht, können Reserven entweder auf der Grundlage der Abwicklungsdaten des gesamten Bestands oder als Summe der entsprechenden Reserven der Teilbestände bestimmt werden. Die Bestimmung von Reserven auf der Grundlage der aggregierten Abwicklungsdaten der Teilbestände hat den Nachteil, dass unterschiedliche Abwicklungsmuster der Teilbestände verwischt und Korrelationen zwischen den Teilbeständen vernachlässigt werden. Zur Berücksichtigung der Korrelation zwischen den Teilbeständen wurden multivariate Erweiterungen des Chain-Ladder-Verfahrens und des additiven Verfahrens entwickelt. Unter einem natürlichen statistischen Optimalitätskriterium führen diese Verfahren auf optimale Prädiktoren für die Teilbestände und für den gesamten Bestand, die in dem Sinne konsistent sind, dass die Prädiktoren für den gesamten Bestand mit der Summe der entsprechenden Prädiktoren für die Teilbestände übereinstimmen. Die Implementierung dieser multivariaten Verfahren ist mit Schwierigkeiten verbunden. Erste empirische Untersuchungen deuten jedoch daraufhin, dass sich ähnliche Ergebnisse einstellen, wenn jeder Teilbestand auf der Grundlage seiner eigenen Abwicklungsdaten bearbeitet wird und Reserven für den gesamten Bestand durch Summation über die entsprechenden Reserven für die Teilbestände bestimmt werden.

Schadenrückstellungen. → Rückstellung für noch nicht abgewickelte Versicherungsfälle.

Schadenrückversicherung. *1. Begriff*: Zusammenfassung aller → Rückversicherungsdeckungen, bei denen im Versicherungsfall nicht eine fest vereinbarte Versicherungssumme (wie z.B. in der Lebens- und Unfallversicherung) bezahlt, sondern lediglich der entstandene Schaden ersetzt wird. – 2. *Merkmal:* Dieses Prinzip hat in allen Zweigen der Sach- und Haftpflichtversicherung Gültigkeit.

Schadensatz. Summe aus den bezahlten Versicherungsleistungen, der Veränderung der Schadenrückstellung, der Veränderung der Deckungsrückstellung und der Veränderung der übrigen versicherungstechnischen Rückstellungen im Verhältnis zu den verdienten Nettoprämien.

Schadenschlüssel, *Schadenursachenschlüssel.* Zu statistischen Zwecken und für die Tarifierung werden Schäden in den jeweiligen Schadensparten Kategorien zugeordnet und im Schadensystem eines Versicherungsunternehmens mit einem Ziffernschlüssel erfasst. Hierdurch entsteht Transparenz über die Häufigkeit bestimmter Schadenursachen und über den Schadenbedarf für bestimmte Schadenarten. Die Informationen dienen einer risikogerechten Tarifierung und können einem Versicherer gleichzeitig Anlass geben, sich intensiver und zielgenauer mit den Gründen für ggf. bestehende Auffälligkeiten zu befassen und auf Schadenprävention durch den Versicherungsnehmer hinzuwirken.

Schadenschnelldienst. Einrichtungen von Versicherungsunternehmen, in denen kleinere versicherte Kfz-Schäden einer Kurzbegutachtung unterzogen und meist sofort reguliert werden. Meistens handelt es sich um eine Art Drive-in, der mit Kfz-Sachverständigen und Schadensachbearbeitern besetzt ist.

Schadenselbstbeteiligung. Klausel in Versicherungsverträgen, nach der im Schadenfall der Versicherungsnehmer (Erstversicherungsvertrag) bzw. der → Erstversicherer (Rückversicherungsvertrag) einen festen oder prozentualen Teil eines Schadens selbst trägt.

Schadensteuerung. *1. Begriff:* Aktivitäten eines Versicherers, mit denen er versucht, Einfluss auf die Behebung des Schadens zu nehmen. – *2. Merkmale:* Ziel der S. ist, die Ausweitung des Schadens zu verhindern und die Schadenbeseitigung dadurch kostengünstiger zu gestalten, dass Dienstleister die Reparatur/ Instandsetzung durchführen, mit denen das Versicherungsunternehmen Großkundenkonditionen vereinbart hat. – *3. Beispiele:* a) Im Bereich der Kfz-Schadenregulierung stehen die Vermittlung des Reparaturauftrags an eine Partnerwerkstatt des Versicherers, eines Ersatzfahrzeugs für die Reparatur- oder Wiederbeschaffungsdauer, einer Schadenbegutachtung durch einen Sachverständigen des Versicherers oder eines von ihm beauftragen Sachverständigen (und damit die Einflussnahme auf die Restwertermittlung via → Restwertbörsen, die Reparaturmethode oder die Frage Erneuern/ Instandsetzen) im Vordergrund. – b) Im Bereich der Sachversicherung geht es v.a. bei gewerblichen Schäden um die Vermittlung von Spezialunternehmen und die Koordination der Wiederherstellung der Produktionsfähigkeit des versicherten Betriebs. Bei privaten Sachschäden werden Bautrocknungs-/ Sanierungsunternehmen bei Leitungswasserschäden ebenso vermittelt wie z.B. Verglaser bei Gebäude-Glasbruchschäden. – c) In der Sparte Rechtsschutz unterhalten einige Versicherer Vertrauensanwaltsnetze, in die sie ihre ratsuchenden Versicherungsnehmer steuern, um insbesondere wenig aussichtsreiche Gerichtsverfahren zu vermeiden oder dem Versicherungsnehmer einen auf das betreffende Rechtsgebiet spezialisierten Anwalt zur effektiven Erledigung des Rechtschutzfalls zu benennen.

Schadentracking. *1. Begriff:* Jederzeit abrufbare Information zum Stand der Schadenbearbeitung eines konkreten Schadenfalls bei einem Versicherungsunternehmen. – *2. Merkmale:* Mit Hilfe des S. sollen der Schadenregulierungsprozess transparent und der jeweilige Bearbeitungsstand für Geschädigte, Versicherungsnehmer, Sachbearbeiter und ggf. auch den betreuenden Außendienstmitarbeiter abrufbar gemacht werden. Obwohl eine solche Transparenz von den Versicherungskunden in Befragungen häufig als wünschenswert bezeichnet wurde, ist in Deutschland ein derartiges S., bspw. in einem geschützten Bereich der Homepage eines Versicherers, bislang nicht realisiert worden. Grund hierfür ist zum einen die überwiegend fehlende Internetfähigkeit der Schadenbearbeitungssysteme der Versicherungsunternehmen, zum anderen das Fehlen entsprechender Informationen zum Schadenregulierungsprozess in den Schadenbearbeitungssystemen.

Schadentrigger. *1. Begriff:* Definiertes Schadenereignis (Art und ggf. Höhe des Schadens), das als Auslöser für die Leistungspflicht des Rückversicherers bzw. eines sonstigen Schutzgebers gilt (sog. Deckungsauslöser). – *2. Anwendungsbereiche:* S. finden sowohl in der traditionellen → Rückversicherung als auch in Konzepten der → Finanzrückversicherung bzw. des → Alternativen Risikotransfers Anwendung. Siehe auch → Cat Bonds. – *3. Arten*: Unterschieden werden → Indemnity Trigger und → Non Indemnity Trigger. Während der Indemnity Trigger auf den tatsächlichen Verlusten des Schutzberechtigten (in der Rückversicherung: des → Zedenten) basiert und die gesamte Schadenhöhe nachgewiesen werden muss, hängt bei Non Indemnity Triggern die Deckung ausschließlich davon ab, ob ein definiertes Ereignis eingetreten ist oder nicht – unabhängig davon, ob der Schutzberechtigte tatsächlich Verluste zu verzeichnen hatte oder nicht. Die Ausprägungen des Non Indemnity Trigger sind → parametrischer Trigger, → Marktschaden Trigger und → Modelled Loss Trigger.

Schaden-/ Unfallversicherung, *Kompositversicherung.* – *1. Begriff:* → Versicherungssparte, die von der → Lebensversicherung und der → privaten Krankenversicherung abzugrenzen ist (→ Spartentrennung) und alle übrigen → Versicherungszweige umfasst, die gemeinsam in einer Rechtseinheit betrieben werden dürfen, z.B. → Betriebsunterbrechungsversicherung, → Feuerversicherung, → Haftpflichtversicherung, → Kfz-Versicherung, → Kreditversicherung, → Luftfahrtversicherung, → private Unfallversicherung, → Rechtsschutzversicherung, → Sturmversicherung, → technische Versicherungen (→ Bauleistungsversicherung, → Bauleistungs-Betriebsunterbrechungsversicherung, → Elektronikversicherung, → Elektronik-Betriebsunterbrechungsversicherung, → Maschnenversicherung, → Maschinen-Betriebsunterbrechungsversicherung, → Maschinengarantieversicherung, → Montageversicherung), → Tierversicherung, → Transportversicherung, → verbundene Hausratversicherung, → verbundene Wohngebäudeversicherung. – *2. Entwicklungen:* Im Einklang mit den Entwicklungen innerhalb der EU sind in Deutschland nur noch die Lebensversicherung und die private Krankenversicherung getrennt von anderen Versicherungszweigen und damit neben der S. in eigenständigen Unternehmen zu betreiben (§ 8 Ia VAG). Die Spartentrennung führt zur Bildung von → Versicherungskonzernen, um alle Versicherungsgeschäfte „aus einer Hand" anbieten zu können, wobei die rechtlich selbstständigen Unternehmen der jeweiligen Sparte häufig einer → Holdinggesellschaft untergeordnet sind. Die Spartentrennung galt bis 1990 auch für die Kreditversicherung (Delkredereversicherung, → Kautionsversicherung, → Vertrauensschadenversicherung) sowie für die Rechtsschutzversicherung, die inzwischen beide innerhalb der S. mit betrieben werden dürfen. In der Rechtsschutzversicherung muss die Leistungsbearbeitung dann jedoch von einem eigenständigen Unternehmen durchgeführt werden, dem sog. Schadenabwicklungsunternehmen (§ 8a I VAG).

Schadenverhütung. *1. Begriff:* Gesamtheit aller Maßnahmen und Regelungen, die einen Schadeneintritt verhindern oder die Folgen mindern sollen. – *2. Hintergründe:* Maßnahmen zur S. seitens des Versicherungsnehmers sind vielfach als → Obliegenheiten in den →Versicherungsverträgen verankert, um das → versicherungstechnische Risiko und die → Risikokosten für das Versicherungsunternehmen einzudämmen. Auch Vereinbarungen von → Franchisen tragen zum Interesse des Versicherungsnehmers an einer S. bei. Umgekehrt sind Maßnahmen zur S. seitens des Versicherungsunternehmens oder von Verbandsseite ein wesentlicher Aspekt der → Kundenorientierung und des Services. – *3. Beispiel:* Beim Gesamtverband der Deutschen Versicherungswirtschaft e.V. (GDV) wurde die S. durch die VdS Schadenverhütung GmbH institutionalisiert. Die VdS Schadenverhütung GmbH gibt im Rahmen verschiedener Merkblätter Hinweise, wie einem Schaden wirksam vorgebeugt werden kann. Im Merkblatt zur Schadenverhütung in Wohngebäuden werden bspw. Hinweise gegeben, wie die Sicherheit u.a. durch Brandschutz, Schutz vor Leitungswasser- und Sturmschäden wirksam verbessert oder aufrecht erhalten werden kann.

Schadenversicherung. Sammelbezeichnung für alle → Versicherungszweige, die den durch einen konkreten Schaden entstandenen Mittelbedarf decken. Beispiele: → Sachversicherungen, wie etwa die → Feuerversicherung, die → verbundene Hausratversicherung, die → verbundene Wohngebäudeversicherung, die → Kfz-Kaskoversicherung und die → Transportversicherung, sowie die → Haftpflichtversicherung. Es gilt das Prinzip der konkreten Bedarfsdeckung; der Versicherungsnehmer darf durch die Ersatzleistung nicht bereichert werden (→ Bereicherungsverbot). Die Versicherungsleistung wird durch die → Versicherungssumme, den → Versicherungswert und die Schadenhöhe dreifach begrenzt. – Gegensatz: → Summenversicherung.

Schadenverteilung. Sammelbezeichnung für die in der versicherungsmathematischen → Risikotheorie entwickelten Modelle zur Erfassung der Zufallsgesetzmäßigkeit von Schäden (→ Schadenzahl, → Schadenhöhe, → Gesamtschaden).

Schadenzahl, *Schadenanzahl.* Erfasst die Anzahl der Schäden eines Versicherungsnehmers oder eines Kollektivs von Versicherungsnehmern in einer fixierten Periode, etwa einem Geschäftsjahr. Zum Zeitpunkt der → Risikokalkulation ist die künftige S. unbekannt, ihre genaue Höhe ist zufallsabhängig. Daher muss von der Zufallsgesetzmäßigkeit der S., der → Schadenzahlverteilung, ausgegangen werden.

Schadenzahlverteilung. *1. Begriff:* Zufallsgesetzmäßigkeit der → Schadenzahl. – *2. Arten:* Grundlegende S. sind die Binomial-, die Poisson- und die Negative Binomialverteilung. Im Rahmen sowohl der → individuellen Risikotheorie als auch der → kollektiven Risikotheorie wird typischerweise mit einer dynamisierten Variante der Schadenzahl gearbeitet, dem Schadenzahlprozess. Hierbei wird die der Erfassung der Schadenzahl zugrundeliegende Zeitperiode ihrer Länge nach nicht fixiert, sondern die Länge der Zeitperiode wird als variabel angesehen. Grundlegende Schadenzahlprozesse sind der Poissonprozess und der gemischte Poissonprozess. Alternative Möglichkeiten der Generierung eines Schadenzahlprozesses basieren auf der Betrachtung der Schadenzwischenzeiten sowie der Betrachtung der Schadeneintrittszeiten. Der Schadenzahlprozess stellt neben dem Schadenhöhenprozess (→ Schadenhöhenverteilung) eine der beiden Komponenten des Gesamtschadenprozesses dar.

Scheinselbstständigkeit. *1. Begriff:* Verdecktes Arbeitsverhältnis. Ein → Versicherungsvermittler, der im Vertrag formell als selbstständiger Vertreter, Vermittler oder Gewerbetreibender bezeichnet wird, kann tatsächlich in einem Arbeitsverhältnis stehen, wenn er durch die Regelungen im → Vertretervertrag und/ oder durch die tatsächliche Handhabung der Vertragsbeziehung in seiner unternehmerischen Freiheit bzgl. der Gestaltung der Tätigkeit und Bestimmung der Arbeitszeit zu stark eingeschränkt wird. Die Abgrenzung zwischen dem Selbstständigenstatus und dem Arbeitnehmerstatus ist von besonderer Bedeutung, weil nur für Arbeitnehmer die besonderen Schutzvorschriften des Arbeitsrechts eingreifen und nur bei abhängiger Beschäftigung eine umfassende Sozialversicherungspflicht des Vermittlers unter Kostenbeteiligung des Arbeitgebers in der Renten-, Kranken-, Pflege- und Arbeitslosenversicherung besteht. – *2. Rechtsprechung:* Ausgehend von den die selbstständige Vertretertätigkeit nach § 84 I HGB kennzeichnenden Merkmalen der im Wesentlichen freien Gestaltung von Tätigkeit und Arbeitszeit hat die Rechtsprechung folgende Unterkriterien zur Abgrenzung herangezogen: Vorgaben des Unternehmens zu Beginn und Ende der Arbeitszeit, Vorgaben von abzuarbeitenden Tourenplänen bzw. Adresslisten, Weisungen zur Größe des Geschäftsbetriebs, ein vertragliches Verbot der Beschäftigung von Untervertretern, Einschränkungen des Umfangs der Vermittlungstätigkeit bzgl. Kundenkreis und Sparten bzw. Zweige sowie Kontrollen durch Auferlegung umfangreicher Berichtspflichten in kurzen zeitlichen Intervallen. – *3. Rechtsfolgen:* Überwiegen bei einer Gesamtbetrachtung der Vertragsbeziehung unter Abwägung aller Umstände die vorgenannten Einschränkungen im Verhältnis zu den dem Vermittler verbleibenden Freiheiten, so spricht dies für ein – verdecktes – Arbeitsverhältnis. Bei Aufdeckung einer S. drohen dem Versicherer als Arbeitgeber u.a. Gehaltsnachforderungen durch den Vermittler und sozialversicherungsrechtliche Konsequenzen.

Schicksalsteilung, *Follow the Fortunes Clause.* – *1. Begriff:* Grundlegendes Prinzip in der → Rückversicherung. Klausel in Rückversicherungsverträgen, nach der der → Rückversicherer das versicherungstechnische

Schicksal des → Zedenten, nicht jedoch das kaufmännische Schicksal teilt. Die S. betrifft daher v.a. Risiken, Haftung und Schäden aus dem rückversicherten Versicherungsverhältnis. – *2. Merkmale:* Die S. greift in den Fällen ein, in denen sich das originale Risiko ändert, ohne dass der → Erstversicherer sich dagegen wenden kann. Sie ordnet eine enge Bindung des Rückversicherers an die Geschäftsvorfälle des Erstversicherers an, auf die dieser keinen Einfluss hat, z.B. Gesetzesänderungen oder den Eintritt von Schadenereignissen. Die S. findet allerdings keine Anwendung, wenn der Zedent nicht nach Treu und Glauben handelt. – *3. Abgrenzung:* Das Prinzip steht im Spannungsverhältnis zur → Claims Cooperation Clause. Siehe auch → Folgepflicht.

Schiedsgutachten. Instrument in der → Rechtsschutzversicherung zur Klärung der Eintrittspflicht des Versicherers bei negativer Beurteilung der Erfolgsaussichten (siehe auch → Prüfung der Erfolgsaussichten) oder der Notwendigkeit der beabsichtigten Interessenwahrnehmung durch den Rechtsschutzversicherer. Anders als beim → Stichentscheid wird das Gutachten durch einen von der Rechtsanwaltskammer benannten Anwalt erstellt. Die Kosten des S. trägt die Partei, deren Auffassung durch das Gutachten widerlegt wurde.

Schiedsklausel, *Schiedsvertrag, Schiedsvereinbarung.* Durch eine S. schließen die Parteien die staatliche Gerichtsbarkeit für Rechtsstreitigkeiten aus einem Vertrag aus und einigen sich auf eine Entscheidung durch ein Schiedsgericht.

Schiedsverfahren. *1. Begriff:* Verfahren in der Versicherungswirtschaft zur Klärung von Meinungsverschiedenheiten zwischen Versicherer und Versicherungsnehmer. – *2. Merkmale:* Voraussetzung eines S. ist die vertragliche Vereinbarung zwischen den Parteien, wonach die Entscheidung über eine Streitigkeit im S. zu klären ist. Im Bereich der → Rechtsschutzversicherung handelt es sich dabei um ein Schiedsgutachterverfahren. Dabei hat der Versicherungsnehmer die Möglichkeit, die Frage der Eintrittspflicht bzw. die Notwendigkeit der Interessenwahrnehmung durch ein → Schiedsgutachten klären zu lassen.

Schlichtungsstelle. → Ombudsmann, → Ombudsmann der PKV.

Schlossänderungskosten. Kosten für den Austausch von Schlössern oder gleichwertigen mechanischen Verschlusssystemen bei Abhandenkommen von Schlüsseln nach einem Versicherungsfall. Im Rahmen der → Schadenabwendungskosten mit gedeckt.

Schlüsselqualifikationen, *Basisqualifikationen.* Der Begriff hat zwei Bedeutungsvarianten: I. I.Allg. werden unter S. erlernbare Strategien, Fähigkeiten und Einstellungen verstanden, die über den rein fachlichen oder berufsspezifischen Aspekt hinaus bei der Problemlösung und beim Kompetenzaufbau von übergreifender Bedeutung sind. Dabei werden meist folgende Kompetenzfelder als S. genannt: → Handlungskompetenz, → Methodenkompetenz, → Sozialkompetenz, → Persönlichkeitskompetenz. – II. In der Praxis werden S. oft auf eine bestimmte Stelle bezogen. Dann sind damit alle Kenntnisse, Fähigkeiten, Fertigkeiten und Einstellungen gemeint, die dazu geeignet sind, die Anforderungen der Stelle erfolgreich zu meistern.

Schlussüberschussanteil. Teil der → Überschussbeteiligung der Versicherungsnehmer in der → Lebensversicherung, der nur bei Beendigung eines Lebensversicherungsvertrags (d.h. bei Ablauf, Tod, evtl. Kündigung) fällig wird. Abzugrenzen vom → laufenden Überschussanteil. Der S. wird meist als Produkt aus der → Vertragslaufzeit und einem Promillesatz der → Versicherungssumme bemessen. Da die Versicherungsnehmer zwingend an den → Bewertungsreserven innerhalb der → Kapitalanlagen des Versicherungsunternehmens zu beteiligen sind, werden diese bei Beendigung des Vertrags in Höhe des entsprechenden Anteils zusätzlich zu dem mechanisch ermittelten S. als weitere Komponente ausgezahlt.

Schmerzensgeld. *1. Begriff:* Ausgleich eines immateriellen nicht vermögensrechtlichen Schadens in Geld, der durch die Verletzung des Körpers, der Gesundheit, der Freiheit oder der sexuellen Selbstbestimmung entstanden ist. – *2. Merkmale:* Die Höhe des S. wird z.B. nach Art und Dauer der Verletzung, nach Grad der Invalidität oder nach einer Vielzahl anderer je nach Art der Schädigung unterschiedlicher Bewertungskriterien bestimmt. Bei der Bemessung des S. kann auf sog. Schmerzensgeldtabellen zurückgegriffen werden. Das S. hat eine doppelte Funktion: Die Ausgleichsfunktion und die Genugtuungsfunktion. Beide sind auch bei der Höhe des S. zu berücksichtigen. Regelmäßig besteht nur ein Anspruch auf einen Kapitalbetrag. Nur bei sehr schweren Dauerschäden ergibt sich ein Rentenanspruch.

Schmerzensgeldanspruch. *1. Begriff:* Anspruch auf billige Entschädigung in Geld für erlittene immaterielle Schäden (z.B. Schmerzen, psychische und physische Beeinträchtigungen, verminderte Lebensqualität aufgrund von Krankheit). – *2. Merkmale:* Der S. ist in § 253 II BGB geregelt und tritt selbstständig neben den möglicherweise parallel bestehenden Anspruch auf Ersatz des Vermögensschadens. Der S. soll dem Verletzten den ihm entstandenen immateriellen Schaden ausgleichen.

Schnittstelle. Definierter Übergang zwischen Datenübertragungseinrichtungen, Hardware-Komponenten, logischen Softwareeinheiten oder zwischen Menschen und Computern. S. werden den vielfältigsten Anforderungen und → Anwendungen gerecht. In einer → Anwendungsarchitektur werden die verschiedenen Komponenten mit Hilfe definierter S. miteinander verbunden. Durch technische und fachliche Standards der S. ist es möglich, Komponenten unabhängig voneinander zu entwickeln und in einer Anwendung einzusetzen.

Schriftform. *1. Begriff:* Eine auf Papier verkörperte Erklärung (Urkunde) mit eigenhändiger Unterschrift. Die S. kann gesetzlich vorgegeben sein – das gilt allerdings nicht für den Abschluss eines → Versicherungsvertrags – oder vereinbart werden. Bei vereinbarter S. genügt auch eine telekommunikative Übermittlung (Email, Fax); eine eigenhändige Unterschrift ist dabei nicht erforderlich, falls nicht abweichend vereinbart (§ 127 II S. 1 BGB). – *2. Anwendungsbereiche:* a) Die gesetzliche S. ist im neuen → Versicherungsvertragsgesetz (VVG) bis auf Ausnahmen nicht mehr vorgesehen und durch die Textform (z.B. § 8 I S. 2 VVG: Widerruf des Versicherungsnehmers) ersetzt worden. Das gilt auch für den → Versicherungsschein (§ 3 I VVG) und die Folgeprämienmahnung (§ 38 I S. 1 VVG); nach altem Recht genügte allerdings in diesen beiden Fällen die Nachbildung der eigenhändigen Unterschrift (Faksimile). Textform bedeutet nach § 126b BGB die Abgabe der Erklärung in einer Urkunde (Papier) ohne eigenhändige Unterschrift oder die elektronische Übermittlung zur dauerhaften Wiedergabe in Schriftzeichen mit den Möglichkeiten der Speicherung und des Ausdrucks. Dagegen ist bei Texten, die (nur) auf der Homepage des Erklärenden eingestellt sind, ein Download des Empfängers notwendig (diese Auffassung ist jedoch strittig). Für die Geltendmachung der Rechte des Versicherungsunternehmens bei vorvertraglicher Anzeigepflichtverletzung des Versicherungsnehmers – Rücktritt, Kündigung, Vertragsanpassung – ist die S. vorgeschrieben (§ 21 I S. 1 und 3 VVG). Eine eigenhändige Unterschrift ist nach § 150 II S. 1 1. HS VVG bei individuellen Lebensversicherungsverträgen auf das Leben eines Dritten erforderlich: Der → Versicherte muss hier schriftlich einwilligen; dies gilt nach HS. 2 nicht bei Kollektivlebensversicherungen im Bereich der → betrieblichen Altersversorgung (bAV). – b) Die vereinbarte S. ist auch in → Allgemeinen Versicherungsbedingungen (AVB) zulässig, soweit es sich um Erklärungen oder Anzeigen des Versicherungsnehmers handelt. Das folgt aus § 32 S. 2 VVG sowie dem Rückschluss aus § 309 Nr. 13 BGB, wonach derartige Erklärungen bzw. Anzeigen durch Allgemeine Geschäftsbedingungen bzw. durch AVB nicht an eine strengere Form als die S. gebunden werden dürfen. Zuweilen wird jedoch die eigenhändige Unterschrift des Versicherungsnehmers verlangt – z.B. bei der Anzeige der Entwendung des → Kraftfahrzeugs in der → Kfz-Kaskoversicherung (E.3.1 S. 2 AKB 2008) und bei Kündigung seitens des Versicherungsnehmers in der → Kfz-Versicherung (G.5 S. 2 AKB 2008). Die nach § 127 II S. 1 BGB möglichen Erleichterungen bei der vereinbarten S. werden damit ausgeschaltet. – *3. Rechtsfolgen bei Formverstößen:* Formverstöße gegen die gesetzlich vorgeschriebene S. führen zur Nichtigkeit der Erklärung (§ 125 S. 1 BGB); diese Rechtsfolge gilt bei Nichtbeachtung der vereinbarten S. nur bei deren konstitutiver Bedeutung. Die konstitutive Bedeutung fehlt im Versicherungsvertrag, wenn die S. nur dem

Beweis und der Klarstellung dient (Auslegung). Bei Nichtbeachtung von Formvorschriften durch den Versicherungsnehmer besteht nach Treu und Glauben eine Zurückweisungspflicht des Versicherungsunternehmens – anderenfalls darf sich das Versicherungsunternehmen auf den Formverstoß nicht berufen.

Schuld, *liability.* Nach den → IAS/ → IFRS eine gegenwärtige Verpflichtung eines Unternehmens, die aus Ereignissen der Vergangenheit entsteht und deren Erfüllung für das Unternehmen erwartungsgemäß mit einem Abfluss von Ressourcen mit wirtschaftlichem Nutzen verbunden ist (Framework [F.49(b)]).

Schuldscheindarlehen. *1. Begriff:* Kredite, die außerhalb von öffentlichen Märkten und vorwiegend bei Nichtbanken aufgenommen werden. – *2. Marktparteien:* Kreditgeber sind hauptsächlich Versicherungsunternehmen, → Pensionskassen und Stiftungen. Kreditnehmer sind z.B. die Bundesrepublik Deutschland, Bundesländer, Kreditinstitute und Unternehmen mit erstklassiger Bonität. Dabei werden S. in der Privatwirtschaft häufig von kleineren Unternehmen und Kreditinstituten genutzt, die aufgrund ihrer begrenzten Unternehmensgröße nicht in der Lage sind, eine kapitalmarktfähige Emission zu begeben. – *3. Formen und Merkmale:* S. werden auf den Namen des Investors emittiert und sind nicht an der Börse notiert, können aber trotzdem – auch in Teilbeträgen – „gehandelt" bzw. abgetreten werden. Die Preisfeststellung folgt der Zinsstrukturkurve zuzüglich eines Auf- oder Abschlags entsprechend der finanziellen Bonität des Kreditnehmers. Der Schuldschein ist kein Wertpapier (vgl. → festverzinsliche Wertpapiere), sondern lediglich ein beweiserleichterndes Dokument, das die sonst dem Gläubiger obliegende Beweislast auf den Schuldner verlagert. Die Besicherung von S. ergibt sich aus den Vorschriften über die Deckungsstockfähigkeit der → Kapitalanlagen von Versicherungsunternehmen (vgl. → Deckungsstock). – *4. S. in der Versicherungsbilanz:* In der Bilanz von Versicherungsunternehmen erscheinen Kapitalanlagen in S. unter der Position „Schuldscheinforderungen und Darlehen".

Schuldverschreibungen. I.d.R. Anleihen öffentlicher oder privater Schuldner, die als Industrieobligationen, Kommunalobligationen, → Pfandbriefe oder Schatzanweisungen emittiert werden. Basis einer S. ist die Aufnahme eines langfristigen Darlehens über den anonymen Kapitalmarkt. I.e.S. sind S. nur die Schuldurkunden, in denen sich der Emittent der Anleihe seinen Gläubigern gegenüber zu bestimmten Leistungen verpflichtet – das sind i.d.R. die Tilgung des Darlehensbetrags und die Zahlung fester, an bestimmten Terminen fälliger Nominalzinsen. In der Praxis werden die Begriffe Anleihe, Obligation und S. häufig synonym verwendet.

Schülerunfallversicherung. → Kinder- und Schülerunfallversicherung.

Schulmedizin, *Wissenschafts- und evidenzbasierte Medizin.* – *1. Begriff:* Ausdruck für die allgemein anerkannte und an den medizinischen Hochschulen nach wissenschaftlichen Grundsätzen gelehrte Medizin i.S.e. angewandten Naturwissenschaft. In Abgrenzung zur → alternativen Medizin wird die S. heute auch evidenzbasierte Medizin genannt. – *2. Leistungspflicht in der* → *privaten Krankenversicherung (PKV):* In der PKV leistet der Versicherer im vertraglichen Umfang für medizinische Leistungen, die von der S. überwiegend anerkannt sind. Darüber hinaus erstattet sie – sofern tariflich vereinbart – alternative Behandlungsmethoden (alternative Medizin oder alternative → Arzneimittel), wenn sie sich in der Praxis als ebenso Erfolg versprechend bewährt haben wie schulmedizinische Methoden oder wenn keine schulmedizinischen Methoden zur Verfügung stehen (§ 4 MB/KK 2009). – *3. Leistungspflicht in der* → *gesetzlichen Krankenversicherung (GKV):* Die Leistungspflicht der GKV ist auf den Leistungskatalog gem. § 11 SGB V beschränkt. Dabei basieren i.d.R. alle Leistungen auf einer wissenschafts- und evidenzbasierten Medizin (S.), wobei nach § 2 I S. 1 SGB V nicht schulmedizinische Behandlungsmethoden, Arznei- und → Heilmittel der besonderen Therapierichtung als Leistungen der GKV nicht ausgeschlossen sind. Darüber hinaus hat das Bundesverfassungsgericht in Karlsruhe in einem Urteil vom 6.12.2005 (AktZ: 1 BVR 347/98) entschieden, dass die GKV bei

Schwerkranken – sofern die S. keine Therapiemöglichkeit mehr sieht – auch nicht schulmedizinische Heilmethoden außerhalb ihres Leistungskatalogs bezahlen muss, wenn diese eine „nicht ganz entfernt liegende Aussicht" auf Heilung und Besserung bieten.

Schutzbrief. *1. Begriff:* Vertrag über eine Kombination von → Assistance und Versicherungsschutz i.S.d. Übernahme entstehender Kosten; der Begriff ist jedoch nicht eindeutig abgegrenzt. In der klassischen Ausprägung sind S. gem. der vom Gesetzgeber vorgenommenen Einordnung in Sparte 18 der Anlage zum → Versicherungsaufsichtsgesetz (VAG) sog. „Beistandsleistungen zugunsten von Personen, die sich in Schwierigkeiten befinden a) auf Reisen oder während der Abwesenheit von ihrem Wohnsitz oder ständigem Aufenthaltsort, – b) unter anderen Bedingungen, sofern die Risiken nicht unter andere Versicherungssparten fallen." – *2. Ziele:* Die versicherten Personen sollen in einer ihnen nicht vertrauten Situation bzw. Umgebung möglichst ohne eigenen Aufwand schnelle Hilfe erhalten. Diese wird durch die Assistanceleistungen sichergestellt. – *3. Weitere Merkmale:* Entsprechend der Zielsetzung können die Leistungen aufgrund einfach nachprüfbarer Sachverhalte (= Versicherungsfälle) in Anspruch genommen werden. Für diesen Zweck wird immer ein telefonisch erreichbarer Assistanceservice angeboten, der mit der Organisation der Assistanceleistungen betraut ist und auch über die Zusage zur Leistungsübernahme entscheidet. – *4. Probleme:* Seit der Deregulierung des Versicherungsmarkts sind S. selbst mit einem klassischen Leistungsinhalt für Interessenten schwer vergleichbar. Leistungsgrenzen, Ergänzungen durch wenig sinnvolle Elemente der → Freizeitassistance und die unterschiedliche Definition des geschützten Risikos verwirren die Kunden. – *5. Historie und aktuelle Entwicklungen:* Der S. umfasste in früherer Zeit die Beurkundung der Schutzzusage eines Landesherrn für durchreisende Händler oder für die Niederlassung besonderer Gewerbe oder Glaubensgemeinschaften. In der Versicherungswirtschaft ist der S. mit den Leistungen des „Auto-Schutzbriefs" und der darin enthaltenen Zusage, → Fahrzeugassistance zu erbringen und die Reisenden mobil zu halten, bekannt geworden. Nachfolgend wurden Leistungen der → Reiseassistance aufgenommen, um der zunehmenden Reisetätigkeit des Kunden auch unabhängig vom (eigenen) Fahrzeug Rechnung zu tragen. Seit den 1990er Jahren wird der S., beginnend mit der → Kfz-Versicherung, regelmäßig gemeinsam mit anderen Versicherungsprodukten angeboten. Dies stellt zum einen den Service für den Versicherungsnehmer unmittelbar im Schadenfall sicher, zum anderen wird damit dem Versicherer auch die Möglichkeit gegeben, mit Maßnahmen des → Schadenmanagement die Leistungen des Hauptprodukts kostenmindernd und servicefreundlich anzubieten.

Schutzdeckung. Abdeckung von Portefeuillesegmenten eines Versicherungsunternehmens durch → Rückversicherung gegen Großschäden (pro Risiko/ pro Ereignis) hauptsächlich auf nicht-proportionaler Basis. Siehe auch → nicht-proportionaler Rückversicherungsvertrag.

Schutzkosten. Kosten, die entstehen, um ungesichertes Gut nach Teilzerstörung eines → Gebäudes zu sichern. Abzugrenzen von → Bewegungskosten.

Schutztheorie. *1. Begriff:* Theorie zur Begründung einer staatlichen Versicherungsaufsicht, die den Schutz des Versicherungsnehmers in den Mittelpunkt stellt. – *2. Merkmale:* Die S. geht davon aus, dass eine rein marktwirtschaftliche Versicherungswirtschaft zu für den Versicherungsnehmer nachteiligen Ergebnissen führen kann. Die Gründe für die Nachteile einer unregulierten Versicherungswirtschaft liegen in den Besonderheiten des Versicherungsgeschäfts (z.B. Prämienvorauszahlung, Langfristigkeit des Geschäfts). Die S. gilt auch im Hinblick auf die Gläubigerinteressen Dritter, etwa der Geschädigten in der Haftpflichtversicherung. – *3. Probleme:* Die Ambivalenz der Versicherungsnehmerinteressen als Schuldner der Versicherungsprämie einerseits und als Gläubiger der Versicherungsleistung andererseits erschwert die Abstimmung der Aufsichtsmittel zum Schutz der Versicherungsnehmer. Ein weiteres Problem liegt in der Staffelung der Aufsichtsintensität gem. der Schutzbedürftigkeit der einzelnen Kundengruppen.

Schwacke Automietpreisspiegel. *1. Begriff:* Nachschlagewerk und Schätzgrundlage für die Preise bei einer unfallbedingten

Anmietung von Ersatzfahrzeugen. – *2. Merkmale:* Die Kosten für die unfallbedingte Anmietung eines Ersatzfahrzeugs gehören nach deutschem Haftungsrecht grundsätzlich zum Umfang des ersatzpflichtigen Schadens und sind damit insbesondere vom Kfz-Haftpflichtversicherer des Unfallgegners zu ersetzen (→ Kfz-Haftpflichtversicherung). Der S. liefert insoweit v.a. für die Gerichte eine Übersicht über die Preise für die Anmietung eines Ersatzfahrzeugs. Demselben Zweck dient der → Fraunhofer Marktpreisspiegel Mietwagen. Der Unterschied zwischen beiden Nachschlagewerken liegt in der voneinander abweichenden Methodik, mit der die Preise für die Anmietung erhoben werden. Mehrere Oberlandesgerichte haben sich inzwischen kritisch zu der Methodik des früher allein existierenden S. geäußert und dessen Eignung für die Preisfeststellung in Frage gestellt oder verneint.

Schwacke-Liste. *1. Begriff:* Nachschlagewerk und Schätzgrundlage für die Wertermittlung gebrauchter → Kraftfahrzeuge. – *2. Merkmale*: Berücksichtigt werden u.a. Fahrzeugalter, Kilometerleistung, Sonderausstattung. – *3. Ziel:* Eingrenzung des Wiederbeschaffungs- bzw. Zeitwerts als Abrechnungsgrundlage.

Schwankungsreserve. Finanzielle Rücklage der → Träger der gesetzlichen Rentenversicherung, die der Deckung auftretender Defizite dient. Die S. wurde im Rahmen des Rentenversicherungs-Nachhaltigkeitsgesetzes vom Juli 2004 in → Nachhaltigkeitsrücklage umbenannt.

Schwankungsrückstellung. *1. Begriff:* → Versicherungstechnische Rückstellung zur Stabilisierung des Ergebnisses durch Ausgleich der Schwankungen im Schadenverlauf. Posten auf der Passivseite der → Bilanz eines Schaden-/ Unfall- oder Rückversicherungsunternehmens. – *2. Ziele und Merkmale:* Glättung der Gewinn- und Verlustsituation im Zeitablauf und somit Förderung des Risikoausgleichs in der Zeit unter Einbezug einer Sicherheitsfunktion. In guten Jahren werden Mittel in die S. zugeführt und in schlechten Jahren Mittel aus der S. entnommen. Zuführungen und Entnahmen folgen dabei einer festen Rechenformel, die in erster Linie auf den Verlauf der → Schadenquote abstellt. Die S. wird pro → Versicherungszweig gebildet. – *3. Behandlung in der Rechnungslegung:* Die Pflicht zur Bildung von S. ergibt sich aus § 341h HGB. Weitere Konkretisierungen finden sich in § 29 RechVersV und in der Anlage zu § 29 RechVersV. S. dürfen nach § 341h HGB gebildet werden, wenn a) mit erheblichen Schwankungen der jährlichen → Aufwendungen für Versicherungsfälle zu rechnen ist, – b) die Schwankungen nicht durch → Beiträge ausgeglichen werden, – c) die Schwankungen nicht durch → Rückversicherung gedeckt sind. Die Anlage zu § 29 RechVersV nennt die quantitativen Voraussetzungen, unter denen die S. für einen Versicherungszweig gebildet werden darf, und legt das Vorgehen bei der Berechnung fest. – *4. Rechnungslegung nach IAS/ IFRS und US-GAAP:* a) Nach → IAS/ → IFRS erfüllen S. nicht die Anforderungen an Schulden („Liabilities"). In IFRS 4 wird die Möglichkeit der Bildung eines Eigenkapitalpostens zum Ausgleich künftiger Gewinne und Verluste eingeräumt. Im Übrigen widerspricht eine Ergebnisglättung der Vermittlung entscheidungsrelevanter Informationen. Daher sind internationale Abschlüsse im Ausweis des → versicherungstechnischen Ergebnisses deutlich volatiler. – b) Nach → US-GAAP stellt eine S. keine konkrete Außenverpflichtung dar, die Glättung der Ergebnisse verletzt zudem die Informationsfunktion. Daher ist die Bildung einer S. auch nach US-GAAP nicht vorgesehen.

Schweigepflicht. *1. Begriff:* Grundsatz in der → Versicherungsaufsicht. Die für die mit der Versicherungsaufsicht befassten Personen geltenden S. gehen über das hinaus, was üblicherweise im bereits geltenden Verfahrens- und Dienstrecht enthalten ist (vgl. § 61 I S. 2 BBG, § 30 VwfG). Die strenge Pflicht zur Verschwiegenheit der Aufsichtsführenden ist die Kehrseite für die umfassende Informationspflicht der Versicherer gegenüber der → Aufsichtsbehörde. – *2. Gegenstand der S.:* Der S. unterliegen „vertrauliche Informationen", die Schweigepflichtigen bei ihrer „Tätigkeit erhalten" haben (§ 84 I VAG). Diese Informationen, wozu nicht nur Tatsachen, wie z.B. Betriebsgeheimnisse, sondern auch Schlussfolgerungen aus Tatsachen und Werturteile gehören, dürfen grundsätzlich nicht an andere Personen oder Behörden weitergegeben werden. – *3. Ausnahmen:* Die Weitergabe von Informationen in zusammengefasster oder allgemeiner Form, bei der die einzelnen Versicherer nicht zu erkennen sind (also z.b. Statistiken in aggregierter Form), ist erlaubt. Ferner ist eine Informationsweitergabe im Rahmen der Zusammenarbeit der Versicherungsaufsichtbehörden im → Versicherungsbinnenmarkt sowie an Versicherungsaufsichtsbehörden aus Drittländern erlaubt, sofern diese und die von ihnen beauftragten Personen einer entsprechenden S. unterliegen (§ 84 II VAG). Wietere Ausnahmen sind für die Weitergabe von Informationen an Strafverfolgungsbehörden und Gerichte, bestimmte andere Überwachungsbehörden, Zentralbanken, Liquidatoren und Insolvenzverwalter, Abschlussprüfer und Verwalter des → Sicherungsfonds vorgesehen (weitere Einzelheiten vgl. § 84 III und IVa-VI VAG).

Schweigepflichtentbindung. *1. Begriff:* In Deutschland gilt sowohl durch standesrechtliche Normen (Berufsordnungen der Ärzte) als auch durch strafrechtliche Regelungen (§ 203 StGB) eine grundsätzliche ärztliche Schweigepflicht gegenüber allen Personen und Institutionen, auch über den Tod des Patienten hinaus. Es dürfen keine der im Arzt-Patienten-Verhältnis erlangten Informationen an Dritte weitergegeben werden, es sei denn der Patient entbindet den Arzt ausdrücklich von seiner Schweigepflicht (Schweigepflichtentbindung). – *2. S. in der → privaten Krankenversicherung (PKV):* Der Abschluss einer PKV verlangt i.d.R. die partielle Entbindung der behandelnden Ärzte von der Schweigepflicht. Der Versicherungsnehmer (Antragssteller) ermächtigt den Versicherer konkret mit seiner Unterschrift, bei Ärzten, Krankenhäusern und Versicherungsträgern Informationen über seinen Gesundheitszustand und andere risikoerhebliche Umstände einzuholen. Durch die Entbindung des Angefragten von seiner Schweigepflicht soll den Versicherungsunternehmen die Möglichkeit gegeben werden, Angaben des Antragsstellers auf ihre Richtigkeit hin zu überprüfen. Es soll so eine Schädigung des Versichertenkollektivs durch Informationsvorteile des Antragsstellers (nur der Antragssteller weiß über seinen wahren Gesundheitszustand Bescheid) verhindert werden. – *3. Datenschutz:* Die Informationen, die die Versicherer mit der S. erlangen, unterliegen weiterhin und uneingeschränkt den Bestimmungen des Datenschutzes.

Scoring. *1. Begriff:* Die Tarifierung auf Basis eines S. ist – analog zu den herkömmlichen Tarifierungsmethoden – ein systematisches, i.d.R. auf statistischer Analyse von Erfahrungswerten aus der Vergangenheit basierendes Verfahren zur Prognose des zukünftigen Verhaltens von Personengruppen und Einzelpersonen mit bestimmten Merkmalen. – *2. Merkmale:* Die Versicherungsprämie ergibt sich bei herkömmlichen Tarifierungsmethoden durch multiplikative Veränderungen einer Basisprämie; beim S. ergibt sich die Prämie hingegen über zu addierende Punkte für die einzelnen prämienrelevanten Merkmale. Beide Verfahren können jedoch ineinander überführt werden.

Screening. Zur Vermeidung einer Negativauslese (→ Antiselektion) werden bei hohen Versicherungssummen vor Abschluss eines Vertrags routinemäßig bestimmte medizinische Informationen mittels medizinischer Tests (z.B. Blutzucker) oder Untersuchungsmethoden (z.B. Belastungs-EKG) angefordert, um die Wahrscheinlichkeit eines Vorliegens bestimmter häufiger Erkrankungen auszuschließen.

Securitization, *Securitisation, Verbriefung.* Prozess bzw. Verfahren der Verbriefung von Rechten und Verpflichtungen. Bestehende Werte oder zukünftige Zahlungsströme werden in handelbare Wertpapiere umgewandelt. Die S. ermöglicht auch den Transfer und die Handelbarkeit versicherungstechnischer Risiken auf die/ den Finanzmärkte(n) (Risk Securitization). Versicherungsgebundene Wertpapiere (→ Insurance Linked Securities) werden i.d.R. für Risiken aus Naturkatastrophen (→ Cat Bonds), der Sach- und Lebensversicherung eingesetzt. Die Emission erfolgt über eine eigens und nur für die Erfüllung ihrer Aufgaben gegründete Zweckgesellschaft (→ Special Purpose Vehicle); die Platzierung des Bonds erfolgt durch die Bank.

Seekargoversicherung. Versicherung von Gütern während des Transports auf See einschl. der Versicherung der transportbedingten Lagerung sowie weiterer, mit den Gütern verbundener Interessen, wie Transportkosten, imaginärer Gewinn sowie Beiträge zur → Havarie grosse. Näheres siehe unter → Warenversicherung.

Seekaskoversicherung. *1. Begriff:* Versicherung des Schiffs, seines Zubehörs und der Ausrüstung gegen Gefahren der See. Neben der → Warenversicherung die wichtigste Erscheinungsform der → Seeversicherung. – *2. Versicherte Gefahren und Schäden:* Die S. ist i.d.R. eine → Allgefahrenversicherung mit Ausschlüssen von u.a. Schäden durch Krieg (→ Kriegsklausel), Beschlagnahme, Kernenergie (→ Kernenergieklausel), Abnutzung und vom Versicherungsnehmer zu vertretende fehlende → Seetüchtigkeit. Mitversichert sind auch Forderungen aus → Havarie grosse sowie bestimmte Haftpflichtschäden (→ Kollisionshaftpflichtversicherung). – *3. Versicherungswert und Versicherungssumme:* Der → Versicherungswert beruht i.d.R. auf einer Vereinbarung zwischen Versicherer und Versicherungsnehmer (Taxierung); durch eine Doppeltaxenklausel kann für den Fall des Totalverlusts ein davon abweichender Betrag als Versicherungssumme vereinbart werden. – *4. Versicherungsdauer:* Der Versicherungsschutz wird i.d.R. für zwölf Monate gewährt, ausnahmsweise auch für die Dauer einer Reise (z.B. Überführungsfahrt). Bei Verkauf des Schiffs endet der Versicherungsschutz. Beim Wechsel des Ausrüsters haben beide Seiten ein Sonderkündigungsrecht. – *5. Ergänzungen des Versicherungsschutzes:* → Ertragsausfallversicherung, → Nebeninteressenversicherung, → Protection & Indemnity (P&I).

Seekrankenkasse. *1. Begriff:* → Krankenkasse für alle Seeleute und ihre familienversicherten Angehörigen. Sie ist Teil der → gesetzlichen Krankenversicherung (GKV). Sofern Seeleute auf Schiffen fahren, die die deutsche Flagge führen, unterliegen sie der Versicherungspflicht in der Seekrankenkasse. Der Versicherungsschutz besteht auch für Seeleute mit gewöhnlichem Aufenthalt im Inland, wenn sie von einem deutschen Arbeitgeber befristet auf ein Schiff unter ausländischer Flagge entsandt werden (Versicherung kraft Ausstrahlung). – *2. Entwicklungen:* Die S. in Hamburg und die → Knappschaft in Bochum haben sich zum 1.1.2008 bundesweit zu einer Krankenkasse zusammengeschlossen. Mit rund 58.000 Mitgliedern hatte die S. einen Marktanteil von 0,1 %.

Seetüchtigkeit. Zustand eines Seeschiffs, in dem es die gewöhnlichen Gefahren einer Seereise bestehen kann (bei Binnenschiffen: Fahrtüchtigkeit). Dazu gehören nicht nur der Zustand des Schiffskörpers und die Funktionsfähigkeit der maschinellen Einrichtungen, sondern auch die richtige Besatzung, Ausrüstung und Beladung des Schiffs. Schäden aufgrund fehlender S., die bereits bei Beginn der Reise besteht und vom Versicherungsnehmer zu vertreten ist, sind in der → Seekaskoversicherung ausgeschlossen. Abzugrenzen von der → Ladungstüchtigkeit.

Seeversicherung. Versicherung der mit Transporten über See verbundenen Interessen. Dazu gehören insbesondere die → Seekaskoversicherung und die → Warenversicherung (teilweise auch als → Seekargoversicherung bezeichnet; der Begriff ist aber unüblich). Die S. unterliegt nicht dem → Versicherungsvertragsgesetz (§ 209 VVG).

Segmentberichterstattung. *1. Begriff:* Berichterstattung über einzelne Geschäftssegmente im Rahmen der → Rechnungslegung. Bestandteil des → Konzernabschlusses. – *2. Inhalte und Voraussetzungen:* Über ein Segment ist gesondert zu berichten, wenn ein Großteil seiner Erlöse aus Verkäufen an externe Dritte stammt und entweder a) die Segmenterlöse mindestens 10 % der gesamten Erlöse ausmachen, – b) das Segmentergebnis mindestens 10 % der summierten Ergebnisse aller Segmente beträgt, – c) die Vermögenswerte des Segments mindestens 10 % der Vermögenswerte aller Segmente darstellen. In Versicherungsunternehmen sind zumindest über das Lebensversicherungsgeschäft und das Nicht-Lebensversicherungsgeschäft gesondert zu berichten. – *3. Ziele:* Durch die S. soll die Informationsverzerrung, die durch die Aggregation entstanden ist, behoben werden. Daneben soll ein besserer Einblick in die Chancen und Risiken des Konzerns ermöglicht werden. – *4. Gesetzliche Grundlagen:* a) Der Konzernabschluss kann nach § 297 HGB um eine S. erweitert werden. – b) Das → Deutsche Rechnungslegungs Standard Committee e.V. (DRSC) hat die Form und die Inhalte im DRS 3 konkretisiert. – c) Nach IFRS 8 (→ IAS/ → IFRS) ist die S. Teil des → Anhangs. IFRS 8 ist allerdings nur verpflichtend anzuwenden, wenn Eigen- oder Fremdkapitaltitel öffentlich gehandelt werden. IFRS 8 ersetzt den vorherigen Standard IAS 14 mit dem Ziel der Identifizierung von operativen Segmenten, die sich kennzeichnen durch (1) die Generierung von Erträgen und Aufwendungen, (2) die regelmäßige Analyse des Ergebnisses im Rahmen der Performancemessung, (3) die Verfügbarkeit eigenständiger Finanzdaten. Die wesentliche Neuerung durch IFRS 8 ist die Anpassung an den SFAS 131 (→ US-GAAP), v.a. der Ausweis der internen Bewertungsmaßstäbe zur Erfolgsmessung. – *5. Probleme:* Da eine Überleitung der Segmentdaten auf die Daten der Rechnungslegung notwendig ist, können Probleme entstehen, wenn und soweit für die Segmente unterschiedliche Steuerungsgrößen verwendet werden. IFRS 8 sieht die Verwendung desjenigen Wertmaßstabs vor, der die größtmögliche Nähe zur Rechnungslegung aufweist. Ein weiteres Problem kann im Verlust der Stetigkeit im Zeitablauf bestehen, da die interne Steuerung keinen Vorschriften unterworfen ist und insofern auch kein Stetigkeitsgrundsatz gilt (vgl. demgegenüber den Stetigkeitsgrundsatz nach den → Grundsätzen ordnungsmäßiger Buchführung, kurz: GoB).

Selbstbehalt. → Franchise.

Selbstbehaltsquote. *1. Begriff:* Verhältnis der → Beiträge für eigene Rechung (f.e.R.) zu den Brutto-Beiträgen (= Prämienselbstbehalt) bzw. der → Aufwendungen für Versicherungsfälle f.e.R. zu den Bruttoaufwendungen für Versicherungsfälle (= Schadenselbstbehalt). Versicherungstechnische Kennzahl. – *2. Ziele:* Messung des Anteils des Risikos des Erstversicherers, der nicht rückgedeckt ist. Die S. in den einzelnen → Versicherungszweigen sind Indikatoren für die Rückversicherungspolitik, bspw. auch für die Bevorzugung → proportionaler Rückversicherungsverträge oder → nicht-proportionaler Rückversicherungsverträge.

Selbstbeteiligung. → Franchise.

Selbstfinanzierung. *1. Begriff:* Einbehaltung von Gewinnen aus dem Versicherungsgeschäft, dem Kapitalanlagegeschäft und den sonstigen Geschäften von Versicherungsunternehmen für investive Zwecke als Maßnahme der internen → Eigenfinanzierung. – *2. Formen:* Erfolgt die S. offen, so korrespondieren die einbehaltenen liquiden Mittel mit entsprechenden Teilen des ausgewiesenen Bilanzgewinns, auf deren Ausschüttung verzichtet wird, und die statt dessen den Gewinnrücklagen zugeführt werden (interne Eigenfinanzierung, Gewinnthesaurierung) oder im Rahmen der Überschussbeteiligung bei Spar- und Entspargeschäften den Versicherungsnehmern zugewiesen werden (interne → Fremdfinanzierung). S. ist auch verdeckt möglich, indem durch Ausübung von Bilanzierungs- und Bewertungswahlrechten Bewertungsreserven gebildet werden. – *3. Abgrenzung:* Bei Versicherungsaktiengesellschaften konkurriert die S. mit der Finanzierung über Kapitalerhöhungen (vgl. auch → Aktienfinanzierung, → Beteiligungsfinanzierung), bei Versicherungsvereinen auf Gegenseitigkeit (VVaG) und öffentlich-rechtlichen Versicherungsunternehmen ist sie abgesehen von der Genussrechtsfinanzierung als hybride Finanzierungsform (vgl. → Hybridkapital, → Genussrechtskapital) die einzig mögliche Form der Eigenfinanzierung.

Selbstmedikation. *1. Begriff:* Behandlung von Krankheiten oder Symptomen mit nicht-verschreibungspflichtigen → Arzneimitteln ohne die Verordnung durch einen → Arzt. – *2. Ausgestaltung:* Für die S. kommen nur freiverkäufliche Arzneimittel in Betracht, die der Patient in der → Apotheke oder (bei nicht-apothekenpflichtigen Arzneimitteln) bei anderen Abgabestellen erwirbt. – *3. Bedeutung:* Von den rund 37,4 Mrd. Euro Ausgaben für Arzneimittel in Deutschland im Jahr 2008 entfielen rund 4,4 Mrd. Euro (12 %) auf die S.; der Anteil an den Arzneimittelpackungen lag sogar bei 44 %. – *4. Entwicklungen:* Insbesondere seit die → Krankenkassen im Regelfall keine nicht-verschreibungspflichtigen Arzneimittel mehr erstatten (diese Regelung gilt seit 2004), hat die S. an Bedeutung gewonnen. Die künftige Entwicklung ist insbesondere auch vom Umfang der Rezeptpflicht abhängig.

Selbstregulierung. Einrichtung von Regulierungstatbeständen bzw. Organisation der Beaufsichtigung (nicht vom Staat, sondern) von einer Branche selbst oder von einzelnen Unternehmen innerhalb einer Branche. Kommt auch in der Versicherungswirtschaft vor. Formen der S. gab es vor Schaffung des → EU-Binnenmarkts v.a. im Vereinigten Königreich, dem Staat, in dem das Versicherungswesen seinerzeit vom Grundsatz freedom and publicity geprägt war. Die → Aufsichtsbehörden der Mitgliedstaaten widerstanden bei der Schaffung des koordinierten → Aufsichtsrechts aber der

Selbstständigkeit

Versuchung, auf Modelle des Zeitgeists hereinzufallen, die Glauben machen wollten, der Wettbewerb werde alles schon zum Besten regeln und, wenn er versage, dann würden Selbstregulierungseinrichtungen helfen. Alle Staaten führten statt dessen für alle Zweige eine staatliche Aufsicht ein. Erst in letzter Zeit ist eine Tendenz spürbar, zumindest teilweise Selbstregulierungsinstitute zur Unterstützung der staatlichen Aufsicht einzusetzen. Das begann damit, dass nach der → Deregulierung Privatpersonen mit Aufsichtsaufgaben betraut wurden (vgl. → verantwortlicher Aktuar sowie die Vielzahl von sog. → Treuhändern). Als wieteres Beispiel seien die überall entstandenen → Sicherungsfonds genannt. Auch die neue Solvabilitätsregelung (→ Solvency II) birgt in Form der sog. → Internen Modelle Merkmale der Selbstregulierung. Ob gerade diese Entwicklung angesichts der jüngsten Erfahrungen auf dem Bankensektor empfehlenswert ist, wird erst die Zukunft zeigen.

Selbstständigkeit. *1. Begriff:* Ein → Versicherungsvertreter kann die Vermittlungstätigkeit als selbstständiger → Versicherungsvermittler oder aber im Anstellungsverhältnis ausüben. Die → Versicherungsmakler haben im Verhältnis zu den Versicherern wegen Ihrer Unabhängigkeit stets den Status von Selbstständigen, können aber ihrerseits Untermakler im Anstellungsverhältnis beschäftigen. – *2. Merkmale:* Nach § 84 I HGB ist ein Vertreter selbstständig, wenn er im Wesentlichen frei seine Tätigkeit gestalten und seine Arbeitszeit bestimmen kann. Verfügt ein Vertreter nicht über diese Freiheiten, so ist er gem. § 84 II HGB → angestellter Vermittler (zur Abgrenzung siehe → Scheinselbstständigkeit). Der selbstständige Vertreter verfügt nicht über die besonderen Schutzrechte eines Arbeitnehmers hinsichtlich Betriebsverfassung, Kündigung, Entgeltfortzahlung im Krankheitsfall und Mindesturlaub (vgl. Betriebsverfassungsgesetz, Kündigungsschutzgesetz, Entgeltfortzahlungsgesetz und Bundesurlaubsgesetz). Er unterliegt nur in der Rentenversicherung der Sozialversicherungspflicht und muss sich gegen Krankheit etc. selbst absichern. – *3. Besteuerung:* Steuerrechtlich hat der selbstständige Vermittler die Einkommensteuer – mit der Möglichkeit des Abzugs von Betriebsausgaben – und ggf. (bei Überschreitung eines eventuell einschlägigen Freibetrags) auch die → Gewerbesteuer in eigener Verantwortung abzuführen. Hingegen behält beim Angestellten der Arbeitgeber die → Einkommensteuer im Wege des Lohnsteuerabzugs ein und führt diese direkt an das Finanzamt ab.

Selbstverantwortlichkeit. I. Pädagogik: Pädagogisches Erziehungsziel, das auf eine Einstellung beim Individuum hin gerichtet ist, die eigene Situation aktiv zu gestalten und die Lebensumstände selbst zu beeinflussen, statt den Dingen des Lebens hilflos ausgeliefert zu sein. – II. Sozialpolitik: Im Bereich der → Sozialpolitik ist das Prinzip der S. eng mit dem → Subsidiaritätsprinzip verwandt. Freiheit und Selbstverantwortung des Einzelnen dürfen nicht durch Sozialpolitik beschnitten werden. In dieser Hinsicht gibt das Prinzip der S. die Grenzen des Sozialstaats vor. Während in der Frühphase der Industrialisierung durch Zwangsmitgliedschaften und Zwangsbeiträge Elend, Not und Risiken begrenzt werden konnten und so die materiale Freiheit der Mehrheit der Bevölkerung erhöht wurde, kann eine zunehmende (Wohlstands-)Nivellierung dazu führen, dass individuelle Leistung und Selbstverantwortung für die gesellschaftliche Stellung eines Individuums an Gewicht verlieren und so die Grundlagen des Wohlstands und der Wohlfahrt beeinträchtigt werden.

Selbstversicherung. *1. Begriff:* Vollständiger oder teilweiser Verzicht eines Wirtschaftssubjekts auf Abgabe seiner marktmäßig versicherbaren Risiken an herkömmliche Versicherungsunternehmen. Dem Verzicht liegen risikotechnische Überlegungen zugrunde, die besagen, dass sich innerhalb des Betriebs ein Risikoausgleich ergibt (Beispiel: Kraftfahrzeugflotten bei großen Betrieben). Fehlt es an solchen risikotechnischen Überlegungen, liegt nicht S. sondern Nichtversicherung vor. – *2. Formen:* Die S. wird unterschiedlich organisiert. Teils wird sie vom Wirtschaftssubjekt selbst (meistens in einer getrennten Abteilung des Unternehmens) durchgeführt (interne S.), teils wird ein eigenes für diesen Zweck gegründetes rechtlich selbstständiges Unternehmen (Selbstversicherungsunternehmen) geschaffen (externe S.). Die interne S. ist keine → Versicherung im Rechtssinn; es fehlt an der vertraglichen Grundlage. Sie ist daher aufsichtsfrei. Die externe S. ist dagegen i.d.R. auch rechtlich Versicherung und daher aufsichtspflichtig (→ Versicherungsaufsicht). Sie beruht auf einem gegenseitigen Vertrag, der alle Merkmale des Versicherungsvertrags beinhaltet. In ihm räumt das Selbstversicherungsunternehmen dem Vertragspartner gegen Zahlung eines Entgelts einen Rechtsanspruch auf eine vermögenswerte Leistung für den Fall des Eintritts eines ungewissen Ereignisses ein, wobei ein Risikoausgleich auf der Grundlage des Gesetzes der großen Zahl beabsichtigt ist. Beispiele für solche Selbstversicherungsunternehmen sind betriebliche → Pensionskassen, betriebliche → Unterstützungskassen (wenn sie ausnahmsweise eine eigene Rechtspersönlichkeit haben und Rechtsansprüche gewähren) und kommunale Schadenausgleiche (die allerdings kraft Gesetzes aufsichtsfrei sind siehe → Aufsichtsadressaten) sowie Captive (Re)Insurance Companies aller Art.

Selbstverwaltung. *1. Begriff:* Prinzip im Gesundheitswesen. Der Begriff bezeichnet in institutioneller Sicht zugleich die nichtstaatlichen Einrichtungen als Träger der S., denen wesentliche Steuerungsaufgaben im Gesundheitswesen zukommen. – *2. Erscheinungsformen:* Zu unterscheiden sind: a) die S. bei den → Krankenkassen, insbesondere durch die aus den → Sozialwahlen hervorgegangenen Organe (Verwaltungsrat, Vorstand), näheres s.u., – b) die S. bei den Leistungserbringern, insbesondere durch die verkörperschafteten → Kassenärztlichen Vereinigungen, → Kassenzahnärztlichen Vereinigungen und Bundesvereinigungen, – c) die gemeinsame S. von Krankenkassen und Leistungserbringern, die sich durch Vertragsabschlüsse (z.B. Gesamtverträge zwischen Krankenkassenverbänden und Kassenärztlichen Vereinigungen) und die Wahrnehmung von Aufgaben in gemeinsamen Gremien äußert. Mit dem GKV-Modernisierungsgesetz (GMG) von 2003 hat der Gesetzgeber den Gemeinsamen Bundesausschuss als zentrales sektorübergreifendes Gremium der gemeinsamen S. installiert. Sein Beschlussgremium setzt sich aus fünf Vertretern des → Spitzenverband Bund, zwei Vertretern der Kassenärztlichen Bundesvereinigung, zwei Vertretern der Deutschen Krankenhausgesellschaft und einem Vertreter der Kassenzahnärztlichen Bundesvereinigung zusammen. Patientenvertreter nehmen mit beratender Stimme teil. – *3. Aufgaben:* Schwerpunkte der S. liegen bei der Bestimmung des Leistungsumfangs der → gesetzlichen Krankenversicherung (GKV) und bei der Ausgestaltung der Vergütung der Leistungserbringer. – *4. Wirkungen:* Im Vergleich zu einem staatlich organisierten Gesundheitswesen sind den Beteiligten im deutschen Gesundheitswesen weitgehende Gestaltungsspielräume gegeben. Der Gesetzgeber hat in den vergangenen Jahren einerseits immer wieder eingegriffen und den Akteuren Regelungen vorgeschrieben, andererseits neue Aktionsräume eröffnet. – *5. S. bei den Krankenkassen (Details):* Prinzip in der → gesetzlichen Krankenversicherung (GKV). Die gesetzlichen → Krankenkassen sind "rechtsfähige Körperschaften des öffentlichen Rechts mit Selbstverwaltung". Selbstverwaltungsorgan ist der Verwaltungsrat, dessen Mitglieder im Rahmen der Sozialwahlen alle sechs Jahre von den Versicherten und Arbeitgebern gewählt werden. Für die Besetzung des Verwaltungsrats gilt der Grundsatz der Parität, d.h. jeweils die Hälfte der Sitze entfällt auf die beiden Gruppen der Versicherten und der Arbeitgeber. Bei den → Ersatzkassen besteht der Verwaltungsrat jedoch ausschließlich aus Versichertenvertretern. Diese Kassenart hat wegen ihres Ursprungs als berufsständisch geprägte Selbsthilfeeinrichtung nie eine Arbeitgeberbeteiligung in der S. gekannt. Der ehrenamtliche Verwaltungsrat einer Krankenkasse entspricht in etwa dem Aufsichtsrat einer privatwirtschaftlich tätigen Aktiengesellschaft. Er beschließt die Satzung und sonstiges autonomes Recht der Krankenkasse, wählt und überwacht den hauptamtlichen Vorstand, trifft Entscheidungen, die für die Krankenkasse von grundsätzlicher Bedeutung sind, stellt den Haushaltsplan fest und beschließt über die Entlastung des Vorstands (§ 197 SGB V). Dem gegenüber ist der Vorstand, der seine Tätigkeit hauptamtlich ausübt, für das gesamte operative Geschäft und alle Verwaltungsangelegenheiten zuständig. Er besteht je nach Größe der Krankenkasse aus einem, zwei oder drei Mitgliedern. Die Wahl eines Vorstandsmitglieds erfolgt für sechs Jahre und setzt bestimmte berufliche Qualifikationen voraus. Der Verwaltungsrat kann ein Vorstandsmitglied vor Ablauf seiner Amtszeit abberufen, wenn es sich als unfähig zu ordnungsgemäßer Geschäftsführung erweist oder das Vertrauen des Verwaltungsrats verloren hat.

Selektionspolitik. → Zeichnungspolitik.

Selektionstafel. *1. Begriff:* Dreidimensionale → Sterbetafel, die neben dem Alter und dem Geschlecht zusätzlich noch den Zeitraum seit Abschluss eines Lebensversicherungsvertrags als weiteres → Risikomerkmal zur Bestimmung der → Sterbewahrscheinlichkeit berücksichtigt. – *2. Hintergründe:* Eine Sterbetafel misst die durchschnittliche Sterbewahrscheinlichkeit der Individuen eines Kollektivs, getrennt nach Alter und Geschlecht. Die individuelle Sterblichkeit einer Person kann aber durchaus signifikant von der entsprechenden durchschnittlichen Sterblichkeit abweichen. Da bei höheren Versicherungssummen vor Abschluss eines Lebensversicherungsvertrags eine → Gesundheitsprüfung der zur versichernden Person durchgeführt wird, und Personen mit schlechtem Gesundheitszustand keinen (oder ggf. nur einen eingeschränkten) Versicherungsschutz erhalten, weicht ggf. die individuell erwartete Sterblichkeit der Person eines Alters, auf deren Leben kurz zuvor ein Lebensversicherungsvertrag abgeschlossen wurde, positiv von der durchschnittlichen Sterblichkeit aller Personen gleichen Alters ab. Dieser durch die Selektion bei Vertragsabschluss bewirkte Effekt hält je nach Intensität der Gesundheitsprüfung fünf bis zehn Jahre lang mit abnehmender Tendenz an.

Sengschaden. *1. Begriff:* Örtlich begrenzter Schaden durch Hitzeeinwirkung oder Glut, der durch Verfärbung der versengten Stellen sichtbar wird. – *2. Anwendungsgebiete:* a) In der → Feuerversicherung sind S. ausgeschlossen, es sei denn, sie sind → Folgeschäden eines → Brands. – b) In der → verbundenen Hausratversicherung und in der → verbundenen Wohngebäudeversicherung können S. bei einigen Versicherern mitversichert werden.

Seniorenassistance. *1. Begriff:* → Assistance zugunsten älterer Menschen. – *2. Merkmale:* Neben reinen Serviceleistungen (Informations- und Vermittlungsservices ohne unmittelbaren Notfall) beinhaltet die S. auch Vermittlungsleistungen mit anschließender Kostenübernahme im Notfall und die Pflegeschulung für Angehörige. Assistanceprodukte für die Zielgruppe der Senioren fokussieren auf die Zweige a) Unfall/ Pflege (Wäscheservice, Menüservice, Pflegedienstleistungen etc.), – b) Hausrat/ Wohngebäude (Schlüsseldienst, Notheizung etc.), – c) Reise (Krankenrücktransport, reisemedizinische Beratung etc.), – d) Medizinische Beratung (Arzneimittelberatung etc.). Die Leistungen im Rahmen der S. werden häufig an ein originäres Produkt angegliedert (z.b. Versicherungen), um es aufzuwerten und somit für die Zielgruppe interessanter zu gestalten. – *3. Entwicklungen:* Assistanceleistungen für Senioren haben in den vergangenen Jahren an Bedeutung gewonnen. Insbesondere der Bestandteil von Informations-, Vermittlungs- und Organisationsleistungen außerhalb von unmittelbaren Notfällen wird zukünftig weiter an Gewicht zunehmen. Senioren verfügen über die nötige Kaufkraft und sind geneigt, auf qualitativ höherwertige Produkte mit entsprechendem Service zurückzugreifen. Hauptsächlich die Serviceleistungen rund um den Hausrat bzw. das Wohngebäude (→ Haus- und Wohnungsassistance) und die Pflege (→ Pflegeassistance) werden verstärkt an Bedeutung gewinnen.

Sensitivitätsanalyse. *1. Begriff:* Analyse des Einflusses von Parametern eines Modells auf die Ergebnisgröße, insbesondere Bestimmung kritischer Schwellenwerte dieser Parameter. – *2. Ziele und Methodik:* Wie bei der → Szenarioanalyse werden bestimmte Kombinationen von Parameterwerten eines Modell und die resultierende Zielgröße betrachtet. Ziel ist es, den Einfluss einzelner Parameterwerte auf die resultierende Zielgröße im Hinblick auf deren Stabilität zu untersuchen. Bspw. wird untersucht, bei welchem Intervall einer Inputgröße eine positive oder negative Zielgröße resultiert oder wie sich alternative Verteilungsannahmen auf das Modell auswirken.

Serienschadenklausel. *1. Begriff:* Instrument in der Haftpflichtversicherung zur Leistungsbegrenzung. Die S. kommt sowohl in der Erst- als auch in der → Rückversicherung vor, insbesondere der industriellen Haftpflichtversicherung. Grundsätzlich gelten nach der S. mehrere zeitlich zusammenhängende Schäden aus derselben Ursache als ein Schadenereignis. – *2. Merkmale:* Zweck der Regelung ist, dass für die einzelnen und zusammengefassten Schadenereignisse einer jeden Schadenserie die Deckungssumme nur einmal zur Verfügung gestellt werden soll.

Service-Center. Organisationseinheiten in einem Unternehmen zur Bearbeitung von häufigen → Geschäftsvorfällen im direkten Kundenkontakt. Die Häufigkeit und die fachlichen Anforderungen bestimmen, ob der Geschäftsvorfall im S. oder in dem vom Kunden genutzten Kommunikationsweg bearbeitet wird. Die Qualifikation der Mitarbeiter erlaubt überwiegend eine → spartenübergreifende Bearbeitung der Geschäftsvorfälle.

Servicefachmann/-frau Versicherungen (DVA). *1. Begriff:* Qualifikationsbezeichnung, die von der → Deutschen Versicherungsakademie GmbH (DVA) nach einer entsprechenden Prüfung in den Bereichen Service Center und Agentur vergeben wird. Die Unterscheidung richtet sich nach den gewählten Modulen und dem praktischen Arbeitsbereich. – *2. Voraussetzungen:* Zur Prüfung wird zugelassen, wer am Ausbildungsprogramm für die Qualifikation „Servicefachmann/-frau (DVA)" in vollem Umfang teilgenommen hat und von einem Versicherungsunternehmen oder von einem anderem vom → Berufsbildungswerk der deutschen Versicherungswirtschaft e.V. (BWV) anerkannten Unternehmen zur Prüfung angemeldet wird. Die Prüfung wird vor den örtlichen Prüfungsausschüssen des BWV durchgeführt. – *3. Ziel:* Mit der Qualifizierung „Servicefachmann/-frau (DVA)" soll einen höherer fachlicher Kenntnisstand von Mitarbeitern in Service Centern und Agenturen erzielt werden. – *4. Gegenstände und Merkmale der Prüfung:* Die Prüfung besteht aus einem fachkundlichen und einem praktischen Teil. Im fachkundlichen Teil soll der Teilnehmer praxisbezogene Aufgaben aus den Bereichen Lebensversicherung, private und gesetzliche Rentenversicherung, betriebliche Altersversorgung, Unfall-, Kranken- und Pflegeversicherung, Gebäude- und Hausratversicherung, Haftpflicht-, Kfz- und Rechtsschutzversicherung lösen sowie kaufmännische und rechtliche Grundlagen nachweisen. Im praktischen Teil werden Beratungssituationen am Telefon geprüft. Das Bestehen der schriftlichen Prüfung ist Voraussetzung für die Teilnahme an der mündlichen Prüfung.

Serviceführerschaft. → Marketingstrategie, bei der das Anbieterunternehmen mit betont guten Serviceleistungen (→ Kundendienst), möglichst mit → Alleinstellungsmerkmalen, Marktanteile gewinnen oder verteidigen will. Siehe auch → Leistungsführerschaft.

Service Level-Management. Gehört zur Disziplin der → Information Technology Infrastructure Library (ITIL). Dient der Definition, Überwachung und Optimierung von IT-Serviceleistungen. Primäre Zielsetzung ist es, dauerhaft die Leistungen der IT-Services in Einklang mit den geschäftlichen Anforderungen zu bringen, die über die Formulierung der so genannten „Service Level Agreements" festgelegt sind.

Settlement. → Ablösung.

Severe Inflation Clause. *1. Begriff:* Besondere Form der → Indexklausel. Bei der klassischen Indexklausel wird die Schadenkostenteuerung zwischen → Erst- und → Rückversicherer aufgeteilt. – *2. Merkmale:* → Priorität und Haftung werden also gemäß dem teuerungsbedingten Schadenzuwachs anteilsmäßig erhöht. Bei der S. wird nur der Teil der Inflation aufgeteilt, der eine bestimmte Schwelle übersteigt (normalerweise 25 bis 40 %). Für den Rückversicherer ist die klassische Indexklausel vorteilhafter, da sie bereits bei einem niedrigen Schwellenwert (üblich sind 10 %) einsetzt.

Shareholder Value. Wert eines Unternehmens (→ Unternehmenswert) für dessen Aktionäre (S. i.e.S.) bzw. Eigentümer (S. i.w.S.). Maßgebliche Steuerungsgröße für die → wertorientierte Steuerung, die den → Shareholder Value-Ansatz verfolgt.

Shareholder Value-Ansatz. *1. Begriff:* Beurteilung des Erfolgs eines Unternehmens anhand des → Unternehmenswerts und dessen Entwicklung im Zeitablauf. In der Folge wird daran auch die Unternehmenssteuerung ausgerichtet (siehe auch → wertorientierte Steuerung). – *2. Merkmale:* In finanzwirtschaftlicher Hinsicht müssen in einem ersten Schritt die den Aktionären zugehenden Cash flows geschätzt werden. In einem zweiten Schritt wird der Barwert dieser Cash flows mit dem von den Aktionären gestellten → Eigenkapital des Unternehmens verglichen. Eine aus Sicht der Aktionäre wertschaffende Investitionspolitik ist durch eine Steigerung der (positiven) Differenz zwischen dem Barwert der Cash flows und dem Marktwert des Eigenkapitals gekennzeichnet. Die Barwertbildung kann auf Basis unterschiedlicher Konzepte erfolgen (z.B. anhand des → Capital Asset Pricing Modell) und sollte das mit der Investition einhergehende Risiko berücksichtigen. – *3. Abgrenzung:* Ausgelöst durch die Veröffentlichung des Buchs „Creating Shareholder Value – The New Standard for Business Performance" von Alfred Rappaport wird seit nunmehr 20 Jahren eine heftige, v.a. gesellschaftspolitisch geprägte Diskussion zum S. geführt. Als zentraler Kritikpunkt wird in diesem Zusammenhang vorgebracht, der Managementansatz des → Shareholder Value betone einseitig die Interessen der Aktionäre zuungunsten aller anderen Stakeholder des Unternehmens. Einige Kritiker des S. propagieren daher als alternativen Managementansatz den → Stakeholder Value-Ansatz.

Shortfallrisiko. *1. Begriff:* Gefahr der Nichterreichung (im Sinne von Unterschreitung) von Zielgrößen. Gemessen wird das Ausmaß dieser Gefahr. – *2. Bemessung:* Maße für das S. sind spezielle → Risikomaße. Dabei konzentrieren sich Shortfallrisikomaße auf das S. bzw. Downside Risiko relativ zu einer vorgegebenen Zielgröße (Target). Diese stellt i.d.R. eine Zielrendite bzw. mindestens angestrebte Rendite oder auch ein Ziel-Endvermögen dar. Damit entsprechen die Risikomaße des Shortfalltypus im Gegensatz z.B. zu Maßen für die → Volatilität eher einem intuitiven Risikoverständnis (→ Risiko). – *3. Arten:* Das Ausmaß der Gefahr der Unterschreitung der Zielgröße wird in verschiedener Weise berücksichtigt. Bei der Shortfallwahrscheinlichkeit spielt nur die Wahrscheinlichkeit der Unterschreitung der Zielgröße eine Rolle. Beim Shortfallerwartungswert wird hingegen die mittlere Unterschreitungshöhe berücksichtigt und bei der Shortfallvarianz die mittlere quadratische Unterschreitungshöhe. Der Mean Excess Loss (bedingter Shortfallerwartungswert) ist ein Beispiel für ein bedingtes Shortfallrisikomaß. Er misst die mittlere Unterschreitung der Zielgröße unter der Bedingung, dass ein Shortfall eintritt. Gemessen werden somit nur die durchschnittlichen Konsequenzen im Worst Case-Fall, dass der Shortfall tatsächlich eintritt.

Shorttail-Geschäft. *1. Begriff:* Sparten und Zweige des Erstversicherungsgeschäfts, die eine kurzfristige Schadenregulierungsdauer aufweisen. Es handelt sich also um Versicherungsgeschäft, das im Allgemeinen für eine schnelle Abwicklung der Schäden und Ansprüche bekannt ist (z.B. Sach- und Transportversicherung). – *2. Abgrenzung:* → Longtail-Geschäft.

SIC. Abk. für → Standing Interpretations Committee.

Sicherheitenpool. Zusammenschluss von kreditbesicherten Gläubigern für den Fall der Schuldnerinsolvenz zur Wahrung der konkurrierenden Kreditsicherungsinteressen durch abgestimmte Sicherheitenverwaltung und -verwertung. Teilweise sind auch Kreditversicherer an den S. beteiligt. Die → Allgemeinen Versicherungsbedingungen (AVB) für die → Kreditversicherung enthalten i.d.R. eine entsprechende Vollmacht an den Kreditversicherer, Vereinbarungen zur Sicherung der Forderungen zu treffen, um einen Forderungsausfall zu vermeiden oder zu mindern. I.d.R. geht es um die bestmögliche Durchsetzung von Eigentumsvorbehaltsrechten (vgl. → Eigentumsvorbehalt).

Sicherheitszuschlag. → Risikozuschlag.

Sicherungsfonds. *1. Begriff:* Unternehmen zum Schutz der Versicherten, Bezugsberechtigten und sonstigen begünstigten Personen aus einem Versicherungsvertrag in der Lebensversicherung und substitutiven Krankenversicherung für den Fall, dass die Versicherer ihre Verpflichtungen auf Dauer nicht mehr erfüllen können (§§ 124 ff. VAG). – *2. Funktionsweise:* Der S. bedarf der Zulassung durch die → Aufsichtsbehörde. Es besteht Zwangsmitgliedschaft für alle Lebens- und Krankenversicherer. Die Mitglieder finanzieren die Fonds. Stellt die Aufsichtsbehörde fest, dass ein Versicherer überschuldet oder zahlungsunfähig ist (§ 88 II VAG) oder dass das Unternehmen auf Dauer nicht mehr imstande ist, seine Verpflichtungen zu erfüllen, ein Insolvenzverfahren aber im Interesse der Versicherten vermieden werden soll (§ 89 I VAG; vgl. auch → Insolvenz des Versicherers) und andere Maßnahmen nicht ausreichend sind, so ordnet die Aufsichtsbehörde die Übertragung des gesamten Bestands auf den S. an. Dieser führt den Bestand weiter, kann ihn oder Teile davon aber auch auf andere

Versicherer übertragen. Um eine Übertragung zu ermöglichen, kann der S. die → Versicherungsbedingungen und Tarifbestimmungen mit Zustimmung eines unabhängigen → Treuhänders so anpassen, dass sie den Verhältnissen des Zessionars entsprechen (§ 125 VI VAG). Die Aufgaben und Befugnisse des S. können auf eine juristische Person des Privatrechts übertragen werden (§ 127 VAG). Das ist geschehen: Für die Lebensversicherung ist die Übertragung auf die → Protektor Lebensversicherungs-AG und für die Krankenversicherung auf die → Medicator AG erfolgt.

Sicherungsschein. *1. Begriff:* Der S. bestätigt, dass für den Fall der Zahlungsunfähigkeit des Schuldners eine von diesem einem Dritten gegenüber zu erbringende Leistung versichert ist und dass die Versicherung des Schuldners gegenüber dessen Gläubigern haftet. Der S. dient also der Absicherung der Gläubiger. – *2. Besonderheiten in der Kfz-Versicherung:* In der → Kfz-Versicherung wird ein S. bei finanzierten oder geleasten → Kraftfahrzeugen ausgestellt und bestätigt den Versicherungsumfang. Der S. dient insoweit dem Schutz des Kreditgebers bzw. des Leasinggebers, als diese berechtigt sind, neben dem Versicherungsnehmer Ansprüche gegen den Versicherer geltend zu machen.

Sicherungsvermögen, *veraltet: Deckungsstock (früher im → Versicherungsaufsichtsgesetz (VAG) gebräuchlicher Begriff für das Sicherungsvermögen). – 1. Begriff:* Gesamtheit der Vermögenswerte des Versicherers, die der Bedeckung der versicherungstechnischen Rückstellungen, Verbindlichkeiten und Rechnungsabgrenzungsposten dienen (mit Ausnahme der sog. → freien Rückstellung für Beitragsrückerstattungen), vgl. § 66 Ia VAG. – *2. Einzelheiten:* Dem S. sind laufend Beträge in der Höhe zuzuführen und vorschriftsmäßig, d.h. in qualifizierten Kapitalanlagen gem. § 54 VAG und §§ 1 ff. AnlV (vgl. → Anlagegrundsätze) zu investieren, wie es dem voraussichtlichem Anwachsen des Solls dieses Vermögens gem. § 66 Ia VAG entspricht. Demnach muss das S. mindestens die Summe folgender Posten bedecken: a) die → Beitragsüberträge, – b) die → Deckungsrückstellung, – c) die Rückstellungen (1) für noch nicht abgewickelte Versicherungsfälle und Rückkäufe, (2) für erfolgsunabhängige Beitragsrückerstattungen und (3) für unverbrauchte Beiträge aus ruhenden Versicherungsverträgen, – d) den festgelegten Teil der Rückstellung für erfolgsabhängige Beitragsrückerstattungen, – e) die Verbindlichkeiten aus dem selbst abgeschlossenen Versicherungsgeschäft gegenüber Versicherungsnehmern, – f) die als Prämien eingenommenen Beträge, die ein Versicherungsunternehmen zu erstatten hat, wenn ein Versicherungsvertrag oder ein in § 1 IV VAG genanntes Geschäft nicht zustande gekommen ist oder aufgehoben wurde. Maßstab für das Soll sind die Bruttowerte vor Abzug der Anteile für das in Rückdeckung gegebene Geschäft. Entspricht das S. nicht dem Soll, hat der Vorstand den fehlenden Betrag unverzüglich zuzuführen. Das S. ist gesondert von jedem anderen Vermögen zu verwalten und am Sitz des Unternehmens aufzubewahren. Zugeführte Vermögensgegenstände werden grundsätzlich zum Buchwert angerechnet (Besonderheiten für Grundstücke vgl. § 66 IIIa VAG). Die Zugehörigkeit des einzelnen Vermögensgegenstands zum S. wird durch die Eintragung in das Vermögensverzeichnis begründet. Die Eintragung ist konstitutiv. Eine Ausnahme gilt für Anteile des Rückversicherers an den versicherungstechnischen Bruttorückstellungen in der → Schaden-/ Unfallversicherung; hier ist keine Eintragung erforderlich (§ 66 VIa VAG). In der → Lebensversicherung, der → privaten Krankenversicherung nach Art der Lebensversicherung, der → privaten Pflegeversicherung und der → Unfallversicherung mit garantierter Beitragsrückzahlung hat das Unternehmen die anteiligen Werte des S. auch für den in Rückdeckung gegebenen Anteil selbst aufzubewahren und zu verwalten (§ 67 VAG), allerdings mit Ausnahme der die Beitragsüberträge und die Rückstellung für noch nicht abgewickelte Versicherungsfälle bedeckenden Vermögensgegenstände. Diese Ausnahme beruht auf Art. 57 Nr. 3 und 60 Nr. 6 der EU-Rückversicherungsrichtlinie von 2005, wonach die Mitgliedstaaten bei Versicherungsunternehmen, die eine Zulassung nach der Ersten Lebensversicherungsrichtlinie, der Ersten Schadenversicherungsrichtlinie oder der Rückversicherungsrichtlinie haben, davon absehen müssen, ein System von versicherungstechnischen Bruttorückstellungen durch die Besicherung von Vermögenswerten zur Bedeckung noch nicht verdienter Prämien und noch nicht abgewickelter Schadensfälle beizubehalten oder einzuführen. Nach § 54b VAG sind die Kapitalanlagen der → fondsgebundenen Lebensversicherung und → der indexgebundenen Lebensversicherung in einer eigenen Abteilung des S., dem → Anlagestock, in den betreffenden Werten anzulegen. Mit Genehmigung der → Aufsichtsbehörde können weitere selbstständige Abteilungen des S. eingerichtet werden, vgl. § 66 VII VAG. – *3. Überwachung und Sicherstellung des S.:* Zur Überwachung des S. ist – außer bei kleineren Vereinen – vom Aufsichtsrat ein Treuhänder zu bestellen (§ 70 VAG), der allen Verfügungen über das S. und allen Entnahmen zustimmen muss (§ 72 VAG). Dem S. dürfen nur unter bestimmten Voraussetzungen Gegenstände entnommen werden. Eine dieser Voraussetzungen ist die Notwendigkeit, eine vernünftige Kapitalanlagepolitik betreiben zu können. So können dem S. Gegenstände entnommen werden, um sie gegen andere, mindestens ebenso werthaltige, auszutauschen. Entnahmen sind ferner zur Erfüllung von Verpflichtungen aus dem Versicherungsvertrag oder in Folge von Änderungen des → Geschäftsplans zulässig, sofern und soweit dadurch Mittel frei werden (§ 77 I VAG). Zwangsvollstreckungsmaßnahmen in das S. sind nur soweit zulässig, wie für den Anspruch, zu dessen Gunsten verfügt wird, die Zuführung zum S. vorgeschrieben und auch tatsächlich erfolgt ist (§ 77 II VAG). – *4. S. im Insolvenzverfahren:* Die besondere Absicherung von Vermögenswerten in Höhe der Verpflichtungen des Versicherers aus Versicherungsverträgen soll einen speziellen Schutz der Versicherungsnehmer im Fall der → Insolvenz des Versicherers bewirken. Die Ansprüche der Versicherungsnehmer rangieren damit vor allen anderen Gläubigern, soweit Mittel im S. enthalten sind. Im Insolvenzfall werden aus dem S. zuerst die Ansprüche aus den damit abgedeckten Versicherungsverträgen befriedigt. Nur wenn danach noch S. übrig ist, können die entsprechenden Vermögenswerte auch zur Abgeltung anderer Ansprüche verwendet werden.

Side Car. (Rück-)Versicherungsgesellschaft, an der sich Investoren über Eigenkapital (z.B. Private Equity oder Hedgefonds) oder Fremdkapital (z.B. Asset Manager) beteiligen können. I.d.R. hat diese Gesellschaft keine eigene Underwriting-Abteilung, sondern ist per Quote am Geschäft eines Versicherers oder Rückversicherers beteiligt.

Sitzlandprinzip. Im Europäischen Binnenmarkt ist die Aufsichtsbefugnis aufgeteilt worden: Die Versicherer werden hinsichtlich ihres gesamten Geschäfts von der → Aufsichtsbehörde des Mitgliedslandes beaufsichtigt, in dem sich der Sitz des Unternehmens befindet. Das gilt für die → Finanzaufsicht uneingeschränkt; hinsichtlich der sonstigen Aufsicht hat die Aufsichtsbehörde des Tätigkeitslandes noch gewisse Befugnisse, die sich im Wesentlichen in der Kontrolle der Einhaltung zwingender Rechtsvorschriften dieses Landes erschöpfen (→ Tätigkeitslandprinzip).

Six-Sigma. *I. Statistisches Qualitätsziel.* – *II. Managementmethode* zur → Prozessoptimierung. Dabei werden Mängel bei den → Geschäftsprozessen vorwiegend statistisch analysiert und wird darauf aufbauend optimiert. Das meist verwandte Verfahren wird mit dem Begriff „DMAIC"-Zyklus (Define-Measure-Analyse-Improve-Control) bezeichnet. Die am Ende eines Zyklus definierte Normalstreuung der Prozessergebnisse wird als messbares Qualitätsziel festgehalten. Popularität erlangte das Verfahren durch die Erfolge bei General Electric.

Skalenerträge, steigende. → steigende Skalenerträge.

Sleep easy cover. → Rückversicherungsdeckung, die aufgrund der Gefahrenmodellierung des → Erstversicherers nicht zwingend notwendig ist, jedoch bei außergewöhnlichen Katastrophen zu einer Entlastung des Erstversicherers führt.

Slip. → Cover Note.

Smart Repair. *1. Begriff:* Sammelbezeichnung für moderne Reparaturmethoden bei Kfz-Schäden, bei denen statt sonst üblicher und i.d.R. kostenintensiverer Reparaturmethoden kleinere Schäden kostengünstig und dennoch fachlich und technisch einwandfrei behoben werden. – *2. Beispiele:* Lackschonende Hagelschadenbeseitigung, bei der die entstandenen Dellen mittels entsprechender Werkzeuge so herausgedrückt werden, dass anschließend wieder eine völlig plane Oberfläche entsteht, ohne dass eine Neulackierung erforderlich wird. Glasreparatur, bei der Steinschläge auf einer Windschutzscheibe mittels eines speziellen Harzes so ausgegossen werden, dass die Stabilität und Funktionalität der Scheibe wieder hergestellt wird, ohne dass ein vollständiger Austausch erforderlich ist.

Societas Europaea (SE), *Europäische Gesellschaft.* – *1. Begriff:* Supranationale Kapitalgesellschaft, die u.a. in den entsprechenden europäischen Versicherungsrichtlinien als die in allen Mitgliedsstaaten für den Betrieb des Versicherungsgeschäfts zugelassene Rechtsform anerkannt ist. Sie ist in die nationalen Rechtsordnungen zu transformieren. – *2. Merkmale:* Die S. soll nach dem Willen der Kommission die für den Binnenmarkt ideale Rechtsform sein. Befreit von den rechtlichen Fesseln, die ein – wenn auch schon teilweise koordiniertes – Nebeneinander von verschiedenen Rechtsordnungen mit sich bringt, soll die S. als allein auf europäischem Recht ruhende Aktiengesellschaft mühelos in der Lage sein, z.B. ihren Sitz von einem Mitgliedsstaat in einen anderen zu verlegen oder durch grenzüberschreitende Verschmelzungen leichter als bisher Umstrukturierungen der europäischen Unternehmenslandschaft zu bewirken, die vorher nicht möglich waren. Auf diese Weise wird die grenzüberschreitende Kooperation erleichtert. Es müssen nicht mehr in jeweils anderen Mitgliedsländern Tochtergesellschaften nach unterschiedlichem Recht gegründet werden. Alle in der S. vereinigten Unternehmensteile werden zu einem einheitlichen rechtlichen Gebilde. – *3. Gründer und Gründungsvoraussetzungen:* Gründer einer S. können natürliche und juristische Personen sein. Aus bestehenden juristischen Personen kann eine S. wie folgt hervorgehen: a) durch Verschmelzung von nationalen → Aktiengesellschaften (AG) aus mindestens zwei Mitgliedländern, – b) durch → Umwandlung einer AG in eine S., wobei die AG mindestens seit zwei Jahren eine Tochter in einem anderen Mitgliedsstaat haben muss, – c) durch Gründung einer → Holdinggesellschaft von AG oder Gesellschaften mit beschränkter Haftung (GmbH), die in mindestens zwei verschiedenen Mitgliedsländern ihren Sitz haben oder seit zwei Jahren eine dem Recht eines anderen Mitgliedsstaats unterliegende Tochter oder Zweigniederlassung haben oder – d) durch Gründung einer gemeinsamen Tochter von AG oder GmbH, die in mindestens zwei verschiedenen Mitgliedsstaaten ihren Sitz haben oder seit mindestens zwei Jahre eine dem Recht eines anderen Mitgliedsstaats unterliegende Tochter oder Zweigniederlassung haben. Die einzige in Deutschland auf dem Versicherungssektor gegründete S. ist die Allianz SE. – *4. Rechtsgrundlagen:* Rechtsgrundlagen der S. sind die Verordnung (EG) 2157/2001 vom 8.10.2001 über das Statut der Europäischen Gesellschaft (SE) und das Gesetz zur Einführung der Europäischen Aktiengesellschaft (SEEG) vom 22.12.2004.

Sofortleistung. 1. Begriff: Leistungsart in der → privaten Unfallversicherung (PUV), die der versicherten Person innerhalb kürzester Zeit nach dem Unfall zur Verfügung gestellt wird. – 2. Merkmale: Bei besonders schweren Verletzungen, wie z.B. einer Querschnittslähmung, einer Amputation oder Schädel-/ Hirnverletzungen, wird der versicherten Person die vereinbarte Versicherungssumme gezahlt. Siehe auch → Übergangsleistung.

Sofortrente. Umgangssprachliche Bezeichnung für eine → Rentenversicherung gegen → Einmalbeitrag mit sofortigem Beginn der Rentenzahlungen.

Soft Selling. Methode im → persönlichen Vertrieb, bei der der Kunde und die für ihn notwendige Problemlösung (nach Bedarf und Budget) im Vordergrund stehen. In der Versicherungswirtschaft die geeignete Methode und Gegenstück zum → Hard Selling. Siehe auch → Kundenorientierung.

Software. Gesamtheit aller Mittel, die in Form von Programmen und Dokumentationen für den Betrieb von Computer zur Verfügung stehen. Unterschieden wird generell zwischen System- und Anwendungssoftware. Zur Systemsoftware gehören z.B. Betriebssysteme und Datenbanksysteme. Anwendungssoftware dient der Nutzung eines gegebenen Computers zur Bearbeitung eines konkreten Anwenderproblems.

Softwareentwicklungsumgebung. Umfeld des Softwareentwicklers, mit dessen Unterstützung es ihm möglich ist, → Software zu entwickeln. Es umfasst Hardware

(Computersysteme), Software (z.B. Editoren, Compiler, → Tools), Laufzeitumgebungen (Testumgebungen) und verbale Beschreibungen zu Vorgehensweisen und Methoden, die möglichst gut aufeinander abgestimmt sind.

Softwareversicherung. Versicherung gegen Schäden an → Software. Über eine S. wird Versicherungsschutz für die Wiederbeschaffung und/ oder Wiedereingabe von verlorenen bzw. zerstörten Programmen und/ oder Daten geboten.

Solidaritätsprinzip. Sozialethisches Prinzip, das im Gegensatz zum Individualismus annimmt, dass eine ursprüngliche Verbundenheit der Menschen untereinander zum Zweck des Gemeinwohls existiert. Im Gegensatz zum Kollektivismus werden jedoch die Freiheit des Einzelnen und das Privateigentum anerkannt. Der Begriff der Solidarität hat seine Ursprünge im Römischen Recht, wurde jedoch v.a. seit dem 18. Jahrhundert (auch im Zusammenhang mit der französischen Revolution) zunehmend populärer und über seinen ursprünglichen schuldrechtlichen Kontext hinaus verallgemeinert. Der Begriff fand Eingang in die Politik(-wissenschaft), Soziologie, Theologie (insbesondere katholische Soziallehre) und Moralphilosophie, wird dort jedoch z.T. unterschiedlich verwendet. Der gemeinsame deskriptive Kern wird in der Idee eines wechselseitigen Zusammenhangs zwischen den Mitgliedern einer Gruppe von Menschen gesehen. Charakteristisch ist die Identifikation der Individuen mit der Gruppe, so dass ein Gemeinschaftscharakter besteht, der die Erwartung gegenseitiger Hilfe ebenso einschließt, wie die Bereitschaft dazu, diese zu leisten – ohne dabei jedoch einer vollständig altruistischen Motivation zu bedürfen. In der individualistisch geprägten Moralphilosophie ist lediglich ein schwacher Solidaritätsbegriff vertretbar. In diesem Sinn ist die Begriffsverwendung ähnlich jener im Versicherungsbereich: Individuen gehen zur Sicherung ihrer Interessen lediglich freiwillig begrenzte wechselseitige Verpflichtungen ein.

Soll-Solvabilität. *1. Begriff:* Bezeichnung für die aufsichtsrechtlich erforderlichen → Eigenmittel. – *2. Ermittlung:* Die S. wird in dreifacher Form ermittelt: a) als → Solvabilitätsspanne, abgeleitet aus quantitativen Größen des Gesamtversicherungsbestands, – b) als → Garantiefonds, definiert als ein Drittel der Solvabilitätsspanne; – c) als → Mindestgarantiefonds im Sinne eines absoluten Betrags, dessen Höhe von den betriebenen Versicherungszweigen abhängt und dessen Deckung durch die → Ist-Solvabilität für die Erlaubnis zum Geschäftsbetrieb erforderlich ist.

Solo-Plus-Aufsicht. → Versicherungsgruppen.

Solo-Plus-Solvabilität. → Konzernsolvabilität.

Solo-Solvabilität. → Solvabilität.

Solvabilität. *1. Begriff:* Aufsichtrechtlich geforderte Fähigkeit von Versicherungsunternehmen, ihre Existenz und die dauernde Erfüllbarkeit der eingegangenen Verpflichtungen jederzeit durch ausreichende → Solvabilitätsmittel sicherzustellen. – *2. Merkmale:* Die Grundidee der S. umfasst drei Punkte: a) Die Gesamtrisikolage des Versicherungsunternehmens wird mit bestimmten Indikatoren gemessen (→ Solvabilitätskapitalbedarf); – b) Die Risikotragfähigkeit des Versicherungsunternehmens wird über den Bestand an Solvabilitätsmitteln abgebildet; – c) Unterschreiten die vorhandenen Solvabilitätsmitteln den Solvabilitätskapitalbedarf, werden aufsichtsrechtliche Sanktionen ausgelöst. – *3. Entwicklung:* Historisch bezog sich der Solvabilitätsbegriff entsprechend der Ausrichtung der klassischen Versicherungsaufsicht auf das einzelne Versicherungsunternehmen (Solo-Solvabilität). Mit zunehmender Bildung von Versicherungskonzernen kam es zu Konflikten mit den Grundsätzen der Versicherungsaufsicht, da der Konzerneinfluss auf die S. keine Berücksichtigung fand. Daher wurde das Solvabilitätssystem zur Solo-Plus-Solvabilität ausgebaut, die mit zusätzlichen Anzeigepflichten, Kontrollen und der Ermittlung einer → Konzernsolvabilität einhergeht (§ 104a - 104h VAG). – *4. Aktuelle Entwicklungen:* Die derzeit geltenden Solvabilitätsgrundsätze (→ Solvency I) werden zukünftig durch die Vorschriften unter → Solvency II ersetzt.

Solvabilitätsbescheinigung. Bescheinigung der Versicherungsaufsichtsbehörde im Herkunftsland eines Versicherungsunternehmens, die belegt, dass das Versicherungsunternehmen über → Eigenmittel in Höhe der → Solvabilitätsspanne oder des höheren → Mindestgarantiefonds, der für die Tätigkeit in den betriebenen Versicherungszweigen erforderlich ist, verfügt.

Solvabilitätsdeckungsgrad. Verhältnis von → Ist-Solvabilität zu → Soll-Solvabilität.

Solvabilitätskapitalbedarf. I. Im Rahmen von → Solvency I: Vgl. → Soll-Solvabilität. – II. Im Rahmen von → Solvency II: Vgl. → Solvency Capital Requirement.

Solvabilitätskennzahlen. *1. Begriff:* Kennzahlen zur Analyse der Existenzsicherheit und der dauernden Erfüllbarkeit der eingegangenen Verpflichtungen eines Versicherungsunternehmens. – *2. Formen:* Absolute S. werden z.B. nach → Solvency I bei der Ermittlung der → Soll-Solvabilität in Form von → Beitragsindex und → Schadenindex ermittelt. Im Rahmen von externen Jahresabschlussanalysen und Ratings werden hingegen meist relative S. als Indikatoren für die Unternehmenssicherheit verwendet, etwa der → Solvabilitätsdeckungsgrad.

Solvabilitätsmittel. I. Im Rahmen von → Solvency I: Vgl. → Eigenmittel. – II. Im Rahmen von → Solvency II: Vgl. → Available Solvency Margin.

Solvabilitätsplan. *1. Begriff:* „Plan zur Wiederherstellung gesunder Finanzverhältnisse", den ein Versicherungsunternehmen der Aufsichtsbehörde auf Verlangen vorzulegen hat, wenn die → Eigenmittel geringer sind als die → Solvabilitätsspanne (§ 81b I VAG). – *2. Maßnahmen:* Die Durchsetzung der Vorlage eines S. kann durch Androhung und Festsetzung eines Zwangsgelds erfolgen. Der S. kann Maßnahmen zur Beeinflussung der → Ist-Solvabilität oder der → Soll-Solvabilität vorsehen. Ist das Versicherungsunternehmen außerstande, innerhalb einer gesetzten Frist die im S. vorgesehenen Maßnahmen durchzuführen, kann die Aufsichtsbehörde die Erlaubnis für den gesamten Geschäftsbetrieb widerrufen (§ 87 II VAG).

Solvabilitätsspanne. *1. Begriff:* Betrag an freien und unbelasteten → Eigenmitteln, über den ein Versicherungsunternehmen nach Maßgabe von → Solvency I mindestens verfügen muss, um aufsichtsrechtlichen Sanktionen (→ Finanzierungsplan, → Solvabilitätsplan) vorzubeugen (vgl. → Soll-Solvabilität). Betriebswirtschaftlich operationalisiert die S. die (versicherungstechnische) Risikolage des Versicherungsunternehmens. Ein Drittel der S. gilt als → Garantiefonds. – *2. Methodik:* Die S. ist ein Betrag, der nach § 53c VAG und der KapitalausstattungsVO aus Kennzahlen des Jahresabschlusses unter partieller Berücksichtigung der Rückversicherung gebildet wird. a) In der Nicht-Lebensversicherung: Maximum aus → Beitragsindex und → Schadenindex; – b) in der Lebensversicherung: Die Berechnungsgrundlage bilden (1) die Versicherungssumme, (2) die Deckungsrückstellung, (3) die Beitragsüberträge, (4) die Beitragseinnahmen (bei Zusatzversicherungen). – *3. Maßnahmen:* Bei Unterschreitung der S. muss das Versicherungsunternehmen auf Verlangen der Aufsichtsbehörde einen „Plan zur Wiederherstellung gesunder Finanzverhältnisse" (Solvabilitätsplan) zur Genehmigung vorlegen. Der Plan kann Maßnahmen zur Beeinflussung der → Ist-Solvabilität oder der Soll-Solvabilität vorsehen. – *4. Probleme:* Zentrale Kritikpunkte betreffen u.a.: a) Den Vergangenheitsbezug der bilanziellen Einflussgrößen, – b) die fehlende Berücksichtigung der Ertragskraft des Versicherungsunternehmens, – c) die begrenzte Anrechnung der Rückversicherung, – d) die fehlende Berücksichtigung des risikopolitischen Instrumentariums, ferner speziell in der Nicht-Lebensversicherung, – e) im Zusammenhang mit der Prämie als Risikoindikator die Außerachtlassung des darin enthaltenen Sicherheitszuschlags, – f) im Zusammenhang mit den Schäden als Risikoindikator die Außerachtlassung ihrer Zufallsschwankungen, – g) die fehlende Einbeziehung von Kapitalanlagerisiken, sowie schließlich in der Lebensversicherung – h) die fehlende Berücksichtigung von Diversifikationseffekten zwischen Kapitalanlagerisiken und biometrischen Risiken. – *5. Ausblick:* Im Rahmen von → Solvency II soll die Berechnung des aufsichtsrechtlich notwendigen Kapitals in Form der S. durch ein betriebswirtschaftlich fundiertes Standardmodell oder durch interne Modelle einzelner Versicherungsunternehmen ersetzt werden. Darüber hinaus wird im Ansatz von Solvency II die Versicherungsaufsicht um qualitative Aufsichtselemente und verstärkte Offenlegungsvorschriften zur Stärkung der Marktdisziplin ergänzt.

Solvabilitätsvorschriften. → Solvabilität, → Solvency I, → Solvency II.

Solvency Capital Requirement (SCR). *1. Begriff:* Beschreibt im Rahmen der 1. Säule von → Solvency II die regulatorische Solvenzkapitalanforderung. Das SCR kann entweder unter Verwendung einer vorgegebenen Standardformel oder durch ein vom einzelnen Versicherungsunternehmen entwickeltes internes Modell berechnet werden. – *2. Modelle:* a) Standardmodell: Das SCR wird im Standardmodell unter dem Grundsatz der Unternehmensfortführung so ermittelt, dass alle quantifizierbaren Risiken, denen ein Versicherungsunternehmen ausgesetzt ist, berücksichtigt werden. Es wird als Value-at-Risk zu einem Konfidenzniveau von 99,5 % berechnet. Das SCR soll mindestens folgende Risiken berücksichtigen: (1) Nichtlebensversicherungsrisiko (Prämien- und Reserverisiko, Katastrophenrisiko), (2) Lebensversicherungsrisiko (Sterberisiko, Langlebigkeitsrisiko, Invaliditätsrisiko, Kostenrisiko, Stornorisiko, Katastrophenrisiko), (3) Krankenversicherungsrisiko (Kostenrisiko, Prämien- und Reserverisiko, Epidemierisiko), (4) Marktrisiko (Zinsrisiko, Aktienrisiko, Immobilienrisiko, Spread-Risiko, Wechselkursrisiko, Konzentrationsrisiko), (5) Ausfallrisiko, (6) operationelles Risiko. Die ermittelten Kapitalbedarfe für die einzelnen Risikokategorien werden im Standardmodell unter Berücksichtigung der Risikokorrelationen zum gesamten SCR aggregiert. – b) Interne Modelle: Interne Modelle zur Ermittlung des SCR müssen von der Aufsichtsbehörde überprüft und zertifiziert werden. Die Zertifizierung erfolgt nur, wenn das interne Modell dem Risikoprofil des Versicherungsunternehmens besser Rechnung trägt, als das Standardmodell, und statistische Standards, Kalibrierungs-, Validierungs- sowie Dokumentationsstandards eingehalten werden. Sie können in Form von Voll- oder Teilmodellen genutzt werden. Teilmodelle finden nur auf einige Risikokategorien oder Geschäftsbereiche des Versicherungsunternehmens Anwendung.

Solvency I. *1. Begriff:* Aktuelle aufsichtsrechtliche Vorschriften zum europäischen Solvabilitätssystem, die sich auf Basis des „Müller-Berichts" aus den europäischen Richtlinien 2002/13/EG für die Schadenversicherung und 2002/83/EG für die Lebensversicherung ergeben und über § 53c VAG i.V.m. der KapitalaustattungsVO in das deutsche Recht übertragen wurden. – *2. Merkmale:* Das Solvabilitätssystem nach S. führt weit gehend das tradierte europäische Solvabilitätssystem fort, das auf dem Vergleich von → Ist-Solvabilität und → Soll-Solvabilität basiert. Die Umsetzung von S. brachte neben erhöhten Informationsbereitstellungserfordernissen insbesondere die Notwendigkeit mit sich, die → Solvabilität nicht nur zum Jahresabschlussstichtag, sondern zu jedem Zeitpunkt zu gewährleisten. – *3. Probleme:* Siehe → Solvabilitätsspanne. – *4. Aktuelle Entwicklungen:* Im Rahmen von → Solvency II soll die Berechnung der aufsichtsrechtlich geforderten → Solvabilitätsmittel durch ein betriebswirtschaftlich fundiertes Standardmodell oder durch interne Modelle für einzelne Versicherungsunternehmen ersetzt werden. Darüber hinaus wird im Ansatz von Solvency II die Versicherungsaufsicht um qualitative Aufsichtselemente und verstärkte Offenlegungsvorschriften zur Stärkung der Marktdisziplin ergänzt.

Solvency II. *1. Begriff:* Projekt der EU-Kommission zur grundlegenden Reform des Versicherungsaufsichtsrechts in Europa. Dabei werden insbesondere Fragen der Finanzaufsicht, des Risikomanagement und der Finanzberichterstattung von Versicherungsunternehmen diskutiert. Es soll ein weit gehend wettbewerbsneutrales Aufsichtssystem geschaffen werden, das die tatsächliche Risikolage des Versicherers umfassend und realistisch beschreibt und Anreize für die Versicherungsunternehmen setzt, unternehmensinterne Risikomanagementsysteme zu implementieren. – *2. Strukturmerkmale:* S. verfolgt analog zu → Basel II einen Drei-Säulen-Ansatz, der quantitative Aspekte des Finanzmanagement mit qualitativen Anforderungen an das Risikomanagement und Offenlegungspflichten verknüpft. a) 1. Säule: Bestimmungen über quantitative Anforderungen hinsichtlich der Dotierung versicherungstechnischer Rückstellungen, der Vermögensanlage und der → Solvabilität des Versicherungsunternehmens. Auch bei S. bleibt die grundlegende Solvabilitätsidee eines Vergleichs zwischen den vorhandenen

→ Solvabilitätsmitteln (→ Available Solvency Margin) und den geforderten Solvabilitätsmitteln (→ Solvency Capital Requirement) erhalten. Dabei werden die geforderten Solvabilitätsmittel zweistufig definiert. Die Versicherungsunternehmen müssen mindestens das → Minimum-Capital Requirement (Minimalsolvenzkapital) vorhalten, das über einfache Faktormodelle ermittelt wird. Zur Vermeidung aufsichtsrechtlicher Eingriffe müssen Solvabilitätsmittel mindestens in Höhe des Solvency Capital Requirement (Zielsolvenzkapital) vorgehalten werden. Dieses kann wahlweise über ein von der Aufsichtsbehörde vorgegebenes Standardmodell oder über ein von der Aufsichtsbehörde zertifiziertes internes Risikomodell des Versicherungsunternehmens berechnet werden. – b) 2. Säule: Vorschriften für die internen Modelle und Prozesse für das Risikomanagement des Versicherungsunternehmens sowie Festlegung des aufsichtsrechtlichen Überprüfungsprozesses. – c) 3. Säule: Offenlegungsvorschriften zur Förderung der Marktdisziplin der Versicherungsunternehmen. Hierbei ist eine Koordination mit den Offenlegungsvorschriften der externen Rechnungslegung (IAS/ IFRS) notwendig. – *3. Aktuelle Entwicklungen:* Mit Abschluss des Solvency I-Projekts wurden nur partielle Anpassungen an den Details des bestehenden Solvabilitätssystems vorgenommen, so dass parallel dazu das Solvency II-Projekt mit dem Ziel begonnen wurde, die Struktur der gesamten Versicherungsaufsicht hin zu einem risikobasierten System zu ändern. Das Solvency II-Projekt ist in zwei Phasen unterteilt. Die erste Phase begann im Mai 2001 mit der Beauftragung und Durchführung zweier Studien (KPMG-Report, Sharma-Report), die alternative Grundkonzepte und eine Vielzahl von Einzelfragen eines neuen Aufsichtssystems diskutierten. Auf Basis des Drei-Säulen-Modells werden in Phase 2 seit dem Jahr 2003 unter Zusammenschluss der europäischen Versicherungsaufsichtsbehörden (CEIOPS) die Details des zukünftigen Aufsichtssystems ausgearbeitet. Die theoretischen Arbeiten von CEIOPS werden durch sog. Quantitative Impact Studies (QIS) begleitet, um die vorgeschlagenen Standardmodelle im Hinblick auf Ihre Praxistauglichkeit zu kalibrieren. Die Arbeiten der zweiten Phase mündeten bereits in der Verabschiedung der EU-Rahmenrichtlinie im Juli 2007. Voraussichtlich werden die Umsetzung in nationales Recht und die Anwendung von S. nicht vor dem Jahr 2012 erfolgen.

Solvenz. *1. Begriff:* Bezeichnet die Zahlungsfähigkeit und die Schuldendeckungsfähigkeit eines Versicherungsunternehmens. Sind diese nicht gegeben, wird auf Geheiß der Aufsichtsbehörde entsprechend des Versicherungsaufsichtsgesetzes und der Insolvenzordnung ein Insolvenzverfahren über das Versicherungsunternehmen eröffnet. – *2. Merkmale:* Zu den Grundvoraussetzungen der S. des Versicherungsunternehmens gehört, dass es über eine ausreichende → Solvabilität verfügt und für eingegangene Verpflichtungen ausreichende Rückstellungen bildet. Darüber hinaus ist eine stetige → Liquidität sicherzustellen. Die Beurteilung der S. obliegt im Rahmen der Finanzaufsicht der Aufsichtsbehörde.

Sonderausgabenabzug. Steuerlicher Abzug von Beiträgen, die ein Arbeitnehmer u.a. zur Finanzierung einer → Altersvorsorge leistet, im Rahmen der persönlichen Einkommensteuererklärung gem. § 10 EStG. Der für Vorsorgeaufwendungen abziehbare steuerliche Höchstbetrag ist um den steuerfreien Arbeitgeberanteil zur → gesetzlichen Rentenversicherung (GRV) zu kürzen. Bei Steuerpflichtigen, die nicht der Versicherungspflicht in der GRV unterliegen, erfolgt die Kürzung (mangels eines real existierenden Arbeitgeberbeitrags) in Höhe eines fiktiven, nach § 10 III EStG bestimmten Anteils.

Sonderbeauftragter. *1. Begriff:* Von der → Aufsichtsbehörde im Versicherungsunternehmen eingesetzte Person mit Organbefugnissen. – *2. Hintergründe:* Die Aufsichtsbehörde kann Befugnisse, die den Organen eines Versicherers nach → Satzung, Gesetz oder Geschäftsordnung zustehen, ganz oder teilweise auf einen Sonderbeauftragten übertragen (§ 83a VAG). Sie kann durch Verwaltungsakt nicht nur den Vorstand (bei einer → Niederlassung eines ausländischen Versicherers den Hauptbevollmächtigten), sondern auch die anderen Organe, also den Aufsichtsrat und die Hauptversammlung bzw. beim → Versicherungsverein auf Gegenseitigkeit (VVaG) die oberste Vertretung ersetzen. Bei → öffentlich-rechtlichen Versicherern tritt an die Stelle des Vorstands das entsprechende Geschäftsführungsorgan und an die Stelle des Aufsichtsrats das entsprechende Überwachungsorgan (§ 3 VAG). – *3. Ratio und Voraussetzungen:* Die Einrichtung des S. ist bereits in den 1930er Jahren geschaffen worden. Rechtlich war es damals noch nicht möglich, den Vorstand z.B. direkt abzusetzen. Das übliche Verfahren, die zuständigen anderen Organe aufzufordern, den Vorstand zu ersetzen, war eine u.U. zu zeitaufwändige Prozedur, wenn schnelle Entscheidungen im Interesse der Versicherten getroffen werden mussten; das galt insbesondere dann, wenn das für die Abberufung zuständige Organ sich weigerte, dem Verlangen der Aufsichtsbehörde zu folgen, oder wenn gar ein solches Organ gar nicht (mehr) existierte. Die Bestellung eines S. setzt voraus, dass Tatsachen vorliegen, aus denen sich ergibt, a) dass ein oder mehrere → Geschäftsleiter die gesetzlichen Vorgaben nicht erfüllen oder – b) das Unternehmen nachhaltig gegen Bestimmungen des VAG oder die zur Durchführung des Gesetzes erlassenen Verordnungen oder Anordnungen verstoßen hat oder – c) wenn die dauernde Erfüllbarkeit der Versicherungsverträge gefährdet erscheint (§ 83a I VAG). Der S. hat bei seiner Tätigkeit in erster Linie die Interessen der Versicherten zu wahren. Kommt die Aufsichtsbehörde zu dem Ergebnis, dass nur ein Vorstandsmitglied versagt hat, kann der S. auch nur für dieses Mitglied bestellt werden. Das folgt schon aus dem Verhältnismäßigkeitsgrundsatz, den die Aufsichtsbehörde immer, so auch hier, zu beachten hat. – *4. Kosten:* Die dem S. zu gewährende Vergütung hat das Unternehmen zu tragen. Sie wird der Höhe nach von der Aufsichtsbehörde festgesetzt. Ist das Unternehmen zur Zahlung nicht in der Lage, kann die Aufsichtsbehörde Vorschusszahlungen leisten (§ 83a II VAG).

Sonderposten mit Rücklagenanteil. *1. Begriff:* Posten auf der Passivseite der → Bilanz, um bestimmte Erträge (z.B. vorübergehend aufgelöste → Bewertungsreserven) von der Besteuerung zu befreien. – *2. Ziele und Folgen:* Der S. ist Ausfluss einer steuerlichen Sonderregelung zur Förderung des Investitionsklimas, v.a. bei Modernisierungs- und Erweiterungsmaßnahmen. Die spätere Auflösung erhöht entweder den steuerpflichtigen Gewinn, oder die Auflösung wird durch eine Sonderabschreibung auf neu angeschaffte Wirtschaftsgüter erfolgsmäßig neutralisiert. – *3. Gesetzliche Grundlagen:* § 247 III HGB, § 6b EStG. – *4. Aktuelle Entwicklungen:* Im Zuge des → Bilanzrechtsmodernisierungsgesetzes (BilMoG) wird § 247 III HGB aufgehoben. Der Gewinn ist im handelsrechtlichen → Jahresabschluss darzustellen und um die zukünftige Steuerbelastung in Form von passiven → latenten Steuern zu kürzen. Der S. wird somit künftig entfallen.

Sondervergütungen. *1. Begriff:* Im Fall der S. kommt ein äußerlich üblicher Versicherungsvertrag zustande; dem Versicherungsnehmer wird aber außerhalb des dokumentierten Vertragsinhalts eine besondere geldwerte Leistung erbracht (z.B. Provisionsabgabe). – *2. Eingriffsrechte der Aufsicht:* Das Gesetz ermächtigt die → Aufsichtsbehörde in § 81 II S. 4 VAG, im Interesse der Versicherten dann berichtigend einzugreifen, wenn einzelne Versicherte oder einzelne Gruppen von Versicherten gemessen am Normalbestand des Versicherers bevorzugt werden. Auf dieser Rechtsgrundlage kann sie die Gewährung von S. (und den Abschluss von → Begünstigungsverträgen) durch Verordnung verbieten. Das ist in der Vergangenheit auch geschehen (vgl. z.B. die Verordnung über das Verbot von Sondervergütungen und Begünstigungsverträgen in der Lebensversicherung v. 8.3.1934, Nr. 129 des Deutschen Reichsanzeigers v. 6.6.1934 und die Verordnung betreffend die Schadenversicherung v. 17.8.1982, BGBl. I., S.1243).

Sonderwagnisse. *1. Begriff:* Erhöhte, anomale oder besondere Risiken, die in allgemeinen (standardisierten) Risikobeschreibungen bzw. → Versicherungsdeckungen per se nicht enthalten sind. – *2. Beispiele und Behandlung:* a) In der → Lebensversicherung und in der → privaten Krankenversicherung sind S. erhöhte oder anomale Risiken, die nur unter erschwerten Bedingungen (Deckungszuschlag, Deckungsbegrenzung) versichert werden; ansonsten gilt ein Deckungsausschluss. – b) In der → Sachversicherung sind S. spezielle Risiken, die bezüglich des Haftungsumfangs und der Prämienhöhe individuell zu beurteilen sind (z.B. Kunstdenkmäler, Raritäten oder Unikate).

Sonstiges Dienstleistungsgeschäft. Geschäftsbereich von Versicherungsunternehmen, der vom → Versicherungsgeschäft i.e.S. (mit den Komponenten → Risikogeschäft, → Spargeschäft, → Entspargeschäft, → Abwicklungsgeschäft) und vom → Kapitalanlagegeschäft abzugrenzen ist. Wegen des Verbots → versicherungsfremder Geschäfte dürfen im Versicherungsunternehmen allerdings nur solche S. betrieben werden, die unmittelbar mit dem Versicherungsgeschäft zusammenhängen (§ 7 II VAG); ansonsten müssen sie im → Versicherungskonzern in einer gesonderten Rechtseinheit betrieben werden. Beispiele für S. sind Allfinanzgeschäfte (→ Allfinanz), Geschäfte mit Beratungsdienstleistungen, Werk- und Dienstleistungen zur realen Schadenbeseitigung, Assistance-Leistungen (→ Assistance) etc.

Sonstiges gebundenes Vermögen. Neben dem → Sicherungsvermögen ein weiterer Teil des → gebundenen Vermögens im Versicherungsunternehmen, das nach § 54 V VAG insgesamt mindestens der Summe aus den Bilanzwerten der versicherungstechnischen Rückstellungen und der aus Versicherungsverhältnissen entstandenen Verbindlichkeiten und Rechnungsabgrenzungsposten entsprechen muss. Nach § 54 V VAG i.V.m. § 66 I VAG finanzieren im Wesentlichen die beiden letztgenannten Passivpositionen das sonstige gebundene Vermögen.

Sortimentspolitik. *1. Begriff:* Zusammenstellung eines attraktiven Angebotsprogramms aus Versicherungs-, Kapitalanlage- und sonstigen Dienstleistungen und dessen Umstrukturierung bzw. marktgerechte Anpassung im Zeitablauf – einschl. aller damit zusammenhängenden Entscheidungstatbestände (siehe auch → Versicherungsgeschäft, → Kapitalanlagegeschäft, → sonstiges Dienstleistungsgeschäft). – *2. Ausprägungen bzw. Dimensionen:* Zur S. gehört die Sortimentserweiterung durch Aufnahme neuer Produkte (→ Produktinnovation) oder Versicherungszweige, die Anpassung oder Ausdifferenzierung des Sortiments durch → Produktmodifikationen (→ Produktvariationen und/ oder → Produktdifferenzierungen) sowie die Sortimentsbereinigung durch Einschränkung der Produktanzahl (Produktelimination). – *3. Einordnung:* Die S. ist Bestandteil der → Produktpolitik im weiteren Sinne.

SOX. Abk. für → Sarbanes-Oxley Act.

Soziale Marktwirtschaft. Von A. Müller-Armack und L. Erhard entwickeltes wirtschaftspolitisches Leitbild, das auf den Forderungen der Freiburger Schule (Ordoliberalismus) nach staatlicher Gewährleistung einer funktionsfähigen Wettbewerbsordnung fußt, diese jedoch um sozialpolitische Ziele (→ Sozialpolitik) ergänzt. Dieses Leitbild versucht somit die Positionen der (christlichen) Soziallehre und des Liberalismus zu verbinden, ist jedoch kein geschlossenes Konzept.

Soziale Pflegeversicherung (SPV). *1. Begriff:* Zweig der deutschen → Sozialversicherung. Geregelt im elften Sozialgesetzbuch. Die SPV ist die jüngste und fünfte Säule der Sozialversicherung. Sie wurde zum 1.1.1995 eingeführt, ambulante Leistungen werden seit dem 1.4.1995 gewährt. Vorangegangen war eine rund 20 Jahre andauernde sozialpolitische Diskussion über die bessere soziale Absicherung pflegebedürftiger Personen (siehe auch → Pflege). Aufgabe der SPV soll es sein, das finanzielle Risiko der → Pflegebedürftigkeit abzusichern und Pflegebedürftigen trotz ihres Hilfebedarfs ein möglichst selbstständiges und selbstbestimmtes Leben zu ermöglichen. Die S. ist eine → Pflichtversicherung. – *2. Versichertenkreis:* In der S. sind alle Versicherten der Krankenversicherung pflichtversichert. Privat Krankenversicherte sind verpflichtet, sich privat gegen das Pflegerisiko abzusichern. Die → private Pflegepflichtversicherung ist staatlich reglementiert; ihre Leistungen müssen denen der S. entsprechen. – *2. Träger:* Träger der S. sind die → Pflegekassen. Eine Pflegekasse besteht bei jeder → Krankenkasse, d.h. jede Krankenkasse ist verpflichtet, unter ihrem Dach eine Pflegekasse zu unterhalten. Die Pflegekassen sind ebenso wie die Krankenkassen rechtsfähige Körperschaften des öffentlichen Rechts mit → Selbstverwaltung. Die Mitglieder einer Krankenkasse sind i.d.R. zugleich Mitglieder der bei ihr errichteten Pflegekasse. Personen, die nicht Mitglied einer Pflegekasse sind, müssen sich bei einem privaten Versicherungsunternehmen gegen das Risiko der Pflegebedürftigkeit versichern. Die Organe der Pflegekassen sind identisch mit den Organen der Krankenkassen, bei denen die Pflegekasse besteht. Trotz Identität der Organe und der gemeinsam genutzten Infrastruktur sind die Aktivitäten der Pflegekassen in juristischer und wirtschaftlicher Hinsicht von der Geschäftstätigkeit der jeweiligen Krankenkasse konsequent zu trennen. Die S. wird eigenständig finanziert und muss den Krankenkassen die von den Pflegekassen verursachten Verwaltungskosten pauschal erstatten. Auch die Pflegekassen unterliegen der staatlichen Aufsicht durch die Behörde, die für die Aufsicht über die betreffende Krankenkasse zuständig ist (entweder das BVA oder der Landessozialminister). – *3. Finanzierung:* Die für die S. erforderlichen finanziellen Mittel werden durch → Beiträge der Pflegekassen-Mitglieder auf Grundlage ihrer beitragspflichtigen Einnahmen aufgebracht. Der → Beitragssatz beträgt 1,95 % der beitragspflichtigen Einnahmen (bis zur → Beitragsbemessungsgrenze in der → gesetzlichen Krankenversicherung) und wird grundsätzlich paritätisch von Arbeitnehmer und Arbeitgeber aufgebracht. Eine Ausnahme gilt im Bundesland Sachsen, da dort im Zuge der ersten Stufe der S. kein Feiertag gestrichen wurde. Um die Unternehmen finanziell zu entlasten, müssen in Sachsen die Mitglieder 1,475 Prozentpunkte und die Arbeitgeber lediglich 0,475 Prozentpunkte des Pflegeversicherungsbeitrags bezahlen. Rentner tragen den vollen Beitrag selbst. Seit dem 1.1.2005 zahlen kinderlose Mitglieder einen um 0,25 Punkte erhöhten Beitrag (Kinderberücksichtigungsgesetz). Der Zuschlag wird auf die gleichen beitragspflichtigen Einnahmen berechnet wie die regulären Pflegeversicherungsbeiträge dieser Mitglieder. Das Mitglied trägt den Zuschlag allein, der Arbeitgeber leistet dazu keinen Anteil. – *4. Leistungen:* Versicherte der S., die einen Antrag auf Leistungsempfang gestellt haben, werden aufgrund von Gutachten des → Medizinischen Dienstes der Krankenkassen in drei → Pflegestufen eingeteilt. Bei erheblicher Pflegebedürftigkeit werden die Versicherten in Pflegestufe 1 eingewiesen, bei schwerer Pflegebedürftigkeit in Stufe 2 und bei schwerster Pflegebedürftigkeit in Stufe 3. Nach den Stufen legen sich die einzelnen Pflegesätze fest, die für die → stationäre Pflege höher sind als für die → ambulante Pflege. Aus der S. werden folgende Leistungen zur Verfügung gestellt: a) → Pflegesachleistungen für die → ambulante Pflege (§ 36 SGB XI), – b) → Pflegegeld für selbstbeschaffte Pflegehilfen (§ 37 SGB XI), – c) Kombination von Geld und Sachleistungen (→ Kombinationsleistungen) (§ 38 SGB XI), – d) Häusliche Pflege bei Verhinderung der Pflegeperson (§ 39 SGB XI), – e) Pflegehilfsmittel und technische Hilfen (§ 40 SGB XI), – f) → Tagespflege und Nachtpflege, → teilstationäre Pflege (§ 41 SGB XI), – g) Kurzzeitpflege (§ 42 SGB XI), – h) Vollstationäre Pflege (§ 43 SGB XI), – i) Leistungen zur sozialen Sicherung der Pflegeperson (§ 44 SGB XI), – j) → Pflegekurse für Angehörige und ehrenamtliche Pflegepersonen (§ 45 SGB XI), – k) Leistungen für Pflegebedürftige mit erheblichem allgemeinem Betreuungsbedarf (§ 45 b SGB XI). Die Leistungen werden als Dienstleistungen, Sachleistungen, Geldleistungen und in Form von Kostenerstattungen erbracht. Sie bieten keinen Rundum-Schutz, sondern ergänzen lediglich die familiäre, nachbarschaftliche oder sonstige ehrenamtliche Pflege und Betreuung. Über den Leistungsanspruch hinaus gehenden Pflege- und Betreuungsbedarf muss der Pflegebedürftige selbst sicherstellen. Reichen dafür die Mittel des Pflegebedürftigen nicht aus, kann sich daraus ein weiterer Leistungsanspruch nach anderen Sozialhilfegesetzen ergeben. – *5. Qualitätssicherung:* Die Pflegeleistungen sind so zu erbringen, dass sie den Maßstäben zur Qualität der ambulanten und stationären Pflege nach § 80 I SGB XI entsprechen. Nach §§ 2 ff. SGB XI sind u.a. die Förderung der Selbstständigkeit, die aktivierende Pflege, die Einbeziehung von Pflegepersonen und Ehrenamtlichen sowie die Berücksichtigung des allgemein anerkannten Stands von Medizin und Pflege die Kriterien für die Qualität der Pflegeleistungen. Bei den Maßnahmen zur Qualitätssicherung wird zwischen internen und externen Qualitätssicherungsmaßnahmen unterschieden. Dabei geht es um die Prüfung, ob die vorausgesetzte Qualität der Pflegeleistungen tatsächlich erreicht oder eingehalten wird. Interne Qualitätssicherungsmaßnahmen sind z.B. innerbetriebliche Maßnahmen im Rahmen des Qualitätsmanagement. Freiwillige oder obligatorische Prüfungen der Qualität durch andere Institutionen, wie TÜV, Heimaufsicht, Medizinischer Dienst der Krankenkassen (MDK), sind Beispiele für externe Qualitätssicherungsmaßnahmen. – *6. Entwicklungen:* Die Bundesregierung hat mit dem „Entwurf eines Gesetzes zur strukturellen Weiterentwicklung der Pflegeversicherung" eine Reform auf den parlamentarischen Weg gebracht. Die Reformansätze beinhalten z.B. die Anhebung der ambulanten Sachleistungen, des Pflegegeldes und der stationären Leistungen (Stufe III), zusätzliche Leistungen für Demenzkranke sowie eine Dynamisierung der Leistungen ab 2015.

Sozialhilfe. *1. Begriff:* Eine nach dem → Fürsorgeprinzip gewährte steuerfinanzierte (→ Steuerfinanzierung) Leistung der öffentlichen Hand für Menschen, die in finanzielle Not geraten und hilfsbedürftig sind, mit dem Ziel, Ihnen die Führung eines Lebens zu ermöglichen, das der Würde des Menschen entspricht. – *2. Rechtsgrundlage und Leistungsberechtigte:* Rechtsgrundlage ist das SGB XII, das seit dem 1.1.2005 das zwischen 1961 und 2004 geltende Bundessozialhilfegesetz ersetzt. Leistungsberechtigt sind nicht erwerbsfähige Hilfebedürftige, die nicht in einer Bedarfsgemeinschaft mit einem erwerbsfähigen Hilfebedürftigen leben und keinen Anspruch auf Leistungen der → gesetzlichen Arbeitslosenversicherung haben. Erwerbsfähige Hilfebedürftige und die Mitglieder ihrer Bedarfsgemeinschaft haben hingegen Anspruch auf Leistungen nach SGB II (Grundsicherung für Arbeitsuchende, → Arbeitslosengeld II). Die ehemals eigenständig geregelte Grundsicherung im Alter und bei → Erwerbsminderung für Personen über 65 Jahren bzw. Personen, die volljährig und voll erwerbsgemindert (ohne Aussicht auf Besserung) sind, wurde in das Sozialhilferecht integriert (SGB XII, Kap. 4). Die Zuordnung der Hilfeberechtigten zum jeweiligen Leistungsrecht erfolgt primär auf der Grundlage der Erwerbsfähigkeit, die Systeme schließen sich dabei gegenseitig aus. – *3. Leistungen:* Das SGB XII kennt folgende Leistungsarten: a) Hilfe zum Lebensunterhalt (§§ 27 bis 40), – b) Grundsicherung im Alter und bei Erwerbsminderung (§§ 41 bis 46), – c) Hilfen zur Gesundheit (§§ 47 bis 52), – d) Eingliederungshilfe für behinderte Menschen (§§ 53 bis 60), – e) Hilfe zur Pflege (§§ 61 bis 66), – f) Hilfe zur Überwindung besonderer sozialer Schwierigkeiten (§§ 67 bis 69), – g) Hilfe in anderen Lebenslagen (§§ 70 bis 74) sowie die jeweils gebotene Beratung und Unterstützung. Das SGB XII unterscheidet formal nicht mehr (wie zuvor das BSHG) die Hilfe zum Lebensunterhalt und die (frühere) Hilfe in besonderen Lebenslagen. Dennoch bestehen weiterhin Unterschiede bei der Einkommens- und Vermögensanrechnung im Rahmen der einzelnen Leistungsarten des SGB XII. – *4. Träger:* Die S. wird von örtlichen und überörtlichen Trägern geleistet. Örtliche Träger der S. sind die kreisfreien Städte und die Kreise, soweit nicht nach Landesrecht etwas anderes bestimmt wird.

Sozialkompetenz, *soziale Kompetenz.* – *1. Begriff:* Fähigkeit und Bereitschaft, Beziehungen zu anderen Personen oder Personengruppen einzugehen, zu gestalten und konstruktiv mit ihnen zusammenzuarbeiten. Hierzu zählen u.a. die Fähigkeit zu kooperieren, sich in andere hineinzuversetzen, zu kommunizieren und Konflikte zu lösen. S. hat auch immer etwas mit moralischen Werten und Achtung bzw. Achtsamkeit anderen gegenüber zu tun. Die S. ist eine der → Schlüsselqualifikationen in jedem Anforderungsprofil (vgl. → Funktions- und Anforderungsprofil). – *2. Probleme:* Basis des Handelns müssen die oben erwähnten moralischen Werte und Einstellungen des Handelnden sein, sonst wirkt die Kompetenz manipulativ. In Theorie und Praxis existieren vielfältige Kompetenzmodelle. Eine einheitliche Zuordnung von Kompetenzen zu einem Kompetenzfeld (z.B. der S.) gibt es in der Theorie nicht. Eine Herausforderung in der Praxis ist es deshalb, die Modelle überschneidungsfrei zu formulieren, damit die Kompetenzen für die Aufgaben im Unternehmen eindeutig zugeordnet werden können. Ein gemeinsames Verständnis wird am ehesten über das konkrete Beschreiben von beobachtbarem Verhalten erreicht. Siehe auch → Fachkompetenz, → Handlungskompetenz, → Methodenkompetenz, → Persönlichkeitskompetenz.

Sozialpolitik. *1. Begriff:* Im 19. Jahrhundert in die gesellschaftspolitische Diskussion zur „sozialen Frage" eingeführter Begriff, der zunächst nur im deutschen Sprachraum und erst später auch im angelsächsischen Sprachraum Verbreitung fand. Die mit dem von M. Weber eingeleiteten Werturteilsstreit aufgeworfene Frage, ob es sich um einen Begriff handelt, der rein im Zusammenhang mit der praktischen Politik steht, oder ob er der Wissenschaft zugänglich ist, konnte nicht abschließend geklärt werden, wenngleich die S. bis heute Gegenstand verschiedener Wissenschaftsdisziplinen ist (u.a. Volkswirtschaftslehre, Soziologie, Politikwissenschaft). In der Praxis hat die im Folgenden behandelte staatliche S. die größte Bedeutung. Daneben gibt es die internationale und die betriebliche Sozialpolitik. Mit dem Begriff der (staatlichen) S. werden im weiteren Sinne sämtliche institutionalisierte Formen politischen Handelns bezeichnet, die im Hinblick auf soziale Sicherheit und soziale Gerechtigkeit von Seiten des Staates bzw. durch Körperschaften des öffentlichen Rechts unternommen werden. – *2. Begründung:* a) Effizienzargumente: In der ökonomischen Theorie kann ein sozialpolitischer Eingriff des Staats bei Vorliegen von → Marktversagen gerechtfertigt werden. Dabei dienen Informationsasymmetrien als zentrale Begründung der staatlich organisierten Absicherung allgemeiner Lebensrisiken (Arbeitslosigkeit, Krankheit, Alter) in der → Sozialversicherung. – b) Verteilungsaspekte: In einer marktwirtschaftlichen Ordnung soll die S. üblicherweise der Korrektur von gesellschaftlich unerwünschten Marktergebnissen dienen. Die Umverteilung soll die Fähigkeit zur Selbsthilfe seitens der Hilfebedürftigen möglichst nicht schwächen. Auf diese Weise können die Vorteile der marktwirtschaftlichen Ordnung zur Maximierung des Wohlstands genutzt und eventuell auftretende soziale Spannungen und Gegensätze abgebaut bzw. beseitigt werden (in Deutschland im Sinne des Grundgesetzes, Art. 20). – *3. Instrumente der staatlichen S.:* Dem Staat steht ein breites Angebot an Instrumenten zur Verfügung, das von der Regulierung (z.B. Arbeitnehmerschutz, Arbeitnehmermitbestimmung) bis zu Geld- und Sachleistungen reicht. Wichtigste Geldleistungen sind die Leistungen der Sozialversicherungen, die z.T. aber auch Sachleistungen enthalten (besonders in der → gesetzlichen Krankenversicherung, GKV). Die Fürsorgeleistungen (→ Sozialhilfe, → Arbeitslosengeld II) enthalten Geld- und Sachleistungen. Reine Sachleistungen bestehen bspw. in der Sozialarbeit.

Sozialprodukt, *Nationaleinkommen.* – *1. Begriff:* Zentrales Maß für die Leistung und Wohlfahrt einer → Volkswirtschaft. Unterschieden werden allgemein das Brutto- und das Nettonationaleinkommen (bis 1999 Brutto- und Nettosozialprodukt). Im Rahmen der → volkswirtschaftlichen Gesamtrechnung wird das S. nach dem Inländerkonzept (statt nach dem Inlandskonzept) gemessen. Weitere Begriffspaare, die zu Unterscheidungen führen, sind: S. zu Marktpreisen und zu Faktorkosten; S. in jeweiligen Preisen und in konstanten Preisen (auf Basis eines bestimmtes Ausgangsjahres). – *2. Details:* Das Bruttonationaleinkommen (BNE) stellt ein Maß für die wirtschaftliche Leistung einer Volkswirtschaft in einer Periode dar. Es entspricht der Summe aus dem Wert aller in der entsprechenden Periode produzierten → Güter (Waren und Dienstleistungen) abzüglich der Güter, die bei der Produktion als Vorleistungen eingebracht wurden, und einschl. der aus dem Ausland netto empfangenen Erwerbs- und Vermögenseinkommen. Das Nettonationaleinkommen entspricht dem Bruttonationaleinkommen abzüglich der Abschreibungen auf das Anlagevermögen. Das BNE fußt auf dem Inländerprinzip und kann so gegenüber dem Bruttoinlandsprodukt (BIP) abgegrenzt werden, dem das Inlandsprinzip zugrunde liegt. Der Unterschied ist somit der Saldo der aus dem Ausland netto empfangenen Erwerbs- und Vermögenseinkommen und den an das Ausland gezahlten Erwerbs- und Vermögenseinkommen. Grundsätzlich kann das Nationaleinkommen von drei Seiten her berechnet werden: von der Entstehungs-, Verwendungs- und Verteilungsseite, wobei nach letzterer derzeit die statistischen Grundlagen in Deutschland nicht ausreichen.

Sozialstaatsprinzip. Verfassungsrechtliche Grundlage des deutschen Sozialstaats ist Art. 20 I GG, der jedoch großen Interpretationsspielraum lässt. Die konkrete Auslegung hat daher durch die Politik zu erfolgen und ist abhängig von der Gewichtung der grundlegenden und allgemein anerkannten konstituierenden Prinzipien des Sozialstaats: Selbstverantwortlichkeit, Solidarität (→ Solidaritätsprinzip) und Subsidiarität (→ Subsidaritätsprinzip). Entsprechend unterliegt die Interpretation der Sozialstaatlichkeit u.a. auch dem Zeitgeist.

Sozialversicherung. *1. Begriff:* Zentrales Instrument der → Sozialpolitik, das nicht im allgemeinen Haushalt geführt wird, sondern in gesonderten Körperschaften des öffentlichen Rechts organisiert ist (→ Parafiskus). – *2. Merkmale:* Im Wesentlichen dient die S. der Absicherung allgemeiner Lebensrisiken (Arbeitslosigkeit, Krankheit, Alter, Pflege) durch gesetzlichen Versicherungszwang. – *3. Geschichte:* Die deutsche S. ging aus der Idee genossenschaftlicher Selbsthilfe (im Bergbau bspw. Bruderladen und Knappschaftskassen) hervor. Durch zunehmende Mitwirkung des Staats bei der Verwaltung und Aufbringung der Mittel wurde sie schließlich zum wichtigsten Teilgebiet der staatlichen Sozialpolitik. – *4. Versicherungszweige (Fünf Säulen der S.)*: → gesetzliche Arbeitslosenversicherung, → gesetzliche Krankenversicherung (GKV), → gesetzliche Rentenversicherung (GRV), → gesetzliche Unfallversicherung (GUV) und → soziale Pflegeversicherung. – *5. Rechtssystematik:* Bei der S. gilt grundsätzlich das Versicherungsprinzip, das jedoch durch zahlreiche Einzelregelungen, die auf einen sozialen Ausgleich hinzielen (bspw. → Hinterbliebenenrente), durchbrochen ist. Von der am → Versorgungsprinzip orientierten → Sozialhilfe unterscheidet sich die S. dadurch, dass im Versicherungsfall keine Bedürftigkeitsprüfung erforderlich ist, um die gesetzlich vorgesehenen Leistungen in Anspruch nehmen zu können.

Sozialwahlen, *Sozialversicherungswahlen.* Wahlen zu den Selbstverwaltungsorganen der Träger der → Sozialversicherung, die alle sechs Jahre durchgeführt werden (§ 45 SGB IV). Mit den S. erhalten Arbeitgeber und Arbeitnehmer die Möglichkeit zur Mitbestimmung über die Arbeit der Sozialversicherungsträger.

Sparen. I. Mikroökonomische Theorie: – *1. Begriff:* Die nichtkonsumtive Verwendung des verfügbaren → Einkommens. Über die möglichen Motive für die Ersparnisbildung hat sich eine breite Diskussion herausgebildet. Zu den zentralen Motiven zählen die Vorsorge für den eigenen Ruhestand und die Vererbung, ein Vorsichtsmotiv wegen der zukünftig schwankenden Einkommen oder Ausgaben, ein Liquiditätsmotiv, um unvorhergesehene Ausgaben tätigen zu können, und die Möglichkeit, → Zinsen erwirtschaften zu können. – *2. Theorie:* In der neoklassischen Theorie wird das S. hauptsächlich durch den Zins bestimmt: je höher der Zins ist, desto höher ist die individuelle Ersparnis. Damit ist der Zins auch der zentrale Gleichgewichtsmechanismus am Kapitalmarkt, der S. und Investieren ausgleicht. In der auf J. M. Keynes zurückgehenden Theorie wird das S. hauptsächlich durch das (verfügbare) Einkommen bestimmt: je höher das Einkommen ist, desto höher ist die Ersparnis, d.h. die Sparneigung steigt mit dem Einkommen. Damit bewirkt S. gleichzeitig einen Nachfrageausfall. – II. Makroökonomische Theorie: Hier zeigt sich die Doppelnatur des S. besonders: Einerseits ist S. Nachfrageausfall, andererseits werden dadurch Ressourcen freigesetzt, die für Investitionszwecke, d.h. für Kapazitätserweiterungen, verwendet werden können. S. wirkt damit kurzfristig kontraktiv (Konjunktur stabilisierend), langfristig aber expansiv (Wachstum fördernd).

Spargeschäft. Einmalige oder laufende planmäßige Zahlung von verzinslichen Sparbeiträgen vom Versicherungsnehmer an das Versicherungsunternehmen. Kommt insbesondere in der → Lebensversicherung, der → privaten Krankenversicherung (PKV) und der → Unfallversicherung mit garantierter Beitragsrückzahlung vor. Die Auszahlung als Einmalzahlung oder in Form einer laufenden Rente erfolgt zu/ ab einem bestimmten, vertraglich festgelegten Zeitpunkt. Siehe auch → Entspargeschäft.

Sparprämie. *1. Begriff:* Der Teil der → Prämie für eine Lebensversicherung, der für die Kapitalbildung verwendet wird. Der für einen einzelnen → Versicherten in einem Personenkollektiv für eine bestimmte Periode (i.d.R. ein Jahr) zu entrichtende Teil der Prämie, der bei Zugrundelegung der → Ausscheidewahrscheinlichkeiten 1. Ordnung notwendig ist, um zusammen mit einem Kapitalanlageerfolg in Höhe des → Rechnungszinses für die kalkulatorisch im Kollektiv verbleibenden Personen die → Deckungsrückstellung am Ende der Periode zu stellen. – *2. Modell:* Ist $L(t)$ die am Ende der Versicherungsperiode t zu erbringende Leistung, $N(t)$ die zu Beginn der Periode zu entrichtende → Nettoprämie, i der Rechnungszinssatz, $V(t)$ die Deckungsrückstellung am Ende der Periode t und $a(t)$ die Ausscheidewahrscheinlichkeit 1. Ordnung in t, so bestimmt sich die Sparprämie $S(t)$ nach der Formel $(S(t)+V(t-1))*(1+i) = V(t)$. Für die Entwicklung der Deckungsrückstellung gilt andererseits die Formel $(V(t-1)+N(t))*(1+i) = a(t)*L(t)+(1-a(t))*V(t) = a(t)*(L(t)-V(t))+V(t) = R(t)*(1+i)+V(t)$ mit der → Risikoprämie $R(t)$. Aus beiden Gleichungen zusammen folgt $N(t)= S(t)+R(t)$, d.h. die Nettoprämie ist stets die Summe von Risikoprämie und Sparprämie. Daher ist die Nettoprämie bei den meisten Lebensversicherungsverträgen während der Vertragsdauer konstant, ihre

Spartentrennung

Aufteilung in Risikoprämie und S. jedoch nicht.

Spartentrennung. Trennung der → Versicherungssparten Lebensversicherung und Krankenversicherung von den übrigen Versicherungssparten in eigenen Rechtseinheiten. Die Erlaubnis zum Betrieb der Lebensversicherung und die Erlaubnis zum Betrieb anderer Versicherungssparten schließen einander aus. Das gleiche gilt für die Erlaubnis zum Betrieb der Krankenversicherung (§ 8 Ia VAG). Siehe auch → Erlaubnis zum Geschäftsbetrieb.

Spartenübergreifende Bearbeitung. Bearbeitung von gleichen → Geschäftsvorfällen unterschiedlicher Versicherungssparten durch eine Person oder einen Funktionsbereich. Im Gegensatz zur Spezialisierung ermöglicht die breite Qualifikation der Mitarbeiter einen effektiveren und effizienteren Mitarbeitereinsatz, z.B. im → Kundenservice. Beispiel: Bei S. können Kundenanliegen im telefonischen Kontakt durch einen einzigen Mitarbeiter fallabschließend bearbeitet werden. Der Kunde muss nicht mit verschiedenen Fachabteilungen und Ansprechpartnern verbunden werden.

Spätschaden. Schaden, der einem Versicherungsunternehmen erstmals in einem nach Eintritt des Schadens folgenden Geschäftsjahr gemeldet wurde.

Spätschadenreserve, *Spätschadenrückstellung.* – *1. Begriff:* → Rückstellung für Schäden, die zwar bereits eingetreten, dem Versicherer aber am Bilanzstichtag noch nicht bekannt sind. Teil der → Rückstellung für noch nicht abgewickelte Versicherungsfälle. – *2. Merkmale:* Die S. wird für Schäden gebildet, die bis zum Abschlussstichtag verursacht oder eingetreten, aber noch nicht gemeldet sind. Es wird also angenommen, dass sich vergangene Schadenereignisse auf eine Anzahl von Policen auswirken werden, so dass für den Versicherer voraussichtlich Zahlungsverpflichtungen entstehen, obwohl bisher keine entsprechenden Ansprüche geltend gemacht wurden. Charakteristisch ist, dass die Schadenverursachung bzw. der Schadeneintritt und die Schadenmeldung auf verschiedene Geschäftsjahre entfallen. – *3. Elemente:* a) Unbekannte Spätschäden sind in erster Linie Schäden aus Versicherungsfällen, die bis zum Abschlussstichtag noch nicht gemeldet wurden (synonym - IBNR-Reserven: „Incurred But Not Reported"). Eine Sonderform stellen unbekannte Spätschäden dar, die aus zwar bereits gemeldeten Versicherungsfällen stammen, bei denen die Schadenmeldungen bis zum Abschlussstichtag aber noch nicht vollständig erfolgt sind (synonym - IBNER-Reserven: „Incurred But Not Enough Reported"). – b) Bekannte Spätschäden sind Schäden aus Versicherungsfällen, die zwischen Bilanzstichtag und der inventurmäßigen Feststellung der Schäden gemeldet wurden, sowie Schäden aus unbekannten Versicherungsfällen der Vorjahre, die in der Zwischenzeit bekannt geworden sind. – *4. Bewertung:* Grundsätzlich sollen die → Schadenrückstellungen einzeln bewertet werden. Bei Spätschäden ist die → Einzelbewertung mangels Schadenmeldungen nicht möglich. Deswegen werden die Schäden pauschal bewertet (§ 341g II S. 1 HGB). Ein gängiges Schätzverfahren für Spätschäden ist das → Chain-Ladder-Verfahren. Hier werden die Rückstellungen auf Basis der Vergangenheitswerte unter der Annahme einer konstanten Abwicklungsgeschwindigkeit geschätzt.

Special Purpose Vehicle (SPV), *Zweckgesellschaft.* Gesellschaft, die nur für den Zweck der Emission von Wertpapieren im Rahmen einer → Securitization gegründet wird. Auf diese rechtlich selbstständige Emissionsgesellschaft werden bestimmte (Versicherungs-)Risiken oder Forderungen übertragen. Die Kapitalisierung dieser Gesellschaft erfolgt durch die Emission von Wertpapieren an Investoren. Die von den Investoren bereitgestellten Mittel stehen im Schadenfall für die Schadendeckung zur Verfügung. Nach Ablauf der Transaktion geht der noch verfügbare Betrag an die Investoren zurück.

Spediteur. *1. Begriff:* S. ist, wer sich vertraglich verpflichtet, die Versendung eines Guts zu besorgen (Geschäftsbesorgungsspediteur). I.d.R. führt der S. die Beförderung ganz oder teilweise selbst durch; er ist insoweit als → Frachtführer, → Lagerhalter oder → Verfrachter anzusehen. – *2. Haftung:* a) Der S. haftet für Schäden an Gütern, die sich in seiner Obhut befinden, oder wenn er den Transport selbst durchführt (Selbsteintritt), zu festen Preisen (Fixkosten) oder zusammen mit Gütern anderer Versender bewirkt (Sammelladung), wie ein Frachtführer. – b) Für andere Schäden, wie → Güterfolgeschäden oder → Vermögensschäden, haftet der S. nur im Fall der Verletzung einer seiner nach § 454 HGB mit der Geschäftsbesorgung verbundenen Pflichten (z.b. bei Auswahl eines ungeeigneten Transportmittels oder Frachtführers; nicht bei höherer Gewalt). Durch Allgemeine Geschäftsbedingungen (AGB, z.B. → Allgemeine Deutsche Spediteurbedingungen, kurz: ADSp) kann die Haftung der Höhe nach begrenzt werden. – 3. *Versicherungspflicht:* Für die reine Geschäftsbesorgung besteht keine gesetzliche → Versicherungspflicht. Bei Verwendung der ADSp hat der S. jedoch eine Haftungsversicherung abzuschließen, die seine verkehrsvertragliche Haftung im Umfang der Regelhaftungssummen abdeckt (→ Verkehrshaftungsversicherung). – 4. *Logistische Zusatzleistungen:* Nicht mit dem Transport verbundene logistische Zusatzleistungen des S. (z.B. Montage oder Etikettierung) unterliegen dem Werks- oder Dienstvertragsrecht (§§ 611 bzw. 631 BGB) mit unterschiedlichen Konsequenzen im Fall einer Pflichtverletzung. Da sich die ADSp nur auf speditionsübliche logistische Leistungen im Zusammenhang mit der Beförderung und Lagerung von Gütern beziehen, ist die Verwendung spezifischer Logistik-AGB zu empfehlen. Zu prüfen ist, ob Versicherungsschutz im Rahmen einer → Betriebshaftpflichtversicherung besteht; die Verkehrshaftungsversicherung bietet keine Deckung.

Spezialfonds. → Investmentfonds, die für spezielle Investorengruppen aufgelegt werden. Investoren sind i.d.R. institutionelle Anleger, wie Versicherungsunternehmen oder Pensionskassen. S. haben ein Mindestvolumen von 10 Mio. Euro und sind im Gegensatz zu den → Publikumsfonds weniger stark reguliert. Außerdem haben sie meistens nur einen Investor, wobei maximal 30 Investoren möglich sind. S. unterliegen jedoch auch dem Investmentgesetz und werden von der → Bundesanstalt für Finanzdienstleistungsaufsicht (BaFin) beaufsichtigt.

Spezialisierung. *1. Begriff:* Fokussierung auf ein bestimmtes, eng abgegrenztes Marktsegment. Eine S. liegt vor, wenn eine strategische Geschäftseinheit als Spezialist für ein bestimmtes Produkt oder eine bestimmte Dienstleistung in einem klar abgegrenzten Marktsegment auftritt. – *2. Strategische Einordnung:* Die S. ist eng mit der Strategie der → Fokussierung verbunden, die neben der → Kostenführerschaft und der → Differenzierung eine der drei generischen Normstrategien für strategische → Geschäftsfelder nach Porter darstellt (siehe auch → Strategie). – *3. Varianten:* Im Rahmen von → Marktbearbeitungsstrategien lassen sich die Marktsegment-Spezialisierung und die Produktsegment-Spezialisierung unterscheiden. Im ersten Fall erfolgt die Spezialisierung auf ein eindeutig definiertes Marktsegment (Zielgruppenspezialisierung), im zweiten auf ein Produktsegment (Produktspezialisierung).

Spinnweb-Modell. → Cobweb-Modell.

Spitzenverband Bund, *GKV-Spitzenverband.* Spitzenverband der → Krankenkassen auf Bundesebene. Die Krankenkassen haben zur Wahrnehmung ihrer Interessen und zur Erfüllung ihrer wettbewerbsneutralen Aufgaben, die bisher die → Bundesverbände der Krankenkassen wahrgenommen haben, einen Spitzenverband gegründet (§ 217a SGB V). Mitglieder sind alle Krankenkassen. Organe des S. sind als Selbstverwaltungsorgan ein Verwaltungsrat und als hauptamtliches Organ ein (höchstens dreiköpfiger) Vorstand. Der S. ist eine Körperschaft des öffentlichen Rechts. Seine Aufgaben ergeben sich aus § 217f SGB V. Neben den gesetzlich zugewiesenen (wettbewerbsneutralen) Aufgaben, wie z.B. den Abschluss von Rahmenverträgen für die stationäre und ambulante ärztliche und zahnärztliche Versorgung, soll der S. die Krankenkassen bei der Erfüllung ihrer Aufgaben und Wahrnehmung ihrer Interessen unterstützen.

Sponsoring. Systematische Förderung von Personen, Organisationen und/oder Veranstaltungen, vorwiegend im sportlichen, kulturellen oder sozialen Bereich, um Marketingziele für den Werbetreibenden zu verwirklichen. Siehe auch → Below-the-line-Kommunikation.

Sportbootkaskoversicherung. → Wassersportkaskoversicherung.

Spread. Aufschlag auf den Zinssatz für risikofreie Anlagen als Preis für übernommene Kreditrisiken. Die Höhe des S. ist Ausdruck von generellen Markteinschätzungen und/ oder von Einschätzungen über die Bonität einzelner Emittenten und damit ihrerseits eine volatile Größe.

Spread Loss Cover. *1. Begriff:* Konzept der → Finanzrückversicherung für zukünftige Verpflichtungen (→ prospektive Deckungsformen), das auf einer nichtproportionalen Grundform der Rückversicherung (z.B. Schadenexzedent oder Stop Loss) basiert (häufig auch Synonym für → Funded Cover). Grundgedanke ist die Verteilung von Schadenzahlungen auf mehrere Jahre. – *2. Methodik und Merkmale:* Der Rückversicherer stellt ab Vertragsbeginn limitierte Deckungsmittel pro Ereignis bzw. Jahr und/ oder über eine mehrjährige Vertragslaufzeit zur Verfügung. Der Erstversicherer zahlt hierfür eine Jahresprämie oder eine Einmalprämie (Gebühr). Der Rückversicherer übernimmt das (bedingte) Kreditrisiko, das mit einer Vorfinanzierung von Schäden verbunden ist, wenn der Saldo der Zahlungsströme (→ Experience Account) negativ wird. In der Reinform des S. ist die erbrachte Schadenleistung des Rückversicherers in der Folgezeit zuzüglich einer Verzinsung vom Erstversicherer vollständig zurückzuerstatten (kein → Underwriting Risk). Der Erstversicherer finanziert somit seine Schäden selbst, allerdings in kontinuierlicher, nicht zufallsbestimmter Form. Je nach Vereinbarung ist ein verbleibender Fehlbetrag am Ende der Laufzeit ggf. inklusive Sollzinsen vom Erstversicherer auszugleichen. Für einen möglichen positiven Schluss-Saldo wird üblicherweise eine Gewinnbeteiligung vereinbart. Der Umfang des Underwriting Risk bzw. → Timing Risk bestimmt sich nach den getroffenen Vereinbarungen über mögliche Ausgleichsmechanismen im Rahmen des Experience Account. Das Ergebnis des → Risikotransfertests bestimmt die Anerkennung als Rückversicherungsvertrag unter den jeweiligen Bilanzierungsvorschriften. – *3. Abgrenzung:* In der Praxis existieren i.d.R. Kombinationsformen aus Ansparmechanismen (Funded-Cover-Elemente: „prefunding") und der Verteilung von Schadenleistungen über einen mehrjährigen Zeitraum (Spread-Loss-Cover-Elemente: „postfunding"). – *4. Ziele:* Schadenzahlungen werden auf mehrere Jahre verteilt. Abgestimmte Rückversicherungsprämien ermöglichen eine Nivellierung des versicherungstechnischen Ergebnisses bzw. eine Glättung des Gewinnausweises während der Vertragslaufzeit. – *5. Darstellung im Modell:*

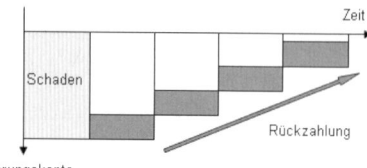

Quelle: Munich Re

SPV. Abk. für → Special Purpose Vehicle.

Staataufsicht. → Aufsichtssystem.

Staatliche Exportkreditversicherung. Die Bundesrepublik Deutschland bietet zur Förderung des Exports → Exportkreditgarantien an, die von einem Konsortium der Euler Hermes Kreditversicherungs-AG und PricewaterhouseCoopers Aktiengesellschaft Wirtschaftsprüfungsgesellschaft abgewickelt werden. Die S. bietet überwiegend Versicherungsschutz für Exportgeschäfte in Länder außerhalb der OECD unter Einschluss des politischen Risikos an.

Staatsanleihen. *1. Begriff:* Von einem Staat begebene Anleihen, d.h. der Staat ist der Schuldner und somit für Zinszahlung und Rückzahlung des Betrags zuständig. S. sind zumeist börsennotierte, i.d.R. großvolumige und damit sehr liquide Emissionen. – *2. Vorgehen und Ausgestaltung:* Im Rahmen eines modernen Schuldenmanagement versuchen die meisten Staaten, das gesamte Laufzeitspektrum einer Zinskurve zu nutzen, so dass kurz-, mittel- und langfristig laufende Anleihen begeben werden. Die damit zum Ausdruck kommende Liquidität und die Verlässlichkeit der Kapitalnachfrage erlauben eine Refinanzierung zu günstigeren Sätzen, als bei einer intransparenteren und illiquideren Marktstruktur was letztendlich die Zinsbelastung für die öffentliche Hand reduziert. S. werden üblicherweise in der jeweiligen Heimatwährung begeben. Sofern jedoch Staaten aufgrund von Finanzmarktinstabilitäten einen Schuldnermalus aufweisen (z.B. in der Vergangenheit die südamerikanischen Staaten) bzw. keine frei konvertierbaren Währungen haben, wird häufig auf den US-Dollar als Emissionswährung zurückgegriffen. In jüngster Zeit emittieren Staaten auch zunehmend inflationsgebundene Anleihen (Inflation-Linked Bonds). Diese Anleihen ermöglichen eine Begrenzung des Inflationsrisikos, da ihr Nominalwert – i.d.R. durch die Kopplung an einen Verbraucherpreisindex - an die Preisentwicklung angepasst wird. Die Höhe des Zinsniveaus hängt bei S. maßgeblich von der Bonität des jeweiligen Landes sowie den makroökonomischen Fundamentaldaten ab. – *3. Bedeutung:* In Deutschland ist der Anteil der Anleihen von der öffentlichen Hand gemessen an den umlaufenden → Inhaberpapieren relativ gering. Hingegen besitzen Bankschuldverschreibungen, insbesondere öffentliche → Pfandbriefe, einen hohen Anteil. Die Gründe liegen in den speziellen Finanzierungsmethoden: In der Vergangenheit hat sich der Staat primär über die Ausgabe von → Schuldscheindarlehen finanziert, die die Banken ihrerseits durch die Begebung von Bankschuldverschreibungen, insbesondere von öffentlichen Pfandbriefen refinanziert haben. In den letzten Jahren ist der deutsche Staat jedoch verstärkt direkt durch die Begebung von Anleihen an den Kapitalmarkt herangetreten.

Staatstätigkeit. Umfasst alle ökonomischen Aktivitäten des Staats. Ihre positive wie normative Bestimmung ist – in einer prinzipiell marktwirtschaftlich organisierten → Volkswirtschaft – eine zentrale Aufgabe der Finanzwissenschaft bzw. der → Wirtschaftspolitik. Dabei geht es im Wesentlichen um die Frage, welche Güter und in welchem Umfang der Staat anbieten soll (→ öffentliche Güter). Gemessen werden kann der Umfang der S. entweder auf der Einnahmenseite durch die Steuerquote oder auf der Ausgabenseite durch die Staatsquote. Empirisch lässt sich hier auch ein Gesetz der wachsenden S. (A. Wagner) nachweisen. Eine immer wieder auftauchende Frage ist, inwieweit die S. überhaupt die Möglichkeit hat, mit Erfolg zu bestimmten Zwecken (Allokation, Distribution, Stabilisierung) in die Wirtschaft einzugreifen. Siehe dazu auch → Fiskalpolitik, → Geldpolitik, → Stabilisierungspolitik.

Stabilisierungsklausel. → Indexklausel.

Stabilisierungspolitik, *Konjunkturpolitik.* – *1. Begriff:* Fasst die Gesamtheit der Maßnahmen zusammen, die auf Dämpfung konjunktureller Schwankungen und die Verstetigung der Entwicklung (Wachstum) von Produktion, → Einkommen und Beschäftigung gerichtet sind (vgl. Gesetz zur Förderung der Stabilität und des Wachstums der Wirtschaft, kurz Stabilitätsgesetz, StabG). – *2. Ziele:* Vollbeschäftigung, Preisniveaustabilität (→ Inflation), außenwirtschaftliches Gleichgewicht (→ Zahlungsbilanz) und ein stetiges und angemessenes Wachstum (§ 1 StabG). Die Schwierigkeit (fast Unmöglichkeit), diese Ziele gleichzeitig zu verfolgen (Zielkonflikte), erfordert Kompromisse und Prioritäten. Die Kenntnis der Zusammenhänge des Wirtschaftsablaufs und deren empirische Überprüfung sind Grundlage stabilisierungspolitischen Handelns. – *3. Instrumente und Maßnahmen:* Antizyklische Nachfragesteuerung mittels der → Fiskalpolitik und → Geldpolitik. Häufig werden diese beiden Politikbereiche durch die Einkommenspolitik ergänzt, weil Löhne und Gewinne hier direkter gesteuert werden können. Ein erster Ansatz dazu ist die konzertierte Aktion (§ 3 StabG). Die nachfrageseitigen Instrumente und Maßnahmen dienen der Beeinflussung der Einnahmen- und Ausgabenströme der Konsumenten und Investoren sowie der Erzielung von Einnahmen- oder Ausgabenüberschüssen (Budgetsalden) der öffentlichen Haushalte zur Steuerung des → Wirtschaftskreislaufs im Sinne der keynesianischen Einkommens- und Beschäftigungstheorie. Ergänzend werden angebotsseitige Instrumente eingesetzt, die auf die Freisetzung unternehmerischer Aktivitäten, die Ausweitung des Angebotsspielraums durch eine qualitative und quantitative Weiterentwicklung der Produktionsfaktoren (Bildung und technischer Fortschritt) und die Wirksamkeit des freien Wettbewerbs setzen.

Staffelprovision. *1. Begriff:* Im Gegensatz zur → Festprovision wird mit der S. eine variable Provisionsspanne definiert, die sich an der Entwicklung der Schadenquote des rückgedeckten Geschäfts orientiert. Je kleiner die Schadenquote ist, desto mehr → Provision erhält der → Erstversicherer. – *2. Abgrenzung von anderen Begriffen:* Siehe auch → Adjustierung.

Stakeholder Value. Wert bzw. Nutzen eines Unternehmens für wichtige Anspruchsgruppen (Stakeholder). Maßgebliche Steuerungsgröße nach dem → Stakeholder Value-Ansatz.

Stakeholder Value-Ansatz. *1. Begriff:* Managementprinzip, nach dem die Zielsetzungen aller wichtigen Anspruchsgruppen (Stakeholder) eines Unternehmens in die Geschäftspolitik integriert werden. – *2. Hintergründe:* Zu den wichtigsten Stakeholdern zählen insbesondere die Eigentümer, die Geschäftsleitung, der Aufsichtsrat, die Kunden, die Arbeitnehmer, die Lieferanten und der Staat. Da die Zielsetzungen dieser Anspruchsgruppen divergieren, ist die Ableitung einer konsistenten normativen Zielfunktion für das Unternehmen auf dieser Basis kaum möglich. Empirische Untersuchungen zeigen hingegen, dass der Einfluss der Stakeholder (ausserhalb der Gruppe der Eigentümer) auf unternehmerische Entscheidungen tatsächlich erheblich ist. – *3. Abgrenzung:* Die Umsetzung eines S. impliziert die Aufgabe des Zielmonismus des → Shareholder Value-Ansatzes. Die Befürworter des Shareholder Value-Ansatzes lehnen hingegen den S. mit dem Argument ab, eine nicht am → Unternehmenswert orientierte Geschäftspolitik impliziere eine Abkehr von marktwirtschaftlichen Effizienzkriterien und führe zwangsläufig zu Vermögensumverteilungen zugunsten derjenigen Stakeholder-Gruppen, deren Lobbyismusaktivitäten erfolgreich sind.

Standardabweichung. Maßgröße für die Variabilität einer Zufallsvariablen (→ Streuungsmaß). Die S. einer Zufallsvariablen X ist definiert als $\sigma_X := \sqrt{\text{var}[X]}$ (→ Varianz). Die S. ist ein Streuungsmaß und hat gegenüber der Varianz den Vorteil, dass sie dieselbe Dimension besitzt wie die Zufallsvariable selbst. Anstelle der S. wird auch der → Variationskoeffizient betrachtet.

Standardabweichungsprinzip. Das S. zum Parameter $\alpha \in \mathbb{R}_+$ ist ein → Prämienprinzip, das jedem → zufälligen Risiko X die → Prämie $H[X] := E[X] + \alpha \sqrt{\text{var}[X]}$ zuordnet (→ Erwartungswert, → Varianz, → Standardabweichung); dabei wird die → Nettoprämie um einen → Risikozuschlag proportional zur Standardabweichung erhöht. Für alle $c > 0$ gilt $H[cX] = cH[X]$.

Standardmodell, *Standardansatz, Standardformel.* Allgemein gültiges Modell zur Berechnung des → Solvency Capital Requirement (SCR) im Rahmen von → Solvency II. Abzugrenzen von → internen Modellen. Das S. erfasst standardisiert definierte Risikoarten auf Marktwertbasis, die standardisiert gewichtet und unter Berücksichtigung von standardisiert quantifizierten Interdependenzen zu einer aggregierten Größe für die regulatorischen Solvenzkapitalanforderungen verdichtet werden, die von den einzelnen Versicherungsunternehmen zu erfüllen sind. Die Wirkungsweise des S. wurde im Rahmen mehrerer → Quantitative Impact Studies (QIS 1 - 4) getestet; für den Herbst 2010 ist eine weitere Wirkungsstudie (QIS 5) vorgesehen.

Standardnormalverteilung. Eine Zufallsvariable X besitzt die S., wenn sie die → Normalverteilung mit den Parametern 0 und 1 besitzt. In diesem Fall gilt $P[X \leq -x] = 1 - P[X \leq x]$ Die Werte der → Verteilungsfunktion der S. werden für bestimmte $x \geq 0$ in Tabellen angeben.

Standardsoftware. → Software, die vom Hersteller für Gruppen von Benutzern z.B. in verschiedenen Unternehmen entwickelt wird. Sie kann ohne oder mit geringfügigen Anpassungen eingesetzt werden. S. ist das Gegenteil von Individualsoftware, die speziell für einen Anwender bzw. eine Anwendergruppe entwickelt wurde.

Standardtarif. *1. Begriff:* Brancheneinheitlicher Tarif in der → privaten Krankenversicherung (PKV) mit einem gesetzlich begrenzten Höchstbeitrag, dessen Versicherungsschutz vergleichbar mit demjenigen der → gesetzlichen Krankenversicherung (GKV) ist. Der S. besteht seit 1994. Der S. erfüllt in der PKV v.a. eine soziale Schutzfunktion. Er richtet sich insbesondere an Versicherte, die aus finanziellen Gründen einen sehr preiswerten Tarif benötigen. – *2. Berechtigte Personengruppen:* Weil der S. in der PKV eine soziale Schutzfunktion erfüllt, ist er nur für bestimmte, vom Gesetzgeber definierte Personengruppen geöffnet. So sind i.d.R. nur Personen zur Versicherung im S. berechtigt, die seit mindestens zehn Jahren privat vollversichert sind und das 65. Lebensjahr vollendet haben oder das 55. Lebensjahr vollendet haben und über ein Einkommen unterhalb der → Jahresarbeitsentgeltgrenze (→ Versicherungspflichtgrenze) verfügen. Der S. darf dabei nicht mit → Zusatzversicherungen verbunden werden (Ausnahmen: → Krankentagegeldversicherung, → Auslandsreisekrankenversicherung). – *3.* → *Beitragslimitierungen:* Der S. ist mit einer

Beitragsgarantie verbunden. Der Beitrag darf den Höchstbeitrag – 547,58 Euro (2009) – nicht übersteigen. Sind Ehepaare oder Lebenspartner im S. versichert und liegt deren Gesamteinkommen unter der → Beitragsbemessungsgrenze von 44.100 Euro (2009), dann zahlen beide Ehe- oder Lebenspartner maximal 150 % des durchschnittlichen GKV-Höchstbetrags. – *4. Rechtsgrundlagen:* → Allgemeine Versicherungsbedingungen (AVB) für den Standardtarif. Weitere rechtliche Vorgaben finden sich in den §§ 257 IIa und 315 SGB V. – *5. Modifizierter S. und Tarifschließung:* Mit Wirkung vom 1.7.2007 bis zum 31.12.2008 bestand für bis dahin nicht krankenversicherte und dem Rechtskreis der PKV zugeordnete Personen die Möglichkeit der vorübergehenden Versicherung im S. (modifizierter S.). Seit dem 1.1.2009 ist der modifizierte S. in den neuen brancheneinheitlichen → Basistarif überführt. Zudem wurde der S. zu jenem Zeitpunkt für Neuzugänge geschlossen. Bestandsversicherte haben Bestandsschutz.

Standing Interpretations Committee (SIC). Komitee, das vor April 2001 für die Entwicklung von Interpretationen der → International Accounting Standards (IAS) zuständig war. Die Verabschiedung der Interpretationen erfolgte durch das International Accounting Standards Committee (IASC). Seit April 2001 ist das → International Financial Reporting Interpretations Committee (IFRIC) für die Interpretationen zuständig.

Stationäre Pflege, *Heimpflege.* – *1. Begriff:* Aufenthalt in einer Einrichtung (Pflegeheim), in der Pflegebedürftige unter ständiger Aufsicht untergebracht, verpflegt und durch Fachpersonal betreut werden. – *2. Merkmale:* S. kommt in Frage, wenn eine angemessene Versorgung und Betreuung der pflegebedürftigen Person durch → ambulante Pflege nicht mehr ausreichend gewährleistet werden kann. Zwischen den zur S. zugelassenen Pflegeeinrichtungen und den Pflegekassen bzw. privaten Krankenversicherern bestehen Versorgungsverträge, die eine teilweise, je nach → Pflegestufe variierende Kostenübernahme (→ Pflegesachleistung) und die durch die Pflegeeinrichtungen zu erbringenden Pflegeleistungen regeln.

Statistik. → Versicherungsstatistik.

Steigende Skalenerträge. Liegen vor, wenn die Erhöhung der Faktoreinsatzmenge um x zu einer Erhöhung des Outputs um mehr als x führt.

Steigerungssatz, *Steigerungsfaktor.* – *1. Begriff:* Multiplikator zu den in den → Gebührenordnungen für Ärzte und Zahnärzte (GOÄ/GOZ) genannten Gebührensätzen, die den „allgemeinen" Preis für (zahn)ärztliche Leistungen darstellen. Zur endgültigen Berechnung des ärztlichen Honorars wird der Gebührensatz, abhängig von der Schwierigkeit und dem Zeitaufwand der ärztlichen Behandlung, mit einem S. multipliziert. – *2. (Steigerungs-)Sätze im Regelfall:* a) für persönliche ärztliche Leistungen zwischen dem einfachen und dem 2,3fachen Satz; – b) für zahnärztliche Leistungen zwischen dem einfachen und dem 2,3fachen Satz; – c) für medizinisch-technische Leistungen zwischen dem einfachen und dem 1,8fachen Satz; – d) für Laboruntersuchungen zwischen dem einfachen und dem 1,15fachen Satz. – *3. Überschreitung der Regelhöchstsätze:* Die Regelhöchstsätze darf der Arzt bei persönlichen Leistungen in bestimmten Fällen bis zum 3,5fachen, bei medizinisch-technischen Leistungen bis zum 2,5fachen bzw. bei Laboruntersuchungen bis zum 1,3fachen Satz („Höchstsatz") überschreiten, wenn die Leistung besonders schwierig und zeitaufwändig ist, also deutlich vom Regelfall abweicht, und eine schriftliche Begründung gegeben wird, die „für den Zahlungspflichtigen (d.h. für den Patienten) verständlich und nachvollziehbar" ist (§ 12 III GOÄ bzw. § 10 III-IV GOZ). Will der Arzt auch diese Höchstsätze überschreiten, so muss mit dem Patienten eine sog. abweichende Vereinbarung (§ 2 GOÄ/GOZ) über eine höhere Vergütung getroffen werden.

Sterbegeld. I. Beamtenversorgung: *1. Begriff:* Element der → Beamtenversorgung im Sinn einer Todesfallleistung. Beim Tod eines → Beamten mit Dienstbezügen oder eines Beamten auf Widerruf im Vorbereitungsdienst erhält der überlebende Ehegatte oder Abkömmling ein S. (§ 18 BeamtVG). – *2. Weitere Merkmale und Voraussetzungen:* Die Höhe des S. beträgt das Zweifache der Dienstbezüge oder der Anwärterbezüge, die der Verstorbene erhalten hat. Ehegatten und Abkömmlinge erhalten das S. ohne weitere Voraussetzungen. Sind solche Anspruchsbe-

Sterbegeldversicherung

rechtigte nicht vorhanden, ist S. für Verwandte der aufsteigenden Linie, Geschwister, Geschwisterkinder sowie Stiefkinder, sofern sie zur Zeit des Tods des Beamten mit diesem in häuslicher Gemeinschaft gelebt haben, auf Antrag zu gewähren. Sonstige Personen, die die Kosten der letzten Krankheit oder der Bestattung getragen haben, können ein S. bis zur Höhe ihrer Kosten, jedoch höchstens des Zweifachen der Dienstbezüge erhalten. Auch für den Fall eines abgeleiteten Erwerbs – also in Form des → Witwen-/ Witwergelds – kann ein S. beim Versterben dieser Personen an die Abkömmlinge gewährt werden. – II. → Sozialversicherung. In der → gesetzlichen Krankenversicherung (GKV) ist das S. beim Tod eines Mitglieds bzw. beim Tod eines familienversicherten Angehörigen seit dem 1.1.2004 nicht mehr Bestandteil des Leistungskatalogs der → Krankenkassen. Weiterhin gibt es jedoch durch die → gesetzliche Unfallversicherung das S., wenn der Tod aufgrund eines Versicherungsfalls – Arbeitsunfall, Wegeunfall, Berufskrankheit – eingetreten ist (§ 64 SGB VII). – III. Privatversicherung. In der → Privatversicherung kommt die Versicherung von S. in der → privaten Unfallversicherung und in Form von selbstständigen → Sterbegeldversicherungen vor.

Sterbegeldversicherung. Lebenslange → Risikolebensversicherung mit einer geringen Versicherungssumme, die der Deckung der Beerdigungskosten der versicherten Person dient.

Sterbegesetz. Vermutete, formelmäßig beschreibbare Gesetzmäßigkeit, aus der sich die Werte einer → Sterbetafel errechnen lassen. Bis ins 19. Jahrhundert war die Vorstellung weit verbreitet, dass die Sterblichkeit einem Naturgesetz gehorcht. Es galt, dieses Gesetz zu ergründen, das aber mutmaßlich ständig durch willkürliche Einflüsse, wie Seuchen oder Kriege, gestört wurde. Heute wird versucht, die über statistische Messverfahren ermittelten Werte der geschlechts- und altersabhängigen → Sterbewahrscheinlichkeiten so auszugleichen, dass unplausible Schwankungen in den Messwerten geglättet werden. Für größere Altersabschnitte wird dafür eine formelmäßige Entwicklung der Sterbewahrscheinlichkeiten unterstellt. Die Parameter der Formel werden dann so bestimmt, dass die Abweichungen zu den Messwerten minimal sind. Bekannte S. sind u.a. nach Mackeham, Gompertz-Mackeham und Wittstein benannt.

Sterbejahrmethode. Statistisches Verfahren zur Messung der → Sterbewahrscheinlichkeiten in einem Kollektiv. Mit der S. werden sämtliche Sterbefälle eines Alters während eines Jahres in das Verhältnis zur Anzahl der Personen gleichen Alters in diesem Zeitraum gesetzt. Da nicht alle Personen zu Beginn des Beobachtungsjahres Geburtstag haben, muss bei der S. berücksichtigt werden, wie viele Personen zeitanteilig während des Beobachtungsjahres in dem betreffenden Alter waren.

Sterbekassen. *1. Begriff:* Kleinere → Lebensversicherungsunternehmen in der Rechtsform von → Versicherungsvereinen auf Gegenseitigkeit (VVaG), die in einem regional begrenzten Geschäftsgebiet einem bestimmten Kundenkreis ausschließlich → Sterbegeldversicherungen anbieten. – *2. Sonderregeln:* Die Höhe der Versicherungssumme wird von der → Aufsichtsbehörde beschränkt; die Grenze orientiert sich an den durchschnittlichen Kosten einer Bestattung. Bei S. sind → die Allgemeinen Versicherungsbedingungen (AVB) sowie die Tarife und Grundsätze für die Kalkulation der Prämien und mathematischen Rückstellungen einschließlich der verwendeten Rechnungsgrundlagen und mathematischen Formeln Bestandteil des → Geschäftsplans und damit genehmigungspflichtig. S. dürfen weder → Kapitalisierungsgeschäfte noch die Verwaltung von Versorgungseinrichtungen übernehmen, weil sie ihrer Struktur nach für eine derartige Geschäftstätigkeit nicht geeignet sind (§ 1 IV S. 5 VAG). Umgekehrt gelten für S. einige aufsichtsrechtliche Erleichterungen bzgl. der Berichtspflichten an die Aufsichtsbehörde (→ interne Rechnungslegung) und die → Solvabilität.

Sterbetafel. *1. Begriff:* Instrument, mit dem eine vollständige statistische Beschreibung der → Mortalität in einer Bevölkerung möglich ist. Auf der Grundlage von beobachteten Sterbefällen wird die Entwicklung einer konstruierten (Sterbetafel-)Bevölkerung in ihrem gesamten Lebenszyklus dargestellt und veranschaulicht. Darüber hinaus lassen sich Aussagen über die Sterbeverhältnisse in den verschiedenen Altersgruppen treffen. Eine S.

Ausschnitt aus der Sterbetafel 2006/ 2008 für Deutschland, Männer

Alter	Sterbe-wahrscheinlichkeit vom Alter x bis x+1	Überlebende Personen im Alter x	Von den Personen im Alter x durchlebte Jahre	Lebenserwartung im Alter x
x	q(x)	l(x)	L(x)	e(x)
0	0,00412898	100.000	99.650	77,17
1	0,00034097	99.587	99.570	76,49
2	0,00019479	99.553	99.543	75,51
3	0,00015594	99.534	99.526	74,53
4	0,00013277	99.518	99.512	73,54
...	...	...	...	...
95	0,27263124	4.570	3 947	2,71
96	0,29233754	3.324	2 838	2,54
97	0,31243652	2.352	1 985	2,38
98	0,33286371	1.617	1 348	2,24
99	0,35355518	1.079	888	2,10
100	0,37444792	698	567	1,98

Quelle: Statistisches Bundesamt, Bevölkerung und Erwerbstätigkeit, Sterbetafel Deutschland 2006/ 2008

liefert verschiedene logisch abgeleitete und interpretierbare Parameter zur Beschreibung der Mortalität. – 2. *Aufbau:* Die wichtigste Variable bei der Erstellung einer S. ist die → Sterbewahrscheinlichkeit q(x). Sie gibt die Wahrscheinlichkeit an, mit der eine Person im Alter x vor Erreichen des Alters x+1 stirbt. Die Sterbewahrscheinlichkeit wird aus der Anzahl der Sterbefälle im Alter x dividiert durch die Zahl der Personen, die das Alter x erreicht haben, berechnet. Aus den Werten für q(x) lassen sich als inverse Größen unmittelbar die Überlebenswahrscheinlichkeiten p(x) ableiten. Es gilt: p(x) = 1 – q(x). Die eigentliche Sterbetafelfunktion l(x) gibt die Anzahl der Personen an, die ausgehend von einem Anfangsbestand l(0) (Radix) das Alter x vollendet haben. Zu beachten ist, dass es sich bei den Werten von l(x) nicht um tatsächlich beobachtete Individuen handelt. Der folgende Ausschnitt aus einer S. soll den Aufbau verdeutlichen: Ausgehend von l(0) = 100.000 lassen sich die weiteren Werte wie folgt berechnen: l(1) = 100.000 * p(0) = 100.000 * (1-(q(0)) = 100 000 * 0.99587 = 99.587, l(2) = 99.587 * p(1) = 99.587 * (1-(q(1)) = 99.587 * 0,99966 = 99.553, usw. Allgemein dargestellt ergibt sich: l(x) = l(x-1) * p(x-1). Der Parameter L(x) bezeichnet die von der Sterbetafelbevölkerung im Alter x durchlebten Jahre. Das bedeutet, dass jedes Mitglied der S., das von Alter x bis Alter x+1 überlebt hat, exakt ein Jahr zu diesem Wert beiträgt. Die Aufsummierung dieser L(x)-Werte ergibt alle von der Sterbetafelbevölkerung durchlebten Personenjahre. Wird der aufsummierte Wert durch den Ausgangswert von 100.000 dividiert, ergibt sich die → Lebenserwartung bei der Geburt, bezeichnet als e(0). Entsprechend kann die fernere Lebenserwartung im Alter x berechnet werden. – 3. *Arten:* Es gibt zwei grundsätzliche Arten von Sterbetafeln. Zum einen handelt es sich um die Periodentafel (Querschnittstafel), die von den beobachteten altersspezifischen Mortalitätsverhältnissen eines bestimmten Beobachtungszeitraums ausgeht, zu denen 100 oder mehr verschiedene, im Beobachtungszeitraum noch lebende Geburtsjahrgänge beitragen. Der auf diese Weise dargestellte Lebensverlauf einer Geburtskohorte (siehe Spalte l(x) der Sterbetafel) muss als fiktiv bezeichnet werden, spiegelt aber das in diesem Zeitraum aktuell

Sterbewahrscheinlichkeit

zugrundeliegende Sterblichkeitsgeschehen wider. Zum anderen handelt es sich um die Generationentafel (Längsschnitttafel), die auf den Mortalitätsverhältnissen eines einzigen Geburtsjahrgangs beruht. Um den gesamten Lebensablauf einer Generation exakt nachbilden zu können, bedarf es allerdings der Daten über einen Zeitraum von rund 100 Kalenderjahren. – *3. Anwendung in der Versicherungspraxis:* S. dienen unter Berücksichtigung des Alters und des Geschlechts der Berechnung der mittleren Lebenserwartung der Versicherten bzw. der Antragsteller und sind damit die wichtigsten Grundlagen für die → Prämienkalkulation in der → Lebensversicherung und in der → privaten Krankenversicherung (PKV).

Sterbewahrscheinlichkeit. *1. Begriff:* Wahrscheinlichkeit, mit der eine bestimmte Person in einem vorgegebenen Zeitraum durch Tod aus einem Personenkollektiv ausscheidet. – *2. Merkmale:* S. sind in der Personenversicherung und Alterversorgung die wichtigsten → Ausscheidewahrscheinlichkeiten. Sie werden – normalerweise normiert auf den Zeitraum von einem Jahr – für unterschiedliche Grundkollektive ermittelt, wie z.B. die Gesamtbevölkerung eines Landes, die sozialversicherungspflichtige Bevölkerung, die Belegschaft eines Unternehmens, einen Versichertenbestand, die Mitglieder eines Berufsstands. S. werden ferner mindestens differenziert nach Altersklassen und Geschlecht erhoben. Manchmal treten weitere Unterscheidungsmerkmale hinzu, etwa das Rauchverhalten, die zurückgelegte Dauer eines Versicherungsvertrags nach einer Gesundheitsprüfung etc. Die einjährige Sterbewahrscheinlichkeit q_x eines x-jährigen steht mit der einjährigen → Erlebenswahrscheinlichkeit p_x in dem Zusammenhang $q_x + p_x = 1$. – *3. Modell:* Bei der Herleitung von S. werden zunächst „rohe Sterbewahrscheinlichkeiten" aus den relativen Häufigkeiten von Todesfällen in den nach den gewählten Differenzierungskriterien in Zellen aufgeteilten Grundkollektiven geschätzt. Da bei vielen Grundkollektiven einzelne Zellen nur schwach oder gar nicht besetzt sind, werden diese Rohdaten anschließend durch Glättungs- und Extrapolationsverfahren modifiziert. Die so gewonnenen Werte können als „best estimate"-Schätzer für die S. gelten. Sie werden häufig als „Sterbewahrscheinlichkeiten 2. Ordnung" bezeichnet, da sie in einem Versichertenkollektiv naturgemäß erst nach Abschluss von Verträgen, deren Kalkulation „Sterbewahrscheinlichkeiten 1. Ordnung" zugrunde lagen, ermittelt werden können. Die für künftige Vertragsabschlüsse verwendeten „Sterbewahrscheinlichkeiten 1. Ordnung" werden aus den „Sterbewahrscheinlichkeiten 2. Ordnung" durch Addition von Sicherheits- und Schwankungszuschlägen abgeleitet, deren Höhe von der Größe des Kollektivs und der Art des betriebenen Geschäfts abhängt. – *4. Anwendungsbereiche:* S. sind die wesentliche statistische Grundlage der Prämien- und Reservekalkulation in der Lebens- und Rentenversicherung (siehe auch → Nettoprämie, → Deckungsrückstellung). – *5. Probleme:* S. sind keine Naturkonstanten. Sie werden von äußeren Rahmenbedingungen beeinflusst und ändern sich daher im Zeitablauf. In den meisten westlichen Ländern waren die Änderungen so gravierend, dass die Lebenserwartung im vergangenen Jahrhundert jedes Jahr im Schnitt um etwa zwei bis drei Monate gestiegen ist. Um verlässliche Kalkulationsgrundlagen für Rentenversicherungsverträge mit manchmal über 70-jährigen Vertragsdauern zu erhalten, ist eine Schätzung der weiteren Trendentwicklung notwendig. Siehe auch → Sterbetafeln. – *6. Verwandte Begriffe:* Erlebenswahrscheinlichkeit, Lebenserwartung, → Langlebigkeit.

Sterbeziffer. *1. Begriff:* Die allgemeine Bezeichnung umfasst alle Ziffern, die die Häufigkeit von Sterbefällen (Gestorbenen) in einer Bevölkerung oder Bevölkerungsgruppe innerhalb einer bestimmten Periode messen. Ohne nähere Präzisierung wird darunter jedoch gewöhnlich die rohe S. verstanden, die zumeist für ein Jahr berechnet wird und das Sterblichkeitsniveau in einer Bevölkerung ohne Berücksichtigung der Altersstruktur darstellt. – *2. Berechnung:* Die S. ergibt sich, wenn die Zahl der innerhalb eines Kalenderjahrs in einer Bevölkerung aufgetretenen Sterbefälle auf die durchschnittliche Bevölkerung desselben Beobachtungszeitraums bezogen wird. Die Darstellung erfolgt üblicherweise je 1.000 Einwohner. Erfolgt eine für Männer und Frauen oder für bestimmte Altersgruppen getrennte Berechnung, ergeben sich die geschlechts- und altersspezifischen Sterbeziffern. Weitere Ziffern für die Darstellung einer differentiellen → Mortalität lassen sich analog berechnen, sofern die hierfür benötigten Daten zur Verfügung stehen. – *3. Probleme:* Rohe S. sind nicht nur vom Mortalitätsniveau in einer Bevölkerung abhängig, sondern auch von deren → Altersstruktur. Um die Einflüsse bspw. für die Darstellung der Mortalitätsentwicklung im Zeitablauf auszuschalten, werden standardisierte S. berechnet. Hierfür werden die beobachteten Sterbeverhältnisse auf eine Standardbevölkerung mit vorgegebener Altersstruktur übertragen. Für einen Vergleich der Mortalitätsentwicklung einer Bevölkerung im Zeitablauf wird häufig die Bevölkerung eines Volkszählungsjahrs als Standard gewählt.

Sterblichkeit. → Mortalität.

Steuerfinanzierung. Finanzierungsprinzip der allgemeinen Staatstätigkeit. Im Unterschied zu → Beiträgen besteht bei Steuern keine Zweckbindung (Non-Affektationsprinzip).

Steuerliches Näherungsverfahren. Von der Finanzverwaltung zugelassenes Formelwerk zur Ermittlung der voraussichtlichen Höhe der Sozialversicherungsrente, relevant im Rahmen von → Gesamtversorgungszusagen. Das aktuelle Näherungsverfahren beruht auf dem Schreiben des BMF vom 15.3.2007 mit Nachtrag vom 5.5.2008.

Steuerrückstellung. *1. Begriff:* → Rückstellung für ungewisse, im Unternehmen anfallende Steuerschulden, v.a. für Ertrags- und Einkommenssteuern, aber auch für Grund-, Grunderwerbs- und Umsatzsteuern. S. werden auch für Risiken aus künftigen steuerlichen Außenprüfungen gebildet, zudem umfassen sie → latente Steuern, soweit diese nicht gesondert ausgewiesen werden. Posten auf der Passivseite der → Bilanz, unter → „Andere Rückstellungen" ausgewiesen. – *2. Gesetzliche Grundlage:* Allg. § 249 HGB zu Bildung von Rückstellungen. In der → internationalen Rechnungslegung IAS 12.12 und 12.46.

Stichentscheid. Instrument in der → Rechtsschutzversicherung zur Klärung der Eintrittspflicht bei negativer Beurteilung der Erfolgsaussichten (siehe auch → Prüfung der Erfolgsaussichten) oder der Notwendigkeit der beabsichtigten Interessenwahrnehmung durch den Rechtsschutzversicherer. Beim S. ist die Entscheidung des mit der Fertigung des S. beauftragten Rechtsanwalts für beide Teile bindend, es sei denn, dass diese offenbar von der wirklichen Sach- und Rechtslage erheblich abweicht. Die Kosten des S. trägt der Versicherer. Falls der S. vom Versicherer nicht anerkannt wird, verbleibt der Klageweg.

Stichtagsversicherung. Variante der Sachversicherung für Betriebe mit volatilen → Versicherungswerten aus Vorräten, wobei der Versicherungsnehmer diese Versicherungswerte nicht wesentlich beeinflussen können sollte. Die S. schützt einerseits vor den Folgen einer → Unterversicherung und dient andererseits der Vermeidung überhöhter Beitragszahlungen. Als → Versicherungssumme wird der maximale für die Versicherungsperiode prognostizierte Wert vereinbart. Auf die Hälfte dieser Versicherungssumme wird eine Beitragsvorauszahlung erhoben. Die mittlere jährliche Versicherungssumme und davon abhängig der definitive Beitrag werden dann auf Basis monatlicher Stichtagsmeldungen zu den tatsächlichen Vorratsständen ermittelt. Nach der Versicherungsperiode werden Differenzen zur Beitragsvorauszahlung ausgeglichen.

Stille Lasten. Differenzen zwischen → Zeitwerten von Vermögens- und Schuldpositionen und ihren → Buchwerten nach den lokalen Rechnungslegungsvorschriften mit der Folge eines zu hohen Eigenkapitalausweises in der → Bilanz. S. entstehen durch eine Überbewertung der Aktiva (aktivische S.: Buchwerte > Zeitwerte) oder durch eine Unterbewertung der Passiva (passivische S.: Buchwerte < Zeitwerte). S. in den → Kapitalanlagen sind aufgrund entsprechender Angabepflichten im → Anhang ersichtlich; insoweit ist der Begriff der „stillen" Lasten irreführend. Andere S. sind aus dem → Jahresabschluss jedoch tatsächlich nicht erkennbar. Die Entstehung von S. in Kapitalanlagen ist aufgrund des gemilderten → Niederstwertprinzips für das → Anlagevermögen trotz des grundsätzlich geltenden → Vorsichtsprinzips möglich. S. können auch als negative B. interpretiert werden. Gegensatz: Stille Reserven).

Stille Mitversicherung. *1. Begriff:* Kaum noch übliche Ausprägung der → Mitversicherung. Im Gegensatz zur offenen Mitversicherung ist dem Versicherungsnehmer bei der S. die Mitwirkung anderer Versicherer als sein Vertragspartner nicht bekannt (sog. Kellerpolice). – *2. Rechtliche Einordnung:* Stille beteiligte Mitversicherer stehen nicht im → Versicherungsschein und haben keine Rechtsbeziehung zum Versicherungsnehmer. Rechtlich gesehen handelt es sich bei der S. folglich um eine → Rückversicherung. – *3. Behandlung im Jahresabschluss:* Prämien, Schadenaufwand und Betriebsaufwand aus dem → Versicherungsvertrag mit dem Versicherungsnehmer sowie die korrespondierenden Bilanzgrößen werden beim führenden Versicherungsunternehmen in voller Höhe als selbst abgeschlossenes Geschäft (synonym: direktes Geschäft) ausgewiesen.

Stille Reserven. → Bewertungsreserven.

Stochastic Partnerships. *1. Begriff*: Zielgerichtete finanzielle Unterstützung von → Erstversicherern über einen Rückversicherungsvertrag, bei dem sich der → Rückversicherer an den Originalkosten eines Versicherungsportefeuilles beteiligt und dafür als Gegenleistung einen Anteil an den zukünftigen Gewinnen aus diesem → Portefeuilles erhält. – *2. Merkmale:* Diese Methodik wird vorwiegend bei langfristigen Produkten der Personensparten verwendet, wie der Lebens-, Renten- und Unfallversicherung.

Stochastische Ordnung. Sind X und Y → zufällige Risiken, so heißt Y bezüglich der S. gefährlicher als X, wenn für alle $z > 0$ die Ungleichung $P[X > z] \leq P[Y > z]$ bzw. $F_Y(z) \leq F_X(z)$ (→ Verteilungsfunktion) erfüllt ist; dies ist genau dann der Fall, wenn die Wahrscheinlichkeit, eine gegebene → Prämie $z > 0$ zu überschreiten, für das Risiko Y mindestens so groß ist wie für das Risiko X.

Stochastische Simulation. *1. Begriff*: Softwareunterstützte Ziehung, Transformation und Aggregation der Realisationen von Zufallsvariablen. – *2. Ziele und Methodik*: Zu Beginn einer S. werden für sämtliche in ein Modell einbezogene Zufallsvariablen Realisationen erzeugt (gezogen), die asymptotisch einer zuvor spezifizierten Verteilungsannahme (je Variable) gehorchen. Je Ziehung werden die erhaltenen Realisationen der Einzelvariablen entsprechend der dem Modell zugrundeliegenden Regeln transformiert, kombiniert oder aggregiert und das resultierende Endergebnis anschließend zwischengespeichert. Nach vielfachem Wiederholen dieser Schritte entsteht ein Datensatz künstlich erzeugter Realisationen der (Modellergebnis-)Gesamtverteilung. Mit dieser Verteilung können dann weitere statistische Analysen durchgeführt werden. Siehe auch → Dynamic Financial Analysis.

Stop Loss, *Jahresüberschadendeckung.* Deckung der Schäden eines → Erstversicherers i.d.R. ab Überschreiten einer bestimmten Schadenquote bis hin zu einem Schadenquotenlimit, auf das der → Rückversicherer seine Haftung beschränkt. Der S. wird überwiegend auf das sog. → Shorttail-Geschäft beschränkt. Form des → nicht-proportionalen Rückversicherungsvertrags.

Stop-Loss-Ordnung. Sind X und Y → zufällige Risiken mit $E[X] = E[Y]$ (→ Erwartungswert), so heißt Y bezüglich der S. gefährlicher als X, wenn für alle $z > 0$ die Ungleichung $E[(X - z)^+] \leq E[(Y - z)^+]$ erfüllt ist; dies ist genau dann der Fall, wenn bei der → Schadenexzedenten-Rückversicherung für jede Wahl der → Priorität $z > 0$ die erwartete Schadenhöhe des Rückversicherers für das Risiko Y mindestens so groß ist wie für das Risiko X. Ist Y bezüglich der → stochastischen Ordnung gefährlicher als X, so ist Y auch bezüglich der S. gefährlicher als X.

Storno. Kündigung bzw. Abbruch eines → Versicherungsvertrags vor dem Ende der vertragsgemäßen Laufzeit. Die vertragsgemäße Kündigung fällt im eigentlichen Sinne nicht unter den Begriff des S.; ihre Auswirkungen auf den Bestand des Versicherers und dessen Administrationskosten sind einem Abbruch jedoch gleich. Regelungen zum den Kündigungsrechten der Versicherungsnehmer finden sich im → Versicherungsvertragsgesetz (VVG) und in den → Allgemeinen Versicherungsbedingungen (AVB).

Stornoabzug. *1. Begriff*: Abzugsbetrag von der → Deckungsrückstellung eines gekündigten Lebensversicherungsvertrags, um dem Versicherungsnehmer nur den verbleibenden Betrag als → Rückkaufswert auszuzahlen. – *2. Hintergründe:* Wird ein Lebensversicherungsvertrag gekündigt, entstehen dem → Lebensversicherungsunternehmen Verwaltungskosten. Auch Teile der → Abschlusskosten sind mitunter noch nicht amortisiert.

Darüber hinaus werden meist nur gesunde Personen ihre → Todesfallversicherung kündigen, und kranke Personen ihre → Erlebensfallversicherung. Dadurch entsteht im Versicherungskollektiv eine unerwünschte → Antiselektion der Risiken, die zu einer Verschlechterung des Risikoprofils führt. Außerdem benötigt jeder Lebensversicherungsvertrag ein bestimmtes Sicherheitskapital zur Erfüllung der Solvabilitätsanforderungen. Da ein Vertrag in der Startphase noch kein ausreichendes Sicherheitskapital erwirtschaftet hat, benötigt er Sicherheitskapital aus dem Bestand. Im zeitlichen Ablauf soll jeder Lebensversicherungsvertrag dann selbst ausreichendes Sicherheitskapital erwirtschaften, das er in späteren Phasen auch den Neuzugängen wiederum zur Verfügung stellt. So entsteht ein Ausgleich in der Zeit bezogen auf das vom Kollektiv gestellte Sicherheitskapital. Durch → Storno eines Vertrags profitiert der Versicherungsnehmer von dem zur Verfügung gestellten Sicherheitskapital, ohne später selbst Sicherheitskapital bereitzustellen. – *3. Würdigungen:* All diese Aspekte rechtfertigen einen S. von dem vorhandenen → Deckungskapital, den das Lebensversicherungsunternehmen aus wirtschaftlichen Überlegungen vornehmen sollte. § 169 V VVG gestattet einen S., wenn er vereinbart, beziffert und angemessen ist. Aus gesellschaftspolitischen Gründen wurde allerdings auch das Verbot eines S. wegen noch nicht getilgter Abschluss- und Vertriebskosten in § 169 V VVG aufgenommen.

Stornohaftung. Wird dem → Versicherungsvermittler die → Provision bzw. → Courtage für einen vermittelten Versicherungsvertrag sofort in voller Höhe und nicht in Abhängigkeit von der Beitragszahlung des Versicherungsnehmers (ratierlich) gutgebracht, so steht sie nach den Vorgaben der Aufsichtsbehörde für eine bestimmte Zeit unter dem Vorbehalt einer Rückforderung. Die dem Vermittler vorschüssig gutgeschriebene Provision/ Courtage ist erst dann endgültig verdient, wenn die Versicherungsbeiträge für den im Vermittlervertrag je Versicherungsvertrag festgelegten Zeitraum (= Stornohaftungszeit) bezahlt worden sind. Während dieses Zeitraums haftet der Vermittler bei Vertragsstornierungen, die trotz hinreichender Nachbearbeitungsbemühungen von Vermittler oder Versicherer nicht abwendbar waren, auf Erstattung der vollen Provision/ Courtage (bei einer Stornierung ab Beginn) oder auf Rückzahlung eines Teils davon (bei Beitragseingängen für einen gewissen Zeitraum).

Stornorisiko. I. Allgemein: Aus Sicht des Versicherungsunternehmens die Möglichkeit des Versicherungsnehmers, einen Versicherungsvertrag vor Ablauf der vereinbarten → Versicherungsdauer zu kündigen. – II. Lebensversicherung: *1. Begriff:* Wie oben, in Bezug auf einen Lebensversicherungsvertrag. – *2. Modell:* Üblicherweise wird das S. eines Lebensversicherers durch eine Ausscheideordnung (→ Ausscheidewahrscheinlichkeit) beschrieben, die Stornowahrscheinlichkeiten aufgrund historischer Beobachtungen im Unternehmen in Abhängigkeit vom Alter der versicherten Person und der zurückgelegten Versicherungsdauer beschreibt. Für manche Anwendungen wird zusätzlich versucht, das Stornoverhalten der Kunden in Abhängigkeit von Zinsentwicklungen zu modellieren. Dem liegt die Überlegung zugrunde, dass bei rasch steigenden Zinssätzen wegen der Methodik der Rückkaufswertberechnung aus Kundensicht ein → Storno Ausdruck finanzrationalen Verhaltens sein kann, während bei stark sinkenden Zinssätzen ein Verzicht auf vertragliche Garantien unvernünftig ist. Üblicherweise wird die Zinsabhängigkeit des S. so modelliert, dass – ausgehend von den zuletzt beobachteten Zinssätzen – bei einem bestimmten Zinsrückgang ein linearer Rückgang des Stornos bzw. bei einem bestimmten Zinsanstieg ein linearer Anstieg des Stornos jeweils bis zu bestimmten Grenzwerten unterstellt wird. Die Modellierung des S. verfolgt das Ziel, die finanziellen Auswirkungen eines veränderten Kundenverhaltens auf das Lebensversicherungsunternehmen zu quantifizieren. – *3. Wirkungen:* Die Stornierung eines Lebensversicherungsvertrags führt entweder zur Auszahlung des → Rückkaufswerts oder zur Bildung einer reduzierten beitragsfreien Versicherungsleistung. Die finanziellen Auswirkungen für das Lebensversicherungsunternehmen können sehr unterschiedlich sein: Wertvernichtend wirken sich bei noch nicht getilgten → Abschlussaufwendungen die in der Zukunft wegfallenden (meist positiven) Erfolgsmargen aus dem stornierten Vertrag aus, wertsteigernd wegfallende Garantiekosten, Erträge aus vereinnahmten Stornoabschlägen und im Unternehmen verbleibende

Stornowahrscheinlichkeit 634

→ Bewertungsreserven. Die Auswirkungen von mehr oder weniger Storno auf die Finanzverfassung eines Lebensversicherers können damit sehr unterschiedlich sein. Aus dem Umfang, in dem sich das S. realisiert, sind keine einfachen Rückschlüsse auf die Finanzverfassung eines Lebensversicherers zu ziehen. Die Abhängigkeiten des S. von den Umfeldbedingungen, insbesondere den Kapitalmarktgegebenheiten, sind empirisch noch wenig erforscht. – *4. Herausforderungen:* Für verschiedene Anwendungsgebiete, etwa bei der Entwicklung von Absicherungsstrategien zur Sicherstellung von Garantieleistungen (Hedging), bei der Nachreservierung von Rentenversicherungen aufgrund zunehmender → Langlebigkeit oder bei der Bestimmung von Bestandswerten nach einer Embedded Value-Methode (→ Embedded Value), müssen Annahmen über die künftige Entwicklung der Stornowahrscheinlichkeiten getroffen werden.

Stornowahrscheinlichkeit. Wahrscheinlichkeit, dass ein Versicherungsvertrag im Lauf des nächsten Jahres storniert wird. Die S. hängt von vielen → Risikofaktoren ab, wie von der abgelaufenen Vertragsdauer, vom Alter des Versicherungsnehmers beim Abschluss des Vertrags und von diversen soziökonomischen Faktoren.

Strafkaution. Sicherheitsleistung in Geld, die zur Abwendung von Strafverfolgung bei der zuständigen Behörde zu hinterlegen ist. Die Erbringung der S. ist eine Leistung der → Rechtsschutzversicherung und erfolgt bis zur vereinbarten Höhe als zinsloses Darlehen. Verfällt die S., weil sie als Geldstrafe oder -buße einbehalten wurde, oder aus strafprozessualen Gründen (z.B. tritt der Versicherte die rechtskräftige Freiheitsstrafe nicht an), so muss der Versicherungsnehmer dem Rechtsschutzversicherer die für ihn geleistete Kaution zurückerstatten.

Straf-Rechtsschutz. *1. Begriff:* Leistungsart der → Rechtsschutzversicherung. – *2. Unterscheidung in:* a) Allgemeiner S.: Für die Verteidigung gegen den Vorwurf der Verletzung von Straftaten, die sowohl vorsätzlich als auch fahrlässig begangen werden können (z.B. Körperverletzung), solange dem Versicherungsnehmer ein fahrlässiges Verhalten zur Last gelegt wird. Beim Vorwurf eines vorsätzlichen Verhaltens erhält der Versicherungsnehmer rückwirkend Versicherungsschutz, wenn keine entsprechende Verurteilung erfolgt. Kein Rechtsschutz besteht beim Vorwurf einer Straftat, die nur vorsätzlich begangen werden kann (z.B. Diebstahl, Beleidigung). Im Rahmen spezieller, meist zielgruppenspezifischer Deckungskonzepte („Spezial-Straf-Rechtsschutz") wird der Leistungsumfang zum Teil stark erweitert. – b) Verkehrs-S.: Für die Verteidigung gegen den Vorwurf, eine verkehrsrechtliche Straftat begangen zu haben. Hier besteht – selbst bei Vorsatzvorwurf – Versicherungsschutz, solange der Versicherungsnehmer nicht wegen vorsätzlicher Begehung der Straftat verurteilt wird. Erfolgt eine derartige Verurteilung, muss der Versicherungsnehmer die vom Versicherer bereits geleisteten Zahlungen erstatten.

Strahlenrisiko. *1. Begriff:* Risiko, durch den Einfluss ionisierender Strahlung Personenschäden davonzutragen, z.B. berufsunfähig zu werden. – *2. Deckung in der* → *Berufsunfähigkeitsversicherung:* Die meisten Gesellschaften leisten auch dann, wenn die → Berufsunfähigkeit durch ionisierende Strahlung verursacht wurde. Teilweise wird das S. aber auch vollständig ausgeschlossen, oder der Versicherungsschutz wird eingeschränkt. In einigen Tarifwerken wird der Ausschluss von ionisierender Strahlung auf die Folge der Kernenergienutzung begrenzt. Die Mehrheit der Bedingungswerke sieht allerdings einen Ausschluss des S. bzw. Einschränkungen vor, wenn die gesundheitliche Schädigung durch einen Katastrophenfall in der Umgebung kerntechnischer Anlagen auftritt. Damit wirken die Versicherer dem → Kumulrisiko entgegen.

Strategie. *1. Begriff:* Festlegung von grundlegenden und langfristig gültigen Zielen und Wegen von Unternehmen zur Zielerreichung. – *2. Vorgehen:* Die Erstellung eines Handlungs- oder Geschäftsplans für den Einsatz von Ressourcen zur Zielerreichung baut auf den Gelegenheiten und Gefahren der Umwelt und den Stärken und Schwächen des Unternehmens auf. Der Plan umfasst die Definition von → Wachstumszielen sowie u.a. Strategieelementen hinsichtlich von Akquisition, Kooperation, → Diversifikation, → Internationalisierung, Wettbewerbsposition. – *3. Strategiekonzepte:* Die Unternehmensstrategie (Corporate Strategy) bezieht sich auf Art und Umfang von Unternehmensengagements in → Geschäftsfeldern. Ansatzpunkt der Analyse sind Ressourcen und Kernkompetenzen des Unternehmens. Die → Geschäftsfeldstrategie (Competitive Strategy) betrifft Wettbewerbsvorteile und Markteintrittsbarrieren; wichtig sind hierbei die Verfügbarkeit und die Qualität (z.B. bzgl. der Knappheit und der Substituierbarkeit) der verfügbaren Ressourcen.

Strategische Beteiligung. *1. Begriff:* I.d.R. eine beherrschende oder kontrollierende → Beteiligung von mittel- bis langfristiger Dauer, bei der im Gegensatz zur → Finanzbeteiligung die strategischen Motive des Investors überwiegen. – *2. Gründe, Formen und Beispiele:* Gründe für eine S. können bspw. die Generierung anorganischen Wachstums oder die Steigerung der Wertschöpfung durch Integration von Wertschöpfungsstufen sein (vgl. den Begriff „Value Chain" nach M. Porter, 1985) sein. So lagern große Versicherungsunternehmen oftmals kernkompetenzrelevante Querschnittsfunktionen und Dienstleistungen im Wege der Funktionsausgliederung auf S. aus (insbesondere auf spezialisierte Asset Management Gesellschaften, IT-Dienstleistungsunternehmen, Kundenservicecenter, Schadenservicecenter). Weiter stellt z.B. eine Beteiligung an einer Vertriebsgesellschaft eine S. dar, die die Erschließung neuer Vertriebswege und Absatzmärkte sowie die Auslagerung von Beratungsdienstleistungen zum Zweck hat. Neben solchen Fällen der vertikalen Integration kommt in der Versicherungswirtschaft der horizontalen Integration eine große Bedeutung zu. Sie bezeichnet den Erwerb oder die Gründung von Gesellschaften mit Geschäftstätigkeiten auf dem gleichen Niveau der Wertschöpfungskette, was in der Versicherungswirtschaft insbesondere auf das Prinzip der → Spartentrennung zurückzuführen ist. Damit sind S. an anderen Versicherungsunternehmen angesprochen, die u.a. der Vervollständigung und dem Ausbau der Produktpalette, der Steigerung der Marktanteile und der Realisierung von Synergien dienen. – *3. Realisierung:* Die Transaktionen, die zur Umsetzung von strategischen Beteiligungsvorhaben notwendig sind, wie z.B. ein Unternehmenskauf oder das Eingehen von Joint Ventures, werden unter dem Begriff „Mergers and Acquisitions" (Fusionen und Übernahmen) zusammengefasst.

Strategische Entscheidungen. *1. Begriff:* Entscheidungen über wichtige und umfassende Maßnahmen und Vorgehensweisen im Rahmen der Unternehmenspolitik und → Unternehmensstrategie, die langfristig orientiert sind. Dafür sind die Beschaffung von Informationen und eine strategische Situationsanalyse (gegenwarts- und zukunftsbezogene interne und externe Analyse der Rahmenbedingungen eines Unternehmens) notwendig. – *2. Ziele:* Schaffung von Potenzialen und günstigen Ausgangspositionen für nachfolgende operative Entscheidungen und Handlungen zur Erlangung von Wettbewerbsvorteilen.

Strategische Planung. *1. Begriff:* Langfristige, gesamtunternehmens- und geschäftsfeldbezogene Rahmenplanung von → Strategien und Zielen bzgl. der Marktpositionierung und der Ausgestaltung der relevanten Ressourcen; Sicherstellung der Verwirklichung von → strategischen Entscheidungen. – *2. Vorgehen:* Unternehmens- und Marktumfeldanalyse, Analyse von Chancen und Gefahren sowie deren Auswirkungen auf → Geschäftsfelder und Markt, Analyse von Stärken und Schwächen des Unternehmens. Instrumente und Methoden sind z.B. das → Portfoliomodell und die → Produktlebenszyklusanalyse. – *3. Ziele:* Schaffung von Erfolgspotenzialen durch → Produktstrategien, → Marktbearbeitungsstrategien und die strategische Standortwahl für Geschäftsfelder eines Unternehmens sowie für den Einsatz qualifizierter Mitarbeiter und Führungskräfte.

Strategische Unternehmensführung. *1. Begriff:* Langfristige, systematische und zielorientierte Ausrichtung eines Unternehmens. Beschäftigt sich mit Führungsprozessen (Planung, Realisation, Kontrolle), Führungstechniken (Portfolioanalyse, Kennzahlensysteme, Simulation) und Führungsinstrumenten (Planung und Steuerung, → Organisation, Information). – *2. Inhalte:* S. umfasst die Festlegung der Unternehmensphilosophie (gemeinsame, abgestimmte Wertevorstellungen der obersten Führungskräfte) und der unternehmenspolitischen Ziele (siehe auch → strategische Unternehmenspolitik); die → strategische Planung für → Geschäftsfelder und grundlegende Funktionsbereiche; die Koordinierung von Beschaffung, Leistungserstellung, Absatz und Finanzierung; die Früherkennungssystemplanung unter Einschluss der Führungskräfte-, Informationssystem- und Anreizsystemplanung; den Einsatz von Steuerungs- und Kontrollprozessen zur Umsetzung.

Strategische Unternehmenspolitik. *1. Begriff:* Konzeptionelle Festlegung der Unternehmensziele sowie des langfristigen Entwicklungspfads eines Unternehmens unter Berücksichtigung der zukünftigen Umweltbedingungen (z.B. auf den Absatzmärkten). Umfasst auch Mittel und Methoden zur Zielerreichung und Kontrolle als Aufgaben der obersten Führungsebene. – *2. Vorgehen:* Die Gegenüberstellung von Marktpotenzialen (insbesondere Analyse und Prognosen der Absatzmärkte) und Unternehmenspotenzialen (Ressourcen, Stärken und Schwächen) ermöglicht die Identifikation von Erfolgspotenzialen des Unternehmens im Sinne der Zielerfüllung. Um die verfügbaren Unternehmenspotenziale bestmöglich zur Nutzung der Marktpotenziale einzusetzen, sind → Unternehmensstrategien, Portfoliostrategien (siehe auch → Portfoliomodell) und → Geschäftsfeldstrategien erforderlich.

Streik. Planmäßig durchgeführte und auf ein gemeinsames Ziel gerichtete Arbeitseinstellung einer relativ großen Anzahl von Arbeitnehmern. Mittel der Arbeitnehmer zum Arbeitskampf (Gegenstück zur → Aussperrung als Mittel des Arbeitgebers). Sachschäden aufgrund von S. sind in vielen Versicherungszweigen der Sachversicherung mitversichert bzw. mitversicherbar. Im Rahmen der → Extended Coverage-Versicherung besteht eine Einschlussmöglichkeit unter der Gefahrengruppe der politischen Risiken.

Strenges Niederwertprinzip. → Niederstwertprinzip.

Stresstest. *1. Begriff:* Aufsichtsrechtliches Frühwarnsystem und damit Teil des → Risikomanagements eines Versicherers. Der S. bezieht sich auf Kapitalmarktentwicklungen. Er simuliert krisenhafte Veränderungen des Kapitalmarkts auf die Bilanz des Versicherers und soll ihn bei negativen Ergebnissen rechtzeitig veranlassen, die erforderlichen Gegenmaßnahmen zu ergreifen. – *2. Szenarien:* Vier Stressszenarien sind vorgesehen (BaFin-Stresstest 2009 auf Basis der Bilanzwerte vom 31.12.2008). a) Test isoliertes Rentenszenario: Kursrückgang festverzinslicher Wertpapiere um 10 % (Berücksichtigung von Bonitätsrisiken); – b) Test isoliertes Aktienszenario: Kursrückgang der Aktien entsprechend Indexstand zum 31.12.2008 (Berücksichtigung von Bonitätsrisiken); – c) Test Renten- und Aktienszenario: Kursrückgang der Aktien entsprechend Indexstand zum 31.12.2008 und Kursrückgang festverzinslicher Wertpapiere um 5 % (Berücksichtigung von Bonitätsrisiken); – d) Test Aktien- und Immobilienszenario: Kursrückgang der Aktien entsprechend Indexstand zum 31.12.2008 und Marktwertrückgang Immobilien um 10 % (Berücksichtigung von Bonitätsrisiken). Die nachfolgende Tabelle fasst diesen Ansatz zusammen:

EuroStoxx 50 (Kursindex)	Stressfaktor (Einzelszenario)	Stressfaktor (gemischte Szenarien)
von 5246 bis 5435 und höher	45	25
von 5056 bis 5245	45	25
von 4866 bis 5055	45	25
von 4676 bis 4865	45	25
von 4486 bis 4675	44	24
von 4296 bis 4485	41	22
von 4106 bis 4295	38	21
von 3916 bis 4105	35	20
von 3726 bis 3915	32	19
von 3536 bis 3725	29	18
von 3346 bis 3535	27	17
von 3156 bis 3345	24	16
von 2966 bis 3155	22	15
von 2776 bis 2965	20	14
von 2586 bis 2775	18	13
von 2396 bis 2585	16	12
von 2206 bis 2395	14	12
von 2016 bis 2205	13	11
von 1826 bis 2015	11	11
bis 1825	10	10

Nach der Tabelle ist die Berechnung des Aktienstress-Szenarios in regelbasierter Form durchzuführen. Der Stressfaktor wird in Abhängigkeit vom jeweiligen Stand des EuroStoxx50 gestaltet. Grundlage der Tabelle sind die Höchst- und Tiefststände des EuroStoxx50 der letzten zehn Jahre. Bei gestiegenen Kursen nimmt der anzuwendende Stressfaktor zu. Im Fall gesunkener Kurse wird der anzuwendende Abschlag hingegen reduziert, um prozyklischem Anlageverhalten entgegen zu wirken. Die Stressfaktoren des kombinierten Aktien- und Immobilienszenarios sowie die des kombinierten Renten- und Aktienszenarios werden in analoger Form ebenfalls regelbasiert durchgeführt. Die Stressfaktoren für Renten und Immobilien bleiben hingegen unberührt. – 3. *Ergebnis und Folgerungen:* Die Stressszenarien gelten als besonders hart (insbesondere der Test Renten- und Aktienszenario, der einen gleichzeitigen Rückgang der Kurse am Aktienmarkt und an den Rentenmärkten unterstellt), weil die rechtlichen Möglichkeiten des § 341b HGB bei den Aktienbeständen keine Berücksichtigung finden und die S. unabhängig von der aktuellen Kapitalmarktsituation durchgeführt werden. Ein Ergebnis von „0" im S. bedeutet, dass auch nach einem extremen Crash die Kapitalanlagen dazu ausreichen, die Verpflichtungen gegenüber den Versicherten zu bedecken und die Solvabilität nicht zu gefährden. Ein negatives Ergebnis lässt dagegen noch keinen Rückschluss auf eine konkrete Gefährdung der dauernden Erfüllbarkeit der Verpflichtungen zu. Beim BaFin-Stresstest zum Stichtag 31.12.2008 wurden berücksichtigt a) Bewertungsreserven auf der Aktivseite der Bilanz, – b) Puffer auf der Passivseite der Bilanz (freie RfB, Schlussüberschussanteile), – c) das offen ausgewiesene Eigenkapital und – d) Absicherungsmaßnahmen. Darüber hinaus können weitere unternehmensspezifische Besonderheiten berücksichtigt werden. Sollte der S. auch unter Berücksichtigung von Bewertungsreserven und Absicherungsstrategien nicht bestanden werden, ist zwar die dauernde Erfüllbarkeit der Verträge immer noch nicht aktuell gefährdet, das Unterneh-

Streuungsmaß

men hat aber zur Kenntnis zu nehmen, dass seine Risikotragfähigkeit eingeschränkt ist und diese Einschränkung schnellstens beseitigt werden muss. Als Maßnahmen kommen eine Erhöhung des Eigenkapitals, eine Umschichtung der Kapitalanlagen, eine Absicherung von Anlagen auf dem Kapitalmarkt und eine Senkung der → Überschussbeteiligung in Betracht.

Streuungsmaß, *Streuungsparameter.* Maß für die Variabilität einer Zufallsvariablen. Beispiele für S. sind die → Varianz, die → Standardabweichung und der → Variationskoeffizient, aber auch der → Quantilsabstand.

Strukturierte Produkte, *strukturierte Finanzinstrumente.* – *1. Begriff:* → Kapitalanlagen, die Kombinationen aus einem Basisinstrument und einem oder mehreren → derivativen Finanzinstrument(en) darstellen. – *2. Merkmale:* S. bilden eine wirtschaftliche und eine rechtliche Einheit. Das strukturierte Finanzinstrument weist aufgrund des eingebetteten Derivats (→ eingebettete Garantien, → eingebettete Optionen) im Vergleich zu nicht strukturierten Produkten hinsichtlich der Verzinsung, der Laufzeit und/oder der Rückzahlung besondere Ausstattungsmerkmale auf. – *3. Behandlung in der Rechnungslegung:* Vor dem 2.7.2001 bestand ein Wahlrecht, S. einheitlich oder getrennt zu bilanzieren. Danach war zu prüfen, ob gem. IDW RH BFA 1.003 eine Zerlegungspflicht vorlag. In diesem Fall musste getrennt bilanziert werden. Seit dem 2.9.2008 gibt es eine Neuregelung durch die Stellungnahmen des Hauptausschusses des Instituts der Wirtschaftsprüfer (→ IDW-Verlautbarungen). Weiterhin gilt der Grundsatz der → Einzelbewertung aus § 252 I Nr. 3 HGB, wobei es sich rechtlich gesehen bei einem S. um einen einheitlichen Vermögensgegenstand handelt. Die Entscheidung über die Aufspaltung eines strukturierten Finanzinstruments hat sich aber gemäß der nach dem Handelsrecht gebotenen wirtschaftlichen Betrachtungsweise daran zu orientieren, ob es aufgrund des eingebetteten Derivats im Vergleich zum Basisinstrument wesentlich erhöhte oder zusätzliche (andersartige) Chancen oder Risiken aufweist. a) Einheitliche Bilanzierung: (1) Wenn das eingebettete Derivat im Vergleich zum Basisinstrument keine wesentlich erhöhten oder zusätzlichen (andersartigen) Risiken oder Chancen aufweist. (2) Wenn trotz erhöhter oder zusätzlicher (andersartiger) Risiken oder Chancen eine zutreffende Darstellung der Vermögens-, Finanz- oder Ertragslage gewährleistet ist. – b) Getrennte Bilanzierung (gem. IDW RS HFA 22, Tz.16): (1) Das Basisinstrument ist mit einem Derivat verbunden, das einem über das Zinsrisiko hinausgehenden Marktpreisrisiko unterliegt. (2) Das Basisinstrument ist mit einem Derivat verbunden, das neben dem Bonitätsrisiko des Emittenten weiteren Risiken unterliegt. (3) Aufgrund des eingebetteten Derivats besteht die Möglichkeit einer Negativverzinsung. (4) Das eingebettete Derivat, bei dem die Basisvariable ein Zinssatz oder ein Zinsindex ist, kann die anfängliche Rendite des Basisinstruments des Erwerbers mindestens verdoppeln und zu einer Rendite führen, die mindestens doppelt so hoch ist wie die Marktrendite für einen Vertrag, der die gleichen Bedingungen wie das Basisinstrument aufweist. (5) Das eingebettete Derivat sieht bedingte oder unbedingte Abnahmeverpflichtungen für weitere → Finanzinstrumente zu festgelegten Konditionen vor, so dass die Möglichkeit besteht, dass die Abnahme dieser weiteren Finanzinstrumente nicht zum künftigen beizulegenden Zeitwert erfolgt. (6) Das eingebettete Derivat sieht Vereinbahrungen zur Verlängerung der Laufzeit vor, ohne dass die Verzinsung an die aktuellen Marktkonditionen zum Zeitpunkt der Verlängerung angepasst wird. (7) Das eingebettete Derivat betrifft eingebettete Kauf-, Verkaufs-, Verzichts- oder Vorfälligkeitsoptionen, wobei der Ausübungspreis der Option am jeweiligen Ausübungstag nicht annähernd den fortgeführten Anschaffungskosten bzw. dem → Buchwert des Basisinstruments entspricht. – *4.* → *Internationale Rechnungslegung:* IAS 39.11 regelt, unter welchen Voraussetzungen ein strukturiertes Finanzinstrument zu zerlegen ist. a) Einheitliche Bilanzierung: Wenn (1) das strukturierte Finanzinstrument in die Kategorie → At Fair Value through Profit or Loss fällt, (2) das eingebettete Derivat nicht die Definition des IAS 39.9 erfüllt, (3) die wirtschaftlichen Merkmale und Risiken des eingebetteten Derivats und des Basisvertrags eng miteinander verbunden sind. – b) Getrennte Bilanzierung: Wenn der Zeitwert des eingebetteten Derivats verlässlich ermittelt werden kann.

Strukturvertrieb. *1. Begriff:* Vertriebsform, die durch eine besondere Organisation gekennzeichnet ist. Charakteristisch sind der pyramidenartige Aufbau und die hierarchische Struktur (mehrstufige Vermittlungsorganisation). An der Spitze der Struktur steht ein sog. Strukturkopf, häufig in Form einer → Vertriebsgesellschaft, die für die einzelnen mit ihr durch einen Vermittlervertrag verbundenen Untervermittler die pyramidenförmige Struktur vorgibt und die Vermittler in diese einstuft. – *2. Merkmale:* Neue Vermittler (Neueinsteiger) werden üblicherweise auf der untersten Ebene eingestuft. Sie können durch Erreichen vorgegebener Vermittlungserfolge und/ oder die Zuführung neuer Vermittler innerhalb der Struktur von Stufe zu Stufe aufsteigen. Dabei kann der Untervermittler üblicherweise frei entscheiden, ob er seinen Schwerpunkt auf die Vermittlungstätigkeit oder auf die Zuführung und Betreuung weiterer Untervermittler legt. Die Vergütung bei einem S. ist üblicherweise wie folgt geregelt: Die Vertriebsgesellschaft erhält vom Versicherer für die Vermittlung eines Geschäfts, z.B. eines Versicherungsvertrags, eine Gesamtprovision. Diese wird nach Abzug des (Leitungs-)Provisionsanteils für die Vertriebsgesellschaft auf die darunter liegenden Strukturebenen bis zum eigentlichen Vermittler verteilt. Je höher die Hierarchiestufe eines Vermittlers/ Betreuers ist, desto höher ist dessen Provisionssatz bzw. -anteil. Somit ist der betreuende bzw. hierarchisch höher angesiedelte Vermittler stets an den Provisionen für das vermittelte Geschäft des vom ihm angeworbenen/ betreuten Untervermittlers beteiligt. – *3. Zweck:* Förderung des Absatzvolumens durch Anwerbung und Anbindung einer möglichst großen Zahl produktiver Untervermittler. Durch anfänglich geringe Provisionen mit der Aussicht auf Höherstufung und Steigerung des Provisionssatzes werden die Untervermittler zu einer möglichst engagierten Vermittlungs- und Anwerbetätigkeit motiviert, was den Absatz erhöhen soll.

Studentenunfallversicherung. *1. Begriff:* → Gesetzliche Unfallversicherung (GUV) für Studierende. Voraussetzung ist die Einschreibung an einer staatlich anerkannten Universität, Hochschule oder Fachhochschule. – *2. Weitere Merkmale:* Die Kosten für den Versicherungsschutz tragen die Länder. Die Träger der Unfallversicherung sind i.d.R. die regional zuständigen → Unfallkassen. – *3. Versicherte Risiken:* Zu den versicherten Risiken zählen u.a. die Teilnahme an Vorlesungen, Seminaren, von der Hochschule verantworteten Repetitorien und Exkursionen (auch ins Ausland), der Besuch der Universitäts- und Staatsbibliotheken, die Teilnahme am Hochschulsport und Tätigkeiten in der Studentenselbstverwaltung einschl. der notwendigen Wege. Nicht versichert sind Studienarbeiten zu Hause, private Studienfahrten, Repetitorien bei privaten Anbietern, private Unterbrechungen der Wege von und zur Hochschule, Umwege aus privaten Gründen und private Aktivitäten auf dem Gelände der Hochschule.

Sturm. *1. Begriff:* Wetterbedingte Luftbewegung von mindestens der Windstärke acht. Schäden, die durch die Gefahr S. entstehen, sind in der → Hausratversicherung und in der → verbundenen Wohngebäudeversicherung versichert. Sturmschäden zählen zu den Elementarschäden. – *2. Probleme:* Sturmschäden treten – wie für Elementarschäden typisch – meist als Kumule auf. Der Risikoausgleich erfolgt über die Zeit. Deshalb erfordert die Sturmversicherung i.d.R. ein hohes Risikokapital. Der → Klimawandel führt zu einem hohen → Änderungsrisiko. Zu kurze Zeitreihen über Sturmdaten bedingen ein hohes Schätz- bzw. → Irrtumsrisiko. – *3. Folgerungen und Ergebnisse:* Die Versicherung gegen S. erfordert ein ausgefeiltes Risikomanagement. Versicherungstechnische Instrumente wie → Selbstbehalte, Beitragsanpassungen und Rückversicherungskonzepte müssen professionell eingesetzt werden.

Sturmversicherung. Versicherung gegen Sturmschäden an Gebäuden und → beweglichen Sachen. Als Sturm gilt eine wetterbedingte Luftbewegung von mindestens der Windstärke acht laut Beaufortskala. Die S. ist ein eigenständiger Versicherungszweig im Rahmen der gebündelten Geschäftsversicherung. Weiterhin ist die Sturmgefahr in der → verbundenen Hausratversicherung und der → verbundenen Wohngebäudeversicherung mit gedeckt. Bei industriellen Risiken kann die Abdeckung über die → Extended Coverage-Versicherung erfolgen.

Sturmzone. → Stürme treten in verschiedenen Regionen mit unterschiedlicher Häufigkeit und Schwere auf. S. bezeichnen Gebiete, die nach Häufigkeit und Schwere ähnliche Sturmschäden aufweisen.

Subjektive Risikomerkmale. → Risikofaktoren, die von persönlichen Verhaltensweisen, Fähigkeiten oder Eigenschaften geprägt sind. Es handelt sich also um Eigenschaften, die in der Person des → Versicherungsnehmers oder durch Personen in dessen Umgebung begründet sind. So wird z.B. die Höhe des Unfallrisikos auch durch die Vorsichtigkeit einer Person im Straßenverkehr beeinflusst. Das subjektive Risiko muss in die → Risikoprüfung einfließen, da es dazu beitragen kann, den Versicherungsfall mit höherer Wahrscheinlichkeit eintreten zu lassen, als dies nach objektiven Kriterien zu erwarten wäre. Jedoch können S. regelmäßig nicht eindeutig erfasst und damit kalkuliert werden. Vor diesem Hintergrund wurden verschiedene Instrumente entwickelt, die das subjektive Risiko reduzieren sollen und einem Versicherungsnehmer Anreize zur Schadenminderung bieten, wie z.B. → Selbstbehalte. Hohe subjektive Risiken können auch durch Deckungsobergrenzen verhindert werden, z.B. indem in der → Krankentagegeldversicherung das vereinbarte Tagegeld nicht signifikant über den Verdienstausfall im Krankheitsfall hinausgeht und damit kein Anreiz für den Versicherungsfall gegeben wird.

Subjektives Risiko. U.a. In der → Versicherungsmedizin. *1. Begriff:* Im Gegensatz zum objektiven Risiko (→ Anomalie) handelt es sich hier um Risikomerkmale wie Gesundheitsverhalten oder Einstellung gegenüber Krankheiten, die von der versicherten Person subjektiv beeinflussbar sind und sich somit entscheidend auf den Risikoverlauf und auf die Inanspruchnahme von Versicherungsleistungen auswirken können. – *2. Beispiele:* So sind Tendenzen zu einem hohen S. beim Abschluss einer überhöhten Berufsunfähigkeitsrente erkennbar.

Submission. *1. Begriff*: Präsentation und Beschreibung des zu versichernden Risikos durch den → Erstversicherer. In der S. wird der bisherige Verlauf des beabsichtigten Geschäfts dargestellt. – *2. Merkmale:* Die S. enthält keinen Vertragstext bzw. Klauseln und Bedingungen. Weder Inhalt noch Umfang der S. unterliegen Formvorschriften; sie kann auch per CD-ROM erfolgen. Auf der Grundlage der S. führen die Parteien die weiteren Vertragsverhandlungen.

Subsidiaritätsprinzip. Neben dem → Solidaritätsprinzip ein weiteres fundamentales gesellschaftliches Gestaltungsprinzip, das ebenfalls wesentlich durch die katholische Soziallehre geprägt wurde. Unter Mitarbeit von Oswald Nell-Breuning in der Enzyklika von 1931 verankert. Nell-Breuning sprach von der "Lösung in kleinen Lebenskreisen". Jeder Lebenskreis ist zunächst auf sich gestellt und nimmt die ihm zugehörigen Funktionen in eigener Verantwortung wahr. Eine übergeordnete Ebene innerhalb der sozialen Hierarchie darf erst dann Aufgaben an sich ziehen, wenn nachgeordnete Lebenskreise ihren funktionalen Erfordernissen nicht mehr gewachsen sind. Die übergeordnete Ebene kann also nur subsidiär, aushelfend und unterstützend sein. Für die Wirtschaftspolitik bedeutet das S., dass staatliche Intervention erst dann gerechtfertigt – und auch erforderlich – ist, wenn das Selbsthilfeprinzip bei der Erfüllung der eigenen Aufgaben versagt. Dieser Vorrang der Selbsthilfe gegenüber der Fremdhilfe stärkt die Selbstbestimmung und Selbstverantwortung (→ Selbstverantwortlichkeit) der Einzelnen in den sie umgebenden Sozialgebilden und findet sich auch im → Sozialstaatsprinzip wieder.

Summarische Versicherung. Vereinbarung in der → Feuerversicherung, in der → Feuer-Betriebsunterbrechungsversicherung und in verwandten Versicherungszweigen, gemäß der die Frage nach dem Vorliegen einer Voll- oder → Unterversicherung nach dem Verhältnis der Gesamt-Versicherungssumme der summarisch verbundenen Positionen zum Gesamt-Versicherungswert der Sachen dieser Positionen zu entscheiden ist (vgl. auch → Versicherungssumme, → Versicherungswert).

Summenanpassung. Anpassung der Versicherungssumme an aktuelle Preise. Erfolgt in der → verbundenen Wohngebäudeversicherung über den gleitenden Neuwertfaktor bzw. Anpassungsfaktor.

Summenanpassungsklausel. *1. Begriff:* → Klausel zur Anpassung der → Versicherungssumme an geänderte Kaufkraftverhältnisse (Inflation). – *2. Anwendungsgebiete:* a) In der → Sachversicherung gibt es S. in der

→ verbundenen Hausratversicherung, in der → verbundenen Wohngebäudeversicherung (bei → gleitender Neuwertversicherung), in der landwirtschaftlichen, gewerblichen und industriellen Sachversicherung. – b) In der → Personenversicherung gibt es S. in der → dynamischen Lebensversicherung und in der dynamischen Unfallversicherung.

Summenermittlungsschema. *1. Begriff:* Bezeichnet das Musterformular zur Ermittlung des → Versicherungswerts im Rahmen der → Feuer-Betriebsunterbrechungsversicherung. Das S. wird dem Versicherungsnehmer vom Versicherer oder Versicherungsmakler zur Verfügung gestellt und dient auch zur Bildung der → Versicherungssumme. – *2. Weitere Merkmale:* Das S. wurde vom damaligen Verband der Sachversicherer e.V. (VDS) entwickelt. Es greift die Gliederung der → Gewinn- und Verlustrechnung in Staffelform auf und berücksichtigt dabei die Positionen, die zur Ermittlung der Versicherungssumme notwendig sind. Die Berechnung erfolgt auf Basis der sog. Subtraktionsmethode, indem die nicht versicherten Kosten von den versicherten Betriebserträgen subtrahiert werden und der Saldo dem Versicherungswert als abschließende Größe entspricht. Für die → Mittlere Feuer-Betriebsunterbrechungsversicherung steht ein vereinfachtes Verfahren zur Verfügung, indem die Umsatzerlöse abzüglich der Aufwendungen für Roh-, Hilfs- und Betriebsstoffe sowie bezogene Leistungen den Versicherungswert ergeben. – *3. Problem:* Sofern die Gewinn- und Verlustrechnung nicht nach dem Gesamtkostenverfahren gem. § 275 II HGB, sondern nach dem Umsatzkostenverfahren gem. § 275 III HGB erstellt wurde, ist die Ermittlung des Versicherungswerts ausschließlich anhand des → Jahresabschlusses für solche Betriebe unmöglich, deren Betriebsleistung sich nicht in Gänze aus den Umsatzerlösen ergibt.

Summenexzedenten-Rückversicherung, *Surplus Treaty.* – *1. Begriff:* Form des → proportionalen Rückversicherungsvertrags, bei dem die Risikoaufteilung zwischen → Erst- und → Rückversicherer nicht anhand einer vorab vereinbarten festen Quote vorgenommen wird. – *2. Merkmale:* Es bestimmt vielmehr der Erstversicherer eine Versicherungssumme, bis zu der er pro Risiko maximal haften möchte. Die das → Maximum übersteigenden Risiken (Exzedenten) werden vom Rückversicherungsunternehmen getragen. Die Anteile des Rückversicherers variieren deshalb in Abhängigkeit von der Höhe des Maximums und der Versicherungssumme des rückversicherten Vertrags. Die Haftung des Rückversicherers wird immer auf ein Vielfaches des Maximums beschränkt.

Summenversicherung. *1. Begriff:* → Versicherungsform mit abstrakter Bedarfsdeckung, bei der die vereinbarte → Versicherungssumme genau die → Versicherungsleistung im Schadenfall darstellt. Damit ist auch kein Nachweis eines tatsächlich entstandenen wirtschaftlichen Schadens und/ oder der Schadenhöhe notwendig; der Versicherungsnehmer muss nur den Eintritt eines im Vertrag bezeichneten Ereignisses beweisen. Gegensatz und Alternativen: → Schadenversicherung in den Formen der → unbegrenzten Interessenversicherung, → Erstrisikoversicherung, → Vollwertversicherung, → Bruchteilversicherung. – *2. Merkmale:* Durch die frei bestimmbare Versicherungssumme wird ein abstrakter → Versicherungswert festgelegt, weil der tatsächlich vorliegende Versicherungswert nicht, nur sehr schwierig oder unzureichend zu bestimmen ist. Die Versicherungssumme lässt sich ggf. nach Art und Schwere des Versicherungsfalls staffeln; dennoch bleiben die einzelnen Staffelwerte abstrakte Festlegungen. – *3. Besonderheiten:* Aufgrund der abstrakt bestimmten Bedarfsdeckung gibt es bei der S. keine Bereicherung, mithin kein → Bereicherungsverbot und keine → Unterversicherung. – *4. Anwendungsgebiete:* S. werden insbesondere in der → Personenversicherung angewendet. – Beispiele: → Lebensversicherung, → Tagegeldversicherung, → private Unfallversicherung (Invaliditätssumme).

Supergewinnanteil. Im Rahmen eines → Gewinnanteils kann bestimmt werden, dass bei Überschreitung einer noch höheren Gewinnschwelle ein weiterer Gewinnanteil als S. vom → Erstversicherer an den → Rückversicherer bezahlt wird.

Super Imposed Inflation. Die Verteuerung von Schäden ist oft durch eine einzige Indexreihe nur unvollständig abbildbar. So gibt es bei einem schweren Verkehrsunfall sowohl Sach- als auch Personenschäden.

Superprovision 642

Letztere sind zwar wesentlich von der Entwicklung von Lohn und Gehalt im Gesundheitswesen bestimmt, es gibt aber auch Komponenten, die sich i.d.R. deutlich stärker verteuern. Dazu gehören die medizinischen Kosten und möglicherweise das Schmerzensgeld, das durch Gesetzesänderungen oder Änderungen in der Rechtsprechung gravierend beeinflusst werden kann. Diese stärkere Verteuerung wird als „super imposed inflation" bezeichnet (soziale Inflation). Siehe auch → Adjustierung, → Severe Inflation Clause.

Superprovision. Zusatzprovision zur normal geschuldeten → Provision im Rahmen eines → proportionalen Rückversicherungsvertrags, die bei einer entsprechenden Vereinbarung im Fall eines besonders guten Geschäftsverlaufs ausgelöst wird.

Surplus-Relief-Vertrag, *Surplus (Relief) Reinsurance*. Ein- oder mehrjährige Rückversicherung eines (Teil-)Portefeuilles, die zur Entlastung des haftenden Kapitals des Erstversicherers bzw. zur Unterstützung aufsichtsrechtlicher Solvabilitätsanforderungen dient (vgl. die Ziele der → Finanzrückversicherung allgemein). Der Begriff wird hauptsächlich in den USA mit Finanzrückversicherung und → Finite Risk Reinsurance gleichgesetzt.

Surplus Treaty. → Summenexzedenten-Rückversicherung.

Survival Ratio. Verhältnis von Schadenreserven zu bezahlten Schäden eines Vertrags oder mehrerer Verträge in einem Bilanzjahr.

Swap. *1. Begriff:* Verbindliche Vereinbarung zweier Parteien, unterschiedliche Zahlungsströme (Cash flows) gegeneinander zu tauschen. Grundsätzlich können S. über alle fest definierten Zahlungsströme abgeschlossen werden. Siehe auch → Derivat. – *2. Merkmale:* S. werden nicht standardisiert an einer Börse, sondern „over the counter" (OTC) gehandelt. Dabei werden alle Bedingungen, bspw. die Laufzeit, die Häufigkeit der Zahlung, die Art der Cash flow-Berechnung, individuell vereinbart. Zu beachten ist jedoch das internationale Standard-Regelwerk der ISDA (International Swaps and Derivatives Association). – *3. Formen, Ziele und Risiken:* Zu den häufigsten S. gehören Zinsswaps, → Credit-Default-Swaps, Währungsswaps, Total-Return-Swaps und Equity-Swaps. Sie werden zur Absicherung und Steuerung von Zahlungsströmen, zur Risikodiversifikation (→ Diversifikation) oder zur Spekulation abgeschlossen. S. unterliegen sowohl einem → Marktänderungsrisiko als auch einem → Kreditrisiko.

Swiss Code of Best Practice. *1. Begriff:* Im Jahr 2002 eingeführtes Regelwerk zur Verbesserung der → Corporate Governance schweizerischer Aktiengesellschaften. Der S. ist nicht gesetzlich geregelt, sondern hat lediglich Empfehlungscharakter. – *2. Aufbau:* Nach der Präambel (Teil I.) regelt Teil II. das Verhältnis von Gesellschaft und Aktionären. Teil III. befasst sich mit den Aufgaben, der Zusammensetzung und der Arbeitsweise des Verwaltungsrats. Teil IV. widmet sich der Revision und Teil V. der Offenlegung von Informationen im Bereich der Corporate Governance. – *3. Entwicklungen:* Der S. wurde von der Expertengruppe "Corporate Governance" entwickelt und von dem branchenübergreifenden Wirtschafts-Dachverband "Economiesuisse" verabschiedet. Er wird unter Berücksichtigung internationaler und gesellschaftlicher Gegebenheiten kontinuierlich weiterentwickelt.

Syndikat. Gruppierung von Personen oder Unternehmen. In der → Rückversicherung sind damit die Zusammenschlüsse von Lloyd's Underwritern bzw. Names auf dem Lloyd's Versicherungsmarkt gemeint.

Synthetische Rückversicherung, → *Alternativer Risikotransfer*. Rückversicherung über alternative Risikoträger und z.B. kapitalmarktspezifische Instrumentarien.

Systematisches Risiko. *1. Begriff:* Entsprechend den Annahmen der Kapitalmarkttheorie der Teil des Gesamtrisikos eines Investments, der nicht durch → Diversifikation mit anderen Investments verringert werden kann. Wird auch als Markt- oder Portfoliorisiko bezeichnet, da die Risikoursachen auf Ereignisse zurückzuführen sind, die sämtliche Investments am Markt gleichermaßen betreffen. Das S. stellt die Grundlage für die Ermittlung der erwarteten Rendite eines Investments dar. – *2. Beispiele:* Typische Beispiele für S. sind Renditeänderungen aufgrund von Wechselkursänderungen, Zinssatzänderungen, Veränderungen der Inflationsrate oder Veränderungen im politischen Umfeld. – *3. Quantifizierung:* Das S. wird i.d.R. mittels des → Beta-Faktors ermittelt. Vgl. auch → unsystematisches Risiko.

Szenarioanalyse. *1. Begriff*: Analyse des Einflusses von Parametern eines Modells auf die Ergebnisgröße. – *2. Ziele und Methodik*: Ähnlich der → stochastischen Simulation liegt ein Modell mit einem oder mehreren Inputparametern vor. Während bei der stochastischen Simulation die gesamte Verteilung der Zielgröße bestimmt wird, d.h., sämtliche mögliche Realisationen der verschiedenen Inputparameter berücksichtigt werden können, werden bei der S. nur ausgewählte Kombinationen von Parameterwerten und die resultierende Zielgröße betrachtet, um bspw. bestimmte, besonders wichtige Situationen (z.B. „Worst Case") zu analysieren. Im Unterschied zur stochastischen Simulation kann eine S. auch ohne Angaben hinsichtlich der Wahrscheinlichkeitsverteilungen der Inputgrößen durchgeführt werden.

T

Tagegeld. *1. Begriff:* Leistungsart in der → privaten Unfallversicherung (PUV). Ein vereinbartes T. wird gezahlt, wenn der → Unfall zu einer Beeinträchtigung der Arbeitsfähigkeit der versicherten Person führt. – *2. Merkmale:* Für die Dauer der ärztlichen Behandlung, i.d.R. jedoch längstens für ein Jahr vom Unfalltag an gerechnet, wird das T. fällig. Die Abrechnung des T. erfolgt nach dem ärztlich festgestellten Grad der Beeinträchtigung der Arbeitsfähigkeit. Die Bemessungsgrundlage dafür ist wiederum die Art der Berufstätigkeit oder Beschäftigung der versicherten Person. Das T. ist ein Element der Summenversicherung innerhalb der PUV, mit einer festen Versicherungssumme als Tagegeldleistung. – *3. Ziele:* I.d.R. wird das Tagegeld Selbständigen angeboten, um den durch den Unfall verursachten Verdienstausfall während des ersten Jahres nach dem Unfall aufzufangen. Siehe auch → Krankenhaustagegeld.

Tagegeldversicherung. → Krankenhaustagegeldversicherung, → Krankentagegeldversicherung.

Tagespflege. *1. Begriff:* Leistungsart in der → sozialen Pflegeversicherung (SPV). Bei kurzfristiger Verschlimmerung der Pflegebedürftigkeit, zum Zweck der Entlastung der Pflegeperson oder bei besonderem Bedarf an Maßnahmen der → Rehabilitation, die im häuslichen Bereich nicht möglich sind, haben Pflegebedürftige Anspruch auf → teilstationäre Pflege in Einrichtungen der Tagespflege. Die teilstationäre Pflege umfasst auch die notwendige Beförderung des Pflegebedürftigen von der Wohnung zur Einrichtung der T. und zurück. – *2. Merkmale:* Je nach Stufe der Pflegebedürftigkeit (→ Pflegestufen) werden von den → Pflegekassen die pflegebedingten Aufwendungen, die Aufwendungen der sozialen Betreuung sowie die Aufwendungen für die medizinische Behandlungspflege im Gesamtwert von bis zu 384 Euro in Pflegestufe I, 921 Euro in Pflegestufe II und 1.432 Euro in Pflegestufe III pro Monat übernommen. Die Inanspruchnahme der T. erfolgt häufig von Angehörigen, die tagsüber berufstätig sind. Die Pflegebedürftigen werden meist morgens vom Fahrdienst abgeholt und nachmittags zurück nach Hause gebracht. Die T. findet in Pflegeheimen oder in einer Tagesstätte statt. Sie besteht je nach Bedarf aus Hilfe beim Essen, beim Toilettengang, beim Sich-Bewegen und Ruhen sowie aus der medizinischen Behandlung und der Hilfe bei der Einnahme von Medikamenten. Das Angebot der T. umfasst vielfach Krankengymnastik, Mobilitätsübungen und Gedächtnistraining sowie psychosoziale Betreuung.

Tail Value at Risk. → Conditional Value at Risk.

Takaful. *1. Begriff:* Konzept für die Form einer islamischen Versicherungsgesellschaft, das die Anforderungen des islamischen Rechts (sog. Shari'ah) erfüllt und auf dem von islamischen Rechtsgelehrten geforderten Prinzip der Solidarität und gemeinschaftlichen Risikotragung beruht. – *2. Funktionsweise:* Die versicherten Personen willigen mit ihrem Versicherungsvertrag ein, dass ihre Prämie ähnlich einer – allerdings bedingten – Spende (tabarru' bi-shart) dem Versichertenkollektiv, dem sog. Policyholders Fund, zugute kommt, so dass im Fall von Schädigungen eines Kollektivmitglieds finanzielle Unterstützung aus den eingezahlten Prämien gewährt wird. Wird diese Prämie im Kollektiv bzw. im Policyholders Fund nicht mehr benötigt, muss der entsprechende Anteil über die Ausschüttung der Gewinne an die Kollektivmitglieder zurückgegeben werden. Bei der Gewinnrückführung gibt es je nach Takaful-Gesellschaft unterschiedliche Verfahren sowohl nach der Art als auch nach der Höhe der Beteiligung an den auszuschüttenden Gewinnen. Alle Geldströme sind hierbei streng getrennt von konventionellem Versicherungsgeschäft zu halten und dürfen nur islamisch investiert werden. Besondere Anforderungen an ein islamisches Investment bestehen im Zinsverbot (z.b. festverzinsliche Wertpapiere) sowie in Brancheneinschränkungen (keine Investition in Industrien wie Brauereien, Schweinefleischproduzenten, konventionelle Banken und Versicherungsunternehmen, in Waffen etc.). – *3. Organisationsmodelle:* Generell wird zwischen zwei grundsätzlichen Takaful-Modellen oder -Prinzipien unterschieden: a) Wakala-Modell: dabei zahlt die Versichertengemeinschaft dem Takaful Operator (s.u.) eine Gebühr für dessen Verwaltung. – b) Mudaraba-Modell: dabei wird der Takaful Operator durch einen Anteil an den erwirtschafteten Überschüssen entlohnt. Bei beiden Modellen erhält der Takaful Operator auch einen Anteil an den Kapitalanlageerträgen. – *4. Institution:* Das islamische Versicherungsunternehmen wird als Takaful Operator bezeichnet. Takaful Operators existieren meistens in der Rechtsform der Aktiengesellschaft oder Limited (in Begriffen des positiven Rechts) und agieren als reine Verwalter, nicht als Eigentümer des Policyholders Fund. Aus diesem Grund wird zwischen dem sog. Shareholders Fund (Eigenkapital) und dem Policyholders Fund (Kollektivkapital) strikt getrennt. Zudem beaufsichtigt ein aus islamischen Rechtsgelehrten (Shari'ah scholars) bestehendes Komitee, das sog. Shari'ah-Board, in jedem Takaful-Unternehmen die Einhaltung der Shari'ah-rechtlichen (formaljuristischen wie ethisch-religiösen) Anforderungen bezüglich der Produkte, Investments sowie Prozesse.

Tarifbedingungen in der privaten Krankenversicherung. *1. Begriff:* Die T. sind Bestandteil der → Allgemeinen Versicherungsbedingungen (AVB). In der → privaten Krankenversicherung (PKV) gliedern sich die AVB in Teil I = Musterbedingungen des → Verbands der privaten Krankenversicherung e.V. und Teil II = Tarifbedingungen und Tarife des jeweiligen Versicherers. – *2. Details:* Im Gegensatz zu den Musterbedingungen, die einheitlich und unternehmensübergreifend für alle Versicherungsunternehmen gelten, ergänzen die T. die Musterbedingungen und sind Grundlage für die unternehmensindividuelle Gestaltung der Versicherungsbedingungen. Dabei unterscheiden sich die T. je nach PKV-Unternehmen – anders als beim → Standardtarif, beim → Basistarif, bei der → privaten Pflegepflichtversicherung und bei der studentischen Krankenversicherung, bei denen brancheneinheitliche Versicherungsbedingungen gelten.

Tarifbestimmungen. Während die Allgemeinen Bedingungen für die Kfz-Versicherung (→ AKB) als Bestandteil des Geschäftsplans die Leistungsseite festlegen, erfassen die separat aufgestellten T. ausschließlich die Struktur der Prämienseite.

Tarifempfehlungen. Verbands- oder Mustertarife. T. in Form solcher Verbands- oder Mustertarife waren früher begehrte Hilfsmittel v.a. für kleinere und mittelgroße Versicherungsunternehmen, die nicht über großes und hinreichend zuverlässiges statistisches Material verfügten, um selbst aussagekräftige Tarife zu erarbeiten. Aus kartellrechtlichen Gründen haben T. aber erheblich an Bedeutung verloren. Es gibt sie noch in Form von Nettoprämienrichtlinien der Verbände, d.h. ohne Berücksichtigung der versichereigenen Verwaltungskosten und Gewinnzuschläge. Siehe auch → Versicherungskartellrecht, → Bereichsausnahme.

Tarifgruppen. Glieder eines Tarifs nach Teilmengen zu versichernder Risiken, die innerhalb der jeweiligen Teilmenge vor dem Hintergrund gleichartiger Risikomerkmale hinsichtlich des Schadenbedarfs bzw. des Schadensatzes relativ homogen sind.

Tarifierung. *1. Begriff:* Kalkulation der Nettorisikoprämie (→ Risikoprämie, → Prämienkalkulation) eines Versicherungsvertrags nicht auf individueller Basis, sondern zum Zweck der Verringerung des Einflusses von Zufallsschwankungen in den Beobachtungsdaten auf der Basis der Einbettung von Risiken in ein Tarifkollektiv. – *2. Merkmale:* Im Rahmen einer Risikoklassifikation werden zunächst Risikogruppen (auch: Risikoklassen) gebildet, die möglichst homogen sind. Dies geschieht auf der Basis von der T. zugrunde gelegten → Risikofaktoren, den Tariffaktoren. Zur Selektion der Tariffaktoren eignen sich bspw. Methoden der multivariaten Statistik. Alle Risiken mit identischen Ausprägungen hinsichtlich der Tariffaktoren werden dann in die gleiche Risikogruppe eingruppiert. Allen Risiken in der gleichen Risikogruppe wird dann im Rahmen der T.

die gleiche Nettorisikoprämie zugewiesen. Diese Nettorisikoprämien werden auf der Basis eines → Tarifmodells kalkuliert.

Tarifkontrolle. Ursprünglich Teil der präventiven aufsichtsbehördlichen Kontrolle in der → Lebensversicherung, der → privaten Krankenversicherung und der → Kfz-Haftpflichtversicherung. Im Zuge der → Deregulierung weitgehend entfallen. Eine aufsichtsrechtliche Kontrolle findet nur noch im Einzelfall auf der Grundlage der Allgemeinklausel des § 81 I VAG im Rahmen der → Finanzaufsicht (Ziel: dauernde Erfüllbarkeit der Versicherungsverträge) statt. Im Übrigen haben in der Lebens- und Krankenversicherung die → verantwortlichen Aktuare und → Treuhänder die Rolle der Aufsicht bei der T. übernommen. Maßstäbe für die → Prämienkalkulation hat der Gesetzgeber für die Lebens- und Krankenversicherung v.a. in § 11 VAG, in § 12 III und IV VAG sowie in der Verordnung über die versicherungsmathematischen Methoden zur Prämienkalkulation und Berechnung der Alterungsrückstellung in der privaten Krankenversicherung (Kalkulationsverordnung, kurz: KalV) gesetzt. Letztlich bleibt der Vorstand in erster Linie dafür verantwortlich, dass die Prämien ausreichend kalkuliert und so auch in der Praxis angewandt werden. Die Prämienkontrolle ist wichtiger Teil des → Risikomanagements.

Tarifmerkmale. *1. Begriff:* Zur Differenzierung der Tarifprämie verwendete Risikomerkmale. – *2. Merkmale:* Als T. eignen sich nur diejenigen Risikomerkmale, die objektiv und eindeutig in jedem Einzelfall feststellbar sind. T. werden durch eine bestimmte Anzahl von Tarifmerkmalsausprägungen beschrieben. Das vollständige Abbilden eines zu versichernden Risikos in der Tarifprämie durch geeignete T. ist für den Versicherer von größter Bedeutung, um negative Risikoselektionen zu vermeiden. – *3. Beispiele:* In seiner Regionalstatistik für die → Kfz-Versicherung verwendet der → GDV u.a. folgende T.: → Typklasse, → Regionalklasse, → Schadenfreiheitsklasse, Fahrleistung, Garagenbesitz, Altersklasse des Fahrzeugs bei Erstzulassung auf den Versicherungsnehmer, Fahrerkreis, Alter der Fahrer, Wohneigentum.

Tarifmodell. Quantifiziert die Abhängigkeit der Nettorisikoprämien aller Risikogruppen von den Tariffaktoren (→ Tarifierung). Diese Vorgehensweise ermöglicht eine stabile (Reduzierung von Zufallsschwankungen) und zugleich risikoadäquate (hinreichende Prämiendifferenzierung) Kalkulation.

Tarifvertrag. *1. Begriff:* Vertragliche Vereinbarung der Tarifparteien über den Abschluss, den Inhalt und die Beendigung von Arbeitsverhältnissen sowie über betriebliche und betriebsverfassungsrechtliche Fragen. Rechtliche Grundlagen sind die Koalitionsfreiheit nach Art. 9 III GG, das Tarifvertragsrecht und das Richterrecht. – *2. Merkmale:* Tarifparteien sind auf der Arbeitnehmerseite immer die Gewerkschaften und auf der Arbeitgeberseite je nach Vertragstyp a) beim Verbandstarif der Arbeitgeberverband und – b) beim Haustarif oder Firmentarifverband das einzelne Unternehmen. T. sind inhaltlich gegliedert in: a) Manteltarifverträge, – b) Gehaltstarifverträge, – c) T. zur Entgeltumwandlung, – d) T. zur Qualifizierung, – e) Altersteilzeitabkommen für den Innen- und Außendienst, – f) Rationalisierungsschutzabkommen, – g) Vermögensbildungstarifverträge. – *4. Abgrenzung:* Im Gegensatz zum T. werden → Betriebsvereinbarungen zwischen der Geschäftsleitung und dem → Betriebsrat geschlossen. Dabei können nach dem Günstigkeitsprinzip nur Betriebsvereinbarungen geschlossen werden, die für die Arbeitnehmer eine Verbesserung gegenüber dem T. bedeuten.

Tarifvorbehalt, *Tarifvorrang.* Sperrwirkung des Tarifvertrags gegenüber anderen Regelungen (vgl. § 77 III BetrVG zur → Betriebsvereinbarung). Entgeltansprüche, die auf einem Tarifvertrag beruhen, können gem. § 17 V BetrAVG nur insoweit in Beiträge zur → betrieblichen Altersversorgung (bAV) umgewandelt werden, wie dies tariflich vorgesehen oder zugelassen ist (siehe → Entgeltumwandlung).

Tarifwechsel. *1. Begriff:* Wechsel in der → privaten Krankenversicherung (PKV) aus einem bestehenden Versicherungstarif in einen anderen Tarif des gleichen Unternehmens. Das eigentliche Versicherungsverhältnis zwischen Versicherungsnehmer und Versicherer bleibt unberührt. Der neue Tarif kann gleichwertig, leistungsstärker oder leistungsschwächer sein. – *2. Rechtsgrundlage:* Der T. in der PKV wird gesetzlich u.a. im → Versicherungsvertragsgesetz (VVG) und in den Musterbedingungen 2009 für die Krankheitskosten und Krankenhaustagegeldversicherung (MB/KK 2009) geregelt. Abweichungen von den Musterbedingungen können die einzelnen Tarifbedingungen der Versicherungsunternehmen bestimmen. – *3. Wechsel in einen gleichwertigen Tarif des gleichen Unternehmens:* Bei einem bestehenden Versicherungsverhältnis hat der Versicherungsnehmer das Recht, dass ein Antrag auf Wechsel in einen gleichartigen Tarif unter Anrechnung der aus dem bisherigen Vertrag erworbenen Rechte und der → Alterungsrückstellung vom Versicherer angenommen wird (§ 204 VVG, § 13 KalV). Welche Tarife als „gleichwertig" anzusehen sind, ist in § 12 KalV festgelegt. – *4. Wechsel in einen leistungsstärkeren Tarif des gleichen Unternehmens:* Soweit die Leistungen in dem Tarif, in den der Versicherungsnehmer wechseln will, höher oder umfassender ausfallen als in dem bisherigen Tarif, kann der Versicherer einen Leistungsausschluss oder – gegebenenfalls nach erneuter → Risikoprüfung – einen → Risikozuschlag für die Mehrleistung verlangen. Ebenfalls gelten für die Mehrleistungen des neuen Tarifs wieder die allgemeinen und besonderen → Wartezeiten (§ 3 MB/KK 2009). – *5. Wechsel in einen leistungsschwächeren Tarif des gleichen Unternehmens:* Eine Wechselmöglichkeit in einen leistungsschwächeren Tarif stellt v.a. der Wechsel in den brancheneinheitlichen → Standardtarif und seit 2009 in den ebenfalls brancheneinheitlichen → Basistarif dar.

Tätigkeitsklausel, *Bearbeitungsklausel.* – *1. Begriff:* Klausel in der → Haftpflichtversicherung. Schließt Versicherungsschutz für → Haftpflichtansprüche wegen Schäden an fremden Sachen durch die gewerbliche (→ Betriebshaftpflichtversicherung) oder berufliche (→ Berufshaftpflichtversicherung) Tätigkeit des Versicherungsnehmers aus. – *2. Merkmale:* Unter Tätigkeit wird jede bewusste und gewollte Einwirkung auf eine Sache verstanden. Eine bloß zufällige Einwirkung reicht nicht aus.

Tätigkeitslandprinzip. Im → Versicherungsbinnenmarkt gilt grundsätzlich das → Sitzlandprinzip. Wird ein Versicherer in einem anderen Mitgliedsland tätig, so hat die dortige Aufsicht, die Aufsicht des Tätigkeitslandes also, ihm gegenüber nur noch beschränkte Aufsichtsaufgaben. Die → Finanzaufsicht liegt ganz bei der Sitzlandaufsicht. Nur im Bereich der sonstigen Aufsicht hat die Tätigkeitslandbehörde noch ein Eingriffsrecht bei Verstößen des Versicherers gegen das nationale Recht des Tätigkeitslands, sofern und soweit der Eingriff dem Schutz des Allgemeininteresses dient. In diesen Zusammenhang fallen Vorschriften des VAG (vgl. § 110a IV VAG), die zwingenden und halbzwingenden Vorschriften des VVG, die Vorschriften der §§ 305 ff. BGB (Vorschriften über AGB), Vorschriften des UWG u.a.m. Bei Unternehmen mit Sitz in einem Drittland, die im Inland tätig werden, überwacht die inländische → Aufsichtsbehörde den gesamten Geschäftsbereich im Inland. Wegen der Besonderheiten im Rückversicherungsbereich siehe unter → Rückversicherungsaufsicht.

Taxe. I. Allgemein: Nach Wertschätzung durch öffentlich bestellte Sachverständige (Taxatoren) festgesetzter Preis oder festgesetzte Gebühr. – II. Versicherungswesen: Betrag, der zwischen dem Versicherungsunternehmen und dem Versicherungsnehmer fest vereinbart ist und für den Zeitpunkt des → Versicherungsfalls als → Versicherungswert gelten soll (§ 76 VVG). Die T. gilt als der Wert, den das → versicherte Interesse bei Eintritt des Versicherungsfalls hat, es sei denn, sie übersteigt den wirklichen Versicherungswert zu diesem Zeitpunkt erheblich. Ist die → Versicherungssumme niedriger als die T., hat der Versicherer den Schaden nur nach dem Verhältnis der Versicherungssumme zur T. zu ersetzen. Die T. kommt in der → Feuerversicherung, bei der Versicherung von Kunstgegenständen, v.a. aber in der → Seeversicherung vor. Im Schadenfall ist die T. auch der durch den Sachverständigen ermittelte Schadenbetrag (Schadentaxe).

Technische Architektur. Beschreibt die Umsetzung der → fachlichen Architektur auf Basis einer bestimmten Technologie, wie bspw. J2EE.

Technische Assistance. → Assistance im Fall einer technischen Panne (vgl. auch → Fahrzeugassistance).

Technische-Betriebsunterbrechungsversicherung. *1. Begriff:* Sammelbezeichnung für diejenigen Erscheinungsformen der → Betriebsunterbrechungsversicherung, die dem Versicherungszweig der → technischen Versicherung zugehörig sind. – *2. Merkmale:* Es handelt sich um selbstständige Versicherungsarten, die hinsichtlich ihrer Sachschadendefinition zwar der jeweiligen korrespondierenden Sachsubstanzdeckung nahezu entsprechen; deren Leistungsversprechen sind jedoch auf die sachschadenbedingten Folgen für den betrieblichen Leistungsprozess ausgerichtet und haben den dadurch verursachten → Unterbrechungsschaden zum Gegenstand des Versicherungsschutzes. Wesentliches Bedingungswerk sind die Allgemeinen Bedingungen für die Maschinen-Betriebsunterbrechungsversicherung (AMBUB 2008), die für die weiteren Formen der T. lediglich in Form zusätzlicher → Klauseln ergänzt und abgeändert werden. – *3. Formen:* → Maschinen-Betriebsunterbrechungsversicherung, → Elektronik-Betriebsunterbrechungsversicherung, → Montage-Betriebsunterbrechungsversicherung, → Bauleistungs-Betriebsunterbrechungsversicherung, → Betriebsunterbrechungsversicherung infolge des Ausfalls der öffentlichen Versorgung mit Gas, Strom, Wärme oder Wasser; Sonderformen: → Mehrkostenversicherung, Versicherung des Leistungspreises für die Inanspruchnahme elektrischer Leistung oder von Netzkapazität, Versicherung von Vertragsstrafen bei Terminverzug.

Technisch-einjährige Tarife. *1. Begriff:* Tarife mit jährlich neuer Beitragsberechnung auf Basis des altersabhängigen Risikos des Versicherten. – *2. T. in der Berufsunfähigkeitsversicherung:* Bei Versicherungen mit T. bezahlt der Kunde nur den Beitrag, der in jedem Jahr seinem altersabhängigen Risiko, berufsunfähig zu werden, entspricht. Da dieses Risiko für junge Menschen niedrig ist, sind deren Beiträge bei T. günstiger als bei fest kalkulierten Tarifen. Im Lauf der Jahre steigen die Beiträge risikoadäquat an und liegen für ältere Menschen höher als bei den festen Tarifen. Der T. eignet sich ideal als → Einsteigertarif, da er durch seine anfänglich niedrigen Beiträge für junge Familien, Berufseinsteiger und Existenzgründer, die sich sonst eine → Berufsunfähigkeitsversicherung kaum leisten können, bezahlbar ist. Sinnvoll ist die Wahl eines Tarifs, der einen späteren Wechsel in einen Tarif mit fester Kalkulation ohne erneute → Gesundheitsprüfung erlaubt. T. werden allerdings nur von wenigen Versicherungsgesellschaften angeboten. – *3. T. in der Lebensversicherung:* Auch in der → Risikolebensversicherung kommen T. vor.

Technischer Versicherungsbeginn. → Versicherungsbeginn.

Technisches Beitrittsalter. *1. Begriff:* Abweichend vom tatsächlichen Lebensalter in der → privaten Rentenversicherung (PRV) unter Berücksichtigung kontinuierlich steigender Lebenserwartungen festgelegtes Beitrittsalter. – *2. Hintergründe und Funktionsweise:* In der PRV muss die Tatsache, dass mit ansteigenden Geburtsjahrgängen auch die Lebenserwartung steigt, angemessen bei der Berechnung der → Beiträge und → Deckungsrückstellungen berücksichtigt werden. Im Grunde müsste für eine exakte Kalkulation jedem Jahrgang eine eigene → Sterbetafel zugeordnet werden. Da dies in der Praxis sehr unhandlich wäre und die einzelnen Sterbetafeln weitgehend gleiche Muster aufweisen, wird für einen zentralen Geburtsjahrgang die geeignete Sterbetafel zur Berechnung der versicherungstechnischen Werte gewählt. Für jüngere Jahrgänge werden dann dieselben Sterbetafelwerte wie für den zentralen Geburtsjahrgang genutzt, es wird aber für den Versicherten ein anderes, jüngeres Beitrittsalter als das tatsächliche festgelegt. Mit zunehmendem Abstand des Geburtsjahrgangs vom zentralen Geburtsjahrgang wird der Abzug vom tatsächlichen Alter größer. Das so ermittelte Alter ist das technische Beitrittsalter. Durch die künstliche Verjüngung des Versicherungsnehmers wird der steigenden Lebenserwartung Rechnung getragen. Entsprechend wird für ältere Jahrgänge, die vor dem zentralen Geburtsjahrgang geboren wurden, das T. gegenüber dem tatsächlichen Alter höher festgelegt.

Technische Versicherungen. Untergruppe der Sachversicherung, unter der Versicherungen zur Deckung technischer Risiken im wörtlichen Sinn eingeordnet werden. Im Gegensatz zur allgemeinen Sachversicherung zeichnen sich T. mehrheitlich durch Versicherung spezifisch benannter Sachen gegen alle unvorhergesehenen Sachsubstanzschäden aus, soweit kein expliziter Ausschluss vorliegt (Prinzip der unbenannten Gefahren, → Allgefahrenversicherung). Dazu zählen die Versicherung betriebsbereiter technischer Anlagen gegen Sachschäden und/ oder gegen

Vermögensschäden, die Versicherung von Bauwerken oder sonstiger technischer Anlagen während der Errichtungsphase gegen Sachschäden, die Versicherung technischer Anlagen gegen Sachschäden aus Herstellungs- oder Ausführungsfehlern während der Garantiezeit und die Versicherung technischer Geräte im Haushalt.

Teilauszahlungstarif. → Gemischte Versicherung, die im Erlebensfall nicht nur bei Ablauf des Vertrags eine Zahlung vorsieht, sondern vielmehr zu mehreren Zeitpunkten während des Vertrags Erlebensfallleistungen erbringt. Je nach Vertragsgestaltung werden erbrachte Erlebensfallleistungen von späteren Todesfallleistungen ganz, teilweise oder gar nicht abgezogen.

Teilkaskoversicherung. *1. Begriff:* Sachversicherung als Teil der → Kfz-Kaskoversicherung mit begrenztem Deckungsumfang. Die T. soll den Versicherungsnehmer vor Vermögensschäden bewahren, die aus Beschädigung, Zerstörung oder Verlust seines → Kraftfahrzeuges und seiner unter Verschluss verwahrten oder an ihm befestigten Teile sowie bestimmter Zubehörteile entstehen. – *2. Versicherte Gefahren:* In der T. sind versicherte Gefahren und Schäden: Brand oder Explosion, Entwendung, Sturm, Hagel, Blitzschlag, Überschwemmung, Zusammenstoß mit Haarwild, Glasbruch, Brand- oder Schmorschäden an der Verkabelung durch Kurzschluss. In der Praxis besonders bedeutsam sind Entwendungsfälle, Wildschäden sowie Glasbruch. Siehe auch Kfz-Kaskoversicherung, → Vollkaskoversicherung.

Teilkostenrechnung. *1. Begriff:* → Kostenrechnung, die nur einen Teil der → Kosten im Versicherungsunternehmen erfasst und ausgewählten Bezugsgrößen zurechnet. – *2. Ausprägungen und Merkmale:* Die T. beruht auf einer marginalanalytischen Sichtweise und steht im Gegensatz zur Totalanalyse. Je nach Rechnungszweck lassen sich verschiedene Ausprägungen von T. unterscheiden. a) T. mit den → Einzelkosten: In diesem Fall werden nur solche Kosten erfasst, die einer Bezugsgröße unmittelbar und ohne Schlüsselung zugerechnet werden können. Dabei handelt es sich um sog. → Einzelkosten. Als Bezugsgrößen kommen dabei → Kostenstellen und → Kostenträger in Betracht. Die T. knüpft hier direkt an die Existenz der Bezugsgrößen an und ermittelt Kostenstelleneinzelkosten bzw. Kostenträgereinzelkosten; die → Gemeinkosten bleiben also unberücksichtigt. Beim Wegfall der Kostenstellen bzw. Kostenträger entfallen ebenso die betreffenden Einzelkosten, d.h. aber nicht, dass auch die Kosten als solche zwingend wegfallen würden. Soweit es sich um fixe und nicht um variable Kostenelemente handelt, würden die vormaligen Einzelkosten dann zu → Gemeinkosten. Die T. auf Basis der Einzelkosten kann z.B. zur kurzfristigen Wirtschaftlichkeitskontrolle (→ Kostenstellenrechnung) oder zur kurzfristigen Geschäftsfelderkontrolle (→ Kostenträgerrechnung) im Versicherungsunternehmen eingesetzt werden. – b) T. mit den → variablen Kosten: In diesem Fall werden nur solche Kosten erfasst, die sich mit der Veränderung der hergestellten Gütermenge ebenfalls verändern. Dabei handelt es sich um → variable Kosten; die → fixen Kosten werden außer Acht gelassen. Die Marginalanalyse dient hier insbesondere dem Zweck, für die eigenen Produkte (Kostenträger) eine kurzfristige Preisuntergrenze (im Versicherungsgeschäft: Prämienuntergrenze) zu kalkulieren, mit der zumindest kein negativer → Deckungsbeitrag erzielt wird. Wenn und soweit darüber hinaus Preise (Prämien) oberhalb der variablen Kosten realisiert werden können, entsteht zudem ein Beitrag zur Deckung der Fixkosten im Versicherungsunternehmen. – *3. Ziele:* Die T. dient also insbesondere als Kontrollinstrument (Wirtschaftlichkeitskontrolle) und als Instrument zur Fundierung kurzfristiger unternehmerischer Entscheidungen, z.B. über das Eingehen bestimmter Geschäfte und/ oder die Preisuntergrenze. – *4. Abgrenzung:* Die T. ist von der → Vollkostenrechnung abzugrenzen. Der Entscheidungshorizont ist bei der T. kurzfristig, während die Vollkostenrechnung eher längerfristig wirksame Entscheidungen unterstützt.

Teilrente. Anteilige Inanspruchnahme einer → Altersrente aus der → gesetzlichen Rentenversicherung (GRV) durch den Versicherten. Durch das Rentenreformgesetz 1992 eingeführt und in § 42 SGB VI geregelt. Die T. kann in Höhe eines Drittels, der Hälfte oder von zwei Dritteln der erreichten → Vollrente in Anspruch genommen werden, und zwar regelmäßig neben einem Arbeitsverhältnis, das mit reduzierter Arbeitszeit fortgesetzt wird. Der Gesetzgeber wollte einen gleitenden Übergang in den Ruhestand ermöglichen. Es gelten besondere Hinzuverdienstgrenzen. Der Anspruch auf T. besteht, wenn alle Vorraussetzungen für eine Vollrente erfüllt wurden. Ein Anspruch auf eine vorzeitige → Betriebsrente im Rahmen der → betrieblichen Altersversorgung (§ 6 BetrAVG) besteht bei der T. nicht.

Teilstationäre Pflege. *1. Begriff:* Wenn häusliche → Pflege nicht in ausreichendem Umfang sichergestellt werden kann oder wenn dies zur Ergänzung oder Stärkung der häuslichen Pflege erforderlich ist, haben Pflegebedürftige einen Anspruch auf T. in Einrichtungen der → Tagespflege oder Nachtpflege. Die T. umfasst auch die notwendige Beförderung des Pflegebedürftigen von der Wohnung zur Einrichtung der Tages- oder Nachtpflege und zurück. – *2. Merkmale:* Je nach Stufe der Pflegebedürftigkeit (→ Pflegestufe) werden von den → Pflegekassen die pflegebedingten Aufwendungen, die Aufwendungen der sozialen Betreuung sowie die Aufwendungen für die medizinische Behandlungspflege im Gesamtwert von bis zu 384 Euro in Pflegestufe I, 921 Euro in Pflegestufe II und 1.432 Euro in Pflegestufe III pro Monat übernommen. Die T. ist als ergänzende Leistung der ambulanten Versorgung (→ Pflegegeld oder → Pflegesachleistung) von Pflegebedürftigen zu verstehen. Die Pflegekasse hat sie den Pflegebedürftigen immer dann zur Verfügung zu stellen, wenn ohne Tages- oder Nachtpflege die → ambulante Pflege nicht sichergestellt werden kann. Pflegebedürftige haben nur Anspruch auf Leistungen der Tages- und Nachtpflege in dafür zugelassenen Einrichtungen. Diese müssen strukturell und konzeptionell in der Lage sein, Pflegebedürftige für bestimmte Stunden am Tag (Tagespflege) oder nachts (Nachtpflege) unterbringen und verpflegen zu können.

Teilungsabkommen. *1. Begriff:* Rahmenvertrag zwischen zwei oder mehreren privaten Versicherungsunternehmen oder Sozialversicherungsträgern, durch den sie sich gegenseitig selbstständig und formlos verpflichten, Aufwendungen in bestimmten, künftig eintretenden Schadenfällen in der vereinbarten Weise zu teilen. – *2. Ziele:* Vereinfachung der Abwicklung von gegenseitigen Ausgleichs- und Regressansprüchen zwischen Haftpflicht-, Kasko- und privaten Krankenversicherern sowie Sozialversicherungsträgern. – *3. Merkmale:* Das Versicherungsunternehmen oder der Sozialversicherungsträger, gegen deren Versicherungsnehmer bzw. Mitglieder Ausgleichs- oder Regressansprüche geltend gemacht werden, verzichtet gemäß dem T. auf die Prüfung der Haftungsfrage, d.h. der Sach- und Rechtslage, bis zur Höhe der vereinbarten Höchstgrenze ("Spitzenklausel") und erstattet den geltend gemachten Betrag oder eine zuvor festgesetzte Quote. Auf diese Weise kann eine umfangreiche und aufwändige Verschuldensprüfung vermieden werden. Voraussetzung für die Erstattung ist jedoch, dass ein ursächlicher Beitrag der haftpflichtigen Person (des „Schädigers") zum Schadensereignis vorliegt. Das begünstigte Versicherungsunternehmen oder der begünstigte Sozialversicherungsträger erhält aus dem T. einen eigenen vertraglichen Anspruch gegen den Versicherer des Schädigers. – *4. Variante:* Alternativ kann auch die Geltendmachung von Ausgleichs- oder Regressansprüchen ausgeschlossen werden (sog. Regressverzichtsabkommen).

Teilzeitarbeit. Gegenüber der betrieblichen Regelarbeitszeit reduzierte individuelle Arbeitszeit. Nach dem BAG liegt ein Verstoß gegen den Grundsatz der → Gleichbehandlung vor, wenn Teilzeit-Arbeitnehmer im Rahmen der → betrieblichen Altersversorgung (bAV) nicht Versorgungsleistungen entsprechend ihrer anteiligen Arbeitszeit erhalten.

Telearbeit. Ausübung der beruflichen Tätigkeit außerhalb der Unternehmensräume unter Nutzung einer überwiegend vom Arbeitgeber gestellten technischen Ausstattung im Rahmen eines Angestelltenverhältnisses. Sofern Kundenkontakt besteht, wird die räumliche Dislokation vom Kunden nicht wahrgenommen. Die Nutzung von T. ermöglicht einen hoch flexiblen Personaleinsatz.

Telearbeitsplatz, *Heimarbeitsplatz.* Ausübung einer Tätigkeit in Form von → Telearbeit an einem dafür konzipierten Arbeitsplatz außerhalb der Unternehmensräume, z.B. zu Hause.

Termfixversicherung. → Gemischte Versicherung, die im Todesfall während der Vertragslaufzeit die → Beitragsfreistellung vorsieht und die volle → Versicherungssumme zum Vertragsende leistet. Teilweise wird alternativ bereits mit dem Todesfall die mit dem → Rechnungszins diskontierte Versicherungssumme ausgezahlt. Die T. wird häufig auch als → Ausbildungsversicherung bezeichnet, da sie auf das Leben eines Eltern- oder Großelternteils abgeschlossen wird, um im Fall des Todes der → versicherten Person die spätere Ausbildung des Kindes oder Enkelkindes abzusichern.

Termingeschäft. → Derivate, → Future, → Forward, → Option.

Territorialprinzip. → Regionalitätsprinzip.

Terror. *1. Begriff*: Nach den Allgemeinen Bedingungen für die Terrorversicherung sind Terrorakte „jegliche Handlungen von Personen oder Personengruppen zur Erreichung politischer, religiöser, ethnischer oder ideologischer Ziele, die geeignet sind, Angst oder Schrecken in der Bevölkerung oder Teilen der Bevölkerung zu verbreiten und dadurch auf eine Regierung oder staatliche Einrichtung Einfluss zu nehmen". – *2. Merkmale*: In der Versicherungswirtschaft ein Risiko, das hinsichtlich der Eintrittswahrscheinlichkeit und der potentiellen Höhe der Schäden kaum zu schätzen und damit auch kaum zu kalkulieren ist. Das mögliche Ausmaß von Schäden aus Terrorrisiken wurde erst mit den Anschlägen vom 11.9.2001 deutlich. Daraufhin wurde T. aus vielen Industrie- und Rückversicherungsverträgen ausgeschlossen. Zur Deckung des Terrorrisikos in Deutschland ist im Jahr 2002 mit der → Extremus Versicherungs-AG ein eigener, spezialisierter Versicherer gegründet worden. Die Extremus Versicherungs-AG haftet bis zu einer Schadenhöhe von 10 Mrd. Euro pro Versicherungsnehmer. Die ersten 2 Mrd. Euro werden von privatwirtschaftlichen Rückversicherern zur Verfügung gestellt, der deutsche Staat garantiert weitere 8 Mrd. Euro. Die Versicherungswirtschaft grenzt Terrorismus von Krieg ab. – *3. T. in der verbundenen Wohngebäudeversicherung*: Terroranschläge können zu Schäden an Gebäuden führen. Innerhalb der → Feuerversicherung sind → Brand, → Explosion, → Aufprall eines Luftfahrzeuges, Anprall eines Kraft- oder Schienenfahrzeuges versichert. Im Unterschied zu Schäden infolge von Kriegsereignissen (→ Kriegsklausel) bzw. → inneren Unruhen sind Schäden aufgrund von T. nicht explizit ausgeschlossen. Die Terrorakte des 11.9.2001 in den USA führten zu einer Neubewertung und Sensibilisierung in Bezug auf diese Gefahr. Für besonders exponierte Gebäude – definiert über eine Gesamtversicherungssumme über 25 Mio. Euro – ist inzwischen ein Ausschluss von Schäden infolge von T. üblich. Für eine darüber hinaus gehende (Teil-)Deckung schuf die Branche in Zusammenarbeit mit dem Staat den Spezialversicherer Extremus Versicherungs-AG.

Tierhalterhaftpflichtversicherung. *1. Begriff*: Versicherung gegen Risiken aus der Eigenschaft des Versicherungsnehmers als Halter von Tieren. Versicherungsart in der → Haftpflichtversicherung. – *2. Varianten*: Wird i.d.R. in den Varianten Hundehalter- und Pferdehalter-Haftpflichtversicherung angeboten. Die Haftung des nicht gewerbsmäßigen Tierhüters ist meistens mitversichert. – *3. Abgrenzungen*: Risiken aus der Haltung zahmer Haustiere sind in der → Privathaftpflichtversicherung gedeckt. Das Risiko für landwirtschaftliche Tiere wird über die → Betriebshaftpflichtversicherung abgesichert.

Tierseuchen-Betriebsunterbrechungsversicherung. *1. Begriff*: Erscheinungsform der → Betriebsunterbrechungsversicherung, mit der sowohl Erlösausfälle durch die behördliche Anordnung einer Betriebssperre oder Bestandskeulung auf Grund einer nach dem Tierseuchengesetz anzeigepflichtigen Seuche am → Versicherungsort als auch → Vermögensschäden, die infolge eines Unfallereignisses durch unfreiwillige Gesundheitsschädigungen am Tierbestand oder durch Botulismus im Bereich der Rinderproduktion entstehen, ausgeglichen werden können. – *2. Merkmale*: Die T. ergänzt den Versicherungsschutz der gesetzlichen Tierseuchenkasse und ist eine spezielle Form der Betriebsunterbrechungsversicherung für Betriebe der Rinder- und Schweinehaltung. Der versicherte → Unterbrechungsschaden wird innerhalb der Grenzen der vereinbarten → Haftzeit für die Dauer der behördlichen Anordnung zur Betriebssperre ausgeglichen und besteht aus dem → entgangenen Gewinn sowie bei Keulung des Tierbestands zusätzlich aus den

Kosten für die Wiederaufstallung. Zur Ermittlung des Schadens kommen pauschale Entschädigungssätze je Tierart und pro betroffenes Tier zur Anwendung, deren Festlegung auf Basis der dem Vertrag zugrunde liegenden Entschädigungstabellen der jeweiligen Versicherer und in Abhängigkeit von der Dauer der Betriebssperrung bzw. der Anzahl der betroffenen bzw. gekeulten Tiere erfolgt. Ein Anspruch auf Entschädigungsleistungen aufgrund eines versicherten Unfallereignisses oder aufgrund von Botulismus bedingt nach den üblichen Versicherungsbedingungen (TSBU), dass mehr als 10 % des versicherten Tierbestands an demselben versicherten Ereignis verenden oder nachgetötet werden müssen.

Tierversicherung. Versicherung zur Deckung von Schäden durch Tiere oder an Tieren. Untergruppe der Sachversicherung. Tiere können Schäden an Menschen und materiellem Eigentum von Dritten anrichten. Solche Schäden lassen sich mit einer Tierhalterhaftpflicht abdecken. Aber auch die Absicherung im Krankheitsfall eines Tieres (Tierkrankenversicherung) gewinnt an Bedeutung.

Time and Distance Cover. *1. Begriff:* Historische → retrospektive Deckungsform der → Finanzrückversicherung, die zukünftige Zahlungsverpflichtungen aus bereits abgeschlossenem Geschäft auf den Rückversicherer transferiert. Dieses Konzept wurde in den 1980er-Jahren hauptsächlich von den Syndikaten von Lloyd's of London nachgefragt, um damit eine Abrechnung zwischen eintretenden und ausscheidenden Names zu ermöglichen. Hierbei wurden ausstehende Verbindlichkeiten zum Geschäftsabschluss gegen Zahlung einer Prämie transferiert. – *2. Methodik:* Auf Basis einer geschätzten Schadenreserveabwicklung wird ein Auszahlungsplan vereinbart, der mögliche Schadenzahlungen des Rückversicherers sowohl nach dem Zeitpunkt als auch nach der Höhe determiniert. Der Preis bestimmt sich durch die Diskontierung der zu Vertragsbeginn festgelegten Zahlungen des Rückversicherers zuzüglich Gewinn und Kosten. – *3. Ziele:* Die indirekte Diskontierung der Schadenreserven führt zu einer (kurzfristigen) Eigenkapitalerhöhung und damit zu einer Veränderung der Bilanzkennzahlen. In dieser Reinform sind T. in der Praxis nur noch von historischem Interesse, da seitens des Rückversicherers weder ein → Underwriting Risk noch ein → Timing Risk übernommen wird und somit keine Anerkennung als Rückversicherung gegeben ist.

Timing Risk. Unsicherheit über den Schadenzahlungszeitpunkt bzw. hinsichtlich der Abwicklungsdauer und/ oder des Auszahlungsmusters. Dies ist neben dem → Underwriting Risk eine Komponente des versicherungstechnischen Risikos. Beispiel: Schadenzahlungen sind schneller zu leisten als erwartet.

Todesfallbonus. Form der → Überschussverwendung für → Risikolebensversicherungen oder → gemischte Versicherungen. Mit dem T. wird der Überschuss in Form einer Zusatzleistung im Fall des Todes gewährt. Der T. wird zumeist jährlich im Verhältnis zur → Versicherungssumme festgesetzt.

Todesfallleistung. *1. Begriff:* Leistungsart in der → Risikolebensversicherung, der → Kapitallebensversicherung, der Unfallversicherung (→ gesetzliche Unfallversicherung, → private Unfallversicherung) und der Rentenversicherung (→ gesetzliche Rentenversicherung, → private Rentenversicherung). – *2. Details:* Das versicherte Ereignis ist der Todesfall, bei dessen Eintritt die Versicherungsleistung ausgelöst wird. In der Lebensversicherung kann die T. mit gleich bleibender, steigender oder fallender Versicherungssumme festgelegt werden. Im Rahmen der privaten Unfallversicherung wird die T. gewährt, wenn ein Unfall innerhalb eines Jahres, gerechnet vom Unfalltag, zum Tod des Versicherten führt. Die Leistung entspricht in diesem Fall der im Versicherungsvertrag vereinbarten Todesfallsumme. In der Rentenversicherung kann die T. als Hinterbliebenenleistung in Form der → Witwen- oder Witwerrente und/ oder der → Waisenrente gestaltet sein. – *3. Spezifikationen für die Unfallversicherung:* Voraussetzung für die T. aus der Unfallversicherung ist grundsätzlich, dass der Versicherte innerhalb eines Jahres nach dem Unfall an seinen Unfallverletzungen verstirbt. In diesem Fall wird die vereinbarte Todesfallsumme an die bezugsberechtigten Hinterbliebenen ausgezahlt. Dies können entweder die gesetzlichen bzw. testamentarischen Erben oder im Vertrag namentlich genannten Personen sein. Wenn die versicherte Person aufgrund eines

Unfalls verstirbt, muss dies dem Versicherer innerhalb von 48 Stunden mitgeteilt werden. So wird dem Versicherer im Fall einer nicht eindeutig unfallbedingten Todesursache ermöglicht, eine Obduktion vornehmen zu lassen. Ziele einer T. aus der Unfallversicherung: Neben dem Absicherungsgedanken für Hinterbliebene hat die Mitversicherung einer T. noch einen weiteres Ziel. Wenn absehbar ist, dass aufgrund des Unfalls eine → Invalidität verbleiben wird, kann innerhalb des ersten Jahres vom Unfalltag an gerechnet ein Vorschuss auf die voraussichtliche Invalidität gezahlt werden. Dieser Vorschuss wird maximal in Höhe der vereinbarten Todesfallsumme bezahlt. Verstirbt die versicherte Person im ersten Jahr nach dem Unfall aufgrund der Unfallfolgen, muss der Versicherer so keine Leistungen zurückverlangen. Sollte die versicherte Person aufgrund einer unfallfremden Ursache innerhalb des ersten Jahres nach dem Unfall sterben, so steht den Hinterbliebenen die Leistung aus dem Invaliditätsanspruch zu, der bis zum Tod der versicherten Person entstanden war. Gleiches gilt, wenn die versicherte Person später als ein Jahr nach dem Unfall stirbt – gleichgültig aus welcher Ursache. Für all diese Fälle muss der Versicherer somit bereits gezahlte Leistungen nicht zurückverlangen.

Todesfallversicherung. → Risikolebensversicherung.

Todesursachen. *1. Begriff:* Bezeichnung für die auf dem Totenschein anzugebenden Krankheiten, Leiden oder Verletzungen, die den Tod zur Folge hatten oder zum Tod beitrugen. Liegt ein Unfall oder eine Gewalteinwirkung zugrunde, sind auch die Umstände zu vermerken, die die tödlichen Verletzungen hervorriefen. – *2. Methodik:* Um eine internationale Vergleichbarkeit zu gewährleisten, werden die T. nach den Positionen der Internationalen Klassifikation der Krankheiten, Verletzungen und Todesursachen (ICD) verschlüsselt, die von der Weltgesundheitsorganisation (WHO) herausgegeben wird. Die → Mortalität nach T. wird in der Todesursachenstatistik erfasst. Diese ermöglicht die Berechnung todesursachenspezifischer → Sterbeziffern, wobei in diesem Fall die Zahl der an einer T. Gestorbenen üblicherweise auf 100.000 Einwohner bezogen wird. Werden die Anteile der Sterbefälle nach T. berechnet, lässt sich aus dieser prozentualen Verteilung die Todesursachenstruktur in einer Gesamtbevölkerung oder z.B. in einer bestimmten Altersgruppe ermitteln.

Tontinen. *1. Begriff:* Vereinbarung zwischen mehreren Personen mit dem Ziel, das von ihnen eingezahlte Kapital nebst Zinsen in gewissen Zeitabschnitten auf diejenigen unter ihnen zu verteilen, die dann noch am Leben sind. T. werden heute als besondere Erscheinungsform der → Lebensversicherung ausgestaltet. – *2. Funktionsweise:* Eine → Personengesamtheit (möglicherweise in Altersgruppen unterteilt) bringt einen gewissen Betrag auf, wobei jeder einen gleich großen Anteil zahlt. Der Lebensversicherer verpflichtet sich, den Betrag nach einer festen Laufzeit mit einem fest vorgegebenen Zins an die Überlebenden der Gesamtheit (bzw. der Teilgesamtheiten) in gleichen Anteilen auszuzahlen. – *3. Rechtslage und Bedeutung in Deutschland:* T. waren ursprünglich nach deutschem Recht keine Versicherungsgeschäfte, sondern allenfalls Lotteriegeschäfte und daher versicherungsfremd und den Versicherungsunternehmen nicht erlaubt (vgl. Verbot → versicherungsfremder Geschäfte, § 7 II VAG). Sie wurden v.a. auf französischen Wunsch trotz des europarechtlichen Verbots versicherungsfremder Geschäfte in die Erste EU-Lebensversicherungsrichtlinie aufgenommen und mussten nach Verwirklichung des → Versicherungsbinnenmarkts auch in Deutschland zugelassen werden (§ 1 IV S. 1 VAG), haben hier aber keine Bedeutung erlangt. Rechtlich werden T. in Deutschland den Lebensversicherungsgeschäften gleichgestellt. – *4. Historie:* Ursprünglich wurde das Prinzip für Staatsanleihen in Italien verwendet. Vor diesem Hintergrund sind die T. nach dem italienischen Politiker Lorenzo de Tonti (ca. um 1620 bis ca. um 1684) benannt.

Tools, *Werkzeuge.* Begriff aus der → Informationstechnik. Bezeichnet Dienstprogramme und Dienstanwendungen, die den Entwickler und Verwalter von fachlichen → Anwendungen bei seinen Tätigkeiten elektronisch unterstützen und spezialisierte Aufgaben übernehmen (z.B. Entwicklungstools, Testtools, Überwachungstools).

Totalschaden. *1. Begriff:* Übersteigen die voraussichtlichen Reparaturkosten den →

Wiederbeschaffungswert, z.B. eines → Kraftfahrzeugs, liegt ein wirtschaftlicher Totalschaden vor. Ersetzt wird vom Versicherer regelmäßig die Differenz zwischen dem Wiederbeschaffungswert und dem erzielbaren Restwert. – *2. Ausnahme:* Tatsächlich entstandene Reparaturkosten sind nach der Rechtsprechung dem Geschädigten zu erstatten, wenn diese den Wiederbeschaffungswert um nicht mehr als 30 % übersteigen und das Kraftfahrzeug weiterhin in seinem Besitz bleibt. Der Restwert ist dann nicht in Abzug zu bringen.

Touristische Assistance. → Reiseassistance.

Trading, *Held for Trading, Handelsbestand.* – *1. Begriff:* Bilanzierungs- und Bewertungskategorie für → Finanzinstrumente nach IAS 39 (→ IAS/ → IFRS). Unterkategorie der Finanzinstrumente in der Kategorie → At Fair Value through Profit or Loss. – *2. Merkmale:* Der Handelsbestand umfasst Wertpapiere, die a) mit kurzfristiger Veräußerungsabsicht erworben wurden, – b) → derivative Finanzinstrumente sind, ohne Sicherungsinstrumente beim → Hedging darzustellen, – c) Teil eines gemeinsamen Portfolios sind, mit dem kurzfristige Gewinne aus Preisschwankungen erzielt werden sollen. – *3. Behandlung in der internationalen Rechnungslegung:* Bei Erwerb erfolgt der Ansatz zu Anschaffungskosten. Die Folgebewertung erfolgt nach IAS 39 zum → Fair Value. Wertänderungen werden erfolgswirksam in der → Gewinn- und Verlustrechnung (GuV) erfasst. – *4. Anwendung auf Versicherungsunternehmen:* Entsprechend der Aufteilung von → Kapitalanlagen nach der → Verordnung über die Rechnungslegung von Versicherungsunternehmen (RechVersV) kann die Kategorie T. auf die Anlageklassen „Aktien, Investmentanteile und andere nicht festverzinsliche Wertpapiere", „Inhaberschuldverschreibungen und andere festverzinsliche Wertpapiere" und „andere Kapitalanlagen" angewendet werden.

Traditional Embedded Value (TEV). *1. Begriff:* Als → Embedded Value wird der Gesamtwert eines Lebens- bzw. Personenversicherungsgeschäfts aus der Sicht der Eigentümer bezeichnet, wobei künftig gezeichnetes Geschäft (Goodwill) unberücksichtigt bleibt, jedoch die Bewertungsannahmen die Fortsetzung des Geschäfts implizieren („going-concern"). Der Zusatz „traditional" deutet an, dass die Bewertung nach einem herkömmlichen Discounted Cash flow-Modell, d.h. auf der Grundlage deterministischer Projektionen erfolgt. – *2. Merkmale:* Zu den Charakteristika des Lebens- bzw. Personenversicherungsgeschäfts gehört die vorsichtige Wahl der Rechnungsgrundlagen für die → Deckungsrückstellung, die mit hoher Wahrscheinlichkeit zu positiven künftigen → Rohüberschüssen führt, an denen der Eigentümer des Lebensversicherungsunternehmens in Form künftiger Jahresüberschüsse partizipiert. Diese Jahresüberschüsse sind also bereits heute im Bestand als „Bestandswert" oder „Value of Inforce (VIF)" „eingebettet" und werden dementsprechend über das in der lokalen Rechnungslegung ausgewiesene Eigenkapital hinaus als „Substanzwert" des Lebens- bzw. Personenversicherers angesehen. – *3. Modell:* Beim TEV werden die versicherungstechnischen Cash flows (Prämien, Versicherungsleistungen, Auszahlungen für den Versicherungsbetrieb) einerseits und die Kapitalanlageerfolge andererseits in einer konventionellen Projektionsrechnung nach dem Prinzip der bestmöglichen Schätzung ermittelt. Dabei werden Neuanlagen von Kapital und die Interaktionen zwischen Kapitalanlageerfolg und → Überschussbeteiligung der Kunden durch eine formelmäßige Koppelung berücksichtigt. Eine Risikobewertung erfolgt implizit durch Wahl eines vorsichtigen Diskontierungssatzes. Dieser wird auch auf die Erfolge aus der Anlage des Eigenkapitals angewendet, das folglich um den → Barwert der Zinsdifferenzen zwischen Diskontierungszins und prognostiziertem Kapitalanlageerfolg, den sog. „Cost of Capital" (CoC), zu mindern ist. Damit ergibt sich der Embedded Value (EV) als EV = EK + VIF – CoC, wobei EK das Eigenkapital der HGB-Bilanz bezeichnet. – *4. Probleme:* Charakteristisch für den TEV ist die unzureichende Berücksichtigung der Kosten von Garantien und Optionen, die sich aus der asymmetrischen Verteilung des Rohüberschusses zwischen Kunden und Eigentümern eines Lebensversicherungsgeschäfts ergeben: Bei positivem Rohüberschuss sind große Teile – bis zu 90 % – den Versicherungsnehmern im Wege der Überschussbeteiligung zurückzuerstatten, negative Rohüberschüsse belasten in voller

Höhe die Eigentümer. Die Folge: Aus einem mittleren Kapitalanlageerfolg einer deterministischen Projektion kann nicht ohne weiteres auf einen mittleren Jahresüberschuss zugunsten der Eigentümer geschlossen werden. Bei einer Anwendung der angestrebten Partizipationsrate würde nämlich unterstellt, dass Schwankungen nach oben und unten gleichartig zwischen Versicherungsnehmern und Eigentümern geteilt werden. Das bedeutet, dass eine deterministische Projektionsrechnung implizit unterstellt, dass die Garantien zugunsten der Versicherungsnehmer entweder immer oder nie „im Geld" sind. Die Kritik an der unzureichenden Berücksichtigung des Werts der in Lebensversicherungsverträgen → eingebetteten Garantien und → eingebetteten Optionen hat die Weiterentwicklung des Konzepts zum sog. → European Embedded Value angestoßen.

Träger der gesetzlichen Rentenversicherung. Öffentlich-rechtliche Körperschaften, die die ihnen durch Gesetz zugewiesenen Aufgaben der Rentenversicherung in Selbstverwaltung erfüllen. Aktuell sind die T. die → Deutsche Rentenversicherung Bund, die → Deutsche Rentenversicherung Knappschaft-Bahn-See sowie zahlreiche Regionalträger (ehemals Landesversicherungsanstalten).

Traineeprogramm. *1. Begriff:* Maßnahme der → Personalentwicklung bzw. eine besondere Maßnahme zur Gewinnung von hochqualifizierten Spezialisten oder von Führungsnachwuchs, meist aus den Reihen der Hochschulabsolventen. In T. werden interne Potenzialträger oder externe Bewerber auf die Übernahme von verantwortungsvollen Führungs- und Spezialistenaufgaben vorbereitet. – *2. Ziele:* Mit einem T. werden unterschiedliche Ziele verfolgt: a) gezielte Vorbereitung von Mitarbeitern auf Spezialisten- oder Führungsaufgaben; – b) Vermittlung von fach-, firmen- und produktspezifischen Kenntnissen; – c) Vermittlung von Organisations- und Entscheidungsstrukturen; – d) → Motivation durch die Aussicht auf Aufstieg und Karriere im Unternehmen; – e) Förderung von ganzheitlichem und bereichsübergreifendem Denken und Handeln. – *3. Merkmale:* Ein T. ist i.d.R. auf sechs bis 24 Monate angelegt. Es kann sowohl unternehmensübergreifend (z.B. T. für Hochschulabsolventen) als auch bereichsbezogen (z.B. T. für Führungskräfte im Vertrieb) durchgeführt werden. Ein T. besteht meist aus theoretischen Aus- und Weiterbildungsbausteinen, die sich mit Praxisphasen in unterschiedlichen Bereichen oder Arbeitsplätzen abwechseln. Um die Integration bzw. die Vernetzung der Trainees zu unterstützen, werden ihnen zum Teil auch Mentoren zur Seite gestellt (vgl. → Mentoring). – *4. Probleme:* T. müssen in die Systematik der Personalentwicklung bzw. der Nachfolgeplanung eingebunden sein, sonst wird am Bedarf vorbei qualifiziert. Teilnehmern von T. müssen klare Karriereperspektiven aufgezeigt werden, sonst besteht die Gefahr einer unerwünschten → Fluktuation. Siehe auch → Führungsnachwuchsprogramme, → Führungskräfteentwicklung.

Transaktionskosten. Die mit jeder Transaktion, d.h. mit jedem Tauschvorgang oder mit jeder Geschäftstätigkeit, verbundenen Kosten. Ging es früher meist nur um die Transportkosten, d.h. um die Bewegung von Gütern von einem Ort zum anderen, geht es heut im Anschluss an K. J. Arrow um alle Kosten, die beim Abschluss verbindlicher Verträge und für die Durchsetzung vertraglicher Ansprüche entstehen. Hinzuzurechnen sind aber auch Kosten, die bei der Sammlung von Informationen entstehen, um überhaupt Transaktionen durchführen zu können. In der allgemeinen Gleichgewichtstheorie und in den meisten ökonomischen Modellen wird von T. abgesehen. T. spielen eine wichtige Rolle bei der Beurteilung der Effizienz unterschiedlicher Institutionen (z.B. Markt versus Unternehmen; O. Williamson). Ferner sind T. notwendig, um viele Sachverhalte und Phänomene überhaupt erklären zu können, z.B. die Existenz von → Geld oder der → Versicherungsnachfrage. Gäbe es keine T., so könnte jedes Wirtschaftssubjekt selbst auf dem → Versicherungsmarkt seine Risiken tauschen. Versicherungsunternehmen entwickeln aufgrund ihrer Erfahrung und Spezialisierung komparative (Kosten-)Vorteile bei der Evaluierung von Risiken, der Abwicklung von Schadenfällen und der Durchsetzung von Ansprüchen gegen Dritte.

Transport-Betriebsunterbrechungsversicherung. *1. Begriff:* Erscheinungsform der → Betriebsunterbrechungsversicherung. Deckt das Risiko des → Unterbrechungsschadens, der dadurch verursacht wird, dass

Waren oder Güter, die für den betrieblichen Leistungsprozess des Versicherten bestimmt waren, infolge eines nach der gültigen → Transportversicherung versicherten Schaden- oder Unfallereignisses nicht oder nur noch eingeschränkt eingesetzt werden können. – *2. Merkmale:* Der Abschluss einer T. setzt eine wirksame Transportversicherung in einer der in den Bedingungen für die Transport-Betriebsunterbrechungsversicherung (TBU) bezeichneten Art voraus. Der Entschädigungszeitraum für den versicherten Unterbrechungsschaden ist auf die vereinbarte → Haftzeit begrenzt, die mit dem Zeitpunkt des geplanten Einsatzes der betroffenen Güter und Waren, spätestens jedoch mit dem Eintritt des Unterbrechungsschadens beginnt.

Transport- und Lagerkosten. Begriff aus der → verbundenen Hausratversicherung, bei der Kosten für den Transport und die Lagerung von versichertem Hausrat mitversichert sind, wenn die Wohnung durch einen → Versicherungsfall unbenutzbar geworden ist und dem Versicherungsnehmer eine Lagerung in den dafür benutzbar gebliebenen Räumen nicht zuzumuten ist.

Transportversicherung. *1. Begriff:* Versicherung der auf den Transport und die Lagerung von Gütern und auf die Transportmittel selbst gerichteten Interessen. Eigener → Versicherungszweig, unter dem verschiedene Versicherungsarten zusammengefasst sind. – *2. Versicherungsarten:* a) → Warenversicherung; – b) → Kaskoversicherungen, im Einzelnen → Flusskaskoversicherung, → Landkaskoversicherung, → Seekaskoversicherung, → Wassersportkaskoversicherung. Nicht unter die T. fallen die → Kfz-Kaskoversicherung und die → Luftkaskoversicherung; – c) → Verkehrshaftungsversicherung; – d) Sonderzweige: Hierbei handelt es sich um aus der Warenversicherung hervorgegangene Spezialdeckungen, wie die → Ausstellungsversicherung, die → Reisegepäckversicherung, die → Valorenversicherung u.a. – *3. Geschichte:* Bereits in der Antike wurden die Risiken des Seehandels durch Seedarlehen transferiert und gestreut. Nach dem Zinsverbot durch Gregor IX im Jahr 1234 entwickelten sich bis zum Ende des 14. Jahrhunderts in Norditalien die heute üblichen Versicherungsprinzipen (z.B. → Prämienvorauszahlung, → Mitversicherung). – *4. Rechtsgrundlagen:* Während die → Seeversicherung nach § 209 VVG ohnehin nicht unter das → Versicherungsvertragsgesetz fällt, zählen die Warenversicherung (unabhängig vom Transportweg), die Schienenfahrzeugkasko-, die Luftfahrzeugkasko-, die See-, Binnensee- und Flussschifffahrtskaskoversicherung sowie die Haftpflichtversicherungen für Land-, See-, Binnensee- und Flusstransporte (→ Verkehrshaftungsversicherung) zu den Großrisiken, unterliegen also nach § 210 ebenso wie die → laufenden Versicherungen nicht den Einschränkungen der Vertragsfreiheit. Zu beachten ist, dass die Haftpflichtversicherung von → Spediteur und → Lagerhalter sowie die meisten Sonderzweige nicht zu den Großrisiken zählen. Die → DTV stellen Musterbedingungen für die meisten T. zur Verfügung; international weit verbreitet sind die englischen → Institute Clauses.

Trennungsprinzip. *1. Begriff:* Grundsatz in der → Haftpflichtversicherung. Nach dem T. sind Haftungs- und Deckungsfragen getrennt voneinander zu beurteilen. – *2. Merkmale:* Streitigkeiten aus dem Deckungsverhältnis werden im → Deckungsprozess ausgetragen. Das Haftpflichtverhältnis bezieht sich auf das Verhältnis zwischen dem Versicherungsnehmer und dem geschädigten Dritten. Die Frage nach der Höhe des → Haftpflichtanspruchs bleibt grundsätzlich dem → Haftpflichtprozess zwischen dem Versicherungsnehmer und dem Geschädigten vorbehalten. Allerdings entfaltet die rechtskräftige Entscheidung des Haftpflichtprozesses für den Deckungsprozess → Bindungswirkung.

Treuhänder. *1. Begriff:* Personen, die aufsichtrechtliche Befugnisse im Interesse der Versicherten wahrnehmen, die entweder von der → Aufsichtsbehörde wegen der → Deregulierung nicht mehr wahrgenommen werden dürfen, oder die schon früher vom Gesetzgeber an außen stehende Personen übertragen wurden, die schneller und besser an Ort und Stelle für eine wirksame Überwachung bestimmter Handlungen des Unternehmens sorgen können. – *2. Prämientreuhänder:* Prämienänderungen für bestehende Verträge in der Lebens-, Kranken- und Unfallversicherung mit garantierter Beitragsrückzahlung sowie der Berufsunfähigkeitsversicherung bedürfen der Zustimmung eines unabhängigen T. (§§ 11b, 11d, 12b VAG, §§ 163, 176, 203 VVG), vgl. → Bedingungsanpassung und → Beitragsanpassung. Zum T. darf nur bestellt werden, wer zuverlässig, fachlich geeignet und von dem Versicherer unabhängig ist, insbesondere keinen Anstellungs- oder sonstigen Dienstvertrag mit dem Unternehmen oder einem verbundenen Unternehmen hat oder aus einem solchen Vertrag noch Ansprüche besitzt. Die fachliche Eignung setzt ausreichende Kenntnisse auf dem Sektor der Prämienkalkulation voraus. Zum T. kann nicht bestellt werden, wer bereits bei zehn Versicherern oder → Pensionsfonds als T. oder → verantwortlicher Aktuar tätig ist. Der in Aussicht genommene T. muss der Aufsichtsbehörde vor der Bestellung durch das Unternehmen benannt werden. Erfüllt der Kandidat die gesetzlichen Anforderungen nicht, kann die Aufsichtbehörde die Benennung einer anderen Person verlangen. Dasselbe gilt, wenn sich später Umstände herausstellen, die einer Bestellung entgegenstehen, oder wenn der T. seine Aufgaben nicht ordnungsgemäß erfüllt. Im Notfall kann die Aufsichtsbehörde den T. selbst bestellen (§§ 11b, 11d, 12b VAG). – 3. *Bedingungstreuhänder:* Die Mitwirkung eines Bedingungstreuhänders ist nur in der Krankenversicherung nach Art der Lebensversicherung vorgesehen, und zwar auch nur dann, wenn eine nicht nur als vorübergehend anzusehende Veränderung der Verhältnisse des Gesundheitswesens den Versicherer berechtigt, die Allgemeinen Versicherungsbedingungen (AVB) und die Tarifbestimmungen den veränderten Verhältnissen anzupassen (Bedingungs- und Beitragsanpassung). Wenn die Änderungen zur Wahrung der Belange der Versicherten notwendig sind, fehlt nur noch die Zustimmung des unabhängigen T., und die Änderung ist wirksam (§ 203 III VVG). Für eine Bedingungsanpassung wegen Unwirksamkeit einer AVB-Bestimmung durch höchstrichterliches Urteil oder bestandskräftigen Verwaltungsakt ist eine Zustimmung nicht erforderlich. Dasselbe gilt für Bedingungsänderungen in der Lebensversicherung (§ 164 VVG). Für den Bedingungstreuhänder gelten im übrigen hinsichtlich der Qualifikation und Bestellung die Bestimmungen über den Prämientreuhänder entsprechend; die fachliche Eignung setzt hier allerdings ausreichende Rechtskenntnisse insbesondere auf dem Krankenversicherungssektor voraus (§ 12b V VAG). – 4. *T. für das Sicherungsvermögen:* Zur Überwachung des → Sicherungsvermögens ist ebenfalls ein T. und ist zudem ein Stellvertreter für ihn zu bestellen (§ 70 VAG). Die Einrichtung eines T. bestand als Deckungsstocktreuhänder schon vor der Deregulierung. Seine Aufgaben haben sich jetzt allerdings erweitert, da er nun für das gesamte gebundene Vermögen aller → Versicherungszweige zuständig ist. Der T. wird vom Aufsichtsrat bestellt. Wie beim Prämien- und Bedingungstreuhänder muss der Kandidat vor seiner Bestellung der Aufsichtsbehörde benannt werden. Auch hier kann die Aufsichtsbehörde verlangen, dass ein anderer Kandidat vorgeschlagen wird. Dasselbe gilt, wenn der T. seine Aufgaben nicht ordnungsgemäß erfüllt. Unterbleibt die Benennung eines anderen Kandidaten oder hat die Behörde auch gegen den neuen Kandidaten Bedenken, kann sie den T. selbst bestellen. (Vgl. insgesamt § 71 VAG). Über das Sicherungsvermögen kann nur mit Zustimmung des T. verfügt werden. Er hat das Sicherungsvermögen unter Mitverschluss zu verwahren. Gegenstände des Sicherungsvermögens darf er nur herausgeben, wenn das Gesetz es gestattet. Er kann der Verfügung nur schriftlich zustimmen. Der T. hat unter der Bilanz zu bestätigen, dass das Sicherungsvermögen vorschriftsmäßig angelegt und aufbewahrt ist. Er kann jederzeit die Bücher und Akten des Versicherers einsehen, soweit sie sich auf das Sicherungsvermögen beziehen. Etwaige Streitigkeiten zwischen dem T. und dem Unternehmen entscheidet die Aufsichtsbehörde. Wegen der Entnahmen aus dem Sicherungsvermögen siehe unter → Sicherungsvermögen, wegen der Funktion des Sicherungsvermögens im Insolvenzverfahren siehe → Insolvenz des Versicherers. – 5. *T. im Rahmen der Anteilseignerkontrolle:* Die Aufsichtsbehörde kann einem T. die Ausübung der Stimmrechte übertragen, wenn Tatsachen Anlass zu Zweifeln geben, a) dass Inhaber bedeutender Beteiligungen den gesetzlichen Anforderungen genügen, oder – b) dass wegen der Struktur des Beteiligungsgeflechts oder mangelhafter wirtschaftlicher Transparenz eine wirksame Aufsicht möglich ist. Die Aufsichtsbehörde kann dem Inhaber bedeutender Beteiligungen in diesem Fall die Ausübung seiner Stimmrechte untersagen (§ 104 II S. 3 VAG). Sie kann ferner einen T. u.U. mit der Veräußerung der Anteile beauftragen. Der T. wird auf Antrag des Versicherers, eines an ihm Beteiligten oder der Aufsichtsbehörde vom Gericht am Sitz des

Versicherungsunternehmens bestellt. Siehe auch → Anteilseignerkontrolle. – *6. T. im Rahmen des Sicherungsfonds:* Ein unabhängiger T. wird eingeschaltet, wenn der → Sicherungsfonds die AVB oder die Tarifbestimmungen von insolventen Lebens- oder Krankenversicherern an die Verhältnisse des Zessionars anpassen will (§ 125 VI VAG).

Trigger. → Schadentrigger.

True and Fair View. *1. Begriff:* Grundsatz der internationalen Rechnungslegung. Der Begriff stammt aus den → IAS/ → IFRS. – *2. T. in der Rechnungslegung:* Ziel der Rechnungslegung nach IAS/ IFRS und im Übrigen auch nach → US-GAAP ist es, den Kapitalmarktteilnehmern entscheidungsrelevante Informationen zu vermitteln. Das → Vorsichtsprinzip ist nur von geringer Bedeutung. a) In IAS 1 ist das Prinzip der „Fair Presentation" als Generalnorm festgelegt. Die Bewertung zum → Fair Value in der internationalen Rechnungslegung ist eine Ausprägung des True and Fair View. – b) Auch nach US-GAAP kann die Fair Presentation als Generalnorm angesehen werden. – c) Nach deutschem Handelsrecht hat der → Jahresabschluss einer Kapitalgesellschaft unter Beachtung der → Grundsätze ordnungsmäßiger Buchführung (GoB) ein den tatsächlichen Verhältnissen entsprechendes Bild der Vermögens-, Finanz- und Ertragslage zu vermitteln (§ 264 II HGB). Vermittelt der Jahresabschluss kein den tatsächlichen Verhältnissen entsprechendes Bild, sind Angaben im → Anhang zu machen.

Trunkenheitsklausel. *1. Begriff:* Im Rahmen der → Kfz-Haftpflichtversicherung darf das → Kraftfahrzeug nicht gefahren werden, wenn der Fahrer durch alkoholische Getränke oder andere berauschende Mittel nicht in der Lage ist, das Fahrzeug sicher zu führen. Außerdem dürfen der Versicherungsnehmer, der Halter und der Eigentümer des Fahrzeugs es nicht ermöglichen, dass das Fahrzeug von einem Fahrer gefahren wird, der durch alkoholische Getränke oder andere berauschende Mittel nicht in der Lage ist, das Fahrzeug sicher zu führen. – *2. Merkmale:* Der Begriff der T. wird stets und ausschließlich im Zusammenhang mit der Kfz-Haftpflichtversicherung verwendet. In der → Kfz-Kaskoversicherung und in den übrigen Kfz-Zweigen besteht für Unfälle aufgrund Alkoholgenusses kein Versicherungsschutz (bei Vorsatz) oder eingeschränkter Versicherungsschutz (bei grober Fahrlässigkeit).

Typklasse. *1. Begriff:* Grundlegendes → Tarifmerkmal in der → Kfz-Versicherung, das dem unterschiedlichen Schadenaufkommen verschiedener Fahrzeugtypen Rechnung trägt. – *2. Merkmale:* Fahrzeugtypen definieren sich – soweit vorhanden – über die Eintragungen im Fahrzeugschein, insbesondere über die Herstellerschlüsselnummer und die Typschlüsselnummer. Es gibt in Deutschland fast 14.000 Typen. Die Einstufung in eine T. erfolgt für jeden Typ anhand eines Indexwerts für dessen Schadenbedarf, der jedes Jahr durch einen unabhängigen Treuhänder, jeweils getrennt für die → Kfz-Haftpflichtversicherung, die → Vollkaskoversicherung und die → Teilkaskoversicherung, ermittelt wird. Dabei wird der Schadenverlauf der letzten drei Jahre berücksichtigt. Bei Importfahrzeugen oder neu auf den Markt kommenden Fahrzeugen legt die Klassifizierungskommission, die aus Mitgliedern des → GDV, des Kraftfahrbundesamtes, Vertretern von Versicherungsunternehmen sowie einem unabhängigen Treuhänder (beratende Funktion) besteht, in Anlehnung an vergleichbare Fahrzeugtypen eine vorläufige manuelle T. fest. Je niedriger der ermittelte Index ist, desto niedriger sind die T. und die damit verbundene Versicherungsprämie. Einige wenige Fahrzeuge, sog. Exoten, sind keinen T. zugeordnet; in diesen Fällen entscheiden die Versicherer individuell über die Prämienhöhe. – *3. Typklassenverzeichnis:* Die Zuordnung der Typen zu den T. kann dem vom GDV geführten und unter www.typklasse.de abrufbaren Typklassenverzeichnis entnommen werden.

U

Überbrückungshilfe. *1. Begriff:* Leistungsart in der → Berufsunfähigkeitsversicherung. Zahlung einer Übergangshilfe, wenn die Zahlung eines → Krankentagegelds aus der → privaten Krankenversicherung (PKV) eingestellt wird, weil aus medizinischer Sicht eine → Berufsunfähigkeit vorliegt, die Leistungsprüfung beim Berufsunfähigkeitsversicherer aber noch nicht abgeschlossen ist. – *2. Hintergrund:* Zieht sich die Leistungsprüfung des Berufunfähigkeitsversicherers über einen längeren Zeitraum hin, kann dies für den Versicherten erhebliche finanzielle Folgen haben. Wurden nicht genügend Rücklagen gebildet, können die laufenden finanziellen Verpflichtungen (Miete, Hypotheken etc.) ein existenzielles Risiko bedeuten. Aus diesem Grund empfiehlt sich eine Berufsunfähigkeitsversicherung, die für die Dauer der Leistungsprüfung eine Ü. umfasst.

Überfälligkeitsmeldung. In der → Kreditversicherung muss der Versicherungsnehmer dem Kreditversicherer von Kunden, für die ein → Kreditlimit festgesetzt wurde, jede unbezahlte unversicherte Forderung mitteilen, sobald die im Versicherungsschein angegebene Überfälligkeitsfrist überschritten ist. Die Überfälligkeitsfrist beginnt mit Ablauf des mit dem Kunden zum Zeitpunkt der Lieferung oder Leistung vereinbarten Zahlungsziels.

Übergangsgeld. I. Beamtenversorgung: *1. Begriff:* Element der → Beamtenversorgung im Sinn einer Leistung bei Entlassung. Wird ein → Beamter nicht auf eigenen Antrag ohne Versorgungsanspruch entlassen, erhält er ein nach der Dauer der Zugehörigkeit zum Dienstverhältnis gestaffeltes Übergangsgeld. Das Ü. beträgt nach vollendeter einjähriger Beschäftigungszeit das Einfache und bei längerer Beschäftigungszeit für jedes weitere volle Jahr ihrer Dauer die Hälfte, insgesamt höchstens das Sechsfache der Dienstbezüge (vgl. § 47 BeamtVG). – *2. Weitere Merkmale:* Das Ü. wird in Monatsbeträgen für die der Entlassung folgende Zeit wie Dienstbezüge längstens bis zu dem Monat gezahlt, mit dem der Beamte die für ihn bestimmte gesetzliche → Altersgrenze erreicht hat. – *3. Ü. für politische Beamte:* Weitere spezielle Regelungen zum Ü. für entlassene → politische Beamte finden sich in § 47a BeamtVG. Danach erhält ein politischer Beamter, der nicht auf eigenen Antrag entlassen wird, ein Ü. in Höhe von 71,75 % der Dienstbezüge aus der Endstufe der Besoldungsgruppe, in der er sich zur Zeit seiner Entlassung befunden hat. Das Ü. wird für die Dauer der Zeit, die der Beamte das Amt, aus dem er entlassen worden ist, inne hatte, mindestens aber für die Dauer von sechs Monaten und längstens für die Dauer von drei Jahren gewährt. – *4. Generalregelungen:* In allen Fällen des Bezugs von Ü. gelten die Anrechnungsregelungen der §§ 53 ff. BeamtVG. So werden insbesondere Erwerbs- und Erwerbsersatzeinkommen auf das Ü. angerechnet. – II. → Sozialversicherung. Ein Ü. gibt es nach §§ 45, 45 SGB IX auch als Leistung zur medizinischen Rehabilitation und zur Teilhabe am Arbeitsleben.

Übergangsleistung. *1. Begriff:* Leistungsart in der → privaten Unfallversicherung (PUV). Eine Ü. wird fällig, wenn eine unfallbedingte Beeinträchtigung der körperlichen oder geistigen Leistungsfähigkeit für einen bestimmten ununterbrochen Zeitraum in einer bestimmten Höhe bestanden hat. – *2. Merkmale:* Die Höhe der Versicherungssumme für die Ü. kann im Vertrag frei vereinbart werden. I.d.R. wird die Ü. sechs Monate nach Eintritt des Unfalls fällig. Zu diesem Zeitpunkt muss noch eine unfallbedingte Beeinträchtigung von mehr als 50 % bestehen. Krankheiten oder Gebrechen dürfen nicht mitgewirkt haben. Die Anspruchsfrist zur Geltendmachung der Ü. ist auf sieben Monate nach Unfalleintritt beschränkt. – *3. Modelle:* Neben der normalen Ü. gibt es noch erweiterte bzw. verbesserte Leistungsmodelle, nach denen bereits ein Teil der Versicherungssumme (meist 50 %) nach drei Monaten geleistet wird, sofern zu diesem Zeitpunkt noch eine unfallbedingte Beeinträchtigung zu 100 % besteht. – *4. Ziele:* Mit der Ü. soll der versicherten Person bei einem schweren Unfall in den ersten Monaten eine finanzielle Unterstützung geboten werden. So können die ersten Folgekosten aufgrund des Unfalls aufgefangen werden, wie z.B. ein Verdienstausfall. Siehe auch → Sofortleistung.

Überlebenswahrscheinlichkeit. Wahrscheinlichkeit, dass eine Person eines bestimmten Alters innerhalb des laufenden Lebensjahres nicht stirbt. Die Ü. ist nicht nur vom Alter und Geschlecht einer Person abhängig, sondern von zahlreichen weiteren Faktoren. Ausschlaggebend sind u.a. auch der Gesundheitszustand einschl. von Vorerkrankungen, die Lebensweise, der Lebensraum, der Beruf, die Arbeitsbedingungen, die Zugehörigkeit zur sozialen Gruppe und der Zivilstand.

Überleitungsrechnung, *Reconciliation.* – *1. Begriff:* Überleitung von einem Rechnungslegungsstandard in einen anderen. – *2. Merkmale:* Mittels der Ü. werden Anpassungen einzelner Positionen vorgenommen, wenn der → Jahresabschluss von einem Rechnungslegungsstandard (z.B. von einer HGB-Rechnungslegung) in einen anderen (z.B. in eine Rechnungslegung nach → IAS/ → IFRS) überführt wird. – *3. Anwendung:* Eine Ü. kommt meist zur Anwendung, wenn die Rechnungslegung nach IAS/ IFRS oder nach einem anderen international anerkannten Rechnungslegungssystem (insbesondere nach → US-GAAP) aus wirtschaftlichen oder anderen Gründen nicht in Frage kommt, aber ein Ausweis nach internationalen Standards verlangt wird. IFRS 1 verlangt eine Überleitung des → Eigenkapitals, das nach nationalen Rechnungslegungsstandards (z.B. nach HGB) bemessen ist, auf eine Bemessung nach IAS/ IFRS, und zwar sowohl für den Zeitpunkt der Eröffnungsbilanz als auch für den Zeitpunkt des letzten vorliegenden nationalen Jahresabschlusses; zudem wird für den jeweils letzten Jahresabschluss eine Überleitung des Jahresergebnisses verlangt. Des Weiteren ist eine Anpassung der → Kapitalflussrechnung verpflichtend vorgeschrieben, soweit eine solche aufgestellt werden muss.

Überschalldruckwellen. Druckwellen, die durch ein Luftfahrzeug ausgelöst werden, das die Schallgrenze durchfliegt. Ü. können unmittelbar auf eine Sache einwirken und zu Schäden führen. Schäden aus Ü. sind in der → Extended Coverage-Versicherung abgedeckt.

Überschuldung. Wirtschaftliche Situation, in der das Vermögen nicht mehr die Schulden deckt und somit rechnerisch ein negativer Eigenkapitalbetrag vorliegt. Die Ü. ist neben der → Zahlungsunfähigkeit ein Auslöser der → Insolvenz (§ 19 InsO).

Überschussanteilsätze. Parameter zur Bestimmung der den einzelnen Lebensversicherungsverträgen zuzuordnenden Geldbeträge im Rahmen der → Überschussverteilung.

Überschussbeteiligung. *1. Begriff:* Der Begriff ist semantisch mehrfach belegt, und auch in der Literatur, Gesetzgebung und Rechtsprechung sind die Bedeutungsinhalte nicht immer klar erkennbar. Grundsätzlich handelt es sich um die Beteiligung der Versicherungsnehmer an den Überschüssen der Versicherungsunternehmen. Konkretere Erklärungen müssen nach den Versicherungszweigen, bei denen es eine Ü. gibt, und nach sonstigen Bezugsgrößen differenziert werden. Eine Ü. erfolgt v.a. in der → Lebensversicherung und in der → privaten Krankenversicherung (PKV), daneben z.B. auch in der → Berufsunfähigkeitsversicherung. Was Überschuss ist, ergibt sich aus dem Jahresabschluss nach den allgemeinen Vorschriften des HGB. – *2. Ü. in der Lebensversicherung:* In der Lebensversicherung wird unter der Ü. zum ersten im Rahmen der Überschussverwendung die Summe aus der → Direktgutschrift (heute eher selten) und der Zuweisung zur → Rückstellung für Beitragsrückerstattungen (RfB) verstanden. Damit sind zwei Verwendungskomponenten aus dem entstandenen → Rohüberschuss bezeichnet, die den Versicherungsnehmern sofort oder später über die vertraglich der Höhe nach garantierten Leistungen gutgeschrieben werden. Zum zweiten gilt als Ü. die Summe aller im Lauf eines Jahres den

Versicherungsnehmern zugeteilten Mittel. Das ist wiederum die Summe aus der Direktgutschrift und den aus der RfB entnommenen Mitteln für die vertragsindividuelle → Überschussverteilung. Zum dritten wird unter der Ü. auch die auf den einzelnen Lebensversicherungsvertrag bezogene vertragsindividuelle Zuweisung der Überschüsse im Rahmen der → Überschussverteilung verstanden. Der Rohüberschuss, an dem die Versicherungsnehmer durch die Direktgutschrift und die RfB-Zuweisung zu beteiligen sind, setzt sich v.a. aus dem Kapitalanlageerfolg, dem Sterblichkeitsgewinn (→ Risikogewinn) und dem → Kostengewinn zusammen. Der → verantwortliche Aktuar unterbreitet dem Vorstand Vorschläge für eine angemessene Beteiligung der Versicherten am Überschuss (§ 11a III Nr. 4 VAG). Die Mindestzuweisung ist gesetzlich geregelt (mindestens 90 % vom Kapitalanlageerfolg (nach Abzug des → Rechnungszinses, der unmittelar in die Deckungsrückstellung fließt), 75 % vom Risikogewinn und 50 % vom Kostengewinn, vgl. dazu § 81c VAG i.V.m. der Mindestzuführungsverordnung v. 4.4.2008). Ein Verstoß gegen die Vorschriften über die Mindestzuweisung ist ein → Missstand i.S.d. § 81c VAG. Alljährlich wird zudem im Rahmen der sog. Überschussdeklaration festgelegt, in welchem Umfang im Folgejahr Überschussanteile zur Ausschüttung an Kunden oder zur Erhöhung der versicherten Leistungen verwendet werden sollen. Mit der Überschussdeklaration sind die Überschussanteile des Folgejahres rechtsverbindlich zugesagt. Der → Barwert der hierfür benötigten Mittel ist daher in einer gesonderten Abteilung der RfB festzulegen. Die Überschussdeklaration setzt sich aus dem Rechnungszins, dem überrechnungsmäßigen Zins sowie den Überschussanteilen aus dem Risiko- und Kostenergebnis zusammen. Die Höhe der Überschussanteilssätze wird vom Vorstand, beratend durch den verantwortlichen Aktuar, festgelegt und bedarf der Zustimmung durch den Aufsichtsrat. Die Veröffentlichung der Überschussanteilssätze erfolgt jährlich im Geschäftsbericht des Versicherungsunternehmens getrennt nach Alt- bzw. Neubestand sowie nach Gewinnverbänden bzw. Bestandsgruppen. Die Bezugsgrößen (z.B. Versicherungssumme, Risikoprämie, oder Deckungskapital) der einzelnen Überschussanteilssätze für den Neubestand werden unternehmensindividuell festgelegt. Die Regelungen für den Altbestand sind durch den Gesamtgeschäftsplan vorgeschrieben. Die Überschussbeteiligung der Versicherungsnehmer entsteht aus laufenden Überschüssen, Schlussüberschussanteilen und der Beteiligung an den Bewertungsreserven. Die laufenden Überschüsse werden den Versicherungsnehmern mit einer zeitlichen Verzögerung von einem Jahr zugewiesen. Die Versicherungsnehmer sollen jedoch mit Vertragsbeendigung alle ihnen zustehenden Überschüsse erhalten. Deshalb werden die eigentlich erst später zuzuweisenden laufenden Überschüsse in den Schlussüberschussanteil gebucht und den Versicherungsnehmern bereits mit Vertragsende zugewiesen. Die Beteiligung an den Bewertungsreserven wurde im Rahmen der VVG-Reform als zusätzliche Komponente der Überschussbeteiligung aufgenommen. Die Versicherungsunternehmen finanzieren mit den Prämienzahlungen der Versicherungsnehmer unterschiedliche Vermögensgegenstände (v.a. Kapitalanlagen), an deren Wertzuwachs die Versicherungsnehmer zur Hälfte zu beteiligen sind. Das Lebensversicherungsunternehmen kann im Voraus eine Mindestbeteiligung an den Bewertungsreserven (sog. Sockelbeteiligung) deklarieren. Der Anspruch des Versicherungsnehmers auf die Beteiligung an den Bewertungsreserven entsteht jedoch erst mit Vertragsbeendigung. Am Ende eines jeden Geschäftsjahrs ermittelt das Versicherungsunternehmen außerbilanziell die Höhe der Bewertungsreserven auf einzelvertraglicher Basis. Jedem Versicherungsnehmer ist der aktuelle Stand seines Anteils an den Bewertungsreserven schriftlich mitzuteilen. Zugewiesen werden nur die Anteile der Bewertungsreserven der ausscheidenden Versicherungsverträge. Die Rückstellung für Beitragsrückerstattung lässt sich in drei Schichten untergliedern. Die Festlegungsschicht enthält die laufenden Überschüsse aus der Vorperiode und der aktuellen Periode, sowie zugesagte Schlussüberschussanteile und Beteiligungen an Bewertungsreserven ausscheidender Versicherungsverträge. Der Schlussüberschussanteilsfonds setzt sich aus Teilrückstellungen für Schlussüberschussanteile, Schlusszahlungen, Gewinnrenten und Sockelbeiträgen an Bewertungsreserven auf Grundlage der jeweils aktuellen Vorausdeklaration zusammen. Die freie Rückstellung für Beitragsrückerstattung enthält alle anderen erwirtschafteten Überschüsse, die noch nicht festgelegt bzw. zugeordnet sind. Der festgelegte Teil der RfB kann dem individuellen Kunden unter der Voraussetzung des Fortbestands des Vertrags nicht mehr entzogen werden und hat daher – anders als die übrigen Teile der RfB – nicht mehr den Charakter von → Eigenmitteln. Siehe auch → gebundene Rückstellung für Beitragsrückerstattungen, → freie Rückstellung für Beitragsrückerstattungen. – *3. Ü. in der Krankenversicherung nach Art der Lebensversicherung:* Die Regelung der Ü. stellt im Interesse der Versicherten strenge Anforderungen an die Versicherer (vgl. §§ 12a, 81d VAG i.V.m. der Kalkulationsverordnung v. 18.11.1996, zuletzt geändert durch Gesetz v. 23.11.2007 und durch Verordnung v. 22.10.2009, Überschussverordnung v. 8.11.1996, geändert durch VO v. 12.10.2005). Der Überschuss ergibt sich in der Krankenversicherung v.a. aus der Quelle „Kapitalanlageerfolg". In der PKV sind u.a. in der sog. Kalkulationsverordnung (KalV) die Prinzipien der → Prämienkalkulation festgelegt. Daraus resultieren Vorgaben, mit welchen Zinssätzen (Rechnungszinsen, § 3 KalV) die Rückstellungen, namentlich die → Altersrückstellungen, bei der Prämienkalkulation anzusetzen sind. Der → Rechnungszins zur Berechnung der Alterungsrückstellungen liegt gemäß der gesetzlichen Vorgaben bei höchstens 3,5 %. Diese Grenze dient vor allem dem Schutz der Versicherten vor unzureichend kalkulierten Versicherungsprämien. Liegt der Marktzins über dem Rechnungszins, entstehen Zinserträge, die als → Überzinsen bezeichnet werden. Die Beteiligung der Versicherten an diesen Überzinsen ist Gegenstand der Regelung in § 12a VAG. Die hier geschilderte Ü. zielt in erster Linie auf eine Begrenzung des Prämienanstiegs im Alter ab. Die Regelung betrifft nur die nach Art der Lebensversicherung betriebene → Krankheitskostenversicherung und die freiwillige Pflegekrankenversicherung (→ Pflegekostenversicherung und → Pflegetagegeldversicherung). Der Überschuss ist wie folgt zu verteilen: Mindestens 90 % des Überzinses (§ 12a I VAG) sind den Versicherten jährlich zuzuschreiben. Dabei ist zunächst den Versicherten, die einen Beitragszuschlag nach § 12 IVa VAG gezahlt haben, bis zum Ende des Jahres, in dem sie das 65. Lebensjahr vollenden, der Anteil gutzuschreiben, der auf den Teil der → Alterungsrückstellung entfällt, der aus diesem Zuschlag entstanden ist. Der Alterungsrückstellung aller Versicherten sind von dem verbleibenden Betrag jährlich 50 % direkt zuzuschreiben, wobei sich dieser Prozentsatz seit dem Geschäftsjahr 2000 jährlich um 2 % erhöht, bis er 100 % erreicht hat. Die Verteilung im Einzelnen ist in § 12a IIa-III VAG sowie in der Überschussverordnung (ÜbschV) geregelt. Insgesamt sind nach § 4 I S. 3 ÜbschV der Rückstellung für erfolgsabhängige Beitragsrückerstattungen mindestens 80 % des Überschusses (Berechnung siehe Satz 2 der Vorschrift) zuzuführen. Die Mindestzuführung ist um die nach § 12a I VAG gutgeschriebenen Überzinsen zu vermindern. Die Mindestzuführung kann unterschritten werden, wenn ein Versicherer nicht mehr über Eigenmittel in Höhe der → Solvabilitätsspanne verfügt (Einzelheiten vgl. § 4 III ÜbschV). Ist eine angemessene Zuführung zur Rückstellung für erfolgsabhängige Beitragsrückerstattungen nicht erfolgt, liegt ein → Missstand i.S.d. § 81d VAG vor. Das ist insbesondere dann anzunehmen, wenn die Zuführung nicht dem durch die Überschussverordnung festgelegten Zuführungssatz entspricht. Darüber hinaus ist in der PKV häufig eine erfolgsabhängige Beitragsrückerstattung für Versicherte vertraglich zugesagt, die keine Leistungen in Anspruch genommen haben. – *4. Ü. in der Berufsunfähigkeitsversicherung:* In der Berufsunfähigkeitsversicherung wird zwischen Überschüssen, die vor dem Eintritt der → Berufsunfähigkeit erzielt werden, und Überschüssen, die während der Berufsunfähigkeit anfallen, unterschieden. Im ersten Fall handelt es sich fast ausschließlich um Risikogewinne, im zweiten Fall um Kapitalanlagegewinne. Für die Ü. der Kunden vor Beginn einer Berufsunfähigkeit gibt es verschiedene Formen. a) Beitragsverrechnung: Die Beitragsverrechnung reduziert ab Versicherungsbeginn den Beitrag. Im Angebot und in der Police werden der eigentliche Beitrag (Bruttobeitrag) und der nach Verrechnung der Überschüsse tatsächlich zu zahlende Beitrag (Nettobeitrag) genannt. Sinken die Überschüsse, kann der Nettobeitrag angepasst werden. – b) Bonusrente: Zusätzlich zur garantierten Rente wird eine Gewinnrente gewährt. Sinken die Überschüsse, reduziert sich die Bonusrente. I.d.R. wird die Versicherung im Zuge der Bonusrente ohne erneute → Gesundheitsprüfung erhöht.

– c) Kombination aus Beitragsverrechnung und Bonusrente: Hier werden beide Überschusssysteme miteinander kombiniert. Bei sinkenden Überschüssen können sowohl die Beiträge steigen als auch die versicherte Rente sinken. – d) Anlage der Überschüsse in → Investmentfonds: Die Überschüsse werden in Investmentfonds investiert. Das Fondsguthaben wird im Leistungsfall, bei Ablauf des Vertrags oder bei Tod fällig. – e) Verzinsliche Ansammlung: Die Überschüsse werden wie in einer klassischen → Kapitallebensversicherung oder → privaten Rentenversicherung verzinst. Dabei gibt es einen Garantiezins, der derzeit (2009) bei 2,25 % liegt. Die für 2009 den Kunden zugesagte laufende Gesamtverzinsung beträgt im Mittel aller deutschen Versicherer 4,26 %. Die angesammelten und verzinsten Überschüsse werden bei Ablauf des Vertrags als Schlusszahlung ausgewiesen. Tritt der Leistungsfall ein, dient das angesammelte Kapital zur Erhöhung der laufenden → Berufsunfähigkeitsrente. – 5. *Sonstige Ü.:* Sofern überhaupt Überschüsse anfallen, kommt eine Ü. auch in der → Schaden-/Unfallversicherung in Betracht, sofern der Versicherer ein → Versicherungsverein auf Gegenseitigkeit (VVaG) ist (§ 38 VAG). Dabei handelt es sich um Beteiligung der Versicherungsnehmer an den Überschüssen in ihrer personenidentischen Eigenschaft als Mitglieder des Vereins. Betriebswirtschaftlich ist dieser Sachverhalt als die Gewinnbeteiligung der Vereinsmitglieder zu interpretieren, die in der → Gewinn- und Verlustrechnung (GuV) allerdings über die „Aufwendungen für erfolgsabhängige Beitragsrückerstattungen" abgewickelt wird.

Überschussdeklaration. → Überschussbeteiligung.

Überschussermittlung. Verfahren zur Bestimmung des Überschusses eines → Lebensversicherungsunternehmens aus seinem Lebensversicherungsgeschäft, um damit eine Basis für die → Überschussbeteiligung zu erhalten. Die Ü. ist von den gewählten Bilanzierungsvorschriften abhängig.

Überschussverteilung. *1. Begriff:* Verfahren, nach dem die erwirtschafteten Überschüsse eines → Lebensversicherungsunternehmens den einzelnen Lebensversicherungsverträgen zugeteilt werden. – *2. Verfahren:* Zunächst wird die Zuführung zur → Rückstellung für Beitragsrückerstattungen (RfB) und die → Direktgutschrift eines Geschäftsjahres nach den Komponenten der → Überschusszerlegung auf die einzelnen → Abrechnungsverbände bzw. → Bestandsgruppen zugeteilt. Sodann erfolgt die Verteilung auf die einzelnen Versicherungsverträge. Für jeden überschussberechtigten Lebensversicherungsvertrag wird ein bestimmtes System der Ü. festgelegt und im technischen Geschäftsplan detailliert sowie in den Grundzügen in den → Allgemeinen Versicherungsbedingungen (AVB) beschrieben. Zumeist werden die Überschüsse aus den Gewinnquellen → Zinsgewinn, → Risikogewinn und → Kostengewinn entsprechend im Verhältnis zum → Deckungskapital, zur → Risikoprämie (Beitragsteil zur Deckung der Kosten für die Risikotragung) bzw. zum fälligen Beitrag zugeteilt. Während die Systematik der Ü. über die Vertragslaufzeit unverändert bleibt, ändern sich die Parameter entsprechend der Höhe der erwirtschafteten Überschüsse. Diese Parameter, auch → Überschussanteilsätze genannt, werden jeweils zum Ende eines Geschäftsjahres vom Vorstand deklariert und im Geschäftsbericht veröffentlicht.

Überschussverwendung. *1. Begriff:* Arten und Verfahren der Verwendung der im Rahmen der → Überschussverteilung den einzelnen Lebensversicherungsvertrag zugewiesenen Geldbeträge. Das Verfahren wird in den → Allgemeinen Versicherungsbedingungen (AVB) beschrieben. – *2. Arten und deren Bedeutung:* Gebräuchliche Arten der Ü. sind die Barausschüttung, die Verrechnung mit den Folgeprämien, der → Todesfallbonus, die → verzinsliche Ansammlung auf einem separaten Konto, das → Bonussystem und die Zuweisung zur → Deckungsrückstellung, um die garantierte Versicherungsleistung früher zu erreichen und die Versicherungsdauer abzukürzen. Die ersten beiden Varianten haben keine große Bedeutung, der Todesfallbonus ist insbesondere in der → Risikolebensversicherung weit verbreitet, während in der → Kapitallebensversicherung überwiegend das → Bonussystem sowie die verzinsliche Ansammlung vertraglich vereinbart wird.

Überschusszerlegung. *1. Begriff:* Zerlegung des → Rohüberschusses eines Lebensversicherers in einem Geschäftsjahr.

Überschwemmung

Die Ü. zeigt auf, in welchem Umfang der Rohüberschuss auf einzelne Ergebnisquellen zurückzuführen ist. – *2. Merkmale:* Als Ergebnisquellen werden eingetretene Versicherungsfälle im Vergleich zu den kalkulierten Versicherungsfällen (→ Risikogewinn), tatsächliche Betriebskosten im Vergleich zu den vereinnahmten → Kostenzuschlägen (→ Kostengewinn), der Kapitalanlageerfolg im Vergleich zum Rechnungszinserfordernis (→ Zinsgewinn) sowie die finanziellen Effekte aus Vertragskündigungen (Stornoergebnis) und sonstige Quellen (→ übriges Ergebnis) betrachtet. – *3. Modell:* Es bezeichne P die Prämienzahlung der Kunden, KA den Kapitalanlageerfolg, V_0 und V die Deckungsrückstellung zu Beginn und am Ende des Geschäftsjahrs, L die für Versicherungsfälle gezahlten Leistungen, K die Betriebskosten, S alle Stornoleistungen. Wird unterstellt, dass alle Prämienzahlungen zu Beginn des Jahres, alle Leistungen am Ende erfolgen, so lautet die Gleichung für den Rohüberschuss R: $R = P + KA + V_0 - L - K - S - V$. Sind RZ das Rechnungszinserfordernis des Geschäftsjahrs, KZ die in den Prämien enthaltenen Kostenzuschläge, L' die rechnungsmäßig zu erbringenden Leistungen und V' die rechnungsmäßige Ausgangrückstellung, so gilt $0 = V_0 + RZ + B - KZ - L' - V'$. Die Subtraktion der beiden Gleichungen führt zu der sog. Kontributionsformel: $R = (KA - RZ) + (L - L') + (KZ - K) + (V' - V - S)$. In dieser Summe stellt der erste geklammerte Term das Zinsergebnis, der zweite das Risikoergebnis, der dritte das Kostenergebnis und der letzte das Stornoergebnis dar. – *4. Ziele:* Die Kontributionsformel erlaubt eine Beurteilung, inwieweit die einzelnen Kalkulationselemente – die Zinsannahmen, die biometrischen Rechnungsgrundlagen und die Kostenannahmen – (noch) ausreichend sind. Sie ist ferner die Basis für die Bemessung der einzelnen Komponenten der → Überschussbeteiligung. Auch die Mindestzuführungsverordnung knüpft an die Kontributionsformel an. Sie besagt, dass aus dem Rohüberschuss einschl. → Rechnungszins und → Direktgutschrift mindestens 90 % des Kapitalanlageerfolgs sowie 75 % des Risikoergebnisses (falls positiv) und 50 % des übrigen Ergebnisses in die Überschussbeteiligung der Kunden fließen müssen.

Überschwemmung, *Überflutung.* – *1. Begriff:* In der Versicherungswirtschaft gibt es verschiedene Definitionen von Überschwemmung. I.d.R. wird von Ü. gesprochen, wenn ein Hochwasser zur Ausuferung von oberirdischen Gewässern führt oder erhebliche Niederschlagsmengen dazu führen, dass das Versicherungsgrundstück größtenteils mit Wasser bedeckt ist. Schäden aus Ü. sind in der erweiterten → Elementargefahrenversicherung versicherbar. Schäden, die durch Sturmfluten verursacht werden, sind i.d.R. nicht versicherbar. – *2. Merkmale:* Über → ZÜRS wird jedem Ort in Deutschland eine → Überschwemmungszone zugewiesen. Diese Zonen dienen zum einen der Preisfindung und zum anderen als Grundlage zur Zeichnung von Risiken. Generell werden Häuser, die in der höchsten Gefährdungsklasse liegen, nicht versichert. Dazu gehören z.B. Gebiete an Rhein oder Donau, die regelmäßig von Ü. betroffen sind. Allerdings können mehr als 98 % der → Wohngebäude in Deutschland ohne Probleme in der erweiterten Elementargefahrenversicherung versichert werden.

Überschwemmungszone. → Überschwemmungen treten in verschiedenen Regionen mit unterschiedlicher Häufigkeit und Schwere auf. Ü. bezeichnen Gebiete, die nach Häufigkeit und Schwere ähnliche Überschwemmungsschäden aufweisen.

Überspannung. Elektrische Spannung, die den Toleranzbereich der Nennspannung eines elektrischen Systems überschreitet. Schäden durch Ü. infolge von → Blitzschlag sind unter verschiedenen Voraussetzungen in der Gefahr → Feuer oft mitversichert.

Übersterblichkeit. → Extramortalität.

Übertragbarkeit. → Portabilität.

Überversicherung. *1. Begriff:* Versicherungsrechtlicher Begriff im Zusammenhang mit der → Vollwertversicherung. Ü. ist dann gegeben, wenn die → Versicherungssumme höher als der Wert des versicherten Interesses (→Versicherungswert) ist. – *2. Merkmale:* Übersteigt die Versicherungssumme den Versicherungswert erheblich, kann jede Vertragspartei verlangen, dass die Versicherungssumme zur Beseitigung der Ü. unter verhältnismäßiger Minderung der Prämie mit sofortiger Wirkung herabgesetzt wird. Schließt der Versicherungsnehmer den Vertrag in der Absicht, sich aus der Ü. einen rechtswidrigen

Vermögensvorteil zu verschaffen, ist der Vertrag nichtig (§ 74 VVG). – *3. Gegenteil:* → Unterversicherung.

Überversorgung. *1. Begriff:* a) Übermaß an medizinischen Leistungen; – b) Begriff aus der ärztlichen Bedarfsplanung. – Zu a): *2. Merkmale:* Der Sachverständigenrat für die Konzertierte Aktion im Gesundheitswesen hat in seinem Jahresgutachten 2000/2001 zur Bedarfsgerechtigkeit und Wirtschaftlichkeit die Begriffe Ü., → Unterversorgung und → Fehlversorgung definiert. Danach ist unter Ü. eine Behandlung zu verstehen, die aus medizinischen Gründen nicht notwendig und/ oder deren Nutzen nicht hinreichend gesichert ist, die in unwirtschaftlicher Form erbracht wird oder deren geringer Nutzen die Kosten nicht rechtfertigt. Als Beispiel für eine Ü. wird häufig auf die Vielzahl von Röntgen-Untersuchungen verwiesen, die bis zu 30 % überflüssig seien. Entsprechendes gilt für Blinddarmoperationen, Appendektomie. – Zu b): *2. Merkmale:* Ärztliche Ü. ist nach dem § 101 SGB V dann anzunehmen, wenn der allgemeine bedarfsgerechte Versorgungsgrad um zehn von hundert überschritten ist. – *3. Umsetzung:* Der bedarfsgerechte Versorgungsgrad wird durch „Arzt pro Einwohner"-bezogene Verhältniszahlen ermittelt, die der Gemeinsame Bundesausschuss in Richtlinien beschießt. Die Entscheidung über eine Ü. und eine sich daraus ergebende Zulassungssperre trifft der gemeinsame Zulassungsausschuss von Krankenkassen und → kassenärztlicher Vereinigung. – *4. Ausblick:* Das GKV-Wettbewerbsstärkungsgesetz (WSG) sieht ab 2009 nach Einführung einer Euro-Gebührenordnung deutlich niedrigere Honorare für Vertragsärzte in überversorgten Gebieten vor. Dadurch sollen Ärzte von einer Niederlassung in diesen Gebieten abgehalten werden.

Überzinsen. *1. Begriff:* Von der → Versicherungsmathematik verwendeter Begriff für die erwirtschafteten Kapitalanlageerträge, die über dem in der Kalkulationsverordnung (KalV) genannten maximalen → Rechnungszins liegen. – *2. Ü. in der* → *Lebensversicherung:* Dabei handelt es sich um den Teil der Kapitalanlageerträge, die über den → Garantiezins hinaus erwirtschaftet wurden. An diesem Kapitalanlageerfolg sind die Versicherungsnehmer in der Lebensversicherung zu mindestens 90 % zu beteiligen (vgl. § 81c VAG i.V.m. der Mindestzuführungsverordnung vom 4.4.2008). Siehe auch → Überschussbeteiligung. – *3. Ü. in der* → *privaten Krankenversicherung (PKV):* Ursächlich für das Entstehen von Ü. ist der Umstand, dass die PKV ihre Beiträge nach dem → Kapitaldeckungsverfahren kalkuliert und → Alterungsrückstellungen bildet. Diese werden in Form von Kapitalanlagen über die Jahre verzinslich angelegt. Die dabei entstehenden Kapitalanlageerträge oberhalb des maximalen Rechnungszinssatzes von 3,5 % (§ 4 KalV) lassen Ü. entstehen. Die Zugrundelegung dieses Rechnungszinssatzes entspricht dem Vorsichtsprinzip. Es soll nur mit dem Zins kalkuliert werden, der auch bei Kapitalmarktschwankungen mit hoher Sicherheit am Markt erzielt werden kann. Die Ü., die über die Rechnungszinsen hinaus entstehen, werden insbesondere für zusätzliche Beitragsentlastungen im Alter oder für → Beitragsrückerstattungen verwendet. Im Einzelnen regeln § 12a I-III VAG und die Überschussverordnung die Verwendung und Aufteilung der Überzinsen. Demnach müssen mindestens 90 % der Ü. dem Versicherungskollektiv zufließen. Ein wesentlicher Teil wird dabei zur Beitragsentlastung im Alter unmittelbar für die heute über 65-Jährigen verwendet. Ü. tragen damit direkt zur Stabilität der Beiträge im Alter bei.

UBR. → Unfallversicherung mit garantierter Beitragsrückzahlung.

Übriges Ergebnis. Nach § 4 der Verordnung über die Mindestbeitragsrückerstattung in der Lebensversicherung in der Fassung vom 4.4.2008 umfasst das Ü. das Ergebnis aus vorzeitigem Abgang, das Abschluss- und Verwaltungskostenergebnis, den Unterschied zwischen Tarif- und Normbeitrag, das Rückversicherungsergebnis sowie den Saldo aus den übrigen Erträgen und Aufwendungen. Unter „Normbeitrag" wird dabei der Beitrag verstanden, der sich ergeben würde, wenn mit den → Rechnungsgrundlagen zur Berechnung der → Deckungsrückstellung gerechnet würde. Gelegentlich wird als Ü. auch die Differenz aus dem → Rohüberschuss (Minuend) und der Summe aus dem → Zinsgewinn, dem → Risikogewinn und dem → Kostengewinn (Subtrahend) bezeichnet.

Umbrella-Deckung. I. Erstversicherung: → Konditionsdifferenzversicherung. – II.

Umlagefinanzierung 668

Rückversicherung: Nichtproportionales Rückversicherungskonzept zur Absicherung mehrerer → Versicherungssparten bzw. → Versicherungszweige eines Erstversicherers gegen ein → Kumulrisiko. Wird i.d.R. als Ergänzung zu den unterliegenden Deckungen für einzelne Sparten oder Zweige eingesetzt. Siehe auch → Multi-Line-Deckung.

Umlagefinanzierung. Finanzierungsprinzip der Sozialversicherung. Die in einer Periode anfallenden Ausgaben werden durch die in der gleichen Periode eingenommenen → Beiträge gedeckt. D.h. es findet kein Aufbau eines Kapitalstocks oder einer staatlichen Vermögensreserve statt.

Umlageverfahren. Verfahren zur Aufbringung von Mitteln zur Finanzierung von Interessen durch den jeweils interessierten Personenkreis selbst. Namentlich in der Sozialversicherung werden die Einnahmen (→ Beiträge) nach dem U. so bemessen, dass sie innerhalb der Periode, für die sie erhoben wurden, die anfallenden Ausgaben decken. Insofern können sich die Beiträge bzw. Beitragssätze von Periode zu Periode ändern. Siehe auch → Generationenvertrag. Abzugrenzen vom → Anwartschaftsdeckungsverfahren und → Kapitaldeckungsverfahren.

Umlaufvermögen. *1. Begriff:* Handelsrechtliche Kategorie von Vermögensgegenständen mit Konsequenzen für deren Bilanzierung (§ 266 HGB) und Bewertung (§ 253 HGB). Auf → Kapitalanlagen, soweit es sich um Aktien (einschl. eigene Anteile), Investmentanteile und sonstige festverzinsliche oder nicht festverzinsliche Wertpapiere handelt, sind die für das U. geltenden Vorschriften (§§ 253, 256, 279, 280 HGB) anzuwenden, soweit sie nicht dazu bestimmt sind, dem Geschäftsbetrieb dauernd zu dienen. – *2. Abgrenzungen:* Grundsätzlich sind die Posten der Aktivseite der → Bilanz in → Anlagevermögen, U. und → Rechnungsabgrenzungsposten zu untergliedern (§ 266 HGB). Dagegen gilt für die Bilanz von Versicherungsunternehmen (Formblatt 1 RechVersV) keine entsprechende Unterteilung. Für Versicherungsunternehmen erfolgt die Klassifizierung in Anlagevermögen und U. allein für Zwecke der Bewertung. – *3. Bewertung:* Vermögensgegenstände sind grundsätzlich höchstens mit den Anschaffungs- oder Herstellungskosten, vermindert um planmäßige bzw. außerplanmäßige Abschreibungen, anzusetzen (§ 253 I HGB). Das U. wird dabei nach dem strengen → Niederstwertprinzip bewertet. – *4. Kategorisierung bei Versicherungsunternehmen:* Die Unterscheidung in Anlagevermögen und U. bestimmt sich nach § 341b HGB und hat einen maßgeblichen Einfluss auf die Bewertung der Vermögensgegenstände.

Umsatzfinanzierung. → Versicherungstechnische Umsatzfinanzierung.

Umsatzsteuer. *1. Begriff:* Durch die U. (im allgemeinen Sprachgebrauch auch Mehrwertsteuer genannt) wird der Austausch von Lieferungen und Leistungen gegen Entgelt besteuert. – *2. Merkmale:* Bemessungsgrundlage für die U. ist das Entgelt, das ein Unternehmen für seine Lieferungen und Leistungen erzielt. Die U. ist eine indirekte Steuer, da Steuerschuldner (Zahlungsverpflichteter) und Steuerpflichtiger (wirtschaftlich Belasteter) nicht identisch sind. Berufstypische Umsätze aus der Tätigkeit als → Versicherungsvertreter und → Versicherungsmakler sind nach § 4 Nr. 11 Umsatzsteuergesetz von der U. befreit. Dabei sind nach der Rechtsprechung des Bundesfinanzhofs (BFH) nur unmittelbare Vermittlungsleistungen, nicht aber sonstige Vertriebsaktivitäten allgemeiner Art als steuerbefreite Tätigkeiten einzustufen. Die Betreuung, Schulung und Überwachung von Vermittlern stellen keine unmittelbaren Vermittlungsleistungen dar. Für derartige Aktivitäten gezahlte Bezüge sind lt. BFH nur dann umsatzsteuerbefreit, wenn der Vermittler, der diese Leistungen erbringt, durch Überprüfung eines jeden Vertragsangebots zumindest mittelbar auf einen der Vertragspartner einwirken kann. Dabei genügt die Möglichkeit, eine solche Prüfung im Einzelfall durchzuführen.

Umschulung. *1. Begriff:* Schulung auf einen neuen → Beruf. – *2. U. und Berufsunfähigkeitsversicherung:* In der → Berufsunfähigkeitsversicherung hat die Teilnahme eines Versicherten an einer Umschulung nach Eintritt der → Berufsunfähigkeit mögliche Auswirkungen auf seinen Leistungsanspruch. Im Gegensatz zu den Trägern der gesetzlichen Versicherung kann ein privater Versicherer nach geltendem Recht keinen Versicherungsnehmer zu einer U. zwingen. Nimmt ein Versicherter nach Eintritt der Berufsunfähigkeit freiwillig an einer U. teil und übt er anschließend eine Berufstätigkeit mit den neu erworbenen Kenntnissen und Fähigkeiten aus, können die Berufsunfähigkeitsleistungen vom privaten Versicherer nicht einfach verweigert werden. Für den Versicherer stellt sich dann die Frage nach der → konkreten Verweisung.

Umwandlung. *1. Begriff:* Verschmelzung, Spaltung, Vermögensübertragung und Rechtsformwechsel. Die einzelnen Umwandlungsformen sind im Umwandlungsgesetz festgelegt. Das Gesetz enthält neben einer Vielzahl von Formvorschriften auch die Rechtsfolgen der U., also etwa auch die Gegenleistungen für Vermögensverluste. Da sich das Gesetz auch auf alle Formen von Versicherungsunternehmen bezieht, sieht der Gesetzgeber zur Wahrung der Versicherteninteressen die Beteiligung der → Aufsichtsbehörde am Umwandlungsprozess vor. – *2. Beteiligung der Aufsichtsbehörde:* Jede U. eines Versicherungsunternehmens nach dem Umwandlungsgesetz bedarf zu ihrer Wirksamkeit der Genehmigung durch die Aufsichtsbehörde (§ 14a VAG). Die Vorschriften über die → Bestandsübertragung gelten weitgehend entsprechend. D.h., die Behörde hat darauf zu achten, dass ganz generell die Belange der Versicherten im Umwandlungsprozess gewahrt werden, die Solvabilitätsverhältnisse der Übernehmers ausreichend sind etc. Daneben kann die Aufsichtsbehörde auch prüfen, ob die Vorschriften über die U. beachtet wurden und anderenfalls die Genehmigung aus diesem Grund versagen (§ 14a S. 3 VAG).

Umwelthaftpflichtversicherung. *1. Begriff:* Sonderform der → Betriebshaftpflichtversicherung für das Umweltschadenrisiko, das insbesondere von bestimmten umweltgefährdenden Anlagen (Anlagenrisiko), aber auch vom Betrieb allgemein (Basisrisiko) ausgeht. Auch das Produktrisiko der Lieferung oder Planung umweltschädigender Anlagen bzw. Anlagenteile (Regressrisiko) kann versichert werden. – *2. Merkmale:* Die Anlagen werden nach Typ und gesetzlich eingestufter Gefährlichkeit sog. Risikobausteinen zugeordnet. Die U. folgt dem → Manifestationsprinzip: Versicherungsfall ist die erste nachprüfbare Feststellung des Schadens. – *3. Geschichte:* Nach dem Vorläufer der → Gewässerschadenhaftpflichtversicherung für Gewässer gefährdende Anlagen und Einleitungen in Gewässer wurde das Bedingungswerk im Gefolge des Umwelthaftpflichtgesetzes 1992 im deutschen Markt eingeführt.

Umweltschadenversicherung. *1. Begriff:* Im Gegensatz zur klassischen → Umwelthaftpflichtversicherung deckt die U. keine privatrechtliche, sondern eine öffentlich-rechtliche Verantwortlichkeit für die Vermeidung und Sanierung von Umweltschäden (einschl. der Schädigung der biologischen Vielfalt und geschützter natürlicher Lebensräume), auch für Schäden am eigenen Grund und Boden des Versicherten. – *2. Merkmale:* Versichert wird das Risiko, das sich aus Betriebsstätten und Anlagen, aber auch aus bestimmten Tätigkeiten und Produkten ergibt. – *3. Geschichte:* Die Umwelthaftungsrichtlinie der EG von 2004 sieht für das Jahr 2010 in Ansehung potenzieller Risikodeckungsangebote seitens der privaten Versicherungswirtschaft die Prüfung einer Deckungsvorsorgepflicht vor. Im Vorgriff hierauf entwickelte die deutsche Versicherungswirtschaft die U., die sie 2007 in den Markt eingeführt hat.

Unabhängigkeit. Zwei Zufallsvariable X und Y heißen unabhängig, wenn für alle x, y die Gleichung

$$P[X \leq x, Y \leq y] = P[X \leq x] \cdot P[Y \leq y] \text{ bzw.}$$
$$F_{X,Y}(x,y) = F_X(x) \cdot F_Y(y)$$

erfüllt ist (→ Verteilungsfunktion). Allgemeiner heißt eine Folge von Zufallsvariablen $\{X_j\}_{j \in \mathbb{N}}$ unabhängig, wenn für alle $n \in \mathbb{N}$ und alle $x_1, \ldots, x_n$ die Gleichung

$$P\left[\bigcap_{j=1}^{n} \{X_j \leq x_j\}\right] = \prod_{j=1}^{n} P[X_j \leq x_j]$$

erfüllt ist.

Unbegrenzte Deckung, *Illimitée-Deckung.* – *1. Begriff:* Versicherungsschutz ohne Begrenzung der Deckungssumme. – *2. Anwendungsgebiete:* a) → Haftpflichtversicherung: selten in der → Kfz-Haftpflichtversicherung und in der → Privathaftpflichtversicherung; dann i.d.R. begrenzt auf Sach- und → Vermögensschäden. – b) → Sachversicherung: → unbegrenzte Interessenversicherung. – *3. Internationale Verhältnisse:* Je nach Land gelten U. von Sach- oder Personenschäden kraft Gepflogenheit oder aufgrund gesetzlicher Bestimmungen. Teilweise sind U. in Europa auch in der Kfz-Haftpflichtversicherung gesetzlich vorgeschrieben.

Unbegrenzte Interessenversicherung. *1. Begriff und Merkmale:* → Versicherungsform in der → Schadenversicherung, bei der jeder Schaden (im Rahmen der sonstigen Vertragsbestimmungen) stets voll ersetzt wird; es gibt keine → Versicherungssumme als obere Begrenzung. Die → Intensität des Versicherungsschutzes ist gleich 1. – Alternativen: → Vollwertversicherung, → Erstrisikoversicherung, → Bruchteilversicherung, – Anders: → Summenversicherung. – *2. Anwendungsgebiete:* Die U. ist eine Versicherungsform der → Sachversicherung. Sie kommt v.a. dort vor, wo Schäden von Natur aus begrenzt sind. Beispiele: → Glasversicherung, → Kfz-Kaskoversicherung, → verbundene Wohngebäudeversicherung (Wohnflächenmodell ohne Versicherungssumme); zudem findet sich eine U. in der → Haftpflichtversicherung mit → unbegrenzter Deckung.

Unbenannte Versicherung. → Pauschaldeckung.

Unbewegliche Sachen. Eine Sache bezeichnet im rechtlichen Sinn ein abgrenzbares körperliches Objekt, über das eine einzelne Person oder eine Personenmehrheit die Beherrschung erlangen und das deshalb Gegenstand von Rechten sein kann. Als U. oder Immobilien werden Grundstücke mit ihren wesentlichen Bestandteilen, speziell Gebäude, bezeichnet. Alle anderen Sachen zählen zu den → beweglichen Sachen bzw. Mobilien. Das Sachenrecht als Teil des Zivilrechts baut auf der Unterscheidung zwischen beweglichen und unbeweglichen Sachen auf. Auch im Versicherungsbereich ist die Unterscheidung mit Blick auf die versicherten Sachen von Bedeutung.

Underwriting. *1. Begriff:* Zeichnungsentscheidung im Erst- und Rückversicherungsgeschäft. Dazu gehören auch die Prüfung und Einschätzung von (Rück-)Versicherungsrisiken einschl. der Festsetzung einer angemessenen → Prämie. – *2. Zielsetzung:* Der Zweck des U. besteht darin, das Versicherungsgeschäft so zu steuern, dass es einerseits für den (Rück-)Versicherten recht und billig, andererseits für den (Rück-)Versicherer profitabel und risikotragfähig ist.

Underwriting Risk. Unsicherheit über den tatsächlichen Gesamtschadenaufwand am Ende eines Versicherungsvertrags sowie hinsichtlich der Möglichkeit, dass dieser den erwarteten bzw. kalkulierten Schadenaufwand übersteigt und sich daraus ein Verlust für der Erst- bzw. Rückversicherer ergibt. Neben dem → Timing Risk Teilkomponente des versicherungstechnischen Risikos.

Unerlaubte Handlung. *1. Begriff:* Widerrechtlicher Eingriff in geschützte Rechtsgüter oder Rechte Dritter. – *2. Merkmale:* In §§ 823 ff. BGB sind → gesetzliche Haftpflichtbestimmungen aufgeführt, die unter bestimmten Voraussetzungen zum Schadenersatz verpflichten.

Unfall. *1. Begriff:* Ein U. liegt vor, wenn die versicherte Person durch ein plötzlich von außen auf ihren Körper wirkendes Ereignis (Unfallereignis) unfreiwillig eine Gesundheitsschädigung erleidet. – *2. Merkmale:* In der → privaten Unfallversicherung (PUV) bezieht sich der Unfallbegriff nur auf die Gesundheitsschädigung der versicherten Person. Der Unfallbegriff beinhaltet fünf Merkmale: Ereignis, Gesundheitsschädigung, plötzlich, von außen, unfreiwillig. Fehlt auch nur eine dieser Voraussetzungen, so liegt kein U. im Sinne der Unfallversicherungs-Bedingungen vor.

Unfallflucht. *1. Begriff:* Gemäß § 142 StGB besteht nach einem Unfall im Straßenverkehr für die Unfallbeteiligten die Pflicht, sich nicht vor Feststellung über die Art und den Umfang der Beteiligung von der Unfallstelle zu entfernen bzw. eine angemessene Zeit zu warten und, wenn niemand bereit war, die Feststellungen zum Unfall zu treffen, unverzüglich die nachträgliche Feststellung zu ermöglichen (z.B. durch entsprechende Mitteilungen an den Geschädigten oder eine Polizeidienststelle). – *2. Merkmale:* Durch die Vorschrift des § 142 StGB wird auch das Aufklärungsinteresse des Versicherers geschützt. Ein Verstoß gegen § 142 StGB ist auch ein Verstoß gegen die Aufklärungspflicht (→ Obliegenheiten). Dies gilt selbst dann, wenn sich der Versicherungsnehmer nicht bewusst ist, auch versicherungsvertraglich zum Verbleib an der Unfallstelle verpflichtet zu sein.

Unfallfürsorge. *1. Begriff:* Element der → Beamtenversorgung im Sinn einer Unfallleistung. – *2. Begünstigte und Voraussetzungen:* U. erhält ein → Beamter oder erhalten seine Hinterbliebenen, wenn der Beamte durch einen Unfall verletzt wird, der in Ausübung oder infolge seines Diensts eingetreten ist. Die Dienstbeschädigung ist für Beamte auf Probe Voraussetzung für einen Rechtsanspruch auf Versetzung in den → Ruhestand. U. wird auch dem Kind einer Beamtin gewährt, das durch deren Dienstunfall während der Schwangerschaft unmittelbar geschädigt wurde (vgl. § 30 BeamtVG). –*3. Leistungsarten:* Folgende Leistungen kommen in Betracht: a) einmalige Unfallentschädigung, z.B. Erstattung von Sachschäden und besonderen Aufwendungen, – b) Heilverfahren, z.B. notwendige ärztliche Behandlungen, notwendige Versorgung mit Arznei- oder anderen Hilfsmitteln und notwendige Pflege, – c) Unfallausgleich, das sind Geldleistungen, wenn die Erwerbsfähigkeit für länger als sechs Monate wesentlich eingeschränkt ist, die der Höhe nach den Grundbeträgen des Bundesversorgungsgesetzes nach dem Grad der Erwerbsminderung entsprechen, – d) Unfallruhegehalt, – e) Unterhaltsbeitrag anstelle eines Unfallruhegehalts, – f) Unfall-Hinterbliebenenversorgung, – g) Erstattung von Sachschäden und besonderen Kosten. Das Unfallruhegehalt beträgt mindestens 66,67 % und höchstens 75 % bzw. im Fall eines qualifizierten Dienstunfalls – wenn sich der Beamte bei Ausübung einer dienstlichen Handlung einer besonderen Lebensgefahr ausgesetzt hat und infolge dieser Gefährdung ein Dienstunfall mit einer daraus resultierenden Dienstunfähigkeit eingetreten ist – 80 % der → ruhegehaltfähigen Dienstbezüge der Endstufe der übernächsten Besoldungsgruppe. – *4. Sonderregelungen:* Bei der U. gibt es Sonderregelungen hinsichtlich des Unterhaltsbeitrags für frühere Beamte und frühere Ruhestandsbeamte sowie hinsichtlich des Unterhaltsbetrags bei Schädigung eines ungeborenen Kinds (vgl. §§ 38, 38a BeamtVG). Die Unterhaltsbeitragsregelungen erfassen frühere Beamte, deren Beamtenverhältnis nicht durch Eintritt in den Ruhestand geendet hat. Diese erhalten neben dem Heilverfahren für die Dauer einer durch Unfall verursachten Erwerbsbeschränkung einen Unterhaltsbeitrag. Bei völliger Erwerbsunfähigkeit beträgt dieser 66,67 der ruhegehaltfähigen Dienstbezüge; bei Minderung der Erwerbsfähigkeit um mindestens 20 % den der Minderung entsprechenden Teil des Unterhaltsbetrags. Ist dabei der Beamte wegen → Dienstunfähigkeit infolge eines Dienstunfalls entlassen worden, darf der Unterhaltsbeitrag nicht hinter dem Mindestunfallruhegehalt (vgl. § 36 III S. 3 BeamtVG) zurückbleiben. Einen weiteren Sonderfall betrifft der Unterhaltsbeitrag bei Schädigung eines ungeborenen Kinds. Danach wird neben der geschädigten Beamtin selbst auch das durch den Dienstunfall geschädigte Kind in Unterhaltsbeitragsleistungen einbezogen, dem somit ein eigenständiger Anspruch auf Unterhaltsbeiträge gewährt wird. Bei Verlust der Erwerbsfähigkeit besteht dieser Anspruch in Höhe des Mindestunfallwaisengelds bzw. bei Minderung der Erwerbsfähigkeit um mindestens 20 % in anteiliger Höhe entsprechend der Minderung der Erwerbsfähigkeit. Der Unterhaltsbeitrag beträgt vor Vollendung des 14. Lebensjahrs 30 %, danach und vor Vollendung des 18. Lebensjahrs 50 % dieser Beträge. Wegen der weiteren Einzelheiten wird auf die entsprechenden gesetzlichen Normierungen verwiesen.

Unfallkassen. *1. Begriff:* Träger der → gesetzlichen Unfallversicherung (GUV) der öffentlichen Hand. Gliedern sich in länderbezogene und kommunale Träger, Feuerwehr-Unfallkassen sowie Bundesträger auf. – *2. Weitere Merkmale:* Die Zuständigkeiten der U. sind nach regionalen Gesichtspunkten, im Bereich des Bundes und der Feuerwehr-Unfallkassen (auch) nach fachlichen Gesichtspunkten abgegrenzt. Unter Versicherungsschutz stehen alle Beschäftigten öffentlicher Unternehmen. Darüber hinaus erstreckt sich der Versicherungsschutz auf weitere Gruppen, wie z.B. Kinder und Schüler (→ Kinder- und Schülerunfallversicherung), Studierende (→ Studentenunfallversicherung), ehrenamtlich Tätige und Hilfeleistende („soziale Unfallversicherung"). – *3. Organisation:* Alle Träger von U. sind als Körperschaften des öffentlichen Rechts organisiert. Als solche weisen sie eine paritätische Selbstverwaltung auf, die von Vertretern der Arbeitgeber und Arbeitnehmer

Unfallprävention 672

betrieben wird. – *4. Entwicklungen:* Die Zahl der U. (1.1.2010: 23 regionale Träger und 3 Bundesträger) soll zukünftig durch weitere Fusionen sinken (§§ 223, 224 SGB VII).

Unfallprävention, *Unfallverhütung.* – *1. Begriff:* Maßnahmen und Tätigkeiten, die Menschen davor bewahren sollen, dass ihr Leben und ihre Gesundheit gefährdet werden. Element der → gesetzlichen Unfallversicherung (GUV) und damit Teil des Systems der sozialen Sicherung in Deutschland (SGB VII). Staatlicher Arbeitsschutz und U. in der GUV ergänzen einander und werden im Rahmen der „Gemeinsamen Deutschen Arbeitsschutzstrategie" koordiniert. – *2. Ziele:* Aufklärung über Risiken und Gefahren sowie Implementierung geeigneter Schutzmaßnahmen, um Verletzungen zu vermeiden und so die Unfallzahlen dauerhaft zu senken. Auch die Stärkung des Sicherheitsbewusstseins und die Motivation zu vorbildlichem Verhalten sind wichtige Bestandteile der Präventionsarbeit. – *3. Maßnahmen:* Technische Verbesserungen an Bauten, Fahrzeugen, Sport- und Spielgeräten, Arbeitsmitteln und Gegenständen des alltäglichen Gebrauchs sowie (arbeits)organisatorische und personenbezogene Maßnahmen, wie z.B. das Tragen persönlicher Schutzausrüstungen. – *4. Umsetzung:* Eine zeitgemäße Prävention folgt einem ganzheitlichen Ansatz, der sicherheitstechnische und arbeitsmedizinische Maßnahmen genauso einschließt wie den Gesundheitsschutz, d.h. persönliche Bedürfnisse sowie anatomische und physiologische Möglichkeiten des Menschen. Daneben sind Umgebungsbedingungen, Verhaltensfehler wie Selbstüberschätzung oder Leichtsinn sowie die individuellen Eigenschaften von Personen relevante Parameter für Präventionsmaßnahmen.

Unfall-Rente. *1. Begriff:* Die U. ist eine besondere Leistungsart in der → privaten Unfallversicherung (PUV). Sie wird ab einem bestimmten Mindestinvaliditätsgrad fällig. Die → Invaliditätsleistung wird in Form einer Rente ausgezahlt. – *2. Merkmale:* Der Mindestinvaliditätsgrad ist variabel. Marktüblich ist eine U. ab 50%iger → Invalidität. Die Rente wird vom Tag des Unfalls an monatlich und lebenslang gezahlt. – *3. Ziele:* Die U. stellt eine Ergänzung zur Invaliditätsleistung, die als Kapitalleistung gezahlt wird, dar. Für besonders schwere Unfälle kann die versicherte Person somit eine zusätzliche Absicherung vereinbaren, die hilft, die Folgekosten eines Unfalls aufzufangen (z.B. langfristige Einbußen durch fehlende Möglichkeiten der Berufsausübung). – *4. Entwicklung:* Die U. wurde erst Anfang der 90er Jahre des letzten Jahrhunderts in die Unfallversicherung aufgenommen. Bis dahin war sie nur aus dem Sozialversicherungsbereich bekannt. In der PUV wurde der Begriff nur für die Auszahlung der Kapitalleistung in Form einer Rente ab einem bestimmten Lebensjahr verwandt. Ab z.B. dem 65. Lebensjahr wurde eine Invaliditätsleistung nicht als Kapital ausgezahlt, sondern als monatliche Rente. Die Kapitalleistung wurde dann nach einer bestimmten mathematischen Formel in die Rente umgerechnet.

Unfalltod-Zusatzversicherung. Zusatzversicherung zu einer → Kapitallebensversicherung, die gegen Prämienzuschlag eine höhere (häufig verdoppelte) Versicherungsleistung im Fall des Unfalltods gewährleistet. Siehe auch → Unfall.

Unfallursachenforschung. I. Schadenersatzrecht: *1. Begriff:* Aufklärung des Unfallhergangs (z.B. Auswertung von Zeugenaussagen, Einsicht in die polizeiliche Ermittlungsakte, Einholung eines unfallanalytischen Sachverständigengutachtens). – *2. Ziel:* Festlegung der Haftungsquote. – II. Unfallforschung: *1. Begriff:* Auswertung technischer und medizinischer Daten, die zur Unfallbekämpfung herangezogen werden. I.V.m. der Auswertung von realen Verkehrsunfalldaten sollen Erkenntnisse über fahrzeugspezifische Stärken und Schwächen gewonnen werden. – *2. Ziel:* Auffinden von Präventionsmaßnahmen.

Unfallversicherung. → Gesetzliche Unfallversicherung, → private Unfallversicherung.

Unfallversicherung mit garantierter Beitragsrückzahlung (UBR), *Unfallversicherung mit Prämienrückgewähr (UPR), Unfallversicherung mit Beitragsrückgewähr.* – *1. Begriff:* Besondere Form der → privaten Unfallversicherung (PUV). Dabei handelt es sich um eine Kombination aus einer Unfall- und einer Kapitalversicherung. – *2. Merkmale:* In der UBR besteht Unfallversicherungsschutz, und nach Ablauf des Vertrags erhält der Versicherungsnehmer die eingezahlten Prämien (Rückgewährbeitrag) zurück. Die Prämien werden auch dann zurückgezahlt, wenn die versicherte Person während der Vertragslaufzeit einen Unfall hat und deshalb Leistungen erhält. Sollte die versicherte Person sterben, kommt es zur Auszahlung der bis dahin eingezahlten Prämien. Eine evtl. mitversicherte Todesfallleistung wird ebenso fällig, sofern der Tod aufgrund der Unfallverletzungen innerhalb eines Jahres eintritt. – *3. Besonderheit:* Der Preis für die UBR setzt sich aus einer Prämie für den Unfallversicherungsschutz und eine Prämie für den Kapitalteil zusammen. Die Gesamtprämie wird ermittelt, indem die Prämie für den Unfallversicherungsschutz mit einem Faktor multipliziert wird, der sich aus dem Alter der versicherten Person und der Rückgewährdauer ergibt. Somit werden wesentlich höhere Prämien als in der normalen Unfallversicherung erhoben, da neben der reinen Unfallkomponente auch die Kapitalbildungskomponente bedient werden muss. Die Prämie für den Kapitalteil wird vom Versicherer mit einem festgelegten Rechnungszins (i.d.R. der zum Abschlusszeitpunkt des Vertrags gültige allgemeine Rechnungszins) kapitalbildend angelegt. Wird dabei ein Überschuss erwirtschaftet, erhält der Versicherungsnehmer eine Überschussbeteiligung. Diese ist im Gegensatz zu den Rückgewährbeiträgen jedoch nicht garantiert, da die Erwirtschaftung eines Überschusses von der Lage bzw. der Entwicklung der Kapitalmärkte abhängig ist.

Unique Selling Proposition (USP). → Alleinstellungsmerkmal.

United States Generally Accepted Accounting Principles (US-GAAP). *1. Begriff:* Allgemeine Vorschriften, die die Rechnungslegung und Buchführung in den Vereinigten Staaten von Amerika (USA) regeln. – *2. Merkmale:* Die US-GAAP werden wie die → IAS/ → IFRS von privaten Organisationen unter Einfluss durch die Securities and Exchange Commission (SEC) entwickelt. Bei Regelungslücken in den IAS/ IFRS werden teilweise die betreffenden Regelungen nach US-GAAP angewandt, die damit auch einen internationalen Charakter erhalten. – *3. Ziele:* Nach US-GAAP steht anders als nach deutschem Recht die Information der Kapitalgeber im Vordergrund. Daraus resultiert eine zeit- und marktnähere Bewertung von Vermögensgegenständen und Schulden. – *4. Aktuelle Entwicklungen:* Seit dem 15.11.2007 dürfen ausländische Unternehmen, deren Titel in den USA am Kapitalmarkt gehandelt werden, bei der U.S. Securities and Exchange Commission (SEC) auch einen IAS-/ IFRS-Abschluss in englischer Sprache einreichen. Eine Überleitung in die US-GAAP ist nicht mehr nötig. Bis zum Jahr 2015 soll es auch US-amerikanischen Unternehmen freigestellt werden, einen Abschluss nach IAS/ IFRS aufzustellen.

Universal Life. Variante der → gemischten Versicherung, die dem Versicherungsnehmer zahlreiche Wahlmöglichkeiten einräumt. Die U. sieht keine festen → laufenden Beiträge vor. Vielmehr sind auch einmalige Zuzahlungen in das → Deckungskapital und Entnahmen daraus möglich, sowie in begrenztem Maße auch Änderungen der Todesfallleistungen. Häufig übernimmt der Versicherungsnehmer zudem das Kapitalanlagerisiko, so dass die U. den Charakter einer → fondsgebundenen Lebensversicherung annimmt. Wegen der zahlreichen Wahlmöglichkeiten wird die U. auch als Sparkonto mit Todesfallschutz bezeichnet.

Uniwagnis-Datei. → Hinweis- und Informationssystem (HIS).

Unsystematisches Risiko, *diversifizierbares Risiko.* – *1. Begriff:* Entsprechend den Annahmen der Kapitalmarkttheorie der Teil des Gesamtrisikos eines Investments, der durch → Diversifikation verringert werden kann oder sich auch vollständig eliminieren lässt. Das U. ist also ein investmentspezifisches Risiko, d.h. die Risikoursache ist im Investment selbst begründet. – *2. Beispiele:* Typische Beispiele für U. sind Managementfehler, das Bonitätsrisiko bei Unternehmensanleihen oder Krediten (→ Kreditrisiko) sowie Havarien. – *3. Quantifizierung:* Der Grad der durch Diversifikation möglichen Verringerung des U. ist vom Grad der stochastischen Abhängigkeiten zwischen den Elementen des Portfolios bestimmt. Vgl. auch → systematisches Risiko.

Unteilbarkeit der Prämien. *1. Begriff:* Zahlungspflicht des Versicherungsnehmers für die gesamte laufende Versicherungsperiode, auch bei vorzeitiger Beendigung des → Versicherungsvertrags. Dieser Grundsatz war im alten → Versicherungsvertragsgesetz (VVG) in zahlreichen Fällen vorgesehen (§ 40 II S. 1 VVG a.F. bei fristloser Kündigung des Versicherungsunternehmens wegen Folgeprämienzahlungsverzugs; § 70 II VVG a.F. bei Kündigung des Versicherungsunternehmens oder des Erwerbers nach Veräußerung der versicherten Sache). Ausnahmen: → Wegfall des versicherten Interesses (§ 68 II und III VVG a.F.), Beseitigung der → Überversicherung unter verhältnismäßiger Verminderung der Prämie (§ 51 I und II VVG a.F.). Die aus der Anfangszeit der Versicherungstechnik stammenden Gründe für diesen umstrittenen Grundsatz – Gewinnpauschalierung zugunsten des Versicherungsunternehmens bei vom Versicherungsnehmer zu vertretender Vertragsbeendigung, Rationalisierung der Abwicklung – sind heute weitgehend überholt. Das neue VVG hat daher diesen Grundsatz aufgegeben, der vielfach zu einer unangemessenen Begünstigung des Versicherungsunternehmens zu Lasten des Versicherungsnehmers geführt hatte. – *2. Neuregelung:* Inzwischen gilt vertragsrechtlich eine risikoproportionale Prämie statt des Unteilbarkeitsgrundsatzes (§ 39 I S. 1 VVG). Bei vorzeitiger Vertragsbeendigung erhält das Versicherungsunternehmen nur noch denjenigen Teil der Prämie, der dem Zeitraum der Gefahrtragung, d.h. der Gewährung des Versicherungsschutzes entspricht: Grundsatz der Teilbarkeit bei außerordentlicher Kündigung des Versicherungsunternehmens (§§ 28 I, 24, 19 III S. 2, 38 III VVG) oder des Versicherungsnehmers (§§ 19 VI, 25 II VVG). Doch auch das neue Recht kennt Ausnahmen. – *3. Ausnahmen:* a) Rücktritt wegen vorvertraglicher Anzeigepflichtverletzung durch den Versicherungsnehmer oder Anfechtung wegen arglistiger Täuschung seitens des Versicherungsnehmers: Pflicht des Versicherungsnehmers zur Prämienzahlung bis zum Wirksamwerden der Rücktritts- oder Anfechtungserklärung (§ 39 I S. 2 VVG). – b) Betrügerische Über- oder Mehrfachversicherung oder betrügerische Versicherung fehlenden Interesses (§§ 74 II, 78 III, 80 III VVG): Pflicht des Versicherungsnehmers zur Prämienzahlung bis das Versicherungsunternehmen von den die Nichtigkeit begründenden Umständen Kenntnis erlangt. – c) Wegfall des versicherten Interesses (§ 80 II VVG). – d) Rücktritt des Versicherungsunternehmens wegen Erstprämienverzugs seitens des Versicherungsnehmers (→ Erstprämie, → Prämienverzug): Der Versicherungsnehmer hat eine angemessene Geschäftsgebühr zu zahlen (§ 39 I S. 3 VVG). – e) In der → Hagelversicherung gilt bei Kündigung seitens des Versicherungsnehmers nach einem Versicherungsfall zu einem früheren Zeitpunkt als zum Schluss der laufenden Versicherungsperiode eine U. wegen der besonderen Risikosituation.

Unterbrechungsschaden, *Ertragsausfallschaden.* – *1. Begriff:* Versicherter Schaden in der → Betriebsunterbrechungsversicherung. Bezeichnet den in Form von Erlösausfällen entstandenen Vermögensnachteil, der sich aus dem → entgangenen Gewinn (entgangener Betriebsgewinn) und den → fortlaufenden Kosten zusammensetzt, die infolge der Betriebsunterbrechung nicht erwirtschaftet werden konnten. – *2. Merkmale:* a) Umfang: Der unterbrechungsbedingte Erlösausfall ist nicht in Gänze mit dem versicherten U. gleichzusetzen, da mit der Betriebsunterbrechung gleichzeitig eine Reduzierung der proportionalen bzw. nicht versicherten Kosten verbunden ist. Der versicherte Schaden besteht i.d.R. aus den Teilen betrieblicher Erlöse, die als Deckungsbeitrag für den entgangenen Gewinn und den fortlaufenden Kosten infolge der Betriebsunterbrechung nicht mehr zur Verfügung stehen. – b) Dauer: Der U. erstreckt sich über einen mehr oder weniger langen Zeitraum (→ gedehnter Versicherungsfall). Der Beginn der → Haftzeit und der des U. müssen nicht identisch sein, da der U. erst entsteht, wenn durch die Betriebsunterbrechung Erlösausfälle entstehen. Er endet üblicherweise erst zu dem Zeitpunkt, an dem neben der technischen auch die kaufmännische Betriebsbereitschaft wieder vollständig erreicht worden ist. – c) Schadenberechnung: (1) Methodik: Die Ermittlung des U. ist neben der versicherungstechnischen insbesondere eine betriebswirtschaftliche Disziplin, die das interne Rechnungswesen eines Betriebs zwingend einbeziehen muss. Im Rahmen der → Feuer-Betriebsunterbrechungsversicherung ergibt sich folgendes Grundgerüst für die Ermittlung des Unterbrechungsschadens: Zunächst wird der Ausfall der Betriebsleistung mit Hilfe eines Soll/ Ist-Vergleichs bestimmt. Nach Eliminierung der nicht versicherten

Kosten und Berechnung des Bruttoausfallschadens sind die versicherten bzw. fortlaufenden Kosten im Schadenfall dahingehend zu prüfen, ob sie rechtlich notwendig bzw. wirtschaftlich begründet sind. Wirtschaftliche Vorteile, die sich nach Ablauf des → Bewertungszeitraums innerhalb der Haftzeit ergeben, sind mithin zu beachten. (2) Problematik: Im Rahmen der Ermittlung der Sollleistung sind zusätzlich hypothetische Ursachen (überholende Kausalität) zu berücksichtigen, die die Betriebsleistung auch ohne die Betriebsunterbrechung beeinflusst hätten. Die Sollleistung ist stets eine fiktive Größe, bei deren Berechnung über betriebsinterne Daten hinaus auch die Situation bzw. Entwicklung des jeweiligen Wirtschaftszweigs vielschichtig zu berücksichtigen sein kann.

Unterjährige Beiträge. *1. Begriff:* → Laufende Beiträge, die nicht nur zu Beginn des Versicherungsjahres, sondern ratierlich halbjährlich, vierteljährlich oder monatlich fällig werden. – *2. Ermittlung:* Die U. ergeben sich aus den auf Jahresbasis kalkulierten laufenden Beiträgen mittels Division durch 2, 4 oder 12 und Addition eines Ratenzuschlags für den Zinsverlust und den erhöhten Verwaltungsaufwand. – *3. Arten:* Zu unterscheiden ist zwischen echten und unechten unterjährigen Beiträgen. Echte U. werden nur bis zum Eintritt des Versicherungsfalls fällig, während die unechten U. bis zum Ende des laufenden Versicherungsjahres entrichtet werden müssen, auch wenn der Versicherungsfall vorher, im Extremfall sogar zu Beginn des Versicherungsjahres eintritt. Im Fall echter U. müssen die Ratenzuschläge auch das Risiko des Beitragsausfalls aufgrund des Eintritts des Versicherungsfalls berücksichtigen.

Unternehmensanleihe. *1. Begriff:* Zur Beschaffung von Fremdkapital durch Unternehmen, Banken (→ Finanzanleihen) und als → Asset-Backed Securities (ABS) von Zweckgesellschaften (siehe auch → Anlagevehikel, → Special Purpose Vehicle) begebene → Schuldverschreibungen. U. und andere, nicht von Staaten, öffentlichen Körperschaften und supranationalen Institutionen begebene oder garantierte Verbindlichkeiten werden unter der Bezeichnung → Credit subsumiert. – *2. Merkmale:* U. bieten die Möglichkeit, hohe Kapitalbeträge mit unterschiedlichen Laufzeiten am Kapitalmarkt aufzunehmen und gewährleisten den Unternehmen Unabhängigkeit von Bankdarlehen. Die Laufzeit beträgt i.d.R. zwei bis zehn Jahre, in Einzelfällen auch bis zu 50 Jahren. Das Emissionsvolumen liegt i.d.R. zwischen 100 Mio. und 1 Mrd. Euro, in Einzelfällen auch deutlich darüber. Ein Emissionsvolumen ab 500 Mio. Euro wird als Benchmarkanleihe bezeichnet, da diese die notwendige Mindestgröße zur Aufnahme in eine Benchmark (Kapitalmarktindex) erfüllt. U. können mit einem fixen Kupon oder variabel verzinslich ausgestattet sein. Ein weiteres Unterscheidungsmerkmal bezieht sich auf die Kapitalstruktur. Neben erstrangigen Anleihen können auch nachrangige Anleihen (→ Nachrangkapital) begeben werden. Eine U. ist i.d.R. als Inhaberschuldverschreibung (→ Inhaberpapiere) ausgestaltet. Weitere mögliche Ausprägungen sind Namensschuldverschreibungen (→ Namenspapiere) und → Schuldscheindarlehen. U. sind i.d.R. nicht besichert, sind aber im Insolvenzfall grundsätzlich gegenüber → Aktien bevorzugt zu bedienen. Die Höhe der Verzinsung von U. richtet sich nach ihrer strukturellen Seniorität bzw. Risikoklassifizierung; erstrangige Anleihen (Senior Debt) weisen eine vergleichsweise niedrige Verzinsung auf, während nachrangige Anleihen (→ nachrangige Verbindlichkeiten) höher verzinst werden. Die Emission der Anleihe kann sowohl zu pari, also zu 100 % des Nennwerts, als auch mit einem → Agio oder einem → Disagio erfolgen. – *3. Formen:* Die in den vergangenen Jahren entwickelten Finanzinnovationen basieren zu großen Teilen auf dem Instrument der Anleihe. Wesentliche Ausprägungsformen sind Standardanleihen, Zerobonds oder Nullkuponanleihen, Annuitätenanleihen und Floater. Standardanleihen (Festzinsanleihen, Straight Bonds, Plain-Vanilla-Bonds) sind die häufigste Anleiheform und verfügen über einen festen Kupon über die gesamte Laufzeit. Zerobonds hingegen beinhalten keine Zinszahlungen während der Laufzeit. Der Ertrag ergibt sich ausschließlich aus den Kursdifferenzen zum Emissions- und zum Verkaufs- bzw. Rückzahlungszeitpunkt. Die meisten Zerobonds werden mit einem hohen Disagio emittiert und zu pari zurückgezahlt. Annuitätenanleihen haben einen gleichbleibenden Ausschüttungsbetrag bis zum Ende der Laufzeit. Dieser beinhaltet sowohl die

Zinsen als auch die Tilgung. Floater sind Anleihen mit variablem Nominalzins; ihr Zinssatz verändert sich über die Laufzeit und orientiert sich meistens an den Zinssätzen auf den Geldmärkten, bspw. LIBOR (London Interbank Offered Rate) oder EURIBOR (European Interbank Offered Rate). Floater können mit Zinsobergrenzen (Caps) oder Zinsuntergrenzen (Floors) versehen werden. Eine weitere Sonderform des Floaters ist der sog. Reverse Floater, dessen Verzinsung sich gegenläufig zum Referenzzins verhält. Weniger häufig werden die Ausprägungsformen der ewigen Anleihen (Perpetuals) und der Stufenzinsanleihen genutzt. Perpetuals (auch Konsolbonds genannt) sind Anleihen ohne ein festes Laufzeitende für den Anleger. Der Emittent hingegen kann die Anleihe kündigen oder tilgen. Der Ertrag ergibt sich ausschließlich aus dem Kupon. Stufenzinsanleihen beinhalten eine Zinstreppe, die bei der Emission festgelegt wird. Dabei wird nach Stufenzinsanleihen mit steigenden Kupons (Step-Up-Anleihen) und Stufenzinsanleihen mit fallendem Kupon (Step-Down-Anleihen) unterschieden. U. können auch mit vorzeitigen Kündigungsoptionen für den Emittenten (Callable Bonds) und/ oder den Gläubiger (Puttable Bonds) ausgestattet sein.

Unternehmensbewertung

von Dr. Frank Ellenbürger und Thomas Korte

1. Grundlagen

Nach den in der betriebswirtschaftlichen Theorie und Praxis entwickelten Grundsätzen bestimmt sich der Wert einer Unternehmung durch ihre Fähigkeit, ausschüttungsfähige Überschüsse zu erzielen. Unter finanziellen Leitmotiven ergibt sich der Wert eines Unternehmens aus dem künftigen Nutzen, den es in erster Linie aufgrund seiner im Bewertungszeitpunkt (Stichtagsprinzip) vorhandenen materiellen Substanz, seiner Innovationskraft, seiner Produktgestaltung und Positionierung am Markt, seiner inneren Organisation sowie seines disponierenden Managements in der Zukunft erbringen kann.

Das Institut der Wirtschaftsprüfer hat mit dem IDW Standard 1 „Grundsätze zur Durchführung von Unternehmensbewertungen" vor dem Hintergrund der in Theorie, Praxis und Rechtsprechung entwickelten Standpunkte die Grundsätze entwickelt, nach denen Wirtschaftsprüfer Unternehmen bewerten.

Bewertungsanlässe ergeben sich im Zusammenhang mit unternehmerischen Initiativen (z.B. Kauf eines Unternehmens, Fusionen, Börsengänge), aus Gründen der externen Rechnungslegungen (z.B. Impairmenttest), aufgrund gesellschaftsrechtlicher oder anderer gesetzlicher Vorschriften (z.B. Eingliederungen, Demutualisierung bei VVaG) oder aus sonstigen Gründen. Bei der Abgrenzung des Bewertungsobjekts ist die Gesamtheit aller zusammenwirkenden Bereiche eines Unternehmens zu erfassen, dazu gehören u.a. der Vertrieb, das Underwriting, die Rückversicherung und das Kapitalanlagenmanagement, da alle Unternehmensbereiche gemeinsam zu den zukünftigen finanziellen Überschüssen beitragen (Gesamtbewertung). Das Bewertungsobjekt muss jedoch nicht zwangsläufig mit der rechtlichen Abgrenzung des Unternehmens identisch sein; zugrunde zu legen ist vielmehr das nach wirtschaftlichen Kriterien definierte Bewertungsobjekt (z.B. der Konzern, die strategische Geschäftseinheit, aber auch der Versicherungsbestand, das ggf. vor dem Hintergrund einer Übertragung zu bewerten ist).

2. Bewertungsmethoden

Als Methoden zur Bewertung von Versicherungsunternehmen können marktorientierte Methoden (Multiplikatorenverfahren), substanzorientierte Methoden und kapitalwertorientierte Methoden unterschieden werden. Lediglich die kapitalmarktorientierten Methoden können die (künftige) Ertragskraft eines Unternehmens modelltheoretisch ableiten. Demgegenüber können die anderen beiden Methodengruppen zur Plausibilisierung bzw. als Annäherungen verwendet werden.

- Mit Hilfe der marktorientierten Methoden wird der Unternehmenswert (Marktwert) auf Basis von Multiplikatoren aus Marktpreisen vergleichbarer Unternehmen ermittelt. Die Bewertung unterliegt der Prämisse, dass vergleichbare Unternehmen auch vergleichbare Preise aufweisen. Die Vergleichbarkeit von Unternehmen wird über (versicherungs-) unternehmensspezifische Bezugsgrößen, wie z.b. Brutto-/ Nettoprämien, Schaden-/ Deckungsrückstellungen, Jahresüberschuss vor bzw. nach Steuern, Buchwert des Eigenkapitals etc. festgestellt.

- Die Bewertung des Gebrauchswerts der betrieblichen Substanz (Substanzwert) erfolgt als Rekonstruktions- oder Wiederbeschaffungswert aller im Unternehmen vorhandenen immateriellen und materiellen Vermögenswerte (sowie Schulden). Bei nicht zweckentsprechender Fortführung des (gesamten) Unternehmens bzw. bei geplanter Veräußerung von Unternehmensteilen ist der Liquidationswert (Verkaufs-/ Zerschlagungswert) als erzielbarer Nettoerlös anzusetzen. Zu den substanzorientierten Methoden gehört bei Versicherungsunternehmen der „Adjusted Net Asset Value" als erweiterter Substanzwert. Ausgehend vom Buchwert des Eigenkapitals werden Adjustierungen für bilanzielle stille Reserven/ Lasten bzw. Umwidmungen vom Fremd- zum Eigenkapital (z.b. hinsichtlich der Schwankungsrückstellung) vorgenommen. Bei Lebensversicherungsunternehmen werden zudem die bestehenden Kundenbeziehungen über den Embedded Value bzw. bei zusätzlicher Berücksichtigung des künftigen Neugeschäfts über den Appraisal Value erfasst.

- Über kapitalwertorientierte Methoden wird der Unternehmenswert als Zukunftserfolgswert ermittelt. Dieser Wert ergibt sich aus den finanziellen Überschüssen, die bei Fortführung des Unternehmens und Veräußerung vorhandenen nicht betriebsnotwendigen Vermögens erwirtschaftet werden. In der Unternehmensbewertungspraxis haben sich als gängige Methoden das Ertragswertverfahren (Ertragsüberschussrechnung) und das Discounted Cash flow-Verfahren (Einzahlungsüberschussrechnung) herausgebildet. Allerdings findet das Discounted Cash flow-Verfahren bei Versicherungsunternehmen in der Praxis kaum Anwendung, da die versicherungstechnischen Planungen regelmäßig anhand von Spartenerfolgsrechnungen durchgeführt werden.

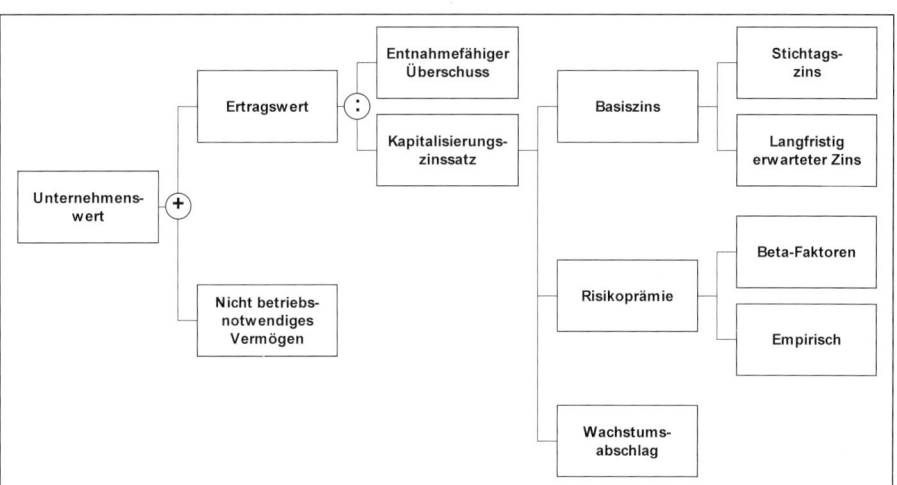

Abb.: Ertragswertverfahren

Unternehmensbewertung 678

3. Bewertungsparameter

Kernstück der Bewertung ist die Prognose der entnahmefähigen zukünftigen Überschüsse. Zu den wesentlichen Wertreibern in der Prognoserechnung zählen bei Versicherungsunternehmen die Prämienerträge, die Schadenaufwendungen, die Provisionsaufwendungen, die Verwaltungsaufwendungen, der Rückversicherungserfolg und der Kapitalanlageerfolg.

Bei der Bewertung von Lebens- und Krankenversicherungsunternehmen ist der Prognose der Bestandsentwicklung, der Entwicklung der Deckungsrückstellung sowie der zukünftigen Überschussbeteiligung eine besondere Bedeutung beizumessen. Bei der Bewertung insbesondere von Schaden-/ Unfallversicherungsunternehmen zählen die versicherungstechnischen Rückstellungen zu den besonders häufig diskutierten Themenkreisen. Der Vorrang der Funktion „Sicherheit" verlangt von den Versicherungsunternehmen den Aufbau von Garantiemitteln, die wiederum für den Anteilseigner eine Ausschüttungssperre darstellen.

Zur Bestimmung des Barwerts der prognostizierten jährlichen entnahmefähigen Überschüsse ist der Kapitalisierungszinssatz zu definieren. Dieser dient einerseits dazu, die vom Unternehmen zu unterschiedlichen Zeitpunkten ausschüttbaren Beträge auf den Bewertungsstichtag zu diskontieren (Zeitwert des Gelds), andererseits wird über den Kapitalisierungszinssatz ein Vergleich mit Alternativanlagen ermöglicht. Ausgehend von der (quasi-)risikofreien und fristadäquaten Alternativanlage zum Basiszinssatz, ist dafür ein Risikozuschlag markt- und branchenbezogen unter Berücksichtigung der unternehmensindividuellen Risikosituation zu ermitteln. Bei einer Planung von konstanten Überschüssen im Prognosezeitraum (aus Vereinfachungsgründen), kann über die Erfassung eines Wachstumsabschlags im Kapitalisierungszinssatz der Annahme steigender künftiger Überschüsse Rechnung getragen werden.

Der Einfluss von Ertragsteuern ist aufgrund ihrer erfolgsmindernden Wirkung weitgehend unumstritten.

Das nicht betriebsnotwendige Vermögen beinhaltet die Vermögensgegenstände (und dazugehörige Schulden), die einzeln veräußert werden können, ohne jedoch die Unternehmensfortführung zu beeinträchtigen, und die im Vergleich zu ihrem Ertragswert einen höheren Veräußerungswert aufweisen. Hierzu können bspw. auch gesondert zu bewertende Beteiligungen zählen (Abgrenzung des Bewertungsobjekts). Diese Vermögensgegenstände werden außerhalb der Ertragswertberechnung (als Liquidationswert) in den Gesamtunternehmenswert eingerechnet. Aufgrund der Kuppelproduktion von Kapitalanlagen und Versicherungsschutz wird bei der Bewertung von Versicherungsunternehmen grundsätzlich unterstellt, dass das gesamte Vermögen betriebsnotwendig ist.

4. Bilanzielle Sicht

Aus bilanzieller Sicht ergibt sich der Marktwert eines Unternehmens aus dem Überschuss des Marktwerts der bilanzierten Vermögensgegenstände gegenüber dem Marktwert der Verpflichtungen. Der Saldo ist das ökonomische Eigenkapital. Ergänzt wird dieser Bilanzwert um den Marktwert der nicht bilanzierten Vermögenswerte (z.B. selbsterstellte Software) und um den „Franchise Value" als den Barwert der künftig erwarteten Wertschaffung (z.B. aus dem Neugeschäft).

Abb.: Marktwert eines Unternehmens (in Anlehnung an Sauer, S. 494)

5. Bewertungsprobleme und -anforderungen

Die mit der Bewertung verbundenen Probleme ergeben sich insbesondere aus der Gefahr der subjektiven bzw. willkürlichen Schätzung. Sowohl bei der Prognoserechnung als auch bei der Wahl der Bewertungsparameter hat der Bewertende ein akzeptables Maß an Objektivität und Glaubwürdigkeit sicherzustellen. Dies setzt voraus, dass die unterstellten Daten beschrieben und begründet werden.

Literatur: Dombert, A., Erfolgsprognose für die Bewertung von Schadenversicherungsunternehmen, Frankfurt 1999; Graßl, A./ Beck, M., Bewertung von Versicherungsunternehmen, in: J. Drukarczyk, J./ Ernst, D. (Hrsg.), Branchenorientierte Unternehmensbewertung, München 2007, S. 165-193; IDW Standard 1: Grundsätze zur Durchführung von Unternehmensbewertungen (IDW S 1 i.d.F. 2008), Stand: 2.4.2008; Richter, H., Die Bewertung von Versicherungsunternehmen aus der Sicht des Wirtschaftsprüfers, in: Ballwieser, W./ Böcking, H.-J./ Drukarczyk, J./ Schmidt, R. H. (Hrsg.), Bilanzrecht und Kapitalmarkt/ Festschrift zum 65. Geburtstag von Adolf Moxter, Düsseldorf 1994, S. 1457-1481; Sauer, R., Eigenkapital im Versicherungsunternehmen, in: Albrecht, P./ Hartung, T. (Hrsg.), Liber discipulorum für Elmar Helten zum 65. Geburtstag, Karlsruhe 2005, S. 479-502; Sieben, G./ Pfaffenzeller, F., Die Bewertung von Lebensversicherungsunternehmen, in: Geib, G. (Hrsg.), Festschrift für Günter Minz, Berlin 2001, S. 233-266.

Unternehmenskultur, *Organisationskultur, Corporate Culture.* – *1. Begriff:* Mehrdeutige Verwendung sowohl in der Literatur als auch in der Praxis. Es lassen sich zwei Hauptrichtungen identifizieren. a) U. steht für die Gesamtheit aller gelebten Normen und Werte, Strukturen und Abläufe, Regeln und Verhaltensweisen, die ein Unternehmen kennzeichnen und von anderen unterscheidet. Somit ist die U. Ausdruck des Mitarbeiter- und Führungskräfteverhaltens. – b) U. wird mit → Corporate Identity gleichgesetzt und beschreibt die geschriebenen Normen und Werte bzw. Regeln und Verhaltensweisen. Somit beeinflusst die U. das Mitarbeiter- und Führungskräfteverhalten. – *2. Merkmale:* Häufig wird die U. mit der Eisbergmetapher beschrieben, wonach nur ein geringer Teil deutlich erkennbar über der Oberfläche liegt. Die U. ist vielschichtig: a) Der sichtbare Teil der U. zeigt sich in der Organisation (Auf- bau- und Ablauforganisation) und in den Systemen (z.B. Managementsysteme, → Anreizsysteme). Der Grad der Formalisierung und die Hierarchie prägen bspw. den Umgang mit Mitarbeitern und Kunden. Umgekehrt werden der Grad der Formalisierung und die Hierarchie auch von Führungskräften und Mitarbeitern beeinflusst. – b) Werte sind nur teilweise sichtbar, und zwar dort, wo sie offen kommuniziert werden, z.B. im → Leitbild, in den → Führungsgrundsätzen oder in einem Kleiderkodex. Die Werte zeigen sich ferner im Führungsverhalten, im Verhalten untereinander, zu Geschäftspartnern bzw. zu Kunden und in den Arbeitsweisen bzw. der Priorisierung. Sie dienen Neueinsteigern zur Orientierung. Meist jedoch erhalten Neueinsteiger erst einen Hinweis, wenn sie schon gegen einen Wert verstoßen haben. – c) Werte sind vom Selbstverständnis des Unternehmens bzw.

den Basisannahmen über das Unternehmen geprägt. Für Außenstehende sind diese Basisannahmen nur schwer zu entschlüsseln, Innenstehende sind sich dieser oft nicht bewusst. Ein Beispiel hierfür ist die Annahme, dass die Selbstständigkeit den Erfolg des Versicherungsunternehmens ausmacht. Für Neueinsteiger sind diese Basisannahmen nur dann prägend, wenn sie sich in der sichtbaren Kultur wiederfinden. – *3. Probleme:* Die U. ist aufgrund der unterschiedlichen Wechselwirkungen schwer zu messen. Aufgrund des Einflusses auf das Betriebsklima sowie auf das Verhalten der Führungskräfte und Mitarbeiter versuchen viele Unternehmen, über Mitarbeiterbefragungen wichtige Informationen über die U. zu erhalten. Für die Gültigkeit der Ergebnisse spielt die Übereinstimmung von geschriebenen und gelebten Werten eine wesentliche Rolle. – *4. Bedeutung:* V.a. für die Versicherungsbranche ist die erkennbare U. ein wichtiger Wettbewerbsfaktor, denn der Produktverkauf beinhaltet ein Leistungsversprechen, bei dem Vertrauen und Zutrauen zum Unternehmen eine wichtige Rolle spielen und die wiederum unmittelbar vom Verkäuferverhalten und Unternehmensimage abhängen.

Unternehmensleitbild. → Leitbild.

Unternehmensrating. Urteil – im Sinne einer Meinungsäußerung – einer Ratingagentur über die Fähigkeit und Bereitschaft insbesondere eines Emittenten von Wertpapieren bzw. Schuldtiteln, seinen finanziellen Verpflichtungen gänzlich und zeitgerecht nachzukommen, d.h. namentlich die Zins- und Tilgungsleistungen (den Schuldendienst) erbringen zu können. Entspricht insoweit dem → Emittentenrating. U. werden aber auch an Unternehmen vergeben, die keine Wertpapiere emittieren und auch nicht Schuldtitel i.e.S. herausgeben, aber in sonstiger Weise Verpflichtungen gegenüber Dritten eingehen, z.B. → Financial Strength Ratings von → Versicherungsunternehmen. Insofern ist ein U. im Grunde ein Urteil über die Bonität eines Unternehmens, das v.a. deswegen erstellt wird, um Ungewissheitsprobleme zwischen dem Kapitalnehmer und dem Kapitalgeber bzw. zwischen dem Leistungsverpflichteten und dem Leistungsberechtigten zu reduzieren und in der Folge Transparenz über die Risiken eines Engagements zu erlangen. Basierend auf einer ganzheitlichen Analyse eines Unternehmens soll mit einem U. letztendlich dessen langfristige Bestandskraft bzw. Ausfallswahrscheinlichkeit geschätzt werden. U. sind nur Aussagen über das einzelne Unternehmen und somit keine Aussagen über Marktvolatilitäten oder Liquiditätsrisiken von Märkten. Siehe allgemein auch → Rating.

Unternehmensstrategie. → Strategie.

Unternehmensverfassung. *1. Begriff:* Gesamtheit aller grundlegenden und langfristig gültigen Strukturregelungen zur Ausgestaltung der Leitungs-, Kontroll- und Interessenvertretungskompetenz in einem Unternehmen. – *2. Rahmenbedingungen:* Die Staatsverfassung stellt den Ausgangspunkt für die Herleitung der U. dar. Neben den handels- und gesellschaftsrechtlichen Regelungen sind insbesondere die Gesetze zur Mitbestimmung auf der Betriebsebene von Relevanz. – *3. Teilbereiche:* Zu den im Rahmen der U. zu regelnden Sachverhalten gehören insbesondere der Unternehmenszweck, das Leitbild, die Festlegung und Zuweisung von Befugnissen sowie von Rechten und Pflichten der Unternehmensmitglieder, die Bestimmung der Organe des Unternehmens und Regeln für die Entscheidungs- und Konsensbildung in Konfliktfällen. – *4. Dokumentation:* Die Regeln der U. sind in offiziellen Satzungen, Unternehmensleitlinien, Geschäftsplänen und Handbüchern dokumentiert.

Unternehmensverträge. *1. Begriff:* Sammelbegriff für Beherrschungsverträge, Gewinnabführungsverträge, Teilgewinnabführungsverträge, Gewinngemeinschaften und Betriebspacht- und -überlassungsverträge (§§ 291, 292 AktG). U. gehören zum → Geschäftsplan eines Versicherers und sind daher genehmigungspflichtig (§§ 5 III Nr. 3, 13 VAG). Bei den Vertragsschließenden muss es sich nicht unbedingt um Aktiengesellschaften handeln. Auch → Versicherungsvereine auf Gegenseitigkeit (VVaG) oder → öffentlich-rechtliche Versicherungsunternehmen haben im Rahmen des Geschäftsplans entsprechende Verträge vorzulegen. – *2. Zweck der Genehmigungspflicht:* U. können für die Versicherungsinteressen von Vorteil sein, sie können aber auch Nachteile mit sich bringen, und zwar sowohl für die Solvabilität als auch für andere Interessen der Versicherten, wie z.B. die → Überschussbeteiligung. So achtet die → Aufsichtsbehörde in ihrer Genehmigungspraxis insbesondere bei Beherrschungs- und Gewinnabführungsverträgen darauf, dass das Gebot der → Spartentrennung für die Lebens- und Krankenversicherung nicht unterlaufen wird.

Unternehmenswert. Wert eines Unternehmens aus dem künftigen Nutzen, den es in erster Linie aufgrund seiner im Bewertungszeitpunkt (Stichtagsprinzip) vorhandenen materiellen Substanz, seiner Innovationskraft, seiner Produktgestaltung und Positionierung am Markt, seiner inneren Organisation sowie seines disponierenden Managements in der Zukunft erbringen kann (vgl. → Unternehmensbewertung).

Unterstützungskasse. *1. Begriff:* Einrichtung, die aus Gründen der Solidarität und ohne einen Rechtsanspruch zu gewähren Unterstützungsleistungen erbringt. Zu solchen Einrichtungen zählen v.a. Unterstützungsvereine der Berufsverbände. Zugleich → Durchführungsweg der → betrieblichen Altersversorgung (bAV). Charakteristisch ist auch für die bAV über eine U. der fehlende Rechtsanspruch auf die in Aussicht gestellten Versorgungsleistungen, vgl. § 1b IV BetrAVG. – *2. Finanzierungsverfahren und steuerliche Behandlung:* Die steuerliche Dotierung regelt § 4d EStG. U. können alternativ als "regeldotierte" oder als "rückgedeckte" finanziert werden. a) Die rückgedeckte U. finanziert die von Ihr zugesagten Leistungen über den Abschluss von → Rückdeckungsversicherungen, an die bestimmte Voraussetzungen geknüpft sind. Die Versicherungsprämien werden der U. vom Arbeitgeber zur Verfügung gestellt und stellen bei diesem Betriebsausgaben dar, vgl. § 4d I 1 c EStG. – b) Ohne eine solche Rückdeckung ist die U. regeldotiert. Sie kann dann vom Arbeitgeber steuerlich begünstigt während der Anwartschaftsphase nur innerhalb viel engerer Grenzen dotiert werden, mit der Folge einer Nachfinanzierung bei Eintritt des Versorgungsfalls. – *3. Aufsicht:* Da kein Rechtsanspruch gewährt wird, handelt es sich nicht um Versicherung im rechtlichen Sinn. U. sind daher auch nicht aufsichtspflichtig; dessen ungeachtet hat der Gesetzgeber noch einmal ausdrücklich die Aufsichtsfreiheit betont (§ 1 III Nr. 1 VAG).

Untersuchungsgrenzen. Durch bestimmte Jahresrentenhöhen in Abhängigkeit vom Alter des Antragstellers definierte Grenzen in der → Berufsunfähigkeitsversicherung, deren Überschreiten ein risikostufenabhängiges ärztliches Zeugnis erforderlich macht. Eine ärztliche Untersuchung ist notwendig, wenn eine bestimmte Grenze in der beantragten Berufsunfähigkeitsjahresrente überschritten wird. Je höher die beantragte Rente ist, desto höher liegt die Risikostufe und entsprechend umfangreicher sind die Anforderungen an das ärztliche Zeugnis. Ein weiteres Differenzierungsmerkmal stellt das Alter des Antragstellers dar.

Unterversicherung. Liegt vor, wenn die → Versicherungssumme niedriger als der → Versicherungswert ist. Die Entschädigungsleistung wird entsprechend gekürzt. Das aktuelle → Versicherungsvertragsgesetz (VVG) sieht eine Kürzung der Entschädigungsleistung nur dann vor, wenn die U. erheblich ist.

Unterversicherungsverzicht. Unter bestimmten Voraussetzungen verzichtet der Versicherer im Fall einer → Unterversicherung auf die Anwendung der Kürzung der Entschädigung. Dies ist meistens der Fall, wenn die → Versicherungssumme nach vom Versicherer definierten Verfahren ermittelt und eine → gleitende Neuwertversicherung vereinbart wurde.

Unterversorgung. *1. Begriff:* a) Verweigerung einer Leistung trotz medizinisch anerkannten Bedarfs. – b) Begriff aus der ärztlichen Bedarfsplanung. – Zu a): *2. Merkmale:* Der Sachverständigenrat für die Konzertierte Aktion im Gesundheitswesen hat in seinem Jahresgutachten 2000/2001 zur Bedarfsgerechtigkeit und Wirtschaftlichkeit die Begriffe → Überversorgung, U. und → Fehlversorgung definiert. Danach ist U. die teilweise oder gänzliche Verweigerung einer Versorgung trotz individuellen, professionell wissenschaftlich und gesellschaftlich anerkannten Bedarfs, obwohl an sich Leistungen mit hinreichend gesichertem Netto-Nutzen und bei medizinisch gleichwertigen Leistungsalternativen in effizienter Form, also wirtschaftlich zur Verfügung stehen. Als Beispiele seien Defizite bei der medikamentösen Therapie der Hypertonie (Bluthochdruck) sowie bei der Osteoporose (Knochenschwund) genannt. So weist die Datenlage beim Bluthochdruck auf eine U. von über 30 % hin; bei der Osteoporose erhalten über 50 % der Patienten nicht die allgemein empfohlene Therapie. – Zu b): *2. Merkmale:* Ärztliche U. ist nach § 100 SBG V durch den Landesausschuss der Ärzte und Krankenkassen festzustellen. Kann eine U. durch die zuständige → kassenärztliche Vereinigung, nicht behoben werden, kann der Landesausschuss mit verbindlicher Wirkung Zulassungssperren in benachbarten Planungsgebieten anordnen.

Unverfallbare Anwartschaft. Bedeutet im Rahmen der → betrieblichen Altersversorgung (bAV), dass die → Anwartschaft dem Berechtigten unter gewissen Voraussetzungen erhalten bleibt, auch wenn das Arbeitsverhältnis vor Eintritt des → Versorgungsfalls endet (vgl. § 1b BetrAVG). Die gesetzliche Unverfallbarkeit einer Versorgungsanwartschaft eines Arbeitnehmers tritt bei einer → Direktzusage ein, wenn das Arbeitsverhältnis vor Eintritt des Versorgungsfalls, jedoch nach Vollendung des 25. Lebensjahrs endet und die Versorgungszusage zu diesem Zeitpunkt mindestens fünf Jahre bestanden hat (§ 1b I S. 1 BetrAVG). § 1b II-IV BetrAVG enthält ähnliche Regelungen für die anderen → Durchführungswege. Das Mindestalter (siehe → Vorschaltzeiten) wurde für Zusagen, die seit dem 1.1.2009 erteilt werden, auf 25 Jahre gesenkt (vgl. die Übergangsregelung in § 30f BetrAVG). Durch → Entgeltumwandlung finanzierte Anwartschaften sind sofort unverfallbar (§ 1b V

BetrAVG). Die Höhe der U. richtet sich nach § 2 BetrAVG. Bei → Leistungszusagen gilt gem. § 2 I BetrAVG das → ratierliche Berechnungsverfahren. § 2 II-Vb BetrAVG enthalten andere Regelungen für die weiteren Durchführungswege und Zusagearten.

Upgrade. Herabstufung des → Ratings durch eine → Ratingagentur in eine höhere → Ratingstufe, z.B. von BBB+' auf A- (→ Ratingskala). Gegenteil: → Downgrade. Die Änderung des immer mit einem Rating verbundenen → Outlook mit den potenziellen Ausprägungen „positive", „stable" oder „negative" gilt nicht als Ratingänderung.

UPR. → Unfallversicherung mit garantierter Beitragsrückzahlung.

Up Selling. Angebot höherwertiger Produkte zu höheren Preisen im schon vorhandenen Kundenbestand. Siehe auch → Cross Selling.

User-Help-Desk, *Service Desk.* Zentrale Kontaktstelle zwischen IT-Anwendern und IT-Dienstleistern. In der U. werden Störungen der Verfügbarkeit oder der Qualität des Betriebs (incidents) und Serviceanforderungen der Anwender bearbeitet. Der U. stellt als First-Level-Support die Verbindung zum Second- und Third-Level-Support her, bleibt aber immer als problemverantwortlicher Ansprechpartner des Anwenders.

US-GAAP. Abk. für → United States Generally Accepted Accounting Principles.

V

VAA. Abk. für → Versicherungs-Anwendungs-Architektur.

Valorenversicherung. *1. Begriff:* Versicherung von wertvollen Gegenständen, wie Schmuck, Bargeld und Wertpapiere, während des Transports und der transportbedingten Lagerung. Die V. ist ein aus der → Warenversicherung entstandener Sonderzweig der → Transportversicherung. – *2. Versicherte Gefahren:* a) Bei von Transportunternehmen durchgeführten Transporten (Versendungen und Bezüge) und im Gewahrsam amtlicher Stellen (z.B. Zoll) gilt die → Allgefahrenversicherung. – b) Bei vom Versicherungsnehmer oder Versicherten selbst durchgeführten Transporten (Begleittransporte) gilt die Deckung benannter Gefahren, u.a. → Feuer, Transportmittelunfall, → Diebstahl, → Raub und höhere Gewalt. – c) Die ausgeschlossenen Gefahren von Krieg (→ Kriegsklausel), → Streik, → Aufruhr und Beschlagnahme können durch Zusatzvereinbarungen in begrenztem Umfang wieder eingeschlossen werden. – *3. Versicherungswert und Entschädigung:* a) Bei Verlust oder Zerstörung ersetzt der Versicherer den Rechnungs- oder → gemeinen Wert oder den Wert des Interesses (bei Effekten: Kurswert am Abgangsort zu Beginn der Versicherung) einschl. Transport- und Versicherungskosten. Versichert sind auch Schäden durch missbräuchliche Verwendung, z.B. unberechtigte Abholung von Waren mittels eines gestohlenen Lagerscheins. – b) Bei Beschädigung sind die → Reparaturkosten und Wertminderung bzw. Kosten einer Neuausstellung von Urkunden versichert. – c) Zu den versicherten → Schadenabwendungskosten und → Schadenminderungskosten gehören auch die Kosten einer Sperrung von Effekten. – d) Entgangene Zinsen, Kursgewinne usw. können durch Zusatzvereinbarung mitversichert werden. – *4. Obliegenheiten:* Aufgrund des hohen Diebstahl- und Raubrisikos und der hohen Konzentration von Werten auf kleinen Raum sind die Obliegenheiten gegenüber der Warenversicherung erheblich verschärft. Anders als dort sind → Gefahrerhöhungen durch den Versicherungsnehmer zustimmungspflichtig. Hinsichtlich der Einhaltung von Obliegenheiten sind Versicherungsnehmer, Absender, Empfänger oder Versicherter sowie ihre Angestellten und Beauftragten gleichgestellt. Begleitpersonen sind über die verhaltensabhängigen Voraussetzungen des Versicherungsschutzes zu informieren. – *5. Laufende Versicherung:* Vereinbarungen über eine → laufende Versicherung enthalten umfangreiche Versand- und Verpackungsvorschriften sowie Maxima-Bestimmungen (pro Sendung, pro Tag). – *6. Verwandte Versicherungszweige:* a) Versicherung von Geld- und Werttransporten: Transport- (keine Haftpflicht-)Versicherung, die vom Geld- und Werttransportunternehmen für Rechnung des Auftraggebers abgeschlossen wird; – b) → Reiselagerversicherung; – c) Versicherung von Juwelen, Schmuck- und Pelzsachen im Privatbesitz. – *7. Einordnung:* Die gewerbliche V. ist ein Großrisiko i.S.d. § 210 VVG.

Value at Risk (VaR). *1. Begriff:* Spezifisches → Risikomaß mit Anwendungen im Bereich der Finanzrisiken (→ Risiko), insbesondere der versicherungswirtschaftlichen Risiken. Ausgehend von einem fixierten Zeitintervall und einer vorgegeben Ausfallwahrscheinlichkeit (Konfidenzniveau) ist der VaR einer Finanzposition diejenige Ausprägung der Verlusthöhe, die mit der vorgegebenen Wahrscheinlichkeit nicht überschritten wird (Probable Maximum Loss). – *2. Merkmale:* Bspw. kann der 1%-VaR als 99%-Maximalverlust interpretiert werden, d.h. in durchschnittlich 99 von 100 Perioden wird der realisierte Verlust den berechneten 99%-Maximalverlust nicht überschreiten. Der 99%-Maximalverlust wird verkürzt auch als „100-Jahres-Schaden" bezeichnet, d.h. im Durchschnitt tritt nur einmal in 100 Jahren ein Verlust (mindestens) in Höhe des 99%-

Maximalverlusts auf. Wird der VaR als die Höhe des Kapitals interpretiert, mit dem die eingegangenen Risiken zu unterlegen sind, dann entspricht die vorgegebene Ausfallwahrscheinlichkeit der Wahrscheinlichkeit der Aufzehrung dieses Kapitals durch einen Periodenverlust. Formal ergibt sich eine identische Höhe des Risikokapitals, wenn die → Verlustwahrscheinlichkeit auf die Höhe der vorgegebenen Ausfallwahrscheinlichkeit begrenzt wird. Die vorzugebende Ausfallwahrscheinlichkeit kann dabei etwa aus Ratinganforderungen abgeleitet werden. – *3. Probleme:* Kritische Punkte des VaR-Risikomaßes sind die Tatsache, dass nur die Ausfall- bzw. Verlustwahrscheinlichkeit in die Risikomessung eingeht und nicht die Ausfall- bzw. Verlusthöhe. Ferner ist die Eigenschaft der Subadditivität nicht gewährleistet, d.h. dass sich das Gesamt-Risikokapital auf Basis des VaR bei einem Zusammenlegen von Risikokollektiven notwendigerweise verringert und damit Effekte des → Risikoausgleichs im Kollektiv bzw. der Diversifikation erfasst werden können. Diese Schwachpunkte des VaR führten zur Weiterentwicklung des → Conditional Value at Risk.

Vandalismus. Vorsätzliche Zerstörung oder Beschädigung von Sachen und Gebäudeteilen. Schäden durch V. werden zunehmend im Rahmen der → verbundenen Wohngebäudeversicherung mitversichert. Der Eintritt des Versicherungsfalls setzt allein voraus, dass der Täter widerrechtlich (meist in den Bedingungen genauer definiert) in den → Versicherungsort eingedrungen ist oder einzudringen versucht hat und in der Folge Vandalismusschäden entstanden sind.

VaR. Abk. für → Value at Risk.

Variable Annuity (VA). *1. Begriff:* Bezeichnung für einen speziellen Typus → fondsgebundener Rentenversicherungen mit garantierten Mindestleistungen. – *2. Merkmale:* VA sind fondsgebundene Rentenversicherungen, die dem Kunden – unabhängig von Art und Umfang der vereinbarten Garantieleistungen – eine weitgehend freie Wahl der mit dem Vertrag verbundenen Investmentfonds erlaubt, in die die Sparprämien investiert werden. Für die vereinbarten Garantieleistungen werden mit dem Fondsguthaben des Kunden explizit vereinbarte Gebühren belastet. VA sind v.a. im nordamerikanischen Markt und in einigen asiatischen Märkten sehr verbreitet und werden dort grundsätzlich nur als Versicherungen gegen → Einmalbeitrag angeboten. Lediglich im deutschen Markt sind Vertragsformen des VA-Typus gegen laufende Beitragszahlung anzutreffen, wobei die Produktanbieter selbst meist ausländischem (v.a. luxemburgischem oder irischem) Aufsichtsrecht unterliegen, selbst wenn sie einer in Deutschland beheimateten Versicherungsgruppe zuzurechnen sind. – *3. Typen:* Die angebotenen Garantietypen sind a) GMDB (Guaranteed Minimum Death Benefit, garantierte Todesfallleistung), – b) GMIB (Guaranteed Minimum Income Benefit, garantierte → Leibrente), – c) GMAB (Guaranteed Minimum Accumulation Benefit, garantierte Ablaufleistung), – d) GMWB (Guaranteed Minimum Withdrawal Benefit, garantierte – lebenslange – jährliche Mindestentnahmen aus dem Fonds). Nur der GMWB-Typus geht über die traditionell in Deutschland verbreiteten Garantieformen hinaus. Hinsichtlich des Umfangs der Garantie werden unterschieden: a) roll-up (garantierte jährliche Mindestverzinsung der Bruttobeiträge), – b) ratchet (Höchststandsgarantie). Dabei können bei einigen Formen die ursprünglich vereinbarten Garantieniveaus bei positiver Fondsentwicklung während der Vertragsdauer durch ein „reset" angepasst werden. – *3. Modell:* Die dem Kunden zugesagten Garantieleistungen werden in kurzen Zeitabständen (idealerweise täglich) bewertet, d.h. es wird mit aufwändigen Simulationstechniken der Erwartungswert der über die Fondsguthaben hinaus zu erbringenden Leistungen bestimmt, sowie die Sensitivität dieses Optionswerts gegenüber Marktpreisänderungen der Fondswerte (Delta), gegenüber Änderungen der Krümmung der Delta-Kurve bei veränderten Marktpreisen der Fonds (Gamma), gegenüber Änderungen der Zinsstruktur (Rho) sowie gegenüber Änderungen der Kapitalmarktvolatilität (Vega). Das Unternehmen investiert dann aus eigenen Mitteln außerhalb der Fondsguthaben der Kunden in ein Portfolio von derivativen Kapitalmarktinstrumenten, dessen Wertänderungen bei allen denkbaren Kapitalmarktbewegungen möglichst identisch zu den Wertänderungen der ausgesprochenen Garantien sind. – *4. Würdigungen:* Die Attraktivität von VA für deutsche Kunden beruht im wesentlichen auf der Möglichkeit, in manchen europäischen

Aufsichtssystemen roll up-Zinssätze oberhalb des hierzulande gültigen Höchstrechnungszinses darzustellen, ohne eine sofortige Nachreservierung bei Vertragsabschluss auszulösen. VA-Verträge sind i.d.R. nicht überschussberechtigt. Sie wirken daher für den Verbraucher transparenter als Verträge mit Überschussbeteiligung. Das Unternehmen hat bei ausreichend kalkulierten Garantiegebühren eine wesentlich höhere Ertragschance, trägt aber auch das Verlustrisiko voll zu Lasten des Eigenkapitals ohne Pufferungsmöglichkeit durch eine → Rückstellung für Beitragsrückerstattungen (RfB) oder durch → Bewertungsreserven. Das Konzept der VA unterstellt grundsätzlich, dass das Unternehmen alle übernommenen Risiken hedgen kann, sei es durch Rückversicherungskonstruktionen, sei es durch Einsatz von Kapitalmarktinstrumenten, und dies zu einem Preis, der insgesamt die dem Kunden belastete Garantiegebühr nicht übersteigt. – 5. *Probleme:* VA-Produkte stellen erhebliche Anforderungen an die Frequenz und Verzahnung von unterschiedlichen Bewertungs- und Handelsprozessen im Unternehmen und bergen daher ein hohes operatives Risiko durch mangelnde Prozessqualität und Defizite in der Mitarbeiterqualifikation. Davon abgesehen ist der Anbieter von VA-Produkten erheblich exponiert gegenüber a) dem Risiko, dass das Fondsvermögen der Kunden sich im Detail signifikant anders zusammen setzt als das für das eigene Hedging-Portfolio verwendeten Referenzportfolios, – b) dem Risiko einer nicht vorhergesehen Preisentwicklung und einer unzureichenden Verfügbarkeit von Sicherheitsinstrumenten, oft i.V.m. einer unzureichenden Absicherung gegen Schwankungen der Volatilität, und dementsprechend unzureichenden Garantiegebühren, – c) dem Risiko eines nicht vorhergesehen Kundenverhaltens, z.B. dem verstärkten Ausbleiben von Kündigungen in Niedrigzinsphasen, die jedoch bei der Kalkulation der Garantiegebühren unterstellt wurden. Um den genannten Risiken zu begegnen, behalten sich einige Anbieter von VA-Produkten bei adversen Kapitalmarktentwicklungen massive Eingriffe in die Vermögensanlage der zugrunde liegenden Verträge vor, die der ursprünglichen Produktidee zuwiderlaufen und daher mit beträchtlichen Reputationsrisiken verbunden sind.

Variable Kosten. → Kosten, die in Abhängigkeit von der hergestellten Gütermenge entstehen und damit auch veränderlich sind. Abzugrenzen von → fixen Kosten.

Varianz. Maßgröße für die Variabilität einer Zufallsvariablen (→ Streuungsmaß). Die V. einer Zufallsvariablen X ist definiert als $\text{var}[X] := E[(X - E[X])^2]$ (→ Erwartungswert). Es gilt $\text{var}[X] = E[X^2] - (E[X])^2$ und
$$\text{var}[a + bX + cY] = b^2 \text{var}[X] + 2bc \text{cov}[X, Y] + c^2 \text{var}[Y]$$
(→ Kovarianz). Sind X und Y unabhängig (→ Unabhängigkeit), so gilt $\text{var}[X + Y] = \text{var}[X] + \text{var}[Y]$; die Umkehrung ist jedoch falsch. Die V. ist ein Streuungsmaß und misst die quadratische Abweichung einer Zufallsvariablen von ihrem Erwartungswert. Anstelle der V. werden auch die → Standardabweichung oder der → Variationskoeffizient betrachtet.

Varianzprinzip. Das V. zum Parameter $\alpha \geq 0$ ist ein → Prämienprinzip, das jedem → zufälligen Risiko X die → Prämie $H[X] := E[X] + \alpha \text{var}[X]$ zuordnet (→ Erwartungswert, → Varianz); dabei wird die → Nettoprämie um einen → Risikozuschlag proportional zur Varianz erhöht. Sind X und Y unabhängige zufällige Risiken (→ Unabhängigkeit), so gilt $H[X + Y] = H[X] + H[Y]$.

Variationskoeffizient. Maßgröße für die Variabilität einer Zufallsvariablen (→ Streuungsmaß). Der V. einer positiven Zufallsvariablen X ist definiert als
$$v_X := \frac{\sqrt{\text{var}[X]}}{E[X]}$$
(→ Erwartungswert, → Varianz). Der V. ist ein dimensionsloses Streuungsmaß.

Veranstalter-Haftpflichtversicherung. → Entertainmentversicherungen.

Veranstaltungsausfallversicherung. → Entertainmentversicherungen.

Verantwortlicher Aktuar. *1. Begriff:* Versicherungsmathematiker (→ Aktuar) nach §§ 5 V Nr. 7, 11, 11a, 11d, 11e, 12, 12c und 139 VAG mit besonderen Aufgaben und Verantwortlichkeiten. Mit der → Deregulierung durch das Dritte Durchführungsgesetz/

EWG zum VAG wurde 1996 die Institution des V. in das deutsche → Aufsichtsrecht eingeführt. Der V. sollte die durch den Wegfall der präventiven aufsichtsbehördlichen Genehmigung der Tarife und Grundlagen für die Berechnung der versicherungstechnischen Rückstellungen entstandene Aufsichtslücke füllen. Er muss bei Lebens-, Kranken-, Haftpflicht- und Unfallversicherern bestellt werden. – *2. Aufgaben:* Der V. hat in der Lebensversicherung sicherzustellen, dass bei der Berechnung der Prämien und Deckungsrückstellungen den aufsichtsrechtlichen Anforderungen Rechnung getragen wird. Er muss insbesondere laufend überprüfen, dass die dauernde Erfüllbarkeit der vom Versicherungsunternehmen eingegangenen Verpflichtungen aus den Versicherungsverträgen jederzeit gewährleistet ist und das Versicherungsunternehmen über die notwendigen finanziellen Mittel zur Erfüllung der Solvabilitätsspanne verfügt. Der V. hat in einer versicherungsmathematischen Bestätigung unter der Bilanz zu bekunden, dass die Deckungsrückstellung den gesetzlichen Vorgaben gem. gebildet worden ist. Erkennt er, dass er die Bestätigung nicht oder nur mit Einschränkungen abgeben kann, hat er den Vorstand, und wenn dieser der Beanstandung nicht unverzüglich abhilft, die → Aufsichtsbehörde zu unterrichten (whistleblowing). Vorstand und Aufsichtsbehörde sind ferner unverzüglich zu unterrichten, wenn er Tatsachen feststellt, die den Bestand des Versicherungsunternehmens oder seine Entwicklung wesentlich beeinträchtigen können. Der V. hat dem Vorstand ferner Vorschläge für eine angemessene → Überschussbeteiligung der Versicherten zu unterbreiten, soweit diese Ansprüche auf Überschussbeteiligung haben. Für die Unfallversicherung mit Prämienrückgewähr und die substitutive Krankenversicherung gilt das oben für die Lebensversicherung Gesagte entsprechend (an die Stelle der Deckungsrückstellung tritt in der Krankenversicherung die Alterungsrückstellung). Für die Haftpflicht- und sonstige Unfallversicherung gilt die Regelung in Ansehung der Rentendeckungsrückstellung. – *3. Voraussetzungen und Verfahren:* Der V. muss zuverlässig und fachlich geeignet sein. Für die fachliche Eignung sind ausreichende Kenntnisse der Versicherungsmathematik und Berufserfahrung notwendig. Der V. kann auch Mitglied des Vorstands oder freiberuflich tätig sein. Er wird vom Aufsichtsrat bestellt oder entlassen. Vor der Bestellung ist die Aufsichtsbehörde zu informieren. Sie kann verlangen, dass ein anderer Aktuar bestellt wird, wenn der in Aussicht genommene oder bereits Bestellte die Anforderungen nicht erfüllt. Zur Not kann die Aufsichtsbehörde den V. selbst bestellen.

Verband der privaten Krankenversicherung e.V. (PKV-Verband). *1. Begriff:* Verband der Versicherer, die die → private Krankenversicherung betreiben. Sitz in Köln, gegründet 1946. – *2. Aufgaben:* Vertretung und Förderung der Interessen seiner Mitglieder, Stellungnahmen bei Gesetzgebungsverfahren und sozialpolitischen Diskussionen, Beratung der Mitglieder in fachlichen Fragen.

Verband der Versicherungsvereine auf Gegenseitigkeit e.V. *1. Begriff:* Verein zur Interessenvertretung der → Versicherungsvereine auf Gegenseitigkeit (VVaG) mit Sitz in Kiel, dem 158 Mitgliedsunternehmen angehören, darunter viele → kleinere Vereine (Stand 2010). – *2. Aufgaben:* Der V. unterstützt die Mitgliedsunternehmen durch Fortbildungsseminare und durch den Versand von wichtigen Informationen per Rundschreiben. Die enge Anbindung zur Kieler Rückversicherung a.G. sorgt für die Sicherstellung von Rückversicherungskapazitäten.

Verband Deutscher Versicherungsmakler e.V. (VDVM). Verein zur Interessenvertretung von → Versicherungsmaklern. Der V. ist aus einem Zusammenschluss verschiedener Interessenvertretungen für Makler im Jahr 2002 entstanden. Er hat seinen Sitz in Hamburg und ist in sieben Regionalkreise unterteilt. Zu den Mitgliedern gehören 620 Maklerunternehmen mit rund 12.000 Mitarbeitern, die von kleinen Betrieben bis hin zu deutschen Tochtergesellschaften weltweit aktiver Konzerne reichen.

Verbände der Versicherungswirtschaft. → Versicherungsverbände.

Verband öffentlicher Versicherer (VöV). *1. Begriff:* Überregionale Interessenvereinigung der → öffentlichen Versicherer in Deutschland. Gemeinnützige Körperschaft des öffentlichen Rechts. Mitglieder sind neben den öffentlichen Versicherern auch diverse Gemeinschaftsunternehmen. – *2. Aufgaben:* a) Interessenvertretung: Im V. werden die gemeinsamen Aktivitäten der öffentlichen Versicherer zusammengeführt und die Interessen gegenüber den Institutionen der Sparkassen-Finanzgruppe sowie in den Verbänden der Versicherungswirtschaft vertreten. – b) Dienstleistungen: Darüber hinaus bietet der Verband den Mitgliedern zahlreiche Dienstleistungen an. Dazu gehören die Marktbeobachtung, die statistische Grundlagenarbeit, die Entwicklung gemeinsamer Produkte sowie die Unterstützung in der Öffentlichkeitsarbeit. – c) Rückversicherung: Der V. stellt den Mitgliedern darüber hinaus über die Deutsche Rückversicherung AG Kapazitäten als Rückversicherer zur Verfügung.

Verbindlichkeiten. *1. Begriff:* Verpflichtungen eines Schuldners, die auf Gesetzen, Rechtsgeschäften oder letztwilligen Verfügungen beruhen und dem Grunde, der Höhe und der zeitlichen Fälligkeit nach feststehen. V. sind abzugrenzen von → Forderungen und → Rückstellungen. – *2. Bilanzausweis:* Der Ausweis von V. erfolgt unter verschiedenen Positionen auf der Passivseite der → Bilanz. Wichtige Beispiele in der Versicherungsbilanz sind → Depotverbindlichkeiten aus dem in Rückdeckung gegebenen Versicherungsgeschäft, Abrechnungsverbindlichkeiten aus dem Rückversicherungsgeschäft, Verbindlichkeiten aus dem selbst abgeschlossenen Versicherungsgeschäft gegenüber Versicherungsnehmern oder Versicherungsvermittlern.

Verbraucherinformation. → Informationspflichten gegenüber den Versicherungsnehmern.

Verbraucherschutz. Zusammenfassende Bezeichnung für Gesetzestexte und sonstige Rechtsakte und Maßnahmen zum Schutz des Verbrauchers, die sich v.a. in zahllosen allgemeinen und speziellen Rechtsvorschriften wieder finden. Die Versicherungswirtschaft betreffende Verbraucherschutzvorschriften befinden sich v.a. im VVG, VAG, BGB (siehe v.a. §§ 305 ff., 312 ff.), in der GewO (v.a. §§ 11a, 34d) einschließlich der Versicherungsvermittlungsverordnung und in weiteren Rechtsquellen. Eine Vielzahl von öffentlichen und privaten Institutionen nimmt für sich in Anspruch, Verbraucherschutzfunktionen im Versicherungsbereich zu erfüllen, darunter auch die → Bundesanstalt für Finanzdienstleistungsaufsicht (BaFin).

Verbundene Hausratversicherung. Versicherung des Hausrats in der versicherten Wohnung. Umfasst alle Sachen, die dem Haushalt des Versicherungsnehmers zur privaten Nutzung dienen. Hausrat ist als Sachinbegriff versichert. Es kommt nicht darauf an, wer Eigentümer der Sachen ist oder diese nutzt. Versicherte Gefahren sind im wesentlichen → Brand, → Blitzschlag, → Explosion, → Einbruchdiebstahl, → Raub, → Vandalismus, → Leitungswasser, → Sturm und → Hagel. Die Hinzunahme einer erweiterten → Elementargefahrenversicherung ist möglich. Der Versicherungsschutz erstreckt sich auf die Zerstörung, die Beschädigung und das Abhandenkommen der versicherten Sachen sowie auf verschiedene Kostenpositionen. Es handelt sich grundsätzlich um eine → Vollwertversicherung zum → Neuwert, so dass die → Versicherungssumme dem Wiederbeschaffungspreis gleichartiger neuer Sachen entsprechen muss, damit ausreichender Versicherungsschutz und keine → Unterversicherung vorliegt.

Verbundene Leben. → Versicherung auf verbundene Leben.

Verbundene Versicherung, *Kombinierte Versicherung.* – *1. Begriff:* Versicherung mehrerer Gefahren in einem Versicherungsvertrag mit einheitlichen → Allgemeinen Versicherungsbedingungen (AVB) auf der Grundlage eines → Versicherungsantrags. Anders: → gebündelte Versicherung. – *2. Merkmale:* Die V. stellt rechtlich gesehen einen einheitlichen Vertrag dar und wird daher nur in einem → Versicherungsschein dokumentiert. Entsprechend betrifft eine Kündigung immer den Gesamtvertrag und nicht nur einzelne Risiken. – *3. Besonderheiten:* Auch bei der V. sind verschiedene aufsichtsrechtliche Grundsätze zu beachten: a) Die Vertragsgestaltung hat dem Transparenzgebot zu folgen (§ 81 VAG, § 9 AGBG); die Übersichtlichkeit, Lesbarkeit und Verständlichkeit dürfen nicht beeinträchtigt werden (§ 10a III VAG). – b) Unterschiedliche gesetzliche Vorschriften zu den zu kombinierenden Versicherungszweigen müssen miteinander vereinbar sein. – c) Eine Kündigung (des Gesamtvertrags) darf den Versicherungsnehmer nicht unangemessen

Verbundene Wohngebäudeversicherung (VGV)

benachteiligen. – d) Es dürfen keine Schutzvorschriften eines einzelnen Versicherungszweigs umgangen werden. – e) Problematisch ist daher die Kombination von → Pflichtversicherungen mit anderen Versicherungszweigen. – *4. Anwendungsgebiete:* a) In der → verbundenen Hausratversicherung sind die Gefahren → Brand, → Blitzschlag, → Explosion, → Implosion und → Aufprall eines Luftfahrzeugs (vgl. → Feuerversicherung), → Einbruchdiebstahl, → Raub und → Vandalismus (vgl. → Einbruchdiebstahl- und Raubversicherung), → Leitungswasser, → Rohrbruch und → Frost (vgl. → Leitungswasserversicherung), → Sturm und → Hagel (vgl. → Sturmversicherung) in Kombination gedeckt. – b) Die → verbundene Wohngebäudeversicherung deckt die Gefahren Brand, Blitzschlag, Explosion, Implosion und Aufprall von Luftfahrzeugen, Leitungswasser, Rohrbruch und Frost, Sturm und Hagel. – c) Im industriellen Bereich sind echte → Multi Risks-Deckungen als V. konzipiert.

Verbundene Wohngebäudeversicherung (VGV). *1. Begriff:* Die VGV ist die heute übliche Deckung zur Versicherung eines → Wohngebäudes. Sie verbindet die einzelnen Gefahren → Feuer, → Leitungswasser und → Sturm in einer Police. Erweiterungen um Gefahren wie → Anprall von unbemannten Flugkörpern, → Hagel oder Kosten wie → Aufräumungskosten sind marktüblich. Die Erweiterungen werden in die Bedingungen integriert oder als Bausteine bzw. Klauseln gegen Beitragszuschlag versichert. Die erweiterte → Elementargefahrenversicherung wird angebündelt und häufig als eigenständiger Vertrag geführt. – *2. Merkmale:* Das Wohngebäude wird mit seinen Nebengebäuden über die → Versicherungssumme beschrieben. Die VGV kann als eine → gleitende Neuwertversicherung, in Einzelfällen als → Neuwertversicherung oder → Zeitwertversicherung mit fester Versicherungssumme in Euro ausgelegt sein. I.d.R. liegt eine gleitende Neuwertversicherung vor, um die Wiederherstellung des beschädigten oder zerstörten → Gebäudes abzusichern, ohne → Unterversicherungsverzicht zu gewähren. Die Versicherungssumme multipliziert mit dem Beitragssatz ergibt den Beitrag. Die Beitragssätze variieren nach Lage, → Bauart, Alter, Nutzung und ggf. weiteren Merkmalen des Wohngebäudes. Der Beitrag wird i.d.R. an die Preissteigerungen im Baugewerbe angepasst. Beim sog. Wohnflächenmodell wird über die → Quadratmeter-Methode eine Äquivalenz zur Versicherungssumme erzeugt. Die Versicherungssumme wird oft nicht mehr ausgewiesen. – *3. Abgrenzung:* In der DDR war die Wohngebäudeversicherung mit einem umfangreichen Versicherungsschutz inkl. von Elementargefahren in die sog. Haushaltsversicherung integriert. Dieser Versicherungsschutz ist noch in erheblichem Umfang in den neuen Bundesländern vertreten. In den Regionen der alten Bundesländer, in denen bis 1994 eine → Monopolversicherung bestand, sind Wohngebäude vielfach noch durch separate Deckungen für Feuer, Leitungswasser und Sturm abgesichert. – *4. Probleme:* a) Die Erfolgslage in der VGV ist marktweit von Schadenkostenquoten deutlich über 100 % gekennzeichnet. Dazu trägt einerseits ein harter Preiswettbewerb bei, andererseits steigt insbesondere in der Gefahr Leitungswasser der Schadenaufwand. – b) Die Gefahr Sturm ist von Kumulen geprägt und erfordert einen Ausgleich über die Zeit. Die VGV hängt damit stark vom Rückversicherungsmarkt ab. Steigende Rückversicherungskosten können das Ergebnis zusätzlich belasten. – c) Außerdem unterliegt die VGV aufgrund von → Klimawandel und Alterung der Wohngebäudebestände einem hohen → Änderungsrisiko. Zum Teil zu kurze Zeitreihen und sogar fehlende Daten insbesondere über Elementarschäden erhöhen die Unsicherheit bei der Kalkulation. In den Beständen ist zum Großteil nur eine Anpassung an die Preissteigerungen vorgesehen. Es ist meist keine Beitragsanpassungsklausel vereinbart, die eine Reaktion auf das Änderungsrisiko zulassen würde. – d) Weiteres Risikopotenzial liegt in Deckungserweiterungen wie z.B. auf → Ableitungsrohre außerhalb des Gebäudes oder Aufräumungskosten. – *5. Aktuelle Entwicklungen:* a) Die kritische Erfolgslage in der VGV führt zunehmend zu einer Verfeinerung der Tarifstrukturen und Annahmerichtlinien. So wird z.B. der Bauzustand über das Alter bzw. das Baujahr des Gebäudes fast marktweit berücksichtigt. In die aktuellen Produkte für das Neugeschäft werden Beitragsanpassungsklauseln integriert. Sanierungen von schadenbelasteten Verträgen sind gebräuchliche Praxis. – b) Im Rahmen des Schadenmanagement werden → Handwerkernetze erprobt, und das Kernprodukt wird mit Assistanceleistungen als Servicekomponenten angereichert. – *6. Ausblick:* Unter → Solvency II wird die hohe Risikokapitalbindung der VGV transparent. Der Druck auf die VGV wird zunehmen, da eine adäquate Verzinsung des → Risikokapitals eine signifikante Preisanhebung über den heutigen Marktpreis erfordert. Zur Reduzierung der Risikokapitalbindung werden verstärkt versicherungstechnische Instrumente wie → Selbstbehalte und → Entschädigungsgrenzen in Betracht kommen.

Verdiente Beiträge. Eingenommene Beiträge eines Versicherungsunternehmens in einem Geschäftsjahr (Prämieneinnahmen, vgl. auch → Beiträge, → Einnahmen), die infolge der Rechnungsabgrenzung um den → Beitragsübertrag an das Folgejahr gekürzt und um den Beitragsübertrag aus dem Vorjahr vermehrt wird.

Verdiente Prämie. → Verdiente Beiträge.

Verein Bremer Seeversicherer. Traditionsreicher, an den Versicherungsplatz Bremen gebundener Zusammenschluss örtlich tätiger Versicherer zur Förderung der → Transportversicherung. Hält Mitsprache bei der Risikoprüfung und Prämienfestlegung. Unterhält mit dem → Verein Hamburger Assecuradeure ein weltweites Netz von → Havariekommissaren.

Verein Hamburger Assecuradeure. Traditionsreicher, an den Versicherungsplatz Hamburg gebundener Zusammenschluss örtlich tätiger Versicherer zur Förderung der → Transportversicherung, besonders zur Abwicklung von Schadenfällen, an denen die Mitglieder beteiligt sind. Unterhält mit dem → Verein Bremer Seeversicherer ein weltweites Netz von → Havariekommissaren.

Verfrachter, *carrier.* – *1. Begriff:* V. ist, wer gewerblich gegen Entgelt Frachtgut auf dem Seeweg befördert (siehe auch → Frachtführer). Der V. ist meist ein Reeder oder → Spediteur. – *2. Haftung:* a) Gesetzliche Grundlagen: Die Haftung beruht auf internationalen Abkommen (Haager Regeln von 1924 und Visby-Regeln von 1968), die auch ins HGB eingeflossen sind. Die weitergehenden Hamburg-Regeln von 1978 wurden von Deutschland und anderen führenden Schifffahrtsnationen nicht ratifiziert. – b) Haftung dem Grunde nach: Der V. haftet bei Verlust oder Beschädigung der Güter aufgrund mangelnder → Seetüchtigkeit des Schiffs, mangelnder → Ladungstüchtigkeit des Schiffs oder mangelnder Ladungsfürsorge, außer bei unabwendbaren Ereignissen oder bewusst falschen Angaben von Ablader oder Befrachter (§§ 559, 606, 609 HGB). Ausgeschlossen sind u.a. Schäden durch Gefahren der See, Krieg (→ Kriegsklausel), → Streik, staatliche Eingriffe und natürliche Beschaffenheit der Güter (§ 608 HGB). Der V. haftet auch nicht für das Verschulden der Besatzung und seiner Leute bei → Feuer und Fehlern bei der Bedienung des Schiffs (§ 607 HGB). – c) Haftungshöhe: Bei Verlust haftet der V. für den Handelswert oder den → gemeinen Wert, bei Beschädigung für den Minderwert, jeweils abzgl. gesparter Kosten z.B. für Zoll oder Fracht (§§ 658, 659 HGB). – d) Haftungsbegrenzung: Bei Fehlen anderweitiger Wertangaben ist die Haftung auf 2,0 Sonderziehungsrechte (SZR) pro kg Rohgewicht oder auf 666,7 SZR pro Ladungseinheit (je nachdem, was höher ist) beschränkt. Bei → Vorsatz oder bewusster Leichtfertigkeit haftet der V. unbegrenzt (§ 660 HGB).

Vergütungsbericht. *1. Begriff:* Offenlegung des Systems der Vorstandsvergütung in allgemein verständlicher Weise. Teil des Konzernanhangs und des Konzernlageberichts (vgl. → Konzernabschluss). Pflichtbestandteil in den Abschlüssen für die Geschäftsjahre nach dem 31.12.2007. – *2. Weitere Inhalte:* In die Gesamtbezüge, über die zu berichten ist, sind auch Bezüge einzurechnen, die nicht ausgezahlt, sondern in Ansprüche anderer Art umgewandelt werden. Dabei wird zwischen einem erfolgsabhängigen und einem erfolgsunabhängigen Teil unterschieden. – *3. Gesetzliche Grundlagen:* §§ 314 I Nr. 6a und 315 II Nr. 4 HGB. Der Umfang der Angabepflichten wurde zuletzt durch das Gesetz zur Angemessenheit von Vorstandsvergütungen (VorstAG) erweitert. DRS 17 regelt die Berichterstattung über die Vergütung der Organmitglieder. Darin wird für börsennotierte → Aktiengesellschaften empfohlen, die Angaben zur individualisierten Vergütung (Konzernanhang) und die Beschreibung der Grundzüge des Vergütungssystems (Konzernlagebericht) in einem V. als Teil des Konzernlageberichts zusammenzufassen. DRS 17 regelt, dass die Angabe des beizulegenden Zeitwerts von

Bezugsrechten und sonstigen aktienbasierten Vergütungen in demjenigen Geschäftsjahr zu erfolgen hat, in dem die rechtsverbindliche Zusage ausgesprochen wird. Nur wenn die Zusage an eine bereits im vorhergehenden Geschäftsjahr erbrachte Tätigkeit anknüpft, sollen die Bezüge auch in die Angaben des vorhergehenden Geschäftsjahres einbezogen werden. – *4. Ausnahmefall:* Von einer Veröffentlichung kann abgesehen werden, wenn 75 % der Stimmen in der Hauptversammlung gegen die Veröffentlichung votieren (§ 286 V HGB).

Vergütungssystem. *I. Allgemein:* System zur Entlohnung von Mitarbeitern oder Dienstleistungserbringern. – *II. Vertrieb:* System zur Entlohnung des → persönlichen Vertriebs. Das. V. definiert die Leistungsentlohnung im Versicherungsvertrieb und dient zugleich der → Verkaufsförderung und Absatzsteuerung (siehe auch → Vertriebsgestaltung), zunehmend im Sinne einer → wertorientierten Steuerung. Je nach Status des Vertriebsorgans geht es um Gehalt, meist verbunden mit zusätzlichen Anteilprovisionen (Angestellte), → Provisionen in vielgestaltigen Ausprägungen (→ Versicherungsvertreter) oder → Courtagen (→ Versicherungsmakler).

Verjährung. *1. Begriff:* Wegfall der Durchsetzbarkeit eines Anspruchs durch Ablauf einer bestimmten Frist. – *2. Rechtsfolgen:* Ein Anspruch kann nach Ablauf der Verjährungsfrist nicht mehr erfolgreich durchgesetzt werden. Zwar liegt nach § 214 I BGB kein Erlöschen des Anspruchs vor, der Schuldner kann jedoch (und muss allerdings) die Leistung verweigern (Einrede der V.). – *3. Entwicklungen:* Die V. ist durch das Schuldrechtsmodernisierungsgesetz mit Wirkung ab 2002 im Sinne einer Umstellung vom objektiven auf das subjektive System neu gestaltet worden. Der Verjährungsbeginn ist u.a. von der Kenntnis oder der grob fahrlässigen Unkenntnis des Gläubigers über die den Anspruch begründenden Umständen und über die Person des Schuldners abhängig, die bei vertraglichen (Versicherungs-)Ansprüchen i.d.R. gegeben ist. Die eigenständige (objektive) Verjährungsregelung des § 12 I VVG a.F. ist entfallen. Für Ansprüche aus dem → Versicherungsvertrag gilt nunmehr die Regelverjährung nach §§ 195, 199 BGB. – *4. Beginn der regelmäßigen Verjährungsfrist:* Mit dem Schluss des Jahres (Ultimoverjährung), in dem der Anspruch entstanden (und fällig geworden) ist, sowie mit der Kenntnis oder der grob fahrlässigen Unkenntnis des Gläubigers über die den Anspruch begründenden Umständen oder über die Person des Schuldners beginnt die regelmäßige Verjährungsfrist. – *5. (Objektive) Höchstfristen:* a) Schadenersatzansprüche wegen der Verletzung persönlicher Rechtsgüter (Leben, Körper, Gesundheit) verjähren 30 Jahre ab Verletzungshandlung oder -ereignis (§ 199 II BGB); sonstige Schadenersatzansprüche verjähren nach zehn oder 30 Jahren (§ 199 II Nr. 1 und 2 BGB). – b) Sonstige Ansprüche, darunter fallen auch vertragliche Ansprüche, verjähren ohne Rücksicht auf die Kenntnis oder die grob fahrlässige Unkenntnis des Gläubigers über die den Anspruch begründenden Umstände oder über die Person des Schuldners nach zehn Jahren ab Entstehung (§ 199 IV BGB). – *6. Hemmung, Neubeginn der Verjährungsfrist:* a) Der Zeitraum der Hemmung wird in die Verjährungsfrist nicht eingerechnet, führt also zu deren Verlängerung. Hemmung tritt z.B. durch Verhandlungen zwischen Gläubiger und Schuldner ein (§ 203 BGB). Für Ansprüche aus Versicherungsverträgen gilt nach § 15 VVG die Hemmung ab Anmeldung des Anspruchs beim Versicherungsunternehmen bis zum Zugang von dessen Ablehnung in Textform (vgl. → Schriftform) beim Anspruchsteller. Weitere Hemmungsfälle: Klageerhebung, Zustellung des Mahnbescheids, Bekanntgabe des Antrags auf Prozesskostenhilfe (§ 204 I Nr. 1, 3, 14 BGB). – b) Ein Neubeginn der Verjährungsfrist (früher: Unterbrechung) gilt bei Anerkenntnis des Schuldners gegenüber dem Gläubiger z.B. durch Abschlags- oder Zinszahlungen oder im Fall des Antrags bzw. der Vornahme gerichtlicher Vollstreckungshandlungen.

Verkäufermarkt. *1. Begriff:* Marktsituation, in der der Verkäufer das Marktgeschehen dominiert; denn die Nachfrage übertrifft das Angebot. Die Anbieter müssen den potenziellen → Kunden kaum umwerben. Darüber hinaus kann der Anbieter die Preise hoch halten. Gegenstück: → Käufermarkt. – *2. Entwicklungen:* Die meisten Märkte haben sich seit Kriegsende vom V. zum Käufermarkt entwickelt. Auch die Versicherungswirtschaft ist – nicht zuletzt wegen des beliebig vermehrbaren Angebots – grundsätzlich von einem Käufermarkt gekennzeichnet. Lediglich bei schweren oder durch häufige Schadenfälle vorbelasteten Risiken ist von einem V. auszugehen.

Verkaufsförderung, *sales promotion.* – *1. Begriff:* → Marketinginstrument, das seine Zielsetzung wörtlich beschreibt. – *2. Merkmale:* Die V. zielt unmittelbar auf das Kauf- bzw. Abschlussverhalten und damit auf den → Point of Sale. Dabei kann prinzipiell zwischen kunden- und vermittlerorientierter V. unterschieden werden. In der Versicherungswirtschaft hat die V. jedoch v.a. in der Unterstützung und Steuerung der Vertriebskräfte ihre herausragende Bedeutung. – *3. Gegenstände:* Aktivierung und Unterstützung der Vertriebskräfte; Steuerung des Vertriebsgeschehens entsprechend der → Marketingstrategie und der detaillierten → Marketingplanung. – *4. Direkte Mittel:* → Adressbeschaffung, Vermittlerinformationen, konventionelle und IT-gestützte Verkaufshelfer (z.B. → Bedarfsanalysen, Produktbeschreibungen, verbunden mit der Darstellung überzeugender Abschlussmotive), Tarifmaterial, Arbeitsleitfäden, Bestandsaktionen. – *5. Indirekte Mittel:* → Vergütungssystem (Provisionsarten, Provisionsabsicherungen), → Incentives, insbesondere bei Angestellten auch die Arbeitsplanung und das Controlling. – *6. Abgrenzungen:* a) Während die → Öffentlichkeitsarbeit eher langfristig und nur indirekt wirkt, kann die V. auch kurzfristig ausgelegt sein. – b) Die → Werbung hat im Wesentlichen die gleiche Zielsetzung, jedoch eine andere Zielrichtung: Werbung richtet sich insbesondere an → Kunden, V. v.a. an Vermittler. Außerdem wirkt die Werbung eher mittelfristig. – c) Die → Vertriebsschulung kann ebenfalls als Aspekt der V. gesehen werden. Ihre separate Einordnung als Marketinginstrument ist aber zweckmäßig, weil sie weitgehend eigenständigen funktionalen, personellen und organisatorischen Gegebenheiten folgt.

Verkehrshaftungsversicherung. *1. Begriff:* Sammelbezeichnung für alle → Haftpflichtversicherungen, die einen Verkehrsträger (→ Frachtführer, → Spediteur, → Lagerhalter, → Luftfrachtführer, → Verfrachter) gegen Ansprüche aus Verkehrsverträgen versichern. – *2. Einordnung:* Haftungen aus Transporten unterliegen als Großrisiken i.S.d. § 210 VVG nicht den Einschränkungen des → Versicherungsvertragsgesetz, wohl aber die Haftungen aus Lagerhaltung und Speditionstätigkeit i.e.s. (Geschäftsbesorgung), sofern die Versicherung nicht als → laufende Versicherung gestaltet wird. – *3. Versicherungspflicht:* Für Straßen- und Lufttransporte besteht → Versicherungspflicht (§ 7a GüKG, § 50 LuftVG), ebenfalls für Spediteure, die die → Allgemeinen Deutschen Spediteurbedingungen (ADSp) nutzen. – *4. Versicherungsbedingungen:* Die Musterbedingungen der → DTV sind als Bausteinmodell konzipiert, bei denen die Haftungskomponenten je nach Verkehrsträger und zugrunde liegenden Rechtsnormen (u.a. für den jeweiligen Verkehrsweg gültigen internationalen Abkommen) separat gewählt werden können. – *5. Deckungssummen und -begrenzungen:* Die Deckungssummen für Güterschäden, → Güterfolgeschäden und reine → Vermögensschäden können separat vereinbart werden. Daneben gelten Deckungsbegrenzungen pro Schadenereignis, pro Versicherungsjahr und für Schäden durch qualifiziertes Verschulden (bewusste Leichtfertigkeit, Kardinalpflichtverletzung, grobes Organisationsverschulden).

Verkehrsgerichtstag. Eine von der Akademie für Verkehrswissenschaft seit 1963 traditionell in Goslar ausgerichtete Konferenz für Straßenverkehrsrecht. Im Anschluss an einen Eröffnungsvortrag werden in verschiedenen Arbeitskreisen die zuvor von einem Vorbereitungsausschuss ausgewählten aktuellen Themen rund um Verkehrsrecht, Verkehrssicherheit, Fahrzeugtechnik und Verkehrstechnik erörtert. Häufig sind auch Fragen der Kraftfahrt-Schadenregulierung Gegenstand der Beratungen. Die Beschlüsse und Empfehlungen des V. werden in den einzelnen Arbeitskreisen erarbeitet und per Abstimmung gefasst. Sie enthalten Anregungen und Forderungen gegenüber dem Gesetzgeber, der Verwaltung und der Justiz sowie gegenüber den Verkehrsteilnehmern und der Öffentlichkeit. Teilnehmer des V. sind Experten für Verkehrsrecht, Verkehrssicherheit, Fahrzeugtechnik und Verkehrstechnik aus Forschung, Lehre und Praxis.

Verkehrsopferhilfe. *1. Begriff:* Verein (gegr. 1963) zur Übernahme der Aufgaben des → Entschädigungsfonds für Schäden aus Kraftfahrzeugunfällen nach dem → Pflichtversicherungsgesetz (§§ 12 - 14 PflVersG). Sitz Hamburg. Mitglieder können ausschließlich Versicherungsunternehmen sein, die die → Kfz-Haftpflichtversicherung in Deutschland als Erstversicherer betreiben. Der Verein ist Nachfolger des vom damaligen HUK-Verband 1955 gegründeten „Fahrerfluchtfonds." Im Zusammenhang mit der Umsetzung der 4. Kfz-Haftpflicht-Richtlinie in nationales Gesetz wurde der V. die Funktion der „nationalen Entschädigungsstelle" zugewiesen. – 2. *Eintrittspflichten*: Die V. tritt bei Schäden durch nicht zu ermittelnde → Kraftfahrzeuge (Kfz), bei Schäden durch pflichtwidrig nicht versicherte oder unterversicherte Kfz, bei Schäden durch Kfz, die der Fahrer vorsätzlich und widerrechtlich herbeigeführt hat (in diesem Fall ist der Kfz-Haftpflichtversicherer leistungsfrei), und im Fall eines bereits eröffneten Insolvenzverfahrens über das Vermögen des leistungspflichtigen Versicherers ein. Der Geschädigte hat einen Rechtsanspruch gegen die Verkehrsopferhilfe. Eine Regulierungskommission entscheidet bei Streitigkeiten über Grund und Höhe des Anspruchs des Geschädigten. Gegen diese Entscheidung kann eine Schiedsstelle bzw. im Nachgang hierzu auch ein ordentliches Gericht angerufen werden. Ausländische Staatsangehörige ohne festen Wohnsitz im Inland erhalten entsprechende Versicherungsleistungen nur bei bestehender Gegenseitigkeit. – 3. *Leistungsumfang:* Die Leistungsverpflichtung der V. beschränkt sich auf die Mindestversicherungssummen in der Kfz-Haftpflichtversicherung. In sog. Fahrerfluchtfällen werden, um eine übermäßige oder gar missbräuchliche Inanspruchnahme des Fonds zu verhüten, Sachschäden an Kraftfahrzeugen nicht erstattet. Sonstige Sachschäden (z.B. an Kleidung, Ladung, Gepäck) werden ersetzt, wenn sie über 500 Euro liegen. Ein → Schmerzensgeldanspruch besteht nur, wenn die Leistung wegen der besonderen Schwere der Verletzung zur Vermeidung einer groben Unbilligkeit erforderlich ist. Die Schadenaufwendungen der V. werden in Deutschland entsprechend den Marktanteilen, gemessen an den Bruttoprämieneinnahmen, von den Mitgliedern des → Gesamtverbands der Deutschen Versicherungswirtschaft e.V. (GDV) getragen.

Verkehrs-Rechtsschutz. *1. Begriff:* Risikobereich der → Rechtsschutzversicherung. – *2. Unterscheidung in:* a) Personenbezogener V.: Versicherungsschutz besteht für den Versicherungsnehmer als Eigentümer oder Halter aller auf ihn zugelassenen oder auf seinen Namen mit einem Versicherungskennzeichen versehenen Motorfahrzeuge zu Lande – je nach Versicherer auch zu Wasser und in der Luft. Der Versicherungsschutz kann auf gleichartige Fahrzeuge (z.B. Pkws) beschränkt werden. Der personenbezogene V. hat Vorsorgecharakter und schließt während der Vertragslaufzeit neu hinzukommende (gleichartige) Fahrzeuge automatisch in den Versicherungsschutz mit ein. Für den Versicherungsnehmer besteht Rechtsschutz auch als Mieter von zum vorübergehenden Gebrauch gemieteten Selbstfahrer-Vermietfahrzeugen. Berechtigte Fahrer und Insassen der o.g. versicherten/ gemieteten Fahrzeuge sind mitversichert. Die Beitragsberechnung bemisst sich nach Art und Anzahl der versicherten Fahrzeuge. Daraus folgt die Verpflichtung des Versicherungsnehmers, den Versicherer über Neuzulassungen und Fahrzeugabmeldungen zu informieren. – b) Objektbezogener V. (Fahrzeug-Rechtsschutz): Rechtsschutz bezieht sich auf ein im Versicherungsschein bezeichnetes Fahrzeug (i.d.R. auch Wasser- oder Luftfahrzeug). Folglich ist neben dem Versicherungsnehmer (meist Eigentümer oder Halter des versicherten Fahrzeugs) jeder Mieter, Entleiher, Leasingnehmer, berechtigte Fahrer und berechtigte Insasse des versicherten Fahrzeugs mitversichert. Der Rechtsschutz erstreckt sich auch auf gleichartige Folgefahrzeuge. – c) V. für Nichtselbstständige: Form des personenbezogenen V., bei der der Ehe-/ Lebenspartner des Versicherungsnehmers und die minderjährigen Kinder den gleichen Versicherungsschutz wie der Versicherungsnehmer selbst genießen. Teilweise werden auch volljährige Kinder in Ausbildung in den Versicherungsschutz mit einbezogen. Voraussetzung für diese Vertragsart ist meist, dass die versicherten Personen keine nach Umsatz bedeutende selbstständige Tätigkeit ausüben. – *3. Versicherungsumfang:* Der V. umfasst regelmäßig folgende Leistungsarten: Rechtsschutz im Vertrags- und Sachenrecht, Schadenersatz-, Steuer-, → Straf-, Ordnungswidrigkeiten-Rechtsschutz und Verwaltungs-Rechtsschutz in Verkehrssachen. Der Versicherungsschutz erstreckt sich für den Versicherungsnehmer – bzw. beim V. für Nichtselbstständige für alle Versicherten – auf die Teilnahme am öffentlichen Verkehr als Fahrer, Fahrgast, Fußgänger und Radfahrer.

Verkehrssicherungspflichten. *1. Begriff:* Pflicht zur Sicherung von Gefahrenquellen. – *2. Merkmale:* Bei Nichtbeachtung der V. kann es zu → Schadenersatzansprüchen kommen. Die Verpflichtung zum Tätigwerden ergibt sich aus dem allgemeinen Rechtsgrundsatz, dass derjenige, der eine Gefahrenquelle schafft oder andauern lässt, grundsätzlich verpflichtet ist, die notwendigen und zumutbaren Vorkehrungen zu treffen, um eine Schädigung Dritter möglichst zu verhindern. Manche Verpflichtungen ergeben sich auch aus dem Gesetz oder aus vertraglichen Regelungen (z.b. Übernahme der Räum- und Streupflicht im Mietvertrag). Generelle Anspruchsgrundlage ist § 823 BGB. Eine spezielle Regelung gibt es z.b. für die Haftung des Grundstückbesitzers (§ 836 BGB).

Verlängerungsklausel. *1. Begriff:* Vereinbarung, nach der sich ein Versicherungsvertrag stillschweigend von Jahr zu Jahr verlängert, wenn er nicht unter Einhaltung der bedingungsgemäß vorgesehenen Frist vor dem Ablauf der Vertragszeit gekündigt wird. – *2. Merkmale:* Nach der gesetzlichen Regelung darf sich die stillschweigende Verlängerung nur auf jeweils ein Jahr erstrecken (§ 11 I VVG). Eine derartig stillschweigende Verlängerung ist kein neuer Vertragsabschluss; die Prämien sind Folgeprämien. Wird ein Vertrag ohne Verlängerungsklausel über den vereinbarten Termin hinaus fortgesetzt, stellt dies einen neuen Vertragsschluss dar.

Verlängerungsprovision. → Provisionssysteme.

Verletzungsgeld. *1. Begriff:* Leistungsart in der → privaten Unfallversicherung (PUV). Ein V. wird bei bestimmten Verletzungen aufgrund eines → Unfalls als prozentualer Anteil der vereinbarten Versicherungssumme geleistet. – *2. Merkmale:* Die Höhe des prozentualen Anteils richtet sich nach der Verletzungsgeld-Tabelle. Diese wird in den Unfallversicherungs-Bedingungen hinterlegt. In der Tabelle werden diverse Verletzungen mit einem dafür festgelegten Prozentsatz versehen, ähnlich wie bei der → Gliedertaxe.

Verlustwahrscheinlichkeit. *1. Begriff:* Spezifisches → Risikomaß zur Quantifizierung des Verlustrisikos eines Versicherungsunternehmens, insbesondere des → Zufallsrisikos. Die V. erfasst die Wahrscheinlichkeit des technischen Ruins eines Versicherungsunternehmens über eine Periode, d.h. des Eintritts des Ereignisses, dass der periodische → Gesamtschaden des versicherten Kollektivs die vorhandenen Finanzmittel in Form der Summe aus der vereinnahmten kollektiven Prämie für die Risikodeckung (→ Risikoprämie) und dem vorhandenen Sicherheitskapital übersteigt. Wird hierbei der Ansatz des vorhandenen Sicherheitskapitals außer acht gelassen, erklärt sich die Verlustwahrscheinlichkeit im engeren Sinne. – *2. Merkmale:* Die V. ist ihrer Natur nach primär eine kalkulatorische Größe, die zum Zweck der → Risikosteuerung (bspw. zur Kapitalunterlegung) von Versicherungsunternehmen eingesetzt wird. Hierzu wird die V. der Höhe nach limitiert (eine V. von einem Prozent bedeutet bspw., dass das betreffende (Ruin-) Ereignis im Durchschnitt nur in einem von einhundert Jahren eintritt). Die tolerierte Höhe der V. kann dabei etwa aus Ratinganforderungen abgeleitet werden.

Vermittler. → Versicherungsvermittler.

Vermittlerhaftung. *1. Begriff:* Im Rahmen des Vermittlerrechts betrifft die Frage der Haftung die Pflicht des Vermittlers, für einen bei der Vermittlungs- bzw. Betreuungstätigkeit verursachten Schaden einstehen zu müssen. – *2. Auswirkungen:* a) für den selbstständigen Vermittler: Eine wesentliche Pflicht des selbstständigen → Versicherungsvermittlers (→ Versicherungsmakler und → Versicherungsvertreter mit Ausnahme der Vermittler nach § 34d IX Nr. 1 GewO) ist die in § 61 VVG normierte ordnungsgemäße Beratung (nebst Dokumentation) der Interessenten bzw. Versicherungsnehmer vor Abschluss eines Versicherungsvertrags. Die schuldhafte Verletzung dieser Verpflichtung durch einen Makler oder Vertreter führt nach § 63 VVG zu einer persönlichen Schadenersatzpflicht des jeweiligen Vermittlers. Der Versicherungsmakler schuldet dem Versicherungsnehmer neben der ordnungsgemäßen Beratung bei der Vermittlung von Versicherungsschutz üblicherweise aus dem Maklerauftrag auch die Betreuung der in seine Obhut gegebenen Versicherungsinteressen des Kunden. Damit ist er z.B. bei einer Änderung der für das versicherte Risiko maßgeblichen tatsächlichen Verhältnisse zu einer Anpassung des Versicherungsschutzes verpflichtet. Verletzt er diese Vertragspflicht schuldhaft und entsteht dem Kunden hierdurch ein Schaden, so haftet der Makler dem Kunden aus § 280 BGB auf Schadenersatz. – b) für angestellte Vermittler: Auf angestellte Vermittler finden die §§ 61-63 VVG keine Anwendung. Mangels einer (eigenen) Vertragsbeziehung zum geschädigten Versicherungsnehmer haften angestellte Vermittler diesem in aller Regel nicht persönlich. Anderes gilt nur, wenn sich aus § 826 BGB oder aus § 823 II BGB i.V.m. einem Schutzgesetz ausnahmsweise eine deliktische Haftung ergibt. – c) für Versicherungsunternehmen: Auch die Versicherungsunternehmen trifft nach § 6 I VVG vor einem Vertragsabschluss eine entsprechende → Beratungspflicht (Ausnahme: Großrisiko, Vermittlung durch Makler oder Fernabsatz). Tritt bei der Vermittlung ein selbstständiger Versicherungsvertreter oder ein → angestellter Vermittler (= Arbeitnehmer) für das Versicherungsunternehmen auf, so handelt dieser bei der Kundenberatung als Erfüllungsgehilfe des Versicherers i.S.d. § 278 BGB. Der Versicherer muss sich eine schuldhafte Pflichtverletzung (z.B. Falschberatung) seines Erfüllungsgehilfen zurechnen lassen und haftet dafür gegenüber dem Versicherungsnehmer nach § 6 V VVG i.V.m. § 278 BGB auf Schadenersatz (üblicherweise als Gesamtschuldner mit dem Vertreter). Hat ein Kunde auf eine fehlerhafte Auskunft eines Versicherungsvertreters oder angestellten Vermittlers vertraut, so kommt neben der Haftung des Versicherers auf Schadenersatz ein Anspruch des Kunden gegen den Versicherer aus dem Rechtsinstitut der "Gewohnheitsrechtlichen Erfüllungshaftung" in Betracht. In diesem Fall ist der Kunde so zu stellen und der Vertrag vom Versicherer so anzupassen, als wenn die unrichtige Auskunft zutreffen würde. Die Pflicht zur ordnungsgemäßen Beratung und Aufklärung trifft den Versicherer nach § 6 IV VVG auch während der Dauer des Versicherungsverhältnisses, soweit für ihn ein Anlass für eine Nachfrage und Beratung des Versicherungsnehmers erkennbar ist. Auch bei Verletzung dieser Pflicht haftet der Versicherer dem nicht bzw. falsch beratenen Kunden auf Schadenersatz.

Vermittlerqualifikation. *1. Begriff:* Im Rahmen des Gewerbeerlaubnisverfahrens bei den → Industrie- und Handelskammern (IHK) wird von den → Versicherungsvermittlern grundsätzlich ein Sachkundenachweis gefordert. Dieser wird durch Bestehen der → Sachkundeprüfung „Geprüfter Versicherungsfachmann/-frau (IHK)" erbracht. – *2. Anerkennungen:* Darüber hinaus werden folgende Abschlüsse bzw. Berufsqualifikationen als Nachweis der erforderlichen Sachkunde anerkannt: a) Abschlusszeugnis (1) eines Studiums der Rechtswissenschaft, (2) eines betriebswirtschaftlichen Studiengangs der Fachrichtung Versicherungen (Hochschulabschluss oder gleichwertiger Abschluss) – darunter sind ein betriebswirtschaftlicher Universitäts- oder Fachhochschulabschluss jeweils mit Fachrichtung Versicherungen oder das abgeschlossene Studium an einer Berufsakademie mit Fachrichtung Versicherungen zu verstehen, (3) als Versicherungskaufmann oder -frau oder Kaufmann oder -frau für Versicherungen und Finanzen, (4) als Versicherungsfachwirt oder -wirtin oder (5) als Fachwirt oder -wirtin für Finanzberatung (IHK); – b) Abschlusszeugnis (1) als Fachberater oder -beraterin für Finanzdienstleistungen (IHK), wenn eine abgeschlossene Ausbildung als Bank- oder Sparkassenkaufmann oder -frau vorliegt, (2) als Fachberater oder -beraterin für Finanzdienstleistungen (IHK), wenn eine abgeschlossene allgemeine kaufmännische Ausbildung vorliegt, oder (3) als Finanzfachwirt (FH), wenn ein abgeschlossenes weiterbildendes Zertifikatsstudium an einer deutschen Hochschule und eine mindestens einjährige Berufserfahrung im Bereich Versicherungsvermittlung oder -beratung vorliegt; – c) Abschlusszeugnis (1) als Bankkaufmann oder -frau, (2) als Investmentfondskaufmann oder -frau oder (3) als Fachberater oder -beraterin für Finanzdienstleistungen (IHK), jeweils wenn zusätzlich eine mindestens zweijährige Berufserfahrung im Bereich Versicherungsvermittlung oder -beratung vorliegt. Darüber hinaus kann auch ein erfolgreich abgeschlossenes Studium an einer Hochschule oder Berufsakademie, das nicht versicherungsspezifisch ist, als Nachweis anerkannt werden, wenn die erforderliche Sachkunde beim Antragsteller vorliegt. Dies setzt i.d.R. voraus, dass zusätzlich zur Abschlussprüfung eine mindestens dreijährige Berufserfahrung im Bereich Versicherungsvermittlung oder -beratung nachgewiesen wird. – *3. Sonderregelungen:* → Gebundene Vermittler i.S.d. § 34d IV GewO, die nicht erlaubnispflichtig sind, weil der Versicherer die uneingeschränkte Haftung übernimmt, werden ohne Sachkundenachweis von der IHK als Versicherungsvermittler registriert. Der Versicherer muss allerdings für eine angemessene Qualifizierung sorgen. Die dem → Gesamtverband der Deutschen Versicherungswirtschaft e.V. (GDV) angeschlossenen Versicherungsunternehmen haben sich auf freiwilliger Basis dazu bereit erklärt, ihre gebundenen Vermittler, die nicht über einen Sachkundenachweis verfügen, zum/ zur geprüften Versicherungsfachmann/-frau (IHK) zu qualifizieren.

Vermittlerregister. *1. Begriff:* Zentrales, vernetztes Auskunftsregister über → Versicherungsvermittler, das von den → Industrie- und Handelskammern (IHK) geführt wird. – *2. Merkmale:* Die selbstständigen Versicherungsvermittler (mit Ausnahme der Vermittler i.S.d. § 34d IX GewO) sind verpflichtet, sich in das V. eintragen zu lassen. Eingetragen werden ungebundene Versicherungsvermittler (mit Erlaubnis), gebundene Versicherungsvermittler (ohne Erlaubnis mit Haftungsübernahmeerklärung eines Versicherungsunternehmens) und sog. produktakzessorische Vermittler, die nach § 34d III GewO auf Antrag von der Erlaubnispflicht befreit wurden. – *3. Inhalte:* Dem V. können folgende Informationen entnommen werden: Familienname, Vorname sowie die Firma des Vermittlers, dessen Status (→ Versicherungsmakler, → Versicherungsvertreter), Bezeichnung der zuständigen Registerbehörde, Geschäftsanschrift und Registernummer sowie ggf. haftendes Unternehmen. – *4. Ziele:* Das für jedermann über das Internet unter www.vermittlerregister.info frei einsehbare V. ermöglicht allen interessierten Personen, Versicherungsunternehmen und in Fällen der → Niederlassungsfreiheit auch ausländischen Behörden die Überprüfung, ob ein Versicherungsvermittler zugelassen ist. Insbesondere die Einordnung als Makler, als Versicherungsvertreter mit Erlaubnis nach § 34d I GewO oder als von der Erlaubnispflicht befreiter Vertreter wird hierdurch transparent.

Vermittlungsvertreter. → Versicherungsvertreter, der nur berechtigt ist, Erklärungen und Anzeigen des Versicherungsnehmers entgegenzunehmen (§ 69 I Nr. 1 und 2 VVG). Abzugrenzen vom → Abschlussvertreter. Siehe auch → Vertretungsmacht des Versicherungsvertreters.

Vermögensschäden. Vermögensnachteile, die nicht unmittelbar auf einen Personen- oder Sachschaden zurückzuführen sind. Im Versicherungsrecht auch „reine" oder „echte" V. genannt. Anders z.B. → Güterfolgeschäden. Zu unterscheiden ist zwischen echten und unechten Vermögensschäden. a) Unechte V. werden auch als Vermögensfolgeschäden bezeichnet, da sie Folge eines Personen- oder Sachschadens sind. Im Rahmen der Allgemeinen Versicherungsbedingungen für die Haftpflichtversicherung (AHB) sind unechte V. vom Versicherungsschutz in der → Haftpflichtversicherung umfasst. – b) Für echte V. sind dagegen i.d.R. gesonderte Vereinbarungen in Form der Besonderen Bedingungen für die Mitversicherung von V. in der Haftpflichtversicherung abzuschließen.

Vermögensschadenhaftpflichtversicherung. *1. Begriff:* Spezielle Form der → Berufshaftpflichtversicherung, die im Fall schuldhafter Herbeiführung Schutz gegen sog. „echte" → Vermögensschäden bei Dritten bietet, d.h. gegen solche Schäden, die nicht als bloße Folge eines Personen- oder Sachschadens eintreten. – *2. Merkmale:* Der Abschluss einer V. ist insbesondere für Berufsgruppen unverzichtbar, deren Tätigkeit vorwiegend in einer vermögensbezogenen Beratung und Betreuung besteht. Die V. deckt auch das Haftpflichtrisiko des → Versicherungsvermittlers aus einer fehlerhaften Beratung oder einer sonstigen Pflichtverletzung beim Versicherungsnehmer. Es gilt das sog. → Verstoßprinzip, d.h. Versicherungsfall ist das berufliche Fehlverhalten, das zu späteren Haftpflichtansprüchen Dritter führen kann.

Vermögensverwaltung. → Asset Management.

Vermögenswert, *asset.* Nach den → IAS/ → IFRS eine Ressource, die auf Grund von Ereignissen der Vergangenheit in der Verfügungsmacht des Unternehmens steht, und von der erwartet wird, dass dem Unternehmen aus ihr künftiger wirtschaftlicher Nutzen zufließt (Framework [F.49(a)]).

Vermögenswirksame Leistungen (VWL). *1. Begriff:* Leistungen des Arbeitgebers zu einem Vermögensaufbau. – *2. Merkmale:* Die VWL bezeichnen die meist im Arbeits- oder Tarifvertrag vereinbarten Leistungen des Arbeitgebers an ihre Arbeitnehmer. Im Rahmen des 5. Vermögensbildungsgesetzes können VWL in unterschiedliche Anlageformen eingebracht werden, wie Bausparverträge oder Aktienfonds, aber auch in → private Rentenversicherungen. Die Leistungen gelten als Arbeitslohn und sind daher zu versteuern.

Verordnung über die Rechnungslegung von Versicherungsunternehmen (RechVersV). Rechtsgrundlage für die → Rechnungslegung von Versicherungsunternehmen in Deutschland, ergänzend zu den Vorschriften des → Handelsgesetzbuchs (HGB), des Aktiengesetzes (AktG) und des → Versicherungsaufsichtsgesetzes (VAG). Die RechVersV enthält Details zu den Ansatz- und Bewertungsvorschriften und zur Gestaltung des → Jahresabschlusses von Versicherungsunternehmen (Formblätter). Die Ermächtigung zu einer V. ergibt sich aus § 330 I, III und IV HGB.

Versandapotheke. *1. Begriff:* Apotheke, die ihre Arzneimittel nicht ausschließlich stationär, sondern auch über den Postweg verkauft. – *2. Merkmale:* Häufig handelt es sich dabei um Apotheken mit Auftritten im Internet, über die die Produkte geordert werden können. – *3. Entwicklung:* In Deutschland ist der Verkauf von Arzneimitteln per Versand erst seit Anfang 2004 erlaubt. 2005 hat das Bundesministerium für Gesundheit Apotheken aus den Niederlanden und dem Vereinigten Königreich bescheinigt, dass sie die Voraussetzungen erfüllen, Arzneimittel, die in Deutschland zugelassen sind, nach Deutschland zu versenden. – *4. Probleme:* Unter dem Gesichtspunkt des freien und fairen Wettbewerbs muss der Arzneimittelverkauf von Apotheken aus dem Ausland nach Deutschland kritisch hinterfragt werden. Die Bedingungen sind hier nicht immer gleich, so gilt für Arzneimittel in Deutschland der volle Mehrwertsteuersatz von 19 %, während in den Niederlanden nur Steuern in Höhe von 6 % anfallen.

Verschreibungspflicht, *Rezeptpflicht.* – *1. Begriff:* Verschreibungspflichtige → Arzneimittel dürfen zum Schutz des Patienten nur auf Rezept an den Patienten abgegeben werden. Die V. soll v.a. vor Missbrauch schützen. Arzneimittel, die nicht der V. unterliegen, sind rezeptfrei (sog. Over-The-Counter-Arzneimittel). – *2. Rechtsgrundlage:* Gesetzliche Grundlage ist das Arzneimittelgesetz (§ 48 AMG), in dem bestimmte Wirkstoffe mit einer V. belegt werden. Weitere Einzelheiten regelt die sog. „Verordnung über die Verschreibungspflicht von Arzneimitteln". Sie schreibt im Einzelnen vor, welche Arzneimittel von → Apotheken nur auf Vorlage eines durch einen Arzt, Tierarzt oder Zahnarzt ausgestellten Rezepts abgegeben werden dürfen. Die V. gilt für gesetzlich und privat Versicherte gleichermaßen. – *3. V. in der → gesetzlichen Krankenversicherung (GKV):* Von der V. ist die Erstattungsfähigkeit eines Arzneimittels zu trennen. Seit 2004 ist die Erstattungsfähigkeit von Arzneimitteln i.S.d. → Sachleistungsprinzips in der GKV i.d.R. an die V. gekoppelt. Zudem fallen bei der Verschreibung in der GKV → Zuzahlungen an, und bei verschreibungspflichtigen Arzneimitteln mit Fest- oder Höchstbeträgen sind darüber hinaus die über den Fest- oder Höchstbetrag liegenden Kosten von den gesetzlich Versicherten selbst zu tragen. – *4. V. in der → privaten Krankenversicherung (PKV):* Die Kostenerstattung von Arzneimitteln ist in der PKV – anders als in der GKV – nicht an die V. gekoppelt. Die PKV trägt die Kosten von zugelassenen (d.h. verschreibungspflichtigen und nicht verschreibungspflichtigen) Arzneimitteln gem. § 4 II, III und VI Musterbedingungen 2008 für die Krankheitskostenversicherung (MB/KK 2008) bei medizinischer Notwendigkeit im vertraglich vereinbarten Umfang.

Verschuldungshaftung. *1. Begriff:* Verantwortlichkeit für die rechtswidrige schuldhafte Verletzung bestimmter geschützter Rechtsgüter oder Rechte Dritter. – *2. Arten:* Zu unterscheiden sind die (nachzuweisende) Verschuldenshaftung (z.B. § 823 I BGB) und die vermutete Verschuldenshaftung (z.B. § 831 I BGB, § 832 I BGB, § 833 S. 2 BGB, § 834 BGB, §§ 836 - 838 BGB). Bei der (nachzuweisenden) V. muss dem Schädiger das Verschulden grundsätzlich nachgewiesen werden. Dagegen wird bei der vermuteten V. zunächst ein Verschulden unterstellt, wobei der Schädiger die Möglichkeit hat, sich zu entlasten (vgl. z.B. § 831 I S. 2 BGB). – *3. Merkmale:* Verschuldensformen können → Vorsatz oder → Fahrlässigkeit sein. – *4. Abgrenzung:* Die V. ist von der → Gefährdungshaftung abzugrenzen.

Versicherbarkeit. *1. Begriff:* Nicht trennscharf abgrenzbare Einordnung von Risiken nach dem Kriterium, ob sie von einem Versicherungsunternehmen übernommen und getragen werden können. Die Frage nach der V. ist unter theoretischen und/ oder faktisch-wirtschaftlichen Kriterien zu beurteilen. – *2. Theoretische Kriterien der V.:* a) Zufälligkeit: Ungewissheit über die Realisierung eines Risikos, d.h. über den Schadeneintritt dem Grunde, der Höhe oder dem Zeitpunkt nach. Es reicht die Ungewissheit nach einer dieser drei Kategorien. Um das moralische Risiko (→ moral hazard) auszuschalten, muss die Ungewissheit bei beiden Vertragspartnern (Versicherungsnehmer und Versicherungsunternehmen) vorliegen. Siehe auch → Zufallsrisiko. – b) Schätzbarkeit: Fähigkeit zur Bestimmung von → Erwartungswert und Streuung der zu versichernden → Schadenverteilung. Im Regelfall sollten für eine objektive Schätzung hinreichend zuverlässige empirische Datengrundlagen vorliegen. Andernfalls kommt auch eine subjektive Risikoschätzung in Betracht, bei der allerdings das → Irrtumsrisiko erhöht ist. Siehe auch → Änderungsrisiko. – c) Eindeutigkeit: Möglichkeit, die Merkmale des → Versicherungsfalls (→ versicherte Gefahren, → versicherte Personen, → versicherte Sachen), der → versicherten Schäden und der → Versicherungsleistungen) klar zu definieren. – d) Unabhängigkeit: Wirkungslosigkeit einer Schadenrealisation im Sinne des Eintritts eines Versicherungsfalls bei einem gegebenen Risiko auf die Wahrscheinlichkeit einer gleichzeitigen (→ Kumulrisiko) oder etappenweisen (→ Ansteckungsrisiko) Schadenrealisation bei weiteren versicherten Risiken. – e) Größe: Einhaltung einer bestimmten Obergrenze für das Schadenpotenzial aus einem versicherten Risiko, so dass es im gegebenen Versicherungsbestand noch ausgleichsfähig ist (→ Risikoausgleich). Damit hängt die versicherbare Obergrenze des Schadenpotenzials eines Risikos individuell von der Größe und Zusammensetzung des Versicherungsbestands eines Versicherungsunternehmens ab. Siehe auch → Großschadenrisiko. – *3. Faktisch-wirtschaftliche*

Kriterien der V.: Ein → Versicherungsvertrag kommt zustande, wenn sowohl der Versicherungsnehmer als auch das Versicherungsunternehmen unter Nutzen-Missnutzen-Erwägungen einen Nettonutzen aus dem Risikotransfer erzielen. a) Versicherungsnehmer: Nutzen durch Abgabe der Schadenverteilung an das Versicherungsunternehmen; Missnutzen durch Auszahlung der Prämie. – b) Versicherungsunternehmen: Nutzen durch Einzahlung der Prämie und durch den Beitrag des neuen Risikos zum → Risikoausgleich (→ Diversifikation); Missnutzen durch Übernahme der Schadenverteilung.

Versicherer. → Versicherungsunternehmen.

Versicherte Gefahren. *1. Begriff:* Reale Ursachensysteme für Schäden, oder anders ausgedrückt die Ereignisse, deren Eintreten vertragsgemäß einen wichtigen Bestandteil des → Versicherungsfalls – i.S.d. deckungsauslösenden Moments in der Versicherung – darstellen. – *2. Merkmale:* Aus juristischer Perspektive verpflichtet der → Versicherungsvertrag den Versicherer nach der sog. Gefahrtragungstheorie zum Tragen der V. gegen Entgelt. Risikotheoretisch ist die Gefahr durch die Wesensmerkmale der Ungewissheit und – im Fall des Eintritts – des wirtschaftlichen Nachteils für den Gefährdeten oder den → Bezugsberechtigten geprägt, die dem Versicherungsgedanken zugrunde liegen. Letzteres grenzt die Versicherung auch eindeutig von der Wette ab. – Beispiele für V.: Brand, → Überschwemmung, Vandalismus, Haftung gegenüber Dritten, Krankheit, Tod. – *3. Einordnung:* Zusammen mit den → versicherten Personen, → versicherten Sachen und Interessen, → versicherten Schäden und → versicherten Leistungen bestimmen die V. den Versicherungsschutz und sind daher Gegenstand der → Versicherungsschutzgestaltung.

Versicherte Kosten. *1. Begriff:* Im Versicherungsvertrag spezifizierte Kosten, die – soweit sie Folge des ebenfalls im → Versicherungsvertrag beschriebenen → Versicherungsfalls sind – als → versicherte Schäden gedeckt sind. – *2. Ausprägungen:* a) nach Schadenarten: Kosten für Personen-, Sach-, Vermögensschäden. – b) nach Kostenarten: → Herstellungskosten, → Wiederherstellungskosten, → Bewegungskosten, →

Mehrkosten, → Sachverständigenkosten, → Transport- und Lagerkosten.

Versicherte Leistungen. *1. Begriff:* Leistungen, die der Versicherer im → Versicherungsfall entsprechend seiner vertraglichen Vereinbarung gegenüber dem Versicherungsnehmer im Zuge der → Entschädigung zu erbringen hat. – *2. Varianten:* a) In der → Schadenversicherung bestimmen die Entschädigungsregeln nach der jeweils zugrundeliegenden → Versicherungsform, in welchem Maße ein → versicherter Schaden entschädigt wird. – Siehe → unbegrenzte Interessenversicherung, → Erstrisikoversicherung, → Vollwertversicherung, → Bruchteilversicherung. Zudem kann bestimmt werden, ob die Entschädigungsleistung in Geld (Regelfall) oder als → Naturalersatz erfolgt. – b) In der → Summenversicherung erfolgt die Versicherungsleistung in Form der Auszahlung der vereinbarten → Versicherungssumme. – *3. Einordnung:* Zusammen mit den → versicherten Gefahren, → versicherten Personen, → versicherten Sachen und Interessen sowie → versicherten Schäden bestimmen die V. den Versicherungsschutz und sind daher Gegenstand der → Versicherungsschutzgestaltung.

Versichertenkarte für Privatpatienten. *1. Begriff:* Die V. wird seit April 1996 von den meisten privaten Krankenversicherungsunternehmen an ihre Kunden ausgegeben (auch für gesetzlich Krankenversicherte mit einer privaten Zusatzversicherung für → Wahlleistungen im Krankenhaus). Sie kann im Krankenhaus, bei ambulanten Arzt- und Zahnarztbehandlungen und in der Apotheke als Ausweis zur Vereinfachung von Verwaltungsvorgängen, zur Verbesserung des Kundenservices und zur Erkennbarkeit des Status als Privatpatient eingesetzt werden. Im Gegensatz zur → elektronischen Gesundheitskarte der → gesetzlichen Krankenversicherung (GKV) ist der Einsatz der V. freiwillig. – *2. Gestaltung und Inhalt:* Die V. ist deutlich als Karte eines Privatversicherten erkennbar. Sie ist für alle Unternehmen der → privaten Krankenversicherung (PKV) einheitlich gestaltet. Der Umfang des jeweiligen stationären Versicherungsschutzes ist für Voll- und Zusatzversicherte auf der Karte angegeben. Der Speicherchip enthält folgende Daten: a) Name, Adresse und Geburtsdatum des Versicherten; – b) Ordnungsbegriffe des Versicherungsunternehmens (Versicherungs-, Personen- und Unternehmensnummer); – c) Gültigkeitsdatum der Karte. Zusätzliche Angaben, wie z.B. medizinische Behandlungsdaten, können auf dem Chip nicht gespeichert werden, auch nicht vom Arzt oder vom Krankenhaus. Die Informationen sind datenrechtlich geschützt. Die Daten auf der Karte sind nicht veränderbar. – *3. Anwendungsbereiche:* a) In der Arztpraxis legt der Versicherte seine V. als Ausweis vor. Mit Hilfe eines Kartenlesegeräts können die gespeicherten Daten gelesen und für die weiteren Verwaltungsabläufe verwendet werden. Um die maschinelle Erstellung von Rezepten zu ermöglichen, ist parallel ein neues standardisiertes Rezeptformular eingeführt worden. Wie bisher erhält der Versicherte seine Rechnung vom behandelnden Arzt und leitet sie an seine Versicherung weiter. Die Rechnung wird ihm von seinem Versicherungsunternehmen im tariflichen Umfang erstattet. – b) In der Apotheke kann das normierte Rezeptformular in die elektronische Datenkasse eingelegt werden. Der Versicherte erhält die Medikamente, die er wie gewohnt bar bezahlt. Das quittierte Rezept bekommt er zurück, um es bei seinem Versicherungsunternehmen einzureichen. – c) Im Krankenhaus legt der Versicherte die V. bei der Aufnahme vor. Die allgemeinen Krankenhausleistungen (Pflegesätze, Fallpauschalen etc.) sowie die Zuschläge für eine gesonderte Unterbringung im Ein- oder Zweibettzimmer werden unmittelbar zwischen dem Krankenhaus und dem PKV-Unternehmen abgerechnet. Die Rechnungen für wahlärztliche Behandlungen erhält der Patient wie bisher direkt von den behandelnden Chefärzten.

Versichertenrente, *Unfallrente, Verletztenrente.* – *1. Begriff:* Leistung der → gesetzlichen Unfallversicherung (GUV) an Versicherte, wenn infolge des Versicherungsfalls (→ Arbeitsunfall oder → Berufskrankheit) die Erwerbsfähigkeit über die 26. Woche nach dem Unfall hinaus um mindestens 20 % gemindert ist. Rechtsgrundlagen sind die §§ 56 ff. SGB VII. – *2. Merkmale:* Die Höhe der V. ist vom Jahresarbeitsverdienst (JAV) und dem Grad der Minderung der Erwerbsfähigkeit (MdE) abhängig. Als JAV gelten bei Erwerbstätigen das Arbeitsentgelt und das Arbeitseinkommen in den letzten zwölf Kalendermonaten vor dem Versicherungsfall

(§ 82 I SGB VII). Die MdE richtet sich nach dem Umfang der durch den Versicherungsfall eingetretenen Minderung des körperlichen und geistigen Leistungsvermögens eines Versicherten und der damit verbundenen Einschränkung seiner Arbeitsmöglichkeiten. Ist die Erwerbsfähigkeit durch mehrere Versicherungsfälle gemindert, wird die MdE für jeden Versicherungsfall gesondert festgestellt. Bei vollständigem Verlust der Erwerbsfähigkeit (MdE 100 %) wird die V. als Vollrente gezahlt. Sie beträgt zwei Drittel des vor dem Versicherungsfall erzielten JAV. Bei teilweiser Minderung der Erwerbsfähigkeit reduziert sich die V. entsprechend (Teilrente). Die V. wird gezahlt, solange ihre Voraussetzungen unverändert fortbestehen, in vielen Fällen lebenslang, unabhängig von Berufstätigkeit oder Alter der Versicherten. Unter bestimmten Voraussetzungen können Rentenansprüche mit einer einmaligen Zahlung (Gesamtvergütung, Abfindung nach §§ 75 - 80 SGB VII) abgefunden werden. Über die Zahlung einer V. entscheidet der Rentenausschuss des jeweiligen Unfallversicherungsträgers.

Versicherte Person. → Versicherter.

Versicherter, *Versicherte Person.* Person, auf deren Risiko sich ein → Versicherungsvertrag bezieht. Der V. kann unabhängig vom → Versicherungsnehmer sein. Sollte der V. nicht mit dem Versicherungsnehmer übereinstimmen, ist von beiden Personen im → Versicherungsantrag eine Unterschrift erforderlich. Siehe auch → Bezugsberechtigter.

Versicherte Risiken. → Versicherte Gefahren.

Versicherte Sachen. Art der Sachen (z.B. Hausrat, Kraftfahrzeug, Maschine), die durch den Versicherungsschutz gedeckt sind. Begriff aus den Bedingungswerken der → Sachversicherung. Siehe auch → versicherte Schäden, → versicherte Gefahren.

Versicherte Schäden. *1. Begriff:* Schadenarten (z.B. Beschädigung, Zerstörung, Abhandenkommen), die als Folge eines → Versicherungsfalls durch den Versicherungsschutz gedeckt sind. *– 2. Bestimmungsmerkmale:* Wie der Versicherungsfall und die → versicherten Leistungen lassen sich die V. anhand verschiedener Dimensionen bestimmen: a) qualitativ: Bestimmung von Zustandsveränderungen von versicherten Personen, Sachen oder Sachverhalten (z.b. Haftpflichtansprüche). – b) quantitativ: Bestimmung des Maßstabs für die Schadenbewertung, z.b. → Neuwert, → Zeitwert, Mindestwert oder Höchstwert (siehe auch → Versicherungswert); Bestimmung der Währung des Schadens. – c) räumlich: Bestimmung des versicherten Schadenorts (→ Versicherungsort) und des anzuwendenden Rechtssystems. – d) zeitlich: Bestimmung des Realisationszeitpunkts des Schadens, z.b. bei Rentenschäden in der → Personenversicherung und in der → Haftpflichtversicherung. – *3. Einordnung:* Zusammen mit den → versicherten Gefahren, den → versicherten Personen, den → versicherten Sachen und Interessen sowie den → versicherten Leistungen bestimmen die V. den Versicherungsschutz und sind daher Gegenstand der → Versicherungsschutzgestaltung.

Versichertes Interesse, *Versicherungswert.* – *1. Begriff:* Vermögensschaden (in betriebswirtschaftlicher Terminologie zutreffender: wirtschaftlicher Schaden), der dem → Versicherungsnehmer oder dem → Versicherten durch den → Versicherungsfall entstehen kann. Begriff aus der → Schadenversicherung. – *2. Hintergründe:* In der Schadenversicherung ersetzt das Versicherungsunternehmen den durch den Versicherungsfall verursachten Vermögensschaden. Dieser Schaden muss dem Versicherungsnehmer und/ oder – in der → Versicherung für fremde Rechnung – dem Versicherten als Träger des V. entstanden sein. Ein derartiger Schaden kann auf unterschiedliche Weise eintreten: a) Verlust, Verminderung, Beschädigung, Wertlosigkeit bereits vorhandener Vermögensbestandteile (insbesondere in der → Sachversicherung, siehe auch → Aktivenversicherung). Insoweit entwickelt der Begriff des Versicherungswerts seine leistungsbegrenzende Funktion; – b) Ausfall erwarteter → Einnahmen, → Erträge, → Erlöse oder → Gewinne (z.B. → Betriebsunterbrechungsversicherung, → Kreditversicherung). – c) Entstehung unerwarteter → Ausgaben, → Aufwendungen, → Kosten oder Schuldpositionen (z.B. in der → Haftpflichtversicherung, siehe auch → Passivenversicherung). – *3. Eingrenzung auf den versicherten Schaden:* Der Begriff des Vermögensschadens ist zu weit und unscharf. Nur der versicherte Vermögensschaden wird nach Maßgabe des → Versicherungsvertrags ersetzt, nicht aber alle aus dem Versicherungsfall folgende Vermögensschäden. Der → versicherte Schaden führt dann z.B. in der Aktivenversicherung zum Versicherungswert (§ 74 I VVG), das ist der dem Versicherungsnehmer bzw. Versicherten drohende Höchstschaden unter Versicherungsschutz, sowie im Verhältnis zur → Versicherungssumme zur → Überversicherung und → Unterversicherung. In der Passivenversicherung fehlt der Begriff des Versicherungswerts, denn jede weitere Schuldposition belastet den Versicherungsnehmer bzw. Versicherten. Den Vermögensschaden muss das Versicherungsunternehmen in der Passivenversicherung im Rahmen des versicherten Risikos bis zur Deckungssumme ausgleichen. – *4. V. in der Sachversicherung:* An einer Sache können verschiedene Interessen nicht nur des Eigentümers, sondern mehrerer Personen bestehen. Der Versicherungsfall führt zu unterschiedlichen Schadensfolgen bei den einzelnen „Interessenten". Zerstörung oder Beschädigung eines Gebäudes stellen zunächst einen Schaden des Eigentümers dar (Sachsubstanzschaden). Bei einem vermieteten Gebäude entsteht darüber hinaus ein Mietausfall beim Vermieter bzw. Eigentümer, möglicherweise auch ein Nutzungsausfall beim Mieter bzw. Pächter. Darüber hinaus werden Grundpfandrechtsgläubiger vom Versicherungsfall betroffen, weil das Grundstück die Forderungen nicht mehr ausreichend sichert (Kredit- oder Sicherungsinteresse). Eine entsprechende Interessenlage wie bei Grundpfandrechten ergibt sich bei beweglichen Sachen, die für ein Kreditinteresse unter Eigentumsvorbehalt oder Sicherungsübereignung stehen. Verlust, Zerstörung oder Beschädigung der in Reparatur gegebenen Sachen während der Reparaturzeit sind zunächst wiederum Schäden für den Eigentümer (Sachsubstanzschaden), möglicherweise aber auch für einen Dritten, der die Sachen nutzt (Sachersatzinteresse). In gleicher Weise führt die Zerstörung oder Beschädigung der Mietsache (Gebäude, Maschine, Kraftfahrzeug) zu einem Substanzschaden zu Lasten des Vermieters bzw. Eigentümers, kann aber zugleich ein Schaden eines ersatzpflichtigen Mieters sein (Sachersatzinteresse). Vermögensschäden können durch Zerstörung, Beschädigung oder Entziehung eigener oder fremder Sachen entstehen. Es muss daher im Versicherungsvertrag festgelegt werden, welche Person gegen welche Schäden versichert ist. a) V. an eigenen Sachen: Das → Versicherungsvertragsgesetz (VVG) geht davon aus, dass der Versicherungsnehmer selbst gegen Beeinträchtigungen vorhandener Vermögenswerte versichert ist. Dafür steht der Grundsatz der Versicherung für eigene Rechte nach § 43 III VVG, der jedoch nur eine schwache Vermutung enthält. Der Eigentümer erleidet einen Vermögensschaden in Höhe des Sachwerts, wenn ihm die Sache nicht mehr zur Verfügung steht. Er trägt die Gefahr von Verlust, Zerstörung und Beschädigung. Das schließt jedoch nicht aus, dass die Interessen weiterer Personen in die Versicherung des Eigentümers eingeschlossen werden. So werden die Grundpfandrechtsgläubiger durch §§ 1127-1130 BGB geschützt; denn demnach erstreckt sich das Grundpfandrecht sich nicht nur auf das Grundstück selbst, sondern auch auf die Versicherungsforderung des Eigentümers bzw. Versicherungsnehmers gegen das Versicherungsunternehmen. Der Grundpfandrechtsgläubiger hat zwar keinen unmittelbaren Anspruch gegen das Versicherungsunternehmen, aber er ist mittelbar dadurch gesichert, dass sein Pfandrecht auf die Entschädigungsforderung erstreckt wird. Der weitergehende Schutz der Grundpfandrechtsgläubiger gegenüber Leistungsfreiheitsgründen aus der Person des Versicherungsnehmers (§ 102 I VVG a.F.) wurde jedoch im neuen VVG nicht fortgeführt, kann allerdings durch Vereinbarung erreicht werden. Bei Veräußerung der versicherten Sache (→ Eigentumswechsel) wird von der → Mitversicherung des gefahrtragenden Käufers vor Vollendung des Eigentumsübergangs in der vom Verkäufer abgeschlossenen Versicherung ausgegangen. Eine vollständige Sicherung folgt daraus nicht für den Käufer, da Leistungsfreiheitsgründe aus der Person des Verkäufers auch gegen den Käufer wirken (§ 47 I VVG). Der – i.d.R. mit dem Eigentümer vereinbarte – Abschluss eines Versicherungsvertrags durch einen Dritten wird als Versicherung für fremde Rechnung zugunsten des Eigentümers verstanden. Das gilt für Mieter, Leasingnehmer, Käufer unter Eigentumsvorbehalt oder den Sicherungsgeber bei der Sicherungsübereignung. Gegen die Abhängigkeit des Eigentümers von der → Leistungsfreiheit des Versicherungsunternehmens aus der Person des Versicherungsnehmers hilft dann allerdings nur ein Einwendungsverzicht des Versicherungsunternehmens, d.h. ein Ausschluss von § 47 I VVG. – b) V. an fremden Sachen: Pfandrechtsgläubiger können ihr Kreditinteresse durch eine Versicherung der mit dem Pfandrecht belasteten Sache für eigene Rechnung decken, womit nur ihr eigenes, durch die Sache vermitteltes Kreditinteresse unter Versicherungsschutz gebracht wird, nicht aber das Sachsubstanzinteresse des Eigentümers (vgl. für Grundpfandgläubiger § 105 VVG a.F.: Hypothekeninteresseversicherung). Schließt der gefahrtragende Grundstückskäufer den Versicherungsvertrag, endet die etwaige Mitversicherung des Verkäufers bzw. Eigentümers mit der Erfüllung der Kaufpreiszahlung oder deren Sicherung durch Zahlung auf ein Notaranderkonto. Der Ertragsausfall des Mieters bzw. Pächters bei Beschädigung oder Zerstörung des Gebäudes lässt sich nur durch eine eigenständige Betriebsunterbrechungsversicherung, nicht durch eine Sachversicherung abdecken. Wird der Vertrag über die versicherte Sache vom Mieter, Leasingnehmer, Käufer unter Eigentumsvorbehalt oder Sicherungsgeber bei einer Sicherungsübereignung (vgl. a) als Versicherungsnehmer abgeschlossen, ist davon auszugehen, dass dessen Sacherhaltungsinteresse oder Sachersatzinteresse eingeschlossen wird. Das Gleiche gilt für Kundenversicherungen, die von obhutspflichtigen Personen über die in ihrem Besitz befindlichen fremden Sachen genommen werden: Versichert ist im Wege der Versicherung für fremde Rechnung das Eigentum des Kunden (Sachsubstanzinteresse) sowie das Sachersatzinteresse des Versicherungsnehmers, z.B. in der Handels- und Handwerksversicherung bezogen auf fremde Kraftfahrzeuge. – 5. *Regelungen im Versicherungsvertrag oder (ergänzende) Auslegungen:* → Versicherungsbedingungen, → Klauseln und Einzelverträge regeln oft nur unvollständig, wessen Interessen versichert sind. Ausgangspunkt ist das Eigentum als V. des Versicherungsnehmers oder des Versicherten in der Versicherung für fremde Rechnung. Ob weitere Interessen eingeschlossen werden, wie z.B. das Sachersatzinteresse oder Kreditinteressen, ist Auslegungsfrage. Die Antwort entscheidet, ob und wie diese weitergehenden Interessen durch den Versicherungsvertrag geschützt werden oder ob das Versicherungsunternehmen → Regress nehmen kann. Fremdeigentumsklauseln (z.B. über die Mitversicherung von Arbeitnehmer- oder Kundeneigentum, in der Handels- und Handwerksversicherung für Kundenfahrzeuge) führen zu einer Versicherung für fremde Rechnung des Eigentümers. Die Mitversicherung des Sachersatzinteresses auf Seiten des Versicherungsnehmers ist durch Auslegung zu erzielen (vgl. 4 b). Hinsichtlich des Sachersatzes fehlen weitgehend ausdrückliche Regelungen, so dass nur die (ergänzende) Auslegung helfen kann. Das Sachersatzinteresse bedeutet das Risiko, gegenüber dem Eigentümer ersatzpflichtig zu werden. Es handelt sich daher um ein Haftpflichtinteresse, also ein Passivinteresse, das gleichwohl in einer Sachversicherung nach deren Grundsätzen gedeckt werden kann. Diese Einbeziehung des Sachersatzinteresses in die Sachversicherung kann auf zwei Wegen erreicht werden: Entweder durch echte Mitversicherung im Wege der Versicherung für fremde Rechnung oder in abgeschwächter Form durch Regressverzicht des Versicherungsunternehmens gegenüber dem Ersatzpflichtigen. Eine ausdrückliche Regelung in Form des Regressverzichts enthält die Kaskoversicherung in A.2.15 AKB 2008: Das Versicherungsunternehmen verzichtet auf den Regress gegen den berechtigten Fahrer, der den Schaden am Fahrzeug nur leicht fahrlässig verursacht hat. Ähnliche Wirkungen folgen aus dem Regressverzichtsabkommen der Feuerversicherer, wonach das Versicherungsunternehmen des Geschädigten keinen Regress gegen den Schädiger nehmen wird, falls dieser selbst feuerversichert ist und aus dieser Versicherung Leistungen erhalten hat. In Richtung des Regressverzichts hat die Rechtsprechung auch den sog. Mieterregress entwickelt. In ergänzender Vertragsauslegung sei dem Versicherungsvertrag zwischen dem Gebäudeeigentümer bzw. Versicherungsnehmer und dem Gebäudeversicherer zu entnehmen, dass der Regress mit Hilfe der auf das Versicherungsunternehmen übergegangenen Schadensersatzansprüche des Gebäudeeigentümers bzw. Versicherungsnehmers bei nur → leichter Fahrlässigkeit des Mieters ausgeschlossen ist. Dieser Regressverzicht gilt auch dann, wenn der Mieter gegen → Mietsachschäden durch eine eigene Haftpflichtversicherung geschützt ist. In diesem Fall kommt es zwischen Gebäude- und Haftpflichtversicherer zu einem i.d.R. hälftigen Ausgleich des Zeitwertschadens

Versicherung 702

unter entsprechender Anwendung der Regeln für die → Mehrfachversicherung. Nicht den Regressverzicht, sondern die Mitversicherung des Sachersatzinteresses hat die Rechtsprechung bei der Kaskoversicherung des von einer Kommanditgesellschaft versicherten Kraftfahrzeugs eingesetzt. Das Sachsubstanzinteresse (Sacherhaltungsinteresse) wird der Kommanditgesellschaft als rechtsfähiger Personengesellschaft zugeordnet, während das Sachersatzinteresse des Gesellschafters und Geschäftsführers mit Hilfe der Versicherung für fremde Rechnung eingeschlossen ist. Von dieser Grundlage ist auch dann auszugehen, wenn der Versicherungsnehmer den Versicherungsvertrag zugunsten des Eigentümers abgeschlossen hat; sein eigenes Sachersatzinteresse ist in diesem Vertrag mitversichert. – 6. *Fehlen bzw. Wegfall des V.:* Fehlt das V. beim Versicherungsnehmer oder Versicherten, ist der Versicherungsnehmer nicht zur Prämienzahlung verpflichtet; das Versicherungsunternehmen kann nur eine Geschäftsgebühr verlangen (§ 80 I VVG). In der Sachversicherung ist das kein praktischer Fall, falls die versicherte Sache überhaupt existiert. Werden individuell gekennzeichnete Sachen versichert, kommt es auf die Eigentumslage, die Zuordnung auf die Person des Versicherungsnehmers, entgegen § 43 III VVG nicht an. Versichert der Versicherungsnehmer Gebäude, Maschinen oder Kraftfahrzeuge, die im Eigentum eines Dritten stehen, ergibt sich aus den Umständen eine Versicherung für fremde Rechnung zugunsten des Dritten hinsichtlich seines Sachsubstanzinteresses als Eigentümer. Die Veräußerung der versicherten Sache führt nicht zum → Wegfall des versicherten Interesses beim Versicherungsnehmer, sondern zum Übergang des Versicherungsvertrags auf den Erwerber (vgl. auch unter dem Begriff „Eigentumswechsel").

Versicherung. *1. Wirtschaftliche Definition:* Deckung eines im Einzelnen ungewissen, insgesamt geschätzten Mittelbedarfs auf der Grundlage des Risikoausgleichs im Kollektiv und in der Zeit. – *2. Rechtliche Definition:* Weder im Zivilrecht noch im Aufsichtsrecht (→ Versicherungsaufsicht) ist V. gesetzlich definiert. Auch eine Koordinierung in den europäischen Richtlinien ist unterlassen worden. Offenbar sollte die Entwicklung nicht durch gesetzliche Festschreibung des Versicherungsbegriffs eingeengt werden. Andererseits braucht die → Aufsichtsbehörde aus Gründen der Rechtssicherheit und Transparenz ihrer Tätigkeit eine Definition, die sie ihrer Arbeit zugrunde legen kann. Schließlich hängt vom Versicherungsbegriff ab, ob ein Unternehmen der Versicherungsaufsicht unterliegt oder nicht, ob es sich strafbar macht, wenn es keine → Erlaubnis zum Geschäftsbetrieb hat etc. Die Behörde hat diese Definition in der mittlerweile ständigen Rechtsprechung des Bundesverwaltungsgerichts (vgl. z.B. BVerwG v. 29.9.1992, VersR 1993 S. 1217) gefunden, die sie ihrer Praxis zugrunde legt. – *3. Definition der Rechtsprechung:* Nach der Definition des Bundesverwaltungsgerichts liegt ein Versicherungsgeschäft vor, wenn gegen Entgelt für den Fall eines ungewissen Ereignisses bestimmte Leistungen versprochen werden, wobei das übernommene Risiko auf eine Vielzahl durch die gleiche Gefahr bedrohter Personen verteilt wird und der Risikoübernahme eine auf dem Gesetz der großen Zahl beruhende Kalkulation zugrunde liegt. Diese Definition wird vom Gericht dahingehend ergänzt, dass Vereinbarungen kein Versicherungsgeschäft sind, die in einem inneren Zusammenhang mit einem Rechtsgeschäft anderer Art stehen und von dort ihr eigentliches rechtliches Gepräge erhalten (z.B. ist ein Vertrag über eine Garantieverlängerung beim Kauf einer Waschmaschine als Nebenabrede zum Kaufvertrag zu werten und daher kein eigenständiger Versicherungsvertrag).

Versicherung auf verbundene Leben. → Risikolebensversicherung oder → gemischte Versicherung, die auf das Leben von zwei oder mehr → versicherte Personen abgeschlossen wird. Je nach Ausgestaltung des Vertrags wird die Todesfallleistung bei Tod der ersten versicherten Person, der letzten versicherten Person oder beider bzw. aller versicherter Personen erbracht.

Versicherung für fremde Rechnung, *Fremdversicherung.* Versicherung, die der Versicherungsnehmer im eigenen Namen zu Gunsten eines anderen oder mehrerer anderer (→ Versicherter, → Begünstigter) abschließt, denen die Rechte aus dem Versicherungsvertrag zustehen. Rechtsgrundlagen: §§ 46 - 48 VVG. Der Versicherte ist auch berechtigt, die Prämie zu zahlen und dadurch einen u.U. gefährdeten Versicherungsschutz zu erhalten

(§ 34 VVG). Beispiel: Bei fremdfinanziertem Kauf eines Pkw gilt die abgeschlossene Kaskoversicherung als für Rechnung des Kreditgebers genommen. Es können auch eigene und fremde Interessen gleichzeitig versichert sein (z.b. Versicherung von Waren, die unter Eigentumsvorbehalt verkauft sind).

Versicherungs-Aktiengesellschaft. → Aktiengesellschaft.

Versicherungsangebot. *1. Begriff:* Jene Menge an Versicherungsschutz, die bei einem bestimmten (bekannten oder erwarteten) Preis von einem oder mehreren Versicherungsunternehmen angeboten wird. Das V. geht also von den Versicherungsunternehmen aus. Im Zentrum stehen die Ziele des Versicherungsunternehmens und die Versicherungstechnologie als Gesamtheit der Instrumente zur Erreichung dieser Ziele. Dabei beschreibt die Versicherungstechnologie die verschiedenen Verfahren, um aus den Inputs (üblicherweise werden hier Arbeit, Kapital und Betriebsmittel sowie unternehmerische Leistungen unterschieden) bestimmte Outputs herzustellen. Unter Output wird hier ein bedingtes Leistungsversprechen des Versicherungsunternehmens verstanden, das die Dimension „Schwere der Konsequenzen" des Risikos auf das vertraglich bestimmte Maß reduziert. Im Aggregat werden viele dieser bedingten Leistungsversprechen fällig und führen zu Schadenzahlungen. Deshalb kann die Leistung des Versicherungsunternehmens an den effektiven Schadenzahlungen (als Schätzwert des → Erwartungswerts der gegebenen Leistungsversprechen) gemessen werden. Problematisch ist die Ableitung einer Produktionsfunktion für das V., aus der unter Berücksichtigung von Preisen eine Kostenfunktion abgeleitet werden könnte. Wird trotzdem eine solche Funktion unterstellt, könnte unter Berücksichtigung von Größenvorteilen, die sich etwa aus dem → Gesetz der großen Zahlen ergeben, gezeigt werden, dass die Angebotsfunktion sinkend verläuft, was zusammen mit einem steigenden Verlauf der Nachfragekurve zu Instabilitäten Anlass gibt (vgl. die Theorie des natürlichen → Monopols). – *2. Instrumente der Versicherungstechnologie:* Die Instrumente der Versicherungstechnologie reichen von der → Produktgestaltung (Ausschluss bestimmter Risiken, → Versicherungsdauer) über die Preis- oder → Prämiengestaltung (ggf. die Ausgestaltung einer → Erfahrungstarifierung), die Akquisition über verschiedene Distributionskanäle (→ Direktvertrieb oder → persönlicher Vertrieb), die Selektion der dem Versicherungsunternehmen angebotenen Risiken (→ Zeichnungspolitik), die Leistungsabwicklung (incl. Beratung bei der Prävention, Kulanz), die Eindämmung des moralischen Risiko nach Vertragsabschluss (→ Moral Hazard), die Beschaffung von → Rückversicherung und die Möglichkeiten des sog. → alternativen Risikotransfers (z.B. „Verbriefung" von Versicherungsverträgen) bis hin zur Anlage von Überschüssen und Reserven auf dem Kapitalmarkt. Hinzuzurechnen sind die → Marktforschung, Methoden der Schadenprognose und Fragen der organisatorischen Gliederung des Versicherungsunternehmens. Im Zentrum der Theorie des V. steht aber meist die Preisbildung. Die → Prämienkalkulation für Einzelrisiken, die durch je eine Verteilung der Schadenhöhen und der Eintrittswahrscheinlichkeiten beschrieben werden, erfolgt mit Hilfe eines Funktionals $\prod$, das der Zufallsvariablen X (= Schadenhöhe) eine reelle Zahl, die Prämie $\prod(X)$ zuordnet; dabei bestimmt die Schadenverteilung das zu wählende Prämienkalkulationsprinzip. Als praxisnah gelten dabei das → Erwartungswertprinzip (hier wird ein Zuschlag zum Erwartungswert erhoben: $\prod(X) = (1 + \lambda) E(X)$), das → Varianzprinzip (hier wird am Erwartungswert ein Vielfaches der Varianz als Zuschlag angesetzt: $\prod(X) = EX + aVar(X)$, mit $a > 0$) und das → Standardabweichungsprinzip (hier wird der Zuschlag zum Erwartungswert aus der Standardabweichung errechnet: $\prod(X) = EX + b\sigma_X$, mit $b > 0$, $\sigma_X = [Var(X)]^{1/2}$). Neben diesen gibt es die implizit definierten Prämienkalkulationsprinzipien, die auf entscheidungstheoretischen Vorgaben beruhen, wie das → Nullnutzenprinzip. Die Prämie ist danach so zu bestimmen, dass der → Erwartungsnutzen des Versicherungsunternehmens vor und nach Übernahme des Risikos gleich ist. Eine interessante moderne Variante beruht auf dem → Capital Asset Pricing Model (CAPM). Es besagt, dass die Prämie so bestimmt werden sollte, dass das → Risikogeschäft im Erwartungswert eine bestimmte (oft negative) Rendite erreicht. Dabei wird diese Rendite durch den Preis für die Risikotragung (nach Maßgabe des →

Beta Faktors) abzüglich der Verzinsung des von den Versicherungskäufern durch → Prämienvorauszahlung bereitgestellten Kapitals (→ Zins) gegeben.

Versicherungsantrag. *1. Begriff:* Angebot zum Abschluss eines → Versicherungsvertrags (Offerte). – *2. Rechtsnatur:* Der V. ist eine einseitige, empfangsbedürftige Willenserklärung. I.d.R. geht der V. vom Versicherungsinteressenten bzw. künftigen Versicherungsnehmer aus, auch wenn ein → Versicherungsvermittler bei der Antragstellung behilflich ist und Formulare des anbietenden Versicherers verwendet werden. Der V. ist grundsätzlich nicht an eine bestimmte Form gebunden, wenngleich er meist mittels vorgedruckter Antragsformulare erfolgt. – *3. Bestandteile:* Ein V. enthält zunächst den Namen und die Adressdaten des → Versicherungsnehmers bzw. der → versicherten Personen sowie Informationen über den abzuschließenden Tarif einschl. ggf. besprochener Vertragserweiterungen oder -einschränkungen. Des Weiteren enthält der V. eine Wissenserklärung über die tatsächlichen risikorelevanten Umstände, die für die Entscheidung des Versicherers zum Vertragsabschluss (→ Underwriting) erheblich sind. Dazu gehören insbesondere die Antworten auf die für die Risikobeurteilung maßgeblichen Fragen zu den → versicherten Person, den → versicherten Gefahren und/ oder den → versicherten Sachen. Der Antragsteller muss die im V. gestellten Fragen zur Risikobeurteilung wahrheitsgemäß und vollständig beantworten (→ vorvertragliche Anzeigepflicht gem. §§ 19 ff. VVG). Versucht der Versicherungsnehmer im Rahmen des V., arglistig durch falsche oder unvollständige Antworten Versicherungsschutz zu erlangen, kann der Versicherer den Versicherungsvertrag von Beginn an aufheben. Weitere Bestandteile des V. sind verschiedene Ermächtigungserklärungen (z.B. die Einzugsermächtigung). Schließlich enthält der V. die Willenserklärung des Antragsstellers zum Vertragsabschluss. – *4. Wirkungen:* Das Zustandekommen eines Versicherungsvertrags auf Basis des V. bedarf der Zustimmung des Versicherers innerhalb der → Bindungsfrist. Für den Zeitraum zwischen Antragstellung und Wirksamkeit des Versicherungsvertrags kann eine → vorläufige Deckung gewährt werden. – *5. Rechtliche Neuregelungen im Zusammenhang mit dem V.:* Der Antragsprozess wurde im Rahmen der → VVG-Reform maßgeblich verändert (siehe → Informationspflichten, → Beratungs- und Dokumentationspflichten, §§ 6 f. VVG und VVG-InfoV). Zuvor wurden dem Kunden nach dem sog. → Policenmodell die Vertragsinformationen, wie z.B. die → Allgemeinen Versicherungsbedingungen (AVB), erst nachdem er seinen V. gestellt und sich an diesen gebunden hatte mit Zusendung des → Versicherungsscheins übermittelt. Seit dem 1.1.2008 müssen diese Vertragsinformationen dem Kunden bereits vor Abgabe eines V. bekannt sein. Dafür wurden in der Versicherungspraxis zum einen das → Antragsmodell und zum anderen das → Invitatio-Modell entwickelt.

Versicherungs-Anwendungs-Architektur (VAA)

von Dr. Christian Hofer

Die Versicherungs-Anwendungs-Architektur (VAA) ist eine von der Deutschen Versicherungswirtschaft beim GDV (Gesamtverband der deutschen Versicherungswirtschaft) von 1995-2002 entwickelte Architektur für Versicherungssysteme. Die Entwicklung wurde vom Ausschuss für Betriebswirtschaft und Informationssysteme in Auftrag gegeben. Das übergeordnete Ziel war die Schaffung der Basis für die Entwicklung eines offenen Markts für standardisierte Anwendungs- und Basissoftwarebausteine in der Versicherungswirtschaft. Operative Ziele der VAA sind

- die Definition und Abgrenzung der Komponenten für die Softwareentwickler,
- das Anbieten von übergreifenden, fachlichen und technischen Konstruktionsprinzipien,
- die Unterstützung der Integration von Anwendungen durch genormte Schnittstellen,
- die Verbesserung des Entwicklungsprozesses in den Versicherungsunternehmen,
- die Unterstützung der Entwicklung von offenen VAA-orientierten Branchenlösungen.

Die VAA besteht aus einer fachlichen und einer technischen Architektur, dem Lebensraum, in dem die fachlichen Funktionen ablaufen können. Die VAA berücksichtigt sowohl die klassische prozedurale Entwicklung als auch objektorientierte Ansätze. Für viele Versicherungsunternehmen ist die VAA eine Grundlage ihrer Basisarchitektur. Ferner wurden gemeinsam spezifizierte Anwendungssysteme (z.B. das Provisionssystem) übergreifend umgesetzt. Die Dokumentation findet sich unter www.gdv-online.de/vaa/.

Mit der VAA hat die deutsche Versicherungswirtschaft und insbesondere der Ausschuss für Betriebswirtschaft und Informationssysteme als Treiber der Entwicklung ein weithin beachtetes Ergebnis erzielt. Auch wenn die Entwicklung in 2002 mit der finalen Edition abgeschlossen wurde, gibt es zunehmend Nachfragen – neben inhaltlichen Fragen wird dabei auch nach Weiterentwicklungen gefragt. Die VAA hat sich als Grundlage sowohl für die Ausbildung der zukünftigen Generation der IT-Spezialisten in den Universitäten als auch als Vorlage für firmeninterne Entwicklungen bewährt.

Eine Weiterentwicklung der VAA stellt die „Serviceorientierte Komponenten-Infrastruktur" (SOKI) dar. Durch neue Kommunikationsformen und übergreifende Netzstrukturen verändern sich die Prozesse eines Versicherungsunternehmens in Richtung integrativer Lösungen und übergreifender, die Unternehmensgrenzen verlassenden Prozessfolgen. Wesentliche Grundlage dieser schon vor Jahren absehbaren Entwicklung ist das Branchennetz der deutschen Versicherungswirtschaft. Auf einer durch das Bundesamt für Sicherheit in der Informationstechnologie (BSI) zertifizierten Plattform ist die deutsche Versicherungswirtschaft in der Lage, umfassend Prozesse im Bereich e-Government bis hin zu weiteren sensiblen Umfeldern zu realisieren. Der Ausschuss für Betriebswirtschaft und Informationssysteme des GDV sieht die Notwendigkeit, Versicherungsfunktionen in erhöhtem Maße zu standardisieren und insbesondere für die Branche standardisierte Mehrwertdienste und externe Services über die vorhandenen Services zu integrieren. Beispiele hierfür finden sich in der aktuellen Entwicklung z.B. bei ZÜRS, bei e-Justice, bei der KFZ-Online-Initiative der Bundesregierung und an vielen weiteren Stellen. Die SOKI versteht die angebotenen Dienstleistungen als Services, richtet diese an den realen Notwendigkeiten in den Versicherungsunternehmen aus, standardisiert sie und konsolidiert die Services auf Dauer in einer gemeinsamen Infrastruktur. Damit sind die Versicherungsunternehmen in der Lage, über das Branchennetz als zentrale Drehscheibe standardisierte versicherungsübergreifende Servicebausteine für ihre Prozesse auf einfache Weise zu integrieren und zu nutzen.

Versicherungsaufsicht. *1. Begriff:* V. ist Staatsaufsicht (vgl. → Aufsichtssystem). Sie ist umfassend ausgestaltet. Der Gesetzgeber spricht von einer Überwachung des ganzen Geschäftsbetriebs des Versicherers. Damit soll die Erfüllung der → Aufsichtsziele gewährleistet werden. – *2. Elemente und Funktionen:* Die Überwachung des Geschäftsbetriebs erfolgt durch ein Erlaubnisverfahren (→ Erlaubnis zum Geschäftsbetrieb) und durch → laufende Aufsicht. Wie es bei allen Arten der Staatsaufsicht üblich ist, hat die V. zwei Funktionen: Die Beobachtungs- und die Berichtigungsfunktion. Die Beobachtungsfunktion zielt auf das rechtzeitige Erkennen von Funktionsstörungen, die Berichtigungsfunktion auf die Abstellung der im Wege der Beobachtung bereits festgestellten Mängel. Der Beobachtungsfunktion entsprechen die Informationsmittel, der Berichtigungsfunktion die Eingriffsmittel (vgl. → Aufsichtsmittel. – *3. Rechtsgrundlagen:* Die V. beruht auf dem Versicherungsaufsichtsgesetz (VAG) in der Fassung der Bekanntmachung v. 17.10.1992 (BGBl. I 1993 S.2), zuletzt geändert durch das 9. Gesetz zur Änderung des VAG v. 23.12.2007. Das VAG geht weitgehend auf das Gesetz über die privaten Versicherungsunternehmen v. 12.5.1901 (RGBl. 139) zurück. Dieses Gesetz hat insbesondere durch die diversen europäischen Koordinierungsrichtlinien in den letzten 30 Jahren Veränderungen erfahren, ohne dass es jedoch in seinem Kern berührt worden ist. Neben dem VAG sind die zahlreichen auf ihm fußenden Verordnungen Rechtsquellen der Versicherungsaufsicht.

Versicherungsaufsichtsgesetz (VAG). Gesetz über die Beaufsichtigung der Versicherungsunternehmen i.d.F. der Bekanntmachung vom 17.12.1992 (BGBl. 1993 I S. 2), zuletzt geändert durch Art. 4 Gesetz zur Verfolgung der Vorbereitung von schweren staatsgefährdenden Gewalttaten (StraftVVG) vom 30.7.2009 (BGBl. I S. 2437 - Nr. 49). Die Beaufsichtigung der Versicherungsunternehmen erfolgt durch die → Bundesanstalt für Finanzdienstleistungsaufsicht (BaFin), ausgenommen die → öffentlich-rechtlichen Versicherungsunternehmen mit einer auf ein Bundesland begrenzten Geschäftstätigkeit, für die die Landesaufsichtsbehörden zuständig sind.

Versicherungsbedarf. Mit Kaufkraft ausgestattetes, objektiviertes Bedürfnis nach Versicherungsschutz. Die Kenntnis über den V. ist Grundvoraussetzung für eine adäquate → Produktgestaltung durch den Versicherer, der somit eine entsprechende → Bedarfsanalyse vorausgehen sollte. Teilweise ist der V. auch nur latent vorhanden. Der Bedarf ist damit zwar objektiv gegeben, wird aber vom Bedarfsträger subjektiv nicht wahrgenommen – eine typische Situation für viele Versicherungsprodukte. Es ist deshalb eine herausragende Aufgabe der Vertriebskräfte, den latenten Bedarf zu wecken und für den → Kunden bewusst zu machen.

Versicherungsbedingungen. → Allgemeine Versicherungsbedingungen, → Besondere Versicherungsbedingungen.

Versicherungsbeginn. *1. Begriff:* Anfangszeitpunkt der Laufzeit eines → Versicherungsvertrags (siehe auch → Versicherungsdauer). – *2. Abgrenzungen:* Im Rahmen des V. werden drei Zeitpunkte unterschieden. a) Formeller V.: Zeitpunkt des Vertragsabschlusses, i.d.R. zugleich der Zeitpunkt der Annahme des → Versicherungsantrags durch den Versicherer. b) Materieller V.: Zeitpunkt der Risikoübernahme durch den Versicherer. – c) Technischer V.: Zeitpunkt, von dem an eine Versicherungsprämie berechnet wird. Bei rückwirkend abgeschlossenen Versicherungsverträgen unterscheidet sich der technische V. von den anderen Zeitpunkten für den Versicherungsbeginn. Alle drei Zeitpunkte für den V. fallen zusammen, wenn die → Versicherungsdeckung sofort mit dem Vertragsabschluss beginnt und die Versicherungsprämien ab dem gleichen Zeitpunkt berechnet werden.

Versicherungsbeirat. *1. Begriff:* Gremium von „angesehenen, erfahrenen Vertretern und Kennern des deutschen Versicherungswesens" (amtliche Begründung), das der Gesetzgeber 1901 der neu geschaffenen Reichsaufsicht zur Seite gestellt hatte, um die Autorität der → Aufsichtsbehörde zu stärken und zugleich eine Vertrauensbasis für alle Beteiligten zu schaffen. An dieser Zielsetzung hat sich auch nach der Schaffung der → Bundesanstalt für Finanzdienstleistungsaufsicht (BaFin) nichts geändert. Der - leider stark reduzierte – V. besteht neben dem neu geschaffenen Fachbeirat der BaFin weiter und nimmt seine ehrenamtliche Beratungstätigkeit auch weiter sehr ernst. – *2. Zusammensetzung:* Der V. besteht aus Vertretern der Versicherer, der Vermittler, der Versicherungsnehmer und der Versicherungswissenschaft. Die Mitglieder werden vom Bundesfinanzministerium ernannt.

Versicherungsberater. *1. Begriff:* Nach der Legaldefinition in § 59 IV VVG ist V., wer gewerbsmäßig Dritte bei der Vereinbarung, Änderung oder Prüfung von Versicherungsverträgen oder bei der Wahrnehmung von Ansprüchen aus Versicherungsverträgen im Versicherungsfall berät oder gegenüber dem Versicherer außergerichtlich vertritt, ohne von einem Versicherer einen wirtschaftlichen Vorteil zu erhalten oder in anderer Weise von ihm abhängig zu sein. Der V. wird üblicherweise auf Grund eines Auftrags seitens eines Versicherungsnehmers bzw. einer versicherten Person gem. §§ 662 ff. BGB tätig. – *2. Abgrenzung:* Der V. grenzt sich von → Versicherungsvertreter und vom → Versicherungsmakler dadurch ab, dass er vom Versicherer gänzlich unabhängig ist und von diesem – anders als der Versicherungsmakler, der vom Versicherer Courtagen erhält – keinerlei wirtschaftliche Vorteile bezieht. § 68 VVG erklärt für den V. allerdings bestimmte, für den Versicherungsmakler geltende Vorschriften, z.B. über die Beratungsgrundlage (ohne Einschränkungsmöglichkeit wie beim Versicherungsmakler) und die → Beratungs- und Dokumentationspflicht, für anwendbar. Trotz dieses Verweises auf Maklerpflichten dürften die Pflichten des V. noch weiter als die des Maklers reichen. So wird der V. den Versicherungsnehmer stets nach seinen Wünschen und Bedürfnissen zu befragen haben, unabhängig vom Verhältnis von Beratungsaufwand zur Prämienhöhe. – *3. Berufsrecht:* Die Versicherungsberatung ist nach § 34e I GewO ein erlaubnispflichtiges Gewerbe, für das nach § 34e II GewO u.a. die Erlaubnisvoraussetzungen des § 34d II GewO (Zuverlässigkeit, geordnete Vermögensverhältnisse, → Berufshaftpflichtversicherung, → Sachkundeprüfung) entsprechend gelten. § 34e GewO normiert ein Provisionsannahmeverbot und enthält eine Ermächtigung zum Erlass von bestimmten berufsrechtlichen Regelungen in einer Rechtsverordnung (vgl. hierzu §§ 11 I, 14 III, 15 II Versicherungsvermittlerordnung).

Versicherungsberichterstattungs-Verordnung. → Interne Rechnungslegung.

Versicherungsbestätigung. *1. Begriff:* Die V. dient dem Nachweis einer abgeschlossenen → Kfz-Haftpflichtversicherung vor der Zulassungsstelle und ist dieser zwingend vorzulegen. – *2. Merkmale:* Nach § 5 VI PflVG hat der Versicherer dem Versicherungsnehmer bei formellem Beginn des Versicherungsvertrags eine V. auszuhändigen. Die Aushändigung der V. kann seitens des Versicherers von der Zahlung der ersten Prämie abhängig gemacht werden. Nach § 9 KfzPflVV kann der Versicherer durch Aushändigung der V. vorläufigen Deckungsschutz zusagen, der dann vom Zeitpunkt der behördlichen Zulassung des → Kraftfahrzeugs oder bei einem zugelassenen Fahrzeug vom Zeitpunkt der Einreichung der V. bei der Zulassungsstelle bis zur Einlösung des Versicherungsscheins zu gewähren ist. Seit März 2008 ist flächendeckend die elektronische V. im Einsatz.

Versicherungsbetriebslehre. Disziplin innerhalb der → Versicherungswissenschaften, hervorgegangen aus der Versicherungsökonomie. Die V. ist die spezielle Betriebswirtschaftslehre von Individual-(Privat-)Versicherungsunternehmen (siehe auch → Privatversicherung) und somit auch eine Disziplin innerhalb der Betriebswirtschaftslehre von Dienstleistungsunternehmen. Im Mittelpunkt der V. steht die Analyse der unternehmenszielorientierten Gestaltung und Steuerung von → Versicherungsunternehmen und deren Geschäftstätigkeiten, insbesondere in Bezug auf das Kerngeschäft: die Bereitstellung von Versicherungsschutz (siehe auch → Versicherungsschutzgestaltung) gegen den Erhalt einer Versicherungsprämie (→ Prämie). Siehe dazu auch → Versicherung, → Versicherungsgeschäft, → Risikogeschäft, → Spargeschäft, → Entspargeschäft, → Abwicklungsgeschäft, → Kapitalanlagegeschäft, → sonstiges Dienstleistungsgeschäft.

Versicherungsbetriebswirt/-in (DVA). *1. Begriff:* Berufsbegleitendes Studium für Fachkräfte der Versicherungsbranche – als Alternative zum Vollzeitstudium. Künftig wird ein Bachelor-Studiengang angeboten, der wahrscheinlich das Studium zum/ zur Versicherungsbetriebswirt/in ersetzt. Das Studium zum/ zur V. verbindet wirtschaftswissenschaftliche Ansprüche (der Schwerpunkt liegt im versicherungswissenschaftlichen Bereich) mit den Bedürfnissen der Versicherungspraxis, vermittelt die Fähigkeit, eigene Lösungsansätze zu entwickeln und zu vertreten, und qualifiziert die Absolventen somit für die Übernahme anspruchsvoller Führungsaufgaben in der Assekuranz. Die Lehrenden kommen aus dem wissenschaftlichen Umfeld (Doktoren und Professoren) oder sind ausgewählte Spezialisten der Versicherungsbranche. Das Studium richtet sich v.a. an Personen, die ihre fundierten fachlichen Kenntnisse weiter auf wissenschaftlichem Niveau vertiefen wollen. – *2. Voraussetzungen:* Voraussetzung für die Teilnahme am Studium ist grundsätzlich der Abschluss zum/ zur → Versicherungsfachwirt/-in (IHK) mit einer Mindestdurchschnittsnote von 3,5. Bei Nichterreichen dieses Notendurchschnitts besteht aber die Möglichkeit, sich in einem Fachgespräch mit dem jeweiligen Studienleiter zum Studium zu qualifizieren. Der Studienbeginn über diesen Zulassungsweg setzt eine mehrjährige Berufspraxis in der Versicherungswirtschaft voraus. Im Einzelfall kann eine Zulassung auch anhand einer vergleichbaren Vorqualifizierung erfolgen. Diese ist vom Zulassungsausschuss zu prüfen und ggfs. in einem Fachgespräch nachzuweisen. Weitere zwingende Voraussetzung ist ein Arbeitsverhältnis in der Versicherungswirtschaft. Bundesweit gleiche Termine, Inhalte und Schwierigkeitsgrade der Prüfungen gewährleisten eine Vergleichbarkeit der Abschlüsse. – *3. Ziele:* Mit der Qualifizierung zum/ zur V. sollen wissenschaftliche Standards mit hoher praktischer Relevanz für die Versicherungsbranche verknüpft werden. – *4. Merkmale:* Das Studium richtet sich nach einem bundeseinheitlichen Rahmenstoffplan und umfasst 600 Unterrichtsstunden, die auf vier Semester verteilt sind. Es kann nur an ausgewählten Studienorten aufgenommen werden. Die Prüfung zum/ zur V. besteht aus zwei Prüfungsabschnitten, der Zwischen- und der Abschlussprüfung. Nach zwei Semestern ist eine schriftliche Zwischenprüfung in fünf Fächern (Volkswirtschaftslehre, Betriebswirtschaftslehre, Unternehmensführung und Personalwirtschaft, Versicherungsbetriebslehre, Recht) zu absolvieren. Das erfolgreiche Bestehen der Zwischenprüfung ist die Voraussetzung, um zur Abschlussprüfung zugelassen zu werden. Die Abschlussprüfung besteht aus drei Prüfungsabschnitten: Im dritten Semester ist eine 40-seitige Abschlussarbeit zu erstellen, für deren Bearbeitung ein Zeitraum von drei Monaten eingeräumt wird. Die bestandene Abschlussarbeit stellt den ersten Teilabschnitt der Abschlussprüfung dar. Im Anschluss an das vierte Semester findet der schriftliche Teil der Abschlussprüfung statt; dabei werden wiederum alle fünf o.g. Fächer geprüft. Nach Bestehen dieses zweiten Teilabschnitts werden die Studierenden zum dritten und letzten Prüfungsabschnitt, der mündlichen Abschlussprüfung, zugelassen. Diese besteht aus sechs einzelnen Prüfungen à 15 Minuten, die erneut in den o.a. fünf Kernfächern sowie ggf. in „Methodik und Führungskompetenz" abgenommen werden. Das Basisgebiet Methodik und Führungskompetenz wird also nicht wie die Kernfächer in Form einer schriftlichen Zwischenprüfung und einer schriftlichen und mündlichen Abschlussprüfung geprüft und bewertet. Ein Credit-Point-System erlaubt es hier, die Leistungsnachweise studienbegleitend, bspw. in Form von Referaten, Diskussionspapieren, Vorstandsvorlagen sowie einem Kurzvortrag im Rahmen der mündlichen Abschlussprüfung zu erbringen. In jedem Semester findet eine Seminarwoche statt, in der jeweils von Montag bis Freitag ganztägig der Semesterstoff im Rahmen aktivierender Lehr-Lern-Arrangements in Form von Fallstudien, Rollenspielen, Workshops und Diskussionsforen wiederholt wird. Die Seminarwochen finden außerhalb der Studienorte in einem Seminarhotel statt, alternativ auch am Studienort selbst. Einen Überblick gibt die folgende Abbildung.

Fachbereich	Unterrichtsstunden
Allgemeine Betriebswirtschaftslehre	120
Volkswirtschaftslehre	105
Versicherungsbetriebslehre	120
Recht	105
Unternehmensführung und Personalwirtschaft	105
Methodik und Führungskompetenz	45
Stunden gesamt	**600**

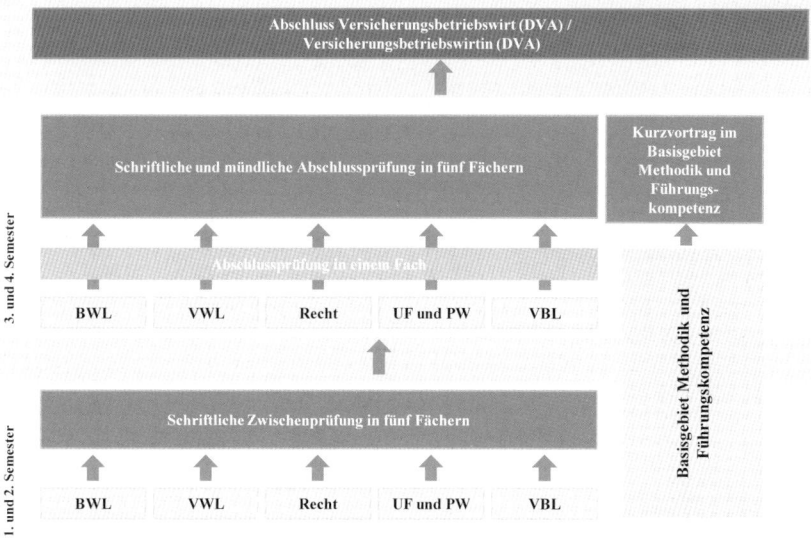

BWL = Allgemeine Betriebswirtschaftslehre, VWL = Volkswirtschaftslehre, UF und PW = Unternehmensführung und Personalwirtschaft, VBL = Versicherungsbetriebslehre

Quelle: www.lernpark.de/weiterbildung-karriere/versicherungsbetriebswirt

Versicherungsbetrug. *1. Begriff:* Betrug zum Nachteil von Versicherungsunternehmen durch Versicherungsnehmer oder Dritte mit dem Ziel, einen nicht gegebenen Versicherungsschutz zu erlangen, eine dem Grunde und/ oder der Höhe nach unberechtigte Schadenersatzforderung geltend zu machen oder eine niedrigere Versicherungsprämie zu zahlen. Das betrügerische Verhalten beginnt mit bewusst unrichtigen Angaben bei der Antragstellung und reicht bis zu Manipulationen im Zusammenhang mit Schäden. – *2. Folgen:* a) für die Versicherungswirtschaft: Es wird angenommen, dass der deutschen Versicherungswirtschaft durch V. jährlich ein Schaden von rund 4 Mrd. Euro entsteht. Im Bereich der → Kfz-Versicherung sind nach Schätzungen 10 % aller Schadenmeldungen als betrügerisch einzustufen. – b) für den Betrüger: (1) strafrechtliche Konsequenzen: Geld- oder Freiheitsstrafen; (2) privatrechtliche Konsequenzen: Verlust des Versicherungsschutzes, Regress- und Schadenersatzansprüche. – *3. Gegenmaßnahmen:* a) Auf Verbandsebene: Am 1.12.2002 hat die vom GDV gegründete Abteilung „Kriminalitätsbekämpfung/ Geldwäsche" ihre Tätigkeit aufgenommen. Aufgaben: Koordination der spartenübergreifenden Aktivitäten zur Betrugsbekämpfung, Zusammenarbeit mit der Polizei und den Ermittlungsbehörden. – b) Auf Versichererseite: Intensivierung der Schulung der Mitarbeiter zur Betrugserkennung, Beauftragung externer Fachleute (Sachverständige, Ermittler), Einsatz spezieller Technik zur Erkennung betrugsverdächtiger Vorgänge. Siehe auch → Hinweis- und Informationssystem (HIS).

Versicherungsbinnenmarkt. *1. Begriff:* Binnenmarkt bedeutet nach der Einheitlichen Europäischen Akte von 1986 ein Raum ohne Binnengrenzen, in dem der freie Verkehr von Waren, Personen, Dienstleistungen und Kapital nach Maßgabe des Vertrags zur Gründung der Europäischen Wirtschaftsgemeinschaft gewährleistet ist. – *2. Verwirklichung im Versicherungswesen:* Das ehrgeizige Ziel der Römischen Verträge, einen Binnenmarkt auch auf dem Versicherungssektor zu schaffen, ist mit der Verabschiedung und Übernahme in nationales Recht der Dritten EWG Koordinierungsrichtlinien von 1992 verwirklicht worden. Zentrale Elemente sind die Grundfreiheiten des EG-Vertrags, darunter – für das Versicherungswesen besonders wichtig – die → Niederlassungsfreiheit und die → Dienstleistungsfreiheit.

Die Versicherungsunternehmen der Gemeinschaft und der übrigen Partnerländer des Europäischen Wirtschaftsraums haben das Recht, ihre Leistungen im gesamten Wirtschaftsraum vom Sitz aus oder über Niederlassungen anzubieten, und das alles auf der Grundlage einer Zulassung im Sitzland (→ Sitzlandprinzip). Die Versicherungsnehmer ihrerseits können sich in diesem Binnenmarkt an alle dort tätigen Versicherungsunternehmen wenden – es handelt sich um weit über 4.000 Versicherungsunternehmen – um den für sie optimalen Versicherungsschutz zu finden. Die Arbeiten am Binnenmarkt sind damit noch nicht abgeschlossen. Die Europäischen Dienststellen ebenso wie die Mitgliedsländer versuchen laufend, die koordinierten Vorschriften zu modernisieren (Beispiel: → Solvency II) und zu ergänzen sowie den Binnenmarkt auch in der täglichen Praxis zu erleichtern und spürbar zu machen.

Versicherungsdauer. *1. Begriff:* Zeitraum, in dem das → Versicherungsunternehmen und der → Versicherungsnehmer zu den gegenseitigen Rechten und Pflichten aus einem → Versicherungsvertrag verpflichtet sind. – *2. Merkmale:* Die V. bezeichnet einen Zeitraum zwischen → Versicherungsbeginn und Versicherungsablauf, letzterer als der letztmalige Geltungszeitpunkt für die gegenseitigen Rechte und Pflichten aus dem Vertragsverhältnis zwischen Versicherer und Versicherungsnehmer. Rechtlich ist die V. in den §§ 10, 11 VVG sowie speziell für die → private Krankenversicherung (PKV) in § 195 VVG geregelt.

Versicherungsdeckung, *Cover. – 1. Begriff:* a) Wirtschaftlich: Umfang des Versicherungsschutzes. Im konkreten Einzelfall ist die V. dann gegeben, wenn bezüglich eines Risikos die Frage nach dem Vorhandensein von Versicherungsschutz für alle Komponenten (→ versicherte Gefahren, → versicherte Personen, → versicherte Sachen und Interessen, → versicherte Schäden, versicherte Leistungen) bejaht werden kann. – b) Juristisch: Die V. ist v.a. durch den → Versicherungsschein (Police) und die → Allgemeinen Versicherungsbedingungen (AVB) bestimmt. – *2. Ausprägungen:* Grundlegend lassen sich V. danach einteilen, ob sie nach dem Grundsatz der Universalität oder der Spezialität der Gefahren definiert ist. Entweder wird grundsätzlich, d.h. soweit nicht ausdrücklich ausgeschlossen, jede Beeinträchtigung ohne Rücksicht auf die Ursache in Deckung genommen (Universalität der Gefahren, → All Risks-Deckung), oder es werden nur die Folgen einzeln aufgezählter Ursachen oder Schadensituationen gedeckt (Spezialität der Gefahren, → Named Perils-Deckung). Im Laufe der Zeit haben sich in der Praxis vielfältige Variationen von Deckungsarten zwischen den beiden Polen der Universalität und Spezialität der Gefahren gebildet (siehe → Multi Risks-Deckung).

Versicherungsderivate. *1. Begriff:* Derivative Finanzinstrumente (→ Futures, → Optionen, → Swaps), deren Wert durch den Verlauf eines versicherungsspezifischen Indizes bestimmt wird. Als Basis (Underlying) dienen häufig Marktschadenindizes (Beispiel: PCS-Index des Property Claims Services in den USA) oder ein → parametrischer Trigger. Ein Marktschadenindex spiegelt die angefallenen Schäden der Versicherungswirtschaft nach einer Naturkatastrophe wider. Ein parametrischer Trigger koppelt die Auslösung der Deckung z.B. an eine Naturkatastrophe, die bestimmten, genau nachvollziehbaren Kriterien hinsichtlich der Schwere entsprechen muss (Beispiel: Richterskala bei Erdbeben, Windgeschwindigkeit bei Sturm). – *2. Ziele:* V. dienen dazu, Versicherungsrisiken in bzw. über den Kapitalmarkt zu transferieren (→ Alternativer Risikotransfer). Im Gegensatz zu Versicherungsrisikoanleihen (→ Securitization) wird bei V. erst nach dem Schadenereignis Kapital zur Verfügung gestellt, d.h. es wird keine Vorabliquidität zur Besicherung der maximalen Haftung zur Verfügung gestellt. – *3. Rechtsgrundlagen:* Die rechtliche Basis von V. sind von der International Swap and Derivatives Association (ISDA) entwickelte, standardisierte Musterverträge, wie sie bei Finanzderivaten generell verwendet werden. – *4. Arten:* Nach ihrer Handelsform wird zwischen standardisierten, d.h. börsennotierten Derivaten auf der einen Seite und maßgeschneiderten, ohne Einschaltung einer Börse individuell zwischen den Vertragsparteien abgeschlossenen, sog. OTC-(Over-the-counter-)Produkten auf der anderen Seite unterschieden. a) Standardisierte V. (Optionskontrakte): Dabei können Marktteilnehmer an der → Chicago Board of Trade (CBOT) auf Basis von Marktschadenindizes Deckung gegen Naturkatastrophen

(Hurrikan, Erdbeben) in den USA kaufen bzw. verkaufen. – b) *Maßgeschneiderter V.:* Außerhalb der Börse werden V. individuell zwischen den Parteien ausgehandelt und abgeschlossen. In diesem Fall wird von OTC-(Over-the-counter-)Derivaten gesprochen. (1) Bei einem OTC-Insurance-Swap zahlt der Zedent den Investoren eine Prämie und erhält im Schadenfall eine Entschädigung. Die Prämie ist die Fixed-Rate-Zahlung, die Entschädigung die Floating-Rate-Zahlung. Rein technisch ist diese Konstruktion mit einem gewöhnlichen (Rück-)Versicherungsvertrag vergleichbar. Faktisch muss der Optionskäufer für den Fall einer Auszahlung aus dem Derivat allerdings kein versichertes Interesse bzw. keinen Schadenfall vorweisen. Maßgeblich ist allein ein Überschreiten des vereinbarten Marktschaden-Indexstands oder parametrischen Triggers. Davon zu unterscheiden sind die reinen Risk-Risk Swaps, bei denen zwei Risiken mit gleicher Schadeneintrittswahrscheinlichkeit und gleichem Haftungsvolumen aus reinen Diversifikationsüberlegungen getauscht werden. (2) Bei einer OTC-Insurance-Option agiert der Zedent als Optionskäufer, der Investor als Optionsverkäufer. Der Optionsverkäufer erhält auch hier vorab vom Zedenten (Optionskäufer) eine Optionsprämie, die mit einer Versicherungsprämie vergleichbar ist. Bei Überschreiten eines vereinbarten Marktschaden-Indexstands oder dem Eintritt eines parametrischen Triggers kann die Option ausgeübt werden. Der Optionskäufer erhält den festgelegten Nominalbetrag als „Ausgleichs-" bzw. „Entschädigungs"-Zahlung. Für den Fall, dass sich ein verbleibendes → Basisrisiko zugunsten des Optionskäufers auswirkt, können zusätzlich sog. Windfall-Profits realisiert werden. Im umgekehrten Fall kann sich das Basisrisiko auch zu Lasten des Optionskäufers auswirken, wenn der gewählte Marktschaden-Index nicht ausreichend mit der tatsächlichen Schadenbelastung des Versicherers bzw. des versicherten Portefeuilles korreliert. Die Option kann auch als sog. „Second-Event"-Deckung ausgestaltet werden, bei der der Optionskäufer im Fall des Überschreitens eines vereinbarten Marktschaden-Indexstands oder des Eintritts eines parametrischen Triggers und der Ausübung der Option eine Deckung zu einem vorher festgelegten Preis erhält.

Versicherungsfachmann/-frau (IHK). *1. Begriff:* Berufsbegleitende Qualifizierung für den → Versicherungsaußendienst. Richtet sich v.a. an berufsfremde Einsteiger, die zumeist ihren zweiten beruflichen Werdegang anstreben, und ist die Bedingung für die Erlaubnis zur Versicherungsvermittlung. – *2. Voraussetzungen:* Für die Ausbildung zum/ zur V. verlangt die IHK keine spezielle schulische oder berufliche Vorbildung. – *3. Wirkungen:* Der Nachweis einer erfolgreich abgelegten Prüfung zum/ zur V. gilt als Sachkundenachweis gem. § 34d II GewO (→ Sachkundeprüfung) und ist die Mindestqualifikation, die → Versicherungsvermittler zur Erteilung der → Gewerbeerlaubnis benötigen. – *4. Gegenstand und Merkmale der Prüfung:* Die Prüfung wird von den örtlichen IHK mit dem → Berufsbildungswerk der deutschen Versicherungswirtschaft e.V. (BWV) als Dienstleister durchgeführt. Sie besteht aus einem fachkundlichen und einem praktischen Teil. Im fachkundlichen Teil soll der Kandidat praxisbezogene Aufgaben aus den Bereichen Kundenberatung (Bedarfsermittlung, Lösungsmöglichkeiten, Produktdarstellung und Information) und Verkauf, kaufmännische und rechtliche Grundlagen für den Versicherungsvermittler, Vorsorge (gesetzliche Rentenversicherung, Grundzüge der betrieblichen Altersversorgung, sonstige private Vorsorge: Lebensversicherung, private Renten-, Kranken-, Unfall- und Pflegeversicherung) sowie Sach- und Vermögensversicherungen (Haftpflicht-, Kfz-, verbundene Hausrat-, verbundene Wohngebäude-, Rechtsschutzversicherung) lösen. Im praktischen Prüfungsteil wird ein Kundenberatungsgespräch simuliert. Der Kandidat soll nachweisen, dass er in der Lage ist, ein Beratungsgespräch zu führen und angemessene Lösungen für den Versicherungskunden zu entwickeln. Das Bestehen der schriftlichen Prüfung ist Voraussetzung für die Teilnahme an der mündlichen Prüfung.

Versicherungsfachwirt/-in (IHK). → Fachwirt/-in für Versicherungen und Finanzen.

Versicherungsfall, *Leistungsfall.* Ereignis, dessen Eintritt die Leistungspflicht des Versicherers (→ Versicherungsleistung) aus einem → Versicherungsvertrag auslöst. Wie dieses Ereignis beschaffen sein muss, ergibt sich aus dem Versicherungsvertrag, insbesondere aus den ihm zugrundeliegenden → Allgemeinen Versicherungsbedingungen (AVB). Ab Eintritt des V. treffen den Versicherungsnehmer verschiedene → Obliegenheiten, wie die Rettungs-, Anzeige-, Auskunfts- und Belegpflicht.

Versicherungsform. *1. Begriff:* Bezeichnung für die Transformationsregeln, nach denen im → Versicherungsfall die Versicherungsleistungen, die das Versicherungsunternehmen an den Versicherungsnehmer zu zahlen hat, abhängig oder unabhängig von der konkreten Schadenhöhe bestimmt werden. Als. V. sind grob → die Summenversicherung und die verschiedenen Ausprägungen der → Schadenversicherung zu unterscheiden. – *2. Klassifizierung:* a) Summenversicherung: Die Versicherungsleistung ist unabhängig von der konkreten Schadenhöhe im Versicherungsfall. Sie entspricht stattdessen einer zuvor festgelegten → Versicherungssumme. – b) Schadenversicherung: Die Versicherungsleistung richtet sich nach der konkreten Schadenhöhe. Innerhalb der Schadenversicherung werden wiederum folgende V. unterschieden: (1) → Unbegrenzte Interessenversicherung, (2) → Erstrisikoversicherung, (3) → Vollwertversicherung, (4) → Bruchteilversicherung, (5) V. mit → Franchisen. – *3. Intensität des Versicherungsschutzes:* Das sich nach der V. sowie dem konkreten Schaden im einzelnen Versicherungsfall ergebende Verhältnis zwischen der Höhe der Versicherungsleistung (auch → Entschädigung, E) und der Schadenhöhe (S) wird als → Intensität des Versicherungsschutzes $(i = \dfrac{E}{S})$ bezeichnet.

Versicherungsfreiheit. *1. Begriff:* Status von Personen, wenn sie gegenüber Trägern der → Sozialversicherung keiner → Versicherungspflicht unterliegen. – *2. V. in de*r → *gesetzlichen Rentenversicherung (GRV):* In der GRV gilt V. nach §§ 5 f. SGB VI insbesondere für a) → Beamte, Richter, Soldaten auf Zeit sowie Berufssoldaten der Bundeswehr, auf die sich die Gewährleistung einer Versorgungsanwartschaft erstreckt, – b) Personen, die während der Dauer ihres Studiums als ordentliche Studierende ein Praktikum ableisten, das in ihrer Studien- oder Prüfungsordnung vorgeschrieben ist, – c) Bezieher von → Altersrenten, – d) bestimmte Gruppen von Selbstständigen sowie – e) Personen, die nur einer → geringfügigen Beschäftigung nachgehen. – *3. V. in der* → *gesetzlichen Krankenversicherung (GKV):* In der GKV gilt V. nach §§ 6, 7 und 8 SGB V v.a. für a) Arbeiter und Angestellte, deren Jahresarbeitsentgelt die → Jahresarbeitsentgeltgrenze übersteigt und in den letzten drei aufeinanderfolgenden Kalenderjahren überstiegen hat, – b) Beamte, Richter, Soldaten auf Zeit sowie Berufssoldaten der Bundeswehr, wenn sie nach beamtenrechtlichen Grundsätzen Anspruch auf → Beihilfe oder Heilfürsorge haben, – c) Personen, die während der Dauer ihres Studiums als ordentliche Studierende ihrer Hochschule gegen Arbeitsentgelt berufstätig sind, – d) Personen, die nur einer geringfügigen Beschäftigung nachgehen. In der Krankenversicherung können Personen mit V. über die Art der Krankenversicherung frei entscheiden und sich entweder in der → privaten Krankenversicherung (PKV) oder freiwillig in der GKV versichern lassen. Insofern liegt faktisch sehr wohl eine → Versicherungspflicht vor.

Versicherungsfremde Geschäfte. *1. Begriff*: Geschäfte, die nicht → Versicherung sind und damit auch nicht unmittelbar zusammenhängen. – *2. Verbot versicherungsfremder Geschäfte:* Versicherer müssen ihren Gesellschaftszweck unter Ausschluss jeder anderen Tätigkeit auf das Versicherungsgeschäft und auf solche Geschäfte beschränken, die unmittelbar hiermit zusammenhängen (§ 7 II S. 1 VAG). – *3. Zweck und Ausnahmen:* Zweck der Vorschrift ist, das Versicherungsgeschäft von Risiken freizuhalten, die mit Versicherung nichts zu tun haben, selbst aber von erheblicher Schwere sein können und ohne den notwendigen Sachverstand nicht bewältigt werden können (z.B. Bankgeschäfte). Die Abgrenzung ist nicht immer einfach. Der Gesetzgeber hat zur Klarstellung gewisse Hilfsgeschäfte der Kapitalanlage eines Versicherers (v.a. Absicherungsgeschäfte) als nicht versicherungsfremd erklärt (§ 7 II S. 2 VAG).

Versicherungsfremde Leistungen. *1. Begriff:* Zahlungen oder die Gewährung von geldwerten Vorteilen, zu denen die Träger der gesetzlichen Sozialversicherung gemäß Sozialgesetzbuch (SGB) aus gesellschafts-, sozial- oder familienpolitischen Gründen vom Gesetzgeber verpflichtet sind, ohne dass diese Leistungen im direktem Zusammenhang mit dem Gedanken z.B. einer Krankenversicherung (Absicherung des Krankheitsrisikos) stehen. – *2. V. in der → gesetzlichen Krankenversicherung (GKV):* Trotz der gegebenen Abgrenzungsschwierigkeiten können in der GKV folgende Leistungen als versicherungsfremd gelten: a) Medizinische Vorsorgeleistungen (§ 23 II, IV-VI SGB V); – b) Empfängnisverhütung, Schwangerschaftsabbruch und Sterilisation, außer bei medizinischer Indikation (§§ 24a, b SGB V); – c) Haushaltshilfe (§ 38 SGB V); – d) Krankengeld; – e) Mutterschaftsgeld; – f) beitragsfreie Mitversicherung von Kindern und Ehepartnern. – *3. Steuerzuschuss für V.:* Der Bund beteiligt sich seit dem GKV-Modernisierungsgesetz (GKV-GMG) pauschal über Steuerzuschüsse an den Aufwendungen der GKV für V. (→ Bundeszuschüsse nach § 221 SBG V). So erhielt die GKV im Jahr 2004 vom Bund pauschal 1 Mrd. Euro, 2005 2,5 Mrd. Euro und 2006 4,2 Mrd. Euro. Das GKV-Wettbewerbsstärkungsgesetz (GKV-WSG) sah für die Jahre 2007 und 2008 Bundeszuschüsse i.H.v. jeweils 2,5 Mrd. Euro vor (§ 221 I SGB V). Die Zuschüsse sollen sich in den Folgejahren bis 2016 um jährlich jeweils 1,5 Mrd. Euro bis auf eine Gesamthöhe von 14 Mrd. Euro erhöhen. Diese Gesetzeslage ist inzwischen insoweit überholt, als mit dem Gesetz zur Sicherung von Beschäftigung und Stabilität in Deutschland der Bundeszuschuss im Jahr 2009 auf 7,2 Mrd. Euro angestiegen ist. Im Jahr 2010 ist ein Anstieg auf voraussichtlich 15,7 Mrd. Euro geplant. – *4. V. in der → privaten Krankenversicherung (PKV):* Die PKV kennt aufgrund der risikoäquivalenten Beitragskalkulation und ihrer Stellung außerhalb des Sozialversicherungssystems keine versicherungsfremden Leistungen. Gemäß dem Äquivalenzprinzip müssen allen Leistungen entsprechende Beitragszahlungen gegenüber stehen. So müssen bspw. für Kinder eigene Beiträge gezahlt werden. Es fließen keine Bundeszuschüsse oder Steuermittel.

Versicherungsgeschäft. Kerngeschäft im Versicherungsunternehmen, das sich aus dem → Risikogeschäft, teilweise kombiniert mit dem → Spargeschäft und/ oder → Entsparegeschäft, sowie stets dem → Abwicklungsgeschäft (Erbringung von Abwicklungsdienstleistungen) zusammensetzt. Neben dem V. werden im Versicherungsunternehmen auch → Kapitalanlagegeschäfte und → sonstige Dienstleistungsgeschäfte betrieben.

Versicherungsgruppen. *1. Begriff:* Unternehmensgruppen, denen – im Gegensatz zum → Finanzkonglomerat – nur Versicherungsgesellschaften (einschließlich → Versicherungs-Holdinggesellschaften) angehören. – *2. Aufsicht über V.:* Die Erstversicherer, die einer V. angehören, sollen nach §§ 104a ff. VAG einer zusätzlichen Beaufsichtigung unterworfen werden. Die Vorschriften beruhen auf der EU-Versicherungsgruppenrichtlinie v. 27.10.1998. Das Gesetz sieht vor, dass die → Aufsichtsbehörden über die Beaufsichtigung der einzelnen Versicherungsunternehmen hinaus (Solo-Aufsicht) die Aufgabe erhalten, die finanzielle Lage der Unternehmen auch aus Sicht ihrer Gruppenzugehörigkeit zu kontrollieren (Solo-Plus-Aufsicht). Dabei soll insbesondere darauf geachtet werden, dass gruppeninterne Geschäfte, wie Darlehen, Garantien etc., die Eigenmittelausstattung (→Solvabilität) der Versicherungsunternehmen nicht gefährden und eine Mehrfachnutzung von Eigenmitteln (sog. → double gearing) in der Gruppe nicht stattfindet (bereinigte Solvabilität; vgl. auch → Konzernsolvabilität). Ferner sollen Unternehmen, die Töchter von → Versicherungs-Holdinggesellschaften oder Versicherern mit Sitz in einem Drittland sind, einem zusätzlichen Solvabilitätstest auf der Ebene der Gruppenspitze unterzogen werden, ohne dass diese Mutterunternehmen deswegen einer Soloaufsicht zu unterwerfen sind. Zum Zweck der effektiven Wahrnehmung dieser zusätzlichen Aufgabe wurde der Aufsichtsbehörde eine Reihe von zusätzlichen Auskunfts- und Eingriffsmitteln zur Verfügung gestellt (§§ 104c ff. VAG). Details zur Berechnung der bereinigten Solvabilität enthält die Solvabilitätsbereinigungs-Verordnung – SolBerV v. 20.12.2001, zuletzt geändert durch Art. 1 der Verordnung v. 27.2.2008 (BGBl. I, S. 268).

Versicherungs-Holdinggesellschaften. Muttergesellschaften, die keine gemischte Finanzholding sind (vgl. dazu § 104k Nr. 3 VAG) und deren Haupttätigkeiten im Erwerb und Halten von Beteiligungen an Tochterunternehmen liegen, wobei diese ausschließlich oder hauptsächlich Erstversicherer, Rückversicherer oder Versicherer aus Drittstaaten sind und mindestens eines dieser Tochterunternehmen ein Erstversicherer ist (§ 104a II Nr. 4 VAG). Diese Definition bezieht sich nur auf die Berechnung der bereinigten Solvabilität (vgl. → Versicherungsgruppen). Die Beaufsichtigung der V. richtet sich im Übrigen nach § 1b VAG (vgl. → Aufsichtsadressaten).

Versicherungs-IT. Informationstechnik-Systeme in einem Versicherungsunternehmen, die der Verwaltung der Policen, Schäden, Partner etc. dienen.

Versicherungskartellrecht. *1. Begriff:* Kartelle sind Vereinbarungen und Beschlüsse zwischen Unternehmen oder Unternehmensvereinigungen sowie aufeinander abgestimmte Verhaltensweisen mit dem Ziel, den Wettbewerb zu beschränken. Versicherungskartelle sind Kartelle unter Beteiligung von Versicherungsunternehmen. Das V. regelt die Rechtsverhältnisse von Versicherungskartellen. – *2. Kartellrecht und Versicherungswesen:* Kartelle sind grundsätzlich verboten, und zwar sowohl nach europäischem als auch nach deutschem Recht (Art. 81 und 82 EG-Vertrag, § 1 Gesetz gegen Wettbewerbsbeschränkungen - GWB). Das Kartellrecht untersagt grundsätzlich jede Zusammenarbeit von Unternehmen, wenn dadurch der Wettbewerb in irgendeiner Weise eingeschränkt wird; die Einschränkung muss spürbar sein (vgl. dazu die Europäische Kommission in ihrer Bagatellbekanntmachung 2001/C 368/07). Absprachen, Empfehlungen oder aufeinander abgestimmte Verhaltensweisen, z.B. über Prämien, Versicherungsprodukte, Provisionen, Kosten, Geschäftsgebiete oder Kunden, fallen unter das Kartellverbot und sind daher nicht erlaubt. Verboten sind aber nicht nur wettbewerbsbeschränkende Vereinbarungen der Versicherer untereinander (horizontale Wettbewerbsbeschränkungen); auch Absprachen von Versicherern mit Unternehmen anderer Wirtschaftszweige, die sich auf Dritte wettbewerbsschädlich auswirken können (vertikale Wettbewerbsbeschränkungen), sind nicht erlaubt. Horizontale und vertikale Wettbewerbsbeschränkungen sind nach Art. 81 I EG-Vertrag und § 1 GWB verboten. Beide Vorschriften gelten nebeneinander, das europäische Recht hat aber insoweit Vorrang, als das nationale Recht dem europäischen Recht nicht widersprechen darf (Art. 3 II Verordnung Nr.1/2003 v. 16.12.2002 zur Durchführung der in den Art. 81 und 82 EG-Vertrag niedergelegten Wettbewerbsregeln). – *3. Ausnahmen vom Verbot:* Die strikte Anwendung des sehr weit reichenden Kartellverbots im Versicherungswesen kann jedoch auch insbesondere für die Verbraucher negative Aspekte haben, die den Wettbewerb für die Versicherungsnehmer geradezu einschränken können. Die Europäische Kommission hat 2003 für horizontale Wettbewerbsbeschränkungen eine neue Verordnung (Verordnung Nr. 358/2003 v. 27.2.2003 über die Anwendung von Art. 81 III EG-Vertrag auf Gruppen von Vereinbarungen, Beschlüssen und aufeinander abgestimmten Verhaltensweisen im Versicherungssektor) erlassen, durch die bestimmte Verhaltensweisen innerhalb der Versicherungswirtschaft vom Kartellverbot des Artikels 81 EG-Vertrag freigestellt werden. Diese Gruppenfreistellungsverordnung (GVO) löste zum 1.4.2003 die alte Freistellungsverordnung aus dem Jahr 1992 ab, die am 31.3.2003 auslief. Sie gilt bis zum 31.3.2010. Die GVO nimmt bestimmte Vereinbarungen vom allgemeinen Verbot aus, soweit die Zusammenarbeit der Versicherer nicht über das im Verbraucherinteresse gerechtfertigte Maß hinausgeht. Sie soll einerseits den Unternehmen Rechtssicherheit geben und andererseits Freistellung nur soweit gewähren, wie dies mit Effizienzgewinnen und Vorteilen für die Verbraucher verbunden ist. Im Einzelnen betrifft die Freistellung v.a. gemeinsame Risikokostenberechnungen und Risikostudien, Muster von Allgemeinen Versicherungsbedingungen (AVB), Versicherungsgemeinschaften und Sicherheitsvorkehrungen. a) Gemeinsame Risikoberechnungen und Risikostudien werden für erforderlich gehalten, weil die Versicherer auf genaue, aussagekräftige Informationen über die versicherten Risiken angewiesen sind und daher ein Austausch und eine Zusammenfassung statistischer Daten so umfassend wie möglich notwendig sind. Prämienabsprachen indessen bleiben weiterhin verboten. – b) Die Erarbeitung von → Musterbedingungen v.a. im Massengeschäft durch die nationalen Versichererverbände bringt Effizienzvorteile für die Versicherer und dient auch dem → Verbraucherschutz (Markttransparenz ermöglicht erst den Wettbewerb). Die bisherige Praxis darf daher beibehalten werden. Wie bisher müssen die Aufstellung und Bekanntgabe der Musterbedingungen unverbindlich sein; die Innovationsfreude der Versicherer soll durch die Musterbedingungen nicht gehemmt werden. Auf die Möglichkeit, abweichende Klauseln vereinbaren zu können, muss ausdrücklich hingewiesen werden. Die Freistellung entfällt, wenn die Musterbedingungen eine oder mehrere der im Katalog des Art. 6 I GVO genannten „schwarzen Klauseln" enthält. So dürfen die Musterbedingungen z.B. keinen Hinweis auf die Höhe der Bruttoprämien enthalten, keine umfassende vertragliche Deckung einschließlich solcher Risiken vorsehen, denen eine große Anzahl von Versicherungsnehmern gar nicht ausgesetzt ist, dem Versicherer nicht das Recht zur Änderung der Vertragsdauer einräumen, ohne dass der Versicherungsnehmer dem ausdrücklich zugestimmt hat, außer in der Lebensversicherung den Versicherungsnehmer nicht länger als drei Jahre an den Vertrag binden, dem Versicherungsnehmer nicht auferlegen, bei der Übertragung des versicherten Gegenstands für die Übernahme des bestehenden Vertrags durch den Erwerber zu sorgen, die Deckung nicht ausschließen oder einschränken, wenn der Versicherungsnehmer Sicherheitsvorkehrungen trifft, die gem. dem von einem oder mehreren Versicherungsverbänden in einem oder mehreren Mitgliedstaaten oder auf europäischer Ebene vereinbarten Spezifikationen genehmigt wurden etc. – c) Der Zusammenschluss mehrerer Versicherer zu einer Versicherungsgemeinschaft dient der Erhöhung der Zeichnungskapazität. Viele große oder unbekannte Risiken könnten ohne die Schaffung von Gemeinschaften kaum oder gar nicht versichert werden. Die Verordnung erlaubt diese Zusammenschlüsse nicht zuletzt auch, um Innovationen bei der Risikotragung nicht zu bremsen oder zu vereiteln. – d) In den meisten Mitgliedstaaten haben die Verbände der Versicherer Spezifikationen über Sicherheitsvorkehrungen sowie Richtlinien über die Anerkennung und Prüfung solcher Vorkehrungen erstellt. Auch insoweit bliebes bei der bisherigen Freistellung. Allerdings wurden Vereinbarungen, die über bereits harmonisierte Sicherheitsbestimmungen der Gemeinschaft hinausgehen, nicht freigestellt, da anderenfalls das Ziel der Harmonisierung gefährdet werden könnte. Versicherer können, wenn sie Zweifel haben, ob die Voraussetzungen der GVO für die Freistellung erfüllt sind, die Ausstellung eines Negativatests oder eine Einzelfreistellung beantragen. In Bezug auf vertikale Wettbewerbsbeschränkungen ist die Verordnung Nr. 2790/1999 v. 22.12.1999 über die Anwendung von Art. 81 III EG-Vertrag auf vertikale Vereinbarungen und aufeinander abgestimmte Verhaltensweisen zu beachten, und zwar einschließlich der dazu ergangenen Leitlinien der Europäischen Kommission. – *4. Rechtsfolgen eines Verstoßes gegen das Kartellverbot:* Ist eine Absprache nicht gesetzlich oder durch die GVO freigestellt, ist sie zivilrechtlich nichtig (Art. 81 II EG-Vertrag, § 1 GWB i.V.m. § 134 BGB). Wegen schuldhaften Verstoßes gegen die Kartellverbote können Geldbußen in erheblicher Höhe verhängt werden (Art. 23 II Verordnung Nr. 1/2003, § 81 I, II und IV GWB). – *5. Missbrauch einer marktbeherrschenden Stellung und Fusionskontrolle:* Neben dem Kartell ist auch der Missbrauch einer marktbeherrschenden Stellung verboten (Art. 82 EG-Vertrag, §§ 19 und 20 GWB). Marktbeherrschung liegt vor, wenn ein Unternehmen oder ein Oligopol keinem wesentlichen Wettbewerb ausgesetzt ist. Missbrauch wird bejaht, wenn andere, noch im Wettbewerb verbliebene Unternehmen diskriminiert werden oder wenn ihnen unangemessene Einkaufs- oder Verkaufspreise oder Geschäftsbedingungen unmittelbar oder mittelbar aufgezwungen werden (weitere Beispiele vgl. Art. 82 S. 2 EG-Vertrag, §§ 19 und 20 GWB). Für den Fall von Zusammenschlüssen von Unternehmen oder der gemeinsamen Gründung eines Unternehmens durch mehrere Versicherer sind auch die Vorschriften über die Fusionskontrolle zu beachten (Verordnung Nr. 139/2004 über die Kontrolle von Unternehmenszusammenschlüssen, FKVO; §§ 35 bis 43 GWB). – *6. Änderung der Gruppenfreistellungsverordnung 2003:* Die noch bis zum 31.3.2010 geltende Gruppenfreistellungsverordnung soll nach Ansicht der Europäischen Kommission nicht einfach verlängert, sondern in wesentlichen Punkten geändert werden. Nach mehreren Konsultationsverfahren, deren Ergebnisse sie in einem Bericht an das Europäische Parlament und den Rat am 24.3.2009 niederlegte (EUR-Lex-52009DC0138-DE), hat die Kommission nun den Entwurf einer neuen Gruppenfreistellungsverordnung vorgelegt. Sie sieht darin weder in Vereinbarungen über Musterbedingungen noch in Absprachen über Sicherheitsvorkehrungen Besonderheiten der Versicherungswirtschaft, so dass für sie kein Freistellungsgrund mehr besteht. Für die beiden anderen Bereiche soll mit einigen Änderungen eine Verlängerung erfolgen. So soll hinsichtlich des Informationsaustauschs der Begriff „gemeinsame Erhebungen, Tabellen und Studien" genauer gefasst werden, der Austausch soll nur erfolgen, soweit er erforderlich ist, und der Zugang zu den gemeinsamen Daten auch Verbrauchereinrichtungen und anderen betroffenen Dritten ermöglicht werden, sofern der Schutz der öffentlichen Sicherheit den Zugang nicht verbietet. Beim Zusammenschluss mehrerer Versicherer zu Versicherungsgemeinschaften ist die Methode der Marktanteilsberechnung in Einklang mit anderen allgemeinen und marktspezifischen Wettbewerbsvorschriften zu bringen, der Prozentsatz für die Flexibilität bei den Marktanteilsschwellen ist um 3 % zu erhöhen und die Definition des Begriffs „neuartiges Risiko" ist genauer zu fassen. Die Kommission hat eine letzte Umfrage an alle Interessierten gestartet, die bis zum 30.11.2009 lief und der Kommission die erhofften Anregungen zum „neuartigen Risiko", zur Freistellung der Versicherungsgemeinschaften und zur Ausnahme vom Zugang zu den gemeinsamen Daten geben sollte. Im Anschluss daran wird die Kommission nun die endgültige Fassung der neuen Verordnung erstellen, die an die Stelle der jetzt noch geltenden Verordnung tritt.

Versicherungskaufmann/-frau. Bis zum 31.7.2006 ein anerkannter Ausbildungsberuf i.S.d. Berufsbildungsgesetzes (BBiG). Zum 1.8.2006 wurde der V. durch den/ die → Kaufmann/-frau für Versicherungen und Finanzen abgelöst. Die Inhalte und der Ablauf der Ausbildung wurden umgestellt und die Ausbildungsinhalte wurden auch vertriebsorientierter gestaltet.

Versicherungskonzern. *1. Begriff:* Konzern, in dem die einbezogenen Versicherungsunternehmen von dominierender Bedeutung sind. Ein V. fasst mehrere Versicherungsunternehmen – meist aus unterschiedlichen → Versicherungssparten – unter einer einheitlichen Führung zu einer Wirtschaftseinheit zusammen. – *2. Merkmale:* Der V. stellt den koordinierten Auftritt aller konzernzugehörigen Versicherungsunternehmen sicher. Er schafft zudem die Möglichkeit, trotz des aufsichtsrechtlichen Gebots zur → Spartentrennung alle Versicherungsprodukte faktisch „aus einer Hand" anzubieten. Betreibt der V. neben dem eigentlichen → Versicherungsgeschäft und dem damit verbundenen → Kapitalanlagegeschäft noch → sonstige Dienstleistungsgeschäfte, die → versicherungsfremde Geschäfte darstellen, entstehen sog. Mischkonzerne, oft z.B. in Form von Allfinanzkonzernen (→ Allfinanz). – *3. Ausprägungen:* a) Unterordnungskonzern: Ein oder mehrere abhängige Unternehmen sind unter einheitlicher Führung eines herrschenden Unternehmens zusammengefasst (§ 18 I AktG). Es lassen sich drei Formen von Unterordnungskonzernen differenzieren: (1) Faktische Konzerne entstehen durch Mehrheitsbeteiligungen und/ oder durch Personalunion in den Unternehmensorganen, (2) Vertragskonzerne entstehen durch → Unternehmensverträge, (3) Eingliederungskonzerne entstehen durch einen Aktienanteil des herrschenden Unternehmens von mindestens 95 %; sie bilden eine Sonderform von faktischen Konzernen. Im Unterordnungskonzern kommt es auch oft zu einer Personalunion in den Unternehmensorganen (→ Vorstand, → Aufsichtsrat), ohne dass dies von konstituierender Bedeutung für den Konzern wäre; in diesen Fällen dient die Personalunion allein Zweckmäßigkeitserwägungen zugunsten einer einheitlichen Unternehmensführung. – b) Gleichordnungskonzern: Rechtlich selbstständige, d.h. voneinander unabhängige und gleichrangige „Schwesterunternehmen" sind unter einer einheitlichen Führung zusammengefasst (§ 18 II AktG). Die Führung wird dabei nicht – wie beim Unterordnungskonzern – durch eine Muttergesellschaft bzw. durch deren Unternehmensleitung ausgeübt. Stattdessen bestehen zwischen den einzelnen Unternehmen vertragliche Bindungen und/ oder die einheitliche Führung wird wiederum durch Personalunion in den Unternehmensorganen hergestellt. Bei Gleichordnungskonzernen ist es sogar generell üblich, dass die Vorstände und/ oder Aufsichtsräte in den einbezogenen Unternehmen von den gleichen Personen besetzt werden, um die einheitliche Führung auch faktisch zu gewährleisten.

Versicherungsladen. Ladenlokal eines → Versicherungsvertreters bzw. einer → Agentur.

Versicherungsleistung. *1. Begriff:* Die gemäß dem → Versicherungsvertrag vereinbarte Leistung des Versicherers im → Versicherungsfall. – *2. Merkmale:* Die V. kann als Geld- oder Sachleistung erfolgen (z.B. Ersatz einer geschädigten Sache, vgl. auch → Naturalersatz). Sie wird erst nach einer formellen und materiellen Prüfung der Leistungspflicht durch den Versicherer fällig (siehe auch → Leistungsprüfung).

Versicherungsmakler. *1. Begriff:* Typus des gewerblichen → Versicherungsvermittlers, der auf der Grundlage eines mit einem Versicherungsinteressenten/-nehmer geschlossenen Maklerauftrags diesem den benötigten Versicherungsschutz durch die Vermittlung bzw. den Abschluss von Versicherungsverträgen verschafft. Üblicherweise übernimmt der V. zudem die Betreuung der Versicherungsverträge der Kunden und deren Anpassung bei neuem/ geändertem Versicherungsbedarf. – *2. Merkmale:* Der V. ist im Gegensatz zum → Versicherungsvertreter von Versicherern unabhängig und steht als Sachwalter des Versicherungsnehmers in dessen Lager. Nur diesem schuldet der V. aus dem Maklerauftrag die Besorgung und Auswahl eines bedarfsgerechten Versicherungsschutzes sowie die Betreuung von dessen Versicherungsinteressen. Seine Vergütung bezieht der V. allerdings nach den althergebrachten Gepflogenheiten in der Versicherungsbranche in aller Regel von den Versicherern und nicht vom Versicherungsnehmer (Ausnahme: → Honorarberatung). Insofern bestehen neben dem Maklerauftrag üblicherweise diverse Courtagevereinbarungen mit verschiedenen Versicherungsunternehmen. In diesen sind allerdings lediglich die Vergütungssätze für die Vermittlung von Verträgen und ggf. für deren Betreuung geregelt. – *3. Rechtsgrundlagen:* Nach § 93 HGB gelten für die Rechtsbeziehungen des gewerblichen V. zum Versicherungsnehmer und zum Versicherer grundsätzlich die Vorschriften des HGB über den Handelsmakler. Da der V. aber auf Grund des Maklerauftrags ausschließlich im Kundeninteresse tätig wird und sich in der Praxis für V. besondere Gebräuche entwickelt haben, passen die §§ 93 ff. HGB, die von einer Mittlerposition des V. ausgehen, für den V. regelmäßig nicht. Da der V. als Sachwalter des Versicherungsnehmers in dessen Lager steht, muss sich der Versicherungsnehmer die Erklärungen, das Wissen und das Verhalten "seines" Maklers beim Abschluss und bei der Durchführung des vermittelten Versicherungsvertrags zurechnen lassen. Ordnungsrechtlich stellt die gewerbsmäßige Maklertätigkeit ein erlaubnis- und registrierungspflichtiges Gewerbe nach § 34d I GewO dar. Befreiungen von der Erlaubnispflicht sieht das Gesetz für V. nicht vor. Die Tätigkeit als V. ist daher nur bei Vorliegen der nach § 34d II GewO für die → Gewerbeerlaubnis erforderlichen Voraussetzungen, also insbesondere bei Nachweis der erforderlichen Sachkunde und einer ausreichenden → Berufshaftpflichtversicherung möglich.

Versicherungsmarketing – Ansätze eines nachfrage-, angebots- und vermittlerorientierten Marktoptimierungsprozesses

von Prof. Dr. Karl-Heinz Puschmann

1. Vorbemerkungen

Umfassende Marketingideen sind erst relativ spät in die Versicherungspraxis vorgedrungen. Inzwischen wurde aber längst erkannt, dass professionelle Kundenorientierung nicht als altruistische Leistung allein zugunsten der Kunden zu verstehen ist, sondern sich über Image-, Markt- und Renditevorteile für das Anbieterunternehmen selbst niederschlägt (Stichwort: wertbzw. werteorientiertes Marketing). Dazu bedarf es auch im Versicherungsmarketing eines Lösungsansatzes, der alle Komponenten entlang der Wertschöpfungskette erfasst und versucht, diese zu optimieren. Ein solcher Ansatz führt in einen permanenten Marktoptimierungsprozess. Dabei geht es vornehmlich um

- die bestmögliche Realisierung der Bedarfs- und Interessenlagen der Marktbeteiligten, d.h. der Nachfrager und der Anbieter, wegen der herausragenden Bedeutung im Versicherungswesen unter Einbeziehung der Vermittler;
- die Suche und Betonung unternehmensspezifischer Erfolgsfaktoren (Marktpräferenzen);
- die Schaffung und Nutzung von Vorteilswirkungen (Synergiepotenzialen);
- dies in Bezug auf betriebliche Leistungsprozesse, Marktbearbeitung, Kommunikation, Kundendienst und Kundenbindungsmaßnahmen;
- somit optimale Kombination der Marketinginstrumente im Marketing-Mix.

2. Marktoptimierung

Im ersten Schritt ist vom Versicherungsunternehmen die Marktbearbeitungsstrategie, verbunden mit einer Klärung der beabsichtigten Marktsegmente und der Geschäftseinheiten, zu bestimmen. Damit sind auch die Marktkomponenten (angestrebte) Nachfrage, Angebot und Vermittlerleistung zu definieren. In weiteren Schritten sind diese unter Einsatz des Marketinginstrumentariums in ein bestmögliches Verhältnis zu bringen. Allein in dieser Konstellation ist der größtmögliche Markterfolg bei gegebenem Ressourcenaufwand zu erwarten.

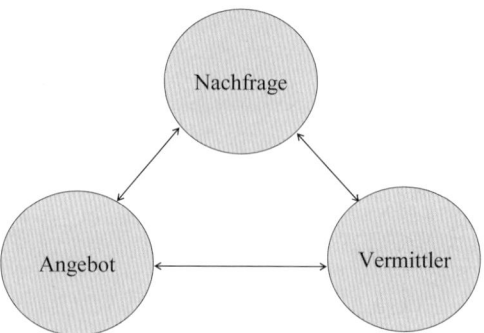

Abbildung: Dreieck der Marktkomponenten

a) Verhältnis Nachfrage/ Angebot

Als selbstverständliche Voraussetzung einer betriebswirtschaftlichen Leistung muss das Versicherungsangebot dem Bedarf und den finanziellen Möglichkeiten der Nachfrager entsprechen. Der Wert des Angebots und seine Vorzüge gegenüber möglichen Alternativen am Markt sind – auch zur Bewertung der Preiswürdigkeit – dem potenziellen Kunden transparent zu machen. Demnach sind die Marketinginstrumente Produktgestaltung, Preisgestaltung und Werbung gefordert. Falls das Angebot der Nachfrage nicht vollumfänglich entspricht, wäre zu fragen:

- Betrifft es die materiell-inhaltliche und/ oder rechtliche Produktgestaltung?
- Fehlt über die Kernleistung hinaus attraktiver Zusatznutzen, der möglichst mit Alleinstellungsmerkmalen dem Anbieter Marktpräferenzen sichert?
- Sind etwaige Assistanceleistungen einzubeziehen?
- Liegt es am Preis oder an Zahlungsbedingungen?
- Was ist konkret zu tun?

Die Marktoptimierung verlangt auch eine Orientierung an Nachfrager-Zielgruppen, weil das Anbieterunternehmen in Abwägung von Massenproduktion und individueller Problemlösung die mit dem Zielgruppenmarketing verbundenen Vorteilswirkungen nutzen muss (Stichwort: Customizing). Hier stellen sich die Fragen:

- Ist das Unternehmen fähig, dem Produktbedarf der anvisierten Kundengruppe ausreichend zu entsprechen?
- Werden die Erwartungen der Gruppe auch hinsichtlich sonstiger Leistungsparameter (z.B. Kundendienst) erfüllt?
- Wird die Kundengruppe den Anbieter am Markt als den für sie zutreffenden Versicherungspartner identifizieren?
- Wird die Kommunikation den Geschmack der umworbenen Kundengruppe treffen?
- Was ist konkret zu tun?

b) Verhältnis Angebot/ Vermittler

Mit der Prüfung, welcher Vertriebsweg zu dem ausgewählten Produktangebot passt, wird über die grundsätzliche Option entschieden, ob das Anbieterunternehmen einen Direktvertrieb oder einen persönlichen (personalen) Vertrieb einrichtet. Wesentliche Gründe für einen persönlichen Vertrieb sind eine etwa notwendige Bedarfsweckung, Bedarfslenkung und Erklärungsbedürftigkeit der Produkte; denn hier liegen die Grenzen des Direktvertriebs. Nach einer Entscheidung für einen persönlichen Vertrieb muss der Vermittler zunächst selbst vom Produkt überzeugt werden, es fachlich beherrschen und gut präsentieren können. Die relevanten Marketinginstrumente sind diesbezüglich die Vertriebsgestaltung, Verkaufsförderung und Vertriebsschulung. Falls sich an der Schnittstelle Angebot/ Vermittler Störungen zeigen, stellen sich folgende Fragen:

- Hat das Unternehmen für das Angebot den geeigneten Vertriebsweg gewählt?
- Fehlt es noch an Überzeugungsarbeit gegenüber den involvierten Vermittlern?
- Sind Maßnahmen der Fach- oder Verkaufsschulung notwendig?
- Sollten die geltenden Vergütungen überprüft und verkaufsfördernde Incentives einbezogen werden?
- Was ist konkret zu tun?

c) Verhältnis Vermittler/ Nachfrage

Der Vertriebsweg muss auch zu den Erwartungen und Gewohnheiten der Nachfrager passen. Bei der Entscheidung, ob ein persönlicher oder direkter Vertrieb eingesetzt wird, ist deshalb zu bedenken, ob sich die Kundengruppe eher servicebewusst (passend für ersteren) oder eher preisaffin (passend für letzteren) oder hybrid verhält. Bei persönlichem Vertrieb sollte das Zusammenwirken zwischen Vermittler und Kunden von einem Verhältnis gekennzeichnet sein, das als "soziodemographische Affinität" bezeichnet werden kann, oder anders ausgedrückt, die Chemie muss stimmen. Damit beantwortet sich die Frage nach der oft verlangten „Kundennähe" nicht nur mit der Lokalität, sondern auch mit innerer Nähe, Vertrauen, Kommunikationsbereitschaft und Kommunikationsfähigkeit. Hier sind insbesondere die Instrumente Vertriebsgestaltung, Kundendienst bzw. Kundenbindungsmaßnahmen angesprochen. Bei Problemen auf der Ebene Vermittler/ Nachfrage wäre zu prüfen:

- Hat das Anbieterunternehmen auch im Sinne der anvisierten Kundengruppe den Vertriebsweg richtig gewählt?
- Haben die Vermittler das Profil und die Akzeptanz zur Bearbeitung dieser Zielgruppe?
- Verfügen sie über die geeigneten Zugangswege?
- Sind zielgruppenspezifische Maßnahmen zur Verkaufsförderung oder Vertriebsschulung angebracht?
- Was ist konkret zu tun?

Um die genannten Marketinginstrumente einzusetzen, geht dem die Nutzung der Informationsinstrumente Marketingforschung und Marketing-Informationssystem voraus, womit Marktanalysen, Feedback und Controlling sowie evtl. notwendige Nachbesserungen sichergestellt werden können.

3. Ansatzpunkte zur Optimierung

Alle Marktkomponenten und ihre Schnittstellen sind durch Marketingaktivitäten beeinflussbar. Jedoch erscheinen die Nachfrage und das Verhalten der Nachfrager am wenigsten flexibel oder zur Disposition zu stehen; es sei denn, das Anbieterunternehmen entscheidet sich für eine andere Kunden-Zielgruppe. Anpassungsfähigkeit darf dagegen vom Anbieterunternehmen und von den Vermittlern – hier v.a. durch Nutzung von Verkaufsförderung und Vertriebsschulung – erwartet werden. Im Regelfall eines Marktoptimierungsprozesses ist ohnehin primär vom Nachfrager, dessen Bedarf, Wünschen und Möglichkeiten auszugehen und hat sich die Suche nach dem bestmöglichen Angebot mit zutreffenden Preisen sowie dem dazu passenden Vertriebsweg danach auszurichten. Die Gestaltungsrichtung müsste demnach von der Nachfrage über das Angebot zum Vermittler weisen.

Es ist aber auch Praxis, dass das vorhandene bzw. beabsichtigte Produktprogramm Auslöser für die Bestimmung entsprechender Kunden-Zielgruppen und geeigneter Vertriebswege ist, d.h. das Angebot beeinflusst über die Nachfrage die Vermittler. Ebenso ist es möglich, dass eine Vermittlerorganisation zur Verfügung steht und im Hinblick auf deren Fähigkeiten und Erfahrungen geeignete Versicherungsprogramme sowie hierzu passende Kunden-Zielgruppen definiert werden, d.h. die Vermittler prägen das Angebot und darüber die Nachfrage (oder auch: die Vermittler prägen die Nachfrage und darüber das Angebot). In einem wie hier beschriebenen Marktoptimierungsprozess ist prinzipiell jeder Ansatz möglich und kann berechtigt sein. Unabhängig davon bleibt – bei allen Varianten! – der Anspruch auf eine bestmögliche professionelle Kundenorientierung.

Literatur: Bruhn, M., Marketing, 9. Aufl., Wiesbaden 2009; Eickenberg, V., Versicherungsmarketing, Karlsruhe 2009; Görgen, F., Versicherungsmarketing, 2. Aufl., Stuttgart 2007; Kühlmann, K., u.a., Marketing für Finanzdienstleistungen, Frankfurt am Main 2002; Meffert, H., u.a., Marketing, 10. Aufl., Wiesbaden 2008; Puschmann, K.-H., Praxis des Versicherungsmarketings, 2. Aufl., Karlsruhe 2003; Scharf, A., u.a., Marketing, 4. Aufl., Stuttgart 2009.

Versicherungsmarkt

von Professor Dr. Roland Eisen

1. Begriff

Ökonomischer Ort, auf dem Versicherungsschutz angeboten und nachgefragt wird. Die Marktparteien sind üblicherweise Versicherungsunternehmen (Erst- und Rückversicherer) als Anbieter und Haushalte oder Unternehmen als Nachfrager oder Versicherungskäufer, die meist durch Vermittler (Versicherungsvertreter, -makler) miteinander verbunden werden.

2. Funktionen

Wie jeder Markt erfüllt auch der Versicherungsmarkt bestimmte Funktionen und Aufgaben. Wegen der Eigenarten des Versicherungsprodukts (u.a. Zukunftsbezogenheit des Bedarfs, Immaterialität, low-interest-Charakter) kann es dazu kommen, dass individuell und sozial notwendige Versicherungen nicht zustande kommen. Deswegen haben viele Staaten den als sozial notwendig erachteten Grundbedarf an Versicherungsschutz zwangsweise gedeckt oder eine Verpflichtung statuiert und allgemein die Versicherungsunternehmen einer Aufsicht unterstellt.

3. Merkmale und Struktur des Versicherungsmarkts

Auf den ersten Blick scheinen die (Erst-)Versicherungsmärkte wettbewerblich organisiert. So sind in Deutschland fast 3000 Versicherungsunternehmen tätig, davon aber über 2000 kleine Versicherungsunternehmen und kleine Vereine (VVaG). Werden zudem Konzentrationsraten betrachtet (d.h. die Prämienanteile, die das größte, die drei, die fünf oder zehn größten Versicherungsunternehmen auf sich vereinen), ist zu erkennen, dass die drei großen Versicherungsmärkte (Lebensversicherung, Krankenversicherung und Schaden-/ Unfallversicherung) relativ stark konzentriert sind (vgl. die Tabelle).

	LV(102)	KV(51)	SUV(228)
1	16,98	13,97	15,03
3	26,94	37,19	23,95
5	35,53	49,75	31,52
10	50,57	68,89	44,34

Tab.: Konzentrationsraten in der Lebens-, Kranken- und Schaden-/ Unfallversicherung, gemessen an der verdienten Bruttoprämie im Jahr 2007 (in Klammern die Anzahl der großen Versicherungsunternehmen);
Quelle: Eigene Berechnung nach http://www.bafin.de/cln_109/nn_721290/SharedDocs/Download/DE/Service/Statistiken/st_erstvu.html?_nnn=true (abgefragt am 10.11.2009). Tabellen 160, 460 und 560.

Unter Bundesaufsicht stehen 607[*] Versicherungsunternehmen, die zusammen rund 165 Mrd. Euro Prämieneinnahmen verzeichnen. Neben 320 Aktiengesellschaften (AG) sind 266 Versicherungsvereine auf Gegenseitigkeit (VVaG), 18 öffentlich-rechtliche Versicherungsunternehmen und 9 Niederlassungen ausländischer Versicherungsunternehmen[†] auf dem deutschen Markt tätig. Die AG vereinen auch den größten Prämienanteil (82,7 Prozent) auf sich.

Weitere Kennziffern zur Charakterisierung des Versicherungsmarkts sind die Versicherungsdurchdringung (Prämieneinnahmen/ Bruttoinlandsprodukt) und die Versicherungsintensität (Prämieneinnahmen/ Geldmenge M2 oder M3). Mit Hilfe dieser Kennziffern sind die Versicherungsmärkte auch international vergleichbar.

4. Entwicklungen

Versicherungen gehören zu den Finanzdienstleistungen, unterliegen also wie diese einer Regulierung. Während die Regulierung bis in die Mitte der 1990er Jahre noch relativ streng war, wurden durch den Europäisierungsprozess (EU-Binnenmarkt) Lockerungen unter dem Stichwort der Deregulierung eingeführt. Die moderne Debatte kreist um Solvency II.

5. Theorie

Die Theorie des Versicherungsmarkts untersucht die Bestimmungsgründe für die in einem Markt abgeschlossenen Versicherungsverträge. Dabei greift sie auf die allgemeine Gleichgewichtstheorie und die Theorie der Entscheidung bei Unsicherheit zurück. Neuere Entwicklungen betonen insbesondere die Problematik, dass die Vertragspartner unterschiedlich gute Informationen haben und es ein Glaubwürdigkeitsproblem gibt.

---

[*] GDV (Hrsg.), Statistisches Taschenbuch der Versicherungswirtschaft 2009, Karlsruhe 2009, Tabelle 2.
[†] GDV (Hrsg.), Statistisches Taschenbuch der Versicherungswirtschaft 2009, Karlsruhe 2009, Tabelle 3.

Versicherungsmarkt

a) Versicherungsmarkt bei vollständiger Information

   (1) Versicherungsmarkt bei vollständigem Marktsystem

Das Modell basiert auf einer Tauschwirtschaft mit beliebig vielen Konsumenten ($n = 1,\ldots, N$), die eine Anzahl von Umweltzuständen für möglich halten ($s = 1,\ldots, S$), und die in jedem dieser Zustände eine Anfangsausstattung (gemessen entweder in Einkommen oder Konsumgütern) zur Verfügung haben ($\omega^n_s = (\omega^n_1,\ldots,\omega^n_S)$) sowie eine Nutzenfunktion über die verschiedenen Konsumpläne besitzen, die sich als Erwartungsnutzen darstellen lässt. Dabei ergeben sich die Konsumpläne aus der jeweiligen Anfangsausstattung abzüglich eines wahrscheinlichen Schadens. Ein Wettbewerbsgleichgewicht ist durch ein Versicherungspreissystem (Prämiensystem), ein System von Kassapreisen für die Güter, eine Versicherungsallokation und eine Konsumallokation beschrieben, derart, dass Angebot und Nachfrage auf allen Märkten, auf den Versicherungsmärkten jetzt (ex ante) und auf den Gütermärkten zu jedem späteren Zeitpunkt (ex post) ausgeglichen sind. Dabei kommt den Kassapreisen der Güter eine doppelte Rolle zu. Sie sind zum einen Preiserwartungen, die die Nachfrager bei ihren Versicherungsentscheidungen zugrunde legen, sie sind zum anderen aber auch die in der Zukunft tatsächlich realisierten Preise. Unter bestimmten Bedingungen gibt es immer ein solches Wettbewerbsgleichgewicht und es gelten die Hauptsätze der Wohlfahrtstheorie. Ist kein Unternehmen für sich in der Lage, die Preise, zu denen getauscht wird, zu verändern, kann das Modell auch auf eine Volkswirtschaft mit Produktion ausgedehnt werden. Es ist dabei unerheblich, ob die Unternehmen die Risiken der Produktion selbst versichern, oder ob deren Anteilseigner dafür eintreten. Es gilt ein Modigliani-Miller-Theorem.

   (2) Versicherungsmarkt bei unvollständigem Marktsystem

Dies gilt nicht bei einem unvollständigen Marktsystem. Hier ist zum einen die Gewinnmaximierungshypothese der Unternehmen nicht mehr wohl definiert, weil die Gewinne jetzt unsicher sind und – je nach Risikoneigung – unterschiedlich bewertet werden. Zum anderen werden aus systematischen Gründen nicht mehr alle Konsumenten und Unternehmen gleichermaßen Zugang zu den verschiedenen Märkten haben. Hieraus ergibt sich eine Reihe von Problemen, die an dieser Stelle nicht weiter verfolgt werden können. So könnte sich ergeben, dass der Versicherungsmarkt wegen der Risikoaversion der Versicherungsunternehmen und des Gesetzes der großen Zahlen ein natürliches Monopol oder Oligopol ist.

b) Versicherungsmarkt mit unvollständiger Information

   (1) Typen unvollständiger Information

Versicherungsunternehmen und Versicherungskäufer sind unterschiedlich gut über die für den Versicherungsvertrag maßgeblichen Risiken informiert. Dabei werden asymmetrische Informationen über objektive Eigenschaften vor Vertragsabschluss (hidden characteristics) und über das subjektive Verhalten der Vertragspartner nach Vertragsabschluss unterschieden. Der erste Fall wird gewöhnlich als Problem der adversen Selektion (negative Auslese), der zweite Fall als das Problem des moralischen Risikos bezeichnet.

   (2) Adverse Selektion

Das Modell geht davon aus, dass die Versicherungskäufer unterschiedliche Schadeneintrittswahrscheinlichkeiten haben und sie kennen. Nun sei ein Versicherungsunternehmen gegeben, das jedoch lediglich den Durchschnitt kennt und deshalb nur einen Vertrag mit genereller Prämie anbieten wird (VU A). Dieser Vertrag ist aber den Risiken mit der geringeren Schadeneintrittswahrscheinlichkeit (sog. „gute Risiken") zu teuer und für die Risiken mit der höheren Schadeneintrittswahrscheinlichkeit (sog. „schlechte Risiken") zu billig. Diesen Tatbestand kann nun ein anderes Versicherungsunternehmen (VU B) ausnutzen, und einen Versicherungsvertrag mit etwas niedrigerer Prämie und/ oder leicht höherer Selbstbeteiligung anbieten, den die guten Risiken dem Anfangsangebot vorziehen, nicht aber die schlechten Risiken. Jetzt macht das erste Versicherungsunternehmen (VU A) Verluste mit seinen Verträgen, weil die guten Risiken abwandern. Es wird sein Vertragsangebot also vom Markt nehmen, was nun die schlechten Risiken veranlasst, doch den neuen Vertrag (bei VU B) zu kaufen, der jetzt aber, wenn sich beide Risikoklassen dafür entscheiden, einen Verlust erwirtschaftet. Es ist leicht zu erkennen, dass dieser Wettbewerb ruinös sein kann. Andererseits kann ein Versicherungsunternehmen immer einen Vollversicherungsvertrag für die schlechten Risiken zu einem fairen Preis anbieten. Denn die schlechten Risiken werden keine Neigung haben, (gegen einen Preisabschlag) einen Selbstbehalt zu akzeptieren. Nicht zu kontrollieren ist aber, wenn ein Versicherungskäufer behauptet, ein gutes Risiko zu sein. Folglich muss sich dieser durch einen mehr oder weniger großen Selbstbehalt als gutes Risiko „selbst selektieren". In einem Wettbewerbsgleichgewicht – wenn es überhaupt existiert – ergibt sich eine Versicherungsallokation derart, dass die unterschiedlichen Risikogruppen Versicherungsverträge ohne oder mit unterschiedlich hohen Selbstbehalten zu fairen Prämien abschließen.

(3) Moralisches Risiko

Unterstellt wird hier, dass entweder der Schadenumfang oder die Schadeneintrittswahrscheinlichkeit vom Verhalten des Versicherungskäufers abhängt, und der Zusammenhang mit Maßnahmen der Schadenverhütung und Sorgfalt zwar im Allgemeinen bekannt ist, aber vom Versicherungsunternehmen in den Einzelfällen nicht beobachtet werden kann. Auch hier bieten sich Selbstbeteiligungen an: Je höher die Selbstbeteiligung ist, desto höher ist der Anreiz, durch Schadenverhütung den Schaden klein zu halten.

6. Offene Probleme

In der wissenschaftlichen Diskussion wurden insbesondere die Probleme der asymmetrischen Information als Ausgangspunkte für die Notwendigkeit staatlicher Regulierung herangezogen. Einerseits sollte dadurch eine ruinöse Konkurrenz zwischen den Versicherungsunternehmen vermieden werden. Andererseits könnten damit auch Verteilungsprobleme gelöst werden, indem die guten Risiken die schlechten Risiken subventionieren, eine Thematik, die z.B. im Zusammenhang mit genetischen Tests in der Lebens- und Krankenversicherung relevant wird. Auch würde der Versicherungsmarkt bei moralischem Risiko zusammenbrechen, weil der Mehrfachkauf von Versicherungsverträgen nicht zu unterbinden ist. Gänzlich unerforscht sind die Implikationen asymmetrischer Informationen zu Lasten der Versicherungskäufer. Dabei geht es um das moralische Risiko auf Seiten des Versicherungsunternehmens. Auch hier ist damit zu rechnen, dass es ohne staatliche Eingriffe nicht zu einer optimalen Allokation kommt.

Versicherungsmathematik. *1. Begriff:* Wissenschaftsdisziplin, die quantifizierbare Zusammenhänge zwischen Verursachungsgrößen und Zielgrößen im Versicherungswesen mit mathematischen Modellen und Methoden beschreibt, erklärt und der Versicherungswirtschaft Lösungsansätze für Prognose- und Entscheidungsprobleme aufzeigt. – *2. Modellvarianten:* a) Deterministische Modelle: Modelle, die beschreiben und erklären, wie eine oder mehrere Verursachungsgröße(n) eine Zielgröße bestimmen. – b) Stochastische Modelle: Modelle zur Ableitung von Gesetzmäßigkeiten für die Ausprägungen von Zielgrößen mittels der Wahrscheinlichkeitsrechnung. – c) Hybride Modelle: Mischungen aus deterministischen und stochastischen Modellen zur Beschreibung von Zielgrößen. – *3. Anwendungsgebiete (Beispiele):* a) Tarifierung: Bestimmung von Versicherungsprämien (→ Prämienkalkulation) auf der Grundlage von versicherungsmathematischen Modellen – b) Porteuillesteuerung: Berechnung der Auswirkungen von Versicherungsbeständen auf die → Schadenverteilung für die Zwecke der → Zeichnungspolitik (Risikoselektion), der → Produktpolitik und der Rückversicherungspolitik. – c) Bestimmung des Sicherheits- bzw. Solvabilitätskapitals: Berechnung des notwendigen und/ oder des vorhandenen Kapitals zur Risikodeckung im Versicherungsunternehmen mittels versicherungsmathematischer Modelle, z.B. für die Zwecke der → wertorientierten Steuerung (wirtschaftlich) und/ oder der Solvabilitätssteuerung (aufsichtsrechtlich, vgl. → Solvency I, → Solvency II). Die V. gewinnt für die Steuerung von Versicherungsunternehmen unter zunehmend komplexer werdenden Rahmenbedingungen immer mehr an Bedeutung.

Versicherungsmathematische Abschläge. Reduktionsfaktoren bei vorzeitiger Inanspruchnahme einer → Altersrente zum Ausgleich insbesondere für die längere Zahldauer und den früheren Bezug. Die → gesetzliche Rentenversicherung (GRV) sieht Abschläge in Höhe von 0,3 % pro Monat der vorzeitigen Inanspruchnahme vor. In der → betrieblichen Altersversorgung (bAV) können angemessene Abschläge vereinbart werden.

Versicherungsmedizin. *1. Begriff:* Fachübergreifende Spezialdisziplin der Medizin, die sich besonders im Bereich der Lebens-, Invaliditäts-, Kranken- und Unfallversicherung mit der Beurteilung und Begutachtung sowie der Erstellung und der Aktualisierung der jeweiligen medizinischen Kriterien befasst. – *2. Unterscheidung von anderen Begriffen:* Im Gegensatz zum klinischen Arzt, der jeden Patienten als einen individuellen Fall betrachtet und bei dem die Prognose kurzfristig durch neue klinische Daten und Situationen (z.B. Komplikationen) revidiert werden kann, erstellt der Gesellschaftsarzt auf der Basis der bei Antragstellung vorliegenden medizinischen Informationen und statistischen Auswertungen eine Langzeitprognose, die meist die Grundlage für die Höhe der Versicherungsprämie darstellt. Weitere Tätigkeitsfelder umfassen u.a. die Mortalitäts- und Morbiditätsforschung, Analyse von epidemiologischen Trends, Produktberatung, Kosten-Nutzen-Analyse von medizinischen Untersuchungsmethoden.

Versicherungsnachfrage. *1. Begriff:* Jene Menge an Versicherungsschutz, die bei einem bestimmten (bekannten oder erwarteten) Preis von einem oder mehreren Wirtschaftssubjekten gekauft wird. Dabei muss v.a. zwischen potentieller und effektiver Nachfrage unterschieden werden. Unter potentieller (latenter) Nachfrage ist der Sachverhalt zu verstehen, dass beim Preis von Null die Nachfrage (theoretisch) unendlich groß ist. Die effektive Nachfrage ist jene, die tatsächlich realisiert wird (kaufkräftige, wirksame Nachfrage). Durch geeignete Aggregation über die Wirtschaftssubjekte kumuliert sich die individuelle Nachfrage zur Marktnachfrage und (volkswirtschaftlichen) Gesamtnachfrage. Unter der Nachfragefunktion ist i.Allg. der funktionale Zusammenhang zwischen der nachgefragten Menge eines Gutes und seinem Preis (bei gegebenem → Einkommen) zu verstehen. Dabei gilt i.d.R. – häufig auch als „Gesetz der Nachfrage" bezeichnet –, dass der Umfang der Nachfrage mit sinkendem Preis steigt und umgekehrt (vgl. → Preiselastizität). Wird dagegen die nachgefragte Menge der Güter in Abhängigkeit vom Einkommen (bei Konstanz der Preise) untersucht, ergibt sich die Einkommens-Nachfrage- oder Einkommens-Konsumfunktion. Hier gilt i.Allg. analog, dass die nachgefragte Menge mit dem Einkommen steigt (vgl. → Einkommenselastizität). Um aus der Präferenzstruktur, den Preisen und dem Einkommen bzw. Vermögen solche Regelmäßigkeiten ableiten zu können, muss Rationalverhalten der Nachfrager bzw. Nutzenmaximierung unterstellt werden (vgl. → Konsum). Direkt nachgefragt werden Konsumgüter, sie dienen der unmittelbaren Bedürfnisbefriedigung. Die Nachfrage nach sonstigen Gütern oder sonstigen wirtschaftlichen Objekten (z.B. Wertpapieren) muss als abgeleitete Nachfrage aufgefasst werden. Dies gilt auch für das Wirtschaftsgut Versicherung. Diese Güter (Wertpapiere, Versicherungsschutz, → Geld u.a.) werden nur gehalten oder nachgefragt, weil sie inter- und intratemporale Umverteilungen von Konsummöglichkeiten erlauben. – *2. Determinanten der V.:* Die V. hängt von verschiedenen Rahmenbedingungen ab.

Einerseits handelt es sich um Faktoren der (sozialen) Umwelt: Gefahren des Lebens, Gestaltungsmöglichkeiten von Versicherungsverträgen, Versicherungsprämien, Preise der anderen Sicherungsgüter, moralische und ethische Regeln. Andererseits liegen die Determinanten der V. im individuellen Bereich: Temperament, Furcht, Erfahrungen, Informationen über Risikomerkmale und Konsequenzen alternativer Handlungen, personelle Zusammensetzung des Haushalts, Höhe und Struktur des Einkommens und des Vermögens. Während die eher objektiven Faktoren das Versicherungspotenzial bestimmen, werden die eher subjektiven Faktoren in der Risiko-Nutzenfunktion („Erwartungsnutzenfunktion") erfasst. Diese wird wesentlich vom Risikoverhalten bzw. von der Sicherheitspräferenz oder Risikoaversion geformt. Aus dem Zusammenspiel aus objektiven und subjektiven Determinanten ergibt sich – unter der Annahme der Nutzenmaximierung – die individuelle Versicherungsnachfrage. Wieder kann durch geeignete Aggregation über die Wirtschaftssubjekte und/ oder Versicherungsarten die Marktnachfrage bzw. die Gesamtnachfrage gewonnen werden.

Versicherungsnehmer. *1. Begriff*: Neben dem → Versicherungsunternehmen die zweite Vertragspartei in einem → Versicherungsvertrag. Der V. ist der Käufer von Versicherungsschutz. – *2. Rechtspositionen*: Der V. wird durch den Versicherungsvertrag mit dem Versicherungsschutz durch das Versicherungsunternehmen versehen. Der V. übernimmt die Pflicht zur Prämienzahlung und er erhält das Recht auf die → Versicherungsleistung im → Versicherungsfall, es sei denn, er begünstigt einen Dritten damit (→ Bezugsberechtigter). Der V. kann die vertraglichen Gestaltungsrechte nutzen und einfordern, wie z.B. Kündigungen, und er ist verpflichtet, gesetzlich oder vertraglich geregelte → Obliegenheiten einzuhalten. – *3. Typen*: V. kann eine juristische Person oder eine natürliche Person sein. – *4. Abgrenzung*: → Versicherter.

Versicherungsnotstand. *1. Begriff*: Von einem V. ist auszugehen, wenn ein konkretes Risiko von im Inland zugelassenen Unternehmen nicht gedeckt wird, sei es aus geschäftspolitischen oder aus wirtschaftlich-kalkulatorischen Gründen. – *2. Rechtsfolge*: Nach deutschem, von der Rechtsprechung anerkanntem Gewohnheitsrecht darf in einem solchen Fall der Versicherungsnehmer das Risiko bei einem in Deutschland nicht zugelassenen Versicherer decken, ohne dass der Versicherer der Verfolgung nach § 140 VAG und der Vermittler der Verfolgung nach § 144a VAG ausgesetzt werden. Die Bedeutung ist allerdings im Binnenmarkt gering geworden; hier ist kaum noch ein Risiko vorzufinden, das nicht versichert werden kann, für das aber in Drittstaaten Deckung angeboten wird.

Versicherungsombudsmann e.V. *1. Begriff*: Der Ombudsmann ist eine ursprünglich in Skandinavien entstandene Institution, die sich Bürger- und Verbraucherinteressen widmet. In Deutschland ist der V. eine von der Versicherungswirtschaft eingerichtete, für Verbraucher kostenfrei arbeitende Beschwerde- und Schlichtungsstelle zur außergerichtlichen Beilegung von Streitigkeiten zwischen Versicherungsnehmern und Versicherern bzw. zwischen Bürgern und → Versicherungsvermittlern. – *2. Ziele*: Mit der Einrichtung des Ombudsmanns verfolgt die Versicherungswirtschaft zwei Ziele: Zum einen den Verbraucherschutz und zum anderen das Bemühen, Meinungsverschiedenheiten mit ihren Kunden möglichst außergerichtlich beizulegen. – *3. Aufgaben und Wirkungen*: Der V. überprüft neutral, schnell und unbürokratisch die Entscheidungen der Versicherer. Er ist in seiner Amtsausübung unabhängig und unterliegt keinen Weisungen. Die Entscheidung des V. ist für den Versicherer bindend, wenn der Beschwerdewert 5.000 Euro nicht übersteigt. Für den Versicherungsnehmer besteht keine Verpflichtung, den Rat des V. anzunehmen. Die Möglichkeit, eventuelle Ansprüche ggf. später auf dem Klageweg zu verfolgen, ist von einer Tätigkeit des V. nicht betroffen. – *4. Voraussetzungen für die Inanspruchnahme*: Jeder Versicherungsnehmer bzw. Bürger, der eine Meinungsverschiedenheit mit seinem Versicherer oder mit einem Versicherungsvermittler hat, kann sich an den V. wenden. Dafür müssen aber grundsätzlich zwei Voraussetzungen erfüllt sein: a) Die → Bundesanstalt für Finanzdienstleistungsaufsicht (BaFin) ist noch nicht im Wege eines Beschwerdeverfahrens eingeschaltet und – b) es ist noch kein Gerichtsverfahren anhängig. – *5. Typen*: Im Versicherungsbereich sind zwei Schlichtungsstellen eingerichtet und vom Bundesministerium für Justiz als solche anerkannt worden, die beide ihren Sitz in Berlin haben. Bei Beschwerden im Zusammenhang mit einer privaten Kranken- und Pflegeversicherung können sich Kunden an den → Ombudsmann Private Kranken- und Pflegeversicherung wenden. Für alle übrigen privaten Versicherungen außer der Kreditversicherung ist der „Versicherungsombudsmann e.V." zuständig.

Versicherungsort. Räumlicher Geltungsbereich des Versicherungsschutzes in der Sachversicherung. Eine Ausweitung kann durch Vereinbarung einer → Außenversicherung erzielt werden. Sind versicherte Sachen an mehreren V. gedeckt, kann Freizügigkeit zwischen den V. vereinbart werden. Die dauernde Entfernung einer versicherten Sache vom V. führt zum Wegfall des Versicherungsschutzes.

Versicherungspflicht. *1. Begriff und Überblick:* Status von natürlichen oder juristischen Personen, wenn der Abschluss einer bestimmten Versicherung gesetzlich vorgeschrieben ist. Dies ist z.B. in einigen Zweigen der → Haftpflichtversicherung aus Gründen des Drittgeschädigtenschutzes gegeben. Dazu gehören u.a. die Arzt-, die Jagd- und die → Kfz-Haftpflichtversicherung sowie die → Vermögensschadenhaftpflichtversicherung für bestimmte Berufsgruppen (z.B. Architekten, Steuerberater und Wirtschaftsprüfer, → Versicherungsvermittler). In der → Sozialversicherung gilt eine V. historisch v.a. für solche Personen, die der Gesetzgeber als „schutzbedürftig" einschätzt; für diese Personen wird unbeachtlich einer tatsächlichen Beitragszahlung ein Versicherungsverhältnis in der Sozialversicherung begründet. – *2. V. in der → gesetzlichen Rentenversicherung (GRV):* In der GRV gilt eine V. für alle Auszubildenden und Arbeitnehmer, die nicht nur einer → geringfügigen Beschäftigung nachgehen. Auch bestimmte Gruppen von Selbstständigen sind per Gesetz versicherungspflichtig (z.B. Handwerker, Hausgewerbetreibende, Künstler, Lehrer). Rechtsgrundlagen sind §§ 1 ff. SGB VI. – *3. V. in der → Gesetzlichen Krankenversicherung (GKV):* In der GKV sind i.d.R. Arbeiter, Angestellte und Auszubildende, die gegen Arbeitsentgelt beschäftigt sind, versicherungspflichtig (§ 5 I Nr. 1 SGB V), ferner u.a. Landwirte, Künstler und Publizisten, Personen, die in Einrichtungen der Jugendhilfe für eine Erwerbstätigkeit befähigt werden sollen, Behinderte, Studierende und Rentner (näheres siehe § 5 I Nr. 2-13 SGB V). Ausnahmen: siehe → Versicherungsfreiheit. Bspw. werden Arbeitnehmer versicherungsfrei, wenn ihr regelmäßiges Jahresarbeitsentgelt die gültige → Jahresarbeitsentgeltgrenze (2010: 49.950 Euro) übersteigt und in den letzten drei aufeinanderfolgenden Kalenderjahren überstiegen hat. Diesem Personenkreis ist der Abschluss einer → privaten Krankenversicherung (PKV) erlaubt. Von der V. befreit sind – neben Angestellten und Arbeitern über der Jahresarbeitsentgeltgrenze – v.a. auch Selbstständige und beihilfeberechtigte Personen (→ Beihilfe), die zur Abdeckung ihres (verbleibenden) Krankheitsrisikos eine private Krankenversicherung abschließen können. Von der V. bzw. Versicherungsfreiheit in der GKV ist allerdings die Pflicht zur Krankenversicherung abzugrenzen. Mit der Pflicht zur Krankenversicherung soll seit der Gesundheitsreform 2007 sichergestellt werden, dass jeder, der in Deutschland lebt, über eine Absicherung im Krankheitsfall verfügt. Wer seinen Krankenversicherungsschutz verloren hat, hat die Pflicht zur Wieder-Versicherung. Dies gilt gleichermaßen in der gesetzlichen wie in der PKV.

Versicherungspflichtgrenze. → Jahresarbeitsentgeltgrenze.

Versicherungspolice. → Versicherungsschein.

Versicherungspool. *1. Begriff:* Risikogemeinschaft in Form einer Gesellschaft bürgerlichen Rechts, zu der sich rechtlich und wirtschaftlich selbstständige → Erst- und → Rückversicherer zusammenschließen, um für besonders große oder unausgeglichene Risiken eine breitere versicherungstechnische Grundlage zu schaffen. – *2. Merkmale:* Die Mitglieder verpflichten sich, bestimmte Risiken nur im Rahmen des V. zu zeichnen. Sie bringen diese Risiken unter Aufrechterhaltung ihrer geschäftlichen Selbstständigkeit gegen → Provision in den V. ein. An dem Gewinn oder Verlust des V. ist jeder Versicherer gemäß seiner Quote beteiligt. Zur weiteren Risikoverteilung werden häufig Rückversicherungen abgegeben oder genommen. – *3. Arten:* Poolarten sind a)

Mitversicherungspools, bei denen alle Mitglieder mit ihren Anteilen als → Erstversicherer auftreten, und – b) Rückversicherungspools, bei denen Erstversicherer die Risiken zeichnen und diese dann in Form der → Rückversicherung an die beteiligten Poolversicherer verteilen.

Versicherungsprämie. → Prämie.

Versicherungsprinzip. (Gegenseitige) Absicherung von Risiken durch Versicherungsleistungen. Diese Absicherung wird durch die → Prämien der Versicherten (im → Versicherungsverein auf Gegenseitigkeit, VVaG: durch die → Beiträge der → Mitglieder) finanziert (Prämienfinanzierung). Die Prämien bzw. Beiträge und die Versicherungsleistungen werden in einem Versicherungsvertrag geregelt und sind grundsätzlich äquivalent (→ versicherungstechnisches Äquivalenzprinzip).

Versicherungsprodukt. *1. Begriff:* In einem weiten Sinne ist ein V. die Gesamtleistung, die in einem Versicherungsmarkt (potenziellen) Versicherungsnehmern zum Erwerb angeboten werden kann; der Begriff umfasst das Dauerschutzversprechen, rechtlich und inhaltlich konkretisiert in der → Versicherungsdeckung (→ Risikogeschäft), ggf. damit verbundene Spar- und Entsparprodukte (→ Spargeschäft, → Entspargeschäft) sowie diese unmittelbar oder mittelbar ergänzende Abwicklungsleistungen (→ Abwicklungsgeschäft). In einem engeren Sinne ist das V. nur die Versicherungsdeckung, die den → Versicherungsschutz rechtlich und inhaltlich bestimmt. – *2. Wesen:* a) V. sind Finanzdienstleistungen. Sie sind dadurch geprägt, dass Leistung und Gegenleistung i.d.R. nicht güter-, sondern geldwirtschaftlich erbracht werden. Insbesondere im Bereich der Abwicklungsleistungen und weiterer begleitender Dienstleistungen weicht diese Regel allerdings zunehmend auf (siehe auch → Naturalersatz, → Assistance sowie allgemein → sonstiges Dienstleistungsgeschäft). – b) V. sind vom Element der Eventualität bzw. des Zufalls geprägt. – c) Bestände von V. sind die Zusammenfassung einer Summe einzelner Rechtsverhältnisse zu einem funktionalen Ganzen. Im System „Versicherung" sind die Ebene der unabhängigen Einzelrechtsverhältnisse – also die jeweiligen → Versicherungsverträge – und die übergeordnete Integrationsebene des zusammengefassten Kollektivs, das für den Zweck des → Risikoausgleichs benötigt wird, zu unterscheiden. – *3. Gegenstand des V.:* Versicherung ist der Transfer einer Wahrscheinlichkeitsverteilung von Schäden vom Versicherungsnehmer auf den Versicherer gegen Zahlung einer tendenziell festen Prämie (Kundensicht). Versicherung ist zudem die Deckung eines im einzelnen ungewissen, insgesamt geschätzten Mittelbedarfs auf der Grundlage des Risikoausgleichs im Kollektiv und in der Zeit (Versicherersicht). – *4. Merkmale:* Das V. a) ist nicht gegenständlich, nicht greifbar und nicht sichtbar; – b) führt oft zu einer längerfristigen Vertragsbindung; – c) ist hinsichtlich seines Angebots nahezu beliebig vermehrbar; – d) deckt einen nur schwer fassbaren Zukunftsbedarf; – e) wird gleichzeitig produziert und verkauft (Uno-actu-Prinzip); – f) verspricht keinen Prestigenutzen und weist einen nur abstrakten Nutzen auf; – g) ist deshalb eher einem latenten Bedürfnis ausgesetzt, das erst „geweckt" werden muss.

Versicherungsrecht. I. Rechtsbereich, der sich auf Versicherungen bezieht. *1. Begriff:* a) I.w.S.: Rechtsvorschriften für die → Sozialversicherung und die → Privatversicherung (Privatversicherungsrecht). – b) I.e.S.: Rechtsordnung der Privatversicherung. – *2. Spezielle Grundlagen:* a) Für die Sozialversicherung insbesondere das Sozialgesetzbuch (SGB), in wenigen Fällen auch noch die Reichsversicherungsordnung (RVO). – b) Für die Individualversicherung: Neben den allgemeinen Rechtsnormen des BGB, HGB, AGBG etc. v.a. das Versicherungsaufsichtsgesetz (VAG), das Versicherungsvertragsgesetz (VVG) und die → Allgemeinen Versicherungsbedingungen (AVB). – II. Disziplin innerhalb der → Versicherungswissenschaft.

Versicherungsschein, *Versicherungspolice, Police.* – *1. Begriff:* Urkunde über den → Versicherungsvertrag (Vertragsdokument), der zwischen dem → Versicherungsunternehmen und dem → Versicherungsnehmer zustande gekommen ist. – *2. Rechtliche Merkmale:* a) Der Versicherungsvertrag ist nicht an die Schriftform gebunden, aber der Versicherer ist zur Ausfertigung eines V. verpflichtet (§ 3 VVG). Der Versicherungsnehmer hat ein Zurückbehaltungsrecht bezüglich der → Erstprämie bis zur Aushändigung des V. (§ 33 VVG). Allerdings hat der Versicherungsnehmer bis zur Zahlung keinen Versicherungsschutz (Einlösungsklausel, § 37 VVG). – b) Der V. ist eine Beweisurkunde. Er muss den gesamten Vertragsinhalt dokumentieren, z.b. die → versicherten Risiken, wobei auf → Allgemeine Versicherungsbedingungen (AVB) verwiesen werden kann. – c) Zudem ist der V. regelmäßig ein einfacher Schuldschein, den der Versicherer vor der Leistung einsehen und bei Vertragsbeendigung zurückverlangen kann; bei gesonderter Vereinbarung (z.b. in der → Lebensversicherung) ist der V. ein qualifizierter Schuldschein, dessen Rückgabe der Versicherer verlangen muss. – d) Auf den Inhaber ausgestellt, ist der V. darüber hinaus nach § 4 VVG ein Legitimationspapier im Sinne des § 808 BGB, so dass der Versicherer an den Inhaber des V. mit befreiender Wirkung leisten kann. – e) Schließlich hat der V. eine Bedeutung für das Zustandekommen des Versicherungsvertrags, sei es als konkludente Antragsannahme durch den Versicherer, als neuer Antrag an den Versicherungsnehmer nach Ablauf der Bindefrist oder bei Abweichungen zwischen Antrag und V. (Billigungsklausel)

Versicherungsschutzgestaltung. Gestaltung des Versicherungsschutzes; betrifft das eigentliche und traditionelle Kernprodukt von Versicherungsunternehmen. Dabei handelt es sich um die → Versicherungsdeckung, die juristisch betrachtet v.a. im → Versicherungsschein (Police) und in den → Allgemeinen Versicherungsbedingungen (AVB) formuliert ist. Die V. ist Teil der → Produktgestaltung und damit auch der → Produktpolitik. Sie umfasst die Festlegung von → versicherten Gefahren, → versicherten Personen, → versicherten Sachen und Interessen, → versicherten Schäden und versicherten Leistungen (→ Entschädigung) in qualitativer, quantitativer, räumlicher und zeitlicher Hinsicht.

Versicherungssparte. Begriff für den/ die → Versicherungszweig(e), der/ die jeweils in einer gesonderten Rechtseinheit betrieben werden (muss). In Deutschland werden die Sparten → Lebensversicherung, Krankenversicherung (→ private Krankenversicherung) und Schaden-/ Unfallversicherung (Synonym: → Kompositversicherung) unterschieden. Siehe auch → Spartentrennung. Üblicherweise wird die → Rückversicherung ebenfalls als eine V. bezeichnet, obwohl sie als „indirektes Geschäft" auch im Erstversicherungsunternehmen mit betrieben werden kann, was auch häufig vorkommt.

Versicherungsstatistik. *1. Begriff:* Systematische Sammlung und Auswertung von relevanten Daten des Versicherungswesens. Die V. ist im Versicherungswesen v.a. für alle versicherungsmathematischen Berechnungen (Prämien, versicherungstechnische Rückstellungen, Risikomanagement, Kapitalanlagen, Solvabilität u.a.), ferner für Maßnahmen der Schadenverhütung, die Verwaltung der Versicherungsbestände, die Beurteilung und Steuerung der Personal- und Verwaltungskosten und den Vergleich der eigenen Kennzahlen mit denen der Wettbewerber von herausragender Bedeutung. Außerdem sind die statistischen Tatsachen und Bewertungen des Versicherungswesens für die gesamtwirtschaftliche Erfolgsrechnung relevant. – *2. Aufgaben der Aufsichtsbehörde:* Der Gesetzgeber hat der → Aufsichtsbehörde die Aufgabe zugewiesen, jährlich eine Statistik über das Versicherungswesen zu erstellen und zu veröffentlichen. Die der Aufsicht nach dem VAG unterliegenden Versicherer haben die Daten über ihr Geschäft, die die Aufsichtsbehörde verlangt, zu übermitteln. Um Doppelarbeit für die Unternehmen zu vermeiden, sind die statischen Meldungen in die sog. → interne Rechnungslegung integriert worden. Das Statistische Bundesamt und das Statistische Amt der Europäischen Gemeinschaft (Eurostat) werden über die Ergebnisse informiert. Darüber hinaus hat die deutsche Aufsichtsbehörde die Verpflichtung, jährlich nichttarifspezifische Wahrscheinlichkeitstafeln und andere einschlägige statistische Daten für die Krankenversicherung nach Art der Lebensversicherung zu veröffentlichen (§ 103a VAG). Die Versicherer, die diese Art der Krankenversicherung betreiben, haben der Aufsichtsbehörde die für diese Statistik benötigten Daten bezogen auf ihre Bestände jährlich mitzuteilen. Einzelheiten regelt die Kalkulationsverordnung (KalV). Die Unterlagen werden den Aufsichtsbehörden der Sitzländer von ausländischen Unternehmen übersandt, die in Deutschland diese Art der Krankenversicherung betreiben wollen bzw. betreiben. Die betreffenden Aufsichtsbehörden sollen so in die Lage versetzt werden, die

→ Finanzaufsicht wahrzunehmen (Art. 54 II Dritte EWG - Richtlinie Nichtleben v. 18.6.1992).

Versicherungssumme. I. Summenversicherung: → Versicherungsleistung im → Versicherungsfall. In der → Summenversicherung ist die V. der nach Eintritt eines Versicherungsfalls vom Versicherer zu leistende Betrag, der ggf. gestaffelt werden kann (siehe z.b. die → Gliedertaxe in der → privaten Unfallversicherung). Auf die tatsächliche Schadenhöhe kommt es in der Summenversicherung nicht an; es gilt das Prinzip der sog. „abstrakten Bedarfsdeckung". – II. Schadenversicherung: Obergrenze der Versicherungsleistung. In der → Schadenversicherung ist die Versicherungsleistung (→ Entschädigung) an die Höhe des Schadens geknüpft. Die V. gehört hier neben dem → Versicherungswert und der Höhe des Schadens zu den leistungsbegrenzenden Faktoren. Damit ist die V. in der Schadenversicherung der im → Versicherungsvertrag vereinbarte Höchstbetrag der Leistung des Versicherers. Ist die V. niedriger als der Versicherungswert, droht → Unterversicherung. Siehe auch → Erstrisikoversicherung, → Vollwertversicherung, → Bruchteilversicherung. – III. Summen- und Schadenversicherung: Prämienmaßstab. Sowohl in der Summen- als auch in der Schadenversicherung ist die V. i.d.R. ein Maßstab für die Höhe der → Versicherungsprämie.

Versicherungstechnik. Verfahren im → Risikogeschäft zur Förderung und Steuerung des → Risikoausgleichs im Kollektiv und in der Zeit. a) Für einen funktionsfähigen Risikoausgleich im Kollektiv gelten eine Mindestgröße des Versicherungsbestands (→ Gesetz der großen Zahlen, → zentraler Grenzwertsatz), eine hinreichende → Unabhängigkeit der Risiken sowie eine genügende Homogenität der Schadenpotenziale aus den Einzelrisiken im Versicherungsbestand als Voraussetzungen, der Erfüllung im Rahmen der V. anzustreben ist. – b) Für den Risikoausgleich in der Zeit wird insbesondere ein ausreichendes → Risikokapital benötigt.

Versicherungstechnischer Risikotransfer. Übertragung bzw. Übernahme des gesamten versicherungstechnischen Risikos oder seiner Teilkomponenten (→ Underwriting Risk und/ oder → Timing Risk) auf einen Risikoträger des Versicherungsmarkts (Erstversicherer, Rückversicherer, Pool etc.) oder des Kapitalmarkts (→ Alternativer Risikotransfer). Die Begrenzung des versicherungstechnischen Risikotransfers durch Haftungsbeschränkungen (z.B. durch Loss Caps, Schadenkorridore etc.) ist ein wesentliches Merkmal der → Finanzrückversicherung bzw. → Finite Risk Reinsurance. Je nach Konzeptgestaltung kann der Transfer des Underwriting Risk und/ oder des Timing Risk eingeschränkt werden. Für eine handels-, aufsichts- und steuerrechtliche Anerkennung als Rückversicherung muss der versicherungstechnische Risikotransfer hinreichend groß sein. Die Überprüfung eines hinreichenden Risikotransfers erfolgt im Rahmen eines → Risikotransfertests.

Versicherungstechnische Rückstellungen. *1. Begriff:* Sammelbezeichnung für verschiedene versicherungstechnische Passivposten in der → Bilanz von Versicherungsunternehmen. – *2. Elemente:* Gem. Formblatt 1 RechVersV werden unter den V. die → Beitragsüberträge, die → Deckungsrückstellung, die → Rückstellung für noch nicht abgewickelte Versicherungsfälle, die → Rückstellung für Beitragsrückerstattungen (RFB), die → Schwankungsrückstellung und ähnliche Rückstellungen sowie sonstige V. ausgewiesen (siehe auch → Rückstellung für drohende Verluste aus schwebenden Geschäften). Der Begriff „Rückstellungen" ist damit ungenau, da unter den V. auch Passivposten mit dem Charakter von → Rechnungsabgrenzungsposten (z.B. die Beitragsüberträge) und Verbindlichkeiten (z.B. feststehende, aber noch nicht ausgezahlte Leistungen aus der → Überschussbeteiligung der Versicherungsnehmer) erfasst sind. – *3. Merkmale:* Die V. stellen zusammengefasst den größten Passivposten von Versicherungsunternehmen dar. Sie stehen in einem unmittelbaren Zusammenhang mit dem Versicherungsgeschäft, bilden die Versicherungstechnik ab und sichern die dauernde Erfüllbarkeit der Verpflichtungen aus den Versicherungsverträgen. – *4. Behandlung in der Rechnungslegung:* a) Der Ansatz der V. erfolgt gem. §§ 249, 341e I S. 1 HBG, soweit dies nach vernünftiger kaufmännischer Beurteilung notwendig ist, um die dauernde Erfüllbarkeit der Verpflichtungen aus den Versicherungsverträgen sicherzustellen. – b) Für die Bewertung gelten die Vorschriften der §§ 253 I S. 2, 341e I HGB sowie Vorschriften für die jeweilige Rückstellungsart. Grundsätzlich wird keine → Abzinsung vorgenommen. Eine Ausnahme gilt nach § 253 I S. 2 HGB, wenn die zugrundeliegende Verpflichtung einen Zinsanteil enthält. – c) Soweit die Versicherungsgeschäfte rückversichert sind (→ Rückversicherung), erfolgt der Ausweis der V. für eigene Rechnung (netto). Der Abzug der Anteile der Rückversicherer ist in der Vorspalte auszuweisen. Ausnahmen gelten in der Lebensversicherung für die Deckungsrückstellung und für die RfB. Diese werden brutto ausgewiesen. – 5. *Internationale Rechnungslegung:* Für die Bewertung von V. gibt es im IFRS 4 keine explizite Regelung, weshalb insoweit z.B. auf die → US-GAAP oder auf das HGB zurückgegriffen wird.

Versicherungstechnisches Äquivalenzprinzip. *1. Begriff:* Fundamentales Kalkulationsprinzip der Versicherungsmathematik und ihrer Anwendungen in der Versicherungspraxis (Versicherungstechnik), insbesondere in der Personenversicherung. Fordert die Äquivalenz von erwarteten (im Mehrperiodenfall: diskontierten) Prämienzahlungen seitens des Versicherungsnehmers und erwarteten (diskontierten) Leistungszahlungen seitens des Versicherungsunternehmens. – *2. Anwendungen:* Im Rahmen der → Prämienkalkulation wird hiermit die Nettorisikoprämie (→ Risikoprämie) und damit eine risikotheoretische Preisuntergrenze für den Versicherungsvorgang festgelegt. Je nachdem, ob das Äquivalenzprinzip auf einen einzelnen Versicherungsvertrag oder ein Risikokollektiv angewendet wird, wird vom → individuellen versicherungstechnischen Äquivalenzprinzip oder → kollektiven versicherungstechnischen Äquivalenzprinzip gesprochen. Zur Kontrolle des → versicherungstechnischen Risikos genügt es, das Äquivalenzprinzip auf einer kollektiven Ebene anzuwenden. Aus der Anwendung des individuellen Äquivalenzprinzips resultiert darüber hinaus eine risikogerechte Prämienfestlegung. In der Praxis der Personenversicherung ist zu beachten, dass das versicherungstechnische Äquivalenzprinzip auf der Basis vorsichtiger Rechnungsgrundlagen angewendet wird. Trotz der formalen Bestimmung eines Erwartungswerts enthält die Prämie daher einen impliziten Sicherheitszuschlag und ist damit konsistent zu den Prinzipien der → Prämienkalkulation.

Versicherungstechnisches Ergebnis. *1. Begriff:* Saldo der versicherungstechnischen Erträge und Aufwendungen. Versicherungstechnischer Posten der → Gewinn- und Verlustrechnung (GuV). – *2. Merkmale:* Zusammen mit dem nichtversicherungstechnischen Ergebnis stellt das V. den Jahresüberschuss bzw. Jahresfehlbetrag dar. Die Unterteilung erfolgt zur besseren Beurteilung der Erfolgsquellen des Versicherungsunternehmens. – *3. Abgrenzungen:* a) Bei Schaden-/ Unfall- und Rückversicherungsunternehmen wird das → Kapitalanlagegeschäft nicht zum Kern des → Versicherungsgeschäfts gezählt. Die Kapitalanlageerträge und -aufwendungen sind deshalb nicht Bestandteil des V., sondern werden dem nichtversicherungstechnischen Ergebnis zugeordnet. – b) Die Kapitalanlageerträge und -aufwendungen von Lebens- und Krankenversicherungsunternehmen sowie von → Pensionskassen und → Sterbekassen werden dem V. zugerechnet, da sie dort als ein integraler Bestandteil des zugrunde liegenden Versicherungsgeschäfts gelten. – *4. Gesetzliche Grundlagen:* Die Gliederung der versicherungstechnischen Rechnung, mit der das V. ermittelt wird, ist bei Schaden-/ Unfall- und Rückversicherungsunternehmen gem. Formblatt 2 der → Verordnung über die Rechnungslegung von Versicherungsunternehmen (RechVersV) aufzustellen, bei Lebens- und Krankenversicherungsunternehmen, Pensions- und Sterbekassen gem. Formblatt 3 RechVersV sowie bei Lebensversicherungsunternehmen, die auch das selbst abgeschlossene Unfallversicherungsgeschäft betreiben, gem. Formblatt 4 RechVersV.

Versicherungstechnisches Fremdkapital. Sammelbezeichnung für alle Posten auf der Passivseite der → Bilanz eines Versicherungsunternehmens, mit denen Schulden (→ Fremdkapital) ausgewiesen werden, die im direkten Zusammenhang mit dem → Versicherungsgeschäft stehen. Zum V. gehören die → versicherungstechnischen Rückstellungen und die versicherungstechnischen Verbindlichkeiten (z.B. Verbindlichkeiten gegenüber Versicherungsnehmern, Abrechnungsverbindlichkeiten aus dem Rückversicherungsgeschäft).

Versicherungstechnisches Risiko. *1. Begriff:* Arteigenes Risiko (Risiko sui generis) von Versicherungsunternehmen. Beinhaltet die Gefahr des technischen Ruins eines Versicherungsunternehmens innerhalb einer Periode, d.h. des Eintritts des Ereignisses, dass der periodische → Gesamtschaden des versicherten Kollektivs die vorhandenen Finanzmittel in Form der Summe aus der vereinnahmten kollektiven Prämie für die Risikodeckung (→ Risikoprämie) und dem vorhandenen Sicherheitskapital übersteigt. – *2. Merkmale:* Das V. resultiert aus der den Versicherungsleistungen inhärenten Zufallsbestimmtheit i.V.m. der Vorauszahlung der Prämien zu Beginn der Versicherungsperiode. Die Gefahr des technischen Ruins besteht aufgrund der Zufallsabhängigkeit der Versicherungsleistungen selbst bei vollständig bekannter Zufallsgesetzmäßigkeit der Versicherungsleistungen. Insofern ist die Auffassung von einem Risiko sui generis gerechtfertigt. In Varianten der Basisdefinition wird auf die Berücksichtigung des Sicherheitskapitals verzichtet, auf das Risiko einzelner Versicherungszweige abgestellt oder es findet eine Fokussierung auf die Risikokomponente „Abweichung des effektiven Schadens vom kalkulierten Erwartungsschaden" statt. Die Basisgröße zur Quantifizierung des V. ist die → Verlustwahrscheinlichkeit bzw. im Rahmen einer mehrperiodigen Betrachtung die → Ruinwahrscheinlichkeit. Die Steuerung und Kontrolle des V. ist die Kernaufgabe der versicherungsbetrieblichen → Risikopolitik. Das V. wird durch die Zufallsgesetzmäßigkeit des kollektiven Gesamtschadens, die Höhe der Risikoprämie sowie die Höhe des Sicherheitskapitals beeinflusst. Insofern umfasst das V. Kalkulationsrisiken (Prämien, Reserven, Sicherheitskapital) sowie das Rückversicherungsausfallrisiko. – *3. Komponenten:* → Zufallsrisiko (teilweise weiter unterteilt in Kumulrisiko, Ansteckungsrisiko und → Großschadenrisiko bzw. Katastrophenrisiko) und → Irrtumsrisiko (teilweise weiter unterteilt in → Diagnoserisiko und → Änderungsrisiko bzw. Prognoserisiko). Andere Einteilungen (unter Verwendung unterschiedlicher Abgrenzungen) differenzieren nach dem Zufallsrisiko, Änderungsrisiko und Irrtumsrisiko oder nach dem Diagnoserisiko und Prognoserisiko. Keine dieser Komponenten des V. ist vollständig eliminierbar.

Versicherungstechnische Umsatzfinanzierung. *1. Begriff:* Form der → Fremdfinanzierung des Versicherungsunternehmens, die auf der Prämienvorauszahlung und der → Einzahlung von Sparbeträgen im Zusammenhang mit Spar- und Entspargeschäften beruht. Wichtigste Finanzierungsquelle für Versicherungsunternehmen. – *2. Weitere Merkmale und Folgen:* Die Prämieneinzahlungen einschließlich der Einzahlungen von Sparbeträgen begründen die Verpflichtungen des Versicherungsunternehmens auf spätere → Auszahlungen für Versicherungsleistungen. Das zwischenzeitlich gebildete Kapital wird für eine nicht genau bestimmte Zeit überlassen. Es haftet nicht für Verluste, vielmehr wird es durch das vorhandene → Eigenkapital des Versicherungsunternehmens vor Verlusten geschützt.

Versicherungsteuer. Die V. von aktuell 19 % wird auf den Versicherungsbeitrag entrichtet. Auf den Anteil des Beitrags für die Gefahr → Feuer wird keine V. entrichtet. Ebenso sind gem. § 4 Nr. 5 VersStG die Lebens- und die Krankenversicherung von der V. befreit.

Versicherungsunternehmen, *Versicherer.* – *1. Begriff:* Neben dem → Versicherungsnehmer die zweite Vertragspartei in einem → Versicherungsvertrag. Das V. ist der Verkäufer von Versicherungsschutz. – *2. Rechtspositionen:* Das V. übernimmt gegen eine kalkulierte Prämie das versicherte Risiko von einem Versicherungsnehmer und ist bei Eintritt des → Versicherungsfalls verpflichtet, die vereinbarte → Versicherungsleistung zu erbringen. – *3. Rechtsformen:* V. können als → Aktiengesellschaft, als → Versicherungsverein auf Gegenseitigkeit (VVaG) oder als → öffentlich-rechtliches Versicherungsunternehmen tätig sein.

Versicherungsverbände. Verbände der Versicherungswirtschaft. Ausgewählte wichtige Beispiele sind: a) Verbände der → Versicherungsnehmer: → Bund der Versicherten e.V. (BdV), → Deutscher Versicherungs-Schutzverband e.V. (DVS), – b) Verbände der → Versicherungsvermittler und weiterer Beschäftigter in der Versicherungsbranche: Arbeitskreis Vertretervereinigungen der Deutschen Assekuranz e.V. (AVV), Bundesverband der Assekuranzführungskräfte e.V.

(VGA), → Bundesverband deutscher Versicherungskaufleute e.V. (BVK), Bundesverband firmenverbundener Versicherungsvermittler und -gesellschaften e.V. (bfv), Bundesverband der kleinen und mittleren Unternehmen von Versicherungsmaklern e.V. (BV KMU-Makler e.V.), Bundesverband mittelständischer Versicherungs- und Finanzmakler e. V. (BMVF), → Verband Deutscher Versicherungsmakler e.V. (VDVM), Vereinigung zum Schutz für Anlage- und Versicherungsvermittler (VSAV), – c) Verbände der → Versicherungsunternehmen: → Arbeitgeberverband der Versicherungsunternehmen in Deutschland e.V. (AGV), → Gesamtverband der Deutschen Versicherungswirtschaft e.V. (GDV), → Verband öffentlicher Versicherer (VÖV), → Verband der privaten Krankenversicherung e.V. (PKV-Verband), → Verband der Versicherungsvereine auf Gegenseitigkeit e.V. – Hinweis: In die Beispiele wurden auch einige „Verbünde", Zusammenschlüsse und Interessenvereinigungen aufgenommen, die nicht als Verband im engeren Sinne anzusehen sind; die Abgrenzung ist in den Einzelfällen schwierig.

Versicherungsverein auf Gegenseitigkeit (VVaG)

von Dr. Werner Görg

Der VVaG ist ein rechtsfähiger wirtschaftlicher Spezialverein, dessen Geschäftszweck in der Versicherung seiner (Vereins-)Mitglieder nach dem Grundsatz der Gegenseitigkeit besteht. Als Versicherungsunternehmen unterliegt der VVaG der Versicherungsaufsicht. Aufsichtsbehörde ist die Bundesanstalt für Finanzdienstleistungsaufsicht (BaFin), beim kleineren Verein kann dies alternativ auch eine Landesaufsichtsbehörde sein. Der VVaG ist eine juristische Person und wird im Handelsregister eingetragen. Das Unternehmensverfassungsrecht des VVaG bestimmt sich nach den Vorschriften der §§ 15 bis 53b Versicherungsaufsichtsgesetz (VAG), die in vielen Bereichen auf das Aktienrecht verweisen.

Der VVaG kann nur durch Gründung, nicht auch durch Umwandlung entstehen. Mangels ausdrücklicher Regelung der Gründungsvoraussetzungen im VAG wird die notwendige Anzahl der Gründungsmitglieder nicht einheitlich beurteilt. Überwiegend werden in analoger Anwendung der §§ 54, 705 BGB zwei Gründer als ausreichend angesehen. Einer abweichenden Meinung zufolge werden entsprechend § 56 BGB sieben Gründungsmitglieder für erforderlich gehalten. Gründungsvoraussetzung ist die Zeichnung eines Gründungsstocks zur Deckung der mit der Vereinserrichtung verbundenen Kosten durch die Garanten, die nicht Vereinsmitglieder sein müssen (§ 22 VAG), sowie die Errichtung eines Organisationsfonds (§ 5 V Nr. 3 VAG). Die Firma des VVaG muss einen entsprechenden Rechtsformzusatz enthalten (§ 18 VAG), in der Praxis häufig „a.G.". Rechtsfähig wird der VVaG mit Erteilung der Erlaubnis zum Geschäftsbetrieb durch die Aufsichtsbehörde (§ 15 VAG).

Mitglied des VVaG kann nur werden, wer ein Versicherungsverhältnis mit dem VVaG begründet (§ 20 VAG). Die Mitgliedschaft endet i.d.R. mit der Beendigung des Versicherungsvertrags. Die einheitlichen Rechtsbeziehungen zwischen VVaG und Vereinsmitglied haben daher grundsätzlich einen Doppelcharakter: das Versicherungsverhältnis mit der Stellung als Kunde einerseits und das Mitgliedschaftsverhältnis mit der Eigentümerstellung andererseits. Für die Gestaltung der Rechtsbeziehungen sieht das VAG eine weit reichende Satzungsfreiheit für VVaG vor.

Die drei gesetzlich notwendigen Organe des VVaG sind der Vorstand als Geschäftsführungsorgan, der Aufsichtsrat zur Kontrolle des Vorstands sowie die oberste Vertretung als oberstes Organ (§ 29 VAG). Die Oberste Vertretung kann durch die Satzung des jeweiligen VVaG in Form der Mitglieder(voll)versammlung oder der Mitgliedervertreterversammlung ausgestaltet werden. Mangels gesetzlicher Vorgaben unterliegen auch die Wahl und die Zusammensetzung der Mitgliedervertreterversammlung der Satzungsautonomie des VVaG.

Dem Personalitätsprinzip der VVaG entspringt der Grundsatz der Gleichbehandlung aller Mitglieder (§ 21 VAG). Die VVaG heben sich insoweit von den übrigen Versicherungsunternehmen ab, für die kein allgemeines Gleichbehandlungsgebot gegenüber ihren Versicherungsnehmern gilt. Bei der Tarifgestaltung sind Mitglieder als Versicherungsnehmer ebenso gleich zu behandeln wie bei der Schadenregulierung. Das Gleichbehandlungsgebot bedeutet allerdings nicht, dass Gleichheit aller Mitglieder besteht. Eine Differenzierung ist also möglich, wenn unterschiedliche Sachverhalte und sachlich zu rechtfertigende Gründe vorliegen. Auch besteht für VVaG nach § 41 VAG die Möglichkeit der Bedingungs- und Beitragsanpassung. Während grundsätzlich ein Eingriff von einer Vertragspartei in einen (Versicherungs-)Vertrag nur mit Zustimmung des Vertragspartners (Versicherungsnehmer) möglich ist, macht das VAG für VVaG hiervon eine Ausnahme. Ein Änderungsvertrag ist entbehrlich, wenn die Satzung im Einklang mit den AGB-Vorschriften für bestimmte Tarife vorsieht, dass diese durch ein ermächtigungsfähiges Organ (oberste Vertretung) geändert werden können. Die Mitglieder haften nicht für die Verbindlichkeiten des Vereins (§ 19 VAG).

In der Wahl des Beitragssystems ist der VVaG frei. Dieses ist durch Satzung festzulegen (§ 24 VAG). Überwiegend wird das System der festen Vorausbeiträge gewählt, jedoch finden sich unter bestimmten Voraussetzungen auch das Umlageverfahren und die Nachschusspflicht. Die Mitglieder als Träger des Versicherungsvereins haben grundsätzlich Anspruch auf eine Überschussbeteiligung aus dem Gewinn (§ 38 VAG). Ein überhobener Beitrag ist den Mitgliedern zurückzuerstatten. In der Praxis bedeutet dies indes nicht, dass den Versicherungsvereinen die Gewinnverwendung durch Thesaurierung zur Verbesserung ihrer Eigenkapitalausstattung verwehrt ist. Eine komfortable Eigenkapitalausstattung gewährleistet den Mitgliedern sicheren und günstigen Versicherungsschutz. Zu einem effizienten Betrieb des Versicherungsgeschäfts gehört deshalb auch eine ausreichende Dotierung der Rücklagen zur Stärkung des Eigenkapitals.

Dabei wird Eigenkapital außer für Solvenzzwecke auch für strategische Investitionen benötigt, z.B. zum Beteiligungserwerb, für die Entwicklung neuer Produkte und Datenverarbeitungssysteme sowie zur Finanzierung neuer Verwaltungsstrukturen. Diese vorgenannten Investitionen dürfen jedenfalls aus dem gebundenen Vermögen nicht finanziert werden, so dass eine ausreichende Eigenkapitalausstattung durch Innenfinanzierung gewährleistet sein muss. Mit Ausnahme des Gründungsstocks und der Ausgabe von Genussrechten sowie nachrangiger Verbindlichkeiten ist dem VVaG eine Außenfinanzierung nicht möglich. Dies führt zum einen zu einer hohen Konzernfestigkeit dieser Rechtsform, hat aber zum anderen, insbesondere im Ausland, zu einer erhöhten Anzahl von Demutualisierungen beigetragen. Im Fall einer Bestandsübertragung (§ 14 VAG) von einem VVaG auf eine Aktiengesellschaft sind die Mitglieder für den Verlust ihrer Rechte als Vereinsmitglieder zu entschädigen. Allerdings besteht für den VVaG die Möglichkeit, durch Satzung festzulegen, dass die Mitgliedschaft auch nach Übertragung des Versicherungsvertrags weiterhin bestehen bleibt (§ 20 VAG). In diesem Fall ist mangels Rechtsverlust auch keine Entschädigung zu zahlen.

Das Gesetz unterscheidet zwei Arten von VVaG. Den sog. „großen VVaG" sowie die „kleineren Vereine". Letztere sind nach § 53b VAG solche VVaG, die einen sachlich, örtlich oder dem Personenkreis nach eng begrenzten Wirkungskreis haben. Wann diese Voraussetzung vorliegt, entscheidet die Aufsichtsbehörde. Die „kleineren Vereine" genießen einerseits gewisse aufsichtsrechtliche Privilegien, v.a. in Bezug auf ihre Organstruktur, Eigenkapitalausstattung und die Rechnungslegung. Andererseits unterliegen sie auch Beschränkungen, bspw. dem Verbot des Nichtmitgliedergeschäfts.

Die VVaG stellen durch ihre Marktpräsenz einen wesentlichen ordnungspolitischen Faktor im Wettbewerb dar. Von den insgesamt 613 zugelassenen Versicherungsunternehmen in 2007 waren 266 VVaG. Ihr wirtschaftlicher Erfolg ist dem der Aktiengesellschaften und öffentlich-rechtlichen Versicherungsunternehmen vergleichbar; der Marktanteil in der Lebensversicherung sowie in der Schaden- und Unfallversicherung ist stabil. Im Bereich der Krankenversicherung besitzt die Rechtsform des VVaG seit jeher einen überproportionalen Verbreitungsgrad.

Versicherungsvermittler. *1. Begriff:* Natürliche oder juristische Person, deren Geschäftsgegenstand die Vermittlung von Versicherungsschutz zwischen dem Versicherungsunternehmen und dem Versicherungsnehmer ist. – *2. Weitere Funktionen und Vergütung:* Im Nachgang zur Erstberatung und zum Verkauf von Versicherungsprodukten übernimmt der V. regelmäßig auch die Betreuung der versicherten Kunden und vielfach weitere betriebswirtschaftliche Funktionen für das Versicherungsunternehmen, z.B. im Zusammenhang mit der Erst-, Folge-, Schaden- und Schlussbearbeitung von Versicherungsverträgen, teilweise auch Schadenregulierungsfunktionen (→ Schadenregulierungsvollmacht). Als Vergütung für seine Leistungen erhält der V. insbesondere → Provisionen in Form von → Abschlussprovisionen und → Bestandsprovisionen oder → Courtagen. – *3. Einteilung der V.:* Gewerberechtlich wird zwischen ungebundenen und damit erlaubnispflichtigen V. (→ Gewerbeerlaubnis) und → gebundenen V. mit Freistellung von der Erlaubnispflicht unterschieden. Nach ihrem arbeits- und sozialversicherungsrechtlichen Status lassen sich die V. in selbstständige und → angestellte Vermittler einteilen. Bei den selbstständigen V. wird wiederum (auch nach der EU-Vermittlerrichtlinie) zwischen → Versicherungsmaklern und → Versicherungsvertretern (siehe auch → Agentur) differenziert, letztere mit weiteren Abgrenzungsmöglichkeiten z.B. in → Einfirmenvertreter und → Mehrfirmenvertreter oder in hauptberufliche Vertreter und → Vertreter im Nebenberuf. → Vertriebsgesellschaften (einschl. der → Strukturvertriebe) sind rechtlich keine besonderen Vermittlertypen, sondern jeweils einem der vorgenannten selbstständigen Vermittlertypen zuzuordnen. Daneben gibt es noch → Versicherungsberater, die dem Versicherungskunden jedoch nicht vermittelnd, sondern lediglich für Beratungszwecke zur Verfügung stehen. Auch z.B. Autohäuser, Banken, Kreditkartengesellschaften oder Versandhändler treten dem Kunden gegenüber als V. auf (siehe → Annexvertrieb); in rechtlicher Sicht sind sie dabei entweder Vertreter oder Makler. Über den betreffenden Status hat der V. seinen Versicherungskunden im Rahmen einer Erstinformation aufzuklären (§ 11 VersVermV). – *4. Voraussetzungen:* Der kaufmännische Beruf des ungebundenen V. bedarf einer Erlaubnis durch die zuständige IHK. Voraussetzungen für die Erlangung der Erlaubnis sind ein Sachkundenachweis gegenüber der IHK oder ein gleichgestellter Sachkundenachweis (→ Vermittlerqualifikation, → Sachkundeprüfung), Straffreiheit in den vergangenen fünf Jahren, geordnete finanzielle Verhältnisse, eine Versicherungsdeckung durch eine → Vermögensschaden-haftpflichtversicherung (→ Berufshaftpflichtversicherung des Versicherungsvermittlers) sowie die Eintragung in das Vermittlerregister der Deutschen Industrie- und Handelskammer (DIHK).

Versicherungsvermittlerverordnung (VersVermV). Vom Bundesministerium für Wirtschaft und Technologie erlassene Verordnung vom 15.5.2009, die am 22.5.2007 zusammen mit dem Gesetz zur Neuregelung des Vermittlerrechts in Kraft getreten ist und ergänzende bzw. ausfüllende Regelungen zu den §§ 11a, 34d und 34e GewO enthält. Die Bestimmungen betreffen z.B. die → Sachkundeprüfung, die → Berufshaftpflichtversicherung und das → Vermittlerregister. Durch Änderungsverordnung vom 19.12.2008 wurden einige Vorschriften geändert (z.B. nunmehr freie Wahl des Prüflings, bei welcher IHK er die Prüfung ablegt, § 2 I VersVermV, und Wegfall der Wartezeit bis zur Wiederholungsprüfung, § 3 VII VersVermV) oder neu eingeführt (z.B. Anerkennung von ausländischen Berufsbefähigungsnachweisen im Rahmen der → Niederlassungsfreiheit, § 4a VersVermV).

Versicherungsvertrag. *1. Begriff:* Privatrechtlicher Vertrag über die Gewährung von Versicherungsschutz (Versicherungsunternehmen) gegen Prämienzahlung (Versicherungsnehmer). – *2. Merkmale:* Der V. wird durch die Abgabe von zwei übereinstimmenden rechtsgeschäftlichen Willenserklärungen geschlossen (§§ 116 ff., 145 ff. BGB). Eine Partei, das Versicherungsunternehmen, gibt ein Versicherungsschutzversprechen gegenüber einer anderen Partei, dem Versicherungsnehmer, ab. Der Versicherungsnehmer ist zur Prämienzahlung verpflichtet. Der V. ist – a) ein Rechtsgeschäft des Privatrechts, genauer des besonderen Schuldrechts, das zu den Dauerschuldverhältnissen gehört, – b) ein einseitiges Handelsgeschäft, es sei denn, der Versicherungsnehmer ist Kaufmann und schließt den V. für sein Handelsgewerbe ab. – c) Der V. kann ein Vertrag zu Gunsten Dritter sein. Eine gesetzliche Definition des V. besteht nicht. Die Abgrenzung der Anwendungsbereiche des → Versicherungsaufsichtsgesetzes (VAG) und des → Versicherungsvertragsgesetzes (VVG) erfolgt jeweils durch Auslegung der entsprechenden Gesetzesvorschriften und des Gesetzeszwecks. – *3. Behandlung in der Rechnungslegung:* Die

Rechnungslegung der Versicherungsunternehmen ist in § 341 ff. HGB und in weiteren Verordnungen und Vorschriften insbesondere des Aufsichtsrechts geregelt. Daneben finden grundsätzlich auch die allgemeinen Vorschriften des Handelsrechts Anwendung. – *4. Internationale Rechnungslegung:* IFRS 4 regelt bzgl. der Finanzberichterstattung zu V. a) die Definition von V., – b) die Behandlung von eingebetteten Derivaten (→ derivative Finanzinstrumente, → eingebettete Garantien, → eingebettete Optionen), – c) Mindestanforderungen an die Bewertung von V., – d) Angaben im → Anhang, – e) Ergänzungen zu anderen Verträgen mit → Überschussbeteiligung.

Versicherungsvertragsgesetz (VVG). Gesetz, das das Zustandekommen, den Inhalt und die Abwicklung von → Versicherungsverträgen regelt. Das VVG ist ein Sondergesetz zum Besonderen Schuldrecht des → Bürgerlichen Gesetzbuchs (BGB) für den Versicherungsvertrag. In aktueller Fassung in Kraft seit dem 1.1.2008. Das reformierte VVG hat das aus dem Jahr 1908 stammende VVG a.F. abgelöst (→ VVG-Reform).

Versicherungsvertreter. *1. Begriff:* Nach §§ 84, 92 HGB ist der V. ein → Handelsvertreter, der von einem oder mehreren Versicherungsunternehmen damit betraut ist, Versicherungsverträge zu vermitteln oder abzuschließen. Für das durch den → Vertretervertrag begründete Rechtsverhältnis zum Versicherer gelten die §§ 84 ff. HGB (auch dann, wenn der Vertreter kein → Kaufmann ist). – *2. Abgrenzung:* Der selbstständige V. grenzt sich vom angestellten → Versicherungsvermittler dadurch ab, dass er in der Tätigkeitsgestaltung und Bestimmung seiner Arbeitszeit im Wesentlichen frei ist und insoweit keinem Direktionsrecht des Versicherers unterliegt. Im Gegensatz zum → Versicherungsmakler, der vom Versicherungsnehmer in einem Maklerauftrag mit der Beschaffung von Versicherungsschutz betraut wird und Sachwalter des Versicherungsnehmers ist, wird der V. im Auftrag eines oder mehrerer Versicherungsunternehmen tätig. Er fungiert bei der Vermittlung und bei sonstigen Verrichtungen im Rahmen des Versicherungsverhältnisses als "Auge und Ohr" des Versicherers und wird bei der Beratung der Kunden als Erfüllungsgehilfe des Versicherers (§ 278 BGB) tätig. Der Versicherer muss sich daher dienstlich erlangtes Wissen und schuldhaft begangene Pflichtverletzungen des V. zurechnen lassen und gegebenenfalls hierfür einstehen. Den V. trifft gegenüber dem Interessenten bzw. Versicherungsnehmer allerdings auch eine eigene → Beratungs- und Dokumentationspflicht, deren Verletzung eine persönliche Haftung auf Schadenersatz auslösen kann. – *3. Typen:* V. kommen in verschiedenen Ausprägungen vor: a) nach dem Umfang der Tätigkeit und den hieraus bezogenen Einkünften: Vertreter im Hauptberuf und → Vertreter im Nebenberuf, – b) nach der Anzahl von vertretenen Versicherern: → Einfirmenvertreter und → Mehrfirmenvertreter, – c) nach der rechtlichen Stellung des V. zum Versicherer einerseits und zu einem anderen V. andererseits: Hauptvertreter des Versicherers und (echte) Untervertreter. Letztere unterhalten im Gegensatz zum Hauptvertreter keinen unmittelbaren Vertretervertrag zum Versicherer, sondern (nur) einen Vertretervertrag zu einem anderen (Haupt-)Vertreter. – *4. Berufsrecht:* Gewerberechtlich handelt es sich bei der selbstständigen Vertretertätigkeit grundsätzlich um ein erlaubnis- und registrierungspflichtiges Gewerbe (§ 34d GewO). Allerdings ist die ausschließliche Vermittlungstätigkeit für einen Versicherer bzw. Versicherungskonzern, der/ die uneingeschränkte Haftung übernimmt, erlaubnisfrei. Gleiches gilt nach § 34d IX GewO für bestimmte Vertreter im Nebenberuf sowie für sog. produktakzessorische Vertreter, die nach § 34d III GewO von der Erlaubnis befreit werden können.

Versicherungswert. Wert des → versicherten Interesses. Bemessungsgrundlagen sind z.B. der → Neuwert, der → Zeitwert oder der → gemeine Wert.

Versicherungswert 1914. Wert eines → Wohngebäudes in Preisen von 1914 in Reichsmark. Der V. ermöglicht eine Standardisierung und Normierung des → Versicherungswerts eines Wohngebäudes. Oft ist der V. der feste Basiswert für die → Versicherungssumme und die Tarifierung, auch wenn er nicht mehr ausgewiesen und kommuniziert wird.

Versicherungswirtschaft, *Assekuranz.* – *1. Begriff:* Wirtschaftszweig von erheblicher volkswirtschaftlicher Bedeutung, dessen Gegenstand die Versicherung von Risiken ihrer Kunden ist. Üblicherweise umfasst der Begriff nur die → Privatversicherung. – *2. Funktionen und Wirkungen:* Die wichtigste Funktion der V. ist die Risikotragung. Daneben übernimmt die V. die → Schadenregulierung sowie Aufgaben der → Schadenverhütung und der Kapitalsammlung. Sie ermöglicht risikoreiche Produktionen, einen risikoreichen Handel (Gewerbe und Industrie) und sichert gegen private Lebensrisiken. Ferner hat die V. eine wichtige Funktion bei der Kreditsicherung. – *3. Wichtigste Versicherungszweige:* Gemessen am Prämienvolumen sind die drei wichtigsten → Versicherungszweige (in gegebener Reihenfolge) die → Lebensversicherung, die → private Krankenversicherung und die → Kfz-Versicherung; sie erwirtschaften zusammen über 130 Mrd. Euro von den insgesamt ca. 164 Mrd. Euro Versicherungsprämien in der deutschen → Erstversicherung (Jahr 2008).

Versicherungswissenschaft. Interdisziplinäre Wissenschaft, die sich in Forschung und Lehre mit den unterschiedlichen Aspekten und Teilbereichen des Versicherns bzw. der Versicherung als ihrem Erkenntnisobjekt auseinandersetzt. Dabei beschäftigt sie sich besonders mit dem Wirtschaftsgut Versicherungsschutz und den Institutionen und Organisationen der → Privatversicherung und der → Sozialversicherung, den privaten → Versicherungsunternehmen und den Sozialversicherungsträgern. Teilgebiete: → Versicherungsbetriebslehre, → Versicherungsmathematik, → Versicherungsmedizin und → Versicherungsrecht.

Versicherungszweig. *1. Begriff:* Sammelbezeichnung für Versicherungen weitgehend gleichartiger Risiken. Eine einheitliche Terminologie ist dem Versicherungsaufsichtsgesetz (VAG) fremd. *2. Bedeutung im* → *Aufsichtsrecht:* Die → Erlaubnis zum Geschäftsbetrieb wird nach Zweigen ausgesprochen, es sei denn, der Versicherer möchte nur einen Teil der Risiken eines V. decken (§ 6 II i.V.m. Anlage A VAG). Die Zulassung kann aber auch für mehrere V. gemeinsam unter einheitlicher Bezeichnung (z.B. Kfz-Versicherung) gem. Anlage B VAG erteilt werden. In § 9 VAG ist dagegen davon die Rede, dass die → Satzung die V. festsetzen soll, die der Versicherer betreiben will. Hier reicht es aus, den Zweig oder die Zweige nach Anlage A/B VAG zu nennen. Sehr viel detaillierter ist die Aufteilung in V. und Versicherungsarten in der → internen Rechnungslegung.

Versorgungsanwartschaft. → Anwartschaft.

Versorgungsausgleich. Verfahren, durch das im Fall einer Scheidung die über die Dauer der Ehe erworbenen Renten- und Versorgungsanwartschaften gleichmäßig auf beide ehemaligen Ehegatten aufgeteilt werden. Der V. wurde mit Wirkung zum 1.9.2009 grundlegend reformiert. Er beruht auf dem Grundsatz, dass der Teil eines Versorgungsanrechts, den einer der Ehegatten während der Ehezeit erworben hat (Ehezeitanteil), halbiert wird. Dem anderen Ehegatten wird ein eigenes Anrecht eingeräumt, dass dem Wert des hälftigen Ehezeitanteils (Ausgleichswert) entspricht. Die Teilung soll im Regelfall intern erfolgen. Durch den V. werden nicht nur Ansprüche aus der → gesetzlichen Rentenversicherung (GRV) ausgeglichen, sondern auch solche aus der → Beamtenversorgung oder beamtenähnlichen Versorgung sowie Ansprüche gegen öffentlich-rechtliche oder private Versorgungsträger. Aus einer → betrieblichen Altersversorgung (bAV) erwirbt der geschiedene Ehegatte dadurch die Stellung eines mit → unverfallbarer Anwartschaft ausgeschiedenen Arbeitnehmers. Alternativ ist unter gewissen Voraussetzungen die externe Teilung zulässig, bei der der Ausgleichswert zugunsten des geschiedenen Ehegatten bei einem anderen Versorgungsträger eingezahlt wird. Im V. werden grundsätzlich alle Anrechte geteilt. Es findet also keine Gesamtbilanz statt.

Versorgungsfall. Ereignis, das den Anspruch auf Versorgungsleistungen auslöst. Im Rahmen der → betrieblichen Altersversorgung (bAV) das Ereignis, das nach der Zusage den Anspruch auf Leistungen aus der bAV generiert.

Versorgungslücke. Differenz zwischen den um die gesetzlichen Abzüge verminderten Versorgungsleistungen einerseits und dem bisherigen Nettoeinkommen andererseits im → Versorgungsfall.

Versorgungsmanagement. *1. Begriff:* Aktive Gestaltung des Versorgungsprozesses von Patienten bzw. Versicherten vor, parallel zur und nach der Leistungserbringung im Gesundheitswesen. – *2. Merkmale:* Unterstützender oder steuernder sektorenübergreifender Ansatz. Sammelbegriff für verschiedene Ansätze zum V., z.B. im Sinne von strukturierten Behandlungsprogrammen, Disease-Management-Programmen, Case Management, Integrierter Versorgung, Hausarztzentrierter Versorgung. – *3. Ziele:* Verbesserung der Patientenversorgung, Behebung von Schnittstellenproblemen im sektorierten Gesundheitswesen, Reduktion von Kosten. – *4. Entwicklungen:* Erfahrungen und Modelle in Gesundheitssystemen angelsächsischer und skandinavischer Prägung wurden auf das deutsche Gesundheitswesen übertragen und angepasst. Gesetzliche Grundlagen sind die §§ 1, 11 IV, 63, 73b-c, 137f-g, 140a-d SGB V. Mit dem Gesetz zur Stärkung des Wettbewerbs in der gesetzlichen Krankenversicherung (GKV-WSG) wurde zum 1.4.2007 erstmals der Anspruch der Patienten bzw. Versicherten auf ein V. im SGB V verankert. – *5. Streitpunkte:* Beklagt werden die Starrheit von strukturierten Behandlungsprogrammen und der hohe bürokratische Aufwand. Probleme entstehen durch Rollenänderungen traditioneller Gesundheitsberufe, Stärkung der Autonomie der Patienten bzw. Versicherten und Einmischung von Kostenträgern in Versorgungsprozesse. – *6. Ausblick:* Wettbewerbselemente in der → gesetzlichen Krankenversicherung (GKV) sorgen für eine zunehmende Bedeutung gestalterischer Versorgungsansätze. Damit einher geht eine Weiterentwicklung von starren zu flexiblen individualisierten Modellen.

Versorgungsprinzip. Das V. greift, im Unterschied zum → Fürsorgeprinzip, wenn Bürger bestimmte Vorleistungen erbracht haben. Dem V. folgen bspw. die Kriegsopferversorgung und die → Beamtenversorgung. Das Fürsorgeprinzip ist z.B. bei der → Sozialhilfe gegeben.

Versorgungsrücklage. *1. Begriff:* Rücklage zur Sicherstellung der Zahlung der Versorgungsleistungen für pensionierte → Beamte (Versorgungsempfänger). Mit der V. soll für die absehbar zunehmenden Pensionsausgaben der öffentlichen Haushalte aufgrund der demographischen Veränderungen und des Anstiegs der Zahl der Versorgungsempfänger vorgesorgt werden. – *2. Finanzierung:* Nach § 14a Bundesbesoldungsgesetz werden beim Bund und den Ländern V. als Sondervermögen aus der Verminderung der Besoldungs- und Versorgungsanpassungen gebildet. Hierzu wird das Besoldungs- und Versorgungsniveau der Beamten und Pensionäre in den Jahren zwischen 1999 und 2017 in Schritten von je 0,2 % abgesenkt, indem die gesetzlich beschlossenen Gehaltsanpassungen der Beamten und die daraus resultierenden Anpassungen der Pensionen entsprechend vermindert werden. Die dadurch eingesparten Beträge werden einem Sondervermögen zugeführt. Die Mittel dieser Sondervermögen dürfen laut Gesetz nur zur Finanzierung künftiger Versorgungsausgaben verwendet werden. Mit dem Versorgungsänderungsgesetz 2001 wurde darüber hinausgehend der von Beamten mit jedem Dienstjahr erworbene Pensionsanspruch auf 1,79375 % der → ruhegehaltfähigen Dienstbezüge verringert; gleichzeitig wurden die Höchstgrenze der Beamtenpensionen um 3,25 Prozentpunkte (in Bezug auf die ursprünglichen Dienstbezüge – das bedeutet faktisch eine Kürzung der Pensionen um 4,33 %) abgesenkt und die Höhe der Witwenversorgung um 5 Prozentpunkte verringert. Die sich hieraus ergebenden Einsparungen werden ebenfalls – wenn auch nur zu 50 % – den V. zugeführt. Bund und Länder können im Rahmen dieser generellen Vorschriften für ihren Bereich weitergehende Einzelregelungen erlassen.

Verstoßprinzip. *1. Begriff:* Prinzip, das regelt, zu welchem Zeitpunkt der → Versicherungsfall als eingetreten gilt. Nach dem V. gilt der Versicherungsfall mit dem Zeitpunkt des haftungsrelevanten Verhaltens des Versicherten (im Sinne eines Tuns oder Unterlassens), das später zum Schaden führt, als eingetreten. Versicherungsschutz besteht also nur, wenn der Verstoß während der materiellen → Versicherungsdauer erfolgt. – Anders: → Claims made-Prinzip; → Ereignisprinzip; → Manifestationsprinzip. – *2. Anwendungsgebiet:* Das V. wird in besonderen Erscheinungsformen in der allgemeinen → Haftpflichtversicherung eingesetzt, speziell in der → Vermögensschadenhaftpflichtversicherung und in der Architekten- und Ingenieurhaftpflichtversicherung.

Verteilungsfunktion. Die V. einer Zufallsvariablen X ist definiert als die Abbildung $F_X : \mathbb{R} \to [0,1]$ mit $F_X(x) := P[X \leq x]$. Analog ist die gemeinsame V. von zwei Zufallsvariablen X und Y definiert als die Abbildung $F_{X,Y} : \mathbb{R}^2 \to [0,1]$ mit $F_{X,Y}(x,y) := P[X \leq x, Y \leq y]$. Sind X und Y unabhängig (→ Unabhängigkeit), so gilt $F_{X,Y}(x,y) = F_X(x)\,F_Y(y)$.

Vertikales Marketing. Koordination von Marketingaktivitäten auf unterschiedlichen Wirtschaftsstufen, in der Versicherungswirtschaft insbesondere die gemeinsamen Aktivitäten des Versicherungsunternehmens und des Versicherungsvermittlers hin zu einem übergreifenden, in sich konsistenten Gesamtmarketing. Das V. ist v.a. für die selbstständigen, mit dem Versicherungsunternehmen bzw. der Unternehmensgruppe ausschließlich verbundenen Einfirmen- oder Konzernvertreter von großer Bedeutung.

Vertragsarzt. *1. Begriff:* Freiberuflicher, niedergelassener → Arzt, der berechtigt und verpflichtet ist, an der vertragsärztlichen Versorgung in der → gesetzlichen Krankenversicherung (GKV) teilzunehmen. – *2. Ausgestaltungen:* Die ambulante ärztliche Versorgung wird in der GKV wesentlich über die → Kassenärztlichen Vereinigungen sichergestellt (§ 75 SGB V). Ärzte nehmen an der vertragsärztlichen Versorgung über eine Zulassung des auf Landesebene angesiedelten Zulassungsausschusses teil. Voraussetzung für die Zulassung ist, dass der Arzt in das von den Kassenärztlichen Vereinigungen geführte Arztregister eingetragen ist. Die Eintragung in das Arztregister setzt neben der Approbation als Arzt den erfolgreichen Abschluss einer Weiterbildung zum Facharzt voraus (§ 95a SGB V). Voraussetzung für die Zulassung ist zudem, dass für den Bezirk, für den die Zulassung beantragt wird, im Rahmen der → Bedarfsplanung keine Zulassungsbeschränkungen angeordnet sind (§ 95 II SGB V). Mit der Zulassung wird der V. Mitglied der zuständigen Kassenärztlichen Vereinigung. – *3. Medizinische Versorgungszentren:* Mit dem Gesetz zur Modernisierung der gesetzlichen Krankenversicherung (GMG) vom 14.11.2003 (BGBl. I S. 2190) hat der Gesetzgeber geregelt, dass auch Medizinische Versorgungszentren (MVZ) an der vertragsärztlichen Versorgung teilnehmen können. MVZ können sich aus V. oder aus angestellten Ärzten rekrutieren. – *4. Abgrenzungen:* Der früher gebräuchliche Begriff „Kassenarzt" wurde durch das Gesundheitsstrukturgesetz (GSG) vom 21.12.1992 (BGBl. I S. 2266) durch den Begriff „Vertragsarzt" abgelöst. Krankenhausärzte mit abgeschlossener Weiterbildung (§ 116 SGB V) können bei Bedarf vom Zulassungsausschuss zur Teilnahme an der vertragsärztlichen Versorgung ermächtigt werden; auch kann der Zulassungsausschuss bei Unterversorgung mit V. entsprechende → Krankenhäuser zur vertragsärztlichen Versorgung ermächtigen (§ 116a SGB V). Die insoweit an der vertragsärztlichen Versorgung teilnehmenden Krankenhausärzte sind keine V. und nicht Mitglieder der Kassenärztlichen Vereinigungen.

Vertragsfreiheit, *Parteiautonomie.* – *1. Begriff:* Verfassungsrechtlich geschützter Grundsatz für Schuldverträge, also auch für → Versicherungsverträge. Die Vertragsparteien entscheiden frei über den Abschluss und die Aufhebung von Verträgen (Abschluss- und Auflösungsfreiheit), über deren Inhalt (Inhaltsfreiheit), ohne an Formvorschriften gebunden zu sein (Formfreiheit). Für Versicherungsverträge bestehen allerdings erhebliche Einschränkungen der V. kraft Gesetzes. – *2. Merkmale:* a) Abschlussfreiheit: Der Versicherungsnehmer entscheidet, ob er überhaupt einen Versicherungsvertrag abschließt und mit welchem Versicherungsunternehmen. Das Versicherungsunternehmen kann den Antrag des Versicherungsnehmers (→ Versicherungsantrag) annehmen, ggf. mit Modifikationen, oder ablehnen. Im → Invitatiomodell fällt der Versicherungsnehmer die Entscheidung über die Annahme oder Ablehnung. – b) Inhaltsfreiheit: Die Gestaltung des Vertragsinhalts obliegt den Parteien, im Versicherungsvertrag dem Versicherungsunternehmen und dem Versicherungsnehmer, insbesondere wo gesetzliche Vorschriften fehlen, wie bei der → Produktgestaltung. – c) Formfreiheit: Gilt auch für Versicherungsverträge, trotz des Textformverlangens für Informationen (§ 7 I S. 1 VVG) und für den → Versicherungsschein (§ 3 I VVG). Mündliche bzw. telefonische Vertragsabschlüsse sind daher wirksam. – d) Auflösungsfreiheit: Recht auf eine gemeinschaftliche Aufhebung des bestehenden Versicherungsvertrags ohne Rücksicht auf sonstige Beendigungsgründe (z.B. Kündigungsrechte, Ablauf etc.). Gegenstück (actus contrarius) zur Abschlussfreiheit. – *3. Einschränkungen:* Die V. wird für den Versicherungsvertrag zum Schutz des Versicherungsnehmers oder Dritter, wie z.b. mitversicherter oder geschädigter Personen, erheblich eingeschränkt. a) Abschlussfreiheit: Für den Versicherungsnehmer gilt statt dessen in den Fällen einer gesetzlichen vorgeschriebenen → Haftpflichtversicherung (→ Pflichtversicherung), die in großer Zahl bestehen, eine Abschlusspflicht. Prominentestes Beispiel ist die → Kfz-Haftpflichtversicherung. Das → Versicherungsvertragsgesetz (VVG) hat ferner mit Wirkung zum 1.1.2009 eine Krankenversicherungspflicht nach dem → Basistarif für Personen geschaffen, die der → privaten Krankenversicherung (PKV) zugeordnet sind (§ 193 III VVG). Eine Annahmepflicht (→ Kontrahierungszwang) des Versicherungsunternehmens besteht i.d.R. auch bei Abschlusspflicht des Versicherungsnehmers nicht. Ausnahmen: Kfz-Haftpflichtversicherung und Versicherung nach dem Basistarif in der PKV mit gesetzlich geregelten Ablehnungsgründen (§ 5 IV PflVG; § 199 V S. 4 VVG). – b) Inhaltsfreiheit: Gesetzliche Regelungen schränken die Inhaltsfreiheit in unterschiedlichem Umfang ein. Zu unterscheiden ist hier zwischen zwingenden, halbzwingenden und abänderlichen (dispositiven) Vorschriften. Zwingende Vorschriften sind für beide Seiten unabänderlich, z.B. die Nichtigkeit einer betrügerischen → Überversicherung oder → Mehrfachversicherung (§§ 74 II 1. Hs, 78 III 1. Hs VVG). Halbzwingende Vorschriften können nur zu Gunsten des Versicherungsnehmers verändert werden. Vielfach erfolgt insoweit eine ausdrückliche Anordnung, z.B. in § 32 VVG. Der halbzwingende Charakter kann sich jedoch auch aus dem Schutzzweck zu Gunsten Dritter (geschädigte Dritte, → mitversicherte Personen) ergeben, wie in der Pflichthaftpflichtversicherung (§§ 113 ff. VVG). Von abänderlichen Gesetzesvorschriften darf auch zum Nachteil des Versicherungsnehmers abgewichen werden. Das gilt jedoch nur für Individualvereinbarungen, soweit es sich nicht um vom Versicherungsunternehmen vorformulierte Vertragsbedingungen i.S.v. → Allgemeinen Versicherungsbedingungen (AVB) und → Klauseln handelt. Hier greift ergänzend die Inhaltskontrolle des AGB-Rechts ein (§§ 307-309 BGB). Bestimmungen in AVB, die den Versicherungsnehmer entgegen den Geboten von Treu und Glauben unangemessen benachteiligen, sind unwirksam (§ 307 I S. 1 BGB). Die Transparenzkontrolle (§ 307 I S. 2 BGB) hat in der Vergangenheit erheblich an Bedeutung gewonnen. Im Rahmen dieser Inhaltskontrolle werden gerade auch dispositive Gesetzesvorschriften als Kontrollmaßstab herangezogen, wie das Regelbeispiel unangemessener Benachteiligung in § 307 II Nr. 1 BGB erkennen lässt. So hat die Rechtsprechung Abweichungen von § 36 VVG – einer abänderlichen Vorschrift, wonach der jeweilige Wohnsitz des Versicherungsnehmers Leistungsort für die Prämienzahlung ist – zum Nachteil des Versicherungsnehmers nicht zugelassen, wie etwa die Verlagerung zum Sitz des Versicherungsunternehmens. Sind dagegen dispositive Gesetzesvorschriften als Vergleichsmaßstab für AVB überhaupt nicht vorhanden, kommt das zweite Regelbeispiel für die Unangemessenheit zum Zuge, die Vertragszweckgefährdung (§ 307 II Nr. 2 BGB). Diese Variante wirkt sich insbesondere bei der Produktgestaltung mit Hilfe der AVB aus, konkret bei der Risikobeschreibung und den Ausschlusstatbeständen. Die Inhaltskontrolle des AGB-Rechts wird darüber hinaus in den Bereichen relevant, in denen die Beschränkungen der V. nach dem VVG keine Anwendung finden. Das ist bei Großrisiken (Art. 10 I S. 2 EGVVG) und in der → laufenden Versicherung (§§ 53-58 VVG) der Fall. Die Rechtsprechung hat z.B. das Verschuldens- und das Kausalitätsprinzip bei → Obliegenheitsverletzungen zu den wesentlichen Grundgedanken der gesetzlichen Regelungen im VVG gezählt. Nachteilige Abweichungen in AVB zu Lasten des Versicherungsnehmers sind daher auch in diesen Bereichen unwirksam (§ 307 II Nr. 1 BGB). – c) Formfreiheit: Die Formfreiheit unterliegt keinen Einschränkungen. Die Übermittlung des Versicherungsscheins (§ 3 I VVG) bildet eine Nebenpflicht aus dem Versicherungsvertrag, der anderweitig bereits geschlossen ist oder mit der Übermittlung zustande kommt. Die Verletzung der Pflicht zur rechtzeitigen Information des Versicherungsnehmers (§ 7 I S. 1 VVG) hindert nicht den wirksamen Vertragsabschluss. Der Zugang des Versicherungsscheins und sämtlicher Informationen nach §§ 7 I und II VVG sind (nur) Voraussetzungen für den Beginn der Widerrufsfrist (§ 8 II S. 1 Nr. 1 VVG).

Vertragslaufzeit

Ohne (beweisbare) Übermittlung muss jedoch die Einbeziehung von AVB in den Vertrag gesondert begründet werden. – d) *Auflösungsfreiheit:* Die Auflösungsfreiheit unterliegt ebenfalls keinen Einschränkungen. Das gilt auch für Pflichtversicherungen und sogar für solche, in denen eine Annahmepflicht des Versicherungsunternehmens besteht. Eine Kfz-Haftpflichtversicherung und eine PKV im Basistarif können daher durch gemeinsamen Aufhebungsvertrag beendet werden; schließlich bleibt der Versicherungsnehmer auch bei Pflichtversicherungen zur Kündigung berechtigt. Seiner Pflicht zum Abschluss eines entsprechenden Versicherungsvertrags muss der Versicherungsnehmer dann anderweitig nachkommen, z.B. bei einem anderen Versicherungsunternehmen.

Vertragslaufzeit. *1. Begriff:* Zeitliche Dauer des → Versicherungsvertrags ohne ordentliche Kündigungsmöglichkeit. Die jeweilige unkündbare Laufzeit wird zwischen dem Versicherungsunternehmen und dem Versicherungsnehmer vereinbart. Höchstlaufzeiten sind gesetzlich nicht vorgesehen. Verlängerungsklauseln sind zulässig (§ 11 I VVG): Ohne Kündigung verlängert sich die V. um ein Jahr. – *2. Schutz des Versicherungsnehmers vor übermäßig langer Vertragsbindung:* Bei einer V. von mehr als drei Jahren hat der Versicherungsnehmer ein gesetzliche Kündigungsrecht zum Ablauf des dritten oder jedes folgenden Jahres mit einer Frist von drei Monaten (§ 11 IV VVG; nach § 8 III VVG a.F. betrug die unkündbare Höchstfrist fünf Jahre). – *3. Kündigung bei Versicherungsverträgen auf unbestimmte Dauer:* Bei Versicherungsverträgen, die auf unbestimmte Dauer abgeschlossen sind, können das Versicherungsunternehmen und der Versicherungsnehmer zum Ende der laufenden Versicherungsperiode mit einer Frist von nicht mehr als drei Monaten und nicht weniger als einem Monat kündigen; die Kündigungsfrist muss für das Versicherungsunternehmen und den Versicherungsnehmer gleich sein (§ 11 II und III VVG). – *4. Sonderregelungen:* Kündigungsrechte und/ oder -fristen unterliegen in der → Kfz-Haftpflichtversicherung (§ 5 IV PflVG), der → Lebensversicherung und → Berufsunfähigkeitsversicherung (§§ 166, 168, 176 VVG) sowie der → privaten Krankenversicherung (PKV, § 206 VVG) eigenständigen Regelungen.

Vertragsrückversicherung. → Obligatorische Rückversicherung.

Vertrauensschadenversicherung. *1. Begriff:* Versicherung zum Schutz des Versicherungsnehmers gegen → Vermögensschäden, die von Vertrauenspersonen durch unerlaubte Handlungen verursacht werden. – *2. Arten:* a) Vermögensschäden, die aus einer vorsätzlichen unerlaubten Handlung entstehen, z.b. Betrug, Diebstahl, Untreue, Unterschlagung und Urkundenfälschung. – b) Vermögensschäden, die aus einer (1) fahrlässigen Handlung oder (2) ohne Verschulden der Vertrauenspersonen entstehen, z.b. durch unmittelbare Eingriffe von Dritten in Form von Raub oder Erpressung. – *3. Eingeschlossener Personenkreis:* Die V. umfasst i.d.R. sämtliche Arbeitnehmer des Versicherungsnehmers, einschl. Aushilfen, Volontäre, Auszubildende und Praktikanten. Auch Geschäftsführer bzw. Vorstandsmitglieder, Aufsichtsräte bzw. Verwaltungsräte, Beiräte sowie Fremdpersonal und Zeitarbeitskräfte fallen unter den eingeschlossenen Personenkreis. Eine namentliche Benennung ist nicht erforderlich. Der Versicherungsnehmer ist verpflichtet, seine Arbeitnehmer vor der Einstellung mit der Sorgfalt eines ordentlichen Kaufmanns auf Vertrauenswürdigkeit zu prüfen (→ Obliegenheit). – *4. Ausschlüsse:* Personenschäden oder mittelbare Schäden, z.B. Zinsverluste, werden durch die V. nicht ersetzt.

Vertreter im Nebenberuf. Bezeichnung für einen → Versicherungsvertreter, der die Vertretertätigkeit nicht als Hauptberuf ausübt. Ob eine haupt- oder eine nebenberufliche Tätigkeit vorliegt, entscheidet sich nach der Verkehrsauffassung, wobei zur Abgrenzung Zeit, Umfang und die Einkünfte aus der einen oder anderen Verrichtung abgewogen werden können. In § 92b HGB sind für die V. besondere Ausnahmen von den §§ 84 ff. HGB vorgesehen, z.B. kürzere Kündigungsfristen oder das Fehlen eines → Ausgleichsanspruchs. Diese Regelungen finden nur Anwendung, wenn der Vertreter im Vertrag ausdrücklich als V. beauftragt wurde. Allerdings kann ein Vertreter, dessen Tätigkeit mit dem Einverständnis des vertretenen Unternehmens den Umfang einer hauptberuflichen Vermittlung angenommen hat, nicht durch vertragliche Vereinbarungen auf einen nebenberuflichen Vertreter reduziert bleiben bzw.

werden. Die nebenberuflichen Vertreter, welche die in § 34d III, IV oder IX GewO genannten Voraussetzungen erfüllen, bedürfen keiner → Gewerbeerlaubnis bzw. werden auf Antrag davon befreit.

Vertretervertrag. *1. Begriff:* Zweiseitiges Rechtsgeschäft zwischen einem Versicherungsunternehmen und einem selbstständigen → Versicherungsvertreter, in welchem sich Letzterer zum Vertrieb der Produkte des Versicherers und daneben meist auch zur Betreuung eines ihm zugewiesenen Bestands an Versicherungsverträgen gegen → Provisionen verpflichtet. *– 2. Merkmale:* V. werden in aller Regel schriftlich abgefasst und enthalten neben den Provisionsbestimmungen zu den einzelnen Versicherungsprodukten sonstige vertragliche Nebenpflichten, Wettbewerbsabreden, Regelungen zum → Ausgleichsanspruch und zur Absicherung von Provisionsrückforderungen des Versicherers (→ Stornohaftung).

Vertretungsmacht des Versicherungsvertreters. *1. Begriff:* Umfang des Vertretungsrechts des → Versicherungsvertreters für das Versicherungsunternehmen. Zu unterscheiden sind diesbezüglich der → Vermittlungsvertreter und der → Abschlussvertreter. *– 2. Rechtsentwicklungen:* Die frühere gesetzliche Regelung (§§ 43, 44 VVG a.F.) wurde in der Praxis mehr und mehr als unzureichend und als den Versicherungsnehmer benachteiligend beurteilt. Der Vermittlungsvertreter war im Antragsstadium (§ 43 Nr. 1 VVG a.F.) zwar bevollmächtigt, → Versicherungsanträge des Versicherungsnehmers entgegenzunehmen, nicht aber Angaben des Versicherungsnehmers zu gefahrerheblichen Umständen zur Erfüllung seiner → vorvertraglichen Anzeigepflicht (Wissenserklärungen). Unter maßgeblicher Vorreiterrolle des BGH entwickelte sich die sog. Auge-und-Ohr-Rechtsprechung: „Was der Vermittlungsvertreter hört oder sieht in dienstlicher Eigenschaft, wird dem Versicherungsunternehmen zugerechnet, ist Wissen des Versicherungsunternehmens." Die Aufnahme des Versicherungsantrags sei ein einheitlicher Lebensvorgang, wobei nicht zwischen der (Empfangs-)Vollmacht des Vermittlungsvertreters zur Entgegennahme (rechtsgeschäftlicher) Willenserklärungen (Versicherungsantrag) und mündlicher Wissenserklärungen zu tatsächlichen Risikoumständen unterschieden werden könne. Begleitet wurde diese Erweiterung der Wissenszurechnung durch Beweislastregeln: Das Versicherungsunternehmen bleibt zum Nachweis der objektiven vorvertraglichen Anzeigepflichtverletzung verpflichtet, ohne sich abschließend auf das Antragsformular berufen zu können, wenn der Versicherungsnehmer substantiiert vorträgt, den Vermittlungsvertreter mündlich weitergehend informiert zu haben. Diese rechtsfortbildende Rechtsprechung bildet die Grundlage für die Reform der V. für das Versicherungsunternehmen. *– 3. Aktuelle gesetzliche Regelungen (§§ 69-73 VVG):* a) Vertretungsmacht: § 69 I Nr. 1 VVG erweitert die Vollmacht des Versicherungsvertreters im Antragsstadium über die Entgegennahme des Antrags auf die vor Vertragsschluss abzugebenden Anzeigen und sonstigen Erklärungen des Versicherungsnehmers. § 69 I Nr. 2 VVG enthält wie bisher die entsprechende Vollmacht für rechtsgeschäftliche Erklärungen sowie für die vom Versicherungsnehmer zu erstattenden Anzeigen während des laufenden Versicherungsverhältnisses. Die Vollmacht zur Entgegennahme von Zahlungen in § 69 II VVG bezieht sich nach dem Wortlaut nur auf die → Erstprämie oder die Einmalprämie (→ Einmalbeitrag). Diese Beschränkung im Vergleich zur früheren Regelung (§ 43 Nr. 4 VVG a.F.) ist nicht verständlich, eine Erweiterung auf die → Folgeprämien erscheint geboten. Allerdings hat die Inkassovollmacht des Versicherungsvertreters durch das Zentralinkasso der Versicherungsunternehmen an Bedeutung verloren. – b) Wissenszurechnung: Die Kenntnis jedes Versicherungsvertreters wird dem Versicherungsunternehmen zugerechnet, die dieser „dienstlich", also nicht „privat" außerhalb seiner Tätigkeit als Versicherungsvertreter, und im Zusammenhang mit dem betreffenden → Versicherungsvertrag erlangt hat (§ 70 VVG). Zu den "dienstlichen" Tätigkeiten gehören z.B. die Antragsaufnahme, Nachverhandlungen, Besichtigungen, Entgegennahme der Schadenanzeige, Mitwirkung bei der Schadenregulierung. Die Grenzen dieser Wissenszurechnung sind dem allgemeinen Stellvertretungsrecht zu entnehmen: Kollusives Zusammenwirken zwischen Versicherungsnehmer und Versicherungsvertreter zum Nachteil des Versicherungsunternehmens, Evidenz des Vollmachtsmissbrauchs für den Versicherungsnehmer. – c) Beweislast: Das Versicherungsunternehmen trägt die Beweislast für die (objektive) Verletzung der vorvertraglichen Anzeigepflicht oder einer sonst verbal zu erfüllenden → Obliegenheit durch den Versicherungsnehmer (§ 69 III S. 2 VVG). Ist dagegen die Abgabe oder der Inhalt des Antrags oder einer sonstigen Willenserklärung streitig (z.B. Deckungserweiterung, Dynamisierung, Beseitigung eines Ausschlusses), ist der Versicherungsnehmer nach allgemeinen Grundsätzen beweisbelastet (§ 69 III S. 1 VVG). – d) Unwirksamkeit von Beschränkungen: Die Vertretungsmacht jedes Versicherungsvertreters nach § 69 VVG sowie die weitergehende Vertretungsmacht des Abschlussvertreters nach § 71 VVG kann durch → Allgemeine Versicherungsbedingungen (AVB) nicht eingeschränkt werden, entgegenstehende Regelungen sind gegenüber dem Versicherungsnehmer und Dritten unwirksam (§ 72 VVG). Diese Unwirksamkeit gilt nunmehr allgemein, nicht nur für das Antragsstadium, sondern auch danach während des laufenden Versicherungsverhältnisses. Die Rechtsprechung des BGH hatte dagegen Vollmachtsbeschränkungen während der → Vertragslaufzeit für wirksam gehalten. § 72 VVG wirkt auch gegenüber allgemeinen Schriftform- oder Textformklauseln in AVB statt mündlicher Erklärungen gegenüber dem Versicherungsvertreter. Nicht betroffen sind jedoch Schriftformklauseln für einzelne Willenserklärungen und Anzeigen des Versicherungsnehmers gegenüber dem Versicherungsunternehmen, z.B. betreffend die Änderung des Bezugsrechts oder die Anzeige einer Abtretung in der Lebensversicherung sowie die Kündigung eines Versicherungsvertrags oder die Entwendungsanzeige in der Kaskoversicherung (→ Schriftform). – *4. Ausdehnung:* Die Regelungen über die V. (§§ 69-72 VVG) werden auf Angestellte und nicht gewerbsmäßig tätige Vermittler, die mit der Vermittlung oder dem Abschluss von Versicherungsverträgen betraut sind, entsprechend angewendet (§ 73 VVG). Bei Mitwirkung von → Versicherungsmaklern gelten diese gesetzlichen Regelungen nicht, falls nicht das Versicherungsunternehmen dem Versicherungsmakler entsprechende Vollmachten wie in §§ 69-71 VVG erteilt hat.

Vertrieb. *1. Begriff:* Betriebswirtschaftliche Funktion des Versicherungsunternehmens. Dient der Verwertung des Gutes Versicherungsschutz am Absatzmarkt. In institutioneller Sicht ist der V. die Gesamtheit aller mit den Vertriebsfunktionen betrauten Organisationseinheiten und der dafür geschaffenen Strukturen im Versicherungsunternehmen. Personen – *2. Merkmale:* Der V. gilt regelmäßig als Engpassfunktion im Versicherungsunternehmen. Das hat mehrere Gründe: Erstens gilt das Versicherungsprodukt als „low interest"-Produkt, das eher verkauft werden muss, als dass es gekauft wird. Zweitens sind dafür nur begrenzt Vertriebskapazitäten vorhanden. Drittens kann das Gut Versicherungsschutz erst nach dem V. produziert werden, denn im Rahmen der → Versicherungstechnik benötigt der Versicherer für den → Risikoausgleich einen Versicherungsbestand, der zunächst durch den V. zustande gebracht werden muss. Im Übrigen erfüllt der V. neben der Verwertung des produzierten Versicherungsschutzes am Absatzmarkt zugleich eine Beschaffungsfunktion im Sinne der Einholung relevanter Informationen über das zu versichernde Risiko. Für den V. bedient sich der Versicherer unterschiedlicher → Vertriebskanäle.

Vertriebscontrolling. Betriebswirtschaftliche Funktion zur Entscheidungsunterstützung der Unternehmensführung bei der Steuerung des → Vertriebs. Dabei werden insbesondere Aufgaben zur Koordination der Vertriebsphasen und Vertriebsprozesse im Versicherungsunternehmen selbst und zwischen dem Versicherungsunternehmen und seinen Vertriebspartnern übernommen. Im Verhältnis zu den Vertriebspartnern wird das V. typischerweise nach den verschiedenen Typen von → Versicherungsvermittlern und nach den verschiedenen Vertriebskanälen ausdifferenziert. Des Weiteren richtet sich das V. auf das Führungspersonal im Vertrieb und dessen Aufgaben der Vertriebsbetreuung und -unterstützung. Alles in allem sind also die gesamte Vertriebsorganisation und deren Funktionen die Gegenstände des Vertriebscontrolling. In institutioneller Sicht ist das V. die Gesamtheit aller mit den betreffenden Controllingaufgaben betrauten Bereiche, Abteilungen und Stellen im Versicherungsunternehmen. Ziel des V. sollte es sein, einen Beitrag des Vertriebs zur Wertschöpfung im Versicherungsunternehmen zu fördern; in diesem Sinne ist das V. auch ein Element der → wertorientierten Steuerung im Versicherungsunternehmen.

Vertriebsgesellschaften. *1. Begriff:* Vermittlungsunternehmen, das entweder in der Form eines → Versicherungsvertreters oder eines → Versicherungsmaklers tätig ist (siehe auch → Strukturvertrieb). – *2. Ziel:* Durch Anwerbung und Einsatz von Untervermittlern wird Vertriebskapazität vorgehalten. Die Versicherer dürfen nach den Vorgaben der Bundesanstalt für Finanzdienstleistungsaufsicht (BaFin) nur mit solchen Vertriebsgesellschaften zusammenarbeiten, die am AVAD Auskunftsverkehr (→ Auskunftsstelle über Versicherungs-/ Bausparkassenaußendienst und Versicherungsmakler in Deutschland e.V.) teilnehmen und sich gegenüber dem Versicherungsunternehmen verpflichten, ihrerseits nur mit Untervermittlern zusammenzuarbeiten, die den Anforderungen des Vermittlergesetzes genügen, insbesondere zuverlässig sind, in geordneten Vermögensverhältnissen leben und über eine → Berufshaftpflichtversicherung verfügen bzw. für die eine Haftungsübernahmeerklärung eines Versicherers vorliegt. Die Einhaltung dieser Verpflichtung ist von den Versicherern in regelmäßigen Abständen zu überprüfen.

Vertriebsgestaltung, *Vertriebspolitik, Absatzpolitik.* – *1. Begriff:* → Marketinginstrument, das sich in den gewählten Vertriebsmethoden konkretisiert. Die V. ist neben der → Produktgestaltung und der → Preisgestaltung eines der wichtigsten Instrumente im → Versicherungsmarketing und umfasst sowohl eine organisatorische als auch eine inhaltliche Komponente. – *2. Organisatorische Komponente der V.:* Vorab steht die Entscheidung, ob ein → Direktvertrieb oder ein → persönlicher Vertrieb eingerichtet wird. Neben der Fokussierung auf ausgewählte einzelne Vertriebswege bietet sich auch die Pluralität aller Vertriebsmöglichkeiten an (sog. → Multikanal-Vertrieb). – *3. Inhaltliche Komponente der V.:* Betrifft die Vertriebsphilosophie und die Vertriebsregeln, im Einzelnen z.B. die Fragen, ob der Vertrieb allein oder überwiegend im Kundenstamm oder mit Fremdakquisition arbeitet, ob → Kundengruppen gebildet und nach welchen Gesichtspunkten diese ggf. definiert werden, ob nur standardisierte oder auch individuelle Versicherungslösungen angeboten werden, ob eine sparten- bzw. zweigübergreifende Beratung und Problemlösung oder ein begrenzter Einzelproduktverkauf favorisiert wird, ob saisonale, regionale oder sonstige Schwerpunkte das Vertriebsgeschehen steuern und/ oder ob bestimmte Sachverhalte im „Versicherungsleben" des → Kunden genutzt werden (→ Lebensphasenmodell), wie es das → Kundenbeziehungsmanagement nahelegt.

Vertriebskanäle, *Vertriebswege.* – *1. Begriff und Differenzierung:* Kanäle, über die ein Versicherungsunternehmen seinen Endkunden das Produktportfolio anbietet. Dabei werden v.a. versicherungseigene (z.B. → angestellter Vermittler), versicherungsgebundene (z.B. → Versicherungsvertreter) und versicherungsfremde (z.B. → Versicherungsmakler) unterschieden. – *2. Kanalstrategien:* Versicherungsunternehmen haben für den → Vertrieb ihre Produkte unterschiedliche Kanalstrategien entwickelt. Teilweise fokussieren sie sich ausschließlich auf einen V., teilweise bearbeiten sie den Markt mit einem sog. → Multikanal-Vertrieb, bei dem die Versicherungsprodukte parallel durch unterschiedliche V. angeboten werden. – *3. V. im Einzelnen:* Üblich und verbreitet in der Versicherungsbranche sind der Vertrieb über angestellte Vermittler und Versicherungsvertreter in der → Ausschließlichkeit, → Mehrfirmenvertreter, → Versicherungsmakler, Banken (→ Bancassurance) und sonstige Vertriebspartner im → Annexvertrieb, z.B. Autohäuser, die neben Kraftfahrzeugen gleichzeitig Kfz-Versicherungen verkaufen, sowie der → Direktvertrieb (z.B. über das Telefon oder Internet).

Vertriebsschulung, *sales training.* – *1. Begriff:* Alle Aus- und Weiterbildungsmaßnahmen, die der Vertriebstätigkeit vorausgehen, diese erleichtern, verbessern oder absichern. – *2. Einordnung und Bedeutung:* In der Versicherungspraxis sehr bedeutender Teilaspekt der → Verkaufsförderung, im Hinblick auf ihre Besonderheiten jedoch wie ein eigenständiges → Marketinginstrument eingeordnet. Dies entspricht auch der üblichen Arbeitsteilung und den Ausprägungen der → Aufbauorganisation in den Versicherungsunternehmen. Die V. hat durch die EU-Vermittlerrichtlinie zusätzlich an Bedeutung gewonnen, infolge derer selbstständige Vermittler für ihre Zulassung nun einen Sachkundenachweis erbringen müssen. (siehe auch → Gesetz zur Neuregelung des Versicherungsvermittlerrechts). – *3. Inhalte:* Fachschulungen, Verkaufs- und Führungstrainings in vielfältigen Facetten, je nach den konkreten Anforderungsprofilen für die jeweiligen Vertriebspartner.

Vertriebswege. → Vertriebskanäle.

Verwaltungsrat. Überwachungsorgan eines → öffentlich-rechtlichen Versicherungsunternehmens. Der V. ist meist aus Vertretern der Trägerkörperschaften und ausgewählten Arbeitnehmervertretern zusammengesetzt. Näheres zur Ausgestaltung und zu den Zuständigkeiten des V. regelt im Einzelfall die → Satzung. Im Übrigen gelten für den V. gem. § 3 VAG die gleichen Vorschriften wie für → Aufsichtsräte von → Aktiengesellschaften oder → Versicherungsvereinen auf Gegenseitigkeit (VVaG).

Verwandtenklausel. → Angehörigenklausel.

Verweisbarkeit. *1. Begriff:* Recht des Versicherers in der → Berufsunfähigkeitsversicherung, den Versicherten auf eine andere Tätigkeit zu verweisen. – *2. Hintergrund und Formen:* Ergibt die Leistungsprüfung durch den Versicherer die Erfüllung des erforderlichen Berufsunfähigkeitsgrads als Hauptvoraussetzung für den Eintritt der Leistungspflicht (i.d.R. 50 %), kommt es zur Prüfung von evtl. bestehenden Verweisungsmöglichkeiten. Der Umfang der Verweisungsprüfung richtet sich nach dem Inhalt der jeweiligen Versicherungsbedingungen. Bei der Verweisung sind die → abstrakte Verweisung und die → konkrete Verweisung zu unterscheiden.

Verweisungsklauseln. Klauseln in der → Berufsunfähigkeitsversicherung, die eine eingeschränkte → Verweisbarkeit für bestimmte → Berufsgruppen vorsehen. Manche Versicherer, deren Bedingungen und Tarife keinen generellen Verzicht auf die → abstrakte Verweisung enthalten, bieten speziell für bestimmte Berufsgruppen (i.d.R. Akademiker und/ oder klassische Kammerberufe, wie Arzt, Rechtsanwalt, Notar, Architekt) eingeschränkte Verweisungsmöglichkeiten in Form von V. an.

Verwendungsklausel. In der → Kfz-Versicherung darf das → Kraftfahrzeug nur zu dem im Versicherungsvertrag angegebenen Zweck benutzt werden. Beispiel: Private Fahrten des Versicherungsnehmers. Zu weiteren Pflichten beim Gebrauch des Fahrzeugs und zu den Folgen einer Pflichtverletzung siehe → Obliegenheiten.

Verzinsliche Ansammlung. Art der → Überschussverwendung in der Lebensversicherung. Die dem einzelnen Vertrag zugewiesenen Überschüsse werden einem Sparkonto, das vom → Lebensversicherungsunternehmen geführt wird, zugewiesen und mit einem jährlich neu zu deklarierenden Zinssatz verzinst. Üblicherweise wird dabei zumindest der dem Versicherungsvertrag zugrunde liegende → Garantiezins gewährt. Eine gesetzliche oder vertragliche Verpflichtung, auch für die V. den der → Prämienkalkulation zugrunde liegenden Garantiezins anzusetzen, gibt es allerdings nicht.

Verzug. → Prämienverzug, → Leistungsverzug des Versicherungsunternehmens.

VGB. Allgemeine Bedingungen der → verbundenen Wohngebäudeversicherung. Musterbedingungen zu den VGB werden vom → Gesamtverband der Deutschen Versicherungswirtschaft e.V. (GDV) unverbindlich empfohlen. Üblicherweise gibt eine nachfolgende Jahreszahl die Bedingungsgeneration an, z.B. VGB 2008.

24h-Service. *1. Begriff:* Ständige Erreichbarkeit eines Unternehmens für Kunden an 356 Tagen im Jahr rund um die Uhr mit dem Ziel einer sofortigen Hilfestellung in Notfällen und/ oder einer Steigerung der Kundenzufriedenheit. Der 24h-Service wird regelmäßig über das Kommunikationsmedium „Telefon" angeboten. – *2. Herausforderungen und Lösungsansätze:* Eine relativ geringe Nutzung des Services führt zu geringer Mitarbeiterauslastung und kann zu Kostenproblemen führen. Lösungsmöglichkeiten liegen in der Volumenbündelung durch spezialisierte Anbieter, z.B. durch → Assisteure, als Dienstleister für eine Mehrzahl oder Vielzahl von Unternehmen. – *3. Stand und Perspektiven in der Versicherungswirtschaft:* In Versicherungsunternehmen ist der 24h-Service insbesondere im Schadenbereich etabliert. Große Versicherer bauen zunehmend eigene Service-Center auf, um den 24h-Service abzubilden. Kleine und mittlere Unternehmen lagern die Servicetätigkeit vermehrt aus (siehe auch → Outsourcing). Die Auslagerung von 24h-Services wird weiter zunehmen.

VGV. Abk. für → verbundene Wohngebäudeversicherung.

Volatilität. → Risiko im Sinne des Ausmaßes der Abweichungen (in beide Richtungen) von dem Mittelwert eines zufälligen Ereignisses bzw. im Sinne der Fluktuationen der zufälligen Ereignisse um ihren Mittelwert. Maße für die V. gehören zu den zweiseitigen → Risikomaßen. Die beiden zentralen Maße für die V. sind die Varianz, die die mittleren (akkumulierten) quadratischen Abweichungen vom Mittelwert erfasst, sowie die Standardabweichung, die als Quadratwurzel der Varianz definiert ist. Im Bereich der Finanzmärkte wird V. oftmals spezifischer als Maß für die kurzfristigen Fluktuationen, d.h. die Variabilität über kurze Zeiträume, verstanden.

Volkswirtschaft. Der Begriff wird häufig i.S.v. Nationalökonomie verwendet und betrifft die Entfaltung der Wirtschaft in einem bestimmten Gebiet oder einer politischen Einheit. Die wissenschaftliche Darstellung unterscheidet Modelle, die von den wechselseitigen Abhängigkeiten der V. absehen (geschlossene V.), und solche, die diese Abhängigkeiten berücksichtigen (offene V.). Als System betrachtet sind die stationäre (bei über die Zeit unveränderten Strukturen oder Verhaltensmustern) und die evolutorische V. (unter Berücksichtigung des stetigen Wandels aufgrund von technischem Fortschritt und Verhaltensänderungen) zu differenzieren.

Volkswirtschaftliche Gesamtrechnung (VGR). *1. Begriff:* Entweder in Form eines Kreislaufschemas (→ Wirtschaftskreislauf) oder in Kontenform erstelltes Rechenwerk zur umfassenden Darstellung der quantitativ erfassbaren wirtschaftlichen Tätigkeiten der inländischen Wirtschaftssubjekte in einem abgeschlossenen Zeitraum, meist in einem Jahr. Insbesondere stellt die VGR die Produktion von Gütern und Dienstleistungen nach Sektoren und Branchen, die Entstehung, Verteilung und Verwendung der → Einkommen und die Bildung und Veränderung von Sach- und Geldvermögen dar. Der Kontenplan für die VGR in Deutschland umfasst rund 60 Konten. Dabei wird neben dem Produktionssektor ein Finanzsektor unterschieden, zu dem außer den Banken, Bausparkassen und Kapitalanlagegesellschaften auch die privaten Versicherungsunternehmen zählen. Versicherungsvertreter und -makler werden unter „sonstigen Dienstleistungen" erfasst. – *2. Methodik:* In tabellarischer Form ergibt sich die VGR wie folgt:

Vorleistungen	2.400,51
+ letzter Verbrauch	1.854,29
(private Konsumausgaben	1.402,25)
(Staatskonsum	452,04)
+ Anlageinvestitionen und Vorratsänderungen	480,64
+ Ausfuhr von Waren und Dienstleistungen	1.177,14
= Gesamtes Aufkommen von Gütern aus der Produktion und Einfuhr	5.912,58
- Einfuhr von Waren und Dienstleistungen	1.020,07
- Nettogütersteuern	256,88
= Produktionswert	4.635,63
- Vorleistungen	2.400,51
= Bruttowertschöpfung	2.235,12
+ indirekte Steuern	284,57
- Subventionen	27,69
= Bruttoinlandsprodukt (zu Marktpreisen)	2.492,00
+ Saldo der Primäreinkommen aus der übrigen Welt	36,60
= Brutto-Nationalprodukt	2.528,60
- Abschreibungen	363,12
- Produktions- und Importabgaben an den Staat abzüglich Subventionen vom Staat	285,32
= Volkseinkommen	1.880,16
(Arbeitnehmerentgelt	1.225,84)
(Unternehmens- und Vermögenseinkommen	654,32)

Quelle: Statistisches Jahrbuch 2009, S. 644; Zahlenangaben in Mrd. EUR

– *3. Zusammenhang zwischen volkswirtschaftlicher Wertschöpfung und der Versicherungswirtschaft:* Die Wertschöpfung ist der in einer produzierenden Einheit entstandene Produktionswert abzüglich der (von anderen Produktionseinheiten zugekauften) Vorleistungen. Die Summe dieser Wertschöpfungen eines Wirtschaftsbereichs ist gleich der Summe der hier entstandenen Erwerbs- und Vermögenseinkommen. Für das Jahr 2006 ergibt sich damit ein Anteil der Versicherungsunternehmen an der volkswirtschaftlichen (Brutto-)Wertschöpfung von 0,96 % (Statistisches Jahrbuch 2009, S.649). Diese Diskrepanz zwischen Intuition und Ergebnissen der VGR gab Anlass zu vielfältiger Kritik, die schließlich in eine „Gesamtleistungsrechnung für die Versicherungswirtschaft" mündete.

Volkszählung, *Zensus.* – *1. Begriff:* Persönliche oder schriftliche Befragung aller privaten Haushalte eines Landes (traditionelle V.). Die V. liefert Informationen über die Zahl der Bevölkerung, über deren demographische und sozioökonomische Struktur sowie über die Zahl der Erwerbstätigen, der Haushalte und der Familien. Wohnungs- und gebäudestatistische Daten werden (in Deutschland) ebenfalls erhoben. Die Ergebnisse aus den V. werden bis zur nächsten V. mit den Ergebnissen aus laufenden Statistiken fortgeschrieben und durch Stichprobenerhebungen (z.B. Mikrozensus) ergänzt. – *2. Ziele:* Eine V. bietet politischen und administrativen, aber auch kommerziellen Institutionen eine verlässliche Informationsgrundlage zu einer effektiven Planung und Allokation von Ressourcen, typischerweise z.B. von Schulen, Krankenhäusern, Wohnungen, technischen Infrastrukturen oder öffentlichem Verkehrswesen. – *3. Entwicklungen in Deutschland:* Die letzten V. fanden im früheren Bundesgebiet im Jahr 1987 und in der DDR im Jahr 1981 statt. Gesellschaftliche, politische und demographische Veränderungen sowie wachsende Fortschreibungsfehler bei der Bevölkerungsfortschreibung (vgl. → Bevölkerungsbilanz) erfordern regelmäßige Aktualisierungen und Korrekturen. Es empfiehlt sich daher, alle zehn Jahre eine V. durchzuführen. Die nächste, registergestützte, V. ist im Rahmen der kommenden EU-weiten Zensusrunde für das Jahr 2011 geplant. Sie ist im Gegensatz zu den vergangenen V. nicht als Vollerhebung konzipiert worden. Bei der registergestützten V. werden die vorhandenen bevölkerungs- und erwerbsbezogenen Informationen aus den Verwaltungsregistern (in Deutschland vorrangig in den Einwohnermeldeämtern und bei der Bundesagentur für Arbeit geführt) verwendet. Informationen über die Gebäude und Wohnungen, die nicht in den Verwaltungsregistern erfasst sind, werden bei den Gebäude- und Wohnungseigentümern erhoben. Weitere Daten, wie bspw. zur Bildung und Ausbildung oder zur Erwerbstätigkeit, werden bei einem Teil der Bevölkerung mittels repräsentativer Stichproben erfasst.

Vollkaskoversicherung. *1. Begriff:* Sachversicherung, die das Interesse des Versicherungsnehmers am wirtschaftlichen Wert des unter Versicherungsschutz stehenden → Kraftfahrzeugs schützt. – *2. Umfang:* Die V. umfasst die Leistungen der → Teilkaskoversicherung und darüber hinaus noch Schäden, die durch einen Unfall oder durch mutwillige oder böswillige Handlungen betriebsfremder Personen entstanden sind. Betriebsschäden eines Kraftfahrzeugs, die bspw. durch Bedienungsfehler entstehen können, sind vom Versicherungsschutz ausgeschlossen, da sie kein Unfallereignis darstellen. Siehe auch → Kfz-Kaskoversicherung, Teilkaskoversicherung.

Vollkostenrechnung. *1. Begriff:* → Kostenrechnung, die sämtliche → Kosten im Versicherungsunternehmen erfasst und auf die ausgewählten Bezugsgrößen zurechnet. Abzugrenzen von → Teilkostenrechnungen. – *2. Ausprägungen und Merkmale:* Für die V. ist regelmäßig eine sukzessive Abfolge der drei Teilrechnungen → Kostenartenrechnung, → Kostenstellenrechnung und → Kostenträgerrechnung notwendig. Dabei dient die Kostenstellenrechnung im Rahmen der Kostenträgerrechnung auch als Vermittler für die Zurechnung von Kostenarten mit dem Charakter von → Gemeinkosten, indem sie geeignete Schlüsselgrößen zur Verfügung stellt. – *3. Ziele:* Die V. bildet eine ganzheitliche Kalkulationsgrundlage und dient insbesondere langfristigen Geschäftsfelderentscheidungen und der langfristigen Preiskalkulation (im → Versicherungsgeschäft: → Prämienkalkulation). Des Weiteren verschließt sich die V. bewusst vor marginalanalytischen Ansätzen; sie kann damit als Basis für eine umfassende Wirtschaftlichkeitskontrolle eingesetzt werden. – *4. Abgrenzung:* Die V. ist von der → Teilkostenrechnung abzugrenzen.

Vollrente. Vollständige Inanspruchnahme einer → Altersrente aus der → gesetzlichen Rentenversicherung (GRV) durch den Versicherten. Abzugrenzen von der → Teilrente.

Vollwertversicherung. *1. Begriff:* → Versicherungsform in der → Schadenversicherung. In Versicherungszweigen, in denen die (Höchst-)Werte der Risiken einzeln bestimmt werden können und verschieden sind (z.B. bei → Gebäuden und Hausrat), möchten die Versicherer den Leistungsumfang und die Prämien nach diesem (Höchst-) Wert, d.h. nach ihrem individuellen Versicherungswert, abstufen. Sie lassen sich dazu den vollen → Versicherungswert als sog. → Versicherungssumme deklarieren und berechnen die Prämien nach dieser Versicherungssumme. Wenn Versicherungswerte in diesem Sinn deklariert werden sollen, wird von V. gesprochen. – *Alternativen:* → Unbegrenzte Interessenversicherung, → Erstrisikoversicherung, → Bruchteilversicherung. – *Anders:* → Summenversicherung. – *2. Vollwert-Vollversicherung:* Im Idealfall stimmen Versicherungswert und Versicherungssumme überein; dieser Fall wird als Vollversicherung bezeichnet. Der Versicherer hat eine angemessene Prämienbemessungsgrundlage, und der Versicherungsnehmer erhält im Schadenfall vollen Schadenersatz. – *3. Vollwert-Unterversicherung:* In der Praxis kommen auch oft Fälle vor, in denen die Versicherungssumme deutlich unter dem Versicherungswert liegt; der Fall der → Unterversicherung. → Versicherungsvertragsgesetz (VVG) und → Versicherungsbedingungen sehen für diesen Fall vor, dass der Versicherer nur den Teil des Schadens ersetzt, der dem Verhältnis von Versicherungssumme und Versicherungswert entspricht. Diese Kürzung der Entschädigung kommt nicht nur für Schäden in Frage, die die Versicherungssumme übersteigen, sondern grundsätzlich auch für alle kleineren Schäden. Um die nachteiligen Folgen von Unterversicherungen zu vermeiden, empfiehlt es sich bei V., der ausreichenden Höhe der Versicherungssumme genügend Aufmerksamkeit zu widmen, und zwar sowohl bei Abschluss der Versicherungen als auch während der Versicherungszeit. Die Versicherer bieten einige Verfahren an, um der Gefahr der Unterversicherung entgegenzuwirken, z.B. Summenausgleich, → Vorsorgeversicherung, Wertzuschlagsversicherung, Stichtagsversicherung der Vorräte und → gleitende Neuwertversicherung. – *4. Vollwert-Überversicherung:* Wenn die Versicherungssumme den Versicherungswert erheblich übersteigt, liegt → Überversicherung vor. Trotzdem bleibt die Leistung des Versicherers auf den Betrag des Schadens beschränkt. Beide Parteien können in diesem Fall aber verlangen, dass die Überversicherung beseitigt wird.

Vorauszahlung auf Versicherungsleistungen. Diskontierte Auszahlung von Versicherungsleistungen aus einer → Lebensversicherung zu einem Zeitpunkt vor Fälligkeit. Die Versicherungsnehmer haben ein vertragliches Recht auf eine Vorauszahlung auf Versicherungsleistungen. Da allerdings Versicherungsunternehmen grundsätzlich keine Kreditgeschäfte tätigen dürfen und auch Spekulationen gegen das Unternehmen vermieden werden sollen, sind V. auf die zum Zeitpunkt der Auszahlung garantierten → Rückkaufswerte begrenzt.

Vordienstzeiten. Begriff aus der → betrieblichen Altersversorgung (bAV). V. sind Zeiten vor Beginn des Arbeits- oder Dienstverhältnisses, für das die bAV gewährt wird. Versorgungszusagen können die Anrechnung von V. vorsehen, und zwar – je nach Vereinbarung – im Rahmen der Leistungsformel, zur Erfüllung von → Wartezeiten und/ oder zur Berechnung der → unverfallbaren Anwartschaft nach dem → ratierlichen Berechnungsverfahren. Der → Pensions-Sicherungs-Verein auf Gegenseitigkeit (PSVaG) akzeptiert im Rahmen des gesetzlichen Insolvenzschutzes (siehe → Insolvenzsicherung) die Anrechnung von V. nur ausnahmsweise.

Vorgelagerte Besteuerung. *1. Begriff:* Finanzierung von Spar- und Entspargeschäften (→ Spargeschäft, → Entspargeschäft), die vorwiegend der → Altersvorsorge dienen, aus bereits versteuertem Einkommen in der Ansparphase. Die V. korrespondiert regelmäßig mit steuerfreien Auszahlungen in der Leistungsphase. In der → betrieblichen Altersversorgung (bAV) bedeutet die V., dass die Aufwendungen des Arbeitgebers zum Aufbau einer Versorgung beim Arbeitnehmer für diesen steuerpflichtig sind, dafür sind später die Versorgungsleistungen steuerfrei. Gegensatz: → nachgelagerte Besteuerung.

Vorgezogene Altersrente. Begriff aus der → betrieblichen Altersversorgung (bAV). Erhält ein Arbeitnehmer die Rente aus der → gesetzlichen Rentenversicherung (GRV) als → Vollrente, so kann er nach § 6 BetrAVG, wenn er die übrigen Leistungsvoraussetzungen der Versorgungsregelung erfüllt, auch eine vorzeitige betriebliche Altersleistung beanspruchen (Gleichlauf von gesetzlicher und betrieblicher Rente). Dies gilt sowohl für die → Entgeltumwandlung als auch für die arbeitgeberfinanzierte Versorgung. Wegen der vorgezogenen Inanspruchnahme können → versicherungsmathematische Abschläge vereinbart werden.

Vorkostenstellen. → Kostenstellen.

Vorläufige Deckung, *vorläufige Deckungszusage.* – *1. Begriff:* Zusage von Versicherungsschutz durch einen eigenständigen, vom i.d.R. nachfolgenden Hauptvertrag getrennten → Versicherungsvertrag (Trennungstheorie). Die V. kann zeitlich befristet werden. – *2. Merkmale:* Die V. gewährt während ihrer Dauer Versicherungsschutz, auch wenn kein Hauptvertrag zustande kommt. Gründe für V.: Eilbedürftigkeit auf Seiten des Versicherungsnehmers, Überbrückung des Risikoprüfungszeitraums mit Versicherungsschutz, Klärung sonstiger Einzelheiten. Der Versicherungsschutz hängt nicht von einer Prämienzahlung ab (deckende Stundung; vgl. ansonsten: → Einlösungsprinzip). Ausnahmen bedürfen der gesonderten Mitteilung in Textform gegenüber dem Versicherungsnehmer (§ 51 I VVG). – *3. Abschlusserleichterungen:* Verzicht des Versicherungsnehmers auf (Vorweg-)Information (§ 49 I VVG), Ausschluss des Widerrufrechts des Versicherungsnehmers (§ 8 III Nr. 1 VVG); Gegenausnahme: Fernabsatz. Die Pflicht des Versicherungsunternehmens zur anlassgebundenen Beratung, z.B. über den örtlichen Geltungsbereich (Europaklausel), gilt dagegen auch für die vorläufige Deckung. Die vom Versicherungsunternehmen verwendeten → Allgemeinen Versicherungsbedingungen (AVB) gelten auch ohne ausdrücklichen Hinweis als Vertragsbestandteil. – *4. Anwendungsbereiche:* Sämtliche Versicherungszweige durch (individuelle) Zusage. Besondere vorformulierte Regelungen gelten in der → Kfz-Versicherung (elektronische Versicherungsbestätigung) und in der → Lebensversicherung (→ vorläufiger Versicherungsschutz). – *5. Abgrenzungen:* Eine → Rückwärtsversicherung und/ oder erweiterte Einlösungsklauseln ermöglichen Versicherungsschutz für die Vergangenheit ab dem beantragten Zeitpunkt. In beiden Fällen ist jedoch das Zustandekommen des Versicherungsvertrags Voraussetzung – anders dagegen bei der vorläufigen Deckung. Daher kann das Versicherungsunternehmen verpflichtet sein, den Versicherungsnehmer über diese „sicherste" Lösung zu beraten. – *6. Beendigung:* a) Beginn von (gleichartigem) Versicherungsschutz aus dem Hauptvertrag (§ 52 I S. 1 VVG). – b) Erstprämienverzug des Versicherungsnehmers (→ Erstprämie, → Prämienverzug) bei entsprechender Belehrung (§ 52 I S. 2 VVG). Die Vereinbarung eines rückwirkenden Wegfalls der V. unter den genannten Voraussetzungen bleibt zulässig (vgl. z.B. B.2.4 AKB 2008). – c) Zeitablauf. – d) Kündigung bei V. auf unbestimmte Dauer: Das Versicherungsunternehmen muss in diesem Fall eine Frist von zwei Wochen einhalten (§ 51 IV S. 2 VVG). – e) Scheitern der Vertragsverhandlungen führt nicht mehr zur automatischen Beendigung der V., das Versicherungsunternehmen muss kündigen.

Vorläufige Deckungszusage. *1. Begriff:* Selbstständiger → Versicherungsvertrag, der vor dem endgültigen Vertragsabschluss zustande kommt. – *2. Merkmale:* Für eine V. wird eine separate Prämie verlangt, die i.d.R. mit der Prämie für den endgültigen Versicherungsvertrag verrechnet wird. Bei Nichtzustandekommen des endgültigen Vertrags erfolgt eine Rechnungsstellung für die vorläufige Deckungszusage. Häufigste Form der V. ist der sofortige Versicherungsschutz in der Kfz-Versicherung (z.B. bei Kauf eines PKW zur sofortigen Nutzung und Anmeldung). Die V. endet mit dem Ablauf der hierfür vereinbarten Dauer, mit dem Scheitern der Vertragsverhandlungen, mit der Ablehnung des endgültigen Hauptvertrags, bei einer neuen Deckungszusage, bei Kündigung oder Zahlungsverzug sowie mit dem Abschluss des endgültigen Vertrags. Während der Laufzeit der V. ist der Versicherer leistungspflichtig, auch wenn er noch keine Prämie erhalten hat. Im Rahmen der Informationspflichten nach der VVG-Reform gelten seit dem 1.1.2008 für V. reduzierte Anforderungen; so muss der Versicherer z.B. alle Versicherungsbedingungen erst mit dem endgültigen Hauptvertrag zur Verfügung stellen. – *3. Ziel:* Durch die Bereitstellung vorläufigen Versicherungsschutzes ist es möglich, auch während der Zeit der teilweise langwierigen → Risikoprüfung bereits Versicherungsschutz zu erhalten.

Vorläufiger Versicherungsschutz. *1. Begriff:* Der V., genauer die vorläufige Deckung, ist nach der VVG-Reform in §§ 49 ff. VVG erstmals gesetzlich geregelt. Bei der vorläufigen Deckung handelt es sich um einen selbstständigen Versicherungsvertrag (vgl. § 49 I 1 VVG), der dem anschließenden Hauptvertrag vorgeschaltet ist. – *2. Merkmale:* Für die vorläufige Deckung gelten grundsätzlich die allgemeinen Regeln. Als Ausnahmen wegen des nur vorläufigen Vertrags sind zu nennen: Gemäß § 49 I 1 VVG – außer bei Fernabsatzverträgen – der formlose Verzicht auf Informationen nach § 7 VVG; die abgeschwächten Beratungs- und Dokumentationspflichten (vgl. §§ 6 II 2, 61, 62 II 1 VVG); die erleichterte Einbeziehung von Versicherungsbedingungen (vgl. § 49 II 1 VVG); die anteilige Prämienzahlung bei Nichtzustandekommen des Hauptvertrags (vgl. § 50 VVG). Von den Regelungen zur Prämienzahlung sowie zur Beendigung des V. kann nicht zum Nachteil des Versicherungsnehmers abgewichen werden. – *3. Beendigung:* Der V. endet bei Beginn eines gleichartigen Versicherungsschutzes, bei Erstprämienverzug, bei Widerruf des Hauptvertrags bzw. Widerspruch gegen den Hauptvertrag (§§ 5, 8 VVG) oder bei fristloser Kündigung durch eine der Vertragsparteien. Verträge über eine vorläufige Deckung können nicht widerrufen werden (§ 8 III 2 VVG; Ausnahme: Fernabsatzverträge). – *4. V. in der Kfz-Versicherung:* In der → Kfz-Versicherung beginnt der V. am Tag der Zulassung des → Kraftfahrzeugs (§ 9 KfzPflVV). Dabei handelt es sich um eine Ausnahme zu § 1 II KfzPflVV, wonach der Versicherungsschutz in der → Kfz-Haftpflichtversicherung immer um 0 Uhr des Tages, für den der Versicherungsanfang vereinbart ist, beginnen muss.

Vorruhestand. Zeit zwischen dem Ausscheiden aus dem Erwerbsleben und dem Bezug einer (vorgezogenen) → Altersrente.

Vorsatz. Wissen und Wollen des rechtswidrigen Erfolgs. Wichtiger Ausschlusstatbestand in der → Haftpflichtversicherung.

Vorschaltzeiten. Begriff aus der → betrieblichen Altersversorgung (bAV). Mindestdienstzeit oder Mindestalter als Voraussetzung für die Erteilung einer Versorgungszusage. V. zählen nach der Rechtsprechung des BAG bei der Erfüllung der Unverfallbarkeitsfristen mit ("Zusage auf eine Zusage") und wirken daher wie eine → Wartezeit. Siehe auch → unverfallbare Anwartschaft.

Vorsichtsprinzip. *1. Begriff:* Ein → Grundsatz ordnungsmäßiger Buchführung (GoB). Das V. ist eines der wichtigsten Prinzipien für die Bewertungsansätze im Jahresabschluss nach HGB. Es verlangt, Vermögensgegenstände im Zweifel eher zu niedrig und Schulden im Zweifel eher zu hoch zu bewerten, und dient damit dem Gläubigerschutz. Rechtsgrundlage ist § 252 I Nr. 4 HGB. – *2. Präzisierung:* Das V. wird durch vier weitere GoB präzisiert: das → Realisationsprinzip, das → Niederstwertprinzip, das → Imparitätsprinzip und das Wertaufhellungsprinzip. – *3. Einfluss auf die Rechnungslegung nach IAS/ IFRS und US-GAAP:* Den Grundsatz der Vorsicht gibt es nach → IAS/ → IFRS und → US-GAAP als Ableitung aus dem Grundsatz der Verlässlichkeit. Er hat aber einen geringeren Stellenwert als das V. nach HGB. – *4. Probleme:* Durch die vorsichtige Bewertung kommt es zur Bildung von → Bewertungsreserven. Im Rahmen des V. ist dies zulässig; eine willkürliche Bildung durch Unterbewertung von Aktiva oder Überbewertung von Passiva ist jedoch unzulässig. Grundsätzlich kollidiert das V. mit dem Grundsatz des → True and Fair View.

Vorsorgeversicherung. Versicherungsschutz für neu hinzugekommene Risiken. Einschlusstatbestand z.B. in der → Haftpflichtversicherung, in der → verbundenen Hausratversicherung, in der → verbundenen Wohngebäudeversicherung und in der Unfallversicherung (→ Unfallversicherung, private). Die V. schließt die Deckungslücke für einen Übergangszeitraum – meist bis zum Schluss der laufenden Versicherungsperiode – manchmal eingeschränkt auf eine bestimmte Summe mit ein. Mit einer V. soll eine → Unterversicherung vermieden oder abgemil-

Vorstand

dert werden. Abzugrenzen von → Risikoerhöhung und → Risikoerweiterung.

Vorstand. *1. Begriff:* Leitungsorgan einer → Aktiengesellschaft (AG), eines → Versicherungsvereins auf Gegenseitigkeit (VVaG) oder eines → öffentlich-rechtlichen Versicherungsunternehmens. Dem V. obliegt die Aufgabe der Geschäftsleitung sowie die gerichtliche und außergerichtliche Vertretung des Unternehmens. – *2. V. bei AG:* Rechtsgrundlagen sind §§ 76 - 94 AktG. Der V. wird vom → Aufsichtsrat auf höchstens fünf Jahre bestellt. Wesentliche Aufgaben des V. sind neben der Geschäftsleitung die Erfüllung der Berichtspflichten gegenüber dem Aufsichtsrat, der → Hauptversammlung sowie – im Fall des V. von Versicherungsunternehmen – der → Aufsichtsbehörde. Die Berichtspflichten an den Aufsichtsrat müssen nach § 90 I Nr. 1 AktG Aussagen über die beabsichtigte Geschäftspolitik und andere grundsätzliche Fragen der Unternehmenspolitik umfassen. Des Weiteren muss der V. nach § 91 II AktG geeignete Maßnahmen treffen, insbesondere ein Überwachungssystem einrichten, damit den Fortbestand der Gesellschaft gefährdende Entwicklungen früh erkannt werden (→ Risikofrüherkennungssystem). Der V. einer AG kann nach § 76 II AktG aus einer Person oder aus mehreren Personen bestehen. Bei Gesellschaften mit einem Grundkapital von mehr als 3 Mio. Euro hat er aus mindestens zwei Personen zu bestehen, es sei denn, die Satzung bestimmt, dass er aus einer Person besteht, wobei eine Einzelvertretung bei Versicherungs-AG von der Aufsicht nicht zugelassen wird. Nach § 77 I AktG gilt bei Entscheidungen in einem mehrköpfigen Vorstand das Prinzip der Einstimmigkeit, wenn die Satzung oder Geschäftsordnung nichts Abweichendes bestimmt, wobei in keinem Fall gegen die Mehrheit der Vorstandsmitglieder entschieden werden kann. – *3. V. beim VVaG:* Der V. besteht aus mindestens zwei Personen. §§ 76 I, III, 77-91, 93 und 94 AktG gelten entsprechend. Was in diesen Rechtsgrundlagen für die Beschlüsse der Hauptversammlung einer AG geregelt ist, gilt für die Beschlüsse des → obersten Organs eines VVaG entsprechend. – *4. V. bei öffentlich-rechtlichen Versicherungsunternehmen:* Die Vorschriften für den V. gelten nach § 3 VAG analog wie bei AG und VVaG. – *5. Voraussetzungen und Restriktionen:* Nach § 7a I VAG müssen Geschäftsleiter von Versicherungsunternehmen zuverlässig und fachlich geeignet sein, was ausreichende theoretische und praktische Kenntnisse in Versicherungsgeschäften sowie Leitungserfahrungen voraussetzt. Darüber hinaus dürfen V. nur bis zu zwei Vorstandsmandate bei Versicherungsunternehmen, Pensionsfonds, → Versicherungs-Holdinggesellschaften oder Versicherungs-Zweckgesellschaften besitzen. Für den Fall, dass es sich um Unternehmen derselben Versicherungs- oder Unternehmensgruppe handelt, kann die → Aufsichtsbehörde mehr Mandate zulassen.

Vorvertragliche Anzeigepflicht. *1. Begriff:* Pflicht des Versicherungsnehmers i.S.e. → Obliegenheit, dem Versicherungsunternehmen vor Abschluss des Vertrags die zur Risikobeurteilung und tariflichen Einstufung relevanten Informationen mit dem → Versicherungsantrag zur Verfügung zu stellen. Die V. ist gesetzlich im → Versicherungsvertragsgesetz (VVG) geregelt (§ 19 VVG). – *2. Details:* Als wichtig und "gefahrerheblich" für die Risikobeurteilung gelten prinzipiell alle Daten, nach denen im Versicherungsantrag gefragt wird. Dazu zählen z.B. in der privaten Krankenversicherung (PKV) Angaben über Gesundheitszustand, Beruf, Lebensalter sowie über anderweitig beantragten oder bestehenden Versicherungsschutz. Die V. endet mit der Abgabe des Antragsvordrucks an den Versicherer, genauer: mit der Abgabe der auf den Vertragsschluss gerichteten Willenserklärung. Dies bedeutet: Nach Antragstellung besteht keine Nachmeldepflicht mehr für ärztliche Behandlungen und Veränderungen im Gesundheitszustand. Dies ist eine Neuregelung gegenüber der alten Fassung des VVG, nach der bis Ende 2007 so lange eine Nachmeldefrist galt und die V. fortbestand, bis der Antragsteller den Versicherungsschein oder eine Annahmeerklärung des Versicherers erhalten hatte. – *3. Hintergrund:* Die V. dient der Reduktion der unterschiedlich verteilten Informationen zwischen dem Versicherer und dem Antragsteller. Bspw. könnte der Versicherer in der PKV ohne Kenntnis des Krankheitsrisikos keinen oder ggf. nur einen unzureichend risikoäquivalent kalkulierten Versicherungsschutz anbieten. Die V. dient also unmittelbar der Funktionsfähigkeit einer Versicherung. – *4. Konsequenzen bei Nichtbeachtung:* Die im Zuge der V. gegebenen Informationen müssen der Wahrheit entsprechen. Bei wissentlich falsch gegebenen Informationen kann der Vertragspartner eine arglistige Täuschung annehmen und den Vertrag anfechten. Auch kann der Versicherer für den Fall, dass der Versicherungsnehmer ihm bekannte erhebliche Umstände bei Vertragsschluss nicht angezeigt hat, binnen Monatsfrist vom Vertrag zurücktreten (§§ 19 II, 21 VVG). Der Rücktritt des Versicherers ist ausgeschlossen, wenn die Anzeige ohne Verschulden des Versicherungsnehmers unterblieben ist. In diesem Fall steht dem Versicherer ein Kündigungsrecht binnen Monatsfrist zu (§ 19 III VVG). Der Rücktritt und auch eine Kündigung des Versicherers sind allerdings dann ausgeschlossen, wenn der Versicherer den Vertrag auch bei Kenntnis der nicht angezeigten Umstände, wenn auch zu anderen Bedingungen, geschlossen hätte (§ 19 IV VVG). Das Recht zur Kündigung bzw. Anfechtung erlischt generell nach fünf Jahren bzw. nach zehn Jahren bei arglistiger Täuschung (§ 21 III VVG).

Vorwärtsversicherung. Vorherrschende Form von Versicherungsschutz, bei der vertragsgemäß der formelle → Versicherungsbeginn zeitlich vor dem materiellen Versicherungsbeginn liegt. – Gegensatz: → Rückwärtsversicherung.

Vorwegabgabe. Recht des → Erstversicherers, ein an sich in den Rahmen der Rückversicherungsabgabe fallendes Risiko nicht in den Vertrag einbringen und es anderweitig, ggf. auch zu besseren Konditionen, zu schützen. Mit der V. entlastet der Erstversicherer den Rückversicherungsvertrag und organisiert insoweit seinen Schutz eigenständig. Die V. muss dem → Rückversicherer angezeigt werden, um die Risikolage eines Geschäfts ausreichend bestimmen zu können. In der → obligatorischen Rückversicherung ist regelmäßig bestimmt, ob der Erstversicherer das Recht auf V. besitzt und welchen Mindestselbstbehalt er pro Risiko tragen muss.

Vorzeitiges Ausscheiden. Begriff aus der → betrieblichen Altersversorgung (bAV). Ausscheiden vor Eintritt eines → Versorgungsfalls. Bei Erfüllung der entsprechenden Voraussetzungen behält der Arbeitnehmer eine → unverfallbare Anwartschaft auf bAV.

VVaG. Abk. für → Versicherungsverein auf Gegenseitigkeit.

VVG-Reform

von Rolf-Peter Hoenen und Dr. Ulrich Eberhardt

Das Versicherungsvertragsgesetz von 1908, das seit 1910 gilt, wurde nach rund 100 Jahren erstmals umfassend reformiert und am 1.1.2008 durch das neue Versicherungsvertragsgesetz von 2007 ersetzt. Bedürfnisse eines modernen Verbraucherschutzrechts, vielfältiges Richterrecht sowie europäische Vorgaben machten eine Gesamtreform unumgänglich. Auf nicht mehr zeitgemäße Sonderregelungen z.B. für die Tier- und Hagelversicherung wurde verzichtet. Bewährte Regelungen wurden mitunter unverändert übernommen. Praktisch bedeutsame, neuere Versicherungsfelder, wie die Berufsunfähigkeitsversicherung, wurden erstmals gesetzlich normiert.

1. Beratungs- und Dokumentationspflichten

Neu sind auch umfassende Regelungen von Beratungs- und Dokumentationspflichten für die Versicherungsvermittler und Versicherer bei Vertragsschluss und während der Vertragslaufzeit. Ein Beratungsanlass kann z.B. sein, dass sich bei einer zum Zwecke der Ablösung eines Baudarlehens abgeschlossenen Kapitallebensversicherung infolge unerwarteten Rückgangs der Überschüsse eine Finanzierungslücke beim Versicherungsnehmer abzeichnet.

2. Informationspflichten

Die bislang in verschiedenen Gesetzen geregelten umfangreichen Informationspflichten des Versicherers wurden – unabhängig vom Vertriebsweg – erstmals zusammengefasst und durch die Informationspflichtenverordnung vom 18.12.2007 konkretisiert. Eingeführt wurden damit Informationsgebote über Abschluss- und Vertriebskosten sowie über sonstige Kosten in der Lebens- und Krankenversicherung; bei letzterer auch über die Prämienentwicklung. Erstmals müssen damit Lebensversicherer in beispielloser Weise ihre interne Kalkulation offenlegen.

Das damit verfolgte Ziel einer verbesserten Transparenz dürfte aber unerreicht bleiben, solange über andere Altersvorsorgeprodukte aus dem Bankensektor nicht vergleichbar informiert werden muss.

In Abkehr zum bisherigen Recht sind die Informationen den Versicherungsnehmern stets rechtzeitig vor deren Vertragserklärung mitzuteilen. Damit wurde das sog. Policenmodell abgeschafft, obwohl es sich in der Praxis bewährt hatte und auch dem Interesse der Versicherungsnehmer an rechtzeitiger Information und kostengünstigem Versicherungsschutz besser gerecht wird. Der Gesetzgeber folgt also dem europäischen Phantom des „mündigen Verbrauchers", der vor Vertragserklärung nicht nur seinen eigenen Vertrag im Detail studiert, sondern diesen auch mit anderen Produkten im Detail vergleicht. Die bisherigen Vertragslösungsrechte wurden zu einem generellen Widerrufsrecht zusammengefasst, das in einzigartiger Weise die Vertragsreue des Versicherungsinteressenten begünstigt.

3. Aufgabe des Alles- oder Nichts-Prinzips

Das sog. Alles- oder Nichts-Prinzip bei grob fahrlässiger Verletzung gesetzlicher oder vertraglicher Obliegenheiten wurde aufgegeben. Statt vollständiger Leistungsfreiheit kann der Versicherer seine Leistung bei grob fahrlässigen Obliegenheitsverstößen nur noch entsprechend der Schwere des Verschuldens kürzen. Obliegenheiten, die nicht der Verminderung der Gefahr oder der Verhütung der Gefahrerhöhung dienen, sondern das subjektive Risiko oder die allgemeine Vertragsgefahr betreffen, können nicht mehr sanktioniert werden, soweit keine Arglist des Versicherungsnehmers vorliegt.

4. Vorvertragliche Anzeigepflicht

Die vorvertragliche Anzeigepflicht wurde neu geregelt: Grundsätzlich sind vom Versicherungsnehmer nur noch in Textform erfragte Umstände anzuzeigen. Die Nachmeldeobliegenheit zwischen Antragsstellung und Vertragsschluss entfällt, soweit keine schriftliche Nachfrage erfolgt. Das Rücktrittsrecht bei einfacher Fahrlässigkeit des Versicherungsnehmers entfällt zugunsten eines Kündigungsrechts. Eine einfach fahrlässige Verletzung der Anzeigepflicht dürfte damit in aller Regel sanktionslos bleiben. Selbst bei grob fahrlässiger Verletzung der Anzeigepflicht kann der Versicherungsnehmer auf Versicherungsschutz hoffen, wenn nachgewiesen wird, dass der nicht angezeigte Umstand nicht zu einer Versagung des Versicherungsschutzes geführt hätte.

5. Erhebung von Gesundheitsdaten bei Dritten

Das informationelle Selbstbestimmungsrecht der in den Versicherungsvertrag einbezogenen Personen wird im Anschluss an das Urteil des Bundesverfassungsgerichts vom 23.10.2006 besonders geschützt: Die betroffene Person kann als „Herrin ihrer Daten" wählen, ob die Erhebung im Einzelfall oder pauschal legitimiert wird. Sie ist hierzu über jede bevorstehende Datenerhebung und ihr diesbezügliches Widerrufsrecht zu unterrichten. Die zulässigen Quellen für die Gesundheitsdaten werden abschließend aufgezählt. Die Regelung hält sich im Gegensatz zum Vorentwurf der Bundesregierung an die Anforderungen des Bundesverfassungsgerichts. Ordnungspolitisch bedenklich bleibt die erheblich strengere datenschutzrechtliche Behandlung der Privaten Krankenversicherer gegenüber den öffentlich-rechtlich organisierten Gesetzlichen Krankenkassen.

6. Reform der Lebensversicherung

Das Recht der Lebensversicherung wurde umfassend reformiert. Bei der Bemessung der Überschussbeteiligung ist gemäß der Rechtsprechung des Bundesverfassungsgerichts eine hälftige Beteiligung des Versicherungsnehmers an den Bewertungsreserven bei Beendigung des jeweiligen Vertrags vorgesehen. Angesichts nicht vorhersehbarer Entwicklungen an den Kapitalmärkten und Zwängen des Bilanzrechts stellt dies die Lebensversicherungswirtschaft vor große Herausforderungen.

Mit Ausnahme bei den fondsgebundenen Versicherungen wird beim Rückkaufswert wieder auf das Deckungskapital abgestellt. Durch Mindestrückkaufswerte kapitalbildender Lebensversicherungen bei vorgeschriebener Verteilung der Abschluss- und Vertriebskosten auf die ersten fünf Vertragsjahre werden die Interessen vorzeitig kündigender Versicherungsnehmer berücksichtigt, faktisch allerdings zu Lasten „vertragstreuer" Versicherungsnehmer. Denn ebenso wie die Regelungen, wann und wie Versicherungsnehmer an den Bewertungsreserven zu beteiligen sind, führen auch die vorgegebenen Mindestrückkaufswerte nur zu einer Umverteilung innerhalb der Versichertengemeinschaft, schaffen aber keine zusätzliche Ausschüttungsmasse.

Die erstmals normierte Modellrechnung für mögliche Überschussbeteiligungen erlaubt keine unternehmensindividuelle wettbewerbswirksame Prognose mehr.

7. Weitere Änderungen

Bei vorzeitiger Vertragsauflösung erfolgt in Abkehr vom bisherigen Grundsatz der Unteilbarkeit der Prämie grundsätzlich eine Prämienabrechnung nach Maßgabe der Dauer des tatsächlich vom Versicherer getragenen Risikos. Die bisherige Klagefrist in § 12 III VVG a.F., die die Zivilgerichte inflationär beschäftigte, ohne dass für den Verbraucher Rechtsklarheit entstand, wurde ersatzlos gestrichen. Die zulässige Vertragsbindung wurde von fünf auf drei Jahre verkürzt. Das Institut der vorläufigen Deckung wurde erstmals im Gesetz verankert und entspricht im Wesentlichen der bisherigen Rechtspraxis.

Das Anerkenntnis- und Befriedigungsverbot in der Haftpflichtversicherung entfällt. In der Pflichthaftpflichtversicherung wird ein Direktanspruch auch für die Fälle vorgesehen, dass der Schädiger insolvent oder unbekannten Aufenthalts ist, was im Ergebnis auch bisheriger Rechtsprechungspraxis entspricht.

In der Krankenversicherung ist klargestellt, dass sich die Leistungspflicht des Versicherers nicht auf Übermaßvergütungen für medizinische Leistungen erstreckt und ein Wirtschaftlichkeitsgebot mit dem Versicherungsnehmer vereinbart werden kann. Ermöglicht werden Sachleistungen und insbesondere ein Leistungsmanagement. Erstmals ist für den Fall eines Versichererwechsels die Übertragung eines wesentlichen Teils der Altersrückstellung vorgesehen, für Bestandsversicherte allerdings nur in einem engen zeitlichen Korridor bis zum 30.6.2009. Letzteres wurde zwischenzeitlich durch eine Änderung der Kalkulationsverordnung faktisch dadurch konterkariert, dass ein Mindestverbleib im Basistarif des Zielunternehmens für 18 Monate vorgeschrieben ist, bevor die mitgenommene Alterungsrückstellung bei einem Wechsel in Normaltarife angerechnet werden darf.

8. Fazit

Das neue VVG hat notwendige und überfällige Anpassungen des einhundert Jahre alten ursprünglichen Gesetzes an bestehende verbraucherschutzrechtliche Standards mit sich gebracht. Es führt zu zahlreichen Verbesserungen für die Versicherer, schafft im Großen und Ganzen eine angemessene Balance beim Interessenausgleich der Vertragsparteien und ist insgesamt auch aufgrund langjähriger Vorbereitungen, insbesondere durch die von der Bundesregierung eingesetzte „Kommission zur Reform des Versicherungsvertragsrechts", die ihren Abschlussbericht am 19.4.2004 vorlegte, in sich konsistent. Das neue VVG enthält allerdings leider auch neue bürokratische Hürden, die den Versicherungsschutz insgesamt verteuern. Es stellt für die Versicherungswirtschaft eine Herausforderung, aber auch eine Chance dar, die neuen Instrumente im Kunden- und damit auch im Unternehmensinteresse für eine zukunftssichere Geschäftspolitik zu nutzen.

W

WACC. Abk. für Weighted Average Cost of Capital. Siehe → Kapitalkosten.

Wachstumsstrategien. Strategische Handlungsoptionen mit dem Ziel eines Unternehmenswachstums. W. lassen sich sehr anschaulich mit Hilfe der Produkt-Markt-Matrix nach Ansoff verdeutlichen, die vier grundlegende W. aufzeigt. Demnach gibt es die Wachstumsoptionen der Marktdurchdringung, der Erschließung neuer Märkte (Markt-Erweiterung), der Erschließung neuer Produkte (Produkt-Entwicklung) und des Angebots neuer Produkte in neuen Märkten (Produkt-Diversifikation). Siehe auch → Wachstumsziele.

Wachstumsziele. *1. Begriff:* Ausrichtung von Unternehmen auf Wachstum. Aus betriebswirtschaftlicher Sicht ist Wachstum nur sinnvoll, wenn dadurch ein positiver Kapitalwert generiert wird. Insbesondere bedeutet dies, dass ein Umsatzwachstum ohne eine damit verbundene positive Entwicklung der Erfolgslage sinnlos ist und u.U. sogar das Unternehmen in seiner Substanz gefährden kann. – *2. Internes vs. externes Wachstum:* Wachstum kann von innen oder von außen erfolgen. Internes Wachstum liegt vor, wenn die Produktion neuer Produkte oder Produktbereiche durch das Unternehmen selbst erfolgt. Wachstum von außen (externes Wachstum) bedeutet, dass eine Eingliederung anderer Unternehmen oder Unternehmungsbereiche (etwa über Fusionen und Übernahmen) in das bestehende Unternehmen erfolgt. – *3. Messung von Wachstum:* Der Begriff des Wachstums ist nicht eindeutig definiert. Daher ist unklar, wie Wachstum in Unternehmen gemessen werden soll. Mögliche Bezugsgrößen sind der → Gewinn, der Umsatz, das → Eigenkapital, das Vermögen, die Produktionsmenge und die Anzahl der Beschäftigten. Siehe auch → Wachstumsstrategien.

Wahlleistungen im Krankenhaus. *1. Begriff:* Oberbegriff für alle Leistungen, die sich von den allgemeinen Krankenhausleistungen nach § 2 II S. 1 Krankenhausentgeltgesetz (KHEntgG) bzw. Bundespflegesatzversordnung (BPflV) abgrenzen. Sie können ein weites Spektrum an pflegerischen, ärztlichen und diagnostischen Leistungen umfassen. Unter dem Oberbegriff „Wahlleistung" werden zwei Fallgruppen unterschieden: a) Wahlleistung Unterkunft, z.B. Ein-/ Zwei-Bett-Zimmer. – b) Wahlärztliche Behandlung, z.B. Chefarztbehandlung. Beide Kategorien sind in § 17 KHEntgG rechtlich geregelt. – *2. Rechtlicher Anspruch und Finanzierung:* Über die allgemeinen Krankenhausleistungen hinaus hat ein gesetzlich versicherter Patient keinen Anspruch auf Wahlleistungen. Die W. gehen ausnahmslos über den für die → gesetzliche Krankenversicherung (GKV) gesetzlich umschriebenen Leistungsumfang hinaus und werden nicht von ihr getragen. Für privat Versicherte bestimmt der jeweils individuell abgeschlossene Versicherungsschutz, ob und in welcher Höhe die Kosten von W. übernommen werden. Auch gesetzlich Versicherte können allerdings private → Zusatzversicherungen zur Absicherung von W. abschließen. – *3. Vertragliche Vereinbarung:* Bei der Wahlleistungsvereinbarung handelt es sich i.d.R. um ein zivilrechtliches Vertragsverhältnis, das an keinerlei Formerfordernis gebunden ist. Allerdings wird der Grundsatz der Formfreiheit durch § 17 II KHEntgG eingeschränkt, demzufolge eine Wahlleistungsvereinbarung „schriftlich" und im Vorfeld der Leistungserbringung abzuschließen ist. Vor Vertragsabschluss müssen die Versicherten bzw. Patienten über die Inhalte und Entgelte der Wahlleistungen im Einzelnen aufgeklärt werden. – *4. Bedeutung der W.:* 2008 hatten mehr als 7,2 Mio. privat Versicherte (→ private Krankenversicherung, kurz: PKV) und 5,3 Mio. gesetzlich Versicherte W. privat abgesichert.

Wahltarife. I. Allgemein: Tarife über Versicherungsschutz, die flexibel auf die Bedürfnisse der Versicherungsnehmer bzw. Versicherten zugeschnitten werden können. – II. Gesetzliche Krankenversicherung (GKV): Tarife, die die → Krankenkassen den Versicherten in der → gesetzlichen Krankenversicherung (GKV) auf freiwilliger Basis anbieten können. In der GKV wurden W. am 1.4.2007 mit dem Gesetz zur Stärkung des Wettbewerbs in der gesetzlichen Krankenversicherung (GKW-WSG) vom 26.3.2007 (BGBl. I S. 378) eingeführt und in § 53 SGB V formuliert. Hierbei handelt es sich um verschiedene zusätzliche Optionen, die ein Versicherter im Rahmen einer individuellen Gestaltungsfreiheit wählen kann. Im Einzelnen geht es um die folgenden Elemente: a) Selbstbehalttarife, § 53 I SGB V: Selbstbehalttarife bedeuten, dass der Versicherte mit seiner → Krankenkasse vereinbart, im Fall einer Leistungsinanspruchnahme die Kosten bis zu einer bestimmten Obergrenze selbst zu tragen. Als Ausgleich für dieses höhere Kostenrisiko bietet die Krankenkasse dem Versicherten eine adäquate Prämienzahlung an. Nimmt der Versicherte keine Leistungen in Anspruch, hat er indirekt den Vorteil einer Beitragserstattung. Muss der Versicherte unerwartet doch Leistungen in Anspruch nehmen, so ist sein Kostenrisiko durch die vereinbarte Obergrenze des Selbstbehalts begrenzt. Mit diesem Prinzip soll erreicht werden, dass der Versicherte weniger Leistungen in Anspruch nimmt. In der Kalkulation der Krankenkasse soll dies Kosten senkend auswirken. Die Einsparungen werden zum Teil über die Prämienzahlungen an die Versicherten weitergegeben. – b) Prämie bei Leistungsfreiheit, § 53 II SGB V: Die Versicherten erhalten eine Prämie von der Krankenkasse, wenn sie keine Leistungen in Anspruch genommen haben. Bestimmte Vorsorge- und Präventionsleistungen sowie Leistungen für minderjährige Familienangehörige sind hiervon ausgenommen. Die Prämienzahlung darf ein Zwölftel der jeweils im Kalenderjahr gezahlten Beiträge nicht übersteigen. – c) Tarife für besondere Versorgungsformen, § 53 III SGB V: Die Krankenkassen müssen Versicherten, die an besonderen Versorgungsformen nach §§ 63, 73b, 73c, 137f oder 140a SGB V teilnehmen, W. anbieten. Die Krankenkassen können für diese Versicherten Prämienzahlungen vorsehen. – d) Kostenerstattung, § 53 IV SGB V: Die Versicherten können für sich und ihre nach § 10 SGB V mitversicherten Angehörigen Tarife für eine Kostenerstattung wählen. Die Höhe der Kostenerstattung kann variieren. Damit zusammenhängend kann die Krankenkasse spezielle Prämienzahlungen an die Versicherten vorsehen. – e) Kostenübernahme für Arzneimittel der besonderen Therapierichtungen, § 53 V SGB V. Die Krankenkassen können die Kostenübernahme von Arzneimitteln der besonderen Therapierichtungen regeln, die nach § 34 I SGB V von der Versorgung ausgeschlossen sind. Betroffen sind Arzneimittel der Homöopathie, der Phytotherapie und der Anthroposophie. Hiernach kann die Krankenkasse einen W. anbieten, der die Übernahme der Kosten für diese Arzneimittel gegen die Zahlung einer speziellen Prämie vorsieht. – f) → Krankengeld für bestimmte Personenkreise, § 53 VI SGB V: Die Krankenkasse hat in Ihrer Satzung für die in § 44 II 2 Nr. 2 und 3 SGB V genannten Versicherten (freiwillig versicherte Selbstständige und Beschäftigte ohne Anspruch auf Entgeltfortzahlung von mindestens sechs Wochen) gemeinsame Tarife sowie Tarife für die nach dem Künstlersozialversicherungsgesetz Versicherten anzubieten, die einen Anspruch auf Krankengeld entsprechend § 46 S. 1 SGB V oder zu einem späteren Zeitpunkt entstehen lassen, für die Versicherten nach dem Künstlersozialversicherungsgesetz jedoch spätestens mit dem Beginn der dritten Woche der Arbeitsunfähigkeit. § 47 SGB V hinsichtlich der Höhe des Krankengeldanspruchs aus einem W. ist nicht anzuwenden. Die Höhe der Prämienzahlung ist unabhängig von Alter, Geschlecht oder Krankheitsrisiko des Mitglieds festzulegen. Die Krankkasse kann durch Satzungsregelung die Durchführung von W. nach Satz 1 auf eine andere Krankenkasse oder einen Landesverband übertragen. In diesen Fällen erfolgt die Prämienzahlung weiterhin an die übertragende Krankenkasse. Die Rechenschaftslegung erfolgt durch die durchführende Krankenkasse oder den durchführenden Landesverband. – g) Leistungsbeschränkung für bestimmte Mitgliedergruppen, § 53 VII SGB V: Die Krankenkasse kann in ihrer Satzung für bestimmte Mitgliedergruppen, für die sie den Umfang der Leistungen nach den Vorschriften des SGB V beschränkt, eine der Leistungsbeschränkung entsprechende Prämienzahlung vorsehen. – h) Mindestbindungsfrist, Prämienobergrenzen und Ausschlüsse für W., § 53 VIII SGB V: Die Mindestbindungsfrist für W. mit Ausnahme der Tarife nach § 53 III SGB V beträgt drei Jahre. Abweichend von § 175 IV SGB V kann die Mitgliedschaft frühestens zum Ablauf der dreijährigen Mindestbindungsfrist gekündigt werden. Die Satzung hat für W. ein Sonderkündigungsrecht in besonderen Härtefällen vorzusehen. Die Prämienzahlung an Versicherte darf bis zu 20 v.H. der vom Mitglied im Kalenderjahr getragenen Beiträge mit Ausnahme der Beitragszuschüsse nach § 106 SGB VI sowie § 257 I Satz 1 SGB V betragen, jedoch nicht mehr als 600 Euro. Bei einem oder mehreren W. darf die Prämienzahlung bis zu 30 v.H. der vom Mitglied im Kalenderjahr getragen Beiträge (einschließlich Prämienzahlungen nach § 242 SGB V und ausschließlich der Beitragszuschüsse nach § 106 SGB V) erreichen, jedoch höchstens 900 Euro jährlich. Mitglieder, deren Beiträge vollständig von Dritten getragen werden, können nur W. nach § 53 III SGB V wählen. – i) Nachweis von Einsparungen und Effizienzsteigerungen, § 53 IX SGB V: Die Aufwendungen für jeden W. müssen aus Einnahmen, Einsparungen und Effizienzsteigerungen finanziert werden. Die Krankenkassen haben regelmäßig, mindestens alle drei Jahre, über diese Einsparungen gegenüber der zuständigen Aufsichtsbehörde Rechenschaft abzulegen.

Wahrscheinlichkeitstheorie. Mathematische Theorie zur Formalisierung zufallsabhängiger Phänomene. Die W. liefert das mathematische Instrumentarium zur Analyse der Eigenschaften und der Gesetzmäßigkeiten (Beispiel: Wahrscheinlichkeitsverteilung) zufallsabhängiger Ereignisse und zufallsabhängiger Entwicklungen (stochastischer Prozesse). Sie besitzt damit eine zentrale Bedeutung für die Quantifizierung und Steuerung finanzieller Ergebnisse und finanzieller Prozesse, insbesondere im Versicherungsbereich. Die Identifikation der zugrundeliegenden Zufallsgesetzmäßigkeiten ist die Aufgabe der Statistik.

Währungsrisiko, *Währungskursrisiko, Wechselkursrisiko.* Risiko, dass sich der Wert einer → Kapitalanlage durch Änderung von Wechselkursen vermindert. Dem W. einzelner → Assetklassen kann durch eine volumenmäßige Begrenzung in den Anlagerichtlinien Rechnung getragen werden. Des Wei-

teren ist eine Absicherung über → Derivate möglich.

Waisenrente. I. Sozialversicherung: Form der → Hinterbliebenenrente (→ Hinterbliebenenversorgung), die aus der → gesetzlichen Rentenversicherung (GRV) an leibliche Kinder, Stief- und Pflegekinder infolge des Todes eines unterhaltspflichtigen Elternteils oder beider unterhaltspflichtiger Elternteile gezahlt wird. Der Anspruch auf W. besteht grundsätzlich bis zur Vollendung des 18. Lebensjahres, in Ausnahmefällen bis zum 27. Lebensjahr. Eine Halbwaisenrente wird nach dem Tod eines Elternteils, eine Vollwaisenrente nach dem Tod beider Elternteile gewährt. – II. Privatversicherung: Form der → Hinterbliebenenrente, die zumeist im Rahmen der → betrieblichen Altersversorgung (bAV) angeboten wird. Mit der W. wird im Fall des Todes der versicherten Person ihren leiblichen oder adoptierten Kindern eine → Rente bis zu einem bestimmten Höchstalter gezahlt. Das Höchstalter kann abhängig von der Art der Ausbildung des Kindes gewählt werden. In seltenen Fällen wird auch eine lebenslange W. vereinbart, falls das Kind aufgrund gesundheitlicher Schädigungen voraussichtlich nicht in der Lage sein wird, seinen Unterhalt selbst zu verdienen. – III. → Beamtenversorgung: → Waisengeld.

Waldbrandversicherung. Versicherungsart der → Feuerversicherung, speziell bezogen auf Waldgebiete. Die versicherten Gefahren orientieren sich an der Feuerversicherung, eine Ergänzung um diverse → Deckungserweiterungen, wie z.B. → Feuerlöschkosten und Abräumungskosten, ist möglich.

Wanderungssaldo, *Nettowanderung, Wanderungsbilanz.* – *1. Begriff:* Differenz von Zuzügen und Fortzügen. Ist die Differenz von Zu- und Fortzügen in der Beobachtungsperiode positiv, wird von einem Zuwanderungsüberschuss, von einem Wanderungsgewinn oder von einer Nettozuwanderung gesprochen; ist sie negativ, werden die Bezeichnungen Abwanderungsüberschuss, Wanderungsverlust oder Nettoabwanderung verwendet. – *2. Probleme:* Die alleinige Betrachtung des W. lässt keine Rückschlüsse auf den Umfang der Wanderungsbewegung zu. Ein niedriger Saldo kann z.B. durchaus das Ergebnis einer großen Wanderungsbewegung sein, bei der allerdings eine annähernd gleich starke Fort- und Zuwanderung vorlag. Vgl. auch → Migrationsrate.

Warenkreditversicherung. *1. Begriff:* Versicherung gegen das → Ausfallrisiko von Forderungen aus Warenlieferungen sowie Werk- und Dienstleistungen mit kurzen oder mittleren Laufzeiten gegenüber gewerblichen Abnehmern. – *2. Merkmale:* Die W. ist vertraglich als eine → revolvierende Deckung mit → Pauschaldeckung und → benannter Versicherung ausgestaltet. In einem Rahmenvertrag werden die grundsätzlichen Vertragsinhalte geregelt, wie z.B. die Prämie, die Vertragslaufzeit und das Kündigungsrecht. Daneben kommen bei der benannten Versicherung Einzelverträge zustande, indem der Kreditversicherer auf Antrag des Versicherungsnehmers in der → Kreditmitteilung eine Versicherungssumme für den jeweiligen Kunden festsetzt. Die W. ist eine laufende Versicherung i.S.d. §§ 53 ff. VVG.

Warenversicherung, *Güterversicherung.* – *1. Begriff:* Versicherung von Gütern während des Transports und der transportbedingten Lagerung sowie weiterer, mit den Gütern verbundener Interessen, wie Transportkosten, imaginärer Gewinn sowie Beiträge zur → Havarie grosse. (Vgl. auch → Konditionsdifferenzenversicherung, → Güterfolgeschäden, → Vermögensschäden.) – *2. Varianten:* Die W. kann für einen bestimmten Transport eingedeckt werden (Einzelversicherung). Häufig wird dagegen eine → laufende Versicherung für eine Vielzahl von Transporten vereinbart (→ Generalpolicen, Umsatzpolicen); in diesem Fall wird für jede Versendung ein Zertifikat ausgestellt, das die Funktion einer → Police hat. Bei entsprechender Vereinbarung im Liefervertrag (→ Incoterms) besorgt der Verkäufer den Versicherungsschutz (→ Versicherung für fremde Rechnung). – *3. Versicherungsbedingungen:* Seetransporte (→ Seeversicherung) unterliegen nicht dem → Versicherungsvertragsgesetz (§ 209 VVG); die Regelungen über Binnentransporte (§§ 130-141 VVG) spielen in der Praxis keine Rolle, da alle Warentransporte Großrisiken i.S.d. § 210 VVG darstellen. In Deutschland sind als Versicherungsbedingungen die „ADS Güter 1973/ 1984" und die „DTV Güter 2000" üblich (→ DTV), international stellen die → Institute Clauses den Standard dar. – *4. Versicherungswert:* Als → Versicherungswert gilt der gemeine Handelswert, ersatzweise der → gemeine Wert der Güter am Absendungsort bei Beginn der Versicherung, zzgl. Versicherungs- und Vorreisekosten sowie endgültig bezahlte Fracht. Sind weitere Interessen vereinbart, müssen sie im Versicherungswert berücksichtigt werden. Die Versicherungssumme sollte dem Versicherungswert entsprechen, sonst besteht die Möglichkeit der → Unterversicherung. Der Versicherungswert kann auch als Taxe vereinbart werden. – *5. Versicherte Gefahren:* Je nach Vereinbarung volle oder eingeschränkte Deckung. a) Volle Deckung: → Allgefahrenversicherung. – b) Eingeschränkte Deckung: Versicherungsschutz besteht gegen Transportmittelunfall und Einsturz von Lagergebäuden; → Brand, → Blitzschlag, → Explosion, → Erdbeben, Seebeben, vulkanische Ausbrüche und sonstige Naturkatastrophen; Absturz oder → Aufprall eines Luftfahrzeugs, seiner Teile oder seiner Ladung; Überbordwerfen, Überbordspülen oder Überbordgehen durch schweres Wetter; Aufopferung der Güter; Entladen, Zwischenlagern und Verladen von Gütern in einem Nothafen bzw. Flughafen, der infolge des Eintritts einer versicherten Gefahr von einem Schiff angelaufen bzw. infolge einer Notlandung von einem Luftfahrzeug angeflogen wurde; Totalverlust ganzer Ladungsstücke beim Be-, Um- oder Entladen eines Transportmittels. – c) Ausschlüsse: Krieg und kriegsähnliche Ereignisse (→ Kriegsklausel), → Streik, → Aussperrung, Arbeitsunruhen, → Aufruhr, terroristische oder politische Gewalthandlungen (→ Terror), Eingriffe von hoher Hand, Massenvernichtungswaffen, Kernenergie (→ Kernenergieklausel), Zahlungsunfähigkeit des Reeders oder Charterers, Verzögerung der Reise, natürliche Beschaffenheit der Güter, handelsübliche Maß-, Mengen- und Gewichtsdifferenzen, normale Luftfeuchtigkeit, gewöhnliche Temperaturschwankungen sowie nicht beanspruchungsgerechte Verpackung. In vielen Fällen besteht die Möglichkeit eines begrenzten Widereinschlusses durch Spezialklauseln. – *6. Versicherungsdauer:* Beginn, sobald die Güter am Absendungsort zur unverzüglichen Beförderung von der Stelle entfernt werden, an der sie bisher aufbewahrt wurden. Ende i.d.R. am Ablieferungsort bei Erreichen an der vom Empfänger bestimmten Ablieferungsstelle. In bestimmten Fällen kann der Versicherungsschutz auch vor Erreichen des Ablieferungssorts enden. Insbesondere ist er für vom Versicherungsnehmer veranlasste Lagerungen auf eine vereinbarte Frist beschränkt. – 7. *Gefahränderung:* Der Versicherungsnehmer darf die Gefahr erhöhen (→ Gefahrerhöhung) oder eine Erhöhung gestatten, muss dies jedoch dem Versicherer anzeigen und ggf. eine Zusatzprämie bezahlen. Lediglich die vom Versicherungsnehmer zu verantwortende Änderung eines ausdrücklich vereinbarten Transportwegs oder Transportmittels bedarf der Zustimmung des Versicherers.

Wartezeiten. *1. Begriff:* Zeitdauer, die zwischen Vertragsabschluss und Beginn des Versicherungsschutzes liegt. W. dienen dem Schutz der Versichertengemeinschaft. Es soll v.a. verhindert werden, dass potentielle Versicherungsnehmer einen individuellen Wissensvorsprung ausnutzen und eine Versicherung abschließen, wenn der → Versicherungsfall absehbar oder sogar bereits eingetreten ist. Von besonderer Bedeutung sind W. in der → privaten Krankenversicherung (PKV), in der → privaten Pflegeversicherung (PPV) und in der → Rechtsschutzversicherung. Auch in der → betrieblichen Altersversorgung (bAV) und in der → gesetzlichen Rentenversicherung (GRV) gibt es W. (s.u.), die allerdings andere Hintergründe haben. – *2. W. in der PKV:* Betreffen die → Krankheitskostenvollversicherung mit allen Leistungsarten sowie die → Krankentagegeldversicherung. Den rechtlichen Rahmen gibt § 197 VVG vor. Weitere grundlegende Regelungen finden sich in den Musterbedingungen 2009 für die Krankheitskosten- und Krankenhaustagegeldversicherung (MB/KK 2009), die von den → Tarifbedingungen der Versicherungsunternehmen konkretisiert werden. Dabei werden allgemeine und besondere W. unterschieden. Die allgemeine W. beträgt drei Monate, die besondere W. für Entbindung, Psychotherapie, Zahnbehandlung, Zahnersatz und Kieferorthopädie umfasst acht Monate (§§ 197 I VVG, 3 I und III MB/KK 2009). Die W. gelten ebenso für nachträglich hinzu versicherte Leistungen (§ 3 VI MB/KK 2009). Ausnahmen (Beispiele): Bei Unfällen entfällt die allgemeine Wartezeit. Sie entfällt i.d.R. ferner für den Ehegatten einer seit mindestens drei Monaten bei demselben Krankenversicherer versicherten Person, wenn für diesen innerhalb von zwei Monaten nach der Eheschließung ein gleichartiger Versicherungsschutz beantragt wird. Das gleiche gilt für die besonderen Wartezeiten. Auch für Personen, die von der GKV zur PKV wechseln, wird die dort ununterbrochen zurückgelegte Versicherungszeit unter bestimmten Bedingungen auf die W. angerechnet (§ 197 II VVG). Ebenfalls beginnt bei Neugeborenen der Versicherungsschutz ohne W. unmittelbar nach der Geburt, wenn am Tag der Geburt ein Elternteil mindestens seit drei Monaten in der PKV versichert ist und die Versicherung spätestens zwei Monate nach dem Tag der Geburt rückwirkend zum 1. Tag des Geburtsmonats abgeschlossen wird. Die allgemeine W. und die besonderen W. können aber auch auf Antrag des Antragstellers erlassen werden, wenn dies die individuellen → Tarifbedingungen des Versicherungsunternehmens vorsehen. Voraussetzung dafür ist i.d.R. die Vorlage eines ärztlichen Zeugnisses über den Gesundheitszustand innerhalb einer bestimmten Frist. – *3. W. in der betrieblichen Altersversorgung (bAV):* Zeitdauer, die zwischen der Erteilung der Zusage auf eine bAV durch den Arbeitgeber und dem → Versorgungsfall vergehen muss, damit ein Leistungsanspruch besteht. W. müssen in der Versorgungsordnung ausdrücklich geregelt werden und können auch nach einem Ausscheiden mit → unverfallbarer Anwartschaft erfüllt werden. – *4. W. in der gesetzlichen Rentenversicherung (GRV):* Mindestversicherungszeit, die ein Versicherter als Mitglied in der GRV aufweisen muss, d.h. die minimale Anzahl an → rentenrechtlichen Zeiten, bevor ein Anspruch auf Leistungen aus der GRV besteht. Für den Bezug der Regelaltersrente wird eine allgemeine W. von fünf Jahren vorausgesetzt. Bei den anderen Rentenarten gelten zum Teil abweichende Wartezeiten.

Wassersportkaskoversicherung, *Sportbootkaskoversicherung.* – *1. Begriff:* Versicherung von privat genutzten Booten und Schiffen. – *2. Deckungsumfang:* a) Versicherte Gefahren: I.d.R. → Allgefahrenversicherung; einige Versicherer decken nur Einzelgefahren. – b) Ausschlüsse: Ausgeschlossen sind u.a. Schäden, die durch mangelnde Fahrtüchtigkeit oder Abnutzung entstehen. Wrackbeseitigungskosten, mittelbare Schäden und Haftpflichtansprüche sind nicht versichert. – c) Geltungsbereich: Versicherungsschutz besteht auf dem Wasser, an Land und während des Transports. Das Fahrtgebiet kann auf Binnengewässer (Seen,

Flüsse, Kanäle) beschränkt sein; eine Ausdehnung z.b. auf europäische Meere oder die ganze Welt ist bei hochseetüchtigen Fahrzeugen gegen Zusatzprämie und erhöhten Selbstbehalt möglich. – d) → Versicherungswert: → Neuwert oder → Zeitwert; der Versicherungswert kann auch durch Taxierung festgelegt werden.

Web-Based-Training (WBT). *1. Begriff:* Weiterentwicklung des → Computer-Based-Training (CBT). Die Lerneinheiten werden nicht auf einem Datenträger (CD-ROM oder DVD) verbreitet, sondern von einem Webserver online mittels Internet oder Intranet abgerufen. Wenn das WBT von einem Tele-Tutor moderiert wird, liegt ein sog. moderiertes WBT vor. – *2. Merkmale:* Der Tele-Tutor leitet die Lernenden in der Nutzung des WBT an und steht auch für fachliche Rückfragen via E-Mail, News, Chat, virtuellem Klassenzimmer und Diskussionsforum zur Verfügung. Oftmals erfolgt eine inhaltliche Verzahnung mit Präsenzseminaren (vgl. → Blended Learning). – *3. Vorteile:* Die Versicherungsbranche nutzt WBT, da sich z.B. Versicherungsbedingungen häufig ändern und der Aktualisierungsaufwand für WBT geringer als für CBT ist. Die Lernprogramme können schnell über das Internet bzw. Intranet verteilt und sowohl Einzelnen als auch Gruppen über kontrollierbare Benutzerrechte zur Verfügung gestellt werden. Abrechnungsmöglichkeiten bestehen über ID-Nummer, Anzahl der Log-Ins oder Zugangszeiten. WBT spielen heute v.a. in der betrieblichen Weiterbildung großer Unternehmen, die über ein leistungsfähiges Intranet verfügen, eine bedeutende Rolle. – *4. Nachteile:* Für mittelgroße und v.a. für kleine Unternehmen ist der finanzielle Aufwand für WBT hingegen zu groß. Da zudem Browser- oder Bandbreitenbeschränkungen die Möglichkeiten bei Video-, Sound- und Grafikanwendungen einschränken können, sind für datenintensive Anwendungen und standardisierte Lernprogramme nach wie vor CBT eine oft praktizierte Variante – und zwar sowohl für Unternehmen als auch für Endverbraucher. Siehe auch → E-(Based-)Learning.

Wechselwirkungsschaden. *1. Begriff:* Versicherter Schaden in der → Feuer-Betriebsunterbrechungsversicherung. Führt eine sachschadenbedingte Betriebsunterbrechung in einem leistungswirtschaftlichen Bereich zu einer Beeinträchtigung oder Unterbrechung des betrieblichen Leistungsprozesses in anderen Bereichen des versicherten Betriebs, so wird diese Entstehungsart des → Unterbrechungsschadens als W. bezeichnet. – *2. Merkmale:* a) Deckungsumfang: Der W. gilt im Rahmen der Feuer-Betriebsunterbrechungsversicherung ohne besondere Vereinbarungen als mitversichert. Anders: → Rückwirkungsschaden. Die Unterscheidung zwischen einem W. und einem Rückwirkungsschaden kann auch von der Gestaltung des Versicherungsvertrags abhängig sein, und zwar davon, in welchem Umfang die Rechts- und Wirtschaftseinheit der Unternehmung im Versicherungsvertrag als versicherter Betrieb deklariert wird. – b) Risiko: Wesentlich für die Risikobewertung von W. ist eine Analyse der Interdependenzen inner- und interbetrieblicher Wertschöpfungsketten im versicherten (Gesamt-)Betrieb.

Wegeunfall. Versicherungsfall in der → gesetzlichen Unfallversicherung (GUV). Ein W. ist ein Unfall, der sich auf dem unmittelbaren Weg zur oder von der Arbeit (oder einer anderen versicherten Tätigkeit) ereignet hat (§ 8 II SGB VII). Dabei muss der unmittelbare Weg nicht unbedingt der "kürzeste" Weg sein (z.B. wenn der weitere Weg verkehrsgünstiger ist). Ausgangs- oder Endpunkt des Weges kann neben dem Hauptwohnsitz auch ein Zweitwohnsitz oder gar ein sog. dritter Ort sein. Der versicherte Weg beginnt und endet an der Außentür des Hauses. Versichert sind auch bestimmte Umwege, z.B. um Kinder während der Arbeitszeit fremder Obhut anzuvertrauen (Kindergarten, Schule, Hort) oder bei Fahrgemeinschaften (§ 8 II Nr. 2-5 SGB VII). Unterbrechungen (z.B. Einkauf) und Abwege aus privaten Gründen sind i.d.R. nicht versichert. Ein W. gilt als → Arbeitsunfall.

Wegfall des versicherten Interesses. *1. Begriff:* Wegfall der Gefahr oder der Sache, auf die sich der Versicherungsschutz richtet. – *2. Rechtsfolgen:* Bei endgültigem, dauerhaftem W. nach Versicherungsbeginn droht dem Versicherungsnehmer oder dem Versicherten (letzteres im Fall der → Versicherung für fremde Rechnung) kein Schaden, d.h. kein Vermögensnachteil mehr; eine Leistungspflicht des Versicherungsunternehmens kommt deshalb nicht mehr in Betracht. Der → Versicherungsvertrag endet (erlischt) dann automatisch. Das Prämienschicksal regelt § 80 II VVG. – *3. Anwendungsbereiche:* Der W. kann ohne oder durch den Versicherungsfall eintreten. a) → Sachversicherung: Vollständige Zerstörung des versicherten Gebäudes oder des versicherten → Kraftfahrzeugs (Kfz), nicht schon bei wirtschaftlichem Totalschaden. Bei Diebstahl des Kfz liegt ein W. erst bei Aussichtslosigkeit der Wiederbeschaffung vor. Der W. ist bei Inbegriffsversicherungen nicht gegeben, wenn noch Sachen des versicherten Inbegriffs vorhanden sind oder wiederbeschafft werden können. Eine Betriebseinstellung nach einem Teilschaden führt hinsichtlich des versicherten Inventars und/oder der versicherten Warenvorräte nicht zum W., allenfalls zur → Überversicherung. Die Veräußerung der → versicherten Sache führt generell zum Wegfall des versicherten Interesses. – b) → Personenversicherung: Tod des Versicherungsnehmers. – c) → Haftpflichtversicherung: Der W. gilt beim Wegfall jeglicher Möglichkeit der Haftung. In der → Kfz-Haftpflichtversicherung gilt der W. erst bei vollständiger Zerstörung des Kfz, nicht schon bei wirtschaftlichem Totalschaden oder im Fall der Abmeldung. Der Tod des Versicherungsnehmers in sachbezogenen Haftpflichtversicherungen ist kein W., der Versicherungsvertrag geht dann auf den oder die Erben über (→ Eigentumswechsel). Dagegen gilt der Tod des Versicherungsnehmers bei berufs- bzw. tätigkeitsbezogenen Haftpflichtversicherungen (Rechtsanwalts- oder Arzthaftpflichtversicherung) als Wegfall des versicherten Interesses. In der Grundstückshaftpflichtversicherung tritt bei vollständiger Zerstörung des Gebäudes kein W. ein, sondern nur eine Gefahrminderung; ein W. gilt dagegen bei Veräußerung des Grundstücks mangels Übergangs der Grundstückshaftpflichtversicherung auf den Erwerber (Eigentumswechsel). – *4. Prämienschicksal:* Die Unterscheidung nach altem Recht je nachdem, ob ein → Versicherungsfall den W. herbeigeführt hat oder nicht (§ 68 IV VVG a.F.), ist entfallen. Das Versicherungsunternehmen kann die Prämie verlangen, so als wäre die Versicherung nur bis zu dem Zeitpunkt beantragt worden, zu dem es vom W. Kenntnis erlangt. Beim W. im ersten Vertragsjahr gilt dann für die Prämienbemessung – falls vorhanden – der Kurztarif, ansonsten die zeitanteilige Prämie bis zur Kenntniserlangung. Die zeitanteilige Abrechnung gilt auch bei W. in späteren Versicherungsjahren. Siehe auch → versichertes Interesse, → Unteilbarkeit der Prämien.

Weicher Markt. *1. Begriff:* Phase eines unausgeglichenen Versicherungsmarkts im Sinne eines Überangebots an (Erst- bzw. Rück-)Versicherungsschutz, verbunden mit einem entsprechend niedrigen (Erst- bzw. Rück-)Versicherungspreis. – *2. Abgrenzung:* → harter Markt. – *3. Folgerungen:* Um den Folgen von Schwankungen zwischen einem harten Markt bzw. W. zu entgehen, versuchen die Marktbeteiligten ein sog. → Zyklusmanagement zu betreiben.

Weighted Average Cost of Capital (WACC). → Kapitalkosten.

Werbung, *advertising.* – *1. Begriff:* Übermittlung von Informationen an (potenzielle) → Kunden mit dem vorrangigen Ziel, Nachfrage auszulösen, die sich an den Werbetreibenden richtet. Klassisches → Marketinginstrument mit den Aufgaben, neue Kunden zu gewinnen, bestehende Kundenbeziehungen zu sichern, im Kundenstamm auch → Cross Selling und → Up Selling zu fördern und ehemalige Kunden zurück zu gewinnen. Im → persönlichen Vertrieb bietet die W. auch eine Unterstützung der Vertriebsorgane bei der Erfüllung ihrer Vertriebsziele. – *2. Werbeinhalte:* a) Produktwerbung, insbesondere mit den Zielen der Bedarfsweckung, der Bedarfslenkung, sowie Kaufentscheidungen und Kaufbestätigungen herbeizuführen. – b) Imagewerbung hinsichtlich des Versicherungsunternehmens, der Vertriebsorganisation, evtl. der gesamten Versicherungsbranche. Die Werbemaßnahmen eines Versicherungsunternehmens sollten möglichst in übereinstimmender äußerer Gestaltung erscheinen (vgl. → Corporate Design). – *3. Werbemittel und Werbeträger:* Anzeigen, Außenwerbung, Plakate und Poster, Prospekte, 3-F-Werbung (Film, Funk, Fernsehen), elektronische Medien, Direktwerbung (vgl. → Direktmarketing), Werbebriefe, Werbeartikel, Ausstellungs-, Messe-, Post-, Telekom-, Verkehrsmittel-, Below-the-Line-, Verbund- und (speziell in der Versicherungswirtschaft) → Gemeinschaftswerbung. – *4. Abgrenzungen:* a) gegenüber der → Verkaufsförderung: gleiche Zielsetzung (Vertriebssteigerung und Vertriebssteuerung), aber unterschiedliche Zielrichtung (Kunden statt Vertriebskräfte); – b) gegenüber der → Öffentlichkeitsarbeit: unterschiedliche Zielsetzung (Auslösen konkreter Nachfrage statt allgemein Goodwill sowie Verständnis für das Unternehmen zu schaffen) und Zielrichtung (Kunden statt Öffentlichkeit, was nicht zwingend übereinstimmen muss). Auch unterscheiden sich die Instrumente in ihrer zeitlichen Wirkungsweise auf den → Point of Sale.

Werkstudent. *1. Begriff:* Ordentlich eingeschriebener Student, der neben seinem Studium einer studiennahen Tätigkeit in einem Unternehmen nachgeht und dafür ein Gehalt bekommt. – *2. Vorteile für die Unternehmen:* a) Generierung von qualifiziertem Führungsnachwuchs und von Spezialisten, – b) Halten von Potenzialträgern. V.a. für Versicherungsunternehmen bieten Verträge mit W. die Möglichkeit, junge Mitarbeiter mit Potenzialen, die nach ihrer kaufmännischen Ausbildung studieren wollen, zu halten. – *3. Vorteile für die W.:* a) Die W. haben eine Erwerbsquelle neben ihrem Studium. – b) Sie können nach ihrem Studium Praxiserfahrung vorweisen. – c) Sie werden nach ihrem Abschluss oft übernommen. – *4. Rahmenbedingung:* Die Arbeitszeit von W. darf während der Vorlesungszeit 20 Stunden pro Woche nicht überschreiten und die Verträge müssen zeitlich befristet sein; ansonsten werden die W. als Arbeitnehmer behandelt und sind sozialversicherungspflichtig. Während der Semesterferien können die W. den Tätigkeitsumfang auf Vollzeit erhöhen.

Wertgleichheit. Begriff aus der → betrieblichen Altersversorgung (bAV). Bei der → Entgeltumwandlung muss die Versorgungszusage wertgleich zu den herabgesetzten Barbezügen sein (§ 1 II S. 3 BetrAVG). Versicherungsmathematische Grundsätze können, müssen aber nicht angelegt werden.

Wertorientierte Steuerung, *Value Based Management, Shareholder Value Management.* – *1. Begriff:* Unternehmensführung mit dem Ziel der Maximierung des Marktwerts des Eigenkapitals (Shareholder Value). Managemententscheidungen werden an den finanziellen Interessen der Unternehmenseigentümer ausgerichtet. – *2. Bedeutung:* Während traditionelle, buchhaltungsorientierte Ansätze den Erfolg auf Basis historischer Leistungen und Kosten und nach dem Prinzip der summativen Einzelbewertung ermitteln, erfolgt gemäß der W. eine zukunftsorientierte Gesamtbewertung von Projekten durch Diskontierung zukünftiger Zahlungsströme an die Eigenkapitalgeber. Siehe auch → Discounted Cash flow, → Shareholder Value-Ansatz.

Wertschöpfungskette, *Value Chain, Supply Chain.* – *1. Begriff:* Prozess der Wertschöpfung im Versicherungsunternehmen. – *2. Merkmale:* Die W. bildet insbesondere die einzelnen betriebswirtschaftlichen Funktionen im Versicherungsunternehmen und deren prozessuale Zusammenhänge sowie Schnittstellen ab. Insofern bietet das Konzept der W. auch eine Aufgabengliederung und eine Systematisierung des Unternehmens. Die verschiedenen Prozesse (Abläufe) im Unternehmen werden als Reihung wertschöpfender Aktivitäten verstanden. Durch die Zusammenfassung einzelner Aktivitäten werden sog. Wertschöpfungsstufen gebildet, die für das Unternehmen von strategischer Relevanz sind. – *3. Abbildung einer (vereinfachten) generischen W. im Versicherungsunternehmen:*

Rückversicherung	Leitung (Unternehmensführung) und Risikomanagement						Vertrieb: Akquisition Beratung Verkauf Kundenbetreuung
	Produktentwicklung	Underwriting	Risikotragung	Leistungs- und Schadenmanagement		Marketing	
	Finanzen und Kapitalanlagen (Asset Management)						
	Rechnungswesen und Controlling						
	Informationstechnik						
	Bestandsverwaltung, Betriebsorganisation, Recht						
	Personalwesen						

Abbildung: Wertschöpfungskette im Versicherungsunternehmen

Werttreiber. Faktor, der den Wert eines → Geschäftsfelds oder eines ganzen Unternehmens (→ Unternehmenswert) maßgeblich beeinflusst. Somit stellt die Identifikation und Steuerung von W. einen wesentlichen Aspekt der → wertorientierten Steuerung dar. Die Bedeutung von W. für die Unternehmenswertsteigerung liegt auch darin begründet, dass einzelne W. und deren Beeinflussbarkeit oftmals präziser beurteilt werden können, als der Unternehmenswert als Ganzes bzw. die Möglichkeiten zu dessen Beeinflussung.

Wettbewerbsrecht. Oberbegriff für alle Rechtsnormen zur Regulierung des Wettbewerbs. Siehe auch → Versicherungskartellrecht, → Recht gegen den unlauteren Wettbewerb.

Wettbewerbsrichtlinien der Versicherungswirtschaft. *1. Begriff:* Berufsständische Wettbewerbsgrundsätze innerhalb der Versicherungsbranche. Derartige Wettbewerbsregeln können Wirtschafts- und Berufsvereinigungen für Ihren Bereich aufstellen und vom Bundeskartellamt anerkennen lassen. (vgl. § 24 GWB). Die W. wurden vom → Gesamtverband der Deutschen Versicherungswirtschaft e.V. (GDV) und vom → Verband der privaten Krankenversicherung e.V. als den Vertretern der Versicherungswirtschaft sowie vom Bundesverband der Assekuranzführungskräfte e.V. und dem → Bundesverband Deutscher Versicherungskaufleute e.V. für den Versicherungsaußendienst entwickelt und schriftlich niedergelegt. – *2. Ziele:* Die aktuelle Fassung ist seit dem 1.9.2006 gültig und dient u.a. der Förderung und Sicherstellung des Leistungswettbewerbs zwischen den Versicherungsunternehmen und zwischen den → Versicherungsvermittlern. – *3. Merkmale:* Die W. beruhen auf den Anschauungen der beteiligten Wirtschaftskreise und geben Auskunft darüber, was im Vorsorge- und Versicherungsbereich als gute Sitte gilt. Sie sind mangels Rechtsetzungsbefugnis der Verbände kein Gesetz sondern Verbandsregeln, die den Versicherern und Vermittlern unverbindlich zur Verwendung empfohlen werden. Die rechtliche Bindungswirkung und die Verpflichtung zur Einhaltung derselben muss vom Versicherer mit dem einzelnen Vermittler vertraglich vereinbart werden. Derartige Vereinbarung werden üblicherweise in den → Vertreterverträgen getroffen. In Courtagevereinbarungen mit → Versicherungsmaklern dürften sie eher die Ausnahme sein, da Maklerverbände an der Abfassung der Richtlinien nicht unmittelbar beteiligt waren.

Wetterderivate. *1. Begriff:* Indexbasiertes Finanzinstrument (→ Versicherungsderivate) zur Absicherung gegen mögliche finanzielle Verluste im Zusammenhang mit Wetterrisiken. – *2. Merkmale und Methodik:* W. basieren auf Wetterdaten, z.B. der Temperatur, die das Handelsvolumen anderer Waren beeinflussen. Auszahlung und Kompensation sind nicht schadenbasiert, sondern indexabhängig. Gebräuchliche Indizes beziehen sich auf definierte Wetterereignisse, wie z.B. die Temperatur (min., max.), die Anzahl Sonnentage, Niederschläge (mm), Schneefallhöhen, Windstärken oder auch auf Kombinationen davon. Die Strukturierung erfolgt meist in Form von Optionen. Zu den Spezifikationsparametern zählen neben Ort, Index und einer Zeitperiode auch der Ausübungspreis sowie der Kompensationsbetrag pro gemessener Einheit (= Nominalbetrag) mit einer Obergrenze (Cap) bzw. Untergrenze (Floor) zur Begrenzung der maximalen Auszahlung. – *3. Ziele:* W. eignen sich primär für das Hedging von Volumenrisiken, die einer starken Wetterbeeinflussung unterliegen, z.B. des Risikos von Umsatzeinbußen im Energiesektor infolge einer Wetterveränderung und evtl. daraus resultierender Preisveränderungen. Die Stabilität der Einkünfte verbessert die Planungssicherheit und die eigene Wettbewerbsposition des wetterabhängigen Risikoträgers.

Wetterversicherung. → Entertainmentversicherungen.

Widerruf. Begriff aus der → betrieblichen Altersversorgung (bAV). Einseitige Beendigung oder Änderung einer Versorgungszusage durch den Arbeitgeber. Nur unter engen Voraussetzungen wirksam, insbesondere in Fällen der Störung der Geschäftsgrundlage (§ 313 BGB). Siehe auch → Widerrufsvorbehalte.

Widerrufsrecht. *1. Begriff:* Recht des Versicherungsnehmers, den → Versicherungsvertrag aufzuheben. – *2. Rechtsgrundlagen und Merkmale:* Das W. ist in § 8 VVG geregelt. Demnach kann ein Versicherungsnehmer seine Vertragserklärung innerhalb von zwei Wochen widerrufen. Der Widerruf ist in Textform einzureichen. In folgenden Fällen besteht allerdings kein Widerrufsrecht: a) bei Vertragslaufzeiten von unter einem Jahr, – b) bei Versicherungsverträgen auf vorläufige Deckung (→ vorläufige Deckungszusage), – c) bei Versicherungsverträgen mit Pensionskassen im Rahmen der Entgeltumwandlung sowie – d) bei der Versicherung von Großrisiken. Bei Fernabsatzverträgen greifen die Regeln des Fernabsatzgesetzes. Abweichend gilt bei Lebensversicherungsverträgen eine erweiterte Widerrufsfrist von 30 Tagen. Die jeweilige Frist beginnt erst mit dem Datum, zu dem der Versicherungsnehmer alle für den Versicherungsvertrag relevanten Unterlagen, wie → Versicherungsschein, Verbraucherinformationen, Rechtsbelehrungen, sowie alle Informationen nach § 7 VVG (Information des Versicherungsnehmers) vom Versicherungsunternehmen erhalten hat.

Widerrufsvorbehalte. Begriff aus der → betrieblichen Altersversorgung (bAV). In der Versorgungszusage enthaltener Vorbehalt, diese zu widerrufen. Siehe auch → Widerruf. Mit Ausnahme der von der Finanzverwaltung akzeptierten sog. steuerunschädlichen W. verhindern sie bei einer → Direktzusage die Bildung von → Pensionsrückstellungen gem. § 6a EStG. Arbeitsrechtlich sind W. von geringer Bedeutung, da sie von der Rechtsprechung als bloße Wiedergabe der Voraussetzungen einer Störung der Geschäftsgrundlage i.s.v. § 313 BGB interpretiert werden.

Wiederanfallquote. Verhältnis der → Wiederanfallschäden zu den → Meldejahresschäden eines Versicherers.

Wiederanfallschäden. *1. Begriff:* Schadenfälle, die bereits vollständig abgewickelt schienen und im Schadensystem des Versicherers abgeschlossen waren, jedoch aufgrund weiterer Ansprüche wieder geöffnet und bearbeitet werden. – *2. Merkmale:* Zu einem Wiederanfall kann es z.B. kommen, wenn nach Schadenschluss noch eine zu begleichende Rechnung eingereicht wird. In diesem Fall wird der Schaden wieder geöffnet, die Zahlung ausgeführt und der Schaden wieder geschlossen. Da für bereits geschlossene Schäden keine Reserven mehr bestehen, führt jede weitere Zahlung in einem W. zu einem Abwicklungsverlust.

Wiederanlagerisiko. → Marktänderungsrisiko.

Wiederaufbaubestimmung. Wird ein → Gebäude innerhalb eines bestimmten Zeitraums – meistens drei Jahre – nicht oder nicht in etwa gleicher Größe und Zweckbestimmung wiederaufgebaut, entfällt in der Gebäudeversicherung der Leistungsanspruch auf die Differenz zwischen → Zeitwert und → Neuwert (sog. Neuwertspitze, Neuwertanteil).

Wiederauffüllungsklausel. Im → nichtproportionalen Rückversicherungsvertrag bestimmt eine W., dass der Rückversicherte nach einer Schadenbelastung seiner Deckung entweder gegen Entgelt oder ohne einen erneuten Preis (→ Wiederauffüllungsprämie) eine weitere Haftung durch den → Rückversicherer zur Verfügung gestellt bekommt.

Wiederauffüllungsprämie. → Prämie, zu der der → Rückversicherer im → nicht-proportionalen Rückversicherungsvertrag eine neue Haftung zur Verfügung stellt. Siehe auch → Wiederauffüllungsklausel.

Wiederbeschaffungswert. *1. Begriff:* Kosten oder Preis für die Wiederbeschaffung eines Vermögenswerts. Häufig Bemessungsgrundlage für den Umfang des Ersatzanspruchs aus einem Versicherungsvertrag. – *2. Ermittlung:* Der W. bestimmt sich aus den Kosten bzw. dem Preis der Wiederbeschaffung einer wirtschaftlich gleichwertigen Ersatzsache. In der → Kfz-Haftpflichtversicherung bestimmt sich der W. z.B. nach dem Preis, den der Versicherungsnehmer für den Kauf eines gleichwertigen gebrauchten → Kraftfahrzeugs aufwenden muss; etwaige Finanzierungskosten sind hinzuzurechnen. Maßgebend für den W. ist nicht der Zeitwert des verunfallten Kraftfahrzeugs, d.h. der Wert, den der Eigentümer bei einem Verkauf erzielt hätte, sondern der Wert, der beim Kauf von einem seriösen Händler zu zahlen wäre. Dieser liegt wegen der Handelsspanne i.d.R. ca. 20 bis 25 % über dem Zeitwert. – *3. Funktion:* Der W. ist neben dem → Restwert der für die Regulierung von Totalschäden maßgebliche Wert, da er die Obergrenze der Schadenersatzleistung bildet.

Wiedereingliederungshilfe. *1. Begriff:* Leistungsart in der → Berufsunfähigkeitsversicherung. I.d.R. zusätzliche Rentenzahlung oder einmalige Kapitalleistung bei Einstellung der → Berufsunfähigkeitsrente, weil eine → Berufsfähigkeit nicht mehr vorliegt. – *2. Zweck:* Bei Wiederherstellung der Berufsfähigkeit kann es eine Weile bis zu einer Neueinstellung dauern. Mit einer W. kann ein dadurch bedingter finanzieller Engpass kompensiert werden.

Wiederherstellungsklausel, *Wiederbeschaffungsklausel.* – *1. Begriff:* Vereinbarung in der → Sachversicherung, wonach die Leistung der Entschädigung insgesamt oder teilweise davon abhängig ist, dass sie zur Wiederherstellung oder Wiederbeschaffung der → versicherten Sache tatsächlich verwendet oder eine derartige Verwendung gesichert wird. Zu unterscheiden sind eine einfache und eine strenge Wiederherstellungs- bzw. Wiederbeschaffungsklausel. – *2. Arten:* a) Einfache W. schützen in der Gebäudeversicherung den Realkredit. Sie sind in modernen → Allgemeinen Versicherungsbedingungen (AVB) nicht mehr enthalten; auf die gesetzlichen Vorschriften über die Sicherung des Realkredits (§§ 1127 ff. BGB) wird dort verwiesen (§ 16 Nr. 6 AFB 87; A § 9 Nr. 5c AFB 2008). Die besonderen Bestimmungen in §§ 99, 100 VVG a.F. sind entfallen. – b) Strenge W. betreffen nur einen Teil des Entschädigungsanspruchs in der → Neuwertversicherung, und zwar die über den Zeitwertschaden hinausgehende Neuwertspanne – zur Begrenzung des subjektiven Risikos. Die tatsächliche Wiederherstellung/ Wiederbeschaffung innerhalb einer Frist von z.B. drei Jahren oder deren Sicherung ist Voraussetzung für den Anspruch des Versicherungsnehmers auf die Neuwertspanne. Die Sicherung der Verwendung wird z.B. angenommen, wenn der Versicherungsnehmer mit einem Bauunternehmer einen Vertrag zur Wiederherstellung des geschädigten Gebäudes geschlossen hat, der nicht oder nur unter erheblichen wirtschaftlichen Nachteilen aufgelöst werden kann. Eine Rückforderung der Neuwertspanne, wenn die tatsächliche Wiederherstellung/ Wiederbeschaffung trotz vorheriger Sicherung nicht vorgenommen wird, war in früheren AVB nicht enthalten. Diese Lücke schließt § 93 S. 2 VVG: Wenn der Versicherungsnehmer schuldhaft innerhalb einer angemessenen Frist nicht für Wiederherstellung/ Wiederbeschaffung gesorgt hat, muss er die zunächst zu Recht erhaltene Neuwertspanne zurückzahlen. – *3. Fehlen einer W.:* Das Versicherungsunternehmen schuldet nicht nur die Zeitwertentschädigung, sondern die gesamte Entschädigung, wenn keine W. vereinbart wurde. In der → verbundenen Hausratversicherung (VHV) wurde seit den VHB 84 trotz der Vereinbarung einer Neuwertversicherung auf eine W. verzichtet.

Wiederherstellungskosten. → Herstellungskosten.

Wiederinkraftsetzung. *1. Begriff:* Aufleben eines Versicherungsvertrags nach einer Kündigung durch den Versicherer mangels Prämienzahlung durch den Versicherungsnehmer. – *2. Hintergründe:* Zahlt der Versicherungsnehmer seine → Prämien nicht, wird er nach §§ 37, 38 VVG qualifiziert gemahnt, und in der Folge wird der Vertrag gekündigt, falls der Versicherungsnehmer seine Prämienzahlung nicht wieder aufnimmt. Beabsichtigt der Versicherungsnehmer innerhalb einer bestimmten Frist, den Vertrag fortzuführen und die Prämien wieder zu entrichten, kann eine W. des Vertrags vorgesehen werden. Auf eine erneute → Risikoprüfung wird dann verzichtet. Die fehlenden Prämien müssen nachentrichtet werden, oder die → Versicherungssumme wird reduziert.

Wirkungsversicherung. *1. Begriff:* Versicherung, die sämtliche Risikoursachen eines risikobedrohten Systems umfasst und Schutz gegen Wirkungen bestimmten Umfangs bietet, unabhängig davon, durch welche → versicherte Gefahren diese Wirkungen ausgelöst wurden (Universalität der Gefahren, → All Risks-Deckung). Kommt namentlich für Privathaushalte in Betracht. – Gegensatz: Ursachenversicherung, die Versicherungsschutz für bestimmte Störungsursachen (versicherte Gefahren) gewährt, andere Ursachen damit zugleich ausschließt (Spezialität der Gefahren, → Named Perils-Deckung). – *2. Merkmale:* a) Vollkreis- oder Segment-Prinzip: Weil der Privatkunde nicht in Störungsursachen denkt, sind seine Risiken bzw. Störungen (versicherte Gefahren) bündelweise zusammenzufassen und auf die gesamte Einkommens- und Vermögensbedrohung zu beziehen. Lücken und Doppelversicherungen lassen sich so vermeiden. Damit ist der Versicherungskunde nicht ursachen-, sondern wirkungsbezogen versichert. – b) *Katastrophen-Prinzip*: Da ein Privatkunde im Normalfall nur über begrenzte Finanzmittel verfügt, deckt eine W. (nur) jene Risiken, deren Verwirklichung katastrophale oder empfindliche Auswirkungen hätte. Der Versicherungsschutz einer W. erstreckt sich über alle Risikobereiche, und er wird dort geboten, wo ihn der Versicherungsnehmer am dringendsten benötigt: bei den existenziellen Risiken. – c) *Interessenprinzip*. Die W. wird mit einem → Selbstbehalt kombiniert, um das Interesse des Kunden am Ausbleiben des Schadenfalls zu fördern. Der Selbstbehalt bzw. die gezielte Nichtversicherung erreicht einerseits eine im Sinne des Risikomanagements intensivere Auseinandersetzung des Privatkunden mit seiner Sicherheit und seinem Risiko und trägt andererseits zur Vermeidung unnötiger Deckungen sowie sog. Geldwechselgeschäfte bei. – d) *Transparenzprinzip*: Durch eine W. wird die Verständlichkeit für den Kunden bereits auf der Ebene der materiell-inhaltlichen → Versicherungsdeckung soweit wie möglich sichergestellt. Viele Verständnisprobleme beruhen auf dem Bemühen des Versicherers, die Deckungen sehr detailliert den individuellen Verhältnissen eines Gefahrensegments anzupassen und auf Schadenerfahrungen mit entsprechenden → Klauseln zu reagieren. Die daraus resultierende Vielzahl von Verweisen innerhalb der Deckungsumschreibung trägt in erheblichem Maße zur Unverständlichkeit für den Kunden bei. Die W. bietet hier die Chance, dem Kunden eine nachvollziehbare und möglichst einfache Deckung(-sbeschreibung) anzubieten. – *3. Anwendungsgebiete:* Das Prinzip der W. findet sich in der → Sachversicherung in All Risks-Deckungen und ansatzweise in → Multi Risks-Deckungen. In der Vermögensversicherung ist die → Rechtsschutzversicherung weitgehend an Kosten (= Wirkungen) orientiert. Schließlich ist in bestimmten Zweigen der → Personenversicherung die Deckung weitgehend an Wirkungen bei den Personen orientiert und unabhängig von der Ursache, bspw. im Todesfall oder bei der → Berufsunfähigkeit.

Wirtschaftlichkeitsgebot. *1. Begriff:* Vorgabe des für die → gesetzliche Krankenversicherung (GKV) maßgeblichen Sozialgesetzbuchs V (SGB V) an die → Krankenkassen und die von ihnen finanzierten Leistungen. Die Ausgestaltung erfolgte als unbestimmter Rechtsbegriff und wird vom Gesetz wie folgt beschrieben: Die Leistungen müssen ausreichend, zweckmäßig und wirtschaftlich sein, sie dürfen das Maß des Notwendigen nicht überschreiten. – *2. Konkretisierung:* a) ausreichend: Die Leistungen müssen dem Einzelfall angepasst sein, dem allgemein anerkannten Stand der medizinischen Erkenntnisse entsprechen und den medizinischen Fortschritt berücksichtigen; – b) zweckmäßig: Die Leistungen müssen für das Behandlungsziel dienlich sein; – c) wirtschaftlich: Die Leistungen sollen nicht zu ausufernden Kosten führen; – d) notwendig: Die Leistungen müssen objektiv erforderlich sein, um im Einzelfall ausreichend und zweckmäßig zu sein. Ausflüsse dieser Grundsätze sind gesetzliche Vorgaben, wie z.B. Festbeträge für → Arzneimittel und die Wirtschaftlichkeitsprüfung für ärztliche und ärztlich verordnete Leistungen. Zum W. liegt zudem eine umfangreiche Rechtsprechung des Bundessozialgerichts vor. – *3. Betroffene:* Alle Beteiligten, d.h. die Versicherten, → Krankenkassen und Leistungserbringer, sind gleichermaßen an die Anforderungen aus dem W. gebunden. – *4. Abgrenzung:* Die → private Krankenversicherung (PKV) leistet bei medizinisch notwendiger Heilbehandlung und kennt ein Übermaßverbot.

Wirtschaftlichkeitsprüfung. *1. Begriff:* Durch Prüfung des (zahn-)ärztlichen Behandlungs- und Verordnungsverhaltens soll die Einhaltung des → Wirtschaftlichkeitsgebots durch die Ärzte gesichert werden. Die Prüfungen werden auf der Basis von regionalen Prüfvereinbarungen vorgenommen, die zwischen den → Krankenkassen bzw. deren Verbänden und den → kassenärztlichen Vereinigungen bzw. den → kassenzahnärztlichen Vereinigungen abgeschlossen werden. – *2. Methodik und Ziele:* Zu differenzieren ist zwischen Auffälligkeits- und Zufälligkeitsprüfungen. Auffälligkeitsprüfungen werden durchgeführt, wenn der Arzt im Behandlungsbereich mehr Honorar als der Durchschnitt seiner Fachgruppe abrechnet. Im Bereich der verordneten Leistungen bildet die Nichteinhaltung der vereinbarten Richtgrößen für Arznei- und Heilmittel den Anknüpfungspunkt einer Wirtschaftlichkeitsprüfung. Bei Überschreitung der Richtgrößen werden Maßnahmen festgesetzt, die sich an der Höhe der Überschreitung orientieren und bis zur Verhängung eines Regresses reichen. Für die Zufälligkeitsprüfung werden pro Quartal bei 2 % der Ärzte arzt- und versichertenbezogene Stichproben gezogen. Die Stichprobenprüfung umfasst neben dem zur Abrechnung vorgelegten Leistungsvolumen u.a. auch Überweisungen, Krankenhauseinweisungen und Feststellungen zur Arbeitsunfähigkeit. Ziel ist das Erkennen einer Über-, Unter- oder Fehlversorgung. Für den Fall wiederholt festgestellter Unwirtschaftlichkeit greifen pauschale Honorarkürzungen. Die regionale Prüfungsstelle entscheidet, ob der Arzt bzw. Zahnarzt gegen das Wirtschaftlichkeitsgebot verstoßen hat und welche Maßnahmen zu treffen sind. Der betroffene Arzt hat ein Beschwerderecht. Gegen Entscheidungen des paritätisch von den Krankenkassen und den Ärzten bzw. Zahnärzten besetzten Beschwerdeausschusses steht der Gang vor die Sozialgerichte offen.

Wirtschaftsethik. Anwendung allgemeiner Ethikregeln auf moralische Probleme der Wirtschaft. Verbindet Ökonomie und angewandte Ethik. Ziel ist es, festzustellen, wie moralische Normen und Werte auf Probleme des ökonomischen Handelns angewendet werden können. Moralische Aspekte betreffen sowohl individuelle als auch grundsätzliche gesellschaftliche Normen und Werte des ökonomischen Handelns.

Wirtschaftskreislauf. Beschreibt die quantitative Erfassung der Wirtschaftstätigkeit eines Landes in einem bestimmten Zeitraum in Form von Kreislaufschemata. Dabei kann die Darstellung der als (monetäre) Ströme erfassten Vorgänge in algebraischer, kontenmäßiger oder graphischer Form erfolgen. Wegen ihrer Verwendung in der → volkswirtschaftlichen Gesamtrechnung (VGR) ist die kontenmäßige Darstellung weit verbreitet. Zwischen den Polen (Endpunkten, hier meist private Haushalte, Unternehmen, Staat, Ausland und Vermögensänderungskonto) fließen die Ströme, die durch ihre Stärke, Richtung und Zeitdimension bestimmt sind. Bei geschlossenen Kreisläufen muss in jedem Pol die Summe der Zuflüsse gleich der Summe der Abflüsse sein (Kreislaufaxiom). Zur "Schließung" des Kreislaufs wird ein (volkswirtschaftliches) Vermögensänderungskonto eingeführt.

Wirtschaftskriminalität. Bezeichnung für Tatbestände des Wirtschaftsstrafrechts, u.a. für Konkursdelikte, Subventionsbetrug, Kreditbetrug, Wucher, Korruption, Falschbilanzierung, Geldwäsche, Insiderhandel, Kursmanipulationen an den Börsen. Gesetzlich ist der Begriff W. nicht eindeutig festgelegt.

Wirtschaftsordnung. *1. Begriff:* Gesamtheit der Mechanismen, die direkt oder indirekt die Koordination wirtschaftlicher Aktivitäten im Hinblick auf → Konsum und Produktion sowie Distribution (Verteilung) besorgen. Zu diesen Mechanismen zählen die Verteilung der Planbefugnisse, konkretisiert in der Ordnung des Planungs- und Lenkungssystems. – *2. Varianten:* Nach W. Eucken ergeben sich hieraus die → Zentralverwaltungswirtschaft, die durch einen einheitlichen Plan gekennzeichnet ist, nach dem gewirtschaftet wird, sowie die Verkehrswirtschaft (→ Marktwirtschaft), die durch eine Vielzahl von Plänen der Einzelwirtschaften charakterisiert ist, die mittels einer einheitliche Rechnungsskala und des Marktmechanismus (Wettbewerb) miteinander koordiniert werden. In der neueren Literatur werden neben diesen beiden Grundformen der Koordination noch zwei weitere idealtypische Mechanismen gestellt: die gegenseitige Vereinbarung oder Verhandlung und die demokratische Abstimmung. Sie ergeben als Ordnungsmodelle die Selbstverwaltungswirtschaft und die Wirtschaftsdemokratie. – *3. Rolle der Eigentumsverhältnisse:* Die isolierte Hervorhebung der Planungssysteme bleibt unbefriedigend, solange nicht angegeben wird, welche Gruppen aufgrund welcher Bedingungen über ökonomische Entscheidungsrechte verfügen. Die Antwort hierauf hat an den Eigentumsverhältnissen anzusetzen. Insofern müssen die Mechanismen durch die Ordnung der Eigentumsverhältnisse als weiteres konstitutives Ordnungsmerkmal ergänzt werden. Dabei lassen sich drei Eigentumsformen unterscheiden: privates, staatliches (Volkseigentum) und gesellschaftliches/ genossenschaftliches Eigentum. – *4. Umgang mit Güterknappheiten:* Das genannte Lenkungs- und Koordinationsproblem ist rational nur dann lösbar, wenn die Verwendung aller knappen Güter auf der Basis der erkannten und quantifizierten Knappheit jedes Gutes entschieden wird. Die Kenntnis der mengenmäßigen Differenz zwischen Bedarf und

Bestand (bzw. Produktion) ist notwendige Bedingung für die Abstimmung und Verknüpfung der Pläne zu einem gesamtwirtschaftlichen Plansystem. Für diese Abstimmung ist folglich ein Rechenwerk notwendig, um die Knappheitsgrade der Güter anzuzeigen. In der Planungstheorie sind bisher nur zwei Mechanismen nachgewiesen: Knappheitsgrade oder Mengendifferenzen (zwischen Bedarf und Bestand) können erstens durch Marktpreise und zweitens durch Salden güterwirtschaftlicher Planbilanzen abgebildet werden. Im ersten Fall werden die Wirtschaftsprozesse dezentral, im zweiten Fall zentral geplant und entschieden. Es braucht hier nicht betont zu werden, dass die Zentralverwaltungswirtschaft an ihren inneren Widersprüchen gescheitert ist.

Wirtschaftspolitik. *1. Begriff:* Gesamtheit von Maßnahmen zur Beeinflussung, Gestaltung, Steuerung und Ordnung der wirtschaftlichen Aktivitäten der (inländischen) Wirtschaftssubjekte durch die Träger der Wirtschaftspolitik. – *2. Merkmale:* Die W. ist als eine Theorie der wirtschaftspolitischen Entscheidung zu verstehen, die sich auf drei Kernfragen reduzieren lässt: Wer entscheidet? Wie wird entschieden? Was wird entschieden? Die erste Frage verweist auf die Träger und Inspiratoren der Wirtschaftspolitik. Im Zentrum steht das Problem, wie und ob die faktischen Träger bei der Zielfindung, Willensbildung und Durchführung der Maßnahmen zusammen arbeiten. Die zweite Frage hat eine deskriptive und normative Seite. Die deskriptive Seite verweist auf den tatsächlichen Entscheidungsprozess und die jeweilige Machtverteilung. Der normative Aspekt lässt sich mit Hilfe der Begriffe „Rationalität der W." und „Optimierung des Ziel-Mittel-Verhältnisses" beschreiben. Im Zentrum steht dabei das Finden von individuellen und sozialen Zielfunktionen. Die dritte Frage steht im Mittelpunkt der Theorie der Wirtschaftspolitik. Jede Entscheidung setzt die Kenntnis der aktuellen Lage und der Ziele voraus, deren Differenz zum Einsatz der wirtschaftspolitischen Instrumente führt. Die auf Werturteile zurückgehenden Ziele werden nach herrschender Ansicht als empirisches Faktum genommen und nicht weiter begründet. Informationen über die aktuelle Lage werden über eine Diagnose mit anschließender Prognose gewonnen. Ferner geht es darum, die Wirkungen (und Nebenwirkungen) der alternativen wirtschaftspolitischen Maßnahmen abzuschätzen. Zu beachten ist aber, dass sowohl die Entscheidung selbst als auch das Wirksamwerden der Instrumente Zeit beanspruchen (time lags). Damit werden das timing und die Dosierung zu einem ernsten Problem. – *3. Umfang:* Zur W. gehört, dass sie sowohl den Rahmen für wirtschaftspolitisches Handeln definiert als auch die Organisation der Wirtschaftstätigkeit reguliert. Die → Wirtschaftsordnung wird zu einer Grundentscheidung. Darüber hinaus ist konstitutiv für die W., dass sie den Wirtschaftsprozess steuert, so dass Arbeitslosigkeit und → Inflation oder das gemeinsame Auftreten beider Phänomene (Stagflation) vermieden werden. Dies ist das Feld der → Stabilisierungspolitik.

Wirtschaftssystem. Im allgemeinen Sprachgebrauch werden W. und Wirtschaftsordnung oft synonym verwendet. Der Begriff des W. ist jedoch nach gültiger Lehre weiter zu fassen. Die Wirtschaftsordnung ist ein Teil des W., das auch Produktionsprozesse und die wesentlichen Wirtschaftselemente (Ressourcen, Humankapital etc.) umfasst. Trotzdem erfolgt eine Kategorisierung eines W. oft aufgrund der Wirtschaftsordnung, bspw. im Sinne einer → Marktwirtschaft oder einer → Zentralverwaltungswirtschaft.

Witwen- oder Witwerrente. In der → Privatversicherung zumeist im Rahmen der → betrieblichen Altersversorgung (bAV) angebotener Teil einer → Hinterbliebenenversorgung. Mit der W. wird im Fall des Todes der versicherten Person dem Ehepartner oder, sofern vereinbart, dem Lebenspartner als Ersatz für den durch den Tod des Versicherten entfallenden Unterhalt eine → Rente bis zum Tod gezahlt. Im Fall der Wiederverheiratung des Ehe- bzw. Lebenspartners wird häufig eine Ablösung der laufenden Rente durch Einmalzahlung einiger Jahresrenten vereinbart. Die W. ist auch eine Form der → Hinterbliebenenrente aus der → gesetzlichen Rentenversicherung (GRV), hier aber nur zugunsten des überlebenden Ehepartners. Der Anspruch auf W. ist an die Rechtsgültigkeit der Ehe zum Zeitpunkt des Todes gebunden und endet im Fall der wiederheirat. Ferner gibt es ein → Witwen-/ Witwergeld in der → Beamtenversorgung.

Witwen-/ Witwerabfindung. Element der → Beamtenversorgung. Für den Fall einer Wiederverheiratung der Witwe/ des Witwers, die/ der Anspruch auf → Witwen-/ Witwergeld bzw. auf einen Unterhaltsbetrag hat, führt die Wiederverheiratung zum Wegfall des Witwen-/ Witwergelds bzw. des Witwen-/ Witwerunterhaltsbeitrags. Dafür entsteht ein Anspruch auf eine W. in Höhe des 24-fachen Betrags des im Monat der erneuten Heirat zustehenden Witwen-/ Witwergelds (vgl. § 21 BeamtVG).

Witwen-/ Witwergeld. *1. Begriff:* Element der → Beamtenversorgung im Sinn einer Hinterbliebenenleistung. – *2. Höhe:* Das W. beträgt grundsätzlich 55 % des → Ruhegehalts, das der Verstorbene erhalten hat oder hätte erhalten können, wenn er am Todestag in den → Ruhestand getreten wäre. Die Kürzung auf den Satz von 55 % des Ruhegehalts ist mit dem Versorgungsänderungsgesetz 2001 erfolgt. Davor betrug die Höhe des W. 60 %. Diesbezüglich gibt es Übergangsregelungen. Für Ehen, die vor dem 31.12.2001 geschlossen wurden und bei denen mindestens ein Ehepartner vor dem 2.1.1962 geboren ist, beträgt das W. auch weiterhin 60 % (§ 69e V BeamtVG). Im Fall eines sehr deutlichen Lebensaltersunterschieds gelten Kürzungsregelungen für die Höhe des Witwen-/ Witwergelds. Insbesondere ist vorgesehen, dass dann, wenn der/ die Verstorbene mehr als 20 Jahre älter als die/ der Witwe/r war, die/ der Witwe/r-Versorgung pauschal gekürzt wird. Dies kann durch die Dauer der Ehe zum Teil kompensiert werden. Die pauschalen Kürzungsregelungen sind gestaffelt ausgestaltet und steigen für jedes angefangene Jahr des Altersunterschieds über 20 Jahre um 5 % des Kürzungsbetrags, maximal jedoch auf 50 %. – *3. Voraussetzungen und Ausschlüsse:* Ein Anspruch auf W. als abgeleiteter Erwerb aus dem Versorgungsanspruch des verstorbenen → Beamten entsteht nur, wenn die Ehe mit dem Verstorben mindestens ein Jahr gedauert hat. Kein Anspruch entsteht, wenn nach den besonderen Umständen des Falls die Annahme besteht, dass es der alleinige oder überwiegende Zweck der Heirat war, der Witwe/ dem Witwer eine Versorgung zu verschaffen. Ebenfalls kein Anspruch auf W. besteht, wenn die Ehe erst nach dem Eintritt des Beamten in den Ruhestand geschlossen wurde und der Ruhestandsbeamte zur Zeit der Eheschließung das 65. Lebensjahr bereits vollendet hatte. Für Ehen, die vor dem 31.12.2001 geschlossen wurden, muss die Ehe „nur" drei Monate bestanden haben, damit daran ein eigenständiger Witwen-/ Witwergeldanspruch angeknüpft wurde. – *4. Unterhaltsbeitrag für nicht witwengeldberechtigte Witwer/ Witwen und frühere Ehefrauen/ Ehegatten:* Ist ein Anspruch auf W. nicht entstanden, weil die tatbestandlichen Voraussetzungen nicht gegeben sind – z.B. wegen mangelnden Bestehens der Ehe von einem Jahr bzw. Heirat nach Eintritt in den Ruhestand – ist, sofern die besonderen Umstände des Falls keine vollständige oder teilweise Versagung rechtfertigen, ein Unterhaltsbeitrag in Höhe des W. zu gewähren. Im Gegensatz zu dem abgeleiteten Anspruch auf W. handelt es sich hier um eine Unterhaltsleistung, die an weitergehende präzisierende Tatbestandsmerkmale geknüpft ist und einer besonderen Prüfung bedarf. Bei der Bestimmung der Höhe des Unterhaltsbeitrags ist die Dauer der Ehe daher ebenso maßgebend wie der Altersunterschied der Eheleute. Ein Unterhaltsbeitrag kann auch an geschiedene Ehepartner gewährt werden, wenn der geschiedene Ehepartner auf einen schuldrechtlichen Versorgungsausgleich verzichtet hatte. Hinsichtlich der Höhe des Unterhaltsbeitrags sind Erwerbs- und Erwerbsersatzeinkommen des Hinterbliebenen angemessen anzurechnen.

Wohngebäude. *1. Begriff:* Ein → Gebäude ist ein W., wenn es vorwiegend zu Wohnzwecken genutzt wird, d.h. wenn weniger als 50 % der Fläche gewerblich genutzt wird. – *2. Merkmale:* In Abhängigkeit von der Nutzung werden Einfamilienhäuser, Mehrfamilienhäuser und gemischt genutzte Gebäude unterschieden. Die Nutzungsform wird gemeinhin als Tarifierungsmerkmal verwendet.

Wohngebäudeversicherung. → verbundene Wohngebäudeversicherung.

Wohnungswechsel. Änderung der versicherten Wohnung. Aus diesem Anlass geht die → verbundene Hausratversicherung automatisch auf die neue Wohnung über. Während des Umzugs besteht für längstens zwei Monate Versicherungsschutz in beiden Wohnungen. Bei einem Umzug ins Ausland erlischt der Versicherungsschutz mit dem Ende des Umzugs. Der Versicherungsnehmer hat dem Versicherer den Umzug spätestens bei Umzugsbeginn anzuzeigen.

Wording. Vertragstext in der Versicherungsbeziehung zwischen → Erst- und → Rückversicherer. Dabei enthält der Vertragstext die allgemeinen Bestimmungen, sowie in den Anhängen die jeweiligen Modifizierungen des Standardvertragstexts. Siehe auch → Contract Certainty.

Working Cover, *Working Excess of Loss.* Besondere Ausprägung einer → Schadenexzedenten-Rückversicherung im Rahmen eines → nicht-proportionalen Rückversicherungsvertrags. Eine W. gibt es sowohl beim → Einzelschadenexzedenten als auch beim → Kumulschadenexzedenten. Eine W. liegt vor, wenn die → Priorität so niedrig angesetzt ist, dass sie auch bei normalem Schadenverlauf überschritten wird. Der Zweck einer W. liegt darin, einen → proportionalen Rückversicherungsvertrag zurückzuführen oder zu ersetzen.

Working Layer. → Einzelschadenexzedent, der aufgrund der Wahl der → Priorität bei jedem rückversicherten Einzelschaden des → Zedenten zum Zuge kommen könnte.

XYZ

XL Rückversicherung. Abkürzung für Excess-of-Loss Rückversicherung. → Schadenexzedenten-Rückversicherung.

Zahlungsbilanz. *1. Begriff:* Kontensystem, das die wirtschaftlichen Transaktionen zwischen Inländern und Ausländern innerhalb eines bestimmten Zeitraums mittels der Methode der doppelten Buchhaltung wertmäßig erfasst. Da nur Ströme erfasst werden, ist die Z. eine Bewegungsbilanz. Die Transaktionen umfassen v.a. a) die Ströme von Sachgütern und Dienstleistungen, – b) die Änderungen der Auslandsforderungen und -verbindlichkeiten als Folge aus wirtschaftlichen Transaktionen (sowohl kurz- als auch langfristig), – c) die unentgeltlichen Übertragungen. – *2. Merkmale:* Dabei wird die Z., die selbstverständlich immer ausgeglichen ist, in verschiedene Teilbilanzen gegliedert (Handels-, Dienstleistungs-, kurz- und langfristige Kapital- und Devisenbilanz) und – je nach Zielsetzung der außenwirtschaftlichen Analyse – wieder zusammengefasst. Auf diese Weise ergeben sich z.B. der Außenbeitrag als Summe aus Handels- und Dienstleistungsbilanz und die Grundbilanz als Summe aus Leistungsbilanz und Bilanz des langfristigen Kapitalverkehrs. Außenwirtschaftliches Gleichgewicht (→ Stabilisierungspolitik) kann damit heißen, dass entweder der Saldo der Devisenbilanz oder der Außenbeitrag Null ist. – *3. Bedeutung der Versicherung:* Grenzüberschreitende Aktivitäten der Versicherungsunternehmen schlagen sich zum einen in der Dienstleistungsbilanz als Einnahmen (z.B. Schadenvergütungen, die Inländern zufließen, Prämieneinnahmen gebietsansässiger Versicherungsunternehmen) oder Ausgaben (z.B. Schadenleistungen an Ausländer und Prämienzahlungen an ausländische Versicherungsunternehmen) nieder. Hinzu kommen Einnahmen und Ausgaben aus der Rückversicherung. Zum anderen schlagen sich die internationalen Aktivitäten in der Kapitalbilanz nieder, einmal im Rahmen der sog. Direktinvestitionen (z.B. Beteiligungen an ausländischen Versicherungsunternehmen und langfristige Kredite an verbundene Unternehmen im Ausland), aber auch in der kurzfristigen Kapitalverkehrsbilanz als Kapitalerträge inländischer bzw. ausländischer Versicherungsunternehmen.

Zahlungs-Reserve-Verhältnis. Verhältnis der bereits geleisteten Zahlungen für die → Meldejahresschäden in einem Versicherungszweig zu dem Betrag der für diese Schäden zusätzlich gebildeten Reserven.

Zahlungsströme. Menge aller → Einzahlungen und → Auszahlungen eines Unternehmens. Z. können in barer oder unbarer Form, d.h. in Form von Schecks, Überweisungen etc. vorkommen. Zwischen einem Versicherungsunternehmen und seiner Umwelt sind nahezu alle Geschäftsvorgänge durch Z. gekennzeichnet.

Zahlungsunfähigkeit. Unfähigkeit, die zwingend fälligen Zahlungsverpflichtungen uneingeschränkt zu erfüllen. Die Z. ist neben der → Überschuldung Auslöser der → Insolvenz (§§ 17, 18 InsO). → Ausfallrisiko in der → Kreditversicherung. Allerdings führt nicht jede tatsächliche Z. zum Versicherungsfall; siehe dazu die in den → Allgemeinen Versicherungsbedingungen (AVB) genannten Tatbestände.

Zahlungsweise. *1. Begriff:* Rhythmus, in dem wiederkehrende Zahlungen geleistet werden müssen. Betrifft in der Versicherungswirtschaft im Wesentlichen die → Versicherungsprämien von Seiten des Versicherungsnehmers, daneben z.B. auch wiederkehrende Rentenleistungen des Versicherungsunternehmens. – *2. Varianten:* I.d.R. wird zwischen jährlicher, halbjährlicher, vierteljährlicher und monatlicher Z. unterschieden. Bei unterjähriger Z. von Versicherungsprämien wird häufig ein Ratenzahlungszuschlag erhoben, um die entgangenen Zinsen aus den jährlich im Voraus kalkulierten Prämien aufzufangen.

Zedent. → Erstversicherer oder → Rückversicherer, der Anteile der von ihm versicherten oder rückversicherten Risiken gegen eine → Prämie an einen Rückversicherer abgibt (auch: zediert).

Zehn-Prozent-Zuschlag. → Gesetzlicher Zuschlag.

Zeichnungsjahr. Jahr, in dem die Risikotragung des → Erstversicherers beginnt. Bei einer → Rückversicherung auf Zeichnungsjahrbasis übernimmt der → Rückversicherer dementsprechend die Deckung für alle in dem betreffenden Jahr beginnenden Risiken des Erstversicherers.

Zeichnungsjahrsystem. *1. Begriff:* Abrechnungssystem, bei dem Prämien, Schäden, Rückstellungen und Rückflüsse (→ Regresse, Erlöse aus der Verwertung beschädigter Sachen) unabhängig von ihrem tatsächlichen Anfall dem Geschäftsjahr zugeordnet werden, in dem der Versicherungsvertrag gezeichnet oder verlängert wurde. – *2. Bedeutung:* Das Z. wird v.a. in der → Transportversicherung verwendet. Es erlaubt, den Einfluss von Bedingungsänderungen zu verfolgen und ganz allgemein den Erfolg des → Underwriting einzuschätzen.

Zeichnungskapazität. *1. Begriff*: Maximale Höhe des Risikos, das zur Versicherung akzeptiert werden kann. – *2. Merkmale:* Ein Faktor bei der Kapazitätsermittlung sind aufsichtsrechtliche Vorschriften über die Mindestanforderungen an die Solvabilität. Daneben bezeichnet die Kapazität auch die Höhe der Versicherungsdeckung gegenüber einem bestimmten Versicherungsnehmer oder im Markt allgemein.

Zeichnungspolitik, *Selektionspolitik, Underwriting Policy.* – *1. Begriff:* Ziel- und Mittelentscheidungen im Versicherungsunternehmen, die das Verhalten hinsichtlich der Übernahme versicherter Risiken umfassen. – *2. Merkmale:* Die Z. steht damit in enger Beziehung zu allen wesentlichen versicherungstechnischen Elementen der Unternehmenspolitik, insbesondere zur → Produktpolitik, zur Rückversicherungspolitik (→ Rück-

versicherung, zum → Rückversicherungscontrolling und zur Sicherheitsmittel- bzw. Solvabilitätspolitik (→ Solvabilität). Damit ist die Z. auch als wichtiger Teil der → Risikopolitik (→ Risikocontrolling, → Risikomanagement, → Riskomanagement im Versicherungsunternehmen) und der Gesamtunternehmenspolitik zu verstehen. – *3. Hauptaspekte:* Entscheidungen über die Art, den Umfang und die zeitliche Folge der notwendigen Risikoinformationen, die Zeichnungsgrenzen und maximalen Eigenbehalte, die Höhe der → Risikoprämien einschließlich der erforderlichen → Risikozuschläge, die gebotene Kapitalunterlegung und die → Risikopräferenz im Versicherungsunternehmen.

Zeitfranchise, *Wartezeit.* → Franchise.

Zeitrente. → Rente.

Zeitwert. I. Realgüter bzw. Sachen: *1. Begriff:* → Neuwert einer Sache abzüglich ihrer Wertminderung insbesondere durch Abnutzung (Verschleiß), ggf. auch durch das Alter, wenn es sich um eine Sache handelt, die der Mode oder dem technischen Fortschritt unterworfen ist. – Anders: → Ersatzwert → Neuwert; → gemeiner Wert. – *2. Anwendungsgebiete:* a) Gewerbliche und industrielle → Sachversicherung (→ Gewerbekunde, → Industriekunde); – b) → Haftpflichtversicherung. – II. Nominalgüter bzw. → Finanzinstrumente. *1. Begriff:* Gegenwartswert im Sinne des Marktwerts (mark to market) oder eines modellbasierten Werts (mark to model), der z.B. durch Abdiskontierung der künftigen Zahlungsströme (→ Discounted Cash flow) gebildet wird. – *2. Anwendungsgebiete:* a) → Lebensversicherung (vgl. → Rückkaufswert); – b) → Rechnungslegung, insbesondere im Zusammenhang mit der Bestimmung der Z. von → Kapitalanlagen.

Zeitwertkonten. → Arbeitszeitkonten.

Zeitwertversicherung. Versicherungsdeckung auf Basis des → Zeitwerts einer versicherten Sache.

Zensus. → Volkszählung.

Zentraler Grenzwertsatz. *1. Begriff:* Lehrsatz, der besagt, dass für eine unabhängige Folge von Zufallsvariablen $\{X_k\}_{k\in\mathbb{N}}$ (→

Unabhängigkeit), die alle dieselbe → Verteilungsfunktion und den → Erwartungswert μ und die → Standardabweichung $\sigma > 0$ besitzen, die Verteilungsfunktion des standardisierten Stichprobenmittels

$$\frac{\frac{1}{n}\sum_{k=1}^{n} X_k - \mu}{\sigma} \sqrt{n}$$

für einen großen Stichprobenumfang n durch die Verteilungsfunktion der → Standardnormalverteilung approximiert werden kann. – *2. Anwendungen:* In der Versicherungswirtschaft findet der Z. beim → Risikoausgleich im Kollektiv sowie bei der Approximation der Verteilung des → Gesamtschadens Anwendung.

Zentralisierung. Zusammenführung bisher dezentralisierter (→ Dezentralisierung) → Geschäftsprozesse und des entsprechenden Personals an einem Standort. Ziel ist die Realisierung von Skaleneffekten und damit verbundener Kosteneinsparungen.

Zentralruf der Autoversicherer. Einrichtung des → Gesamtverbands der Deutschen Versicherungswirtschaft e.V. (GDV) und der deutschen Kfz-Versicherer, die seit 1972 Unfallgeschädigten bei berechtigtem Interesse kostenlos Auskunft über den Kfz-Haftpflichtversicherer eines unfallbeteiligten Fahrzeugs gibt. Damit wird der Geschädigte in die Lage versetzt, Ansprüche aus einem Unfall gegen den Kfz-Haftpflichtversicherer des Schädigers zu erheben. Außerdem wird die gegnerische Versicherung über die → Schadenmeldung beim Z. informiert und kann so schnell mit der → Schadenregulierung beginnen. Daneben fungiert der Z. im Rahmen der 4. Kraftfahrthaftpflicht-Richtlinie als sog. nationale Auskunftsstelle und benennt den → Schadenregulierungsbeauftragten des beteiligten ausländischen Versicherers in Deutschland, an den sich ein Geschädigter zwecks Abwicklung des Schadens nach seiner Rückkehr in seinem Heimatland wenden kann.

Zentralverwaltungswirtschaft, *Zentralplanwirtschaft, Planwirtschaft. – 1. Begriff, Merkmale und Varianten:* Von W. Eucken geprägter Begriff für eine Wirtschaftsordnung, in der alle Wirtschaftsprozesse (Produktion, Allokation und Konsumtion) eines Landes von einer zentralen staatlichen Instanz einheitlich nach vorgegebenen Zielvorstellungen geplant, koordiniert und überwacht werden. Der Marktmechanismus als Steuerungsinstrument einer → Marktwirtschaft wird dabei weitgehend durch einen hierarchisch gegliederten, bürokratischen Lenkungsapparat ersetzt, der seine Entscheidungen mittels verbindlicher Direktiven durchsetzt. Die systemadäquate Verbindung der Z. mit Staatseigentum an den Produktionsmitteln ergibt den Typ der staatssozialistischen Z. (Planwirtschaft); möglich ist auch eine Kombination mit Privateigentum (z.B. deutsche Kriegswirtschaft während der beiden Weltkriege) oder mit Gruppen- beziehungsweise Gesellschaftseigentum, die in den Modellen der Rätedemokratie angestrebt wird. Ein Kennzeichen der Z. ist zudem, dass der jährliche Plan nur ein Glied in der Kette mehrjähriger Wirtschaftspläne ist. In der totalitären Variante der Z. legt die zentrale Planbehörde die Ziele der Produktion, die Verwendung der verstaatlichten Produktionsmittel und die Verteilung der Produktionsergebnisse autonom fest. Diese (strenge) Form kann durch Berücksichtigung wettbewerblicher Elemente aufgelockert werden. Nach dem Zentralisierungsgrad der Planung im Produktions- und Konsumtionsbereich kann zwischen total-, hoch- oder dezentralisierten Konzepten der Z. unterschieden werden. – *2. Würdigungen:* Ohne auf die Fragen der Ableitung eines Zielsystems und kollektiver Rangordnungen einzugehen, reduziert sich das Problem darauf, ob der Zentralplan die optimale Allokation der Produktionsfaktoren und die Maximierung der Produktion sowie eine optimale Verteilung auf die Wirtschaftssubjekte gewährleistet. Die Theoretiker der Z. behaupten, dass entweder die Salden planwirtschaftlicher Güterbilanzen oder die Verwendung von Verrechnungspreisen (auf Basis der Grenzkosten-Preis-Regel; vgl. → Polypol) die optimale Allokation sicherstellen. Darüber hinaus weise die Z. einen höheren Grad an Rationalität (O. Lange) als die → Marktwirtschaft auf, da neben der individuellen auch die gesamtwirtschaftliche Rationalität berücksichtigt werde. Allerdings ist diese Diskussion unvollständig, da Allokationsmechanismen auch hinsichtlich ihrer Konvergenzeigenschaften (ob und wie schnell sie zu einem Gleichgewicht führen) und Informationserfordernisse zu beurteilen sind. Es scheint, als wären die existierenden Formen der Z. (Sowjetunion, Ostblockstaaten) gerade wegen der darin steckenden Anreizprobleme untergegangen.

Zertifikate. *1. Begriff:* Von Banken emittierte Wertpapiere mit eingebetteten → Derivaten, die in der Form einer Inhaberschuldverschreibung (→ Schuldverschreibung, → Inhaberpapier) begeben werden. – *2. Merkmale:* Der Handel findet sowohl über die Börse als auch außerbörslich statt. Die Laufzeiten sind entweder begrenzt oder unendlich. Während der Laufzeit weicht der Kurs i.d.R. von dem per Laufzeitende garantierten Kurs ab, da das Preisverhalten der im Z. eingebetteten Derivate von Zins-, Dividenden-, Kreditrisiko- und Volatilitätsveränderungen abhängt. Eine Auszahlung während der Laufzeit orientiert sich immer an der Entwicklung eines vorher definierten Referenzwerts. Die Rückzahlung von Z. folgt den jeweils individuell vereinbarten Bedingungen. – *3. Formen:* Z. werden nach dem zugrunde liegenden Basiswert in Aktienanleihen, Garantiezertifikate, Hebelprodukte, Bonus- und Teilschutzzertifikate, Discountzertifikate, Expresszertifikate, → Indexzertifikate, Outperformance- und Sprintzertifikate sowie Basket-, Themen- und Strategiezertifikate eingeteilt. – *4. Entwicklung und Bedeutung:* Per September 2007 erreichte das Quartalsvolumen eine Spitzenhöhe von ca. 139 Mrd. Euro. Mit den Entwicklungen der Finanzkrise haben die Volumina stark abgenommen, so dass im ersten Quartal 2009 nur noch rund 80 Mrd. Euro umgesetzt wurden. Im letzten Quartal 2009 stieg das Marktvolumen wieder auf rd. 103 Mrd. Euro an.

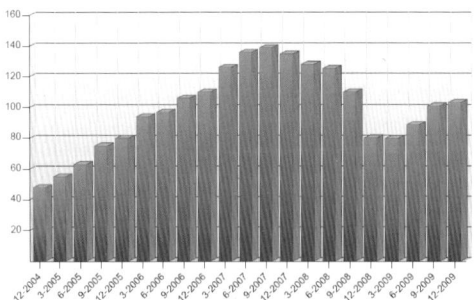

Entwicklung des Zertifikatevolumens in Deutschland seit 2004 (in Mrd. EUR)

Quelle: Deutscher Derivate Verband.

Zession. Abtretung eines Risikos durch den → Erstversicherer an den → Rückversicherer bzw. durch den Rückversicherer an den → Retrozessionär.

Zessionär. Versicherungsgesellschaft, die Rückversicherungsschutz gewährt. Dies kann ein → Rückversicherer sein, aber auch ein weiterer Rückversicherer, der dann → Retrozessionär genannt wird.

Zessionslimit. *1. Begriff:* Beschreibt die zwischen → Zedent und → Rückversicherer vereinbarte maximale Beteiligungshöhe. – *2. Merkmale:* a) In der → Quotenrückversicherung ist das Z. pro Risiko die vereinbarte maximale Versicherungssumme bzw. in der Sachversicherung meist der → Probable Maximum Loss (PML). – b) In der → Summenexzedenten-Rückversicherung bezeichnet das Z. den absoluten Betrag, zu dessen Übernahme sich der Rückversicherer an dem Risiko höchstens verpflichtet hat. Das Z. wird in der Summenexzedenten-Rückversicherung als ganzzahliges Vielfaches des Selbstbehalts des Zedenten berechnet.

Zielgruppenmarketing. *1. Begriff:* Ausrichtung der Marketingaktivitäten auf Nachfrager-Zielgruppen (vgl. → Kundengruppen), um einen gangbaren Kompromiss zwischen individueller → Kundenorientierung einerseits und kostengünstiger Massenbearbeitung andererseits zu finden. Das Z. betrifft alle → Marketinginstrumente, die auf die → Kunden ausgerichtet sind, von der zielgruppengerechten Ansprache (vgl. → Kommunikation) bis zur materiell-inhaltlichen → Produktgestaltung, → Preisgestaltung und → Vertriebsgestaltung. – *2. Ziele:* a) bedarfsgerechte Produkte zu vertretbaren Preisen; – b) Kompatibilität zwischen den Nachfragern und Vertriebskanälen; – c) geringst mögliche Streuverluste beim Einsatz der Kommunikationsinstrumente. – *3. Voraussetzungen:* a) ausreichende Marktkenntnis (vgl. → Marketingforschung und → Marketing-Informationssystem), auch über die marktrelevanten Mitbewerber und das Vermittlerpotenzial; – b) Kenntnis des eigenen Kundenbestands; – c) leistungsstarke IT-Lösungen (vgl. → Kundenbeziehungsmanagement). – *4. Sonstige Zielgruppen:* Im Sinne des Z. sind neben den Kundengruppen je nach Marketingziel und Marketinginstrument weitere Zielgruppen wahrzunehmen, insbesondere Vermittler und Mitarbeiter, Meinungsbildner und die Öffentlichkeit.

Zielvereinbarung. *1. Begriff:* Vereinbarung eines Ziels oder mehrerer Ziele, zum Teil auch einschl. von Handlungsplänen, die formulieren, mit welchen Maßnahmen die Ziele erreicht werden sollen. Die Ziele können in strategische und operative Ziele sowie in Leistungs- oder Verhaltensziele differenziert werden. – *2. Ziele:* Z. schaffen Orientierung und sollen einerseits der Steigerung der → Mitarbeiterproduktivität, andererseits der → Motivation durch damit verbundene → Anreizsysteme dienen. Zur Motivation trägt auch bei, die Mitarbeiter am Prozess der Z. zu beteiligen, sie dadurch mit den Zielen zu identifizieren, die sie sodann eigenverantwortlich erfüllen sollen. – *3. Merkmale:* Grundlage für das Führen mit Zielen ist das Konzept des Management by Objectives. Dabei werden aus den Unternehmenszielen die Bereichs-, Abteilungs- und Individualziele abgeleitet. Ein Beispiel hierfür ist die Ableitung und das Herunterbrechen der Vertriebsziele in der Versicherungsbranche wie folgt: (1) Unternehmensziele, (2) Vertriebsziele (unterteilt in sparten- und zweigbezogene Ziele), (3) Vertriebsdirektionsziele, (4) Ziele für Vertriebsführungskräfte, (5) Ziele für Verkäufer. Diese Ziele werden als Leistungsziele formuliert. In der Ausbildung und Einarbeitung neuer Verkäufer werden häufig zusätzlich Verhaltensziele formuliert, wie z.B. beim Verkauf der Kfz-Versicherung auch die Unfall- und Rechtsschutzversicherung anzusprechen. Strategische Ziele dienen der Sicherung des langfristigen Unternehmenserfolgs. Operative Ziele dienen dem kurz- und mittelfristigen Unternehmenserfolg und sollen sich an den strategischen Zielen orientieren. Der Prozess der Z. vollzieht sich idealer Weise in folgenden Schritten: a) Zielfindung. Die Zielgrößen, die Gegenstand der Z. sind, ergeben sich aus einer Planung – im Vertrieb meist auf der Ebene der Zentrale. – b) Zielvereinbarung. Führungskraft und Mitarbeiter gleichen Ihre Vorstellungen zu den Zielgrößen ab. Im Idealfall akzeptiert der Mitarbeiter die Zielgrößen, und es wird eine Z. geschlossen. Im anderen Fall muss weiter verhandelt werden oder das Ziel wird vorgegeben. – c) Unterjährig erfolgen „Zwischenbilanzgespräche" zur Kontrolle der Erreichung von „Meilensteinen" (z.B. von monatlichen oder quartalsweisen Zwischenzielen). – d) Zielerreichungsgespräch. Zuletzt erfolgt ein Gespräch über die Erreichung der Ziele, und evtl. werden Auswirkungen auf die nächste Z. festgehalten. Mit der Zielerfüllung erhält der Mitarbeiter meist eine variable Vergütung, die bereits mit der Z. bestimmt wurde. – *4. Anforderungen:* Damit eine Z. orientierend und motivierend wirkt, muss „SMART" formuliert werden: a) S = specific; das Ziel muss spezifisch für den Mitarbeiter sein. – b) M = measurable; die Zielerreichung muss messbar sein. – c) A = achievable; das Ziel muss erreichbar sein. – d) R = relevant; das Ziel muss für das Unternehmen und den Mitarbeiter von Bedeutung sein. – e) T = timed; das Ziel muss einen Zeitbezug haben, d.h. konkret terminiert sein. Daraus ergeben sich vier Zieldimensionen: (1) Inhalt und Richtung beschreiben, was erreicht werden soll, z.B. eine „Steigerung der Qualität des Lebensversicherungsneugeschäfts". (2) Die Maßgröße beschreibt die Kennziffer, mittels derer die Zielerreichung gemessen wird, z.B. „Lebensversicherungs-Neugeschäftsstornosatz". (3) Die Zielhöhe gibt den Zielwert vor, z.B. „unter 4 %". (4) Der Zeitbezug macht deutlich, auf welche Periode oder auf welchen Termin sich das Ziel bezieht, z.B. „zum Jahresende". Zur Umsetzung der Ziele in Maßnahmen sind Handlungspläne nötig, die beschreiben, wer, was, wie, wann, mit wem macht. – *4. Probleme:* Bei Z. stellt sich grundsätzlich das Problem der Messbarkeit, insbesondere bei Verhaltenszielen. Es besteht die Gefahr, die Führungstätigkeit rein auf gut messbare Ziele (z.B. Verkaufszahlen) zu beschränken und der Art und Weise der Zielerreichung keine Aufmerksamkeit mehr zu schenken. Zielgrößen können auch so gestaltet werden, dass sie kaum oder nicht erreicht werden können und somit eher zur Demotivation beitragen. – *5. Bedeutung:* Die unterschriebene Z. (z.B. im Vertrieb) gilt als schriftlicher Zusatz zum Arbeitsvertrag. Die zur → Mitarbeiterbeurteilung eingesetzte Z. ist mitbestimmungspflichtig, und zwar ohne Entgeltbezug nach § 94 II BetrVG und mit Entgeltbezug nach § 87 I Nr.10-12 BetrVG. Werden EDV-Systeme zur Kontrolle der Zielerfüllung genutzt, greift § 87 I Nr. 6 BetrVG. In der Praxis wird zum Einsatz von Zielvereinbarungssystemen eine → Betriebsvereinbarung geschlossen.

Zillmerbeitrag. Nettobeitrag, erhöht um den über die Beitragszahlungsdauer verrenteten, durch das → Zillmern ermittelten Abschlusskostenzuschlag.

Zillmern. *1. Begriff:* Verfahren zur Beitragsberechnung, zur Berechnung der → Deckungsrückstellung und zur Verrechnung (und damit auch zur Finanzierung) der → Abschlusskosten in der → Lebensversicherung. – *2. Hintergründe und Historie:* In der Lebensversicherung gegen → laufende Beiträge fallen zu Beginn des Vertrags, bedingt durch die → Provisionen und → Courtagen für den Vertrieb, hohe Abschlusskosten an, die häufig den ersten Jahresbeitrag übersteigen. Dadurch belastet der Abschluss eines Lebensversicherungsvertrags zunächst das Ergebnis des Unternehmens. Der Versicherungsmathematiker August Zillmer (1831 – 1893) hatte hierzu den folgenden Lösungsansatz: Wenn ein Versicherungsnehmer des Alters x einen Versicherungsvertrag über n Jahre abschließen möchte, dann wird für ihn der Beitrag berechnet als wäre er (x + 1)jährig und er würde den Vertrag auf (n - 1) Jahre abschließen. Im Ergebnis bekäme er dieselbe Versicherungsleistung, wenn er mit den Beitragszahlungen ein Jahr später beginnen und dafür etwas höhere jährliche Beiträge entrichten würde. Da er aber den Versicherungsvertrag sofort beginnen möchte, wird von ihm einen weiteren Jahresbeitrag verlangt, der nicht zur Finanzierung der Versicherungsleistungen benötigt wird und somit zur Deckung der Abschlusskosten frei ist. Das Prinzip der Anhebung der laufenden Beiträge über das versicherungsmathematisch notwendige Maß hinaus und die Verwendung des ersten Jahresbeitrags zur Finanzierung der Abschlusskosten wurde Z. genannt. – *3. Aktuelle Entwicklungen:* Im Gegensatz zu Zillmers Ansatz wird heute nicht mehr ein Jahresbeitrag für die Finanzierung der Abschlusskosten festgesetzt, sondern ein Prozentsatz der Summe aller künftigen Beiträge. Dieser → Zillmersatz wird durch die Deckungsrückstellungsverordnung (DeckRV) der Höhe nach begrenzt. Der Betrag zur Deckung der Abschlusskosten wird über die Laufzeit der Beiträge verrentet und den Nettobeiträgen (→ Nettoprämien) zugeschlagen. Daraus entsteht der → Zillmerbeitrag. Zur Finanzierung der Abschlusskosten werden aus den Zillmerbeiträgen nach Abzug der benötigten Risikoanteile die verbleibenden Beitragsteile so lange zur Deckung der Abschlusskosten herangezogen, bis sie in Höhe des Zillmersatzes multipliziert mit der Summe der Beiträge finanziert sind. Erst dann werden die Sparbeiträge (→ Sparprämien) zum Aufbau der → Deckungsrückstellung verwendet. Die so gebildete Deckungsrückstellung heißt → Zillmerreserve. Durch zahlreiche gesetzliche Beschränkungen ist das Z. in der Anwendung inzwischen stark eingeschränkt.

Zillmerreserve. Die mittels des → Zillmerbeitrags aufgebaute → Deckungsrückstellung.

Zillmersatz. Durch die Deckungsrückstellungsverordnung (DeckRV) maximierter Satz zur Berechnung des Abschlusskostenzuschlags im Rahmen des → Zillmerns.

Zins. *1. Begriff:* Preis für die zeitweise Überlassung von Kapital, allgemeiner: eines Vermögensgutes. Dabei sind zwei Preise zu unterscheiden: der eine ist der Kaufpreis eines Vermögensgutes, z.B. eines Hauses, einer Maschine, eines Wertpapier (Bestandspreis). Der andere Preis, der Z., bezieht sich auf die Nutzung des Vermögensgutes pro Zeiteinheit, also auf einen Strom von Leistungen. Er wird deshalb üblicherweise in Geldeinheiten pro Zeiteinheit gemessen. Besteht das Vermögensgut aus → Geld, wird vom Geld- oder Darlehenszins gesprochen, sonst vom Miet- oder Pachtzins. Wird auch eine Vergütung für den Unterhalt und die Abnutzung berücksichtigt, ist die Rede vom Bruttozins, sonst vom Netto- oder reinen Zins. Die (marginalen) → Kapitalkosten („rental cost of capital") ergeben sich, wenn zum Bruttozins noch die Kapitalgewinne oder -verluste addiert werden, die sich aufgrund von zukünftigen Preisveränderungen des Vermögensgutes ergeben. Der Realzins ist gleich dem Geldzins abzüglich der Inflationsrate. Der Effektivzins oder die Rendite (bei Investitionsprojekten auch → interner Zinsfuß genannt) ist der Quotient aus Preis der Nutzung (Zinsertrag) und Preis des Vermögensgutes (Vermögenswert). Die Effektivzinsen unterscheiden sich je nach Laufzeit und Risiko der Anlage. So wurde in der modernen Kapitalmarkttheorie abgeleitet, dass die Risikoprämie, d.h. die Differenz zwischen der zufallsabhängigen Rendite (r_q) eines Wertpapiers q und dem Zinssatz der sicheren Geldanlage (r), gleich dieser Art von Wertpapier pro investierter Geldeinheit zugerechneten (systematischen) Risiko ($ß_q$) multipliziert mit dem Marktpreis für das Risiko ($r_M - r$) ist. Dabei ist der Marktpreis für das Risiko für alle Wertpapiere gleich. Formal ausgedrückt: $r_q - r = (r_M - r) ß_q$, mit $ß_q = cov(r_q, r_M)/var(r_M)$, $q = 1,...,Q$. In der Formel stehen r_M für die durchschnittliche Rendite des von allen Kapitalgebern zusammen riskant angelegten Geldes (= Marktrendite), var für die Varianz dieser Rendite und cov für die Kovarianz zwischen der Rendite des Wertpapiers q und der Marktrendite. – *2. Bedeutung für die Versicherung:* Da das Versichern nur unter Einsatz von Kapital möglich ist, spielen Z. in der Versicherung eine wichtige Rolle, die sich sowohl im Rechnungswesen als auch in der Prämienkalkulation (insbesondere in der Lebens- und Krankenversicherung, die prinzipiell mehrperiodisch sind) niederschlägt. Auch im Rahmen der Kapitalanlagen spielen die Z. eine bedeutende Rolle. Hierbei ergibt sich aber das Problem, ob die Kapitalkosten nur den Erlösen aus Kapitalanlagen oder auch den Prämienerlösen gegenüber gestellt werden sollen. Aus der genannten Kapitalmarkttheorie (insbesondere dem → Capital Asset Pricing Model, CAPM) folgt, dass Versicherungsverträge als eine besondere Art von Wertpapieren betrachtet werden. In dieser Sicht folgt aus der obigen Gleichung:

$P = - kr + ß(r_M - r)$.

Im Gleichgewicht umfasst die reine Nettoprämie P eine Zahlung an den Versicherungskäufer für die Nutzung der Einzahlungen (-kr) und eine Risikoprämie aufgrund des → systematischen Risikos. Die Zahlung an den Versicherungskäufer hängt dabei vom (risikofreien) Marktzinssatz und der (durchschnittlichen) Dauer ab, über die die Prämienfonds bis zur Auszahlung der Schäden gehalten werden. Unterschiede zwischen den rechnungsmäßigen und den tatsächlichen aus den Kapitalanlagen erzielten Z. stellen einen Teil des Gewinns/ Verlusts von Versicherungsunternehmen dar, die teilweise wieder an die Versicherungskäufer ausgeschüttet werden (müssen).

Zinsgarantie. *1. Begriff:* Bezeichnung für die vertragliche Verpflichtung eines Lebensversicherers, aus einem Lebensversicherungsvertrag eine bestimmte Mindestleistung im Sinne einer positiven Verzinsung der vorhandenen Deckungsmittel zu erbringen. – *2. Merkmale:* In den meisten Lebensversicherungsverträgen ist eine Z. nur indirekt definiert. Sie drückt sich nicht in einem Mindestzinssatz aus, mit dem sich die vom Kunden erbrachten Bruttoprämien verzinsen. Vielmehr wird bei der Prämienkalkulation unterstellt, dass sich die nach den → Risikoprämien und → Kostenzuschlägen verbleibenden → Sparprämien mit dem bei der Prämienkalkulation unterstellten → Rechnungszins verzinsen.

Zinsgewinn. Positive Differenz aus dem Kapitalanlageerfolg eines Lebensversicherungsbestands, der sowohl die ordentlichen als auch die außerordentlichen Erträge sowie die auf diesen Bestand entfallenden Aufwendungen für die Verwaltung der Kapitalanlagen umfasst (Minuend) und den garantierten Zinsen, die den Versicherungsbestand betreffen (Subtrahend). Siehe auch → Überschusserlegung.

Zinsrisiko. *1. Begriff:* Bezeichnung für das Risiko eines Versicherungsunternehmens, den bei der Prämienkalkulation unterstellten → Rechnungszins nicht zu erwirtschaften. – *2. Merkmale:* Das Ausmaß des Z. wird maßgeblich bestimmt durch a) die Differenz zwischen dem aktuellen Kapitalmarktzins und dem bei der Prämienkalkulation unterstellten Rechnungszins, – b) die Verteilung der Kapitalanlagen auf die verschiedenen Anlageklassen, – c) die Laufzeitstruktur der festverzinslichen Kapitalanlagen. – *3. Modell:* Die Quantifizierung des Z. erfolgt, indem in stochastischen Simulationen für eine große Zahl möglicher Kapitalmarktentwicklungen der Versicherungsbestand und die Kapitalanlagen bis zum Auslaufen der Bestände fortgeschrieben und die → Barwerte möglicher Fehlbeträge gemittelt werden. Dieser Barwert der Fehlbeträge darf nur in einer sehr kleinen Zahl der Fälle (nach der Rahmenrichtlinie von → Solvency II z.B. nur in 0,5 % aller Fälle) die vorhandenen Eigenmittel überschreiten. – *4. Ziele:* Zur Beherrschung des Z. wird versucht, durch die Veränderung von Anlage- und Laufzeitstrukturen und ggf. auch durch die Reduktion von Garantiezusagen im Neugeschäft das Asset/ Liability-Mismatch-Risiko in einem vorgegebenen Rahmen zu halten. – *5. Probleme:* Die Quantifizierung des Z. wird maßgeblich von dem verwendeten Kapitalmarktmodell, der angenommenen Volatilität der Kapitalmärkte und den unterstellten Korrelationen für die Wertentwicklung verschiedener Asset-

Klassen mitbestimmt. Praktisch sind die Möglichkeiten einer Verminderung des Z. auch oft durch die begrenzte Verfügbarkeit langfristiger festverzinslicher Wertpapiere i.V.m. den extrem langfristigen Garantien vieler Lebensversicherungsprodukte begrenzt.

Zinsteilungsklausel. Vertragliche Bestimmung insbesondere in der → Schadenexzedenten-Rückversicherung, ob und in welchem Umfang die von einem Versicherungsnehmer gegen den → Erstversicherer geltend gemachten Zinsforderungen (z.B. bei verspäteter Schadenzahlung oder nach einem Rechtsstreit hinsichtlich der Einstandspflicht) zwischen Erstversicherer und → Rückversicherer verteilt werden. Die Verteilung erfolgt i.d.R. nach dem Verhältnis der → Priorität zum Excess-Schaden.

Zufälliges Risiko. Wahrscheinlichkeitsverteilung von Ergebnissen einer Zufallsvariablen. Ein Z. wird durch eine Zufallsvariable X mit $P[X \geq 0] = 1$ dargestellt. Die Zufallsvariable X wird in der → Versicherungsmathematik auch als Schadenhöhe des versicherten Risikos interpretiert.

Zufallsrisiko. *1. Begriff:* Komponente des → versicherungstechnischen Risikos. Selbst im Idealfall vollständiger Kenntnis der Zufallsgesetzmäßigkeit der Versicherungsleistungen besteht aufgrund der Zufallsbestimmtheit der Versicherungsleistungen eine positive Wahrscheinlichkeit für einen technischen Ruin (→ Ruintheorie), d.h. des Eintritts des Ereignisses, dass der periodische → Gesamtschaden des versicherten Kollektivs die vorhandenen Finanzmittel in Form der Summe aus der vereinnahmten kollektiven Prämie für die Risikodeckung (→ Risikoprämie) und dem vorhandenen Sicherheitskapital übersteigt. – *2. Merkmale:* Das Z. wird typischerweise durch die → Verlustwahrscheinlichkeit bzw. allgemein durch die → Ruinwahrscheinlichkeit quantifiziert. Das Z. ist nicht eliminierbar, jedoch im Gegensatz zu den anderen Komponenten des versicherungstechnisches Risikos relativ gut mit wahrscheinlichkeitstheoretischen Methoden abschätzbar.

Zugangsfaktor. *1. Begriff:* Faktor zur Berücksichtigung einer von der regulären → Altersgrenze abweichenden Inanspruchnahme einer → Altersrente aus der → gesetzlichen Rentenversicherung (GRV). Wird im Rahmen der → Rentenformel bei der Berechnung der Monatsrente angesetzt. – *2. Merkmale:* Beginnt der Bezug der Regelaltersrente mit Vollendung der → Regelaltersgrenze, nimmt der Z. einen Wert von eins an. Pro Monat vorzeitiger Inanspruchnahme verringert sich der Z. um 0,003. Pro Monat aufgeschobener Inanspruchnahme erhöht er sich um 0,005.

Zulagen. Der Aufbau einer privaten kapitalgedeckten Altersversorgung (→ Riester-Rente) wird vom Staat u.a. durch die Gewährung von Z. gefördert, die sich nach § 83 EStG aus der Grundzulage und der Kinderzulage zusammensetzen. Die Höhe der Z. hängt von der individuellen jährlichen Sparleistung ab. Staatlich gefördert werden Sparleistungen ab einem Sockelbeitrag i.H.v. 60,00 Euro p.a. bis zu 4 % des rentenversicherungspflichtigen Vorjahreseinkommens, maximal 2.100 Euro p.a.

Zuleitungsrohre. *1. Begriff:* Rohre, die Frischwasser oder Gas in ein → Gebäude transportieren. Schäden an Z. innerhalb des Gebäudes durch Bruch sind üblicherweise mit der Gefahr → Leitungswasser versichert. Schäden an Z. auf und außerhalb des versicherten Grundstücks können mitversichert werden. – *2. Probleme:* Versorger versuchen durch sog. Schenkungen der Z. an die Gebäudeeigentümer ihre Erhaltungs- und Reparaturverpflichtungen auf die Gebäudeeigentümer – und damit auf die Versicherungswirtschaft – abzuwälzen. Diese sog. Schenkungen sind rechtlich unwirksam, weil die Versorger sie lediglich einseitig erklären.

Zurechnungszeiten. → Beitragsfreie Zeiten, die rentensteigernd angerechnet werden, um die geringe Rentenhöhe infolge einer frühen Erwerbsminderung eines Versicherten in der → gesetzlichen Rentenversicherung (GRV) auszugleichen. Die Z. ergeben sich aus der Differenz zwischen dem Zeitpunkt des Erreichens des 60. Lebensjahrs und Eintritt des Versicherungsfalls. Die Bewertung der beitragsfreien Zeiten mit → Entgeltpunkten ist von der Versicherungsbiographie vor Eintritt des Versicherungsfalls abhängig.

ZÜRS. *1. Begriff:* **Z**onierungssystem für **Ü**berschwemmung, **R**ückstau und **S**tarkregen. Gemeinschaftsentwicklung der deutschen Versicherungswirtschaft. ZÜRS weist EDV-gestützt jeder Geopositionierung bzw. jeder Adresse eine Gefährdungszone zu, die die Wahrscheinlichkeit für eine → Überschwemmung widerspiegelt. – *2. Merkmale:* ZÜRS kennt vier Zonen. Das Überschwemmungsrisiko steigt mit der Zone an. In Zone vier befinden sich Risiken, die regelmäßig überschwemmt werden und kaum versicherbar sind. – *3. Ziele:* ZÜRS dient als Klassifizierungssystem den Annahmeentscheidungen und der Preisfindung im Versicherungsunternehmen. Das System basiert auf Daten der Wasserwirtschaftsämter und Schadenerfahrungen.

Zusammenhangsmaß, *Abhängigkeitsmaß.* Maß für den Zusammenhang zwischen zwei Zufallsvariablen. Beispiele für Z. sind die → Kovarianz, der → Korrelationskoeffizient und der → Kovariationskoeffizient. Die alternative Bezeichnung „Abhängigkeitsmaß" ist bedenklich, weil sie suggeriert, dass ein Zusammenhang wie etwa eine positive oder negative → Korrelation zwischen zwei Zufallsvariablen X und Y auf eine kausale oder wenigstens funktionale Abhängigkeit der Form $X = g(Y)$ oder $Y = h(X)$ zurückzuführen ist; eine derartige Abhängigkeit lässt sich aber mit statistischen Methoden nicht beweisen.

Zusatzversicherung. *1. Begriff:* Zusätzlicher Versicherungsvertrag, der einen bestehenden oder gleichzeitig abgeschlossenen Hauptvertrag oder den Versicherungsschutz der → Sozialversicherung um Zusatzleistungen erweitert. – *Anders:* → Ergänzungsversicherung. – *2. Merkmale:* Die Z. kann beim gleichen Versicherer wie die Hauptversicherung abgeschlossen werden, aber auch bei einem anderen. I.d.R. erlischt die Z. mit Beendigung des Hauptvertrags, ggf. auch schon früher. – *3. Anwendungsbereiche (Beispiele):* a) Z. in der → privaten Krankenversicherung (PKV) als Ergänzung zur → gesetzlichen Krankenversicherung (GKV) und/ oder → gesetzlichen Pflegeversicherung (GPV); – b) → Berufsunfähigkeits-Zusatzversicherung und → Unfalltod-Zusatzversicherung in der → Lebensversicherung. – *4 Details zur Z. als Ergänzung zur GKV und GPV:* Mit dem Gesetz zur Modernisierung der gesetzlichen Krankenversicherung, kurz GKV-Modernisierungsgesetz, wurde es den → Krankenkassen ab dem 1.1.2004 erlaubt, mit einer entsprechenden Satzungsregelung den Abschluss bestimmter Z. in Kooperation mit privaten Versicherungsunternehmen (vgl. → private Krankenversicherung) zu vermitteln (§ 194 Ia SGB V). Hierdurch wurde dem Wunsch der Versicherten nachgekommen, bestimmte Versicherungen, die ihren gesetzlichen Krankenversicherungsschutz ergänzen (z.B. → Auslandsreisekrankenversicherung, Versicherung von Wahlarztbehandlung, Ein- und Zweibettzuschlag im Krankenhaus, vgl. auch → Wahlleistungen im Krankenhaus), über ihre Krankenkasse abschließen zu können. Gesetzlich Versicherte haben so die Chance, einen günstigen Gruppentarif über ihre Krankenkasse zu nutzen. Gegenstand der Kooperation ist allein die Vermittlung der privaten Versicherungsverträge; Vertragspartner der Versicherten werden die privaten Versicherungsunternehmen und nicht die Krankenkassen selbst. Mit der Pflegereform 2008 (Pflegeweiterentwicklungsgesetz) wurde auch den Pflegekassen die Möglichkeit zur Vermittlung privater Pflege-Zusatzversicherungen eröffnet (§ 47 II SGB XI).

Zusatzversorgung. Zweite Schicht der → Altersvorsorge. Dazu zählen die → Riester-Rente sowie die → betriebliche Altersvorsorgung. Beiden gemein ist seit der Einführung des Alterseinkünftegesetzes im Jahr 2005 das Prinzip der → nachgelagerten Besteuerung. Siehe auch → kapitalgedeckte Zusatzversorgung.

Zusatzversorgung im öffentlichen Dienst. Auf tariflicher Grundlage bestehendes System der → betrieblichen Altersversorgung (bAV) für Arbeitnehmer im öffentlichen Dienst. Versorgungsträger sind öffentlich-rechtliche → Pensionskassen (Zusatzversorgungskassen insbesondere für kommunale Angestellte und Versorgungsanstalt des Bundes und der Länder insbesondere für Angestellte des Bundes und der Länder). Das BetrAVG sieht für den öffentlichen Dienst in §§ 18 und 30d Sonderregelungen vor.

Zuschüsse. *1. Begriff:* Das Einkommen von → Versicherungsvermittlern besteht grundsätzlich aus → Provisionen bzw. → Courtagen. Daneben gewähren Versicherungsunternehmen den für sie tätigen → Versicherungsvertretern verschiedentlich Zuschüsse. Diese dienen der Kostendeckung der Agentur (z.B. Agenturbetrieb, Miete, Aufbau). – *2. Merkmale:* Z. werden i.Allg. nicht mit Provisionen verrechnet und sind zeitlich befristet. Mit einem Z. erhält ein Versicherungsvertreter eine vom Umfang des vermittelten Geschäfts unabhängige Unterstützung.

Zuverlässigkeitsprüfung. *1. Begriff:* Als Voraussetzung für die Erteilung einer → Gewerbeerlaubnis an selbstständige → Versicherungsvermittler hat nach § 34d II Nr. 1 GewO eine Prüfung der gewerberechtlichen Zuverlässigkeit zu erfolgen. – *2. Voraussetzungen:* Die erforderliche Zuverlässigkeit für die Vermittlertätigkeit besitzt i.d.R. nicht, wer in den letzten fünf Jahren vor Antragstellung wegen eines Verbrechens oder wegen eines in besagter Vorschrift aufgeführten Vermögensdelikts bzw. einer Insolvenzstraftat rechtskräftig verurteilt worden ist. Ferner darf der Antragsteller nicht in ungeordneten Vermögensverhältnissen leben (näheres vgl. § 34d II Nr. 2 GewO). Im Fall der Unzuverlässigkeit nach den vorgenannten Kriterien ist die Erlaubnis zu versagen. Bei Vermittlern, die keiner Erlaubnis nach § 34d GewO bedürfen, haben die Versicherungsunternehmen die erforderliche Z. in eigener Verantwortung durchzuführen. Dazu hat die → Bundesanstalt für Finanzdienstleistungsaufsicht (BaFin) den Versicherern im Rundschreiben 9/2007 (VA) verwaltungsrechtliche Anweisungen erteilt.

Zuzahlungen. *1. Begriff und Funktionen:* Zusätzliche Zahlungen seitens der Versicherungsnehmer bzw. Versicherten über den normalen Beitrag hinaus, um bestimmte Leistungen in Anspruch nehmen zu können. Z. haben dabei eine Finanzierungs- und eine Steuerungsfunktion. a) Finanzierungsfunktion: Mit der Übernahme eines Teils der anfallenden Kosten durch den Versicherungsnehmer bzw. Versicherten wird für das Kollektiv eine Beitragsreduktion bzw. -stabilisierung beabsichtigt. – b) Steuerungsfunktion: Mit begrenzter Einführung des „Preismechanismus" wird bei einem nach dem → Sachleistungsprinzip organisierten Versicherungsschutz ein „kostenbewussteres" Nachfrageverhalten angestrebt. – *2. Z. in der → gesetzlichen Krankenversicherung (GKV):* Die GKV sieht für ihre Versicherten regelmäßig Eigenbeteiligungen bei der Inanspruchnahme von Gesundheitsleistungen vor. Diese Z. wurden mit dem Gesetz zur Modernisierung der gesetzlichen Krankenversicherung, kurz GKV-Modernisierungsgesetz, zum 1.1.2004 neu geregelt. Sie sind absolut oder prozentual bemessen. Es gelten folgende Grundsätze: a) Ambulante ärztliche Behandlung: je Quartal 10,00 Euro „Praxisgebühr" für jeden ersten Besuch eines Arztes (§ 28 IV, § 61 Satz 2 SGB V), – b) Stationäre Maßnahmen (Krankenhausbehandlung, Vorsorge- und Rehabilitationsleistungen): Z. von 10,00 Euro pro Kalendertag für maximal 28 Tage pro Kalenderjahr, – c) → Arzneimittel, Verbandsmittel, → Hilfsmittel: Z. von 10 % des Abgabepreises, mindestens jedoch 5 Euro und höchstens 10 Euro, aber nicht mehr als die Kosten des Mittels (§ 31 III, § 61 Satz 1 SGB V). Die → Krankenkassen können seit dem 1.5.2006 Arzneimittel von der Z. befreien, wenn der Preis für das Arzneimittel mindestens 30 % unterhalb des Festbetrags liegt. – d) → Heilmittel und häusliche Krankenpflege: Z. von 10 % der Kosten sowie 10 Euro je Verordnung. Zuzahlungspflichten bestehen außerdem für Fahrtkosten sowie für eine Haushaltshilfe. Kinder und Jugendliche bis zum vollendeten 18. Lebensjahr sind mit Ausnahme der Fahrtkosten von allen Z. befreit. Damit niemand finanziell überfordert wird, hat der Gesetzgeber eine Höchstgrenze für Z. vorgesehen. Diese Höchstgrenze liegt bei 2 % der Familienbruttoeinnahmen bzw. 1 % für chronisch Kranke je Kalenderjahr. – *3. Z. in der → privaten Krankenversicherung (PKV):* Die PKV kennt prinzipiell keine Z., weil im Gegensatz zur GKV das → Kostenerstattungsprinzip und nicht das Sachleistungsprinzip angewendet wird. Von Z. abzugrenzen sind Selbstbehalte (→ Franchisen) der Versicherungsnehmer in der PKV. Der Versicherungsnehmer erhält dabei vom Versicherer in Höhe des vereinbarten Selbstbehalts keine Erstattungsleistungen. Selbstbehalte sind in der PKV frei wählbar und reduzieren die → Versicherungsprämie.

Zweckgesellschaft. → Anlagevehikel, → Special Purpose Vehicle (SPV).

Zweiter demographischer Übergang, *Zweite demographische Transformation.* – *1. Begriff:* Im Anschluss an ein zwischenzeitliches Geburtenhoch nach dem Zweiten Weltkrieg stabilisierten sich typischerweise in den westlichen Industriestaaten die Geburtenziffern deutlich unter dem Ersatzniveau (= Geburtenniveau, das für einen zahlenmäßigen Ersatz einer Generation durch die nachfolgende Generation erforderlich ist). Damit einhergehend waren u.a. Anstiege des durchschnittlichen Alters bei Geburt des ersten Kindes sowie des durchschnittlichen Heiratsalters zu beobachten. Als eine der Hauptursachen für diese Entwicklung wird ein Wertewandel in Bezug auf die Familienbildung hin zu individualistischen und postmaterialistischen Werten genannt. Selbsterfüllung, persönliche Entscheidungsfreiheit oder die beginnende Emanzipation von Frauen spielen hinsichtlich des Zusammenlebens und des Kinderkriegens eine bedeutende Rolle. Siehe auch → Erster demographischer Übergang.

Zweitrisikodeckung. Nachgelagerte, allein vom → Rückversicherer getragene Deckung, die erst nach Verbrauch der vorangehenden, vom → Erstversicherer getragenen Deckung (erstes Risiko) zum Zuge kommt. Der Rückversicherer erhält das vom Versicherungsnehmer für die nachgelagerte Deckung (Höherdeckung) bezogene Entgelt vollständig nach Abzug der Vertriebskosten des Erstversicherers.

Zwischenbestand. Bestand an Lebensversicherungsverträgen, die zwischen dem 29.7.1997 und dem 1.1.1998 abgeschlossen wurden. Abzugrenzen vom → Altbestand und vom (übrigen) → Neubestand. Für Lebensversicherungsverträge, die in dem o.g. Zeitraum abgeschlossen wurden, gilt zwar grundsätzlich das Aufsichtsrecht in der neuen Fassung. Aus Gründen der periodengerechten Abgrenzung bilden aber diese Verträge den Z., sofern sie nach den gleichen Grundsätzen und mit denselben → Rechnungsgrundlagen wie die Tarife des Altbestands kalkuliert wurden, und sie werden mit den Verträgen des Altbestands zusammengefasst.

Zyklus-Management. Managementansatz, der die Wirtschaftszyklen einschl. der regelmäßigen oder unregelmäßigen Folgen „harter" und „weicher" Versicherungsmärkte und -teilmärkte als Bestimmungsfaktor für die Unternehmens- und Wettbewerbsstrategie mit einbezieht. Vor dem Hintergrund einer zunehmenden Markttransparenz, steigender Wechselbereitschaft der Kunden, wachsenden Reaktionsgeschwindigkeiten und sonstiger Entwicklungen bei den Marktbedingungen, die unter → wertorientierter Steuerung immer mehr zu der betriebswirtschaftlichen Notwendigkeit führen, dass sich jedes Geschäftsfeld auf Dauer selbst tragen muss, wird ein ausgefeiltes Z. im Versicherungsunternehmen immer bedeutsamer.

Sachgruppenverzeichnis

Altersvorsorgesystem und -politik (Professor Dr. Jörg Althammer, Inhaber des Lehrstuhls für Wirtschafts- und Unternehmensethik, Katholische Universität Eichstätt-Ingolstadt, Ingolstadt)

Stichwörter:
- Aktueller Rentenwert
- Altersgrenzen
- Altersrenten
- Alterssicherungssysteme
- Altersvermögensgesetz
- Altersvorsorge
- Anrechnungszeiten
- Befristete Renten
- Beitragsbemessungsgrenze
- Beitragsfreie Zeiten (Verweis auf Beitragszeiten)
- Beitragssatz
- Beitragszeiten
- Berücksichtigungszeiten
- Bundeszuschuss
- Deutsche Rentenversicherung Bund
- Dynamisierung der Rente
- Einkommensanrechnung
- Entgeltpunkte
- Ersatzzeiten
- Erwerbsminderungsrente
- Erziehungsrente
- Freiwillige Versicherung
- Generationenvertrag
- Geringfügige Beschäftigung
- Gesamtleistungsbewertung
- Gesetzliche Rentenversicherung (GRV)
- Grundsicherung
- Hinterbliebenenrente
- Höchstbeitrag
- Kindererziehungszeiten
- Künstlersozialversicherung
- Mindestbeitrag in der gesetzlichen Rentenversicherung
- Nachhaltigkeitsfaktor
- Nachhaltigkeitsrücklage
- Pflichtbeiträge
- Regelaltersgrenze
- Regelbeitrag
- Rentenabfindung
- Rentenabschlag
- Rentenanpassung
- Rentenanwartschaft
- Rentenauskunft
- Rentenbeginn
- Rentenbeitrag
- Rentenbescheid
- Renteneintrittsalter
- Rentenformel
- Rentenrechtliche Zeiten
- Rentensplitting
- Rentenversicherung (Verweis auf gesetzliche Rentenversicherung, private Rentenversicherung)
- Rentenwert, aktueller (Verweis auf aktueller Rentenwert)
- Rentenzuschlag
- Riester-Rente
- Rürup-Rente
- Schwankungsreserve
- Teilrente
- Träger der gesetzlichen Rentenversicherung
- Versicherungsfreiheit
- Versicherungspflicht
- Vollrente
- Versorgungsausgleich
- Waisenrente
- Wartezeiten
- Witwen- oder Witwerrente
- Zugangsfaktor
- Zurechnungszeit

Assistance – Grundbegriffe (Professor Dr. Fred Wagner, Vorstand, Institut für Versicherungswissenschaften e. V. an der Universität Leipzig, Leipzig)

Stichwörter:
- Fahrzeugassistance
- Freizeitassistance
- Gesundheitsassistance
- Haus-und Wohnungsassistance
- Juristische Assistance
- Lifestyle-Assistance (Verweis auf Freizeitassistance)
- Medizinische Assistance (Verweis auf Gesundheitsassistance)

- Pflegeassistance
- Reiseassistance
- Seniorenassistance
- Technische Assistance
- Touristische Assistance (Verweis auf Reiseassistance)

Aufsicht und Aufsichtsrecht (Dr. Helmut Müller, Ombudsmann für die private Kranken- und Pflegeversicherung)

Stichwörter:
- Aktionärskontrolle (Verweis auf Anteilseignerkontrolle)
- Aktuar
- Allfinanzaufsicht
- Anlagegrundsätze
- Anlagestock
- Anteilseignerkontrolle
- Anzeigepflichten
- Aufsichtsadressaten
- Aufsichtsbehörde
- Aufsichtsmittel
- Aufsichtsrecht (Verweis auf Versicherungsaufsicht)
- Aufsichtssystem
- Aufsichtsziele
- Bedingungsanpassung
- Bedingungskontrolle
- Begünstigungsverträge
- Beitragsanpassung
- Bereichsausnahme
- Berichterstattung an die Aufsichtsbehörde (Verweis auf Interne Rechnungslegung)
- Beschwerdebearbeitung
- Bestandsübertragung
- Bundesanstalt für Finanzdienstleistungsaufsicht (BaFin)
- Deckungsstock (Verweis auf Sicherungsvermögen)
- Deregulierung
- Dienstleistungsfreiheit
- Erlaubnis zum Geschäftsbetrieb
- Europäische Gesellschaft (Verweis auf Societas Europaea (SE))
- Fachbeirat der BaFin (Verweis auf Bundesanstalt für Finanzdienstleistungsaufsicht)
- Finanzaufsicht
- Finanzkonglomerate
- Fit and Proper Test
- Funktionsausgliederung
- Geldwäschebekämpfung
- Geschäftsbetriebserlaubnis (Verweis auf Erlaubnis zum Geschäftsbetrieb)
- Geschäftsleiter
- Geschäftsplan
- Gleichbehandlung
- Gruppenfreistellungsverordnung (Verweis auf Versicherungskartellrecht)
- Hauptbevollmächtigter (Verweis auf Geschäftsleiter)
- Holdinggesellschaften (Verweis auf Versicherungs-Holdingsgesellschaften)
- Insolvenz des Versicherers
- Insolvenzsicherungseinrichtung
- Insolvenzverfahren (Verweis auf Insolvenz des Versicherers)
- Interne Rechnungslegung
- Kapitalisierungsgeschäfte
- Kartellrecht (Verweis auf Versicherungskartellrecht)
- Kongruenzregeln
- Korrespondenzversicherung
- Lamfalussy-Verfahren
- Landesaufsicht (Verweis auf Aufsichtsbehörde)
- Laufende Aufsicht
- Liquidation von Versicherungsunternehmen
- Lloyd´s of London
- Materielle Staatsaufsicht (Verweis auf Aufsichtssystem)
- Missbrauchsaufsicht
- Missstand
- Musterbedingungen
- Mustertarife (Verweis auf Tarifempfehlungen)
- Nachschussforderungen
- Nachschusspflicht
- Niederlassung
- Niederlassungsfreiheit
- Öffentlich-rechtliche Versicherungsunternehmen
- Örtliche Prüfung
- Pflichtversicherung
- Prämienanpassung (Verweis auf Beitragsanpassung)
- Quersubventionierung
- Rechnungszins
- Recht gegen den unlauteren Wettbewerb

- Rechtsaufsicht
- Rechtsform
- Rechtsformwechsel (Verweis auf Umwandlung)
- Rückversicherungsaufsicht
- Rundschreiben der Aufsichtsbehörde
- Satzung
- Schweigepflicht
- Selbstregulierung
- Selbstversicherung
- Sicherungsfonds
- Sicherungsvermögen
- Sitzlandprinzip
- Societas Europaee (SE)
- Solo-Plus-Aufsicht (Verweis auf Versicherungsgruppen)
- Sonderbeauftragter
- Sondervergütungen
- Spartentrennung
- Staataufsicht (Verweis auf Aufsichtssystem)
- Statistik (Verweis auf Versicherungsstatistik)
- Sterbekassen
- Stresstest
- Tarifempfehlungen
- Tarifkontrolle
- Tätigkeitslandprinzip
- Tontinen
- Treuhänder
- Überschussbeteiligung
- Umwandlung
- Unternehmensverträge
- Verantwortlicher Aktuar
- Verbraucherinformation (Verweis auf Information gegenüber den Versicherten)
- Verbraucherschutz
- Versicherung
- Versicherungsaufsicht
- Versicherungsbeirat
- Versicherungsberichterstattungs-Verordnung (Verweis auf Interne Rechnungslegung)
- Versicherungsbinnenmarkt
- Versicherungsfremde Geschäfte
- Versicherungsgruppen
- Versicherungs-Holdinggesellschaften
- Versicherungskartellrecht
- Versicherungsnotstand
- Versicherungssparte
- Versicherungsstatistik
- Versicherungszweige
- Wettbewerbsrecht

Beamtenversorgung (Peter Heesen, Bundesvorsitzender, dbb Beamtenbund und Tarifunion, Berlin)

Stichwörter:
- Alimentationsprinzip
- Altersgrenzen
- Beamtenanwärter
- Beamtenversorgungsgesetz
- Beamter
- Beihilfe
- Dienstunfähigkeit
- Heilfürsorge
- Hinterbliebenenversorgung
- Kindererziehungszeiten
- Politischer Beamter
- Ruhegehalt
- Ruhegehaltfähige Dienstbezüge
- Ruhegehaltfähige Dienstzeiten
- Ruhestand
- Sterbegeld
- Übergangsgeld
- Unfallfürsorge
- Versorgungsrücklage
- Waisenrente
- Witwen-/Witwerabfindung
- Witwen-/Witwergeld

Berufsunfähigkeitsversicherung (Rüdiger R. Burchardi, Vorstandsvorsitzender, Dialog-Lebensversicherungs- AG, Augsburg; Dr. Hans-Jürgen Danzmann, Presse- und Öffentlichkeitsarbeit, Dialog-Lebensversicherungs- AG, Augsburg)

Stichwörter:
- Abstrakte Verweisung
- Arbeitsunfähigkeit
- Arztanordnungsklausel
- Ärztliche Prognose
- Beitragsanpassung
- Beitragsdynamik
- Beitragsfreistellung
- Beruf

- Berufsgruppen
- Berufsklauseln
- Berufsunfähigkeit
- Berufsunfähigkeitsversicherung
- Berufsunfähigkeitszusatzversicherung
- Berufswechsel
- Dread Disease
- Einmalhilfe
- Einsteigertarife
- Erwerbsunfähigkeit
- Erwerbsunfähigkeitsversicherung
- Garantierte Dynamik im Leistungsfall
- Gesundheitsprüfung
- Gewinnbeteiligung (Verweis auf Überschussbeteiligung)
- Höchstrente
- Karenzzeit
- Konkrete Verweisung
- Krankentagegeld
- Mindestrente
- Mitwirkungspflichten
- Nachprüfung
- Nachversicherungsgarantie
- Reaktivierung
- Rückwirkende Leistung
- Strahlenrisiko
- Technisch-einjährige Kalkulation
- Umschulung
- Untersuchungsgrenzen
- Verweisbarkeit
- Verweisungsklauseln
- Wiedereingliederungshilfe

Betrieb und Organisation (Dr. Torsten Oletzky, Vorstandsvorsitzender, ERGO Versicherungsgruppe AG, Düsseldorf)

Stichwörter:
- Ablauforganisation
- Arbeitsteilung
- Aufbauorganisation
- Benchmarking
- Betrieb
- Betriebsorganisation
- Betriebstechnik
- Business Reengineering
- Dezentralisierung
- Dunkelverarbeitung
- Elektronischer Antrag
- Elektronisches Dokumentenmanagement
- Geschäftsprozess
- Geschäftsvorfall
- Indizierung
- Insourcing
- Lean Management
- Offshoring
- Organisation
- Outsourcing
- Prozessoptimierung
- Prozessorientierung
- Service Center
- Six-Sigma
- Spartenübergreifende Bearbeitung
- Telearbeit
- Telearbeitsplatz
- Zentralisierung

Betriebliche Altersversorgung (Stefan Recktenwald, Geschäftsführer, Towers Watson Deutschland GmbH, Wiesbaden)

Stichwörter:
- Abfindung
- Abfindungsverbot
- Allgemeines Gleichbehandlungsgesetz (AGG)
- Alterseinkünftegesetz
- Altersteilzeit
- Altersvorsorge
- Anpassungsprüfung
- Anwartschaft
- Arbeitszeitkonten
- Auszahlungsplan
- Auszehrungsverbot
- Beitragsbemessungsgrundlage
- Beitragsorientierte Leistungszusage
- Beitragszusage
- Beitragszusage mit Mindestleistung
- Berufsunfähigkeit
- Besitzstandsschutz
- BetrAVG
- Betriebliche Altersversorgung
- Betriebsrente

- Betriebsübergang
- Betriebsvereinbarung
- Betriebszugehörigkeit
- Bezugsrecht
- Billiges Ermessen
- Contractual Trust Arrangement (CTA)
- Deferred Compensation
- Defined Benefit
- Defined Contribution
- Direktversicherung
- Direktzusage
- Dotierungsrahmen
- Drei-Schichten-Modell
- Durchführungswege
- Durchgriffshaftung
- Eckwertzusage
- Eigenbeiträge
- Einheitsregelung
- Einigungsstelle
- Einzelzusage
- Entgeltumwandlung
- Erwerbsminderung
- Festbetragszusage
- Feststellungsverfahren
- Gehaltsumwandlung
- Gesamtversorgungszusage
- Gesamtzusage
- Gleichbehandlung
- Hinterbliebenenversorgung
- Invalidität
- Kapitalgedeckte Zusatzversorgung
- Kapitalzusage
- Leistungszusage
- Liquidationsversicherung
- Nachgelagerte Besteuerung
- Näherungsverfahren, steuerliches (Verweis auf steuerliches Näherungsverfahren)
- Pauschalbesteuerung
- Pensionsfonds
- Pensionskasse
- Pensionsplan
- Pensionsrückstellungen
- Pensions-Sicherungs-Verein auf Gegenseitigkeit (PSVaG)
- Pensionszusage
- Portabilität
- Quotierungsverfahren (Verweis auf ratierliches Berechnungsverfahren)
- Ratierliches Berechnungsverfahren
- Rentenanpassung
- Rückdeckungsversicherung
- Rückgedeckte Unterstützungskasse (Verweis auf Unterstützungskasse)
- Sonderausgabenabzug
- Steuerliches Nährungsverfahren
- Tarifvorbehalt
- Teilzeitarbeit
- Todesfallleistung
- Übertragbarkeit (Verweis auf Portabilität)
- Unverfallbare Anwartschaft
- Versicherungsmathematische Abschläge
- Versorgungsanwartschaft (Verweis auf Anwartschaft)
- Versorgungsausgleich
- Versorgungsfall
- Versorgungslücke
- Vordienstzeiten
- Vorgelagerte Besteuerung
- Vorgezogene Altersrente
- Vorruhestand
- Vorschaltzeiten
- Vorzeitiges Ausscheiden
- Wartezeiten
- Wertgleichheit
- Widerruf
- Widerrufsvorbehalte
- Zeitwertkonten (Verweis auf Arbeitszeitkonten)
- Zulagen
- Zusatzversorgung im öffentlichen Dienst

Betriebsunterbrechungsversicherung (Thomas Markert, Abteilungsdirektor Sach-Industrie, AXA Versicherung AG, Düsseldorf, Lehrbeauftragter an der Fachhochschule zu Köln „Vertragstechnik der Betriebsunterbrechungsversicherung")

Stichwörter:
- Ausfallziffer
- Bauleistungs-Betriebsunterbrechungsversicherung
- Betriebsschließungsversicherung
- Betriebsunterbrechungsversicherung
- Betriebsunterbrechungsversicherung infolge des Ausfalls der öf-

- fentlichen Versorgung mit Gas, Strom, Wärme und Wasser
- Bewertungszeitraum
- BUV (Verweis auf Betriebsunterbrechungsversicherung)
- EC-Betriebsunterbrechungsversicherung (Verweis auf Extended Coverage-Betriebsunterbrechungsversicherung)
- Einfache Betriebsunterbrechungsversicherung
- Elektronik-Betriebsunterbrechungsversicherung
- Entgangener Gewinn
- Ertragsausfallschaden (Verweis auf Unterbrechungsschaden)
- Ertragsausfallversicherung
- Extended Coverage-Betriebsunterbrechungsversicherung
- FBUV (Verweis auf Feuer-Betriebsunterbrechungsversicherung)
- Feuer-Betriebsunterbrechungsversicherung
- Fortlaufende Kosten
- Haftzeit
- Klein-Betriebsunterbrechungsversicherung (Verweis auf Einfache Betriebsunterbrechungsversicherung)
- Maschinen-Betriebsunterbrechungsversicherung
- Mehrkostenversicherung
- Mietverlustversicherung
- Mittlere Feuer-Betriebsunterbrechungsversicherung
- Montage-Betriebsunterbrechungsversicherung
- Prämienrückgewähr
- Rückwirkungsschaden
- Summenermittlungsschema
- Technische Betriebsunterbrechungsversicherung
- Tierseuchen-Betriebsunterbrechungsversicherung
- Transport-Betriebsunterbrechungsversicherung
- Unterbrechungsschaden
- Wechselwirkungsschaden

Bevölkerungswissenschaft/Demografie (Frank Micheel, Wissenschaftlicher Rat; Karla Gärtner, Oberregierungsrätin, Bundesinstitut für Bevölkerungsforschung, Wiesbaden; Kerstin Ruckdeschel, Wissenschaftliche Rätin; Dr. Lenore Sauer, Wissenschaftliche Rätin; Dr. Manfred Scharein, Wissenschaftlicher Rat, alle Bundesinstitut für Bevölkerungsforschung, Wiesbaden)

Stichwörter:
- Alterspyramide
- Altersstruktur
- Alterung (Verweis auf demographische Alterung)
- Außenwanderung
- Bevölkerungsbilanz
- Bevölkerungsentwicklung
- Bevölkerungspyramide (Verweis auf Alterspyramide)
- Bevölkerungsschrumpfung
- Bevölkerungsstruktur
- Bevölkerungsvorausberechnung
- Bevölkerungswachstum
- Bevölkerungswissenschaft
- Binnenwanderung
- Demographie
- Demographische Alterung
- Demographischer Übergang (Verweis erster demographischer Übergang, zweiter demographischer Übergang)
- Differenzielle Migration
- Epidemiologischer Übergang
- Erster demographischer Übergang
- Fertilität
- Fertilitätsrate
- Geburtenziffer
- Gesamtfertilitätsrate
- Kinderzahl
- Lebendgeborene
- Migration
- Migrationsrate
- Mortalität
- Reproduktionsziffer
- Sterbetafel

- Sterbeziffer
- Sterblichkeit (Verweis auf Mortalität)
- Todesursachen
- Volkszählung
- Wanderungssaldo
- Zensus (Verweis auf Volkszählung)
- Zweiter demographischer Übergang

Controlling und Internes Rechnungswesen (Prof. Dr. Fred Wagner, Vorstand, Anja Schwinghoff, Geschäftsführerin, Institut für Versicherungswissenschaften e. V. an der Universität Leipzig, Leipzig)

Stichwörter:
- Ansteckungsrisiko
- Aufwendungen
- Ausgaben
- Außenfinanzierung
- Beteiligungscontrolling
- Betriebskosten
- Cash flow Underwriting
- Deckungsbeitrag (Verweis auf Deckungsbeitragsrechnung)
- Deckungsbeitragsrechnung
- Einnahmen
- Einzelkosten
- Endkostenstellen (Verweis auf Kostenstelle)
- Erfolgsrechnung
- Erlöse
- Erträge
- Expected Shortfall (Verweis auf Conditional Value at Risk)
- Externer Faktor
- Fixe Kosten
- Frühwarnsystem (Verweis auf Risikofrüherkennungssystem)
- Gemeinkosten
- Informationsmanagement
- Innerbetriebliche Leistungen (Verweis auf Leistungen)
- Interne Erfolgsrechnung (Verweis auf Erfolgsrechnung)
- Interner Zinsfuß
- Internes Rechnungswesen
- Istkostenrechnung
- Konzerncontrolling
- Kosten
- Kostenarten
- Kostenartenrechnung
- Kostenrechnung
- Kostenstellen
- Kostenstellenrechnung
- Kostenträger
- Kostenträgerrechnung
- Kostenverteilung
- Leistungen
- Leistungsrechnung
- Managementinformationssystem
- Marktleistungen (Verweis auf Leistung)
- Mortalitätsrisiko
- Net Present Value
- Operationelles Risiko
- Plankostenrechnung
- Prognosekostenrechnung
- Prozesskostenrechnung
- Rechnungswesen
- Regulierungskosten
- Return on Investment (ROI)
- Risikoaversion (Verweis auf Risikopräferenz)
- Risikobegrenzung (Verweis auf Risikovermeidung)
- Risikobewertung (Verweis auf Risikomanagement)
- Risikocontrolling
- Risikofinanzierung
- Risikofreude (Verweis auf Risikopräferenz)
- Risikofrüherkennungssystem
- Risikohandbuch
- Risikohandhabung
- Risikoidentifikation (Verweis auf Risikomanagement)
- Risikokontrolle (Verweis auf Risikomanagement)
- Risikokosten
- Risikoneutralität (Verweis auf Risikopräferenz)
- Risikopräferenz
- Risikoscheu (Verweis auf Risikopräferenz)
- Risikosympathie (Verweis auf Risikopräferenz)
- Risikotragung und -deckung
- Risikoüberwälzung
- Risikovermeidung
- Risikoverminderung
- Rückversicherungscontrolling
- Schadenfrequenz
- Schadenkosten

- Selektionspolitik (Verweis auf Zeichnungspolitik)
- Tail Value at Risk (Verweis auf Conditional Value at Risk)
- Teilkostenrechnung
- Unternehmenswert
- Variable Kosten
- Vertriebscontrolling
- Vollkostenrechnung
- Vorkostenstellen (Verweis auf Kostenstellen)
- Wertschöpfungskette
- Zeichnungspolitik
- Zyklusmanagement

Elementargefahren-, Extended Coverage-, Feuer-, Technische-, Landwirtschaftliche- und Verbundene Hausratversicherung (Stefan Andersch, Vorstandsmitglied, Continentale Sachversicherung AG, Dortmund)

Stichwörter:
- Anbauten
- Außenversicherung
- Aussperrung
- Bewachungskosten
- Bewegliche Sachen
- Blitzschlag
- Böswillige Beschädigung
- Brand
- Deckungserweiterungen
- Diebstahl (Verweis auf einfacher Diebstahl)
- Einbruchdiebstahl
- Einbruchdiebstahl- und Raubversicherung
- Einfacher Diebstahl
- Eingefügte Sachen
- Elektronikversicherung
- Elementargefahrenversicherung
- Extended Coverage-Versicherung
- Fahrradversicherung
- Feuerhaftungsversicherung
- Feuerlöschkosten
- Feuerversicherung
- Fremdversicherung
- Gefahrstandspflicht
- Hagelversicherung
- Hausratversicherung (Verweis auf verbundene Hausratversicherung)
- Implosion
- Induktionsschaden
- Innere Unruhen
- Kernenergieklausel
- Kriegsklausel
- Landwirtschaftliche Versicherung
- Lawinen
- Leerstehende Gebäude
- Leitungswasserversicherung
- Löschhilfe
- Maschinengarantieversicherung
- Maschinenkaskoversicherung
- Maschinenversicherung
- Montageversicherung
- Nachversicherung (als Klausel für spätere Deckungseinschlüsse)
- Photovoltaikanlagen
- Raub
- Raubversicherung (Verweis auf Einbruchdiebstahl- und Raubversicherung)
- Rauch
- Reparaturkosten
- Reparaturkostenversicherung
- Rettungskosten
- Rohrbruch
- Sachlebensversicherung
- Schadenermittlungs- und -feststellungskosten
- Schlossänderungskosten
- Softwareversicherung
- Stichtagsversicherung
- Streik
- Sturmversicherung
- Tarifgruppen
- Technische Versicherungen
- Tierversicherung
- Überschalldruckwellen
- Unbewegliche Sachen
- Verbundene Hausratversicherung
- Versicherungsort
- Waldbrandversicherung
- Wohnungswechsel

Finanzierung und Solvabilität (Professor Dr. Heinrich R. Schradin, Geschäftsführender Direktor des Instituts für Versicherungswissenschaft und Direktor des Seminars für ABWL, Risikomanagement und Versicherungslehre an der Universität zu Köln, Köln)

Stichwörter:
- Abschreibungsfinanzierung (Verweis auf Finanzierung aus Abschreibungen)
- Aktienfinanzierung
- Anlageverordnung
- Asset/Liability-Management (ALM)
- Auszahlung
- Available Solvency Margin
- Beitragsindex
- Beteiligungsfinanzierung
- Capital Asset Pricing Model (CAPM)
- Deckungskapital
- Derivative Finanzinstrumente
- Double gearing
- Eigenfinanzierung
- Eigenkapital
- Eigenmittel
- Einzahlung
- Entspargeschäft
- Factoring
- Finanzierung
- Finanzierung aus Abschreibung
- Finanzierung aus kapitalfreisetzenden Einzahlungen
- Finanzierung aus Rückstellung
- Finanzierung durch Umschichtung
- Finanzierungsplan
- Finanzierungsregeln
- Freies Vermögen
- Fremdfinanzierung
- Fremdkapital
- Garantiefonds
- Gebundenes Vermögen
- Genussrechtskapital
- Goldene Bankregel
- Goldene Bilanzregel
- Gründungsfinanzierung
- Gründungsstock (Verweis auf Versicherungsverein auf Gegenseitigkeit und Gründungsfinanzierung)
- Hybridkapital
- Innenfinanzierung
- Investition
- Ist-Solvabilität (Verweis auf Eigenmittel)
- Kapitalanlagevorschriften
- Kapitalmarkt
- Kapitalnutzung
- Konzernsolvabilität
- Kreditfinanzierung
- Leverage-Effekt
- Liquidität
- Mindestgarantiefonds
- Minimum Capital Requirement (MCR)
- Mischung und Streuung
- Modigliani-Miller-These
- Organisationsfonds
- Rentabilität
- Risikoklassen
- Risk Based-Capital
- Ruinwahrscheinlichkeit
- Schadenindex
- Schutztheorie
- Selbstfinanzierung
- Soll-Solvabilität
- Solo-Plus-Solvabilität (Verweis auf Konzernsolvabilität)
- Solo-Solvabilität (Verweis auf Solvabilität)
- Solvabilität
- Solvabilitätsbescheinigung
- Solvabilitätsdeckungsgrad
- Solvabilitätskapitalbedarf
- Solvabilitätskennzahlen
- Solvabilitätsmittel
- Solvabilitätsplan
- Solvabilitätsspanne
- Solvabilitätsvorschriften
- Solvency Capital Requirement (SCR)
- Solvency I
- Solvency II
- Solvenz
- Spargeschäft
- Umsatzfinanzierung (Verweis auf versicherungstechnische Umsatzfinanzierung)
- Versicherungstechnische Umsatzfinanzierung
- Zahlungsströme

Gesetzliche Krankenversicherung und gesetzliche Pflegeversicherung (Professor Dr. h.c. Herbert Rebscher, Vorstandsvorsitzender, DAK Deutsche Angestellten-Krankenkasse, Hamburg)

Stichwörter:
- Allgemeine Ortskrankenkasse (AOK)
- Ambulante Gesundheitsversorgung
- Ambulante Pflege
- Arzneimittelversorgung
- Arzthonorar
- Ausgabensteuerung
- Ausschreibungspflicht
- Beitragsbemessungsgrenze
- Beitragseinzug
- Beitragspflichtige Einnahmen
- Beitragssatzstabilität
- Betriebskrankenkasse (BKK)
- Bundesknappschaft (Verweis auf Deutsche Rentenversicherung Knappschaft-Bahn-See)
- Bundesverbände der Krankenkassen
- Deutsche Rentenversicherung Knappschaft-Bahn-See
- Diagnosis Related Groups (DRG)
- Disease Management
- Elektronische Gesundheitskarte
- Entgeltfortzahlung im Krankheitsfall
- Ersatzkasse
- Familienversicherung
- Gesetzliche Krankenversicherung (GKV)
- Gesetzliche Pflegeversicherung (Verweis auf soziale Pflegeversicherung)
- Gesundheitsprämie (Verweis auf Kopfpauschale)
- GKV-Spitzenverband (Verweis auf Spitzenverband Bund)
- Honorarverteilung in der vertragsärztlichen Versorgung
- Innungskrankenkasse (IKK)
- Jahresarbeitsentgeltgrenze
- Kassenärztliche Vereinigung
- Kassenzahnärztliche Vereinigung
- Knappschaft (Verweis auf Deutsche Rentenversicherung Knappschaft-Bahn-See)
- Kombinationsleistungen
- Krankengeld
- Krankenkasse
- Landesverbände der Krankenkassen
- Landwirtschaftliche Krankenversicherung (LKK)
- Lohnfortzahlung (Verweis auf Entgeltfortzahlung im Krankheitsfall)
- Morbiditätsorientierter Risikostrukturausgleich (Morbi-RSA), (Verweis auf Risikostrukturausgleich (RSA))
- Medizinischer Dienst der Krankenkassen
- Pflege
- Pflegegeld
- Pflegekasse (Verweis auf soziale Pflegeversicherung (SPV))
- Pflegekurse
- Pflegesachleistungen
- Pflegestufen
- Seekrankenkasse
- Selbstverwaltung
- Soziale Pflegeversicherung
- Spitzenverband Bund
- Tagespflege
- Teilstationäre Pflege
- Versicherungspflichtgrenze (Verweis auf Jahresarbeitsentgeltgrenze)
- Versorgungsmanagement
- Wahltarife
- Wirtschaftlichkeitsgebot
- Wirtschaftlichkeitsprüfung
- Zusatzversicherung
- Zuzahlungen

Gesetzliche Unfallversicherung (Dr. Andreas Kranig, Leiter der Abteilung Versicherung und Leistungen, Deutsche Gesetzliche Unfallversicherung (DGUV), Berlin; Steffen Krohn, Deutsche Gesetzliche Unfallversicherung (DGUV), Berlin; Marion Wittwer, Deutsche Gesetzliche Unfallversicherung (DGUV), Berlin)

Stichwörter:
- Arbeitsunfall
- Berufsgenossenschaft
- Berufskrankheit
- Hinterbliebenenentschädigung
- Kinder- und Schülerunfallversicherung
- Schülerunfallversicherung (Verweis auf Kinder- und Schülerunfallversicherung)
- Studentenunfallversicherung
- Unfallkassen
- Unfallprävention
- Versichertenrente
- Wegeunfall

Gesundheitsökonomie (Professor Dr. med. Eckart Fiedler, Institut für Gesundheitsökonomie und Klinische Epidemiologie der Universität zu Köln, Köln)

Stichwörter:
- Angebotsinduzierte Nachfrage
- Behandlungsleitlinien
- Behandlungspfade
- Bonus-Malus-System
- Budgetierung
- Bürgerversicherung
- Case Management
- Disease Management
- Einnahmeorientierte Ausgabenpolitik
- Einzelleistungsvergütung
- Epidemiologie
- Evidenzbasierte Gesundheitspolitik
- Evidenzbasierte Medizin
- Fehlversorgung
- Festbetrag
- Friktionskostenansatz
- Gesundheit
- Gesundheitsförderung
- Gesundheitsökonomie
- Gesundheitsökonomische Evaluation
- Humankapitalansatz
- Integrierte Versorgung
- Insassenunfallversicherung
- Klinische Studie
- Kopfpauschale
- Kosten-Effektivitäts-Analyse
- Kosten-Minimierungsanalyse
- Kosten-Nutzen-Analyse
- Kosten-Nutzwert-Analyse
- Krankheitskosten-Studie
- Lebensqualität
- Managed Care
- Multimorbidität
- Morbidität
- Opportunitätskosten
- OTC- Medikamente (Verweis auf Over-the-counter Medikamente)
- Over-the-counter Medikamente
- Placeboeffekt
- Prävention
- Public Heath
- QALY (Verweis auf Quality Adjusted Life Years)
- Qualität
- Qualitätsmanagement
- Quality Adjusted Life Years
- Rationalisierung
- Überversorgung
- Unterversorgung
- Versandapotheke

Gesundheitssystem (Professor Dr. Jürgen Wasem, Inhaber des Lehrstuhls für Medizinmanagement an der Fakultät für Wirtschaftswissenschaften der Universität Duisburg-Essen, Duisburg/Essen)

Stichwörter:
- Apotheken
- Arbeitgeberanteil
- Arbeitsunfähigkeit
- Arzneimittel
- Arzt
- Bedarfsplanung
- Bürgerversicherung

- Bundesministerium für Gesundheit
- Fallpauschalen
- Gesundheitspauschale (Verweis auf Kopfpauschale)
- Gesundheitspolitik
- Hausarzt
- Hausarztmodelle
- Heilpraktiker
- Hilfsmittel
- Institut für Qualität und Wirtschaftlichkeit im Gesundheitswesen (IQWiG)
- Jahresarbeitsentgeltgrenze
- Kassenarzt (Verweis auf Vertragsarzt)
- Kopfpauschale
- Krankengeld
- Krankenhaus
- Krankenkasse
- Krankenversichertenkarte
- Krankenversicherung (Verweis auf Gesetzliche Krankenversicherung (GKV), private Krankenversicherung (PKV))
- Medikamente (Verweis auf Arzneimittel)
- Medizinprodukte
- Medizinischer Dienst der Krankenkassen
- Negativliste
- Nutzenbewertung
- Positivliste
- Prävention
- Praxisgebühr
- Private Krankenversicherung
- Sachleistungsprinzip
- Sachverständigenrat zur Begutachtung der Entwicklung im Gesundheitswesen
- Selbstmedikation
- Selbstverwaltung
- Versicherungspflichtgrenze (Verweis auf Jahresarbeitsentgeltgrenze)
- Vertragsarzt

Gewerbliche und industrielle Haftpflichtversicherung (Dr. Jürgen Kurth, Chief Executive Officer, AXA Corporate Solutions, Niederlassung Deutschland, Köln)

Stichwörter:
- Arzneimittelhaftpflichtversicherung
- Atomhaftpflichtversicherung
- Atompool (Verweis auf Deutsche Kernreaktor-Versicherungsgemeinschaft)
- Berufshaftpflichtversicherung
- Betriebshaftpflichtversicherung
- D&O-Versicherung
- Directors-and-Officers-Versicherung (Verweis auf D&O-Versicherung)
- Feuerhaftungsversicherung
- Gewerbliche Haftpflichtversicherung
- Industrielle Haftpflichtversicherung
- Internationale Haftpflichtprogramme
- Kraftfahrt-Flottenprogramme
- Pharmapool (Verweis auf Deutsche Pharma-Rückversicherungs-Gemeinschaft)
- Planungs-Haftpflichtversicherung
- Probandenversicherung
- Produkthaftpflichtversicherung
- Produktrückrufkostenversicherung
- Rückrufkostenversicherung (Verweis auf Produkt-Rückrufkostenversicherung)
- Umwelthaftpflichtversicherung
- Umweltschadenversicherung
- Vermögensschadenhaftpflichtversicherung

Grundlegende Begriffe der Rückversicherung und klassische Rückversicherungsformen (Dr. Michael Pickel, Vorstandsmitglied, Hannover Rückversicherung AG, Hannover)

Stichwörter:
- Ablösung
- Adjustierung
- Aggregate
- Aktive Rückversicherung
- Alimentierung

- American Depositary Receipt (ADR)
- Anfalljahr
- Assekuradeur
- Attachment Point (Verweis auf Priorität)
- Audit
- Aufbauprovision
- Bermudaversicherer
- Block-Assumption-Transaktionen (BAT)
- Borderaux
- Brutto
- Burning Cost-Verfahren
- Cash Call (Verweis auf Kassaschaden)
- Cat XL
- Catastrophe Excess of Loss (Cat XL)
- Claims Cooperation Clause
- Claims made-Prinzip
- Coded-Excess-Deckung
- Coinsurance-Funds-Withheld-Vertrag
- Commutation (Verweis auf Ablösung)
- Contract Certainty
- Cover Note
- Deponierungspflicht
- Deposit Accounting
- Depot
- Discontinued Business
- Down-Grade-Clause
- Due Diligence
- Eigenkapitalsubstitution
- Einzelschadenexzedent
- Endorsement
- Erneuerung
- Erstversicherer
- Erwerbskosten
- Excess of Loss (XL) (Verweis auf Schadenexzedentenrückversicherung)
- Exponierung
- Exposure
- Exposurerate
- Fakultative Rückversicherung
- Fakultative-obligatorische Rückversicherung
- Festprovision
- Folgepflicht
- Fronting
- Führungsposition
- Gewinnanteil
- Großschaden
- Haftstrecke
- Harter Markt
- IBNER (Verweis auf Spätschadenreserve)
- IBNR (Verweis auf Spätschadenreserve)
- Incurred but not enough reported (Verweis auf Spätschadenreserve)
- Incurred but not reported (Verweis auf Spätschadenreserve)
- Indexklausel
- Industry Loss Warranty
- Jahresüberschadendeckung (Verweis auf Stop Loss)
- Kassaschaden
- Kompression
- Konfidenzniveau
- Kongruente Währungsdeckung
- Kumulrisiko
- Kumulschadenexzenenten
- Layer
- Letter of Credit
- Limit
- Loading
- LOC (Verweis auf Letter of Credit)
- London Market Principles
- Longtail-Geschäft
- Marktschaden
- Maximum
- Meistbegünstigungsklausel
- Mit-Rückversicherung
- Mitversicherung
- Modified Coinsurance
- Netto
- Nettoportefeuillewert
- Netto-Selbstbehalt
- Nicht-Proportionaler Rückversicherungsvertrag
- Obligatorische Rückversicherung
- Overrider
- Paretoquotierung
- Passive Rückversicherung
- Pool (Verweis auf Versicherungspool)
- Portefeuille
- Possible Maximum Loss
- Present Value of Future Profits (PVFP)
- Priorität
- Probable Maximum Loss
- Proportionaler Rückversicherungsvertrag
- Pro-Rata-Geschäft
- Pro-Risiko-Deckung

- Quota Share (Verweis auf Quotenrückversicherung)
- Quotenrückversicherung
- Quotierung
- Rate
- Rate on line
- Rating
- Regress
- Retroposition
- Retrozedent
- Retrozession
- Retrozessionär
- Reziprozität
- Rückversicherer
- Rückversicherungsbroker (Verweis auf Rückversicherungsmakler)
- Rückversicherungsdeckung
- Rückversicherungsleistung
- Rückversicherungsmakler
- Rückversicherungsprämie
- Rückversicherungsprovision
- Rückversicherungssaldo
- Schadenabwicklung
- Schadeneinschluss
- Schadenexzedenten-Rückversicherung
- Schadenregulierungskosten
- Schadenrückversicherung
- Schadensatz
- Schadenselbstbeteiligung (Klausel)
- Schicksalsteilung
- Schiedsklausel
- Schutzdeckung
- Serienschadenklausel
- Settlement (Verweis auf Ablösung)
- Severe Inflation Clause
- Shorttail-Geschäft
- Sleep easy cover
- Slip (Verweis auf Cover Note)
- Spätschadenreserve
- Stabilisierungsklausel (Verweis auf Indexklausel)
- Staffelprovision
- Stochastic Partnerships
- Stop Loss
- Submission
- Summenexzedenten-Rückversicherung
- Super Imposed Inflation
- Supergewinnanteil
- Superprovision
- Surplus Treaty (Verweis auf Summenexzedenten-Rückversicherung)
- Survival Ratio
- Syndikat
- Unbegrenzte Deckung
- Underwriting
- Verdiente Beiträge
- Versicherte Sachen
- Versicherter Schaden
- Versicherungspool
- Vertragsrückversicherung
- Vorwegabgabe
- Weicher Markt
- Wiederauffüllungsklausel
- Wiederauffüllungsprämie
- Wording
- Working Layer
- Zedent
- Zeichnungsjahr
- Zeichnungskapazität
- Zession
- Zessionar
- Zessionslimit
- Zinsteilungsklausel
- Zweitrisikodeckung

(Nicht-industrielle) Haftpflichtversicherung (Dieter Beck, Vorstandsmitglied, HUK-Coburg-Allgemeine Versicherung AG, Coburg)

Stichwörter:
- Abwehr unbegründeter Schadenersatzansprüche
- AHB (Verweis auf Allgemeine Versicherungsbedingungen für die Haftpflichtversicherung)
- Allgemeine Versicherungsbedingungen für die Haftpflichtversicherung (AHB)
- Anerkenntnis- und Befriedigungsverbot
- Angehörigenklausel
- Ausschlüsse
- Bauherrenhaftpflichtversicherung
- Befreiungsanspruch
- Befriedigungsverbot (Verweis auf Anerkenntnis- und Befriedigungsverbot)
- Benzinklausel
- Besitzklausel
- Billigkeitshaftung

- Bindungswirkung
- Deckungsprozess
- Delikthaftung
- Einfache Fahrlässigkeit
- Fahrlässigkeit
- Feststellungsklage
- Feuerregressverzichtsabkommen
- Freistellungsanspruch
- Gefährdungshaftung
- Gesetzliche Haftpflichtbestimmungen
- Gewässerschadenhaftpflichtversicherung
- Grobe Fahrlässigkeit
- Haftpflichtansprüche
- Haftpflichtprozess
- Haftpflichtversicherung
- Haftungsverhältnis
- Haus- und Grundbesitzerhaftpflichtversicherung
- Leichte Fahrlässigkeit (Verweis auf einfache Fahrlässigkeit)
- Mietsachschäden
- Mietsachschadenklausel
- Mitverschulden
- Mitversicherte Personen
- Obliegenheiten
- Paritätische Kommission
- Passivlegitimation
- Personenschaden
- Privathaftpflichtversicherung
- Prozessführungsbefugnis
- Quotenregelung
- Regulierungsvollmacht (Verweis auf Schadenregulierungsvollmacht)
- Risikoerhöhung
- Risikoerweiterung
- Schadenersatzanspruch
- Schmerzensgeld
- Tätigkeitsklausel
- Tierhalterhaftpflichtversicherung
- Trennungsprinzip
- Unerlaubte Handlung
- Verkehrssicherungspflicht
- Vermögensschäden
- Verschuldungshaftung
- Verwandtenklausel (Verweis auf Angehörigenklausel)
- Vorsatz
- Vorsorgeversicherung

Kapitalanlagen und Asset Management (Jürgen Meisch, Vorstandsmitglied, Gothaer Versicherungsbank VVaG, Köln)

Stichwörter:
- ABS (Verweis auf Asset Backed Securities)
- Absicherung von Kapitalanlagen (Verweis auf Hedging)
- Adressenausfallrisiko (Verweis auf Kreditrisiko)
- Agio
- Aktien
- Anlagenvehikel
- Asset Allocation
- Asset Backed Securities (ABS)
- Asset Management
- Assetklasse
- Belegenheit
- Belegenheitsprinzip
- Beteiligung
- Bonitätsrisiko (Verweis auf Kreditrisiko)
- CDO (Verweis auf Collateralized Debt Obligations)
- CDS (Verweis auf Credit Default Swap)
- CLN (Verweis auf Credit Linked Notes)
- Collateralized Debt Obligations (Verweis auf Asset Backed Securities)
- Collateralized Loan Obligations (Verweis auf Asset Backed Securities)
- Commodities
- Credit Default Swap
- Credit Linked Notes
- Credit Spread (Verweis auf Kreditrisiko)
- Credits
- Dachfonds
- Derivat
- Direkt gehaltene Immobilien
- Direktanlage (Verweis auf Direktbestand)
- Direktbestand
- Disagio
- Duration
- Durchschnittsverzinsung (Verweis auf laufende Durchschnittsverzinsung)
- Effizientes Kapitalanlageportfolio

- Festverzinsliches Wertpapiere
- Finanzanleihen
- Finanzbeteiligung
- Forward (Verweis auf Derivat)
- Fungibilität
- Future
- Genussrecht
- Hedgefonds
- Immobilien
- Immunisierung
- Indexzertfikate
- Indirekt gehaltene Immobilien
- Inhaberpapiere
- Interne Modelle
- Investmentfonds
- Kapitalanlage
- Kapitalanlagenmanagement (Verweis auf Asset Management)
- Kapitalanlagerendite (Verweis auf Rendite)
- Kapitalanlagerisiko
- Kreditrisiko
- Laufende Durchschnittsverzinsung
- Laufender Ertrag
- Liquiditätsrisiko
- Marktänderungsrisiko
- Master-KAG
- MBS (Verweis auf Mortgage Backed Securities)
- Modifizierte Duration (Verweis auf Duration)
- Mortgage Backed Securities (MBS) (Verweis auf Asset Backed Securities)
- Nachrangige Verbindlichkeiten
- Nachrangkapital
- Namenspapiere
- Nettoverzinsung
- Real Estate Investment Trust (REIT)
- Reinvestitionsrisiko (Verweis auf Marktänderungsrisiko)
- REIT (Verweis auf Real Estate Investment Trust)
- Rendite (Verweis auf Rentabilität)
- Rentabilität
- Risikodiversifikation (Verweis auf Diversifikation)
- Risikotragfähigkeit
- Rohstoffe (Verweis auf Commodities)
- Schuldscheindarlehen
- Schuldverschreibungen
- Sonstiges gebundenes Vermögen
- Spezialfonds
- Staatsanleihen
- Strategische Beteiligungen
- Swap
- Unternehmensanleihe
- Vermögensverwaltung (Verweis auf Asset Management)
- Währungsrisiko
- Wiederanlagerisiko (Verweis auf Marktänderungsrisiko)
- Zertifikate
- Zweckgesellschaft (Verweis auf Special Purpose Vehicle, Anlagevehikel)

KfZ-Versicherung (Rolf-Peter Hoenen, Präsident, Gesamtverband der Deutschen Versicherungswirtschaft e.V. (GDV), Berlin; Dr. Ulrich Eberhardt, Mitglied des Vorstands, HUK-COBURG-Rechtsschutzversicherung AG)

Stichwörter:
- AKB (Verweis auf Allgemeine Bedingungen für die Kraftfahrtversicherung)
- Allgemeine Bedingungen für die Kraftfahrtversicherung
- Annahmepflicht (Verweis auf Kontrahierungszwang)
- Ausländer-Pflichtversicherung
- Autonotruf
- Bagatellschaden
- Berufsfahrerversicherung
- Branchennetz (Verweis auf GDV-Branchennetz)
- Direktanspruch
- Doppelkarte (Verweis auf Versicherungsbestätigung)
- Doppelversicherung
- Entschädigungsfonds
- Europadeckung
- Fahrerflucht (Verweis auf Unfallflucht)
- Fahrlehrer-Haftpflichtversicherung
- Fahrzeughalter
- Fiktive Schadenabrechnung
- Flottenverträge
- Führerscheinklausel

- Gefährdungshaftung
- Grüne Karte
- Insassenunfallversicherung
- Internationale Versicherungskarte (Verweis auf Grüne Karte)
- Kfz (Verweis auf Kraftfahrzeug)
- Kfz-Haftpflichtversicherung
- Kfz-Insassenunfallversicherung (Verweis auf Insassenunfallversicherung)
- Kfz-Kaskoversicherung
- Kfz-Schutzbriefversicherung
- Kfz-Steuer
- Kfz-Versicherung
- Kfz-Zubehör
- Kontrahierungszwang
- Kraftfahrzeug
- Mallorca-Police
- Mehrfachversicherung
- Notruf der Autoversicherer
- Pauschalsystem
- Pay as you drive
- Pflichtversicherungsgesetz
- Platzsystem
- Rabattretter
- Rabattschutz
- Regionalklasse
- Regressverzichtsabkommen (Verweis auf Teilungsabkommen)
- Schadenfreiheitsklassen
- Schadenfreiheitsrabatt
- Schadenverhütung
- Schmerzensgeldanspruch
- Schwacke-Liste
- Scoring
- Sicherungsschein
- Tarifbestimmungen
- Tarifmerkmale
- Teilkaskoversicherung
- Teilungsabkommen
- Totalschaden
- Trunkenheitsklausel
- Typklasse
- Unfallflucht
- Unfallursachenforschung
- Verkehrsopferhilfe
- Verlängerungsklausel
- Versicherungsbestätigung
- Versicherungsbetrug
- Versicherungsfall
- Verwendungsklausel
- Vollkaskoversicherung
- Vorläufiger Versicherungsschutz
- Wiederbeschaffungswert

Kredit-, Kautions-, Vertrauensschadenversicherung (Clemens Freiherr von Weichs, Vorstandsvorsitzender, Allianz SE Reinsurance, München)

Stichwörter:
- Anbietungsgrenze (Verweis auf Antragsgrenze)
- Antragsgrenze
- Antragspflicht
- Ausfalldeckung
- Ausfallrisiko
- Ausfuhrkreditversicherung
- Aushaftung
- Avalkredite
- Benannte Versicherung
- Berner Union
- Bonitätsprüfung (Verweis auf Kreditprüfung)
- Delkredereversicherung (Verweis auf Kreditversicherung)
- Eigentumsvorbehalt
- Export Credit Agencies (ECA)
- Exportkreditgarantien
- Exportkreditversicherung (Verweis auf Ausfuhrkreditversicherung)
- Fabrikationsrisiko
- Factoring
- Forderungsausfall (Verweis auf Ausfallrisiko)
- Hermesdeckungen (Verweis auf Exportkreditgarantien)
- Insolvenz
- International Credit Insurance & SuretyAssociation (ICISA)
- Investitionsgüterkreditversicherung
- Kautionsversicherung
- Konsumentenkreditversicherung
- Kreditlimit
- Kreditmitteilung
- Kreditprüfung
- Kreditsicherheiten
- Kreditüberwachung
- Kreditversicherung
- Pauschaldeckung
- Protracted Default
- Restschuldversicherung
- Revolvierende Deckung
- Sicherheitenpooling

- Staatliche Exportkreditversicherung
- Überfälligkeitsmeldung
- Unbenannte Versicherung (Verweis auf Pauschaldeckung)
- Warenkreditversicherung
- Zahlungsunfähigkeit

Lebens- und Rentenversicherung (Professor Dr. Kurt Wolfsdorf, Partner, Deloitte&Touche GmbH Wirtschaftsprüfungsgesellschaft, München)

Stichwörter:
- Abrechnungsverband
- Absterbeordnung
- Abzinsung
- Altbestand
- Annuität
- Anwartschaft
- Aufgeschobene Leibrente
- Aufzinsung
- Ausbildungsversicherung (Verweis auf Termfixversicherung)
- Begünstigter (Verweis auf Bezugsberechtigter)
- Beitragsdepot
- Beitragsfreistellung
- Beitragsstundung
- Beleihung einer Lebensversicherung (Verweis auf Policendarlehen)
- Berufsunfähigkeitsrente
- Bestandsgruppen
- Bezugsberechtigter
- Bezugsrecht
- Bonussystem
- Bruttoprämie
- Deckungskapital
- Direktgutschrift
- Diskontierte Zahl der Lebenden
- Diskontierte Zahl der Toten
- Diskontierung (Verweis auf Abzinsung)
- DreadDisease
- Dynamische Lebensversicherung
- Einmalbeitrag
- Erlebensfallrendite
- Erwerbsunfähigkeit
- Erwerbsunfähigkeitsrente
- Fondsgebundene Lebensversicherung (FLV)
- Fondsgebundene Rentenversicherung
- Garantiezins
- Gebrauchtpolice
- Geburtsjahrmethode
- Gemischte Versicherung
- Gesundheitsprüfung
- Gezillmertes Deckungskapital (Verweis auf Zillmerreserve)
- Indexgebundene Lebensversicherung
- Innerer Zins
- Invalidentafel
- Kapitallebensversicherung
- Kapitalwahlrecht
- Kollektivlebensversicherung
- Kommutationszahlen
- Kontributionsformel
- Kostengewinn
- Laufende Beiträge
- Laufender Überschussanteil
- Lebenslange Todesfallversicherung
- Lebensversicherung
- Lebensversicherungsunternehmen
- Leibrente
- Leistungsbarwert
- Leistungsendwert
- Mechanisches System der Überschussbeteiligung
- Natürliches System der Überschussbeteiligung
- Neubestand
- Nettoverzinsung
- Pensionsversicherung
- Periodensterbetafel
- Personengesamtheit
- Policendarlehen
- Prämien
- Prämiendepot (Verweis auf Beitragsdepot)
- Prämienfreistellung (Verweis auf Beitragsfreistellung)
- Prämienstundung (Verweis auf Beitragsstundung)
- Prospektives Deckungskapital
- Reaktivierungswahrscheinlichkeit
- Rechnungsgrundlagen
- Rechnungsmäßige Abschlusskosten
- Rechnungszins
- Rente

- Rentenbarwert
- Rentendeckungsverfahren
- Rentengarantiezeit
- Rentenversicherung (Verweis auf gesetzliche Rentenversicherung, private Rentenversicherung)
- Rentenwahlrecht (Verweis auf Kapitalwahlrecht)
- Restschuldversicherung
- Retrospektives Deckungskapital
- Risikogewinn
- Risikolebensversicherung
- Rückkaufswert
- Rückstellung für Beitragsrückerstattungen (RfB)
- Schlussüberschussanteil
- Selektionstafel
- Sofortrente
- Sterbegeldversicherung
- Sterbegesetz
- Sterbejahrmethode
- Sterbekassen
- Storno
- Stornoabzug
- Stornowahrscheinlichkeit
- Technisches Beitrittsalter
- Teilauszahlungstarif
- Termfixversicherung
- Todesfallbonus
- Tontinen
- Überlebenswahrscheinlichkeit
- Überschussanteilsätze
- Überschussermittlung
- Überschussverteilung
- Überschussverwendung
- Überschusszerlegung
- Übriges Ergebnis
- Universal Life
- Unterjährige Beiträge
- Versicherung auf verbundene Leben
- Verzinsliche Ansammlung
- Vorauszahlungen auf Versicherungsleistungen
- Waisenrente
- Wiederinkraftsetzung
- Witwen- oder Witwerrente
- Zeitrente (Verweis auf Rente)
- Zillmerbeitrag
- Zillmern
- Zillmerreserven
- Zillmersatz
- Zinsgewinn
- Zwischenbestand

Lebensversicherungsmathematik (Norbert Heinen, Vorstandvorsitzender, Württembergische Lebensversicherung AG, Stuttgart)

Stichwörter:
- Appraisal Value
- Ausscheidewahrscheinlichkeit
- Barwert
- Biometrisches Risiko
- CFO-Forum
- Effektivzinssatz
- Eingebettete Garantien
- Eingebettete Optionen
- Embedded Value (EV)
- Endwert
- Erlebensfallprämie
- Erlebensfallversicherung
- Erlebenswahrscheinlichkeit
- European Embedded Value (EEV)
- Fondsgebundene Kapitalanlagen
- Freie RfB (als Verweis auf Freie Rückstellung für Beitragsrückerstattungen)
- Freie Rückstellung für Beitragsrückerstattungen
- Gebundene RfB (als Verweis auf Gebundene Rückstellung für Beitrags-rückerstattungen)
- Gebundene Rückstellung für Beitragsrückerstattungen
- Gezillmerte Nettoprämie
- Grundfähigkeitsversicherung
- Hybridprodukte
- Interne Fonds
- Invalidisierungswahrscheinlichkeit
- Invaliditätsversicherung
- Kostenrisiken
- Kostenzuschläge
- Langlebigkeit
- Lebensversicherungsmathematik
- Market Consistent Embedded Value (MCEV)
- Markov-Kette
- Marktrisiken
- Nettoprämie
- Rekursionsformel
- Risikolebensversicherung

- Risikoprämie
- Rohüberschuss
- Rückkaufswert
- Sicherungsvermögen
- Sparprämie
- Spread
- Sterbewahrscheinlichkeit
- Stille Lasten
- Stornorisiko
- Todesfallversicherung (als Verweis auf Risikolebensversicherung)
- Traditional Embedded Value (TEV)
- Überschussdeklaration (als Verweis auf Überschussbeteiligung)
- Überschusszerlegung
- Variable Annuitiy
- Zinsgarantie
- Zinsrisiko

Marktakteure, Institutionen und Rechtsformen (Professor Dr. Fred Wagner; Renata Klein, Wissenschaftliche Mitarbeiterin; David Klimmek, Wissenschaftlicher Mitarbeiter; Jana Novak-Lange, Wissenschaftliche Mitarbeiterin; Lars Riebow, Wissenschaftlicher Mitarbeiter; Sabine Schmidt, Projektleiterin Studien; Anja Schwinghoff, Geschäftsführerin, alle Institut für Versicherungswissenschaften e. V. an der Universität Leipzig, Leipzig)

Stichwörter:
- Aktiengesellschaft (AG)
- Arbeitgeberverband der Versicherungsunternehmen in Deutschland e.V. (AGV)
- Aufsichtsrat
- Außendienst
- Bund der Versicherten e.V.
- Bundesknappschaft (Verweis auf Deutsche Rentenversicherung Knappschaft-Bahn-See)
- Bundesverband Deutscher Versicherungskaufleute e.V. (BVK)
- Bundesverband Investment und Asset Management e.V. (BVI)
- Bürgerliches Gesetzbuch (BGB)
- CEIOPS (Verweis auf Committee of European Insurance and Occupational Pensions Supervisors)
- Comité Européen des Assurances (CEA)
- Committee of European Insurance and Occupational Pensions Supervisors (CEIOPS)
- Demutualisierung
- Deutsche Kernreaktor Versicherungsgemeinschaft
- Deutsche Pharma-Rückversicherungs-Gemeinschaft (Verweis auf Pharma-Rückversicherungs-Gemeinschaft)
- Deutscher Versicherungs-Schutzverband e.V. (DVS)
- Extremus Versicherungs-AG
- Garanten
- Gegenseitigkeit
- Gemeinnützigkeit
- Gewerbekunde
- Handelsgesetzbuch (HGB)
- Hartmannbund
- Hauptversammlung
- Havariekommissar
- Industriekunde
- Kleinere Vereine
- Maklerpool
- Marburger Bund
- Mitglieder
- Mitgliedervertreterversammlung
- Mitgliedervollversammlung
- Oberstes Organ
- Pharma-Rückversicherungs-Gemeinschaft
- Privatkunde
- Protektor Lebensversicherungs-AG
- Regionalitätsprinzip
- Satzungsautonomie
- Schlichtungsstelle (Verweis auf Ombudsmann, Ombudsmann PKV)
- Territorialprinzip (Verweis auf Regionalitätsprinzip)
- Umlageverfahren
- Verbände der Versicherungswirtschaft (Verweis auf Versicherungsverbände)
- Verband der privaten Krankenversicherung e.V. (PKV-Verband)
- Verband der Versicherungsvereine auf Gegenseitigkeit e.V.

- Verband Deutscher Versicherungsmakler e.V. (VDVM)
- Verband öffentlicher Versicherer (VÖV)
- Verein Bremer Seeversicherer
- Verein Hamburger Assecuradeure
- Versicherer (Verweis auf Versicherungsunternehmen)
- Versicherungs-Aktiengesellschaft (Verweis auf Aktiengesellschaft)
- Versicherungsaufsichtsgesetz (VAG)
- Versicherungskonzern
- Versicherungsverbände
- Verwaltungsrat
- Vorstand
- VVaG (Verweis auf Versicherungsverein auf Gegenseitigkeit)

Moderne Formen der Rückversicherung (Dr. rer. pol. Ludger Arnoldussen, Vorstandsmitglied, Münchener Rückversicherungs-Gesellschaft, München)

Stichwörter:
- Abschlusskostenfinanzierung
- Adverse Developement Cover
- Alternative Rückversicherung
- Alternativer Risikotransfer
- Basisrisiko
- Blended Cover
- Bermudaversicherer
- Captive (Re) Insurance
- Cat Bonds
- Chicago Board of Trade (CBOT)
- Contingent Capital
- Double Trigger (Produkt)
- Experience Account
- Finanzrückversicherung
- Finite Quota Share
- Finite Risk Reinsurance
- Funded Cover
- Indemnity Trigger
- Industry Loss Warranty
- Loss Portfolio Transfer
- Marktschaden Trigger
- Modelled Loss Trigger
- Multi-Line-Deckung
- Multiple-Trigger-Deckung
- Multi-Year-Deckung
- Nicht-Indemnity-Trigger (Verweis auf Non-Indemnity-Trigger)
- Non-Indemnity-Trigger
- Offshore (Re)Insurance
- Originator
- Parametrischer Trigger
- Programmgeschäft
- Prospektive Deckungsformen
- Retakaful
- Retrospektive Deckungsformen
- Risikotransfertest
- Risk Retention Group
- Risk Swap
- Rückversichererausfalldeckung
- Run off
- Schadentrigger
- Securitization
- Side Car
- Special Purpose Vehicle
- Spread Loss Cover
- SPV (Verweis auf Special Purpose Vehicle)
- Surplus-Relief-Vertrag
- Synthetische Rückversicherung
- Takaful
- Time and Distance Cover
- Timing Risk
- Trigger (Verweis auf Schadentrigger)
- Underwriting Risk
- Umbrella-Deckung
- Versicherungsderivate
- Versicherungstechnischer Risikotransfer
- Wetterderivate

Personal (Walter Bockshecker, Vorstand Personal und Sozialwesen, Materialwirtschaft, Nürnberger Versicherungsgruppe, Nürnberg; Wolfgang Dobner, Direktionsbevollmächtigter, Führungskräfteentwicklung und -training, Nürnberger Versicherungsgruppe, Nürnberg)

Stichwörter:
- 360°-Feedback
- Aktuar
- Allgemeines Gleichbehandlungsgesetz (AGG)
- Anforderungsprofil (Verweis auf Funktions- und Anforderungsprofil)
- Anreizsysteme
- Arbeitsrecht
- Arbeitsschutz
- Assessment Center
- Ausbildereignung
- Ausbildung der Ausbilder (AdA) (Verweis auf Ausbildereignung)
- Ausbildungsintegriertes Studium (AIS)
- Auswahlverfahren
- Bachelor
- Berufsakademie
- Berufsbildungswerk der deutschen Versicherungswirtschaft e.V. (BWV)
- Betriebsklima (Verweis auf Mitarbeiterzufriedenheit)
- Betriebsrat
- Betriebsvereinbarung
- Betriebsverfassungsgesetz (BetrVG)
- Bildungscontrolling
- Blended Learning
- Bundesdatenschutzgesetz (BDSG)
- Bundesinstitut für Berufsbildung (BIBB)
- Call-Center
- Change Management
- Coaching
- Computer-Bases-Training (CBT)
- Corporate Identity (CI)
- Datenschutz (Verweis auf Bundesdatenschutzgesetz)
- Datenschutzbeauftragter (Verweis auf Bundesdatenschutzgesetz)
- Deutsche Makler Akademie (DMA)
- Deutsche Versicherungsakademie GmbH (DAV)
- Dualer Studiengang (Verweis auf Ausbildungsintegriertes Studium)
- E-(Based)-Learning
- E-Learning (Verweis auf E-(Based)-Learning)
- Evaluierung
- Fachberater für Finanzdienstleistungen (IHK)
- Fachkompetenz
- Fachwirt/-in für Finanzberatung (IHK)
- Fachwirt/-in für Versicherungen und Finanzen (IHK)
- Fluktuation
- Förderkreise
- Führungsgrundsätze
- Führungskräfteentwicklung
- Führungsnachwuchsprogramme
- Funktions- und Anforderungsprofil
- Handlungskompetenz
- Human-Resource-Management (Verweis auf Personalmanagement)
- Job-Enlargement
- Job-Enrichment
- Job-Rotation
- Kaufmann/-frau für Versicherungen und Finanzen (IHK)
- Kündigungsschutz
- Lebensarbeitszeit
- Leitbild
- Management-Audit
- Master
- Mediation
- Mentoring
- Methodenkompetenz
- Mitarbeiterbeurteilung
- Mitarbeiterproduktivität
- Mitarbeiterzufriedenheit
- Motivation
- Personaldatenbank
- Personalentwicklung (PE)
- Personalinformationssysteme (PIS)
- Personalplanung
- Personalpolitik
- Persönlichkeitskompetenz
- Potentialbewertung
- Schlüsselqualifikationen

- Servicefachmann/-frau Versicherungen (DVA)
- Sozialkompetenz
- Tarifvertrag
- Traineeprogramm
- Unternehmenskultur
- Unternehmensleitbild (Verweis auf Leitbild)
- Versicherungsaußendienst (Verweis auf Außendienst)
- Versicherungsbetriebswirt/-in (DVA)
- Versicherungsfachwirt/-in (IHK) (Verweis auf Fachwirt/-in für Versicherungen und Finanzen (IHK))
- Versicherungsfachmann/-frau (IHK)
- Versicherungsvermittler
- Web-Based-Training (WBT)
- Werkstudent
- Zielvereinbarung

Praxisfelder Assistance (Robert Buchberger, Geschäftsführung, ROLAND Assistance GmbH, Köln)

Stichwörter:
- 24h-Service
- Ambulanzservice
- Assisteur
- Beistandsleistung (Verweis auf Assistance)
- Dienstleisternetzwerk
- Dokumentenservice
- Elektronische Patientenakte
- Fahrzeugrücktransport
- Freizeitassistance
- Gesundheitsassistance
- Handwerkerservice
- Haus- und Wohnungsassistance
- Health Maintenance Organisation (HMO)
- Juristische Assistance
- Lifestyle-Assistance (Verweis auf Freizeitassistance)
- Medizinische Assistance (Verweis auf Gesundheitsassistance)
- Moderne Assistance
- Netzwerk (Verweis auf Dienstleisternetzwerk)
- Notrufzentrale
- Pannenhilfe
- Pflegeassistance
- Rechtsberatung
- Reiseassistance
- Reiserückruf
- Reparaturservice
- Schutzbrief
- Seniorenassistance
- Technische Assistance
- Touristische Assistance (Verweis auf Reiseassistance)

Private Krankenversicherung (Christian Weber, Abteilungsleiter für Grundsatzfragen, Bundesministerium für Gesundheit, Berlin)

Stichwörter:
- Alternative Medizin
- Alterungsrückstellung
- Anwartschaftsversicherung
- Arbeitgeberzuschuss
- Arzneimittel
- Auslandsreisekrankenversicherung
- Basistarif
- Behandlungsvertrag
- Beihilfe
- Beitragsanpassung
- Beitragslimitierung
- Bürgerversicherung
- Direktabrechnung
- Eigenverantwortung
- Fallpauschalen
- Franchise
- Fahrtkosten
- Festzuschuss
- Freie Arztwahl
- Freie Krankenhauswahl
- Gebührenordnung für Ärzte und Zahnärzte (GOÄ/GOZ)
- Generika
- Gesetzlicher Zuschlag
- Heilbehandlung
- Heilmittel
- Hilfsmittel
- Impfung

- Integrierte Versorgung
- Jahresarbeitsentgeltgrenze
- Kapitaldeckungsverfahren
- Krankenhaustagegeldversicherung
- Krankenhauszusatzversicherung (Verweis auf Wahlleistungen im Krankenhaus)
- Krankentagegeldversicherung
- Krankheitskostenteilversicherung
- Krankheitskostenversicherung
- Krankheitskostenvollversicherung
- Kontrahierungszwang
- Kostenerstattungsprinzip
- Lebenslanger Versicherungsschutz
- Medicator
- Medikamente (Verweis auf Arzneimittel)
- Medizinischer Fortschritt
- Ombudsmann Private Kranken- und Pflegeversicherung
- Pflegepflichtversicherung (Verweis auf soziale Pflegeversicherung, private Pflegepflichtversicherung)
- Pflegeversicherung (Verweis auf soziale Pflegeversicherung, private Pflegeversicherung)
- Poolausgleich in der PKV (Verweis auf Risikostrukturausgleich)
- Prävention
- Private Pflegepflichtversicherung
- Private Pflegezusatzversicherung
- Quotentarif
- Rechnungsprüfung
- Rezeptpflicht (Verweis auf Verschreibungspflicht)
- Risikoprüfung
- Risikostrukturausgleich
- Risikozuschlag
- Sachleistungsprinzip
- Schulmedizin
- Schweigepflichtentbindung
- Standardtarif
- Steigerungssatz
- Tagegeldversicherung (Verweis auf Krankenhaustagegeldversicherung, Krankentagegeldversicherung)
- Tarifbedingungen in der privaten Krankenversicherung
- Tarifwechsel
- Überschussbeteiligung
- Überzinsen
- Verschreibungspflicht
- Versichertenkarte für Privatversicherte
- Versicherungsfremde Leistungen
- Versicherungspflicht
- Vorvertragliche Anzeigepflicht
- Wahlleistungen im Krankenhaus
- Wartezeiten
- Zehn-Prozent-Zuschlag
- Zuzahlungen

Private Pflegeversicherung (Rainer M. Jacobus, Vorstandsvorsitzender, IDEAL Versicherung AG, Berlin)

Stichwörter:
- Ambulante Pflege
- Demenz
- Häusliche Pflege (Verweis auf ambulante Pflege)
- Heimpflege (Verweis auf stationäre Pflege)
- Pflegebedürftigkeit
- Pflegegutachten
- Pflegekostenversicherung
- Pflegerentenversicherung
- Pflegestufen
- Pflegetagegeldversicherung
- Pflegezusatzversicherung
- Stationäre Pflege

Private Unfallversicherung (Jürgen Engel, Mitglied des Vorstands, Hamburg-Mannheimer Rechtsschutzversicherungs-AG, Hamburg)

Stichwörter:
- Bergungskosten
- Gefahrengruppe
- Genesungsgeld
- Gliedertaxe
- Insassenunfallversicherung
- Invalidität
- Invaliditätsleistung
- Kinderinvaliditäts-Zusatzversicherung
- Kosmetische Operationen
- Krankenhaustagegeld
- Leistungsarten
- Private Unfallversicherung
- Progression
- Rückgewährbeitrag
- Sofortleistung
- Todesfallleistung
- Übergangsleistung
- Unfall
- Unfallrente
- Unfallversicherung (Verweis auf private Unfallversicherung, gesetzliche Unfallversicherung)
- Unfallversicherung mit garantierter Beitragsrückzahlung
- UPR
- Verletzungsgeld

Produktpolitik (Professor Dr. Thomas Köhne, Fachleiter Versicherung im Fachbereich Berufsakademie, Fachhochschule für Wirtschaft Berlin, Berlin)

Stichwörter:
- Absolute Abzugsfranchise (Verweis auf Franchise)
- Abzugsfranchise (Verweis auf Franchise)
- Aktivenversicherung
- Allfinanz
- Allgefahrenversicherung (Verweis auf All Risks-Deckung)
- Allgemeine Versicherungsbedingungen (AVB)
- Allmählichkeitsschaden
- All Risks-Deckung
- Anschlussversicherung
- Anspruchserhebungsprinzip (Verweis auf Claims-made-Prinzip)
- Assurbanking (Verweis auf Allfinanz)
- Ausräumungsschaden
- Ausschnittsversicherung
- Bausteinprinzip
- Bearbeitungsschaden
- Benannte Gefahren-Versicherung (Verweis auf Named Perils-Deckung)
- Beschaffenheitsschaden
- Besondere Versicherungsbedingungen (BVB)
- Betriebsschaden
- Bewegungskosten
- Blitzschaden
- Bruchteilversicherung
- Bündelversicherung (Verweis auf gebündelte Versicherung)
- Claims-made-Prinzip
- Deckung (Verweis auf Versicherungsdeckung)
- Deklaration
- Eigengefahr
- Einwirkungsschaden (Verweis auf Allmählichkeitsschaden)
- Entschädigung
- Ereignisprinzip
- Ergänzungsversicherung
- Ersatzwert
- Extended Coverage (EC)
- Feststellungsprinzip (Verweis auf Manifestationsprinzip)
- Folgeschaden
- Franchise
- Gebündelte Versicherung
- Generalpolice
- Gruppenversicherung
- Herstellungskosten
- Illimitée-Deckung (Verweis auf unbegrenzte Deckung)
- Integralfranchise (Verweis auf Franchise)
- Intensität des Versicherungsschutzes
- Interessenversicherung (Verweis auf unbegrenzte Interessenversicherung)
- Kellerpolice (Verweis auf stille Mitversicherung)
- Klauseln

- Kombinierte Versicherung (Verweis auf verbundene Versicherung)
- Manifestationsprinzip
- Mehrkosten
- Multi Risks-Deckung
- Nachbarschaftsgefahr
- Named Perils-Deckung
- Passivenversicherung
- Pauschalpolice
- Police (Verweis auf Versicherungsschein)
- Produktdifferenzierung
- Produktentwicklung
- Produktgestaltung
- Produktinnovation
- Produktmanagement
- Produktmodifikation
- Produktpolitik
- Produktqualität
- Produktvariation
- Prolongation
- Prozentuale Selbstbeteiligung (Verweis auf Franchise)
- Relative Abzugsfranchise (Verweis auf Franchise)
- Risikobegrenzung
- Sachverständigenkosten
- Schadenereignisprinzip (Verweis auf Ereignisprinzip)
- Selbstbehalt (Verweis auf Franchise)
- Selbstbeteiligung (Verweis auf Franchise)
- Sengschaden
- Sonderwagnisse
- Sortimentspolitik
- Summenanpassungsklausel
- Summenversicherung
- Transport- und Lagerkosten
- Überversicherung
- Umbrella-Deckung
- Unbegrenzte Deckung
- Unbegrenzte Interessenversicherung
- Verbundene Versicherung
- Versicherte Gefahren
- Versicherte Kosten
- Versicherte Leistungen
- Versicherte Schäden
- Versichertes Risiko (Verweis auf versicherte Gefahren)
- Versicherungsantrag
- Versicherungsbedingungen (Verweis auf Allgemeine Versicherungsbedingungen, Besondere Versicherungsbedingungen)
- Versicherungsbeginn
- Versicherungsdeckung
- Versicherungsprodukt
- Versicherungsschein
- Versicherungsschutzgestaltung
- Versicherungssumme
- Verstoßprinzip
- Wiederherstellungskosten (Verweis auf Herstellungskosten)
- Wirkungsversicherung
- Wohngebäudeversicherung (Verweis auf verbundene Wohngebäudeversicherung)
- Zeitfranchise (Verweis auf Franchise)
- Zeitwert
- Zusatzversicherung

Rating (Professor Dr. Fred Wagner, Vorstand, Institut für Versicherungswissenschaften e. V. an der Universität Leipzig, Leipzig; unter freundlicher Unterstützung von Wolfgang Rief, Director – Ratings Analytical, Standard &Poor's, Frankfurt am Main)

Stichwörter:
- Claims Paying Ability Rating
- Credit Rating (Verweis auf Emittentenrating)
- Credit Watch
- Downgrade
- Emissionsrating
- Emittentenrating
- Erstrating
- Financial Strength Rating
- Finanzkraft-Rating
- Folgerating
- Insurer Financial Strength Rating
- Interaktives Rating
- Notch
- Outlook
- pi-Rating (Verweis auf Public Information-Rating)
- Public Information-Rating
- Ranking
- Rating
- Ratingagenturen
- Ratingansätze

- Ratingkategorie (Verweis auf Ratingklasse)
- Ratingklasse
- Ratingkomitee
- Ratingkriterien
- Ratingprozess

- Ratingskala
- Ratingstufe (Verweis auf Ratingklasse)
- Unternehmensrating
- Upgrade

Rechnungslegung (Dr. Frank Ellenbürger, Vorstandsmitglied, KPMG AG Wirtschaftsprüfungsgesellschaft, München und Dr. Joachim Kölschbach, Partner, KPMG AG Wirtschaftsprüfungsgesellschaft, Köln)

Stichwörter:
- Abschlussaufwendungen
- Abwicklungsergebnis
- Abzinsung
- Andere Rückstellung (Verweis auf nichtversicherungstechnische Rückstellung)
- Anhang
- Anlagevermögen
- At Fair Value through Profit or Loss
- Aufwendungen für den Versicherungsbetrieb
- Aufwendungen für Versicherungsfälle
- AvailableforSale
- Beitragsüberträge
- Beizulegender Wert
- Betriebsaufwendungen (Verweis auf Aufwendungen für den Versicherungsbetrieb)
- Betriebskostenquote
- Bewertungseinheiten
- Bewertungsreserven
- Bilanz
- Bilanzrechtsmodernisierungsgesetz (BilMoG)
- BilMoG (Verweis auf Bilanzrechtsmodernisierungsgesetz)
- Buchwert
- Combined Ratio
- Deckungsrückstellung
- Deferred Acquisition Costs
- Depotforderungen
- Depotverbindlichkeiten
- Derivative Finanzinstrumente
- Derivativer Geschäfts- oder Firmenwert
- Deutsche Rechnungslegungsstandards (DRS)
- Deutscher Standardisierungsrat (DSR) (Verweis auf Deutsches Rechnungslegungs-Standard-Committee)
- Deutsches Rechnungslegungs Standard Committee e.V. (DRSC)
- Diskontierung (Verweis auf Abzinsung)
- Drohverlustrückstellung (Verweis auf Rückstellung für drohende Verluste aus schwebenden Geschäften)
- DRS (Verweis auf Deutsche Rechnungslegungsstandards)
- DRSC (Verweis auf Deutsches Rechnungslegungs Standards Committee e.V.)
- DSR (Verweis auf Deutscher Standardisierungsrat)
- Eigenkapital
- Eigenkapitalveränderungsrechnung
- Einzelabschluss
- Einzelbewertung
- Fair Value
- Fair Value-Option
- Fast Close
- Financial Reinsurance (Verweis auf Finanzrückversicherung)
- Finanzinstrumente
- Finanzrückversicherung
- Forderungen gegenüber Versicherungsnehmern
- Framework
- Gemildertes Niederstwertprinzip (Verweis auf Niederstwertprinzip)
- Genussrechtskapital
- Geschäftsbericht
- Geschäftsjahresschaden
- Gewinn- und Verlustrechnung (GuV)
- Gewinnrücklage
- Gezeichnetes Kapital

- Goodwill (Verweis auf derivater Geschäfts- oder Firmenwert)
- Großrisikenrückstellung
- Grundkapital (Verweis auf gezeichnetes Kapital)
- Grundsätze ordnungsmäßiger Buchführung (GoB)
- Handelsbestand (Verweis auf Trading)
- Handelsbilanz (Verweis auf Bilanz)
- Hedge Accounting (Verweis auf Bewertungseinheiten)
- Held for Trading (Verweis auf Trading)
- Held to Maturity
- IAS (Verweis International Accounting Standards)
- IBNER-Reserve (Verweis auf Spätschadenreserve)
- IBNR-Reserve (Verweis auf Spätschadenreserve)
- IDW-Verlautbarungen
- IFRIC (Verweis auf International Financial Reporting Interpretations Committee)
- IFRS (Verweis auf International Financial Reporting Standards)
- Immaterielle Vermögenswerte
- Impairmenttest
- Imparitätsprinzip
- International Financial Reporting Interpretations Committee (IFRIC)
- International Accounting Standards (IAS)
- International Accounting Standards Board (IASB)
- International Accounting Standards Committee (IASC)
- International Financial Reporting Standards (IFRS)
- Internationale Rechnungslegungsstandards (Verweis auf International Accounting Standards (IAS) und International Financial Reporting Standards (IFRS))
- Jahresabschluss
- Kapitalanlage
- Kapitalflussrechnung
- Kapitalrücklage
- Konzernabschluss
- Lagebericht
- Latente RfB (Verweis auf Rückstellungen für Beitragsrückerstattungen)
- Latente Steuern
- Loans and Receivables
- Nachrangige Verbindlichkeiten
- Neubewertungsrücklage
- Nichtversicherungstechnische Rückstellungen
- Nichtversicherungstechnisches Fremdkapital
- Niederstwertprinzip
- Prämien
- Pensionsfonds
- Pensionskasse
- Pensionsrückstellungen
- Realisationsprinzip
- Rechnungsabgrenzungsposten (RAP)
- RechVersV (Verweis auf Verordnung über die Rechnungslegung von Versicherungsunternehmen)
- Reservequote
- Risikobericht
- Risikomarge
- Rücklagen (Verweis auf Gewinnrücklagen, Kapitalrücklage)
- Rückstellung für drohende Verluste aus schwebenden Geschäften
- Rückstellung für latente Beitragsrückerstattungen (Latente RfB) (Verweis auf Rückstellung für Beitragsrückerstattungen (RfB))
- Rückstellung für Beitragsrückerstattungen (RfB)
- Rückstellung für noch nicht abgewickelte Versicherungsfälle
- Rückstellungen
- Rückversicherung
- Schaden-/Kostenquote (Verweis auf Combined Ratio)
- Schadenaufwendungen (Verweis auf Aufwendungen für Versicherungsfälle)
- Schadenquote
- Schadenrückstellungen (Verweis auf Rückstellung für noch nicht abgewickelte Versicherungsfälle)
- Schwankungsrückstellungen
- Segmentberichterstattung
- Selbstbehaltsquote

- SIC (Verweis auf Standing Interpretations Committee)
- Sonderposten mit Rücklageanteil
- Spätschadenreserve
- Standing Interpretations Committee (SIC)
- Steuerrückstellung
- Stille Lasten
- Stille Reserven (Verweis auf Bewertungsreserven)
- Strenges Niederstwertprinzip (Verweis auf Niederstwertprinzip)
- Strukturierte Produkte
- Trading
- True and Fair View
- Überleitungsrechnung
- Umlaufvermögen
- United States - Generally Accepted Accounting Principles (US-GAAP).
- US-GAAP (als Verweis auf United States - Generally Accepted Accounting Principles)
- Vergütungsbericht
- Verordnung über die Rechnungslegung von Versicherungsunternehmen (RechVersV)
- Versicherungstechnische Rückstellungen
- Versicherungstechnisches Ergebnis
- Versicherungsvertrag
- Vorsichtsprinzip

Rechtsschutzversicherung (Rainer Tögel, Sprecher des Vorstands, D.A.S. Deutscher Automobil Schutz, Allgemeine Rechtsschutz-Versicherungs-AG, München)

Stichwörter:
- Allgemeine Bedingungen für die Rechtsschutz-Versicherung (ARB)
- Anwaltswahl (Verweis auf freie Anwaltswahl)
- ARB (Verweis auf Allgemeine Bedingungen für die Rechtsschutzversicherung)
- Arbeitsrechtsschutz
- Berufsrechtsschutz
- Contreassurance
- Erstberatung
- Familienrechtsschutz
- Firmenrechtsschutz
- Freie Anwaltswahl
- Gebührenvereinbarung
- Korrespondenzanwalt
- Landwirtschaftsrechtsschutz
- Mediation
- Mediator
- Ombudsmann (Verweis auf Versicherungsombudsmann e.V., Ombudsmann Private Kranken- und Pflegeversicherung)
- Privat-Rechtsschutz
- Prozessfinanzierung
- Prozessführungsrecht
- Prozesskosten
- Prozesskostenhilfe
- Prüfung der Erfolgsaussichten
- Rechtsanwaltsvergütungsgesetz
- Rechtsberatung
- Rechtsdienstleistung
- Rechtsschutzfall
- Rechtsschutzversicherung
- Schiedsgutachten
- Schiedsverfahren
- Stichentscheid
- Strafkaution
- Strafrechtsschutz
- Verkehrsrechtsschutz
- Versicherungsombudsmann e.V.

Risikokommunikation (Professor Dr. Peter M. Wiedemann, Wissenschaftlicher Mitarbeiter, Institut für Technikfolgenabschätzung und Systemanalyse des Karlsruher Instituts für Technologie (KIT), Karlsruhe)

Stichwörter:
- Framing-Effekte
- Risikodialog
- Risikokommunikation

Risikotheorie der Versicherung (Professor Dr. Peter Albrecht, Inhaber des Lehrstuhls für Allgemeine Betriebswirtschaftslehre, Risikotheorie, Portfolio Management und Versicherungswirtschaft sowie Geschäftsführender Direktor des Instituts für Versicherungswissenschaft, Universität Mannheim, Mannheim)

Stichwörter:
- Änderungsrisiko
- Äquivalenzprinzip, versicherungstechnisches (als Verweis auf versicherungstechnisches Äquivalenzprinzip)
- Asset/Liability-Modelling
- Conditional Value at Risk
- Diagnoserisiko
- Gesamtschaden
- Gesamtschadenverteilung
- Gesetz der großen Zahlen
- Großschadenrisiko
- Individuelle Risikotheorie
- Irrtumsrisiko
- Katastrophenrisiko (Verweis auf Großschadenrisiko)
- Kollektive Risikotheorie
- Prämienkalkulation
- Prognoserisiko (Verweis auf Änderungsrisiko)
- Return on Risk Adjusted Capital (RORAC)
- Risiko
- Risiko, versicherungstechnisches (Verweis auf versicherungstechnisches Risiko)
- Risikoausgleich
- Risikofaktoren
- Risikogeschäft
- Risikokalkulation
- Risikomaße
- Risikomerkmale (Verweis auf Risikofaktoren)
- Risikopolitik
- Risikoprämie
- Risikoreserveprozess
- Risikostatistik
- Risikotheorie
- Risikotransfer
- Risikotransformation
- RORAC (Verweis auf Return on Risk Adjusted Capital)
- Ruintheorie
- Ruinwahrscheinlichkeit
- Schadenhöhe
- Schadenhöhenverteilung
- Schadenverteilung
- Schadenzahl
- Schadenzahlverteilung
- Shortfallrisiko
- Tarifierung
- Tarifmodell
- Value at Risk
- VaR (Verweis auf Value at Risk)
- Verlustwahrscheinlichkeit
- Versicherungstechnisches Äquivalenzprinzip
- Versicherungstechnisches Risiko
- Volatilität
- Zentraler Grenzwertsatz

Risk Management (Dr. Thomas Post, Assistant Professor of Finance, Maastricht University, Niederlande)

Stichwörter:
- Chief Risk Officer (Verweis auf Risikomanager)
- Diversifikation
- Finanzrisikomanagement
- Gesetz zur Kontrolle und Transparenz im Unternehmensbereich (Verweis auf KonTraG)
- Hedging
- Integriertes Risikomanagement
- KonTraG
- Monte Carlo-Simulation

- Risikomanager
- Sarbanes-Oxley Act (SOX)
- Sensitivitätsanalyse
- SOX (Verweis auf Sarbanes-Oxley Act)
- Stochastische Simulation
- Szenarioanalyse

Schadenbearbeitung, -regulierung, -management (und Schadenverhütung) (Dr. Jochen Tenbieg, Mitglied des Vorstandes, ADLER Versicherung AG, Dortmund)

Stichwörter:
- Abwicklungsgeschwindigkeit
- Anfangs-/Eingangsreserve
- Außenregulierer
- Beschwerdemanagement
- Betrugsabwehr
- Betrugserkennung
- Büro Grüne Karte e.V.
- Case Management
- Computergestützte Rechnungsprüfung (CRP)
- Council of Bureaus (CoB)
- Deckungsprüfung
- Dienstleisternetzwerk
- Direktregulierung
- Fair play-Konzept
- Fraunhofer Marktpreisspiegel Mietwagen
- GDV (Verweis auf Gesamtverband der Deutschen Versicherungswirtschaft e.V.)
- GDV-Branchennetz
- GDV-Schadennetz (Verweis auf GDV-Branchennetz)
- GDV-Schaden-Service (Verweis auf GDV-Branchennetz)
- Geschäftsjahresschaden
- Gutachter
- Großschaden
- Grüne Karte
- Hinweis- und Informationssystem (HIS)
- HIS (Verweis auf Hinweis- und Informationssystem)
- Intelligente Schadenprüfung (ISP)
- Kraftfahrt-Schadenkommission
- Kumulschäden
- Loss Adjuster
- Massenschaden
- Meldejahresschaden
- Naturalersatz
- Nutzungsausfall
- Online-Schadenregulierung
- Personenschadenmanagement
- Regressverzichtsabkommen (Verweis auf Teilungsabkommen)
- Regulierungsentscheidung
- Regulierungsvollmacht (Verweis auf Schadenregulierungsvollmacht)
- Rehabilitations-Management
- Rentenschaden
- Reparaturkosten-Übernahmeerklärung
- Restwert
- Restwertbörsen
- Sachverständigenverfahren
- Sachverständiger (Verweis auf Gutachter)
- Schadenbearbeitungsprozess
- Schadencontrolling
- Schadenmeldung
- Schadennetz (Verweis auf GDV-Branchennetz)
- Schadenregulierer (Verweis auf Außenregulierer)
- Schadenregulierung
- Schadenregulierungsbeauftragter
- Schadenregulierungskosten
- Schadenregulierungsvollmacht (Verweis auf Regulierungsvollmacht)
- Schadenschlüssel
- Schadenschnelldienst
- Schadensteuerung
- Schadentracking
- Schwacke-Automietpreisspiegel
- Smart Repair
- Spätschaden
- Teilungsabkommen
- Uni-Wagnis-Datei (Verweis auf Hinweis- und Informationssystem)
- Verkehrsopferhilfe
- Wiederanfallquote
- Wiederanfallschäden
- Zahlungs-Reserve-Verhältnis
- Zentralruf der Autoversicherer

Sonstige Versicherungsbegriffe (Professor Dr. Fred Wagner, Vorstand; David Klimmek, Wissenschaftlicher Mitarbeiter; Jana Novak-Lange, Wissenschaftliche Mitarbeiterin; Lars Riebow, Wissenschaftlicher Mitarbeiter; Anja Schwinghoff, Geschäftsführerin, alle Institut für Versicherungswissenschaften e. V. an der Universität Leipzig, Leipzig)

Stichwörter:
- Assekuranz (Verweis auf Versicherungswirtschaft)
- Asset (Verweis auf Vermögenswert)
- Bereicherungsverbot
- Best Advice
- Bilanzanalyse (Verweis auf Jahresabschlussanalyse)
- Dienstleistung
- Duales Krankenversicherungssystem
- Erstversicherung
- Forderungen
- Frequenzschäden
- Gedehnter Versicherungsfall
- Gesundheitsreform
- Gruppenrating
- Illiquidität (Verweis auf Zahlungsunfähigkeit)
- IOSCO
- Jahresabschlussanalyse
- Laufende Versicherung
- Liability (Verweis auf Schuld)
- Prämien für eigene Rechnung (Prämie f.e.R.) (Verweis auf Nettoprämie)
- Privatversicherung
- Produktrating
- Quantitative Impact Studies (QIS)
- Rechnungslegung (Verweis auf Rechnungslegung von Versicherungsunternehmen, Interne Rechnungslegung)
- Rentenschuldforderung
- Schuld
- Sozialwahlen
- Stille Mitversicherung
- Taxe
- Überschuldung
- Verbindlichkeiten
- Vermögenswert
- Versicherbarkeit
- Versicherung für fremde Rechnung
- Versicherungsbetriebslehre
- Versicherungsmathematik
- Versicherungsprämie (Verweis auf Prämie)
- Versicherungsrecht
- Versicherungstechnisches Fremdkapital
- Versicherungswirtschaft
- Versicherungswissenschaft
- Working Cover

Transportversicherung und Luftfahrtversicherung (Professor Dr. Lutz Reimers-Rawcliffe, Institut für Versicherungswesen, Fachhochschule Köln, Köln)

Stichwörter:
- Abandon
- ADSp (Verweis auf Allgemeine Deutsche Spediteurbedingungen)
- All Risks-Deckung
- Allgemeine Deutsche Spediteurbedingungen
- Aufruhr
- Ausstellungsversicherung
- Causa Proxima
- DTV
- Entertainmentversicherung
- Filmtheater-Einheitsversicherung (Verweis auf Entertainmentversicherung)
- Filmversicherung
- Flusskaskoversicherung
- Frachtführer
- Gewinnspielversicherung (Verweis auf Entertainmentversicherung)
- Güterfolgeschäden
- Güterschadenversicherung
- Havarie grosse
- Incoterms
- Institute Clauses
- International Commercial Terms (Verweis auf Incoterms)
- Kaskoversicherung
- Kollisionshaftpflichtversicherung
- Konditionsdifferenzenversicherung
- Ladungstüchtigkeit
- Lagerhalter

- Lagerversicherung
- Landkaskoversicherung
- Luftfahrtversicherung
- Luftfahrzeughalter
- Luftfrachtführer
- Luftkaskoversicherung
- Montrealer Übereinkommen
- Nebeninteressenversicherung
- Protection & Indemnity (P&I)
- Reiseabbruchversicherung
- Reisegepäckversicherung
- Reiselagerversicherung
- Reiserücktrittskostenversicherung
- Seekargoversicherung
- Seekaskoversicherung
- Seetüchtigkeit
- Spediteur
- Sportbootkaskoversicherung (Verweis auf Wassersportkaskoversicherung)
- Transportversicherung
- Valorenversicherung
- Veranstalter-Haftpflichtversicherung (Verweis auf Entertainmentversicherung)
- Veranstaltungsausfallversicherung (Verweis auf Entertainmentversicherung)
- Verfrachter
- Verkehrshaftungsversicherungen
- Vermögensschäden Warenversicherung
- Wassersportkaskoversicherung
- Wetterversicherung (Verweis auf Entertainmentversicherung)
- Zeichnungsjahrsystem

Verbundene Wohngebäudeversicherung (Dr. Monika Sebold-Bender, Vorstandsmitglied, Westfälische Provinzial Versicherung AG, Münster)

Stichwörter:
- Abbruchkosten
- Ableitungsrohre
- Absturz unbemannter Flugkörper (Verweis auf Aufprall eines Luftfahrzeuges)
- Anprall unbemannter Flugkörper (Verweis auf Aufprall eines Luftfahrzeuges)
- Aufprall eines Luftfahrzeuges
- Aufräumungskosten
- Bauart
- Bauartklasse
- Bauleistungsversicherung
- Baupreisindex
- Betriebsart
- Blitzschlag
- Brand
- Dekontaminationskosten
- Elementargefahrenversicherung
- Entschädigungsgrenzen
- Erdbeben
- Erdbebenzone
- Erdrutsch
- Erdsenkung
- Erstrisikoversicherung
- Explosion
- Fahrzeuganprall
- Feuer
- Feuerschutzsteuer
- Frost
- Gebäude
- Gebäudebestandteile
- Gefahrerhöhung
- Gemeiner Wert
- Gleitende Neuwertversicherung
- Grobe Fahrlässigkeit
- Hagel
- Handwerkernetze
- Jahreshöchstentschädigungen
- Klimawandel
- Kubikmeter-Methode
- Kumulrisiko
- Leitungswasser
- Leitungswasserzone
- Mietausfall
- Monopolversicherung
- Nässe
- Neuwert
- Neuwertversicherung
- Öffentliche Versicherer
- Quadratmeter-Methode
- Rohbau
- Rohbauversicherung
- Rohrbruch
- Rückstau
- Schadenabwendungskosten
- Schadenminderungskosten
- Schutzkosten
- Sturm
- Sturmzone
- Summenanpassung

- Terror
- Überschwemmung
- Überschwemmungszone
- Überspannung
- Unterversicherung
- Unterversicherungsverzicht
- Vandalismus
- Verbundene Wohngebäudeversicherung
- Versicherungssteuer
- Versicherungssumme
- Versicherungswert
- Versicherungswert 1914
- VGB
- VGV (Verweis auf verbundene Wohngebäudeversicherung)
- Vollwertversicherung
- Wiederaufbaubestimmung
- Wohngebäude
- Zeitwertversicherung
- Zuleitungsrohre
- ZÜRS

Vermittlerregulierung und Vermittlerrecht (Dr. h. c. Josef Beutelmann, Vorstandsvorsitzender, Barmenia Versicherungen, Wuppertal)

Stichwörter:
- Geringfügige Beschäftigung
- Informationspflichten
- Kaufmann/-frau für Versicherungen und Finanzen (IHK)
- Makler (Verweis auf Versicherungsmakler)
- Ombudsmann (Verweis auf Versicherungsombudsmann e.V.,
- Ombudsmann Private Kranken- und Pflegeversicherung)
- Sachkundeprüfung
- Vermögensschadenhaftpflichtversicherung
- Versicherungsfachmann/-frau (IHK)
- Versicherungsombudsmann e.V.
- Versicherungsvermittler

Versicherungs-IT (Dr. Christian Hofer, Aufsichtsratsvorsitzender, msgsystemsag, Ismaning/München)

Stichwörter:
- Anwendungen
- Anwendungsarchitektur
- Anwendungsentwicklung
- Architektur
- Backend-Systeme
- Change-Management
- Configuration-Management
- Continuity-Management
- Data Warehouse
- DV-Design
- E-Business
- Entwicklungsarchitektur
- Fachdesign
- Fachliche Anforderungen
- Fachliche Architektur
- Frontend-Systeme
- Incident-Management
- Industrialisierung
- Informationstechnik
- Information Technology Infrastructure Library
- IT (Verweis auf Informationstechnik)
- IT-Betrieb
- IT-Controlling
- ITIL (Verweis auf Information Technology Infrastructure Library)
- MDA (Verweis auf Model Driven Architecture)
- Model Driven Architecture
- Open Source
- Operating
- Produktmodell
- Release-Management
- Schnittstellen
- Service Level-Management
- Software
- Softwareentwicklungsumgebung
- Standardsoftware
- Technische Architektur
- Tools
- User-Help-Desk
- VAA (Verweis auf Versicherungs-Anwendungs-Architektur)
- Versicherungs-IT

Versicherungsmarketing (Professor Dr. Karl-Heinz Puschmann, Dekan, Fakultät Financial Advisory and Management der West Pomeranian Business School, Berlin)

Stichwörter:
- Adressbeschaffung
- Affinity-Groups
- Alleinstellungsmerkmale
- Annexvertrieb
- Bancassurance
- Bedarfsanalyse
- Bekanntheitsgrad
- Below-the-line-Kommunikation
- Corporate Design
- CRM (Verweis auf Kundenbeziehungsmanagement)
- Cross Selling
- Cross Storno
- Customer Relationship Management (Verweis auf Kundenbeziehungsmanagement)
- Customizing
- Dialog-Marketing (Verweis auf Direktmarketing)
- Direktmarketing
- Direktvertrieb
- Distribution
- Electronic Marketing (Verweis auf E-Marketing)
- E-Marketing
- Event Marketing
- Financial Planning
- Finanzdienstleistungen
- Gemeinschaftswerbung
- Hard Selling
- High Pressure Selling (Verweis auf Hard Selling)
- Hybride Kunden
- Image
- Incentives
- Käufermarkt
- Kommunikation
- Kunde
- Kundenbedarf (Verweis auf Versicherungsbedarf)
- Kundenbeziehungsmanagement
- Kundenbindung
- Kundendienst
- Kundengruppe
- Kundenkubus
- Kundenorientierung
- Kundenwert
- Kundenzufriedenheit
- Lebensphasenmodell
- Leistungsanreize (Verweis auf Incentives)
- Leistungsführerschaft
- Marke
- Marketing
- Marketingforschung
- Marketing-Informationssystem (MIS)
- Marketinginstrumente
- Marketing-Mix
- Marketingplanung
- Marketingpolitik (Verweis auf Marketing)
- Marketingstrategie
- Marktforschung
- Marktsegmentierung
- Marktunifizierung
- Öffentlichkeitsarbeit
- One-stop-Shopping
- One-to-one Marketing
- Persönlicher Vertrieb
- Point of Sale
- Prämiengestaltung (Verweis auf Preisgestaltung)
- Preisführerschaft
- Preisgestaltung
- Product Placement
- Produktplatzierung (Verweis auf Product Placement)
- Public Relations (Verweis auf Öffentlichkeitsarbeit)
- Pull-Produkt
- Push-Produkt
- Schadenverhütung
- Serviceführerschaft
- Soft Selling
- Sponsoring
- Unique Selling Position (Verweis auf Alleinstellungsmerkmale)
- Up-Selling
- Vergütungssysteme
- Verkäufermarkt
- Verkaufsförderung
- Versicherungsbedarf
- Vertikales Marketing
- Vertriebsgestaltung
- Vertriebsschulung
- Werbung
- Zielgruppenmarketing

Versicherungsmathematik (Professor Dr. Klaus D. Schmidt, Inhaber des Lehrstuhls für Versicherungsmathematik, Technische Universität Dresden, Dresden)

Stichwörter:
- Abhängigkeitsmaß
- Abwicklungsmuster (Verweis auf Schadenreservierung)
- Additives Verfahren (Verweis auf Schadenreservierung)
- Ausreißer (Verweis auf Großschaden, Schadenreservierung)
- Binomialverteilung
- Bonus-Malus-System
- Bornhuetter-Ferguson-Prinzip (Verweis auf Schadenreservierung)
- Cape-Cod-Verfahren (Verweis auf Schadenreservierung)
- Chain-Ladder-Verfahren (Verweis auf Schadenreservierung)
- Copula
- Credibility-Theorie
- Deductible (Verweis auf Selbstbehalt)
- Erfahrungstarifierung
- Erlang-Verteilung
- Erwartungsnutzen
- Erwartungswert
- Erwartungswertprinzip
- Esscher-Prinzip
- Exponentialprinzip
- Exponentialverteilung
- Gammafunktion
- Gammaverteilung
- Gemischte Poisson-Verteilung
- Gesamtschaden
- Gesetz der großen Zahlen
- Gleichverteilung
- Individuelles Modell
- Kollektives Modell
- Korrelation
- Korrelationskoeffizient
- Kovarianz
- Kovarianzkoeffizient
- Kovarianzprinzip
- Lagemaß
- Lognormalverteilung
- Loss-Development Verfahren (Verweis auf Schadenreservierung)
- Marginalsummenverfahren
- Maximalschadenprinzip
- Median
- Mittelwertprinzip
- Multinominalverteilung
- Multiplikativer Tarif
- Nachlauf (Verweis auf Schadenreservierung)
- Negativbinomialverteilung
- Nettoprämie
- Nettoprämienprinzip
- No-abitrage-Bedingung (Verweis auf Prämienprinzip)
- No-rip-off-Bedingung (Verweis auf Prämienprinzip)
- Normalverteilung
- Nullnutzenprinzip
- Nutzenfunktion
- Panjer-Rekursion (Verweis auf Rekursion nach Panjer)
- Panjer-Verteilung
- Poisson-Verteilung
- Positive Homogenität (Verweis auf Prämienprinzip)
- Prämien
- Prämienprinzip
- Quantil
- Quantilsabstand
- Quantilsprinzip
- Rekursion nach Panjer
- Risikoprämie
- Risikozuschlag
- Schadenerwartungswert
- Schadenexzedenten-Rückversicherung
- Sicherheitszuschlag (Verweis auf Risikozuschlag)
- Standardabweichung
- Standardabweichungsprinzip
- Standardnormalverteilung
- Stochastische Ordnung
- Stop-Loss-Ordnung
- Streuungsmaß
- Unabhängigkeit
- Varianz
- Varianzprinzip
- Variationskoeffizient
- Verteilungsfunktion
- XL-Rückversicherung (Verweis auf Schadenexzedenten-Rückversicherung)
- Zentraler Grenzwertsatz
- Zufälliges Risiko
- Zusammenhangsmaß

Versicherungsmedizin (Dr. Achim Regenauer, Vorstandsvorsitzender der Abteilung Versicherungsmedizin und Chefarzt, Münchener Rückversicherung-Gesellschaft, München)

Stichwörter:
- Anomalie
- Antiselektion
- Ärztlicher Bericht
- Ärztliches Zeugnis
- Ausschlussklausel
- Critical Illness (Verweis auf DreadDisease)
- DreadDisease
- Einschätzungsbücher
- Epidemiologie
- Erhöhtes Risiko
- Evidenzbasierte Risikoprüfung
- Extramorbidität
- Familienanamnese
- Gentest, prädiktiver
- Gesundheitsfragen
- Inzidenz
- Lebenserwartung
- Leistungsprüfung
- Numerisches Ratensystem
- Pflegebedürftigkeit
- Prädiktive Gesundheitsinformationen
- Prävalenz
- Quality Adjusted Life Years
- Relatives Risiko
- Risikoprüfung
- Screening
- Sterbetafel
- Subjektives Risiko
- Übersterblichkeit
- Versicherungsmedizin

Versicherungssparten, -zweige und -formen (Professor Dr. Fred Wagner, Vorstand, Institut für Versicherungswissenschaften e. V. an der Universität Leipzig, Leipzig)

Stichwörter:
- Computer-Missbrauch-Versicherung
- Elektronikversicherung
- Feuer-Sachversicherung
- Feuerversicherung
- Fremdwährungsversicherung
- Individualversicherung (Verweis auf Privatversicherung)
- Industrieversicherung
- Kargoversicherung
- Kompositversicherung (Verweis auf Schaden-/Unfallversicherung)
- Landwirtschaftliche Versicherung
- Lizenzverlustversicherung
- Lösegeldversicherung
- Maschinenversicherung
- Musikinstrumentenversicherung
- Musterkollektionsversicherung
- Personenversicherung
- Private Rentenversicherung
- Schaden-/Unfallversicherung
- Schadenversicherung
- Schadenversicherung (Verweis auf Versicherungsform)
- Seeversicherung
- Unfalltod-Zusatzversicherung
- Versicherungsform
- Vertrauensschadenversicherung

Versicherungstechnik (Professor Dr. Fred Wagner, Vorstand; Renata Klein, Wissenschaftliche Mitarbeiterin; Lars Riebow, Wissenschaftlicher Mitarbeiter; Anja Schwinghoff, Geschäftsführerin, alle Institut für Versicherungswissenschaften e.V. an der Universität Leipzig, Leipzig)

Stichwörter:
- Abwicklungsgeschäft
- Antragsmodell
- Erstprämie
- Folgeprämie
- Führungsklausel
- Führungsprovision
- Höchstschadenrückversicherung
- Individuelles versicherungstechnisches Äquivalenzprinzip
- Jahresschadenexzedentenrückversicherung (als Verweis auf Stop Loss)
- Kapitalanlagegeschäft
- Kollektives versicherungstechnisches Äquivalenzprinzip
- Modellrechnung

- Nettotarifierung
- Objektive Risikomerkmale
- Policenmodell
- Prämiendifferenzierung
- Prämieneinhebungsverfahren
- Prämienvorauszahlung
- Punitive Damages
- Quotenexzedentenrückversicherung
- Rückwärtsversicherung
- Sonstiges Dienstleistungsgeschäft
- Standardmodell
- Subjektive Risikomerkmale
- Summarische Versicherung
- Versicherungsgeschäft
- Versicherungstechnik
- Vorwärtsversicherung

Versicherungsvertragsrecht (Professor Dr. Helmut Schirmer, Fachbereich Rechtswissenschaft, Freie Universität Berlin, Berlin)

Stichwörter:
- Abschlussvertreter
- Alles oder nichts-Prinzip
- Eigentumswechsel
- Einlösungsprinzip
- Fälligkeit der Leistungspflicht
- Informationspflichtenverordnung
- Invitatiomodell
- Kündigungsrechte des Versicherungsnehmers und des Versicherers
- Leistungsfreiheit des Versicherungsunternehmens
- Leistungspflicht des Versicherungsunternehmens
- Leistungsverzug des Versicherungsunternehmens
- Obliegenheiten
- Obliegenheitsverletzung
- Prämienverzug
- Produktinformationsblatt (Verweis auf Informationspflichtenverordnung)
- Rettungspflicht
- Rücktrittsrecht
- Schadenabwendungs- und -minderungspflicht (Verweis auf Rettungspflicht)
- Schriftform
- Unteilbarkeit der Prämien
- Verjährung
- Vermittlungsvertreter
- Versichertes Interesse
- Versicherungsvertragsgesetz
- Vertragsfreiheit
- Vertragslaufzeiten
- Vertretungsmacht des Versicherungsvertreters
- Verzug (Verweis auf Prämienverzug, Leistungsverzug)
- Vorläufige Deckung
- Wegfall des versicherten Interesses
- Wiederherstellungsklausel

Vertrieb (Professor Dr. Hans-Wilhelm Zeidler, Mitglied des Vorstands, Zurich Deutscher Herold Lebensversicherung AG, Bonn, Honorarprofessor der Georg-August-Universität Göttingen)

Stichwörter:
- Absatz (Verweis auf Vertrieb)
- Abschlusskosten
- Abschlussprovision
- Abschlussvollmacht
- Agentur
- Akquisition
- Allgemeine Versicherungsbedingungen (AVB)
- Anpassungsklausel
- Antrag (Verweis auf Versicherungsantrag)
- Anzeigepflichten
- Auskunftspflicht
- Aussteuerversicherung
- Bancassurance
- Bankenvertrieb (Verweis auf Bancassurance)
- Basisversorgung
- Beitragserhöhungen
- Beitragsrückgewähr (Verweis auf Prämienrückgewähr)
- Beratungshonorar
- Bestandspflege
- Bestandsprovision

- Bindungsfrist
- Bonifikation
- Call-Center
- Captive Broker
- Deckungssumme (Verweis auf Versicherungssumme)
- E-Commerce
- Eintrittsalter
- Endalter
- Fernabsatzgeschäfte
- Firmengebundene Vermittler (Verweis auf Captive Broker)
- Firmenkundengeschäft
- Flexibler Ablauf
- Folgeprovision (Verweis auf Bestandsprovision)
- Förderstufen
- Formeller Versicherungsbeginn (Verweis auf Versicherungsbeginn)
- Generalagent
- Gewerbliches Geschäft (Verweis auf Firmenkundengeschäft)
- Gewinnverwendung
- Glasversicherung
- Gruppenversicherung
- Gefahrerhöhung
- Haustürgeschäfte
- Industrieversicherung (Verweis auf Firmenkundengeschäft)
- Internetvertrieb
- Kapitalabfindung
- Kapitalertragsteuer
- Kollektivversicherung (Verweis auf Gruppenversicherung)
- Konzernvertreter
- Maklerverbände
- Materieller Versicherungsbeginn (Verweis auf Versicherungsbeginn)
- Mindestversicherungssumme
- Prämienerhöhung
- Prämienfälligkeit
- Prämienrückgewähr
- Private Altersversorgung
- Probeantrag
- Provisionssysteme
- Risikoausschluss
- Rücktritt
- Ruhen der Versicherung
- Riester-Rente
- Storno
- Technischer Versicherungsbeginn (Verweis auf Versicherungsbeginn)
- Verbundene Leben
- Verlängerungsprovision (Verweis auf Provisionssysteme)
- Vermögenswirksame Leistungen (VWL)
- Versicherte Personen (Verweis auf Versicherter)
- Versicherter
- Versicherungsdauer
- Versicherungsladen
- Versicherungsleistung
- Versicherungsnehmer
- Versicherungssumme
- Versicherungsunternehmen
- Versicherungsvermittler
- Vertrieb
- Vertriebskanäle
- Vertriebswege (Verweis auf Vertriebskanäle)
- Vorläufige Deckungszusage
- Vorvertragliche Anzeigepflicht
- Widerrufsrecht
- Zahlungsweise
- Zusatzversorgung

Volkswirtschaftslehre und Sozialstaatsprinzipien (Professor Dr. Bernd Raffelhüschen, Direktor; Jörg Schoder, M.A. Geographie, Wissenschaftlicher Mitarbeiter; Dr. Christian Hagist, Wissenschaftlicher Mitarbeiter, alle Institut für Volkswirtschaftslehre und Finanzwissenschaft I an der Albert-Ludwigs-Universität Freiburg, Freiburg)

Stichwörter:
- Adverse Selektion
- ALG II (Verweis auf Arbeitslosengeld II)
- Anwartschaftsdeckungsverfahren
- Arbeitslosengeld II (ALG II)
- Arbeitslosenversicherung, gesetzliche (Verweis auf gesetzliche Arbeitslosenversicherung)
- Bedarfsdeckung
- Bedarfsgemeinschaft
- Beiträge
- Bruttoinlandsprodukt (Verweis auf Sozialprodukt)
- Bruttosozialprodukt (Verweis auf Sozialprodukt)
- Bundeszuschuss
- Drei-Schichten-Modell
- Finanzierungsprinzipien

- Fürsorgeprinzip
- Grundsicherung
- Generationenbilanz
- Generationenvertrag
- Gesetzliche Arbeitslosenversicherung
- Gesetzliche Krankenversicherung (GKV)
- Gesetzliche Rentenversicherung (GRV)
- Gesetzliche Unfallversicherung (GUV)
- Güter
- Individualprinzip
- Kapitaldeckungsverfahren
- Kopfpauschale
- Kostenerstattungsprinzip
- Lebenszyklushypothese
- Marktversagen
- Marktwirtschaft
- Meritorik
- Moral Hazard
- Natürliches Monopol
- Nettosozialprodukt (Verweis auf Sozialprodukt)
- Parafiskus
- Prämienfinanzierung (Verweis auf Prämie)
- Produktionsfaktoren
- Produktionsfunktion
- Rentenformel
- Rentenversicherung (Verweis auf gesetzliche Rentenversicherung, private Rentenversicherung)
- Sachleistungsprinzip
- Selbstverantwortlichkeit
- Skalenerträge, steigende (Verweis auf steigende Skalenerträge)
- Solidaritätsprinzip
- Soziale Marktwirtschaft
- Soziale Pflegeversicherung
- Sozialhilfe
- Sozialpolitik
- Sozialprodukt
- Sozialstaatsprinzipien
- Sozialversicherung
- Steigende Skalenerträge
- Steuerfinanzierung
- Subsidiaritätsprinzip
- Umlagefinanzierung
- Unfallversicherung (Verweis auf gesetzliche Unfallversicherung, private Unfallversicherung)
- Versicherungsprinzip
- Versorgungsprinzip
- Wirtschaftssystem

Volkswirtschaft und Versicherung (Professor (em.) Dr. Dr. h.c. Roland Eisen)

Stichwörter:
- Cobweb-Modell
- Einkommen
- Einkommenselastizität (der Nachfrage)
- Elastizität
- EU-Binnenmarkt
- Externe Effekte
- Finanzausgleich
- Fiskalpolitik
- Inflation
- Konjunkturpolitik (Verweis auf Stabilisierungspolitik)
- Konsum
- Markt
- Marktformen
- Marktgleichgewicht
- Monopol
- Öffentliche Güter
- Oligopol
- Planwirtschaft (Verweis auf Zentralverwaltungswirtschaft)
- Polypol
- Preiselastizität (der Nachfrage)
- Quantitätstheorie des Geldes
- Sozialprodukt
- Sparen
- Spinnweb-Modell (Verweis auf Cobweb-Modell)
- Staatstätigkeit
- Stabilisierungspolitik
- Transaktionskosten
- Versicherungsangebot
- Versicherungsnachfrage
- Volkswirtschaft
- Volkswirtschaftliche Gesamtrechnung (VGR)
- Wirtschaftskreislauf
- Wirtschaftsordnung
- Wirtschaftspolitik
- Zahlungsbilanz
- Zentralverwaltungswirtschaft
- Zins

Wertorientierte Steuerung (Professor Dr. Helmut Gründl, Dr. Wolfgang Schieren-Lehrstuhl für Versicherungs- und Risikomanagement, Humboldt-Universität zu Berlin, Berlin)

Stichwörter:
- Abwicklungsdreieck
- Balanced Scorecard
- Beta Faktor
- Cash flow
- Discounted Cash flow
- Dynamic Financial Analysis (DFA)
- Earnings Before Interest and Taxes (EBIT)
- EBIT (Verweis auf Earnings Before Interest and Taxes)
- Economic Value Added (EVA®)
- EVA® (Verweis auf Economic Value Added)
- Freier Cash flow
- Kalkulationsverfahren
- Kapitalallokation
- Kapitalanlagecontrolling
- Kapitalanlageplanung (Verweis auf Kapitalanlagecontrolling)
- Kapitalkosten
- Performance-Messung
- RAROC (Verweis auf Risk Adjusted Return on Capital)
- Risikoadjustierung
- Risikokapital
- Risk Adjusted Return On Capital (RAROC)
- Riskiertes Kapital (Verweis auf Risikokapital)
- Systematisches Risiko
- Unsystematisches Risiko
- WACC (Verweis auf Weighted Average Cost of Capital, Kapitalkosten)
- Weighted Average Cost of Capital (Verweis auf Kapitalkosten)
- Wertorientierte Steuerung

Ziele, Strategien und Corporate Governance (Professor Dr. Hato Schmeiser, Lehrstuhlinhaber und Geschäftsführender Direktor des Instituts für Versicherungswirtschaft, Universität St. Gallen, St. Gallen)

Stichwörter:
- Basel II
- Compliance
- Deutscher Corporate Governance Kodex
- Differenzierung
- European Corporate Governance Forum
- Fokussierung
- Geschäftsfeld
- Geschäftsfeldstrategie
- Gesetz über die Kontrolle und Transparenz im Unternehmensbereich (Verweis auf KonTraG)
- Gewinn
- Gewinnziele
- Internationalisierung
- Internationalisierungsstrategie
- Kostenführerschaft
- Marktanalyse
- Marktbearbeitungsstrategien
- Nischenstrategie (Verweis auf Fokussierung)
- PIMS-Studie
- Portfoliomodell (entwickelt von der Boston Consulting Group)
- Positionierungsanalyse
- Positionierungsstrategie
- Produktlebenszyklusanalyse
- Produktstrategien
- Qualitätsführerschaft
- Risikomanagement
- Sarbanes-Oxley Act
- Shareholder Value-Ansatz
- SOX (Verweis auf Sarbanes-Oxley Act)
- Spezialisierung
- Stakeholder Value-Ansatz
- Strategie
- Strategische Entscheidungen
- Strategische Planung
- Strategische Unternehmensführung
- Strategische Unternehmenspolitik
- Swiss Code of Best Practice
- Unternehmensstrategie (Verweis auf Strategie)
- Unternehmensverfassung
- Wachstumsstrategien
- Wirtschaftethik
- Wirtschaftskriminalität

Verzeichnis Schwerpunktbeiträge

Abschlussprüfung von Versicherungsunternehmen (Dr. Frank Ellenbürger, Vorstandsmitglied, KPMG AG Wirtschaftsprüfungsgesellschaft; Rainer Husch, Partner, KPMG AG Wirtschaftsprüfungsgesellschaft, Köln)

Assistance (Professor Dr. Fred Wagner, Vorstand; David Klimmek, Wissenschaftlicher Mitarbeiter, beide Institut für Versicherungswissenschaften e.V. an der Universität Leipzig, Leipzig)

Beamtenversorgung (Peter Heesen, Bundesvorsitzender, dbb Beamtenbund und Tarifunion, Berlin)

Beitragsstabilität im Alter (Christian Weber, Abteilungsleiter für Grundsatzfragen, Bundesministerium für Gesundheit, Berlin)

Besteuerung von Versicherungsunternehmen (Dr. Rainer Schick († 16. November 2009), Partner, KPMG AG Wirtschaftsprüfungsgesellschaft, Köln)

Betriebsmodell (Dr. Torsten Oletzky, Vorstandsvorsitzender, ERGO Versicherungsgruppe AG, Düsseldorf)

Controlling im Versicherungsunternehmen (Prof. Dr. Fred Wagner, Vorstand, Institut für Versicherungswissenschaften e. V. an der Universität Leipzig, Leipzig; Anja Schwinghoff, Geschäftsführerin, Institut für Versicherungswissenschaften e. V. an der Universität Leipzig, Leipzig)

Corporate Governance (Professor Dr. Hato Schmeiser, Lehrstuhlinhaber und Geschäftsführender Direktor des Instituts für Versicherungswirtschaft, Universität St. Gallen, St. Gallen)

Fiskalische Nachhaltigkeit (Professor Dr. Bernd Raffelhüschen, Direktor; Jörg Schoder, M.A. Geographie, Wissenschaftlicher Mitarbeiter; Dr. Christian Hagist, Wissenschaftlicher Mitarbeiter, alle Institut für Volkswirtschaftslehre und Finanzwissenschaft I an der Albert-Ludwigs-Universität Freiburg, Freiburg)

Gesamtverband der Deutschen Versicherungswirtschaft e.V. (Dr. Bernhard Schareck, Vorstandsvorsitzender des Hochschulrates, Fachhochschule Köln, Köln)

Gesetz zur Neuregelung des Versicherungsvermittlerrechts (Dr. h. c. Josef Beutelmann, Vorstandsvorsitzender, Barmenia Versicherungen, Wuppertal)

Gesetzliche Unfallversicherung (Dr. Andreas Kranig, Leiter der Abteilung Versicherung und Leistungen, Deutsche Gesetzliche Unfallversicherung (DGUV), Berlin)

Gesundheitsfonds (Professor Dr. h.c. Herbert Rebscher, Vorstandsvorsitzender, DAK Deutsche Angestellten-Krankenkasse, Hamburg)

Industrialisierung (in) der Versicherungsbranche (Professor Dr. Thomas Köhne, Fachleiter Versicherung im Fachbereich Berufsakademie, Fachhochschule für Wirtschaft Berlin, Berlin)

Insurance Linked Securities (Dr. rer. pol. Ludger Arnoldussen, Vorstandsmitglied, Münchener Rückversicherungs-Gesellschaft, München)

Kapitaldeckungs- versus Umlageverfahren in der Rentenversicherung (Professor Dr. Jörg Althammer, Inhaber des Lehrstuhls für Wirtschafts- und Unternehmensethik, Katholische Universität Eichstätt-Ingolstadt, Ingolstadt)

Mindestanforderungen an das Risikomanagement von Versicherungsunternehmen (MaRisk VA) (Dr. Peter Ott, Partner, KPMG AG Wirtschaftsprüfungsgesellschaft, München)

Multikanal-Vertrieb (Wolfgang Hanssmann, Vorstandsmitglied, AXA Konzern Aktiengesellschaft, Köln)

Personalmanagement (Dr. Michael Thiemermann, Dozent, FHDW - Fachhochschule für die Wirtschaft, Bergisch Gladbach)

Private Krankenversicherung (PKV) (Christian Weber, Abteilungsleiter für Grundsatzfragen, Bundesministerium für Gesundheit, Berlin)

Private Pflegeversicherung (Rainer M. Jacobus, Vorstandsvorsitzender, IDEAL Versicherung AG, Berlin)

Produktpolitik vor und nach der Deregulierung (Professor Dr. Thomas Köhne, Fachleiter Versicherung im Fachbereich Berufsakademie, Fachhochschule für Wirtschaft Berlin, Berlin)

Ratings im Kontext von Solvency II (Wolfgang Rief, Director – Ratings Analytical, Standard &Poor's, Frankfurt am Main)

Rationierung im Gesundheitswesen (Professor Dr. med. Eckart Fiedler, Institut für Gesundheitsökonomie und Klinische Epidemiologie der Universität zu Köln, Köln)

Rechnungslegung von Versicherungsunternehmen (Dr. Frank Ellenbürger, Vorstandsmitglied, KPMG AG Wirtschaftsprüfungsgesellschaft, München und Dr. Joachim Kölschbach, Partner, KPMG AG Wirtschaftsprüfungsgesellschaft, Köln)

Risikomanagement im Versicherungsunternehmen (Professor Dr. Fred Wagner, Vorstand; Renata Klein, Wissenschaftliche Mitarbeiterin, beide Institut für Versicherungswissenschaften e.V. an der Universität Leipzig, Leipzig)

Risikostrukturausgleich (Professor Dr. Jürgen Wasem, Inhaber des Lehrstuhls für Medizinmanagement an der Fakultät für Wirtschaftswissenschaften der Universität Duisburg-Essen, Duisburg/Essen)

Risikowahrnehmung (Professor Dr. Peter M. Wiedemann, Wissenschaftlicher Mitarbeiter, Institut für Technikfolgenabschätzung und Systemanalyse des Karlsruher Instituts für Technologie (KIT), Karlsruhe)

Schadenmanagement (Dr. Jochen Tenbieg, Mitglied des Vorstandes, ADLER Versicherung AG, Dortmund)

Schadenreservierung (Professor Dr. Klaus D. Schmidt, Inhaber des Lehrstuhls für Versicherungsmathematik, Technische Universität Dresden, Dresden)

Unternehmensbewertung (Dr. Frank Ellenbürger, Vorstandsmitglied, KPMG AG Wirtschaftsprüfungsgesellschaft; Thomas Korte, Senior Manager, KPMG AG Wirtschaftsprüfungsgesellschaft, Köln)

Versicherungs-Anwendungs-Architektur (VAA) (Dr. Christian Hofer, Aufsichtsratsvorsitzender, msgsystemsag, Ismaning/München)

Versicherungsmarketing – Ansätze eines nachfrage-, angebots- und vermittlerorientierten Marktoptimierungsprozesses (Professor Dr. Karl-Heinz Puschmann, Dekan, Fakultät Financial Advisory and Management der West Pomeranian Business School, Berlin)

Versicherungsmarkt (Professor (em.) Dr. Dr. h.c. Roland Eisen)

Versicherungsverein auf Gegenseitigkeit (VVaG) (Dr. Werner Görg, Vorstandsvorsitzender, Gothaer Versicherungsbank VVaG, Köln)

VVG-Reform (Rolf-Peter Hoenen, Präsident, Gesamtverband der Deutschen Versicherungswirtschaft e.V. (GDV), Berlin; Dr. Ulrich Eberhardt, Mitglied des Vorstands, HUK-COBURG-Rechtsschutzversicherung AG)